AF269797

EL GRAN LIBRO

DE

APOLOGÉTICA CRISTIANA

EL GRAN LIBRO

DE

APOLOGÉTICA CRISTIANA

Guía de la A hasta la Z

NORMAN L. GEISLER

¿Quieres información del descuento para compras de 50 copias o más para tú
iglesia o ministerio? ¡Contáctanos a ayuda@monsgo.com

Looking for a volume discount for your church or ministry? Please contact us at
ayuda@monsgo.com for information on purchases of 50 or more!

Quiero agradecer a aquellos que contribuyeron con su valiosa ayuda en la elaboración de este manuscrito. Mis asistentes Bill Roach y Joel Paulus fueron de gran ayuda. Sobre todo, me gustaría agradecer a mi amada esposa, Barbara, por su amor, apoyo, sacrificio y grandes habilidades de revisión que hicieron posible este y todos mis otros volúmenes.

Absolutos morales. *Ver* MORALIDAD, NATURALEZA AB-SOLUTA DE LA.

Acognosticismo. El acognosticismo no debe ser confundido con el *agnosticismo. El agnosticismo afirma que no podemos conocer a Dios; el acognosticismo afirma que no podemos hablar de forma significativa (de forma cognitiva) sobre Dios. Este punto de vista también se llama "no cognitivismo" o "ateísmo semántico".

De acuerdo con la distinción de David *Hume entre las afirmaciones empíricas y de definición, A. J. Ayer propuso el principio de la verificabilidad empírica. Lo cual manifestaba que para que las afirmaciones sean significativas, deben ser analíticas ("Relación de ideas" de David Hume [1711-76]) o sintéticas ("Cuestión de hecho" de Hume); es decir, definitivas o empíricas (Ayer, cap. 1). Las afirmaciones de definición están desprovistas de contenido y no dicen nada sobre el mundo; las declaraciones empíricas tienen contenido, pero no nos dicen nada sobre ninguna supuesta realidad más allá del mundo empírico. Solo son probables por naturaleza y nunca son filosóficamente seguras (ver Certeza/Certidumbre). Las afirmaciones de definición son útiles en asuntos empíricos y prácticos, pero no son en absoluto informativas sobre la realidad en ningún sentido metafísico.

La veracidad de las creencias religiosas. El otro lado del principio de verificabilidad es el de la falsabilidad. Al tomar el ejemplo de la parábola de John Wisdom sobre el jardinero invisible, Antony *Flew planteó un desafío a los creyentes de la siguiente manera: "¿Qué tendría que haber ocurrido para que fuese una prueba del amor o de la existencia de Dios? (Flew, pág. 99)". No se puede permitir que algo valga debido a su fe en Dios, a menos que se esté dispuesto a permitir que también valga en contra de ella. Lo que sea significati-vo también es susceptible de ser falso. No hay diferencia entre un jardinero invisible e indetectable y cualquier jardinero. De la misma manera, un Dios que no establece una diferencia entre la verdad y falsedad, no es un Dios en absoluto. A menos que el creyente pueda mostrar cómo el mundo sería diferente si no hubiera un Dios, las condiciones en el mundo no pueden ser usadas como evidencia. Poco importa si el teísmo se basa en una parábola o un mito; el creyente no tiene un conocimiento comprobado o significativo de Dios. Esto es poca o ninguna ventaja sobre el agnosticismo tradicional de Immanuel Kant.

Evaluación. Como su pariente, el agnosticismo, el acognosticismo es vulnerable a las fuertes críticas. Respuesta al acognosticismo de Ayer. Como ya se ha señalado, el principio de verificabilidad empírica que estableció Ayer es contraproducente. No es ni una definición pura ni un hecho exacto. Por lo tanto, por sus propios motivos caería en la tercera categoría de declaraciones sin sentido. Ayer reconoció este problema y estableció una tercera categoría para la cual no afirmó ningún valor de verdad. La verificabilidad, indicó, es analítica y definitoria pero no arbitraria o verdadera. Es metacognitiva, es decir, que va más allá de la verificación de si es verdadera o falsa. Es solo una forma útil de guiar el significado. Se trata de un movimiento desafortunado por dos razones. En primer lugar, ya no elimina la posibilidad de hacer afirmaciones metafísicas. Más bien admite que no se puede regular de forma arbitraria el significado, sino que hay que considerar el significado de las supuestas afirmaciones metafísicas. Sin embargo, eso significa que es posible hacer afirmaciones significativas sobre la realidad, una negación del completo agnosticismo y el acognosticismo. En segundo lugar, restringir lo que es significativo es limitar lo que podría ser verdad, ya que solo lo significativo puede ser cierto. De ahí que el intento de limitar el significado a lo definible o verificable consiste en hacer un llamado a la verdad que debe ser sometida a alguna prueba. Si no puede ser probada, entonces es en sí misma no verificable y una creencia sin sentido según sus propias normas

Respuesta a la falsabilidad de Flew. Hay que decir dos cosas sobre el principio de la falsabilidad de Flew. Primero, en el sentido estricto de la falsabilidad empírica, es demasiado restrictivo. No todo tiene que ser empíricamente falsable. De hecho, ese mismo principio no es empíricamente falsable. Sin embargo, en el sentido más amplio de lo comprobable o discutible, sin duda el principio está vivo y es útil. A menos que haya criterios para la verdad y la falsedad, no se puede apoyar ninguna afirmación de la verdad. Todo, incluso las opiniones opuestas, podrían ser verdaderas.

Segundo, no todo lo que es verificable tiene que ser falsable de la misma manera. Como John *Hick señaló, hay una relación asimétrica entre la verificabilidad y la falsabilidad. Uno puede verificar la inmortalidad humana observando de forma consciente su propio funeral. En cambio, no se puede falsear la inmortalidad humana. El que no sobrevive a la muerte no está ahí para falsear nada. Ni tampoco podría otra persona falsear la inmortalidad de uno sin ser omnisciente. Sin embargo, si es necesario proponer una mente omnisciente o un Dios, entonces sería bastante contraproducente usar la falsabilidad para refutar a Dios. Por lo tanto, podemos concluir que cada afirmación de la verdad se debe probar o discutir, pero no todas las afirmaciones de la verdad tienen que ser falsables. Por ejemplo, un estado total de inexistencia de algo sería no falsable, ya que no habría forma alguna de falsear. Por otro lado, la existencia de algo es comprobable por experiencia o inferencia.

Por supuesto, con la conversión de Hick a la fe en Dios y la aceptación de la inmortalidad reflejada en su reciente libro There Is a God [Existe un Dios], todo el escenario cambió para Flew. De repente, tanto Dios como la inmortalidad se volvieron verificables por la razón y las evidencias adecuadas.

Fuentes

A. J. Ayer, *Language, Truth, and Logic [Idioma, Verdad y Lógica]*.

H. Feigel, "Logical Positivism after Thirty-Five Years" [Positivismo lógico después de treinta y cinco años].

A. Flew, "Theology and Falsification" [Teología y Falsificación], in *New Essays in Philosophical Theology [Nuevos ensayos de teología filosófica]*.

N. L. Geisler, *Christian Apologetics [Apologética cristiana], cap. 1*.

———, Philosophy of Religion [Filosofía religiosa].

J. Hick, *The Existence of God [La existencia de Dios]*.

I. Ramsay, *Religious Language [Lenguaje religioso]*.

J. Wisdom, *"Gods" [Dioses]*.

L. Wittgenstein, *Tractatus Logico-Philosophicus*.

Acomodación, Teoría de la. En la apologética, la teoría de la acomodación puede referirse a cualquiera de los dos puntos de vista, uno aceptable y otro objetable para los cristianos evangélicos. Puede referirse a la acomodación de Dios de su revelación a nuestras circunstancias finitas para comunicarse con nosotros, como en las Escrituras o la encarnación de Cristo (ver Biblia, Evidencias a favor de; Calvino, Juan; Cristo, Divinidad de). Ambas son formas de acomodación divina autolimitada para comunicarse con criaturas finitas.

Los críticos negativos de la Biblia (ver Biblia, Críticas a la) creen que Jesús se acomodó a los puntos de vista erróneos de los judíos de esa época en su visión de la Escritura por ser inspirada e infalible (ver Biblia, Punto de vista de Jesús sobre la). Los eruditos ortodoxos rechazan esta forma de acomodación.

Dos tipos de acomodación. La acomodación legítima puede llamarse con mayor precisión "adaptación". Dios, debido a la infinitud, se adapta a nuestra comprensión finita para revelarse. Sin embargo, el Dios que es la verdad nunca se adapta al error humano. Las diferencias vitales se ven con facilidad cuando se comparan estos conceptos.

La Biblia enseña la trascendencia de Dios. Sus caminos y pensamientos están mucho más allá de los nuestros (Is 55:9; Ro 11:33). Los seres humanos son infinitesimales frente a la infinitud de Dios. Él debe "inclinarse" para hablar con nosotros. Sin embargo, este acto divino de adaptación a nuestra finitud nunca implica acomodarse a nuestro error. Porque Dios no puede equivocarse (Heb 6:18).

Dios utiliza antropomorfismos (una expresión verdadera de la existencia de Dios presentada en forma humana) para hablarnos, pero no utiliza los mitos. En ocasiones nos da solo una parte de la verdad, pero esa verdad parcial nunca es un error (1 Co 13:12). Se revela de forma progresiva pero nunca errónea (ver Revelación progresiva). No siempre nos dice todo, pero todo lo que nos dice es cierto.

Acomodación y Jesús. Se sabe que Jesús expresó una importante visión de las Escrituras en el Nuevo Testamento (ver Biblia, Punto de vista de Jesús sobre la). Aceptó la autoridad divina (Mt 4:4, 7, 10), lo imperecedero (Mt 5:17 18), la inspiración divina (Mt 22:43), lo inquebrantable (Juan 10:35), la supremacía (Mt 15:3, 6), inerrancia (Mt 22:29; Juan 17:17), fiabilidad histórica (Mt 12:40; 24:37-38), y exactitud científica (Mt 19:4-5). A fin de evitar la afirmación de que Jesús estaba sosteniendo que todo esto era cierto, algunos críticos insisten en que él solo se estaba acomodando a la creencia judía aceptada de la época sin intentar desacreditar los puntos de vista. Estos puntos de vista erróneos eran un inicio para lo que quería enseñar sobre asuntos más importantes de moralidad y teología.

Acomodación contraria a la vida de Jesús. Todo lo que se sabe sobre la vida y las enseñanzas de Jesús revela que nunca se acomodó a las falsas enseñanzas de la época. Al contrario, Jesús reprendió a aquellos que aceptaban las enseñanzas judías que contradecían la Biblia, al afirmar que, "¿Y por qué ustedes quebrantan el mandamiento de Dios a causa de la tradición?... Así por causa de la tradición anulan ustedes la palabra de Dios" (Mt 15:3, 6b).

Jesús rectificó las falsas interpretaciones sobre la Biblia. Por ejemplo, en su famoso Sermón del Monte, Jesús afirmó con énfasis: "Ustedes han oído que se dijo a sus antepasados: 'No mates, y todo el que mate quedará sujeto al juicio del tribunal'. Pero yo les digo que todo el que se enoje con su hermano quedará sujeto al juicio del tribunal" (Mt 5:21-22). Esta o la versión similar de la fórmula de "Se ha dicho... Pero yo les digo...", se repite en los siguientes versículos (cf. Mt 5:23-43).

Él reprendió al famoso maestro judío Nicodemo: "Respondió Jesús y le dijo: "Tú eres maestro de Israel, ¿y no entiendes estas cosas? —respondió Jesús" (Juan 3:10). Lo cual difiere en gran medida del hecho de acomodar sus falsos puntos de vista. Incluso reprendió a Nicodemo por no entender las cosas empíricas, diciendo: "Si les he hablado de las cosas terrenales, y no creen, ¿entonces cómo van a creer si les hablo de las celestiales?" (Juan 3:12). Hablando en concreto sobre su errónea visión de las Escrituras, Jesús dijo a los saduceos sin dudar: "Ustedes andan equivocados porque desconocen las Escrituras y el poder de Dios" (Mt 22:29).

Las denuncias de Jesús sobre los fariseos no llegaron a acomodarlas. "¡Ay de ustedes, guías ciegos!... ¡Ay de ustedes, maestros de la ley y fariseos, hipócritas!... ¡Guías ciegos! ¡Cuelan el mosquito, pero se tragan el camello! ¡Ay de ustedes, maestros de la ley y fariseos, hipócritas!... ¡Serpientes! ¡Camada de víboras! ¿Cómo escaparán ustedes de la condenación del infierno?" (Mt 23:16-33).

Jesús distaba mucho de acomodarse a las falsas creencias y prácticas en el templo que "haciendo un látigo de cuerdas, echó a todos del templo, juntamente con sus ovejas y sus bueyes; regó por el suelo las monedas de los que cambiaban dinero y derribó sus mesas. A los que vendían las palomas les dijo: —¡Saquen esto de aquí! ¿Cómo se atreven a convertir la casa de mi Padre en un mercado?" (Juan 2:15-16).

Incluso los enemigos de Jesús reconocieron que no cedería. Los fariseos dijeron: "Maestro, sabemos que eres un hombre íntegro y que enseñas el camino de Dios de acuerdo con la verdad. No te dejas influir por nadie porque no te fijas en las apariencias" (Mt 22:16). Ningún registro del Evangelio indica que Jesús se acomodó a un error aceptado en algún tema.

Acomodación contraria al carácter de Jesús. Desde un punto de vista puramente humano, Jesús fue conocido como un hombre de alto carácter moral. Sus amigos más cercanos lo consideraban impoluto (1 Juan 3:3; 4:17; 1 Pedro 1:19). Las multitudes se asombraban de su enseñanza "porque les enseñaba como quien tenía autoridad, y no como los maestros de la ley" (Mt 7:29).

Pilato examinó a Jesús y dijo: "No encuentro que este hombre sea culpable de nada" (Lucas 23:4). El soldado romano que crucificó a Jesús exclamó: "Verdaderamente este hombre era justo" (Lucas 23:47). Incluso los no creyentes han rendido un alto tributo a Cristo. Ernest Renan, el ateo francés, afirmó sobre Jesús: "Su idealismo perfecto es la máxima regla de la vida intachable y virtuosa" (Renan, pág. 383). Renan escribió también: "Coloquemos, pues, a Jesús en la cúspide más elevada de la grandeza humana" (ibid., pág. 386) y "Jesús sigue siendo un principio inagotable de regeneración moral para la humanidad" (ibid., pág. 388).

Desde un punto de vista bíblico, Jesús era el Hijo de Dios y como tal no podía engañar. Porque Dios "no miente" (Tito 1:2). De hecho, "es imposible que Dios mienta" (Heb 6:18). Su "palabra es verdad" (Juan 17:17). "Dios es siempre veraz, aunque el hombre sea mentiroso" (Ro 3-4). Cualquier autolimitación divina es necesaria para comunicarse con los seres humanos, no hay error, porque Dios no puede equivocarse. Es contraria a su propia naturaleza.

Una objeción dirigida. Hay que admitir que Dios se adapta a las limitaciones humanas para comunicarse con nosotros. De hecho, Jesús, que era Dios, también era un ser humano. Como ser humano estaba limitado en su conocimiento. Esto es confirmado por varios pasajes de las Escrituras. Al principio, cuando era niño "crecía en sabiduría" (Lucas 2:52). Incluso de adulto tenía ciertas limitaciones en su conocimiento. Según Mateo, Jesús no sabía lo que había en la higuera antes de llegar a ella (Mt 21:19). Jesús dijo que no sabía el momento de su segunda venida: "Pero, en cuanto al día y la hora, nadie lo sabe, ni siquiera los ángeles en el cielo, ni el Hijo, sino solo el Padre" (Mt 24:36, énfasis agregada). Sin embargo, a pesar de las limitaciones del conocimiento humano de Jesús, los límites de la comprensión difieren de los malentendidos. El hecho de que no supiera algunas cosas como hombre no significa que estuviera equivocado en lo que sabía. Se puede decir que Jesús no conocía como hombre la hipótesis documentaria de la autoría de la ley, pero es muy distinto decir que Jesús se equivocó cuando afirmó que David escribió el Salmo 110 (Mt 22:43), que Moisés escribió la Ley (Lucas 24:27; Juan 7:19, 23), o que Daniel escribió una profecía (Mt 24:15; ver Biblia, Punto de vista de Jesús sobre la). Las limitaciones de Jesús sobre las cosas que no conocía como hombre no le impidieron afirmar con certeza las cosas que sí conocía (ver Pentateuco, Autoría Mosaica del; Profecía, como prueba de la Biblia).

Todo lo que Jesús sabía, lo enseñó con autoridad divina. Les dijo a sus discípulos: "Se me ha dado toda autoridad en el cielo y en la tierra. Por tanto, vayan y hagan discípulos de todas las naciones, bautizándolos en el nombre del Padre y del Hijo y del Espíritu Santo, enseñándoles a obedecer todo lo que les he mandado a ustedes. Y les aseguro que estaré con ustedes siempre, hasta el fin del mundo" (Mt 28:18-20).

Enseñó con dedicación. En el Evangelio de Juan, Jesús dijo veinticinco veces: "De veras, te aseguro…" (Juan 3:3, 5, 11). De hecho, afirmó que sus palabras estaban al nivel de las de Dios, declarando: "El cielo y la tierra pasarán, pero mis palabras jamás pasarán" (Mt 24:35). Es más, Jesús solo enseñó lo que el Padre le dijo que enseñara. Él dijo: "No hago nada por mi propia cuenta, sino que hablo conforme a lo que el Padre me ha enseñado" (Juan 8:28b). Además, "Yo no puedo hacer nada por mi propia cuenta; juzgo solo según lo que oigo, y mi juicio es justo, pues no busco hacer mi propia voluntad, sino cumplir la voluntad del que me envió" (Juan 5:30). Así que acusar a Jesús de cometer un error es acusar a Dios Padre del mismo modo, ya que solo habló lo que el Padre le dijo.

Resumen. No hay evidencia de que Jesús se haya acomodado al error humano en nada de lo que enseñó. Tampoco hay alguna prueba de que su autolimitación en la encarnación resultara en un error. Nunca enseñó acerca de las áreas en las que la encarnación lo limitaba como hombre. Y lo que enseñó, lo afirmó con la autoridad del Padre, teniendo toda la autoridad en el cielo y la tierra (Ver Limitaciones de Cristo, Teoría de las).

Fuentes

"Accommodation" *[Acomodación] en James Orr, ed., International Standard Bible Encyclopedia [Enciclopedia Bíblica Internacional Estándar].*
N. L. Geisler, Christian Apologetics [Apologética cristiana], cap. 18.
E. Renan, *The Life of Jesus [La vida de Jesús].*
J. W. Wenham, *Christ and the Bible [Cristo y la Biblia].*

Adán, Historicidad de. Los investigadores críticos por lo general consideran que los primeros capítulos del Génesis son mitos (ver Arqueología del Antiguo Testamento; Diluvio de Noé; Milagros, Mitos y), no historia. Destacan la naturaleza poética del texto, el paralelismo de los primeros capítulos del Génesis con otros mitos antiguos, la supuesta contradicción del texto con la evolución (ver Evolución biológica), y la fecha tardía de Adán en la Biblia (aprox. 4000 a. C.) que se opone a la datación científica que sitúa a los primeros humanos mucho antes. Todo ello lo consideran una prueba de que la historia de Adán y Eva es mítica. Sin embargo, la Biblia presenta a Adán y Eva como personas literales, que tuvieron hijos reales de los que descendió el resto de la raza humana (cf. Gn 5:1f.).

Adán y Eva, personajes históricos. Existen evidencias fehacientes para creer que Adán y Eva fueron personas históricas. Primero, Génesis 1-2, los presenta como personas reales e incluso narra los eventos importantes de sus vidas. Segundo, tuvieron hijos literales que hicieron lo mismo (Gn 4-5). Tercero, la misma frase ("esta es la historia de"), que se utiliza para registrar la historia más tardía en el Génesis (por ejemplo, 6:9; 10:1; 11:10, 27; 25:12, 19), se utiliza para el relato de la creación (2:4) y de Adán y Eva y sus descendientes (Gn 5:1; ver Pentateuco, Autoría Mosaica del). Cuarto, las cronologías posteriores del Antiguo Testamento colocan a Adán en el primer lugar de la lista (Gn 5:1; 1 Cr 1:1). Quinto, el Nuevo Testamento sitúa a Adán como el primero de los antepasados literales de Jesús (Lucas 3:38). Sexto, Jesús se refirió a Adán y Eva como los primeros "hombre y mujer" literales, de modo que su unión física se convirtió en la base del matrimonio (Mt 19:4). Séptimo, el libro de Romanos declara que la muerte literal fue traída al mundo por un "hombre" literal, Adán (Ro 5:12, 14). Octavo, la comparación de Adán (el "primer Adán") con Cristo (el "último Adán") en 1 Corintios 15:45 manifiesta que Adán fue entendido como una persona literal e histórica. Noveno, la afirmación de Pablo de que "primero fue formado Adán, y Eva después" (1 Ti 2:13-14) revela que habla de personas reales. Décimo, por lógica, tenía que existir un grupo real e inicial de seres humanos, hombres y mujeres, o de lo contrario la raza no habría tenido forma de continuar. La Biblia llama a esta pareja literal "Adán y Eva", y no hay razón para dudar de su existencia real.

Objeciones a la historicidad. La naturaleza poética del Génesis 1. A pesar de la suposición común de lo contrario y el hermoso lenguaje del Génesis 1 y 2, el registro de la creación no es poesía. Aunque hay un posible paralelismo de ideas entre los tres primeros y los tres últimos días, no es la forma típica de la poesía hebrea, que implica coplas en forma paralela. Una comparación con los Salmos o Proverbios muestra con facilidad la diferencia. Génesis 2 no tiene ningún paralelismo poético. Más bien, el relato de la creación es como cualquier otra narrativa histórica del Antiguo Testamento. El relato se introduce como otros relatos históricos en el Génesis con la frase: "Esta es la historia de..." (Gn 2:4; 5:1). Jesús y los escritores del Nuevo Testamento se refieren a los eventos de la creación como históricos (cf. Mt 19:4; Ro 5:14; 1 Co 15:45; 1 Ti 2:13-14). Las tablillas de Ebla han añadido un testimonio antiguo no bíblico de una creación monoteísta que antes existía de la nada (ver Creación, Puntos de vista de la).

La objeción de la fecha tardía. La fecha bíblica tradicional de la creación de Adán (aprox. 4000 a. C.) es muy tardía para coincidir con la evidencia fósil de los primeros seres humanos, que oscila entre decenas de miles y cientos de miles de años. La fecha más temprana para la humanidad se basa en la datación científica y el análisis de los fragmentos óseos.

Sin embargo, hay supuestos falsos o cuestionables en esta objeción. Primero, se supone que uno puede solo agregar todos los registros genealógicos de Génesis 5 y 11 y llegar a una fecha aproximada de 4000 a. C. de la creación de Adán. No obstante, esto se basa en la falsa suposición de que no hay vacíos en estas tablillas, que sí las hay (ver Genealogías inexactas o exactas).

Dicha objeción también supone que el método de datación de los primeros hallazgos de fósiles similares a los humanos es preciso. Sin embargo, estos métodos de datación están sujetos a muchas variables, incluyendo el cambio en las condiciones atmosféricas, la contaminación de la muestra y los cambios en las tasas de descomposición (ver Ciencia y la Biblia; Datos científicos).

Se supone que los primeros hallazgos de fósiles similares a los humanos eran seres humanos creados a imagen y semejanza de Dios. Sin embargo, esta es una suposición cuestionable. Muchos de estos hallazgos son tan fragmentados que la reconstrucción es bastante especulativa. El llamado "Hombre de Nebraska" era en realidad ¡un diente de cerdo extinto! La identificación se había basado en un diente. El "Hombre de Piltdown" fue un fraude. La identificación de una criatura a partir de huesos, sobre todo de fragmentos óseos, es bastante especulativa.

Es posible que haya habido criaturas similares a los seres humanos que fuesen morfológicamente similares a los seres humanos, pero no fueron creadas a imagen de Dios. La estructura ósea no puede probar que hubo un alma inmortal hecha a imagen de Dios dentro del cuerpo. La evidencia de la simple fabrica-

ción de herramientas no prueba nada. Se sabe que los animales (simios, focas y aves) utilizan herramientas simples.

Esta objeción también asume que los "días" del Génesis eran días solares de 24 horas. Esto no es seguro dado que el día en el Génesis equivale a los seis días (cf. Gn 2:4). Y el "séptimo día", en el que Dios descansó, todavía continúa, miles de años después (cf. Heb 4:4-6; ver Génesis, Días de).

Es imposible afirmar que el Génesis no sea histórico. De hecho, dadas las suposiciones no probadas, la historia de la interpretación errónea de los primeros fósiles, y la suposición equivocada de que no hay vacíos en las genealogías bíblicas de Génesis 5 y 11, los argumentos en contra de la historicidad de Adán y Eva fracasan.

Fuentes

G. L. Archer Jr., *An Encyclopedia of Biblical Difficulties [Enciclopedia de las dificultades bíblicas].*
A. Custance, *Genesis and Early Man [Génesis y el primer hombre].*
N. L. Geisler y T. Howe, *The Big Book of Bible Difficulties [El Gran Libro de las dificultades bíblicas].*
R. C. Newman y H. J. Eckelmann, *Genesis One and the Origin of the Earth [El primer Génesis y el origen de la Tierra].*
B. Ramm, *The Christian View of Science and Scripture [La visión cristiana de la ciencia y las Escrituras].*

Afirmaciones de resurrección en religiones no cristianas. Algunos críticos de la resurrección de Cristo señalan las afirmaciones de que muchos líderes no cristianos también se levantaron de entre los muertos. Si es cierto, la resurrección de Jesús no sería una confirmación única de su afirmación sobre su deidad (ver Cristo, Divinidad de). Particularmente, Robert Price afirma que los muchos fenómenos posteriores a la muerte que se encuentran en otras religiones compiten con las afirmaciones cristianas sobre Cristo (Price, pág. 2-3, 14-25). Si es así, entonces la resurrección de Cristo no se puede utilizar para apoyar la verdad del cristianismo sobre otras religiones (ver Pluralismo, Religioso; Religiones del Mundo y cristianismo).

Apolonio de Tyana. Se dice que Apolonio de Tyana (muerto en 98 d. C.) compite con la afirmación de Cristo de ser el hijo de Dios, y se supone que su biógrafo Filostrato ha informado de apariciones posteriores a la muerte. En realidad, las historias sobre Apolonio son más leyendas de apoteosis que relatos de resurrección. En una leyenda de apoteosis, un humano está deificado.

Estas afirmaciones son cuestionables (ver Habermas, "Resurrection Claims" [Afirmaciones de Resurrección]). La biografía termina con la muerte de Apolonio. No hay nada sobre una resurrección. El registro posterior a la muerte proviene de lo que Filostrato llamó "historias". Son leyendas posteriores que se agregaron a la biografía después que fue escrita. La biografía es la fuente principal de la vida de Apolonio, junto con otra fuente menor. No hay otra confirmación.

Se dice que la fuente de las historias de Filostrato es "Damis", que muchos eruditos creen que era una persona inexistente que se utilizó como recurso literario. No hay otra evidencia. La credibilidad de Damis no se ve reforzada por el hecho de que su lugar de nacimiento sea Nínive, una ciudad que no existía desde hacía trescientos años. El estilo de escritura también era una forma literaria popular de la época llamada "romance" o "ficción romántica". No debe tomarse literal o históricamente. La trama se desarrolla a través de situaciones artificiales; involucra animales exóticos y descripciones formales de obras de arte; tiene largos discursos; y tiene frecuentes inexactitudes históricas. Se ofrece más información sobre esto en el artículo Apolonio de Tyana.

También es notable que Filostrato recibió el encargo de componer esta biografía por Julia Domna, la esposa del emperador Septimus, 120 años después de la muerte de Apolonio. Debido a que la patrona del autor se convertiría en una suma sacerdotisa del politeísmo helenístico, es posible que haya habido una agenda polémica anticristiana al agregar un final similar a la resurrección. Los que escribieron sobre Jesús claramente tenían una serie de motivos muy diferentes. Querían mostrar que él era el Mesías tan esperado, el Salvador del mundo (Juan 20:31).

La única aparición de la "resurrección" que Filostrato agrega en el apéndice fue una visión de un hombre dormido en el año 273, casi dos siglos después de la muerte de Apolonio. También se contó la historia de que Apolonio podría no haber muerto en realidad, sino que fue deificado. Esto está en el contexto del politeísmo griego. Los griegos y los romanos no creían en una resurrección en el mismo cuerpo físico. Siguieron un modelo de reencarnación. Los filósofos se burlaron del apóstol Pablo cuando proclamó una resurrección corporal en Mars Hill [Colinas de Marte, Areópago] (Hechos 17:19, 32). Para los griegos que creían en la inmortalidad, la salvación implicaba la liberación de su cuerpo, no la resurrección en su cuerpo.

Sabbatai Zevi. Sabbatai Zevi fue un maestro judío del siglo XVII que afirmó ser el Mesías y fue anunciado por un contemporáneo llamado Nathan. Muchos años después se informó que, después de la muerte

de Sevi en 1676, su hermano encontró su tumba vacía pero llena de luz (ver Scholem).

En realidad, hubo dos conjeturas sobre Sevi. Muchos de sus seguidores se negaron a creer que realmente había muerto, por lo que se negaron a creer que había resucitado de entre los muertos. Lo que sea que le haya pasado, nadie informó haberlo visto nuevamente. Su desaparición, como la de Apolonio, tiene características de leyenda de apoteosis. Tales leyendas carecen de apoyo histórico. La propia historia de Sabbatai Zevi carece de cualquier tipo de evidencia. Si la historia de Jesús surgiera de informes tan fragmentarios, cualquier erudito creíble la habría rechazado. El papel de Nathan es conflictivo. Una carta informó que Nathan enseñó que Sevi nunca había muerto. Otra fuente informó que Nathan había muerto un mes antes que Sevi y que en realidad nunca se habían conocido (Habermas, "Resurrection Claims", pág. 175).

Rabí Judah. El rabino Judah fue una figura importante en el judaísmo y estuvo involucrado en la finalización de la Mishná alrededor del año 200. Según el Talmud, después de la muerte del rabino Judah, "solía volver a casa al anochecer todas las vísperas del sábado". Al parecer, cuando un vecino se acercó a la puerta del rabino para saludarlo, su sirvienta lo rechazó. Cuando el rabino se enteró de esto, dejó de aparecer, para no eclipsar a otras personas buenas que regresaron a sus hogares después de sus muertes (Talmud, 3.12.103a).

Si bien el rabino murió en el año 220, la primera referencia a sus apariciones se produjo en el siglo quinto (Habermas, "Resurrection Claims", pág. 173). Esta brecha es demasiado grande para respaldar la credibilidad. Ningún erudito de buena reputación aceptaría las afirmaciones sobre Jesús si vinieran de un testigo dos siglos después de su muerte. Además, el testimonio es demasiado escaso. Solo hay un testigo del evento: la sirvienta. Tampoco hay ningún intento de fundamentarlo. El único testimonio de confirmación posible fue el del vecino, que fue rechazado.

El cese inmediato de las apariciones después de que otros preguntaron por él arroja sospechas sobre si realmente había aparecido. La razón dada para su fracaso en regresar parece falsa. Nunca se presentó evidencia de una tumba vacía o apariencia física. En el mejor de los casos, parecía haber sólo una persona con intereses creados que tenía algún tipo de experiencia subjetiva con respecto a una persona a la que sin duda extrañaba mucho. Si sucedió, este evento parece más un candidato para una explicación psicológica que sobrenatural.

Kabir. Kabir fue un líder religioso del siglo XV que combinó las etapas de las religiones musulmana e hindú. Después de su muerte en 1518, sus seguidores estaban divididos sobre si incinerar su cuerpo, algo a lo que los hindúes están a favor, pero los musulmanes se oponen. Se dice que el propio Kabir apareció para detener la controversia. Cuando les indicó que retiraran la tela colocada sobre su cuerpo, solo encontraron flores debajo. Sus seguidores hindúes quemaron la mitad de las flores y los musulmanes enterraron la otra mitad.

Poco o nada se conserva de los contemporáneos de Kabir. Algunas de sus enseñanzas pueden haber sido escritas alrededor de cincuenta años después de su muerte, pero no contienen nada sobre una resurrección (Archer, pág. 50-53).

Existe evidencia de una creciente serie de leyendas que surgieron entre sus seguidores. Estos incluyen un nacimiento milagroso, milagros realizados durante su vida y apariciones a sus discípulos después de su muerte. Como señala Habermas, "Se encontró que este es un proceso muy natural y esperado en la formación de la leyenda india" (Habermas, "Resurrection Claims", pág. 174).

Dado que la resurrección del mismo cuerpo físico es contraria a la creencia hindú en la transmigración del alma a otro cuerpo, es poco probable que sus seguidores hindúes, dedicados como estaban a las prácticas hindúes, hubieran llegado a creer que su líder fue resucitado corporalmente de entre los muertos.

La escasa evidencia sugiere un plan artificial para pacificar a ambos grupos de seguidores y mantener unido el movimiento. Parece un complot inteligente para satisfacer las dos prácticas religiosas de entierro sin ofender a ninguna.

Conclusión. No hay una comparación real entre estas historias y los relatos de la resurrección de Cristo. Las resurrecciones no cristianas resaltan y establecen la calidad de veracidad en la Biblia. Considerando las diferencias significativas en la mayoría de los casos, si no en todos:

Resurrección de Cristo	Afirmaciones de resurrección no cristianas
numerosos testigos creíbles	sin testigos visuales creíbles
numerosos registros contemporáneos	sin registros contemporáneos
abundante evidencia física dada	sin evidencia física dada
afirmaciones de deidad hechas	solo algunas afirmaciones de deificación hechas
otros milagros que lo confirman	sin milagros que lo confirmen

"Las afirmaciones de la resurrección de los no cristianos no han sido probadas por evidencia", señala Habermas. "Cualquiera de las varias hipótesis naturalistas es ciertamente posible y, en algunos casos, una o más pueden postularse específicamente como una causa probable. El simple hecho de informar un milagro no es suficiente para establecerlo, especialmente si ese milagro se va a utilizar para respaldar un sistema religioso" (ibid., 177).

Fuentes

J. C. Archer, *The Sikhs* [Los sijs].
S. A. Cook, *The Cambridge Ancient History* [La historia antigua de Cambridge].
J. Ferguson, *The Religions of the Roman Empire* [Las religiones del Imperio Romano].
G. Habermas, Ancient Evidence for the Life of Jesus [Evidencia antigua de la vida de Jesús].
———, "Did Jesus Perform Miracles?" [¿Jesús hizo Milagros?].
———, "Resurrection Claims in Non-Christian Religions" [Afirmaciones de resurrección en religiones no cristianas].
M. R. Licona, *The Resurrection of Jesus* [La Resurrección de Jesús].
L. McKenzie, *Pagan Resurrection Myths and the Resurrection of Jesus* [Mitos paganos de la Resurrección y la Resurrección de Jesús].
R. M. Price, *"Is There a Place for Historical Criticism?"* [¿Hay lugar para la crítica histórica?].
G. Scholem, *Sabbatai Zevi.*
I. Slotki, ed., *The Babylonian Talmud* [El Talmud de Babilonia]

Agnosticismo. El agnosticismo proviene de dos palabras griegas (a, "no"; gnosis, "conocimiento"). T. H. Huxley acuñó el término agnosticismo. Significa en sentido literal "sin conocimiento", lo opuesto a un gnóstico (Huxley, vol. 5; ver Gnosticismo). Por lo tanto, un agnóstico es alguien que afirma no saber. Aplicado al conocimiento de Dios, hay dos clases básicas de agnósticos, los que afirman que la existencia y la naturaleza de Dios son desconocidas y los que consideran que Dios es incognoscible. (ver Analogía, Principio de; Dios, Evidencias de). Como el primer tipo no elimina todo el conocimiento religioso, la atención aquí se centrará en el segundo.

Más de cien años antes de Huxley (1825-95), los escritos de David *Hume (1711-76) e Immanuel *Kant (1724-1804) establecieron las bases filosóficas del agnosticismo. Gran parte de la filosofía moderna da por sentada la validez general de los tipos de argumentos que establecen.

El escepticismo de Hume. Incluso Kant era un racionalista (ver Racionalismo) hasta que "despertó de su sueño dogmático" leyendo a Hume. Desde el punto de vista técnico, las opiniones de Hume son escépticas, pero sirven a objetivos agnósticos. El razonamiento de Hume se basa en su argumento de que solo hay dos tipos de afirmaciones significativas.

"Si tomamos cualquier volumen de Teología o metafísica escolástica, por ejemplo, preguntemos: ¿Contiene algún razonamiento abstracto sobre la cantidad y el número? No. ¿Contiene algún razonamiento experimental acerca de cuestiones de hecho o existencia? No. Tírese entonces a las llamas, pues no puede contener más que sofistería e ilusión" (Hume, Enquiry Concerning Human Understanding [Investigación sobre el entendimiento humano], pág. 173).

Toda afirmación que no sea una simple relación de ideas (definitoria o matemática) por un lado, o una cuestión de hecho (empírica o factual) por el otro, carece de sentido. Por supuesto, todas las afirmaciones sobre Dios caen fuera de estas categorías; por lo tanto, el conocimiento de Dios se hace imposible (ver Acognosticismo).

El agnosticismo de Kant. Los escritos de Hume tuvieron una profunda influencia en el pensamiento de Kant. Antes de leerlos, Kant mantuvo una forma de racionalismo en la tradición de Gottfried *Leibniz (1646-1716). Leibniz, y Christian Freiherr von Wolff (1679-1754) que le siguió, creían que la realidad era racionalmente cognoscible y que el teísmo era demostrable. Fue la pluma de Kant la que puso fin de forma brusca a este tipo de pensamiento en el mundo filosófico.

La imposibilidad de conocer la realidad. Kant le concedió a la tradición racional de Leibniz una dimensión racional, a priori, del conocimiento, es decir, la forma de todo conocimiento es independiente de la experiencia. Por otro lado, Kant estaba de acuerdo con Hume y los empiristas en que el contenido de todo el conocimiento venía a través de los sentidos. La "materia" del conocimiento es provista por los sentidos, pero la estructura del conocimiento se alcanza con el tiempo en la mente. Esta síntesis creativa resolvió el problema del racionalismo y el empirismo. Sin embargo, el resultado desafortunado de esta síntesis es el agnosticismo porque si uno no puede saber nada hasta después de que sea estructurado mediante la sensación (tiempo y espacio) y las categorías de comprensión (como la unidad y la causalidad), entonces no hay manera de salir del propio ser y saber qué es lo que realmente era antes de que uno lo formara así. Es decir, uno puede saber lo que algo es para uno mismo, pero nunca lo que es en sí mismo. Solo lo fenomenal, pero no lo racional, puede ser conocido. Debemos permanecer agnósticos sobre la realidad. Sabemos que está ahí, pero nunca podemos saber lo que es (Kant, 173 ss.).

Las antinomias de la razón humana. No solo existe un abismo insalvable entre el saber y el ser, entre las categorías de nuestra comprensión y la naturaleza de la realidad, sino que también se producen inevitables contradicciones una vez que empezamos a traspasar la línea límite (ibid., 393 ss.). Por ejemplo, está la antinomia de la causalidad. Si todo tiene una causa, entonces no puede haber una causa inicial y la serie causal debe extenderse al infinito. Sin embargo, es imposible que la serie sea a la vez infinita y que también tenga un comienzo (ya que se necesita una Primera Causa para poner en movimiento la serie). Tal es la paradoja imposible que resulta de la aplicación de la categoría de causalidad a la realidad.

Estos argumentos no agotan el repertorio de los agnósticos, pero están en el centro de la discusión de que Dios no puede ser conocido. Sin embargo, incluso algunos que no están dispuestos a admitir la validez de estos argumentos optan por un agnosticismo más sutil. Tal es el caso de la escuela de pensamiento llamada positivismo lógico.

Lógica del Agnosticismo. Hay dos formas de agnosticismo: La forma débil solo sostiene que Dios es desconocido. Por supuesto, ello deja la puerta abierta para que uno pueda conocer a Dios y, de hecho, que algunos puedan conocerlo. Como tal, este agnosticismo no amenaza al teísmo cristiano. La forma más fuerte de agnosticismo es una exclusión mutua con el cristianismo. Sostiene que Dios es incognoscible, es decir, que no se puede conocer a Dios.

Se debe hacer otra distinción: Hay un agnosticismo ilimitado y limitado. El primero sostiene que Dios y toda la realidad son por completo desconocidos. El segundo sostiene que Dios es en parte desconocido debido a las limitaciones de la finitud y la pecaminosidad humana. Esta última forma de agnosticismo puede ser concedida por los cristianos como posible y deseable.

Ello deja tres alternativas principales con respecto al conocimiento de Dios.

1. No podemos saber nada sobre Dios; él es desconocido.
2. Podemos saber todo sobre Dios; puede ser conocido a fondo.
3. Podemos saber algo, pero no todo sobre Dios; Dios es en parte conocible.

La primera posición es el agnosticismo; la segunda, el dogmatismo; y la última, el realismo. La posición dogmática es insostenible. Uno tendría que ser infinito para conocer un ser infinito a fondo. Son pocos los teístas instruidos que han sostenido con seriedad este tipo de dogmatismo.

Sin embargo, los teístas (ver Teísmo) en ocasiones argumentan como si el agnosticismo parcial también fuera erróneo. La forma que adopta este argumento es que el agnosticismo es erróneo solo porque no se puede saber algo que no se conoce de la realidad sin tener conocimiento de ello. Sin embargo, este es un razonamiento erróneo. No hay ninguna contradicción en decir: "Sé lo suficiente sobre la realidad para afirmar que hay algunas cosas sobre la misma que no puedo saber". Por ejemplo, podemos saber lo suficiente sobre las técnicas de observación e información como para decir que es imposible que conozcamos la población exacta del mundo en un instante dado (desconocimiento en la práctica). De la misma manera, uno puede saber lo suficiente sobre la naturaleza de la finitud como para decir que es imposible que los seres finitos conozcan a fondo un ser infinito. Por lo tanto, el cristiano sostiene una controversia solo contra el agnóstico completo que descarta en la teoría y la práctica todo conocimiento de Dios.

Agnosticismo autodestructivo. El agnosticismo completo se reduce a la afirmación autodestructiva de que "uno sabe lo suficiente sobre la realidad para afirmar que no se puede saber nada sobre la misma" (ver Lógica y Dios). Esta afirmación es autofalsificante. Quien sabe algo de la realidad no puede afirmar al mismo tiempo que toda la realidad es incognoscible. El que no sabe nada de la realidad no tiene base para hacer una afirmación sobre la misma. No bastará con decir que el conocimiento de la realidad solo puede ser puro y negativo por completo, es decir, el conocimiento solo puede decir lo que la realidad no es. Porque todo lo negativo presupone un positivo; no se puede afirmar de manera significativa que algo no es y estar carente por completo de un conocimiento del "algo". De ello, se deduce que el agnosticismo total es contraproducente. Asume el conocimiento de la realidad para negar todo conocimiento de la misma.

Algunos han intentado evitar esta crítica formando su escepticismo como una pregunta: "¿Qué sé yo de la realidad?" Sin embargo, esto solo retrasa el dilema. Tanto agnósticos como cristianos deberían hacerse esta pregunta, pero la respuesta separa al agnóstico del realista. "Puedo saber algo acerca de Dios" difiere en gran medida de "No puedo saber nada acerca de Dios". Una vez que la respuesta se da en esta última forma, una afirmación autodestructiva se ha hecho inevitable. Tampoco contribuirá a tomar la alternativa mutista sin decir nada. Los pensamientos pueden ser tan autoestimulantes como las afirmaciones. El mutista no puede ni siquiera pensar que no sabe nada en absoluto sobre la realidad sin implicar conocimiento de la misma.

Alguien puede estar dispuesto a reconocer que el conocimiento de la realidad finita es posible, pero no el conocimiento de la realidad infinita, el tipo de conocimiento en cuestión en el teísmo cristiano. Si es así, la posición ya no es un completo agnosticismo, ya que sostiene que se puede saber algo sobre la realidad. Esto deja la puerta abierta para discutir si esta realidad es finita o infinita, personal o impersonal. Tal discusión se aventura más allá de la cuestión del agnosticismo para debatir el diosismo finito y el teísmo.

El agnosticismo autodestructivo de Kant. El argumento de Kant de que las categorías de pensamiento (como la unidad y la causalidad) no se aplican a la realidad es igual de infructuoso. A menos que las categorías de la realidad se correspondan con las categorías de la mente, no se puede hacer ninguna afirmación sobre la realidad, incluida la afirmación de Kant. A menos que el mundo real fuera inteligible, no se aplicaría ninguna afirmación al respecto. Una formación previa de la mente a la realidad es necesaria, ya sea que se diga algo sobre ella, positivo o negativo. De lo contrario, pensamos en una realidad impensable.

Se puede argumentar que el agnóstico no tiene por qué hacer ninguna afirmación sobre la realidad, sino solo definir los límites de lo que podemos conocer. Sin embargo, incluso este enfoque es contraproducente. Decir que no se puede saber más que los límites del fenómeno o de la apariencia es trazar una línea en la arena mientras se está extendiendo. Fijar límites tan firmes es superarlos. No es posible sostener que la apariencia termina aquí y la realidad comienza allí, a menos que uno pueda ver al menos alguna distancia del otro lado. ¿Cómo puede uno saber la diferencia entre la apariencia y la realidad si no ha visto lo suficiente de la apariencia y la realidad para hacer la comparación?

Otra dimensión autodestructiva está implícita en la admisión de Kant de que sabe que el noúmeno está ahí pero no lo que es. ¿Es posible saber que algo está sin saber lo que es? ¿Puede conocerse la pura "aseidad"? ¿Todo conocimiento no supone un cierto conocimiento de las características? Incluso una criatura extraña que nunca se había visto antes, no podía ser observada a menos que tuviera algunas características reconocibles como el tamaño, el color o el movimiento. Incluso algo invisible debe dejar algún efecto o rastro para ser observado. No es necesario conocer el origen o la función de una cosa o fenómeno. Sin embargo, se ha observado o el observador no puede saber lo que es. No es posible afirmar que algo es sin declarar al mismo tiempo algo acerca de lo que es. Incluso describirlo como "en sí mismo" o "real" es decir algo. Además, Kant reconoció que el noumenal es la "fuente" desconocida de la imagen que recibimos. Todo esto es informativo sobre lo real; hay una fuente real, en sí misma, de impresiones. Se trata de algo menos que un completo agnosticismo.

Las Antinomias de Kant. En cada una de las supuestas antinomias de Kant, hay una falacia. No acaba en contradicciones inevitables al hablar de la realidad en términos de las condiciones necesarias del pensamiento humano. Por ejemplo, es un error considerar que todo necesita una causa, ya que en este caso habría una infinidad de causas, e incluso Dios necesitaría una causa. Solo las cosas limitadas, cambiantes y contingentes necesitan causas. Una vez que se llega a un ilimitado e inmutable Ser Necesario, ya no hay necesidad de una causa. Lo finito debe ser la causa, pero el ser infinito no sería un causante. Las otras antinomias de Kant son igualmente inválidas (ver Kant, Immanuel).

Conclusión. Hay dos tipos de agnosticismo: limitado e ilimitado. El primero es compatible con las afirmaciones cristianas de conocimiento finito de un Dios infinito. El agnosticismo ilimitado, sin embargo, es autodestructivo; implica el conocimiento de la realidad para negar la posibilidad de cualquier conocimiento de la misma. Tanto el escepticismo como el no cognitivismo (acognosticismo) se reducen al agnosticismo. A menos que sea imposible conocer lo real, es innecesario negar la posibilidad de todo conocimiento cognitivo de ello o disuadir a la gente de hacer juicios sobre ello.

El agnosticismo ilimitado es una forma sutil de dogmatismo. Al negar por completo la posibilidad de todo conocimiento de lo real, se sitúa en el polo opuesto a la posición que reclama todo conocimiento de la realidad. Cualquiera de los dos extremos es dogmático. Ambas son posiciones indispensables en cuanto al conocimiento, en oposición a la posición de que podemos saber o sí sabemos algo de la realidad. No existe un proceso que no sea omnisciente por el cual se puedan hacer afirmaciones tan amplias y categóricas. El agnosticismo es un dogmatismo negativo, y todo lo negativo presupone lo positivo. Por lo tanto, el agnosticismo total no solo es autodestructivo, sino también autodeificado. Solo una mente omnisciente podría ser agnóstica total, y los hombres finitos reconocen que no poseen omnisciencia. Por lo tanto, la puerta permanece abierta para algún conocimiento de la realidad. La realidad no es desconocida.

Fuentes

J. Budziszewski, *What We Can't Not Know [Lo que no podemos conocer].*

J. Collins, *God in Modern Philosophy* [Dios en la filosofía moderna], caps. 4, 6.

A. Flew, *"Theology and Falsification"* [Teología y falsificación].

R. Flint, *Agnosticism* [Agnosticismo].

R. Garrigou-Lagrange, *God: His Existence and His Nature* [Dios: su existencia y naturaleza].

S. Hackett, *The Resurrection of Theism, parte 1* [La resurrección del teísmo].

D. Hume, *Enquiry Concerning Human Understanding* [Investigación sobre el entendimiento humano].

——— *Dialogues Concerning Natural Religion* [Diálogos sobre la religión natural],

——— *"A Letter from a Gentleman to his Friend in Edinburgh"* [Una carta de un caballero a su amigo en Edimburgo]

——— *The Letters of David Hume* [Las cartas de David Hume].

T. H. Huxley, *"Agnosticism and Christianity"* [Agnosticismo y cristianismo].

I. Kant, *Critique of Pure Reason* [Crítica de la razón pura].

L. Stephen, *An Agnostic's Apology* [Una apología del agnóstico]

J. Ward, *Naturalism and Agnosticism* [Naturalismo y agnosticismo].

Agustín. Agustín, obispo de Hipona (354-430), peregrinó en espíritu desde el paganismo griego a través del maniqueísmo dualista al neoplatonismo (ver Plotino) y por último al teísmo cristiano. Su gran mente y su inmensa producción literaria lo han convertido en uno de los teólogos más influyentes del cristianismo.

Fe y Razón. Al igual que todos los grandes pensadores cristianos, Agustín luchó por entender la relación entre la fe y la razón. Muchos apologetas tienden a enfatizar el impacto de Agustín en la fe y a restarle importancia a su afirmación de la razón en la proclamación y defensa del evangelio (ver Fideísmo; Apologética presuposicional). Enfatizan los pasajes en los que el obispo de Hipona anteponía la fe a la razón, como "Creo para poder entender". De hecho, Agustín dijo: "Creo… Luego, entiendo" (On the Creed [El Credo], pág. 4). Porque "si quisiéramos primero conocer y después creer, no seríamos capaces ni de conocer ni de creer" (On the Gospel of John [Tratados del Evangelio de Juan], 27.9).

Sin embargo, estos pasajes tomados por sí solos dejan la impresión equivocada de la enseñanza de Agustín sobre el papel de la razón en la Fe Cristiana. Agustín también sostuvo que hay un sentido en el que la razón viene antes que la fe. Afirmó que "nadie cree si no ha pensado que debe creer". Por lo tanto, "el creer mismo es pensar asintiendo" (On Free Will [Libre albedrío], 5). Proclamó la superioridad de la razón cuando escribió: "Dios está muy lejos de odiar en nosotros esa facultad por la que nos creó superiores al resto de los animales. Él nos libre de pensar que nuestra fe nos incita a no aceptar ni buscar la razón, pues no podríamos ni aun creer si no tuviésemos almas racionales" (Letters [Cartas], 120.3).

Agustín incluso usó la razón para elaborar una "prueba de la existencia de Dios". En Free Will, argumentó que "existe algo por encima de la razón humana" (2.6). La razón no solo puede probar que Dios existe, sino que también es útil para entender el contenido del mensaje cristiano. Porque "¿cómo puede alguien creer en él que predica la fe si él (sin mencionar los otros puntos) no entiende la misma lengua que habla [...] Nuestra comprensión contribuye a la creencia de lo que comprende" (citado en Przywara, pág. 59).

Agustín también usó la razón para eliminar las objeciones a la fe cristiana. Al hablar de alguien que tenía dudas antes de convertirse en creyente, escribió: "Se puede tolerar que se dedique a escudriñar la resurrección de los muertos antes de ser imbuido en los sacramentos cristianos". Además, "quizá se pueda conceder oportunidad a sus preguntas acerca de Cristo, a saber, por qué vino tan tarde, como otras pocas y grandes cuestiones ante las que ceden todas las demás" (Cartas, 120.1, 102.38). En resumen, Agustín creía que la razón humana se usa antes, durante y después de ejercer la fe en el evangelio.

Dios. Para Agustín, Dios es el autoexistente YO SOY EL QUE SOY. Es una sustancia increada, inmutable, eterna, indivisible y sobre todo perfecta (ver Dios, Naturaleza de). Dios no es una fuerza impersonal (ver Panteísmo) sino un Padre de carácter personal. De hecho, él es tres personas: Padre, Hijo y Espíritu Santo (ver Trinidad). En esta única sustancia eterna, no hay confusión de personas ni división en la esencia.

Dios es omnipotente, omnipresente y omnisciente. Él es eterno, ya que existe antes y más allá del tiempo. Es de trascendencia absoluta en el universo, pero se encuentra presente en cada parte del mismo, así como su causa sustentadora. Aunque el mundo tuvo un comienzo (ver Kalam, Argumento cosmológico), nunca hubo un momento en el que Dios no estuviese. Es un Ser Necesario que no depende de nada, pero de quien todo lo demás depende para su existencia. "Cuanto Él ha creado es bueno, lo decimos sin dudar, porque ha sido hecho por Él; pero es mutable, no por proceder de Él, sino por salir de la nada" (City of God [Ciudad de Dios], 12.3)

El origen y la naturaleza del universo. Según Agustín, el mundo se creó de la nada (ver Creación, Puntos de vista de la), a partir de la nada. La creación proviene de Dios, pero no fuera de Dios. "Por eso hiciste de la nada el cielo y la tierra, una cosa grande y otra pequeña; porque eres bueno y omnipotente para hacer todas las cosas buenas: el gran cielo y la pequeña

tierra. Existías tú y otra cosa, la nada, de donde hiciste el cielo y la tierra" (Confessions [Confesiones], 12:7). Por lo tanto, el mundo no es eterno. Tuvo un comienzo, pero no en el tiempo, sino con el tiempo. Porque el tiempo comenzó con el mundo. No había tiempo antes del tiempo. Cuando se le preguntó qué hizo Dios antes de crear el mundo de la nada, Agustín respondió que como Dios era el autor de todos los tiempos, no existía un tiempo antes de que creara el mundo. No fue la creación en el tiempo, sino la creación del tiempo lo que Dios hizo en sus acciones iniciales (ibid., 1.13). Así que Dios no estaba haciendo (actuando, creando) nada antes de crear el mundo. Solo estaba siendo Dios.

Milagros. Desde que Dios creó el mundo, puede intervenir en él (ver Milagros). De hecho, lo que llamamos naturaleza es solo la forma en que Dios trabaja con frecuencia en su creación. "Si esto sucede de un modo regular, semejante a un río de curso tranquilo, que en su apacible corriente refleja secretos recónditos y de la superficie vuelve a sumergirlos en sus profundidades, entonces estos sucesos son naturales". Pero "si, para lección de los hombres, suceden de una manera inusitada, se llaman milagros" (On the Trinity [La Trinidad], 3.6). Pero incluso las actividades regulares de la naturaleza son obra de Dios.

Y ¿quién hace ascender la humedad de la tierra por las barbillas de la cepa y la convierte en vino exquisito, sino el Dios que da el incremento cuando el hombre planta y riega? Pero, si a una indicación del Señor el agua se convierte instantáneamente en vino, hasta los miopes confiesan ser la virtud divina la que actúa (ibid., 3.5).

El mal. El mal es real, pero no es una sustancia (ver Mal, Problema del). El origen del mal es la rebelión de las criaturas libres contra Dios (ver Mal, Problema del). "Hasta tal punto, el pecado es un mal voluntario, que de ningún modo sería pecado si no tuviese su principio en la voluntad" (Of True Religion [De la verdadera religión], 14). Por supuesto, Dios creó todas las cosas buenas y les dio a sus criaturas morales el poder del libre albedrío. Sin embargo, el pecado surgió cuando "la voluntad que se aparta del bien inconmutable y común y se convierte hacia sí, o a un bien exterior o inferior, peca" (On Free Will, 2.53). Al elegir el bien menor, las criaturas morales provocaron la corrupción de las sustancias buenas. El mal, entonces, por naturaleza es una falta o privación del bien. El mal no existe en sí mismo. Como un parásito, el mal existe solo como una corrupción de las cosas buenas. "¿Quién dudará de que todo eso a lo que llamamos mal no es otra cosa que la corrupción? Ciertamente los distintos males pueden designarse con distintos términos, pero el mal de todas las cosas en las que se puede advertir alguno es la corrupción" (Against Epistle of the Manichaeans [Escritos antimaniqueos], 38).

El mal es la ausencia de cosas buenas. Es como la putrefacción de un árbol o la herrumbre del hierro. Corrompe las cosas buenas sin tener una naturaleza propia. De esta manera, Agustín respondió al dualismo de la religión maniquea, que declaraba que el mal es una realidad coetánea, pero opuesta al bien.

Evaluación. Agustín ha sido criticado por diversas razones, pero quizás más que nada es culpable de una aceptación acrítica del pensamiento platónico y neo-platónico (ver Plotino). Incluso rechazó algunos de sus propios puntos de vista platónicos anteriores en su obra Retractions [Las Retractaciones], escrito al final de su vida. Por ejemplo, una vez aceptó la doctrina de Platón sobre la preexistencia del alma y el recuerdo de las ideas de una existencia anterior.

Por desgracia, hubo otras ideas platónicas que Agustín nunca repudió. Estas incluyen un dualismo platónico de cuerpo y alma en el que los seres humanos son un alma y solo tienen un cuerpo. Además de esto, Agustín tenía una visión muy ascética de los deseos físicos y el sexo, incluso en el contexto del matrimonio.Además, la epistemología de las ideas innatas de Agustín ha sido impugnada por los empiristas modernos (ver Hume, David), al igual que su visión del iluminismo. Inclusive algunos teístas se preguntan si su prueba de Dios a partir de la verdad en realidad funciona, preguntándose por qué se necesita una Mente absoluta como fuente de una verdad absoluta.

Fuentes
Agustín, Against the Epistle of the Manichaeans [Escritos antimaniqueos].
———, *The City of God [La ciudad de Dios].*
———, *Confessions [Las confesiones].*
———, *Letters [Cartas].*
———, *Of True Religion [La verdadera religión].*
———, *On Christian Doctrine [La doctrina cristiana].*
———, *On Free Will [El libre albedrío].*
———, *On Predestination [La predestinación de los santos].*
———, *On the Creed [El credo].*
———, *On the Gospel of John [Tratado sobre el evangelio de Juan].*
———, *On the Morals of the Catholic Church [Las costumbres de la iglesia católica].*
———, *On the Trinity [La Trinidad].*
N. L. Geisler, *What Augustine Says [¿Qué dice San Agustín?].*
E. Przywara, ***An Augustine Synthesis*** [Síntesis de Agustín].

Albright, William F. En el último siglo, a William Foxwell Albright (1891-1971) se le llamó el decano de los arqueólogos bíblicos americanos. Nacido en Chile de misioneros metodistas, recibió su doctorado de la Universidad Johns Hopkins en 1916. Entre las principales obras se encuentran: From Stone Age to Christianity [De la Edad de Piedra al Cristianismo], Archaeology and the Religion of Israel [Arqueología y la Religión de Israel], The Archaeology of Palestine and the Bible [Arqueología de Palestina y la Biblia], Yahweh and the Gods of Canaan [Yahvé y los dioses de Canaán], The Excavation at Tell Beit Mirsim [La Excavación en Tell Beit Mirsim], y Archaeology of Palestine [Arqueología de Palestina]. Escribió numerosos artículos y extendió su influencia como editor del Bulletin of the American School of Oriental Research [Boletín de la Escuela Americana de Investigación Oriental] de 1931 a 1968. Fue líder de la Escuela Americana de Investigación Oriental (ASOR, por sus siglas en inglés) durante unos cuarenta años.

Importancia apologética. La influencia de Albright en la apologética bíblica fue enorme y reflejó su propio movimiento teológico de protestante liberal a conservador. Su trabajo destruyó muchos viejos puntos de vista críticos liberales (ver Biblia, Crítica a la), que ahora pueden ser llamados prearqueológicos. A través de sus descubrimientos e investigaciones, Albright concluyó que "el contenido de nuestro Pentateuco es, en general, mucho más antiguo que la fecha en que fue editado en forma definitiva; nuevos descubrimientos continúan confirmando la exactitud histórica de la antigüedad literaria de forma detallada. Incluso cuando es necesario asumir adiciones posteriores al núcleo original de la tradición mosaica, estas adiciones reflejan el crecimiento normal de las antiguas instituciones y prácticas, o el esfuerzo hecho por los escribas posteriores para salvar lo más posible de las tradiciones existentes sobre Moisés. Por consiguiente, es pura hipercriticidad negar el carácter sustancialmente mosaico de la tradición del Pentateuco". (Archaelogy of Palestine [Arqueología de Palestina], pág. 225).

Asimismo, "los relatos de los patriarcas, de Moisés y del éxodo, de la conquista de Canaán, de los juicios, de los reyes, del exilio y de la restauración, han sido confirmados e ilustrados hasta un punto que habría creído imposible hace cuarenta años" (Interview [Entrevista], pág. 1329). "Aparte de unos pocos empedernidos entre los estudiosos más antiguos, apenas hay un solo historiador bíblico que no se haya impresionado por la rápida acumulación de datos que apoyan la sustancial historicidad de la tradición patriarcal" (Biblical Period [Periodo bíblico], pág. 1).

"No puede haber duda de que la arqueología ha

confirmado la sustancial historicidad de la tradición del Antiguo Testamento" (*Archaeology and the Religion of Israel* [Arqueología y la Religión de Israel], pág. 176). Los Manuscritos del Mar Muerto prueban "de manera concluyente que debemos tratar el texto consonántico de la Biblia hebrea con el mayor respeto y que la libre enmienda de pasajes difíciles en los que los eruditos críticos actuales se han complacido no puede ser tolerada por más tiempo" (*Recent Discoveries in Bible Lands* [Descubrimientos recientes en las tierras bíblicas], pág. 128). "Gracias a los descubrimientos de Qumrán, el Nuevo Testamento demuestra ser de hecho lo que antes se creía: la enseñanza de Cristo y sus seguidores inmediatos entre los años 25 y 80 d. C." (*From Stone Age to Christianity* [De la Edad de Piedra al cristianismo], pág. 23). Respecto a la unidad de Isaías, Albright afirmó que "muchos pasajes de Isaías 40, 66 denuncian la idolatría como un mal existente en Israel (por ejemplo 44:9-20; 51:4-7; 65:2, 3; 66:17). ¿Cómo se pueden reconciliar estos pasajes con una teoría de la autoría posterior a la época del Exilio ya que es evidente que la idolatría nunca se reintrodujo en Judá después de la restauración? [...] A mi parecer, nada en Isaías 40, 66 es posterior al siglo VI" ("William Albright", pág. 360).

Respecto a la datación del Nuevo Testamento, dijo: "En mi opinión, cada libro del Nuevo Testamento lo escribió un judío bautizado entre los años cuarenta y ochenta del siglo I d. C. (con gran probabilidad, entre los años 50 y 75 d. C.)" (ibid., pág. 359). En el artículo "Recent Discoveries in Palestine and the Gospel of St. John" [Descubrimientos recientes en Palestina y el Evangelio de San Juan], Albright argumentó que la evidencia en Qumrán muestra que los conceptos, la terminología y la mentalidad del Evangelio de Juan pertenecieron con probabilidad a principios del primer siglo (ver Nuevo Testamento, Datación del).

Conclusión. Desde un punto de vista apologético, el eminente y respetado arqueólogo apoya con firmeza los pilares de la apologética histórica. Con cierta incertidumbre sobre la transmisión del registro oral del Pentateuco, Albright cree que tanto las evidencias hasta la fecha como los hallazgos anticipados mostrarán que ambos testamentos son históricamente fiables. Las fechas de estos libros son antiguas. Tanto la profecía predictiva del Antiguo Testamento como la historicidad de la historia de Cristo y la primera iglesia en el Nuevo Testamento se validan gracias a la arqueología moderna (ver Hechos, Historicidad del libro de los; Biblia, Evidencias a favor de la; Nuevo Testamento, Historicidad del).

Fuentes
W. F. Albright, *Archaeology and the Religion of Israel*

[Arqueología y la Religión de Israel].

————, *The Archaeology of Palestine [Arqueología de Palestina]*.

————, *The Biblical Period [Periodo bíblico]*.

————, *From Stone Age to Christianity [De la Edad de Piedra al cristianismo]*.

————, *Interview [Entrevista]*.

————, *Recent Discoveries in Bible Lands [Descubrimientos recientes en las tierras bíblicas]*.

————, *"Recent Discoveries in Palestine and the Gospel of St. John" [Descubrimientos recientes en Palestina y el Evangelio de Juan]*.

————, *"William Albright"*.

H. H. Vos, *"Albright, William Foxwell"*.

Alma, Inmortalidad del. *Ver* INMORTALIDAD.

Alta crítica. *Ver* BIBLIA, CRÍTICAS A LA; CRÍTICA DE REDACCIÓN DEL ANTIGUO TESTAMENTO; SPINOZA, BENEDICT; WELLHAUSEN, JULIUS.

Altizer, Thomas J. J. G. W. F. *Hegel (1770-1831) escribió que "Dios está muerto" (Hegel, pág. 506), y Friedrich *Nietzsche (1844-1900) tomó la idea muy en serio. Escribió: "¡Dios está muerto! ¡Dios sigue muerto! Y lo hemos matado" (Nietzsche, no. 125). En la década de 1960, Thomas J. J. Altizer señaló las implicaciones radiales de esta forma de ateísmo en su teología de la "muerte de Dios".

Existen varios tipos de ateísmo. El ateo tradicional cree que no existe ahora, ni nunca existió, un Dios (ver Feuerbach, Ludwig; Freud, Sigmund; Sartre, Jean-Paul). Los ateos semánticos afirman que el término Dios está muerto, que el lenguaje religioso no tiene sentido (ver Ayer, A. J.; Acognosticismo). Los ateos mitológicos, Nietzsche es uno de sus representantes, afirman el mito de que Dios estuvo una vez vivo, pero murió en el siglo XX. Los ateos conceptuales creen que existe un Dios, pero que está oculto a nuestra vista, siendo ensombrecido por nuestras construcciones conceptuales.

Los ateos prácticos sostienen que Dios existe, pero debemos vivir como si no existiera, no usando a Dios como una carga frente a nuestro fracaso para obrar de manera espiritual y responsable. Altizer era un ateo dialéctico. Sostenía que Dios en realidad vivió una vez, pero luego murió en nuestro siglo por etapas. Primero, Dios murió en la encarnación (cuando dejó el cielo y se hizo hombre). Luego murió en la cruz en la crucifixión. Al final, Dios murió en nuestra conciencia (los últimos cien años más o menos) (ver Ateísmo).

Fuentes
T. Altizer, *The Gospel of Christian Atheism* [El Evan-

gelio del Ateísmo Cristiano].

T. Altizer y W. *Hamilton, Radical Theology and the Death of God* [Teología radical y la muerte de Dios].

N. *L. Geisler y W. Corduan, Philosophy of Religion* [Filosofía religiosa].

G. *W. F. Hegel, The Phenomenology of Spirit* [La fenomenología del espíritu].

F. *Nietzsche, Joyful Wisdom* [Sabiduría gozosa].

J. *A. Robinson, Honest to God* [Honestidad para Dios].

Analogía, Principio de. El principio de analogía se utiliza en diferentes sentidos. Una es la regla del historicismo, establecida por el historiador y teólogo liberal Ernst *Troeltsch (1865-1923), de que la única manera de conocer el pasado es mediante la analogía en el presente. La implicación de esta regla es que, dado que los tipos de milagros realizados en la Biblia no tienen lugar hoy en día, tampoco podemos saber si se realizaron en el pasado. Para una discusión de este principio y sus dificultades, ver el artículo Troeltsch, Ernst. La otra forma en que se utiliza este término es como un principio fundamental de la razón (ver Primeros principios). Se considera aquí el principio en este sentido.

El principio de analogía. El principio de analogía establece que un efecto debe ser similar a su causa. El producto es similar a su origen. Un efecto no puede ser del todo diferente de su causa. Un hecho (o un actor) expresa la realidad. Esto afirma que la Causa de todo ser (Dios) debe ser como los seres que él origina. Lo que niega que Dios pueda ser del todo diferente (equívoco) de sus efectos porque el Ser que origina todos los demás seres no puede traer a la existencia algo que no sea como él. El Ser origina el ser.

Asimismo, la analogía afirma que Dios no puede ser del todo igual a sus efectos, ya que en este caso serían idénticos a Dios. Sin embargo, lo creado no puede ser idéntico a lo no creado, ni lo finito a lo infinito. Por lo tanto, Dios el Creador de todo ser debe ser similar a las criaturas que ha hecho. Asimismo, nuestros juicios sobre Dios, si son exactos, no son ni del todo iguales ni del todo diferentes; deben ser similares (análogos). El lenguaje religioso análogo, entonces, es la única manera de preservar el verdadero conocimiento de Dios. El hablar sobre Dios de forma unívoca es imposible, y el hablar sobre Dios de forma equívoca es inaceptable y autodestructivo. Solo la analogía evita las trampas de cada uno y proporciona un entendimiento genuino de Dios. Como declaró Tomás de Aquino: "El nombre de Dios [...] no se toma en sentido unívoco o equívoco, sino análogo. Es evidente por lo siguiente. Porque los unívocos tienen completamente el mismo concepto; en los equívocos, completamente diverso; en los aná-

logos, en cambio, es necesario que el nombre tomado con una significación se mantenga en su definición, aunque sea tomado con otros significados" (Summa Theologica [Suma de Teología], 1a. 13, 10).

La base de la analogía. La analogía preserva un verdadero conocimiento de Dios porque está enraizada en la naturaleza misma de las expresiones propias de Dios. Por supuesto, Dios solo puede expresarse a sus criaturas en otras formas que no sean las suyas. Por lo tanto, por su propia naturaleza tal expresión o manifestación de Dios será limitada, mientras que Dios mismo es ilimitado. Sin embargo, una expresión sobre Dios debe expresar a Dios. Por lo tanto, la analogía fluye de la naturaleza misma del proceso de autorrevelación de Dios.

Analogía basada en la causalidad. La similitud entre el Creador y la criatura se basa en la relación causal entre ellos (ver Causalidad, Principio de). Dado que Dios es la existencia pura (el Ser), y puesto que causa todas las demás existencias (los seres), debe haber una similitud entre Él como la Causa eficiente y sus efectos. Porque una causa se expresa a sí misma a través de un efecto. El Ser causa el ser. La causa del ser debe ser un ser. Porque no puede dar lo que no tiene, no puede producir la realidad que no posee. Por lo tanto, aunque la Causa es el Ser infinito y el efecto es el ser finito, el ser del efecto es similar al Ser que lo causó. La analogía se basa en la causalidad eficiente. Porque "no podemos nombrar a Dios a no ser partiendo de las criaturas, como ya se dijo. Y así, todo lo que se dice de Dios y de las criaturas se dice por la relación que la criatura tiene con Dios como principio y causa, en quien preexisten de modo sublime todas las perfecciones de las cosas" (ibid., 1a. 13, 5).

Lenguaje de la analogía. Hay dos razones por las que las afirmaciones hechas acerca de Dios sobre la base de la revelación general (ver Revelación general) son solo análogas. Primero, es el asunto de la causalidad. Los argumentos para la existencia de Dios son argumentos de efecto a causa eficiente de su ser (ibid., 1a. 2, 3; ver Dios, Evidencias de). Ya que los efectos obtienen su realidad de Dios (que es Realidad Pura), deben ser similares a él. Porque la realidad expresa y produce la realidad.

Segundo, la Realidad Pura (Dios) no puede crear otra Realidad Pura. La Realidad Pura no se crea, y es imposible crear un Ser no creado. Pero si la realidad no creada no puede crear otra Realidad Pura, entonces debe crear una realidad con potencialidad (Aquino, On Being and Essence [El ente y la Esencia]). Por lo tanto, todos los seres creados deben estar compuestos de realidad y potencialidad. Tienen existencia real y tienen potencial para no existir. Todo lo que entra en la existencia puede salir de ella. Sin embargo, si todos los seres creados tienen un potencial que limita su existencia, entonces son tipos limitados de existencia, y su Causa no creada es un tipo ilimitado de existencia.

Por lo tanto, debe haber una diferencia entre las criaturas y su Creador. Ellos tienen limitaciones (potencia), y él no. De ello se deduce que, al hacer afirmaciones sobre Dios basadas en lo que ha revelado de sí mismo en su creación, hay una gran condición: Dios no es como su creación en sus potencialidades sino solo en su realidad. Este elemento negativo se llama "el camino de la negación" (medio negativo), y toda charla adecuada sobre Dios debe suponerlo. Esta conclusión surge de la naturaleza misma de las pruebas de la existencia de Dios. Podemos afirmar lo positivo y lo negativo como dos proposiciones.

Dios es una Causa. Este es el elemento positivo de la similitud en la analogía criatura-creador. Cualquier existencia que exista es como la realidad que la originó.

Dios es una causa no causada. Este es el elemento negativo. La misma negación debe ser tenida en cuenta cuando se consideran otros atributos de Dios que surgieron del argumento de su existencia. Como dijo Aquino: "Ninguna criatura siendo finita, puede ser adecuada para el primer agente que es infinito" (On the Power of God [El poder de Dios], 7.7). Dios es la causa infinita de toda la existencia finita. No obstante, infinito significa no finito; también es una negación. Dios es lo eterno, que no es terminal o no temporal, la Causa. Algunas de las negaciones no son evidentes de inmediato. Dios es la simple Fuente de todo ser complejo. Sin embargo, "simple" aquí significa que no es complejo. Sabemos que las criaturas son contingentes y que Dios es necesario, pero por "necesario" solo queremos decir que Dios no es contingente. No tenemos conceptos positivos en nuestra experiencia que puedan expresar la dimensión trascendente de las ilimitadas características metafísicas de Dios.

Por lo tanto, la analogía con la que hablamos de Dios siempre contendrá un elemento de negación. La criatura es como Dios porque la realidad expresa realidad, pero a diferencia de Dios porque tiene una potencialidad limitante que Dios no tiene. Él es la Realidad Pura.

Tipos de analogías. Hay que distinguir dos tipos básicos de analogía: extrínseca e intrínseca. La analogía entre Dios y la creación se basa en una analogía intrínseca. De lo contrario, no habría ninguna similitud real.

No hay ninguna similitud real entre dos partes en una analogía extrínseca. Solo una cosa posee la característica; la otra se considera así por su relación con ella. Esto puede explicarse mejor mirando los tipos de analogía extrínseca.

La analogía extrínseca se basa en la causalidad eficiente. Esta analogía se llama "analogía por atribución extrínseca". La característica solo se atribuye a la causa porque la causa produce la característica en el efecto. No posee en realidad la característica. Algunos alimentos se consideran "saludables" porque favorecen la salud del cuerpo, no porque cualquier alimento en sí mismo sea en realidad saludable.

Esta analogía no aporta ninguna base real para el conocimiento de Dios. Solo nos dice lo que la causa puede producir, no la característica que en realidad posee. En este tipo de analogía, Dios podría ser considerado bueno solo porque produce cosas buenas, pero no porque sea bueno en sí mismo. Por lo tanto, la analogía basada en la atribución extrínseca nos deja en un estado de agnosticismo sobre Dios.

Dios y las criaturas. Toda charla descriptiva y significativa sobre Dios se basa en la analogía de la atribución intrínseca, por la cual las criaturas son como el Creador debido a la relación causal entre ellas.

Aquino escribió: "Es necesario encontrar entre unos y otras alguna semejanza, pues de la naturaleza de la acción nace que el agente produzca algo semejante a sí, ya que todo ser obra en cuanto está en acto" (Summa contra Gentiles [Suma contra los gentiles], I, 29, 2). Hay que comprender los rasgos importantes de esta relación.

Una relación causal. La relación entre Dios y el mundo es causal. En los nombres dados tanto a Dios como a las criaturas "Ha quedado en claro que, en lo común de estos nombres, existe un orden de causa a causado" (ibid., I, 33). Por lo tanto, "todo lo que se dice de Dios y de las criaturas se dice por la relación que la criatura tiene con Dios como principio y causa" (ibid., I, 13, 5). La causalidad es una relación de dependencia, no de dualismo. Las criaturas poseen la característica solo porque la obtuvieron del Creador. En pocas palabras, la Causa del ser compartió con los seres que trajo a la existencia. Aparte de esta relación causal de dependencia, no habría ningún atributo común y compartido entre el Creador y las criaturas.

Una relación intrínseca. La relación causal entre Dios y los seres humanos es real. La similitud se basa en el hecho de que tanto la causa como el efecto tienen la misma característica, el efecto lo obtiene de la causa. Dios no se considera bueno, por ejemplo, solo porque haya hecho cosas buenas. Esto sería una relación causal extrínseca, como el aire caliente que endurece la arcilla. El aire no es duro; solo hizo que el efecto fuera duro. El mismo aire caliente hace que la cera se ablande.

En cambio, Dios es bueno, y por lo tanto un ser

humano tiene una fuente del bien. Tanto el aire caliente como la arcilla se calientan, porque el calor da calor. La producción de calor es una relación causal intrínseca. Este tipo de relación causal existe entre Dios y la creación.

Toda la creación es como Dios en la medida en que es real, pero es diferente de Dios en la medida en que está limitada por su potencialidad para recibir su semejanza. Un escultor, la causa, no puede obtener el mismo efecto en el pudín que en la piedra, aunque se imponga la misma forma en ambos. El pudín no tiene el mismo potencial que la piedra para recibir una forma estable y duradera. La similitud entre Dios y una criatura dependerá del potencial limitado de la criatura para recibir su existencia. Por lo tanto, las criaturas difieren de Dios en su potencial, pero son como (aunque no idénticas a) Dios en su realidad.

Una relación esencial. La relación causal entre Dios y el mundo es per se, no per accidens. Es decir, es una relación esencial, no accidental. Dios es la causa del ser del mundo, no solo la causa de lo que llegue a ser.

Una relación causal accidental es aquella en la que solo existe una relación no esencial entre la causa y el efecto. Los músicos dan a luz a no músicos. La habilidad musical no es un elemento esencial de la relación entre padre e hijo. De modo que no puede decirse que haya una relación esencial entre dos grandes violinistas, aunque sean madre e hija, e incluso si la genética y la crianza contribuyeron a los logros de la hija.

Sin embargo, los humanos dan a luz a los humanos. Las características de la humanidad fueron esenciales para la relación de esas madres e hijas de músicos. La hija pudo haber nacido sorda, pero no pudo haber nacido felina. La humanidad es una relación causal esencial. Las características esenciales de la humanidad son adquiridas tanto por la causa como por el efecto. Este es el tipo de relación causal que existe entre Dios y sus criaturas.

Una causa eficiente. La causa eficiente es una causa por la cual algo llega a ser. Una causa instrumental es aquella a través de la cual algo llega a ser. El estudiante es la causa eficiente del examen completado; el lapicero del estudiante es solo la causa instrumental. Por lo tanto, en el examen, se verá reflejado los pensamientos del estudiante, no a ninguna idea dentro del lapicero, incluso si estuviera equipado con una poderosa microcomputadora. El taller se parece al plano en la mente del carpintero, no al martillo del carpintero. Por lo tanto, no hay una conexión necesaria entre una causa instrumental y su efecto, solo entre la causa eficiente y su efecto.

Lo mismo puede decirse de la causa eficiente en contraposición a la causa material. La causa material es aquella de la que surge algo. El sol produce calor, que es una causa eficiente del calor absorbido por el trozo de arcilla que se hornea en la piedra. El calor del sol es una causa material de la dureza que se produce cuando la arcilla se quema en una roca. Sin embargo, la dureza no es causada por el calor del sol. La dureza ni siquiera es causada "de forma eficiente" por las condiciones materiales de la arcilla. Esa es otra clase de causa material. La causa eficiente de la arcilla endurecida es el Dios que diseñó la física por la cual la arcilla reacciona al calor.

Además, solo porque Dios creó el cuerpo de Adán a partir de la materia (su causa material) no significa que Dios sea un ser material. Las causas eficientes no necesitan parecerse a sus efectos más que las mentes de Wilbur y Orville Wrights tenían alas y un fuselaje. Un avión está hecho de materia, pero la mente que lo diseñó, no. Las palabras visibles y materiales de esta página se asemejan a mi mente (su causa eficiente), pero mi mente no está hecha de papel y tinta. De la misma manera, el Dios invisible (causa eficiente) no es como el mundo visible (causa material), ni el mundo material es como el Dios inmaterial (Juan 4:24).

La razón por la que solo algunas cualidades se aplican a Dios. Solo estas características (autenticidad, compasión, libertad, bondad, santidad, inmanencia, conocimiento, amor, rectitud, sabiduría) se aplican a la realidad humana más que a la potencialidad humana. De modo que solo estas fluyen de la causalidad eficiente, esencial, principal e intrínseca de Dios. Otros seres tienen estas cualidades; pero Dios es estas cualidades. Solo estas características pueden ser aplicadas en forma adecuada a un Ser ilimitado. Las cosas son como Dios en su existencia, pero no en su potencialidad porque Dios no tiene ninguna potencialidad. Él es Realidad Pura. Por lo tanto, solo su realidad es como Dios.

La aplicación de las palabras al infinito. Las palabras divorciadas de su condición finita están desprovistas de significado. Esto significa que toda la charla de Dios sobre analogías o cualquier otra cosa no tiene sentido porque los conceptos no pueden aplicarse a un Ser infinito y trascendente. Tal crítica pasa por alto la distinción entre un concepto y su predicción. El concepto detrás de una palabra sigue siendo el mismo; solo cambia la forma en que se predica. Los significados de las palabras bondad, ser y belleza pueden aplicarse a la realidad finita, y pueden aplicarse a Dios; cuando se usan en el escenario divino, las palabras se extienden sin límites. El ser sigue siendo ser, y la bondad sigue siendo bondad; en aplicación a la esencia de Dios, se liberan de cualquier modo limitante de significación. Debido a que la perfección denotada por algunos términos no implica en absoluto ninguna limitación, no hay razón para que la perfección no pueda ser predicada de un Ser ilimitado. Según las palabras de Aquino, lo que significa es lo mismo; solo el modo de significado es diferente.

Analogía y causalidad. Se argumenta que la analogía se basa en la cuestionable premisa de la causalidad. En efecto, Aquino basa la analogía en la similitud que debe existir entre una causa eficiente y su efecto. Esto es cierto porque el Ser se comunica solo con el ser. La Causa de la existencia no puede producir la perfección que no se "posee" a sí misma. Si Dios causa bondad, entonces debe ser bueno. Si causa existencia, entonces debe existir. De lo contrario, la consecuencia absurda es que Dios da lo que no tiene que dar.

Adaptación de las palabras al infinito. Una predicción análoga de Dios no identifica el elemento unívoco. Al establecer una analogía entre lo finito y lo infinito, debemos ser capaces de aislar ese atributo o cualidad "unívoca" que ambos comparten. Además, podemos identificar el elemento básico, aunque tenemos que dejar de lado las limitaciones de nuestro pensamiento al aplicarlo a su Realidad Pura, ya que la predicción de una perfección de un Ser infinito no puede hacerse de la misma manera que la de un ser finito porque no tiene cualidades de manera finita. La objeción se aplicaría a los conceptos equívocos, aquellos que no pueden aplicarse tanto a Dios como a la creación, pero no es cierto para los conceptos unívocos que tienen predicciones analógicas. Uno debe tener una comprensión unívoca de lo que se predica. Debo tener cuidado con mi definición de amor cuando digo que "yo amo" y que "Dios es amor". La única manera de evitar el equívoco al predecir la misma cualidad a los seres finitos y al Ser infinito es predicarlo de forma apropiada al modo de ser que cada uno es.

La relación entre el Creador y la criatura. La verdadera relación entre el Creador y las criaturas no es expresada de forma unívoca. Esta crítica no distingue entre la cosa manifestada y el modo de su expresión. El concepto de ser o existencia se entiende como lo mismo, ya sea que nos refiramos a Dios o a un ser humano. Es "lo que es o existe". Dios existe y una persona también existe; eso es lo que tienen en común. Así que el concepto de ser es unívoco para ambos. Sin embargo, Dios existe de forma infinita e independiente, mientras que un ser humano existe de forma finita y dependiente; en esto son diferentes. El hecho de que ambos existan se concibe de forma unívoca; la forma en que cada uno de ellos existe se predica de forma analógica. Porque Dios existe por necesidad, y las criaturas existen de forma contingente.

Conclusión. El lenguaje religioso no solo evoca una experiencia sobre Dios que no nos dice nada sobre quién es "Dios". El hablar de Dios es unívoco, equívoco o analógico. No puede ser equívoco ya que sabemos algo sobre Dios. La aseveración "No podemos hacer ninguna afirmación significativa sobre Dios" implica que sabemos lo que la palabra Dios significa en el contexto de otras palabras. Por la misma razón, el hablar de Dios no puede ser unívoco, dado que no podemos predicar un atributo de un Ser infinito de la misma manera que lo hacemos con un ser finito. Dios es "bueno", por ejemplo, de forma ilimitada. Las criaturas pueden ser "buenas" de una forma limitada y reflexiva. Ambas son buenas, pero no de la misma forma.

Sin embargo, si la charla de Dios no es ni unívoca ni equívoca, entonces debe ser analógica. Esta analogía de similitud se basa en las relaciones entre el Creador y la criatura. Por ser la Causa del ser, Dios es el Ser. No puede dar lo que no tiene. El Ser origina al ser; la Realidad Pura materializa otras realidades. Como Dios no puede originar otro Ser Necesario como él, debe originar seres contingentes. Sin embargo, los seres contingentes, a diferencia de un Ser Necesario, tienen la potencialidad de no serlo. Por lo tanto, mientras que Dios es Realidad Pura, todo lo demás es una combinación de realidad y potencialidad limitante de no ser.

Por lo tanto, cuando predicamos a Dios las cosas a partir de la creación, no podemos predicar ninguna de sus limitaciones. Solo podemos atribuir la existencia de la criatura recibida del Creador. En este sentido, las criaturas son a la vez parecidas y diferentes a Dios. Eso abre la puerta al entendimiento por analogía.

Las únicas alternativas a la analogía son el escepticismo o el dogmatismo: O bien no sabemos nada de Dios, o asumimos que conocemos las cosas de la misma manera infinita en que él las conoce.

Fuentes

T. Aquinas, *On Being and Essence* [El ente y la esencia].

———, *On the Power of God* [El poder de Dios].

———, *Summa contra Gentiles* [Suma contra los Gentiles].

———, *Summa Theologica* [Suma Teológica].

K. Barth, Anselm: Fides Quaerens Intellectum [Anselmo: La fe busca el entendimiento].

F. Ferre, "Analogy" [Analogía].

N. L. Geisler, *Thomas Aquinas: An Evangelical Appraisal* [Tomás de Aquino: Una valoración evangélica].

N. L. Geisler y W. Corduan, *Philosophy of Religion* [Filosofía de la Religión], parte 3.

R. McInerny, *The Logic of Analogy* [La lógica de la analogía].

B. Mondin, *The Principle of Analogy in Protestant and Catholic Theology* [El principio de la analogía

en la teología protestante y católica].
J. *D. Scotus, Philosophical Writings* [Escritos filosóficos].

Aniquilacionismo. El aniquilacionismo es la doctrina que indica que las almas de los malvados serán eliminadas de la existencia en lugar de ser enviadas a un infierno eterno y consciente. La existencia de los impenitentes se extinguirá, mientras que los justos entrarán en la dicha eterna (ver Infierno).

Anselmo. Anselmo de Canterbury (1033-1109) nació en Aosta, Piamonte (Inglaterra). Se convirtió en prior en un monasterio benedictino y más tarde fue nombrado arzobispo de Canterbury (1093). Las principales obras de Anselmo incluyen el Prologium [Proslogion], Monologion, Cur Deus Homo? y Truth [La verdad]. Desde el punto de vista filosófico, sus obras de Platón (428-348 a. C.) moldearon las ideas de Anselmo. Desde el punto de vista teológico, los escritos de Agustín fueron formativos respecto a su pensamiento. Sin embargo, Anselmo fue un pensador original que creó uno de los argumentos más creativos, controvertidos y duraderos para la existencia de Dios: el argumento ontológico.

Fe y Razón. La visión de Anselmo de la fe y la razón fue influenciada por la "fe que busca el entendimiento" de Agustín. Sin embargo, el fundamento de la razón de Anselmo en su propia base no fue alcanzado por Agustín. De hecho, el antiguo método de enseñanza de razonamiento encuentra sus raíces en la dialéctica filosófica de Anselmo. Sus argumentos a favor de Dios son un ejemplo de ello, sobre todo el argumento ontológico, que comenzó en la meditación y terminó con uno de los más sofisticados y sutiles argumentos a favor de Dios jamás ideados (ver Dios, Evidencia de; Dios, Objeciones a las pruebas de).

Los argumentos de Anselmo sobre Dios. Aunque es más famoso por su argumento ontológico sobre Dios, Anselmo tenía muchos otros argumentos sobre Dios (en su Monologion). Sus argumentos van desde la bondad hasta un Bien Supremo y desde lo más cercano a la perfección hasta el Más Perfecto Ser. Su argumento que va desde la existencia hasta una Causa mayor de una existencia es el siguiente:

1. Algo existe.
2. Lo que existe, existe a través de la nada o a través de algo.
3. Pero nada no puede causar algo; solo algo lo puede causar.
4. Y este algo es uno o varios.
5. Si son varios, dependen entre sí o todos dependen de uno para su existencia.

6. No pueden ser dependientes entre sí para su existencia porque algo no puede existir a través de un ser al que le confiere existencia.
7. Por lo tanto, debe haber un ser a través del cual todos los demás seres existen.
8. Este ser debe existir a través de sí mismo pues todo lo demás existe a través de él.
9. Y lo que existe a través de sí mismo existe en el grado más elevado de todos.
10. Por lo tanto, existe un Ser muy perfecto que existe en el grado más elevado de todos.

Con la excepción de las dos últimas premisas, que son platónicas al hablar de grados de ser, este argumento podría haber sido expresado (y hasta cierto punto lo fue) por Tomás de Aquino.

Argumentos ontológicos de Anselmo. La contribución más famosa de Anselmo fue su(s) argumento(s) ontológico(s), aunque el mismo Anselmo nunca los nombró así. Immanuel *Kant lo hizo muchos siglos después, creyendo que contenían una falacia ontológica.

La primera forma del argumento ontológico de Anselmo fue a partir de la idea de un Ser del todo perfecto. Tiene esta forma:

1. Dios es, por definición, aquello que no se concibe como algo más grandioso.
2. Es más grandioso existir en la realidad que existir solo en la mente.
3. Por lo tanto, Dios debe existir en la realidad. Si no existiera, no sería lo más grandioso posible.

La segunda forma del argumento ontológico surgió del debate amistoso de Anselmo con otro monje llamado Gaunilo. Se argumenta a partir de la idea de un Ser Necesario.

1. Dios es por definición un Ser Necesario.
2. Resulta lógico afirmar lo necesario del concepto de un Ser Necesario.
3. La existencia es necesaria por lógica para el concepto de un Ser Necesario.
4. Por lo tanto, un Ser Necesario (Dios) existe por necesidad.

Los pros y los contras de los argumentos ontológicos se abordan en otra parte (ver Argumento ontológico). Cualesquiera que sean sus méritos, el argumento ha tenido una larga e ilustre trayectoria y sigue vigente un milenio después.

Cristo. La obra de Anselmo llamada, Cur Deus Homo? (Why the God-Man? [¿Por qué Dios se hizo hombre?]), es un clásico en la historia del pensamiento cristiano. Es una defensa racional de la necesidad de la encarnación de Cristo en general y la visión penal de la expiación en particular. Es un tratado histórico de teología racional.

La influencia de Anselmo. La popularidad de Anselmo, sobre todo a través de su argumento ontológico, continúa, a pesar de los detractores como David *Hume e Immanuel Kant. Anselmo ha tenido un impacto positivo en muchos pensadores modernos y contemporáneos, incluyendo a René *Descartes, Benedict *Spinoza, Charles Harts-horne, Norman Malcolm, y Alvin Plantinga.

Resumen. Anselmo es un modelo de apologética tradicional o *clásica. Él creía en facilitar pruebas de la existencia de Dios. Además, creía que la evidencia histórica, confirmada por los milagros, podría ser facilitada para apoyar la verdad de la religión cristiana (ver Milagros, Valor Apologético de los). Anselmo es la antítesis del fideísmo y la apologética puramente presuntiva.

Anselmo era un niño de su época, que estaba dominado por la filosofía platónica. La idea de los grados de existencia y la existencia como una perfección es por lo general rechazada. Sin embargo, estos no son cruciales para su sistema de apologética clásica en su conjunto. De hecho, el argumento cosmológico de Anselmo del ser se compara con el de Aquino.

Fuentes

Anselm, *Cur Deus Homo?* [¿Por qué Dios se hizo hombre?]

———, *Monologion* [Monologion].

———, *Proslogium* [Proslogion].

———, *Truth* [La verdad].

K. *Barth, Anselm.* [Anselmo]

N. L. *Geisler and W. Corduan, Philosophy of Religion* [Filosofía religiosa], caps. 7-8.

I. *Kant, Critique of Pure Reason* [Crítica de la razón pura].

C. S. Lewis, *Mere Christianity* [Verdadero cristianismo].

Antiguo Testamento, Manuscritos del.

Los manuscritos del Antiguo Testamento no son tan cruciales para la apologética cristiana como los del Nuevo Testamento (ver Nuevo Testamento, Historicidad del; Nuevo Testamento, Manuscritos del). Sin embargo, su confiabilidad en general es importante, y los manuscritos desempeñan un papel crucial en el establecimiento de la confiabilidad del Antiguo Testamento. También ayudan a establecer la fecha de las profecías del Antiguo Testamento (ver Profecía, como prueba de la Biblia), que juegan un papel de respaldo en la defensa del cristianismo (ver Apologética, Argumento general de la). Al igual que el Nuevo Testamento, los manuscritos originales (el primero) del Antiguo Testamento no están disponibles, pero el texto hebreo está ampliamente representado por los manuscritos pre y poscristianos (ver Geisler, "Bible Manuscripts" [Manuscritos de la Biblia], 1:248-52). Como resultado, la confiabilidad del texto hebreo puede determinarse a partir de las pruebas disponibles en los manuscritos. Durante dos mil años de copiar el texto (500 a. C. a 1500 d. C.), los estudiosos judíos realizaron una increíble preservación de las tradiciones textuales.

Historia del texto del Antiguo Testamento. En el judaísmo, una sucesión de estudiosos se encargó de estandarizar y preservar el texto bíblico: Los Soferim (del hebreo que significa "escribas") eran estudiosos judíos y custodios del texto entre los siglos V y III a. C. Los Zugoth ("pares" de estudiosos textuales) fueron asignados a esta tarea en los siglos II y I a. C. El Talmud fue escrito gradualmente entre el 100 y el 500. Entre el 500 y el 950, los Masoretes añadieron los punteros vocálicos y la pronunciación al texto hebreo consonántico recibido de los Soferim, sobre la base de la Masora ("tradición") que se les había transmitido. Los masoretes eran escribas que codificaban y escribían las críticas orales y comentarios sobre el texto hebreo. Hubo dos grandes escuelas o centros de actividad masorética, cada uno de ellos es en gran medida independiente del otro, el babilónico y el palestino. Los masoretes más famosos fueron los estudiosos judíos que vivían en Tiberíades en Galilea, Moisés ben Asher (con su hijo Aarón), y Moisés ben Neftalí, a finales de los siglos IX y X. El texto de ben Asher es el texto estándar de la Biblia hebrea hoy en día como mejor representada por el Códice Leningradensis B19A (L) y el Códice Aleppo.

Hoy en día se trata del texto hebreo masorético estándar, el que se usa en la traducción de la Biblia. La edición estándar del texto masorético fue publicada por primera vez bajo la dirección de un cristiano hebreo, Jacobo ben Chayyim (aprox. 1525). Fue esencialmente una recensión del texto del Masorete ben Asher (aprox. 920) (ver Geisler y Nix, cap. 25).

El número de manuscritos. La primera colección de manuscritos hebreos, realizada por Benjamin Kennicott (1776-80) y publicada por Oxford, enumeraba 615 manuscritos del Antiguo Testamento. Más tarde, Giovanni de Rossi (1784-88) publicó una lista de 731 manuscritos. Los descubrimientos de los manuscritos más importantes de la época moderna son los de los de El Cairo Geniza (1890) y los de los Manuscritos del Mar Muerto (1947 y años siguientes). Solo en el ático de la sinagoga de El Cairo, geniza o almacén de manuscritos antiguos, se descubrieron doscientos mil manuscritos y fragmentos (Kahle, pág. 13, y Würthwein, pág. 25), de los cuales unos diez mil son bíblicos (Goshen-Gottstein, pág. 35). Según J. T. Milik, se conocen fragmentos de unos seiscientos manuscritos de los *Manuscritos del Mar Muerto, no todos bíblicos. Moshe Goshen-Gottstein estima que el número total de fragmentos de manuscritos hebreos del Antiguo Testamento en todo el mundo asciende a decenas de miles (ibid., 31).

Colecciones importantes. Cerca de la mitad de los doscientos mil fragmentos del manuscrito de El Cairo Geniza se encuentran en la Universidad de Cambridge. El resto está disperso por todo el mundo. La autoridad de El Cairo Geniza, Paul Kahle, ha identificado más de 120 manuscritos raros preparados por el grupo babilónico de escribas masoréticos.

La mayor colección de manuscritos hebreos del Antiguo Testamento en el mundo es la Segunda Colección Firkowitch en Leningrado. Contiene 1 582 artículos de la Biblia y de la Masora en pergamino (725 en papel), además de 1 200 fragmentos adicionales de manuscritos hebreos en la Colección Antonin (Würthwein, pág. 23). Kahle sostiene también que estos manuscritos de la Colección Antonin y los fragmentos son todos de El Cairo Geniza (Kahle, pág. 7). En la Colección Firkowitch, se encuentran catorce manuscritos hebreos del Antiguo Testamento de entre 929 y 1121 que se originó en la Geniza de El Cairo.

Los manuscritos de la Geniza de El Cairo están dispersos en el mundo. Algunos de los mejores en los Estados Unidos están en la Colección Conmemorativa de Enelow en el Museo Judío Seminario teológico, en Nueva York (Goshen-Gottstein, pág. 44 ss.). El catálogo del Museo Británico enumera 161 manuscritos hebreos del Antiguo Testamento. En la Universidad de Oxford, el catálogo de la Biblioteca Bodleian enumera 146 manuscritos del Antiguo Testamento, cada uno de los cuales contiene un gran número de fragmentos (Kahle, pág. 5). Goshen-Gottstein estima que solo en los Estados Unidos hay decenas de miles de fragmentos de manuscritos semíticos, de los cuales alrededor del 5 por ciento son bíblicos, más de quinientos manuscritos (Goshen-Gottstein, pág. 30).

Manuscritos hebreos. Los manuscritos hebreos más significativos del Antiguo Testamento datan de entre el siglo III a. C. y del siglo XIV d. C. De estos los manuscritos más notables son los de los Manuscritos del Mar Muerto, que datan del siglo III a. C. hasta el primer siglo d. C. Incluyen un libro completo del Antiguo Testamento (Isaías) y miles de fragmentos, que juntos representan cada libro del Antiguo Testamento excepto Esther.

Descubrimientos de los Manuscritos del Mar Muerto. La Cueva 1 fue descubierta por un pastor árabe. De ella tomó siete pergaminos más o menos completos y algunos fragmentos.

Isaías A (IQIsa). El pergamino de Isaías del Monasterio de San Marcos es una copia popular con numerosas correcciones por encima de la línea o en el margen. Es la primera copia conocida de cualquier libro completo de la Biblia.

Isaías B (IQIsb). La Universidad Hebrea Isaías está incompleta, pero su texto concuerda más con el texto masorético que el de Isaías A.

Descubrimientos de Murabba'at. Impulsados por los provechosos hallazgos en Qumrán, los beduinos continuaron su búsqueda y encontraron cuevas al sureste de Belén que produjeron manuscritos autofirmados y documentos de la Segunda Revolución Judía (132-35). La exploración y excavación sistemática de estas cuevas comenzó en enero de 1952. Los últimos manuscritos fechados ayudaron a establecer la antigüedad de los Manuscritos del Mar Muerto. De estas cuevas salió otro pergamino de los Profetas Menores, la última mitad de Joel a través de Haggai, que respalda de cerca el texto Masorético. El papiro semítico más antiguo que se conoce (un palimpsesto), inscrito por segunda vez en la antigua escritura hebrea (que data de los siglos VII y VIII a. C.), se encontró aquí (ver Bartolomé y Milik).

Otro sitio conocido como Khirbet Mird ha producido materiales de los manuscritos. El 3 de abril de 1960, un fragmento de pergamino (siglo I d. C.) del Salmo 15 y parte del Salmo 16 fue descubierto en Wadi Murabba'at (ver Coss, pág. 164).

Pentateuco samaritano. Los samaritanos se separaron de los judíos probablemente durante el quinto o cuarto siglo a. C. después de una larga y amarga lucha religiosa y cultural. En el momento del cisma, uno sospecharía que los samaritanos se llevaron con ellos las Escrituras como entonces existían, y prepararon sus propios textos revisados del Pentateuco. El Pentateuco Samaritano no es una versión en el sentido estricto sino una parte del manuscrito del propio texto hebreo. Contiene los cinco libros de Moisés y está escrito en un estilo antiguo de escritura hebrea. Algunos de los manuscritos bíblicos más antiguos de Qumrán usan esta escritura, ya que fue revivida en el siglo II a. C. durante la revuelta de los macabeos contra los griegos. El crítico textual Frank M. Cross Jr. cree que el Pentateuco Samaritano probablemente proviene del período macabeo.

Una forma del texto del Pentateuco Samaritano parece haber sido conocida por los padres de la iglesia Eusebio de Cesarea (aprox. 265-339) y Jerónimo (aprox. 345-aprox. 419). No estaba disponible para los modernos estudiosos occidentales hasta 1616, cuando Pietro della Valle descubrió un manuscrito del Pentateuco Samaritano en Damasco. Una gran ola de entusiasmo surgió entre los estudiosos de la Biblia. El texto fue considerado superior al texto masorético, hasta que Wilhelm Gesenius en 1815 lo juzgó prácticamente inútil para la crítica textual. Más recientemente, estudiosos como A. Geiger, Paul Kahle y Frederic Kenyon han reafirmado el valor del Pentateuco Samaritano.

Hay cerca de seis mil desviaciones del Pentateuco Samaritano del texto masorético, los más triviales. En unos mil novecientos casos, el texto samaritano concuerda con la Septuaginta contra el texto masorético. Algunas de las desviaciones fueron introducidas deliberadamente por los samaritanos para preservar sus propias tradiciones religiosas y dialécticas. El texto masorético perpetúa el dialecto y las tradiciones de Judea.

A principios de la era cristiana, se hizo una traducción del Pentateuco Samaritano al dialecto arameo de los samaritanos. Este targum samaritano también fue traducido al griego, llamado el Samaritikon, que fue citado ocasionalmente por Orígenes. Después del siglo XI, se hicieron varias traducciones del Pentateuco Samaritano al árabe (Kahle, págs. 51-57).

Otros descubrimientos importantes. Los Pergaminos de Plata. En 1979, dos pequeños pergaminos de plata fueron encontrados en una tumba en Jerusalén. Uno contiene la bendición Aarónica (Nm 6:24-26). Contienen otras referencias del Antiguo Testamento que aún no han sido publicadas. Datan del séptimo siglo a. C. y son el fragmento más antiguo conocido del Antiguo Testamento y la primera referencia conocida al nombre sagrado de Dios (YHVH)-Yahveh.

Nash Papyri. Entre los primeros manuscritos hebreos del Antiguo Testamento, existe una copia dañada del Shema (de Dt 6:4-9) y dos fragmentos del Decálogo (Ex 20:2-17; Dt 5:6-21). Los Nash Papyri están fechados entre el siglo II a. C. y el siglo I d. C.

Orientales 4445. Los Orientales 4445, un manuscrito del Museo Británico, están fechados por Christian D. Ginsburg entre 820 y 850, con notas añadidas un siglo después. Pero Paul Kahle (ver Würthwein, pág. 18) argumenta que tanto los textos hebreos consonánticos como las notas (los puntos vocálicos o marcas añadidas) son del siglo X. Debido a que el alfabeto hebreo solo consiste en consonantes, la escritura hebrea normalmente muestra solo esas letras, con algunas letras utilizadas para representar algunos de los sonidos vocales. Las marcas vocales o "puntos" fueron un desarrollo medieval. Este manuscrito contiene Génesis 39:20-Deuteronomio 1:33, menos Números 7:47-73 y 9:12-10:18.

Códice Cairensis. Un códice es un manuscrito en forma de libro con páginas. Según un colofón, o inscripción al final del libro, el Códice Cairensis (C) fue escrito y señalado con vocales en el 895 por Moisés ben Asher en Tiberíades en Palestina (ibid., 25). Contiene los Antiguos Profetas (Josué, Jueces, 1 y 2 Samuel, 1 y 2 Reyes) y los Últimos Profetas (Isaías, Jeremías, Ezequiel y los Profetas Menores). Está simbolizado por una C en la Biblia Hebraica Stuttgartensia y es considerado como el texto hebreo más autorizado basado en la tradición del texto masorético.

Códice de Alepo. El Códice de Alepo fue escrito por Shelomo ben Baya'a (Kenyon, pág. 84), pero según una nota de colofón, era incisivo (es decir, las marcas vocales estaban añadidas) por Moisés ben Asher (aprox. 930). Es un modelo códice, aunque no estaba permitido copiarlo por mucho tiempo e incluso se informó de que fue destruido (Würthwein, pág. 25). Fue contrabandeado de Siria a Israel. Ahora ha sido fotografiado y es la base de la nueva Biblia hebrea publicada por la Universidad Hebrea (Goshen-Gottstein, pág. 13). Es una autoridad sólida para el texto de Ben Asher.

Códice Leningradensis. Según una nota de colofón, el Códice Leningradensis (L) fue copiado en el Viejo Cairo por Samuel ben Jacob en 1008 de un manuscrito (ahora perdido) escrito por Aaron ben Moses ben Asher en aprox. 1000 (Kahle, pág. 110). Representa uno de los manuscritos más antiguos de la Biblia hebrea completa. Kittel lo adoptó como base para la tercera edición de su Biblia Hebraica, y continúa siendo usada como tal en la Biblia Hebraica Stuttgartensia, donde está representada bajo el símbolo L.

Códice Babilónico de los Últimos Profetas. El Códice Babilónico (V [ar]P) es a veces llamado el Códice de Leningrado de los Profetas (Kenyon, pág. 85) o el Códice de [San] Petersburgo (Würthwein, pág. 26). Contiene a Isaías, Jeremías y los Doce. Está fechado en 916, pero su principal significado es que, a través de él, se redescubrió la puntuación añadida por la escuela babilónica de escribas masoréticos. Se simboliza como V (ar)P en la Biblia Hebraica Stuttgartensia.

Códice Reuchlin de los Profetas. Fechado en 1105, el Códice Reuchlin está ahora en Karlsruhe. Como los manuscritos del Museo Británico (aprox. 1150), contiene una recensión de Ben Neftalí, un masoreta tiberiano. Estos han sido de gran valor para establecer la fidelidad del texto de ben Asher (Kenyon, pág. 36).

Códigos de Erfurt. Los Códigos de Erfurt (E1, E2, E3) están listados en la Biblioteca de la Universidad de Tübingen. Representan más o menos (más en E3) el texto y las marcas de la tradición ben Neftalí. E1 es un manuscrito del siglo XIV. E2 es probablemente del siglo XIII. E3, el más antiguo, está fechado antes de 1100 (Würthwein, pág. 26).

Naturaleza de los manuscritos. Tipos de errores en los manuscritos. Aunque el texto oficial del Antiguo Testamento fue transmitido con gran cuidado, era inevitable que ciertos errores de copista se deslizarían en los textos durante los cientos de años de transmisión en miles de manuscritos. Hay varios tipos de errores de copista que producen variantes textuales (Archer, págs. 55-57).

Reglas para la crítica textual. Los estudiosos han desarrollado ciertos criterios para determinar qué lectura es correcta u original. Se pueden sugerir siete reglas.

1. Se prefiere una lectura más antigua porque es más cercana al original.
2. Se prefiere la lectura más difícil porque los escribas eran más propensos a suavizar lecturas difíciles.
3. Se prefiere la lectura más corta porque los copistas eran más propensos a insertar nuevo material que omitir parte del texto sagrado.
4. Se prefiere la lectura que mejor explica las otras variantes.
5. Se prefiere la lectura con mayor respaldo geográfico porque es menos probable que tales manuscritos o versiones hayan influido entre ellos.
6. Se prefiere la lectura que más se parece al estilo habitual del autor.
7. Se prefiere la lectura que no refleja un sesgo doctrinal (Würthwein, págs. 80-81).

Calidad de los manuscritos. Se han sugerido varias razones por la relativa escasez de manuscritos hebreos antiguos. La primera razón y la más obvia es una combinación de antigüedad y destructibilidad; dos a tres mil años es mucho tiempo para esperar que los antiguos documentos duren. Sin embargo, varias líneas de evidencia respaldan la conclusión de que su calidad es muy buena.

Lecturas de variantes. Hay muy pocas variantes en los textos disponibles porque los masoretes destruyeron sistemáticamente los viejos manuscritos una vez que fueron copiados cuidadosamente. Kenyon ilustra la escasez de variaciones en el texto masorético contrastando el Códice de los Profetas de Leningrado, de la tradición babilónica u oriental, con el texto estándar palestino (occidental) de Ezequiel. En el texto occidental, el texto masorético es a veces corrupto. Sin embargo, solo hay dieciséis conflictos reales entre los dos textos (Kenyon, págs. 45, 70-72).

La reverencia judía por la Biblia. Sin embargo, con respecto a las Escrituras Judías, no fue solo la exactitud de los escribas lo que garantizó su producto. Más bien, fue su reverencia casi supersticiosa por la Biblia. Según el Talmud, no solo había especificaciones sobre el tipo de pieles que se iban a utilizar y el tamaño de las columnas, sino que incluso había un ritual religioso necesario que el escriba debía realizar antes de escribir el nombre de Dios. Las reglas regían el tipo de

tinta utilizada, dictaban el espaciado de las palabras y prohibían escribir cualquier cosa de memoria. Las líneas, e incluso las letras, se contaban metódicamente. Si un manuscrito contenía un solo error, era descartado y destruido. Este formalismo de los escribas era responsable, al menos en parte, del extremo cuidado que se ponía en copiar las Escrituras. También fue la razón por la que solo había unos pocos manuscritos (ya que las reglas exigían la destrucción de copias defectuosas).

Comparación de pasajes duplicados. Otra línea de evidencia de la calidad de los manuscritos del Antiguo Testamento se encuentra en la comparación de los pasajes duplicados del propio texto masorético. Varios salmos ocurren dos veces (por ejemplo, 14 y 53); gran parte de Isaías 36-39 también se encuentra en 2 Reyes 18-20; Isaías 2:2-4 es casi exactamente paralelo a Miqueas 4:1-3; Jeremías 52 es una repetición de 2 Reyes 25; y se encuentran grandes porciones de Crónicas en Samuel y Reyes. Un análisis de esos pasajes muestra no solo un acuerdo textual sustancial; sino que, en algunos casos, una identidad casi palabra por palabra. Por lo tanto, se puede concluir que los textos del Antiguo Testamento no fueron sometidos a revisiones radicales, aunque se asumiera que estos pasajes paralelos tenían fuentes idénticas.

Respaldo de la arqueología. Una prueba sustancial de la exactitud del texto del Antiguo Testamento ha venido de la arqueología. Numerosos descubrimientos han confirmado la exactitud histórica de los documentos bíblicos, incluso hasta el uso ocasional de nombres obsoletos de reyes extranjeros. Estas confirmaciones arqueológicas de la exactitud de las Escrituras se han registrado en numerosos libros (ver Arqueología del Nuevo Testamento; Arqueología del Antiguo Testamento). El arqueólogo Nelson Glueck afirma: "Se puede afirmar categóricamente que ningún descubrimiento arqueológico ha contradicho nunca una referencia bíblica. Se han hecho decenas de hallazgos arqueológicos que confirman en un claro esquema o en un detalle exacto las afirmaciones históricas de la Biblia" (Glueck, pág. 31).

La Septuaginta y el texto masorético. La Septuaginta era la Biblia de Jesús y los apóstoles. La mayoría de las citas del Nuevo Testamento están tomadas directamente de él, incluso cuando difiere del texto masorético. En general, la Septuaginta es muy parecida al texto masorético y es una confirmación de la fidelidad del texto hebreo del siglo X.

Si no hay otra evidencia disponible, el caso de la fidelidad del texto masorético podría llegar a su fin con confianza en las comparaciones textuales y la comprensión del extraordinario sistema escribano judío. Pero con el descubrimiento de los *Manuscritos del

Mar Muerto, a partir de 1947, hay una confirmación casi abrumadora del texto hebreo recibido de los masoretas. Los críticos del texto masorético acusaron que los manuscritos eran pocos y tardíos. A través de los Manuscritos del Mar Muerto, los primeros fragmentos de manuscritos proporcionan una comprobación de casi todo el Antiguo Testamento. Esas comprobaciones datan de unos mil años antes de los grandes manuscritos masoréticos del siglo X. Antes de los descubrimientos en las cuevas de El Cairo, Geniza y el Mar Muerto, el Papiro Nash (un fragmento de los Diez Mandamientos y el Shema, Dt 6:4-9), fechado entre 150 y 100 a. C., era el único fragmento conocido del texto hebreo anterior a la era cristiana.

Acuerdo con el Pentateuco Samaritano. A pesar de las muchas variantes menores entre el Pentateuco Samaritano y el texto hebreo del Antiguo Testamento, hay un acuerdo sustancial entre ellos. Como se ha señalado arriba, las seis mil variantes del texto masorético son en su mayoría diferencias en la ortografía y la variación cultural de las palabras. Mil novecientas variantes concuerdan con la Septuaginta (por ejemplo, en las edades dadas para los patriarcas en el Gn 5 y 11). Algunas variantes del Pentateuco Samaritano son sectarias, como el mandamiento de construir el templo en el Monte Gerizim, no en Jerusalén (por ejemplo, después de Ex 20:17). Sin embargo, cabe señalar que la mayoría de los manuscritos del Pentateuco Samaritano son tardíos (siglos XIII-XIV), y ninguno es anterior al siglo X (Archer, pág. 44). Pero el Pentateuco Samaritano todavía confirma el texto general del que había divergido muchos cientos de años antes.

Comparación con los Manuscritos del Mar Muerto. Con el descubrimiento de los Manuscritos del Mar Muerto, los estudiosos tienen manuscritos hebreos mil años antes que los Grandes Manuscritos Masoréticos, permitiéndoles comprobar la fidelidad del texto hebreo. Hay una identidad palabra por palabra en más del 95 por ciento de los casos, y la variación del 5 por ciento consiste mayormente en deslizamientos de la pluma y la ortografía (ibid., 24). El pergamino de Isaías (1QIsa) de Qumrán dirigió a los traductores de la Versión Estándar Revisada para hacer solo trece cambios al Texto Masorético; ocho de ellos se conocían a partir de versiones antiguas, y pocos de ellos eran significativos (Burrows, pág. 305 ss.). De las 166 palabras hebreas en Isaías 53, solo diecisiete letras hebreas del pergamino de Isaías B difieren del texto masorético. Diez letras son una cuestión de ortografía, cuatro son cambios de estilo, y las otras tres se componen de la palabra "luz", (añadida en el v. 11), que no afectan el significado en gran medida (Harris, pág. 124). Además, esa palabra también se encuentra en ese verso en la Septuaginta y en el pergamino de Isaías A.

Conclusión. Los miles de manuscritos hebreos, con su confirmación por la Septuaginta y el Pentateuco Samaritano, y las otras numerosas comprobaciones cruzadas desde el exterior y el interior del texto proporcionan un respaldo abrumador a la confiabilidad del texto del Antiguo Testamento. Por lo tanto, es apropiado concluir con Kenyon que "el último fundamento para cualquier duda de que las Escrituras han bajado sustancialmente como fueron escritas ha sido ahora eliminado".

Dado que el texto del Antiguo Testamento se relaciona de manera importante con la apologética cristiana, su confiabilidad respalda la fe cristiana. Esto es cierto no solo en el establecimiento de las fechas en que se hicieron las predicciones sobrenaturales del Mesías, sino también en el respaldo a la historicidad del Antiguo Testamento que Jesús y los escritores del Nuevo Testamento afirmaron (ver Biblia, Evidencia a favor de la; Biblia, Punto de vista de Jesús sobre la).

Fuentes

J. M. Allegro, *The Treasure of the Copper Scroll* [El tesoro del pergamino de cobre].

G. L. Archer Jr., *A Survey of Old Testament Introduction* [Un estudio de la introducción del Antiguo Testamento], apéndice 4.

D. Barthelemy y J. T. Milik, *Ten Years of Discovery in the Judean Desert* [Diez años de descubrimientos en el desierto de Judea].

T. S. Coss, *Secrets from the Caves* [Secretos de las cuevas].

K. Elliger y W. Rudolph, eds., *Biblia Hebraica Stuttgartensia*.

N. L. Geisler, "*Bible Manuscripts*" [Manuscritos de la Biblia].

N. L. Geisler y W. E. Nix, *A General Introduction to the Bible* [Una introducción general a la Biblia].

N. Glueck, *Rivers in the Desert [Ríos en el desierto].*

M. Goshen-Gottstein, "*Biblical Manuscripts in the United States*" [Manuscritos bíblicos en los Estados Unidos].

R. L. Harris, *Inspiration and Canonicity of the Bible* [Inspiración y canonicidad de la Biblia].

P. E. Kahle, *The Cairo Geniza* [La geniza de El Cairo].

F. G. Kenyon, *The Bible and Archaeology* [La Biblia y la arqueología].

R. Kittel y P. Kahle, eds., Biblia Hebraica.

M. Mansoor, "*The Dead Sea Scrolls*" [Los Manuscritos del Mar Muerto].

J. C. Trever, "*The Discovery of the Scrolls*" [El descubrimiento de los pergaminos].

G. Vermes, *The Dead Sea Scrolls in English* [Los Ma-

nuscritos del Mar Muerto en inglés].
E. Würthwein, *The Text of the Old Testament* [El texto del Antiguo Testamento].

Antinomia. La palabra antinomia se usa de dos maneras. En rigor, significa una contradicción, paradoja o antítesis 'real' (ver Kant, Immanuel). Se usa con frecuencia para mostrar lo absurdo o la imposibilidad de una visión, como una *Reductio ad Absurdum. De manera general y popular, se usa solo para contradicciones 'aparentes', como en los misterios de la fe cristiana. En este sentido, significa algo que va más allá de la razón, pero no en contra de ella (ver Fe y razón; Misterio).

Antropología y Evolución. *Ver* EVOLUCIÓN BIOLÓGICA; ESLABONES PERDIDOS EVOLUTIVOS.

Apologética, Argumento general de la. Existen muchos tipos de apologéticas (ver Apologéticas, Tipos de). Pero de acuerdo con la apologética clásica, hay ciertos pasos lógicos en el argumento general en defensa de la fe cristiana. Dado que cada paso es tratado en detalle en otros artículos, solo la lógica del argumento se esbozará aquí.

Los pasos. El argumento general en defensa de la fe cristiana puede ser puesto en doce proposiciones básicas. Estas fluyen de forma lógica una de otra:

1. La verdad sobre la realidad es cognoscible (ver Agnosticismo; Realismo; Verdad, Naturaleza de la).
2. Los elementos opuestos no pueden ser ambos verdaderos (ver Primeros principios; Lógica y Dios).
3. El teísta (ver Dios, Supuestas contradicciones de; Dios, Objeciones a las pruebas de; Teísmo) y Dios existen (ver Dios, Evidencia a favor de).
4. Los milagros son posibles (ver Milagro).
5. Los milagros realizados en relación con la afirmación de la verdad son actos de Dios para confirmar la verdad de Dios a través de un mensajero de Dios (ver Milagro; Milagros, Valor apologético de los; Milagros, Argumentos contra los).
6. Los documentos del Nuevo Testamento son fiables (ver Mitología y el Nuevo Testamento; Nuevo Testamento, Datación del; Nuevo Testamento, Historicidad del of; Manuscritos del Nuevo Testamento).
7. De acuerdo con el Nuevo Testamento, Jesús afirmó ser Dios (ver Cristo, Divinidad de)
8. La afirmación sobre la divinidad de Jesús se demostró a través de una convergencia única de milagros (ver Milagros en la Biblia).
9. Por lo tanto, Jesús era Dios en carne humana.
10. Todo lo que Jesús (quien es Dios) afirmó como verdadero es verdadero (ver Dios, Naturaleza de).
11. Jesús afirmó que la Biblia es la Palabra de Dios (ver Biblia, Evidencias a favor de la; Biblia, Punto de vista de Jesús sobre la).
12. Por lo tanto, es cierto que la Biblia es la Palabra de Dios y todo lo que se opone a cualquier verdad bíblica es falso (ver Pluralismo religioso; Religiones del mundo y el cristianismo).

La aplicación. Si existe un Dios teísta y los milagros son posibles y Jesús es el Hijo de Dios y la Biblia es la Palabra de Dios, entonces se deduce que el cristianismo ortodoxo es verdadero. Todas las demás doctrinas ortodoxas esenciales, como la *Trinidad, la expiación de Cristo por el pecado, la resurrección física y la segunda venida de Cristo, se enseñan en la Biblia. Dado que todas estas condiciones tienen el sustento de evidencias favorables, se deduce que hay evidencias favorables para concluir que el cristianismo ortodoxo es verdadero.

Dado que las proposiciones que se excluyen entre sí no pueden ser ambas verdaderas (ver Lógica y Dios), entonces todas las religiones mundiales opuestas son religiones falsas (ver Religiones del mundo y el cristianismo). Es decir, el budismo, el hinduismo, el islam y otras religiones son falsas en la medida en que se oponen a las enseñanzas del cristianismo (ver Islam; Monismo; Budismo Zen). Por lo tanto, solo el cristianismo es la verdadera religión (ver Pluralismo religioso).

Apologética, Necesidad de la. La apologética es la disciplina que se ocupa de la defensa racional de la fe cristiana. Proviene de la palabra griega apologia, que significa dar una razón o defensa. A pesar de las objeciones a hacer apologética al respecto por parte de los fideístas y algunos presuposicionistas (ver Fideísmo; Apologética presuposicional), hay razones importantes para participar en el estudio de la apologética.

El mandato de Dios. La razón más importante para hacer apologética es que Dios nos dijo que lo hiciéramos. La afirmación clásica se encuentra en 1 Pedro 3:15, que dice: "Más bien, honren en su corazón a Cristo como Señor. Estén siempre preparados para responder a todo el que les pida razón de la esperanza que hay en ustedes. Pero háganlo con gentileza y respeto". Este versículo nos dice que estemos preparados. Puede que nunca nos encontremos con alguien que haga preguntas difíciles sobre nuestra fe, pero aun así debemos estar preparados para responder si alguien lo hace. Estar listo no es solo una cuestión de tener la información correcta disponible; también es una actitud de disposición y de voluntad de compartir la verdad de lo que creemos. Debemos dar una razón a los que hacen las preguntas. No se espera que todo el mundo necesite una evangelización previa, pero cuando la necesiten, debemos ser capaces y estar dispuestos a darles una respuesta.

Este mandato también vincula el trabajo de evangelización previa con poner a Cristo en nuestros corazones como nuestro Señor. Si él es en verdad el Señor, debemos ser obedientes a él mientras "destruimos argumentos y toda altivez que se levanta contra el conocimiento de Dios, y llevamos cautivo todo pensamiento para que se someta a Cristo" (2 Co 10:5). Ello significa que debemos enfrentarnos a los problemas en nuestra mente y en los pensamientos expresados por otros que impiden que nosotros y ellos conozcamos a Dios. De eso se trata la apologética.

En Filipenses 1:7, Pablo habla de su misión, "defendiendo y confirmando el evangelio". Agrega en el versículo 16: "He sido puesto para la defensa del evangelio". Esto implica que el defensor del evangelio es aquel que puede reunirse con otros y defender la verdad.

En Judas 1:3 dice: "Queridos hermanos, he deseado intensamente escribirles acerca de la salvación que tenemos en común, y ahora siento la necesidad de hacerlo para rogarles que sigan luchando vigorosamente por la fe encomendada una vez por todas a los santos" (énfasis agregado). Las personas a las que Judas se dirigía habían sido asaltadas por falsos maestros, y necesitaba animarlas a proteger (en sentido literal "agonizar por") la fe tal como había sido revelada a través de Cristo. Judas hace una afirmación significativa sobre nuestra actitud en el versículo 22: "Tengan compasión de los que dudan".

Tito 1:9 establece que el conocimiento de las evidencias cristianas es un requisito para el liderazgo de la iglesia. Un anciano en la iglesia debe "apegarse a la palabra fiel, según la enseñanza que recibió, de modo que también pueda exhortar a otros con la sana doctrina y refutar a los que se opongan" (énfasis agregado). Pablo también nos da una indicación de nuestra actitud en 2 Timoteo 2:24-25: "Y un siervo del Señor no debe andar peleando; más bien, debe ser amable con todos, capaz de enseñar y no propenso a irritarse. Así, humildemente, debe corregir a los adversarios, con la esperanza de que Dios les conceda el arrepentimiento para conocer la verdad" (énfasis agregado). Cualquiera que intente responder a las preguntas de los no creyentes sin duda se sentirá ofendido y tentado a perder la paciencia, pero nuestro objetivo final es que lleguen a conocer la verdad de que Jesús ha muerto por sus pecados. Con una tarea tan importante a mano, no debemos descuidar la obediencia a este mandato.

El mandato de la razón. Dios creó a los humanos para que razonen como parte de su imagen (Gn 1:27; cf. Col 3:10). De hecho, es por medio del razonamiento que los humanos se distinguen de las "bestias salvajes" (Judas 10). Dios llama a su pueblo a usar la razón (Is 1:18) para discernir la verdad del error (1 Juan 4:6) y el bien del mal (Heb 5:14). Un principio fundamental de la razón es que debe dar suficientes fundamentos para la creencia. Una creencia injustificada es justamente eso: injustificada (ver Fe y razón).

Sócrates dijo: "La vida sin examen no vale la pena ser vivida". Sin duda habría estado dispuesto a decir que la creencia sin examen no merece ser creída. Por lo tanto, les corresponde a los cristianos dar una razón de su esperanza. Esto es parte del gran mandato de amar a Dios con toda nuestra mente, así como con nuestro corazón y nuestra alma (Mt 22:36-37).

El mundo lo necesita. La gente se niega a creer sin pruebas. Desde que Dios creó a los humanos como seres racionales, espera que vivan con racionalidad y que miren antes de saltar. Esto no significa que no haya espacio para la fe. Sin embargo, Dios quiere que demos un paso de fe según las pruebas, en lugar de saltar a la oscuridad.

La evidencia de la verdad debe preceder a la fe. Ninguna persona racional entra en un ascensor sin una razón para creer que lo sostendrá. Ninguna persona razonable se sube a un avión al que le falta una parte de un ala y con olor a humo en la cabina. Las personas se enfrentan a dos dimensiones de la creencia: el creer que y el creer en. El creer que da la evidencia y la base racional para la confianza necesaria para creer en ella. Una vez que se establece el creer que, uno puede poner su fe en ella. De este modo, la persona racional busca pruebas de que Dios existe antes de poner su fe en Dios. Los no creyentes racionales quieren pruebas de que Jesús es el Hijo de Dios antes de poner su confianza en él (ver Apologética clásica).

La confirmación de los resultados. Un gran número de personas se han convertido al cristianismo a raíz de un razonamiento apologético. Entre ellos se encuentran grandes pensadores como *Augustín, escépticos modernos como Frank Morrison, y el científico ateo Francis Collins. Por supuesto, solo el Espíritu Santo puede salvarnos (ver Espíritu Santo, Papel en la Apologética). Sin embargo, él puede, y a menudo lo hace, usar argumentos apologéticos para movilizar a las personas hacia la salvación.

Objeciones a la apologética. Los místicos y otros experiencialistas plantean la oposición más frecuente a la apologética (ver Apologética Experiencial). Los fideístas (ver Fideísmo) y algunos presuposicionistas también plantean objeciones de dos tipos básicos: bíblicas y ajenas a la Escritura. Un apologeta de la apologética puede ver en los textos de la Escritura, por lo general citados en contra de la obra, algunos malentendidos o aplicaciones erróneas, que no muestran en realidad que la apologética sea innecesaria.

Objeciones a la Apologética de la Biblia. La Biblia no necesita ser defendida. Una objeción que se suele realizar es que la Biblia no necesita ser defendida; solo necesita ser expuesta. "La palabra de Dios es viva y poderosa" (Heb 4:12). Se dice que la Biblia es como un león; no necesita ser defendida sino liberada. Un león puede defenderse a sí mismo.

Esto plantea la pregunta de si la Biblia es la Palabra de Dios. Por supuesto, la Palabra de Dios es definitiva y habla por sí misma. Pero ¿cómo sabemos que la Biblia, a diferencia del Corán o el Book of Mormon [Libro de Mormón], es la Palabra de Dios? Hay que apelar a las pruebas para determinarlo. Ningún cristiano aceptaría la afirmación de un musulmán de que "el Corán está vivo y es poderoso y más afilado que una espada de dos filos". Exigiriamos evidencia (ver Biblia, Evidencias a favor de la).

La analogía del león es confusa. El rugido de un león "habla por sí mismo" con autoridad solo porque sabemos por pruebas anteriores lo que un león puede hacer. Sin los relatos de dolor sobre la ferocidad de un león, su rugido no tendría autoridad. De la misma manera, sin evidencia para establecer la afirmación de autoridad, no hay una buena razón para aceptar esa autoridad.

Dios no puede ser conocido por la razón humana. El apóstol Pablo escribió: "El mundo no conoció a Dios mediante la sabiduría" (1 Co 1:21 RVR1960). Sin embargo, esto no significa que no haya evidencia de la existencia de Dios debido a que Pablo declaró en Romanos que la evidencia de la existencia de Dios es tan "clara" que deja "sin excusa" a quien nunca ha escuchado el evangelio (Ro 1:19-20). Además, el contexto en 1 Corintios no es la existencia de Dios sino su plan de salvación mediante la cruz. No se puede conocer esto por la mera razón humana, sino solo por la revelación divina. Es "insensato" ante la mente humana depravada. Por último, en este mismo libro de 1 Corintios, Pablo da su mayor evidencia apologética de la fe cristiana: los testigos oculares de la resurrección de Cristo, que su compañero Lucas llamó "muchas pruebas convincentes" (Hechos 1:3 RVA-2015). Por lo tanto, su mención al mundo mediante la sabiduría que no conoce a Dios no es una mención a la incapacidad de los seres humanos para conocer a Dios a través de las pruebas que ha revelado en la creación (Ro 1:19-20) y la conciencia (Ro 2:12-15). En cambio, es una mención a la depravación humana y al rechazo

insensato del mensaje de la cruz. En efecto, aunque la humanidad sabe muy bien mediante la razón humana que Dios existe, de todos modos, la humanidad "impide" u "obstruye" esta verdad en la injusticia (Ro 1:18).

La humanidad natural no puede entender las cosas espirituales. Pablo insistió en que "el que no tiene el Espíritu no acepta lo que procede del Espíritu de Dios" (1 Co 2:14). ¿Entonces de qué sirve la apologética? La respuesta a este argumento en contra de la apologética es que Pablo no dice que las personas naturales no pueden percibir la verdad sobre Dios, sino que no la aceptan (gr. dekomai, "bienvenido"). Pablo declara con fuerza que las verdades básicas sobre Dios se "ven claramente" (Ro 1:20). El problema no es que los no creyentes no sean conscientes de la existencia de Dios. No quieren 'aceptarlo' por las consecuencias morales que esto tendría en sus vidas pecaminosas. Primera de Corintios 2:14 (RVA-2015) dice que no "comprenden" (ginosko), lo que puede significar "comprender mediante la experiencia". Conocen a Dios en su mente (Ro 1, 19-20), pero no lo han aceptado en su corazón (Ro 1, 18). "Dice el necio en su corazón: 'No hay Dios'" (Sal 14:1).

No se puede agradar a Dios sin fe. Hebreos 11:6 insiste en que "sin fe es imposible agradar a Dios". Más parecería ser un argumento que un cuestionamiento de razones, en vez de solo creer. Ello le desagrada a Dios. Sin embargo, como ya se ha mencionado, Dios nos llama a usar la razón (1 Pedro 3:15). De hecho, ha dado "pruebas claras" (Ro 1:20) y "pruebas infalibles" (Hechos 1:3 RVA-2015).

En segundo lugar, este texto en Hebreos no excluye la "evidencia", pero en realidad la implica. Se dice que la fe es "la evidencia" de las cosas que no vemos (Heb 11:1 RVA-2015). Así como la evidencia de que un testigo es confiable justifica mi testimonio de fe de lo que él o ella vio y yo no, aún así, nuestra fe en "las cosas que no se ven" (Heb 11:1 RVA-2015) se justifica por la evidencia de que Dios existe. Esta última evidencia es "se perciben claramente a través de lo que él creó" (Ro 1:20).

Jesús se negó a dar señales a los hombres malvados. Jesús reprendió a la gente que buscaba señales; por lo tanto, deberíamos contentarnos con creer. De hecho, Jesús en ocasiones reprendió a los buscadores de señales. Él dijo: "¡Esta generación malvada y adúltera pide una señal milagrosa!" (Mt 12:39 NVI 1984). Sin embargo, esto no significa que Jesús no deseara que la gente mirara las pruebas antes de creer. Incluso en este pasaje Jesús continuó ofreciendo el milagro de su resurrección como una señal de quién era, diciendo que no se daría más señal "que la del profeta Jonás" (Mt 12:39-40; cf. Lucas 16:31; ver Milagros en la Biblia).

Jesús presentó sus milagros como prueba de su condición como Mesías (ver Milagro; Milagros, Valor apologético de los). Cuando Juan el Bautista preguntó si él era el Cristo, Jesús presentó los milagros como prueba, y respondió: "Vayan y cuéntenle a Juan lo que están viendo y oyendo: Los ciegos ven, los cojos andan, los que tienen lepra son sanados, los sordos oyen, los muertos resucitan y a los pobres se les anuncian las buenas nuevas" (Mt 11:4-5). Y al responder a los escribanos, dijo: "Pues para que sepan que el Hijo del hombre tiene autoridad en la tierra para perdonar pecados —se dirigió entonces al paralítico—: A ti te digo, levántate, toma tu camilla y vete a tu casa" (Marco 2:10-11).

Jesús se oponía a entretener a las personas con milagros. Se negó a realizar un milagro para satisfacer la curiosidad del Rey Herodes (Lucas 23:8). En otras ocasiones no realizó milagros debido a la poca fe de las personas (Mt 13:58), no deseando "echar perlas a los cerdos" (Mt 7:6). El propósito de los milagros era la apologética, es decir, confirmar su mensaje (cf. Éxodo 4:1-9; Juan 3:2; Heb 2:3-4). Así lo hizo en gran abundancia, porque "Jesús de Nazaret fue un hombre acreditado por Dios ante ustedes con milagros, señales y prodigios, los cuales realizó Dios entre ustedes por medio de él" (Hechos 2:22). (Para una discusión más profunda, ver The Apologetics of Jesus [La Apologética de Jesús] de Geisler y Zucheran).

No respondas a un necio como se merece. Se argumenta que el ateísmo es una necedad (Sal 14:1), y la Biblia dice que no debemos responder a un necio. Coincidimos con Proverbios 26:4, pero también con Proverbios 26:5, que dice: "Respóndele al necio como se merece, para que no se tenga por sabio". Ya sea que el libro de los Proverbios haya sido elaborado por un necio, la lección del pasaje es que debemos ser cuidadosos en cómo y cuándo elegimos enfrentarnos a las ideas falsas. No discutas con alguien que no atiende a razones, o serás tan necio como él. Sin embargo, si eres capaz de mostrarle a una persona el error de su pensamiento de una manera que pueda entender, tal vez busque la sabiduría de Dios en lugar de confiar en la suya propia.

La apologética no se menciona en la Biblia. Si la apologética es bíblica, ¿por qué no la vemos en la Biblia? En general, la Biblia no se escribió para los no creyentes, sino para los creyentes. Como ya creen en Dios, Cristo, etc., no hay necesidad de probarles estas verdades. La apologética es ante todo para aquellos que no creen para que así puedan tener una razón para creer.

Pero la apologética se menciona en la Biblia. Incluso aquellos que están familiarizados con ella no la reconocen ya que no se dan cuenta de que lo que están viendo es en realidad la apologética. Moisés hizo apologética. El primer capítulo del Génesis confronta con claridad los relatos míticos de la creación conocidos en su época. Sus milagros en Egipto eran una apologética de que Dios hablaba a través de él (Ex 4:1-9). Elías hizo apologética en el Monte Carmelo cuando demostró de forma milagrosa que Yahveh, no Baal, era el verdadero Dios (1 Reyes 18). Jesús se dedicó a hacer apologética sin cesar, para demostrar con señales y maravillas que era el Hijo de Dios (Juan 3:2; Hechos 2:22). El apóstol Pablo hizo apologética en Listra cuando dio evidencia de la naturaleza de que el Dios supremo del universo existía y que la idolatría estaba equivocada (Hechos 14:6-20).

El caso clásico de la apologética en el Nuevo Testamento es el de Hechos 17, donde Pablo razonó con los filósofos de Areópago. Presentó pruebas no solo de la naturaleza de que Dios existía, sino también de la historia de que Cristo era el Hijo de Dios. Mencionó a pensadores paganos en apoyo de sus argumentos. La apologética se realizaba en la Biblia siempre que las afirmaciones de verdad del judaísmo o el cristianismo entraban en conflicto con la falta de fe.

Objeciones a la Apologética ajena a la Biblia. Estas objeciones contra la apologética surgen de la suposición de su irracionalidad, insuficiencia o ineficacia. Muchas vienen desde un punto de vista racionalista o escéptico (ver Agnosticismo). Otras son fideístas (ver Fideísmo).

La lógica no puede decir nada sobre Dios. Esta objeción es autodestructiva. Dice que la lógica no se aplica a este tema. Pero la declaración en sí misma es una que afirma el pensamiento lógico sobre Dios. Apela a la lógica porque afirma ser verdadera mientras que su opuesto es falso. Esa afirmación, llamada la ley de la no contradicción (ver Primeros principios; Lógica y Dios), es la base de toda lógica. La declaración de que la lógica no se aplica a Dios permite aplicar la lógica a Dios. La lógica es ineludible. No puedes negarla con palabras a menos que se afirme con las mismas palabras. Es innegable.

La lógica en sí misma puede decirnos algunas cosas sobre Dios, al menos de forma hipotética. Por ejemplo, si Dios existe, entonces es falso que no exista. Y si Dios es un Ser Necesario, entonces es imposible que no exista. Además, si Dios es infinito y nosotros somos finitos, entonces no somos Dios. Además, si Dios es la verdad, no puede mentir (Heb 6:18). Porque mentir es contradictorio con su naturaleza. De la misma manera, la lógica nos informa que si Dios es omnipotente, entonces no puede crear una piedra tan pesada que no pueda levantarla. Porque todo lo que puede crear, puede ser levantado.

La lógica no puede "probar" la existencia de algo.

Es cierto, la mera lógica solo muestra lo que es posible o imposible. Sabemos por lógica, por ejemplo, que los círculos cuadrados son imposibles. Sabemos también que algo puede existir, pues no existe ninguna contradicción para afirmar que algo existe. Pero no podemos probar por mera lógica que algo realmente existe. Sin embargo, sabemos que ese algo existe en realidad de otra manera. Lo sabemos intuitiva e innegablemente. Porque no puedo negar mi existencia a menos que exista para negarla. La afirmación "no existo" es contraproducente, ya que tengo que existir para poder hacer tal afirmación. Así que, mientras que la mera lógica no puede probar la existencia de algo, tenemos el conocimiento innegable de que algo existe. Y una vez que sabemos que algo existe (por ejemplo, yo sí), entonces la lógica puede ayudarnos a determinar si es finito o infinito. Y si es finito, la lógica puede ayudarnos a determinar si también hay un ser infinito (ver Dios, Evidencias a favor de).

La razón no sirve en temas religiosos. El fideísmo argumenta que la razón no sirve en los temas que tienen que ver con Dios. Uno debe limitarse a creer. La fe, no la razón, es lo que Dios requiere (Heb 11:6).

Pero incluso en las Escrituras Dios nos llama a usar la razón (Is 1:18; Mt 22:36-37; 1 Pedro 3:15). Dios es un ser racional, y nos creó para ser seres racionales. Dios no insultaría la razón que nos dio pidiéndonos que la ignoráramos en asuntos tan importantes como nuestras creencias sobre él.

****El fideísmo es autodestructivo.*** A menos que tenga una razón por la que no debemos razonar sobre Dios o no. Si lo tiene, entonces usa la razón para decir que no debemos usar la razón. Si el fideísmo no tiene razón para no usar la razón, entonces no tiene razón para su posición, en cuyo caso no hay razón para aceptar el fideísmo.

Afirmar que la razón es opcional para un fideísta no es suficiente. Porque, o bien el fideísta brinda algunos criterios sobre cuándo ser razonable y cuándo no serlo, o bien este momento es tan solo arbitrario. Si un fideísta brinda criterios racionales en cuanto a cuándo debemos ser racionales, entonces sí tiene una base racional para su punto de vista, en cuyo caso no es en realidad un fideísta después de todo.

La razón no es el tipo de cosa en la que una criatura racional puede elegir no participar. En virtud de ser racional por naturaleza uno debe ser parte del discurso racional. Y el discurso racional exige que uno siga las leyes de la razón. Uno de estos principios es que uno debe tener una razón suficiente para creer. Pero si uno debe tener una razón suficiente, entonces el fideísmo se equivoca, ya que afirma que uno no necesita tener una razón suficiente para lo que cree.

No se puede probar a Dios con la razón. Según esta objeción, la existencia de Dios no puede ser comprobada por la razón humana. La respuesta depende de lo que se entienda por "probar". Si "probar" significa demostrar con certeza matemática, entonces la mayoría de los teístas estarían de acuerdo en que la existencia de Dios no puede ser comprobada. Esto se debe a que la certeza matemática solo se ocupa de lo abstracto, y la existencia de Dios (o cualquier otra cosa) es una cuestión de lo concreto. Además, la certeza matemática se basa en axiomas o postulados que deben ser asumidos para obtener una conclusión necesaria. Pero si la existencia de Dios debe ser asumida para ser comprobada, entonces la conclusión de que Dios existe solo se basa en la suposición de que existe, en cuyo caso no es en realidad una prueba por completo.

Otra forma de aclarar el punto es señalar que la certeza matemática es de naturaleza deductiva. Se argumenta a partir de premisas dadas. Pero no se puede concluir de forma válida lo que no está ya implícito en la(s) premisa(s). En este caso, uno tendría que asumir que Dios existe en la premisa para poder inferirlo de forma válida en la conclusión. No obstante, ello nos abre una interrogante.

De la misma manera, si por "probar" se entiende que se llega a una conclusión necesaria por lógica, entonces la existencia de Dios tampoco puede ser comprobada, a menos que el *argumento ontológico sea válido. Pero la mayoría de los pensadores sostienen que no lo es. La razón por la que no se puede comprobar a Dios por necesidad lógica es que la lógica formal, como las matemáticas, se ocupa de lo abstracto. A menos que uno comience con algo que existe, esa persona nunca podrá salir del ámbito de la teoría pura. Si hay un triángulo, podemos saber por lógica y con absoluta certeza que debe tener tres lados y tres esquinas. Pero puede que no exista ningún triángulo en ninguna parte excepto en la mente de alguien. De la misma manera, a menos que sepamos que algo existe, la lógica no puede ayudarnos a saber si Dios existe. Y la lógica por sí misma no puede decirnos si algo existe.

Si por "comprobar", en cambio, se entiende por "dar pruebas adecuadas de" o "dar buenas razones para", entonces parece que se puede comprobar la existencia de Dios (ver Dios, Evidencia a favor de; Argumento Cosmológico) y la verdad del cristianismo.

Nadie se convierte por medio de la apologética. Se sostiene que nadie llega a Cristo a través de la apologética. Si esto implica que el Espíritu Santo (ver Espíritu Santo, Papel en la Apologética) nunca usa la evidencia apologética para dirigir a las personas a Cristo, está claro que es una falsedad. C. S. *Lewis señaló que "casi todos los que conozco que han aceptado el cristianismo en la vida adulta se han visto influenciados por lo que les parecía al menos un probable argumento para el teísmo" (Lewis, pág. 173). Lewis es un ejemplo sobre cómo un ateo puede llegar a Cristo bajo la influencia de la apologética. El escéptico Frank Morrison se convirtió mientras intentaba escribir un libro refutando las pruebas de la resurrección de Cristo (ver Frank Morrison). Agustín cuenta en su libro Confessions [Confesiones] cómo ha sido guiado hacia el cristianismo al escuchar a un cristiano debatir con un no creyente. El profesor de la Facultad de Derecho de Harvard, Simon Greenleaf, se sintió inducido a aceptar la autenticidad de los Evangelios aplicando las reglas de la evidencia legal al Nuevo Testamento. Dios ha usado la evidencia y la razón de alguna manera para alcanzar de forma práctica a todos los adultos que vienen a Cristo.

Fuentes

R. L. Bush, ed., *Classical Readings in Christian Apologetics, AD 100-1800* [Lecturas clásicas de la apologética cristiana, d. C. 100-1800].

D. Clark, *Dialogical Apologetics* [Apologética dialógica].

G. H. Clark, *Religion, Reason, and Revelation* [Religión, razón y revelación].

W. Corduan, *Reasonable Faith* [Fe razonable].

N. L. Geisler y R. M. Brooks. *When Skeptics Ask* [Las preguntas de los escépticos].

N. L. Geisler y P. Zucheran, *The Apologetics of Jesus* [La apologética de Jesús].

P. Kreeft y R. Tacelli, *Handbook of Christian Apologetics* [Manual de la apologética cristiana].

C. S. Lewis, God in the Dock [Dios en el muelle].

G. R. Lewis, *Testing Christianity's Truth Claims* [Pruebas de las afirmaciones de la verdad del cristianismo].

J. McDowell, *Answers to Tough Questions Skeptics Ask about the Christian Faith* [Respuestas a las preguntas difíciles que los escépticos hacen sobre la fe cristiana].

———, *Evidence That Demands a Verdict* [Evidencia que exige un veredicto].

J. W. Montgomery, *Faith Founded on Fact* [Fe fundada en los hechos].

J. P. Moreland, *Scaling the Secular City* [El ascenso del secularismo].

F. Morrison, *Who Moved the Stone?* [¿Quién movió la piedra?]

W. M. Smith, *Therefore Stand* [De pie].

Apologética, Objeciones a la. *Ver* APOLOGÉTICA, NECESIDAD DE LA.

Apologética, Tipos de. Existen diferentes tipos de sistemas de apologética y no hay una forma reconocida a nivel universal de categorizarlos. Los enfoques divergentes parecen estar determinados por la perspectiva de quien los categoriza. No obstante, hay algunos términos de comprensión general que se pueden emplear para ver de manera significativa los distintivos entre los enfoques más populares.

Sistemas de categorización. Es tentador hacer categorías de sistemas apologéticos que sean consistentes con la lógica. Dos problemas lo impiden. Primero, la categoría puede parecer que funciona, pero la categoría correspondiente que se le opondría desde el punto de vista lógico es demasiado amplia. En segundo lugar, los sistemas divergentes a menudo se agrupan en una sola categoría. Por ejemplo, si se utilizan las categorías de presuposicionismo y no presuposicionismo, no solo hay distintos tipos de presuposicionismo sino también diferencias significativas entre los sistemas no presupositivos. Si se utiliza lo evidente y lo no evidente, se obtiene el mismo resultado; la apologética clásica e histórica e incluso algunas formas de presuposicionismo (por ejemplo, la coherencia sistemática) deben acoplarse en la misma categoría. Lo mismo ocurre si se utiliza la apologética clásica y la apologética no clásica como dos grandes categorías.

Tipos de sistemas. A pesar de que las categorías no son exhaustivas y se superponen de forma lógica, parece mejor limitarse a utilizar títulos más conocidos y exponer las diferencias y similitudes. La evaluación de cada uno de ellos puede encontrarse en otros artículos sobre los sistemas individuales y sus representantes clave.

Tres puntos ayudan a explicar cada tipo: algunas características principales, los defensores y la comparación con otros enfoques.

Apologética clásica, Características. *La apologética clásica enfatiza los argumentos de la existencia de Dios (ver Dios, Evidencia a favor de) así como la evidencia histórica que apoya la verdad del cristianismo. La apologética clásica se caracteriza por dos pasos básicos: argumentos teístas y evidenciales.

Los argumentos teístas se utilizan para establecer la verdad del teísmo, aparte de la apelación a una revelación especial (por ejemplo, la Biblia). Los apologetas clásicos aceptan la validez de las pruebas teístas tradicionales para Dios, aunque algunos se estresan unos a otros. Además, algunos rechazan ciertas pruebas tradicionales como inválidas, con frecuencia el argumento *ontológico. Pero la mayoría acepta alguna forma del argumento *cosmológico y el argumento *teológico. Muchos también creen que el argumento moral es válido.

Este primer paso de la apologética clásica también implica sacar la inferencia lógica de que si un Dios teísta existe, los milagros son posibles; de hecho, el mayor milagro de todos, la creación, es posible. La credibilidad de los milagros (ver Milagro) es esencial para el siguiente paso en la apologética clásica, la histórica, pero fluye de forma lógica desde el primer paso.

Como segundo paso, la evidencia histórica confirmada corrobora la verdad. Los documentos del Nuevo Testamento se muestran como fiables desde el punto de vista histórico (ver Nuevo Testamento, Historicidad del; Nuevo Testamento, Fuentes no cristianas del; Manuscritos del Nuevo Testamento). El apologeta también muestra que estos documentos revelan que Jesús afirmó ser, y se demostró de forma milagrosa que era, el Hijo de Dios (ver Cristo, Divinidad de). A partir de esto se argumenta con frecuencia que Jesús confirmó que el Antiguo Testamento era la Palabra de Dios y prometió lo mismo para el Nuevo Testamento (ver Biblia, Punto de vista de Jesús sobre la).

Defensores. La apologética clásica la practicaron *Agustín, *Anselmo y *Tomás de Aquino. Los apologetas clásicos modernos incluyen a Winfried Corduan, William Lane Craig, Norman L. Geisler, John Gerstner, Stuart Hackett, Peter Kreeft, C. S. *Lewis, J. P. Moreland, John *Locke, William *Paley, R. C. Sproul, y B. B. Warfield.

Comparación con otros enfoques. Algunas veces los apologetas clásicos empiezan este segundo paso mostrando que la Biblia ha demostrado ser la Palabra de Dios. Al hacerlo, suelen utilizar la misma evidencia básica utilizada por la apologética evidencial. Esto incluye los milagros (ver Milagros, Valor apologético de los; Milagros en la Biblia), la profecía cumplida (ver Profecía, como prueba de la Biblia), la unidad de la Biblia, y otras indicaciones de su origen sobrenatural (ver Biblia, Evidencia a favor de la).

La diferencia entre los apologetas clásicos y los evidencialistas sobre el uso de las pruebas históricas es que los apologetas clásicos ven la necesidad de establecer primero que se trata de un universo teísta para establecer la posibilidad e identidad de los milagros. Los evidencialistas no ven el teísmo como una condición previa que sea necesaria de manera lógica para la apologética histórica. El argumento básico de los apologetas clásicos es que no tiene sentido hablar de la resurrección como un acto de Dios a menos que, como requisito previo lógico, se establezca primero que hay un Dios que puede actuar. De la misma manera, la Biblia no puede ser la Palabra de Dios a menos que haya un Dios que pueda hablar. Y no se puede mostrar que Cristo es el Hijo de Dios, salvo por la premisa lógica previa de que hay un Dios que puede tener un Hijo.

Apologética evidencial. La apologética evidencial destaca la necesidad de pruebas que respalden las afirmaciones de la verdad cristiana. Las evidencias pueden ser racionales, históricas, arqueológicas e incluso experienciales. Como la apologética evidencial es tan amplia, es comprensible que se superponga con otros tipos de apologética.

Características. Dado que los evidencialistas en pruebas abarcan una categoría grande y diversa, sus características se delimitarán según el tipo. Los evidencialistas por lo general usan evidencias racionales (por ejemplo, pruebas a favor de Dios) en defensa del cristianismo. De este modo, se superponen con los apologetas clásicos. Sin embargo, para un evidencialista esto es solo una parte de la evidencia. Además, a diferencia de los apologetas clásicos, los evidencialistas no sostienen que la evidencia racional sea necesaria (ya que es solo una parte) o que sea anterior, por lógica, a la otra evidencia.

En el uso de la evidencia histórica, hay de nuevo una superposición entre la apologética evidencial e histórica. Los evidencialistas no basan todo su caso en la evidencia histórica. Más bien son eclécticos, entretejiendo evidencias de varios campos. Los evidencialistas actúan como abogados que combinan evidencias en un escrito general en defensa de su posición, con la confianza de que el peso combinado presentará un caso persuasivo.

Muchos evidencialistas se centran en las evidencias arqueológicas en respaldo de la Biblia. Destacan que tanto el Antiguo como el Nuevo Testamento (ver Arqueología del Nuevo Testamento; Arqueología del Antiguo Testamento) han sido corroborados por miles de descubrimientos. Creen que ello les da una razón para aceptar la autoridad divina de las Escrituras. Otros tipos de apologética apelan a la evidencia arqueológica, pero usan la evidencia de una manera diferente.

Algunos evidencialistas apelan a la evidencia experimental en respaldo del cristianismo, la mayoría de las veces a partir de las vidas cambiadas. El testimonio de los convertidos al cristianismo se considera una evidencia de la verdad del cristianismo. ¿De qué otra manera se pueden explicar los cambios dramáticos, transformadores, duraderos y con frecuencia radicales? La conversión de Saulo de Tarso (Hechos 9) es un caso clásico.

La evidencia profética por lo general (ver Profecía, como prueba de la Biblia) se brinda para corroborar el cristianismo. Se argumenta que solo el origen divino da cuenta de las numerosas y precisas predicciones bíblicas que se han cumplido. Para los evidencialistas, las evidencias proféticas y de otro tipo no comprenden un paso específico en un orden lógico general (como en la apologética clásica). Más bien, es la suma total de todas las evidencias entrelazadas que brindan una alta probabilidad de la verdad del cristianismo.

Defensores. Aunque la apologética evidencial goza de un amplio respaldo popular, tiene pocos defensores bien definidos que no encajen también en otras categorías. Por ello, parece mejor caracterizar el evidencialismo por los diversos tipos de evidencias que se destacan en el enfoque apologético en particular.

William *Paley brinda un notable enfoque evidencialista en su obra Evidences for Christianity [Evidencias a favor del cristianismo], aunque como Paley brindó primero pruebas a favor de Dios, puede ser catalogado como un apologeta clásico. Bernard *Ramm usó en gran parte su obra Protestant Christian Evidences [Evidencias del Cristianismo Protestante], es otro ejemplo de apologética evidencial, aunque parece haberse alejado de esto en sus escritos posteriores. El libro evidencialista de mayor distribución es Evidence That Demands a Verdict [Evidencias que exigen un veredicto] de Josh Mc-Dowell.

Comparación con otros enfoques. Si bien el uso de evidencias no es exclusivo de la apologética evidencial, la forma en que se utiliza es única. Tanto los apologetas clásicos como algunos evidencialistas usan argumentos teístas. Sin embargo, para los evidencialistas, establecer la existencia de Dios no es un paso previo y necesario de forma lógica. Se trata tan solo de un hilo en la red general de evidencia que respalda al cristianismo.

A diferencia de los apologetas de la historia, los evidencialistas puros no apelan a las evidencias históricas como única base de su caso. Para los evidencialistas, hay ciertos eventos, como las curaciones de Jesús, las resurrecciones de los muertos y la profecía cumplida, que en sí mismos, aparte de la presunción o prueba previa de que Dios existe, fundamentan la verdad del cristianismo. Dado que los hechos "hablan por sí mismos", no hay necesidad, según los evidencialistas, de dar una razón independiente para creer en la existencia de Dios. Por el contrario, tanto los apologetas clásicos como los presuposicionistas insisten en que los eventos históricos solo pueden ser interpretados a la luz del marco de la visión del mundo de la que forman parte.

Apologética experimental. Algunos cristianos apelan, sobre todo, pero no de forma exclusiva, a la experiencia como evidencia de la fe cristiana. Algunos apelan a la experiencia religiosa en general. Otros a experiencias religiosas especiales. Dentro de esta segunda categoría, algunos se centran en experiencias místicas y otros identifican lo que creen como experiencias de conversión particularmente sobrenaturales. Es evidente que hay algunas diferencias significativas bajo el amplio paraguas de la experiencia.

Características. El valor de la experiencia religiosa general e inespecífica tiene un valor limitado para un apologeta cristiano. En el mejor de los casos, la experiencia general establece la credibilidad de la creencia en un ser supremo de algún tipo (no solo un Dios teísta). Sin embargo, las pruebas de la experiencia religiosa (ver Apologética Experimental) han sido brindadas por los cristianos y otros. Las experiencias religiosas en general están disponibles para todos.

Las experiencias religiosas especiales son más limitadas. El místico, por ejemplo, afirma tener una experiencia especial de Dios. Las experiencias místicas (ver Misticismo) se diferencian de las experiencias religiosas generales en que se consideran contactos directos y no mediatos con Dios. Los místicos cristianos afirman que esas experiencias son sin duda alguna verdad.

Aunque los llamados encuentros de experiencias existenciales con Dios (ver Kierkegaard, Søren) no son lo mismo que las experiencias místicas, los defensores afirman que también son auténticas por sí solas. Uno es captado por Dios en un encuentro no racional y directo que es más básico y real que una experiencia sensorial. Aunque no todos llamarían a tales experiencias evidencia apologética, sirven para reivindicar el cristianismo entre aquellos que las tienen. Aquellos que apelan a tales experiencias rechazan los enfoques apologéticos en el sentido tradicional. Desprecian los argumentos racionales o las evidencias fácticas a favor de lo que creen que es una experiencia autoverificable.

Defensores. Entre los místicos cristianos destaca el nombre de Meister Eckart. Los existencialistas incluyen a Søren *Kierkegaard, Rudolph Bultmann, y Karl*Barth (ver Fideísmo). Otros de naturaleza experimental más general incluyen a Friedrich *Schleiermacher y Paul Tillich.

Comparación con otros enfoques. Los argumentos experimentales para la existencia de Dios son a veces utilizados por los apologetas clásicos y los evidencialistas. La diferencia es que, para el apologeta experiencial, el único tipo de evidencia es no racional, mística y existencial. En otros enfoques apologéticos, el argumento de la experiencia religiosa es solo un tipo de evidencia entre muchos. Muchos otros apologetas, en especial de la variedad racional, rechazan los argumentos que se basan en la experiencia como no verificables y de interpretación subjetiva.

Apologética histórica. Características. Los apologetas históricos (ver Apologética histórica) destacan la evidencia histórica como base para demostrar la verdad del cristianismo. Estos apologetas creen que la verdad del cristianismo, incluyendo la existencia de Dios, puede ser probada solo con la evidencia histórica. En cierto sentido, la apologética histórica pertenece a la amplia clase de la apologética evidencial, pero difiere en que destaca la importancia, en otras palabras la necesidad, de comenzar con el registro histórico para la verdad del cristianismo.

Defensores. El cristianismo es una religión histórica, por lo que es comprensible que tenga un énfasis histórico desde el principio. Los primeros apologetas, incluyendo a Tertuliano, Justino Mártir, Clemente de Alejandría y Orígenes, defendieron la historicidad del cristianismo.

Dado que estos primeros apologetas con frecuencia no guardaban una relación sistemática con sus escritos, es difícil saber si entran en la categoría de la apologética histórica. Algunos presentaron argumentos teístas, pero es probable que no todos lo vieran como un primer paso necesario y lógico en una apologética general. Los apologetas históricos contemporáneos incluyen a John Warwick Montgomery y Gary Habermas.

Comparación con otros enfoques. La apologética histórica se distingue del evidencialismo en su enfoque limitado, que utiliza un solo tipo de evidencia en lugar de muchas. Además, brinda un argumento secuencial. El apologeta histórico comienza con solo la evidencia histórica como premisa básica. Con la historicidad establecida, el apologeta argumenta que se hacen ciertas afirmaciones en la Escritura de las cuales se puede inferir que Dios existe, que la Biblia es la Palabra de Dios y que Cristo es el único Hijo de Dios. El evidencialista puro no tiene tal orden lógico que comienza solo con la evidencia histórica. Más bien, el evidencialista emplea todo un nido de pruebas para concluir que el cristianismo es verdadero.

Tanto los apologetas históricos como los clásicos utilizan evidencias históricas. Pero el apologeta clásico cree que la evidencia histórica es solo un segundo paso, precedido de forma lógica por argumentos teístas que establecen la necesaria evidencia de la visión del mundo por la cual solo se puede interpretar de forma adecuada la evidencia histórica.

Apologética presuposicional. Este punto de vista (ver Apologética Presuposicional) afirma que hay que defender el cristianismo desde el fundamento de ciertos presupuestos básicos. Por lo general, un presuposicionista presupone la verdad básica del cristianismo y luego procede a mostrar (de varias maneras) que solo el cristianismo es verdadero.

Características y defensores. Según el presuposicionalismo revelador, uno debe postular que el Dios de la Trinidad, tres personas en uno, se ha revelado en las Sagradas Escrituras antes de que sea posible darle algún sentido al universo, a la vida, al lenguaje o a

la historia. Esto se ve a veces como un argumento trascendental. Los presuposicionistas reveladores incluyen a Cornelius *Van Til, Greg Bahnsen, y John Frame.

El presuposicionista racional también comienza con la Trinidad revelada en la Palabra de Dios escrita. Pero la prueba para saber si esto es cierto o no, es solo mediante la ley de la no contradicción (ver Primeros principios). El cristianismo demuestra su propia verdad en que, de todas las religiones, solo ella es coherente a nivel interno. Gordon H. *Clark, Carl F. H. Henry, y Ronald Nash son presuposicionistas racionales.

Al igual que los presuposicionistas racionales, los presuposicionistas de consistencia sistemática creen que un sistema debe ser racionalmente consistente. Además, debe tener en cuenta todos los hechos. Además, debe ser de importancia existencial, ya que satisface las necesidades básicas de la vida. Solo el cristianismo, brinda un sistema tan consistente. Edward John *Carnell y Gordon Lewis sostienen este punto de vista.

El enfoque apologético de Francis *Schaeffer ha sido mencionado de vez en cuando como una forma separada de presuposicionismo, una especie de presuposicionismo práctico. Schaeffer cree que los sistemas falsos son imposibles de ser vividos, que solo la verdad cristiana es vivible.

Comparación con otros enfoques. Los apologetas presuposicionales rechazan la validez de las pruebas teístas. Aceptan las críticas de la argumentación teísta de David *Hume e Immanuel *Kant (ver Dios, Objeciones a las pruebas de). O creen que no hay significado para los "hechos" aparte de la visión cristiana del mundo.

Conclusión. Los defensores de un tipo de sistema apologético proporcionan críticas a los sistemas opuestos. Por ello, tanto la evaluación como las fuentes se mencionan bajo cada tipo de apologética discutida antes. En la sección "Fuentes" figuran solo los libros que tratan de los sistemas apologéticos en general.

Fuentes

D. Clark, *Dialogical Apologetics* [Apologética dialógica], cap. 5.

A. Dulles, *A History of Apologetics* [Historia de la Apologética].

N. L. Geisler, *Christian Apologetics* [Apologética cristiana], parte 1.

G. R. Lewis, *Testing Christianity's Truth Claims* [Probando las afirmaciones de la verdad del cristianismo].

B. Ramm, Varieties of Christian Apologetics [Variedades de la apologética cristiana].

Apologética clásica. Se llama apologética clásica porque fue el método apologético practicado por los primeros pensadores que estudiaron y practicaron la aplicación de la razón en la defensa del cristianismo. Estos pioneros apologetas incluyeron a *Augustín, *Anselmo y *Tomás de Aquino (ver Apologética, Tipos de). Las raíces de la apologética clásica se encuentran también en algunos apologetas de los siglos II y III. La apologética clásica moderna está representada por William Paley, John Locke, C.S. Lewis, B.B. Warfield, John Gerstner, R.C. Sproul, William Craig, J.P. Moreland y Norman L. Geisler.

La apologética clásica enfatiza los argumentos racionales de la existencia de Dios (ver Dios, Evidencias a favor de) y la evidencia histórica que apoya la verdad del cristianismo. Se hace hincapié en los milagros como confirmación de las afirmaciones de Cristo y los profetas y apóstoles bíblicos.

Contrastes con la Apologética Presuposicional y Evidencial. La apologética clásica difiere en varias formas con la apologética presuposicional en su manejo de las pruebas de la existencia de Dios y su uso de la evidencia histórica. La apologética clásica difiere de la apologética evidencial en cuanto a si existe una necesidad lógica previa de establecer la existencia de Dios antes de argumentar la verdad del cristianismo (por ejemplo, la divinidad de Cristo y la inspiración de la Biblia [ver Cristo, Divinidad de]).

La apologética clásica se caracteriza por dos pasos básicos. Su primer paso es establecer argumentos teístas válidos para la verdad del *teísmo aparte de (pero con apelación a) la revelación especial de la Escritura. Su segundo paso es compilar evidencia histórica para establecer verdades tan básicas del cristianismo como la divinidad de Cristo y la inspiración de la Biblia. La utilización de la resurrección de Cristo con frecuencia juega un papel importante en este segundo paso.

Validez de las pruebas teístas. La validez de las pruebas teístas tradicionales sobre Dios es aceptada por los apologetas clásicos y rechazada por los presuposicionalistas. Algunos presuposicionalistas reemplazan las pruebas tradicionales con argumentos trascendentales para Dios por sí mismos (ver Apologética Presuposicional; Van Til, Cornelius). No todos los apologetas clásicos aceptan todas las pruebas tradicionales acerca de Dios. Por ejemplo, muchos rechazan la validez del argumento *ontológico. Pero la mayoría acepta de alguna forma el argumento *cosmológico y el argumento *teológico. Muchos creen también que el argumento *moral es válido.

Los apologetas suposicionales rechazan la validez de las pruebas teístas sobre Dios (ver Dios, Evidencias a favor de). La mayoría de ellos aceptan la validez de mucho de lo que David *Hume y Emmanuel *Kant dijeron en sus críticas a la argumentación teísta (ver Dios, Objeciones a las pruebas de). Algunos, como Gordon H.*Clark, lo hacen basándose en un escepticismo empírico. Cornelius *Van Til y otros lo hacen porque creen que los hechos no tienen sentido aparte de la supuesta visión trinitaria del mundo. Cualquiera que sea el motivo, todos los verdaderos presuposicionalistas se unen a los ateos y a los agnósticos para rechazar la validez de las pruebas teístas tradicionales sobre Dios (ver Agnosticismo; Ateísmo).

Evidencia histórica y teísmo. Una táctica apologética es mostrar la fiabilidad histórica del Nuevo Testamento (ver Nuevo Testamento, Datación del; Nuevo Testamento, Historicidad de; Manuscritos del Nuevo Testamento) y argumentar desde esa credibilidad al testimonio del Nuevo Testamento que Jesús afirmó ser, y se probó milagrosamente que era, el Hijo de Dios (ver Cristo, Divinidad de). A partir de esto, la propia voz de Jesús se añade a la evidencia histórica de que el Antiguo Testamento es la Palabra de Dios. Su promesa del ministerio del Espíritu Santo hace lo mismo para el Nuevo Testamento (ver Biblia, Punto de vista de Jesús sobre la).

A veces los apologetas clásicos comienzan este segundo paso mostrando lo que la Biblia afirma ser y está sobrenaturalmente probado que es la Palabra de Dios. Al hacerlo, por lo general utilizan la misma evidencia básica que la utilizada por la apologética evidencial. Esto incluye los milagros (ver Milagro; Milagros, Valor apologético de los; Milagros en la Biblia), la profecía cumplida (ver Profecía, como prueba de la Biblia), la unidad de la Biblia y otras indicaciones de su origen sobrenatural (ver Biblia, Evidencias a favor de la). La diferencia entre los evidencialistas y los apologetas clásicos en este punto es que estos últimos ven la necesidad de establecer primero un universo teísta para establecer la posibilidad de milagros. Los evolucionistas no ven el teísmo como una precondición lógicamente necesaria de la apologética histórica.

El argumento básico del apologeta clásico es que no tiene sentido hablar de la resurrección como un acto de Dios a menos que como paso lógico se establezca que hay un Dios que puede actuar. De la misma manera, la Biblia no puede ser la Palabra de Dios a menos que haya un Dios que pueda hablar. Y Cristo no puede mostrarse como el Hijo de Dios excepto en la premisa lógica previa de que hay un Dios que puede tener un Hijo.

Mientras algunos evidencialistas utilizan pruebas teístas, no creen que sea lógicamente necesario hacerlo. Creen que esto es simplemente un enfoque alternativo. Los trabajos de John Warwick Montgomery y Gary Habermas encajan en esta categoría.

En este punto hay una similitud entre los apologetas

clásicos y presuposicionalistas. Ambos creen que no se puede argumentar legítimamente a partir de datos históricos a menos que se empiece con la premisa previa de que existe un Dios teísta. Difieren en cómo establecer esta premisa previa. Los presuposicionalistas afirman que cada visión del mundo actúa como una red de presuposiciones para filtrar los hechos entrantes e intentar que se ajusten a la idea que tiene el individuo de cómo funciona el mundo. Pero detrás de ese proceso hay un conocimiento incorporado y suprimido de la verdad, tal como lo expresan en Romanos 1 y la afirmación de * Agustín de que todo ser humano está "interactuando" con Dios. El apologeta depende del trabajo del Espíritu Santo para mostrar el fracaso de la visión del mundo sostenida y para estimular el conocimiento innato. Los apologetas clásicos insisten en que el apologeta toma un papel más activo en asociación con el Espíritu Santo para razonar a través de la verdad sobre Dios y hasta que se establezca y se admita en el corazón del incrédulo.

Objeciones a la Apologética Clásica. Otros puntos de vista cristianos hacen varias objeciones importantes a la apologética clásica. Algunas de ellas provienen de los probabilistas y otras de los presuposicionalistas o fideístas (ver Fideísmo), que rechazan la validez de los argumentos teístas tradicionales.

Invalidez de las pruebas tradicionales. Tanto los fideístas como los estrictos presuposicionalistas rechazan todos los argumentos clásicos de la existencia de Dios. Sus objeciones específicas son consideradas en otra parte (ver Dios, Objeciones a las pruebas de).

Invalidez de los argumentos históricos. Los fideístas y los presuposicionalistas sostienen que no es válido apelar a ningún tipo de evidencia, incluida la histórica, ya que los mismos datos se interpretan de manera diferente bajo diferentes perspectivas de visión del mundo. No hay hechos evidentes. Todos los hechos se interpretan, y la interpretación se deriva de la visión del mundo de uno. Si el cuerpo muerto de Jesús puede ser aceptado para volver a la vida, incluso esa información puede ser entendida de manera diferente por diferentes visiones del mundo. Un teísta cristiano (ver Teísmo) ve el evento como una resurrección sobrenatural que confirma la afirmación de Cristo de ser el Hijo de Dios. Pero el panteísta (ver Panteísmo) lo ve simplemente como una manifestación del Único Ser, del cual todos somos parte. Revela que Cristo es un gurú, no Dios el Creador revelado en carne humana. El ateo o naturalista ve el evento como un mito o a lo mucho como una anomalía que tiene una explicación puramente natural.

En respuesta a esta oposición, muchos apologetas clásicos, incluido el autor, están de acuerdo con el punto básico de los presuposicionalistas, pero señalan que esto no afecta el enfoque, ya que los apologetas clásicos creen que es lógicamente necesario establecer primero el teísmo como el contexto de la visión del mundo en el que los hechos de la historia se entienden de forma adecuada.

Los apologetas clásicos y los presuposicionalistas están en desacuerdo en dos asuntos. Primero, los apologetas clásicos sostienen que pueden establecer el teísmo con argumentos racionales tradicionales, y los presuposicionalistas no. En segundo lugar, los apologetas clásicos sostienen que solo es lógicamente necesario establecer el teísmo antes de que uno pueda comprender adecuadamente la evidencia histórica. Muchos presuposicionalistas, que siguen a Van Til, insisten en que hay que presuponer un Dios trino (ver Trinidad) que se ha revelado en las Escrituras como una presuposición necesaria para cualquier prueba histórica en apoyo del cristianismo. Pero esto, para los apologetas clásicos, es simplemente argumentar en un círculo.

La validez de los argumentos trascendentales. No todos los presuposicionalistas descartan todos los argumentos a favor del cristianismo. Algunos usan un argumento *trascendental (por ejemplo, Greg Bahnsen). Insisten en que la única forma válida de argumentar la verdad del cristianismo es mostrar que es trascendentalmente necesario plantear la verdad básica del cristianismo como una condición para darle sentido a nuestro mundo. En ninguna otra presuposición se puede asumir que hay algún significado en la historia o la ciencia o incluso intentar comunicarse.

Los apologetas clásicos están de acuerdo en que esto es cierto en la medida en que el teísmo es necesario para ver la vida como significativa y coherente. En un sistema cerrado, no hay un significado definitivo, ni valores definitivos, y no sucede ningún "milagro" que no pueda ser explicado por un fenómeno naturalista (cf. Juan 3:1-2; Hechos 2:22; Heb 2:3-4). Pero no es necesario presuponer que Dios es trino, tiene un Hijo encarnado como Jesús de Nazaret, y es revelado en los sesenta y seis libros inspirados de la Escritura Cristiana. Uno puede darle sentido al mundo al asumir menos que toda la verdad del cristianismo.

Otras diferencias son detalladas en otra parte. Basta con señalar aquí que implican el papel de la *fe y la razón, especialmente el uso de la lógica o la razón para demostrar la existencia de Dios, que los apologetas clásicos utilizan y los presuposicionalistas puros rechazan.

Fuentes

Anselmo, *Escritos Básicos: Monologion.*

———, *Escritos Básicos: Prologion.*

T. Aquino, *Summa contra Gentiles* [Suma contra los

Gentiles]. ---, *Summa Theologica* [Suma teológica].

R. Bush, *Classical Readings in Christian Apologetics* [Lecturas clásicas en la apologética cristiana].

W. Corduan, *A Reasonable Faith* [Una fe razonable].

W. L. Craig, *Apologetics* [Apologética].

A. Dulles, *A History of Apologetics* [Historia de la apologética].

N. L. Geisler, *Christian Apologetics* [Apologética cristiana].

N. L. Geisler y R. M. Brooks, *When Skeptics Ask* [Cuando los escépticos preguntan].

J. Gerstner, *Reasons for Faith* [Razones para la fe].

S. Hackett, *The Reconstruction of the Christian Revelation* [La reconstrucción del argumento de la revelación cristiana].

C. S. Lewis, *Mere Christianity* [Mera cristiandad].

J. Locke, The Reasonableness of Christianity [La sensatez del cristianismo].

J. P. Moreland, *Scaling the Secular City* [El ascenso a la ciudad secular].

W. Paley, *Natural Theology* [Teología natural].

R. C. Sproul, *Reason to Believe* [Razón para creer].

Apologética de la resurrección. *Ver* APOLOGÉTICA, TIPOS DE; APOLOGÉTICA HISTÓRICA; RESURRECCIÓN, EVIDENCIAS A FAVOR DE LA.

Apologética experiencial. La apologética experiencial es la forma de defender la fe cristiana que apela a la experiencia cristiana como evidencia de la verdad del cristianismo. En su apelación a la evidencia interna, en oposición a la externa, contrasta agudamente con otros sistemas apologéticos (ver Apologética, Tipos de).

Defensores de la apologética experiencial. Muchos pensadores cristianos han puesto énfasis en la experiencia, siendo algunos místicos y otros no. Meister Eckart, en el período medieval, es considerado herético en teología, pero escribió convincentemente sobre las implicaciones del *misticismo cristiano. En el período moderno, el *existencialismo (ver Kierkegaard, Søren) y la neoortodoxia (ver Barth, Karl) dan un gran valor a la experiencia religiosa y sus pruebas del cristianismo. Los liberales y modernistas clásicos rechazan la verdad cristiana objetiva, por lo que una religión experiencial general es prácticamente el único fundamento posible sobre el cual construir una apologética cristiana (ver Milagros, Mitos y; Schleiermacher, Friedrich). Entre los evangélicos, Elton *Trueblood ha defendido el experiencialismo. Si bien por lo general permanece fuera de las discusiones apologéticas, la apologética experiencial caracteriza

a los movimientos pentecostales, carismáticos y algunos pietistas. Aunque también se utiliza la apologética racional y probatoria, Josh McDowell también ha tenido un énfasis experiencial.

Tipos de apologética experiencial. Los apologetas cristianos experienciales se dividen en varias categorías. Algunos apelan a la experiencia religiosa en general, aunque esto no se usa a menudo para probar las afirmaciones únicas del cristianismo tanto como la existencia de enseñanzas comunes a varias religiones. Esto podría incluir la existencia de un Dios trascendente o la inmortalidad del alma.

Otros experiencialistas cristianos apelan a experiencias religiosas especiales. Dentro de esta categoría están aquellos que se enfocan en experiencias místicas y aquellos que buscan conversiones cristianas sobrenaturales. La descripción clásica de Jonathan *Edwards de la naturaleza de la conversión, A Treatise Concerning Religious Affections, aboga por Dios a partir de la experiencia de la conversión, aunque Edwards generalmente enfatizaba la razón.

La experiencia religiosa general. El valor de la experiencia religiosa en general es limitado en la elaboración de afirmaciones exclusivamente cristianas. Lógicamente, es difícil ver cómo este argumento puede usarse para apoyar incluso a un Dios distintivamente teísta. En el mejor de los casos, establece cierta credibilidad a favor de un ser supremo de algún tipo. Sin embargo, cristianos y otros han ofrecido pruebas de la experiencia religiosa.

El valor de las experiencias religiosas generales es que están al alcance de todos. Incluso el ateo Sigmund *Freud admitió tener una especie de "sentimiento de dependencia absoluta" como lo descrito por Friedrich *Schleiermacher. Paul Tillich llamó a esto una experiencia de "máximo compromiso". El humanista John *Dewey creía que todos experimentan una experiencia religiosa en la búsqueda de metas a pesar de los obstáculos.

La experiencia religiosa especial. La experiencia religiosa especial, a diferencia de la general, no se comparte tan ampliamente. Para aquellos que tienen tales experiencias, pueden ser una demostración poderosa de la prueba del cristianismo. Estas experiencias vienen en variedades místicas y existenciales.

La experiencia mística cristiana. Los místicos cristianos (ver Misticismo) afirman tener una experiencia especial de Dios. Las experiencias místicas difieren de las experiencias generales de otra manera: afirman tener un contacto directo e inmediato con Dios, afirmación imposible de probar, pero los místicos cristianos a menudo afirman que tales evidencias son innecesarias. La experiencia es verdadera por sí sola, tan básica para la realidad como la experiencia sensorial de ver el color. Para ellos, al menos, nada necesita verificación.

Las experiencias existenciales. Aunque los encuentros existenciales con Dios no son los mismos que los místicos, sus defensores afirman que estos encuentros también se autentifican a sí mismos. Hay ocasiones en las que uno es captado por Dios en un encuentro directo no racional que es más básico y real que una experiencia sensorial. Si bien no todos considerarían tales experiencias como evidencia, sí sirven para reivindicar la autenticidad de la fe para quien las experimenta. Hablando con propiedad, quienes apelan a tales experiencias rechazan los enfoques apologéticos en su sentido tradicional; así también, desdeñan la apelación a pruebas racionales y fácticas a favor de lo que creen, que es una experiencia, la cual puede verificarse por sí sola.

Cabe señalar que no todos los que experimentan encuentros especiales con Dios consideran estos momentos como pruebas apologéticas del cristianismo para ellos mismos o para otros. Ahora bien, aquellos que se enfocan en tales experiencias como un componente principal de su sistema de creencia cristiana, tienden a verlas como verificaciones de sus creencias.

Evaluando la apologética experiencial. Mientras que algunos cristianos parecen basar sus creencias en gran medida en la experiencia, otros desacreditan totalmente el valor apologético de tales argumentos subjetivos. Sin embargo, y bien vista, la experiencia tiene un papel importante en la religión.

Aspectos positivos. Toda verdad sobre la religión se debe experimentar. La verdad religiosa, es decir, la verdad sobre las experiencias religiosas, en contraste con otras formas de verdad, es preeminentemente una verdad que debe experimentarse (i. e., aplicarse a la vida de uno). Como señaló William *James, en el corazón mismo de la experiencia religiosa está el objetivo de tener una relación satisfactoria y trascendente. Kierkegaard dijo que la verdad religiosa es personal, más que meramente proposicional; es una experiencia que proporciona una relación viva con el Dios vivo. En este sentido, la verdad religiosa es más de lo que sabemos; es lo que vivimos. No es simplemente la verdad para que los creyentes la tomen; también los toma a ellos.

Toda verdad se experimenta. En el sentido más general, toda verdad debe experimentarse. En su raíz, la experiencia significa ser consciente de algo, lo que se extiende desde la conciencia de Dios hasta la conciencia de una verdad matemática; si no se experimenta, entonces uno no lo "conoce". Así que, la experiencia en este sentido no solo es importante para la fe religiosa, es esencial.

Una verdad conceptual es vacía sin experiencia. Un corolario de la necesidad de experimentar la verdad es que los conceptos estériles están vacíos porque no se han arraigado en la experiencia. Si bien existen diferentes niveles y objetos de experiencia, no hay verdad acerca de la realidad que esté totalmente desvinculada de la experiencia. A menos que uno tenga conciencia de un objeto a través de la experiencia, no puede conocerlo directamente. Por tanto, la experiencia es indispensable para conocer la verdad de cualquier tipo, incluida la verdad religiosa.

Aspectos negativos. Si bien toda verdad, incluso la verdad religiosa, debe experimentarse en el sentido amplio de una conciencia de ella, ninguna afirmación de verdad religiosa debe basarse en una experiencia subjetiva, incontrolable y acrítica (ver Verdad, Naturaleza de la).

El experiencialismo confunde categorías. Técnicamente, es una confusión de categorías hablar de "verdad religiosa". Hay verdades sobre las experiencias religiosas; por ejemplo, experiencias de Dios, pero la experiencia en sí no es ni verdadera ni falsa. Más bien, hay declaraciones verdaderas o falsas sobre experiencias religiosas. La verdad, lo que corresponde a la realidad, se encuentra en la expresión sobre algo; por ejemplo, sobre una experiencia religiosa.

También es incorrecto decir que la verdad se basa en experiencias interpersonales o que es intrínsecamente subjetiva; la verdad es objetiva, incluso si es una verdad sobre nuestra relación con Dios. La relación es personal y subjetiva, pero las declaraciones sobre esa relación personal no son subjetivas. Hay declaraciones verdaderas o falsas sobre si uno realmente estaba experimentando a Dios y sobre el Dios que fue experimentado; pero la experiencia misma, en su sentido primario, no es ni verdadera ni falsa.

La razón es necesaria. Si la razón se toma en el sentido secundario de la reflexión sobre nuestra experiencia primaria, particularmente la reflexión racional, entonces es crucial conocer la verdad sobre nuestra experiencia primaria. La experiencia primaria, como la definen muchos que la enfatizan, es irreflexiva y acrítica, y supuestamente no hay uso de la lógica o la razón en este nivel; es preconceptual. Este tipo de experiencia, siendo necesaria y posible, es peligrosa y no tiene una función definitiva para determinar la verdad en la religión; es una experiencia "básica" sin forma en o de sí misma de saber si pone a la persona en contacto con la realidad divina. A menos que la llamada experiencia secundaria, es decir, la razón, pueda evaluar y emitir juicios sobre esta experiencia en bruto, no tiene valor de verdad. Como diría Jonathan Edwards, Dios quiere llegar al corazón, pero nunca pasa por alto la cabeza en el camino al corazón.

Contrariamente a lo que afirman algunos, no hay

experiencias religiosas evidentes por sí solas que puedan demostrar la verdad del cristianismo. Existen diferencias significativas entre una experiencia sensorial y una experiencia religiosa especial: (1) una es una experiencia general y la otra es especial; (2) una es la experiencia continua y la otra solo ocasional; (3) una es pública y la otra privada; (4) una es sensata y objetiva, mientras que la otra es espiritual y subjetiva. Ninguna comparación entre los dos es válida.

Esto deja sin resolver la afirmación de Juan *Calvino y otros de que todos los hombres tienen un conocimiento innato de Dios; si lo tienen, es lo suficientemente específico como para establecer solo la existencia de Dios, y quizás la inmortalidad, pero no las verdades únicas del cristianismo, como la deidad de Cristo (ver Cristo, Divinidad de), la *Trinidad y Cristo como el único camino hacia Dios (ver Cristo, Unicidad de; "Paganos", Salvación de los; Pluralismo religioso; Religiones del mundo y el cristianismo).

Las experiencias religiosas no se interpretan por sí solas. Ninguna experiencia religiosa, ciertamente ninguna de la variedad especial (mística), se etiqueta por sí sola. Son posibles otras interpretaciones, fácilmente dadas por Ludwig *Feuerbach, William *James y Freud. El hecho de que la persona religiosa lo haya experimentado con una determinada etiqueta no significa que esta sea la única interpretación o la interpretación adecuada. A lo largo de la experiencia religiosa, se han producido alucinaciones, ilusiones y proyecciones mentales, y se necesita más que una experiencia subjetiva para demostrar la verdad objetiva.

Las experiencias religiosas carecen de un valor objetivo. Se necesitan algunos criterios objetivos y demostrables para determinar la verdad de las experiencias religiosas. Esto es obvio por los hechos de que experiencias similares pueden interpretarse de diferentes maneras y que las experiencias religiosas entran en conflicto entre sí. Por eso la Biblia advierte sobre los falsos profetas (Mt 7:15) y las falsas enseñanzas (1 Ti 4:1 ss.; 1 Juan 4:1 ss.). De hecho, incluso brinda criterios objetivos por los cuales se puede conocer la falsedad (cf. Dt 18:9-22).

Las experiencias indescriptibles no tienen un valor de verdad. Los místicos a menudo afirman tener experiencias inefables. Cualquiera que sea el valor subjetivo que estas experiencias puedan tener para quien las experimenta, no pueden hacer afirmaciones de verdad válidas sobre los demás; en todo caso, los estados subjetivos son vinculantes solo para quienes los tienen. Por su propia naturaleza, los experimenta una sola persona. Además, una experiencia indescriptible no se puede probar porque ni siquiera se conoce; uno tendría que conocerla antes de poder probarla, y si no se entiende racionalmente, entonces no se puede probar racionalmente.

Conclusión. La experiencia religiosa general no es lo suficientemente específica para respaldar las afirmaciones únicas del cristianismo. En el mejor de los casos, solo puede respaldar algunas afirmaciones vagas sobre algún "otro" trascendente, pero no las afirmaciones únicas de un Dios trino que se ha revelado a sí mismo en las Escrituras. Las experiencias religiosas especiales tampoco son objetivas o verificables; no permiten un escrutinio crítico ni racional, y se necesitan criterios objetivos para que todas las experiencias subjetivas sean significativas para cualquier persona que no sea la persona que las tiene. Ciertamente, se necesitan pruebas objetivas antes de que puedan usarse para establecer una afirmación de verdad. La mente debe comprender y escudriñar lo que siente el corazón. De lo contrario, no podemos saber si corresponde a la realidad (ver Verdad, Naturaleza de la).

Fuentes
J. Edwards, *Religious Affections* [Un tratado sobre los afectos religiosos].
L. Feuerbach, *La esencia del cristianismo.*
S. Freud, *El porvenir de una ilusión.*
N. L. Geisler y W. *Corduan, Philosophy of Religion* [La filosofía de la religión], parte 1.
W. James, *Las variedades de la experiencia religiosa.*
S. Kierkegaard, *Temor y temblor.*
R. Otto, *Lo santo: lo racional y lo irracional en la idea de Dios.*
F. Schleiermacher, *Sobre la religión.*
P. Tillich, *Ultimate Concern* [Preocupación última].
D. E. Trueblood, *Philosophy of Religion* [La filosofía de la religión].

Apologética histórica. La apologética histórica enfatiza la evidencia histórica como la base para demostrar la verdad del cristianismo (ver Apologética, Tipos de). En este punto se superpone con la *apologética clásica. La diferencia crucial entre las dos es que la apologética histórica no cree que sea necesario establecer primero la existencia de Dios. Los apologetas históricos creen que la verdad del cristianismo, incluida la existencia de Dios, puede probarse únicamente a partir de la evidencia histórica.

Esta suposición coloca a la apologética histórica dentro de la amplia clase de la apologética probatoria, pero difiere en que enfatiza la importancia, si no la necesidad, de comenzar con la evidencia histórica a favor de la verdad del cristianismo. Por lo general, el apologeta histórico ve la resurrección de Cristo como el eje de la apologética. En este sentido, se puede llamar apologética de la resurrección.

Defensores de la apologética histórica. El cristianismo es una religión histórica, por lo que es comprensible que tenga un énfasis histórico desde el principio. Los primeros apologetas, incluidos *Justino Mártir, *Tertuliano, *Clemente de Alejandría y *Orígenes, defendieron la historicidad del cristianismo. Asimismo, los apologetas clásicos (ver Apologética clásica), como *Agustín, *Anselmo y *Tomás de Aquino, consideraban la apologética histórica como una parte importante de su estrategia general en la defensa de la fe cristiana.

Sin embargo, lo que distingue a la apologética histórica como disciplina es su creencia de que se puede defender la totalidad de la fe cristiana, incluida la existencia de Dios y el hecho de los milagros, estrictamente a partir de la evidencia histórica, sin necesidad de apelar previamente a argumentos teístas; sin embargo, algunos usan evidencias teístas de manera complementaria. Este énfasis parece ser en gran parte un fenómeno moderno. Los apologetas contemporáneos que entran en esta categoría incluyen a John Warwick Montgomery y Gary Habermas (ver Milagros, Valor apologético de los; Milagros en la Biblia).

Contraste con otros sistemas. La apologética histórica difiere tanto de la *apologética presuposicional como de la *apologética clásica, aunque tiene cosas en común con ellas.

Apologética histórica versus presuposicional. Los apologetas históricos no están de acuerdo con las diversas formas de apologética presuposicional (ver Apologética presuposicional) sobre la naturaleza de la evidencia misma y la naturaleza de la evidencia histórica en particular.

Los apologetas históricos, de común acuerdo con los apologetas clásicos, parten de la evidencia para demostrar la verdad del cristianismo. Los presuposicionalistas, por otro lado, parten de las presuposiciones del incrédulo, estando en juego la validez de la evidencia para respaldar la verdad. El presuposicionalista puro (revelacional) insiste en que ninguna evidencia, histórica o de otro tipo, tiene sentido a menos que se interprete en el sistema de la cosmovisión cristiana en general. El apologeta histórico cree que los hechos históricos se interpretan por sí mismos en su contexto histórico. Los presuposicionalistas puros, por otro lado, insisten en que ningún hecho puede interpretarse por sí mismo; todos los hechos se interpretan y requieren un *marco de cosmovisión cristiano para una comprensión adecuada.

Apologética histórica versus clásica. Los apologetas históricos tienen mucho en común con los apologetas clásicos (ver Apologética clásica). Ambos creen en la validez de la evidencia histórica; también consideran que la evidencia histórica es crucial para la defensa del cristianismo. Sin embargo, están en total desacuerdo sobre la necesidad de una apologética teísta como lógicamente anterior a la apologética histórica. Los apologetas clásicos creen que no tiene sentido hablar de la resurrección como un acto de Dios a menos que uno haya establecido primero que existe un Dios que puede actuar primero. Los apologetas históricos, por otro lado, argumentan que uno puede demostrar que Dios existe únicamente con la explicación a partir de la evidencia histórica que ocurrió un acto de Dios, como en la resurrección de Jesucristo.

El enfoque histórico. El enfoque básico de la apologética histórica es partir de la historicidad de los documentos del Nuevo Testamento y luego usar los milagros de Cristo, particularmente la resurrección, para demostrar que Cristo es el Hijo de Dios, estableciendo así que existe un Dios teísta que puede obrar milagros.

Un enfoque típico de la apologética histórica podría comenzar por intentar mostrar la historicidad de los documentos del Nuevo Testamento; esto generalmente incluye argumentos a favor de la autenticidad de los documentos del Nuevo Testamento (ver Nuevo Testamento, Datación del; Manuscritos del Nuevo Testamento) y la confiabilidad de los testigos del Nuevo Testamento (ver Nuevo Testamento, Historicidad del; Nuevo Testamento, Fuentes no cristianas del).

El segundo paso sería examinar las afirmaciones del Nuevo Testamento de que Cristo es el Hijo del Dios teísta que ofrece pruebas milagrosas de sus afirmaciones, siendo la más importante de estas pruebas que Cristo resucitó de entre los muertos (ver Milagros, Argumentos contra los).

En tercer lugar, se ofrece una defensa de los milagros de Cristo, particularmente su resurrección. A veces, esto se encuentra respaldado por argumentos históricos fuera del Nuevo Testamento, pero la confiabilidad básica de los documentos del Nuevo Testamento es el enfoque habitual (y esencial). Solo a partir de estas premisas se concluye que Jesús es el Hijo del Dios único, verdadero y teísta, que es el único que puede dar cuenta de estos eventos milagrosos en la vida de Jesús. De la deidad de Cristo puede ser, y a menudo es, argumentado que la Biblia es la Palabra de Dios, ya que Jesús (quien es Dios) afirmó que así es (ver Biblia, Evidencias a favor de la; Biblia, Punto vista de Jesús sobre la). De esta manera, Dios, los milagros, la deidad de Cristo (ver Cristo, Deidad de) y la inspiración de la Biblia se apoyan en un argumento histórico.

Evaluación. Las críticas a la apologética histórica provienen de dos lados: los presuposicionalistas y los apologetas clásicos.

¿Hechos puros? Los presuposicionalistas, e incluso

algunos apologetas clásicos, objetan que la apologética histórica comienza con la falsa suposición de que los hechos históricos "hablan por sí mismos". El enfoque histórico asume erróneamente que hay "hechos puros" que son "interpretables por sí mismos". Estos son hechos que cualquier persona imparcial puede ver y de los cuales sacar las conclusiones adecuadas; pero todos los "hechos" adquieren significado a partir de su contexto de cosmovisión final. Una cosmovisión es como un par de anteojos polarizados que colorean todo lo que se ve a través de sus lentes. Todos los hechos son hechos interpretados. Los tan llamados hechos puros son como puntos esparcidos sobre una hoja de papel; no hay líneas de conexión y los puntos no tienen sentido a menos que la mente los conecte, así que la manera en que se trazan las líneas depende de la perspectiva de uno.

Como se señaló entre las objeciones a la apologética clásica, solo un teísta entiende la resurrección de Jesús de Nazaret como un acto sobrenatural del Dios teísta y que este acto demuestra que Jesús es el único Hijo de un Dios teísta (ver Teísmo). Que solo los teístas, o teístas tácitos, lleguen a estas conclusiones indica que una cosmovisión teísta es lógicamente anterior a la identificación incluso de una resurrección de entre los muertos como sobrenatural (ver Resurrección, Evidencias a favor de la). El evento no puede ser un acto especial de Dios a menos que haya un Dios que pueda realizar tales actos especiales (ver Dios, Naturaleza de).

Esto no quiere decir que psicológicamente un evento como este no podría desencadenar una creencia en Dios, si algún escéptico o agnóstico llegara a creer que realmente sucedió; solamente significa que solo quien acepte al menos la posibilidad, si no la plausibilidad, de una visión teísta llegaría a esta conclusión. La gran mayoría de las personas que llegan a creer en el cristianismo debido a los milagros de Cristo y los apóstoles lo hacen solo porque ya tienen una cosmovisión teísta explícita o implícita. Por ejemplo, los miembros de grupos étnicos preliterarios a menudo se convierten al cristianismo después de haber llegado a creer en tales eventos milagrosos; pero estas personas ya tenían un teísmo tácito que adoraba a un dios superior o al Dios de los cielos (ver Monoteísmo primitivo). Incluso los deístas (ver Deísmo) creen que Dios realizó el gran milagro de crear el mundo. Por lo tanto, una resurrección de entre los muertos podría evocar su creencia de que Dios también podría hacer otros milagros; pero el hecho es, tanto en principio como en la práctica, que la creencia en un Dios que realiza milagros es lógicamente anterior a la creencia de que cualquier evento dado es un milagro, incluido el evento de que alguien resucite de entre los muertos.

¿De quién es la huella? Otros vacíos en el enfoque apologético histórico solo se pueden llenar si uno tiene una cosmovisión teísta. Por ejemplo, un paso crucial en la apologética general es poder identificar un evento dado como un milagro; pero ¿cómo se sabe que un milagro es la "huella de Dios" para confirmar una afirmación de verdad de un profeta de Dios a menos que uno ya sepa que hay un Dios y cómo son sus "huellas"? Solo si uno sabe cómo es Dios puede identificar los actos semejantes a Dios. La identificación misma de un acto inusual como un milagro depende del conocimiento previo de tal Dios.

¿Qué clase de Dios? A menos que uno asuma la existencia de un Dios teísta, moralmente perfecto y que no engañaría, el argumento histórico no funciona. Supongamos que no hubiera un Dios moralmente perfecto que, sin embargo, tuviera la capacidad de realizar milagros. ¿No podría engañar a la gente realizando milagros para un impostor? La premisa de que Dios no realizaría un milagro a través de alguien o para alguien que está haciendo una afirmación fraudulenta en su nombre es crucial para el argumento histórico. A menos que uno tenga la seguridad previa de que el Dios que realiza tales milagros es un Ser esencialmente perfecto (i. e., un Dios teísta) que no nos engañaría de esa manera, entonces uno no puede estar seguro de que la evidencia histórica de un milagro realmente respalde la afirmación de aquel a través del cual o para quien se realiza el milagro.

Fuentes

G. H. Clark, *Historiography* [Historiografía].

N. L. Geisler, *Christian Apologetics* [Apologética cristiana], caps. 5, 15.

G. Habermas, *The Historical Jesus* [El Jesús histórico].

———, *The Resurrection of Jesus* [La resurrección de Jesús].

J. W. Montgomery, *Christianity and History* [Cristianismo e historia].

———, *Evidence for Faith* [Evidencia a favor de la fe].

———, *The Shape of the Past* [La forma del pasado].

Apologética presuposicional. La apologética presuposicional es el enfoque apologético que defiende el cristianismo desde el punto de partida de ciertos presupuestos básicos. El apologeta presupone la verdad del cristianismo y luego razona desde ese punto.

Una presuposición básica es que el no cristiano también tiene presuposiciones que alteran todo lo que oye acerca de Dios; otra es que, de alguna manera, la persona confrontada está, como dijo Agustín, "negociando" con Dios y, como dice Romanos 1 de manera tan condenatoria: suprimiendo el conocimiento de la verdad. El papel del apologeta es presentar la verdad del cristianismo y la falsedad de cualquier cosmovisión opuesta a Cristo (ver Pluralismo religioso).

Diferencias con otros métodos. La apologética presuposicional se opone al evidencialismo y a la *apologética clásica. La apologética presuposicional difiere de la apologética clásica en que la apologética presuposicional rechaza la validez de las pruebas tradicionales de la existencia de Dios (ver Dios, Evidencias a favor de). Además, la apologética presuposicional difiere de la apologética clásica e *histórica en su uso de la evidencia histórica. El apologeta histórico, de común acuerdo con el apologeta clásico, argumenta a favor de partir de la razón y la evidencia para demostrar la verdad del cristianismo. El presuposicionalista, por otro lado, insiste en que uno debe partir de presuposiciones o cosmovisiones. El apologeta histórico cree que los hechos históricos "hablan por sí mismos" y se "interpretan por sí mismos" en su contexto histórico. El presuposicionalista puro, por otro lado, insiste en que ningún hecho se interpreta por sí mismo, sino que todos los hechos deben interpretarse y pueden entenderse correctamente solo dentro del contexto de una cosmovisión general.

Diversos tipos de presuposicionalismo. Dependiendo de cómo se defina, hay tres o cuatro tipos básicos de presuposicionalismo:

1. Presuposicionalismo revelacional (ver Van Til, Cornelius)
2. Presuposicionalismo racional (ver Clark, Gordon H.)
3. Consistencia sistemática (ver Carnell, Edward John)

Algunos ven la apologética de Francis *Schaeffer como un ejemplo de una cuarta variante que podría llamarse presuposicionalismo práctico. Cada enfoque difiere en la forma en que se juzga la verdad de una cosmovisión.

Presuposicionalismo revelacional. Según el presuposicionalismo revelacional, uno debe partir de cualquier entendimiento racional de la verdad, presuponiendo la verdad de la fe cristiana; uno debe postular que el Dios Trino (ver Trinidad) se ha revelado a sí mismo en las Sagradas Escrituras, la Palabra de Dios con autoridad divina. Sin esta presuposición, no se le puede dar ningún sentido al universo, la vida, el lenguaje, la historia o cualquier otra cosa. Este tipo de argumento es a veces visto como un argumento trascendental; es decir, un argumento que parte de establecer las condiciones necesarias bajo las cuales cualquier otro tipo de conocimiento es posible. Estas condiciones necesarias postulan que el Dios Trino se ha revelado a sí mismo en las Sagradas Escrituras.

Presuposicionalismo racional. Este es el sistema de apologética del difunto Gordon H. Clark y su destacado discípulo Carl F. H. Henry. Como otros presuposicionalistas, el presuposicionalista racional parte de la Trinidad revelada en la Palabra de Dios escrita; pero la prueba de si esto es cierto es simplemente la ley de la no contradicción (ver Primeros Principios). Es decir, uno sabe que el cristianismo es verdadero y todos los sistemas opuestos son falsos porque todos tienen contradicciones internas y solo el cristianismo es internamente consistente. Por tanto, un principio racional, la ley de la no contradicción, se utiliza como prueba de la verdad.

Consistencia sistemática. Edward John Carnell y su discípulo, Gordon Lewis, desarrollaron un presuposicionalismo que tiene dos (o tres) pruebas para la verdad de la presuposición cristiana. Como los presuposicionalistas racionales, creen que un sistema debe ser racionalmente consistente; pero, además, sostienen que el sistema debe incluir de manera integral todos los hechos. Más adelante en su vida, Carnell agregó una tercera prueba: la relevancia existencial. El sistema debe satisfacer las necesidades básicas de la vida; y creen que el único sistema que está a la altura de los tres es el cristianismo. Por tanto, el cristianismo es verdadero y todos los demás sistemas opuestos son falsos.

Presuposicionalismo práctico. El enfoque apologético de Francis Schaeffer también ha sido catalogado por muchos como presuposicional. Si es así, es un presuposicionalismo práctico. Una de sus características principales es que todos los sistemas no cristianos son inhabitables; solo la verdad cristiana es habitable. En este sentido, utiliza la inhabitabilidad como prueba de la falsedad de los sistemas no cristianos y la habitabilidad como prueba de la verdad del cristianismo.

Conclusión. La apologética presuposicional ha sido criticada desde muchos sectores. La apologética clásica ha desafiado su rechazo de las pruebas tradicionales a favor de la existencia de Dios (ver Dios, Evidencias a favor de). La apologética histórica ha defendido la naturaleza neutral de los hechos históricos. Otros han notado la naturaleza fideísta del presuposicionalismo revelacional y lo han rechazado por esta razón (ver Fideísmo). Dado que cada sistema se critica en el artículo sobre su principal defensor, la atención se dirige a los artículos sobre Cornelius Van Til, Gordon H. Clark y Edward John Carnell.

Fuentes
E. J. Carnell, *An Introduction to Christian Apologetics* [Una introducción a la apologética cristiana].
G. H. Clark, *Religion, Reason, and Revelation* [Religión, razón y revelación].

N. L. Geisler, *Christian Apologetics* [Apologética cristiana].

G. R. Lewis, *Testing Christianity's Truth Claims* [Probando las afirmaciones de verdad del cristianismo].

F. Schaeffer, *The God Who Is There* [El Dios que está allí].

C. Van Til, *The Defense of the Faith* [La defensa de la fe].

Apolonio de Tiana. Apolonio de Tiana (falleció en el año 98 d. C.) aparece entre los críticos del cristianismo como un ejemplo de alguien que rivalizó con Cristo en su pretensión de ser el Hijo de Dios y que tuvo la capacidad de hacer milagros para apoyar su pretensión. Filóstrato, en Life of Apollonius [Vida de Apolonio], registra historias de milagros posteriores a su muerte como apariciones y deificaciones (ver Apoteosis). Algunos críticos utilizan estas historias para negar la singularidad de la vida, muerte y resurrección de Cristo.

Evaluación de las afirmaciones. Las afirmaciones de Apolonio son inferiores a las de Cristo (ver Cristo, Divinidad de). La biografía de Apolonio realizada por Filóstrato termina con su muerte. Las biografías de Jesús no (ver Mt 28; Marcos 16; Lucas 24; Juan 20-21). Acaban con la resurrección (ver Resurrección, Evidencia de). No hay nada sobrenatural en la biografía de Apolonio, ni en lo que respecta a las afirmaciones de la deidad ni a los milagros hechos para probar tal afirmación. Las historias de milagros posteriores a la resurrección ni siquiera forman parte de su biografía. Su biógrafo, Filóstrato, las llama solo "historias". De hecho, son leyendas más adelante.

El libro de Filóstrato es la única fuente existente de su vida. Por lo tanto, la autenticidad de este relato no está confirmada. En el caso de Jesús, tenemos muchos relatos contemporáneos de su vida, muerte y resurrección (ver Nuevo Testamento, Datación del; Nuevo Testamento, Historicidad del; Manuscritos del Nuevo Testamento).

Damis como supuesta fuente de las historias sobre Apolonio, tiene una gran probabilidad de ser una persona inexistente utilizada como un recurso literario. James Ferguson afirma que "Filóstrato profesó haber descubierto un antiguo documento de un tal Damis como su fuente, pero tales descubrimientos son el punto fuerte de los romances históricos, y no podemos confiar a plenitud en Damis" (Ferguson, pág. 182). Se alega que Damis vino de una ciudad, Nínive, que ni siquiera existía durante esa época de su vida. No hay pruebas que demuestren que las historias se basan en hechos.

Por el contrario, los relatos del Evangelio de Jesús ofrecen varias evidencias verificables en la historia de su exactitud. El registro está lleno, por ejemplo, de personajes históricos, entre ellos, los reyes herodianos de la época, Poncio Pilato, Tiberio y Augusto, Felipe El Tetrarca de Iturea. Se puede constatar la información detallada de Judea, Galilea, Samaria, Siria, Belén, Nazaret y Jerusalén (cf. Lucas 1:26; 2:4; 3:1), así como de las épocas (Mt 14:1-7; Lucas 2:1-2; 3:1-2). Los discípulos de Jesús que escribieron sobre él eran verdaderas personas históricas.

Filóstrato usó un estilo de escritura que era una forma literaria popular de la época llamada "romance" o "ficción romántica". Esto no debe ser tomado de forma literal o histórica. La trama se desarrolla a través de situaciones forzadas; involucra animales exóticos y descripciones formales de obras de arte; y tiene discursos extensos de los personajes.

Al ser un relato, la historia contiene muchas inexactitudes geográficas e históricas. Por ejemplo, la destrucción de Nínive y Babilonia se produjo trescientos años antes.

Las montañas del Cáucaso se describen como un punto de división entre la India y Babilonia, lo cual es inexacto. Los discursos de Filóstrato aparecen de forma anacrónica en las palabras de Apolonio (en Lives of the Sophists [Vidas de los Sofistas]).

Filostrato no fue un testigo ocular, sino que recibió el encargo para escribir su libro por parte de Julia Domna, esposa del emperador romano Séptimo, 120 años después de la muerte de Apolonio. Los escritores del Nuevo Testamento eran contemporáneos y/o testigos oculares de los eventos (ver Nuevo Testamento, Historicidad del).

Un posible motivo para la publicación fue el deseo de contrarrestar la creciente influencia de Jesús. Un historiador dice: "Fue ella (Julia Domna) quien animó a Filóstrato a elaborar una vida de Apolonio de Tiana para contrarrestar la influencia de Jesús" (Ferguson, pág. 51). Alguien dijo que como iba a convertirse en la suma sacerdotisa del politeísmo helenístico, "se dio cuenta de la necesidad de encontrar una figura histórica adecuada para contrarrestar la propaganda de los evangelios subversivos, y buscó en especial revivir la memoria de un héroe de la hagiología pagana, Apolonio de Tiana" (Cook, pág. 613).

Las historias de milagros sobre Apolonio son contradictorias. Algunos dicen que murió en Éfeso, otros en Lindus o Creta, y luego apareció. Filóstrato solo registró una de esas apariciones. Se trata de un hombre que mientras dormía, tuvo una visión de Apolonio doscientos años después de su muerte (273 d. C.). Otros dicen que no murió, sino que fue endiosado porque desapareció.

Por último, hay una importante diferencia entre las afirmaciones de que Apolonio fue deificado y que

Jesús fue deidad (ver Cristo, Divinidad de). La deificación de Apolonio se conoce como *apoteosis, el proceso por el cual un humano se convierte en Dios. La encarnación de Cristo fue un proceso por el cual Dios se hizo humano. Además, el concepto de "Dios" difiere. Cristo era Dios en el sentido teísta. La reivindicación de Apolonio lo haría Dios solo en un sentido politeísta (ver Politeísmo).

Conclusión. No hay pruebas de la historicidad del libro de Filóstrato sobre Apolonio. Da todas las pruebas de ser un libro de ficción. A diferencia de los Evangelios, no proporciona testigos oculares, resurrección ni constatación. Por el contrario, los Evangelios tienen abundantes pruebas de su autenticidad e historicidad. El testimonio de los testigos del Nuevo Testamento ha sido confirmado por numerosos manuscritos (ver Manuscritos del Nuevo Testamento) y otras fuentes. En resumen, no hay ninguna comparación real entre Apolonio y Cristo. Jesús afirmó ser el Hijo de Dios y lo demostró con milagros verificados por la historia, incluyendo su propia resurrección de la muerte (ver Milagros, Valor apologético de los; Milagros en la Biblia). Apolonio no hizo tales afirmaciones y no tenía tales testigos para apoyar ningún supuesto milagro. Por el contrario, el único testigo aparece de forma tardía, sin pruebas, y muestra todas las señales de ser un mito, y no una historia.

Fuentes

S. A. Cook, *The Cambridge Ancient History* [La historia antigua de Cambridge].

J. Ferguson, *The Religions of the Roman Empire* [Las religiones del imperio romano].

G. Habermas, *Ancient Evidence for the Life of Jesus* [Antiguas pruebas de la vida de Jesús].

G. Habermas et al., *"Apollonius of Tyana: First-Century Miracle Worker"* [Apolonio de Tiana: obrero milagroso del siglo I].

Apoteosis. Los críticos han usado las teorías de la apoteosis para argumentar que la deidad y la resurrección de Cristo no son creencias únicas del cristianismo. Otras religiones han contado teorías de apoteosis sobre personas que van al cielo y son divinizadas (ver Mitraísmo).

Entre los notables críticos modernos que han utilizado estas historias para poner en duda los relatos del Nuevo Testamento se encuentran Otto Pfleiderer en The Early Christian Conception of Christ (1905) [La temprana concepción cristiana de Cristo] y W. Bousset en Kurios Christos (1913).

Las afirmaciones de divinización no son poco comunes en las antiguas religiones de mitología y de misterio (Pfleiderer). Entre los supuestos divinizados están varios emperadores romanos (en particular Julio y Augusto César) y *Apolonio de Tiana (Habermas, pág. 168).

Afirmaciones de Apoteosis. Suetonio informó que después de la muerte de Julio César "un cometa apareció alrededor de una hora antes de la puesta del sol y brilló durante varios días seguidos. Se consideró que era el alma de César, elevada al cielo; por consiguiente, se convirtió en una estrella que ahora está colocada sobre la frente de su imagen divina" (Suetonio, 1.88).

Durante la cremación de Augusto, Suetonio afirma que su espíritu se vio "elevándose al cielo a través de las llamas" (ibid., 2.100). Lo cual también se tomó como un signo de apoteosis.

Se dice incluso que Antínoo, el esclavo favorito del emperador Adriano, se divinizó al morir. Adriano creía que una estrella iba a crearse a partir de su alma, así que construyó una ciudad en el lugar y erigió varias estatuas en honor a Antínoo. Una de estas estatuas declara que Antínoo se glorificó en el cielo y que en realidad era el dios Osiris (Cartlidge, pág. 198).

Apolonio, un neopitagórico del siglo I, también tenía fama de haber sido transportado al cielo después de exhibir poderes milagrosos. Luego, se informó que se le apareció a un joven en un sueño.

Se dice que Alejandro Magno nació de una virgen, hizo obras maravillosas y aceptó elogios de su divinidad (Boyd, pág. 49). Él también es puesto en la categoría de leyendas de hombres divinos.

Afirmaciones de la Resurrección. Hay afirmaciones de que los líderes no cristianos se levantaron de entre los muertos. Robert Price realizó un extenso estudio comparativo de los fenómenos posteriores a la muerte en otras religiones que rivalizan con las afirmaciones cristianas sobre Cristo. Estos relatos también se utilizaron para socavar las afirmaciones de la singularidad del cristianismo (ver Cristo, Unicidad de; Pluralismo religioso).

Evaluación. Los teólogos tan diversos como Oscar Cullmann (The Christology of the New Testament [La Cristología del Nuevo Testamento]), Reginald Fuller (The Foundation of New Testament Christology [La Fundación de la Cristología del Nuevo Testamento]), Gary Habermas ("Resurrection Claims in Non-Christian Religions" [Las afirmaciones de la Resurrección en las religiones no cristianas]), y Ronald Nash (Christianity and the Hellenistic World [El Cristianismo y el Mundo Helenístico]) han desacreditado la hipótesis del hombre-divino.

Hay dificultades si estas leyendas se usan como afirmaciones competitivas a las de Cristo. Las fuentes de estas historias son todas mucho más tardías que los eventos descritos y son cuestionables. Suetonio vivió 150 años después de Julio y casi cien años después de Augusto. El informe de Dión Casio sobre Adriano fue después de unos cien años. Filóstrato escribió a más de cien años de la muerte de Apolonio. Por el contrario, la encarnación y la divinidad de Cristo tuvo testigos oculares en el testimonio contemporáneo (ver Cristo, Divinidad de; Manuscritos del Nuevo Testamento).

Una agenda política acompañó a la mayoría de estos informes. Se dice que casi la mitad de los doce emperadores de Suetonio se deificaron, y la historia de Apolonio apareció en un momento en el que algunos en el Imperio intentaban estimular un renovado culto mitológico. No se puede decir que sean relatos históricos en ningún caso, ya que no hay forma de verificar si un espíritu ascendió al cielo o un alma se convirtió en una estrella. Son testimonios muy subjetivos.

Pero la afirmación de que Cristo resucitó de entre los muertos, en una forma física, dejando una tumba vacía y apareciendo en un cuerpo físico después de algunas semanas a cientos de personas, se verifica desde el punto de vista histórico (ver Resurrección, Evidencias a favor de la).

El concepto de que un ser humano pueda ser divinizado no es el mismo que el concepto cristiano de la encarnación, en el que la segunda persona de la divinidad se hizo humana. En Cristo, el Dios monoteísta se hizo humano. En la apoteosis, un humano se convierte en uno entre muchos dioses.

El caso de Alejandro. Las afirmaciones sobre Alejandro Magno ilustran la diferencia radical entre estas historias de hombres divinos y la de Cristo. A diferencia de los primeros Evangelios, los primeros registros de Alejandro no contienen ninguna de las características de las leyendas posteriores sobre él.

Los relatos de los milagros de Alejandro se desarrollaron a lo largo de un período de mil años. Los milagros de Jesús se registraron dentro de los treinta años de su aparición (ver Milagros, Mitos y; Milagros en la Biblia). Las leyendas de Alejandro datan en realidad de una época posterior a la de Cristo. Es probable que las historias de las hazañas sobrehumanas de Alejandro se vieran influenciadas por los relatos de los Evangelios.

Los Evangelios se escribieron en el contexto del monoteísmo judío, que sostenía que los seres humanos no pueden ser Dios. Las historias de Alejandro, sin embargo, se componen dentro de un escenario pagano y politeísta en el que se aceptaba el concepto de seres humanos divinizados.

Conclusión. Los intentos de convertir a Jesús en una leyenda griega de un hombre divino son inútiles. Las diferencias son demasiado radicales, y si uno influyó en el otro, el registro cristiano de Dios encarnado en carne humana fue el primero.

Fuentes

B. L. Blackburn, *"Miracle Working Theioi Andres in Hellenism (and Hellenic Judaism)"* [El milagro de Theioi Andrés en el helenismo (y el judaísmo helénico)].

W. Bousset, *Kyrios Christos.*

G. Boyd, *Jesus under Siege* [Jesús bajo el asedio].

D. R. Cartlidge, *Documents for the Study of the Gospels* [Documentos para el estudio de los Evangelios].

O. Cullmann, *The Christology of the New Testament* [La Cristología del Nuevo Testamento].

R. Fuller, *The Foundations of New Testament Christology* [Fundamento de la Cristología del Nuevo Testamento].

G. Habermas, *"Resurrection Claims in Non-Christian Religions"* [Las afirmaciones de la Resurrección en las religiones no cristianas].

R. Nash, *Christianity and the Hellenistic World* [El cristianismo y el mundo helenístico].

O. Pfleiderer, *The Early Christian Conception of Christ* [La temprana concepción cristiana de Cristo].

R. M. Price, *"Is There a Place for Historical Criticism?" Suetonius, The Twelve Caesars.* [¿Hay lugar para la crítica histórica? Suetonio, Los doce Césares]

M. J. Wilkins and J. P. Moreland, *Jesus under Fire* [Jesús bajo el fuego].

E. Yamauchi, *"Magic or Miracle?"* [¿Magia o milagro?]

Aquino, Tomás de. *Ver* TOMÁS DE AQUINO.

Arca de Noé. *Ver* DILUVIO DE NOÉ.

Argumento cosmológico. Los argumentos tradicionalmente usados para probar la existencia de Dios son el argumento cosmológico, el *argumento teológico, el *argumento moral y el *argumento ontológico. Respectivamente, estos son los argumentos del cosmos, del diseño, de la ley moral, y de la idea de un ser absolutamente perfecto (o necesario).

Formas básicas del Argumento. Hay dos formas básicas del argumento cosmológico: el argumento cosmológico horizontal o *kalam y el vertical. El argumento cosmológico horizontal nos conduce a una Causa del principio del universo. El argumento cosmológico vertical se basa en lo que es el universo tal como existe ahora. El primero explica cómo llegó a existir el universo, fue defendido por Bonaventure (1221-74). El último argumento deriva de *Tomás de Aquino que explica cómo sigue siendo. El primero pide una Causa originaria y el segundo una Causa sustentadora. Las formas del argumento cosmológico combinan ambas dimensiones.

Análisis de los argumentos cosmológicos. La idea

básica de este argumento es que, dado que hay un universo en lugar de nada, este debe haber sido causado por algo más allá de sí mismo. Este razonamiento se basa en la ley de la causalidad (ver Causalidad, Principio de), que dice que cada cosa finita o ser Contingente es causada ahora mismo por algo que no es él mismo.

Aristóteles: Motor (es) Inmóvil (es). *El estudiante de Platón (428-348 a. C.) Aristóteles (384-322 a. C.) le dio mayor sofisticación al argumento de su maestro acerca de Dios. El argumento de Aristóteles propuso a muchos motores inmóviles del universo. (Una inserción posterior en Metaphysics [La Metafísica] de Aristóteles decía que en última instancia solo hay un Dios). Aristóteles pasó del hecho del cambio y sus movimientos a la existencia de realidades puras o motores inmóviles. Estos seres necesarios pueden actuar sobre seres contingentes. Mueven el cambio potencial para que se convierta en cambio realizado. La cosmología de Aristóteles propuso docenas de seres que no se mueven.

Lo destacable del argumento de Aristóteles es que introduce el tema de una regresión infinita de las causas (ver Serie Infinita). Aristóteles luchó con la idea de que debía haber una multiplicidad de primeras causas, pero a diferencia de Demiurgos [El Demiurgo] de Platón, las primeras causas de Aristóteles son causas finales (intencionales).

Sin embargo, estas causas intencionales no deben ser confundidas con una causa eficiente o producida por los pensadores modernos cristianos. Ni el alma del mundo de Platón, ni los antiguos, ni los demiurgos (ver Creación, Puntos de vista de la), ni los motores inmóviles de Aristóteles son idénticos al absolutamente perfecto Ser del teísmo cristiano. Los motores inmóviles de Aristóteles no eran dioses personales y no tenían significado religioso. Ni tampoco se le debía algún culto a este panteón. Estas primeras causas no eran infinitas. Ya que, solo lo que no tiene forma o es indefinido podía ser considerado infinito para los griegos.

Anselmo: Argumentos de tipo cosmológico. Antes de *Anselmo, *Augustín ofreció una "prueba" acerca de Dios. Después de él, Anselmo (1033-119) hizo lo mismo. Es más conocido por su argumento ontológico en Proslogium [Proslogio], pero en Monologion [Monólogo] un trabajo anterior, ofrecía tres pruebas a posteriori de la existencia de Dios (Anselmo, págs. 1-3). Una descripción de sus argumentos se encuentra en el artículo Anselmo.

El primer argumento de Anselmo es de la existencia de las cosas buenas.

1. Las cosas buenas existen.
2. La causa de esta bondad es una o muchas.
3. Si fueran muchas, no habría manera de comparar su bondad. Pero algunas cosas son mejores que otras.
4. Así que hay un Bien Supremo que causa toda la bondad en todas las cosas buenas.

El segundo argumento es similar, pero funciona a partir de la perfección.

1. Algunos seres están más cerca a la perfección que otros.
2. Pero las cosas no pueden ser más o menos perfectas a menos que haya una norma totalmente perfecta para la comparación.
3. Ese estándar es un Ser Más Perfecto.

El tercer argumento sobre el ser es obviamente cosmológico.

1. Algo existe, y
2. Su existencia se debe a la nada o a algo.
3. Nada puede causar algo.
4. Entonces, existe un algo que es uno o muchos.
5. Si son muchos, los seres serían mutuamente dependientes para su propia existencia dependientes de otro.
6. No pueden ser mutuamente dependientes para su existencia. Algo no puede existir a través de un ser al cual se le otorga existencia.
7. Por lo tanto, debe haber un ser a través del cual todos los demás seres existen.
8. Este ser debe existir a través de sí mismo.
9. Lo que existe a través de sí mismo existe en el grado más alto de todos.
10. Por lo tanto, un Ser supremamente perfecto existe en el grado más alto.

Estos argumentos, a diferencia de los de Platón pero como el razonamiento de *Plotino, identifican al Creador con el Bien Supremo. A diferencia de Aristóteles, los argumentos ven a Dios como la Causa eficiente y no la Causa final del mundo. A diferencia de Platón o Aristóteles, Anselmo sostiene que esta Causa eficiente no opera meramente sobre la materia eternamente existente. Más bien, esta Causa origina todo, incluyendo la materia.

Estos argumentos teístas cristianos combinaban al menos cuatro elementos.

1. Causalidad eficiente del argumento de Platón sobre el de Timeo.
2. La imposibilidad de una regresión infinita.
3. La identificación de este Dios con el bien de Republic [La República] de Platón, el Ser supremamente perfecto.
4. La identificación de este dios con el Dios hebreo

cristiano. Este Dios causa la esencia del ser, no solo las formas sino de todo lo que existe.

Alfarabi: Argumento de existencia necesaria. El argumento cosmológico de las formas cristianas modernas fue influenciado por los filósofos árabes y judíos de la Edad Media. El pensador musulmán Alfarabi (¿870?-950) proporcionó el corazón de los posteriores argumentos escolásticos con su distinción entre esencia y existencia.

Aristóteles distinguía entre nombre y su significado. Pero Alfarabi estableció esta distinción entre la esencia de una cosa y su existencia. Esta distinción implica un argumento para la existencia de Dios (ver Maurer, págs. 95-97). Este razonamiento establece el concepto de "seres posibles", cuya esencia es distinta de su existencia. Estos seres no "tienen" que existir. Ya que no existieron, la existencia no es parte de su esencia. Se puede decir que existen accidentalmente en vez de en esencialmente.

Tales seres deben haber recibido la existencia de otro ser. Ese ser causante también puede haber sido causado. Pero algún ser no causado tuvo que comenzar toda la causa. Esta Primera Causa debe ser un Ser esencial, cuya esencia es existir. Solo la existencia de tal Ser Necesario explica la existencia de todos los seres accidentales. Dicho filosóficamente, si hay seres cuya esencia no debe existir, entonces debe haber un Ser cuya esencia debe existir. Los seres posibles no son posibles a menos que haya un Ser Necesario de quien pueden recibir la existencia. Y como un ser no puede dar existencia a otro cuando depende para su propia existencia de otro, debe haber un Ser cuya existencia no le fue dada por otro, sino que da existencia a todos los demás.

Avicena: Argumento de la primera causa. Siguiendo a Alfarabi, el filósofo musulmán *Avicena formuló un argumento cosmológico similar que fue emulado en muchas formas por los escolásticos recientes. Para este caso, ver el artículo Avicena. La prueba comienza con los "seres posibles" de Alfarabi, que deben tener una causa para su ser. No puede haber una serie infinita de causas para el ser, ya que la causa de este ser debe existir al mismo tiempo que causa otra. A través de esta Primera Causa, todos los demás seres existen. Esta Primera Causa debe ser un Ser Necesario. La Causa de todos los seres posibles no puede ser en sí misma un ser posible. Debe ser un Ser Necesario.

Al tomar prestadas algunas premisas neoplatónicas (ver Plotino) y una cosmología de diez esferas, Avicena amplió su argumento para sostener que esta necesaria Primera Causa creaba una serie de ángeles o "inteligencias". Estas controlan las diez esferas cósmicas. Razonó que el Ser Necesario, que es esencial-

mente uno, solo puede crear un efecto a la vez. Dado que el pensamiento es crear y dios necesariamente piensa, ya que es un Ser Necesario, debe haber una emanación de dios de diez seres, llamados "inteligencias", que hacen el trabajo real. El último de estos seres, llamado "Agente Inteligente", forma los cuatro elementos del cosmos e informa a la mente humana de toda la verdad.

El dios de Avicena, entonces, era un Ser Necesario del cual una fuerza creativa en serie de diez dioses le seguía con absoluta necesidad. A diferencia del Dios Cristiano que creó libremente y que es directamente responsable de la existencia de todo lo demás que existe, la cadena de dioses de Avicena es necesaria y estos dioses crean todo lo que está debajo de ellos.

El filósofo judío Moisés *Maimónides (1135-1204) anticipó varias formulaciones cristianas posteriores de argumentos de tipo cosmológico. Su argumento se basaba en un Primer Motor, una Primera Causa y un Ser Necesario, como en los tres primeros argumentos de Aquino. Insistió en que el "YO SOY" del Antiguo Testamento (Ex 3:14) significaba "existencia absoluta" y que solo Dios existe absoluta y necesariamente. Todas las criaturas tienen la existencia solo como un "accidente" superpuesto a su esencia por su Causa.

Tomás de Aquino: Cinco argumentos. Cuando *Tomás de Aquino formuló sus "Cinco Maneras", no estaba creando argumentos que fueran sustancialmente nuevos. Maimónides tuvo los tres primeros argumentos. Alfarabi y Avicena tuvieron las dos primeras pruebas. Anselmo tuvo un concepto similar y preciso al cuarto concepto. Y la quinta prueba de Aquino era más bien un argumento teleológico, que eruditos como Thierry de Chartres y Guillermo de Conches lo adaptaron del argumento de Timeo de Platón. Aquino, desde luego, expone los argumentos fuera del contexto de su propia filosofía, que es más aristotélica que la de la mayoría de sus predecesores cristianos. Los primeros cuatro argumentos de Aquino pueden ser resumidos como:

El argumento del movimiento (Aquino, 1.2.3).

1. Las cosas tienen movimiento. El movimiento es la forma más obvia de cambio.
2. El cambio es un paso de la potencia a la acción (es decir, de la potencialidad a la realidad).
3. Nada pasa de la potencia a la acción excepto por algo que está en la realidad, ya que es imposible que una potencialidad se realice a sí misma.
4. No puede haber una regresión infinita de realizadores o motores. Si no hay un Primer Motor, no puede haber un movimiento posterior, ya que todo movimiento posterior depende de los motores anteriores para su movi-

miento.

5. Por lo tanto, debe haber un primer motor inmovil, un realizador puro sin ninguna potencialidad en él que no esté realizado.

6. Todos entienden que esto es Dios.

El argumento de la causalidad eficiente.

1. Hay causas eficientes en el mundo (es decir, causas que dan existencia).

2. Nada puede ser la causa eficiente de sí mismo, ya que tendría que ser anterior a sí mismo para causarse a sí mismo.

3. No puede haber una regresión infinita de causas eficientes (esencialmente relacionadas), porque a menos que haya una primera causa de la serie no habría causalidad en la serie.

4. Por lo tanto, debe haber una primera Causa eficiente, no causada, de toda la causalidad eficiente en el mundo.

5. Todos le dan a esto el nombre de Dios.

El argumento de la posibilidad y la necesidad.

1. Hay seres que empiezan a existir y dejan de existir (es decir, seres posibles).

2. Pero no todos los seres pueden ser seres posibles, porque lo que llega a existir lo hace solo a través de lo que ya existe. Nada puede causar algo.

3. Por lo tanto, debe haber un Ser cuya existencia es necesaria (es decir, una que nunca llegó a existir y nunca dejará de existir).

4. No puede haber una regresión infinita de los Seres necesarios, cada uno de los cuales tiene su necesidad dependiente en otro, porque

   a. una regresión infinita de causas dependientes es imposible debido al criterio del argumento de la causalidad eficiente.

   b. un Ser Necesario no puede ser un ser dependiente.

5. Por lo tanto, debe haber un primer Ser que sea necesario en sí mismo y no dependiente de otro para su existencia.

El argumento de la degradación (perfección) de las cosas.

1. Hay diferentes grados de perfección entre seres (algunos están más cerca a la perfección que otros).

2. Pero las cosas no pueden ser más o menos perfectas, a menos que haya una totalmente perfecta.

3. Lo que es perfecto es la causa de lo menos perfecto (lo más alto es la causa de lo más bajo).

4. Por lo tanto, debe haber un Ser perfecto que cause las perfecciones de los seres menos perfectos.

5. A esto lo llamamos Dios.

El argumento para una Primera Causa del ser. Parece haber una forma básica detrás de todos estos argumentos con solo un punto de partida diferente. Cada argumento comienza en alguna característica del ser (cambio, causalidad, contingencia y perfección, respectivamente) y luego argumenta a favor de una Primera Causa:

1. Existen algunos seres dependientes.

2. Todos los seres dependientes deben tener una causa para su existencia dependiente.

3. Una regresión infinita de causas existencialmente dependientes es imposible.

4. Por lo tanto, debe haber una primera causa no causada de la existencia de cada ser dependiente.

5. Este Ser independiente es idéntico al "YO SOY" de las Escrituras. La inferencia es que es imposible tener más de un ser absolutamente necesario e independiente sobre el cual todo lo demás existe para su ser.

Juan Duns Escoto: Argumento de la Producibilidad (¿1265? - ¿1308?) Juan Duns Escoto modificó el argumento cosmológico de Aquino de dos maneras importantes. Primero, comenzó con la producibilidad del ser y no solo con los seres producidos. Segundo, amplió el argumento contra una regresión infinita de causas dependientes. La forma completa de la demostración del argumento de Escoto (Escoto, págs. 39-56) es:

1. El ser se produce (es decir, los seres llegan a ser). Esto se aprende a través de la experiencia (observando los seres producidos), pero también es cierto independientemente de la experiencia (es decir, sería cierto para los seres que no existen). Sería cierto incluso si Dios no hubiera querido crear nada.

2. Lo que se produce es producible, ya sea por sí mismo, por nada o por algo más.

3. Pero ningún ser puede producirse a sí mismo. Para causar su propia existencia, tendría que existir antes de su propia existencia.

4. Tampoco puede algo ser causado por la nada. Esto es contradictorio.

5. Por lo tanto, el ser es producible solo por algún ser que sea productivo. Solo los seres pueden producir seres.

6. No puede haber una regresión infinita de seres productivos, cada uno produciendo el ser del que le sigue, porque

a. Se trata de una serie de causas esencialmente relacionadas, no accidentalmente relacionadas: (1) en las que la causa primaria está más cerca a la perfección que la secundaria, (2) en las que la causa secundaria depende de la primaria por su misma causalidad, y (3) en las que la causa debe ser simultánea al efecto.

b. una serie infinita de causas esencialmente relacionadas es imposible, porque (1) si toda la serie depende de su causalidad (cada causa depende de una causa anterior), entonces debe haber algo más allá de la serie que explique la causalidad en la serie. (2) Si una serie infinita causara el efecto, entonces tendría que haber un número infinito de causas que causaran simultáneamente un solo efecto. Esto es imposible. No puede haber un número infinito real en una serie, ya que siempre es posible sumar uno más a cualquier número. (3) Dondequiera que haya causas previas, debe haber una causa principal (primera). Una causa no estaría más cerca del principio que cualquier otra a menos que haya un principio. (4) Las causas superiores están más cerca a la perfección que las inferiores, y esto implica una causa perfecta a la cabeza de todas las causas menos perfectas. (5) Una regresión infinita de las causas implica imperfección, ya que cada causa carece de la capacidad de explicar las causas sucesivas. Pero una serie imperfecta implica algo perfecto más allá de la serie como base para lo imperfecto.

7. Por lo tanto, debe haber una primera causa productiva de todos los seres producibles.

8. Esta primera causa de todos los seres producibles debe ser una, porque

    a. es perfecta en el conocimiento, y no puede haber dos seres que conozcan todo perfectamente, porque uno se conocería a sí misma de forma más completa que el otro.

    b. es perfecta en la voluntad; por lo tanto, se ama a sí misma de forma más completa que a cualquier otra cosa, lo que significa que el otro infinito sería amado menos en perfección.

c. es infinitamente buena, y no puede haber dos seres infinitamente buenos, porque entonces habría más de un bien infinito, y esto es imposible, ya que no puede haber más que el mejor.

d. es infinito en poder. Si hubiera dos con poder finito, esto significaría que habría dos causas primarias totales del mismo efecto, y esto es imposible, ya que no puede haber dos causas cada una haciendo todas las causas.

    e. el infinito absoluto no puede ser superado en perfección, ya que no puede haber algo que sea más perfecto que el totalmente perfecto.

    f. no puede haber dos Seres Necesarios, pues para diferir, uno tendría que tener alguna perfección que el otro carecía (si no hay una diferencia real, no difieren realmente). Pero lo que sea que un Ser Necesario tenga, debe tener necesariamente. Por lo tanto, el que carece de lo que el otro tenía no sería necesariamente un Ser Necesario.

g. la voluntad omnipotente no puede estar en dos seres, porque entonces uno podría hacer impotente lo que el otro quiere omnipotentemente. Incluso si acordaran no obstaculizarse mutuamente, seguirían siendo incompatibles, ya que cada uno sería la causa primaria (y directa) total de cualquier cosa que acordaran que existiera. Pero una causa omnipotente debe ser la causa primaria (y directa) total de lo que quiere. La causa que acepta, pero no quiere directamente el efecto sería solo la causa indirecta y por lo tanto no la causa directa (omnipotente) del efecto.

Gottfried Wilhelm Leibniz: El argumento de la razón suficiente. La forma más influyente del argumento cosmológico en los tiempos modernos surgió de Gottfried Wilhelm *Leibniz (1646-1716), el racionalista alemán. La demostración del argumento (Leibniz, págs 32-39) es la siguiente.

1. El mundo entero (observado) está cambiando.

2. Lo que está cambiando carece en sí mismo de la razón de su propia existencia.

3. Hay una razón suficiente para todo, ya sea en sí mismo o más allá de sí mismo.

4. Por lo tanto, debe haber una causa más allá de este mundo para su existencia.

5. Esta causa es bien su propia razón suficiente o si no, tiene una causa más allá de ella.

6. No puede haber un retroceso infinito de suficientes razones, para no llegar a una explicación no es una explicación; pero debe haber una explicación.

7. Por lo tanto, debe haber una Primera Causa del mundo que no tenga una razón más allá de ella, pero que sea su propia razón suficiente. La razón suficiente está en sí misma y no más allá de sí misma.

Esta demostración se convirtió en el modelo para el argumento cosmológico en el mundo moderno. Christian Wolff (1679-1754), discípulo de Leibniz, estuvo bajo su influencia y comenzó el argumento (Collins, 137-38) en un punto de vista distinto:

1. El alma humana existe (es decir, nosotros existimos).

2. Nada existe sin una razón suficiente para existir.

3. La razón de nuestra existencia debe ser albergada ya sea en nosotros mismos o en otro, distinto de nosotros.

4. La razón de nuestra existencia no está en nosotros mismos. Nuestra no existencia es posible o concebible.

5. Así que la razón de nuestra existencia debe estar fuera de nosotros mismos.

6. No se llega a una razón suficiente para la existencia sin llegar a un ser que tenga en sí mismo la razón de su propia existencia. Si no es así, entonces debe haber una razón suficiente para su existencia más allá de sí mismo.

7. Un ser que tiene dentro de sí mismo la razón de su propia existencia es un Ser Necesario.

8. Por lo tanto, debe haber un Ser Necesario más allá de nosotros que es la razón suficiente para nuestra existencia. Si no hay un Ser Necesario más allá de nosotros, entonces seríamos Seres Necesarios, teniendo la razón de nuestra propia existencia en nosotros mismos.

9. Es lógicamente imposible que un Ser Necesario no exista. La autoexistencia o la ascesis fluye necesariamente de la naturaleza de un Ser Necesario.

10. Por lo tanto, este Ser Necesario es idéntico al Dios auto-existente de la Escritura.

La formulación Leibniz-wolffiana del argumento cosmológico se basa en gran medida en el principio de razón suficiente (ver Razón Suficiente, Principio de), que suele defenderse como un principio analítico evidentemente verdadero. El argumento es a posteriori en la forma. Comienza con la existencia de algo pero luego procede a su conclusión, por lo que se basa en una certeza conceptual, no en una certeza real (existencial). Este es precisamente el punto en el que comienza la crítica moderna del argumento cosmológico. Este tipo de razonamiento (Gurr) influyó altamente incluso a los filósofos escolásticos. Su reformulación del argumento cosmológico de Aquino es objeto de la misma crítica.

Las críticas contra el argumento cosmológico proceden en gran parte de Immanuel *Kant y David *Hume, son tratadas ampliamente en artículos biográficos sobre esos filósofos y en el artículo Dios, Objeciones a las pruebas de.

Richard Taylor: Restableciendo el argumento cosmológico. Richard Taylor suscitó un renovado interés por el argumento cosmológico mediante un replanteamiento que elude muchas objeciones tradicionales. El replanteamiento de Taylor toma esta forma (Taylor, 279-95):

1. El universo como un todo no explica su propia existencia.
   a. Ninguna parte observable explica su propia existencia.
   b. Tampoco el todo explica su existencia (su no existencia es concebible).
   c. Responder a las preguntas ¿Dónde? ¿Cuánto tiempo? ¿Qué o qué tan grande? no responde a porqué el mundo existe cuando no es necesario que exista (por ejemplo, una gran pelota que se encuentra en el bosque necesita una explicación de por qué existe; expandir la pelota al tamaño de todo el universo no elimina la necesidad de una explicación).

2. Lo que no explica su propia existencia requiere una explicación más allá de sí mismo.
   a. Es lógicamente posible que el principio de razón suficiente no sea cierto. No es analíticamente cierto; puede negarse sin contradicción.
   b. Pero es inverosímil e inaceptable negar su verdad tal como se aplica al mundo. La no existencia del mundo es concebible, ya sea que incluya un solo grano de arena o todas las estrellas, y asumimos el principio de razón suficiente en todo nuestro pensamiento.

3. Una regresión infinita de las razones es imposible, porque no da una razón suficiente; solo evita indefinidamente dar la razón que demanda la existencia del universo. Por lo tanto, debe haber una primera causa autosuficiente (independiente) de todo el universo.

Taylor añade que no es menos significativo hablar de Dios como un Ser independiente o Necesario que hablar de círculos cuadrados no existentes. Si es significativo hablar de seres que son imposibles, entonces es significativo hablar de un Ser que es necesario. El concepto de un Ser que no puede no existir es tan significativo como el concepto de uno que no puede existir (es decir, uno que puede ser no existente).

Hay que hacer algunos comentarios acerca del estado del argumento cosmológico a la luz de la revisión de Taylor. No proporciona una conclusión racionalmente ineludible. Él admite que es lógicamente posible que el principio de razón suficiente no sea cierto. El argumento de Taylor parece dar plausibilidad a un argumento de tipo cosmológico, ya que muestra que es significativo plantearse una causa de todo el mundo. Muestra cómo el concepto de un Ser Necesario es significativo y argumenta con fuerza contra el retroceso infinito. El argumento se basa en la necesidad de una existencia-explicación para el mundo, no en una supuesta necesidad conceptual o lógica, como en el argumento ontológico.

A pesar de estos factores positivos para el *teísmo, el argumento de Taylor está sujeto a las críticas de la tradición racionalista Leibniz-Wolffian. El éxito del argumento cosmológico está puesto en manos del principio de razón suficiente, en lugar de basarse directamente en el principio de la causalidad existencial. El mundo exige una causa real y no solo una explicación o razón. Esto no se puede lograr con un fundamento poco claro equivalente para el aquí y ahora del "ser" real del mundo con una explicación de lo inconcebible de su no existencia. Los problemas conceptuales requieren soluciones conceptuales. Los seres dependientes reales requieren un Ser independiente del que dependen para su presente.

Conclusión. El argumento cosmológico vertical se basa en la premisa de que algo mantiene al universo en existencia en este momento. Algo que no solo ha causado que el mundo llegue a existencia (Gn 1:1) sino que también está causando que continúe existiendo (cf. Col 1:17). El mundo necesita tanto una causa originaria como una causa conservadora. Este argumento proporciona una respuesta a una de las preguntas más básicas: ¿Por qué hay algo (en este momento) en lugar de nada? Se puede expresar de esta manera brevemente:

1. Cada parte del universo es dependiente.
2. Si cada parte es dependiente, entonces todo el universo también debe ser dependiente.
3. Por lo tanto, todo el universo depende ahora mismo de algún Ser independiente más allá de él para su existencia actual.

En respuesta, los críticos argumentan que la segunda premisa es la falacia de la composición. Solo porque cada pieza de un mosaico sea cuadrada, no significa que todo el mosaico sea cuadrado. Además, poner dos triángulos juntos no necesariamente hace otro triángulo; podría hacer un cuadrado. El conjunto puede (y a veces es así) tener una característica que las partes no poseen.

Los defensores de la forma vertical del argumento cosmológico se apresuran a señalar que a veces existe una conexión necesaria entre las partes y el todo. Por ejemplo, si cada parte de un piso es de roble, entonces todo el piso es de roble. Si cada azulejo de la cocina es marrón, entonces el piso es marrón. Esto se debe a que es de la propia naturaleza de los fragmentos de azulejos marrones que cuando se ponen más fragmentos juntos de azulejo/baldosa marrón, todavía se tiene un fragmento de azulejo. Y poner dos triángulos juntos no necesariamente hace otro triángulo. Sin embargo, poner dos triángulos juntos hará necesariamente otra figura geométrica.

De la misma manera, es de la propia naturaleza de los seres dependientes que cuando se juntan más de ellos, todavía se tiene un ser dependiente. Si una cosa es dependiente por su ser, entonces otro ser dependiente no puede sostenerla más de lo que un paracaidista puede salvar a otro si ninguno de sus paracaídas se abre.

Algunos críticos responden que el todo es más grande que las partes. Mientras que las partes son dependientes, el universo entero no lo es. Sin embargo, o bien la suma de las partes es igual al todo o es más que el todo. Si el universo entero es igual a sus partes, entonces el todo debe ser dependiente, al igual que las partes. Prueba de ello es que cuando se eliminan todas las partes, el todo también desaparecería. Por lo tanto, también debe ser contingente.

Si, por otro lado, el universo entero es más que las partes y no desaparecería si todas las partes se destruyeran, entonces el "todo" es el equivalente a Dios. Porque es un Ser Necesario independiente y eterno, sin causa, del que depende todo el universo para su existencia.

Fuentes

Anselmo, *Basic Writings: Monologion* [Escritos básicos: Monólogo].

T. Aquino, *Summa Theologica* [Suma Teológica].

Aristóteles, *Metaphysics* [Metafísica].

J. Collins, *God in Modern Philosophy* [Dios en la filosofía moderna].

J. E. Gurr, *The Principle of Sufficient Reason in Some Scholastic Systems* [El principio de la razón suficiente en algunos sistemas académicos], 1750-1900.

S. Hackett, *The Resurrection of Theism* [La resurrección del teísmo], parte 2.

G. Leibniz, *Monadology* [Monadología].

A. Maurer, *A History of Medieval Philosophy* [Una historia de la filosofía medieval].

T. Miethe y A. Flew, *Does God Exist?* [¿Existe Dios?].

J. P. Moreland y Kai Neilsen, *Does God Exist? The Debate between Theists and Atheists* [¿Existe Dios? El debate entre teístas y ateos].

J. D. Escoto, *Philosophical Writings* [Escritos filosóficos].

R. Taylor, "*Metaphysics and God* [Metafísica y Dios]".

Argumento moral a favor de Dios. La mayoría de los argumentos a favor de la existencia de Dios, como el *argumento cosmológico y el *argumento teológico, son del mundo antiguo. El *argumento ontológico viene de la época medieval. Pero el argumento moral tiene una ascendencia moderna, la cual proviene de las obras de Immanuel *Kant.

El postulado moral de Kant. Kant rechazó rotundamente los argumentos tradicionales a favor de la existencia de Dios (ver Dios, Objeciones a las pruebas de). Sin embargo, no rechazó la creencia en Dios. Más bien, creía que la existencia de Dios es un postulado prácticamente (moralmente) necesario, aunque no podamos probarlo.

Del argumento de Kant de la razón práctica de la

existencia de Dios, de su Critique of Practical Reason [Crítica de la razón práctica], se puede establecer lo siguiente:

1. La felicidad es lo que todos los seres humanos desean.
2. La moralidad (esto es, el imperativo categórico) es un deber de todos los seres humanos (lo que deben hacer).
3. La unidad de la felicidad y el deber es el bien mayor (el summum bonum).
4. El summum bonum debe ser buscado (ya que es el bien mayor).
5. Pero la unidad de deseo y deber (que es el bien mayor) no es posible para los seres humanos finitos en un tiempo limitado.
6. Y la necesidad moral de hacer algo implica la posibilidad de hacerlo (el deber implica el poder).
7. Por lo tanto, es moralmente (i. e., prácticamente) necesario postular:
    a. una deidad que haga posible esta unidad (i. e., un poder para unirlos), y
    b. la inmortalidad para hacer esta unidad alcanzable.

Una forma más simple es la siguiente:

1. El bien mayor de todas las personas es que tienen la felicidad en armonía con el deber.
2. Todas las personas deben esforzarse por el bien mayor.
3. Lo que las personas deben hacer es algo que sí pueden hacer.
4. Pero las personas no son capaces de realizar el bien mayor en esta vida sin Dios.
5. Por lo tanto, debemos postular un Dios y una vida futura en la que se pueda lograr el bien mayor.

Kant nunca ofreció su postulado como una prueba teórica para Dios. No creía que esa prueba fuera posible. Más bien, consideró la existencia de Dios como una presuposición moralmente necesaria, no como el resultado de un argumento racionalmente necesario.

Las premisas de Kant son cuestionadas. Existencialistas como Jean Paul *Sartre y Albert *Camus y ateos como Friedrich *Nietzsche desafiaron la suposición de que el bien mayor es alcanzable. Aunque vivieron antes que Kant, Martin *Luther y John *Calvin, junto con otros reformistas protestantes, negaron que el deber implique el poder. Incluso otros, desde *Aristóteles en adelante, creían que el bien mayor es alcanzable en esta vida.

El argumento moral de Rashdall. Hastings Rashdall hizo lo que nunca intentó Kant al ofrecer un argumento racional para la existencia de Dios desde la ley moral. Comenzando con la objetividad de la ley moral, analizó una mente moral absolutamente perfecta (ver Hick, págs. 144-52).

1. Existe un ideal moral absolutamente perfecto (al menos psicológicamente en nuestras mentes).
2. Una ley moral absolutamente perfecta puede existir solo si existe una Mente moral absolutamente perfecta:
    a. Las ideas solo pueden existir si hay mentes (los pensamientos dependen de los pensadores).
    b. Y las ideas absolutas dependen de una Mente absoluta (no de mentes individuales [finitas] como las nuestras).
3. Por lo tanto, es racionalmente necesario postular una Mente absoluta como base de una idea moral absolutamente perfecta.

Para respaldar la objetividad de la idea moral absoluta, Rashdall presentó este razonamiento:

1. En general, se entiende que la moralidad es objetivamente vinculante.
2. Las mentes maduras entienden que la moralidad es objetivamente vinculante (i. e., vinculante para todos, no solo para algunos).
3. La objetividad moral es un postulado racionalmente necesario (porque no se puede juzgar a algo como mejor o peor a menos que haya una norma de comparación objetiva).
4. Es prácticamente necesario postular ideales morales objetivos.

Si una ley moral objetiva existe independientemente de las mentes individuales, entonces debe provenir en última instancia de una Mente que existe independientemente de las mentes finitas. Es racionalmente necesario postular tal Mente para dar cuenta de la existencia objetiva de esta ley moral.

Las formas más comunes de cuestionar este argumento son cuestionar la existencia de una ley moral objetiva y negar que un ideal moral absoluto necesitaría una Mente moral absoluta. ¿Por qué no puede una mente finita evocar la idea de la perfección moral sin que haya ninguna en el mundo real? Después de todo, ¿no podemos pensar en triángulos perfectos sin que haya uno?

El argumento moral de Sorley. El argumento moral depende de la objetividad de la ley moral. Por lo tanto, es necesario ofrecer una defensa a esta premisa. Esto es precisamente lo que W. R. Sorley hace en su versión del argumento moral a favor de la existencia de Dios. Puesto que existe un ideal moral anterior, superior e independiente de todas las mentes finitas, debe haber una Mente moral suprema de la que se derive este ideal moral:

1. Hay una ley moral objetiva que es independiente de la conciencia humana de ella y que existe a pesar de la falta de conformidad humana con ella:
   a. Las personas son conscientes de esa ley más allá de ellas mismas.
   b. Las personas admiten que su validez es previa a su reconocimiento de la misma.
   c. Las personas reconocen su derecho a reclamarlas, aunque no se rindan ante ellas.
   d. Ninguna mente finita comprende completamente su significado.
   e. Todas las mentes finitas juntas no han llegado a un acuerdo completo sobre su significado, ni a la conformidad con su ideal.
2. Pero las ideas solo existen en las mentes.
3. Por lo tanto, debe haber una Mente suprema (por encima de todas las mentes finitas) en la que exista esta ley moral objetiva.

Sorley dirige la atención a una importante diferencia entre una ley de la naturaleza y esta ley moral. La primera es una descripción del universo, mientras que la segunda es una prescripción del comportamiento humano. Por lo tanto, la ley moral no puede formar parte del mundo natural. Es la forma en que los humanos deben actuar. Está más allá del mundo natural y es la forma en que debemos comportarnos en el mundo.

Los críticos de la forma de argumentación moral de Sorley afirman que el simple hecho de que las personas crean que hay una ley moral por encima de ellas y que es independiente de ellas no significa que realmente exista. Siguiendo a Ludwig *Feuerbach, creen que tal ley es solo una proyección de la imaginación humana. Es un ideal colectivo de la consciencia (o inconsciencia) humana, que evoca lo mejor de la naturaleza humana como un ideal por el cual debemos vivir. Los críticos también señalan las diferencias en la comprensión de la moral como una señal de que no existe una única ley moral universal, sino simplemente un conjunto de diferentes ideales humanos que se superponen y por lo tanto se confunden como una única ley moral. Finalmente, los críticos desafían la premisa de que solo una Mente suprema y extrahumana pueda ser la base de este ideal moral universal. Indican que mentes imperfectas pueden crear ideas perfectas.

Argumento moral de Trueblood. El filósofo evangélico Elton *Trueblood añade significativamente a los argumentos morales propuestos por Rashdall y Sorley en su forma del argumento lo siguiente:
1. Debe haber una ley moral objetiva; de lo contrario:
   a. No habría un acuerdo tan grande sobre su significado.
   b. No ocurriría ningún desacuerdo moral real, puesto que cada persona tendría razón desde su propia perspectiva moral.
   c. Ningún juicio moral estaría equivocado, ya que cada uno de ellos tendría la razón de manera subjetiva.
   d. No se podría discutir ninguna cuestión ética, dado que no habría un significado objetivo para ningún término ético.
   e. Las perspectivas contradictorias serían correctas igualmente, ya que los opuestos podrían ser igualmente correctos.
2. Esta ley moral está por encima de las personas individuales y de la humanidad en su conjunto:
   a. Está más allá de las personas individuales, puesto que a menudo sienten un conflicto con ella.
   b. Está por encima de la humanidad en su conjunto, ya que de forma colectiva se quedan cortos e incluso miden el progreso de toda la raza por ella.
3. Esta ley moral debe venir de un Legislador moral porque:
   a. Una ley no tiene sentido a menos que provenga de una mente; solo las mentes producen un significado.
   b. La deslealtad no tiene sentido a menos que lo sea para una persona, pero la gente muere por lealtad por lo que es moralmente correcto.
   c. La verdad no tiene sentido a menos que sea un encuentro de una mente con otra, y aun así la gente muere por la verdad.
   d. Por lo tanto, el descubrimiento de y el deber a la ley moral solo tienen sentido si hay una Mente o Persona detrás de ella.
4. Por lo tanto, debe haber una Mente moral y personal detrás de esta ley moral.

Es importante señalar que la forma de la argumentación moral de Trueblood argumenta su validez en términos de su racionalidad. En esencia, sostiene que rechazar la ley moral es irracional o sin sentido. Es decir, a menos que asumamos que el universo es irracional, debe haber una ley moral objetiva y, por lo tanto, un Dador de la Ley Moral objetivo.

Además de las cosas que se dicen en contra de las otras formas de argumento moral, algunos críticos, especialmente los existencialistas y nihilistas, simplemente señalan lo absurdo del universo. Simplemente se niegan a asumir, junto a Trueblood, que el universo es racional. Admiten que puede no tener sentido asumir que no hay ley moral, pero añaden rápidamente que así son las cosas, sin sentido. Por supuesto, el defensor del argumento moral podría señalar la naturaleza contraproducente de la afirmación de que "nada tiene sentido", ya que se supone que esa misma afirmación es significativa.

El argumento moral de Lewis. La forma moderna más popular del argumento moral fue dada por C. S. *Lewis en Mere Christianity [Mero cristianismo]. No solo da la forma más completa del argumento de la manera más persuasiva, sino que también responde a las principales objeciones. Se puede resumir el argumento moral de Lewis de la siguiente manera:

1. Debe haber una ley moral universal, o de lo contrario:
   a. Los desacuerdos morales no tendrían sentido, como todos suponemos que lo tienen.
   b. Todas las críticas morales no tendrían sentido (p. ej., "Los nazis se equivocaron").
   c. No es necesario cumplir con las promesas ni con los tratados, como todos lo suponemos.
   d. No inventaríamos excusas para violar la ley moral, como todos lo hacemos.
2. Pero una ley moral universal requiere un Dador de la Ley Moral universal, ya que la fuente de la misma:
   a. Da órdenes morales (como lo hacen los dadores de la ley).
   b. Está interesado en nuestro comportamiento (como las personas morales).
3. Además, este Dador de la Ley Moral universal debe ser absolutamente bueno:
   a. De lo contrario, todo esfuerzo moral sería inútil a largo plazo, ya que podríamos estar sacrificando nuestras vidas por lo que en última instancia no es correcto.
   b. La fuente de todo bien debe ser absolutamente buena, ya que el estándar de todo bien debe ser completamente bueno.
4. Por lo tanto, debe haber un Dador de la Ley Moral absolutamente bueno.

Lewis anticipa y responde de manera persuasiva a las principales objeciones al argumento moral.

La ley moral no es lo que indica el instinto de la manada. Lo que llamamos ley moral no puede ser el resultado del instinto de la manada o el impulso más fuerte siempre ganaría, pero no es así. Siempre actuamos por instinto y no desinteresadamente para ayudar a alguien, como a veces lo hacemos. Si la ley moral fuera solo instinto de la manada, los instintos siempre serían correctos, pero no lo son. Incluso el amor y el patriotismo a veces se equivocan.

La ley moral no es una convención social. La ley moral tampoco puede ser una mera convención social, porque no todo lo que se aprende a través la sociedad se basa en una convención social. Por ejemplo, las matemáticas y la lógica no lo están. Las mismas leyes morales básicas pueden encontrarse en prácticamente todas las sociedades, del pasado y del presente. Además, los juicios sobre el progreso social no serían posibles si la sociedad fuera la base de los juicios.

La ley moral difiere de las leyes de la naturaleza. La ley moral no debe identificarse con las leyes de la naturaleza. Las leyes de la naturaleza son descriptivas (ser), no prescriptivas (deber), como lo son las leyes morales. Las situaciones de hecho convenientes (tal y como son) pueden ser moralmente erróneas. Alguien que intenta hacerme tropezar y falla, está actuando mal; sin embargo, alguien que me hace tropezar pero de manera accidental, no lo está.

La ley moral no es una fantasía humana. La ley moral tampoco puede ser un mero capricho humano, ya que no podemos deshacernos de ella aunque quisiéramos. Nosotros no la creamos; está impresa en nosotros desde el exterior. Si fuera una fantasía, entonces todos los juicios de valor no tendrían sentido, incluyendo declaraciones como "El odio está mal" y "El racismo está mal". Pero si la ley moral no es una descripción ni una prescripción meramente humana, entonces debe ser una prescripción moral de un prescriptor moral que está por encima de nosotros. Como Lewis señala, este dador de la ley moral se parece más a la mente que a la naturaleza. No puede ser más parte de la naturaleza de lo que un arquitecto puede ser idéntico al edificio que diseña.

La injusticia no desaprueba a un dador de la ley moral. La principal objeción a un Dador de la Ley Moral absolutamente perfecto es el argumento de la maldad o injusticia en el mundo. Ninguna persona seria puede dejar de reconocer que todos los asesinatos, las violaciones, el odio y la crueldad en el mundo hacen que esté muy lejos de ser perfecto. Pero si el mundo es imperfecto, ¿cómo puede haber un Dios absolutamente perfecto? La respuesta de Lewis es simple: La única manera en que el mundo podría ser imperfecto es si hay un estándar absolutamente perfecto por el cual puede ser juzgado como imperfecto (ver Moralidad, Naturaleza absoluta de la). Ya que la injusticia solo tiene sentido si hay un estándar de justicia por el cual se sabe que algo es injusto. Y la injusticia absoluta solo es posible si hay un estándar absoluto de justicia. Lewis recuerda los pensamientos que tenía cuando era ateo:

¿Pero de dónde había obtenido esta idea de lo justo y lo injusto? Nadie dice que una línea está torcida a menos que tenga una idea de lo que es línea recta. ¿Con qué estaba comparando este universo cuando decía que era injusto? [...] Por supuesto que habría podido dejar de lado mi idea de la justicia al decir que ella no era sino una idea personal. Pero si hacía tal cosa, mi argumento en contra de Dios se venía al suelo; porque el argumento dependía de decir que el mundo era injusto y no simplemente que no satisfacía mi fantasía privada. Así que en el mismo hecho de tratar de probar que Dios no existía; en otras palabras, que toda la realidad carecía de sentido, me vi forzado a reconocer que una parte de la realidad, o sea mi idea de la justicia, estaba llena de sentido. (Lewis, págs. 45-46)

En lugar de refutar un Ser moralmente perfecto, el mal en el mundo presupone un estándar perfecto. Uno podría preguntarse si este último Dador de la Ley es todopoderoso, pero no si es totalmente perfecto. Porque si alguien insiste en que hay una imperfección real en el mundo, entonces debe haber un estándar perfecto por el cual esto sea conocido.

Fuentes

N. L. Geisler y W. *Corduan, Philosophy of Religion* [Filosofía de la religión].

J. Hick, ed., *The Existence of God* [La existencia de Dios].

I. Kant, *Critique of Practical Reason* [Crítica de la razón práctica].

C. S. Lewis, *Mere Christianity* [Mero cristianismo].

H. Rashdall, *The Theory of Good and Evil* [La teoría del bien y del mal].

W. R. Sorley, *Moral Value and the Idea of God* [El valor moral y la idea de Dios].

D. E. Trueblood, *Philosophy of Religion* [Filosofía de la religión].

Argumento ontológico.

El argumento ontológico para la existencia o el ser (gr. ontos) de Dios procede de la mera idea de que Dios es un Ser Necesario o absolutamente perfecto. El argumento ontológico fue formado primero por *Anselmo (1033-109), aunque él no lo llamó así. Ha estado sujeto a exhaustivas críticas por ambos defensores de los argumentos teístas (ver Thomas de Aquino) y oponentes (ver Hume, David; Kant, Immanuel). Immanuel Kant (1724-1804) fue el primero en llamarlo el argumento ontológico porque él creía que hacía una transición ilícita del pensamiento al ser (ontos).

Forma(s) de Anselmo. El argumento ontológico podría más exactamente ser llamado "la prueba desde la oración", ya que se le ocurrió a Anselmo mientras meditaba sobre la naturaleza de Dios. Se cree ampliamente que Anselmo desarrolló dos formas del argumento ontológico. La segunda surgió en su debate con otro monje llamado Gaunilo.

La primera forma del argumento ontológico se basa sobre la idea de Dios como un Ser absolutamente perfecto. No se puede concebir un ser mayor (ver Plantinga, Ontological Argument [Argumento Ontológico], págs. 3-27). En forma lógica, es:

1. Dios es, por definición, un Ser, mayor que el que pueda ser concebido.
2. Es más grande existir en la realidad que existir solo en la mente.
3. Por lo tanto, Dios debe existir en la realidad. Si no lo hiciera, no sería el ser más grande posible.

La segunda forma del argumento proviene de la idea de un Ser Necesario:

1. Dios es, por definición, un Ser Necesario.
2. Lógicamente es necesario afirmar lo que es necesario para el concepto de un Ser Necesario.
3. La existencia es lógicamente necesaria para el concepto de un Ser Necesario.
4. Por lo tanto, un Ser Necesario (= Dios) necesariamente existe.

Objeciones. El debate de Anselmo con Gaunilo. Gaunilo sostuvo que el argumento se basa en la falsa premisa de que lo que existe en la mente también debe existir en la realidad fuera de la mente. Anselmo respondió que esto es así. Solo en el caso de un Ser absolutamente perfecto, que tendría que ser un Ser Necesario, si es concebible, entonces es cierto que debe existir también fuera de la mente. Todos los seres contingentes no podrían existir. Solo un Ser Necesario no puede no existir.

Gaunilo también sostenía que la mera idea de una isla perfecta no garantizaba su existencia, como tampoco la idea de un Ser perfecto. Pero Anselmo insistió en que había una diferencia importante; la idea de una isla perfecta puede carecer de existencia, pero no de la idea de un Ser perfecto.

Es posible que una isla, incluso una perfecta, no exista. Pero no es posible que un Ser perfecto (Necesario) no exista.

Objeción de Aquino. El argumento ontológico no convenció a *Tomás de Aquino. Su objeción al argumento de Anselmo puede verse en su reafirmación del argumento de Anselmo:

1. Dios es, por definición, un Ser, más grande que el cual nada puede ser concebido.
2. Lo que existe tanto mental como en la realidad es mayor que lo que existe solo mentalmente.
3. Por lo tanto, Dios debe existir realmente, ya que una vez que la frase "Dios existe" se entiende, se ve como una proposición evidente.

Aquino ofrece tres objeciones a este argumento. Primero, no todos entienden que el término "Dios" significa "aquello que nada más grande puede ser concebido". Segundo, aunque Dios se entienda de esta manera, no prueba que realmente exista sino solo que la concepción existe mentalmente. Este punto llega al corazón de la objeción común al argumento ontológico. Tercero, la proposición "Dios, un Ser Necesario, existe" es evidente en sí misma, pero no es evidente para nosotros. Porque no podemos conocer la esencia de Dios directamente sino solo a través de sus efectos (ver Argumento Cosmológico). Por lo tanto, solo podemos llegar a su existencia a través de sus efectos, a posteriori. No podemos conocerlo a priori en sí mismo. Solo Dios conoce su propia esencia intuitivamente. Esto también es más bien el punto central de la crítica.

La forma del argumento de Descartes. No se había avanzado mucho en el diálogo sobre el argumento ontológico durante siglos. Luego, el racionalista del siglo XVII René *Descartes (1596-1650) inició una serie de críticas reformulando y defendiendo el argumento. Su declaración siguió a la segunda forma de Anselmo:

1. Es lógicamente necesario afirmar de un concepto lo que es esencial a su naturaleza (por ejemplo, un triángulo debe tener tres lados).
2. Pero la existencia es lógicamente necesaria para la naturaleza de un Existente Necesario (es decir, el Ser).
3. Por lo tanto, es lógicamente necesario afirmar que un Existente Necesario existe.

Críticas al argumento de Descartes. Descartes tenía sus antagonistas. Caterus, un sacerdote, insistió en que el argumento prueba solo una existencia conceptual de Dios. Porque el complejo de palabras "león existente" es conceptualmente necesario, pero esto no prueba que un león exista. Solo la experiencia puede hacer eso. Por lo tanto, el complejo "Ser Necesario" no prueba que Dios existe. Pierre Gassendi argumentó que la necesidad de la existencia de Dios no es mayor a la de un triángulo. La esencia de cualquiera de ellos puede ser pensada aparte de su existencia.

Las críticas principales al argumento ontológico vinieron de David *Hume e Immanuel *Kant. Hume argumentó que Nada es racionalmente demostrable a menos que lo contrario implique una contradicción, ya que si deja abierta cualquier otra posibilidad, entonces esta posición no es necesariamente cierta. Pero todo lo que concebimos que existe también podemos concebirlo como inexistente. La existencia o no existencia de las cosas no puede ser descartada conceptualmente. La crítica más definitiva y duradera proviene de Kant, que argumentaba que la existencia no es una propiedad o un predicado, ya que no añade nada a la concepción de una esencia y no forma parte de esa esencia. Un dólar real no tiene ninguna característica que le falte a uno imaginario. Por lo tanto, es posible pensar en Dios sin esta propiedad de la existencia.

La contradicción ontológica de Findlay. El argumento ontológico dio un giro radical con el intento de algunos ateos de convertirlo en una contradicción de la existencia de Dios (ver Dios, Supuestas contradicciones de). El argumento ontológico es ampliamente rechazado en los tiempos modernos. Algunos incluso le han dado la vuelta a la tortilla, convirtiéndola en una especie de contradicción ontológica de Dios. Tal era la intención de J. N. Findlay, quien argumentó (ver Plantinga, Ontological Argument [Argumento ontológico], 111-22) que:

1. La única forma en que Dios podría existir es si existe necesariamente (cualquier tipo de existencia menos de lo necesario lo haría menos que Dios).
2. Pero nada puede existir necesariamente (pues la necesidad no se aplica a la existencia sino solo a las proposiciones).
3. Por lo tanto, Dios no puede existir (porque la única forma en que puede existir es la misma forma en que no puede existir).

En la segunda forma, las falacias del argumento se hacen evidentes. Pasaremos por la objeción a la premisa 1 desde el punto de observación del *diosismo finito (que Dios no tiene que ser concebido como necesariamente existente), ya que el tema aquí es si la concepción teísta tradicional de un Ser absolutamente perfecto es correcta. El teísta desafiaría las premisas 2 y 3.

La reafirmación de Charles Hartshorne. Después de una historia tan accidentada, este venerable argumento del teísmo ha vivido para ver un nuevo día. Uno de los más ardientes defensores del argumento ontológico es el panenteísta Charles Hartshorne. Su declaración y defensa del argumento a la vista de todas las críticas tradicionales son instructivas (ver Plantinga, págs. 123-35). Hartshorne expone el argumento:

1. La existencia de un Ser Necesario es
   a. imposible y no hay ningún ejemplo de ello
   b. posible pero no hay ningún ejemplo de ello
   c. posible y hay un ejemplo de ello
2. Pero la premisa b no tiene sentido, es como decir que hay un cuadrado redondo, porque un Ser Necesario no puede ser simplemente un ser posible.
3. Y la premisa a no es eliminada por el argumento ontológico como tal, pero la significación del término Ser Necesario es una suposición justifi-

cable que puede ser defendida por otros motivos.

Con frecuencia se atribuye a Norman Malcolm el haber reavivado el argumento ontológico en una forma más viable, aunque el trabajo de Hartshorne al respecto decía lo mismo unos veinte años antes. Malcolm reitera el segundo argumento de Anselmo:

1. La existencia de un Ser Necesario debe ser
   a. una existencia necesaria o "imprescindible".
   b. una existencia imposible, "no puede ser".
   c. una posible existencia, "puede o no puede ser".
2. Pero la existencia de un Ser Necesario no es una existencia imposible.
3. Por lo tanto, un Ser Necesario existe necesariamente.

El intento de Plantinga fracasa. Alvin Plantinga intentó revivir el argumento ontológico basado en la lógica modal. Insiste en que algo existe necesariamente en todos los mundos posibles. Por lo tanto, debe haber un Ser Necesario. Sin embargo, esto también falla ya que carece de base. Porque admite que ningún mundo es un "mundo posible". Si esto es así, entonces el argumento plantea la pregunta asumiendo que algo debe necesariamente existir. Lo cierto es que el argumento ontológico es inválido por la misma razón que el siguiente argumento es inválido:

1. Si hay un triángulo, entonces debe tener tres lados.
2. Esto es un triángulo.
3. Por lo tanto, esto debe tener tres lados.

Así que, sí, si existe un triángulo, entonces debe tener tres lados. Pero no tiene que existir. Del mismo modo, si Dios existe, entonces debe existir necesariamente. Pero carece de base para decir que Dios existe.

Conclusión. El argumento ontológico ha tomado muchas formas. Sin embargo, cada una parece ser inválida. La única forma factible de hacerlo válido (si es que se puede hacer válido) es asumir o afirmar que algo existe. Y una vez que uno argumenta: "Algo existe, por lo tanto Dios existe", ha argumentado realmente de forma cosmológica. El argumento ontológico por sí mismo, sin tomar prestado la premisa "Algo existe" no puede probar la existencia de Dios. Porque siempre es lógicamente posible que nada haya existido, y, por lo tanto, no es lógicamente necesario afirmar que Dios existe.

Algunos han sugerido que nuestra conclusión es inválida porque el concepto mismo de "nada" es negativo y por lo tanto presupone que algo existe. Si esto es correcto, sostienen, entonces nuestra afirmación de que "es lógicamente posible que nada haya existido

nunca" es errónea. Esta objeción, sin embargo, confunde el concepto de no ser (que presupone el concepto de ser) y un estado de no ser que no presupone un estado de ser. Nos referimos a la posibilidad lógica del estado de nada, no al concepto de nada.

Parecería que no se ha dado ninguna prueba ontológica válida que haga racionalmente ineludible concluir que existe un Ser Necesario. Por otro lado, tampoco nadie ha hecho una contradicción ontológica exitosa de Dios, haciendo lógicamente imposible que exista un Dios. Para que un argumento teísta sea válido, la premisa de que "algo existe o existió" es necesaria. Quien argumenta que "algo existe, por lo tanto Dios existe" ha dejado el enfoque puramente ontológico a priori y ha pasado a un enfoque cosmológico a posteriori.

Si uno pudiera de alguna manera validar un argumento teísta importando la premisa innegable de que "algo existe" y argumentando a partir de esto que "algo existe necesariamente", todavía está muy lejos del simple y absolutamente perfecto Ser del teísmo cristiano. Es interesante notar que se han concluido tres puntos de vista de Dios a partir del mismo tipo de argumento ontológico y otros sienten que un cuarto puede deducirse. Descartes y Leibniz concluyeron a un Dios teísta. Spinoza defendió un dios panteísta. Hartshorne terminó con un dios panenteísta (ver Panenteísmo). También se sugiere que, aparte de importar algún tipo de premisa platónica, el argumento ontológico produce dioses politeístas (ver Politeísmo). Incluso muchos ateos están dispuestos a reconocer que el universo es de alguna manera necesario, pero de ninguna manera lo identifican con Dios. Dado que las posiciones son mutuamente excluyentes, se deduce que no pueden ser todas verdaderas.

Para defender el teísmo, aparentemente hay que ir más allá del argumento ontológico. Porque el argumento ontológico por sí solo aparentemente no designa qué tipo de dios (o dioses) se encuentra en la conclusión.

Fuentes

R. Descartes, *Meditations on First Philosophy* [Meditaciones sobre la primera filosofía].

N. L. Geisler, *"The Missing Premise in the Ontological Argument"* [La premisa perdida en el argumento ontológico].

N. L. Geisler y W. *Corduan, Philosophy of Religion.* [La filosofía de la religión]

G. E. Hughes, *"Can God's Existence Be Disproved?"* [¿Se puede refutar la existencia de Dios?]

A. Plantinga, *The Nature of Necessity.* [La naturaleza de la necesidad]

———, ed., *The Ontological Argument.* [El argu-

mento ontológico]
B. Spinoza, Ethics. [Ética]

Argumento religioso a favor de Dios. *Ver* APOLO-
GÉTICA EXPERIENCIAL; DIOS, EVIDENCIA A FAVOR DE; TRUE-
BLOOD, ELTON.

Argumento teleológico. El argumento teleológico
cambia del diseño a un Diseñador. Las versiones del
argumento teológico se pueden encontrar en la filosofía griega antigua. Se puede hallar en Sócrates (Me-
morabilia de Jenofonte, 1.4.4 ss.), *Platón (Phaedo
[Fedón]) y Filón (Works of Philo [Las Obras de Filón],
3.182, 183.33). Pero se concretó más tarde en la Edad
Media y el mundo moderno (ver Paley, William).

Argumentos de Diseño. El Gobernador Mundial de
Tomás de Aquino. Aunque Tomás de Aquino es conocido por su argumento cosmológico, la última de sus
"cinco maneras" de probar la existencia de Dios es un
argumento teleológico. Aquino lo llama el argumento
del "gobierno del mundo" (Aquino, 1.2.3):

1. Cada agente actúa con un fin, incluso los agentes
   naturales.
2. Ahora, lo que actúa con un fin manifiesta inteligencia.
3. Pero los agentes naturales no tienen inteligencia
   propia.
4. Por lo tanto, alguna inteligencia los dirige a su
   fin.

La primera premisa es simplemente el evidente
'principio de teleología' o finalidad (ver Primeros
Principios). Entre la primera y la segunda premisa
existe una suposición no establecida de que todas o la
mayoría de las cosas en la naturaleza se pueden llamar
"agentes". Se mueven hacia un fin, ya sea estar vivos
o reproducirse y se mueven hacia propósitos secundarios que no tienen nada que ver con ellos mismos. En
el panorama general, su existencia y acciones hacen
que el mundo sea habitable, o hermoso, o disfruta-
ble o significativo. Estos agentes actúan de manera
predecible y con un propósito que parece buscar los
mejores resultados. Si uno acepta la suposición y las
dos primeras razonables premisas, la trampa surge
en la tercera premisa: cualquier cosa que carezca de
conocimiento debe ser dirigida hacia un final, como
una flecha es dirigida por el arquero. Cualquiera sea
la inteligencia que la dirija, todo calza en el concepto
de 'Dios' (Burrill, págs. 165-70).

El relojero de Paley. Una de las versiones más populares del argumento teleológico la dio William *Paley
(1743-1805), el archidiácono de Carlisle. Paley insistía
en que si uno encontraba un reloj en un campo vacío,
uno podría concluir correctamente que tenía un relo-

jero debido a su obvio diseño. Del mismo modo, cuando uno mira el aún más complejo diseño del mundo
en el que vivimos, uno solo puede deducir que hay un
gran Diseñador detrás. Vamos a poner el argumento
en una forma resumida (ibid.).

1. Un reloj demuestra que fue armado para un propósito inteligente (ver la hora):
   a. Tiene un resorte para darle movimiento.
   b. Tiene una serie de ruedas para transmitir este
      movimiento.
   c. Las ruedas están hechas de latón para que no
      se oxiden.
   d. El resorte está hecho de acero debido a la re-
      siliencia de ese metal.
   e. La cubierta delantera es de vidrio para que
      uno pueda ver a través de ella.
2. El mundo muestra una evidencia de diseño incluso más grande que la de un reloj:
   a. El mundo es una gran obra de arte en compa-
      ración a un reloj.
   b. El mundo tiene un diseño más complejo y sutil
      que el de un reloj.
   c. El mundo tiene una infinita variedad de pro-
      pósitos adaptados a fines.
3. Por lo tanto, si la existencia de un reloj implica
   un relojero, la existencia del mundo implica un
   Diseñador inteligente aún más grande (Dios).

El fabricante de máquinas de Cleantes. En Dialogues Concerning Natural Religion [Diálogos sobre
la religión natural] de David *Hume, el teísta ficticio
Cleantes presenta una versión similar:

1. Todo diseño implica un diseñador.
2. Un gran diseño implica un gran diseñador.
3. Hay un gran diseño en el mundo (como el de una
   gran máquina).
4. Por lo tanto, debe haber un gran Diseñador del
   mundo. (ibid., págs. 171-76)

El argumento se extiende más allá del de Paley.
Cleantes usa ilustraciones de diseño distintas a las de
un reloj o una máquina. El ojo humano, las relaciones
entre hombres y mujeres, un libro y una voz del cielo
son todos usados para ilustrar el diseño. Además, deja
claro que el argumento teleológico es un 'argumento
de la analogía', insistiendo en que efectos similares
tienen causas similares. Cleantes hace alusión a la
casualidad como una explicación improbable de que
una voz distinta del cielo pueda haber sido un silbido
accidental del viento. Finalmente, insiste que las irregularidades en la naturaleza no afectan el argumento.
Por el contrario, estas son las excepciones que establecen la regla.

Hume usó este argumento para anticipar algunas

de sus propias críticas, lo que hizo su caso final más fuerte. Sin embargo, Hume no le hizo justicia al argumento de Paley.

La Objeción de Mill. John Stuart *Mill (1806-73) objetó la versión del argumento de la analogía de Paley y luego presentó uno que creía que era mejor. Su objeción no destruye el argumento, pero sí lo debilita (ibid., págs. 177-84):

1. El argumento de Paley se basa en la analogía: la similitud en efecto implica similaridad en causa.
2. Este tipo de analogía es débil cuando las diferencias son mayores.
3. Existe una diferencia significativa que debilita este argumento:
   a. Los relojes implican un relojero solo porque, por experiencias previas, sabemos que los relojes son hechos por relojeros.
   b. Del mismo modo, las huellas implican seres humanos y el estiércol implica animales, solo porque la experiencia previa nos informa que así es, no debido a ningún diseño intrínseco en los restos.
4. Por lo tanto, el argumento de Paley es más débil de lo que él creía.

Después de criticar la versión del argumento teleológico de Paley, Mill presentó lo que consideró ser una expresión más fuerte. Se basa en el "método de acuerdo" inductivo de Mill. Este fue uno de los argumentos más débiles de los métodos inductivos de Mills, pero él consideraba que el argumento teleológico era una forma fuerte de este tipo de inducción. Mill comenzó con el aspecto orgánico en lugar del aspecto mecánico de la naturaleza.

1. Existe una maravillosa concurrencia de muchos elementos distintos en el ojo humano.
2. No es probable que una selección aleatoria haya puesto estos elementos juntos.
3. El método de acuerdo argumenta una causa común del ojo.
4. La causa fue una causa final (con propósito), no una causa eficiente (generada).

Pero Mill afirmó que la explicación alternativa de la evolución disminuye la fuerza de esta versión. Mucho de lo que aparenta ser un diseño se explica en la evolución mediante la supervivencia del más fuerte (ver Evolución Biológica).

La réplica de Hackett. Stuart C. Hackett no está de acuerdo con Mill sobre si es que el método de analogía inherentemente debilita el argumento (Hackett, pág. 106). Él concluye que:

1. Todo compuesto que involucre la relación de medios complejos para producir un resultado significativo es compuestos cuya causa intencional inteligente es un aspecto indispensable.
2. El universo de espacio-tiempo es un compuesto en el que los medios complejos están tan relacionados como para producir resultados significativos (ver Principio antrópico).
3. Por lo tanto, el universo de espacio-tiempo es un compuesto cuya causa intencional inteligente es un aspecto indispensable.

Ciertamente, este argumento procede por analogía, ya que el universo de espacio-tiempo se ubica junto a otros compuestos aparentemente similares. Pero Hackett afirma que es difícil que esta característica se considere como un error. Él señala: "Es cierto que el razonamiento involucra analogía; sin embargo, hay que señalar que virtualmente todo razonamiento sobre cuestiones de hecho involucra analogía, [...] de modo que el rechazo del principio análogo sería virtualmente equivalente a hacer todo razonamiento de hecho sea falso" (ibid., pág. 104).

La debilidad ante la diferencia que se muestra en la tercera premisa de Mill ha sido atacada por otros. Sin embargo, como Hackett también menciona, la similitud por la analogía no radica en la producción del artefacto sino en sus características que nos llevan a sacar conclusiones en relación a su producción.

Alvin Plantinga, aunque no es un defensor del argumento teleológico, también demostró que esta crítica no es tan fuerte como parece. El universo es único en muchas formas, pero en maneras cruciales seguramente se parece tanto a otras cosas que no podemos descartar analogías inductivas de manera inmediata (Plantinga, págs. 97-107).

No obstante, Mill nos deja con la posibilidad de que el diseño evidente es solo el resultado de la selección natural. Bertrand Russell examina más de cerca ese punto.

La refutación evolutiva de Russell. Bertrand *Russell (1872-1970) intentó refutar el argumento teleológico de la evolución. La lógica se puede poner de la siguiente manera (Russell, pág. 589):

1. La adaptación de los medios para terminar en el mundo es el resultado de la evolución o bien el resultado del diseño.
2. Esta adaptación es el resultado de la evolución
3. Por lo tanto, esta adaptación no es el resultado del diseño.

El punto de Russell es que, si la adaptación se puede explicar por la supervivencia del más fuerte, no hay necesidad de recurrir al diseño para explicarla. Desde luego, el argumento de Russell no es lógico, porque no hay ninguna razón lógica de por qué la adaptación no puede ser el resultado tanto de la evolución como del diseño (ver Evolución Biológica). Es decir, una Mente puede haber propuesto usar la evolución para producir la adaptación. Además, no es necesario admitir que la selección natural puede explicar toda adaptación (Geisler, *Origin Science* [Origen de la ciencia]). Un diseño inteligente lo puede explicar. Además, si es que la selección natural no puede explicar todo diseño evidente, eso le da algo de fuerza al argumento de diseño. Por lo tanto, el argumento de Russell no refuta el argumento teleológico; como mucho, solo impone una modificación en el argumento.

Las alternativas a la teología de Hume. La crítica más famosa del argumento teleológico proviene de Hume. Aunque muchos académicos creen que es el propio punto de vista de Hume, él puso dos respuestas al argumento teleológico en la boca de un escéptico, Filón.

El argumento de Hume asumiendo el diseño. El primer argumento se basa en la suposición de que existe diseño en la naturaleza (Burrill, págs. 184-91). Más bien, considera lo que este razonamiento podría probar sobre Dios. En el mejor de los casos, el Dios que este diseño indica sería:

1. Distinto de la inteligencia humana, ya que los inventos humanos difieren de los de la naturaleza.
2. Finito, ya que el efecto es infinito (y la causa es como el efecto).
3. Imperfecto, porque hay imperfecciones en la naturaleza.
4. Múltiple, ya que la creación del mundo es más como la construcción cooperativa de un barco.
5. Hombre y mujer, porque esta es la manera en la que se generan los humanos.
6. Antropomórfico, porque sus criaturas tienen ojos, orejas, narices y otros rasgos físicos.

De acuerdo con Hume, lo mejor que podría concluirse de asumir que hay diseño en el mundo es que el mundo surgió de algo como el diseño. En el peor de los casos, el mundo sería el producto crudo de algún dios (o dioses) infalible o el resultado interior de alguna divinidad (o divinidades) senil.

El argumento de Hume de no asumir el diseño. El segundo argumento de Hume (mediante la figura literaria de Filón) no asume que existe diseño en el mundo (ibid., págs. 191-98). Él insiste que es posible que el mundo haya surgido por casualidad:

1. El orden evidente en el que el mundo resultó producto del diseño o de la casualidad (pero no de ambos, porque son exclusivos de manera mu-

tua).
2. Es totalmente creíble que el mundo haya resultado por casualidad:
   a. Es posible que el universo de la materia en movimiento sea eterno.
   b. En una infinidad de operaciones al azar, cada operación se realizará.
   c. Las combinaciones que encajen mejor tenderán a perpetuarse a sí mismas una vez que ocurran.
   d. Lo que no encaja tiende a moverse alrededor hasta que también se establezca.
   e. Por lo tanto, el presente argumento "ordenado" del universo puede haber resultado de pura casualidad.

Filón añade el argumento de la adaptación evolutiva:

La adaptación animal no se puede usar para probar el diseño, ya que no pueden sobrevivir si no se adaptan a sus ambientes. Si las cosas no pudieran ser de otra manera, esa no sería una evidencia de planificación inteligente. Sin embargo, Filón afirma que es difícil explicar los órganos que no se necesitan para sobrevivir. ¿Por qué dos ojos y dos orejas? Al observar que las teorías sobre el diseño tienen problemas y absurdos, Filón sugiere suspender el juicio de toda cuestión si es que existe un Dios. El fundamento de este cambio en el método lo estableció Hume en el argumento de Filón. A partir de este punto, cualquier argumento de cualquier lado necesita lidiar con la elección entre un Diseñador cósmico y la casualidad. Además, para hacer que este argumento funcione, no es suficiente simplemente apoyar el punto de vista propio. Se vuelve necesario demostrar que el argumento del otro lado es insuficiente. El teísta teleológico debe mostrar tanto que la existencia de Dios explica el diseño como que el mundo no surge por casualidad.

El diseño anticipatorio de Taylor. Con el surgimiento de la evolución, a algunos teístas les pareció que la supervivencia del argumento teleológico se basaba en su capacidad para manejar ambas alternativas de evolución y de casualidad. Eso es lo que precisamente A. E. Taylor esperaba lograr con su argumento basado en la evidente planificación avanzada en la naturaleza (Burrill, págs. 209-32). Se puede resumir:

1. La naturaleza revela un orden anticipado; planifica su preservación.
   a. El hecho de que el cuerpo necesite oxígeno es anticipado por las membranas que lo proveen.
   b. Muchos insectos depositan huevos donde hay comida disponible para sus bebés.
   c. Los movimientos de un gato se adaptan prospectivamente para capturar presas.

2. La planificación avanzada de la naturaleza no se puede explicar solo por leyes físicas. Existen infinitas maneras en las que los electrones pueden funcionar, pero se mueven de acuerdo a la planificación avanzada necesaria para preservar el organismo.

   a. Esto es verdadero en organismos saludables y no saludables (p. ej., anticuerpos).

   b. Solo sobre las bases de las leyes físicas, las inadaptaciones serían tan probables como las adaptaciones.

   c. A menos que nos alejemos de lo absurdo, algo más que las leyes físicas deben contar para superar las altas improbabilidades.

3. La mente o la inteligencia es la única condición conocida que puede remover estas improbabilidades contra el surgimiento de la vida.

   a. La mente humana es evidencia directa de adaptación anticipada. Los humanos planifican con anticipación. La gente mayor deja testamentos. Ningún juez considera a un hombre culpable de homicidio calificado a menos que haya anticipado el resultado de sus acciones.

   b. Incluso los científicos que reducen la anticipación a acciones reflexivas complicadas no viven de esa manera. Escriben libros con la esperanza de que otros los lean. Votan con la esperanza de que les proporcione un mejor futuro.

4. La mente o la inteligencia que explica las adaptaciones anticipadas no puede explicarse como un resultado de la evolución.

   a. La mente no es una fuerza de vida que resultó de la evolución y luego capturó materia sin vida, ya que la planificación con anticipación que dio lugar al surgimiento de la mente solo puede explicarse como resultado de la Mente. Usamos herramientas que otras mentes crean, pero alguna mente tuvo que hacer la herramienta para comenzar. Asimismo, el hecho de que la mente pueda usar la naturaleza como una herramienta asume que el proceso de la naturaleza que produjo la mente es inteligentemente dirigido.

   b. La misma apariencia y persistencia de las especies no es posible sin adaptación previa del ambiente. Sin los químicos correctos y bajo distintas condiciones, la vida no sería posible.

   c. Por lo tanto, la adaptación prospectiva no tiene sentido o la Mente guía todo el proceso.

5. La selección natural darwiniana (ver Darwin, Charles) no puede explicar la evidente planificación anticipada en la naturaleza, porque:

   a. Los más fuertes no son necesariamente los mejores; el más estúpido algunas veces sobrevive (p. ej., un borracho en un accidente).

   b. Incluso las mutaciones implican diseño, porque para que la evolución funcione las mutaciones no deben ser aleatorias ni imparciales sino deben ocurrir en tendencias, lo que implica diseño. Además, las mutaciones no deben ser pequeñas y graduales sino grandes y repentinas. Esto indica diseño.

   c. El darwinismo no explica, simplemente presupone, la vida con un ambiente previo.

   d. La mente humana no se puede explicar por el sobreviviente de los más fuertes o por la adaptación, por lo que no hay ninguna razón para que estos ajustes deban producir previsión y la mente humana no se adapta al ambiente, lo transforma.

   e. Por lo tanto, si la Mente no fue producida totalmente por la naturaleza, debe haber estado activa en la producción de la naturaleza, ya que la naturaleza indica planificación anticipada que se explica solo por inteligencia.

Además, el argumento de planificación anticipada de Taylor cuenta con el apoyo del descubrimiento de lo que se conoce como el *principio antrópico. Según este principio, la posibilidad de la vida humana y todo lo que conlleva a eso fue establecido desde el momento del origen del big bang del universo material. Sin las condiciones que se establecieron en ese momento hubieran desaparecido de la manera más infinitesimal, ni la vida ni la vida humana habría surgido. Esta es una prueba contundente de diseño anticipado desde el momento del origen del universo (ver Ross).

Taylor afirma que las objeciones se pueden nivelar contra el argumento teleológico. Sin embargo, sostiene que no afectan el argumento básico y que solo se pueden aplicar a ciertas suposiciones injustificables que han estado algunas veces conectadas con el argumento. El argumento teleológico, al menos el que se basa en el diseño evidente en las adaptaciones anticipadas de la naturaleza, es válido.

La nueva versión del argumento. La segunda crítica de Hume sobre el argumento teleológico tuvo éxito en el cambio de versión del argumento en sí. En resumen, el razonamiento tomó esta forma:

1. El universo resultó ya sea por diseño o por casualidad.

2. Es altamente improbable que haya resultado por casualidad.

3. Por lo tanto, es altamente probable que el universo fuera diseñado.

La alta improbabilidad de que la casualidad suceda se debe al hecho de que no existe, como Filón de Hume supuso, una eternidad de tiempo en la cual comprender la ordenada organización en la que las cosas se encuentran ahora. Hay tantos miles de millones de años geológicos para que las cosas tomen su organización actual. Hackett dijo "Concluyo que la noción de la casualidad simplemente no ofrece ninguna explicación racional creíble del orden significativo del universo y que, por lo tanto, el principio de la actividad dirigida con propósito brinda una explicación contundentemente más razonable" (Hackett, pág. 106).

Intentando cubrir el vacío legal. Las probabilidades de la casualidad son pocas. Los defensores del argumento teleológico intentaron llenar los vacíos legales creados por el argumento de la casualidad de Hume. Algunos tomaron al toro por las astas y simplemente argumentaron que las probabilidades para una explicación de la casualidad no eran muy buenas.

Los teístas (ver Teísmo) argumentaron que las probabilidades de que uno sacara dos seis en un tiro de dos dados era de uno en treinta y seis, pero esto no significa que realmente tome treinta y seis tiros para sacar dos seis. Pueden salir en el primer tiro. Asimismo, las posibilidades a priori en contra de que el universo haya ocurrido solo por casualidad son inmensas. Sin embargo, en hechos actuales (a posteriori), el universo sí existe, y pudo haber ocurrido de esa forma, por muy remotas que sean las probabilidades.

Julian *Huxley, un gran defensor de la evolución, estimó que en el índice conocido de mutaciones beneficiosas a lo largo de la escala de tiempo, las probabilidades en contra de que la evolución haya ocurrido por pura casualidad son de uno seguido de tres millones de ceros (mil quinientas páginas de ceros) a uno (Huxley, pág. 46). Huxley sintió, sin embargo, que la selección natural fue el proceso que superó estas extraordinarias probabilidades. Pero desde el punto de vista del teleológico, la selección natural funciona como un tipo de inteligencia suprema, que decide con aparente previsión sobre miles de puntos contra las probabilidades de mil a uno. ¿Qué otra cosa sino una planificación avanzada inteligente podría hacer la selección correcta tan consistentemente en contra de probabilidades tan abrumadoras? Fred Hoyle, exateo, argumentaba que las probabilidades de que la vida surgiera sin ninguna causa inteligente eran una de diez en la cuarenta milésima potencia (Hoyle y Wickramasinghe, Evolution from Space [La Evolución de la vida desde el espacio exterior], que describió como "casi nulo". Incluso el militante ateo Stephen Hawkings afirmó que ¡la información genética en un organismo unicelular podría llenar miles de conjuntos en una enciclopedia! Pero hasta para

producir un simple mensaje en el cielo como "Toma Gaseosa" se necesita una causa inteligente.

Quizás, la objeción más grave al argumento teológico proviene del cambio de hipótesis: que el diseño del universo conocido solo sea un episodio temporal y fragmentado en la historia de todo el universo (un tipo de oasis del diseño en el mucho más amplio desierto de la casualidad). F. R. Tennant responde a esta alternativa (en el libro de Hick, Existence of God [La Existencia de Dios], págs. 120-36) señalando que es concebible pero altamente improbable porque:

1. Las simples posibilidades del mundo incognoscible (o desconocido) no se pueden usar para refutar las probabilidades en el mundo conocido.
2. No existe evidencia que apoye la tesis de que el mundo conocido es una mentira para el mundo desconocido.
3. El universo conocido no está aislado del desconocido, pero está entrelazado y es interdependiente con él.
4. La termodinámica hace que el desarrollo completamente aleatorio de la vida sea poco probable.
5. La casualidad de la reorganización de la materia por fuerzas mecánicas no puede explicar el origen de la mente y la personalidad.
6. La grandeza cualitativa de los valores humanos en el oasis del mundo conocido supera la inmensidad cuantitativa del mundo desconocido.

Después de intentar cubrir los supuestos vacíos legales del argumento teleológico, Tennant presenta su propia versión revisada. Se basa en lo que denomina una teología más amplia:

Innumerables casos de diseño han conspirado para producir y mantener, mediante acciones en conjunto y recíprocas, un orden general. El valor en argumentar que la naturaleza como un todo está diseñado es, según Tennant, que tal argumento no es susceptible a muchas críticas a las que la teología "limitada" está abierta.

Por ejemplo, una teología más amplia no exige que cada detalle del proceso esté predestinado. Un proceso con propósito puede producir como consecuencia algunos males inevitables. (Por ejemplo, una consecuencia de los lagos de los que disfrutamos es que algunas personas se ahoguen en ellos.) Tennant observa seis áreas en las que el mundo refleja esta teología amplia:

1. la adaptación del pensamiento a la materia (la capacidad de pensar del mundo)
2. la adaptación de las partes internas de los seres orgánicos

3. la adaptación de la naturaleza inorgánica para fines con propósitos

4. la adaptación de la naturaleza a las necesidades humanas estéticas

5. la adaptación del mundo sobre los objetivos morales humanos

6. la adaptación de los procesos del mundo para culminar en la condición racional y moral de un ser humano

Todas las partes y procesos del mundo contribuyeron para producir al humano. Esto ubica al hecho de que el mundo fue planeado más allá de cualquier otra duda. William Lane Craig está de acuerdo de que "las consideraciones cósmicas han dado un nuevo aliento de vida al argumento del diseño" (Craig, pág. 73).

El principio de uniformidad de Hume. Otra alternativa para el argumento de la casualidad de Hume es usar su propio principio de uniformidad. Eso fue precisamente lo que Paley hizo. De hecho, cuando Hume argumenta en contra de los milagros (ver Milagros, Argumentos contra los), basa su razonamiento en lo que llama "experiencia uniforme". Esto equivale a una "prueba" práctica porque una serie de eventos se repite sin excepción tantas veces que uno solo puede plantear una conexión causal. Con el uso de la información sobre microbiología moderna para exponer el principio de Hume, el argumento teleológico puede reformularse como sigue:

1. Las células vivientes se caracterizan por su complejidad especificada.

a. Los cristales son especificados pero no complejos.

b. Los polímeros aleatorios son complejos, pero no especificados.

c. Las células vivientes son tanto específicas como complejas.

2. Un lenguaje escrito tiene complejidad específica (Yockey, págs. 13-31).

a. Una sola palabra que se repite una y otra vez es especificada.

b. Una larga serie de letras aleatorias tiene complejidad.

c. Una oración tiene complejidad especificada.

3. La experiencia uniforme nos indica que solo la inteligencia es capaz de producir de manera regular una complejidad especificada.

4. Por lo tanto, es razonable asumir que los organismos vivientes fueron producidos por la inteligencia (ver Evolución Química)

Lo mismo sucede con las recientes consideraciones biológicas que muestran una analogía fuerte (en realidad, identidad matemática) entre el código genético en los organismos vivientes y el de un lenguaje humano producido por inteligencia. Leslie Orgel observó que "los organismos vivientes se distinguen por su 'complejidad especificada'. Los cristales [...] fallan al calificar como vivientes porque carecen de 'complejidad'; las mezclas aleatorias de polímeros fallan al calificar porque carecen de 'especificidad'" (Orgel, pág. 189, énfasis añadido). Michael Behe ha demostrado, además, que esta complejidad especificada es irreducible, lo que demuestra que pudo no haber evolucionado por etapas (ver Behe). Todos los elementos básicos se deben presentar de manera simultánea en orden desde el principio para que funcione. En este sentido, el argumento de Paley se puede reformular como:

1. Un ser vivo, desde el más simple organismo unicelular hasta un ser humano, muestra varias estructuras que son tanto complejas como específicas. Estas estructuras son como aquellas en todos los otros organismos al mismo nivel de ser.

2. Los cuerpos humanos son sistemas complejos de sistemas complejos y encajan en un contexto de ecosistema natural más amplio. En cada nivel, la inmensa complejidad se organiza de una manera muy específica y satisface las necesidades de todos los altos niveles de organización.

3. Por lo tanto, la uniformidad del diseño especificado en todos los niveles implica sumamente un Diseñador inteligente (Dios).

Se deben señalar dos aspectos sobre el argumento teleológico en esta versión. En primer lugar, se basa en el principio científico de la regularidad. La causa de un evento es lo que puede producir regularmente ese evento. En segundo lugar, como se aplicó al origen de la vida, este argumento se basa en el principio de uniformidad de Hume: Una conjunción constante de factores antecedentes y consecuentes es la base para atribuir la conexión causal (ver Origen, Ciencia del). Paley aceptó claramente este principio de Hume y lo usó en su argumento:

Dondequiera que veamos señales de invención, su causa nos conduce a un autor 'inteligente'. Y esta transición del entendimiento se basa en la experiencia uniforme. Observamos que la inteligencia inventa constantemente; es decir, vemos a la inteligencia constantemente produciendo efectos que se caracterizan y distinguen por ciertas propiedades... Vemos, donde sea que seamos testigos de la verdadera formación de las cosas, nada excepto la inteligencia produciendo efectos tan marcados y distinguidos de la misma manera. Deseamos explicar su origen. Nuestra experiencia sugiere una causa perfectamente adecuada para esta explicación [...] porque concuerda con aquello que en todos los casos es la base del conocimiento: el curso constante de su experiencia. (Paley, pág. 37).

Por lo tanto, Hume no le respondió a Paley por adelantado. Por el contrario, Paley basó su argumento en el principio de uniformidad (conjunción constante) que tomó prestado de Hume. De este modo, argumentó que dado que la inteligencia es la única causa constantemente unida al diseño (como en el caso de un reloj), entonces la inteligencia es la causa más razonable para postular sobre la naturaleza que manifiesta este mismo tipo de diseño. Paley, sin duda, no conocía la microbiología, así que no previó cómo su argumento pudo fortalecerse por el descubrimiento de una complejidad especificada en el ADN tal como la articularon William Dembski (The Design Inference [La inferencia de diseño]) y Stephen Meyer (Signature in the Cell [Marca en la célula]).

En vista del redescubierto principio de uniformidad (conjunción constante) como una base para el argumento teleológico, emerge una nueva crítica a la alternativa de la casualidad sugerida por Hume: es contraria al principio de conjunción constante propuesto por el mismo Hume. Es decir, la casualidad no es una explicación racional en el propio campo de Hume, ya que una persona racional solo debe plantear como causa lo que está constantemente unido al efecto. Pero la única causa que está constantemente unida a la complejidad especificada (tal como se encuentra en seres vivos) es la inteligencia. Por lo tanto, solo la inteligencia (no la casualidad) debe plantearse como la causa de la vida.

El pensamiento racional o científico no se basa en las ocurrencias casuales sino en la conjunción constante. Por lo tanto, para plantear una fuerza natural no inteligente como causa de la complejidad especificada, uno debe mostrar cómo esta se unía constantemente a una causa natural puramente no inteligente. Esto no se ha hecho. En efecto, explicaciones netamente naturalistas sobre el origen de la vida han demostrado ser inverosímiles (ver Thaxton). Incluso químicos biológicos interesantes (tales como los aminoácidos), que están tan lejos de una célula viva como unas pocas palabras lo están del volumen de una enciclopedia, solo resultan cuando hay una intervención inteligente ilegítima (como en los experimentos de Urey y Miller). Hackett presenta un caso fuerte para el argumento teleológico, pero solo después de haber argumentado que el mundo es un efecto que tiene a Dios como causa. Preguntas serias, tales como las que hicieron Kant y C. J. Ducasse, que básicamente nos llevarán a buscar un argumento detrás del argumento teleológico. Kant señala que es el argumento ontológico, mientras que Ducasse busca el argumento cosmológico.

El Principio Antrópico. El argumento teleológico recibió vida nueva con el descubrimiento del principio antrópico (ver Barrow), que argumenta que el universo fue afinado para el surgimiento de la vida desde su misma creación (ver Gonzalez).

Otras objeciones. Defectos ontológicos en el argumento teleológico. Los que se oponen al argumento teleológico ofrecen aún otras objeciones. Kant ni presentó una refutación sobre Dios ni sugirió una completa indiferencia hacia el argumento teleológico (ver Dios, Objeciones a las pruebas de). Sin embargo, sí insistió que el argumento teleológico no es concluyente:

1. El argumento teleológico se basa en la experiencia del diseño y el orden en el mundo.
2. Pero la experiencia nunca nos proporciona la idea de un Ser Necesario absolutamente perfecto. Porque,
   a. Si solo Dios está en lo más alto de una cadena real de seres experimentados, entonces es posible uno más alto.
   b. Y si Dios está separado de esta cadena, entonces él no se basa en la experiencia. De este modo, hemos dejado la base experimental del argumento y hemos importado un argumento ontológico inválido proveniente del pensamiento puro (Burrill, págs. 199-207).
3. Por lo tanto, no se puede probar el diseño de un Ser Necesario en el mundo.

No obstante, esto no quiere decir que el argumento teleológico no tenga ninguna fuerza. Kant, también, estaba impresionado cuando miró las estrellas. Cuando puso su experiencia en un resumen lógico, tomó esta forma:

1. Existe en todo el mundo un indicio claro de organización intencional.
2. La idoneidad de esta organización es ajena a las mismas cosas. Poseen este orden de manera contingente y no espontánea.
3. Por lo tanto, existe una causa (o causas) sabia y sublime que organizó el mundo.
4. Que ésta solo sea una causa se puede inferir de la relación recíproca de las partes con todo el universo en un ajuste mutuo, formando un todo unificado.

Kant concluyó que el argumento teleológico, aunque no es concluyente, tiene valor. A pesar de que no demuestre un Creador, sí indica un Arquitecto. Dado que la causa solo puede ser proporcional al efecto, el Arquitecto solo es un ser muy bueno y no un ser totalmente suficiente. El argumento, en el mejor de los casos, solo produce la causa más alta, la cual no es una base suficiente de la religión. El paso desde la causa más alta indicada por la experiencia hacia la causa más alta posible demandada por pura razón es un salto ontológico injustificable. Kant concluyó que el uso del argumento teleológico por parte de los teístas para probar la existencia de Dios dio un salto desesperado desde el suelo de la experiencia a volar en el fino aire de pura posibilidad sin siquiera admitir que dejaron el piso.

Muchos teístas facilmente admitieron que el argumento teleológico por sí mismo no demuestra un Ser Necesario infinito que creó el universo de la nada (ver Creación, Puntos de vista de la). El *argumento cosmológico tiene la intención de hacerlo. Sin embargo, cuando se combina con el argumento cosmológico, el argumento teleológico demuestra que la Causa infinita de todos los seres finitos es una causa inteligente, evidenciada por el diseño extremadamente complejo manifestado en el universo. El argumento cosmológico no "vuela en el fino aire de la pura casualidad". Por el contrario, comienza en el mundo finito real existente y se dirige a un Dios infinito real existente. No hay más juegos de manos ontológicos que concluir que una persona con un ombligo real tuvo una madre real.

El Problema de la Perfección. Según Ducasse, el argumento teleológico sufre de otros defectos (ibid., págs. 234-39). Él lista tres defectos básicos.

1. No demuestra un Creador perfecto.
   a. El diseño en el mundo no es perfecto y solo necesita una causa imperfecta para demostrarlo. Los seres humanos son tan capaces de juzgar lo que tiene y no tiene propósito.
   b. La maldad, el desperdicio y la enfermedad muestran la carencia de propósito (ver Mal, Problema del).
2. Los diseñadores pueden ser inferiores a lo que diseñan. Microscopios, excavadoras y computadoras, todos tienen poderes que sus inventores no.
3. El argumento teleológico posee los mismos defectos que el argumento cosmológico:
   a. Si el mundo necesita un diseñador, entonces el diseñador también lo necesita, ad infinitum.
   b. Pero si todo es causado (según el principio de razón suficiente), entonces no puede haber una Primera Causa.

Por lo tanto, Ducasse presenta lo que considera una alternativa más creíble para el argumento teleológico. No involucra a ningún creador de ningún tipo.

1. La explicación más económica es probablemente la correcta.
2. El mundo se explica de manera más económica por un deseo sin propósito en los humanos (Arthur *Schopenhauer) que por alguna inteligencia más allá del mundo.
   a. Es más simple, ya que se encuentra en la humanidad y no depende de causas más allá del mundo.
   b. Explica las cosas como también lo hace Dios. Por ejemplo, el ojo tiene un anhelo de visión sin propósito que nunca se satisface.
3. Por lo tanto, es más probable que el mundo sea el resultado de un deseo sin propósito que haya surgido por un diseño inteligente.

Este argumento está lejos de ser definitivo. Está abierto a desafíos en varios puntos. En primer lugar, ¿el principio de economía o simplicidad está adecuadamente aplicado a la cuestión de la causa del universo? El escéptico de Hume argumentó en contra de aplicarlo, y el escepticismo no puede ser ambas cosas. Parece suponer que la mejor causa vendrá del universo, pero no más allá de él. En segundo lugar, incluso admitiendo que la explicación más simple es la mejor, ¿realmente el deseo sin propósito es la explicación más simple? Parece ser más oscura y complicada en algunos aspectos. En tercer lugar, ¿cómo un deseo sin propósito puede resultar en actividad con propósito? ¿Cómo el efecto puede ser más grande que la causa?

Conclusión. El argumento teleológico, como tal, es altamente probable pero no absolutamente cierto para el diseño inteligente que se manifiesta en el mundo. *La casualidad es posible pero no probable. La evidencia teleológica favorece la unidad de esta causa ya que, en realidad, el mundo es un universo y no un multiverso. Esto es especialmente evidente en relación con el principio antrópico, que revela que el mundo, la vida y los seres humanos fueron anticipados desde el mismo momento del origen del universo material (ver Evolución Cósmica).

El argumento teleológico como tal no exige que esta causa sea absolutamente perfecta. Ni ipso facto explica la presencia de la maldad y el desorden en el mundo. El argumento teleológico depende de los argumentos cosmológicos y morales para establecer estos otros aspectos sobre un Dios teísta.

Es, en realidad, un argumento causal de causa efecto, solo argumenta desde la naturaleza inteligente del efecto hacia una causa inteligente. Este último punto es importante. Debido a que el principio de causalidad (ver Causalidad, Principio de) no puede apoyarse, uno ciertamente no puede insistir que debe haber una causa o fundamento para el diseño en el mundo. El diseño solo debe haber existido sin ninguna causa. Solo si hay un propósito para todo se puede entender que el mundo debió tener un "Defensor". El argumento teleológico depende del argumento cosmológico en este aspecto importante que toma prestado del principio de causalidad. Como se puede observar fácilmente desde cada forma del argumento de diseño, la suposición base es que debe haber una causa para el orden en el mundo. Si esto se niega el argumento falla, porque el supuesto diseño (si no se produce) sería meramente arbitrario.

Fuentes

T. de Aquino, *Summa Theologica* [Suma Teológica].

J. D. Barrow, *The Anthropic Cosmological Principle* [El principio antrópico cosmológico].

M. J. Behe, *Darwin's Black Box* [La caja negra de Darwin].

D. R. Burrill, ed., *The Cosmological Arguments* [Los argumentos cosmológicos].

W. L. Craig, *Apologetics* [Apologética].

W. Dembski, *The Design Inference* [La inferencia del diseño].

N. L. Geisler y W. Corduan, *Philosophy of Religion* [Filosofía de la religión].

N. L. Geisler y J. Kerby, *Origin Science* [El origen de la ciencia].

G. Gonzales y J. W. Richards, *The Privileged Planet* [El planeta privilegiado].

S. C. Hackett, *The Reconstruction of the Christian Revelation Claim* [La reconstrucción de la afirmación de la revelación cristiana].

J. Hick, *The Existence of God* [La existencia de Dios].

J. Huxley, *Evolution in Action* [Evolución en acción].

S. C. Meyer, *Signature in the Cell* [Marca en la célula].

L. Orgel, *The Origins of Life* [Los orígenes de la vida].

W. Paley, *Natural Theology* [Teología natural].

A. Plantinga, *God and Other Minds* [Dios y otras mentes].

H. Ross, *The Fingerprint of God* [La huella de Dios].

B. Russell, *The Basic Writings of Bertrand Russell* [Escritos básicos de Bertrand Russell].

C. B. Thaxton et al., *The Mystery of Life's Origin* [El misterio del origen de la vida].

H. Yockey, *"Self-Organization, Origin of Life Scenarios, and Information Theory"* ["Autoorganización, origen de los escenarios de la vida y teoría de la información"].

Argumento trascendental. Algunos apologetas presuposicionales (ver Apologética Presuposicional) usan el argumento trascendental para demostrar la verdad del cristianismo. Está diseñado según el razonamiento de Immanuel *Kant en Critique of Pure Reason [Crítica de la razón pura]. Un argumento trascendental no es ni deductivo ni inductivo. Es más reductivo y argumenta sobre las condiciones previas necesarias para que algo suceda.

Tal como lo usan los apologetas presuposicionales, el argumento trascendental afirma que, para que el mundo tenga sentido, es necesario plantear la existencia del Dios trino como se reveló en la Biblia. Cornelius *Van Til empleó este argumento y Francis *Schaeffer usó una versión modificada.

El pensamiento de Van Til está arraigado en Herman *Dooyeweerd, quien estuvo influenciado por Kant. Una vez que se acepta el agnosticismo de Kant, los *primeros principios, como el principio de causalidad, no se pueden aplicar al mundo real. Esto ocasiona la necesidad de buscar alguna otra manera de llegar a la realidad. El realismo trascendental (ver Realismo) sostiene que esto se puede hacer de la misma manera en que Kant propuso la existencia de formas y categorías de sentido y la mente a priori. Con el uso de este tipo de reducción, buscan encontrar las condiciones necesarias para que algo funcione. El mismo Kant concluyó que era necesario plantear acerca de Dios y la inmortalidad para darle sentido a las obligaciones morales (ver Argumento moral a favor de Dios).

Algunos apologetas han hecho un uso mínimo del argumento trascendental. Edward John *Carnell, por ejemplo, parecía utilizarlo para defender el principio de causalidad (ver Causalidad, Principio de la). Van Til hizo un uso máximo del argumento y declaró que todo el sistema cristiano se basaba en eso. Otros están en el medio y afirman que es necesario plantear la existencia de las leyes básicas de la razón (ver Primeros Principios; Lógica y Dios), un Dios teísta y quizás otras cosas para que el mundo tenga sentido.

Los principios trascendentales y los primeros principios. La apologética clásica se basa en los primeros principios tales como la no contradicción, la causalidad y la analogía (ver Argumento Cosmológico). Los presuposicionalistas rechazan las pruebas tradicionales sobre la existencia de Dios (ver Dios, Evidencias de) en favor de los muchos argumentos ateos y agnósticos (ver Agnosticismo; Ateísmo). Parecen reemplazar los primeros principios tradicionales sobre el conocimiento del mundo real con un principio trascendental nuevo. Esto plantea la cuestión sobre la relación entre el principio trascendental y los primeros principios tradicionales.

Diferencias y similitudes. Existen diferencias y similitudes cuando los apologetas evangélicos utilizan el principio trascendental y los primeros principios. En general, la siguiente comparación representará el pensamiento de los representantes de las posiciones de *Tomás Aquino y Van Til. Otros puntos de vista difieren, pero generalmente siguen una de estas dos líneas de pensamiento (ver Apologética, Tipos de).

Similitudes. En ambos sistemas, los principios funcionan como un primer principio. No hay nada más básico que en cualquiera de los dos casos se pueda probar que es cierto. Es interesante que los trascendentalistas le den una condición a su principio que le niegan a los primeros principios tradicionales. Esto parece ser una crítica válida de los apologetas trascendentales.

Ambos creen que su respectivo principio(s) se puede usar para demostrar la existencia de Dios.

Ambos sostienen que su principio(s) aplica al mundo real. A diferencia de Kant, no obstante, creen que uno puede conocer la realidad (ver Realismo; Agnosticismo) por medio de su principio(s).

Ambos argumentan que su principio(s) puede entenderse de una manera significativa, incluso por seres humanos finitos. No tienen un significado equivocado tal y como lo entendemos Dios y nosotros (ver Analogía, Principio de).

Ambos creen que sus argumentos son válidos, incluso si son rechazados por otros.

Diferencias. Los trascendentalistas solo tienen un principio: el principio trascendentalista. Los tradicionalistas recurren a varios primeros principios, incluyendo el de no contradicción, la causalidad y la analogía.

Los trascendentalistas presuponen sobre su primer principio sin ningún intento de demostrarlo. Los tradicionalistas dan pruebas de sus primeros principios mostrando que son evidentes o reducibles a lo evidente. Esto puede verse en el artículo sobre los primeros principios.

Aunque ambos implican una conexión causal entre Dios y el mundo, los trascendentalistas niegan la validez ontológica del principio de causalidad. Los trascendentalistas insisten que es trascendentalmente necesario plantear una primera causa (i. e., Dios) del mundo finito para que tenga sentido. Pero ¿cómo difiere esto al decir que cada existencia finita y contingente necesita una primera causa, si es precisamente lo que demanda el primer principio de causalidad?

El principio trascendental habla formalmente sobre la condición necesaria, pero no sobre la condición suficiente de algo. El principio de causalidad da ambos. Entonces, el principio trascendental solo da una condición necesaria, no una causa real del mundo finito. Para una condición necesaria (p. ej., las hojas secas) solo explica cómo el fuego es posible. Aún se necesita la ignición (una condición suficiente) para explicar cómo es en verdad.

Conclusión. El principio trascendental no es evidente, ni puede, por definición, justificarse en términos de algo más básico que sí mismo. Como tal, no tiene base. Sin embargo, los primeros principios, como la no contradicción y la causalidad, son evidentes o reducibles a lo evidente. Por lo tanto, sirven mejor como base para la apologética.

Fuentes
T. de Aquino, *Summa contra Gentiles* [Suma contra los gentiles].
H. Dooyeweerd, *A New Critique of Theoretical Thought* [Una nueva crítica del pensamiento teorético].
J. M. Frame, *Cornelius Van Til*.
I. Kant, *Critique of Pure Reason* [Crítica de la razón pura].
C. Van Til, *The Defense of the Faith* [Defensa de la fe].

Arqueología del Antiguo Testamento. Hay que tener en cuenta varias cosas al revisar los datos arqueológicos relacionados con el cristianismo (ver Arqueología del Nuevo Testamento). En primer lugar, el significado solo puede derivarse del contexto. Las evidencias arqueológicas dependen del contexto de la fecha, el lugar, los materiales y el estilo. La forma en que se entiende depende de las presuposiciones del intérprete. Por lo tanto, no todas las interpretaciones de las evidencias serán amigables con el cristianismo.

En segundo lugar, la arqueología es un tipo especial de ciencia. Los físicos y químicos pueden hacer todo tipo de experimentos para recrear los procesos que estudian y observarlos una y otra vez. Los arqueólogos no pueden. Solo tienen la evidencia que queda de la única vez que existió una civilización. Estudian las singularidades del pasado, no las regularidades del presente. Como no pueden recrear las sociedades que estudian, sus conclusiones no pueden ser probadas como en otras ciencias. Los arqueólogos tratan de encontrar explicaciones plausibles y probables para las pruebas que encuentran. No pueden hacer leyes como los físicos. Por esta razón, todas las conclusiones deben estar sujetas a revisión. La mejor interpretación es la que mejor explica todas las evidencias.

Tercero, la evidencia arqueológica es fragmentaria. Comprende solo una pequeña fracción de todo lo que ocurrió. Por lo tanto, el descubrimiento de más pruebas puede cambiar el panorama de manera considerable. Esto es sobre todo cierto cuando las conclusiones se han basado en el silencio, la falta de pruebas existentes. Numerosas opiniones críticas sobre la Biblia han sido invalidadas más tarde por descubrimientos arqueológicos (ver Biblia, Crítica a la). Por ejemplo, durante mucho tiempo se creyó que la Biblia estaba equivocada cuando hablaba de los hititas (Gn 23:10). Pero desde el descubrimiento de la biblioteca hitita en Turquía (1906), esto ya no es así.

La arqueología respalda al Antiguo Testamento. La

Creación. Los capítulos iniciales del Génesis (1-11) se consideran por lo general explicaciones mitológicas derivadas de versiones anteriores de la historia encontrada en el antiguo Cercano Oriente. Pero este punto de vista elige solo destacar las similitudes entre el Génesis y las historias de la creación en otras culturas antiguas. Si podemos proponer la derivación de la raza humana de una familia, además de la revelación general, se esperaría algunos rastros persistentes del verdadero relato histórico. Las diferencias son más importantes. Los relatos babilónicos y sumerios describen la creación como el producto de un conflicto entre dioses finitos. Cuando un dios es derrotado y partido por la mitad, el río Éufrates fluye por un ojo y el Tigris por el otro. La humanidad está hecha de la sangre de un dios malvado mezclada con arcilla. Estos cuentos muestran el tipo de distorsión y embellecimiento que se espera cuando un relato histórico se convierte en mitológico.

Es menos probable que la progresión literaria sea desde esta mitología hasta la elegancia sin adornos del Génesis 1. La suposición común de que el relato hebreo es solo una versión depurada y simplificada de la leyenda babilónica es falsa. En el antiguo Cercano Oriente, la regla es que las cuentas o tradiciones simples dan lugar (por acreción y embellecimiento) a leyendas elaboradas, pero no al revés. Así que la evidencia apoya la opinión de que el Génesis no fue un mito convertido en historia. Más bien, los relatos extrabíblicos se convirtieron en mitos (ver Creación, Puntos de vista de la; Génesis, Días de).

Los descubrimientos de los relatos de la creación en Ebla (ver Tablillas de Ebla) aportan evidencias de ello. Esta biblioteca de dieciséis mil tablillas de arcilla es más antigua que la de Babilonia por unos seiscientos años. La tablilla de la creación está muy cerca del Génesis, pues habla de un ser que creó los cielos, la luna, las estrellas y la Tierra. El pueblo de Ebla creía en la creación de la nada (ver Creación, Puntos de vista de la). La Biblia contiene la versión antigua y menos adornada de la historia y transmite los hechos sin la corrupción de las representaciones mitológicas.

El diluvio de Noé. Al igual que los relatos de la creación, la narración del Diluvio (ver Diluvio de Noé) en el Génesis es más realista que otras versiones antiguas, lo que indica su autenticidad. Las similitudes superficiales apuntan a un núcleo histórico de eventos que dieron lugar a todos los relatos, no al plagio por parte del escritor bíblico. Los nombres cambian. Los sumerios llaman a Noé como Ziusudra y los babilonios como Utnapishtim. La historia principal no lo hace. Se le dice a un hombre que construya un barco de dimensiones específicas porque la(s) deidad(es) van a inundar el mundo. Él lo logra, atraviesa la tormenta y ofrece un sacrificio al salir del barco. La Deidad responde con remordimiento por la destrucción de la vida y hace un pacto con el hombre. Estos eventos centrales apuntan a una base histórica.

Existen relatos de inundaciones similares en todo el mundo. El diluvio lo cuentan los griegos, los hindúes, los chinos, los mexicanos, los algonquinos y los hawaianos. Una lista de reyes sumerios trata el diluvio como un punto de referencia histórico. Después de nombrar a ocho reyes que vivieron vidas muy largas (decenas de miles de años), la lista contiene esta frase: "[Luego] el Diluvio inundó [la tierra] y cuando la realeza bajó [otra vez] del cielo, la realeza estuvo [primero] en Kish".

Existen buenas razones para creer que el Génesis nos muestra la historia original. Las otras versiones contienen afirmaciones que indican corrupción. Solo en el Génesis se da el año del diluvio, así como las fechas de la cronología relativa a la vida de Noé. De hecho, Génesis se lee casi como un diario o bitácora de los eventos. La nave babilónica cúbica no podría haber salvado a nadie. Las furiosas aguas lo habrían girado sin cesar hacia todos lados. Sin embargo, el arca bíblica es rectangular, larga, ancha y baja, de modo que se movería bien en los mares agitados. La duración de las lluvias en los relatos paganos (siete días) no es suficiente para la devastación que describen. Las aguas tendrían que elevarse al menos por encima de la mayoría de las montañas, hasta una altura de más de 1700 pies, y es más razonable suponer una mayor precipitación para hacerlo. La idea babilónica de que todas las aguas de la inundación disminuyeron en un día es también absurda. Otra diferencia llamativa entre el Génesis y las otras versiones es que en estos relatos al héroe se le concede la inmortalidad y se le exalta. La Biblia habla del pecado de Noé. Solo una versión que busca decir la verdad incluiría esta admisión realista. Algunos han sugerido que se trataba de una inundación fuerte, pero localizada. Sin embargo, existen evidencias geológicas que respaldan una inundación mundial. Se han encontrado esqueletos parciales de animales recientes en fisuras profundas en varias partes del mundo y la inundación parece ser la mejor explicación para ello. Esto explicaría cómo estas fisuras se producen incluso en colinas de considerable altura, y se extienden de 140 a 300 pies. Dado que ningún esqueleto está completo, se puede concluir con seguridad que ninguno de estos animales (mamuts, osos, lobos, bueyes, hienas, rinocerontes, urogallos, ciervos y mamíferos más pequeños) cayeron vivos en estas fisuras, ni fueron arrastrados hasta allí por los arroyos. Sin embargo, debido al cementado de calcita de estos diversos huesos juntos, deben haber sido depositados bajo el agua. Tales fisuras han sido descubiertas en varios lugares del mundo. Este es justo el tipo de evidencia que un breve, pero violento, episodio de este tipo produciría en el corto plazo de un año.

La Torre de Babel. Existe evidencia ahora de que el mundo tuvo un solo lenguaje en un momento dado como la Biblia afirma. La literatura sumeria alude a esto varias veces. Los lingüistas también encuentran esta teoría útil para categorizar los idiomas. Pero ¿qué hay de la confusión de lenguas en la torre de Babel (Gn. 11)? La arqueología ha revelado que Ur-Nammu, rey de Ur desde el 2044 al 2007 a. C., habría recibido órdenes de construir un gran zigurat (torre del templo) como acto de adoración al dios de la luna Nannat. Una estela (monumento) de unos cinco pies de ancho y diez de alto revela las actividades de Ur-Nammu. En una tablilla, él aparece junto a una cesta de mortero para comenzar la construcción de la gran torre, lo que demuestra su lealtad a los dioses al tomar su lugar como un humilde trabajador. Otra tablilla de arcilla afirma que la construcción de la torre ofendió a los dioses, así que derribaron lo que los hombres habían construido, los dispersaron por todo el mundo e hicieron que su discurso fuera extraño. Esto es muy similar al registro de la Biblia.

Los eruditos conservadores creen que Moisés escribió estos primeros capítulos del Génesis (ver Pentateuco, Autoría Mosaica del). Pero ¿cómo podría hacerlo, ya que estos eventos ocurrieron mucho antes de su nacimiento? Hay dos posibilidades. Primero, Dios podría haber revelado los relatos a Moisés de forma sobrenatural. Así como Dios puede revelar el futuro por revelación profética, puede revelar el pasado por revelación retrospectiva. La segunda posibilidad es más probable, es decir, que Moisés compiló y editó registros anteriores de estos eventos. Esto no es contrario a la práctica bíblica. Lucas hizo lo mismo en su Evangelio (Lucas 1:1-4). P. J. Wiseman argumentó de manera convincente que la historia del Génesis se escribió en principio en tablillas de arcilla y se transmitió de una generación a otra, siendo cada "líder de la tribu", el responsable de mantenerlas editadas y actualizadas. La principal pista que encontró el Wiseman en la Biblia es la repetición periódica de palabras y frases, sobre todo la frase "Esta es la generación de" (por ejemplo, Gn 2:4; 6:9; 10:1; 11:10). Muchas tablillas antiguas se mantenían en orden mediante la repetición de las primeras palabras de una nueva tablilla con las últimas palabras de la piedra anterior. Una evaluación literaria del Génesis comparada con otra literatura antigua indica que se recopiló a más tardar en la época de Moisés. Es muy posible que el Génesis sea una historia familiar registrada por los patriarcas y editada en su forma final por Moisés.

Los patriarcas. Aunque las narraciones de las vidas de Abram, Isaac y Jacob no presentan el mismo tipo de dificultades que los primeros capítulos del Génesis, se consideraron legendarias durante mucho tiempo porque no parecían encajar con las pruebas conocidas de ese período. Sin embargo, a medida que se ha ido conociendo, estas historias se han ido verificando con mayor frecuencia. Los códigos legales de la época de Abram muestran por qué el patriarca habría dudado en echar a Agar de su campamento, ya que estaba obligado por ley a apoyarla. Solo cuando una ley superior vino de Dios, Abram estuvo dispuesto a echarla.

Las cartas de Mari revelan nombres como Abamram (Abram), Jacob-el y los benjamitas. Aunque estos no se refieren al pueblo bíblico, al menos muestran que los nombres estaban en uso. Estas cartas también apoyan el registro de una guerra en el Génesis 14, cuando cinco reyes lucharon contra cuatro reyes. Los nombres de estos reyes parecen encajar con las naciones prominentes de la época. Por ejemplo, Génesis 14:1 menciona a un rey amorreo, Arioc; los documentos de Mari muestran el nombre del rey Ariwwuk. Todas estas evidencias llevan a la conclusión de que la fuente del Génesis fueron relatos de primera mano de alguien que vivió durante los tiempos de Abram.

Sodoma y Gomorra. La ubicación exacta cerca del Mar Muerto de estas ciudades aún está en disputa. Sin embargo, Steven Collins ha señalado una fuerte evidencia de que está en Jordania al noreste del Mar Muerto (ver Collins). La evidencia en esta área apunta a la actividad sísmica y que las diversas capas de la tierra se perturban y se expulsan al aire. El betún es abundante allí, y una descripción exacta sería que el azufre (brea bituminosa) se arrojó sobre estas ciudades que habían rechazado a Dios. Hay evidencia de que las capas de roca sedimentaria han sido moldeadas juntas por el calor intenso. La roca muestra evidencia de un calor de 5,000 grados, y se han encontrado restos humanos quemados en la cintura.

Datación del éxodo. Una de las diversas cuestiones relativas a la relación de Israel con Egipto es la fecha en que se produjo el éxodo a Palestina (ver Pentateuco, Autoría Mosaica del; Faraón del Éxodo). Existe incluso una "Fecha Oficialmente Aceptada" (GAD, por sus siglas en inglés) para la entrada en Canaán que data alrededor de 1230-1220 a. C. Las Escrituras, por otra parte, nos enseñan en tres libros (1 Reyes 6:1; Jue 11:26; Hechos 13:19-20) que el éxodo ocurrió en el año 1400 a. C., con la entrada a Canaán cuarenta años después. Aunque el debate continuará, ya no hay razón para aceptar que la fecha sea el año 1200.

Hay suposiciones de que la ciudad "Ramsés" en Éxodo 1:11 recibió el nombre de Ramsés el Grande, que no había proyectos de construcción en el Delta del Nilo antes de 1300, y que no hubo una gran civilización en Canaán desde los siglos XIX al XIII. Sin embargo, el nombre de Ramsés es común en la historia egipcia. Ramsés el Grande es Ramsés II. No se sabe nada de Ramsés I. Además, el nombre podría no referirse a una ciudad sino a una zona. En Génesis 47:11, el nombre de Ramsés describe el área del Delta del Nilo donde Jacob y sus hijos se establecieron.

Algunos eruditos sugieren ahora que la reinterpretación de los datos requiere mover la fecha de la edad del Bronce Medio (MB, por sus siglas en inglés). Si esto se hace, mostraría que los israelitas destruyeron varias ciudades descubiertas de Canaán. En recientes excavaciones, se ha demostrado que la última fase del período del MB necesita más tiempo del que se pensaba en un principio, por lo que su final está más cerca del 1400 a. C. que del 1550 a. C. Este reajuste uniría dos eventos que se pensaba que estaban separados por siglos: la caída de las ciudades de Canaán en el Bronce Medio II y la conquista.

Puede justificarse otro cambio en la visión tradicional de la historia egipcia. La cronología de todo el mundo antiguo se basa en el orden y las fechas de los reyes egipcios y en general se cree que se ha establecido. Sin embargo, Immanuel Velikovsky y Donovan Courville afirman que seiscientos años más en esa cronología indican fechas de acontecimientos en todo el Cercano Oriente. Courville ha argumentado que las listas de reyes egipcios no deben entenderse como si fueran consecutivas. Argumenta que algunos "reyes" de la lista no eran faraones sino altos funcionarios. Los historiadores habían asumido que cada dinastía seguía a la anterior. En cambio, muchas dinastías mencionan subgobernadores que vivieron al mismo tiempo que la dinastía precedente. La determinación de esta nueva cronología sitúa el éxodo alrededor de 1450 a. C. y haría que los otros períodos de la historia israelita coincidieran con los reyes egipcios mencionados. La evidencia no es definitiva, pero ya no hay razón para exigir un éxodo tardío. Para más información, ver el artículo Faraón del Éxodo.

Saúl, David y Salomón. Saúl se convirtió en el primer rey de Israel, y su fortaleza en Gabaa se excavó. Uno de los hallazgos más notables fue que las hondas eran una de las armas más importantes de la época. Esto se relaciona no solo con la victoria de David sobre Goliat, sino también con la referencia de Jueces 20:16 de que había setecientos honderos expertos que son "capaces de lanzar con la honda una piedra contra un cabello, sin errar". De la misma manera, se ha encontrado una pequeña piedra en la ciudad natal de Goliat, Gat, con su nombre inscrito en paleo-hebreo.

Tras la muerte de Saúl, Samuel nos dice que su armadura ha sido colocada en el templo de Astarté (diosa cananea de la fertilidad) en Betsán, mientras que Crónicas dice que su cabeza se colocó en el en el templo de Dagón, el dios filisteo del maíz. Se pensó que esto era un error porque parecía poco probable que los pueblos enemigos tuvieran templos en el mismo lugar al mismo tiempo. Sin embargo, las excavaciones han encontrado que hay dos templos en este sitio que se encuentran separados por un pasillo: uno para Dagón y el otro para Astarté. Parece que los filisteos habían adoptado a la diosa cananea.

Una inscripción con la frase "casa de David" confirma su reinado y su dinastía. Uno de los principales logros del reinado de David fue la toma de Jerusalén. El problema en el relato de las Escrituras era que los israelitas ingresaron a la ciudad por un túnel que conducía al estanque de Siloé. Sin embargo, se pensaba que ese estanque estaba fuera de los muros de la ciudad en ese momento. Pero las excavaciones de la década de 1960 determinaron por último que la pared se extendía de hecho mucho más allá del estanque.

Por lo general se dice que los salmos atribuidos a David se escribieron mucho después porque sus inscripciones sugieren que había gremios de músicos (por ejemplo, los hijos de Coré). Como resultado, muchos piensan que estos himnos deben ser fechados alrededor de la época de los Macabeos en el siglo II a. C. Según las excavaciones de Ras Shamra, se sabe ahora que existían tales gremios en Siria y Palestina en la época de David.

El lugar en donde se encuentra el templo de Salomón no ha sido excavado porque está cerca del lugar sagrado musulmán, la Cúpula de la Roca. Sin embargo, lo que se sabe de los templos filisteos construidos en la época de Salomón encaja bien con el diseño, la decoración y los materiales descritos en la Biblia. La única evidencia del templo en sí es un pequeño adorno, una granada, que se encontraba en el extremo de una vara y lleva la inscripción "Pertenece al Templo de Yahveh". Se vio por primera vez en una tienda de Jerusalén en 1979, se verificó en 1984 y el Museo de Israel la adquirió en 1988.

Durante la excavación de Guézer en 1969 se encontró una enorme capa de ceniza que cubría la mayor parte del montículo. La ceniza generó piezas de artefactos hebreos, egipcios y filisteos. Por lo visto, las tres culturas estaban allí al mismo tiempo. Esto desconcertó mucho a los investigadores hasta que se dieron cuenta de que la Biblia les decía con exactitud lo que habían encontrado. "El faraón, rey de Egipto, había atacado y tomado Guézer a sangre y fuego, matando a sus habitantes cananeos. Luego, como regalo de bodas, le dio esta ciudad a su hija, la esposa de Salomón" (1 Reyes 9:16).

La invasión asiria. Se aprendió mucho sobre los asirios cuando se encontraron veintiséis mil tablillas en el palacio de Asurbanipal, hijo de Asarhadón que llevó a los reinos del norte al cautiverio en el año 722 a. C. Estas tablillas relatan las numerosas conquistas del Imperio Asirio y registran con honor los crueles y violentos castigos que cayeron sobre aquellos que se les opusieron.

Varios de estos registros confirman la exactitud de la Biblia. Todas las referencias del Antiguo Testamento a un rey asirio han demostrado ser correctas. Aunque Sargón era un desconocido durante un tiempo, el descubrimiento y la excavación de su palacio reveló una pintura mural de la batalla mencionada en Isaías 20. El Obelisco Negro de Salmanasar aumenta nuestro conocimiento de las figuras bíblicas mostrando a Jehú (o su emisario) inclinándose ante el rey de Asiria.

Entre los hallazgos más interesantes está el registro de Senaquerib del asedio a Jerusalén. Miles de sus hombres murieron y el resto se dispersaron cuando intentó tomar la ciudad y, como había predicho Isaías, no pudo conquistarla. Como no podía presumir de su gran victoria, Senaquerib encontró la manera de mostrarse orgulloso sin admitir la derrota:

En cuanto a Ezequías el judío, no se sometió a mi yugo. Sitié a 46 ciudades fuertes, baluartes e innumerables aldehuelas de sus inmediaciones [...]. Saqué (de ellas) 200 150 personas, jóvenes y ancianos, varones y mujeres, incontables caballos, mulas, asnos, camellos, ganado mayor y menor, y (los) consideré botín. A él mismo hice prisionero en Jerusalén, su residencia real, como a un pájaro en una jaula (Pritchard, pág. 288).

El cautiverio. Varias facetas de la historia del Antiguo Testamento relacionadas con el cautiverio han sido confirmadas. Los registros encontrados en los famosos jardines colgantes de Babilonia muestran que Joaquín y sus cinco hijos recibieron una ración mensual, así como un lugar para vivir y se les trató bien (2 Reyes 25:27-30). El nombre de Belsasar ocasionó problemas porque no se le mencionó y porque no había lugar para él en la lista de reyes de Babilonia; sin embargo, Nabonido dejó constancia de que nombró a su hijo, Belsasar (Dn 5), para que reinara durante unos años en su ausencia. Por lo tanto, Nabonido seguía siendo el rey, pero Belsasar gobernaba en la capital. Además, el edicto de Ciro, tal como lo registró Esdras, parecía encajar demasiado bien en el cuadro de las profecías de Isaías como para ser real, hasta que se encontró un rollo que confirmaba el decreto en todos los temas importantes.

Conclusión. En cada período de la historia del Antiguo Testamento, encontramos que existe suficiente evidencia de arqueología de que las Escrituras dicen la verdad. En muchos casos, la Escritura incluso refleja el conocimiento de primera mano de los períodos y costumbres que describe. Mientras que muchos han dudado de la exactitud de la Biblia, el tiempo y la investigación continua han demostrado de manera consistente que la Palabra de Dios tiene mayor fundamento que la de sus críticos.

De hecho, mientras que miles de hallazgos del mundo antiguo respaldan a grandes rasgos y a menudo en detalle la imagen bíblica, ni un solo hallazgo irrefutable ha contradecido jamás a la Biblia. Los escritos del "decano de la arqueología" del siglo XX, William F. Albright, contienen la confirmación arqueológica del Antiguo Testamento (ver Albright, William F.).

Fuentes

W. F. Albright, *The Archaeology of Palestine* [La Arqueología de Palestina].

G. L. Archer Jr., *Encyclopedia of Biblical* Difficulties [Enciclopedia de las dificultades bíblicas].

J. Bimson y D. Livingston, "Redating the Exodus" [Corrección de la fecha del éxodo].

S. Collins, *The Search for Sodom and Gomorrah* [La búsqueda de Sodoma y Gomorra].

N. Glueck, *Rivers in the Desert* [Los ríos del desierto].

W. Kaiser y D. Garrett, *NIV Archaeological Study Bible* [Santa Biblia de estudio arqueológica NVI].

K. A. Kitchen, *Ancient Orient and the Old Testament* [Antiguo Oriente y el Antiguo Testamento].

R. Price, *The Stones Cry Out* [Las piedras gritan].

J. B. Pritchard, ed., *The Ancient Near East Texts* [La sabiduría del antiguo oriente].

C. A. Wilson, *Rocks, Relics, and Biblical Reliability* [Rocas, reliquias y confiabilidad bíblica].

E. Yamauchi, *The Stones and the Scriptures* [Las piedras y las Escrituras].

Arqueología del Nuevo Testamento. La ciencia de la arqueología aportó una fuerte confirmación de la historicidad tanto del Antiguo Testamento (ver Albright, William F.; Arqueología del Antiguo Testamento) como del Nuevo Testamento. La evidencia arqueológica de la credibilidad del Nuevo Testamento es abrumadora (ver Nuevo Testamento, Datación del; Nuevo Testamento, Historicidad del). Esta evidencia se resumirá en tres partes: la exactitud histórica de Lucas, el testimonio de los historiadores seculares, y la evidencia física relacionada con la vida de Jesús (ver Cristo, Muerte de).

Exactitud histórica de Lucas. Una vez se pensó que Lucas, escritor del Evangelio más detallado desde el punto de vista histórico y de los Hechos, había urdido su narración a partir de la incoherencia de su imaginación, porque atribuía títulos extraños a las autoridades y mencionaba gobernantes que nadie conocía. La evidencia ahora apunta con exactitud en la dirección opuesta (ver Hechos, Historicidad del libro de los).

El censo en Lucas 2:1-5. Hay varios problemas en la afirmación de que Augusto llevó a cabo un censo de todo el imperio durante el reinado de ambos, Cirenio y Herodes. Por un lado, no hay registro de tal censo, pero ahora sabemos que se hicieron censos regulares en Egipto, Galia y Cirene. Es muy probable que el significado de Lucas sea que los censos se realizaron a lo largo del imperio en diferentes momentos, y Augusto comenzó este proceso. El tiempo presente que usa Lucas apunta con firmeza hacia la comprensión de esto como un evento repetido. Ahora, Cirenio hizo un censo, pero eso fue en el 6 d. C., demasiado tarde para el nacimiento de Jesús, y Herodes murió antes de que Cirenio se convirtiera en gobernador.

¿Lucas estaba confundido? No; de hecho, menciona el posterior censo de Cirenio en Hechos 5:37. Es muy probable que Lucas distinga este censo en la época de Herodes de otro más conocido, el de Cirenio: "Este censo tuvo lugar antes de que Cirenio fuera gobernador de Siria". Hay varios paralelos en el Nuevo Testamento para esta traducción.

Galión, procónsul de Acaya. Esta designación en Hechos 18:12-17 se creía imposible. Pero una inscripción en Delfos menciona este título exacto para el hombre y lo fecha en la época en que Pablo estaba en Corinto (d. C. 51).

Lisanias, Tetrarca de Abilene. Lisanias era desconocida para los historiadores modernos hasta que se encontró una inscripción que registraba la dedicación de un templo que menciona el nombre y el título y está en el lugar correcto. La inscripción está fechada entre el 14 y el 29 d. C., lo que es compatible sin problemas con los comienzos del ministerio de Juan, que Lucas fechó por el reinado de Lisanias (Lucas 3:1).

Erasto. En Hechos 19:22, Erasto es nombrado como un corintio que se convierte en un colaborador de Pablo. Si Lucas fuera a inventar algún nombre, este parecería ser el mejor lugar para hacerlo. ¿Cómo podría alguien saberlo? En la excavación de Corinto, se encontró una inscripción cerca del teatro que dice: "Erasto edil ha puesto (este pavimento) de su propio dinero". Si estos son los mismos hombres, entonces explica por qué Lucas habría incluido el detalle de que un prominente y rico ciudadano de Corinto se había convertido y había dado su vida al ministerio.

Además de estos, Lucas da los títulos correctos para los siguientes oficiales: Chipre, procónsul (13:7-8); Tesalónica, magistrados (17:6); Efeso, secretario de consejo municipal (19:35); Malta, funcionario principal de la isla (28:7; Yamauchi, 115-19). Cada una de ellas ha sido confirmada mediante el uso romano. En total, Lucas nombra treinta y dos países, cincuenta y cuatro ciudades y nueve islas sin ningún error. Esto llevó al prominente historiador Sir William Ramsay a retractarse de sus puntos de vista críticos:

Comencé con una mentalidad desfavorable a este libro [Hechos], ya que el ingenio y la aparente completitud de la teoría de Tubinga me había convencido en un momento dado. No me correspondía en ese momento investigar el tema con detenimiento; pero más tarde, comencé a tener contacto con el Libro de los Hechos como autoridad en materia de topografía, antigüedades y sociedad de Asia Menor. Poco a poco me di cuenta de que en varios detalles la narración mostraba una maravillosa verdad (Ramsay, pág. 8).

El historiador romano A. N. Sherwin-White dice: "Para los Hechos, la confirmación de la historicidad es abrumadora [...]. Cualquier intento de rechazar su historicidad básica debe parecer absurdo. Los historiadores romanos lo han dado por sentado desde hace mucho tiempo" (Sherwin-White, pág. 189). Las teorías críticas que surgieron a principios de 1800 y que persisten hoy en día, no tienen fundamento. El arqueólogo William F. Albright dice: "Todas las escuelas radicales de crítica del Nuevo Testamento que han existido en el pasado o que existen hoy en día son previas a la arqueología, y por lo tanto, desde que se construyeron en der Luft [en el aire], son bastante anticuadas hoy en día" (Albright, pág. 29).

Hace poco, otro destacado historiador romano catalogó numerosas confirmaciones arqueológicas e históricas de la exactitud de Lucas (Hemer, 390 ss.). A continuación, se presenta un resumen de su voluminoso y detallado informe. (ver Hechos, Historicidad del libro de los; Nuevo Testamento, Fuentes no cristianas del).

Testimonio de los historiadores seculares. Una idea errónea y popular sobre Jesús es que no hay ninguna mención de él en ninguna fuente antigua fuera de la Biblia. Por el contrario, hay numerosas referencias a él como una figura histórica que murió a manos de Poncio Pilatos. Algunos incluso señalaron que se informó de que había resucitado de entre los muertos y que todos los que le seguían le adoraban como a un dios. Gary Habermas discute esto de forma exhaustiva. Las citas de los historiadores y otras fuentes se encuentran en el artículo del Nuevo Testamento, Fuentes no cristianas.

Evidencia física relacionada con la vida de Jesús. Varios descubrimientos ilustran la vida de Cristo y, hasta cierto punto, su resurrección.

Inscripciones. Se ha encontrado una inscripción de Pilato "prefecto de Judea". Además, se ha descubierto el osario de Caifás, el sumo sacerdote que juzgó a Jesús.

Reyes y Gobernadores. Se encontró una moneda de César Augusto, que reinó cuando nació Jesús. Hace poco, se descubrió la tumba de Herodes el Grande, quien mató a todos los bebés en un intento de matar a Jesús.

El Decreto de Nazaret. Una losa de piedra se encontró en Nazaret en 1878, inscrita con un decreto del emperador Claudio (d. C. 41-54) de que ninguna tumba debe ser perturbada o los cuerpos extraídos o movidos. Este tipo de decreto no es extraño, pero el hecho sorprendente es que aquí "el infractor [será] condenado a la pena capital por el cargo de violación de [un] sepulcro" (ibid., 155). Otros avisos advirtieron de una multa, pero ¿la muerte por alterar las tumbas? Una explicación probable es que Claudio, habiendo escuchado de la doctrina cristiana de la resurrección y la tumba vacía de Jesús mientras investigaba los disturbios del año 49 d. C., decidió no dejar que ningún informe de este tipo saliera a la luz de nuevo. Esto tendría sentido a la luz del argumento judío de que el cuerpo había sido robado (Mt 28:11-15). Este es un testimonio inicial de la fuerte y persistente creencia de que Jesús resucitó de entre los muertos.

Yohanan, una víctima de la crucifixión. En 1968, se descubrió un antiguo cementerio en Jerusalén que contenía unos treinta y cinco cuerpos. Se determinó que la mayoría de ellos habían sufrido muertes violentas en el sublevamiento judío contra Roma en el año 70 d. C. Uno de ellos era un hombre llamado Yohanan Ben Ha'galgol. Tenía entre veinticuatro y veintiocho años y tenía el paladar hendido y un clavo de siete pulgadas en ambos pies. Los pies se habían girado hacia afuera para que el clavo cuadrado pudiera ser clavado en el talón, justo dentro del tendón de Aquiles. Esto habría inclinado las piernas hacia afuera también para que no pudieran ser usadas como apoyo en la cruz. El clavo había atravesado una cuña de madera de acacia, luego los talones y luego una viga de madera de olivo. Hubo también evidencias de que se habían puesto púas similares entre los dos huesos de cada brazo inferior. Esto había causado que los huesos superiores se desgastaran sin problemas, ya que la víctima se levantaba y bajaba en repetidas ocasiones para respirar (la respiración se restringe con los brazos levantados). Las víctimas de crucifixión tenían que levantarse para liberar los músculos del pecho y, cuando se debilitaban demasiado para hacerlo, morían por asfixia.

Se aplastaron las piernas de Yohanan por un golpe, consistente con el uso habitual de la crucifixión romana (Juan 19:31-32). Cada uno de estos detalles confirma la descripción del Nuevo Testamento sobre la crucifixión.

Una gran cantidad de evidencia textual y arqueo-lógica respalda la exactitud del Nuevo Testamento (ver Cristo, Muerte de). Pero incluso estos ejemplos revelan el grado en que la arqueología ha confirmado la verdad de las Escrituras. El arqueólogo Nelson Glueck ha afirmado con audacia que "se puede afirmar con certeza que ningún descubrimiento arqueológico ha cuestionado nunca una referencia bíblica. Se han hecho decenas de hallazgos arqueológicos que confirman en un claro esquema o en un detalle exacto las afirmaciones históricas de la Biblia" (Glueck, pág. 31).

Las piedras del Templo. Se encontró las mismas piedras del templo, las cuales Jesús predijo que no quedaría una sobre otra. Cada una estaba separada de la otra, como dijo que sería (en Mateo 24).

La destrucción de Jerusalén. Se descubrió el arco de Tito, que conquistó Jerusalén en el 70 d. C. Muestra a los romanos llevándose la menorá judía del templo.

Tumbas vacías. Lugares de sepultura, como el de Jesús descrito en los Evangelios con una piedra rodada delante para sellarlo, han sido descubiertos. Incluso se ha encontrado una en Jerusalén.

Por supuesto, se han descubierto muchos otros lugares de la época de Jesús, incluyendo una sinagoga en Capernaúm, las ciudades de Belén, Nazaret, Betania y Jerusalén, junto con el Monte de los Olivos con árboles que datan del primer siglo. Esto es sin mencionar el Mar de Galilea, el Río Jordán y muchos otros lugares de la época de Cristo.

Fuentes

W. F. Albright, *"Retrospect and Prospect in New Testament Archaeology"* [Retrospectiva y perspectiva en la arqueología del Nuevo Testamento]

F. F. Bruce, *The New Testament Documents.* [Los documentos del Nuevo Testamento]

S. Collins, *The Search for Sodom and Gomorrah.* [La búsqueda de Sodoma y Gomorra]

N. Glueck, *Rivers in the Desert.* [Los ríos del desierto]

G. Habermas, *The Verdict of History.* [El veredicto de la historia]

C. J. Hemer, *The Book of Acts in the Setting of Hellenistic History.* [El Libro de los Hechos en el marco de la historia helenística]

W. Kaiser y D. Garrett, *NIV Archaeological Study Bible* [Santa Biblia de estudio arqueológica NVI].

J. McRay, *Archaeology and the New Testament* [Arqueología y el Nuevo Testamento].

J. R. Price, *The Stones Cry Out* [Las piedras gritan].

W. Ramsay, St. *Paul the Traveller and the Roman Citizen* [Pablo, el viajero y el ciudadano romano].

J. A. T. *Robinson, Redating the New Testament* [La redacción del Nuevo Testamento].

A. N. Sherwin-White, *Roman Society and Roman*

Law in the New Testament [La sociedad romana y el derecho romano en el Nuevo Testamento].
C. A. Wilson, *Rocks, Relics, and Biblical Reliability* [Rocas, reliquias y confiabilidad bíblica].
E. Yamauchi, *The Stones and the Scriptures* [Las piedras y las Escrituras].

Atanasio. Atanasio de Alejandría (296-373) fue uno de los primeros grandes defensores de la fe cristiana. Se educó en la escuela catequística de Alejandría. Como secretario del obispo Alejandro, asistió al Concilio de Nicea (325). Ocupó el lugar de Alejandro tres años después. Es probable que antes del año 318, cuando aún estaba en sus veintes, escribió De Incarnatione (Sobre la Encarnación) y Contra Gentes, explicando cómo el Logos (Cristo) se hizo humano y redimió a la humanidad. Más adelante, en Cartas sobre el Espíritu Santo, defendió la personalidad y la deidad de la tercera persona de la Trinidad. Atanasio no solo defendió el cristianismo ortodoxo, sino que también ayudó a establecer el criterio para ello, en especial sobre la deidad de Cristo. Del 339 al 359, escribió una serie de defensas a la fe (Orations against Arians [Discursos contra los arrianos]) dirigidas a aquellos que negaban la plena deidad de Cristo. Desde el punto de vista gramatical, la problemática se centraba sobre si Cristo era homoiousion (de "sustancia similar") o homoousion (de la "misma sustancia") con el Padre. Atanasio se mantuvo firme, contra todo pronóstico y a un gran costo personal, para preservar una postura bíblica cuando la mayoría de los líderes de la iglesia se adentraron en el arrianismo. Por esto se ganó el título contra mundum ("contra el mundo").

No se sabe con certeza qué papel exacto desempeñó Atanasio en la elaboración del Credo de Nicea. Sin duda lo defendió con su vida. Este credo se lee, en parte, en su forma original: Creemos en UN DIOS PADRE Todopoderoso, Creador del cielo y la tierra, y de todas las cosas visibles e invisibles. Y en un solo SEÑOR JESUCRISTO, el unigénito hijo de Dios, Engendrado del Padre antes que todos los mundos, Luz de Luz, verdadero Dios de mismo Dios, engendrado, no creado, siendo de una sola sustancia con el Padre; por quien todas las cosas fueron hechas [...] Y en el SANTO ESPÍRITU, el Señor y Dador de la Vida, que proviene del Padre, que con el Padre y el Hijo juntos es alabado y glorificado, quien habló a través de los profetas.

Fuentes
Athanasius. *Athanasius, Contra Gentes.*
———, *On the Incarnation* [Sobre la encarnación].
———, *Orations against the Arians* [Discursos contra los arrianos].

F. L. Cross, "*Athanasius, St*" [San Atanasio].
———, *The Study of St. Athanasius* [El estudio sobre San Atanasio].
J. A. Dorner, *History of the Development of the Doctrine of the Person of Christ* [Historia del desarrollo de la doctrina de la persona de Cristo], vol. 2.
A. Robertson, *Athanasius* [Atanasio].
P. Schaff, *The Creeds of Christendom* [Los Credos de la Cristiandad], vol. 1.
R. V. Sellers, *Two Ancient Christologies.* [Dos Cristologías antiguas]

Ateísmo. Mientras que el politeísmo dominaba gran parte del pensamiento griego antiguo y el teísmo dominaba el punto de vista cristiano medieval, el ateísmo ha tenido su época en el mundo moderno. Por supuesto, no todos los que carecen de fe en un ser divino desean ser llamados "ateos". Algunos prefieren la positiva atribución de "humanista" (ver Humanismo, Secular). Otros se describen mejor como "materialistas". Pero todos son no teístas, y la mayoría son antiteístas. Algunos prefieren el término más neutro llamado ateísta.

A diferencia de un teísta (ver Teísmo), que cree que Dios existe en y más allá del mundo, y un panteísta, que cree que Dios es el mundo, un ateo cree que no hay Dios ni en ni más allá del mundo. Existe solo un universo o cosmos y nada más. Debido a que los ateos tienen mucho en común con los agnósticos (ver Agnosticismo), y los escépticos, se les suele confundir con ellos (ver Russell). En teoría, un escéptico dice: "Dudo que Dios exista", y un agnóstico afirma: "No sé (o no puedo saber) si Dios existe". Pero un ateo afirma saber (o al menos creer) que Dios no existe. Sin embargo, dado que los ateos son todos no teístas y que la mayoría de los ateos comparten con los escépticos una postura antiteísta, muchos de sus argumentos son los mismos. Es en este sentido que el ateísmo moderno descansa en gran medida en el escepticismo de David Hume y el agnosticismo de Immanuel Kant.

Variedades de Ateísmo. En términos generales, hay diferentes tipos de ateísmo. El ateísmo tradicional (metafísico) sostiene que nunca hubo, hay o habrá un Dios. Entre los muchos que tienen este punto de vista están Ludwig *Feuerbach, Karl *Marx, Jean-Paul *Sartre y Antony *Flew. Los ateos mitológicos, como Friedrich Nietzsche, creen que el mito del Dios nunca fue un ser sino que fue un modelo vivo por el cual la gente vivió. El avance de la comprensión y la cultura del hombre ha eliminado este mito. Hubo una forma efímera de ateísmo dialéctico sostenida por Thomas *Altizer que proponía que el Dios trascendente que una vez vivió murió en la encarnación y crucifixión de Cristo, y esta muerte se produjo con posterioridad en los tiempos modernos. Los ateos semánticos (ver Verificación, Tipos de) afirman que la palabra de Dios está muerta. Este punto de vista lo sostuvieron Paul Van Buren y otros influenciados por los positivistas lógicos que desafiaron de verdad el significado del lenguaje sobre Dios. Por supuesto, aquellos que sostienen este último punto de vista no necesitan ser ateos en absoluto. Pueden admitir la existencia de Dios y sin embargo creer que no es posible hablar de él en términos significativos. Este punto de vista ha sido llamado "acognosticismo", ya que niega que podamos hablar de Dios en términos cognitivos o significativos. Los ateos conceptuales creen que hay un Dios, pero está oculto a la vista, oscurecido por nuestras construcciones conceptuales. Al final, los ateos prácticos confiesan que Dios existe, pero creen que debemos vivir como si no existiera. El punto es que no debemos usar a Dios como una muleta ante nuestra incapacidad de actuar de manera espiritual y responsable (algunos de los escritos de Dietrich Bonhöffer pueden ser interpretados en esta categoría).

Existen otras formas de designar a los diversos tipos de ateos. Una forma es por la filosofía con la que expresan su ateísmo. De esta manera, se podría hablar de ateos existenciales (Sartre), ateos marxistas (Marx), ateos psicológicos (Sigmund *Freud), ateos capitalistas (Ayn *Rand), y ateos conductistas (B. F. Skinner).

En cuanto a la apologética, la forma más aplicable de considerar el ateísmo es en un sentido metafísico. Los ateos son aquellos que dan razones para creer que no existe ningún Dios en o más allá del mundo. Por lo tanto, estamos hablando de ateos filosóficos en oposición a los ateos prácticos, que simplemente viven como si no existiera Dios.

El llamado Nuevo Ateísmo (ver Ateísmo, Nuevo) es en su mayoría el viejo ateísmo reformulado y con una voz más fuerte y estridente. El énfasis especial es que la religión es la fuente de muchos de los grandes males de la humanidad. Las principales figuras incluyen a Richard Dawkins, The God Delusion [El engaño de Dios]; Christopher Hitchens, God Is Not Great [Dios no es grande]; Victor Stengel, God: The Failed Hypothesis [La hipótesis fallida]; Michael Onfray, Atheist Manifesto [Manifiesto ateo]; y Michael Shermer, How We Believe [¿En qué creemos?].

Argumentos para el ateísmo. Los argumentos a favor del ateísmo son en gran parte negativos, aunque algunos pueden plantearse en términos positivos. Los argumentos negativos se dividen en dos categorías: (1) argumentos contra las pruebas de la existencia de Dios (ver Dios, Objeciones a las pruebas de), y (2) argumentos contra la existencia de Dios (ver Dios, Supuestas contradicciones de). En el primer grupo

de argumentos, la mayoría de los ateos se basan en el escepticismo de Hume y el agnosticismo de Kant.

Los ateos presentan lo que consideran razones adecuadas y suficientes para creer que no existe ningún Dios. Cuatro de estos argumentos suelen ser utilizados por los ateos: 1) la existencia del mal (ver Mal, Problema del); 2) la aparente falta de propósito de la vida; 3) la ocurrencia aleatoria en el universo; y 4) la primera ley de la termodinámica (ver Termodinámica, Principios de la) según la cual "la energía no puede ser ni creada ni destruida" y por lo tanto el universo es eterno y, en consecuencia, no necesita ningún Creador.

Respuestas a los argumentos. La existencia del mal. Una respuesta detallada al problema del mal se indica en otra sección (ver Mal, Problema del), por lo que aquí se tratará solo en términos generales. El razonamiento del ateo es circular. El exateo C. S. *Lewis argumentaba que para saber que hay injusticia en el mundo hay que tener un criterio de justicia. Por lo tanto, para eliminar a Dios de manera efectiva a través del mal, uno tiene que plantear un criterio moral supremo por el cual se declare a Dios como malo (Mero Cristianismo). Pero para los teístas, Dios es el criterio moral supremo, ya que no puede haber una ley moral suprema sin un Dador de la Ley Moral Suprema.

Los ateos argumentan que un Dios bueno por completo debe tener un buen propósito para todo, pero no hay un buen propósito para gran parte del mal en el mundo. Por lo tanto, no puede haber un Dios perfecto por completo.

Los teístas destacan que el hecho de que no conozcamos el propósito de los sucesos malignos no significa que no haya un buen propósito. Este argumento no refuta a Dios en absoluto; solo prueba nuestra ignorancia del plan de Dios. Según el mismo razonamiento, solo porque no veamos un propósito para todo el mal ahora, no significa que nunca lo veremos. El ateo es precipitado en su juicio. Según el teísmo, se acerca el día de la justicia. Si hay un Dios, debe tener un buen propósito para el mal, aunque no lo conozcamos. Para un teísta, Dios es omnisciente y lo sabe todo. Es omnibenevolente y tiene una buena razón para todo. Así que, por su propia naturaleza debe tener una buena razón para el mal.

Sin propósito. Al asumir que la vida no tiene sentido, el ateo es de nuevo un juez presuntuoso y precipitado. ¿Cómo se puede saber que no hay un propósito supremo en el universo? Por el simple hecho de que el ateo no conozca un propósito real para la vida no significa que Dios no lo tenga. La mayoría de las personas han conocido épocas que no tenían sentido por el momento pero que con el tiempo parecían tener un gran propósito.

El universo aleatorio. La aleatoriedad aparente en el universo no refuta a Dios. Cierta aleatoriedad es solo aparente, no real. Cuando se descubrió el ADN, se creía que se separaba de forma aleatoria. Ahora todo el mundo científico sabe el increíble diseño que implica la división de la molécula de doble hélice conocida como ADN. Incluso la aleatoriedad real tiene un propósito inteligente (ver Argumento teológico). Las moléculas de dióxido de carbono son espiradas de forma aleatoria con el oxígeno (y la nitogina en el aire), pero con un buen propósito. Si no lo hicieran, inhalaríamos los mismos gases venenosos que hemos exhalado. Y algo de lo que parece ser un desperdicio puede ser el producto de un proceso con un propósito. El estiércol de caballo es un buen fertilizante. De acuerdo con la escala de tiempo de los ateos, el universo ha estado absorbiendo y neutralizando muy bien todos sus "desechos". Por lo que sabemos, los pequeños "desechos" son un verdadero desperdicio. Incluso si hay alguno, puede ser un subproducto necesario de un buen proceso en un mundo finito como el nuestro, como el aserrín que resulta de la tala de árboles.

La Eternidad de la materia (Energía). Los ateos suelen tergiversar la primera ley científica de la termodinámica, la cual no debería ser expresada, "La energía no puede ser creada ni destruida". La ciencia como ciencia no debería involucrarse en afirmaciones de "puede" o "no puede". La ciencia de la operación se ocupa de lo que es o no es, basada en la observación. Y la observación se limita a decirnos, de acuerdo con la primera ley, que "la cantidad de energía real en el universo permanece constante". Es decir, mientras que la cantidad de energía utilizable disminuye, la cantidad de energía real permanece constante en el universo. La primera ley no dice nada en absoluto sobre el origen o la destrucción de la energía. Es solo una observación sobre la presencia continua de energía en el cosmos.

A diferencia de la segunda ley de la termodinámica, que nos dice que el universo se está quedando sin energía utilizable y, por lo tanto, debe haber tenido un comienzo, la primera ley no hace ninguna afirmación sobre si la energía es eterna. Por lo tanto, no puede ser usada para eliminar a un Creador del cosmos.

Los principios del ateísmo. Los ateos no tienen creencias idénticas, como tampoco las tienen todos los teístas. Sin embargo, hay un conjunto de creencias comunes en la mayoría de los ateos. Así que mientras que no todos los ateos creen todo lo siguiente, algunos ateos sí lo creen. Y la mayoría de los ateos creen la mayor parte de lo siguiente.

Sobre Dios. Los verdaderos ateos creen que solo existe el cosmos. Dios no creó al hombre; las personas crearon a Dios.

Sobre el mundo. El universo es eterno. Si no es eterno, entonces surgió "de la nada y por la nada". Es autosuficiente y se autoperpetúa. Como dijo el astrónomo Carl *Sagan: "El Cosmos es todo lo que hay, todo lo que hubo y todo lo que habrá" (Sagan, Cosmos, pág. 4). Si se les pregunta "¿Qué causó el mundo?" la mayoría de los ateos responderían lo mismo que Bertrand Russell, que no se originó, sino que está ahí. Solo las partes del universo requieren una causa. Todas dependen del todo, pero el todo no necesita una causa. Si pedimos una causa para el universo, entonces debemos pedir una causa para Dios. Y si no necesitamos una causa para Dios, entonces tampoco necesitamos una para el universo.

Si uno insiste en que todo necesita una causa, el ateo se limita a sugerir una regresión infinita de causas que nunca llega a una Primera Causa (es decir, Dios). Porque si todo debe tener una causa, entonces también lo hace esta "Primera Causa". En ese caso, no es en absoluto la primera, ni tampoco nada (ver Sagan, Broca's Brain [El cerebro de Broca], pág. 287).

Sobre el mal. A diferencia de los panteístas (ver Panteísmo), que niegan la realidad del mal, los ateos lo afirman con fuerza. De hecho, mientras que los panteístas afirman la realidad de Dios y niegan la realidad del mal, los ateos, en cambio, afirman la realidad del mal y niegan la realidad de Dios. Creen que los teístas son inconsistentes al tratar de sostener ambas realidades.

Sobre los seres humanos. Un ser humano es materia en movimiento sin alma inmortal. No hay mente aparte del cerebro. Tampoco hay un alma separada del cuerpo. Aunque no todos los ateos son materialistas estrictos que identifican el alma y el cuerpo, la mayoría cree que el alma depende del cuerpo. El alma, de hecho, muere cuando el cuerpo lo hace. El alma (y la mente) puede ser más que el cuerpo, la forma en que un pensamiento es más que palabras o símbolos. Pero como la sombra de un árbol deja de existir cuando el árbol lo hace, así el alma no sobrevive a la muerte del cuerpo.

Sobre la ética. No existen absolutos morales, ni tampoco absolutos con autorización divina. Puede haber algunos valores aceptados de manera amplia y duradera, pero las leyes vinculantes absolutas parecen implicar un absoluto de la Ley Dadora, lo cual no es una opción (ver Moralidad, Naturaleza absoluta de la).

Como los valores no se adquieren a partir de una revelación de Dios, deben ser creados. Muchos ateos creen que los valores surgen por ensayo y error de la forma en que se desarrollaron las leyes de tránsito. A menudo la acción correcta se describe en términos de lo que traerá el mayor bien a largo plazo. Algunos reconocen con franqueza que las situaciones relativas y cambiantes determinan lo que está bien o mal. Otros hablan del comportamiento conveniente (lo que "funciona"), y algunos trabajan toda su ética en términos de interés propio. Sin embargo, la mayoría de los ateos reconocen que cada persona debe determinar sus valores personales, ya que no hay un Dios que revele lo que está bien y lo que está mal. Como dice el Humanist Manifesto [Manifiesto Humanista]: "El humanismo afirma que la naturaleza del universo representada por la ciencia moderna hace inaceptable cualquier garantía sobrenatural o cósmica de los valores humanos" (Kurtz, pág. 8).

Sobre el destino humano. La mayoría de los ateos no ven un destino eterno para cada persona, aunque algunos hablan de una especie de inmortalidad colectiva de la raza. Pero a pesar de la negación de la inmortalidad individual, muchos ateos son utópicos. Creen en un paraíso terrenal por venir. Skinner propuso una utopía controlada por el comportamiento en Walden Two [Walden Dos]. Marx creía que una dialéctica económica de la historia produciría un paraíso comunista. Otros, como Rand, creen que el capitalismo puro puede producir una sociedad más perfecta. Otros creen que la razón humana y la ciencia pueden producir una utopía social. Sin embargo, todos reconocen la mortalidad final de la raza humana, pero se consuelan con la creencia de que su destrucción está a millones de años de distancia.

Evaluación. Contribuciones positivas del ateísmo. Incluso desde un punto de vista teísta, no todos los puntos de vista expresados por los ateos carecen de verdad. Los ateos han proporcionado muchas ideas sobre la naturaleza de la realidad.

La realidad del mal. A diferencia de los panteístas, los ateos no pueden dejar desapercibido la realidad del mal. De hecho, la mayoría de los ateos tienen una aguda percepción del mal y la injusticia. Señalan con razón la imperfección de este mundo y la necesidad de juzgar la injusticia. En este sentido, sin duda tienen razón en que un Dios todopoderoso y amoroso ciertamente haría algo al respecto.

Conceptos contradictorios de Dios. Al sostener la idea de que Dios no es causado por otro, algunos han hablado de Dios como si fuera un ser autocausado (causa sui). Los ateos señalan con razón esta contradicción, ya que ningún ser puede causar su propia existencia. Para ello tendría que existir y no existir al mismo tiempo, pues causar la existencia es pasar de la inexistencia a la existencia. Pero la inexistencia no puede causar la existencia. Nada no puede causar algo (ver Causalidad, Principio de). En este punto, los ateos sin duda tienen razón.

Valores humanos positivos. Muchos ateos son humanistas. Al igual que otros, afirman el valor de la humanidad y la cultura humana. Persiguen de cerca tanto las artes como las ciencias y expresan una profunda preocupación por las cuestiones éticas. La mayoría de los ateos creen que el racismo, el odio y el fanatismo se equivocan. La mayoría de los ateos elogian la libertad y la tolerancia y poseen otros valores morales positivos.

La legítima oposición. Los ateos son la legítima oposición a los teístas. Es difícil ver las falacias en el propio pensamiento. Los ateos sirven como un correctivo para el razonamiento teísta inválido. Sus argumentos contra el teísmo deberían dar una pausa al dogmatismo y atemperar el celo con el que muchos creyentes rechazan la incredulidad. De hecho, los ateos cumplen un importante papel correctivo para el pensamiento teísta. Los monólogos rara vez producen un pensamiento depurado. Sin ateos, los teístas no tendrían una oposición significativa con la que dialogar y aclarar sus conceptos de Dios.

Una crítica del ateísmo. No obstante, la posición de que Dios no existe carece de un respaldo racional adecuado. Los argumentos de los ateos contra Dios son insuficientes (ver Ateísmo). Además, existen buenos argumentos a favor de la existencia de Dios (ver Dios, Evidencias de). Para muchas cosas, el ateísmo no proporciona una respuesta satisfactoria.

¿Por qué existe algo en lugar de nada? El ateísmo no proporciona una respuesta adecuada de por qué existe algo cuando no es necesario que exista nada en absoluto. La inexistencia de todo en el mundo es posible, pero el mundo existe. ¿Por qué? Si no hay causa para su existencia, no hay razón para que el mundo exista (ver Argumento Cosmológico).

¿Cuál es la base de la moralidad? Los ateos pueden creer en la moralidad, pero no pueden justificar esta creencia. ¿Por qué alguien debería ser bueno si no hay un Dador de bondad que responsabilice a las personas? Una cosa es decir que el odio, el racismo, el genocidio y la violación están mal. Pero si no hay un estándar final de moralidad (es decir, Dios), entonces ¿cómo es posible que estas cosas sean incorrectas? Una prescripción moral implica a un prescriptor moral (ver Argumento moral a favor de Dios).

¿Cuál es el sentido de la vida? La mayoría de los ateos creen que la vida tiene sentido y que vale la pena vivirla. ¿Pero cómo puede serlo si no hay un propósito para la vida o el destino después de esta vida? El propósito implica que alguien lo propuso. Pero si no hay Dios, no hay un objetivo o significado final. Sin embargo, la mayoría de los ateos viven como si lo hubiera.

¿En qué se basa la verdad? La mayoría de los ateos creen que el ateísmo es verdadero y el teísmo es falso.

Pero afirmar que el ateísmo es verdadero implica que existe una verdad objetiva. La mayoría de los ateos no creen que el ateísmo sea verdad solo para ellos. Pero si el ateísmo es verdad, debe haber una base para la verdad objetiva (ver Verdad, Naturaleza de la). La verdad es una característica de la mente, y la verdad objetiva implica una mente objetiva más allá de nuestras mentes finitas.

¿En qué se basa la razón? La mayoría de los ateos se enorgullecen de ser racionales. ¿Pero por qué ser racional si el universo es el resultado de una casualidad irracional? No hay razón para ser razonable en un universo aleatorio. Por lo tanto, lo que más enorgullece a los ateos no es posible sin Dios.

¿En qué se basa la belleza? Los ateos también se maravillan con una hermosa puesta de sol y se asombran de los cielos estrellados. Disfrutan de la belleza de la naturaleza como si fuera significativa. Sin embargo, si el ateísmo es cierto, es todo accidental, no intencional. Los ateos disfrutan de la belleza natural como si fuera para ellos, y aun así creen que ningún Diseñador existe para darle sentido a esto para ellos.

Fuentes

T. J. J. Altizer, *The Gospel of Christian Atheism* [El Evangelio del ateísmo cristiano].

P. Bayle, *Selections from Bayle's Dictionary* [Selecciones del Diccionario de Bayle].

R. Dawkins, *The God Delusion* [El espejismo de Dios].

L. Feuerbach, *The Essence of Christianity* [La esencia del cristianismo].

J. N. Findlay, *"Can God's Existence Be Disproved?"* [¿Se puede refutar la existencia de Dios?].

A. Flew y A. Varghese, *There Is a God* [Existe un Dios].

C. Hartshorne, *"The Necessarily Existent"* [La existencia necesaria].

J. Hick, *The Existence of God* [La existencia de Dios].

C. Hitchens, God Is Not Great [Dios no es bueno].

B. C. *Johnson, An Atheist Debater's Handbook* [Un manual de debate ateo].

P. Kurtz, *Humanist Manifestos I and II* [Manifiesto humanista I y II].

I. Lepp, *Atheism for Our Time* [Ateísmo para nuestro tiempo].

C. S. Lewis, *Mere Christianity* [Mera Cristiandad].

M. Martin, Atheism [Ateísmo].

K. Marx y F. Engels, *On Religion* [Sobre la religión].

G. Mavrodes, *Belief in God* [La creencia de Dios].

T. Molnar, *Theists and Atheists* [Teístas y ateístas].

J. P. Moreland y K. Nielsen, *Does God Exist?* [¿Dios existe?].

K. Nielsen, *Philosophy and Atheism* [Filosofía y ateísmo].

F. Nietzsche, *Joyful Wisdom* [La Gaya ciencia].

———, *Thus Spake Zarathustra* [Así habló Zaratustra].

M. Onfray, *Atheist Manifesto* [Manifiesto ateísta].

A. Rand, *For the New Intellectual* [El nuevo intelectual].

B. Russell, *"What Is an Agnostic?"* [¿Qué es un agnóstico?].

C. Sagan, *Broca's Brain* [El cerebro de Broca].

———, Cosmos [Cosmos].

J.-P. Sartre, *Being and Nothingness* [El ser y la nada].

M. Shermer, *How We Believe* [¿En qué creemos?].

B. F. Skinner, *About Behavioralism* [Sobre el conductismo].

G. Smith, *Atheism* [Ateísmo].

R. C. Sproul, *If There Is a God, Why Are There Atheists?* [Si existe un Dios, ¿por qué hay ateos?].

V. Stengel, *God* [Dios].

P. Van Buren, *The Secular Meaning of the Gospel* [El significado secular del Evangelio].

Ateísmo, Nuevo. Hace poco, ha habido una oleada de publicaciones de un movimiento llamado "Nuevo Ateísmo". Entre ellos se encuentran Richard Dawkins, The God Delusion [El espejismo de Dios]; Victor Stenger, God: The Failed Hypothesis [Dios: la hipótesis fallida]; Michael On-fray, Atheist Manifesto [Manifiesto ateísta]; Christopher Hitchens, God Is Not Great [Dios no es bueno]; J. L. Schellenberg, The Wisdom of Doubt [La sabiduría de la duda]; Matthew Chapman, 40 Days and 40 Nights [Cuarenta días y Cuarenta noches]; Tim Callahan, The Secret Origins of the Bible [Orígenes secretos de la Biblia]; y los escritos de Michael Shermer, fundador de la Skeptic Society y editor de la revista Skeptic. El contenido de sus argumentos no difiere demasiado del "antiguo" ateísmo (ver Ateísmo), pero su celo, agresividad y vociferancia son nuevos. Uno de sus principales temas es el supuesto mal que la religión ha traído a la sociedad.

Atenágoras. Atenágoras fue un apologeta cristiano del segundo siglo que era llamado el "filósofo cristiano de Atenas". En su famosa Apología (aprox. 177), a la que llamó "Embassy" [Embajada], le hizo una petición a Marco Aurelio en nombre de los cristianos. Después escribió una fuerte defensa de la resurrección física (ver Resurrección, Naturaleza Física de la), On the Resurrection of the Dead [Resurrección de los Muertos].

Su traductor inglés señaló: "Tanto su apología como su tratado sobre la resurrección muestran una escritura hábil y una mente muy culta. Es, de lejos, el más elegante y desde luego al mismo tiempo uno de los más capaces, de entre los primeros apologetas cristianos" (Pratten). El hecho de que el historiador eclesiástico del siglo IV, Eusebio, haya guardado silencio sobre Atenágoras es extraño en vista de su trabajo.

Fuentes

Athenagoras, *Apologia pro Christianis.*

————, *De resurrectione.*

F. L. Cross, *"Athenagoras"* [Atenágoras].

N. L. Geisler, *The Battle for the Resurrection* [La batalla de la Resurrección], cap. 4.

B. P. Pratten, *"Introductory Note to the Writings of Athenagoras"* [Nota introductoria a los escritos de Atenágoras].

Averroes. Averroes (1126-98) fue un jurista y médico musulmán español nacido en Córdoba. Su nombre es una latinización de la forma árabe de Ibn-Rushd. Averroes escribió tratados de derecho, astronomía, gramática, medicina y filosofía, siendo el más significativo un comentario sobre Aristóteles. Era conocido por los académicos como "el comentarista" (de Aristóteles).

Filosofía y religión. Averroes tuvo una fuerte influencia durante la Edad Media cristiana. Debido a que era el comentarista más leído de Aristóteles, su interpretación platónica se consideró correcta y la adoptaron los cristianos. En realidad, como muchos en su época, Averroes creyó por error que Aristóteles era el autor de un libro llamado Theology [Teología], que en realidad era un compendio de los escritos de Plotino (Edwards, pág. 221). Como resultado, las ideas de Plotino se leyeron como si fueran de Aristóteles. Los comentarios de Averroes sobre Aristóteles fueron parte integral del plan de estudios de las primeras universidades de Europa Occidental (ibid., pág. 223).

Panteísmo emanacional. Aunque parece extraño que un adepto del islam monoteísta sea un panteísta (ver Panteísmo), no es raro entre los musulmanes sufíes. El dios de Averroes estaba separado por completo del mundo, sin ejercer ninguna providencia. Similar a la teología de *Avicena, el universo se creó por emanaciones de dios. Hubo una serie de esferas celestiales (inteligencias) que descendieron de dios hasta llegar a la humanidad desde el fondo. Tanto la materia como el intelecto son eternos. Dios era una fuente primaria remota e impersonal. Dios es la única Mente real en el universo.

El individuo bajo este esquema solo tiene un intelecto pasivo. Dios piensa a través de la mente humana. Averroes negó el libre albedrío humano y la inmortalidad del alma.

Dobles verdades. Averroes ha sido acusado con falsos cargos de enseñar una teoría de "doble verdad". En una doble verdad, uno cree al mismo tiempo que dos proposiciones que se excluyen entre sí son verdaderas si una está en la filosofía y la otra en la religión. En realidad, Averroes compuso el tratado On the Harmony between Religion and Philosophy [Sobre la armonía entre la religión y la filosofía] para refutar este punto de vista. Averroes creía en modos alternativos de acceso a la verdad, pero al parecer no sostenía que pudiera haber verdades incompatibles en diferentes dominios (ver Edwards, pág. 223). *Tomás de Aquino reaccionó de manera firme. Se le atribuye a Aquino la destrucción de la popularidad del averroísmo en Occidente, sobre todo por su obra Unity of the Intellect against the Averroeist [Unidad del intelecto contra los averroístas] (1269). Alrededor de 1270, Stephen Tempier, obispo de París, había condenado varias de las enseñanzas de Averroes, entre ellas la eternidad del mundo, la negación de la providencia universal de Dios, la unidad del intelecto humano y la negación del libre albedrío. En 1277, emitió más condenas de errores similares. En el preámbulo de esta última denuncia, acusó a Siger de Brabante y a sus seguidores de decir que "las cosas son verdaderas según la filosofía, pero no según la fe católica, como si hubiera dos verdades contradictorias" (Cross y Livingstone, pág. 116).

Fuentes

T. de Aquino, *The Unity of the Intellect against the Averroeists* [Unidad del intelecto contra los averroístas]. Averroes, Averroes on Plato's Republic [República de Platón de Averroes].

————, *Averroes on the Harmony of Religion and Philosophy* [Sobre la armonía entre la religión y la filosofía de Averroes].

F. L. *Cross* y E.A. *Livingstone, Oxford Dictionary of the Christian Church* [Diccionario Oxford de la Iglesia Cristiana].

P. Edwards, *"Averroes".*

N. L. *Geisler and A. Saleeb, Answering Islam* [Islamismo al descubierto].

E. Gilson, *History of Christian Philosophy in the Middle Ages* [Historia de la filosofía cristiana en la edad media].

A. Maurer, *A History of Medieval Philosophy* [Una historia de la filosofía medieval].

S. Munk, *Melanges de philosophie duive et arabe.*

E. Renan, A*verroes et l'averroisme.*

Avicena. Avicena (980-1037) era un médico y filósofo de las cercanías de Bokhara, en la región de Asia occidental de Uzbekistán. Su nombre es una pronunciación latinizada de la forma árabe de Ibn Sinâ. Avicena escribió unos cien libros sobre lógica, matemáticas, metafísica y teología, y su mayor obra, The Canon [El Canon], es un sistema médico. Combinó el aristotelismo y el neoplatonismo (ver Plotino) en su filosofía del panteísmo.

El argumento cosmológico de Avicena. Al igual que el filósofo musulmán Alfarabi, Avicena formuló un argumento cosmológico similar que se emuló por los académicos posteriores, incluyendo a *Tomás de Aquino. El contexto de Avicena en la historia del argumento cosmológico se encuentra en el Argumento Cosmológico. Las pruebas de Avicena son las siguientes:

1. Hay seres posibles (es decir, cosas que existen porque se las causó para que existan, pero no existirían por sí mismas).
2. Todos los seres posibles que existen tienen una causa de ser (ya que no explican su propia existencia).
3. Pero no puede haber una serie infinita de causas de existencia. (a) Puede haber una serie infinita de causas de conversión (el padre engendra al hijo, quien engendrará luego un hijo). (b) No puede haber una serie infinita de causas de existencia, ya que la causa de existencia debe ser simultánea a su efecto. A menos que hubiera una base causal para la serie, no habría seres allí para ser causados.
4. Por lo tanto, debe haber una Primera Causa para todos los seres posibles (es decir, para todos los seres que llegan a existir).
5. Esta Primera Causa debe ser un Ser Necesario, ya que la causa de todos los seres posibles no puede ser en sí misma un ser posible.

Influencia neoplatónica en Avicena. Tomando prestadas algunas premisas neoplatónicas y una cosmología de diez esferas, Avicena profundizó su argumento para probar que esta necesaria Primera Causa creaba una serie de "inteligencias" (demiurgos o ángeles) y diez esferas cósmicas que controlaban:

6. Lo que sea esencial, se puede crear de inmediato un solo efecto (llamado inteligencia).
7. Pensar es crear, y Dios necesita pensar, ya que es un Ser Necesario.
8. Por lo tanto, hay una necesaria emanación procedente de Dios de diez inteligencias que controlan las diversas esferas del universo. La última de ellas (el agente intelectual) forma los cuatro elementos del cosmos. Por el agente intelecto, la mente humana (intelecto posible) se forma con toda la verdad.

Evaluación. Muchas críticas al argumento cosmológico han sido presentadas por ateos, agnósticos y escépticos, la mayoría emanadas de David *Hume e Immanuel *Kant (ver Dios, Objeciones a las pruebas de).

La forma de argumentación de Avicena también está sujeta a muchas de las críticas del panteísmo y del pensamiento neoplotino. La cosmología emanacional ha sido anticuada por la astronomía moderna. En común con el teísmo, el dios de Avicena era un Ser Necesario. Pero en contraste con el teísmo, una fuerza creativa en serie de diez dioses emanó de Dios con necesidad absoluta. Además, a diferencia del teísmo, en el que Dios creó de la nada con libertad y es responsable directo de la existencia de todo lo demás, en la cosmología de Avicena el universo emanó de una cadena de dioses (ver Creación, Puntos de vista de la).

Fuentes

F. C. Copleston, *The History of Philosophy* [La historia de la filosofía].

N. L. Geisler y W. Corduan, *Philosophy of Religion* [Filosofía de la religión].

E. Gilson, *"Avicenna," in History of Christian Philosophy in the Middle Ages* ["Avicena", en Historia de la filosofía cristiana en la edad media]

Ayer, A. J. Alfred Jules Ayer (1910-89) fue un humanista británico, graduado en Oxford (1932), y miembro del Círculo de Viena de positivismo lógico. Este grupo, formado en 1932, recibió la influencia de Ernst Mach (se retiró en 1901). Su trabajo era en gran medida antimetafísico (ver Metafísica) y anticristiano. En Language, Truth, and Logic [Lenguaje, verdad y lógica] (1936), Ayer trató de eliminar la metafísica a través del principio de verificabilidad. Foundations of Empirical Knowledge [Fundamentos del conocimiento empírico] (1940) trató los problemas del lenguaje privado y otras mentes. Philosophical Essays [Ensayos filosóficos] (1954) contenía artículos que trataban los problemas planteados por sus dos primeros libros. En 1956, Ayer escribió The Problem of Knowledge [El problema del conocimiento], que refleja un moderado realismo antiescéptico. Acepta que algunas afirmaciones pueden ser verdaderas aunque no puedan ser justificadas en principio. Una experiencia cercana a la muerte en el decenio de 1980 convenció a Ayer de la posibilidad de la inmortalidad, aunque siguió rechazando la existencia de Dios (ver Acognosticismo). Al igual que David *Hume, Ayer enseñó que hay tres tipos de propuestas: (1) Las propuestas analíticas son truismos, tautologías, o verdaderas por definición. Estas son explicativas, es decir, el predicado se limita a decir lo que el sujeto dice. (2) Las propuestas sintéticas son verdaderas por experiencia y/o en relación con la experiencia. Estas son amplias, ya que el predicado amplifica o afirma más que el sujeto. Todas las demás propuestas son (3) sin sentido. No poseen sentido, no tienen significado literal, y son emotivas en el mejor de los casos.

La metafísica no tiene sentido. Ayer siguió a Immanuel *Kant en el rechazo de las afirmaciones metafísicas o teológicas, pero por diferentes razones. Kant usó el argumento de que la mente no puede ir más allá de los fenómenos del mundo físico. Pero Ayer reconoció que la mente debe ir más allá de lo físico. ¿De qué otra manera sabría que no puede ir más allá? Además, mientras que Kant tenía la metafísica, Ayer no, al razonar que no podemos hablar de forma significativa de lo que puede estar más allá de lo empírico. Como dijo Ludwig Wittgenstein: "Aquello de lo que no puedes hablar, no lo hables". La imposibilidad de la metafísica no reside en la psicología del hombre, sino en el significado del lenguaje.

El positivismo lógico es una oposición radical al cristianismo evangélico. Si es cierto, el positivismo lógico de Ayer tendría consecuencias desastrosas para el cristianismo ortodoxo. Ninguna declaración sobre la existencia o la naturaleza de Dios podría ser significativa, por no decir nada de si podría ser verdad. La Biblia no podía contener una revelación de propuestas sobre Dios, ni podía ser la Palabra inspirada de Dios. No podía haber preceptos éticos significativos, y mucho menos principios morales absolutos.

La naturaleza autodestructiva de la verificación empírica. El golpe mortal que sufre el principio de verificación de Ayer es el hecho autodestructivo de que no es verificable desde el punto de vista empírico, ya que según el criterio de verificación, todas las afirmaciones significativas deben ser o bien verdaderas por definición o bien comprobables a nivel empírico. Pero el principio de verificación no es ninguno de los dos. Por su propio criterio, el principio de verificación no tiene sentido.

Los principios de verificación revisados murieron así como las mil calificaciones. Cada intento de sacar la metafísica por la puerta principal y dejar la verificación por la calificación en la puerta trasera, se encontró que la metafísica la seguía por la puerta trasera (ver Primeros principios).

Fuentes

A. J. Ayer, *Foundations of Empirical Knowledge* [Fundamentos del conocimiento empírico].

————, *Language, Truth, and Logic* [Lenguaje, verdad y lógica].

————, *Philosophical Essays* [Ensayos filosóficos].

————, *The Problem of Knowledge* [El problema del conocimiento].

H. Feigl, *"Logical Positivism after Thirty-Five Years"* [Positivismo lógico tras treinta y cinco años].

F. Ferre, Language, *Logic, and God* [Lenguaje, lógica y Dios].

A. Flew, *New Essays in Philosophical Theology* [Ensayos nuevos en la teología filosófica].

N. L. Geisler and W. *Corduan, Philosophy of Religion,* [Filosofía de la religión] cap. 12.

Azar. El concepto de azar ha cambiado de significado a lo largo de los siglos. El azar para Aristóteles y otros filósofos clásicos era simplemente la intersección fortuita de dos o más líneas de causalidad. En los tiempos modernos; sin embargo, el término ha tomado dos significados diferentes. Algunos consideran el azar como la falta de cualquier causa. Como dijo Mortimer Adler, algunos se arriesgan a decir "lo que sucede sin causa alguna, es pues absolutamente espontáneo o fortuito" (citado en Sproul, xv).

Otros ven el azar como una causa real en sí misma, los naturalistas y materialistas a menudo hablan de ella como solo una causa ciega y no una inteligente. Por ejemplo, en el caso de David Hume, el argumento teológico ha sido contrarrestado con la alternativa de que el universo es el resultado de la casualidad y no de un diseño inteligente. Algunos han interpretado esto como que el universo fue causado por el azar en lugar de por Dios.

Azar y teísmo. El azar, concebido como la falta de una causa o como una causa en sí mismo, es incompatible con el teísmo. Siempre y cuando el azar gobierne, Arthur Koestler señaló: "Dios es un anacronismo" (citado en Sproul, pág. 3). La existencia de la casualidad hace que Dios se aleje de su trono cósmico. Dios y el azar se excluyen mutuamente. Si el azar existe, Dios no tiene el control total del universo, porque en este caso no hay un Diseñador inteligente.

La naturaleza del azar. La definición de la palabra azar depende en parte de la perspectiva de la visión del mundo de quien la define. Hay dos usos que suelen confundirse cuando se habla del origen de las cosas: el azar como probabilidad matemática y el azar como causa real.

El azar como probabilidad matemática. La primera definición es meramente abstracta. Cuando se tira un dado, las probabilidades son de una en seis de que el número seis salga primero. Las probabilidades son de uno en treinta y seis de que dos dados salgan seis y uno en 216 de que se lancen tres seises en tres dados. Estas son probabilidades matemáticas abstractas. Pero el azar no hizo que esos tres dados dieran seis. Lo que sí lo hizo fue la fuerza del lanzamiento de ellos, su posición inicial en la mano, el ángulo del lanzamiento, cómo se desviaron de los objetos en su camino, y otros resultados de la inercia. El azar no tuvo nada que ver. Como dijo Sproul: "El azar no tiene poder para hacer nada. Es cósmicamente, totalmente, completamente impotente" (Sproul, pág. 6).

Para que no se piense que hemos jugado a los dados citando a un teísta, escucha las palabras de Hume: "El azar, cuando se examina estrictamente, es una mera palabra negativa, y no significa ningún poder real que tenga en cualquier parte un ser. También añadió: "Aunque no existe el azar en el mundo, nuestra ignorancia de la causa real de cualquier evento tiene la misma influencia en el entendimiento, y engendra una especie similar de creencia u opinión" (Hume, sec. 6).

Atribuyendo el poder causal a la casualidad. Herbert Jaki en God and the Cosmologists [Dios y los Cosmólogos] tiene un capítulo esclarecedor titulado "Loaded Dice" [Dados Cargados]. El hace referencia a lo que dice Pierre Delbert: "El azar aparece hoy como una ley, la más general de todas las leyes" (Delbert, pág. 238). Pero esto es magia, no ciencia. Las leyes científicas tratan con lo regular, no con lo irregular (como lo es el azar). Además, las leyes de la física no causan nada; simplemente describen la forma en que las cosas suceden regularmente en el mundo como resultado de causas físicas. De la misma manera, las leyes de las matemáticas no causan nada. Simplemente insisten en que si pongo cinco céntimos en mi bolsillo derecho vacío y luego pongo siete más, debo tener doce céntimos allí. Sin embargo, las leyes matemáticas nunca ponen un céntimo en el bolsillo de nadie.

La falacia básica de convertir el azar en un poder causal fue bien enunciada por Sproul. 1) El azar no es una entidad. (2) Los que no son entidades no tienen poder porque no tienen un ser. (3) Decir que algo sucede o es causado por el azar es sugerir que se le atribuye el poder instrumental a la nada" (Sproul, pág. 13). Pero es absurdo afirmar que nada produjo algo. La nada ni siquiera existe y, por lo tanto, no tiene el poder de causar nada (ver Causalidad, Principio de).

Causa(s) inteligente(s) y resultados del "azar". No todos los eventos de azar ocurren por fenómenos naturales. Las causas inteligentes pueden cruzarse en encuentros "fortuitos". Por ejemplo, dos científicos, trabajando independientemente desde diferentes enfoques, pueden por casualidad hacer el mismo descubrimiento en una intersección. También, un ser racional puede enterrar un tesoro en la tierra y otro puede encontrarlo por casualidad mientras cavan los cimientos de una casa.

Además, lo que parece ser una mezcla al azar o aleatoria no carece necesariamente de un propósito racional. Hay un propósito racional detrás del diseño de una mezcla aleatoria de secuencias numéricas en un sorteo de lotería. Hay un propósito racional para la mezcla aleatoria de dióxido de carbono que exhalamos en el aire que nos rodea; de lo contrario lo volveríamos a respirar y moriríamos de falta de oxígeno. En este sentido, Dios el diseñador y el azar no son conceptos incompatibles. Sin embargo, hablar de una causa del azar no tiene sentido.

Conclusión. Estrictamente hablando, no puede haber una causa o un origen aleatorio del universo y la vida. Cada evento tiene una causa apropiada. Las opciones son causas inteligentes o causas no inteligentes, ya sea una causa natural o una causa no natural. La única manera de saber cuál es, será por el tipo de efecto producido (ver Origen, Ciencia del). Dado que el universo manifiesta un diseño inteligente, es razonable plantear una Causa inteligente (ver Argumento Teleológico). El azar aparente o la aleatoriedad (como la lotería o la mezcla de moléculas de aire) puede ser parte del diseño inteligente global.

Fuentes
P. Delbert y L. Ernest, *La science et la realite*.
W. Dembski, *The Design Revolution* [La revolución del diseño].
W. Dembski y J. Well, *The Design of Life* [El diseño de la vida].
J. Gleick, *Chaos* [Caos].
D. Hume, *Enquiry Concerning Human Understanding* [Investigación sobre el entendimiento humano]
S. L. Jaki, *God and the Cosmologists* [Dios y los cosmólogos].
R. C. Sproul, *Not a Chance* [No es casualidad].

Barth, Karl. Karl Barth (1886-1968) fue un teólogo alemán que estudió en Berna, Berlín, Tubinga y Marburgo. Ejerció su ministerio en Ginebra de 1901 a 1911. Las obras más influyentes de Barth incluyen Commentary on Romans [Comentario sobre los Romanos] (1919; rev. 1922), The Word of God and Theology [La palabra de Dios y la teología] (1924; traducida al inglés en 1928), Theology and the Church [La teología y la iglesia] (1928), Christian Dogmatics in Outline [La dogmática cristiana en resumen] (1927), Anselm [Anselmo] (1931) y Church Dogmatics [Dogmática eclesial] (1932-68). Además, escribió una pequeña, pero significativa obra de apologética, Nein (No).

Influencias. Barth se basó en la epistemología de Immanuel *Kant a través de Albrecht Ritschl y Wilhelm Herrmann. El existencialismo de Søren *Kierkegaard también tuvo un impacto significativo en su pensamiento, aunque más tarde renegó de esa influencia. The Brothers Karamazov [Los hermanos Karamazov] de Fyodor Dostoievski, una novela que retrataba la bancarrota de la filosofía centrada en el ser humano, ayudó a moldear su pensamiento.

Barth también se vio influenciado por el método teológico liberal de Herrmann, el *teísmo de Franz Overbeck, y el pietismo de Jean Blumhardt, un pastor de principios del siglo XIX. El propio Barth destacaría su lectura de la Biblia, en especial la de los Romanos, y la de los reformadores como influencias transformadoras de su vida y su pensamiento (ver Commentary on Romans de Barth; a menos que se indique lo contrario, las citas de este artículo proceden de los escritos de Barth).

Barth también se vio influenciado en gran medida de forma negativa por el ateísmo centrado en el ser humano de Ludwig *Feuerbach. Incluso escribió un prólogo para una edición de Essence of Christianity [La esencia del cristianismo] de Feuerbach. Parecía afirmar que una religión antropomórfica es lo mejor que los seres humanos pueden hacer aparte de la revelación divina.En su calidad de pastor en Safenwil, Barth se desilusionó del liberalismo ante las cuestiones prácticas de la predicación cristiana. Para Barth, la verdadera religión se basa en la fe y no en la razón o en la evidencia (Church Dogmatics, 1.2.17). Esto es el *fideísmo. Barth sostenía que la verdad trascendental no puede expresarse en categorías racionales. Es necesario darla a conocer en el conflicto de conocimientos contrarios. El conocimiento teológico es una racionalidad interna, una consistencia interna dentro de los presupuestos de la fe. Este conocimiento es independiente de las reglas de pensamiento que rigen otros conocimientos.

El ápice del fideísmo de Barth llegó a la cima en su libro sobre Anselmo y continuó en Church Dogmatics. Solo Dios puede dar a conocer a Dios. La fe no necesita pruebas. La Palabra de Dios se hace conocible al hacerse conocible (Anselm, pág. 282). Tan fuerte era este fideísmo que Barth escribió Nein para responder a otro teólogo neoortodoxo, Emil Brunner. Barth negó que los seres humanos tengan siquiera una capacidad activa para recibir una revelación especial de Dios (ver Revelación Especial). Más bien, Dios tiene que crear de forma milagrosa el "punto de contacto" dentro de la persona antes de que pueda comunicarse (Nein, pág. 29). Por supuesto, negó la eficacia de la revelación general (ver Revelación General) para transmitir la verdad de Dios (ibid., págs. 79-85). La humanidad se encuentra sumida por completo en el pecado de tal manera que la revelación no puede ser comprendida (ver Fe y razón).

*La teología natural, que busca establecer la existencia de Dios por medio de argumentos racionales (ver Dios, Evidencia a favor de), es descartada sin más (Epistle to the Romans [Carta a los romanos], 2.1.168). Los milagros no confirman la revelación a los no creyentes. Solo tienen sentido para los que ya creen (ibid., 3.3.2; 714 ss.; ver Milagros, Valor apologético de los). En su obra Shorter Commentary on Romans [Comentario más breve sobre los Romanos] (1959), Barth reconoció que hay un testimonio de Dios en la naturaleza al que todas las personas tienen acceso, pero se apresura a añadir que no se han beneficiado de él (Shorter Commentary, pág. 28).

Evaluación. Desde el punto de vista de los cristianos ortodoxos, Barth es como una bendición mixta. Entre las dimensiones útiles de su pensamiento están:

1. Su intento de rechazar el modernismo y el liberalismo.
2. Su reconocimiento del esfuerzo del modernista por poner a la humanidad en el lugar de Dios.
3. Su rechazo a los esfuerzos para hacer que Dios sea por completo inmanente.
4. Su énfasis en una resurrección corporal.
5. Su énfasis en el llamado a la iglesia a que regrese a la Biblia, con la idea de que la fe no se dirige en última instancia al libro, sino a Dios solamente.
6. Su apoyo a las doctrinas ortodoxas centrales.

Sin embargo, al enfatizar demasiado la trascendencia de Dios, Barth consiguió que Dios fuera desconocido. Nunca superó la forma "del todo diferente" de su paradoja, que no se encontrará al lado del Hijo revelado de Dios en Jesucristo (Commentary). El dios de Barth es el dios de Kierkegaard. Si el lenguaje sobre Dios ni siquiera es analógico, todo lo que queda es el *agnosticismo sobre la naturaleza de Dios.

La tesis central del fideísmo es autodestructiva. La idea de que la verdad trascendental no puede ser expresada en categorías racionales, es la misma cosa que niega: expresa la verdad trascendental en categorías racionales. Al proponer que "la verdad es una serie de paradojas", se plantea la cuestión de si esta afirmación es verdadera y, en caso afirmativo, si es paradójica.

Fuentes

K. Barth, *Anselm* [Anselmo].

———, *Dogmatics in Outline* [La dogmática cristiana en resumen].

———, *Church Dogmatics* [Dogmática eclesial].

———, *Epistle to the Romans* [Carta a los Romanos].

———, *Credo* [Credo].

———, *Nein* [No].

———, *Shorter Commentary on Romans* [Comentarios más breve sobre los Romanos].

———, *Theology and Church* [La teología y la iglesia].

———, *The Word of God and the Word of Man* [La palabra de Dios y la palabra del hombre].

G. G. Bolich, *Karl Barth and Evangelicalism* [Karl Barth y el evangelismo].

E. Brunner, *Revelation and Reason* [Revelación y razón].

S. A. Matczak, *Karl Barth on God* [Karl Barth sobre Dios].

B. Mondin, *The Principle of Analogy in Protestant and Catholic Theology* [El principio de la analogía en la teología protestante y católica].

C. Pinnock, *"Karl Barth and Christian Apologetics"* [Karl Barth y la apologética cristiana].

Baylee, Pierre. Pierre Bayle (1647-1706) nació en Carla, Francia, donde su padre era un clérigo calvinista. Asistió a la Universidad Jesuita de Toulouse en 1669, donde se convirtió al catolicismo. Después de reconsiderarlo, volvió al protestantismo y se sometió a estrictas sanciones bajo la ley francesa. Así que dejó Francia por Ginebra para terminar sus estudios. Se le asignó la cátedra de filosofía en Sedán (1675) y más tarde en Rotterdam (1682), donde publicó sus obras como Pensees diverses sur la comete de 1680 y Critique generale de l'Historie du Calvinisme de M. Maimbourg. Tanto su padre como sus hermanos murieron en Francia como resultado de las persecuciones religiosas. De 1684 a 1687, publicó su famosa revista, Nouvelles de la republique des lettres, un intento de popularizar la literatura. Tras ser destituido de su cargo en 1693, dedicó su atención a su famoso Dictionaire historique et critique (2 vols., 1697), que se amplió con el tiempo a dieciséis volúmenes en la undécima edición (1829-24). La traducción al inglés fue de cinco volúmenes (1734-38).

Después de la publicación de su diccionario, se le acusó de escepticismo, maniqueísmo y de desprecio por las Sagradas Escrituras. Bayle se presentó ante una comisión presbiteriana y consintió en cambiar algunos artículos ofensivos, que aparecieron con revisión en la segunda edición. Sin embargo, es evidente que Bayle estaba lejos de ser un protestante ortodoxo.

Aunque no era un revolucionario, sus escritos abrieron el camino a la Revolución Francesa. Tres años antes de que John *Locke (1632-1704) escribiera sus famosas Letters on Toleration, Bayle escribió su obra Commentaire philosphique sur le Compelle Entrare, en el que argumentaba que la libertad es un derecho natural y que incluso un ateo no es siempre un mal ciudadano. La Encyclopedie escéptica de Denis Diderot se basó en el trabajo de Bayle. Diderot (1713-84) escribió: "Los artículos que abordan los prejuicios aceptables deben ser expuestos de manera diferenciada; el edificio de arcilla se debe destruir al remitir al lector a los otros artículos en los que se establecen las verdades opuestas sobre principios sólidos" ("Diderot, Denis", en la Encyclopedia Britannica [Enciclopedia británica]). La influencia de Bayle se extendió a figuras como David *Hume y Edward Gibbon. Thomas *Jefferson recomendó el Dictionary como uno de los cien libros básicos para comenzar en la Biblioteca del Congreso. El famoso ateo alemán Ludwig *Feuerbach consideró a Bayle como una figura importante del pensamiento moderno y le dedicó un volumen entero (ver Feuerbach, Ludwig). Las tesis centrales del escepticismo de Bayle se abordan en otros textos, sobre todo en los artículos de Agnosticismo; Apologética; Biblia, Críticas a la; Hume, David; Milagro.

Fuentes

J. Delvolve, *Religion, Critique et Philosophie Positive chez Pierre Bayle.*
L. Feuerbach, *Pierre Bayle.*
R. Popkin, *"Bayle, Pierre".*
H. E. Smith, *The Literary Criticism of Pierre Bayle* [La crítica literaria de Pierre Bayle].

Berkeley, George. El obispo George Berkeley (1685-1753) nació en Kilekenny, Irlanda. Los principales escritos filosóficos de Berkeley incluyen A Treatise Concerning the Principles of Human Knowledge [Tratado sobre los principios del conocimiento humano] (1710), Three Dialogues between Hylas and Philonous [Tres diálogos entre Hilas y Filonús] (1713), y The Analyst [El analista]; o, A Discourse Addressed to an Infidel Mathematician [Un discurso dirigido a un matemático infiel] (1734).

Berkeley es conocido por dos posiciones que parecen incongruentes. Era un empirista epistemológico en la línea de John *Locke. Además, era un idealista metafísico que negaba la existencia de la materia. Solo existen las mentes y las ideas. Esse es percippi; ser es ser percibido.

Además de ser un empirista epistemológico y un idealista metafísico, Berkeley era un teísta cristiano (ver Teísmo). Incluso brindó una prueba de la existencia de Dios (ver Dios, Evidencia a favor de).

1. Todas las ideas son objetos o percepciones pasivas. (a) Las mentes perciben, pero (b) las ideas solo se perciben.
2. Recibo una fuerte y constante sucesión de ideas que vienen de fuera de mí, forzadas contra mí, y sobre las que no tengo control. Lo que yo llamo "mundo" también lo hacen todos los demás.
3. Por lo tanto, debe haber una Mente (Dios), un Espíritu activo que causa el "mundo" de ideas que yo y otros recibimos desde fuera de nuestras mentes.
4. No percibimos de forma directa esta Mente, sino solo sus efectos, las ideas que causa.

La famosa respuesta de John Knox: "Un poema sobre Berkeley" satiriza la visión de Berkeley:

> Hubo un joven que dijo, «A Dios
> deberá resultarle sumamente extraño
> si halla que este árbol sigue existiendo
> cuando no hay nadie en el patio.»
> Estimado Sr.: Me extraña su asombro:
> Estoy siempre en el patio.
> Por eso el árbol seguirá existiendo:
> es observado por su amo. Dios.

Fuentes

G. Berkeley, The Analyst [El analista]
———, A Treatise Concerning the Principles of Human Knowledge [Tratado sobre los principios del conocimiento humano]
G. Berkeley y C. M. Turbayne, Three Dialogues between Hylas and Philonous [Tres diálogos entre Hilas y Filonús]
J. Collins, A History of Modern European Philosophy [Una historia de la filosofía europea moderna]

Bernabé, Evangelio de. Los musulmanes suelen citar el Evangelio de Bernabé en defensa de las enseñanzas islámicas (ver Mahoma, Supuesto llamado divino de; Corán, Supuesto origen divino del). Típico de las afirmaciones musulmanas es el de Muhammad Ata ur-Rahim: "El Evangelio de Bernabé es el único sobreviviente que se conoce del Evangelio escrito por un discípulo de Jesús... [Esto] se aceptó como un evangelio canónico en las iglesias de Alejandría hasta el año 325 d. C." (Ata ur-Rahim, pág. 41). Otro autor musulmán, M. A. Yusseff, sostiene con seguridad que "en la antigüedad y la autenticidad, ningún otro evangelio puede acercarse al Evangelio de Barnabé" (Yusseff, pág. 5).

No es sorprendente que los apologetas musulmanes apelen al Evangelio de Barnabé en el sentido de que respalda una enseñanza islámica central en contraste con el Nuevo Testamento (ver Cristo, Muerte de). Afirma que Jesús no murió en la cruz (cf. sura 4:157; ver Muerte de Cristo, Leyenda de la sustitución de la). Más bien, argumenta que Judas Iscariote murió en lugar de Jesús (Sec. 217), tras sustituirlo en el último momento. Este punto de vista ha sido adoptado por muchos musulmanes, ya que la gran mayoría de ellos creen que alguien más sustituyó a Jesús en la cruz.

Los eruditos de renombre que lo han examinado con detenimiento no encuentran ninguna base real para la autenticidad de este escrito. Después de revisar la evidencia en un artículo académico en Islamo Christiana, J. Slomp concluyó: "En mi opinión, la investigación académica ha probado de forma absoluta que este 'evangelio' es falso. Esta opinión también es sostenida por un número de eruditos musulmanes" (Slomp, pág. 68). En la introducción de la edición de Oxford del Gospel of Barnabas, Longsdale y Ragg concluyen que "la verdadera fecha se sitúa [...] más cerca del siglo XVI que del primero" (Ragg y Ragg, pág. 37). La referencia más reciente proviene de una obra del siglo quinto, Decretum Gelasianum (Decreto Gelasiano, del Papa Gelasio, 492-95 d. C.), e incluso esta referencia está en duda (Slomp, pág. 74). Además, no hay evidencia manuscrita en el idioma original de su existencia. Slomp dice de forma rotunda: "No hay ninguna tradición de texto en absoluto del GBV [Manuscrito de Viena del Gospel of Barnabas, por sus siglas en inglés]" (ibid.). Por el contrario, los libros del Nuevo Testamento se verifican por más de 5700 manuscritos griegos que datan de los tres primeros siglos (ver Biblia, Evidencias a favor de la).

Fuentes

M. Ata ur-Rahim, *Jesus: Prophet of Islam* [Jesús: profeta del islam].

N. L. *Geisler y W. E. Nix, A General Introduction to the Bible* [Una introducción general a la Biblia].

N. L. Geisler y *A. Saleeb, Answering Islam* [Islamismo al descubierto].

S. Haneef, *What Everyone Should Know about Islam and Muslims* [Lo que todo el mundo debería saber sobre el islam y los musulmanes].

J. Jomier, *Egypt: Reflexions sur la Recontre al-Azhar* [Egipto: Reflexiones sobre el reconocimiento de Al-Azhar].

B. L. Jones, *Christianity Explained to Muslims* [El cristianismo explicado a los musulmanes].

L. Ragg y L. M. R. *Ragg, The Gospel of Barnabas* [El evangelio de Bernabé].

J. Slomp, *"The Gospel in Dispute"* [El evangelio en disputa].

D. Sox, *The Gospel of Barnabas* [El evangelio de Bernabé].

M. A. Yusseff, *The Dead Sea Scrolls, the Gospel of Barnabas, and the New Testament* [Los manuscritos del Mar Muerto, el evangelio de Bernabé y el Nuevo Testamento].

Biblia, Críticas a la. La crítica aplicada a la Biblia significa solo el ejercicio del juicio. Tanto los académicos conservadores como los no conservadores se dedican a dos formas de crítica bíblica: la crítica inferior trata del texto; la crítica superior trata de la fuente del texto. La crítica inferior trata de determinar lo que el texto original decía, y la última pregunta quién lo dijo y cuándo, dónde y por qué se escribió.

La mayoría de las controversias que rodean a la crítica bíblica implican una crítica superior. La crítica superior puede dividirse en tipos negativos (destructivos) y positivos (constructivos). La crítica negativa niega la autenticidad de gran parte del registro bíblico. Por lo general, una presuposición antisobrenatural (ver Milagros, Argumentos contra los; Milagros, Mitos y) se emplea en este enfoque crítico. Además, la crítica negativa suele acercarse a la Biblia con una desconfianza equivalente a un sesgo de "culpable hasta que se demuestre lo contrario".

Los métodos históricos, tradicionales, de fuente, forma y redacción (y sus combinaciones) son los enfoques con el peor registro de sesgo. Cualquiera de estos, usados para avanzar en una agenda de escepticismo, con poca o ninguna consideración por la verdad, socavan la apologética cristiana.

La crítica histórica es un término amplio que abarca las técnicas para fechar documentos y tradiciones, para verificar los eventos registrados en esos documentos y para utilizar los resultados en la historiografía para reconstruir e interpretar. El sacerdote oratoriano francés Richard Simon publicó una serie de libros, a partir de 1678, en los que aplicó un enfoque racionalista y crítico al estudio de la Biblia. Este fue el nacimiento del estudio histórico-crítico de la Biblia, aunque no fue hasta Johann Gottfried Eichhorn (1752-1827) y Johann David Michaelis (1717-91) que se estableció el marco histórico-crítico moderno. Se vieron influidos por la investigación histórica secular de Barthold Georg Niebuhr (1776-1831; Romische Geschichte, 1811-12), Leopold von Ranke (1795-1886; Geshichte der romanischen und germanischen Volker von 1494-1535), y otros que desarrollaron y perfeccionaron las técnicas. Entre las personas influenciadas se encontraba Johann Christian Konrad von Hofmann (1810-77). Combinó elementos de Friedrich Schelling (1775-1854), Friedrich *Schleiermacher (1768-1834) y el luteranismo ortodoxo con categorías históricas y los métodos críticos para hacer una síntesis bíblico-teológica. Este modelo enfatizaba la "historia superhistórica", la "historia santa" o la "historia de la salvación" (Heilsgeschichte), el tipo de historia que no tiene por qué ser literalmente verdadera. Sus ideas y términos influenciaron a Karl *Barth (1886-1968), Rudolf Bultmann (1884-1976) y otros en el siglo XX. Hacia finales del siglo XIX, hábiles académicos ortodoxos desafiaron la "crítica destructiva" y su teología racionalista.

Entre los eruditos más conservadores se encontraban George Salmon (1819-1904), Theodor von Zahn (1838-1933) y R. H. Lightfoot (1883-1953), quienes utilizaron los métodos de la crítica como base para una crítica constructiva. Esta crítica constructiva se manifiesta más que nada al considerar temas como los milagros, el nacimiento virginal de Jesús y la resurrección corporal de Cristo (ver Resurrección, Evidencia de). La crítica histórica se da hoy por sentado en los estudios bíblicos. Muchos trabajos recientes de crítica histórica manifiestan una teología racionalista que al mismo tiempo afirma sostener la doctrina cristiana tradicional. Como resultado, ha dado lugar a desarrollos tales como la crítica de la fuente.

Como ya se ha señalado, una crítica superior puede ser útil siempre que los críticos se contenten con un análisis basado en lo que se puede conocer de forma objetiva o teorizar de forma razonable. La verdadera crítica no comienza su trabajo con la intención de subvertir la autoridad y la enseñanza de las Escrituras.

Sin embargo, gran parte de la crítica bíblica moderna surge de presuposiciones filosóficas no bíblicas expuestas por Gerhard Maier en The End of the Historical Critical Method [El fin del método crítico histórico]. Estas presunciones incompatibles con la fe cristiana incluyen *deísmo, materialismo, escepticismo, *agnosticismo, idealismo hegeliano y *existencialismo. Lo más básico es un naturalismo prevaleciente (antisupernaturalismo) que es hostil de forma intuitiva a cualquier documento que contenga historias de milagros (ver Milagros en la Biblia; Milagros, Mitos y). Este sesgo naturalista divide la crítica superior negativa (destructiva) de la positiva (constructiva):

	Crítica positiva (constructiva)	Crítica negativa (destructiva)
Base negativa	Supernaturalista	Naturalista
Norma	El texto es "inocente".	El texto es "culpable hasta que se demuestre su inocencia".
Resultado	La Biblia tiene verdades por completo.	La Biblia tiene partes verdaderas.
Autoridad final	La Palabra de Dios.	La mente del hombre.
Función de la razón	Descubrir la verdad.	Determinar la verdad.

Crítica negativa a la Biblia. Algunas de las presuposiciones negativas requieren un escrutinio, sobre todo en lo que se refiere al registro del Evangelio. Este análisis es de especial relevancia para la crítica de la fuente, la crítica de la forma y la crítica de la redacción, ya que estos métodos desafían la autenticidad y por consiguiente, la autoridad divina de la Biblia. Este tipo de crítica bíblica es infundada e impone su propio sesgo antisupernatural en los documentos. El creador de la crítica negativa moderna, Benedicto *Spinoza, por ejemplo, afirmó que Moisés no escribió el Pentateuco, ni Daniel todo el libro de Daniel, ni ocurrió ningún milagro registrado. Los milagros, afirmó, son científica y racionalmente imposibles.

A raíz de Spinoza, los críticos negativos concluyeron que Isaías no escribió el libro completo de Isaías. Eso habría implicado predicciones sobrenaturales (entre ellas conocer el nombre del Rey Ciro) con más de cien años de anticipación (ver Profecía, como prueba de la Biblia). De igual manera, los críticos negativos concluyeron que Daniel no pudo haber sido escrito hasta el 165 a. C. Esa autoría tardía la situó después del cumplimiento de su descripción detallada de los gobiernos y gobernantes del mundo hasta Antíoco IV Epífanes (fallecido en el año 163 a. C.). Las predicciones sobrenaturales de los eventos venideros no se consideraron una opción. El mismo sesgo naturalista se aplicó al Nuevo Testamento por David *Strauss (1808-74), Albert Schweitzer (1875-1965) y Bultmann, con los mismos resultados devastadores.

Los cimientos de este antisupernaturalismo se desmoronaron con la evidencia de que el universo comenzó con un big bang (ver Evolución cósmica). Incluso los agnósticos como Robert Jastrow (Jastrow, 18), hablan de fuerzas "sobrenaturales" en acción (Kenny, 66; ver Agnosticismo; Milagro; Milagros, Argumentos contra los), por lo que basta con señalar aquí que, con la desaparición del antisupernaturalismo moderno, no existe una base filosófica para la crítica destructiva.

Visión inexacta de la autoría. La crítica negativa descuida o minimiza el papel de los apóstoles y los testigos oculares que registraron los eventos. De los cuatro escritores de los Evangelios, Mateo, Marcos y Juan fueron sin duda testigos oculares de los eventos que relatan. Lucas fue un historiador contemporáneo y meticuloso (Lucas 1:1-4; ver Hechos). De hecho, cada libro del Nuevo Testamento lo escribió un contemporáneo o un testigo ocular de Cristo. Incluso críticos como el teólogo de la "muerte de Dios", John A. T. Robinson, admiten que los Evangelios se escribieron entre los años 40 y 65 (Robinson, pág. 352), durante la vida de los testigos oculares.

Pero si los documentos esenciales del Nuevo Testamento se componen de testigos oculares, entonces gran parte de la crítica destructiva fracasa. Supone el paso de mucho tiempo mientras se desarrollaban los "mitos". Los estudios han revelado que se necesitan dos generaciones para que un mito se desarrolle (Sherwin-White, pág. 190).

Lo que Jesús en realidad dijo. La crítica negativa asume de forma errónea que los escritores del Nuevo Testamento no distinguieron entre sus propias palabras y las de Jesús. Que se hizo una clara distinción entre las palabras de Jesús y las de los escritores de los Evangelios es evidente por la facilidad con la que se puede hacer una edición de "letra roja" del Nuevo Testamento. De hecho, el apóstol Pablo es claro al distinguir sus propias palabras de las de Jesús (ver Hechos 20:35; 1 Co 7:10, 12, 25). Al igual que el apóstol Juan en el Apocalipsis (ver Apocalipsis 1:8, 11, 17b-20; 2:1 ss.; 22:7, 12-16, 20b). En vista de esta cautela, el crítico del Nuevo Testamento no tiene justificación para asumir sin evidencia sustantiva que el registro del Evangelio no informa en realidad lo que Jesús dijo e hizo.

¿Mitos? La crítica negativa asume de forma incorrecta que las historias del Nuevo Testamento son como el folclore y el mito. Hay una gran diferencia entre los simples relatos de milagros del Nuevo Testamento y los mitos embellecidos que surgieron durante los siglos II y III d. C., como puede verse al comparar los relatos. Los escritores del Nuevo Testamento rechazan los mitos por completo. Pedro afirmó: "Cuando les dimos a conocer la venida de nuestro Señor Jesucristo en todo su poder, no estábamos siguiendo sutiles cuentos supersticiosos, sino dando testimonio de su grandeza, que vimos con nuestros propios ojos" (2 Pedro 1:16). Pablo también advirtió contra la creencia en los mitos (1 Ti 1:4; 4:7; 2 Ti. 4:4; Tito 1:14).

C.S.*Lewis dio uno de los argumentos más contundentes contra el punto de vista del mito:

> En primer lugar, sean lo que sean estos hombres como críticos bíblicos, desconfío de ellos como críticos. Parecen carecer de juicio literario, ser imperceptibles sobre la calidad misma de los textos que leen [...]. Si me dice que algo en un evangelio es una leyenda o un relato romántico, quiero saber cuántas leyendas y relatos ha leído, qué tan bien entrenado está su paladar para detectarlos por el sabor; no cuántos años ha pasado en ese evangelio. He estado leyendo toda mi vida poemas, relatos románticos, literatura visionaria y leyendas. Sé cómo son. Sé que ninguno de ellos es así (Lewis, págs. 154-55).

¿Creadores o registradores? Una crítica superior infundada socava la integridad de los escritores del Nuevo Testamento al afirmar que Jesús nunca dijo (o hizo) lo que los Evangelios afirman. Incluso algunos que se llaman a sí mismos evangélicos han llegado a afirmar que lo que "'Jesús dijo' o 'Jesús hizo' no siempre significa que Jesús haya dicho o hecho lo que sigue en la historia, sino que en ocasiones puede significar ello, al menos en forma parcial en la parte que redactó Mateo" (Gundry, pág. 630). Es evidente que esto socava la confianza en la veracidad de los Evangelios y la exactitud de los acontecimientos que relatan. En esta visión crítica, los escritores de los Evangelios se convierten en creadores de los eventos, no en registradores.

Por supuesto, todo riguroso académico bíblico sabe que un escritor de los Evangelios no siempre usa las mismas palabras para informar de lo que Jesús dijo al igual que otro. Sin embargo, siempre transmiten el mismo significado. Seleccionan, resumen y parafrasean, pero no distorsionan. Una comparación de los informes paralelos en los Evangelios es una amplia evidencia de esto.

No hay pruebas para la afirmación de un académico del Nuevo Testamento de que Mateo creó la historia de los Reyes Magos (Mt 2) a partir de la historia de la tórtola (de Lucas 2). Según Robert Gundry, Mateo "cambia el sacrificio de 'un par de tórtolas o dos pichones de paloma', en la presentación del niño Jesús en el Templo (Lucas 2:24; cf. Lv 12:6-8), por el sacrificio de Herodes de los bebés en Belén" (ibíd., 34-35). Tal punto de vista degrada no solo la integridad de los escritores del Evangelio, sino también la autenticidad y la autoridad del registro del Evangelio. Además, es una necedad.

No hay tampoco respaldo para Paul K. Jewett, quien llegó a aseverar (Jewett, 134-35) que lo que el apóstol Pablo afirmó en 1 Corintios 11:3 está equivocado. Si Pablo está en un error, entonces la verdad consagrada de que "lo que la Biblia dice, Dios lo dice" no es así. En efecto, si Jewett tiene razón, incluso cuando uno descubre lo que el autor de la Escritura está afirmando, está poco más cerca de conocer la verdad de Dios (cf. Gn 3:1). Si "lo que dice la Biblia, lo dice Dios" (ver Biblia, Evidencias a favor de la) no es así, entonces la autoridad divina de toda la Escritura no tiene valor.

La participación de la Iglesia antigua en la verdad. Que la Iglesia antigua no tuviera un interés biográfico real es muy improbable. Los escritores del Nuevo Testamento, impresionados por la creencia de que Jesús era el Mesías prometido desde hace mucho tiempo, el Hijo del Dios viviente (Mt 16:16-18), tenían una gran motivación para registrar con precisión lo que realmente dijo o hizo.

Afirmar lo contrario es contradictorio con sus propias y claras afirmaciones. Juan afirmó que "Jesús hizo" las cosas registradas en su Evangelio (Juan 21:25). En otro momento, Juan dijo: "Lo que [...], lo que hemos oído, lo que hemos visto con nuestros propios ojos, lo que hemos contemplado, lo que hemos tocado con las manos, [...] y les anunciamos a ustedes" (1 Juan 1:1-2).

Lucas manifiesta de forma evidente un intenso interés biográfico por las primeras comunidades cristianas cuando escribió: "Muchos han intentado hacer un relato de las cosas que se han cumplido entre nosotros, tal y como nos las transmitieron los que desde el principio fueron testigos presenciales y servidores de la palabra. Por lo tanto, yo también, excelentísimo Teófilo, habiendo investigado todo esto con esmero desde su origen, he decidido escribírtelo ordenadamente, para que llegues a tener plena seguridad de lo que te enseñaron" (Lucas 1:1-4). Afirmar, como lo hacen los críticos, que los escritores del Nuevo Testamento no tenían interés en registrar la historia real es inverosímil.

La obra del Espíritu Santo. Tales suposiciones también descuidan o niegan el rol del Espíritu Santo en la activación de las memorias de los testigos oculares. Gran parte del rechazo del registro del Evangelio se basa en la suposición de que no se podía esperar que los escritores recordaran dichos, detalles y acontecimientos veinte o cuarenta años después de los hechos. Porque Jesús murió en el año 33, y los primeros registros de los Evangelios llegaron casi seguro entre los años 50 y 60 (Wenham, "Gospel Origins" [Orígenes del Evangelio], 112-34).Una vez más, el crítico rechaza o descuida la clara afirmación de las Escrituras. Jesús prometió a sus discípulos, "el Consolador, el Espíritu Santo, a quien el Padre enviará en mi nombre, les enseñará todas las cosas y les hará recordar todo lo que les he dicho" (Juan 14:26).

Así que incluso en la improbable suposición de que nadie registró nada de lo que Jesús dijo durante su vida o justo después, los críticos nos harían creer que los testigos oculares cuyos recuerdos se activaron después de forma sobrenatural por el Espíritu Santo, no registraron con precisión lo que Jesús hizo y dijo. Parece mucho más probable que los testigos oculares del siglo I tuvieran razón y que los críticos del siglo XX no, que lo contrario.

Directrices para la crítica bíblica. Por supuesto, la formación bíblica no tiene por qué ser destructiva. Pero el mensaje bíblico debe ser entendido en su contexto teísta (sobrenatural) y en su actual escenario histórico y gramatical. Las directrices positivas para la formación evangélica se establecen en "The Chicago Statement on Biblical Hermeneutics" [La declaración de Chicago sobre la hermenéutica bíblica] (ver Geisler, Summit II Hermeneutics [La hermenéutica de la Cumbre II], 10-13; y Radmacher y Preus, Hermeneutics, Inerrancy, and the Bible [Hermenéutica e inerrancia bíblica], esp. 881-914). El texto dice, en parte, lo siguiente:

ARTÍCULO XIII. AFIRMAMOS que para obtener una exégesis correcta, es esencial el estar consciente de las categorías literarias, formales y estilísticas de las diferentes partes de las Escrituras; por consiguiente, consideramos que la crítica de género es una de las muchas disciplinas usadas en el estudio bíblico. NEGAMOS que las categorías genéricas que invaliden la historicidad puedan ser aplicadas correctamente a las narraciones bíblicas que se atengan a los hechos.

ARTÍCULO XIV. AFIRMAMOS que los documentos bíblicos de acontecimientos, disertaciones y dichos corresponden a hechos históricos aunque estén presentados en una variedad de figuras literarias. NEGAMOS que cualquier acontecimiento, disertación o dicho reportado en las Escrituras fue inventado por los escritores bíblicos o por las tradiciones que ellos incorporaron.

ARTÍCULO XV. AFIRMAMOS la necesidad de interpretar la Biblia de acuerdo con su sentido literal o normal. El sentido literal es el sentido histórico-gramático, esto es, el significado que expresó el escritor. La interpretación hecha de acuerdo con sentido literal tendrá en cuenta todas las figuras retóricas y literarias encontradas en el texto. NEGAMOS la validez de cualquier enfoque a las Escrituras que les atribuya un significado el cual no pueda ser apoyado por el sentido literal.

ARTÍCULO XVI. AFIRMAMOS que para establecer el texto canónico y su significado se deben usar técnicas de crítica que sean válidas. NEGAMOS la validez de permitir cualquier método de crítica bíblica para cuestionar la verdad o la integridad del significado explícito del escritor o de cualquier otra enseñanza de las Escrituras.

Redacción versus Edición. Hay diferencias importantes entre la redacción destructiva y la edición constructiva. Ningún académico experto niega que una cierta cantidad de edición se produjo a lo largo de los miles de años de historia del texto bíblico. Sin embargo, esta edición legítima debe distinguirse de la edición ilegítima que los críticos negativos alegan. Los críticos negativos no han presentado ninguna evidencia convincente de que el tipo de redacción en la que creen haya sucedido alguna vez al texto bíblico.

El siguiente cuadro contrasta los dos puntos de vista.

Edición legítima	Redacción ilegítima
Cambios en la forma	Cambios en el contenido
Cambios en los escribanos	Cambios sustanciales
Cambios en el texto	Cambios en la verdad

El modelo de redacción de la canónica confunde la actividad legítima de los escribanos que implica la forma gramatical, la actualización de los nombres y la disposición del material profético, por los cambios ilegítimos de redacción en el contenido real del mensaje de un profeta. Confunde la transmisión aceptable de los escribanos con la manipulación inaceptable. Confunde la discusión apropiada de qué texto es anterior con la discusión incorrecta de cómo los escritores posteriores cambiaron la verdad de los textos. No hay evidencia de que haya habido cambios ilegítimos de redacción significativos desde que la Biblia se escribió por primera vez. Por el contrario, todas las pruebas respaldan una transmisión cuidadosa en todos los asuntos sustanciales y en la mayoría de los detalles. No se ha producido ninguna disminución de la verdad básica desde los escritos originales hasta las Biblias en nuestras manos hoy en día (ver Manuscritos del Nuevo Testamento).

Fuentes

R. Bauckham, *Jesus and the Eyewitnesses* [Jesús y los testigos oculares].

C. Blomberg, *The Historical Reliability of John's Gospel* [La fiabilidad histórica del Evangelio de Juan].

———, *The Historical Reliability of the Gospels* [La fiabilidad histórica de los Evangelios].

F. F. Bruce, *Jesus and Christian Origins Outside the New Testament* [Jesús y los orígenes cristianos fuera del Nuevo Testamento].

———, *The New Testament Documents* [Los documentos del Nuevo Testamento].

D. A. Carson y D. Moo, *Introduction to the New Testament* [Introducción al Nuevo Testamento].

C. H. Dodd, History and the Gospel [Historia y el Evangelio].

O. Cullmann, *The Christology of the New Testament* [La cristología del Nuevo Testamento].

B. Ehrman, *Misquoting Jesus* [Citando erróneamente a Jesús].

W. R. Farmer, *The Synoptic Problem* [El problema sinóptico].

N. Geisler, *Summit II Hermeneutics* [Hermenéutica de la Cumbre II].

R. Gundry, *Matthew* [Mateo].

D. Guthrie, *New Testament Introduction* [Introducción al Nuevo Testamento].

G. Habermas, *The Historical Jesus* [El Jesús histórico].

G. Hasel, *New Testament Theology* [Teología del Nuevo Testamento].

R. Jastrow, *"A Scientist Caught between Two Faiths"* [Un científico atrapado entre dos religiones].

P. K. Jewett, *Man as Male and Female* [El hombre como varón y mujer].

E. Krentz, *The Historical-Critical Method* [El método histórico-crítico].

C. S. Lewis, *Christian Reflections* [Reflexiones Cristianas].

E. Linnemann, *Historical Criticism of the Bible* [Crítica histórica de la Biblia].

———, *Is There a Synoptic Problem?* [¿Existe algún problema sinóptico?].

G. Maier, *The End of the Historical Critical Method* [El fin del método crítico histórico].

I. H. Marshall, *The Origins of New Testament Christology* [Los orígenes de la Cristología del Nuevo Testamento].

A. Q. Morton y J. McLeman, *Christianity in the Computer Age* [El cristianismo en la era de la informática].

E. D. Radmacher y R. D. Preus, *Hermeneutics, Inerrancy, and the Bible* [Hermenéutica e Inerrancia bíblica].

J. A. T. *Robinson, Redating the New Testament* [La Redacción del Nuevo Testamento].

E. P. Sanders, *The Tendencies of the Synoptic Tradition* [Las tendencias de la tradición sinóptica].

A. N. Sherwin-White, *Roman Society and Roman Law in the New Testament* [La sociedad romana y el derecho romano en el Nuevo Testamento].

B. H. Streeter, *The Four Gospels* [Los cuatro evangelios].

R. L. Thomas, *"The Hermeneutics of Evangelical Redaction Criticism"* [La hermenéutica de la crítica de la redacción evangélica].

———, *"An Investigation of the Agreements between Matthew and Luke against Mark"* [Una investigación de los acuerdos entre Mateo y Lucas frente a Marcos"].

J. W. Wenham, *"Gospel Origins"* [Orígenes del Evangelio].

———, *"History and The Old Testament"* [Historia y el Antiguo Testamento].

Biblia, Evidencias a favor de la. La Biblia afirma y demuestra ser la Palabra de Dios. Los profetas de Dios la escribieron, bajo la inspiración de Dios. Además, se confirmó mediante los hechos de Dios (ver Milagro).

Escrito por los profetas de Dios. Los autores bíblicos fueron los profetas y apóstoles de Dios (ver Milagros, Valor apologético de los; Profecía, como prueba de la Biblia). Hay muchas designaciones para el término profeta, y estas son informativas sobre su papel en la elaboración de las Escrituras. Se les llama:

1. Un hombre de Dios (1 Reyes 12:22), lo que significa ser elegido.

2. Un siervo del Señor (1 Reyes 14:18), lo que indica

fidelidad.

3. Un mensajero del Señor (Is 42:19), que indica misión.

4. Un vidente (ro'eh), o un observador (hozeh) (Is 30:9-10), que revele la visión de Dios.

5. Un hombre del Espíritu (Oseas 9:7 RVR; cf. Miqueas 3:8), que muestre presencia espiritual.

6. Un centinela (Ezequiel 3:17), que se mantiene alerta a Dios.

7. Un profeta (por lo general), que señala a un portavoz de Dios.

La obra de un profeta bíblico se describe en forma muy clara: "Habla el Señor omnipotente; ¿quién no profetizará?" (Amós 3:8). Es alguien que dice "todo lo que el Señor le había ordenado decir" (Éxodo 4:30). Dios le contó a Moisés sobre un profeta: "pondré mis palabras en su boca, y él les dirá todo lo que yo le mande" (Dt 18:18). Además, agregó, "no añadan ni quiten palabra alguna a esto que yo les ordeno" (Dt 4:2). Se le ordenó a Jeremías: "Así dice el Señor: 'Párate en el atrio de la casa del Señor, y di todas las palabras que yo te ordene a todas las ciudades de Judá que vienen a adorar en la casa del Señor. No omitas ni una sola palabra" (Jer 26:2).

Un profeta era alguien que decía lo que Dios le decía que dijera, ni más ni menos.

El Espíritu de Dios los movió. A lo largo de las Escrituras, los autores afirmaron estar bajo la dirección del Espíritu Santo. David dijo: "El Espíritu del Señor habló por medio de mí; puso sus palabras en mi lengua" (2 S 23:2). Pedro, en relación con todo el Antiguo Testamento, agregó: "La profecía no ha tenido su origen en la voluntad humana, sino que los profetas hablaron de parte de Dios, impulsados por el Espíritu Santo" (2 P 1:21).

No todos los profetas eran conocidos por ese término. David y Salomón eran reyes. Pero eran voceros de Dios, y a David se le llama "profeta" en Hechos 2:29-39. Moisés era un legislador. También era un profeta o un portavoz de Dios (Dt 18:18). Amos renunció al término profeta, en el sentido de que no era un profeta oficial, como Samuel y su "grupo de profetas" (1 S 19:20). Aunque Amós no era un profeta oficial, lo era como un don (cf. Amós 7:14). Dios lo usó para hablar. Tampoco todos los profetas tenían el estilo explícito de hablar en primera persona de "Dice el Señor". Los que escribieron la narrativa histórica hablaron con un enfoque implícito de "Así me ha mostrado Jehová el Señor". Su mensaje era sobre las acciones de Dios en relación con el pueblo y sus pecados. En cada caso, Dios hizo del profeta un canal a través del cual podía transmitirnos su mensaje.

Inspirada por Dios. Los escritos de los profetas se inspiraron en Dios. De todo el canon del Antiguo Testamento, el apóstol Pablo afirmó: "Toda la Escritura es inspirada por Dios y útil para enseñar, para reprender, para corregir y para instruir en la justicia, a fin de que el siervo de Dios esté enteramente capacitado para toda buena obra" (2 Ti 3:16-17). Jesús describió las Escrituras como la misma "palabra que sale de la boca de Dios" (Mt 4:4, 7, 10). Estas las escribieron hombres que hablaron por medio de Dios. Pablo dijo que sus escritos eran "las que enseña el Espíritu" (1 Cr 2:13). Como Jesús dijo a los fariseos: "¿Cómo es que David, hablando por el Espíritu, lo llama 'Señor'?" (Mt 22:43, énfasis añadido).

Lo que dice la Biblia. La lógica esencial de la inerrancia de la Escritura se presenta en el artículo Biblia, Presuntos errores en. El hecho de que la Biblia es la palabra inerrante de Dios se expresa de varias maneras en la Escritura. Una es la expresión "Lo que la Biblia dice, Dios lo dice". Un pasaje del Antiguo Testamento afirma que Dios dijo algo, pero cuando este texto es citado en el Nuevo Testamento, el texto nos dice que las Escrituras lo dijeron. En ocasiones, lo contrario es cierto. En el Antiguo Testamento, se dice que la Biblia registra algo. El Nuevo Testamento afirma que Dios lo dijo. Consideremos esta comparación:

Lo que Dios dice...	Lo que la Biblia dice
Génesis 12:3	Gálatas 3:8
Éxodo 9:16	Romanos 9:17

Lo que la Biblia dice...	Dios dice
Génesis 2:24	Mateo 19:4-5
Salmos 2:1	Hechos 4:24-25
Salmos 2:7	Hebreos 3:7
Salmos 16:10	Hechos 13:35
Salmos 95:7	Hebreos 3:7
Salmos 97:7	Hebreos 3:7
Salmos 104:4	Hebreos 3:7
Isaías 55:3	Hechos 13:34

Afirmaciones de las Escrituras. "Así dice el Señor". Frases como "Así dice el Señor" (por ejemplo, Is 1:11, 18; Jer 2:3, 5), "Y dijo Dios" (Gn 1:3), y "La palabra del Señor vino" (Jer 34:1; Ez 30:1) se utilizan cientos de veces en la Escritura para destacar la inspiración directa y verbal de Dios de lo que fue escrito.

"La Palabra de Dios". En algunos pasajes de la Biblia, afirman de forma directa e inequívoca, ser "la Palabra de Dios". Al referirse a los mandamientos del Antiguo Testamento, Jesús les dijo a los judíos de su época:

"Así por causa de la tradición anulan ustedes la palabra de Dios" (Mt 15:6). Pablo habla de las Escrituras como "los oráculos de Dios" (Ro 3:2). Pedro afirma: "Pues ustedes han nacido de nuevo, no de simiente perecedera, sino de simiente imperecedera, mediante la palabra de Dios que vive y permanece" (1 P 1:23). El escritor del libro de los Hebreos afirma: "La palabra de Dios es viva y poderosa, y más cortante que cualquier espada de dos filos" (Heb 4:12).

La afirmación de la autoridad divina. Otras palabras o frases usadas en las Escrituras implican la afirmación de la autoridad de Dios. Jesús dijo que la Biblia nunca pasará y que es suficiente para la fe y la vida (Lucas 16:31; cf. 2 Ti 3:16-17). Proclamó que la Biblia posee inspiración (Mt 22:43) y autoridad divina (Mt 4:4, 7, 10). Posee unidad (Lucas 24:27; Juan 5:39) y claridad espiritual (Lucas 24:25).

El alcance de su autoridad divina. El alcance de la autoridad divina en las Escrituras incluye:

1. Todo lo que está escrito, 2 Timoteo 3:16,
2. incluso las mismas palabras, Mateo 22:43; 1 Corintios 2:13,
3. y los tiempos verbales, Mateo 22:32; Gálatas 3:16,
4. incluso las partes más diminutas de las palabras, Mateo 5:17-18.

Aunque la Biblia no se dictó de forma verbal por Dios, los pensamientos de Dios se mostraron de forma perfecta como si él lo hubiera hecho. Los autores de la Biblia afirmaban que Dios era la fuente de las palabras, ya que él supervisaba de manera sobrenatural el proceso por el cual cada humano escribía mediante su vocabulario y estilo para grabar su mensaje (2 P 1:20-21).

Se presentó en términos humanos. Aunque la Biblia afirma ser la Palabra de Dios, también es la palabra de los seres humanos. Afirma ser la comunicación de Dios con las personas, en su propio lenguaje y expresiones.

En primer lugar, todo libro de la Biblia corresponde a la redacción de escritores humanos.

En segundo lugar, la Biblia presenta diferentes estilos literarios humanos, desde el compás lúgubre de las Lamentaciones hasta la poesía exaltada de Isaías, desde la simple gramática de Juan hasta el griego complejo de los hebreos. Su elección de metáforas muestra que los escritores usaron sus propios conocimientos e intereses. Santiago está interesado en la naturaleza. Jesús utiliza metáforas urbanas, y Oseas utiliza las de la vida rural.

En tercer lugar, la Biblia presenta perspectivas y emociones humanas; David habló en el libro de Salmos 23 desde la perspectiva de un pastor. El libro de los Reyes se escribe desde una perspectiva profética y el de Crónicas desde una perspectiva sacerdotal. El libro de los Hechos presenta un interés histórico y el de 2 Timoteo, un sentimiento de pastor. Pablo expresó su dolor por los israelitas que habían rechazado a Dios (Ro 9:2).

En cuarto lugar, la Biblia revela los patrones y procesos de pensamiento humano, que incluyen el razonamiento (Romanos) y la memoria (1 Co 1:14-16).

En quinto lugar, los escritores de la Biblia utilizaron fuentes humanas para la información, entre ellas, la investigación histórica (Lucas 1:1-4) y los escritos no canónicos (Josué 10:13; Hechos 17:28; 1 Co 15:33; Tito 1:12; Judas 9, 14).

El texto original no tiene errores, sino las copias. Como se indica en el artículo Biblia, Supuestos errores en la, no todas las copias y traducciones de la Biblia son perfectas. Dios inspiró los originales, no las copias, así que la inerrancia se aplica al texto original, no a cada copia. Dios en su providencia preservó las copias de un error sustancial. De hecho, el grado de exactitud es mayor que el de cualquier otro libro del mundo antiguo, que supera el 99 por ciento (ver Manuscritos del Nuevo Testamento).

La evidencia general. Se considera una totalidad, la evidencia de la afirmación de la Biblia de ser la Palabra de Dios es muy sólida.

El testimonio de Cristo. Tal vez el argumento más sólido de que la Biblia es la Palabra de Dios es el testimonio de Jesús (ver Biblia, Punto de vista de Jesús sobre la). Incluso los no cristianos creen que fue un buen maestro. Los musulmanes creen que es un verdadero profeta de Dios (ver Mahoma, Supuesto llamado divino de). Desde luego, los cristianos insisten en que es el Hijo de Dios tal como dijo ser (Mateo 16:16-18; Marcos 2:5-11; Juan 5:22-30; 8:58; 10:30; 20:28-29) y lo demostró con numerosos milagros (Juan 3:2; Hechos 2:22; ver Milagros en la Biblia). Incluso el Corán admite que Jesús hizo milagros (ver Mahoma, Supuesto llamado divino de) y que la Biblia utilizada por los cristianos en los días de Mahoma (siglo VII d. C.) era exacta, ya que se les desafió a consultarla para verificar las afirmaciones de Mahoma.

Jesús afirmó que el Antiguo Testamento era la Palabra de Dios y prometió guiar a sus discípulos a conocer toda la verdad. Jesús lo afirmó en la Biblia (ver Biblia, Punto de vista de Jesús sobre la).

1. Autoridad divina, Mateo 4:4, 7, 10.
2. Indestructibilidad, Mateo 5:17-18.
3. Infalibilidad o inquebrantable, Juan 10:35.
4. Supremacía definitiva, Mateo 15:3, 6.
5. Inerrancia de hecho, Mateo 22:29; Juan 17:17.
6. Confiabilidad histórica, Mateo 12:40; 24:37-38.

7. Exactitud científica, Mateo 19:4-5; Juan 3:12.

La autoridad de Jesús confirma la autoridad de la Biblia. Si él es el Hijo de Dios (ver Cristo, Divinidad de), entonces la Biblia es la Palabra de Dios. De hecho, si Jesús fuera solo un profeta, entonces la Biblia todavía se confirmaría como la Palabra de Dios a través de su función profética. Solo si uno rechaza la autoridad divina de Cristo, puede rechazar de manera consistente la autoridad divina de las Escrituras. Si Jesús dice la verdad, entonces es cierto que la Biblia es la Palabra de Dios.

Evidencia de los manuscritos. Ahora se dispone de manuscritos del Nuevo Testamento de los siglos III y IV y fragmentos que pueden remontarse hasta finales del siglo I. Desde entonces, el texto permaneció en gran medida igual a lo largo de los siglos medievales. Existen más manuscritos del Nuevo Testamento que de cualquier otro libro del mundo antiguo. Mientras que la mayor parte de los libros existentes tienen diez o veinte manuscritos que datan de mil años o más tras su creación, existe un manuscrito casi completo que se copió en unos 250 como el de Chester Beatty Papyri [Papiro Chester Beatty]. El otro manuscrito que contiene la mayor parte del Nuevo Testamento, llamado Vaticanus, data del año 325.

Los Autores Bíblicos. Cualesquiera que sean las debilidades que hayan tenido, los autores bíblicos se presentan de forma universal en las Escrituras con escrupulosa honestidad, y esto da credibilidad a sus afirmaciones, ya que la Biblia no es reacia a admitir los fracasos del pueblo de Dios.

Ellos enseñaron el más alto nivel de ética, que incluye la obligación de decir siempre la verdad. La ley de Moisés ordenaba: "No des falso testimonio en contra de tu prójimo" (Ex 20:16). De hecho, "solo el de conducta intachable, que practica la justicia y de corazón dice la verdad" (Sal 15:2), el que "no calumnia con la lengua, que no le hace mal a su prójimo ni le acarrea desgracias a su vecino; que desprecia al que Dios reprueba, pero honra al que teme al Señor; que cumple lo prometido, aunque salga perjudicado" se le considera justo.

El Nuevo Testamento también exalta la integridad, el mandato: "Por lo tanto, dejando la mentira, hable cada uno a su prójimo con la verdad" (Ef 4:25). Las personas que "que aman y practican la mentira" serán excluidas del cielo, según Apocalipsis 22:15. La veracidad absoluta se ensalzó como una virtud cristiana cardinal.

Los escritores bíblicos no se limitaron a enseñar las más altas normas morales, incluida la veracidad, sino que también las ejemplificaron en sus vidas. Un verdadero profeta no puede ser engañado. Tal como

confesó un profeta que tuvo la tentación, "yo no podría hacer nada grande ni pequeño, sino ajustarme al mandamiento del Señor mi Dios" (Nm 22:18). Lo que Dios habló, el profeta tuvo que anunciarlo, sin importar las consecuencias. Muchos profetas recibieron amenazas e incluso sufrieron martirios, pero nunca se retractaron de la verdad. Jeremías fue puesto en prisión por sus profecías no deseadas (Jer 32:2; 37:15) e incluso se le amenazó de muerte (Jer 26:8, 24). Algunos fueron asesinados (Mt 23:34-36; Hebreos 11:32-38). Pedro y los once apóstoles (Hechos 5), así como Pablo (Hechos 28), estuvieron todos en prisión y la mayoría terminaron siendo martirizados por su testimonio (2 Ti 4:6-8; 2 Pedro 1:14). De hecho, ser "fiel hasta la muerte" fue una característica de la primera convicción cristiana (Ap 2:10).

Las personas suelen morir por causas falsas que creen que son verdaderas, pero pocos mueren por lo que saben que es falso. Sin embargo, los testigos bíblicos, que sabían lo que era verdad, murieron por proclamar que su mensaje venía de Dios. Esto es al menos una evidencia prima facie de que la Biblia es lo que ellos afirmaban que era, la Palabra de Dios.

La Confirmación milagrosa. Siempre es posible que alguien crea que habla por Dios y no lo haga. Hay falsos profetas (Mt 7:15). Por eso la Biblia exhorta: "Queridos hermanos, no crean a cualquiera que pretenda estar inspirado por el Espíritu, sino sométanlo a prueba para ver si es de Dios, porque han salido por el mundo muchos falsos profetas" (1 Juan 4:1). Una forma segura de distinguir un verdadero profeta de uno falso es a través de los milagros (Hechos 2:22; Heb 2:3-4). Un milagro es un acto de Dios, y Dios no confirmaría de forma sobrenatural que un falso profeta es verdadero (ver Milagros en la Biblia; Profecía, como prueba de la Biblia).

Cuando Dios llamó a Moisés, se le dieron milagros para probar que hablaba en nombre de Dios (Éxodo 4). En el monte Carmelo, Elías recibió la confirmación por fuego del cielo de ser un verdadero profeta del verdadero Dios (1 Reyes 18). Incluso Nicodemo reconoció a Jesús, "Rabí —le dijo—, sabemos que eres un maestro que ha venido de parte de Dios, porque nadie podría hacer las señales que tú haces si Dios no estuviera con él" (Juan 3:2).

Incluso el Corán reconoce que Dios confirmó a sus profetas (sura 7:106-8, 116-19), entre ellos a Jesús, por medio de milagros. Se dice que Dios le dijo a Mahoma: "Si te tratan de impostor, sus antepasados han tratado también de impostores a los apóstoles que se presentaron provistos de signos evidente" (sura 17:103). Alá dice: "Luego enviamos a Moisés y a su hermano Aarón, acompañados de nuestros signos y provistos de un poder evidente" (sura 23:47). Es interesante que cuando los no creyentes desafiaron a Mahoma a hacer milagros, él se negó (ver sura 2:118; 3:183; 4:153; 6:8, 9, 37). En las propias palabras de Mahoma (del Corán): "Dicen: ¿Por qué, pues, no desciende algún ángel de lo alto?" ya que incluso Mahoma admitió que "Dios es bastante poderoso para hacer descender un milagro" (sura 6:37; ver Mahoma, Supuestos milagros de; Corán, Supuesto origen divino del). Sin embargo, los milagros eran una característica del ministerio de Jesús y de otros profetas y apóstoles (Heb 2:3-4; 2 Co 12:12; ver Milagros, Valor apologético de los). Cuando Juan el Bautista le preguntó si era el Mesías, Jesús respondió: "Vayan y cuéntenle a Juan lo que han visto y oído: Los ciegos ven, los cojos andan, los que tienen lepra son sanados, los sordos oyen, los muertos resucitan y a los pobres se les anuncian las buenas nuevas" (Lucas 7:20-22).

Por lo tanto, los milagros son una confirmación divina de la afirmación de un profeta sobre hablar en nombre de Dios (ver Milagro). Pero de todos los líderes religiosos del mundo, solo los profetas y apóstoles judeo-cristianos recibieron una confirmación sobrenatural por medio de milagros genuinos de la naturaleza que no pudieron ser ilusiones o engaños. Los milagros confirmados incluían la conversión del agua en vino (Juan 2), la curación de los enfermos por causas biológicas (Juan 5), la multiplicación de los alimentos (Juan 6), el caminar sobre el agua (Juan 6) y la resurrección de los muertos (Juan 11).

Los musulmanes alegan que Mahoma hizo milagros, pero no hay ningún respaldo a esta afirmación, ni siquiera en el Corán (en cuanto a su negativa a hacer milagros, ver sura 3:181-84; ver Mahoma, Carácter de). Solo la Biblia está confirmada de forma sobrenatural.

Predicciones de los profetas bíblicos. A diferencia de cualquier otro libro, la Biblia presenta predicciones específicas que se escribieron cientos de años antes de su cumplimiento literal. Muchas de ellas se centran en la venida de Cristo y otras en eventos mundiales. Para un debate sobre algunos de estos, ver Profecía, como prueba de la Biblia. Aunque los críticos de la Biblia manipulan la datación de los libros del Antiguo Testamento para afirmar que las predicciones se escribieron después de su cumplimiento, estas afirmaciones abusan de la credibilidad. Incluso esas afirmaciones no son posibles en algunos casos en los que el cumplimiento es más reciente. Estos cumplimientos son una característica del origen único y sobrenatural de la Biblia.

La unidad de la Biblia. Una línea de evidencia que respalda el origen divino de la Biblia es su unidad en una gran diversidad. A pesar de estar redactada por muchas personas de diversos orígenes a lo largo de muchos años, la Escritura habla de un solo pensamiento.

Sin tener en cuenta las incógnitas en la datación de Job y las fuentes que Moisés podría haber utilizado, el primer libro se escribió a más tardar en el año 1400 a. C. y el más reciente poco antes del 100 d. C. En total hay sesenta y seis libros diferentes, escritos por tal vez cuarenta autores de diferentes orígenes, niveles educativos y ocupaciones. La mayoría se escribió en un principio en hebreo o griego, con una pequeña porción en arameo.

La Biblia abarca cientos de temas en la literatura de estilos muy variados. Estos incluyen la historia, la poesía, la literatura didáctica, la parábola, la alegoría, la apocalíptica y la épica. Sin embargo, observen la asombrosa unidad. Estos sesenta y seis libros despliegan un continuo drama de redención, el paraíso perdido al paraíso recuperado, la creación a la consumación de todas las cosas (ver Sauer, Dawn of World Redemption [El amanecer de la redención del mundo] y Triumph of the Crucified [El triunfo del crucificado]). Hay un tema central, la persona de Jesucristo, incluso por implicación en el Antiguo Testamento (Lucas 24:27). En el Antiguo Testamento, Cristo es anunciado; en el Nuevo Testamento, es hecho realidad (Mt 5:17-18). Hay un mensaje: El problema de la humanidad es el pecado, y la solución es la salvación a través de Cristo (Marcos 10:45; Lucas 19:10).

Esta increíble unidad se explica mejor gracias a la existencia de una Mente divina, que los autores de las Escrituras afirman que los inspiró. Esta mente tejió cada una de sus piezas en un mosaico de verdad.

Los críticos afirman que esto no es tan sorprendente, si se considera que los autores sucesivos eran conscientes de los anteriores. Por lo tanto, podían construir sobre estos textos sin contradecirlos. O, las generaciones posteriores aceptaron un libro en el creciente canon solo porque parecía encajar.

Pero no todos los escritores eran conscientes de que su libro llegaría a estar en el canon (por ejemplo, el Cantar de los Cantares y el multiautor de los Proverbios). No podían haber inclinado su escritura a la forma que mejor se ajustara. No hubo ningún punto en el que los libros tuvieran aceptación en el canon. Aunque algunas generaciones posteriores plantearon preguntas sobre cómo un libro llegó a estar en el canon, hay pruebas de que los libros se aceptaron enseguida por los contemporáneos de los escritores. Cuando Moisés escribió, sus libros se colocaron junto al arca (Dt 31:22-26). Más tarde, se añadió Josué, y Daniel tenía copias de estas obras, además del pergamino de su contemporáneo Jeremías (Dn 9:2). En el Nuevo Testamento, Pablo cita a Lucas (1 Ti 5:18, cf. Lucas 10:7), y Pedro poseía al menos algunas de las epístolas de Pablo (2 P 3:15-16). Aunque no todos los cristianos de todas partes poseían todos los libros de inmediato, parece que algunos escritos se aceptaron y distribuyeron enseguida. Tal vez otros se difundieron a un ritmo más lento, después de que se determinó que eran auténticos.

Aunque cada autor poseyera todos los libros anteriores, todavía hay una unidad que trasciende la capacidad humana. El lector podría asumir que cada autor era un increíble genio literario que veía tanto la unidad amplia y el "plan" de las Escrituras como la forma en que su obra encajaría en ellas. ¿Podrían incluso tales genios escribir de manera que el fin imprevisto saliera a la luz, aunque no pudieran saber con precisión cuál sería ese fin? Es más fácil plantear una mente suprema detrás de todo el que ideó la trama y desde el principio planeó cómo se desarrollaría.

Supongamos que un libro de consejos médicos familiares estuviera redactado por cuarenta médicos durante mil quinientos años en diferentes idiomas sobre cientos de temas médicos. ¿Qué clase de unidad tendría, aun suponiendo que los autores supieran lo que los anteriores habían escrito? Debido a la práctica médica supersticiosa en el pasado, un capítulo diría que la enfermedad la provocan los demonios que deben ser exorcizados. Otro diría que la enfermedad está en la sangre y debe ser drenada por la pérdida de sangre. Otro diría que la enfermedad es una función de la mente sobre la materia. En el mejor de los casos, un libro así carecería de unidad, continuidad y utilidad. Apenas sería una fuente definitiva que abarcara las causas y curas de las enfermedades. Sin embargo, la Biblia, con mayor diversidad, sigue siendo buscada por millones de personas por sus soluciones a las enfermedades espirituales. De todos los libros conocidos por la humanidad, solo ella necesita un Dios que dé cuenta de su unidad en la diversidad.

Confirmación arqueológica. La arqueología no puede probar de forma directa la inspiración de la Biblia, pero puede confirmar su fiabilidad como documento histórico. Esta es una confirmación indirecta de la inspiración (ver Arqueología del Nuevo Testamento y Arqueología del Antiguo Testamento, como ejemplo de algunas evidencias). Nelson Glueck resumió la conclusión de esa prueba: "Ningún descubrimiento arqueológico ha puesto en duda una referencia bíblica. Se han hecho decenas de hallazgos arqueológicos que confirman en un claro esquema o en un detalle exacto las afirmaciones históricas de la Biblia" (Glueck, pág. 31). Millar Burrows señala que "más de un arqueólogo ha descubierto que su respeto por la Biblia ha aumentado por la experiencia de la excavación en Palestina" (Burrows, pág. 1).

Testimonios de Poder Transformador. El escritor de Hebreos manifiesta que "la palabra de Dios es viva y poderosa, y más cortante que cualquier espada de dos filos" (4:12). El apóstol Pedro añadió: "Pues ustedes han nacido de nuevo, no de simiente perecedera, sino de simiente imperecedera, mediante la palabra de Dios que vive y permanece" (1 P 1:23). Aunque no en el área de la evidencia principal, una línea de evidencia subjetiva y de respaldo es el cambio en la vida que la Palabra de Dios trae. Mientras que el islam antiguo se propagó por el poder de la espada, el cristianismo antiguo se propagó por la espada del Espíritu, incluso cuando los cristianos eran asesinados por el poder de la espada romana.

El gran apologeta cristiano William *Paley resumió de manera vívida las diferencias entre el crecimiento del cristianismo y el del islam:

> ¿Para qué vamos a comparar? Un campesino galileo acompañado de unos cuantos pescadores con un conquistador a la cabeza de su ejército. Comparamos a Jesús, sin fuerza, sin poder, sin respaldo, sin una circunstancia externa de atracción o influencia, que prevalece contra los prejuicios, el aprendizaje, la jerarquía, de su país, contra las antiguas opiniones religiosas, los ritos religiosos pomposos, la filosofía, la sabiduría, la autoridad del imperio romano, en el período más refinado e ilustrado de su existencia, en el que Mahoma se abrió camino entre los árabes, y reunió seguidores en medio de conquistas y triunfos, en las épocas más sombrías y en los países del mundo, y cuando el éxito en las armas no solo funcionaba mediante el mandato de las voluntades de los hombres y las personas que asistían a las iniciativas prósperas, sino que se consideraba como un testimonio seguro de la aprobación divina. Que las multitudes, persuadidas por este argumento, se unan al tren de un jefe victorioso; que multitudes aún más grandes se inclinen, sin ningún argumento, ante un poder irresistible, es una conducta en la que no podemos apreciar demasiado para sorprendernos; en la que no podemos ver nada que se parezca a las causas por las que el establecimiento del cristianismo se efectuó (Paley, Evidences of Christianity [Evidencias del cristianismo], pág. 257).

A pesar del posterior mal uso del poder militar en las Cruzadas y en épocas anteriores en forma aislada, el hecho es que el cristianismo temprano creció por su poder espiritual, no por la fuerza política. Desde el principio, como lo es hoy en día en todo el mundo, fue la predicación de la Palabra de Dios, que transformó vidas, lo que dio al cristianismo su vitalidad (Hechos 2:41). Así que "la fe viene como resultado de oír el mensaje, y el mensaje que se oye es la palabra de Cristo" (Ro 10:17).

Conclusión. La Biblia es el único libro que afirma y demuestra ser la Palabra de Dios. Afirma haber sido escrito por profetas de Dios que registraron en su propio estilo y lenguaje exacto el mensaje que Dios quería que dieran a la humanidad. Los escritos de los profetas y apóstoles afirman ser las palabras inquebrantables, imperecederas e inerrantes de Dios. La evidencia de que estos escritos son lo que dicen ser se encuentra no solo en el carácter moral de los autores, sino también en la confirmación sobrenatural de su mensaje, su exactitud profética, su sorprendente unidad, su poder transformador y el testimonio de Jesús, que se confirmó como el Hijo de Dios.

Fuentes

M. Burrows, *What Mean These Stones?* [¿Qué significan esas piedras]

S. R. L. Gaussen, *Theopneustia.*

N. L. Geisler, *Inerrancy* [Inerrancia].

N. L. Geisler y W. E. Nix, *A General Introduction to the Bible* [Una introducción general a la Biblia].

N. L. Geisler y A. Saleeb, *Answering Islam* [Respondiendo al islam].

N. Glueck, *Rivers in the Desert* [Ríos en el desierto].

R. L. Harris, *Inspiration and Canonicity of the Bible* [La inspiración y la canonicidad de la Biblia].

C. F. H. Henry, *Revelation and the Bible* [La revelación y la Biblia].

A. A. Hodge y B. B. Warfield, *Inspiration* [Inspiración].

H. Lindsell, *The Battle for the Bible* [La batalla por la Biblia].

J. I. Packer, *"Fundamentalism" and the Word of God* ["Fundamentalismo" y la Palabra de Dios].

W. Paley, *Evidences of Christianity* [Evidencias del cristianismo].

R. Price, *The Stones Cry Out* [Las piedras gritan].

Sauer, Dawn of World Redemption [La aurora de la redención del mundo].

Sauer, *Triumph of the Crucified* [El triunfo del crucificado].

B. B. Warfield, *The Inspiration and Authority of the Bible* [La inspiración y la autoridad de la Biblia].

———, *Limited Inspiration* [Inspiración limitada].

C. A. Wilson, *Rocks, Relics, and Biblical Reliability* [Rocas, reliquias y fiabilidad bíblica].

J. D. Woodbridge, *Biblical Authority* [Autoridad bíblica].

E. Yamauchi, *The Stones and the Scriptures* [Las piedras y las escrituras].

Biblia, Punto de vista de Jesús sobre la. El punto de vista de Jesús sobre la Biblia es un eslabón crucial en la cadena de argumentos de que la Biblia es la Palabra de Dios (ver Biblia, Evidencias a favor de la), porque si Jesús es el Hijo de Dios (ver Cristo, Divinidad de), entonces lo que afirma sobre la Biblia es verdad.

Lo que Jesús afirmó sobre el Antiguo Testamento. El Nuevo Testamento no se escribió hasta después de que Jesús ascendiera al cielo. Por lo tanto, sus afirmaciones sobre la Biblia se refieren al Antiguo Testamento. Pero lo que Jesús confirmó para el Antiguo Testamento, también lo prometió para el Nuevo Testamento.

Jesús afirmó la autoridad divina del Antiguo Testamento. Jesús y sus discípulos usaron la frase "escrito está" más de noventa veces. Por lo general, está en el tiempo pasado, lo que significa, "fue escrito en el pasado y todavía se mantiene como la Palabra de Dios escrita". En ocasiones, Jesús usó esto en el sentido de "esta es la última palabra del tema. La discusión ha terminado". Tal es el caso cuando Jesús resistió la tentación del diablo. "Jesús le respondió: —Escrito está: 'No solo de pan vive el hombre, sino de toda palabra que sale de la boca de Dios [...]. También está escrito: 'No pongas a prueba al Señor tu Dios' —le contestó Jesús [...]. —¡Vete, Satanás! —le dijo Jesús—. Porque escrito está: 'Adora al Señor tu Dios y sírvele solamente a él'" (Mt 4:4, 7, 10, énfasis añadido).

Este uso demuestra que Jesús creía que la Biblia tenía una autoridad final y divina.

Jesús afirmó que el Antiguo Testamento era imperecedero. "No piensen que he venido a anular la ley o los profetas; no he venido a anularlos, sino a darles cumplimiento. Les aseguro que mientras existan el cielo y la tierra, ni una letra ni una tilde de la ley desaparecerán hasta que todo se haya cumplido" (Mt 5:17-18). Jesús creía que el Antiguo Testamento era la Palabra imperecedera del Dios eterno. Jesús afirmó que el Antiguo Testamento tiene inspiración. Aunque Jesús nunca usó la palabra inspiración, usó su equivalente. A la pregunta de los fariseos, respondió: "Entonces, ¿cómo es que David, hablando por el Espíritu, lo llama "Señor"? (Mt 22:43, énfasis añadido). De hecho, el propio David dijo de sus propias palabras: "El Espíritu del Señor habló por medio de mí; puso sus palabras en mi lengua" (2 Sam. 23:2). Esto es justo lo que se entiende por inspiración.

Jesús afirmó que la Biblia es inquebrantable. La palabra infalible no se usa en el Nuevo Testamento, pero un primo cercano es inquebrantable. Jesús dijo: "Si Dios llamó "dioses" a aquellos para quienes vino la palabra (y la Escritura no puede ser quebrantada)" (Juan 10:35). De hecho, tres poderosas palabras describen el Antiguo Testamento en este corto pasaje: "ley" (v. 34), "palabra de Dios", e "inquebrantable".

Así, Jesús creía que el Antiguo Testamento era la ley inquebrantable de Dios.

Jesús afirmó que el Antiguo Testamento es la palabra de Dios. Jesús consideraba la Biblia como la "Palabra de Dios". Insistió en otra parte que contenía el "mandamiento de Dios" (Mt 15:3, 6). La misma verdad está implícita en su referencia a su indestructibilidad en Mateo 5:17-18. En otro lugar, los discípulos de Jesús lo llaman "los oráculos de Dios" (Ro 3:2; Heb 5:12).

Jesús atribuyó la Supremacía Suprema al Antiguo Testamento. Jesús con frecuencia afirmaba la autoridad y supremacía definitiva del Antiguo Testamento sobre toda la enseñanza o "tradición" humana. Les dijo a los judíos: "¿Y por qué ustedes quebrantan el mandamiento de Dios a causa de la tradición? [...]. Así por causa de la tradición anulan ustedes la palabra de Dios" (Mt 15:3, 6). Jesús creía que solo la Biblia tiene autoridad suprema cuando incluso la más venerada de todas las enseñanzas humanas entran en conflicto con ella. La Escritura sola es la suprema autoridad escrita de Dios.

Jesús afirmó la inerrancia del Antiguo Testamento. Inerrancia significa sin error. Ese concepto se encuentra en la respuesta de Jesús a los saduceos, una secta que negó la inspiración divina del Antiguo Testamento. "Erráis, ignorando las Escrituras y el poder de Dios" (Mt 22:29 RVR1960). En su oración como sumo sacerdote, Jesús afirmó la total veracidad de las Escrituras, diciendo al Padre: "Santifícalos en tu verdad; tu palabra es verdad" (Juan 17:17 RVR1960).

Jesús afirmó la fiabilidad histórica del Antiguo Testamento. Jesús afirmó como verdad histórica algunos de los pasajes más controvertidos del Antiguo Testamento, entre ellos la creación de Adán y Eva (Mateo 19:4-5), el milagro de Jonás en el gran pez y la destrucción del mundo por un diluvio en los días de Noé. De este último, Jesús afirmó: "La venida del Hijo del hombre será como en tiempos de Noé. Porque en los días antes del diluvio comían, bebían y se casaban y daban en casamiento, hasta el día en que Noé entró en el arca" (Mt 24:37-38). Jesús afirmó que Jonás estuvo dentro de un gran pez durante tres días y tres noches: "Porque así como tres días y tres noches estuvo Jonás en el vientre de un gran pez, también tres días y tres noches estará el Hijo del hombre en las entrañas de la tierra" (Mt 12:40). Jesús también habló del asesinato de Abel (1 Juan 3:12), Abraham, Isaac y Jacob (Mt 8:11), de los milagros de Elías (Santiago 5:17) y de muchas otras personas y acontecimientos del Antiguo Testamento como verídicos desde el punto de vista histórico, entre ellos Moisés, Isaías, David, Salomón (Mateo 12:42) y el profeta Daniel (Mt 24:15). Afirmó la fiabilidad histórica de los principales pasajes controvertidos del Antiguo Testamento. La manera en que estos eventos se citan, la autoridad que se les da, y la base que forman para las principales enseñanzas que Jesús dio sobre su vida, muerte y resurrección revelan que él entendía estos eventos como históricos.

Jesús afirmó la exactitud científica del Antiguo Testamento. Los capítulos más discutidos desde el punto de vista científico de la Biblia son los primeros once (ver Ciencia y la Biblia). Sin embargo, Jesús afirmó el relato. No dudó en basar su enseñanza moral sobre el matrimonio en la verdad literal de la creación de Adán y Eva. Les dijo a los fariseos: "—¿No han leído —replicó Jesús— que en el principio el Creador "los hizo hombre y mujer", y dijo: "Por eso dejará el hombre a su padre y a su madre, y se unirá a su esposa, y los dos llegarán a ser un solo cuerpo"? (Mt 19:4-5). Después de hablar con Nicodemo, el gobernante de los judíos, sobre las cosas terrenales físicas como el nacimiento y el viento, Jesús afirmó: "Si les he hablado de las cosas terrenales, y no creen, ¿entonces cómo van a creer si les hablo de las celestiales?" (Juan 3:12). En resumen, Jesús dijo que, a menos que uno pudiera creerle cuando hablara de asuntos científicos empíricos, no debería creerle cuando hablara de asuntos celestiales, lo cual revelaba que los consideraba inseparables.

Lo que Jesús prometió sobre el Nuevo Testamento. Jesús no solo afirmó la autoridad divina e infalibilidad del Antiguo Testamento, sino que también prometió lo mismo para el Nuevo Testamento. Y sus apóstoles y profetas del Nuevo Testamento reclamaron para sus escritos lo que Jesús les había prometido (ver Biblia, Evidencias a favor de la).

Jesús dijo que el Espíritu Santo enseñaría "toda la verdad". Jesús prometió que "el Consolador, el Espíritu Santo, a quien el Padre enviará en mi nombre, les enseñará todas las cosas y les hará recordar todo lo que les he dicho". Él añadió: "Pero, cuando venga el Espíritu de la verdad, él los guiará a toda la verdad, porque no hablará por su propia cuenta, sino que dirá solo lo que oiga y les anunciará las cosas por venir" (Juan 14:26; 16:13, énfasis añadido). Esta promesa se cumplió cuando los apóstoles hablaron y más tarde registraron (en el Nuevo Testamento) todo lo que Jesús les había enseñado.

Los Apóstoles afirmaron esta autoridad divina que Jesús les dio. No solo Jesús prometió a sus discípulos autoridad divina en lo que escribieron, sino que los apóstoles también afirmaron esta autoridad en sus escritos. Juan dijo: "Pero estas se han escrito para que ustedes crean que Jesús es el Cristo, el Hijo de Dios, y para que al creer en su nombre tengan vida" (Juan 20:31). Él añadió: "Lo que ha sido desde el principio, lo que hemos oído, lo que hemos visto con nuestros propios ojos, lo que hemos contemplado, lo que hemos tocado con las manos, esto les anunciamos respecto al Verbo que es vida" (1 Juan 1:1). De nuevo, él dijo: "Queridos hermanos, no crean a cualquiera que pretenda estar inspirado por el Espíritu, sino sométanlo a prueba para ver si es de Dios, porque han salido por el mundo muchos falsos profetas [...]. Ellos son del mundo; por eso hablan desde el punto de vista del mundo, y el mundo los escucha. Nosotros somos de Dios, y todo el que conoce a Dios nos escucha; pero el que no es de Dios no nos escucha. Así distinguimos entre el Espíritu de la verdad y el espíritu del engaño" (1 Juan 4:1, 5-6).

De la misma manera, el apóstol Pedro reconoció todos los escritos de Pablo como "Escritura" (2 Pedro 3:15-16; cf. 2 Ti 3:15-16), al decir: "Tengan presente que la paciencia de nuestro Señor significa salvación, tal como les escribió también nuestro querido hermano Pablo, con la sabiduría que Dios le dio. En todas sus cartas se refiere a estos mismos temas. Hay en ellas algunos puntos difíciles de entender, que los ignorantes e inconstantes tergiversan, como lo hacen también con las demás Escrituras, para su propia perdición".

El Nuevo Testamento es el registro de la enseñanza apostólica. Pero el Nuevo Testamento es el único registro auténtico de la enseñanza apostólica que tenemos. Cada libro lo escribió un apóstol o profeta del Nuevo Testamento (Ef 2:20; 3:3-5). Por lo tanto, el Nuevo Testamento es "toda la verdad" que Jesús prometió. A partir del hecho de que Jesús prometió guiar a sus discípulos a "toda la verdad" y ambos afirmaron esta promesa y registraron esta verdad en el Nuevo Testamento, podemos concluir que la promesa de Jesús se cumplió al final en el Nuevo Testamento inspirado.

De esta manera, Jesús confirmó de forma directa la inspiración y la autoridad divina del Antiguo Testamento y prometió lo mismo, de forma indirecta, para el Nuevo Testamento. Por lo tanto, si Cristo es el Hijo de Dios, entonces tanto el Antiguo como el Nuevo Testamento son la Palabra de Dios.

Jesús y los críticos. Jesús confesó las mismas cosas que muchos críticos modernos niegan sobre el Antiguo Testamento (ver Biblia, Críticas a la). Si Jesús tenía razón, entonces los críticos están equivocados, a pesar de la pretensión de tener la erudición de su lado. Porque si Jesús es el Hijo de Dios, entonces es una cuestión de señorío, no de erudición.

Los críticos negativos de la Biblia afirman que Daniel no fue un profeta predictivo sino solo un historiador que registró los eventos después de que ocurrieran (aprox. 165 a. C.). Sin embargo, Jesús estuvo de acuerdo con la visión conservadora, al afirmar que Daniel era un profeta. De hecho, Jesús citó una predicción que Daniel hizo y que aún no había ocurrido en los

días de Jesús. En su discurso del Monte de los Olivos, dijo: "Así que cuando vean en el lugar santo "el horrible sacrilegio", del que habló el profeta Daniel (el que lee, que lo entienda)" (Mt 24:15, énfasis añadido). "Fíjense que se lo he dicho a ustedes de antemano" (Mt 24:25).

Muchos críticos afirman que los primeros seres humanos evolucionaron mediante procesos naturales. Pero, como ya se ha señalado, Jesús insistió en que Adán y Eva eran creación de Dios (Mt 19:4-5; ver Adán, La historicidad de). Si Jesús es el Hijo de Dios, entonces la elección está entre Charles Darwin y lo divino, entre una criatura del siglo XIX y el Creador eterno.

La mayoría de los críticos negativos de la Biblia creen que la historia de Jonás es mitología (ver Mitología y el Nuevo Testamento). Pero con gran énfasis, Jesús afirmó que "así como" Jonás estuvo en el gran pez tres días y noches, "aun así" estaría en la tumba durante tres días y noches. Sin duda, Jesús no habría basado la historicidad de su muerte y resurrección en la mitología sobre Jonás.

Los críticos de la Biblia suelen negar que hubo un diluvio mundial en los días de Noé (ver Ciencia y la Biblia). Pero, como se vio con anterioridad, Jesús afirmó que hubo un diluvio en los días de Noé, en el que todos, excepto la familia de Noé, perecieron (Mt 24:38-39; cf. 1 Pedro 3:20; 2 Pedro 3:5-6).

Es común que los críticos bíblicos enseñen que hubo al menos dos Isaías, uno de los cuales vivió después de los eventos descritos en los últimos capítulos (40-66) y el otro vivió antes y escribió los capítulos 1 al 39. Pero Jesús citó ambas secciones del libro como la escritura del "profeta Isaías". En Lucas 4:17, Jesús citó la última parte de Isaías (61:1), que dice: "El Espíritu del Señor está sobre mí, por cuanto me ha ungido para anunciar buenas nuevas a los pobres" (Lucas 4:17-18). En Marcos 7:6, Jesús citó la primera sección de Isaías (29:13), al decir: "Tenía razón Isaías cuando profetizó acerca de ustedes, hipócritas, según está escrito: 'Este pueblo me honra con los labios, pero su corazón está lejos de mí'" (Marco 7:6). El discípulo de Jesús, Juan, dejó en claro que solo había un Isaías al citar ambas secciones de Isaías (caps. 53 y 6) en el mismo pasaje, al afirmar del segundo que el mismo "también había dicho Isaías" (Juan 12:37-41).

El crítico negativo de la Biblia hace bien en preguntar, ¿Quién sabía más sobre la Biblia, Cristo o los críticos? El dilema es este: Si Jesús es el Hijo de Dios, entonces la Biblia es la Palabra de Dios. Por el contrario, si la Biblia no es la palabra de Dios, entonces Jesús no es el Hijo de Dios (ya que enseñó una falsa doctrina).

A pesar de las proclamaciones directas de Cristo

sobre las Escrituras, muchos críticos creen que no estaba en realidad afirmando las Escrituras, sino solo acomodándose a las falsas creencias de los judíos de su época sobre el Antiguo Testamento. Pero esta hipótesis es sin duda contraria a los hechos (ver Acomodación, Teoría de la). Otros creen que como Jesús era solo un ser humano, cometió errores, algunos de los cuales fueron sobre el origen y la naturaleza de la Escritura. Pero esta especulación tampoco está arraigada en los hechos del presente. Jesús no se acomodó a las falsas creencias (cf. Mt 5:21-22, 27-28;22:29; 23:1 ss.) ni se limitó en su autoridad para enseñar la verdad de Dios (cf. Mt 28:18-20; 7:29; Juan 12:48).

Conclusión. Como señaló el difunto Kenneth Kantzer: "Uno de los críticos más extremos del Nuevo Testamento de la última generación afirmó una vez que estaba mucho más seguro de que era un simple hecho histórico de que Jesús se aferraba al punto de vista común de los judíos sobre una Biblia infalible en vez de que Jesús creía en su propia condición de Mesías. Adolph Harnak, el mayor historiador de la iglesia de los tiempos modernos insiste en que Cristo fue uno con sus apóstoles, los judíos y toda la iglesia de los primeros tiempos, en su completo compromiso con la autoridad infalible de la Biblia" (citado por Lindsley).

Fuentes

R. T. France, *Jesus and the Old Testament* [Jesús y el Antiguo Testamento].

N. L. Geisler, *Christian Apologetics* [Apologética cristiana], cap. 18.

N. L. Geisler y W. E. Nix, *A General Introduction of the Bible* [Una introducción general a la Biblia].

R. Lightner, *The Savior and the Scriptures* [El Salvador y las Escrituras].

A. Lindsley, *"Christ and the Bible"* [Cristo y la Biblia].

J. W. Wenham, Christ and the Bible [Cristo y la Biblia].

Biblia, Supuestos errores en la.

Los críticos afirman que la Biblia está llena de errores. Algunos incluso hablan de miles de errores. Sin embargo, los cristianos ortodoxos a través de los años han afirmado que la Biblia no contiene errores en el texto original ("autógrafos"; ver Geisler, Systematic Theology [Teología Sistemática], vol. 1). Si nos quedamos perplejos por cualquier contradicción aparente en la Escritura", * Agustín indicó con sabiduría: "No está permitido decir: 'el autor de este libro no dijo verdad', sino 'o el códice es mendoso, o se equivocó el traductor, o tú no entiendes'" (Agustín, 11.5). Nunca se ha demostrado ningún error que se extienda al texto original de la Biblia.

Unos ochocientos supuestos errores en la Biblia se discuten en el libro de Norman L. Geisler y Thomas Howe, The Big Book of Bible Difficulties [El gran libro de dificultades bíblicas] sin encontrar un solo error demostrado.

Fuentes

G. L. Archer Jr., *Encyclopedia of Biblical Difficulties* [Enciclopedia de dificultades bíblicas].

W. Arndt, *Bible Difficulties* [Dificultades bíblicas].

————, *Does the Bible Contradict Itself?* [¿La Biblia se contradice?].

Augustine, *Reply to Faustus the Manichaean.* [Réplica a Fausto, el maniqueo].

B. Ehrman, *Misquoting Jesus.* [Citando erróneamente a Jesús].

N. L. Geisler, *"The Concept of Truth in the Inerrancy Debate"* ["El concepto de la verdad en el debate sobre la Inerrancia"].

————, *Systematic Theology* [Teología sistemática], vol. 1.

————, *When Critics Ask* [Las preguntas de los críticos].

N. L. Geisler y T. Howe, *The Big Book of Bible Difficulties* [El gran libro de dificultades bíblicas].

N. L. Geisler y W. E. Nix, *A General Introduction to the Bible* [Una introducción general a la Biblia].

J. W. Haley, *An Examination of Alleged Discrepancies of the Bible* [Un análisis de las supuestas discrepancias de la Biblia].

H. Lindsell, *The Battle for the Bible* [La batalla por la Biblia].

J. Orr, *The Problems of the Old Testament* [Los problemas del Antiguo Testamento].

J. R. Rice, *Our God-Breathed Book*—The Bible [Nuestro libro inspirado por Dios: La Biblia].

E. R. Thiele, *The Mysterious Numbers of the Hebrew Kings* [Los misteriosos números de los reyes hebreos].

R. Tuck, *A Handbook of Biblical Difficulties* [Un manual de dificultades bíblicas].

R. D. Wilson, *A Scientific Investigation of the Old Testament* [Una investigación científica del Antiguo Testamento].

Biblia y Ciencia. *Ver* CIENCIA Y LA BIBLIA.

Big Bang, Teoría del.

La cosmología del Big Bang es una teoría bastante aceptada sobre el origen del universo (ver Evolución cósmica), según la cual el universo material o el cosmos explotó hasta convertirse en un ser hace unos quince mil millones de años. Desde entonces, el universo se ha expandido y desarrollado de acuerdo con las condiciones establecidas en el momento de su origen. Si estas condiciones hubieran sido diferentes en el más mínimo grado, el mundo y la vida tal como la conocemos, incluso la vida humana, nunca se habrían desarrollado. El hecho de que las condiciones necesarias y favorables para el surgimiento de la vida humana se determinaron desde el mismo instante de la explosión cósmica original se llama el *principio antrópico*.

Bruce F. F. Frederick Fyvie Bruce (1910-90) nació en Elgin, Escocia, y se formó en los conceptos clásicos en la Academia de Elgin, la Universidad de Aberdeen y la Universidad de Cambridge. Aunque es más conocido por su trabajo en los estudios bíblicos, nunca tomó cursos formales ni de Biblia ni de teología. Le concedieron un doctorado honorario en divinidad de Aberdeen. Enseñó griego en Edimburgo (1934-35) y en Leeds (1938-47). Desde 1959 hasta 1978, desempeñó el cargo del Profesor John Rylands de Crítica y Exégesis Bíblica en la Universidad de Manchester. Al mismo tiempo (1956-78), trabajó como editor colaborador de Christianity Today [El cristianismo hoy en día].

Bruce escribió cerca de cincuenta libros y unos dos mil artículos, ensayos y reseñas. Es más conocido por The New Testament Documents: Are They Reliable? [¿Son fidedignos los documentos del Nuevo Testamento?] (ver Manuscritos del Nuevo Testamento). Su Commentary on the Epistles to the Ephesians and Colossians [Comentario sobre las Epístolas a los Efesios y Colosenses] es un modelo. Su obra más explícita sobre la apologética es "The Defense of The Gospel" [La defensa del Evangelio] (1959). Las obras como The Books and the Parchments [Los libros y los pergaminos] (1963) respaldan la autenticidad y la fiabilidad de la Biblia, al igual que Jesus and Christian Origins Outside the New Testament [Jesús y los orígenes cristianos fuera del Nuevo Testamento] (1974). Además, era conocido por su trabajo en Qumrán, Second Thoughts on The Dead Sea Scrolls [Segunda opinión sobre los Manuscritos del Mar Muerto] (1956).

Fuentes
F. F. Bruce, *The Books and the Parchments* [Los libros y los pergaminos].

————, *Commentary on the Acts of the Apostles* [Comentario sobre los Hechos a los apóstoles].

————, *Commentary on the Epistles to the Ephesians and Colossians* [Comentario sobre las Epístolas a los Efesios y Colosenses].

————, *Jesus and Christian Origins Outside the New Testament* [Jesús y los orígenes cristianos fuera del Nuevo Testamento].

————, *In Defense of the Gospel* [La defensa del Evangelio].

————, *The New Testament Documents* [Los documentos del Nuevo Testamento].

————, *Second Thoughts on the Dead Sea Scrolls* [Segunda opinión sobre los Manuscritos del Mar Muerto].

W. Gasque, *"F. F. Bruce: A Mind for What Matters"* [F.F. Bruce: Una mente para lo importante].

N. L. Geisler, *The Battle for the Resurrection* [La batalla por la resurrección].

M. Harris, *Raised Immortal* [Inmortal resucitado].

Budismo. *Ver* PANTEÍSMO; BUDISMO ZEN.

Budismo Zen. Formas de Budismo. Como el hinduismo en el que surgió, el budismo no es una religión monolítica. Abarca también muchas creencias e incluso diferentes *cosmovisiones. Desde luego, todos afirman ser Gautama Buda (563-483 a. C.). Buda, que se crio en la India, dejó su hogar y su familia en busca de la iluminación, que se dice que encontró mientras meditaba bajo un árbol Bo. Los budistas lo ven como su fuente de iluminación.

Las dos ramas principales del budismo se llaman Mahayana ("el vehículo mayor") e Hinayana ("el vehículo menor"). La primera afirma que la iluminación está disponible para todos y la segunda solo para unos pocos de los comprometidos. Conscientes de la connotación negativa del término, los budistas Hinayana comenzaron a llamarse a sí mismos Theravada ("la enseñanza de los ancianos").

Las creencias básicas de los budistas. Ambos grupos de budistas aceptan las "Cuatro Nobles Verdades" y el "Camino Óctuple" hacia la iluminación.

Las cuatro nobles verdades. La primera verdad noble es que la vida consiste en sufrimiento (dukkha), que conlleva dolor, miseria, pena y falta de realización.

La segunda verdad noble es que nada es permanente o inalterable en el mundo (la doctrina de anicca). Y sufrimos porque deseamos lo que no es permanente.

La tercera verdad noble es que la forma de liberarse es eliminando todo deseo o ansia por lo temporal.

La cuarta noble verdad es que el deseo puede ser eliminado siguiendo el camino óctuple.

El camino óctuple se divide de la siguiente manera:

Sabiduría:
  1. Discurso correcto.
  2. Pensamiento correcto.

Conducta ética:
  3. Discurso correcto.
  4. Acción correcta.
  5. Medio de vida correcto.

Disciplina mental:
  6. Esfuerzo correcto.
  7. Conciencia correcta.
  8. Meditación correcta.

No se trata de pasos a dar en orden secuencial sino de actitudes y acciones a desarrollar al mismo tiempo.

Además de estas enseñanzas, los budistas creen en la *reencarnación y el nirvana (el "cielo" budista), que es el estado final de la *nada, donde ya no hay deseo ni frustración.

Sin embargo, la forma más influyente de budismo se conoce como budismo Zen. Sus orígenes se encuentran en Tao-sheng (360-434 d. C.), un budista mahayana, y en Bodhidharma (falleció el año 534 d. C.). Tao-sheng emigró de China a Japón, donde su forma de budismo se combinó con el énfasis del taoísmo en la unión con la naturaleza. Esta ecléctica mezcla se conoce como Zen ("meditación"). Dado que el Zen ha hecho las más profundas incursiones en el cristianismo, es de gran interés para los apologetas cristianos.

Uno de los más influyentes defensores del *panteísmo en Occidente fue Daisetz Teitaro Suzuki. A través de su larga actividad como profesor en la Universidad de Columbia y en varias otras universidades americanas, así como sus conferencias en todo el mundo occidental, Suzuki promovió la causa del Zen en su interpretación occidental. Suzuki ha influido y convencido a occidentales como Christmas Humphreys y Alan Watts.

La naturaleza del Zen. Para entender la forma de panteísmo de Suzuki, uno debe buscar comprender la naturaleza del Zen. Primero, observaremos lo que Suzuki cree que el Zen no es, y luego lo que él cree que sí es.

Lo que no es el Zen. Según Suzuki, el Zen no es un sistema o una filosofía "fundada en la lógica y el análisis". El Zen se opone a cualquier forma de pensamiento dualista, es decir, hacer cualquier tipo de distinción sujeto-objeto (Suzuki, Introduction to Zen Buddhism [Introducción al Budismo Zen], pág. 38). En cambio, Suzuki nos llama a "silenciar el dualismo de sujeto y objeto, olvidar ambos, trascender el intelecto, separarse desde el entendimiento, y penetrar de forma directa y profunda en la identidad de la mente de Buda; fuera de esto no existen realidades".

El Zen tampoco es un conjunto de enseñanzas. Dice Suzuki: "El Zen no tiene nada que enseñarnos en el camino del análisis intelectual; ni tiene un conjunto de doctrinas que se imponen a sus seguidores para su aceptación". Como tal, el Zen no tiene "libros sagrados o principios dogmáticos". De hecho, "el Zen no enseña nada". Somos nosotros los que "nos enseñamos a nosotros mismos; el Zen se limita a señalar el camino" (ibid., págs. 38, 46).

El Zen tampoco es una religión "popularmente entendida". No tiene un dios al que adorar, ni ritos ceremoniales, ni vida después de la muerte, ni alma. Cuando Suzuki dice que no hay ningún dios en el Zen, no niega ni afirma la existencia de alguna deidad. "En el Zen no se niega ni se insiste en la existencia de Dios; solo que en el Zen no hay un Dios tal como ha sido concebido por las mentes judías y cristianas" (ibid., pág. 39).

El Zen afirma no ser teísta o panteísta como tal, al negar tales designaciones metafísicas. A diferencia del Dios del teísmo cristiano o del hinduismo vedántico, "no hay ningún objeto en el Zen en el que fijar el pensamiento" del discípulo. "El Zen solo siente el fuego caliente y el hielo frío, porque cuando se congela nos estremecemos y damos la bienvenida al fuego. El sentimiento está en todo [...]; toda nuestra teorización no toca la realidad" (ibid., pág. 41).

Lo que es el Zen. Entonces, ¿qué podemos decir qué es el Zen? Según Suzuki: "El Zen es el océano, el Zen es el aire, el Zen es la montaña, el Zen es el trueno y el relámpago, la flor de primavera, el calor del verano y la nieve del invierno; no, más que eso, el Zen es el hombre". Suzuki contó una historia en la que un maestro Zen definió el Zen como, "tu pensamiento cotidiano" (ibid., pág. 45). Suzuki lo expresa de otra manera: "Cuando un monje hambriento en el trabajo escuchó el gong de la cena, de inmediato dejó su trabajo y se apareció en el comedor. El maestro al verlo, se rió de corazón, porque el monje había estado actuando en el Zen en toda su extensión" (ibid., pág. 85). En otras palabras, el Zen es la vida. "Levanto mi mano; tomo un libro del otro lado de este escritorio; oigo a los chicos jugando con la pelota fuera de mi ventana; veo las nubes que se desvanecen más allá de los bosques cercanos: en todo esto estoy practicando el Zen, estoy viviendo el Zen. No es necesaria ninguna discusión verbal, ni ninguna explicación" (ibid., pág. 75). El Zen es la experiencia personal de la vida, libre de cualquier abstracción o conceptualización (ibid., págs. 45, 132).

Dios y el mundo. En el budismo Zen, Dios es el hombre, y el hombre es Dios. Al citar al místico occidental (ver Misticismo) Meister Eckhart con satisfacción, Suzuki afirma: "'La gente sencilla concibe que debemos ver a Dios como si estuviera de ese lado y nosotros de este. No es así; Dios y yo somos uno en el acto de percibirlo'. En esta absoluta unidad de las cosas el Zen establece los fundamentos de su filosofía" (Suzuki, Zen Buddhism [Budismo Zen], pág. 113). No solo un ser humano es Dios, sino que todo es Dios y Dios es todo. Todo y todos son realmente uno. "Los Budas [es decir, los iluminados] y los seres sensibles [es decir, los que aún son ignorantes] crecen de una sola mente, y no hay otra realidad que esta mente" (Suzuki, Manual of Zen Buddhism [Manual de Budismo Zen], pág. 112).

Esta Mente que todo lo abarca es la no mente, que es la naturaleza espiritual humana. Dice Suzuki: "Esta naturaleza [es decir, la naturaleza espiritual humana] es la Mente, y la Mente es el Buda, y el Buda es el Camino, y el Camino es Zen" (Zen Buddhism, pág. 88). La Mente puede ser descrita como "una existencia originada desde el pasado sin principio". La Mente no nace y no muere; está más allá de las categorías de edad o de ser (Manual of Zen Buddhism, pág. 112). La mente es todo y todo es la mente.

Suzuki se apresura a señalar que esta forma de monismo no es una negación del mundo que percibimos y sentimos a nuestro alrededor. Sin embargo, el mundo que percibimos que está fuera de nosotros es un "mundo relativo", que no tiene una realidad final. Los seres individuales existen, pero son reales "solo en la medida en que se consideran una realización parcial de la talidad". De hecho, la talidad "existe de forma inherente en ella". Las cosas son vacías e ilusorias mientras sean cosas particulares y no se piensen en referencia al Todo que es la talidad y la realidad" (Suzuki, Outlines of Mahayana Buddhism [Características del Budismo Mahayana], págs. 140, 141).

La experiencia ordinaria, entonces, toma el mundo por algo que existe en sí mismo, pero es una ilusión. Lo que en realidad existe es la Mente (Manual of Zen Buddhism, pág. 51).

A los budistas no les gusta llamar a la talidad o a la mente con la palabra dios. El propio término es ofensivo para la mayoría de los budistas, "sobre todo cuando se asocia en forma íntima en las mentes vulgares con la idea de un Creador que creó el mundo de la nada [ver Creación, Puntos de vista de la], causó la caída de la humanidad, y, al sentirse conmovido por la punzada del remordimiento, envió a su único hijo a salvar a los depravados". La variedad de formas en que los budistas describen esta realidad suprema es en parte un esfuerzo por evitar hablar de la deidad (Outlines of Mahayana Buddhism], págs. 219, 220).

Además, la talidad o realidad absoluta no puede ser comprendida "como es en realidad". Va más allá de las categorías, incluso de la existencia. Suzuki afirma: "Ni siquiera podemos decir que es, ya que todo lo que es presupone lo que no es: la existencia y la no existencia son términos relativos tanto como el sujeto y el objeto, la mente y la materia, esto y aquello, uno y otro: uno no puede ser concebido sin el otro. 'No es así (na iti)', por lo tanto puede ser la única manera en que nuestra imperfecta lengua humana puede expresarlo. Así que los Mayahanistas suelen designar la talidad

absoluta como Cunyata o vacío".

Este "vacío" indefinible e impensable puede ser interpretado con más detalle de esta manera: El éxito no es ni existencia ni inexistencia; no es ni unidad ni pluralidad (ibid., 101-2). Esto es Dios, y Dios es el Todo, y el Todo es la Mente, y la Mente es Buda, y Buda es el Camino, y el Camino es Zen.

Punto de vista de los seres humanos. Por lo tanto, los seres humanos individuales son solo una manifestación de este Todo, Mente o Dios. Los individuos no son entidades aisladas de todos modos, como imaginamos. Por sí mismos, los individuos no son más significativos que las burbujas de jabón. La existencia particular adquiere sentido solo cuando se piensa en términos de la unidad total (ibid., págs. 46-47). Esto no es más que una negación de la materialidad. Los seres humanos tienen tanta materialidad como inmaterialidad, y más (ibid., pág. 149). Es una negación de la individualidad en cualquier sentido supremo. Las personas solo aparentan ser seres individuales, pero en realidad todos son uno en el Uno. El objetivo del Zen es ayudar a las personas a ir más allá del egoísmo para realizar su unidad en Dios y así convertirse en inmortales (ibid., pág. 47).

Ética. El Zen es sobre todo una "disciplina práctica de la vida" (Introduction to Zen Buddhism [Introducción al Budismo Zen], pág. 37). Desde el punto de vista ético, el Zen es una disciplina orientada "a la reconstrucción del carácter" (Zen Buddhism, pág. 16). Esta reconstrucción del carácter es necesaria para luchar contra el egoísmo, "la fuente de todos los males y sufrimientos". El budismo "concentra toda su fuerza ética en la destrucción de las nociones y deseos egocéntricos" (Outlines of Mahayana Buddhism, pág. 124).

En esencia, la respuesta del Zen ante el egoísmo es aprender. "El hombre necesita desprenderse de la Ignorancia (es decir, del dualismo), y así superar toda dualidad". Cuando esto se logra, se "dice que uno está en armonía e incluso uno con la talidad" (ibid., págs. 122, 124, 146). Esta meta solo puede ser alcanzada a través del trabajo desinteresado y la devoción a los demás, lo que requiere la destrucción previa de todos los deseos egoístas. La realización de este objetivo se llama nirvana. La destrucción de la propia orientación trae la iluminación, de ahí la capacidad de amar a los demás como a nosotros mismos (ibid., págs. 52-55).

Involucrado en este proceso hacia la iluminación y dentro de la iluminación para un monje Zen es "un gran número de trabajo manual, como barrer, limpiar, cocinar, conseguir combustible, cultivar la granja, o ir a mendigar en las aldeas cercanas y lejanas". El principio central por el cual el monje Zen debe vivir su vida "no es desperdiciar, sino hacer el mejor uso posible de las cosas tal y como nos son dadas" (Introduction to Zen Buddhism, págs. 118, 121). La enseñanza ética del Zen se resume de forma concisa en "La Enseñanza de los Siete Budas":

No se trata de cometer males,
sino de hacer todo lo que es bueno,
y de mantener puro el pensamiento.
Esta es la enseñanza de todos los Budas.
(Manual of Zen Buddhism [Manual del Budismo Zen], pág. 15)

Naturaleza de la historia. Dado que el mundo es visto como ilusorio (ver Ilusionismo), la historia es considerada ilusoria también. El pasado, el presente y el futuro todavía "no nacen". No tienen realidad más allá de ser manifestaciones de la Mente (ibid., pág. 53).

Conceder esta existencia ilusoria de la historia no descarta de ninguna manera su participación en los mayas o en la ignorancia. Suzuki afirma que la historia es "un gran drama que visualiza la doctrina budista de la inmortalidad kármica". Al igual que en muchas formas de panteísmo hindú, el budismo Zen se aferra a la creencia en el karma. El concepto budista del karma es que "cualquier acto, bueno o malo, una vez cometido y concebido, nunca se desvanece como una burbuja en el agua, sino que vive, potencial o activamente según sea el caso, en el mundo de las mentes y los actos". Suzuki compara la doctrina del karma con "la teoría de la evolución y la herencia como la que funciona en nuestro campo moral" (Outlines of Mahayana Buddhism, págs. 183, 200, 207). Como todo en el mundo de la dualidad, la historia debe ser trascendida. Esto se hace de la siguiente manera:

Los eventos pasados ya han pasado; por lo tanto, no pienses en ellos, y tu mente está desconectada del pasado. Así, los eventos pasados desaparecen. Los eventos presentes ya están aquí antes que tú; entonces no tengas ningún apego a ellos. No tener apego significa no despertar ningún sentimiento de odio o amor. Tu mente se desconecta del presente, y los eventos ante tus ojos se eliminan. Cuando el pasado, el presente y el futuro no son tomados en cuenta de ninguna manera, se desaparecen por completo […] Si se tiene una percepción bien clara de que la mente no tiene lugar en ninguna parte, esto se conoce como tener una percepción bien clara del propio ser. Esta misma Mente [...] es la Mente Budista; se llama Mente de emancipación, Mente de iluminación, Mente no nacida, y Vacío de materialidad e idealidad. (Zen Buddhism, pág. 196-97).

Destino humano. El destino humano es el logro del nirvana, es decir, "la aniquilación de la noción de sustancia del ego y de todos los deseos que surgen de esta concepción errónea" y la expresión práctica del "amor o simpatía universal (karuna) por todos los seres" (Outlines of Mahayana Buddhism, págs. 50-51). Se habla en ocasiones de que el Nirvana posee cuatro atributos:

El Nirvana "es eterno porque es inmaterial; es dichoso porque está por encima de todos los sufrimientos; es autoactuante porque no conoce ninguna compulsión; es puro porque no está contaminado por la pasión y el error" (ibid., pág. 348; cf. 399). El Nirvana es también Dios y para alcanzarlo hay que realizar la unidad esencial con el Absoluto.

El Nirvana no se logra con facilidad. Sin embargo, no implica ascetismo, conocimiento de ciertos libros o doctrinas, o incluso la meditación separada de la vida. En cambio, la realización del nirvana comienza y termina en la vida misma. "La salvación [es decir, el logro del nirvana] debe buscarse en lo finito mismo, no hay nada infinito aparte de las cosas finitas; si se busca algo trascendental, eso lo alejará de este mundo de la relatividad, que es lo mismo que la aniquilación de uno mismo. Uno no desea la salvación a costa de su propia existencia".

"El Nirvana debe ser buscado en medio del Samsara (nacimiento y muerte)". Nadie puede escapar de Samsara. Es la percepción subjetiva de la vida. Si una persona cambia su conciencia interior, verá que la realidad es "una sola" (Zen Buddhism, págs. 14-15). La conciencia de esto en la vida interior es el nirvana. El camino al nirvana implica varias cuestiones. Sin embargo, el aspecto más fundamental es la eliminación de todo pensamiento dualista. Y la raíz de todo ese pensamiento es la lógica. Suzuki reconoce que "por lo general, pensamos que 'A es A' es absoluto, y que la proposición 'A no es A' o 'A es B' es impensable". Pero tal pensamiento solo nos mantiene en la esclavitud para que no podamos comprender la verdad. Por lo tanto, debemos liberarnos de los grilletes de la lógica y enfocar la vida desde un nuevo punto de vista.

En esta nueva experiencia, "no hay lógica, no hay filosofía; no hay torsión de los hechos para adaptarlos a nuestras medidas artificiales; no hay asesinato de la naturaleza humana para someterla a disecciones intelectuales; un espíritu se encuentra cara a cara con el otro espíritu como dos espejos enfrentados, y no hay nada que intervenga entre sus reflexiones mutuas" (Introduction to Zen Buddhism, págs. 58-59, 61).

Para ayudar al discípulo Zen más allá de la interpretación lógica de la realidad, los maestros Zen crearon un acercamiento completo a la realidad que incluía dichos y preguntas ilógicas, así como respuestas a las preguntas, llamadas koan. Por ejemplo, una pregunta muy común es: "Si ha oído el sonido de una mano [aplaudiendo], ¿puedes hacer que yo también lo oiga?" (ibid., pág. 59). Un famoso dicho de Fudaishi ilustra de forma gráfica la irracionalidad del Zen:

> Voy con las manos vacías y contemplo que la pala está en mis manos;
> camino a pie, pero sobre el lomo de un buey estoy montando;
> cuando paso por el puente, ¡mira!, el agua no fluye, pero el puente sí. (ibid., pág. 58)

Para alcanzar el nirvana, uno debe trascender todas las cosas que le impiden ver la vida en su plenitud. Este paso hacia el nirvana se llama satori. El satori se logra a través del koan. Es este proceso del koan al satori y luego al nirvana que es el camino a la felicidad espiritual (ibid., pág. 60).

La esencia del panteísmo absoluto de Suzuki es que el mundo de los particulares es a la vez finito e infinito, relativo y absoluto, ilusorio y real. Lo que hay que hacer para ver la realidad en toda su plenitud es liberarse de la lógica, de las palabras, de los conceptos, de las abstracciones, de todo aquello que impide experimentar en primera persona lo que no es ni el ser ni el no ser. Cuando esto ocurre, se alcanza el nirvana, uno se convierte en uno con Lo Uno.

Evaluación. Para una crítica de importantes principios del Zen, ver los artículos sobre Mal, Problema del; Primeros principios; Panteísmo.

Fuentes

D. K. Clark, *The Pantheism of Alan Watts* [El panteísmo de Alan Watts].
D. Clark y N. L. Geisler, *Apologetics in the New Age* [Apologética en la Nueva Era].
W. Corduan, *Neighboring Faiths* [Las religiones cercanas].
N. L. Geisler y W. D. Watkins, *Worlds Apart* [Mundos separados].
S. Hackett, *Oriental Philosophy* [Filosofía oriental].
D. L. Johnson, *A Reasoned Look at Asian Religions* [Una mirada razonable a las religiones asiáticas].
D. T. Suzuki, *An Introduction to Zen Buddhism* [Una introducción al Budismo Zen].
———, *Manual of Zen Buddhism* [Manual del Budismo Zen].
———, *Outlines of Mahayana Buddhism* [Características del Budismo Mahayana].
———, *Zen Buddhism* [Budismo Zen].
A. W. Watts, *The Spirit of Zen* [El espíritu del Zen].
———, *The Way of Zen* [El camino del Zen].
J. I. Yamamoto, *Beyond Buddhism* [Más allá del budismo].

Buenaventura. *Ver* ARGUMENTO COSMOLÓGICO; KALAM, ARGUMENTO COSMOLÓGICO.

Bultmann, Rudolf. *Ver* MILAGROS, MITOS Y.

Butler, Joseph. Joseph Butler (1692-1753) fue un importante apologeta inglés del siglo XVIII (ver Apologética, Necesidad de la). Aunque provenía de una familia presbiteriana, Butler se incorporó a la Iglesia de Inglaterra en 1718, después de asistir a la Universidad de Oxford. Al final, se nombró obispo de Durham. Aunque Butler hizo una contribución significativa a la discusión sobre la moralidad en "Three Sermons on Human Nature" [Tres Sermones sobre la Naturaleza Humana], es más conocido por la obra The Analogy of Religion [La analogía de la religión] (1736), en la que defendió el cristianismo contra el *deísmo, sobre todo el de Anthony Ashley Cooper, Conde de Shaftesbury y Matthew Tindal. Lord Shaftesbury escribió Characteristics of Men, Manners, Opinions, Times [Características de los hombres, de las costumbres, de las opiniones y de los tiempos] (1711), y Tindal escribió Christianity as Old as the Creation [Cristianismo tan antiguo como la creación] (1730).

Fuentes

J. H. Bernard, *"Note F: The Improbability of Miracle"* [Nota F: La improbabilidad de un milagro].
J. Butler, *The Analogy of Religion* [La analogía de la religión].
———, *Fifteen Sermons* [Quince sermones].
———, *The Works of Joseph Butler* [Las obras de Joseph Butler].
E. C. Mossner, *Bishop Butler and the Age of Reason* [El obispo Butler y la edad de la razón].
J. Rurak, *"Butler's Analogy"* [Analogía de Butler].
M. Tindal, *Christianity as Old as the Creation* [Cristianismo tan antiguo como la creación].

Calvino, Juan. Juan Calvino (1509-64) nació en Noyon, Picardía, Francia, pero se convirtió en el Reformador de Ginebra, Suiza. Fue un estudioso del humanismo en París cuando se sintió atraído por los principios de la Reforma, basó gran parte de su pensamiento teológico en los escritos de Agustín. Además de escribir su sistematización de la teología, Institutes of the Christian Religion [La institución de la religión cristiana], el reformador Juan Calvino fue un exégeta protestante pionero de la Biblia. Los comentarios de Calvino sobre la Sagrada Escritura son todavía muy utilizados. A través de la Academia de Ginebra, Calvino y sus colegas también fueron pioneros en la educación del evangelismo, la enseñanza protestante, y una ética de vida cristiana en toda su dimensión.

La apologética de Juan Calvino. Los seguidores de Calvino no tienen la misma interpretación de su enfoque apologético. Entre ellos se encuentran los apologistas clásicos y los Presuposicionalistas (ver Apologética clásica; Apologética presuposicional).

Los Presuposicionalistas, con raíces en Herman *Dooyeweerd, son liderados por Cornelius *Van Til y sus seguidores como Greg Bahnsen y John Frame. Los apologistas clásicos siguen el pensamiento de B. B. *Warfield sobre Calvino y están representados por Kenneth Kantzer, John Gerstner y R. C. Sproul. Calvino se identificó con los apologistas clásicos.

Las raíces de Calvino en la apologética clásica. Por el contrario, la visión presuposicional, la visión de Calvino sobre el uso de la razón humana en la proclamación del evangelio no difirió significativamente de los grandes pensadores anteriores a él. Como *Agustino y *Tomás de Aquino, Calvino creía que la revelación general de Dios se manifiesta en la naturaleza y se arraiga en los corazones de todas las personas (ver Revelación General).

El sentido innato de la Divinidad. "Que existe en la mente humana, y de hecho por instinto natural, algún sentido de la Divinidad, que nosotros consideramos indiscutible", indica Calvino en Institutes of the Christian Religion (1.3.1). Sostuvo que "no hay pueblo tan bárbaro, no hay gente tan brutal y salvaje, que no tenga arraigada en sí la convicción de que hay Dios" (ibid.). Este "sentido de la Divinidad está tan naturalmente grabado en el corazón humano, en el hecho de que los mismos réprobos se ven obligados a reconocerlo" (ibid., 1.4.4).

La existencia de Dios y la inmortalidad del alma. En la primera parte de Institutes, Calvino considera "la invisible e incomprensible esencia de Dios, hasta cierto punto, hecha visible en sus obras" y "pruebas de la *inmortalidad del alma" (ibid., 1.5.1-2). Porque "en cada una de sus obras [de Dios] está grabada su gloria en caracteres tan brillantes, tan distintos y tan ilustres, que nadie, por torpe y analfabeto que sea, puede alegar la ignorancia como excusa" (ibid.). Calvino no las elaboró formalmente, como lo hizo Aquino, pero probablemente habría aceptado el *argumento teológico, el *argumento cosmológico, e incluso el *argumento moral. Los dos primeros se pueden ver en su énfasis en el diseño y la causalidad y el último en su creencia en una ley moral natural. Al comentar Romanos 1:20-21, Calvino concluye que Pablo "claramente, cómo Dios ha hecho derramar en los espíritus de todos los hombres un conocimiento de su majestad, es decir, que El se ha manifestado por sus obras, de tal manera que están obligados a ver lo que no buscan en sí mismos, a saber, que hay un Dios" (Calvino, Epistles of Paul [Epístolas de Pablo], pág. 2)

Ley Natural. Para Calvino, este conocimiento innato de Dios incluye el conocimiento de su ley justa. Consideraba que, puesto que "los gentiles tienen la justicia de la ley naturalmente grabada en sus mentes, ciertamente no podemos decir que estén completamente ciegos en cuanto a la ley de la vida" (Institutes, 1.2.22). Llama a esta conciencia moral "ley natural" que es "suficiente para su justa condenación" pero no para la salvación (ibid.). Por esta ley natural "el juicio de la conciencia" es capaz de distinguir a los justos de los injustos (Calvino, Epistles of Paul [Epístolas], pág. 41).

No solo es clara la ley natural, sino que también es específica. Allí "está impresa en sus corazones una discriminación y un juicio, por el cual distinguen entre justicia e injusticia, honestidad y deshonestidad". Según Calvino, incluso los pueblos que no conocen la Palabra de Dios "prueban su conocimiento [...] de que el adulterio, el robo y el asesinato son maldades, y que la honestidad debe ser valorada" (ibid., pág.48). Dios ha dejado una prueba de sí mismo para todas las personas, tanto en la creación como en la conciencia.

Puesto que una ley moral natural implica un dador de leyes morales, Calvino habría estado de acuerdo con lo que más tarde se conoció como el * argumento moral para la existencia de Dios. De hecho, su aceptación de la ley natural lo coloca directamente en la tradición de la apologética clásica de Agustín, *Anselmo y Aquino.

La evidencia para la inspiración de las Escrituras. Calvino habló repetidamente de "pruebas" que son inspiración de la Biblia. Estas incluían la unificación de las Escrituras, su majestuosidad, sus profecías y su confirmación milagrosa. Calvino escribió: "Veremos [...] que el libro de las sagradas Escrituras supera con creces a todos los demás escritos. Y aún más, si tenemos los ojos limpios y los sentidos íntegros, pronto se pondrá ante nosotros la majestad de Dios, que ahuyentando la osadía de contradecir, nos forzará a obedecerle". (Institutes, 1.7.4) A la luz de las evidencias, incluso los incrédulos "se verán obligados a confesar que las Escrituras presentan claras pruebas de que ha sido hablada por Dios y, por consiguiente, de que contiene su doctrina celestial" (ibid.).

Los efectos perjudiciales de la depravación. Calvino se apresuró a señalar que la depravación oscurece la revelación natural de Dios. Calvino escribió: "Tu idea de su naturaleza [de Dios] no está clara a menos que lo reconozcas como el origen y fundamento de toda bondad. De ahí que surgiera tanto la confianza en él como el deseo de aferrarse a él, la depravación de la mente humana no lo aparta del curso adecuado de la búsqueda" (ibid., 1.11.2).

El papel del Espíritu Santo. Calvino creía que la completa certeza de Dios y la verdad de la Escritura viene solo por el Espíritu Santo. Calvino escribió: "Nuestra fe en la doctrina no se establece hasta que tengamos la perfecta convicción de que Dios es su autor. Por lo tanto, la prueba más alta de la Escritura se toma uniformemente del carácter de aquel cuya palabra es [...] Nuestra convicción de la verdad de la Escritura que debe derivarse de una fuente más alta que las conjeturas, juicios o razones humanas; es decir, el testimonio secreto del Espíritu". (ibid., 1.7.1; cf. 1.8.1) (Ver Espíritu Santo, Papel en la Apologética).

Pero es importante recordar, como señala R. C. Sproul, que 'El testimonio' no se coloca sobre la razón como una forma de subjetivismo místico. Más bien, va más allá y trasciende la razón" (Sproul, pág. 341). En las propias palabras de Calvino: "Pero yo respondo que el testimonio del Espíritu es superior a la razón. Porque solo Dios puede dar testimonio de sus propias palabras, por lo que éstas no obtendrán pleno crédito en el corazón de los hombres, hasta que no sean selladas por el testimonio interno del Espíritu" (Institutes, 1.7.1).

El hecho de que Dios trabaje a través de la evidencia objetiva proporciona una certeza subjetiva de que la Biblia es la Palabra de Dios (ver Biblia, Evidencia de).

Conclusión. Aunque Juan Calvino estaba, en virtud de su posición en la historia, preocupado principalmente por las disputas sobre la autoridad, la soteriología y la eclesiología; sin embargo, el esquema de su enfoque de la apologética resulta claro. Él pertenece a la categoría general de la apologética clásica. Esto es evidente tanto por su creencia de que las "pruebas" de Dios están disponibles para la mente no regenerada como por su énfasis en la revelación general y la ley natural.

Fuentes

J. Calvino, *Epístolas de Pablo a los Romanos y Tesalonicenses.* ---, *Institutes of the Christian Religion* [Institución de la Religión Cristiana].
K. Kantzer, *John Calvin's Theory of the Knowledge of God and the Word of God.*
[la Teoría del Conocimiento de Dios y la Palabra de Dios de Juan Calvino.]
R. C. Sproul, *"The Internal Testimony of the Holy Spirit"* [El testimonio interno del Espíritu Santo].
B. B. Warfield, *Calvino y el calvinismo.*

Camus, Albert. Albert Camus (1913-60) fue un novelista y ensayista francés cuyas principales contribuciones se hicieron durante y después de la Segunda Guerra Mundial. The Stranger [El extranjero], su primera novela, y The Myth of Sisyphus [El mito de Sísifo] (ambas de 1942) fueron seguidas después de la guerra por The Plague [La peste] (1947) y The Rebel [El hombre rebelde] (1951). Su última obra importante, The Fall [La Caída], apareció en 1956, y en 1957 recibió el Premio Nobel de Literatura. Murió en un accidente automovilístico.

Perspectivas sobre Dios y la vida. Camus fue parte de un pequeño movimiento de ateos franceses (ver Ateísmo) asociado con el existencialismo y particularmente con Jean-Paul *Sartre. Empezó como nihilista (ver Nihilismo), creyendo que, en la perspectiva de lo absurdo de la vida, la única gran pregunta filosófica sería el suicidio. Gradualmente se pasó a una posición más humanista (ver Humanismo, Secular).

En vista de la negación de Dios, Camus, como otros ateos, se quedó sin fundamento con respecto a la moral absoluta. Sin embargo, se adhirió a un humanismo moralista, hablando enérgicamente de lo que consideraba el mal moral, incluyendo la guerra y la pena capital. Incluso su protesta moral contra el *teísmo contradice los valores morales básicos. La libertad del individuo era primordial; el valor que le daba a la vida humana le hizo oponerse al suicidio. Camus argumentó firmemente que el teísmo es antihumanitario, en vista del intolerable sufrimiento causado a la humanidad (ver Mal, Problema del). En The Plague, el dilema que plantea frente al teísmo se describe a través de una historia de una epidemia causada por las ratas. En su razonamiento se puede manifestar:

Uno debe unirse al doctor y luchar contra la epidemia o unirse al sacerdote y no luchar contra la epidemia.

No unirse al doctor y luchar contra la epidemia es antihumanitario.

Luchar contra la epidemia es luchar contra Dios, quien la envió.

Por lo tanto, si el humanitarismo está en lo correcto, el teísmo está equivocado.

Evaluación. Los aspectos positivos en el pensamiento de Camus. Desde el principio en The Myth of Sisyphus, Camus profundizó incisivamente en lo absurdo de una vida alejada de Dios. En sus primeros estados de ánimo nihilistas, vio la futilidad del suicidio. Su filosofía humanitaria demostró una profunda preocupación moral por la difícil situación de la humanidad. En su viaje hacia el *existencialismo, llegó a ver el fracaso de su anterior *nihilismo. También avanzó hacia la comprensión de lo que los cristianos llaman depravación humana. A lo largo de su vida, Camus reflejó una profunda necesidad de Dios.

Dimensiones negativas. El argumento del mal contra el teísmo asume erróneamente que Dios es el autor de todo el mal en el mundo. No se asigna ninguna responsabilidad a los seres humanos por sus acciones pecaminosas al infligir sufrimiento a sí mismos (ver Libre albedrío). La Biblia deja claro que la rebelión de Adán y Eva y sus descendientes causaron el mal y la muerte (Ro 5:12). Toda la naturaleza está contaminada a causa de la caída (Ro 8).

Además, Camus asume que en la soberanía de Dios esto es incompatible con la creencia cristiana ya que los cristianos tienen compasión por los que sufren. Tanto en principio como en la práctica, el cristianismo ha ofrecido más apoyo al que sufre en todos los niveles que la filosofía no cristiana. Incluso el agnóstico Bertrand *Russell reconoció que lo que el mundo necesitaba era amor y compasión cristiana (Russell, pág. 579). Solo en el cristianismo se ha hecho algo a través de la muerte y la resurrección de Cristo para detener la peste del pecado (Ro 4:25; 1 Co 15:1-4).

Como muchos otros ateos, Camus reveló un anhelo por Dios (ver Dios, Evidencias a favor de). Escribió: "¡Para quien está solo, sin Dios y sin amor, el peso de los días es terrible!" (The Fall, pág.33). Añadió en otro momento: "Pero nada puede desalentar el ansia de divinidad que hay en el corazón del hombre" (The Rebel, pág. 147).

El sentido del bien y del mal moral del novelista debería haberle llevado a proponer un Dador de la Ley Moral cuya sola presencia explica la convicción moral erradicable de que algunas injusticias están absolutamente equivocadas (ver Argumento moral a favor de Dios).

Fuentes

G. Bree, *Camus.*

A. Camus, *The Fall* [La Caída].

———, *The myth of Sisyphus* [El mito de Sísifo].

———, *The Plague* [La peste].

———, *The Rebel* [El hombre rebelde].

———, *The stranger* [El extranjero].

P. Edwards, *"Camus, Albert"*

C. S. Lewis, *Surprised by Joy.* [Cautivado por la alegría].

B. Russell, *"What Is an Agnostic?"* ["¿Qué es un agnóstico?"]

Cananeos, Sacrificio de los. Cuando los israelitas llegaron a la ciudad cananea de Jericó al principio de su invasión de la tierra prometida, Josué y sus soldados "Mataron a filo de espada a todo hombre y mujer, joven y anciano. Lo mismo hicieron con las vacas, las ovejas y los burros; destruyeron todo lo que tuviera aliento de vida. ¡La ciudad entera quedó arrasada!" (Jos 6:21). Los críticos de la Biblia afirman que tal destrucción despiadada de vida inocente y de bienes no puede ser justificada moralmente. Parece contrario al mandato de Dios de no matar a seres humanos inocentes (ver Ex 20:13).

Razones para la destrucción. La razón de las acciones del antiguo Israel se divide en tres categorías:

1. Un desafío a la presunción de inocencia moral.
2. Delimitación de las repercusiones de la naturale-

za teocrática única del mandamiento.

3. Análisis de las condiciones en las que fue ejecutado.

En primer lugar, las Escrituras dejan muy claro que los cananeos estaban lejos de ser "inocentes". La descripción de sus pecados en el Levítico 18 es muy clara: "y aun la tierra misma se contaminó. Por eso la castigué por su perversidad, y ella vomitó a sus habitantes" (v. 25). Eran cancerosamente inmorales, "contaminados" con toda clase de "abominaciones", incluyendo el sacrificio de niños (vv. 21, 24, 26).

En segundo lugar, Dios había dado al pueblo de Palestina más de cuatrocientos años para arrepentirse de su maldad. La gente de esa nación tuvo todas las oportunidades para alejarse de su maldad. Según Génesis 15:16, Dios le dijo a Abraham que sus descendientes regresarían para heredar esta tierra, pero no todavía, ya que la iniquidad del pueblo aún no estaba completa. Esta declaración profética indicaba que Dios no destruiría a la gente de la tierra hasta que su pecado mereciera una completa destrucción en el momento de su juicio.

Tercero, en esto, Josué y el pueblo de Israel no actuaban de acuerdo con su propia iniciativa. Estas fueron las guerras de Dios, no las guerras de Israel. El salmista dijo: "Porque no fue su espada la que conquistó la tierra, ni fue su brazo el que les dio la victoria: fue tu brazo, tu mano derecha [de Dios]" (Sal 44:3). La destrucción de Jericó fue llevada a cabo por el ejército de Israel como instrumento de juicio sobre los pecados de este pueblo por el justo Juez de toda la tierra. Ninguna otra nación antes o después ha tenido esta relación especial con Dios o este mandato (cf. Ex 19:5; Dt 4:8; Sal 147:20; Ro 3:1-2). Por consiguiente, cualquiera que cuestione la justificación de este acto está cuestionando la justicia de Dios.

Cuarto, Dios es soberano sobre toda la vida y tiene el derecho de tomar lo que da. Job afirmó: "El SEÑOR ha dado; el SEÑOR ha quitado. ¡Bendito sea el nombre del SEÑOR!" (Job 1:21). Moisés registró las palabras de Dios: "¡Vean ahora que yo soy único! No hay otro Dios fuera de mí. Yo doy la muerte y devuelvo la vida, causo heridas y doy sanidad. Nadie puede librarse de mi poder" (Dt 32:39). Los seres humanos no crean la vida y no tienen derecho a tomarla (Ex 20:13), excepto bajo las directrices establecidas por el dueño de toda la vida humana.

Quinto, Dios permite la toma de la vida en defensa propia (Ex 22:2), en la pena capital (Gn 9:6) y en la guerra justa (cf. Gn 14:14-20). Y cuando hay un mandato teocrático para hacerlo, como en el caso de Israel y los cananeos, su justificación moral está avalada por la soberanía de Dios (Dt 32:39; Job 1:21).

En sexto lugar, en cuanto a la matanza de los niños como parte de este mandato, cabe señalar que, dado el estado canceroso de la sociedad en la que nacieron, no pudieron evitar su fatal contaminación. Si los niños que mueren antes de la edad de la toma de responsabilidad van al cielo (ver Geisler, Systematic Theology [Teología Sistemática], vol. 3, cap. 15), esto fue un acto de la misericordia de Dios para llevarlos a su santa presencia de este ambiente impío. Finalmente, no obstante, el argumento principal a lo largo de las Escrituras es que Dios es soberano sobre la vida (Dt 32:39; Job 1:21). Él puede ordenar su fin de acuerdo con su voluntad, y su pueblo puede tener una confianza absoluta en que las acciones de Dios son para bien.

Conclusión. En el caso de los cananeos, fue necesario establecer una nación santa y un sacerdocio para exterminar la impiedad de la ciudad y su gente. Si algo hubiera quedado, excepto lo que se llevó al templo del tesoro del Señor, siempre habría existido la amenaza de la influencia pagana para alejar al pueblo de la verdadera adoración al Señor. Como muestra la historia posterior de Israel, eso es lo que ocurrió.

Fuentes

G. L. Archer Jr., *Encyclopedia of Biblical Difficulties* [Enciclopedia de Dificultades Bíblicas].

P. Copan, Is God a Moral Monster? [¿Es Dios un monstruo moral?]

N. L. Geisler, *Systematic Theology* [Teología Sistemática, vol. 3].

N. L. Geisler y T. Howe, *The Big Book of Bible Difficulties* [El Gran Libro de las Dificultades de la Biblia].

J. W. Haley, *An Examination of Alleged Discrepancies of the Bible* [Un examen de supuestas discrepancias de la Biblia].

W. Kaiser, ed., *Classical Evangelical Essays in Old Testament Interpretation* [Ensayos Evangélicos Clásicos en la Interpretación del Antiguo Testamento].

J. Orr, *The Christian View of God and the World* [La visión cristiana de Dios y el mundo], apéndice lección 5.

Carnell, Edward John. Carnell (1919-67) fue un pionero apologeta del renacimiento evangélico después de la Segunda Guerra Mundial. Miembro fundador del profesorado del Seminario Teológico Fuller en 1948, sirvió como presidente de 1955 a 1959.

Carnell escribió ocho libros, la mayoría de los cuales tratan sobre la apologética: An Introduction to Christian Apologetics [Una introducción a la Apologética Cristiana] (1948); The Theology of Reinhold Niebuhr [La teología de Reinhold Niebuhr] (1951); A Philosophy of the Christian Religion [Una filosofía de la Religión Cristiana] (1952); Christian Commitment: An Apologetic [Compromiso cristiano: Apologética] (1957); The Case for Orthodox Theology [El Caso De Teología Ortodoxa] (1959); The Kingdom of Love and the Pride of Life [El reino del amor y el orgullo de la vida] (1960); y The Burden of Søren *Kierkegaard [La carga de Søren Kierkegaard] (1965). Cabe destacar que su artículo que consta de tres partes es de suma importancia, "How Every Christian Can Defend His Faith" [Cómo todo cristiano puede defender su fe] en Moody Monthly (enero, febrero, marzo de 1950).

Las influencias que moldearon el pensamiento de Carnell las resume en uno de sus principales discípulos, Gordon Lewis: "Carnell descubrió la prueba de no contradicción en el Wheaton College en las clases de Gordon H. *Clark (ver Primeros principios). La prueba de idoneidad a los hechos empíricos fue defendida por Edgar S. Brightman en la Universidad de Boston, donde Carnell obtuvo su doctorado. Finalmente, el requisito de la relevancia para la experiencia personal se hizo prominente durante la investigación de Carnell en la Universidad de Harvard en el estudio de Søren Kierkegaard y Reinhold Niebuhr" (Lewis, Testing Christianity's Truth Claims [Evaluación de las afirmaciones de la verdad del cristianismo], pág. 176).

La apologética de Carnell. Carnell tuvo un enfoque hipotético o presuposicional (ver Apologética Presuposicional), en contraste con un *método apologético clásico. Definió la apologética como "esa rama de la teología cristiana que tiene la tarea de defender la fe". Añadió: "No hay un enfoque 'oficial' o 'normativo' de la apologética". En su lugar, "el enfoque se rige por la situación de los tiempos. Esto significa, por así decirlo, que un apologista debe improvisar" (Kingdom of Love [Reino del amor], pág. 6)

Al revisar sus propios esfuerzos apologéticos antiguos, escribió: "En mis propios libros de apologética he tratado de construir un punto de contacto útil entre el evangelio y la cultura". Por ejemplo, en "An Introduction to Christian Apologetics", la apelación fue a la ley de no contradicción; en A Philosophy of the Christian Religion [Una Filosofía de la Religión Cristiana] fue a los valores, y en Christian Commitment [Compromiso Cristiano] fue al sentimiento judicial. En este libro [The Kingdom of Love and the Pride of Life] apeló a la ley del amor" (ibid., pág. 6).

Rechazando los argumentos clásicos. Como otros presuposicionistas, Carnell rechazó la validez de los argumentos teístas tradicionales (ver Dios, Evidencias a favor de). En esto, siguió muchos de los argumentos de los escépticos, como David *Hume, y los agnósticos (ver Agnosticismo), como Emmanuel *Kant.

La razón fundamental por la que Carnell rechazó el razonamiento teísta fue su punto de partida. Comenzó en la experiencia y terminó en el escepticismo (Introduction to Christian Apologetics, pág. 126 ss.). De hecho, Carnell enumeró varias objeciones, incluyendo:

1. El empirismo termina en escepticismo. "Si todo con lo que tiene que trabajar la mente son percepciones sensoriales como informes a la mente de lo que ocurre en el mundo exterior, el conocimiento nunca podrá llegar a lo universal y a lo necesario, porque del oro no puede proceder la plata" (ibid., 129).
2. El principio de la economía elimina al Dios cristiano. Hume marcó el ritmo de los empiristas al insistir en que la causa es proporcional al efecto, pero no necesariamente mayor. Un efecto infinito dicta una causa infinita, pero un efecto finito no lo necesita.
3. La falacia de la impartición. Incluso "dado que una causa puede tener más perfeccionamientos que los que se ven en el efecto, [...] el universo finito no requiere para su explicación la existencia de una causa infinita". En el mejor de los casos, los argumentos teístas empíricos solo tienen un "valor incómodo", mostrando que el empirismo es insuficiente y apuntando a algo más allá de lo empírico (ibid., pág. 152).

Rechazo de otras "pruebas de la verdad". Carnell revisó y descartó otras pruebas de la verdad:

1. Los instintos "no pueden ser una prueba de verdad, ya que no pueden distinguir entre lo que es legítimamente natural para la especie y lo que se adquiere. Solo la mente puede hacerlo".
2. La costumbre es una prueba inadecuada porque "las costumbres pueden ser buenas

 o malas, verdaderas o falsas". Por lo tanto, algo más allá y fuera de la costumbre debe probar la validez de las propias costumbres".
3. La tradición, un corpus más normativo de costumbres transmitidas por un grupo desde los primeros tiempos, es insuficiente. "Existen tantas tradiciones, tan contradictorias en lo esencial, que solo en un manicomio podrían justificarse todas".
4. Consensus gentium, o el "consentimiento de las naciones", falla como prueba para determinar la verdad. Todos creyeron alguna vez que el mundo era el centro del universo. "Una proposición debe ser verdadera para ser digna de la creencia de todos, pero no se deduce que lo que todos creen sea verdad".

5. El sentimiento es insuficiente, porque "si no tiene una guía, el sentimiento es irresponsable".

6. La percepción de los sentidos es, en el mejor de los casos, "una fuente de verdad, pero no su definición o prueba. Nuestros sentidos a menudo nos engañan".

7. La intuición no puede probar la verdad, ya que no podemos detectar las falsas intuiciones, que son muchas.

8. La conexión de una idea con la realidad no puede ser una prueba. "Si la realidad es extra ideal, ¿entonces, ¿cómo podemos comparar nuestra idea de la mente con ella?"

9. El pragmatismo es inadecuado, ya que en un terreno puramente pragmático no hay forma de distinguir entre las opiniones opuestas más altas del materialismo y del teísmo (ya sea material o espiritual). Además, un pragmático no tiene derecho, según su teoría, a esperar que su teoría sea verificada por la experiencia futura, ya que no tiene bases para creer en la regularidad del mundo.

Carnell también argumentó que todas las pruebas deductivas son inadecuadas, porque "la realidad no puede ser conectada por la lógica formal solamente [...] La verdad lógica no puede pasar a la verdad material hasta que los hechos de la vida se introduzcan en el cuadro". Y las pruebas inductivas son pruebas inválidas para la verdad, ya que no pueden superar la probabilidad. "La premisa se demuestra solo cuando es la implicación necesaria de una premisa auto-evidente o cuando se demuestra que la contradicción es falsa" (Introduction to Christian Apologetics, pág. 48-53, 105).

La necesidad de las ideas innatas. Una alternativa al empirismo, entonces, es una especie de "racionalismo cristiano". *Augustine enseñó que "la mente, por dote natural del Creador, disfruta de la inmediata aprehensión de aquellos estándares que hacen que nuestra búsqueda de lo verdadero, lo bueno y lo bello significativo". Para "hablar con sentido de lo verdadero, lo bueno y lo bonito, [...] debemos tener criterios; pero los criterios que son universales y necesarios deben ser encontrados aparte del flujo de la percepción de los sentidos". De lo contrario, "¿cómo sabemos que una cosa debe ser coherente para ser verdadera, si el alma, por naturaleza, no está en posesión de la convicción?" Y "¿cómo es que podemos decir con confianza que lo que es bueno hoy será bueno mañana, a menos que alberguemos nuestra teoría del bien en algo fuera del proceso de la historia?" En resumen, "¿cómo podemos saber cuál es el carácter de toda la realidad, para actuar sabiamente a menos que Dios nos lo diga?" (ibid., pág. 152-57). Carnell creía que las leyes de la lógica son una evidencia innata de Dios (ver Lógica y Dios). La gente tiene un sentido innato de las reglas del pensamiento correcto. Por lo tanto, las reglas deben ser innatas. Aparte del Dios revelado en las Escrituras, no tendría sentido decir que el asesino está equivocado hoy, así que estará equivocado mañana. El hecho de que podamos hacer tal declaración es una verificación de que existe un Autor de nuestra naturaleza moral.

También hay un conocimiento de Dios a través de la naturaleza. El mundo es regular; muestra evidencia de un Dios quien hace cosas que son coherentes. Podemos dar sentido a nuestra existencia, y no deberíamos ser capaces de hacerlo, excepto por esta presuposición o hipótesis.

Una base presuposicional para todo el conocimiento. Una segunda alternativa al empirismo confirma la primera. La segunda implica un análisis existencial de lo que hace que la vida humana tenga sentido (ver Lewis, "Three Sides to Every Story" [Tres lados de cada historia]).

Todo pensamiento implica suposiciones (Introduction to Christian Apologetics, pág. 91, 95). Carnell reconoció que "se puede preguntar por qué hacemos suposiciones en todo. ¿Por qué no nos quedamos con los hechos? ¡La respuesta a esto es muy fácil! Hacemos suposiciones porque debemos hacer suposiciones para pensar. Las mejores suposiciones son las que pueden dar cuenta de la totalidad de la realidad" (ibid., pág. 94). Así pues, como en el método científico, debemos comenzar con una "hipótesis" y luego proceder a probarla (ibid. pág. 89 ss.).

La hipótesis cristiana es la mejor presuposición. "El cristiano cree tanto a Dios como a las Escrituras" (ibid., pág. 101). En realidad, "Dios es la única premisa importante del cristiano, pero este Dios es conocido a través de las Escrituras" (ibid.).

En cuanto a la imputación del razonamiento circular, Carnell responde con franqueza: "El cristiano se plantea la pregunta asumiendo la verdad de la existencia de Dios para establecer esa misma existencia. En efecto. Esto es cierto para establecer la validez de cualquier final. La verdad de la ley de la [no] contradicción debe ser asumida para probar la validez de ese principio (ver Primeros principios). Se debe suponer que la naturaleza demuestra la naturaleza" (ibid.). En efecto, "la demostración estricta de un primer postulado es imposible, como lo señaló Aristóteles, ya que conduce a un retroceso infinito o a un razonamiento circular" (ibid. pág. 102). Esto no quiere decir que algunas hipótesis no estén mejor documentadas que otras.

La prueba de consistencia sistemática. Dos pruebas nos ayudan a evaluar la verdad de una visión del mundo. Primero, debe ser lógicamente consistente; segundo, debe explicar todos los hechos relevantes. Estos se unen como un criterio llamado "consistencia sistemática". "Aceptar esa revelación que, cuando se examina, produce un sistema de pensamiento que es horizontalmente auto-consistente y que verticalmente se ajusta a los hechos de la historia". La Biblia no es aceptada arbitrariamente como la Palabra de Dios. Elegir cualquier otra posición ignoraría los hechos (ibid., pág. 190).

La prueba negativa: No contradicción. La prueba racional básica de la verdad es la ley de la no contradicción. Es una necesidad innata para el pensamiento y la vida. Sin la ley de no contradicción, ni la sensación, ni la verdad, ni el discurso son posibles. (ibid., pág. 161-63). Esta ley de pensamiento es epistemológicamente anterior a todo conocimiento (ibid. 164 ss.). La defensa de Carnell de la ley de no contradicción es lo que Cornelius Van Til llamó un *"argumento trascendental".

La prueba positiva: Ajuste de los hechos. Además de la "autoconsistencia horizontal", la segunda prueba de verdad de Carnell fue que el sistema 'encaja verticalmente con los hechos" (ibid., pág. 108-9). La autoconsistencia es solo un punto de partida. Sin ella, la verdad está ausente; sin algo más, la verdad está truncada (ibid., 109). Como dijo Lewis: "Una mera consistencia formal sin adecuación fáctica es vacía e irrelevante. Por otro lado, una relevancia experiencial sin consistencia termina en el caos y en el sinsentido" (Testing Christianity's Truth Claims [Probando las afirmaciones de la verdad del cristianismo], pág. 206).

Los "hechos" incluyen la experiencia externa, como los hechos históricos, y la experiencia interna, como la paz personal y subjetiva del corazón (Introduction to Christian Apologetics, pág. 109-13). Los "hechos" de Carnell incluyen asuntos éticos, existenciales, psicológicos y de valores.

Carnell estaba convencido de que ninguna otra visión del mundo puede satisfacer la búsqueda humana de la comunión personal. Ninguna otra proporciona estándares significativos de amor y perdón (Lewis, Testing Christianity's Truth Claims, pág. 218). Carnell dedicó A Philosophy of the Christian Religion [Una filosofía de la religión cristiana] a esta tesis. Lewis señaló: "Edward Carnell trató de mostrar que el cristianismo no solo es verdadero, sino que es más deseable para cada persona individual" (Testing Christianity's Truth Claims, pág. 210, énfasis añadido).

Carnell escribió Christian Commitment [Compromiso Cristiano] y The Kingdom of Love and the Pride of Life [El Reino del Amor y el Orgullo de la Vida]

para demostrar que el cristianismo por sí solo proporciona un sistema de satisfacción de valores. Como se afirma en la autenticidad existencial de Francisco *Schaeffer, uno puede vivir por los principios cristianos sin hipocresía.

El punto de contacto: La imagen de Dios. A diferencia de Van Til, Carnell creía que el humano natural era capaz de entender algunas verdades sobre Dios. A él no le gustaban las "vagas homilías sobre los 'efectos noéticos del pecado" (Christian Commitment, pág. 198). Entre otras cosas, la imagen de Dios proporciona tanto los principios morales innatos como la idea misma de Dios. Citando a Juan Calvino con total aprobación, Carnell escribió: "Uno no debería encontrar extraño que Dios, al crearme, colocó esta idea (Dios) conmigo para que fuera como la marca del obrero impresa en su trabajo" (Introduction to Christian Apologetics, pág. 160).

Evaluación. Hay muchos valores positivos en los puntos de vista de Carnell, incluyendo su énfasis en la razón y las evidencias. Sin embargo, hay problemas con su prueba de consistencia sistemática de la verdad como una prueba general de la verdad de una visión del mundo (ver Apologética, Tipos de; Apologética Presuposicional).

Fuentes

J. E. Barnhard, *"The Religious Epistemology and Theodicy of Edward John Carnell and Edgar Sheffield Brightman"* [La Epistemología y Teodicea Religiosa de Edward John Carnell y Edgar Sheffield Brightman]

E. J. Carnell, *The Burden of Søren Kierkegaard* [La carga de Søren Kierkegaard].

———, *The Case for Orthodox Theology* [El caso de la teología ortodoxa.]

———, *Christian Commitment: An Apologetic* [Compromiso Cristiano: Una Apologética].

———, *"How Every Christian Can Defend His Faith"* [Cómo todo cristiano puede defender su fe].

———, *An Introduction to Christian Apologetics* [Una introducción a la Apologética Cristiana].

———, *The Kingdom of Love and the Pride of Life* [El Reino del Amor y el Orgullo de la Vida].

———, *A Philosophy of the Christian Religion* [Una filosofía de la religión cristiana] ———, The Theology of Reinhold Niebuhr. [La Teología de Reinhold Niebuhr].

N.L. Geisler, *Christian Apologetics* [Apologética cristiana], cap. 7.

E. Gilson, *The Unity of Philosophical Experience* [La unidad de la experiencia filosófica].

G. R. Lewis, *"Edward John Carnell"*.

G. R. Lewis y B. Demarest, *Integrative Theology* [Teología Integrativa], vol. 1.

————, *Testing Christianity's Truth Claims* [Evaluación de las afirmaciones de la verdad del cristianismo].

————, *"Three Sides to Every Story"* [Tres lados de cada historia].

R. Nash, *The New Evangelicalism* [El nuevo Evangelismo].

B. Ramm, *Types of Apologetics Systems* [Tipos de sistemas apologéticos].

W. S. Sailer, *"The Role of Reason in the Theologies of Nels Ferre and Edward John Carnell* [El papel de la razón en las teologías de Nels Ferre y Edward John Carnell]".

Causalidad, Principio de. El principio de causalidad es un primer principio. Todos los primeros principios son evidentes o se reducen a lo obvio. Pero no todo lo que es evidente en sí mismo parece ser evidente para todos. El principio de causalidad (ver Primeros principios) encaja en esa categoría y por lo tanto debe ser sacado a la luz.

Establecimiento del Principio de Causalidad. El principio de causalidad puede ser establecido de varias maneras, algunas más fácilmente aceptadas que otras. Algunos ejemplos son:

1. Cada efecto tiene una causa.

Esta forma es claramente evidente, ya que su predicado se limita a su sujeto, puesto que un efecto es lo que es causado. En esta forma, la carga de la prueba se desplaza mostrando que algo (como el "mundo") es un efecto. Otras formas de establecer el principio no son inmediatamente evidentes, pero son reducibles a ella.

2. Cada ser Contingente es causado por otro.
3. Cada ser limitado es causado por otro.
4. Todo lo que llega a ser es causado por otro.
5. El no ser no puede causar el ser.

A veces el principio se establece de otras maneras, pero cada forma se reduce a una o más de estas declaraciones. Por ejemplo, "Todo lo que comienza tiene una causa" es lo mismo que "Todo lo que llega a ser es causado por otro". También, "Todo ser dependiente es causado por otro" es lo mismo que "Todo ser Contingente es causado por otro".

Defensa del Principio. Si se establece el principio de causalidad, "Todo efecto tiene una causa", entonces es innegable. De esta forma, el principio de causalidad es evidente por sí mismo, ya que por "efecto" se entiende lo que es causado y por una "causa" se entiende lo que produce el efecto. Por lo tanto, el predicado es limitado al sujeto. Es como decir, "dos más dos son cuatro". Sin embargo, hay una dificultad para

establecer el principio de esta manera ya que un teísta desea utilizarlo para probar la existencia de Dios (ver Dios, Evidencias a favor de). Simplemente traslada la carga de la prueba de nuevo al teísta, que debe demostrar que los seres contingentes, finitos y/o temporales son efectos. Si bien esto puede hacerse, no es tan útil como usar la forma "El no ser no puede producir el ser". Pero la pregunta sigue siendo si esta forma es evidente o innegable.

Todas las maneras de defender estas formas de principio de causalidad (tipos 2-4) requieren una explicación de lo que se quiere decir según los términos de la afirmación. Los siguientes ejemplos son:

La naturaleza del ser y del no ser. "El no ser no puede causar el ser" porque solo el ser puede causar que algo exista. El no ser es nada; no existe. Y lo que no existe no tiene poder para producir nada. Solamente lo que existe puede causar la existencia, ya que el concepto mismo de "causa" implica que una cosa existente tiene el poder de afectar a otra. Absolutamente nada puede producir absolutamente nada. O, más popularmente dicho, "Nada viene de la nada; la nada nunca pudo".

La naturaleza de la contingencia. Todos los seres Contingentes necesitan una causa, ya que un ser Contingente es algo que existe pero que podría, en otras circunstancias, no existir. Dado que tiene la posibilidad de no existir, no da cuenta de su propia existencia. En sí mismo, no hay razón para que exista. Alguna vez era el no-ser, pero él no-ser no puede causar nada. El ser solo puede ser causado por el ser. Solo algo puede producir algo.

Obsérvese que las dos defensas anteriores (ser/no ser y contingencia) dependen del principio "El no ser no puede causar el ser" o "Nada no puede causar algo". Muchos filósofos sostienen que este principio se conoce como verdadero intuitivamente y es evidente. Pero si alguien no acepta esto como evidente, la afirmación puede ser defendida de dos maneras.

En primer lugar, el concepto innato de producir o causar es la implicación de que algo que existe trajo a la existencia lo que se produce o causa. La alternativa es definir la nada como algo o el no ser como un ser, lo cual es un sinsentido. Este argumento debe distinguirse del punto de vista de David Hume de que no es absurdo decir que nada puede ser seguido por algo. El mismo Hume niega que algo pueda ser causado por nada: "Nunca he afirmado una proposición tan absurda como la de que algo pueda surgir sin una causa" (Hume, Letters of David Hume [Cartas de David Hume], 1:187).

Los teístas aceptan fácilmente la declaración de Hume. Por ejemplo, un estado en donde no existía un mundo fue seguido por un estado en donde existió un mundo (después de que Dios lo creara). Es decir, nada (ningún mundo) fue seguido por algo (un mundo). No hay una contradicción inherente al decir que nada puede ser seguido por algo. El problema surge al decir que nada puede producir o causar algo.

La importancia de esta verdad empieza a aflorar cuando se afirma de otra manera: Si no hubiera nada en absoluto (incluyendo a Dios), entonces siempre habría nada en absoluto (incluyendo a Dios).

En segundo lugar, todo lo que viene a ser debe tener una causa. Si llegó a ser, no es un Ser Necesario, que por su naturaleza debe existir siempre. Lo que es un ser contingente y por naturaleza es capaz de existir o de no existir. Algo que no es un Ser Contingente tiene que determinar que ha llegado a existencia. Por lo tanto, todo lo que llegó a existencia debe ser causado, ya que debe haber alguna acción eficiente que lo haga pasar de un estado de potencialidad (potencia) a un estado de realidad (Hecho). Por eso, *Tomás Aquino señaló, ninguna potencia del ser puede realizarse a sí misma. Realizarse significa que un ser anteriormente permaneció en un estado de realidad, y estar realizado significa que un ser permaneció en un estado de potencialidad. No pueden ser ambas cosas al mismo tiempo. Eso vulneraría el principio de no contradicción. Por lo tanto, no se puede negar el principio de causalidad sin vulnerar el principio de no contradicción.

Los primeros principios y la existencia de Dios. Dado que algo existe (lo cual es innegable) por causalidad (y el principio de analogía), la existencia de Dios puede ser demostrada (ver Argumento Cosmológico). En cada caso, por supuesto, la carga de la prueba recae en la premisa menor, no en la premisa que es el principio de causalidad.

Todo lo que llega a ser tiene una causa. Usando esta declaración del principio de causalidad, la existencia de una Primera Causa puede ser demostrada de la siguiente manera:

1. Todo lo que llega a ser es causado por algo más.
2. El universo llegó a ser.
3. Por lo tanto, el universo fue causado por algo más.

Por supuesto, uno debe mostrar que el universo llegó a ser. Esto lo hace el teísta por la ciencia y la filosofía (ver Big Bang, Teoría del; Kalam, Argumento cosmológico).

Otra forma de probar la existencia de Dios utiliza una afirmación diferente del principio de causalidad:

1. Cada ser Contingente es causado por otro.
2. El universo es contingente en su ser.
3. Por lo tanto, el universo es causado por otro.

Aquí también la carga de la prueba está en mostrar que el universo como un todo es contingente. Esto se hace generalmente mostrando que el universo como un todo podría, o pudo, llegar a existencia, por lo que es contingente. Del mismo modo, el universo podría dejar de existir. Debe tener una causa para explicar por qué existe en lugar de no existir.

Por supuesto, si se desea demostrar que esta causa del universo es inteligente o moral, entonces se debe utilizar el principio de analogía para mostrar que los efectos se asemejan a su causa eficiente (ver Analogía, Principio de; Primeros Principios). Por ejemplo:

1. Los efectos se asemejan a sus causas en su existencia.
2. El universo manifiesta un diseño inteligente en su existencia.
3. Por lo tanto, el universo tiene un Diseñador inteligente.

Objeciones. La mayoría de las respuestas a las objeciones planteadas contra el principio de causalidad están implícitas en lo que se ha propuesto.

No hay necesidad de una causa. Algunos ateos (ver Ateísmo) argumentan que no hay necesidad de una causa. Insisten en que no hay nada incoherente en que de algo venga a existir de la nada. Esto es contrario a la realidad tal como se conoce y se vive y para la empresa científica, que busca una explicación causal para todos los eventos. Es contrario a la intuición creer que las cosas surgen y desaparecen de la existencia. Los que tienen esa posición también deben afrontar el hecho de que algo que ni siquiera existe tiene poder para hacer algo.

Si todo es causado, también lo es Dios. Esta objeción se basa en un malentendido. El principio de causalidad no afirma que todo tiene una causa. Solo afirma que todo lo que tiene un principio (o es finito, limitado o contingente) necesita una causa. Por ejemplo, si el universo no tuviera un principio, entonces no necesita una causa de su comienzo. De la misma manera, si Dios no tiene un principio, entonces tampoco necesita una causa. Solo lo que tiene un principio necesita una causa. Pero pocas personas argumentan que el universo no tiene principio. En última instancia, el universo necesita una causa que no tiene principio, porque el universo no puede surgir de la nada.

El principio de causalidad no se aplica a la realidad. Algunos críticos insisten en que el principio de causalidad pertenece al ámbito de la lógica, pero no se aplica a la realidad (ver Realismo). Esto es autodestructivo. No se puede afirmar sistemáticamente que las leyes del pensamiento no pueden afirmarse en relación con la realidad. Es inconsistente pensar que la realidad no puede ser pensada. Ya que el principio de causalidad es un principio fundamental de la razón (ver Fundacionalismo), debe aplicarse a la realidad. De lo contrario, uno termina en una posición autodestructiva de que lo que se conoce de la realidad no puede ser conocido. El principio de causalidad es un principio sobre la realidad. Cuando dice "El no ser no puede producir el ser", el ser significa lo que es real y el no ser lo que no es real.

No hay necesidad de una causa aquí y ahora. Algunos críticos argumentan que aunque alguna vez pudo haber una causa del comienzo del universo, no es necesario que haya una ahora. Ya sea que dicha causa ya no exista, o bien puede seguir existiendo, pero no es necesaria para sostener continuamente el universo.

El Dios teísta demostrado por el argumento *cosmológico no puede haber causado el universo y luego posteriormente dejar de existir. El Dios teísta es un Ser Necesario, y un Ser Necesario no puede dejar de serlo. Si existe, debe por su propia naturaleza existir necesariamente. Un Ser Necesario no puede existir en un modo contingente como tampoco puede existir un triángulo en un modo de cinco lados.

Un Ser Necesario debe continuar causando su(s) ser(es) contingente(s). Un ser Contingente debe seguir siendo contingente mientras exista, ya que nunca puede convertirse en un Ser Necesario. Pero esta es la única otra alternativa para un ser Contingente que no sea la de dejar de existir o permanecer como un ser Contingente. Pero si un ser contingente es siempre contingente, entonces siempre necesita de un Ser Necesario del que depende para su existencia. Puesto que ningún ser contingente se mantiene a sí mismo en la existencia, debe tener un Ser Necesario para evitar que vaya a la inexistencia en todo momento.

La suposición implícita al plantear un antiguo Ser Necesario que ya no existe es que la causalidad simultánea no tiene sentido. Pero no hay contradicción en decir que un efecto se está efectuando en el mismo instante en que es causado. Este es claramente el caso de la relación entre las premisas (causa) y la conclusión (efecto) en un silogismo. Causa y efecto son simultáneos, ya que en el instante en que uno quita la(s) premisa (s)por la conclusión ya no sigue. De la misma manera, la relación causal entre el rostro y la imagen en el espejo es simultánea.

Lo que nubla la comprensión es la confusión de un efecto con un efecto posterior. Por ejemplo, cuando la pelota es lanzada, continúa moviéndose después de que el lanzador ya no la lanza. El reloj continúa corriendo después de que se le da cuerda. Sin embargo, en estos y otros ejemplos similares, el efecto posterior también está siendo afectado directa y simultáneamente por alguna causa, después de que la causa original haya desaparecido. La fuerza de inercia mantiene la pelota de béisbol en movimiento; las fuerzas de tensión y reacción mantienen el resorte moviendo el reloj. Si alguna de estas fuerzas dejará de existir, el efecto posterior se detendría. Si la inercia cesará en el mismo instante en que la bola dejará mi mano, la bola se detendría instantáneamente en el aire. De la misma manera, el reloj dejaría de funcionar en el instante en que las leyes físicas que lo afectan dejarán de funcionar. Cada denominado efecto posterior es solo un efecto de alguna(s) causa(s) simultánea(s).

No hay secuelas existenciales. Lo que sea, existe en el aquí y ahora. Y lo que sea que esté siendo causado para existir en este momento debe tener algo que lo haga existir en este momento. Una distinción básica ayudará a ilustrar el punto. El artista no es la causa de la existencia de un cuadro; solo es el instrumento de la creación (o llegar a ser) del cuadro. La pintura continúa existiendo después de que el artista quite sus manos del lienzo. El padre no causa el ser del hijo, sino solo es el instrumento de creación del hijo, porque cuando el padre muere, el hijo sigue viviendo.

Los seres finitos necesitan claramente una causa, no solo de su instrumento de creación, sino también de su ser aquí y ahora. Porque en cada momento de su existencia dependen de la existencia de otro. Nunca dejan de ser seres limitados, finitos y contingentes. Y, como tales, exigen una causa para cada momento de su existencia. No importa si nos referimos a John Doe en el momento uno, dos o tres de su existencia. Él sigue existiendo, tiene una existencia recibida, y por lo tanto está recibiendo la existencia de algo fuera de sí mismo.

Parte del problema se eliminaría si no habláramos de la existencia, como si todo el paquete se recibiera de una sola vez, pero al existir, sería un proceso momento a momento. La palabra ser puede ser aún más engañosa respecto a esto. Nadie recibe todo su ser de una vez, ni siquiera el siguiente instante de este. Cada criatura tiene un "ser" presente. La existencia llega un momento a la vez. Pero en cada momento de ser dependiente debe haber algún Ser independiente que dé ese momento de ser. En este sentido, la distinción entre el latín esse (ser) y ens (ser, cosa) es útil. Dios es puro Esse, y nuestra actual esse (Seidad) depende de él. La Existencia Pura debe darle existencia a nuestra potencialidad para existir; de lo contrario no existiríamos. Dios como Realidad Pura está realizando de forma constante todo lo que existe. Por lo tanto, es la existencia actual de todo lo que existe lo que exige un fundamento causal.

La física cuántica muestra que los eventos subatómicos no tienen causa. El principio de incertidumbre de Werner Heisenberg (ver Indeterminación, Principio de) es un principio de la mecánica cuántica que establece que "la posición y momento de una partícula no pueden conocerse simultáneamente con total certeza". Según esta perspectiva, por ejemplo, es posible predecir con exactitud qué fracción de átomos de uranio se desintegrará radiactivamente en la próxima hora, pero es imposible predecir qué átomos lo harán" (Lightman y Brawer, pág. 560). Es razonable que si algunos eventos son impredecibles, no deben tener una causa.

Sin embargo, no se llega a esta conclusión por varias razones que se analizan en el artículo Indeterminación, Principio de. En primer lugar, el principio de Heisenberg no es un principio de la falta de causalidad, sino un principio de la capacidad de imprevisión. Segundo, es solo la posición de una partícula en particular la que no puede predecirse, no el patrón general. Tercero, ya que el reino subatómico no puede ser "observado" sin bombardearlo, un científico no puede estar seguro de cómo es realmente. No todos los físicos están de acuerdo con Heisenberg. La respuesta de Albert Einstein fue: "Dios no juega a los dados con el universo".

Fuentes

T. Aquino, *On Being and Essence* [El Ente y La Esencia].

L. Feuerbach, *The Essence of Christianity* [La esencia del cristianismo].

S. Freud, *The Future of an Illusion* [El futuro de una ilusión].

R. Garrigou-Lagrange, God [Dios].

N. L. Geisler, *Christian Apologetics* [Apologética cristiana].

N. L. Geisler y W. Corduan, *Philosophy of Religion* [Filosofía de la religión].

E. Gilson, *Being and Some Philosophers* [El Ser y algunos filósofos].

D. Hume, *Dialogues Concerning Natural Religion* [Diálogos sobre la religión natural].

————*The Letters of David Hume* [Las cartas de David Hume].

I. Kant, *Critique of Pure Reason* [Crítica de la razón pura].

A. Lightman y R. Brawer, *Origins* [Orígenes].

J. Maritain, *Existence and the Existent* [Existencia y de lo existente].

E. L. Mascall, *Existence and Analogy* [Existencia y Analogía].

B. Mondin, *The Principle of Analogy in Protestant and Catholic Theology* [El principio de analogía en la teología protestante y católica].

L. M. Regis, *Epistemology* [Epistemología].

B. Russell, *Why I Am Not a Christian* [Por qué no soy cristiano].

Celso. Celso fue un filósofo pagano del siglo II. Su obra On the True Doctrine (o Discourse [Discurso verdadero contra los cristianos]) es el escrito más antiguo conocido que ataca la fe cristiana (aprox. 178). También es conocido a través de los ocho libros que escribió Origen en su obra Contra Celsus [Contra Celso] en respuesta a sus escritos, que conserva la mayor parte del discurso de Celso. No existen otras copias.

Origen describe las creencias de Celso como una combinación de una visión platónica (ver Platón) de Dios y el *politeísmo griego. El resultado fue un dios desconocido que puso a sus diversos demonios a cargo de la experiencia humana. La verdadera religión se demuestra concentrándose en dios y dando culto a los demonios. La adoración se debe al emperador al celebrar fiestas públicas, ocupar cargos públicos y unirse al ejército (ver Douglas, pág. 206).

Celso se presentaba como un observador pagano desapegado sin sentimientos fuertes hacia la religión. Elogió al cristianismo por su doctrina del Logos y su alta moral, pero se opuso firmemente a su exclusividad. Criticó gran parte de la historia bíblica por sus afirmaciones milagrosas y expresó su repugnancia por las doctrinas de la encarnación y la crucifixión. También se opuso a la inconformidad cristiana, que creía que tendía a debilitar el gobierno romano. Sus acusaciones se reducían a superstición religiosa, intolerancia y disconformidad política.

Las acusaciones fueron respondidas por Origen. Celso no apreció la evidencia histórica (ver Nuevo Testamento, Historicidad de) y la justificación filosófica de los milagros bíblicos (ver Milagro; Milagros, Argumentos contra los). También falló en entender la evidencia que apoyaba la divinidad de Cristo (ver Cristo, Divinidad de) y la singularidad del cristianismo (ver Cristo, Unicidad de; Religiones del mundo y el cristianismo).

Fuentes

Celso, *On the True Doctrine* [Discurso verdadero contra los cristianos].

H. Chadwick, *Origen: Contra Celsus* [Contra Celso].

F. L. Cross, *"Celsus"*

E. R. Dodds, *Pagan and Christian in an Age of Anxiety* [Pagano y cristiano en una época de ansiedad].

J. D. Douglas, *New International Dictionary of the Christian Church* [Nuevo Diccionario Internacional de la Iglesia Cristiana].

Origen, *Contra Celsus* [Contra Celso].

Certeza/Certidumbre. La certeza es la confianza de que algo es verdad. A veces la certeza se distingue de la certidumbre. La certeza es objetiva, pero la certidumbre es subjetiva. Un primer principio o declaración evidente es objetivamente cierto, tanto si una persona está segura de ello (tiene certeza) o no. La certidumbre implica el consentimiento del conocedor a lo que es cierto; es una aceptación subjetiva de lo que es objetivamente así. En el uso común, los términos se emplean indistintamente. La diferencia es que la certeza existe cuando hay razones o pruebas objetivas que guardan correspondencia con el grado de certeza que se alega. Sin embargo, con certidumbre no es necesario que haya un grado correspondiente de razones o pruebas objetivas para el grado que uno posee.

Tipos de certeza. La certeza recae en categorías de lógica, metafísica, moral, práctica y espiritual.

Certeza lógica. La certeza lógica se encuentra en gran medida en las matemáticas y la lógica pura. Este tipo de certeza está implicada dónde lo contrario sería una contradicción. Algo es seguro en este sentido cuando no hay una posibilidad lógica de que sea falso. Dado que las matemáticas se reducen a la lógica, encaja en esta categoría. Se encuentra en afirmaciones como $5 + 4 = 9$. También se encuentra en tautologías o declaraciones que son verdaderas por definición: Todos los círculos son redondos, y ningún triángulo es un cuadrado.

Certeza metafísica. Sin embargo, hay otras cosas de las que podemos estar absolutamente seguros de que no son declaraciones vacías de contenido. Por ejemplo, sé con certeza que existo. Esto es innegable, ya que no puedo negar mi existencia sin existir para hacer la negación. Los primeros principios también pueden ser conocidos con certeza, ya que el sujeto y el predicado dicen lo mismo: "El ser existe"; "El no ser es un ser sin existencia". También es cierto que "El no ser no puede producir el ser", puesto que producir implica un productor existente.

Certeza moral. La certeza moral existe cuando la evidencia es tan grande que la mente carece de cualquier razón para vetar la voluntad de creer que es así. Uno descansa en una certeza moral con total confianza. Por supuesto, existe la posibilidad lógica de que las cosas de las que estamos moralmente seguros sean falsas. Sin embargo, la evidencia es tan grande que no hay razón para creer que es falsa. En términos legales, esto es lo que se quiere decir a través de "más allá de toda duda razonable".

Certeza Práctica (Alta probabilidad). La certeza práctica no es tan sólida como la certeza moral. Las personas afirman estar "seguras" de las cosas que creen que tienen una alta probabilidad de ser verdad. Una de ellas puede ser la certeza de que ella desayunó hoy, sin ser capaz de probarlo matemática o metafísicamente. Es verdad, a menos que algo cambie su percepción, de modo que se engañe pensando que

ha desayunado. Es posible estar equivocado en estos asuntos.

Certeza espiritual (sobrenatural). Si le otorgamos a un Dios teísta la existencia, podría darnos una seguridad sobrenatural de que algo es verdad. De la misma manera, si Dios habla directamente a una persona (por ejemplo, Abraham en Génesis 22), entonces esa persona podría tener una certeza espiritual que trasciende otros tipos de certeza, porque viene directamente de Dios. Aquellos que tienen experiencias místicas directas de Dios (ver Misticismo), como las que Pablo describe en 2 Corintios 12, tienen este tipo de certeza. Esta sería más grande que cualquier otro tipo de certeza, ya que un ser omnisciente es su garante y la omnisciencia no puede equivocarse. En cuanto a cómo o si tal garantía existe realmente aparte de un acto sobrenatural es un punto debatible entre los teólogos, aunque muchos apologistas clásicos y otros argumentan que sí (ver Espíritu Santo, Papel en la Apologética).

Certeza y error. La certidumbre subjetiva es una forma en la que es posible tener certeza y/o certidumbre moral sobre la verdad de algo que es objetivamente falso. La voluntad de creer puede vencer a la falta de pruebas, de modo que se tiene la tenacidad de la creencia sin la veracidad de la misma. Las razones para el error incluyen sentidos o procesos mentales defectuosos, conciencia incompleta, el impulso de la voluntad y la necesidad de actuar en ausencia de pruebas convincentes.

No se puede estar equivocado sobre los primeros principios o las proposiciones evidentes. Una vez que la mente los entiende, se ve obligada a aceptarlos. No hay libertad para no consentir una verdad evidente. Mientras que esta inclinación natural a la verdad es un impulso inconsciente, parece que, propiamente hablando, el consentimiento a la certeza es consciente. Solo se puede estar seguro entendiendo que la verdad es un principio primario o reducible a ella. Este grado de análisis requiere una toma de conciencia. Solo cuando se comprende el principio y la verdad se hace inequívocamente clara, es necesario el consentimiento y se garantiza la certeza.

La certidumbre da tranquilidad. Dado que la certidumbre implica un consentimiento consciente a la certeza de la verdad por la cual un ser humano tiene un apetito inconsciente, la posesión de esta verdad por el intelecto es la recompensa de la certidumbre. En presencia de tales verdades, nada en el mundo podría privar al intelecto de esta posesión. La recompensa del ansia de verdad es la certidumbre, de la que goza conscientemente quien percibe la certeza y la necesidad de la verdad que él o ella ha tenido.

Fuentes

Tomás de Aquino, *Commentary on Aristotle's: On Interpretation* [Comentario sobre Aristóteles: Sobre la interpretación].

————, *Summa Theologica*.

Aristotle, *On Interpretation* [Sobre la interpretación].

G. Habermas, *Dealing with Doubt* [Lidiando con la duda].

J. H. Newman, *The Grammar of Assent* [La gramática del acuerdo].

L. M. Regis, *Epistemology* [Epistemología].

J. B. Sullivan, *An Examination of First Principles in Thought and Being in the Light of Aristotle and Aquinas* [Un análisis de los primeros principios del pensamiento y bajo los hechos de Aristóteles y Aquino].

F. D. Wilhelmsen, *Man's Knowledge of Reality* [El conocimiento del hombre sobre la realidad].

Chesterton, Gilbert K. Gilbert K. Chesterton (1874-1936) fue un brillante e ingenioso ensayista y poeta inglés, a quien C. S.*Lewis le debe muchos de sus escritos. Chesterton abandonó la formación en el arte por el periodismo, y en 1922 se convirtió en católico romano. Sus obras religiosas incluyen Heretics [Herejes] (1905), Orthodoxy [Ortodoxia] (1908), The Everlasting Man [El Hombre Eterno] (1925), y Avowals and Denials [Monstruos y lógica] (1934). Su Autobiography [Autobiografía] (1936) proporciona muchas ideas sobre la escena religiosa de 1895 a 1936.

Chesterton defendió el catolicismo ortodoxo, y sus escritos están llenos de ingeniosos argumentos apologéticos de la fe cristiana. En Orthodoxy, declaró que "nunca hubo nada tan peligroso o emocionante como la ortodoxia" (pág. 106). Cualquiera podría caer en tendencias religiosas, desde el *Gnosticismo hasta la ciencia cristiana, "pero haberlas evitado todas ha sido una aventura turbulenta; y en mi visión el carro celestial vuela estruendosamente a través de los tiempos, las aburridas herejías se extienden y se postran, la verdad salvaje se tambalea, pero se mantiene erguida" (ibid., pág. 107).

Chesterton fue crítico con las visiones del mundo no teístas. Llamó al *teísmo "el más atrevido de todos los dogmas [...]. Es la afirmación de una negativa universal; para un hombre decir que no hay Dios en el universo es como decir que no hay insectos en ninguna de las estrellas" (Five Types [Cinco tipos], pág. 59). Criticó el panteísmo por ser incapaz de inspirar una acción moral. "Porque el panteísmo implica en su naturaleza que una cosa es tan buena como otra; mientras que la acción implica en su naturaleza que una cosa es muy preferible a otra" (Ortodoxy, pág. 143). Incluso, añadió que el paganismo es mejor que el panteísmo. "El paganismo es libre de imaginar divinidades, mientras que el panteísmo se ve obligado a pretender, de manera mojigata, que todas las cosas son igualmente divinas" (Catholic Church and Conversion [Iglesia Católica y Conversión], pág. 89).

Chesterton destiló la diferencia entre el cristianismo y el budismo a la observación perspicaz: "El cristiano se compadece de los hombres porque están muriendo, y el budista se compadece de ellos porque están viviendo. El cristiano se compadece de lo que daña la vida de un hombre; pero el budista se compadece de él porque está vivo" (Generally Speaking [Conversaciones Generales], pág. 115-16).

Fuentes

G. K. Chesterton, *The Autobiography of G. K. Chesterton* [La Autobiografía de G.K. Chesterton].

————, **The Catholic Church and Conversion** [La Iglesia Católica y la Conversión].

————, *Chaucer*.

————, *Five Types* [Cinco tipos].

————, Generally Speaking. [Conversaciones Generales]

————, *A Handful of Authors* [Un grupo de autores].

————, *Heretics* [Herejes].

————, *Orthodoxy* [Ortodoxia].

————, *Saint Thomas Aquinas* [Santo Tomás de Aquino]

————, *St. Francis of Assisi* [San Francisco de Asís].

————, *The Thing: Why I Am a Catholic* [La cuestión: ¿por qué soy un católico?].

C. Hollis, *The Mind of Chesterton* [La mente de Chesterton]

A. L. Maylock, *The Man Who Was Orthodox* [El hombre que era ortodoxo].

J. W. Montgomery, *Myth, Allegory, and Gospel, chap. 2* [Mito, Alegoría y Evangelio, cap. 2].

M. Ward, Gilbert Keith Chesterton.

————, *Return to Chesterton* [Regreso a Chesterton].

Ciencia de los orígenes. *Ver* ORÍGEN, CIENCIA DEL.

Ciencia y Biblia. El conflicto entre la ciencia y la Biblia ha sido amargo, especialmente en los últimos 150 años. La mayoría de las razones de esta hostilidad se relacionan con lo que uno percibe como la naturaleza y el procedimiento de cada dominio. Para muchos, el supuesto conflicto se resuelve separando las dos esferas por completo. A veces, esto se hace limitando el papel de la religión o la Biblia a cuestiones de fe y la ciencia a cuestiones de hecho. Específicamente, algunos cristianos en ciencia argumentan que la Biblia nos dice quién y por qué (Dios), y la ciencia se ocupa de cómo.

Sin embargo, esta clara separación de los dominios de la ciencia y la Biblia es insatisfactoria, ya que la Biblia no se limita a preguntas de quién y por qué. A menudo hace afirmaciones de hechos sobre el mundo científico. La ciencia tampoco se limita simplemente a cuestiones de cómo. También se ocupa de los orígenes (ver Ciencia del Origen]).

Desde una perspectiva cristiana, la relación entre la Biblia y la naturaleza es la relación entre dos revelaciones de Dios, revelación especial y revelación general (ver Revelación, General; Revelación, Especial]). El primero se encuentra en la revelación de Dios en las Escrituras (ver Biblia, Evidencias a Favor de la) y el segundo en su revelación en la naturaleza. Entre estos dos, cuando se comprenden correctamente, no hay conflictos, ya que Dios es el autor de ambos y no puede contradecirse.

Sin embargo, dado que la comprensión científica es simplemente una comprensión humana falible de la naturaleza, y dado que los eruditos de la Biblia solo tienen una interpretación falible de las Escrituras infalibles, es comprensible que haya contradicciones en estas áreas. La situación se puede esquematizar de la siguiente manera:

Escritura	sin conflicto	Naturaleza
Teología	algo de del conflicto	Ciencia

La teología bíblica involucra la comprensión humana del texto bíblico. Como tal, está sujeto a malentendidos y errores. Del mismo modo, la ciencia es intentos humanos falibles de comprender el universo. Entonces el conflicto es inevitable. Por ejemplo, la mayoría de los científicos creen que el universo tiene miles de millones de años. Algunos eruditos de la Biblia sostienen que tiene solo miles de años. Obviamente, ambos no pueden tener razón.

Principios de reconciliación. Antes de que se detecten áreas de conflictos específicos, varias pautas son útiles para la naturaleza y el procedimiento de ambas disciplinas.

Cualquiera de los grupos está sujeto a error. Personas informadas de ambos lados, tanto intérpretes de la Biblia como científicos, han cometido errores. Muchos eruditos de la Biblia alguna vez creyeron que el sol giraba alrededor de la tierra (al igual que muchos científicos); algunos creían que la tierra era cuadrada. Pero estaban equivocados. Asimismo, se ha descartado el modelo de un cosmos eterno en favor del modelo del Big Bang. Las teorías evolutivas sobre la herencia

de características adquiridas han sido derrocadas (ver Evolución Biológica; Evolución Química).

Cualquiera de los grupos está sujeto a corrección. Otro principio importante es que ambas áreas están sujetas a corrección por la otra. Por ejemplo, los hechos científicos han refutado la teoría de la tierra plana. Por lo tanto, cualquier interpretación que tome los versículos sobre "los cuatro ángulos de la tierra" como descripciones literales de la geografía es incorrecta. La ciencia ha demostrado que estaban equivocados.

Del mismo modo, los científicos que insisten en que el universo es eterno sostienen una teoría que ha sido probada falsa, tanto por la ciencia como por las críticas de los cristianos (ver Teoría del Big Bang; Creación, Puntos de Vista de la; Evolución Cósmica).

No todos los conflictos se resuelven tan fácilmente. Muy pocas cosas están probadas con certeza en la ciencia. Algunas cosas son sólo probables o altamente probables. Por ejemplo, no está absolutamente probado que la tierra se mueva alrededor del sol. Esta teoría se ajusta a los hechos tal como se conocen y es una interpretación científica muy probable de la naturaleza. Dado que entra en conflicto con una interpretación discutible de las Escrituras, debemos asumir que esta última está equivocada. Y viceversa. Por ejemplo, la macroevolución es discutible y la creación del universo, la primera vida y las nuevas formas de vida es muy probable. Por lo tanto, la creación debe aceptarse como verdadera y rechazarse la macroevolución (ver Evolución).

La biblia no es un libro de texto de ciencias. Un principio que algunos apologistas cristianos demasiado entusiastas a veces olvidan es que, si bien la Biblia no comete errores científicos (ver Bible, Alleged Errors in [Biblia, Supuestos errores en la]), tampoco es un libro de texto de ciencia. No habla en términos científico-técnicos ni con precisión. Utiliza números redondos. Emplea un lenguaje de observación, en lugar de astronómico (ver Biblia, Supuestos errores en la). La Biblia solo afirma verdades parciales en las diversas áreas de la ciencia. No enseña mucha geometría, álgebra o trigonometría. No se pueden asumir conflictos sin tener en cuenta estos factores.

La ciencia cambia constantemente. La comprensión de la ciencia cambia continuamente. Eso significa que un apologista de hace años que logró reconciliar la Biblia con algún punto de vista de la ciencia, podría haber estado absolutamente equivocado ya que no había un conflicto real que reconciliar. La conformidad perfecta también puede que hoy esté mal, ya que la ciencia puede cambiar mañana. Dado que la ciencia es una disciplina tentativa y progresiva, que nunca llega a una conclusión final, sobre todo, nos corresponde no asumir que hay errores científicos en la Biblia a menos que

1. se sabe con certeza que algo es un hecho científico, y
2. entra en conflicto con una interpretación de las Escrituras que está fuera de toda duda.

Por ejemplo, está más allá de toda duda razonable que la Biblia enseña que existe un Dios teísta (ver Teísmo). Por tanto, habría que probar que era un hecho científico más allá de toda incertidumbre que Dios no existía para mostrar un conflicto real. Es poco probable que se demuestren conflictos reales entre la ciencia y la Biblia. Algunos conflictos aparentes merecen mención, junto con algunos puntos de vista probables e incluso muy probables de la ciencia moderna que encuentran un paralelo asombroso en la Biblia. Es a estos a los que nos dirigimos primero.

La Biblia y la ciencia convergen. Dado que no se conocía mucha información científica en los tiempos bíblicos, la Biblia habla con considerable credibilidad científica, una evidencia de su naturaleza sobrenatural.

Orígenes. El universo tuvo un comienzo. El primer versículo de la Biblia proclama que "en el principio creó Dios los cielos y la tierra". En los puntos de vista antiguos era común considerar el universo eterno, sin embargo, la Biblia enseña que tuvo un comienzo. Esto es precisamente lo que la mayoría de los científicos creen ahora al aceptar la teoría del Big Bang. El astrofísico agnóstico Robert Jastrow escribió que "tres líneas de evidencia — los movimientos de las galaxias, las leyes de la termodinámica y la historia de vida de las estrellas — apuntaban a una conclusión: todas indicaban que el Universo tuvo un comienzo" (Jastrow, Dios y los Astrónomos, pág. 111).

Orden de eventos. Génesis 1 también indica una creación progresiva, el universo, seguido de la tierra sin forma, seguido de lo que sucedió para dar forma a la tierra. Esta es una concepción científicamente mucho más sofisticada que la de la historia común de la creación antigua. La Biblia afirma que Dios dijo al principio: "Hágase la luz. Y fue la luz" (Génesis 1: 3). Jastrow escribió sobre el paralelo de esta declaración con la ciencia moderna: "Los detalles difieren, pero los elementos esenciales en los relatos astronómicos y bíblicos del Génesis son los mismos: la cadena de eventos que conducen al hombre comienza repentina y bruscamente en un momento definido en el tiempo. , en un destello de luz y energía "(ibid., pág. 14).

La vida tenía una causa inteligente. Génesis 1:21 afirma que Dios creó todo ser viviente. Es un hecho empírico de la ciencia que solo la vida produce vida. Redi y Pasteur refutaron la generación espontánea de vida. No hay evidencia científica real de que fuerzas o procesos inanimados hayan producido alguna criatura viviente. Existe amplia evidencia de que la vida surgió de una causa inteligente (ver Evolución Química).

No se crea ninguna materia nueva. La Biblia declaró desde el principio que la creación está completa. Dios descansó de su trabajo (Génesis 2: 2) y todavía está en reposo (Hebreos 4: 4ss). En resumen, no está surgiendo ninguna materia nueva (energía). Esto es precisamente lo que declara la primera ley de la termodinámica, es decir, que la cantidad de energía real en el universo permanece constante (ver Termodinámica, Principios de la).

El universo se está agotando. Según la segunda ley de la termodinámica, el universo se está quedando sin energía utilizable. Literalmente está envejeciendo. Esto es precisamente lo que dijo el salmista: "En el principio tú afirmaste la tierra, y los cielos son la obra de tus manos. Ellos perecerán, pero tú permaneces. Todos ellos se desgastarán como un vestido. Y como ropa los cambiarás, y los dejarás de lado" (Sal. 102: 25-27).

Génesis declara que la vida apareció primero en el mar (Génesis 1:21) y sólo más tarde en la tierra (1: 26-27). Esto concuerda con la opinión de que la vida multicelular pululaba en las aguas del Cámbrico antes de multiplicarse en tierra.

La vida produce según su especie. En Génesis 1:24, Dios dijo: "¡Que produzca la tierra seres vivientes: animales domésticos, animales salvajes, y reptiles, ¡según su especie!" Y sucedió así". Según el paleontólogo agnóstico Stephen Jay Gould, "La mayoría de las especies no presentan cambios de dirección durante su permanencia en la tierra. Aparecen en el registro fósil con el mismo aspecto que cuando desaparecieron; el cambio morfológico suele ser limitado y sin dirección" (Gould, págs. 13-14). En ese registro fósil, como en el Génesis, los seres humanos fueron los últimos en aparecer.

Humanos hechos de la tierra. A diferencia de los mitos antiguos o el Corán, que afirma que los seres humanos fueron hechos de un "coágulo de sangre coagulada" (ver Sura 23:14), la Biblia afirma que "el Señor Dios formó al hombre del polvo de la tierra y respiró en su nariz aliento de vida, y el hombre se convirtió en un ser viviente" (Génesis 2: 7). Además, agrega: "Con el sudor de tu frente comerás tu pan hasta que vuelvas a la tierra, ya que de ella fuiste tomado; porque polvo eres y al polvo volverás" (Génesis 3:19). Según la ciencia, los elementos constitutivos del cuerpo humano son los mismos que se encuentran en la tierra.

Ciencias de la tierra. El agua vuelve a su fuente. La Escritura afirma que "todos los arroyos desembocan en el mar, pero el mar nunca se llena. Al lugar de donde vienen los arroyos, allí vuelven otra vez" (Eclesiastés 1: 7; cf. Job 37:16). Si bien el autor puede no haber sido consciente del proceso exacto de evaporación, condensación y precipitación, su descripción está en perfecta armonía con estos procesos.

La tierra es redonda. Isaías habló de Dios que "está sentado sobre el círculo de la tierra" (40:22). Ésta es una descripción notablemente precisa para un profeta del siglo VIII a. C. Y Salomón había dado la misma verdad en el siglo X AC (Prov 8:27).

La tierra cuelga en el espacio. En una era en la que era común creer que el cielo era una cúpula sólida, la Biblia habla con precisión de que Dios extendió los cielos del norte sobre un espacio vacío y suspendió la tierra sobre nada (Job 26: 7).

La Biblia no solo es compatible con los verdaderos descubrimientos científicos, sino que también anticipó muchos de ellos. El conocimiento científico es compatible con las verdades de las Escrituras. Para otros supuestos conflictos con enseñanzas específicas de la ciencia moderna, consulte The Big Book of Bible Difficulties [El Gran Libro de las Dificultades Bíblicas]. Detalla unos ochocientos supuestos conflictos, muchos de los cuales son de carácter científico.

Otros hallazgos científicos. Muchas otras cosas descubiertas por la ciencia moderna fueron declaradas en la Biblia con cientos e incluso miles de años de anticipación. Estos incluyen el hecho de que:

1. el mar tiene senderos y canales (2 Sam 22:16; Sal. 8: 8; Prov 8:28)
2. el mar tiene fronteras (Prov 8:29)
3. la sangre es necesaria para la vida (Levítico 17:11)
4. la enfermedad se puede transmitir por contacto físico (Lev 13)

Fuentes

G. L. Archer Jr., *Encyclopedia of Biblical Difficulties* [Enciclopedia de dificultades bíblicas].

American Scientific Affiliation, *Modern Science and the Christian Faith* [Afiliación científica estadounidense, ciencia moderna y fe cristiana].

M. Bucaille, *The Bible, the Qur'an, and Science* [La Biblia, el Corán y la ciencia].

W. Campbell, *The Qur'an and the Bible in the Light of History and Science* [El Corán y la Biblia a la luz de la historia y la ciencia].

N. L. Geisler and T. Howe, *The Big Book of Bible Difficulties* [El gran libro de las dificultades bíblicas].

S. J. Gould, *"Evolution's Erratic Pace"* [El ritmo errático de la evolución].

J. W. Haley, *An Examination of the Alleged Discrepancies of the Bible* [Un examen de las supuestas discrepancias de la Biblia].

R. Jastrow, *God and the Astronomers* [Dios y los astrónomos].

———, *"A Scientist Caught between Two Faiths"* [Un científico atrapado entre dos religiones].

H. Lindsell, *The Battle for the Bible* [La batalla por la Biblia].

S. C. Meyer, *Signature in the Cell* [Firma en la celda].

M. C. Nahm, *Selections from Early Greek Philosophy* [Selecciones de la filosofía griega temprana].

R. Newman, *The Biblical Teaching on the Firmament* [La enseñanza bíblica sobre el firmamento].

B. Ramm, *The Christian View of Science and Scripture* [La visión cristiana de la ciencia y las Escrituras].

H. Ross, *Joshua's Long Day and Other Mysterious Events* [El largo día de Joshua y otros sucesos misteriosos] (video).

C. B. Thaxton et al., *The Mystery of Life's Origin* [El misterio del origen de la vida].

Cientifismo. El cientificismo es la creencia de que el método científico es el único método para descubrir la verdad. El padre del cientificismo moderno fue el ateo (ver Ateísmo) Auguste *Comte (1798-1857), quien también inició una religión de humanismo secular (ver Humanismo, Secular). La visión de Comte también se conoce como positivismo, un antepasado del *positivismo lógico de A. J. * Ayer.

Dado que el cientificismo a menudo abarca muchas creencias individuales, incluido el ateísmo, las teorías de la evolución (ver Evolución Biológica), el anti-sobrenaturalismo (ver Milagros, Argumentos contra los) y *el materialismo, se evalúa en esos artículos. Aquellos que rechazan a Dios fallan en apreciar seriamente el peso de la evidencia (ver Dios, Evidencia a Favor de). Este mal uso del método científico está restringido y truncado (ver Fe y Razón; Orígenes, Ciencia del), siendo una forma de *naturalismo y, a menudo, materialismo.

Los métodos del cientificismo son cuestionables, incluso si existe un método científico universalmente aceptado. No hay razón para creer que el método científico es la única forma de adquirir la verdad.

Esta dependencia del método científico también deja fuera las diferencias que la mayoría de los científicos ven entre las ciencias de la operación, que se estudian empíricamente, y las ciencias forenses igualmente legítimas, para las cuales es imposible una metodología científica estricta (ver Orígenes, Ciencia del). Las ciencias forenses no se basan en la religión, aunque una de ellas, la ciencia del origen tiene implicaciones religiosas. Pero la ciencia del origen es la única forma de analizar algunas cuestiones clave sobre la humanidad y su importancia. A diferencia del cientificismo, se basa en pruebas para respaldar sus supuestos. Esas suposiciones conducen a un punto de partida y a la existencia de un Diseñador inteligente (ver Principio Antrópico; Teoría del Big Bang; Evolución Química; Argumento Teleológico). Los hallazgos de la ciencia de origen contradicen directamente el cientificismo. Incluso los científicos empíricos reconocen las limitaciones del método científico (ver Sullivan), ya que solo puede tratar con fenómenos observables. A favor del materialismo, surge la pregunta de asumir que no hay nada más allá de lo observable. Otros aspectos de la realidad no pueden ser capturados por el método científico (ver Gilson). Algunos se conocen intuitivamente (ver First Principles [Primeros Principios]), otros de manera inferencial (ver Causalidad, Principio de) o trascendentalmente (ver Argumento Trascendental), y algunos solo por revelación especial (ver Revelación, Especial).

Fuentes

A. J. Ayer, Language, *Truth, and Logic* [Lenguaje, Verdad y Lógica].

J. Collins, *A History of Modern European Philosophy, chap.* 16 [Una Historia de la Filosofía Europea Moderna, capítulo 16].

A. Comte, *Cours* [Clase].

E. Gilson, *The Unity of Philosophical Experience* [La Unidad de la Experiencia Filosófica].

J. W. N. Sullivan, *The Limitations of Science* [Las Limitaciones de la Ciencia].

T. Whittaker, *Comte and Mill* [Comte y Mill].

Clark, Gordon H. Gordon Clark (1902-85) nació en Filadelfia y recibió su doctorado en filosofía en 1929. Enseñó en la universidad de Wheaton, en el Seminario Episcopal de Reforma y en el Covenant College y fue presidente del departamento de filosofía de la Universidad de Butler durante veintiocho años. Su carrera docente abarcó sesenta años. Clark era un presuposicionalista racional, a diferencia de Cornelius *Van Til, que era un presuposicionalista revelador (ver Apologética Presuposicional). Sus estudiantes incluyeron a Carl F. H. Henry, Edward John *Carnell, y Ronald Nash. Sus treinta libros cubren una amplia variedad de temas filosóficos, éticos y teológicos. Algunas de sus obras de filosofía y apologética incluyen Thales to Dewey; A Christian View of Men and Things [Una visión cristiana de los hombres y las cosas]; Religions, Reason, and Revelation [Religiones, Razón y Revelación]; e Historiography, Secular and Religious [Historiografía, Secular y Religiosa]. También escribió un libro de lógica.

La teología reformada de Clark se centró en la soberanía de Dios, y su apologética tomó al Dios Trino como se revela en las Escrituras como su punto de partida presuposicional. Su prueba de la verdad fue la ley de la no contradicción (ver Primeros Principios).

La prueba de la verdad. Clark fue un defensor inquebrantable de la validez de la ley de no contradicción (ver Primeros Principios). La no contradicción era la base "ineludible" de todo conocimiento y la prueba de la verdad (Christian View of Men and Things, pág. 313). La defensa de Clark de la ley de no contradicción era lo que Van Til llamaría un argumento trascendental. Sin las formas de la lógica, aseguró Clark, no sería posible ninguna discusión sobre ningún tema (ibid., pág.308). Al usar la no contradicción, la apologética tiene una doble tarea.

La tarea negativa. La apologética debe mostrar que todos los sistemas no cristianos son contradictorios dentro de sus pretensiones de verdad. Clark hizo esto en su historia de la filosofía, de Thales to Dewey [De Tales a Dewey]. Llevó a todos los grandes filósofos ante los parámetros de la racionalidad y encontró que cada uno de ellos era inadecuado.

La tarea positiva. Clark creía que solo el cristianismo está libre de contradicciones y, por lo tanto, solo puede ser probado como verdadero. Usando un método geométrico que recuerda al de René *Descartes, Clark redujo el cristianismo a sus axiomas básicos para mostrar su consistencia interna. Concluyó: "El cristianismo es una visión integral de todas las cosas; toma el mundo, tanto material como espiritual, para ser un sistema ordenado" (ibid., pág.33).

Clark era consciente de que ningún sistema finito podría dar respuesta a todos los problemas, ya que ningún mortal es omnisciente. Pensó: "si un sistema puede proporcionar posibles soluciones a muchos problemas, mientras que otro deja demasiadas preguntas sin responder, si un sistema tiende menos al escepticismo y da más significado a la vida, si una visión del mundo es consistente mientras otros son contradictorios, ya que nosotros tenemos que elegir ¿quién puede impedirnos el derecho a elegir la opción más prometedora (primer principio)?" (ibid pág. 34).

Evaluación. Aportaciones positivas. Además de las contribuciones generales de Clark, las cuales hicieron que los evangélicos replantearan su labor. Clark tuvo una fuerte influencia en los evangélicos individuales, en particular Edward John Carnell, Carl Henry y Ronald Nash.

El sistema de Clark ofrece una prueba completa de la verdad en todos los sistemas. La ley de no contradicción puede aplicarse a todos los sistemas de creencias. Se ofrece como un medio tanto para descubrir cuáles son falsas como para dar evidencia de las verdaderas. Cualquiera que sea la visión del mundo, la ley de la no contradicción es utilizada por todas las personas racionales, por lo que tiene un estándar indiscutible. Esta ley es a la vez justa y universal.

A diferencia de algunas pruebas filosóficas de varios pasos para descubrir la verdad, Clark da solo uno, y es uno simple: La verdad no puede entrar en conflicto consigo misma. O una visión es contradictoria o no lo es. El criterio de Clark también es racional, claro y consistente, no es propenso a perderse en la experiencia subjetiva y mística.

Como Nash señala debidamente, Clark destacó "la importancia de negarse a separar la fe" (citado en Robbins, pág. 89). Fue un archienemigo del *fideísmo, insistiendo en la necesidad de una creencia religiosa racional.

Otra característica positiva es el énfasis de Clark en la verdad objetiva y propositiva (ver Verdad, Naturaleza de la). Con acierto enfatizó esto, no solo en general sino también en la revelación proposicional expresada en las Escrituras.

Crítica Negativa. Escepticismo empírico injustificado. Clark afirmaba no confiar en sus sentidos, pero los necesitaba para leer su Biblia. ¿Cómo podía creer en lo que leyó? Como otros escépticos, Clark confiaba inconsistentemente en sus sentidos en los asuntos cotidianos. ¿De qué otra forma podría haber comido o cruzado una calle muy transitada? Además, ¿cómo puede uno saber que sus sentidos no son fiables a menos que eso pueda ser determinado por los sentidos? Por ejemplo, aprendemos por nuestros sentidos a tener en cuenta la apariencia de un palo recto que parece torcido cuando se mete en el agua. No podemos saber si confiar en el reflejo torcido a menos que podamos confiar en nuestros sentidos.

Y como otros escépticos empíricos, Clark no era escéptico sobre su escepticismo (ver Agnosticismo). Aceptó la misma sin críticas como un paso necesario en su presuposicionismo. Pero ¿por qué el escepticismo debería haber sido el punto de partida? ¿Por qué no asumir que podemos obtener conocimiento a través de nuestros sentidos? Muchas de las críticas en el artículo de David Hume así como en la crítica de la Apologética Presuposicional pueden ser consideradas al mismo nivel que las de Clark.

Argumento circular. Clark comete la falacia de petitio principii, o sea, Petición de Principio (ver Lógica y Dios). Admite que su sistema implica un argumento circular pero intenta resolver el problema, en parte, afirmando que todos los demás sistemas tienen el mismo problema. "Los argumentos no cristianos asumen regularmente el punto en disputa antes de comenzar. Las preguntas están tan enmarcadas que excluyen la respuesta cristiana desde el principio" (Religion, Reason, and Revelation [Religión, Razón y Revelación], pág.27). Considera que evita el problema porque el

escepticismo es contraproducente (Thales to Dewey [De Tales a Dewey], pág.29-30). Apenas parece impulsar su causa para reducir su argumento al nivel del resto, y esto no elimina la posibilidad de que otros puntos de vista sean igual de coherentes.

¿Un estudio de todos los sistemas? A decir verdad, antes de que Clark demuestre su posición, debe probar que todos los demás sistemas de la historia y del panorama actual son inconsistentes. Él lleva la conclusión de su argumento más allá de las pruebas. Las limitaciones del investigador restringen el apoyo a su tesis (Lewis, pág. 119). Una vida es simplemente demasiado corta para estudiar todos los demás sistemas concebibles. Clark puede forzar la conclusión de una probabilidad que el cristianismo es verdadero por este método, pero Clark reduce toda probabilidad al escepticismo. Por lo tanto, por su propio criterio su método apologético nos deja en el escepticismo.

Consistencia dentro de otros sistemas. Un problema similar es que Clark usa la consistencia interna como la única prueba de la verdad de un sistema. Pero no puede tener la certeza de que todos los sistemas son contradictorios por el simple hecho de utilizar la ley de no contradicción. Según las normas cristianas, esto podría ser posible, pero muchos sistemas son autoconsistentes dentro de su propia visión de la realidad. El panteísta (ver Panteísmo) dice: "Yo soy Dios". Si esta fuera una declaración intrínsecamente contradictoria, entonces Dios mismo no podría decirla. Pero puede y lo hace. "Dios es todo, y todo es Dios" puede ser una declaración contradictoria frente a una visión teísta, pero para un panteísta que cree que el mundo real es una ilusión, es perfectamente autoconsistente (ver Hinduismo vedanta; Monismo)

Solo una prueba negativa. En el mejor de los casos, la ley de no contradicción es una prueba negativa de la verdad. Puede falsificar una afirmación de verdad de la visión del mundo, pero no puede verificarla. Esto no puede probar que uno solo sea verdadero, ya que más de un punto de vista puede ser internamente autoconsistente. Como dijo Gordon Lewis, "La contradicción es el signo más seguro de error, la coherencia no es garantía de verdad" (pág. 120).

Conclusión. Clark ha prestado un gran servicio a la apologética cristiana al enfatizar las leyes de la lógica en las que se basan todos los argumentos racionales. La ley de no contradicción es absolutamente necesaria para la afirmación y confirmación de todas las afirmaciones de verdad. Sin embargo, la lógica es solo un conjunto de principios formales. Dice lo que podría ser verdad, no lo que es verdad. Para saber lo que es realmente cierto, tarde o temprano uno debe comunicarse con el mundo exterior. Así es como trabaja la apologética clásica.

El punto de vista de Clark depende de su aceptación de la validez de las impresiones sensoriales y la probabilidad (ver Método inductivo), la cual niega tener validez alguna como prueba de la verdad. Según sus propios principios, su punto de vista no podría ser cierto. Ya que tiene que confiar en sus sentidos, incluso cuando lee libros sobre otros puntos de vista. Debe confesar solo una probabilidad de que todos los puntos de vista no cristianos sean falsos, ya que no ha examinado cada uno de ellos. Debe confiar en sus sentidos, incluso cuando acepta la afirmación de que la Biblia es verdadera. El método apologético de Clark no es una prueba positiva para la verdad del cristianismo.

Fuentes

G.H. Clark, " *Apologetics* [Apologética]".

————, "The Bible as Truth [La Biblia como Verdad]".

————, *A Christian Philosophy of Education* [Una filosofía cristiana de la educación]. ---, *A Christian View of Men and Things* [Una visión cristiana de los hombres y las cosas]. ---, The Johannine Logos [El Logos de Johannine].

————, *Karl Barth's Theological Method* [El método teológico de Karl Barth].

————, *Religion, Reason, and Revelation* [Religión, Razón y Revelación].

————, "*Special Divine Revelation as Rational* [Revelación divina especial como racional]". ---, Tales a Dewey [Cuentos de Dewey].

————, "Truth [La Verdad]".

N. L. Geisler, *Christian Apologetics* [Apologética Cristiana], capítulo 2.

G. Lewis, *Testing the Christianity's Truth Claims* [Evaluación de las afirmaciones de la verdad del cristianismo], capítulo. 4.

R. Nash, "Gordon H. Clark".

————, ed., *The Philosophy of Gordon Clark* [La filosofía de Gordon Clark].

J. W. Robbins, ed., Gordon H. Clark.

Clarke, Samuel. Samuel Clarke (1675-1729) fue un importante filósofo, físico y apologeta inglés de su época. Clarke estudió en Cambridge y se convirtió en un newtoniano en una atmósfera dominada en gran medida por la ciencia de René *Descartes (1596-1650). Fue ordenado en la Iglesia de Inglaterra. Sus funciones incluían la de rector en St. James, Westminster. Sus escritos están recopilados en The Works of Samuel Clarke [Las obras de Samuel Clarke], que incluyen sus conferencias de Boyle de 1704, "A Demonstration of the Being and Attributes of God [Una demostración del ser y los atributos de Dios]",

y 1705, "A Discourse Concerning the Unchangeable Obligations of Natural Religion, and the Truth and Certainty of the Christian Revelation in Answer to Mr. Hobbes, Spinoza, the Author of the Oracles of Reason, and Other Deniers of Natural and Revealed Religion [Un discurso sobre las obligaciones inmutables de la religión natural y la verdad y la certeza de la revelación cristiana en respuesta al Sr. Hobbes, Spinoza, el autor de los Oráculos de la Razón, y otros negadores de la religión natural y revelada]". Varios volúmenes de sermones han perdurado. Las obras de Clarke ejercieron una influencia en Joseph *Butler (1692-1752) en su Analogy in Religion [Analogía en la Religión] (1736).

El enfoque de Clarke entra en la categoría de *la apologética clásica. Comenzó con un firme argumento cosmológico para la existencia de Dios como se expresa en la teología natural. Procedió a defender la revelación sobrenatural cristiana (ver Milagro). Como indica el título ampliado de su libro, está dirigido a Thomas Hobbes (1588-1679), Benedict *Spinoza (1632-77), y otros enfoques naturalistas (ver Naturalismo).

Fuentes

H. G. Alexander, ed., *The Leibniz-Clarke Correspondence* [La correspondencia Leibniz-Clarke].

S. Clarke, "*A Discourse Concerning the Being and Attributes of Dios* [Un discurso sobre el ser y los atributos de Dios]".

————, "*A Discourse Concerning the Unchangeable Obligation of Natural Religion* [Un discurso sobre la obligación inmutable de la religión natural]".

————, *The Works of Samuel Clarke* [Las obras de Samuel Clarke].

B. Peach, "*Samuel Clarke*".

E. Sprauge, "*Clarke, Samuel*".

Clemente de Alejandría. Los padres de la iglesia de los siglos II y III fueron apologetas que defendieron la fe contra los ataques de los pensadores judíos y paganos. Entre los primeros apologetas estaba Clemente de Alejandría (aprox. 150-aprox. 213). Para algunos la posición de algunos de los primeros apologetas, como Clemente, parece demasiado racionalista y hace demasiado hincapié en la filosofía griega. Sin embargo, en un análisis más detallado, los primeros defensores postapostólicos de la fe eran más cristianos en su apologética de lo que parecería a primera vista (ver Fe y Razón).

Clemente afirmó que "antes del advenimiento de nuestro Señor, la filosofía era necesaria para los griegos para hacer justicia, [...] tal vez, también, la filosofía fue dada a los griegos directa y principalmente, hasta que el Señor llamara a los griegos. Porque este era un maestro de escuela para traer 'la mente helénica' como la ley, los hebreos, 'a Cristo'" (Stromata, 1.5). También habló de la inspiración de los poetas griegos (Exhortation to the Heathen [Exhortación a los paganos], pág. 8) y llegó a declarar que "por reflexión y visión directa, los que entre los griegos han filosofado con precisión, vieron a Dios" (Stromata, 1.19). También insistió en que la filosofía griega, en el mejor de los casos, solo sirvió para preparar el rol de Cristo. "La filosofía griega no comprende toda la extensión de la verdad, y prepara el camino para la enseñanza verdaderamente real [...] y adecuada a quien cree en la providencia para la recepción de la verdad" (Stromata, 1.16).

Había limitaciones en la filosofía. Los griegos solo tenían "ciertos destellos de la palabra divina" (Exhortation to the Heathen, pág. 7). La fe es el medio para alcanzar la plena revelación de Dios (ibid., pág. 8).

Como *Mártir Justino, Clemente creía que la verdad de la filosofía se tomaba prestada de las Escrituras hebreas. Escribió: "Conozco a tus maestros, aunque los ocultes. Has aprendido geometría de los egipcios, astronomía de los babilonios; pero por las leyes que son consistentes con la verdad, y tus sentimientos respecto a Dios, estás en deuda con los hebreos" (ibid., pág. 6). Sin embargo, lo que los filósofos de la verdad poseían no revelaba directamente a Cristo. Él dijo claramente, "No creo que la filosofía directamente "No creo que la Filosofía haya declarado directamente la Palabra, aunque en muchos casos la filosofía intenta y nos enseña persuasivamente argumentos probables" (Stromata, 1.19).

Evaluación. Dentro de su contexto, la defensa de Clemente hacia la fe cristiana fue efectiva. Desde el dominio de la filosofía prevaleciente, defendió la superioridad de la revelación cristiana. Mientras que los filósofos no cristianos poseían alguna verdad, también provenía de Dios, ya sea por revelación general o especial. Aparte del cristianismo, los griegos, en el mejor de los casos, solo tenían una preparación y el conocimiento parcial de Dios. La plenitud de la verdad se encuentra solo en Cristo. De hecho, la verdad que poseían los paganos la tomaron prestada de las Escrituras Cristianas.

Fuentes

Clemente de Alejandría, Exhortation to the Heathen [Exhortación a los paganos].

————, Stromata.

Coherencia como prueba de la verdad. *Ver* CLARK, GORDON H.; VERDAD, NATURALEZA DE LA.

Coherentismo. *Ver* VERDAD, NATURALEZA DE LA.

Complot de Pascua. Hipótesis del complot de Pascua. The Passover Plot [El complot de Pascua] es un libro del Nuevo Testamento del erudito radical H. J. Schonfield, quien propuso que Jesús era un inocente pretendiente mesiánico que confabulaba para "cumplir" la profecía con el fin de fundamentar sus afirmaciones (Schonfield, págs. 35-38). Según el complot, Jesús secretamente "guiado en la fe" (ibid., pág. 173), convivió con un joven, Lázaro, y José de Arimatea, para fingir muerte en la cruz, revivir de la tumba y demostrar a sus discípulos (quienes ignoraban el complot) que él era el Mesías. Sin embargo, el plan se vino abajo cuando los soldados romanos atravesaron las costillas de Jesús y él murió. No obstante, los discípulos confundieron a otros con Cristo algunos días después y creyeron que había resucitado de entre los muertos (ibid., págs. 170-72).

Un desafío para el complot de Pascua. Si es cierto, El complot de Pascua contradeciría el cristianismo ortodoxo, que se basa sobre las creencias de que Jesús era verdaderamente el Mesías que sobrenaturalmente cumplió la profecía del Antiguo Testamento y que murió en la cruz y resucitó de entre los muertos tres días más tarde (1 Co 15:1-5). Aparte de estas verdades básicas, no hay cristianismo histórico (1 Co 15:12-18). Por tanto, incumbe al apologeta evangélico refutar la hipótesis del complot de Pascua. Al menos tres básicas dimensiones de la apologética tradicional se llaman en este supuesto complot: el carácter de Cristo, la naturaleza sobrenatural de las predicciones mesiánicas, y la resurrección de Cristo. Cada uno se abordará en orden.

El carácter de Cristo. Si el supuesto complot es correcto, entonces Jesús era cualquier cosa menos "inocente". Él era un intrigante, astuto y engañoso pretendiente mesiánico. Tenía la intención de engañar a sus discípulos más cercanos en creer que él era el Mesías cuando no lo era. Pero esta tesis es contraria al carácter de Cristo conocido por los registros del Evangelio, que han sido demostrados como confiables (ver Nuevo Testamento, Datación del; Nuevo Testamento, Historicidad del; Nuevo Testamento, Manuscritos del). El Jesús de los Evangelios es el ejemplo perfecto de honestidad e integridad (ver Cristo, Unicidad de).

La naturaleza de la profecía sobrenatural. Contrariamente al complot de Pascua, la profecía mesiánica es sobrenatural (ver Profecía, como prueba de la Biblia). Y en el caso de Cristo hay muchas razones por las que no pudo haber manipulado los eventos para que pareciera que cumplió con todas las predicciones sobre el Mesías del Antiguo Testamento.

Primero que nada, esto era contrario a su carácter honesto, como se señaló anteriormente. Se supone que fue uno de los mayores engañadores de todos los tiempos. Presupone que ni siquiera era una buena persona, por no hablar del hombre perfecto que los Evangelios afirman que es. Hay varias líneas de evidencia que se combinan para demostrar que esta es una tesis completamente inverosímil.

Segundo, no hay forma de que Jesús pudiera haber controlado muchos eventos necesarios para el cumplimiento de las profecías sobre el Mesías del Antiguo Testamento. Por ejemplo, el no tenía control sobre dónde nacería (Miq 5:2), cómo nacería de una virgen (Isaías 7:14), cuando moriría (Dn 9:25), qué tribu (Génesis 49:10) y linaje del que sería (2 S 7:12), y numerosas otras cosas.

Tercero, no hay forma de ser sobrenatural que Jesús pudo haber manipulado los eventos y personas en su vida para responder exactamente de la manera necesaria para que parezca que estaba cumpliendo con todas estas profecías, incluida la de Juan que lo anunciaba (Mateo 3), las reacciones de su acusador (Mt 27:12), cómo los soldados echaron suertes sobre sus vestiduras (Juan 19:23-24), y cómo le atravesaron el costado con una lanza (Juan 19:34). De hecho, incluso Schonfield admite que el complot fracasó cuando los romanos realmente traspasaron a Cristo. El hecho es que cualquiera con todo este poder manipulador tendría que ser divino, lo mismo que la hipótesis de la Pascua se tiende a evitar. En resumen, se necesita un milagro mayor para creer en el complot de Pascua que acepta estas profecías como sobrenatural.

La resurrección de Cristo. El complot de Pascua ofrece un escenario inverosímil como alternativa a la resurrección de Cristo. Esta afirmación es correcta por muchas razones. Primero, es contrario a los registros de los Evangelios, que son demostrablemente confiables (ver Nuevo Testamento, Historicidad del), habiendo sido escrito por testigos y contemporáneos de los hechos.

En segundo lugar, superó totalmente el poderoso testimonio de la resurrección de Cristo (ver Resurrección, Evidencias a favor de la) que incluye:

1. Una tumba permanentemente vacía.
2. Más de quinientos testigos presenciales (1 Co 15:5-7).
3. Unas doce apariciones físicas de Cristo en el mismo cuerpo marcado por arañones (Juan 20:27).
4. Que se distribuyeron en un periodo de cuarenta días (Hechos 1:3).
5. Durante aquel tiempo Jesus comió con ellos por lo menos en cuatro ocasiones y les enseñó a interesarse en el reino de Dios.
6. Y los transformó de la noche a la mañana de asustados, escépticos y dispersos discípulos en los más grandes de la sociedad misionera que el mundo ha conocido alguna vez.

Conclusión. El complot de Pascua es de hecho un escenario poco convincente que se basa en suposiciones injustificadas y es contrario a muchos hechos conocidos. Por ejemplo, se supone:

1. Fechas tardías injustificadas por los Evangelios (ver Nuevo Testamento, Datación del).
2. Un prejuicio/sesgo antisobrenatural (ver Milagro).
3. Un carácter imperfecto de Cristo (ver Cristo, Unicidad de)
4. Casos masivos de identidad errónea después de su muerte (ver Resurrección, Evidencias a favor de la; Resurrección, Teorías alternativas de).

Para decirlo positivamente, el supuesto complot es contrario a (1) las primeras fechas de los Evangelios; (2) la multiplicidad de los relatos de los testigos presenciales; (3) la verificación de la historia y arqueología (ver Arqueología del Antiguo Testamento); (4) el carácter conocido de los discípulos de Jesús; (5) la tumba permanentemente vacía; (6) la naturaleza de apariciones de resurrección; y (7) la increíble cantidad de testigos oculares del Cristo resucitado, más de quinientos. En resumen, The Passover Plot es solo otra teoría arruinada por un montón de hechos brutales.

Fuentes

C. Blomberg, *The Historical Reliability of the Gospels* [La responsabilidad histórica de los Evangelios].
G. Haermas, *The Historical Jesus* [El histórico Jesús].
H. J. Schonfield, *The Passover Plot* [El complot de Pascua].
C. A. Wilson, *The Passover Plot Exposed* [El complot de Pascua expuesto].
E. Yamauchi, *"Passover Plot or Easter Triumph* [Complot o triunfo de Pascua]".

Comte, Augusto. Augusto Comte (1797-1857) era de una familia católica francesa racionalista (ver Racionalismo). Estudió ciencias y fue secretario de Saint Simone en el Ecole Polytechnique. Dijo que "naturalmente dejó de creer en Dios" a los catorce años. Comte es el padre del positivismo y la sociología. Fue quien inventó este último término. Desarrolló un culto religioso místico (ver Misticismo), no teísta, humanista, en el que se instaló como sumo sacerdote (ver Humanismo, Secular). Las principales obras del Comte fueron Cours: La Filosofía Positiva de Augusto Comte (1830-42, trans.1853) y The Catechism of Positive Religion [Catecismo de la Religión Positiva] (1852, trans.1858). El Catecismo incluía un calendario de "santos" seculares.

Fuentes

A. Comte, *The Catechism of Positive Religion* [El Catecismo de la Religión Positiva].

---, Cours: *The Positive Philosophy of Auguste Comte* [La filosofía positiva de Augusto Comte].

B. Mazlish, *"Comte, Auguste"*.

L. Levy-Bruhl, *"The Philosophy of Auguste Comte* [La filosofía de Augusto Compte]"*.

J. S. Mill, *Auguste Comte and Positivism* [Auguste Comte y el positivismo].

T. Whittaker, *Comte y Mill*.

Contradicción. *Ver* PRIMEROS PRINCIPIOS.

Convencionalismo. El convencionalismo es la teoría de que todo significado es relativo. Dado que todas las afirmaciones de la verdad son declaraciones significativas, toda la verdad es relativa. Pero esto es contrario a la afirmación cristiana de que hay una verdad absoluta (ver Verdad, Naturaleza de la). Las verdades absolutas son verdaderas en todo momento, en todo lugar, para todas las personas.

El convencionalismo es una reacción al platonismo (ver Platón), que sostiene que el lenguaje tiene una esencia inalterable o formas ideales. Los convencionalistas creen que el significado cambia para adaptarse a cada situación. El significado es arbitrario y relativo a la cultura y al contexto. No hay formas transculturales. El lenguaje (significado) no tiene una esencia propia; el significado lingüístico se deriva de la experiencia relativa en la que se basa el lenguaje.

Algunos de los modernos defensores del convencionalismo son Ferdinand Saussure (falleció en el año 1913), Gottlob Fregge (falleció en el año 1925) y Ludwig *Wittgenstein (falleció en el año 1951). Su punto de vista es ampliamente aceptado en la filosofía lingüística actual.

Símbolos y significado. Una diferencia importante separa una teoría convencionalista de los símbolos y una teoría convencionalista del significado. Aparte de los símbolos naturales (por ejemplo, el humo que significa fuego) y los términos onomatopéyicos (por ejemplo, crash, bang, boom), cuyos sonidos expresan los significados de las palabras, prácticamente todos los lingüistas reconocen que los símbolos son convencionalmente relativos. La palabra pico no tiene ninguna relación intrínseca con las partes de un ave. Esta palabra también se refiere a una posición más alta de una montaña, una herramienta, una montaña de forma puntiaguda, se refiere a la boquilla de una botella, y otras frases coloquiales. El mismo o similar grupo de sonidos puede tener significados muy diferentes en otros idiomas, y muchos idiomas tendrán sonidos diferentes para referirse al sonido de las aves. Esto se

da en la mayoría de las palabras.

Esto no es lo mismo que afirmar que el significado de una declaración es culturalmente relativo. Solo se puede decir que las palabras utilizadas para transmitir el significado son relativas. Es decir, los símbolos individuales son relativos, pero no el significado que una combinación de símbolos lleva en una oración.

Evaluación. Como teoría del significado, el convencionalismo tiene errores graves. En primer lugar, es una teoría autofalsificante. Si la teoría fuera correcta, la afirmación "Todo significado lingüístico es convencional" sería relativa y en última instancia sin sentido. Pero el convencionalista que hace tales afirmaciones asumiendo que estas tienen un significado objetivo, por lo que hace las afirmaciones sean objetivamente significativas para argumentar que no hay afirmaciones objetivamente significativas.

En segundo lugar, si el convencionalismo fuera correcto, las declaraciones universales no se traducirían a otros idiomas como declaraciones universales. Pero este no es el caso. La afirmación "Todos los triángulos tienen tres lados" se entiende que es universalmente cierta en mongol, español o cualquier idioma con palabras para triángulo, tres y lado. Lo mismo ocurre con la afirmación "Todas las esposas son mujeres casadas". Si el significado fuera culturalmente relativo, no sería posible tal declaración universal y transcultural.

No habría verdades universales en ningún idioma. Ni siquiera se podría decir que $3 + 4 = 7$. En lógica, no habría ninguna ley de no contradicción. De hecho, ningún convencionalista consecuente puede incluso negar tales principios absolutos sin usarlos. La misma afirmación "El significado de todas las afirmaciones es relativo a una cultura" depende para su significado del hecho de que las leyes de la lógica no son relativas a una cultura, sino que de hecho trascienden las culturas y los idiomas.

Tercero, si el convencionalismo fuera cierto, no conoceríamos ninguna verdad antes de conocer el contexto de esa verdad en ese idioma. Pero podemos saber $3 + 4 = 7$ antes de conocer cualquier norma de un idioma. Las matemáticas pueden depender de símbolos relativos para expresarse, pero las verdades de las matemáticas son independientes de la cultura. De la misma manera, las leyes de la lógica son independientes de la norma humana. La lógica no es arbitraria, y sus reglas no se crean en un contexto cultural, sino que se descubren (ver Lógica y Dios). Son verdaderas antes que el lenguaje y la expresión cultural.

Cuarto, un problema asociado a esto es que el convencionalismo confunde la fuente de significado con su fundamento principal. La fuente del conocimiento de una persona de que "Todas las esposas son mujeres casadas" puede ser social. Uno puede haberlo aprendido de un padre o un maestro. Pero el fundamento para saber que es una afirmación verdadera no es social sino lógico. Esto representa un primer principio de la lógica en el que el predicado se reduce al sujeto (esposa = mujer casada). Lo cual es cierto por definición y no por aculturación.

Quinto, si el convencionalismo fuera correcto, ningún significado sería posible. Si todo significado se basa en el cambio de experiencia, lo cual a su vez obtiene significado a partir del cambio de experiencia, entonces no habrá base para el significado. En una serie infinita es imposible encontrar una Primera Causa para el universo, y es imposible encontrar el comienzo del significado si todos los significados dependen de otros significados. Una declaración sin base para el significado es una declaración sin fundamento.

En sexto lugar, el convencionalismo solo tiene un criterio interno para el significado. Pero los criterios internos no ayudan a determinar los conflictos de significado de la misma declaración desde diferentes puntos de vista. Ya sea un teísta (ver Teísmo) o un panteísta (ver Panteísmo) puede hacer la declaración "Dios es un Ser Necesario". Las palabras en sí mismas, sin definiciones objetivas detrás de las palabras a las que hay que recurrir, carecen de cualquier tipo de relación con la verdad. El teísta y el panteísta pueden hablar durante horas, dejándose la impresión de que creen las mismas cosas sobre Dios. Sin embargo, al ser capaces de desentrañar significados firmes acerca de Dios y el Ser Necesario, los conocedores pueden discutir las diferencias en sus visiones del mundo.

Es fácil ver que ningún conocimiento verdaderamente descriptivo de Dios es posible para un convencionalista. El lenguaje se basa estrictamente en la experiencia. Solo nos dice lo que Dios parece ser para nosotros en nuestra experiencia. No puede decirnos lo que realmente es en sí mismo. Esto se reduce al auto-derrotado *agnosticismo o a la afirmación de que sabemos que no podemos saber nada sobre la naturaleza de Dios (ver Analogía, Principio de). Los convencionalistas reducen el significado de Dios a un mero marco interpretativo en lugar de un ser más allá del mundo. El teísmo muestra que Dios es (ver Argumento Cosmológico; Dios, Evidencias a favor de; Kalam, Argumento cosmológico).

Séptimo, el convencionalismo tiene una justificación circular. No justifica sus afirmaciones, sino simplemente las afirma. Un convencionalista pide las razones de la fe ya que todo significado es convencional y este no puede dar una razón no convencional. Si pudiera ya no sería un convencionalista. Pero una base convencional para el convencionalismo sería una razón relativa para el relativismo. Tal argumento solo podría ser circular.

En octavo lugar, los convencionalistas a menudo hacen una distinción entre la gramática de estructura superficial y la de profundidad para evitar algunos de sus dilemas. Sin embargo, esa distinción supone que tienen una posición ventajosa independiente del lenguaje y la experiencia. El convencionalismo, por su propia naturaleza, no permite tal punto de vista fuera de la propia cultura. Así que incluso esta distinción es lógicamente inconsistente con la teoría.

Conclusión. La teoría del significado de los convencionalistas es una forma de relativismo semántico. Como otras formas de relativismo, el convencionalismo es contraproducente. La misma teoría de que todo significado es relativo es en sí mismo y es un concepto no relativo. Asimismo, es una declaración significativa que pretende aplicarse a todas las declaraciones significativas. Es una declaración no convencional que afirma que todas las declaraciones son convencionales.

Fuentes

T. Aquino, *Summa Theologica* [Suma Teológica], 1.84-85.
G. Frege, *Über Sinn und Bedeutung.*
E. Gilson, *Linguistics and Philosophy* [Lingüística y Filosofía].
J. Harris, *Against Relativism* [Contra el relativismo].
Platón, Cratylus.
F. Saussure, *Course in General Linguistics* [Curso de Lingüística General].
L. Wittgenstein, *Philosophical Investigations* [Investigaciones filosóficas].

Corán, Supuesto origen divino del. El islam ortodoxo y el cristianismo histórico no pueden ser ambos verdaderos. Cada religión afirma que sus escrituras por sí solas son la Palabra de Dios inspirada. También contienen afirmaciones mutuamente excluyentes: Dios es tres personas; Dios es solo una persona. La Biblia dice que Cristo murió en la cruz y resucitó tres días después. El Corán dice que no lo hizo (ver Cristo, Muerte de; Muerte de Cristo, Leyenda de la sustitución de la; Resurrección, Evidencia de). Por lo tanto, es necesario que el apologeta cristiano desafíe las afirmaciones de autoridad divina del Corán.

Origen del Corán. La afirmación islámica del Corán no tiene paralelo con el de ninguna otra religión importante. ¿Es el Corán un milagro? Mahoma afirmó que lo era, de hecho, fue el único milagro que ofreció como prueba de sus afirmaciones de ser un profeta (sura 17:88). La evidencia que los musulmanes dan para esta afirmación incluye los siguientes puntos.

Argumento de estilo literario único. La elocuencia

es altamente cuestionable como prueba de inspiración divina, sin embargo, una piedra fundamental de la posición islámica es que el Corán posee una calidad y estilo literario que solo pudo haber venido directamente de Dios. En el mejor de los casos, las calificaciones literarias del Corán prueban que Mahoma era una persona dotada. Pero los increíbles dones artísticos e intelectuales son difícilmente sobrenaturales. Mozart escribió su primera sinfonía a la edad de seis años y produjo todo su corpus musical antes de los treinta y cinco años, cuando murió. Mahoma no empezó a escribir hasta los cuarenta años. ¿Pero qué musulmán diría que las obras de Mozart son milagrosas? Si la elocuencia fuera la prueba, se podría argumentar a favor de la autoridad divina de muchos clásicos literarios, desde La Ilíada y La Odisea de Homero hasta las obras de Shakespeare.

Además, incluso algunos de los primeros eruditos musulmanes admitieron que el Corán no era perfecto en su forma literaria. El erudito chiíta iraní Ali Dashti señala que "entre los eruditos musulmanes del primer período, antes que el fanatismo y la hipérbole prevalecieran, fueron algunos como Ebrahim on-Nassam quienes reconocieron abiertamente que la disposición y la sintaxis del Corán no son milagrosas y que otras personas temerosas de Dios podrían producir obras de igual o mayor valor". Aunque algunos condenaron este punto de vista (basándose en su interpretación del sura 17:90), on-Nassam tuvo muchos defensores, entre ellos varios exponentes destacados de la escuela motazelita (Dashti, pág. 48).

El Corán no es inigualable, incluso entre las obras en árabe. El erudito islámico C. G. Pfander señala que "no es en absoluto la opinión universal de los eruditos árabes desprejuiciados que el estilo literario del Corán es superior al de todos los demás libros en lengua árabe". Por ejemplo, "algunos dudan de que en elocuencia y poesía supere al Mu'allaqat, o al Magamat o al Hariri, aunque en tierras musulmanas pocas personas tienen el valor de expresar tal opinión" (Pfander, 264). Sin embargo, Dashti sostiene que el Corán contiene numerosas irregularidades gramaticales. Observa que:

El Corán contiene frases incompletas y no totalmente inteligibles sin el aire de los comentarios; palabras extranjeras, palabras árabes desconocidas y palabras utilizadas con un significado distinto del normal; adjetivos y verbos conjugados sin observar la concordancia de género y número; pronombres ilógicos y aplicados de forma no gramatical que a veces no tienen ningún referente; y predicados que en los pasajes rimados suelen estar alejados de los sujetos.

Añade: "Estas y otras aberraciones similares en el lenguaje han dado lugar a críticas que niegan la elocuencia del Corán" (Dashti, 48-49). Enumera incontables ejemplos (suras 74:1; 4:160; 20:66; 2:172; etc.), uno de los cuales está "en el v. 9 del sura 49 (ol-Hojorat), 'Si dos partes de creyentes han empezado a pelearse, haced las paces entre ellos'". El verbo "han comenzado a pelearse" está en plural, mientras que debería estar en el dual como su sujeto, "dos partes". Anis A. Shorrosh enumera otros defectos literarios del Corán. Por ejemplo, en el sura 2:177, la palabra Sabireen en árabe debería haber sido Sabiroon por su posición en la frase. Del mismo modo, Sabieen en el sura 5:69 es un árabe más correcto que Sabioon. También, Shorrosh señala que hay "un grave error en árabe" en el sura 3:59 (Shorrosh, págs. 199-200). Dashti cuenta más de cien aberraciones de las reglas y estructuras normales del árabe (Dashti, pág. 50). Con tales problemas, el Corán puede ser elocuente, pero no es perfecto ni incomparable.

Como Pfander observó: "Incluso si se demostrara más allá de la posibilidad de duda que el Corán superó con creces todos los demás libros en elocuencia, elegancia y poesía, eso no demostraría más su inspiración que la fuerza de un hombre demostraría su sabiduría o la belleza de una mujer, su virtud" (Pfander, pág. 267). No hay una conexión lógica entre la elocuencia literaria y la autoridad divina. El Dios soberano (a quien los musulmanes aceptan) podría elegir hablar en un lenguaje sencillo y cotidiano, si él deseaba. En el mejor de los casos, se podría intentar argumentar que, si Dios lo dijera, lo diría de la forma más elocuente. Aun así, sería una falacia lógica argumentar que simplemente porque es elocuente Dios debe haberlo dicho. Los humanos pueden hablar elocuentemente y Dios puede hablar en un lenguaje común.

Otras religiones han usado el hermoso estilo literario de su trabajo como un signo de su origen divino. ¿Los musulmanes podrían aceptar la inspiración de estas obras? Para ejemplo, el fundador persa de los maniqueos, Mani, "se dice que ha afirmado que los hombres deben creer en él como el Paráclito ["Ayudante" que Jesús prometió en Juan 14] porque produjo un libro llamado Artand, lleno de bellas imágenes". Además, "dijo que el libro le había sido dado por Dios, que ningún hombre vivo podría pintar cuadros de igual belleza que los que contenía, y que, por lo tanto, evidentemente, había venido del mismo Dios" (ibid., 264). Sin embargo, ningún musulmán aceptará esta afirmación. Entonces, ¿por qué los no musulmanes deberían aceptar la belleza literaria como una prueba válida de la autoridad divina del Corán?

Argumento del analfabetismo de Mahoma. Además de su estilo, la fuente humana y el contenido del Corán son prueba de su origen divino. Los musulmanes insisten en que ningún libro con su mensaje podría haber venido de un profeta analfabeto, como lo fue Mahoma.

Es cuestionable que Mahoma fuera realmente analfabeto. Como señaló una autoridad, las palabras árabes al umni, traducido como "el profeta iletrado" en el Corán (sura 7:157), "puede ser [traducido] como 'pagano' en lugar de 'analfabeto'". Pfander prefiere la traducción, "el profeta gentil", coincidiendo en que el término no implica analfabetismo (ibid., 254). La misma palabra se traduce como "gentiles" en el sura 62:2: "Él es Quien ha enviado entre los gentiles (al umni)", y en los suras 2:73; 3:19, 69; 7:156.

La evidencia sugiere que Mahoma no era totalmente analfabeto. Por ejemplo, "cuando se firmó el Tratado de Hudaibah, Mahoma tomó la pluma de Alí, tachó las palabras en las que Alí lo había designado "el apóstol de Dios" y escribió en su lugar con su propia mano las palabras "hijo de Abdu'llah". Y "la tradición nos dice también que, cuando se estaba muriendo, Mahoma pidió pluma y tinta, para escribir una orden que nombrara a su sucesor, pero sus fuerzas le fallaron antes de que se trajeran los materiales de escritura" (ibid., 255).

W. Montgomery Watt nos informa de que "muchos mecanos sabían leer y escribir, por lo que existe la presunción de que un comerciante eficiente, como lo era Mahoma, sabía algo de las artes" (Watt, pág. 40). Incluso los eruditos musulmanes se refieren a Mahoma como "perfecto en intelecto" (Gudel, pág. 72). Si Mahoma carecía de formación formal en los primeros años, no hay razón para que una persona tan inteligente no pudiera ponerse al día por sí misma más tarde.

En tercer lugar, incluso si se concediera que Mahoma era analfabeto, no se deduce que el Corán le fuera dictado por Dios a través de Gabriel. Hay otras explicaciones posibles. Incluso si no fue formalmente entrenado, Mahoma era una persona brillante que poseía grandes habilidades. Su escribano podría haber compensado las deficiencias estilizando el trabajo. Esta era una práctica común. Homero era ciego, y por lo tanto probablemente no escribió sus épicas él mismo. Algunos críticos argumentan que es posible que la primera impresión de Mahoma fuera correcta, que recibió la información de un espíritu maligno, que podría haber ayudado a su habilidad (ver Mahoma, Supuesto llamado divino de).

Argumento de la preservación del Corán. ¿La perfecta preservación prueba la inspiración divina? Los musulmanes implican que el Corán es idéntico al original, y esto pone al libro por encima de la Biblia. Los críticos del Corán discuten esto. En primer lugar, con frecuencia hay una seria sobredemanda en cuanto a la preservación del Corán. Si bien es cierto que el Corán actual es una copia casi perfecta de su original, no es cierto que esta sea exactamente la forma en que vino de Mahoma.

El Corán fue originalmente dado oralmente por Mahoma y memorizado por devotos seguidores, la mayoría de los cuales fueron asesinados poco después de la muerte de Mahoma. Según la tradición antigua, los escribas de Mahoma escribían en trozos de papel, piedras, hojas de palma, omóplatos, costillas y trozos de cuero. Los musulmanes creen que el Corán fue escrito durante la vida de Mahoma. Pero según el testimonio de Zayd, un contemporáneo y seguidor de Mahoma, Abu Bakr le pidió que "buscara [los diversos capítulos y versículos del] Corán y lo reuniera". Respondió: "Por consiguiente, busqué el Corán: Lo recogí de ramas de palmera sin hojas y de finas piedras blancas y pechos de hombres" (Pfander, págs. 258-59). En el decenio de 650, durante el reinado de Uthman ibn Affan, el tercer califa musulmán, se informó de que varias comunidades musulmanas utilizaban diferentes versiones del Corán. Una vez más, Zayd fue llamado para preparar la versión oficial revisada. Es esta versión la que ha permanecido uniforme e intacta, no cualquier versión original que vino directamente de Mahoma.

En su libro Materials for the History of the Text of the Qur'an [Materiales para la historia del texto del Corán], el arqueólogo europeo Arthur Jeffery reveló su descubrimiento de una de las tres copias conocidas de algunas de las primeras obras islámicas llamadas Masahif. Estos libros relataban el estado del texto del Corán antes de su estandarización bajo Uthman. Revela, contrariamente a las afirmaciones de los musulmanes, que había varios textos diferentes antes de la revisión de Uthman. De hecho, como Dashti señala, algunos versos del Corán fueron cambiados debido a las sugerencias de los escribas a Mahoma y otros por la influencia de Umar I, segundo califa del Imperio Musulmán, sobre Mahoma.

Jeffery concluye que la recensión de Uthman "fue un golpe de política necesario para establecer un texto estándar para todo el imperio". Ya que había grandes divergencias entre los Coranes de Medina, La Meca, Basora, Kufa y Damasco, "la solución de Uthman fue canonizar el Códice de Medina y ordenar la destrucción de todos los demás". Por lo tanto, concluye, "puede haber poca duda de que el texto canonizado por Uthman fue solo uno de los varios tipos de texto existentes en ese tiempo" (Jeffery, págs. 7-8).

No todos los musulmanes de hoy en día aceptan la misma versión del Corán. Los musulmanes sunitas aceptan la tradición Sahih de Masud como autoritaria. Masud fue una de las pocas personas que Mahoma autorizó para enseñar el Corán. Sin embargo, el Códice Ibn Masud del Corán tiene una multitud de variaciones de la recensión utmánica. Solo en el segundo sura, hay casi 150 variaciones. Le toma a Jeffery unas noventa y cuatro páginas para mostrar las variaciones entre las dos. También demuestra que las lecturas de las variantes no son solo una cuestión del dialecto, como afirman muchos musulmanes. Algunas variaciones implicaban una cláusula completa, y otras omitían oraciones completas. Jeffery concluye que el texto de Uthman que fue canonizado fue solo uno de muchos, y "hay graves sospechas de que Uthman puede haber editado seriamente el texto que canonizó" (Jeffery, ix-x).

El erudito islámico Jay Smith ha acumulado una gran cantidad de material que socava la fiabilidad del Corán. Él argumenta que "ahora hemos descubierto monedas con supuestos escritos coránicos en ellas que datan del 685 d. C. [...] Sin embargo, las citas del Corán tanto en las monedas como en la Cúpula de la Roca difieren en detalles de lo que encontramos en el Corán hoy en día" (Crone y Cook, Hagarism [Hagarismo], pág. 18). Van Berchem y Grohmann, dos etimólogos que han hecho una extensa investigación sobre las inscripciones de la Cúpula de la Roca, argumentan que estas inscripciones contienen "formas verbales variantes, desviaciones extensas, así como omisiones del texto que tenemos hoy en día" (Crone, Slaves on Horses [Esclavos a caballo], pág. 74). John Wansbrough concluye que el Corán es "el producto de la edición tardía e imperfecta de materiales de una pluralidad de tradiciones" (Crone y Cook, pág. 18). Así que Smith concluye que el Corán que leemos ahora no es el mismo que el que supuestamente se editó en el año 650 d. C. bajo Uthman, como afirman los musulmanes. Más bien, lo único que sabemos con certeza es que deriva de documentos del 790 d. C. en adelante, es decir, 160 años después de la muerte de Mahoma. Ofrece como explicación más plausible que "el Corán es simplemente una colección de fuentes dispares tomadas de piezas de literatura, cuentos populares y tradiciones orales de los siglos séptimo y octavo, y accidentalmente injertadas por compiladores no conscientes de ello posteriores del período abasí [aprox. 750 en adelante]" (Smith, "D8: Corán").

La tradición islámica revela ciertas cosas que no se encuentran en el Corán actual. Uno nos dice que el Ayishah, una de las esposas de Mahoma, dijo: "Entre lo que fue enviado del Corán había diez bien conocidos (versos) sobre un lechón, que prohibía: luego fueron anulados por cinco bien conocidos. Luego el Apóstol de Dios falleció, y son lo que se recita del Corán" (Pfander, pág. 256). Otro ejemplo de algo que no se encuentra en el Corán de hoy es lo que dijo

Umar: "Verdaderamente Dios envió a Mahoma con la verdad, y Él envió sobre él el Libro, por lo tanto el Verso de la lapidación fue parte de lo que el Dios Altísimo envió: el Apóstol de Dios apedreó, y nosotros apedreamos después de él, y en el Libro de Dios la lapidación es lo adecuado para el adúltero" (ibid., 256). Esta revelación original aparentemente se cambió, y cien latigazos sustituyeron a la lapidación como el castigo por adulterio (sura 24:2).

Los llamados versos satánicos ilustran otro cambio en el texto original. Según una versión de estos versos, Mahoma tuvo una antigua revelación en la Meca, que permitía la intercesión a ciertos ídolos, que decía:

> ¿Consideró que al-hat y al-Uzza
> Y al-Manat, el tercero, ¿el otro?
> Esos son los cisnes exaltados;
> Se espera su intercesión;
> Sus gustos no son descuidados. (Watt, pág. 60)

Algún tiempo después de esto, Mahoma recibió otra revelación cancelando las últimas tres líneas (versículos) y sustituyendo lo que ahora encontramos en el sura 53 vv. 21-23, que omite la parte sobre la intercesión a estos dioses. Según Watt, ambas versiones se habían recitado públicamente. ¡La explicación de Mahoma fue que Satanás lo había engañado e insertado los versos falsos sin que él lo supiera!

W. St. Clair-Tisdall, que trabajó durante mucho tiempo entre los musulmanes, señaló que incluso en el presente Corán hay algunas variaciones.

Entre las diversas lecturas se pueden mencionar: (1) en el sura XXVIII, 48, a veces aparece "Sahirani" en vez de "sihrani": (2) en la sura XXXII, 6, después de "ummahatuhum" una lectura añade las palabras "wa hua abun lahum": (3) en la sura XXXIV, 18, a veces aparece "rabbana ba'id" en vez de "rabuna ba'ada": (4) en la sura XXXVIII, 22, por "tis'un" otra lectura es "tis'atun": (5) en la sura XIX, 35, para "tantaruna" también aparece "yamtaruna" (St. Clair-Tisdall, pág. 60).

Aunque los musulmanes chiítas son la minoría, son la segunda mayor secta islámica del mundo, con más de cien millones de seguidores. Afirman que el Califa Uthman intencionalmente eliminó muchos versos del Corán que hablaban de Alí.

L. Bevan Jones resumió bien el asunto en su libro The People of the Mosque [La gente de la mezquita], cuando dijo: "Mientras que puede ser cierto que ningún otro trabajo ha permanecido doce siglos con un texto tan puro, es probable e igualmente cierto que ningún otro ha sufrido una purga tan drástica" (Jones, pág. 62).

Incluso si el Corán fuera una copia perfecta, palabra por palabra del original como fue dada por Mahoma, no probaría que el original fue inspirado por Dios. Todo lo que demostraría es que el Corán de hoy en día es una copia a carbono de cualquier cosa que haya dicho Mahoma. No diría ni probaría nada sobre la verdad de lo que dijo. La afirmación de los musulmanes de que tienen la verdadera religión, porque tienen el único libro sagrado perfectamente copiado, es tan lógicamente falaz como alguien que prefiere un billete de 1 000 dólares falsificado perfectamente impreso a uno genuino ligeramente imperfecto. La pregunta crucial, que los apologetas musulmanes plantean con este argumento, es si el original es la Palabra de Dios, no si poseen una copia perfecta de ella.

Argumento de las profecías. ¿Contiene el Corán profecías predictivas que prueban su origen divino? Esto se trata en detalle en el artículo Mahoma, Supuestos milagros de. Los puntos incluyen:

La mayoría de las predicciones son en realidad exhortaciones a un líder militar religioso para seguir luchando y Dios le dará la victoria. La única predicción sustantiva, acerca de la victoria romana sobre el ejército persa en Issus (en el sura 30:2-4), no llegó dentro del período de tiempo dado por la profecía de "dentro de unos pocos años" y era de esperarse.

La única otra profecía notable es una referencia a las diez noches que se encuentra en el sura 89:2 que se interpreta como una predicción velada de los diez años de persecución que sufrieron los primeros musulmanes. Esta es una interpretación dudosa, ya que la línea aparentemente habla de peregrinación (ver Profecía, como prueba de la Biblia).

Argumento de la Unidad. Insistir en que el Corán debe ser una revelación divina porque es autoconsistente y no contradictorio es también poco convincente. Como se ha señalado, las revelaciones de Mahoma fueron a veces cambiadas, incluyendo los citados "versos satánicos" donde la revelación original permitía a cierta tribu adorar a los dioses paganos en el sura 53:21-23. Este es un asunto serio para un profeta que cree que el politeísmo es el máximo pecado.

Todo el concepto de abrogación (mansukh), donde los errores anteriores fueron corregidos por versos posteriores (llamados nasikh), revela una falta de unidad en el Corán. El sura 2:106 dice: "Tales de nuestras revelaciones como abrogamos o causan ser olvidados, traemos (en su lugar) uno mejor o similar. ¿No sabes que Alá es capaz de hacer todas las cosas?" Por ejemplo, lo que se llama "el versículo de la espada" (sura 9:5) supuestamente anula 124 versículos que originalmente fomentaban la tolerancia (cf. sura 2:256). El Corán dice enfáticamente: "Que no haya compulsión en las religiones" (sura 2:256), sin embargo, en otros lugares insta a los musulmanes a "luchar contra los que no creen" (sura 9:29) y "luchen y maten a los paganos dondequiera que los encuentren" (sura 9:5). El Nasikh es una contradicción en el sentido de que el Corán afirma que "no puede haber cambio en las Palabras de Dios" (sura 10:64), que dicen que el Corán es. Porque "no hay nadie que pueda alterar las Palabras (y Decretos) de Dios" (sura 6:34). Sin embargo, el Corán enseña la doctrina de la abrogación por la cual las revelaciones posteriores anulan las anteriores.

Como Gerhard Nehls observó agudamente: "Nos gustaría saber cómo se puede mejorar una revelación divina. Se esperaría que fuera perfecta y verdadera desde el principio" (Nehls, pág. 11). Algunos musulmanes, como Alí, afirman que la abrogación es solo una "revelación progresiva", adaptando el mismo mensaje de Dios a diferentes personas que viven en diferentes períodos. "Pero el sura 2:106 [sobre la abrogación] no habla de cultura o de revelación progresiva con referencia a las escrituras dadas antes de Mahoma, ¡sino solo a los versos del Corán!" (ibid., 12). Tiene sentido que Dios se revele progresivamente a lo largo de mil quinientos años, como en la Biblia (ver Revelación progresiva). Pero la Biblia cumple y amplía las enseñanzas anteriores en lugar de hacer correcciones, y ciertamente no dentro de veinte años. Esto parece particularmente cierto en vista del hecho de que los versos de corrección con frecuencia están cerca de los que están siendo corregidos. Lo que es más, hay versos que las abrogaciones coránicas aparentemente olvidaron redactar. En el sura 7:54 (y 32:4), se nos dice que el mundo se hizo en seis días. Pero en el sura 41:9-12, se dice que le tomó a Dios un total de ocho días para crear el mundo (dos más cuatro más dos). ¿Cómo pueden ser ambas correctas?

El Corán también afirma que los humanos son responsables de sus propias elecciones (sura 18:29), sin embargo, afirma que Dios ha sellado el destino de todos de antemano, diciendo: "El destino de cada hombre lo hemos atado a su propio cuello: En el Día del Juicio, sacaremos para él un pergamino, que verá abierto" (sura 17:13; ver también 10:99-100).

Incluso si el Corán fuera consistente, la unidad o la autoconsistencia es, en el mejor de los casos, una prueba negativa de la verdad, no una positiva. Por supuesto, si un libro es de Dios, que no puede equivocarse, entonces no tendrá contradicciones. Sin embargo, solo porque un libro no tenga contradicciones no significa que Dios sea el autor. Como John W. Montgomery observó perspicazmente, la geometría de Euclides es autoconsistente, pero esto no es motivo para llamarlo divinamente autoritario (Montgomery, pág. 94).

La autoconsistencia es el tipo de argumento que otros (incluyendo los cristianos) usan para sus libros sagrados. Pero no todos pueden ser la Palabra inspirada de Dios ya que son mutuamente contradictorios. La unidad en sí misma no prueba la autenticidad divina, o los libros sagrados autoconsistentes pero opuestos son todos verdaderos. La Biblia es al menos tan autoconsistente como el Corán, pero ningún musulmán admitiría que por lo tanto es inspirada por Dios.

Argumento de la exactitud científica. Este argumento ha ganado popularidad en tiempos recientes, principalmente debido al libro de Maurice Bucaille, The Bible, the Qur'an, and Science [La Biblia, el Corán y la Ciencia], en el cual se ataca al cristianismo por reprimir el progreso de la ciencia, y se exalta al Corán como promotor de la ciencia. De hecho, insiste en que el Corán presagió maravillosamente la ciencia moderna en muchas de sus declaraciones, confirmando así milagrosamente su origen divino.

Pero el cristianismo, no el islam, fue la madre de la ciencia moderna. M. B. Foster, cuando escribió para la prestigiosa revista de filosofía inglesa Mind [Mente], señaló que la doctrina cristiana de la creación es el origen de la ciencia moderna (ver Foster; Whitehead, págs. 13-14). Los fundadores de casi todas las áreas de la ciencia moderna fueron cristianos que trabajaban desde su visión del mundo. Incluyen hombres como Nicolás Copérnico, Johannes Kepler, William Kelvin, Isaac Newton, Blaise *Pascal, Robert Boyle, James Clark Maxwell y Louis Agassiz (ver Origen, Ciencia del).

Así que mientras el monoteísmo islámico hizo muchas contribuciones a la cultura moderna, es una exageración reclamar el crédito por el origen de la ciencia moderna. Los ejércitos musulmanes destruyeron vastos recursos de conocimiento. Por ejemplo, Pfander señala que bajo el califa Umar, los soldados musulmanes destruyeron las vastas bibliotecas de Alejandría y Persia. Cuando el general le preguntó a Umar qué debía hacer con los libros, se dice que respondió: "Arrojarlos a los ríos. Porque, si en estos libros hay una guía, entonces tenemos una mejor guía en el Libro de Dios. Si, por el contrario, hay en ellos lo que nos llevará por mal camino, que Dios nos proteja de ellos" (Pfander, pág. 365).

En segundo lugar, es un error asumir que un libro es inspirado simplemente porque se ajusta a la ciencia moderna (ver Ciencia y la Biblia). Los apologetas musulmanes y cristianos han cometido el error de asumir la verdad de un sistema de conocimiento científico particular. El conocimiento científico cambia. Lo que parecía ser "armonía" puede desaparecer. Defensores que intentan ver las teorías científicas modernas en su libro sagrado han cometido errores embarazosos.

Incluso si se pudiera demostrar la perfecta armonía entre el Corán y el hecho científico, esto no probaría la inspiración divina del Corán. Simplemente probaría que el Corán no cometió ningún error científico. En el mejor de los casos, la exactitud científica es una prueba negativa de la verdad. Si se encontrara un error, probaría que no era la Palabra de Dios. Lo mismo se aplica a la Biblia o cualquier otro libro religioso. Por supuesto, si un libro consistentemente y con precisión anticipara durante siglos lo que solo se descubriría más tarde, entonces esto podría utilizarse en un contexto teísta para indicar una fuente sobrenatural. Pero el Corán no muestra ninguna evidencia de predicciones sobrenaturales como lo hace la Biblia.

Algunos críticos cuestionan la exactitud científica del Corán. Por ejemplo, tomemos la muy controvertida declaración del Corán de que los seres humanos se forman de un coágulo de sangre. El sura 23:14 lee: "Entonces hicimos que el esperma se convirtiera en un coágulo de sangre coagulada; luego de ese coágulo hicimos un bulto (de feto); luego hicimos de ese bulto huesos y vestimos los huesos con carne". Esta es apenas una descripción científica del desarrollo embrionario. Para evitar el problema, M. Bucaille retraduce el verso, haciendo que la palabra árabe alaq ("coágulo de sangre") sea "la cosa que se aferra" (Bucaille, pág. 204). Sin embargo, esto es cuestionable. Es contrario a la labor de las autoridades islámicas reconocidas que hicieron las principales traducciones al inglés. Y el propio Bucaille reconoció que "la mayoría de las traducciones describen [...] la formación del hombre a partir de un 'coágulo de sangre' o 'adhesión'" (ibid., pág. 198). Esto deja la impresión de que su propia traducción casera se generó para resolver el problema, ya que reconoce que "una declaración de este tipo es totalmente inaceptable para los científicos especializados en este campo" (ibid.).

Asimismo, otros críticos señalan que el Corán en el sura 18:86 habla de uno que viajaba hacia el oeste "hasta que, cuando llegó al lugar de la puesta del sol, lo encontró poniéndose en un manantial de barro". Pero incluso en su intento de explicar este problema, Yusuf Ali admite que esto ha "desconcertado a los comentaristas". Tampoco explica realmente el problema sino simplemente afirma que esto no puede ser "el extremo oeste, porque no existe tal cosa" (Y. Ali, pág. 754, número. 2430). De hecho, no hay un extremo oeste, ni nadie puede llegar al lugar donde se pone el sol, viajando hacia el oeste. Pero esto es lo que dice el texto, por poco científico que sea.

Otros han observado que los llamados presagios científicos del Corán son altamente cuestionables. Kenneth Cragg señala que "algunos exégetas musulmanes del Corán han afirmado con frecuencia que los inventos modernos y los datos científicos, incluso la fisión nuclear, se han anticipado allí y ahora pueden ser detectados en pasajes hasta ahora no apreciados por su presciencia. Los significados antes insospechados se revelan a medida que la ciencia avanza". Sin embargo, esta conclusión "es fuertemente repudiada por otros como el tipo de corroboración que el Corán, como una Escritura 'espiritual', no necesita ni aprueba" (Cragg, pág. 42).

Incluso si se demostrara que el Corán es científicamente exacto, no sería por lo tanto divinamente autoritario. Lo único que probaría la exactitud es que el Corán no cometió ningún error científico. Esto no sería incomparable. Algunos eruditos judíos afirman lo mismo para la Torá, y muchos cristianos afirman exactamente lo mismo para la Biblia, usando argumentos muy similares. Pero Bucaille no permitiría que esto demostrara que el Antiguo y el Nuevo Testamento son la Palabra de Dios.

Argumento de la estructura matemática. Una prueba popular del origen divino del Corán es su supuesta base milagrosa en el número diecinueve. El diecinueve es la suma del valor numérico de todas las letras de la palabra "uno" (de la creencia básica de que Dios es uno). Tal método apologético no encuentra mucha aceptación en los círculos académicos por una buena razón. Ningún musulmán aceptaría un mensaje que pretenda ser de Dios si enseña idolatría o inmoralidad. Ciertamente ningún mensaje que contenga tales afirmaciones se aceptaría solo por bases matemáticas. Así que incluso si el Corán fuera un "milagro" matemático, esto no sería suficiente para probar que era de Dios, incluso para musulmanes pensantes.

Segundo, aunque las probabilidades son astronómicas en contra de que el Corán tenga todas estas increíbles combinaciones del número diecinueve, no prueba nada más que hay un orden matemático detrás del lenguaje del Corán. Dado que el lenguaje es una expresión del orden del pensamiento humano y que este orden puede ser con frecuencia reducido a una expresión matemática, no es inusual que un orden matemático pueda encontrarse detrás del lenguaje de un documento. De hecho, no hay nada tan inusual en las oraciones que tienen diecinueve letras.

Además, el mismo tipo de argumento (basado en el número siete) se ha utilizado para "probar" la inspiración de la Biblia. Toma el primer verso de la Biblia: "En el principio Dios creó los cielos y la tierra". G. Nehls señala:

El verso consiste en 7 palabras hebreas y 28 letras (7x4). Hay tres sustantivos: "Dios, cielos, tierra". Su valor numérico total [...] es 777 (7x11). El verbo "creado" tiene el valor 203 (7x29). El objeto está contenido en las primeras tres palabras, con 14 letras (7x2). Las otras cuatro palabras contienen el sujeto, también con 14 letras (7x2) [y así sucesivamente]. (Nehls, pág. 77)

Pero ningún musulmán permitiría que esto cuente como un argumento a favor de la inspiración divina de la Biblia. En el mejor de los casos, el argumento es esotérico y poco convincente. Incluso la mayoría de los eruditos musulmanes evitan usarlo.

Argumento de vidas cambiadas. Los apologetas apuntan a la transformación de las vidas y la cultura por el Corán como una prueba de su origen divino. Tales transformaciones deberían esperarse. Cuando uno cree fervientemente que algo es verdad, vive de acuerdo con ello. Pero esto aún deja sin responder la pregunta de si es la Palabra de Dios. Cualquier conjunto de ideas fervientemente creídas y aplicadas transformará a los creyentes y su cultura. Esto es cierto si las ideas son budistas, cristianas, islámicas o judías. ¿Qué musulmán aceptaría el argumento de que Das Capital de Karl *Marx es inspirado porque transformó millones de vidas y muchas culturas?

A los críticos no les sorprende que tantos se hayan convertido al islam cuando se recuerda que la recompensa prometida era para los que lo hacían y la amenaza de castigo para los que no lo hicieran. A los que "se sometieron" se les prometió el paraíso con mujeres hermosas (sura 2:25; 4:57). Pero "el castigo de aquellos que emprenden guerra contra Dios y su apóstol, y luchan en contra podría [...] ser: la ejecución, la crucifixión, el corte de las manos y los pies de lados opuestos, o el exilio de la tierra" (sura 5:36). La tradición islámica informa que Mahoma exhortó a sus seguidores que "la espada es la llave del cielo y del infierno; una gota de sangre derramada por la causa de Dios, una noche en armas, es más útil que dos meses de ayuno y oración. A quien caiga en la batalla, sus pecados le son perdonados en el día del juicio" (Gibbon, págs. 360-61).

La codicia humana jugó un papel importante. "Los guerreros árabes tenían [...] derecho a cuatro quintos de todo el botín que recogían en forma de bienes muebles y cautivos" (Noss, pág. 711). Era una gran ventaja para el enemigo someterse. Los politeístas tenían dos opciones: someterse o morir. Los cristianos y los judíos tenían otra alternativa: Podían pagar fuertes impuestos (sura 9:5, 29). Además, las conquistas islámicas tuvieron éxito porque en algunas de las tierras conquistadas la gente estaba harta del maltrato de sus gobernantes romanos y aceptaron de buena gana el énfasis del islam sobre la igualdad y la hermandad.

Además, una persona cristiana o judía podría argumentar por la verdad de sus religiones en el mismo

terreno. No debería sorprender que la creencia sincera en Dios, su ley moral, y un día final de juicio cambiaría la vida de uno, cosas que todos los monoteístas
morales creen. Pero no se puede omitir esto para probar que Mahoma es el último profeta de Dios.

Si es posible probar que las vidas cambiadas en una
religión son evidencia de su único origen divino, entonces en vista del poder transformador del Evangelio
(Ro 1:16), el cristianismo es igual, si no superior, al
islam. En su famosa Evidence of Christianity [Evi-
dencia del Cristianismo], William *Paley observa:

¿Por qué estamos comparando? Un campesino
galileo acompañado de unos pocos pescadores con
un conquistador a la cabeza de su ejército. Compa-
ramos a Jesús, sin fuerza, sin poder, sin apoyo, sin
una circunstancia externa de atracción o influencia,
prevaleciendo contra los prejuicios, el aprendizaje, la
jerarquía, de su país, contra las antiguas opiniones
religiosas, los ritos religiosos pomposos, la filosofía,
la sabiduría, la autoridad del imperio romano, en el
período más pulido e iluminado de su existencia, con
Mahoma abriéndose camino entre los árabes; reco-
lectando seguidores en la niebla de conquistas y triunfos, en las épocas más oscuras y países del mundo, y
cuando el éxito en las armas no solo operado por ese
comando de la voluntad de los hombres y personas
que asisten a proyectos prósperos, sino que se consideró como un testimonio seguro de la aprobación
divina. Esas multitudes, persuadidas por este argumento, se deben unir al tren de un jefe victorioso; que
multitudes aún más grandes se inclinen, sin ningún argumento, ante un poder irresistible, es una conducta
en la que no podemos ver mucho para sorprendernos;
en la que no podemos ver nada que se asemeje a las
causas por las que el establecimiento del cristianismo
se efectuó (Paley, pág. 257).

Argumento de la rápida difusión del islam. Algunos
eruditos musulmanes señalan la rápida difusión del
islam como prueba de su origen divino. De acuerdo
con un apologeta musulmán, "La rápida propagación
del islam muestra que Dios Altísimo lo envió como
su revelación final a los hombres" (Pfander, pág. 226).
El islam enseña que está destinado a ser la religión
universal. Hay varios problemas graves con este razonamiento. Primero, uno podría cuestionar tanto el
tamaño como el rápido crecimiento como pruebas
definitivas de la verdad. La mayoría no siempre tiene
razón. De hecho, la historia ha demostrado que con
frecuencia se equivocan.

Incluso por su propia prueba, el islam no es la verdadera religión, ya que el cristianismo ha sido y sigue siendo la mayor religión del mundo en número
de fieles, lo que es una gran vergüenza para los musulmanes. Además, incluso si el rápido crecimiento

se utiliza como prueba de la verdad de un sistema, el
cristianismo, no el islam, demostraría ser la verdadera religión. Porque creció más rápido al principio
por su simple mensaje y bajo una fuerte persecución
de los romanos que el islam por la fuerza de las armas. De hecho, no solo obtuvo miles de convertidos
inmediatos de sus raíces judías en cuestión de días y
semanas (Hechos 2:41; 4:4; 5:14) sino que también
conquistó el Imperio Romano por la fuerza espiritual, en sus primeros siglos.

Sin duda, las cruzadas cristianas (siglos XII-XIV)
también se dedicaron al uso de la espada, que Jesús
prohibió a sus discípulos para difundir su mensaje
(Mt 26:52). Pero esto fue mucho después de que el
cristianismo conquistara el mundo sin ella. Por el
contrario, el islam no creció con la mera fuerza de su
mensaje sino más adelante cuando usó la espada. De
hecho, el cristianismo de los primeros tiempos creció
más cuando el gobierno romano usó la espada con los
cristianos durante los primeros tres siglos.

Hay razones bastante naturales para la rápida expansión posterior del islam, indica Shorrosh. El islam
glorificó al pueblo, las costumbres y el idioma árabes.
Proporcionó un incentivo para conquistar y saquear
otras tierras. Utilizó la capacidad de luchar en el desierto. Proporcionó una recompensa celestial por la
muerte, y absorbió muchas prácticas preislámicas de
la cultura árabe. Incluso si se señalan razones de carácter más positivo, como las mejoras morales, políticas y culturales, no parece haber ninguna razón para
plantear otra cosa que no sean las causas naturales de
la propagación del islam. Por último, había incentivos
naturales para la mayoría de los convertidos. A los
soldados se les prometió el paraíso como recompensa
por morir en la difusión del islam. Y las personas
que no se sometían, eran amenazadas con la muerte,
la esclavitud o los impuestos. No hay necesidad de
apelar a lo sobrenatural para explicar el crecimiento
del islam bajo estas condiciones.

El erudito islámico Wilfred Cantwell Smith señala
el dilema musulmán. Los musulmanes creen que el
islam es de voluntad divina y está destinado a dominar el mundo, por lo que su fracaso debe ser una
indicación de que la voluntad soberana de Dios está
siendo frustrada. Pero los musulmanes niegan que la
voluntad de Dios se pueda frustrar. Por lo tanto, es
lógico que concluyan que no es voluntad de Dios. El
biógrafo de Mahoma, M. H. Haykal, se equivoca en
su respuesta al decir que los seres humanos son libres,
y que cualquier derrota o contratiempo debe atribuirse a ellos (Haykal, pág. 605). Si de hecho Dios ha querido la supremacía del islam, entonces su voluntad
soberana se ha visto frustrada, por la libertad humana o sin ella. Porque el islam no es ni ha sido desde el

momento de su creación la religión dominante duradera del mundo en términos numéricos, espirituales o culturales. Incluso si el islam tuviera un repentino éxito y superara a todas las demás religiones, esto no probaría que es de Dios. Como es lógico, todo lo que el éxito demuestra es que tuvo éxito, no que sea la verdad. Porque incluso después de que algo tenga éxito, podemos preguntarnos, ¿es verdadero o falso?

Argumento de Dios que habla en primera persona. Los musulmanes apelan al hecho de que Dios habla en primera persona como evidencia de que el Corán es la palabra de Dios.

En la Biblia, Dios es por lo general referido en segunda o tercera persona, desde un punto de vista humano. Sin embargo, no todo el corán habla de Dios en primera persona, por lo que por esta lógica solo las secciones en primera persona son inspiradas. Ningún musulmán diría eso de forma voluntaria. Además, en gran parte de la Biblia, Dios habla en primera persona, pero los musulmanes no admiten que estos pasajes son las palabras de Dios, sobre todo cuando Dios bendice a Israel, dándoles la tierra de Palestina como herencia.

La verdad es que tanto el Corán como la Biblia tienen pasajes que hablan de Dios en primera y tercera persona. Así que los musulmanes apenas pueden usar esto como una prueba única del origen divino del Corán.

Evidencia de un Corán de inspiración humana. No solo falta la evidencia de un origen divino del Corán, sino que hay fuertes indicios de que su origen no es divino.

Falibilidad. Dios no puede cometer errores o cambiar de opinión. Sin embargo, como se mostró con anterioridad, el Corán refleja tal falibilidad en muchas ocasiones.

Solo fuentes humanas. De acuerdo con los hallazgos de reputados eruditos del islam, el contenido del Corán puede ser rastreado hasta las obras judías o cristianas (con frecuencia de apócrifos judíos o cristianos) o fuentes paganas. Arthur Jeffery, en su volumen técnico y académico, The Foreign Vocabulary of the Qur'an [El vocabulario extranjero del Corán], demuestra con habilidad que "no solo la mayor parte del vocabulario religioso, sino también la mayor parte del vocabulario cultural del corán es de origen no árabe" (Jeffery, Foreign Vocabulary of the Qur'an, pág. 2). Algunas de las fuentes de vocabulario incluyen el abisinio, el persa, el griego, el sirio, el hebreo y el copto (ibid., págs. 12-32).

San Clair Tisdall, en The Sources of Islam [Las fuentes del islam], también revela la dependencia directa de ciertas historias coránicas del Antiguo Testamento en el Talmud judío. La influencia del Talmud se puede ver en las historias coránicas de Caín y Abel, Abraham y los ídolos, y la Reina de Saba. La influencia directa de los apócrifos cristianos puede verse en la historia de los siete durmientes y los milagros de la infancia de Jesús, y las doctrinas zoroástricas aparecen en las descripciones de los houris (vírgenes) en el paraíso y el sirat (el puente entre el infierno y el paraíso; San Clair-Tisdall, págs. 49-59, 74-91). Las prácticas musulmanas de visitar el santuario de la Ka'aba y los diversos detalles de la ceremonia del Hajj, incluidas las visitas a las colinas de Safa y Marwa así como el lanzamiento de piedras contra un pilar de piedra que simboliza a Satanás, eran todas prácticas preislámicas de la Arabia pagana (Dashti, págs. 55, 93-94, 164).

El genio de Mahoma. Como se ha señalado con anterioridad, es posible que Mahoma no fuera analfabeto, e incluso si no hubiese tenido una formación formal, era una persona brillante y con talento. No hay razón para que una mente tan creativa no haya podido ser la fuente de las enseñanzas en el Corán que no tienen antecedentes humanos conocidos.

El biógrafo de Mahoma, Haykal, identifica una posible fuente de las "revelaciones" de Mahoma en su descripción de la imaginación creativa árabe: "Al vivir como lo hace, bajo la bóveda del cielo y moviéndose sin cesar en busca de pastos o de negocio, y viéndose siempre forzado a los excesos, las exageraciones e incluso las mentiras que suele conllevar la vida de comerciante, el árabe se entrega al ejercicio de su imaginación y la cultiva en todo momento, ya sea para bien o para mal, para la paz o para la guerra" (Haykal, pág. 319).

Posibles fuentes satánicas del Corán. También es posible que Mahoma haya recibido sus revelaciones de un espíritu maligno.

Él mismo al principio creyó que sus "revelaciones" venían de un demonio, pero fue alentado por su esposa Khadija y su primo, Waraqah, a creer que la revelación venía de Dios. Esto se explica con más detalle en el artículo Mahoma, Supuesto llamado divino de. Ya sea un producto del propio genio de Mahoma, de otras fuentes humanas o de espíritus malignos finitos, no hay nada en el Corán que no pueda ser explicado sin la revelación divina.

Conclusión. A pesar de las evidencias anteriores en contra de cualquier origen divino del Corán, es interesante que los autores musulmanes hayan sido muy reacios a abordar la cuestión de los orígenes humanos del mismo, sino que se han limitado a repetir sus afirmaciones dogmáticas sobre su fuente divina. De hecho, rara vez se encuentra un reconocimiento de los problemas, y mucho menos una defensa entre los eruditos musulmanes.

Fuentes

A. A. Abdul-Haqq, *Sharing Your Faith with a Muslim* [Compartir tu fe con un musulmán].

M. B. M. *Ahmad, Introduction to the Study of the Holy Quran* [Introducción al estudio del sagrado Corán].

M. Ali, *Muhammad and Christ* [Mahoma y Cristo].

———, *The Religion of Islam* [La religión del islam].

A. Y. Ali, *The Holy Qur'an* [El sagrado Corán].

"Al-Rummani," en A. Rippin y J. Knappert, eds., *Textual Sources for the Study of Islam* [Fuentes textuales para el estudio del islam].

M. Bucaille, The Bible, *the Qur'an, and Science* [La Biblia, el Corán y la ciencia].

E. Caner y E. Caner, *Unveiling Islam* [Exponiendo el islam].

K. Cragg, *"Contemporary Trends in Islam"* [Tendencias contemporáneas del islam].

P. Crone, *Slaves on Horses* [Esclavos en caballos].

P. Crone y M. Cook, *Hagarism* [Hagarismo].

A. Dashti, Twenty-*Three Years* [Veintitrés años].

M. Foreman, *"An Evaluation of Islamic Miracle Claims in the Life of Muhammad"* [Una evaluación de las afirmaciones de milagros islámicos en la vida de Mahoma].

M. B. Foster, *"The Christian Doctrine of Creation and the Rise of Modern Natural Science"* [La doctrina cristiana de la creación y el auge de la ciencia natural moderna].

N. L. Geisler y A. Saleeb, *Answering Islam* [Respondiendo al islam].

E. Gibbon, *The History of the Decline and Fall of the Roman Empire* [La historia de la decadencia y caída del Imperio Romano].

J. P. Gudel, *To Every Muslim an Answer* [Una respuesta para cada musulmán].

S. Haneef, *What Everyone Should Know about Islam and Muslims* [Lo que todo el mundo debería saber sobre el islam y los musulmanes].

M. H. Haykal, *The Life of Muhammad* [La vida de Mahoma].

A. Jeffery, *The Foreign Vocabulary of the Qur'an* [El vocabulario extranjero del Corán].

———, ed., *Islam, Muhammad, and His Religion* [El islam, Mahoma y su religión].

B. L. Jones, *The People of the Mosque* [Las personas de la mezquita].

J. W. Montgomery, *Faith Founded on Fact* [La fe basada en el hecho].

———, "Mudjiza".

G. Nehls, *Christians Ask Muslims* [Las preguntas del cristiano sobre los musulmanes].

J. B. Noss, *Man's Religions* [Las religiones del hombre].

W. Paley, *Evidence of Christianity* [Evidencias del cristianismo].

C. G. Pfander, *The Mizanu'l Haqq* [Mizanu'l Haqq].

A. A. Shorrosh, *Islam Revealed* [El islam revelado].

J. Smith, *"D8: Qur'an"* [D8: el Corán].

H. Spencer, *Islam and the Gospel of God* [El islam y el Evangelio de Dios].

W. St. Clair Tisdall, *A Manual of the Leading Muhammadan Objections to Christianity* [Un manual de las principales objeciones de Mahoma al cristianismo].

C. Waddy, *The Muslim Mind* [La mente musulmana].

W. M. Watt, *Muhammad* [Mahoma].

A. N. Whitehead, *Science and the Modern World* [La ciencia y el mundo moderno].

Cosmovisión. Una cosmovisión es cómo uno ve o interpreta la realidad. La palabra en alemán es Weltanschauung, que significa "visión del mundo y la vida" o "paradigma". Es el marco a través del cual o por el cual uno le da sentido a la información de la vida. Una cosmovisión cambia totalmente la perspectiva que uno tiene de Dios, los orígenes, el mal, la naturaleza humana, los valores y el destino.

Existen siete cosmovisiones principales. Cada una es única. Con una excepción, *panteísmo/*politeísmo, nadie puede creer consistentemente en más de una cosmovisión, porque las premisas centrales son mutuamente exclusivas (ver Pluralismo religioso; Verdad, Naturaleza de la; Religiones del mundo y el cristianismo). Lógicamente, solo una cosmovisión puede ser verdadera. Las siete cosmovisiones principales son el *teísmo, *deísmo, *ateísmo, *panteísmo, *panenteísmo, *diosismo finito y *politeísmo.

Revisando las visiones. Teísmo. Existe un Dios infinito y personal más allá del universo y en el universo. El teísmo manifiesta que el universo físico no es todo lo que hay. Existe un Dios infinito y personal más allá del universo que lo creó, lo sustenta y actúa dentro de él de una forma sobrenatural. Él está trascendentalmente "afuera" e inmanentemente "adentro". Esta es la perspectiva que representa el judaísmo tradicional, el cristianismo y el islam.

Deísmo. Dios está más allá del universo, pero no en él. El deísmo es el teísmo sin los milagros. Manifiesta que Dios es trascendente sobre el universo, pero no es inmanente en él, sin duda no sobrenaturalmente. Argumenta un punto de vista naturalista sobre la función del mundo. Al igual que el teísmo, cree que el autor del mundo es un Creador. Dios creó al mundo, pero no trabaja en él. Él terminó el mundo y dejó que funcionara por sí solo. A diferencia del panteísmo, que niega la trascendencia de Dios en favor de su inmanencia, el deísmo niega la inmanencia de Dios en favor de su trascendencia. Algunos deístas son François-Marie *Voltaire, Thomas *Jefferson y Thomas *Paine.

Ateísmo. No existe ningún Dios más allá del universo o en el universo. El ateísmo declara que el universo físico es todo lo que existe. Dios no existe en ningún lugar, ni en el universo ni más allá de él. El universo o el cosmos es todo lo que hay y lo que habrá. La materia lo es todo. Es autosuficiente. Algunos de los ateos más famosos fueron Karl *Marx, Friedrich *Nietzsche, y Jean-Paul *Sartre.

Panteísmo. Dios es el todo/universo. Para un panteísta, no existe un Creador trascendente más allá del universo. El Creador y la creación son dos maneras de denotar una realidad. Dios es el universo o el todo, y el universo es Dios. En última instancia, solo hay una realidad, no varias distintas. La mente es todo. El panteísmo es representado por ciertas formas de hinduismo, *budismo Zen y la ciencia cristiana.

Panenteísmo. Dios está en el universo, como una mente en un cuerpo. El universo es el "cuerpo" de Dios. Es su verdadero polo. Pero existe otro "polo" para Dios aparte del universo físico. Tiene un potencial infinito para transformarse. Esta perspectiva está representada por Alfred North *Whitehead, Charles *Hartshorne y Shubert Ogden.

Diosismo finito. Existe un dios finito más allá del universo y en el universo. El diosismo finito es como el teísmo, solo el dios más allá del universo y activo en él está limitado en naturaleza y poder. Como los deístas, los diosistas finitos generalmente aceptan la creación, pero niegan la intervención milagrosa. Que Dios no venza a la maldad se presenta a menudo como una razón para creer que Dios está limitado en poder. John Stuart *Mill, William *James y Peter Bertocci sostienen esta cosmovisión.

Politeísmo. Existen muchos dioses más allá del mundo y en el mundo. El politeísmo es la creencia en muchos dioses finitos, que influyen en el mundo. Niegan que cualquier Dios infinito esté más allá del mundo. Argumentan que los dioses están activos y a menudo creen que cada uno tiene su propio dominio. Cuando un dios finito se considera como el líder sobre los otros, la religión se denomina henoteísmo. Los principales representantes del politeísmo incluyen a los antiguos griegos, mormones y los neopaganos (por ejemplo, los wiccanos).

La importancia de una cosmovisión. Las cosmovisiones influyen en los valores, los significados personales y en la manera en que las personas actúan y piensan. La pregunta más importante que una cosmovisión responde es "¿de dónde venimos?" y la respuesta a esta pregunta es crucial con respecto a cómo se responden las otras preguntas. El teísmo declara que Dios nos creó. La creación fue de la nada, ex nihilo. El ateísmo cree que evolucionamos por casualidad y defiende la creación a partir de la materia, ex materia. El panteísmo argumenta que emanamos de Dios como los rayos del sol o como las chispas de un fuego, que la creación procede de Dios mismo, ex Deo (ver Creación, Puntos de vista de la). Las demás utilizan alguna forma de estas interpretaciones con ciertos matices de diferencia.

Una interpretación particular influye en el punto de vista de una persona sobre la muerte. Por ejemplo, un teísta cree en la inmortalidad personal, un ateo normalmente no. Para el teísta, la muerte es el comienzo; para el ateo, el final de la existencia. Para el panteísta, la muerte es el final de una vida y el comienzo de otra, la cual conduce a la fusión final con Dios.

Los teístas creen que fuimos creados por Dios con el propósito de tener una comunión eterna con Él y alabarlo. Los panteístas creen que al final perderemos toda identidad individual en Dios. Los ateos generalmente ven la *inmortalidad solo como la continuación de la especie. Vivimos de los recuerdos (por un tiempo) y de la influencia que tenemos en las generaciones futuras.

Claramente, lo que uno cree sobre el futuro influirá en cómo vive ahora. Según el ateísmo clásico morimos "una sola vez" (cf. Heb. 9:27), así que la vida adquiere cierta sobriedad y urgencia que alguien que cree en la *reencarnación no tendría. La urgencia es lidiar con el mal karma para que la siguiente vida sea mejor. Pero siempre hay más oportunidades en las vidas futuras para intentar, intentar de nuevo. Para el ateo es como lo dijo el antiguo comercial de cerveza: Tenemos que "agarrarle el gusto, porque solo vivimos una vez".

Varias cosmovisiones le otorgan diferentes significados a un acto virtuoso. Un teísta ve un acto de compasión como una obligación absoluta impuesta por Dios (ver Moralidad, Naturaleza absoluta de la), que tiene un valor intrínseco sin importar las consecuencias. Un ateo ve la virtud como una obligación autoimpuesta que la raza humana ha establecido sobre sus miembros. Un acto no tiene un valor intrínseco aparte del que la sociedad le asigna.

Asimismo, hay un abismo entre las cosmovisiones en relación con la naturaleza de los valores. Para un teísta, Dios ha dotado ciertas cosas, la vida humana por ejemplo, con un valor final. Es sagrada porque Dios la hizo a su imagen. Así que hay obligaciones divinas para respetar la vida y prohibiciones absolutas contra el asesinato. Para un ateo, la vida tiene el valor que la raza humana y sus diferentes sociedades le han asignado. Es relativamente valiosa, en comparación con otras cosas. Generalmente, un ateo cree que un acto es bueno si trae buenos resultados y malo si trae malos resultados. Un cristiano cree que ciertos actos son buenos sin importar sus resultados.

Resumen. La realidad es bien solo el universo, solo Dios, o el universo y Dios(es). Si el universo es todo lo que existe, entonces el ateísmo está en lo cierto. Si Dios es todo lo que existe, entonces el panteísmo tiene la razón. Si Dios y el universo existen, entonces existe un Dios o varios dioses. Si hay varios dioses, el politeísmo está en lo correcto. Si hay solo un Dios, entonces este Dios es finito o infinito. Si hay un dios finito, entonces el diosismo finito tiene razón. Si este dios finito tiene dos polos (uno más allá del mundo y otro en el mundo), entonces el panenteísmo está en lo cierto. Si hay un Dios infinito, entonces este Dios interviene en el universo o no. Si hay una intervención, entonces el teísmo está en lo correcto. Si no la hay, entonces el deísmo es verdadero.

Fuentes

N. L. Geisler, *Christian Apologetics* [Apologética Cristiana], parte 2.

N. L. Geisler y W. D. Watkins, *Worlds Apart* [Mundos aparte].

D. A. Noebel, *Understanding the Times* [Entendiendo los tiempos].

J. W. Sire, *The Universe Next Door* [El universo de al lado].

Creación, Evidencia a favor de la. *Ver* PRINCIPIO ANTRÓPICO; ARGUMENTO COSMOLÓGICO; DARWIN, CHARLES; EVOLUCIÓN BIOLÓGICA; EVOLUCIÓN QUÍMICA; EVOLUCIÓN CÓSMICA; DIOS, EVIDENCIAS A FAVOR DE; KALAM, ARGUMENTO COSMOLÓGICO; ESLABONES PERDIDOS EVOLUTIVOS.

Creación, Puntos de vista de la. Tres puntos de vista básicos buscan explicar el origen del universo. Los teístas (ver Teísmo) sostienen que todas las cosas fueron creadas ex nihilo, "de la nada". Los panteístas (ver Panteísmo) creen que el universo material surgió ex Deo, "de Dios", un aspecto de un ser impersonal de Dios, más que la obra de un ser consciente que actúa fuera de sí mismo. Los materialistas (ver Materialismo) afirman la creación ex materia (a partir de material preexistente).

Los materialistas, incluidos los ateos (ver Ateísmo) y los dualistas (ver Dualismo), piensan que los orígenes no implican en absoluto la creación, si creación se define como la obra ejecutada de un ser. Sin embargo, a modo de comparación, el materialismo y el panteísmo pueden unirse bajo la rúbrica de la creación. El origen materialista puede llamarse creación ex materia, "a partir de la materia".

Creación ex Materia. Una visión materialista (o dualista) de cosas existentes suele afirmar que la materia (o la energía física) es eterna. La materia siempre ha sido, y, de hecho, siempre lo será. Como afirma el físico en la primera ley de la termodinámica, "la energía no puede ser creada ni destruida".

Hay dos subdivisiones básicas desde el punto de vista de la "creación fuera de la materia": las que involucran a un Dios y las que no.

Dios creado a partir de la materia preexistente. Muchos griegos antiguos (dualistas) creían en la creación de Dios a partir de un "trozo de arcilla" eterno y previamente existente (ver Platón, 27ss.). Es decir, tanto Dios como las "cosas" del universo material (el cosmos) siempre estuvieron ahí. La "creación" es el proceso eterno por el cual Dios ha estado continuamente dando forma a las cosas del universo.

*Platón llamó a la materia lo sin forma (o el caos). Dios fue el Hacedor (o Demiurgo). Usando un mundo eterno de formas (ideas), Dios dio forma o estructura a la masa sin forma de la materia. El Hacedor (Dios), por medio de las formas (ideas que fluyeron de la forma), formó lo sin forma (la materia) en lo formado (el cosmos). En términos griegos, los Demiurgos, por medio de los eidos (Ideas), que fluían del agathos (bueno), formaron el caos en un cosmos. Se puede derribar fácilmente los elementos del dualismo platónico.

La materia es eterna. Las cosas básicas del universo siempre lo han sido. Nunca hubo un momento en el que los elementos del universo físico no existieran.

"Creación" significa formación, no origen. "Creación" no significa traer algo a la existencia. Más bien, significa formación. Dios organiza la materia existente.

El "Creador" es un Hacedor, no un Productor. Así que el Creador no significa Inventor sino Constructor. Dios es un Arquitecto del universo material, no la Fuente de todas las cosas.

Dios no es soberano sobre todas las cosas. Tal Dios no está en control absoluto, porque hay algo eterno además de Dios. La materia eterna está en tensión dual con Dios, y no puede hacer nada al respecto. Él puede dar forma a la materia dentro de ciertos parámetros. Así como hay límites en lo que se puede hacer de papel (es bueno para hacer cometas pero no naves espaciales), así la naturaleza misma de la materia es una desventaja. Tanto la existencia como la naturaleza de la materia ponen límites a Dios.

No había ningún Dios para hacer la creación. Un segundo punto de vista es generalmente llamado *ateísmo, aunque muchos agnósticos (ver Agnosticismo) tienen casi la misma visión del mundo. Un ateo dice que no hay Dios; un agnóstico afirma no saber si hay un Dios. Pero ninguno cree necesario proponer a Dios para explicar el universo. La materia simplemente está ahí. El universo es básicamente, todo lo que existe. Incluso la mente vino de la materia.

El materialista estricto responde a la pregunta de dónde vino el universo con la pregunta: ¿De dónde vino Dios? La visión del mundo del materialista hace que la pregunta no tenga sentido, porque el universo ocupa gran parte del lugar conceptual normalmente reservado para el Creador (ver Causalidad, Principio de).

Los pensadores desde los antiguos atomistas sostuvieron que la materia surgió de la creación. Karl *Marx (1818-83) fue el filósofo moderno que buscó llevar el materialismo a su principal conclusión en el socialismo (Marx, pág. 298). Un siglo más tarde, el astrónomo Carl *Sagan popularizó el punto de vista en la televisión y en libros populares. Gran parte del mundo occidental escuchó el credo de Sagan: "El Cosmos es todo lo que es, o lo que alguna vez fue, o lo que alguna vez será" (Sagan, pág. 4). La humanidad es simplemente polvo de estrellas que reflexiona sobre las estrellas. Los seres humanos crearon a Dios. Como dijo Marx, la mente no creó la materia; la materia creó la mente (Marx, pág. 231).

Al admitir la existencia eterna de la materia y el movimiento, el ateo explica todo lo demás por las doctrinas de la evolución natural (ver Evolución cósmica) y las leyes naturales. La evolución natural (ver Evolución biológica) funciona por la interacción de la materia, más el tiempo, más el azar. Incluso las complejidades de la vida humana pueden ser explicadas a través de las leyes puramente naturales del universo físico. Con el tiempo suficiente, los monos en una máquina de escribir pueden realizar las obras de Shakespeare. No se necesita un Creador inteligente.

Los principios de la creación ex materia. El concepto de origen del no teísmo se puede resumir en cuatro puntos.

La materia es eterna. Como se ha señalado anteriormente, la premisa central del materialismo es que la materia siempre ha sido. O, como dijo un ateo, si la materia llegó a ser, llegó a existir de la nada y por la nada (Kenny, pág. 147). El universo material es un sistema cerrado autosuficiente y autogenerado. Isaac Asimov especuló que había la misma posibilidad de que nada viniera de la nada o que algo viniera de la nada. Por suerte, algo surgió (Asimov, pág. 148). Así que, o la materia es eterna o vino de la nada espontáneamente sin una causa.

Los materialistas originales, los atomistas, creían que la materia era una masa de innumerables bolitas indestructibles de realidad llamadas átomos. Con la división del átomo real y la aparición de la teoría de Albert *Einstein de $E = MC^2$ (la energía es igual a la masa por la velocidad de la luz al cuadrado), los materialistas ahora hablan de la indestructibilidad de la energía (la primera ley de la termodinámica). La energía no desaparece de la existencia, simplemente toma nuevas formas. Incluso en la muerte, todos los elementos de nuestro ser son reabsorbidos por el medio ambiente y reutilizados por otras cosas. Así que el proceso continúa.

No se necesita un creador. El materialismo estricto exige la premisa del ateísmo o del no teísmo. No hay Dios, o al menos no hay necesidad de un Dios. El mundo se explica a sí mismo. Como dice The Humanist Manifesto II [El Manifiesto Humanista II]: "Como no teístas, comenzamos con los humanos no con Dios, y con la naturaleza, no con la divinidad" (Kurtz, pág. 16).

Los humanos no son inmortales. Otra implicación es que no hay alma inmortal (ver Inmortalidad) o aspecto espiritual en los seres humanos. The Humanist Manifesto I [El Manifiesto Humanista I] rechazó "el dualismo tradicional de mente y cuerpo [...] La ciencia moderna desacredita conceptos históricos como el 'fantasma en la máquina' y el 'alma separable'" (ibid., 8, 16-17). El materialista estricto no cree en el espíritu o la mente en absoluto. La mente no existe, solo una reacción química en el cerebro. Thomas Hobbes (1588-1679) definió la materia: "El mundo (no me refiero solo a la tierra, que denomina a los amantes de ella "mundanos", sino al universo, es decir, a toda la masa de todas las cosas que son) es corporal, es decir, cuerpo; y tiene las dimensiones de magnitud, a saber, longitud, grosor y profundidad; también cada parte del cuerpo es igualmente cuerpo, y tiene las mismas dimensiones; y, por consiguiente, cada parte del universo es cuerpo, y lo que no es cuerpo no es parte del universo; y porque el universo es todo, lo que no es parte de él no es nada, y, por consiguiente, en ninguna parte" (Hobbes, pág. 269).

Los materialistas menos estrictos admiten la existencia de un alma, pero niegan que pueda existir independientemente de la materia. Para ellos el alma es para el cuerpo lo que la imagen en el espejo es para quien la mira. Cuando el cuerpo muere, también lo hace el alma. Cuando la materia se desintegra, la mente también se destruye.

Los humanos no son únicos. Entre los que apoyan la creación de la materia, hay diferencias en cuanto a la naturaleza de los seres humanos. La mayoría les otorga un estatus especial a los humanos, como el punto más alto del proceso evolutivo. Sin embargo, virtualmente todos están de acuerdo en que los humanos difieren de las formas de vida inferiores solo en rango y no en el tipo. Los seres humanos son simplemente la forma animal más alta y más reciente en la escala evolutiva. Tienen habilidades más desarrolladas que los primates. Ciertamente, los humanos no son únicos sobre el resto del reino animal, aunque sean los más destacados en él.

Una evaluación de la creación ex materia. Para una crítica del dualismo, ver Diosismo finito. La posición atea se critica bajo el ateísmo. Además, la evidencia del teísmo es una evidencia contra un universo eterno (ver Argumento Cosmológico; Kalam, Argumento Cosmológico; Teísmo). La ciencia contemporánea ha proporcionado poderosos argumentos contra la eternidad de la materia de la cosmología del big bang (ver Evolución cosmológica).

Creación, ex Deo. Mientras que los ateos y dualistas creen en la creación ex materia, el *panteísmo se aferra a la creación ex Deo, de Dios. Todos los panteístas caen en una de estas dos categorías: panteísmo absoluto y no absoluto.

Panteísmo absoluto. Un panteísta absoluto afirma que solo existe la mente (o el espíritu). Lo que llamamos "materia" es una ilusión, como un sueño o un espejismo. Parece existir, pero en realidad no. Este punto de vista fue defendido por dos representantes clásicos, Parménides de Occidente (un griego) y Shankara de Oriente (un hindú).

Parménides argumentó que todo es uno (ver Monismo), porque asumir que más de una cosa existe es absurdo (Parménides, 266-83). Dos o más cosas tendrían que diferir entre sí. Pero las únicas formas de diferir son por algo (ser) o nada (no ser). Es imposible diferir por nada, ya que diferir por nada (o no ser) es solo otra forma de decir que no hay ninguna diferencia. Y dos cosas no pueden diferir por el ser porque el ser (o la existencia) es lo único que tienen en común. Eso significaría que difieren en el mismo aspecto en que son iguales. Por lo tanto, es imposible tener dos o más cosas; solo puede haber un ser. Todo es uno y uno es todo. Nada más existe realmente.

En la terminología de la creación, esto significa que Dios existe y el mundo no. Hay un Creador, pero no una creación. O por lo menos solo podemos decir que hay una creación considerando que la creación proviene de Dios de la misma manera que un sueño proviene de una mente. El universo es solo la nada de lo que Dios piensa. Dios es la totalidad de toda la realidad. Y lo irreal sobre lo que piensa y que se nos aparece es como un cero. Es literalmente nada.

Shankara describió la relación del mundo con Dios, la ilusión con la realidad, por la relación de lo que parece ser una serpiente, pero al examinarlo más de cerca resulta ser una cuerda (ver Prabhavananda, pág. 55). Cuando miramos el mundo, lo que hay no es realidad (Brahman). Es más bien una mera ilusión (maya).

De la misma manera, cuando una persona se mira a sí misma, lo que parece ser (cuerpo) es solo una manifestación ilusoria de lo que realmente es (alma). Y cuando uno mira en su alma, descubre que la profundidad de su alma (Atman) es realmente la profundidad del universo (Brahman). Atman (humanidad) es Brahman (Dios). Pensar que no somos Dios es parte de la ilusión o el sueño del que debemos despertar. Tarde o temprano todos debemos descubrir que todo viene de Dios y todo es Dios.

Panteísmo no absoluto. Otros panteístas tienen una visión más flexible y elástica de la realidad. Aunque creen que todo es uno con Dios, aceptan una multiplicidad en la unidad de Dios. Creen que todo está en el uno como todos los radios están en el centro de un círculo o como todas las gotas se funden en un estanque infinito. Los representantes de este punto de vista incluyen al filósofo neoplatónico del siglo II *Plotino (205-270), al filósofo moderno Benedict *Spinoza (1632-77), y al hindú contemporáneo Radhakrishnan.

Según el panteísmo no absoluto, hay muchas cosas en el mundo, pero todas ellas provienen de la esencia del Único Ser (Dios). La mayoría de ellas se encuentran en el Único ser, pero el Único ser no se encuentra en muchas de ellas. Es decir, todas las criaturas son parte del Creador. estas vienen de él de la misma manera que una flor se desarrolla a partir de una semilla o las chispas provienen del fuego. Las criaturas son simplemente muchas gotas que salpican desde el estanque infinito, solo para eventualmente caer de nuevo y mezclarse con el Todo. Todas las cosas vienen de Dios, son parte de Dios y se fusionan de nuevo con Dios. Técnicamente hablando, para el panteísta, no hay creación sino solo una emanación de todas las cosas que provienen de Dios. El universo no fue hecho de la nada (ex nihilo) ni de algo preexistente (ex materia). Estaba hecho de Dios (ex Deo).

Pueden destacarse brevemente elementos significativos de esta visión panteísta de los orígenes del principio.

No hay una distinción absoluta entre el Creador y la creación. El creador y la creación son uno. Pueden diferir en perspectiva, como los dos lados de un plato o también en relación del uno al otro, como causa a efecto. Pero el Creador y la creación no son tan diferentes como el reflejo en un estanque que difiere del cisne que nada en él. Uno es la imagen reflejada del otro, es algo real. Incluso para aquellos que creen que el mundo es real, el Creador y la creación son simplemente dos caras de la misma moneda. No hay ninguna diferencia real entre ellos.

La relación entre el Creador y la creación es eterna. Los panteístas creen que Dios causó el mundo, pero insisten en que lo ha estado causando desde siempre, al igual que los rayos brillan siempre desde un sol eterno. El universo es tan viejo como Dios. Así como una piedra puede descansar para siempre sobre otra en un mundo eterno, así el mundo puede depender de Dios para siempre.

El mundo está hecho de la misma sustancia que Dios. Los panteístas creen que dios y el mundo están hechos de la misma sustancia. Ambos están compuestos de materiales provenientes de dios. La creación es parte del Creador. Es uno en naturaleza con dios, dios es agua y dios es árboles. Como Marilyn Ferguson explicó, ¡cuando la leche se mezcla con el cereal, Dios se mezcla en Dios! (Ferguson, pág. 382) Básicamente, solo hay una sustancia, un material en el universo y es divina. Todos estamos hechos de ella, así que todos somos dios.

La humanidad es Dios. Si toda la creación es la emanación de Dios, entonces también la humanidad lo es. La teóloga más popular del panteísmo de la Nueva Era, Shirley MacLaine, cree que se puede decir con igual veracidad, "Yo soy Dios", o "Yo soy Cristo", o "Yo soy ese Yo soy" (MacLaine, pág. 112). En su miniserie de televisión, "Out on a Limb" [En el límite] (enero de 1987), ella saludó al océano y proclamó: "Yo soy Dios, Yo soy Dios". El Señor Maitreya, a quien muchos consideran el "Cristo" de la Nueva Era, declaró a través de Benjamín Creme, su agente de prensa: "Mi propósito es mostrar al hombre que ya no necesita tener miedo, que toda la luz y la verdad descansa en su corazón, que cuando este simple hecho se conozca, el hombre se convertirá en Dios".

Una evaluación de la creación ex Deo. Hay varias maneras de evaluar la creación ex Deo. Dado que es parte de una visión panteísta del mundo, las críticas del panteísmo se aplican. Por ejemplo, hay una distinción real entre lo finito y lo infinito, lo contingente y lo necesario, lo cambiante y lo inmutable. Y como no soy un Ser necesario o inmutable, entonces debo ser un ser contingente. Pero un ser contingente es uno que no puede ser. Y tal ser en realidad existe solo porque fue causado para existir por Dios, de otra manera no habría existido. En resumen, existe de la nada (ex nihilo).

Segundo, como muestra el argumento cosmológico de Kalam, el universo no es eterno. Por lo tanto, llegó a ser. Pero antes de que existiera, no era nada. O, más propiamente, no había nada (excepto Dios), y después de crear el mundo, había algo (además de Dios). Esto es lo que se entiende por creación ex nihilo. Por lo tanto, todo lo que llega a existir (como lo hizo el universo) lo hace de la nada, es decir, ex nihilo.

Creación ex nihilo. Ex nihilo proviene del latín que significa "desde o de la nada". Desde sus inicios, esta visión teísta afirma que Dios trajo el universo a la existencia sin usar material preexistente. El teísmo declara que solo Dios es eterno y que trajo todo lo demás a la existencia utilizando material preexistente y sin hacer el universo de "piezas" de su propia esencia. Más bien, este fue hecho "de la nada" (ex nihilo).

La coherencia de la creación ex nihilo. Algunos críticos sostienen que la creación ex nihilo es un concepto sin sentido. Otros afirman que no es bíblico y que es una inserción filosófica posterior en el pensamiento cristiano. El argumento de que la creación ex nihilo es incoherente se expresa así:

1. Crear "desde" implica material preexistente.
2. Pero la creación ex nihilo insiste en que no había material preexistente.
3. Por lo tanto, la creación ex nihilo es una contradicción de los términos.

En respuesta, los teístas niegan la primera premisa, señalando que "desde la nada" es simplemente una forma positiva de afirmar un concepto negativo como "no proviene de algo". Es decir, Dios no creó el universo a partir de ningún material preexistente. El dicho de que "la nada viene de la nada" no debe ser entendida de forma absoluta. Significa que algo no puede ser causado por la nada, no que algo no pueda suceder después de nada. Es decir, algo puede ser creado de la nada pero no por la nada. Dios trajo el universo a la existencia desde la inexistencia. Ex nihilo simplemente denota el movimiento de un estado de nada a un estado de algo. No implica que la nada sea un estado de existencia del cual Dios formó algo. Nada (aparte de Dios) está en un estado de inexistencia que precedió a la creación del universo. Cuando los ateos y panteístas usan la preposición ex significa "desde" en el sentido de una causa material. Para el teísta ex se entiende una causa eficiente. El mediodía viene "desde la mañana", después de la mañana pero no literalmente que sale de ella.

La lógica de la creación ex nihilo. La base de la creación ex nihilo es de dos maneras. Primero, las únicas alternativas lógicas son inaceptables. Segundo, es la conclusión lógica del argumento de la Primera Causa para la existencia de Dios (ver Argumento Cosmológico).

Las tres posibilidades. Se ha demostrado que la creación ex Deo y ex materia son incompatibles con el teísmo. Por lo tanto, la creación ex nihilo debe ser verdadera.

En primer lugar, un Dios teísta no puede crear ex Deo. Ya que Dios es un simple ser (ver Dios, Naturaleza de), no puede tomar una "parte" de sí mismo y hacer el mundo. La simplicidad significa sin división o partes. Por lo tanto, no hay manera de que el mundo creado pueda ser una parte de Dios. Tal visión es panteísmo, no teísmo.

Además, un Dios teísta es un Ser Necesario, es decir, uno que no puede dejar de serlo. No puede llegar a ser creado o dejar de serlo. La creación es un ser contingente; la creación es un ser que existe y que tiene que estar allí. Por lo tanto, es imposible que la creación sea parte de Dios, ya que es contingente y él es necesario. En resumen, un Ser Necesario no tiene elementos extraños de su ser con los que realizan algo. Se podría decir que Dios no tiene partes de las que pueda separarse. Si pudiera separarse de ellas, no serían necesarias. Si son necesarios, no puede separarse de ellos. Así que la creación ex Deo es imposible para un Dios teísta.

Además, un Dios teísta no puede crear ex materia, porque la creencia de que hay algo eterno fuera de Dios no es teísmo sino dualismo. No puede haber otro ser infinito fuera de Dios, ya que es imposible tener dos seres infinitos. Si hay dos, deben diferir, y dos seres infinitos no pueden diferir en su ser, ya que son el mismo tipo de ser. Dos seres precisos no pueden diferir en su ser, ya que es el mismo sentido en el que son idénticos. Solo podrían diferir si fueran diferentes tipos de seres. Por lo tanto, no puede haber dos seres infinitos.

Y si hay un infinito y un (o más) ser(es) finito(s), entonces el ser finito no puede ser un Ser Necesario eterno. No puede ser necesario ya que está limitado por su potencialidad, y cualquier ser con la potencialidad. No puede ser eterno, ya que lo que está limitado en su ser nunca alcanza la eternidad. Por lo tanto, no podría haber preexistido para siempre (ver Dios, Evidencias a favor de).

Sin embargo, si el universo no es eterno, y si Dios no puede crear a partir de sí mismo, entonces debe haber creado ex nihilo, ya que no habría otra alternativa. Para un teísta, la creación ex nihilo es comprobada de esa manera.

El argumento de la Primera causa. La forma horizontal del argumento cosmológico (ver Kalam, Argumento Cosmológico) expone razones de que hay un comienzo del universo material, espacio-tiempo. Pero si el universo tiene un principio, entonces no siempre ha existido. Esto elimina la creación ex materia (a partir del material preexistente), ya que no hubo material antes de que la materia llegara a existir. No había nada, y luego había materia que fue creada por Dios, pero no de ninguna materia preexistente. En otras palabras, si todo ser finito llegó a existir por una Primera Causa que siempre existió, entonces "antes" de que existiera no había nada más que la eterna Primera Causa. Por lo tanto, todo ser finito surgió de la inexistencia.

Elementos de la creación ex nihilo. La diferencia absoluta entre el Creador y la creación. El teísmo cristiano sostiene que hay una diferencia fundamental entre el Creador y su creación. Los siguientes contrastes muestran estas diferencias.

No creado	Creado
Infinito	Finito
Eterno	Temporal
Necesario	Contingente
Inmutable	Cambiante

Dios y el mundo son radicalmente diferentes. Uno es el Creador y el otro es un ser creado. Dios es la causa y el mundo es el efecto. Dios es ilimitado y el mundo es limitado. El Creador es auto-existente, pero la creación depende totalmente de él para su existencia.

Algunas ilustraciones pueden ayudar a aclarar más la distinción real entre el Creador y la creación. En el *panteísmo, Dios es para el mundo lo que un estanque es para las gotas de agua que contiene, o lo que el fuego es para las chispas que salen de él. Pero en el *teísmo, Dios es para el mundo lo que el pintor es para un cuadro o el escritor de una obra de teatro es para una obra de teatro. Mientras que el artista se manifiesta, en cierto sentido, en el arte, también está más allá de él. El pintor no es el cuadro. Su creador está más allá, encima y por encima de él. El Creador del mundo hace que exista y se revela en él, pero Dios no es el mundo.

La creación tuvo un comienzo. Otro elemento crucial de la visión teísta de la creación "de la nada" es que el universo (todo excepto Dios) tuvo un comienzo. Jesús habló de su gloria con el Padre "antes de que el mundo fuese" (Juan 17:5). El tiempo no es eterno. El universo espacio-tiempo fue traído a la existencia. El mundo no siempre existió. El mundo no comenzó en el tiempo. El mundo fue el comienzo del tiempo. El tiempo no estaba allí antes de la creación y entonces en algún momento en el tiempo, Dios creó el mundo. Más bien, no era una creación en el tiempo, sino una creación del tiempo.

Esto no significa que hubo un tiempo en que el universo no estaba. Porque no hubo un tiempo antes de que el tiempo comenzara. Lo único "anterior" al tiempo era la eternidad. Es decir, Dios existe para siempre y el universo comenzó a existir. Por lo tanto, él es anterior al mundo temporal ontológicamente (en la realidad) pero no cronológicamente (en el tiempo).

Decir que la creación tuvo un comienzo es señalar que surgió de la nada. Primero no existió, y luego sí.

No tuvo existencia, y luego existió. La causa de que eso ocurriera fue Dios.

Ilustración de la Creación ex nihilo. Realmente no hay ilustraciones perfectas de la creación ex nihilo, ya que es un evento único que no ocurre en nuestra experiencia. Solo experimentamos algo que proviene de algo. Sin embargo, hay analogías imperfectas pero útiles. Una de ellas es la creación de una nueva idea, que conlleva a la existencia de algo que no existía antes. Literalmente lo concebimos o lo hacemos aparecer. Lo creamos, por así decirlo, de la nada. Por supuesto, a diferencia del universo físico, las ideas no son materia. Pero así como la creación ex nihilo de Dios, estas son llevadas a la existencia por una inteligencia creativa.

Otra ilustración del ex nihilo es un acto de libre albedrío, por el cual un agente libre inicia una acción que antes no existía. Dado que la libre elección (ver Libre albedrío) es autodeterminada, no surgió de condiciones previas. Por lo tanto, al igual que el ex nihilo, no surge de estados anteriores. Más bien, la libre elección no está determinada por ninguna otra cosa; literalmente crea la acción en sí misma.

Apoyo a la Creación ex nihilo. Una de las más antiguas declaraciones extrabíblicas sobre la creación conocidas por los arqueólogos, de más de cuatro mil años de antigüedad, hace una clara afirmación sobre la creación ex nihilo: "Señor del cielo y de la tierra: la tierra no estaba, tú la creaste, la luz del día no estaba, tú la creaste, la luz de la mañana que no había [todavía] la hiciste existir" (Pettinato, pág. 259). La creación "de la nada" se expresa claramente fuera de la Biblia en 2 Macabeos 7:28. Dice: "Te ruego, hijo que mires al cielo y a la tierra, que veas todo lo que hay en ellos y entiendas que de la nada Dios lo hizo todo".

Si bien la palabra hebrea para "creación", bara, no significa necesariamente crear de la nada (cf. Salmo 104:30); sin embargo, en ciertos contextos puede significar solo eso. Génesis 1:1 declara: "En el principio creó Dios los cielos y la tierra". Dado el contexto en el que se habla de la creación original, parece que el ex nihilo está implícito aquí. De la misma manera, cuando Dios dijo: "Que exista la luz" Y la luz llegó a existir (Gn 1:3), la creación ex nihilo está implícita. Porque la luz literalmente, y aparentemente de forma instantánea, llegó a estar donde antes no estaba.

El Salmo 148:5 declara: "Alaben ellos (los ángeles) el nombre del SEÑOR, pues Él ordenó y fueron creados".

Jesús declaró: "Y ahora, Padre, glorifícame en tu presencia con la gloria que tuve contigo antes de que el mundo existiera" (Juan 17:5). Esta frase se repite en 1 Corintios 2:7 y 2 Timoteo 1:9. Obviamente, si el mundo tuvo un comienzo, entonces no siempre existió. Literalmente surgió de la inexistencia. En este sentido, cada pasaje del Nuevo Testamento que habla del "comienzo" del universo asume la creación ex nihilo (cf. Mt 19:4; Marcos 13:19). Romanos 4:17 afirma la creación ex nihilo en términos muy claros y simples: "Dios que da vida a los muertos y que llama las cosas que no son como si ya existieran". En Colosenses 1:16, el apóstol Pablo añadió, "porque por medio de él fueron creadas todas las cosas en el cielo y en la tierra, visibles e invisibles". Esto elimina la visión de que el universo visible está simplemente hecho de materia invisible, ya que incluso el reino creado invisible fue traído a la existencia.

En Apocalipsis, Juan expresó el mismo pensamiento, declarando: "Porque tú creaste todas las cosas; por tu voluntad existen y fueron creadas" (Ap 4:11).

Desde el Génesis hasta el Apocalipsis, la Biblia declara la doctrina de la creación de Dios que de todo lo que existe, aparte de él mismo, existe desde la nada.

Crítica a la Creación ex nihilo. Hay varias implicaciones importantes de la creación ex nihilo. La mayoría de ellos surgen de interpretaciones erróneas acerca del punto de vista.

No implica tiempo antes del tiempo. Este punto de vista se opone a la implicancia que había tiempo antes de que el tiempo comenzara, ya que sostiene que el tiempo tuvo un comienzo y sin embargo Dios existió antes de que el tiempo (un término temporal) comenzara. Esta oposición es respondida por el teísta señalando que antes no se utiliza aquí como un término temporal sino para indicar la prioridad ontológica. El tiempo no existía antes del tiempo, pero Dios sí. No había tiempo antes del tiempo, pero había eternidad. Para el universo, el no ser vino "antes" del Ser en un sentido lógico, pero no cronológico. El Creador es "antes de todo tiempo" solo por una prioridad de la naturaleza, no del tiempo. Dios no creó en el tiempo; ejecutó la creación del tiempo.

No implica que nada haya hecho algo. A veces se critica la creación ex nihilo como si afirmara que nada creo algo. Es claramente absurdo afirmar que el no Ser produjo el Ser (ver Causalidad, Principio de), ya que para crear debe haber una causa existente, pero la inexistencia no existe. Por lo tanto, la nada no puede crear algo. Solo algo (o alguien) puede causar algo. Nada solo origina nada.

En contraste con la nada que produce algo, la creación ex nihilo afirma que Alguien (Dios) hizo algo de la nada. Esto está de acuerdo con la ley fundamental de la causalidad, que exige que todo lo que viene a existenciales causado. Nada puede traer algo a la existencia, pero Alguien (Dios) puede traer algo que no sea él mismo a la existencia, donde antes no existía. Así que, para el teísmo, la creación de la nada no significa creación por la nada.

No implica que "nada" sea algo. Cuando el teísta declara que Dios creó "de la nada", no quiere decir que "nada" fuera algo invisible, inmaterial que Dios usó para hacer el universo material. Nada significa absolutamente nada. Es decir, Dios, y absolutamente nada más, existía. Dios creó el universo, y solo entonces existió algo más.

Conclusión. La creación ex nihilo tiene una base bíblica y es filosóficamente coherente. Es una verdad esencial del teísmo cristiano que lo distingue claramente de otras visiones del mundo, como el panteísmo (ex Deo) y el ateísmo (ex materia). Las críticas a la creación ex nihilo no se oponen al estudio minucioso.

Fuentes

CREACIÓN EX MATERIA

I. Asimov, *The Beginning and the End* [El principio y el fin].

N. L. Geisler, *Knowing the Truth about Creation* [Conociendo la verdad sobre la creación].

T. Hobbes, *Leviathan* [Leviatán].

A. Kenny, *The Five Ways* [Las cinco maneras].

P. Kreeft, *Between Heaven and Hell* [Entre el cielo y el infierno].

P. Kurtz, *Humanist Manifestos I and II* [Manifiestos humanistas I y II].

K. Marx y F. Engels, *On Religion* [Sobre la religión].

Platón, Timeo.

C. Sagan, *Cosmos* [El cosmos].

CREACIÓN EX DEO

M. Ferguson, *The Aquarian Conspiracy* [La conspiración de Acuario].

N. L. Geisler, *Christian Apologetics* [Apologética cristiana].

N. L. Geisler y W. D. Watkins, *Worlds Apart* [Mundos aparte].

S. MacLaine, *Dancing in the Light* [Danzando en la luz].

P. Parménides, *Proem* [Proemio].

Plotino, *The Six Enneads* [Las seis enéadas].

S. Prabhavananda y F. Manchester, trans., *The Upanishads* [Las upanishads].

S. Radhakrishnan, *The Hindu View of Life* [La visión hindú de la vida].

B. Spinoza, *A Theologico-Political Treatise* [Un tratado teológico-político] y a Political Treatise [Un tratado político].

CREACIÓN EX NIHILO

Anselm, *Escritos Básicos: Prologium* [Prologio].

T. Aquino, *Summa Theologica* [Suma Teológica].

Agustín, *City of God* [Ciudad de Dios].

G. Pettinato, *Archives of Ebla* [Archivos de Ebla]. Philo, The Works of Philo [Las obras de Filón].

Cristo, Divinidad de. El centro del cristianismo es la creencia de que Jesucristo es el Hijo de Dios, es decir, Dios manifestado en cuerpo humano. La evidencia de esto es la siguiente:

La afirmación de Jesús como Dios. Jesús afirmó ser Dios, tanto directamente como por la implicación necesaria de lo que dijo e hizo.

Jesús afirmó ser Yahveh. Yahveh (YHVH; a veces aparece en las traducciones al español como "Jehová" o en mayúsculas pequeñas como "Señor") es el nombre especial que Dios le dio para sí mismo en el Antiguo Testamento. Es el nombre revelado a Moisés en Éxodo 3:14, cuando Dios dijo: "YO SOY EL QUE SOY". Otros títulos para Dios pueden ser usados por los humanos, como Adonai ("Señor") en Génesis 18:12, o falsos dioses, como Elohim ("dioses") en Deuteronomio 6:14. Sin embargo, Yahveh se refiere solo al único Dios verdadero.

Ninguna otra persona o cosa debía ser adorada o servida (Éx 20:5), y su nombre y gloria no debían ser dados a otro. Isaías escribió: " Así dice el Señor, el Señor Todopoderoso, rey y redentor de Israel: "Yo soy el primero y el último; fuera de mí no hay otro dios" (Is 44:6) y " Yo soy el Señor; ¡ese es mi nombre! No entrego a otros mi gloria, ni mi alabanza a los ídolos" (42:8).

Jesús afirmó ser Yahveh. Él oró, "Y ahora, Padre, glorifícame en tu presencia con la gloria que tuve contigo antes de que el mundo existiera" (Juan 17:5). Pero Yahveh del Antiguo Testamento dijo: "No daré a otro mi gloria" (Is 42:8). Jesús también declaró: "Yo soy el primero y el último" (Ap 1:17), precisamente las palabras usadas por Jehová en Isaías 42:8. Dijo: "Yo soy el buen pastor" (Jn 10:11), pero el Antiguo Testamento dice: "Yahveh es mi pastor" (Salmo 23:1). Además, Jesús afirmó ser el juez de todos los pueblos (Mt 25:31 y sig.; Jn 5:27 y sig.), pero Joel cita a Jehová diciendo: "que allí me sentaré para juzgar a los pueblos vecinos" (Joel 3:12). Asimismo, Jesús se refirió a sí mismo como el "novio" (Mt 25:1), mientras que el Antiguo Testamento identifica a Jehová de esta manera (Is 62:5; Os 2:16). Mientras que el salmista declara: "El Señor es mi luz" (Sal. 27, 1), Jesús dijo: "Yo soy la luz del mundo" (Jn 8, 12).

Tal vez la afirmación más fuerte de Jesús de ser Yahveh está en Juan 8:58, donde dice: "Ciertamente les aseguro que, antes de que Abraham naciera, ¡yo soy!". Esta declaración afirma no solo la existencia antes de Abraham sino también la igualdad con el "YO SOY" de Éxodo 3:14. Los judíos que le rodeaban entendieron claramente su significado y cogieron piedras para matarlo por blasfemia (cf. Jn 8:58; 10:31-33). La misma afirmación se hace en Marcos 14:62 y en Juan 18:5-6.

Jesús afirmó ser igual a Dios. Jesús afirmó ser igual a Dios de otras maneras. Una fue reclamando para sí mismo las prerrogativas de Dios. Le dijo a un paralítico: "Hijo, tus pecados están perdonados" (Marcos 2:5-11). Los escribas respondieron correctamente: "¿Quién puede perdonar los pecados sino solo Dios?" Así que, para probar que su afirmación no era una vanagloria vacía, curó al hombre, ofreciendo una prueba directa de que lo que había dicho sobre el perdón de los pecados también era cierto.

Otra prerrogativa que Jesús proclamó fue el poder de resucitar y juzgar a los muertos: "Ciertamente les aseguro que ya viene la hora, y ha llegado ya, en que los muertos oirán la voz del Hijo de Dios, y los que la oigan vivirán [...] y saldrán de allí. Los que han hecho el bien resucitarán para tener vida, pero los que han practicado el mal resucitarán para ser juzgados" (Juan 5:25, 29). Eliminó toda duda acerca de su significado cuando añadió: "Porque, así como el Padre resucita a los muertos y les da vida, así también el Hijo da vida a quienes a él le place" (Jn 5:21). Pero el Antiguo Testamento enseñó claramente que solo Dios era el dador de la vida (Dt. 32:39; 1 S. 2:6) y el que resucitaba a los muertos (Sal. 2:7) y el único juez (Dt. 32:35; Joel 3:12). Jesús valientemente asumió para sí mismo poderes que solo Dios tiene.

Jesús también afirmó que debería ser honrado como Dios. Dijo que todos los hombres deberían "honrar al Hijo como honran al Padre". El que se niega a honrar al Hijo no honra al Padre que lo envió" (Juan 5:23). Los judíos que escuchaban sabían que nadie debía pretender ser igual a Dios de esta manera, y de nuevo tomaron piedras (Juan 5:18).

Jesús afirmó ser el Mesías-Dios. Incluso el Corán reconoce que Jesús fue el Mesías (sura 5:17, 75). Pero el Antiguo Testamento enseña que el Mesías venidero sería el mismo Dios. Así que cuando Jesús afirmó ser ese Mesías, también afirmaba ser Dios.

Por ejemplo, el profeta Isaías (en 9:6) llama al Mesías, "Dios poderoso". El salmista escribió del Mesías, "Tu trono, oh Dios, durará para siempre jamás" (Sal 45:6; cf. Heb. 1:8). El Salmo 110:1 registra una conversación entre el Padre y el Hijo: "El Señor [Yahveh] le dice a mi Señor [Adonai]: 'Siéntate a mi derecha'". Jesús aplicó este pasaje a sí mismo en Mateo 22:43-44. En la gran profecía mesiánica de Daniel 7, el Hijo del Hombre es llamado el "Anciano de los días" (v. 22), una frase usada dos veces en el mismo pasaje de Dios Padre (vv. 9, 13).

Jesús también dijo que era el Mesías en su juicio ante el sumo sacerdote. Cuando le preguntaron, "¿Eres el Cristo [en griego "Mesías"], el Hijo del Bendito?". Jesús respondió, "Yo soy [...] y verás al Hijo del Hombre sentado a la derecha del Poderoso y viniendo en las nubes del cielo". En esto, el sumo sacerdote rasgó su túnica y dijo: "¿Por qué necesitamos más testigos?" [...] ¡Han oído la blasfemia!" (Marcos 14:61-64). No había duda de que, al afirmar ser el Mesías, Jesús también afirmaba ser Dios (ver también Mateo 26:54; Lucas 24:27).

Jesús afirmó ser Dios al aceptar la adoración. El Antiguo Testamento prohíbe adorar a cualquier persona que no sea Dios (Ex 20:1-4; Dt. 5:6-9). El Nuevo Testamento está en concordancia, mostrando que los humanos se negaron a la adoración (Hechos 14:15), al igual que los ángeles (Apocalipsis 22:8-9). Pero Jesús aceptó la adoración en numerosas ocasiones, mostrando que afirmaba ser Dios. Un leproso curado lo adoró (Mt 8:2), y un gobernante se arrodilló ante él con una petición (Mt 9:18). Después de calmar la tormenta, "los que estaban en la barca le adoraron diciendo: 'En verdad eres el Hijo de Dios'" (Mt 14:33). Un grupo de mujeres cananeas (Mateo 15:25), la madre de Jacobo y Juan (Mateo 20:20), y el demonio Gadareno (Marcos 5:6), todos adoraron a Jesús sin una sola palabra de reprimenda. Los discípulos lo adoraron después de su resurrección (Mateo 28:17). Tomás vio al Cristo resucitado y gritó: "¡Señor mío y Dios mío!" (Juan 20:28). Esto solo podía ser permitido por una persona que se considerara seriamente como Dios. Jesús no solo aceptó esta adoración dada solo a Dios sin reprender a los que la dieron, sino que incluso elogió a los que reconocieron su divinidad (Mateo 16:17; Juan 20:29).

Jesús afirmó tener la misma autoridad que Dios. Jesús también puso sus palabras a la par con las de Dios. "Ustedes han oído que se dijo a sus antepasados, pero yo les digo [...]" (Mateo 5:21, 22) se repite una y otra vez. "Se me ha dado toda autoridad en el cielo y en la tierra. Por tanto, vayan y hagan discípulos de todas las naciones" (Mateo 28:18-19).

Dios le había dado los Diez Mandamientos a Moisés, pero Jesús dijo: "Este mandamiento nuevo les doy: que se amen los unos a los otros" (Juan 13:34). Jesús dijo: "que mientras existan el cielo y la tierra, ni una letra ni una tilde de la ley desaparecerán" (Mateo 5:18), pero más tarde Jesús dijo de sus palabras: "El cielo y la tierra pasarán, pero mis palabras jamás pasarán" (Mateo 24:35). Hablando de los que le rechazan, Jesús dijo: "La palabra que yo he proclamado lo condenará en el día final" (Juan 12:48). No hay duda de que Jesús esperaba que sus palabras tuvieran la misma autoridad que las declaraciones de Dios en el Antiguo Testamento.

Jesús afirmó ser Dios pidiendo oración en su nombre. Jesús pidió a la gente no solo que creyeran en él y obedecieran sus mandamientos, sino también que oraran en su nombre. "Cualquier cosa que ustedes pidan en mi nombre, yo la haré" [...] "Lo que pidan en mi nombre, yo lo haré" (Juan 14:13-14). "Si permanecen en mí y mis palabras permanecen en ustedes, pidan lo que quieran, y se les concederá" (Juan 15:7). Jesús incluso insistió, "Nadie llega al Padre sino por mí" (Juan 14:6). En respuesta a esto, los discípulos no solo oraron en el nombre de Jesús (1 Co. 5:4) sino que también oraron a Cristo (Hechos 7:59). Jesús ciertamente pretendía que su nombre fuera invocado ante Dios y como Dios en la oración.

En vista de estas formas claras en que Jesús se proclamó Dios, cualquier observador imparcial de los Evangelios debería reconocer que Jesús de Nazaret sí se proclamó Dios en persona. Afirmaba ser idéntico a Yahveh del Antiguo Testamento.

Presuntas contra argumentaciones de Cristo. A pesar de estas repetidas afirmaciones de ser Dios, algunos críticos toman ciertas declaraciones de Jesús como negaciones de la divinidad.

En un incidente, un joven rico gobernante se acercó a Jesús y se dirigió a él como "Buen maestro". Pero Jesús le reprendió, diciendo: "¿Por qué me llamas bueno? Nadie es bueno, excepto Dios" (Mc 10:17-18; ver Mc 10:17-27; ver los paralelos Mt 19:16-30; Lc 18:18-30).

Sin embargo, se señala que Jesús no negó que era Dios; le pidió al joven que examinara las implicaciones de lo que dijo. Jesús estaba diciendo, "¿Te das cuenta de lo que estás diciendo cuando me llamas bueno? ¿Realmente estás diciendo que soy Dios?" Por supuesto, el joven no se dio cuenta de las implicaciones de sus declaraciones o de lo que la ley decía realmente, así que Jesús lo estaba forzando a un dilema muy incómodo. Ya sea que Jesús fuera bueno y Dios, o fuera malo y humano, porque cada humano es malo y no merece la vida eterna.

El segundo supuesto contraejemplo se encuentra en Juan 14:28, donde Jesús dijo: "Mi Padre es mayor que yo". ¿Cómo puede el Padre ser más grande si Jesús es igual a Dios? La respuesta es que, como hombre, Jesús se subordinó al Padre y aceptó las limitaciones inherentes a la humanidad. Así que el Padre era más grande. Además, en la economía de la salvación, el Padre tiene un cargo más alto que el Hijo.

Jesús procedió del Padre como un profeta que trajo las palabras de Dios y un sumo sacerdote que intercedió por su pueblo. En la naturaleza de ser como Dios, Jesús y el Padre son iguales (Juan 1:1; 8:58; 10:30). Un padre terrenal es igual de humano que su hijo, pero tiene un cargo más alto. Así que el Padre y el Hijo en la Trinidad son iguales en esencia, pero diferentes en función. De la misma manera, hablamos del presidente de una nación como alguien con mayor dignidad de cargo, pero no de carácter.

Jesús es igual al Padre	Jesús está subordinado al Padre
en su naturaleza divina	en su función en la Divinidad
en su esencia divina	en su función en la Trinidad
en sus atributos divinos	en sus divinos deberes
en su carácter divino	en su posición en la Divinidad
en su divinidad	en su humanidad

Jesús también dijo que no sabía la hora de su segunda venida. Dijo: "Pero, en cuanto al día y la hora, nadie lo sabe, ni siquiera los ángeles en el cielo, ni el Hijo, sino solo el Padre" (Mt 24:36; cf. Marcos 13:32; Hechos 1:6-8). Sin embargo, como Dios, Jesús era omnisciente y lo sabía todo. ¿Cómo, entonces, podía decir que no sabía el momento de su regreso a la tierra? La respuesta es simple: no hablaba como Dios cuando dijo que no sabía el momento de la segunda venida. Hablaba como hombre, y como hombre no lo sabía todo. Él "crecía en sabiduría" (Lucas 2:52). Como hombre estaba limitado en su conocimiento a lo que podía saber cómo ser humano y a lo que el Padre le reveló. Y el Padre no le había revelado el momento de su regreso a la tierra (Hechos 1:6-8).

Jesús nunca dijo que era menos que Dios por naturaleza. Este resumen nos ayuda a entender las diferencias:

Jesús como Dios	Jesús como hombre
Era el Creador	era una criatura
estaba más allá del tiempo	estaba en el tiempo
era infinito	era finito
era ilimitado en conocimiento	era limitado en conocimiento

Los discípulos afirmaron que Jesús es Dios. Además de la afirmación de Jesús sobre sí mismo, sus discípulos reconocieron su declaración sobre la divinidad. Esto se manifestó de muchas maneras, incluyendo las siguientes.

Los discípulos atribuyeron los títulos de divinidad a Cristo. De acuerdo con su Maestro, los apóstoles de Jesús lo llamaron "el primero y el último" (Ap 1:17; 2:8; 22:13), "la luz verdadera" (Juan 1:9), su "roca" o "piedra" (1 Cor 10:4; 1 Pedro 2:6-8; cf. Sal 18:2; 95:1), el "novio" (Ef 5:28-33; Ap 21:2), "el principal pastor" (1 Pedro 5:4), y "el gran pastor" (He 13:20). El rol de "redentor" del Antiguo Testamento (Salmo 130:7; Oseas 13:14) se le da a Jesús en el Nuevo Testamento (Tito 2:13; Apocalipsis 5:9). Se le ve como el perdonador de los pecados (Hechos 5:31; Col 3:13; cf. Sal. 130:4; Jer 31:34) y "salvador del mundo" (Juan 4:42; cf. Isa. 43:3). Los apóstoles también enseñaron de él, "Cristo Jesús, que juzgará a los vivos y a los muertos" (2 Ti 4:1). Todos estos títulos son únicos de Jehová en el Antiguo Testamento, pero son dados a Jesús en el Nuevo.

Los discípulos consideraban a Jesús como el Mesías-Dios. El Nuevo Testamento se abre con un pasaje que concluye que Jesús es Emanuel (Dios con nosotros), que se refiere a la predicción mesiánica de Isaías 7:14. El título mismo de "Cristo" tiene el mismo significado que el apelativo hebreo Mesías ("ungido"). En Zacarías 12:10, Jehová dijo: "Me mirarán a mí, a quien han traspasado". Pero los escritores del Nuevo Testamento aplican este pasaje a la crucifixión de Jesús (Juan 19:37; Apocalipsis 1:7). Pablo interpreta Isaías 45:22-23 ("porque yo soy Dios, y no hay ningún otro, ante mí se doblará toda rodilla, y por mí jurará toda lengua".) como aplicable a Jesús: "Al nombre de Jesús se doblará toda rodilla [...] y toda lengua confesará que Jesucristo es el Señor, para gloria de Dios Padre" (Flm 2:10-11). Pablo dice que todos los seres creados llamarán a Jesús tanto Mesías (Cristo) como Yahveh (Señor).

Los discípulos atribuyeron los poderes de Dios a Jesús. Las obras y la autoridad que son solo de Dios fueron atribuidas a Jesús por sus discípulos. Se dice que resucita a los muertos (Juan 5:21; 11:38-44) y que perdona los pecados (Hechos 5:31; 13:38). Se dice que fue el agente principal en la creación (Juan 1:2; Col 1:16) y el sostenimiento (Col 1:17) del universo.

Los discípulos asociaron el nombre de Jesús con el de Dios. Sus seguidores usaban el nombre de Jesús como el gestor de la respuesta y el receptor de la oración (Hechos 7:59; 1 Co 5:4). A menudo en las oraciones o bendiciones, el nombre de Jesús es usado junto al de Dios, como en, "Gracia y paz a vosotros de parte de Dios nuestro Padre y del Señor Jesucristo" (Gl 1:3; Ef. 1:2). El nombre de Jesús aparece con el mismo estatus que el de Dios en las llamadas fórmulas trinitarias: Jesús ordenó bautizar "en el nombre [singular] del Padre, del Hijo y del Espíritu Santo" (Mateo 28:19). Esta relación se hace al final de 2 Corintios (13:14): "Que la gracia del Señor Jesucristo, el amor de Dios y la comunión del Espíritu Santo estén con todos vosotros".

Los discípulos llamaron a Jesús Dios. Tomás vio las heridas de Jesús y gritó: "¡Señor mío y Dios mío!" (Juan 20:28). Pablo llama a Jesús aquel en quien "toda la plenitud de la Divinidad vive en forma corporal" (Col 2:9). En Tito, Jesús es "nuestro gran Dios y Salvador" (2:13), y el escritor de los Hebreos dice de él: "Tu trono, oh Dios, permanece por los siglos de los siglos" (He 1:8) Pablo dice que antes de que Cristo existiera en la forma de hombre, lo que claramente se refiere a ser realmente humano, existía en la "forma de Dios" (Fil 2:5-8). Las frases paralelas indican que, si Jesús era completamente humano, entonces también era completamente Dios. Una frase similar, "la imagen de Dios", se refiere en Colosenses 1:15 a la manifestación de Dios. Esta descripción se refuerza en Hebreos, donde dice: "El Hijo es el resplandor de la gloria de Dios y la representación exacta de su ser, sosteniendo todas las cosas con su palabra poderosa" (1:3).

El prólogo del Evangelio de Juan afirma categóricamente, "En el principio era el Verbo, y el Verbo estaba con Dios, y el Verbo [Jesús] era Dios" (Juan 1:1).

Los discípulos consideraban a Jesús superior a los ángeles. Los discípulos no solo creían que Cristo era más que un hombre, sino que lo consideraban más grande que cualquier otro ser creado, incluidos los ángeles. Pablo dice que Jesús está "muy por encima de todo gobierno y autoridad, poder y dominio, y de todo título que se pueda dar, no solo en el tiempo presente sino también en el venidero" (Ef 1:21). Los demonios se sometieron a su orden (Mateo 8:32). Los ángeles que rechazaron la adoración de los humanos son vistos adorándolo (Apocalipsis 22:8-9). El autor de Hebreos presenta un argumento completo de la superioridad de Cristo sobre los ángeles, diciendo: "¿A cuál de los ángeles dijo Dios alguna vez: 'Tú eres mi Hijo; hoy me he convertido en tu Padre'? [...] Y cuando Dios trae a su primogénito al mundo, dice: 'Que todos los ángeles de Dios lo adoren'" (He 1:5-6).

Presuntas argumentaciones en contra de la divinidad de Jesús. Los críticos ofrecen textos para argumentar que Jesús no era Dios. Es necesario examinarlos brevemente en su contexto.

Los Testigos de Jehová usan Juan 1:1 para mostrar que Jesús era "un dios", no "el Dios", porque no hay un artículo definido que aparezca en el griego. Este malentendido involucra tanto el lenguaje como el versículo. En griego, el artículo definido se utiliza normalmente para subrayar "el individuo", y cuando no está presente la referencia se denota a la "naturaleza". Así, el versículo puede ser presentado, "Y la Palabra era de la naturaleza de Dios". En el contexto de los siguientes versículos y el resto de Juan (por ejemplo, 1:3; 8:58; 10:30; 20:28), es imposible que Juan 1:1 sugiera que Jesús es algo menos divino. El resto del Nuevo Testamento se asocia a Juan para proclamar abiertamente que Jesús es Dios (por ejemplo, en Col 1:15-16; Tito 2:13).

Es más, algunos textos del Nuevo Testamento usan el artículo definido y se refieren claramente a Cristo como "el Dios". No importa si Juan usó el artículo definido en 1:1. Él y otros escritores de la Escritura consideraban a Jesús como Dios, no como "un dios" (ver Heb. 1:8).

Colosenses 1:15, Pablo clasifica a Cristo como "primogénito de toda la creación". Esto parece implicar que Cristo es una criatura, la primera criatura tal como el universo fue hecho. Esta interpretación también es contraria al contexto, ya que Pablo en Colosenses 1:16, acaba de decir que Cristo "creó todas las cosas" y está a punto de decir que "la plenitud de la Divinidad" está en él (2:9). El término primogénito se refiere frecuentemente a una posición de preeminencia en la familia, lo cual es evidente en este contexto (cf. 1:18). Cristo es heredero de todas las cosas, creador y dueño. Él está antes de todas las cosas.

Apocalipsis 3:14. Este es otro versículo usado para negar la divinidad de Cristo. Juan se refiere a Cristo como el "principio de la creación de Dios". Esto suena como si Cristo fuera el primer ser creado. Aquí, sin embargo, el significado es que Cristo es el Autor de la creación de Dios, no el principio en la creación de Dios. La misma palabra griega para principio se usa para Dios Padre en Apocalipsis 21:6-7: "Ya todo está hecho. Yo soy el Alfa y la Omega, el Principio y el Fin. Al que tenga sed le daré a beber gratuitamente de la fuente del agua de la vida. El que salga vencedor heredará todo esto, y yo seré su Dios y él será mi hijo" (énfasis añadido).

La fuerza acumulativa del testimonio múltiple. Hay múltiples testimonios de Jesús y de aquellos que lo conocieron mejor, de que Jesús afirmó ser Dios y que sus seguidores creyeron que lo era. Si este fuera el caso, no hay duda de que esto es lo que ellos creían. Como C.S.*Lewis señaló, cuando nos enfrentamos a la valentía de las afirmaciones de Cristo, nos enfrentamos a distintas alternativas.

Intento evitar que alguien diga las tonterías que la gente suele decir de él: "Estoy dispuesto a aceptar a Jesús como un gran maestro moral, pero no acepto su afirmación de ser Dios". Esa es la única cosa que no debemos decir. Un hombre que fuese meramente un hombre y dijese el tipo de cosas que Jesús dijo no sería un gran maestro moral. Él sería un lunático, al mismo nivel del hombre que dice que es un huevo escalfado, o de lo que lo haría el Diablo del Infierno (Lewis, págs. 55-56).

Evidencia de que Jesús es Dios. Al decir que Jesús y sus discípulos afirmaron que era Dios en carne no prueba por sí mismo que sea Dios. La verdadera pre-

gunta es si hay alguna buena razón para creer en estas afirmaciones. Para apoyar sus afirmaciones sobre la divinidad, Jesús mostró un poder y una autoridad sobrenaturales que son únicos en la historia de la humanidad.

Profecías mesiánicas cumplidas. Había docenas de profecías en el Antiguo Testamento con respecto al Mesías (ver Profecía, como prueba de la Biblia). Considere las siguientes profecías, hechas con siglos de anticipación, de que Jesús sería:

1. Nacido de una mujer (Gn. 3:15; cf. Gal. 4:4)
2. la simiente de Abraham (Génesis 12:1-3; 22:18; Mateo 1:1; Gálatas 3:16)
3. de la tribu de Judá (Gen. 49:10; cf. Lc 3:23, 33; Heb. 7:14)
4. Un descendiente de David (2 Sam. 7:12ff.; Jer. 23:5; cf. MT. 1:1)
5. Nacido en Belén (Miq 5:2; cf. Mt 2:1; Lc 2:4-7)
6. Nacido de una virgen (Is 7:14; cf. MT 1:21 ss.) (ver Nacimiento virginal de Cristo)
7. Ungido por el Espíritu Santo (Is 11:2; MT 3:16-17)
8. Anunciado por un mensajero (Isaías 40:3; Mal. 3:1; cf. Mateo 3:1-2)
9. Obrador de milagros (Is 35:5-6; cf. MT 9:35) (ver Milagros en la Biblia)
10. Limpiador del templo (Mal. 3:1; cf. MT. 21:12ss.)
11. Rechazado por los judíos (Sal 118:22; cf. 1 P 2:7)
12. cortado/atravesado (moriría) 483 años después de la declaración de reconstruir el templo en el 444 a. C. (Dn. 9:24 ss.; esto se cumplió al año. Ver Hoehner, págs. 115-38)
13. Asesinado de manera humillante (Sal 22 e Is 53; cf. Mt 27:31ss.). Su muerte implicaría: soportar el rechazo de su propio pueblo (Is 53:3; cf. Juan 1:10-11; 7:5, 48), permaneció en silencio ante sus acusadores (Is 53:7; cf. Mt 27:12-19), fue burlado (Sal 22:7-8; cf. Mt 27:31), tuvo las manos y los pies atravesados (Sal 22:16; cf. Lucas 23:33), fue crucificado con ladrones (Is 53:12; Marcos 15:27-28), oró por sus perseguidores (Is 53:12; Lucas 23:34), le perforaron el costado (Zac 12:10; cf. Juan 19:34), fue enterrado en la tumba de un rico (Is 53:9; Mt 27:57-60), echaron a suertes sus vestidos (Sal 22:18; cf. Juan 19:23-24).
14. Resucitó de entre los muertos (Sal 2:7; 16:10; cf. Hechos 2:31; Marcos 16:6).
15. ascendió al cielo (Sal 68:18; cf. Hechos 1:9).
16. se sentó a la diestra de Dios (Sal 110:1; cf. Heb. 1:3).

Estas profecías fueron escritas cientos de años antes de que Cristo naciera. Son demasiado precisas para haber sido basadas en tendencias de lectura de la época o solo conjeturas inteligentes, como "profecías" en un periódico sensacionalista de supermercado.

También son más precisas que las llamadas profecías de Mahoma en el Corán (ver Corán, Supuesto origen divino del). Incluso los críticos más liberales admiten que los libros proféticos fueron completados al menos cuatrocientos años antes de Cristo y el libro de Daniel no más tarde de 165 a. C. Hay buena evidencia para registrar estos libros mucho antes (algunos salmos y profetas más antiguos de los siglos VIII y IX antes de Cristo). Pero cualquier fecha razonable sitúa estos escritos mucho antes de que Jesús viviera. Es humanamente imposible hacer predicciones claras, repetidas y precisas a doscientos años en el futuro. El cumplimiento de estas profecías en un universo teísta es milagroso y apunta a la confirmación divina de Jesús como el Mesías.

Algunos han sugerido que hay una explicación natural para lo que aquí solo parecen ser profecías sobrenaturales. Una explicación es que las profecías se cumplieron accidentalmente en Jesús. Él estaba en el lugar correcto en el momento oportuno. Pero ¿qué podemos decir de las profecías que involucran milagros? "¿Simplemente hizo que el ciego viera?". "¿Simplemente resucitó de entre los muertos?". Estos no parecen ser eventos casuales. Si un Dios controla el universo, entonces el azar está descartado. Además, es poco probable que estos eventos se hayan producido en la vida de un solo hombre. La probabilidad de que se cumplan dieciséis predicciones en un hombre ha sido calculada de 1 en 1045. Si pasamos a cuarenta y ocho predicciones, la probabilidad es de 1 en 10157. Es casi imposible imaginar un número tan grande (Stoner, pág. 108). Uno de los profesores de matemáticas más populares del país, Marvin Bittinger (que ha vendido más de doce millones de libros), estimó la probabilidad de que nueve profecías se hicieran realidad en Cristo: 1/10 a la 76a potencia. Según él, esto es como encontrar un grano de arena en un estadio de fútbol con cúpula llena de arena. Y una potencia de 1/10 a 76 es como recoger el mismo grano de arena cuatro veces seguidas (The Faith Equation [La ecuación de la fe], págs. 116-18).

Pero no es solo una improbabilidad lógica la que descarta esta teoría; es la inverosimilitud moral de un Dios todopoderoso y omnisciente que deja que las cosas se salgan de control para que todos sus planes de cumplimiento profético sean arruinados por alguien que por casualidad estaba en el lugar y momento adecuados. Dios no puede mentir, ni puede romper una promesa (Heb 6:18). Así que debemos concluir que no permitió que sus promesas proféticas se frustraran por casualidad. Toda la evidencia apunta a Jesús como el cumplimiento divinamente designado de las profecías mesiánicas. Él fue el hombre de Dios, confirmado por las señales de Dios. Si Dios hizo las predicciones para que se cumplieran en la vida de Cristo, no permitiría que se cumplieran en la vida de ningún otro. El Dios de la verdad no permitiría que una mentira fuera confirmada como verdadera.

Una vida milagrosa y sin pecado. La naturaleza misma de la vida de Cristo demuestra su declaración a la divinidad. Vivir una vida verdaderamente libre de pecado sería un logro trascendental, pero afirmar ser Dios y ofrecer una vida libre de pecado como evidencia es otra cuestión. Muhammad no lo hizo (ver Muhammad, Personaje de). Ni tampoco Buda ni ningún otro líder religioso (ver Cristo, Unicidad de). Algunos de los enemigos de Jesús trajeron falsas acusaciones contra él, pero el veredicto de Pilato en su juicio ha sido el veredicto de la historia: "No encuentro que este hombre sea culpable de nada" (Lucas 23:4). Un soldado en la cruz estuvo de acuerdo, diciendo: "Verdaderamente este hombre era justo" (Lucas 23:47), y el ladrón en la cruz junto a Jesús dijo: "este, en cambio, no ha hecho nada malo" (Lucas 23:41). Pero la verdadera comprobación fue lo que los más cercanos a Jesús dijeron de su carácter. Sus discípulos habían vivido y trabajado desde cerca con él durante tres años, además sus opiniones sobre él no se vieron disminuidas. Pedro llamó a Cristo "como de un cordero sin mancha y sin defecto" (1 Pedro 1:19) y añadió: "ni hubo engaño en su boca" (2:22). Juan lo llamó "Jesucristo, el Justo" (1 Juan 2:1; cf. 3:7). Pablo expresó la creencia unánime de la iglesia primitiva de que Cristo "no tenía pecado" (2 Co 5:21), y el escritor de Hebreos señala que fue tentado como hombre, "aunque sin pecado" (4:15). El mismo Jesús una vez desafió a sus acusadores, "¿Quién de ustedes me puede probar que soy culpable de pecado?" (Juan 8:46), pero nadie pudo encontrarlo culpable de nada. Prohibió la venganza (Mt 5:38-42). A diferencia de Mahoma, nunca usó la espada para difundir su mensaje (Mt 6:52). Siendo este el caso, el carácter impecable de Cristo da un doble testimonio de la verdad acerca de su mensaje. Proporciona evidencia de apoyo como él insinuó, pero también nos asegura que no estaba mintiendo cuando dijo que era Dios.

Más allá de los aspectos morales de su vida, la naturaleza milagrosa de su ministerio es una confirmación divina. Jesús realizó un despliegue de milagros sin precedentes. Él convirtió el agua en vino (Juan 2:7ss.), caminó sobre el agua (Mt 14:25), multiplicó los panes (Juan 6:11 y ss.), abrió los ojos de los ciegos (Juan 9:7ss.), hizo que los cojos caminen (Marcos 2:3ss.), echó fuera los demonios (Marcos 3:11ss.), sanó a las multitudes de todo tipo de enfermedades

(Mt. 9:35), incluyendo la lepra (Marcos 1:40-42), e incluso resucitó a los muertos en varias ocasiones (John 11:43-44; Lucas 7:11-15; Marcos 5:35 ss). Cuando le preguntaron si era el Mesías, usó sus milagros como evidencia para apoyar lo que afirmaba, diciendo: "Vayan y cuéntenle a Juan lo que están viendo y oyendo: Los ciegos ven, los cojos andan, los que tienen lepra son sanados, los sordos oyen, los muertos resucitan y a los pobres se les anuncian las buenas nuevas" (Mt 11:4-5). Este especial derramamiento de milagros fue una señal especial de que el Mesías había llegado (ver Is 35:5-6). El líder judío Nicodemo incluso dijo: "Rabí —le dijo—, sabemos que eres un maestro que ha venido de parte de Dios, porque nadie podría hacer las señales que tú haces si Dios no estuviera con él" (Juan 3:2). Para un judío del primer siglo, los milagros como los que Cristo realizó eran claros indicios de la aprobación de Dios hacia el mensaje del ejecutor. Pero en el caso de Jesús, parte de ese mensaje era que él era Dios en carne. Así, sus milagros comprueban su afirmación de ser una verdadera divinidad.

La Resurrección. Ninguna otra religión puede afirmar algo como la resurrección de Cristo, y ningún otro milagro tiene tanta confirmación histórica. Jesucristo resucitó de entre los muertos al tercer día en el mismo cuerpo físico en el que murió, aunque transformado. En este cuerpo físico resucitado, se apareció a más de quinientos discípulos en al menos una de doce ocasiones diferentes durante un período de cuarenta días y conversó con ellos (Hechos 1:3; 1 Co 15:3-6). La naturaleza, el alcance y los tiempos de estas apariciones eliminan cualquier duda de que Jesús resucitó de verdad de entre los muertos en el mismo cuerpo de carne y hueso en el que murió. Durante cada aparición fue visto y oído con los sentidos naturales del observador. En al menos cuatro ocasiones fue tocado o se ofreció para ser tocado. Al menos dos veces fue tocado definitivamente con manos físicas. Cuatro veces Jesús comió comida física con sus discípulos. Cuatro veces vieron su tumba vacía, y dos veces mostró las cicatrices de su crucifixión. Literalmente agotó las formas en que es posible probar que se levantó físicamente de la tumba. Ningún evento en el mundo antiguo tiene más verificación de testigos oculares que la resurrección de Jesús (ver Resurrección, Evidencias de).

Lo más sorprendente de la resurrección es el hecho de que tanto el Antiguo Testamento como Jesús predijeron que resucitaría de entre los muertos. Esto resalta el valor evidente de la resurrección de Cristo de una manera única.

Predicción del Antiguo Testamento acerca de la Resurrección. Los profetas judíos predijeron la resurrección en afirmaciones específicas y por deducción

lógica. Los apóstoles aplicaron textos específicos del Antiguo Testamento a la resurrección de Cristo (Sal 2:7; cf. Heb 1:5; Hechos 13:33). Pedro dice que, como sabemos que David murió y fue enterrado, debe haber estado hablando del Cristo cuando dijo: "No dejarás que mi vida termine en el sepulcro; no permitirás que sufra corrupción tu siervo fiel" (Sal 16, 8-11, citado en Hechos 2:25-31). Sin duda Pablo usó esto y pasajes similares en las sinagogas judías cuando "él discutió con ellos. Basándose en las Escrituras, les explicaba y demostraba que era necesario que el Mesías padeciera y resucitara" (Hechos 17:2-3). Además, el Antiguo Testamento enseña la resurrección por deducción lógica. Hay una enseñanza clara de que el Mesías debía morir (cf. Sal 22; Is 53) y una enseñanza igualmente evidente de que debe tener un reinado político duradero desde Jerusalén (Is 9:6; Dn 2:44; Zac 13:1). No hay ninguna manera viable de reconciliar estas dos enseñanzas a menos que el Mesías muera, sea levantado de entre los muertos para reinar para siempre. No hay indicación en el Antiguo Testamento de dos Mesías, uno sufriendo y otro reinando, como algunos eruditos judíos sugirieron. Las referencias acerca del Mesías siempre están en singular (cf. Is 9:6; 53:1ss.; Dn 9:26). No se designa ningún segundo Mesías.

Sin embargo, Jesús no había comenzado ningún reinado cuando murió. Sin embargo, Jesús no había comenzado ningún reinado cuando murió. Solo con su resurrección podrían cumplirse las profecías de un reino mesiánico.

La predicción de Jesús acerca de su resurrección. En varias ocasiones Jesús también predijo su resurrección de entre los muertos. En la primera parte de su ministerio, dijo: "Destruyan este templo —respondió Jesús—, y lo levantaré de nuevo en tres días" (Juan 2:19, 21). En Mateo 12:40, dijo: "Porque así como tres días y tres noches estuvo Jonás en el vientre de un gran pez, también tres días y tres noches estará el Hijo del hombre en las entrañas de la tierra". A aquellos que habían visto sus milagros y tercamente no creían, dijo: "¡Esta generación malvada y adúltera pide una señal milagrosa! pero no se le dará más señal que la del profeta Jonás" (Mt 12:39; 16:4). Después de la confesión de Pedro, "comenzó entonces para enseñarles que el Hijo del Hombre debe sufrir muchas cosas [...] y que deben matarlo y después de tres días se levantará de nuevo" (Marcos 8:31). Esto se convirtió en parte de su enseñanza desde ese punto hasta su muerte (Mt 27:63; Marcos 14:59). Además, Jesús enseñó que resucitaría de entre los muertos, diciendo de su vida: "Tengo autoridad para entregarla, y tengo también autoridad para volver a recibirla" (Juan 10:18).

El filósofo de la ciencia Karl Popper argumentó que, siempre que se cumple una "predicción arriesgada", cuenta como confirmación de la teoría que la predijo. Si es así, entonces el cumplimiento de la predicción de Jesús de su propia resurrección es la confirmación de su afirmación de ser Dios. Porque, ¿qué podría ser más arriesgado que predecir tu propia resurrección? Si una persona no acepta estas líneas de evidencia como apoyo a la afirmación de la verdad de Cristo, entonces tendrá una tendencia a no aceptar nada como evidencia.

Resumen. Jesús afirmó ser Dios y lo demostró mediante una convergencia de tres series de milagros sin precedentes: la profecía cumplida, una vida milagrosa y su resurrección de entre los muertos. Esta convergencia única de eventos súper naturales confirma su afirmación de ser Dios en carne. También responde a la objeción de David Hume de que, como todos los milagros tienen afirmaciones similares, la prueba de sus afirmaciones se invalidan mutuamente. No todas las religiones tienen afirmaciones similares sobre los milagros. Solo el líder del cristianismo demuestra ser Dios por una convergencia de eventos sobrenaturales únicos como el que ofreció Jesús (ver Cristo, Unicidad de). Por lo tanto, solo Cristo es milagrosamente confirmado como Dios y, en virtud de ello, se cree en todo lo que él enseña como verdadero.

Fuentes

M. Bittinger, *The Faith Equation* [La ecuación de la fe].

F. F. Bruce, *Jesus and Christian Origins outside the New Testament* [Jesús y los orígenes cristianos al margen del Nuevo Testamento].

F. F. Bruce y W. J. Martin, *"Two Laymen on Christ's Deity* [Dos laicos en la divinidad de Cristo]".

J. Buell et al., Jesus.

N. L. Geisler, *Christian Apologetics* [Apologética Cristiana].

N. L. Geisler y A. Saleeb, *Answering Islam* [Respondiendo al islam].

C. Hodge, *Systematic Theology* [Teología Sistemática], vol. 1, cap. I. 8.

H. W. Hoehner, *Chronological Aspects of the Life of Christ* [Aspectos cronológicos de la vida de Cristo].

C. S. Lewis, *Mere Christianity* [Mera Cristiandad].

J. McDowell y B. Larson, *Jesús: A Biblical Defense of His Deity* [Una defensa bíblica de su divinidad].

R. Rhoads, *Christ before the Manger* [Cristo antes del pesebre].

P. W. Stoner, *Science Speaks* [La ciencia habla].

B. B. Warfield, *The Person and Work of Christ* [La persona y la obra de Cristo].

Cristo, Humanidad de. Ver CRISTO, DIVINIDAD DE; DOCETISMO.

Cristo, Muerte de. La muerte de Cristo es el prerrequisito necesario para su resurrección (ver Resurrección, Evidencias de), que es la prueba suprema de la pretensión de Jesús de ser Dios (ver Apologética, Argumento general de la). Además, el islam, uno de los principales opositores del cristianismo, niega que Jesús haya muerto en la cruz (McDowell, pág. 47 ss.). Muchos escépticos (ver Agnosticism) desafían la realidad de la muerte de Cristo.

Evidencia de la muerte de Cristo. Hay abrumadora evidencia histórica y fáctica de que Jesús murió en la cruz y resucitó al tercer día (ver Resurrección, Evidencias de). La evidencia de la muerte de Cristo es mayor que la de casi cualquier otro evento en el mundo antiguo. La historia de los registros de los Evangelios ha sido confirmada por una multitud de manuscritos del Nuevo Testamento y testigos presenciales contemporáneos (ver Nuevo Testamento, Datación del; Nuevo Testamento, Historicidad de; Manuscritos del Nuevo Testamento).

Explicaciones alternativas. Los escépticos y los musulmanes eligen entre varias versiones de la teoría de que Jesús no murió en la cruz. Una es que una sustancia puso a Jesús en un estado de coma para que luego reviviera en la tumba. El claro testimonio de la narración de Mateo es que rechazó incluso la sustancia que habitualmente se ofrece a la víctima antes de la crucifixión para ayudar a aliviar el dolor (27:34). Más tarde solo aceptó vinagre (v. 48) para saciar su sed.

Todos los autores del Nuevo Testamento dicen específicamente o hablan desde la necesaria implicación de que creyeron que Cristo murió en la cruz (cf. Ro 5:8; 1 Co 15:3; 1 Ts 4:14). Ni el desmayo, ni el desvanecimiento, ni el estar medicado, habrían producido el vigoroso triunfo sobre la muerte descrito en las apariciones de la resurrección. La evidencia de que Cristo realmente murió en la cruz es abrumadora:

Una muerte prevista. El Antiguo Testamento predijo (ver Profecía, como prueba de la Biblia) que el Mesías moriría (Sal 22:16; Is. 53:5-10; Dn 9:26; Zac 12:10). Jesús cumplió esta y casi cien otras profecías del Antiguo Testamento sobre el Mesías (ver, por ejemplo, Mat 4:14; 5:17-18; 8:17; Jn 4:25-26; 5:39).

Jesús predijo muchas veces durante su ministerio que iba a morir y a resucitar (Mt 12:40; Mc 8:31; Jn 2:19-21; 10:10-11). Uno de los más explícitos es Mt 17:22-23: «El Hijo del hombre va a ser entregado en manos de los hombres. Lo matarán, pero al tercer día resucitará»

Todas las predicciones de su resurrección en el Antiguo Testamento (cf. Sal 2:7; 16:10), y en el Nuevo Testamento (cf. Mt 12:40; 17:22-23; Jn 2:19-21) asumen que él moriría (ver Resurrección, Evidencias de).

Muerte por crucifixión. Las heridas de Jesús hicieron inevitable la muerte. No durmió la noche anterior a su crucifixión; fue golpeado y azotado, y se desmayó mientras llevaba su cruz. Este preludio de la crucifixión fue una pérdida de vida.

La naturaleza de la crucifixión asegura la muerte. La descripción de un hombre crucificado con los huesos, ver Arqueología del Nuevo Testamento. Jesús estuvo colgado en la cruz desde las nueve de la mañana hasta justo antes de que se ponga del sol (Mc 15:25, 33). Sangró por los cortes en sus manos y pies y por las espinas que atravesaron su cuero cabelludo. Estas heridas habrían drenado mucha sangre durante más de seis horas. Además, la crucifixión exige que uno constantemente tire de las manos y empuje los pies heridos para poder respirar. Esto causó un dolor insoportable en las uñas. Un día crucificado mataría a cualquiera con buena salud (ver Tzaferis).

Más allá de estas heridas, el costado de Jesús fue atravesado con una lanza. De esta herida brotó una mezcla de sangre y agua (Juan 19:34), una prueba de que la muerte física había ocurrido. Este detalle por sí solo, y su confirmación por los expertos médicos modernos, confirman fuertemente la afirmación de que esta narración es un relato de un testigo presencial. Un artículo en el Journal of the American Medical Association [Revista de la Asociación Médica Americana] concluyó:

Claramente, el peso de las evidencias históricas y médicas indica que Jesús estaba muerto antes de que se le causara la herida en el costado y apoya la opinión tradicional de que la lanza, clavada entre su costilla derecha, probablemente perforó no solo el pulmón derecho sino también el pericardio y el corazón y, por lo tanto, aseguró su muerte. Por consiguiente, las interpretaciones basadas en la suposición de que Jesús no murió en la cruz parecen estar en desacuerdo con el conocimiento médico moderno. (pág. 1463)

Jesús dijo que estaba muriendo cuando declaró en la cruz: "¡Padre, en tus manos encomiendo mi espíritu!" (Lc 23:46). "Y al decir esto, expiró" (v. 46). Juan dice esto: "Entregó su espíritu" (Jn 19:30). Su grito de muerte fue escuchado por aquellos que estaban cerca (Lc 23:47-49).

Los soldados romanos, acostumbrados a la crucifixión y la muerte, declararon muerto a Jesús. Aunque era una práctica común romper las piernas de la víctima para acelerar la muerte (de modo que la persona ya no pudiera respirar), no creyeron necesario romper las piernas de Jesús (Jn 19:33).

Pilato verificó dos veces para asegurarse de que Jesús estaba muerto antes de darle el cadáver a José para que lo enterrara. "Llamando al centurión, le preguntó si Jesús ya había muerto. Cuando se enteró por el centurión de que era así, entregó el cuerpo a José"

(Mc 15:44-45).

Jesús fue envuelto en unas cien libras de tela y especias y colocado en una tumba sellada durante tres días (Mt 27:60; Jn 19:39-40). Si no hubiera muerto para ese entonces, la falta de comida, agua y tratamiento médico lo habrían acabado.

Referencias a la Crucifixión. Varios historiadores y escritores no cristianos de los siglos I y II registraron la muerte de Cristo como un hecho indiscutible. Entre ellos están el Talmud, el historiador judío de la época de Cristo, Josefo, y el historiador romano Cornelio Tácito (¿55? - 117 d. C.).

Según Julio Africano (aprox. 221), el historiador del primer siglo nacido en Samaria, Talo (aprox. 52), "al discutir la oscuridad que cayó sobre la tierra durante la crucifixión de Cristo", habló de ella como un eclipse (Bruce, Jesus and Christian Origins [Jesús y los orígenes cristianos], pág. 113, énfasis añadido).

El escritor griego del siglo II Lucian habla de Cristo como "el hombre que fue crucificado en Palestina porque introdujo un nuevo culto en el mundo". Lo llama el "sofista crucificado" (Geisler, pág. 323).

La carta de Mara Bar-Serapion (aprox. 73 d. C.), que se encuentra en el Museo Británico, habla de la muerte de Cristo preguntando: "¿Qué ventaja obtuvieron los judíos al ejecutar a su sabio Rey?" (Bruce, Jesus and Christian Origins [Jesús y los orígenes cristianos], pág. 114).

Por último, estaba el escritor romano Phlegon, que habló de la muerte y la resurrección de Cristo en sus Chronicles [Crónicas], diciendo: "Jesús, mientras vivía, no se ayudó a sí mismo, sino que resucitó después de la muerte, y exhibió las marcas de su castigo, y mostró cómo sus manos habían sido atravesadas por los clavos" (Phlegon, Chronicles [Crónicas], citado por Orígenes, Contra Celsus [Contra Celso] 2:59). Phlegon incluso mencionó "el eclipse en el tiempo de Tiberio César, en cuyo reinado Jesús parece haber sido crucificado, y los grandes terremotos que luego tuvieron lugar" (ibid., 445).

También, los primeros escritores cristianos después de la época de Cristo afirmaron su muerte en la cruz por crucifixión. Policarpo, discípulo del apóstol Juan, afirmó repetidamente la muerte de Cristo: "nuestro Señor Jesucristo, que por nuestros pecados sufrió hasta la muerte" (Policarpo, pág. 33). Ignacio (30-107), un amigo de Policarpo escribió: "Y realmente sufrió y murió, y resucitó". De lo contrario, añade, todos sus apóstoles que sufrieron por esta creencia murieron en vano. "Pero, (en verdad) ninguno de estos sufrimientos fue en vano; porque el Señor fue realmente crucificado por los impíos" (Ignacio, pág. 107). En diálogo con Trifón el Judío, Justino Mártir señaló que los judíos de su época creían que "Jesús [era] un estafador galileo, a quien crucificamos" (Mártir, pág. 253).

Este testimonio inquebrantable del Antiguo Testamento a los padres de la iglesia primitiva, incluyendo a creyentes e incrédulos, judíos y gentiles, es una evidencia irrefutable de que Jesús sufrió y murió en la cruz.

Fuentes

R. Bauckham, Jesus and the Eyewitnesses [Jesús y los testigos oculares].

C. Blomberg, The Historical Reliability of John's Gospel [La fiabilidad histórica del Evangelio de Juan].

———, The Historical Reliability of the Gospels [La fiabilidad histórica de los Evangelios]

F. F. Bruce, Jesus and Christian Origins outside the New Testament. [Jesús y los orígenes cristianos fuera del Nuevo Testamento].

———, The New Testament Documents [los documentos del Nuevo Testamento].

W. L. Craig, Knowing the Truth about the Resurrection [Conociendo la verdad sobre la resurrección].

C. H. Dodd, History and the Gospel [La historia y el evangelio].

N. L. Geisler, Christian Apologetics [Apologética cristiana].

G. Habermas, Ancient Evidence for the Life of Jesus [Antiguas pruebas de la vida de Jesús].

———, The Historical Jesus [El Jesús histórico].

Revista de la Asociación Médica Americana, 21 de marzo de 1986.

J. Mártir, Dialogue with Trypho the Jew [Diálogo con Trifón el Judío].

J. McDowell, Evidence That Demands a Verdict [Evidencia que exige un veredicto].

"Pascua", Talmud Babilónico.

Phlegon, Chronicles [las crónicas de Phlegon].

Policarpo, Epistle of Polycarp to the Philippians [Epístola de Policarpo a los filipenses].

D. F. Strauss, A New Life of Jesus, vol. 1 [Una nueva vida de Jesús, vol. 1].

V. Tzaferis, "Jewish Tombs at and Near Giv'at ha-Mivtar [Tumbas judías en y cerca de Giv'at ha-Mivtar]".

N. T. Wright, The Resurrection of the Son of God [La Resurrección del Hijo de Dios].

Cristo, Nacimiento Virginal de. *Ver* NACIMIENTO VIRGINAL DE CRISTO.

Cristo, Unicidad de.

Los cristianos ortodoxos creen que Jesús es el único Hijo de Dios en carne (ver Cristo, Divinidad de). Sin embargo, algunos incrédulos, que pueden o no creen que Jesús existió, no creen que Jesús fuera necesariamente un sabio o un hombre particularmente bueno. Otros, como los musulmanes (ver Islam), piensan que Jesús fue un profeta, junto con otros profetas. * El hinduismo describe a Cristo como uno de los muchos grandes gurús. Los cristianos liberales y muchos otros consideran a Cristo como un buen ser humano y un gran ejemplo moral.

En su libro Why I Am Not a Christian [Por qué no soy cristiano], el agnóstico Bertrand Russell escribió: "Históricamente es bastante dudoso que Cristo haya existido alguna vez, y si lo hizo no sabemos nada de él". En cuanto al carácter de Cristo, dijo: "No puedo sentir que en materia de sabiduría o en materia de virtud Cristo esté tan alto como otras personas conocidas en la historia. Creo que debería poner a Buda y a Sócrates por encima de él en esos aspectos" (Russell, Why I Am Not a Christian, pág. 594).

Divinidad y humanidad. El cristianismo es único entre las religiones del mundo, y la verdadera singularidad de Cristo es la pieza central del cristianismo. La verdad sobre Cristo se basa principalmente en los documentos del Nuevo Testamento, que se ha demostrado en otros lugares que son auténticos (ver Nuevo Testamento, Historicidad del; Manuscritos del Nuevo Testamento). El registro del Nuevo Testamento, especialmente los Evangelios, es uno de los documentos más fiables del mundo antiguo. De estos documentos aprendemos que las numerosas facetas de Cristo son absolutamente únicas.

Jesucristo fue único en el sentido de que solo él, de todos los que han vivido, era genuinamente tanto Dios como el hombre. El Nuevo Testamento enseña que la divinidad y la humanidad de Cristo están completamente unificadas. El Credo Niceno (325) establece la creencia uniforme de todo el cristianismo ortodoxo de que Cristo era plenamente Dios y plenamente hombre en una sola persona. Todas las herejías sobre Cristo niegan una o ambas de estas proposiciones. Esta afirmación por sí sola lo hace único por encima de todos los otros líderes religiosos o personas que han vivido, y puede ser respaldada con pruebas objetivas. Algunas de estas pruebas se ven en otros aspectos de la singularidad de Cristo (ver Cristo, Divinidad de).

La naturaleza sobrenatural de Cristo. Único en las profecías mesiánicas. Jesús vivió una existencia llena de milagros y de poder sobrenatural desde su concepción hasta su ascensión. Siglos antes de su nacimiento fue predicho por una profecía sobrenatural (ver Milagros en la Biblia; Profecía, como prueba de la Biblia).

El Antiguo Testamento, que incluso el más ferviente crítico reconoce que existió siglos antes de Cristo, predijo el dónde (Miqueas 5:2), el cuándo (Dn 9:26) y el cómo (Is 7:14) de la entrada de Cristo en el mundo. Él nacería de una mujer (Gn 3:15) de la línea del hijo de Adán, Set (Gn 4:26), a través del hijo de Noé, Sem

(Gn 9:26-27), y Abraham (Gn 12:3; 15:5). Él vendría a través de la tribu de Judá (Gn 49:10) y sería el hijo de David (2 S 7:12ss.). El Antiguo Testamento predijo que Cristo moriría por nuestros pecados (Sal 22; Is 53; Dn 9:26; Zac 12:10) y se levantaría de entre los muertos (Sal 2:7; 16:10).

Todas estas profecías sobrenaturales se cumplieron de manera única en Jesucristo. Esto no es cierto para ningún gran líder religioso o persona que haya vivido alguna vez, incluyendo a Mahoma (ver Mahoma, Supuestos milagros de).

Único en la concepción. Cristo no solo fue anunciado anticipadamente de forma sobrenatural sino también concebido milagrosamente. Aunque se anunció su concepción virginal, Mateo (1:22-23) señaló la profecía de Isaías (7:14). Lucas, el médico, registra este milagroso inicio de la vida humana (Lucas 1:26 ss.); Pablo alude a ello en Gálatas 4:4. De todas las concepciones humanas, la de Jesús es única y milagrosa (ver Cristo, Nacimiento Virginal de).

Único en la vida. Desde su primer milagro en Caná de Galilea (Juan 2:11), el ministerio de Jesús estuvo marcado por sus milagros (cf. Juan 3:2; Hechos 2:22). Estos no eran sanaciones de enfermedades engañosas, y tampoco se podían explicar por motivos naturales. Eran únicos (ver Milagro) en el sentido de que eran inmediatos, eran exitosos siempre, no hubo recaídas que se conozcan y curaban enfermedades incurables para la medicina, como las personas que nacían ciegas (Juan 9). Jesús incluso resucitó a varias personas de la muerte, incluyendo a Lázaro, cuyo cuerpo ya estaba a punto de pudrirse (Juan 11:39).

Jesús convirtió el agua en vino (Juan 2:7ss.), caminó sobre el agua (Mt 14:25), multiplicó el pan (Juan 6:11ss.), abrió los ojos de los ciegos (Juan 9:7ss.), hizo caminar a los cojos (Marcos 2:3ss.), expulsó demonios (Marcos 3:10ff.), sanó todo tipo de enfermedades (Mateo 9:35), incluyendo la lepra (Marcos 1:40-42), e incluso resucitó a los muertos en varias ocasiones (Marcos 5:35ss.; Lucas 7:11-15; Juan 11:43-44). Cuando le preguntaron si era el Mesías, usó sus milagros como evidencia para apoyar la proclamación, diciendo: "Vayan y cuéntenle a Juan lo que están viendo y oyendo: Los ciegos ven, los cojos andan, los que tienen lepra son sanados, los sordos oyen, los muertos resucitan" (Mateo 11:4-5). Este derramamiento de milagros fue establecido de antemano por los profetas como una señal especial de que el Mesías había llegado (ver Isaías 35:5-6). Nicodemo incluso dijo: "Rabí —le dijo—, sabemos que eres un maestro que ha venido de parte de Dios, porque nadie podría hacer las señales que tú haces si Dios no estuviera con él" (Juan 3:2).

Único en la muerte. Los eventos que rodearon la muerte de Cristo fueron milagrosos (ver Cristo, Muerte de). Esto incluyó la oscuridad desde el mediodía hasta las tres de la tarde (Marcos 15:33) y el terremoto que abrió las tumbas y rasgó el velo del templo (Mt 27:51-54). La forma en que sufrió la insoportable tortura de la crucifixión fue milagrosa. La actitud que mantuvo hacia sus burladores y verdugos fue milagrosa. Él dijo: "Padre, perdónalos, porque no saben lo que hacen" (Lucas 23:34). La forma en que murió realmente fue milagrosa. Como dijo Jesús, "Nadie me la arrebata, sino que yo la entrego por mi propia voluntad. Tengo autoridad para entregarla, y tengo también autoridad para volver a recibirla" (Juan 10:18). En el momento mismo de su partida, no fue vencido por la muerte. Más bien, voluntariamente despidió su espíritu. "Jesús dijo, todo se ha cumplido. Luego, inclinó la cabeza y entregó su espíritu" (Juan 19:30).

Único en la resurrección. El milagro supremo de la misión terrenal de Jesús fue la resurrección (ver Resurrección, Evidencia de). No solo fue profetizado en el Antiguo Testamento (Sal 2, 16), sino que el mismo Jesús lo predijo desde el principio de su ministerio. Dijo: "Destruyan este templo —respondió Jesús—, y lo levantaré de nuevo en tres días [...]. Pero el templo del que había hablado era su cuerpo" (Juan 2:19, 21; Mt 12:40-42; 17:9). Jesús demostró la verdad de su resurrección en doce apariciones durante cuarenta días a más de quinientas personas.

Único en la ascensión. Así como su entrada en este mundo, la partida de Jesús también fue milagrosa. Después de comisionar a sus discípulos, "fue llevado ante sus propios ojos, y una nube lo ocultó de su vista. Ellos se quedaron mirando fijamente al cielo mientras él se alejaba. De repente, se les acercaron dos hombres vestidos de blanco se pusieron a su lado" (Hechos 1:10). Contrariamente a la opinión de algunos (ver Harris, pág. 423), no se trataba de una "parábola", sino de una ascensión corporal literal al cielo de la que volverá en el mismo cuerpo literal para reinar en este mundo (Hechos 1:11; Apocalipsis 1:7, 19-20). Las grandes creencias cristianas enfatizan claramente la ascensión corporal milagrosa de Cristo.

Único en la ausencia de pecado. Algunos de los enemigos de Jesús trajeron falsas acusaciones contra él, pero el veredicto de Pilato en su juicio ha sido el veredicto de la historia: "No encuentro ningún fundamento para una acusación contra este hombre" (Lucas 23:4). Un soldado en la cruz estuvo de acuerdo, diciendo: "Seguramente este era un hombre justo" (Lucas 23:47), y el ladrón en la cruz junto a Jesús dijo: "Este hombre no ha hecho nada malo" (Lucas 23:41).

Hebreos dice que Jesús fue tentado como hombre "aún sin pecar" (4:15). El mismo Jesús una vez desafió a sus acusadores, "¿Quién de ustedes me puede probar que soy culpable de pecado?" (Juan 8:46), pero nadie pudo encontrarlo culpable de nada. El carácter impecable de Cristo da testimonio de la verdad de su afirmación. La ausencia de pecado en Jesús fue única.

El carácter de Cristo es único. El carácter de Cristo fue único en otros aspectos. Manifestó la mejor de las virtudes en un grado perfecto. También combinó rasgos aparentemente opuestos.

Ejemplificando Virtudes. Incluso Bertrand Russell, que imaginó ver defectos en el carácter de Cristo, confesó sin embargo que "lo que el mundo necesita es amor, amor cristiano o compasión". Pero esto oculta la creencia en lo que la mayoría de los demás reconocen, es decir, que Cristo fue la manifestación perfecta de la virtud del amor.

Una prueba de esta virtud es la sumisión voluntaria de Jesús al sufrimiento ignominioso y a la muerte por crucifixión, mientras él mantenía el amor y el perdón hacia los que le mataban (Lucas 23:34, 43). Solo él vivió perfectamente lo que enseñó en el Sermón de la Montaña (Mt 5-7). No tomó represalias contra sus enemigos, por el contrario, los perdonó. Reprendió a sus discípulos por el mal uso de la espada (Mt 26:52) y milagrosamente volvió a poner y sanó la oreja amputada de uno de los miembros de la turba que vino a llevarlo a la muerte (Lucas 22:50).

Jesús fue el ejemplo perfecto de paciencia, bondad y compasión. Tuvo compasión de las multitudes (Mt 9:36), hasta el punto de llorar por Jerusalén (Mt 23:37). Aunque juzgó con justicia (en términos muy claros) a los fariseos, que engañaban a los inocentes (Mt 23), no dudó en hablar con los líderes judíos que mostraron interés (Juan 3).

En la combinación de rasgos aparentemente opuestos. Una de las cosas únicas de Cristo es la forma en que él reunió en su persona características que en cualquier otra persona parecerían imposibles. En la combinación de rasgos aparentemente opuestos. Fue un ejemplo perfecto de humildad, hasta el punto de lavar los pies de sus discípulos (Juan 15). Sin embargo, hizo valientes afirmaciones sobre la divinidad, tales como: "Yo y el Padre somos uno" (Juan 10:30) y "antes de que Abraham existiera, YO SOY" (Juan 8:58; cf. Ex 3:14). La afirmación "pues yo soy apacible y humilde de corazón" (Mt 11:29) suena arrogante, pero respaldó sus palabras entre los niños pequeños (Mt 18). Sin embargo, fue tan firme como para volcar las mesas de los mercaderes de la casa de Dios, golpeando el látigo para ahuyentar a sus animales (Juan 2). Jesús era conocido por la virtud de la bondad, pero era severo con los hipócritas que engañaban a los inocentes (Mt 23).

Vida y enseñanza. Como el mismo Jesús declaró, la parte fundamental de lo que enseñó encuentra sus raíces en el Antiguo Testamento (Mt 5:17-18). Condenó las tradiciones sin sentido y las malas interpretaciones del Antiguo Testamento (Mt 5:21 ss.; 15:3-5; ver Acomodación, Teoría de la). Aunque la esencia de lo que enseñó no era nueva, la forma y la manera en que lo enseñó era única. Empleó un nuevo método de enseñanza en El Sermón del Monte.

Las vívidas parábolas, como las del buen samaritano (Lucas 10), el hijo pródigo (Lucas 15) y la oveja perdida (Lucas 15:4 ss.), son obras maestras de la comunicación. Las parábolas se encuentran en el corazón del estilo de enseñanza de Jesús. Basándose en el estilo de vida de la gente para ilustrar las verdades que quería transmitir, Jesús comunicó la verdad y refutó el error. Además, hablando en parábolas, podría evitar "echar perlas a los cerdos". Pudo confundir y despistar a los que no querían creer (el forastero) y al mismo tiempo iluminar a los que sí querían creer (el ciudadano). Aunque el uso de alegorías y parábolas en sí no era algo único, la forma en que Jesús empleó las parábolas sí lo fue. Él llevó el arte de enseñar el misterio eterno en términos de la experiencia diaria a una nueva dimensión. Las "leyes de la enseñanza" identificadas por los pedagogos modernos (Shafer, *Seven Laws of Teaching* [Siete leyes de la enseñanza]) fueron practicadas perfectamente en el estilo de enseñanza de Jesús.

La manera en que Jesús enseñó fue única. Los intelectuales judíos admitieron, "Nadie nunca habló como este hombre lo hace" (Juan 7:46). Como enseñaba en parábolas, estaba abarrotado de multitudes (Mt 13:34). De joven, impresionó incluso a los rabinos del templo. Porque "todos los que le oían se maravillaban de su entendimiento y de sus respuestas" (Lucas 2:47). Más tarde, confundió a los que intentaron engañarlo para que "nadie pudiera decir una palabra en respuesta, y desde ese día nadie se atrevió a hacerle más preguntas" (Mt 22:46).

Cristo es superior. Jesucristo fue único en todos los sentidos. Desde su completa divinidad hasta su perfecta humanidad; desde su milagrosa concepción hasta su ascensión sobrenatural; desde su carácter impecable hasta su incomparable enseñanza, Jesús está por encima de todos los demás maestros religiosos o morales.

Cristo es Superior a Moisés. Como judío, Jesús no tuvo ninguna discrepancia con Moisés, el profeta que trajo la ley judía y sacó a los israelitas de la esclavitud egipcia hacia la libertad como una nación independiente. Moisés y Jesús eran profetas del mismo Dios, y Jesús dijo que no vino a abolir la ley (se encuentra en los escritos de Moisés) sino a cumplirla (Mt 5:17). Jesús insinúa que las palabras de Moisés son las palabras de Dios (compare Mt 19:4-5 con Gn 2:24). Sin embargo, en muchos aspectos, encontramos que Jesús es superior a Moisés.

Cristo es un profeta superior a Moisés. En Deuteronomio 18:15-19, Moisés predijo que Dios levantaría un profeta judío con un mensaje especial. Cualquiera que no creyera en este profeta sería juzgado por Dios. Este pasaje ha sido tradicionalmente interpretado como refiriéndose al Mesías. Génesis 3:15 también es entendido por muchos refiriéndose a Jesús como la semilla de la mujer que aplastará la cabeza de la serpiente.

La revelación de Cristo es superior a la de Moisés. "La Ley fue dada por medio de Moisés; la gracia y la verdad fueron realizadas por Jesucristo" (Juan 1:17). Mientras que Moisés estableció las estructuras morales y sociales que guiaban a la nación, la ley no podía salvar a nadie de la pena de sus pecados, que es la muerte. Como dice Pablo: "Por las obras de la ley ninguna carne será justificada delante de él; porque por la ley viene el conocimiento del pecado" (Ro 3:20). La revelación que vino a través de Jesús, sin embargo, fue una en la que los pecados que la ley dio a conocer son perdonados: "siendo justificados como un regalo por su gracia a través de la redención que es en Cristo Jesús" (Ro 3:24). La revelación de Cristo se basa en el fundamento de Moisés al resolver el problema de que la ley nos hizo conscientes.

La posición de Cristo es superior a la de Moisés. Moisés es el más grande de los profetas del Antiguo Testamento, pero Jesús es más que un profeta. Como dice la Epístola a los Hebreos, "Moisés fue fiel en toda su casa como siervo, para testimonio de lo que se iba decir después; pero Cristo fue fiel como Hijo sobre su casa" (Heb 3:5-6, énfasis añadido). Mientras Moisés servía a Dios, Jesús fue declarado Hijo de Dios con derecho a gobernar sobre todos los siervos.

Los milagros de Cristo son superiores a los de Moisés. Moisés realizó grandes milagros, pero los milagros de Cristo fueron mayores en magnitud (ver Milagros en la Biblia). Moisés levantó la serpiente de bronce para curar a los que la miraban, pero en esto solo seguía instrucciones. Nunca hizo que los ciegos vieran o los sordos oyeran. Además, no hay nada en el ministerio de Moisés que se pueda comparar con la resurrección de Lázaro o de Cristo.

Las afirmaciones de Cristo son superiores a las de Moisés. Moisés nunca afirmó ser Dios y no hizo otra cosa que cumplir con su papel de profeta. Jesús sí afirmó ser Dios y predijo su propia resurrección para probarlo.

Cristo es superior a Mahoma. Mahoma, el fundador del islam, estuvo de acuerdo con Jesús y Moisés en que Dios es uno (ver Islam), que creó el universo, y que está más allá del universo. Hay un acuerdo considerable sobre los eventos de los primeros dieciséis capítulos del Génesis, hasta el punto de que Agar fue expulsada de la casa de Abram. Después de esto, la Biblia se centra en Isaac, mientras que los musulmanes se preocupan por lo que le pasó a su antepasado, Ismael. La enseñanza de Mahoma puede ser resumido en cinco doctrinas:

1. Alá es el único Dios verdadero.
2. Alá ha enviado muchos profetas, incluyendo Moisés y Jesús, pero Mahoma es el último y el más grande.
3. El Corán es el libro religioso supremo (ver Corán, Supuesto origen divino del), teniendo prioridad sobre la Ley, los Salmos y el Injil (Evangelio) de Jesús.
4. Hay muchos seres intermedios entre Dios y nosotros (ángeles), algunos de los cuales son buenos y otros malos.
5. Las acciones de cada hombre serán consideradas para determinar quién irá al cielo y al infierno en la resurrección. El camino para obtener la salvación incluye recitar la Shahada varias veces al día ("No hay Dios sino Alá; y Mahoma es su profeta"), orando cinco veces al día, ayunando un mes cada año, dar limosna, y hacer peregrinajes a la Meca.

Cristo ofrece un mensaje superior. Jesús hizo afirmaciones superiores a las de Mahoma. Jesús afirmó ser Dios (ver Cristo, Divinidad de). Mahoma afirmó ser solamente un simple hombre que fue profeta (ver Mahoma, Supuesto llamado divino de). Si Jesús, entonces, no es Dios, ciertamente no es un profeta. Jesús ofreció una confirmación superior a sus afirmaciones. Jesús realizó numerosos milagros. Mahoma no realizó ningún milagro y admitió en el Corán que Jesús hizo muchos. Solo Jesús murió y resucitó de entre los muertos.

Cristo ofrece un mejor camino de salvación. A diferencia del dios del islam, el Dios de la Biblia nos alcanzó enviando a su Hijo a la Tierra para morir por nuestros pecados. Mahoma no ofrecía una esperanza segura de salvación, solo normas para trabajar en favor de Alá. Cristo proveyó todo lo necesario para llevarnos al cielo en su muerte. "Porque Cristo murió por los pecados una vez por todas, el justo por los injustos, a fin de llevarlos a ustedes a Dios" (1 Pedro 3:18).

Cristo ofrece un modelo de vida superior. Mahoma pasó los últimos diez años de su vida en la guerra. Como polígamo, superó incluso el número de esposas (cuatro) que había prescrito para su religión. También violó su propia ley al saquear las caravanas que venían a la Meca, algunas de las cuales estaban en peregrinación. Tomó represalias y venganzas, en contra de sus propias enseñanzas (ver Mahoma, Carácter de).

Jesús es superior a los gurús hindúes. En el hinduismo (ver Hinduísmo vedanta), un gurú es un maestro. Las escrituras hindúes no pueden ser entendidas a través de la lectura; deben ser aprendidas de un gurú. Estos hombres santos son adorados incluso después de sus muertes como supuestas encarnaciones de los dioses. Enseñan que los humanos necesitan liberarse del interminable ciclo de la reencarnación (samsara), que es provocado por el karma, el efecto de todas las palabras, actos y acciones en la vida actual y en todas las vidas anteriores. La liberación (moksha) se obtiene cuando el individuo expande su ser y su conciencia hasta un nivel infinito y se da cuenta de que atman (el yo) es lo mismo que Brahman (el único ser absoluto del que proviene toda la multitud).

En otras palabras, cada hindú debe personalmente realizar la divinidad. Tal realización solo puede ser alcanzada siguiendo el Jnana Yoga: salvación por el conocimiento de las antiguas escrituras y la meditación interna; Bhakti Yoga: salvación por la devoción a una de las muchas deidades; Karma Yoga, a salvación por obras, como ceremonias, sacrificios, ayunos y peregrinaciones, que deben hacerse sin pensar en las recompensas. Cada uno de estos métodos incluirá hasta cierto punto el Raja Yoga, una técnica de meditación que implica el control del cuerpo, la respiración y los pensamientos.

El hinduismo, según su práctica en la actualidad, consiste en gran parte en superstición, historias legendarias sobre los dioses, prácticas ocultas y adoración a los demonios.

Cristo enseña una visión superior a la del mundo. Jesús enseña una visión teísta del mundo (ver Teísmo). Sin embargo, el panteísmo que es el corazón del hinduismo enseña la realización de la divinidad.

La enseñanza de Cristo es superior moralmente. El hinduismo ortodoxo insiste en que se deje sufrir a la gente que sufre, porque es su destino determinado por el karma. Jesús dijo: "Ama a tu prójimo como a ti mismo". Definió al prójimo como cualquier persona que necesita ayuda. Juan dijo: "Si alguien que posee bienes materiales ve que su hermano está pasando necesidad, y no tiene compasión de él, ¿cómo se puede decir que el amor de Dios habita en él?" (1 Juan 3:17). Además, muchos, por no decir la mayoría de los gurús utilizan su reconocida posición para sacar provecho Tomó sus seguidores financiera y sexualmente. El Bagwan Sri Rajneesh acumuló varias docenas de Rolls Royce como regalo de sus seguidores. Los Beatles se decepcionaron de Yogui Maharishi Mahesh cuando se dieron cuenta que este estaba mucho más interesado en el cuerpo de una de las mujeres de su grupo que en cualquiera de sus espíritus. Ellos admitieron, "Cometimos un error". Incluso el respetado gurú Mahatma Gandhi se acostó con otras mujeres además de su esposa.

Jesús da un camino superior a la iluminación. Mientras que los gurús son necesarios para entender los escritos sagrados del Bhagavad Gita y los Upanishads, en la Biblia no hay ninguna verdad esotérica u oculta que deba ser explicada aparte de la comprensión ordinaria. La meditación cristiana no es un esfuerzo para vaciar la mente, sino para llenarla con la verdad de los principios bíblicos (Sal 1). Por el contrario, la meditación interior es como pelar una cebolla; sigues arrancando capa tras capa hasta que, cuando llegas al centro, descubres que no hay nada allí. La meditación en la Palabra de Dios comienza con el contenido y facilita el significado hasta que da satisfacción al alma.

Cristo enseña un mejor camino de salvación. El hindú está perdido en el ciclo kármico de la reencarnación hasta que llega a moksha y se le deja para que trabaje y salga de este laberinto solo. Jesús prometió que seríamos salvos por la fe (Ef 2:8-9; Tito 3:5-7) y que podríamos estar seguros de que nuestra salvación está garantizada (Ef 1:13-14; 1 Juan 5:13).

Cristo es superior a Buda. Siddhartha Gautama (Buda es un título que significa "iluminado") es inferior a Cristo. El budismo comenzó como un movimiento de reforma dentro del hinduismo, la cual se convirtió en un sistema de especulación y superstición. Para corregir esto, Gautama rechazó los rituales y el ocultismo y desarrolló una religión esencialmente atea (aunque formas posteriores de budismo volvieron a los dioses hindúes). Sus creencias básicas se resumen en las Cuatro Nobles Verdades:

1. La vida es sufrimiento.
2. El sufrimiento es causado por los deseos de placer y prosperidad.
3. El sufrimiento puede ser superado eliminando los deseos.
4. El deseo puede ser eliminado por el Óctuple Sendero.

El Óctuple Sendero es tanto un sistema educativo religioso como preceptos morales del budismo que incluye:

1. Conocimiento correcto ("Cuatro Nobles Verdades").
2. Las buenas intenciones.
3. Discurso correcto.
4. Conducta correcta (no matar, beber, robar, mentir, o adulterio).

5. Ocupación correcta (que no causa sufrimiento).
6. Esfuerzo correcto.
7. La conciencia correcta (negación del yo finito).
8. Meditación correcta (Raja Yoga).

La meta de todos los budistas no es el cielo o estar con Dios, porque no hay Dios en las enseñanzas de Gautama. Más bien, buscan el nirvana, la eliminación de todo el sufrimiento y los deseos y la ilusión de la auto-existencia. Mientras que una rama liberal del budismo (el budismo Mahayana) ha deificado a Gautama como un salvador, el budismo Theravada se mantiene más cerca de las enseñanzas de Gautama y de las principales enseñanzas que él nunca reclamó como divinas. En cuanto a su condición de salvador, se dice que las últimas palabras de Buda fueron, "Los Budas no hacen más que señalar el camino; trabaja tu salvación con diligencia". Como una forma variante del hinduismo, el budismo es sujeto de todas las críticas mencionadas líneas arriba. En cambio, la enseñanza de Jesús es superior. También es importante mencionar las siguientes afirmaciones.

Cristo llena la vida con más esperanza. Las enseñanzas de Jesús son superiores a las de Buda ya que Jesús enseñó una vida de esperanza, mientras que el budismo ve la vida solo como sufrimiento y el egoísmo como algo que debe ser erradicado. Jesús enseñó que la vida es un regalo de Dios para ser disfrutada (Juan 10:10) y que se debe dar honor al individuo de manera primordial (Mt 5:22). Además, prometió esperanza en la vida venidera (Juan 14:6).

Cristo ofrece un mejor camino de salvación. Los budistas también enseñan que la reencarnación es el medio de salvación. Sin embargo, en esta forma del yo o la individualidad del alma es erradicada al final de cada vida. Así que, aunque vivas, no eres tú, como individuo, quien tiene la esperanza de alcanzar el nirvana. Jesús prometió esperanza a cada hombre y mujer como individuo (Juan 14:3) y le dijo al ladrón en la cruz junto a él, "Hoy estarás conmigo en el paraíso" (Lucas 23:43).

Jesús es un mejor Cristo. Jesús afirmó y demostró ser Dios en carne. Buda fue un simple hombre mortal que murió y nunca resucitó. Sin embargo, Jesús resucitó en cuerpo de la tumba. Gautama simplemente quería llevar su "iluminación" a otros para ayudarles a llegar al nirvana, donde todos los deseos y la existencia individual están perdidos.

Cristo es superior a Sócrates. Aunque Sócrates nunca comenzó una religión, ha atraído a un gran número de seguidores. Sócrates nunca escribió nada, pero Platón, su discípulo, escribió mucho sobre él, aunque estas explicaciones pueden ser tanto ideas de Platón como el pensamiento de Sócrates. Platón presenta a Sócrates como un hombre convencido de que Dios le había asignado la tarea de promover la verdad y la bondad haciendo que los humanos examinen sus palabras y acciones para ver si son verdaderas y buenas. El vicio, en su opinión, era simplemente ignorancia, y el conocimiento conducía a la virtud. Se le atribuye el mérito de ser la primera persona en reconocer la necesidad de desarrollar un enfoque sistemático para descubrir la verdad, aunque el sistema en sí mismo fue finalmente formulado por Aristóteles, un discípulo de Platón.

Como Cristo, Sócrates fue condenado a muerte, esta condena estuvo basada en falsas acusaciones de las autoridades que fueron amenazadas por su enseñanza. Podría haber sido declarado inocente si no hubiera insistido en hacer que sus acusadores y jueces examinaran sus propias vidas y declaraciones, a lo que ellos no estaban dispuestos a hacer. Estaba contento de morir, sabiendo que había cumplido su misión hasta el final y esa muerte, ya sea un sueño profundo o una maravillosa reunión de grandes hombres, sería buena.

Cristo tiene una mejor base para la verdad. Jesús, como Sócrates, a menudo usaba preguntas para hacer que sus oyentes se examinaran, pero su base para saber la verdad sobre los seres humanos y Dios estaba arraigada en el hecho de que él era el Dios omnisciente. Dijo de sí mismo, "Yo soy el camino, la verdad y la vida". Él fue, en su propio ser, la fuente principal de donde fluye toda la verdad. De la misma manera, así como Dios, él era la bondad absoluta por la cual toda otra bondad puede ser medida. Una vez le pidió a un joven que examinara sus palabras diciendo, ¿Por qué me llamas bueno? Nadie es bueno excepto Solo Dios". Jesús era la verdad y el bien que Sócrates quería entender.

Cristo da un conocimiento más seguro. Mientras que Sócrates enseñaba algunos principios verdaderos, con frecuencia se le dejaba especular sobre muchos temas importantes, como que sucede durante la muerte (ver Certeza/Certidumbre). Jesús dio una respuesta segura a tales preguntas, porque tenía cierto conocimiento del destino humano (Juan 5:19-29; 11:25-26). Donde la razón (Sócrates) no tiene suficiente evidencia para llegar a una conclusión definitiva, la revelación (Jesús) da respuestas que nunca podrían ser previstas.

La muerte de Cristo fue más noble. Sócrates murió por una causa y lo hizo con valentía, lo que es ciertamente digno de elogio. Sin embargo, Jesús murió como sustituto de otros (Marcos 10:45) para pagar la pena que merecían. Murió no solo por sus amigos, sino también por aquellos que eran y seguirán siendo sus enemigos (Ro 5:6-7). Tal demostración de amor no tiene comparación con ningún filósofo o filántropo.

La prueba del mensaje de Cristo es superior. Las pruebas racionales son buenas cuando hay pruebas sólidas para sus conclusiones (ver Dios, Evidencias a favor de). Pero Sócrates no puede respaldar su afirmación de ser enviado por Dios con nada que se compare con los milagros de Cristo y su resurrección (ver Resurrección, Evidencia de). Los profetas y profetisas paganas, como el Oráculo de Delfos, no se comparan con la precisa predicción bíblica y los milagros (ver Profecía, como Prueba de la Biblia). En estos hechos hay una prueba superior de que el mensaje de Jesús fue autentificado por Dios como verdadero (ver Milagros, Valor apologético de los).

Cristo es superior a Lao Tse (Taoísmo). El taoísmo moderno es una religión de brujería, superstición y politeísmo, pero originalmente era un sistema de filosofía, y así es como se presenta a la cultura occidental hoy en día. Lao Tse construyó este sistema alrededor de un principio que explicaba todo en el universo y lo guiaba también. Ese principio se llama el Tao. No hay una forma sencilla de explicar el Tao (ver Budismo Zen). El mundo está lleno de conflictos opuestos: bien y mal, hombre y mujer, luz y oscuridad, sí y no. Todas las oposiciones son manifestaciones del conflicto entre el Yin y el Yang. Pero en realidad el Yin y el Yang están completamente entrelazados y perfectamente equilibrados. Ese equilibrio es el misterio llamado el Tao. Entender el Tao es darse cuenta de que todos los opuestos son uno y que la verdad está en la contradicción, no en la resolución (ver Lógica y Dios; Primeros Principios).

El taoísmo va más allá de esto para instar a vivir en armonía con el Tao. Una persona debe participar en una vida completamente pasiva y de reflexión sobre preguntas tales como, "¿Cuál es el (Mateo 22:37-38) sonido de una mano aplaudiendo?" o "Si un árbol cae en el bosque cuando nadie está allí para escucharlo, ¿hace algún ruido?" Uno debe estar en paz con la naturaleza y evitar toda forma de violencia. Este sistema de filosofía tiene muchas similitudes con el Budismo Zen.

Cristo trae una libertad superior. Jesús permite a los humanos usar su razón. De hecho, les ordena que lo hagan (Mt 22:37; cf. 1 Pedro 3:15). El taoísmo no lo hace, al menos en el nivel más alto. El taoísmo se vincula con la afirmación de que "la razón no se aplica a la realidad". Esa afirmación en sí misma es autodestructiva, ya que es una afirmación razonable sobre la realidad. Es verdadera o falsa de acuerdo con la manera de como son las cosas realmente, y no es contradictoria, pero afirma que la verdad suprema está en la contradicción. Jesús ordenó, "Ama al Señor tu Dios con todo tu corazón, con todo tu ser y con toda tu mente. Este es el gran y principal mandamiento", énfasis añadido). Dios dice: "Venid ahora, y estemos a cuenta" (Is 1, 18). Pedro nos exhorta a "dar razón de la esperanza que tenéis" (1 Pedro 3, 15b).

Jesús alentó el uso de la libertad de elegir, nunca imponiéndose a los que no están dispuestos (Mt 23:37). El taoísmo pide a cada seguidor que ponga a un lado su voluntad, que renuncie al poder de cambiar las cosas. Jesús dice que cada persona tiene una elección y que esta elección hace la diferencia. Cada uno elige creer o no creer (Juan 3:18) obedecer o desobedecer (Juan 15:14), cambiar el mundo o ser cambiado por él (Mt 5:13-16).

Jesús concede a cada persona la libertad de ser salvada. El taoísmo solamente ofrece una forma de conformarse a la manera en que están las cosas. Cristo ofrece una manera de cambio tanto en quienes somos y lo que somos para que podamos conocer las alegrías de la vida. En lugar de aceptar la muerte como un final inevitable, Cristo ofrece una manera de conquistar la muerte por su resurrección. Lao Tse no puede hacer tal afirmación.

Conclusión. Cristo es absolutamente único entre todos los que han vivido (ver Religiones del mundo y el cristianismo). Él es único en su naturaleza sobrenatural, en su carácter excepcional, y en su vida y enseñanza (ver Cristo, Divinidad de). Ningún otro maestro del mundo ha afirmado ser Dios. Incluso cuando los seguidores de algún profeta deificaron a su maestro, no tenían pruebas de esa afirmación que pueda compararse con el cumplimiento de la profecía, la vida impecable y milagrosa de Cristo y la resurrección. Ningún otro líder religioso (excepto algunos que copiaron a Cristo) ofrecieron la salvación por la fe, aparte de las obras, basado en una acción para quitar la culpa del pecado humano. No hay nada religioso o filosófico que haya demostrado el amor por la gente que Jesús mostró al morir por los pecados del mundo (Juan 15:13; Ro 5:6-8). Jesús es absolutamente único entre todos los seres humanos seres que alguna vez existieron.

Fuentes

J. N. D. Anderson, *The World's Religions* [Las religiones del mundo].

H. Bushnell, *The Supernaturalness of Christ* [La sobrenaturalidad de Cristo].

W. Corduan, *Neighboring Faiths* [Las religiones vecinas].

N. L. Geisler, *The Battle for the Resurrection* [La batalla por la Resurrección].

N. L. Geisler y R. M. Brooks, *When Skeptics Ask* [Cuando los escépticos preguntan].

M. Harris, *From Grave to Glory* [De la tumba a la gloria].

C. S. Lewis, *Mere Christianity* [Mera Cristiandad].

B. Russell, *Why I Am Not a Christian* [Por qué no soy cristiano].

J. Gregory y C. *The Seven Laws Shafer* [Las siete leyes de Shafer].

R. Zacarías, *Jesus among Other* [Jesús entre otros dioses].

Cristo de la Fe vs. Jesús Histórico. La diferencia entre el Cristo de la fe y el Jesús de la historia es por lo general seguida por Martin *Kahler (1835-1912), aunque probablemente con ese término no quiso expresar lo que la mayoría de los críticos contemporáneos hacen. Incluso antes de Kahler, Gotthold *Lessing (1729-81) Incluso antes de Kahler, Gotthold *Lessing (1729-81) estableció la causa de la separación entre el Cristo de la fe y el Jesús de la historia. Lo que sucedió en esa separación a través de las "búsquedas del Jesús histórico" es tratado en el artículo Jesús histórico, Búsqueda del.

El "Ditch [Zanja]" de Lessing. A comienzos de 1778, Lessing consideraba el abismo entre lo histórico y lo eterno como "la zanja fea que no puedo cruzar, por mucho que intente dar el salto" (Lessing, pág. 55). Esta brecha separaba las verdades contingentes de la historia de las verdades necesarias de la religión. Y simplemente no hay manera de abarcarlo desde nuestro lado. Por lo tanto, concluyó que no importa cuán probables sean los relatos de los Evangelios, nunca podrán servir como base para conocer las verdades eternas.

El abismo de Kant. En 1781, Immanuel *Kant habló en su Crítica de la Razón Pura de un abismo entre las verdades contingentes de nuestra experiencia y las verdades necesarias de la razón. En consecuencia, creía necesario destruir cualquier base filosófica o científica de la creencia en Dios. "Por lo tanto, he encontrado necesario", dijo, "negar el conocimiento, para dar lugar a la fe" (Kant, pág. 29). Kant sostenía que uno debe acercarse al reino de la religión por la fe. Era el reino de la razón práctica, no de la razón teórica. Estableció un intransitable abismo entre el reino objetivo, científico y conocible de los hechos y el reino desconocido del valor (moralidad y la religión). Esta dicotomía, hecho/valor está en la base de la posterior disyunción entre el Cristo de la fe y el Jesús de la historia.

La división histórica de Kahler. El título del libro de Kahler describía la dicotomía que él veía como necesaria: The So-Called Historical Jesus and the Historic, Biblical Christ [El llamado Jesús histórico y el Cristo histórico y bíblico] (1892). Se atribuye a este volumen el origen de la distinción entre el Jesús "histórico" (historisch) y el Cristo "histórico" (Geschichtlich). Sin embargo, lo que Kahler tenía en mente por "histórico" era el Jesús reconstruido de la erudición crítica liberal de su tiempo, no el verdadero Jesús del primer siglo.

Evaluación. La dicotomía entre el Jesús de la historia y el Cristo de la fe se basa en supuestos muy dudosos. La primera tiene que ver con la historicidad de los documentos del Nuevo Testamento. El concepto de que la creencia de que los hechos del Evangelio son históricamente irrelevantes es contraria a la afirmación del Nuevo Testamento de lo que es necesario para la salvación. El apóstol Pablo hizo esenciales las creencias de que Jesús murió y resucitó corporalmente de la tumba (ver Cristo, Muerte de; Resurrección, Evidencia de). Esta indiferencia en la historicidad tampoco se comparte con los propios escritores del Nuevo Testamento, que parecen preocupados por los detalles de un relato exacto, no un mito de amplio alcance. Lucas nos cuenta sus técnicas de investigación y su objetivo como historiador. Escribió: "Yo mismo he investigado cuidadosamente todo desde el principio, me pareció bien también escribir un relato ordenado para ti, excelentísimo Teófilo, para que conozcas la certeza de las cosas que te han sido enseñadas" (Lucas 1:1-4).

También hay una suposición injustificada de que el Nuevo Testamento, y en particular los Evangelios, carecen de un apoyo histórico adecuado. Esta afirmación no es verdad (ver Arqueología del Nuevo Testamento; Nuevo Testamento, Datación del; Nuevo Testamento, Historicidad de; Manuscritos del Nuevo Testamento).

Además, la separación del Jesús histórico del Cristo histórico se basa en una falsa dicotomía de hecho y fe (ver Fe y Razón) o de hecho y valor. El significado histórico de Cristo no puede separarse de su historia. Si no vivió, enseñó, murió y resucitó de entre los muertos, como afirma el Nuevo Testamento, entonces no tendría un significado de salvación hoy en día.

Fuentes

R. Bauckham, *Jesus and the Eyewitnesses* [Jesús y los testigos oculares].

C. Blomberg, *The Historical Reliability of John's Gospel* [La fiabilidad histórica del Evangelio de Juan].

————, *The Historical Reliability of the Gospels* [La Fiabilidad histórica de los Evangelios].

M. J. Borg, *Jesus in Contemporary Scholarship* [Jesús en la erudición contemporánea].

C. E. Braaten, "*Martin Kahler on the Historic, Biblical Christ* [Martin Kahler sobre el Cristo histórico y

bíblico]".
G. Habermas, *The Historical Jesus* [El Jesús histórico].
M. Kahler, *The So-Called Historical Jesus and the Historic, Biblical Christ* [El llamado Jesús histórico y el Cristo histórico y bíblico].
I. Kant, *Critique of Pure Reason* [Crítica de la Razón Pura].
S. Kierkegaard, *Concluding Unscientific Postscript* [Posdata no científica concluyente].
————, *Philosophical Fragments* [Fragmentos filosóficos].
G. Lessing, *Lessing's Theological Writings* [Escritos teológicos de Lessing].
J. P. Meyer, *A Marginal Jew* [Un judío marginal].
R. N. Soulen, *Handbook of Biblical Criticism* [Manual de Crítica Bíblica].
R. B. Strimple, *Modern Search for the Real Jesus* [La búsqueda moderna del verdadero Jesús].

Crítica de redacción del Antiguo Testamento.

Crítica de redacción del Antiguo Testamento. Un redactor edita o cambia un texto compuesto por otro. La crítica de la redacción de la Biblia afirma que los editores posteriores (redactores) cambiaron el texto de las Escrituras. Si tales supuestos cambios fueran sustanciales, dañaría seriamente la credibilidad de las Escrituras (ver Biblia, Evidencia a Favor de la). No pudimos estar seguros de lo que estaba en el texto original. Para conocer las opiniones críticas sobre la redacción del Nuevo Testamento, consulte el artículo Biblia, Críticas a la.

Opiniones de la naturaleza de la redacción. Las opiniones sobre la redacción son sostenidas por los evangélicos como por los no evangélicos. Estos últimos son más radicales en su afirmación de los tipos de cambios que creen que han ocurrido en el texto.

Opiniones radicales. Emanuel Tov es citado a menudo en apoyo de la opinión de la regla de redacción. Sobre las supuestas redacciones de Jeremías, argumentó que se cambiaron tanto los detalles menores como los mayores. Creía que estos cambios eran evidentes en:

1. disposición del texto
2. la adición de títulos a las profecías
3. repetición de secciones
4. la adición de nuevos versículos y secciones
5. la adición de nuevos detalles
6. cambios en el contenido (Tov, 217)

Por supuesto, cambios sustanciales en el contenido debilitaría la credibilidad del Antiguo Testamento y particularmente su valor apologético. ¿Cómo puede uno estar seguro de que las profecías no fueron manipuladas más tarde para hacerlas coincidir con lo que realmente sucedió?

"Redactores inspirados". Algunos evangélicos han intentado adaptarse a los modelos de redacción proponiendo un "redactor inspirado". De esta manera, ambos esperan explicar la evidencia para la redacción mientras mantienen la inspiración de las Escrituras (ver Biblia, Evidencia a Favor de la; Manuscritos del Nuevo Testamento; Antiguo Testamento, Manuscritos del). Por ejemplo, Bruce Waltke afirma "que los libros de la Biblia parecen haber pasado por una revisión editorial después de salir de la boca de un vocero inspirado". En el mismo pasaje, habla de "actividad editorial posterior". Waltke afirma que hay evidencia de redacción desde 1800 a. C. hasta 200 d. C. (Waltke, págs. 78, 79, 92). Sin embargo, quienes respondieron a la propuesta de Waltke rechazan rotundamente su posición (ibid., pág. 133). Incluso sus concesiones tienden a socavar el texto bíblico.

Argumentos para los redactores. La atención se centra aquí en la redacción del Antiguo Testamento, especialmente como lo sostienen Waltke y algunos otros eruditos evangélicos que insisten en que los "redactores inspirados" hicieron cambios sustanciales en los escritos bíblicos. Junto con los redactores más críticos, creen que el contenido de los escritores bíblicos sufrió cambios continuos hasta que alcanzó su forma final.

En apoyo de esta posición, a veces se ofrecen los siguientes argumentos.

1. Alguien después de Moisés, posiblemente Josué, escribió el último capítulo de Deuteronomio (cap. 34), ya que no es profético y registra la muerte de Moisés.
2. Ciertas secciones de Deuteronomio (2: 10-12, 20-23) muestran evidencia de un redactor posterior. Son de naturaleza editorial y entre paréntesis.
3. La disposición de los salmos en cinco libros o secciones es sin duda obra de compiladores-editores.
4. Los proverbios pasaron por manos de los editores después de Salomón (10: 1; 22:17; 25: 1; 30: 1; 31: 1), algunos de los cuales vivieron en los días de Ezequías, dos siglos después de Salomón (25: 1).
5. Algunos libros, como Jeremías, sobreviven en dos versiones sustancialmente diferentes. La versión más larga (hebrea) es un séptimo más grande que la versión griega de la Septuaginta, un ejemplo de la cual sobrevive en fragmentos de Qumrán (4 QJerb).
6. Los libros de Crónicas se presentan a sí mismos como basados en registros proféticos anteriores (1 Cr 9: 1; 27:24; 29:29; 2 Cr. 9:29; 13:22; 16:11; 20:34; 25:26; 27: 7; 28:26; 32:32; 33:19; 35:27; 36:

8), que fueron redactadas por el autor o autores de Crónicas.

Respuesta a los argumentos. Ninguno de los argumentos presentados en apoyo de la redacción inspirada es definitivo. Merrill Unger concedió sólo leves "adiciones editoriales al Pentateuco, considerado como auténticamente mosaico". Pero rechazó rotundamente la noción de que los redactores, inspirados o no, hicieran adiciones posteriores al Pentateuco no mosaicos (Unger, págs. 231-32). La respuesta a la teoría del "redactor inspirado" seguirá el orden de los argumentos dados anteriormente.

El relato de la muerte de Moisés. Para una discusión completa de este punto, ver Pentateuco, Autoría Mosaica de. Que Moisés no haya escrito Deuteronomio 34 ha sido aceptado durante mucho tiempo por los eruditos conservadores, incluso Unger. Sin embargo, esto no es una redacción del contenido de nada de lo que escribió Moisés. Es una adición de eventos sobre los que, humanamente hablando, Moisés no podría haber escrito, específicamente un relato de su propio funeral (Dt 34). Por supuesto, siempre es posible que Moisés pudiera haber escrito esto por revelación sobrenatural, pero no hay ninguna afirmación o evidencia de que lo haya hecho. La finalización del libro por otro profeta inspirado, Josué en particular, no comprometería su autoridad.

Comentarios editoriales en Deuteronomio 2. Esto también se discute en Pentateuco, Autoría Mosaica de. Las secciones entre paréntesis en Deuteronomio 2 no necesitan ser redacciones posteriores. Encajan en el texto, y no hay ninguna razón por la que Moisés no los haya incluido para ampliar y aclarar. Si estas adiciones fueron hechas por escribas posteriores, no están inspiradas y están sujetas al mismo escepticismo textual que Marcos 16: 9 20 y Juan 8: 1-11. A falta de evidencia de lo contrario, parece razonable considerar que se trata de comentarios editoriales de Moisés.

Agregar y reorganizar. Simplemente compilar y ordenar escritos inspirados (salmos individuales) no es prueba del modelo de redacción. Agregar salmos al salterio tal como fueron escritos encaja perfectamente con el modelo profético de la norma. Lo que el modelo de redacción tendría que probar es que los escritores inspirados posteriores hicieron cambios deliberados en el contenido de los Salmos (u otros libros) que ya estaban en la norma, no simplemente reorganizando lo que había allí. No hay prueba de esto en los Salmos.

Pequeñas adiciones editoriales a un texto no son el problema. La vista del redactor inspirada acepta cambios sustanciales en el contenido.

Proverbios no muestra prueba de redacción. Ninguno de los pasajes citados en Proverbios prueba que la escritura del autor original (ya sea Solomon [1-29], Agur [30] o Lemuel [31]) no fue aceptada por la comunidad de creyentes de manera inmediata y continua sin posteriores cambios de contenido. La frase "copiado" (25: 1) no significa "cambiado en contenido" sino simplemente transcrito en otro manuscrito. Es irrelevante si este proceso implicó una selección y reordenación de lo que Salomón había escrito anteriormente. Al igual que con los Salmos, hay una gran diferencia entre reorganizar lo que escribió Salomón y redactar (cambiar) su contenido. No hay evidencia de esto último.

Dos ediciones de Jeremías. Los eruditos conservadores reconocen que puede haber dos versiones (ediciones) de Jeremías que se originaron con el mismo Jeremías, posiblemente a través de Baruc, su escriba (Archer, págs. 361-62). Esto explicaría las diferencias encontradas en los manuscritos. En este caso, no es necesario proponer un redactor posterior. El mismo Jeremías, mientras vivía, podría haber dirigido una versión posterior de su libro con más profecías. Jeremías predicó y profetizó según lo requiriera la ocasión. Es comprensible que la colección de sus escritos creciera. Los eruditos de la Septuaginta pueden haber tenido acceso a una versión preliminar.

Citando otras fuentes. Los pasajes citados en Crónicas (1 Crónicas 9: 1; 27:24; etc.) no significan que el escritor de Crónicas (posiblemente Esdras) estuviera redactando algunos otros libros. Más bien, los usó como fuentes para escribir su propio libro, así como Daniel (9) usó Jeremías (25), y 2 Samuel 22 usó el Salmo 18. Evidentemente, Lucas usó otros registros (Lucas 1: 1-4).

Además, no es necesario tomar todas estas citas del Antiguo Testamento como si fueran de escritos inspirados. Algunos eran registros judiciales (Ej., 1 Crón 9: 1; 27:24; 2 Crón 20: 34). Los libros de "Samuel el vidente y Natán el profeta" (1 Crón 29: 29) pueden ser la escritura profética conocida ahora como 1 Samuel. Otros pueden haber sido comentarios sin inspiración (por ejemplo, 1 Crón 13: 22). Pablo usó fuentes no inspiradas en sus obras (cf. Hechos 17:28; Tito 1:12). No se trata de hacer cambios en un libro inspirado.

Problemas con la redacción "Inspirada". Es inaceptable la opinión de los redactores inspirados en que los editores hicieron cambios deliberados y sustanciales en el contenido del material profético anterior.

Es contrario a la advertencia de Dios. Dios les advirtió repetidamente a sus profetas no "añadan ni quiten palabra alguna a esto que yo [Dios] les ordeno" (Dt 4: 2; cf. Prov 30: 4; Apoc 22: 18-19). Esto, por supuesto, no significa que otro profeta no podría haber agregado una revelación separada para completar Deuteronomio. Significa que a nadie se le permitió cambiar (redactar) la revelación que Dios le había dado a otro profeta, o, para tal caso, a sí mismo. Nadie debía agregar o quitar lo que Dios había dicho (cf. Apocalipsis 22:19).

Confunde la crítica textual y la canonicidad. El punto de vista de la redacción confunde la canonicidad y la crítica textual más baja (ver Biblia, Crítica a la). La canonicidad (del griego canon, regla o norma) trata de qué libros están inspirados y pertenecen a la Biblia. La crítica textual inferior estudia el texto de los libros canónicos, intentando acercarse lo más posible al texto original. La cuestión de los cambios de los escribas al transmitir un manuscrito de un libro inspirado es una cuestión de menor crítica textual, no de canonicidad. Del mismo modo, si se agregó material más tarde, como en 1 Juan 5: 7 (KJV) o Juan 8: 1-11, este es un asunto de crítica textual para determinar si estaba en el escrito original. No es propiamente una cuestión de canonicidad.

La crítica textual inferior es una disciplina legítima porque no busca cambiar o 'redactar' el texto original, sino simplemente 'reconstruirlo' a partir de los manuscritos disponibles.

Es contrario al significado de inspirado. El punto de vista de los llamados redactores inspirados es contrario al uso bíblico de la palabra inspirada o inspirada por Dios en 2 Timoteo 3:16. La Biblia no habla de escritores inspirados, sino solo de escritos inspirados (ver Biblia, Evidencia a Favor de la). Un autor inspirado sería infalible e inerrante, no simplemente el autor de un libro infalible e inerrante.

Es contrario a los autógrafos inspirados. Este punto de vista de la redacción es contrario al punto de vista evangélico de que solo los autógrafos (textos originales) son inspirados. El autógrafo es el texto original (o una réplica exacta) tal como vino del profeta. Sólo se cree que está inspirado y, por tanto, sin error. Las copias se inspiran en la medida en que reproducen con precisión el original.

Pero según la opinión de los redactores inspirados, la versión redactada final está inspirada. Si es así, entonces los escritos originales no fueron inspirados por Dios. Porque Dios no puede errar (Tito 1: 2; Heb. 6:18), ni cambiar (Mal 3: 6; Heb. 1:12; 13: 8; Santiago 1:17). Si hubo un redactor inspirado, Dios hizo cambios de contenido en sus sucesivas ediciones inspiradas.

Además, el punto de vista de los redactores inspirados requiere el rechazo del punto de vista evangélico de un original escrito definido que Dios inspiró a través de un profeta dado. En cambio, los autógrafos serían un manuscrito fluido en proceso, quizás durante siglos. De hecho, promovería a los escribas al rango de profetas. Dios tendría que inspirar las copias (incluidos sus errores) así como los originales.

Elimina la verificación de una obra. La redacción inspirada elimina los medios por los cuales una expresión profética podría ser probada por aquellos a quienes fue dada. Según el punto de vista de la redacción, la obra profética como tal no se presentó a la comunidad de creyentes contemporánea. Más bien, fue terminado y donado a la iglesia por algunas décadas (o incluso siglos) después. Cuando hubo necesidad, Dios confirmó a sus profetas con señales y prodigios (cf. Éxodo 3-4; 1 Reyes 18; Hechos 2:22; Hebreos 2: 3-4). Los contemporáneos del profeta podrían poner a prueba las afirmaciones del hombre de Dios (cf. Deuteronomio 18). Pero si el punto de vista de los redactores inspirados es correcto, no hay forma de confirmar si ese escrito (en su eventual forma editada) realmente vino de un profeta de Dios. Solo si el mensaje original y sin cambios fue confirmado por la audiencia original, podemos tener la seguridad de que ocupa el lugar que le corresponde en el canon.

Aleja la autoridad de las Escrituras. El modelo de redacción cambia el lugar de la autoridad divina del mensaje profético original (dado por Dios a través del profeta) a la comunidad de creyentes generaciones más tarde. Es contrario al principio de canonicidad que Dios determina la canonicidad y el pueblo de Dios descubre lo que Dios determinó como inspirado. En efecto, el modelo de redacción ubica la autoridad en la iglesia en lugar de en el mensaje profético dado por Dios a la iglesia.

Implica engaño. Un modelo de redacción de canonicidad implica la aceptación del engaño como un medio de comunicación divina. De manera significativa, un mensaje o libro que dice provenir de un profeta proviene en realidad de redactores posteriores. Aplicada a los Evangelios, la crítica de la redacción afirma que Jesús no necesariamente dijo o hizo lo que los escritores de los Evangelios afirman que hizo. Los redactores literalmente ponen sus propias palabras en la boca de Jesús. Pero esto implica una tergiversación intencional, que es engañosa (ver Nuevo Testamento, Historicidad de]). La misma crítica se aplica si los redactores posteriores cambiaron lo que escribió un profeta. Eso sería un engaño, inducir a error al lector a creer que Dios dirigió lo que los escritores originales habían dicho. Pero Dios no puede mentir (Heb 6:18).

Confunde la adecuada edición con la redacción. Los modelos de redacción del canon confunden la legítima actividad de escriba, que implica forma gramatical, actualización de nombres y disposición del material profético, con los cambios redaccionales ilegítimos en el contenido real del mensaje de un profeta anterior. Confunde la transmisión aceptable de los escribas con la alteración redaccional inaceptable. La discusión adecuada confunde sobre cuál es el texto anterior con afirmaciones incorrectas de que los últimos profetas cambiaron la verdad de los textos anteriores.

Está refutado por la historia judía. La teoría de la redacción asume que hubo redactores inspirados mucho más allá del período en el que hubo profetas (es decir, siglo IV a. C.). No puede haber obras inspiradas a menos que haya profetas vivientes. Y los judíos no reconocieron profetas después de la época de Malaquías (aprox. 400 AC). Josefo, el historiador judío, se refirió explícitamente al cese de la revelación por "el reinado de Artajerjes, rey de Persia" (Josefo, Contra Apión, 1.8). Añadió: "Desde Artajerjes hasta nuestro tiempo todo ha quedado registrado, pero no se ha considerado digno de igual crédito con lo anterior, porque cesó la sucesión exacta de los profetas" (ibid.).

Declaraciones rabínicas adicionales sobre el cese de profecía apoyan esto (ver Beckwith, pág. 370): Seder Olam Rabbah 30 declara: "Hasta entonces [la venida de Alejandro Magno] los profetas profetizaron a través del Espíritu Santo. A partir de entonces, 'Inclina tu oído y escucha las palabras de los sabios'". Baba Bathra 12b declara: "Desde el día en que el Templo fue destruido, la profecía ha sido quitada de los profetas y dada a los sabios". El rabino Samuel bar Inia dijo: "El Segundo Templo carecía de cinco cosas que poseía el Primer Templo, es decir, el fuego, el arca, el urim y tumim, el aceite de la unción y el Espíritu Santo [de la profecía]".

Por lo tanto, cualquier cambio en el texto del Antiguo Testamento después de esta vez no pudo haber sido inspirado, ya que no hubo profetas. Por tanto, son una cuestión de crítica textual, no de canonicidad.

Es refutada por la crítica textual. La disciplina académica de la crítica textual refuta las afirmaciones de la crítica de redacción. Porque la historia del texto bíblico es bien conocida (ver Manuscritos del Nuevo Testamento). Miles de manuscritos rastrean los cambios. El texto original se puede reconstruir con un alto grado de confianza. No hay redacciones en el contenido del mensaje profético por editores inspirados o no inspirados. La mayoría de los cambios tienen que ver con la forma, no con el contenido. Son gramaticales, no teológicos. Los escribas fueron fieles al copiar el texto. Siendo este el caso, no hay razón para creer que el mensaje original de los escritores bíblicos haya sido redactado. El breve lapso de tiempo y la gran cantidad de manuscritos en comparación con otras obras de la antigüedad dan fe de que el contenido de los textos bíblicos no ha cambiado.

Fuentes

G. L. Archer Jr., *A Survey of Old Testament Introduction* [Reseña Crítica de una Introducción al Antiguo Testamento].

R. Beckwith, *The Old Testament Canon of the New Testament Church and Its Background in Early Judaism* [El Canon del Antiguo Testamento de la Iglesia del Nuevo Testamento y sus Antecedentes en el Judaísmo Temprano].

N. L. Geisler y W. E. Nix, A General Introduction to the Bible [Introducción General a la Biblia].

F. Josefo, Against Apion [Contra Apión].

———, *The Antiquities of the Jews* [Antigüedades Judías].

E. Tov, *"The Literary History of the Book of Jeremiah in the Light of Its Textual History"* [La Historia Literaria del Libro de Jeremías a la Luz de su Historia Textual].

M. Unger, *Introductory Guide to the Old Testament* [Guía Introductoria al Antiguo Testamento].

B. K. Waltke, *"Historical Grammatical Problems"* [Problemas Gramaticales Históricos].

Crítica de redacción del Nuevo Testamento. *Ver* BIBLIA, CRÍTICAS A LA.

Crucifixión de Cristo. *Ver* CRISTO, MUERTE DE.

Datos científicos. *El problema*. La datación generalmente aceptada (GAD) en la comunidad científica plantea varios problemas para la apologética cristiana, ya que plantea más de diez mil millones de años para el universo y cientos de miles de años para la vida humana. Esto es contrario a una datación ampliamente asumida de diez mil a veinte mil años para el universo y la vida humana por muchos cristianos evangélicos.

En realidad, hay cuatro problemas separados con GAD para la defensa del cristianismo histórico:

1. ¿GAD apoya la evolución?
2. ¿GAD contradice la visión bíblica de la edad del universo?
3. ¿GAD entra en conflicto con la visión bíblica de la era de la raza humana?
4. ¿GAD entra en conflicto con la visión bíblica de la creación en "seis días"? Dado que el último se discute en detalle en otra parte (ver Génesis, Días de), solo los tres primeros se discutirán aquí.

Datación científica y evolución. Incluso asumiendo la conclusión de GAD de que el universo tiene miles de millones de años y que la vida tiene al menos 500 millones de años, la macroevolución no sigue (ver Evolución Biológica). Porque miles de millones de años son sólo una condición necesaria para la verdad de la evolución, pero no una condición suficiente para ella. Un período de tiempo más largo simplemente no es suficiente para explicar cómo los cambios graduales por procesos naturales podrían producir un hombre a partir de un microbio. Millones de años son una condición necesaria para que todos los seres vivos evolucionan. Sin embargo, largos períodos de tiempo no son suficientes para demostrar que la macroevolución es verdadera por dos razones básicas: (1) los períodos de tiempo largos no producen una complejidad específica, y (2) se necesita un mecanismo natural para explicar la macroevolución.

Los períodos prolongados no producen una complejidad específica. No hay evidencia empírica o experimental de que largos períodos de tiempo produzcan el tipo de complejidad especificada increíble y complejidad irreducible que se encuentra en los seres vivos (ver Evolución Química).

La simple observación revela que, si uno deja caer bolsas de confeti rojo, blanco y azul desde un avión a trescientos metros del suelo, no formará una bandera estadounidense en el césped de alguien. Las leyes de la naturaleza, además de la intervención inteligente, aleatorizarán los colores; no formarán cincuenta estrellas y trece rayas de ellas. Y tanto la observación como la experimentación demuestran que dejar caer los fragmentos de papel de colores desde diez mil pies no proporcionará el tiempo necesario para que se organicen. Solo hay una causa conocida por los seres humanos que puede organizar estos pequeños trozos de papel en una bandera estadounidense, y esa es la inteligencia. Pero la intervención inteligente no es una evolución naturalista; es creación.

La necesidad de un mecanismo natural. Para que ocurra la evolución naturalista, debe haber más que largos períodos de tiempo. También debe haber algunas causas naturales que puedan explicar el aumento de la complejidad de los seres vivos desde el organismo unicelular original hasta el ser humano. Nunca se ha encontrado tal mecanismo. La selección natural no lo hace. Es solo un principio de supervivencia de los tipos de vida existentes, no la llegada de tipos nuevos (ver Darwin, Charles). Las mutaciones naturales tampoco lo hacen. Por lo general, no son útiles y suelen ser letales. La variación con las poblaciones sólo es suficiente para dar cuenta de los pequeños cambios dentro de tipos específicos de vida y no de los cambios macroevolutivos necesarios entre todas las diversas formas de vida, desde las más simples a las más complejas. Por lo tanto, los períodos prolongados no explican cómo podría ocurrir la macroevolución. Lo que se necesita son causas naturales que se pueda demostrar que producen una mayor complejidad especificada, aparte de cualquier causa inteligente. Pero, de hecho, la evidencia es lo contrario (ver Principio Antrópico; Argumento Teleológico). Las leyes naturales no especifican; ellos aleatorizan. No provocan un orden especificado mayor; causan desorden. No crean vida; causan decadencia.

El corto tiempo es fatal para la macroevolución. Una razón por la que los evolucionistas naturalistas se oponen tan vehementemente a los esquemas de datación que postulan un universo joven (de diez mil a veinte mil años de edad) es que esto es fatal para la teoría evolutiva. La evolución simplemente debe tener períodos de tiempo más largos que solo varios miles de años. Así, mientras que los largos períodos de tiempo propuestos por el esquema GAD no eliminan la creación, los cortos períodos de tiempo eliminan la evolución.

La datación científica y la edad del universo. La visión de GAD no plantea un problema como tal para los cristianos ortodoxos, solo para aquellos que se aferran a un universo joven (de miles de años). Los apologistas del universo joven, como Henry Morris y sus seguidores, se oponen al GAD. Esto lo hacen de dos formas.

Argumentos científicos negativos contra un universo viejo. El elemento esencial mínimo de una apologética del universo joven es encontrar lagunas en el esquema de citas científicas actualmente aceptado. Esto se intenta de varias formas.

Presuposiciones improbables. Los defensores del universo joven señalan que existen presuposiciones improbables de los métodos de datación del universo antiguo. Por ejemplo, los métodos de datación radiométrica asumen una condición original de la sustancia que era "pura". También asumen que ha habido una tasa de cambio constante desde ese momento. Por ejemplo, para argumentar sobre la cantidad de sal en el mar a una tierra vieja, uno debe asumir que para empezar no había sal y que la sal ha sido depositada en él por ríos y arroyos a un ritmo relativamente constante desde el principio. Pero ambas premisas son cuestionables, especialmente si hubo un diluvio universal (ver Diluvio de Noé). Del mismo modo, para argumentar sobre un universo antiguo de miles de millones de años a partir de los isótopos de plomo en el uranio, uno debe asumir que no había ninguno al principio y que la tasa de desintegración ha sido constante desde entonces. Esto también ha sido cuestionado.

Además, siempre existe el problema de una muestra contaminada o algún otro factor que elimine la tasa de descomposición o depósito. Es decir, para mantener el argumento del universo antiguo, se debe demostrar que la muestra utilizada no se ha contaminado con material de una época posterior. Esto es particularmente cierto en la datación por carbono. De lo contrario, la fecha que se obtiene no es la fecha original del material.

Argumentos positivos para un universo joven. Otra táctica abierta a los apologistas del universo joven es proporcionar evidencia científica de que el universo es joven. Se han ofrecido muchos de esos argumentos. El problema con este método es que también debe aceptar algunas presuposiciones no probadas (o no probables) como una condición original y un proceso constante desde entonces. Pero estas son las mismas cosas que desafían desde la perspectiva del universo antiguo. Por ejemplo, algunos proponentes del universo joven han argumentado desde la poca profundidad del polvo lunar que la luna tiene solo miles de años. Pero para hacer esto, deben asumir que la luna no tenía polvo para empezar y que la tasa de acumulación desde entonces ha sido relativamente constante por año. Estos tampoco están probados, si no prácticamente indemostrables. No obstante, los jóvenes proponentes del universo tienen todo el derecho de ofrecer evidencia científica positiva para su punto de vista, ya sea por la naturaleza de una inundación universal o por la tasa más rápida de descomposición o depósitos. Y si el peso de la evidencia favorece su punto de vista, entonces el peso de la evidencia va en contra de la macroevolución, que exige largos períodos de tiempo.

La otra alternativa: Un universo antiguo. Otros cristianos ortodoxos defienden su postura aceptando la posibilidad de un universo antiguo de miles de millones de años y señalando el hecho de que la Biblia en ninguna parte los compromete con un universo joven. Suelen señalar varios factores. Primero, Génesis 1: 1 solo dice que hubo un "comienzo", pero no exactamente cuándo fue. En segundo lugar, los "días" de Génesis pueden representar largos períodos de tiempo. En tercer lugar, puede haber una brecha de tiempo antes de que comiencen los días de Génesis (como en alguna forma de teoría de la brecha). En cuarto lugar, existen lagunas conocidas en el registro genealógico (ver Genealogías inexactas o exactas). Quinto, como argumentó el físico judío Gerard Schroeder (Genesis and the Big Bang [Génesis y el Big Bang, 1990]), dado que el tiempo se expandió con la materia, los días de Génesis pueden haber sido días de veinticuatro horas cuando Dios los hizo, pero a juzgar por nuestra perspectiva de universo expandido, fueron hace miles de millones de años.

La datación científica y la edad de la raza humana. Otro problema que tienen tanto los cristianos de la tierra joven como muchos de los antiguos es reconciliar el GAD de la era de la raza humana con el registro bíblico. Dado que esto se discute con más detalle en otra parte (ver Eslabones Perdidos Evolutivos) solo se abordará aquí. Hay varias formas de resolver este problema.

Rechazando los métodos de datación para la raza humana. Los métodos de datación para la antigüedad de la raza humana están sujetos a más debates que los de la fecha del universo, y por las mismas razones, solo que en un grado mayor en algunos casos. Primero, está el problema de asumir que el estado original era puro. En segundo lugar, también existe el problema de demostrar una tasa de deterioro constante e ininterrumpida. En tercer lugar, está la cuestión de la contaminación de la muestra o la influencia de otras fuerzas. Además, algunos métodos de datación (como el carbono 14) solo son precisos durante miles, no cientos de miles o millones de años. Otros métodos de datación, como los períodos interglaciares, son incluso menos precisos (ver Geisler y Bocchino, Unshakable Foundations, [Fundamentos Inquebrantables, cap. 8]).

Desafiando la condición humana de los fósiles. Otro problema es la suposición de que los antropoides u homínidos de gran edad parecidos a los humanos eran en realidad seres humanos creados a imagen y semejanza de Dios y no solo criaturas simiescas altamente desarrolladas. Después de todo, la morfología (estructura ósea) e incluso el tamaño del cráneo no prueban la verdadera humanidad. La simple fabricación de herramientas tampoco prueba la humanidad, ya que hoy en día se sabe que algunos animales usan herramientas simples (como las focas que usan piedras para abrir conchas). La mayoría de los estudiosos admiten que el hombre civilizado no tiene cientos de miles de años. Y los seres humanos con evidencia de religión y conciencia de Dios no han sido creados mucho antes. Estas formas muy posteriores apuntan al tiempo de origen de los verdaderos seres humanos hechos a imagen de Dios, es decir, seres con capacidad racional, moral y religiosa.

Demostrando lagunas en las genealogías bíblicas. Es cierto que, si uno asume que no hay lagunas en las genealogías bíblicas, entonces la raza humana debe tener poco más de seis mil años. Sin embargo, hay lagunas demostrables en los registros ancestrales de la Biblia (cf. Mateo 1: 8; 1 Crón 3: 11-14), incluso en las primeras tablas del Génesis (cf. Lucas 3:36 con Génesis 11: 12). Esto se discute con más detalle en otra parte (ver Genealogías inexactas o exactas). Muchos eruditos evangélicos destacados han sostenido este punto de vista, desde B. B. *Warfield hasta Gleason Archer.

Conclusión. Si bien existen conflictos entre ciertas interpretaciones del registro bíblico y las teorías predominantes sobre la edad de la tierra y la humanidad, no existen contradicciones reales. Esto es cierto por dos razones básicas. Primero, nadie ha probado con absoluta certeza que el universo tenga una edad determinada, joven o viejo. En segundo lugar, hay diferentes formas de interpretar el registro bíblico para evitar conflictos con el GAD de miles de millones de años. Por lo tanto, si bien existe un conflicto con la teoría científica predominante y las interpretaciones favorecidas del registro bíblico, no existe una contradicción irresoluble.

Fuentes

G. L. Archer Jr., *A Survey of Old Testament Introduction* [Una revisión de la introducción al Antiguo Testamento].

A. Custance, *The Genealogies of the Bible* [Las genealogías de la Biblia].

N. L. Geisler and P. Bocchino, *Unshakable Foundations* [Fundaciones inquebrantables].

R. Gentry, *Creation's Tiny Mystery* [El pequeño misterio de la creación].

W. H. Green, *"Primeval Chronology"* [Cronología Primitivay].

H. Morris and G. E. Parker, *What Is Creation Science?* [¿Qué es la ciencia de la creación?].

J. D. Morris, *The Young Earth* [La Tierra Joven].

R. C. Newman and H. J. Eckelmann, *Genesis One and the Origin of the Earth* [Génesis uno y el origen de la Tierra].

B. Ramm, *The Christian View of Science and Scripture* [La visión cristiana de la ciencia y las Escrituras].

H. Ross, *Creation and Time* [Creación y tiempo].

G. Schroeder, *Genesis and the Big Bang* [Génesis y el Big Bang].

D. Stoner, *A New Look at an Old Earth* [Una nueva mirada a una vieja Tierra].

B. B. Warfield, *"On the Antiquity and the Unity of the Human Race"* [Sobre la antigüedad y la unidad de la raza humana].

J. Whitcomb and H. *Morris, The Genesis Flood* [El Diluvio del Génesis].

D. E. Wonderly, *God's Time-Records in Ancient Sediments* [Registros de tiempo de Dios en sedimentos antiguos].

D. Young, *Christianity and the Age of the Earth* [Cristianismo y la Era de la Tierra].

Darrow, Clarence. Clarence Darrow (1857-1938) fue un conocido abogado que ejerció el derecho penal a principios del siglo XX. Es más conocido por su defensa a un hombre que fue encargado de enseñar la evolución (ver Evolución biológica) en las escuelas públicas. A través del juicio de Scopes en Dayton, Tennessee (1925), Darrow fue capaz de defender sus propios puntos de vista como evolucionista y agnóstico (ver Agnosticismo). El respetado líder político cristiano William Jennings Bryan (1860-1925) representó al estado y murió pocos días después del veredicto.

Fuentes

C. Darrow, *The Story of My Life* [La historia de mi vida].

N. L. Geisler, *The Creator in the Courtroom* [El creador en la sala del tribunal].

———, *"Was Clarence Darrow a Bigot?* [¿Era Clarence Darrow un fanático?]".

N. L. Geisler y J. Kerby, *Origin Science* [El origen de la ciencia], caps. 6-7.

W. Hilleary y W. Metzger, *The World's Most Famous Court Trial* [El Juicio más famoso del mundo].

T. McIver, *"Creationist Misquotations of Darrow* [Citas erróneas creacionistas de Darrow]".

I. Newton, *"General Scholium"*.

Darwin, Charles. Charles Robert Darwin (1809-82) nació en Shrewsbury, Inglaterra, fue hijo de médico. Como naturalista, ganó patrocinadores y el apoyo del gobierno para una expedición en el barco militar HMS Beagle, donde hizo sus famosas observaciones sobre las diferencias entre los pinzones. Más tarde usó lo que había aprendido en este barco como evidencia para su teoría de la evolución (ver Creación, Puntos de vista de la; Evolución; Evolución biológica; Evolución química; Eslabones perdidos evolutivos).

Darwin es muy famoso por su libro On the Origin of Species [El origen de las especies] (1859), donde sugirió en las últimas líneas de la primera edición que "mientras este planeta ha ido girando según la ley constante de la gravitación", ahí mismo, "la vida, con sus diversas facultades, fue originalmente alentada [por el Creador] en unas pocas formas o en una sola [...] a partir de un comienzo tan sencillo están evolucionando infinitas formas, cada vez más bellas y maravillosas".

La frase entre corchetes fue añadida en la segunda edición de Origin [El Origen]. No fue hasta su obra posterior, The Descent of Man [El origen del hombre] (1871), que Darwin proclamó que los humanos también habían evolucionado por procesos naturales a partir de formas de vida más inferiores. Este punto de vista causó una revolución en las ciencias, cuyas repercusiones aún se observan.

Fue un punto de cambio en el pensamiento moderno porque, en la mente de muchos, Darwin dio la primera explicación convincente de cómo pudo haber ocurrido la evolución. Al aplicar el principio de la selección natural (la supervivencia del más apto) a las variaciones dentro de las poblaciones, Darwin fue capaz de argumentar persuasivamente que durante largos períodos de tiempo los pequeños cambios se sumaban a los grandes. Estos grandes cambios pueden explicar el origen de nuevas especies sin la intervención directa de un Poder sobrenatural, excepto quizás para poner en marcha todo el proceso.

Evolución de la perspectiva de Darwin sobre Dios. Darwin comenzó como un teísta cristiano, fue bautizado en la iglesia de Inglaterra, y a pesar de su rechazo al cristianismo, fue enterrado en la Abadía de Westminster. La vida de Darwin es un microcosmos de la creciente incredulidad de finales del siglo XIX.

Aunque era anglicano, Darwin fue enviado a una escuela dirigida por un ministro unitario (Moore, pág. 315). Más tarde entró en la Universidad de Cambridge en 1828, donde, por decisión de su padre, debía prepararse para el ministerio (ibid.). A esta temprana edad, y con la ayuda de la Exposition of the Creed [Exposición del Credo] de Pearson y de la Evidence of Christianity Derived from Its Nature and Reception [Evidencia del Cristianismo derivado de su naturaleza y recepción] del Obispo Sumner (1824), "Darwin abandonó todos sus escrúpulos en lo que respecta a la profesión de la fe en todas las doctrinas de la iglesia" (ibid.). Sin embargo, Darwin quedó profundamente impresionado con la obra de William *Paley "View of the Evidences of Christianity [Perspectiva de las evidencias del cristianismo]" (1794) y "Natural Theology [Teología natural]"; o con "Evidences of the Existence and Attributes of the Deity [Evidencias de la existencia y atributos de la deidad]" (1802).

Las creencias teístas originales de Darwin. Aceptó el argumento de diseño de Paley (ver Argumento teleológico). En su Autobiography [Autobiografía], se refirió a sus anotaciones en el diario "que mientras se está parado en medio de la grandeza de un bosque brasileño 'no es posible comunicar una idea adecuada de los sentimientos más elevados de asombro, admiración y evolución que embargan y elevan la mente'", y añade: "Recuerdo mi convicción de que hay más en el hombre que el mero aliento de su cuerpo" (Darwin, Autobiography, pág. 91).

Darwin reconoció "la extrema dificultad o más bien la imposibilidad de concebir este inmenso y maravilloso universo, incluyendo al hombre con su capacidad de mirar hacia atrás y hacia el futuro, como resultado del azar ciego o la necesidad". Así, "al reflexionar me siento obligado a mirar a una Primera Causa que tiene una mente inteligente en cierto grado análoga a la del hombre; y merezco ser llamado Teísta". Darwin reconoció que alguna vez fue un creacionista. Incluso habló de ello como un punto de vista "que la mayoría de los naturalistas hasta hace poco consideraban, y que yo antes consideraba" (Darwin, Autobiography, pág. 30). "Esta conclusión era fuerte en mi mente sobre el tiempo, hasta donde puedo recordar, cuando escribí el Origin of Species; y es desde ese tiempo que se ha ido debilitando muy gradualmente" (Darwin, Autobiography, págs. 92-93).

El rechazo de Darwin al cristianismo. En 1835, antes de que Darwin se embarcara en el Beagle (en 1836), todavía era considerado creacionista. Darwin describe su propia inclinación religiosa en su obra Autobiography. Escribió: "Mientras estaba a bordo del Beagle [octubre de 1836-enero de 1839] yo era bastante ortodoxo, y recuerdo que varios oficiales (aunque ellos mismos eran ortodoxos) se rieron de lleno de mí por citar la Biblia como una autoridad incontestable en algún punto de la moralidad". Sin embargo, no creía que la Biblia fuera una autoridad indiscutible en la ciencia en ese momento. Según Ernst Mayr, Darwin se había convertido en evolucionista en algún momento entre 1835 y 1837 (Mayr, x). "En 1844, sus opiniones [sobre la evolución] habían alcanzado una madurez considerable, como lo demuestra su manuscrito 'Ensayo'" (ibid.). El hijo y biógrafo de Darwin, Francis Darwin, dijo que "aunque Darwin ya tenía en mente casi todas las ideas clave del Origin en 1838, lo consideró durante veinte años antes de comprometerse públicamente con la evolución" (F. Darwin, 3.18). Solo una década más tarde (1848) Darwin estaba plenamente convencido de la evolución, declarando desafiantemente a J. D. Hooker: "No me importa lo que digas, mi teoría de las especies es todo un evangelio" (citado en Moore, pág. 211).

El declive de las creencias cristianas de Darwin comenzó con una erosión de la fiabilidad de la Biblia. Ya en 1848 leyó la Evidence of the Genuineness of the Gospels [Evidencia de la autenticidad de los Evangelios] de Andrew Norton, que argumentaba que los Evangelios "siguen siendo esencialmente los mismos que fueron compuestos originalmente" y que "han sido atribuidos a sus verdaderos autores" (ibid., pág. 212). Sin embargo, su fe en el Antiguo Testamento se había debilitado algunos años antes (ver Biblia, Críticas a la).

La aceptación de la crítica más negativa. Pero "Poco a poco había llegado a ver que el Antiguo Testamento, por su historia evidentemente falsa del mundo, con su Torre de Babel, el arco iris como signo, etc., etc.,

y por su atribución a Dios de los sentimientos de un tirano vengativo, no era más confiable que los libros sagrados de los hindúes, o las creencias de cualquier bárbaro" (Darwin, Autobiography, pág. 85).

La aceptación del antisupernaturalismo. Tanto Benedicto *Spinoza en 1670 como David *Hume un siglo después habían atacado las bases de la intervención sobrenatural en el mundo. Darwin añadió, "A través de la reflexión que la evidencia más clara será necesaria para hacer que cualquier hombre cuerdo crea en los milagros que respaldan al cristianismo, que cuanto más conocemos de las leyes fijas de la naturaleza, más increíbles son los milagros, que los hombres de esa época eran ignorantes y crédulos hasta un grado casi incomprensible para nosotros, que no se puede probar que los Evangelios hayan sido escritos simultáneamente con los acontecimientos, que difieren en muchos detalles importantes, demasiado importantes como me pareció admitir las inexactitudes habituales de los testigos oculares, por reflexiones como éstas [...] Poco a poco llegué a no creer en el cristianismo como una revelación divina" (ibid., 86).

No obstante, Darwin añadió: "No estaba dispuesto a renunciar a mi creencia [...] por lo que la incredulidad se deslizó sobre mí a un ritmo muy lento, pero al final fue completa. El ritmo fue tan lento que no sentí ninguna angustia, y desde entonces nunca he dudado ni un solo segundo de que mi conclusión fuera correcta" (ibid., pág. 87).

La "condenable doctrina" del *infierno. Darwin señala que la creencia ortodoxa del infierno fue una influencia particular en su rechazo al cristianismo. Escribió: "Apenas puedo ver cómo alguien puede desear que el cristianismo sea verdadero, porque si el lenguaje del texto parece mostrar que los hombres que no creen, y esto incluye a mi padre, hermano y casi todos mis mejores amigos, serán castigados eternamente. Y esta es una doctrina condenable" (ibid., pág. 87).

La muerte de la hija de Darwin. El creciente escepticismo de Darwin se completó con la muerte de su amada hija, Anne, en 1851. El biógrafo James Moore señala que "dos fuertes emociones, la ira y la pena, en Autobiography marcan los años de 1848 a 1851 como el período en el que Darwin finalmente renunció a su fe" (Moore, pág. 209). Esto, por supuesto, fue justo después de que su visión de la evolución se hubiera solidificado (1844-48) y antes de que escribiera sus famosos Origins (1859).

Aunque los sucesores de Darwin ocultaron el efecto que esta muerte tuvo en Darwin, sus propias palabras revelan su impacto (ver Moore, págs. 220-23). A la luz de la doctrina de los castigos eternos, Darwin no podía ver ninguna reconciliación entre la vida de un niño perfecto y un Dios vengativo (ibid., pág. 220). Refiriéndose a sí mismo como un "horrendo miserable", uno de los condenados, en mayo de 1856, advirtió a un joven entomólogo, "He oído que el unitarianismo se le considera un colchón de plumas para atrapar a un cristiano que cae; y ahora me parece que se encuentra en un colchón de plumas, pero creo que caerá cada vez más y más bajo" (citado en Moore, pág. 221). Un mes después, Darwin se refirió a sí mismo como "el capellán del diablo", una figura satírica del discurso de un incrédulo confirmado (ibid., pág. 222; ver Mal, Problema del).

El descenso de Darwin. Darwin gradualmente descartó el *teísmo por el *deísmo, rechazando el único acto de intervención divina para la creación de la primera forma o formas de vida. Esta fue aparentemente su opinión en la época de On the Origin of Species (1859), donde en la segunda edición habló de "la vida, con sus diversos poderes, habiendo sido originalmente respirada por el Creador en unas pocas formas o en una [...] De tan simple comienzo, las formas más bellas y maravillosas han sido y están siendo evolucionadas" (énfasis añadido).

El argumento del diseño de Paley fue rechazado. Aunque Darwin se aferró a un dios deísta que creó el mundo, pero lo dejó funcionar por "leyes naturales fijas", gradualmente llegó a rechazar incluso la contundencia del argumento del diseño. Dijo que fue "llevado" a la conclusión de que "el viejo argumento del diseño en la naturaleza, dado por Paley, que antes me parecía tan concluyente, fracasa, ahora que la ley de la selección natural ha sido descubierta [...] Parece que ya no hay diseño en la variabilidad de los seres orgánicos y en la acción de la selección natural, que en el curso que el viento sopla. Todo en la naturaleza es el resultado de leyes fijas" (Moore, pág. 87). Darwin escribió: "Me inclino a considerar que todo es el resultado de las leyes diseñadas, dejando los detalles, ya sean buenos o malos, a la elaboración de lo que podemos llamar el azar" (F. Darwin, 1.279; 2.105).

Con el azar como su única fe permanente, el naturalista se aventuró a llamar a la selección natural "mi divinidad", por creer en creaciones milagrosas o en la "continua intervención del poder creativo", dijo Darwin, "es hacer 'superflua la "Selección Natural" de mi deidad' y para mantener a la Divinidad. Si es que existe, es responsable de los fenómenos que con razón se atribuyen solo a sus magníficas leyes" (citado en Moore, pág. 322). Aquí Darwin no solo declaró su deísmo, sino que también señaló su creciente agnosticismo a través de la frase "si es que existe".

¿Diosismo finito? Darwin parecía en las últimas etapas de su deísmo coquetear con un dios finito (ver Diosismo finito), de la misma manera como lo había aceptado John Stuart *Mill. Ya en 1871, en The Descent [El Descenso], Darwin parecía negar la creencia en un Dios infinitamente poderoso. Escribió: "Belief in God-Religion [Creencia en la religión de Dios]. No hay evidencia de que el hombre estuviera dotado originalmente de la noble creencia en la existencia de un Dios Omnipotente" (Descent, pág. 302). Aquí insinúa un diosismo finito. Si es así, fue de corta duración. Ya que Darwin eventualmente se convirtió en agnóstico (ver Agnosticismo).

Agnosticismo. Darwin fue considerado agnóstico en 1879. Escribió: "Creo que lo soy en general (y a medida que envejezco lo soy aún más), pero no siempre, un agnóstico sería la descripción más correcta de mi estado de ánimo" (citado en Moore, pág. 204). Finalmente, escribió: "El misterio del principio de todas las cosas es irremediable para nosotros; y yo, por mi parte, debo contentarme con seguir siendo un agnóstico" (Darwin, Autobiography, pág. 84).

A pesar de su agnosticismo, Darwin niega claramente haber sido ateo. Dijo: "En mis más extremas fluctuaciones nunca he sido ateo en la negación de la existencia de Dios" (citado en Moore, pág. 204). Los historiadores rechazan la historia apócrifa de la conversión de Darwin en su lecho de muerte.

Ya en 1879, muchos años después de The Descent (1871), Darwin declaró: "Me parece absurdo dudar de que un hombre pueda ser un ferviente teísta y un evolucionista" (Carta 7, mayo de 1879). El propio Darwin se contentó con seguir siendo agnóstico.

Evaluación. En contraste con el dogmatismo de muchos evolucionistas contemporáneos que afirman que "la evolución es un hecho", Darwin era más reservado, al menos en sus escritos publicados.

Aspectos positivos de las opiniones de Darwin. Darwin debe ser elogiado por ser generalmente cuidadoso de no exponer demasiado su caso. Ciertamente, este es el caso de On the Origin of Species.

La evolución es solo una teoría. Darwin reconoció que su punto de vista era una teoría, no un hecho. La llamó "teoría de la evolución" en contraposición a la "teoría de la creación", frases que utilizó muchas veces en "On the Origin of Species" (por ejemplo, págs. 235, 435, 437). Técnicamente, la macroevolución es más una hipótesis no confirmada que una teoría (ver Evolución biológica). Muchos, incluyendo algunos evolucionistas, creen que es una tautología infalsificable. Robert H. Peters, en The American Naturalist [El naturalista americano], declaró que las teorías evolutivas "son en realidad tautologías y, como tales, no pueden hacer predicciones empíricas comprobables". No son teorías científicas en absoluto" (Peters, pág. 1). Otros, como Stephen Toulmin y Langdon Gilkey, han llegado a conclusiones similares, llamándolo un "mito científico" (Gilkey, pág. 39).

Ambos lados deben ser considerados. A diferencia de muchos evolucionistas actuales, Darwin creía que tanto la evolución como su antítesis lógica de la creación debían ser consideradas y la evidencia de ambas debía ser cuidadosamente evaluada. En la introducción de Origin, Darwin declaró: "Porque soy muy consciente de que apenas se discute un solo punto en este volumen sobre el cual no se pueden aducir hechos, que a menudo parecen llevar a conclusiones directamente opuestas a las que yo he llegado". Añade: "Un resultado justo solo puede obtenerse declarando y equilibrando los hechos y argumentos de ambos lados de cada cuestión; y esto es aquí imposible". Esto parece respaldar una teoría de dos modelos, que muchos creacionistas sugieren para las escuelas públicas pero cuyo mandato fue rechazado por la Corte Suprema (Edwards, 19 de junio de 1987).

Confirmación de la microevolución. A Darwin se le atribuye, incluso por los creacionistas, la confirmación de la existencia de pequeños cambios en el desarrollo natural de las especies. Incluso estos son observables, como revela su estudio de los pinzones. Mientras que los creacionistas difieren con Darwin en cuanto a si estos pequeños cambios pueden sumarse a los grandes por selección natural durante largos períodos de tiempo, Darwin y otros deben ser acreditados con la desaparición de la antigua visión platónica de las formas fijas en el nivel de lo que los biólogos llaman especies.

Explicación de la ley de la selección natural. Darwin también vio con acierto la valiosa función que la selección natural juega en el desarrollo de la vida. La supervivencia del más fuerte es un hecho de la vida animal, como se puede ver en una película sobre la naturaleza africana. Una vez más, los creacionistas y los evolucionistas difieren en cuanto a los cambios que la selección natural puede hacer y si es ascendente. Pero concuerdan en que la selección natural puede hacer, y de hecho hace algunos cambios biológicos significativos en el desarrollo de la vida.

Los "eslabones perdidos" fueron un problema. Darwin era muy consciente del hecho de que la evidencia a favor (o en contra) de la evolución se encontraba en el registro fósil y que había enormes vacíos en él (ver más adelante). Él, por supuesto, esperaba que los futuros hallazgos llenaran esos huecos y confirmaran su "teoría".

Aspectos negativos. Una crítica más completa de la evolución biológica y humana se encuentra en el artículo Evolución biológica. Aquí nos centraremos en las deficiencias de las opiniones personales de Darwin.

Falta de pruebas fósiles. Al percibir la falta de formas intermedias en el registro fósil, Darwin confesó,

"Ciertamente, la geología no revela la existencia de tal serie orgánica delicadamente gradual, y es esta, quizá, la objeción más grave y clara que puede presentarse en contra de mi teoría [de la evolución]" (Darwin, Origin, pág. 152, énfasis añadido). Darwin confesó que no encontramos "un número infinito de aquellas delicadas formas de transición que, según nuestra teoría, han reunido todas las especies pasadas y presentes del grupo de una larga y ramificada cadena de vida" (ibid., pág. 161). Atribuyó esto a la escasez del "registro geológico como historia del mundo imperfectamente conservada" (ibid.) y a la supuesta escasez de formas de transición. Pero este es un argumento virtualmente infalsificable desde el vacío y plantea la cuestión a favor de que las formas de transición estén ahí para empezar. La realidad es que no hay eslabones perdidos sino una cadena perdida, con solo unos pocos eslabones aquí y unos pocos allá.

El registro fósil es la única evidencia real de lo que realmente ocurrió, en contraposición a lo que podría haber ocurrido, por lo que esta es una objeción muy seria. Y el período subsiguiente de unos 140 años no han sido favorables para Darwin. A pesar de los miles de hallazgos fósiles, se puede tomar prestada una frase de Fred Hoyle, "el registro evolutivo se filtra como en un colador" (Hoyle, pág. 77). Pero el paleontólogo de Harvard Stephen Jay Gould admitió que "la extrema rareza de las formas de transición en el registro fósil persiste como el secreto comercial de la paleontología". Los árboles evolutivos que adornan nuestros libros de texto tienen datos solo en las puntas y nódulos de sus ramas y el resto es una inferencia, aunque razonable, no se tiene la evidencia de los fósiles" (Gould, pág. 14). De hecho, la falta de pruebas de la teoría de Darwin ha obligado a muchos evolucionistas contemporáneos como Gould a recurrir a soluciones más especulativas, como los "equilibrios puntuales", en los que la naturaleza da grandes saltos en períodos de tiempo relativamente cortos.

La microevolución no prueba la macroevolución. Todo lo que Darwin demostró con éxito fue que los pequeños cambios ocurren dentro de formas específicas de vida, no que haya ninguna evolución entre los tipos principales. Incluso concediendo largos períodos de tiempo, no hay pruebas reales de cambios importantes. Citando a Gould de nuevo, "La historia de la mayoría de las especies fósiles incluye dos características particularmente inconsistentes con el gradualismo:

1. Estasis. La mayoría de las especies no muestran ningún cambio de dirección durante su permanencia en la Tierra. Aparecen en el registro fósil con un aspecto muy similar al de su desaparición

y el cambio morfológico suele ser limitado y sin dirección.

2. Aparición repentina. En cualquier área local, una especie no surge gradualmente por la transformación constante de sus antepasados; aparece de una sola vez, totalmente formada" (Gould, págs. 13-14).

La evidencia fósil claramente da una imagen de criaturas maduras y completamente funcionales que aparecen repentinamente y permanecen muy parecidas. Esta es la evidencia de la creación, no de la evolución.

Los saltos son evidencia de la creación. En vista de las grandes omisiones en el registro fósil, las propias declaraciones de Darwin se autoincriminan. Concluyó, "Aquel que cree que alguna forma antigua se haya transformado repentinamente [...] entra en los reinos de los milagros, y deja los de la ciencia" (citado en Denton, pág. 59). Incluso cuando era estudiante, Darwin dijo en un comentario sobre Evidences of Christianity [Evidencias del Cristianismo] de Sumner, que "cuando uno ve una religión establecida, que no tiene ningún prototipo existente [...] da una gran probabilidad a su origen divino". Como dijo Howard Gruber: "La naturaleza no da saltos, pero Dios sí. Por lo tanto, si queremos saber si algo que nos interesa es natural o sobrenatural [origen], debemos preguntar: ¿surgió gradualmente de lo que vino antes o surgió de repente sin ninguna causa natural evidente?" (citado en ibid.). Pero claramente por las propias premisas de Darwin, entonces, la macroevolución no sigue, ya que admite que hay grandes saltos en el registro fósil, que son un signo de creación, no de evolución.

Darwin hizo una analogía falsa. Gran parte de la persuasión del punto de vista de Darwin vino del argumento aparentemente plausible de que, si la selección artificial puede hacer pequeños cambios significativos en poco tiempo, entonces seguramente la selección natural puede hacer grandes cambios en un largo período de tiempo. Pero como señaló E. S. Russell, "La acción del hombre en la reproducción crianza selectiva no es análoga a la acción de la 'selección natural', sino casi su opuesto directo". Porque "el hombre tiene un objetivo o un fin a la vista y la 'selección natural' no puede tener ninguno. El hombre escoge los individuos con los cuales desea interactuar, eligiéndolos por las características que busca perpetuar o mejorar [...] Los protege a ellos y a su problemática por todos los medios posibles, protegiéndolos así de la operación de selección natural, que eliminaría rápidamente muchos fenómenos; continúa su selección activa y decidida de generación en generación hasta que alcanza, si es posible, su objetivo". Pero "nada de

este tipo sucede, o puede suceder, a través del proceso ciego de eliminación y supervivencia diferencial que llamamos selección natural" (citado en Moore, pág. 124). Así pues, un pilar central de la teoría de Darwin se basa en una falsa analogía (ver Evolución biológica para un mayor desarrollo de este punto).

Darwin admitió tener serias objeciones. Darwin dedicó un capítulo entero de On the Origin of Species a lo que llamó "una multitud de dificultades" (pág. 80). Por ejemplo: "¿podemos creer que la selección natural podría producir [...] un órgano tan maravilloso como el ojo?" (ibid.). ¿Cómo podrían los organismos que lo necesitan sobrevivir sin él mientras estaba evolucionando durante miles o millones de años? De hecho, la mayoría de los órganos y organismos complejos deben tener todas las partes funcionando juntas a la vez desde el principio. Cualquier adquisición gradual de ellos sería fatal para su funcionamiento. Además, "¿pueden los instintos ser adquiridos y modificados a través de la selección natural?" (ibid.). Darwin admite que algunas de las dificultades de la evolución "son tan graves que hasta el día de hoy apenas puedo reflexionar sobre ellas sin quedarme en cierto grado asombrado" (ibid.).

Las pruebas revelan antepasados separados. Curiosamente, el propio Darwin reconoció la naturaleza engañosa de la analogía en la que se basaba su punto de vista. Al elaborar sus tan citadas últimas palabras del Origin de que Dios creó "una" o "pocas" formas de vida, Darwin admitió dos cosas reveladoras. Primero, reconoció de ocho a diez formas creadas. Dijo: "Creo que los animales descienden como máximo de cuatro o cinco progenitores, y las plantas de un número igual o menor" (ibid., pág. 241). Más allá de esto, admitió que solo se puede argumentar por analogía, añadió, "La analogía me llevaría un paso más allá, es decir de la creencia de que todos los animales y plantas descienden de algún prototipo. Pero la analogía puede ser una guía engañosa" (ibid., énfasis añadido). Esta es una admisión muy reveladora en vista de la demostrable falsa analogía utilizada entre la selección artificial y la natural.

La teoría de Darwin no se derivó de la naturaleza. Incluso algunos evolucionistas admiten que Darwin no derivó su teoría del estudio de la naturaleza sino de una visión naturalista del mundo. George Grinnell escribió: "He hecho un gran trabajo sobre Darwin y puedo decir con cierta seguridad que Darwin tampoco derivó su teoría de la naturaleza, sino que superpuso una cierta visión filosófica del mundo sobre la naturaleza y luego pasó 20 años tratando de reunir hechos para hacerla valer" (Grinnell, pág. 44). Esto es particularmente interesante en vista del hecho de que la corte federal dictaminó en el juicio de "Scopes

II" (McLean, 22 de enero de 1982) que la creación no es ciencia porque, para empezar, tiene una fuente no científica que es la Biblia. El juez dictaminó que la creación no podía enseñarse junto con la evolución porque "'la ciencia de la creación' [...] tiene como referencia no mencionada los primeros once capítulos del Libro del Génesis" (citado en Geisler, pág. 173).

Uno no puede dejar de preguntarse por qué la creación no es científica, porque tiene una fuente no científica, mientras que el punto de vista de Darwin sí lo es. La verdad es que una teoría científica no necesita una fuente científica, sino solo algún apoyo científico posible o real. Como señaló el autor en su testimonio en el juicio "Scopes II", muchos puntos de vista científicos válidos tenían fuentes no científicas, incluso religiosas. La idea de Nikola Tesla para el motor de CA [motor de corriente alterna] surgió de una visión mientras leía a un poeta panteísta. Y el modelo de Kekule de la molécula de benceno se derivó de una visión de una serpiente mordiéndose la cola (ibid., págs. 116-17).

El punto de vista de Darwin es equivalente al Ateísmo. Aunque Darwin, y muchos darwinistas, niegan rotundamente que el punto de vista de Darwin es en principio ateo, la acusación ha sido presentada muy seriamente ante su puerta. El erudito de Princeton Charles Hodge (1797-1878), en un análisis profundo, preguntó y respondió su propia pregunta: "¿Qué es el darwinismo? Es el ateísmo. Esto no significa que el propio Sr. Darwin y todos los que adoptan sus puntos de vista sean ateos; pero significa que su teoría es atea, que la exclusión del diseño de la naturaleza es [...] equivalente al ateísmo" (Hodge, pág. 177). La lógica de Hodge es un desafío. La evolución excluye el diseño, y si no hay diseño en la naturaleza, entonces no hay necesidad de un Diseñador de la naturaleza. Así que, manifiesta por el contrario que la evolución es en principio una teoría atea, ya que excluye la necesidad de un Creador inteligente (ver Argumento cosmológico; Flew, Antony).

Incluso muchos evolucionistas reconocen que el escenario de Darwin de un "pequeño estanque cálido" en el que la primera vida generada espontáneamente excluye a Dios por completo del reino de la biología. Darwin escribió: "por lo general se dice que ahora están presentes todas las condiciones para la primera producción de un ser vivo, lo que podría haber estado presente alguna vez". Así, la generación espontánea sería posible si "pudiéramos concebir en algún pequeño estanque cálido con todo tipo de amoníaco y sales fosfóricas, luz, calor, electricidad presente que se formó una proteína lista para sufrir cambios aún más complejos" (citado en F. Darwin, 3.18). Francis Darwin admitió que "Darwin nunca afirmó que su teoría pudiera explicar el origen de la vida, pero la implicación estaba ahí. Así, no solo se desterró a Dios de la creación de las especies, sino de todo el reino de la biología" (ibid.). ¿Qué necesidad hay de un Creador? Todo lo que uno necesita hacer es plantear lo que muchos creyeron por mucho tiempo, que el universo material era eterno y que no parece haber lugar para una Primera causa, para Dios. Por supuesto, hay cada vez más pruebas en contra tanto de la generación espontánea de la primera vida (ver Evolución química) como de un universo eterno (ver Big Bang, Teoría del; Kalam, Argumento Cosmológico). Y, por lo tanto, hay necesidad de Dios, a pesar del Darwinismo (ver Dios, Evidencias a favor de).

No solo el deísmo y el agnosticismo de Darwin eran injustificados, sino también su rechazo al cristianismo. Porque se basaba en una alta crítica negativa predominante (ver Biblia, Críticas a la) de su época, que era prearqueológica y hace tiempo que está desacreditada.

De la misma manera, Darwin asumió erróneamente que el Dios del Antiguo testamento era vengativo y no amoroso, algo contrario a la declaración del Antiguo Testamento sobre el amor, la misericordia y el perdón de Dios (ver Ex 20:6; Jonás 4:2). De hecho, el amor de Dios se menciona más en el Antiguo Testamento que en el Nuevo Testamento.

Además, el concepto de Darwin sobre el *Infierno fue muy limitado. La misma idea de que el infierno es injusto implica que debe haber un Dios absolutamente justo. Y un Dios absolutamente justo debe castigar el pecado.

Es más, Darwin parecía no tener ningún concepto del infierno como consecuencia de que un Dios amoroso no forzara a las criaturas libres a creer en él en contra de su elección.

Finalmente, la familia de Darwin resta importancia al hecho de que una vez que Darwin abandonó su creencia cristiana no pudo enfrentar la muerte de su amada hija. El mismo momento en que necesitaba la esperanza cristiana de la resurrección (ver Resurrección, Evidencias a favor de la) y la reunión con sus seres queridos, no estaba ahí porque su antisupernaturalismo había eliminado cualquier base firme en la que pudiera creer. En su lugar, se volvió contra Dios, lo que quedaba de él, y culpó a Dios por ser "vengativo". Tal es la condición de un corazón ingrato e incrédulo (cf. Ro 1:18 ss.).

Fuentes

C. Darwin, *The Autobiography of Charles Darwin* [La Autobiografía de Charles Darwin].

———, *The Descent of Man and Selection in Relation to Sex* [La descendencia del hombre y la selección en relación con el sexo].

———, *On the Origin of Species* [El origen de las especies].

F. Darwin, *The Life and Letters of Charles Darwin* [La vida y las cartas de Charles Darwin], vol. 3.

M. Denton, Evolution [Evolución].

N. L. Geisler, *Creation in the Courts* [La creación en las cortes].

L. Gilkey, *Maker of Heaven and Earth* [Creador del cielo y la tierra].

S. J. Gould, *"Evolution's Erratic Pace* [El ritmo errático de la evolución]".

G. Grinnell, *"Reexamination of the Foundations* [Reexamen de los fundamentos]".

C. Hodge, *What Is Darwinism?* [¿Qué es el Darwinismo?]

F. Hoyle y N. C. Wickramasinghe, *"Evolution from Space* [Evolución desde el espacio]".

P. E. Johnson, *Darwin on Trial* [Darwin a prueba].

———, *Reason in the Balance* [La razón en la balanza].

E. Mayr, *"Introducción"* a On the Origin of Species [El origen de las especies].

J. R. Moore, *The Post-Darwinian Controversies* [Las controversias posdarwinianas].

R. Peters, *"Tautology in Evolution and Ecology* [Tautología en la evolución y la ecología]".

Deconstruccionismo. *Ver* DERRIDA, JACQUES

Deísmo. El deísmo es la creencia en un Dios que hizo el mundo pero que nunca interrumpe sus funciones con eventos sobrenaturales. Es un *teísmo sin milagros (ver Milagro). Dios no interfiere con su creación. Más bien, la diseñó para que funcionara independientemente de él por medio de leyes naturales fijas (ver Spinoza, Benedicto). También, en la naturaleza, se les ha provisto a sus criaturas todo lo que necesitan para vivir.

El deísmo floreció en los siglos XVI, XVII y XVIII, pero comenzó a desaparecer en el siglo XIX. Hoy en día sus principios viven en la negación antisupernatural de los milagros (ver Milagros, Argumentos contra los), las opiniones críticas a la Biblia (ver Biblia, Críticas a la), y la práctica de aquellos que creen en un ser supremo que tiene poco o nada que ver con sus vidas.

El deísmo floreció en Europa, especialmente en Francia e Inglaterra, y en América a fines del siglo XVIII (ver Orr, caps. 3-4). Algunos de los deístas europeos más prominentes fueron Herbert de Cherbury (1583-1648), el padre del deísmo inglés; Mateo *Tindal (1656-1733); Juan Toland (1670-1722); y Thomas Woolston (1669-1731). Algunos de los notables deístas americanos fueron Benjamin Franklin (1706-

90), Stephen Hopkins (1707-85), Thomas *Jefferson (1743-1826), y Thomas *Paine (1737-1809). La repercusión de los puntos de vista de los deístas americanos, especialmente Paine y Jefferson, se perciben con más amplitud hoy en día a través de la fundación política y la herencia de los Estados Unidos (ver Morais, caps. 4, 5).

Varios tipos de deísmo. Todos los deístas están de acuerdo en que hay un solo Dios, que creó el mundo. Asimismo, los deístas están de acuerdo en que Dios no interviene en el mundo a través de actos sobrenaturales. Sin embargo, no todos los deístas están de acuerdo en la preocupación de Dios por el mundo y la existencia de una vida después de la muerte para los seres humanos (ver Inmortalidad). Se pueden discernir cuatro tipos de deísmo basándose en estas diferencias. Los cuatro van desde atribuir una mínima preocupación por parte de Dios hasta permitir su máxima preocupación por el mundo sin intervenir sobrenaturalmente en él (Morais, págs. 17, 85-126).

El dios de la no preocupación. El primer tipo de deísmo era en gran parte de origen francés. De acuerdo con este punto de vista, a dios no le preocupa gobernar el mundo que hizo. Creó el mundo y lo puso en marcha, pero no tiene en cuenta lo que le puede suceder después.

El dios de la no preocupación moral. En la segunda forma de deísmo, dios se preocupa por los acontecimientos del mundo, pero no por las acciones morales de los seres humanos. El hombre puede actuar con razón o sin ella, con rectitud o maldad, moral o inmoralmente. Y esto no es de interés para dios.

El dios de la preocupación moral por esta vida. El tercer tipo de deísmo mantiene que dios gobierna el mundo y se preocupa por la actividad moral de los seres humanos. De hecho, dios insiste en la obediencia a la ley moral que dios estableció en la naturaleza. Sin embargo, no hay futuro después de la muerte.

El dios de la preocupación moral por esta vida y la siguiente. El cuarto tipo de deísmo sostiene que dios regula el mundo, espera la obediencia a la ley moral basada en la naturaleza, y ha dispuesto una vida después de la muerte, con recompensas para los buenos y castigos para los malos. Este punto de vista era común entre los deístas ingleses y americanos.

Creencias básicas. Aunque hay puntos en los que los deístas difieren, las creencias que tienen en común permiten una comprensión de su visión común del mundo.

Dios. Todos los deístas están de acuerdo en que hay un solo Dios (ver Teísmo). Este Dios es eterno, inmutable, intransitable, omnisciente, todopoderoso, totalmente bondadoso, verdadero, justo, invisible, infinito, en resumen, completamente perfecto, que no carece de nada.

Dios es una unidad absoluta, no una *Trinidad*.
Dios es solo una persona, no tres personas. El concepto teísta cristiano de la Trinidad es falso, sino no tendría sentido. Dios no existe como tres personas iguales. De esto Jefferson se burló de que "la aritmética trinitaria de que tres son uno y uno es tres" es una "jerga/concepto incomparable". Paine creía que el concepto trinitario daba como resultado tres dioses y por lo tanto era politeísta (ver Politeísmo). En contraste, los deístas sostienen que dios es uno en la naturaleza y uno en la persona.

El origen del universo. El universo es la creación de dios. Antes de que el universo existiera, no había nada excepto dios (ver Creación, Puntos de vista de la). Él trajo todo a la existencia. Por lo tanto, a diferencia de Dios, el mundo es finito. Ya que tuvo un comienzo mientras que no tiene ni principio ni fin.

El universo opera por leyes naturales. Estas leyes fluyen de la naturaleza misma de dios (ver Esencialismo divino). Como él, son eternos, perfectos e inmutables, representando el orden y la constancia de su naturaleza. Son reglas por las cuales dios mide su actividad y reglas que espera sean el estándar de su creación.

La relación de dios y el Universo. Dios es tan diferente del universo como un pintor lo es de un cuadro, un relojero lo es de un reloj, y un escultor lo es de una escultura (ver Argumento Teleológico). Pero, como una pintura, un reloj y una escultura, el universo revela muchas cosas sobre Dios. A través de su diseño muestra que existe un Diseñador cósmico, cómo es este Diseñador y qué es lo que espera. El universo también revela que debe haber sido causado por otro para existir y que su regularidad y preservación en la existencia son atribuibles a otro. Hay un dios que creó, regula y sostiene el mundo. Y este mundo depende de dios y no dios del mundo.

Dios no se revela de ninguna otra manera sino a través de la creación. El universo es la Biblia del deísta. Solo que revela a dios. Todas las demás supuestas revelaciones, ya sean verbales o escritas, son invenciones humanas (ver Apocalipsis Especial).

Milagros. Los milagros no ocurren (ver Milagros, Argumentos contra los). Dios no puede intervenir en la naturaleza, o no lo haría. Aquellos deístas que creen que Dios no puede realizar milagros con frecuencia argumentan a partir de la inmutabilidad de las leyes de la naturaleza. Un milagro quebrantaría las leyes naturales. Pero las leyes naturales son inmutables y por lo tanto no pueden ser violadas, ya que una vulneración implicaría un cambio en lo inmutable. Por lo tanto, los milagros son imposibles. Los deístas piensan que dios puede realizar un milagro, pero no suelen argumentar desde la tendencia de los humanos

hacia la superstición y el engaño, la falta de pruebas suficientes en apoyo de un milagro, y la experiencia humana ininterrumpida de la naturaleza como uniforme. Insisten en que magnifica la naturaleza del mecánico perfecto que hizo funcionar la máquina de la naturaleza sin necesidad constante de reparación. Para los deístas, todos los relatos de milagros son el resultado de la invención humana o de la superstición.

Seres humanos. Los deístas están de acuerdo en que la humanidad ha sido creada por Dios y es adecuada para vivir felizmente en el mundo. El ser humano es personal, racional y libre (ver Libre albedrío), dotado de derechos naturales que no deben ser quebrantados por ningún individuo, grupo o gobierno. El ser humano tiene la capacidad racional de descubrir en la naturaleza todo lo que necesita saber para vivir una vida feliz y plena.

Como todos los demás animales, el Homo sapiens fue creado con fortalezas y debilidades. Las fortalezas son la razón y la libertad. Entre las debilidades están la tendencia a la superstición y el deseo de dominar a los demás. Ambas debilidades innatas han llevado a religiones sobrenaturales y gobiernos opresivos.

Ética. La base de la moralidad humana se fundamenta en la naturaleza (ver Revelación General). En la naturaleza cada persona descubre cómo ser autogobernado, asociarse con otras criaturas y relacionarse con Dios. Para muchos deístas, el único principio humano innato es el deseo de felicidad. La forma en que se satisface este deseo innato se rige por la razón. Una persona que no actúa según la razón se vuelve miserable y actúa inmoralmente.

Los deístas difieren en cuanto a la universalidad de las leyes morales. Están de acuerdo en que la base de todo valor es universal, porque se basa en la naturaleza. Pero no están de acuerdo en qué leyes morales son absolutas y cuáles son relativas. El hecho de que hay un bien y un mal no está en discusión. El problema está en determinar exactamente lo que está bien y lo que está mal en cada caso y circunstancia. Algunos deístas, como Jefferson, concluyen que las reglas morales específicas son relativas. Lo que se considera correcto en una cultura es incorrecto en otra (ver Moralidad, Naturaleza absoluta de la). Otros deístas argumentarían que un uso correcto de la razón siempre lo llevará a uno a un derecho absoluto y a un error absoluto, aunque la aplicación de estos absolutos puede variar según la cultura y las circunstancias.

Destino humano. Aunque algunos deístas niegan que la humanidad sobreviva a la muerte en cualquier aspecto, muchos creen que la gente sigue viviendo. Para la mayoría de estos deístas, la vida después de la muerte es de una naturaleza inmaterial donde la gente moralmente buena será recompensada por dios y los moralmente malos serán castigados.

Historia. En general, los deístas tenían poco que decir sobre la historia. Comúnmente sostenían que la historia era lineal y con un propósito. También sostenían que dios no intervenía en la historia a través de actos sobrenaturales de revelación o señales llamadas milagros. Difirieron en cuanto a si Dios se preocupaba por lo que ocurre en la historia. Muchos deístas franceses de los siglos XVII y XVIII creían que Dios no se preocupaba en absoluto. La mayoría de los deístas ingleses miraban a Dios ejerciendo con cierto grado de cuidado providencial sobre los asuntos de la historia, pero sin intervención milagrosa.

Muchos deístas sostenían que el estudio de la historia tenía un gran valor, ya que, por lo menos, la historia demuestra la tendencia humana hacia la superstición, el engaño y la dominación y las terribles consecuencias que se derivan cuando esta tendencia no se controla y no se cuestiona.

Una evaluación del deísmo. Contribuciones. Se pueden aprender cosas positivas del deísmo. Muchos han estado de acuerdo con la insistencia de los deístas en la importancia y el uso de la razón en asuntos religiosos (ver Apologética, Necesidad de la; Fe y razón; Lógica y Dios). Las muchas afirmaciones hechas sobre los milagros y la revelación sobrenatural deben ser verificadas. Ninguna persona razonable entraría en un ascensor si no tuviera una buena razón para creer que es seguro. Tampoco nadie debería confiar en una afirmación religiosa sin una buena razón para creer que es verdad.

Los deístas han sido elogiados por su creencia de que el mundo refleja la existencia de un Dios (ver Argumento Cosmológico). La regularidad y el orden del mundo sugieren un diseñador cósmico. La deficiencia del mundo para dar cuenta de sus funciones y su existencia parece implicar una explicación definitiva más allá del mundo y Dios. Las limitadas perfecciones descubiertas en la naturaleza pueden implicar que hay un Ser Perfecto ilimitado más allá de la naturaleza que creó y sostiene todas las cosas. Esta evidencia natural está disponible para que todos la vean y respondan de manera razonable.

A los deístas también se les atribuye el haber expuesto muchos engaños y supersticiones religiosas. Sus incesantes ataques a muchas creencias y prácticas han ayudado a la gente a evaluar su fe religiosa y limpiarla de corrupción.

Críticas. Sin embargo, hay razones para criticar la visión deísta del mundo. Un ser que podría traer el universo a la existencia desde la nada podría ciertamente realizar milagros menores si eligiera hacerlo. Un Dios que creó el agua podría separarla o hacer posible que una persona caminara sobre ella. La inmediata multiplicación de los panes y los peces no sería un problema para un Dios que creó la materia y la vida en primer lugar. Un nacimiento virginal o incluso una resurrección física de los muertos serían milagros menores en comparación con el milagro de crear el universo de la nada. Parece autodestructivo admitir un gran milagro como la creación y luego negar la posibilidad de milagros menores.

La interpretación de los deístas sobre la ley natural universal ya no es válida. Los científicos de hoy en día consideran que las leyes de la naturaleza son generales, no necesariamente universales. Las leyes naturales describen cómo se comporta la naturaleza en general. No dictan cómo debe comportarse siempre la naturaleza (ver Milagros, Argumentos contra los).

Si Dios creó el universo para el bien de sus criaturas, parecería que intervendría milagrosamente en sus vidas si su bien dependiera de ello. Seguramente su Creador todo-bueno no abandonaría su creación. En cambio, parecería que tal Dios continuaría ejerciendo el amor y la preocupación por sus criaturas que lo impulsó a crearlas para empezar, incluso si eso significara proporcionar ese cuidado a través de medios milagrosos (ver Mal, Problema del).

Asumiendo, entonces, que los milagros son posibles, no se puede rechazar de plano toda pretensión de revelación sobrenatural sin examinar primero las pruebas que la sustentan. Si carece de pruebas de sustento, debe ser rechazada. Pero si la evidencia corrobora la afirmación, entonces la supuesta revelación debe ser considerada auténtica. Ciertamente no debería ser descartado sin una investigación más profunda.

Además, el hecho de que muchos individuos y grupos hayan inventado y abusado de las creencias religiosas no es motivo suficiente para rechazar las religiones sobrenaturales. Se ha abusado de los descubrimientos científicos, pero pocos sugieren que el abuso hace que los descubrimientos sean falsos o que sea una razón para abolir la ciencia. Además, la variabilidad del lenguaje humano y el hecho del error humano no parecen ser argumentos válidos contra la revelación sobrenatural (ver Biblia, Supuestos errores en la; Biblia, Evidencias a favor de la). Un Dios todopoderoso y omnisciente podría superar estos problemas. Al menos tales problemas no deberían descartar la posibilidad de que Dios se haya revelado, ya sea verbalmente o por escrito. Una vez más, la evidencia debe ser consultada primero.

Finalmente, el argumento de los deístas contra el cristianismo y la Biblia se ha demostrado deficiente (ver Biblia, Críticas a la). ¿Qué antisupernaturalista ha respondido de forma adecuada a teístas cristianos como J. Gersham *Machen y C.S. *Lewis? Ellos han construido un extenso y sólido caso desde la ciencia, la filosofía y la lógica contra la creencia de que las historias de milagros en la Biblia son necesariamente míticas (ver Mitología y el Nuevo Testamento).

Por ejemplo, la creencia de Paine de que la mayoría de los libros de la Biblia fueron escritos por personas distintas a las que afirmaron escribirlos y que se escribieron muy tardíamente, sigue siendo proclamada como un hecho indiscutible por muchos críticos. Pero no hay ni una pizca de evidencia creíble que no haya sido rechazada por buenas razones por los arqueólogos y los estudiosos de la Biblia. Más de veinticinco mil hallazgos han confirmado la imagen del mundo antiguo que se da en la Biblia (ver Arqueología del Nuevo Testamento; Arqueología del Antiguo Testamento). Hay suficiente evidencia para apoyar las afirmaciones de autoría y las primeras fechas de la mayoría de los libros bíblicos (ver Nuevo Testamento, Datación del; Nuevo Testamento, Manuscritos del).

Además, el ataque deísta contra enseñanzas cristianas tales como la Trinidad, la redención y la divinidad de Cristo (ver Cristo, Divinidad de) muestra una comprensión superficial e ingenua de estas enseñanzas.

Fuentes

J. Butler, *The Analogy of Religion* [La Analogía de la Religión].

R. Flint, Anti-Theistic Theories [Teorías antiteístas].

N. L. Geisler, *Christian Apologetics* [Apologética cristiana].

N. L. Geisler y W. D. *Watkins, Worlds Apart* [Mundos Aparte].

I. Kant, *Religion within the Limits of Reason Alone* [Religión dentro de los límites de la sola razón].

J. LeLand, *A View of the Principal Deistic Writers* [Una vista de los principales escritores deístas].

C. S. Lewis, *Christian Reflections* [Reflexiones Cristianas].

———, Miracle [Milagros].

J. G. Machen, *The Virgin Birth of Christ* [El nacimiento virginal de Cristo].

H. M. Morais, *Deism in Eighteenth Century America* [El deísmo en la América del siglo XVIII].

J. Orr, *English Deism* [El deísmo inglés].

T. Paine, *Complete Works of Thomas Paine* [Obras completas de Thomas Paine].

M. Tindal, *Christianity as Old as the Creation* [El cristianismo tan antiguo como la creación].

Derrida, Jacques. Jacques Derrida (1930-2004) era considerado generalmente como un "filósofo" francés contemporáneo, aunque algunos desafían que fuera realmente un filósofo. Fue el padre de un movimiento conocido como "deconstruccionismo". El personalmente desmintió el significado popular de este término. El movimiento también llamado "postmoderno", aunque Derrida nuevamente no usó esa palabra para describir su punto de vista.

Entre los libros influyentes de Derrida se encuentran Speech and Phenomena [La voz y el fenómeno] (1967-68, traducción 1973), Of Grammatology [De la gramatología] (traducción 1978), Writing and Difference [Escritura y diferencia] (traducción 1978), Positions [Posiciones] (1981), y Limited Inc. (1977, traducción 1988).

Algunos de sus pensamientos fueron tomados de Immanuel *Kant (*metafísica), Friedrich *Nietzsche (*ateísmo), Ludwig *Wittgenstein (visión del lenguaje), Friedrich Frege (*convencionalismo), Edmund Husserl (método fenomenológico (ver Verdad, Naturaleza de la), Martin Heidegger (*existencialismo) y William *James (*pragmatismo y voluntad de creer).

Los puntos de vista de Derrida son difíciles de entender debido a la naturaleza de las posiciones, su escritura, y a veces a las malas traducciones. Debido a estos factores, con frecuencia ha sido malinterpretado. Por ejemplo, no abrazó el *nihilismo, que es la negación de todo ser y valor (ver Moralidad, Naturaleza absoluta de la). Tampoco era un anarquista que niega toda estructura social. A pesar de los escritos que parecen negar toda ley moral, tampoco era Derrida un antinomiano.

El deconstruccionismo es una forma de hermenéutica, de interpretación de un texto. Como tal, puede distinguirse de otros enfoques interpretativos. Sin embargo, Derrida no estaba interesado en destruir el significado sino en reconstruirlo. No es la negación la que desmantela un texto, sino la crítica la que lo remodela. Va en contra de las reglas fijas de análisis. Un deconstruccionista lee y relee un texto, buscando significados nuevos, más profundos y olvidados.

El deconstruccionismo abarca el convencionalismo. Todo significado es relativo a una cultura y a una situación. No hay ningún significado anterior al lenguaje.

El deconstruccionismo acepta el perspectivismo. Toda la verdad está condicionada por la perspectiva de cada uno.

El deconstruccionismo tiene una forma de referencialismo. No hay una referencia perfecta o una correspondencia unívoca entre las palabras y el significado que confieren. El significado, por lo tanto, es en última instancia intransferible entre el escritor y el lector. Cambiamos constantemente el contexto a través del cual vemos los símbolos. Además, este contexto es limitado. Es por ello que desde una perspectiva infinita no podemos conocer de este.

El deconstruccionismo es un diferencialismo. Todas las estructuras racionales dejan algo fuera. El lector se acerca al texto con sospecha, buscando la "diferencia", lo desconocido que no está allí.

El deconstruccionismo abarca una forma de solipsismo lingüístico. Según esta visión, no podemos escapar de los límites del lenguaje. Podemos ampliar nuestros conceptos lingüísticos, pero no podemos escapar a sus límites.

La deconstrucción se aferra al progresismo semántico. Uno nunca agotará todos los significados posibles. Un texto siempre puede ser deconstruido.

Derrida y el deconstruccionismo. Derrida era ateo (ver Ateísmo) en cuanto a la existencia de Dios y agnóstico en cuanto a la posibilidad de conocer la verdad absoluta. Era antimetafísico, afirmando que la metafísica no es posible. Creía que estábamos encerrados en nuestra propia burbuja lingüística. Sin embargo, reconoció que usar el lenguaje para negar la metafísica es en sí mismo una forma de metafísica. Esta incoherencia apunta a la necesidad de la archi-escritura, una protesta poética contra la metafísica.

Tres factores son clave para entender la filosofía de Derrida: la gramática, la lógica y la retórica. La gramática expresa frases aceptables con palabras modificadas apropiadas. La lógica reconoce lo absurdo de las frases contradictorias. Y la retórica muestra cómo y cuándo usar las frases dominadas por la gramática y la lógica.

Derrida creía que la gramática es relativamente superficial, y que tiene que ver con el mantenimiento de los signos del lenguaje en buen orden. *La lógica y la retórica son más profundas, y tienen que ver con el uso e interpretación de los signos. Derrida rechazó la historia de la filosofía occidental en la que el lenguaje se basa en la lógica. Eso significaría que hay una base lógica de la realidad. El rechazó esa suposición.

Según Derrida, el lenguaje se basa en la retórica, no en la lógica. La soberanía de la lógica se basa en la visión de que los signos (por ejemplo, las palabras) representan ideas. Las ideas están en contraste semántico con otras ideas. El lenguaje diferencia las ideas. Debemos "deconstruir" el lenguaje basado en la lógica para aprender cómo se utilizan las expresiones lingüísticas en la actividad humana. El lenguaje basado en la lógica implica la creencia errónea de que hay "lenguajes privados" con "habla interior" y "vida mental privada". Si la lógica es soberana, entonces un lenguaje privado es posible. Las ideas no variarían con las circunstancias.

La retórica como base del lenguaje. Derrida sostuvo que el significado se basa en la fuerza retórica, es decir, el papel que desempeña en la actividad humana (ver Wittgenstein, Ludwig). En lugar de una lógica

formal subyacente, el significado sale de la corriente de la vida. Las palabras expresan una experiencia limitada en el tiempo. Así que para entender lo que significa un texto, uno debe primero entender completamente su contexto real de vida. Esto puede verse en cinco argumentos centrales de Derrida:

1. Todo el significado es complejo. Ningún significado puro y simple se encuentra detrás de los signos del lenguaje. Si todo el lenguaje es complejo, ningún significado esencial trasciende el tiempo y el lugar.

2. Todo el significado es contingente. Todo objeto de lenguaje y significado es contingente con una realidad vital cambiante. No hay un significado objetivo.

3. Todo el significado está mezclado. No existen experiencias puras sin referencia a la experiencia transitoria. No hay vida mental privada que no presuponga un mundo real. No podemos ni siquiera pensar en un concepto sin contaminarlo con alguna referencia a nuestro propio pasado o futuro.

4. No existe tal cosa como una percepción. Los desconstruccionistas no rechazan la experiencia cotidiana. Rechazan conceptos idealizados desconectados del mundo cotidiano. La naturaleza de lo que se significa no es independiente del signo que le da significado.

5. La retórica es la base de todo significado. Todo el lenguaje escrito depende del lenguaje hablado. No depende del significado de los signos hablados. Depende del patrón de vocalización (fonética). Los fonemas son partes del sonido que pueden ser representados por una letra. Sin esta diferencia en los fonemas, las letras son imposibles. La "diferencia" es la clave del significado, ya que todos los sonidos deben diferenciarse para ser distintos y formar sonidos significativos.

Muchos creen que la filosofía occidental llega a su fin con Derrida. Literalmente se autodestruye mientras se deconstruye. El propio Derrida creía que no tiene fin en constantes deconstrucciones o reinterpretaciones.

Evaluación. Derrida muestra cómo la tradición lingüística conduce al agnosticismo. Hizo algunas críticas puntuales al pensamiento occidental. Reveló que, a menos que la filosofía de uno comience en la realidad, nunca terminará lógicamente en la realidad. Su crítica del "lenguaje privado", el pensamiento esotérico aislado de la experiencia humana es perspicaz.

Sin embargo, el deconstruccionismo de Derrida está abierto a serias críticas. Su difícil (altamente metafórica) expresión es oscura y contradictoria. Esto oscurece su visión, genera malentendidos y dificulta la evaluación. Su punto de vista contiene afirmaciones autodestructivas, tales como: "La historia de la filosofía es cerrada" o "La metafísica ha llegado a su fin". No puede evitar usar la filosofía y la metafísica en tales afirmaciones. Su duda de que realmente podamos saber algo es autodestructivo. ¿Cómo lo sabe si no podemos saber algo? ¿Qué clase de estado epistemológico deberíamos dar a sus declaraciones? Si fueran verdaderas, serían falsas. Si son meras protestas poéticas, no destruyen el significado objetivo o la metafísica.

Incluso su negación de la lógica en la retórica es muy problemática, y en todo caso contraproducente. El mismo lenguaje que niega la lógica se basa en ella; de lo contrario no tendría sentido.

A pesar de su rechazo (o protesta) a la metafísica, Derrida tenía presunciones metafísicas. El mismo hecho de que discutiera "¿Qué es real?" indica una metafísica subyacente. Además, afirmaba que el lenguaje depende de una relación con el mundo. Eso implica una visión metafísica del mundo.

Su punto de vista es una forma de nominalismo y empirismo radical ("real" es la realidad concreta, inmediatamente antes de mí). Como tal, se reduce a un tipo de solipsismo y está sujeto a la misma crítica de estos puntos de vista.

La primacía de la diferencia sobre la identidad se aparta del sentido común y hace imposible toda comunicación real. De hecho, Derrida ni siquiera podría comunicarnos su propia posición si tuviera razón.

La posición de Derrida está estrechamente asociada con el positivismo lógico, con su conocida naturaleza autodestructiva. (Para una crítica, ver Ayer, A. J.) La visión convencionalista de Derrida sobre el significado es autodestructiva (ver Convencionalismo). Las frases que transmiten su punto de vista no tendrían ningún significado en una teoría convencionalista del significado. En resumen, parece que no se ha dejado a sí mismo ningún terreno en el que pararse ni siquiera para expresar su propia visión.

Finalmente, el "discurso" de Derrida no es mejor que el "noúmeno" de Kant, el "silencio" de Wittgenstein o las "llamas" de Hume, ya que ninguno de ellos nos dice nada sobre la realidad.

Una especie de fe está involucrada en este proceso, y el deconstruccionismo es fideísta (ver Fideísmo). La fe es siempre necesaria. Como el significado absoluto es imposible, la indecisión es ineludible. Siempre vivimos entre la certeza absoluta y la duda absoluta, entre el escepticismo y el dogmatismo. Por lo tanto, la fe es siempre necesaria.

Una especie de fe está involucrada en este proceso, y el deconstruccionismo es fideísta (ver Fideísmo). La fe es siempre necesaria. Como el significado absoluto es imposible, la indecisión es ineludible. Siempre vivimos entre la certeza absoluta y la duda absoluta, entre el escepticismo y el dogmatismo. Por lo tanto, la fe es siempre necesaria.

Fuentes

J. Derrida, Limited Inc.

———, *Of Grammatology* [Sobre gramatología].

———, *Speech and Phenomena* [Discurso y fenómeno].

———, *Writing and Difference* [Escritura y diferencia].

C. S. Evans y M. Westphal, *editores, Christian Perspectives on Religious Knowledge* [Perspectivas cristianas sobre el conocimiento religioso].

S. Grenz, *A Primer on Postmodernism* [Una introducción al postmodernismo].

R. Lundin, *The Culture of Interpretation* [La cultura de la interpretación].

J-F. Lyotard, *The Postmodern Condition* [La condición postmoderna].

G. B. Madison, *Working through Derrida* [Trabajando por medio de Derrida].

C. Norris, Derrida.

Descartes, René. El teísta francés René Descartes nació en 1596 y murió en 1650 después de dar una lección de filosofía a la reina Cristina de Suecia. Fue llamado a la filosofía a través de un sueño el 10 de noviembre de 1619. Era un gran matemático y aprendió filosofía de los jesuitas. Sus principales obras son Meditations on First Philosophy [Meditaciones sobre la primera filosofía] (1641) y Discourse on Method [Discurso del método] (1637).

De la duda a la existencia. Descartes encontró su punto de partida universal en la duda. Argumentó de la duda al pensamiento y del pensamiento a la existencia. Pasó del dubito al cogito y de cogito a sum (del " Yo dudo" al " Yo pienso" y del "Yo pienso" al " Yo soy").

Descartes razonó así: Lo único de lo que no puedo dudar es que estoy dudando. Pero si estoy dudando, entonces estoy pensando (porque la duda es una forma de pensamiento). Y si estoy pensando, entonces soy una cosa pensante (porque solo las mentes pueden pensar). Mi mente es una cosa pensante y no puedo dudar de su existencia. Mi cuerpo y el mundo son cosas que se extienden y puedo dudar de su existencia.

La existencia de Dios puede ser demostrada. A pesar de que era un teísta, no podía encontrar la manera de razonar directamente con Dios desde el mundo exterior, como *Aristóteles, *Tomás de Aquino, Gottfried Leibniz, y muchos otros teístas lo han hecho (ver Argumento Cosmológico). Sin embargo, Descartes encontró una forma indirecta de demostrar la existencia de Dios que involucra al mundo exterior. Empezaría con su indudable punto de partida en su propia existencia y razonaría de ella a Dios y luego de Dios al mundo exterior.

Un argumento cosmológico (una prueba a posteriori). El razonamiento de Descartes procedía de la siguiente manera: (1) Si dudo, entonces soy imperfecto (por falta de conocimiento). (2) Pero si sé que soy imperfecto, entonces debo conocer lo perfecto (de lo contrario no tendría forma de saber que no soy perfecto). (3) Ahora bien, el conocimiento de lo perfecto no puede surgir de mí, ya que soy imperfecto (una mente imperfecta no puede ser la fuente [base] de una idea perfecta). (4) Por lo tanto, debe haber una Mente perfecta que sea la fuente de esta idea perfecta. Este enfoque era distintivo, si no único. Descartes tenía que probar que ¡Dios existía antes de estar seguro de que el mundo existía!

El argumento ontológico (una prueba a priori). Como San Anselmo antes que él, Descartes creía que el argumento ontológico de la existencia de Dios era válido. Su forma de hacerlo era así: (1) Es lógicamente necesario afirmar de un concepto lo que es esencial a su naturaleza (por ejemplo, un triángulo debe tener tres lados). (2) Pero la existencia es lógicamente necesaria para la naturaleza de un Existente necesario (es decir, el Ser). (3) Por lo tanto, es lógicamente necesario afirmar que un Existente necesario existe.

Hubo muchas reacciones al argumento ontológico de Descartes. Pero lo defendió incondicionalmente, repitiéndolo en esta forma para evitar algunas críticas: (1) La existencia de Dios no puede ser concebida como posible solamente, sino también como real (porque entonces no sería un Existente necesario). (2) Podemos concebir la existencia de Dios (no es contradictorio). (3) Por lo tanto, la existencia de Dios debe ser concebida como algo más que posible (es decir, como algo real).

Una objeción a su argumento que nunca contestó fue la insistencia de Pierre Gassendi de que Descartes no demostró realmente que la existencia de Dios es lógicamente posible. Por lo tanto, no probó que sea lógicamente necesario. Gottfried Leibniz argumentó más tarde que la existencia es una perfección y como tal es una cualidad simple e irreductible que no puede entrar en conflicto con otras. Por lo tanto, Dios puede tener todas las perfecciones, incluyendo la existencia. Pero Emmanuel *Kant criticó más tarde este punto de vista, insistiendo en que la existencia no es un atributo.

La prueba de la existencia de un mundo externo a través de Dios. El mismo método de Descartes de duda sistemática trajo la cuestión de la existencia de un mundo externo en cuestión, al menos por medio de los sentidos solamente. Por lo tanto, era necesario para él argumentar la existencia del mundo de una manera más indirecta. Esto lo hizo de la siguiente manera: (1) Estoy recibiendo una fuerte y constante sucesión de ideas de un mundo que no está bajo mi control (por lo tanto, no puedo equivocarme con ellas). (2) Por lo tanto, o bien Dios me hace creerlas falsamente o bien hay un mundo externo real que las causa. (3) Pero Dios no me engañará (ni permitirá que me engañen) en lo que estoy percibiendo clara y distintamente, ya que es perfecto (y el engaño es un signo de imperfección). (4) Por lo tanto, es cierto que hay un mundo externo. (5) Como el mismo argumento se aplica a mi cuerpo, es cierto que tengo un cuerpo.

Una evaluación de las opiniones de Descartes. Descartes es una bendición mixta para el *teísmo cristiano. Por un lado, es un teísta racional que ofrece argumentos para la existencia de Dios. Por otro lado, su forma de dualismo racionalista es un factor negativo significativo que apoya puntos de vista contrarios al teísmo bíblico.

Algunos rasgos positivos. En el lado bueno, Descartes puede ser elogiado por varias cosas. Entre ellas varias tienen valor apologético.

La verdad es objetiva. Para empezar, Descartes sostenía que la verdad es objetiva (ver Verdad, Naturaleza de la). No es subjetiva o mística. Más bien, la verdad es común a todas las mentes racionales.

La verdad es conocida. En oposición al *agnosticismo, Descartes afirmó que la verdad es conocible. A diferencia de Emmanuel *Kant o David *Hume, Descartes argumentaba que la verdad sobre la realidad es conocible por la mente. Además, sostenía que la certeza podía ser obtenida en nuestro conocimiento. El escepticismo era evitable. De hecho, es auto-refutada.

La verdad es racional. Descartes abrazó los *primeros principios del conocimiento, como la ley de la no contradicción. Los usó para entender el mundo. Creía que sin ellos la realidad no podía ser conocida.

La verdad es discutible. No solo la verdad es conocible y racional, sino que se pueden ofrecer argumentos racionales, como los argumentos para la existencia de Dios. Este punto de vista es útil para la apologética cristiana, particularmente para la apologética clásica.

Dimensiones negativas. No todo lo que Descartes creía es útil para el apologista cristiano. De hecho, algunas cosas han demostrado ser una pesadilla para el cristianismo ortodoxo.

El argumento ontológico inválido. La mayoría de los apologistas cristianos no están de acuerdo con la defensa de Descartes del argumento ontológico. La mayoría de los pensadores argumentan que implica una transición ilegítima del pensamiento a la realidad.

Un punto de partida insuficiente. Un problema más grave es el punto de partida de Descartes. ¿Por qué debería uno dudar de lo que es obvio para él, es decir, que tiene un cuerpo y que hay otros cuerpos a su alrededor? ¿Por qué debería uno dudar de todo lo que es dudoso? ¿Por qué no dudar solo de lo que es necesario dudar o de lo que no se tiene una buena razón para creer? O para decirlo de otra manera, uno puede dudar si el punto de partida de Descartes en duda es la mejor manera de acercarse al mundo.

Un punto de partida poco realista. Descartes comenzó su filosofía en el pensamiento (pensamiento indudable) y luego pasó a la realidad. Razonó "Pienso, luego existo". Pero en realidad, sería, "Existo, por lo tanto, pienso". ¡El literalmente puso el carro antes que los bueyes!

Una vez que uno comienza en el reino del pensamiento aparte de la realidad, esa persona nunca puede legítimamente salir del reino del pensamiento puro. Justo es el destino de cualquier racionalismo o idealismo que no comienza dentro de la existencia (ver Realismo).

Un dualismo infranqueable de mente y cuerpo. La forma particular de racionalismo de Descartes estableció un dualismo infranqueable entre la mente y la materia. De hecho, se definen de tal manera que están lógicamente separados. La mente se define como una cosa pensante pero no extendida, y la materia como una cosa extendida no pensante. Así, por definición, "nunca se encontrarán los dos". Al hacer esto, Descartes se abrió a la crítica de sostener que el hombre es "un fantasma en una máquina". Este dualismo cartesiano tiene serias implicaciones para la visión que uno tiene de la naturaleza de los seres humanos, así como de la naturaleza de las Escrituras, ya que no solo niega la unidad de la naturaleza humana, sino que también establece una dicotomía en la naturaleza entre lo material y lo espiritual que apoya gran parte de la crítica bíblica negativa (ver Biblia, Supuestos errores en la; Biblia, Evidencias a favor de la; Biblia, Críticas a la).

Otros problemas. Descartes ha sido criticado por muchas otras cosas, que el espacio no permite desarrollar. Como Benedicto *Spinoza, tenía una forma geométrica cuestionable de deducción. No justifica su uso del principio de causalidad. Ni tampoco Descartes prueba que una mente imperfecta no pueda ser la causa de una idea perfecta. Carece de aprecio por el papel de la experiencia en la búsqueda de la verdad. Su criterio de la verdad no es claro. No puede aplicarse a los conceptos, ya que solo los juicios son verdaderos. Y no puede aplicarse a los juicios, ya que admite que algunos de ellos son falsos. Finalmente, su punto de vista se reduce al solipsismo mental (es decir, sé solo mientras estoy pensando, ahora mismo, y no cuando no estoy pensando).

Fuentes

J. Collins, *God in Modern Philosophy* [Dios en la filosofía moderna].

R. Descartes, *Discourse on Method* [Discurso del método].

———, *Meditations on First Philosophy* [Meditaciones sobre la primera filosofía].

E. Gilson, *The Unity of Philosophical Experience* [La unidad de la experiencia filosófica].

Dewey, John. John Dewey (1859-1952) ha sido llamado el padre de la educación moderna americana, sobre la que ha tenido una inmensa influencia. Como filósofo y escritor está estrechamente identificado con la filosofía del instrumentalismo, también conocido como progresismo o humanismo pragmático. A través del sistema educativo americano, sus puntos de vista han influido prácticamente en todos los americanos del siglo XX. Dewey firmó el Humanist Manifesto [Manifiesto Humanista] y fue un líder en el movimiento para dirigir la educación hacia el humanismo secular (ver Humanismo, Secular).

Dewey escribió muchos libros y numerosos artículos sobre temas que van desde la educación y la democracia (Democracy and Education [democracia y educación], 1916), a la psicología (Human Nature and Conduct [Naturaleza y Conducta Humana]: An Introduction to Social Psychology [Una introducción a la psicología social], 1930), a la lógica (Lógica: The Theory of Inquiry, [La teoría de la indagación], 1938), e incluso al arte (Art as Experience [El arte como experiencia], 1934). Su visión de Dios y de la religión se expresa mejor en A Common Faith [Una fe común] (1934).

Una nueva clase de religión. A pesar de que Dewey rechazaba la religión y lo sobrenatural, de ninguna manera se consideraba no religioso. Insistió en la necesidad y la preservación de lo religioso. Lo que Dewey insistía era en que la religión, tal como se define tradicionalmente, implica la creencia en lo sobrenatural más allá de esta vida, se descartaba como una actitud religiosa hacia toda la vida: "Desarrollaré otra concepción de la naturaleza de la fase religiosa de la experiencia, una que la separe de lo sobrenatural y de las cosas que han crecido a su alrededor". Y "Trataré de mostrar que estas derivaciones son estorbos y que lo que es genuinamente religioso experimentará una emancipación cuando sea liberado de ellos; que entonces, por primera vez, el aspecto religioso de la experiencia será libre de desarrollarse libremente por su propia cuenta" (Dewey, pág. 2).

Una fe común. La forma religiosa de Dewey de humanismo pragmático era global. En su "fe común", vio una meta religiosa para todos. "Aquí están todos los elementos para una fe religiosa que no se limitará a una secta, clase o raza. Tal fe siempre ha sido implícitamente la fe común de la humanidad. Queda por hacerla explícita y militante" (ibid., pág. 87). Vio la doctrina de la hermandad de los hombres como la de mayor significado religioso. "Seamos o no, salvo en algún sentido metafórico, todos hermanos, estamos al menos en el mismo barco atravesando el mismo océano turbulento. El potencial significado religioso de este hecho es infinito" (ibid., pág. 84).

La ciencia como medio para el progreso. Naturalmente, depende de la humanidad lograr el progreso social. Esta creencia no es ni egoísta ni optimista. El único medio adecuado para lograr el objetivo del progreso social es la ciencia. "Solo hay un camino seguro para acceder a la verdad: el camino de la investigación paciente y cooperativa que funciona mediante la observación, el registro experimental y la reflexión controlada" (ibid., pág. 32). Porque "si admitiéramos que solo hay un método para determinar los hechos y la verdad que transmite la palabra 'científico' en su sentido más general y generoso, ningún descubrimiento en ninguna rama del conocimiento y la investigación podría entonces perturbar la fe que es religiosa" (ibid., pág. 33).

Para Dewey, la fe en la ciencia, es decir, en la inteligencia crítica, es más religiosa que la fe en cualquier revelación de Dios. Por otra parte, "un sistema doctrinal fijo es necesario para una religión. Pero la fe en las posibilidades de una investigación continua y rigurosa no limita el acceso a la verdad a ningún medio o esquema de las cosas". Esta fe reverencia la inteligencia como una fuerza (ibid., pág. 26).

Por lo tanto, la ciencia y la religión son incompatibles. Pero la dedicación religiosa a la ciencia es esencial para el progreso humano.

Evaluación. Pragmatismo. El punto de vista de Dewey es una forma de *pragmatismo. El relativismo de Dewey se manifiesta en la verdad y la ética. Por su visión pragmática de la verdad, todo lo que funciona es verdad. Pero muchas cosas que "funcionan" a corto plazo son falsas. La verdad no es lo que funciona sino lo que corresponde a los hechos (ver Verdad, Naturaleza de la). Ningún pragmático apreciaría que alguien malinterprete su punto de vista simplemente porque le haya funcionado bien hacerlo. Incluso los padres pragmáticos no quieren que sus hijos les mientan simplemente porque es conveniente hacerlo desde la perspectiva del niño. Josiah Royce criticó el pragmatismo de William James haciendo la pregunta si James subiría al estrado de los testigos en el tribunal y "¡juraría decir lo conveniente, todo lo conveniente y nada más que lo conveniente, para que le ayude en su futura experiencia!".

El pragmatismo no es mejor en el ámbito de la ética. No todo lo que funciona es correcto. Algunas cosas que funcionan muy bien son simplemente malas. Engañar, embaucar e incluso matar a los no deseados han sido actividades "exitosas". Las cuestiones éticas no se establecen obteniendo los resultados deseados. Todo lo que el éxito prueba es que un determinado curso de acción funciona; no prueba que el curso de esa acción sea correcto.

Progresismo. El relativismo de Dewey no es total. Su sistema tiene el absoluto del progreso o del logro. Lo que funciona para el progreso social es bueno y lo que lo obstaculiza es malo. Pero, ¿con qué criterio se debe juzgar el progreso? Si el estándar está dentro de la sociedad, entonces no podemos estar seguros de que estamos progresando. Tal vez solo estamos cambiando. Si el estándar está fuera de la raza entonces esta es una norma trascendente, un imperativo divino, la cual Dewey rechaza.

Otro problema del progresismo es la falta de un punto fijo para medir el cambio. Por ejemplo, un observador de un carro en movimiento que se encuentra en un carro en movimiento no puede saber fácilmente cuán rápido se está moviendo el otro carro. Si el otro auto se mueve a la misma velocidad en la misma dirección, el observador ni siquiera puede saber que se está moviendo, a menos que se pueda usar algo más que no se esté moviendo para medirlo.

En la práctica, el progresismo se basa en los deseos de quienes tienen el poder de establecer el programa. ¿Por qué el progresismo social? ¿Por qué el progresismo social democrático? Uno puede progresar hacia dictaduras cada vez mejores. La definición de Dewey de "logro" o "progreso" en términos sociales y democráticos era totalmente arbitraria y filosóficamente injustificada. No tiene mejor fundamento que otros objetivos que uno puede elegir.

Relativismo. El relativismo está estrechamente relacionado con el progresismo. Dewey niega los absolutos en el reino de la verdad (ver Verdad, Naturaleza de la) o la ética (ver Moralidad, Naturaleza absoluta de la). Esto es inconsistente. Para mostrar que todo es relativo, uno debe tener un punto de vista no relativo desde el cual ver toda la verdad. Uno no puede relativizar todo lo demás a menos que se pare en un terreno absoluto. La afirmación "Todo es relativo" significa que esa afirmación también es relativa o que al menos esa afirmación es absoluta. Hemos visto que Dewey creía en los absolutos, pero por su propia elección.

Por lo tanto, su declaración es contraproducente y falla de acuerdo con la propia visión del mundo de Dewey. Él es culpable de un alegato especial, diciendo que todo es relativo, excepto lo que quiere que sea absoluto. Esto es puro dogmatismo.

Fuentes

J. O. Buswell, *The Philosophies of F. R. Tennant and John Dewey* [Las filosofías de F. R. Tennant y John Dewey].

G. H. *Clark, Dewey.*

J. Dewey, *A Common Faith* [Una fe común].

N. L. Geisler, *Is Man the Measure?* [¿Es el hombre la medida?] cap. 4.

W. James, ed., *Essays in Pragmatism* [Ensayos en el pragmatismo].

P. A. Schilpp y L. E. Hahn, eds., *The Philosophy of John Dewey* [La filosofía de John Dewey].

Diluvio de Noé. El registro del diluvio de Noé en Génesis 6-9 ha planteado serias preguntas en las mentes de los críticos de la Biblia, entre ellas: ¿Cómo podría esta pequeña arca contener cientos de miles de especies? ¿Cómo podía un barco de madera mantenerse a flote en una tormenta tan violenta? ¿Cómo pudieron la familia de Noé y los animales sobrevivir tanto tiempo en el arca?

Especies rescatas. El primer problema tiene que ver con cómo un arca tan pequeña podría contener todas las especies animales de la tierra. El consenso de los historiadores y arqueólogos antiguos es que un codo medía unas dieciocho pulgadas de largo. Traduciendo las dimensiones de la Biblia según un codo de dieciocho pulgadas, el arca de Noé tenía solo cuarenta y cinco pies de alto, setenta y cinco pies de ancho y cuatrocientos cincuenta pies de largo (Gn 6:15). A Noé se le dijo que tomara dos de cada tipo de animal inmundo y siete de cada tipo de animal limpio (6:19; 7:2). Pero los científicos cuentan entre quinientos millones y más de mil millones de especies animales.

¿Un desastre localizado? Una posible explicación es que el diluvio tuvo un alcance geográfico local, donde en ese caso, Noé solo tendría que repoblar el área local y tener animales para comer y sacrificar.

Como evidencia de que el diluvio no fue universal, se observa que el mismo lenguaje "universal" de Génesis 6 al 9 se usa en otras partes cuando se refiere a algo menos que el mundo entero. Se decía que la gente del día de Pentecostés era "de todas las naciones de la tierra" (Hechos 2:5), sin embargo, las naciones enumeradas están restringidas al mundo romano. Pablo dijo en Colosenses 1:23 que "este es el evangelio que ustedes oyeron y que ha sido proclamado en toda la creación debajo del cielo". El itinerario de Pablo en Hechos 13 al 28 muestra que fue solo al área del Mediterráneo.

Además, los depósitos de limo que habría dejado un diluvio como el de Noé se encuentran solo en el valle de Mesopotamia, no en todo el mundo. No hay suficiente agua en el mundo para cubrir las montañas más altas (7:20). Algunas montañas tienen varias millas de altura. Aguas tan altas habrían causado problemas con la rotación de la tierra. Las montañas en el área de Mesopotamia no son tan altas.

Finalmente, el tamaño del arca restringiría el número de especies. Aquellos de una región localizada se habrían alojado de manera más manejable.

¿Un diluvio universal? Otros eruditos creen que hay evidencia de un diluvio universal. El lenguaje del Génesis es más intenso que el de las referencias señaladas. Los mandatos de Dios de tomar animales de todo tipo no hubieran sido necesarios si solo se hubiera destruido la vida en un área geográfica limitada; los animales podrían haber emigrado para repoblar la región, y Génesis 10:32 declara que el mundo entero fue poblado después del diluvio por los ocho que fueron salvos. Esto no habría sido cierto si los que están fuera del área local no se hubieran ahogado. Pedro hace referencia a la salvación de solo ocho (1 Pedro 3:20).

Los depósitos de limo en el valle de Mesopotamia fueron de un diluvio local (o diluvios), no del diluvio universal. Las capas de limo en todo el mundo están abiertas a interpretaciones, incluida la posibilidad de una catástrofe mundial; también hay indicios de cambios dramáticos en la posición de las masas terrestres. Las montañas podrían haber tomado formas nuevas, mucho más altas, debido a las fuerzas incomparables que actuaron durante el diluvio.

El arca era lo suficientemente grande. Pero asumiendo que el diluvio fue universal, queda la pregunta de cómo Noé pudo meter todos esos animales en el arca. Ingenieros, programadores de computadoras y expertos en vida silvestre han analizado el problema y su consenso es que el arca fue suficiente para la tarea.

El arca era en realidad una estructura enorme, del tamaño de un transatlántico moderno, con tres niveles de cubierta (Gn 6:13), que triplicó su espacio a más de 1.5 millones de pies cúbicos, lo cual equivale a 569 vagones de ferrocarril.

En segundo lugar, el concepto moderno de "especie" no es lo mismo que un "tipo" en la Biblia; pero incluso si lo fuera, probablemente solo hay unos 72 000 tipos diferentes de animales terrestres que el arca habría necesitado contener. Dado que el tamaño promedio de los animales terrestres es más pequeño que un gato, se necesitaría menos de la mitad del arca para almacenar 150 000 animales, más de los que probablemente había. Los insectos ocupan solo un espacio muy pequeño. Los animales marinos se quedaron en el mar y muchas especies podrían haber sobrevivido en forma de huevo. Habría sobrado espacio suficiente para ocho personas y almacenamiento de alimentos.

En tercer lugar, Noé podría haber tomado variedades más jóvenes o pequeñas de algunos animales más grandes. Dados todos estos factores, había mucho espacio para todos los animales, alimento para el viaje y los ocho humanos a bordo.

Barco de madera en una tormenta violenta. El arca estaba hecha de madera y transportaba una carga pesada. Se argumenta que las violentas olas de un diluvio mundial seguramente lo habrían roto en pedazos (cf. Gn 7: 4, 11).

El arca estaba hecha de un material fuerte y flexible (madera de gofer). La madera de gofer "cede" sin romperse. La pesada carga le dio estabilidad al arca. Además, los arquitectos navales informan que un vagón flotante largo, en forma de caja, como el arca, es el tipo de nave más estable en aguas turbulentas. Un exarquitecto naval concluyó: "El arca de Noé era extremadamente estable, más estable de hecho que el transporte marítimo moderno" (ver Collins, pág. 86). De hecho, los transatlánticos modernos siguen las mismas proporciones básicas. Sin embargo, su estabilidad se ve disminuida por la necesidad de cortar el agua con la menor resistencia posible. No hay razón para que el arca de Noé no haya sobrevivido a un diluvio gigantesco, incluso mundial. Las pruebas de estabilidad modernas han demostrado que una embarcación de este tipo podría soportar olas de hasta doscientos pies de altura y podría inclinarse hasta 90 grados y aun así enderezarse.

Supervivencia dentro del arca. ¿Cómo pudieron todos estos animales y humanos durar más de un año encerrados en esta arca? Hay algunas dudas sobre cuánto duró el diluvio. Génesis 7:24; 8:3 habla de las aguas del diluvio que duraron 150 días; pero otros versículos parecen indicar que fueron solo cuarenta días (Gn 7: 4, 12, 17), y un versículo indica que fue más de un año. Estos números se refieren a cosas diferentes. Cuarenta días es el tiempo que "llovió" (7:12), y 150 días habla de cuánto tiempo "prevalecieron las aguas" del diluvio (8: 3; cf. 7:24). Después de esto, no fue hasta el quinto mes luego de que comenzara la lluvia que el arca descansó en el monte Ararat (8: 4). Aproximadamente once meses después de que comenzara la lluvia, las aguas se secaron (8:13), y exactamente un año y diez días después de que comenzara el diluvio, Noé y su familia salieron a tierra seca (8:14).

Otra respuesta es que los seres vivos pueden hacer casi cualquier cosa para sobrevivir, siempre que tengan suficiente comida y agua. Muchos de los animales pueden haber entrado en hibernación o semihiberna-

ción; y Noé tenía mucho espacio para alimentos por dentro y abundante agua por fuera para beber.

Para obtener notas sobre cómo los informes de diluvios no bíblicos y las leyendas del mundo antiguo se relacionan con el relato de la Biblia, ver Arqueología del Antiguo Testamento; Tablillas de Ebla.

Fuentes

G. L. Archer Jr., *Reseña crítica de una introducción al Antiguo Testamento.*

D. Collins, *"Was Noah's Ark Stable?"* [¿Fue el arca de Noé estable?].

A. Custance, *The Flood: Local or Global?* [El diluvio: ¿local o global?].

G. M. Price, *The New Geology* [La nueva geología].

B. Ramm, The Christian View of Science and Scripture. [La visión cristiana de la ciencia y las escrituras].

A. Rehwinkel, *El diluvio.*

H. Ross, *The Genesis Question* [La pregunta del Génesis].

J. Whitcomb, *El mundo que pereció.*

J. Whitcomb y H. Morris, *El diluvio del Génesis.*

J. Woodmorappe, *Noah's Ark* [El arca de Noé].

D. A. Young, *The Biblical Flood* [El diluvio bíblico].

Dios, Argumento moral a favor de. *Ver* ARGUMENTO MORAL A FAVOR DE DIOS.

Dios, Coherencia de. *Ver* DIOS, OBJECIONES A LAS PRUEBAS DE; PANENTEÍSMO.

Dios, Evidencias a favor de. Los argumentos más conocidos de la existencia de Dios son el *argumento cosmológico, el *argumento teológico, el *argumento moral y el *argumento ontológico. Respectivamente, estos son los argumentos de la creación (gr. cosmos, "universo, mundo"), el diseño (gr. telos, "fin, propósito"), y la idea de un ser perfecto (gr. ontos, "realidad, ser"). Además de estos, se utilizan con frecuencia el argumento axiológico, el argumento antropológico y el argumento de la experiencia religiosa. El argumento axiológico (gr. axios, "valor, importancia") es el argumento de los juicios de valor. Está estrechamente asociado con el argumento moral, el argumento de una ley moral a un Dador de la Ley Moral.

El argumento cosmológico. Existe un universo que debe haber sido causado por algo más allá de sí mismo. La ley de causalidad (ver Causalidad, Principio de) dice que cada cosa finita es causada por algo más allá de sí misma.

Hay dos formas básicas de este argumento. La primera indica que el cosmos o el universo necesitaba una causa en su origen, la segunda forma argumenta que necesita una causa para continuar existiendo.

Una causa del origen. El argumento de que el universo tuvo un origen causado por algo más allá del universo se puede expresar de esta manera:

1. El universo tuvo un origen.
2. Todo lo que tuvo un origen debe haber sido causado por algo más.
3. Por lo tanto, el universo fue causado por otra cosa (un Creador).

Evidencia científica. Se puede usar tanto la evidencia científica como la filosófica para respaldar este argumento.

De acuerdo con la segunda ley de la termodinámica, en un sistema cerrado y aislado, como lo es el universo, la cantidad de energía utilizable está disminuyendo. El universo se está agotando y, por lo tanto, no puede ser eterno. De lo contrario, se habría quedado sin energía utilizable desde hace mucho tiempo. Las cosas que se dejan a sí mismas, sin la intervención de una inteligencia externa, tienen tendencia al desorden. Dado que el universo no ha alcanzado un estado de desorden total, este proceso no ha estado ocurriendo por siempre.

Otro conjunto de evidencias proviene de la ampliamente aceptada cosmología del Big Bang (ver Big Bang, Teoría del). Según esta perspectiva, la existencia del universo se originó por una gran explosión hace unos quince o veinte mil millones de años. La evidencia que se ofrece para esto incluye (1) el "desplazamiento al rojo" o El efecto Doppler que se nota en la luz de las estrellas cuando se alejan; (2) el eco de la radiación del espacio, que tiene la misma longitud de onda que sería emitida por una gigantesca explosión cósmica; 3) el descubrimiento de una masa de energía como se esperaba de una explosión; 4) la teoría general de la relatividad.

El agnóstico Robert Jastrow, fundador y director del NASA's Goddard Institute of Space Studies [Instituto Goddard de Estudios Espaciales de la Nasa], dijo: "Puede existir una explicación sólida para el nacimiento explosivo de nuestro universo; pero de ser así, la ciencia no puede averiguar cuál es la explicación. La búsqueda del pasado por parte de los científicos termina en el momento de la creación". Sin embargo, si el universo fue creado, entonces es razonable concluir que hubo un Creador. Porque todo lo que es creado necesita de un Autor.

Evidencia filosófica. El tiempo no puede volver al pasado para siempre, ya que es imposible pasar a través de un número infinito de momentos reales. En teoría, existe un número infinito de puntos adimensionales entre mi pulgar y mi primer dedo, pero no puedo conseguir un número infinito de hojas de papel entre ellos sin importar lo delgadas que estas

sean. Cada momento que pasa consume tiempo real que no podemos volver a experimentar. Si moviera su dedo a través de un número infinito de libros en una biblioteca, nunca llegaría al último libro. Nunca se puede terminar una serie infinita de cosas reales.

De ser así, entonces el tiempo debe haber tenido un comienzo. Si el mundo nunca hubiera tenido un comienzo, entonces no podríamos haber llegado al ahora. Pero hemos llegado al ahora, así que el tiempo debe haber comenzado en un punto particular y continuado hasta hoy. Por lo tanto, el mundo es un evento finito después de todo y necesita una causa para su comienzo. El argumento puede resumirse así:

1. No se puede atravesar un número infinito de momentos.
2. Si un número infinito de momentos tuviera que pasar antes de hoy, entonces el día de hoy nunca habría llegado.
3. Pero hoy ha llegado.
4. Por lo tanto, no han transcurrido un número infinito de momentos antes de hoy (es decir, el universo tuvo un comienzo).
5. Pero todo lo que tiene un comienzo es causado por algo más.
6. Por lo tanto, debe haber una Causa (Creador) del universo.

Una Causa ahora mismo. La versión anterior del argumento cosmológico se ha llamado el "argumento horizontal", ya que argumenta de forma lineal y vuelve a un inicio. Este argumento también se conoce como el argumento cosmológico kalam. Los filósofos árabes de la Edad Media lo formularon y Buenaventura (1217-74) lo empleó. El filósofo contemporáneo William Craig ha publicado ampliamente sobre este tema. Un problema con el argumento es que solo argumenta que hubo una vez un Creador en el principio del universo. No muestra la continua necesidad de un Creador. Este es el punto vertical del argumento cosmológico. El más famoso defensor de este argumento fue *Tomás de Aquino (1225-74).

Algo nos mantiene en existencia ahora mismo para que no solo desaparezcamos. Algo no solo causó que el mundo llegara a existir (Gn 1:1) sino que también causa que continúe existiendo (cf. Col 1:17). El mundo necesita tanto una causa que dé origen como una causa que preserve la existencia. Este argumento responde a la pregunta básica: ¿Por qué hay algo (ahora mismo) en lugar de nada? Brevemente, se puede poner de esta manera:

1. Cada parte del universo es dependiente.
2. Si cada parte es dependiente, entonces todo el universo también debe ser dependiente.

3. Por lo tanto, todo el universo depende para su existencia ahora mismo de algún Ser Independiente.

Los críticos responden que la segunda premisa es la falacia de la composición. Solo porque cada pieza de un mosaico sea cuadrada no significa que todo el mosaico sea cuadrado. Además, poner dos triángulos juntos no necesariamente hace otro triángulo; puede hacer un cuadrado. El todo puede (y a veces es así) tener una característica que no poseen las partes. Los defensores responden que a veces hay una conexión necesaria entre las partes y el todo. Si cada pieza de un suelo es de roble, entonces todo el suelo es de roble. Y mientras que poner dos triángulos juntos no necesariamente hace otro triángulo, poner dos triángulos juntos necesariamente hará otra figura geométrica. Ser una figura geométrica es parte de la naturaleza de un triángulo, así como ser dependiente es la naturaleza de todo en el universo. Un ser dependiente no puede sostener a otro ser dependiente.

Algunos críticos argumentan que el todo es mayor que las partes, así que mientras las partes son dependientes, todo el universo no lo es. Sin embargo, esto no funciona en el caso del universo. Si las partes supeditadas, que juntas componen el todo, desaparecen, entonces el universo desaparece. Evidentemente, el universo entero es dependiente.

El argumento teleológico. Hay muchas formas del argumento teleológico, el más famoso de los cuales se deriva de la analogía del *relojero de William Paley. Ya que cada reloj tiene un relojero, y dado que el universo es extremadamente más complejo en su funcionamiento que un reloj, se deduce que debe haber un Creador del universo. En resumen, el argumento teleológico razona desde el diseño hasta un Diseñador inteligente.

1. Todo diseño complejo implica un diseñador.
2. Hay un diseño complejo en el universo.
3. Por lo tanto, debe haber un Diseñador del universo.

Cada vez que hemos visto un diseño complejo, sabemos por experiencia previa que vino de la mente de un diseñador. Los relojes implican a los relojeros; los edificios implican a los arquitectos; las pinturas implican a los artistas; y los mensajes codificados implican un remitente inteligente.

Además, cuanto más grande es el diseño, más grande es el diseñador. Los castores hacen diques de troncos, pero nunca han construido nada como el puente Golden Gate. Mil monos sentados ante máquinas de escribir durante millones de años nunca producirían Hamlet por accidente. Shakespeare lo hizo en el

primer intento. Cuanto más complejo sea el diseño, mayor será la inteligencia necesaria para producirlo.

La bioquímica ha revelado un diseño complejo en la célula. Este diseño complejo se manifiesta de dos maneras: complejidad irreducible (ver Behe) y complejidad especificada (ver Meyer). El ojo es un buen ejemplo de lo anterior, ya que todas las partes deben estar allí al mismo tiempo para que uno pueda ver. La complejidad especificada se revela en el ADN. El cristal, por ejemplo, tiene especificidad, pero no complejidad. Como un copo de nieve, tiene los mismos patrones básicos repetidos una y otra vez. Por otro lado, los polímeros aleatorios tienen complejidad, pero no especificidad. Sin embargo, una célula viva tiene tanto especificidad como complejidad. Este tipo de complejidad nunca se produce por leyes puramente naturales. Siempre es el resultado de un ser inteligente. Es el mismo tipo de complejidad que se encuentra en un lenguaje humano. La secuencia de letras en el alfabeto genético de cuatro letras es idéntica a la de un lenguaje escrito. Asimismo, la cantidad de información compleja en un simple animal unicelular es mayor que la que se encuentra en el diccionario Webster's Unabridged.

Sin saberlo, el astrónomo agnóstico Carl *Sagan proporcionó un ejemplo aún mayor. Indica que la información genética en el cerebro humano expresada en bits probablemente es comparable al número total de conexiones entre las neuronas, alrededor de 100 billones, 1014 bits. Si se escribiera en español, aproximadamente, esa información llenaría unos veinte millones de volúmenes, tantos como los almacenados en las mayores bibliotecas del mundo. El equivalente a veinte millones de libros está dentro de la cabeza de cada uno de nosotros. "El cerebro es un lugar muy grande en un espacio muy pequeño", dijo Sagan. Continuó señalando que "la neuroquímica del cerebro es increíblemente compleja, los circuitos de la máquina más maravillosa que haya sido ideada por los humanos". Pero si esto es así, entonces ¿por qué el cerebro humano no necesita un Creador inteligente, como lo hace incluso la computadora más simple?

El argumento ontológico. El argumento ontológico abarca desde la concepción de un Ser Perfecto o Necesario hasta la existencia de dicho Ser. El primer filósofo conocido por haber desarrollado el argumento ontológico (aunque no el primero en llamarlo así) fue *Anselmo (1033-1109). En su forma más simple, argumenta desde la idea de Dios hasta la existencia de Dios. Hay dos formas del argumento: una de la idea de un Ser Perfecto y el otro de la idea de un Ser Necesario.

El Ser Perfecto. De acuerdo con esta declaración del argumento, el mero concepto de Dios como un

Ser absolutamente Perfecto exige que exista. En pocas palabras:

1. Dios es por definición un Ser absolutamente Perfecto.
2. Pero la existencia es una perfección.
3. Por lo tanto, Dios debe existir.

Si Dios no existiera, entonces le faltaría una perfección, es decir, la existencia. Pero si Dios careciera de cualquier perfección, entonces no sería absolutamente perfecto. Pero Dios es por definición un Ser absolutamente Perfecto. Por lo tanto, un Ser absolutamente Perfecto (Dios) debe existir.

Desde los tiempos de Immanuel *Kant (1724-1804), se ha aceptado ampliamente que esta forma del argumento no es válida ya que la existencia no es una perfección. Se argumenta que la existencia no añade nada al concepto de una cosa; simplemente da un ejemplo concreto de ella. El dólar en mi mente puede tener exactamente las mismas propiedades que el de mi billetera. Sin embargo, existe una segunda forma del argumento ontológico que no está sujeta a esta crítica.

El Ser Necesario. Anselmo argumentó que el concepto mismo de un Ser Necesario exige su existencia:

1. Si Dios existe, debemos concebirlo como un Ser Necesario.
2. Pero por definición, un Ser Necesario no puede no existir.
3. Por lo tanto, si un Ser Necesario puede existir, entonces debe existir.

Como no hay contradicción en la idea de un Ser Necesario, parece que se deduce que debe existir uno. Porque la idea misma de un Ser Necesario exige que debe existir. Porque si no existiera, entonces no sería una existencia necesaria.

Los críticos de este argumento señalan un problema: Esto es como decir que si hay triángulos, entonces deben tener tres lados. Por supuesto, puede que no haya ningún triángulo. Sin embargo, el argumento nunca pasa del "si" inicial. Nunca llega a probar la gran pregunta que dice responder. Simplemente asume, pero no prueba la existencia de un Ser Necesario. Solo dice que si un Ser Necesario existe, y esa es la pregunta sin respuesta, debe existir necesariamente, ya que es la única manera en que un Ser Necesario puede existir, si es que existe.

El argumento ontológico no puede probar la existencia de Dios, pero puede probar ciertas cosas sobre su naturaleza. Por ejemplo, Dios debe existir necesariamente, si es que existe. No puede dejar de existir o existir de manera supeditada.

El argumento de la Ley Moral. Las raíces del argumento moral de Dios se encuentran en Romanos 2:12-15, en el que se dice que la humanidad no tiene excusa ya que "llevan escrito en el corazón lo que la ley exige". Desde el tiempo de Kant, se ha expuesto este argumento de varias maneras. La forma más popular emana de C. S. *Lewis en su libro Mere Christianity [Mero Cristianismo]. El corazón del argumento sigue esta estructura básica:

1. Las leyes morales implican un Dador de Leyes Morales.
2. Hay una ley moral objetiva.
3. Por lo tanto, hay un Dador de Leyes Morales.

La primera premisa es evidente. Las leyes morales son diferentes de las leyes naturales. Las leyes morales no describen lo que es, sino que prescriben lo que debería ser. No se pueden conocer al observar lo que la gente hace. Son lo que todas las personas deben hacer, lo hagan o no.

El peso del argumento se basa en la segunda premisa: hay una ley moral objetiva. Es decir, hay una ley moral que no solo está prescrita por nosotros sino también para nosotros. En efecto, los humanos prescriben el comportamiento adecuado para otros humanos. La pregunta es si existe evidencia de una prescripción universal y objetiva que obliga a todos los humanos.

La evidencia de tal ley es fuerte. Está implícito en nuestros juicios que "el mundo está mejorando (o empeorando)". Cómo podríamos saberlo a menos de que hubiera alguna norma más allá del mundo por la cual pudiéramos medirlo. Declaraciones como "Hitler se equivocó" no tienen fuerza si se trata de una simple opinión o si los juicios morales de Hitler son correctos o incorrectos dependiendo de las normas culturales. Si estaba objetivamente equivocado, entonces debe haber una ley moral más allá de todos nosotros por la que todos estamos obligados. Pero si hay tal ley moral, universal y objetiva, entonces debe haber un Dador de Leyes morales universales (Dios).

El argumento de la necesidad religiosa. Mucha gente afirma no necesitar a Dios. Sigmund *Freud incluso consideró el deseo de creer en Dios como una ilusión. ¿Está el deseo de Dios basado en la realidad, o está basado en deseos humanos insatisfechos? ¿La base de la creencia en Dios es puramente psicológica, o es un hecho? Si los humanos sienten una necesidad de él, hay una buena evidencia de la existencia de Dios. Sin embargo, el deseo de Dios sí existe, no como un deseo psicológico, sino a partir de una necesidad existencial real. Esta necesidad, en sí misma, es una evidencia de la existencia de Dios.

De manera global, el argumento de la supuesta necesidad de Dios a su existencia es:

1. Los seres humanos realmente necesitan a Dios.
2. Lo que los humanos en realidad necesitan, probablemente en realidad existe.
3. Por lo tanto, Dios probablemente existe realmente.

Para que este argumento pueda sostenerse, la segunda premisa debe distinguirse de la afirmación de que lo que uno realmente necesita será encontrado. Uno puede realmente necesitar agua y morir de deshidratación. Sin embargo, eso es muy diferente a argumentar que uno realmente necesita agua, y que no hay agua en ninguna parte.

Parecería irracional creer que hay necesidades reales en el universo que no son satisfechas. Hay muchos deseos insatisfechos, pero suponer que hay necesidades insatisfechas es asumir un universo irracional. Del mismo modo, parece razonable asumir que, si los seres humanos realmente necesitan a Dios, probablemente haya un Dios, aunque no todos lo encuentren. Al igual que con otras necesidades insatisfechas en la vida, puede ser que algunos miren en el lugar o camino equivocado (cf. Pr 14:12).

Esto nos lleva a lo más importante del argumento: ¿Los seres humanos tienen una necesidad real de Dios, o es solo una necesidad emocional? Si hay una necesidad real, entonces ¿por qué no todos experimentan eso? Por ejemplo, la mayoría de los ateos afirman que no hay una verdadera necesidad de Dios.

Incluso los ateos necesitan a Dios. La literatura religiosa está llena de testimonios de creyentes que confiesan que realmente necesitan a Dios. El salmista escribió: "Cual ciervo jadeante en busca del agua, así te busca, oh Dios, todo mi ser" (Sal 42:1). Jeremías 29:13 declara: "Me buscarán y me encontrarán cuando me busquen de todo corazón". Jesús enseñó que "No solo de pan vive el hombre, sino de toda palabra que sale de la boca de Dios" (Mateo 4:4). *Agustín lo resumió bien cuando dijo que el corazón está inquieto hasta que encuentra su descanso en Dios.

Lo que con frecuencia los incrédulos no aprecian, es el hecho de que la necesidad sentida de Dios no se limita a la gente religiosa irreflexiva y poco crítica. Algunas de las mentes más brillantes, incluyendo los fundadores de la mayoría de las áreas de la ciencia moderna, confesaron su necesidad. No sorprende que esta lista incluya a los teólogos Agustín, Anselmo y Tomás de Aquino. Sino que también incluye a Galileo Galilei, Nicolás Copérnico, William Kelvin, Isaac Newton, Francis Bacon, Blaise *Pascal, René *Descartes, Gottfried *Leibniz, John *Locke, y Søren *Kierkegaard. Difícilmente se puede afirmar que la deficiencia intelectual los llevó a percibir la necesidad de Dios.

Lidiar con los sentimientos. Pero si Dios es una necesidad de todos, ¿por qué no todos reflejan esta necesidad? Sorprendentemente, hay pruebas de que lo hacen. Por ejemplo, tomemos el testimonio de los ateos y agnósticos en sus momentos más cándidos. Julián *Huxley, por ejemplo, admitió sinceramente un tipo de encuentro religioso:

El domingo de Pascua, temprano en la mañana, me levanté al amanecer, antes de que alguien más estuviera cerca, salí, corrí a un bosquecillo favorito, entré hasta donde sabía que crecía la cereza silvestre, y allí, en el rocío de primavera, recogí una gran cantidad de las cosas encantadoras, que traje de vuelta, con la sensación de que era una ofrenda aceptable, a la casa. Recuerdo haber hecho esto tres o cuatro Pascuas corriendo. Me gustaba la soledad y la naturaleza, y tenía pasión por las flores silvestres: pero esto era solo una base general. Pero cuando la santidad está en el aire, como en la Pascua, se tiene carta libre (Huxley, pág. 70).

Friedrich *Schleiermacher definió la religión como un sentimiento de absoluta dependencia del Todo (Schleiermacher, pág. 39). Y aunque Freud no quiso llamar religioso a este sentimiento, admite haber sentido tal dependencia. Paul Tillich definió la religión como un compromiso máximo (Tillich, págs. 7-8, 30). En este sentido de la palabra, la religión con la que la mayoría de los humanistas se comprometen es el humanismo. El Humanist Manifesto II [Manifiesto Humanista II] dice: "el compromiso con toda la humanidad es el compromiso más alto del cual somos capaces" (Kurtz, pág. 23). Esto es, tomando prestada la frase de Tillich, un "compromiso máximo". John *Dewey definió lo religioso como cualquier ideal perseguido con gran convicción por su valor general y duradero. En este sentido, el humanismo ciertamente implica una experiencia religiosa.

Erich Fromm estaba dispuesto incluso a usar la palabra Dios como el sentimiento de compromiso máximo con toda la humanidad. Y aunque deseaba desvincularse de lo que llamaba creencias "autoritarias", admitió, en efecto, que sus creencias humanistas eran religiosas. Sentía que su devoción a la humanidad como un todo era una devoción religiosa. Al objeto humanista de esa devoción lo llamó "Dios" (Fromm, págs. 49, 54, 87). El existencialista judío Martin Buber dijo que la palabra Dios es la más cargada en nuestro vocabulario, pero insistió en que, al amar a otras personas, uno ha cumplido con sus obligaciones religiosas personales (Buber, I and Thou [Yo y Tú], pág. 55).

Incluso los humanistas ateos (ver Humanismo, Secular) que niegan tener cualquier experiencia religiosa, admiten con frecuencia que alguna vez la tuvieron. Jean-Paul *Sartre cuenta experiencias de su infancia.

Escribió: "Sin embargo, yo creía. En mi camisón, arrodillado en la cama, con las manos juntas, oraba mis oraciones todos los días, pero cada vez pensaba menos en Dios" (Sartre, pág. 102). Bertrand *Russell admitió que una vez creyó en Dios; también lo hizo Friedrich *Nietzsche.

La religión secular. Ya sea la experiencia pasada o presente de la devoción a Dios, al "Todo" o a la humanidad, muchos humanistas admiten algún tipo de experiencia que se llamaría "religiosa". Y aunque el Humanist Manifesto I [Manifiesto Humanista I] apela a renunciar a la creencia en cualquier forma de ser extraterrestre (ver Kurtz, págs. 14-16), muchos humanistas ateos sí insisten en que no han abandonado la religión. De hecho, la necesidad religiosa es tan grande, incluso en los humanistas, que Augusto *Comte estableció un culto humanista con él mismo como el sumo sacerdote. En el sentido en que se define actualmente la palabra religioso por los diccionarios, filósofos, teólogos y los propios humanistas, el humanismo es una religión.

Debido a una interesante serie de eventos, la Corte Suprema de los Estados Unidos ha llegado a reconocer al humanismo secular como una religión. Su fallo en el caso Estados Unidos vs. Kauten (1943) permitió la exención del servicio militar obligatorio sobre la base de la objeción de conciencia, incluso si la persona no creía en una deidad. El Tribunal del Segundo Circuito declaró: "[La objeción de conciencia] puede justamente considerarse como una respuesta del individuo a un mentor interior, llámese conciencia o Dios, que es para muchas personas en la actualidad el equivalente de lo que siempre se ha considerado un impulso religioso" (Whitehead, 10).

En 1961, el Tribunal Supremo dictaminó en el caso Torcaso vs. Watkins que no es necesario creer en Dios para tener derechos religiosos en virtud de la Primera Enmienda. Nombra al humanismo secular como tal religión.

En 1965, la Corte Suprema en Estados Unidos vs. Seeger dictaminó que toda creencia es válida si es "sincera y significativa [y] ocupa un lugar en la vida de su poseedor paralelo al que ocupa la creencia ortodoxa en Dios" (ibid., pág. 14). Tras consultar al teólogo Tillich, la Corte definió la religión como una creencia "basada en un poder o un ser o en una fe, a la que todo lo demás está subordinado o de la que todo lo demás depende en última instancia" (ibid.).

En un artículo muy revelador de la revista Humanist Magazine (1964), se señalaron varios puntos débiles al respecto. En el artículo "¿Qué tiene de malo el humanismo?" se critica al movimiento de ser demasiado intelectual y casi "clínicamente separado de la vida". El autor sugiere que para llegar a las masas con su mensaje, se debe hacer un esfuerzo para desarrollar una Biblia humanista, un himnario humanista, diez mandamientos para los humanistas, e incluso ¡prácticas confesionales! (testimonios).

Además, "el uso de técnicas hipnóticas, música y otros dispositivos psicológicos, durante los servicios humanistas daría a la audiencia esa profunda experiencia espiritual y saldrían renovados e inspirados con su fe humanista" (citado en Kitwood, pág. 49). Rara vez los humanistas hablan tan libremente de las deficiencias psicológicas de su sistema y de la necesidad de tomar prestadas las prácticas cristianas para rectificarlas.

Debilidades de la religión humanista. T. M. Kitwood ha resumido las deficiencias al observar que el humanismo secular "no evoca una respuesta de toda la persona, intelecto, voluntad y emoción".

Además, los humanistas "carecen de originalidad cuando hacen declaraciones positivas sobre la vida del hombre y descienden fácilmente a lo trivial" (Kitwood, pág. 48).

Otra debilidad del humanismo puede ser que falla en lidiar con la naturaleza humana. Algunos humanistas han reflejado una increíble ingenuidad sobre la vida. John Stuart *Mill escribió que su padre "sentía que todo se ganaría si a toda la población se le enseñaba a leer" (ibid., 50). Incluso Russell pensó que "si pudiéramos aprender a amar a nuestro prójimo, el mundo se convertiría rápidamente en un paraíso para todos nosotros" (ibid.). Finalmente, Kitwood acusa a los humanistas de ser "un cuerpo aristocrático, y como tal, aislado de algunas de las más terribles realidades de la vida" (ibid., pág. 51). Una conclusión surge claramente: El humanismo secular no está a la altura de las realidades psicológicas de la vida. William *James señaló en su tratamiento clásico sobre la experiencia religiosa que aquellos que prenden fuego a este mundo son ellos mismos prendidos fuego desde otro mundo. Son los santos, no los secularistas. Ellos creían en un mundo sobrenatural que el humanismo secular niega (James, 290).

Aunque los humanistas seculares con frecuencia confiesan tener experiencias religiosas, incluso místicas, niegan que estas involucren a un Dios personal. Pero esto es inadecuado, en primer lugar, porque su experiencia es extrañamente personal por no tener un objeto personal. Hablan de "lealtad", "devoción" y "amor" como valores básicos. Pero estos son términos que solo cobran sentido cuando tienen un objeto personal. Por ejemplo, ¿quién puede enamorarse del teorema de Pitágoras? ¿O quién se sentiría religiosamente conmovido por la exhortación "Prepárate para conocer tu $E = MC^2$?". Como Elton *Trueblood observó perspicazmente: "La alegría y el asombro que los hombres sienten en la búsqueda de la verdad, incluyendo la calidad de sentimiento de aquellos científicos que se consideran a sí mismos como materialistas es el mismo tipo de sentimiento que conocemos mejor cuando hay una comunicación real entre dos mentes finitas" (Trueblood, pág. 115).

Solo un objeto personal puede satisfacer realmente la devoción personal. Tal vez esto es lo que explica la falta de una experiencia religiosa satisfactoria entre los humanistas. Julian *Huxley dijo que su experiencia religiosa se volvió más tenue con los años. Escribió: "Desde los quince o dieciséis años estaba acostumbrado a que esos momentos me llegaran de forma natural [...] pero ahora [...] se revelaron en medida decreciente y (aunque a veces con gran intensidad) de forma más fugaz" (Huxley, pág. 77). Sartre confesó que sus experiencias religiosas cesaron cuando descartó a Dios de su vida. Dijo: "Me resultaba más difícil deshacerme de Él ya que se había arraigado profundamente en mi mente [...] tomé al Espíritu Santo de lo más profundo y lo eché; el ateísmo es un asunto cruel y de largo alcance; creo que lo he logrado" (Sartre, págs. 252-53). La confesión de Sartre de la dificultad e incluso la crueldad de la vida sin Dios no debería sorprender a nadie que realmente entiende a la persona humana. La satisfacción se origina en lo personal. Los seres humanos se sienten realizados en lo que Buber llamó una experiencia de "Yo-Tú", no una experiencia de "yo-eso". Es decir, las personas se satisfacen mejor por personas (sujetos), no por cosas (objetos). Por lo tanto, no es extraño que una experiencia religiosa personal no va a estar plenamente satisfecha en nada menos que un objeto personal.

Tillich reconoció que no todos los grandes compromisos eran para algo grandioso. De hecho, creía que estar comprometido con lo que es menos que lo grandioso es idolatría (ver Tillich, pág. 57). Buber señaló que los ídolos pueden ser tanto mentales como de metal (Buber, Eclipse of God [Eclipse de Dios], pág. 62). Al combinar estas dos ideas de sus propios pensadores, podemos notar que cuando los humanistas hacen de algún ideal u objetivo finito el objeto de su compromiso religioso, son idólatras.

Los humanistas reconocen que la vida humana es mortal. La raza puede ser aniquilada o extinguida. Entonces, ¿por qué los humanistas tratan a la humanidad como eterna? ¿Por qué hay un compromiso inquebrantable con lo que está cambiando e incluso pereciendo, producto de un proceso evolutivo ciego? ¿No es el colmo de la arrogancia humanista que la humanidad se otorgue divinidad a sí misma? Esa ilimitada devoción que los humanistas dan a la humanidad se debe solo al Infinito. La única cosa digna de un compromiso máximo es lo Grandioso.

La necesidad confesada del ateo. Uno de los indicios más fuertes de que los seres humanos necesitan a Dios se encuentra en los mismos hombres que niegan la necesidad de Dios. La necesidad confesada de los humanistas ateos es testimonio elocuente para este punto.

Nietzsche lamentó su intolerable soledad como otros poetas que creían en Dios. Él escribió: "Tengo ante mí las imágenes de Dante y Spinoza, que eran mejores aceptando la suerte de soledad [...] y al final, para todos aquellos que de alguna manera todavía tenían un 'Dios' como compañía [...] Mi vida ahora consiste en el deseo de que pueda ser de otra manera [...] y que alguien pueda hacer que mis 'verdades' parezcan increíbles para mí" (Nietzsche, pág. 441).

Sartre admitió su propia necesidad personal de religión, diciendo: "Necesitaba a Dios". Añadió: "Me acerqué a la religión, la anhelaba, era el remedio. Si se me hubiera negado, la habría inventado yo mismo" (Sartre, págs. 97, 102). El ateo francés Alberto *Camus añadió: "Nada puede calmar el apetito por la divinidad en el corazón del hombre" (The Rebel [El rebelde], pág. 147). Freud socavó la base de la realidad de Dios, pero admitió que él también compartía el sentido de Schleiermachean de dependencia absoluta. Admitió que experimentó "un sentido de la insignificancia e impotencia del hombre frente al universo" (Freud, Future of an Illusion [El porvenir de una ilusión], pág. 57). Freud admitió además que este sentido de dependencia absoluta es ineludible y la ciencia no puede superarlo.

La misma necesidad de lo divino se dramatiza en Waiting for Godot [Esperando a Godot] de Samuel Beckett, una obra con un título que recuerda la frase de Martin Heidegger "esperando a Dios". Las novelas de Franz Kafka expresan la inutilidad de los intentos solitarios y persistentes de encontrar alguna otredad cósmica significativa. Walter Kaufmann llega al punto de confesar: "La religión está enraizada en la aspiración del hombre a trascenderse a sí mismo [...] Ya sea que adore ídolos o se esfuerce por perfeccionarse, el hombre es el simio intoxicado por Dios" (Kaufmann, págs. 354-55, 399).

Del mismo modo, otros no-creyentes como Julian *Huxley han tomado una actitud positiva hacia las aparentemente incurables necesidades religiosas del hombre. Huxley habló de "la posibilidad de disfrutar de experiencias de éxtasis trascendental, físico o místico, estético o religioso [...] de alcanzar la armonía y la paz interior, que pone al hombre por encima de los cuidados y preocupaciones de la vida cotidiana" (citado en Kitwood, pág. 38). ¿Qué es esto sino otra descripción de alcanzar a un Dios?

Si la necesidad de Dios es tan erradicable, incluso

en los humanistas, ¿por qué tantos parecen incapaces de vivir sin Dios? Algunos han sugerido que el no creyente es inconsistente en este punto. La filosofía atea (ver Ateísmo) de John Cage lo llevó al suicidio cuando intentó vivir de forma puramente aleatoria. Por otro lado, Jackson Pollock eligió ser inconsistente y vivir. Su hobby eran las setas, y sabiamente decidió no abordar la cuestión de cuáles son venenosas de manera aleatoria, como era su visión del mundo.

En una franca entrevista con el Chicago Sun Times, Will Durant admite que el hombre común se derrumbará moralmente si piensa que no hay Dios. Pero "un hombre como yo", dijo Durant, "sobrevivo moralmente porque conservo el código moral que me enseñaron junto con la religión, mientras que he descartado la religión, que era el catolicismo romano". Durant continuó, "Tú y yo estamos viviendo en una sombra [...] porque estamos operando en el código ético cristiano que se nos dio, no fusionados con la fe cristiana [...] Pero ¿qué les pasará a nuestros hijos [...]? No les estamos dando una ética basada en una fe religiosa. Están viviendo a la sombra de una sombra" (Durant, 1B:8).

Es difícil vivir en una sombra y más aún vivir en la sombra de una sombra. Pero es precisamente aquí donde los humanistas intentan vivir sin Dios.

Muchas veces la ética o la estética se convierte en un sustituto de Dios, pero incluso esto es satisfactorio solo en la medida en que se apoya en alguna creencia en Dios. Como señaló Martin Marty, el ateísmo "ocurre y puede ocurrir solo cuando la creencia existe o ha existido. [Esto] explica por qué el ateísmo [...] es en sí mismo una prueba, por su carácter invariablemente polémico" (Marty, págs. 119-20). Quien intenta derrocar todo, incluso las sombras estéticas y éticas, encuentra con Camus que "para quien está solo, sin Dios y sin amo, el peso de los días es espantoso" (Camus, The Fall [La caída], pág. 133).

Sartre consideró el ateísmo "cruel", Camus "espantoso" y Nietzsche "enloquecedor". Los ateos que consistentemente tratan de vivir sin Dios tienden a suicidarse o a volverse locos. Aquellos que son inconsistentes viven en la sombra ética o estética de la verdad cristiana mientras niegan la realidad que hizo la sombra. Sin embargo, los creyentes y no creyentes evidencian una necesidad definitiva de Dios. Viktor Frankl, en The Unconscious God [La presencia ignorada de Dios], sostiene que "el hombre siempre ha estado en una relación intencional con la trascendencia, aunque solo sea a nivel inconsciente". En este sentido, señala que todos los hombres buscan al "Dios Inconsciente" (citado en Macdonald, pág. 43).

El argumento de la alegría. C. S. *Lewis desarrolló un argumento a partir de la alegría o la anticipación de la dicha celestial. Este argumento fue expuesto por Lewis en Mere Christianity [Mero cristianismo] (pág. 12), The Problem of Pain [El problema del dolor] (pág. 133), y Surprised by Joy [Cautivado por la alegría] (págs. 16-18). Fue defendido por Peter Kreeft en Handbook of Christian Apologetics [Manual de apologética cristiana] y Heaven: The Heart's Deepest Longing [El Cielo: El anhelo más profundo del corazón].

El argumento de la alegría es el siguiente: Las criaturas no nacen con deseos a menos que exista la satisfacción para estos deseos. Un bebé siente hambre; la comida puede satisfacerla. Un patito quiere nadar; el agua satisface su necesidad. Los hombres y mujeres sienten deseo sexual; las relaciones sexuales satisfacen ese deseo. Si me encuentro con un deseo que ninguna experiencia en este mundo puede satisfacer, probablemente fui hecho para otro mundo. Si ningún placer terrenal satisface la necesidad, no significa que el universo sea un fraude. Probablemente los placeres terrenales nunca estuvieron destinados a satisfacerlo sino solo a despertarlo (Lewis, Surprised by Joy, pág. 120).

La lógica del argumento de la alegría. La lógica del argumento de la alegría va así:

1. Todo deseo natural innato tiene un objeto real que puede satisfacerlo.
2. Los seres humanos tienen un deseo natural e innato de *inmortalidad.
3. Por lo tanto, debe haber una vida inmortal después de la muerte.

En defensa de la primera premisa, se argumenta que "si hay hambre, hay comida; si hay sed, se bebe; si hay eros, sexo; si existe la curiosidad, conocimiento; y si hay soledad, sociedad" (Kreeft, Handbook of Christian Apologetics, pág. 250). La naturaleza se apresura a llenar un vacío. La segunda premisa se respalda en la apelación a un misterioso anhelo que difiere de todos los demás de dos maneras. Primero, su objeto es indefinible e inalcanzable en esta vida. Segundo, la mera presencia de este deseo en el alma se siente más preciosa y alegre que cualquier otra satisfacción. Por muy inadecuadamente que lo expresemos, lo que anhelamos es el paraíso, el cielo o la eternidad (ibid.). Incluso los ateos experimentan este anhelo.

Si estas premisas son verdaderas, entonces hay "más" que esta vida; hay una vida por venir. El hecho de que nos quejemos de este mundo, del dolor y de la muerte, pero nunca de la eternidad, revela un deseo profundamente arraigado de ella. Puede que nunca lo alcancemos, pero esto no refuta su existencia; así como la soltería no prueba que no haya felicidad marital o que el hambre no prueba que no haya tal cosa como la comida (ibid.).

Evaluación. Este argumento no es lógicamente irrefutable. Pocos, si es que alguno de los argumentos lo es. Sin embargo, tiene una cierta fuerza existencial que no se puede negar. Incluso los grandes incrédulos han admitido un anhelo por Dios. El famoso incrédulo, Bertrand *Russell, admitió en una carta a Lady Otto: "Incluso cuando uno se siente más cercano a otras personas, algo en uno parece obstinadamente pertenecer a Dios, y rehusar entrar en cualquier comunión terrenal, al menos así es como debería expresarlo si pensara que hay un Dios. Es extraño, ¿no? Me preocupo apasionadamente por este mundo y por muchas cosas y personas en él, y sin embargo [...] ¿para qué sirve todo esto? Debe haber algo más importante, uno lo siente, aunque no creo que lo haya" (Russell, págs. 125-26).

Por supuesto, es posible que el universo sea irracional, que se esté burlando de nuestras necesidades más básicas. Pero hay algo en uno que se niega a aceptarlo. El deseo de alegría puede ponerse en duda, pero es más difícil de erradicar.

Conclusión. Pocos teístas basarían sus argumentos a favor de Dios en uno solo. Cada argumento parece demostrar un atributo diferente de Dios junto con su existencia. Por ejemplo, el argumento cosmológico muestra que Dios es infinitamente poderoso, el argumento teleológico revela que es inteligente, el argumento moral demuestra que es moral, y, si existe, el argumento ontológico muestra que es un Ser Necesario.

Algunos teístas ofrecen otros argumentos para la existencia de Dios, como el argumento de la necesidad religiosa o el argumento de la experiencia religiosa (ver Apologética experiencial). La mayoría de los no teístas afirman que no necesitan a Dios, no obstante, sus propios escritos y experiencias traicionan su posición. Pero si hay una necesidad real de Dios, es mucho más razonable creer que hay un Dios real que puede realmente satisfacer esta necesidad real.

Fuentes

Anselmo, *Basic Writings: Proslogium* [Escritos básicos: Proslogion].

T. Aquino, *Summa Theologica* [Suma teológica].

M. J. Behe, *Darwin's Black Box* [La caja negra de Darwin].

M. Buber, *Eclipse of God* [Eclipse de Dios].

———, *I and Thou* [Yo y tú].

A. Camus, *The Fall* [La caída].

———, *The Rebel* [El hombre rebelde].

W. Durant, *Interview, Chicago Sun-Times* [Entrevista, Chicago Sun-Times].

V. E. Frankl, *The Unconscious God* [La presencia ignorada de Dios].

S. Freud, *Future of an Illusion* [El porvenir de una ilusión].

E. Fromm, *Psychoanalysis and Religion* [Psicoanálisis y religión].

S. Hawking, *A Brief History of Time* [Breve historia del tiempo].

F. Hoyle, *The Intelligent Universe* [El universo inteligente].

J. Huxley, *Religion without Revelation* [Religión sin revelación].

W. James, *The Varieties of Religious Experiences* [Las variedades de las experiencias religiosas].

R. Jastrow, *God and the Astronomers* [Dios y los astrónomos].

———, *"A Scientist Caught between Two Faiths"* [Un científico atrapado entre dos fes].

W. Kaufmann, *Critique of Religion and Philosophy* [Crítica de la religión y filosofía].

T. M. Kitwood, *What Is Human?* [¿Qué es un ser humano?].

P. Kreeft, *Heaven: The Heart's Deepest Longing* [El cielo: el anhelo más profundo del corazón].

P. Kreeft y R. K. Tacelli, *Handbook of Christian Apologetics* [Manual de apologética cristiana].

P. Kurtz, ed., *Humanist Manifestos I and II* [Manifiestos Humanistas I y II].

C. S. Lewis, *Mere Christianity* [Mero cristianismo].

———, *The Problem of Pain* [El problema del dolor].

———, *Surprised by Joy* [Cautivado por la alegría].

M. Macdonald, *"The Roots of Commitment"* [Las raíces del compromiso].

M. E. Marty, *Varieties of Unbelief* [Variedades del escepticismo].

S. C. Meyer, *Signature in the Cell* [La firma está en la célula].

F. Nietzsche, *The Portable Nietzsche* [El Nietzsche portable].

H. Ross, *The Fingerprint of God* [La huella de Dios].

B. Russell, *The Autobiography of Bertrand Russell*. [La autobiografía de Bertrand Russell]

C. Sagan, *Cosmos* [Cosmos].

A. Sandage, *"A Scientist Reflects on Religious Belief"* [Reflexiones de un científico sobre la creencia religiosa].

J.-P. Sartre, *The Words* [Las palabras].

F. Schleiermacher, *On Religion* [Sobre la religión].

P. Tillich, *Ultimate Concern* [La máxima preocupación].

D. E. Trueblood, *Philosophy of Religion* [La filosofía de la religión].

S. Weinberg, *Dreams of a Final Theory* [El sueño de una teoría final].

J. Whitehead y J. Conlan, *"The Establishment of the Religion of Secular Humanism and Its First Amend-*

ment Implications" [El establecimiento de la religión del humanismo secular y sus implicaciones de la primera enmienda].

Dios, Hablar de. *Ver* ANALOGÍA, PRINCIPIO DE.

Dios, Naturaleza de. *La teología natural trata sobre lo que se puede observar de la existencia (ver Argumento cosmológico; KALAM, Argumento cosmológico) y la naturaleza de Dios por la razón natural (ver Revelación general), aparte de cualquier revelación sobrenatural (ver Revelación especial). Según los teístas cristianos clásicos (ver Teísmo), como *Tomás de Aquino (1225-74), todos los atributos metafísicos esenciales de Dios se pueden conocer por la razón natural. Esto incluye la aseidad de Dios, la inmutabilidad, la eternidad, la sencillez, la unidad, el infinito, y la moralidad.

Dios, Necesidad de. *Ver* DIOS, EVIDENCIAS A FAVOR DE.

Dios, Objeciones a las pruebas de. La mayoría de las objeciones tradicionales a los argumentos de la existencia de Dios se desarrollaron a partir de cuestiones planteadas por primera vez por David *Hume y Immanuel *Kant. Algunas de ellas se tratan más a fondo bajo el marco apologético específico con el que se relacionan, como el *argumento moral, el *argumento ontológico y el *argumento teológico. Esta perspectiva enumera argumentos y objeciones a la existencia de Dios. Estas son respuestas a los puntos planteados por los apologetas cristianos. Los argumentos en contra de la existencia de Dios planteados por los propios no teístas se discuten en Dios, Supuestas contradicciones de.

Solo las causas finitas son necesarias para los seres finitos. El argumento *cosmológico razona desde un efecto finito a una Causa infinita (Dios). Aquellos que insisten en que todo lo que se necesita para dar cuenta de un efecto finito es una causa finita, desafían esta conclusión. Plantear una Causa infinita es una exageración metafísica.

Sin embargo, todo ser o efecto finito es limitado, y todo ser limitado solo se explica adecuadamente si fue causado por algún Ser que no es limitado. La primera Causa es el limitador ilimitado de todo lo limitado. Si esta Causa fuera limitada (es decir, causada), necesitaría una causa más allá de sí misma por la cual fundamentar su existencia limitada. Inevitablemente, todo ser limitado es causado. Pero la Realidad Pura, o Existencia como tal, es ilimitada. Además, la Realidad que proporciona los límites para todo lo demás que se materializa debe ser en sí misma ilimitada en su existencia. La primera Causa debe ser no causada, y una Causa No Causada debe ser la Causa ilimitada o infinita de todo lo demás.

No hay significado para un Ser Necesario. Se recomienda que los términos Ser Necesario y Causa No Causada no tengan significado, ya que nada en nuestra experiencia corresponde a ellos. Esta no es una objeción válida. La misma oración "Un Ser Necesario no tiene sentido" no tiene sentido a menos que las palabras Ser Necesario puedan definirse. La afirmación es contraproducente.

No hay nada incoherente entre tales términos si no son contradictorios. Sabemos lo que significa contingente, y necesario es lo contrario, es decir, "no contingente". Los significados de estos términos son derivados de su relación con lo que depende de ellos. Y estos significados son dobles: Primero, los términos necesario e infinito son negativos. Necesario significa "ser sin contingencia". Infinito significa "no finito". Sabemos lo que significan estas limitaciones por experiencia, y, por el contrario, sabemos que Dios no tiene ninguna de ellas. Un término negativo no denota un atributo negativo. No es la afirmación de nada; es más bien la negación de toda contingencia y limitación en la primera Causa. El contenido positivo de lo que Dios es se deriva del principio causal. Él es Realidad porque él causa toda la realidad. Él es el Ser ya que él es la Causa de todos los seres. Sin embargo, como Causa de todos los seres, su ser no puede ser causado. Como la Base de todo ser contingente, él debe ser un Ser Necesario (no contingente).

La Causalidad es improbable. Dado que todas las formas del argumento cosmológico dependen del principio de causalidad (ver Causalidad, Principio de), fracasaría sin el principio. Pero, ¿puede probarse ese principio? Normalmente pensamos que es obvio, basado en la experiencia. Pero la experiencia puede ser una ilusión. Todo lo que no se basa en la experiencia es simplemente una tautología, es decir, cierto solo por definición y por lo tanto no es una prueba en sí misma.

Esta crítica surge del atomismo epistemológico de Hume: que todas las impresiones empíricas son "completamente sueltas y separadas". Hume creía que la necesaria conexión causal no podía establecerse empíricamente de una experiencia sensata. Pero la causalidad se respalda en la necesidad metafísica. Necesitamos no solo confiar en la observación empírica. El mismo Hume nunca negó que las cosas tienen una causa para su existencia. Dijo: "Nunca he afirmado una proposición tan absurda como para que algo pueda surgir sin una causa" (Hume, Letters [Cartas], 1:187).

Sería ontológicamente desacertado suponer que algo podría surgir de la nada. El principio de causalidad usado por *Tomás de Aquino es que "todo ser limitado tiene una causa para su existencia". Este principio se basa en la realidad fundamental de que la inexistencia no puede causar la existencia; nada no puede producir algo. Se necesita un productor para producir (ver Causalidad, Principio de).

La necesidad de una causa de la existencia está enraizada en la naturaleza de los seres finitos y cambiantes como compuestos de existencia (realidad o hechos) y esencia (potencialidad o potencia). La existencia como tal es ilimitada; toda existencia limitada está siendo limitada por algo distinto de la existencia misma (este factor limitante se llamará "esencia"); lo que está siendo limitado está siendo causado, ya que ser limitado en existencia es ser causado para ser de cierta forma finita. Una existencia limitada es una existencia causada.

Más bien, todos los seres limitados son seres compuestos, compuestos de existencia y esencia. Su esencia limita el tipo de existencia que pueden tener. De la misma manera, un Ser ilimitado es un Ser no compuesto (es decir, un Ser Simple). Tal Ser no tiene una esencia limitante como tal. Su esencia es idéntica a su existencia ilimitada. Por lo tanto, la necesidad de causalidad se deriva de un análisis de lo que es un ser finito. Al examinarlo, el ser finito se ve como un ser causado, y el ser causado debe tener una causa.

Las contradicciones resultan de la causalidad. Muchos no teístas malinterpretan el principio de causalidad. Asumen que el principio insiste en que "cada cosa tiene una causa". Si esto fuera cierto, se deduce que uno nunca debe dejar de buscar una causa, incluso para Dios. Sin embargo, el principio no debería ser declarado: "Todo ser tiene una causa". Más bien, es "Todo ser finito y contingente tiene una causa". De esta manera no hay contradicción entre una Primera Causa, que no es contingente, y el principio de causalidad, que sostiene que todos los seres finitos necesitan una causa. Una vez que se llega a un Ser infinito y Necesario, no hay necesidad de buscar otra causa. Un Ser Necesario explica (fundamenta) su propia existencia. Existe porque debe existir. No puede no existir. Solo lo que no puede existir (es decir, un ser contingente) necesita una explicación. Preguntarle a un Ser Necesario por qué existe es como preguntar por qué la necesidad debe ser necesaria, o por qué los círculos deben ser redondos.

Es posible una serie infinita de causas. Una objeción al argumento cosmológico es que una Primera Causa es innecesaria porque una serie infinita de causas es posible. Las series infinitas son comunes para las matemáticas.

La sugerencia de una serie infinita se plantea solo en la forma horizontal (kalam) del argumento cos-

mológico (ver KALAM, Argumento cosmológico). En la forma vertical de Tomás de Aquino, la primera causa fuera de un ser finito, contingente, cambiante debe ser infinito y sin causa (ver Dios, Evidencias a favor de). Esto es así porque todo ser finito necesita una causa. Por lo tanto, un ser finito no puede causar la existencia de otro. No puede haber ni siquiera un vínculo intermedio entre el Creador y sus criaturas. La misma Primera Causa fuera de los seres cuya existencia se está realizando debe ser el Realizador del ser.

Matemáticamente, las series infinitas son posibles, pero no las reales. Las primeras son abstractas; las segundas son concretas. Es posible tener un número infinito de puntos en una línea de esta página. Pero no se puede obtener un número infinito de letras en esta línea, por muy pequeñas que sean (ver Series infinitas). Los puntos son entidades abstractas o teóricas; unas series de causas de existencia está compuesta por entidades reales. Un número infinito de las primeras es posible pero no de las segundas. La razón de esto es simple: No importa cuántos dominós uno tenga en una línea, se podría añadir uno más. Pero es imposible sumar un número infinito.

Además, no es posible una serie infinita de causas simultáneas y existencialmente dependientes. Debe haber un fundamento aquí y ahora para una serie de causas simultáneas, ninguna de las cuales tendría, de otra manera, un fundamento para su existencia. Un retroceso infinito sin fundamento equivale a afirmar que la existencia en la serie surge de la inexistencia, ya que no hay causa en la serie que tenga un fundamento real para su existencia. O, si una causa en la serie fundamenta la existencia de los otros, entonces debe ser la Primera Causa, pero entonces la serie no es infinita. De lo contrario, la causa origina su propia existencia, mientras que está causando la existencia de todo lo demás en la serie. Eso es imposible.

El argumento ontológico es inválido. Immanuel *Kant creía que la prestidigitación ontológica introducía un Ser Necesario en cada argumento cosmológico. Tal movimiento argumenta inválidamente de la experiencia a la necesidad. Esta crítica no es aplicable a la forma metafísica del argumento cosmológico (ver Argumento cosmológico; Tomás de Aquino).

Dado que el argumento cosmológico comienza con la existencia, no con el pensamiento, no tiene que introducir la existencia en la ecuación. La primera premisa es: "Algo existe". No hay un comienzo para "aquello de lo que no se puede concebir nada más grande", por el cual *Anselmo comenzó su argumento ontológico.

El argumento cosmológico procede con principios basados en la realidad, no en el pensamiento. Son principios ontológicamente fundamentados, más que ideas racionalmente ineludibles. Se basa en verdades metafísicas que "nada no puede causar algo" en vez de la afirmación racional de que "todo debe tener una razón suficiente" (ver Razón suficiente, Principio de). El argumento concluye con "La Realidad Pura es la causa de la existencia para toda la existencia limitada" en vez de con "un Ser que lógicamente no puede no ser".

La necesidad es un concepto puramente lógico. Una objeción es que el principio de necesidad se aplica solo a las construcciones o ideas lógicas, no a la existencia de la vida real. De hecho, se hace mal uso de necesario al "Ser Necesario" del argumento cosmológico.

Este argumento falla porque la objeción es contraproducente. O bien la afirmación "la necesidad no se aplica a la vida real" es en sí misma una declaración sobre la existencia, o bien no lo es. Si es una declaración sobre la existencia, es contraproducente, ya que afirma ser necesaria, así como de la realidad, mientras que dice que no se pueden hacer declaraciones necesarias sobre la realidad. Si se trata de un simple metastatement, o de una declaración sobre declaraciones (y no realmente una declaración sobre la realidad), entonces no es informativa sobre qué tipo de declaraciones pueden o no hacerse sobre la realidad.

Esta crítica también plantea la pregunta. Los críticos afirman "saber" que la necesidad no se aplica al ser porque no hay un Ser Necesario. No hay una forma válida de antemano, mientras se mira el argumento de la existencia de Dios, para saber si existe un Ser Necesario. El concepto no es contradictorio. Simplemente significa no contingente, que es una idea coherente. Pero si no hay una forma a priori para saber que un Ser Necesario no puede existir, entonces es posible que la necesidad se pueda aplicar realmente al ser, si un Ser Necesario realmente existe.

Contradicciones metafísicas. Kant ofreció varias supuestas contradicciones o antinomias que pensó que resultan de aplicar la argumentación cosmológica a la realidad. Al menos tres de estas antinomias son aplicables al argumento cosmológico.

La antinomia sobre el tiempo. Si asumimos que el tiempo es aplicable a la realidad, parece resultar una contradicción de que el mundo es tanto temporal como eterno. Tesis: El mundo debe haber comenzado en el tiempo, o de lo contrario una infinidad de momentos han pasado antes de que empezara, y esto es imposible (ya que una infinidad de momentos nunca pueden ser completados). Antítesis: El mundo no podría haber comenzado en el tiempo, porque eso implica que hubo un tiempo antes de que el tiempo comenzara, y esto es contradictorio.

La perspectiva de Kant sobre el tiempo es incorrecta. El tiempo no es un continuo de momentos sucesivos que existen sin principio ni fin. Por lo tanto, la creación no comenzó en el tiempo que ya estaba allí; la creación fue el comienzo del tiempo. Lo único "anterior" al tiempo es la eternidad, y la eternidad es anterior de manera causal, no temporal.

Además, este argumento pasa por alto la posibilidad de una creación eterna, que algunos teístas, como Aquino, pensaban que era filosóficamente posible. En cualquier caso, la objeción de Kant, de ser válida, acusaría solo a la forma horizontal (kalam) del argumento cosmológico (ver KALAM, Argumento cosmológico). No toca la forma vertical del argumento basado en una causa de la existencia aquí y ahora. Este tipo de argumento cosmológico no depende de una perspectiva específica sobre el origen de la creación, sino solo su conservación en existencia presente. El mundo finito exige una causa en este momento, independientemente de si comenzó en el tiempo o es eterno.

La antinomia de la causalidad. Se acusa a los teístas de argumentar que el mundo tiene una Primera Causa y a la vez que no tiene una Primera Causa. Tesis: No todas las causas tienen una causa o una serie de causas no empezarían a causar como de hecho lo hacen. Antítesis: Una serie de causas no puede tener un comienzo, ya que todo exige una causa. Por lo tanto, la serie debe continuar infinitamente.

La antítesis de este supuesto dilema es incorrecta al afirmar que toda causa necesita una causa. Según el principio de causalidad (ver Causalidad, Principio de), solo las cosas finitas y contingentes necesitan causas. Por lo tanto, la Causa del ser finito no es finita. Solo las causas finitas necesitan una causa; la primera Causa no causada no necesita causa, porque no es finita.

La antinomia de la contingencia. Kant insiste en que todo debe ser a la vez contingente y no contingente, si suponemos que estos conceptos son aplicables a la realidad. Tesis: No todo es contingente o sino no habría una condición para la contingencia. El dependiente debe depender de algo que no es dependiente. Antítesis: Todo debe ser contingente, ya que la necesidad es aplicable solo a los conceptos, no a las cosas.

Esta objeción falla porque no hay forma de negar que la necesidad puede aplicarse a la realidad sin hacer una declaración necesaria sobre la realidad. Solo una contradicción ontológica podría establecer el punto de Kant. Y las contradicciones ontológicas (ver Dios, Supuestas contradicciones de) son autodestructivas. Además, el argumento cosmológico ya ha concluido que algo existe necesariamente. La validez de este argumento es la refutación del argumento de Kant de que la necesidad no es aplicable a la existencia.

El argumento cosmológico no prueba a un Dios teísta. Se objeta que el argumento cosmológico no prueba un Dios teísta. Hay muchos otros conceptos de Dios además del *teísmo (ver Cosmovisión). Esta Primera Causa se identifica más con dioses politeístas que con un Dios teísta; como por ejemplo, un dios panteísta, un dios panenteísta, un dios deísta, o incluso el universo material del ateísmo (ver Ateísmo; Deísmo; Diosismo finito; Panenteísmo; Panteísmo; Politeísmo).

Dios no es los dioses del politeísmo. No puede haber más de una existencia ilimitada como tal. Más que Lo Supremo no es posible. Tal Causa es un Hecho o Realidad Pura, un Hecho que es ilimitado y único. Solo la realidad, junto con la potencia, es limitada, tal como se encuentra en los seres contingentes. Para diferir, un ser tendría que carecer de alguna característica encontrada en el otro. Pero cualquier ser que careciera de alguna característica de la existencia no sería una existencia ilimitada y perfecta. En otras palabras, dos seres infinitos no pueden diferir en su potencialidad, ya que no tienen ninguna potencialidad; son Realidad Pura. Y no pueden diferir en su realidad, ya que la realidad como tal no difiere de la realidad en sí misma. Por lo tanto, deben ser idénticos. Solo puede haber una Causa ilimitada de toda la existencia limitada.

Dios no es el dios del panteísmo. El panteísmo afirma que un Ser Necesario ilimitado existe, pero niega la realidad de seres limitados y finitos. Sin embargo, el cambio es un hecho fundamental de la existencia finita. El panteísmo es contrario a nuestra experiencia de cambio. Si todo cambio, incluyendo el de nuestras mentes y conciencias, es irreal, entonces ningún río se mueve, ningún árbol crece y ningún humano envejece. Si hay algún cambio real, deben ser realmente seres cambiantes distintos de Dios, ya que Dios es un Ser inmutable.

Dios no es el dios del panenteísmo. El panenteísmo, también conocido como teísmo dipolar o teología de procesos, afirma que Dios tiene dos polos: un polo real (que se identifica con el mundo temporal cambiante) y un polo potencial (que es eterno e inmutable). Tal concepción de Dios debe ser rechazada. La conclusión del argumento cosmológico demuestra la necesidad de un Dios de Realidad Pura sin ninguna potencialidad (polo). Además, Dios no puede estar sujeto a limitaciones, composición o espacio-temporalidad como un ser ilimitado. Más aun, el Dios teísta no puede tener polos o aspectos, ya que es absolutamente simple (es decir, no compuesto) sin ninguna dualidad (premisa 5). Una existencia ilimitada parcialmente limitada es una contradicción.

Dios tampoco puede estar sujeto a cambios, ya que cualquier cosa que cambie debe estar compuesta de realidad y potencialidad de cambio. El cambio es un paso de la potencialidad a la realidad, de lo que puede ser a lo que realmente se ha convertido. Pero como la existencia como tal no tiene potencialidad, no puede cambiar. Cualquier cosa que cambie prueba que poseía cierta potencialidad para el cambio al que se sometió. Una realidad pura e ilimitada no puede cambiar.

Finalmente, el dios del panenteísmo es una confusión del proceso del mundo con el dios que fundamenta ese proceso. Dios está en el proceso como la base invariable para el cambio, pero Dios no es del proceso. Dios es la Causa de toda la existencia finita y cambiante, pero él está más allá de toda la finitud y cambio. Dios cambia de forma relacional (al entrar en relaciones cambiantes con el mundo), pero él no cambia esencialmente. Cuando una persona se mueve de un lado de un pilar al otro, hay un cambio real en la relación, pero no hay ningún cambio en el pilar.

Dios no es el dios del deísmo. Un dios deísta no es la causa del aquí y ahora del universo, como lo es el Dios teísta. Dado que el universo es un ser dependiente, necesita algo independiente del que apoyarse, todo el tiempo. El universo nunca deja de ser dependiente o contingente. Una vez contingente, siempre contingente. Un ser contingente no puede convertirse en un Ser Necesario, porque un Ser Necesario no pueda llegar a ser o dejar de ser. Así que si el universo alguna vez deja de ser contingente, se convertiría en un Ser Necesario, lo cual es imposible.

Dios no es el dios del diosismo finito. Una Causa no causada no es finita porque cada ser finito necesita una causa, es decir, es causado. Sin embargo, esta Causa no tiene causa. Por lo tanto, no puede ser finita o limitada. Más bien, es el Limitador ilimitado de cada ser limitado. En resumen, todo lo limitado es causado. Por ende, este Ser no causado debe ser ilimitado.

Dios no es el universo material. La Causa no causada no puede ser idéntica al universo material, como creen muchos ateos. Como se concibe normalmente, el cosmos o universo material es un sistema espacio-temporal limitado. Por ejemplo, está sujeto a la segunda ley de la termodinámica y se está agotando. Pero una Causa no causada es ilimitada y no se está agotando. Además, ya que el espacio y el tiempo implican limitaciones a un tipo de existencia de aquí y ahora y una Causa no causada no está limitada, entonces no puede ser idéntica al mundo del espacio-tiempo. El Dios teísta está en el mundo temporal como su mismo principio de existencia ilimitada, pero él no es del mundo en el sentido de que Dios es ilimitado y el mundo no lo es.

Si, en respuesta, se afirmara que la totalidad del universo material no es temporal y limitado, como lo son las partes, esto solo demostraría lo que el teísmo afirma. Porque su conclusión es que existe, más allá del mundo contingente de la limitada espacio-temporalidad, una realidad "completa" que es eterna, ilimitada y necesaria. En otras palabras, está de acuerdo con el teísmo de que existe un Dios más allá de la experiencia del mundo limitado y cambiante. Es un sustituto de Dios que admite que hay una realidad "entera" que es "más" que la parte de la realidad que se experimenta y que tiene todos los atributos metafísicos esenciales del Dios teísta.

Por lo tanto, la conclusión del argumento cosmológico debe ser el Dios del teísmo, es decir, el único, indivisible, infinito, necesario, Causa no causada de todo lo que existe, tanto cuando llegó a existir como ahora mismo, ya que sigue existiendo.

No hay causa de aquí y ahora. Pero gran parte del razonamiento anterior queda en nada si, como algunos críticos argumentan, podría haber una Causa inicial sin necesidad de una ahora. O bien dicha Causa hace mucho tiempo que desapareció, o al menos no es necesaria para sostener el universo.

Un Dios que causó el universo y posteriormente dejó de existir no podría ser el Dios teísta que demuestra el argumento cosmológico. El Dios teísta es un Ser Necesario, y un Ser Necesario no puede dejar de serlo. Si existe, debe, por su misma naturaleza, existir necesariamente. Un Ser Necesario no puede existir en un modo contingente más de lo que puede existir un triángulo sin tres lados.

Un Ser Necesario debe causar un ser contingente en todo momento. Porque un ser contingente debe ser siempre contingente mientras exista, ya que no puede convertirse en un Ser Necesario. Pero si un ser contingente es siempre contingente, entonces siempre necesita un Ser Necesario del que pueda depender para su existencia. Puesto que ningún ser contingente se mantiene en existencia, debe ser mantenido en existencia en todo momento por un Ser Necesario.

Para una discusión completa de este argumento, ver la sección de "objeciones" del Argumento Cosmológico. Como se explica en ese artículo, la existencia es un proceso instantáneo. Ninguna cosa recibe todo su ser de una vez, ni siquiera al siguiente instante de ella. La existencia llega un momento a la vez. En cada momento de "ser" dependiente debe haber algún Ser independiente por el que se da ese momento. Dios como Realidad Pura está materializando todo lo que es real.

Los argumentos teístas utilizan modelos arbitrarios. Esta objeción afirma que es solo porque hemos modelado la realidad como contingente o compuesta de realidad y potencialidad que somos, por lo tanto, estamos forzados a concluir que hay un Ser Necesa-

rio o Realidad Pura. Los opositores insisten que esto es una forma arbitraria y malintencionada de ver la realidad.

Los teístas señalan que el modelo contingencia/necesidad no es arbitrario, pero es lógicamente exhaustivo. O bien solo hay un Ser Necesario, o bien hay un ser o seres contingentes, así como un Ser Necesario. Pero no puede haber simplemente un ser o seres contingentes. Porque los seres contingentes no dan cuenta de su propia existencia, ya que son, pero podrían no serlo.

Asimismo, o bien todo es una Realidad Pura indiferenciada o una pura potencialidad o una combinación de realidad y potencialidad. No existe ninguna otra posibilidad. Pero no puede haber dos Puras Realidades, ya que la realidad como tal es ilimitada y única. No puede existir dos máximos o dos seres infinitos. Así que cualquier otra cosa que exista debe ser una combinación de realidad y potencialidad. Pero como ninguna potencialidad puede materializarse a sí misma, entonces los seres compuestos de realidad y potencialidad deben ser materializados por la Realidad Pura.

Falacias modales. La lógica modal se basa en la distinción entre lo posible y lo necesario. Esta forma de razonamiento ha desarrollado su propia lista de falacias. Algunos lógicos modales argumentarían que es posible que todas las partes de mi auto se averíen a la vez, pero esto no significa que todas las partes necesariamente se averíen a la vez. Así, aunque todos los seres contingentes posiblemente no existen, no necesariamente no existen en un momento dado y por lo tanto no necesitarían una causa de existencia universal.

En lo que respecta a la lógica modal, esta objeción es correcta y pondría en duda algunas formas del argumento de la contingencia. Sin embargo, esta objeción no se aplica al argumento de Aquino, ya que no se preocupa por mostrar que todas las cosas que podían no existir necesitaban una sola causa para producir su existencia, sino que todas las cosas que sí existen (aunque posiblemente podrían no existir) necesitan una causa para su existencia actual, tanto individualmente y en conjunto.

Una segunda posible acusación de cometer una falacia modal es que es ilegítimo inferir del hecho de que el mundo necesita necesariamente un ser como Primera Causa, que el mundo necesita un Ser Necesario como Primera Causa. De nuevo, como se ha dicho, esa acusación sería correcta, sin embargo, el argumento cosmológico de Aquino no hace esa inferencia. No se considera a Dios un Ser Necesario porque el argumento necesariamente demuestra su ser. Se le llama Ser Necesario porque ontológicamente no puede no serlo. Aprendemos de su Ser Necesario no por el rigor de nuestras premisas sino porque la causa de todo ser contingente no puede ser un ser contingente, sino que debe ser un Ser Necesario.

El error de muchos teístas, especialmente desde Gottfried *Leibniz (1646-1716), es lanzar el argumento cosmológico en un contexto de necesidad lógica basado en el principio de razón suficiente. Esto finalmente conduce a contradicciones y a un argumento desacreditado. En contraste, otros teístas (incluyendo a Aquino) usaron el principio de causalidad existencial para inferir la existencia de una Causa ilimitada o Materializador de toda la existencia. Esta conclusión no es racionalmente ineludible, pero en realidad es innegable. Si existe un ser contingente, entonces existe un Ser Necesario; si existe un ser con la potencialidad de no existir, entonces debe existir un Ser sin la potencialidad de no existir.

Mundo imperfecto, Causa imperfecta. También se objeta que, si hay una causa del universo, no tiene por qué ser perfecta, ya que el mundo es imperfecto. Si una causa se asemeja a sus efectos, entonces parecería que el mundo debe ser causado por un grupo de dioses imperfectos, finitos, masculinos y femeninos. Porque esto es lo que conocemos como las causas de cosas imperfectas similares en nuestra experiencia.

Sin embargo, la Causa máxima no puede ser imperfecta, ya que lo no perfecto solo puede ser conocido si hay finalmente un Perfecto por el cual se sabe que no es perfecto. Tampoco la causa debe ser idéntica a su efecto. La causa no puede ser menor que el efecto, pero puede ser mayor. La causa del ser finito no puede ser imperfecta, ya que es el Ser mismo o la Realidad Pura. Solamente la Realidad Pura puede materializar una potencia (potencialidad). Una potencia no puede materializarse a sí misma. Por lo tanto, la Causa del ser debe ser perfecta en su Ser, ya que no tiene ninguna potencia, limitaciones o privación que pueda constituir una imperfección.

La explicación del azar. ¿Por qué plantear una Causa inteligente (Diseñador) del mundo cuando el azar puede explicar el diseño aparente? Si se le da suficiente tiempo, cualquier combinación "afortunada" resultará. El universo puede ser un "feliz accidente" (ver Azar).

Por un lado, no ha habido suficiente tiempo para que el azar funcione. Un antiguo ateo, Fred Hoyle, calculó que, dado el periodo de tiempo geológico de miles de millones de años, las posibilidades son todavía solo una en 1040,000 de que una forma tan compleja como incluso un animal unicelular emerja por fuerzas puramente naturales (Hoyle). Las posibilidades son prácticamente nulas de que el azar haya sido el responsable.

En segundo lugar, el azar no "causa" nada; solo las fuerzas lo hacen. Y se sabe que las fuerzas naturales no producen una complejidad específica, como la que se encuentra en los seres vivos. El azar es solo una abstracción que describe la intersección de dos o más líneas de causas.

Por último, es irracional y no científico apelar al azar. Como incluso el escéptico David *Hume señaló, la ciencia se basa en la observación de los eventos que se repiten regularmente. Y el único tipo de causa conocida por los seres racionales que puede causar la complejidad especificada que se encuentra en los seres vivos es una Causa inteligente (ver Evolución química).

Una posible inexistencia. Según esta objeción, siempre es posible concebir cualquier cosa, incluyendo a Dios, como no existente. Por lo tanto, nada existe necesariamente. Ya que se dice que Dios es un Ser Necesario, entonces ni siquiera debe existir necesariamente; por lo tanto, Dios no debe existir en absoluto.

Esta es una objeción válida al argumento ontológico, pero no a los argumentos cosmológicos y teológicos. Es posible que nada hubiera existido, incluyendo a Dios. Así que un estado total de inexistencia no es un estado de asuntos imposibles. Sin embargo, algo sí existe innegablemente, por lo que esta objeción es irrelevante. Porque mientras algo finito exista, debe haber una Causa para su existencia.

Solo una existencia lógica. Algunos antiteístas argumentan que es lógicamente necesario que un triángulo tenga tres lados, pero no es necesario que exista ninguna cosa de tres lados. Incluso si fuera lógicamente necesario que Dios existiera, eso no significa que realmente exista.

En el mejor de los casos, esta es una objeción solo al argumento ontológico. Los teístas no necesitan, y la mayoría de los teístas no lo hacen, concebir a Dios como un Ser lógicamente Necesario, sino como un Ser realmente Necesario.

Es lógicamente posible que no exista ningún triángulo, pero si existe, en realidad tiene necesariamente tres lados. Es lógicamente posible que no exista un Ser Necesario. Pero si un Ser Necesario existe, entonces es realmente necesario que exista. Porque un Ser Necesario debe existir necesariamente.

Infiriendo la causa desde la experiencia. Kant señaló que hay un abismo insuperable entre la "cosa para mí" (fenómeno) y la "cosa en sí misma" (noúmeno o real). No podemos conocer el noúmeno; solo conocemos las cosas como nos parecen, no como son realmente. Por lo tanto, no podemos inferir válidamente una causa real de los efectos que experimentamos.

Esta objeción plantea la pregunta y es contraproducente. Plantea la pregunta al suponer que nuestros sentidos no nos aportan información sobre el mundo real. Se asume erróneamente que percibimos solamente la sensación en lugar de sentir la realidad. Se cree erróneamente que solo conocemos nuestras ideas en lugar de conocer la realidad a través de nuestras ideas. En segundo lugar, al afirmar que no se puede conocer la realidad, se está haciendo una declaración sobre la realidad. El agnóstico afirma saber lo suficiente sobre la realidad para estar seguro de que no se puede saber nada sobre la realidad. Esta es una afirmación contraproducente.

¿Cómo puede Kant saber que la realidad causa nuestras experiencias a menos que exista una conexión causal válida entre el mundo real (nouménica) de la causa y el mundo aparente (fenoménico) de la experiencia? Es más, uno no podría ni siquiera saber que sus propias ideas son el resultado de su mente a menos que hubiera conexiones reales entre la causa (mente) y el efecto (ideas). Tampoco escribiría libros, como hacen los agnósticos, asumiendo que los lectores se fijarán en los efectos fenoménicos (palabras) y ser capaces de saber algo sobre la causa (mente) nouménica (real).

La causa de Dios. Bertrand *Russell (1872-1970) argumentaba que, si todo necesita una causa, entonces también Dios la necesita. Y si todas las cosas no necesitan una causa, entonces el mundo tampoco. Pero en ningún caso necesitamos una Primera Causa.

La premisa principal es falsa. Los teístas no afirman que todo necesita una causa. El principio de causalidad establece solamente que todo lo que comienza (o es finito) necesita una causa. Si algo no tiene un inicio, entonces obviamente no necesita un Iniciador. Los no teístas como Russell reconocen que el universo no necesita una causa, simplemente está "ahí". Si el universo puede simplemente "estar ahí" sin una causa, ¿por qué no puede Dios?

Arbitrario o no máximo. Russell creía que la ley moral va más allá de Dios o es el resultado de su voluntad. Pero si va más allá de Dios, entonces Dios no es lo máximo, ya que está sujeto a ella (y por lo tanto, no es el Bien Máximo). Y si Dios decidiera lo que es moral, entonces es arbitrario y no esencialmente bueno, en cuyo caso no sería digno de nuestra adoración. Así que en cualquier caso no existe ningún Dios digno de ese nombre.

Los teístas responden de dos maneras. Los voluntaristas toman el dilema por las astas y están de acuerdo en que la ley moral fluye de la voluntad de Dios, pero niegan que esto sea arbitrario. Dios es la fuente de todo bien. Lo que Él quiere que sea correcto, es correcto. Y lo que quiere que se considere como incorrecto, es incorrecto. La voluntad de Dios es la última corte de apelación.

*El esencialismo pasa por las astas de un dilema, señalando que hay una tercera alternativa: La voluntad de Dios está sujeta a lo que es esencialmente bueno, pero este Bien es su propia naturaleza inmutable. Es decir, algo no es bueno simplemente porque Dios lo quiera (voluntarismo). Más bien, Dios lo quiere porque es bueno. Es bueno porque está en concordancia con su naturaleza inmutablemente buena. De esta manera, Dios no es ni arbitrario ni menos que máximo.

Existencia todopoderosa. Los teístas afirman que Dios es todopoderoso. Pero muchos no teístas insisten en que esto es imposible. La lógica de su argumento es:

1. Si Dios fuera todopoderoso, entonces podría hacer cualquier cosa.
2. Y si Él pudiera hacer cualquier cosa, entonces Dios podría hacer una roca tan grande que no pudiera moverla.
3. Pero si Dios no pudiera mover esta roca, entonces no podría hacer todo.
4. Por lo tanto, un Dios todopoderoso que puede hacer cualquier cosa, no puede existir.

Visto de esta manera, el teísta rechaza la primera premisa como una definición inapropiada de omnipotencia. Dios no puede literalmente hacer cualquier cosa. Solamente puede hacer lo que es posible hacer, a saber, lo que es consistente con su ser como Dios. No puede hacer lo que es lógica o realmente imposible.

Dios no puede hacer algunas cosas. No puede dejar de ser Dios. No puede contradecir su propia naturaleza (cf. Heb 6:18). No puede hacer lo que es lógicamente imposible, por ejemplo, hacer un círculo cuadrado. De la misma manera, Dios no puede hacer una roca tan pesada que no pueda levantarla por la simple razón de que cualquier cosa que pueda hacer es finita. Todo lo que es finito lo puede mover con su poder infinito. Si puede hacerlo, puede moverlo.

Tanto el bien como el mal, el ser y el no ser. Los no teístas dicen que, si Dios es infinito, entonces lo es todo, incluso los opuestos. Él es tanto el bien como el mal. Es tanto perfecto como imperfecto. También es tanto el Ser como el no ser. Pero estos son opuestos, y Dios no puede ser opuestos. Además, el teísta no puede admitir que Dios es maligno o inexistente. Por lo tanto, ningún Dios teísta existe.

El teísta rechaza la premisa de que Dios es todo; Él es solo lo que es, un Ser absolutamente perfecto. Y Dios no es lo que no es, un ser imperfecto. Él es el Creador y no una criatura. Dios es la existencia pura y necesaria. Así que no puede ser inexistente. Dios no puede ser opuesto a lo que es, así como un triángulo puede ser un cuadrado o un círculo puede ser un rectángulo.

Cuando decimos que Dios es ilimitado o infinito, no significa que Él lo sea todo. Por ejemplo, no significa que Dios es limitado y finito. Lo ilimitado no puede ser limitado. El Creador no creado no puede ser una criatura creada. El estándar para todo lo bueno no puede ser maligno.

Una proyección de la imaginación. Ludwig *Feuerbach (1804-72) argumentó que los humanos hicieron a Dios a su imagen. Dios es solamente una proyección de lo que pensamos de nosotros mismos. Las ideas de Dios provienen de nuestras ideas sobre los seres humanos. Por lo tanto, Dios es solo una proyección de estas ideas. No existe más allá de ellas.

Este tipo de argumento comete un grave error: ¿Quién puede saber que Dios no es "nada más que" una proyección sin "más que" conocimiento? Se puede enunciar la esencia de su argumento de esta manera:

1. Dios existe en la conciencia humana.
2. Pero los humanos no pueden ir más allá de su propia conciencia.
3. Por lo tanto, Dios no existe más allá de nuestra conciencia.

El problema con este argumento es la segunda premisa. Simplemente porque no podemos ir más allá de nuestra conciencia no significa que nada exista más allá de nuestra conciencia. No puedo ir más allá de mi mente, pero sé que hay otras mentes más allá de la mía con las que converso. Si no podemos ir más allá de nuestra conciencia, entonces Feuerbach no podría hacer la declaración de que no hay ningún Dios. ¿Cómo sabe que no hay un Dios allí a menos que su conocimiento pueda ir más allá de su conciencia? Hacer afirmaciones de "nada más que" (como, "Dios no es nada más que una proyección de nuestra imaginación") implica "más que" conocimiento.

El simple hecho de que no vayamos más allá de nuestra propia conciencia no significa que nuestra conciencia no sea consciente de las cosas que están más allá de nosotros. No podemos salir de nosotros mismos, pero podemos llegar más allá de nosotros mismos. Precisamente, esto es lo que hace el conocimiento. La conciencia no es simplemente conciencia de sí misma. También somos conscientes de los demás. Cuando leemos un libro, no somos simplemente conscientes de nuestras propias ideas; somos conscientes de otra mente que escribió las palabras de las que obtuvimos esas ideas. La conciencia llega más allá de sí misma. Eso es lo que los sentidos y la mente nos permiten hacer.

Dios es una ilusión. Sigmund *Freud insistió en que Dios es una ilusión: algo que deseamos que sea verdad, pero no tenemos ninguna base para creer, más allá de nuestro deseo. Este argumento se desarrolla en el artículo Freud, Sigmund. Su aparente razonamiento es:

1. Una ilusión es algo basado solo en el deseo, pero no en la realidad.
2. La creencia en Dios tiene las características de una ilusión.
3. Por lo tanto, la creencia en Dios es un deseo que no se basa en la realidad.

Por supuesto, de esta forma el teísta desafía la premisa menor. No todos los que creen en Dios lo hacen simplemente porque desean un Consuelo Cósmico. Algunos encuentran a Dios porque tienen sed de realidad, otros porque están interesados en la verdad en lugar de sentirse bien. Dios no es solo un Padre que consuela, sino que también es un Juez que castiga. Muchos teístas creen en el infierno, y sin embargo nadie quiere que esto sea verdad. De hecho, Freud, puede haberlo entendido al revés: Tal vez nuestra imagen de padres terrenales está modelada según Dios en lugar de lo contrario. Además, tal vez el ateo tiene la ilusión. Tal vez el teísta no está creando a Dios; tal vez el ateo está matando a Dios. Ciertamente el deseo de Dios no es la única base para creer que Dios existe (ver Dios, Evidencias a favor de). El argumento de Freud se aplicaría, en el mejor de los casos, solo a aquellos que no tienen otra base que su propio deseo de que Dios exista.

Es más, la realidad de la existencia de Dios es independiente de las razones por las que la gente desea o no que exista. O bien Dios no existe o existe. En cualquier caso, los deseos no pueden dibujar la verdad ni un centímetro. La incredulidad de Freud podría ser una ilusión en sí misma, basada en su propio deseo de no seguir y obedecer a Dios (cf. Sal 14:1; Ro 1:18-32).

Azar y orígenes. Si el azar puede explicar el origen del universo (ver Evolución), no hay necesidad de una causa. Esta objeción a las pruebas de la existencia de Dios está sujeta a varias críticas.

Un efecto no puede ser mayor que su causa. La Causa de los seres inteligentes debe ser inteligente. No puede dar perfecciones que no tiene para dar (ver Primeros Principios; Argumento teleológico).

No es científico decir que el azar causa los patrones increíblemente complejos e inteligentes que se encuentran en la estructura de la vida (ver Argumento teleológico) y en el universo (ver Big Bang, Teoría del). Solo la intervención inteligente explica adecuadamente la organización del ADN en el organismo más simple.

El azar solo es una descripción estadística de la probabilidad de los eventos. Solamente las fuerzas o poderes reales pueden causar eventos. El azar solo describe la probabilidad de que una fuerza (o fuerzas) produzca un evento determinado.

El azar no puede ser una causa en referencia al argumento cosmológico. El azar no es un poder, y algo sin poder no puede causar algo.

Incluso el crítico que propone el azar como explicación del universo entero no estaría de acuerdo en que las mismas palabras que utilizó para expresar sus ideas fueron producto del azar.

La posibilidad de nada. Algunos críticos objetan el argumento cosmológico sobre la base de que es lógicamente posible que nunca haya existido nada, incluyendo a Dios. Si es lógicamente posible que Dios nunca haya existido, entonces no es lógicamente necesario que exista.

El teísta puede admitir fácilmente que es posible que un Ser Necesario no exista mientras que tampoco haya existido nada más. Sin embargo, si algo existe, entonces no es realmente posible que nada exista. Y si hay un Ser Necesario, entonces no es posible que no exista. Un Ser lógicamente Necesario no tiene por qué existir realmente. Pero un Ser realmente Necesario debe necesaria y realmente existir. La objeción del ateo al concepto de un Ser Necesario se aplica solo a un Ser lógicamente Necesario, no a un Ser realmente Necesario.

Mientras que es lógicamente posible que nada haya existido nunca, incluyendo a Dios, no es realmente posible. Algo sí existe. Mientras no sea realmente posible para un estado total de nada, entonces algo debe existir necesaria y eternamente (por ejemplo, Dios), ya que nada no puede producir algo. Y si alguna vez existiera un estado total de nada, entonces siempre existiría un estado total de nada. Porque la nada no puede producir algo.

Un Ser Necesario (no causado) no tiene significado. Pero tal vez toda la idea de un Ser no causado no tiene sentido. Es un concepto coherente en el sentido de no ser contradictorio. Un ser contingente es aquel que puede no existir. Un Ser Necesario es uno que no puede no existir. Dado que este último es lógicamente (y realmente) opuesto al otro, entonces rechazar la coherencia de un Ser Necesario implicaría rechazar la coherencia de un ser contingente. Pero esos son los dos únicos tipos de seres que pueden existir. Por lo tanto, rechazar el significado del concepto de un Ser Necesario sería rechazar el significado de todo ser. Pero decir que "todo ser no tiene significado" es hacer una declaración sobre el ser que pretende ser significativo. Esto es contraproducente.

Otra forma de mostrar el significado del concepto de un Ser no causado es señalar el concepto ateo de un universo no causado. La mayoría de los ateos creen que es significativo hablar de un universo no causado. Pero si el concepto de un universo no causado es significativo, también lo es el concepto de un Dios no causado.

Un Universo no causado. A pesar de que un universo no causado suena lógicamente posible, no se deduce que uno exista realmente. El universo es una colección de partes, cada una de ellas es contingente y, por lo tanto, necesitan una causa. O bien todo el universo es igual a todas sus partes, o bien es más que todas sus partes. Si es igual a ellas, entonces también necesita una causa. La suma de muchas partes dependientes nunca será más que un conjunto dependiente, sin importar lo grande que sea. La suma de los efectos nunca produce una causa, solo produce un gran montón de efectos. Solamente si el universo es más que todos sus efectos, puede ser no causado y necesario. Pero afirmar que hay algo más, no causado y necesario, del que todo en el universo depende es afirmar exactamente lo que el teísta quiere decir con un Ser Necesario del que todos los seres contingentes dependen para su existencia.

Todo el asunto puede aclararse haciéndole esta pregunta al no teísta: Si todo en el universo (es decir, cada ser contingente) dejara de existir repentinamente, ¿quedaría algo en la existencia? Si no, entonces el universo como un todo es contingente también, ya que la existencia del todo depende de las partes. Pero si quedara algo después de que cada parte contingente del universo dejara de existir repentinamente, entonces realmente hay Algo trascendente necesario no causado que no depende del universo para su existencia. Pero, en cualquier caso, la afirmación del ateo falla.

La maldad elimina a Dios. Muchos no teístas insisten en que la presencia de la maldad en el universo elimina la existencia de un Dios teísta. Se responden a estos argumentos en otra parte (ver Mal, Problema del).

Argumentos poco convincentes. Algunos objetan que los argumentos teístas persuaden solamente a aquellos que ya creen y que no los necesitan. Por lo tanto, son inútiles. Pero si alguien se convence con un argumento depende de varios factores. Por un lado, aunque el argumento sea sólido, la persuasión dependerá en parte de si el argumento es comprendido.

Una vez que la mente entiende el argumento, estar de acuerdo es una cuestión de voluntad. Nadie es forzado a creer en Dios simplemente porque la mente entiende que hay un Dios. Los factores personales pueden llevar a una persona a no comprometerse con la creencia. Los argumentos teístas no convierten automáticamente a los no creyentes. Pero las personas de buena voluntad que entienden el argumento deben aceptarlo como verdadero. Si no lo hacen, eso no prueba que el argumento sea erróneo; más bien, muestra su reticencia para aceptarlo.

Conclusión. Se han propuesto muchas objeciones contra las pruebas de la existencia de Dios. Normalmente se basan en un malentendido de las pruebas. Ninguna logra falsificar los argumentos. Si lo hiciera, sería una prueba de que no se puede tener una prueba. Ese es un argumento contraproducente en sí mismo.

Fuentes

W. L. Craig, *The Kalam Cosmological Argument* [El argumento cosmológico Kalam].

L. Feuerbach, *The Essence of Christianity* [La esencia del cristianismo].

J. N. Findlay, *"Can God's Existence Be Disproved?"* [¿Se puede refutar la existencia de Dios?].

R. Flint, *Agnosticism* [Agnosticismo].

S. Freud, *The Future of an Illusion* [El futuro de una ilusión].

R. Garrigou-Lagrange, God [Dios].

N. L. Geisler y W. Corduan, Philosophy of Religion [La filosofía de la religión].

F. Hoyle y N. C. Wickramasinghe, Evolution from Space [La evolución de la vida desde el espacio].

D. Hume, Dialogues Concerning Natural Religion [Diálogos sobre la religión natural].

————, The Letters of David Hume [Las cartas de David Hume].

I. Kant, Critique of Pure Reason [Crítica de la razón pura].

A. Kenny, The Five Ways [Las cinco maneras].

B. Russell, Why I Am Not a Christian [Por qué no soy cristiano].

Dios, Supuestas contradicciones de. Muchos teístas ofrecen pruebas de Dios. De la misma manera, los devotos ateos (ver Ateísmo) han ofrecido lo que ellos consideran contradicciones sobre Dios que corresponden al *argumento ontológico, el *argumento cosmológico, el *argumento teológico y el *argumento moral. Los argumentos específicos de los no teístas contra los argumentos apologéticos se tratan en Dios, Objeciones a las pruebas de.

Una contradicción ontológica de Dios. Un ateo argumentó lo siguiente (ver Findlay, 111 ss.):

1. Por definición, Dios es una existencia necesaria.
2. Pero la necesidad no puede aplicarse a la existencia.
3. Por lo tanto, Dios no puede existir.

Para respaldar la segunda premisa crucial, señaló que la necesidad es un término lógico, no ontológico. Es decir, la necesidad se aplica a las proposiciones, no a ser o a la realidad.

Los teístas señalan que la segunda premisa es la autodestructiva. Es una declaración necesaria sobre la existencia que afirma que no se pueden hacer declaraciones necesarias sobre la existencia. ¿Quién dijo que la necesidad no puede aplicarse a la existencia? Esto legisla el significado en vez de escucharlo. De hecho, el mismo criterio con el que se concluye que la necesidad no puede aplicarse a la existencia es arbitraria. No hay necesidad de aceptarla.

Una contradicción cosmológica de Dios. Se puede establecer este argumento contra Dios:

1. Dios es un ser auto-causado (ver Sartre, págs. 758, 762).
2. Pero es imposible causar el propio ser, porque una causa es anterior a su efecto, y uno no puede ser anterior a sí mismo.
3. Por lo tanto, Dios no puede existir.

Este argumento comete la falacia del hombre de paja en la primera premisa. Los teístas no sostienen que Dios es un ser auto-causado. Este es un concepto contradictorio. Más bien, los teístas definen a Dios como un ser no causado, lo cual no es contradictorio. Incluso los ateos creen que el universo no tiene causa, siempre ha existido. Pero si Dios no se define como un ser auto-causado, entonces la contradicción falla.

Una contradicción teleológica de Dios. Se puede establecer un argumento teleológico en contra de la existencia de Dios (ver Hume, parte 8):

1. El universo fue diseñado o bien se diseñó por azar.
2. Pero el azar es una causa adecuada del universo.
3. Por lo tanto, el universo no fue diseñado.

Para respaldar la segunda premisa, se han ofrecido dos líneas de argumentación. Primero, en una cantidad infinita de tiempo, cada combinación ocurrirá, sin importar las probabilidades en contra. Segundo, sin importar las probabilidades en contra de que algo ocurra, puede ocurrir y a veces ocurre.

Los teístas señalan que esto no es suficiente para considerarse una contradicción, ya que no es lógicamente necesario. En segundo lugar, incluso como argumento (pero no como contradicción) tiene serios problemas. La evidencia es mucho más fuerte de que el universo tuvo un comienzo, ya que se está quedando sin energía utilizable (ver Big Bang, Teoría del; Termodinámica, Principios de la), y ya que un número infinito de momentos antes de hoy no podrían haber transcurrido, no se puede atravesar ninguna serie infinita (ver KALAM, Argumento cosmológico). Además, la ciencia no se basa en el *azar sino en la observación y repetición. Estos principios nos informan que nada tan complejo como la vida ocurre sin una causa inteligente.

Una contradicción moral de Dios. El argumento moral contra Dios es, por lejos, el más popular (ver Mal, Problema del). Una versión común de este argumento es la siguiente (ver Bayle, 157 ss.):

1. Un Dios que es pura bondad destruiría el mal.
2. Un Dios todopoderoso podría destruir el mal.
3. Pero el mal no se destruye.
4. Por lo tanto, tal dios no existe.

Este argumento tampoco es suficiente para considerarse una contradicción, ya que la primera premisa es ambigua y la tercera premisa no establece plenamente las condiciones reales. En primer lugar, destruir es ambiguo. Si significa "aniquilar", entonces Dios no puede destruir todo el mal sin destruir toda la libertad (ver Libre albedrío). Pero ningún ateo quiere que le quiten la libertad de no creer en Dios. Segundo, si destruir significa "derrotar", la tercera premisa no añade la palabra importante todavía: "El mal todavía no se destruye". Una vez que esto se afirma, el argumento no se sostiene, ya que Dios aún puede derrotar el mal en el futuro. Si el ateo (ver Ateísmo) responde afirmando, "El mal no es todavía derrotado y nunca lo será", no existe ninguna base para la afirmación. Solo Dios conoce el futuro con certeza. Así que el ateo debe ser dios para eliminar a Dios mediante este tipo de razonamiento.

La contradicción existencial de Dios. El filósofo existencialista Jean-Paul Sartre, argumentó:

1. Si Dios existe, entonces todo está determinado.
2. Pero si todo está determinado, entonces yo no soy libre.
3. Pero soy libre.
4. Por lo tanto, dios no existe.

Mi libertad es innegable. Porque incluso el intento de negarla, la afirma. Pero si la libertad es innegable, entonces Dios no puede existir. Porque un ser omnisciente (Dios) que existe sabe todo lo que va a pasar. Por lo tanto, todo está determinado, porque si no sucediera como Él sabía que sucedería, entonces Dios se habría equivocado. Pero un ser omnisciente no puede estar equivocado. Por lo tanto, si Dios existe, todo está determinado. Pero no todo está determinado, porque yo soy libre. Por consiguiente, no hay Dios.

Los teístas cuestionan la segunda premisa. No hay contradicción entre la determinación y la libre elección. Dios puede determinar las cosas en concordancia con nuestra libre elección. Pueden estar determinadas con respecto a su (pre)visión y sin embargo, libres con respecto a nuestra elección. Así como cada evento que se desarrolla en un videojuego está determinado, pero fue libre (ver Libre albedrío) cuando se jugó el juego, cada evento en el mundo puede estar determinado desde la perspectiva de Dios; a pesar de nuestra elección.

Conclusión. Pocos ateos intentan refutar la existencia de Dios, y ninguno lo ha conseguido. Todos los argumentos conocidos que han intentado refutar la existencia de Dios han fracasado. Los negativos universales son notoriamente difíciles de probar, especialmente aquellos que tratan con un ser invisible. Los ateos deben contentarse con poner en duda a un Dios que no pueden refutar. Por supuesto, esto no significa que no puedan ofrecer pruebas contra la existencia de Dios. Esto pueden hacerlo, y normalmente proviene de las supuestas imperfecciones y males de este mundo (ver Mal, Problema del).

Fuentes

P. Bayle, *Selections from Bayle's Dictionary* [Selecciones del Diccionario de Bayle].

W. L. Craig, *The Kalam Cosmological Argument* [El argumento cosmológico Kalam].

J. N. Findlay, *"Can God's Existence Be Disproved?"* [¿Se puede refutar la existencia de Dios?].

R. Flint, *Agnosticism* [Agnosticismo].

R. *Garrigou-Lagrange, God* [Dios].

N. L. Geisler y W. Corduan, *Philosophy of Religion* [Filosofía de la Religión].

D. Hume, *Dialogues Concerning Natural Religion* [Diálogos sobre la religión natural], parte 8.

A. Kenny, *The Five Ways* [Las cinco maneras].

J. P. Moreland, *Does God Exist?* [¿Dios existe?].

B. Russell, *Why I Am Not a Christian* [Por qué no soy cristiano].

J.-P. Sartre, *Being and Nothingness* [El ser y la nada].

Diosismo finito. El *teísmo cree que un Dios infinito está más allá y en el mundo. El diosismo finito, por el contrario, postula a un dios que solo es finito. El *politeísmo afirma que hay muchos dioses de este tipo, pero los diosistas finitos creen que solo hay un Dios. Las versiones griegas antiguas de un dios limitado incluyen la filosofía de *Platón (428-348 a. C.) (ver Platón, págs. 17-92). Pero en el mundo occidental moderno, la mayoría de las visiones sobre dioses finitos surgen de un trasfondo teísta. En términos generales, muchos diosistas finitos llegan a esa conclusión porque no pueden reconciliar su tradición teísta con la presencia generalizada del mal (ver Mal, Problema del).

Tipología del diosismo finito. Hay muchas posibilidades a favor de una postura de un dios finito, de las cuales no todas tienen representantes bien conocidos. La mayoría de los diosistas finitos sostienen que

Dios es personal; aunque algunos, entre ellos Henry Wieman, postulan un ser impersonal (Wieman, págs. 6-8, 54-62). Las limitaciones de este Dios podrían ser internas, como creía John Stuart *Mill; o externas al mundo, como creía Platón. Las limitaciones podrían estar en su bondad, pero no en su poder (una opinión minoritaria); o en su poder, pero no en su bondad, según Edgar Brightman (ver Brightman) y Peter Bertocci; o Dios podría ser limitado tanto en poder como en bondad (opinión de Mill).

Un dios finito puede tener uno o dos polos. Para información sobre el diosismo finito bipolar, ver el artículo Panenteísmo. Los ejemplos monopolares se discuten aquí. Aunque muchos diosistas finitos creen que Dios es trascendente (más allá del universo), algunos tienen un dios finito que es inmanente (dentro del universo). Henri Bergson, un ejemplo de esto último mencionado, sostiene que Dios es la fuerza vital que impulsa el proceso de evolución hacia adelante (ver Bergson, cap. III).

Principios del diosismo finito. Los diosistas finitos tienden a discrepar entre ellos acerca de Dios y el mundo. Si bien este artículo enfatiza puntos en común, se notarán algunas diferencias.

Visión sobre Dios. La característica más fundamental de la visión sobre el dios finito es que Dios es limitado en su propia naturaleza. Algunos dicen que es limitado en poder y no en bondad; y pocos, si es que hay alguno, afirman que su bondad es limitada. Algunos afirman que Dios es limitado tanto en poder como en bondad; y casi todos están de acuerdo en que Dios no tiene un poder infinito.

Propiamente dicho, una visión sobre el dios finito sostiene que Dios está intrínsecamente limitado en su naturaleza. Aunque Platón parecía sostener que Dios no está intrínsecamente limitado en su naturaleza, la mayoría cree que el mundo eterno (que Dios no creó) pone límites a la capacidad de Dios para actuar dentro de él (ver Dualismo). Si Dios no creó el mundo y no sostiene su existencia, entonces no puede hacer nada con él; por ejemplo, no puede destruirlo.

Visión sobre el mal. En contraste con los panteístas, los diosistas finitos afirman que el mal es real. De hecho, la presencia y el poder del mal limita a Dios. El mal es tanto físico como moral. No siempre es posible evitar el mal físico, pero podemos hacer algo con respecto al mal moral. Cooperar con los esfuerzos de Dios por el bien, incluso yendo más allá de ellos si es necesario, es parte de nuestro deber moral en el mundo.

Hay varias explicaciones para el origen del mal. Los dualistas (ver Dualismo) dicen que siempre estuvo ahí de alguna forma. Otros atribuyen gran parte de ello a las elecciones tomadas libremente por el humano; pero todos están de acuerdo en que no hay garantía de que el mal sea destruido por completo. Si Dios fuera todopoderoso, destruiría el mal; pero como el mal no está destruido, no debe haber un Dios todopoderoso. El argumento dice así:

1. Si Dios fuera todopoderoso, podría destruir el mal.
2. Si Dios fuera todo bondad, destruiría el mal.
3. Sin embargo, el mal no ha sido destruido.
4. Por lo tanto, no puede haber un Dios todopoderoso y toda bondad.

Visión sobre la creación. El diosismo finito no tiene una postura uniforme sobre la creación. Aquellos que vienen de la tradición griega dualista, siguiendo a Platón, se aferran a la creación ex materia; es decir, a partir de materia eterna preexistente (ver Creación, Puntos de vista de la). Dios no dio existencia al mundo; simplemente dio forma a la materia que ya estaba allí. En vista de esto, una limitación del poder de Dios es externa. Por lo tanto, hay algo sobre la extensión y la naturaleza de la materia sobre lo cual ni siquiera Dios tiene el control final; simplemente tiene que trabajar con el mundo y hacerlo lo mejor que pueda bajo las limitaciones que impone a sus poderes creadores.

Una visión alternativa es que Dios creó el universo ex nihilo, a partir de la nada. En este caso, Dios está limitado por su propia naturaleza, no por algo de "ahí afuera" con lo que tiene que ocuparse y sobre lo que no tiene la última palabra. Todos los diosistas finitos están de acuerdo en que la creación no fue ex Deo (a partir de Dios). Esta no es una postura panteísta, a pesar de que Dios esté limitado en o por la creación.

Visión sobre el mundo. Pocas declaraciones sobre el mundo unen a los diosistas finitos. Todos coinciden en que el mundo existe y se rige por leyes naturales. Más allá de esto, no existe un consenso sobre si siempre existió o si siempre existirá. La única otra opinión generalizada entre los diosistas finitos es que el universo físico no es eterno ni ilimitado en energía; el universo está sujeto a la ley de la entropía (ver Termodinámica, Principio de la) y se está agotando.

Visión sobre los milagros. La mayoría de los diosistas finitos rechazan los milagros. Algunos admiten que las intervenciones sobrenaturales son posibles en teoría, pero niegan que ocurran en la práctica. En este sentido, el diosismo finito es similar al *deísmo, el cual afirma la existencia de un Creador sobrenatural, pero niega cualquier acto sobrenatural en la creación. Sin embargo, el deísmo se distingue bien del diosismo finito en que el Dios deísta no tiene límites intrínsecos a su poder. Ambos puntos de vista ven los milagros como una violación de la ley natural, y puesto que ponen un gran énfasis en la regularidad y uniformidad del mundo, no desean ceder a que los milagros lo interrumpen (ver Milagro; Milagros, Argumentos contra los).

Visión sobre los seres humanos. En última instancia, la humanidad es creada por Dios. Sin embargo, desde Darwin, los diosistas finitos han estado convencidos de que Dios usó un proceso de evolución natural. Como se señaló, algunos diosistas finitos incluso equiparan a Dios con la fuerza de evolución de la naturaleza.

La mayoría de los diosistas finitos admiten que los humanos tienen alma y algunos creen que las personas son inmortales. Todos rechazan una visión puramente materialista (ver Materialismo) sobre la humanidad, pero no todos están seguros de que haya vida después de la muerte.

Visión sobre la ética. Pocos diosistas finitos creen en absolutos éticos. Dado que Dios no es inmutable, se deduce que ningún valor basado en él tampoco sería inmutable; sin embargo, muchos creen que los valores son objetivos y perdurables, incluso algunos sostienen que ciertos valores son incondicionales. Pero, en su mayor parte, dado que Dios no ha revelado ninguna norma ética inequívoca, las personas deben decidir por sí mismas el curso de acción correcto en cada situación. La orientación general en estas decisiones se imparte de diferentes maneras desde distintos puntos de vista.

Visión sobre la historia. En cuanto al movimiento de la historia y la humanidad, algunos son más optimistas que otros. Algunos apuntan a un progreso de evolución constante del universo como la esperanza de la victoria final. La mayoría está menos segura de que el bien vencerá a todo mal. Todos admiten que es posible que no haya ninguna victoria final del todo; incluso es concebible que el mal pueda vencer al bien, aunque la mayoría de los diosistas finitos encuentran esta posibilidad intuitivamente repugnante. Sin embargo, dado que Dios es limitado y (en el mejor de los casos) está luchando contra el mal, no existe una garantía; y la lucha simplemente puede continuar sin fin.

Evaluación. Contribuciones positivas. El diosismo finito contiene importantes conocimientos sobre la realidad. A diferencia de cosmovisiones como las del *panteísmo, no se puede culpar al diosismo finito por intentar evitar la realidad del mal… por enfrentar el problema directamente, la mayoría de los diosistas finitos llegaron a su postura.

El ejercicio del poder divino es limitado. Cualquier cosa que se pueda decir sobre el significado de la palabra omnipotente, no puede significar que Dios literalmente pueda hacer cualquier cosa. Los diosistas finitos tienen razón al señalar que Dios es limitado en su uso del poder. Por ejemplo, Dios no puede usar su poder (limitado o ilimitado) para crear y destruir lo mismo al mismo tiempo. Dios no puede hacer círculos cuadrados. Dios no puede otorgar el libre albedrío a las criaturas y al mismo tiempo obligarlas a actuar en contra de sus elecciones.

Asimismo, el diosismo finito apunta a un problema real en muchas visiones teístas sobre el mal. La postura reconoce que "el mejor mundo posible" puede no ser posible en realidad; solo porque podamos concebir nuestro universo actual con menos o ningún mal no significa que Dios pueda alcanzar tal universo. Un mundo de criaturas libres ya sea creado libremente por Dios o no, impone algunas limitaciones al uso del poder de Dios (ver Mal, Problema del).

Existe una necesidad de luchar contra el mal. Otro valor que surge de la mayoría de las formas del diosismo finito es un antídoto para el fatalismo. El resultado de la lucha del bien y del mal depende en un sentido real del hombre; nuestros esfuerzos pueden marcar la diferencia. El determinismo completo es fatal para la motivación necesaria de luchar contra el mal. No se puede acusar a los diosistas finitos de una resignación pasiva a lo inevitable; su visión exige la participación real de las personas para vencer el mal.

Problemas con esta visión. A pesar de sus muchas ideas positivas sobre la naturaleza de las cosas, el diosismo finito como sistema es fatalmente defectuoso.

Su visión de Dios es inadecuada. Filosóficamente, el concepto de un dios finito es contrario al principio de causalidad, el cual afirma que todo ser finito necesita una causa. Un dios finito es solo una gran criatura, y todas las criaturas necesitan un Creador. Un ser finito es un ser contingente, no un Ser Necesario, que no puede no existir; un ser contingente puede ser inexistente. Sin embargo, la existencia de todo lo que no podría existir depende de lo que no puede no existir, un Ser Necesario.

Además, aquellos que creen que Dios es limitado tanto en perfección como en poder, no identifican lo que realmente es Dios, al menos no Dios en un sentido último; porque uno podría medir la imperfección de Dios solo con un estándar máximo (ver Lewis, págs. 45-46). Pero el estándar máximo de perfección es, por definición, Dios. Entonces, un dios finito imperfecto sería algo menos que el Dios máximo. En realidad, parece que no hay manera de postular un dios finitamente bueno sin tener un Dios infinitamente bueno como estándar con el cual medir.

Todo lo que no es completamente bueno no es digno de adoración. Adorar significa atribuir el valor máximo a algo o alguien. Pero ¿por qué debería uno atribuir valor absoluto a lo que no es absolutamente digno? Cada cosa finita es una criatura, y adorar a la criatura, más que al Creador, es idolatría o tomando prestados los términos de Paul Tillich, uno no debe comprometerse a lo máximo con nada menos, sino solo con lo Máximo. Sin embargo, un ser parcialmente bueno no es un máximo Bueno. ¿Por qué entonces debería alguien adorar a un dios finito?

Su visión sobre el mal es inadecuada. El problema del mal no elimina a Dios; de hecho, ni siquiera podemos saber que existen las grandes injusticias en el mundo a menos que tengamos algún estándar máximo de justicia: Dios, por encima del mundo. Por el contrario, solo un Dios todopoderoso puede vencer al mal, y solo un Dios toda bondad desea vencer al mal. Por lo tanto, si el mal será derrotado en algún punto, entonces debe haber un Dios todopoderoso y toda bondad, un dios finito no será suficiente para la tarea.

Además, hay una alternativa en el argumento a favor de un dios finito. Recuerde que el argumento es:

1. Si Dios fuera todopoderoso, podría destruir el mal.
2. Si Dios fuera todo bondad, destruiría el mal.
3. Sin embargo, el mal no ha sido destruido.
4. Por lo tanto, no puede haber un Dios todopoderoso y toda bondad.

Una cosmovisión teísta solo necesita cambiar la tercera premisa:

3. Sin embargo, el mal aún no ha sido destruido.

La palabra aún entabla inmediatamente la posibilidad de que el mal aún sea destruido (i. e., vencido) a futuro; y el diosista finito que insiste en que esto nunca sucederá, supone saber más de lo que una criatura finita es capaz de saber.

Algunos diosistas finitos incluso admiten este punto y algunos afirman que parece haber algún mal cuyo efecto destructivo es mayor que cualquier bien que pueda derivarse de él; pero ese precisamente es el problema: ¿cómo puede un hombre finito saber lo suficiente hacia el futuro como para decir que no se hará nada para finalmente vencer al mal y traer un bien mayor? Por improbable que parezca, el futuro puede traer buenas noticias.

Además, si hay un Dios todopoderoso y toda bondad, esto automáticamente garantiza que el mal será vencido a futuro. El razonamiento es:

1. Un Dios toda bondad tiene el deseo de vencer el mal.
2. Un Dios todopoderoso tiene la capacidad de vencer el mal.
3. Sin embargo, el mal aún no ha sido vencido.
4. Por lo tanto, el mal será vencido a futuro.

Expresado de esta forma, la cuestión no sería si el mal es compatible con un Dios infinito; aunque ciertamente parece serlo. De hecho, si existe un Dios infinito, entonces hay una garantía de que el mal será vencido, ya que tal Dios tendría tanto el deseo como el poder para hacerlo. Por lo tanto, parece que el diosismo finito no ha eliminado satisfactoriamente a un Dios infinito basándose en el mal.

Otro problema de las formas modernas del diosismo finito es que, si Dios no es completamente bueno, entonces ¿cuál es el estándar para medir su bondad? No podemos medirlo por el estándar de su propia naturaleza, porque así estaría a la talla perfectamente; pero si medimos a Dios por alguna ley moral absoluta superior a Dios, entonces el Legislador de esta ley absoluta sería Dios, porque los legisladores dan las leyes y los prescriptores morales dan las prescripciones morales (ver Argumento moral a favor de Dios). Si es así, ¿no se darían las leyes morales absolutamente perfectas por un Dador de la Ley Moral absolutamente perfecto? Si un dios finito no alcanza un estándar absoluto de bondad, entonces no es Dios; el Ser moral absoluto por encima de él sería Dios.

Tal vez es por ello que la mayoría de los diosistas finitos desean limitar solo el poder de Dios y no su bondad; aunque para un desconocido, esto parece un juicio arbitrario y una ilusión. Además, ¿cómo puede ser Dios un Ser infinitamente bueno cuando es solo un ser finito? ¿Cómo puede uno, teniendo una capacidad de ser, ser más de algo? ¿Cómo pueden extenderse los atributos de Dios más allá de lo que permite su verdadera naturaleza? ¿Puede el conocimiento de uno, por ejemplo, extenderse más allá de lo que permite el cerebro?

El diosismo finito afirma que Dios no puede destruir todo el mal. Algunos dicen que esto se debe a un límite intrínseco en su naturaleza; otros afirman que se debe a una limitación extrínseca sobre él. Sin embargo, la única limitación extrínseca que el Creador no podría destruir sería un Ser Necesario eterno e increado; porque un ser creado o contingente podría ser destruido por un Ser Necesario o increado, pero si hay un Ser Necesario eterno e increado superior a Dios, entonces es el Creador, y el dios finito resulta ser solo una creación limitada. Si, por el contrario, el ser fuera de Dios es solo creado y contingente, pero aun así Dios es increado y necesario, Dios podría destruirlo; aunque si puede crear y destruir cualquier cosa, ¿por qué no admitir que es todopoderoso?

Este es el dilema: si Dios puede destruir todo lo demás en el universo además de él mismo, entonces es todopoderoso. Si hay algún otro ser indestructible fuera de Dios, entonces no es un Dios todopoderoso; y este otro ser puede resistir su poder. Pero, en cualquier caso, la visión de un dios finito parecería estar equivocada, ya que habría un Ser todopoderoso que podría destruir al dios finito.

Los diosistas finitos admiten que no hay garantía de que el bien finalmente triunfe sobre el mal. Si es así, aquellos que obran para bien puede que estén esforzándose en vano. Claro está que, en el curso diario de los acontecimientos, nuestros esfuerzos se ven frustrados; sin embargo, un compromiso religioso no es un compromiso del día a día, sino uno definitivo.

¿Puede un dios finito, que no puede garantizar la victoria, incluso si ponemos todo en ella, realmente inspirarnos a un compromiso definitivo? ¿Cuántas personas realmente se comprometerán en última instancia a trabajar por lo que no tienen la seguridad de que finalmente ganará? Podemos sentirnos inspirados para confesar con valentía: "Preferiría perder en una batalla que finalmente va a ganar, que ganar en una batalla que finalmente perderá".

Otras visiones inadecuadas. Además de sus puntos de vista erróneos sobre Dios y el mal, los diosistas finitos no defienden adecuadamente sus puntos de vista sobre el aniquilacionismo y el antisobrenaturalismo (ver Milagros, Argumentos contra los).

Fuentes

H. Bergson, *La evolución creadora.*
E. S. Brightman, *A Philosophy of Religion* [Una filosofía de la religión].
E. J. Carnell, *An Introduction to Christian Apologetics* [Una introducción a la apologética cristiana], caps. 16-17.
J. Collins, *God in Modern Philosophy* [Dios en la filosofía moderna].
N. L. Geisler y W. D. *Watkins, Worlds Apart* [Mundos aparte], cap. 6
H. S. Kushner, *Cuando a la gente buena le pasan cosas malas.*
C. S. Lewis, *Mero cristianismo.*
J. S. Mill, *Tres ensayos sobre la religión.*
H. P. Owens, *Concepts of Deity* [Conceptos de la deidad].
Plato, *Timeo.*
H. N. Wieman, *The Source of Human Good* [La fuente del bien humano].

Docetismo. El docetismo (gr. dokein, "parecer") era una herejía de finales del primer siglo que afirmaba que Jesús solo parecía ser humano (Kelly, pág. 141). El docetismo es "la afirmación de que el cuerpo humano de Cristo era un fantasma, y que su sufrimiento y muerte eran meras apariencias. "Si sufría, no era Dios; si era Dios, no sufría". (Bettenson, pág. 49). Los docetistas negaron la humanidad de Cristo, pero afirmaron su divinidad. Esto es lo opuesto al arrianismo, que afirmaba la humanidad de Jesús, pero

negaba la divinidad de Cristo (ver Cristo, Divinidad de). El docetismo ya estaba presente a finales de los tiempos del Nuevo Testamento, como lo demuestra la exhortación del apóstol Juan sobre los que niegan "que Jesucristo ha venido en carne" (1 Juan 4:2; énfasis añadido. Ver también 2 Juan 7).

Fuentes

H. Bettenson, ed., *Documents of the Christian Church* [Documentos de la iglesia cristiana].
F. L. Cross y E. A. *Livingstone, editores, The Oxford Dictionary of the Christian Church* [El diccionario Oxford de la iglesia cristiana].
J. D. Douglas, ed., *The New International Dictionary of the Christian Church* [El Nuevo Diccionario Internacional de la Iglesia Cristiana].
J. N. D. Kelly, *Early Christian Doctrines* [Primeras doctrinas cristianas].

Documento Q. El Evangelio de Q o documento Q es una colección hipotética de los dichos de Jesús que supuestamente anteceden los cuatro Evangelios. La hipótesis Q viene de la palabra alemana quelle, que significa "fuente". Q fue usada considerablemente por el Seminario de Jesús para llegar a sus conclusiones radicales. Ya que Q supuestamente contiene dichos, no obras o milagros de Jesús, se usa como una base para negar la resurrección. Dado que la primera Q supuestamente no contenía referencias a la deidad de Jesús, también se considera una invención mitológica posterior. De ser cierto, esto socavaría la apologética histórica del cristianismo (ver Apologética histórica; Nuevo Testamento, Historicidad del).

Supuestos estados y fechas de Q. Según el proponente de Q, Burton Mack, en realidad había cuatro estados sucesivos de Q: proto-Q1, Q1, proto-Q2 y Q2. Los evangelios de Q supuestamente se desarrollaron entre el 30 y el 65, antes de que aparecieran los evangelios canónicos. Por lo tanto, Q se supone que proporciona, junto con el *Evangelio de Tomás (ver Nag Hammadi, Evangelios de), la visión más antigua de los primeros seguidores de Jesús.

Algunos estudiosos distinguen entre Q1 (aprox. 50), que consiste en breves dichos de Jesús, y Q2 (50-60), que puede haber estado en contra del grupo original de Jesús como se evidencia por el tono crítico de Q2. Esto incluye pronunciamientos apocalípticos de condena sobre aquellos que rechazaron su programa de reino. Después de la Guerra Judía (70), mejoraron su mitología (Q3) para incluir declaraciones acerca de la divinidad de Jesús (Mack, pág. 53). En este análisis, Q1 presenta a Jesús como un sabio, un maestro sabio; Q2 lo retrata como profético y apocalíptico; y Q3 lo retrata como sobrehumano, encarnando la sabiduría de Dios y la autoridad divina (Boyd, pág. 121).

Historia de la Hipótesis Q. A juzgar por su amplia aceptación hoy en día, uno esperaría que la hipótesis Q existiera desde la iglesia primitiva. La verdad es que el ímpetu de la idea no surgió sino hasta el siglo XVIII cuando Friedrich *Schleiermacher (1768-1834), el padre del liberalismo moderno reinterpretó una declaración de Papías (aprox. 110) sobre Mateo compilando "los oráculos" de Jesús (gr. ta logia). Schleiermacher decidió que esto era un documento que consistía solo en los "dichos" de Jesús, en lugar de "lo que el Señor dijo o hizo" (ver Linnemann, Is There a Synoptic Problem? [¿Hay un problema sinóptico?], 20). Después, Christian Hermann Weisse (1801-66) afirmaba que Lucas utilizó esta fuente de dichos en la compilación de su Evangelio, dando así lugar al concepto de Q. Otros añadieron que Marcos fue utilizado tanto por Mateo como por Lucas. Por lo tanto, se postula a Q para explicar el material que usó Mateo y Lucas que no se encuentra en Marcos, su fuente común.

Sin embargo, a pesar de su popularidad, muchos estudiosos bíblicos han rechazado a Q desde que fue propuesto por primera vez. B. F. Westcott (1825-1901), Theodore Zahn (1838-1933) y Adolf Schlatter (1852-1938) son ejemplos de estudiosos más antiguos. Eta Linnemann, John Wenham y William Farmer son ejemplos de estudiosos contemporáneos.

Supuestas bases de Q. Según los defensores: "La hipótesis Q, junto con la prioridad marcana, es la la forma más eficiente de dar cuenta de los miles de detalles en la relación de estos tres textos entre sí". Porque "Mateo y Lucas están de acuerdo en su secuencia de eventos en la vida de Jesús solo cuando también están de acuerdo con Marcos". Y "este peculiar patrón ha llevado a la mayoría de los estudiosos del Nuevo Testamento hasta la conclusión que Mateo y Lucas deben haber usado a Marcos como un tipo de esquema para sus respectivas obras, pero bastante independientemente del uno con el otro". Sin embargo, esta prioridad marcana no cuenta con una buena cantidad de material compartido por Mateo y Lucas. "¿Cómo pudieron Mateo y Lucas incluir varios dichos, parábolas e historias ocasionales, a veces ofreciendo versiones muy cercanas en su redacción, independientemente el uno del otro?" En vista de esto, "la hipótesis Q surgió como una forma de dar cuenta del material común entre Mateo y Lucas, pero que no se encuentra en Marcos" (Patterson, "Sí, Virginia, hay una Q", págs. 39-40). Esta similitud en el contenido y el orden de los acontecimientos se utiliza para mostrar la dependencia literaria de estos últimos documentos con respecto a los primeros, es decir, de Mateo y Lucas con respecto a Marcos y a Q.

Evaluación. El llamado Evangelio de Q tiene serias implicaciones para la autenticidad de los Evangelios y la apologética histórica del cristianismo. Pero la evidencia muestra que la hipótesis no socava de ninguna manera la autenticidad de los Evangelios bíblicos.

Una consideración central es que no hay ni una pizca de evidencia documental de que Q haya existido alguna vez. No se ha encontrado ningún manuscrito o versión de él. Ningún padre de la iglesia citó algún trabajo correspondiente a lo que los estudiosos actuales se refieren con Q. Por lo que se sabe de la tradición documental de los primeros siglos cristianos, esta laguna es extremadamente improbable si la obra existió alguna vez. El antiguo defensor de Q, Linnemann, observa la reverencia con la que los críticos consideran a Q: "Esto es cosa de cuentos de hadas" (Linnemann, "Is There a Q?" [¿Hay una Q?], 19). Los apologetas pueden asumir con confianza que Q es una creación moderna y que ningún manuscrito aparecerá para probar que están equivocados.

Como observa Gregory Boyd: "Podríamos tener en cuenta tales similitudes de otras maneras que no requieren basarse en un documento hipotético". Por ejemplo, "por lo que sabemos de la tradición oral judía y memorización, podríamos argumentar convincentemente que los puntos comunes entre Lucas y Mateo simplemente indican la confiabilidad de las tradiciones orales que se encuentran detrás de ambos. Un número de académicos de renombre toman esta posición. Otros argumentan que Lucas usó a Mateo como documento de origen. Lucas 1:1-4 indica que usó varias fuentes. Esto explicaría la similitud". (Boyd, 119-20). Además, hay un creciente conocimiento que los estudiantes del primer siglo usaban tablillas para tomar notas. Mateo, que registra los largos discursos de Jesús, era un recaudador de impuestos acostumbrado a tomar notas.

El argumento de Q es el razonamiento circular. Burton Mack, por ejemplo, argumentaba que "frecuentemente la forma en que los dichos se agrupan u ordenan [en Q] tiene sentido. A veces un dicho ofrece una interpretación específica de una unidad de material precedente" (Mack, pág. 106). Y "el orden y la organización del material son [...] signos claros de la coherencia de una capa particular de tradición" (ibid., 108). Sin embargo, la única Q que poseemos fue construida por los defensores de Q de Mateo y Lucas. Y ellos decidieron cómo se organizarían estos dichos. Así que no es raro que fueran ordenados para señalar algo importante, ya que son los que construyeron Q los que la ordenaron de esta manera (ibid., 125). Pero carecen de base.

La hipótesis Q se basa en una visión reconstruccionista de la historia que rechaza la historia del Nuevo Testamento en Hechos. Si la hipótesis Q es correcta según la interpretación de algunos estudiosos modernos, el libro de los Hechos debe ser completamente falso. Sin embargo, ningún libro del Nuevo Testamento tiene más autentificación de su exactitud histórica que Hechos. Historiadores especializados en el Imperio Romano, como A. N. Sherwin-White y Colin Hemer, han proporcionado evidencia abrumadora de su autenticidad (ver Hechos, Historicidad del libro de los). Sherwin-White escribió: "Para Hechos la confirmación de la historicidad es abrumadora [...] Cualquier intento de rechazar su historicidad básica, incluso en asuntos de detalle, debe parecer absurdo. Los historiadores de Roma lo han dado por sentado desde hace mucho tiempo" (Sherwin- Blanco, 189). Antes de ellos estaba el trabajo de William Ramsay, quien, después de décadas de investigación, concluyó que en la presentación de cientos de detalles históricos, el Dr. Lucas no ha cometido ni un solo error (ver Ramsay). En años posteriores, el famoso estudioso de la historia romana Colin Hemer ha confirmado la exactitud de Lucas en cerca de cien detalles. Pero si Hechos es una buena historia, la reconstrucción histórica de Q es mitología.

Un evento importante en el cristianismo antiguo fue el concilio de Apóstoles y ancianos en Jerusalén en el 49, en el que la enseñanza de Pablo fue el foco central de la controversia. Como señala Linnemann: "¿Debemos creer que este Consejo se contentó con poner pequeñas objeciones a la interpretación de la ley judía, como informa Lucas, cuando Pablo estaba 'mitificando' el evangelio, afirmando que Jesús era Hijo de Dios, mientras que la gente de Q creía que no era más que un sabio?" (Linnemann, "Is There a Q?" [¿Hay una Q?], 20). Seguramente, si la gente de Q fuera gente de Jesús, no cristianos, habría algún rastro de este conflicto en el Nuevo Testamento, pero no lo hay.

Ni el orden de los acontecimientos ni la similitud de contenido son motivos convincentes para plantear la dependencia literaria. La única forma de demostrar la dependencia literaria es probar un alto porcentaje de construcción literaria idéntica. Pero este no es el caso, como Linnemann ha demostrado (ibid., 21-23). "La similitud de contenido no es en sí misma una prueba de dependencia literaria. También podría ser causada por diferentes personas que cubren el mismo evento. Un dicho de Jesús no debería haber diferido mucho según lo informado independientemente por dos o más personas que lo escucharon. La similitud podría transmitirse históricamente, no literalmente" (ibid., 22). Tampoco puede demostrarse la existencia de un documento fuente mediante una secuencia de relatos. Solo veinticuatro pares de paralelos, 36.9 por ciento, ocurren dentro de un capítulo de cada uno. Solo cinco

(7.69 por ciento) ocurren en el mismo punto de la narración en Mateo y Lucas. En vista de esto, Linnemann argumenta: "Se necesita una imaginación robusta" para suponer la dependencia literaria (ibid.).

La dependencia literaria asume una redacción idéntica. Pero el número de palabras idénticas en versos paralelos es de 1 792, o el 41 por ciento de la porción Q de Mateo y el 42 por ciento de la de Lucas. En diecisiete de los sesenta y cinco pares paralelos que se alega que provienen de Q, una cuarta parte de Q, el número de palabras idénticas es menos del 25 por ciento. En la parábola de los talentos (Mateo 25:14-30), el pasaje más largo de Q, solo sesenta de 291 palabras son idénticas a la de Lucas 19:11-27. De estas palabras, nueve son la palabra y siete son artículos y seis son pronombres. Eso deja treinta y ocho de 291 palabras para establecer una dependencia. La mayoría de ellas se producen en primera persona. "Así pues, la similitud se explica fácilmente por una memoria históricamente fiable que llegó tanto a Mateo como a Lucas" (ibid.). El pasaje más largo en el área de alto acuerdo tiene un 78 por ciento de palabras idénticas. No es más largo que el Salmo 1, un texto que muchos se saben de memoria. Linnemann dice: "No es difícil imaginar que en la cultura oral de los días de Jesús se hayan aprendido de memoria relatos de esta longitud" (ibid.).

No hay razón para aceptar la suposición de que casi toda la Q está contenida en Mateo y Lucas. El argumento principal es que, como Mateo y Lucas retienen una gran cantidad de Marcos en sus evangelios, harían lo mismo con Q. Pero esto no es así, ya que tanto Mateo como Lucas pueden haber valorado más a Marcos.

También se asume que había varias versiones de Q. Además del criterio subjetivo sobre el que se decidió esto, puede ser una violación de la "Navaja de Ockham", que las hipótesis no deben multiplicarse sin necesidad. Hay una explicación más simple si uno afirma que los Evangelios fueron reunidos por testigos y contemporáneos que tuvieron acceso a los dichos y hechos originales de Jesús.

La superposición de los Evangelios puede explicarse con la premisa de que: 1) los escritores fueron testigos oculares independientes cuyos relatos se superpondrían naturalmente; 2) los escritores de los Evangelios posteriores utilizaron el primer Evangelio escrito, además de sus fuentes independientes, y/o un conjunto común de dichos orales de Jesús; o 3) una edición antigua de Mateo o Marcos fue utilizada más tarde por el autor, así como por los otros escritores de Evangelios. Las fuentes que Lucas menciona (Lucas 1:1-4) pueden ser otros evangelios canónicos compuestos por testigos oculares.

Si existió un registro precanónico de Jesús, no hay razón para creer que omitiera el milagro o las afirmaciones de la deidad. De hecho, desde el Antiguo Testamento sostuvo la deidad para el Mesías (esp. Sal 45:6; 110:1; Is 7:14; 9:6; Miq 5:2; Zac 12:10), no hay razón por la que alguien que afirma ser el Mesías judío no lo haría también (ver Cristo, Deidad de; Nacimiento virginal de Cristo).

Incluso si hubiera habido algún depósito sin milagros de los dichos originales de Jesús antes de los Evangelios, esto no probaría que Jesús no hizo milagros ni dijo muchas otras cosas. Puede haber sido que un discípulo antiguo acostumbrado a llevar registros, como Mateo el antiguo recaudador de impuestos, registró los dichos de Jesús porque sabía que se necesitarían después. Por ejemplo, si solo tuviéramos Gálatas (y no Ro; 1 Cor; y 1 Ts), podríamos suponer que a Pablo no le preocupaba la resurrección. Gálatas la menciona solo una vez. Poseer un documento antiguo de dichos no nos permite concluir que Cristo no hizo milagros a menos que el documento lo diga explícitamente. O podría haber sido que, en vista del tremendo impacto que el mayor Maestro del mundo hizo en sus mentes y corazones durante tres años, hubo un depósito oral de las palabras de Jesús en las memorias de los discípulos antes de que existiesen registros escritos. De hecho, según Juan, Jesús prometió que el Espíritu Santo les haría recordar las cosas que les había enseñado (Juan 14:26; 16:13).

Y si llevamos la presuposición hasta el punto de imaginar que existió una versión antimilagro de Q, podría haber sido una revisión antigua de las palabras y hechos de Jesús en oposición a los discípulos originales. Después de todo, las graves divergencias doctrinales aparecieron incluso durante la época de los apóstoles (cf. Col 2; 1 Ti 4; 1 Juan 4). Jesús advirtió de los falsos profetas (Mateo 7:15).

Cuando se examinan los segmentos de texto atribuidos a Q en su totalidad, hay evidencia de los milagros y la divinidad de Jesús. Jesús afirmó que su "Padre" le dio autoridad sobre el mundo entero (Qs24). Jesús se consideraba a sí mismo más grande que Salomón o el profeta Jonás (Qs32). Creía que aquellos que lo desconocían serían desconocidos por Dios (Qs37). Jesús determinaría quiénes serían excluidos del reino de Dios (Qs47). Él predijo el futuro (Qs49). Jesús exigió que sus discípulos lo pusieran por encima de todos los seres humanos, incluso de sus padres (Qs52). Sus seguidores se sentarían en tronos juzgando a las doce tribus de Israel (Qs62). Jesús incluso se refirió a su resurrección a través del "signo" (milagro) de Jonás (Qs32). Sin duda esta evidencia es una de las razones por las que los críticos intentan estratificar a Q en múltiples documentos, empujando las declaraciones a un período tan tardío como sea posible. Sin embargo, las bases para hacerlo son muy subjetivas, y aun así, las declaraciones son todavía lo suficientemente antiguas para ser auténticas, durante el tiempo en que los testigos oculares todavía estaban vivos.

En contraste con el hipotético Q, el primer manuscrito real conocido y documentos de la fe cristiana contenían referencias a los milagros y la divinidad de Cristo. Juan está lleno de ambos (ver Juan, Evangelio de), y el Fragmento de John Rylands es el primer manuscrito indiscutible de orígenes cristianos (ver Nuevo Testamento, Manuscritos del). La Primera de Corintios es aceptada incluso por los críticos como si vinieran de la pluma de Pablo en el 55 o 56, solo veintidós o veintitrés años después de la muerte de Jesús. Se refiere a la resurrección como "recibida" de Pablo en sus enseñanzas anteriores (1 Co 15:1, 4-8).

Las suposiciones Q. Obviamente, aunque la mayoría de los defensores de Q estarían reacios a admitirlo, hay un sesgo antisupernatural detrás de su punto de vista. Siguiendo el enfoque naturalista de los Evangelios que comenzó con David *Strauss en 1835-36, asumen que lo milagroso no ocurre. Por lo tanto, todos los registros de eventos milagrosos se clasifican como resultados posteriores de la creación de mitos (ver Mitología y el Nuevo Testamento). La prisa con la que llegan a esta conclusión, incluso concediendo una fuente antigua de "dichos", traiciona el deseo de eliminar lo sobrenatural. La confianza con la que los críticos llegan a una conclusión antisupernatural sobre tales bases especulativas e hipotéticas respalda la tesis de que realmente comienzan con una presuposición naturalista. Compare las palabras de un defensor de Q: "Los evangelios canónicos narrativos ya no pueden ser vistos como los relatos confiables de eventos históricos únicos y estupendos en la fundación de la fe cristiana". En cambio, "los evangelios deben ser vistos ahora como el resultado de la creación de los primeros mitos cristianos" (Patterson, "Q—The Lost Gospel" [Q, El Evangelio perdido], pág. 40).

Comenzando con una incredulidad en los *milagros, no sorprende que su reconstrucción imaginaria de Q en el período de tiempo antiguo esté desprovista de historias de milagros, incluyendo la *resurrección.

La hipótesis Q se basa en un increíble número de supuestos (ver Boyd, págs. 122-24):

1. Marcos fue el primer Evangelio, y Mateo y Lucas siguieron su forma y contenido. Los mismos datos pueden explicarse planteando una tradición oral o poniendo a Mateo en primer lugar.
2. Q existía como un documento escrito. No hay ninguna prueba de esto.
3. Una Q puede ser reconstruida a partir de lo

que Mateo y Lucas tienen en común que no se encuentra en Marcos. Pero si Q existió, no hay forma objetiva de saber cuánto se usó.

4. Q fue compuesta para expresar todo lo que los primeros cristianos creían acerca de Jesús. ¿Por qué no podría haber sido simplemente una colección de dichos?

5. También se supone que una comunidad de personas creó a Q. No hay pruebas de esto. Una persona podría haber recogido fácilmente los dichos de Jesús.

6. Q puede ser comprendida con precisión discerniendo sus diversas etapas literarias. No se ofrece ningún criterio objetivo para ello.

7. Estos supuestos estados reflejan varias etapas del pensamiento de los seguidores de Jesús. Los diversos puntos de vista podrían haber sido fácilmente simultáneos.

8. Las opiniones de Cristo son incompatibles entre sí. Jesús pudo haber sido maestro, profeta y autoridad divina. Si estos elementos están juntos al final, ¿por qué no pudieron estar todos al principio?

Boyd resume: "Vemos, entonces, que la revisión liberal de la imagen de Jesús y de la historia de la iglesia primitiva sobre la base de Q no es más que un montón de suposiciones arbitrarias construidas sobre otros supuestos arbitrarios" (ibid., 24).

Conclusión. El argumento de la hipótesis Q, particularmente en su forma naturalista, carece de fundamentos históricos, documentales o literarios. Como Boyd señaló: "Entre otras cosas, todo el esquema es completamente conjetural. Estos estudiosos nos piden que cambiemos el retrato fiable del Evangelio de Cristo por una hipotética reconstrucción de la historia basada en una hipotética reconstrucción de un hipotético documento" (ibid., 121-22). No hay nada en los evangelios canónicos que no pueda tenerse en cuenta postulando que los autores fueron testigos oculares o contemporáneos de los eventos y que proporcionaron una explicación precisa de lo que informaron tal y como afirma Lucas (Lucas 1:1-4).

En palabras de un exdiscípulo de Q: "Los Evangelios reportan las palabras y hechos de Jesús. Lo hacen en parte a través de testigos oculares directos (Mateo y Juan) y en parte a través de los que fueron informados por testigos oculares (Marcos y Lucas). Las similitudes también ya que las diferencias en los relatos de los Evangelios son lo que se espera de la reminiscencia de los testigos oculares" (ibid.).

Fuentes
G. A. Boyd, *Jesus under Siege* [Jesús bajo asedio].

W. Farmer, *The Synoptic Problem* [El problema sinóptico].
E. Linnemann, *"Is There a Q?"* [¿Hay una Q?].
———, *Is There a Synoptic Problem?* [¿Hay un problema sinóptico?].
B. Mack, *The Lost Gospel* [El Evangelio perdido].
S. J. Patterson, *"Q—The Lost Gospel"* [Q, El Evangelio perdido].
———, *"Yes, Virginia, There Is a Q"* [Sí, Virginia, hay una Q].
W. Ramsay, St. Paul, *Traveller and the Roman Citizen* [San Pablo, viajero y ciudadano romano].
A. N. Sherwin-White, *Roman Society and Roman Law in the New Testament* [La sociedad romana y el derecho romano en el Nuevo Testamento].
J. W. Wenham, *Redating Matthew, Mark, and Luke* [Modificando Mateo, Marcos y Lucas].

Dooyeweerd, Herman. Herman Dooyeweerd (1894-1977) fue un filósofo holandés reformado que asistió, y más tarde enseñó filosofía legal en la Universidad Libre de Ámsterdam (1926-65). Es más conocido por su obra de cuatro volúmenes, A New Critique of Theoretical Thought [Una nueva crítica del pensamiento teórico] (1953-58). Fundó la revista Philosophia Reformata, que contribuyó a establecer la Asociación de Filosofía Calvinista (más tarde llamada Filosofía Cristiana). Sus otras obras incluyen The Christian Idea of the State [La idea cristiana del Estado], In the Twilight of Western Thought [En el crepúsculo del pensamiento occidental], Roots of Western Culture [Raíces de la cultura occidental], y Transcendental Problems [Problemas trascendentales]. Su trabajo siguió la tradición reformada de Abraham Kuyper (1837-1920), aunque fue mucho más allá de su predecesor en la crítica del pensamiento occidental y en el desarrollo de su propio sistema.

Filosofía de Dooyeweerd. Aunque su pensamiento proviene del pensador reformado Kuyper, las raíces filosóficas de la filosofía de Dooyeweerd profundizan tanto en Immanuel *Kant (1724-1804) como en la fenomenología de Edmund Husserl (1859-1938). Comienza con una crítica de los fundamentos del pensamiento occidental, concluyendo que su base en la razón es infundada e infructuosa y es ciega a sus propios compromisos religiosos, especialmente a la pretendida autonomía por la que la filosofía se separó de la revelación divina. Asimismo, rechazó la adecuación de la revelación general o la gracia común como base para construir una teología natural (ver Dios, Evidencias a favor de).

Crítica Trascendental. Uno de los legados de Dooyeweerd es su crítica trascendental, que fue utilizada por Cornelius *Van Til en su *apologética presuposicional. La forma de argumentación sigue la reducción trascendental de Kant, por la que se plantean las condiciones necesarias de pensamiento y acción.

Soberanía de las Esferas. Dooyeweerd construye un sistema distintivamente cristiano de esferas ordenadas jerárquicamente, que según él constituyen el fundamento de la realidad. Su teoría es conocida como la soberanía de las esferas, con cada esfera de actividad intelectual o práctica subordinada a la revelación de Dios. Dios ha establecido quince esferas para el funcionamiento de los diferentes aspectos de la creación.

Evaluación. Entre los aspectos valiosos del pensamiento de Dooyeweerd está su deseo de preservar la soberanía de Dios. También hizo una crítica masiva del pensamiento no cristiano. Algunos también señalan su intento de plantear un punto de partida firme para su filosofía en un *argumento trascendental, que se convirtió en una característica de su discípulo, Van Til. Este enfoque ofrece bases epistemológicas firmes sobre las que apoyarse.

Otros han expresado dudas sobre su rechazo a la adecuación de la revelación general (ver Revelación General) o la gracia común como base para construir una teología natural (ver Dios, Evidencias a favor de). Además, su tendencia al voluntarismo es criticada por otros, así como su falta de razón humana como parte de la imagen de Dios incluso en hombres caídos. Otros ven una incoherencia en su crítica a la razón humana y en sus afirmaciones de que hay un punto de partida prescientífico (fenomenológico) en el que la persona puede interpretar la creación.

Además, este método fenomenológico es autodestructivo. No se puede concebir lo preconceptual ni pensar lo prerracional. La verdad es que la razón es ineludible. No hay un punto de partida prerracional para los seres racionales. Además, su negación de la finalización de las leyes de la lógica es contraproducente, ya que utiliza la lógica de Dios para negar lo de Dios.

Fuentes

V. Brummer, *Transcendental Criticism and Christian Philosophy* [Crítica trascendental y filosofía cristiana].

A. L. Conradie, *The Neo-Calvinist Concept of Philosophy* [El concepto neocalvinista de la filosofía].

H. Dooyeweerd, *In the Twilight of Western Thought* [En el crepúsculo del pensamiento occidental].

————, *A New Critique of Theoretical Thought* [Una nueva crítica del pensamiento teórico].

L. Kalsbeeck, *Contours of a Christian Philosophy* [Siluetas de una filosofía cristiana].

J. Klapwijk, "*Dooyeweerd's Christian Philosophy: Antithesis and Critique* [La filosofía cristiana de Dooyeweerd": antítesis y crítica]".

R. Nash, *Dooyeweerd and the Amsterdam Philosophy* [Dooyeweerd y la filosofía de Amsterdam].

J. M. Spier, *An Introduction to Christian Philosophy* [Una introducción a la filosofía cristiana]

E. L. H. Taylor, *The Christian Philosophy of Law, Politics, and the State* [La filosofía cristiana del derecho, la política y el Estado].

Dualismo. En la metafísica el dualismo es la creencia de que hay dos principios coetáneos en conflicto entre sí, como la materia y la forma (o el espíritu) o el bien y el mal. El platonismo es un ejemplo del primero y el zoroastrismo, el gnosticismo y el maniqueísmo son ejemplos de este último. Los dualistas creen en la creación ex materia, es decir, a partir de materia o materia preexistente. Esto contrasta con los teístas, que creen en la creación ex nihilo, de la nada, y con los panteístas (ver Panteísmo), que creen en la creación ex Deo, de Dios (ver Creación, Puntos de vista de la).

Dificultades con el dualismo. Como la observación de Tomás de Aquino, no todos los primeros principios, como el bien y el mal, son eternos. Lo bajo y lo alto son opuestos, pero no se deduce que deba haber seres eternamente bajos y eternamente altos. Así, el bien y el mal pueden oponerse entre sí sin que ambos sean eternos. Pensó que el problema es la suposición de que "como todos los contrarios parecen estar comprimidos bajo los títulos del bien y del mal, en que uno de ellos por comparación es siempre deficiente, consideran que los principios activos primarios son el Bien y el Mal". Así que "no hay un primer principio del mal como lo hay del bien". Una razón para esto es que "el principio original de las cosas es esencialmente bueno. [Pero] nada puede ser esencialmente malo. Todo ser, como ser, es bueno; el mal no existe excepto en un asunto bueno" (Aquino, 1.1).

En el dualismo, ninguno de los dos principios puede ser supremo, ya que cada uno está limitado por el otro. Pero parece que algo debe ser definitivo. Como C. S. *Lewis señaló: "Los dos poderes, el bueno y el malo, no se explican el uno al otro. Ninguno de los dos [...] puede pretender ser el Definitivo" (Lewis, God in the Dock [Dios en el banquillo], pág. 22). "No puedes aceptar dos seres condicionados y mutuamente independientes como un Absoluto autocentrado y autocomprensivo" (ibid.).

En el sentido moral, un principio no puede ser declarado "bueno" y el otro "malo", a menos que se midan por algo fuera de cualquiera de ellos. Pero, como señaló Lewis, "en el momento en que dices eso, estás poniendo en el universo una tercera cosa además de los dos Poderes: alguna ley o norma o regla del bien a la que uno de los poderes se ajusta y el otro no se ajusta". Sin embargo, dado que "los dos poderes son juzgados por este estándar, o el Ser que hizo este estándar, entonces este estándar, o el Ser que hizo este estándar, está más lejos y más arriba que cualquiera de ellos, y Él será el verdadero Dios" (Lewis, *Mere Christianity* [Mera Cristiandad], pág. 49).

"El dualismo le da al mal una naturaleza positiva, sustantiva, autoconsistente, como la del bien". Pero "si el mal tiene el mismo tipo de realidad que el bien, la misma autonomía e integridad, nuestra lealtad al bien se convierte en la lealtad escogida arbitrariamente por un partidario". Pero "una sólida teoría del valor [...] exige que el bien sea original y el mal una mera perversión"; que el bien sea el árbol y el mal la hiedra; que el bien pueda ver todo el mal (como cuando los hombres cuerdos entienden la locura) mientras que el mal no puede tomar represalias en especie" (Lewis, *God in the Dock*, pág. 22-23).

Como concluyó Agustín, el mal es la falta del bien y no lo contrario. Porque cuando sacamos todo el mal de algo es mejor. Pero cuando sacamos todo el bien de algo no hay nada (Agustín). Por lo tanto, el bien es lo último y el mal es una limitación o privación del mal (ver Mal, Problema del).

Fuentes

T. Aquino, *On Evil* [sobre el mal].

Agustín, *Anti-Manichean Writings* [Escritos antimaniqueo].

N. L. Geisler, *The Roots of Evil* [Las raíces del mal].

N. L. Geisler y W. *Corduan, Filosofía de la Religión* [Filosofía de la Religión], caps. 14-15.

C. S. Lewis, *God in the Dock* [Dios en el banquillo de los acusados].

———, *Mere Christianity* [Mera Cristiandad].

Duda. *Ver* CERTEZA/CERTIDUMBRE; FE Y RAZÓN; PRIMEROS PRINCIPIOS; ESPÍRITU SANTO, PAPEL EN LA APOLOGÉTICA; MÉTODO INDUCTIVO.

Duns Escoto. *Ver* ARGUMENTO COSMOLÓGICO.

Edad de la Tierra. *Ver* GENEALOGÍAS EXACTAS O IN-
EXACTAS; CIENCIA Y LA BIBLIA.

Edén, Huerto del. Génesis 2:8 relata lo siguiente: "Y
Jehová Dios plantó un huerto en Edén, al oriente; y
puso allí al hombre que había formado". Debido a
que Adán y Eva son mostrados como auténticas personas con hijos reales de donde ha venido toda la raza
humana (Gn 5:1; Cr 1:1; Lc 3:38; Ro 5:12), también
se asume que hubo un huerto del Edén literal. De
hecho, la Biblia lo menciona como un lugar verdadero en la tierra con abundancia de árboles, plantas y
animales; también tenía ríos y una puerta (Gn 2-3).
Sin embargo, los críticos señalan que no hay evidencia arqueológica para que un lugar así haya existido
(ver Arqueología del Antiguo Testamento). Así que,
concluyen en que la historia del Edén es solo un mito
(ver Biblia, Críticas a la).

Argumentos a favor de un huerto real. Sin embargo,
hay pruebas convincentes que apoyan la realidad literal del huerto del Edén viniendo de muchas fuentes.

Primero, como la Escritura dice que el Señor selló
el huerto de alguna forma luego de la caída, este vendría a ser un lugar donde los cristianos no esperarían
encontrar restos arqueológicos (Gn 3:24). Tampoco
hay indicios de que Adán y Evan hayan hecho cosas en
cerámica o edificaciones perdurables. Sea lo que haya
quedado del huerto del Edén, hubiese sido destruido
por el diluvio que cubrió la tierra (Gn 6-9; 2 Pedro 3:5-
6). Ahora bien, un sello temprano fue descubierto casi
al fondo del montículo Tepe Gawra a doce millas de
Nínive por el renombrado E. A. Speiser, quien calculó
que el sello viene desde alrededor de 3500 a. C.

Segundo, la Biblia sí brinda una evidencia de la ubicación ya que dos de los ríos mencionados todavía
existen: el Tigris (Hidekel) y el Éufrates (Gn 2:14).
Incluso si los ríos tienen un caudal distinto gracias

al diluvio, el uso del nombre de ríos muestra que el
escritor creía que dicho lugar sería literal; y hasta la
Biblia las ubica en Asiria (v. 14), que vendría a ser la
Irak moderna.

Tercero, Adán y Eva son aludidos como personas
históricas reales en el resto de la Escritura (ver Adán,
Historicidad de). Las personas literales necesitan de
un lugar literal para vivir, y la Biblia denomina a este
lugar como un huerto que Dios plantó en Edén (Gn
2:8).

Cuarto, el Nuevo Testamento hace referencia a
eventos que ocurrieron en Edén como históricos (Ro
5:12-13), donde se habla de la creación de Adán y Eva
(Mt 19:4; 1 Tim 2:13) y de su caída en pecado (Ro
5:12; 1 Tim 2:14). Sin embargo, estos eventos históricos literales necesitan de un lugar geográfico literal
en donde ocurrir.

Quinto, las Escrituras afirman que Dios un día
restaurará al ser humano en una resurrección física
literal (ver Resurrección, Naturaleza física de la) para
un paraíso restaurado literal (Ro 8:18-23; Ap 21-22).
¿Pero qué significa un paraíso recobrado si no hubo
un paraíso literal perdido?

Conclusión. Para quienes ponen su credibilidad en
el registro bíblico, la evidencia a favor de un Edén
literal es bastante sólida. Además, este lugar se enlaza con enseñanzas centrales de la fe cristiana como
la creación, caída y restauración literal, que incluso
le dan más relevancia. Rechazar un Edén literal es
rechazar una base fundamental para las enseñanzas
bíblicas, incluso cuando estas tienen pruebas sólidas.

Edwards, Jonathan. Jonathan Edwards (1703-1758)
fue un importante filósofo teólogo y pastor que tra-
jó avivamiento en la América temprana. Hijo de un
ministro congregacional, Edwards fue un apologeta
clásico (ver Apologética clásica). Fue influenciado

por John *Locke (1632-1704) e Isaac Newton (1642-1727) y en menor medida por el idealismo británico de George *Berkeley (1685-1753). Edwards produjo sus primeros escritos siendo un adolescente. Su primera obra filosófica titulada Of Being [Del ser] contiene un argumento cosmológico poderoso, así como también su otro trabajo juvenil "The Mind" [La mente]. Del mismo modo, en sus Miscellanies [Misceláneas], argumenta a favor de la existencia y necesidad de Dios. En "Sermon on Romans 1:20" [Sermón sobre Romanos 1:20] (1743), que no tuvo publicación, Edwards brinda un detallado argumento cosmológico y teológico a favor de Dios. Una de sus más grandes obras, The Freedom of the Will [La libertad de la voluntad] (1746), también tiene un énfasis apologético, así como en A Treatise Concerning Religious Affections [Un tratado sobre los afectos religiosos] (1746). Su gran trabajo de apologética, A Rational Divinity [Una divinidad racional], nunca se llegó a completar.

La apologética de Edwards. Como un apologeta clásico siguiendo los pasos de *Tomás de Aquino y John Locke, Edwards comenzó con pruebas para la existencia de Dios y utilizaba tanto argumentos cosmológicos como teológicos, aunque su énfasis estaba en lo primero.

La relación de la fe y la razón. Edwards mantenía un equilibrio entre la revelación y la razón. Esta última tenía ocho funciones básicas: "Primera, la razón debe probar la existencia de Dios, el Revelador. Segunda, la razón anticipa que habrá una revelación. Tercera, solo la razón puede comprender de manera racional cualquier revelación supuesta. Cuarta, solo la razón puede demostrar la racionalidad de la revelación. Quinta, la razón debe verificar cualquier revelación como genuina. Sexta, la razón argumenta la dependencia de la revelación. Séptima, la razón, habiendo anticipado los misterios en alguna revelación divina genuina, los defiende, refutando cualquier objeción a su presencia. Octava, aunque la 'luz divina y sobrenatural' no venga de la razón, es la razón quien comprende lo que ilumina esta luz" (Edwards, Jonathan Edwards, págs. 22-23).

Sin embargo, la razón humana tiene cuatro limitaciones notables. "Primero, no puede hacer el conocimiento de Dios real a un hombre no regenerado. Segundo, no puede producir una revelación salvadora, sobrenatural o incluso 'percibirla' por la mera razón. Tercero, en caso sí reciba una revelación, luego no podría determinar qué podría o no contener dicha revelación. Cuarto, ni siquiera puede 'aprehender' la revelación divina como revelación divina, aunque sí pueda reconocer su presencia" (ibid., pág. 27).

Pruebas de la existencia de Dios. Edwards describe su propio acercamiento a la existencia de Dios (ver Dios, Evidencias de) en Freedom of the Will (pt. II, secc. 3). El apologeta prueba a posteriori, o de los efectos, que debe haber una causa eterna y luego argumenta que este ser debe ser necesario y perfecto a priori. Edwards combinaba las pruebas cosmológicas y teológicas e incluso argumentaba en contra de un universo eterno (ver "Sermon on Romans 1:20") bajo la modalidad del argumento cosmológico *kalam.

Dios es eterno. Que Dios deba ser eterno era algo firme en la mente de Edwards desde su juventud. En su ensayo "The Mind", concluyó que "no es extraño que deba existir [algo eterno] ya que la necesidad para que exista algo o nada lo implica". De modo que, si existe algo, entonces siempre tuvo que haber existido algo. ¿Por qué? Porque nada es una imposibilidad, ya que "no podemos tener ningún conocimiento como tal si este no existe".

La firme convicción de Edwards sobre que algo es eterno nace de la ley de causalidad (ver Causalidad, Principio de), y lo describe como un principio evidente por sí mismo, un "dictado de sentido común", "la mente de la humanidad" y "este gran principio de sentido común" (Freedom of the Will, pt. II, secc. 3). En "Miscellanies", declara que el principio de que todo efecto tenga una causa es una verdad evidente por sí misma (ver Primeros principios). Siendo este el caso, "si suponemos la existencia de un tiempo donde no hubiera nada, un cuerpo no comenzaría a existir por sí mismo", ya que sostener que algo puede surgir sin una causa es aberrante para el entendimiento (ibid., nro. 91).

Edwards estaba tan convencido de que algo no podría surgir sin una causa al punto de que incluso argumentaba que un mundo eterno necesitaría una causa. "Si supusieramos que el mundo es eterno; sin embargo, la belleza, la invención y la disposición útil del mundo no concluirá con menos firmeza por el ser de un autor inteligente". Porque si viéramos un poema tal como la Eneida de Virgilio, ¿sería más satisfactorio para nosotros que nos digan que vino de la eternidad? [...] ¿Sería todo ello más satisfactorio que nos digan que fue hecho por el simple acto de que caiga tinta sobre un papel? (ibid., 312).

Debe haber un ser eterno. La eternidad de Dios es necesaria porque una "nada" eterna no es posible, debido a que la nada no puede producir algo. Algo es, así que siempre debe haber habido algo. Hay dos alternativas: la nada o Dios. Sin embargo, John Gerstner, como gran estudioso de Edwards, pone esto en pocas palabras: "La Nada es nada en realidad. Es decir, no podemos formar la noción de la Nada. Si creemos que tenemos una idea de la Nada, entonces creemos que sabemos que esa Nada es. La Nada se ha convertido en una entidad existente; por lo que la Nada es Algo"

(Gerstner, "Outline of the Apologetics" [Un apunte de la apologética de Jonathan Edwards], 10)

Pruebas de los atributos de Dios. Como Gerstner correctamente señalaba: "Teólogos extraordinarios como Tomás de Aquino y Jonathan Edwards hallan más de Dios en la revelación ordinaria de la naturaleza que teólogos ordinarios hallan en la revelación extraordinaria de la Escritura" (ibid., 99). Edwards resume qué puede ser conocido sobre Dios por la revelación general (ver Revelación general): "Es únicamente a través de la metafísica que podemos demostrar que Dios no está limitado a un lugar o que no es mutable; tampoco que es ignorante u olvidadizo; ni que es imposible que mienta o sea injusto; y solo hay un Dios y no cientos de miles" (Freedom of the Will, pt. IV, secc. 13). Dios debe ser independiente porque es eterno y necesario. Él es antes que el mundo y el mundo depende de Él, y no al revés. Además, Dios posee todas las perfecciones. "Tener algunas y no todas [las perfecciones] es ser finito. Él es limitado en algunos aspectos; es decir, en relación con el número de virtudes o perfecciones". Sin embargo, "esto es inconsistente con la existencia independiente y necesaria. Estar limitado en cuanto a las virtudes y cualidades excelentes es un ser contingente" ("Sermon on Romans 1:20"). Edwards afirmaba que "nada es más certero que el hecho de que un Ser sin creación ni límites exista" (Works of Jonathan Edwards [Las obras de Jonathan Edwards], 97-98), porque aquello que es necesario e independiente debe ser infinito. Como Dios es infinito, debe ser uno, ya que "ser infinito es ser todo y [esto] sería una contradicción con suponer dos todos" ("Miscellanies", nro. 697). Toda la realidad está en Dios, ya sea su ser o en lo que mane de esto. En palabras de Edwards: "Dios es la suma de todo ser y no hay ser sin su ser. Todas las cosas están en él y él en todas" (ibid., nro. 880).

El ataque de Edward al deísmo. Edwards creía no solo que Dios existía, sino también en que los milagros son posibles (ver Milagro; Milagros, Valor Apologético de los). Dios no es deísta (ver Deísmo). De hecho, la crítica de Edwards del deísmo es una de las más penetrantes del siglo XVIII.

Los deístas, a diferencia de los teístas cristianos, creen que Dios creó el mundo y se ha revelado a sí mismo en la naturaleza, pero que nunca realiza milagros o produce una revelación sobrenatural. Esta opinión fue proclamada en Christianity as Old as the Creation: or, the Gospel, a Republication of the Religion of Nature [Cristianismo tan antiguo como la creación: o, el evangelio, una república de la religión de la naturaleza] (1730) de Matthew *Tindal, quien junto a otros deístas como Thomas *Jefferson, Thomas Paine y François *Voltaire, pensaba que la

revelación natural era suficiente.

Gerstner señala que Edwards "refuta a los deístas no apelando a la fe, sino mediante un análisis racional" (Gerstner, "Outline of the Apologetics", 196), quien también demuestra la insuficiencia total de la razón como un sustituto para la revelación (ibid., 197). Contrario a Tindal, Edwards argumenta que cuando la razón ha mostrado que una revelación es de Dios, es razonable afirmar que todas las doctrinas que aceptan esa revelación son verdaderas (Works of Jonathan Edwards, vol. 2, 479 ss.). Una vez se sabe que la Biblia es la Palabra de Dios, la razón sólida demanda que todo lo dictado se acepte.

Prueba de la revelación sobrenatural en la Biblia. Claro que esto solo muestra que necesitamos de una revelación especial, pero no que la tenemos. Para establecer que la Biblia es la Palabra de Dios, Edwards usaba un argumento dual: (1) Es internamente consistente; (2) es externamente confirmado.

La prueba interna: la racionalidad. Aunque sea expresado como algo negativo, el cristianismo no es falso por tener misterios (ver Misterio) y no tiene contradicciones internas (ver Miscellanies, nro. 544). La recta razón y la revelación armonizan y "la Biblia no invita [a los humanos] a creer cosas que vayan en contra de la razón" ("Sermon on Isaiah 3:10" [Sermón sobre Isaías 3:10]). La forma de Dios para llegar al corazón es por medio de la cabeza.

La prueba externa: la evidencia milagrosa. Así como otros apologetas clásicos, Edwards creía que los milagros obedecen a la existencia del Dios teísta. Si Dios puede crear el mundo, puede intervenir en él, y esta intervención milag rosa toma una de cuatro formas.

Primero, está el milagro de la profecía predictiva sobrenatural (ver Profecía, como prueba de la Biblia). En Miscellanies, trata sobre el cumplimiento de las profecías del Antiguo Testamento tanto las mesiánicas y generales (nros. 443, 891, 1335). Solo Dios podría hacer tales profecías.

Segunda, los milagros pueden ser usados para acreditar el hecho de un mensajero de Dios. Edwards apela a los milagros de Cristo. En ocasiones, como en la resurrección de Lázaro, Jesús había declarado previamente que haría el milagro para probar lo que afirmaba. "Ahora bien, ¿cabe en la imaginación Dios quien escucharía a un impostor o alguien similar ordenar o padecer una cosa que sea tan extraordinaria que debería hacerse inmediatamente a consecuencia de la palabra y acto de un impostor?" (ibid., número 444).

Tercera, apela a la naturaleza sobrenatural del contenido de la enseñanza de Moisés, argumentando que nada divino puede tener como fuente algo puramente humano. "Por ejemplo, cómo podrían los judíos, quienes no tenían conocimientos en ciencia o filosofía, y que eran tan propensos a la idolatría como las naciones que les rodeaban, salir con su doctrina refinada y avanzada de Dios" (ibid., números 159, 1158).

Cuarta, argumentaba a partir de los resultados sobrenaturales de la conversión. ¿De qué otra manera podría alguien vencer el temor a la muerte? ("Sermon on Romans 14:7" [Sermón sobre Romanos 14:7]). Hizo varios esfuerzos en "A Treatise Concerning Religious Affections" (1746) para mostrar que el gozo y la paz que caracterizan una conversión cristiana no están presentes en otras religiones.

La necesidad de la iluminación subjetiva. A pesar de todo lo que apunta bajo la evidencia racional y objetiva, Edwards no creía que ni la revelación general o especial era suficiente para abrir los corazones depravados a la verdad de Dios. Solo "la luz divina y sobrenatural" podrían abrir el corazón para recibir la revelación de Dios. Sin esta iluminación divina, nadie nunca podría llegar a aceptar la revelación de Dios, sin importar cuán sólida sea la evidencia; es necesario tener un corazón nuevo y no una mente nueva, y esto se da gracias a la iluminación del Espíritu Santo. Esta luz divina no da una verdad nueva o revelación nueva, sino que brinda un nuevo corazón: una nueva actitud para acoger la verdad revelada (ver Gerstner, "Outline of the Apologetics", 295-297; ver Espíritu Santo, Papel en la Apologética).

Evaluación. Es posible solo referirse a las implicancias para la apologética encontrada en el trabajo de Edwards.

Evaluación positiva. Jonathan Edwards fue un notable americano que contribuyó con el avivamiento y un gran intelectual, siendo esta una mezcla no común. Su defensa de la fe estaba en la tradición de los apologetas *clásicos.

Independientemente de lo que uno piense sobre las respuestas de Edwards a las preguntas complicadas sobre el *infierno, intentó abordar los problemas teológicos más difíciles. Para él, la verdad de Dios está en harmonía con la recta razón. Su defensa del cristianismo comenzó con uno de los argumentos más racionales y poderosos a favor de la existencia de Dios nunca antes propuestos por un teísta.

Pese a que hacía hincapié en el raciocinio, Edwards no era un racionalista; argumentaba a favor de la necesidad de una revelación especial y creía que la razón era insuficiente para traer a las personas a Cristo, donde únicamente se puede lograr esto a través del recurso sobrenatural de la iluminación divina en el corazón humano. (ver Espíritu Santo, Papel en la Apologética).

Edwards vio que la necesidad de dar una defensa racional sobre la existencia de Dios era clara antes de que intentase dar una defensa histórica del cristianismo. Sin embargo, también percibía que la verdad del cristianismo no puede ser justificada sin una apelación a la evidencia externa. Existe una prueba fáctica, y también racional, a favor de la verdad del cristianismo.

Crítica negativa. Edwards ha hecho algunas críticas justificadas y algunas injustificadas; las críticas comunes hacia la teología reformada se tocan en otra parte (ver Libre albedrío). Ahora bien, para un correcto entendimiento de lo que piensa, se debe contestar a dos acusaciones: que su idealismo platónico (ver Platón) le lleva al *panteísmo; y que su Dios carece de misericordia.

Hay una acusación de que Edwards es panteísta (ver Panteísmo) porque identificaba a Dios con todo el ser, a la cual Gerstner atendió con cuidado en "An Outline of the Apologetics" pt. 2, 99-107. El Dios de Edwards es solo "todo el ser" en el sentido de que todo el ser es o bien de su esencia o mana de su ser. También hace una clara distinción entre Dios y la creación, el ser necesario y el ser contingente. Además, su énfasis en que los individuos sean eternamente elegidos o eternamente condenados no es compatible con una cosmovisión panteísta (ibid., 104).

Uno de los argumentos de Edwards a favor del infierno es que Dios no está obligado a ser misericordioso del todo; ya que la misericordia, como insistía, es una opción, más no un deber, y Dios solo debe otorgar su misericordia a los que escoja. Este argumento parece negar lo que Edwards cree: Dios es un ser todo perfecto que incluiría ser omnibenevolente; sin embargo, si Dios es todo bondadoso, entonces algo en Dios le obliga a ayudar a los pecadores en necesidad. Ciertamente, no pensaríamos que una persona es completamente buena si esta no tratase de salvar a todos los que puede de un barco hundiéndose o un edificio quemándose.

Según Edwards, nadie es movido a actuar a no ser que Dios actúe sobre la persona. La libre elección es hacer lo que uno desea, pero es solo Dios quien concede el deseo. Si aplicamos esto a la decisión de Lucifer en rebelarse en contra de Dios, significa entonces que Dios le otorgó el deseo de pecar; sin embargo, Dios no puede pecar (Hab 1:13) ni puede dar el deseo de pecar a agentes libres (Santiago 1:13-14). Por lo tanto, el concepto de Edwards (y la conexión calvinista estrecha y cercana) de la libre elección parecería ser racionalmente incoherente.

Fuentes

B. W. Davidson, *"Reasonable Damnation"* [Condenación razonable].

J. Edwards, *Freedom of the Will* [La libertad de la

voluntad].

—————, *Jonathan Edwards: Representative Selections*. [Jonathan Edwards: Selecciones representativas].

—————, *The Mind* [La mente].

—————, *"Miscellanies"* [Misceláneas].

—————, *Of Being* [Del ser].

—————, *"Sermon on Isaiah 3:10"* [Sermón sobre Isaías 3:10].

—————, *"Sermon on Romans 1:20"* [Sermón sobre Romanos 1:20].

—————, *"Sermon on Romans 14:7"* [Sermón sobre Romanos 14:7].

—————, *The Works of Jonathan Edwards* [Las obras de Jonathan Edwards].

J. Gerstner, Jonathan Edwards.

—————, *"An Outline of the Apologetics of Jonathan Edwards"*. [Un apunte de la apologética de Jonathan Edwards]

Einstein, Albert. Albert Einstein nació en Ulm, Alemania, en 1879. Se graduó de la escuela de ingeniería en Zurich en 1901. En 1905, escribió su primer artículo sobre la teoría de la relatividad, obteniendo un doctorado de la Universidad de Zurich. Tiempo después, alcanzó una fama mundial de la noche a la mañana en 1919, cuando la Royal Society británica anunció que su nueva teoría de la gravedad había derrocado la teoría de Isaac Newton de trescientos años de antigüedad. En 1921, ganó el Premio Nobel de Física por su trabajo en el campo de la física teórica. El creciente antisemitismo en Europa llevó a que Einstein se traslade a Estados Unidos en 1933, donde enseñó en la Universidad de Princeton hasta su muerte en 1955.

Visión sobre Dios y la religión. A pesar de su apoyo al movimiento sionista, Einstein no era un judío practicante; su relación con el judaísmo fue más étnica que religiosa. El judaísmo jugó un papel menor en su vida, pero insistió en que un judío puede desprenderse de su fe y seguir siendo judío. En tiempos de guerra, Einstein envió una carta al físico Paul Ehrenfest, donde expresaba un sentimiento de amargura hacia Dios frente al holocausto europeo: "El antiguo Jehová todavía se encuentra en el extranjero. Por desgracia, mata a los inocentes junto con los culpables, a quienes deja tan terriblemente ciegos que no pueden sentir ningún sentimiento de culpa" (ver Cananeos, Sacrificio de los).

En cuanto a la interacción de la religión y la ciencia, Einstein creía que: "a la esfera de la religión pertenece la fe de que las regulaciones válidas para el mundo de la existencia son racionales, que es comprensible para la razón. No puedo concebir a un científico genuino sin esa profunda fe. La situación puede expresarse con una idea: la ciencia sin religión es coja; la religión sin ciencia es ciega" (Frank, pág. 286; ver Fe y razón).

El orden del universo. Para Einstein, el universo era una maravilla de orden matemático: "Cuanto más se imbuye un hombre de la regularidad ordenada de todos los acontecimientos, más firme se vuelve su convicción de que no hay lugar al lado de esta regularidad ordenada para causas de diferente naturaleza [que un Creador]. Para él, ni el dominio de la voluntad humana ni de la voluntad divina existirían como una causa independiente de los acontecimientos naturales. A decir verdad, y en ningún sentido real, la ciencia nunca podría refutar la doctrina de un Dios personal que interfiere con los eventos naturales, ya que esta doctrina siempre puede refugiarse en aquellos dominios donde el conocimiento científico aún no se ha establecido" (ibid.; ver Argumento teleológico). Un biógrafo explicó que Einstein creía que "desde un punto de vista matemático, el sistema de leyes físicas es muy complejo, y que se requieren grandes capacidades matemáticas para comprenderlo. Sin embargo, tiene la esperanza de que la naturaleza obedece realmente a un sistema de leyes matemáticas" (citado en Herbert, pág. 177).

La naturaleza de Dios. En una respuesta a una pregunta por cable del rabino Goldstein de Nueva York en 1929, Einstein describió su creencia en un concepto panteísta (ver Panteísmo) de Dios: "Creo en el Dios de Spinoza, que se revela a sí mismo en la armonía de todo lo que existe; no en un Dios que se preocupa por el destino y las acciones de los hombres" (Clark, pág. 38; ver Spinoza, Benedict). También añadió: "La principal fuente de los conflictos actuales entre las esferas de la religión y la ciencia radica en el concepto de un Dios personal" (Frank, pág. 285). Así que, rechazaba el *teísmo a favor del panteísmo.

Por consiguiente, negó que hubiera algún día de recompensa o castigo después de la muerte. "Lo que no puedo entender es cómo es posible que haya un Dios que recompense o castigue a sus criaturas o que pueda inducirnos a desarrollar nuestra voluntad en nuestra vida diaria" (Bucky, pág. 85). Comentaba lo siguiente: "No creo que un hombre deba restringirse en sus acciones diarias por temor al castigo después de la muerte o que deba hacer cosas solo porque de este modo será recompensado después de su muerte [...] La religión no debería tener nada que ver con un miedo a vivir o un miedo a la muerte, sino que debería ser una búsqueda partiendo de un conocimiento racional" (ibid., pág. 86).

Dios y los milagros. Con la salvedad de que la existencia de los milagros nunca podría ser refutada, Einstein se unió a Spinoza en negar que pudieran ocurrir: "Las leyes naturales de la ciencia no solo se han elaborado teóricamente, sino que también se han probado en la práctica. No puedo, entonces, creer en este concepto de un Dios antropomórfico que tiene el poder de interferir con estas leyes naturales [...] Si existe un concepto tal como un Dios, es un espíritu sutil; no la imagen de un hombre que tantos han fijado en sus mentes. En esencia, mi religión consiste en una humilde admiración por este ilimitado espíritu superior que se revela en los pequeños detalles que somos capaces de percibir con nuestras mentes frágiles y débiles" (ibid.; ver Milagros, Argumentos contra los).

El origen del universo. Hay una extraña ironía en cómo ve Einstein a Dios. Su reacia aceptación del origen del universo del Big Bang (ver Big Bang, Teoría del) debería haberlo alejado de su panteísmo hacia una postura más teísta, ya que Einstein no pudo encontrar una explicación de su ecuación de relatividad general que no requiriera un inicio o un iniciante para el universo; incluso, el físico de finales del siglo XX y antiteísta, Stephen Hawking, plantea la cuestión de quién puso "fuego en las ecuaciones" y encendió el universo (Hawking, pág. 99).

Einstein primero se opuso a la creciente evidencia a favor de un origen del Big Bang, quizás dándose cuenta de sus implicancias teístas. Para evitar esta conclusión, Einstein agregó un "factor de corrección" en sus ecuaciones, solo para avergonzarse luego cuando se percataron de su maniobra. A su favor, y con el tiempo, admitió su error y concluyó que el universo fue creado; por ello, escribió sobre su deseo de saber cómo creó Dios este mundo, donde dijo: "No estoy interesado en tal o cual fenómeno; en el espectro de tal o cual elemento. Quiero conocer su pensamiento, el resto son detalles" (Herbert, pág. 177).

Evaluación. Lógicamente, después de revisar la evidencia de que el cosmos tuvo un comienzo, Einstein debería haber concluido con el físico británico Edmund Whittaker lo siguiente: "Es más simple postular la creación ex nihilo, donde la voluntad divina constituye la naturaleza de la nada" (Jastrow, "Scientist Caught" [Un científico atrapado entre dos fes], pág. 111; ver Creación, Puntos de vista de la). Incluso Robert Jastrow, agnóstico empedernido, dijo: "Creo que ahora están actuando lo que yo o cualquiera llamaríamos fuerzas sobrenaturales, un hecho científicamente probado" (God and the Astronomers [Dios y los astrónomos], págs. 15, 18). Jastrow observa que "los astrónomos ahora encuentran que se han metido en un rincón porque han probado, con sus propios métodos, que el mundo comenzó repentinamente en un acto de creación [..]. Y han descubierto que todo esto sucedió como producto de fuerzas en las que no pueden esperanzarse descubrir" (ibid., pág. 15). Desafortunadamente, carecemos de evidencia de que Einstein llegó a una conclusión respaldada por sus

avances científicos (ver Principio antrópico; Evolución cósmica; Kalam, Argumento cosmológico; Termodinámica, Principios de la). En caso sea un hecho científico que el universo explotó y se formó por fuerzas sobrenaturales, Einstein debería haber aceptado los milagros, siendo este el mayor milagro de todos.

Fuentes
P. A. Bucky y A. G. Weakland, *The Private Albert Einstein* [El privado Albert Einstein].
R. W. Clark, *Einstein: The Life and Times* [Einstein: la vida y tiempos].
P. Frank, *Einstein: His Life and Times* [Einstein: su vida y tiempos].
S. Hawking, *Agujeros negros y pequeños universos y otros ensayos*.
F. Heeren, *Show Me God* [Muéstrame, Dios].
N. Herbert, *Quantum Reality* [Realidad cuántica].
R. Jastrow, *God and the Astronomers* [Dios y los astrónomos].
———, *"A Scientist Caught Between Two Faiths"* [Un científico atrapado entre dos fes].

Epistemología. La epistemología es la disciplina que se ocupa de la teoría del conocimiento. El término puede descomponerse en epistemo-logía, que viene del griego episteme (conocimiento) y logos (estudio), estudia cómo llegamos al conocimiento. Las diversas epistemologías incluyen el *racionalismo (ver Spinoza, Benedict), el empirismo (ver Hume, David), el *agnosticismo (ver Kant, Immanuel), el idealismo (ver Platón), el positivismo (ver Comte, Augusto), el *existencialismo (ver Kierkegaard, Søren), la fenomenología (ver Hegel, G. W. F.) y el *misticismo (ver Plotino). La epistemología considera si las ideas son innatas o si nacemos como una tabula rasa, es decir, una pizarra en blanco; también se ocupa de las pruebas para la verdad (ver Verdad, Naturaleza de la) y si las ideas verdaderas simplemente son coherentes o necesitan un fundamento último (ver Fundacionalismo) en *primeros principios evidentes por sí mismos. La epistemología también trata la certeza (ver Certeza/Certidumbre) y la duda. El agnosticismo afirma que no podemos conocer la realidad, mientras que el realismo afirma que sí podemos conocer la realidad. El grado de nuestra certeza en lo que sabemos varía desde una probabilidad baja (ver Método inductivo) hasta una necesidad racional (ver Primeros Principios; Lógica y Dios).

Equilibrios puntuados. *Ver* EVOLUCIÓN BIOLÓGICA; ESLABONES PERDIDOS EVOLUTIVOS.

Escepticismo. *Ver* AGNOSTICISMO; APOLOGÉTICA, NE-

CESIDAD DE LA; BÍBLICA, CRÍTICAS A LA; CERTEZA / CERTIDUMBRE; FE Y RAZÓN; DIOS, OBJECIONES A LAS PRUEBAS DE; HUME, DAVID; KANT, IMMANUEL; MILAGROS, APOLOGÉTICOS VALOR DE LOS.

Escoto, Juan Duns. *Ver* ARGUMENTO COSMOLÓGICO.

Esencialismo divino. El esencialismo, del latín *esse* (ser), en relación con los principios morales y la voluntad de Dios, es la opinión de que los principios éticos están fundamentalmente arraigados en la inmutable esencia divina (ver Dios, Naturaleza de), no simplemente en la voluntad cambiante de Dios. Se opone al voluntarismo divino, el cual afirma que algo es bueno porque Dios lo permite. El esencialismo, por el contrario, sostiene que Dios permite algo porque es bueno. Hay dos tipos básicos de esencialismo: el platónico y el teísta. *Platón creía que Dios, el Demiurgos, permite todas las cosas de acuerdo con el Bien (el Agathos), el cual está fuera de Dios y al cual está sujeto. Los teístas (ver Teísmo), por otro lado, creen que Dios permite las cosas de acuerdo con su propia naturaleza inmutablemente buena (ver Dios, Naturaleza de). De modo que el bien último no está fuera de Dios sino dentro de él, su propia naturaleza inmutable. Esto se llama esencialismo divino.

Argumentos a favor del esencialismo. Los esencialistas cristianos ofrecen tres puntos básicos de argumentación a favor de su punto de vista: filosófico, bíblico y práctico.

Argumentos filosóficos a favor del esencialismo. Los teístas tradicionales argumentan que Dios es inmutable en su naturaleza. *Tomás de Aquino ofreció tres argumentos básicos a favor de la inmutabilidad de Dios (ver Dios, Naturaleza de).

El primer argumento tiene como base el hecho de que un Dios de Realidad Pura ("Yo Soy") no tiene potencialidad, porque todo lo que cambia tiene potencialidad; pero no puede haber potencialidad en Dios (es Realidad Pura). Por lo tanto, Dios no puede cambiar (Éxodo 3:14), porque cualquier cambio tiene el potencial de cambiar; pero como Realidad Pura, Dios no tiene potencial para realizarse a través del cambio. El segundo argumento a favor de la inmutabilidad de Dios se basa en su absoluta perfección. Cualquier cambio adquiere algo nuevo, pero Dios no puede adquirir nada nuevo, ya que es absolutamente perfecto; no podría ser mejor. Por tanto, Dios no puede cambiar. Dios es por su propia naturaleza un ser absolutamente perfecto; si le faltara algo de perfección, no sería Dios. Sin embargo, para cambiar uno debe ganar algo nuevo; pero ganar una nueva perfección es carecer de ella. Un Dios que carece de alguna perfección no sería el Dios absolutamente perfecto

que es. El tercer argumento a favor de la inmutabilidad de Dios se deriva de su simplicidad. Todo lo que cambia se compone de lo que cambia y lo que no cambia; pero no puede haber composición en Dios (es un ser absolutamente simple). Por tanto, Dios no puede cambiar.

Argumentos bíblicos a favor del esencialismo. Las escrituras que apoyan el esencialismo teísta son aquellas que declaran que Dios es inmutable en su naturaleza. El salmista del Antiguo Testamento declaró: "En el principio tú [Dios] afirmaste la tierra, y los cielos son la obra de tus manos. Ellos perecerán, pero tú permaneces. Todos ellos se desgastarán como un vestido. Y como ropa los cambiarás, y los dejarás de lado. Pero tú eres siempre el mismo, y tus años no tienen fin" (Sal 102:25-27). Primera de Samuel 15:29 afirma que "el que es la Gloria de Israel no miente ni cambia de parecer, pues no es hombre para que se arrepienta". El profeta agregó: "Yo, el Señor, no cambio. Por eso ustedes, descendientes de Jacob, no han sido exterminados" (Mal 3:6). El Nuevo Testamento tiene la misma firmeza sobre la naturaleza inmutable de Dios. Hebreos 1:10-12 cita el Salmo 102 con aprobación. Unos capítulos después, el autor de Hebreos afirma: "Lo hizo así para que, mediante la promesa y el juramento, que son dos realidades inmutables en las cuales es imposible que Dios mienta" (Heb 6:18a). El apóstol Pablo agrega en Tito 1:2, "Dios, que no miente, ya había prometido antes de la creación". Santiago 1:17 señala que "Toda buena dádiva y todo don perfecto descienden de lo alto, donde está el Padre que creó las lumbreras celestes, y que no cambia como los astros ni se mueve como las sombras".

Ahora bien, si Dios es inmutable en su naturaleza, entonces su voluntad está sujeta a su naturaleza inmutable. Por tanto, todo lo que Dios permite debe ser bueno de acuerdo con esta naturaleza. La voluntad de Dios no es contraria a su naturaleza. No puede mentir (Heb 6:18). No puede ser falto de amor ni justicia. El esencialismo divino debe ser correcto.

Argumentos prácticos a favor del esencialismo. Se ofrecen dos argumentos prácticos a favor del esencialismo divino: la necesidad de estabilidad moral y la repugnancia moral. Estos están respaldados por lo que experimentamos sobre la fidelidad de Dios y el testimonio bíblico de que se puede confiar en que Dios no cambiará.

El argumento a partir de la necesidad de estabilidad moral. Si todos los principios morales estuvieran basados en la voluntad cambiante de Dios, entonces no habría seguridad moral. ¿Cómo podría uno comprometerse a una vida de amor, misericordia o justicia solo para descubrir que las reglas habían cambiado sobre si estas eran correctas? De hecho, ¿cómo podríamos servir a Dios como supremo si él pudiera permitir que nuestro mayor bien no fuera amarlo sino odiarlo?

El argumento a partir de la repugnancia moral. Los esencialistas divinos insisten en que es moralmente repugnante asumir, como hacen los voluntaristas, que Dios podría cambiar su voluntad sobre si el amor es esencialmente bueno y, en cambio, que el odio sea una obligación moral universal. Asimismo, es difícil concebir cómo un ser moralmente perfecto podría permitir que las violaciones, la crueldad y el genocidio sean moralmente buenos; ya que es moralmente repugnante para las criaturas hechas a la imagen de Dios imaginar tal cambio en la voluntad de Dios, cuánto más debe ser para el Dios a cuya imagen estamos hechos.

El argumento a partir de la confiabilidad de Dios. La Biblia presenta a Dios como eminentemente digno de confianza. Cuando hace una promesa incondicional, nunca deja de cumplirla (cf. Gn 12:1-3; Heb 6:16-18). De hecho, los dones y los llamados de Dios no cambian de opinión por su parte (Ro 11:29). Dios no es un hombre para que se arrepienta (1 S 15:29). Siempre se puede contar con que cumplirá su palabra (Is 55:11). Pero esta máxima confiabilidad de Dios no sería posible si pudiera cambiar su voluntad en cualquier momento sobre cualquier cosa —lo único que obliga a Dios moralmente a cumplir su palabra es su naturaleza inmutable—. De lo contrario, podría decidir en cualquier momento enviar a todos los creyentes al infierno; podría recompensar a los malvados por asesinatos y crueldades. Un Dios así no sería digno de confianza. El Dios de la Biblia es inmutablemente bueno.

Respuesta a objeciones al esencialismo. Objeción a partir de la supremacía de Dios. Los voluntaristas, como *Guillermo de Ockham, se oponen al esencialismo. Un argumento viene de la supremacía de Dios, pudiéndose afirmar lo siguiente: o Dios lo permite porque es correcto, o bien es correcto porque Dios lo permite; pero si lo permite porque es correcto, entonces Dios no es supremo porque hay algo fuera de él a lo que está sujeto. Por tanto, es correcto porque Dios lo permite.

Los esencialistas señalan dos problemas con este argumento. La premisa 1 presenta un falso dilema. No es necesario que sea una u otra; podría ser ambas y cada una. Es decir, tal vez los principios morales fluyen de la voluntad de Dios arraigada en la naturaleza de Dios. Si es así, entonces no es lógica una conclusión voluntarista. Además, la premisa 2 asume erróneamente que el estándar ético supremo al que debe estar sujeta la voluntad de Dios está "fuera" de Dios; pero si está "dentro" de Dios, es decir, su propia naturaleza moral suprema, entonces el dilema desaparece.

Objeción a partir de la naturaleza de la moralidad. Los que se oponen al esencialismo argumentan que los principios morales se derivan por su propia naturaleza de la voluntad de Dios, no de la naturaleza de Dios; porque una ley moral es una prescripción, y las prescripciones provienen únicamente de los prescriptores, es un mandato ético y los mandatos sólo se dan por los comandantes. Por lo tanto, es propio de la naturaleza misma de la ley moral que provenga de un Dador de la Ley Moral. Insisten en que afirmar (como hacen los esencialistas) que las leyes morales se derivan de la esencia de Dios, mas no de su voluntad, es malinterpretar la naturaleza de un principio moral.

Sin embargo, los esencialistas responden que los voluntaristas de nuevo asumen erróneamente que es una u otra en lugar de ser ambas y cada una. El problema se resuelve si uno postula (como lo hace el esencialismo) que los principios morales se derivan de la voluntad de Dios arraigada en la naturaleza inmutable de Dios; es decir, Dios permite lo correcto de acuerdo con el carácter inmutablemente bueno de su naturaleza moral (ver Moralidad, Naturaleza absoluta de la).

Objeción a partir de la soberanía de Dios. El argumento de la voluntad soberana de Dios se basa más en una interpretación específica de ciertas Escrituras que en un razonamiento filosófico. ¿Acaso Job no le dijo a Dios: "Yo sé bien que tú lo puedes todo, que no es posible frustrar ninguno de tus planes" (Job 42:2)? ¿Y no afirmó el apóstol Pablo de Dios: "'Tendré clemencia de quien yo quiera tenerla, y seré compasivo con quien yo quiera serlo'? Por lo tanto, no depende del deseo o esfuerzo del hombre, sino de la misericordia de Dios" (Ro 9:15-16). ¿No hace Dios todo "según el buen propósito de su voluntad" (Ef 1:5)?

No es necesario rechazar la soberanía de Dios para ver la falacia de este argumento. Estos pasajes no hablan de la base fundamental de los principios morales, sino de la elección de Dios. Incluso los textos bíblicos que hablan de la voluntad de Dios como la fuente máxima de lo que es moralmente correcto no prueban el voluntarismo. Los principios morales podrían provenir en última instancia de la voluntad de Dios arraigada en su naturaleza inmutable. Esto es, de hecho, exactamente lo que la Biblia declara sobre el carácter inmutable de Dios.

Objeción de que Dios ha cambiado su voluntad. Según los esencialistas, hay ejemplos en las Escrituras donde Dios cambió su voluntad. ¿No se "arrepintió" de hacer la humanidad en los días de Noé (Gn 6)? ¿No se "arrepintió" Dios o cambió de opinión acerca de la destrucción de Nínive (Jonás 3)? ¿No cambió Dios de opinión acerca de la destrucción de Israel después de que Moisés oró (Nm 14)?

Los esencialistas divinos señalan que Dios en realidad no cambió en ninguno de estos casos. Los seres humanos cambiaron en relación con Dios y, por lo tanto, solo parecía desde un punto de vista humano que Dios cambió. El viento parece cambiar cuando pasamos de pedalear una bicicleta a caminar con ella. Una cascada no ha cambiado su flujo simplemente porque enderezamos una taza girada hacia abajo y de repente descubrimos que está llena. Como señaló *Tomás de Aquino, cuando la persona se mueve de un lado del pilar al otro, el pilar no se mueve en relación con la persona; más bien, la persona se mueve en relación con el pilar.

Conclusión. El esencialismo divino tiene sus raíces en una buena argumentación filosófica, bíblica y práctica. Las objeciones en su contra no logran mantenerse. Por lo tanto, aunque los principios éticos se derivan de la voluntad de Dios; están arraigados en su naturaleza inmutable. Por consiguiente, Dios no puede permitir nada que sea contrario a su naturaleza moral esencialmente buena.

Fuentes

Tomás de Aquino, *Suma teológica.*
Agustín, *La ciudad de Dios.*
C. S. Lewis, *Mero cristianismo.*
Platón, *Protágoras.*
———, *La república.*

Esenios y Jesús. Los esenios eran una secta judía disidente que estableció una comunidad cerca del mar Muerto (ver Manuscritos del mar Muerto). Su nombre puede derivar de Hasidim, que significa "leales" (o piadosos). Esto puede reflejar su creencia de que vivieron en los últimos tiempos de la apostasía. El reinado maligno de Antíoco IV Epífanes en el siglo II a. C. puede haber sido el ímpetu para fundar tal secta; su comunidad duró hasta el siglo II d. C. Según Josefo (La guerra de los judíos, lib. II, cap. 8, 2), los esenios, fariseos y saduceos fueron las sectas principales del judaísmo; y Plinio el Viejo los relacionaba con Qumrán. Su vida estuvo marcada por el ascetismo, el comunismo y el rechazo al sacrificio de animales. En la época del Nuevo Testamento, eran unos cuatro mil (Cross, pág. 471).

Jesús y los esenios. Algunos eruditos, como I. Ewing (The Essene Christ [El Cristo esenio]) han afirmado que Jesús era el esenio "Maestro de justicia" mencionado en los rollos del mar Muerto. Se razona que Juan el Bautista e incluso Jesús eran miembros de la comunidad esenia. Durante su ministerio registrado en los Evangelios, Jesús solo se opuso a los fariseos y saduceos; nunca criticó a los esenios. Jesús ciertamente se consideraba un maestro de justicia. Cuando fue bautizado, dijo: "—Hagámoslo como te digo, pues nos conviene cumplir con lo que es justo—" Entonces Juan consintió (Mt 3:15). Jesús fue un sacerdote. Según el Nuevo Testamento, Jesús fue un sacerdote para siempre según la orden de Melquisedec (Heb 7:17). Cumplió la tipología del sacerdocio aarónico. Asimismo, "el Maestro de justicia" de la comunidad esenia fue un sacerdote. Jesús pasó un tiempo en el desierto cerca de los esenios; y también tuvo un énfasis similar antisistema, al igual que los esenios.

Evaluación. Existen numerosos defectos en la teoría esenia. Los tres argumentos básicos a favor de la visión esenia serán tratados en orden. Primero, que Jesús no criticó a los esenios es un argumento falaz desde el silencio; se registra que no dijo nada sobre ellos. Los esenios no formaban parte del judaísmo oficial, el cual se oponía a Cristo. El Talmud tampoco se opuso a los esenios, aunque no era un libro esenio; este también es un ejemplo de la falacia del blanco y negro, pasando por alto el hecho de que Jesús no pudo haber sido miembro de ningún grupo —también pasa por alto las diferencias cruciales entre la enseñanza de Jesús y las doctrinas esenias—. Jesús se opuso a la pureza ceremonial, radicalizada por ellos. Se opuso al legalismo, y ellos eran decididamente legalistas de la ley mosaica. Hizo hincapié en el reino de Dios; ellos no. Predicó el amor y ellos no lo hicieron. Jesús afirmó ser un Mesías sin pecado; ellos colocaron una pesada carga de pecado sobre cada persona. Jesús extendió la salvación para los gentiles; pero ellos eran nacionalistas judíos. Jesús enseñó que había un Mesías; ellos buscaron dos. Jesús enseñó sobre la resurrección del cuerpo; ellos enfatizaron en la *inmortalidad del alma, pero no del cuerpo. En general, las enseñanzas éticas de Jesús se aproximaron mucho más al judaísmo rabínico que a la austeridad de Qumrán. Si bien Jesús enseñó la justicia, ello no significa que él fuera el "Maestro de justicia" esenio; tal identificación pasa por alto diferencias cruciales. El líder esenio fue un sacerdote, mientras que Jesús fue un profeta, sacerdote y rey. El líder esenio era un pecador que necesitaba purificación, pero en Jesús no había pecado (ver Cristo, Divinidad de). El líder esenio se consideraba una criatura, no un Creador. No expió a nadie en su muerte. No resucitó de entre los muertos como Jesús. No fue adorado como Dios. Vivió mucho antes de Jesús.

No hay evidencia real de que Jesús haya visitado en alguna oportunidad la comunidad esenia; aunque, de todos modos, la afiliación casual con los esenios es irrelevante. Su identidad permaneció únicamente con Dios. En muchos aspectos, Jesús fue un iconoclasta del judaísmo establecido. Si bien vino a cumplir la ley y no a destruirla (Mt 5:17-18), se opuso al judaísmo oficial por distintos motivos que los esenios. La jerarquía judía lo rechazó como el Mesías, el Hijo de

Dios; esto no sucedió con los esenios. Además, Jesús no fue un asceta; incluso fue criticado por comer con los pecadores (ver Cristo, Divinidad de).

Conclusión. No hay evidencia de que Jesús haya tenido contacto con la comunidad esenia; pero si lo hizo, no lo convierte en un esenio ni refuta sus afirmaciones únicas, sus enseñanzas difieren en aspectos importantes. Jesús solo afirmó ser el Mesías judío (ver Profecía, como prueba de la Biblia), e Hijo de Dios (ver Cristo, Divinidad de).

Fuentes

M. Black, *The Scrolls and Christian Origins* [Los rollos y los orígenes cristianos].

F. L. Cross, *"Essenes"* [Esenios].

A. Dupont-Sommer, *The Jewish Sect of Qumran and the Essenes* [La secta judía de qumrán y los esenios].

I. Ewing, The Essene Christ [El Cristo esenio].

C. D. Ginsburg, *The Essenes* [Los esenios].

F. Josefo, *La guerra de los judíos.*

J. B. Lightfoot, *St. Paul's Epistles to the Colossians and to Philemon* [Epístolas de san Pablo a los colosenses y Filemón].

Eslabones perdidos evolutivos. Los evolucionistas creen en la ascendencia común de todas las plantas y animales, incluyendo a los humanos. Esta teoría de macroevolución (ver Evolución; Evolución biológica) implica la creencia de que todas las formas de vida superiores evolucionaron de las formas inferiores mediante pequeños cambios a lo largo de miles de millones de años. Sin embargo, reconocen que el registro fósil estudiado por la paleontología no revela una serie de formas animales tan finamente graduadas en las secuencias temporales apropiadas. Estos fósiles de transición que deberían estar en la tierra, pero no lo están se llaman "eslabones perdidos" en la cadena evolutiva.

El propio padre de la evolución moderna, Charles *Darwin, reconoció esto como un serio problema cuando escribió en On the Origin of Species [El origen de las especies]: "¿Por qué entonces cada formación geológica y todo estrato no está lleno de dichos eslabones intermedios? Sin duda, la geología no revela en forma alguna tal cadena orgánica de finas gradaciones; esta es, probablemente, la objeción más obvia y seria a mis ideas" (pág. 152). Por supuesto, Darwin esperaba que se encontraran suficientes de estos "eslabones perdidos" para fundamentar lo que llamó la "teoría de la evolución" en contraposición a la "teoría de la creación" (págs. 235, 435, 437).

En el siglo y medio transcurrido desde que Darwin escribió (1859), se han desenterrado millones de fósiles. Pero los "eslabones perdidos" necesarios para confirmar su teoría no han sido encontrados. De hecho, se ha descubierto que algunas especies que se cree que son transitorias no lo son después de todo, ¡por lo que el registro es en realidad más desalentador hoy que en la época de Darwin! Stephen Jay Gould, un paleontólogo de Harvard, ha confesado que "la extrema rareza de las formas de transición en el registro fósil persiste como el secreto comercial de la paleontología. Los árboles evolutivos que adornan nuestros libros de texto tienen datos solo en las puntas y nodos de sus ramas; el resto es una inferencia, pero, aunque razonable, no es evidencia de los fósiles" (Gould, pág. 14).

Niles Eldredge está de acuerdo y sostiene que "la esperanza tiñó la percepción al grado de que el hecho elemental más evidente en la evolución biológica, el no cambio, rara vez, si es que alguna, ha sido incorporado a las nociones científicas de nadie acerca del modo real en que evoluciona la vida. Si alguna vez hubo un mito, es el de que la evolución es un proceso de cambio constante" (Eldredge, pág. 8).

Gould reconoció con franqueza que la historia de la mayoría de las especies fósiles incluye dos características particularmente inconsistentes con el gradualismo:

1. Estasis. La mayoría de especies no presentan cambios direccionales durante su existencia en la tierra. En el registro fósil aparecen con un aspecto muy semejante al que tienen cuando desaparecen. El cambio de su morfología es restringido y no orientado.

2. Aparición repentina. En cualquier área local, una especie no surge gradualmente por una continua transformación de sus antecesores; aparece de golpe y "totalmente formada" (Gould, págs. 13-14).

Así que es justo decir que la teoría de la evolución, tal y como la concibió Darwin, no ha sido verificada por la única fuente de pruebas reales de lo que realmente ocurrió, el registro fósil.

Colin Patterson, paleontólogo jefe del Museo Británico, confesó una vez: "Estoy totalmente de acuerdo con sus comentarios sobre la falta de ilustraciones directas de las transiciones evolutivas en mi libro. Si supiera de alguno, fósil o vivo, ciertamente lo habría incluido. Así, aunque me gustaría mucho complacerlo saliendo en defensa del gradualismo y dando realidad a las transiciones entre los principales tipos de animales y plantas, me encuentro algo carente de la justificación intelectual necesaria para esta tarea" (Patterson).

Más recientemente, David M. Raup (conservador de geología del Museo Field de Historia Natural, Chicago) escribió: "Ahora tenemos un cuarto de millón de especies fósiles pero la situación no ha cambiado mucho. El registro de la evolución sigue siendo sorprendentemente errático y además, irónicamente, tenemos aún menos ejemplos de transiciones evolutivas de los que teníamos en la época de Darwin. Con esto quise decir que algunos de los casos clásicos de cambio darwiniano en el registro fósil, como la evolución del caballo en América del Norte, han tenido que ser descartados o modificados como resultado de una información más detallada, lo que parecía una simple y agradable progresión cuando había relativamente pocos datos disponibles, ahora parece ser mucho más compleja y mucho menos gradual. Así que el problema de Darwin no ha mejorado en los últimos 120 años y todavía tenemos un registro que muestra el cambio pero que difícilmente puede ser considerado como la consecuencia más razonable de la selección natural" (Raup, pág. 25).

Explicación sobre los "eslabones perdidos". Aunque el hecho de no encontrar los "eslabones perdidos" ha decepcionado a los evolucionistas, pocos han abandonado la teoría por falta de ellos. Por el contrario, responden de diferentes maneras:

> Algunos fósiles de transición existen para apoyar la evolución, así que tal vez se encuentren otros. Los fósiles de caballos se citan como ejemplo de una serie de fósiles existentes.
> Una pequeña fracción de todos los animales que han vivido han sido preservados en fósiles. Y solo una muy pequeña fracción de todos los fósiles ha sido desenterrada. Así que no debemos esperar que se encuentren muchos "eslabones perdidos". Por su naturaleza, los fósiles de transición eran pocos. Esto se suma a su rareza.
> Muchas especies tenían partes blandas que perecían fácilmente y no se habrían conservado.
> Muchos evolucionistas están a favor de un punto de vista llamado "equilibrio puntuado", que sostiene que la evolución ocurrió más rápidamente de lo que se pensaba anteriormente. Hay saltos en el registro fósil. Afirman que la evolución se parece más a una pelota que rebota en una escalera que a una que rueda por una colina.
> Se han encontrado vínculos cruciales entre los primates y los seres humanos. Estos incluyen a los neandertales, el hombre de Pekín, el Australopithecus, Lucy y otros.

Respuesta a la visión del eslabón perdido. Las respuestas de los creacionistas a estas defensas de la teoría evolutiva siguen varias líneas de razonamiento.

Incluso si se encontrara una serie de fósiles finamente graduados, de modo que hubiera menos piezas perdidas en la progresión, esto no probaría la evolución. La similitud y el progreso no prueban necesariamente una ascendencia común; pueden ser evidencia de un Creador común. Los evolucionistas a veces hablan de la evolución del avión o del automóvil, desde modelos simples a otros más complejos. Sin embargo, ni el automóvil ni el avión evolucionaron por fuerzas naturales produciendo pequeños cambios durante un largo período de tiempo. En ambos casos, hubo una interferencia inteligente desde el exterior que creó un nuevo modelo similar a los anteriores. En realidad, estas ilustraciones apoyan el modelo creacionista de un Diseñador común en lugar de un antepasado común evolutivo.

Esto lleva a otro problema: diferentes formas de vida pueden ser similares exteriormente o incluso en los componentes básicos de su código genético y, sin embargo, formar parte de sistemas completamente diferentes. Así como se requiere inteligencia para crear la obra King Lear [El rey Lear] de William Shakespeare a partir de palabras seleccionadas del idioma, también se requiere inteligencia para seleccionar y clasificar la información genética para producir una variedad de especies que encajen juntos en un biosistema.

Además, el código genético de una forma de vida difiere de otra, así como el Modelo T de Henry Ford difiere de un Mercedes. Hay similitudes básicas, pero son sistemas bastante diferentes. Y los cambios sistémicos deben aparecer simultáneamente para que el sistema funcione; no pueden ser graduales. Es decir, todo el nuevo sistema debe existir como un todo funcional. Pero el cambio simultáneo y sistemático en un organismo que ya funciona es consistente con la creación, no con la evolución. Uno puede hacer pequeños cambios en un automóvil gradualmente con el tiempo sin cambiar su forma básica. Se pueden hacer cambios de forma gradual en la forma de los guardabarros, su color y su tapicería. Pero si se hace un cambio en el tamaño de los pistones, esto implica cambios simultáneos en el árbol de levas, el bloque, el sistema de enfriamiento, el compartimento del motor y otros sistemas. De lo contrario, el nuevo motor no funcionará (Denton, pág. 11). Del mismo modo, el cambio de un pez a un reptil o de un reptil a un ave implica cambios grandes y simultáneos en todos los sistemas biológicos del animal. La evolución gradual no puede explicar esto. Lo mismo se aplica al sistema mucho más complejo del código genético.

El concepto mismo de "eslabones perdidos" plantea la pregunta a favor de la evolución. La analogía contempla una cadena con algunas rupturas. La verdadera imagen solo puede describirse como unos pocos eslabones con una cadena perdida. Hay gigantescas "brechas" entre los principales tipos de vida en cada "nivel" de la supuesta jerarquía evolutiva. Sin embargo, toda la analogía de una cadena supone que una "cadena" de evolución estaba allí y que hay "eslabones" perdidos que se pueden encontrar. Esto superpone una analogía a favor de la evolución en el registro fósil en lugar de examinar lo que realmente está en el registro fósil. Un estudio imparcial de este registro no revela secciones de una cadena sino diferentes formas básicas, que aparecen repentinamente, simultáneamente, totalmente formadas y en funcionamiento, reproduciendo su tipo y permaneciendo básicamente inalteradas a lo largo de su historia geológica. Esta evidencia sugiere un Creador inteligente.

Hay menos fósiles de transición hoy en día que en los tiempos de Darwin. Muchas cosas que se pensaba que eran de transición, resultaron no serlo. La evolución del caballo es un ejemplo de ello. Incluso los evolucionistas reconocen que la supuesta progresión no es una serie continua de transformación. En algunos casos, hay una degradación (por ejemplo, el número de costillas en el Eohippus es 18 y en el Orohippus, que es posterior, es 15). De la misma manera, el número de costillas en el Pliohippus es 19, mientras que el Equus Scotti, que es posterior, es 18. Incluso la mayoría de los evolucionistas ha renunciado a esto como prueba de la evolución. El animal más pequeño (tamaño de un perro) de la serie (Eohippus) no es un caballo sino un tejón de roca.

Entre los pocos supuestos "eslabones perdidos" encontrados, el celacanto (un robusto pez de aleta del período devónico) no es mitad pez y mitad reptil; es 100% pez. No se encontró a ninguno con pies desarrollándose en ellos. De hecho, se los han encontrado vivos hoy en día y se ven idénticos a los del registro fósil de hace unos sesenta millones de años. De la misma manera, el Archaeopteryx no es mitad ave y mitad reptil. Otras aves antiguas también tenían dientes. Algunas aves de la actualidad, como el avestruz, tienen garras en sus alas. El Archaeopteryx tiene plumas y alas perfectamente formadas, algo necesario para poder volar. Tampoco los simples primates fabricantes de herramientas son prueba de la evolución. Incluso algunas aves y focas usan objetos como herramientas. Los primates, sin embargo, no hicieron cohetes espaciales ni computadoras.

El descubrimiento de los llamados eslabones perdidos entre los primates y los humanos no apoya la macroevolución.

Lógicamente, las similitudes físicas entre las especies no prueban una ascendencia común. Una explicación alternativa es que tienen un Creador común, que los diseñó para vivir en ambientes similares. La genética es la única forma de probar la vinculación. Lamentablemente, no hay forma de reconstruir la estructura genética de los huesos descubiertos. Lo que cuenta es lo que no se ve. Y la brecha entre un primate y un cerebro humano es inmensa. Y esta brecha no se refiere

simplemente al tamaño del cerebro, sino a su complejidad y capacidad para crear arte, lenguaje humano y mecanismos altamente complejos.

Además, se sabe que algunos de los huesos que antes se consideraban que eran de especies de transición ahora no lo son, ni siquiera para los evolucionistas. El hombre de Piltdown, una forma básica en los textos de ciencia y museos durante años, resultó ser un fraude. El hombre de Nebraska surgió de la reconstrucción de un diente, el cual resultó ser el de un cerdo extinto. Sin embargo, el hombre de Nebraska se utilizó como prueba en el Juicio de Scopes (1925) para respaldar la enseñanza de la evolución en las escuelas públicas. La evidencia fósil del hombre de Pekín desapareció. Algunos cuestionan su validez basándose en estudios anteriores a la desaparición de los restos óseos. Un problema serio es que esta criatura fue asesinada por un objeto punzante, una causa de muerte muy poco probable para un prehumano. Incluso algunos evolucionistas creen que la Australopithecine era un orangután. Ningún hallazgo fósil de primate hasta la fecha que haya sido sometido a un escrutinio científico objetivo es un sólido candidato para el árbol genealógico humano. A pesar de las supuestas diferencias genéticas, los neandertales tenían una mayor capacidad cerebral que el hombre moderno y proporcionan pruebas de rituales religiosos, que son características normalmente asociadas a los seres racionales y morales. Con esta historia, hay razones para cuestionar otros hallazgos fragmentarios. La postura encorvada del hombre de Piltdown se ha atribuido a una deformación ósea producto de una deficiencia vitamínica que los habitantes de las cuevas experimentan por falta de luz solar. Aunque se descubran otros primates morfológicamente similares a los seres humanos, esto no significa que fueran espiritualmente iguales. Detrás de la forma y figura humana hay una mente y un alma humana (ver Inmortalidad). La persona humana tiene una autoconciencia reflexiva única en sí misma y tiene el lenguaje con su estructura gramatical orientada a las reglas. Más aún, los humanos tienen conciencia y prácticas religiosas; los primates no. Todos los intentos de mostrar las similitudes físicas entre los primates y los seres humanos como base de la evolución pasan por alto el gigantesco abismo entre el reino animal y un ser humano creado a imagen y semejanza de Dios (Gn 1:27).

Fuentes

W. R. Bird, *The Origin of Species Revisited* [Una nueva visita al origen de las especies].

C. Darwin, *On the Origin of Species* [El origen de las especies].

M. Denton, *Evolution* [Evolución]

N. Eldredge y I. Tattersall, *The Myths of Human Evolution* [Los mitos de la evolución humana].

N. L. Geisler, *Is Man the Measure?* [¿Es el hombre la medida?] cap. 11.

N. L. Geisler y J. Kerby, *Origin Science* [Ciencia del Origen] cap. 7.

D. T. Gish, *Evolution* [Evolución].

S. J. Gould, *"Evolution's Erratic Pace"* ["El ritmo errático de la evolución"].

P. E. Johnson, *Darwinism on Trial* [Proceso a Darwin].

M. Lubenow, B*ones of Contention* [Huesos de contención].

J. R. Moore, *The Post-Darwinian Controversies* [Las controversias posdarwinianas].

C. Patterson, *"Plaintiff's Pre-Trial Brief"* ["Informe del demandante antes del juicio"].

D. Raup, *"Conflicts between Darwin and Paleontology"* ["Conflictos entre Darwin y la paleontología"].

C. B. Thaxton et al., eds., Of Pandas and People [De pandas y personas].

Espíritu Santo, Papel en la apologética. La mayoría de los apologetas cristianos están de acuerdo en que el Espíritu Santo testifica al individuo con respecto a su salvación personal. Romanos 8:16 afirma: "El Espíritu mismo da testimonio a nuestro espíritu de que somos hijos de Dios" (1 Juan 3:24; 4:13). Muchos también creen que el Espíritu Santo da testimonio de la verdad del cristianismo. Un texto que apoya esto es 1 Juan 5: 6-10: "Este es el que vino por agua y sangre: Jesucristo [...] Y es el Espíritu quien da testimonio, porque el Espíritu es la verdad [...] Aceptamos el testimonio del hombre, pero el testimonio de Dios es mayor porque es el testimonio de Dios, que él ha dado acerca de su Hijo [...] Cualquiera que no crea a Dios lo ha hecho por mentiroso, porque no ha creído en el testimonio que Dios ha dado acerca de su Hijo".

Algunos han acusado que el uso de la razón en relación con Dios, como hacen los argumentos apologéticos (ver Apologética, Necesidad de la), es inconsistente con el énfasis bíblico en la necesidad del Espíritu Santo para convencer a alguien de la verdad del cristianismo. Pero la posición cristiana es que no hay contradicción entre la razón y la evidencia por un lado y la obra del Espíritu Santo por el otro.

Tomás de Aquino. La cuestión de la relación entre el Espíritu Santo y el uso de la razón humana es realmente una subdivisión del tema más amplio de *fe y razón. *Tomás de Aquino (1224-74) habló extensamente sobre ambos. Habló de pruebas racionales de la existencia de Dios y ofreció evidencia histórica y experiencial en apoyo de la verdad del cristianismo. Aquino también creía que nadie llega a la fe en Cristo sin una obra especial y misericordiosa del Espíritu Santo.

La filosofía aplica la razón. Aquino vio tres usos de la razón en la filosofía. La razón humana se puede usar para probar la teología natural (la existencia y naturaleza de un Dios). Además, se puede utilizar para ilustrar la teología sobrenatural (la Trinidad y la encarnación) y se puede utilizar para refutar teologías falsas.

Demuestra la existencia, la unidad y otras proposiciones de Dios sobre Dios y las criaturas. "Tales verdades acerca de Dios han sido probadas demostrativamente por los filósofos, guiados por la luz de la razón natural" (Summa Teologica, 1a.3, 2). La filosofía usa las enseñanzas de los filósofos para explicar doctrinas cristianas como la Trinidad. Aunque los argumentos demostrativos no están disponibles para la teología sobrenatural, hay ciertos argumentos probables que pueden dar a conocer la verdad divina. Y la filosofía se puede utilizar para oponerse a los ataques contra la fe demostrando que son falsos o innecesarios.

La razón humana puede apoyar la fe. Sobre el uso de "razón" (apología) en 1 Pedro 3:15, Aquino argumentó que el razonamiento humano en apoyo de lo que creemos tiene una relación doble con la voluntad del creyente (ver Fe y Razón). A veces alguien no tiene la voluntad de creer a menos que sea movido por la razón humana. En este sentido, el razonamiento disminuye el mérito que vendría con la fe, ya que la persona "debe creer en cuestiones de fe, no por razonamiento humano, sino por autoridad divina". Además, "la razón humana puede ser consecuencia de la voluntad del creyente". Porque "cuando un hombre tiene una voluntad dispuesta a creer, ama la verdad que cree, piensa y toma en serio cualquier razón que pueda encontrar que la apoye; y así, el razonamiento humano no excluye el mérito de la fe, sino que es signo de mayor mérito" (ibid., 2a2ae.2, 10).

La fe está respaldada por, no basada en, evidencia probable. "Aquellos que ponen su fe en esta verdad, sin embargo, 'para la cual la razón humana no ofrece evidencia experimental', no creen tontamente, como si 'siguieran fábulas artificiales'". Más bien, "los argumentos confirman verdades que exceden el conocimiento natural y manifiestan Obras de Dios que sobrepasan toda naturaleza" (Summa contra Gentiles, 1.6). El tipo de evidencia positiva que utilizó Aquino incluyó la resurrección de los muertos, la conversión del mundo y los milagros (ver Milagros, Valor apologético de).

La evidencia negativa abarca argumentos contra las religiones falsas, incluida su apelación carnal a los placeres carnales, enseñanzas que contradicen sus promesas, fábulas y falsedades, la falta de profetas que certifiquen y milagros que testifiquen la inspiración divina de su libro sagrado (por ejemplo, el Corán) el uso de las armas para difundir el mensaje, el testimonio de los sabios que se negaron a creer y las perversiones de la Escritura.

Puede sorprender a algunos, que conocen sus diferencias, notar que las razones de Aquino por las que el Espíritu Santo es necesitado son estrechamente paralelas a las de Juan Calvino. Calvino estudió de cerca a Aquino y los escolásticos medievales, aunque le debía más a Agustín.

El espíritu vence los efectos del pecado. Con el último Calvino, Aquino creía que el pecado distorsiona profundamente la mente. Esta distorsión hace que la razón no pueda contemplar a Dios y así encontrar la fe que trae certeza. Dios quiere que su pueblo tenga confianza, por eso su Espíritu transmite cierto conocimiento de él por medio de la fe (Summa Theologica, 2a2ae.1, 5, ad 4).

El espíritu revela la verdad sobrenatural. Para Tomás de Aquino, la única forma de vencer a un adversario de la verdad divina es a partir de la autoridad de las Escrituras, una autoridad confirmada divinamente por milagros. Creemos en lo que está por encima de la razón humana porque Dios lo ha revelado. Es necesario "recibir por la fe no sólo las cosas que están por encima de la razón, sino también las que la razón puede conocer". Sin la revelación del Espíritu Santo, estaríamos en tinieblas acerca de misterios de la fe como la Trinidad, la salvación y otros asuntos revelados solo en la Biblia.

El espíritu es necesario para dar fe. No solo muchas cosas se conocen solo por fe, sino que la fe por la cual se conocen es un don del Espíritu Santo. La razón puede acompañar a la fe, pero no causa fe. "La fe se denomina consentimiento sin indagación en la medida en que el consentimiento de la fe, o asentimiento, no es causado por una investigación del entendimiento". La fe es producida por Dios. Al comentar sobre Efesios 2: 8-9, Aquino sostuvo que el libre albedrío es inadecuado para la fe ya que los objetos de la fe están por encima de la razón. "Que un hombre crea, por tanto, no puede ocurrir de sí mismo a menos que Dios se lo conceda" (Commentary on Ephesians [Comentario sobre Efesios], pág. 96). La fe es un regalo de Dios y nadie puede creer sin ella.

El razonamiento acompaña al asentimiento de la fe; no la causa (On Truth [Sobre la verdad], 14.A1, ad 6). Uno no causa al otro, pero la fe y la razón son paralelas. "La fe implica voluntad (libertad) y la razón no coacciona la voluntad" (ibid.). Una persona es libre de disentir, incluso frente a razones convincentes para creer.

El espíritu da un motivo para creer. Para creer en Dios, uno debe tener el testimonio interno del Espíritu Santo. Porque "el que cree tiene un motivo suficiente para creer, la autoridad de la enseñanza de Dios, confirmada por milagros, y el motivo mayor de la inspiración interior (instinctus) de Dios que lo invita a creer" (Summa Theologica [Summa Teológica], 2a2ae.6, 1). En cuanto al asentimiento voluntario en asuntos de fe, podemos buscar dos tipos de causas. Una causa que persuade desde afuera está certificada por algo como un milagro presenciado o un llamamiento humano. Esto es suficiente si no hay una causa que persuada desde adentro. "La aceptación de la fe, que es su acto principal, por tanto, tiene como causa a Dios, moviéndonos interiormente por la gracia". La creencia es cuestión de la voluntad que ha sido preparada por Dios mediante su gracia para recibir el conocimiento que sobrepasa a la naturaleza (ibid., 2a2ae.2, 9, ad 3).

El espíritu hace que la evidencia probable sea cierta. ¿Cómo podemos estar seguros de que el apoyo de nuestra fe se basa en testimonios intermedios (falibles)? Aquino responde que creemos en profetas y apóstoles porque su testimonio ha sido atestiguado por milagros (Marcos 16:20; ver Milagros en la Biblia). Creemos en otros maestros solo en la medida en que estén de acuerdo con los escritos de los profetas y apóstoles (On Truth, 14.10, ad 11). La Biblia sola, inspirada por el Espíritu Santo, da certeza y autoridad infalible a la fe (ver Certeza / Certidumbre).

Dios es la base de la fe. Solo Dios es la base de la fe, no la razón. La razón puede probar que Dios existe, pero no puede convencer a un incrédulo de que crea en Dios (Summa Theologica, 2a2ae.2.2, ad 3). Podemos creer (asentir sin reservas) en algo que no es ni evidente por sí mismo ni se deduce del (donde el intelecto se mueve) por un movimiento de la voluntad.

Esto no significa que la razón no juegue un papel previo. "La fe no implica una búsqueda por la razón natural para probar lo que se cree. Pero sí implica una forma de indagar sobre las cosas por las que una persona es llevada a creer, por ejemplo, si son dichas por Dios y confirmadas por milagros" (ibid., 2a2ae.2.1, respuesta).

Los demonios, por ejemplo, están convencidos por la evidencia de que Dios existe, pero "sus voluntades no son las que dan asentimiento a lo que se dice que creen. Más bien, son obligados por la evidencia de signos que los convencen de que lo que creen los fieles es verdad. Sin embargo, "estos signos no causan la aparición de lo que se cree, entonces los demonios podrían, de esta forma, decir que se ven las cosas que se creen". (On Truth, 14.9, ad 4).

Juan Calvino. Juan *Calvino (1509-64) sostenía que la razón humana era adecuada para comprender la existencia de Dios, la inmortalidad del alma e incluso la verdad del cristianismo. Al mismo tiempo, creía que nadie podía llegar a la certeza acerca de estas verdades sin la obra del Espíritu Santo. Calvino creía que se podían conocer muchas verdades acerca de Dios, incluso aparte de cualquier obra especial del Espíritu Santo. Estos incluían un sentido de divinidad, ley natural y evidencia de la verdad de la Biblia.

El sentido innato de la divinidad. Todo ser humano tiene un sentido natural de Dios aparte de la obra del Espíritu Santo. Algún sentido de la persona de Dios está incorporado en la mente y los instintos humanos. "No hay nación tan bárbara, ni raza tan brutal, que no esté imbuida de la convicción de que hay un Dios" (Institutes [Institutos], 1.3.1). Este sentido de la divinidad está tan naturalmente grabado en el corazón humano que incluso muchos filósofos incrédulos se ven obligados a reconocerlo (ibíd., 1.4.4).

La existencia de Dios y la inmortalidad del alma. Calvino habló de "la esencia invisible e incomprensible de Dios" que se ha hecho visible en la creación. Esta prueba se extiende a la inmortalidad del alma. "En cada una de sus obras, su gloria está grabada en caracteres tan brillantes, tan distintos y tan ilustres, que nadie, por aburrido o analfabeto que sea, puede alegar la ignorancia como excusa" (ibid., 1.5.1-2). Con respecto a Romanos 1: 20-21, Calvino concluye que Dios ha presentado a la mente de todos los medios para conocerlo, de modo que necesariamente deben ver lo que de ellos mismos buscan no saber, es decir, que hay algún Dios" (Epístolas de Pablo a los Romanos y Tesalonicenses, 31-32).

Conocimiento natural de la ley natural. El conocimiento innato de Dios incluye el conocimiento de su justa ley. Calvino sostuvo que, dado que "los gentiles tienen la justicia de la ley grabada naturalmente en sus mentes, ciertamente no podemos decir que estén completamente ciegos en cuanto a la regla de la vida" (Institutes, 1.2.22). Esta conciencia moral es ley natural y es suficiente para que ningún mortal tenga una excusa para no conocer a Dios. Por esta ley natural, el juicio de conciencia es capaz de distinguir entre el justo y el injusto. Este conocimiento incluye un sentido de justicia implantado por la naturaleza en el corazón. Incluye una discriminación y un juicio naturales que distinguen la justicia de la injusticia, la honestidad y la deshonestidad. Calvino creía que crímenes como el adulterio, el robo y el asesinato son conocidos por ser malvados en todas las sociedades,

y se estima la honestidad (ibid., 48). Es evidente que Dios ha dejado pruebas de sí mismo para todos, tanto en la creación como en la conciencia.

Evidencia para la inspiración de las escrituras. Calvino habló repetidamente de "pruebas" de la inspiración de la Biblia (ver Biblia, Evidencias a Favor de la). Estos incluyen la unidad de la Escritura, su solemnidad, sus profecías y su confirmación milagrosa. Calvino escribió: "Si miramos (la Escritura) con ojos claros y juicio imparcial, inmediatamente se presentará con una solemnidad divina que dominará nuestra presuntuosa oposición y nos obligará a rendirle homenaje" (Institutes [Institutos], 1.7.4). La evidencia obliga incluso a los incrédulos a confesar (en algún nivel de conciencia) que la Escritura exhibe una clara evidencia de que fue dicha por Dios (ibid.).

El uso de la razón humana, aunque no absoluta, trajo suficiente convicción sobre la existencia de Dios y la verdad de las Escrituras. Calvino dijo que las pruebas de la inspiración de las Escrituras pueden no ser tan fuertes como para producir y clavar una plena convicción en la mente, pero son "las ayudas más apropiadas" (ibid., 1.8.1).

Calvino habla de "la credibilidad de la Escritura suficientemente probada, hasta donde lo admite la razón natural". Ofrece pruebas racionales de varias áreas, incluida la dignidad, la verdad, la sencillez y la eficacia de las Escrituras. A esto agrega evidencia de milagros, profecías, historia de la iglesia e incluso los mártires (ibid.).

La necesidad del Espíritu Santo. Al mismo tiempo, Calvino creía que nadie llegó a estar convencido de la certeza de las verdades acerca de Dios, Cristo y la Biblia aparte de la obra sobrenatural del Espíritu Santo. No vio ninguna contradicción en lo que dijo sobre el conocimiento natural de Dios y las Escrituras.

Los efectos viciantes de la depravación. Calvino creía que la depravación humana oscurece la capacidad humana para comprender y responder a esta revelación natural de Dios. Escribió: "Tu idea de Su naturaleza (de Dios) no es clara a menos que reconozcas que Él es el origen y el fundamento de toda bondad. Por tanto, surgiría tanto la confianza en él como el deseo de adherirse a él, si la depravación de la mente humana no la apartara del curso apropiado de la investigación" (ibid., 1.11.2).

El testimonio del Espíritu. La certeza completa solo viene cuando el Espíritu obra a través de la evidencia objetiva para confirmar en el corazón que la Biblia es la Palabra de Dios. Calvino afirmó que "nuestra fe en la doctrina no se establece hasta que tengamos una convicción perfecta de que Dios es su autor. Por lo tanto, la prueba más alta de las Escrituras se toma uniformemente del carácter de aquel de quien es la palabra". Por lo tanto, "nuestra convicción de la verdad de la Escritura debe derivarse de una fuente superior a las conjeturas, juicios o razones humanas; es decir, el testimonio secreto del Espíritu" (ibid., 1.7.1, cf. 1.8.1, 1.7.4; cursiva agregada). Usar la razón para defender las Escrituras es insuficiente. "Aunque podamos mantener la sagrada Palabra de Dios en oposición a los que la contradicen, lo siguiente no es que implantemos inmediatamente en sus corazones la certeza que la fe requiere" (ibid., 1.7.4).

Calvino insistió en que el testimonio del Espíritu es superior a la razón. "Porque así como solo Dios puede dar testimonio debidamente de sus propias palabras, así estas palabras no obtendrán pleno crédito en el corazón de los hombres hasta que sean selladas por el testimonio interno del Espíritu". Agrega: "Por tanto, el mismo Espíritu que habló por boca de los profetas, debe penetrar en nuestros corazones para convencernos de que han transmitido fielmente el mensaje que les fue encomendado divinamente" (ibid., 1.7.4).

Por lo tanto, debe considerarse fijo, que aquellos que son enseñados interiormente por el Espíritu Santo consienten implícitamente la Escritura; que la Escritura, llevando consigo su propia evidencia, se digna no someterse a pruebas y argumentos, sino que debe la plena convicción con la que debemos recibirla al testimonio del Espíritu [...] Iluminados por Él, ya no creemos, tampoco en nuestro propio juicio o el de otros, que las Escrituras son de Dios; pero, de una manera superior al juicio humano, sentirse perfectamente [...] seguro de que nos llegó, por medio de los hombres, de la boca misma de Dios. (ibíd., 1.7.5).

Calvino continuó diciendo que la prueba que da el Espíritu trasciende las pruebas y probabilidades (ver Certeza / Certidumbre). Su seguridad no pide razones; en tal conocimiento, la mente descansa más firme y segura que en cualquier razonamiento. Es una "convicción que sólo la revelación del cielo puede producir" (ibid.). Aparte de esta confirmación divina, todos los argumentos y apoyos de la iglesia son vanos. "Hasta que se establezca este mejor fundamento, la autoridad de las Escrituras permanecerá en suspenso" (ibid., 1.8.1).

El testimonio del Espíritu y la evidencia. Es importante recordar, como señala R. C. Sproul, que "el testimonio no se opone a la razón como forma de misticismo o subjetivismo. Más bien, va más allá y trasciende la razón" (Sproul, Internal Testimony of the Holy Spirit [Testimonio interno del Espíritu Santo], pág. 341). Es Dios obrando a través de la evidencia objetiva, no aparte de la evidencia, lo que proporciona la certeza subjetiva de que la Biblia es la Palabra de Dios. Es una combinación de lo objetivo y lo subjetivo, no una exclusión de la evidencia objetiva por una experiencia subjetiva. Vea los comentarios a continuación sobre B. B. *Warfield.

Jonathan Edwards. Jonathan *Edwards (1703-58) proporciona más información sobre la relación entre la evidencia apologética y el Espíritu Santo. Él también vio una relación complementaria entre los dos. Edwards vio ocho funciones en la razón:

1. La razón debe probar la existencia de Dios, el Revelador.
2. La razón anticipa que habrá una revelación.
3. La razón puede mostrar que una revelación "pretendida" no es de Dios.
4. La razón demuestra la racionalidad de la revelación.
5. La razón verifica una verdadera revelación como genuina.
6. La razón defiende la confiabilidad de la revelación.
7. La razón anticipa que habrá misterios en una genuina revelación divina, los defiende y refuta las objeciones a su presencia.
8. La razón comprende lo iluminado por la revelación.

La razón prueba la existencia de Dios. Edwards describe su propio enfoque de la existencia de Dios en Freedom of the Will [La Libertad de la Voluntad] (2.3). La primera prueba es a posteriori (de los efectos) de que existe una causa eterna. A partir de los argumentos, se demuestra que tal ser existe necesariamente. La necesidad de esta existencia muestra sus perfecciones a priori. *Las pruebas cosmológicas y *teleológicas se unen en este enfoque.

La razón puede dar certeza. Es imposible que nada pueda causar algo. Y dado que algo no existe, debe haber un Ser eterno y Necesario. La firme convicción de Edwards sobre esto surge del principio de causalidad, que describe como un principio evidente por sí mismo, un "dictado del sentido común", "la mente de la humanidad" y "este gran principio del sentido común" (ibid.). En Miscellanies [Misceláneas], declara que "todos reconocen como evidente que nada puede comenzar sin una causa". Por lo tanto, "Cuando se entiende, es una verdad que irresistiblemente tendrá lugar en el asentimiento". Siendo este el caso, "si suponemos un tiempo en el que no hubo nada, un cuerpo no comenzará a ser por sí mismo", porque sostener que algo puede surgir sin una causa es "lo que el entendimiento aborrece" (Miscellanies, no 91).

Edwards estaba tan convencido de que algo no podría surgir sin una causa que, como Aquino, argumentó que incluso un mundo eterno necesitaría una causa. Porque "si supusiéramos que el mundo es eterno, aún, la disposición hermosa, ingeniosa y útil del mundo no concluiría con menos fuerza por el ser de un autor inteligente". Utiliza el ejemplo de una gran obra literaria. Una obra así, incluso si hubiera existido desde la eternidad, requeriría más explicación que la tinta que había caído sobre el papel (ibid., No. 312).

Dependemos de la metafísica para mostrar cómo es ese Ser Necesario, para "demostrar que Dios no se limita a un lugar, o no es mutable; que no es ignorante ni olvidadizo; que le es imposible mentir o ser injusto; y hay un solo Dios y no cientos o miles" (Freedom of the Will [Libertad de la Voluntad], 4.13). Edwards estaba seguro de que la razón demuestra los atributos divinos en su infinitud (ver Dios, Naturaleza de).

La razón limitada requiere del Espíritu Santo. A pesar del valor que se le da a la razón humana, Edwards creía que las limitaciones significativas de la razón humana requieren la obra del Espíritu Santo en el corazón. La razón no puede hacer que el conocimiento de Dios sea "real" para los no regenerados. No puede producir una revelación sobrenatural que conduzca a la salvación debido a la depravación humana. Si recibe una revelación, no puede determinar el contenido divino completo de esa revelación.

Para Edwards está claro que, por muy válida que sea la revelación natural, existe una necesidad indispensable de la revelación sobrenatural: "Si no fuera por la revelación divina, estoy convencido de que no hay una sola doctrina de lo que llamamos religión natural, que , a pesar de toda la filosofía y el saber, no estaría para siempre envuelto en tinieblas, dudas, disputas interminables y confusión terrible [...] De hecho, los filósofos tenían el fundamento de la mayoría de sus verdades, de los antiguos, o de los fenicios, o lo que ellos recogido aquí y allá de las reliquias de la revelación "(Miscellanies, 1.1.19).

A pesar de la creencia de Edwards de que la razón natural podía construir argumentos válidos para la existencia de Dios, negó que ningún pensador no cristiano hubiera hecho esto alguna vez. "Nunca se conoció u oyó hablar de un hombre que tuviera una idea [correcta] de Dios, sin que se la enseñase" (ibid., 1.6.15).

El Espíritu da vida a la revelación. Los cristianos pueden construir una religión natural válida donde los paganos fracasan debido a la luz del Espíritu Santo. Esta es la razón por la que el aumento del saber y la filosofía en el mundo cristiano se debe a la revelación. Las doctrinas de la religión revelada son el fundamento de todo conocimiento útil y excelente. La palabra de Dios lleva a las naciones bárbaras al modo de usar sus conocimientos. Lleva sus mentes a una forma de reflexionar y abstraer el razonamiento; y libera de la incertidumbre en los primeros principios, tales como, el ser de Dios, la dependencia de todas las cosas de él

[...] Principios como estos son la base de toda verdadera filosofía, como aparece cada vez más a medida que la filosofía mejora. (ibíd.)

En vista de esto, no es razonable suponer que la filosofía misma pudiera llenar el vacío. Sin embargo, el conocimiento es fácil para quienes comprenden por revelación.

Puede parecer contradictorio que Edwards sostenga que Dios puede ser probado por la razón natural y que ningún incrédulo ha llegado nunca al Dios verdadero de esta manera. Edwards explicó que la razón puede demostrar un punto que ha sido propuesto por otra persona mucho más fácilmente de lo que puede llegar al punto en primer lugar. ¿Habríamos sabido que las obras de la creación son efectos si no nos hubieran dicho que tenían una causa? Las mentes más grandes podrían caer en el error y la contradicción si intentaran llegar a una descripción de la causa simplemente estudiando los efectos (ibid., 1.6.16).

Edwards creía que era posible que un incrédulo construyera pruebas válidas de la existencia del Dios verdadero, pero el hecho de que nadie lo hubiera hecho jamás le mostró que la mente debe tener la iluminación del Espíritu. Una vez que la mente tiene conocimiento del Dios verdadero por revelación, es posible construir un argumento válido para su existencia sobre la base de premisas extraídas de la naturaleza y la razón solamente (ver Revelación General). Entonces, la revelación especial no es lógicamente necesaria para probar la existencia del Dios verdadero, pero en la práctica es históricamente necesaria.

Edwards afirma que, cuando comprendemos plenamente las dificultades involucradas en conocer al Dios verdadero, inevitablemente atribuimos toda religión verdadera a la instrucción divina y todo error teológico a la invención humana (ibid., 1.6.22).

La iluminación subjetiva es Necesaria. A pesar de todo su énfasis en la evidencia racional y objetiva, Edwards no creía que la revelación general o especial fuera suficiente para hacer que las personas depravadas se abrieran a la verdad. Además de la revelación especial objetiva, tenía que haber una iluminación divina subjetiva. Solo la luz sobrenatural podía abrir el corazón para recibir la revelación de Dios. Sin esta iluminación divina, nadie llega a aceptar la revelación de Dios, sin importar cuán fuerte sea la evidencia. Se necesita un corazón nuevo, no un cerebro nuevo. Esto se hace mediante la iluminación del Espíritu Santo. Esta luz divina no da nueva verdad ni nuevas revelaciones. Más bien, proporciona un corazón nuevo, una nueva actitud de receptividad mediante la cual uno puede aceptar la verdad de Dios.

B. B. Warfield. *La apologética clásica fue llevada a cabo por Benjamin Breckinridge (B. B.) *Warfield

(1851-1921). Él también vio la necesidad tanto de la razón humana como de la obra del Espíritu Santo para convencer a la gente de la verdad del cristianismo.

La necesidad de una apologética racional. Warfield definió la apologética como "la reivindicación sistemáticamente organizada del cristianismo en todos sus elementos y detalles, contra toda oposición" (Works [Obras], 9:5). O, más técnicamente, "la apologética no asume la defensa, ni siquiera la reivindicación, sino el establecimiento, no, estrictamente hablando, del cristianismo, sino de ese conocimiento de Dios que el cristianismo profesa encarnar y busca hacer eficiente en el mundo, y que es tarea de la teología explicar científicamente" (ibid., 3). Dividió la apologética funcionalmente:

1. La apologética demuestra el ser y la naturaleza de Dios.
2. La apologética revela el origen y la autoridad divinos del cristianismo.
3. La apologética muestra la superioridad del cristianismo (ibid., 10).

La primera función pertenece propiamente a la apologética filosófica, que se compromete a establecer el ser de Dios como Espíritu personal, Creador, Conservador y Gobernador de todas las cosas. A él pertenecen los problemas del teísmo con la discusión involucrada de teorías antiteístas.

Warfield creía que la apologética era un prolegómeno necesario para la teología. El escribió:

La teología apologética prepara el camino para toda la teología estableciendo sus suposiciones necesarias sin los cuales ninguna teología es posible: la existencia y la naturaleza esencial de Dios, la naturaleza religiosa del hombre que le permite recibir una revelación de Dios, la posibilidad de una revelación de Dios, la posibilidad de la revelación y su realización real en las Escrituras. (Works, 9,64)

Warfield sostuvo que la apologética tiene "una parte principal" y "una parte conquistadora" en la difusión de la fe cristiana. El cristianismo se distingue por su misión de razonar su camino hacia el dominio. Otras religiones apelan a la espada o buscan otra forma de propagarse. El cristianismo apela a la razón y también lo es "la religión apologética" (Selected Shorter Writings [Seleccionado de los Escritos Breves], 2.99-100).

El papel del Espíritu. Los indicios o demostraciones del carácter divino de la Biblia están al lado del Espíritu Santo para convencer a la gente de la verdad de la Biblia. Warfield estuvo de acuerdo con Calvi-

no en que ellos mismos no son capaces de llevar a las personas a Cristo ni siquiera de convencerlos de la completa autoridad divina de las Escrituras. No obstante, Warfield creía que el Espíritu Santo siempre ejerce su poder convincente a través de la evidencia.

Sobre la relación entre la apologética y la Biblia, Warfield dijo: "Es fácil, por supuesto, decir que un cristiano debe tomar su punto de vista no por encima de las Escrituras, sino en las Escrituras. Ciertamente debe hacerlo. Pero seguramente primero debe tener las Escrituras, autenticadas ante él como tales, antes de que pueda tomar su punto de vista en ellas" (ibid., 2.98).

En esta apelación a la evidencia, Warfield vio puntos en común con los incrédulos. Los hechos están disponibles universalmente y todos pueden estar convencidos de la existencia de Dios y de la verdad de las Escrituras a través de ellos por el poder del razonamiento de un pensador redimido. En su artículo de 1908 sobre "Apologética", dijo que, aunque la fe es un don, sigue siendo una convicción formal de la mente. Todas las formas de condena deben tener pruebas en las que basarse. La razón investiga la naturaleza y validez de este fundamento (Works [Obras], 9.15).

El razonamiento no salva a nadie, no porque no haya prueba de la fe cristiana, sino porque el alma muerta no puede responder a la evidencia. "La acción del Espíritu Santo al dar fe no está separada de la evidencia, sino junto con la evidencia; y en primera instancia consiste en preparar el alma para la recepción de la evidencia". La apologética no hace cristianos a hombres y mujeres, pero la apologética proporciona la base sistemáticamente organizada sobre la que debe descansar la fe (ibid.).

La relación, entonces, entre la razón y la evidencia por un lado y el Espíritu Santo por el otro es complementaria. No es ni el Espíritu Santo ni la evidencia. Es el Espíritu Santo trabajando en y a través de la evidencia para convencer a la gente de la verdad del cristianismo. Hay una dimensión externa (objetiva) y una interna (subjetiva) en el proceso por el cual la gente llega a saber que el cristianismo es verdadero. Estos pueden llamarse racionales y místicos, respectivamente. Pero los dos nunca están separados como tienden a hacerlo muchos místicos cristianos y subjetivistas de la luz interior (ver Biblical and Theological Studies [Estudios Bíblicos y Teológicos], cap. 16).

Resumen. Obviamente, no todos los apologistas encuestados anteriormente estuvieron de acuerdo en todos los puntos, pero hay un acuerdo general en contraste con el *fideísmo, el *misticismo y otras formas de subjetivismo.

El papel de la razón. La razón humana, además de la revelación especial (ver Revelación General; Revelación, Especial), puede proporcionar argumentos en apoyo de la existencia de Dios, conocer muchos de los atributos esenciales de Dios (ver Dios, Evidencia a Favor de), ofrecer evidencia en apoyo de la fe cristiana, defender el cristianismo contra ataques, juzgar la verdad de las supuestas revelaciones y enseñar el contenido de una revelación de Dios.

Existe un acuerdo general sobre los límites de la razón. Está marcado por los efectos del pecado. No se trata de un conocimiento adecuado del Dios verdadero sin la ayuda divina. No puede traer la mayor certeza acerca de la verdad acerca de Dios. No puede explicar los misterios de la encarnación y *Trinidad. Apoya la fe en Dios, pero no es la base de esa fe. Por sí solo, no puede mover a nadie a creer en Dios ni a proporcionar conocimiento salvador.

El papel del Espíritu. La mayoría de los apologistas clásicos estarían de acuerdo en que el Espíritu Santo desempeña varios papeles apologéticos necesarios. El Espíritu dio poder al origen de las Escrituras. Él da entendimiento de la verdad revelada de las Escrituras y sus implicaciones a las personas. El Espíritu Santo es necesario para tener plena seguridad de las verdades del cristianismo, y solo él impulsa a las personas a creer en la verdad salvadora de Dios. El Espíritu Santo obra en la evidencia y a través de ella, pero no se separa de ella. Como Espíritu de un Dios racional, no pasa por alto la cabeza en el camino al corazón. El Espíritu proporciona evidencia sobrenatural (milagros) para confirmar el cristianismo.

Fuentes

T. Aquinas, *Commentary on Saint Paul's Epistle to the Ephesians* [Comentario sobre la Epístola de San Pablo a los Efesios].

———, *On Truth* [Sobre la Verdad].

———, *Summa contra Gentiles* [Summa Contra Gentiles]

———, *Summa Theologica* [Summa Teológica]

J. Calvin, *Epistles of Paul to the Romans and Thessalonians* [Epístolas de Pablo a los Romanos y Tesalonicenses].

———, *Institutes of the Christian Religion* [Institución de la Religión Cristiana]

J. Edwards, *The Freedom of the Will* [La Libertad de la Voluntad].

———, *Miscellanies* [Misceláneas]

———, *Of Being* [De los Seres].

———, *The Mind* [La Mente].

N. L. Geisler, *Christian Apologetics* [Apologética Cristiana].

S. J. Grenz and R. E. Olson, *Twentieth-Century Theology* [Teología del siglo XX].

K. Kantzer, *John Calvin's Theory of the Knowledge of God and the Word of God* [Teoría del Conocimiento de Dios y la Palabra de Dios de Juan Calvino].

B. Ramm, Protestant Christian Evidences [Evidencias Cristianas Protestantes]

———, *The Witness of the Spirit* [El Testimonio del Espíritu]

R. C. Sproul et al., *Classical Apologetics* [Apologética Clásica].

———, *"The Internal Testimony of the Holy Spirit"* [El Testimonio Interno del Espíritu Santo]

B. B. Warfield, Biblical and Theological Studies [Estudios Bíblicos y Teológicos]

———, *"Introduction"* [Introducción].

———, *Selected Shorter Writings of Benjamin B. Warfield* [Seleccionado de los Escritos Breves de Benjamin B. Warfield].

———, *The Works of Benjamin B. Warfield* [Las Obras de Benjamin B. Warfield].

Eusebio. Eusebio (aprox. 260-340) fue obispo de Cesarea y el "padre de la historia de la iglesia". Su obra Historia eclesiástica es la fuente principal de información desde el período apostólico hasta el siglo IV. Contiene una inmensa cantidad de material sobre la Iglesia oriental, aunque poco sobre la occidental. Eusebio también escribió The Martyrs of Palestine [Los mártires de Palestina], un relato de las persecuciones de Diocleciano (303-310). También escribió una biografía del emperador Constantino.

Los escritos apologéticos y polémicos de Eusebio fueron extensos. Incluyen Against Hierocles [Contra Hierocles] (que responde a la retórica anticristiana de un gobernador pagano de Bitinia), The Preparation for the Gospel [La preparación para el Evangelio] (por qué los cristianos aceptan la tradición hebrea y rechazan la griega) y Demonstration of the Gospel [Demostración del Evangelio] (argumentos a favor de Cristo del Antiguo Testamento). Eusebio también escribió una obra sobre la encarnación, The Theophany [La teofanía]. Against Marcellus, Bishop of Ancyra [Contra Marcelo, obispo de Ancira] es una colección de pasajes del Antiguo Testamento que predicen la venida de Cristo. A este último añadió una teológica Refutation of Marcellus [Refutación de Marcelo]. Eusebio escribió The Defense of Origen [La defensa de orígenes] acerca de las visiones sobre los *orígenes de la *Trinidad y la encarnación (ver Schaff, 2da serie, vol. I, 36). Escribió un libro sobre Problems of the Gospels [Problemas de los Evangelios], On Easter [Sobre la Pascua], On the Theology of the Church [Sobre la teología de la Iglesia] y On the Names and Places in the Holy Scriptures [Sobre los nombres y lugares en las Sagradas Escrituras].

Eusebio es un vínculo histórico crucial entre los

apóstoles y la Edad Media. Después de los apóstoles y los primeros apologetas, es un excelente ejemplo de la forma adoptada por los primeros apologetas cristianos. Además, jugó un papel clave en la transmisión de las Escrituras (Geisler y Nix, págs. 278-282) al preparar cincuenta copias de la Biblia solo veinticinco años después de que Diocleciano haya ordenado su extinción en 302 (d. C.). También se habla de otros testigos tempranos en el artículo Nuevo Testamento, Fuentes no cristianas del.

Fuentes

F. L. Cross, *"Eusebius"* [Eusebio].

N. L. Geisler y W. Nix, *A General Introduction to the Bible* [Una introducción general a la Biblia].

P. Schaff, ed., *The Nicene and Post-Nicene Fathers of the Christian Church* [Los padres nicenos y posnicenos de la Iglesia cristiana].

J. Stevenson, *Studies in Eusebius* [Estudios sobre Eusebio].

D. S. Wallis-Hadrill, *Eusebius of Caesarea.* [Eusebio de Cesarea].

Evangelio de Bernabé. *Ver* BERNABÉ, EVANGELIO DE.

Evangelio de Q. *Ver* DOCUMENTO Q.

Evangelio de Tomás. El reclamo de los críticos. Algunos críticos radicales del Nuevo Testamento afirman que el Evangelio gnóstico (ver Gnosticismo) de Tomás es igual o superior al del Nuevo Testamento y que no respalda la resurrección de Cristo. El llamado *Jesus Seminar [Seminario de Jesús] coloca el Evangelio de Tomás en su Biblia, que de otra manera estaría severamente truncada. Ambas posturas son serios desafíos para la fe cristiana histórica.

El Evangelio de Tomás fue descubierto en Nag Hammadi, Egipto, cerca de El Cairo en 1945 y se tradujo al inglés en 1977. Aunque algunos han intentado colocar fechas anteriores a partes de él, la fecha más fiable para el Evangelio de Tomás no es anterior a 140-170 d. C. Contiene 114 supuestos dichos de Jesús. Los defensores del Evangelio de Tomás incluyen a Walter Baur, Frederick Wisse, A. Powell Davies y Elaine Pagels.

Una evaluación de la credibilidad del Evangelio de Tomás. La mejor manera de evaluar la credibilidad del Evangelio de Tomás es mediante la comparación con los Evangelios del Nuevo Testamento, que con frecuencia los mismos críticos ponen en duda (ver Nuevo Testamento, Historicidad del; Nuevo Testamento, Manuscritos del). Cuando se hace esta comparación, el Evangelio de Tomás es muy corto.

Los evangelios canónicos son mucho más antiguos. Suponiendo el rango de fechas ampliamente aceptado para los Evangelios Sinópticos (aprox. 60-80 d. C.), el Evangelio de Tomás está por debajo de un siglo. De hecho, hay pruebas de incluso fechas anteriores para algunos Evangelios (ver Nuevo Testamento, Datación del), como incluso algunos estudiosos liberales admiten (ver Robinson). O. C. Edwards afirma del Evangelio de Tomás y de los Evangelios canónicos que "como reconstrucciones históricas no hay forma de que ambos puedan reclamar credenciales iguales" (Edwards, pág. 27). Y Joseph Fitzmyer añade: "Una y otra vez, ella [E. Pagels] está ciega al hecho de que está ignorando todo un siglo de existencia cristiana en el que estos 'cristianos gnósticos' simplemente no estaban alrededor" (Fitzmyer, pág. 123).

El Evangelio de Tomás depende de los Evangelios Canónicos. Incluso si se pudiera demostrar que el Evangelio de Tomás contiene algunas afirmaciones auténticas de Jesús, "no se ha presentado ningún caso convincente de que cualquier dicho de Jesús en los Evangelios dependa de un dicho del Evangelio de Tomás" (Boyd, pág. 118). Más bien lo contrario es verdad, ya que el Evangelio de Tomás presupone verdades que se encuentran antes en los Evangelios canónicos.

El Evangelio de Tomás retrata un gnosticismo del siglo II. El Evangelio de Tomás está influenciado por el tipo de gnosticismo que prevalece en el segundo siglo. Por ejemplo, pone en boca de Jesús estas palabras improbables y degradantes: "Toda mujer que se haga hombre entrará en el Reino de los Cielos" (citado en Boyd, pág. 118).

La falta de narración del Evangelio de Tomás no prueba que Jesús no hizo milagros. El hecho de que el autor o autores del Evangelio de Tomás no incluyeran narraciones de Jesús, no significa que no creyeran en los milagros de Jesús. El libro parece ser una colección de los dichos de Jesús más que de sus hechos.

Los evangelios canónicos son más confiables desde el punto de vista histórico. Hay numerosas razones por las que los Evangelios del Nuevo Testamento son más confiables que los gnósticos. En primer lugar, los primeros cristianos eran muy meticulosos para preservar las palabras y hechos de Jesús. En segundo lugar, los escritores de los Evangelios estaban cerca de los testigos oculares y siguieron los hechos (Lucas 1:1-4). Tercero, hay mucha evidencia de que los escritores de los Evangelios fueron reporteros honestos (ver Nuevo Testamento, Historicidad del; Testigos, Criterios de Hume para los). Cuarto, la imagen general de Jesús que se presenta en los Evangelios es la misma.

El canon básico del Nuevo Testamento se formó en el primer siglo. Contrariamente a lo que afirman los críticos, el canon básico del Nuevo Testamento se formó en el primer siglo. Los únicos libros en disputa no tienen efecto apologético en el argumento de la fiabilidad del material histórico utilizado para establecer la deidad de Cristo.

El propio Nuevo Testamento revela que existió una colección de libros en el primer siglo. Pedro habla de tener las cartas de Pablo (2 Pedro 3:15-16). De hecho, consideró que están a la par con las "Escrituras" del Antiguo Testamento. Pablo tuvo acceso al Evangelio de Lucas y lo cita en 1 Timoteo 5:18. Las iglesias fueron instruidas para enviar su carta a otras iglesias (Col 4:16).

Más allá del Nuevo Testamento, hay listas canónicas extrabíblicas que respaldan la existencia de un canon del Nuevo Testamento (ver Geisler y Nix, pág. 294). En efecto, todos los Evangelios y las cartas básicas de Pablo están representados en estas listas. Incluso el canónigo herético del gnóstico Marción (aprox. 140 d. C.) tenía el Evangelio de Lucas y diez de las Cartas de Pablo, incluyendo 1 Corintios.

Los padres del siglo II respaldan los evangelios canónicos. Los Padres del siglo II citaron un cuerpo común de libros. Esto incluye todos los libros cruciales que respaldan la historicidad de Cristo y su resurrección, específicamente los Evangelios, Hechos y 1 Corintios. Clemente de Roma (95 d. C.) citó los Evangelios (Corintios, 13, 42, 46). Ignacio (aprox. 110-15) citó Lucas 24:39 (Esmirna, 3). Policarpo (aprox. 115) citó todos los Evangelios Sinópticos (Filipenses, 2, 7). La Didaché cita con frecuencia los Evangelios Sinópticos (1, 3, 8, 9, 15-16). La Epístola de Bernabé (aprox. 135) cita Mateo 22:14. Papías (aprox. 125-40) en los Oráculos habla de Mateo, Marcos (siguiendo a Pedro), y Juan (último) quien escribió los Evangelios. Dice tres veces que Marcos no cometió ningún error. Es más, los Padres consideraron que los Evangelios y las Cartas de Pablo estaban a la par con el Antiguo Testamento inspirado.

Por lo tanto, los Padres garantizaron la exactitud de los Evangelios canónicos a principios del siglo II, mucho antes de que se escribiera el Evangelio de Tomás.

La explicación de la Resurrección. El Evangelio de Tomás reconoce la resurrección de Jesús. De hecho, el propio Cristo vivo y resucitado habla en él (34:25-27; 45:1-16). Es cierto que no hace hincapié en la resurrección, pero esto es de esperar ya que es principalmente una fuente de "dichos" más que una narración histórica. Además, el sesgo teológico gnóstico contra la materia restaría importancia a la resurrección corporal.

Conclusión. La evidencia de la autenticidad del Evangelio de Tomás ni siquiera se compara con la del Nuevo Testamento. El Nuevo Testamento data del primer siglo; el Evangelio de Tomás, del segundo. El Nuevo Testamento es verificado por muchas líneas de evidencia, incluyendo auto-referencias, listas canónicas antiguas, miles de citas de los primeros Padres, y fechas bien establecidas para los Evangelios Sinópticos. El supuesto Evangelio de Tomás carece de todo esto.

Fuentes

G. Boyd, *Jesus under Siege* [Jesús bajo asedio].

O. C. Edwards, *New Review of Books and Religion* [Nueva reseña de libros y religión].

C. A. Evans et al., *Nag Hammadi Texts and the Bible* [Los textos de Nag Hammadi y la Biblia].

J. Fitzmeyer, *"The Gnostic Gospels according to Pagels"* [Los evangelios gnósticos según Pagels].

N. L. Geisler y W. E. Nix, *A General Introduction to the Bible* [Una introducción general a la Biblia].

R. M. Grant, *Gnosticism and Early Christianity* [Gnosticismo y cristianismo primitivo].

E. Linnemann, *Is There a Synoptic Problem?* [¿Hay un problema sinóptico?].

E. H. Pagels, *The Gnostic Gospels* [Los evangelios gnósticos].

J. A. Robinson, *Redating the New Testament* [Modificando el Nuevo Testamento].

J. M. Robinson y R. J. Miller, *The Nag Hammadi Library in English* [La biblioteca de Nag Hammadi en inglés].

F. Seigert et al., *Nag-Hammadi Register* [Registro del Nag-Hammadi].

M. J. Wilkins y J. P. Moreland, eds., *Jesus under Fire* [Jesús Bajo Sospecha].

Evangelios gnósticos. *Ver* GNOSTICISMO; EVANGELIO DE TOMÁS; NAG HAMMADI, EVANGELIOS DE.

Evangelios, Historicidad de los. *Ver* NUEVO TESTAMENTO, HISTORICIDAD DEL.

Evolución. La evolución cubre tres áreas básicas: el origen del universo (evolución cósmica); el origen de la primera vida (evolución química) y el origen de nuevas formas de vida (evolución biológica) (ver Evolución biológica; Evolución química; Evolución cósmica). Debido a que las diferentes implicaciones y argumentos distinguen la apologética relacionada con cada uno de estos caminos sobre la evolución, se discutirán en artículos separados.

En un sentido amplio, evolución significa desarrollo, pero más específicamente, ha llegado a significar la teoría del ancestro común: creencia de que todos los seres vivos evolucionaron por procesos naturales a partir de formas de vida anteriores y más simples. La evolución teísta postula a un Dios que puso en marcha el proceso, al crear la materia o la primera vida, o que ha guiado el proceso. La evolución naturalista cree que todo el proceso es natural, incluso el origen del universo y la primera vida por generación espontánea.

Para otras discusiones relacionadas con una crítica de la ciencia de la evolución, ver Adán, Historicidad de; Principio antrópico; Big Bang, Teoría del; Creación, Puntos de vista de la; Darwin, Charles; Enlaces perdidos evolutivos; Origen, Ciencia del; Argumento teleológico.

Evolución biológica. Antiguamente, algunos griegos creían en la evolución; sin embargo, antes de Charles *Darwin (1809-1882), las teorías de la evolución tendían a surgir de una cosmovisión panteísta (ver Panteísmo) y carecían de credibilidad científica. Darwin teorizó un mecanismo, llamado "selección natural", con el fin de que la evolución funcione, lo cual colocó a la evolución en el marco naturalista que ha sido su baluarte desde entonces. Mucho de lo que Darwin enseñó ha sido rechazado y superado, pero su doctrina de la selección natural se ha mantenido.

La evolución biológica se divide en la microevolución (a pequeña escala) y la macroevolución (a gran escala). Quienes se oponen a la macroevolución generalmente aceptan la microevolución, ya que este proceso simplemente describe la capacidad de varias formas de vida para adaptarse a su entorno; por ejemplo, hay varios cientos de tipos de perros, pero todos son caninos, y sus diferencias de raza "evolucionaron" (se desarrollaron) a través de la selección tanto natural como artificial. La macroevolución abarca la evolución a gran escala, desde el microbio hasta el hombre, desde el primer animal unicelular hasta los seres humanos como el animal más elevado desarrollado hasta ahora en la cadena.

Gran parte de los macroevolucionistas creen que la vida empezó como resultado de reacciones químicas en lo que Darwin llamó un "pequeño estanque cálido". La investigación ha demostrado que es posible generar las proteínas esenciales necesarias para la vida utilizando solo unos pocos gases básicos y agua, lo cual ha fomentado la opinión de que la vida surgió de la materia inerte (ver Evolución química). Se dice que las nuevas formas de vida han evolucionado a través de mutaciones y la selección natural; y a medida que las condiciones en la tierra cambiaron, los animales se adaptaron a nuevas características para enfrentar los desafíos, donde sobrevivieron los que se adaptaron y se extinguieron los que no. La gran variedad de animales extintos representados entre los fósiles, y sus similitudes con las especies vivas, se utilizan para confirmar esta tesis.

Base científica. La evolución, al igual que otros planteamientos de eventos pasados, es una ciencia especulativa, más que empírica. La ciencia especulativa se ocupa de las singularidades pasadas para las que no existen patrones recurrentes de eventos mediante los cuales puedan probarse. Las teorías de la evolución y la creación también se denominan teorías de la ciencia del origen (ver Origen, Ciencia del), en lugar de la ciencia operativa (ciencia empírica), que trata cómo funcionan las cosas ahora y estudia fenómenos regulares y repetidos. Sus respuestas se pueden probar repitiendo la observación o el experimento, y sus principios básicos son la observabilidad y la repetibilidad. La microevolución es un estudio legítimo de la ciencia operativa, especialmente en lo que se refiere a la genética.

Dado que la ciencia del origen se ocupa de las singularidades pasadas, es de naturaleza especulativa. Los eventos de origen pasados no se observaron y no se pueden repetir, deben reconstruirse viendo la evidencia que queda; así como un científico forense intenta reconstruir cómo ocurrió un homicidio a partir de la evidencia física, un científico de los orígenes intenta reconstruir el origen del universo, la primera vida y las nuevas formas de vida a partir de la evidencia.

Los principios de la ciencia del origen. En lugar de la observación y repetición, el científico de los orígenes utiliza los principios de causalidad y analogía. El principio de causalidad (ver Causalidad, Principio de; Primeros principios), que está en la raíz de la ciencia moderna y de todo pensamiento racional, establece que todo evento tiene una causa adecuada. En ciencia, el principio de analogía (o uniformidad) establece que el presente es la clave del pasado; o, más precisamente, los tipos de causas que producen ciertos tipos de efectos en el presente son los tipos de causas que produjeron eventos similares en el pasado.

Dos tipos de causas. La causalidad se presenta en dos variedades básicas: natural e inteligente. Las causas inteligentes a veces se denominan causas primarias y las causas naturales se denominan causas secundarias. La mayoría de las ciencias buscan causas naturales en las leyes de la física o la química; sin embargo, hay otras que se ocupan de las causas inteligentes. La arqueología, por ejemplo, busca una causa inteligente para los restos culturales del pasado. Los astrónomos del programa SETI (siglas en inglés del Instituto de Búsqueda de Inteligencia Extraterrestre) han sintonizado sus radiotelescopios en el espacio exterior, en busca de un mensaje de seres inteligentes. Ambas ciencias creen que pueden saber cuándo han encontrado un efecto que exige una causa inteligente por las marcas especiales que deja la mente en lo que produce; por ejemplo, hay una diferencia obvia entre una sopa de letras derramada sobre la mesa y una serie ordenada de letras como: "Tom, saca la basura. Con amor, mamá". Aquellos que creen que hay una causa inteligente para el origen del universo, la primera vida o las nuevas formas de vida se llaman "creacionistas"; y aquellos que creen que esto puede explicarse por causas puramente naturales y no inteligentes se denominan "evolucionistas". Los "evolucionistas teístas" intentan sintetizar los dos puntos de vista.

Tres áreas básicas de disputa separan a creacionistas y evolucionistas sobre la cuestión de los orígenes: (1) el origen del universo (ver Evolución cósmica), (2) el origen de la primera vida (ver Evolución química) y (3) el origen de la vida humana. Históricamente, estas áreas se han llamado la cosmogonía, la biogonía y la antropogonía (ver Eslabones perdidos evolutivos), a diferencia de las ciencias operativas, como la cosmología, la biología y la antropología.

El origen de las nuevas formas de vida. Explicación naturalista de los orígenes. Las nuevas formas de vida provienen de causas naturales o sobrenaturales (inteligentes). Darwin hizo una de sus mayores contribuciones a la teoría de la evolución con su analogía de la selección que usan los ganaderos con la selección en la naturaleza; y este principio, de selección natural, se convirtió en el sello distintivo de la evolución porque brindó un sistema mediante el cual los nuevos desarrollos de formas de vida podrían explicarse sin recurrir a una causa sobrenatural.

Darwin era consciente de que existían graves defectos en la analogía entre los ganaderos y la naturaleza, pero esperaba que, lo que los humanos podrían hacer en unas pocas generaciones, lo pudiera hacer la naturaleza en varios cientos de generaciones; sin embargo, el tiempo no es el único factor del que flaquea la analogía. E. S. Russell escribió:

"Es una lástima que Darwin haya introducido alguna vez el término de "selección natural", ya que ha dado lugar a mucha confusión de pensamiento. Lo hizo, por supuesto, porque llegó a su teoría estudiando los efectos de la selección según lo practicado por el hombre en la cría de animales domésticos y plantas cultivadas. Aquí el uso de la palabra es completamente legítimo; pero la acción del hombre en la cría selectiva no es análoga a la acción de la "selección natural", sino casi su opuesto directo [...] El hombre tiene un objetivo o un fin a la vista; la "selección natural" no puede tener ninguna. El hombre elige a los individuos que desea cruzar, eligiéndolos por las características que busca perpetuar o realzar; los protege a ellos y a su descendencia por todos los medios a su alcance, resguardándolos así de la operación de la selección natural, que rápidamente eliminaría a muchos monstruos; y continúa su selección activa y

decidida de generación en generación hasta que alcanza, si es posible, su objetivo. Nada de esta índole sucede, o puede ocurrir, a través del proceso ciego de eliminación diferencial y supervivencia diferencial que llamamos erróneamente "selección natural" (citado en Moore, pág. 124)".

Evidencia del registro fósil. Rara vez se aprecia plenamente que la única evidencia real a favor o en contra de la evolución se encuentra en el registro fósil; cualquier otro argumento a favor de la evolución se basan en lo que podría haber sido, y solo el registro fósil registra ejemplos de lo que realmente sucedió. Darwin también reconoció esto como un problema y escribió en El origen de las especies: "¿Por qué, pues, cada formación geológica y cada estrato no están repletos de estos eslabones intermedios? La Geología, ciertamente, no revela la existencia de tal serie orgánica delicadamente gradual, y es ésta, quizá, la objeción más grave y clara que puede presentarse en contra de mi teoría" (Darwin, pág. 280).

En el siglo y medio desde que escribió Darwin, la situación solo ha empeorado para su teoría. Stephen Jay Gould, célebre paleontólogo de Harvard, ha escrito: "La extrema rareza de las formas de transición en el registro fósil sigue siendo el secreto del negocio de la paleontología. Los árboles evolutivos que adornan nuestros libros de texto sólo poseen datos en las puntas y en los nudos de sus ramas; el resto es inferencia, aunque razonable, y no evidencia de fósiles" (Gould, pág. 14). Niles Eldredge e Ian Tattersall están de acuerdo, diciendo que: "La esperanza tiñó la percepción al grado de que el hecho elemental más evidente en la evolución biológica, el no cambio, rara vez, si es que alguna, ha sido incorporado a las nociones científicas de nadie acerca del modo real en que evoluciona la vida. Si alguna vez hubo un mito, es el de que la evolución es un proceso de cambio constante" (Eldredge y Tattersall, pág. 8).

¿Qué sugiere el registro fósil? Los evolucionistas como Gould estuvieron de acuerdo con lo que los creacionistas desde Louis Agassiz hasta Duane Gish han dicho todo el tiempo, que el registro fósil incluye dos características particularmente inconsistentes con el gradualismo:

Estasis. La mayor parte de las especies aparecen en el registro fósil con un aspecto muy similar al que tienen cuando desaparecen; el cambio morfológico es limitado y carente de orientación.

Aparición repentina. En cualquier área, una especie no surge gradualmente; aparece de golpe y "totalmente formada" (Gould, ibid., págs. 13-14).

No hay ninguna indicación real de que una forma de vida se transforme en una forma completamente diferente. Si bien estas dos características parecen invalidar la evolución clásica, también son algo problemáticas para los creacionistas.

Algunos creacionistas dicen que el registro fósil refleja los escombros del gran diluvio, ya sea porque algunos animales pudieron escapar mejor de las aguas o por la clasificación hidrodinámica cuando los restos se asentaron. Estos científicos están preocupados por preservar la evidencia de una tierra joven porque creen que la creación fue en siete períodos literales de veinticuatro horas y que no hay grandes brechas en las primeras genealogías del Génesis.

Otros, conocidos como los "creacionistas de la vieja tierra", sostienen que la tierra no necesita tener solo miles de años. Este grupo entiende que el registro fósil muestra que la creación se logró en una serie de etapas, donde cada nueva aparición en los estratos geológicos apunta a un nuevo momento de creación directa. Los invertebrados aparecieron primero, seguidos de un largo período de equilibrio de la naturaleza misma antes del siguiente estallido de la creación; a continuación, aparecieron los peces, y luego los anfibios, hasta que se creó el hombre. El último punto de vista está de acuerdo con el registro fósil, pero no hay consenso entre los creacionistas sobre la edad de la tierra —tema muy debatido—, pero ambas partes están de acuerdo en que la evidencia fósil apoya la creación mejor que la evolución.

Algunos evolucionistas han intentado lidiar con la evidencia fósil introduciendo la idea del equilibrio puntuado. Estos científicos dicen que los saltos en el registro fósil reflejan catástrofes reales que indujeron cambios importantes y repentinos en las especies existentes. Por tanto, la evolución no es gradual, sino que está marcada por los saltos repentinos de una etapa a la siguiente. La teoría ha sido criticada porque no se ha demostrado evidencia de un mecanismo de causas secundarias necesario para hacer posibles estos avances repentinos; su teoría parece basarse únicamente en la ausencia de fósiles de transición, visión que no va con Darwin, quien entendió que la evidencia de lo repentino es una evidencia a favor de la creación. Aceptar la idea de la puntuación como resultado de una causa primaria se acerca peligrosamente a una visión creacionista.

La evidencia de los órganos vestigiales. Los evolucionistas han utilizado a su favor la presencia de los "órganos vestigiales" en los humanos. Argumentan que, como el cuerpo humano tiene órganos para los que no se conoce ningún uso, son restos de una etapa animal anterior en la que fueron útiles. El hecho de que los vestigios puedan quitarse, sin causar daño aparente al cuerpo, indica que son inútiles; el apéndice, los músculos del oído y el tercer párpado se incluyen en esta categoría.

Sin embargo, solo por el hecho de que no se conozcan las funciones de estos órganos no significa que no exista ninguna. Dado que el conocimiento científico es finito y progresivo, puede haber funciones de las que la ciencia aún no sea consciente. El hecho de que puedan eliminarse sin causar un daño aparente al cuerpo no tiene sentido; otros órganos pueden compensar su pérdida, y además, puede existir una pérdida que no sea fácilmente detectable. Algunos órganos, como las amígdalas, pueden ser más importantes en una etapa más temprana del desarrollo de una persona como, por ejemplo, durante la infancia temprana para ayudar a combatir enfermedades; y los órganos como un riñón o un pulmón se pueden extraer sin pérdida grave, pero tienen una función.

Es significativo que la lista de los órganos vestigiales se haya reducido de más de cien —cuando se propuso la idea por primera vez— a alrededor de media docena en la actualidad, y hay propósitos conocidos para esos. El apéndice puede ayudar en la digestión y puede ser útil para combatir enfermedades; los conejos tienen un gran apéndice y los veganos pueden beneficiarse más de esto. El músculo del oído externo ayuda a proteger contra el congelamiento en climas más fríos. El tercer párpado, o membrana nictitante, se usa en humanos para recolectar material externo que ingresa al ojo. La "cola", o coxis, es necesaria para sentarse cómodamente. Las glándulas endocrinas, que alguna vez se pensó que eran vestigiales, ahora se sabe que son de gran importancia en la producción de hormonas. Asimismo, se ha descubierto que el timo participa en la protección del cuerpo contra las enfermedades.

Incluso si algunos órganos son realmente restos de un período anterior del desarrollo humano, esto no probaría la evolución; pueden haber quedado de una etapa anterior de la raza humana en lugar de especies prehumanas, o incluso, se podría decir que un órgano que ha perdido su función no demuestra que estemos evolucionando, sino que estamos involucionando, perdiendo algunos órganos y habilidades. Esto es lo opuesto a la evolución.

La evidencia del código genético. Los creacionistas razonan que existen limitaciones reales al cambio evolutivo que están integradas en el código genético de cada ser vivo. Los cambios dentro de esta estructura indican el diseño de cada categoría principal de forma de vida. Cada nueva forma de vida surgió mediante un acto de intervención inteligente que dispuso la información genética para que se ajustara a las funciones; así como las secuencias de letras varían para formar diferentes palabras, los patrones de ADN varían para producir diferentes especies. Si se requiere de inteligencia para crear El rey Lear a partir de una selección de palabras encontradas en un diccionario, entonces también se requiere de inteligencia para seleccionar y clasificar información genética para producir la variedad de especies que trabajan juntas como un sistema en la naturaleza.

La aparición repentina de estas formas de vida refuerza el caso de que una inteligencia sobrenatural estuvo obrando para lograr esta organización. De acuerdo con el principio de uniformidad, esta es la solución más plausible al problema. Así que, el mayor problema para los evolucionistas no es los "eslabones perdidos", sino una explicación del origen de nuevos sistemas complejos de información genética.

La evidencia a partir de la complejidad especificada. No solo la primera célula viva era extremadamente compleja, sino que las formas de vida superiores son aún más complejas. Si la información genética de un animal unicelular supera la de un volumen de la Enciclopedia Británica, la información del cerebro humano es mayor que la de la Biblioteca del Congreso. Si se necesita una causa inteligente para producir la primera forma de vida simple, no se necesita menos para la vida humana.

La complejidad siempre ha sido un gran problema para la evolución; equivale al mismo problema encontrado al examinar el origen de la primera vida (ver Evolución química). La analogía de la reproducción, utilizada para ilustrar cómo los procesos naturales lo hicieron todo, contiene una gran cantidad de intervención inteligente que se pasa por alto en la teoría. Los ganaderos manipulan de acuerdo con un plan inteligente para fomentar desarrollos específicos. Hablando informativamente, esto está pasando de un estado de complejidad en el código de ADN a un estado de complejidad mayor, o al menos más específico; es como cambiar la oración "Tenía cabello castaño" a una más compleja como "Sus cabellos castaños brillaban con el sol".

Este aumento de información codificada en la cadena de ADN requiere inteligencia con tanta seguridad como lo hizo la codificación original para producir vida. De hecho, si la analogía de Darwin prueba algo, muestra la necesidad de una intervención inteligente para producir nuevas formas de vida. El principio de uniformidad conduce, sin dudarlo, a esta conclusión una vez que se comprende que estamos trabajando dentro de la ciencia del origen y no de la ciencia operativa.

La evidencia a partir del cambio sistemático. Los cambios macroevolutivos exigen cambios a gran escala de un tipo de organismo a otro. Los evolucionistas argumentan que esto ocurrió gradualmente durante un largo período. Una seria objeción a este punto de vista es que todos los cambios funcionales de un sistema a otro deben ser simultáneos (ver Denton, pág. 11). Por ejemplo, se pueden realizar pequeños cambios en un carro gradualmente durante un período de tiempo sin cambiar su tipo básico; se puede cambiar la forma de los guardafangos, su color y su acabado gradualmente, pero si se cambia el tamaño del pistón, esto implicaría cambios simultáneos en el árbol de levas, el bloque y el sistema de enfriamiento, de lo contrario, el nuevo motor no funcionaría.

Del mismo modo, el cambio de un pez a un reptil o de un reptil a un pájaro requiere de cambios importantes en todo el sistema del animal, y todos estos cambios deben ocurrir simultáneamente o la oxigenación de la sangre no acompañaría el desarrollo de los pulmones y no coincidiría con los cambios en las fosas nasales y la garganta, los reflejos respiratorios autónomos en el cerebro, la musculatura torácica y las membranas. La evolución gradual no puede explicar esto.

Para señalar este mismo punto en términos del código genético, no se puede pasar de pequeños cambios graduales en un código genético simple a una molécula de ADN más compleja sin grandes cambios simultáneos, particularmente no por mutaciones aleatorias. Pequeños cambios aleatorios en "Arroz con leche, me quiero casar" nunca producirían El rey Lear, incluso si están presentes todas las letras del alfabeto y la puntuación. El primer pequeño cambio aleatorio podría decir: "Atroz con leche, me quiero casar"; el siguiente, "Atroz con leche, me hiero casar"; y el siguiente, "Atroz con leche, me hiero rayar". Con cada cambio, el mensaje se vuelve más confuso, y está muy lejos de El rey Lear y va en la dirección equivocada. Solo un ser inteligente puede reformar las mismas letras del idioma español en El rey Lear, mediante un redesarrollo simultáneo y sistemático.

El alfabeto español tiene veintisiete letras; el genético tiene solo cuatro, pero el método de comunicación por secuencia de letras es el mismo. El científico de la información Hubert P. Yockey insiste en que: "Es importante entender que no razonamos por analogía. La hipótesis secuencial se aplica directamente a la proteína y al texto genético como asimismo al lenguaje escrito, por lo tanto, el tratamiento matemático es idéntico" (Yockey, pág. 16). Resulta entonces que una sola cadena de ADN lleva consigo la misma cantidad de información que un volumen de una enciclopedia.

Cada nueva forma de vida tiene su propio código único que, aunque es similar en las letras utilizadas, difiere enormemente en el mensaje que se transmite; uno puede usar las mismas palabras y transmitir un mensaje completamente diferente. Por lo tanto, el argumento evolucionista a partir de la gran similitud entre las palabras de un simio y un ser humano no prueba un ancestro común. Las dos frases "Me amas" y "¿Me amas?" tienen las mismas palabras, pero transmiten un mensaje totalmente diferente. Con ingenio, uno podría construir un párrafo (o incluso un libro completo) en el que exactamente las mismas oraciones transmitan un mensaje completamente diferente. Un ejemplo muy rudimentario podría ser algo como esto: Juan estuvo delante de María. María estuvo detrás de Juan [= vino después que]. Entonces, Juan y María están juntos [= en el mismo lugar]. Compare esto con las mismas oraciones en un orden diferente, lo que transmite un significado diferente:

María estuvo detrás de [= interés romántico] Juan. Juan estuvo delante de María [= en su presencia]. Entonces Juan y María están juntos [= en una relación romántica].

Un alto grado de similitud de información genética entre un mono y un humano no significa absolutamente nada; la forma en que se unen las piezas es lo que hace una gran diferencia. Observe el testimonio de este evolucionista: "En el momento en que tratamos de establecer una serie evolutiva de secuencias, no podemos encontrar la disposición lineal (primitiva a avanzada) que esperábamos". De hecho, "en lugar de una progresión de divergencia creciente, cada secuencia de vertebrado está igualmente aislada [p. ej.] a partir de la secuencia del citocromo hacia el cazón". Por lo tanto, "en esta y otras innumerables comparaciones, ha resultado imposible organizar secuencias de proteínas en una serie macroevolutiva correspondiente a las transiciones esperadas a partir de pez> anfibio> reptil> mamífero" (Thaxton, págs. 139-140).

Debido al trabajo histórico de Michael Behe (La caja negra de Darwin) sobre la complejidad irreductible en una célula viva, ahora sabemos que, solo se conoce lo siguiente: Un ser inteligente es quien produce la célula. Del mismo modo, el excelente trabajo de Stephen Meyer (Signature in the Cell [La firma en la célula]) ha demostrado que solo un ser inteligente podría haber causado la complejidad especificada que se encuentra en el código del ADN en los seres vivos.

Conclusión. Ahora que tenemos nueva evidencia sobre la naturaleza del universo, la información almacenada en las moléculas de ADN y más confirmación fósil, las palabras de Agassiz resuenan aún más fuerte que cuando se escribieron por primera vez en 1860: "[Darwin] no vio la característica más impactante que envuelve al todo, a saber, que la evidencia inequívoca de pensamiento opera en toda la naturaleza, aun en nuestras propias operaciones mentales, y, por lo tanto, nos resultan inteligibles porque somos seres pensantes; característica incomprensible sobre cualquier otra base que no sea aquella de que debe

su existencia a la obra de una inteligencia. Ninguna teoría que descarte este elemento puede ser pertinente a la naturaleza" (Agassiz, pág. 13).

Hay dos visiones sobre los orígenes de nuevas formas de vida. Por un lado, se dice que todo ocurrió por causas naturales; por el otro, se busca una causa sobrenatural (inteligente). La numerosa evidencia está a favor de esta última.

Fuentes

L. Agassiz, Prof. *Agassiz on the Origin of Species* [Prof. Agassiz, el origen de las especies].

M. J. Behe, *La caja negra de Darwin.*

W. R. Bird, *The Origin of Species Revisited* [El origen de las especies revisitado].

C. Darwin, *El origen de las especies.*

R. Dawkins, *El relojero ciego.*

———, *El río de Edén.*

W. Dembski y J. Wells, *The Design of Life* [El diseño de la vida].

M. Denton, *Evolution* [La evolución: una teoría en crisis].

N. Eldredge y I. Tattersall, *Los mitos de la evolución humana.*

N. L. Geisler, *Is Man the Measure?* [¿Es el hombre la medida?] cap. 11.

N. L. Geisler y J. Kerby, *Origin Science* [La ciencia del origen], cap. 7.

D. T. Gish, *Evolution* [Evolución: los fósiles dicen no].

S. J. Gould, *"Evolution's Erratic Pace"* [El ritmo errático de la evolución].

P. E. Johnson, *Darwin on Trial* [Darwin a prueba].

———, *Reason in the Balance* [La razón en la balanza].

M. Lubenow, Bones of Contention [Huesos de contención].

S. C. Meyer, *Signature in the Cell* [La firma en la célula].

J. R. Moore, *The Post-Darwinian Controversies* [Las controversias posdarwinianas].

C. Thaxton y otros, *Of Pandas and People* [De pandas y personas].

H. P. Yockey, *"Self-Organization, Origin of Life Scenarios, and Information Theory"* [Origen de la autoorganización de escenarios de vida y teoría de la información].

Evolución cósmica. Bien el universo tuvo un comienzo o no lo tuvo; si lo tuvo, entonces fue causado o incausado; y si fue causado, entonces solo una Causa sobrenatural podría ser responsable de traer todo el mundo natural a la existencia.

Un universo eterno. Tradicionalmente, los científicos evolucionistas cósmicos han creído que el universo, de alguna forma, siempre existió. La materia es eterna. El principal apoyo científico es la primera ley de la termodinámica: "la energía no se puede crear ni destruir" (ver Termodinámica, Principios de la).

Los creacionistas responden que esto es un malentendido de la primera ley, que debería establecerse: "La cantidad real de energía en el universo permanece constante". A diferencia de la versión errónea de la primera ley, esta se basa en la observación científica sobre lo que ocurre y no es una afirmación filosófica dogmática sobre lo que puede o no puede suceder. No hay evidencia científica de que el universo sea eterno.

Fred Hoyle propuso su teoría del estado estacionario para evitar esta conclusión, donde afirma que los átomos de hidrógeno están surgiendo para evitar que el universo se agote, y esto también requiere que el universo genere constantemente átomos de hidrógeno a partir de la nada, hipótesis con fallas fatales; no hay evidencia científica de que tal evento haya ocurrido, y tal suceso sería contrario al principio de causalidad (ver Causalidad, Principio de), el cual afirma que debe haber una causa adecuada para cada evento. Los creacionistas notan rápidamente que solo un Creador sería una causa adecuada para la creación de nuevos átomos de hidrógeno a partir de la nada (ver Creación, Puntos de vista de la).

Aferrarse a creencias como la teoría del estado estacionario o la teoría de la eternidad de la materia conlleva un costo alto para el científico, ya que ambas violan una ley fundamental de la ciencia: el principio de causalidad. Ambos puntos de vista requieren que el científico crea en eventos que ocurren sin una causa. Incluso el gran escéptico David *Hume dijo: "Nunca afirmé una proposición tan absurda como que algo pudiera surgir sin una causa" (Hume, vol. 1, pág. 187). Sin embargo, esta proposición absurda es aceptada por científicos que se ganan la vida con la ley de la causalidad. Si todo el universo no tiene causa, ¿por qué deberíamos creer que las partes son causadas? Si todas las partes son causadas, entonces ¿qué evidencia podría sugerir que el todo no tiene causa? Nada en el principio de causalidad apoya esta conclusión.

Algunos evolucionistas cósmicos abogan por algún tipo de teoría del rebote, mediante la cual el universo colapsa y rebota para siempre. Pero no hay evidencia de que exista suficiente materia para detener y hacer retroceder por las fuerzas gravitacionales el universo en expansión ni siquiera una vez. Es más, esta hipótesis va en contra de la segunda ley de la termodinámica, la cual dicta que, incluso si el universo rebotara, como una pelota que rebota, eventualmente desaparecería (ver Big Bang, Teoría del).

El universo con un comienzo. Los creacionistas pueden ofrecer evidencia de que el universo no es eterno, sino que tuvo una causa. Aunque él mismo no es un teísta, Robert Jastrow, fundador y ex director del Instituto Goddard de Estudios Espaciales de la NASA, ha resumido la evidencia en su libro God and the Astronomers. Jastrow señala tres líneas de evidencia: los movimientos de las galaxias, las leyes de la termodinámica y la historia de vida de las estrellas, indicando que el universo tuvo un comienzo (Jastrow, pág. 111). Ahora bien, si estamos hablando de un movimiento a partir de la no materia a la materia, estamos claramente en el ámbito de los eventos irrepetibles cubiertos por la ciencia del origen.

La segunda ley de la termodinámica. Tal vez la evidencia más significativa es la segunda ley de la termodinámica. Según esta ley, "la cantidad de energía utilizable en el universo está disminuyendo"; o, dicho de otra manera, "en un sistema cerrado y aislado, la cantidad de energía utilizable está disminuyendo"; o "dejados a sí mismos, las cosas tienden al desorden". No importa de qué manera se diga, esta ley muestra que un universo eterno se habría quedado sin energía utilizable o habría alcanzado un estado de desorden total; y como no lo ha hecho, debe haber tenido un comienzo.

La primera ley de la termodinámica dice que la cantidad real de energía en el universo permanece constante; no cambia. La segunda ley de la termodinámica dice que la cantidad de energía utilizable en cualquier sistema cerrado, que es el universo entero, está disminuyendo. Todo tiende al desorden y el universo se está agotando. Ahora bien, si la cantidad total de energía permanece igual, pero nos estamos quedando sin energía utilizable, entonces con lo que comenzamos no era una cantidad infinita; no puede uno quedarse sin una cantidad infinita, y esto significa que el universo es y siempre ha sido finito. No pudo haber existido para siempre en el pasado; debe haber tenido un comienzo, y si tuvo un comienzo, entonces debe haber sido causado, ya que todo evento tiene una causa adecuada (ver Causalidad, Principio de).

El movimiento de las galaxias. Los científicos argumentan que el universo no está simplemente en un patrón de espera y que mantiene su movimiento desde siempre y para siempre. Ahora parece que todas las galaxias se mueven hacia afuera, como desde un punto central de origen, y que todas las cosas se expandían más rápido en el pasado que ahora. Mirando hacia el espacio, también estamos mirando hacia atrás en el tiempo. Estamos viendo las cosas como eran cuando esas estrellas emitieron la luz hace muchos años. La luz de una estrella a siete millones de años luz de distancia nos dice cómo era y dónde estaba hace siete millones de años. Usando un telescopio de doscientas pulgadas, Allan Sandage recopiló información sobre cuarenta y dos galaxias a seis mil millones de años luz de distancia. Sus mediciones indican que el universo se expandía más rápidamente en el pasado que en la actualidad. Este resultado apoya aún más la creencia de que el universo explotó y nació. (Jastrow, God and the Astronomers, pág. 95).

El eco de radiación. Una tercera línea de evidencia de que el universo comenzó es el "eco" de radiación, que parece provenir de todo. Primero se pensó que era un mal funcionamiento o estática en los instrumentos, pero la estática proviene de todas partes, según se ha descubierto por investigaciones; el universo tiene una radiación de bajo nivel de alguna catástrofe pasada que parece una bola de fuego gigante. Jastrow dice lo siguiente: "No se ha encontrado ninguna otra explicación que no sea el Big Bang para la radiación de la bola de fuego. El factor decisivo, que ha convencido a casi el último que duda de Thomas, es que la radiación descubierta por Penzias y Wilson tiene exactamente el patrón de longitudes de onda esperado para la luz y el calor producidos en una gran explosión. Los partidarios de la teoría del estado estacionario han intentado desesperadamente encontrar una explicación alternativa, pero han fracasado" (ibid., pág. 5).

El descubrimiento de una gran masa de materia. Desde que Jastrow registró por primera vez las tres líneas de evidencia del comienzo del universo, se ha descubierto una cuarta. Según la teoría del Big Bang, debería haber habido una gran masa de materia asociada con la explosión original del universo, pero no se conocía hasta 1992. Por medio del telescopio espacial Hubble, los astrónomos encontraron la misma masa de materia predicha por la cosmología del Big Bang. Por lo tanto, la evidencia combinada proporciona un caso abrumador del hecho de que el universo tuvo un comienzo.

La teoría de la relatividad general de Einstein. Según esta teoría ampliamente aceptada, el espacio y el tiempo siempre se encuentran juntos en un continuo espacio-tiempo; en tal caso, pues, si la materia llegó a existir, también lo hizo el tiempo; y si el tiempo tuvo un comienzo, entonces el universo no puede ser eterno. Albert *Einstein se mostró reacio a aceptar esta conclusión de su propia teoría, pero finalmente admitió su error y aceptó la conclusión del Big Bang.

El argumento filosófico. Además de la evidencia científica, ha existido durante mucho tiempo el argumento filosófico de que el universo no puede ser eterno, conocido como el argumento cosmológico *kalam. Este razonamiento insiste en que, dado que un número infinito de momentos nunca terminan y como el momento presente es el final de todos los momentos anteriores, entonces no podría haber habido un número infinito de momentos en el pasado. En resumen, el tiempo tuvo un comienzo.

El célebre científico judío secular David Berlinski escribió: "Cualquiera que sea su nombre, en lo que respecta a la mayoría de los físicos, el Big Bang es ahora parte de la estructura establecida de la física moderna [...] Si el Big Bang expresa una nueva idea en física, sugiere una vieja idea en el pensamiento: En el principio, Dios creó el cielo y la Tierra" (Berlinski, The Devil's Delusion [El engaño del Diablo], pág. 70).

La causa del cosmos. Si el universo no es eterno, pero llegó a existir, la ley de causalidad nos dice que debe haber tenido una causa, porque todo lo que sucede es causado; así que, el universo fue causado, y es absurdo argumentar, como lo ha hecho Stephen Hawking en su reciente libro, El gran diseño, que el universo comenzó espontáneamente. La nada no puede causar algo. Como reconoció incluso el escéptico David Hume, es absurdo creer que las cosas surgen sin una causa.

Lógicamente, si buscamos una causa que haya existido antes de que comenzara el universo (la naturaleza), entonces buscamos una causa sobrenatural. Incluso Jastrow, confirmado agnóstico, ha dicho lo mismo: "Creo que ahora están actuando lo que yo o cualquiera llamaríamos fuerzas sobrenaturales, un hecho científicamente probado" (Jastrow, God and the Astronomers, págs. 15, 18). Dado que está hablando desde el punto de vista de la ciencia operativa, probablemente quiera decir que no existe una causa secundaria que pueda explicar el origen del universo; sin embargo, con el reconocimiento de la ciencia del origen, podemos postular una causa primaria sobrenatural que parece ser la respuesta más plausible a la pregunta.

Conclusión. Jastrow resume bien el enigma de los evolucionistas cósmicos, concluyendo su libro así: "Para el científico que ha vivido por su fe en el poder de la razón, la historia termina como un mal sueño: ha escalado los montes de la ignorancia, está a punto de conquistar el pico más alto, y mientras se levanta sobre la roca final, es recibido por una banda de teólogos que han estado sentados allí durante siglos" (ibid., págs. 105-106). Después de sentirse avergonzado por la evidencia de que el cosmos tuvo un comienzo, Albert Einstein declaró su deseo por "saber cómo Dios creó este mundo. No estoy interesado en este o aquel fenómeno, en el espectro de este o aquel elemento. Quiero conocer sus pensamientos; el resto son detalles" (citado en Herbert, página 177).

Fuentes
D. Berlinski, *The Devil's Delusion* [El engaño del Diablo].

W. L. Craig, *The Kalam Cosmological Argument* [El argumento cosmológico kalam].

W. Dembski y J. Wells, *The Design of Life* [El diseño de la vida].

S. Hawking y L. Mlodinow, *The Grand Design* [El gran diseño].

F. Heeren, *Show Me God* [Muéstrame, Dios].

N. Herbert, *Quantum Reality* [Realidad cuántica].

D. Hume, *The Letters of David Hume* [Las cartas de David Hume], vol. 1.

M. D. Lemonick, *"Echoes of the Big Bang"* [Ecos del Big Bang].

R. Jastrow, *God and the Astronomers* [Dios y los astrónomos].

————, *"A Scientist Caught between Two Faiths"* [Un científico atrapado entre dos fes]

H. Ross, *The Fingerprint of God* [La huella de Dios].

E. Whittaker, El principio y el fin del mundo.

Evolución humana. *Ver* DARROW, CLARENCE; DARWIN, CHARLES; DEWEY, JOHN; EVOLUCIÓN BIOLÓGICA; ESLABONES PERDIDOS EVOLUTIVOS.

Evolución química. Los evolucionistas químicos afirman que las leyes puramente naturales pueden explicar el origen de la primera vida por generación espontánea; también insisten en que se necesita una causa inteligente para construir los componentes básicos de la vida, y —contrario a la opinión generalizada—, la evidencia positiva a favor de una causa inteligente no se basa en la improbabilidad estadística de que la vida surja por casualidad; más bien, se debe a que la ciencia no se basa en el azar, sino en la observación y la repetición (ver Origen, Ciencia del).

A pesar del hecho bien establecido, basado en el trabajo de Louis Pasteur (1822-1895), de que la vida no comienza espontáneamente a partir de la no vida, todos los científicos naturalistas creen que sí lo hizo al principio. La base científica de esta conclusión son los experimentos de Harold Urey y Stanley Miller, quienes demostraron que los componentes básicos de la vida (aminoácidos) se pueden obtener a partir de elementos puramente químicos (hidrógeno, nitrógeno, amoníaco y dióxido de carbono) mediante leyes naturales sin ninguna intervención inteligente. Al pasar una descarga eléctrica a través de estos gases, se produjeron estos elementos fundamentales de la vida. Suponiendo que un rayo atraviese casos similares en una atmósfera primitiva, la primera vida puede haber surgido por un proceso puramente natural en la tierra o en algún otro lugar.

La teoría es que poco después de que la tierra se enfrió lo suficiente como para permitirlo, la mezcla de hidrógeno, nitrógeno, amoníaco y dióxido de carbono reaccionó para formar aminoácidos elementales, que con el tiempo, se convirtieron en cadenas de ADN y finalmente en células. Se dice que este proceso tomó varios miles de millones de años, y se necesitó de la energía extra del sol, la actividad volcánica, los rayos y los rayos cósmicos para mantener el proceso en marcha.

Los problemas. Que la vida pueda surgir por causas puramente naturales está sujeto a serias objeciones.

Es contrario a la experiencia científica universal que la vida siempre surge a partir de la no vida. La creencia premoderna y falaz de que se podría, estuvo basada en la ignorancia de las bacterias microscópicas. Cuando Pasteur esterilizó el recipiente, matando las bacterias, no emergió vida, y la misma incapacidad es reconocida por los principios de causalidad; un concepto causal fundamental exige que un efecto no puede ser mayor que su causa (ver Causalidad, Principio de). Así como el no ser no puede producir el ser, la no vida no puede producir la vida; el agua no se eleva más que su fuente por sí sola.

Los experimentos sobre el origen de la vida implican una interferencia ilegítima de investigadores; por ejemplo, la intervención inteligente se manifiesta en varios niveles. ¿Por qué se incluyen ciertos gases (como el hidrógeno) y se excluyen otros (como el oxígeno)? ¿No es esta una elección inteligente, basada en el conocimiento de lo que sí funcionaría y lo que no? Además, ¿quién construyó el aparato para el experimento? ¿Por qué no tiene un diseño diferente? ¿Por qué se optó por inyectar una descarga eléctrica? Evidentemente, se estaban tomando decisiones inteligentes en varios niveles.

Existe una suposición injustificada de que las condiciones primarias en la Tierra (o en cualquier otro lugar) fueron similares a las del experimento. Ahora se sabe que dos condiciones cruciales han sido diferentes. Dado que el experimento no funcionaría con oxígeno presente, se asumió que la atmósfera primitiva de la Tierra no tenía oxígeno; pero ahora se sabe que esto es falso, y ese hecho en sí mismo, es suficiente para falsificar el experimento y la teoría de la evolución química. Además, como admiten incluso muchos evolucionistas químicos, los químicos en la concentración utilizada en el experimento no se encuentran en ningún lugar de la Tierra. Todo el escenario de la sopa primitiva es un mito (ver Thaxton, cap. 4).

La analogía entre el experimento de Miller y las condiciones conocidas en la Tierra primitiva no es válida, ya que pasa por alto la presencia de las fuerzas destructivas; el oxígeno destruiría el proceso. La energía necesaria del sol y la radiación cósmica dañan las mismas sustancias producidas. Bajo las condiciones requeridas para que la vida haya surgido espontáneamente, es más probable que los elementos se destruyan más rápido de lo que podrían producirse. La naturaleza está llena de fuerzas destructivas que destruyen y traen desorden. Esto es parte de la segunda ley de la termodinámica (ver Termodinámica, Principios de la).

Incluso si se pudieran producir los productos químicos correctos, no se ha dado una respuesta satisfactoria sobre cómo podrían haber sido colocados correctamente y encerrados en una pared celular. Esto requeriría otro conjunto de condiciones por completo.

Además, los evolucionistas nunca han mostrado ningún mecanismo que pueda aprovechar la energía para hacer el trabajo de seleccionar los aminoácidos y clasificar los que construirían cada gen para desarrollar un organismo vivo; no sirve de nada tener un cajón lleno de baterías si no hay una linterna —un mecanismo que aproveche la energía— para contenerlas. La molécula de ADN es muy compleja. Para una descripción de esta complejidad, ver Evolución biológica.

Suponiendo que puede haber suficiente energía disponible para hacer el trabajo, los únicos sistemas que pueden aprovechar la energía para realizar este tipo de trabajo son: vivos o inteligentes; es fácil inyectar mucha energía en un sistema al azar para calentarlo, pero organizarlo y crear información requiere de inteligencia.

Finalmente, y aun con todas las interferencias inteligentes en los experimentos de Miller, que invalidan los resultados de un proceso puramente natural, el resultado no ha sido una sola célula viva. Un aminoácido es solo una sustancia química, y por muy interesante que sea biológicamente, no está vivo. Un ingrediente crucial que falta, el código de vida o ADN, es una evidencia positiva a favor de una inteligencia creadora.

Otras teorías naturalistas. Se han propuesto otras teorías para explicar los orígenes de la primera vida en la tierra. Una es que estuvieron involucradas leyes naturales que aún no se han descubierto, pero los científicos solo pueden señalar la necesidad cuando las leyes que conocen militan en contra de la creación de vida. Otras sugieren que la vida puede haber llegado a la tierra desde algún otro lugar del universo, ya sea en un meteorito o en una nave espacial antigua, pero ambas soluciones simplemente hacen retroceder la pregunta un paso: ¿De dónde vino esa vida? Se están estudiando los respiraderos térmicos en el fondo del mar y los depósitos de arcilla como posibles caldos de cultivo para el comienzo de la vida, pero esto no explica una forma de aprovechar la energía para

hacer posible una complejidad específica. La causa más probable, y la única que respalda la evidencia, es una causa inteligente. El único debate significativo es entre panteístas y teístas, quienes insisten en que debe haber una Mente detrás de la complejidad especificada en los seres vivos, que difiere solo en si está más allá del universo o solo en él.

Evidencia de la inteligencia. Falta evidencia a favor de una causa natural de origen, pero, ¿hay evidencia positiva que apunte a una causa inteligente de la primera vida?

La clave para saber qué tipo de causa está involucrada en las cuestiones de origen es el principio de analogía (uniformidad). Este es uno de los principios fundamentales en cualquier entendimiento científico del pasado, y es utilizado por la arqueología para postular una causa inteligente a favor de artefactos que podrían haberse originado en civilizaciones pasadas. El programa SETI clasifica las ondas de radio del cosmos en su búsqueda de vida extraterrestre, buscando algo que acabe con la uniformidad.

El principio de analogía (uniformidad). Al observar una y otra vez qué tipos de efectos son producidos por causas, podemos determinar qué tipo de causa se necesita para producir vida. Sabemos que las piedras redondas son causadas regularmente por las leyes naturales involucradas en el movimiento del agua y el roce entre sí; el pedernal y la obsidiana no se convertirían en una lanza o una punta de flecha de esa manera. La única pregunta es, pues, si una célula viva es más como una piedra redonda o una punta de proyectil. Cualquiera que vea las caras en el monte Rushmore sabe que estas formas de piedra se formaron por una causa inteligente; no es solo que las causas naturales nunca producen el tipo de información especificada que se muestra en el Monte Rushmore, y también se sabe por observación repetida, que las causas inteligentes producen este tipo de especificidad.

Puntos de la complejidad especificada para una causa inteligente. El tipo de evidencia que indica una causa inteligente de la vida se llama complejidad especificada. Carl *Sagan dijo que un solo mensaje del espacio exterior confirmaría su creencia de que existe vida extraterrestre, y tal comunicación sería la complejidad especificada, o, para ser más precisos, como sabemos que los mensajes complejos siempre son el resultado de una causa inteligente, solo queda ver si una célula viva contiene un mensaje complejo. Con el descubrimiento del código de ADN de la vida, la respuesta es clara. En toda la naturaleza, solo las células vivas tienen mensajes complejos conocidos como complejidad especificada. Un trozo de cuarzo tiene especificidad, pero no complejidad. El mensaje en un cristal es repetitivo, como el mensaje estrellaestrellaestrellaestrella. Una cadena de polímeros aleatorios (llamada polipéptido) es compleja, pero no transmite un mensaje específico. Se parece más a esto: fqpizgenyatkpvno. Solo una célula viva tiene tanto especificidad como complejidad, que no es repetitiva, y comunica un mensaje o una función clara; por ejemplo: Esta oración tiene significado. Por tanto, una célula viva requiere de una causa inteligente. La ciencia habla de vida simple y vida compleja; incluso el organismo unicelular más simple tiene suficiente información que, si se deletrea en inglés, llenaría un volumen de la Enciclopedia Británica. El trabajo reciente de Stephen Meyer, Signature in the Cell, demuestra este punto con especificidad científica.

Un mensaje claro y distinto —un diseño complejo con una función específica— fue causado por alguna forma de inteligencia que intervino para imponer límites a la materia natural que no tomaría por sí misma. Algunos fenómenos naturales son ordenados e impresionantes, pero claramente causados por fuerzas naturales. El Gran Cañón y las cataratas del Niágara solo necesitaban las fuerzas ciegas del viento y el agua para darles forma; no se puede decir lo mismo del monte Rushmore o de una planta hidroeléctrica, que requerían de una intervención inteligente.

La confirmación a partir de la apariencia evidente. Darwin argumentó que la aparición repentina (versus la gradual) de la vida sería evidencia de una Causa divina; sin embargo, la vida apareció repentinamente de la no vida (sin cambios graduales conocidos). ¿Qué podría explicar la aparición repentina de la vida y también brindar la organización informativa de la materia viva? Si aplicamos el principio de uniformidad (analogía) a la pregunta, la única causa que sabemos que habitualmente hace este tipo de trabajo es la inteligencia. La suposición razonable es que también requirió de inteligencia para hacerlo en el pasado. La experiencia uniforme nos prueba esto, y, como dijo David *Hume: "Y como una experiencia uniforme equivale a una prueba, aquí hay una prueba directa y completa, derivada de la naturaleza del hecho" (Hume, págs. 122-123). Como no es posible que estemos hablando de inteligencia humana o incluso de seres vivos en la esfera natural, tenía que ser una inteligencia sobrenatural, lo que crea una disyunción en el curso de la naturaleza, irritando a la mayoría de los científicos; sin embargo, cuando se admite que hay una disyunción radical a partir de la nada a algo en el comienzo del universo, puede haber pocas objeciones a la idea de una intervención más, cuando la evidencia lo apunta claramente.

La confirmación a partir de la biología molecular. El libro de Michael Behe, La caja negra de Darwin, aporta evidencia convincente a partir de la naturaleza

de una célula viva, donde esta no podría haberse originado o evolucionado por nada más que un diseño inteligente. La célula representa, en muchos casos, una complejidad irreducible que no puede explicarse por pequeños cambios incrementales que la evolución exige.

Darwin admitió que: "Si se pudiese demostrar que existió un órgano complejo que no pudo haber sido formado por modificaciones pequeñas, numerosas y sucesivas, mi teoría se destruiría por completo" (Darwin, pág. 154). Incluso los evolucionistas, como Richard Dawkins, están de acuerdo en que: "En realidad, es muy posible que la evolución no sea siempre gradual; pero debe ser gradual cuando se utilice para explicar la aparición de objetos complicados, aparentemente diseñados, como los ojos. Porque si en estos casos no es gradual pierde totalmente cualquier poder explicativo. Sin gradualidad en estos casos regresamos al milagro, que es sencillamente sinónimo de la ausencia total de explicación [naturalista]" (Dawkins, pág. 83).

Behe ofrece numerosos ejemplos de complejidad irreducible, que no puede evolucionar en pequeños pasos, y concluye que: "Nadie en la Universidad de Harvard, nadie en los Institutos Nacionales de Salud, ningún miembro de la Academia Nacional de Ciencias, ningún ganador del premio Nobel, nadie en absoluto puede dar una explicación detallada de cómo el cilio, la visión o la coagulación de la sangre, o cualquier proceso bioquímico complejo podría haberse desarrollado de manera darwiniana. Pero estamos aquí. Todas estas cosas llegaron aquí de alguna manera: si no de una manera darwiniana, ¿cómo?" (Behe, pág. 187).

Otros ejemplos de complejidad irreducible que señala Behe incluyen aspectos de la reduplicación del ADN, el transporte de electrones, la síntesis de telómeros, la fotosíntesis y la regulación de la transcripción (ibid., pág. 160). "La vida en la Tierra en su nivel más fundamental, en sus componentes más críticos, es el producto de la actividad inteligente" (ibid., pág. 193). Behe agrega que: "La conclusión del diseño inteligente fluye naturalmente de los datos mismos, no de libros sagrados o creencias sectarias. Inferir que los sistemas bioquímicos fueron diseñados por un agente inteligente es un proceso monótono que no requiere nuevos principios de lógica o ciencia" (ibid.). Por lo tanto, "El resultado de estos esfuerzos acumulativos para investigar la célula, para investigar la vida a nivel molecular, es un grito agudo, claro y penetrante de «diseño». El resultado es tan inequívoco y tan significativo que debe ser clasificado como uno de los mayores logros en la historia de la ciencia. El descubrimiento compite con los de Newton y Einstein" (ibid., págs. 232-233). En un libro histórico sobre genética (Signature in the Cell), Stephen Meyer escribió que: "De hecho, nuestra experiencia uniforme afirma que la información específica, ya sea inscrita en jeroglíficos, escrita en un libro, codificada en una señal de radio o producida en un experimento de simulación, siempre surge de una fuente inteligente, de una mente, no un proceso estrictamente material. Por lo tanto, el descubrimiento de la información digital funcional en la molécula de ADN y proporciona una base sólida para inferir que la inteligencia desempeñó un papel en el origen del ADN [...] El diseño inteligente explica mejor el enigma del ADN" (Meyer, pág. 347).

Conclusión. Como mostró Hume, en el mundo empírico, postulamos conexiones causales solo porque vemos ciertos eventos unidos una y otra vez, y dado que el presente es la clave del pasado, lo mismo se aplica a las causas del origen. Por lo tanto, no es científico postular nada más que una causa inteligente para la primera célula viva, ya que la experiencia repetida nos dice que el único tipo de causa conocida que puede producir una complejidad especificada, como lo ha hecho la vida, es una causa inteligente. La evolución química, entonces, no pasa la prueba científica, y no viene al caso especular que una causa natural todavía sea posible, ya que la ciencia se basa en la evidencia, que apunta claramente en la dirección de una causa inteligente por conjunción constante, llamada por David Hume como una "prueba".

Fuentes

M. J. Behe, *La caja negra de Darwin*.
F. Collins, *El lenguaje de Dios*.
Darwin, *El origen de las especies*.
R. Dawkins, *El relojero ciego*.
W. Dembski y J. Wells, *The Design of Life* [El diseño de la vida].
M. Denton, *Evolution* [La evolución: una teoría en crisis].
D. Hume, *Investigación sobre el entendimiento humano*.
P. E. Johnson, *Darwin on Trial* [Darwin a prueba].
S. C. Meyer, *Signature in the Cell* [La firma en la célula].
L. Orgel, *Los orígenes de la vida*.
M. Polanyi, *"Life Transcending Physics and Chemistry"* [La vida, trascendiendo la física y la química]
C. Thaxton y otros, *The Mystery of Life's Origin* [Los misterios del origen de la vida].

Evolución teísta. En términos generales, la evolución teísta es la creencia de que Dios usó la evolución como su medio para producir las diversas formas de vida física en este planeta, incluida la vida humana. Sin embargo, hay varios tipos de evolución en los que se dice que Dios está involucrado. De hecho, hay diversas concepciones de Dios relacionadas con la evolución. Tipos de evolución que involucran a Dios. No todas las formas de evolución que involucran a Dios son técnicamente formas de evolución teísta, ya que muchas de ellas no involucran un concepto teísta de Dios. La siguiente tipología pretende ser sugestiva, no exhaustiva.

La evolución teísta. Por evolución "teísta" se entiende la creencia de que un Dios teísta usó un proceso evolutivo que había creado para producir todas las especies vivas que existen (ver Teísmo). Además, "teísta" significa que Dios realizó al menos un *milagro; es decir, la creación del universo ex nihilo (ver Creación, Puntos de vista de la). Esto incluiría a los deístas (ver Deísmo), ya que creen en un milagro: el de la creación del mundo. Por supuesto, un evolucionista teísta, que no niega más de dos actos sobrenaturales de la creación, aún podría creer en otros milagros de la Biblia después de la creación, como el *nacimiento virginal de Cristo o *la resurrección.

La evolución teísta minimalista. El evolucionista teísta minimalista cree que Dios realizó un solo acto sobrenatural de creación: la creación de la materia a partir de la nada; todo lo demás se desarrolló naturalmente a partir de ese acto inicial de creación sin una interferencia externa de Dios. Evidentemente, esto es lo que sostiene el *deísmo. Por lo tanto, podría llamarse evolución deísta.

Otra forma de evolución teísta minimalista sostiene que Dios estuvo involucrado en dos puntos: (1) la creación de la materia (ex nihilo) y (2) la creación de la vida. A partir de este momento, los seres vivos evolucionaron mediante procesos naturales que Dios estableció.

El célebre científico estadounidense contemporáneo del proyecto del genoma humano, Francis Collins, es un evolucionista teísta minimalista. En su libro, El lenguaje de Dios, defiende una forma darwiniana de evolución teísta, afirmando que una vez que Dios creó el universo y la primera vida, el proceso darwiniano de selección natural se hizo cargo e hizo el resto.

La evolución teísta maximalista. El evolucionista teísta maximalista sostiene que Dios realizó al menos tres actos sobrenaturales de creación: la materia, la primera vida y el alma humana. Después de la creación inicial de la materia y la vida, todos los organismos animales, incluido el cuerpo humano, evolucionaron según las leyes naturales que Dios estableció desde el principio. Esta es la visión tradicional católica romana, al menos durante el siglo pasado.

La creencia en más actos sobrenaturales de creación probablemente sería mejor llamado como una forma minimalista de creacionismo —aunque esta es una línea arbitraria—, ya que sostendría que Dios intervino sobrenaturalmente al menos cuatro veces en la creación. La mayoría de los intelectuales que sostienen esto también creen que Dios intervino sobrenaturalmente muchas más veces que esto, y a menudo, se refieren a sí mismos como creacionistas progresistas. Bernard *Ramm y Hugh Ross (The fingerprint of God) encajan en esta categoría.

La evolución panteísta. Otra forma de evolución que implica la creencia en Dios se llama evolución panteísta. El *panteísmo, a diferencia del teísmo y el deísmo, cree que Dios es todo y que todo es Dios... Dios es el universo o la naturaleza. Benedicto *Spinoza y Albert *Einstein sostenían este tipo de creencia. El exateo Fred Hoyle adoptó este punto de vista en su libro La evolución de la vida desde el espacio exterior (1981). Según este punto de vista, Dios creó primero la vida y luego muchas formas básicas de vida en varios momentos posteriores, como lo indican los grandes vacíos en el registro fósil. Sin embargo, el Dios que intervino inteligentemente para formar estos diversos tipos de vida, lo hizo desde dentro del universo, no desde fuera de él; porque Dios es la Mente del universo... Dios es la naturaleza.

La evolución panenteísta. A diferencia del panteísmo, el cual cree que Dios es todo, el *panenteísmo sostiene que Dios está en todo. El panenteísmo se distingue por su creencia de que Dios es la Fuerza Vital dentro del universo y dentro de la fuerza evolutiva. Henri Bergson expresó esta visión en su libro La evolución creadora en 1907. Esta también parece ser la postura del evolucionista católico romano Teilhard de Chardin. Según esta postura, la evolución es un proceso continuo que avanza, a veces incluso "salta" hacia adelante, en virtud de la Fuerza divina inmanente dentro del universo.

Evaluación. Dado que estas visiones son criticadas en otros lados bajo el deísmo, el panteísmo y el panenteísmo, no es necesario hacerlo aquí; queda solo señalar que estas visiones sobre la evolución de los organismos vivos asumen los presupuestos antisobrenaturalistas del ateísmo y el agnosticismo. Solo el teísmo cree verdaderamente en los actos sobrenaturales de un Dios que está más allá del universo y que ocasionalmente interviene en él.

Muchos de los mismos argumentos usados contra la evolución naturalista o materialista se aplican también a estas otras formas de evolución que involucran a Dios; porque no importa si los procesos naturales fueron creados por un Dios teísta o no. La evidencia muestra que las leyes naturales no inteligentes no tienen la capacidad de traer vida o nuevas formas de vida a la existencia, y ni hablar de los seres humanos (ver Evolución biológica; Darwin, Charles; Eslabones perdidos evolutivos).

Además, desde un punto de vista bíblico, la evolución teísta es incompatible con una interpretación histórico gramatical de Génesis 1-3, la cual afirma que:

1. Adán fue creado del polvo y volvió a él (2:7, 19).
2. Eva fue hecha de la costilla de Adán (2: 21-24).
3. Dios creó todo ser viviente (1:21).
4. Dios creó nuevas formas de vida (1:24).
5. Cada forma de vida produjo su propia especie (1:21, 22, 24).
6. Dios hizo al hombre a su imagen y semejanza (1:27).
7. El hombre podía hablar un idioma desde el principio (3:3, 10).
8. El hombre tenía la capacidad intelectual de nombrar las cosas desde el principio (2:19-20).
9. El hombre tuvo capacidad moral y responsabilidad desde el principio (2:16-17).
10. El hombre tuvo la capacidad de reproducirse desde el principio (1:28).

Es más, si Génesis 1-3 no se toma literalmente, entonces se socavan doctrinas importantes, incluso cruciales, de la fe cristiana porque se basan en ella, como la doctrina de:

1. matrimonio (Mt 19:4-6)
2. la igualdad esencial de hombres y mujeres, siendo ambos a "imagen de Dios" (Gn 1:27; 1 Cor 11: 7-12)
3. la unidad esencial de la raza humana (Hechos 17:26)
4. la caída de la humanidad (Ro 5: 12-14) y la redención (1 Co 15:45)

Fuentes

M. J. Behe, *La caja negra de Darwin.*

H. Bergson, *La evolución creadora.*

F. Collins, *El lenguaje de Dios.*

C. Darwin, *El origen de las especies.*

————, *El origen del hombre.*

P. Teilhard de Chardin, *The Future of Man* [El futuro del hombre].

W. Dembski y J. Wells, *The Design of Life* [El diseño de la vida].

F. Hoyle y N. C. Wickramasinghe, *La evolución de la vida desde el espacio exterior.*

S. C. Meyer, *Signature in the Cell* [La firma en la célula].

G. C. Mills, *"A Theory of Theistic Evolution as an Alternative to the Naturalistic Theory"* [Una teoría de la evolución teísta como una alternativa a la teoría

naturalista].
B. Ramm, *The Christian View of Science and Scripture* [*La visión cristiana de la ciencia y las escrituras*].
D. L. Ratzsch, *The Battle of Beginnings* [La batalla de los comienzos].
H. Ross, *The Fingerprint of God* [La huella de Dios].
H. Van Till, *The Fourth Day* [El cuarto día].
————, *Portraits of Creation* [Retratos de la creación].

Exclusivismo.

Exclusivismo. El exclusivismo, con respecto a una afirmación de verdad, afirma que: si una proposición de verdad es verdadera, todas las proposiciones opuestas a ella deben ser falsas. Esto se basa en la ley lógica de la no contradicción (A no es no A). Si A es verdadero, entonces todo lo que no sea A es falso (ver Lógica y Dios; Primeros principios).

El exclusivismo religioso afirma que solo una religión puede ser verdadera y que todas las demás que se oponen a la única religión verdadera deben ser falsas. Hay que distinguir varios términos relacionados con el pluralismo religioso: el pluralismo, el relativismo, el inclusivismo y el exclusivismo. El *pluralismo es la creencia de que toda religión es verdadera, donde cada una proporciona un encuentro genuino con el Supremo; y puede que una sea mejor que las demás, pero todas son adecuadas. El relativismo (ver Verdad, Naturaleza de) es similar al pluralismo, afirmando que cada religión es verdadera para quien la sostiene. No hay una verdad objetiva en la religión, así que no existen criterios por los que se pueda determinar cuál es la mejor. El inclusivismo afirma que una religión es explícitamente verdadera y que todas las demás son implícitamente verdaderas. El exclusivismo es la creencia de que solo una religión es verdadera y que las otras que se oponen a ella son falsas.

Existen diferentes tipos de exclusivismo. El exclusivismo filosófico es donde una afirmación o postura es exclusiva de otra. Por ejemplo, el teísmo es exclusivo del ateísmo (ver Cosmovisión); porque si la declaración "Dios existe" es verdadera (ver Teísmo), la declaración "Dios no existe" es necesariamente falsa (ver Ateísmo). El exclusivismo religioso, en oposición al pluralismo religioso, afirma que solo una religión es verdadera (ver Cristo, Unicidad de) y que las otras que se oponen a ella son falsas. Si el cristianismo es verdadero, entonces el islam es falso, ya que sus afirmaciones de verdad se oponen a las doctrinas centrales del cristianismo, como la muerte de Cristo en la cruz y su resurrección al tercer día (ver Cristo, Muerte de; Resurrección, Evidencias a favor de la).

Existencialismo.

Existencialismo. Como movimiento ateo, el existencialismo floreció a mediados del siglo XX, pero sus efectos perduraron. El existencialismo ha tenido un efecto negativo en el cristianismo evangélico.

Influencia. Varios movimientos teológicos, ampliamente conocidos como neoortodoxos, han sido influenciados por el existencialismo. Karl *Barth enfatizó el encuentro personal con Dios, haciendo hincapié en que la Biblia es un registro humano falible de la Palabra de Dios. Emil Brunner enfatizó que la revelación es personal, no proposicional. Rudolph Bultmann desarrolló el método desmitológico de despojar a la Biblia de su cosmovisión sobrenatural obsoleta para llegar al núcleo existencial (ver Mitología y el Nuevo Testamento).

Principales proponentes del existencialismo. Un grupo ecléctico de filósofos y teólogos contribuyó a lo que se convirtió en el existencialismo moderno, incluyendo al teísta luterano Søren *Kierkegaard (1813-1855), el ateo alemán Friedrich *Nietzsche (1844-1900), los ateos franceses Jean-Paul *Sartre (1905-1980) y Albert *Camus (1913-1960), el teísta judío alemán Martin Buber (1878-1965), el no teísta alemán Martin Heidegger (1832-1970), el católico romano francés Gabriel Marcel (1889-1964) y el laico ortodoxo oriental alemán Karl Jaspers (1883-1969).

Evaluación. Los existencialistas son tan diversos que los comentarios generales, inevitablemente, no llegan a representar con precisión a uno o más grupos bajo el título; pero sí hay algunas generalidades que se pueden hacer del movimiento. El énfasis del existencialismo en el amor sobre el legalismo encaja con la enseñanza de Jesús (Marcos 2:27) y es algo así como un correctivo al legalismo siempre presente en algunas esferas de la vida cristiana. El énfasis en lo práctico, en oposición a lo puramente teórico, encaja con el énfasis cristiano en una fe viva (cf. Santiago). El Nuevo Testamento evita lo abstracto al enseñar que las buenas obras vienen de la fe verdadera (Ef 2:8-10; Santiago 2). Todos los evangélicos creen en la libertad humana, aunque algunos grupos no están de acuerdo sobre los matices de lo que eso significa (ver Libre albedrío). En el sentido fundamental de que "la existencia es anterior a la esencia", *Tomás de Aquino puede ser clasificado como existencialista, quien retrató a Dios como pura Existencia; y Dios, que es anterior en orden y significado a todos los demás seres, es Realidad Pura sin potencialidad alguna. Dios es pura "esencia". Desde la perspectiva del realismo, esto es lo definitivo en el existencialismo cristiano.

Errores y peligros. En primer lugar, el existencialismo no aborda adecuadamente la esencia de la existencia. Si la existencia es anterior a la esencia, entonces la esencia de la existencia no puede conocerse. Los existencialistas, sin embargo, intentan explicarla, describirla y conocerla; escriben libros sobre esto. En la vida, nunca encontramos una pura "esencia" de la existencia sin un "qué es" de la esencia. Nunca sabemos que algo es sin saber un poco de qué es.

En segundo lugar, el existencialismo es tan subjetivo que tiende hacia lo místico (ver Misticismo). Sin unos criterios objetivos, no hay forma de diferenciar un encuentro con lo real de una ilusión. Para los existencialistas teístas, no hay manera de saber que uno se ha encontrado con el Dios verdadero o incluso con Satanás más que por el subconsciente (2 Cor 11:14).

En tercer lugar, en nuestro conocimiento de otras personas y de Dios, lo personal no puede separarse totalmente de lo proposicional. Podemos decir algo sobre las personas a través de proposiciones o declaraciones sobre ellas. Los amigos por correspondencia que nunca se han conocido todavía pueden conocerse íntimamente. Asimismo, la Biblia es una revelación proposicional sobre el Dios personal (ver Biblia, Evidencias a favor de la).

En cuarto lugar, la libertad que defienden los existencialistas ateos es imposible. No tenemos libertad absoluta; y si hay un Dios, todas las demás voluntades están subordinadas a su voluntad absoluta.

En quinto lugar, la irracionalidad no corresponde con cómo es la vida. Dios y la realidad definitiva no son contradictorios; Dios es el Padre de toda razón. La lógica fluye de su naturaleza (ver Fe y razón). Los existencialistas no practican la irracionalidad; son bastante racionales al exponer y defender su sistema, e inevitablemente, tratan de darle un sentido racional a su visión sobre la existencia. Aunque, el mismo intento es contraproducente.

Fuentes

W. Barrett, *El hombre irracional*.

K. Barth, *Church Dogmatics* [La dogmática de la Iglesia], vol. 1.

E. Brunner, *Revelation and Reason* [La revelación y la razón].

R. Bultmann, *Kerygma and Myth* [Kerigma y mito].

A. Camus, *El mito de Sísifo*.

J. Collins, *The Existentialists* [Los existencialistas].

M. Heidegger, *¿Qué es metafísica?*

K. Jaspers, *Razón y existencia*.

S. Kierkegaard, *Temor y temblor*.

G. Marcel, *El misterio del ser*.

J. P. Sartre, *El existencialismo es un humanismo*.

Éxodo, Fecha del. *Ver* ARQUEOLOGÍA DEL ANTIGUO TESTAMENTO; FARAÓN DEL ÉXODO.

Experiencias cercanas a la muerte. *Ver* INMORTALIDAD.

Experiencia religiosa. *Ver* APOLOGÉTICA EXPERIENCIAL; DIOS, EVIDENCIA A FAVOR DE; TRUEBLOOD, ELTON.

Expiación sustitutiva. *Ver* CRISTO, MUERTE DE; MUERTE DE CRISTO, LEYENDA DE LA SUSTITUCIÓN DE LA; RESURRECCIÓN, EVIDENCIA DE; RESURRECCIÓN, NATURALEZA FÍSICA DE LA.

Falsificación, Principio de. *Ver* FLEW, ANTONY; VERI-
FICACIÓN, TIPOS DE.

Faraón del Éxodo. La visión predominante de los
eruditos bíblicos modernos es que el faraón del éxodo
fue Ramsés II (ver Biblia, Críticas a la). Si es así, el
éxodo tuvo lugar alrededor de 1270 a 1260 a. C. Sin
embargo, la Biblia (Jueces 11:26; 1 Reyes 6:1; Hechos
13:19-20) data el éxodo alrededor de 1447 a. C. Dada
la datación comúnmente aceptada, haría que el faraón del éxodo Amenhotep II una identificación de
los arqueólogos y eruditos bíblicos que han rechazado tradicionalmente.

Un éxodo previo. Investigaciones modernas han
situado a Ramsés II y mediados del siglo XIII al nivel
de doctrina incuestionable, pero hay suficiente evidencia para desafiar la sabiduría convencional sobre
el éxodo, así como la fecha tradicional para muchos
faraones. Las explicaciones alternativas están proporcionando una mejor contabilidad de todos los
datos históricos y haciendo que 1447 a. C. parezca
una fecha de salida creíble para los israelitas.

La Biblia es muy específica en 1 Reyes 6:1 en indicar que 480 años pasaron desde el éxodo hasta el
cuarto año del reinado de Salomón, alrededor del 967
a. C. Esto colocaría el éxodo alrededor de 1447. Lo
que también encaja con los Jueces 11:26, que afirma
que Israel pasó 300 años en la tierra hasta la época
de Jephthah (alrededor de 1100). Del mismo modo,
Hechos 13:20 habla de 450 años de jueces de Moisés
a Samuel, que vivieron alrededor de 1000. Pablo dijo
en Gálatas 3:17 que había 430 años desde Jacob hasta
Moisés. Eso sería de 1880 a 1450. La misma figura se
utiliza en Éxodo 12:40. Si la Biblia está equivocada en
este punto, es ciertamente consistente y no permite el
éxodo del siglo XIII.

Posibles soluciones. Hay al menos tres maneras de
conciliar los datos bíblicos con la fecha del siglo XV.
El primero plantea la posibilidad de un Primer Ramsés. El segundo ofrece una base para ajustar los períodos arqueológicos, y el tercero reinterpreta la cronología de los gobernantes egipcios (ver Arqueología
del Nuevo Testamento). Debido a que estos cambios
sacudirían muchas opiniones ampliamente celebra-
das sobre la historia antigua, se han enfrentado a mucha oposición, pero la evidencia es fuerte. La fecha
generalmente aceptada se basó en tres suposiciones:

1. "Ramsés" en Éxodo 1:11 fue nombrado en honor
   a Ramsés el Grande.
2. No hubo proyectos de construcción en el delta
   del Nilo antes de 1300 a. C.
3. No hubo gran civilización en Canaán desde los
   siglos XIX hasta XIII a. C.

Todos estos, si es cierto, harían que las condiciones
descritas en Éxodo fueran imposibles antes de 1300.
Sin embargo, el nombre Ramsés se extiende a lo largo de la historia egipcia, y la ciudad mencionada en
Éxodo 1 puede haber honrado un noble anterior con
ese nombre. Ya que Ramsés el Grande es Ramsés II,
debe haber habido un Ramsés I, sobre quien ahora no
se sabe nada. En Génesis 47:11, el nombre Ramsés se
utiliza para describir el área del Delta del Nilo donde
Jacobo y sus hijos se establecieron. Esto puede ser
el nombre que Moisés normalmente utilizaba para
referirse al área geográfica entera. Ramsés, entonces,
no necesita referirse a una ciudad que lleva el nombre
de un rey en absoluto.

En segundo lugar, los proyectos de construcción se
han encontrado en Pi-Ramesse (Ramsés) y en ambos
sitios posibles para Pithom que data del siglo XIX
al XVII a. C., la era en la que llegaron los israelitas.
Estos muestran una fuerte influencia palestina. Una
excavación hecha en 1987 muestra que había un edifi-

cio en Pi-Ramesse y uno de los sitios de Pithom en la década de 1400. Así que si Éxodo 1:11 se refiere a los proyectos de construcción que fueron pasando en el momento en que los israelitas se convirtieron en esclavos o en lo que estaban trabajando en el momento del éxodo, hay evidencia en marcha. Estudios de superficie no demostraron signos de civilizaciones como los moabitas y los edomitas antes de la entrada de Israel a la tierra, pero excavaciones más profundas han revelado muchos sitios que encajan en el período. Incluso el hombre que hizo la investigación inicial cambió su posición más tarde. Así que los tres argumentos para datar el éxodo después de 1300 se han demostrado falsos. Ahora bien, si estas tres suposiciones son erróneas, entonces no hay razón para suponer una fecha tardía para el éxodo, y podemos buscar evidencia que respalde la fecha de la Biblia de alrededor de 1447.

Revisión de Bimson y Livingston. John Bimson y David Livingston propusieron en 1987 que la fecha de el cambio de la Edad Media del Bronce a la La Edad Tardía de Bronce ha sido inexacta y debe cambiarse. Se trata de una serie de ciudades destruidas en Canaán. La mayoría de los signos de una invasión o conquista grave se han datado alrededor de 1550 a. C., 150 años antes. Esta fecha se asigna a estas ruinas porque se supone que fueron destruidos cuando los egipcios expulsaron a los Hyksos, una nación hostil que dominaba Egipto durante varios siglos. Bimson sugiere que los movimientos al final de la Edad Media del Bronce mostrarían que esta destrucción fue hecha por los israelitas, no por los egipcios.

¿Puede justificarse tal cambio? La Edad Media de Bronce se caracterizó por ciudades fortificadas; La Edad de Bronce tardía tenía en su mayoría asentamientos más pequeños y sin paredes. Así que lo que causó la destrucción de estas ciudades da nuestra fecha para la división del período. La evidencia es escasa y poco clara. Además, hay dudas de que los egipcios, que acaban de establecer un nuevo gobierno y ejércitos, estaban en cualquier posición para llevar a cabo largos asedios a través de la salida de Canaán. La evidencia positiva ha venido de excavaciones recientes que han demostrado que la última fase de la Edad Media del Bronce necesita más tiempo del que se pensaba originalmente, por lo que su fin está más cerca de 1420.

Esto corresponde a la Biblia, donde las ciudades en Canaán son "grandes y fortificadas hasta el cielo" (Dt 1:28) tal como dijo Moisés. Además, la extensión de la destrucción, con solo unas pocas excepciones, coincide con la descripción bíblica. "De hecho, en términos generales, la zona en la que se produjo la destrucción al final de [la Edad Media del Bronce] corresponde a la zona del asentamiento israelita, mientras que las ciudades que sobrevivieron yacían fuera de esa área".

Algunos arqueólogos preguntan dónde está la evidencia del dominio israelita de la cultura en la Edad de Bronce Tardío. Siempre los hemos considerado responsables del cambio de la Edad del Bronce a la Edad del Hierro en 1200. El problema con este punto de vista es que esos cambios son los mismos en todo el Mediterráneo, no solo en Palestina. Los hebreos no podían ser responsables de tal cambio generalizado. De hecho, como nómadas, probablemente no trajeron nada con ellos, vivieron en tiendas de campaña por algún tiempo, y compraron su cerámica en los mercados cananitas. Además, el libro de Jueces muestra que después que Israel entró en la tierra, no dominaban a nadie durante varios cientos de años. Estaban dominados por todos a su alrededor.

Bimson y Livingston resumen su propuesta de esta manera:

> Hemos propuesto: (1) un regreso a la fecha bíblica para la conquista de Canaán (es decir, poco antes de 1400 a. C.) y (2) una reducción de la fecha para el final de la Edad Media del Bronce, desde 1550 a. C. hasta antes de 1400 a. C. El resultado es que dos eventos previamente separados por siglos se unen: la caída de las ciudades de la Edad Media de Bronce II de Canaán se convierte en la evidencia arqueológica para la conquista. Estas propuestas idénticas crean una combinación casi perfecta entre la evidencia arqueológica y el relato bíblico. (Bimson y Livingston, pág. 51)

Revisión Velikovsky-Courville. Una posible tercera solución ve el problema en la perspectiva tradicional de la historia egipcia.

La cronología de todo el mundo antiguo se basó en el orden y fechas de los reyes egipcios. Mayormente, sabemos que esta orden procede de un historiador antiguo llamado Mameho, que es citado por otros tres historiadores. Asimismo, existen monumentos que brindan listas parciales. Esta orden ha sido considerada irrefutable; sin embargo, la única fecha asegurada en su totalidad es su propio fin, cuando Alexander, el Gran Conquistador de Egipto, Emanuel Velikovsky y Donovan Courville impusieron que seiscientos años más en dicha cronología confundieran las fechas de tales acontecimientos alrededor del Oriente Cercano.

Si dejamos de lado la idea de la historia egipcia como fija, hay tres piezas de evidencia en las que la historia de Israel coincide con la historia de Egipto. Este tipo de coincidencia, donde ambos acontecimientos se registran en dichos países, se le llama sincronismo. Los tres lugares donde encontramos sincronismo son las plagas de Moisés, la derrota de los amalecitas y el reino de Acab.

Un papiro muy viejo escrito por un sacerdote egipcio llamado Ipuwer habla de dos únicos acontecimientos (aunque se han dado varias interpretaciones): una serie de plagas y la invasión de una potencia extranjera. Las plagas coinciden muy bien con el registro de las plagas de Moisés en Éxodo 7-12. El papiro menciona al río convirtiéndose en sangre (cf. Éxodo 7:20), cultivos consumidos (Éxodo 9:25), fuego (Éxodo 9:23-24; 10:15), y la oscuridad (Éxodo 10:22). La última plaga, que mató al hijo del Faraón, también se refiere a: "En verdad, los hijos de príncipes se lanzan contra las paredes [...] La prisión está arruinada [...] Él, que coloca a su hermano en el suelo, está en todas partes [...] Se está quejando que está por toda la tierra, mezclada con lamentos" (Papiro 2:13; 3:14; 4:3; 6:13). Esto es paralelo a los relatos de la biblia, que menciona, "El señor golpeó a todos los primogénitos en la tierra de Egipto, desde el primogénito del Faraón que se sentó en su trono hasta el primogénito del cautivo que estaba en la mazmorra [...] y hubo un gran lamento en Egipto, porque no había hogar donde no hubiera algún muerto" (Éxodo 12:29-30). Inmediatamente, siguiendo dichos desastres, hubo una invasión de "una tribu extranjera" que vino de fuera del desierto (Papiro 3:1). Los Hicsos debieron haber hecho esta invasión, dominaron Egipto entre el Imperio Medio de Egipto y el Nuevo Imperio de Egipto.

El monolito de El Arish cuenta una historia similar de oscuridad y sufrimiento en la tierra en los días del Rey Thom. También relata cómo el faraón "se libró de la batalla contra los compañeros de Apopi (Dios de la oscuridad), "aunque el ejército nunca regresó: "Su majestad saltó al denominado Lugar del Torbellino". El lugar del incidente es Pi-Kharoti, que puede ser equivalente a Pi-hahiroth, cuando los israelitas acamparon cerca al mar (Éxodo 14:9). Esto es muy interesante dado que el nombre de la ciudad construida por los israelitas es Pi-Thom, "la morada de Thom". Y el rey que reinó justo antes de la invasión de los hicsos (en Grecia) fue Timeo. Pero la fecha egipcia para el rey Thom es de unos seiscientos años demasiado pronto, alrededor del año 2000 a. C. O la cronología egipcia está equivocada, o la historia se repite de maneras muy inusuales.

Según Velikovsky, los hicsos debieron identificar a los amalecitas, quienes los israelitas conocieron antes de que llegaran al Sinaí (Éxodo 17:8-16). Podrían haber llegado a Egipto pocos días después de que los israelitas se fueran. Los egipcios se refieren a ellos como Amu, y los historiadores árabes mencionan a algunos faraones amalecitas. Sin embargo, los paralelismos bíblicos son bastante convincentes. Como el falso profeta Baalam enfrentó a Israel, los bendijo a pesar de las instrucciones, pero cuando volvió, frente a Egipto, "miro a Amalec [...] y dijo, 'Amalec es el primero de las naciones'" (Nm 24:20). ¿Por qué maldijo a Amalec en lugar de a Egipto, a menos que Egipto estuviera bajo la denominación amalecita? Asimismo, los nombres de los primeros y últimos reyes amalecitas en la Biblia (Agag I y II, ver Nm 24:7; 1 S 15:8) corresponde al primer y último rey hicso. Esto indicaría que los hicsos ingresaron a Egipto justo después del éxodo y permanecieron en el poder hasta que Saúl derrotó y liberó a los egipcios de la esclavitud. Esto explicaría las grandes relaciones que Egipto tuvo en la época de David y Salomón. De hecho, Velikovsky muestra asombrosas similitudes entre la Reina de Sabá y la reina egipcia de Hatshepsut. Se dice que viajó a la Tierra Divina, y los regalos que ella recibió allí son muy parecidos a los que Salomón le dio a su visitante (ver 1 Reyes 10:10-22). También construyó un templo en Egipto que es muy similar al templo de Salomón. Sin embargo, según la cronología egipcia, ella vivió antes del éxodo. Solo si se revisa esta cronología se puede explicar este paralelismo. La invasión de Tutmosi III a Palestina también podría equipararse con el ataque de Shishak (2 Cr 12:2-9).

El tercer sincronismo es una serie de cartas (en tablillas de arcilla) llamadas Las Cartas de Amarna. Estas son correspondencias entre los gobernantes en Palestina (Jerusalén, Siria y Sumur) y los faraones Amenofis III y su hijo Akenatón. Los palestinos estaban preocupados por un ejército, Habiru, que se acercaban desde el sur y estaban causando una gran destrucción. Sobre la base de tal descripción, tradicionalmente se ha sostenido que estas cartas hablan de los israelitas que ingresan a Canaán. Velikovsky muestra que una mirada más cercana a dichas tablillas revela otra imagen por completo. Primero, Sumur puede identificarse como la ciudad de Samaria, que no fue construida hasta después de Salomón (1 Reyes 16:24). Segundo, el "rey de Hatti" amenazó con invadir desde el norte, que parece ser la invasión hitita. Tercero, ninguno de los nombres en las cartas coincide con los nombres de los gobernantes en el libro de Josué. En otras palabras, la situación política está equivocada para que estas cartas hayan venido desde el éxodo. Si movemos su fecha al momento cuando Ahab gobernó Samaria y fue amenazada tanto por los moabitas y los hititas, entonces todos los nombres, lugares y acontecimientos se pueden ubicar en Reyes y Crónicas, incluso para los nombres de generales. Pero esto data a Amenofis III quinientos años más tarde que la cronología estándar. O la cronología está mal o uno tiene que mantener que la historia se repitió exactamente medio milenio después. El panorama que surge es consistente solo si la historia israelita se utiliza para fechar los acontecimientos egipcios. Tal interpretación también requiere una nueva cronología para la historia egipcia. Couville ha demostrado que la lista de reyes egipcios no debió entenderse como completamente consecutivas. Él muestra que algunos de los "reyes" enlistados no fueron faraones sino gobernantes locales u oficiales de alto rango. Entre los mencionados están José (Yufni) y el padre adoptivo de Moisés Chenephres quien fue un príncipe solo por matrimonio. El reconocimiento de que los "reyes" de la Dinastía Trece eran en realidad príncipes sobre regiones locales o subgobernantes nos proporciona una visión de lo que Manetho consideraba como una dinastía. Evidentemente, no estaba fuera de su pensamiento dar los nombres de la línea principal de reyes como la composición de una dinastía y luego volver a la escala de tiempo para recoger una línea de gobernantes secundarios como una dinastía distinta. Al etiquetar dichos gobernantes secundarios como reyes, el antiguo historiador produjo una cronología errónea y muy ampliada de Egipto. La elaboración de esta nueva cronología sitúa el éxodo alrededor de 1440 a. C. y hace que otros períodos de historia israelita caigan en línea con los reyes egipcios mencionados.

Conclusión. La evidencia es fuerte para una fecha del siglo XV a. C. para el éxodo. Esto está en desacuerdo con la fecha generalmente aceptada para los reyes egipcios. Sin embargo, puede ser que la sabiduría convencional para la Edad de Bronce y ciertamente, la cronología de los gobernantes egipcios puede necesitar ser cambiada drásticamente. Se necesitarán más investigaciones y excavaciones para aprender qué teorías se acercan más a describir el flujo de acontecimientos en Egipto y Canaán, sin embargo, parece que las citas bíblicas son más precisas de lo que se había sospechado, incluso más precisas que el conocimiento obtenido en el campo de estudio.

Fuentes

G. L. Archer Jr., Encyclopedia of Biblical Difficulties [Enciclopedia de dificultades bíblicas].
J. Bimson y D. Livingston, "Redating the Exodus [Citando al Éxodo]".
D. A. Courville, The Exodus Problem and Its Ramifications [Problemas del Éxodo y sus ramificaciones].
N. L. Geisler y R. M. Brooks, When Skeptics Ask [Cuando los escépticos preguntan], cap. 9.
R. K. Harrison, An Introduction to the Old Testament [Introducción al Antiguo Testamento]
I. Velikovsky, Worlds in Collision [Mundos en colisión].

Faraón, Endurecimiento del. En Éxodo 4:21, Dios declara: "Cuando hayas vuelto a Egipto, mira que hagas delante de Faraón todas las maravillas que he puesto en tu mano; pero yo endureceré su corazón, de modo que no dejará ir al pueblo". Pero si Dios endurecía el corazón de Faraón, entonces Faraón no puede ser considerado moralmente responsable de sus acciones, ya que no las hizo por su propia voluntad, sino fuera de restricción (cf. 2 Co 9:7; 1 Pedro 5:2). Parece haber un problema serio aquí para el amor y la justicia de Dios (ver Mal, Problema del). Si Dios ama a todos, ¿por qué endureció el corazón de Faraón para rechazar la voluntad de Dios? Si Dios es justo, ¿por qué culpar a Faraón por su pecado cuando fue Dios quien endureció su corazón al pecado?

Soluciones propuestas. Existen dos respuestas básicas a este problema de diferentes teologías. Empezamos con la respuesta calvinista sólida. *Perspectiva Calvinista.* Los calvinistas o los fuertes deterministas enfatizan la soberanía de Dios y afirman que él tiene el derecho de endurecer o suavizar cualquier corazón que elija. En cuanto a la justicia de Dios, la respuesta de Pablo en Romanos 9:20: "Mas antes, oh hombre, ¿quién eres tú, para que alterques con Dios? ¿Dirá el vaso de barro al que lo formó: ¿Por qué me has hecho así?" El amor salvífico de Dios se da a los elegidos. Una vez más, citando a Pablo, insisten en que "Dios tiene misericordia de quien quiere tener misericordia, y endurece a quien quiere endurecer" (Ro 9:18-19). La fuerte respuesta del calvinista al problema, entonces, es que Faraón era un incrédulo endurecido para empezar, y Dios simplemente lo endureció retirando la gracia común que suaviza los efectos de la caída en el corazón incrédulo. Permitió que Faraón intensifica su rebelión, como un incrédulo hará sin moderación divina. Dios hizo esto con el propósito de mostrar su poder y gloria. Faraón no se habría arrepentido verdaderamente sin la intervención positiva del poder salvador de Dios. Esta posición se basa en una visión voluntarista inaceptable, en la cual Dios puede desear cualquiera de las dos acciones opuestas. Esto parece hacer que Dios sea arbitrario acerca de lo que es bueno. Contrariamente al determinista, Dios es todopoderoso (Juan 3:16; Ro 5:6-8; 2 Co 5:14-15; 1 Juan 2:1) y no quiere que nadie perezca (2 Pedro 3:9). Independientemente de lo que diga el determinista, la justicia de Dios se impugna si endurece a las personas en pecado contra su voluntad. La libre elección y la compulsión son contradictorias. Como Pablo señaló acerca de dar, "Cada hombre debe dar lo que ha decidido en su corazón dar, no a regañadientes ni bajo compulsión, porque Dios ama a un dador alegre" (2 Corintios 9:7). Pedro agregó que los líderes de la iglesia al servir a Dios deben obrar, "no porque deban, sino porque están dispuestos" (1 Pedro 5:2).

Opinión de Libre Albedrío Moderado. Otros responden al problema del endurecimiento del corazón del Faraón señalando que Dios no endurecía el corazón del Faraón en contra de la libre elección del Faraón. La Sagrada Escritura deja claro que el Faraón endureció su propio corazón. Declara que el corazón del Faraón "se endurecía" (Éxodo 7:13), que "endurecía su corazón" (Éxodo 8:15), y que "el corazón de Faraón se endurecía" cuanto más trabajaba Dios en él (8:19). Una vez más, cuando Dios envió la plaga de las moscas, "Faraón endureció su corazón también en este momento" (8:32). Esta misma o similar frase se repite varias veces (ver 9:7, 34, 35). De hecho, con la excepción de la predicción de Dios de lo que sucedería (Éxodo 4:21), el hecho es que Faraón endureció primero su corazón (7:13; 8:15; etc.), y Dios lo endureció más tarde (cf. 9:12; 10:1, 20, 27)

Los eruditos han señalado que en este pasaje se utilizan diferentes palabras hebreas para "endurecer" (Forster y Marston, 1555-68). Qashah, que significa "obstinación", se utiliza dos veces, una vez donde Dios es el agente y otra donde está Faraón (7:3; 13:15). En ambos casos, se utiliza del proceso general, no de un acto en particular. Kabed, que significa "pesado" o "insensible", se utiliza muchas veces, no solo del corazón de Faraón, sino también de las plagas. Dios envió un enjambre "pesado" de moscas, piedras de granizo y enjambre de langostas. Chazaq, que significa "fuerza" o "estímulo", se utiliza del corazón de Faraón. Cuando Faraón es el agente del endurecimiento, se utiliza kabed. Cuando Dios es el agente, se usa chazaq. "Aunque Faraón está tomando su propia decisión moral, Dios le dará la fuerza para llevarla a cabo" (ibid., pág. 72). En este entendimiento, no hay nada moralmente siniestro en Dios "endureciendo" a Faraón, y es un entendimiento con el que los calvinistas y arminianos moderados podrían estar de acuerdo.

El sentido en el que Dios endureció el corazón de Faraón es similar a la forma en que el sol endurece la arcilla y también derrite la cera. Si Faraón hubiera sido receptivo a las advertencias de Dios, su corazón no habría sido endurecido por Dios. Pero cuando Dios le dio a Faraón un indulto de las plagas, se aprovechó de la situación. "Pero cuando Faraón vio que había alivio, endureció su corazón y no les hizo caso [Moisés y Aarón], como Jehová había dicho" (Éxodo 8:15).

La pregunta se puede resumir de la siguiente manera:

Dios no endurece los corazones	Dios endurece los corazones
Inicialmente	Subsecuentemente
Directamente	Indirectamente
En contra del libre albedrío	A través del libre albedrío
Como en sus causas	Como en sus efectos

Conclusión. Si Dios está endureciendo el corazón de Faraón (o el de cualquier otra persona) de acuerdo con su propia inclinación y elección, entonces Dios no puede ser acusado de ser injusto, poco amoroso o actuar en contra de su libre elección dada por Dios. Y la Sagrada Escritura está clara en que Faraón endureció su propio corazón. Así que lo que Dios hizo fue de acuerdo con la libre elección de Faraón (ver Libre Albedrío). Los acontecimientos pueden ser determinados por Dios en su conocimiento previo pero libres desde el punto de vista de la elección humana. Jesús golpeó este equilibrio cuando dijo en Mateo 18:7: "Esas cosas deben venir, pero ay del hombre por quien vengan".

Fuentes

Augustine, On Free Will [Sobre el libre albedrío].
———, *On Grace and Free Will* [Sobre la gracia y el libre albedrío].
J. Edwards, *The Freedom of the Will* [La libertad del libre albedrío].
J. Fletcher, *Checks to Antinomianism* [Cheques al Antinomianismo].
T. R. Forster and P. Marston, *God's Strategy in Human History* [Estrategia de Dios en la Historia Humana].
N. L. Geisler, *Chosen but Free* [Escogido, pero Libre].
M. Luther, *Bondage of the Will* [La esclavitud de la voluntad].
J. Piper, *The Justification of God* [Justificación de Dios].
R. C. Sproul, *Chosen by God* [Escogidos por Dios].

Fe y razón. La relación de la fe con la razón es de suma importancia para el creyente pensante. El problema de cómo combinar estos aspectos particulares ha existido desde los primeros apologetas. Tanto *Justino Mártir, *Clemente de Alejandría y Tertuliano luchaban con esto. *Agustín hizo el primer intento serio para relacionarlas, pero el trato más comprensible vino a finales de la época medieval cuando el intelectualismo cristiano floreció en la obra de *Tomás de Aquino.

Relación de la fe con la razón. Para Aquino, la fe y la razón se entrelazan. La fe utiliza la razón, y la razón no puede tener éxito en buscar la verdad sin la fe.

La razón no puede producir fe. La razón acompaña la fe, pero no la causa. La fe es un consentimiento sin inquisición donde el asentimiento de la fe no es causado por una investigación, sino que es producida por Dios. Al comentar Aquino sobre Efesios 2:8-9, sostenía que "el libre albedrío es inadecuado para el acto de fe, ya que los contenidos de la fe están por encima de la razón [...] Por lo tanto, un hombre no puede creer por cuenta propia, a menos que Dios lo permita" (Aquino, Comentario a la epístola de san Pablo a los efesios, 96; salvo se indique, todas las citas de este artículo son de las obras de Tomás de Aquino). La fe es un don de Dios y nadie puede creer sin ella.

No obstante, "esto no impide la comprensión de alguien quien cree tener algún pensamiento discursivo de comparación acerca de las cosas que cree" (Sobre la verdad, cuestión 14, art. 1, 2). Tal pensamiento discursivo, o razonamiento desde premisas hacia conclusiones, no es la causa del asentimiento de la fe, pero puede y debería acompañarla (ibid., cuestión 14, art. 1, 6). La fe y la razón son paralelas; una no causa a la otra, ya que "la fe implica una voluntad (libertad) y la razón no coacciona la voluntad" (ibid.). Si bien hay razones convincentes para creer, uno es libre de disentir.

Como cuestión de enfoque táctico en apologética, si la autoridad de la Escritura es aceptada (fe), se le puede hacer un respaldo (razón). "Por consiguiente, contra los judíos somos capaces de argumentar por medio del Antiguo Testamento, mientras que contra los herejes somos capaces de argumentar por medio del Nuevo Testamento. Pero los mahometanos [ver Islam] y los gentiles no aceptan ni uno ni el otro [...] Debemos, por lo tanto, recurrir a la razón natural, a la cual todos los hombres están obligados a dar su asentimiento" (Suma teológica, pt. I, cuestión 2, art. 2).

Ahora bien, algunas verdades cristianas son factibles usando la razón humana; por ejemplo, que Dios existe y es uno. "Tales verdades sobre Dios han sido probadas demostrativamente por aquellos filósofos guiados por la luz de la razón natural" (ibid., pt. I, cuestión 3, art. 2).

Tres usos de la razón. La razón o filosofía puede usarse de tres maneras, y Aquino menciona de esta que:

1. Demuestra los "preámbulos de la fe" (que Dios existe, que somos sus criaturas, etc.; ver Argumento cosmológico; Dios, Evidencias de).
2. Analiza las enseñanzas de los filósofos para revelar conceptos correspondientes en la fe cristiana. Aquino brinda el ejemplo de La Trinidad, obra de san Agustín que recurre a la filosofía para ayudarse a explicar la Trinidad.
3. Se contrapone a los ataques hacia la fe desde la lógica (Suma contra los gentiles, lib. I, cap. 9)

La razón puede ser usada para probar la teología natural, la cual estudia la existencia y naturaleza de un Dios; también puede usarse para ilustrar los conceptos teológicos sobrenaturales como la Trinidad y la encarnación (ver Cristo, Divinidad de). Asimismo, puede ser usada para refutar falsas teologías (De Trinitate [La Trinidad], lib. II, cap. 3). El apologeta dirige a la persona a aceptar dos tipos de verdad sobre las cosas divinas y a destruir lo contrario a la verdad. La persona es dirigida hacia las verdades de la teología natural por la investigación de la razón y hacia las verdades de la teología sobrenatural por la fe.

Así que para hacer conocer el primer tipo de verdad divina, debemos proceder a través de argumentos demostrativos. Ahora bien, "como tales argumentos no existen para el segundo tipo de verdad divina, nuestra intención no debería ser la de convencer a nuestro adversario por argumentos, sino la de responder a sus argumentos ante la verdad; ya que, como hemos mostrado, la razón natural no puede ser contraria a la verdad de la fe. La única manera de vencer a un adversario de la verdad divina es usando la autoridad de la Escritura: autoridad confirmada de manera divina por los milagros, la cual está por encima de la razón humana porque creemos que solo Dios la ha revelado. No obstante, hay argumentos muy probables [factibles] que deberían ponerse en manifiesto para que la verdad divina se conozca" (Suma contra los gentiles, lib. I, cap. 9; ver Milagros, Valor Apologético de los).

La existencia de Dios es evidente por sí sola de manera absoluta (en sí misma), aunque no de manera relativa (para nosotros) (ibid., lib. I, caps. 10-11; ver Primeros Principios). Así pues, en el análisis final, uno debe recibir por fe aquellas cosas que pueden conocerse por la razón, así como también aquellas cosas que sobrepasan la razón. El asentimiento intelectual carente de fe no puede tener certeza, ya que la razón humana es notablemente cuestionable cuando se refiere a los asuntos espirituales. Por tanto, "fue necesario que la verdad divina haya sido entregada a través de la fe, con ellos escuchándola tal cual era, por Dios mismo quien no puede mentir" (Suma teológica, pt. II-II, cuestión 1, art. 5, 4).

Aquino no creía que la razón da la base para creer en Dios; esta puede probar que Dios existe, mas no puede convencer a un no creyente a creer en Dios.

La razón antes que la fe. Puede que creamos (asentir sin reservas) en algo que no es ni evidente ni deducido de lo evidente por medio de la voluntad; sin embargo, esto no significa que la razón no tenga un rol previo a creer: Juzgamos que una revelación es digna de creer "basándonos en señales evidentes o algo semejante" (ibid., pt. II-II, cuestión 1, art. 4, 2).

La razón cuestiona lo que uno cree antes de empezar a creer. "La razón no involucra una investigación usando la razón natural para probar lo que se cree, pero sí involucra una forma de cuestionamiento hacia las cosas por las cuales una persona es llevada a creer; por ejemplo, cuestiona el hecho de si son habladas por Dios y confirmadas por milagros" (ibid., pt. II-II, cuestión 2, art. 1, r.).

Creer que los demonios existen no se da voluntariamente por la evidencia de que Dios existe, sino que esto se encuentra forzado intelectualmente al confirmar las señales sobre el hecho de lo que creen los fieles es verdad. Sin embargo, no se puede decir realmente que se cree en ellos. (Sobre la verdad, cuestión 14, art. 9, 4).

El testimonio del Espíritu. Para creer en Dios, uno debe tener el testimonio interno del Espíritu Santo (ver Espíritu Santo, Papel en la Apologética). Porque "alguien que cree ya tiene un motivo suficiente para creer, especialmente la autoridad de la enseñanza de Dios, confirmada por milagros y lo que es aún mejor: la inspiración [instinctus] interna de Dios invitándole a creer" (Suma teológica, pt. II-II, cuestión 6, art. 1). El Espíritu Santo usa dos causas para estimular la fe voluntaria. La persuasión puede venir de, por ejemplo, un milagro que se testifique; o puede venir de ella misma. La primera causa nunca es suficiente para que uno internamente asienta a las cosas de la fe, sino que es Dios quien causa el asentimiento de la fe mientras mueve al creyente internamente por medio de la gracia. La creencia es un asunto de voluntad, pero la voluntad necesita ser preparada por Dios "para darle ese impulso de lo que sobrepasa la naturaleza" (ibid., pt. II-II, cuestión 2, art. 9, 3).

La razón en respaldo de la fe. Comentando en el uso de la razón en 1 Pedro 3:15, Aquino argumentaba que "el razonamiento humano a favor de lo que creemos puede presentarse en una relación dual a la voluntad del creyente". Primero, puede que el no creyente no tenga la voluntad para creer a menos que sea movido por la razón humana. Segundo, la persona con una voluntad lista para creer ama la verdad, la piensa y lleva al corazón su evidencia. Para la primera persona, el hecho de no creer puede que se convierta en una suerte de fe, pero no habrá mérito en ello, ya que la creencia no se extiende mucho más allá de la vista. La segunda persona también estudia el razonamiento humano, pero es un trabajo meritorio de la fe (ibid., pt. II-II, cuestión 2, art. 10).

Evidencia positiva. La fe se apoya en, aunque no está basada en, la evidencia probable. "Aquellos que ponen su fe en esta verdad, si bien, 'para la cual, la razón humana no ofrece evidencia experimental', no creen tontamente como si 'siguieran cuentos ficticios'" (2 Pedro 1:16). Más bien, "esto revela su propia presencia, así como también la verdad de sus enseñanzas e inspiración al ajustar argumentos; y para confirmar esas verdades que sobrepasan el conocimiento natural, brinda manifestaciones visibles de hechos que superan la capacidad de toda la naturaleza". El tipo de evidencia positiva que Aquino usaba incluía tales cosas como la resurrección de la muerte, los milagros y la conversión del mundo gentil al cristianismo (Sobre la verdad, cuestión 14, art. 1).

Evidencia negativa. La evidencia negativa abarca argumentos en contra de las religiones falsas, incluyendo cosas como su atracción mundana a los placeres carnales, sus enseñanzas que contradicen sus promesas, sus tantas fábulas y falsedades, la falta de milagros para testificar la inspiración divina de su libro santo (como el Corán), su uso de la guerra (armas) para propagar su mensaje, el hecho de que hombre sabios no creían en Mahoma (solo ignorantes, errantes que andaban en el desierto), el hecho de que no hubo profetas para testificarle y las perversiones del islam sobre las historias del Antiguo y Nuevo Testamento (Los gentiles, lib. I, cap. 6).

La fe y el testimonio falible. ¿Cómo podemos estar seguros cuando el apoyo de nuestra fe se basa en muchos testimonios intermediarios (falibles)? Aquino responde que los intermediarios están por encima de la sospecha si son confirmados por milagros (p. ej., Marcos 16:20). "Solo creemos en los sucesores de los apóstoles y profetas a medida que nos digan lo que los apóstoles y profetas habían dejado en sus escritos" (Sobre la verdad, cuestión 14, art. 10, 11). Solo la Biblia es la autoridad final e infalible a favor de nuestra fe (ver Biblia, Evidencias a favor de la).

La fe y los argumentos demostrativos. Aquino distinguía entre dos tipos de argumentos racionales: los demostrativos y los persuasivos. "Un argumento demostrativo, contundente e intelectualmente convincente no puede sostenerse de las verdades de la fe, aunque podría neutralizar la crítica destructiva que haría insostenible a la fe". Por otro lado, "el razonamiento persuasivo extraído de las probabilidades [...] no debilita el mérito de la fe, ya que este no intenta visibilizar la fe resolviendo lo que se cree a principios primeros evidentes" (De Trinitate, lib. II, cap. 1, 5).

Distinguiendo la fe y la razón. Aunque la fe no está separada de la razón, Aquino hace formalmente una distinción entre ambas. Él creía que están relacionadas, pero la relación no obliga a que la persona crea.

La fe en relación con la razón. La fe no está impuesta por la razón humana; si así fuera, entonces la fe no sería un acto libre. Sucede lo siguiente: "la mente del creyente se coloca sobre un lado de la cuestión, no en virtud de su razón, sino en virtud de su voluntad. Por lo tanto, se entiende al asentimiento bajo la definición [de fe] como un acto de la mente siempre y cuando esta sea llevada a su decisión por medio de la voluntad" (Suma teológica, pt. II-II, cuestión 2, art. 1, 3).

La fe no es irracional. La fe es la razón con asentimiento. "Reflexionar con asentimiento es, entonces, distintivo del creyente: así es como su acto de creencia se distingue de todos los otros actos de la mente relacionados con lo verdadero y lo falso" (Suma teológica, pt. II-II, cuestión 2, art. 1, r.). La fe, entonces, se define como "el hábito de la mente por el cual comienza la vida eterna en nosotros, permitiendo que la mente asienta a lo no visible". La fe se diferencia de la ciencia en que el objeto de la fe no se ve; y también se diferencia de la duda, la sospecha y la opinión en que sí hay evidencia a favor de la fe.

La fe es un acto libre. Aquino menciona a Agustín aprobando que "la fe es una virtud por la cual uno cree en aquello que no ve" (ibid., pt. II-II, cuestión 4, art. 1, r.). También declara que "creer es un acto de la mente asintiendo a la verdad divina por virtud del comando de la voluntad, siendo esta movida por Dios a través de la gracia; y en donde el acto permanece bajo el control del libre albedrío y es dirigido hacia Dios. Por lo tanto, el acto de fe es meritorio. Así que uno es recompensado por creer en lo que no ve; y no hay mérito (recompensa) en creer lo que se puede ver, ya que no estaría involucrada la fe, se puede ver. El científico [i. e., filósofo] está obligado a asentir a la fuerza por una prueba concluyente. Por consiguiente, el asentimiento no es meritorio" (ibid., pt. II-II, cuestión 2, art. 9).

La fe es un acto de la mente y la voluntad. Como la creencia es un acto intelectual impulsado por la voluntad, proviene de tanto la mente y la voluntad, siendo ambas perfectibles por acción. "Si un acto de fe debe ser completamente bueno, entonces, los hábitos deben necesariamente estar presentes en tanto la mente y la voluntad" (ibid., pt. II-II, cuestión 4, art. 2, r.). Es decir, uno no puede ser salvo sin la disposición de hacer algo con fe.

Naturaleza meritoria de la fe. La fe es meritoria, no porque uno deba trabajar en ella, sino porque implica la voluntad de creer, que es recompensada por Dios; y "depende de la voluntad según su propia naturaleza" (ibid., 5). "Porque en la ciencia y la opinión [argumentos probables] no hay una inclinación por causa de la voluntad, sino solo por la razón" (ibid., cuestión 14, art. 5, r.). Sin embargo, "ningún acto puede ser meritorio a menos que sea voluntario, como se ha mencionado" (ibid., cuestión 14, art. 5, r.).

Aquino creía que Hebreos 11:1 es una buena definición de la fe, ya que no solo describe qué hace la fe, sino también qué es; y en donde pudo observar los tres elementos fundamentales:

1. Menciona que la voluntad y el objeto que mueve la voluntad son principios en los que está basada la naturaleza de la fe.
2. Ahí podemos distinguir la fe de lo no visible, a diferencia de la ciencia y la comprensión.
3. Toda la definición se reduce a la frase fundamen-

tal de: "la sustancia de aquello que uno espera" (ibid., cuestión 14, art. 2)

La diferencia formal entre la fe y la razón es que uno no puede tanto conocer y creer lo mismo simultáneamente. "Todo lo que sabemos con el conocimiento científico, como propiamente se denomina, lo sabemos reduciéndolo a los primeros principios que están naturalmente presentes en el entendimiento".

La fe y el conocimiento sobre el mismo objeto. El conocimiento científico termina a la vista de lo que se cree, por lo que no hay lugar para la fe. Uno no puede tener fe y conocimiento científico sobre lo mismo. (ibid., cuestión 14, art. 9, r.). El objeto de la fe verdadera está por encima de los sentidos y la comprensión. "Por tanto, el objeto de la fe es aquello que está ausente de nuestro entendimiento". Como dijo Agustín: "Creemos lo que está ausente, pero vemos lo que está presente". (ibid., cuestión 14, art. 9, r.).

Esto no significa, obviamente, que todos necesariamente creerán en lo que puedo ver sin fe (Suma teológica, pt. II-II, cuestión 1, art. 5); pero sí quiere decir que la misma persona no puede tener tanto la fe y pruebas del mismo objeto, porque: quien lo ve, no lo cree por medio de la fe en el testimonio de otros; sino que quien lo cree bajo el testimonio otro, no lo ve (conoce) directamente por sí mismo.

El conocimiento probable y la fe. Asimismo, uno no puede tener "opinión" (conocimiento probable) y "ciencia" (conocimiento certero) sobre el mismo objeto. Como señala Aquino: "La opinión incluye el temor de que la otra parte [contraria] sea verdadera, y el conocimiento científico excluye ese temor; sin embargo, este temor de que lo opuesto pueda ser verdadero no se aplica a los asuntos de fe, porque la fe trae consigo una certeza mayor de lo que puede conocerse por la razón" (Sobre la verdad, cuestión 14, art. 9, 6).

El conocimiento y la fe de la creencia. Si la existencia de Dios puede probarse por la razón, y si lo que se conoce por la razón tampoco puede ser una cuestión de fe, entonces ¿por qué en el credo se propone la creencia en Dios? Aquino responde: no todos son capaces de demostrar la existencia de Dios. "No decimos que la proposición 'Dios es uno' es un artículo de fe siempre que se prueba por demostración, sino algo presupuesto antes de los artículos; porque el conocimiento de la fe presupone el conocimiento natural, así como la gracia presupone la naturaleza" (ibid., cuestión 14, art. 9, 8).

Perfeccionado por amor, producido por gracia. La razón sólo puede llegar hasta cierto punto; la fe va más allá de la razón y la completa. "La fe no destruye la razón, sino que va más allá de ella y la perfecciona" (ibid., cuestión 14, art. 10, r., 7). "El amor es la perfección de la fe, y como la caridad es una perfección de la voluntad, la fe se forma en la caridad" (ibid., 1). "Se le denomina forma en la medida en que la fe adquiere alguna perfección de la caridad" (ibid., 7). Aun así, "el acto de fe, que precede a la caridad, es un acto imperfecto que espera ser completado por la caridad" (ibid., cuestión 14, art. 5, r.). Así que el amor perfecciona la fe, y de modo que creer depende del entendimiento y la voluntad, "tal acto no puede ser perfecto a menos que la voluntad sea perfeccionada por la caridad y el entendimiento por la fe. Por tanto, la fe sin forma no puede ser una virtud" (ibid., 1). Sin embargo, "lo que la fe recibe de la caridad es accidental a la fe en su constitución natural, pero esencial a ella con referencia a su moralidad" (ibid., cuestión 14, art. 6, r.). No solo se necesita del amor para perfeccionar la fe, sino que se requiere de la gracia para producirla. "Ahora bien, la gracia es la primera [es decir, la remota] perfección de las virtudes, pero la caridad es su perfección próxima" (ibid., cuestión 14, art. 5, 6).

Las limitaciones de la razón. Para Aquino, la razón humana puede tener limitaciones; de hecho, presentaba muchos argumentos sobre por qué la razón es insuficiente y la revelación es necesaria.

Cinco razones a favor de la revelación. Siguiendo al filósofo judío Moisés *Maimónides, Aquino expuso cinco razones sobre por qué primero debemos creer en aquello por lo que más tarde seríamos capaces de brindar una buena evidencia (Maimónides, pt. I, cap. 34).

1. El objeto del entendimiento espiritual es profundo, sutil y lejano de la percepción sensorial.
2. El entendimiento humano es insuficiente al combatir con estos problemas.
3. Se necesitan muchas cosas a favor de una prueba espiritual concluyentes y toma tiempo discernirlas.
4. Algunos se mantienen reacios a la investigación filosófica de rigor.
5. Es necesario interactuar con otras profesiones además de la filosofía y la ciencia para proveer las necesidades de la vida (Sobre la verdad, cuestión 14, art. 10, r.).

Aquino lo dijo claramente: "Si fuera necesario utilizar una demostración estricta como la única forma de alcanzar un conocimiento de las cosas que debemos saber acerca de Dios, muy pocos podrían construir tal demostración e incluso éstos solo podrían hacerlo después de bastante tiempo". En la misma ilación, Aquino enumeró solo tres razones básicas por las que la revelación divina es necesaria:

1. Pocos poseen el conocimiento de Dios, algunos no tienen la disposición para el estudio filosófico y otros no tienen el tiempo o son indolentes.
2. Se requiere tiempo para encontrar la verdad, la cual es muy profunda y hay muchas cosas que se deben presuponer. Durante la juventud, el alma se distrae con "los diversos movimientos de las pasiones".
3. Es difícil distinguir lo falso en el intelecto.

Nuestro juicio es débil en separar los conceptos verdaderos de los falsos; incluso en las proposiciones demostradas hay una mezcla de falsas. "Por eso era necesario que la certeza inquebrantable y la verdad pura acerca de las cosas divinas fueran presentadas a los hombres por medio de la fe" (Suma contra gentiles, lib. I, cap. 4, 2-5).

Los efectos noéticos del pecado. Claramente, la mente se queda corta cuando se trata de las cosas de Dios. Como ejemplos de debilidad, Aquino tomó a los filósofos, sus errores y contradicciones. "Por tanto, y al final, para que el conocimiento de Dios, indudable y seguro, estuviera presente entre los hombres, fue necesario que las cosas divinas se hayan enseñado por medio de la fe, hablada como si fuera por la Palabra de Dios, quien no puede mentir" (Suma teológica, pt. II-II, cuestión 2, art. 4). Porque "la búsqueda de la razón natural no satisface la necesidad de la humanidad de conocer ni siquiera las realidades divinas que la razón podría probar" (ibid., pt. II-II, cuestión 2, art. 4, r.). Como resultado de los efectos noéticos del pecado, se necesita la gracia. Aquino concluyó que: "si el hecho de que algo esté en nuestro poder significa que podemos hacerlo sin la ayuda de la gracia, entonces estamos atados a muchas cosas que no están a nuestro alcance sin la gracia sanadora; por ejemplo, amar a Dios o al prójimo". Lo mismo ocurre con la creencia, pero con la ayuda de la gracia, sí tenemos este poder (ibid., pt. II-II, cuestión 2, art. 6, 1).

Sin embargo, Aquino no creía que el pecado destruía la capacidad del raciocinio humano. "El pecado no puede destruir el raciocinio del hombre por completo, porque entonces ya no podría ser capaz de pecar" (ibid., pt. I-II, cuestión 85, art. 2).

Cosas por encima de la razón. La fe es necesaria no solo por la depravación humana, sino también porque algunas cosas simplemente superan el poder de la razón, no significando que sean contrarias a la razón, sino que no son plenamente comprensibles. "Ahora bien, se dice que la fe sobrepasa la razón, no porque no haya un acto de raciocinio en la fe, sino porque razonar sobre la fe no puede llevar a presenciar aquellas cosas que son asuntos de fe" (ibid., cuestión 14, art. 2, 9). Si uno pudiese basar la fe totalmente en la razón, la fe no sería un acto libre, sino sería un consentimiento causado por la mente.

En dos niveles, un asunto de fe puede estar "por encima de la razón". En su nivel más alto, puede estar por encima de la razón absolutamente, si supera la capacidad intelectual de la mente humana (p. ej. la *Trinidad). "Es imposible tener un conocimiento científico de esto; los creyentes dan su asentimiento solo por el testimonio de Dios". O, puede que no supere absolutamente la capacidad intelectual de todos, pero es sumamente difícil de comprender y está por encima de la capacidad intelectual de algunos (por ejemplo, que Dios existe sin forma física). "Tal vez tengamos pruebas científicas en estos casos, y si no, podemos creer" (Sobre la verdad, cuestión 14, art. 9, r.).

Debemos tener fe cuando la luz de la gracia es superior a la luz de la naturaleza; porque, "aun cuando la luz infundida de manera divina es más poderosa que la luz natural, en nuestro estado actual esto no lo compartimos perfectamente, sino más bien imperfectamente". Por lo tanto, "debido a esta participación defectuosa, a través de esa misma luz infundida, no somos llevados a poder ver aquellas cosas cuyo conocimiento nos fue dado; sin embargo, sí lo tendremos en el cielo cuando compartamos esa luz perfectamente, y veremos luz en la luz de Dios" (Suma contra gentiles, cuestión 14, art. 8, 2).

La fe, entonces, sobrepasa a la razón; porque "algunas verdades sobre Dios superan toda la capacidad de la razón humana, como la verdad de que Dios es trino" (ibid., cuestión 1, art. 3). La inefable esencia de Dios no puede ser conocida por la razón humana, cuya razón es que la mente depende de los sentidos. "Ahora bien, las cosas sensatas no pueden llevar al intelecto humano al punto de ver en ellas la naturaleza de la sustancia divina; porque estas son efectos que no alcanzan el poder de su causa" (ibid., cuestión 1, art. 3, 3).

Solo por el hecho de no tener razones a favor de lo que está más allá de la razón no significa que no sean racionales. Toda creencia que no es evidente por sí misma puede defenderse en caso lo necesite; puede que no conozcamos el argumento, pero existe, y al menos es conocido para Dios "y los santos, quienes no tienen fe de estas cosas, sino visión" (De Trinitate, lib. I, cap. 1, 4; Sobre la verdad, cuestión 14, art. 9, 1). Si bien la razón humana no puede alcanzar las cosas de la fe, es el prefacio de ellas; y si bien "las verdades filosóficas no pueden oponerse a las verdades de la fe, y claro que se quedan cortas, pero también admiten analogías comunes; y algunas, además, son un presagio, porque la naturaleza es el prefacio de la gracia" (De Trinitate, lib. II, cap. 3). "Si bien la verdad de la fe cristiana de la cual hemos hablado sobrepasa la capacidad de la razón... No por ello, dicha verdad, dotada naturalmente para conocerse por la razón, no puede oponerse a la verdad de la fe cristiana" (Suma contra gentiles, lib. 1, cap. 7, 1).

Resumen. La visión de Aquino sobre la relación de la fe y la razón combina elementos positivos del presuposicionalismo, evidencialismo, racionalismo (ver Descartes, René; Leibniz, Gottfried) y *fideísmo. Aquino enfatiza la necesidad de razonar antes, durante y después de que se adquieran las creencias; incluso los misterios de la fe no son irracionales.

Por otra parte, Aquino no cree que la razón por sí sola pueda traer a alguien a la fe. La salvación se logra solo por la gracia de Dios, y la fe nunca puede basarse en la razón. En el mejor de los casos, lo único que podría hacer la razón es respaldarla; por lo tanto, la fe nunca es coaccionada por la razón y la evidencia. Siempre hay lugar para que los incrédulos no crean en Dios, pese a que un creyente pueda construir una prueba válida de que Dios existe. La razón puede usarse para demostrar que Dios existe, pero nunca puede persuadir por sí misma a alguien a creer en Dios, porque solo Dios puede hacer esto, obrando en y a través del libre albedrío de ellos.

Estas distinciones de Aquino son eminentemente relevantes para la discusión entre racionalistas y fideístas o entre evidencialistas y presuposicionalistas. Con respecto a la creencia de que Dios existe, Aquino se pone del lado de los racionalistas y evidencialistas; pero con respecto a la creencia en Dios, está de acuerdo con los fideístas (ver Fideísmo) y los presuposicionalistas (ver Apologética presuposicional).

Fuentes

T. de Aquino, *Comentario a la epístola de san Pablo a los efesios.*

———, *La Trinidad.*

———, *Sobre la verdad.*

———, *Suma contra gentiles.*

———, *Suma teológica.*

N. L. Geisler, *Thomas Aquinas: An Evangelical Appraisal* [Tomás de Aquino: una evaluación evangélica]

M. Maimónides, *Guía de los perplejos.*

Feuerbach, Ludwig. El ateo alemán Ludwig Feuerbach (1804-1872) nació en Landshut, Baviera, y se educó en Heidelberg y en Berlín con G.W.F. *Hegel. Recibió su doctorado en Erlangen en 1828 (White, 190). En 1830, publicó una obra anónima, Pensamientos sobre muerte e inmortalidad, donde interpretaba el cristianismo como una religión egoísta e inhumana. Cuando se descubrió su autoría, fue expulsado de la facultad.

Feuerbach fue influenciado por Pierre *Bayle y escribió una biografía sobre él (1838). Su obra más influyente fue La esencia del cristianismo (1841), aunque también escribió La filosofía del futuro (1843), La esencia de la traducción (1851) y Teogonía (1857).

La naturaleza de la religión. Feuerbach fue influenciado por la dialéctica de Hegel e influyó tanto en Karl *Marx como en Sigmund *Freud. El *materialismo de Feuerbach reaccionó ante el idealismo de Hegel. En religión, Feuerbach fue influenciado por la opinión de David *Strauss de que la religión nos dice más sobre la vida interior de los individuos que sobre el objeto de adoración (White, pág. 191).

Su objetivo principal era "que los amigos de Dios cambien a ser amigos del hombre, que los creyentes sean pensadores, que los adoradores sean trabajadores, que los candidatos para el otro mundo sean estudiantes de este mundo, que los cristianos, quienes en su propia confesión son mitad animales y mitad ángeles, sean hombres: hombres completos" (Feuerbach, La esencia del cristianismo, cap. XI).

Base de la religión: la autoconciencia. Según Feuerbach, solo el ser humano (no los animales) posee autoconciencia. La religión es una expresión de esa conciencia, bajo el disfraz de la conciencia de Dios. "De ahí que el hombre sea consciente de sí mismo debido al objeto" (ibid., pág. 5). Pero la conciencia, como tal, es ilimitada, por lo que la humanidad debe ser ilimitada, y la conciencia es una cosificación. Por consiguiente, Dios no es más que una cosificación de la especie humana.

Dios, una proyección de la imaginación humana. Feuerbach creía que la religión es solo el sueño de la mente humana, y ofreció varios argumentos que respaldan su hipótesis de que Dios no es más que una proyección de la conciencia humana de sí misma.

El primero proviene de los elementos básicos de la personalidad humana: La razón, la voluntad y el afecto, donde cada uno existe por sí mismo; porque "La razón, el amor y la fuerza de la voluntad, son perfecciones, son las fuerzas más altas, son la esencia absoluta del hombre como hombre y el objeto de su existencia" (ibid., pág. 3). Pero todo lo que existe por sí mismo es Dios. Así, solo por naturaleza, la persona es Dios. Además, no se puede comprender algo sin tener su naturaleza, ya que solo los semejantes conocen a los semejantes; porque "la medida de la naturaleza es también la medida del entendimiento". Es decir, se necesita uno para conocer uno; aunque los humanos comprenden lo divino. Por lo tanto, la humanidad debe ser divina. En palabras de Feuerbach, "hasta donde llega tu ser, alcanza también su sensación ilimitada de ti mismo, y hasta allí eres Dios" (ibid., pág. 8).

Es más, un ser humano no puede ir más allá de su naturaleza; uno no puede salir de sí mismo. Sin embargo, una persona puede sentir (ser consciente de) el infinito; porque, "cada esencia es más bien infinita en sí y para sí, lleva su Dios, su Ser Supremo, en sí misma" (ibid., pág. 7). Si es así, entonces los seres humanos son infinitos por naturaleza, ya que el infinito que uno siente es el infinito de uno mismo.

Feuerbach creía que históricamente los atributos se le daban a Dios porque en el razonamiento humano se pensaba que esos atributos eran divinos, aunque no se los consideró divinos porque fueron entregados a Dios. Siendo este el caso, se deduce que a lo que llamamos como "lo divino" o "Dios" no es más que características humanas que se le han atribuido a Dios. "el objeto del hombre no es otra cosa que su esencia objetivada. Así como el hombre piensa, así como él siente, así es su Dios". Por tanto: "La conciencia de Dios es la conciencia que tiene el hombre de sí mismo, el conocimiento de Dios es el conocimiento que tiene el hombre de sí mismo. Conoces al hombre por su Dios, y viceversa, por su Dios conoces al hombre; ambas cosas son idénticas" (ibid., pág. 12).

La religión es necesaria. A pesar de sus conclusiones pesimistas, Feuerbach creía que la religión era esencial. La razón es que, por su propia naturaleza, los seres humanos deben cosificar y no pueden evitar hacerlo; y Dios, afirmó Feuerbach, es esa cosificación. Sin embargo, la ignorancia del hecho de que el objeto de la cosificación de uno es realmente uno mismo, es esencial para la religión. Un niño primero debe verse a sí mismo bajo la forma de otro (el padre) antes de que pueda llegar a verse a sí mismo como a sí mismo. Si esto no fuera cierto en las proyecciones religiosas, sería idolatría; es decir, la adoración a uno mismo. Entonces, es necesario creer que esta proyección de la propia naturaleza de uno es realmente Dios, aunque no lo sea.

El progreso en la comprensión humana no sería posible sin esta proyección. El ser humano crece en la autocomprensión a medida que las antiguas deidades se convierten en ídolos. Por lo tanto, el curso ideal de la religión es que los individuos aprendan a atribuirse más a sí mismos y menos a Dios.

Los atributos de Dios son realmente lo que las personas creen sobre sí mismas. La aseidad de Dios, o autoexistencia, es un deseo por evitar la temporalidad, postulando un comienzo absoluto. La perfección de Dios es la naturaleza moral humana tomada para el ser absoluto. La personalidad de Dios es el esfuerzo por mostrar que la personalidad es la forma más elevada del ser. La providencia de Dios es realmente el deseo de importancia. La oración expresa el deseo de comunicarse con uno mismo. El resultado de la creencia en los milagros es el deseo de una satisfacción inmediata de los deseos sin una espera tediosa.

La ironía de la religión. Hay una ironía básica en este proceso que puede verse al comparar las creencias con el sistema circulatorio del cuerpo. La religión es una acción de sístole, como las arterias, donde las personas proyectan lo mejor de ellos en Dios. La bondad se transporta lejos de la persona como la sangre rica en oxígeno del corazón.

Sin este sentimiento de bondad, el individuo permanece pecador, estableciendo esto la acción diastólica (como las venas) por donde la bondad es traída de vuelta al corazón en forma de gracia. Enviamos toda nuestra bondad humana hacia "arriba" y lo llamamos Dios. Luego, sintiéndonos depravados, invocamos al Dios que creamos para que devuelva nuestra bondad como gracia.

Por lo tanto, Feuerbach concluye que:

1. La religión es una proyección de la imaginación humana en el acto de la autoconciencia.
2. Dios es lo mejor que uno ve inconscientemente en uno mismo.
3. La religión es una dialéctica necesaria del desarrollo para el progreso humano.
4. La religión hace posible el descubrimiento personal indirecto e involuntario.

La influencia de Feuerbach. La influencia de Feuerbach en el pensamiento moderno ha sido considerable, habiendo impactado de manera directa e inmediata en Karl Marx, por quien luego, el movimiento comunista mundial también se vio impactada. Marx y Friedrich Engels incorporaron los argumentos de Feuerbach contra Dios y la religión en su materialismo dialéctico, criticando a Feuerbach por no involucrarse políticamente. Engels se jactó de que con un solo golpe para pulverizar la religión, el comunismo volvería a colocar al materialismo en el trono (Marx y Engels, pág. 224).

Feuerbach también tuvo un impacto considerable en la formación del *existencialismo ateo moderno por Martin Heidegger y Jean-Paul *Sartre. El padre de la teología neoortodoxa, Karl *Barth, rinde homenaje a Feuerbach (ver Barth, Karl). En resumidas cuentas, Feuerbach es uno de los ateos más importantes e interesantes de los tiempos modernos, anticipando incluso el trabajo de Sigmund *Freud.

Evaluación. El *ateísmo, como cosmovisión, se evalúa en otros artículos, pero algunos comentarios están en orden con respecto al análisis único sobre la religión de Feuerbach.

Algunas contribuciones positivas. Incluso los ateos tienen ideas sobre la naturaleza de la realidad, y entre los de Feuerbach, se encuentran los siguientes.

Observó lo crucial de la cuestión sobre Dios. Aunque su fascinación con lo divino no fue feliz, Feuerbach identificó a Dios como la cuestión central: "Todos mis escritos han tenido, estrictamente hablando, un propósito, una intención, un tema; siendo esto no otra cosa más que religión y teología, y todo lo relacionado con ellas" (Feuerbach, La esencia del cristianismo, cap. X).

Expuso la religión antropocéntrica. Barth, en el ensayo introductorio a una reimpresión de La esencia del cristianismo, indicó que Feuerbach analizó correctamente cualquier forma de religión antropocéntrica, incluidas las que surgieron del padre del liberalismo moderno Friedrich *Schleiermacher. Barth observó: "¿Podemos negar que el propio Feuerbach, como un espía no muy astuto, aunque algo agudo, deja escapar el secreto esotérico de todo este sacerdocio? [...] La teología se ha convertido hace mucho tiempo en antropología" (Barth, cáp. XXI). Cuando la teología moderna abandonó el punto de partida de la revelación divina, los seres humanos crearon a Dios a su propia imagen. La teología liberal moderna se convirtió en antropología.

Tildó de inútil al lenguaje religioso negativo. Feuerbach dijo acertadamente: "Sólo donde el hombre pierde el gusto de la religión, donde, por lo tanto, la religión misma es desabrida, sólo allí también la existencia de Dios se convierte en una existencia sin sabor" (Feuerbach, La esencia del cristianismo, pág. 15). El lenguaje religioso puramente negativo, donde solo podemos saber lo que Dios no es, es inútil e inadecuado; no podemos saber que Dios no es "eso" a menos que sepamos qué es "eso" (ver Analogía, Principio de).

Correctamente criticó otras religiones del mundo. La condena de Feuerbach hacia otras religiones del mundo suele ser más precisa de lo que admiten la mayoría de las personas religiosas. Algunas formas de cristianismo tienden a tener una mentalidad más celestial que un bien terrenal. Es posible quedar tan atrapado en el dulce más tarde que uno se olvida del desdichado aquí y ahora. No todos los creyentes son pensantes (ibid., cap. XI).

Expuso un narcisismo en gran parte de la experiencia religiosa. La tesis de Feuerbach no es incorrecta; simplemente está demasiado extendida. Muchas religiones hacen a su dios una imagen humana, creando un dios que es dócil e inofensivo, uno que pueden manejar; y tal dios puede ser lo que ellos demanden, pero tal dios no es el Dios infinito y soberano de la Biblia (ver Dios, Naturaleza de).

Problemas con la visión de Feuerbach. Hay, por supuesto, muchos problemas con su forma de ateísmo. Estos incluyen, entre otros, los siguientes.

La tesis central de su visión es contraproducente.

La premisa básica de la visión de Feuerbach es contraproducente, donde sostiene que "Dios no es nada más que una proyección de la imaginación humana". Sin embargo, todas las afirmaciones de "nada más que" presuponen el conocimiento de "más que". ¿Cómo podía saber que Dios era "nada más que" a menos que él mismo supiera "más que" eso? En resumen, la afirmación central del sistema de Feuerbach se autodestruye porque implica más conocimiento del que permite.

Puede que el ateísmo sea una proyección. Feuerbach no considera seriamente que su propia visión pueda ser una proyección de su propia imaginación; puede que Feuerbach simplemente esté imaginando que Dios no existe; o tal vez, como Freud, Feuerbach está comprometido en crear una visión sobre Dios a su propia imagen. Paul Vitz realizó un caso convincente sobre que, de hecho, hicieron esto mismo en su penetrante psicología de los grandes ateos. El ateísmo de Feuerbach podría ser tan fácilmente una ilusión... algo que resulta de sus propios deseos, como el teísmo que rechaza. La proyección de uno mismo explica también el ateísmo, si no mejor, que el teísmo. Entonces, tal vez no creamos al Padre; tal vez el ateísmo lo mató.

Nunca demuestra la conciencia infinita. Muchos argumentos que Feuerbach ofrece a favor del ateísmo eluden la cuestión, y presuponen lo que se va a probar. Sin embargo, nunca prueba realmente que la conciencia humana sea infinita; simplemente lo asume. Claro que, si nuestra conciencia es realmente infinita, entonces somos Dios; pero este claramente no es el caso, ya que nuestra conciencia es cambiante y limitada, mientras que Dios es inmutable e ilimitado.

No es necesario ser uno para conocer uno. Otra suposición falaz es que uno tiene que ser idéntico a cualquier objeto conocido; aunque nunca prueba esta premisa, y no es el caso. Los semejantes pueden conocer a los semejantes. El conocimiento puede darse por analogía (ver Analogía, Principio de). No tenemos que ser un árbol para conocer un árbol, sino solo para tomar su semejanza en nuestra mente. Asimismo, no tenemos que ser Dios para conocer a Dios; simplemente tenemos que ser como Dios. La semejanza es suficiente para el conocimiento; la identidad de sujeto y objeto no es necesaria.

Una creencia tal arruinaría el progreso humano. Feuerbach sostuvo que postular a un Dios que realmente no existe es esencial para el autodesarrollo humano; pero quien acepta el análisis de Feuerbach ya no cree que las proyecciones de uno mismo sean Dios. Entonces, según el argumento de Feuerbach, el progreso humano se detendrá. Si la ignorancia del hecho de que somos Dios es esencial para el progreso humano, entonces, una vez que uno se convierte en un feuerbachiano, ya todo está hecho y el progreso es imposible.

El materialismo de Feuerbach era inconsciente. Aunque Feuerbach detestaba a su mentor Hegel, nunca superó el vestigio del idealismo; tampoco se libró de la molesta cuestión de Dios. Para alguien que cree en el *materialismo básico, este énfasis en la conciencia es eminentemente impropio. Friedrich Engels señaló que Feuerbach "se detuvo a mitad de camino... la mitad inferior de él era materialista, y la otra mitad superior era idealista" (citado en White, pág. 192).

Este análisis de la experiencia religiosa es superficial. Barth identificó como "superficialidad" el problema de Feuerbach, y escribió: "Feuerbach fue un 'verdadero hijo de su siglo', un 'ignorante de la muerte' y un 'ignorante del mal'. De hecho, cualquiera que supiera que los hombres somos malos de la cabeza a los pies y cualquiera que reflexione sobre el hecho de que debemos morir, reconocería que es la más ilusoria de todas las ilusiones suponer que la esencia de Dios es la esencia del hombre" (Barth, cáp. XXVIII).

Fuentes

K. Barth, *A Shorter Commentary on Romans: With "An Introductory Essay"* [Un comentario más breve sobre Romanos: con un ensayo introductorio].

W. B. Chamberlain, *Heaven Wasn't His Destination* [El cielo no era su destino].

J. Collins, *God in Modern Philosophy* [Dios en la filosofía moderna].

———, *A History of Modern European Philosophy* [Una historia de la filosofía moderna europea].

F. Engels, *Ludwig Feuerbach y el fin de la filosofía clásica alemana.*

L. Feuerbach, *La esencia del cristianismo.*

———, *La esencia de la religión.*

———, *Pierre Bayle.*

N. L. Geisler y W. Corduan, *Philosophy of Religion* [La filosofía de la religión].

K. Marx y F. Engels, *Sobre la religión.*

P. Vitz, Faith of the Fatherless [La fe de los huérfanos].

H. White, *"Feuerbach, Ludwig".*

Fideísmo. El fideísmo religioso argumenta que los asuntos de fe y creencias religiosas no están respaldados por la razón; la religión es una cuestión de fe y no se puede argumentar con la razón... uno simplemente debe creer. La fe, no la razón, es lo que Dios requiere (Hebreos 11:6). Los fideístas son escépticos con respecto a la naturaleza de la evidencia aplicada a la creencia; creen que ninguna evidencia o argumento se aplica a la creencia en Dios —a Dios no se llega por la razón, sino sólo por la fe—. Søren *Kierkegaard y

Karl *Barth son ejemplos de fideístas religiosos.

En epistemología, los fideístas son generalmente coherentistas. Sin duda alguna rechazan el fundacionalismo clásico o cualquier creencia en *primeros principios claros y evidentes. Algunos presuposicionalistas (ver Apologética presuposicional) se catalogan como fideístas, aunque muchos creen en alguna forma de argumento para apoyar su creencia en Dios.

Respuesta al fideísmo. Incluso desde un punto de vista bíblico, Dios nos llama a usar la razón (Is 1:18; Mt 22:36-37; 1 Pedro 3:15). Dios es un ser racional y nos creó como seres racionales. Dios no insultaría la razón que nos dio pidiéndonos que la ignoremos en asuntos tan importantes como nuestras creencias sobre él.

El fideísmo también es contraproducente al usar la razón para decir que no debemos usar la razón en asuntos de religión. Si uno no tiene ninguna razón para no usar la razón, entonces la posición es indefendible. No hay ninguna razón por la que uno deba aceptar el fideísmo. Para un fideísta, afirmar que la razón es solo opcional, no será suficiente; porque o el fideísta ofrece algunos criterios sobre cuándo debemos ser razonables y cuándo no, o la decisión es simplemente arbitraria. Si existen criterios racionales sobre cuándo debemos ser racionales, hay una base racional para usar la razón y el fideísmo se falsifica.

La razón no es el tipo de cosas en las que una criatura racional elige participar. En virtud de ser racional por naturaleza, uno debe ser parte del discurso racional; discurso que exige a seguir las leyes de la razón (ver Primeros Principios; Lógica y Dios). Uno de esos principios es que uno debe tener una razón suficiente para las creencias; sin embargo, si uno debe tener una razón suficiente, entonces el fideísmo está equivocado, ya que afirma que no es necesario tener una razón suficiente para creer (ver Fe y razón).

Los fideístas confunden a menudo creer en con creer que. Si bien lo que afirman sobre la fe se aplica apropiadamente a la creencia en Dios, no se aplica a la creencia de que Dios existe. Uno debe tener evidencia de que hay piso en un ascensor. De lo contrario, sería una tontería lanzarse allí al vacío. Asimismo, es una tontería saltar al vacío con un acto de fe en Dios, a menos que tengamos evidencia de que él está allí.

Hay buenas razones para creer que Dios existe, como el *argumento cosmológico, el *argumento teleológico y el *argumento moral. Además, hay buena evidencia para creer que han ocurrido milagros, incluida la muerte de Cristo y la victoria sobre la muerte por nosotros (ver Resurrección, Evidencias a favor de la).

Filón de Alejandría. Filón de Alejandría (aprox. 20 a. C. – 50 d. C.) fue un filósofo judío y exégeta de Alejandría, Egipto. Debido a su afinidad con la filosofía platónica, es conocido como el Platón hebreo. Posee un gran número de obras como Against Flaccus [Contra Flaco], Procurator of Egypt [Procurador de Egipto]; Legum Allegoriae [Alegoría de las leyes]; On Providence [Sobre la providencia]; On the Eternality of the World [Sobre la indestructibilidad del mundo]; Questions and Solutions in Genesis and Exodus [Problemas y soluciones sobre el Génesis y Éxodo]; The Contemplative Life (De Vita Contemplativa) [Sobre la vida contemplativa]; and The Life of Moses [La vida de Moisés].

Filón fue influenciado de manera muy considerable por líderes cristianos de la "Escuela de Alejandría", tales como *Clemente de Alejandría y *Justino Mártir. Su método alegórico para interpretar las Sagradas Escrituras también influenció a *Origen de Ambrose, *Augustine, y otros. Otros elementos de esta filosofía tuvieron impacto más tarde en el pensamiento cristiano, incluyendo su uso de evidencias para demostrar la existencia de Dios, su doctrina Logos, y su perspectiva de lo desconocido de Dios, idioma negativo sobre Dios, creación ex nihilo (ver Creación, Puntos de vista de la) y la providencia particular.

Filosofía de Filón. Filón intentó interpretar las Sagradas Escrituras con relación a la filosofía griega. Su alcance fue ecléctico e innovador.

Concepto de Dios. Filón enseñó que los seres humanos pueden conocer a Dios, sea de manera directa por revelación divina o de manera indirecta a través de la razón humana. Muchas formas de demostrar la existencia de Dios incluyen *El argumento de Platón para Demiurgos en Timeo y *argumento cosmológico de Aristóteles para un Primer motor inmóvil. Filón aplicó el Primer motor inmóvil para la existencia del mundo y no solo su movimiento. Incluso adoptó el argumento estoico para la Mente (Dios) dentro de la naturaleza mostrara que había un Dios trascendente más allá de la naturaleza.

Filón creyó que tales argumentos podían demostrar solo la existencia de Dios, y no su naturaleza. Para él, Dios era inefable y sin nombre. Solo el conocimiento negativo era posible. Los términos positivos pueden describir solo la actividad de Dios mas no su esencia.

Misticismo y Alegorismo. Dado que Dios no se dio a conocer de manera positiva, Filón, como otros platonistas (ver Platón) y neoplatonistas (ver Plotino), recurrieron al misticismo. Incluso la revelación de Dios en las Sagradas Escrituras no produjo ningún conocimiento positivo de la naturaleza de Dios y no pudo ser tomada de manera literal cuando hablaba de Dios. Solo una interpretación alegórica podía producir el verdadero significado.

Creación y Providencia. Como teísta judío (ver Teísmo), Filón creía en la creación ex nihilo (ver Creación, Puntos de vista de la). Como platonista, sostuvo que la materia existió antes que la creación. En un intento creativo para reconciliar estas opiniones, planteó que hubo dos actos de creación por parte de Dios, uno por los cuales trajo la materia a la existencia y el otro por el cual él creó el mundo fuera de la materia preexistente. Dado que Dios es todopoderoso, es capaz de intervenir milagrosamente en las leyes de la naturaleza que él estableció.

Sin embargo, lo hace con mucha determinación. Muy al contrario de la filosofía griega, Dios no solo era una providencia general sobre el mundo, sino una providencia especial y particular.

Logos. Al interactuar con la filosofía griega, Filón tomó prestado ciertos conceptos platónicos para expresar su propio punto de vista teísta. Su concepto de Logos es un buen ejemplo. En De Opificio, describe a Logos como un principio cosmológico.

Dios, asume, como él asumiría que una copia hermosa nunca podría existir sin un modelo hermoso... cuando quiso crear este mundo visible, primero bloqueó el mundo inteligible, con el propósito de que el uso de un modelo incorpóreo y divino podría hacer del mundo corpóreo una imagen más joven de la más vieja... cuando se está fundando una ciudad... algunas veces, se presenta un hombre entrenado como arquitecto, y después de inspeccionar las características favorables del sitio primero, hace un esquema en su mente de casi todas las partes de la ciudad que va a construir... Entonces, recibiendo una impresión de cada uno de ellos en su alma, como si estuviera en cera, modela una ciudad en la mente. Mirando este modelo procede a construir la ciudad de piedra y madera, haciendo que la sustancia corpórea se asemeje a cada una de las ideas incorpóreas. De la misma forma que debemos pensar en Dios (Dodd, pág. 67).

Las similitudes y diferencias entre el Logos de Filón y el de Juan 1 son instructivos. (ver Logos, Teoría del). Para ambos, Logos es la imagen de Dios, la creación media, y los medios de la creación de Dios. Solo en Juan, sin embargo, Logos es verdaderamente personal, que se convirtió en un ser humano verdaderamente encarnado y sin embargo es idéntico a Dios en la naturaleza (Juan 1:1-14). C. H. Dodd señala como una diferencia decisiva que Juan "concibe el Logos como encarnado, y de [...] realmente vivir y morir en la tierra como un hombre. Esto significa que Logos, que para Filón nunca es personal [...] es el evangelio plenamente personal, de pie en las relaciones personales tanto con Dios como con los hombres, y teniendo lugar en la historia". Además, "el Logos de Filón no es objeto de fe y amor. El Logos encarnado del cuarto evangelio es amante y amado" (ibid. pág 73).

Evaluación. Filón es criticado por su pura teología negativa (ver Analogía, Principio de), su *misticismo, su método de interpretación alegórico, y su excesiva atracción a la filosofía griega, lo que le llevó a tener errores. Su doctrina de Logos fue aplicada erróneamente a Cristo (ver Logos, Teoría del) por posteriores escritores.

Fuentes

N. Bentwich, *Philo-Judaeus of Alexandria* [Filón de Alejandría].

C. H. Dodd, *The Interpretation of the Fourth Gospel* [La interpretación del cuarto Evangelio].

J. Drummond, *Philo Judaeus* [Filón de Alejandría].

R. Nash, *Christianity and the Hellenistic World* [Cristianismo y mundo helenístico].

Filón de Alejandría, De Vita Contemplativa [La vida contemplativa]

F. E. Walton, *Development of the Logos Doctrine in Greek and Hebrew Thought* [Desarrollo de la doctrina del Logos en Grecia y el pensamiento hebreo].

H. A. Wolfson, Philo [Filón].

Firmamento. *Ver* CIENCIA Y LA BIBLIA.

Física cuántica. *Ver* INDETERMINACIÓN, PRINCIPIO DE.

Flavio Josefo. Flavio Josefo (aprox. 37 a aprox. 100) era un fariseo de la línea sacerdotal y un historiador judío. Además de su autobiografía, escribió dos obras importantes: La guerra de los judíos (77-78) y Antigüedades de los judíos (aprox. 94). También escribió una obra menor: Contra Apión.

Josefo confirmaba en un esquema general, y a menudo con gran detalle, la historicidad del Antiguo Testamento y parte del Nuevo Testamento (ver Nuevo Testamento, Fuentes no cristianas del). Aunque la obra de Josefo está sesgada para no ofender a los romanos, tiene un gran valor apologético para el cristianismo: religión que tampoco goza del favor de los romanos. Josefo fue bastante apreciado y empleado por los padres de la iglesia primitiva en apoyo del cristianismo.

Testimonio del canon. Josefo apoya la visión protestante sobre el canon del Antiguo Testamento contra la visión católica romana, que venera los apócrifos del Antiguo Testamento; incluso enumera los nombres de los libros, que son idénticos a los treinta y nueve libros del Antiguo Testamento protestante, y agrupa los treinta y nueve en veintidós volúmenes para que se correspondan con el número de letras del alfabeto hebreo: "Por esto entre nosotros no hay multitud de libros que discrepan y disienten entre sí [como tienen los griegos]; sino solamente veintidós libros, que abarcan la historia de todo tiempo y que, con razón, se consideran divinos. De entre ellos cinco son de Moisés, y contienen las leyes [...] los profetas que sucedieron a Moisés reunieron en trece libros lo que aconteció en su época. Los cuatro restantes ofrecen himnos en alabanza de Dios y preceptos utilísimos a los hombres" (Contra Apión, lib. 1, 8)

Otro punto de interés apologético es la referencia de Josefo al profeta Daniel como escritor del siglo VI a. C. (Antigüedades, caps. X-XII). Esto confirma la naturaleza sobrenatural de las asombrosas predicciones de Daniel sobre el curso de la historia después de su tiempo (ver Profecía, como prueba de la Biblia). A diferencia del Talmud posterior, Josefo obviamente incluye a Daniel entre los profetas, ya que no está en Moisés ni en la sección de "himnos a Dios", que incluiría Salmos, Proverbios, Eclesiastés y Cantar de los Cantares. Esto ayuda a confirmar la fecha temprana de Daniel.

Testimonio del Nuevo Testamento. Josefo se refirió a Jesús como el hermano de Santiago que fue martirizado, y escribió que: "Festo había fallecido y Albino todavía estaba en camino, reunió el sanedrín. Llamó a juicio al hermano de Jesús que se llamó Cristo, su nombre era Jacobo, y con él hizo comparecer a varios otros [o a algunos de sus acompañantes]. Los acusó de ser infractores a la ley y los condenó a ser apedreados" (ibid., lib. XX, cap. IX, 1). Este pasaje verifica tanto la existencia de Cristo por un escritor no cristiano del primer siglo como la afirmación central sobre él de sus seguidores inmediatos de que: él era el Mesías.

Josefo también confirmó la existencia y el martirio de Juan el Bautista, el heraldo de Jesús: "Algunos judíos creyeron que el ejército de Herodes había perecido por la ira de Dios, sufriendo el condigno castigo por haber muerto a Juan, llamado el Bautista. Herodes lo hizo matar, a pesar de ser un hombre justo que predicaba la práctica de la virtud, incitando a vivir con justicia mutua y con piedad hacia Dios, para así poder recibir el bautismo" (ibid., lib. XVIII, cap. V, 2). Esta referencia confirma la existencia, el nombre, la misión y el martirio de Juan el Bautista, tal como lo presenta el Nuevo Testamento.

En un texto en disputado, Josefo da una breve descripción de Jesús y su misión: "Por aquel tiempo existió un hombre sabio, llamado Jesús, si es lícito llamarlo hombre, porque realizó grandes milagros y fue maestro de aquellos hombres que aceptan con placer la verdad. Atrajo a muchos judíos y muchos gentiles. Era el Cristo. Delatado por los principales de los judíos, Pilatos lo condenó a la crucifixión. Aquellos que antes lo habían amado no dejaron de hacerlo, porque se les apareció al tercer día resucitado; los profetas habían anunciado éste y mil otros hechos maravillosos acerca de él. Desde entonces hasta la actualidad existe la agrupación de los cristianos" (ibid., lib. XVIII, cap. III, 3).

Este pasaje fue citado por Eusebio en su forma actual (Historia Eclesiástica, lib. I, cap. XI) y la evidencia del manuscrito lo favorece. Sin embargo, en general se considera que es una interpolación, ya que es poco probable que Josefo, un judío, afirmara que Jesús era el Mesías y que así lo había demostrado la profecía cumplida, los hechos milagrosos y la resurrección de entre los muertos; incluso "Orígenes dice que Josefo no creyó que Jesús fuera el Mesías, ni lo proclamó como tal" (Bruce, pág. 108 ver Orígenes, Contra Celso, lib. II, cap. 47; lib. II, cap. 13). F. F. *Bruce sugiere que la frase "si es que en verdad podemos llamarlo un hombre" puede indicar que el texto es auténtico, pero que Josefo está escribiendo con ironía en una referencia sarcástica a la creencia cristiana de que Jesús es el Hijo de Dios (Bruce, pág. 109).

Otros eruditos han sugerido enmendar el texto de manera que preserve su autenticidad sin la implicación de que Josefo personalmente aceptó que Cristo era el Mesías (ver Bruce, págs. 110-111). Puede ser que un texto árabe del siglo X (véase McDowell, pág. 85) refleje la intención original: "En esta época había un sabio llamado Jesús. Su conducta era buena y se lo conocía como virtuoso. Mucha gente de entre los judíos y de otras naciones se convirtió en sus discípulos. Pilato lo condenó a ser crucificado y morir. Aquellos que habían llegado a ser sus discípulos no abandonaron su discipulado. Ellos dijeron que él se les había aparecido tres días después de su crucifixión y que estaba vivo. De acuerdo con esto, él era quizás el Mesías con respecto al cual los profetas habían hablado maravillas".

Esta forma no afirma que Josefo creyera en la resurrección, sino solo que los discípulos "informaron" sobre ella, lo cual al menos reflejaría un informe honesto de lo que creían los discípulos inmediatos. Bruce observa que hay una buena razón para creer que Josefo se refirió a Jesús, dando testimonio de su fecha, reputación, conexiones familiares con Santiago, crucifixión bajo Pilato por instigación de los líderes judíos, afirmación mesiánica, fundación de la iglesia y la convicción entre sus seguidores de la resurrección.

Fuentes

F. F. *Bruce, ¿Son fidedignos los documentos del Nuevo Testamento?*

L. H. *Feldman, Studies on Philo and Josephus* [Estudios sobre Filón y Josefo].

F. Josefo, *Contra Apión.*

————, *Antigüedades de los judíos.*

————, *La guerra de los judíos.*

J. McDowell, *Nueva evidencia que demanda un veredicto.*

Orígenes, *Contra Celso.*

S. Pines, *An Arabic Version of the Testimonium Flavianum and Its Implications* [Una versión arábiga del testimonio flaviano y sus implicaciones].

R. J. H. Shutt, *Studies in Josephus [Estudios sobre Josefo].*

H. St. J. *Thackeray, Josephus* [Josefo].

Flew, Antony. Antony Flew (1923-2010) fue un prominente ateo británico que impartió clases de filosofía en las principales universidades británicas y fue profesor de filosofía en la Universidad de Keele. Escribió o editó varios libros y artículos de revistas académicas y es bien conocido por sus trabajos en teología filosófica. Entre sus trabajos más contundentes se encuentra el artículo "Miracles" [Milagros] en la Encyclopedia of Philosophy [Enciclopedia de la filosofía] y sus libros New Essays in Philosophical Theology [Nuevos ensayos en la teología filosófica] y The Resurrection Debate [El debate de la resurrección].

La falsabilidad de Dios. A menos que exista algún criterio por el cual uno pueda saber si algo es falso, afirma Flew, uno no puede saber que es cierto. Si el enunciado teísta "Dios existe" es una afirmación, "necesariamente será equivalente a una negación de lo negativo de esa afirmación". Sin embargo, "si no hay nada que niegue una afirmación putativa, tampoco hay nada que afirme; y por eso no es realmente una afirmación" (Flew, New Essays, pág. 98). Como este argumento se aplica a Dios, Flew está diciendo que, a menos que un teísta pueda especificar las condiciones por las cuales se puede probar que Dios no existe, no hay condiciones para probar que Dios existe; tendría que concebirse algún evento o serie de eventos que pudieran probar que Dios no existe.

Aparte de aceptar la premisa de Flew y admitir que ninguna afirmación religiosa es falsable (ver Agnosticismo; Fideísmo), hay dos respuestas generales a Flew: (1) se puede rechazar el principio de falsabilidad; (2) uno puede aceptar el desafío de Flew y establecer las condiciones por las cuales la existencia de Dios podría ser falsada (ver Ayer, A. J.).

Rechazando el principio de falsificación de Flew. El principio de falsabilidad en sí mismo no es falsable; no existen condiciones bajo las cuales uno pueda saber que este principio es falso. Asimismo, otras cosas además de la existencia de Dios no son falsables; por ejemplo, la inmortalidad personal de uno se puede verificar si hay conciencia después de la muerte, pero no se puede falsar, ya que, si somos aniquilados al morir, no podremos falsar la afirmación de la *inmortalidad.

Aceptando el principio de falsificación de Flew. La otra respuesta es tomar el toro de Flew por los cuernos y señalar que la falsificación es posible en una de tres formas: una pasada, una presente y una futura.

Falsificación histórica. La resurrección de Jesucristo al tercer día puede ser falsada (ver Resurrección, Evidencias a favor de la). Todo lo que tenía que pasar era que alguien presentara el cuerpo de Jesús o proporcionara pruebas de una conspiración para deshacerse del cuerpo; o uno podría encontrar el testimonio de un testigo ocular de que Jesús permaneció en la tumba más de tres días. El apóstol Pablo reconoció esto cuando dijo: "Y, si Cristo no ha resucitado, nuestra predicación no sirve para nada, como tampoco la fe de ustedes. Aún más, resultaríamos falsos testigos de Dios por haber testificado que Dios resucitó a Cristo [...] Y, si Cristo no ha resucitado, la fe de ustedes es ilusoria y todavía están en sus pecados. En este caso, también están perdidos los que murieron en Cristo" (1 Co 15:14-18). Si se puede refutar la resurrección, el cristianismo y el Dios del cristianismo son falsos.

Falsificación actual. Dado que la evidencia apologética de la verdad del cristianismo se basa en eventos pasados, no hay una forma directa de probarlos en el presente. Uno solo puede usar evidencia del pasado que permanece en el presente para argumentar a favor o en contra de la verdad de eventos pasados; y como el cristianismo depende de la verdad de la premisa "Dios existe (ahora)", esta es una premisa falsable. Un teísta podría estar dispuesto a renunciar a la fe en Dios si el no teísta puede presentar una refutación válida de la existencia de Dios, pero tales refutaciones ya han sido probadas y todas fallan (ver Dios, Supuestas contradicciones de). Eso significa que la falsificación no tuvo éxito; no es que no pudiera tener éxito en principio, si realmente no existía Dios.

Falsificación escatológica. La falsificación escatológica de algunas cosas, como la inmortalidad, es imposible; sin embargo, muchas creencias religiosas podrían falsarse. La afirmación "iré a un lugar de dicha al morir" se falsa si uno permanece consciente después de la muerte y va a un lugar de sufrimiento. Asimismo, la reencarnación se puede falsar si uno muere con mal karma, pero no reencarna; es más difícil falsar la existencia de Dios, incluso si se vive para siempre. Dios podría optar por esconderse para siempre de la vista, pero esto es poco probable.

Independientemente de cómo se aborde, el principio de falsificación de Flew está lejos de ser un ataque convincente a la verdad del teísmo o del cristianismo. El teísta puede ofrecer muchas formas en las que las creencias fundamentales pueden ser falsadas en principio, si no en la práctica.

La omnipotencia divina, la libertad y el mal. Flew planteó un dilema difícil para el teísmo en su artículo "Divine Omnipotence and Human Freedom" [La omnipotencia divina y la libertad humana] (Flew, *New Essays*, cap. 8). Reconoce la afirmación teísta de que incluso un Ser omnipotente no puede hacer lo que es contradictorio; pero desafía la opinión de muchos teístas de que es contradictorio crear un mundo en el que ninguna criatura libre pueda hacer el mal.

Flew insiste en que "la omnipotencia podría haber creado personas que —a decir verdad— siempre hubieran elegido libremente hacer lo correcto" (ibid., pág. 152). Además, en respuesta a la afirmación teísta de que Dios no podría haber creado bienes de orden superior sin permitir bienes de orden inferior, Flew argumenta que: "la omnipotencia podría haber creado criaturas de las que él podría haber estado seguro de que responderían al desafío apropiado mediante un ejercicio voluntario de firmeza, sin que estas criaturas tengan que adquirir este carácter mediante ningún ejercicio real de firmeza" (ibid., pág. 155).

Los argumentos de Flew evocaron la famosa respuesta del libre albedrío de Alvin Plantinga, quien argumentó que mientras una criatura libre elija el mal, Dios no puede detenerla sin ponerle trabas a su libertad; en cuyo caso, no son realmente libres. Otros señalan que lo que es lógicamente posible no es necesariamente alcanzable en realidad (ver Mal, Problema del). Entonces, si bien es lógicamente posible que nadie haga el mal, en realidad no se puede alcanzar siempre que alguien elija libremente hacer el mal.

Los milagros y la apologética cristiana. Flew alega la falta de historicidad de los milagros (ver Milagro; Milagros, Valor apologético de los; Milagros en la Biblia), así como su falta de credibilidad y de identificación.

El argumento de Flew de que los milagros no son históricos se basa en la suposición de que los milagros son irrepetibles; por lo tanto, no pasan la prueba de credibilidad. El argumento de Flew sigue la forma desarrollada por David *Hume, y al observar el argumento de esto, Flew lo ejecuta algo así como a continuación:

1. Todo milagro es una violación de una ley de la naturaleza.
2. La evidencia contra cualquier violación de la naturaleza es la evidencia más sólida posible.
3. Por lo que, la evidencia contra los milagros es la evidencia más sólida posible.

Flew dice que a Hume le preocupaba principalmente la cuestión de la evidencia. El problema era cómo se podía probar la ocurrencia de un milagro en lugar de si tales eventos ocurrieron alguna vez. Sin embargo, "nuestro único motivo para caracterizar el hecho reportado como milagroso es al mismo tiempo una razón suficiente para llamarlo físicamente imposible". Pero ¿por qué es esto así? Flew responde que el historiador crítico, ante la historia de un milagro, lo descarta; y eso es lo que plantea la pregunta: ¿por qué motivos se descartan los milagros? "Para justificar su procedimiento, tendrá que apelar precisamente al principio que propuso Hume: la 'imposibilidad absoluta o naturaleza milagrosa' de los hechos atestiguados". Esto debe hacerse a satisfacción de personas razonables. Así que Flew cree que, aunque los milagros no son lógicamente imposibles, son científicamente imposibles. "Es solo y precisamente por presumir que las leyes que rigen hoy rigen en el pasado [...] que podemos interpretar racionalmente los detritos (fragmentos) del pasado como evidencia y, a partir de esta, construir nuestro relato de lo que realmente sucedió (Flew, "Miracles", pág. 350).

1. Los milagros, por naturaleza, son particulares e irrepetibles.
2. Los eventos naturales son por naturaleza generales y repetibles.
3. En la práctica, la evidencia de lo general y repetible es siempre mayor que la de lo particular e irrepetible.
4. Por lo que, en la práctica, la evidencia siempre será mayor contra los milagros que a favor de ellos.

A partir de esta declaración, queda claro que Flew considera que la generalidad y la repetibilidad son factores que establecen la credibilidad.

Repetibilidad y falsabilidad. La mayoría de los naturalistas modernos, como Flew, aceptan algunas singularidades irrepetibles; por ejemplo, en la formación del universo (ver Big Bang, Teoría del). Asimismo, casi todos los científicos creen que el proceso del origen de la vida nunca se ha repetido. Si el argumento de Flew se aplica de manera consistente, es incorrecto que los científicos crean en tal singularidad. El argumento de Flew eliminaría algunas creencias naturalistas básicas.

La opinión de Flew también está sujeta a la misma crítica que Flew hace de los teístas, ya que no es una postura infalsable (ver arriba). No importa qué estado de cosas ocurra, incluso una resurrección, Flew, contrariamente a las afirmaciones de Hume, estaría obligado a negar que fue un milagro; y ningún evento en el mundo falsaría el naturalismo, porque la baraja está apilada, de modo que la evidencia siempre pese más a favor del antisobrenaturalismo que en su contra. Tampoco ayudaría a Flew afirmar que el naturalismo es falsable en principio, si es que nunca en la práctica. Entonces, para ser justos, tendría que permitir a los teístas la misma prerrogativa. Si el sobrenaturalismo nunca puede establecerse en la práctica, tampoco puede el naturalismo. Siempre es posible para el teísta afirmar de cada supuesto evento natural que "Dios es la causa última". El teísta puede insistir en que todos los eventos "naturales" (i. e., los que se repiten naturalmente) son la forma en que Dios opera normalmente y que los eventos "milagrosos" son la forma en que él obra en ocasiones. Según los propios argumentos de Flew, no hay forma, en la práctica, de falsar la creencia teísta.

Uno puede objetar la suposición de Flew de que lo repetible siempre supera evidentemente a lo irrepetible. Si esto fuera así, entonces, como señaló Richard Whately, uno no podría creer en la historicidad de ningún evento singular del pasado. Si la repetibilidad en la práctica es la verdadera prueba de evidencia superior, no se debe creer que ocurrieron nacimientos o muertes por observación, porque ninguno de los dos es repetible en la práctica. Debería eliminarse la ciencia de la geología.

Los científicos no rechazan las singularidades de plano, observa el profesor de física Stanley Jaki. "Por suerte para la ciencia, los científicos rara vez dejan de lado los informes sobre un caso realmente nuevo con el comentario: 'No puede ser realmente diferente de los otros mil casos que ya hemos investigado'. La valiente respuesta del joven asistente: 'Pero, señor, ¿y si este es el caso mil y uno?' Lo cual [...] es precisamente la réplica que se ofrece en relación con hechos que caen bajo sospecha por su carácter milagroso" (Jaki, pág. 100). Entonces, si el naturalista lleva los argumentos lo suficientemente lejos como para eliminar los milagros, las bases para muchas otras creencias se eliminan por implicación. Las calificaciones para incluir datos naturales y científicos vuelven a abrir la puerta a los milagros.

Identificabilidad. El segundo argumento de Flew no es ontológico, sino epistemológico: los milagros no se rechazan porque se sabe que no han ocurrido, sino porque no se sabe o no puede saberse que hayan ocurrido. El argumento de Flew va más allá de la mera identificabilidad. Si tiene éxito, demostraría que los milagros no tienen valor apologético.

Flew afirma estar dispuesto a permitir la posibilidad de los milagros en principio (ver Spinoza, Benedict). En la práctica, argumenta que, existe un problema grave, incluso insuperable, al no poder identificar los milagros. El argumento se puede resumir así:

1. Un milagro debe ser identificable o distinguible antes de que se sepa que ha ocurrido.

2. Los milagros solo pueden identificarse en términos de naturaleza o en términos de lo sobrenatural.

3. Identificar un milagro por referencia a lo sobrenatural (como un acto de Dios) plantea la pregunta.

4. Identificarlo en referencia a términos naturales quita la dimensión sobrenatural necesaria.

5. Por lo que, no se puede saber que hayan ocurrido milagros, ya que no se pueden identificar.

Flew insiste contra *Agustín (La ciudad de Dios, lib. XXI, cap. VIII) en que si un milagro es simplemente "un presagio [que] no es contrario a la naturaleza, sino contrario a nuestro conocimiento de la naturaleza", entonces realmente no tiene valor como prueba de lo sobrenatural; y simplemente muestra el conocimiento relativo de una generación. Mientras que la noción de un milagro de Agustín aseguraría la dependencia de la creación de Dios, lo haría solo a costa de subvertir el valor apologético de todos los milagros (Flew, "Miracles", pág. 348). Si un milagro no está más allá del poder de la naturaleza, sino solo más allá de nuestro conocimiento de la naturaleza, entonces un milagro no es más que un evento natural. No podríamos saber que realmente ocurrió un milagro, solo que así parecía; para ser verdaderamente milagroso, un milagro debe ser independiente de la naturaleza, pero un milagro no puede identificarse excepto en lo que se refiere a la naturaleza. No existe una forma natural de identificar un milagro, a menos que se sepa que es un milagro por motivos independientes. Debe considerarse simplemente un evento extraño o inconsistente que una ley científica más amplia podría explicar.

A partir de esto, Flew argumenta que ningún supuesto evento milagroso puede usarse para probar que un sistema religioso es verdadero. No podemos argumentar que Dios existe porque un evento es un acto de Dios; a menos que ya haya un Dios que actúa, no puede haber un acto de Dios. Argumentar desde un acto de Dios hasta un sistema sobrenatural plantea la pregunta. Debemos identificar el evento como sobrenatural desde una perspectiva estrictamente naturalista; pero esto es imposible, ya que un evento inusual en el ámbito natural es, desde una perspectiva naturalista, estrictamente una perspectiva natural.

Los milagros, por tanto, no tienen valor apologético.

El centro del argumento de Flew es ahora el enfoque (ibid., págs. 348-349). Los milagros no son identificables porque no hay forma de definirlos sin plantear la cuestión:

1. Un milagro debe ser identificable antes de que

pueda ser identificado.

2. Un milagro se identifica de dos maneras: (a) un evento inusual en la naturaleza o (b) una excepción a la naturaleza.

3. Un evento inusual en la naturaleza es simplemente un evento natural, no un milagro.

4. Una excepción a la naturaleza no se puede conocer solo desde dentro de la naturaleza.

5. Por lo tanto, un milagro no es identificable y no puede usarse para probar nada.

Parece que Flew ha hecho un punto penetrante, cuya primera premisa es sólida: debemos saber lo que estamos buscando antes de saber que lo hemos encontrado; no podemos descubrir lo que no se puede definir, pero definir los milagros en términos de eventos naturales es reducirlos a eventos naturales. Definirlos en términos de una causa sobrenatural es suponer que Dios existe, lo cual es un argumento circular.

Presuponiendo la existencia de Dios. Una forma de responder a Flew es afirmar que tanto naturalistas como sobrenaturalistas discuten en círculo. Los argumentos antisobrenaturales presuponen el naturalismo. Por tanto, algunos teístas simplemente afirman que es necesario argumentar en círculo. Toda razón es circular (Van Til, pág. 118), porque todo pensamiento, en última instancia, se basa en la fe (ver Fideísmo).

Si un sobrenaturalista elige esta ruta, entonces los motivos (o la falta de motivos) parecen tan buenos como los del antisobrenaturalista. Los naturalistas que intentan descartar los milagros sobre la base de un compromiso de fe con el naturalismo no están en posición de prohibir a los teístas simplemente creer que Dios existe y, por lo tanto, que los milagros son identificables. Una vez que a los naturalistas se les concede el privilegio de una mera base de creencias para el naturalismo, sin pruebas racionales o científicas, las cosmovisiones alternativas deben tener la misma oportunidad.

Evidencia a favor de la existencia de Dios. Ahora bien, hay otra vía de enfoque abierta: los teístas pueden ofrecer una justificación racional para creer en Dios (ver Dios, Evidencias de). Si tienen éxito, entonces pueden definir (mostrar la identificabilidad de) los milagros en términos del ámbito sobrenatural que tienen razones para pensar que existe; y esto es precisamente lo que hacen el argumento *cosmológico y el argumento *teleológico. En la medida en que uno pueda dar un argumento racional a favor de la existencia de Dios, se elude la crítica de Flew.

La conversión de Flew. Curiosamente, es este mismo enfoque el que finalmente llevó a Flew a convertirse de su visión atea a la fe en Dios. En su último libro, Dios existe, Flew escribió: "Tampoco pretendo haber tenido una experiencia personal de Dios, ni ninguna otra experiencia que pueda considerarse sobrenatural o milagrosa. En resumen, mi descubrimiento de lo divino ha sido una peregrinación de la razón, y no de la fe" (pág. 93). ¿Cuál fue el proceso de razonamiento? Flew respondió: "Es simplemente inconcebible que alguna matriz o campo material pueda generar agentes que piensan y actúan [...] Un campo de fuerza no planifica o actúa. Por tanto, [...] el mundo de los seres vivos, conscientes y pensantes debe tener su origen en una Fuente viviente, una Mente" (pág. 183). Los críticos atribuyen esta conversión de Flew a la creencia en Dios por su edad o senilidad; pero aquellos que conocieron a Flew personalmente dan testimonio de su racionalidad y conversión genuina. Sin embargo, es cierto que el Dios de Flew era de tipo más deísta, aunque Flew dio espacio a un artículo sobre la resurrección, por N. T. Wright, en su último libro y recomendó el cristianismo como un lugar donde uno podría mirar, si uno deseaba seguir con el asunto más lejos.

Resumen. Dos temas de Flew son una seria amenaza para la apologética cristiana: (1) su argumento de que la fe en Dios no es falsable, y (2) su punto de vista de que los milagros no son identificables. Hay formas de afrontar el desafío de la verificabilidad. El cristianismo se puede verificar a partir de eventos del pasado, presente y futuro. Un asunto más serio es el ataque a los milagros. Si bien Flew no afirma que este argumento elimine la posibilidad de los milagros, si tiene éxito, limitaría seriamente la apologética cristiana (ver Apologética clásica; Apologética histórica). Si los milagros no pueden identificarse como eventos sobrenaturales, no tienen valor apologético. Un simple evento inusual dentro de la naturaleza no tiene valor probatorio para probar nada más allá de la existencia de la naturaleza.

Sin embargo, como se muestra arriba, los apologetas *clásicos pueden evadir este problema ya sea presuponiendo la existencia de un reino sobrenatural (i. e., Dios) u ofreciendo evidencia de su existencia. El mismo Flew se convenció con el método posterior. Mientras haya un Dios que pueda actuar, los actos especiales de Dios (milagros) son posibles e identificables. La única forma de refutar esta posibilidad es refutando la posibilidad de la existencia de Dios; y tales esfuerzos están condenados al fracaso y, por lo general, se refutan a sí mismos (ver Dios, Supuestas contradicciones de).

Los apologetas históricos no tienen esta opción, ya que creen que todo el caso del cristianismo, incluida la existencia de Dios, puede basarse únicamente en la evidencia histórica; y en contra de este punto de vista, Flew brinda un argumento revelador.

Fuentes

T. Aquino, Suma contra gentiles, libro III.

Augustine, *La ciudad de Dios.*

A. Flew, "Miracles" [Milagros].

————, *New Essays in Philosophical Theology* [Nuevos ensayos en la teología filosófica].

————, *"Theology and Falsification"* [Teología y falsificación]

————, *Dios existe.*

N. L. Geisler, *Miracles and the Modern Mind* [Los milagros y la mente moderna].

S. L. Jaki, *Miracles and Physics* [Los milagros y la física].

C. S. Lewis, *Los milagros.*

T. Miethe, ed., *Did Jesus Rise from the Dead?* [¿Resucitó Jesús de entre los muertos?]

R. Swinburne, *Miracles* [Los milagros].

C. Van Til, *The Defense of the Faith* [La defensa de la fe].

Frazer, James. James Frazer (1854-1941) nació en Glasgow y se educó en la Academia Larchfield, Helensburg; también en la Universidad de Glasgow y la Universidad de Cambridge. De 1907 a 1919 fue profesor de antropología social en la Universidad de Liverpool. Frazer jugó un papel decisivo en el inicio de la Cambridge Review (1879). Pronunció la primera de sus conferencias Gifford en 1911 sobre "Belief in Immortality and the Worship of the Dead" [La creencia en la inmortalidad y el culto a los muertos]. Entre 1890 y 1912 produjo su monumental obra, La rama dorada, la cual junto a los tres volúmenes de El folklore en el Antiguo Testamento (1918) se produjeron en ediciones abreviadas en 1922 y 1923, respectivamente. Frazer también escribió The Worship of Nature [La adoración de la naturaleza] (1926) y The Fear of the Dead in Primitive Religion [El temor a la muerte en la religión primitiva] (1933-1934).

La rama dorada da un giro evolutivo a la historia de las religiones. Frazer propuso que las religiones evolucionaron de la magia a través del animismo y el *politeísmo al *henoteísmo y finalmente al *monoteísmo; también alegó que el cristianismo copió los mitos paganos. A pesar de su uso selectivo y anecdótico de fuentes que quedaron desactualizadas por investigaciones posteriores, las ideas del libro todavía son consideradas ampliamente.

La tesis de la evolución de la religión de Frazer no tiene fundamento por razones que se analizan en detalle en otra parte. Ver los artículos Milagros, Mitos y; Mitraísmo; Mitología y Nuevo Testamento; Afirmaciones de resurrección en religiones no cristianas. Las razones clave incluyen las siguientes.

Los mitos paganos citados con mayor frecuencia como modelos para el nacimiento, muerte y resurrección de Cristo aparecieron más tarde que los Evangelios (ver Yamauchi). Por tanto, los escritores cristianos no podrían haber copiado estas historias.

Hay diferencias considerables en las versiones paganas y cristianas. Por ejemplo, los paganos no creían en la resurrección (ver Resurrección, Naturaleza física de la) del cuerpo físico que murió, sino en la reencarnación del alma en otro cuerpo. Las historias paganas eran todas sobre dioses politeístas (ver Politeísmo), no sobre una deidad monoteísta (ver Teísmo).

Hay buena evidencia de que el monoteísmo fue la religión primitiva de los pueblos más antiguos que se conocen, particularmente en el Creciente Fértil, no el animismo ni el politeísmo (ver Monoteísmo primitivo). Los registros más antiguos tanto de Ebla (ver Tablillas de Ebla) como de los libros del Antiguo Testamento sobre las épocas más tempranas, Génesis y Job, hablan de monoteísmo. El antropólogo W. Schmidt propone una interpretación de los datos de que el monoteísmo es la visión más primitiva sobre Dios. El animismo, el politeísmo y el henoteísmo se ven como corrupción más adelante (Origin and Growth of Religion [El origen y crecimiento de la religión]; Primitive Revelation [La revelación primitiva]). William F. *Albright comenta: "Ya no puede haber ninguna duda de que el P. Schmidt ha refutado satisfactoriamente la simple progresión evolutiva [...] El fetichismo, politeísmo, monoteísmo, o animismo de Tylor, politeísmo, monoteísmo [...] Sencillamente, los fenómenos religiosos son de origen tan complejo y de naturaleza tan fluida que la simplificación excesiva es más engañosa en el campo de la religión que quizás en cualquier otro lugar" (Albright, pág. 171).

Incluso en las tan denominadas religiones primitivas existentes hay un concepto generalizado de un dios elevado o dios del cielo que los estudiosos creen que se relaciona estrechamente con el monoteísmo primitivo. John Mbiti ha descrito trescientas religiones tradicionales; sin embargo, en todas estas sociedades, sin excepción, la gente tiene una noción de Dios como el Ser Supremo (ver Mbiti, Entre Dios y el tiempo: religiones tradicionales africanas). Albright también reconoce que "los dioses superiores pueden ser todopoderosos y se les puede atribuir la creación del mundo; generalmente son deidades cósmicas que a menudo, quizás habitualmente, residen en el cielo" (Albright, pág. 170). Esto claramente contradice las concepciones animistas y politeístas de la deidad.

El estudio de Frazer y sus críticos muestra de manera bastante concluyente que la tesis de Frazer no fue motivada por los hechos sino por su visión evolutiva de la religión (ver Darwin, Charles). Esto simplemente lo presupuso, y su contribución fue una ingeniosa presentación del conocimiento existente dentro de un marco particular.

La visión evolucionista de la religión fue en sí misma tardía, y solo ganó popularidad a raíz de la teoría de la evolución biológica (ver Evolución biológica; Eslabones perdidos evolutivos) popularizada por Charles Darwin en El origen de las especies (1859) y El origen del hombre (1871). La idea evolutiva de Frazer se basa en varias suposiciones no probadas; asume que la evolución biológica es un hecho, aunque carece de apoyo, y también asume que la evolución biológica describe eventos a nivel social y religioso, lo que no puede concluirse en ningún caso.

Incluso la revisión de Theodore Gaster del libro de Frazer dice: "[La revisión] elimina, por ejemplo, la extensa discusión de Frazer sobre la relación entre magia y religión, porque la opinión que se expresa allí es que las dos cosas están en sucesión genealógica [...] ahora se ha demostrado que es un mero producto del evolucionismo de finales del siglo XIX, sin una base adecuada" (Frazer, La rama dorada [nueva edición], caps. XV-XVI).

La teoría de Frazer también se basa en un antisobrenaturalismo sin fundamento (ver Milagros, Argumentos contra los). La Biblia enseña que Dios se reveló a sí mismo específicamente a ciertas personas y en general a toda la humanidad a través de la creación y el orden moral (cf. Sal 19; Ro 1:18-20; 2: 14-15). La visión evolucionista hace del monoteísmo un producto del desarrollo humano. Dios fue visto primero como algo en la naturaleza y luego como algo más allá de la naturaleza. No se revela a la gente.

Además de estos factores, se ha demostrado que los mitos paganos son posteriores al registro cristiano del nacimiento, muerte y resurrección. Ronald Nash observa que la cronología está totalmente equivocada si las religiones paganas influyeron en quienes crean los mitos cristianos; todas las fuentes que hablan de estos mitos paganos son muy tardías (Nash, pág. 193). Los cristianos difícilmente podrían haber sido los influenciados, y en todo caso, las religiones paganas tomaron prestado del cristianismo (ver Historias del nacimiento divino; Mitraísmo; Mitología y el Nuevo Testamento; Afirmaciones de resurrección en religiones no cristianas).

Las diferencias notables entre las versiones paganas y cristianas también excluyen una dependencia cristiana. Nash enumera seis diferencias entre la muerte de Jesús y los relatos paganos de la muerte de un dios:

1. Ninguna deidad pagana murió en lugar de otra persona, como lo hizo Jesús.
2. Solo Jesús murió para pagar por los pecados.
3. Jesús murió una única vez, mientras que las deidades paganas murieron y volvieron a la vida con los ciclos anuales de la naturaleza.
4. La muerte de Jesús fue un acontecimiento atestiguado en la historia; las historias de las deidades paganas eran solo míticas.
5. Jesús murió voluntariamente.
6. La muerte de Jesús fue un triunfo, no una derrota (Nash, págs. 171-172).

Asimismo, la resurrección, los conceptos cristianos del nuevo nacimiento y la redención, y los sacramentos difieren significativamente de las creencias y prácticas religiosas paganas (Nash).

Fuentes

W. F. Albright, *De la Edad de Piedra al cristianismo*.

J. G. Frazer, La rama dorada.

———, *La rama dorada* (nueva edición).

E. O. James, "Frazer, James George".

S. Kim, *The Origin of Paul's Gospel* [El origen del evangelio de Pablo].

J. G. Machen, *The Origin of Paul's Religion* [El origen de la religión de Pablo].

———, *The Virgin Birth of Christ* [El nacimiento virginal de Cristo].

J. S. Mbiti, *Entre Dios y el tiempo: religiones tradicionales africanas*.

———, *Concepts of God in Africa* [Concepciones de Dios en África].

R. Nash, *Christianity and the Hellenistic World* [El cristianismo y el mundo helenístico].

W. Schmidt, *High Gods in North America* [Dioses supremos en Norteamérica].

———, *The Origin and Growth of Religion* [El origen y crecimiento de la religión].

———, *Primitive Revelation* [La revelación primitiva].

E. Yamauchi, *"Easter—Myth, Hallucination, or History?"* [La Pascua: ¿Mito, alucinación, o Historia?].

Freud, Sigmund. Sigmund Freud (1856-1939), padre del psicoanálisis, fue uno de los ateos más influyentes (ver Ateísmo) de los tiempos modernos. Sus opiniones sobre la religión han proporcionado una lógica ampliamente aceptada para no creer en Dios, y como tales, tienen un escrutinio cuidadoso por parte de los apologetas cristianos. Además de sus trabajos sobre psicología, Freud se preocupaba por la religión. Escribió Tótem y tabú y Moisés y la religión monoteísta, pero su obra más influyente para socavar la fe en Dios fue la obra de 1927, El porvenir de una ilusión.

Visión sobre la religión. Si bien Freud era ateo, encontró algunas características positivas en la religión. Reconoció que: (1) definitivamente hay algo de verdad en la religión; (2) algunas religiones pueden ser todas verdaderas y no pueden ser refutadas definitivamente; (3) sería de gran importancia si fuera cierta; (4) existe un sentimiento de dependencia del que surgió la religión que es compartido por todos; (5) la religión ha brindado un gran consuelo a la gente; (6) los objetivos de la religión como la hermandad y aliviar el sufrimiento son buenos y correctos; e (7) históricamente, ha sido la parte más importante e influyente de la cultura. Freud incluso admitió que su postura contra la religión podría ser completamente injustificada; sin embargo, la mantuvo firmemente.

A pesar de estas notas positivas, Freud creía que la religión debía rechazarse por ser autoritaria en su forma, innecesaria e inadecuada; sospechaba que se basaba en un deseo ilusorio por cumplir deseos. La religión es algo que deseamos que sea verdad, pero de lo cual no tenemos ninguna base para confiar más allá de nuestro deseo. En términos psicoanalíticos, Dios es una neurosis infantil que nunca superamos: el resultado de un deseo por un tipo de manta de seguridad celestial. Desear que haya un tesoro al final del arcoíris no significa que haya uno. El deseo de un Padre que nos consuele a través de las aflicciones de la vida es igualmente ilusorio.

Freud creía que la religión era dañina porque:

1. Surge del deseo o anhelo de un Consolador Cósmico.
2. Se originó durante un período primitivo (ignorante) del desarrollo humano.
3. Drena energía del impulso para resolver los problemas del mundo.
4. Es egoísta e impaciente, y desea una recompensa inmortal inmediata al morir.
5. Puede contribuir a la naturaleza apasionada e irracional, debido al adoctrinamiento de la religión temprana y la represión del desarrollo sexual.
6. Mantiene a las personas en un estado perpetuo de infancia e inmadurez.
7. Sus seguidores son de mente cerrada; no la abandonan voluntariamente bajo ninguna circunstancia.
8. No es necesaria; la humanidad ahora tiene ciencia para controlar el mundo y, con resignación, puede convivir con el resto.
9. No ha traído satisfacción personal y social en miles de años de esfuerzo.
10. Tiene una base engañosa y no auténtica. Se alega que es verdadera porque:

(a) nuestros primeros antepasados creyeron en ella;
(b) se han transmitido pruebas milagrosas desde la antigüedad, y es impío cuestionar su autenticidad.

Justificaciones inadecuadas a favor de la religión. Si uno purifica la religión de todas sus contradicciones, aún debe ser rechazada porque se trata de cumplir deseos. ¿Por qué deberíamos creer en este disparate y no en otros? Uno no debería simplemente comportarse "como si fuera verdad", contrario a nuestro sentido de la realidad.

El espiritismo y los trances no justifican la religión; estas experiencias prueban solo estados mentales subjetivos de las personas que las tienen. La religión no debería aceptarse por ser una creencia ancestral; nuestros antepasados ignoraban muchas cosas.

Tampoco se debe aceptar la religión en virtud del sentimiento de dependencia que se encuentra dentro de todos los seres humanos (ver Schleiermacher, Friedrich). Vivir solo bajo este sentimiento es irreligioso; lo que constituye la religión es lo que se hace en respuesta a este sentimiento de dependencia. La religión no debe aceptarse como una restricción moral necesaria. Una base racional es mejor y es aplicable a todas las personas, no solo a los religiosos.

Sostener que Dios es indefinible e indescriptible es inadecuado. Este Dios incognoscible no causa interés a los seres humanos.

Respuesta a las objeciones. A la objeción de que "la razón y la ciencia son demasiado lentas para proveer el consuelo y las respuestas necesarias", Freud respondió que la razón persiste y es mejor a largo plazo. Freud admitió que no hay garantía de una recompensa en la razón y la ciencia; esa garantía la busca el egoísmo. La razón es menos egoísta que la religión. También admitió que su propia visión podría ser una ilusión. Respondió que la debilidad de su visión no prueba que la religión sea correcta. Si la fe en la razón es también intolerante y dogmática, al menos se puede renunciar a la razón sin castigo por la incredulidad; la religión no puede.

Bajo la acusación de que el rechazo es peligroso para la institución y el trabajo de la religión, Freud comentó que la persona verdaderamente religiosa no se dejará conmover por su punto de vista. ¿Son los seres humanos demasiado apasionados para ser gobernados por la razón? ¿Cómo sabe la sociedad si lo son, porque nunca se ha intentado? "El caos moral resultará sin la religión". No es así, afirmó Freud; porque la razón es una mejor base para la moral. También es falso que estamos desamparados sin la religión, porque tenemos la ciencia y la capacidad de resignarnos a manejar nuestros propios problemas. En general, el argumento al que respondió Freud fue que, cierto o no, los seres humanos no pueden prescindir del consuelo religioso. No es sorprendente que Freud insistiera en que, con el tiempo, las personas deben crecer.

Evaluación. Es de destacar que Freud no estaba en contra de la religión, sino en contra de la religiosidad dogmática y autoritaria. Admitió que incluso el tipo dogmático puede ser cierto y él puede estar equivocado; tendía a relacionarse más con el tipo de dependencia que Schleiermacher llamaba religión. Freud estuvo de acuerdo con Schleiermacher en que la religión puede ser verdadera y necesaria, pero estas confesiones hacen que el rechazo general de Freud a la religión parezca prejuicioso, irrazonable e incluso cruel. De hecho, fingió que no le importaba que los principios religiosos pudieran ser ciertos, tuvieran objetivos altruistas, brindaran consuelo y sean la parte más importante e influyente de la cultura humana.

Una respuesta a la afirmación de Freud de que la religión es una ilusión. Es difícil poner la postura de Freud en cualquier tipo de argumento que tenga premisas que cuestionar. Tal vez lo siguiente es lo que se quiere decir:

1. Una ilusión es algo que se basa únicamente en el deseo, no en la realidad.
2. La creencia en Dios tiene las características de una ilusión.
3. Por lo tanto, creer en Dios es un deseo que no se basa en la realidad.

Por supuesto, de esta forma, la premisa menor puede cuestionarse fácilmente. No todos los que creen en Dios lo hacen simplemente porque desean un Consolador Cósmico. Algunos encuentran a Dios porque tienen sed de realidad; muchos encuentran a Dios porque están interesados en la verdad, no simplemente porque les preocupa sentirse bien. Freud no ofreció evidencia clínica para su punto de vista basándose en el estudio de pacientes creyentes; por el contrario, ahora hay mucha evidencia clínica que muestra que la fe en Dios contribuye a la salud y la felicidad de las personas.

Además, la creencia cristiana en Dios tiene muchas dimensiones que incomodan. Dios no es solo un Padre que provee, sino también un Juez que castiga. Los cristianos creen en el infierno y, sin embargo, nadie desea que esto sea cierto.

Puede que Freud lo tenga al revés. Quizás nuestras representaciones de los padres terrenales están inspiradas según el modelo de Dios y no al revés; quizás esto se deba a que Dios nos ha creado a su imagen, y no al revés; quizás la fe del cristiano en Dios no se base en el deseo de crear un Padre… Más bien, quizás la creencia del ateo de que Dios no existe se base en el deseo de matar al Padre, después de todo, la Biblia declara que los deseos rebeldes del humano reprimen la verdad acerca de Dios (Ro 1:18) porque las personas eligen vivir un estilo de vida contrario a su carácter

(cf. Sal 14). De hecho, el experto freudiano Paul Vitz brindó pruebas convincentes de esta visión en su libro Faith of the Fatherless [La fe de los huérfanos], donde demostró que muchos de los grandes ateos no tenían padre o tenían un padre disfuncional a medida que crecían.

El mero deseo humano de Dios no es la única base para creer que Dios existe. Hay buenas razones para creer que Dios existe (ver Dios, Evidencias de). El argumento de Freud, en el mejor de los casos, se aplicaría solo a aquellos que no tuvieran otra base que su propio deseo de que Dios exista; es más, Dios puede existir incluso si muchas (o todas) las personas tienen una razón equivocada para creer/desear que así sea. Solo porque uno desee ganar la lotería no significa que no sucederá; algunos la ganan. Solo porque muchos deseen una mejor forma de vida no significa que sea imposible de conseguir; muchos la consiguen.

Además, Freud confunde el deseo y la necesidad. ¿Y si, como admiten incluso muchos ateos, hay una necesidad real de Dios en el corazón humano? Los niños quieren dulces, pero necesitan alimento. Si el deseo de Dios es una necesidad, no simplemente un deseo, entonces el análisis de Freud de la experiencia religiosa es inadecuado.

Puede ser que la creencia de Freud de que Dios no existe sea en sí misma una ilusión. Si uno no desea obedecer a Dios, es mucho más fácil creer que Dios no existe. De hecho, para alguien que vive en pecado y rebelión contra Dios, es muy reconfortante creer que ni él ni el infierno existen (Sal 14: 1; Ro 1: 18 ss.).

Fuentes

S. Freud, *El porvenir de una ilusión.*

———, *Moisés y la religión monoteísta.*

———, *Tótem y tabú.*

N. L. Geisler y W. Corduan, *Philosophy of Religion* [La filosofía de la religión], cap. 4.

R. C. Sproul, *Si Dios existe, ¿por qué hay tantos ateos?*

P. Vitz, *Faith of the Fatherless* [La fe de los huérfanos].

———, *Sigmund Freud's Christian Unconscious* [El inconsciente cristiano de Sigmund Freud].

Fundacionalismo. El fundacionalismo es la teoría del conocimiento (ver Epistemología) que afirma la necesidad de ciertos principios fundamentales (ver Primeros principios) como la base de todo pensamiento. Por el contrario, el coherentismo afirma que no se necesitan tales principios, sino que las ideas simplemente deben cohesionarse como una red de una manera consistente, sin ningún principio fundamental último.

Argumento a favor del fundacionalismo. Los fundacionalistas argumentan que ningún conocimiento, ni siquiera acerca de las ideas coherentes, sería posible a menos que existieran primeros principios como la ley de la no contradicción. Estos principios permiten saber si las ideas son consistentes y no contradictorias, y señalan que ninguna red cuelga en el aire; debe estar anclada en algún lugar. C. S. *Lewis observó: "Como tales, estos primeros principios de la Razón Práctica son fundamentales para todo conocimiento y argumento, y negarlos es negar el conocimiento mismo; es inútil tratar de ver a través de los primeros principios. Si Ud. ve a través de todo, entonces todo es transparente. Pero un mundo totalmente transparente es un mundo invisible. "Ver a través" de todas las cosas es lo mismo que no ver" (Lewis, cap. 87).

El argumento fundacionalista básico es que debe haber una base para todas las afirmaciones de verdad y que una regresión infinita nunca (ver Serie infinita) proporciona una base; solo retrasa el proporcionar una para siempre. Por tanto, en última instancia, debe haber algunos primeros principios sobre los que se basa todo conocimiento. Todo lo que no es evidente en sí mismo debe hacerse evidente en términos de algo que es. Así que, en última instancia, debe haber algunos principios evidentes por sí mismos en términos de los cuales todo lo demás pueda hacerse evidente.

No es razonable intentar ir detrás de ellos. Por tanto, no se puede tener una "mente abierta" sobre si son verdaderos. Ni siquiera se puede tener una mente sin ellos.

Principios fundacionales. Los fundacionalistas clásicos generalmente están de acuerdo en que las leyes básicas de la lógica (ver Lógica y Dios) son principios fundacionales, los cuales incluyen la ley de la no contradicción: que una proposición no puede ser verdadera y falsa al mismo tiempo y en el mismo sentido. Del mismo modo, los principios afines del medio excluido (algo es verdadero o falso, pero no ambos) y la identidad (lo que es verdadero es verdadero y lo falso es falso) son principios fundacionales.

En metafísica, los fundacionalistas tradicionales ofrecen principios como: "El ser es el ser", "El no ser es un ser sin existencia" y "Algo es un ser o un no ser". Los primeros principios éticos incluyen: "Se debe buscar el bien", "Se debe evitar el mal" y "O una cosa es buena o mala".

Críticas. Las críticas más significativas al fundacionalismo son las siguientes.

El fundacionalismo es deductivo y abstracto. Muchos de los ataques contemporáneos contra el fundacionalismo, incluso por parte de pensadores cristianos como Alvin Platinga, se basan en la incapacidad de distinguir dos tipos de fundacionalismo: deductivo y reductivo. El fundacionalismo puramente deductivo (como en Benedicto *Spinoza) está sujeto a la crítica de que es puramente a priori y abstracto, que no se ocupa de la realidad tal como la conocemos. Sin embargo, todos los fundacionalistas, incluidos *Aristóteles y *Tomás de Aquino, no encajan en esta categoría (ver Primeros Principios). La diferencia es que los fundacionalistas deductivos sostienen que uno puede deducir toda la verdad a partir de axiomas evidentes por sí mismos (como en la geometría euclidiana), mientras que otros fundacionalistas (como Aquino) creen que todo conocimiento puede reducirse a un primer principio, que hace posible conocer cualquier cosa. Tanto Aristóteles como Aquino eran empiristas, creían que todo conocimiento comienza en los sentidos; sin embargo, ambos eran fundacionalistas reduccionistas.

No hay un acuerdo sobre los primeros principios. No todo el mundo está de acuerdo sobre qué principios deben incluirse en los principios fundacionales; y en respuesta, los fundacionalistas señalan que no lograr un acuerdo universal sobre el número de principios fundacionales no significa que no haya ninguno; no llegar a un acuerdo sobre cuántos principios éticos existen significa que no existe una base fundamental para el bien y el mal (ver Moralidad, Naturaleza absoluta de la), o que no lograr un acuerdo sobre cuántas leyes científicas existen significa que no hay ninguna.

No hay una base para los primeros principios. Pero si todo necesita una base, ¿por qué no buscar una base para los tan llamados principios fundacionales? ¿Cuál es la base del fundacionalismo?

Los fundacionalistas no sostienen que cada declaración necesite una base; creen que solo las declaraciones que no son evidentes por sí mismas necesitan una base y sostienen que las declaraciones que no son evidentes en sí mismas deben ser evidentes en términos de algo más que sea evidente por sí mismo. Una vez que uno llega a lo evidente por sí mismo, no es necesario que sea evidente en términos de otra cosa (ver Realismo).

¿Qué es evidente por sí mismo? Algunos objetan que no hay forma segura de saber qué es evidente por sí mismo. No todo lo que se dice que es evidente por sí mismo para los fundacionalistas es evidente por sí mismo para los demás.

Con respecto a esta crítica, los fundacionalistas señalan que una verdad evidente por sí misma es aquella cuyo predicado es reducible a su sujeto, ya sea directa o indirectamente. Por tanto, todo lo que hay que hacer es analizarlo claramente para saber si es así. Por ejemplo, es evidente por sí mismo que "el ser existe", ya que todo lo que "existe" tiene "ser". Asimismo, es evidente por sí mismo que "todo efecto tiene una causa", ya que un "efecto" significa aquello que es "causado". Además, el simple hecho de que algunas cosas no sean evidentes para todos no significa que no sean evidentes por sí mismas. La razón por la que una verdad evidente por sí misma puede no ser evidente para alguien podría ser porque la persona no la ha analizado cuidadosamente. Sin embargo, su fracaso no invalida en modo alguno la naturaleza evidente por sí sola del primer principio.

Fuente
T. Aquino, *Suma teológica, parte I*.

Aristóteles, *Metafísica*.
N. L. Geisler y R. Brooks, *Come Let Us Reason* [Vamos a razonar].
C. S. Lewis, *La abolición del hombre*.
A. Plantinga, *Warranted Christian Belief.* [La creencia cristiana justificada].
L. M. Regis, *Epistemology* [Epistemología].
F. D. Wilhelmsen, *Man's Knowledge of Reality* [El conocimiento del hombre de la realidad].

Genealogías inexactas o exactas. Desde un punto de vista apologético, el problema de las genealogías "inexactas" o "exactas" es el siguiente: si son inexactas (presentan vacíos); entonces, ¿por qué aparecen las exactas, especialmente en Génesis 5 y 11, donde se mencionan las edades precisas de los niños que nacen? Si son exactas, entonces la creación de la humanidad se sitúa en algún punto alrededor del 4000 a. C., lo que contradice todas las evidencias históricas y científicas de una fecha más temprana para la humanidad (ver Génesis, Días de). En cualquier caso, dado que deben ser inexactas o exactas, hay un problema apologético con respecto a la autenticidad del registro del Génesis. Soluciones al problema. Perspectiva cronológica exacta. De acuerdo con la perspectiva cronológica exacta, no existen vacíos en la lista de Génesis 5 y 11. Ambos están completos y proporcionan todos los números necesarios para determinar la edad de la raza humana.

Argumentos a favor de la perspectiva cronológica exacta. Se han expuesto diferentes argumentos. El más sólido es el argumento prima facie. Las genealogías parecen ser exactas, ya que no solo se da la edad en la que nace el hijo, y su hijo, y así sucesivamente, sino que también se da la edad total del padre después de haber tenido el hijo. Por ejemplo, el texto dice: "Cuando Adán llegó a la edad de ciento treinta años, tuvo un hijo [...] y lo llamó Set [...] Adán murió a los novecientos treinta años de edad. Set tenía ciento cinco años cuando fue padre de Enós" (Gn 5:3-6). Esta redacción parece no dejar lugar para vacíos.

Salvo una excepción, ninguna lista de la Biblia proporciona los eslabones perdidos en esta genealogía. Solo hay otras dos listas de este período temprano cubiertas por Génesis 5 y 11 y ambas tienen los mismos nombres en ellas: Génesis 5; 11; 1 Crónicas; Lucas 3:34-38.

La única excepción es Cainán (en la lista de Lucas 3). Por lo demás, sin tener en cuenta la ortografía alternativa de Selaj/Selá y el cambio de nombre de Abram por el de Abraham, las listas son idénticas y no revelan vacíos. Los mismos nombres aparecen en ambas, sin generaciones perdidas aparentes. Se afirma que no existen evidencias sólidas de civilización humana que se remonte a más de alrededor de 4000 años a. C. Los supuestos fósiles "humanos" no son descendientes de Adán. Se ha explicado de forma variada como (1) una raza preadámica que fue eliminada entre Génesis 1:1 y 1:2 (la Teoría de la Brecha); (2) criaturas prehumanas que tenían formas parecidas a las humanas pero que no eran realmente humanas; (3) fraudes (el hombre de Piltdown) o malas interpretaciones (como el "Hombre de Nebraska", que resultó ser un diente de cerdo extinto).

Por último, los defensores de la cronología exacta intentan explicar el único vacío de las listas (Cainán, Lucas 3:36), ya sea como un problema textual, como un error del copista, o la lista de otro hijo de Arfaxad además de Selaj. De acuerdo con esta perspectiva, Selaj y Cainán serían hermanos. Por consiguiente, el nombre de Cainán en Lucas 3 no representaría un vacío en las cronologías completas del Génesis y Crónicas.

Objeciones a la perspectiva cronológica exacta. La explicación inverosímil de Lucas 3:36. El intento de justificar que Lucas 3:36 no tiene ningún vacío parece sumamente inverosímil. No existe un manuscrito principal para omitir a Cainán en Lucas 3:36. Esa secuencia está en todos los manuscritos mayores y prácticamente todos los menores. No se indica en ninguna parte del texto que Cainán deba ser nombrado como un hermano de Selaj. La construcción gramatical es la misma que se utilizó para todos los otros hijos en la lista. Aunque el griego dice "de" o "proviene de" sin la palabra hijo, los traductores añaden acertadamente hijo ya que se encuentra implícito cada dos casos en la lista. Haciendo esta una excepción, cuando tiene la misma construcción, es aquí donde se plantea la pregunta. No existe precedente alguno en ninguna de las listas genealógicas para listar a Cainán como algo más que el padre de Selaj. La única otra explicación es que tanto el Génesis 11 como 1 Crónicas son resúmenes que tocan aspectos significativos en el árbol familiar. Tienen al menos un vacío conocido en sus genealogías.

Otros vacíos conocidos. La genealogía de Cristo en Mateo 1 tiene al menos un vacío importante conocido. Aunque el texto dice que Jorán era el padre de Uzías (v. 8), se sabe por 1 Crónicas 3 que tres generaciones perdidas separan a Jorán y Uzías:

Mateo 1:8	1 Crónicas 3:11-12
Jorán	Jorán
------	Ocozías
------	Joás
-----	Amasías
Uzías	Azarías (más conocido como Uzías)

Ahora bien, dado que existen vacíos conocidos en las genealogías, aun desde un punto de vista estrictamente bíblico. las genealogías no pueden considerarse exactas.

Evidencia científica e histórica. Incluso si uno toma la interpretación más conservadora de lo que constituye un vestigio humano del "hombre moderno", la evidencia de que hubo seres humanos alrededor de mucho antes del 4000 a. C. es todavía sólida. Los pueblos parecen haber deambulado por América del Norte desde el 10.000 a. C. Incluso si todos los fósiles encontrados anteriores a los de los pueblos Cromañón y Neandertal no fueran humanos, hay numerosos esqueletos completos de estos grupos que datan de antes del 10.000 a. C. Incluso si no se cuentan todos los fósiles de la precivilización prehistórica y se habla solo de la humanidad "civilizada", el tiempo se extiende varios miles de años antes del 4000 a. C. Existió una civilización en Egipto mucho antes de esta época. La evidencia científica e histórica parece descartar una genealogía exacta.

Genealogías inexactas. La evidencia científica. Las genealogías inexactas son una mejor solución al problema.

Como ya se ha señalado, incluso si se desestiman las afirmaciones exageradas de supuestos fósiles de seres de millones de años o incluso cientos de miles de años de antigüedad, hay evidencias sólidas de la existencia de seres humanos "modernos" mucho más antiguas del año 4000 a. C., lo que una genealogía exacta exige. Los arqueólogos afirman que hay al menos ocho mil años de historia continua de la ciudad de Jericó.

La evidencia bíblica. Se respalda la evidencia bíblica de una genealogía inexacta con un número desconocido de generaciones perdidas. Primero, tenemos esas tres generaciones perdidas en Mateo 1:8, aunque se utiliza el griego gennao ("engendró a" RVR1960; "padre de" NVI 1984). En la cultura bíblica hebrea, ser padre se consideraba de la misma manera que ser un antepasado o ancestro. Begat puede significar "fue el antepasado de". La palabra hijo (ben) puede significar descendiente. Jesús fue el "hijo de David", aunque al menos treinta y un generaciones separaron a David de Cristo (las veintiocho nombradas en Mateo 1:17 más las tres faltantes en el v. 8 que se encuentran en 1 Cr 3:11-12).

En otro ejemplo, una comparación entre 1 Crónicas 6:3-14 y Esdras 7:2 revela que Esdras omite seis generaciones entre Seraías y Esdras.

Hay al menos una generación faltante incluso en la genealogía de Génesis 5 y 11, que parece ser exacta. Esto demuestra que independientemente de lo que el texto parezca decir, se debe interpretar la cronología a través de una genealogía inexacta.

Si no hay vacíos en las genealogías de los Génesis 5 y 11, surgen ejemplos inverosímiles; ya que sumando los números, se pueden determinar las siguientes fechas de nacimiento y muerte: Adán (1-930); Set (130-1042); Enós (235-1140); Cainán (325-1236); Malalel (395-1290); Jared (460-1422); Enoc (622-987); Matusalén (687-1656); Lamec (874-1651); Noé (1056-2006); Sem (1558-2158); Arfaxad (1658-2096); Selaj (1693-2126); Éber (1723-2187); Péleg (1757-1996); Reú (1787-2026); Serug (1819-2049); Najor (1849-1997); Téraj (1878-2083); Abraham (2008-2183); Isaac (2108-2228); Jacob (2168-2315).

En primer lugar, Adán, el primer hombre (ver Adán, Historicidad de), habría sido un contemporáneo del padre de Noé, ya que Adán murió en el año 930. Lamec, el padre de Noé, nació en 874. Esto significa que fueron contemporáneos durante cincuenta y seis años. De la misma manera, Abraham solo se perdió de ser un contemporáneo de Noé por dos años. Pero no hay ninguna indicación de que este sea el caso.

Es más inverosímil asumir que Nahor, el abuelo de Abraham, murió antes que su tatara, tatara, tatara, tatara, tatara tatarabuelo Noé, pues Noé murió en 2006 y Najor en 1997.

Isaac habría nacido cincuenta años antes de que el

hijo de Noé, Sem, muriera.

En Génesis 10:4, se dice que un hombre (Javán) dio a luz a los pueblos, no a los individuos (por ejemplo, Quitim y Dodanim). La terminación -im de sus nombres es plural, indicando una pluralidad de pueblos, tribus o naciones.

Si no hay vacíos, entonces surgen importantes improbabilidades de población. Números 3:19, 27-28 dice que los cuatro hijos de Coat dieron origen a los clanes coatitas de Amirán, Izar, Hebrón y Uziel, de los cuales solo los varones eran 8 600, un año después del éxodo. Así, el abuelo de Moisés tuvo en el tiempo de vida de Moisés 8 600 descendientes varones solo, 2 750 de los cuales tenían entre treinta y cincuenta años de edad (Nm 4:36). En efecto, esta sería una familia muy prolífica.

El hijo de Leví, Coat, nació antes del descenso de Jacob a Egipto (Gn 46:11), donde Israel permaneció durante 430 años (Ex 12:40, 41). Dado que Moisés tenía 80 años al momento del éxodo (Ex 7:7), debe haber nacido más de 350 años después de Coat. Sin embargo, Coat era el abuelo de Moisés (1 Cr 6:1-3). Esto significaría que la generación entre Coat y Moisés (a saber, Amirán) vivió 350 años cuando la vida de Moisés ya había disminuido a 120. Mucho antes de la época de Moisés, Abraham murió a los 175, Isaac a los 120, Jacob a los 147 y José a los 110.

En ninguna parte de la Biblia se sugiere siquiera una suma de los números listados en Génesis 5 y 11. No se deduce ninguna declaración cronológica de estos números ni en Génesis 5 y 11 ni en ninguna otra parte de las Escrituras. En ninguna parte del texto bíblico se registra el total del tiempo transcurrido entre la creación y Abraham, como sí sucede con la época en Egipto (Ex 12:40) y la época desde el éxodo hasta Salomón (1 Reyes 6:1).

La simetría del texto se opone a que sea completo. Los estudiosos han notado que la disposición simétrica de los Génesis 5 y 11 en grupos de diez aboga por su compresión. Noé es el décimo nombre desde Adán, así como Téraj es el décimo desde Noé. Cada uno termina con un padre que tuvo tres hijos. Ciertamente, este es el caso en Mateo 1, donde hay tres series de catorce (doble-siete, el número de la totalidad y perfección), porque sabemos que tres generaciones quedan fuera en Mateo 1:8 (cf. 1 Cr 3:11-12).

Objeción a la perspectiva de la genealogía inexacta. De las objeciones a la perspectiva de la genealogía inexacta que aún no se han discutido, la más importante está basada en la supuesta interpretación inverosímil del lenguaje del Génesis 5 y 10-11. Se objeta que, dado el lenguaje del texto, no solo parece forzada para encontrar vacíos en el Génesis 5 o 10-11, sino que parece eiségesis (interpretación subjetiva del texto) en lugar de exégesis (interpretación objetiva del texto). Después de todo, se da el nombre del padre y del hijo, así como la edad a la que tuvieron este hijo que se convirtió en el padre del siguiente hijo a cierta edad. Enumerar la edad del padre en el momento del nacimiento del hijo no tiene sentido a menos que sea el hijo inmediato y no haya vacíos.

En respuesta, se debe tener en cuenta algunos asuntos importantes.

En primer lugar, la Biblia proviene de una cultura y entorno lingüístico diferente. El lector puede confundirse debido a las imágenes metafóricas y pensar que la Biblia está diciendo algo, cuando en realidad quiere decir algo diferente. En hebreo, como en español, se puede hablar de los cuatro "rincones" de la tierra (Is 41:9; cf. Ez 7:2). ¿Dice la Biblia que el mundo es cuadrado? Algunos críticos lo piensan. Sin embargo, también se describe la tierra como un círculo o una bóveda (Is 40:22). ¿Es posible que los rincones sea un lenguaje metafórico que puede significar la geografía cubierta por los cuatro "cuadrantes" de la brújula, tal como significa cuando lo decimos?

En segundo lugar, como se ha señalado en las fechas inverosímiles anteriores, incluso dentro de la Biblia hay una fuerte evidencia de vacíos en las genealogías.

Tercero, hay formas de entender el texto del Génesis 10-11 que permiten la presencia de vacíos. La frase de la fórmula "y X vivió tantos años y engendró a Y" puede significar "y X vivió tantos años y se convirtió en el antepasado de Y". Esto no se trata de una especulación ya que en Mateo 1:8 ("Jorán engendró a Uzías") significa precisamente esto. "Begat" debe significar "se convirtió en el antepasado de", ya que 1 Crónicas 3:11-12 completa tres generaciones perdidas entre Jorán y Uzías. Esto no habría sido un descuido de Mateo dado que la genealogía de la línea de David era conocida por todos los hombres judíos.

Las alusiones a la edad de cada padre en el momento del nacimiento del hijo no necesariamente carecen de sentido. Solo porque no sepamos por qué Dios incluyó algo en el texto, no significa que no tenía un propósito para hacerlo. Es un poco atrevido decirle a Dios lo que debería o no debería haber puesto en su Palabra inspirada. B. B. *Warfield sugiere que esta información debería "crear en nosotros una vívida impresión del vigor y la grandeza de la humanidad en esos viejos tiempos del mundo original" (Warfield). Este detalle le da credibilidad al hecho de que la gente vivió hasta edades sumamente largas antes del diluvio (ver Ciencia y la Biblia). Tiene sentido saber que los hombres que vivieron tanto tiempo no tuvieron hijos a los dieciséis años, como los hombres que viven solo setenta años. Incluso descontando la edad tardía de Noé para tener hijos (500), la edad media para tener hijos en Génesis 5 es de más de 100 años. Esto es ciertamente apropiado para alguien que vive hasta ochocientos o novecientos años.

Conclusión. La evidencia apoya la opinión de que en Génesis 5 y 11 la Biblia no nos da una cronología exacta sino un esquema de la genealogía. Esto se apoya tanto en la evidencia bíblica interna de la generación o generaciones perdidas, incluso en Génesis 11, como en la evidencia externa de que la humanidad data de mucho antes del 4000 a. C.

Siendo este el caso, no existe un conflicto real al respecto entre la Biblia y la ciencia ni entre la Biblia y ella misma. La genealogía inexacta proporciona una línea de descendencia precisa para propósitos de linaje, pero no satisface nuestra curiosidad sobre la fecha de la creación humana.

Fuentes

M. Anstey, *Chronology of the Old Testament* [Cronología del Antiguo Testamento].

A. Custance, *The Genealogies of the Bible* [Las Genealogías de la Biblia].

W. H. Green, *"Primeval Chronology"* [Cronología primitiva].

J. Jordan, *"The Biblical Chronology Question"* [La pregunta de la cronología bíblica].

R. C. Newman y H. J. *Eckelmann, Genesis One and the Origin of the Earth* [Génesis uno y el origen de la Tierra].

F. Schaeffer, *No Final Conflict* [Sin conflicto final].

B. B. Warfield, *"On the Antiquity and the Unity of the Human Race"* [Sobre la antigüedad y la unidad de la raza humana].

Génesis, Días de. El problema que plantea la ciencia moderna a los defensores de la interpretación "literal" del Génesis 1 es legendario: ¿Cómo pueden ser seis días literales de creación cuando la datación científica ha demostrado que la vida surgió gradualmente a lo largo de muchos millones de años?

Seis días de veinticuatro horas. Los apologetas se apresuran a señalar que este problema es crucial solo para aquellos que sostienen seis días consecutivos, veinticuatro horas (= 144 horas) de creación. No se aplica a otras perspectivas de veinticuatro horas ni a la perspectiva que interpreta "días" como largos períodos de tiempo.

Argumentos para los días solares. El problema se intensifica por la existencia de evidencia prima facie que indica que los días del Génesis 1 son en realidad períodos de veinticuatro horas. Considere los siguientes argumentos.

El significado normal de 'yom'. El significado habitual de la palabra hebrea yom ("día") es veinticuatro horas a menos que el contexto indique lo contrario. Sin embargo, en Génesis 1 el contexto no indica nada más que un día de veinticuatro horas.

Los números están en serie. Cuando los números se usan en serie (1, 2, 3...) en relación con los días, se refiere a días de veinticuatro horas. No hay ninguna excepción a esto en el Antiguo Testamento.

Se utiliza "noche y mañana". La frase "y hubo noche y hubo mañana" indica cada período. Dado que el día literal de 24 horas del calendario judío empezaba al atardecer y terminaba antes del atardecer del día siguiente, Génesis 1 debe referirse a días literales.

Los días se comparan con una semana de trabajo. Según la ley de Moisés (Ex 20:11) la semana de trabajo judía del domingo al viernes iba seguida de descanso el sábado, tal como Dios hizo en su semana de seis días de la creación. Sin embargo, sabemos que la semana de trabajo judío se refiere a seis días consecutivos de 24 horas.

La vida no puede existir sin luz. Según el Génesis 1, el sol y las estrellas no se hicieron sino hasta el cuarto día (1:14), pero había vida al tercer día (1:11-13). Sin embargo, la vida no puede existir por mucho tiempo sin luz. Por lo tanto, los "días" no deben ser largos períodos de tiempo.

Las plantas no pueden vivir sin los animales. Las plantas fueron creadas en el tercer día (1:11-13) y los animales no fueron creados sino hasta el quinto día (1:20-23). Sin embargo, hay una relación simbiótica entre las plantas y los animales, una depende del otro para su vida. Por ejemplo, las plantas emiten oxígeno y absorben dióxido de carbono y los animales hacen lo contrario. Por consiguiente, las plantas y los animales deben haber sido creados juntos, no separados por largos períodos de tiempo.

Una respuesta a los argumentos. A pesar de estos argumentos, el caso no es definitivo. Los que rechazan la perspectiva de los seis días solares dan su respuesta.

El día (yom) puede significar un largo período. La mayoría de las veces la palabra hebrea yom significa veinticuatro horas. Sin embargo, el significado en Génesis 1 está determinado por el contexto, no por el voto mayoritario. Incluso en este pasaje de Génesis 1 y 2, yom se usa para toda la creación. Génesis 2:4 se refiere a "el día (yom)" en que fueron creados. La palabra hebrea aparece en otros lugares con el significado de largos períodos, como en el Salmo 90:4 (citado en 2 Pedro 3:8): "Mil años, para ti, son como el día [yom] de ayer, que ya pasó; son como unas cuantas horas de la noche".

Los días numerados no tienen por qué ser solares. Tampoco hay una regla del idioma hebreo que exija que todos los días numerados en una serie se refieran a días de veinticuatro horas. Incluso si no hubiera excepciones en el Antiguo Testamento, no significaría que "día" en Génesis 1 no pueda referirse a un período de más de veinticuatro horas. Pero hay otro ejemplo en el Antiguo Testamento. Oseas 6:1-2 dice: "¡Vengan, volvámonos al Señor! Él nos ha despedazado, pero nos sanará; nos ha herido, pero nos vendará. Después de dos días nos dará vida; al tercer día nos levantará, y así viviremos en su presencia". Evidentemente el profeta no está hablando de "días" solares sino de períodos más largos en el futuro. No obstante, numera los días en serie.

La noche y la mañana. Esta frase puede usarse para largos períodos de tiempo. De hecho, se usa para los días proféticos largos en Daniel 8:14. Tiene la fuerza de "hubo un principio y un fin". Además, que esta frase se utilice frecuentemente en relación con los días de veinticuatro horas no significa que siempre se utilice de esta manera. Génesis 1 es un buen candidato para ser una excepción. Asimismo, si uno va a tomar todo en el Génesis 1 de una manera estrictamente literal entonces la frase "noche y mañana" no abarca un día de veinticuatro horas, sino solamente el atardecer y temprano en la mañana. Esto es considerablemente menos de veinticuatro horas. Técnicamente, el texto no dice que el día estaba compuesto de "noche y mañana" (haciendo así un día judío de veinticuatro horas). Más bien, simplemente dice: "Y vino la noche, y llegó la mañana: ese fue el primer día" (1:5). La frase puede ser una figura retórica que indica el comienzo y el final de un período de tiempo definido, tal como nos referimos "[al] amanecer de la historia del mundo" o los "años del ocaso de la vida de uno".

Por último, si cada día de esta serie de siete se va a tomar como veinticuatro horas, entonces, ¿por qué la frase "noche y mañana" no se usa del séptimo día? De hecho, como veremos, el séptimo día no es de veinticuatro horas y, por lo tanto, no hay necesidad de tomar los otros días como de veinticuatro horas tampoco, ya que todos ellos usan la misma palabra yom y tienen una serie de números con ellos.

Los seis períodos son comparables a una semana de trabajo. Es cierto que la semana de la creación se compara con una semana de trabajo (Ex 20:11). Sin embargo, en el Antiguo Testamento no es raro hacer comparaciones unidad por unidad en lugar de minuto a minuto. Por ejemplo, Dios designó cuarenta años de deambular por cuarenta días de desobediencia (Nm 14:34). Asimismo, en Daniel 9:24-27, 490 días equivalen a 490 años.

Sabemos que el séptimo día es más de veinticuatro horas, ya que, según Hebreos 4, el séptimo día todavía continúa. Porque el Génesis dice: "Al llegar el séptimo día, Dios descansó" (2:2), pero Hebreos 4:5-10 informa que Dios todavía está en ese reposo sabático en el que entró después de la creación.

¿Cuándo apareció la luz? La luz no fue creada en el cuarto día, como argumentan los defensores del día solar. Más bien, se creó en el primer día, cuando Dios dijo: "¡Que exista la luz!" (Gn 1:3). Con respecto a por qué hubo luz en el primer día y el sol no apareció hasta el cuarto día, hay dos posibilidades. Algunos estudiosos han observado un paralelismo entre los tres primeros días (luz, agua y tierra, todos vacíos) y los segundos tres días (luz, agua y tierra, todos llenos de cuerpos). Esto puede indicar un paralelismo en el que el primer y el cuarto día abarcan el mismo período de tiempo. En ese caso se trata de tres períodos de tiempo, no seis, y el sol existía desde el principio. Otros han argumentado que, aunque el sol fue creado en el primer día, no apareció visualmente hasta el cuarto día. Tal vez esto se debió a una nube de vapor que permitió el paso de la luz, pero no a la forma distintiva de los cuerpos celestes de donde provenía la luz.

No todas las plantas y animales son interdependientes. Si Génesis 1 es un esquema paralelo para la creación, que abarca tres días como se ha sugerido anteriormente, entonces el problema de las plantas y animales que se crean por separado desaparece. Además, algunas plantas y animales son interdependientes, pero no en todos los casos. En el Génesis no se mencionan todas las plantas y animales, sino solo algunas.

Si los días son seis períodos consecutivos, entonces las formas de vida vegetal y animal que se necesitan mutuamente podrían haberse creado juntas. De hecho, el orden básico de los acontecimientos es el orden de la dependencia. Por ejemplo, muchas plantas y animales pueden existir sin humanos (y fueron creados primero), pero los humanos (que se crearon en el último día) no pueden existir sin las plantas y animales.

"Días" como largos periodos de tiempo. Otros cristianos ortodoxos creen que los días de Génesis 1 pueden implicar largos períodos de tiempo y ofrecen tanto evidencia bíblica como científica para esta perspectiva.

La evidencia bíblica de los días largos. Hay muchos indicios en el texto de la Escritura para apoyar la creencia de que los "días" de la creación duraron más de veinticuatro horas. Los siguientes son los que se presentan con mayor frecuencia para apoyar esta postura.

El día ('yom') por lo general significa tiempo. Volviendo al significado de la palabra, cabe señalar cómo se utiliza el yom en La Biblia. La palabra a veces significa un día profético, un tiempo futuro significativo como en "el día del Señor" (Joel 2:31; cf. 2 Pedro 3:10). Como ya se ha mencionado, "Un día es como mil años" en el Salmo 90:4 y 2 Pedro 3:8. Además, en

Génesis 2:4 la palabra resume toda la creación. Esto indica un amplio significado de la palabra yom en la Biblia que es paralelo al rango de significado de la palabra 'día' en español.

Como también se ha señalado anteriormente, Hebreos 4:3-5 enseña que Dios todavía está en ese séptimo día de reposo de la creación descrito como un día en Génesis 2:2-3. Este día, entonces, tiene al menos seis mil años de duración, incluso en las cronologías más cortas.

El tercer día es más largo. En el tercer "día" no solo Dios creó la vegetación, sino que también creció hasta la madurez. Porque el texto dice: "Comenzó a brotar la vegetación: hierbas que dan semilla, y árboles que dan su fruto con semilla, todos según su especie. Y Dios consideró que esto era bueno" (Gn 1:12, énfasis añadido). Pero crecer de las semillas a madurez y producir más semillas es un proceso que toma meses o años.

El sexto día es más largo. Asimismo, parece que el sexto día fue considerablemente más largo que un día solar. Considere todo lo que sucedió durante este período de tiempo (ver Newman, apéndice III):

1. Dios creó los miles de animales terrestres (Gn 1:24-25).
2. Dios formó al hombre del polvo (Gn 2:7) como alfarero (cf. Jer 18:2 ss.).
3. Dios plantó un jardín (Gn 2:8), sugiriendo actividad que implica tiempo.
4. Adán observó y nombró a todos estos miles de animales (Gn 2:19).
5. Dios prometió, "Voy a hacerle una ayuda adecuada" (Gn 2:18), que denota un tiempo posterior.
6. Adán buscó una compañera para sí mismo, aparentemente entre las criaturas que Dios había hecho, "sin embargo, no se encontró entre ellos la ayuda adecuada para el hombre. [lo que supone un tiempo de búsqueda]" (Gn 2:20, énfasis añadido).
7. Dios puso a Adán a dormir por un tiempo y lo operó, sacando una de sus costillas y le cerró la herida (Gn 2:21).
8. Adán indicó que había precedido a Eva por algún tiempo (Gn 2:23).
9. Eva fue llevada a Adán, quien la observó, aceptó, y se unió a ella (Gn 2:22-25).

Parece muy improbable que todos estos eventos, especialmente el cuarto, se comprimieran en un período de veinticuatro horas.

La evidencia científica de los días largos. La mayoría de las pruebas científicas establecen la edad del mundo en miles de millones de años. La edad del universo se basa en la velocidad de la luz y la distancia de las estrellas, así como en la proporción de expansión del universo. Las primeras rocas datan en términos de radioactividad y se establecen en miles de millones de años. Simplemente dada la proporción a la que la sal corre hacia el mar y la cantidad de sal allí sugeriría mil millones de años (ver Origen, Ciencia del).

Perspectivas de los días del Génesis. Si, por supuesto, los días del Génesis son largos períodos de tiempo, entonces no hay conflicto con la ciencia moderna sobre la edad de la Tierra. No obstante, incluso si los días del Génesis son de veinticuatro horas, todavía hay maneras de conciliar largos períodos de tiempo con Génesis 1-2.

Perspectiva del Día como Revelación. Algunos estudiosos conservadores han sugerido que los "días" de Génesis pueden ser días de revelación, no realmente días de creación (Wiseman). Es decir, a Dios le tomó una semana solar literal (de 144 horas) revelar a Adán (o Moisés) lo que había hecho en las épocas anteriores a la creación de los humanos. Incluso el pasaje del Éxodo (20:11), que habla de los cielos y la tierra "hechos" (asah) en seis días, puede significar "revelados".

Así como un profeta puede obtener la revelación de Dios visionando una serie de eventos futuros (cf. Dn. 2; 7; 9; Ap. 6-19), así también Dios puede revelar una serie de eventos pasados a uno de sus siervos. De hecho, Moisés estuvo en el monte santo durante cuarenta días (Ex 24:18). Dios podría haber tomado seis de estos días para revelarle los eventos pasados de la creación. O después de que Dios creara a Adán, podría haber tomado seis días literales para revelarle lo que había hecho antes de que Adán apareciera. Algunos eruditos creen que este material podría haber sido memorizado y transmitido como la primera "historia de la creación de los cielos y la tierra" (Gn 2:4), al igual que las otras "historias" (lit. "genealogías") fueron aparentemente registradas y transmitidas (por ejemplo, Gn 5:1; 6:9; 10:1).

Perspectiva alternativa de la edad-día. Otros estudiosos evangélicos han sugerido que los "días" del Génesis son períodos de tiempo de veinticuatro horas en los que Dios creó las cosas mencionadas, pero que están separados por largos períodos intermedios. Esto explicaría tanto las indicaciones de gran duración de tiempo en Génesis 1 como las indicaciones de que había días de veinticuatro horas involucrados.

Teorías de la Brecha. C.I. Scofield hizo popular la opinión de que podría haber una gran brecha de tiempo entre los dos primeros versículos de la Biblia en la que encajan todas las edades geológicas. De esta manera, los días podrían ser de veinticuatro horas cada uno y sin embargo el mundo podría tener muchos millones de años o más.

Otros creen que puede haber una "brecha" o, mejor,

un lapso de tiempo antes de que comiencen los seis días de veinticuatro horas del Génesis. En este caso, el primer versículo de la Biblia no se referiría necesariamente a la creación original ex nihilo de Dios (ver Creación, Puntos de vista de la) sino a actos más recientes de Dios en la formación de un mundo que había creado previamente (ver Waltke).

Así que hay formas de acomodar largos períodos de tiempo y aun así aceptar una comprensión básicamente literal de Génesis 1-2. No hay necesariamente un conflicto entre el Génesis y la creencia de que el universo tiene miles o incluso miles de millones de años.

La perspectiva del tiempo divino versus el tiempo humano de Schroeder. Un físico judío llamado Gerald Schroeder argumenta que el universo tiene quince mil millones de años de antigüedad (desde nuestra perspectiva mirando hacia el pasado) pero solo seis días literales (desde la perspectiva de Dios mirando hacia el futuro). El Génesis habla desde la perspectiva de Dios. Dado que el universo se ha expandido, mirando hacia atrás se juzga desde nuestra perspectiva un tiempo mucho más largo. El tiempo es relativo al espacio, y a medida que el espacio se expande, el tiempo se expande con él. Así que, tanto la Biblia (con sus días literales de creación) como la ciencia moderna son correctas (ver Schroeder, The Science of God [La ciencia de Dios]).

¿Qué edad tiene la Tierra? Parece que no hay manera de probar la edad real del universo, ni por parte de la ciencia ni por parte de la Biblia. Hay vacíos conocidos y posibles en las genealogías bíblicas. Además, hay presunciones no comprobables en todos los argumentos científicos para una Tierra antigua, es decir, una Tierra de millones o de miles de millones de años.

Vacíos en el Registro Bíblico. El obispo James Ussher (1581-1656), cuya cronología se usó en la antigua Biblia de Scofield, argumentó que Adán fue creado en el 4004 a. C. Sin embargo, sus cálculos se basan en la suposición de que no hay vacíos en las tablas genealógicas de los Génesis 5 y 11. Sin embargo, sabemos que esto es falso (ver Genealogías inexactas o exactas). Ya que la Biblia dice "Arfaxad [...] se convirtió en el padre de Selaj" (Gn 11:12), pero en la genealogía de Jesús en Lucas 3:36, "Cainán" se encuentra entre Arfaxad y Selaj (Selá). Si hay un vacío puede haber más. De hecho, sabemos que hay más. Por ejemplo, Mateo 1:8 dice: "Jorán padre de Uzías", pero la lista paralela en 1 Crónicas 3:11-14 ilustra las generaciones perdidas entre Jorán y Uzías (Azarías), a saber, Ocozías, Joás y Amasías. No se sabe cuántos vacíos hay en las genealogías bíblicas ni cuánto tiempo representan. Pero hay vacíos y, por lo tanto, no se pueden hacer cronologías completas. Solo se dan genealogías exactas (líneas de descendencia).

Supuestos en los argumentos científicos. Hay muchos argumentos científicos para un universo antiguo, algunos de los cuales son convincentes. Sin embargo, ninguno de estos argumentos es infalible, y todos ellos podrían estar equivocados. Unos pocos ejemplos ilustrarán por qué no debemos ser dogmáticos.

La velocidad de la luz puede cambiar. A pesar de que *Albert Einstein la consideraba absoluta, y la ciencia moderna la ha mantenido invariable, no se puede probar que la velocidad de la luz nunca haya cambiado. Aun así, la velocidad de la luz (alrededor de 186 000 millas por segundo) se asume por muchas pruebas de una Tierra antigua. Sin embargo, si la velocidad de la luz es constante y si Dios no creó también los rayos de luz cuando creó las estrellas, entonces parecería que el universo tiene miles de millones ya que aparentemente ha tomado millones de años para que esa luz llegue a nosotros. Pero estos son grandes suposiciones que no se han demostrado. De hecho, parecería que no se pueden demostrar. Así que, aunque el argumento de que la velocidad de luz viaja hasta un viejo universo puede parecer verosímil, no es una prueba demostrable.

La datación radiactiva realiza suposiciones. Es bien sabido que el U235 y el U238 emiten isótopos de plomo a un ritmo conocido. Al medir la cantidad de su depósito, se puede calcular cuándo comenzó la descomposición. Muchas de las primeras rocas de la corteza terrestre han sido datadas en los miles de millones de años por este método. Pero de nuevo, por muy verosímil que sea, no está probado. Porque debemos asumir al menos dos cosas para llegar a la conclusión de que el mundo tiene miles de millones de años. Primero, debe asumirse que no había depósitos de plomo al principio. En segundo lugar, hay que asumir que la tasa de descomposición no ha cambiado a lo largo de toda su historia. Tampoco puede ser probado. Por lo tanto, no hay manera de probar mediante la datación radiactiva que en el mundo tiene miles de millones de años de antigüedad.

No hay ningún conflicto. Lo mismo parece ser cierto para todos los argumentos a favor de una Tierra antigua. Por ejemplo, los océanos tienen una cantidad conocida de sal y minerales en ellos, y estos entran en el océano a un ritmo fijo cada año. Por matemática simple se puede determinar cuántos años ha estado sucediendo esto. Sin embargo, aquí también debe asumirse que no había sales y minerales en el océano al principio y que el ritmo no ha cambiado. Una inundación mundial, como la que describe la Biblia, ciertamente habría cambiado el ritmo de depósitos durante ese período.

Todo esto no significa que el universo no tenga miles de millones de años. Puede ser. Sin embargo, los argumentos a favor de la gran antigüedad poseen todos supuestos que no se pueden demostrar. Con esto en mente, las siguientes conclusiones son apropiadas: No hay un conflicto demostrado entre el Génesis 1-2 y el hecho científico. El conflicto real no es entre la revelación de Dios en la Biblia y el hecho científico; es entre algunas interpretaciones cristianas de la Biblia y las teorías de muchos científicos sobre la edad del mundo.

De hecho, dado que la Biblia no dice exactamente la edad del universo, la edad de la Tierra no es una prueba para la ortodoxia. De hecho, muchos estudiosos ortodoxos, evangélicos sostienen que el universo tiene millones o miles de millones de años, incluyendo a *Agustín, B. B. *Warfield, John Walvoord, Francis *Schaeffer, Gleason Archer, Hugh Ross, y la mayoría de los líderes del movimiento que produjo la famosa "Chicago Statement" [Declaración de Chicago] sobre la inerrancia de la Biblia (1978).

Fuentes

Agustín, *The City of God* [La ciudad de Dios] libro 11.

N. L. Geisler, *Knowing the Truth about Creation* [Conociendo la verdad de la creación].

H. Morris, *Biblical Cosmology and Modern Science* [Cosmología bíblica y ciencia moderna].

————, *The Genesis Record* [El registro del Génesis].

R. C. Newman y H. J. Eckelmann, *Genesis One and the Origin of the Earth* [Génesis uno y el origen de la Tierra].

B. Ramm, *The Christian View of Science and Scripture* [La perspectiva cristiana de la ciencia y de las Escrituras].

H. Ross, *Creation and Time* [Creación y tiempo].

G. Schroeder, *The Science of God* [La ciencia de Dios].

B. Waltke, *"The Creation Account in Genesis 1:1-3"* [La explicación de la creación en Génesis 1:1-3].

D. Wiseman, *Creation Revealed in Six Days* [La Creación revelada en seis días].

D. Young, *Christianity and the Age of the Earth* [Cristianismo y la edad de la Tierra].

E. J. Young, *Studies in Genesis One* [Estudios sobre el Génesis uno].

Gnosticismo. Los gnósticos siguieron una variedad de movimientos religiosos que enfatizaban la gnosis, o el conocimiento, especialmente de los propios orígenes. El *dualismo cosmológico era también una característica del sistema: los mundos espirituales opuestos del bien y del mal. El mundo material estaba alineado con el oscuro mundo del mal.

Nadie está seguro de los orígenes del gnosticismo. Algunos creen que se originó en un grupo herético dentro del judaísmo. Los partidarios de esta teoría citan The Apocalypse of Adam [El Apocalipsis de Adán] y The Paraphrase of Shem [La Paráfrasis de Sem] como los primeros documentos gnósticos que revelan los orígenes judíos. Otros le dan un contexto cristiano. Una forma incipiente puede haberse infiltrado en la iglesia de Colosas. O puede haber tenido una raíz totalmente pagana. Durante los siglos II al IV, fue considerada una gran amenaza por padres de la iglesia como Agustín, Justino Mártir, Ireneo, Clemente de Alejandría, Tertuliano y Orígenes.

Fuentes antiguas. El libro de Ireneo Against Heresies [Contra las Herejías] registra un tratamiento extenso de lo que los gnósticos creían. Se publicaron tres códices gnósticos coptos. Dos fueron descubiertos en *Nag Hammadi, Egipto, en 1945. El Códice Askewianus contiene Pístis Sophía y el Códice Brucianus contiene The Book of Jeu [El Libro de Yeú]. El más conocido entre los documentos de Nag Hammadi es el *Gospel of Thomas [Evangelio de Tomás]. Se encontró en otro lugar un tercer trabajo de este período, el Codex Berolinensis, y fue publicado en 1955. Contiene un Gospel of Mary [Evangelio de María] (Magdalena), un Sophia of Jesus [Sofía de Jesús], Acts of Peter [Hechos de Pedro] y un Apocryphon of John [Apócrifo de Juan]. La primera traducción de un tratado, el Gospel of Truth [Evangelio de la Verdad], apareció en 1956, y una traducción de cincuenta y un tratados, incluyendo el Gospel of Thomas, apareció en 1977.

Líderes. Los primeros padres de la iglesia sostenían que el gnosticismo tenía sus raíces en el primer siglo y que Simón el Hechicero de Samaria (Hechos 8) fue el primer gnóstico. Según los padres de la iglesia, Simón practicaba la magia, afirmaba ser divino, y enseñaba que su compañera, una exprostituta, era la reencarnada Helena de Troya. Hipólito (d. 236) atribuyó la Apophasis Megale [La Gran Revelación] a Simón. El discípulo de Simón, un antiguo samaritano llamado Menandro, que enseñó en la Antioquía siria cerca del final del primer siglo, enseñó que aquellos que creyeran en él no morirían. Esa afirmación fue anulada cuando murió.

A principios del segundo siglo, Saturnino (Satornilos) afirmó que el Cristo incorpóreo era el redentor, negando que Cristo estuviera realmente encarnado en carne humana. Esta creencia es compartida con el *docetismo. En este período, Cerinto de Asia Menor estaba enseñando el adopcionismo, la herejía que Jesús era simplemente un hombre sobre el que Cristo descendió en su bautismo. Como Cristo no podía morir, se fue de Jesús antes de su crucifixión. Basílides de Egipto fue llamado tanto dualista por Ireneo como monista por Hipólito.

Uno de los más controvertidos, aunque atípico, gnóstico fue Marción del Ponto. Creía que el Dios del Antiguo Testamento era diferente del Dios del Nuevo Testamento y que el canon de la Escritura incluía solo una versión incompleta de Lucas y diez de las epístolas de Pablo (todas menos las epístolas pastorales). Tertuliano (aprox. 160- aprox. 215) atacó severamente sus puntos de vista. Marción se convirtió en un incentivo para que la iglesia primitiva definiera oficialmente los límites del canon.

Valentín de Alejandría fue otro gnóstico prominente. Llegó a Roma en el 140 y enseñó que había una serie de emanaciones divinas. Dividió a la humanidad en tres clases: (1) hílicos o incrédulos, que estaban inmersos en la naturaleza material y carnal; (2) psíquicos o cristianos comunes, que vivían de la fe y la neumática; y (3) gnósticos espirituales. Sus seguidores incluían a Ptolomeo, Heracleo, Teodoto y Marco. La interpretación de Heracleo de Juan es el primer comentario conocido del Nuevo Testamento.

Las creencias de tipo gnóstico persistieron hasta el siglo IV. Entre las últimas manifestaciones estaba el maniqueísmo, un culto dualista que atrapó a Agustín en su vida precristiana. Contra él escribió muchos tratados, que se recogen en The Anti-Manichaean Writings [Los escritos anti-maniqueos].

Enseñanzas. Como el gnosticismo carecía de una autoridad común, abarcaba una variedad de creencias. Muchas de estas creencias, si no era en su mayoría, estaban centradas en:

1. Un dualismo cósmico entre el espíritu y la materia, el bien y el mal.

2. Una distinción entre un Antiguo Testamento finito Dios, Yahweh, que fue relacionado con *el 'demiurgo' de Platón o Artesano, y el Dios trascendente del Nuevo Testamento.

3. Una perspectiva de la creación como resultado de la caída de Sophia (Sabiduría).

4. Una identificación de la materia como maligna.

5. La creencia de que la mayoría de la gente es ignorante de su orígenes y condición.

6. Una identificación de chispas de divinidad que están encapsuladas en ciertos individuos espirituales.

7. Una fe en un Redentor doceta, que no era verdaderamente humano y no murió en la cruz. Este Redentor trajo la salvación en la forma de una 'gnosis' secreta, o conocimiento, que Cristo comunicó después de su resurrección.

8. Un objetivo de escapar de la prisión del cuerpo, atravesando las esferas planetarias de los demonios hostiles, y reuniéndose con Dios.

9. Una salvación basada no en la fe o las obras, sino en el conocimiento especial, o gnosis, de la verdadera condición de uno.

10. Una perspectiva mixta de la moralidad. Carpócrates instó a sus seguidores a participar en la promiscuidad deliberada. Epífanes, su hijo, enseñó que el libertinaje era la ley de Dios. La mayoría de los gnósticos, sin embargo, adoptaba una visión fuertemente ascética de las relaciones sexuales y el matrimonio, sosteniendo que la creación de la mujer era la fuente del mal y la procreación de niños simplemente multiplicaba el número de personas en esclavitud al malvado mundo material. La salvación de las mujeres dependía de que un día se convirtieran en hombres y volvieran a las condiciones del Edén antes de que se creara Eva. Por extraño que parezca, las mujeres eran prominentes en muchas sectas gnósticas.

11. Una interpretación del bautismo y la Cena del Señor como símbolos espirituales de la gnosis.

12. Una perspectiva de la resurrección como espiritual, no física (ver Naturaleza Física de la Resurrección). En los códices de Nag Hammadi, De Resurrectione afirma que "el Salvador se tragó la muerte [...] Porque dejó de lado el mundo que perece. Se transformó en un eón incorruptible y se elevó a sí mismo, después de haberse tragado lo visible por lo invisible, y nos dio el camino a la inmortalidad [...] Pero si nos manifestamos en este mundo llevándolo, somos sus rayos y estamos rodeados por él hasta nuestro ocaso, que es nuestra muerte en esta vida. Somos arrastrados hacia arriba por él como los rayos del sol, sin ser arrastrados de vuelta por cualquier cosa. Esta es la resurrección espiritual que se traga lo psíquico junto con la carne" (Malinine, pág. 45).

El gnosticismo como movimiento organizado que reconoce su origen casi no existe. El único remanente sobreviviente está en el suroeste de Irán. Sin embargo, muchas enseñanzas gnósticas viven entre los de la Nueva Era, los existencialistas, y críticos de la Biblia. Ejemplo de ello es el renacimiento del interés en el Evangelio de Tomás por parte del Jesus Seminar [Seminario de Jesús]. Asimismo, hay una tendencia, incluso entre algunos estudiosos evangélicos (ver Geisler), a negar la naturaleza física de la resurrección. El gnosticismo vive hoy ampliamente en el Movimiento de la Nueva Era (Jones).

Evaluación. El gnosticismo fue criticado minuciosamente por los primeros padres de la iglesia, especialmente Ireneo, Tertuliano, Agustín y Orígenes, aunque Orígenes aceptó algunos de sus puntos de vista. Para más información sobre el gnosticismo, ver los artículos Cristo, Muerte de; Docetismo; Dualismo.

Fuentes

Agustín, *The Anti-Manichaean Writings* [Los escritos anti-maniqueos].

C. A. Evans et al., *Nag Hammadi Texts and the Bible* [Los textos de Nag Hammadi y la Biblia].

N. L. Geisler, *The Battle for the Resurrection* [La batalla por la Resurrección].

R. M. Grant, *Gnosticism and Early Christianity* [Gnosticismo y cristianismo primitivo].

P. Jones, Spirit Wars [Guerra de espíritus].

M. Malinine et al., *De Resurrection epistula ad Rheginum*.

J. M. Robinson y R. J. Miller, eds., *The Nag Hammadi Library in English* [La biblioteca de Nag Hammadi en inglés].

Tertuliano, *Against the Valentinians* [Contra los valentinos].

———, *Five Books against Marcion* [Cinco libros contra Marción].

———, *On the Flesh of Christ* [En el cuerpo de Cristo].

———, *On the Resurrection of the Flesh* [En la resurrección de la carne].

E. Yamauchi, *Pre-Christian Gnosticism* [Gnosticismo precristiano].

Greenleaf, Simon. Simon Greenleaf (1783-1853) fue una de las grandes mentes de la historia legal americana. Enseñó derecho en la Universidad de Harvard y produjo el estudio estándar de tres volúmenes de pruebas legales (A Treatise on the Law of Evidences [Un tratado sobre el derecho de las evidencias], 1842-53) utilizado para enseñar a los abogados las reglas de la prueba legal y los medios por los que se puede probar la autenticidad de los documentos y los testigos. Cuando se le retó a aplicar estas reglas a los documentos del Nuevo Testamento, Greenleaf produjo un volumen (The Testimony of the Evangelists [El testimonio de los evangelistas]) que defiende la autenticidad del Nuevo Testamento. Defiende un vínculo importante en el argumento apologético general del cristianismo: la confiabilidad de los testigos del Nuevo Testamento.

Un Nuevo Testamento auténtico. Las conclusiones de Greenleaf incluyen puntos fuertes de evidencia. Las siguientes citas son de toda su obra The Testimony of the Evangelists: "Cada documento, aparentemente antiguo, proveniente del depósito o custodia apropiada, y sin marcas evidentes de falsificación, la ley presume que es genuino, y delega en la parte

contraria la carga de probar que es de otra manera", escribió Greenleaf. Según esta "Regla de los Documentos Antiguos", el Nuevo Testamento calificaría como auténtico, ya que no tiene marcas de falsificación y ha estado bajo la custodia apropiada de la iglesia a través de los siglos, como lo demuestra la evidencia de los manuscritos (ver Nuevo Testamento, Manuscritos del).

"En asuntos de interés público y general, se presume que todas las personas deben estar versadas en el principio de que se presume que los individuos son versados en sus propios asuntos". Aplicado a los testigos del Nuevo Testamento, esto significaría que los libros provenientes de ellos deben presumirse auténticos, ya que hablaban de sus propios asuntos, con los que estaban versados.

"En los juicios de hecho, por testimonio oral, la pregunta adecuada no es si es posible que el testimonio puede ser falso, sino si hay suficiente probabilidad de que sea verdad". Ya que hay evidencia probable de que los testigos del Nuevo Testamento dijeron la verdad (ver Nuevo Testamento, Historicidad del), la posibilidad de que ellos podrían haber estado mintiendo no supera la verdad de su testigo.

"Una proposición de hecho se prueba, cuando su verdad se establece con pruebas competentes y satisfactorias". Hay pruebas competentes y satisfactorias de la facticidad del registro del Nuevo Testamento (ver Arqueología del Nuevo Testamento).

"En ausencia de circunstancias que generen sospechas, todo testigo se presume creíble, hasta que se demuestre lo contrario; la carga de la impugnación de su credibilidad recae en el objetor". El Nuevo Testamento, al igual que otros libros, debe presumirse inocente. Esto es precisamente lo contrario del principio de "presunción de culpabilidad hasta que se demuestre la inocencia" que utilizan los críticos negativos (ver Biblia, Críticas a la).

"El crédito debido al testimonio de los testigos depende, en primer lugar, de su honestidad; en segundo lugar, de su capacidad; en tercer lugar, de su número y coherencia de su testimonio; en cuarto lugar, de la conformidad de su testimonio con la experiencia; y en quinto lugar, de la coincidencia de su testimonio con las circunstancias colaterales". De acuerdo con estos principios, el Nuevo Testamento es un registro auténtico (ver Resurrección, Evidencia de; Testigos, Criterios de Hume para los).

Certeza moral. Sobre la naturaleza de la certeza moral, Greenleaf escribió: "Pero la prueba de los hechos se basa únicamente en la evidencia moral, lo que significa que no se trata simplemente de un tipo de evidencia que no obtenemos ni de nuestros propios sentidos, ni de la intuición, ni de la demostración. En los asuntos ordinarios de la vida no requerimos ni esperamos pruebas demostrativas, porque son inconsistentes con la naturaleza de los hechos, e insistir en su producción sería inaceptable y absurdo".

En general, Greenleaf se encontró persuadido por un alto nivel de probabilidad de que las reportes sean ciertos: "Así, la fuerza de las pruebas circunstanciales es que dependen del número de datos involucrados en la narración; la dificultad de fabricarlos todos, si son falsos, y la gran facilidad de detección; la naturaleza de las circunstancias a comparar, y de las cuales se deben recoger las fechas y otros hechos; la complejidad de la comparación; el número de los pasos intermedios en el proceso de deducción; y el circuito de la investigación". Añade: "Las narraciones de los habitantes sagrados, tanto judíos como cristianos, abundan en ejemplos de este tipo de pruebas, cuyo valor difícilmente puede ser estimado adecuadamente. Como ya se ha comentado, no es una demostración matemática; ni tampoco lo es este grado de prueba debidamente exigible en cualquier conducta moral. En todas las transacciones humanas, el mayor grado de seguridad al que podemos llegar, sin la evidencia de nuestros propios sentidos, es el de la probabilidad. Lo más que se puede afirmar es que es más probable que la narración sea verdadera que falsa; y puede ser en el grado más alto más probable, pero aun así estar lejos de la certeza matemática absoluta".

Conclusión. La conclusión de Greenleaf habla por sí misma: "Las narraciones de los evangelistas se someten ahora al escrutinio y análisis del lector, según los principios y reglas ya establecidas [...] Su negocio es el de un abogado, examinando el testimonio de los testigos de acuerdo a las reglas de su profesión, con el fin de determinar si, en caso de haber testificado así bajo juramento, en un tribunal de justicia, tendrían derecho a un crédito; y si sus relatos, como los tenemos ahora, se recibirían como documentos antiguos, procedentes de la custodia adecuada. De ser así, entonces se cree que cada hombre honesto e imparcial actuará de manera consistente con ese resultado, al recibir su testimonio en toda la extensión de su importancia".

Fuentes
S. Greenleaf, *The Testimony of the Evangelists* [El testimonio de los evangelistas].

————, *A Treatise on the Law of Evidences* [Un tratado sobre la ley de las evidencias].

Guillermo de Ockham. El escepticismo moderno (ver Agnosticismo) no comenzó con David *Hume. Sus orígenes están en la Edad Media tardía con Guillermo de Ockham (1285-1349). Ockham fue el joven contemporáneo de Duns Escoto (1266-1308) y de *Tomás de Aquino (1224-74). Permaneció al final de la Edad Media y contribuyó al surgimiento de la edad moderna. Si bien el escepticismo floreció con David Hume (1711-76), sus orígenes estuvieron en Guillermo de Ockham.

El pensamiento de Ockham tuvo una influencia importante en el empirismo radical y el escepticismo de Hume, en el situacionismo ético de Joseph Fletcher (ver Moralidad, Naturaleza absoluta de la), en el idealismo de George *Berkeley (1685-1753) y en la antitransubstanciación de Martín *Lutero (1483-1546), así como también en el voluntarismo ético, el nominalismo y en la univocidad del lenguaje religioso (ver Analogía, Principio de).

Escepticismo epistemológico. Su escepticismo se manifestó en tres niveles: epistemológico, metodológico y apologético. En su epistemología, era un nominalista y un empírico escéptico.

Ockham desconfiaba de los sentidos. Enfatizó la intuición. Argumentaba que las esencias o universalidades eran abstracciones mentales que se basaban en cosas reales (ver Realismo). Pero Ockham creía que una esencia era simplemente una construcción mental sin ninguna base en la realidad. Tales cosas como la naturaleza humana no eran reales. Solo existen los humanos individuales.

El nominalismo tuvo serias implicaciones cuando se aplicaba a la caída de la humanidad y su redención. ¿Cómo un ser pecador puede heredar una naturaleza si no existe tal cosa como una naturaleza? ¿Cómo Cristo puede asumir la naturaleza humana y morir por todas las personas a menos que exista una naturaleza humana? ¿Cómo se puede argumentar una creencia ortodoxa en la Trinidad, que afirma que Dios es tres personas en una esencia, si no existen las esencias?

Ockham sostenía que debido a que Dios era omnipotente, podía hacerlo todo. Podía crear la imagen de un árbol en nuestra mente, incluso sin la presencia de un árbol (ver Dios, Naturaleza de). Esto, sin duda, debilita la confianza en el proceso de "saber" algo. Se podía "saber" que algo era cierto y que en realidad no existía. ¿No podría Dios crear la idea de un mundo en nuestras mentes cuando no existía un mundo? Al aplicar a Ockham a un escepticismo posterior, ¿no podría el "demonio" concebido por René *Descartes (1596-1650) engañarnos para creer en que un mundo inexistente existía?

Incluso sin un engaño malévolo, ¿por qué un Dios benévolo no puede crear las impresiones que desea sin que haya algún objeto externo al que corresponda?

Escepticismo metodológico. Ockham también planteó el principio de la economía de causas, conocido como la navaja de Ockham. Esta herramienta también resultó ser útil para escépticos posteriores, con su principio de simplicidad o economía de causas. Aunque la declaración de Ockham fue "no multipliquen causas sin necesidad", se popularizó (corrompió) en la idea de que "la causa más simple es la mejor explicación" o que "a menor cantidad, más cierto". Esto lleva a "cuanto menos, mejor". Cuando se combina con el principio de omnipotencia, las consecuencias pueden ser devastadoras. Por ejemplo, Dios puede crear la impresión de un mundo físico cuando no existe uno. Esta simple explicación sería, entonces, la verdadera. De hecho, esta es la conclusión a la que Berkeley llegó posteriormente.

Escepticismo apologético. Ockham no era escéptico sobre la existencia de Dios. Era teísta. Sin embargo, su escepticismo debilitó la defensa apologética del teísmo. Sus objeciones sobre el *argumento cosmológico anticiparon a Hume e Immanuel *Kant. Ockham planteó al menos tres preguntas sobre el argumento cosmológico (Ockham, 129 ss.; ver Dios, Objeciones a las pruebas de).

*La posibilidad de una *serie infinita.* Ockham negó que una regresión infinita de causas esencialmente relacionadas fuera imposible. (ver Kalam, Argumento cosmológico). Debido a que las causas esencialmente relacionadas (por ejemplo, padre que engendra a un hijo) no necesitan ser simultáneas, pueden ser causas originarias y no causas conservadoras. El padre no es la causa continua de la existencia del hijo. Solo si esta simultaneidad de la causa conservadora del aquí y el ahora se añade al concepto de una serie de causas esencialmente relacionadas es una regresión infinita imposible, argumentaba Ockham.

Es contradictorio afirmar que no hay una Primera Causa para lo que ahora se conserva en existencia. Así que el argumento cosmológico es válido en relación con lo que existe ahora, pero no para ninguna creación original.

Conocimiento de las causas eficientes. Anticipando a Hume, Ockham basó su conocimiento de causas eficientes en la experiencia (ver Causalidad, Principio de). La causalidad se define como "aquello cuya existencia o presencia se deduce por algo" (Maurer, pág. 270). La distinción anticipa la crítica de Hume de que no existe fundamento en la experiencia para establecer una conexión necesaria entre la causa y el efecto. Pero la ineludibilidad de la conclusión del argumento cosmológico depende de la necesidad de la conexión entre la causa y el efecto. De esta manera, Ockham puso su navaja en la columna central que enlaza con el argumento cosmológico.

La incapacidad de probar un Dios. Ockham también sostuvo que uno no podía probar en un sentido absoluto la existencia de un solo Dios (ver Dios, Naturaleza de; Teísmo). Solo si la unidad de Dios se toma para que signifique "el Ser más perfecto que existe", se puede decir que la unidad de Dios ha sido probada. Si, no obstante, como los teístas cristianos insisten, la unidad de Dios se refiere al "más perfecto" Ser posible, entonces la unidad de Dios no puede probarse. La proposición "Dios existe" no es una proposición autoevidente. Muchos lo dudan, pero una proposición autoevidente no puede dudarse. La unidad absoluta de Dios no se conoce por otras proposiciones, de las que también se puede dudar, ni por la experiencia, porque la experiencia solo puede proporcionarnos lo real, no lo posible. Por lo tanto, no hay manera de demostrar que Dios es absolutamente uno.

Lenguaje religioso unívoco. En un aspecto, Ockham mantuvo la línea contra el escepticismo. Habló fuertemente en contra de cualquier concepto equívoco o analógico aplicado a Dios. Ockham argumenta convincentemente que ningún concepto que se aplica a Dios puede tener un significado totalmente diferente o equívoco. Puesto que, si lo tuviera, entonces no tendríamos idea de lo que significaría. Asimismo, un concepto análogo debe poseer un elemento similar, de lo contrario sería totalmente diferente. Este elemento similar es realmente unívoco. Por lo tanto, sin conceptos unívocos no podemos saber nada acerca de Dios.

Aunque el punto se acepta cuando se trata de conceptos unívocos, Ockham no parecía entender la necesidad de la predicación analógica, como lo planteó Aquino. Es decir, debemos definir los términos que se usan para Dios y las criaturas de la misma manera, pero se aplican de forma distinta. Dios es infinitamente bueno, mientras que las criaturas solo pueden esforzarse para llegar a una benevolencia finita. La benevolencia no puede aplicarse unívocamente o completamente de la misma manera a lo infinito y finito (ver Analogía, Principio de).

Evaluación. El escepticismo epistemológico de Ockham se aborda en los artículos Causalidad, Principio de; Primeros Principios; Hume, David; Realismo. El escepticismo apologético se aborda en Argumento Cosmológico; Dios, Objeciones a las pruebas de; Hume, David; Kant, Immanuel.

En cuanto al escepticismo metodológico de Ockham, incluso aceptando sus premisas, la navaja de Ockham no funciona en los debates sobre Dios, puesto que presupone la existencia de un Dios omnipotente como premisa. Incluso aceptando que Dios puede crear ideas en nosotros sin objetos externos no quiere decir que Dios lo haría. El Dios teísta de Ockham no es solo todopoderoso sino completamente benevolente. Y un Dios omnibenevolente no engañaría (ver Esencialismo divino). El escepticismo de Ockham no funciona sin el cuestionable principio de parsimonia. Pero ¿cómo se puede probar que plantear la menor cantidad de causas posibles es la forma de determinar lo que es verdadero? Este no es un primer principio. En el mejor de los casos solo es una guía general en materia científica. No es una regla universal en asuntos metafísicos.

¿Por qué es redundante asumir un mundo externo? Puede que Dios tenga muy buenos motivos para eso. Al usar la propia navaja de Ockham, se puede observar como una simple explicación el hecho de que un mundo objetivamente real da impresiones a todos, en lugar del hecho de que Dios debe crear impresiones en cada ser humano de manera individual. La explicación de Ockham de que Dios puede crear directamente ideas de un mundo externo en cada ser humano es Deus ex machina (el Dios fuera de la máquina). Invoca a lo sobrenatural para salvar a su conclusión del colapso. Dios debe salir de la máquina y salvarlo. De nuevo, en este caso es más simple elegir la explicación natural que invocar a una sobrenatural.

Fuentes

P. Boehner, *Ockham: Philosophical Writings* [Ockham: Escritos filosóficos].

N. L. Geisler y W. *Corduan, Philosophy of Religion* [Filosofía de la religión].

E. Gilson, *History of Christian Philosophy in the Middle Ages* [La filosofía en la Edad Media].

A. Maurer, *Medieval Philosophy* [Filosofía medieval].

Guillermo de Ockham, "Expositio super librum Perihermenias".

———, *Ordinatio* (D. II, Q. viii, prima redactio).

———, *Summa totius logicae* [Suma de lógica] (I, c.xiv).

Hadith, Supuestos milagros en el. *Ver* MAHOMA, SUPUESTOS MILAGROS DE.

Hechos, Historicidad del libro de los. La fecha y la autenticidad de los Hechos de los Apóstoles es crucial para la historicidad de la etapa temprana del cristianismo (ver Nuevo Testamento, Historicidad del) y, por lo tanto, para la apologética en general (ver Apologética, Argumento general de la). Los críticos suelen datar el libro de los Hechos alrededor del año 70 d. C., pero incluso en esta fecha tardía muchos testigos oculares seguían vivos (ver Nuevo Testamento, Datación del), y eso tiene un gran valor histórico para ilustrarnos sobre las primeras creencias cristianas. Si Lucas, el compañero del apóstol Pablo, escribió el libro de Hechos, nos conduce directo al círculo apostólico, en el que se encuentran los que participaron en los eventos relatados.

Si Hechos se escribió en el año 62 d. C. (la fecha tradicional), entonces lo escribió un contemporáneo de Jesús, que murió en el año 33 (ver Nuevo Testamento, Datación del). Si se demuestra que Hechos es una historia exacta, aportaría credibilidad a sus historias sobre las creencias cristianas más fundamentales acerca de los milagros (Hechos 2:22; ver Milagros, Valor apologético de los; Milagros en la Biblia), la muerte (Hechos 2:23), la resurrección (Hechos 2:23, 29-32), y la ascensión de Cristo (Hechos 1:9-10). Si Lucas escribió Hechos, entonces su "tratado anterior" (Hechos 1:1), el Evangelio de Lucas, debería extenderse en la misma fecha inicial (durante la vida de los apóstoles y los testigos oculares) y la credibilidad.

El testimonio de un historiador romano. Mientras que los eruditos del Nuevo Testamento, dominado durante mucho tiempo por los críticos más importantes (ver Biblia, Críticas a la), han sido escépticos de la historicidad de los Evangelios y los Hechos, esto no ha sido así para los historiadores romanos del mismo período. A. N. Sherwin-White es un ejemplo de ello. Otro historiador agregó el valor de su investigación al tema de la historicidad del libro de los Hechos. Colin J. Hemer menciona diecisiete razones para aceptar la fecha inicial y tradicional que colocaría la investigación y la escritura de los Hechos durante la vida de muchos participantes. Los siguientes ejemplos apoyan con firmeza la historicidad de Hechos e, indirectamente, el Evangelio de Lucas (cf. Lucas 1:1-4; Hechos 1:1): (1) En los Hechos no se menciona la caída de Jerusalén en el año 70 d. C., una omisión improbable, dado el contenido, si ya hubiera ocurrido. (2) No hay indicios del estallido de la Guerra Judía en el año 66 d. C., ni de ningún deterioro drástico o específico de las relaciones entre romanos y judíos, lo que implica que fue escrito antes de esa época. (3) No hay indicios del deterioro de las relaciones de los cristianos con Roma, relacionado con la persecución neroniana de finales de los 60. (4) El autor no revela ningún conocimiento de las cartas de Pablo. Si los Hechos fueron escritos más tarde, ¿por qué Lucas, que se muestra tan cuidadoso de los detalles incidentales, no intentaría documentar su narración con secciones relevantes de las epístolas? Las Epístolas circularon de forma evidente y deben haberse convertido en fuentes disponibles. Esta interrogante está llena de incertidumbres, pero el silencio sugiere una fecha temprana. (5) No hay ningún indicio de la muerte de Santiago a manos del Sanedrín en torno al año 62 registrado por *Flavius Josephus (Antiquities [Antigüedades], 20.9.1.200). (6) Hay una sensación de "inmediatez" en los últimos capítulos del libro, "que están marcados en un grado especial por la reproducción casi irreflexiva de detalles insignificantes, un rasgo que alcanza su apogeo en el relato de viaje de Hechos 27-28… La vívida 'inmediatez' de este pasaje en particular puede contrastarse en demasía con la 'forma indirecta' de la parte anterior de los Hechos, donde suponemos que Lucas se basaba en fuentes o en las reminiscencias de otros, y no podía controlar el contexto de su narración" (Hemer, 388-89). Si bien algunas de estas razones son más sólidas que otras, las evidencias recopiladas proporcionan un fuerte apoyo a la fecha anterior del año 62 d. C. para Hechos. Esto a su vez apoya la historicidad de los eventos registrados en Hechos.

Respaldo adicional a la historicidad. El argumento tradicional de la veracidad histórica basado en "coincidencias no diseñadas" es un argumento discutible. Sin embargo, lo que sigue puede considerarse como un desarrollo más preciso de ese enfoque. El libro de los Hechos contiene: (1) Detalles geográficos que se supone que son de conocimiento general. El rango de conocimiento general que se debe esperar de un escritor o lector de la edad antigua sigue siendo difícil de estimar. (2) Detalles más especializados que se supone que son bien conocidos: títulos de gobernantes, tropas y rutas principales. Esta información habría sido accesible a los que viajaban o participaban en la administración, pero tal vez no para otros. (3) Especificaciones locales de rutas, límites y títulos de los magistrados de la ciudad que es poco probable que se hayan conocido, excepto para un escritor que haya visitado los distritos. (4) Correlación de las fechas de los reyes y gobernadores conocidos con la cronología aparente de los Hechos. (5) Detalles apropiados a la fecha de Pablo o Lucas en la iglesia antigua, pero no apropiados a las condiciones anteriores o posteriores. (6) "Coincidencias no diseñadas" o detalles relacionados que conectan a los Hechos con las Epístolas Paulinas. (7) Aspectos de conocimiento geográfico general, mencionados tal vez de manera informal o alusiva, con una precisión no estudiada que habla de familiaridad, y muchas otras cosas.

Conocimiento general. El título del emperador "Augustus" se traduce de forma oficial como ho Sebastos en palabras atribuidas a un funcionario romano (Hechos 25:21, 25), mientras que "Augustus", como el nombre otorgado al primer emperador, se translitera como Augoustos en Lucas 2:1. Esta distinción también puede ilustrarse a partir de otros textos. Los hechos generales de la navegación y el conocimiento del suministro de maíz del imperio son parte de la narración del viaje de un barco alejandrino al puerto italiano de Puteoli. Claudio instituyó el sistema estatal de suministro. Estos son ejemplos de una gran cantidad de curiosidades. Lucas parece en general ser cuidadoso en su representación de los lugares cotidianos, y numerosos pequeños puntos de terminología podrían ilustrarse a partir de las ins-

cripciones reproducidas. Lucas cree que es necesario explicar algunos términos a su lector, pero no al resto. Los puntos de la topografía judía o la nomenclatura semítica se glosan o explican (Hechos 1:12, 19), mientras que las instituciones básicas judías no lo hacen (1:12; 2:1; 4:1).

*Nota del traductor: El término "Augustus" solo se encuentra traducido en las versiones en inglés (NIV y KJV). El autor señala este término debido a que existe una disyuntiva en las versiones inglesas, ya que solo usan un término en inglés para los dos vocablos en griego. Sin embargo, en español, sí se encuentra marcada esta diferencia y no presenta este problema. Por lo tanto, para su comprensión, hemos considerado utilizar "Augustus".

Conocimientos especializados. El conocimiento de la topografía de Jerusalén se muestra en 1:12, 19, y 3:2, 11.

En 4:6, Anás es representado con gran prestigio y con el título de sumo sacerdote después de su deposición formal por los romanos y el nombramiento de Caifás (cf. Lucas 3:2; Antiquities [Antigüedades] 18.2.2.34-35; 20.9.1.198). Entre los términos romanos, 12:4 da detalles de la organización de una guardia militar (cf. Vegetius, de Re Milit. 3.8); 13:7 identifica con acierto a Chipre como una provincia proconsular (senatorial), con el procónsul residente en Pafos. El papel desempeñado por Troas en el sistema de la comunicación se reconoce en 16:8 (cf. sección C, págs. 112 ss., 16:11). Anfípolis y Apolonia son conocidas como estaciones (y es probable como paradas nocturnas) en el Camino Egipcio de Filipos a Tesalónica, como en 17:1. Los capítulos 27-28 incluyen detalles geográficos y de navegación del viaje a Roma.

Estos ejemplos ilustran la gama de lugares y contextos en cuya narración Lucas posee información. El autor de los Hechos viajó mucho por las áreas mencionadas en la narración o tuvo acceso a fuentes especiales de información.

Conocimiento local específico. Además, Lucas manifiesta un increíble conjunto de conocimientos de los lugares locales, nombres, condiciones, costumbres y circunstancias que corresponden a un testigo ocular contemporáneo que registra el tiempo y los eventos. Hechos 13-28, que cubre los viajes de Pablo, muestra sobre todo un conocimiento íntimo de las circunstancias locales. La evidencia está en gran medida representada en los "pasajes redactados en primera persona plural", cuando Lucas acompañaba a Pablo, pero se extiende más allá de ellos. En algunos casos, el conocimiento local específico debe ser descartado porque la evidencia es inexistente. Algunos estudiosos también consideran que las observaciones de

Lucas a veces no concuerdan con los conocimientos existentes (por ejemplo, en el caso de Teudas). Sin embargo, numerosas situaciones están confirmadas por la investigación histórica y arqueológica. Por ejemplo, el autor tenía:

1. Un cruce natural entre puertos con nombres apropiados (13:4-5). El Monte Casio, al sur de Seleucia, está a la vista de Chipre. El nombre del procónsul en 13:7 no puede ser confirmado, pero la familia de los Sergii Pauli lo atestigua.
2. El puerto fluvial apropiado, Perga, para un barco que cruza desde Chipre (13:13).
3. La ubicación apropiada de Licaonia (14:6).
4. La inusual, pero correcta declinación del nombre de Listra y el correcto lenguaje hablado en Listra. La correcta identificación de los dos dioses asociados con la ciudad, Zeus y Hermes (14:12).
5. El puerto apropiado, Attalia, para los viajeros que regresan (14:25).
6. La ruta correcta desde las Puertas de Cilicia (16:1).
7. La forma apropiada del nombre Troas (16:8).
8. Un notable hito de los marineros en Samotracia (16:11).
9. La identificación apropiada de Filipos como una colonia romana. La ubicación correcta para el río Gangites cerca de Filipos (16:13).
10. Otros numerosos detalles que suman más de ochenta.

Conclusión. La historicidad del libro de los Hechos se confirma con evidencia contundente. No existe ninguna confirmación tan detallada para otro libro antiguo. No es solo una confirmación directa de la primera creencia cristiana sobre la muerte y la resurrección de Cristo, sino también, de forma indirecta, del registro del Evangelio, ya que el autor de los Hechos (Lucas) también escribió un evangelio detallado. Este Evangelio es comparable en forma directa con los otros dos Evangelios Sinópticos. La mejor evidencia es que este material se escribió en el año 60 d. C., solo 27 años después de la muerte de Jesús. La escritura se sitúa en el transcurso de la vida de los testigos oculares de los acontecimientos registrados (cf. Lucas 1:1-4). Esto no da tiempo para un supuesto desarrollo mitológico de las personas que viven generaciones después de los acontecimientos. El historiador romano Sherwin-White ha señalado que los escritos de Heródoto nos permiten determinar el ritmo al que se desarrollan las leyendas. Concluye que "las pruebas sugieren que incluso dos generaciones son un lapso demasiado corto para permitir que la tendencia mítica prevalezca sobre el principal centro histórico de la tradición oral" (Sherwin-White, pág. 190). Julius Müller (1801-78) desafió a los investigadores de su época a producir incluso un ejemplo en el que un evento histórico desarrollara muchos elementos mitológicos en una generación (Müller, pág. 29). No existe ninguno.

Fuentes

W. L. Craig, *The Son Rises* [La resurrección del Hijo].

C. J. Hemer, *The Book of Acts in the Setting of Hellenistic History* [El Libro de los Hechos en el marco de la historia helenística].

F. Josephus, *Antiquities* [Antiguedades].

J. Müller, *The Theory of Myths, in Its Application to the Gospel History, Examined and Confuted* [La teoría de los mitos, en su aplicación a la historia del Evangelio, examinada y refutada].

W. Ramsay, *St. Paul the Traveller and the Roman Citizen* [Pablo, el viajero y el ciudadano romano].

A. N. Sherwin-White, *Roman Society and Roman Law in the New Testament* [La sociedad romana y el derecho romano en el Nuevo Testamento].

Hegel, Georg Wilhelm Friedrich. Vida y obras de Hegel. Hegel (1770-1831) nació en Wurtenberg, Alemania, en una familia luterana. Su padre era un funcionario del gobierno. Hegel se aburría de los profesores monótonos y solía faltar a clase. Más tarde enseñó en la Universidad de Jena, donde él y F.W.J. Schelling lucharon contra la marea del escepticismo. Hegel era luterano y al parecer asistía con frecuencia a la iglesia.

Sus principales artículos incluyen Philosophy of History [Filosofía de la historia], Philosophy of Nature [Filosofía de la naturaleza], Encyclopedia [Enciclopedia], Logic [Lógica], Philosophy of Religion [Filosofía de la religión], su mayor obra, Phenomena of Spirit [Fenomenología del Espíritu], y Philosophy of Aesthetics [Filosofía de la estética].

Influencias sobre Hegel. Como la mayoría de las grandes figuras, Hegel se apoyó con firmeza en los estudios de los que le precedieron. Por mencionar algunos de los principales: de *Platón, aprendió que el significado del hombre se encuentra en el estado, que la filosofía es la más alta expresión de la realidad, y que toda determinación es por negación. De *Plotino, Hegel llegó a comprender que el mundo y la conciencia son una manifestación del Absoluto, una forma de *panteísmo. De Benedicto *Spinoza, aprendió de la inseparabilidad de Dios y la naturaleza y, por lo tanto, el antisupernaturalismo. De Immanuel *Kant, Hegel concluyó que debemos comenzar con los fenómenos de la experiencia y usar el método trascendental para llegar a la verdad. Por supuesto, su formación judeo-cristiana le proporcionó una visión lineal de la historia.

Epistemología de Hegel. La teoría del conocimiento de Hegel no es fácil de explicar en forma breve. Sin embargo, algunos aspectos son claros.

La dialéctica de Hegel. Para empezar, es necesario decir algo sobre lo que Hegel no creía. Aunque usó la palabra dialéctica, no creía en un tipo de dialéctica marxista (ver Marx, Karl) de tesis-antítesis-síntesis. Esta tríada no aparece ni una sola vez en el cuerpo de los ocho volúmenes de sus obras publicadas (Mueller, 411). Aparece una vez en el prefacio de su Phenomenology of mind [Fenomenología de la mente], donde afirmaba que procedía de Kant y la rechazaba, calificándola de "esquema sin vida" (ibid., pág. 412). El experto hegeliano Gustav Mueller afirmó que "la leyenda de Hegel más desconcertante y devastadora es que todo se piensa en 'tesis, antítesis y síntesis'" (ibid., pág. 411). La leyenda se difundió mediante la comprensión distorsionada de Karl Marx sobre Hegel.

La Ley de No Contradicción. Hegel no tiene claro el estado de la ley de no contradicción (ver Primeros principios). En ocasiones parece negarlo, al afirmar que "todas las cosas son en sí mismas contradictorias", que "el movimiento es la propia contradicción existente" y que "solo en la medida en que algo tiene contradicción en sí mismo se mueve, tiene impulso o actividad" (Acton, págs. 443-44). De hecho, ni siquiera lo menciona como una categoría separada de pensamiento en su obra Science of logic [Ciencia de la lógica]. Algunos lo entienden como que solo afirma que hay contradicciones en el nivel finito que se resuelven en el Absoluto. Otros creen que no emplea el término en su sentido técnico lógico, sino solo en el sentido práctico en la elaboración de la dialéctica de la historia. Otros lo toman para referirse a una enfermedad necesaria del pensamiento en su camino hacia la verdad absoluta. Hegel afirma que un "círculo cuadrado" o un "círculo de muchos lados" es contradictorio (ibid., 444). Por supuesto, si Hegel quería decir que la ley de no contradicción (ver Primeros principios) no se aplicaba a todas las reivindicaciones de la verdad, entonces su punto de vista era refutable por sí mismo.

El argumento trascendental. Al igual que Kant, Hegel argumentó de forma trascendental, aunque creía que aportaba absolutos tanto en el contenido como en la forma del conocimiento. Creía que había dos opciones: *el realismo y el trascendentalismo. Es decir, podemos ignorar a Kant y volver al realismo ingenuo o extender a Kant y desarrollar un trascendentalismo (ver Argumento trascendental). Eligió lo último. Como Kant, sostuvo que las formas a priori en la mente garantizan la certeza. Pero a diferencia de Kant, Hegel creía que incluso el contenido de nuestro conocimiento es absoluto. Argumentó que el conocimiento parcial (relativo) es imposible porque presupone el conocimiento del todo (el absoluto).

El proceso trascendental del conocimiento empieza con el conocimiento tal como se nos aparece (en los fenómenos de nuestra experiencia) y luego procede a encontrar las condiciones necesarias del mismo. La prueba del conocimiento es la consistencia y la coherencia. Pero nuestro conocimiento no puede persistir a menos que se base en alguna forma de conocimiento superior. Y el retroceso no puede ser infinito (o de lo contrario no sabríamos nada). Por lo tanto, debemos llegar con el tiempo a un conocimiento absoluto, que es la base de todos los demás (conocimiento inferior).

El punto de vista de Hegel sobre Dios. Pruebas de la existencia de Dios. Hegel creía que había superado las objeciones de Kant a la existencia de Dios (ver Dios, Objeciones a las pruebas de). En una serie de conferencias, defendió el argumento ontológico de la existencia de Dios (ver Acton, pág. 449).

Panteísmo evolutivo. La metafísica de Hegel es una especie de *panteísmo evolutivo elaborado en el proceso histórico. Puede también ser visto como una forma de *panenteísmo, ya que hay una bipolaridad de Dios y el mundo. En cualquier caso, la historia es la "huella" de Dios en las arenas del tiempo. Mejor dicho, la historia es el propio despliegue de Dios en el mundo temporal. Es la progresiva superación del mundo por el Espíritu Absoluto.

Metafísica dialéctica. La *metafísica de Hegel es un ejemplo de cómo funcionaba su dialéctica. Primero, comienza con la lógica, que plantea la idea eterna. Esta es la más vacía de todas las nociones, desprovista de todo contenido. Representa a Dios tal como es en su esencia eterna antes de la creación del espíritu finito.

Lo siguiente es la filosofía de la naturaleza. Esta es la creación separada de Dios. Sin embargo, la creación debe tener relación con Dios. Entonces, ¿cómo se pueden reconciliar ambos?

La respuesta de Hegel se encuentra en la filosofía del espíritu, donde hay una dualidad superada. Los dos polos de la dualidad son Dios y el mundo. Hegel creía que Dios y el mundo deben fusionarse y así renunciar a sus identidades separadas. Esta es una idea raíz del posterior panenteísmo de Alfred North *Whitehead. El punto de contacto está en el hombre, que es el traductor entre la naturaleza y el espíritu. Así, el hombre tiene la espiritualidad de Dios y la materialidad del mundo.

Esta superación se realiza en tres etapas: espíritu subjetivo, espíritu objetivo y Espíritu Absoluto (Dios). En el espíritu subjetivo, se supera la dualidad sujeto-objeto. Hegel empieza con el hombre como un ser consciente (la dimensión espiritual). Luego, se desplaza al hombre como un ser corpóreo (la dimensión material). Por último, se dirige al hombre como un ser integrado y consciente de sí mismo (la dimensión ética).

En espíritu objetivo, se supera la distinción sujeto-sujeto. Todos son parte de una unidad mayor, el espíritu humano. Así que, en el hombre como un ser completo, la dualidad es superada debido a que el todo se encuentra sobre las partes y las une. En resumen, no hay ningún Dios aparte de la naturaleza. Dios depende de la naturaleza.

El punto de vista de Hegel sobre el cristianismo. La Encarnación. Hegel veía al cristianismo (luteranismo) como la religión absoluta, la más alta manifestación de lo absoluto hasta la fecha. Esto se manifiesta sobre todo en la encarnación de Dios en Cristo en la que Dios apareció en la tierra en un hombre en particular en un momento determinado. Aquí el Infinito se identifica con lo finito.

El centro de la religión es la encarnación. El Espíritu Absoluto es donde se supera la dualidad Dios-hombre. Esto se hace en tres etapas: arte, religión y filosofía. El arte es solo una manifestación limitada (en imágenes) del Absoluto. La religión realiza una manifestación superior del Espíritu Absoluto en la verdadera libertad revelada en los símbolos. Así que la esencia de la religión es la cristología, el Dios-hombre que murió y resucitó. Cuando murió, tanto Dios como el hombre murieron. Pero cuando resucitó, no resucitó ni Dios ni el hombre, sino el Espíritu Absoluto, al que se unieron Dios y el hombre.

Hegel creía que la manifestación más alta del Absoluto está en la filosofía. Es la Idea eterna, el epítome, el más amplio y completo de todos los conceptos. Esta es solo la "categoría" más alta de todo el pensamiento y la existencia, no el punto más alto de logro. Nunca podemos "alcanzar" el Espíritu Absoluto. Siempre se desvanece, dejando solo el largo camino de la discusión que conduce a él. Así, mientras Dios se convierte en hombre en la religión, el hombre se convierte en Dios en la filosofía.

La Trinidad. La reconciliación final de lo Infinito y lo finito, de Dios y el hombre, se encuentra en la Trinidad. Porque Dios existió antes del mundo como Padre, se manifestó en su encarnación en el mundo como Hijo, y se reconcilia tanto con Dios como con el mundo en el Espíritu Santo. Así que mientras Dios no puede existir sin negación y opuestos, ambos serán al final reconciliados en la Trinidad.

El punto de vista de Hegel sobre la Biblia. La antigua vida desupernaturalizada de Cristo. En un intento inicial sobre la vida de Jesús, Hegel presentó un punto de vista desupernaturalizada sobre Jesús y formuló las enseñanzas de Jesús en términos de una ética kantiana, algo que había aprendido de la famosa obra Religion within the Limits of Reason Alone [La religión dentro de los límites de la sola razón]. Aquí Hegel describe a Jesús como de mente cerrada y oscurantista en oposición a Sócrates. Además, Jesús no nació de una virgen (ver Nacimiento virginal de Cristo). Todos los milagros mencionados se interpretan de forma naturalista. El prólogo del Evangelio de Juan se reinterpreta para afirmar, "La Razón Pura incapaz de toda limitación es la propia Deidad".

A continuación, en The Spirit of Christianity and Its Fate [El espíritu del cristianismo y su destino], Hegel contrastó la ética evangélica del amor con la ética judía y kantiana de la ley, pero nunca abandonó ni su antisupernaturalismo ni su visión centrada en la moral de los Evangelios. Hegel también reinterpretó los relatos evangélicos de la muerte redentora y la resurrección de Cristo en términos de la tragedia griega.

En The Positivity of the Christian Religion [La positividad de la religión cristiana], Hegel asegura que al afirmar ser el Mesías Jesús estaba solo usando el lenguaje de su audiencia, una forma de la *teoría de la acomodación. En lugar de reverenciarlo por su enseñanza sobre la virtud, lo hicieron por los milagros que se supone que ha realizado. Aquí Hegel argumenta que el cristianismo superó a la religión griega porque "el despotismo de los emperadores romanos había expulsado el espíritu humano de la tierra y esparcido una miseria que obligaba a los hombres a buscar y esperar la felicidad en el cielo". Así, "robado de la libertad, su espíritu, su elemento eterno y absoluto, se vio obligado a huir hacia la deidad". De esta manera, la objetividad de Dios es una contraparte de la corrupción y la esclavitud del hombre (Early Theological Writings [Primeros escritos teológicos], págs. 162-63).

El trascendentalismo posterior de Hegel (*Panteísmo). Incluso más tarde en su Encyclopedia, dominado por su idealismo trascendental (es decir, el panteísmo evolutivo), Hegel fue un revisionista radical de la verdad literal e histórica de la muerte y resurrección de Cristo. El núcleo de la religión revelada es la cristología: Jesucristo es el Dios-hombre. Como tal, murió en la cruz; por lo tanto, tanto Dios como el hombre murieron allí. La resurrección no fue ni de Dios ni del hombre. Más bien, en la resurrección, tanto Dios como el hombre se fusionaron en el Espíritu Absoluto. Así, en el panteísmo evolutivo de Hegel se encuentra la más alta manifestación del Espíritu Absoluto.

Interpretación de la Escritura. Toda la Escritura debe ser entendida en términos del Espíritu Absoluto, que Hegel identifica como el Espíritu Santo. En la interpretación de la Escritura, debemos evitar tanto el literalismo como el racionalismo. La verdadera comprensión se basa en el Espíritu. Las creencias ortodoxas deben ser reinterpretadas a la luz de la comprensión de Hegel (panteísta) de que el Espíritu triunfa sobre todo el literalismo. Él cita 2 Corintios 3:6: "La letra mata, pero el Espíritu da vida". Con esta teología se convierte en filosofía, la filosofía hegeliana.

La influencia de Hegel en los demás. Hegel tuvo una inmensa influencia en otros después de él. Esto incluye el *teísmo de Ludwig *Feuerbach, que argumentaba que "Dios" es la autocomprensión del hombre. El profesor Winfried Corduan divide estos en izquierda, centro y derecha. A la izquierda están los que creen que el pensamiento de Hegel conduce siempre a un ateísmo impersonal. A la derecha están aquellos que entienden la filosofía de Hegel en un sentido teológico. En el centro están aquellos que creen que la creencia básica en el Espíritu Absoluto da lugar a la religión. Esto incluye a Bruno Bauer, Ludwig Feuerbach y Karl Marx (ver Corduan).

La influencia de Hegel en el ateísmo. Hegel tuvo una influencia significativa en el ateísmo moderno. Varios jóvenes Hegelianos de izquierda fueron sus estudiantes, incluyendo a Karl Marx con su materialismo dialéctico derivado de su malentendido de la "dialéctica" de Hegel. Friedrich *Nietzsche, Thomas J. J. *Altizer, y los teólogos de la "muerte de Dios" recibieron la influencia de la afirmación de Hegel de que Dios y el hombre murieron en la muerte de Cristo.

*La influencia de Hegel en el *existencialismo.* Hegel influyó en los existencialistas de varios tipos: teístas, ateos, panteístas y panenteístas. A pesar de su obvio rechazo hacia gran parte de las ideas de Hegel, el existencialismo teísta de Søren *Kierkegaard depende de la idea de Hegel de que la esencia de la conciencia es la libertad; que la verdad se vive, no se conoce (praxis); que la existencia es un proceso concreto y dinámico y una valoración realista del predicamento del individuo en el proceso de la historia. De la misma manera, el existencialismo ateo de Jean-Paul *Sartre también depende de las ideas de Hegel de que la conciencia es negatividad (libertad absoluta); que el yo está condenado a no conocerse nunca a sí mismo; y que el hombre impone el significado de las cosas. La fenomenología de Husserl tiene sus raíces en el método fenomenológico (descriptivo) de Hegel para analizar la experiencia humana. Y el existencialismo panteísta de Martin Heidegger es un vástago del Hegelianismo.

Influencia de Hegel en la crítica bíblica moderna. De especial interés para la apologética cristiana es la significativa influencia de Hegel en la *crítica bíblica negativa. Por ejemplo, al igual que Hegel, F. C. Baur y su escuela de Tubinga afirmaron que la tensión del siglo primero entre la versión judía del cristianismo de Pedro, a la que se oponía la versión antijudaica de Pablo, se reconcilió con el Evangelio de Juan en el siglo II, con lo cual insistieron en que el Evangelio de Juan era de fecha tardía (ver Nuevo Testamento, Datación del). Además, la versión desupernaturalizada de David *Strauss de la vida de Cristo surge de la idea de Hegel de que la realidad espiritual es más importante que la histórica. Por lo tanto, como Rudolph Bultmann afirmará más tarde: El cristianismo es un mito (ver Mitología y el Nuevo Testamento).

Influencia de Hegel en la hermenéutica. De la misma manera, el panteísmo místico de Martin Heidegger y la hermenéutica desarrollada por Bultmann y Gadamer tienen sus raíces en el énfasis de Hegel en las interpretaciones espirituales de las Escrituras. Esto dio lugar a toda la "nueva hermenéutica" subjetiva.

Una evaluación del pensamiento de Hegel. Desde un punto de vista apologético, el sistema de pensamiento de Hegel tiene aspectos positivos y negativos. Primero, mencionaré de forma breve algunos de los elementos positivos.

Valores positivos. A falta de elaboración (lo que se hace en los otros artículos mencionados), Hegel afirmó el valor de la metafísica; de la verdad absoluta (ver Verdad, Naturaleza de la); de una visión lineal cristiana de la historia; de la comprensión de los seres humanos en sus situaciones vitales concretas; de la libertad humana (ver Libre albedrío); de una dimensión a priori del conocimiento (ver Primeros principios); de un argumento trascendental; y otras cosas.

Crítica negativa. A pesar de los aciertos de Hegel, su filosofía general ha tenido un efecto muy negativo en el cristianismo ortodoxo. Algunos de ellos incluyen su *panteísmo o *panenteísmo, según el caso; su negación del *realismo; sus fundamentos para la crítica de la Biblia; su antisupernaturalismo (ver Milagros), que implica la negación de la resurrección física (ver Resurrección, Evidencia de); su idea de que la determinación es por negación (ver Analogía, Principio de); su interpretación "espiritual", que anticipa el postmodernismo y la deconstrucción de Jacques *Derrida y otros (ver Misticismo); y su fracaso en fundamentar el conocimiento en un Dios inmutable, con lo que socavó la verdad absoluta que afirmaba (ver Verdad, Naturaleza de la).

Fuentes

H. B. Acton, *"Hegel, Georg Wilhelm Friedrich"*.

J. D. Collins, *A History of Modern European Philosophy* [Una historia de la filosofía europea moderna].

W. Corduan, "Transcendentalism: Hegel" [Trascendentalismo: Hegel].

G. W. F. Hegel, *Early Theological Writings* [Primeros escritos teológicos].

—————, *Encyclopedia of Philosophy* [Enciclopedia de filosofía].

—————, *Logic* [Lógica].

—————, *Phenomenology of Spirit* [Fenomenología del Espíritu].

—————, *Philosophy of History* [Filosofía de la historia].

—————, *Philosophy of Nature* [Filosofía de la naturaleza].

—————, *Lectures on the Philosophy of Religion* [Conferencias sobre la filosofía de la religión].

S. Kierkegaard, Either/Or [Cualquiera/o].

G. E. Mueller, *"The Hegel Legend of 'Thesis, Antithesis-Synthesis'"* [La leyenda de Hegel de 'Tesis, Antítesis-Síntesis'].

A. V. Miller, *Hegel's Phenomenology of Spirit* [La fenomenología del espíritu de Hegel].

H. Sterling, *The Secret of Hegel* [Los secretos de Hegel].

Heisenberg, Principio de incertidumbre de. *Ver* INDETERMINACIÓN, PRINCIPIO DE.

Helénicos, Salvadores. *Ver* APOTEOSIS; HISTORIAS DEL NACIMIENTO DIVINO; MITRAÍSMO; AFIRMACIONES DE RESURRECCIÓN EN RELIGIONES NO CRISTIANAS.

Henoteísmo. El henoteísmo es un tipo de *politeísmo que cree que hay un dios supremo entre los muchos dioses finitos que existen, como Zeus en el politeísmo griego; no debe confundirse con el *teísmo o el monoteísmo (ver Monoteísmo primitivo), el cual cree que hay un solo Dios supremo y ningún otro dios.

Hick, John. John Hick (1922-2012) fue uno de los filósofos de la religión más importantes de finales del siglo XX. Su producción literaria e influencia fueron fuerzas poderosas contra el cristianismo ortodoxo en varios momentos cruciales; esto incluye las cuestiones sobre la existencia de Dios, el problema del mal, el destino de los seres humanos y la deidad de Cristo. Hick defendió firmemente el *pluralismo y el unitarismo. Su teodicea (ver Mal, Problema del) involucraba tanto el *universalismo como la *reencarnación. Todo esto, incluyendo las opiniones de Hick, se analizan en otros artículos. Las principales obras de Hick y algunas evaluaciones sobre estas se mencionan a continuación.

Fuentes

A. D. Clarke y B. W. Winter, eds., *One God, One Lord* [Un Dios, un Señor].

D. R. Geivett, *Evil and the Evidence for God* [El mal y la evidencia de Dios].

K. Gnanakan, *The Pluralistic Predicament*.

J. Hick, *Death and Eternal Life* [Muerte y vida eterna].

—————, *An Interpretation of Religion* [Una interpretación de la religión].

—————, *La metáfora de Dios encarnado*.

—————, "A Pluralist's View?" [¿Una visión pluralista?].

A. McGrath, *"The Challenge of Pluralism for the Contemporary Christian Church"* [El desafío del pluralismo para la iglesia cristiana contemporánea].

—————, "Response to John Hick" [Respuesta a John Hick].

R. Nash, *Is Jesus the Only Savior? ¿Es Jesús el único salvador?*

H. A. Netland, *Dissonant Voices* [Voces disonantes].

D. L. Okholm y T. R. *Phillips, More Than One Way?* [¿Más de un camino?]

Hijo del hombre, Jesús como. La frase Hijo del hombre se usa con más frecuencia para denotar a Jesús que cualquier otro nombre, excepto la palabra Jesús. El Hijo del Hombre aparece en los cuatro Evangelios; aparece treinta veces en Mateo, catorce en Marcos, veinticinco en Lucas y trece en Juan (Marshall, pág. 777). También se encuentra en Hechos 7:56. Hebreos 2: 6 y Apocalipsis 14:14 se refieren a "un hijo del hombre".

Daniel usa el término solo dos veces, pero forman el trasfondo del uso que Jesús hace de él en el Nuevo Testamento. Daniel dijo que uno se parecía "a un hombre" en 8:15, con la implicación de que era mucho más que carne y sangre. Curiosamente, en 8:17, el Mesías transmite su nombre. A Daniel se le llama por el nombre del Mesías: "Hijo del hombre". El erudito del Nuevo Testamento I. Howard Marshall señala que Jesús a menudo empleó la frase cuando estaba resaltando su divinidad (ibid.; ver Cristo, Deidad de). Jesús dijo a la multitud que había perdonado los pecados del paralítico, "pues para que sepan que el Hijo del hombre tiene autoridad en la tierra para perdonar pecados" (Marcos 2:10). En lugar de pensar que estaba negando la divinidad, la multitud estaba lista para apedrearlo por su blasfemia.

Jesús dijo repetidamente que el Hijo del Hombre moriría y resucitaría de entre los muertos, eventos que le dieron sus credenciales mesiánicas. Marcos escribió: "Entonces comenzó a enseñarles que el Hijo del Hombre debe sufrir mucho y ser rechazado por los ancianos, los principales sacerdotes y los maestros de la ley, y que debe ser muerto y resucitar después de tres días" (8: 31; cf. Marcos 9: 9, 12, 31; 10:33; 14:21). Jesús también usó la frase en relación con su segunda venida en poder y gloria. Cuando el sumo sacerdote le preguntó: "¿Eres tú el Cristo, el Hijo del Bendito?" Jesús respondió: "Yo soy, y verán al Hijo del Hombre sentado a la diestra del Poderoso y viniendo sobre las nubes del cielo". Fue sobre la base de estas palabras que el Sanedrín condenó a muerte a Jesús por blasfemia (Marcos 14: 62-64). Reconocieron que el Hijo del Hombre a la vista era claramente el hombre valiente en la visión de Daniel (Dan 7: 13-14). En el relato de Mateo sobre el juicio de Jesús (27:63), Jesús se describió a sí mismo como el "Hijo del Hombre sentado a la diestra del Poder [Dios]". ¿Quién más sino el Cristo, el Hijo de Dios, podría sentarse en la posición de honor a la diestra de Dios?

Además, cuando una voz del cielo confirmó la deidad y la gloria de Cristo, Jesús habló de que el Hijo del Hombre fue "levantado" en la muerte (Juan 12: 28-32). Entonces la multitud respondió: "Hemos oído por la Ley que el Cristo permanecerá para siempre, así que, ¿cómo puedes decir: 'Es necesario que el Hijo del Hombre sea levantado'?" La multitud obviamente entendió el significado de la frase. Se usa indistintamente con Mesías y el concepto de Isaías 48:11 de la "gloria del Padre" del Mesías, que Dios declaró que no compartiría con otro.

Fuentes

O. Cullmann, *The Christology of the New Testament* [Cristología del Nuevo Testamento].
D. Guthrie, *New Testament Theology* [Teología del Nuevo Testamento].
I. H. Marshall, *"Son of Man"* [Hijo de Hombre].
T. Miethe and G. Habermas, *Why Believe? God Exists!* [*¿Por qué creer? ¡Dios existe!*].

Hinduismo vedanta. El hinduismo representa una categoría amplia de creencias religiosas, de las cuales la mayoría son panteístas (ver Panteísmo) o panenteístas (ver Panenteísmo). Una de las formas más antiguas de panteísmo se encuentra en la última sección de los Vedas, las escrituras hindúes; esta sección final se llama los Upanishads. Debido a que los Upanishads llegaron al final de cada uno de los cuatro Vedas, los Upanishads llegaron a denominarse Vedanta; es decir, el fin o la meta de los Vedas. "Así es que cuando un hindú moderno habla del Vedanta puede tener ambos sentidos más o menos en mente; las escrituras remitidas a él serían la última parte de los Vedas y al mismo tiempo su razón última de existencia, su perfecta culminación: en una palabra, su más alta sabiduría" (Prabhavananda, Spiritual Heritage of India [La herencia espiritual de la India], pág. 39).

Se desconoce el autor y la fecha de los Upanishads. Consisten en las experiencias registradas de los sabios hindúes (ibid., pág. 39, pág. 40). Los Upanishads, junto con el Bhagavad-Gita, sentaron las bases para el hinduismo vedanta, que es un ejemplo clásico de panteísmo (ver Monismo; Parménides; Plotino).

Visión vedántica sobre Dios. No todas las formas de hinduismo creen en un Dios impersonal; el hinduismo bhakti no lo hace y tampoco Hare Krishna. Sin embargo, el panteísmo vedanta enseña que solo existe un dios —Brahmán— quien es a la vez infinito en forma, inmortal, imperecedero, impersonal, omnipresente, supremo, inmutable, absoluto e indivisiblemente uno, y al mismo tiempo ninguno de estos; porque Dios está más allá de todo pensamiento y palabra:

"A él [Brahmán] el ojo no ve, ni la lengua expresa, ni la mente capta. A él no lo conocemos ni podemos enseñar. Diferente es él de lo conocido, y [...] de lo desconocido. Él realmente conoce a Brahmán, quien lo reconoce más allá del conocimiento; el que piensa que sabe, no sabe. El ignorante piensa que Brahmán es conocido, pero el sabio sabe que está más allá del conocimiento" (Prabhavananda, Upanishads [Los Upanishads], págs. 30-31).

Brahmán es inexpresable e indefinible; nada se puede decir o pensar verdaderamente de Brahmán, y esto es ilustrado gráficamente por el filósofo hindú Sankara en su comentario sobre los Upanishads: "'Señor', le dijo un pupilo a su maestro, 'enséñeme la naturaleza de Brahmán'. El maestro no respondió. Cuando fue importunado una segunda y una tercera vez, respondió: 'Ciertamente te enseño, pero no me sigues. Su nombre es silencio'" (Prabhavananda, Spiritual Heritage of India, pág. 45).

Visión vedántica sobre el mundo. El panteísmo vedanta también enseña que todo es Dios y Dios es todo; solo hay una realidad. El mundo que vemos, oímos, tocamos, gustamos y olemos no existe en realidad; parece existir, pero de hecho es una ilusión o maya. El universo que percibimos es como caminar por un denso bosque de noche y ver lo que parece ser una serpiente; pero cuando volvemos al mismo lugar a la luz del día, vemos que la serpiente en realidad era una cuerda. La cuerda parecía una serpiente, pero en realidad no era una serpiente. Así como la serpiente parecía existir, el universo parece existir; pero en realidad no existe. En cambio, el universo es maya, una ilusión superpuesta a la única realidad verdadera: Brahmán.

Como dicen los Upanishads: "solo el Brahmán es, nada más es; aquel que ve el universo múltiple, y no la única realidad, va siempre de muerte en muerte" (Prabhavananda, Upanishads, pág. 21). "Medita y te darás cuenta de que la mente, la materia y Maya (el poder que une la mente y la materia) son solo tres aspectos de Brahmán, la única realidad" (ibid., pág. 119).

Visión vedántica sobre la humanidad. El panteísmo

vedanta dice que la humanidad es Brahmán. Maya, o el universo ilusorio, nos ha engañado haciéndonos pensar que cada persona es singular en el universo; pero si la persona despejara los sentidos y la mente de maya y meditara en el verdadero Ser (Atman), entonces se daría cuenta de que Atman es Brahmán: la única realidad verdadera. La profundidad del alma de una persona es idéntica a la profundidad del universo.

Habiendo llegado a Brahmán, un sabio declaró: "Yo soy la vida [...] Estoy establecido en la pureza de Brahmán. He alcanzado la libertad del Ser. Soy Brahmán, con luz propia, el tesoro más brillante. Estoy dotado de sabiduría. Soy inmortal, imperecedero" (ibid., pág. 54).

Visión vedántica sobre la ética. Según el panteísmo vedanta, las personas deben trascender el mundo de la ilusión para descubrir el verdadero Ser (Prabhavananda, Spiritual Heritage of India, pág. 55). Esto se logra yendo más allá del bien y del mal. "Cuando uno tiene enfrente y contempla al Único Resplandeciente, el Señor, el Ser Supremo, entonces, trascendiendo tanto el bien como el mal, y libre de impurezas, se une a él" (Prabhavananda, Upanishads, pág. 47). Cuando una persona se une a Brahmán, ya no se verá atormentado por pensamientos tales como "'he hecho algo malo' o 'he hecho algo bueno'"; porque ir más allá del bien y del mal es no preocuparse más por lo que se ha hecho (ibid., pág. 111). Es desapegarse de las acciones personales (o de cualquier otra persona) pasadas, presentes o hasta futuras; incluso los resultados de cualquier acción se verán con indiferencia. "Cuando tu intelecto se haya limpiado de sus engaños, te volverás indiferente a los resultados de toda acción, presente o futura" (Prabhavananda, Bhagavad-Gita, pág. 41).

Este impulso hacia la indiferencia ante cualquier acción se explica más claramente en el Bhagavad-Gita. En el Gita, se produce un largo diálogo entre Krishna, una manifestación de Brahmán, y su amigo y discípulo, Arjuna. Arjuna le cuenta a Krishna sobre su renuncia a luchar contra un pueblo entre el que tiene muchos amigos. Le pregunta a Krishna cómo podría justificarse matar a sus amigos. Krishna le dice a Arjuna que debe desprenderse de los frutos de sus acciones, sin importar cuáles sean. Así afirma Krishna:

> Aquel cuya mente habita
> más allá del apego,
> sin mancha de ego,
> ningún acto lo atará
> con ningún vínculo;
> aunque mate a estos miles
> no es un asesino. (ibid., pág. 122)

Krishna le explica a Arjuna que este estado de unión con Brahmán se puede lograr siguiendo uno o cualquier combinación de los siguientes caminos:

1. Raga yoga: el camino de la unión a través de la meditación y el control de la mente
2. Karma yoga: el camino de la unión a través del trabajo
3. Jnana yoga: el camino de la unión a través del conocimiento
4. Bhakti yoga: el camino de la unión a través del amor y la devoción (Prabhavananda, Spiritual Heritage of India, pág. 98, págs. 23-29

Pero cualquier camino que uno siga debe ir acompañado de desapego o indiferencia a cualquier acción, y solo entonces se trascenderán el bien y el mal y se alcanzará la unión con Brahmán.

La reencarnación y el destino humano. Darse cuenta de la unicidad de uno con Brahmán es esencial en el panteísmo vedanta, porque aparte de esta comprensión, uno está condenado para siempre al ciclo del samsara, rueda del tiempo y el deseo, o nacimiento, muerte y renacimiento por la *reencarnación; es la rueda a la que está atado todo en el mundo de la ilusión, y este samsara "en sí mismo está sujeto y condicionado por una causa sin fin: el dharma del universo" (Corwin, pág. 22).

La vida de uno también está determinada por la ley del karma o la acción; esta es la ley moral del universo. Huston Smith explica que el karma es "la ley moral de causa y efecto". Es absolutamente vinculante y no admite excepciones. El karma dice que cada decisión tomada por un individuo en el presente es causada por todas las decisiones anteriores en vidas pasadas y, a su vez, afectará todas las decisiones futuras (Smith, pág. 76).

Una persona cuyo karma es bueno puede seguir uno de dos caminos posibles. Aquel que se las arregla para liberarse del samsara (el ciclo de nacimiento y renacimiento) alcanzará planos superiores de existencia o conciencia hasta convertirse en uno con el ser divino "en su aspecto impersonal y así llegar al final de su viaje" (Prabhavananda, Spiritual Heritage of India, pág. 70).

Aquel que ha sido bueno, pero no lo suficientemente bueno como para liberarse del samsara, irá "a uno u otro cielo, donde disfrutará de los frutos de sus buenas obras que ha hecho en el cuerpo [...] y cuando estos frutos ya no existan, nacerá de nuevo; es decir, reencarnará" en la tierra en "un nuevo cuerpo apropiado para una esfera nueva y superior del ser" (ibid., págs. 70-71). Si el karma de una persona es en gran parte maligno, entonces "irá a las regiones de los malvados; allí para comer los frutos amargos de sus obras. Una vez agotados estos frutos, también regresará a la tierra" en un estado reencarnado (ibid., pág. 71).

Con respecto a la ley del karma y el ciclo del samsara, "es en esta tierra donde el hombre determina su destino espiritual y logra su realización final" (ibid.). La salvación se da únicamente por esfuerzos personales. Los estados superiores de existencia ofrecen recompensas de felicidad y los estados inferiores son castigos que cada persona gana por su cuenta. "La historia de un individuo en particular, el número de veces que experimenta el renacimiento, o la reencarnación como se le llama, depende enteramente de la calidad de su voluntad, del esfuerzo moral que realiza" (ibid., pág. 27) (ver Infierno).

En última instancia, toda la humanidad logrará la liberación del samsara y la unión con Brahmán. Algunas personas pueden regresar a la tierra con frecuencia, pero eventualmente todas se ganarán la salvación. Como dice Prabhavananda, "Los Upanishads no conocen tal cosa como la condenación eterna, y lo mismo ocurre con todas las demás escrituras hindúes" (ibid., pág. 71 [ver Infierno]).

El panteísmo vedanta es el panteísmo absoluto de Oriente. El hinduismo ha encontrado una expresión y un favor más popular en Occidente a través de grupos y prácticas religiosas como la meditación trascendental y la Sociedad Internacional para la Conciencia de Krishna. El panteísmo vedanta es un monismo absoluto, el cual declara que Dios es todo y que todo es Uno.

Evaluación. Como otras cosmovisiones, el *monismo tiene dimensiones positivas y negativas. Aunque su visión sobre la realidad última es incorrecta, el hinduismo vedántico puede ser elogiado por su búsqueda de conocer la realidad última. Hay más en la realidad de lo que percibe el mundo de nuestros sentidos. El deseo de negar todas las limitaciones de la realidad última también es bueno. Lo último no puede estar limitado por las sensaciones o percepciones humanas. El hinduismo se enfrenta al problema básico del mal (ver Mal, Problema del) y reconoce que el mal debe ser explicado y tratado.

Dado que el hinduismo vedántico es una forma de monismo y panteísmo, se evalúa bajo esos temas.

Su error metafísico básico radica en el rechazo de la analogía del ser (ver Analogía, Principio de). No todo ser es unívoco (ser lo mismo). Hay un Ser Infinito y hay seres finitos, y estos son diferentes tipos de seres. Existe una analogía del ser. Asimismo, la negación de la realidad del mal es una forma clásica de *ilusionismo, pero uno no puede saber que el mundo es una ilusión no sabiendo lo que es real; conocer lo real es un requisito previo para saber lo que no es real.

Para mantener un panteísmo absoluto, los monistas deben negar la validez del conocimiento sensorial. Los sentidos nos dicen que hay muchas cosas y que son físicas. El monista debe negar estas dos piezas de información sobre la realidad; sin embargo, la negación de todo conocimiento sensorial es contraproducente, y uno no podría saber que los sentidos estuvieron engañando sin confiar en los sentidos para decir esto. Vemos un palo torcido en el agua y sabemos que nuestros sentidos nos están jugando una mala pasada. ¿Cómo sabemos que el palo está realmente recto? Debemos usar nuestros sentidos. El sentido de la vista dice cómo se ve cuando está fuera del agua y el tacto dice cómo se siente en el agua.

Un monista espera que confiemos en nuestros sentidos cuando miramos sus libros o escuchamos sus sermones para que los entendamos; pero, no reconocen que, si bien el conocimiento es más que una sensación, comienza con la sensación, y todo en la mente estuvo primero en los sentidos, excepto la mente misma. Por lo que, conocemos más que la sensación, pero no conocemos el mundo sin la sensación. La sensación es básica para toda comprensión de la realidad.

Epistemológicamente, el hinduismo monista está sujeto a muchas de las mismas críticas que el *agnosticismo; y es contraproducente, ya que utiliza las leyes básicas del pensamiento para expresar sus puntos de vista sobre lo que afirma que es inexpresable, y utiliza los *primeros principios al rechazar los primeros principios y la realidad finita.

La ética del hinduismo vedántico es una forma de relativismo, ya que niega que existan absolutos morales (ver Moralidad, Naturaleza absoluta de la). Esto también es contraproducente; no se pueden evitar todos los absolutos morales sin afirmar el absoluto moral de que no hay absolutos morales. La afirmación de que uno "debería" evitar los absolutos es un "debería" moral en sí mismo. No se puede afirmar que la realidad última va más allá de todo lo bueno y lo malo a menos que haya un principio moral fundamental por el cual medir el bien y el mal; pero, en este caso hay un estándar moral fundamental.

Fuentes

D. Clark y N. L. Geisler, *Apologetics in the New Age* [La apologética en la nueva era].

C. Corwin, *East to Eden?* [¿Al este del Edén?].

N. L. Geisler y J. U. Amano, *The Reincarnation Sensation* [La sensación de la reencarnación].

N. L. Geisler y W. D. *Watkins. Perspectives* [Perspectivas].

H. P. Owen, *Concepts of Deity* [Conceptos de la deidad].

S. Prabhavananda, trad., *Bhagavad-Gita.*

————, *The Spiritual Heritage of India* [La herencia espiritual de la India].

S. Prabhavananda y F. Manchester, trans., *The Upanishads* [Los Upanishads].

S. Radhakrishnan, *The Hindu View of Life* [La visión hindú de la vida].

————, *The Principle Upanishads* [Los principios Upanishads].

H. Smith, Las religiones del mundo.

Hipótesis documentaria. *Ver* PENTATEUCO, AUTORÍA MOSAICA DEL.

Historia, Objetividad de la. El argumento general en defensa del cristianismo se basa en la historicidad de los documentos del Nuevo Testamento (ver Nuevo Testamento, Historicidad de; Manuscritos del Nuevo Testamento). Pero esto, a su vez, se basa en la afirmación de que la historia es objetivamente cognoscible. Dado que esto es estrechamente desafiado por los historiadores contemporáneos, es necesario contrarrestar esta afirmación para asegurar la defensa del cristianismo.

Objeciones a la historia objetiva. Se han presentado muchos argumentos en contra de la postura de que la historia se puede conocer objetivamente. La discusión aquí se desprende, en general, de un excelente resumen que se encuentra en una tesis de maestría inédita de William L. Craig (ver Craig). Hay al menos diez argumentos en contra de la objetividad de la historia que deben examinarse (ver Beard, págs. 323-325).

Si estos argumentos son válidos, hará imposible la verificación del cristianismo a través de un método histórico. Estos diez argumentos se dividen en cuatro amplias categorías: epistemológica, metodológica, axiológica y metafísica.

Objeciones epistemológicas. La epistemología se ocupa de cómo uno sabe, y el relativista histórico sostiene que las mismas condiciones por las cuales uno conoce la historia son tan subjetivas que uno no puede tener un conocimiento objetivo de la historia. Se ofrecen tres objeciones principales.

La no observabilidad de la historia. Los subjetivistas históricos sostienen que la sustancia de la historia, a diferencia de la estudiada por la ciencia empírica, no es directamente observable. El historiador no se ocupa de eventos pasados, sino de declaraciones sobre eventos pasados; y este hecho permite al historiador abordar los hechos de una manera imaginativa. Los hechos históricos, como se insiste, existen solo dentro de la mente creativa del historiador. Los documentos no contienen hechos, pero, sin una compresión por parte del historiador, son simples líneas de tinta sobre papel.

Además, una vez que un evento desaparece, nunca se puede volver a crear por completo. El historiador debe imponer significado al registro fragmentario y de segunda mano. "El evento en sí, los hechos, no dicen nada, no imponen ningún sentido; es el historiador quien habla, quien impone un significado" (Becker, "What Are Historical Facts?" [¿Qué son los hechos históricos?], pág. 131).

Dos razones permiten al historiador solo un acceso indirecto al pasado. En primer lugar, el mundo del historiador está compuesto de registros y no de eventos; y por eso, el historiador debe aportar una "imagen reconstruida" del pasado. En este sentido, el pasado es realmente un producto del presente. En segundo lugar, el científico puede probar su punto de vista, mientras que la experimentación no es posible con eventos históricos. El científico empírico tiene la ventaja de la repetibilidad; puede someter sus puntos de vista a falsificaciones. El historiador no puede. El evento histórico inobservable ya no es verificable; es parte del pasado que se fue para siempre. Por tanto, lo que uno cree sobre el pasado no será más que un reflejo de la imaginación; será una construcción subjetiva en la mente de los historiadores actuales, pero no se puede esperar que sea una representación objetiva de lo que realmente sucedió.

La naturaleza fragmentaria de los relatos históricos. En el mejor de los casos, un historiador puede esperar que la documentación esté completa, pero la integridad de los eventos en sí nunca es posible. Los documentos, como mucho, cubren una pequeña fracción de los eventos (Beard, pág. 323). Solo a partir de documentos fragmentarios no se pueden sacar válidamente conclusiones completas y finales. Los documentos no presentan los eventos sino solo una interpretación de los eventos mediatizados a través de sus grabadores. En el mejor de los casos, tenemos un registro fragmentario de lo que alguien pensó que sucedió. Entonces, "lo que realmente sucedió aún tendría que ser reconstruido en la mente del historiador" (Carr, pág. 20). Debido a que los documentos son tan fragmentarios y los eventos tan distantes, la objetividad se convierte en un fuego fatuo para el historiador; quedan muy pocas piezas del rompecabezas, y las imágenes parciales en las pocas piezas solo indican la mente de quien pasó las piezas.

Los historiadores son condicionados históricamente. Los relativistas históricos insisten en que el historiador es producto de una época y está sujeto a una programación inconsciente; es imposible retroceder y ver la historia objetivamente porque el observador es parte del proceso histórico. La síntesis histórica depende de la personalidad del escritor, así como del entorno social y religioso en el que vive (Pirenne, pág.

97). En este sentido, uno debe estudiar al historiador antes de poder comprender la historia del historiador.

Dado que el historiador es parte del proceso histórico, nunca puede lograrse la objetividad. La historia de una generación será reescrita por la siguiente, y así sucesivamente. Ningún historiador puede trascender la relatividad histórica y ver el proceso mundial desde fuera (Collingwood, pág. 248). En el mejor de los casos, puede haber interpretaciones históricas sucesivas, menos que finales, y cada una de las cuales ve la historia desde el punto de vista de su propia generación de historiadores. No existe tal persona como un historiador neutral.

Objeciones metodológicas. Las objeciones metodológicas se relacionan con el procedimiento por el cual los historiadores realizan su trabajo. Tres objeciones metodológicas principales atacan el concepto de que la historia es lo suficientemente objetiva como para establecer la verdad del cristianismo.

La naturaleza selectiva de la investigación. El historiador no solo carece de acceso a los eventos y debe trabajar con sus interpretaciones fragmentarias, sino que lo que hace que la objetividad sea más imposible es que el historiador también hace una selección entre estos informes fragmentarios. Los historiadores ni siquiera tocan algunos volúmenes de los archivos (Beard, pág. 324). La selección real entre los relatos fragmentarios está influenciada por factores subjetivos y relativos, incluidos los prejuicios personales, la disponibilidad, el conocimiento de idiomas, las creencias personales y las condiciones sociales. El historiador se convierte indisolublemente en parte de la historia escrita. Lo que se incluye y lo que se excluye en la interpretación siempre será una cuestión de elección subjetiva; no importa cuán objetivo sea un historiador, es prácticamente imposible presentar lo que realmente sucedió. Una "historia" no es más que una interpretación basada en una selección subjetiva de interpretaciones fragmentarias de eventos pasados e irrepetibles.

Entonces, se argumenta que, los hechos de la historia no hablan por sí mismos. "Los hechos hablan solo cuando el historiador apela a ellos; es él quien decide a qué hechos se da paso, y en qué orden o contexto" (Carr, pág. 32). Ciertamente, cuando los "hechos" hablan, no son los eventos originales los que se articulan, sino opiniones fragmentarias posteriores sobre esos eventos. Los hechos o eventos originales han perecido. Así que, por la propia naturaleza del proyecto, el historiador nunca puede esperar objetividad.

La necesidad de estructurar los hechos. El conocimiento parcial del pasado hace necesario que el historiador "llene" los vacíos con la imaginación; así como un niño dibuja las líneas entre los puntos en una imagen, el historiador proporciona las conexiones entre los eventos. Sin el historiador, los puntos no están numerados ni arreglados de manera obvia. La imaginación proporciona continuidad.

Además, el historiador no se contenta con decirnos simplemente lo que sucedió, sino que se siente obligado a explicar por qué sucedió (Walsh, pág. 32). Esto hace que la historia sea completamente coherente e inteligible. La buena historia tiene tanto tema como unidad, que son proporcionados por el historiador. Los hechos por sí solos no hacen historia como tampoco los puntos desconectados hacen una imagen. Aquí, según el subjetivista, radica la diferencia entre la crónica y la historia, siendo la primera solo la materia prima, donde sin la estructura proporcionada por el historiador, el "material" de la historia no tendría sentido.

El estudio de la historia es un estudio de causas. El historiador quiere saber por qué, para tejer una red de eventos interconectados en un todo unificado. Por lo que, la subjetividad se interpone inevitablemente; incluso si hay indicios de objetividad en la crónica, no hay ninguna esperanza de objetividad en la historia, la cual en principio, no es objetiva porque lo mismo que la hace historia (a diferencia de la mera crónica) es la estructura interpretativa del marco que se le da desde el punto de vista subjetivo del historiador. Por tanto, se concluye que, la necesidad de una estructura hace inevitablemente imposible la objetividad.

La necesidad de seleccionar y organizar. El historiador ve los documentos fragmentarios indirectamente a través de la interpretación de la fuente original. En el proceso, una cantidad seleccionada de material de los archivos disponibles se cuelga en una estructura interpretativa mediante el uso del propio lenguaje (lleno de subjetividad) del historiador dentro de una cosmovisión general. Los eventos llegan a entenderse desde el punto de vista relativo de la generación del historiador, e incluso los temas estudiados concuerdan con las preferencias subjetivas del investigador; así que, desde un principio, la objetividad es muy poco probable. En la escritura real, un historiador trata con eventos irrepetibles de relatos fragmentarios de segunda mano desde un punto de vista personal mientras organiza subjetivamente el material (Collingwood, págs. 285-290).

La selección y organización vendrá determinada por factores personales y sociales. El producto final escrito se verá perjudicado por lo que se incluye y lo que se excluye; le faltará objetividad por la forma en que se organizan y enfatizan los hechos. La selección en términos del marco dado será estrecha o amplia, clara o confusa; cualquiera que sea su naturaleza, el marco refleja la mente del historiador (Beard, págs.

150-151). Esto da incluso un mayor distanciamiento de saber objetivamente lo que realmente sucedió.

Los subjetivistas concluyen que las esperanzas de objetividad se ven frustradas en todos los puntos del proceso.

Una objeción axiológica (de valor). El historiador no puede evitar hacer juicios de valor (ver Verdad, Naturaleza de la). Esto, argumentan los relativistas históricos, hace que la objetividad sea inalcanzable; porque incluso en la selección y organización de los materiales, se hacen juicios de valor: los títulos de capítulos y secciones implican valores del escritor.

Como dijo un historiador, el tema mismo de la historia está "cargado de valores" (Dray, pág. 23). Los hechos de la historia consisten en asesinatos, opresión y otros males que no se pueden describir con palabras moralmente neutrales. Mediante el uso del lenguaje ordinario, el historiador se ve obligado a imponer valores; por ejemplo, si uno es llamado "dictador" o "gobernante benevolente" es un juicio de valor. ¿Cómo se puede describir a Adolf Hitler sin hacer juicios de valor? Y si uno intentara un tipo de descripción científicamente neutral de eventos pasados sin ninguna interpretación manifiesta o implícita de los propósitos humanos, no sería historia sino una mera crónica cruda sin significado histórico.

El historiador no tiene forma de mantenerse al margen de la historia. Las perspectivas y los prejuicios se expresarán en un lenguaje de valores mediante el cual y a través del cual se ve el mundo. En este sentido, la objetividad es inalcanzable. Todo escritor evaluará inevitablemente las cosas desde una perspectiva subjetiva y las palabras elegidas.

Objeciones metafísicas. Se han formulado tres objeciones metafísicas contra la creencia en la historia objetiva; y cada uno se basa, teórica o prácticamente, en la premisa de que la cosmovisión altera el estudio de la historia.

La inevitabilidad de las cosmovisiones. Todo historiador interpreta el pasado en el marco general de una Weltanschauung. Todo historiador opera desde el interior de una de las tres filosofías de la historia: (1) La historia es un revoltijo caótico de eventos sin sentido; (2) los eventos de la historia de la humanidad se repiten en algún tipo de ciclo; y (3) los eventos constantemente llevan la historia de forma lineal hacia un punto final (Beard, pág. 151). Lo que adopte el historiador será por una cuestión de fe o filosofía; y a menos que se presuponga un punto de vista u otro, no es posible ninguna interpretación. Los Weltanschauungen determinan si el historiador ve los eventos como un laberinto sin sentido, una serie de repeticiones interminables o un avance con propósito. Estas cosmovisiones son necesarias e inevitablemente orientadas a valores. Sin una *cosmovisión, el historiador no puede interpretar el pasado, pero una cosmovisión hace imposible la objetividad.

Una cosmovisión no se genera a partir de los hechos, ellos no hablan por sí mismos, sino que adquieren significado solo dentro del contexto general de la cosmovisión. Sin la estructura del marco de la cosmovisión, el "material" de la historia no tiene significado. *Agustín, por ejemplo, veía la historia como una gran teodicea, pero G. W. F. *Hegel la veía como un desarrollo de lo divino. No es un hallazgo arqueológico o fáctico, sino simplemente las presuposiciones religiosas o filosóficas que impulsaron a cada persona a desarrollar un punto de vista. Las filosofías orientales de la historia son aún más diversas; involucran un patrón cíclico más que uno lineal.

Los relativistas históricos insisten en que, cuando uno admite la relatividad o las perspectivas de una cosmovisión en lugar de otra, se ha renunciado a todos los derechos de reclamar objetividad. Si hay diferentes formas de interpretar los mismos hechos, dependiendo de la perspectiva general, entonces no hay una interpretación objetiva única de la historia.

Los milagros son suprahistóricos. Incluso si se concede que la historia secular podría conocerse objetivamente, todavía queda el problema de la subjetividad de la historia religiosa. Algunos escritores marcan una importante distinción entre la Historie y la Geschichte (Kahler, pág. 63; ver Kahler, Martin). La primera es empírica y objetivamente cognoscible hasta cierto punto; la segunda es espiritual e incognoscible de manera histórica u objetiva. Sin embargo, como espiritual o suprahistórica, no hay forma objetiva de verificarla. La historia espiritual no tiene una conexión necesaria con la continuidad espacio-temporal de los eventos empíricos; es un "mito" (ver Milagros, Argumentos contra los; Milagros, Mitos y; Mitología y el Nuevo Testamento). Ofrece un significado religioso subjetivo al creyente, pero carece de una base objetiva. Al igual que la historia de George Washington y el cerezo, la Geschichte es una historia compuesta de eventos que probablemente nunca sucedieron, pero que inspiran a las personas a algún bien moral o religioso.

Si esta distinción se aplica al Nuevo Testamento, entonces incluso si se concede que la vida y las enseñanzas centrales de Jesús de Nazaret puedan establecerse objetivamente, no hay forma histórica de confirmar la dimensión milagrosa del Nuevo Testamento (ver Milagros en la Biblia). Los milagros no ocurren como parte de la Historie y por lo tanto no están sujetos a un análisis objetivo; son hechos de la Geschichte y, como tales, no pueden ser analizados por la metodología histórica. Muchos teólogos contemporáneos han aceptado esta distinción. Paul Tillich afirmó que es "una distorsión desastrosa del significado de la fe identificarla con la creencia en la validez histórica de las historias bíblicas" (Tillich, pág. 87). Más bien, junto a Søren *Kierkegaard, Tillich creía que lo importante es que evoca una respuesta religiosa apropiada; y con esto Rudolf *Bultmann y Shubert Ogden estarían de acuerdo, al igual que gran parte del pensamiento teológico contemporáneo.

Incluso aquellos, como Karl Jaspers, que se oponen a la visión más radical de la desmitologización de Bultmann aceptan la distinción entre las dimensiones espirituales y empíricas de los milagros (Jaspers, págs. 16-17). En el extremo más conservador de los que mantienen esta distinción está Ian Ramsey; y según él: "No es suficiente pensar en los hechos de la Biblia como 'hechos históricos brutos' a los que los evangelistas dan una 'interpretación' distintiva". "Ningún intento de hacer que el lenguaje de la Biblia se ajuste a un lenguaje público, sencillo y preciso, ya sea científico o histórico, ha tenido éxito". La Biblia trata de situaciones que los existencialistas llaman "auténticas" o "existenciales históricas" (Ramsey, págs. 118, 119, 122). Siempre hay algo "más" que lo empírico en toda situación religiosa o milagrosa.

Los milagros son históricamente incognoscibles. Sobre la base del principio de analogía de Ernst *Troeltsch, algunos historiadores han llegado a objetar la posibilidad de que alguna vez se establezca un milagro basado en testimonios sobre el pasado. Como se explica con más detalle en Milagros, Argumentos contra los, Troeltsch planteó el problema de esta manera: "En la analogía de los eventos que conocemos, buscamos por conjetura y entendimiento comprensivo explicar y reconstruir el pasado [...] Ya que discernimos el mismo proceso de fenómenos que operan en el pasado, así como en el presente; y vemos, allí como aquí, los diversos ciclos históricos de la vida humana influyéndose y cruzándose entre sí".

Sin la uniformidad no podríamos conocer nada sobre el pasado, porque sin una analogía del presente, no podemos conocer nada sobre el pasado. De acuerdo con este principio, algunos han argumentado que "no se permite que ningún tipo de testimonio establezca como realidad pasada algo que no se pueda encontrar en la realidad presente" (Becker, "Detachment" ["Imparcialidad y la redacción de la historia: Ensayos y cartas de Carl. L. Becker"], págs. 12-13). A menos que en el presente se puedan identificar milagros, no hay una analogía en la cual basar la comprensión de supuestos milagros en el pasado. El historiador, al igual que el científico, debe asumir un escepticismo metodológico con respecto a los supuestos eventos que no tienen paralelos contemporáneos. El presente es la base de nuestro conocimiento del pasado. Como F. H. Bradley dijo: "Hemos visto que la historia depende del último recurso sobre una inferencia de nuestra experiencia, un criterio basado en nuestro propio estado actual de las cosas [...]; cuando nos piden que afirmemos la existencia de acontecimientos en el pasado, los efectos de las causas que confesamos no tienen analogía en el mundo en el que vivimos y conocemos, no tenemos otra respuesta más que esta, que [...] nos piden que construyamos una casa sin una base [...] ¿Y cómo podemos intentar esto sin contradecirnos?" (Bradley, pág. 100).

Una respuesta al relativismo histórico. A pesar de estas fuertes objeciones ante la posibilidad de la objetividad histórica, el caso no está cerrado de ninguna manera. Hay errores en la postura de los relativistas históricos. Las respuestas dadas están dentro del orden de las objeciones anteriores.

El problema del acceso indirecto. Si por objetivo se refieren al conocimiento absoluto, entonces ningún historiador humano puede ser objetivo. Por otro lado, si por objetivo se refieren a "una presentación justa pero corregible que hombres y mujeres deben aceptar", entonces es posible que haya objetividad. En este último sentido, la historia es igual de objetiva que otras ciencias (Block, pág. 50). La paleontología (paleontología histórica) es considerada como una de las ciencias más objetivas. Se ocupa de los hechos y procesos físicos del pasado. Sin embargo, los eventos representados por los hallazgos fósiles no son más accesibles o replicables de manera directa para los científicos que los acontecimientos históricos para el historiador. Hay algunas diferencias. El fósil es una huella automáticamente real del evento original y puede ser que el testigo presencial de la historia sea menos preciso. Pero los procesos naturales también pueden dañar la huella fósil. A menos que alguien pueda determinar la integridad y fiabilidad del testigo presencial, no se puede cerrar la puerta a la posibilidad de la objetividad en la historia al igual que a la objetividad en la geología.

El científico podría afirmar que puede repetir los procesos del pasado mediante la experimentación, mientras que el historiador no lo puede hacer. Sin embargo, incluso aquí las situaciones son parecidas. En este sentido, la historia también se puede "repetir". Los patrones similares de los eventos, por los cuales se pueden hacer comparaciones, se repiten como ocurrieron en el pasado. Se pueden realizar experimentos sociales limitados para ver si la historia humana "se repite". El historiador, al igual que el científico, tiene las herramientas para determinar qué pasó realmente en el pasado. La falta de acceso directo a los hechos o eventos originales no obstaculiza a uno más que al otro (ver Origen, Ciencia del).

Asimismo, los hechos científicos no "hablan por sí mismos", así como lo hacen los hechos históricos. Si el hecho significa "evento original", entonces ni la geología ni la historia son propietarios de ningún hecho. Para ambos el hecho debe significar información sobre el evento original y, en este último sentido, los hechos no existen solo de manera subjetiva en la mente del historiador. Lo que uno hace con los datos, el significado o interpretación que se les da, no puede eliminar de ninguna manera la información. Tanto en la ciencia como en la historia permanece un núcleo duro de hechos objetivos. De esta manera, la puerta queda abierta para la objetividad. Se puede hacer una distinción válida entre la propaganda y la historia. La propaganda carece de una base adecuada de hechos objetivos, pero la historia no. Sin hechos objetivos no se puede hacer una protesta en contra de una propaganda o historia deficiente. Si la historia está completamente en la mente del espectador, entonces no hay razón para que uno no pueda decidirse a contemplarla de la manera que desee.

Esto nos lleva a la pregunta esencial de si "los hechos hablan por sí mismos" porque son objetivos. Se podría argumentar que sí, lo hacen. Es contraproducente afirmar que los hechos no tienen significado, ya que la afirmación acerca del hecho supuestamente carente de significado es una declaración significativa sobre el hecho. Todos los hechos son significativos, no existen los llamados hechos puros. Pero este argumento no prueba realmente que los hechos hablan por sí mismos. Muestra que los hechos pueden tener y tienen un significado. Sin embargo, lo que se debe probar (y no se prueba) es que los hechos solo pueden tener un significado y que lo tienen de manera evidente. El hecho de que no se puede hacer una declaración significativa sobre los hechos sin atribuirles algún significado no prueba que el significado provino de los hechos. Es posible que la persona que hizo una declaración significativa sobre ellos les haya asignado el significado. De hecho, solo los "creadores"; por ejemplo, las mentes pueden dar significados.

No está del todo claro en qué sentido un hecho objetivo puede significar cualquier cosa en y por sí misma. Es un sujeto (p. ej., una mente) que da el significado de los objetos (o sobre otros sujetos), pero los objetos como tal no son sujetos que emiten un significado. Esto es así a menos que asumamos que todos los hechos objetivos son realmente pequeñas mentes transmitiendo significados o transmisores mediante los cuales otras mentes o una Mente se comunican. Pero asumir esto significaría apelar a una cosmovisión particular por encima de otra para probar que "los hechos hablan por sí mismos". E incluso entonces se podría argumentar que los hechos no están hablando por sí mismos sino por medio de la Mente (Dios), quien está hablando a través de ellos.

Entonces, parece mejor concluir que los hechos objetivos no hablan por sí mismos. Las mentes finitas pueden dar diferentes interpretaciones sobre ellos o una Mente infinita puede dar una interpretación total sobre ellos; sin embargo, no existe una interpretación objetiva que una mente finita les pueda dar. Por supuesto, si hubiera una Mente absoluta desde cuya posición ventajosa se les da a los hechos un significado total o absoluto, entonces hay una interpretación objetiva de los hechos y todas las mentes finitas deberían estar de acuerdo de que es el significado absoluto. Si esta es la cosmovisión correcta (ver Dios, Evidencias a favor de; Teísmo), entonces todos los hechos del mundo tienen un significado objetivo. Todos los hechos son hechos teístas y ninguna forma no teísta de interpretarlos es objetiva o cierta. Por lo tanto, es posible que haya objetividad en la historia, ya que, en un mundo teísta, la historia sería la Historia. Entonces, es posible que haya objetividad en una cosmovisión.

La naturaleza fragmentaria de los relatos históricos. El hecho de que los registros fósiles son fragmentarios no anula la objetividad de la paleontología. Los restos fósiles representan solo un pequeño porcentaje de los seres vivos del pasado. Esto no obstaculiza el intento de los científicos de intentar reconstruir una imagen objetiva de lo que realmente pasó en la historia geológica. Asimismo, la historia humana se transmite por medio de registros incompletos. No se necesitan todos los huesos de un animal para dar opiniones competentes sobre él. Tanto la reconstrucción de la ciencia como de la historia está sujeta a la revisión. Los siguientes descubrimientos pueden proveer nuevos hechos que requieren nuevas interpretaciones. Pero al menos hay una base objetiva en el hecho, debido al significado atribuido al descubrimiento. Las interpretaciones no pueden crear los hechos ni pasarlos por alto, si es que se acercan a la objetividad. Entonces, podríamos concluir que la historia no tiene que ser menos objetiva que la geología simplemente porque depende de registros fragmentarios. El conocimiento científico también es parcial y depende de suposiciones y un marco general que puede resultar inadecuado tras el descubrimiento de más hechos (ver Ciencia y la Biblia).

Desde un punto de vista estrictamente científico, cualquier dificultad que haya para rellenar los espacios entre los hechos, una vez que se haya asumido una postura filosófica con respecto al mundo, en general se resuelve el problema de la objetividad. Si existe un Dios, entonces la imagen general ya está dibujada; los hechos de la historia solo llenarán los detalles de su significado. Si el universo fuera teísta, el boceto del artista ya se conocería por adelantado (ver Teísmo). El detalle y coloreado vendrán solo cuando todos los hechos de la historia se ajusten al boceto general que se sabe que es verdadero dentro del marco teísta. En este sentido, la objetividad histórica es ciertamente posible dentro de un marco determinado, tal como una cosmovisión teísta. La objetividad se encuentra en el punto de vista que mejor se ajusta a los hechos de manera consistente en un sistema teísta general que se apoya en buenas pruebas (ver Dios, Evidencias a favor de).

Condicionamiento histórico. Es cierto que todos los historiadores están limitados por el tiempo. Cada persona ocupa un lugar relativo en el cambio de los eventos del mundo espacio-tiempo. Sin embargo, no se deduce de ello que, debido a que el historiador es un producto de un tiempo, la investigación histórica también lo sea. El simple hecho de que una persona no puede evitar un lugar relativo en la historia no impide la objetividad. La crítica confunde el contenido del conocimiento y el proceso de alcanzarlo (Mandelbaum, pág. 94). El hecho de que se obtenga una hipótesis no está relacionado esencialmente con la forma en que se establece su verdad.

Además, si no se puede evitar la relatividad, la postura de los relativistas históricos se refuta por sí misma. Porque o bien su punto de vista está históricamente condicionado y, por lo tanto, no es objetivo, o bien no es relativo sino objetivo. En este último caso, admite que es posible ser objetivo en la observación de la historia. Por el contrario, si la postura del relativismo histórico es en sí misma relativa, entonces no se puede tomar como objetivamente cierta. Es simplemente una opinión subjetiva que no tiene fundamento para afirmar ser objetivamente cierta sobre todos los acontecimientos de la historia. Si es subjetiva, entonces no puede descartar la posibilidad de que la historia se conozca de manera objetiva. Y si se trata de un hecho objetivo sobre la historia, entonces se pueden conocer hechos objetivos sobre esta. En el primer caso, no se descarta la objetividad y en el segundo, la relatividad es contraproducente. En cualquiera de los casos, la objetividad es posible.

La constante reescritura de la historia se basa en la suposición de que la objetividad es posible. ¿Por qué buscar la precisión si no se considera que la revisión es más objetiva que el punto de vista anterior? ¿Por qué analizar de manera crítica si no se supone que la mejora hacia una visión más precisa es el objetivo asumido? La perfecta objetividad puede ser prácticamente inalcanzable dentro de los limitados recursos del historiador. Pero la incapacidad de alcanzar una objetividad al 100% está muy lejos de la relatividad total. Llegar a un grado de objetividad que sea objeto de crítica y revisión es una conclusión más realista que los argumentos del relativista. En resumen, no hay razón para descartar la posibilidad de un grado suficiente de objetividad histórica.

La selección de materiales. El hecho de que el historiador deba escoger entre todos los materiales posibles no hace de manera automática que la historia sea puramente subjetiva. Los jurados dictan juicios "fuera de toda duda razonable" sin tener toda la evidencia. La disponibilidad de la evidencia relevante y crucial es suficiente para alcanzar la objetividad. Uno no tiene que conocer todo para saber algo. A pesar de que los científicos no conocen todos los hechos, se afirma la objetividad. Siempre y cuando ningún hecho importante sea pasado por alto, no hay razón para eliminar la posibilidad de la objetividad en la historia, al igual que en la ciencia.

La selección de los hechos puede ser objetiva hasta el grado de que los hechos sean seleccionados y reconstruidos en el contexto en el cual los eventos representados ocurrieron realmente. Dado que para cualquier historiador es imposible incluir en un relato todo lo que está disponible sobre un tema, es importante seleccionar los puntos representativos del periodo (Collingwood, pág. 100). Al resumir no necesariamente significa que va a haber distorsión. Además, la evidencia a favor de la historicidad del Nuevo Testamento en la cual se basa la apologética cristiana es mayor que la veracidad de cualquier otro documento del mundo antiguo (ver Nuevo Testamento, Historicidad del; Manuscritos del Nuevo Testamento). Si no se pueden conocer de manera objetiva los acontecimientos subyacentes, es imposible conocer algo de ese periodo de tiempo.

Sin embargo, queda la duda de si el contexto real y las conexiones de los eventos del pasado son conocidos o conocibles. A menos que haya un campo o estructura aceptada de los hechos, no hay manera de reconstruir a escala lo que pasó realmente. El significado objetivo de los eventos históricos depende de conocer la conexión que realmente tuvieron los eventos cuando ocurrieron. Pero los eventos están sujetos a varias combinaciones, dependiendo de la estructura que les da el historiador, la importancia relativa que se les da y de si los eventos previos son considerados como causales o simples antecedentes. Realmente no hay forma de conocer las conexiones originales sin asumir una hipótesis o cosmovisión general por la cual se interpretan los eventos. Por supuesto, la objetividad de los hechos puros y la mera secuencia de los hechos antecedentes y consecuentes se puede conocer sin asumir una *cosmovisión. Pero la objetividad del significado de estos eventos no es posible sin una estructura significativa, como la que proporciona una hipótesis o cosmovisión general. Por lo tanto, el problema de encontrar un significado objetivo en la historia, como el problema del significado objetivo en la ciencia, depende de la Weltanschauung (Cosmovisión) de cada uno. El significado objetivo es dependiente del sistema. Solo dentro de un sistema determinado se puede entender el significado objetivo de los eventos. Una vez que se conoce ese sistema, mediante una selección justa y representativa es posible reconstruir una imagen objetiva del pasado. En consecuencia, la objetividad es posible dentro de una estructura teísta establecida.

Estructurando el material de la historia. Todo lo que podrían conocer los historiadores acerca de eventos del pasado sin asumir la verdad de un campo interpretativo por encima de otro es la simple facticidad y secuencia de los eventos. Se necesita un marco interpretativo para poder comprender los hechos cuando el historiador va más allá de los hechos puros y del mero orden de los acontecimientos y comienza a hablar de las conexiones causales y de la importancia relativa. El que se determine que los hechos tuvieron originalmente la supuesta conexión causal y la importancia que se les atribuya dependerá de si la cosmovisión dada es correcta. Afirmar que los hechos tienen "arreglos internos" plantea la interrogante. La verdadera pregunta es: ¿cómo sabe uno cuál es el arreglo correcto? Debido a que los hechos se pueden ordenar en una de al menos tres formas (caótica, cíclica y lineal), se plantea la posibilidad de suponer que una de ellas es la forma en que los hechos fueron realmente ordenados. Se pueden dibujar líneas de diferentes formas con un mismo grupo de puntos. El hecho es que no se sabe que las líneas están allí, salvo por un marco interpretativo mediante el cual uno las pueda ver. Por lo tanto, el problema del significado objetivo de la historia no se puede resolver a menos que se apele a una cosmovisión. Una vez que se conoce el boceto de la estructura, se puede saber la orientación objetiva (significado) de los hechos. Sin embargo, aparte de una estructura, el simple "material" no significa nada.

Aparte de una estructura general, no hay forma de conocer qué eventos en la historia son más importantes y, por lo tanto, no hay forma de conocer el significado real de estos y otros eventos en su contexto general. El argumento que indica que la importancia se determina mediante los eventos que tienen mayor influencia en las personas es inadecuado. Es una forma del utilitarismo histórico sujeto a las mismas críticas de cualquier prueba utilitaria sobre la verdad. Que haya mayor cantidad de algo no significa que sea mejor; tener gran influencia no significa tener gran importancia o valor. Incluso después de que muchas personas hayan sido influenciadas, uno puede seguir dudando de la veracidad o valor del evento que tuvo influencia en ellos. Por supuesto, si se asume como marco que los eventos más significativos son aquellos que a largo plazo influyen en la mayoría de las personas, entonces los ideales utilitarios serán determinantes. ¿Pero qué derecho tiene uno de asumir un marco utilitario sobre uno no utilitario? Una vez más, se trata de justificar el marco general o la cosmovisión de uno.

El argumento de algunos objetivistas es que los eventos del pasado deben tener una estructura o, de lo contrario, son desconocidos y defectuosos. Todo este argumento prueba que es necesario entender los hechos mediante alguna estructura, o sino no tendría sentido hablar sobre ellos. Se debe resolver la duda sobre qué estructura es correcta mediante alguna base que no sean los meros hechos en sí. Si hubiera una objetividad de los hechos puros, solo aportaría el simple "qué" de la historia. Pero el significado objetivo trata con el porqué de estos eventos; esto es imposible independientemente de una estructura-significado en la que los hechos puedan encontrar su significado. El significado objetivo separado de una cosmovisión es imposible.

Sin embargo, debido a que hay una justificación para adoptar esta cosmovisión teísta, el significado objetivo de la historia se vuelve posible (ver Dios, Evidencias a favor de; Teísmo). Dentro del contexto teísta, cualquier hecho de la historia se vuelve un hecho teísta. El significado objetivo se hace posible al tener el orden fáctico y la conexión causal conocida de los eventos. Los marcos caóticos y cíclicos se eliminan en beneficio de los lineales. Y dentro de la visión lineal de los eventos, las conexiones causales surgen como resultado de su contexto en un universo teísta. El teísmo produce el boceto del cual la historia pinta el cuadro completo. Los pigmentos de los hechos adoptan un significado real al mezclarse en el boceto teísta. La objetividad significa consistencia sistemática. Es decir, la manera más significativa en que todos los hechos de la historia se mezclan en todo el boceto teísta es lo que sucedió en realidad. De esta manera, el teísmo puede proporcionar un campo objetivo para los hechos históricos.

Seleccionando y ordenando materiales. El historiador puede ordenar de nuevo los datos del pasado sin distorsionarlos (Nagel, pág. 208). Ya que la construcción original de los eventos no está disponible ni para el historiador ni para el geólogo, se debe reconstruir el pasado a partir de evidencia utilizable. Sin embargo, la reconstrucción no necesita una revisión. El historiador debe ordenar el material. Lo importante es ordenar o reordenar de acuerdo a cómo ocurrieron realmente los eventos. Siempre y cuando el historiador incorpore de manera constante todos los eventos importantes de acuerdo con una cosmovisión general establecida, la objetividad está garantizada. La objetividad ordena los hechos según la manera en que ocurrieron. Cuando estos se pasan por alto o se tergiversan se genera una distorsión.

El historiador puede querer ser selectivo en el alcance del estudio para solo estudiar las dimensiones políticas, económicas o religiosas de un período específico. Sin embargo, esa especialización no requiere una subjetividad total. Uno se puede enfocar sin perder el contexto general. Una cosa es enfocarse en detalles específicos dentro de un campo general; sin embargo, es muy diferente pasar por alto o tergiversar el contexto general en el cual ocurre la profundización del interés. Siempre y cuando el especialista siga en contacto con la realidad en vez de reflejar pura subjetividad, es posible mantener un grado medible de objetividad.

Juicios de valor. Se puede afirmar el hecho de que el lenguaje ordinario está lleno de valor y que los juicios de valor son inevitables. Esto de ninguna manera hace imposible la objetividad histórica (Butterfield, pág. 244). La objetividad significa lidiar de manera justa con los hechos y presentar lo que ocurrió de la manera más correcta posible. Además, la objetividad significa que cuando se interpreta por qué ocurrieron estos eventos, el lenguaje del historiador le debería atribuir a estos eventos el valor que tuvieron en su contexto original. Si se afirma que dentro de una cosmovisión establecida ciertas cosas tienen un valor determinado, entonces un relato histórico objetivo debe reconstruir y reestructurar estos eventos con el mismo valor relativo. Por lo tanto, la objetividad necesita que se hagan juicios de valor en vez de evitarlos. El asunto no es si el lenguaje de valores puede ser objetivo, sino qué declaraciones de valores describen objetivamente los eventos. Una vez que se ha determinado la cosmovisión, los juicios de valor no son indeseables o meramente subjetivos; son esenciales. Si este es un mundo teísta, entonces no sería objetivo darle nada más que un valor teísta a los hechos de la historia.

La necesidad de una cosmovisión general. A quienes argumentan en contra de la objetividad de la historia, independientemente de una cosmovisión general, se les debe dar la razón. El significado depende del sistema. Sin una cosmovisión, no tiene sentido hablar de un significado objetivo (Popper, pág. 150 ss.). No se puede determinar el significado sin un contexto y este es proporcionado por la cosmovisión, no por los hechos puros.

Pero dado que este es un universo teísta, se deduce que la objetividad es posible. En un universo teísta, todos los hechos tienen un significado objetivo; cada hecho es un hecho de Dios. Todos los eventos encajan en el contexto general de un propósito absoluto. Uno puede determinar los hechos y asignarles un significado en el contexto general de un universo teísta al mostrar que encajan consistentemente con una interpretación determinada. Entonces se puede afirmar que se ha llegado a la verdad objetiva de la historia.

Por ejemplo, debido a que este es un universo teísta y que el cuerpo de Jesús de Nazaret regresó de la tumba, entonces el cristiano puede argumentar que este evento inusual es un milagro que confirma la afirmación de verdad asociada a que Jesús es Cristo. Independientemente de este marco teísta, no es para nada significativo hacer ese tipo de afirmación. Las hipótesis dominantes son necesarias para determinar el significado de los eventos y una hipótesis teísta es esencial para afirmar que cualquier evento histórico es un milagro.

El desconocimiento histórico de los milagros. Una vez examinado, el principio de analogía de Ernst *Troeltsch resulta similar a la objeción de David *Hume sobre los milagros construidos a partir de la uniformidad de la naturaleza. No se debe aceptar ningún testimonio sobre supuestos milagros si este contradice el testimonio uniforme de la naturaleza. Troeltsch también rechaza cualquier evento particular pasado para el cual no hay ninguna analogía en la experiencia uniforme del presente. Existen al menos dos razones para negar el argumento de Troeltsch de la analogía. Primero, plantea la pregunta a favor de una interpretación naturalista de todos los eventos históricos. Es una exclusión metodológica de la posibilidad de aceptar los milagros en la historia. El testimonio de la regularidad en general no es de ningún modo un testimonio contra un acontecimiento inusual particular. Los casos son diferentes y no deben ser evaluados de la misma manera. No se deben utilizar las generalizaciones empíricas ("En una situación normal, las personas no resucitan de entre los muertos") como antitestimonio de los valiosos relatos de los testigos presenciales de que en un caso particular alguien sí resucitó de entre los muertos. La evidencia de cualquier evento histórico particular debe ser evaluado por sus propios méritos, independientemente de las generalizaciones sobre otros eventos.

La segunda objeción al argumento de Troeltsch del tipo de analogía es que implica muchas cosas. Como Richard *Whately argumentó de manera convincente, en esta suposición uniformitaria no solo se excluirían los milagros, sino también cualquier evento inusual del pasado. Se tendría que negar que la carrera de Napoleón Bonaparte ocurrió. No se puede negar que las probabilidades en contra del éxito de Napoleón eran muy grandes. Su vasto ejército fue derrotado en Rusia; aún así, meses después lideró otro gran ejército en Alemania, el cual también fue derrotado en Leipzig. Sin embargo, los franceses le facilitaron otro ejército capaz de hacer una formidable resistencia en Francia. Esto ocurrió cinco veces hasta que finalmente lo confinaron a una isla. No hay duda de que los eventos particulares de su carrera fueron altamente improbables. Sin embargo, no hay razón para dudar de la historicidad de las aventuras napoleónicas. Al contrario de las hipótesis científicas, la historia no depende de lo universal y repetible. Más bien, se basa en la suficiencia de buenos testimonios sobre eventos particulares e irrepetibles. Si esto no fuera así, entonces no se podría aprender nada sobre la historia.

Es un claro error utilizar en la búsqueda histórica métodos uniformitarios de la experimentación científica. La repetibilidad y generalidad son necesarios para establecer una ley científica o patrones generales (de los cuales los milagros serían excepciones particulares). Sin embargo, este método no funciona para nada en la historia. Lo que se necesita para establecer eventos históricos son testimonios fiables de que estos eventos particulares realmente ocurrieron (ver Testigos, Criterios de Hume para los). De igual manera con los milagros. Es un error injustificable en la metodología histórica asumir que no se puede creer ningún evento inusual y particular, sin importar cuán grande sea la evidencia de ello. El principio de analogía de Troeltsch eliminaría el pensamiento histórico genuino. El historiador honesto debe estar abierto a la posibilidad de eventos únicos y particulares, independientemente de si pueden ser descritos como milagrosos. No se puede descartar de manera a priori la posibilidad de establecer eventos como la resurrección de Cristo sin examinar la evidencia. Es un error asumir que los mismos principios por los cuales la ciencia empírica funciona se pueden usar en la ciencia forense. Debido a que la última se ocupa de acontecimientos no repetidos e inobservados en el pasado, actúa sobre los principios de la ciencia del origen, no sobre los de la ciencia de la operación. Y estos principios no descartan sino establecen la posibilidad del conocimiento objetivo del pasado, ya sea en la ciencia o en la historia (ver Origen, Ciencia del).

La naturaleza superhistórica de los milagros. Un milagro es sobrenatural. Seguramente el apologeta cristiano no sostiene que los milagros son meros productos del proceso natural. Algo es milagroso cuando el proceso natural no lo puede explicar. Debe haber una inserción del ámbito sobrenatural en lo natural, o de lo contrario no habría ningún milagro (ver Milagro). Esto es especialmente cierto en el caso de un milagro del Nuevo Testamento, en el que se desconocen los procesos por los cuales Dios realizó los actos. En cierto grado, esto también es verdad sobre un milagro de segunda clase, donde se puede describir cómo ocurrió el milagro a través de medios científicos, pero no porqué se produjo cuando ocurrió. En cualquiera de los casos, parece mejor admitir que las dimensiones milagrosas de un evento histórico están dentro y no fuera del proceso natural.

Los milagros realmente ocurren dentro de la historia. De acuerdo con la objetividad de la historia, no hay ninguna buena razón para que el cristiano se someta a los teólogos existencialistas radicales en el tema de las dimensiones objetivas e históricas de los milagros. Puede que los milagros no sean parte del proceso histórico natural, pero sí ocurren dentro de él. Incluso Karl *Barth hizo esta distinción cuando escribió: "La resurrección de Cristo o su segunda venida [...] no es un evento histórico; los historiadores pueden asegurarse [...] que nuestra preocupación aquí es con el evento que, aunque es el único evento real que ocurre dentro, no es un evento real de la historia" (Barth, pág. 90, énfasis añadido).

A diferencia de muchos teólogos existencialistas, también debemos preservar el contexto histórico en el cual ocurre un milagro porque sin él no hay manera de verificar la objetividad de lo milagroso. Los milagros tienen una dimensión histórica sin la cual no es posible la objetividad de la historia religiosa. Y como se argumentó anteriormente, la metodología histórica puede identificar esta objetividad con la misma seguridad con que se puede establecer la objetividad científica, dentro del marco aceptado de un mundo teísta. En resumen, los milagros pueden ser completamente históricos; sin embargo, no pueden ser menos que eso. Solo si los milagros tienen dimensiones históricas, son objetivamente significativos y valiosos desde el punto de vista apologético.

Un milagro es significativo en un contexto teísta. Se puede identificar un milagro dentro de un contexto empírico o histórico de manera directa o indirecta, y de manera objetiva y subjetiva. Dicho evento es tanto científicamente inusual como teológica y moralmente relevante. Se pueden entender las dimensiones científicas directamente de manera empírica; la dimensión moral solo se puede conocer indirectamente mediante lo empírico. Es a la vez "extraño" y "evocativo" de algo más que sus datos empíricos. El *nacimiento virginal es científicamente extraño; sin embargo, en el caso de Jesús es representado como una "señal" para atraer la atención hacia Él como algo "más" que humano. Las características teológicas y morales de un milagro no son objetivas de manera empírica. En este sentido, son experimentados de manera subjetiva. Sin embargo, esto no significa que no hay una base objetiva para las dimensiones morales de un milagro. Si este es un universo teísta (ver Teísmo), entonces la moralidad se basa objetivamente en Dios. Por lo tanto, la naturaleza y la voluntad de Dios son las bases objetivas por las cuales uno puede probar si el evento evoca subjetivamente lo que está objetivamente de acuerdo con la naturaleza y la voluntad de Dios. Lo mismo se aplica a las dimensiones de verdad de un milagro. Son subjetivamente evocadores de una respuesta a una afirmación de verdad asociada. Sin embargo, la afirmación de la verdad debe estar de acuerdo con lo que ya se conoce de Dios. Si su mensaje no se corresponde con lo que sabemos que es verdad de Dios, no debemos creer que el evento sea un milagro. Es axiomático que los actos de un Dios teísta no se utilizarían para confirmar lo que no es la verdad de Dios.

De modo que los milagros ocurren en la historia, pero no son completamente históricos. No obstante, tienen una base histórica. Son más que históricos pero no menos que históricos. Hay dimensiones tanto empíricas como super empíricas en los eventos sobrenaturales. Las dimensiones empíricas son conocibles objetivamente, y las últimas hacen un llamamiento subjetivo al creyente. Pero incluso aquí hay una base objetiva en la verdad conocida y la bondad de Dios por la cual el creyente puede juzgar si lo empíricamente extraño son realmente actos del Dios verdadero y bueno.

La Relatividad completa de la historia. Además de la invalidez de los argumentos del relativismo histórico, existen algunos argumentos sólidos en contra de sus conclusiones en general. Dos de estos argumentos son suficientes para demostrar por qué la posibilidad de la objetividad en la historia no ha sido, ni puede ser, eliminada sistemáticamente.

Conocimiento objetivo por hechos y cosmovisión. Una mirada cuidadosa a los argumentos de los relativistas revela que presuponen algún conocimiento objetivo sobre la historia. Esto se ve al menos de dos maneras. Primero, hablan de la necesidad de seleccionar y ordenar los "hechos" de la historia. Pero si realmente son hechos, presentan algún conocimiento objetivo en sí mismos. Una cosa es discutir sobre la interpretación de los hechos y otra muy distinta negar que haya hechos que interpretar. Es comprensible que el marco de la cosmovisión de uno coloree la comprensión del hecho de que Cristo murió en una cruz a principios del primer siglo. Pero otra muy distinta es negar que este sea un hecho histórico (ver Cristo, Muerte de).

En segundo lugar, si los relativistas creen que la visión del mundo de uno puede distorsionar cómo uno ve la historia, entonces debe haber una interpretación correcta. De lo contrario, no tendría sentido decir que algunas opiniones están distorsionadas.

La relatividad histórica total es contraproducente. De hecho, la relatividad total (ya sea histórica, filosófica o moral) es contraproducente (ver Primeros Principios). ¿Cómo podría uno saber que la historia es completamente incomprensible a menos que se sepa algo sobre ella? Se requiere conocimiento objetivo para saber que todo conocimiento histórico es subjetivo. Los relativistas totales deben estar en el pináculo de su propio absoluto para relativizar todo lo demás. La afirmación de que toda la historia es subjetiva resulta ser una afirmación objetiva sobre la historia. Así, el relativismo histórico total se corta su propia garganta.

Por supuesto, algunos podrían afirmar que el conocimiento histórico no es totalmente relativo, sino solo parcialmente. Entonces la historia, al menos algo de historia, es objetivamente conocible, y las afirmaciones cristianas son al menos posiblemente conocibles. Las afirmaciones históricas de las verdades centrales del cristianismo están más ampliamente respaldadas por la evidencia que las afirmaciones de facticidad de casi cualquier otro evento en el mundo antiguo. Por lo tanto, esto también es una admisión de que la relatividad parcial no elimina la verificabilidad histórica del cristianismo. En resumen, el relativismo histórico total es contraproducente, y el relativismo histórico parcial admite que los argumentos históricos están justificados para defender la fe cristiana.

La objetividad de la historiografía. Pueden extraerse varias conclusiones generales del debate subjetividad-objetividad. Lo más importante es que la objetividad absoluta sólo es posible para una Mente infinita. Las mentes finitas deben contentarse con la coherencia sistemática. Los seres humanos solo pueden idear intentos revisables para reconstruir el pasado basados en un marco de referencia establecido que incorpore los hechos de manera integral y consistente en un esquema general. En este nivel de objetividad, el historiador puede ser tan preciso como el científico. Ni los geólogos ni los historiadores tienen acceso directo ni datos completos sobre eventos repetibles. Ambos deben utilizar juicios de valor para seleccionar y estructurar el material parcial disponible.

En realidad, ni el científico ni el historiador pueden alcanzar un significado objetivo sin una cosmovisión mediante la cual comprender los hechos. Los hechos simples ni siquiera pueden conocerse sin un marco interpretativo. Por tanto, la necesidad de una estructura o un marco de significado es crucial para la cuestión de la objetividad. A menos que uno pueda resolver la cuestión de si este es un mundo teísta o no teísta sobre bases independientes de los meros hechos en sí, no hay forma de determinar el significado objetivo de la historia. Si, por otro lado, hay buenas razones para creer que este es un universo teísta, entonces la objetividad en la historia es una posibilidad. Porque una vez que se establece el punto de vista general, es simplemente una cuestión de encontrar la visión de la historia más consistente con ese sistema general. La consistencia sistemática es la prueba de objetividad en asuntos históricos y científicos.

Resumen. El cristianismo hace afirmaciones sobre eventos históricos, incluidas las afirmaciones de que Dios intervino sobrenaturalmente en él. Algunos historiadores se quejan, sin embargo, no existe una forma objetiva de determinar el pasado. E incluso si hubiera una base objetiva, los milagros no se ajustan a ella. El historiador tiene material fragmentario y de segunda mano para seleccionar. Estos fragmentos no pueden entenderse objetivamente, porque el historiador impone inevitablemente una estructura de valor interpretativa y una cosmovisión. La historia de los milagros es particularmente poco confiable, ya que no es empírica ni observable. Como super historia o mito, es útil evocar una respuesta religiosa subjetiva, pero no para describir de manera confiable el pasado.

Sin embargo, estas objeciones fracasan. La historia puede ser tan objetiva como la ciencia. El geólogo también ve evidencia de segunda mano, fragmentaria e irrepetible desde un punto de vista personal. Aunque los marcos interpretativos son necesarios, no todas las cosmovisiones deben ser relativas y subjetivas.

En cuanto a la objeción de que la historia de los milagros no es objetivamente verificable, los milagros pueden ocurrir en el proceso histórico, como cualquier otro evento. La única diferencia es que el milagro no se puede explicar por el flujo de eventos. Los milagros cristianos pretenden ser más que empíricos, pero no menos que históricos. Históricamente, los milagros se pueden verificar. Las dimensiones morales y teológicas de los milagros no son totalmente subjetivas. Exigen una respuesta subjetiva, pero existen estándares objetivos de verdad y bondad (de acuerdo con el Dios teísta) por los cuales pueden ser evaluados.

La puerta a la objetividad de la historia y, por tanto, la historicidad objetiva de los milagros está abierta. Ningún principio uniformismo de analogía que pida una mera pregunta puede bloquearlo a priori. La evidencia que respalda la naturaleza general del derecho científico no puede descartar una buena evidencia histórica de eventos históricos inusuales pero particulares. Los argumentos contra los milagros no solo tienen un sesgo invencible y naturalista, sino que, también descartan la historia secular conocida y aceptada si se aplican de manera coherente, (ver Milagros, Argumentos Contra los). El único enfoque verdaderamente honesto es examinar cuidadosamente la evidencia de un supuesto milagro para determinar su autenticidad.

Fuentes

K. Barth, *The Word of God and the Word of Man* [Palabra de Dios versus Palabra del Hombre].

C. Beard, *"That Noble Dream"* [Ese Noble Sueño].

C. Becker, *"Detachment and the Writing of History"* [El Desapego y la Escritura de la Historia].

———, *"What Are Historical Facts?"* [¿Qué Son los Hechos Históricos?].

M. Bloch, *The Historian's Craft* [El Compromiso del Historiador].

F. H. Bradley, *The Presuppositions of Critical History* [Las Presuposiciones de la Historia Crítica].

H. Butterfield, *"Moral Judgments in History"* [Los Juicios Morales en la Historia].

E. H. Carr, *What Is History?* [¿Qué es Historia?].

R. G. Collingwood, *The Idea of History* [La Idea de la Historia].

W. L. Craig, *"The Nature of History"* [La Naturaleza de la Historia].

W. H. Dray, ed., *Philosophy of History* [Filosofía de la Historia].

P. Gardiner, ed., *Theories of History* [Teorías de la Historia].

N. L. Geisler, *"Historiography"* [Historiografía].

G. Habermas, *"Philosophy of History, Historical Relativism, and History as Evidence"* [Filosofía de la Historia, *Relativismo Histórico e Historia como* Evidencia].

K. Jaspers and R. Bultmann, *Myth and Christianity* [Mito y cristianismo].

M. Kahler, *The So-Called Historical Jesus and the Historic, Biblical Christ* [El Llamado Jesús Histórico y el Cristo Histórico y Bíblico].

M. Mandelbaum, *The Problem of Historical Knowledge* [El Problema del Conocimiento Histórico].

J. W. Montgomery, *The Shape of the Past* [La Forma del Pasado].

E. Nagel, *"The Logic of Historical Analysis"* [La Lógica del Análisis Histórico].

H. Pirenne, *"What Are Historians Trying to Do?"* [¿Qué Intentan Hacer los Historiadores?].

H. Plutarch, *"The Lives of the Noble Grecians and Romans"* [La Vida de los Nobles Griegos y Romanos].

K. Popper, *The Poverty of Historicism* [La Pobreza del Historicismo].

I. T. Ramsey, *Religious Language* [Lenguaje Religioso].

P. Tillich, Dynamics of Faith [Dinámica de la fe].

E. Troeltsch, *"Historiography"* [Historiografía].

W. H. Walsh, *Philosophy of History* [Filosofía de la Historia].

R. Whately, *Historical Doubts Relative to Napoleon Bonaparte* [Dudas Históricas Relativas a Napoleón Bonaparte].

Historias del nacimiento divino. Desde que James *Frazer publicó The Golden Bough [La rama dorada] (1890, 1912), ha sido común acusar que el cristianismo no es único en su historia de la encarnación de Cristo, sino que las historias de nacimientos sobrenaturales son comunes en los dioses paganos. De ser cierto, esto parecería socavar al cristianismo al mostrar que podría haber tomado prestadas ideas de otras religiones.

Varias líneas de evidencia que refutan la teoría de la fuente del mito pagano se discuten en detalle en otra parte (ver Mitraísmo; Mitología y el Nuevo Testamento; Nuevo Testamento, Historicidad del; Nacimiento virginal de Cristo). Aquí se resumen los puntos principales:

1. El Nuevo Testamento fue escrito por los contemporáneos y no es el resultado del desarrollo de un mito tardío. Las leyendas no se desarrollan si los relatos se escriben mientras los testigos oculares aún están vivos para refutar las inexactitudes.
2. Los registros de nacimiento virginal no muestran signos de ser míticos, ni incluyen elementos prestados de mitos de nacimiento paganos conocidos.
3. Las personas, lugares y eventos identificados en relación con el nacimiento de Cristo son históricamente exactos. Incluso los detalles que alguna vez se pensó que eran errores han sido reivindicados por la investigación.
4. Ningún mito griego hablaba de la encarnación literal de un Dios monoteísta en forma humana. En el cristianismo, la segunda persona de la divinidad se hizo humana. En las religiones paganas, los dioses solo se disfrazaban de humanos; no eran realmente humanos. En los mitos paganos, un dios y un humano siempre se emparejaban sexualmente, lo que no era cierto en el relato cristiano.
5. Los mitos griegos de los dioses que se convirtieron en humanos posponen la época de Cristo, por lo que los escritores de los Evangelios no pudieron tomarlos prestados.
6. Hay una historia de nacimiento virginal anterior al cristianismo llamada el cuento de Jakata número 540 (Cowell) en el budismo del siglo IV a. C. Sin embargo, no hay evidencia de que haya sido prestada por los griegos o que haya influido

en la historia del nacimiento virginal cristiano (Nuevo Testamento). De hecho, la única forma de budismo que influyó en el pensamiento griego en ese momento fue la escuela de los sarvastivadines, y rechazó la tradición de Jakata.

Fuentes

N. Anderson, *Christianity and World Religions* [El cristianismo y las religiones del mundo].
W. Corduan, *Neighboring Faiths* [Religiones vecinas].
E. B. Cowell, *The Jakata* [El Jakata].
J. G. Frazer, *The Golden Bough* [La rama de oro].
J. G. Machen, *The Virgin Birth of Christ* [El nacimiento virginal de Cristo].
R. Nash, *God and the Greeks* [Dios y los griegos] (formerly Christianity and the Hellenistic World [El cristianismo y el mundo helenístico]).
W. Schmidt, *The Origin and Growth of Religion* [El origen y el crecimiento de la religión].
E. Yamauchi, "*Easter*—Myth, Hallucination, or History [El mito de Pascua: ¿alucinación o historia?].

Hititas, Problema de. El Génesis afirma que Het fue el progenitor de los hititas, cuyo reino surgió en lo que hoy es Turquía. Sin embargo, según algunas pruebas arqueológicas, los hititas no se convirtieron en una fuerza prominente en el Medio Oriente hasta el reinado de Mursilis I, alrededor de 1620 a. C. Fue Mursilis quien capturó Babilonia en 1600 a. C.

Sin embargo, varias veces en Génesis 23, se hace referencia al encuentro de Abraham con los hijos de Het, quienes controlaban Hebrón alrededor del 2050 a. C. ¿Cómo pudieron los hititas haber controlado Hebrón tanto tiempo antes de convertirse en una fuerza significativa en la zona?

Se han encontrado tablillas cuneiformes que describen conflictos en Anatolia (Turquía) entre principados hititas desde aproximadamente 1950 hasta 1850 a. C. Incluso antes de este conflicto había una raza de europeos no indo llamados Hattianos. Estas personas fueron sometidas por invasores alrededor del 2300 al 2000 a. C. Los invasores indoeuropeos adoptaron el nombre de Hatti. En lenguas semíticas como el hebreo, Hatti y Hitti se escribirían con las mismas letras. Solo se escribieron consonantes, no vocales.

En los días de Ramsés II en Egipto, la fuerza militar de los hititas fue suficiente para precipitar un pacto de no agresión entre Egipto y el imperio hitita, estableciendo un límite entre ellos. En este momento, el imperio hitita llegó tan al sur como Kadesh en el río Orontes (actual Asi). Sin embargo, evidencia adicional indica que los hititas en realidad penetraron más al sur en Siria y Palestina.

Aunque el reino hitita no alcanzó su cenit hasta la

segunda mitad del siglo XIV, hay evidencia suficiente para corroborar una presencia hitita, lo suficientemente significativa para el control, en Hebrón en la época de Abraham.

Fuentes

G. L. Archer Jr., *Encyclopedia of Biblical Difficulties* [Enciclopedia de Dificultades Bíblicas].

R. H. Beal, *"History of Kizzuwatna"* [Historia de Kizzuwatna].

T. Bryce, *Life and Society in the Hittite World* [Vida y Sociedad en el Mundo Hitita]

N. L. *Geisler and T. Howe, When Critics Ask* [Cuando los Críticos Preguntan].

O. R. Gurney, *The Hittites* [Los Hititas].

E. Neufeld, *The Hittite Laws* [Las Leyes Hititas].

Humanismo secular. El humanismo se centra en los valores e intereses de los seres humanos. Hay formas cristianas (ver Lewis, C. S.) y formas no cristianas. El humanismo secular es la forma dominante de este último. Su confesión es que "el hombre es la medida de todas las cosas". Más que centrarse en los seres humanos, su filosofía se basa en los valores humanos.

Los humanistas seculares componen un grupo diverso. Incluyen existencialistas (ver Sartre, Jean-Paul), marxistas (ver Marx, Karl), pragmáticos (ver Dewey, John), egocentristas (ver Rand, Ayn) y conductistas. Si bien todos los humanistas creen en alguna forma de evolución (ver Evolución Biológica; Evolución Química), Julian *Huxley llamó a su punto de vista "la religión del humanismo evolutivo". Corliss Lamont podría llamarse un "humanista cultural". A pesar de las diferencias, los humanistas no cristianos comparten un núcleo de creencias. Estos se han resumido en dos "manifiestos humanistas" y representan una coalición de varios puntos de vista humanistas seculares.

Manifiesto humanista I. En 1933, un grupo de treinta y cuatro humanistas estadounidenses enunció los principios fundamentales de su filosofía en el Manifiesto Humanista I. Los signatarios incluyeron a Dewey, el padre de la educación pragmática estadounidense; Edwin A. Burtt, filósofo de la religión; y R. Lester Mondale, un ministro unitario y hermano del posterior vicepresidente de los Estados Unidos, Walter Mondale.

Las afirmaciones. En el preámbulo, los autores se identifican a sí mismos como "humanistas religiosos" y afirman que "establecer tal religión es una necesidad primordial del presente" (Kurtz, Humanist Manifestos I and II [Manifiestos Humanistas I y II]). El manifiesto consta de quince afirmaciones básicas, de las cuales las primeras seis dicen:

"Primero: los humanistas religiosos consideran que el universo existe por sí mismo y no es creado". Estos no son teístas (ver Teísmo) que niegan la existencia de un Creador para crear o sostener el universo.

"Segundo: el humanismo cree que el hombre es parte de la naturaleza y que ha emergido como resultado de un proceso continuo". Se afirman el naturalismo y la evolución naturalista. Se niega lo sobrenatural.

"Tercero: Sosteniendo una visión orgánica de la vida, los humanistas encuentran que el dualismo tradicional de mente y cuerpo debe ser rechazado". Los seres humanos no tienen alma ni aspecto inmaterial de su naturaleza. Tampoco son inmortales (ver Inmortalidad). Ninguna existencia se extiende más allá de la muerte.

"Cuarto: el humanismo reconoce que la cultura religiosa y la civilización del hombre [...] son el producto de un desarrollo gradual". Además, "el individuo nacido en una cultura en particular está moldeado en gran medida a esa cultura". Esto implica evolución cultural y relatividad cultural. La evolución cultural significa que la sociedad se ha vuelto gradualmente más sofisticada y compleja; La relatividad cultural significa que los individuos son moldeados en gran medida por sus respectivas culturas.

"Quinto: el humanismo afirma que la naturaleza del universo descrita por la ciencia moderna hace inaceptable cualquier garantía sobrenatural o cósmica de los valores humanos". No hay valores dados por Dios para descubrir; por lo tanto, los valores son relativos y están sujetos a cambios (ver Moralidad, Naturaleza Absoluta de la).

"Sexto: Estamos convencidos de que ha pasado el tiempo para el teísmo, el deísmo, el modernismo y muchas variedades de 'nuevo pensamiento'". Los autores del primer manifiesto eran ateos (ver Ateísmo) o agnósticos (ver Agnosticismo) en los sentidos tradicionales de los términos. Incluso las creencias dessobrenaturalizadas son rechazadas (ver Milagros, Argumentos Contra los).

Manifiesto humanista II. En 1973, cuarenta años después de la elaboración del Manifiesto Humanista I, los defensores del humanismo secular de varios países sintieron que era necesaria una actualización. El Manifiesto Humanista II fue firmado por Isaac Asimov, A. J. *Ayer, Brand Blanshard, Joseph Fletcher, Antony *Flew, Jacques Monod y B. F. Skinner.

En el prefacio, los autores niegan que "estén estableciendo un credo vinculante" pero dicen que "por hoy es nuestra convicción". Reconocen su continuidad con los humanistas anteriores al afirmar que Dios, la oración, la salvación y la providencia son parte de "una fe no probada y pasada de moda".

Las afirmaciones. Las diecisiete afirmaciones básicas del Manifiesto Humanista II aparecen bajo los títulos "religión" (arts. 1-2), "ética" (3-4), "el individuo" (5-6), "sociedad democrática" (7-11) y "comunidad mundial" (12-17). Aquí se destacan varias afirmaciones de importancia:

"Primero: en el mejor sentido, la religión puede inspirar dedicación a los más altos ideales éticos. El cultivo de la devoción moral y la imaginación creativa es una expresión de auténtica experiencia y aspiración 'espiritual'". Los autores añaden rápidamente "que las religiones tradicionales dogmáticas o autoritarias [...] hacen un daño a la especie humana". Además, encuentran pruebas insuficientes de la existencia de lo sobrenatural. Como "no teístas, comenzamos con los humanos, no con Dios, la naturaleza no con la divinidad". No pudieron descubrir ninguna providencia divina. Por tanto, "ninguna divinidad nos salvará; debemos salvarnos a nosotros mismos ".

"Segundo: las promesas de salvación inmortal o el temor a la condenación eterna son ilusorias y dañinas". Distraen de la autorrealización y de la preocupación por la injusticia. La ciencia desacredita la creencia en el alma (ver Inmortalidad). "Más bien, la ciencia afirma que la especie humana es un surgimiento de fuerzas evolutivas naturales". La ciencia tampoco ha encontrado evidencia de que la vida sobreviva a la muerte. Los humanos deben cuidar el bienestar de esta vida, no la siguiente.

"Tercero: Afirmamos que los valores morales derivan su fuente de la experiencia humana. La ética es autónoma y situacional, no necesita sanción teológica o ideológica". Los humanistas basan su sistema de valores en la experiencia humana, "aquí y ahora". Los valores no tienen una base o meta suprahumana (ver Moralidad, Naturaleza Absoluta de la).

"Cuarto: la razón y la inteligencia son los instrumentos más eficaces que posee la humanidad". Ni la fe ni la pasión lo sustituirán. Los humanistas sugieren que "el uso controlado de métodos científicos [...] debe extenderse más en la solución de problemas humanos". Una combinación de inteligencia crítica y cuidado humano es la mejor esperanza para resolver los problemas humanos.

"Quinto: el valor y la dignidad de la persona individual es un valor humanista central". Los humanistas permiten tanta autonomía individual como sea compatible con la responsabilidad social. En consecuencia, debe aumentarse la libertad de elección individual (ver Libre albedrío).

"Sexto: En el área de la sexualidad, creemos que las actitudes intolerantes, a menudo cultivadas por religiones ortodoxas y culturas puritanas, reprimen indebidamente la conducta sexual". Los autores afirman los derechos al control de la natalidad, el aborto, el divorcio y cualquier forma de comportamiento sexual que se consientan entre adultos. "Aparte de dañar a otros o de obligarlos a hacer lo mismo, las personas deben poder expresar sus inclinaciones sexuales y perseguir sus estilos de vida como lo deseen".

"Noveno: La separación de la Iglesia y el Estado y la separación de la ideología y el Estado son imperativos". Los humanistas creen que el estado "no debe favorecer a ningún organismo religioso en particular mediante el uso de dinero público, ni abrazar una sola ideología".

La conclusión habla en contra del "terror" y el "odio". Mantiene los valores de la razón y la compasión, así como la tolerancia, la comprensión y la negociación pacífica. Exige "el mayor compromiso [es decir, con estos valores] del que somos capaces", que "trasciende [...] la iglesia, el estado, el partido político, la clase social o la raza". De esto se desprende claramente que los humanistas están pidiendo un compromiso final con los valores morales trascendentes: un compromiso religioso.

Una evaluación del manifiesto humanista II. El Manifiesto Humanista II es más fuerte, más detallado y menos optimista que el Manifiesto Humanista I. Es menos cauteloso en su uso de términos morales como debería y en su llamado a un compromiso final. Es un llamado fuerte, urgente, moral y religioso. Como su predecesor, también es ateo, naturalista, evolucionista, socialista, relativista y aún optimista de que la humanidad puede salvarse a sí misma. El énfasis internacionalista es mucho más fuerte.

La declaración humanista secular. Se ha levantado una tercera voz de coalición a favor del humanismo secular. Los que firmaron La Declaración Humanista Secular, que apareció en la revista humanista secular Free Inquiry, incluyeron a Asimov, Fletcher, Skinner y algunos que no firmaron el Manifiesto II, entre ellos los filósofos Sidney Hook y Kai Nielsen.

Las afirmaciones. La declaración defiende el "humanismo secular democrático". De los párrafos iniciales se desprende claramente que los humanistas ven la religión establecida como su principal enemigo: "Lamentablemente, hoy nos enfrentamos a una variedad de tendencias antisecularistas: la reaparición de religiones dogmáticas y autoritarias; cristianismo fundamentalista, literalista y doctrinario". Además, el documento se queja de "un clericalismo musulmán intransigente y de rápido crecimiento en Oriente Medio y Asia, la reafirmación de la autoridad ortodoxa por parte de la jerarquía papal católica romana, el judaísmo religioso nacionalista; y la reversión a las religiones oscurantistas en Asia". La plataforma de estos humanistas incluye lo siguiente.

Consulta libre. "El primer principio del humanismo secular democrático es su compromiso con la libre investigación. Nos oponemos a cualquier tiranía sobre la mente del hombre, a cualquier esfuerzo de las instituciones eclesiásticas, políticas, ideológicas o sociales para encadenar el pensamiento libre".

Separación de la iglesia y el estado. "Debido a su compromiso con la libertad, los humanistas seculares creen en el principio de la separación de la iglesia y el estado". En su opinión, "cualquier esfuerzo por imponer una concepción exclusiva de la Verdad [ver Verdad, Naturaleza de la], piedad, virtud o justicia en toda la sociedad es una violación de la libre investigación".

El ideal de libertad. "Como secularistas democráticos, defendemos constantemente el ideal de la libertad". El concepto de libertad del humanismo secular incluye no solo la libertad de conciencia y de creencias frente a los poderes eclesiásticos, políticos y económicos represivos, sino también "libertad política genuina, toma de decisiones democrática basada en el gobierno de la mayoría y respeto por los derechos de las minorías y el estado de derecho".

Ética basada en la inteligencia crítica. "El humanista secular reconoce el papel central de la moralidad en la vida humana". La conducta ética debe ser juzgada por una razón crítica, y su objetivo es desarrollar "individuos autónomos y responsables, capaces de tomar sus propias decisiones en la vida basándose en la comprensión del comportamiento humano". Aunque los humanistas seculares se oponen ostensiblemente a la moral absolutista, sostienen que "surgen normas objetivas y pueden descubrirse valores y principios éticos en el curso de la deliberación ética".

Educación moral. "Creemos que el desarrollo moral debe cultivarse en niños y jóvenes adultos [...]; de ahí que sea deber de la educación pública ocuparse de estos valores". Estos valores incluyen "virtudes morales, inteligencia y la construcción del carácter".

Escepticismo religioso. "Como humanistas seculares, generalmente somos escépticos acerca de las afirmaciones sobrenaturales". Si bien es cierto que "reconocemos la importancia de la experiencia religiosa: esa experiencia que reorienta y da sentido a la vida de los humanos [seres que negamos] que tales experiencias tengan algo que ver con lo sobrenatural". Se sostiene que no hay pruebas suficientes para afirmar que existe algún propósito divino para el universo. Los hombres y las mujeres son libres y responsables de su propio destino, y no pueden buscar salvación en ningún ser trascendente.

Razón. "Vemos con preocupación el reciente ataque de los no seculares sobre la razón y la ciencia". A pesar de que los humanistas seculares niegan que la razón y la ciencia puedan resolver todos los problemas humanos, afirman que no conocen ningún otro sustituto mejor que la inteligencia humana.

Ciencia y tecnología. "Creemos que el método científico, aunque es imperfecto, sigue siendo la manera más confiable de entender el mundo. Por lo tanto, recurrimos a las ciencias naturales, biológicas, sociales y de comportamiento para conocer el universo y el lugar del hombre dentro de él".

Evolución. Este artículo lamenta el ataque de los fundamentalistas religiosos sobre la evolución. Aunque niegan que la evolución es un "principio infalible", los humanistas seculares creen que "se basa tan contundentemente en el peso de las pruebas que es difícil rechazarlo". Por consiguiente, "deploramos los esfuerzos de los fundamentalistas (especialmente en los Estados Unidos) de invadir los salones de ciencia, requiriendo que los estudiantes aprendan la teoría creacionista y solicitando que se incluya en los libros de texto de biología" (ver Origen, Ciencia del). Los humanistas seculares consideran que esta es una seria amenaza tanto a la libertad académica como a la integridad educativa.

La declaración concluye con la excusa de que "el humanismo secular democrático es tan importante para la civilización humana como para abandonarlo". Condena a la religión ortodoxa contemporánea como "anticientífica, antilibertad y antihumana" señalando que el "humanismo secular pone su confianza en la inteligencia humana en vez que en la guía divina". Finalmente, deplora "el crecimiento de los credos sectoriales intolerantes que fomentan el odio".

Evaluación de la declaración de los humanistas seculares. Puede parecer sorprendente que esta declaración haya aparecido poco después del Manifiesto Humanista II (tan solo 8 años), especialmente porque muchas de las mismas personas firmaron ambos. La mayoría del contenido es similar en uno o en ambos manifiestos. Al igual que las previas declaraciones humanistas, hace hincapié en el naturalismo, la evolución, la capacidad de la humanidad para salvarse a sí misma, así como en los compromisos éticos humanísticos comunes con la libertad, la tolerancia y la inteligencia crítica.

Sin embargo, la declaración tiene peculiaridades. Los aspectos más importantes de esta declaración son aquellas áreas en las que se diferencia de los esfuerzos previos. En primer lugar, estos humanistas seculares deseaban ser llamados "humanistas seculares democráticos". El énfasis en la democracia es evidente en todo momento. En segundo lugar, en ninguna parte afirman ser humanistas religiosos, como lo hacen los autores de los documentos previos. Esto es extraño, puesto que los humanistas han solicitado que se les reconozca como un grupo religioso, y la Corte Suprema de los Estados Unidos lo definió en Torcasso

v. Watkins, 1961. De hecho, la declaración puede simplemente ser calificada como antirreligiosa, ya que ataca particularmente la reciente tendencia hacia las creencias religiosas conservativas. Gran parte de la declaración, de hecho, parece ser una reacción contra las actuales tendencias contrarias al humanismo secular. Finalmente, uno no puede evitar notar una extraña inconsistencia ya que la declaración afirma la libertad académica, pero insiste en que el creacionismo científico sea excluido de las clases escolares de ciencia. Elementos comunes en el humanismo secular. Un estudio sobre los manifiestos humanistas y declaraciones, y otras obras de destacados humanistas seculares, revela una base común en al menos cinco creencias:

1. El no teísmo es común en todas las formas del humanismo secular. Muchos humanistas niegan la existencia de un Dios todopoderoso, pero todos niegan la necesidad de un Creador del mundo. Por lo tanto, los humanistas seculares se oponen a todas las religiones teístas.

2. A partir de la negación del teísmo, el naturalismo es esencial para el humanismo. Todo lo que hay en el universo debe ser explicable solo en los términos de las leyes de la naturaleza.

3. La evolución es la manera humanista secular de explicar los orígenes. O bien el universo y los seres vivos surgieron por medio de la intervención de un Creador sobrenatural, o bien evolucionaron puramente por medios naturales. Los no teístas, de este modo, no tienen otra opción más que defender la evolución.

4. El relativismo ético une a los humanistas seculares, ya que tienen una aversión por los absolutos (ver Moralidad, Naturaleza absoluta de la). No existen los valores morales dados por Dios, sino que la humanidad decide sus propios valores. Estos estándares están sujetos a cambio y son relativos en diferentes situaciones. Debido a que no hay una base absoluta para los valores en Dios, no hay valores absolutos que recibir de Dios.

5. La autosuficiencia humana es un principio central. No todos los humanistas seculares son utópicos, pero todos creen que los seres humanos pueden resolver sus propios problemas sin la ayuda divina. No todos creen que la humanidad es inmortal, pero todos sostienen que la supervivencia humana depende del comportamiento y la responsabilidad personal. No todos creen que la ciencia y tecnología son los medios de la salvación humana, pero todos creen que la razón humana y la educación secular son las únicas esperanzas si la raza humana sobrevive.

Conclusión. El humanismo secular es un movimiento conformado en su mayoría por ateos, agnósticos y deístas. Todos son antiteístas y antisobrenaturalistas. Todos son firmemente naturalistas. Estas doctrinas específicas se abordan en otros artículos, entre ellos: Dios, Supuestas contradicciones de; Dios, Evidencias a favor de; Dios, Objeciones a las pruebas de; Evolución; Evolución biológica; Evolución química; Evolución cósmica; Milagro; Milagros, Argumentos contra los. Moralmente, los humanistas son relativistas (ver Moralidad, Naturaleza absoluta de la). Se evalúan varios tipos de humanismos no teístas bajo los nombres de sus principales proponentes.

Fuentes

D. Ehrenfeld, *The Arrogance of Humanism* [La arrogancia del humanismo].

N. L. Geisler, *Is Man the Measure?* [¿Es el hombre la medida?].

J. Hitchcock, *What Is Secular Humanism?* ¿Qué es el humanismo secular?].

P. Kurtz, ed., *Humanist Manifestos I and II* [Manifiestos humanistas I y II].

———, ed., *"A Secular Humanist Declaration"* ["Una declaración humanista secular"].

C. S. Lewis, *The Abolition of Man* [La abolición del hombre].

F. Schaeffer, *Whatever Happened to the Human Race?* [¿Qué le pasó a la raza humana?].

R. Webber, *Secular Humanism* [Humanismo secular].

Hume, Criterios para los testigos creíbles. *Ver* TESTIGOS, CRITERIOS DE HUME PARA LOS.

Hume, David. David Hume (1711-76), filósofo e historiador, nació y se crio en Edimburgo, Escocia, y fue a la Universidad de Edimburgo. Se graduó en leyes, pero poco después decidió no ejercerlo. En cambio, durante el auge de la ilustración europea, Hume comenzó un riguroso estudio en filosofía. Este estudio lo llevó al escepticismo (ver Agnosticismo) y a un desprecio por lo milagroso (ver Milagros, Argumentos contra los). Sin embargo, a diferencia de Benedict *Spinoza un siglo atrás, Hume atacó los milagros desde una perspectiva empírica, no desde una racionalista. Los dos hombres eran opuestos en muchos sentidos. Spinoza era dogmático y Hume era escéptico. Spinoza era racionalista y Hume era empírico. A pesar de sus diferencias, compartían la conclusión de que creer en los milagros no era razonable. Para Spinoza, los milagros eran totalmente imposibles; para Hume, simplemente increíbles.

El escepticismo empírico de Hume. El escéptico

cree en suspender el juicio sobre las preguntas metafísicas. El escepticismo de Hume se basaba en su epistemología. Creía que todas las ideas se basaban en la experiencia de los sentidos. Debido a que no hay experiencia de sentido de conceptos como Dios, Hume los rechazó como sin sentido.

Los dos tipos de proposiciones. Hume escribió que todos los objetos de la investigación humana son o bien relaciones de ideas o bien cuestiones de hecho. El primer tipo incluye afirmaciones matemáticas y definiciones; el segundo incluye todo lo que se conoce empíricamente a través de uno o más sentidos. Hume fue tan enfático con esta distinción que concluyó en Enquiry Concerning Human Understanding [Investigación sobre el entendimiento humano]: "Si procediéramos a revisar las bibliotecas convencidos de estos principios, ¡qué estragos no haríamos! Si cogemos cualquier volumen de teología o metafísica escolástica, por ejemplo, preguntemos: ¿Contiene algún razonamiento abstracto sobre la cantidad y el número? No. ¿Contiene algún razonamiento experimental acerca de cuestiones de hecho o existencia? No. Tírese entonces a las llamas, pues no puede contener más que sofistería e ilusión" (12.3.173).

Causas conocidas por hábito. Para Hume, "todos nuestros razonamientos acerca de cuestiones de hecho parecen fundarse en la relación de causa y efecto. Tan solo por medio de esta relación podemos ir más allá de la evidencia de nuestra memoria y sentidos" (ibid. 4.1.41). En vista de esto, la mente nunca puede encontrar la causa de un evento dado. Solo "después de la conjunción constante de dos objetos –por ejemplo, calor y flama– [...] estamos determinados por la costumbre a esperar el uno por la aparición del otro" (ibid., 5.1.57). Es decir, usamos la causalidad, pero no tenemos una base empírica para hacerlo. En resumen, uno no puede conocer las conexiones causales entre las cosas; uno solo puede creer en ellas con base en conjunciones habituales. "Todas las inferencias realizadas a partir de la experiencia, por tanto, son efectos de la costumbre y no del razonamiento" (ibid.).

Según Hume, ni siquiera podemos estar seguros de que el sol saldrá mañana. Creemos que saldrá porque ha salido habitualmente en el pasado. Algunas cosas pasan tan a menudo en conjunción con otras que es tonto no creer que estarán asociadas en el futuro. Incluso Hume llamaría a esta experiencia uniforme como "prueba", con lo que se refiere a "argumentos derivados de la experiencia que no dejan lugar a duda o discusión" (ibid. 6.1.69). Sin embargo, "todos los acontecimientos parecen absolutamente sueltos y separados. Un acontecimiento sigue a otro, pero nunca hemos podido observar un vínculo entre ellos. Parecen conjuntados, pero no conectados" (ibid., 7.2.85).

Pero los eventos asociados no prueban que están conectados de manera causal, como tampoco hay una conexión causal entre el canto del gallo con la salida del sol. Todo lo que se puede hacer es extrapolar con base en los sucesos que más se repiten.

Una evaluación al empirismo escéptico de Hume. Es contraproducente. El escepticismo de Hume es vulnerable a graves críticas. Quizás la más grave es que es contraproducente. Según Hume, las proposiciones significativas son empíricas o analíticas. Las empíricas poseen contenido pero no nos dicen nada sobre la realidad metafísica, tal como Dios. Las analíticas están vacías y no tienen contenido. Como el principio de verificabilidad empírica que se basa en los dos tipos de proposiciones de Hume, esta es una proposición contraproducente (ver Positivismo lógico). En cuanto a la declaración que "solo las proposiciones analíticas o empíricas son significativas" no es en sí una declaración analítica (verdadera por definición) o empírica. Por lo tanto, por sus mismos criterios, no tiene sentido. Si uno permite que tales declaraciones sean ciertas, entonces ¿por qué las declaraciones metafísicas no pueden ser significativas?

El atomismo es contrario a la experiencia. Otra grave objeción hacia el empirismo escéptico de Hume es que se basa en un atomismo empírico injustificado.

Hume creía que todas las sensaciones estaban separadas atómicamente. "Un evento le sigue a otro, pero jamás podemos observar ningún vínculo entre ellos. Parecen estar asociados, pero nunca conectados" (ibid., 7.2.85). Pero así no es como los experimentamos. Los vemos como un flujo continuo. No vemos una serie de imágenes en staccato. Por el contrario, vemos el mundo externo como un flujo ininterrumpido de imágenes en movimiento. Solo si uno asume de manera errónea que todo está atómicamente suelto y separado existe un problema para conectarlos.

La causalidad se puede experimentar internamente. Hume es muy malinterpretado. Él no niega el principio de la causalidad. Niega la base con la que algunas personas tratan de probar la causalidad (ver Causalidad, Principio de). Hume rechazó la intuición, descartando las conexiones que experimentamos en nuestra propia conciencia que no se basan en eventos externos. Yo soy la causa de esta oración mientras escribo, y yo experimento ese hecho. Todos experimentan sus propios pensamientos y acciones. No están anatómicamente sueltos o separados. Los experimentamos como un flujo continuo de causa y efecto.

Hume no podía vivir su teoría. Hume no era consistente con su escepticismo ni en el ámbito práctico ni teórico. En el área práctica, Hume admitió que tuvo que tomar un descanso de sus deprimentes búsquedas escépticas y jugar una partida de backgammon. En efecto, nadie puede vivir una vida sin juicio en todos los asuntos metafísicos y morales. La vida exige ciertos compromisos en esas áreas. Ningún escéptico suspende el juicio sobre si existe el derecho moral para creer y expresar estos puntos de vista. Tampoco hay duda de todo. (Hume no era escéptico del escepticismo) Un verdadero escéptico no podría comer, caminar o hablar (ver Agnosticismo).

Más concretamente, Hume no era consistente con su propia teoría. Cuando argumentaba que no sabíamos la conexión entre los eventos, Hume insistía que ni siquiera podíamos estar seguros de que el sol saldría al día siguiente. Pero cuando argumentaba contra los milagros, insistía en que la experiencia uniforme hasta la fecha de que todos los hombres mueren y no resucitan de la muerte prueba que no ocurriría ninguna resurrección al día siguiente (ver Resurrección, Evidencias a favor de la).

Hume nunca negó la causalidad. Es más, el propio Hume nunca negó que las cosas tengan una causa para su existencia. Escribió lo siguiente: "Nunca he dicho una proposición tan absurda como que algo pueda surgir sin una causa" (Letters of David Hume [Mi vida (1776). Cartas de un caballero a su amigo de Edimburgo (1745)], 1:187). De hecho, en la misma fuente, Hume declaró que sería "absurdo" negar el principio de causalidad. Lo que Hume negó fue la manera en que algunos filósofos trataban de probar el principio de causalidad. Para Hume, la asociación habitual es la base para plantear una conexión causal.

El rechazo de Hume hacia las pruebas a favor de Dios. El escepticismo de Hume en relación con la existencia de Dios se basaba en su empirismo y se manifiesta en varias objeciones que se han repetido a menudo desde su época. Se basan en su famoso Dialogues Concerning Natural Religion [Diálogos sobre la religión natural].

Argumentos contra un Dios teísta. Hume sostenía que todos los intentos para probar a Dios, al menos al Dios teísta (ver Teísmo), fracasan al menos por alguna de las siguientes razones (ver Dios, Objeciones a las pruebas de).

Los seres finitos solo necesitan causas finitas. Según Hume, plantear una Causa infinita es una exageración metafísica. Un universo finito solo necesita una causa finita.

El principio de causalidad es improbable. No hay manera de probar el principio de causalidad. Todo lo que se basa en la experiencia puede ser diferente. Y todo lo que no se basa en la experiencia es simplemente una tautología, es decir, verdadero solo por definición.

El principio de analogía demuestra un Dios no teísta. Incluso si uno acepta que debe haber algún tipo de causa para el mundo, no sería un Dios infinitamente perfecto. En el mejor de los casos, el argumento de la analogía nos lleva a un Dios finito e imperfecto para un mundo finito e imperfecto. Si uno insiste en que Dios debe ser como lo que creó, entonces ¿Dios es como una col o un conejo porque Él los creó?

Una serie de causas infinitas es posible. Una serie de causas infinitas es posible. Por lo tanto, no hay necesidad de llegar a una Primera Causa. Las series infinitas son posibles en las matemáticas.

La necesidad no se aplica a la existencia, solo a los conceptos. Un Ser Necesario, como el que el argumento cosmológico concluye, es una aplicación errónea del término necesario. La razón es que la necesidad solo aplica a conceptos o ideas, nunca a la realidad concreta. Las declaraciones necesarias son analíticas y no tienen contenido. Y las declaraciones sobre el mundo real no son necesarias.

No hay necesidad de un diseñador; la casualidad puede explicarlo todo (ver Argumento Teleológico). No hay necesidad de plantear una Causa inteligente (diseñador) del mundo; la casualidad puede explicar el aparente diseño en el mundo. Con el tiempo suficiente, cualquier combinación "con suerte" resultará. El universo puede ser un "feliz accidente".

Es posible que nada nunca haya existido, incluyendo a Dios. Siempre es posible concebir cualquier cosa, incluyendo a Dios, como no existente. Por lo tanto, nada existe necesariamente. Ya que se dice que Dios es un Ser Necesario, ni siquiera Él debe existir necesariamente. Por lo tanto, Dios no debe existir en absoluto.

Lo que es lógicamente necesario no necesariamente existe. Algunos antiteístas sostienen que es lógicamente necesario que un triángulo tenga tres lados, pero no es necesario que exista algún de tres lados. Por lo tanto, incluso si para Dios fuera lógicamente necesario existir, no significaría que en realidad sí existe.

Si todas las cosas fueron creadas, también Dios. Si todo necesita una causa, entonces Dios también. Y si todas las cosas no necesitan una causa, entonces tampoco la necesita el mundo. Pero en ningún caso se necesita una Primera Causa.

Estos argumentos se resuelven y se critica la lógica de Hume en el artículo Dios, Objeciones a las pruebas de.

Conclusión. Hume fue una de las figuras más influyentes de la filosofía moderna. Su clara y poderosa presentación del escepticismo y el antisobrenaturalismo fue un factor importante al moldear la mente moderna secularista. Sin embargo, un minucioso análisis de las posturas cruciales de Hume revela que son inconsistentes y contrarias a la experiencia. De hecho, la base de su escepticismo es contraproducente, puesto que no suspende el juicio en muchas posturas dogmáticas que adopta sobre Dios y los milagros.

Fuentes
J. Collins, *God in Modern Philosophy* [Dios en la filosofía moderna].
R. Flint, *Agnosticism* [Agnosticismo].
N. L. Geisler y W. *Corduan, Philosophy of Religion* [Filosofía de la religión].
D. Hume, Dialogues Concerning Natural Religion [Diálogos sobre la religión natural].
———, *Enquiry Concerning Human Understanding* [Investigación sobre el entendimiento humano].
———, *The Letters of David Hume* [Mi vida (1776). Cartas de un caballero a su amigo de Edimburgo (1745)].

Huxley, Julian. Julian Sorell Huxley (1887-1975) fue el nieto de Thomas Huxley, que fue conocido por su apoyo a Charles *Darwin. Julian recibió su título en zoología en Oxford y posteriormente enseñó allí. En 1912, fue nombrado jefe del departamento de biología en la Universidad Rice. En 1925, se convirtió en profesor de zoología en el Kings College, Londres. En 1952, fue presidente de la Asociación Humanista Británica. Fue uno de los que firmó el Manifiesto Humanista II de 1973 (ver Humanismo Secular). Entre sus libros se encuentran Principles of Experimental Embryology [Principios de la embriología experimental] (1934), Evolution, the Modern Synthesis [Evolución: la síntesis moderna] (1942) y Religion without Revelation [Religión sin revelación] (1928, rev. 1957).

Julian es conocido por su humanismo evolutivo. Este punto de vista tuvo su expresión más completa en Religion without Revelation. Basándose en la biología evolutiva de Darwin, la filosofía evolutiva de Herbert Spencer y la ética evolutiva de su abuelo T. H. Huxley, Julian desarrolló un sistema completo de creencia que denominó humanismo evolutivo. Expresó puntos de vista en toda gama de temas, incluyendo a Dios, los orígenes humanos, la religión, los valores, la ciencia, las artes y sus esperanzas para las futuras posibilidades de la raza humana. Así como otros humanistas, Huxley no creía en un Dios teísta (ver Teísmo). Creía que la evolución explicaba todo (ver Ateísmo; Evolución biológica).

La incredulidad de Huxley en Dios. Huxley se oponía a Dios pero estaba a favor de la religión. Dijo: "Creo [...] con toda certeza que actualmente no conocemos nada fuera de este mundo ni de la experiencia natural". Es decir "un Dios personal, sea Jehová, Alá, Apolo, Amen-Ra, o uno sin nombre pero simplemente Dios, nada conozco". Y tampoco quería saber. "No soy meramente agnóstico en el tema [...] No creo en

un Dios personal en ningún sentido en que la frase es comúnmente usada" (Huxley, págs. 17, 18).

Huxley sostenía que creer en Dios era puramente psicológico. Dios el Padre era una personificación de la naturaleza, el Espíritu Santo representaba los ideales y el Hijo personificaba la naturaleza humana ideal. Así que "los dioses son creaciones de los hombres, representaciones personalizadas de las fuerzas del destino, con sus unidades proyectadas en ellos mediante el pensamiento y la imaginación humana" (ibid., pág. 51).

La incredulidad le trajo gran alivio a Huxley. Concluyó: "Por mi propia parte, el sentido de alivio espiritual que viene del rechazo de la idea de Dios como un ser sobrenatural es enorme". Esperaba apasionadamente que otros compartieran su pensamiento (y alivio). Luego, "la insufrible arrogancia de aquellos que declaran poseer exclusivamente la verdad religiosa desaparecería felizmente". Junto con esto iría la intolerancia, las guerras religiosas, la persecución religiosa, los horrores de la Inquisición, los intentos de suprimir el conocimiento y el aprendizaje, rápidamente al cambio social y moral (ibid., pág. 33).

La creencia de Huxley en la religión. A pesar de su fuerte incredulidad en Dios, Huxley se consideraba a sí mismo muy religioso. Huxley dijo: "Creo que es necesario creer en algo. El escepticismo total no funciona" (ibid., pág. 13). Al final, descubrió que creer el método científico satisfacía parte de su anhelo religioso. Así que Huxley creía que el método científico "es el único método que a largo plazo dará una base satisfactoria para las creencias" (ibid., pág 13).

Cuando Huxley aplicó el método científico a las experiencias religiosas, incluyendo la suya, concluyó que "la religión surgió como un sentimiento de lo sagrado". Consideró que la capacidad de este sentimiento era fundamental para la humanidad, algo dado en y por la construcción de la mente humana normal. Huxley habló honesta y vívidamente sobre sus propias experiencias religiosas. "También tenía esa cualidad definida de ser arrojado a la conciencia, implícita en el término revelación, que ha sido descrito por descubrimientos puramente intelectuales de muchos matemáticos y hombres de ciencia, especialmente Poincare en sus ensayos sobre el método científico [...] Pero anteriormente solo una vez había tenido un sentido tan completo de la entrega exterior en una experiencia, la única ocasión en la que tuve una visión (de un tipo no alucinatorio pero sorprendentemente real: como, de un elenco religioso, que abunda en los registros de lo místico [ver Misticismo] como Santa Teresa)" (ibid., págs. 86, 87).

Tales vívidas experiencias religiosas dejaron a Huxley con apasionadas "creencias en el valor supremo de ciertas ideas y actividades". Dijo: "En el lenguaje teológico a estos se les llaman fe" (ibid., pág. 76). De hecho, Huxley confesó lo siguiente: "La vida habría sido intolerable si no fuera por los momentos del estado alternativo, momentos ocasionales de gran felicidad y refrigerio espiritual, que generalmente vienen a través de la poesía, de hermosos paisajes o de la gente" (ibid., pág. 77).

Un día mientras visitaba una biblioteca en Colorado Springs, Huxley encontró unos ensayos del lord Morley en los que halló estas palabras: "El siguiente gran deber de la ciencia será crear una religión para la humanidad". Huxley se vio desafiado por esa idea. Escribió: "Fui despedido por compartir su convicción de que la ciencia desempeñaría necesariamente una parte esencial en la elaboración de cualquier religión del futuro que se merezca ese nombre" (ibid., pág. 82).

Huxley aceptó el desafío de Morley de desarrollar una religión científica. La llamó "humanismo evolutivo". Uno de los principios fundamentales, como su nombre lo indica, es la teoría de la evolución.

La evolución humana y el destino. La experiencia mística llevó a Huxley a rechazar una interpretación puramente materialista del universo, tal como lo observó en el Marxismo (ver Materialismo). Concluyó lo siguiente: "La hipótesis materialista, al negar la importancia de los factores mentales y espirituales en el cosmos, es para mí tan errónea como, aunque más sofisticada que, la noción ingenua de la hipótesis mágica, que proyecta las fuerzas espirituales en eventos materiales". Pero a pesar de su rechazo al materialismo puro, Huxley fue un naturalista completo. Insistía en que los descubrimientos sobre psicología, biología y fisiología necesitaban del naturalismo. No había espacio para lo sobrenatural. Tanto la fuerza material como la "espiritual" en el cosmos eran parte de la naturaleza (ibid., pág. 187).

Según Huxley, "el postulado básico del humanismo evolutivo es que las fuerzas mentales y espirituales [...] tienen un efecto funcional y son, de hecho, de vital importancia en el negocio altamente práctico de la elaboración del destino humano; y que no son sobrenaturales ni están fuera del hombre sino dentro de él" (ibid.). En el humanismo evolutivo, el deber general de los individuos es desarrollar su potencial personal. El tipo correcto de desarrollo individual deja el camino siempre abierto para el crecimiento. Son posibles tres áreas de desarrollo personal: la especialización, el cultivo de habilidades personales en cada área de la vida y el cultivo de armonía y paz interior (ibid., págs. 199-200).

En realidad, el humanismo evolutivo tiene objetivos dobles: satisfacción personal presente y progreso cósmico a largo plazo. Huxley llama a este último valor como "el evangelio del humanismo evolutivo", el cual es un "valor trascendente" (ibid., pág. 201).

Evaluación. Como una religión, el sueño de Huxley no se captó con rapidez. Los más recientes humanistas han admitido que Huxley era demasiado optimista (cf. Manifiesto Humanista II, 1973). No hay buena evidencia observacional para indicar la inevitabilidad de la evolución de una religión humanista universal.

La ética evolutiva involucra algunos serios problemas. ¿Cómo la sociedad preserva los derechos individuales de aquellos que bloquean la evolución social (ver Moralidad, Naturaleza absoluta de la)? ¿Cómo se puede derivar un "deber" ético de un "ser" biológico? ¿Cómo puede el supuesto hecho de la evolución ser la base para el valor moral? Muchas cosas malas también evolucionan. Si es así, debe haber un estándar fuera del proceso evolutivo por el cual se sepa lo que es bueno o malo.

La confesión de Huxley sobre los valores supremos y trascendentes, la experiencia mística y un destino del mundo será recibida por aquellos que afirman que estos son indicadores verbales de un "Dios" sustituto. Insistirán en que solo las mentes pueden "destinar" y que solo las personas pueden ser el objeto de los compromisos religiosos. Argumentarán que Huxley evitó el nombre Dios, pero no su realidad.

Huxley es inconsistente. De una sola vez, declara que la primera vida surgió de la no vida (ibid., pág. 45), pero luego ridiculiza la creencia en la generación espontánea (ibid., pág. 62). Huxley usa de manera errónea la función de la ciencia para explicar los orígenes (ver Origen, Ciencia del). Trata de explicar los acontecimientos irrepetibles del pasado mediante los eventos que se repiten en el presente. Huxley usa equívocamente el método científico que propone como la base del humanismo evolutivo. Tal naturalismo también carece de justificación filosófica. Huxley no ofrece argumentos adecuados para negar la posibilidad de intervención sobrenatural (ver Milagros, Argumentos contra los).

Finalmente, como otros no teístas, la crítica de Huxley sobre Dios (ver Dios, Objeciones a las pruebas de) es superficial e inadecuada. No interactúa con la evidencia sustancial a favor de la existencia de un Dios teísta (ver Dios, Evidencias a favor de).

Fuentes

A. Desmond, *Huxley.*

N. L. Geisler, *Is Man the Measure?* [¿Es el hombre la medida?].

J. Huxley, *Religion without Revelation* [Religión sin revelación].

T. M. Kitwood, *What Is Human?* [¿Qué es humano?].

E. Lo, *"Religion without Revelation"* ["Religión sin

revelación"].
E. L. Mascall, *The Secularization of Christianity* [Cristianismo secularizado].
D. A. Noebel, *Understanding the Times* [Entendiendo los tiempos].
R. Seeger, "J. Huxley, *Atheistic Religionist*" ["J. Huxley, ateo religioso"].

Iglesia emergente. Movimiento organizado a la ligera entre algunos cristianos contemporáneos cuyo enfoque es crear un posmodernismo en la iglesia evangélica.

Líderes. El precursor del movimiento es Stanley Grenz (A Primer on Post-Modernism [Manual sobre el posmodernismo]; Beyond Foundationalism [Más allá del fundacionalismo]; Revising Evangelical Theology [Revisando la teología evangélica]), y el padre del movimiento es Brian McClaren (The Church on the Other Side [La iglesia en el otro lado]; A Generous Orthodoxy [Una ortodoxia generosa]; A New Kind of Christian [Un nuevo tipo de cristiano]; Everything Must Change [Todo debe cambiar]). Otras figuras importantes incluyen a Rob Bell (Velvet Elvis: Repainting the Christian Faith [Velvet Elvis: Volviendo a pintar la fe cristiana]; Jesus Wants to Save Christians: A Manifesto for the Church in Exile [Jesús quiere salvar a los cristianos: Un manifiesto para la iglesia exiliada]; Love Wins [El amor gana]); Doug Pagitt y Tony Jones (An Emergent Manifesto of Hope [Un manifiesto emergente de esperanza]), Tony Jones (The New Christians: Dispatches from the Emergent Frontier [Los nuevos cristianos: Envíos desde la frontera emergente]); Donald Miller (Blue Like Jazz [Azul como el jazz]); Steve Chalke y Allan Mann (The Lost Message of Jesus [El mensaje perdido de Jesús]); Dave Tomlinson (The Post-Evangelical [El posevangélico]); y Spencer Burke y Barry Taylor (A Heretic's Guide to Eternity [Guía de un hereje para la eternidad]). Un sitio web emergente puede encontrarse en www.emergentvillage.com.

Evaluación y creencias básicas. A raíz de la "muerte de Dios" (ver Nietzsche, Friedrich), el posmodernismo, adoptado por la iglesia emergente, incluye el relativismo (la muerte de la verdad absoluta); el pluralismo (la muerte de la verdad exclusiva); el *convencionalismo (la muerte del significado objetivo); el anti*fundacionalismo (la muerte de la *lógica); el deconstruccionismo (la muerte de la interpretación objetiva); y el subjetivismo (la muerte de los valores objetivos) (ver Moralidad, Naturaleza absoluta de la).

Por supuesto, hay otras tendencias que incluyen el *universalismo (ver Infierno) y la expiación antisustitucional. Steve Chalke habla de la cruz como "una forma de abuso infantil cósmico", que contradice la afirmación de la Biblia de que "Dios es amor" y "se burla de la propia enseñanza de Jesús de amar a nuestros enemigos" (Chalke y Mann, The Lost Message of Jesus, págs. 182-183). Por el contrario, la Biblia declara que: (1) Dios dio a su Hijo porque amaba al mundo (Juan 3:16); (2) Jesús dio su vida voluntariamente porque nos amaba (Juan 10:14, 18); (3) El sacrificio de su vida era necesario para nuestra salvación (Lv 17:11; Ro 3:21-26; Heb 9:22; Marcos 10:45; cf. Is 53; 2 Co 5:21; 1 Pedro 3:18).

Conclusión. Tal vez el mejor resumen es el de Mark Driscoll, quien escribió: "La iglesia emergente es la última versión del liberalismo, siendo la única diferencia que el viejo liberalismo se acomoda a la modernidad y el nuevo liberalismo se acomoda a la posmodernidad" (Driscoll, pág. 21).

Fuentes

M. Adler, *Truth in Religion* [La verdad en la religión].
J. Carlson, *"My Journey into and out of the Emergent Church"* [Mi viaje dentro y fuera de la iglesia emergente].
D. A. Carson, *Becoming Conversant with the Emerging Church* [Familiarizándose con la iglesia emergente].
S. Chalke y A. Mann, *The Lost Message of Jesus* [El mensaje perdido de Jesús].
K. DeYoung y T. Kluck, *Why We're Not Emergent*

[Por qué no somos emergentes].

M. Driscoll, *Confessions of a Reformation REV* [Confesiones de un Rev. reformista].

N. L. Geisler, *The Emergent Church* [La iglesia emergente].

D. Kimball, *The Emerging Church: Vintage Christianity for New Generations* [La iglesia emergente: un cristianismo vintage para las nuevas generaciones].

R. S. Smith, *Truth and the New Kind of Christian* [La verdad y el nuevo tipo de cristiano].

T. Howe, ed., *Christian Apologetics Journal* [Diario de apologética cristiana].

Ilusión, Religiosa. *Ver* FREUD, SIGMUND.

Ilusionismo. El ilusionismo es la creencia de que el "mundo" solo parece ser real. Nuestros sentidos nos engañan. La guía para la verdadera realidad es la mente o el espíritu. El ilusionismo está directamente relacionado con el *monismo y *panteísmo. El filósofo griego Parménides es un ejemplo de un monista que creía que todo lo que no sea un Ser absoluto es una ilusión. El hinduismo shánkarista es un ejemplo de panteísmo ilusionista. La Ciencia Cristiana es panteísta e ilusionista.

El ilusionismo explica el problema del mal (ver Mal, Problema del) al negar su existencia. El ilusionismo confirma la existencia de Dios y niega la existencia del mal, en cambio, el *ateísmo confirma la existencia del mal y niega la existencia de Dios. El *teísmo confirma la existencia de ambos, pero niega que haya una contradicción.

En el hinduismo, el ilusionismo, la ilusión del mundo exterior se llama Maya y la ilusión de diversidad se llama mithya. El pensador hindú del siglo IX, Shánkara, sostuvo que el Brahman (nombre hindú para lo Absoluto) es la única realidad. El mundo externo solo parece real, de la misma manera que una cuerda vista de lejos parece una serpiente. Cuando examinamos el mundo detenidamente vemos que la única realidad detrás de la ilusión es el Brahman. El Brahman "causa" que el mundo parezca diverso y malo en el mismo sentido que la cuerda "causa" que la serpiente aparezca.

El ilusionismo occidental ha tomado varias formas. Los primeros defensores del ilusionismo occidental fueron los griegos Parménides y Zenón. Parménides (n. 515 a. C.) fue uno de los primeros filósofos en centrar su atención en el problema metafísico de si la realidad era una o muchas. Argumentaba que no podemos confiar en nuestros sentidos (Parménides, págs. 266-67). Parménides creía que las cosas pueden parecer ser muchas y malvadas, sin embargo, al final son una sola y buenas. Los sentidos se engañan fácilmente, en consecuencia, los humanos percibimos erróneamente al mundo como diverso y malvado.

Uno de los pupilos de Parménides, Zenón (n. 490 a. C.), trató de probar esto por medio de la lógica. Su "paradoja del Estadio" negaba la existencia del movimiento. Un atleta que recorre una distancia determinada atraviesa un número sucesivo de mitades de la distancia. Para ir de A a B, uno debe viajar hasta la mitad del camino. Sin embargo, para viajar a la mitad del camino, uno debe viajar la mitad de la mitad del camino y así sucesivamente. Parece que para viajar en cualquier dirección debemos cruzar un número infinito de puntos medios, lo cual parece imposible. Según Zenón, esto significa que el movimiento no existe y, por lo tanto, es una ilusión.

Una forma moderna del ilusionismo occidental es la ciencia cristiana. De acuerdo con Mary Baker Eddy, el mal no es un ente real sino una falsa percepción; es el "error de la mente mortal". La Ciencia Cristiana sostiene que Dios es la verdad y que "no hay dolor en la verdad y no hay verdad en el dolor". Por lo tanto, el pecado, la enfermedad y la muerte son ilusiones mortales que en realidad no existen (Eddy, págs. 113, 289, 480).

Evaluación. Muchas de las críticas al ilusionismo son las mismas que fueron propuestas en el artículo Panteísmo.

El ilusionismo es autodestructivo. Uno solo puede saber que todo es una ilusión con el trasfondo de la realidad. Ilusión significa no real. Debe haber un verdadero criterio por el cual se define la ilusión.

Por supuesto, un ilusionista podría afirmar que no está negando completamente la realidad, solo la de este mundo. El Brahman es real. El mundo es considerado irreal en contraste con esta realidad. Mientras que esto resuelve el problema lógico del ilusionismo, deja un problema epistemológico. Ya que estamos en este mundo y somos presuntamente parte de la ilusión, ¿cómo podríamos saber que el mundo entero es una ilusión?

El ilusionista que afirma que somos la Realidad Absoluta (Dios) y, por lo tanto, no somos parte de este mundo, plantea la pregunta. ¿Cómo sabemos que somos Dios? Los ilusionistas afirman que no siempre fueron conscientes de que eran Dios. Sin embargo, la aseveración "Me di cuenta de que siempre fui Dios" es una afirmación autodestructiva. Porque Dios (Realidad Absoluta) no cambia. El cambio solo es parte de la ilusión. Por ello, Dios siempre fue consciente de que era Dios. Y como nosotros no lo éramos, se puede deducir que no somos Dios.

Además, si el mal es una ilusión, ¿dónde se originó la ilusión? y ¿por qué todos la experimentan desde el primer momento de consciencia? ¿Cómo se originó la ilusión? Y ¿cómo se transmite a las siguientes generaciones? El origen, la persistencia y la universalidad de la llamada ilusión defiende su objetividad y realidad. ¿Cuál es la diferencia en decir que todos la tienen todo el tiempo y no se pueden deshacer de ella y decir que es objetivamente real?

Parece que es más razonable afirmar que el ilusionismo es una ilusión. Parece que no existe una diferencia práctica en ver el dolor y el mal como una ilusión y verlos como una realidad. El dolor o el mal es parte de la experiencia humana y es encontrado por todos. Visto como ilusorio o real, la experiencia es la misma. Siendo este el caso, parece más sensato concluir que algunos se están involucrando en la ilusión para concluir que el dolor o el mal no es real. Para replantear la teoría de Sigmund *Freud, uno podría preguntarse ¿por qué deseamos tan desesperadamente que el mal no sea real cuando es tan universal, persistente e inevitable? ¿Podría ser que nuestra creencia de que el mal no es real es una gran ilusión?

Aquellos que creen que todo es una ilusión no viven de ese modo. Evitan el dolor como todos los demás. Comen y beben como los demás. Aquellos que no experimentan pronto la ilusión de la muerte. Por lo tanto, el ilusionismo es literalmente una filosofía insostenible. Se niega en la práctica por aquellos que la afirman.

Por último, los ilusionistas hablan y escriben libros y esperan que nosotros confiemos en nuestros sentidos del oído y la vista para entender la realidad de la que hablan. Sin embargo, confiar en nuestros sentidos va en contra del ilusionismo, que ellos afirman, que estos nos dan.

Fuentes

D. K. Clark, *The Pantheism of Alan Watts* [El Panteísmo de Alan Watts]

D. K. Clark y N. L. *Geisler, Apologetics in the New Age* [Apologética en la Nueva Era]

M. B. Eddy, *Science and Health with Key to the Scriptures* [Ciencia y salud con clave de las Escrituras]

N. L. Geisler, *The Roots of Evil* [Las raíces del Mal]

P. Parménides, Proem [El proemio]

Ilustración. El período de la historia moderna conocido como la Ilustración comenzó a finales del siglo XVII, predominando en el siglo XVIII y gran parte del siglo XIX en Europa. Sus raíces venían del *racionalismo holandés y alemán, particularmente en la obra racionalista y antisobrenatural de Benedicto *Spinoza titulada Tratado teológico-político (1670). Christian Wolfe (1679-1754) marcó las pautas para el período donde buscó el camino hacia la verdad a través de la "razón pura". Immanuel *Kant lo definió posteriormente en La religión dentro de los límites de la mera razón (1793) como "la salida del hombre de su autoculpable minoría de edad. La minoría de edad significa la incapacidad de servirse de su propio entendimiento sin la guía de otro [...] ¡Ten valor de servirte de tu propio entendimiento! He aquí el lema de la Ilustración" (Douglas, pág. 345; ver Racionalismo). Otros escritores que contribuyeron a la Ilustración incluyen a David *Hume, especialmente en su Investigación sobre el entendimiento humano (1748) y Diálogos sobre la religión natural (1779); Hermann S. Reimarus (1694-1768); y los deístas (ver Deísmo) John Toland (1670-1722), Matthew *Tindal (1656-1733), Thomas *Paine (1737-1809) y François-Marie *Voltaire (1694-1778). La obra de Gottfried *Lessing, Natán el sabio (1779), defendía la tolerancia religiosa, ya que la verdad no era exclusiva del cristianismo, sino que se encontraba en muchas religiones.

La Ilustración hizo hincapié tanto en la razón como la independencia y despertó una desconfianza pronunciada hacia la autoridad. La verdad se obtiene mediante la razón, la observación y la experimentación. Pasó a estar bajo el dominio del antisobrenaturalismo (ver Milagros, Argumentos contra los), dando como resultado el pluralismo religioso (ver Pluralismo religioso). De este contexto surgieron el *deísmo, la crítica bíblica y el rechazo de la revelación divina (ver Biblia, Evidencias a favor de la; Biblia, Críticas a la). Se dio énfasis a la religión natural. Sus formas más radicales fomentaron el *agnosticismo, el escepticismo y el *ateísmo, viviendo en el humanismo secular. Karl *Barth describió la Ilustración como "un sistema fundado en la omnipotencia de la capacidad humana" (citado en "Enlightenment" [La Ilustración]).

Fuentes

G. R. Cragg, *Reason and Authority in the Eighteenth Century* [Razón y autoridad en el siglo XVIII]

F. L. Cross, *"Enlightenment"* [La Ilustración].

J. D. Douglas, ed., *The New International Dictionary of the Christian Church* [El nuevo diccionario internacional de la iglesia cristiana].

P. Gay, *The Party of Humanity* [El partido de la humanidad].

Incertidumbre, Principio de. *Ver* INDETERMINACIÓN, PRINCIPIO DE.

Inclusivismo. *Ver* PLURALISMO, RELIGIOSO.

Indeterminación, Principio de. Algunos han tomado erróneamente el "principio de incertidumbre" o indeterminación de Werner Heisenberg como soporte para un ataque al principio de causalidad (ver

Causalidad, Principio de; Primeros principios) y, por lo tanto, a los argumentos de la existencia de Dios (ver Argumento cosmológico). Se usa para demostrar que no todos los eventos tienen causas, que algunas cosas pasan de manera espontánea e impredecible, especialmente a nivel subatómico. Por lo tanto, se usa también el principio para apoyar la visión de la libertad humana conocida como indeterminismo (ver Libre albedrío; Indeterminismo).

Entendiendo el principio. El principio de incertidumbre de Heisenberg es un principio de mecánica cuántica que declara que "no se puede saber con total certeza la posición y velocidad de una partícula de manera simultánea. Si una se conoce con mucha certeza, la otra se vuelve muy incierta". Por ejemplo, de acuerdo con esta teoría: "es posible predecir con exactitud qué fracción de [átomos de uranio] se desintegrará radiactivamente en la próxima hora, pero es imposible predecir 'qué' átomos lo harán" (Lightman y Brawe, pág. 560).

Sin embargo, el principio de incertidumbre no apoya la postura de que los acontecimientos surgen sin una causa o que las acciones humanas no son causadas. El principio de incertidumbre de Heisenberg no dice que no hay una causa para los eventos, sino que simplemente uno no puede predecir el curso de una partícula en especial. Por lo tanto, no se debe entender como el principio de 'no causalidad' sino como el principio de 'impredecibilidad'. El principio de causalidad afirma que hay una causa, incluso si no sabemos con exactitud cuál es. Si no hubiera una causa, no habría ningún efecto o evento. De hecho, la ciencia moderna se construyó sobre el principio de que las cosas no suceden sin una causa (ver Origen, Ciencia del).

El principio de Heisenberg ni siquiera niega la predictibilidad en general. Solo afirma que "los sistemas físicos deben ser descritos en términos de probabilidades" (ibid., Pág. 553). Eso significa que uno puede predecir de manera exacta qué fracción de partículas reaccionará de cierta manera, pero no 'qué' átomos lo harán (ibid.). A pesar de que no se puede predecir la posición de una partícula en especial, se puede predecir el patrón general. Esto implica una conexión causal. El punto es que los científicos, 'con sus instrumentos y habilidades de observación limitados', ahora no pueden predecir los cursos de partículas subatómicas individuales.

Una Mente infinita podría predecir tanto el curso como la velocidad. Si se vaciara un saco de pelotas de ping-pong sobre varios contenedores abiertos, no sería posible predecir qué pelotas caerán en qué contenedores. 'En la práctica', no es posible saber y calcular de manera apropiada todos los factores físicos impli-

cados en la caída y el rebote. Solo podemos saber que aproximadamente el doble de las pelotas caerá dentro de los contenedores que son el doble de grandes. Esto no significa que, 'en principio', sea imposible saber qué pelotas van a caer dentro de qué contenedores.

El principio de Heisenberg describe el campo subatómico, el cual no se conoce sin la intervención de los investigadores. Los microscopios electrónicos, mediante los cuales se observa el campo subatómico, bombardean las partículas subatómicas con el fin de "verlas". Como Mortimer Adler dijo: "al mismo tiempo que se establecieron los principios de incertidumbre de Heisenberg, la física cuántica reconoció que las medidas experimentales intrusivas que proporcionaban los datos utilizados en las fórmulas matemáticas de la teoría cuántica concedían a los objetos y eventos subatómicos un carácter interdeterminado [...] Por lo tanto, se deduce que la indeterminación no puede ser intrínseca a la realidad subatómica" (Adler, págs. 96-100). Por consiguiente, el comportamiento impredecible puede resultar en parte por el intento de observarlo.

No todos los físicos aceptan la física cuántica y la teoría de la incertidumbre. En respuesta a eso, Albert *Einstein dijo: "Dios no juega a los dados con el universo".

Errores en la aplicación del principio. Es un error de categorización aplicar el principio desde la física a la metafísica y/o campos morales sin una justificación. Incluso si hubiera indeterminación en la física, esto no significaría que la indeterminación automáticamente invade el campo 'moral'. Por definición, la física se ocupa de lo que 'es' (en el campo de la física) y la moralidad de lo que 'debería' ser.

Errores de la indeterminación. Ninguno de los principios de la física aplica automáticamente a la metafísica. Etienne Gilson ha mostrado la falacia metodológica de este tipo de pensamiento en la historia de la filosofía occidental (ver Gilson). Hay graves errores en asumir que el mundo metafísico (real) opera sin causalidad.

Asumir que no hay causas para los eventos hace que la ciencia sea imposible, dado que tanto la operación como el origen de la ciencia son dependientes del principio de causalidad. Asumir que no hay causas para los eventos hace al mundo irracional. Va en contra de la razón afirmar que las cosas pasan sin una causa.

Fuentes

M. J. Adler, *Truth in Religion* [La verdad en la religión]

E. Gilson, *The Unity of Philosophical Experience* [La unidad de la experiencia filosófica]

N. L. Geisler y W. Corduan, *Philosophy of Religion* [Filosofía de la religión]

N. L. Geisler y J. Kerby, *Origin Science* [La ciencia de los orígenes]

W. Heisenberg, *Physics and Philosophy* [Física y filosofía]

S. L. Jaki, *Miracles and Physics* [Milagros y física]

A. Lightman y R. Brawer, Origins [Orígenes]

Indeterminismo. El indeterminismo es un punto de vista de que algunas o todas las acciones humanas no tienen una causa. Las acciones son totalmente contingentes y espontáneas (ver Libre albedrío). Charles Pierce y William *James eran indeterministas. Algunos indeterministas contemporáneos apelan al principio de indeterminación de Werner Heisenberg (ver Indeterminación, Principio de) para apoyar su posición. De acuerdo con este principio, los eventos en el campo subatómico (como el curso específico de una partícula determinada) son impredecibles.

Los opositores al indeterminismo ofrecen muchas objeciones. Sostienen que:

- El principio de Heisenberg está mal aplicado, ya que, no se ocupa de la 'causalidad' sino de la 'predictibilidad'.
- haría imposible toda la ciencia, ya que, todo depende del principio de causalidad.
- hace el mundo irracional si las cosas pasan sin una causa.
- el principio de causalidad está bien establecido y es innegable (ver Causalidad, Principio de).
- le quitaría responsabilidad moral a los humanos si no tienen interés en sus acciones.
- al menos a escala cósmica, niega el rol de Dios como Creador y Sustentador de todas las cosas (Gn 1; Col 1:15-16; Heb 1:3).

Conclusión. El indeterminismo afirma que las acciones no están conectadas a las decisiones libres o a cualquier otra "causa". Esto puede ser comparado con el determinismo, que afirma que todas las acciones son determinadas por fuerzas ajenas al individuo y con el autodeterminismo, que afirma que todas las acciones son causadas por uno mismo, sin ningún factor externo. Cada uno está basado en un fundamento inadecuado. El indeterminismo viola las leyes fundamentales de pensamiento y, si fuera cierto, eliminaría la responsabilidad moral.

Infierno. El infierno se define por ser algo cruel, inhumano y bárbaro. Bertrand *Russell dijo que cualquiera que amenace a las personas con el castigo eterno, como lo hizo Jesús, es inhumano (Russell, 593-94). Los no creyentes en general han cuestionado tanto la existencia como la justicia del infierno. Sin embargo, los cristianos ortodoxos, tanto católicos como protestantes, han defendido tanto la realidad como la equidad del infierno.

La existencia del infierno. La existencia del infierno ha sido defendida por argumentos tanto de la Escritura como de la razón humana.

Jesús enseñó la existencia del infierno. Las Escrituras sostienen con firmeza la doctrina del infierno. Algunas de las afirmaciones más fuertes de que existe un infierno provienen de Jesucristo, la segunda persona de la *Trinidad*. Él tenía más que decir sobre el infierno que sobre el cielo. Jesús advirtió, "No teman a los que matan el cuerpo, pero no pueden matar el alma. Teman más bien al que puede destruir alma y cuerpo en el infierno" (Mt 10:28). Agregó que los que lo rechazan, "Así como se recoge la mala hierba y se quema en el fuego, ocurrirá también al fin del mundo" (Mt 13:40).

En el Discurso del Monte de los Olivos, nuestro Señor dijo que en el juicio final, Dios dirá "a los que estén a su izquierda: 'Apártense de mí, malditos, al fuego eterno preparado para el diablo y sus ángeles'" (Mt 25:41b). Sobre la gravedad del peligro del infierno, Jesús advirtió, "Si tu mano te hace pecar, córtatela. Más te vale entrar en la vida manco que ir con las dos manos al infierno, donde el fuego nunca se apaga" (Marcos 9:43). La realidad del infierno es obvia en una vívida historia contada por Jesús en Lucas 16. Esta historia no es como una parábola, ya que en ella Jesús usa el nombre real de una persona (Lázaro). La historia se refiere al destino después de la muerte de un hombre rico y un mendigo, Lázaro:

> También murió el rico, y lo sepultaron. En el infierno, en medio de sus tormentos, el rico levantó los ojos y vio de lejos a Abraham, y a Lázaro junto a él. Así que alzó la voz y lo llamó: "Padre Abraham, ten compasión de mí y manda a Lázaro que moje la punta del dedo en agua y me refresque la lengua, porque estoy sufriendo mucho en este fuego". Pero Abraham le contestó: "Hijo, recuerda que durante tu vida te fue muy bien, mientras que a Lázaro le fue muy mal; pero ahora a él le toca recibir consuelo aquí, y a ti, sufrir terriblemente. Además de eso, hay un gran abismo entre nosotros y ustedes, de modo que los que quieren pasar de aquí para allá no pueden, ni tampoco pueden los de allá para acá". Él respondió: "Entonces te ruego, padre, que mandes a Lázaro a la casa de mi padre, para que advierta a mis cinco hermanos y no vengan ellos también a este lugar de tormento". Pero Abraham le contestó: "Ya tienen a Moisés y a los profetas; ¡que

les hagan caso a ellos!". "No les harán caso, padre Abraham —replicó el rico—; en cambio, si se les presentara uno de entre los muertos, entonces sí se arrepentirían". Abraham le dijo: "Si no les hacen caso a Moisés y a los profetas, tampoco se convencerán aunque alguien se levante de entre los muertos". (Lucas 16:19-31).

La Biblia enseña que hay un infierno. Otros escritos inspirados del Nuevo Testamento afirman la existencia del infierno. Quizás la más gráfica se encuentra en el Apocalipsis de Juan:

Luego vi un gran trono blanco y a alguien que estaba sentado en él. De su presencia huyeron la tierra y el cielo, sin dejar rastro alguno. Vi también a los muertos, grandes y pequeños, de pie delante del trono. Se abrieron unos libros, y luego otro, que es el libro de la vida. Los muertos fueron juzgados según lo que habían hecho, conforme a lo que estaba escrito en los libros. El mar devolvió sus muertos; la muerte y el infierno devolvieron los suyos; y cada uno fue juzgado según lo que había hecho. La muerte y el infierno fueron arrojados al lago de fuego. Este lago de fuego es la muerte segunda. Aquel cuyo nombre no estaba escrito en el libro de la vida era arrojado al lago de fuego. (20:11-15)

El apóstol Pablo habló de la separación eterna de Dios, al decir: "Esto sucederá cuando el Señor Jesús se manifieste desde el cielo entre llamas de fuego, con sus poderosos ángeles, para castigar a los que no reconocen a Dios ni obedecen el evangelio de nuestro Señor Jesús. Ellos sufrirán el castigo de la destrucción eterna, lejos de la presencia del Señor y de la majestad de su poder" (2 Ts 1:7b-9). El escritor de Hebreos agrega una mención a lo definitivo: "Y así como está establecido que los seres humanos mueran una sola vez, y después venga el juicio" (Heb 9:27).

La justicia de Dios requiere un infierno. Además de las afirmaciones directas, las Escrituras ofrecen razones para la existencia del infierno. Una es que la justicia requiere la existencia del infierno, y Dios es justo (Ro 2). Él es tan puro e inmaculado que no puede ni siquiera mirar el pecado (Hab 1:13). Dios no hace acepción de personas, "Porque con Dios no hay favoritismos" (Ro 2:11). Como afirmó Abraham, "Tú, que eres el Juez de toda la tierra, ¿no harás justicia?" (Gn 18:25). El Salmo 73 es representante de los pasajes que enseñan que no toda la justicia se logra en esta vida. Los malvados parecen prosperar (Sal 73:3). Por lo tanto, la existencia de un lugar de castigo para los malvados después de esta vida es necesaria para mantener la justicia de Dios. Sin duda, no habría verdadera justicia si no hubiera un lugar de castigo para las almas enloquecidas de Stalin y Hitler, que iniciaron la despiadada matanza de multimillonarios. La justicia de Dios requiere que haya un infierno.

Jonathan *Edwards argumentó que incluso un solo pecado merece el infierno, ya que el eterno y santo Dios no puede tolerar ningún pecado. Cada persona comete una multitud de pecados en pensamiento, palabra y hechos. Todo esto se agrava por el hecho de que rechazamos la inmensa misericordia de Dios. Y si añadimos a esto la disposición de este hombre a encontrar fallas en la justicia y la misericordia de Dios, tenemos abundante evidencia de la necesidad del infierno. Si tuviéramos una verdadera conciencia espiritual, no nos sorprendería la severidad del infierno sino nuestra propia depravación (Edwards, 1.109).

El amor de Dios requiere un infierno. La Biblia afirma que "Dios es amor" (1 Juan 4:16). Pero el amor no puede actuar de forma coercitiva, solo de forma persuasiva. Un Dios de amor no puede obligar a las personas a amarlo. Pablo habló de que las cosas se hacen con libertad y no por obligación (2 Cor 9:7). El amor forzado no es amor; es una violación. Un ser amado siempre da "espacio" a los demás. No se fuerza a sí mismo en contra de su voluntad. Como C.S.*Lewis observó, "Lo Irresistible y lo Indiscutible son las dos armas que la misma naturaleza de su plan le prohíbe usar. El mero hecho de anular una voluntad humana [...] sería para Él inútil. Él no puede forzarlo. Solo puede atraerlo" (Lewis, Screwtape Letters [Cartas del diablo a su sobrino], pág. 38). Por lo tanto, a aquellos que no eligen amar a Dios se les debe permitir no amarlo. Aquellos que no desean estar con él deben ser permitidos separarse de él. El infierno permite la separación de Dios.

La dignidad humana requiere un infierno. Ya que Dios no puede forzar a la gente a ir al cielo en contra de su libre albedrío, el libre albedrío humano requiere un infierno. Jesús gritó, "¡Jerusalén, Jerusalén, que matas a los profetas y apedreas a los que se te envían! ¡Cuántas veces quise reunir a tus hijos, como reúne la gallina a sus pollitos debajo de sus alas, pero no quisiste!" (Mt 23:37). Como Lewis dijo: "En última instancia sólo hay dos tipos de personas: los que dicen a Dios 'hágase tu voluntad' y aquellos a quienes Dios dirá, al fin, 'hágase tu voluntad'" (Screwtape Letters, pág. 69).

La soberanía de Dios requiere un infierno. A menos que haya un infierno, no hay victoria final sobre el mal (ver Mal, Problema del). Porque lo que frustra el bien es el mal. El trigo y la cizaña no pueden crecer juntos para siempre. Debe haber una separación definitiva, o de lo contrario el bien no triunfará sobre el mal. Como en la sociedad, el castigo por el mal es necesario para que el bien pueda prevalecer. Aun así, en la eternidad el bien debe triunfar sobre el mal. Si no lo hace, entonces Dios no tiene el control final. La soberanía de Dios requiere un infierno, de lo contrario no sería el vencedor final sobre el mal que la Biblia afirma que es (cf. 1 Co 15:24-28; Ap 20-22).

La cruz de Cristo conlleva al infierno. La cruz es el centro del cristianismo (1 Co 1:17-18; 15:3). Sin ella no hay salvación (Juan 10:1, 9-10; Hechos 4:12; Ro 4:25; Heb 10:10-14). Es el mismo propósito por el que Cristo vino al mundo (Marcos 10:45; Lucas 19:10). Solo a través de la cruz podemos ser liberados de nuestros pecados (Ro 3:21-26). Jesús sufrió una gran agonía e incluso la separación de Dios en la cruz (Hebreos 2:10-18; 5:7-9). Al anticipar lo de la cruz, "su sudor era como gotas de sangre que caían a tierra" (Lucas 22:44). ¿Pero por qué razón la cruz y todo este sufrimiento cuando no hay un infierno? La muerte de Cristo se ve despojada de su significado eterno a menos que exista una separación eterna de Dios de la cual las personas necesitan ser liberadas.

La naturaleza y la ubicación del infierno. La Biblia describe la realidad del infierno en figuras retóricas contundentes. Se dice que es un lugar de tinieblas (Mt 8:12; 22:13), que está "afuera" de [la puerta de la ciudad] (Ap 22:14-15). El infierno está lejos de la "presencia del Señor" (Mt 25:41; 2 Ts 1:7-9). Por supuesto, estos son términos relacionales, no solo tienen que ser espaciales. Dios está "arriba" y el infierno está "abajo". Dios está "dentro" y el infierno está "fuera". El infierno es la otra dirección de Dios.

La naturaleza del infierno es una realidad aterradora. Es como si estuviera en la oscuridad para siempre (Mt 8:12). Es como una estrella fugaz (Judas 13), una nube sin agua (Judas 12), un vertedero en llamas perpetuas (Marcos 9:43-48), un abismo sin fondo (Ap 20:1, 3), una prisión (1 Pedro 3:19), y un lugar de angustia y arrepentimiento (Lucas 16:28). Según el título del libro de Lewis, el infierno es el "gran divorcio", una separación eterna de Dios (2 Ts 1:7-9). En el lenguaje bíblico, existe "un gran abismo establecido" entre el infierno y el cielo (Lucas 16:26) para que nadie pueda pasar de un lado a otro.

En ninguna parte de la Biblia se describe como una "cámara de tortura" donde se obliga a la gente contra su voluntad a ser torturada. Esta es una caricatura creada por los incrédulos para justificar su reacción de que el Dios que envía a la gente al infierno es cruel. Esto no significa que el infierno no sea un lugar de tormento. Jesús dijo que lo era (Lucas 16:24). Pero a diferencia de la tortura, que se inflige desde el exterior contra la voluntad de uno, el tormento es autoinfligido.

Incluso los ateos (ver Sartre, Jean-Paul; Ateísmo)

han sugerido que la puerta del infierno está cerrada por dentro. Estamos condenados a nuestra propia libertad de Dios. La presencia de Dios en el cielo sería una tortura para quien lo ha rechazado sin remedio. Tormento es vivir con las consecuencias de nuestras propias malas decisiones. Es el llanto y el crujir de dientes que resulta de la realización de que lo arruinamos y merecemos las consecuencias. Así como un jugador de fútbol puede golpear el suelo con agonía después de perder una jugada que le hace perder el Super Bowl, así los que están en el infierno saben que el dolor que sufren es autoinducido.

El infierno también se representa como un lugar de fuego eterno. Este fuego es real pero no del todo físico (como lo conocemos), porque las personas tendrán cuerpos físicos imperecederos (Juan 5:28-29; Ap 20:13-15), por lo que el fuego normal no les afectaría. Además, las figuras retóricas que describen el infierno son contradictorias, si se toman en un sentido físico. Tiene llamas, pero es una oscuridad externa. Es un vertedero (con un fondo), pero un pozo sin fondo. Mientras que todo en la Biblia es literalmente cierto, no todo es verdad literalmente.

La duración del infierno. Muchos incrédulos estarían dispuestos a aceptar un infierno temporal, pero la Biblia habla de él como eterno.

El infierno durará el mismo tiempo de Dios. La Biblia afirma que Dios perdurará para siempre (Sal 90:1-2). De hecho, no tiene ni principio ni fin (Ap 1:8). Él creó todas las cosas (Juan 1:3; Col 1:15-16), y permanecerá después de que este mundo sea destruido (2 Pedro 3:10-12). Pero Dios, por su propia naturaleza, no puede tolerar el mal (Is 6; Hab 1:13). Por lo tanto, las personas malvadas deben ser separadas de Dios para siempre. Mientras Dios sea Dios y el mal sea malo, el segundo debe ser separado del primero.

El infierno durará tanto tiempo como el cielo. El Cielo se describe como "eterno" en la Biblia. Pero la misma palabra griega (aionion), usada en el mismo contexto, también afirmaba que el infierno es "eterno" (Mt 25:41; cf. v. 46; 2 Ts 1:9; Ap 20:10). Por lo tanto, si el cielo es eterno, también lo es el infierno. No hay en absoluto ningún fundamento en las Escrituras para suponer que el infierno es temporal y el cielo es eterno. Tampoco hay posibilidad de salir del infierno. Un gran abismo está fijado para que nadie pueda salir (Lucas 16:26). El juicio comienza enseguida después de la muerte (Juan 8:21; Heb 9:27). Esto no es diferente al hecho de que algunas decisiones en la vida son irreversibles. El suicidio es una calle de un solo sentido.

Las personas son conscientes después de morir, ya sea que estén en el cielo (2 Co 5:8; Fl 1:23; Ap 6:9) o en el infierno (Lucas 16:23). La bestia todavía estaba consciente después de mil años en el infierno (Ap 19:20; 20:10). No tiene sentido resucitar a los no creyentes para el juicio eterno (Dn 12:2; Juan 5:28-29) ante el Gran Trono Blanco (Ap 20:11-15) a menos que estén conscientes.

Objeciones sobre el Infierno. Los no creyentes han ofrecido muchas objeciones a la doctrina del infierno (ver Lewis, Problem of Pain [El problema del dolor], cap. 8).

El infierno es la aniquilación. La Biblia afirma con claridad que hay un sufrimiento consciente en el infierno, que causará "llanto y rechinar de dientes" (Mt 8:12). Las personas aniquiladas no son conscientes de ningún sufrimiento. La bestia y el falso profeta en el infierno serán conscientes después de mil años de sufrimiento (Ap 19:20; 20:10; ver Aniquilacionismo).

La aniquilación no sería un castigo sino una liberación de todo castigo. Job parecía preferir la aniquilación al sufrimiento (Job 3), pero Dios no le concedió su deseo. Jesús habla de niveles de castigo (Mateo 5:22), pero no puede haber niveles de inexistencia.

La aniquilación de los malvados es contraria tanto a la naturaleza de Dios (ver Dios, Naturaleza de) como a la de los humanos hechos a su imagen (ver Inmortalidad). No es consistente con un Dios todopoderoso aniquilar a aquellos que no cumplen sus deseos. Si Dios aniquilara a los seres humanos se estaría atacando a sí mismo, porque estamos hechos a su imagen (Gn 1:27), y Dios es inmortal. El hecho de que esas personas estén sufriendo no justifica más su aniquilación que el hecho de que un padre mate a un hijo que está sufriendo. Incluso algunos ateos han insistido en que la aniquilación no es preferible a la libertad consciente.

El infierno es temporal, no eterno. El infierno no puede ser solo un largo encarcelamiento. El infierno debe existir mientras exista un Dios justo contra el que se oponga todo el infierno.

Mientras que la frase "por los siglos" puede significar mucho tiempo en algunos contextos, en este contexto se utiliza tanto para el cielo como para el infierno (cf. Mt 25). Se suele utilizar la forma enfática de "por los siglos de los siglos". Esta frase se usa para describir el cielo y a Dios mismo (Ap 14:11; 20:10). Y Dios no puede ser temporal; es eterno (Edwards, 2.85-86).

La sugerencia de que el sufrimiento temporal llevará al arrepentimiento final es poco realista. Las personas en el infierno rechinan los dientes, lo que no indica una disposición más piadosa y reformada, sino una rebelión más rígida y obstinada. Por lo tanto, después de que las personas estén en el infierno durante un tiempo, se justificará más el castigo de Dios sobre ellas, no menos. Si el infierno tuviera un efecto reformista en las personas, entonces Jesús no habría expresado el lamento de aquellos que lo rechazan y se dirigen al infierno (Mt 11:21-24). Ningún pecado sería imperdonable si las personas en el infierno se reformaran (Mt 12:31-32). De la misma manera, Jesús nunca hubiera dicho a Judas que hubiera sido mejor si no hubiera nacido.

¿Cómo puede un lugar desprovisto de la gracia restrictiva de Dios lograr lo que no pudo realizar su gracia en la tierra, es decir, un cambio de corazón? Si el infierno pudiera reformar a los pecadores malvados, entonces se salvarían sin Cristo, que es el único medio de salvación (Edwards, 2.520). El sufrimiento no tiene tendencia a ablandar un corazón duro; lo endurece más (ver Faraón, Endurecimiento del). La reincidencia y el endurecimiento de la criminalidad en las prisiones modernas confirman el punto de Edwards.

La justicia de Dios requiere un castigo eterno. "La atrocidad de cualquier crimen debe medirse según el valor o la dignidad de la persona contra la que se comete" (Davidson, pág. 50). Así, el asesinato de un presidente o un Papa se considera más atroz que el de un terrorista o un jefe de la mafia. El pecado contra un Dios infinito es un pecado infinito digno de un castigo infinito (Edwards, 2.83).

¿Por qué no se reforman a las personas? ¿Por qué se tiene que dar el castigo eterno? ¿Por qué Dios no intenta reformar a los pecadores? La respuesta es que Dios sí trata de reformar a las personas; el tiempo de la reforma se llama vida. Pedro afirmó que "El Señor no tarda en cumplir su promesa, según entienden algunos la tardanza. Más bien, él tiene paciencia con ustedes, porque no quiere que nadie perezca, sino que todos se arrepientan" (2 Pedro 3:9; cf. 1 Ti 2:4). Sin embargo, después del tiempo de la reforma viene el tiempo del juicio final (Heb 9:27). El infierno es solo para los que no se han reformado ni arrepentido, los réprobos (cf. 2 Pedro 2:1-6). No es para nadie que sea reformable. Si fueran reformables, aún estarían vivos. Porque Dios con su sabiduría y bondad no permitiría que nadie fuera al infierno si supiera que iría al cielo si le diera más oportunidades. Como observó C. S. Lewis, el alma que desea el gozo de verdad y de forma constante nunca se lo perderá. Los que buscan encuentran. A los que tocan se les abre la puerta (Lewis, Great Divorce, pág. 69).

Dios no puede obligar a las criaturas libres a reformarse. La reforma forzada es peor que el castigo, es cruel e inhumana. Al menos el castigo respeta la libertad y la dignidad de la persona. Como Lewis observa con perspicacia, "Ser 'curado' contra la propia voluntad [...] es ser puesto al nivel de aquellos que no han alcanzado aún la edad de la razón o de aquellos que nunca la alcanzarán; es ser clasificado con los infantes, los imbéciles y los animales domésticos" (Lewis, God in the Dock [Dios en el banquillo], pág. 150). Los humanos no son objetos para ser manipulados, son sujetos que respetar porque están hechos a imagen de Dios. Los seres humanos deben ser castigados cuando hacen el mal porque son libres y saben lo que hacen. Son personas a las que hay que castigar, no pacientes a los que hay que curar.

¿La condenación por los pecados temporales es exagerada? Castigar a una persona durante toda la eternidad por lo que hizo durante un corto tiempo en la tierra parece al principio un gigantesco caso de exageración. Sin embargo, al examinarlo más de cerca, resulta ser no solo justo sino también necesario. Por un lado, solo el castigo eterno será suficiente para los pecados contra el Dios eterno (ver Dios, Naturaleza de). Los pecados pueden haber sido cometidos al final, pero fueron contra el Eterno. Además, ningún pecado puede ser tolerado mientras Dios exista, y es eterno. Por lo tanto, el castigo por el pecado también debe ser eterno.

Además, la única posibilidad que existe de evitar el castigo eterno es peor, es decir, robar a los seres humanos su libertad y dignidad obligándolos a ir al cielo en contra de su libre elección. Eso sería un "infierno", ya que no encajan en un lugar donde todos están amando y alabando a la persona que más quieren evitar. O la otra opción de Dios es aniquilar su propia imagen dentro de sus criaturas. Pero esto sería un ataque de Dios a sí mismo.

Además, sin la separación eterna, no podría haber un cielo. El mal es contagioso (1 Co 5:6) y debe ser puesto en cuarentena. Como una plaga mortal, si no se contiene continuará contaminando y corrompiendo. Si Dios no separara en su momento la cizaña del trigo, la cizaña ahogaría el trigo. La única manera de preservar un lugar eterno de bien es separar por completo todo el mal de él. La única manera de tener un cielo eterno es tener un infierno eterno.

Por último, si el castigo temporal de Cristo es suficiente para nuestros pecados en la eternidad, entonces no hay razón para que el sufrimiento eterno no pueda ser apropiado para nuestros pecados temporales. No es la duración de la acción, sino el objeto lo que es importante. Cristo complació al Dios eterno con su sufrimiento temporal, y los no creyentes ofendieron al Dios eterno con sus pecados temporales. De este modo, el sufrimiento temporal de Cristo por los pecados complace a Dios hasta la eternidad (1 Juan 2:1), y nuestros pecados temporales ofenden a Dios eternamente.

El infierno no tiene ningún valor redentor. A la objeción de que no hay valor redentor en la condenación de las almas al infierno, se puede señalar que

el infierno satisface la justicia de Dios y la glorifica mostrando cuán grande y temible es el estándar. "La justicia vengativa de Dios aparecerá estricta, exacta, horrible y terrible, y por lo tanto gloriosa" (Edwards, 2.87). Cuanto más horrible y temeroso sea el juicio, más resplandeciente será el brillo de la espada de la justicia de Dios. El castigo horrible encaja con la naturaleza de un Dios imponente. Por una majestuosa muestra de ira, Dios recupera la majestad que se le ha negado. Aquellos que no le dan a Dios ninguna gloria por elección durante esta vida se verán obligados a darle la gloria en la otra vida.

Por lo tanto, todas las personas son directa o indirectamente útiles a Dios. En el cielo, los creyentes alabarán su misericordia de forma directa. En el infierno, los no creyentes serán útiles de forma indirecta para llevar la majestad a su justicia. Así como un árbol estéril solo sirve para leña, los desobedientes solo son combustible para un fuego eterno (ibid., 2.126). Puesto que los no creyentes prefieren mantenerse a distancia de Dios en el tiempo, ¿por qué no esperar que este sea su estado elegido en la eternidad?

El infierno es solo una amenaza, no una realidad. Algunos críticos creen que el infierno es solo una amenaza que Dios no llevará a cabo. Pero es una blasfemia sostener que un Dios de la verdad utiliza mentiras deliberadas para gobernar a los seres humanos. Además, implica que "aquellos que piensan que el infierno es un engaño han sido más listos que Dios mismo al descubrirlo" (Davidson, pág. 53). Como Edwards lo afirmó, "Suponen que han sido tan astutos como para descubrir que no es verdad; y que Dios no había puesto Su diseño tan profundo, sino que hombres tan astutos como ellos pueden discernir el engaño y derrotar el diseño" (Edwards, 2.516).

¿Pueden los santos ser felices si un ser querido está en el infierno? La presuposición de esta pregunta es que somos más misericordiosos que Dios. Dios es muy feliz en el cielo, y sabe que no todos estarán allí. Sin embargo, es muchísimo más misericordioso que nosotros. Además, si no podemos ser felices en el cielo sabiendo que alguien está en el infierno, entonces nuestra felicidad no está en nuestras manos sino en las de otra persona. Pero el infierno no puede vetar el cielo. Podemos ser felices en el cielo de la misma manera que podemos ser felices al comer, ya que hemos tratado de alimentar a los que están hambrientos, pero ellos han rechazado la comida. Así como podemos tener la cura de los malos recuerdos aquí en la tierra, incluso así Dios "enjugará toda lágrima" en el cielo (Ap 21:4).

Edwards señaló que suponer que la misericordia de Dios no permite el sufrimiento en el infierno es contrario a los hechos. Dios permite mucho sufrimiento en este mundo. Es un hecho empírico que Dios y el dolor de las criaturas no son incompatibles (Gerstner, pág. 80). Si la misericordia de Dios no puede soportar la miseria eterna, tampoco puede soportar una menor cantidad (Edwards, 2.84). La misericordia de Dios no es una pasión o emoción que supere su justicia. La misericordia así interpretada es un defecto de Dios. Lo haría débil e inconsistente consigo mismo, no apto para ser un Juez.

Las actitudes y sentimientos de los santos en el cielo se transformarán y corresponderán más a los de Dios. Por lo tanto, amaremos solo lo que Dios ama y odiaremos lo que él odia. Puesto que Dios no es miserable al pensar o ver el infierno, tampoco lo seremos nosotros, incluso si sostiene a las personas que amamos en esta vida. Edwards dedicó un sermón a esto: "El fin de los malvados contemplados por los justos". En el resumen de Gerstner, "no parecerá de ninguna manera cruel en Dios infligir una ofrenda tan extrema a criaturas tan extremadamente malvadas" (Gerstner, pág. 90).

¿Por qué Dios creó a las personas condenadas al infierno? Algunos críticos del infierno argumentan que si Dios sabía que sus criaturas lo rechazarían y que se producirían en un lugar tan horrible como el infierno, entonces ¿por qué las creó desde un inicio? ¿No hubiera sido mejor no haber existido nunca que existir e ir al infierno?

Es importante señalar que no se puede decir que la inexistencia sea una condición mejor que cualquier tipo de existencia, ya que la inexistencia no es nada; y afirmar que nada puede ser mejor que algo es un gravísimo error categorial. Para comparar dos cosas, deben tener algo en común, pero no hay nada en común entre el ser y el no ser; son diametralmente opuestos.

Alguien puede sentir que lo sacan de una vida de miseria, pero tal persona ni siquiera puede pensar consistentemente en el no ser como un mejor estado del ser. Ahora bien, es cierto que Jesús dijo que hubiera sido mejor si Judas nunca hubiera nacido (Marcos 14:21). Pero esto es simplemente una expresión fuerte que indica la gravedad de su pecado, no una declaración sobre la superioridad del no ser sobre el ser. En una condena paralela a los fariseos, Jesús dijo que Sodoma y Gomorra se habrían arrepentido si hubieran visto sus milagros (Mt 11:20-24; ver Milagro). Esto no significa que en realidad se hubieran arrepentido, porque Dios seguramente les habría mostrado estos milagros (2 Pedro 3:9). Es simplemente una poderosa figura retórica que indica que su pecado fue tan grande que "sería más tolerable" (v. 24) en el día del juicio para Sodoma que para ellos.

Además, simplemente porque algunos perderán en el juego de la vida no significa que no deba jugarse.

Antes de que comience el Super Bowl, ambos equipos saben que uno de ellos perderá; y pese a esto, todos quieren jugar. Antes de que cada conductor en Estados Unidos tome el volante diariamente, sabemos que la gente morirá; y pese a esto, vamos a conducir. Los padres saben que tener hijos puede terminar en una gran tragedia tanto para los hijos como los padres; y pese a esto, el conocimiento previo del mal no niega nuestra voluntad de permitir la posibilidad de lo bueno. ¿Por qué? Porque nos parece mejor haber jugado con la oportunidad de ganar que no haber jugado en un principio; es mejor perder en el Super Bowl que no poder jugar en él. Desde el punto de vista de Dios, es mejor amar al mundo entero (Juan 3:16) y perder a algunos de sus habitantes que no amarlos en absoluto.

Pero las personas no pueden evitar ser pecadoras. La Biblia dice que nacemos pecadores (Sal 51:5) y somos "por naturaleza hijos de ira" (Ef 2:3). Si los pecadores no pueden evitar pecar, ¿es justo enviarlos al infierno por ello?

Las personas van al infierno porque nacen inclinados al pecado y eligen pecar; nacen en un camino que conduce al infierno, pero tampoco prestan atención a las señales de advertencia en el camino para apartarse de la destrucción (Lucas 13:3; 2 Pedro 3:9).

Mientras que los seres humanos pecan porque son pecadores (por naturaleza), su naturaleza pecaminosa no los obliga a pecar. Como bien dijo *Agustín: "Nacemos con la inclinación al pecado y la necesidad de morir". Observemos que, no dijo que nacemos con la necesidad de pecar. Si bien el pecado es inevitable en general, dado que nacemos con una inclinación en esa dirección, cada pecado es evitable en particular.

El lugar último al que están destinados los pecadores también es evitable. Todo lo que uno necesita hacer es arrepentirse (Lucas 13:3; Hechos 17:30; 2 Pedro 3:9). Todos son responsables por su decisión de aceptar o rechazar la oferta de salvación de Dios, y la responsabilidad siempre implica la capacidad de responder; si no es por nosotros mismos, entonces por la gracia de Dios. Todos los que van al infierno podrían haber evitado ir allí si lo hubieran elegido. Ningún gentil en ningún lugar carece de la luz clara de Dios, por lo que no tiene "excusa" (Ro 1:19-20; cf. 2:12-15; ver "Paganos", Salvación de los). Así como Dios envió un misionero a Cornelio (Hechos 10:35), también brindará el mensaje de salvación para todos los que lo busquen; porque "sin fe es imposible agradar a Dios, ya que cualquiera que se acerca a Dios tiene que creer que él existe y que recompensa a quienes lo buscan" (Heb 11:6).

Lo razonable del infierno. Si bien muchos creen que el infierno no es razonable, siguiendo a Jonathan *Edwards, se puede argumentar bien su racionalidad:

"Es muy irrazonable suponer que no debería haber castigo futuro, suponer que Dios, quien había hecho del hombre una criatura racional, capaz de conocer su deber y consciente de que merece un castigo cuando no lo hace, debe dejar al hombre solo, y dejarlo vivir como quiera, y nunca castigarlo por sus pecados, y nunca hacer ninguna diferencia entre lo bueno y lo malo [...] Cuán irrazonable es suponer que quien hizo el mundo debe dejar las cosas en tal confusión, y nunca preocuparse por el gobierno de sus criaturas, y que nunca debe juzgar a sus criaturas razonables" (Edwards, vol. 2, 884)

Razones por las que se rechaza el infierno. Como muestran las encuestas, la gente está mucho más dispuesta a creer en el cielo que en el infierno; nadie bueno quiere que alguien se vaya al infierno, pero como diría Sigmund *Freud: es una ilusión rechazar algo simplemente porque no deseamos creer en ello. De hecho, como incluso algunos ateos han observado, la creencia en el infierno elimina la acusación de que es simplemente una ilusión. Si existe un infierno, debe determinarse sobre la base de la evidencia, no del deseo. La evidencia de la existencia del infierno es convincente.

Si la evidencia del infierno es sustancial, ¿por qué entonces tanta gente la rechaza? Edwards enumeró dos razones principales de la falta de voluntad para aceptar el infierno: (1) es contrario a nuestra preferencia personal; y (2) tenemos un concepto deficiente del mal y su merecido castigo.

En realidad, la negación del infierno es una indicación de la depravación humana, y Edwards hace un llamado sobre nuestra inconsistencia. Todos somos conscientes de la naturaleza atroz de las guerras y los actos de lesa humanidad. ¿Por qué no nos escandaliza igualmente la forma en que mostramos regularmente desprecio por la majestad de Dios (Edwards, vol. 2, 83)? Nuestro rechazo del infierno y la misericordia de Dios son indicios de nuestra propia depravación y, por lo tanto, merecemos el infierno. Edwards escribió: "¿Te parece increíble que Dios sea tan absolutamente independiente del bienestar del pecador como para hundirlo en un abismo o miseria por la eternidad? ¿Es esto chocante para ti? ¿Y no te sorprende en absoluto que seas tan sumamente indiferente como lo has sido para el honor y la gloria del Dios infinito?" (ibid., vol. 2, 82).

Fuentes

Agustín, *La ciudad de Dios*.
W. Crockett, ed., *Fours Views on Hell* [Cuatro puntos de vista sobre el infierno].
B. W. Davidson, *"Reasonable Damnation"* [Condenación razonable].
L. Dixon, *The Other Side of the Good News* [El otro lado de las Buenas Nuevas].
J. Edwards, *The Works of Jonathan Edwards* [Las obras de Jonathan Edwards].
N. L. Geisler, *"Man's Destiny"* [El destino del hombre].
J. Gerstner, *Jonathan Edwards on Heaven and Hell* [Jonathan Edwards: Sobre el cielo y el infierno].
C. S. Lewis, Dios en el banquillo.
————, *El gran divorcio*.
————, *El problema del dolor, cap. 8*.
————, *Cartas del Diablo a su sobrino*.
D. Moore, *The Battle for Hell* [La batalla por el infierno].
F. Nietzsche, *La genealogía de la moral*.
R. A. Peterson, *Hell on Trial* [El infierno a prueba].
B. Russell, *Por qué no soy cristiano*.
J. P. Sartre, *A puerta cerrada*.
W. G. T. Shedd, *The Doctrine of Endless Punishment* [La doctrina del castigo eterno].
J. L. Walls, *Hell* [El infierno].

Información, Teoría de la. *Ver* PRINCIPIO ANTRÓPICO; EVOLUCIÓN QUÍMICA.

Ingersoll, Robert G. El agnóstico estadounidense Robert G. Ingersoll (1833-99) nació en Dresden, Nueva York. Ingersoll popularizó una mayor crítica de la Biblia (ver Biblia, Críticas a la), así como el pensamiento humanístico (ver Humanismo Secular). Con poca educación formal, él se convirtió en abogado en 1854 y disfrutó de una profesión próspera. Fue un orador nacional popular. Ingersoll se consideraba a sí mismo un agnóstico (ver Agnosticismo). Sus principales lecturas populares fueron publicadas como lo son Some Mistakes of Moses [Algunos Errores de Moisés] (1879) y Why I Am an Agnostic [Porqué Soy Agnóstico] (1889). Sus obras completas se encuentran en The Works of Robert G. Ingersoll [Las Obras de Robert G. Ingersoll] (12 vv., 1902), editado por Clinton P. Farrell.

Inmortalidad. La 'inmortalidad' es el término comúnmente usado para la creencia de que los seres humanos, al menos en su dimensión espiritual, sobreviven conscientemente a la muerte y viven para siempre. *Concepto griego versus cristiano de la inmortalidad.* Los conceptos griegos y cristianos de la inmortalidad son diferentes (ver Ladd). De acuerdo con un antiguo concepto griego de inmortalidad (por ejemplo, *Platón) los seres humanos 'son' un alma y solo 'tienen' un cuerpo. El alma es para el cuerpo lo que un jinete es para un caballo. La salvación es en parte la liberación 'del' cuerpo, que es la prisión del alma. Hay una dualidad básica del alma y del soma (cuerpo).

Por otra parte, mientras que la tradición he-breo-cristiana reconoce que el cuerpo y el alma se separan en la muerte, se aferra a una unidad de las dimensiones espirituales y físicas de la naturaleza humana. El ser humano es un cuerpo con alma. El alma es al cuerpo como el estado es a la materia, o la forma es a un jarrón. Por lo tanto, la salvación no es la salvación 'del' cuerpo sino la salvación 'en' el cuerpo (ver Resurrección, Naturaleza física de la). En realidad, la palabra 'inmortalidad' se utiliza para referirse a los seres humanos en el Nuevo Testamento únicamente en el contexto de la resurrección del cuerpo (1 Cor 15:53; 2 Tim 1:10).

Evidencia bíblica de la inmortalidad. La doctrina de la inmortalidad se reveló progresivamente en la Biblia, de manera más explícita en el Nuevo Testamento.

Afirmación del Antiguo Testamento sobre la inmortalidad. Al contrario del pensamiento griego, en el Antiguo Testamento la esperanza de vida después de la muerte era definitivamente corporal. Las referencias del Antiguo Testamento sobre un estado inmortal son en gran medida versículos sobre la resurrección. Los judíos consideraban la resurrección como la restauración de la vida terrenal del cuerpo físico que había sido enterrado en la tumba. Los judíos no solo creían que el hombre fue creado "del polvo" (Gn 2:7) y volverá a ser polvo (Ec 12:7) también creían que en la resurrección los muertos se reconstituyen del polvo. Este poder de devolver la vida a los muertos se expresa en varios versículos (ver Dt 32:39; 1 S 2:6; Job 19:25-27; Sal 49:14-15).

David habló sobre la resurrección (en Sal 16) al afirmar que "no permitirás que sufra corrupción tu siervo fiel" (v. 10). De acuerdo con el Nuevo Testamento (Hch 2:25-27; 13), respecto a la profecía de David, Pedro dijo que "fue así como previó lo que iba a suceder. Refiriéndose a la resurrección del Mesías, afirmó que Dios no dejaría que su vida [sarx] terminara en el sepulcro, ni que su fin fuera la corrupción". (Hch 2:31). Dicha resurrección implicaba un cuerpo físico de "carne" (sarx) (ver Resurrección, Naturaleza física de la).

Jesús creía que el Antiguo Testamento enseñaba acerca de la resurrección y lo citó para apoyar su posición contra los saduceos, que lo rechazaban. Él declaró: "Ustedes andan equivocados porque desconocen las Escrituras y el poder de Dios". Luego citó Éxodo 3:6, 15: "Yo soy el Dios de Abraham, de Isaac y de Jacob". (Mt 22:32), agregando "Él [Dios] no es Dios de muertos, sino de vivos".

Isaías hablaba sobre la resurrección del cuerpo cuando escribió: "Pero tus muertos vivirán, sus ca-dáveres volverán a la vida. ¡Despierten y griten de alegría, moradores del polvo!" (26:19). El hecho de que los cuerpos surgieran del polvo hace evidente la identificación con la resurrección física. Daniel predijo que "y del polvo de la tierra se levantarán las multitudes de los que duermen, algunos de ellos para vivir por siempre, pero otros para quedar en la vergüenza y en la confusión perpetuas..." (Dn 12:2). La referencia al "polvo de la tierra" apoya nuevamente la idea de una resurrección física.

A pesar de no ser parte del Antiguo Testamento, la literatura judía intertestamentaria también habla de una resurrección física. El Libro de la Sabiduría promete que "El día en que el Señor venga a juzgarlos resplandecerán como antorchas" y "juzgarán a las naciones y gobernarán a los pueblos" (3:7-8). Segunda de Macabeos cuenta que el valiente creyente judío a quien le cortaron la lengua y las manos, dijo: "De Dios recibí estos miembros, pero por sus leyes los desprecio y de él espero recobrarlos" (7:11). Segunda (cuarta) de Esdras predice que después del tiempo del Mesías "la tierra renunciará a los que duermen en ella y el polvo a los que la habitan silenciosamente" (7:32) Aquí se describe a la muerte como un tiempo en el que "permaneceremos en reposo hasta que lleguen los tiempos en que Tú [Dios] renueves la creación" (7:75).

En el libro apocalíptico de 2 Baruc, se le pregunta a Dios: "¿Bajo qué forma vivirán aquellos que viven en tu tiempo?". La respuesta es una afirmación inequívoca de la creencia en la resurrección física: "Pues la tierra ciertamente restaurará entonces a los muertos [que ahora recibe, con el fin de preservarlos]. No hará ningún cambio en su forma, pero tal y como los ha recibido, los restaurará, y tal y como Yo se los entregué a ella, también los resucitará" (49:1; 50:2).

Los fariseos en tiempos del Nuevo Testamento creían en la resurrección física del cuerpo que se hallaba en la tumba. Mientras que los saduceos negaban la resurrección (Mt 22:23), sus opositores, los fariseos, creían en la resurrección física del cuerpo (cf. Hch 23:8). Concebían al cuerpo de la resurrección como algo tan físico que era importante preguntarse con cuál de sus siete maridos terrenales la mujer se casaría en el cielo (Mt 22:28).

María y Marta reflejaron la creencia judía del Nuevo Testamento en la resurrección cuando insinuaron que su hermano, Lázaro, resucitaría en los siguientes días mientras su cuerpo seguía en la tumba. Incluso Murray Harris, quien rechaza el punto de vista judío de la resurrección física, reconoce que "era imposible, por ejemplo, para los judíos creer que Lázaro, quien había estado muerto por cuatro días, podía resucitar sin quitar la piedra que cubría su cueva sepulcral y su salida de la tumba (cf. Jn 11:38-44)" (Harris, pág. 39).

Afirmación del Nuevo Testamento sobre la Inmortalidad. Mientras que el Nuevo Testamento provee abundante evidencia de la creencia de la inmortalidad del cuerpo después de la resurrección (ver Resurrección, Evidencias a favor de la), también afirma una existencia consciente del alma entre la muerte y la resurrección.

Jesús le prometió al ladrón arrepentido en la cruz la felicidad consciente ese mismo día de su muerte, le dijo "Te aseguro que hoy estarás conmigo en el paraíso - le contestó Jesús" (Lc 23:43). Esteban oró: "Señor Jesús —decía—, recibe mi espíritu" (Hch 7:59). El apóstol Pablo escribió: "así que nos mantenemos confiados y preferiríamos ausentarnos de este cuerpo y vivir junto al Señor" (2 Co 5:8). Contemplando la muerte, Pablo agregó "me siento presionado por dos posibilidades: deseo partir y estar con Cristo, que es muchísimo mejor" (Flp 1:23).

Las "almas" de aquellos que acababan de ser martirizados estaban conscientes en el cielo porque "Cuando el Cordero rompió el quinto sello, vi debajo del altar las almas de los que habían sufrido el martirio por causa de la palabra de Dios y por mantenerse fieles en su testimonio" (Ap 6:9). Incluso la bestia y el falso profeta que fueron arrojados vivos al lago de fuego (Ap 19:20) estaban aún conscientes "mil años" después (Ap 20:10).

Moisés y Elías, que habían estado muertos por siglos, se involucraron de manera consciente en una conversación sobre la muerte de Cristo en el monte de la transfiguración (Mt 17:3).

Objeciones a la Inmortalidad. Las formas griegas y judeocristianas de la vida inmortal han sido criticadas. Cuatro argumentos, en su mayoría fisiológicos, han dominado esta batalla:

1. el argumento de la autoconciencia y el cerebro
2. el argumento de la dependencia de la mente consciente en el cerebro
3. el argumento similar de que el cerebro da acceso al mundo por sí solo
4. un argumento de personalidad

La Naturaleza de la Autoconciencia. Para que haya vida inmortal, la mente debe sobrevivir la muerte de manera consciente. Sin embargo, la mente no puede funcionar sin el cerebro. Por lo tanto, cuando el cerebro muere, la conciencia cesa. Este argumento materialista (ver Materialismo) hace muchas suposiciones falsas.

Primero, asume que la conciencia es una función física, que la 'mente' es una función de la materia, un proceso dentro del cerebro. No hay pruebas para esta suposición.

Segundo, el argumento asume de manera incorrecta que simplemente porque la mente y el cerebro trabajan juntos, estos deben ser idénticos. Pero no es necesariamente así. Estos pueden interactuar sin ser lo mismo.

Tercero, el argumento asume que el individuo no es nada sin el cerebro. Esta es una falacia reduccionista. Las cosas que van juntas no son necesariamente lo mismo, como tampoco mis ideas expresadas en estas palabras son las mismas que estas palabras.

Cuarto, el argumento materialista es autodestructivo. Las declaraciones "nada más que" asumen "más que" conocimiento. ¿Cómo podría saber que mi mente no es nada más que mi cerebro a menos que yo sea más que mi cerebro? No puedo reflexionar sobre todo mi cuerpo y cerebro a menos que yo (mi mente) sea más que mi cuerpo y cerebro.

Además, hay razones para creer que la mente no puede ser reducida a materia: (1) Cualquier cosa material está limitada a un área particular de espacio y tiempo. Si se mueve, se mueve en espacio y tiempo. Pero la mente no es tan limitada. Vaga por el universo sin salir del espacio. (2) Incluso un materialista habla de "sus" pensamientos. Pero si el materialismo estricto es correcto, no tengo pensamientos discretos. Son una simple cadena de electrones o de otra partícula material. (3) Los materialistas afirman que su doctrina es verdadera y quieren que otros estén de acuerdo con sus conclusiones. Pero esto implica que son 'libres' de considerar sus argumentos y cambiar su punto de vista. Esto no es posible si son simples procesos materiales y no seres libres.

Es más, la microbiología ha establecido que la vida tiene un código de información (ADN) grabado en ella. Pero la información es más que el código, así como, el significado es más que letras. Por lo tanto, la vida no puede ser reducida a materia pura.

La dependencia del cerebro. La mente depende del cerebro para funcionar. Sin cerebro no puede haber conciencia. Sin embargo, al morir el cerebro deja de funcionar. Por lo tanto, la conciencia debe cesar en este momento también. Este materialismo modificado es conocido como epifenomenalismo. La mente no es idéntica al cerebro, pero depende del cerebro físico como una sombra depende de un árbol.

Este argumento asume, pero no prueba, que la mente depende del cerebro. Pero simplemente por el hecho de que ciertas funciones mentales pueden ser explicadas de manera física, no significa que son absolutamente dependientes de procesos físicos. Debe haber maneras de que la mente piense sin depender del cerebro. Después de todo, Dios no tiene cuerpo y hay buenas razones para creer que existe como un Ser pensante (ver Dios, Evidencias a favor de). La ciencia de la neurobiología es un estudio empírico.

Pero esto no significa que todo lo que investiga es solamente físico. No puede explicar la mente en formas totalmente físicas, como tampoco la mente puede ser confinada en un tubo de ensayo. Siempre está el "yo" al margen del experimento. Solo porque ciertas cosas se pueden contar no significa que no haya cualidades (como el amor) que no puedan ser cuantificadas. Del mismo modo, solo porque podemos hablar en términos materiales sobre ciertas funciones de la mente, no significa que la mente es material.

Argumento de acceso al mundo. También se discute que, incluso si el materialismo sea falso, puede que no haya inmortalidad. La mente (el yo) obtiene acceso al mundo por medio del cerebro. Pero la muerte destruye el cerebro. Por lo tanto, la muerte destruye los medios que tiene la persona para acceder al mundo.

Las falacias de este argumento se detectan fácilmente. El argumento asume (sin pruebas) que el cerebro de la persona es el único medio para acceder al mundo. Uno podría perder su cuerpo o ganar otro cuerpo (ya sea temporal o permanente) y seguir teniendo acceso al mundo. También asume sin pruebas que no hay otros mundos a los que podamos acceder. Probablemente existan otros mundos, físicos o espirituales, u otras dimensiones a las que se pueda acceder.

Además, este argumento asume que no hay otras maneras de ser conscientes, solo por medio de este mundo. Sin embargo, no se propone un argumento que demuestre que uno no puede ser consciente sin algún tipo de cuerpo. Dios existe y tenemos mucha evidencia (ver Dios, Evidencias a favor de). La Causa de todos los seres pensantes deber ser un Ser pensante, ya que no podemos dar lo que no tenemos. Por lo tanto, una Mente pura debe existir. Si es así, no hay razón para que Él no pueda crear otros seres puramente espirituales (ángeles) que no tengan cuerpos físicos (Lc 24:39).

Argumento de la naturaleza de la personalidad. Algunos insisten en que lo que queremos decir con "persona" implica encarnación. Por lo tanto, ninguna persona puede sobrevivir sin un cuerpo. La muerte destruye lo que significa ser una persona.

Este argumento plantea la pregunta al definir el término "persona" de una manera que es imposible que sobreviva a la muerte. Si la 'persona' es definida como "persona humana", "persona finita" o "ser personal", no se llega a tal conclusión. Debe haber otras formas u otros mundos por los cuales una persona puede ser consciente sin tener cuerpo.

Además, la muerte solo asegura una dimensión de conciencia, la de este mundo. Podríamos seguir siendo conscientes de nosotros mismos, conscientes de Dios y/o conscientes de otros mundos (por ejemplo, en un mundo espiritual). No se ha propuesto ningún argumento que demuestre que esto no sea posible.

Argumento de identidad propia. El argumento en contra de la inmortalidad de la identidad propia se presenta de esta manera: si la vida después de la muerte implica una inmortalidad individual, entonces debe haber alguna forma de identificar a un espíritu individual. Sin embargo, los espíritus no se distinguen, ya que no tienen cuerpos por los que se puedan distinguir. Por lo tanto, no puede haber inmortalidad individual.

Se asume que las características físicas son la única forma de diferenciar a una persona de otra. Esto no es cierto, ya que las personas invidentes que jamás se han tocado igual pueden conocer a la otra persona. También lo hacen los amigos por correspondencia que no tienen fotos del otro. Aunque haya ondas de sonido o Braille para obtener comunicaciones de otros, estos solo son medios de comunicación; no son la persona que se está comunicando a través de ellos.

Hay aspectos sobre los espíritus humanos individuales (o mentes) que se diferencian de otros espíritus humanos. Cada uno tiene una historia y memoria diferente. Cada uno tiene una personalidad o carácter diferente, ninguna de las cuales es una diferencia física. La hermosa música se entiende en la mente (no los simples sonidos en el aire). La hermosa música en sí no es física. Aun así podemos distinguir una hermosa canción de otra, incluso en nuestra mente.

Por último, no se tiene que saber cuáles son las características de identificación para saber que no tienen que ser físicas. Simplemente se plantea la pregunta para decir que deben ser físicas.

Evidencia no bíblica de la inmortalidad. *Los argumentos de Platón a favor de la inmortalidad han sido desde entonces complementados por filósofos con otros tipos de evidencia. Peter Kreeft enumera veinticinco argumentos a favor de la inmortalidad (Kreeft y Tracelli, Handbook of Christian Apologetics [Manual de apologética cristiana] pág. 235 ss.) La mayoría de los argumentos a favor de la inmortalidad han recibido críticas.

Argumentos poco sólidos o falaces de la inmortalidad. Muchos de los argumentos más débiles a favor de la inmortalidad parecían sólidos para algunas personas en cierto momento. La mayoría de estos son rechazados por gran parte de los pensadores.

Argumento de la creencia universal. Algunos han creado argumentos desde la creencia universal en la inmortalidad. Los seres humanos anticipan la inmortalidad. Los pueblos más antiguos realizaban ritos de entierro, embalsamientos y otras prácticas. Sin embargo, los escépticos observan que esta creencia no es realmente universal, ya que los ateos y agnósticos no la practican. Incluso si lo fuera, la creencia universal no es necesariamente cierta. La gran mayoría de personas alguna vez creyó que el sol se movía alrededor de la tierra.

El argumento puede ser revisado para encontrar al menos parte de la objeción. Kreeft observa que lo que la gran mayoría cree probablemente sea cierto. La mayoría cree en la vida después de la muerte, por lo que la vida después de la muerte probablemente sea cierta (ibid., pág. 236). Incluso en esta forma la primera premisa admite que esta declaración es solo "probablemente" cierta. Incluso esto es cuestionable, ya que hay muchas cosas en las que ha creído la mayoría de personas.

El argumento podría calificarse como que probablemente sea cierto lo que los sabios creen. Los sabios creen en la vida después de la muerte. Por lo tanto, probablemente sea cierto que exista la vida después de la muerte (ibid.). Esto hace que nos cuestionemos quiénes son los "sabios" y si es que no se han equivocado en ciertas cosas.

Argumento del conocimiento innato. Platón creía en la habilidad innata de saber cosas que uno no ha aprendido como prueba de que el alma existe antes del nacimiento y, por lo tanto, sobreviviría después de la muerte. En su libro Meno [Menón], el niño esclavo supuestamente sabía geometría sin jamás haberla estudiado.

Sin embargo, las críticas insisten que, si bien hay capacidades innatas, no existen ideas innatas (ver Hume, David). Incluso si las hubiera, eso no prueba que fueran traídas de un estado preexistente, ya que uno podría haber nacido con ellas. Aun así, es más probable que el niño esclavo de Platón se dejara llevar por preguntas inteligentes para usar su habilidad natural para razonar con estas ideas. Se ha demostrado que las llamadas memorias de una vida anterior son falsas. En el famoso caso de Bridie Murphy, se demostró tiempo después que esta joven no había vivido en Irlanda siglos antes, sino que su abuela le había leído historias de Irlanda y le hablaba en gaélico cuando era niña. Bajo hipnosis (el poder de la sugestión) estas experiencias de la niñez surgieron como "memorias" de una vida anterior (Geisler, pág. 75).

Argumento del alma como principio de la vida. Otro argumento en Phaedo [Fedón] es que como el alma es el principio de la vida en el cuerpo, esta no puede morir. La vida nunca puede admitir su opuesto, que es la muerte. Por lo tanto, el alma jamás muere. Pero esta es una prueba excesiva, dado que todos los animales e incluso las plantas también están vivos. En este aspecto uno tendría que creer en la inmortalidad de las zanahorias y coles.

Argumento del alma inmaterial. Platón argumentaba en Phaedo a favor de la inmaterialidad del alma.

Como el alma no es material, no es divisible o destructible, razonó. Lo que no se puede destruir es inmortal. Sin embargo, incluso su alumno estrella, *Aristóteles, negaba la validez de este argumento, al negar la inmortalidad de las almas individuales. Después de todo, no todas las formas (que son inmateriales) sobreviven la muerte, como lo demuestra la forma de una silla, jarrón o incluso de un animal.

Desde un punto de vista cristiano, el alma no es indestructible, ya que todo lo que Dios crea también puede ser destruido por Él. Pero si el argumento de Platón es correcto, incluso Dios no podría aniquilar un alma. Por lo tanto, si el alma no es indestructible, incluso un ente inmaterial podría ser destruido.

Argumento de las experiencias cercanas a la muerte. Algunos han argumentado sobre experiencias cercanas a la muerte y la inmortalidad. Incluso el humanista británico y *positivista lógico, A. J. *Ayer, cambió su punto de vista acerca de la inmortalidad después de tener una experiencia cercana a la muerte. En algunas de estas experiencias, se alega que la conciencia "sale" del cuerpo y observa cosas que no habían podido ser observadas desde el cuerpo.

En el mejor de los casos, estas experiencias solo podrían indicar una breve supervivencia del alma, no una existencia inmortal de la persona. Sin embargo, los escépticos insisten que estas experiencias son alucinatorias o imaginarias, cada persona proyecta imágenes personales de la vida después de la muerte como un mecanismo de defensa cuando enfrentan una posible muerte. Experiencias médicas recientes que han identificado una parte en el cerebro que, si se estimula, puede producir una experiencia "extracorpórea" parecerían quitarle credibilidad a la prueba de que el alma ha sobrevivido la muerte.

Las llamadas experiencias extracorpóreas extremas en las que la persona supuestamente vio o escuchó cosas que hubiera sido imposible presenciar se pueden explicar desde un punto de vista cristiano como demoníacas. Muchas de estas experiencias están conectadas con actividades ocultas y la falsa doctrina (cf. 1 Ti 4:1 ss.). En cualquier caso, no prueban la inmortalidad, ya que hay otras explicaciones.

Hay serias dudas desde el punto de vista cristiano, en cuanto a si la persona está realmente muerta. La definición cristiana de la muerte (cf. Gn 35:18; 2 Co 5:8; Santiago 2:26) ocurre cuando el alma deja el cuerpo. Si este no ha dejado el cuerpo, entonces la experiencia no es evidencia de supervivencia. Si es que lo dejó, el hecho de que regrese al cuerpo supondría una resurrección. Solo Dios puede resucitar a los muertos (Dt 32:39; 1 S 2:6; Jn 5:28-29; 11:25). Sin embargo, muchas personas no cristianas han tenido estas experiencias, las cuales las confirman en sus creencias anticristianas. Dios no realizaría milagros para demostrar que la gente está equivocada (ver Milagros, Valor apologético de los). Además, dejar el cuerpo y regresar contradice a la Biblia, que dice que solo se muere una vez (Heb 9:27). Según el argumento de que las experiencias cercanas a la muerte evidencian la vida después de esta, esas personas morirían dos veces.

Argumento de las visiones místicas. Las experiencias y visiones místicas (ver Misticismo) del cielo son usualmente reportadas en algunas partes de la iglesia, que, si fueran ciertas, serían prueba de una existencia más allá de la vida. Pablo experimentó uno de estos eventos en su vida (2 Co 12), sin embargo, fue cuidadoso de no describirlo como una experiencia extracorpórea, sino como una visión.

Si uno está apelando a una revelación, se deben presentar pruebas para la fiabilidad de dicha revelación (ver Biblia, Evidencias a favor de la). En el caso de las experiencias místicas, no existe prueba racional de estas. Si uno se queda dentro del cuerpo mientras tiene este tipo de visión, los escépticos podrían argumentar que las experiencias subjetivas internas son solo eso, subjetivas, y no tienen ningún valor probatorio vinculante para nadie más. Si la persona realmente deja el cuerpo y regresa, contradice la enseñanza de la Biblia de que solo se muere una vez. Cualquier declaración de que Dios ha resucitado a las personas de entre los muertos se adentra de lleno en el problema de que Él no resucitaría a las personas para que pudieran enseñar cosas contrarias a su Palabra. La mayoría de personas que declaran haber tenido una experiencia extracorpórea enseñan cosas contrarias a la Escritura (ver Abanes).

Argumento sobre la comunicación con los muertos. Otra afirmación no bíblica es que la vida después de la muerte puede corroborarse por medio de la comunicación con los muertos a través de médiums o trances. Esto es común en los círculos ocultistas y de la Nueva Era. Elisabeth Kübler-Ross, autora de Death and Dying [Sobre la Muerte y los Moribundos], afirma haber tenido estas experiencias. Sin embargo, los escépticos describen esas experiencias como alucinatorias o una erupción de la mente subconsciente de uno mismo. Los cristianos señalan que la Biblia condena el contacto con los muertos (Dt 18:11) y advierte el engaño de los demonios (1 Ti 4:1; 1 Jn 4:1).

Argumento del propósito de la vida. Algunos han señalado al significado, propósito o meta de la vida como prueba de la inmortalidad. El argumento declara: la vida debe tener un propósito que valga la pena. Una vida que termina en aniquilación no tiene un propósito valedero. Por lo tanto, debe existir la vida después de la muerte (Kreeft y Tacelli, Handbook of

Christian Apologetics [Manual de apologética cristiana], pág. 248).

Por supuesto, la respuesta de los críticos es que la vida no tiene por qué tener un propósito que valga la pena (ver Camus, Albert; Existencialismo; Sartre, Jean-Paul). Otros cuestionarían si este propósito no puede ser la promoción de la supervivencia de especies en esta vida.

Argumentos plausibles o probables de la inmortalidad. Aparentemente, la mejor manera de llenar este vacío es apelar a la evidencia demostrada en otro argumento. Hay más razones plausibles para creer en la inmortalidad; algunas parecen tener mucha validez. La más válida de todas es el argumento de la resurrección física de Cristo.

Argumento de la resurrección de Cristo. La inmortalidad se demuestra por el hecho de que Cristo regresó de la muerte (ver Resurrección, Evidencias a favor de la). La evidencia es que en el Nuevo Testamento (ver Nuevo Testamento, Historicidad del; Manuscritos del Nuevo Testamento) se revela que más de cinco mil testigos vieron a Cristo después de su resurrección (1 Co 15:6) en doce ocasiones diferentes, repartidas en un periodo de cuarenta días (Hch 1:3). Lo vieron y escucharon en cada ocasión. Lo tocaron por lo menos dos veces (Mt 28:9; Jn 20:17; ver también Lc 24:39; Jn 20:27). Comió cuatro veces (Lc 24:30, 42-43; Jn 21:12-13; Hch 1:4; cf. 10:41). Sus heridas por la crucifixión eran visibles (Lc 24:39; Jn 20:27). Los discípulos vieron su tumba vacía y las telas con las que su cuerpo había sido envuelto. Estas experiencias transformaron a los seguidores de Cristo de escépticos asustados y perdidos a la sociedad misionera más grande del mundo, predicando sobre la resurrección. No hay ninguna otra explicación para esta evidencia excepto la literal resurrección corporal de Cristo.

Se han propuesto alternativas naturalistas a la resurrección, pero ninguna de ellas es plausible. Se separan en dos categorías. Una niega que Jesús realmente murió, a pesar de que la evidencia de su muerte es más que sólida (ver Cristo, Muerte de). El segundo grupo niega que resucitó, ofreciendo una alternativa naturalista. Estas son fácilmente refutadas por la evidencia (ver Resurrección, Teorías alternativas de la).

Argumento de la existencia de un Dios personal. Dado que existe un Dios teísta, uno podría argumentar que un ser humano creado con una dimensión racional, moral e inmaterial no habría sido creado para ser destruido. El argumento dice:

1. Hay evidencia valedera de que existe un Dios personal teísta.
2. Los seres humanos son creados como Dios, como seres personales, racionales y morales.

3. Un Dios personal teísta no aniquilaría lo que es como Él mismo de estas maneras tan significativas.

4. Por lo tanto, los seres humanos son inmortales.

La evidencia para las dos primeras premisas se encuentra en los artículos Argumento cosmológico; Dios, Evidencias a favor de; KALAM, Argumento cosmológico; Argumento moral a favor de Dios. La tercera premisa es defendida por el Aniquilacionismo. Los críticos señalan correctamente que este es un argumento a priori. Está basado en lo que esperaríamos que Dios hiciera, pero no hay necesidad de que lo haga. Mientras que esto es correcto, no le quita la validez al argumento en un sentido existencial o moral.

El tipo de seres que son los humanos, personales, racionales y morales, rechaza las críticas de que incluso los cristianos creen que Dios aniquila el alma de los animales. ¿Por qué no destruye a los humanos? La respuesta parece viable: los humanos están hechos a su imagen.

Argumento del amor de Dios. Un argumento parecido se basa en el amor de Dios. Un Dios teísta es un Dios bueno y amoroso (ver Dios, Naturaleza de). Pero si Dios es amoroso, desearía el bien de aquellos que ama. Se podría deducir de la inmortalidad: un ser amoroso no aniquila a otro ser como él, en su lugar, desea la continua existencia del objeto de su amor. Dios es absolutamente cariñoso. Por lo tanto, Dios desea la continua existencia de todas las personas (ibid., pág. 246).

Este argumento no prueba demasiado, ya que, algunos podrían oponerse. No insiste que Dios 'debe' querer que una criatura inmortal exista, ni siquiera necesariamente su existencia inmortal. Simplemente afirma que, como Dios ha escogido dar existencia a otras personas, es lógico asumir que su amor personal por otras personas que Él ha creado le llevará a seguir deseando que existan. Por supuesto, de esta manera, no es una prueba completa de la inmortalidad, sino solo es una expectativa razonable.

Argumento de la justicia absoluta. Un Dios teísta también es absolutamente justo. El argumento de la justicia de Dios declara:

1. Dios es la norma absoluta de justicia.

2. No hay justicia absoluta en muchos aspectos de esta vida.

3. Por lo tanto, debe haber otra vida en la que se logre la justicia absoluta.

Los ataques a la primera premisa ignoran el argumento de la existencia de Dios (ver Argumento moral a favor de Dios) o resulta contraproducente cuando se presiona. Porque insistir, como lo hacen los antiteístas, en que hay injusticias absolutas en este mundo es plantear una norma absoluta de justicia por la cual la injusticia es conocida (ver Ateísmo; Mal, Problema del).

Asimismo, uno se siente presionado para demostrar que existe la justicia absoluta en esta vida. Uno podría apelar a la reencarnación al argumentar que la injusticia será resuelta en otra encarnación. Pero esto no ayudará, ya que, los reencarnacionistas creen en la supervivencia del alma y/o la inmortalidad. Y, sin ese recurso podría parecer que uno debe admitir que hay injusticias no resueltas en esta vida. En vista de esto, uno encuentra difícil explicar por qué un Dios absolutamente justo no corregiría esto en otra vida. Si se apela al aniquilacionismo como castigo (ver Infierno), entonces supuestamente al menos algunos recibirán vida eterna.

Argumento del deber moral. Immanuel *Kant propuso un argumento desde la razón práctica: El bien más grande para todas las personas es que tengan la felicidad en armonía con el deber. Pero las personas no son capaces de darse cuenta del bien más grande en esta vida. Tampoco lo pueden encontrar sin Dios. Por lo tanto, debemos proponer un Dios y una vida futura en la que se pueda lograr el bien más grande.

Los que critican a Kant dicen que él no ha demostrado realmente la inmortalidad. Él solo demostró que la inmortalidad tiene sentido. Nosotros también percibimos que el deber moral tiene sentido. Sin embargo, no tenemos prueba de que realmente haya un deber moral real. Estos argumentos tienen validez, pero no destruyen realmente la persuasión racional en la necesidad de plantear la inmortalidad como una explicación de la moralidad. Esta última razón a veces tiene la forma del argumento de la justicia absoluta.

Argumento del anhelo por el cielo. C. S. *Lewis (Mere Christianity [Mero cristianismo], Surprised by Joy [Cautivado por la alegría], The Pilgrim's Regress [El regreso del peregrino], The Problem of Pain [El problema del dolor], The Weight of Glory [El peso de la gloria]) propuso un argumento que sostiene que:

1. Cada deseo natural innato tiene un objeto real que puede satisfacerlo.

2. Los seres humanos tienen un deseo natural innato por la inmortalidad.

3. Por lo tanto, debe haber una vida inmortal después de la muerte.

En defensa de la primera premisa, se argumenta que, si hay hambre, hay comida; si hay sed, se bebe; si hay eros, hay satisfacción sexual; si hay curiosidad, hay conocimiento; y si hay soledad, hay sociedad (Kreeft y Taceli, Handbook of Christian Apologetics [Manual de apologética cristiana], pág. 250). La segunda premisa se apoya en la apelación a un extraño y misterioso anhelo que difiere de todos los demás anhelos porque es indefinible e inalcanzable en esta vida, y la mera presencia de este deseo se percibe como más preciosa y gozosa que cualquier otra satisfacción. Sin embargo, por mucho que lo expresemos sin querer, lo que todos anhelamos es el paraíso, cielo o eternidad (ibid.).

Si estas premisas fueran ciertas, hay "más" que esta vida. El hecho de que nos quejamos de este mundo, con su dolor y muerte, revela un deseo profundamente arraigado por la eternidad. Tal vez nunca lo alcancemos, pero esto no desmiente su existencia, como tampoco la vida de soltero prueba que no hay felicidad marital o el hambre prueba que no hay comida en ninguna parte (ibid.). Este argumento fue una fuerza moral positiva.

Argumento de "la apuesta de Pascal" sobre la inmortalidad. Mientras que la apuesta de Blaise *Pascal se usó principalmente como un argumento sobre la existencia de Dios, también se puede aplicar para la inmortalidad. En resumen, si tenemos todo para ganar y nada que perder al creer en la inmortalidad, sería ridículo no creer en ella. Se puede criticar que esto no es realmente una prueba de la inmortalidad, sino un argumento para creer en ella con o sin pruebas. En este sentido, es como el argumento de Hume en contra de los milagros. En el mejor de los casos, solo muestra porqué las personas deben 'creer' que los milagros (o la inmortalidad) no ocurren. Puede ser que no exista la inmortalidad, incluso cuando es ridículo no creer en ella.

Conclusión. Cualquier insinuación, anticipación o conclusión acerca de la vida después de la muerte pueden ser inferidas de la conciencia y experiencias humanas, la prueba más contundente (Hch 1:3, 2 Ti 1:10) sobre la inmortalidad es la resurrección de Cristo y de aquellos que Él, y otros profetas y apóstoles resucitaron en la Biblia. Otras supuestas resurrecciones no están verificadas (ver Afirmaciones de resurrección en religiones no cristianas), usualmente resultan ser declaraciones fraudulentas o erróneas (ver Kole). Los otros argumentos plausibles complementan la resurrección, pero no parecen ser definitivos sin ella. Sin embargo, algunos de ellos tienen mérito. En conjunto proporcionan pruebas desde la revelación general (ver Revelación General), aparte de la Biblia, para la inmortalidad de los seres humanos.

Fuentes

R. Abanes, *Journey into the Light* [Viaje hacia la luz]

W. L. Craig, *Knowing the Truth about the Resurrection* [Conociendo la verdad acerca de la resurrección].

R. J. Geis, *Personal Existence after Death* [Existencia personal después de la muerte]

N. L. Geisler, *The Battle for the Resurrection* [La batalla por la resurrección]

N. L. Geisler y J. Y. Amano, *The Reincarnation Sensation* [Sensación de reencarnación]

M. Harris, *Raised Immortal* [Criado inmortal]

A. Kole y A. Janssen, *Miracles or Magic?* [¿Milagros o magia?]

P. Kreeft, *The Heart's Deepest Longing* [El anhelo más grande del corazón]

P. Kreeft y R. K. *Tacelli, Handbook of Christian Apologetics* [Manual de apologética cristiana]

G. E. Ladd, *"The Greek versus the Hebrew View of Man"*. [La opinión griega versus la opinión hebrea del hombre]

C. S. Lewis, *Mere Christianity* [Mero cristianismo]

————, *The Pilgrim's Regress* [El regreso del peregrino]

————, *The Problem of Pain* [El problema del dolor]

————, *Surprised by Joy* [Cautivado por la alegría]

————, *The Weight of Glory* [El peso de la gloria]

J. P. Moreland y G. R. *Habermas, Immortality* [Inmortalidad]

Platón, *Phaedo* [Fedón]

————, *The Republic of Plato* [La república]

Isaías, Nacimiento virginal en. *Ver* NACIMIENTO VIRGINAL DE CRISTO.

Islam. 'Islam' significa "sometimiento". Un seguidor de esta religión es llamado 'musulmán', "el sometido". El fundador de la fe Islámica, Mahoma, fue un comerciante árabe de La Meca que nació aproximadamente en 570 y murió en el 632. Así como los cristianos miden la historia desde el nacimiento de Cristo, los musulmanes fijaron la fecha del inicio de la historia en 622, el año en que Mahoma huyó de La Meca a Medina. Este Hijra (hijj significa "vuelo" en árabe) marcó el punto de inflexión del sometimiento de Mahoma hacia Dios y su proclamación de una nueva revelación de Dios.

Los musulmanes creen que Mahoma es el último profeta de Dios, reemplazando a Cristo, el profeta anterior a él. Los musulmanes creen en someterse al único Dios, llamado Alá. Ellos se oponen categóricamente a la creencia cristiana en la trinidad de Dios (ver Trinidad). Creer que hay más de una persona en Dios es una idolatría y blasfemia llamada shirk.

Creencias. La Palabra de Dios. A pesar de que los musulmanes sostienen que Dios se reveló a sí mismo en la ley judía (tawrat), los Salmos (zabur) y los Evangelios (injil), afirman que la Biblia cristiana de la actualidad está corrompida, o tahrif. Ellos argumentan que el Corán es la Palabra de Dios final (ver Corán,

Supuesto origen divino del). El Corán se divide en 114 capítulos, o suras, y es aproximadamente del tamaño del Nuevo Testamento.

Doctrinas. Hay cinco doctrinas musulmanas básicas:

1. Solo hay un único Dios.
2. Hubo muchos profetas, incluyendo a Noé, Abraham, Moisés, Jesús y Mahoma.
3. Dios creó a los ángeles (jinn), algunos de ellos buenos y otros malos.
4. El Corán es la revelación completa y final de Dios.
5. Se acerca el día del juicio final, seguido del cielo para los creyentes y el infierno para los pecadores.

Además de estas cinco creencias centrales, hay cinco pilares básicos de la práctica islámica:

1. Todo lo que se necesita para convertirse en musulmán es confesar la shahadah: "No hay otro Dios más que Alá y Mahoma es su mensajero".
2. Uno debe orar el salat, usualmente cinco veces al día.
3. Uno debe realizar un ayuno anual (sawn) durante el noveno mes lunar del Ramadán.
4. Uno debe dar limosna (sakat) a los necesitados, el cuarenta por ciento de sus ingresos.
5. Durante su vida, todo musulmán apto debe hacer una perenigración a La Meca.

Los musulmanes también creen en la yihad o santa guerra, que algunos radicales han exaltado al nivel de un pilar. Mientras que esto pueda implicar matar a los infieles por su fe, los musulmanes más moderados piensan que es una lucha sagrada contra el mundo, que no es necesariamente con la espada.

Muchas doctrinas son compartidas con el cristianismo, como la creación (ver Creación, Puntos de vista de la), los ángeles, el cielo, el *infierno y la *resurrección de todas las personas. En cuanto a Cristo, afirman su profetismo, *nacimiento virgen, ascensión física, segunda venida, ausencia de pecado (ver Cristo, Unicidad de), *milagros y mesianismo.

Los musulmanes niegan el núcleo del mensaje cristiano, es decir, que Cristo murió en la cruz por nuestros pecados (ver Cristo, Muerte de; Muerte de Cristo, Leyenda de la sustitución de la) y que se levantó físicamente de la tumba tres días después (ver Resurrección, Evidencias a favor de la; Resurrección, Naturaleza física de la).

James, William. William James (1842-1910) fue un diosista finito (ver Diosismo Finito) en su cosmovisión y un pragmatista (ver Pragmatismo) en su teoría de la verdad y ética (ver Moralidad, Naturaleza absoluta de la; Verdad, Naturaleza de la). Se acercó al mundo y a Dios desde un punto de vista experiencial. Su prueba para la verdad de una cosmovisión fue simplemente "¿qué diferencia concreta se deducirá de ello para la vida real de un individuo?". Entonces, la verdad no es inherente a una idea. "La verdad acontece a una idea. Llega a ser cierta, se hace cierta por los acontecimientos". La cosmovisión que mejor funciona es la verdad (Essays in Pragmatism [Ensayos sobre pragmatismo], págs. 160-61; todas las citas en este artículo son de las obras de James).

Visión de Dios. Para James, la cosmovisión que funcionaba mejor era una forma de diosismo finito. Él creía que dicho Dios evitaba "al sagrado Dios irreal de la teología escolástica [teísmo] o al ininteligible monstruo panteísta" (Pluralistic Universe [Un universo pluralista], pág. 316). El Dios panteísta acepta a todos los individuos en la unidad absoluta de su conciencia (ver Monismo; Panteísmo). El Dios teísta es tan trascendentalmente distinto de sus criaturas que no tienen nada en común (ibid., pág. 26; ver Teísmo).

En vista de estos extremos, James creía que la línea de menor resistencia era aceptar una "conciencia sobrehumana" que no lo abarcara todo, que era finita en poder y/o conocimiento (ibid., pág. 311). "Me parece que toda la evidencia que tenemos nos empuja con mucha fuerza a creer en alguna forma de vida sobrehumana con la que podamos, sin saberlo nosotros mismos, ser coconscientes" (ibid., pág. 309). Ese Dios no necesita ser infinito; de hecho, podría haber más de uno. James vio el *politeísmo como una posible cosmovisión para un pragmatista. Lo importante era plantear un poder más grande que sea amigable con la humanidad y los ideales humanos. Ese poder "sea otro y superior que nuestro yo consciente" (Varieties of Religious Experience [Las variedades de la experiencia religiosa], pág. 396).

El bien y el mal. James creía que la "santidad" surgía de la experiencia religiosa. Rechazaba el punto de vista de Friedrich *Nietzsche de que el santo es un individuo débil. James destacó a figuras tan poderosas como Juana de Arco y Oliver Cromwell como contraejemplos. James alabó la vida santa diciendo que le daba a la religión su "lugar destacado en la historia" incluso cuando otros aspectos de la fe se oponían al sentido común práctico y a las pruebas empíricas. "Así pues, seamos santos si podemos, tanto si alcanzamos un éxito visible temporal como si no lo conseguimos" (ibid., pág. 290).

La historia y su objetivo. James se oponía tanto a la visión optimista como a la pesimista del destino humano. No podía estar de acuerdo con aquellos que creían que el mundo no podía ser salvado. El optimismo plantea que la salvación del mundo es inevitable. Un punto medio entre los dos fue la doctrina del 'meliorismo', que trata a la salvación como algo no necesario, ni imposible. Como pragmatista, James se sintió obligado a aceptar la mejora en el mundo como probable pero no evitable. "El pragmatismo tiene que posponer una respuesta dogmática, porque todavía no sabemos con certeza qué tipo de religión va a funcionar mejor a largo plazo" (Pragmatism and Other Essays [El pragmatismo y otros ensayos], págs., 125, 132).

El realismo de James lo llevó a rechazar la creencia del *universalismo de que todos debemos ser salvados. "Cuando la copa se vacía, se dejan posos para siempre; pero es suficiente aceptar la posibilidad de que lo que se extrae de ella sea dulce" (ibid., pág. 130). En justificación a su conclusión, James presentó este escenario:

Supónganse que el autor del mundo nos presentara el caso antes de la creación diciéndonos: "Voy a hacer un mundo que no es seguro que pueda ser salvado, un mundo cuya perfección será meramente condicional, y la condición será que cada uno de sus distintos agentes den 'lo máximo' de sí. Les brindo la oportunidad de tomar parte en ese mundo. Su seguridad, como ven, no está garantizada. Es una aventura real, y tiene un peligro real que, sin embargo, puede ser vencido. Es un plan social de trabajo cooperativo que hay que realizar de verdad. ¿Se unirán a la marcha? ¿Confiarán en ustedes y prestarán su confianza a los otros agentes lo suficiente como para afrontar el riesgo?" (ibid., pág. 127).

Ante tal propuesta, James creyó que la mayoría de las personas preferirían el riesgo de vivir esa aventura a la inexistencia. Él cree que ese es el mundo que tenemos.

Evaluación. A pesar de los muchos valores prácticos de su punto de vista, en particular su realismo, y el análisis y valor de la experiencia religiosa, hay algunas desventajas graves en los puntos de vista de James.

El antisobrenaturalismo es infundado. La oposición de James a lo sobrenatural era ilógica (ver Milagros, Argumentos contra los). Su afirmación de que la religión sobrenatural debilita el ímpetu humano por alcanzar el bien en la vida es contraria a su propio análisis. Le dio a la religión su "lugar destacado" en la historia humana en virtud del amor abnegado de los sobrenaturalistas cristianos. Concluyó que "el conjunto de cualidades santas es indispensable para la riqueza del mundo" (Varieties of Religious Experience, pág. 290). Él admiraba a los teístas cuyas creencias habían tenido un gran impacto, entre ellos Cristo, Cromwell y Stonewall Jackson. Además, admitió que grandes instituciones sociales y educativas, incluyendo universidades, hospitales, la Cruz Roja, el movimiento para la abolición de la esclavitud y las misiones de rescate, fueron fundadas por personas que creían en lo sobrenatural.

Su visión del mal es insuficiente. Mientras que James reconoció la realidad del mal, su diosismo finito lo dejó sin la seguridad de una victoria final sobre el mal. Un dios finito no tiene los recursos infinitos necesarios para asegurar el triunfo final sobre el mal. Para esto, James inconscientemente ofrece una solución a su propio problema. Él admite que "el mundo es más rico porque existe el demonio, mientras podamos tener el pie sobre su cuello" (ibid., pág. 55). Eso es precisamente lo que un dios finito no puede hacer. Un dios limitado podría perder o, a lo mejor, lograr un empate interminable. Solo un Dios del teísmo infinitamente bueno y poderoso puede garantizar el resultado de la lucha contra el mal (ver Mal, Problema del).

El pragmatismo está injustificado. La crítica interna más seria contra el pragmatismo es que, pragmáticamente, no funciona. Tendríamos que tener conocimiento infinito de todas las posibles consecuencias para cada acción o filosofía alternativa. Nunca podremos estar seguros de cómo van a resultar las cosas. Solo un Dios teísta podría ser un pragmatista efectivo, y él no lo es.

Uno de los colegas de James de Harvard, Josiah Royce, llegó a la raíz del problema de este punto de vista pragmático sobre la verdad cuando le preguntó a James si podría tomar el lugar de testigo en la corte y jurar "decir lo conveniente, todo lo conveniente, y nada más que lo conveniente, por la gracia de la experiencia futura".

El relativismo es contraproducente. James negó todos los absolutos morales (ver Moralidad, Naturaleza absoluta de la). Para él lo correcto era lo conveniente en la forma de vivir, como la verdad era lo conveniente en la forma de saber. Pero es imposible negar todos los absolutos morales sin implicar una moral absoluta.

Fuentes

E. J. Carnell, *An Introduction to Christian Apologetics* [Una introducción a las apologéticas cristianas], caps. 16-17.

N. L. Geisler, *The Roots of Evil* [Las raíces del mal].

N. L. Geisler y W. D. Watkins, *World Apart* [Mundos aparte], cap. 6.

W. James, *Essays in Pragmatism* [Ensayos sobre pragmatismo].

———, *Human Immortality* [Inmortalidad humana].

———, *A Pluralistic Universe* [Un universo pluralista].

———, *Pragmatism and Other Essays* [El pragmatismo y otros ensayos].

———, *The Varieties of Religious Experience* [Las variedades de la experiencia religiosa].

Jefferson, Thomas. Thomas Jefferson (1743-1826), el autor de la Declaración de la Independencia (1776) y el tercer presidente de Estados Unidos, fue un deísta (ver Deísmo).

Sus puntos de vista religiosos se reflejan en cartas y en su resumen de los Evangelios, The Life and Morals of Jesus of Nazareth [La vida y la moral de Jesús de Nazaret] (1803). En una referencia de 1816 a este resumen, lo llamó "un paradigma de sus doctrinas, hecho al acortar los textos del libro y organizándolos en las páginas de un libro en blanco, en un determinado orden de tiempo o tema. Nunca he visto una referencia a la ética más hermosa". En 1904, el 57° Congreso ordenó la publicación de una edición.

La visión jeffersoniana del mundo. Dios y el mundo. Jefferson creía que hay un Dios, el Creador, Sustentador y Gestor del universo. Él sostuvo que este Dios es infinitamente sabio, bueno, honesto y poderoso. Influenciado por Isaac Newton, Jefferson comprendió que el mundo es armonioso, bajo la regla de la ley de la naturaleza y abierto a la investigación humana. Dios lo creó de esa manera. Está claro que todo esto es verdad desde la creación del universo: "Sostengo (sin revelación) que cuando tomamos una visión del universo, en sus partes, generales o particulares, es imposible para la mente humana no percibir y sentir la convicción del diseño, la habilidad consumada y el poder indefinido en cada átomo de su composición [...] La estructura de la tierra en sí, con su distribución de terreno, agua y atmósfera; cuerpos animales y vegetales, examinados en toda su minúscula particularidad; insectos, meros átomos de vida, pero tan perfectamente organizados como el hombre o el mamut; las sustancias minerales, su creación y usos; opino que es imposible para la mente humana no creer que en todo el diseño hay una causa y un efecto hasta una última causa, un Fabricante de todas las cosas provenientes de la materia y el movimiento, su Preservador y Regulador" (Foote, pág. 10).

Milagros. Jefferson también sostuvo que Dios nunca había entrado en la historia mediante eventos sobrenaturales o revelación (ver Milagro; Revelación especial). Cualquier relato diferente era una invención, superstición o fanatismo (Fesperman, pág. 81). Rechazó enfáticamente el nacimiento virginal de Cristo indicando que: "Llegará el día en que el relato del nacimiento de Cristo, tal y como lo aceptan las iglesias trinitarias, será clasificado junto con la fábula de Minerva, quien fue engendrada en el cerebro de Júpiter" (Foote, pág. 49). También eliminó la resurrección de su "Biblia" sobrenaturalmente suavizada finalizando con: "Luego, se llevaron el cuerpo de Jesús y lo envolvieron en ropa de lino con las especies, como era costumbre en los entierros judíos. Ahora bien, en el lugar donde lo crucificaron, había un huerto; y en el huerto, un nuevo sepulcro en el que todavía no se había puesto a nadie. Ahí pusieron a Jesús, rodaron una gran piedra hasta la entrada del sepulcro y se marcharon" (Life and Morals, pág. 132).

Biblia. Obviamente Jefferson consideraba que los Evangelios estaban tergiversados cuando sugerían acciones sobrenaturales por parte de Dios. Acusaba a los escritores de "a menudo olvidarse, o no entender, lo que Él había mencionado, dando sus propios conceptos erróneos como Su dictum y expresando de manera incomprensible para otros lo que no habían

entendido ellos mismos" (ibid., vii). Las enseñanzas de Jesús habían sido "mutiladas, tergiversadas y a menudo ininteligibles" (ibid., pág. 49) por un grupo de "ingenuos e impostores" que corrompieron las verdaderas enseñanzas morales. El peor de este grupo fue el apóstol Pablo, "el gran Corifeo y primer corruptor de las doctrinas de Jesús" (ver Biblia, Críticas a la).

Jefferson literalmente eliminó los milagros de los Evangelios y se quedó solo con las enseñanzas morales de Jesús. Sus puntos de vista no eran tan radicalmente deístas como los de Thomas *Paine. Se asemejaban más al deísmo de Matthew Tindal en Christianity as Old as the Creation [El cristianismo tan antiguo como la creación] o The Gospel: A Republication of the Religion of Nature [El Evangelio: Una reedición de la religión de la naturaleza] y a las obras del unitario Joseph Priestley. Jefferson rechazó todas las grandes enseñanzas teológicas del cristianismo, tales como la deidad de Cristo, el pecado original, la salvación por gracia únicamente a través de la fe y la muerte sustitutiva de Cristo. Él creía que Jesús era el mayor reformista y moralista de la historia.

Dependía de aquellos que entendían la verdad, como Jefferson, purificar la verdad de los errores que le habían sido impuestos. Se esforzó por recopilar la verdad redactada de varias secciones de los cuatro Evangelios y los organizó en el orden que le pareció más natural (Fesperman, págs. 81, 83-84).

Cristo y la religión. Mientras que Jefferson se identificó a sí mismo como cristiano, muchos estaban de acuerdo con los bautistas de Danbury de que él no era ortodóxo. Él consideraba que su "Biblia" redactada era prueba de "que soy un 'verdadero cristiano', eso quiere decir, un discípulo de las doctrinas de Jesús" (Life and Morals, viii). Jefferson admitió que no era un cristiano que aceptaba las enseñanzas históricas de la Biblia y la iglesia. "Soy un cristiano en el único sentido en que creo que Jesús deseaba que cualquier persona se aferrara sinceramente a sus doctrinas dándoles preferencia por encima de las demás; atribuyéndose a sí mismo toda excelencia humana y creyendo que nunca afirmó ninguna otra" (Foote, pág. 4).

Ética. Siguiendo la tradición de la ley de la naturaleza de John *Locke, Jefferson sostuvo que la ley moral natural aplica a naciones y a individuos: "Es extrañamente absurdo suponer que un millón de seres humanos, juntos, no estén sujetos a las mismas leyes morales que los unen a cada uno de ellos por separado" (ibid., pág. 42). La fuente de la moralidad humana es "el amor por otros", la cual ha sido "implantada" por naturaleza. Es este "instinto moral [...] que nos motiva de manera irresistible a sentir y socorrer" la aflicción de otros. Las acciones morales son relativas. Las acciones consideradas virtuosas en un país son consideradas crueles en otros. Esto ocurre porque "la naturaleza le ha dado 'utilidad' al hombre [como] norma [...] de la virtud" (Padover, págs. 150-51).

Jefferson consideró que los más grandes maestros de la moral fueron Epicuro y Jesús. Él se consideraba a sí mismo como seguidor de ambos, sin embargo, se sentía más identificado con Epicuro. Con respecto a esto escribió: "Yo [...] soy epicúreo. Considero que las doctrinas genuinas (no las imputadas) de Epicuro contienen todo lo racional de la filosofía moral que Grecia y Roma nos han dejado" (Padover, pág. 175).

Evaluación. Como Jefferson era un deísta, sus puntos de vista caen en la misma crítica. Esto incluye su negación de los milagros (ver Milagros, Argumentos contra los) así como su rechazo a la inmanencia de Dios (ver Teísmo). Además, sus visiones de la Biblia tampoco tenían fundamento (ver Biblia, Supuestos errores en la; Biblia, Evidencias a favor de la; Biblia, Críticas a la).

Fuentes

J. Butler, *The Analogy of Religion Natural and Revealed to the Constitution and Course of Nature* [La analogía de la religión, natural y revelada con la constitución y el curso de la naturaleza].

F. I. Fesperman, *"Jefferson's Bible"* ["La Biblia de Jefferson"].

R. Flint, *Anti-Theistic Theories* [Teorías antiteístas].

H. W. Foote, *Thomas Jefferson.*

N. L. Geisler, *Milagros and the Modern Mind* [Los milagros y la mente moderna].

N. L. Geisler y W. D. Watkins, *Words Apart* [Mundos aparte].

I. Kant, *Religion within the Limits of Reason Alone* [La religión dentro de los límites de la mera razón].

R. Ketcham, "Jefferson, Thomas"

J. LeLand, *A View of the Principal Deistic Writers* [Una opinión sobre los principales escritores deístas].

R. Nash, *Christian Faith and Historical Understanding* [Fe cristiana y el entendimiento histórico].

J. Orr, English Deism [Deísmo inglés].

S. K. Padover, *Thomas Jefferson and the Foundations of American Freedom* [Thomas Jefferson y los fundamentos de la libertad americana].

Jesús de la historia. *Ver* CRISTO DE LA FE VS. JESÚS HISTÓRICO; JESÚS HISTÓRICO, BÚSQUEDA DEL; SEMINARIO DE JESÚS; NUEVO TESTAMENTO, HISTORICIDAD DEL.

Jesús histórico. *Ver* CRISTO DE LA FE VS. JESÚS HISTÓRICO; SEMINARIO DE JESÚS; NUEVO TESTAMENTO, HISTORICIDAD DEL.

Jesús histórico, Búsqueda del. Por más de mil años se ha realizado una búsqueda para identificar al Jesús histórico, sobre todo por aquellos que negaban la historicidad de los Evangelios y del Nuevo Testamento. Ellos desean diferenciar a la persona del Cristo de la fe (ver Cristo de la Fe vs. Jesús Histórico). En realidad, se han realizado varias búsquedas. Si es válida, la presuposición de esta búsqueda socavaría al cristianismo ortodoxo y al cristianismo apologético.

La búsqueda del Jesús verdadero se puede dividir en cuatro períodos: (1) la primera o "antigua" búsqueda, 1778-1906; (2) el período de "no búsqueda", 1906-53; (3) la "nueva" búsqueda, 1953-70; y (4) la tercera búsqueda, de 1970 (ver Holden, cap. 2).

Período de la primera búsqueda. La búsqueda del Jesús histórico surgió de la póstuma publicación de Gotthold *Lessing de la obra Fragments [Fragmentos] de Hermann Reimarus. En el fragmento "Sobre la intención de Jesús y sus discípulos", Reimarus separó lo que los apóstoles dijeron sobre Jesús de lo que Jesús realmente dijo sobre sí mismo. Esta división entre el Cristo de la fe y el Jesús de la historia sigue siendo un principio básico en la mayoría de las investigaciones modernas del Nuevo Testamento (ver Seminario de Jesús). Tiene sus raíces en el antisobrenaturalismo de Benedict *Spinoza, el *deísmo inglés y en la dicotomía hecho/valor de Immanuel *Kant.

En 1835, David *Strauss publicó su obra The Life of Jesus Critically Examined [La vida de Jesús examinada críticamente], que prescinde de lo sobrenatural Bajo la influencia de David *Hume, Strauss descartó la fiabilidad de los elementos históricos y sobrenaturales en el Evangelio, ya que los consideraba "atroces" y "míticos". Esto provocó posteriores intentos de desmitificar los registros del Evangelio (ver Mitología y el Nuevo Testamento).

En 1906, Albert Schweitzer puso fin a este período con su obra Quest of the Historical Jesus [La búsqueda del Jesús histórico]. Argumentó que el mensaje de Jesús era de naturaleza escatológica y que la supuesta investigación objetiva del hombre había producido una figura moldeada con los sesgos de los investigadores. "No hay nada más negativo que el resultado del estudio crítico de la vida de Jesús'", escribió Schweitzer. "Él es una figura diseñada por el racionalismo, dotada de vida por el liberalismo y vestido por la teología moderna con vestimenta histórica" (Schweitzer, pág. 396).

Período de no búsqueda. Schweitzer perjudicó gravemente la fiabilidad de la búsqueda del Jesús histórico e inició un tiempo durante el cual esa investigación estaba desacreditada. Rudolph *Bultmann consideró ese trabajo como metodológicamente imposible y teológicamente ilegítimo. En Jesus and the Word [Jesús y la Palabra] (1958), escribió: "Efectivamente creo que no podemos saber casi nada sobre la vida y la personalidad de Jesús porque las primeras fuentes cristianas no muestran interés en ninguna de ellas, además son fragmentarias y a menudo legendarias y no existen otras fuentes sobre Jesús" (Bultmann, pág. 8). Bultmann señaló el cambio de búsqueda histórica a encuentro existencial. Basándose en Strauss, comenzó a desmitificar los Evangelios y a reinterpretarlos de manera existencial.

La nueva búsqueda. En una conferencia dada en 1953, un alumno de Bultmann, Ernst Kasemann, inició la "nueva búsqueda". Descartó el método de Bultmann por considerarlo docético (ver Docetismo), ya que Bultmann ignoraba la humanidad de Jesús. Aunque mantuvo la mayoría de presuposiciones de la anterior búsqueda, los objetivos de Kasemann eran diferentes. La antigua búsqueda buscaba la discontinuidad entre el Cristo de la fe y el Jesús de la historia en medio de una supuesta continuidad. La nueva búsqueda se ocupó tanto de la persona de Cristo como de la Palabra de Dios predicada y su relación con la historia. La obra principal de la nueva búsqueda es Jesus of Nazareth [Jesús de Nazaret] de Gunther Bornkamm (1960).

La tercera búsqueda. La investigación más reciente del Jesús histórico es en gran parte una reacción a la "nueva búsqueda". Es multifacética incluyendo a algunos miembros de la tradición radical, de la tradición de nueva perspectiva y a los conservadores. En la categoría "conservadora" están I. Howard Marshall, D. F. D. Moule y G. R. Beasley-Murray. Rechazan la idea de que la imagen de Jesús del Nuevo Testamento haya sido, en cierto modo, elaborada por los cultos del Salvador helenístico. (ver Mitraísmo; Apoteosis).

El grupo de la nueva perspectiva sitúa a Jesús en su entorno judío del siglo I. Este grupo está formado por E. P. Sanders, Ben F. Meyer, Geza Vermes, Bruce Chilton y James H. Charlesworth. Se ejemplifica a la tradición radical con el Seminario de Jesús y su interés en el '*Evangelio de Tomás' y el *Documento 'Q'. Se puede encontrar más información sobre este grupo en el artículo del Seminario de Jesús. El Seminario de Jesús utiliza muchos de los métodos de Strauss y Bultmann, pero a diferencia de Bultmann, el grupo es optimista con respecto a recuperar al individuo histórico. Sin embargo, sus resultados obtenidos hasta la fecha han generado diferentes puntos de vista basados en un pequeño fragmento de dichos del Nuevo Testamento que consideran que es auténtico.

La búsqueda evangélica. Algunos eruditos que se identifican a sí mismos como evangélicos u ortodoxos han intentado utilizar durante la última década muchos de los principios y procedimientos de eruditos críticos para demostrar la historicidad básica de algunos eventos en los Evangelios. Han producido un volumen muy completo con sus resultados, el cual ha sido editado por Darrell Bock y Robert Webb, este volumen se titula Key Events in the Life of the Historical Jesus [Eventos clave en la vida del Jesús histórico]. Por muy nobles que hayan sido sus esfuerzos, los resultados fueron escasos, y las presuposiciones y procedimientos de su esfuerzo han sido severamente cuestionados (ver Geisler y Roach).

Evaluación. Falsas suposiciones sobre la metodología y las premisas. A excepción del resurgimiento conservador, todas las búsquedas se han basado en falsas premisas y procedieron con métodos falaces o cuestionables. Muchas de estas son examinadas a detalle en otros artículos citados. Las falsas premisas son:

Antisobrenaturalismo. Los informes sobre los milagros y cualquier otra referencia a lo sobrenatural son rechazados inmediatamente. Esto está injustificado (ver Milagro; Milagros, Argumentos contra los; Naturalismo).

Dicotomía hecho/valor. La suposición de *Kant de que uno puede separar el hecho del valor es claramente falsa, como se evidencia en la imposibilidad de separar el hecho de la muerte de Cristo de su valor. No hay ningún significado espiritual en el nacimiento virginal a menos que sea un hecho biológico. Tampoco se puede separar el hecho de una vida humana de su valor. Un asesino ataca ineludiblemente el valor del individuo como humano al tomar la vida de la persona.

Una falsa separación. Las búsquedas no pueden comprobar la divergencia entre el Cristo de la fe y el Jesús del hecho. Se asume, sin pruebas, que los Evangelios no son históricos y que no muestran la persona histórica de Jesús.

Negación de la historicidad. En el núcleo de las búsquedas hay una negación de la naturaleza histórica de los Evangelios. Sin embargo, su historicidad ha sido fundamentada de manera más amplia que otros libros antiguos (ver Nuevo Testamento, Historicidad del; Nuevo Testamento, Fuentes no cristianas del; Manuscritos del Nuevo Testamento).

Malinterpretación del "mito". En muchas de las búsquedas no se ha entendido la naturaleza del "mito". Simplemente porque un evento sea más que empírico no significa que sea menos que histórico. Por ejemplo, el milagro de la resurrección es más que una resurrección del cuerpo de Jesús, pero no es menos que eso. Como C. S. *Lewis observó, aquellos que consideran que el Nuevo Testamento es igual a la mitología no han estudiado bien el Nuevo Testamento, ni han estudiado lo suficiente sobre mitos (ver Mitología y el Nuevo Testamento).

Falsas suposiciones sobre documentos extrabíblicos. En la búsqueda radical más reciente hay un esfuerzo mal dirigido por fechar tarde el Nuevo Testamento y colocar documentos extrabíblicos de 'Q' y el 'Evangelio de Tomás'. Pero está bien establecido que hay registros del Nuevo Testamento antes del año 70, cuando los contemporáneos y testigos presenciales todavía estaban vivos (ver Nuevo Testamento, Datación del). Además, no hay prueba de que el Documento 'Q' alguna vez haya existido como un documento escrito (ver Documento Q). No hay manuscritos o citas de tal documento como los críticos imaginan. El 'Evangelio de Tomás' es una obra de mediados del siglo II, demasiado tardía como para estar incluida en la escritura de los Evangelios.

Fuentes

C. Blomberg, *The Historical Reliability of the Gospels* [La fiabilidad histórica de los Evangelios].

D. L. Bock y R. L. Webb, *Key Events in the Life of the Historical Jesus* [Eventos clave en la vida del Jesús histórico].

G. Bornkamm, *Jesus of Nazareth* [Jesús de Nazaret].

G. Boyd, *Jesus under Siege* [Jesús bajo asedio].

R. Bultmann, *Jesus and the Word* [Jesús y la Palabra].

D. Farnell, *"Evangelical Participation in the Search for the 'Historical Jesus'"* [Participación de los evangélicos en la búsqueda del 'Jesús histórico'"].

————, *"Three Searches for the 'Historical Jesus' but No Biblical Christ"* ["Tres búsquedas del 'Jesús histórico' pero ningún Cristo bíblico"].

R. Funk, *The Five Gospels* [Los cinco Evangelios].

N. L. Geisler y W. C. Roach, *Defending Inerrancy: Affirming the Accuracy of Scripture for a New Generation* [Defendiendo la inerrancia: Afirmando la exactitud de las Sagradas Escrituras para una nueva generación].

G. Habermas, *The Historical Jesus* [El Jesús histórico].

C. J. Hemer, *The Book of Acts in the Setting of Hellenistic History* [El libro de Hechos en el contexto de la historia helénica].

J. Holden, *An Examination of the Jesus Seminar* [Un análisis del Seminario de Jesús].

I. H. Marshall, *I Believe in the Historical Jesus* [Creo en el Jesús histórico].

H. Reimarus, *Fragments* [Fragmentos].

A. Schweitzer, *The Quest of the Historical Jesus* [La búsqueda del Jesús histórico].

D. F. Strauss, *The Life of Jesus Critically Examined* [La vida de Jesús examinada críticamente].

Jesús, Fuentes no cristianas sobre. Los críticos negativos de la Biblia acusan o insinúan que los documentos del Nuevo Testamento son poco fiables, ya que fueron escritos por los discípulos de Jesús o cristianos posteriores. Señalan que no hay confirmación sobre la existencia de Jesús en cualquier fuente no cristiana. Muchos factores quitan validez a estas críticas (ver Biblia, Críticas a la).

La evidencia. Hay evidencia abrumadora de que el Nuevo Testamento es un registro confiable compuesto por contemporáneos y testigos presenciales de los eventos (ver Evangelios, Historicidad de los; Nuevo Testamento, Historicidad del; Manuscritos del Nuevo Testamento). Hay más manuscritos, manuscritos previos, manuscritos mejor copiados y manuscritos escritos por más personas que estuvieron más cerca de los eventos que de cualquier otro evento de la historia antigua. La arqueología confirma de manera continua los detalles de sus escrituras (ver Arqueología del Nuevo Testamento). Si el registro del Nuevo Testamento es poco confiable, no tenemos esperanza de que haya información confiable de los acontecimientos del pasado, porque la evidencia sobre otros eventos del mundo antiguo es más escasa.

Además de esta evidencia, hay muchas fuentes no cristianas de los primeros siglos que confirman la historicidad básica de Cristo. Las dos mejores fuentes para esta evidencia son Jesus and Christian Origins outside the New Testament [Jesús y los orígenes cristianos fuera del Nuevo Testamento] de F. F. Bruce y Historical Jesus [El Jesús histórico] de Gary Haberman. Una sorprendente cantidad de información acerca de Jesús se puede obtener de los historiadores que fueron contemporáneos con él o que vivieron poco después. Los cuales son los siguientes.

Historiadores. Tácito. El romano del siglo I, Tácito, es considerado uno de los historiadores más acertados del mundo antiguo. Él cuenta el relato del gran incendio de Roma, por el cual algunos culparon al emperador Nerón:

Entonces, para deshacerse del rumor, Nerón se echó la culpa e infligió las más exquisitas torturas a una clase odiada por sus abominaciones, llamada cristiana por el pueblo. Christus, de quien el nombre tuvo su origen, recibió la máxima pena durante el mandato de Tiberio a manos de uno de nuestros procuradores, Poncio Pilato, y una muy maliciosa superstición, así verificada en ese tiempo, brotó de nuevo no solo en Judea, la primera fuente del mal, también en Roma, donde todas las cosas espantosas y vergonzosas de cada parte del mundo encuentran su núcleo y se vuelven populares. (Tácito, lib. 15, cap. 44)

Este pasaje contiene referencias a los cristianos, llamados así por Christus ('Cristo' en latín), quien recibió la "máxima pena" de parte de Poncio Pilato durante el mandato de Tiberio. La "superstición" que comenzó en Judea y que llegó a Roma fue probablemente la resurrección de Jesús.

Suetonio. Suetonio fue el secretario en jefe del emperador Adriano (mandato 117-38). Hay dos referencias importantes: "Debido a que los judíos en Roma causaron continuos disturbios por instigación de Chrestus, él los expulsó de la ciudad" (Suetonio, Life of Claudius [La vida de Claudio], pág. 25). "Después del gran incendio de Roma [...] también se infligieron castigos a los cristianos, una secta profesando una nueva y maliciosa creencia religiosa" (Suetonio, Life of Nero [La vida de Nerón], pág. 16).

Estas breves referencias establecieron ciertas cosas. Había un hombre llamado Chrestus (o Cristo) que vivió durante el siglo I. Algunos judíos causaron disturbios relacionados con este hombre. Suetonio, escribiendo muchos años después, no estaba en la posición de saber si los disturbios fueron instigados por Chrestus o por los judíos contra sus seguidores. En cualquier caso, Claudio se molestó bastante como para echar de la ciudad a todos los judíos (incluyendo a los compañeros de Pablo, Aquila y Priscila) en el año 49. Además, se persiguió a los cristianos después del incendio de Roma y ellos habían profesado una nueva creencia religiosa.

Josefo. *Flavio Josefo (37/38-97) fue un revolucionario judío que cambió su lealtad a los romanos durante la revuelta judía para salvar su vida. Se volvió un historiador trabajando bajo el auspicio del emperador Vespasiano. Su obra Antiquities of the Jews [Antigüedades de los judíos] se remonta a principios de los 90 y contiene dos pasajes de interés. El primero se refiere a Santiago, "el hermano de Jesús, quien era llamado Cristo" (20:9). Esto confirma los hechos del Nuevo Testamento de que hubo un hombre llamado Jesús quien era conocido como "Cristo" y tenía un hermano llamado Santiago. La segunda referencia es mucho más explícita y controversial:

> Por este tiempo apareció Jesús, un hombre sabio, si es que es correcto llamarlo hombre, ya que fue un hacedor de milagros impactantes [...] Era [el] Cristo [...] se les apareció vivo nuevamente al tercer día, habiendo los santos profetas predicho esto y otras tantas maravillas sobre Él. Y la tribu de los cristianos, llamados así por Él, no ha cesado de crecer hasta este día. (Josefo, 18:3)

La autenticidad de este pasaje ha sido cuestionada por eruditos de todas las áreas de la creencia porque parece dudoso que un judío que vivió y trabajó fuera del contexto cristiano hubiera dicho tales cosas sobre Jesús. Incluso el apologeta-teólogo *Orígenes (aprox. 185 - aprox. 254) dijo que Josefo no creía que Jesús fuera el Mesías (Orígenes, 1:47). A pesar de estos problemas, hay razones a favor de aceptar la mayor parte del texto como auténtico. Primero, hay sólida evidencia textual para la mención de Jesús y ninguna evidencia textual en contra. Segundo, el texto está escrito según el estilo de Josefo. Tercero, algunas de las palabras probablemente no vinieron de un cristiano. Cuarto, el pasaje encaja con su contexto tanto de manera gramatical como histórica. Quinto, la referencia a Jesús en Antiquities, 20 parece presuponer una mención anterior. Finalmente, una versión árabe del texto contiene los elementos básicos sin las partes cuestionables: "En este tiempo había un hombre sabio llamado Jesús. Su conducta era buena y [él] era conocido por ser virtuoso. Y muchas personas entre judíos y de otras naciones se volvieron sus discípulos. Pilato lo condenó a ser crucificado y a morir. Pero aquellos que se convirtieron en sus discípulos no abandonaron su discipulado. Ellos declararon que él había aparecido ante ellos tres días después de su crucifixión y que estaba vivo. Por lo tanto, tal vez él era el Mesías, sobre el cual los profetas han relatado maravillas" (citado en Habermas, pág. 186).

Incluso sin las partes que son probablemente interpolaciones cristianas, este texto es un testigo extraordinario de la vida, muerte e influencia de Jesús. Señala que Jesús era conocido como un hombre sabio y virtuoso que tenía discípulos judíos y gentiles. Pilato lo condenó a ser crucificado. Los discípulos declararon que había resucitado de entre los muertos al tercer día. La idea se había unido a su proclamación de que él era el Mesías.

Thallus. Thallus escribió alrededor del año 52 d. C. Ninguna de sus obras está vigente, sin embargo, otros escritores han preservado algunas citas fragmentadas. Uno de esos escritores es Julio Africano, quien, aproximadamente en el año 221, cita a Thallus en una discusión acerca de la oscuridad que ocurrió después de la crucifixión de Cristo: "Una oscuridad terrible se apoderó de todo el mundo; las rocas se partieron por un terremoto, y se derribaron muchos lugares en Judea y otros distritos. Thallus llama a esta oscuridad, en su tercer libro History [Historia], un eclipse solar, lo cual no me parece lógico" (Thallus, Extant Writings [Escritos existentes], pág. 18).

Africano identifica a la oscuridad que Thallus explicó como un eclipse solar con la oscuridad después de la crucifixión descrita en Lucas 23:44-45.

Funcionarios del gobierno. Otras fuentes no cristianas fueron los antiguos funcionarios del gobierno, cuyos trabajos los pusieron en la posición única de obtener información oficial que no estaba disponible para el público.

Plinio el Joven. Plinio el Joven fue un autor y administrador romano. En una carta al emperador

Trajano, alrededor del año 112, Plinio describió las primeras prácticas de culto cristiano: "Ellos tenían el hábito de reunirse en un día fijo antes de que amaneciera, cantaban en versos alternos un himno a Cristo, como a un dios, y tomaban un juramento solemne de no hacer ninguna obra perversa, de nunca cometer ningún fraude, robo o adulterio, de no faltar a su palabra, ni de negar una confianza cuando debían ser llamados a entregarla; después de eso era su costumbre separarse y luego volver a reunirse para compartir comida, pero comida ordinaria e innocua" (Plinio el Joven, 10:96). Este pasaje confirma muchas referencias del Nuevo Testamento. Lo más notable es que los primeros cristianos adoraban a Jesús como a Dios. Sus prácticas también revelaban una fuerte ética; probablemente la de Jesús. También hay una referencia a la fiesta del amor y a la Santa Cena. Más adelante en la misma carta, Plinio llama a la enseñanza de Jesús y sus seguidores "superstición excesiva" y "superstición contagiosa", que tal vez se refiera a la creencia y proclamación cristiana de la resurrección de Jesús.

Emperador Trajano. En respuesta a la carta de Plinio, el emperador Trajano da las siguientes pautas para castigar a los cristianos: "No deben buscarse a estas personas, si son denunciadas y halladas culpables, deberán ser castigadas. Sin embargo, con la excepción de que si la parte negara ser cristiana y diera prueba de que no lo es (al adorar a nuestros dioses), será perdonada por el motivo de su arrepentimiento, aunque haya estado bajo sospecha anteriormente" (ibid., Ep. 10 97). Esto muestra un poco la manera en que el primer gobierno romano veía al cristianismo. Ellos debían ser castigados por no adorar a los dioses romanos, aunque la persecución no estaba exenta de excepciones.

Adriano. El historiador cristiano Eusebio (aprox. 265-339) documenta una carta del emperador Adriano a Minucio Fundano, el procónsul asiático. A diferencia de la carta de Trajano a Plinio, Adriano le da algunas instrucciones sobre el trato a los cristianos: "Pues bien, no me parece que debamos dejar sin examinar el asunto, para evitar que se perturbe a los hombres y que los delatores encuentren apoyo para sus maldades. Por consiguiente, si los habitantes de una provincia pueden sostener con firmeza y a las claras esta demanda contra los cristianos, de tal modo que les sea posible responder ante un tribunal, a este solo procedimiento habrán de atenerse, y no a meras peticiones y gritos. Efectivamente, es mucho mejor que, si alguno quiere hacer una acusación, tú mismo examines el asunto". (Eusebio, lib. 4, cap. 9). El pasaje confirma que los cristianos eran usualmente acusados de violar las leyes y eran castigados, pero esa templanza fue alentada.

Otras fuentes judías. Además de los escritores judíos del Nuevo Testamento y Josefo, otros testigos judíos se refieren a la vida de Jesús.

Talmud. Los escritos talmúdicos judíos de mayor valor con respecto al Jesús histórico son aquellos recopilados entre los años 70 y 200 durante el llamado periodo tanaítico. El texto más significativo es Sanhedrín 43a: "En la víspera de la Pascua fue colgado Yeshu. Durante cuarenta días antes de la ejecución el heraldo fue por doquier diciendo: 'Él va a ser apedreado porque ha practicado la brujería y ha incitado a Israel a la apostasía. Cualquiera que pueda decir algo a su favor, que venga y suplique en su nombre'. Pero como no se presentó nada a su favor, ¡él fue ejecutado en la víspera de la Pascua!" (Slotki). Este pasaje confirma la crucifixión, el momento del evento en la víspera de la Pascua y la acusación de brujería y apostasía. Este texto también nos informa sobre el heraldo que salió antes de la muerte de Jesús (cf. Jn 8:58-59; 10:31-33, 39). En otra referencia en esta sección se menciona a cinco discípulos de Jesús. Muchas de las otras referencias a Jesús y el cristianismo en el Talmud son muy posteriores y de dudoso valor histórico.

Toldot Yeshu. Un testimonio más reciente es el Toldot Yeshu, un documento anticristiano compilado en el siglo V. Este documento explica que el cuerpo de Jesús se movió de manera secreta a una segunda tumba porque los discípulos estaban planeando robar el cuerpo. Cuando los discípulos llegaron a la tumba, el cuerpo de Jesús ya no se encontraba ahí, así que concluyeron que había resucitado. Mientras tanto, las autoridades judías habían sido informadas de la verdadera ubicación del cuerpo de Jesús. Aunque bastante tarde, este documento probablemente refleja la opinión común inicial (cf. Mt 28:11-15).

Otras fuentes gentiles. Aparte de las fuentes romanas, hubo fuentes gentiles sobre la vida de Cristo. Estas son las fuentes:

Luciano. Luciano de Samósata fue un escritor griego del siglo II cuyas obras contienen críticas sarcásticas al cristianismo: "Como se sabe, los cristianos todavía siguen adorando a aquel gran hombre que fue crucificado por haber introducido entre los hombres esta nueva religión [...] Verán, estas criaturas descarriadas empiezan con la convicción general de que son inmortales para siempre, lo cual explica el desprecio a la muerte y a la consagración voluntaria que son tan comunes entre ellos; y luego, fue grabado en ellos, por su fundador original, que todos son hermanos, desde el momento en que se convierten, niegan a los dioses de Grecia, adoran al sabio crucificado y viven bajo sus leyes. Todo esto lo asumen con mucha fe, con el resultado de que desprecian todos los bienes mundanos por igual, considerándolos simplemente como propiedad común" ("Death of Peregrine" [La muerte de Peregrino], págs. 11-13).

Los cristianos adoraban a Jesús. Él había introducido sus nuevas enseñanzas y había sido crucificado por ellas. Sus enseñanzas incluían la hermandad de los creyentes, la importancia de la conversión y la importancia de negar a otros dioses. Los cristianos vivían de acuerdo a las leyes de Jesús. Además, sus seguidores se creían inmortales y eran caracterizados por despreciar a la muerte, la consagración voluntaria y la renuncia a los bienes materiales. A pesar de ser uno de los críticos más abiertos de la iglesia, Luciano ofrece uno de los reportes más informativos sobre Jesús y el cristianismo primitivo aparte del Nuevo Testamento.

Mara bar-Serapión. El sirio Mara bar-Serapión le escribió a su hijo Serapión entre finales del siglo I y comienzos del siglo III. La carta contiene una aparente referencia a Jesús: "¿Qué ventaja obtuvieron los atenienses al condenar a muerte a Sócrates? Como castigo por su crimen el hambre y las plagas desencadenaron. ¿Qué ventaja obtuvieron los hombres de Samos al quemar a Pitágoras? Al instante su tierra estaba cubierta de arena. ¿Qué ventaja obtuvieron los judíos al ejecutar a su sabio Rey? Justo después de eso su reino fue abolido. Dios vengó de manera justa a estos tres hombres sabios: los atenienses murieron de hambre; los samis fueron arrasados por el mar; los judíos, en la ruina y expulsados de sus tierras, viven en completa dispersión. Pero Sócrates no murió para siempre; vivió en la estatua de Hera. Ni el sabio rey murió para siempre; vivió en la enseñanza que había dado" (Museo Británico, manuscritos adicionales sirios 14, 658; citado en Habermas 200). Este pasaje confirma cuatro enseñanzas específicas del Nuevo Testamento: (1) Se pensaba que Jesús era un hombre sabio y justo. (2) Jesús fue considerado por muchos como el rey de Israel. (3) Los judíos condenaron a muerte a Jesús. (4) Jesús vivió en las enseñanzas de sus seguidores.

Fuentes gnósticas. Inmediatamente después de la época de Cristo, muchos grupos no cristianos surgieron en conexión con la iglesia. Uno de los más exitosos fueron los gnósticos (ver Gnosticismo).

El Evangelio de la verdad. Este libro del siglo II probablemente fue escrito por Valentín (135-60). En varios pasajes se confirma que Jesús fue un personaje histórico: "Pues cuando lo vieron y escucharon, les concedió probar, oler y tocar al Hijo amado. Cuando apareció instruyéndolos sobre el Padre [...] Porque él llegó con una apariencia carnal" (30:27-33; 31:4-6).

En otro pasaje se lee que Jesús fue paciente al "aceptar el sufrimiento [...] ya que sabe que su muerte es fuente de vida para muchos [...] lo clavaron a un árbol; Él publicó el edicto del Padre en la cruz [...] Se

dirige a la muerte a través de la vida [...] Habiéndose despojado de los trapos perecederos, se vistió con lo imperecedero, lo cual nadie puede quitarle" (20:11-14, 25-34). Estas citas confirman que Jesús, quien se convirtió en hombre y tomó un cuerpo carnal, era la Palabra y el Hijo de Dios. Él les enseñó a sus seguidores acerca de su Padre. Jesús sufrió y fue crucificado. Su muerte concede vida a muchas personas. Jesús resucitó de entre los muertos en un cuerpo imperecedero.

El Evangelio apócrifo de Juan. Esta es una obra gnóstica del siglo II que comienza con un reporte supuestamente histórico de un encuentro entre Arimanius, el fariseo, y Juan, hijo de Zebedeo, el discípulo. Se dice que Juan dijo que Jesús "se fue al lugar de donde vino" (1:5-17). Esta fue una aparente referencia a la ascensión. Arminio contestó que Juan había sido engañado por Jesús. No hay evidencia aparte de 'El Evangelio apócrifo' de que este evento haya ocurrido.

El *Evangelio de Tomás. El 'Evangelio de Tomás' (140-200) es una colección de algunos eventos y dichos falsos y reales de Jesús. Nos cuenta muchas cosas acerca de la identidad de Jesús. Él se identifica a sí mismo como el resucitado, el Hijo del Hombre, el Hijo de su Padre y el Todo del Universo. Igual que en la Biblia, los discípulos no logran reconocer la verdadera identidad de Jesús. El 'Evangelio de Tomás' se refiere a la muerte y exaltación de Jesús. Es un documento totalmente gnóstico y, por esta razón, así como por la fecha tardía, tiene un valor histórico limitado.

El tratado de la resurrección. Esta es una obra gnóstica de finales del siglo II. A pesar de su marcada filosofía gnóstica, afirma diversas enseñanzas. Jesús era realmente una deidad. A pesar de esto, Jesús, el Hijo de Dios, se hizo carne. Jesús murió, resucitó y venció a la muerte por aquellos que tienen fe en Él. Su valor como fuente también es limitada.

Otras fuentes perdidas. Además de estas fuentes no cristianas sobre la vida de Cristo, se han sugerido algunos documentos, no obstante, no han sido encontrados.

The Acts of Pontius Pilate [Hechos de Poncio Pilato]. Aunque es un documento supuestamente oficial, The Acts of Pontius Pilate no perduró. *Justino Mártir, en el año 150, y *Tertullian, alrededor del año 200, se refirieron a este libro. Justino escribió: "Y la expresión 'Me perforaron las manos y los pies' fue usada como referencia a los clavos de la cruz que estaban clavados en sus manos y pies. Después de ser crucificado, echaron a la suerte su vestimenta y los que lo crucificaron la repartieron entre ellos. Se puede comprobar que estas cosas sucedieron en los 'Hechos' de Poncio Pilato" (Justino Mártir, 35). Justino también afirma que los milagros de Jesús se pueden confirmar en este documento (ibid., 48).

Flegón. Flegón (nac. aprox. 80) fue un esclavo liberado del emperador Adriano. Ninguna de las escrituras de Flegón están vigentes, pero él ha sido mencionado varias veces por escritores posteriores. Habló sobre la muerte y resurrección de Cristo en sus 'Chronicles' [Crónicas] ya no vigentes diciendo: "Mientras estaba vivo, Jesús no se ayudó a sí mismo, sino que se levantó después de la muerte y exhibió las marcas de su castigo y mostró cómo sus manos habían sido perforadas por los clavos" (citado en Orígenes, 4:455; cf. Habermas, pág. 210; Anderson, pág. 19). Flegón también mencionó "el eclipse en la época de Tiberio César, en cuyo mandato parece que Jesús fue crucificado, y el gran terremoto que ocurrió luego" (Orígenes, 14). Julio Africano confirmó las mismas citas (Julio Africano, frg. 18).

Habermas resume las referencias de Flegón que Jesús predijo el futuro, que hubo un eclipse en el momento de la crucifixión y que ocurrió durante el mandato de Tiberio. Después de su resurrección, Jesús apareció y mostró sus heridas, especialmente las marcas de los clavos por la crucifixión (Habermas, pág. 211).

Resumen. Las principales fuentes de la vida de Cristo son los cuatro Evangelios (ver Nuevo Testamento, Historicidad del). Sin embargo, hay bastantes informes de fuentes no cristianas que complementan y confirman los relatos del Evangelio. Estos provienen en gran parte de fuentes griegas, romanas, judías y samaritanas del siglo I. En resumen, nos informan que:

1. Jesús era de Nazaret.
2. Vivió una vida virtuosa.
3. Realizó hazañas inusuales.
4. Introdujo nuevas enseñanzas contrarias al judaísmo.
5. Fue crucificado bajo las órdenes de Poncio Pilato.
6. Sus discípulos creían que resucitó de entre los muertos.
7. Sus discípulos negaban el politeísmo.
8. Sus discípulos lo adoraban.
9. Sus enseñanzas y discípulos se extendieron rápidamente.
10. Sus seguidores creían que eran inmortales.
11. Sus seguidores despreciaban la muerte.
12. Sus seguidores renunciaron a los bienes materiales.

Esta idea confirma la visión de Cristo presentada en los Evangelios del Nuevo Testamento.

Fuentes

J. Africano, *Extant Writings* [Escritos existentes].

J. N. D. Anderson, *Christianity: The Witness of History* [El cristianismo: El testigo de la historia].

F. F. Bruce, *Jesus and Christian Origins outside the New Testament* [Jesús y los orígenes cristianos fuera del Nuevo Testamento].

————, *The New Testament Documents* [Documentos del Nuevo Testamento].

Eusebio, Ecclesiastical History [Historia eclesiástica].

G. Habermas, *The Historical Jesus* [El Jesús histórico], cap. 9.

F. Josefo, *The Antiquities of the Jews* [Antigüedades de los judíos].

Luciano de Samósata, *"The Death of the Peregrine"* ["La muerte de Peregrino"].

————, *The Works of Lucian of Samosata* [Las obras de Luciano Samósata].

J. Mártir, *First Apology* [Primera apología].

J. McDowell, *Evidence That Demands a Verdict* [Evidencia que demanda un veredicto], cap. 5.

Orígenes, *Contra Celsus* [Contra Celso].

Plinio el Joven, *Letters* [Cartas].

A. Roberts y J. Donaldson, eds., *The Ante-Nicene Fathers* [Los padres antenicenos].

I. W. Slotki, ed., *The Babylonian Talmud* [El talmud babilónico].

Suetonio, *Life of Claudius* [La vida de Claudio].

————, *Life of Nero* [La vida de Nerón].

Tácito, Annals [Anales].

Valentín, *Gospel of Truth* [El Evangelio de la verdad].

Jesús, Singularidad de. *Ver* CRISTO, DIVINIDAD DE; CRISTO, UNICIDAD DE; RELIGIONES DEL MUNDO Y EL CRISTIANISMO.

Josefo. *Ver* FLAVIO JOSEFO.

Josué, El día largo de. *Ver* CIENCIA Y LA BIBLIA.

Juan, Evangelio de. El Evangelio de Juan es un vínculo importante en el argumento de la deidad de Cristo y la verdad del cristianismo. Considerando que la verdad es conocible (ver Milagros, Valor apologético de los), el argumento general se puede resumir de la siguiente manera (ver Apologética, Argumento general de la):

1. El Dios teísta existe.
2. Los milagros son posibles en un universo teísta (ver Milagro).
3. Los milagros relacionados con las afirmaciones verdaderas son actos de Dios que confirman la verdad de Dios afirmada por un mensajero de Dios (ver Milagros, Valor apologético de los).
4. Los documentos del Nuevo Testamento son his-

tóricamente fiables.

5. Jesús afirmó ser Dios en el Nuevo Testamento.
6. Jesús demostró ser Dios por una convergencia de milagros sin precedente.
7. Por lo tanto, Jesús era Dios en carne humana.

El Evangelio de Juan habla sobre la quinta premisa registrando las afirmaciones explícitas de Jesús sobre la deidad:

El Padre no juzga a nadie, sino que todo juicio lo ha delegado en el Hijo, para que todos honren al Hijo como lo honran a él. El que se niega a honrar al Hijo no honra al Padre que lo envió. (5:22-23)

Ciertamente les aseguro que, antes de que Abraham naciera, ¡yo soy! (8:58)

El Padre y yo somos uno. (10:30)

Padre, glorifícame en tu presencia con la gloria que tuve contigo antes de que el mundo existiera. (17:5)

Otras afirmaciones de la deidad de Cristo no están registradas en los Sinópticos como lo están en Juan (ej., 9:35-38; 13:13-15; 18:6). Las declaraciones precisas de un apóstol, que fue testigo presencial, sobre la deidad de Cristo provienen de Juan:

En el principio ya existía el Verbo, y el Verbo estaba con Dios, y el Verbo era Dios. (1:1)

A Dios nadie lo ha visto nunca; el Hijo unigénito, que es Dios y que vive en unión íntima con el Padre, nos lo ha dado a conocer. (1:18)

Esto lo dijo Isaías porque vio la gloria de Jesús y habló de él. (12:39-41)

"¡Señor mío y Dios mío!" (la declaración de Tomás ante el Cristo resucitado, 20:28)

Debido a que estas declaraciones no tienen paralelos en los otros Evangelios, los críticos negativos han descartado su autenticidad. Con frecuencia los apologetas evitan el tema aferrándose a las declaraciones de Jesús sobre la deidad en los Sinópticos (p. ej., Mt 16:16-17; Mc 2:5-10; 14:61-65) y ocasiones en las que aceptó la adoración (p. ej., Mt 28:9; Mc 5:6; 15:19).

Sin embargo, no podemos arriesgarnos a ignorar a Juan por completo. Si, como algunos críticos afirman, Juan creó estos dichos o no los reportó de manera precisa, los relatos de los Evangelios pierden fuerza, al igual que las valiosas enseñanzas teológicas que se encuentran en Juan (ver Nuevo Testamento, Datación del; Manuscritos del Nuevo Testamento).

Argumentos en contra de la historicidad. Se usan muchos argumentos en contra de la autenticidad del registro de Juan:

Juan se escribió en el Siglo II. Por lo tanto, un testigo presencial no pudo redactarlo. Supuestamente, el escritor puso en boca de Jesús y sus discípulos declaraciones que atribuyen a la deidad.

'Si' Juan hubiera sido escrito durante el siglo II, eso por sí mismo no lo haría poco fiable. No es raro que otros registros de la antigüedad, aceptados por los críticos, se escriban siglos después de los eventos mencionados. La vida inicial de Alejandro Magno fue escrita doscientos años después, sin embargo, los historiadores la utilizan como una fuente de información fiable. Pero no hay evidencia de que Juan haya sido escrito muchos años después. No hay evidencia testimonial o documental que contradiga las afirmaciones explícitas de ser un testigo presencial de lo que Jesús hizo o dijo. Juan registra: "Este es el discípulo que da testimonio de estas cosas, y las escribió. Y estamos convencidos de que su testimonio es verídico" (Juan 21:24). En contexto, la declaración identifica con certeza que el autor es el apóstol Juan. No hay evidencia de lo contrario, por lo tanto, el caso prima facie de que sea un Evangelio auténtico es sólido.

Ese caso se ve reforzado por la originalidad y vivacidad del libro, que faltan en los relatos antiguos posteriores a los acontecimientos que relatan. La explicación de los antecedentes, los detalles personales y la relación cuidadosa de las conversaciones privadas (p. ej., Juan 3, 4, 8-10; 13-17) revelan el trabajo de un testigo presencial (cf. Juan 2:6; 4:6; 6:10; 12:3, 5). Por ejemplo, Juan (5:2) menciona cinco pórticos en el estanque de Betzatá. Las excavaciones realizadas entre 1914 y 1938 descubrieron este estanque y era exactamente como lo describió Juan. Como ese estanque no existía en el siglo II, es poco probable que un impostor del siglo II hubiera tenido acceso a esos detalles sobre personas, lugares, geografía y topografía.

Otra acusación de los críticos es que Juan es muy diferente, tanto en los eventos como en el lenguaje como para estar hablando del mismo hombre y eventos de los Evangelios Sinópticos. Los problemas relacionados al lenguaje se verán más adelante. El hecho de que los eventos sean diferentes implica muchas cosas. Si Juan fue escrito hasta un siglo después de los Sinópticos para promover una agenda teológica, la tendencia sería hacer referencia a algunos de los mismos acontecimientos simplemente dándoles un nuevo significado. Esto no ocurre. Sin embargo, hay superposiciones en los puntos obvios (la crucifixión y la resurrección) y en otros eventos referentes, como Jesús caminando sobre el agua, alimentar a los cinco mil, su entrada triunfal a Jerusalén y sobre todo la última cena. No hay una diferencia significativa entre estos relatos.

La hipótesis del siglo II recibió un golpe fatal tras el descubrimiento del "fragmento de San Juan", que ahora se encuentra en el Biblioteca John Rylands, el cual puede ser del año 114. Juan fue escrito en Asia Menor. Si las copias circularon en una pequeña ciudad al otro lado del Mediterráneo por el año 114, entonces el original fue sin duda una obra del siglo I.

La tradición ha establecido que Juan es el último de los Evangelios que se ha escrito, en algún momento de los años 90. Sin embargo, la reciente investigación sobre los *Manuscritos del Mar Muerto ha provocado que algunos eruditos fechen a Juan antes del año 70, debido a su afinidad con Qumrán (Guthrie, págs. 261-62). La evidencia particularmente observada es la sencillez del lenguaje y la idea luz-tinieblas tan común en el pensamiento Qumrán (Juan 1:4-9; cf. 8:12). Incluso los eruditos liberales, como John A. T. Robinson, fechan a Juan entre los años 40-65 (Robinson, pág. 352). Esto lo ubicaría a una década de los acontecimientos reales. Esto podría ser demasiado temprano; sin embargo, refleja lo que se ha aprendido sobre el conocimiento directo del autor de los eventos relatados.

El origen de Juan en el siglo I, mientras que los testigos presenciales todavía estaban vivos, parece indiscutible. Esta es una clara sugerencia de la historicidad de Juan.

Juan no usa parábolas. Una característica del Evangelio de Juan es que no contiene ninguna de las parábolas tan características de los Evangelios Sinópticos. Algunos críticos usan esto como evidencia de que Juan es una fuente poco confiable. Sin embargo, debido a que hay similitud con otros eventos y enseñanzas importantes, es difícil ver cómo la ausencia de las parábolas prueba que el relato de Juan no es confiable. No obstante, se pueden señalar cuatro puntos.

Este es un argumento a partir del silencio. En este punto, el silencio no prueba nada lógico, excepto que Juan decidió limitar su obra a otros temas. Puede que lo haya hecho a propósito, sobre todo si su Evangelio fue el último en ser escrito. No hay razón para que Juan repita el material que ya está disponible. El propósito de Juan puede haber sido en gran parte suplementario, debido a que ya estaban en circulación por veinte o treinta años otros tres Evangelios. Fue selectivo indicando que pasó mucho más de lo que se puede contar (20:30-31; 21:24-25).

Jesús usó un discurso de tipo parabólico en Juan. Craig Blomberg observó que, a pesar de que Juan no contiene parábolas narrativas, el libro presenta a Jesús como un aficionado a las metáforas y al lenguaje figurado o proverbial (Blomberg, Historicity of the Gospels [La historicidad de los Evangelios],

pág. 158). Jesús se muestra a sí mismo como el buen pastor que busca rescatar a las ovejas descarriadas (10:1-16; cf. Mt 18:12-14; Lc 15:3-7). Discipulado significa servicio (13:4-5, 12-17; cf. Lc 22:24-27). Juan introduce la siembra versus la cosecha (4:37); el hijo aprendiz (5:19-20a); esclavitud versus filiación (8:35); trabajar y caminar durante el día (9:4; 11:9-10); el ladrón, el portero y el pastor (10:1-3a); el crecimiento de un grano de trigo (12:24); la vid y el labrador (15:1-6); y el dolor de una mujer al dar a luz (16:21; Blomberg, Historical Reliability of the Gospels [La fiabilidad histórica de los Evangelios], pág. 158). En vez de mostrar que el reporte de Juan no es auténtico, esas expresiones parabólicas conectan al Jesús de Juan con el Jesús de los Sinópticos.

El libro abarca diferentes tiempos y lugares. Juan relata más conversaciones privadas, mientras que Jesús habló en parábolas a la multitud incrédula (Mt 13:13-15). Los eventos registrados no se encuentran en los Sinópticos. Juan se ocupa de los ministerios primitivos y finales de Cristo, mientras que los Sinópticos se ocupan en gran medida de los ministerios centrales y galileos. Es comprensible que Jesús haya dicho las cosas de manera distinta en diferentes tiempos y lugares, como lo hace cualquier buen predicador itinerante.

Juan estaba alcanzando a una nueva audiencia. La ausencia de parábolas narrativas sugiere que la audiencia de este predicador no es lingüísticamente semítica. Juan usa términos con un atractivo religioso casi universal para minimizar las barreras de comunicación (Carson, pág. 46). Esto coincide con una fecha posterior al año 70, cuando los romanos conquistaron Jerusalén y el Evangelio estaba alcanzando una audiencia no judía más diversa.

Los dichos de Jesús tienen un estilo diferente. Se asume que cualquier disimilitud en el estilo prueba que Juan crea y no que informa las palabras de Jesús. Lógicamente, esto no tiene sentido. Hay al menos otras tres posibles explicaciones para las disimilitudes: (1) Puede que los Sinópticos sean más precisos que Juan. (2) Puede que Juan sea más preciso que los Sinópticos. (3) Puede que los dos estén reportando de manera precisa eventos en gran parte diferentes y algunos de los mismos eventos de manera distinta. La evidencia apoya la última alternativa.

Los dichos son en gran parte los mismos. Si Juan es posterior e impreciso, ¿entonces por qué a veces relata las declaraciones de Jesús con las mismas palabras usadas en los Sinópticos? Juan y Marcos relatan que Jesús le dijo al paralítico: "recoge tu camilla y anda" (Mc 2:11; Jn 5:8). Las palabras de Jesús a los discípulos que lo vieron caminando sobre el agua fueron: "No tengan miedo, que soy yo" (Mc 6:50; Jn 6:20). Cuando Jesús apareció ante los discípulos dijo: "¡La paz sea con ustedes!" (Lc 24:36; Jn 20:19).

Sin embargo, no es necesario usar las palabras exactas para que un informe sea fiable, siempre y cuando se mantenga el mismo significado. En muchos puntos de Juan y de su paralelo sinóptico se mantiene la esencia de lo que dijo Jesús. Cuando alimentó a los cinco mil, Jesús dijo: "Hagan que se sienten todos" (cf. Jn 6:10) y Marcos dice que Jesús les mandó a que "hicieran que la gente se sentara" (6:39). En Juan, Jesús defendió a la mujer que lo ungió diciendo: "Déjala en paz —respondió Jesús—. Ella ha estado guardando este perfume para el día de mi sepultura". (12:7). Marcos cuenta: "Ungió mi cuerpo de antemano, preparándolo para la sepultura". (14:8). Sobre la traición de Judas, Jesús dijo en Juan: "Ciertamente les aseguro que uno de ustedes me va a traicionar" (13:21). Marcos relató: "Les aseguro que uno de ustedes, que está comiendo conmigo, me va a traicionar". (14:18). En Juan 13:38, Jesús le dijo a Pedro: "¿Tú darás la vida por mí? ¡De veras te aseguro que antes de que cante el gallo, me negarás tres veces!". Lucas escribió: "Pedro, te digo que hoy mismo, antes de que cante el gallo, tres veces negarás que me conoces". (Lc 22:34). Aquí Juan coincide con un sinóptico y Marcos se desvía mencionando dos cantos del gallo, en vez de tres. (Mc 14:30). En Juan 18:11, Jesús le dijo a Pedro: "¡Vuelve esa espada a su funda!". Mateo 26:52 dice: "Guarda tu espada".

Juan registra enseñanzas específicas que se parecen mucho a los Evangelios Sinópticos:

Jesús es el "Hijo del hombre" (1:51; 5:27; 8:28; cf. Mt 9:6; 16:13; 20:18; Mc 2:10; 8:31; 10:45; Lc 12:40; 19:10; 24:7, en los ochenta acontecimientos).

Jesús enseñó con autoridad (2:18; 5:27; 10:18; cf. Mt 7:29; 9:6; 28:18; Mc 1:22; 27; Lc 4:32; 5:24).

Uno debe nacer de nuevo para ver el reino de Dios (3:3; cf. Mc 10:15).

Una cosecha abundante espera a los obreros (4:25; cf. Mt 9:37-38).

A ningún profeta se le honra en su propia tierra (4:44; cf. Mc 6:4).

Jesús corrigió la tradición judía, especialmente la del sábado (5:9b-16; 7:22-23; cf. Mt 12:1-13; Mc 2:23, 3:5; Lc 13:10-17).

Los no creyentes serán juzgados por sus obras (5:29; cf. Mt 25:46).

Jesús tiene una filiación única con Dios, incluyendo el derecho de llamar a Dios 'Abba', Padre (5:37; 17:11; cf. Mt 3:17; 18:10; Mc 14:36; Lc 3:22; 9:35; 23:46).

Jesús es la luz del mundo (8:12; cf. Mt 5:14).

Jesús enseñó, en parte, a endurecer los corazones de aquellos que se oponen a Él (9:39; cf. 12:39-40; Mc 4:12; 8:17).

El buen pastor rescata a su rebaño (10:1-16; cf. Mt 18:12-14; Lc 15:3-7).

El Padre revela al Hijo; nadie conoce al Padre sino al Hijo (10:14-15; 13:3; 17:2, 25; cf. Mt 11:25-27).

Jesús estuvo tentado a abandonar el camino de la cruz (12:27; cf. Mc 14:35-36).

Recibir a Jesús significa recibir al Padre (12:44-45; cf. Mt 10:40; Mc 9:37; Lc 10:16).

El verdadero discipulado significa servir (13:4-5, 12-17; cf. Lc 22:24-27).

Ningún discípulo es más que su amo (13:16; cf. Mt 10:24; Lc 6:40).

El Espíritu Santo dará a los discípulos el mensaje para las autoridades (14:26; 15:26; cf. Mt 10:19-20; Mc 13:11).

Se expulsará a los discípulos de las sinagogas (16:1-4; cf. Mt 10:17-18; Mc 13:9).

Los discípulos estarán dispersos por todo el mundo (16:32; cf. Mc 14:27).

Los cristianos tienen la autoridad de retener o perdonar pecados (20:23; cf. Mt 18:18; Blomberg, Historical Reliability of the Gospels [La Fiabilidad histórica de los Evangelios], págs. 157-58).

Los pasajes de tipo joánico están en los Sinópticos. En Mateo 11:25-27 se registra un típico pasaje de tipo joánico que presenta a Jesús utilizando el mismo discurso directo no parabólico que Juan le atribuye. De hecho, suena tan joánico que, si uno no supiera que lo escribió Mateo, podría suponer que lo escribió Juan. Lucas 10:21-22 también está escrito en el estilo joánico. Por consiguiente, el llamado estilo joánico de los dichos de Jesús no es exclusivo del Evangelio de Juan. En cambio, podría representar un modo real de hablar que Jesús usó a menudo.

Los dichos del "Yo soy" no son iguales a lo que Jesús dijo en los Sinópticos. Debido a que las siete declaraciones de "Yo soy" (4:26; 6:35; 8:12, 58; 10:9, 11; 11:25; 14:6) son exclusivas de Juan, algunos afirman que es poco probable que Jesús las haya dicho, al menos de esa manera.

En realidad, este argumento es un arma de doble filo. Uno podría afirmar igualmente que no se puede confiar en los dichos del Sinóptico porque son diferentes a las declaraciones joánicas. Sin embargo, no es acertado decir que los Sinópticos no tienen declaraciones de Jesús usando esta identificación implícita con el 'YHVH' del Antiguo Testamento. "Yo soy" (gr. ego eimi) está basado en la proclamación del Antiguo Testamento de que Dios es Dios (cf. Dt 5:6; 32:39; Sal 46:11; Is 40-45, pássim). En Mateo 11:25-27 y Lucas 10:21-22, los Sinópticos utilizan un estilo similar de expresión. La declaración de Jesús al sumo sacerdote es más explícita en Marcos 14:62: "'Yo soy' [el Cristo]". En una demostración de poder que se aproximaba a una epifanía, Jesús les dijo a los discípulos: "¡Cálmense! 'Soy yo'. No tengan miedo" (Mc 6:50, énfasis agregado).

Además, ¿de dónde obtendrían Juan y los otros autores esta forma extraordinaria? Los antiguos escritores apócrifos trataron de hacer que su estilo se ajustara a un formato que fuera aceptado como genuino. Ningún otro líder religioso del siglo I usó declaraciones como esta. El paralelo no bíblico más cercano es el Qumrán judío Damascus Document [Documento de Damasco] que indica: "¿buscas al Dios de dioses? Yo soy Él", seguido en el siguiente capítulo por: "Yo soy Él, no temas, porque soy antes de que los días fueran" (citado en Stauffer, pág. 179; se debe tomar en cuenta que Dios hace declaraciones similares en Sal 46:2 e Is 43:1).

El contenido de las declaraciones "Yo soy" de Juan está implícito en los Sinópticos. Craig Blomberg ha observado que los cuatro Evangelios representan a un hombre cuyas palabras perdurarán para siempre, que perdonó pecados, que se atribuyó el destino de la humanidad, que demandó lealtad absoluta, que ofreció descanso a los cansados y salvación a los perdidos, que prometió estar siempre con sus seguidores y que garantizó que Dios respondería oraciones en su nombre (Stauffer, pág. 166). Las formas usadas por Jesús en los Sinópticos y en Juan revelan su propia afirmación de deidad. Como Stauffer afirmó: "Yo soy" significa: donde yo esté, Dios estará, ahí vive y habla Dios" (ibid., págs. 194-95).

Los argumentos sobre la autenticidad general de Juan aplican a las secciones "Yo soy". No hay una buena razón para sospechar que Juan y los Sinópticos no son auténticos de manera independiente. Estas secciones coinciden en todas las áreas principales de coincidencia, y a menudo hasta en los detalles. Juan también usa declaraciones en tercera persona como aquellas más comunes en los Sinópticos. En Juan 10:1-7, está claro que cambia a primera persona porque sus oyentes no entienden el significado de su ilustración en tercera persona.

"Ciertamente les aseguro que el que no entra por la puerta al redil de las ovejas, sino que trepa y se mete por otro lado, es un ladrón y un bandido. [...] Jesús les puso este ejemplo, pero ellos no captaron el sentido de sus palabras. Por eso volvió a decirles: 'Ciertamente les aseguro que yo soy la puerta de las ovejas'" (Juan 10:1, 6-7, énfasis agregado).

Es posible que Jesús haya usado el estilo más corto y simple citado por Juan en muchas ocasiones para dar énfasis o cuando la audiencia no le entendía.

Ya que Juan enfatiza el antagonismo de los líderes judíos contra Jesús (ver Juan 5:16, 18; 7:1; 10:31, etc.), es entendible que las declaraciones de "Yo soy" se produjeran en Juan.

No hay prueba de que Juan haya creado los siete "Yo soy" o las siete "señales" (milagros) con los que apoyó el tema de Jesús (cf. 20:30-31). Ambos fueron escogidos para ser incluidos en el Evangelio para probar su punto. Resulta que no hay coincidencia entre los "dichos" en Juan con los que están en los Sinópticos. ¿Por qué la habría si él está complementando de manera consciente los Sinópticos ya disponibles con la riqueza del material que "no cabrían en el mundo entero" (Juan 21:25)?

En algunos puntos, Juan y los Sinópticos coinciden, sobre todo en las señales o milagros que Jesús realizó. Por ejemplo, Jesús caminando sobre el agua y alimentando a los cinco mil en Juan 6 y su resurrección en Juan 20 aparecen en los Sinópticos sin ninguna variación significativa de los relatos de Juan. Si el libro no muestra adiciones inauténticas o exageraciones al reportar las señales de Jesús, entonces no hay razón para dudar del informe de Juan sobre lo que Jesús dijo.

Por último, fue Juan quien escribió que Jesús prometió la activación divina de los recuerdos de los apóstoles sobre "todo [...] [lo que Jesús ha] dicho" (Jn 14:26; 16:13). Si los recuerdos fueron activados de manera sobrenatural por el Espíritu Santo, no hay ningún problema real para entender cómo los escritores de los Evangelios pudieron reproducir cuidadosamente décadas después lo que Jesús dijo.

La brevedad de los dichos de Jesús muestra que son las palabras de Juan. Otra acusación sobre el estilo del discurso de Jesús es que la brevedad muestra el trabajo de un escritor, así como un redactor. Esto pasa por alto que no todos los relatos de Juan sobre las palabras de Jesús son breves (cf. Juan 3:3-21; 5:19-47; 6:26-58; 10:1-18). El discurso del aposento alto consta de tres capítulos (Juan 14-16), compitiendo en longitud con el sermón del monte que se encuentra en Mateo 5-7. Juan 17 relata la oración más larga de Jesús.

Por otro lado, los Sinópticos registran breves declaraciones de Cristo. Mateo proporciona la concisa "Entonces denle al césar lo que es del césar y a Dios lo que es de Dios". (22:21). Marcos registra: "Para el que cree todo es posible" (9:23) y Lucas: "No solo de pan vive el hombre" (4:4). Se observan declaraciones como las de Lucas 18:27; 23:24, 43, 46.

¿Por qué la brevedad debería ser una característica de inautenticidad? Uno podría fácilmente usar este argumento para concluir que Lincoln nunca dio el discurso de Gettysburg. Por supuesto, hubo momentos en los que Jesús habló de manera extensa y momentos en los que sus palabras fueron directas y concisas.

Juan muestra una cuidadosa atención a la exactitud de las palabras de Jesús. Él distingue lo que Jesús dijo (que los discípulos normalmente en ese entonces no entendían) de lo que los discípulos posteriormente entendieron que había querido decir. Jesús dijo: "Destruyan este templo [...], y lo levantaré de nuevo en tres días". Juan añadió: "Así, pues, cuando se levantó de entre los muertos, sus discípulos se acordaron de lo que había dicho, y creyeron en la Escritura y en las palabras de Jesús". (Juan 2:19, 22; cf. 20:9). Lo que Jesús en realidad le dijo a Juan es distinto a lo que los otros discípulos confundieron (21:22-23). Esta diferencia también está en otros Evangelios (cf. Marcos 3:30). Por lo tanto, la brevedad de las declaraciones registradas en Juan no es una muestra de que Jesús realmente no dijo tales cosas.

Las declaraciones "De cierto, de cierto" ("Amén, amén") son únicas de Juan. Una vez más, los críticos suponen que el uso único de Juan de "de cierto, de cierto" (RVR1960) por parte de Jesús indica que Él nunca usó realmente esta forma de énfasis (Juan 1:51; 3:3, 5, 11; 5:19, 24, 25; 6:26, 32, 47, 53; 8:34, 51, 58; 10:1, 7; 12:24; 13:16, 20, 21, 38; 14:12; 16:20, 23; 21:18). Esta frase no se usa en los Sinópticos, pero "De cierto, de cierto te digo" (Juan 13:38) tiene similitudes con "De cierto te digo" (Mt 26:34; Mc 14:30). La duplicación puede indicar énfasis (ver Blomberg, Historicity of the Gospels [La historicidad de los Evangelios], pág. 159). "Ciertamente les aseguro" de la NVI 1984 y "Les digo la verdad" de la NTV captaron la idea del énfasis en una sola frase.

No hay razón para suponer que Jesús no habló de esa manera en alguna ocasión. Los discursos de Jesús en Juan generalmente se dan en tiempos diferentes (ministerio primitivo y final) y en diferentes lugares (Judea, en lugar de Galilea) e incluso para diferentes personas (p. ej., la mujer samaritana no hubiera tenido las mismas falsas expectativas políticas del Mesías que tenían los judíos, 4:25-26 (ver Carson, pág. 58).

Juan brinda conversaciones más privadas que los Sinópticos. Juan registra el discurso privado de Jesús a Nicodemo (cap. 3), a la mujer en el pozo (cap. 4), a la adúltera (cap. 8) y a los discípulos (caps. 13-16). Durante su ministerio, Jesús evitó afirmar de manera pública y explícita que Él era el Mesías. Sin embargo, no dudó en hacerlo en privado (4:25-26) y ante el sumo sacerdote (Marcos 14:61-65). Jesús usó un discurso apropiado para la ocasión.

Algunos eruditos evangélicos sugieren que la duplicación que hace Juan del de cierto ("amén"') fue por razones homiléticas. Detrás de este punto de vista está el argumento de que el Evangelio de Juan fue escrito como un sermón (cf. 20:30-31). De esta manera lo argumenta D. A. Carson (pág. 46). Por consiguiente, Jesús puede haber dicho "amén", pero Juan lo duplicó como un recurso retórico. Si bien esto es posible, parece mejor concluir que cualquier duplicación resultó del deseo del escritor de expresar al lector un énfasis que solo un oyente pudo haber detectado en el tono de voz de Jesús cuando lo dijo. Mejor aún, no hay razón por la que Jesús no pudiera haber dicho "amén, amén" en estas ocasiones, tal como lo registra Juan. No hay pasajes paralelos en los Sinópticos que contradigan esto.

Hay diferencias del vocabulario en Juan. Cerca de 150 de las palabras de Jesús no se encuentran en los otros Evangelios (Carson, pág. 45). Muchas de ellas son tan comunes que Jesús debió haberlas dicho como parte de su discurso normal, si es que las llegó a usar. Esto se ofrece como evidencia de que Juan creó, no que informó, lo que Jesús dijo.

Un argumento como este no tiene en cuenta que un buen comunicador usa palabras que se ajustan a la ocasión. Y, dado que generalmente se reconoce que Jesús habló en arameo, es posible que el registrador actuando como traductor escoja una palabra diferente en griego. Todo esto plantea un aspecto que se aplica a varios argumentos sobre las citas de Jesús en los Evangelios. Se puede reportar un discurso o un diálogo de manera textual o en una versión resumida (Westcott, págs. 115-119). El estilo y el propósito del reporte puede variar. Carson dice: "en algún momento puede ser importante captar el sabor de un discurso mediante la inclusión de una serie de frases textuales y ocurrencias. En otro momento, puede ser más estratégico concentrarse en el argumento esencial y resumirlo equitativamente, incluso si el lenguaje utilizado es muy diferente del original" (pág. 46). Por lo tanto, muchos eruditos conservadores están dispuestos a aceptar que no todas las declaraciones de Jesús puedan ser preservadas ipsissima verba (con sus palabras exactas) sino solo ipsissima vox (con el mismo significado).

Los tiempos y otros indicadores gramaticales también influyen en la selección de palabras, así como indica Carson. Si el "presente histórico" se utiliza con relativa frecuencia en la narración, pero con poca frecuencia en los discursos, se ha demostrado que la estructura no apoya las teorías de las fuentes actuales que intentan asignar estas secciones a diferentes redactores (Carson, pág. 45).

El argumento en contra de la autenticidad de estas declaraciones es una forma de la falacia petitio principii, es decir, plantear la pregunta. La única razón por la que hay un problema es porque estos diferentes modos de expresión encontrados en Juan no se consideran al determinar qué constituyó el estilo de Jesús. Pero esto plantea la pregunta al asumir que las expresiones de Juan no son parte de la forma auténtica en la que Jesús habló.

El registro y orden de los eventos son diferentes. Otro argumento en contra de la fiabilidad del relato de Juan es que el orden de los eventos a veces es diferente. La mayor parte de Juan 1-17 y 21 no aparece en los otros Evangelios, por lo que la secuencia relativa no es un problema.

Juan sitúa la purificación del templo al principio del ministerio de Jesús (2:13-22) pero está situado después en los Sinópticos (cf. Marcos 11:15-19). Jesús estaba cumpliendo la profecía cuando atacó a los mercaderes en la Corte de los Gentiles. Estaba estableciendo un punto esencial sobre extender el reino al mundo de los gentiles. Por lo tanto, es totalmente posible que Jesús haya dado esta lección objetiva dos veces, una al inicio de su labor y otra después de llegar a la ciudad para su prueba final. Esto se apoya en las diferencias en los relatos. Juan no menciona la clara hostilidad de los líderes del templo, como lo hace Marcos, quien insinúa que esta purificación final reafirmó su intención de matarlo, "pues le temían, ya que toda la gente se maravillaba de sus enseñanzas" (Marcos 11:18). Este antagonismo por parte de las autoridades caracterizó el posterior ministerio de Jesús. Era de esperarse que usara el mismo texto del Antiguo Testamento para reprenderlos, ya que los estaba confrontando por los mismos pecados (cf. Mt 4:4, 7, 10).

Ninguno de los Evangelios afirma haber sido escritos en orden cronológico. El mensaje actual, en lugar de la secuencia, es lo que ordena el texto. Dentro de una cronología general, si una perícopa del mismo evento se sitúa en un lugar diferente, puede estar cumpliendo un propósito literario ligeramente diferente. Mateo y Lucas sitúan el orden de los eventos de las tres tentaciones en un orden diferente (cf. Mateo 4 y Lucas 4). No tiene sentido el argumento que indica que la secuencia de Juan muestra ser un registro tardío y poco fiable. Podría ser material complementario o escrito con diferentes temas en mente. Sin considerar la secuencia, los eventos que Juan comparte con los Sinópticos muestran una coincidencia considerable en los detalles, como lo señaló Blomberg (Historicity of the Gospels [La Historicidad de los Evangelios], págs. 156-57):

> En ambos, Jesús devuelve la vista al ciego, resucita a los muertos y cura al hijo de un oficial a distancia (Juan 4:46b-54; Lucas 7:1-10 par).
> En ambos, Jesús desafía las interpretaciones de la ley tradicional del sábado (Juan 9:6-7; Marcos 8:23-25).
> Ambos mencionan que Jesús se rehusó a realizar milagros simplemente para satisfacer a sus oponentes (Juan 6:30-34; Marcos 8:11-13 par).
> Ambos reportan los intentos fallidos de arrestar a Jesús (Juan 8:59; 10:39; Lucas 4:29-30).
> Ambos describen su amistad con María y Marta (Juan 11:20; 12:2-3; Lucas 10:38-42).
> En ambos, Él es acusado de ser poseído por los demonios (Juan 10:19-21; Marcos 3:22).
> En ambos, Juan el Bautista es la voz que grita en el desierto en Isaías 40:3 y el precursor del Mesías (Juan 1:23; Marcos 1:2-3 par).
> El bautismo de Juan con agua se contrasta con el bautismo del Mesías con el Espíritu (Juan 1:26-27, 33; Marcos 1:7-8 par).
> El Espíritu unge a Jesús, como testifica el Bautista (Juan 1:32; Marcos 1:10 pas).
> Los cinco mil son alimentados (Juan 6:1-15; Marcos 6:32-33 par).
> Jesús camina sobre el agua (Juan 6:16-21; Marcos 6:45-52).

Gerhard Maier enumera similitudes adicionales entre Juan y Mateo (citado en Blomberg, Historicity of the Gospels [La historicidad de los Evangelios], pág. 159). Esto es particularmente interesante, ya que usualmente los críticos dicen que Mateo es el menos parecido a Juan.

> Ambos usan citas del Antiguo Testamento y anuncian su cumplimiento.
> Ambos registran la frecuencia, la extensión, la ubicación y la naturaleza instructiva de los sermones extensos de Jesús.
> Ambos comparten elaborados discursos de despedida (los discursos del aposento alto y el de los olivos).
> Ambos enfatizan la instrucción privada de los discípulos.
> Ambos citan un propósito evangelístico, ofreciendo el Evangelio "primero a los judíos y después a los gentiles".

Juan tiene una cristología tardía. Una razón frecuente para rechazar la precisión de Juan al reportar las palabras de Jesús es su supuesta cristología "tardía" y "sumamente desarrollada" que destacaba su completa deidad (por ejemplo, en Juan 1:1; 8:58; 10:30; 20:29). Esta objeción se basa en una visión dialéctica injustificada del desarrollo doctrinal. Los críticos, siguiendo a F. C. Baur, leyeron el punto de vista del desarrollo hegeliano (ver Hegel, G. W. F.) en el registro del Evangelio (Corduan, págs. 90-92). Parten de la opinión de que Juan debe ser tardío, ya que sus puntos de vista eran una síntesis del conflicto anterior entre la tesis de Pedro y la antítesis de Pablo. Sin embargo, este punto de vista de la tesis-antítesis es de por sí indefendible.

Marcos (considerado por la mayoría de estos críticos como el primer Evangelio) tiene afirmaciones de deidad hechas por y sobre Cristo. Por ejemplo, cuando Jesús afirmó que perdonaba pecados, los fariseos lo vieron como una afirmación de deidad y respondieron: "¿Por qué habla este así? ¡Está blasfemando! ¿Quién puede perdonar pecados sino solo Dios?" (Marcos 2:7). Y cuando a Jesús le preguntaron bajo juramento si era el Mesías (quien según el Antiguo Testamento sería Dios, Sal 45:8; Is 9:6; Zac 12:10), Jesús respondió con claridad: "Sí, yo soy. Y ustedes verán al Hijo del hombre sentado a la derecha del Todopoderoso, y viniendo en las nubes del cielo". (Marcos 14:62). La respuesta claramente reconoce su afirmación de ser Dios y el Sanedrín la utilizó para condenar a Jesús por "blasfemia" (v. 64). Aparte de los Evangelios, la epístola romana de Pablo (aprox. 56), que muchos creen es anterior a los Evangelios, tiene una fuerte descripción de la deidad de Cristo proclamándolo "Dios sobre todas las cosas" (Ro 9:5).

Muchas de las afirmaciones más importantes de Jesús sobre la deidad se dan en el contexto en el que es desafiado o confrontado por la multitud. Aunque esto aplica tanto en Juan como a los Evangelios Sinópticos (cf. Marcos 2:7-10; 14:61-62; Juan 10:24, 30-33), Juan enfatiza el antagonismo de "los judíos" (ver Juan 5:16, 18; 7:1; 10:31). Es comprensible que él prestara mayor atención a las claras afirmaciones de deidad.

El principal propósito de los sinópticos no fue enfatizar la deidad de Cristo. El énfasis judío de Mateo estaba en el tan esperado Mesías. Marcos enfatizó a Jesús como un siervo (Marcos 10:45). Lucas enfatizó la humanidad de Jesús. El propósito expreso de Juan era mostrar que Jesús era Dios encarnado (1:1, 14; 20:31). No es extraño que haya más afirmaciones de deidad en su Evangelio. En el clímax de su Evangelio, Juan reporta que Tomás declaró la deidad de Cristo proclamándolo como "Señor mío y Dios mío" (20:28). Si esto no es correcto, entonces Juan está representando inadecuadamente el punto central de su libro, el cual es que los milagros de Jesús causaron que sus discípulos reconocieran su verdadera identidad como Dios (ver 20:28-31).

Conclusión. Los argumentos en contra de la autenticidad de los dichos de Jesús en el Evangelio de Juan parecen estar basados más en fundamentos filosóficos a priori que en evidencias históricas y textuales reales. Hay explicaciones lógicas para las diferencias basadas en donde, cuando, a quién y bajo qué circunstancias Jesús habló. Muchas de ellas se explican bajo la premisa lógica de que Juan escribió un Evangelio posterior y conscientemente complementario. De manera deliberada evitó repetir lo que se dijo en los otros Evangelios a menos que fuera muy importante para el tema. Como se ve en las áreas de superposición, los paralelismos de Juan con los Evangelios Sinópticos son numerosos.

En ninguno de estos casos hay evidencia real de que Juan esté creando, en lugar de reportar, lo que Jesús dijo. Por el contrario, el relato de Juan es tan original, vívido, privado, detallado y personal que manifiesta un testimonio íntimo y personal de quien lo escribe. Existen motivos para creer que Juan preservó las palabras originales de Jesús o el mismo significado, si no las palabras exactas.

Las razones para aceptar la autenticidad del Evangelio de Juan son igual de buenas o mejores que aquellas que apoyan a los Sinópticos. Todas se pueden aceptar a conciencia como históricas. Mateo y Marcos son paralelos a Lucas, y Lucas aborda su propia precisión y método historiográfico (ver Hechos, Historicidad del libro de los):

> Muchos han intentado hacer un relato de las cosas que se han cumplido entre nosotros, tal y como nos las transmitieron los que desde el principio fueron testigos presenciales y servidores de la palabra. Por lo tanto, yo también, excelentísimo Teófilo, habiendo investigado todo esto con esmero desde su origen, he decidido escribírtelo ordenadamente, para que llegues a tener plena seguridad de lo que te enseñaron (Lucas 1:1-4).

Si Mateo y Marcos cuentan prácticamente la misma historia que Lucas, entonces son históricamente fiables igual que Lucas. Y si el material paralelo de Juan no se desvía en esencia de los Sinópticos, los críticos tienen la responsabilidad de mostrar pruebas sólidas de por qué no se debería tomar su testimonio como históricamente fiable. (ver Nuevo Testamento, Historicidad del).

Las diferencias de Juan en el uso de lenguaje con respecto a los Sinópticos pueden explicarse principalmente por su ubicación (Judea), fecha (ministerio temprano y tardío) y naturaleza (muchas conversaciones privadas). Las afirmaciones de "Yo soy" se pueden entender como declaraciones más cortas y sencillas que Jesús hizo a aquellos que al principio no lo entendían. Ciertamente, el hecho de que el relato de Juan sea tan íntimo, original y detallado sostiene claramente su autenticidad.

El vínculo de Juan en el argumento de la apologética es uno de los más fuertes en la cadena. De hecho, es el único Evangelio que afirma haber sido escrito por un apóstol testigo presencial (Juan 21:24-25). Carson concluye: "Es totalmente posible que Jesús algunas veces haya hablado en nada menos que lo que consideramos el estilo "joánico" y que, hasta cierto punto, el estilo de Juan haya estado influenciado por el mismo Jesús. Cuando se juntan todas las pruebas, no es difícil creer que cuando escuchamos la voz del evangelista describiendo lo que dijo Jesús, estamos escuchando la voz del propio Jesús" (Carson, pág. 48).

Fuentes

C. Blomberg, *The Historical Reliability of John's Gospel* [La fiabilidad histórica del evangelio de Juan].
———, The Historical Reliability of the Gospels [La fiabilidad histórica de los Evangelios].
F. F. Bruce, *The New Testament Documents* [Los documentos del Nuevo Testamento].
D. A. Carson, *The Gospel According to John* [El Evangelio según Juan].
W. Corduan, *"Transcendentalism: Hegel"* ["Trascendentalismo: Hegel"].
R. T. France, *The Evidence for Jesus* [La evidencia sobre Jesús].
N. L. Geisler, *Christian Apologetics* [Apologéticas cristianas].
D. Guthrie, *New Testament Introduction* [Introducción al Nuevo Testamento].
I. H. Marshall, *I Believe in the Historical Jesus* [Creo en el Jesús histórico].
J. A. T. Robinson, *Redating the New Testament* [Nueva datación del Nuevo Testamento].
E. Stauffer, *Jesus and His Story* [Jesús y su historia].
R. L. Thomas y S. N. Gundry (eds.), *A Harmony of the Gospels* [Una armonía de los Evangelios].
B. F. Westcott, *The Gospel According to St. John* [El Evangelio según San Juan], vol. 1.

Judaísmo. *Ver* BIBLIA, EVIDENCIAS A FAVOR DE LA; CRISTO, DIVINIDAD DE; PROFECÍA COMO PRUEBA DE LA BIBLIA.

Justino Mártir. Justino Mártir (aprox. 100-165) fue un apologeta cristiano de comienzos del siglo II (ver Apologética clásica). Nació de padres paganos en Samaria. Se convirtió al cristianismo en el año 130. Después, enseñó en Éfeso, donde se comprometió y escribió Dialogue with Trypho the Jew [Diálogo con el judío Trifón] (aprox. 130). Eventualmente, fundó una escuela cristiana en Roma. Ahí escribió First Apology [La primera apología] (aprox. 155). Second Apology [La segunda Apología] (aprox. 161) estuvo dirigida al Senado Romano. Su énfasis en la filosofía y en el razonamiento griego ha causado que algunos piensen de manera errónea que fue un racionalista. Como otros padres de la iglesia primitiva, Justino creía en la inspiración y divina autoridad de la Escritura.

Supuesto racionalismo. Como evidencia de su supuesto racionalismo, se cita la declaración de Justino que indica que incluso los griegos que "vivieron una vida digna y seria" conocían a Cristo el Logos (Apology, 2.8). Llegó a decir que Cristo "es el Verbo, de que todo el género humano ha participado. Así, quienes vivieron conforme al Verbo (neta logou), son cristianos, aún cuando fueron tenidos por ateos" (1.46).

El papel de la razón. A pesar de estas citas, no está justificado concluir que Justino creyera que los paganos podían ser salvos. Sus críticos malentienden una sutil visión de la *fe y razón.

Justino declaró de manera enfática que su fe estaba en Cristo, no en Sócrates; estaba en el cristianismo, no en la filosofía. Escribió: "Y la razón correcta [Cristo], cuando vino, demostró que no todas las opiniones ni todas las doctrinas son buenas, sino que algunas son malas, mientras que otras son buenas" (ibid., 2.9). Justino creía que el cristianismo era superior a la filosofía griega declarando: "Entonces nuestras doctrinas parecen ser superiores a todas las enseñanzas humanas. [...] Cualquier cosa que los legisladores o filósofos dijeron bien, fue porque encontraron y contemplaron alguna parte del Verbo. Pero como no conocían todo el Verbo, que es Cristo, a menudo se contradecían" (ibid., 2.10). Las enseñanzas cristianas "son más idealistas que las de la filosofía humana" (ibid., 2.15). Justino manifestó que nadie confiaba en Sócrates lo suficiente como para morir por él, como lo hicieron por las enseñanzas y la presencia de Cristo (ibid., 2.10).

Como muchos de los primeros padres, Justino creía que la verdad que había en la filosofía griega era un préstamo de la revelación divina de las Escrituras hebreas (ibid., 1.60). En el mejor de los casos, la filosofía griega solo tenía una verdad parcial y tenue; en cambio, el cristianismo tenía una verdad completa y clara. Por lo tanto, "las cosas que se dijeron correctamente entre todos los hombres son propiedad de nosotros los cristianos" (ibid., 2.13).

Visión de la resurrección. Como Justino vivió en un tiempo cercano al de los apóstoles y como la resurrección es tan crucial para el cristianismo, su visión de la resurrección es más que un interés pasajero (ver Resurrección, Evidencias a favor de la).

La resurrección es posible. En contra de los que negaban la resurrección, Justino se enfrentó a los que decían ser creyentes, pero pensaban que era imposible que Dios pudiera resucitar a los muertos. Él dijo que Dios había demostrado su poder al crear al primer hombre "porque Dios creó al hombre a partir del polvo [...] Pero ahora estamos demostrando que la resurrección de la carne es posible" ("Fragments" [Fragmentos de la obra perdida de Justino sobre la resurrección] vol. 1, págs. 294-99). Justino declara:

"Dejen que los incrédulos guarden silencio, aunque ellos mismos no crean. Pero en verdad, Él incluso ha llamado a la carne a la resurrección y le promete vida eterna. Porque donde Él promete salvar al hombre, allí da la promesa a la carne" (Justino, On the Resurrection [Sobre la resurrección], cap. 8).

Una resurrección física (ver Resurrección, Naturaleza física de la). Justino admitió que hubo quienes sostuvieron que Jesús había aparecido solo en forma espiritual, con solo la apariencia carnal. Tales personas privaron a los cristianos de una gran promesa (ibid., cap. 2). "Si la resurrección fuera solo espiritual, era necesario que Él, al resucitar a los muertos, mostrara el cuerpo separado por sí mismo y el alma viviendo separada por sí misma. Sin embargo, no lo hizo, sino que resucitó el cuerpo confirmando en él la promesa de vida". De lo contrario, ¿por qué Cristo resucitó el cuerpo en el que había sido crucificado y dejó que los discípulos tocasen su cuerpo cuando dudaron? "Y fueron persuadidos por toda clase de pruebas de que era Él y lo invitaron a comer con ellos, para de esa manera comprobar con mayor exactitud que había resucitado en verdad físicamente" (ibid., 9). Justino Mártir observó que Jesús también demostró la posibilidad de que la carne ascendiera al cielo mostrando que la morada del cuerpo físico resucitado de los cristianos está en el cielo. "La resurrección es una resurrección de la carne que murió. Porque el espíritu no muere, el alma está en el cuerpo y no puede vivir sin alma" (ibid., 10).

Conclusión. Los primeros apologetas, como Justino, no fueron igual de sistemáticos que los posteriores apologetas como *Tomás de Aquino. Sin embargo, Justino estaba lejos de ser un racionalista en su uso de la razón. Él creía firmemente en la superioridad y necesidad de la revelación divina. No obstante, no hay duda de que Justino, al igual que los apologetas clásicos después de él, usaba la razón para explicar y defender la fe cristiana (ver Apologética clásica).

Fuentes

H. Chadwick, "Justin Martyr's Defense of Christianity" ["La defensa al cristianismo de Justino Mártir"].

F. L. Cross, The Oxford Dictionary of the Christian Church [El diccionario Oxford de la iglesia cristiana].

J. Martyr, Apology [Apología].

———, Dialogue with Trypho the Jew [Diálogo con el judío Trifón].

———, First Apology of Justin Martyr [La primera Apología de Justino Mártir].

———, Fragments of the Lost Work of Justin on the Resurrection [Fragmentos de la obra perdida de Justino sobre la resurrección].

———, Second Apology [La segunda Apología].

Kabir (kabirpanthis). Kabir fue un reformista religioso y profesor de la India que creció en el norte de de la India en el siglo XV. Se rebeló contra el sistema de castas del hinduismo (ver Hinduismo vedanta) y creó varias sectas siendo la última de ellas el *Sijismo. Sus discípulos se llamaron kabirpanthis y provenían del hinduismo y del islam. Sus seguidores creen que él era una encarnación de la deidad que su madre encontró flotando en un loto (ver Apoteosis; Historias del nacimiento divino).

También existen leyendas de que su madre era virgen o de que nació de la mano de su madre cuando enviudó. Tras su muerte en 1518, sus seguidores musulmanes e hindúes estaban en desacuerdo sobre si cremar su cuerpo, una práctica que los hindúes apoyan y los musulmanes rechazan. Se dice que el mismo Kabir apareció para detener la controversia.

Cuando les ordenó que retiraran la tela que estaba sobre su cuerpo, solo encontraron flores. Sus seguidores hindúes quemaron la mitad de las flores y los musulmanes enterraron la otra mitad. Hay problemas significativos con cualquier intento de verificar tales afirmaciones. Y las diferencias entre ellos y la resurrección de Cristo son determinantes (ver Resurrección, Evidencias a favor de la; Afirmaciones de resurrección en religiones no cristianas).

Fuentes

R. Burn, *"Kabir, Kabirphantis"*. ("Kabir, Kabirphantis").

———, *"Sikhs, Siks, Sikhism"* ("Sijes, sij, sijismo").

G. Habermas, *"Did Jesus Perform Miracles?"* ("¿Jesús realizó milagros?").

———, *"Resurrection Claims in Non-Christian Religions"* ("Afirmaciones de resurrección en religiones no cristianas").

Kähler, Martin. Martin Kähler (1835-1912) estudió teología en Heidelberg, Tubinga y Halle y fue profesor en la Universidad de Halle. En una ocasión, se refirió a sus estudios con F. C. Baur en Tubinga como un "baño de agua fría crítico" (ver Strimple, pág. 90). Sus obras principales en teología fueron Die Wissenschaft der christlichen Lehre (1883) y Geschichte der protestantischen Dogmatik im 19. Jahrhundert (1962). Su obra más influyente, The So-Called Historical Jesus and the Historic, Biblical Christ [El así llamado Jesús de la historia y el Cristo bíblico histórico] (1892), se tradujo al inglés en 1964.

Se considera que Kähler fue el impulsor de la "segunda búsqueda" del Jesús histórico (ver Cristo de la fe vs. Jesús Histórico; Jesús histórico, Búsqueda del). Kähler arremetió contra el intento del siglo XIX de reconstruir al Jesús de la historia como un ejercicio en especulación. Afirmó que el "Cristo verdadero" es el Cristo de la fe, no el Jesús que es el resultado de la llamada búsqueda histórica (ver Biblia, Críticas a la). El Cristo verdadero es el Cristo del kerigma (proclamación) cristiano que está disponible para todos.

Los puntos de vista de Kähler motivaron tanto a los conservadores como a los liberales. Los liberales y los neoortodoxos aceptaron su conclusión de que la fe no puede depender de la investigación histórica (ver Fideísmo). Los conservadores se regocijaron cuando rechazó los intentos de separar al Jesús de la historia del Cristo de la fe.

Kähler es el padre de la distinción alemana entre el Jesús "histórico" (historisch) y el Cristo "histórico" (geschichtlich). Sin embargo, se duda que él haya querido que esta distinción se usara de la misma manera que se usó en la erudición crítica del Nuevo Testamento. Cuando Kähler se refirió al llamado Jesús histórico, tenía en mente al Jesús reconstruido producto de la erudición crítica liberal, no al Jesús del primer siglo. Como dijo Robert Strimple: "el tratado de Kähler y su título son mal utilizados cuando se apela a ellos como apoyo a la distinción del siglo XX entre 'el Jesús de la historia' y el 'Cristo de la fe'" (Strimple, pág. 92). Como Carl E. Braaten dijo en su introducción de la traducción en inglés del The So-Called Historical Jesus [El así llamado Jesús de la historia]: "El 'Jesús histórico' no es el Jesús terrenal como tal, sino más bien Jesús en la medida en que puede ser objeto de la investigación histórico-crítica. El término tiene como referencia primaria al problema del conocimiento histórico y no pretende negar o desvirtuar la historicidad de la revelación" (ibid.).

Kähler nunca negó la fiabilidad histórica del Nuevo Testamento. Él no rechazó la imagen general de Cristo presentada en la Escritura. Simplemente insistió en que ninguna de las fuentes del Evangelio, ni los métodos naturalistas de los historiadores fueron adecuados para producir una biografía auténtica del Jesús verdadero (Strimple, pág. 93). Él no negó que los Evangelios presentan "una imagen fidedigna del Salvador para los creyentes" (ibid., pág. 94).

Kähler recalcó que al usar los principios de analogía de Ernst *Troeltsch no se puede obtener al Jesús verdadero. Esto requiere analogías en el presente que nos permitan entender el pasado (ver Analogía, Principio de; Historia, Objetividad de la). "La diferencia entre Jesucristo y nosotros no es de grado, sino de tipo" (ibid.). Por lo tanto, los cánones de la historia naturalista nunca pueden descubrir al Hijo de Dios encarnado.

Strimple escribió: "Kähler trató de liberar al creyente cristiano de la tiranía del experto, al papado del profesor", (ibid., pág. 95). Preguntó: ¿Deberíamos esperar que [los creyentes] confíen en la autoridad de los eruditos cuando el tema le concierne a la fuente de la que deben extraer la verdad para sus vidas? No puedo encontrar una base segura en las probabilidades o en una masa cambiante de detalles, cuya fiabilidad cambia constantemente" (Kähler, págs. 109, 111). Esto es reminiscente de la "zanja fea" de Gotthold *Lessing y de lo que Søren *Kierkegaard preguntó después: "¿Cómo algo de naturaleza histórica puede ser determinante para la felicidad eterna?" (Kierkegaard, pág. 86). Sin embargo, Kähler nunca entendió su punto de vista en el sentido en que Bultmann y los críticos posteriores lo han tomado para enfrentar al Cristo de la fe contra el Jesús de la historia.

Kähler rechazó la inspiración verbal y la inerrancia de las Escrituras (ver Biblia, Evidencias a favor de la), a las que denominó como una "fe autoritaria" (Kähler, pág. 72). Él se burló de la idea de que solo la inerrancia de la Escritura con respecto a cada asunto incidental podía garantizar su fiabilidad sobre el punto central. Él creía que debíamos "recurrir a la Biblia sin teorías detalladas sobre su naturaleza y origen". La tradición del Evangelio fue "inherentemente falible" y la Biblia como libro "contiene" la revelación de Dios (ibid., págs. 91, 106, 112-14).

Sin embargo, sostuvo que la Biblia es el único medio totalmente adecuado para llegar al "puerto seguro" de la fe en el Cristo vivo. Pues "cuanto más conversa una persona con la misma Biblia, más se da cuenta de que el poder de atracción del Salvador se une a la autoridad de la Biblia" (ibid., pág. 76). Agregó: "Nos hemos apresurado a seguir el consejo de Lessing de leer la Biblia como leemos otros libros" (ibid., pág. 123).

Según Kähler, la Biblia presenta una imagen fiable del Cristo histórico. "La imagen bíblica de Cristo, tan real y única más allá de la imaginación, no es una idealización poética originada en la mente humana. La realidad del propio Cristo ha dejado su huella inefable en esta imagen" (ibid., págs. 79-90, 95). Esta impresión de Cristo se encuentra una vez más en el "gran panorama" de la Biblia, no en el pequeño.

En ninguna parte de los Evangelios detectamos una lucha rigurosa por la precisión de la observación o por la preservación de los detalles. [...] Sin embargo, de estas tradiciones fragmentarias, de estos recuerdos parcialmente entendidos, de estas representaciones influidas por las personalidades individuales de los escritores, de estas confesiones sinceras y de estos sermones que lo proclaman como Salvador se nos presenta una imagen vívida y coherente de un Hombre, una imagen que siempre reconocemos. En sus incomparables hazañas y vida (incluyendo sus apariciones tras la resurrección) este Hombre ha grabado su imagen en la mente y memoria de sus seguidores con unas características tan marcadas y profundamente grabadas que no pueden ser destruidas, ni distorsionadas. (ibid., págs. 141-42).

Esta es "una vida humana tangible, retratada de una manera rica y concreta, aunque breve y concisa. Una vez que superamos la demanda de un registro bíblico infalible, podemos apreciar incluso la fiabilidad de las leyendas, en la medida en que sea concebible" (ibid.). Este no es un punto de vista fundamentalista de la Escritura, pero está lejos del punto de vista liberal radical que niega la historicidad básica de los Evangelios.

Fuentes

R. Bauckham, *Jesus and the Eyewitness* [Jesús y los testigos presenciales].

G. Blomberg, *The Historical Reliability of the Gospels* [La fiabilidad histórica de los Evangelios].

M. Borg, *Jesus in Contemporary Scholarship* [Jesús

en la erudición contemporánea].
C. E. Braaten, *"Martin Kähler on the Historic, Biblical Christ"* ["Martin Kähler sobre el Cristo bíblico histórico].
G. Habermas, *The Historical Jesus* [El Jesús histórico].
M. Kähler, *The So-Called Historical Jesus and the Historic, Biblical Christ* [El así llamado Jesús de la historia y el Cristo bíblico histórico].
S. Kierkegaard, *Concluding Unscientific Postscript* [Postscriptum no científico y definitivo a migajas filosóficas].
J. P. Meier, *A Marginal Jew* [Un judío marginal].
R. N. Soulen, Handbook of Biblical Criticism [Manual de crítica bíblica].
R. B. Strimple, *Modern Search for the Real Jesus* [La búsqueda moderna del Jesús verdadero].

Kalam, Argumento cosmológico. El *argumento cosmológico es el argumento desde la creación hasta un Creador. Es un argumento a posteriori del efecto hacia la causa y se basa en el principio de la causalidad (ver Causalidad, Principio de; Primeros principios). Esto establece que cada evento tiene una causa o que todo lo que comienza tiene una causa.

El argumento kalam ("eterno" en árabe) es una forma horizontal (lineal) del argumento cosmológico. El universo no es eterno; por lo tanto, debe haber tenido una Causa más allá del universo (i. e., Dios). Este argumento tiene una larga y venerable historia que comienza con el primer filósofo cristiano Juan Filópono (d. C. 490-570). Después, los filósofos islámicos Al-Farabi, Al-Ghazali y *Avicena apoyaron el punto de vista. Algunos filósofos escolásticos también lo utilizaron, especialmente Bonaventura. Sin embargo, *Tomás de Aquino se opuso al argumento porque pensaba que era filosóficamente posible (aunque bíblicamente incorrecto) que Dios pudiera haber causado el universo a partir de la eternidad.

Esencia del argumento. El resumen básico del argumento kalam es:

1. Todo lo que tuvo un comienzo tenía una causa.
2. El universo tuvo un comienzo.
3. Por lo tanto, el universo tenía una causa.

Por lo general, las líneas de evidencia científica y filosófica se presentan para respaldar la segunda premisa crucial. La evidencia científica se basa principalmente en la segunda ley de la termodinámica (ver Termodinámica, Principios de la), que afirma que el universo se está quedando sin energía utilizable y, por lo tanto, no puede ser eterno. Se obtienen otras evidencias complementarias de la cosmología del big bang incluyendo la expansión del universo y el su-

puesto eco de radiación de la explosión inicial, todos estos temas se toman para apoyar la idea de que el universo tuvo un comienzo.

Se puede resumir el argumento filosófico de un comienzo de esta manera:

1. Si un número infinito de momentos ocurrieron antes del día de hoy, entonces el día de hoy nunca habría llegado, ya que es imposible atravesar un número infinito de momentos.
2. Pero el día de hoy ha llegado.
3. Hubo un número finito de momentos antes del día de hoy; por lo tanto, el universo tuvo un comienzo.

Críticas. Se han realizado críticas en contra del argumento kalam. Las más importantes se han incluido aquí junto con las respuestas de los defensores del argumento (ver también Big Bang, Teoría del).

Un universo eterno sin eventos. Algunos sugieren que el Big Bang señala solo la primera erupción en un universo previamente eterno. Es decir, el universo tuvo una existencia eterna antes de este primer evento. La singularidad del Big Bang solo marca la transición desde un estado primario. Por consiguiente, no hay necesidad de que un Creador construya algo de la nada.

En respuesta, ninguna ley de la naturaleza conocida podría explicar esta violenta erupción a partir de la calma eterna. Algunos teístas afirman que es físicamente imposible que exista un universo eternamente en calma, ya que tendría que existir en una temperatura de cero absoluto, lo cual es imposible. Al principio, la materia no era para nada fría, siendo colapsada en una bola de fuego con temperaturas superiores a miles de millones grados Kelvin. No pudo haber ocurrido ningún primer evento en una masa de materia congelada en cero absoluto. Además, todo el espacio, el tiempo y la materia surgieron en el Big Bang. Por lo tanto, todo lo que existió antes de eso, tendría que ser eterno, no espacial, inmaterial y sobrenatural, que por definición sería Dios. Por último, el plantear cosas primordiales eternas no explica el increíble orden que sigue al momento del Big Bang (ver Principio antrópico). Solo un Creador inteligente lo podría explicar.

Rebote del universo. Algunos científicos han sugerido que el Big Bang puede ser solo lo más reciente en un eterno proceso de expansión y colapso. Hay muchos problemas con esta hipótesis. Primero, no hay evidencia científica real para esta conjetura. Además, contradice a la segunda ley que exigiría que, aunque el universo se expandiera y contrajera, se siga agotando para finalmente colapsar de todos modos. Además, la evidencia del Big Bang sugiere de manera lógica y matemática que inicialmente no hubo espacio, tiempo ni materia. Por lo tanto, incluso si el universo de alguna manera se estuviera expandiendo y contrayendo desde este momento, al principio surgió de la nada. Pero esto seguiría requiriendo un Creador inicial.

Teoría del estado estacionario. Fred Hoyle diseñó la teoría del estado estacionario para evitar la necesidad de plantear una Primera Causa. De acuerdo con esta hipótesis, los átomos de hidrógeno surgen de manera espontánea para evitar que el universo se agote. Si es así, entonces no necesitaría un comienzo, ya que no su energía utilizable no se estaría agotando. Sin embargo, hay dos serios problemas con esta conjetura. Primero, no hay evidencia científica de que los átomos de hidrógeno comiencen a existir de la nada. Nunca se ha observado esto. Segundo, la creencia de que los átomos de hidrógeno comienzan a existir de la nada es de por sí una creación ex nihilo (ver Creación, Puntos de vista de la). No explica qué (o quién) los está creando. De hecho, es contrario al principio fundamental de la ciencia (y del pensamiento racional) de que todo lo que comienza a existir tiene una causa.

No hay necesidad de una causa. Algunos ateos argumentan que no hay nada incoherente en que algo comience a existir de la nada. Ellos argumentan que el universo pudo comenzar a existir "por nada y de la nada" (Kenny, pág. 66). Los partidarios del argumento kalam ofrecen varios puntos en respuesta. Primero, esto es contrario al principio de causalidad establecido. Va en contra de la actividad científica, que busca una explicación causal. Es contraintuitivo creer que las cosas solo comienzan a existir. Muchos argumentan que la idea de que nada puede causar algo es lógicamente incoherente, puesto que "nada" no tiene poder para hacer nada, ni siquiera existe.

Una serie infinita. Algunos pensadores creen que un número infinito de momentos es posible, ya que en las matemáticas son posibles las *series infinitas. Por ejemplo, existe un número infinito de puntos entre los extremos de una regla (ver Dios, Objeciones a las pruebas de). En respuesta a esta objeción, los partidarios del argumento kalam insisten en que hay una diferencia entre las series infinitas matemáticas y las series infinitas reales. Las series matemáticas son abstractas y las series reales son concretas. En una serie concreta, es imposible tener un número infinito, ya que sin importar cuán larga sea esta siempre se puede añadir otra más. Sin embargo, esto la haría más que infinitamente larga, lo cual es imposible. Además, que se pueda obtener un número infinito de puntos abstractos (adimensionales) entre los sujetalibros de un escritorio no significa que se pueda obtener un número infinito de libros (o incluso de hojas de papel) entre ellos, sin importar lo delgados que sean.

Otros objetan que si Dios sabe el futuro, el cual es interminable, entonces conoce una serie infinita de eventos. Y si la conoce, entonces debe ser posible sin importar que sea contraria a nuestras intuiciones. Pero los defensores señalan que el futuro no es una serie infinita real sino solo una potencial, siempre hay la posibilidad de que haya un evento más. Además, si una serie infinita real es imposible, entonces Dios no la puede conocer, puesto que Dios no puede conocer lo imposible, solo lo real y posible.

No hay un Dios personal. Algunos han objetado que el argumento kalam no prueba que Dios es personal o inteligente. Por lo tanto, no es de ayuda para el teísmo cristiano, que cree en un Creador inteligente. En respuesta, algunos teístas argumentan que solo un ser con libre elección podría crear algo de la nada. Además, unos cuantos teístas creen que el argumento cosmológico por sí solo prueba la existencia de un Dios teísta. Se debe combinar con el *argumento teológico y/o el *argumento moral para mostrar que Dios también es inteligente y moral. Segundo, algunos partidarios del argumento kalam ofrecen argumentos sobre la personalidad de la Primera Causa, aparte de los argumentos teológicos o morales. Se han sugerido tres argumentos.

El argumento kalam sobre una Primera Causa inteligente:

1. El universo tuvo una Primera Causa.
2. El acto de crear de esta Primera Causa fue determinado, indeterminado o autodeterminado.
3. Pero no puede ser determinado porque no hay nada anterior a la Primera Causa.
4. Tampoco puede ser indeterminado porque esto es contrario al principio de causalidad.
5. Por lo tanto, el acto de crear debe haber sido autodeterminado.
6. Pero los actos autodeterminados son actos libres, porque esto es lo que se entiende por un acto libre (ver Libre albedrío).
7. Por consiguiente, el acto por el cual la Primera Causa creó el mundo debe haber sido un acto libre de un ser inteligente y personal.

El argumento sobre la naturaleza de las causas intelectuales se puede afirmar de esta manera:

1. Una causa inteligente se caracteriza por los efectos que tienen efectos ordenados y regulares.
2. De acuerdo con el *principio antrópico, el universo se "afinado" o "preajustado" desde el mismo momento de su origen en el Big Bang para el eventual surgimiento de la vida humana. El cambio más infinitesimal de las condiciones de cualquier manera hubiera hecho imposible la vida tal como la conocemos.
3. Por lo tanto, la Primera Causa debe haber sido

una causa inteligente.

El argumento sobre la naturaleza de las causas naturales afirma que estas tienen ciertas características no presentes antes del momento de la creación del universo. El argumento afirma:

1. Las causas naturales tienen condiciones predeterminadas.
2. Pero no hubo condiciones predeterminadas antes de que se originara el universo espacio-tiempo en el Big Bang.
3. Por lo tanto, la Causa no fue una causa natural. Debe haber sido una causa no natural sin condiciones predeterminadas.
4. La única causa conocida que tiene estas características es una causa libre.
5. Por ende, la Primera Causa fue una causa libre.

Límites del argumento. El argumento y la continua existencia de Dios. Se han planteado tres objeciones principales contra el argumento kalam. No invalidan lo que el argumento kalam demuestra, pero muestra sus limitaciones. Primero, este argumento no puede probar que la Primera Causa existe en el presente. Además, como tal, no puede rebatir al *deísmo. Por último, sus conjeturas no son aceptadas por los panteístas, así que es inútil contra el *panteísmo.

La existencia actual de Dios. El argumento kalam como tal no prueba que ningún Dios existe en el presente o que necesariamente existe. Es un argumento sobre cómo se originó el universo, no de cómo se sostiene. Muestra que se necesitaba una Primera Causa para explicar cómo el universo comenzó a existir. Esto no significa que no hay una forma de rectificar esta inadecuación. Se puede argumentar que esta Primera Causa debe existir en el presente, ya que el único tipo de ser que puede causar un ser contingente (i. e., uno que puede llegar a ser) es un Ser Necesario. Un Ser Necesario no puede ser o dejar ser. Sin embargo, esto se toma prestado del argumento cosmológico vertical para compensar la carencia en el argumento cosmológico horizontal. Por eso, sería más fácil comenzar con la forma vertical.

El argumento y el deísmo. Debido a que el argumento kalam de por sí no prueba que Dios es necesario para sostener la existencia aquí y ahora del universo, tiene tonos deístas (ver Deísmo). Esto no significa que este argumento niega la posibilidad de que los milagros existan, pero sí niega la base ontológica de la inmanencia de Dios. Es deísticamente remoto que un Dios no sea, como lo muestra el argumento cosmológico horizontal, la causa aquí y ahora de la propia existencia del universo. El argumento muestra que se necesitaba a Dios para hacer que el universo funcione, que es precisamente lo que los deístas creen que ocurrió. Una vez más, este problema no se puede rectificar a menos que se cuente con la ayuda de la forma vertical del argumento cosmológico, que muestre cómo un Ser Necesario es necesario todo el tiempo para sostener a todos los seres contingentes en cada momento de su existencia.

El argumento y el panteísmo. El argumento kalam tampoco niega al *panteísmo. De hecho, plantea la interrogante junto con el panteísmo al asumir la realidad del mundo finito. Ningún panteísta garantizaría la premisa de que realmente existe un mundo espacio-tiempo finito y que en realidad se está agotando o que el tiempo es real, implicando unidades discretas reales que pasan en sucesión. Por lo tanto, el argumento kalam no es efectivo contra el panteísmo. ¿Qué valor tiene para el teísmo un argumento que no elimina el deísmo ni el panteísmo? Parece que no hay una solución que no implique apelar a la forma vertical del argumento cosmológico. Parece que la forma vertical del argumento cosmológico es necesaria para sostener el argumento kalam.

Fuentes

A. H. M. al-Ghazali, *Incoherence of the Philosophers* [La incoherencia de los filósofos].
Al-Kindi, *On First Philosophy* [Sobre la primera filosofía].
Bonaventura, 2 Sententiarum I.I.I.2.I-6.
W. L. Craig, *The existence of God and the Beginning of the Universe* [La existencia de Dios y el comienzo del universo].
————, *The Kalam Cosmological Argument* [El argumento cosmológico kalam].
A. Kenny, The Five Ways [Las cinco formas].
J. P. Moreland, *"The Cosmological Argument"* ["El argumento cosmológico"].
J. Filópono, *On the Creation of the World* [Sobre la creación del mundo].
————, *Against Aristotle on the Eternity of the World* [En contra de Aristóteles sobre la eternidad del mundo].

Kant, Immanuel. Immanuel Kant (1724-1804) nació en Königsberg, Prusia Oriental. Estudió en la universidad de Königsberg, donde después también enseñó. Las obras principales de Kant son General History of Nature and Theory of the Heavens [Historia general de la naturaleza y teoría del cielo] (1755), que propuso la hipótesis nebular; Critique of Pure Reason [Crítica de la razón pura] (1781); Prolegomena to Any Future Metaphysics [Prolegómenos a toda metafísica futura que haya de poder presentarse como ciencia] (1783); Critique of Practical Reason [Crítica de la razón práctica] (1790); Critique of Judgment [Crítica del juicio] (1790); Religion within the Limits of Reason Alone [La religión dentro de los límites de la mera razón] (1793) y Metaphysics of Morals [Metafísica de las costumbres] (1797).

El *agnosticismo filosófico de Kant. Antes de Kant, las dos corrientes europeas de pensamiento dominantes eran el *racionalismo y empirismo. Los racionalistas fueron René *Descartes (1596-1650), Benedicto *Spinoza (1632-77) y Gottfried *Leibniz (1646-1716). Los empiristas estuvieron liderados por John *Locke (1631-1704), George *Berkeley (1685-1753) y David *Hume (1711-76). Los racionalistas enfatizaron lo a priori y los empiristas lo a posteriori. Los racionalistas creían en las ideas innatas, pero los empiristas insistían en que nacemos con una tabula rasa. Kant se preparó en la tradición racionalista, pero, según sus propias palabras, él "despertó de su sueño dogmático" gracias al escéptico escocés Hume.

El genio de Kant sintetizó estas dos epistemologías divergentes (ver Epistemología). Él concluyó que los empiristas tienen razón en que nacemos como tablillas en blanco, sin ideas innatas. El contenido de todo conocimiento viene a posteriori de la experiencia. Por otra parte, los racionalistas enfatizan de manera correcta que hay una dimensión a priori del conocimiento. Si bien el contenido de todo conocimiento viene por medio de los sentidos, la forma o estructura proviene de las formas a priori de la sensación y de las categorías de la mente (Critique of Pure Reason [Crítica de la razón pura], págs. 173-75, 257-75).

El precio de la síntesis kantiana era alto. Condujo al agnosticismo o a la incapacidad de conocer la realidad. Si Kant tenía razón, sabemos cómo lo sabemos, pero ya no lo sabemos realmente. Porque si todo el conocimiento está formado o estructurado por categorías a priori, solo podemos conocer las cosas por cómo nos parecen, no por como son por sí mismas. Podemos conocer la phenomena pero no la noumena. Por consiguiente, la ganancia epistemológica neta fue la última pérdida ontológica. La realidad, o la cosa por sí misma, incluyendo a Dios, está siempre más allá de nosotros. Lo que nos queda es lo que es la cosa para nosotros, que es la apariencia y no la realidad. De este modo, la visión de Kant termina en un agnosticismo filosófico.

Kant ofreció una segunda razón para su agnosticismo, la antinomia de la razón (ver Antinomia). Las antinomias resultan de la aplicación de las categorías de entendimiento a la realidad. Dos ilustran el punto. La antinomia del tiempo afirma:

Tesis: el mundo debe haber tenido un comienzo, de lo contrario ya han pasado un número infinito de momentos. Pero esto es imposible, ya que no se puede atravesar un infinito.

Antítesis: pero el mundo no podía comenzar en el tiempo, de lo contrario hubo un tiempo antes de que el tiempo empezara, lo cual es imposible.

En la antinomia de causalidad se afirma:

Tesis: No todas las causas tienen una causa, de lo contrario las series no tendrían un comienzo, pero sí lo tienen. Por lo tanto, debe haber una Primera Causa.

Antítesis. Pero las series no pueden tener un comienzo, ya que todo tiene una causa. Así que no puede haber una Primera Causa.

Cuando la razón se aplica a la realidad termina en contradicciones, hay que conformarse con aplicar la razón solo en el mundo fenoménico, el mundo que conocemos, y no en el mundo nouménico, el mundo en sí mismo.

La perspectiva de Kant sobre Dios. Kant creía en Dios, pero insistía en que no se puede probar la existencia de Dios (ver Dios, Objeciones a las pruebas de). Todas las pruebas de Dios no tienen validez. El *argumento cosmológico y el *argumento teológico están basados en el *argumento ontológico, el cual no tiene validez. Cada uno depende del concepto de un Ser Necesario. Sin embargo, no son necesarias las declaraciones sobre la existencia. La necesidad caracteriza al pensamiento, no a la existencia. El concepto de Ser Necesario no se explica por sí mismo. Lo que es lógicamente necesario no es realmente necesario. Aparte de esto, es posible que haya una regresión infinita. Y una causa nouménica (real) no se obtiene de un efecto fenoménico (apariencia).

El argumento ontológico deja la experiencia (cuando se habla de la causa máxima posible) y se adentra en el ámbito de las ideas puras. Además, la existencia no es un predicado (característica) sino solo un instante de algo. Por ejemplo, el dólar que tengo en mente tiene las mismas características que el que tengo en la billetera. La única diferencia es que uno existe y el otro no.

Kant no creía que la existencia de Dios se podía probar mediante la razón teorética; sin embargo, sí creía que era un postulado necesario de la razón práctica (ver Argumento moral a favor de Dios). El resumen de su razonamiento en Critique of Practical Reason Alone [Crítica de la razón práctica] es el siguiente:

1. El bien mayor de todas las personas es que la felicidad está en armonía con el deber.

2. Todas las personas deberían luchar por el bien mayor.

3. Las personas pueden hacer lo que deberían hacer.

4. Pero las personas no podrían reconocer el bien

mayor de esta vida a menos que haya un Dios.

5. Por lo tanto, debemos postular un Dios y una vida futura en la que se pueda obtener el bien mayor.

El antisobrenaturalismo de Kant. Kant no solo sintetizó el racionalismo con el empirismo, sino también impulsó el *agnosticismo y *deísmo moderno. Su impacto en la historia de la filosofía se ha notado especialmente en la *epistemología y en la *metafísica. En cierto sentido, la perspectiva de Kant sobre los milagros es de mayor ayuda para el naturalismo que la de Hume. El ataque de Hume al sobrenaturalismo es frontal, mientras que el de Kant es subjetivo (ver Milagros, Argumentos contra los). Para Kant, los milagros no son esenciales para la religión verdadera.

La moralidad y la religión verdadera. Al igual que Spinoza, Kant creía que la moralidad es el corazón de la religión verdadera; sin embargo, sus justificaciones para esta conclusión difieren entre sí. Según Kant, la razón teorética no puede alcanzar a Dios (ver Critique of Pure Reason [Crítica de la razón pura]). Solo se puede conocer a Dios mediante la razón práctica (ver Critique of Practical Reason Alone). En vista de que no podemos saber si existe un Dios, pero debemos llenar el imperativo moral, debemos vivir asumiendo que existe un Dios.

Previendo a Friedrich *Schleiermacher (1768-1834), Kant afirmó que la razón práctica o moral debe determinar lo que es esencial para la religión. Esta razón moral debería ser una guía para interpretar la Biblia (ver Biblia, Críticas a la). Incluso admitió que "con frecuencia esta interpretación puede parecer forzada, a la luz del texto (de la revelación); a menudo puede ser realmente forzada. Y aunque el texto puede posiblemente respaldarla, se debe preferir a una interpretación literal" Religion within the Limits [La religión dentro de los límites de la mera razón], págs. 100-101).

Con la moralidad como regla de la verdad, los milagros se convierten en una introducción apropiada al cristianismo, pero no estrictamente necesarios. La religión moral debe "al final hacer superflua la creencia en los milagros en general". El creer que los milagros pueden ser de ayuda a la moralidad es una "idea sin sentido" (ibid.).

Kant afirmó que la vida de Cristo puede ser "nada más que milagros" pero advirtió que al usar estos reportes "no se hace un principio de la religión que el conocimiento, la creencia y la profesión de ellos son en sí mismos medios por los que podemos ser agradables a Dios" (ibid., págs. 79-80). Debido a esto, él supone que la creencia en los milagros no es esencial para la fe cristiana.

Crítica bíblica naturalista. Se desconoce la naturaleza misma de un milagro. Kant escribió: "No podemos saber nada en absoluto sobre la ayuda sobrenatural", (ibid., pág 179). Algo de lo que podemos estar seguros es que si un milagro contradice completamente a la moralidad, no puede ser de Dios. ¿Qué padre mataría a su hijo que es, hasta donde sabe, completamente inocente (ibid., pág. 82)? Por lo tanto, la ley moral descalifica la historia de la disposición de Abraham de sacrificar a Isaac en Génesis 22. Kant sostuvo que la conclusión de este argumento moral es que los milagros nunca ocurren. En un pasaje revelador, Kant argumentó: "En efecto, nadie puede comprender si se requiere o no la influencia directa del Creador en cada ocasión. Para nosotros [...] no son nada más que efectos naturales y nunca deben ser considerados de otra manera" (ibid., págs. 83-84). Así que una persona que vive por la razón moral "no incluye en sus máximas la creencia en los milagros (ya sea de razón práctica o teorética), aunque, ciertamente, no cuestiona su posibilidad o realidad" (ibid., pág. 83). Por lo tanto, los milagros pueden ser posibles; sin embargo, no es lógico creer en ellos, ya que la razón siempre está fundamentada en las leyes universales.

En vista de este naturalismo moral, no es sorprendente que Kant rechace la resurrección de Cristo (ver Resurrección, Evidencias a favor de la). Escribió: "Los registros más secretos de su resurrección y ascensión agregados como secuela [...] no pueden ser usados en beneficio de la religión dentro de los límites de la mera razón sin violentar su validez histórica" (ibid., pág. 119).

En vez de mirar la evidencia histórica de las Escrituras, la descartó de manera sumaria, ya que la consideraba inauténtica porque no era moralmente esencial. Una vez más, él prefirió esta hermenéutica moral forzada a una interpretación literal. ¿Por qué? No porque los hechos históricos la apoyen. Sino porque la interpretación de Kant de la ley moral la requiere. Según Kant, la verdad histórica está determinada a priori por la ley moral, no a posteriori por los hechos. En una hermenéutica moral, lo que fue se entiende mediante lo que debería haber sido.

Si el argumento es sólido, debemos vivir como si los milagros no ocurrieran, incluso si algunos sí ocurrieron. Deberíamos regir nuestra vida por la razón (práctica), incluso si es contraria al hecho. Deberíamos "razonar" en la práctica que lo que es real es falso.

Evaluación. Este es un uso de la razón irracional y sus efectos han devastado la epistemología occidental.

Consecuencias filosóficas. De manera filosófica, el mundo poskantiano no puede conocer a Dios o a la realidad. La filosofía de Kant contradice particularmente a Pablo en que el poder y la naturaleza divina de Dios se pueden ver claramente por medio de la naturaleza (Ro 1:20). Las Escrituras tampoco pueden decir cómo es Dios realmente. Las Escrituras no nos informan sobre cómo es Dios realmente en sí mismo sino solo cómo es para nosotros. La Biblia nos dice cómo Dios quiere que pensemos sobre Él. Simplemente presenta una forma de hablar de Dios, que en realidad nunca habla sobre Dios.

Consecuencias teológicas. La teología kantiana ha seguido esta divergencia radical entre lo que parece ser y lo que es. Tras aceptar la brecha entre la apariencia y la realidad, Søren *Kierkegaard (1813-55) proclamó existencialmente que Dios es "totalmente diferente" e insistió en que la razón humana no jugaba ningún papel en la defensa del Evangelio. Kierkegaard escribió: "Si Dios no existiera, por supuesto que sería imposible probarlo. Y si sí existiera sería una locura tratar de probarlo. Porque desde el principio, al comenzar mi prueba, lo habría presupuesto [...] de lo contrario no comenzaría, entendiendo de inmediato que el todo sería imposible si Él no existiera". (Philosophical Fragments [Fragmentos filosóficos], págs. 31-35).

Si tres de las perspectivas de Kant fueran ciertas, destruirían la fe cristiana. Primero, Kant es un filósofo agnóstico (ver Agnosticismo). Segundo, él sostuvo que ningún argumento sobre la existencia de Dios es válido (ver Argumento cosmológico). Tercero, él negó el derecho de creer en los milagros.

Los dos argumentos de Kant sobre el agnosticismo no tienen validez. El error de las antinomias es que una premisa es falsa. No tiene por qué haber tiempo antes del tiempo, podría haber eternidad. El teísmo no se refiere a la creación en el tiempo sino a la creación del tiempo junto con el mundo. No todo necesita una causa, solo seres contingentes (finitos y temporales). Por consiguiente, un primer Ser Necesario eterno no necesita una causa (ver Causalidad, Principio de).

El argumento de que no podemos conocer el mundo real es contraproducente. La misma declaración "No podemos conocer la realidad" es una declaración que presupone el conocimiento de la realidad. El intento de socavar las pruebas teístas igualmente falla, como se discute en el artículo Dios, Objeciones a las pruebas de.

En su argumento contra los milagros, Kant sugiere, aunque no explica a detalle, una premisa crucial (la tercera premisa detallada abajo) de que la razón actúa de acuerdo a las leyes universales. Se pueden reconstruir sus argumentos de sus escritos:

1. No podemos conocer el mundo real (el mundo por sí mismo) mediante la razón teorética.

2. Todo en nuestra experiencia (cómo es el mundo para nosotros) debe ser determinado por la razón práctica.

3. La razón práctica actúa de acuerdo a las leyes universales.

4. Los milagros deben ocurrir a diario, pocas veces o nunca.

5. Pero lo que ocurre a diario no es un milagro. Ocurre de acuerdo a las leyes de la naturaleza.

6. Y lo que ocurre pocas veces no está determinado por ninguna ley.

7. Pero todo debe ser determinado por la razón práctica que actúa de acuerdo con las leyes universales.

8. Por lo tanto, la razón práctica requiere que los milagros nunca ocurran.

En apoyo de la tercera premisa crucial, Kant escribió: "por lo tanto, en los asuntos de la vida, es imposible para nosotros contar con los milagros o tenerlos en cuenta en absoluto en nuestro uso de la razón (y se debe usar la razón en cada acontecimiento de la vida)" (Religion within the Limits, pág. 82). Los milagros son teoréticamente posibles, pero prácticamente imposibles. Si vivimos como si ocurrieran, derrocamos la razón práctica y la ley moral, que son las esencias de la verdadera religión. Por lo tanto, admitir que los milagros ocurren y vivir en su luz es en realidad perjudicial para la religión. Aunque haya actos sobrenaturales, debemos vivir (y pensar) como si no los hubiera.

Kant hizo una divergencia radical entre el mundo desconocido de las cosas como son (noúmeno) y el mundo de nuestra experiencia (fenómenos). Sin embargo, los filósofos han notado dos cosas acerca de este agnosticismo. Primero, Kant era inconsistente, ya que a veces se adentraba en el mundo nouménico (real) para hacer declaraciones al respecto. Y al hacerlo, daba a entender que el mundo nouménico es conocible. Segundo, no se puede separar de manera consistente los dos ámbitos sin tener algo de conocimiento de ambos. No se puede dibujar una línea, a menos que se pueda ver más allá de ella. Decir: "Sé que no se puede conocer la realidad" es afirmar que sabemos algo acerca de la realidad. El agnosticismo total es contraproducente.

Al igual que otros naturalistas, Kant plantea la pregunta estableciendo una regla uniforme, un marco interpretativo por el cual el naturalista exige una comprensión uniforme del mundo. Para Spinoza la regla es lógica; para Hume, es empírica; para Anthony *Flew, es metodológica y para Kant, es moral. Kant regula toda la vida mediante una ley moral universal (razón práctica). Debido a que no permite excepciones a la ley, no hay excepciones a la regla e indica: "Vive como si los milagros no ocurrieran".

Pero esto plantea la pregunta. ¿Por qué se debería asumir que no hay excepciones a ninguna ley? Y ¿por qué se debería asumir que todo se rige por alguna ley? Tal vez hay singularidades tales como el origen del mundo o la historia de la tierra que desafían a la clasificación (ver Origen, Ciencia del). El mismo Kant creó la hipótesis nebular sobre una singularidad científica del origen de nuestro sistema solar.

En la actualidad, la ciencia tiene más conocimientos y el modelo ha cambiado. Ahora se piensa que la ley de la naturaleza es general y estadística pero no necesariamente universal y sin excepciones. Immanuel Kant creía, como otros lo hicieron en ese entonces, que la ley gravitacional de Newton era universalmente cierta, sin excepciones. Si Kant se equivoca en su perspectiva de la ley científica, insistiendo en que todo evento sea subsumido bajo alguna ley de la naturaleza, entonces su objeción moral a los milagros falla.

Consecuencias hermenéuticas. Según el *fideísmo poskantiano, la Biblia no es una adaptación de la finitud humana, sino del error humano. No contiene antropomorfismos sino mitos. La tarea de la hermenéutica no es "conducir la verdad" del texto (exégesis), sino extraer la verdad del texto a partir del error que lo rodea. De todos modos, la verdad objetiva es inalcanzable, por lo tanto, quien estudia la Biblia busca la "verdad" subjetiva. Por consiguiente, la hermenéutica poskantiana queda excluida del conocimiento real de Dios de las Escrituras o de cualquier otro lugar.

Consecuencias de la apologética. Con este escenario, la apologética solo puede ser fideísta o presuposicional. No es casualidad que no haya habido presuposicionalistas (ver Apologética presuposicional) antes de Kant y pocos no presuposicionalistas después de él (ver Apologética clásica). Aquellos que aceptan las conclusiones de Kant se ven obligados a renunciar a la razón por mera fe (ver Fe y razón). Ya no pueden llenar el imperativo bíblico para "dar una razón de la esperanza que hay dentro de ellos". La neoortodoxia de Karl *Barth negó incluso el limitado argumento de Emil Brunner de que existe una capacidad para recibir la revelación de Dios. Barth prohibió la *teología natural e incluso no permitiría una *analogía de Dios en la creación. Con Kierkegaard y Barth nació el fideísmo cristiano moderno, una proclamación pero no una verificación de las afirmaciones de verdad.

Cuando se reduce al cristianismo a una declaración sin una defensa, su misión se complica seriamente. Entre las diferentes perspectivas ¿del mercado intelectual, es necesario declarar a Cristo y defender la declaración. Sin embargo, Dios quien creó la razón humana a Su imagen y quien nos invita a razonar con Él (Is 1:18) exige el sacrificio del pecado, no de la razón, como una condición para entrar al reino. A diferencia del *agnosticismo kantiano, el *existencialismo kierkegaardiano, o el *misticismo panteísta, el cristianismo no es "saltar antes de mirar". Por el contrario, les pide a todos que miren antes de saltar. *Agustín indicó acertadamente que "nadie cree nada a menos que primero haya pensado que se debe creer". Por lo tanto, "es necesario que todo lo que se cree sea creído después de que el pensamiento haya mostrado el camino". (On the Predestination of the Saints [La predestinación de los santos], pág. 5).

Conclusión. La crítica de Kant a los milagros es muy importante. Él piensa que los milagros son fundamentalmente innecesarios para la religión verdadera. Para él, la religión verdadera es vivir de acuerdo a la ley universal de la razón práctica. Además, el agnosticismo de Kant es contraproducente. Él plantea la pregunta al asumir un uniformismo moral y asume que la naturaleza de una "ley" científica es una generalización sine qua non universal en vez de una generalización estadística. Para evitar lo milagroso, Kant tuvo que eliminar los relatos de milagros de los documentos básicos del cristianismo, sin ninguna razón histórica para hacerlo.

El cristianismo histórico afirma que los milagros son una parte verdadera y esencial del sistema de creencia de la religión (Ro 10:9; 1 Co 15:12-32). El cristianismo sin milagros es el cristianismo sin Cristo, cuya vida estuvo (y todavía está) caracterizada por los milagros (ver Milagros, Argumentos contra los).

Fuentes

Agustín, *On the Predestination of the Saints* [La predestinación de los santos].

J. Collins, *God in Modern Philosophy* [Dios en la filosofía moderna].

W. L. Craig, *The Kalam Cosmological Argument* [El argumento cosmológico kalam].

R. Flint, Agnosticism [Agnosticismo].

N. L. Geisler, *Christian Apologetics* [Apologética cristiana], cap. 1.

———, *Christian Ethics* [Éticas cristianas].

———, *Miracles and Modern Thought* [Los milagros y el pensamiento moderno].

N. L. Geisler y W. Corduan, Philosophy of Religion [La filosofía de la religión], caps. 7-9.

S. Hackett, *The Resurrection of Theism* [La resurrección del teísmo], parte 1.

I. Kant, *Critique of Judgment* [Crítica del juicio].

———, *Critique of Practical Reason Alone* [Crítica de la razón práctica].

———, *Critique of Pure Reason* [Crítica de la razón

pura].

————, *Prolegomena to Any Future Metaphysics* [Prolegómenos a toda metafísica futura que haya de poder presentarse como ciencia].

————, *Religion within the Limits of Reason Alone* [La religión dentro de los límites de la mera razón].

S. Kierkegaard, *Philosophical Fragments* [Fragmentos filosóficos].

C. S. Lewis, *Miracles* [Los milagros].

Kierkegaard, Søren. Søren Kierkegaard (1813-55) nació en Copenhague. Fue hijo de Michael Pederson, quien hizo una fortuna vendiendo cortinas y luego vendió su negocio en 1786 para estudiar teología. Kierkegaard dijo que fue criado con severidad y piedad por un anciano melancólico. Su madre y cinco de sus seis hermanos murieron cuando él era pequeño, se dijo que fue el resultado de una maldición de la familia. Habló de aquellas muertes en su primer libro titulado From the Papers of One Still Living [De los papeles de alguien que todavía vive]. Tenía un gran intelecto, pero era perezoso y amaba el teatro, sobre todo a Mozart. Hans Christian Andersen retrató al joven Kierkegaard, frecuentemente ebrio, como personaje principal de su libro Shoes of Fortune [Los chanclos de la suerte]. Se convirtió al cristianismo y se reconcilió con su padre en 1838, estudió de 1831 a 1841 antes de recibir el grado de magíster en filosofía. Se comprometió con Regina Olsen después de su graduación, pero decidió no casarse.

Obras. La increíble producción literaria de Kierkegaard comenzó cuando él tenía 21 años en 1834 y continuó hasta 1855.

Empezando con From the Papers of One Still Living, el escritor produjo muchos ensayos y libros estéticos y filosóficos. Estos libros incluyen los discursos: "The Expectation of Faith" ["La expectativa de la fe"], "Every Good and Perfect Gift Is From Above" ["Todo don bueno y perfecto viene de arriba"], "Love Shall Cover a Multitude of Sins" ["El amor cubre la multitud de pecados"], "Strengthened in the Inner Man" ["Fortificado en el hombre interior"], "The Lord Gave and The Lord Hath Taken Away" ["El Señor me lo dio, el Señor me lo quitó"], "To Acquire One's Soul in Patience" ["Adquirir su alma en la paciencia"], "To Preserve One's Soul in Patience" ["Conservar su alma en la paciencia"], "Patience in Expectation" ["Paciencia en la expectativa"], "The Thorn in the Flesh" ["La espina en la carne"], "Against Cowardice" ["Contra la cobardía"], "The Righteous Man Strives in Prayer with God and Conquers - in That God Conquers" ["El hombre justo se esfuerza en la oración con Dios y conquista, lo que Dios conquista"], "A Confessional Service" ["Un servicio de confesión"], "On the Occa-

sion of a Wedding" ["Con motivo de una boda"] y "At the Side of a Grave" ["Junto a una tumba"].

Sus libros estéticos son: Concluding Unscientific Postscript [Postscriptum no científico y definitivo a migajas filosóficas], Fear and Trembling [Temor y temblor], Johannes Climacus or De Omnibus Dubitandum Est [Johannes Climacus, o De todo hay que dudar], Philosophical Fragments [Fragmentos filosóficos], Prefaces [Prefacios], Repetition [La repetición], Stages on Life's Way [Etapas del camino de la vida], The Concept of Dread [El concepto de la angustia], y The Concept of Irony [Sobre el concepto de la ironía].

Las obras de Kierkegaard explícitamente religiosas son: Armed Neutrality [Neutralidad armada], Attack upon "Christendom" [Ataque a la "Cristiandad"], Judge for Yourselves [Juzguen por ustedes mismos], On Authority and Revelation: The Book of Adler [Sobre la autoridad y la revelación: El libro de Adler], On the Difference between a Genius and an Apostle [Sobre la diferencia entre un genio y un apóstol], Purity of Heart Is to Will One Thing [La pureza de corazón es querer una sola cosa], Reply to Theophilus Nicolaus (Faith and Paradox) [Respuesta a Theophilus Nicolaus (Fe y Paradoja)], The Crisis and a Crisis in the Life of an Actress [La crisis y una crisis en la vida de una actriz], The Dialectic of Ethical and Ethico-Religious Communication [La dialéctica de la comunicación ética y ético-religiosa], The Gospel of Suffering [El evangelio del sufrimiento], The High Priest—The Publican—The Woman that Was a Sinner [El sumo sacerdote, el publicano, la mujer pecadora], The Individual [El individuo], The Lilies of the Field [Los lirios del campo y las aves del cielo], The Point of View [El punto de vista], The Present Age [La era presente], The Sickness unto Death [La enfermedad mortal], The Unchangeable God [El Dios inmutable], Training in Christianity [Ejercitación del cristianismo], What Christ's Judgment Is about Official Christianity [Como juzga Cristo el cristianismo oficial] y Works of Love [Las obras del amor].

Otras obras que no encajan en ninguna categoría son: Meditations from Kierkegaard [Meditaciones de Kierkegaard], Newspaper Articles [Artículos de periódico], The Journals of Kierkegaard [Los diarios de Kierkegaard] y The Prayers of Kierkegaard [las oraciones de Kierkegaard].

Creencias básicas. Teológicamente, Kierkegaard era ortodoxo. Él escribió que no quería cambiar las doctrinas enseñadas en la iglesia, sino insistir en que se hiciera algo con ellas (Journals and Papers [Diarios y documentos], 6:362). Él creía en la inspiración de las Escrituras (ver Biblia, Evidencias a favor de la), el *nacimiento virginal de Cristo, los milagros, la expiación sustitutiva, la resurrección corporal y el juicio final (ver Infierno). En "Thoughts Which Wound from Behind" ("Pensamientos que hieren por la espalda"), muestra su gran temor de que la cristiandad haya sido reemplazada con la inmortalidad platónica.

Tres etapas de la vida, una eterna. Las creencias generales de Kierkegaard se expresan en sus tres etapas de vida: la estética, la ética y la religiosa. Su único propósito es pasar a alguien de la vida estética del placer a la vida religiosa del compromiso por medio de la vida moral del deber. En My Point of View for My Work as an Author [El punto de vista de mi obra como autor] escribió: "Soy y he sido un escritor religioso, que la totalidad de mi trabajo como escritor se relaciona con el cristianismo, con el problema de llegar a ser cristiano, con una polémica directa o indirecta contra la ilusión de que en un país como el nuestro, todos somos cristianos" (ibid., págs. 5-6). Algunos contrastes ayudan a resumir estos tres niveles:

El estético	El ético	El religioso
Sentir	Decidir	Existir
Centrado en sí mismo	Centrado en la ley	Centrado en Dios
Rutinas de la vida	Reglas para la vida	Revelación de la vida
Centrado en el presente	Centrado en la vida/tiempo	Centrado en la eternidad
El individuo como espectador	El individuo como participante	
Vivir según caprichos personales	Vivir según normas universales	
Vida de deliberación	Vida de decisión	
Vida de intereses intelectuales inmediatos	Vida de los principales problemas de la voluntad	
	Respeto por la ley moral	Respuesta al Dador de la ley moral
	Universal	Individuo
	Propuestas sobre Dios	Persona de Dios
	Verdad objetiva	Verdad subjetiva
	Ámbito esencial	Ámbito existencial

Kierkegaard describe el conflicto entre el ámbito estético y ético de su trabajo Either/Or [O lo uno o lo otro] (1843), una crítica al pensamiento dialéctico de G. W. F. *Hegel (1770-1831). Kierkegaard creía que la pasión es la cumbre de la existencia. No hay un valor real en el almacenamiento objetivo del conocimiento ni en la maravillosa y mística percepción de él. No se encuentra la vida en hechos neutrales o en una perspectiva maravillosa sino en las elecciones responsables.

Kierkegaard esperó que sus obras estéticas provoquen que las personas quieran escoger la religión como una forma de encontrar el significado eterno. Escribió muchos "discursos edificantes" como respuesta a la desesperanza de las etapas estética y ética. Lamentablemente, se dio cuenta de que las personas prefieren el entretenimiento a la educación. En "Expectation of Faith" [La expectativa de la fe], una respuesta a la etapa estética, afirmó que solo se puede encontrar consuelo en lo eterno. Es una estrella guía para el marinero que se enfrenta a la monótona repetición de las olas. El tedio de lo temporal solo es superado por la tranquilidad de lo trascendente. La fe es la pasión, y la respuesta, a lo eterno. Incluso la duda puede ser un instrumento que ayuda a despertar al Dios eterno.

En "Every Good and Perfect Gift" ["Todo don bueno y perfecto viene de arriba"], una respuesta a la vida del deber ético, Kierkegaard muestra cómo Dios usa la melancolía moral para nuestro bien. Incluso una oración negada no es injusta. El que ora cambia para bien, incluso si la respuesta es para mal. Incluso las tragedias pueden ser triunfos si se reciben con agradecimiento. Toda tragedia personal es de algún modo redimida por la soberanía de Dios. El sufrimiento es beneficioso para destruir la voluntad propia.

Lo religioso versus lo ético. En Fear and Trembling [Temor y temblor], Kierkegaard revela cómo lo ético es trascendido por lo religioso. Abraham era devoto a la ley de Dios, la cual prohíbe el asesinato. No obstante, Dios le dice que ofrezca a Isaac como sacrificio. Incapaz de explicar o justificar su acción, Abraham suspendió lo ético y dio un "salto de fe" a lo religioso. Al hacerlo, derrocó lo ético sin destruirlo.

Kierkegaard creía que la fe religiosa es personal, algo que somos. Debemos vivirla, no solo conocerla. La verdad espiritual no puede ser solamente reconocida, debe ser asumida por el compromiso.

En Concluding Unscientific Postscripts [Postscriptum no científico y definitivo a migajas filosóficas], se hace una distinción más extensa dentro de la etapa religiosa. La religión A es una religión natural, mientras que la religión B es sobrenatural. La primera es la religiosidad; la segunda es el cristianismo. La religión A es racional, pero la religión B es paradójica. La primera se enfoca solo en una necesidad general; la segunda está impulsada por una necesidad especial de Cristo.

En Philosophical Fragments [Fragmentos filosóficos], Kierkegaard relaciona la fe y la razón. Es un libro filosófico y objetivo. Se estudia el contenido del cristianismo (qué), en contraste con la obra Concluding Unscientific Postscripts, que enfatiza el cristianismo como una forma de vida existencial (cómo). Esta crítica a la filosofía centrada en el ser humano influyó profundamente en Karl *Barth. Los seres humanos ven a Dios como un Desconocido desconcertante. Dios debe iniciar la comunicación. Se plantean dos preguntas: Primero, ¿es posible fundamentar la felicidad eterna en el conocimiento histórico? Esto se remonta a Gotthold *Lessing (1729-81) y su "zanja". Segundo, ¿cómo se puede comunicar con nosotros el Dios trascendente?

Kierkegaard usa la parábola de un rey que se convierte en mendigo para ganar el amor de una humilde doncella para argumentar que uno no puede obtener lo eterno de lo puramente histórico, ni lo espiritual de lo racional. El pecado original es el hecho humano elemental (ver Concept of Dread [El concepto de la angustia]). La humanidad no puede conocer ni encontrar la verdad a menos que Dios la muestre por medio de una revelación. Esta revelación, una milagrosa revelación de autoautentificación, no es parte del sistema racional.

La razón y la revelación. Kierkegaard comparó a Sócrates y a Cristo para mostrar la diferencia entre la revelación y la razón:

Sabiduría de Sócrates	Revelación de Cristo
Recuerdo época anterior	Expectativa a futuro
La verdad despertada en el interior	La verdad dada desde el exterior
La verdad inmanente	La verdad trascendente
La verdad racional	La verdad paradójica
La verdad viene del hombre sabio	La verdad viene de Dios-Hombre

Las verdades cristianas no son analíticas (evidentes) ni sintéticas porque incluso si los hechos son correctos, el conocimiento humano carece de la certeza que sostienen las afirmaciones cristianas. Las afirmaciones cristianas son paradójicas y se pueden aceptar solo por un salto de fe. Hay un verdadero Dios trascendente, que solo puede ser escogido en su autorrevelación. Este Dios es significativo y real pero paradójico. Él es el límite desconocido del conocimiento y atrae magnéticamente a la razón y causa un intenso choque con la humanidad dentro de la paradoja. La razón no puede penetrar en Dios, ni lo puede evitar. El mismo afán de los positivistas por eliminar a Dios muestra su preocupación por Él. La máxima paradoja de todo el pensamiento es su intento por descubrir algo que el pensamiento no puede pensar.

Pruebas e indicios. Dios es desconocido para nosotros, incluso con Cristo. Dios indica su presencia solo mediante "señales" (indicios). La razón no puede conocer la revelación paradójica de lo desconocido. La respuesta humana debe ser un salto de fe, que es dado por Dios, pero al que nosotros no estamos obligados a darlo. Podemos aceptar la fe o escoger vivir de manera racional (ver Fideísmo). La fe en Dios no puede tener una base racional ni empírica. De manera racional, ni siquiera podemos imaginar cómo es Dios realmente. Lo único que podemos hacer es proyectar sobre Él características trascendentales que nos sean familiares, las cuales en realidad pueden no ser suyas. No podemos discutir desde las obras de la naturaleza hasta Dios, ya que estas o asumen a Dios o llevan a la duda.

Aquellos que piden pruebas a favor de Dios ignoran a Dios (ver Dios, Evidencias a favor de). Porque uno ya posee lo que se pregunta (ver "On the Occasion of a Confessional Service" ["Con motivo de un servicio confesional"] en Thoughts on Crucial Situations in Human Life [Pensamientos sobre situaciones cruciales de la vida humana]). Incluso si pudiéramos probar el ser de Dios (en sí mismo) sería irrelevante para nosotros. Es la existencia o relación de Dios con nosotros lo que tiene un significado religioso. El Evangelio solo es presentado como una elección existencial, no para la reflexión racional (Postscripts [Postscriptum], pág. 485; Works of Love [Las obras del amor], pág. 74). Dios no es irracional. Dios es suprarracional, lo cual trasciende la racionalidad finita. Lo ilógico de la situación humana es que la gente debe actuar como si estuviera segura, aunque no tenga motivos para estarlo.

La fe y lo irracional. Concluding Unscientific Postscripts agrega que la razón objetiva nunca puede encontrar la verdad existencial. Las pruebas no pueden establecer ni derrocar al cristianismo. Tratar de probar la existencia de Dios es un insulto igual de descarado que ignorarlo. Reducir el cristianismo a una probabilidad objetiva sería convertirlo en un tesoro que se podría poseer irresponsablemente, como el dinero en el banco.

La fe en los hechos religiosos, así como la encarnación o la autoridad de las Escrituras, no es fe verdadera. La fe verdadera es el don de Dios y es inalcanzable por medio del esfuerzo. La encarnación (ver Cristo, Divinidad de) y la Biblia son puntos de referencia objetivos, pero no son razones. La fe verdadera es un salto hacia la revelación de Dios que no se basa en la evidencia objetivamente racional o empírica. Sin embargo, la razón juega el papel negativo de ayudarnos a distinguir la insensatez de la paradoja. La razón le impide al cristiano creer en puros disparates (Postscripts, pág. 504). Él cuenta la parábola de un hombre loco que quiere probar que está cuerdo. Hace rebotar una pelota y dice: "Pum, la tierra es redonda". Él señala que lo que dijo el hombre es cierto, pero aun así no puede probar que está cuerdo. La forma cómo lo dice muestra que no está relacionado de manera correcta con la verdad (ibid., pág. 174).

Conocimiento volitivo y racional de Dios. El pecado, no nuestra incapacidad mental, hace que Dios parezca una absoluta paradoja. Esta paradoja se vuelve absurda en la cruz, la ofensa ofrecida por el Evangelio. Por lo tanto, el deber humano no es comprender de manera intelectual a Dios sino someterse a Él de manera existencial en un amor sacrificial. La paradoja no es teorética sino volitiva. No es metafísica, es axiológica. Dios no tiene sentido para nuestra mente y es una ofensa para nuestro corazón. La paradoja objetiva de Dios en Cristo debe ser respondida por una respuesta paradójica de fe y amor.

Las Escrituras. Kierkegaard creía que la Biblia estaba inspirada en la Palabra de Dios (ver Revelación especial). Escribió: "¡Estar a solas con las Sagradas Escrituras! ¡No me atrevo! Cuando encuentro un pasaje en ella, cualquier cosa que encuentre me atrapa al instante, me cuestiona (de hecho, es como si fuera Dios mismo quien me cuestionara, '¿Has hecho lo que has leído ahí?')". Incluso la llama "la Palabra de Dios", y agrega: "Mi oyente, ¿cuánto aprecias la Palabra de Dios?" (Self-Examination [Para la autoexaminación], pág. 51). Kierkegaard incluso creía que el canon estaba terminado y que Dios no daba ninguna nueva revelación. Criticó severamente a aquellos que afirmaban haber recibido una nueva revelación.

Por otra parte, Kierkegaard no creyó necesario o importante defender la inerrancia de las Escrituras. Esto se hace evidente en sus puntos de vista de lo eterno y lo temporal, así como sus comentarios a la crítica bíblica (ver Biblia, Críticas a la).

Lo eterno y lo temporal. ¿Cómo puede depender la salvación eterna de los documentos históricos (y, por tanto, inciertos)? ¿Cómo lo histórico puede dar conocimiento no histórico? (ver Cristo de la Fe vs. Jesús Histórico). La respuesta de Kierkegaard es que, a medida que la Biblia da datos empíricos, es una base insuficiente para la creencia religiosa. Solo la

fe inspirada por el Espíritu encuentra al Dios eterno en el Cristo temporal (ver Espíritu Santo, Papel en la apologética). Los escritores bíblicos no certifican principalmente la historicidad de la deidad de Cristo (ver, Cristo, Divinidad de), más bien, dan testimonio de la deidad de Cristo en la historia. Por lo tanto, la crítica bíblica es irrelevante. Lo importante no es la historicidad de Cristo sino su contemporaneidad como una persona que hoy en día confronta a las personas por su fe en la ofensa del Evangelio. El Jesús de la historia es una presuposición necesaria, pero la historia no prueba su mesianismo. La única prueba de su mesianismo es nuestro discipulado.

Historicidad y contemporaneidad. Si lo eterno viene como un evento en la historia, ¿cómo es que está disponible por igual para todas las generaciones? La respuesta está en que la fe no depende de la casualidad o de estar en la calle por donde caminó Jesús. Esto solo sería simple contemporaneidad física. La fe se enfoca en un evento histórico, pero no está basada en ello. Ninguna contemporaneidad superficial puede generar fe, solo puede hacerlo la contemporaneidad espiritual; ya que "si la generación contemporánea no hubiera dejado nada más que estas palabras: 'Hemos creído que en tal o cual año, el Dios apareció entre nosotros en la humilde forma de un siervo, quien vivió y enseñó en nuestra comunidad y finalmente murió', sería más que suficiente" (ibid., pág. 130). Por lo tanto, el tiempo es irrelevante para la fe. No existe un discipulado de segunda mano.

Crítica bíblica. Kierkegaard exhorta al apologeta de la Biblia: "Quien defiende la Biblia en interés de la fe debe haberse aclarado a sí mismo que, si tiene éxito más allá de sus expectativas, de toda su labor no podría asegurar nada con respecto a la fe". Al crítico le advierte: "Quienquiera que critique a la Biblia también debe haber procurado una clara comprensión de si, si la crítica tiene más éxito de lo esperado, se seguiría un resultado distinto al filológico". Si los defensores de la Biblia logran sus sueños más increíbles al probar cuáles son los libros que pertenecen al canon, probar su autenticidad, fiabilidad e inspiración ¿entonces qué? ¿Acaso esto ha logrado que los no creyentes consigan un poco de fe? La fe no resulta simplemente de una investigación científica, no viene de forma directa en absoluto. Por el contrario, "en esta objetividad se tiende a perder ese infinito interés personal por la pasión, que es la condición de la fe" (Concluding Unscientific Postscripts [Postscriptum no científico y definitivo a migajas filosóficas], págs. 29-30). Y si los opositores de la Biblia prueban todo lo que afirman sobre ella, ¿esto aboliría el cristianismo? De ninguna manera. Si el creyente "lo hubiera aceptado basándose en pruebas, estaría al borde de renunciar a su fe". Él dijo que la fe no necesita pruebas. De hecho, la fe la considera como su enemigo (ibid., pág. 31).

En otra parte, Kierkegaard afirma que los hombres y mujeres deben liberarse de las ataduras de la necesidad histórica para dar cabida a la fe. Como dijo Hegel, la historia no es una necesidad en desarrollo sino una respuesta libre al desafío y a la confrontación. La libertad escapa a la red de la explicación científica.

Rechazo a la teología natural. La religión natural es buena pero no es cristiana, ya que carece de la revelación trascendente. Es un complemento del cristianismo, pero es patética cuando el cristianismo no la completa. Surge de un conflicto entre la razón y lo desconocido (un concepto desarrollado en Numinous [Numinoso] de Rudolph Otto) pero nunca va más allá del conflicto. El ser humano es un creador de dioses que endiosa todo lo que es asombroso. Pero en lo profundo de la piedad natural se esconde un capricho que sabe que ha producido la deidad y que esta es una fantasía. Por consiguiente, la religión natural se inclina hacia el *politeísmo, el cual reúne todas sus fantasías, o hacia el *panteísmo, que es una fusión incongruente de ellas. Kierkegaard concluye que la razón que más nos quiere acercar a Dios es la que termina alejándonos más de Él.

Kierkegaard agrega una observación interesante sobre la religión comparativa. Él dice que el budismo busca lo eterno fuera del tiempo, por medio de la meditación. Sócrates buscó lo eterno antes del tiempo, por medio del recuerdo. Pero el cristianismo busca lo eterno en el tiempo, por medio de la revelación.

Evaluación. A pesar de que Kierkegaard puede ser tomado como un evidencialista moderado con respecto a las verdades objetivas e históricas, cuando se trata de la verdad religiosa, él es casi un ejemplo clásico de un fideísta. Él y su sucesor Karl *Barth son los precursores de la crítica cristiana al enfoque racional y evidencial del cristianismo en el mundo moderno. Sin embargo, hay muchos valores en el pensamiento kierkegaardiano, incluso para la apologética cristiana.

Contribuciones positivas. Se puede elogiar a Kierkegaard por su creencia en los fundamentos de la fe cristiana. Enfatizó un encuentro personal con el cristianismo auténtico, la importancia del libre albedrío individual contra el determinismo conductista y un regreso a la fe del Nuevo Testamento. Hizo énfasis en la inmutabilidad, trascendencia y gracia de Dios, y en la depravación humana. Ofreció percepciones creativas en muchos pasajes bíblicos.

Una corrección del racionalismo. Algunos racionalistas como René *Descartes, Gottfried *Leibniz y Christian Wolfe insistieron en un extremo acercamiento racional a Dios. Le restaron importancia al rol de la fe y el encuentro personal en una relación genuina con Dios. Sobreestimaron los argumentos de la existencia de Dios (ver Dios, Evidencias a favor de) afirmando que eran matemáticamente correctos. El ataque de Kierkegaard al racionalismo y el énfasis al encuentro personal con el Dios vivo son correcciones útiles para el racionalismo estéril.

A veces se olvida la clásica diferencia entre la razón y las verdades de la fe (ver Fe y razón) en la apologética racional moderna. Hay verdades que van más allá de la razón, mientras que no vayan en contra de ella (ver Misterio). Kierkegaard vio esto con claridad.

La base principal de la fe. Algunos apologetas clásicos (ver Apologética clásica) y apologetas evidenciales (ver Apologética, Tipos de) suelen olvidar que la fe no está basada en la evidencia ni en la razón sobre Dios sino en Dios mismo. Nuestra creencia está apoyada por la evidencia. Kierkegaard hizo demasiado énfasis en este punto.

Preevangelización útil. Algunos han descrito el desespero de la vida estética de manera tan clara como lo hizo Kierkegaard. Either/Or [O lo uno o lo otro] da una visión sin precedentes de la vida insignificante sin Dios. Esto se puede presentar como un argumento explícito de la necesidad religiosa (ver Dios, Evidencias a favor de).

Lo histórico y lo eterno. Kierkegaard tiene razón al observar que en un milagro hay más que las simples dimensiones históricas y que lo histórico es insuficiente para poner a una persona en contacto con el Dios vivo (ver Milagros, Mitos y). El exceso de énfasis de los apologetas históricos puede ser malinterpretado para insinuar que se puede llegar a Dios solo a través de la evidencia histórica. Los recordatorios puntuales de la brecha entre lo histórico y lo eterno están bien logrados. Él tiene razón al señalar que, incluso si se tuvieran registros históricos perfectos, esa información por sí misma no podría ponernos en contacto con Dios.

Dificultades. Fideísmo. Al igual que otros fideístas que afirman que no se pueden ofrecer razones en cuestiones de fe, Kierkegaard ofrece razones contraproducentes para el fideísmo. Se discute más acerca de este punto en el artículo Fideísmo.

Separar el hecho del valor. Al igual que Immanuel Kant, Kierkegaard separa de manera radical el hecho y el valor, lo que es y lo que debería ser. Esto impulsó a que se separe al Jesús de la historia del Cristo de la fe (ver Cristo de la Fe vs. Jesús histórico; Seminario de Jesús; Milagros, Mitos y). Si bien lo histórico como tal no nos pone en contacto con lo eterno, lo eterno tampoco se puede separar de la historia verdadera. Si bien Kierkegaard no niega la realidad histórica de los milagros, minimiza la importancia de esa dimensión. Los milagros pueden ser más que históricos, pero no son menos que eso. Al negar la importancia de lo histórico, le quita fiabilidad a la autenticidad del Nuevo Testamento y, con eso, al cristianismo del Nuevo Testamento. El cambio en el énfasis del hecho al valor provoca la negación de los hechos y su apoyo a la fe.

Apoyo evidente a la fe. Si bien Kierkegaard tiene razón en que la fe no está basada en hechos sino en Dios, no tiene razón en asumir que no hay apoyo racional y probatorio de la fe. Por supuesto, Dios es la base de la fe en Dios, pero esto no significa que no tengamos un apoyo racional o probatorio para creer. Kierkegaard va demasiado lejos cuando afirma: "El milagro no prueba nada; puesto que, si no crees que Él es lo que dice ser, niegas el milagro. Un milagro puede hacer que uno esté atento" (Training in Christianity [Ejercitación del cristianismo], pág. 99).

Creer en y creer que. No hay evidencia para creer en Dios. Esta es estrictamente una cuestión de fe. No obstante, hay evidencia para creer que hay un Dios. Kierkegaard no destaca la importancia de tener pruebas de que Dios existe. Ninguna persona racional subiría a un ascensor para llegar al noveno piso sin tener la certeza de que el ascensor puede hacer esto. Asimismo, ninguna persona racional debería confiar en Dios a menos que sea razonable creer que hay un Dios que es confiable.

El rol de los argumentos teístas. A diferencia de Kant, Kierkegaard no refuta los argumentos a favor de Dios (ver Dios, Objeciones a las pruebas de). Solo ofrece un tipo de queja existencial contra los argumentos teístas, que son una ofensa a Dios. Pero ¿por qué se debería ofender el Dios de la razón cuando usamos la razón? La razón es parte de todo lo que nos hace semejantes a Él (Gn 1:27).

Un Dios totalmente diferente. El concepto de Dios como "totalmente Diferente" es una forma del *agnosticismo. Igual que el ámbito noúmeno de Kant (la cosa en sí), no se puede conocer a Dios. Solo podemos saber que Él es, pero no lo que Él es. Pero es imposible conocer todo Su "aseidad". Debemos tener algún conocimiento sobre lo que algo es o no podremos conocer lo que es. Ni siquiera un dispositivo desconocido que nunca habíamos visto antes es "totalmente diferente". Tal vez no conocemos su propósito, pero sí podemos conocer su tamaño, forma y color. La misma afirmación de que no conocemos nada sobre Dios es una afirmación de que conocemos algo sobre Él. Por lo tanto, es contraproducente. Es imposible tener un conocimiento puramente negativo sobre algo. La afirmación de que Dios es "esto" implica que conocemos el "esto". Entonces la visión del lenguaje religioso como meros indicadores de Dios, que no lo

describen realmente, nos deja en una total ignorancia contraproducente.

Suspensión de la ética. En su suspensión de la ética en lo religioso, Kierkegaard preparó el camino para la ética situacional. A pesar de que creía firmemente en las leyes morales de Dios, en el nivel más alto de su deber (su relación con Dios) no hay manera de distinguir el bien del mal. El encuentro existencial con Dios coloca a uno por encima de los ámbitos racionales y éticos. Independientemente del contexto racional y ético en el que uno comienza, la suspensión de la ética en lo religioso lo deja a uno sin ninguna guía real en el nivel más alto del bien y el mal.

Subjetividad de la verdad. Kierkegaard no afirmó que la verdad es subjetiva. Él dijo: "la verdad es subjetividad". Y, si bien no negó la verdad objetiva (ver Verdad, Naturaleza de la) en la ciencia o historia, sí negó que la verdad religiosa es objetiva o comprobable. Esto no solo nos deja con una simple prueba subjetiva de la verdad religiosa, sino que confunde la naturaleza objetiva de la verdad religiosa con la condición subjetiva de recibirla. Ciertamente uno debería aplicar las verdades del cristianismo a la vida de manera subjetiva, pero esto no significa que las verdades deben ser definidas como subjetivas. Toda verdad corresponde de manera objetiva al estado del caso descrito.

Minimizando lo históricamente necesario. Cuando Kierkegaard habló sobre la mera creencia en un hombre llamado Jesús, en quien las personas creían que Dios moraba como los mínimos hechos históricos necesarios para la fe cristiana, invitó a la desmitificación radical de Bultmann. Esto va en contra de la afirmación del Nuevo Testamento de que el hecho de la resurrección corporal es absolutamente necesario para el cristianismo. Como declaró el apóstol Pablo: "Y, si Cristo no ha resucitado, la fe de ustedes es ilusoria y todavía están en sus pecados" (1 Co 15:17; cf. Ro 10:9).

Revelación personal y proposicional. A pesar de que él creía en la inspiración de las Escrituras, el énfasis que hizo Kierkegaard en la naturaleza personal de la verdad religiosa y la necesidad de un encuentro existencial con Dios inclinó las escalas axiológicas contra la revelación proposicional. No solo lo minimizó sino también separó lo que es realmente importante, la revelación personal. Esto condujo a la neoortodoxia de Karl *Barth y Emil Brunner, que negó la visión histórica y ortodoxa de que la revelación es propositiva.

No hay necesidad de tal divergencia. La revelación proposicional puede ser muy personal, como lo sabe cualquier persona que haya escrito una carta de amor. La carta de amor de Dios, la Biblia, está escrita en proposiciones, pero transmite un mensaje muy personal. Aquellos que la leen y responden, entran en una relación muy personal con Dios.

Los términos salto, absurdo y paradoja. Kierkegaard no era un irracionalista, como algunos han afirmado, pero su uso de términos hace que parezca uno. Desde Zeno hasta Kant, los términos absurdo y paradójico se han reservado generalmente para indicar una contradicción lógica (ver Primeros principios; Lógica y Dios). En el mejor de los casos, son una elección desafortunada de términos y suelen ser engañosos. Kierkegaard ha sido muy malinterpretado, en parte por el uso de estos términos. Asimismo, hablar de un "salto" de fe parece irracional, como incluso Kierkegaard pareció reconocer más adelante (ver Journals [Diarios y documentos], pág. 581). Tales palabras tan extremas para describir el misterio de lo que no va en contra de la razón, sino simplemente más allá de ella, solo provocan confusión.

Fuentes

G. E. Arbaugh y G. B. *Arbaugh, Kierkegaard's Authorship* [La autoría de Kierkegaard].

F. Carmical, *"The Unknown and Unread Søren Kierkegaard"* ["El desconocido e inédito Søren Kierkegaard"].

E. J. Carnell, *The Burden of Søren Kierkegaard* [La carga de Søren Kierkegaard].

J. Collins, *The Existentialists* [Los existencialistas].

C. S. Evans, *Kierkegaard on Faith and the Self* [Kierkegaard sobre la fe y el ser].

————, *Passionate Reason* [Razón apasionada].

————, *Subjectivity and Religious Belief* [Subjetividad y creencia religiosa].

P. S. Minear et al., Kierkegaard and the Bible [Kierkegaard y la Biblia].

E. H. Nygren, *"Existentialism: Kierkegaard"* ["Existencialismo: Kierkegaard"]

Ver también las numerosas obras de Kierkegaard citadas anteriormente.

Krishna. *Ver* HINDUISMO VEDANTA; AFIRMACIONES DE RESURRECCIÓN EN RELIGIONES NO CRISTIANAS; RELIGIONES DEL MUNDO Y EL CRISTIANISMO.

Kushner, Harold. Harold Kushner es un rabino estadounidense de finales del siglo veinte. Su versión popular del *diosismo finito se manifiesta en sus libros más vendidos, When Bad Things Happen to Good People [Cuando a la gente buena le pasan cosas malas] y When All You've Ever Wanted Isn't Enough [Cuando nada te basta]. Kushner reta al cristianismo en muchos puntos importantes, particularmente en rechazando a los milagros y dando argumentos sobre un Dios finito (ver Milagros, Argumentos contra los).

Un Dios limitado. Según Kushner, hay un Dios cuyo poder y perfección están limitados. Él dijo: "Cuando hablamos de un solo Dios, ¿estamos haciendo algo más que un censo de cuántos seres divinos existen? ¿Quizás estamos diciendo que Dios 'lo tiene todo'?" (When All You've Ever Wanted, pág. 133). Además, agregó: "porque Él es Uno, está solo salvo y hasta que haya otras personas que lo amen" (ibid., pág. 56). Este Dios "no puede monopolizar todo el Poder y dejarnos sin nada" (ibid.). Dios no está solamente limitado por nosotros, también está limitado por su naturaleza. Como dijo Kushner: "Reconozco Sus limitaciones. Está limitado en lo que puede hacer por las leyes de la naturaleza, por la evolución de la naturaleza humana y por la libertad moral del hombre" (When Bad Things Happen, pág. 134). Debemos darnos cuenta "de que incluso a Dios le cuesta mantener el caos bajo control y limitar el daño que el mal puede hacer" (ibid., pág. 43).

Kushner ve la finitud de Dios como una ventaja para nuestras vidas en vez de una desventaja. Porque "si podemos llegar a reconocer que hay cosas que Dios no controla, muchas cosas buenas se hacen posibles" (ibid., pág. 45). De hecho, "Dios, que no causa ni previene las tragedias, ayuda inspirando a las personas a ayudar" (ibid., pág. 141). Dios no puede controlar al mundo y a los seres humanos, pero Él "es la fuerza divina que los impulsa a crecer, alcanzar y atreverse" (ibid., pág. 132).

Perdonar a Dios por el mal. El mal es real (When All You've Ever Wanted, pág. 89). "Estar vivo supone sentir dolor y esconderse del dolor supone hacerse menos vivo" (ibid.). El mundo es injusto y debemos acomodarnos a él. En vez de culpar a Dios, necesitamos perdonarlo. En un pasaje conmovedor, el rabino pregunta:

> ¿Eres capaz de perdonar y amar a Dios, aunque hayas descubierto que no es perfecto, aunque te haya defraudado y decepcionado permitiendo la mala suerte, la enfermedad y la crueldad en Su mundo, y que haya permitido que algunas de esas cosas te sucedan? ¿Puedes aprender a amarlo y perdonarlo a pesar de Sus limitaciones [...] así como una vez aprendiste a perdonar y amar a tus padres, aunque no fueran lo sabios, fuertes o perfectos que tú necesitabas que fueran? (When All You've Ever Wanted, pág. 148).

La solución al problema del mal (ver Mal, Problema del) es "perdonar a Dios por no haber creado un mundo mejor, acercarnos a las personas que nos rodean y seguir viviendo a pesar de todo" (ibid., pág. 147).

Evaluación. Contribuciones positivas. A pesar de que su diosismo finito es falso, su pronunciación sobre la perspectiva contiene verdades.

Reconocimiento del problema del mal. Kushner ha enfocado su pensamiento en un área crucial, el problema del mal. En este sentido, él reconoce la realidad del mal en vez de optar por un *panteísmo que lo niega. Tiene razón en que los tornados no tienen conciencia, afectan tanto a las personas buenas como a las malas. Golpean a las iglesias y a los prostíbulos. Cualquier solución adecuada al problema de la maldad natural debe lidiar con esta realidad (ver Mal, Problema del). Kushner intenta encontrar esta solución. No la relega al ámbito de lo que finalmente es inexplicable. A pesar de que los teístas no están de acuerdo con esta solución (ver a continuación), elogiamos su intento de encontrar una solución.

La comprensión del problema del sufrimiento. Tras haber experimentado el sufrimiento físico, Kushner no es un observador indiferente. Él es sensible al impacto existencial del sufrimiento. Su perspectiva es la diferencia entre C. S. *Lewis en su libro The Problem of Pain [El problema del dolor], cuando no lo había experimentado personalmente, y sus reflexiones posteriores en A Grief Observed [Una pena en observación], después de que su esposa falleciera de cáncer.

El reconocimiento del problema en la intervención divina. También señala un problema que los teístas suelen evitar. Debido a la realidad de la condición humana, Dios no lo puede hacer todo. Hay límites operativos en la intervención divina. Dios no puede transgredir la libertad humana que le concedió a los seres semejantes a Él. Así que es operativamente imposible para Dios realizar un milagro que vaya en contra de la libertad moral. Intervenir de manera continua alteraría las mismas leyes de la naturaleza que hacen posible la vida física y moral.

Debilidades y objeciones. La mayoría de los aspectos objetables del pensamiento de Kushner son analizados en otros artículos, que serán anotados aquí como referencias.

Primero, el diosismo finito no tiene fundamento (ver Diosismo finito).

Segundo, el concepto de Kushner sobre el mal es inadecuado (ver Mal, Problema del).

Tercero, la negación de Kushner con respecto a lo sobrenatural no tiene fundamento (ver Milagro).

Cuarto, su negación de la inmoralidad es contraria a la evidencia (ver Inmortalidad). Sin esta negación, el caso fracasa, ya que depende de la premisa de que los errores de esta vida no se rectificarán en la próxima (ver Geisler, Roots of Evil [Las raíces del mal], apéndice 3).

A pesar de su popularidad, la forma del diosismo finito de Kushner, sobre todo en lo que se refiere al mal, no resiste un escrutinio. Tiene más atractivo emocional que justificación racional.

Fuentes

N. L. Geisler, *The Roots of Evil* [Las raíces del mal].

———, *If God, Why Evil?* [Si Dios existe, ¿por qué el mal?].

———, *Debate televisado con H. Kushner, The John Ankerberg Show* [El show de John Ankerberg].

H. Kushner, *When All You've Ever Wanted Isn't Enough* [Cuando nada te basta].

———, *When Bad Things Happen to Good People* [Cuando a la gente buena le pasan cosas malas].

Lapide, Pinchas. Pinchas Lapide es un rabino judío y erudito bíblico de fines del siglo XX quien, sin convertirse al cristianismo, apoya la creencia cristiana de que Jesús de Nazaret resucitó físicamente de la tumba. Su conclusión está a favor de un vínculo esencial en la apologética cristiana, el de la resurrección de Cristo.

En su libro The Resurrection of Jesus [La resurrección de Jesús], el rabino Lapide concluyó: "En cuanto a la futura resurrección de los muertos, soy y seguiré siendo un fariseo. Con respecto a la resurrección de Jesús en el domingo de Pascua, fui por décadas un saduceo. Ya no soy un saduceo debido a que la siguiente reflexión me ha hecho pensar en esto de nuevo" (pág. 125). Él agrega: "Si el poder de Dios, que estuvo activo en Eliseo, es lo suficientemente grande como para resucitar hasta a una persona muerta que fue arrojada a la tumba del profeta (2 Reyes 13:20-21), entonces tampoco sería inconcebible la resurrección física de un judío crucificado" (ibid., pág. 131). Debido a que un milagro es un acto de Dios que confirma la verdad de un profeta de Dios (ver Milagros, Valor apologético de los), es difícil evitar la conclusión de que Jesús es el Mesías (ver Cristo, Divinidad de). Como lo explicó un escritor: "La lógica de Pinchas Lapide escapa de mí. Él cree que es una posibilidad que Jesús haya resucitado por obra de Dios. Al mismo tiempo, no acepta a Jesús como el Mesías. Sin embargo, Jesús dijo que Él era el Mesías. ¿Por qué Dios resucitaría a un mentiroso?" ("Resurrection of Jesus" ["Resurrección de Jesús"]). De hecho, otro rabino le dijo a Jesús: "Rabino, sabemos que eres un maestro que ha venido de parte de Dios, porque nadie podría hacer las señales que tú haces si Dios no estuviera con él" (Juan 3:2).

Fuentes

P. Lapide, The Resurrection of Jesus [La resurrección de Jesús].

Time, "Resurrection of Jesus" ["Resurrección de Jesús"].

Leibniz, Gottfried. Gottfried Leibniz (1646-1716) fue un niño genio alemán que aprendió sobre la filosofía griega y escolástica a una edad tan temprana que le negaron el grado de magíster en derecho en la Universidad de Leipzig porque era muy joven. En 1676, junto con Isaac Newton inventó el cálculo. Escribió una tesis doctoral sobre soluciones simbólicas para problemas filosóficos. Leibniz fue muy influenciado por el racionalista contemporáneo Benedict *Spinoza, a pesar de que Spinoza fue un panteísta (ver Panteísmo), y Leibniz siguió siendo teísta (ver Teísmo). Las obras más influyentes de Leibniz fueron Discourse on Metaphysics [Discurso de metafísica], Monadology [La monadología] y Theodicy [Teodicea]. Su influencia en el pensamiento moderno ha sido grande. Immanuel *Kant fue un racionalista leibniziano antes de despertar de sus "siestas dogmáticas" al leer a David *Hume.

Las pruebas de Leibniz a favor de Dios. Leibniz ofreció muchos argumentos a favor de la existencia de Dios.

Argumento de perfección o armonía. Se puede expresar de la siguiente manera este argumento:

1. Las esencias puras son posibilidades eternas.
2. Es mejor existir que no existir.
3. Todas las cosas tienen un impulso hacia la existencia (conato).
    a. Algunas son incompatibles con otras.
    b. No todas pueden existir en un momento determinado.
    c. Pero todas luchan por existir.
4. Aún así, hay armonía en el universo.

5. Por lo tanto, debe haber un Dios que ordena todas las cosas manteniéndolas en armonía las unas con las otras.

Argumento cosmológico. El *argumento cosmológico formulado por Leibniz tuvo la siguiente forma:

1. Todo el mundo observado está cambiando.
2. Lo que está cambiando carece de razón para su propia existencia.
3. Pero hay una razón suficiente para todo.
4. Por lo tanto, debe haber una causa más allá del mundo para su existencia.
5. Esta causa puede ser su propia razón suficiente o hay una aparte de ella.
6. Pero no puede haber una regresión infinita de razones suficientes, debido a que no poder alcanzar una explicación no es una explicación. Y debe haber una explicación.
7. Por consiguiente, debe haber una Primera Causa del mundo que no tiene una razón aparte de sí misma, pero es su propia razón suficiente.

Este argumento difiere del de *Tomás de Aquino por el uso del principio de razón suficiente. Tomás de Aquino apeló solo al principio de causalidad y así evitó las acusaciones de racionalismo que se le hicieron a Leibniz. El principio de razón suficiente provocó que los ateos (ver Sartre, Jean-Paul; Nietzsche, Friedrich) concluyeran que el argumento cosmológico termine en el concepto autocontradictorio de Dios como un ser autocausado, porque si todo necesita una causa (razón), entonces Dios también la necesita. Ellos argumentaron que entonces Dios sería un ser autocausado, lo cual es imposible.

Argumento ontológico. Leibniz también contribuyó en el debate del *argumento ontológico:

1. Si es posible que exista un ser totalmente perfecto, entonces es necesario que exista.
   a. Por naturaleza, un ser totalmente perfecto no puede carecer de nada.
   b. Pero si no existiera, carecería de algo.
   c. Por lo tanto, un ser totalmente perfecto no puede carecer de existencia.
2. Es posible (no contradictorio) que exista un ser totalmente perfecto.
   a. La perfección es una característica simple (=mónada), ya que cada uno se diferencia en clase.
   b. Pero lo que es simple no puede entrar en conflicto con otra cosa simple.
   c. Por tanto, es posible que un ser (Dios) tenga todas las perfecciones.

3. Por lo tanto, es necesario que exista un ser totalmente perfecto.

Metafísica (Monadología). Leibniz desarrolló su propia teoría de la sustancia para conectar el mundo de la física con las realidades metafísicas. Su doctrina se basaba en las mónadas. Él creía que las mónadas existían como una "partícula" inmaterial incluso más elemental que el átomo, porque si bien los átomos de la física se pueden dividir, las mónadas de la metafísica no lo pueden hacer. Las mónadas se diferencian entre sí por su forma, tamaño, espacio y características. Son creadas, se pueden destruir, pero no pueden cambiar. Cada mónada percibe y actúa de manera diferente según su propio nivel jerárquico, como lo estableció Dios. Juntas actúan entre sí en total armonía según el plan de Dios y tienen un impulso innato hacia la perfección que está integrado en su esencia. Debido a que el cuerpo y alma son sustancias separadas, sus mónadas separadas funcionan juntas en exacta armonía, así como lo ordena Dios.

En la jerarquía de las mónadas, las superiores son aquellas que pertenecen al ámbito espiritual. Las mónadas del alma son superiores a las del cuerpo. Dios es la Supermónada máxima y no creada. Dios creó a las otras mónadas y maximiza el bien entre y a través de ellas.

El problema del mal. Según Leibniz, Dios predetermina todas las cosas mediante la precomprensión, sin coaccionar el libre albedrío. La libertad es la espontaneidad de un ser intelectual. Dios tiene una voluntad antecedente, la cual es solo para el bien. También tiene una voluntad consecuente para producir el mejor mundo posible debido a la existencia del mal. Como el mejor de todos los seres posibles, Dios desea el mejor de todos los mundos posibles. Debido a que este mundo está determinado por Dios, debe ser el mejor posible o el menos defectuoso de los mundos.

Existen tres tipos de mal: metafísico (finitud), moral (pecado) y físico (sufrimiento). La finitud sustenta al pecado y al sufrimiento. El pecado es el resultado de la ignorancia, un estado confuso o no aclarado. El mal es parte de una imagen total del bien, que da oscuridad para que la luz brille en contraste (ver Mal, Problema del).

Dios está trabajando para perfeccionar el universo, lo cual solo se puede hacer al perfeccionar a las personas. Dios tiene como objetivo perfeccionar un alma inmortal mediante la iglesia universal. Esta visión de la iglesia es un modelo de City of God [La ciudad de Dios] de *Agustín.

Evaluación. Leibniz aportó muchas contribuciones positivas que se deberían reconocer.

Contribuciones positivas. Mediante su trabajo de

desarrollar el cálculo, Leibniz le hizo un gran servicio a la matemática y ciencia modernas y contribuyó con la *epistemología, *metafísica, teología y también con la teodicea.

Epistemología. Leibniz fue un fundacionalista (ver Fundacionalismo), que enfatizó de manera correcta que el conocimiento es imposible sin los primeros principios. A pesar de que algunos no están de acuerdo con su creencia en ideas innatas, incluso Kant en su *agnosticismo reconoció la necesidad de una dimensión innata del conocimiento.

Metafísica. Como teísta (ver Teísmo), Leibniz creía en la creación ex nihilo. Él luchó contra y les dio una forma moderna a los conceptos teístas de la tradición de *Agustín, *Anselmo y *Tomás de Aquino. Su argumento cosmológico ha influenciado a los teístas.

Teodicea. La solución de Leibniz al problema del mal fue clásica (ver Mal, Problema del). Luchó contra el origen, la naturaleza y la persistencia del mal de una manera que intentaba conservar tanto la perfección absoluta de Dios y la libertad humana. Además, a pesar de las críticas justificadas, su concepto del "mejor mundo posible" es un elemento esencial en la teodicea.

Debilidades. A pesar de los valores centrales, Leibniz está abierto a recibir críticas.

Epistemología racionalista. Como mostró Hume, el concepto de ideas innatas es contrario a la experiencia. No hay pruebas de que nacemos con un almacén lleno de ideas que solo están esperando a ser activadas. La dimensión a priori del conocimiento parece estar en el área de capacidad, no de contenido. Eso significa que nacemos con la capacidad de saber la verdad, pero no con una mente llena de verdades.

Dualismo. El dualismo de la mente y cuerpo de Leibniz conduce a los improbables puntos de vista del paralelismo, el ocasionalismo y la armonía establecida entre la mente y el cuerpo. No hay una interacción o unidad real entre estos dos.

El principio de razón suficiente. A pesar de la validez de muchos de los primeros principios de Leibniz, el principio de razón suficiente conduce lógicamente a un ser contradictorio y autocausado. Porque si la causa del ser de Dios está dentro de Él, entonces Dios es autocausado. A diferencia del primer principio de causalidad de Aquino, el principio de razón suficiente no está arraigado en la realidad (ver Realismo), sino solo en el ámbito de las ideas. Por último, no se puede negar el principio, ya que se puede decir que algo no tiene una razón (causa) sin entrar en una declaración contraproducente. Ciertamente, el Dios no creado es la última Causa que no tiene causa.

El argumento ontológico. La forma de Leibniz del argumento ontológico está basada en la premisa ampliamente rechazada de que la existencia es una perfección (ver Kant, Immanuel). Además, su intento de probar que el concepto es lógicamente posible no consigue su objetivo. Es objeto de las mismas críticas que se hacen a otros pluralismos que afirman una percepción unívoca de ser (ver Analogía, Principio de). Es imposible evitar el monismo.

Incluso la forma de Leibniz del argumento cosmológico válido no proporciona un punto de partida determinado basándose solamente en la observación (aspecto) del cambio.

Visión del mal. Su visión del libre albedrío tiende a reducirse a una forma de determinismo. Porque si es Dios quien da el impulso o deseo de elegir libremente, ¿cómo puede ser realmente una elección libre (ver Libre albedrío)?

Asimismo, su teodicea sugiere que el mal sigue involucrado en lo mejor que puede hacer Dios. Esto fue fuertemente satirizado en Candide [Cándido o el optimismo] de Voltaire. Mientras que Dios debe hacer lo mejor que pueda, este mundo actual no representa eso. Este no es el mejor mundo posible, aunque puede muy bien ser el mejor camino posible al mejor mundo posible (ver Mal, Problema del).

Fuentes.
J. Collins, *God in Modern Philosophy* [Dios en la filosofía moderna].
N. L. Geisler y W. *Corduan, Philosophy of Religion* [La filosofía de la religión].
J. E. Gurr, *The Principle of Sufficient Reason in Some Scholastic Systems,* [El principio de razón suficiente en algunos sistemas académicos], 1750-1900.
D. Hume, *Enquiry Concerning Human Understanding* [Investigación sobre el entendimiento humano].
I. Kant, *Critique of Pure Reason* [Crítica de la razón pura].
G. Leibniz, *Discourse on Metaphysics* [Discurso de metafísica].
———, *The Monadology* [Monadología].
———, *Theodicy* [Teodicea].

Lenguaje religioso. *Ver* ANALOGÍA, PRINCIPIO DE; POSITIVISMO LÓGICO; WITTGENSTEIN, LUDWIG.

Lessing, "Zanja" de. *Ver* LESSING, GOTTHOLD EPHRAIM.

Lessing, Gotthold Ephraim. Gotthold Ephraim Lessing (1729-81) fue el hijo de un pastor erudito de Alemania. Estudió teología en la Universidad de Leipzig, donde asimiló el *racionalismo de la Ilustración, cuyo portavoz principal fue Christian Wolfe, un seguidor de Gottfried *Leibniz. Lessing tuvo influencia de los deístas ingleses (ver Deísmo). Como crítico de teatro, tuvo la influencia del deísta Hermann Reimarus, de cuyo libro An Apology for Rational Worshippers of God [Apología o palabras en defensa de los adoradores racionales de Dios] publicó extractos en 1774 y de 1777 a 1778. Finalmente, Lessing quedó bajo dominio del *panteísmo de Benedict *Spinoza.

Lessing tuvo una gran influencia sobre otros. Se puede ver en el liberalismo de Friedrich *Schleiermacher y Samuel Coleridge, también en el *existencialismo de Søren *Kierkegaard, el historicismo de G. W. F. *Hegel y el positivismo de Auguste *Comte.

Perspectivas de Dios. Lessing proviene de un trasfondo trinitario (ver Trinidad) pero poco a poco adoptó ideas deístas y eventualmente se convirtió en un panteísta spinozano. Como tal, su vida anticipó gran parte de la historia de los dos siglos siguientes. En 1753, Lessing indicó en The Christianity of Reason [El cristianismo de la razón] que se estaba acercando al *panteísmo, ya que combinó a Spinoza y Leibniz, y negó que Dios es un superobjeto que se encuentra más allá o detrás del mundo (ver Lessing, Lessing's Theological Writings [Escritos teológicos de Lessing], pág. 445). En su obra de 1763, On the Reality of Things Outside God [Sobre la realidad de las cosas fuera de Dios], publicada de manera póstuma en 1795, negó el teísmo tradicional. Negó que exista un mundo creado distinto de Dios.

Lessing no solo creía que no existe nada fuera de la mente divina, pero como las ideas de las cosas contingentes son necesarias, también creía que existe una contingencia dentro de Dios. Esto anunció a los posteriores teólogos de procesos (ver Panteísmo), tales como Alfred North *Whitehead.

La historia y los Evangelios. En 1754, Lessing publicó una serie de "Justificaciones", en las que defendía a varias figuras históricas que creía habían sido maltratadas por la iglesia. Si bien mostró simpatía por la ética cristiana de estos líderes, mostró antipatía hacia las doctrinas cristianas.

Cristo versus Jesús. El punto de inflexión de Lessing ocurrió en 1769. Como bibliotecario del duque de Brunswick, comenzó a publicar fragmentos de un manuscrito del deísta Reimarus (1766-69). El último fragmento provocó una polémica con el pastor de Hamburgo Johann Goeze y desencadenó la búsqueda del Jesús histórico (ver Cristo de la Fe vs. Jesús Histórico; Jesús histórico, Búsqueda del; Seminario de Jesús). Lessing no solo diferenció al Jesús de la historia del Cristo de la fe, sino que también hizo un estudio crítico de las fuentes de los Evangelios Sinópticos en New Hypotheses Concerning the Evangelists Regarded as Merely Human Historians [Nuevas hipótesis sobre los evangelistas considerados como

meros historiadores humanos] (1784). Las perspectivas de Lessing se expresaron en la obra "Nathan the Wise" [Nathan el sabio], que suplicaba por amor y tolerancia en vez de consentir un credo. El punto de vista de Lessing era la esencia del cristianismo de la Ilustración, el punto de vista de que, tras el crecimiento del credo, el cristianismo es un código moral de la hermandad universal.

"Zanja" de Lessing. El legado de Lessing fue una "zanja" cavada entre las verdades contingentes de la historia y las verdades necesarias de la fe. Él separó la revelación de las verdades eternas de las verdades temporales y contingentes de la historia. Fue con esta gran brecha contra la que luchó Søren *Kierkegaard y de la cual hizo su "salto de fe" (ver Fear and Trembling [Temor y temblor]).

Lessing afirmó que: "las verdades accidentales de la historia nunca serán prueba de las verdades necesarias de la razón" (Lessing, Lessing's Theological Writings [Escritos teológicos de Lessing], pág. 445). No hay una conexión lógica entre las realidades históricas y la fe. Las verdades de la fe son matemáticas y a priori, independientes de la experiencia. Las primeras son verdades contingentes de la experiencia y a posteriori. Por lo tanto, la narrativa histórica nunca puede expresar el conocimiento de Dios.

Relativismo. Lessing fue más relativista que escéptico. Inmortalizó su punto de vista en el aforismo: "Si Dios tuviera encerrada en su mano derecha toda la verdad y en su izquierda el único impulso que mueve a ella, y me dijera: '¡Elige!', yo caería, aún en el supuesto de que me equivocase siempre y eternamente, en su mano izquierda, y le diría: '¡Dámela, Padre! ¡La verdad pura es únicamente para ti!'" (ibid., pág. 445).

Evaluación. Dejando de lado a la humildad autoproclamada de Lessing, está claro que el resultado neto de sus puntos de vista es una forma contraproducente del *agnosticismo, relativismo (ver Verdad, Naturaleza de la) y una dicotomía de hecho y valor, y de historia y fe (ver Apologética, Argumento general de la; Manuscritos del Nuevo Testamento). Una evaluación profunda es que "Lessing pasó su vida esperando que el cristianismo fuera cierto y argumentando que no lo era" (ibid., pág. 445).

Fuentes

E. H. Gombrich, *"Lessing"*.

P. Hazard, *European Thought in the Eighteenth Century* [El pensamiento europeo en el siglo XVIII].

S. Kierkegaard, *Fear and Trembling* [Temor y temblor].

F. C. A. Koelin, *The Philosophy of the Enlightenment* [La filosofía de la ilustración].

G. Lessing, G. E. *Lessing's Gesammelte Werke.*

————, *Lessing's Theological Writings* [Escritos teológicos de Lessing].

Lewis, C. S. Clive Staples Lewis (1898-1963) es posiblemente el teísta y apologeta cristiano más influyente de finales del siglo XX (ver Apologética, Necesidad de la). Fue profesor de la Universidad de Oxford. Este exateo expresó verdades profundas en un lenguaje sencillo que llegó a los corazones y mentes de millones. Lewis negó ser un filósofo o un teólogo, pero su conocimiento sobre lo esencial del *teísmo lo convirtió en un apologeta y comunicador importante.

La naturaleza y existencia de Dios. Lewis aceptó la visión de Agustín, Anselmo y Aquino sobre Dios como eterno, necesario, trascendente, moralmente perfecto y personal (ver Dios, Naturaleza de). Dios trasciende el espacio y tiempo: "Es casi seguro que Dios no está en el Tiempo. Su vida no consiste de momentos sucesivos. [...] Las diez y media, y cualquier otro momento desde el comienzo del mundo, es siempre el Presente para Él". Para decirlo de otra manera: "Tiene toda la eternidad para escuchar la fracción de segundo de la oración de un piloto mientras su avión se estrella en llamas" (Mere Christianity [Mero cristianismo], pág. 146).

No obstante, Dios es inmanente (presente y operativo) en la creación. Lewis escribió: "Buscar a Dios, o al Cielo, al explorar el espacio es como leer o ver todas las obras de Shakespeare con la esperanza de encontrar a Shakespeare como uno de los personajes o a Stratford como uno de los lugares. En cierto sentido, Shakespeare está presente en cada momento de todas las obras. Pero nunca está presente de la misma manera que Falstaff o Lady Macbeth. Tampoco se difunde a través de la obra como un gas" (Christian Reflections [Reflexiones cristianas], págs. 167-68).

*El *argumento cosmológico.* A pesar de que al principio aceptó una forma teísta de la evolución (ver más adelante), Lewis creía en la creación a partir de la nada (ver Creación, Puntos de vista de la). Porque "lo que Dios crea no es Dios; así como lo que hace el hombre no es hombre" (God in the Dock [Dios en el muelle], pág. 138). Él explicó que la materia no es coeterna con Dios:

> Por su propio carácter, la entropía nos asegura que, aunque sea la regla universal en la naturaleza que conocemos, no puede ser un absoluto universal. Si un hombbre dice: "Zanco Panco está cayendo", se sabe de inmediato que no es una historia completa. La parte que se ha contado implica tanto un capítulo posterior en el que Zanco Panco habrá caído al suelo, como un capítulo anterior en el que todavía estaba sentado en el muro. Una Naturaleza que se está "agotando" no puede ser la historia completa. Un reloj no puede funcionar a menos que se le haya dado cuerda" (Miracles [Los milagros], pág. 157).

La materia es producto de una Mente cósmica (ver Dualismo). "Sin embargo, aceptar ese tipo de mente cósmica sería aceptar a un Dios fuera de la Naturaleza, un Dios trascendente y sobrenatural" (ibid., pág. 30). El universo es materia. La materia no puede producir a la mente. Solo la mente puede producir a la materia (ver Materialismo). La creación del mundo no fue a partir de alguna materia u otra cosa que existía desde antes. Fue creado de la nada. Dios creó el mundo de manera libre: "La libertad de Dios consiste en el hecho de que ninguna causa que no sea Él mismo produce Sus actos y ningún obstáculo externo los impide, Su propia bondad es la base de la que surgen todos sus actos y Su propia omnipotencia, el aire en el que todos florecen" (Problem of Pain [El problema del dolor], pág. 23). Dios no creó el mundo porque lo tenía que hacer. Lo creó porque quería hacerlo. La existencia del universo depende completamente de la buena voluntad del Creador.

*El *argumento moral.* Lewis comenzó Mere Christianity [Mero cristianismo] con la premisa de que una ley moral objetiva, como incluso se presupone en los desacuerdos comunes, implica a un Dador de la Ley Moral. Hay "algo que está dirigiendo el universo y me parece una ley que me insta a hacer lo correcto y me hace sentir responsable e incómodo cuando hago mal. Creo que debemos asumir que es más como una mente que como cualquier otra cosa que conocemos. Porque, después de todo, la única otra cosa que conocemos es la materia y es difícil imaginar un poco de materia dando instrucciones" (Mere Christianity, pág. 34).

Se puede resumir el argumento de Lewis de esta manera:

1. Debe haber una ley moral universal y objetiva o sino ningún juicio ético tendría sentido (ver Moralidad, Naturaleza absoluta de la). No podríamos decir que algo es malo o incorrecto y no habría razón para mantener promesas o tratos (God in the Dock [Dios en el muelle], cap. 1).
2. Esta ley moral no se origina en nosotros. De hecho, estamos obligados por ella.
3. La fuente de esta ley se parece más a la mente que a la materia y no puede ser parte del universo, así como un arquitecto no puede ser parte del edificio que diseña.
4. Por lo tanto, existe un Dador de la Ley Moral que es la fuente absoluta y estándar de todo lo bueno y lo malo (ibid., cap. 7).

Para tener una explicación más completa del argumento moral de Lewis y su defensa, ver su sección en el artículo Argumento moral a favor de Dios.

La naturaleza de lo racional. Lewis no se avergonzaría ante el apelativo "racionalista". Él enaltece la racionalidad humana de forma repetida. Escribió: "No podría alcanzar el universo a menos que pudiera confiar en mi razón. Si no pudiéramos confiar en la inferencia, no podríamos conocer nada más que nuestra propia existencia" (ibid., pág. 277). "El corazón nunca toma el lugar de la cabeza, pero puede y debe obedecerle" (Abolition of Man [La abolición del hombre], pág. 30).

También debería haber una razón o explicación absoluta. "No siempre vas a 'dar explicaciones': te darás cuenta de que has dado explicaciones para la explicación en sí misma". Además: "No siempre vas a 'ver a través' de las cosas". En consecuencia: "No sirve de nada tratar de 'ver a través' de los primeros principios. Si vieras a través de todo, entonces todo sería transparente". Sin embargo: "'ver a través' de todas las cosas es igual a no ver" (ibid., pág. 91).

Lewis creía que no se puede negar el pensamiento racional. Insistió en que "todos los argumentos [en contra] de la validez del pensamiento hacen una excepción tácita e ilegítima a favor de lo que estás pensando en ese momento". Por lo tanto, "la validez del pensamiento es central: todas las demás cosas tienen que encajar a su alrededor lo mejor que puedan" (Miracles [Los milagros], pág. 23).

La naturaleza de la moralidad. Lewis habló de los "hombres sin pecho" (Abolition of Man, pág. 34). "La cabeza gobierna el vientre a través del pecho: el asiento [...] de emociones organizadas por hábitos entrenados en sentimientos estables". Sin este elemento intermedio "el hombre es vano: porque por su intelecto es mero espíritu y por su apetito, mero animal" (ibid., pág. 34). Más allá de la naturaleza moral se encuentra un ideal moral alcanzable. Lewis estaría de acuerdo con la afirmación de que el valor primario de la educación es una educación en valores primarios. La educación cumple con su propio propósito, ya que cultiva juicios de valor para ayudar a perfeccionar la naturaleza moral. Sin emociones entrenadas, el intelecto no tiene poder contra el animal (ibid., págs. 33, 34). Además, Lewis observa que es mejor jugar a las cartas con un escéptico, que es un caballero, que con un filósofo moral, que se crio entre personas que hacen trampa (ibid., pág 34). Solamente porque estamos dentro de la ley de Dios, podemos hablar de tener el poder del autocontrol (ibid., pág. 36).

Lewis sostiene que: "o somos espíritus racionales obligados a obedecer por siempre a los valores absolutos del Tao [ley moral], o bien somos mera materia a amasar y moldear" (ibid., pág. 84). La única garantía contra la tiranía y la esclavitud es afirmar el valor del humano inmortal en el contexto de la ley moral absoluta. Porque "el proceso que, si no se controla, abolirá al Hombre, se desarrolla a buen ritmo entre los comunistas y los demócratas al igual que entre los fascistas" (ibid., pág. 85). Solo dentro de la ley moral absoluta hay una realidad concreta en la cual se puede ser realmente humano (ibid., pág. 86).

Lewis estuvo muy consciente del peligro de reemplazar la ley moral objetiva de Dios con leyes políticas subjetivas. La historia muestra que todos los dictadores que se salen del marco de la ley moral no son benévolos. Es horrendo el potencial de maldad cuando un inmenso poder reside en el control político de una persona. Este mensaje también está incluido en el comentario social del alegórico That Hideous Strength [Esa horrible fuerza].

Milagros. El *naturalismo afirma que la naturaleza es "todo el espectáculo". Si el naturalismo fuera cierto, entonces todos los eventos en la naturaleza deben poder explicarse mediante el sistema total de la naturaleza. Pero la razón humana (inferencial), tal como la asumen y ejercen incluso los naturalistas, no se puede explicar exclusivamente mediante las causas naturales irracionales. Además, "el Naturalista no puede condenar los pensamientos de otras personas porque tienen causas irracionales y siguen creyendo en ellas, que tienen (si el Naturalismo fuera cierto) causas igualmente irracionales" (Miracles [Los milagros], pág. 22). Es más, Lewis argumenta que si el naturalismo fuera correcto, entonces no habría razón para que un naturalista no les dé validez a los pensamientos de un lunático o un drogadicto, así como lo hace con sus propios pensamientos. Esta es la auto-contradicción del naturalismo.

Hay más que la naturaleza. Está la mente, que no puede ser reducida a materia. Y está el valor (lo que debería ser), que no puede ser reducido a la naturaleza (lo que es). De hecho, hay una Mente moral absoluta detrás de la naturaleza que da la ley moral.

El humano es un ser racional y moral. Sin una naturaleza moral, no habría una humanidad verdadera, así que aquellos que abolirían la ley moral, derogarían a la humanidad en el acuerdo (Abolition of Man [La abolición del hombre], pág. 77).

O somos espíritus racionales obligados a obedecer por siempre a los valores absolutos del Tao, o bien somos mera materia a amasar y moldear según las apetencias de los amos, quienes, por hipótesis, no tienen otro motivo que sus impulsos "naturales". Solo el Tao proporciona una ley humana de actuación común a todos, ley que abarca a legisladores y a leyes a un tiempo. Una creencia dogmática en un valor objetivo es necesaria a la idea misma de una norma que no se convierta en tiranía y una obediencia que no se convierta en esclavitud. (ibid., pág. 84-85)

Mal. Según Lewis, el mal no es eterno, así como afirma el dualismo.

Los dos Poderes, el bien y el mal, no se pueden explicar entre sí. Ninguno [...] puede afirmar ser el Supremo. Más supremo que cualquiera de ellos es el inexplicable hecho de que estén juntos. Ninguno escogió este cara a cara. Por lo tanto, cada uno de ellos está condicionado, se encuentran voluntaria o involuntariamente en una situación. Y, ya sea que esa situación se haya producido por sí misma o por alguna fuerza desconocida, es el verdadero Supremo. El dualismo todavía no ha alcanzado el campo del ser. No se puede aceptar a dos seres condicionados e independientes como el Supremo fundamentado y comprendido por sí mismo. (God in the Dock [Dios en el muelle], pág. 22)

El mal surgió de la libre elección (ver Libre albedrío). Esto no significa que la libertad sea mala. En la libertad, nos asemejamos más a Dios y participamos en la realidad eterna (ibid., pág. 129). El cristianismo está de acuerdo con el dualismo en que el universo está en guerra. Sin embargo, el cristiano no piensa que esta es una guerra entre poderes independientes. Más bien, es una rebelión civil y estamos viviendo en un territorio ocupado por los rebeldes (Mere Christianity [Mero cristianismo), pág. 51). Al principio esta rebelión no fue para recurrir a la maldad. "Cuando se examina la maldad, resulta que es la búsqueda de un bien de manera equivocada" (ibid., pág. 49).

Al igual que *Agustín y *Tomás de Aquino, C. S. Lewis creía que el mal no existe en sí mismo, sino como una corrupción del bien (ver Mal, Problema del). "En cierto modo, el bien es el mismo; el mal es solo el bien arruinado. Primero debe haber algo bueno antes de que se pueda arruinar" (ibid., pág. 49). Incluso satanás es un ángel caído. Por lo tanto: "el mal es un parásito, no una cosa original" (ibid., pág. 50).

Dios no permite el mal sin un buen propósito. Incluso el mal físico tiene un impacto moral. Porque "Dios nos susurra en nuestros placeres, habla en nuestra conciencia, pero grita en nuestro dolor: es su megáfono para despertar a un mundo sordo" (Problem of Pain [El problema del dolor], pág. 81).

Destino final. La vida es el campo de prueba de la eternidad. Durante la vida, cada criatura racional toma una decisión de por vida. Todos participan en el juego y "si se juega, debe ser posible perder". Lewis agrega: "Pagaría cualquier precio por decir de verdad que 'todos se salvarán'. Pero mi razón contesta: 'Sin su voluntad, ¿o con ella?'. Si digo: 'Sin su voluntad', en ese momento percibo una contradicción. ¿Cómo puede ser involuntario el supremo acto voluntario de autoentrega? Si digo: 'Con su voluntad', mi razón contesta: '¿Y si no ceden?'" (ibid., págs. 106-7).

Lewis encuentra dos tipos de personas al final de la vida y de la historia: "los que le dicen a Dios: 'Hágase tu voluntad', y aquellos a quienes Dios les dirá, al fin: 'Hágase tu voluntad'. Todos los que están en el infierno lo han elegido". Lewis creía que: "Sin esta opción personal no habría infierno. Nadie que desee continua y seriamente la alegría se va a equivocar. Los que buscan, encuentran. A quienes golpean la puerta, se les abre" (Great Divorce [El gran divorcio: un sueño], pág. 69). Además, las puertas del infierno están cerradas por dentro. Incluso aquellos que desean salir del infierno no lo harán a expensas del autoabandono únicamente por el cual el alma puede alcanzar cualquier bien (ibid., pág. 127).

Evaluación. Las obras de Lewis tienen un gran valor para las apologéticas cristianas. A la fecha, Mere Christianity [Mero cristianismo] es uno de los mejores libros que se le puede dar a un no creyente. Lewis escribió una de las mejores críticas al naturalismo impresas (Miracles [Los milagros]). The Problem of Pain [El problema del dolor] sigue siendo uno de los mejores libros del tema. The Abolition of Man [La abolición del hombre] se mantiene como uno de los mejores libros sobre el absolutismo moral y así sucesivamente. Lewis defendió la muerte y resurrección real de Cristo, la inmortalidad del hombre y un infierno eterno (The Great Divorce [El gran divorcio: un sueño]).

No obstante, Lewis no fue ortodóxo en muchos aspectos.

La negación de los milagros del Antiguo Testamento. Lewis negó la naturaleza real de muchos milagros del Antiguo Testamento (ver Milagros en la Biblia):

Al igual que otros pueblos, los hebreos tenían mitología: pero como ellos eran el pueblo elegido, su mitología era la mitología elegida. La mitología elegida por Dios para ser el mecanismo de las primeras verdades sagradas, el primer paso en ese proceso que termina en el Nuevo Testamento, en donde la verdad se ha convertido en algo totalmente histórico. Si, en este proceso de cristalización, podemos decir con certeza dónde se produce alguna historia particular del Antiguo Testamento, es otro tema. Tengo entendido que las memorias de la corte de David están en un extremo de la escala y son apenas menos históricas que San Marcos o Hechos, y que el Libro de Jonás está en el extremo opuesto. (Miracles, pág. 139)

Para ser justos, Lewis reconoce que puede estar equivocado sobre los milagros del Antiguo Testamento. Él admite que su punto de vista es indefinido y puede estar expuesta al error y que el tema va más allá de su conocimiento:

Una consideración de los milagros del Antiguo Testamento está más allá del alcance de este libro y requeriría muchos tipos de conocimiento que no poseo. Mi presente punto de vista, que es indefinido y expuesto a cualquier cantidad de correcciones, sería, en el caso de los hechos, como una larga preparación que culmina con la encarnación de Dios como Hombre. Por lo tanto, en el caso documental, la verdad aparece primero en forma mítica y después de un largo proceso de resumen o enfoque, finalmente se encarna como Historia. (ibid., pág. 139)

Negación de la historicidad de muchos eventos del Antiguo Testamento. Lewis no creía en la historicidad y autenticidad de algunos de los eventos del Antiguo Testamento que Jesús acepta. Jesús verificó la verdad literal de Jonás (Mt 12:40), de la creación no evolutiva de Adán y Eva (Mt 19:4), del diluvio (Mt 24:38-39) y de otros eventos milagrosos (ver Geisler, Inerrancy [Inerrancia bíblica], 3-35). Parece que Lewis encontró en el Antiguo Testamento un desarrollo no cristiano del mito (ver Milagros, Mitos y). Esto es especialmente interesante en vista de su criticismo a los eruditos del Nuevo Testamento quienes hacen lo mismo. Lewis los reprendió:

Una teología que niega la historicidad de casi todo en los Evangelios a los que la vida, los afectos y el pensamiento cristiano han estado atados durante casi dos milenios, que bien niega totalmente lo milagroso o, de manera curiosa, después de tragarse el camello de la Resurrección, colar tales mosquitos, como la alimentación de la multitud, si se ofrece al hombre inculto, puede producir solo uno u otro de dos efectos. Lo convertiría en un católico romano o un ateo. (Christian Reflections [Reflexiones cristianas], pág. 153)

Lewis también aceptó otras ideas críticas más relevantes sobre el Antiguo Testamento (ver Biblia, Críticas a la). Él cuestionó la historicidad de Job indicando: "Porque comienza con un hombre muy desconectado de toda la historia o incluso de las leyendas, sin ninguna genealogía, viviendo en un país al cual la Biblia casi ni menciona" (Mere Christianity, pág. 110). Lewis sostuvo esto a pesar de las referencias a Job como histórico en el Antiguo (Ez 14:14-20) y Nuevo Testamentos (Santiago 5:11). Uz es mencionado en Jeremías 25:20 y Lamentaciones 4:21. También se han verificado las costumbres y formas de los nombres propios conectados a Job (Archer, págs. 438-48).

Negación de la inerrancia de la Escritura. Lewis sostuvo un punto de vista muy negativo de muchos Salmos, incluso llamó a algunos "diabólicos" (Reflections on the Psalms [Reflexiones sobre los Salmos], pág. 25). Rechazó la autoría Davídica de todos excepto del Salmo 18 (ibid., pág. 114). Esto es especial-

mente sorprendente debido al gran punto de vista de Lewis sobre Cristo y los Evangelios. Jesús confirmó que David escribió el Salmo 110 (Mt 22:41-46). Jesús también afirmó la autoridad divina de todo el Antiguo Testamento (Mt 5:17-18; Juan 10:35) y especialmente de Salmos (cf. Lucas 24:44), el cual fue uno de los libros que citó más seguido.

Lewis creyó que hubo (1) opiniones de humanos en la Biblia; (2) inconsistencias en los reportes paralelos; (3) reconocimiento de fuentes humanas; (4) eventos no históricos (como los de Jonás y Job) y (5) otros escritos inspirados. También creía que incluso los hombres malvados pueden hacer declaraciones inspiradas como la Biblia. Agregó: "Me parece que 2 y 4, bajo "la naturaleza errante de la Biblia", descartan el punto de vista de que toda declaración en la Escritura debe ser verdad histórica. Y 1, 3, 5 y 6 descartan el punto de vista de que la inspiración es una sola cosa" en el sentido de que toda la Biblia está igualmente inspirada (citado en Geisler, Systematic Theology [Teología sistemática], págs. 399, 401).

Aceptación no crítica de la macroevolución. Al igual que muchos de sus contemporáneos de su continente (y de América), Lewis aceptó la macroevolución. Sin embargo, después tuvo dudas (ver Ferngren) sobre un punto de vista evolutivo (ver Evolución biológica) del origen del universo (ver Mere Christianity [Mero cristianismo], págs. 52, 65). No obstante, que incluso un apologeta intelectual tan devoto y valiente como Lewis pueda involucrarse en el mito de la macroevolución revela lo importante que es evaluar cuidadosamente la verdad de lo que se está aprendiendo en un entorno profano (ver Johnson).

Fuentes

G. L. Archer Jr., *A Survey of Old Testament Introduction* [Reseña crítica de una introducción al Antiguo Testamento].

A. Barkman, C. S. *Lewis and Philosophy as a Way of Life* [C. S. Lewis y la filosofía como una forma de vida].

G. B. Ferngren y R. L. Numbers, *"C. S. Lewis on Creation and Evolution"* ["C. S. Lewis sobre la creación y la evolución"].

N. L. Geisler, *Is Man the Measure?* [¿Es el hombre la medida?].

———, ed., *Inerrancy* [Inerrancia bíblica].

———, *Systematic Theology* [Teología sistemática], vol. 1.

G. Habermas, D. Baggett, y J. Wall, eds., *C. S. Lewis as Philosopher* [C. S. Lewis como filósofo].

P. E. Johnson, *Darwin on Trial* [Darwin a prueba].

C. S. Lewis, *The Abolition of Man* [La abolición del hombre].

————, *Christian Reflections* [Reflexiones cristianas].

----------, *God in the Dock* [Dios en el muelle], esp. "The Humanitarian Theory of Punishment" ["La teoría humanitaria del castigo"].

————, *Mere Christianity* [Mero cristianismo].

————, *Miracles* [Los milagros].

————, *The Problem of Pain* [El problema del mal].

————, *Reflections on the Psalms* [Reflexiones sobre los Salmos].

————, *The Screwtape Letters* [Las cartas de Screwtape].

————, *Studies in Medieval and Renaissance Literature* [Estudios de literatura medieval y renacentista].

R. MacSwain y M. Ward, eds., *The Cambridge Companion to C. S. Lewis* [El compañero de Cambridge de C. S. Lewis].

R. L. Purtill, *C. S. Lewis' Case for the Christian Faith* [Caso de C. S. Lewis a favor de la fe cristiana].

D. L. Sayers, "Toward a Christian Esthetic" ["Hacia una estética cristiana"].

J. R. R. Tolkien, *The Lord of the Rings* [El señor de los anillos].

Ley de la naturaleza. *Ver* MORALIDAD, NATURALEZA ABSOLUTA DE LA; REVELACIÓN GENERAL.

Leyendas humanas y divinas. *Ver* APOTEOSIS.

Libre albedrío. Las concepciones de la naturaleza del albedrío humano entran en tres categorías: el determinismo, el indeterminismo (ver Indeterminación, Principio de) y el autodeterminismo. Un determinista busca acciones causadas por otro; un indeterminista acciones incausadas; y un autodeterminista acciones autocausadas.

Determinismo. Hay dos tipos básicos de determinismo: el naturalista y el teísta, donde el primero se identifica más fácilmente con el psicólogo conductista B. F. Skinner, quien sostuvo que todo el comportamiento humano está determinado por factores genéticos y de comportamiento. Los seres humanos simplemente actúan de acuerdo con lo que se les ha programado.

Todos los que aceptan formas marcadas de teología calvinista sostienen cierto grado de determinismo teísta. Jonathan *Edwards relacionó todas las acciones en última instancia con Dios como Primera Causa. El "libre albedrío" para Edwards es hacer lo que uno desea, y Dios es el Autor de los deseos del corazón; es soberano, tiene el control de todos y, en última instancia, es la causa de todos. La humanidad caída carece totalmente de la libertad de afectos; es decir, pueden hacer lo que quieran, pero esto siempre estará bajo el control de su corazón corrupto y dirigido al mundo. La gracia de Dios controla las acciones como Dios controla los deseos y los pensamientos y acciones que los acompañan.

Respuesta al determinismo. Los no deterministas responden que una acción autocausada no es imposible y que no es necesario atribuir todas las acciones a la Primera Causa (Dios). Algunas acciones pueden ser causadas por seres humanos a quienes Dios dio libre albedrío; y como sostiene Edwards, el libre albedrío no es hacer lo que uno desea —donde Dios da los deseos— más bien, es hacer lo que uno decide, que no siempre es lo mismo. No es necesario rechazar el control soberano de Dios para negar el determinismo. Dios puede controlar tanto por la omnisciencia como por el poder causal.

Se pueden distinguir dos formas de determinismo: el fuerte y el débil. Un determinista fuerte cree que todos los actos son causados por Dios, que Dios es la única Causa eficiente; un determinista débil sostiene que Dios como Causa Primaria es compatible con el libre albedrío humano como causa secundaria.

Indeterminismo. Según el indeterminista, pocas o ninguna acción humana son causadas. Los eventos y la acción son contingentes y espontáneos. Charles Pierce y William *James eran indeterministas.

Argumentos a favor del indeterminismo. Los argumentos a favor del indeterminismo siguen la naturaleza de las acciones libres; y dado que no siguen un patrón determinado, se concluye que son indeterminados. Algunos indeterministas contemporáneos apelan al principio de indeterminación de Werner Heisenberg (ver Indeterminación, Principio de) para apoyar su postura (ver Primeros principios). De acuerdo con este principio, los eventos en el campo subatómico, como el curso específico de una partícula dada, son completamente impredecibles.

Según el argumento de la imprevisibilidad de los actos libres, un acto debe ser predecible para ser determinado; pero los actos libres no son predecibles. Por tanto, son indeterminados.

Crítica a la indeterminación. Todas las formas de indeterminismo naufragan en el principio de causalidad, el cual afirma que todos los eventos tienen una causa (ver Causalidad, Principio de). Sin embargo, la indeterminación afirma que los actos de libre albedrío son eventos sin causa.

El indeterminismo hace que el mundo sea irracional y la ciencia imposible; es contrario a la razón afirmar que las cosas suceden de cualquier manera sin una causa. Por tanto, la indeterminación se reduce al irracionalismo. Tanto las ciencias operativas como la de los orígenes dependen del principio de causalidad. El simple hecho de que un acto libre no sea causado por otro no significa que no sea causado; podría ser de causa propia.

El uso del principio de Heisenberg está mal aplicado, ya que no se ocupa de la causalidad de un evento sino de la imprevisibilidad.

El indeterminismo priva a los humanos de su responsabilidad moral, ya que no son la causa de estas acciones; y si no lo son, ¿por qué se les debe culpar de malas acciones? El indeterminismo, al menos en una escala cósmica, es inaceptable desde una perspectiva bíblica, ya que Dios está relacionado causalmente con el mundo como causante (Gn 1) y sustentador de todas las cosas (Col 1:15-16).

Autodeterminismo. Según esta visión, los actos morales de una persona no son causados por otra ni carecen de una causa, sino que son causados por uno mismo; es importante saber desde el principio con precisión qué se entiende por autodeterminismo o libre albedrío. Negativamente, significa que una acción moral es causada o no causada por otra; no es indeterminada ni está determinada por otra. Positivamente, es moralmente autodeterminado, un acto libremente elegido, sin coacción, en el que se podría haber actuado de otra manera. Varios argumentos apoyan esta postura.

Argumentos a favor del autodeterminismo. O las acciones morales no tienen causa, son causadas por otro o son causadas por uno mismo; sin embargo, ninguna acción puede ser incausada, ya que esto viola el principio racional fundamental de que todo evento tiene una causa. Las acciones de una persona tampoco pueden ser causadas por otros, porque en ese caso no serían acciones personales. Además, si los actos de uno son causados por otro, ¿cómo, pues, se le puede hacer responsable de ellos? Tanto *Agustín (en *El libre albedrío* y *La gracia y el libre albedrío*) como *Tomás de Aquino eran autodeterministas, al igual que los calvinistas y arminianos moderados.

La negación de que algunas acciones puedan ser libres es contraproducente. Un determinista completo insiste en que tanto los deterministas como los no deterministas están decididos a creer lo que creen. Sin embargo, los deterministas creen que los autodeterministas están equivocados y deberían cambiar de opinión; pero este "deberían cambiar" implica libertad para cambiar, lo cual es contrario al determinismo. Si Dios es la causa de todas las acciones humanas, entonces los seres humanos no son moralmente responsables; y no tiene sentido elogiar a los seres humanos por hacer el bien, ni culparlos por hacer el mal.

Una dimensión de esta controversia tiene que ver con cuál es la percepción de "persona". Por "persona", el autodeterminista cree que hay un "yo" (sujeto) que es más que el objeto; es decir, mi subjetividad trasciende mi objetividad. No puedo poner todo lo que soy bajo un microscopio para analizarlo como un objeto. Hay más en "mí" que la objetividad. Este "yo" que trasciende el ser objetivado es libre. El científico que intenta estudiar el yo personal siempre trasciende el experimento; el científico siempre está afuera mirando hacia adentro. De hecho, "yo" soy libre de rechazarme a "mí". "Yo soy" no está determinado por la objetividad; no está sujeto a estar encerrado en un análisis científico, y como tal, el "yo" es libre.

Objeciones al autodeterminismo. El libre albedrío descarta la soberanía. Si los seres humanos son libres, ¿están fuera de la soberanía de Dios? O Dios determina todo, o no es soberano; y si determina todo, entonces no hay actos autodeterminados.

Es suficiente notar que Dios delegó soberanamente el libre albedrío a algunas de sus criaturas; no era necesario que lo haga, pero ejerció su libre albedrío. Entonces, la libertad humana es un poder otorgado soberanamente para tomar decisiones morales, y solo la libertad absoluta sería contraria a la soberanía absoluta de Dios; pero la libertad humana es una libertad limitada. Los humanos no son libres de convertirse en Dios. Un ser contingente no puede convertirse en un Ser Necesario, porque un Ser Necesario no puede llegar a existir; siempre debe ser lo que es.

El libre albedrío es contrario a la gracia. Se objeta que los actos buenos y libres surgen de la gracia de Dios o de nuestra propia iniciativa; pero si es lo último, no son el resultado de la gracia de Dios (Ef 2:8-9). Sin embargo, esto no se desprende así necesariamente. El libre albedrío en sí mismo es un regalo de gracia. Además, la gracia especial no se impone coercitivamente a una persona; más bien, la gracia obra de manera persuasiva. La postura del determinista fuerte confunde la naturaleza de la fe. La capacidad que tiene una persona de recibir el regalo de la gracia de Dios de la salvación no es lo mismo que trabajar por ello; pensar así es dar crédito por el regalo a quien recibe más que al Dador.

Un acto causado por sí solo es lógicamente imposible. Se objeta que el autodeterminismo significa causarse a uno mismo, lo cual es imposible; alguien no puede ser anterior a uno mismo, que es lo que implica un acto causado por sí solo. Esta objeción malinterpreta el determinismo, lo que no significa que uno causa su propia existencia, sino que uno causa que acontezca otra cosa. Un acto autodeterminado es uno determinado por uno mismo, no por otro.

El autodeterminismo es contrario a la causalidad. Si todos los actos necesitan una causa, también los actos de la voluntad, que no son causados por el yo, sino por otra cosa. Si todo necesita una causa, también lo necesitan las personas que realizan las acciones (ver

Causalidad, Principio de).

No hay violación del principio real de causalidad en el ejercicio de acciones libres. El principio no afirma que toda cosa (ser) necesite una causa. Las cosas finitas necesitan una causa. Dios no tiene causa (ver Dios, Naturaleza de). La persona que realiza acciones libres es causada por Dios. El poder de la libertad es causado por Dios, pero el ejercicio de la libertad es causado por la persona. El yo es la primera causa de las acciones personales. El principio de causalidad no se viola porque toda cosa finita y toda acción tienen una causa. El autodeterminismo es contrario a la predestinación. Otros objetan que el autodeterminismo es contrario a la predestinación de Dios; pero los autodeterministas responden que Dios puede predeterminar de varias maneras. Puede determinar (1) contrario al libre albedrío (obligando a que la persona haga lo que no elige hacer); (2) basado en los actos de libre albedrío ya hechos (esperando a ver qué hará la persona); y (3) sabiendo omniscientemente lo que la persona hará "de acuerdo con su presciencia" (1 Pedro 1:2). "A los que Dios conoció de antemano, también los predestinó a ser transformados según la imagen de su Hijo" (Ro 8:29). Las posturas 2 y 3 son consistentes con el autodeterminismo, y ambas insisten en que Dios puede determinar el futuro por el libre albedrío, ya que él sabe omnisciente mente con certeza cómo las personas actuarán libremente. Por tanto, el futuro es determinado desde el punto de vista del conocimiento infalible de Dios, pero es libre desde el punto de vista de la elección humana.

Conectado con el argumento del determinismo fuerte es que, mientras Adán tenía el libre albedrío (Ro 5:12), los seres humanos caídos están esclavizados al pecado y no son libres para responder a Dios; pero esta visión es contraria tanto al llamado constante de Dios a las personas a arrepentirse (Lucas 13:3; Hechos 2:38) y a creer (p. ej., Juan 3:16; 3:36; Hechos 16:31) como a las declaraciones directas donde incluso los incrédulos tienen la capacidad de responder a la gracia de Dios (Mt 23:37; Juan 7:17; Ro 7:18; 1 Col 9:17; Flm 14; 1 Pedro 5: 2). Este argumento continúa diciendo que, si los humanos tienen la capacidad de responder, entonces la salvación no es por gracia (Ef 2:8-9) sino por el esfuerzo humano; sin embargo, aquí uno confunde la naturaleza de la fe. La capacidad que tiene una persona de recibir el regalo de la gracia de Dios de la salvación no es lo mismo que trabajar por ello; pensar así es dar crédito por el regalo a quien recibe en lugar de al Dador quien lo dio con gracia.

Fuentes

Anselmo, *Truth, Freedom, and Evil* [La verdad, la libertad y el mal].

T. Aquino, *Suma teológica*.

Agustín, *El libre albedrío*.

———, *La gracia y el libre albedrío*.

J. Edwards, *The Freedom of the Will* [La libertad de la voluntad].

D. Erasmus, *Diatribe on Free Will* [La diatribe del libre albedrío].

J. Fletcher, *Checks to Antinomianism* [Objeciones al antinomianismo].

T. R. *Forster and V. P. Marston, God's Strategy in Human History*.

N. L. Geisler, *"Man's Destiny"* [El destino del hombre].

D. Hume, *The Letters of David Hume* [Las cartas de David Hume].

C. S. Lewis, *Los milagros*.

M. Luther, *La voluntad determinada*.

B. F. Skinner, *Sobre el conductismo*.

———, *Más allá de la libertad y la dignidad*.

Limitaciones de Cristo, Teoría de las. Los críticos de la Biblia han ofrecido dos teorías que le quitarían fiabilidad al argumento apologético sobre la deidad de Cristo (ver Cristo, Divinidad de) y la autoridad de las Escrituras (ver Biblia, Evidencias a favor de la). Un vínculo crucial en el argumento general de ambos es que Jesús enseñó que Él era el Hijo de Dios y que la Biblia es la Palabra de Dios (ver Apologética, Argumento general de la). Estas propuestas están basadas en la premisa de que los Evangelios nos cuentan con exactitud lo que Jesús enseñó. Si Jesús acomodó a propósito sus palabras a lo que su audiencia creía, pero no reveló lo que realmente Él creía, entonces la conclusión no es válida (ver Acomodación, Teoría de).

Asimismo, si Jesús estaba tan limitado en su conocimiento humano, que no se extendía a asuntos como la autoridad y autenticidad del Antiguo Testamento, entonces no estaba afirmando realmente estos asuntos. Más bien, su ministerio estaba limitado a asuntos espirituales y morales, y Él no afirmó nada acerca de asuntos históricos y fundamentales.

El caso de un Cristo limitado. La humanidad de Cristo y la teoría de la kenosis son los dos pilares de apoyo en el argumento a favor de la limitación.

Conocimiento humanamente limitado. La Biblia deja en claro que Jesús era humano (ver Cristo, Divinidad de). Pero si Jesús fue realmente humano en cada aspecto, ¿por qué no pudo experimentar el error humano? ¿Por qué Jesús no pudo estar equivocado sobre tantas cosas en las que creía, siempre y cuando no obstaculizaran su misión redentora general?

Despojarse en su encarnación. La Biblia también enseña que Jesús "se despojó" de su omnisciencia en su encarnación. La llamada teoría de la kenosis, de la palabra griega kenos ("despojar"), trata sobre el conocimiento limitado de Jesús cuando enseñó. Él no tenía conocimiento del momento de su segunda venida, porque dijo: "Pero, en cuanto al día y la hora, nadie lo sabe, ni siquiera los ángeles en el cielo, ni el Hijo, sino solo el Padre" (Marcos 13:32). No sabía si había higos en la higuera, según Marcos 11:13. De niño "creció en sabiduría" al igual que otros niños (Lucas 2:52). Tuvo que hacer preguntas (Marcos 5:9, 30; 6:38; Juan 14:9). Tal vez Jesús tampoco conocía el origen del Antiguo Testamento y de la verdad histórica de su registro.

Respuesta al punto de vista de la limitación. La "teoría de la limitación" es más verosímil y probablemente más perjudicial que la teoría de acomodación. Sin embargo, los dos argumentos a favor de la limitación del conocimiento de Cristo pasan por alto puntos importantes sobre quién fue Jesús.

¿Dios puede errar o pecar? En Jesús, una y la misma persona eran Dios y humano a la vez. Si la persona humana hubiera pecado o errado, entonces Dios lo hubiera hecho. Es por esto que la Biblia tiene cuidado al decir: "Ha sido tentado en todo de la misma manera que nosotros, aunque sin pecado" (Heb 4:15). Él era lo suficientemente humano como para ser probado y tentado, pero no para ser un pecador (ver 2 Co 5:21; 1 Pedro 3:18; 1 Juan 3:3). Si un pecado atribuido a Cristo también debe ser atribuido a Dios, quien no puede pecar (Hab 1:13; Heb 6:18), entonces un error atribuido a Cristo hubiera sido un error que Dios cometió (ver Trinidad).

La teoría de la kenosis de que Jesús se despojó de la deidad cuando se convirtió en humano no tiene fundamento. Ciertamente, no es el significado de Filipenses 2. Los versículos 5 y 6 dicen que Él se despojó de su naturaleza divina al rebajarse a sí mismo para hacerse semejante a los hombres. Cuando se despojó a sí mismo, todavía estaba en la forma o esencia de Dios. Si la misma palabra, forma, así como se aplica a un siervo significa que es un siervo, entonces si se aplica a Dios significa que es Dios. Esto es lo que declara Juan 1:1. El Jesús humano afirmaba ser Dios. La manera en que demostró esto se trata en detalle en el artículo Cristo, Divinidad de. La encarnación no sustrajo Su deidad, sino que le agregó humanidad. Un error o pecado hubieran sido atribuibles a la segunda persona de la Deidad.Como la doctrina ortodoxa de Cristo reconoce que Él fue totalmente humano, no hay problema con declarar que Jesús desconocía muchas cosas. Él tenía dos naturalezas, una infinita o ilimitada en conocimiento y la otra finita o limitada en conocimiento. ¿Es posible que Jesús no "errara" en lo que enseñaba sobre el Antiguo Testamento, sino que simplemente estaba tan limitado que su conocimiento y autoridad humana no se extendieron a esas áreas? La evidencia en los registros del Nuevo Testamento demanda una respuesta negativa rotunda a esa pregunta.

Jesús tuvo un conocimiento supranormal. Incluso en su estado humano, Cristo poseía conocimiento sobrehumano. Él vio a Natanael bajo la higuera (Juan 1:48). Jesús sabía sobre la vida privada de la mujer samaritana (Juan 4:18-19). Él sabía quién lo iba a traicionar (Juan 6:64) y todo lo que pasaría en Jerusalén (Marcos 8:31; 9:31; Juan 18:4). Él sabía acerca de la muerte de Lázaro antes de que le dijeran (Juan 1:14). Cualesquiera que hayan sido sus limitaciones, el conocimiento de Jesús era totalmente adecuado para su misión y enseñanza doctrinal.

Jesús tenía autoridad final. Cristo afirmó, con autoridad absoluta y final, que todo lo que enseñaba provenía de Dios. "El cielo y la tierra pasarán, pero mis palabras jamás pasarán" (Mt 24:35). Jesús proclamó: "Mi Padre me ha entregado todas las cosas" (Mt 11:27). Les dijo a sus discípulos que enseñaran a otros "a obedecer todo lo que les he mandado a ustedes" (Mt 28:18-19). Jesús afirmó que el destino de las personas dependía de sus palabras (Mt 7:24-26) y que Sus palabras serían la base para el juicio (Juan 12:48). El enfático "Amén, amén" o "De cierto, de cierto" se usa para introducir sus enseñanzas veinticinco veces solo en Juan. En Mateo, declaró que ni una letra ni una tilde pasará de la ley que había venido a cumplir. Después, a lo largo del resto de Mateo 5, Jesús igualó sus propias palabras con esa ley. Él afirmó que sus palabras dan vida eterna (Juan 5:24) y juró que su enseñanza provenía del Padre al declarar: "Lo que le he oído decir [al Padre] es lo mismo que le repito al mundo" (Juan 8:26). A pesar de que Él era un ser humano en la tierra, Cristo aceptó el reconocimiento como deidad (p. ej., Mt 28:18; Juan 9:38).

Conclusión. La conclusión más razonable es que las enseñanzas de Jesús tenían autoridad divina. A pesar de las limitaciones que implica la encarnación humana, no hay errores ni malentendidos en lo que Cristo enseñó. Independientemente de los límites que había en el alcance del conocimiento de Jesús, no hubo errores en lo que enseñó. Los límites implicaban cosas de las que no hablaba, como el momento de su regreso a la tierra (Mt 24:36). No hubo límites en cuanto a encontrar errores en lo que dijo, puesto que Él solo dijo la verdad. Así como Jesús fue totalmente humano, su carácter moral no tenía ningún defecto (Heb 4:15); de la misma manera, era finito en conocimiento humano y no tenía error fáctico en lo que enseñaba (Juan 8:40, 46). Lo que Jesús enseñó provino de Dios y tuvo autoridad divina.

Fuentes
N. L. Geisler, *Christian Apologetics* [Apologética cristiana], cap. 18.
J. W. Wenham, *Christ and the Bible* [Cristo y la Biblia], cap. 2.

Locke, John. La vida y las obras de Locke. Locke nació en Somerset, Inglaterra, en 1632 y falleció en 1704. Le disgustaba su entrenamiento escolástico, pero leía y le gustaba René *Descartes y Francis Bacon. Su obra sobre la tolerancia influyó enormemente a la Revolución estadounidense, en particular a Thomas *Jefferson.

Las obras principales de Locke fueron An Essay Concerning Toleration [Ensayo y carta sobre la tolerancia] (1667), An Essay Concerning Human Understanding [Ensayo sobre el entendimiento humano] (1690) y The Reasonableness of Christianity [La razonabilidad del cristianismo] (1695).

La prueba de Locke a favor de la existencia de Dios. La prueba de Locke a favor de la existencia de Dios sigue la línea del *argumento cosmológico tradicional.

1. Algo existe. Por ejemplo, yo existo (lo que se conoce por intuición). Además, el mundo existe (lo que se conoce por sensación).
2. Esto que existe proviene
   a. de sí mismo,
   b. de la nada, o
   c. de otro.
3. Pero solo algo puede causar otra cosa. Algo no puede ser causado por la nada.
4. No puede haber una *serie infinita de causas de la existencia del mundo. Si la hubiera, todo el mundo no dependería de nada. Pero esto es imposible, porque en este caso (ya que la nada no puede causar algo) el mundo nunca habría comenzado a existir.
5. Por lo tanto, debe haber una Primera Causa para mi existencia y la del mundo.
6. Este ser eterno debe ser más poderoso y más sabio.

Debe ser más poderoso porque es la fuente de todo el poder y debe ser más sabio porque lo cognitivo no puede surgir de lo no cognitivo. Locke creía que era ridículo decir que todo lo demás tiene una mente subyacente, excepto el universo.

La defensa del cristianismo. Partiendo de su *teísmo racional, Locke apoyó la tradición de la apologética clásica (ver Apologética clásica). En su obra Reasonableness of Christianity, defendió la existencia de los milagros. En sus dos Vindications [Vindicaciones] (1695-1967), defendió lo que dijo en Reasonableness of Christianity.

La defensa de lo sobrenatural. Locke no era ni deísta (ver Deísmo) ni soniciano, que negaba la resurrección (ver Resurrección, Evidencias a favor de la). Él defendía los milagros, así como a la Biblia como la Palabra de Dios (ver Biblia, Evidencias a favor de la). Él creía que se podía defender a la Biblia mediante la razón pero que contenía misterios de la fe cristiana que van más allá de la razón.

La deidad de Cristo. También defendió la deidad de Cristo (ver Cristo, Divinidad de), afirmando que: "Vemos que la gente justificó su creencia en Él, es decir, su creencia de que Él es el Mesías, por los milagros que hizo" (Reasonableness of Christianity [La razonabilidad del cristianismo], [58] 1). Sobre Jesús, agregó que: "Él fue enviado por Dios: Sus milagros lo mostraron" (ibid., pág 242). Hay una notoria ausencia de discusión sobre la Trinidad. Sin embargo, la ausencia no significa necesariamente negación. A pesar de que Locke admite en una carta a Limborch que dijo algunas cosas para contentar a los deístas (ver Deísmo), negó explícitamente el arrianismo.

El punto de vista de Locke sobre la ética y el gobierno. Locke sostuvo que la ley de la naturaleza nos enseña que "siendo todos iguales e independientes, nadie debe dañar a otro en su vida, salud, libertad o posesiones. Pues los hombres son todos obra de un Hacedor omnipotente e infinitamente sabio" (Essay Concerning Toleration [Ensayo y carta sobre la tolerancia], 2.6).

Thomas Jefferson expresó este mismo punto de vista en la Declaración de Independencia (1776) cuando escribió: "Sostenemos como evidentes estas verdades: que todos los hombres son creados iguales; que son dotados por su Creador de ciertos derechos inalienables; que entre estos están la vida, la libertad y la búsqueda de la felicidad".

Fuentes
J. G. Clapp, *"Locke, John"*.
J. Collins, *A History of Modern European Philosophy* [Una historia de la filosofía europea moderna].
J. Locke, *An Essay Concerning Human Understanding* [Ensayo sobre el entendimiento humano].
———, *An Essay Concerning Toleration* [Ensayo y carta sobre la tolerancia].
———, *The Reasonableness of Christianity* [La razonabilidad del cristianismo].

Lógica modal. *Ver* DIOS, OBJECIONES A LAS PRUEBAS DE.

Lógica y Dios. La lógica se encarga de los métodos del pensamiento válido. Indica cómo sacar conclusiones adecuadas de las premisas y es un prerrequisito de todo pensamiento. De hecho, se basa en las leyes fundamentales de la realidad y la verdad, los principios que hacen posible el pensamiento racional (ver Primeros principios). La lógica es una herramienta tan indispensable e ineludible para todo pensamiento que incluso aquellos que la evitan siguen usando formas lógicas para argumentar su rechazo (ver Fideísmo).

Las tres leyes fundamentales de todo pensamiento racional son:

1. la ley de la no contradicción (A no es no A)
2. la ley de la identidad (A es A)
3. la ley del medio excluido (ya sea A o no A)

Cada un cumple una función importante. Sin la ley de la no contradicción, podríamos decir que Dios es Dios y que Dios es Satanás. A menos que la ley de la identidad sea obligatoria, no puede haber unidad o identidad. Sin ella, no hay diferencia en declarar: "Yo soy yo" o "Yo soy una silla". Si no se aplica la ley del medio excluido, entonces los opuestos podrían ser ciertos a la vez.

Aparte de estos principios básicos, existen los principios de la inferencia válida. Tradicionalmente se clasificaron a estas inferencias en la lógica deductiva o inductiva (ver Método inductivo) o en argumentos trascendentales. Sin embargo, todos estos usan alguna forma de las tres leyes básicas.

Lógica y Dios. Si la lógica es la base de todo pensamiento, entonces es la base de todo pensamiento sobre Dios (teología). Algunos objetan que esto haría que Dios esté sometido a la lógica. Pero Dios es soberano y no está sometido a nada más que a Él mismo. ¿Entonces cómo el pensamiento sobre Dios puede estar sometido a la lógica?

En un sentido, Dios no está sometido a la lógica. Más bien, nuestras declaraciones sobre Dios están subordinadas a la lógica. Todas las declaraciones racionales deben ser lógicas. Como la teología pretende hacer declaraciones racionales, las declaraciones teológicas están sujetas a las reglas del pensamiento racional, al igual que cualquier otra declaración.

En otro sentido, ciertamente Dios está sometido a la lógica, pero no porque haya algo más supremo que Él. Debido a que la lógica representa los principios del pensamiento racional y como Dios es un Ser racional, Dios está sometido a su propia naturaleza racional. Siempre y cuando la lógica manifieste la razón, esta fluye de la propia naturaleza de Dios, y Dios está sometido a su propia naturaleza. De hecho, Él no puede actuar en contra de ella, ni ética ni lógicamente. Por ejemplo: "Es imposible que Dios mienta" (Heb 6:18). Asimismo, es imposible que Dios se contradiga a sí mismo. Ambos infringen su naturaleza básica (ver Dios, Naturaleza de).

Dios no solo está sometido a su autoconsistencia racional sino también a la lógica que deriva de ella. Porque ni siquiera podríamos comenzar a pensar o hablar sobre Dios sin la ley de la no contradicción. En este sentido, la lógica precede a Dios en el sentido de que necesitamos usar la lógica antes de que podamos pensar en Él de manera racional. La lógica precede a Dios en el orden del conocimiento, pero Dios precede a la lógica en el orden del ser. La lógica precede a Dios de manera epistemológica, pero Dios precede a la lógica de manera ontológica.

El oponerse a que esto hace que Dios esté sometido a nuestra lógica establece una dicotomía inadecuada. La lógica es la lógica, no es "nuestra" lógica en oposición a la "Suya". La nuestra está basada en la de Él. La naturaleza racional de Dios es la base de nuestra naturaleza racional. Él lo hizo de esa manera para que nosotros pudiéramos entender algo sobre Él. La ley de la no contradicción se aplica tanto a los pensamientos de Dios como a los nuestros. Las personas no la inventaron, ellos la descubrieron.

Racionalidad versus racionalismo. Otros protestan que hacer que las verdades sobre Dios estén sometidas a la razón humana es una forma de *racionalismo (ver Epistemología; Spinoza, Benedict). Sin embargo, esta objeción pasa por alto muchas cosas importantes. Primero, Dios no está siendo sometido a nuestra razón. Dios es el autor de la razón y Él nos creó para ser como Él. Por lo tanto, los principios básicos de la razón no son impuestos de manera arbitraria a Dios, sino que vienen de Él (ver Fe y razón).

Segundo, las leyes básicas de la razón no se oponen a la revelación de Dios, son una parte esencial de la revelación general de Dios. La racionalidad humana, con sus leyes básicas, es una manifestación de la racionalidad de Dios. Dios es racional y los humanos están hechos a Su imagen. Así que el uso de la lógica no se opone a la revelación, es parte de ella.

Tercero, ni siquiera se puede conocer o transmitir la revelación especial (ver Revelación especial) fuera de la lógica. Ni siquiera seríamos capaces de diferenciar la revelación de Dios de la de satanás si la ley de la no contradicción no fuera válida. Además, cuando la Biblia revela que: "Tanto amó Dios al mundo", no podríamos saber que ese amor no es odio si el principio de la no contradicción no fuera válido. Por lo tanto, la lógica es esencial para la revelación especial (ver Revelación especial) así como para la revelación general (ver Revelación general).

Por último, hay una diferencia entre usar la razón y ser racionalista. El racionalista trata de determinar toda la verdad mediante la razón humana. Un cristiano racional solo usa la razón para descubrir la verdad revelada por Dios, ya sea mediante la revelación general o la revelación especial en la Biblia (ver Biblia,

Evidencias a favor de la).

Lógica y Aristóteles. Algunos críticos de la lógica tradicional objetan que *Aristóteles inventó la lógica y no hay razón para aceptar su forma occidental de la lógica en vez de una forma "oriental" que no usa la ley de la no contradicción. Sin embargo, Aristóteles no inventó la lógica, él la descubrió. Las leyes del pensamiento racional operaban eternamente en Dios y en las criaturas racionales desde el principio. Aristóteles solo las expresó.

Esta crítica también sugiere que el pensamiento "oriental" puede evitar usar la lógica. Pero como hemos visto, las leyes básicas del pensamiento son inevitables para todos los seres racionales, independientemente de su cultura y cosmovisión. Ningún filósofo "oriental" (ver Budismo Zen) puede pensar o hablar sin usar el principio de la no contradicción. La propia negación de esta ley aplica la ley en su negación. Es totalmente innegable.

Muchos tipos de lógica. Otros objetan que hay muchos tipos de lógica. ¿Por qué solo se debe escoger un tipo y hacerlo la norma de todos los tipos? En respuesta, solo hay que mencionar que si bien hay muchos tipos de lógica (deductiva, inductiva, simbólica, etc.), todos los tipos de lógica dependen de los principios racionales básicos de pensamiento antes mencionados. Por ejemplo, ningún tipo de lógica puede operar separado del principio de la no contradicción. Si las contradicciones pueden ser verdaderas, entonces el pensamiento en sí es imposible. Sin embargo, no podemos negar el pensamiento sin pensar. Por lo tanto, negar las leyes del pensamiento es totalmente impensable.

Lógica y omnipotencia. La Biblia dice que: "Nada es imposible para Dios" (Mt 19:26). Él es Todopoderoso (omnipotente) y un Ser omnipotente puede hacer cualquier cosa. Por lo tanto, podría ser que Dios pueda transgredir la ley de la no contradicción si lo quisiera. Sin embargo, esto está basado en una idea equivocada. Cuando la Biblia declara que Dios puede hacer lo que es imposible, no se refiere a lo que es realmente imposible sino a lo que es humanamente posible.

Además, la omnipotencia no significa que Dios pueda hacer lo que es contradictorio. Si fuera así, entonces Dios podría dejar de ser Dios. Pero es imposible que el No creado decida que quiere ser creado. Es imposible que un Ser Necesario (el cual no puede dejar de existir) decida que no quiere serlo. Dios no puede contradecir su propia naturaleza. Así que la omnipotencia no significa que Dios puede hacer literalmente cualquier cosa. La Biblia dice que: "Es imposible que Dios mienta" (Heb 6:18; cf. 2 Ti 2:13). Y así como Dios no puede contradecir su naturaleza

moral, no puede contradecir su naturaleza racional. De hecho, la omnipotencia solo significa que Dios puede hacer cualquier cosa que no es realmente contradictoria o imposible. Por ejemplo, Dios no puede hacer que un círculo sea cuadrado. Tampoco puede hacer una piedra tan pesada que no pueda levantarla. Porque si puede crearla, entonces podría moverla. Ni siquiera tiene que "moverla". Todo lo que tendría que hacer es destruirla y volverla a crear donde Él quisiera.

La lógica y los milagros. Dios creó las leyes de la naturaleza; sin embargo, puede trascenderlas por medio de los milagros (ver Milagro). Dios diseñó la ley gravitacional y la viscosidad de los líquidos; sin embargo, Jesús caminó sobre el agua. ¿Por qué no se pueden infringir las leyes de la lógica al igual que las leyes de la física?

Primero, esta es una analogía inválida. Las leyes de la naturaleza son descriptivas, mientras que las leyes de la lógica, al igual que las leyes de la ética, son prescriptivas. En otras palabras, las leyes de la lógica nos dicen cómo deberíamos razonar con el fin de adecuar nuestro pensamiento a cómo son las cosas realmente. Al igual que las leyes morales, son prescripciones universales (ver Moralidad, Naturaleza absoluta de la). Todos deberían comprender que si todos los triángulos tienen tres lados y esta figura es un triángulo, entonces tiene tres lados. No hay excepciones, todos deberían llegar a esta conclusión. Las leyes de la física son generalizaciones descriptivas. Solo nos informan cómo son las cosas, no nos exhortan sobre cómo debería ser algo. Como descripciones de la forma en que suelen suceder las cosas, admiten excepciones. Un milagro es una excepción. Como tal, no contradice a la ley general. Es inválida la comparación entre las leyes de la física y las leyes del pensamiento.

Además, Dios no creó las leyes de la lógica. Ellas manifiestan su naturaleza no creada. Dios es racional y hay ciertos principios básicos de la racionalidad que no pueden cambiar al igual que Dios no puede cambiar su propia naturaleza esencial. Las leyes de la física no son así. Posiblemente, Dios pudo haber creado otros tipos de mundos, con otros tipos de leyes. Por ejemplo, la ley gravitacional se aplica en un universo material. No se aplica a los ángeles con cuerpos no físicos.

La lógica y los misterios de la fe. Algunos objetan que los grandes misterios cristianos, tales como la Trinidad, la encarnación (ver Cristo, Divinidad de) y la predestinación (ver Libre albedrío) infringen las leyes de la razón humana. Hay una diferencia entre las proposiciones que van más allá de la razón, como los misterios de la fe y aquellas que van en contra de la razón. Aquellas que van más allá de la habilidad humana de razonar no van en contra de la razón. El entendimiento humano no puede llegar a ellas sin la ayuda de la revelación especial. Solo se pueden conocer mediante la revelación especial. Una vez que se conocen estas verdades, sus premisas no contradicen a otra verdad revelada.

La lógica y la Trinidad. La doctrina de la *Trinidad establece tres personas en una esencia. No afirma que hay tres personas en una Persona o tres esencias en una Esencia. Estas serían contradicciones lógicas.

La lógica y la encarnación. La encarnación no afirma que Dios se convirtió en humano. Lo Infinito no puede volverse finito o un contingente Necesario. Más bien, afirma que la segunda persona de la Divinidad se convirtió en hombre. Jesús asumió una naturaleza humana sin dejar de lado su deidad. De este modo, la encarnación no fue la sustracción de Su deidad sino la adición de Su humanidad. No es una contradicción que haya dos naturalezas en una persona; sí lo serían dos naturalezas en una naturaleza o dos personas en una Persona, pero no dos naturalezas compartiendo una Persona. Es un misterio, no una contradicción.

La lógica y la predestinación. Ni la predestinación ni la libre elección son una contradicción lógica. No es contradictorio afirmar que Dios ha predeterminado quién será salvo, siempre y cuando Él haya predeterminado que se lograría mediante la libre elección. Lo que sería contradictorio es afirmar que Dios forzó a las personas a aceptarlo libremente, ya que la libertad forzada es lógicamente incompatible. Pero afirmar que Dios determinó a propósito cómo realizaría la salvación mediante su gracia y mediante nuestra libre elección no es una contradicción lógica. Es un misterio, pero no una contradicción lógica (ver Libre albedrío).

Fuentes

Aristóteles, *On Sophistical Refutations* [Refutaciones sofísticas].

————, *Posterior Analytics* [Analíticos segundos].

————, *Prior Analytics* [Analíticos primeros].

————, *Topics* [Tópicos].

I. M. Copi, *Introduction to Logic* [Introducción a la lógica].

N. L. Geisler y R. Brooks, *Come Let Us Reason* [Ven, razonemos].

Logos, Teoría del. La palabra griega logos significa "palabra, discurso, argumentación, ley o razón". En la filosofía griega, el concepto de logos tenía diferentes significados. Heráclito lo consideró como la ley racional que gobernaba el universo. Anaxágoras lo vio como el principio de la inteligencia en el universo; sin embargo, lo llamó nous ("mente"), al igual que *Platón. Para los estoicos, el logos fue el principio de

toda la racionalidad en el universo. Pero poco antes de que se escribiera el Nuevo Testamento, el filósofo judío *Filón (30 a. C. - 45 d. C.) describió al logos como la imagen de Dios, que era distinto de Dios y un intermediario entre Dios y el mundo (Edwards). Después, en el siglo III, *Plotino hizo al logos o nous una emanación de nivel inferior al del Uno (Dios).

El uso del logos en un nivel inferior al de Dios provocó que algunos de los primeros Padres, como *Orígenes, le asignen a Cristo una deidad incompleta. Esto se volvió la base del arrianismo, a la cual se le opuso *Atanasio (ver Cristo, Divinidad de). Algunos eruditos han asumido que el Evangelio de Juan (1:1) utilizó esta forma griega del logos y, por lo tanto, no explicó la deidad total de Cristo.

Sin embargo, no hay razón para suponer que Juan está representando en el logos algo inferior a Dios. Juan declara de manera clara y enfática que: "El Logos era Dios" (Juan 1:1; ver también 8:58; 10:30; 20:28). El concepto que le dio Juan al Logos es de un ser personal (Cristo), mientras que los griegos lo consideraban un principio racional impersonal. Se hace referencia al Logos por medio de pronombres personales, como Él (1:1) y Su (1:14). Esto no fue así en el caso del logos griego.

Según Juan, el Logos "se hizo hombre" (1:14). Combinar el logos (razón) o nous (mente) y la carne estaba en contra del pensamiento griego. En el *Gnosticismo, la carne era malvada y en el pensamiento platónico o plotino (ver Plotino) era casi malvada. Solo en la tradición judeocristiana, la materia o carne se consideraba respetable en cualquier sentido. Los cristianos la vieron como algo tan bueno que era digna de vestir a Dios en la encarnación.

El Antiguo Testamento, no las ideas griegas, es la raíz de las ideas del Nuevo Testamento. Juan, al igual que todos los escritores del Nuevo Testamento (posiblemente exceptuando a Lucas) era judío. La base de su pensamiento fue el judaísmo. Ellos citan al Antiguo Testamento miles de veces. Por lo tanto, va en contra del trasfondo y pensamiento judío de los escritores del Nuevo Testamento usar fuentes griegas para sus ideas teológicas.

El Nuevo Testamento es un libro teísta (ver Teísmo), mientras que el pensamiento griego era politeísta y panteísta (ver Panteísmo). No se podría esperar que Juan adoptara ese tipo de cosmovisión para expresar sus ideas. El Antiguo Testamento habló sobre la venida del Mesías quien era Dios (Sal 110:1; Is 9:6; 45:6; Zac 12:10), quien vendría en carne humana, sufriría y resucitaría físicamente de entre los muertos (cf. Is 53). En ningún momento la religión o filosofía griega enseñó esta doctrina. Las afirmaciones de que el cristianismo adoptó estas ideas o dioses paganos no tiene fundamento (ver Mitraísmo; Afirmaciones de resurrección en religiones no cristianas).

Fuentes
G. H. Clark, *Selections from Hellenistic Philosophy* [Selecciones de la filosofía helenística].
P. Edwards, *"Logos"*.
W. R. Inge, *"Logos"*.
J. G. Machen, *The Origin of Paul's Religion* [El origen de la religión de Pablo].
R. Nash, *Christianity and the Hellenistic World* [El cristianismo y el mundo helenístico]
Filón, De Vita Contemplativa.
F. E. Walton, *Development of the Logos Doctrine in Greek and Hebrew Thought* [El desarrollo de la doctrina del logos en el pensamiento griego y hebreo].

Lutero, Martín. Martín Lutero (1483-1546), el gran reformista alemán, no fue conocido como un apologeta, estaba muy ocupado reformando la iglesia. Sin embargo, no dijo nada, interpretado correctamente, que negara el constante uso de la razón por los apologetas clásicos (ver Apologética clásica) en defensa de la fe.

Razón condenada. Lutero declaró que la razón humana es la facultad dada por Dios mediante la cual los humanos se diferencian de las bestias salvajes (disputatio de homine). A Lutero le preocupaba que la razón humana no fuera sustituida por el evangelio, al igual que los otros grandes maestros de la iglesia. The Augsburg Confession [La Confesión de Augsburgo] (art. 2) condena la creencia de que cualquiera puede justificarse "por su propia fuerza y razón". Martin Chemnitz agregó: "La razón por sí misma y por los eventos no puede establecer nada concerniente al amor de Dios hacia nosotros" (Chemnitz, 609). Estas declaraciones que desprecian la razón humana se deben ver en el contexto adecuado (ver Fe y razón).

Primero, se hicieron en el contexto de alguien que trataba de alcanzar la salvación mediante su fuerza personal y no por el mérito de Cristo y la gracia mediante la fe. La razón humana no puede alcanzar la salvación. Solo el evangelio conlleva a la salvación.

Sin embargo, esto no quiere decir que no se pueda usar la razón para defender el evangelio. Segundo, Lutero creía que la razón no puede establecer el amor redentor de Dios. Esto no quiere decir que no se pueda establecer la existencia de Dios por medio de la razón (ver Argumento Cosmológico). De hecho, dentro de los grandes apologetas clásicos estaba *Agustín, el mentor filosófico y teológico de Lutero.

La razón en la teología luterana. Mientras que el propio Lutero, preocupado como estaba por la salvación, no desarrolló ni una teología apologética ni sistemática, su colega, Philipp Melancthon, desarrolló ambas. Melancthon y otros reformistas luteranos utilizaron la apologética clásica para desarrollar pruebas sobre la existencia de Dios. Chemnitz habla sobre la validez de las enseñanzas obtenidas de las Escrituras "por medio de un buen, certero, firme y claro razonamiento" (ibid., pág. 249). Las polémicas de Lutero están estructuradas con argumentos razonados de manera convincente.

Por supuesto, como decía Lutero, la razón puede ser "la herramienta de Satanás" cuando se usa en contra de Dios. Pero la postura de los reformistas luteranos y eruditos luteranos modernos sobre las Escrituras revela una tradición de la teología razonada y de la apologética. L. S. Keyser (A System of Christian Evidence [Un sistema de evidencias cristianas]) fue un representante de ese punto de vista, al igual que John Warwick Montgomery en sus numerosas obras que defendían la fe cristiana.

Fuentes
M. Chemnitz, *Examination of the Council of Trent* [Examen del Concilio de Trento], vol. 1.
L. S. Keyser, *A System of Christian Evidence* [Un sistema de evidencias cristianas].
M. Luther, *Luther's Works* [Las obras de Lutero], vol. 34.
J. W. Montgomery, *History and Christianity* [La historia y el cristianismo].
———, *Christianity for the Tough-Minded* [El cristianismo para los obstinados].
———, *Evidence for Faith* [La evidencia de la fe].

Machen, J. Gresham. Antecedentes. J. Gresham Machen (1881-1937) nació en Baltimore. Estudió en la Universidad John Hopkins, donde se graduó en los clásicos. Estudió en el Seminario Teológico de Princeton, donde fue alumno de B. B. *Warfield y R. D. Wilson. También estudió en la Universidad de Princeton y obtuvo una beca para estudiar en Alemania en Marburgo y Gotinga. En 1906, Machen se convirtió en profesor del Nuevo Testamento en el Seminario de Princeton.

Cristianismo y cultura. En 1912, Machen dio un discurso llamado Christianity and Culture, [Cristianismo y cultura] lo cual estableció un tema para su carrera. Él identificó que el problema en la iglesia cristiana era la relación entre conocimiento y religiosidad. Indicó que había tres enfoques para esta relación. Los protestantes liberales subordinaban el evangelio a la ciencia e ignoraban lo sobrenatural. Los fundamentalistas preservaban lo sobrenatural, pero ignoraban la ciencia. La solución de Machen era combinar la búsqueda del conocimiento con la religión.

Para 1914, Machen ya era profesor titular del Nuevo Testamento en Princeton. Después de la Primera Guerra Mundial, tanto la Iglesia Presbiteriana del Norte como el Seminario de Princeton experimentaron un cambio radical en la teología, desde el cristianismo histórico y el calvinismo tradicional a un seguimiento liberal o modernista de las tendencias teológicas alemanas. En la batalla que siguió, la denominación y el seminario se separaron. Para 1929, Machen, Oswald T. Allis, Cornelius *Van Til, y Robert Dick Wilson junto a veinte estudiantes dejaron el seminario. A cargo de Machen, estos hombres establecieron el Seminario Teológico de Westminster en Filadelfia.

En 1933, para contrarrestar el liberalismo creciente en la iglesia presbiteriana, en Estados Unidos, Machen fundó la Junta de Misiones Extranjeras de la Iglesia Presbiteriana. Esta junta evaluaba y comisionaba a misioneros ortodoxos y les daba a las iglesias conservadoras una alternativa para apoyar a los liberales enviados por su propia denominación. La Asamblea General exigió que Machen deje la junta, él se negó y fue juzgado por violar sus votos de ordenación. Sin que tuviera la oportunidad de defender sus acciones, fue suspendido del ministerio por el Presbiterio de New Brunswick de Trenton, Nueva Jersey. En 1936, fue expulsado de la Iglesia Presbiteriana junto a otras personas.

Sus obras. Aunque él rechazó la etiqueta de "fundamentalista" y algunos de los énfasis teológicos tradicionalmente adoptados por el movimiento fundamentalista, Machen fue el líder intelectual de ese movimiento durante los años 1920. Su erudición y trabajo profesional eran respetados incluso por sus oponentes. Una de sus contribuciones más importantes para generaciones de estudiantes fue New Testament Greek for Beginners [Griego del Nuevo Testamento para principiantes] (1924). Con respecto a la importancia teológica, está su defensa clásica The Virgin Birth of Christ [El nacimiento virginal de Cristo] (1930). Esta colección de conferencias que fueron dadas en el Seminario Teológico de Columbia sostuvo que el nacimiento virginal no era una adición tardía al cristianismo. Otras defensas importantes de la fe intelectualmente fueron The Origin of Paul's Religion [El origen de la religión de Pablo] (1921), Christianity and Liberalism [Cristianismo y liberalismo] (1923), What Is Faith? [¿Qué es la fe?] (1927), The Christian Faith in the Modern World [La fe cristiana en el mundo moderno] (1938) y The Christian View of Man [Visión cristiana del hombre] (1937).

Apologética ferviente y reflexiva. La apologética de Machen está estrechamente alineada con el trabajo de Charles Hodge, B. B. Warfield, A. A. Hodge, Caspar

Wistar Hodge y Geerhardus Vos. Así como el trabajo de estos hombres, la filosofía de Machen estaba basada en Thomas *Reid y el *realismo escocés. Él creía que la razón con base en hechos y que se ocupa de ellos era imprescindible para la fe. Él seguía el patrón clásico de notitia (conocimiento cognitivo), assensus (sentimiento), que lleva a fiducia (fe). Machen señaló que la razón no prueba la fe. Él creía que aquello era el error fundamental del liberalismo (Lewis y Demarest, 374). Machen fue siempre cauto en poner la experiencia cristiana en su propio contexto: "La experiencia cristiana se usa de manera apropiada cuando confirma la prueba documental, pero nunca puede crear un sustituto para la prueba documental […] La experiencia cristiana se usa apropiadamente cuando ayuda a convencernos de que los eventos narrados en el Nuevo Testamento realmente ocurrieron; sin embargo, esta no nos permite ser cristianos, ya sea que los hechos hayan ocurrido o no". (Christianity and Liberalism, pág. 72).

El punto de inicio de la apologética de Machen fue la consciencia humana, la cual se basa en análisis lógico, deducción y sentido común. Él no elaboró pruebas teístas; sin embargo, se basó en argumentos tradicionales. Machen llegó a retrasar su ordenación hasta que pueda responder satisfactoriamente a las objeciones de Immanuel *Kant. Él afirmaba: "La base misma de la religión de Jesús fue la creencia triunfante en la existencia real de un Dios personal; sin esa creencia, ningún tipo de religión puede apelar apropiadamente a Jesús hoy en día. Jesús era teísta, y el teísmo racional está en la base del cristianismo […] Puede ser que la creencia en un Dios personal sea el resultado de una revelación primitiva y que las pruebas teístas son únicamente la confirmación lógica de a lo que se llegó originalmente por diferentes medios. En cualquier caso, la confirmación lógica de la creencia en Dios es de vital importancia para los cristianos". (ibid., págs. 59-60).

Siguiendo la antigua tradición de Princeton, Machen creía que la Biblia, en sus escritos originales (autógrafos), estaba plenamente inspirada, es decir que la palabra de Dios era mediada a través de las vidas y personalidades de los escritores y el género literario a través del cual escribían. Por lo tanto, la narrativa histórica no se juzga con los mismos estándares que la poesía. Las Sagradas Escrituras son la verdad infalible de Dios y no tienen errores, pero no son dictadas mecánicamente (ver Biblia, Evidencias a favor de la). Con respecto a las Sagradas Escrituras, Machen decía lo siguiente: "Es, en todas sus partes, la misma palabra de Dios, completamente verdadera en lo que dice respecto a los hechos y completamente autoritaria en sus mandatos". (Christian Faith in the Modern World, págs. 2, 37). Afirmaba también que "solo los autógrafos de los libros bíblicos, es decir, los libros tal como vinieron de la pluma de los escritores sagrados, y no las copias de aquellos autógrafos que ahora ahora poseemos, fueron elaborados con esa guía e impulso sobrenatural del Espíritu Santo, al cual llamamos inspiración". (ibid., pág. 39).

Machen defendió los hechos milagrosos en las Sagradas Escrituras (ver Milagros, Argumentos contra los), especialmente los que fueron realizados por Cristo, definiendo un evento sobrenatural como lo que "tiene lugar por el inmediato, distinguiéndolo de lo mediato, poder de Dios". (Christianity and Liberalism, pág. 99). Él indica que esto presupone la existencia de un Dios personal y la existencia de un orden real de la naturaleza. Por consiguiente, los milagros están unidos de manera sobrenatural al *teísmo. Su libro sobre The Virgin Birth sigue siendo un clásico, así como su trabajo sobre The Origin of Paul's Religion.

En defensa de los milagros del Nuevo Testamento (ver Milagros en la Biblia), Machen señaló el error de separar los milagros del resto del Nuevo Testamento. Es un error discutir sobre la resurrección de Jesús como si lo que se tuviese que probar fuera simplemente la resurrección de un hombre del primer siglo en Palestina. (ibid., pág. 104). Más bien, la resurrección se apoya en la singularidad histórica de Cristo, en su persona, sus afirmaciones, y la "ocasión adecuada" o propósito para el milagro que puede ser detectado (ibid., pág 1, 104). La fe demostrada por la iglesia primitiva fue el argumento más convincente para la resurrección (What Is Christianity? [¿Qué es el cristianismo?]) págs. 6, 99). Machen además apoya a los milagros bíblicos al señalar las tendencias naturalistas ilegítimas de la iglesia liberal al rechazarlos.

Fuentes

W. Elwell, ed., *Evangelical Dictionary of Theology* [Diccionario Evangélico de Teología].

——————, *Handbook of Evangelical Theologians* [Manual de teólogos evangélicos].

D. G. Hart, *The Princeton Mind in the Modern World and the Common Sense of J. Gresham Machen* [La mente de Princeton en el mundo moderno y el sentido común de J. Gresham Machen].

G. Lewis y B. Demarest, *Challenges to Inerrancy* [Desafíos a la Inerrancia].

J. G. Machen, *Christian Faith in the Modern World* [La fe cristiana en el mundo moderno].

——————, *Christianity and Liberalism* [Cristianismo y liberalismo].

——————, *The Christian View of Man* [Visión cristiana del hombre].

——————, *The Origin of Paul's Religion* [El origen de

la religión de Pablo].

————, *The Virgin Birth of Christ* [El nacimiento virginal de Cristo].

————, *What Is Christianity?* [¿Qué es el cristianismo?].

————, *What Is Faith?* [¿Qué es la fe?].

G. M. Marsden, *J. Gresham Machen, History and Truth* [J. Gresham Machen, Historia y verdad].

C. A. Russell, J. Gresham Machen, Scholarly Fundamentalist [J. Gresham Machen Fundamentalista erudito].

N. B. Stonehouse, J. *Gresham Machen*.

C. I. K. Story, *J. Gresham Machen: Apologist and Exegete* [J. Gresham Machen: Apologista y Exégeta].

Mahoma, Carácter de. La mayoría de los estudiosos del islam reconocen que Mahoma fue en general una persona recta moralmente. Sin embargo, muchos musulmanes insisten en que él no fue capaz de pecar (un pecado muy grave) y que fue un ejemplo perfecto de moral. Y afirman que Mahoma "está situado en la historia como el mejor modelo de piedad y perfección para el hombre. Él es una prueba viviente de lo que el hombre puede ser y cumplir en el ámbito de la excelencia y virtud" (Abdalati, pág. 8). Esto, dicen ellos, es una de las pruebas principales de que Mahoma es el único profeta de Dios (Pfander, págs. 225-26)

Un clásico popular musulmán de Kamal ud Din ad Damiri nos da la siguiente descripción del profeta: "Mahoma es el más favorecido de la humanidad, el más honorable de todos los apóstoles, el profeta de la misericordia [...] Es el mejor de los profetas, y su nación es la mejor de las naciones [...] Él fue perfecto en inteligencia y noble de nacimiento. Era absolutamente elegante, generoso por completo, perfecto, valiente, humilde en exceso, con un conocimiento provechoso [...] perfecto temeroso de Dios y de piedad sublime. Fue el más elocuente y perfecto de la humanidad en cada variedad de la perfección" (Gudel, pág. 72).

Evaluando el carácter de Mahoma. La poligamia. Hay, por lo menos, varias áreas en las que surgen preguntas acerca de la perfección moral de Mahoma. La primera es en materia de la *poligamia. De acuerdo con el Corán, un hombre puede tener cuatro esposas (sura 4:3). De esto surgen dos preguntas: ¿es la poligamia moral? y ¿era Mahoma congruente con su propia ley?

En la tradición judeocristiana, la poligamia es considerada moralmente incorrecta. Aunque Dios la permitió solo con algunos humanos frágiles y pecadores, nunca la aprobó. El Corán, sin embargo, aprueba claramente la poligamia, permitiendo que el hombre pueda tener hasta cuatro esposas si está dispuesto a proveer para ellas. El sura 4:3 dice: "Así también si desposáis dos o tres o cuatro esposas".

Sin presuponer la verdad de la revelación cristiana, hay muchos argumentos en contra de la poligamia desde un punto de vista moral, tanto para musulmanes como para cristianos. La monogamia fue reconocida por un precedente, puesto que Dios le dio al primer hombre solo una esposa (Eva). Está implícita la proporción, dado que la cantidad de varones y mujeres que Dios trae al mundo son casi iguales. Y la monogamia implica igualdad. Si un hombre puede casarse con varias esposas, debería ser justo que una mujer pueda tener muchos esposos.

Incluso el biógrafo Muhammad Husayn Haykal reconoció tácitamente la superioridad de la monogamia al afirmar "la alegría de la familia y de la comunidad puede ser mejor servida por las limitaciones que impone la monogamia". (Haykal, pág. 294). Las relaciones de Mahoma con sus esposas fueron por sí mismas un argumento contra la poligamia. Las esposas del profeta llegaron muy lejos conspirando contra su esposo. Esto es comprensible ya que Mahoma solía ignorar a algunas de sus esposas y evitaba a otras en muchas ocasiones (ibid., pág. 436) Y continúa: "Realmente, la preferencia hacia algunas de ellas creaba tal controversia y antagonismo entre las 'Madres de los creyentes' que Mahoma pensó más de una vez en divorciarse de alguna de ellas" (ibid., pág. 437). Esto, por supuesto, no es una situación moral ejemplar ni en principio ni en la práctica.

Incluso si la poligamia, como se enseña en el Corán, se considera moralmente correcta, sigue habiendo otro problema grave. Mahoma recibió una revelación de Dios según la cual un hombre no debe tener más de cuatro esposas a la vez; sin embargo, él tenía muchas más. Un defensor musulmán de Mahoma escribió The Prophet of Islam as the Ideal Husband [El profeta del islam como esposo ideal], y admitió que Mahoma tuvo quince esposas. Sin embargo, les decía a los demás que solo podían tener cuatro. ¿Cómo puede alguien ser un perfecto ejemplo moral y no vivir de acuerdo con una de las leyes básicas que recibió de parte de Dios y que estableció para los demás?

La respuesta musulmana no es convincente. Ellos afirman que Mahoma recibió una "revelación" y que Dios hizo una excepción con él, pero no para nadie más. Mahoma cita a Dios diciendo: "¡Oh, Profeta! Nosotros te hemos hecho lícitas tus esposas [...] y cualquier mujer creyente dedicará su alma al Profeta, con la condición de que el Profeta acepte casarse con ella"; y añade rápidamente: "Este es un privilegio para ti, no para los demás creyentes" (sura 33:50). Además, los musulmanes creen (basándose en el sura 4:3b y otras enseñanzas) que pueden tener un número ilimitado de concubinas, especialmente entre las que conquistan en la guerra. Sin duda, esto fue una poderosa motivación para el éxito en el campo de batalla.

Además, Mahoma declaró una excepción divina a otra ley que daba a cada esposa sus derechos conyugales "con justicia". Los esposos debían observar una rotación fija entre sus esposas. Mahoma insiste en que Dios le dijo que podía tener a quien quisiera cuando él quisiera: "Puedes esperar el turno de la que tú quieras y albergar a la que desees" (sura 33:51). Aparentemente, incluso Dios le tuvo que poner un freno al amor de Mahoma por las mujeres. Más adelante, recibió una revelación que decía: "No te es lícito después de esto tomar aun otras mujeres ni cambiar tus esposas por otras, aunque su belleza te agrade" (sura 33:52). Una mirada a los hechos de la lujuria e inconsistencia de Mahoma hace que a uno le sorprenda cómo alguien pueda considerarlo un perfecto ejemplo moral y un esposo ideal.

El trato hacia las mujeres. El Corán y el Hadith concuerdan con el estatus inferior de las mujeres. La condición superior de los hombres se basa directamente en los mandatos del Corán. Como ya notamos, los hombres pueden casarse con cuatro mujeres (poligamia), pero las mujeres no pueden casarse con varios hombres. El sura 2:228 afirma explícitamente que los hombres tienen el derecho a divorciarse de sus esposas, pero no está de acuerdo con igual derecho para las mujeres indicando que "los hombres tienen un grado de ventaja sobre ellas" (sura 2:228).

En una ocasión Mahoma aprobó la golpiza de una sierva para sonsacarle la verdad. "La sierva fue llamada a entrar y Ali la capturó y la golpeó repetidamente mientras le ordenaba que le dijera la verdad al Profeta de Dios" (Haykal, pág. 336). Según el Corán, los hombres pueden golpear a sus esposas. El sura 4:34 indica que "los hombres están a cargo de las mujeres porque Alá les dio predominio sobre ellas [...] Aquellas de las cuales temáis su desobediencia, amonestadlas, dejadlas solas en los lechos y golpeadlas". Yusuf Ali intenta suavizar este verso añadiendo "ligeramente", una palabra que no se encuentra en el árabe.

Las mujeres musulmanas deberán vestir con velo, estar detrás de sus esposos y arrodillarse tras ellos en la oración. La ley requiere que dos mujeres deberán ser testigos presenciales en los contratos civiles, contrario al caso del hombre (Abdalati, págs. 189-91).

En un Hadith encontrado en el Sahih de Al-Bukhari, hallamos la siguiente narración que describe el estatus inferior de las mujeres en el islam:

Narrado [por] Ibn 'Abbas: El Profeta dijo: "Yo les estaba mostrando el fuego del infierno y la mayoría de sus habitantes que eran mujeres las cuales fueron desagradecidas". Y le preguntaron: "¿No creyeron ellas en Alá?" (o ¿fueron desagradecidas con Alá?)

Él respondió: "Ellas fueron desagradecidas con sus esposos por los favores y las obras buenas (actos caritativos) que hicieron por ellas" (Al-Bukhari, 1.29).

Viendo todos estos señalamientos, es increíble oír a los apologistas musulmanes decir: "Evidentemente, Mahoma no solo honró a las mujeres más que cualquier otro hombre, sino que elevó su estatus al que pertenecen verdaderamente, un logro que hasta ahora solo Mahoma fue capaz de hacer" (Haykal, pág. 298). Otro escritor musulmán indica: "El islam le ha dado derechos y privilegios a la mujer que nunca disfrutó en otra religión o sistema constitucional" (Abdalati, pág. 184).

La imperfección moral de Mahoma. Mahoma estuvo lejos de ser inmaculado. Incluso el Corán habla de su necesidad de pedirle perdón a Dios en muchas ocasiones. En el sura 40:55, Dios le dijo: "Sé paciente pues, porque la promesa de Dios es verdad. Implora a Dios perdón por tu pecado". En otra ocasión Dios le dijo a Mahoma: "Reconoce, por lo tanto, que no hay dios sino Dios, y pide perdón por tu pecado, y por los hombres y mujeres que creen" (sura 41:19). Claramente, el perdón fue pedido por sus pecados y no por los de otros (cf. también 48:2).

En una ocasión, Haykal dijo rotundamente: "Mahoma erró cuando frunció el ceño en la cara de [el ciego pordiosero] ibn Urnm Maktum y lo sacó fuera [...] En este aspecto, él [Mahoma] fue tan falible como cualquier otro" (Haykal, pág. 134). Si es así, entonces es difícil creer que Mahoma pueda ser tan elogiado. Aunque la moral de Mahoma haya sido superior a la de muchos otros de su época, no llega a ser el ejemplo perfecto para todas las personas de todos los tiempos, lo cual es algo que los musulmanes afirman sobre él. A diferencia de Jesús en los evangelios, ciertamente él no quiso retar a sus adversarios con la pregunta: "¿Quién de ustedes me puede probar que soy culpable de pecado?" (Juan 8:46).

Guerras santas. Mahoma creyó en las guerras santas (el jihad). Por revelación divina, mandó a sus seguidores: "Combatid por la causa de Dios" (sura 2:244). Y continuó: "Dad muerte a los disociadores donde los encontréis" (sura 9:5). Y "cuando encontréis a los incrédulos (en combate) golpeadlos en sus cuellos" (sura 47:4). En general, los musulmanes debían "combatir a los que no creen en Dios ni en el día final" (sura 9:29). De hecho, el paraíso es una promesa para aquellos que pelean por Dios: El sura 3:195 dice: "A los que emigraron o fueron arrojados de sus casas o sufrieron en mi camino o combatiendo murieron, les expiaré sus faltas y los admitiré en los jardines bajo los que corren los arroyos, les daré una recompensa: la presencia de Dios; esta es la mejor de las recompensas" (cf. 2:244; 4:95). Esas "guerras santas" ocurrieron "por la causa de Dios" (cf. sura 2:244) contra los "infieles".

En sura 5:36, leemos: "El castigo de los que luchan contra Dios [p. ej. los infieles] y su Apóstol, y luchan con todas sus fuerzas contra la maldad a través de la tierra es: la ejecución, o la crucifixión, o el corte de manos y pies de lados opuestos, o el exilio de la tierra". Reconociendo que esos son castigos apropiados, dependiendo de "las circunstancias", Alí ofrece una pequeña consolación al observar que las formas más crueles de tratar a los enemigos en Arabia, como por ejemplo "hurgarle los ojos dejando a la víctima expuesta al sol tropical", ¡fueron abolidas! (Alí, págs. 252, 738). Tal clase de guerra, y persecución, contra los enemigos por causas religiosas, por cualquier medio, es visto por la mayoría de los críticos como intolerancia religiosa. En vista de estas claras órdenes de usar la espada de forma agresiva para difundir el islam y las prácticas musulmanas a lo largo de los siglos, las afirmaciones musulmanas de que "esta lucha se libra únicamente por la libertad de llamar a los hombres a Dios y a su religión" no tienen ningún sentido (cf. Haykal, pág. 212).

Conveniencia moral. Mahoma apoyó a sus seguidores cuando asaltaron las caravanas comerciales mecanas (Haykal, pág. 357 ss.) El profeta mismo lideró tres ataques. Sin duda, el propósito de estos no solo era obtener la recompensa económica sino también impresionar a los mecanos con el creciente poder de la fuerza musulmana. Los críticos del islam cuestionan esta piratería. Estas acciones proyectan una oscura sombra sobre la supuesta perfección moral de Mahoma (ver Guillaume).

En una ocasión, Mahoma apoyó a un seguidor por mentirle a un enemigo llamado Khalid para matarlo. Entonces, en presencia de las esposas del hombre "le dio con su espada y lo mató. Las mujeres de Khalid fueron las únicas testigos presenciales y ellas comenzaron a llorar y a lamentarse por él" (Haykal, pág. 273).

En varias ocasiones, Mahoma no tuvo escrúpulos para cometer asesinatos por razones políticas. Cuando un judío prominente, Ka'b Ibn Al-Ashraf, suscitó ciertas discordias contra Mahoma y compuso un poema satírico acerca de él, el profeta preguntó: "¿Quién me traerá a Ka'b?" De inmediato, cuatro personas voluntarias fueron y regresaron ante Mahoma con la cabeza de Ka'b en sus manos (Gudel, pág. 74). Haykal reconoce muchos de esos asesinatos en su libro The Life of Muhammad [Vida de Mahoma]. Y afirma: "El Profeta ordenó la ejecución de Uqbah ibn Abu Muayt. Cuando Uqbah suplicó: '¿Quién tendrá cuidado de mis hijos, ¡Oh! Mahoma?' Mahoma respondió: 'El fuego'". (Haykal, pág. 234; cf. págs. 236, 237, 243).

El Corán mismo nos informa que a Mahoma no le preocupaba romper las promesas si le parecía útil. Inclusive tuvo una "revelación" para romper la promesa establecida por mucho tiempo que impedía matar durante el sagrado mes árabe: "Ellos te preguntarán sobre el combate en los meses sagrados. Diles: 'El combate en estos meses es un gran pecado (ofensa), pero es todavía un pecado mayor contra Dios obstruir el paso en el sendero de Dios'" (sura 2:217). Otra vez: "Dios os ha ordenado liberaros (Oh, hombres) de vuestros juramentos (en algunas ocasiones)" (sura 66:2). En lugar de consistencia, la vida moral de Mahoma en algunos casos se caracterizó por la conveniencia.

Venganza. En al menos dos ocasiones, Mahoma ordenó a su gente asesinar a los que compusieron los poemas que se burlaban de él. Esta sensibilidad extrema al ridículo es defendida por Haykal: "Para un hombre igual que Mahoma, esos logros dependían en sumo grado del gran aprecio el cual ganó, una maliciosa composición satírica que pudo ser más dañina que una batalla perdida" (Gudel, pág. 74). Pero esto es una ética pragmática del fin justifica los medios.

Aunque como Haykal indica: "Los musulmanes siempre se opusieron a matar a cualquier mujer o niño", no obstante, "una mujer judía fue ejecutada porque mató a un musulmán arrojándole una piedra a la cabeza" (Haykal, pág. 314). En otra ocasión, dos mujeres esclavas que hablaron contra Mahoma en cantos fueron ejecutadas con sus amos (ibid., pág. 410). Cuando se creyó que una mujer, Abu 'Afk, había insultado a Mahoma (en un poema), uno de los seguidores del profeta "la atacó durante la noche cuando estaba con sus niños, ella estaba amamantando a uno de ellos [...] Después de quitarle al niño, la mató" (ibid., pág. 243).

El fervor con el que los seguidores de Mahoma podían matar por él era infame. Haykal destaca las palabras de uno de los devotos que mató a su hija por mandato de Mahoma. Umar ibn al Khattab declaró con fanatismo: "Por Dios, si él [Mahoma] viniera a pedirme que tirara su cabeza, lo haría sin ninguna vacilación" (ibid., pág. 439).

Falta de compasión. Mahoma atacó a la última de las tribus judías de Medina basado en la suposición de que había conspirado con los enemigos mecanos en contra de los musulmanes. A diferencia de las dos tribus judías anteriores, que simplemente fueron expulsadas de la ciudad, esta vez todos los hombres de la tribu fueron asesinados y las mujeres y los niños vendidos como esclavos. Algunos que tratan de justificar esto indicando que "uno debe ver la crueldad de Mahoma con los judíos comparado con los antecedentes del hecho de que su desprecio y su rechazo fueron el más grande desengaño en su vida, y para ese entonces, ellos trataron de destruir su autoridad profética" (Andrae, págs. 155-56). En cualquier caso, ¿justificaría esto asesinar a hombres y esclavizar a mujeres y niños? Y ¿es este tipo de actividad ejemplar de una persona que se supone que tiene un carácter moral impecable?

A pesar de toda esta evidencia contra Mahoma, un defensor del islam responde que incluso si "sus afirmaciones fueran ciertas, los refutaríamos con el simple argumento de la gran posición en dicha ley" (Haykal, pág. 298).

Conclusión. Los musulmanes hacen afirmaciones extraordinarias sobre el carácter de Mahoma, incluso atribuyéndole la perfección moral. Sin embargo, el registro de Mahoma, incluso del Corán y de la tradición musulmana (Hadith) está muy por debajo de estas afirmaciones. Aunque era una persona generalmente de carácter moral en su vida cotidiana, Mahoma enseñaba, aprobaba y participaba en actividades moralmente imperfectas. No hay pruebas de que fuera superior moralmente a un ser humano común. De hecho, hay pruebas que indican lo contrario. En cambio, la vida de Cristo fue impecable (ver Cristo, Unicidad de).

Fuentes

H. Abdalati, *Islam in Focus* [Islam en foco].

M. I. Bukhari, *The Translation of the Meanings of Sahih Al-Bukhari* [La traducción de los significados de Sahih Al-Bukhari].

Y. Y. Ali, *The Holy Qur'an* [El santo Corán].

T. Andrae, *Mohammed* [Mahoma].

E. Caner y E. Caner, *Unveiling Islam* [Desenmascaremos el islam].

A. Dawud, *Muhammad in the Bible* [Mahoma en la Biblia].

N. L. Geisler y Abdul Saleeb, *Answering Islam* [Islamismo al descubierto].

J. P. Gudel, *To Every Muslim an Answer* [Una respuesta para cada musulmán].

A. Guillaume, *The Life of Muhammad* [La vida de Mahoma].

M. H. Haykal, *The Life of Muhammad* [Vida de Mahoma]

C. G. Pfander, *The Mizanu'l Haqq* [El Mizanu'l Haqq].

M. A. Rauf, *Islam*.

D. J. Sahas, *"The Formation of Later Islamic Doctrines as a Response to Byzantine Polemics"* [La formación de doctrinas islámicas posteriores como respuesta a la polémica bizantina"]

A. Schimmel y A. Falaturi, *We Believe in One God* [Creemos en un único Dios].

Mahoma, Supuesto llamado divino de. Mahoma afirmó ser llamado por Dios para ser un profeta. De hecho, afirmó ser el último de los profetas de Dios en la tierra, "el sello de los Profetas" (sura 33:40). La supuesta naturaleza milagrosa de su llamado es usada por los musulmanes para probar que el islam es la religión verdadera.

Un examen de los hechos, incluso de fuentes musulmanas, revela que la visión musulmana de Mahoma padece un caso agudo de exceso de afirmaciones. Por ejemplo, no se encuentra ningún respaldo a la afirmación de que fue llamado a traer la revelación completa y final de Dios en las circunstancias que rodean el llamado de Mahoma.

Elementos del llamado. Asfixiado por un ángel. Durante su llamado, Mahoma dijo que fue asfixiado por el ángel tres veces. Sobre el ángel, Mahoma dijo lo siguiente: Me ahogó con el paño hasta que creí que debía morir. Luego me liberó y dijo: '¡Recita!'. (Iqra). Cuando dudó, recibió "dos veces más el repetido tratamiento severo" (Andrae, págs. 43-44). Esto parece una forma inusual de aprendizaje forzado, poco característico del Dios misericordioso que los musulmanes dicen que es Alá, así como contrario al libre albedrío que creen que ha concedido a sus criaturas.

¿Engañado por un demonio? El propio Mahoma cuestionó el origen divino de aquella experiencia. Al principio pensó que estaba siendo engañado por un jinn o un espíritu maligno. De hecho, al principio Mahoma tuvo un miedo terrible de la fuente de su recién descubierta revelación, pero su esposa Khadijah y su primo, Waraqah, lo animaron a creer que la revelación era la misma que la de Moisés y que él también sería un profeta de su nación. Uno de los biógrafos musulmanes modernos más respetados, Muhammad Husayn Haykal, habla claramente del temor de Mahoma de estar poseído por un demonio:

Agobiado con pánico, Mahoma se levantó y preguntó: "¿Qué vi? ¿Estuve poseído por el diablo al cual temí? Mahoma miró a su derecha y a su izquierda, pero no vio nada. Permaneció allí un rato temblando de miedo y asombrado. Temía que la cueva estuviera embrujada y que pudiera huir sin poder explicar lo que vio. (Haykal, pág. 74, énfasis añadido).

Haykal señala que Mahoma temía a la posesión de demonios, pero su esposa Khadijah le habló contra eso. No obstante, "como en ocasiones anteriores cuando Mahoma temió estar poseído por el diablo, se paró firme ante su esposo y sin duda de nada". De modo que, "respetuosa y reverentemente, le dijo: '¡Alegría a mi primo! Mantente firme. Por él, que domina el alma de Khadijah, ruego y espero que seas el profeta de esta nación. Por Dios, él no te dejará'". (ibid., pág. 75). De hecho, la descripción de Haykal sobre la experiencia de Mahoma de recibir una "revelación" encaja con la de otros médiums. Haykal escribió sobre esa revelación para remover la culpa que involucraba a una de las esposas de Mahoma:

Mahoma no se había movido de su sitio cuando la revelación le llegó junto con las convulsiones habituales. Estaba acostado con su ropa y se le colocó una almohada bajo la cabeza. A'ishah [su esposa] informó más tarde: "Pensando que algo siniestro estaba a punto de suceder, todos en la habitación estaban asustados excepto yo, porque no temía nada, sabiendo que era inocente...". Mahoma se recuperó, se sentó y comenzó a limpiarse la frente donde se le habían acumulado las gotas de sudor. (ibid., pág. 337).

Otra característica a menudo asociada con las "revelaciones" del ocultismo es el contacto la muerte (cf. Dt 18:9-14). Haykal relata una ocasión en la que "los musulmanes que lo escucharon [a Mahoma] preguntaron: '¿Estás llamando a los muertos?' a lo que el profeta respondió: 'No me escuchan menos de lo que tú lo haces, solo que ellos no pueden contestarme'" (ibid., pág. 231). En otra ocasión, se encontró a Mahoma "orando por los muertos enterrados en ese cementerio" (ibid., pág. 495). Haykal incluso admite francamente que "por lo tanto, no hay razón para negar que el acontecimiento de la visita del Profeta al cementerio de Baqi está fuera de lugar si se tiene en cuenta el poder espiritual y psíquico de Mahoma para comunicarse con los reinos de la realidad y su conciencia de la realidad espiritual que supera la de los hombres normales" (ibid., pág. 496, énfasis añadido).

Silencio y depresión. También nubla el supuesto origen divino de su mensaje el hecho de que después de esto hubo un largo período de silencio, el cual, según algunos relatos, duró unos tres años, durante los cuales Mahoma cayó en las profundidades de la desesperación, sintiéndose abandonado por Dios y considerando el suicidio. Estas circunstancias no parecen ser propias de un llamado divino.

La "revelación" satánica. En otra ocasión, Mahoma presentó una revelación que pensó que era de Dios pero que luego cambió afirmando que Satanás había deslizado los versículos en el texto. Dios dijo al profeta: "No son más que nombres que habéis nombrado vosotros y vuestros padres, para los que Alá no ha revelado ninguna garantía" (sura 53:23; cf. 22:51). Pero desafortunadamente, el engaño humano es siempre posible. Los mismos musulmanes creen que todos los que afirman tener revelaciones que se oponen al Corán pueden ser un engaño. En vista de ello, es razonable preguntarse si los musulmanes han tomado en serio la posibilidad de que la primera impresión de Mahoma fuera la correcta, es decir, que estaba siendo engañado por un demonio. Reconocen que Satanás es

real y que es un gran mentiroso. Entonces, ¿por qué descartan la posibilidad de que el mismo Mahoma fuera engañado, como él pensó en un principio?

Fuentes humanas para el Corán. Finalmente, algunos críticos no ven nada sobrenatural en el origen de las ideas de Mahoma y señalan que la gran mayoría de las ideas expuestas en el Corán tienen conocidas fuentes judías, cristianas y paganas (ver Corán, Supuesto origen divino del). Incluso el renombrado biógrafo, Haykal, sin darse cuenta señala una posible fuente de las "revelaciones" de Mahoma. Escribió lo siguiente:

La imaginación del árabe es fuerte por naturaleza. Vivir como lo hace él, bajo la cúpula del cielo y moverse constantemente en busca de pastos o comercio y estar forzado constantemente a excesos, exageraciones y hasta incluso mentiras que la vida de comercio suele conllevar, el árabe se entrega al ejercicio de su imaginación y la cultiva en todo momento ya sea para bien o para mal, para la paz o para la guerra (ibid., pág. 319).

Conclusión. La afirmación de que Mahoma fue llamado por Dios no puede ser respaldada por ninguna evidencia. De hecho, se indica lo contrario, incluso según las fuentes musulmanas. Es más, no hay una confirmación sobrenatural de este llamado (ver Mahoma, Supuestos milagros de) como sí la hay en el caso de Jesús (ver Cristo, Divinidad de; Profecía, como prueba de la Biblia; Resurrección, Evidencias a favor de la).

Finalmente, el carácter de Mahoma está muy por debajo de lo que él afirma (ver Mahoma, Carácter de). Comparado con el impecable carácter de Cristo, Mahoma parece insignificante (ver Cristo, Unicidad de).

Fuentes

A. Y Ali, *The Meaning of the Glorious Qur'an* [El significado del glorioso Corán].

T. Andrae, *Muhammad* [Mahoma].

E. Caner y E. Caner, *Unveiling Islam* [Desenmascaremos el islam].

N. L. Geisler y A. Saleeb, *Answering Islam* [Islamismo al descubierto].

M. H. Haykal, *The Life of Muhammad* [Vida de Mahoma].

Mahoma, Supuestos milagros de. El islam afirma ser la única religión verdadera. Como apoyo a esta afirmación, presentan al Corán como su principal milagro. Sin embargo, muchos apologetas musulmanes también afirman que Mahoma realizó otros milagros para apoyar sus afirmaciones de ser un profeta de Dios, a pesar de que cuando se le pidió que hiciera milagros para respaldar sus afirmaciones, Mahoma se negó a hacerlo (sura 3:181-84).

Definición musulmana de milagro. Para los musulmanes, un milagro es siempre un acto de Dios (ver Milagro; Milagros en la Biblia). La naturaleza es la forma en que Dios trabaja habitual y repetidamente, y los milagros son vistos como khawarik, "que rompe con lo normal". Hay muchas palabras para milagro en árabe, pero la única que se usa en el Corán es ayah, que significa señal (cf. suras 2:118, 151,253; 3:108; 28:86-87). El término técnico empleado por los eruditos musulmanes para distinguir un milagro que confirma que una persona es un profeta es mudjiza. Para calificarlo debe ser:

un acto de Dios que no puede ser realizado por ninguna criatura
contrario al curso de las cosas comunes
dirigido a probar la autenticidad del profeta
previo al anunciamiento de un milagro futuro
hecho en la manera exacta a la que fue anunciado
cumplido solo a través de las manos del profeta
no opuesto a su afirmación profética
acompañado por un desafío a repetirlo
no realizado por ninguno de los presentes

Los musulmanes creen que los milagros que hicieron Moisés, Elías y Jesús cumplieron todos estos criterios (Ali, "Mudjiza"). La pregunta es: ¿cumple la elocuencia del Corán con todas estas características para considerar un milagro? Una respuesta subjetiva es que no lo hace, ni en forma ni en contenido.

Milagros en el Corán. Las afirmaciones de milagros sobre Mahoma se clasifican en tres categorías: afirmaciones registradas en el Corán, predicciones sobrenaturales de Mahoma hechas en el Corán y afirmaciones de milagros en el Hadith o tradición islámica (Bukhari, págs. 3-6).

El sura 6:35 es usado por muchos musulmanes para mostrar que Mahoma podía hacer milagros. Este dice lo siguiente: "Y si te resulta penoso que se aparten así, hasta el punto de que si pudieras buscarías un túnel en la tierra o una escalera para subir al cielo y poder traerles una señal, (¿para qué?)".

Un cuidadoso análisis del texto muestra que no afirma que Mahoma haya sido capaz de hacer milagros. Primero, es hipotético al indicar "Y si te resulta…", no dice que es así. En segundo lugar, este pasaje incluso implica que no podía hacer milagros. De lo contrario, ¿por qué lo apartaron por no hacerlo? Si hubiera podido hacer milagros, entonces podría haber detenido fácilmente que lo aparten, lo cual "[le] resulta penoso".

La supuesta división de la luna. Muchos musulmanes emplean el sura 54:1-2 para explicar que, ante el mandato de Mahoma a los incrédulos, la luna se partió por la mitad. La cita lee: "La hora (del juicio) se aproxima y la luna se ha partido. Pero ellos, aunque vean una señal, se retiran y dicen: 'Es una magia continua'".

Nuevamente hay dificultades para comprender el texto. Mahoma no se menciona en el pasaje. El Corán no llama a esto un milagro, aunque se use la palabra señal (ayah). Si fuera un milagro, esto se opondría a otros pasajes que alegan que Mahoma no hizo hazañas de naturaleza igual a esta (cf. 3:181-84).

Además, este pasaje es anterior a los otros, en que los incrédulos son llamados por una señal. Si Mahoma lo hubiera logrado, la señal habría sido observada universalmente y constatada con asombro en todo el mundo, pero no hay evidencia de que fuera así (Pfander, págs. 311-12) Incluso algunos eruditos musulmanes afirman que esto habla de la resurrección postrera, no de un milagro en tiempos de Mahoma. Ellos sostienen que la frase que indica que "la hora (del juicio)" se refiere al fin de los tiempos. Ellos toman el tiempo como la manera arábica usual para expresar un evento profético futuro.

El viaje de la noche. Uno de los eventos milagrosos registrados en el Corán es el Isra de Mahoma o llamada también "viaje de la noche". Muchos musulmanes creen que Mahoma, después de ser trasladado a Jerusalén, ascendió al cielo en el lomo de una mula. En sura 17:1, leemos: "¡Gloria! a (Dios) quien tomó a su servidor para un viaje por la noche desde la mezquita sagrada hasta la mezquita del padre, cuyos alrededores hemos bendecido con el objeto de hacerle ver nuestras señales". Más adelante, las tradiciones musulmanas ampliaron este verso hablando de que Mahoma fue escoltado por Gabriel a través de muchos niveles del cielo siendo recibido por gente importante (Adán, Juan, Jesús, José, Enoc, Aarón, Moisés y Abraham), donde acordó con Dios que bajo su mandato sería obligatorio orar de cincuenta a cinco veces por día.

No hay razón para entender este pasaje como referencia a un viaje literal al cielo; aunque varios eruditos musulmanes no entienden esto así. El notable traductor del Corán, Abdullah Yusuf Ali, comenta este pasaje y observa que "abre con la visión mística de la ascensión del santo profeta; él es transportado desde la Mezquita Sagrada (de Meca) hasta la Mezquita Lejana (en Jerusalén) en una noche y muestra algunas de las señales de Dios" ("Introduction to Sura XVII" [Introducción al Sura XVII", pág. 691). Aunque de acuerdo con una de las tradiciones islámicas previas, la esposa de Mahoma, A'isha, relató que "el cuerpo del apóstol permaneció donde él estaba, pero Dios extrajo su espíritu por la noche" (Ishaq, pág. 183). Nuevamente, aunque esto fuera entendido como un milagro, no hay evidencia para probar su autenticidad. Por la propia definición del islam de una señal de confirmación, este milagro no tendría valor apologético (Ali, "Mudjiza"; ver Milagros; Valor apologético de los).

La victoria en Badr. Otro milagro atribuido con frecuencia a Mahoma es la victoria en Badr (ver suras 3:123; 8:17). En sura 5:12, leemos: "¡Oh creyentes! Acordaos de los favores que Dios os ha dado cuando un grupo de enemigos se preparaba para poner la mano sobre vosotros, Dios detuvo sus brazos. Temed a Dios".

De acuerdo a la tradición islámica, se dice que muchos milagros ocurrieron aquí, uno de los más destacados es cuando Dios envió tres mil ángeles para ayudar en la batalla (supuestamente identificables por los turbantes que vestían) y el rescate milagroso de Mahoma justo antes de que un mecano lo fuera a matar con una espada. Una tradición cuenta la manera en que Mahoma lanzó su mano llena de tierra sobre el mecano armado para cegarlo y derrotarlo.

Es cuestionable si todos esos pasajes se refieren al mismo evento. Incluso varios eruditos musulmanes creen que el sura 8 habla de otro acontecimiento, esto se toma figuradamente; como por ejemplo que Dios infunde miedo dentro del corazón del enemigo de Mahoma, Ubai ibn Khalaf (Pfander, pág. 314). Algunos toman el sura 5 para referirse a otro hecho, quizá el intento de asesinato de Mahoma en Usfan.

Solo el sura 3 menciona a Badr y este no dice nada acerca de que era un milagro. En el mejor de los casos, revela el cuidado providencial de Dios por Mahoma, no un hecho sobrenatural. Ciertamente esto no habla de un milagro que confirme las credenciales proféticas de Mahoma, ya que no hay evidencia de que esto cumpla con el criterio noveno de un milagro como tal.

Si la victoria en Badr es una señal de la confirmación divina, ¿entonces por qué la derrota en Uhud no fue una señal de desaprobación divina? La derrota fue tan humillante que le "sacaron dos eslabones de cadena de la herida de Mahoma y dos de sus dientes delanteros cayeron en el proceso". Además, los musulmanes muertos fueron mutilados en el campo de batalla por el enemigo. Un enemigo de Mahoma también "cortó un número de narices y orejas [de sus tropas] para hacer una cadena y un collar con ellas". Incluso Muhammad Husayn Haykal reconoció que "los musulmanes sufrieron la derrota" y señala que el enemigo fue "intoxicado con su victoria" (Haykal, págs. 266-67). Sin embargo, no lo consideró como una señal sobrenatural de desfavor divino. De hecho, después de la batalla de Badr, el Corán se jacta de que los seguidores de Mahoma podían vencer a un ejército con la ayuda de Dios cuando se les superaba en número de diez a uno (sura 8:65). Pero aquí fueron superados en número solo tres a uno, al igual que en su victoria en Badr, y aún así sufrieron una gran derrota.

Mahoma no es el primer líder militar superado en número de la historia que consigue una gran victoria. La guerra israelí de seis días de 1967 fue una de las batallas más rápidas y decisivas en los anales de la guerra moderna. Sin embargo, ningún musulmán lo consideraría una señal milagrosa de la aprobación divina de Israel sobre una nación árabe.

La división del pecho de Mahoma. De acuerdo con la tradición islámica, al nacer Mahoma (o justo antes de su ascensión), Gabriel dijo que tenían que cortarle el pecho a Mahoma. Gabriel removió y limpió su corazón, lo llenó con sabiduría y lo puso de nuevo en el pecho del profeta. Esto se basa en la parte del sura 94:1, 2, 8, en el cual leemos: "¿No te hemos abierto el pecho? ¿Y no hemos descargado tu fardo? [...] y suplica a tu Señor".

La mayoría de los eruditos conservadores musulmanes toman este pasaje como una figura retórica que describe la gran ansiedad de Mahoma en sus años previos en Meca. El comentador coránico Ali dijo: "En el pecho está simbólicamente asentado el conocimiento y los grandes sentimientos de amor y afecto" (Ali, Meaning of the Glorious Qur'an [El significado del glorioso Corán], 2.1755).

Las profecías coránicas. Los musulmanes presentaron profecías predictivas en el Corán como prueba de que Mahoma podía hacer milagros. Pero la evidencia no es convincente. Los suras más citados son aquellos en los que Mahoma prometió el triunfo de sus tropas.

¿Qué líder militar religioso es aquel que no puede decirles a sus tropas: "Dios está de nuestro lado? Nosotros ganaremos. ¡Peleen!"? Además, considerando que Mahoma es conocido como el "profeta de la espada", tras su gran número de conversiones fueron abandonando la paz, aunque relativamente sin éxito en la difusión de su mensaje, por lo que no es sorprendente que predijera la victoria.

Considerando el fervor de las fuerzas musulmanas, a las que les prometió el paraíso por sus esfuerzos (cf. sura 22:58-59; 3:157-58; 3:170-71), no sorprende que varias veces salieran victoriosos. Finalmente, no es un misterio que muchos se "sometieron" considerando que Mahoma decía que: "el castigo de los que luchan contra Dios y su Apóstol, y luchan con todas sus fuerzas [...] es: la ejecución, o la crucifixión, o el corte de manos y pies de lados opuestos, o el exilio de la tierra" (sura 5:36).

La única predicción realmente importante fue acerca de la victoria romana sobre el ejército persa en Issus. En 30:2-4 se lee: "Los romanos han sido vencidos en el país fronterizo, (aunque) después de su derrota ellos vencerán dentro de unos cuantos años".

Esta predicción no es nada sorprendente (ver Gudel,

pág. 54). De acuerdo con Alí, "unos cuantos años" significaba de tres a nueve años, pero la victoria real no se dio sino hasta trece o catorce años después de la profecía. La derrota de los romanos por los persas en la captura de Jerusalén tuvo lugar cerca del 614 o 615. La contraofensiva no comenzó sino hasta el 622, y la victoria no fue completa hasta el 625. Esto sería por lo menos diez u once años, no "unos cuantos" como lo señaló Mahoma.

La edición del Corán por Uthman no tuvo puntos vocálicos, fueron añadidos mucho después (Spencer, pág. 21). Por lo tanto, la palabra sayaghlibuna que significa "ellos derrotarán", pudo haber sido traducida con el cambio de dos vocales como sayughlabuna que significa "ellos serán derrotados" (Tisdall, pág. 137). Aun si esta ambigüedad fue eliminada, la profecía no tuvo largo alcance ni fue extraordinaria. Se podía esperar que el ejército romano se recupere. Se necesitaba poco más que una lectura perceptiva en el curso del tiempo para predecir un hecho como tal. Como mucho, esto pudo haber sido un buen acierto. En cualquier caso, estos no parecen tener el fundamento suficiente para probar esto como algo sobrenatural.

El único otro alegato digno de mencionarse como profecía está en el sura 89:2, donde la frase "y las diez noches" es tomada por alguien como una predicción de los diez años tempranos de persecución que experimentaron los musulmanes (Ahmad, pág. 374 ss.). Pero esto es una interpretación forzada, la cual es evidente dado el hecho de que incluso el traductor del Corán, Ali, admitió que usualmente se entiende a las "diez noches" como las primeras diez de Zul-Hajj, la época santa de la peregrinación" (Ali, 1731, n. 6109). Definitivamente no existe ninguna predicción precisa.

La evidencia de que Mahoma poseía un don profético verdaderamente sobrenatural es débil. Sus profecías eran vagas y cuestionables. Es mucho más fácil leer el significado después del evento que si lo hubiéramos visto antes.

Si Mahoma poseyó la habilidad de predecir el futuro milagrosamente, entonces tuvo que haberla usado para callar a sus oponentes. Pero nunca lo hizo. En cambio, admitió que no hizo milagros como lo hacían los profetas anteriores a él y ofreció simplemente al Corán como su propia señal.

Por último, Mahoma nunca ofreció una profecía como prueba de su oficio profético (ver Mahoma, Supuesto llamado divino de). No se menciona nada en este sentido. En cambio, Jesús ofreció muchos milagros como prueba de que era el Mesías, el Hijo de Dios. Acerca de la sanidad del paralítico, les dijo a los judíos incrédulos: "Pues para que sepan que el Hijo del hombre tiene autoridad en la tierra para perdonar pecados", algo que los judíos admitieron que solo Dios pudo hacer (cf. v. 7), "A ti te digo, levántate, toma tu camilla y vete a tu casa" (Marcos 2:10-11). En vista del gran contraste en la capacidad de Jesús y Mahoma para proporcionar confirmaciones milagrosas de sus respectivas afirmaciones, una persona sensata tendría que contemplar grandes dudas sobre si hay suficientes pruebas que apoyen las afirmaciones de Mahoma.

Los milagros en el Hadith. La mayoría de los supuestos milagros de Mahoma no ocurrieron en el Corán, que es el único libro del islam para el cual se alega inspiración divina (ver Mahoma, Supuestos milagros de; Corán, Supuesto origen divino del). La vasta mayoría de los supuestos milagros ocurrieron en el Hadith (tradición islámica). Los musulmanes consideran que este contiene muchas tradiciones auténticas. Hay cientos de historias de milagros en el Hadith.

Bukhari relata la historia de Mahoma acerca de cómo curó la pierna rota de un compañero, Addullaha ibn Atig, quien quedó herido tras intentar asesinar a uno de los enemigos de Mahoma.

Varias fuentes relatan la historia de que Mahoma milagrosamente proveyó agua para diez mil hombres de sus tropas en la batalla de Hudaibiyah. Confiadamente metió su mano dentro de una botella de agua vacía y el agua comenzó a fluir a través de sus dedos. Hay numerosas historias de provisión milagrosa de agua. También existe una de agua convirtiéndose en leche.

Varias historias narran hechos de árboles hablando con Mahoma, saludando o moviéndose cuando él pasaba. Una vez, cuando Mahoma no pudo encontrar un lugar privado para cobijarse, dos árboles fueron juntos a esconderlo y volvieron a sus sitios cuando él terminó. Bukhari afirma que un árbol en el que Mahoma se apoyó echó de menos su compañía cuando él se fue. Hay muchas historias de lobos e incluso montañas saludando a Mahoma.

Algunas historias hablan de Mahoma dando de comer milagrosamente a un grupo grande con una pequeña cantidad de comida. Anas narra la historia de que le dio de comer a ochenta o noventa hombres con solo un poco de pan de cebada. Ibn Sa'd cuenta acerca de una mujer que invitó a Mahoma a comer. Este llevó a mil hombres con él y multiplicó su comida para alimentarlos a todos.

El Hadith frecuentemente relata historias milagrosas de Mahoma en su actuar con sus enemigos. Una vez Mahoma maldijo a uno de ellos, cuyo caballo se hundió hasta el estómago en un terreno duro. Sa'd dijo que cierta vez Mahoma convirtió una rama de un árbol en una espada de acero.

Existen muchas razones para cuestionar la autenticidad de esas historias.

Son contradictorias con el Corán. Para los musulmanes, solo el Corán es de inspiración divina. Sin embargo, ningún milagro de Mahoma está registrado en el Corán. De hecho, son contradictorias en general respecto al espíritu de Mahoma en el Corán, que repetidamente rehusó hacer las cosas a las que los incrédulos lo retaban (ver sura 3:181-84; 4:153; 6:8-9).

Son apócrifos. Esos supuestos milagros seguían el mismo patrón que los milagros apócrifos de Cristo posteriores a un siglo o dos después de su muerte. Son un adorno legendario de gente que vivió muchos años alejada de los eventos originales y no es un registro de testigos presenciales contemporáneos (ver Milagros, Mitos y).

La mayoría de los que compilaron las historias de milagros vivieron de cien a doscientos años después de los sucesos. Ellos se basaron en historias que pasaron oralmente y con muchos adornos de una generación a otra. Incluso las historias aceptadas por los musulmanes como auténticas, y determinadas por el isnad (o cadena de narradores de historias), carecen de credibilidad. Estas historias no se basan en relatos de testigos presenciales, sino que fueron narradas por muchas generaciones. Joseph Horowitz cuestionó la confiabilidad del isnad:

La pregunta de quién comenzó a difundir esas narraciones de milagros podría ser muy fácil de responder si todavía pudiéramos ver el isnad, o cadena de testigos, de manera tan incuestionable como aparentemente se espera que lo hagamos. Esto es especialmente seductor cuando uno y los mismos reportes aparecen en varias versiones esencialmente similares […] En general, la técnica del isnad no nos posibilita decidir en este caso, por lo que debemos tomarlo de manera oral y copiarlos de la lectura de los libros de los maestros. (Horowitz, págs. 49-58).

No están de acuerdo. Entre los musulmanes no hay una lista comúnmente aceptada de auténticos milagros del Hadith. De hecho, la gran mayoría de las historias del Hadith son rechazadas por la mayoría de los eruditos musulmanes. Diferentes grupos aceptan diferentes recopilaciones. Esto pone en duda su autenticidad.

Bukhari, considerado como el más confiable compilador, admitió que de los 300,000 Hadith que reunió, solo 100,000 podían ser verdaderos. Incluso redujo este número a 7,275. Esto significa que incluso él admitió que más de 290,000 de ellos no son confiables.

Ningún canon es aceptado por todos. Ningún canon Hadith es aceptado por todos los musulmanes. La mayoría de ellos califican su credibilidad en orden descendente como sigue: el Sahih de Bukhari (fallecido en 256 d. H. ["después de Hijrah", el vuelo de Mahoma en 622 d. C.]); el Sahih de los musulmanes (fallecido en 261 d. H.); el Sunan de Abu Du'ad (fallecido en 275 d. H.); el Jami de At-Tirmidhi (fallecido en 279 d. H.); el Suand de Al Nasa (fallecido en 303 d. H.); y el Sunan de Ibn Madja (fallecido en 283 d. H.). Junto con esos Hadith, hubo biógrafos que relataron historias de milagros. Los más importantes fueron: Ibn Sa'd (fallecido en 123 d. H.); Ibn Ishaq (fallecido en 151 d. H.); e Ibn Hisham (fallecido en 218 d. H.). Las categorías anteriores son rechazadas por el Shia islámico, pero ellos, junto con otros musulmanes, aceptan el Corán.

Su origen es sospechoso. El origen de las afirmaciones de milagros en el islam es sospechoso. Es de conocimiento común que el islam tomó muchas de esas creencias y prácticas de otras religiones (Dashti, pág. 55). Esto ha sido documentado frecuentemente. No nos sorprende por ello que los supuestos milagros musulmanes surgieran, en aquel tiempo, como resultado de los apologetas cristianos que demostraban la superioridad de Jesús sobre Mahoma mediante los milagros del primero (ver Milagros en la Biblia; Nuevo Testamento, Historicidad del). Las historias de los milagros islámicos comenzaron a aparecer después de que dos obispos cristianos, Abu Qurra de Edessa, y Arethas de Cesarea, señalaran la la falta de milagros de autentificación. Como Sahas señala: "La implicación [del reto del obispo] es bastante clara: la enseñanza de Mahoma es una que podía tener mérito; pero esto no es suficiente para calificarlo como profeta sin que haya señales sobrenaturales. Si tales señales se pudieran demostrar, habría la posibilidad de aceptarlo como profeta" (Sahas, pág. 312). De este modo, si los musulmanes inventaban milagros, podrían responder al reto del cristiano.

Sahas señala que varias historias de milagros tienen un asombroso parecido con los milagros de Jesús encontrados en los Evangelios (ibid., pág. 314). Por ejemplo, la ascensión de Mahoma al cielo, que pueda convertir agua en leche y que alimente de manera milagrosa a un gran número de personas.

La falta de valor apologético. Ninguna historia de milagros encaja en las nueve categorías aceptadas por los musulmanes para un milagro que puede confirmar la afirmación de un profeta (mudjiza). Por lo tanto, según sus propios estándares, ninguna de estas historias demuestra la verdad del islam.

No provienen del Corán (el cual se dice que es inspirado), por lo que carecen de autoridad divina según el criterio islámico. El hecho de que el Corán no contenga estos hechos, en los que Mahoma es constantemente desafiado a apoyar sus afirmaciones milagrosamente, es un fuerte argumento para indicar que no son auténticos (ver Corán, Supuesto origen divino del). Seguramente, si Mahoma hubiera podido silenciar a sus críticos probando su confirmación sobrenatural, lo habría hecho.

Mahoma acepta el hecho de que Dios confirmó a los profetas antes que él por medio de milagros. Se refiere a la confirmación de Dios de las credenciales proféticas de Moisés (cf. sura 7:106-8, 116-19; 23:45). El Corán también menciona las manifestaciones del poder milagroso de Dios a través de otros profetas (cf. sura 4:63-65; 6:84-86).

Mahoma también acepta el hecho de que Jesús realizó milagros para probar el origen divino de su mensaje, como por ejemplo las curaciones y la resurrección de los muertos (cf. sura 5:113). Pero si Jesús pudo realizar hazañas milagrosas de la naturaleza para confirmar su comisión divina, y Mahoma se negó a hacer lo mismo, es dudosa la superioridad de Mahoma sobre Cristo como profeta.

La respuesta de Mahoma al desafío de hacer milagros (cf. sura 6:8-9; 17:90-92) es reveladora: "¿Soy acaso más que un hombre, un apóstol?" Uno no puede imaginarse a Moisés, Elías o Jesús dando tal respuesta. Mahoma admitió que cuando el Faraón desafió a Moisés, este respondía con milagros (cf. sura 7:106-8, 118). Sabiendo que esta era la forma en que Dios confirmaba a su vocero, Mahoma se negó a realizar milagros similares.

Los musulmanes nunca ofrecieron una buena explicación por el fracaso de Mahoma para hacer milagros. Un argumento islámico muy familiar dice que "este es uno de los caminos establecidos por Dios; el tipo de milagros que va acorde con el genio del tiempo, de modo que el mundo pueda ver que esto va más allá del poder humano y que el poder de Dios se manifiesta en esos milagros". Además, "durante el tiempo de Moisés, el arte de la brujería tuvo un gran desarrollo. Por lo tanto, Moisés hacía milagros que confundían a los brujos y a la luz de estos ellos mismos aceptaron el liderazgo y el oficio profético de Moisés". De manera similar, "durante el tiempo del profeta del islam, el arte de la oratoria tuvo grandes avances. Por lo tanto, al profeta del islam le fue dado el milagro del Corán, cuya elocuencia aquietaba las voces de los grandes poetas de su tiempo" (Gudel, págs. 38-39).

Pero no existe evidencia de que este "es uno de los caminos establecidos por Dios". Por el contrario, aun en el Corán mismo admite que Dios repetidamente hizo milagros en la naturaleza a través de Moisés y otros profetas, incluyendo a Jesús. Este fue el camino establecido por Dios para confirmar a sus profetas, a través de milagros. Además, no hay nada sobrenatural con respecto a la oratoria.

Resumen. Mahoma no tenía disposición (ni capacidad) para realizar actos milagrosos con la naturaleza; cuando supo que los profetas anteriores a él pudieron y realizaron tales actos, creyó que eran fábulas de paganos. A lo que estos preguntarían: "Si Dios confirmó a otros profetas con tales cosas, entonces ¿por qué no hizo lo mismo con Mahoma para eliminar toda duda?" En las propias palabras de Mahoma (del Corán): "Ellos dicen: '¿Por qué no ha descendido sobre él una señal por parte de su Señor?'" dado que incluso Mahoma admitió que "Dios tiene poder para enviar señales" (sura 6:37).

Mahoma ofreció su propia señal (el Corán) y dijo que su razón para rechazarlos era su incredulidad, no su incapacidad para hacer milagros. En los pocos casos en que los supuestos eventos sobrenaturales están conectados con la vida de Mahoma, estos se pueden explicar por causas naturales. Por ejemplo, los musulmanes entendieron la victoria extraordinaria de Mahoma en la batalla de Badr en 624 d. C. como una indicación sobrenatural de su aprobación divina al profeta. Pero exactamente un año después, las fuerzas de Mahoma sufrieron una derrota humillante. Sin embargo, esto no se consideró como señal de desaprobación divina.

A diferencia del Corán, la tradición islámica (el Hadith) está llena de afirmaciones milagrosas, pero carecen de autenticidad. Contradicen la afirmación de Mahoma en el Corán. Fueron registrados un siglo o más después de Mahoma. La mayoría son rechazados por los eruditos musulmanes. Muestran evidencia de haber sido adornados. Carecen de los criterios establecidos por los eruditos musulmanes en cuanto a la confirmación sobrenatural de las afirmaciones de Mahoma de ser un profeta de Dios.

Por el contrario, Jesús realizó numerosos milagros. La mayoría, si no todos, fueron realizados como parte de su afirmación de ser Dios en carne humana (ver Cristo, Divinidad de; Milagro). Los informes de estos milagros son de testigos presenciales y contemporáneos de Jesús. De esta manera fundamental, existe una diferencia importante entre la confirmación sobrenatural de que Cristo sea el Hijo de Dios y la falta de una confirmación milagrosa creíble de que Mahoma sea siquiera un profeta de Dios.

Fuentes

H. Abdalati, *Islam in Focus* [Islam en foco].

M. B. M. Ahmad, *Introduction to the Study of the Holy Quran* [Introducción al estudio del Sagrado Corán].

A. Y. Ali, *"Introduction to Sura XVII"* [Introducción al Sura XVII] en The Meaning of the Glorious Qur'an [El significado del glorioso Corán].

———, *"Mudjiza"*, en The Encyclopedia of Islam

[La enciclopedia del islam].

M. I. Bukhari, *The Translation of the Meanings of Sahih Al-Bukhari* [La traducción de los significados de Sahih Al-Bukhari].

E. Caner y E. Caner, *Unveiling Islam* [Desenmascaremos el islam].

A. Dashti, *Twenty-Three Years* [23 años].

A. Dawud, *Muhammad in the Bible* [Mahoma en la Biblia].

I. R. A. Faruqi, Islam.

N. L. Geisler y Abdul Saleeb, *Answering Islam* [Islamismo al descubierto].

J. P. Gudel, *To Every Muslim an Answer* [Una respuesta para cada musulmán].

M. H. Haykal, *The Life of Muhammad* [Vida de Mahoma].

J. Horowitz, *"The Growth of the Mohammed Legend"* ["El crecimiento de la leyenda de Mahoma"].

I. Ishaq, Sirat Rasul Allah.

J. W. Montgomery, *"Mudjiza"*.

G. Nehls, *Christians Ask Muslims* [Los cristianos preguntan a los musulmanes].

C. G. Pfander, *The Mizanu'l Haqq* [El Mizanu'l Haqq].

M. A. Rauf, *Islam*.

D. J. Sahas, *"The Formation of Later Islamic Doctrines as a Response to Byzantine Polemics"* [La formación de doctrinas islámicas posteriores como respuesta a la polémica bizantina"].

A. Schimmel, *"The Prophet Muhammad as a Centre of Muslim Life and Thought"* ["El profeta Mahoma como centro de la vida y el pensamiento musulmán"].

A. A. Shorrosh, *Islam Revealed* [El islamismo revelado].

H. Spencer, *Islam and the Gospel of God* [El Islam y el Evangelio de Dios].

W. S. C. Tisdall, *The Source of Islam* [La Fuente del islam].

Maimónides. Moisés, hijo de Maimón (1135-1204), latinizó su nombre a Maimónides. Dejó su natal Córdoba, España, tras la invasión musulmana y fue a África del Norte, luego fue a Egipto, donde murió en El Cairo. Aunque fue conocido por su doctrina jurídica, "Rabí Moisés", como lo conocían los escolásticos, se convirtió en el filósofo judío más célebre de la Edad Media.

En su Guide for the Perplexed [Guía de perplejos o descarriados] abordó a los pensadores judíos semiintelectuales, quienes estaban en un estado de confusión mental porque creían que los principios de la filosofía griega contradecían su fe religiosa. El libro iba dirigido a aquellos que dudaban entre las afirmaciones conflictivas de la filosofía y la religión. Maimónides creía

que una persona podía tener completo conocimiento de la filosofía griega sin renunciar al cumplimiento de los mandamientos. Lamentablemente, el acuerdo usualmente estaba a favor de una interpretación alegórica a expensas de una comprensión literal de las Sagradas Escrituras.

Además de su fe judía, especialmente destacando la unidad e inefabilidad de Dios, Maimónides fue fuertemente influenciado por Alfarabi, *Aristóteles, *Averroes, *Filón, *Platón y *Plotino. El resultado fue su propia y única síntesis de estos filósofos, con preferencia a Platón sobre Aristóteles y siendo muy influenciado por Plotino. Maimónides influyó en *Tomás de Aquino y otros filósofos escolásticos, así como en el racionalista moderno Benedict *Spinoza.

Filosofía. Continuando con su entrenamiento judío, Maimónides creía que Dios era uno. Sostenía también que la existencia de Dios era demostrable, pero que su esencia era desconocida. Ofreció pruebas de la existencia de Dios que fueron usadas por los escolásticos posteriores, como Dios como Primera Causa, Primer Motor y Ser Necesario (tres de las cinco pruebas de Dios de Aquino). A diferencia de los griegos, él creía que Dios era la causa eficiente, formal y final del mundo. Los filósofos griegos argumentaban a favor de la eternidad del mundo, pero Maimónides consideraba que estos argumentos no eran concluyentes ya que estaban ignorando la omnipotencia de Dios, quien libremente puede crear un universo que dure lo que él desee. Aquino siguió esta línea de razonamiento.

Siguiendo a Plotino, Maimónides sostuvo que todo conocimiento de Dios es negativo. Todo lo positivo se refiere únicamente a las acciones de Dios, no a su naturaleza, que es en esencia desconocida.

La Biblia revela un nombre divino positivo, el cual es YHVH. El nombre tetragrámaton significa existencia absoluta. Dios es una existencia pura y necesaria. Todas las criaturas son contingentes; su existencia es solo un "accidente" añadido a su esencia.

Evaluación. Existen muchas contribuciones positivas en las opiniones de Maimónides. Desde la perspectiva del teísmo clásico y la apologética (ver Apologética clásica), su énfasis en la naturaleza de Dios, la creación y las pruebas de la existencia de Dios son elogiables.

La preocupación de los cristianos es la teología negativa de Maimónides, la cual no permite analogías positivas (ver Analogía, Principio de). Además, su tendencia a alegorizar partes de las Sagradas Escrituras no reconciliables con la filosofía platónica prevaleciente era innecesaria e inaceptable.

Fuentes

S. Baron, ed., *Essays on Maimonides* [Ensayos sobre

Maimónides].

Maimónides, *Guide for the Perplexed* [Guía de perplejos o descarriados].

A. Maurer, *Medieval Philosophy* [Filosofía Medieval], cap. 8.

S. Pines, *A History of Maimonides* [Historia de Maimónides].

H. A. Wolfson, *Maimonides on Negative Attributes* [Maimónides sobre los atributos negativos].

Mal, Problema del. Si Dios es absolutamente bueno, entonces ¿por qué existe el mal (ver Dios, Naturaleza de)? El problema del mal es un serio desafío que defender en el cristianismo. En realidad, existen muchos problemas relacionados con el mal; por ejemplo, los problemas sobre su origen, naturaleza, propósito y evitabilidad. Los problemas del mal pueden dividirse entre morales, metafísicos (ver Metafísica) y físicos. Cosmovisiones y el mal. Aunque cada cosmovisión tiene que lidiar con el problema del mal, es un problema especialmente agudo para el *teísmo. De las tres cosmovisiones principales, el *ateísmo afirma la realidad del mal y niega la realidad de Dios. El *panteísmo afirma la realidad de Dios, pero niega la realidad del mal. El teísmo afirma la realidad tanto de Dios como del mal. Aquí está el problema. ¿Cómo puede un Ser absolutamente bueno (Dios) ser compatible con el mal, lo contrario del bien?

En comparación con las otras cosmovisiones que afirman tanto a Dios como al mal, el teísmo parecería estar en una posición más desventajosa. El *diosismo finito, por ejemplo, puede afirmar que Dios desea destruir el mal, pero no puede hacerlo porque tiene un poder limitado. El *deísmo, igualmente, puede distanciar a Dios del mal al enfatizar que Dios no es inmanente en el mundo, al menos no sobrenaturalmente —estamos solos—, y para el *panenteísmo, el mal es una parte necesaria del progreso continuo de la interacción de Dios y el mundo (su cuerpo).

El problema para el teísmo es que cree no solo que Dios es todopoderoso y podría destruir el mal, sino que también es amoroso y debe destruirlo. Además, el Dios teísta es omnisciente y creó este mundo plenamente consciente de lo que sucedería; es más, Dios creó el mundo libremente (ver Creación, Puntos de vista de la) para que haya podido actuar de manera distinta.

Es en el contexto de este tipo de Dios teísta que abordamos los problemas del mal.

El origen del mal. ¿Dónde se originó el mal? Un Dios absolutamente bueno no puede crear el mal; y tampoco, al parecer, una criatura perfecta puede dar lugar a la imperfección. ¿De dónde, pues... el mal? El problema se puede resumir en lo siguiente:

1. Dios es absolutamente perfecto.
2. Dios no puede crear nada imperfecto.
3. Sin embargo, criaturas perfectas no pueden hacer el mal
4. Por lo que, ni Dios ni sus criaturas perfectas pueden producir el mal.

Sin embargo, en un universo teísta, estas son las dos únicas fuentes del mal moral. Por tanto, parece que no hay solución para el origen del mal en un universo teísta.

Los elementos básicos de la respuesta teísta a este problema se encuentran en *Agustín y *Tomás de Aquino. Desde entonces, los teístas han seguido los contornos de su pensamiento. Ambos coincidieron en la respuesta que se puede enunciar de la siguiente manera:

1. Dios es absolutamente perfecto.
2. Dios creó únicamente criaturas perfectas.
3. Una de las perfecciones que Dios otorgó a algunas de sus criaturas fue el poder del libre albedrío.
4. Algunas de estas criaturas usaron su libre albedrío para hacer el mal.
5. Por lo que, una criatura perfecta originó el mal.

Dios es bueno y creó buenas criaturas con un gran poder: el libre albedrío. Desafortunadamente, utilizaron este gran poder para traer el mal al universo cuando se rebelaron contra su Creador. De modo que el mal surgió del bien, no directa sino indirectamente, mediante el abuso de un gran poder: la libertad, que en sí misma no es mala —es bueno ser libre—, pero la posibilidad del mal viene de la libertad. Así que, Dios es responsable de hacer posible el mal, pero las criaturas libres son responsables de hacerlo realidad.

Desde luego que, otras preguntas se relacionan con esta solución del libre albedrío al origen del mal. Una es, ¿qué hizo que la primera criatura eligiera el mal?

Los teístas separan la causa primaria de una acción libre (Dios) y la causa secundaria (un ser humano). Dios le dio el poder de elegir. Sin embargo, Dios no es responsable por el ejercicio del libre albedrío para hacer el mal. Dios no realiza la acción libre por nosotros. El libre albedrío del humano no es una mera causa instrumental a través de la cual Dios obra. Los seres humanos son la causa eficiente, aunque secundaria, de sus propias acciones libres. Dios produce el hecho del libre albedrío, pero cada ser humano realiza su acto de libre albedrío. Por lo que, Dios es responsable de la posibilidad del mal, pero nosotros debemos asumir la responsabilidad de su manifestación. La voluntad de Dios no es que exista el mal, aunque tampoco lo contrario; en su voluntad, permite que el mal suceda, y esto es bueno.

Pero si Dios no puede querer el mal, ¿cuál es la causa? No existe acción sin causa, ya que esto viola el primer principio de causalidad (ver Causalidad, Principio de), el cual exige que todo evento tenga una causa.

Para responder a esta pregunta es necesario desentrañar la naturaleza del libre albedrío. Hay tres visiones básicas sobre la naturaleza del libre albedrío: en el determinismo, un acto libre es causado por otro; en el *indeterminismo, no tiene causa; y en el autodeterminismo, es causado por uno mismo. El determinismo eliminaría la responsabilidad humana, ya que otro causó la acción, no nosotros mismos. El indeterminismo es irracional, ya que una regla fundamental de la razón es que toda acción tiene una causa. De ello se deduce, entonces, que todo acto de libre albedrío debe ser causado por uno mismo.

Está claro que, una persona usa el poder del libre albedrío para tomar decisiones libres; sin embargo, esta no es libre de escoger, simplemente tiene el libre albedrío. Es incorrecto decir que soy libre de escoger, cuando en realidad, solo tengo el libre albedrío. Entonces, soy la causa eficiente de mis propias acciones libres, pero el poder del libre albedrío es el medio por el cual actúo libremente.

La naturaleza del mal. Esta dificultad tiene otra dimensión. ¿Cuál es la naturaleza del mal? Es decir, ¿cuál es la esencia o identidad del mal? Este también es un problema particularmente molesto para un teísta clásico (ver Apologética clásica), porque solo Dios es eterno, y todo lo que creó fue bueno. ¿Qué, pues, es el mal?

*Los teístas rechazan el *dualismo.* El mal no es un principio coeterno fuera de Dios, porque no todos los opuestos como el bien y el mal son primeros principios. Esto asume erróneamente que solo porque algo puede ser esencialmente bueno (Dios), algo puede ser esencialmente malo; sin embargo, uno se encuentra con una gran dificultad para explicar la realidad del mal cuando se rechaza el dualismo. Si el mal no es algo fuera de Dios, y no puede ser nada dentro de Dios, ¿entonces qué es? El problema puede resumirse de la siguiente manera:

1. Dios es el Autor de todo.
2. El mal es algo.
3. Por lo que, Dios es el Autor del mal.

Rechazar la primera premisa conduce al dualismo. Asimismo, negar la segunda conduce al ilusionismo, el cual niega la realidad del mal (ver Panteísmo). Ninguno de los dos es aceptable para un teísta. ¿Cuál, pues, es la solución? Aceptar que Dios no creó todas las cosas es negar su soberanía; y decir que el mal es nada, niega la realidad. Sin embargo, admitir que Dios causó todas las cosas y que el mal es algo, es reconocer que Dios causó el mal (conclusión que Tomás de Aquino rechazaba), aunque, esta conclusión parece obedecer lógicamente las premisas, la verdad de la conclusión debe ser aceptada, a menos que uno rechace la verdad de una de las premisas.

El teísta responde que el mal no es una cosa ni una sustancia; más bien, es una falta o privación de algo bueno que Dios hizo, por lo que el mal es la privación de algún bien particular. La esencia de esta postura se resume así:

1. Dios creó toda sustancia.
2. El mal no es una sustancia (sino la privación en una).
3. Por lo que, Dios no creó el mal.

El mal no es una sustancia, sino una corrupción de las buenas sustancias que Dios hizo. Cuando un carro se oxida o un árbol se pudre… el mal es como esto: una falta en algo bueno, pero no es algo en sí mismo; es como una herida en un brazo o los agujeros de polilla en la ropa, requiere de algo más para existir, mas no de sí mismo.

Es importante señalar que la privación no es lo mismo que una mera ausencia. La vista está ausente tanto en una piedra como en un ciego; pero la ausencia de vista en la piedra no es una privación, sino la ausencia de algo que debería estar allí. Dado que la piedra por naturaleza no debe ver, no está privada de la vista, como lo es el ciego. El mal, pues, es la privación de algún bien que debería estar allí, mas no una mera negación.

Decir que el mal no es una cosa sino una falta en las cosas no es afirmar que no sea real. El mal es una falta real en las cosas buenas, como solo el ciego muy bien sabe. El mal no es una sustancia real, pero es una privación real en las sustancias buenas; no es una entidad real, sino una corrupción real en una entidad real.

El mal, como privación, se presenta de distintas formas. Hay privaciones físicas, como las mutilaciones; y hay privaciones morales, como la perversidad sexual. La privación puede darse en sustancia (lo que algo es) o en relaciones (como se relaciona con los demás). No solo hay cosas malas sino también malas relaciones entre las cosas. Una relación de amor es buena; una de odio es malvada. Asimismo, cuando una criatura adora a su Creador, se relaciona bien; cuando se dan blasfemias hacia el Creador, hay una relación malvada.

Desde esta perspectiva, se observa que no existe nada que sea totalmente malo; si estuviera totalmente privado de todo bien, no sería nada. Un carro todo oxidado no es un carro en realidad; una prenda toda apolillada es solo un colgador en un closet. El mal, como una herida, necesita estar en algo para existir; un brazo todo herido es un brazo manco.

En vista de esto, algo no puede ser totalmente privado, al menos no en un sentido metafísico. Un ser totalmente corrupto no existiría en absoluto, y una voluntad totalmente incapacitada no podría realizar ninguna acción moral; uno debe tener cuidado de no llevar la depravación humana a tal punto que destruya la capacidad de pecar, aunque el mal disminuye el bien, nunca puede destruirlo por completo (no puede haber un mal supremo). Nada puede ser un mal total y absoluto, porque si todo el bien fuera completamente destruido (acto necesario para que el mal sea completo), el mal mismo se desvanecería, ya que su sujeto; es decir, el bien, ya no estaría allí.

El hecho de que el mal no pueda ser total en un sentido metafísico, de ningún modo, implica que no pueda ser total en un sentido moral. Un ser puede ser totalmente (o radicalmente) depravado moralmente en el sentido de que el mal ha invadido cada parte del ser; pero la depravación moral total solo puede ser extensa y no intensa, pudiéndose extender a todas las partes del ser de una persona, pero no puede destruir el ser personal. Si destruyera la persona de uno, ya no habría nadie que hiciera el mal; en este sentido, el mal total destruiría la capacidad de hacer el mal que tiene una persona.

Los teístas clásicos describen a las cosas en términos de sus cuatro causas: (1) eficiente, (2) final, (3) formal y (4) material. El ser humano tiene a Dios como causa eficiente; la gloria de Dios y su bien como causa final; un alma como causa formal; y un cuerpo como causa material. Sin embargo, como el mal no es una sustancia, no tiene una causa formal y su causa material es una buena sustancia.

> causa eficiente: libre albedrío
> causa final: ninguna; el mal es la falta del orden formal
> causa: ninguna; el mal es la privación de la forma
> causa material: una buena sustancia

La causa eficiente del mal moral es el libre albedrío, no directa sino indirectamente. El mal no tiene un propósito (causa final); es una falta del orden adecuado para el buen fin. El mal no tiene una causa formal propia; más bien, es la destrucción de la forma en otro —su causa material es un bien, pero no la suya—. Existe solo en algo bueno como su corrupción.

La persistencia del mal. Hay otro aspecto del problema del mal. ¿Por qué Dios lo permite? Incluso si no lo produjo, lo permite; aun siendo todopoderoso y pudiendo destruirlo... ¿Por qué, pues, no lo hace?

La vía clásica de plantear el problema de la persistencia del mal es la siguiente:

> Si Dios es todo bondad, destruiría el mal.
> Si Dios es todopoderoso, podría destruir el mal.
> Sin embargo, el mal no ha sido destruido.
> Por lo que, no existe tal Dios.

Dicho de esta manera, el argumento deja abierta la posibilidad de un dios finito —concepto rechazado por los teístas—, porque todo ser finito o limitado tiene una causa (ver Argumento cosmológico). Así que, un dios finito es solo una criatura que necesita un Creador infinito; y dado que Dios es poderoso, entonces debe ser infinitamente poderoso. Del mismo modo, debe ser infinitamente bueno porque es bueno. Por lo tanto, un dios finito no es una opción para un teísta. Dios tiene tanto el deseo como la capacidad necesaria para hacer cualquier cosa posible.

¿Es posible destruir el mal? Los teístas responden de la siguiente manera:

1. Dios no puede hacer lo que es realmente imposible.
2. Es realmente imposible destruir el mal sin destruir el libre albedrío.
3. Sin embargo, el libre albedrío es necesario para un universo moral.
4. Por lo que, Dios no puede destruir el mal sin destruir este buen universo moral.

Para Dios es imposible realizar algo que es contradictorio: no puede hacer que una afirmación sea verdadera y falsa al mismo tiempo; no puede hacer nada que implique tal imposibilidad, como hacer un círculo cuadrado o una piedra tan pesada que no pueda levantarla.

Incluso un ser omnipotente no puede hacer nada, solo puede hacer lo que sea posible; pero no es posible obligar a las personas a escoger libremente el bien, ya que la libertad forzada es una contradicción. Por lo tanto, Dios no puede destruir literalmente todo el mal sin aniquilar el libre albedrío. La única forma de destruir el mal es destruyendo el bien del libre albedrío; pero cuando no existe el libre albedrío moral, entonces no hay posibilidad del bien moral. A menos que el odio sea posible, el amor no es posible; donde ninguna criatura puede blasfemar, ninguna puede adorar tampoco. Por consiguiente, si Dios destruyera todo mal, también tendría que destruir todo lo bueno.

Sin embargo, el teísmo sostiene que, si bien Dios no podría destruir (aniquilar) todo el mal sin destruir todo el bien; no obstante, puede y vencerá (derrotará) todo el mal sin destruir el libre albedrío.

El argumento se puede resumir de la siguiente manera:

1. Dios es todo bondad y desea vencer el mal.
2. Dios es todopoderoso y es capaz de vencer el mal.

3. El mal aún no ha sido vencido.

4. Por lo que, un día será vencido.

El poder infinito y la perfección de Dios garantizan la eventual derrota del mal. El hecho de que aún no se haya logrado no disminuye en absoluto la certeza de que será derrotado. Aun cuando el libre albedrío deba destruirse para que el mal sea destruido… aun así, puede ser vencido.

Un Dios todopoderoso podría, por ejemplo, separar a las personas buenas de las malas según lo que las personas elijan libremente, donde los que aman a Dios serán separados de los que no lo aman; los que desean el bien, pero se ven obstaculizados por el mal, ya no tendrán frustrados sus buenos propósitos; y los que hacen el mal y se ven afectados por las buenas influencias ya no serán molestados por los estímulos del bien, ya sea en el cielo o en el infierno, cada uno lo tendrá según su libre albedrío, de esta manera, la victoria de Dios sobre el mal no violaría el libre albedrío.

Un Dios teísta no tan solo puede vencer el mal, sino que lo hará. Sabemos esto porque es todo bondad y desea vencer el mal y porque es todopoderoso y puede derrotar al mal. Por tanto, lo hará. La garantía de que el mal será vencido es la naturaleza del Dios teísta.

El propósito del mal. No hay mal bueno, pero algunos males tienen un buen propósito. Los dolores que advierten, por ejemplo, son dolorosos, pero su dolor tiene un buen propósito. Desde luego que, no todo el mal parece ser de este tipo. ¿Qué hay, pues, del mal que parece no tener un buen propósito? El problema se puede resumir de la siguiente manera:

1. Un Dios omnibenevolente debe tener un buen propósito para todo.
2. No existe una buena razón para que algunos sufran.
3. Por lo que, no puede haber un Dios omnibenevolente.

Parece evidente que en el mundo existe el sufrimiento en vano, sufrimiento con el que algunos mejoran, pero otros se amargan; los huesos rotos son más fuertes cuando sanan, pero algunos nunca sanan, y muchos mueren. ¿Y qué hay de todo el mal sin propósito en el mundo?

La respuesta teísta al mal que aparentemente no tiene un propósito es de cuatro vías: (1) Dios tiene un buen propósito para todo; (2) sabemos que hay un buen propósito para tanto mal; (3) algunos males son un resultado del bien; (4) Dios puede sacar el bien del mal.

Dios tiene un buen propósito para todo. El antiteísta pasa por alto una distinción importante: Dios conoce un buen propósito para todo mal, incluso si nosotros no. El simple hecho de que las mentes finitas no puedan concebir un buen propósito en algunos males no significa que no lo haya, como Dios es omnisciente, lo sabe todo; y como es omnibenevolente, tiene un buen propósito para todo. Por lo tanto, Dios conoce un buen propósito para todo mal, incluso si no lo conocemos:

1. Un Dios omnibenevolente tiene un buen propósito para todo.
2. Existen algunos males donde no vemos un buen propósito.
3. Por lo tanto, hay un buen propósito para todo mal, incluso si no lo vemos.

El hecho de que los seres finitos no vean un propósito en algunos males no significa que no haya ninguno; esta incapacidad para ver el propósito del mal no desaprueba la benevolencia de Dios, solo revela nuestra ignorancia.

Conocemos el propósito de tanto mal. A pesar de que no lo sabemos todo, sí sabemos algo: sabemos que hay un buen propósito para tanto mal. Los dolores que advierten tienen un buen propósito; de hecho, la capacidad de tener dolor tiene un buen propósito, porque si no tuviéramos sistema nervioso, podríamos destruirnos sin sentir dolor en absoluto. Además, el dolor físico puede ser una advertencia para salvarnos del desastre moral. Como señaló C. S. *Lewis —el dolor es el megáfono de Dios para despertar a un mundo moralmente sordo— y si nosotros, como seres finitos, conocemos un buen propósito para tanto mal, entonces seguramente una Mente infinita puede conocer un buen propósito para el resto.

En ocasiones, el mal es el resultado de un buen propósito. No todo mal específico necesita un buen propósito; algunos males pueden ser simplemente un resultado necesario de un buen propósito. El pájaro madrugador captura su lombriz, pero la lombriz madrugadora termina siendo comida; lo que es vida para las formas superiores es muerte para las inferiores; las plantas y animales mueren para que el hombre tenga alimento para vivir. Así que, el mal es resultado indirectamente del bien porque es la consecuencia de un buen propósito. Por lo tanto, la respuesta puede expresarse de esta manera:

1. Dios tiene un buen propósito para todo lo que hace.
2. Algunos buenos propósitos tienen malos resultados.
3. Por lo que, algunos males son un resultado de un buen propósito.

No todos los eventos específicos del mundo deben tener un buen propósito; solo el propósito general debe ser bueno. El herrero tiene un buen propósito para martillar el hierro fundido en una herradura, pero no todas las chispas que saltan tienen un propósito para su destino; algunas chispas pueden provocar incendios no deseados. Del mismo modo, Dios tenía un buen **propósito** al crear agua (mantener la vida), pero **el ahogamiento** es uno de los resultados del mal. Por **lo tanto, no** todos los ahogamientos específicos deben **tener** un buen propósito, aun cuando hacer el agua en la que se ahogan sí lo tenía; se perderían tantas cosas buenas si Dios no permitiera que exista el mal. El aire debe consumirse para que el fuego arda; no puede infligirse una retribución justa ni lograrse la paciencia si no fuera por el mal de la tribulación.

Dios puede sacar el bien del mal. Evidentemente, Dios es todopoderoso y puede redimir el bien incluso de los males. Una persona que se ahoga puede inspirar actos de valentía; aunque el aserrín es un resultado no intencionado de la fabricación de madera, se puede recuperar para fabricar papel. Asimismo, Dios en su providencia es capaz de redimir mucho (si no todo) el bien de los malos resultados del mundo. Dios de ninguna manera permitiría que el mal exista en sus obras a menos que fuera tan todopoderoso y tan bueno como para producir el bien incluso del mal.

Eso no significa que el mundo que tenemos sea el mejor de todos los mundos posibles, significa que Dios lo ha convertido en la mejor manera posible de conseguir su objetivo final del bien mayor; tal vez Dios no siempre redima el bien de cada resultado del mal en un mundo caído —pudiendo ser esto cierto tanto en el ámbito físico como en el moral— como los desechos radiactivos, algunos resultados malignos pueden resistir al reproceso. De hecho, en vista de la segunda ley de la termodinámica, el mundo físico está decayendo, pero Dios tiene el poder de recrearlo (cf. 2 Pedro 3:13). La muerte humana puede ser vencida por la resurrección (cf. Ro 8; 1 Co 15). Ninguno de estos es un problema para un Dios omnipotente.

El problema del mal físico. Las soluciones anteriores al problema del mal no parecen resolver el problema de los desastres naturales. ¿Por qué tornados, huracanes y terremotos? Decir que todo esto ha sido causado por el libre albedrío de criaturas no es suficiente; además, muchas personas inocentes mueren por esto. ¿Cómo, pues, se puede explicar el mal natural? En forma lógica está lo siguiente:

1. El mal moral se explica por el libre albedrío.
2. Pero, algunos males naturales no son el resultado del libre albedrío.
3. El mal natural no puede explicarse por el libre albedrío de criaturas.
4. Así que, Dios debe ser responsable del mal natural.

5. Sin embargo, los males naturales causan sufrimiento y muerte de inocentes.
6. Por lo que, Dios es responsable del sufrimiento y la muerte de inocentes.

Los teístas cuestionan varias de las premisas de este argumento. Por ejemplo, aquí una respuesta a la quinta: nadie es inocente en este mundo caído. El pecado entró al mundo por Adán (Ro 5:12) y, como consecuencia, merecemos la muerte (Ro 6:23); los desastres naturales son un resultado directo de la maldición sobre la creación debido a la caída de la humanidad (Gn. 3; Ro 8), y no se quitará hasta que Cristo regrese (Ap 21-22).

Asimismo, la proposición 6 es errónea, ya que implica que Dios es moralmente culpable por quitarle la vida a una criatura (error categorial), el cual asume erróneamente que, dado que está mal que una criatura tome una vida inocente, también está mal que el Creador lo haga; pero Dios dio vida y solo él tiene el derecho de quitarla (cf. Dt 32:39; Job 1:21). Nosotros no dimos vida y no tenemos derecho a quitarla.

La premisa 3 es completamente falsa, ya que el *teísmo puede explicar todo mal natural basándose en el libre albedrío. En el lenguaje bíblico, el libre albedrío de Adán y Eva trajo un desastre natural a este mundo; además, el libre albedrío de los ángeles malignos explica el resto del sufrimiento humano. Sin embargo, aun dejando de lado esta posibilidad, que en sí misma podría explicar todo el mal natural, el sufrimiento físico puede explicarse haciendo referencia al libre albedrío humano.

1. Algunos sufrimientos son causa directa de nuestro propio libre albedrío; que nuestro cuerpo reciba un mal trato es decisión nuestra, y esto puede convertirse en enfermedad.
2. Algunos sufrimientos son causa indirecta del libre albedrío; que escojamos ser flojos puede llevarnos a la pobreza.
3. Algunos males físicos hacia otros pueden venir de nuestro libre albedrío; como en el caso del abuso al cónyuge o a los hijos.
4. Otros sufren indirectamente por nuestro libre albedrío; el alcoholismo puede dejar en la pobreza a los hijos de uno.
5. Algunos males físicos pueden ser un resultado necesario de un buen proceso; la lluvia, el aire caliente y el aire frío son necesarios para la alimentación y la vida, pero también un resultado de estas fuerzas es un tornado.
6. Algunos males físicos pueden ser una condición necesaria para lograr un mayor bien moral; Dios usa el dolor para llamar nuestra atención, y mu-

chos han llegado a Dios a través del sufrimiento.

7. Algunos males físicos pueden ser una condición necesaria para un mayor bien moral; así como los diamantes se forman bajo presión, con el carácter sucede lo mismo.

8. Algunos males físicos son concomitantes necesarios de un mundo físico moralmente bueno; por ejemplo, es bueno tener agua para nadar y navegar, pero un concomitante necesario es que también podemos ahogarnos en ella; es bueno tener relaciones sexuales para procrear y disfrutar, aun cuando las violaciones sean posibles; es bueno tener comida para comer, pero esto también hace posible que muramos intoxicados con alimentos.

En este punto, el crítico siempre podría preguntarse por qué es necesario un mundo físico. ¿Por qué Dios no hizo espíritus que no pudieran lastimar sus cuerpos o morir? La respuesta es: Dios lo hizo; se llaman ángeles. El problema es que, si bien ningún ángel puede morir intoxicado con alimentos, tampoco pueden disfrutar de unas costillitas; si bien ningún ángel nunca se ha ahogado, tampoco ha ido a nadar ni a esquiar en el agua; ningún ángel ha sido violado jamás, pero ninguno ha disfrutado del sexo ni de la bendición de tener hijos (Mt 22:30). En este tipo de mundo físico, simplemente debemos tomar el mal concomitante junto con el bien.

Los teístas cristianos creen firmemente que Dios nos redimirá de todo mal físico posteriormente, dándonos cuerpos inmortales e incorruptibles; pero si los tuviéramos antes de que estuviéramos moralmente preparados para ellos, no habríamos hecho el progreso moral necesario para adaptarnos a ellos.

La evitabilidad del mal. Si Dios sabía que ocurriría el mal, ¿por qué creó el mundo? Dios era libre de crear o no crear. ¿Por qué eligió crear un mundo a sabiendas de que caería? Los teístas creen que Dios es omnisciente, bondadoso y libre; siendo omnisciente, Dios previó el mal; siendo libre, podría haber evitado crear el mundo —cosa que entra en conflicto con Dios siento todo bondad—, porque tal Dios debe haber tenido un buen propósito para crear un mundo a sabiendas de que caería. ¿Por qué, pues, lo creó?

Dios tenía abiertas mejores alternativas: pudo no haber creado nada; pudo haber creado un mundo sin moral donde no habría cabida al pecado; pudo haber creado un mundo libre donde nadie hubiera elegido pecar; pudo haber creado un mundo con cabida al pecado, pero donde todos hayan sido salvos en última instancia. Cualquiera de estos mundos habría sido mejor que el mundo concebido por el teísmo cristiano ortodoxo, donde ocurre el mal y donde no todos se salvarán al final (ver Infierno; Aniquilacionismo; Universalismo). El problema toma la siguiente forma:

1. Dios pudo haber escogido una mejor alternativa al:
   a. no crear nada en absoluto
   b. no crear un mundo libre
   c. crear un mundo libre que no pecaría
   d. crear un mundo que haya pecado, pero donde todos serían salvos
2. Pero, Dios no eligió una de estas alternativas mejores.
3. Así que, Dios no hizo lo mejor que pudo.
4. Sin embargo, un mal para Dios es no hacer lo mejor que puede.
5. Por lo que, no existe un Dios todo perfecto.

Algunos teístas desafían la cuarta premisa, argumentando que Dios no tiene que hacer lo mejor que puede, solo tiene que hacer el bien y lo que hizo al crear este mundo fue bueno, incluso si podría haber habido algo mejor; pero asumiendo, como argumento, que Dios debe hacer lo mejor que puede, ¿hay alguna otra alternativa realmente mejor que este mundo? Los teístas dicen que no.

Si ya existe un mundo, uno que no existe no es mejor: nada no es mejor que algo (error categorial clásico). Algo y nada no tienen nada en común, por lo que no se pueden comparar; ni siquiera es como comparar peras con manzanas (ambas son frutas), más bien es como comparar manzanas con no manzanas e insistir en que las no manzanas saben mejor.

Si ya existe un mundo libre, uno no libre no es moralmente mejor; un mundo no libre es un mundo no moral, ya que el libre albedrío es necesario para la moralidad. Un mundo no moral no puede ser moralmente mejor que un mundo moral. Dado que un mundo no libre no es un mundo moral, no existe una base moral para la comparación (también error categorial).

Un mundo libre donde nadie peca o incluso un mundo libre donde todos pecan y luego son salvos es concebible, pero puede que no sea alcanzable. Mientras todos sean realmente libres, siempre es posible que alguien se niegue a hacer el bien. Desde luego, Dios podría obligar a todos a hacer el bien, pero entonces no serían libres. La libertad forzada no es libertad en realidad. Dios es amor y no puede imponerse a nadie contra su voluntad. El amor forzado no es amor; es una violación, y Dios no es un violador divino. El amor debe actuar de manera persuasiva, pero no coercitiva. Por lo tanto, en cada mundo libre concebible, alguien escogería hacer el mal, por lo que un mundo perfecto y libre de mal puede no ser posible.

Un mundo donde el pecado nunca se materialice

es concebible, pero puede que no sea el más deseable moralmente. Si el mal no es permitido, entonces no puede ser vencido. Como los automóviles, un mundo probado es mejor que uno no probado; o, para expresarlo de otra manera, ningún boxeador puede vencer a un oponente sin entrar al ring. Puede que Dios haya permitido que exista el mal para vencerlo. Si el mal no es permitido, entonces las más altas virtudes no pueden alcanzarse.

Sin dolor no hay ganancia. La tribulación trabaja la paciencia. No hay forma de experimentar el gozo del perdón sin permitir la caída en el pecado. Así que, un mundo donde el mal no sea vencido y los más altos bienes sean obtenidos no sería el mejor mundo alcanzable. Por lo que, aunque un mundo donde el pecado no ocurre es teóricamente concebible, sería moralmente inferior.

Conclusión. Nadie ha demostrado que un mundo alternativo sea moralmente mejor que el que tenemos. Por tanto, ningún antiteísta puede demostrar que Dios no creó el mejor mundo, incluso teniendo en cuenta la privación del bien; y esto, por supuesto, no significa que el teísta esté comprometido con la creencia de que este mundo actual es el mejor mundo que se puede alcanzar. Dios aún no ha terminado y las Escrituras prometen que se alcanzará algo mejor; un teísta supone que este mundo es el mejor camino hacia el mejor mundo posible.

Fuentes

EL PROBLEMA METAFÍSICO DEL MAL

T. de Aquino, *Compendio de teología.*

——————, *Suma teológica.*

Agustín, *Réplica a la carta de Manés.*

——————, *La ciudad de Dios.*

——————, *La naturaleza del bien.*

——————, *De la verdadera religión.*

EL PROBLEMA MORAL DEL MAL

T. de Aquino, *Cuestiones disputadas sobre el mal.*

N. L. Geisler, *Si Dios existe, ¿por qué el mal?*

N. L. Geisler, *Philosophy of Religion* [La filosofía de la religión].

G. Leibniz, *Teodicea.*

C. S. Lewis, *El gran divorcio.*

EL PROBLEMA FÍSICO DEL MAL

Agustín, *La ciudad de Dios.*

A. Camus, *La peste.*

C. S. Lewis, *El problema del dolor.*

A. Plantinga, Dios, *la libertad y el mal.*

F. M. Voltaire, *Cándido.*

Manifiestos humanistas. *Ver* HUMANISMO SECULAR.

Maniqueísmo. *Ver* DUALISMO

Manuscrito de Magdalena. *Ver* MANUSCRITOS DEL NUEVO TESTAMENTO.

Manuscritos del Mar Muerto. El descubrimiento de los Manuscritos del Mar Muerto (en adelante MMM en Qumran, a partir de 1949, tuvo importantes implicaciones apologéticas. Estos textos antiguos, escondidos en vasijas en cuevas en la cima de los acantilados por una comunidad religiosa monástica, confirman la fiabilidad del texto del Antiguo Testamento. Proporcionan porciones significativas de los libros del Antiguo Testamento, incluso libros enteros, que fueron copiados y estudiados por los esenios. Estos manuscritos datan de tan temprano como el siglo III a. C. y dan la primera ventana hasta ahora encontrada en los textos de los libros del Antiguo Testamento y sus profecías de predicción. Los textos de Qumran se han convertido en un importante testigo del origen divino de la Biblia (ver Profecía, como prueba de la Biblia). Proporcionan más pruebas contra la crítica bíblica negativa (ver Biblia, Críticas a la) de libros tan cruciales como Daniel e Isaías (ver Crítica de redacción del Antiguo Testamento).

Los pergaminos de los MMM datan del siglo III a. C. al siglo I d. C. Incluyen un libro completo del Antiguo Testamento, Isaías, y miles de fragmentos, que en conjunto representan cada libro del Antiguo Testamento excepto Esther. William F. *Albright llamó a esto "el mayor descubrimiento de manuscritos de los tiempos modernos" (ver Trever, pág. 55).

Datación de los Manuscritos del Mar Muerto. Sus fechas son importantes, aunque no cruciales, para el valor apologético de los MMM. La datación de los MMM implica varias líneas de evidencia.

Datación del carbono 14. La datación del carbono 14 es una forma confiable de datación científica cuando se aplica a material no contaminado de varios miles de años de antigüedad. Ya que destruye una porción del material probado, este proceso se usa con moderación. La mitad de un pedazo de lino de dos onzas de envoltura de un pergamino en la Cueva 1 fue probado por el Dr. W. F. Libby de la Universidad de Chicago en 1950 para dar una idea general de la edad de la colección. Los resultados indicaron una edad de 1.917 años con una variante de 200 años (10 por ciento), lo que dejó la fecha en algún lugar entre 168 a. C. y 233 d. C.

Más recientemente (y con mayor precisión), fueron datados por Espectrometría de Masas con Acelerador (AMS, por sus siglas en inglés) en 1991 a 1998 en los años 202 a 93 a. C. (Zurich y Tucson fechas combinadas en el Pergamino de Isaías).

Datación paleográfica y ortográfica. La paleografía (formas de escritura antiguas) y la ortografía fueron más útiles, al indicar que algunos manuscritos fueron inscritos antes del 100 a. C. Albright estudió fotografías del pergamino completo de Isaías y fijó su fecha alrededor del 100 a. C. "¡Qué hallazgo absolutamente increíble!" escribió. "Y felizmente no puede haber la más mínima duda en el mundo acerca de la autenticidad del manuscrito" (Trever, pág. 55).

Datación arqueológica. La evidencia de colaboración para la fecha más antigua vino de la arqueología. La cerámica que acompañaba a los manuscritos era helenística tardía (aprox. 150-63 a. C.) y romana temprana (aprox. 63 a. C. al 100 d. C.). Las monedas encontradas en las ruinas del monasterio demostraron, por sus inscripciones, que fueron acuñadas entre el 135 a. C. y el 135 d. C. El tejido y el patrón de la tela apoyan una fecha temprana. La evidencia también vino de los descubrimientos de Murabba'at al sur de Belén, donde se descubrieron manuscritos autodefinidos en 1952. Datan del 132 al 135 d. C., y demostraron ser paleográficamente más recientes que los (Zeitlin). Al final, no había ninguna duda razonable de que los manuscritos de Qumran provenían del siglo antes de Cristo y del primer siglo d. C. Por lo tanto, son mil años más antiguos que los manuscritos masoréticos del siglo X. Antes de 1947, el texto hebreo se basaba en tres manuscritos parciales y uno completo que databan de alrededor del año 1000 d. C. Ahora, miles de fragmentos están disponibles, así como libros completos, que contienen grandes secciones del Antiguo Testamento de un milenio antes de la época de los manuscritos masoréticos.

Apoyo al texto masorético. La naturaleza y el número de estos hallazgos son de valor crítico para establecer el verdadero texto. Con innumerables fragmentos de todo el Antiguo Testamento, hay abundantes muestras con las que comparar el texto masorético. Las pruebas apuntan a las siguientes conclusiones generales.

Confirmación del texto hebreo. Los pergaminos dan una abrumadora confirmación de la fidelidad con la que el texto hebreo fue copiado a través de los siglos. Para el siglo X, en las copias masoréticas, se habían producido pocos errores. Millar Burrows, en The Dead Sea Scrolls [Los manuscritos del Mar Muerto], escribe: "Es una cuestión de asombro que a través de algo así como mil años el texto sufrió tan poca alteración. Como dije en mi primer artículo sobre el pergamino, 'Aquí reside su principal importancia, apoyando la fidelidad de la tradición masorética'" (Burrows, pág. 304). R. Laird Harris señala que "evidentemente la diferencia entre el texto estándar del 900 d. C. y el texto del 100 a. C. no es tan grande como la que existe entre el texto neutro y el occidental en el estudio del Nuevo Testamento" (Harris, pág.

99). Gleason Archer observa que las dos copias de Isaías descubiertas en la Cueva 1 de Qumran "resultaron ser palabra por palabra idénticas a nuestra Biblia hebrea estándar en más del 95 por ciento del texto. El 5 por ciento de la variación consistió principalmente en evidentes deslizamientos del bolígrafo y variaciones en la ortografía" (Archer, pág. 19). Para volver al original y a la "cuestión tan importante" enmarcada por el erudito del Antiguo Testamento Frederic Kenyon (1863-1952) hace una generación, se puede afirmar ahora con más confianza que nunca que el texto hebreo moderno representa fielmente el texto hebreo tal como fue escrito originalmente por los autores del Antiguo Testamento. Los descubrimientos del Mar Muerto nos han permitido responder a esta pregunta con mucha más seguridad de lo que era posible antes de 1948 (Bruce, págs. 61-69).

Apoyo a la Septuaginta. Dado que el Nuevo Testamento cita con más frecuencia la traducción griega de la Septuaginta (en adelante LXX) del Antiguo Testamento, la fiabilidad de este texto es importante, en particular cuando se cita en el Nuevo Testamento. Los MMM proporcionan un apoyo temprano para la LXX y responde a las preguntas sobre las variaciones entre el hebreo y el griego de la LXX:

> Un fragmento que contiene Deuteronomio 32:8 dice: "según el número de los hijos de Dios", que se traduce como "ángeles de Dios" por la LXX, como en Génesis 6:4 (margen); Job 1:6; 2:1; 38:7. El texto masorético dice: "según el número de los hijos de Israel".
>
> El texto masorético de Éxodo 1:5 dice "setenta almas", mientras que la LXX y su cita en Hechos 7:14 dice "setenta y cinco almas". Un fragmento de los MMM de Éxodo 1:5 dice "setenta y cinco almas", de acuerdo con la LXX.
>
> Hebreos 1:6b, "Que todos los ángeles de Dios lo adoren", es una cita de la LXX de Deuteronomio 32:43. Esta cita no concuerda con el texto masorético, pero los fragmentos de los MMM que contienen esta sección tienden a confirmar la LXX.

Esto no debe interpretarse de ninguna manera como una imagen uniforme, ya que no hay muchas desviaciones en los MMM del Texto Masorético para empezar. En algunos casos, las variantes no concuerdan consistentemente con la LXX; en algunos casos, no concuerdan en absoluto. Sin embargo, incluso Harry Orlinsky, quien es uno de los principales defensores del texto masorético contra las enmiendas propuestas basadas en los MMM, admite, "La traducción de la LXX, no menos que el propio texto masorético, habrá ganado un respeto considerable como resultado de los descubrimientos de Qumran en aquellos círculos donde ha sido necesario durante mucho tiempo" (citado en Wright, pág. 121).

Luz en el Nuevo Testamento. Algunos fragmentos de los MMM han sido identificados como las primeras piezas conocidas del Nuevo Testamento. Además, las expectativas mesiánicas revelan que la visión del Nuevo Testamento de un Mesías-Dios personal que resucitaría de entre los muertos está en línea con el pensamiento judío del primer siglo.

José *O'Callaghan, un paleógrafo jesuita español, fue noticia en todo el mundo en 1972 cuando anunció que había traducido una parte del Evangelio de Marcos de uno de los fragmentos de los MMM. Esta fue la primera parte conocida de Marcos. Los fragmentos de la Cueva 7 habían sido datados entre el 50 a. C. y el 50 d. C. y listados como "no identificados" y clasificados como "Textos Bíblicos". O'Callahan finalmente identificó nueve fragmentos.

Por supuesto, los críticos de O'Callaghan cuestionan su identificación y han tratado de encontrar otras posibilidades. La naturaleza fragmentaria del manuscrito hace difícil ser dogmático sobre las identificaciones. Sin embargo, O'Callaghan ofrece una posibilidad plausible, aunque revolucionaria. Si la identificación de uno solo de estos fragmentos como el Nuevo Testamento es válida, entonces las implicaciones para la apologética cristiana son enormes. Se demostraría que el Evangelio de Marcos fue escrito dentro de la vida de los apóstoles y contemporáneos de los eventos.

Expectativas mesiánicas judías del siglo I. Los MMM también han producido textos que, aunque no se refieren al Cristo del Nuevo Testamento, tienen algunos paralelismos interesantes, así como algunas diferencias significativas. Las similitudes confirman que el cuadro del Nuevo Testamento describe con precisión la expectativa judía de un Mesías personal e individual que moriría y resucitaría de entre los muertos. Un fragmento llamado "A Genesis Florilegorium [Florilegium de Génesis]" (4Q252) refleja la creencia en un Mesías individual que sería descendiente de David. "Columna 5: (1) (El) gobierno no pasará de la tribu de Judá. Durante el dominio de Israel, (2) un descendiente davídico en el trono [no c]ederá [...] hasta que venga el Mesías de la justicia, de la rama de (4) David" (ver Eisenman, pág. 89).

Incluso la divinidad del Mesías se afirma en el fragmento conocido como "El Hijo de Dios" (4Q246), Ilustración 4, columnas uno y dos: "La opresión será sobre la tierra [...] [hasta] que el Rey del pueblo de Dios se levante [...] y se hará [gran]de en la tierra [... Todos h]arán la [paz], y todos [le] servirán. Él será llamado [hijo del Gr]an [Dios;] por su nombre se le designará [...] será llamado hijo de Dios; le llamarán hijo del Altísimo" (ibid., pág. 70).

El fragmento "El Mesías del cielo y de la Tierra" (4Q521) habla incluso del Mesías que resucita a los muertos: "(12) entonces sanará a los enfermos, resucitará a los muertos y a los mansos les anunciará la buena nueva" (ibid., pág. 23; cf. págs. 63, 95).

El MMM también confirma que Qumran no fue la fuente del cristianismo más antiguo. Hay diferencias significativas entre su concepto del "Maestro de la rectitud", aparentemente una esperanza mesiánica de los esenios, y el Jesús revelado en las Escrituras y el cristianismo primitivo. Las diferencias son suficientes para demostrar que el cristianismo primitivo no era solo un vástago de los esenios, como se ha teorizado (ver Billington, págs. 8-10). Los esenios enfatizaban el odio a los enemigos; Jesús enfatizaba el amor. Los esenios eran exclusivos con respecto a las mujeres, los pecadores y los forasteros; Jesús era inclusivo. Los esenios eran legalistas sabáticos; Jesús no lo era. Los esenios enfatizaban las leyes de purificación judías; Jesús las atacó. Los Esenios creían que vendrían dos mesías; los cristianos sostenían que Jesús era el único (ver Charlesworth).

Conclusión. Los MMM proporcionan una importante contribución apologética para establecer la fiabilidad general del texto hebreo del Antiguo Testamento, así como las primeras copias de partes de libros del Antiguo Testamento e incluso libros enteros. Esto es importante para mostrar que las profecías de predicción del Antiguo Testamento se hicieron siglos antes de que se cumplieran literalmente. Además, los MMM proporcionan un posible apoyo para el Nuevo Testamento. Pueden contener los primeros fragmentos conocidos del Nuevo Testamento, y definitivamente contienen referencias a creencias mesiánicas similares a las enseñadas en el Nuevo Testamento.

Fuentes

W. F. Albright, *The Archaeology of Palestine* [La arqueología de Palestina].

G. L. Archer Jr., *A Survey of Old Testament Introduction* [un estudio de la introducción del Antiguo Testamento].

C. Billington, *"The Dead Sea Scrolls in Early Christianity* [Los manuscritos del Mar Muerto en el cristianismo temprano]".

E. M. Blaiklock y R. K. Harrison, *The New International Dictionary of Biblical Archaeology* [El nuevo diccionario internacional de arqueología bíblica].

F. F. Bruce, *"Second Thoughts on the Dead Sea Scrolls* [El segundo pensamiento sobre los manuscritos del Mar Muerto]".

M. Burrows, *More Light on the Dead Sea Scrolls* [Más

luz sobre los manuscritos del Mar Muerto].

J. Charlesworth, *et al.*, *Jesus and the Dead Sea Scrolls.* [Jesús y los manuscritos del Mar Muerto].

E. M. Cook, *Solving the Mysteries of the Dead Sea Scrolls* [Resolviendo los Misterios de los manuscritos del Mar Muerto].

A. Dupont-Sommer y G. *Vermes, The Essene Writings of Qumran.* [Los escritos esenios de Qumran].

R. H. *Eisenman y M. Wise, The Dead Sea Scrolls Uncovered* [Los manuscritos del Mar Muerto al descubierto].

D. Estrada y W. White Jr., *The First New Testament* [El primer Nuevo Testamento].

R. L. Harris, *Inspiration and Canonicity of the Bible* [Inspiración y canonicidad de la Biblia].

J. C. Trever, *"The Discovery of the Scrolls* [El descubrimiento de los manuscritos]".

J. VanderKam, " *The Dead Sea Scrolls Today* [Los manuscritos del Mar Muerto de hoy]".

G. Vermes, *The Dead Sea Scrolls in English* [Los manuscritos del Mar Muerto en inglés].

G. E. Wright, ed., *The Bible and the Ancient Near* East [La Biblia y el Cercano Oriente Antiguo].

S. Zeitlin, *The Dead Sea Scrolls and Modern Scholarship* [Los manuscritos del Mar Muerto y la beca moderna].

Mártir, Justino. *Ver* JUSTINO MÁRTIR.

Marx, Karl. Karl Marx (1818-83) fue uno de los ateos modernos más influyentes. (ver Ateísmo). Su familia judeo-alemana se convirtió al luteranismo cuando él tenía seis años. Fue fuertemente influenciado por el idealismo de G. W. F. *Hegel (1770-1831), con quien estudió, y adoptó el ateísmo de su compañero de estudios Ludwig *Feuerbach (1804-72). Después de un poco de actividad política radical, lo cual lo condujo a su expulsión de Francia (1845), se unió a Friedrich Engels para producir The Communist Manifesto [El manifiesto comunista] (1848). Con la ayuda económica del próspero negocio textil de Engel, Marx pasó años de investigación en el Museo Británico produciendo Das Kapital [El capital] (1867).

Dios y religión. Incluso como estudiante universitario, Marx era un ateo militante quien creía que la "crítica a la religión es la base de toda crítica". Para esta crítica, Marx se basó en gran medida en el joven radical hegeliano llamado Ludwig *Feuerbach. Engels habló de "la influencia que Feuerbach, más que cualquier otro filósofo poshegeliano, tuvo sobre nosotros" (On Religion [Sobre la religión] pág. 214). De manera triunfante habló sobre la Essence of Christianity [Esencia del cristianismo] de Feuerbach, con lo que "de un solo golpe... pulverizó [la religión]... en el

sentido de que, sin ambages, colocó al materialismo nuevamente en el trono" (ibid., pág. 224). Marx extrajo tres principios de Feuerbach.

Primero, "el hombre es la máxima esencia para el hombre" (ibid., pág. 50). Esto quiere decir que existe un imperativo categórico de derrocar cualquier cosa, especialmente la religión, que degrade la humanidad. Segundo, "el hombre hace la religión; la religión no hace al hombre" (ibid., pág. 41). La religión es la autoconciencia del ser humano, quien se siente perdido sin una identificación con un "Dios". Tercero, la religión es "el reflejo fantástico en la mente del hombre de aquellas fuerzas externas que controlan su vida diaria, un reflejo en el cual las fuerzas terrestres asumen la forma de fuerzas sobrenaturales" (ibid., pág. 147). Dios es una proyección de la imaginación humana. Dios no hizo al ser humano a su imagen; el ser humano hizo a dios a su imagen (ver Freud, Sigmund).

Sin embargo, el ateísmo de Marx fue más allá del de Feuerbach. Marx coincidía con los materialistas en que "la materia no es un producto de la mente, sino que la mente misma es puramente el producto supremo de la materia" (ibid., pág 231). Marx objetó que Feuerbach no seguía las implicaciones de sus ideas en el ámbito social, ya que "de ninguna manera él quiere abolir la religión, sino que quiere perfeccionarla" (ibid., pág. 237). Marx razonó lo siguiente: "Feuerbach no ve que el 'sentimiento religioso' es en sí mismo un producto social" (ibid., pág. 71). Por lo tanto, "no comprende el significado de 'revolucionario' en la actividad 'práctica-crítica'" (ibid., pág. 69). En las palabras del eslogan del marxismo, "la religión es el opiáceo de las personas" (ibid., pág. 35). Las personas toman la droga de la religión "porque este mundo no es adecuado para asegurarle al hombre su completa realización y desarrollo integral, [así que] se compensa a sí mismo con la imagen de otro mundo más perfecto". (ibid., pág. 36)

Evaluación. Probablemente Marx también aplicó sus propios pensamientos cuando dijo que "la unión con Cristo concede exaltación interna, consuelo en el sufrimiento, seguridad tranquila y un corazón abierto a amar a la humanidad, a todo lo que es noble, a todo lo que es grande, no por ambición, no por deseo de fama, sino solo por Cristo" (escrito por Marx cuando era adolescente entre el 10 y 16 de agosto de 1835).

El propio padre de Marx temía que fuese el deseo de fama lo que transformó la conciencia cristiana de Karl en un deseo demoníaco. En marzo de 1837, amonestó a su ambicioso hijo diciéndole "a veces no puedo deshacerme de ideas que provocan en mí tristes presentimientos y temor cuando me golpea como un rayo el pensamiento: ¿tu corazón está de acuerdo con tu cabeza, tus talentos? ¿Hay espacio para los sentimientos terrenales pero suaves, que esencialmente consuelan a un hombre con sentimientos en este valle de dolor? 'Y ya que ese corazón está claramente animado y gobernado por un demonio no concedido a todos los hombres, ¿es ese demonio celestial o fáustico?'" (Selected Writings [Escritos seleccionados], énfasis añadido).

Fuentes

K. Bockmuehl, *The Challenge of Marxism* [El desafío del marxismo].
N. L. Geisler, *Is Man the Measure?* [¿Es el hombre la medida?] cap. 5.
R. N. C. Hunt, *The Theory and Practice of Communism* [Teoría y práctica del comunismo].
D. Lyon, Karl Marx.
K. Marx, Das Kapital, *"Selected Writings in Sociology and Social Philosophy"* ["Escritos seleccionados de sociología y filosofía social"].
K. Marx y F. Engels, *On Religion* [Sobre la religión].

Materialismo. El materialismo cree que todo es materia o reducible a ella. Por otro lado, el panteísmo sostiene que todo es mente o las ideas que surgen de ella. Los teístas (ver Teísmo) sostienen que la mente crea la materia y los materialistas indican que la materia crea la mente (ver Ateísmo). Para el materialismo rígido, la "mente" realmente no existe, solo existe la materia. Según el materialismo blando, o epifenomenalismo, la mente existe, pero depende de la materia, así como la sombra de un árbol depende de un árbol.

Thomas Hobbes definió a la materia como "el mundo (no me refiero solo a la tierra, que denomina a los amantes de ella como 'hombres mundanos', sino me refiero al 'universo', es decir, a toda la masa de todas las cosas que existen) es corpóreo, es decir, tiene cuerpo; y tiene dimensiones de magnitud, concretamente tiene longitud, anchura y profundidad; además, cada parte del cuerpo es igualmente cuerpo y tiene las mismas dimensiones; por lo tanto, cada parte del universo es cuerpo y lo que no es cuerpo no es parte del universo; y ya que el universo es todo, lo que no es parte de él no es nada y, consecuentemente, no está en ningún lugar" (Hobbes, pág. 269).

Promotores principales. Los materialistas modernos son herederos de atomistas antiguos (ver Atomismo) tales como Leucipo y Demócrito. Los materialistas modernos siguen el camino de Thomas Hobbes, Pierre Sassendi, Denis Diderot, Julien de Mettrie, Heinrich d'Holach y Karl *Marx. Algunos positivistas lógicos como Rudolf Carnap adoptaron una forma de materialismo.

Doctrinas básicas. Todos los materialistas sostienen varias creencias básicas en común (por ejemplo, que todo está hecho de materia [energía]). La mayoría de los materialistas comparten otras creencias; por ejemplo, que los humanos no son inmortales (ver Inmortalidad).

La materia es todo lo que hay. Como lo puso Carl *Sagan, el cosmos es todo lo que fue, es y será. Todo es materia o reducible a ella y dependiente de ella. Si la materia dejara de existir, no quedaría nada.

La materia es eterna. La mayoría de los materialistas creen que la materia siempre ha existido o, como lo puso un ateo, si la materia llegó a existir, llegó a existir de la nada y por nada (Kenny, pág. 66; ver Creación, Puntos de vista de la). El universo material es autosuficiente y autogenerado, probablemente sea eterno, pero si llegara a serlo, entonces llegará a serlo por sí mismo, sin ayuda externa. Isaac Asimov especuló e indicó que la probabilidad de que nada venga de la nada o que algo venga de la nada es igual de buena. La suerte quiso que algo emergiera (Asimov, pág. 148). Así que la materia es eterna o surgió de la nada espontáneamente.

Los materialistas tradicionales creían que existían innumerables bolitas duras e indestructibles de realidad llamadas 'átomos' (ver Atomismo). Con la división del átomo y la aparición de la fórmula de Albert *Einstein la cual indica que $E=MC^2$ (energía = masa x velocidad de la luz al cuadrado), los materialistas ahora hablan de la indestructibilidad de la energía. Apelan a la primera ley de la termodinámica afirmando que "la energía no puede ser creada ni destruida". La energía no deja de existir, simplemente toma nuevas formas. Incluso al morir, todos los elementos de nuestro ser son reabsorbidos por el ambiente y reutilizados. Así el proceso continúa eternamente. (ver Termodinámica, Principios de la).

Respuesta al argumento del materialismo. La naturaleza de la autoconciencia. Los materialistas afirman que para que haya algo más que la materia, la mente debe sobrevivir a la muerte de manera consciente; sin embargo, la mente no puede funcionar sin el cerebro. Por lo tanto, cuando el cerebro muere, la conciencia se extingue al mismo tiempo. No obstante, este argumento asume que la conciencia es una función física, que la "mente" es una función de la materia. La mente solamente es un proceso dentro del cerebro. No hay pruebas para tal suposición.

La suposición que indica que, debido a que la mente y el cerebro funcionan 'juntos', estos deben ser idénticos, también es infundada. Una suposición corolaria es que yo no soy nada más que mi cerebro. Esta es una falacia reduccionista. Las cosas que están juntas no son necesariamente lo mismo, como tampoco las ideas expresadas con estas palabras son lo mismo que las palabras por sí solas. La mente y el cerebro pueden interactuar sin ser lo mismo.

Dependencia de la conciencia. En una forma modificada del materialismo, 'epifenomenalismo', la mente no es idéntica al cerebro, pero depende del cerebro físico, así como la sombra depende de un árbol. Nuevamente, esto asume sin pruebas que la mente depende del cerebro. Ciertas funciones mentales pueden expresarse de manera física, pero ello no quiere decir que sean dependientes de procesos físicos. Si existe una dimensión espiritual, así como física, en la realidad, la mente muestra todos los signos de poder funcionar en cualquiera de ellas. La neurobiología es una ciencia empírica, pero estos científicos admiten libremente que no se han acercado a separar el "yo". Pueden cuantificar las interacciones entre la mente y el cerebro, pero no han tenido éxito en aprender sobre las cualidades de respuestas emocionales o propias.

Acceso al mundo. Los materialistas insisten en que la mente o el yo obtienen acceso al mundo a través del cerebro. La muerte destruye el cerebro así que la muerte cierra esa puerta. Desde luego, el cerebro es una forma de acceso, pero no podemos saber si es la única forma de acceso a este mundo. Puede que sea así o que no. Más aún, puede existir otro mundo, o incluso múltiples dimensiones, con tipos de acceso totalmente diferentes. Y puede haber otras formas de ser consciente además de a través de la interacción con el mundo físico. Si existen seres espirituales, Dios y los ángeles, y la evidencia dice que sí los hay (ver Dios, Evidencias a favor de), definitivamente son conscientes sin tener un cuerpo físico que los enlace al mundo. La posibilidad de esta dimensión espiritual es, desde luego, lo que los materialistas no quieren admitir, pero no hay razón para hacerlo.

La necesidad de materialización. Los materialistas indican que ninguna persona puede sobrevivir sin un cuerpo y que la muerte destruye el cuerpo. Así que destruye a la persona. Esto plantea una cuestión al definir "persona" de una manera arbitraria que no está justificada por nuestro conocimiento. No contamos con la información de que la muerte destruye a la persona por las razones ya expuestas. En el mejor de los casos, podemos decir que la muerte corta una dimensión de conciencia, la conciencia de este mundo. Podemos seguir siendo conscientes de nosotros mismos, de Dios y de otro mundo.

Evaluación. Ya que los materialistas tienen muchas creencias en común con otros ateos y agnósticos, se discuten estas creencias en sus respectivos artículos. Su antisobrenaturalismo (ver Milagro) no tiene bases filosóficas. De la misma manera, su aceptación de evolución (ver Evolución; Evolución biológica; Evolución cósmica) no tiene justificación científica.

Los argumentos de los materialistas son contraproducentes. Las afirmaciones de "nada más que" asumen "más que" conocimiento. ¿Cómo podría saber que no soy nada más que mi cerebro a menos que sea más que ello? No puedo analizar mi cerebro en un tubo de ensayo a menos que yo esté fuera del tubo de ensayo.

En el corazón del materialismo está el rechazo a la existencia de la mente o del espíritu como un ente separado que sobrevive a la disolución de la materia. La mente, más bien, es realmente materia o al menos depende de ella.

El materialismo estricto es contraproducente. La visión pura del materialismo es claramente contraproducente, los materialistas usan la razón para sus argumentos, pero la existencia de la razón no se puede explicar únicamente sobre una base puramente materialista (ver Lewis, Los milagros, cap. 3). Tampoco pueden condenar otras visiones por no tener una base racional cuando no hay base para la razón en la materia irracional. De hecho, si el materialismo está en lo correcto, entonces no hay razón para que la visión de un lunático o de un drogadicto no sea valorada como los propios pensamientos de un materialista.

Además, la 'teoría' materialista no está hecha de materia. Es decir, la 'teoría' acerca de la materia no tiene materia en ella. La 'idea' de que todo está hecho de moléculas no consiste en moléculas. El 'pensamiento' acerca de toda la materia debe estar por encima de la materia. Si el pensamiento sobre la materia es parte de la materia, entonces no puede ser un pensamiento de 'toda' la materia, ya que al ser parte de la materia no puede trascenderse para hacer un pronunciamiento sobre 'toda' la materia.

La mente (o su pensamiento) solo puede trascender a la materia si es más que materia. Y si es más que materia, entonces la materia no es todo lo que existe. Todo lo que es material está limitado a una región de espacio y tiempo. Si se mueve, se mueve en el espacio y tiempo; sin embargo, la mente no está tan limitada. Deambula por el universo sin dejar el lugar en donde estamos. Incluso los materialistas hablan de pensamientos personales. Pero si el materialismo estricto estuviera en lo correcto, no podría haber pensamientos discretos. Serían una mera corriente de electrones o de otra partícula material. Solo un ser consciente puede realmente crear pensamientos. Los materialistas quieren que las personas concuerden con su doctrina y acepten sus visiones; no obstante, esto no es posible si tales visiones son correctas. Si la conciencia es tan solo el resultado de un flujo de electrones, las personas son procesos materiales, no seres humanos libres.

Es más, no todo puede reducirse a materia. Hay más que materia. Existen los valores (que debemos seguir). Pero la materia o la naturaleza son lo que son (lo descriptivo) y los valores son lo que deberían ser (lo prescriptivo). Así que la existencia de los valores (que incluso los materialistas tienen) niega el materialismo puro.

El materialismo modificado es contraproducente. Algunos materialistas admiten que la mente es más que materia, pero niegan que la mente pueda existir independientemente de la materia. Insisten en que la mente es más que materia, así como un todo es más que la suma de sus partes. Y aún así el todo deja de existir cuando sus partes lo hacen. Por ejemplo, todo el motor de un auto es algo más que todas sus partes individuales esparcidas en el piso de un taller mecánico; sin embargo, cuando esas partes se destruyen, "todo" el motor también es destruido. Asimismo, la mente es más que materia, pero depende de la materia y deja de existir cuando las partes materiales del hombre se disuelven.

Aunque aparentemente este argumento materialista es menos contraproducente que el primero, es, de igual manera, erróneo. Afirma que la mente es en definitiva dependiente de la materia, pero la afirmación que indica que "la mente depende de la materia" no afirma depender para su verdad sobre la materia. De hecho, afirma ser una verdad sobre toda la mente y la materia, pero ninguna verdad sobre 'toda' la materia puede depender para su verdad sobre la materia. Una persona no puede estar fuera de toda la materia para hacer una afirmación sobre toda la materia y al mismo tiempo afirmar que en realidad está dentro de la materia, siendo dependiente de ella. Si mi mente depende completamente de la materia, entonces no puede hacer afirmaciones desde una perspectiva más allá de la materia. Y si sus afirmaciones no son desde una perspectiva independiente de la materia, entonces realmente no son afirmaciones sobre 'toda' la materia. Es necesario estar fuera de algo para poder tener una vista completa de ello. El todo no puede verse desde dentro. Afirma tener un conocimiento trascendente con solo una base inmanente de operación.

La mente trasciende la materia. Mientras los materialistas intentan reducir todo a materia, en lugar de a la mente, parecería que al menos en un sentido epistemológico, la idea contraria es lo verdadero. Para cualquier análisis que yo haga sobre la materia, siempre hay un "yo" fuera del objeto de mi análisis. De hecho, incluso cuando yo me analizo, existe un "yo" que me trasciende a "mí". Jamás podré capturar mi "yo" trascendental (ego). Solo puedo atraparlo, por así decirlo, fuera del "rabillo del ojo". Incluso si intento poner a mi "yo" en el tubo de ensayo de análisis, se convierte en un "yo" al cual el elusivo "yo" está mirando. Siempre hay algo más que "yo"; existe un "yo" que no es simplemente "yo mismo". A diferencia del materialismo, entonces, todo es reducible al (i. e., depende finalmente de) "yo".

Argumentos que indican que la mente existe independientemente de la materia. La mente existe antes de y es independiente de la materia. Este hecho es evidente por muchos argumentos. El primero es que la materia no es eterna y que necesitó una Mente para crearla.

La materia no es eterna. Existen pruebas sólidas de lo que los científicos han llegado a llamar el Big Bang, el origen del universo (ver Big Bang, Teoría del), mostrando que la materia tiene un inicio. El argumento cosmológico *kalam demuestra que el universo material tiene una causa, pero la causa de toda la materia no puede ser la misma materia; por lo tanto, existe algo más que la materia. Como dijo Karl Marx, o la materia creó a la mente o la mente creó a la materia. Y ya que la materia fue creada, la Mente debe haberla creado.

Un diseñador inteligente. Otro hecho es que hay un código genético (ADN) que se encuentra en todos los seres vivos. Tiene su propio alfabeto, su propio lenguaje y sus propios símbolos utilizados para transmitir la información. Pero esto no es posible a menos de que exista una Mente detrás del código. Porque no hay sentido sin un medio (la mente) que lo signifique. Esta Mente no es material ya que está detrás del material que se utiliza para regular la vida. Los símbolos solo pueden ser usados por mentes para simbolizar algo. Pero si hay una Mente detrás de la materia, entonces todo no es material.

El dador de la ley era inmaterial. A otra forma de demostrar que no todo es materia se le conoce como el *argumento moral a favor de Dios. Puede ser redactado de la siguiente manera:

> Existe una ley moral objetiva (ver Moralidad, Naturaleza absoluta de la).
> La ley moral es prescriptiva, no descriptiva.
> Lo que es prescriptivo no forma parte del mundo material descriptivo.
> Así que existe una realidad objetiva inmaterial.
> Existe más que la materia. (Lewis, Mere Christianity [Mero cristianismo], págs. 17-19).

Conclusión. Muchos de los argumentos del materialismo formulan preguntas asumiendo lo que se debe probar, concretamente, que todo es materia o reducible a ella. En efecto, el argumento central es contraproducente, ya que el intento de negar que existe una realidad más allá de lo material, implica que existe una realidad no material, como lo es la mente. El materialismo está en una posición insostenible. La teoría de una mente que es todo materia no es en sí misma una cosa material. Es un pensamiento sobre todas las cosas materiales y el pensamiento sobre las cosas materiales no es en sí mismo una cosa material.

Fuentes

I. Asimov, *The Beginning and the End* [El principio y el fin].

N. L. Geisler y R. M. Brooks, *When Skeptics Ask* [Cuando los escépticos preguntan].

T. Hobbes, *Leviathan* [Leviatán].

A. Kenny, *The Five Ways* [Las cinco maneras].

P. Kurtz, ed., *Humanist Manifestos I and II* [Manifiesto humanista I y II].

C. S. Lewis, *Mere Christianity* [Mero cristianismo].

———, *Miracles* [Milagros].

J. P. Moreland y G. R. Habermas, *Immortality* [Inmortalidad].

C. Sagan, Cosmos [Cosmos].

Metafísica. La metafísica (lit. "más allá de lo físico") es el estudio del ser o realidad. Se usa de manera intercambiable con 'ontología' (del griego ontos que significa "ser" y logos que significa "palabra"). En la filosofía, es la disciplina que contesta a preguntas como: ¿qué es real? (ver Realismo), ¿existe una realidad o varias?, ¿la realidad es material o inmaterial? (ver Materialismo), ¿es natural (ver Naturalismo) o sobrenatural? (ver Milagros, Argumentos contra los). Otro problema importante de la metafísica tiene que ver con si el ser es unívoco o analógico (ver Analogía, Principio de).

En la tradición aristotélica-tomista, se define a la metafísica como el estudio del ser en cuanto es ser y a la física como el estudio del ser en cuanto es físico.

Método inductivo. La lógica inductiva y deductiva (ver Lógica y Dios) son muy diferentes. La lógica deductiva razona a partir de ideas generales hasta casos particulares. Los seres humanos son mortales. Por lo tanto, Juan, un ser humano, es mortal. La lógica inductiva razona a partir de casos particulares hasta conclusiones generales. Sócrates, Aristóteles, Moisés, Adán, Tom, Dick y Harry son todos mortales. Esta es la evidencia de que todos los seres humanos son mortales. Mientras que la lógica deductiva observa la causa (o condición) y determina sus efectos/consecuencias, la lógica inductiva observa los efectos e intenta encontrar las causas. La lógica deductiva es un pensamiento a priori y la lógica inductiva es a posteriori.

Los cánones para la lógica deductiva fueron establecidos por Aristóteles en el siglo IV a. C. Francis Bacon fue el primero en establecer las reglas en No-

vum Organum en 1620 y después John Stuart *Mill (1806-73) las elaboró.

La naturaleza del razonamiento inductivo. Una de las diferencias más grandes entre la lógica deductiva y la lógica inductiva es el tipo de conclusiones alcanzadas. En contraste a la certeza del razonamiento deductivo, el razonamiento inductivo provee grados de probabilidad.

Grados de probabilidad. En la lógica deductiva, si las premisas fueran ciertas, entonces la conclusión 'debe' ser cierta (ver Certeza/Certidumbre). La única inducción certera es una 'inducción perfecta', como "Todas las monedas que tengo en la mano derecha son centavos". Si solo fueran tres y pudiéramos verlas y contarlas, entonces tendríamos una inducción y certeza perfecta. La razón por la que las inducciones suelen solo producir conclusiones probables es que se suelen plantear por analogía o por una generalización.

La naturaleza de la probabilidad. Debido a que la inducción argumenta desde la analogía, extendiendo las observaciones de algunos a toda la clase, usualmente implica un 'salto inductivo'. Se debe extender más allá de sus hallazgos particulares para hacer declaraciones amplias y generales. Usualmente, las conclusiones inductivas no pueden ser llamadas universalmente ciertas porque son generalizaciones y siempre es posible que haya excepciones.

A veces, estos grados se pueden medir de acuerdo a su porcentaje de precisión; en otras ocasiones, se puede adivinar el porcentaje. Las conclusiones inductivas deben ser evaluadas por su posición en una escala de lo virtualmente cierto, altamente probable, probable, posible, improbable, altamente improbable, virtualmente imposible, dependiendo del grado de evidencia que uno tenga.

Hay cuatro preguntas básicas que deben formularse a cada argumento inductivo en el que se dan datos empíricos.

¿Cuántos casos fueron examinados? ¿Qué tan amplia es la muestra?

¿Qué tan representativa es la evidencia? ¿Qué tan bien representaron los elegidos el espectro de ideas económicas, sociales, raciales y religiosas halladas en este país? Mientras haya más diferencias entre los casos, más sólida es la conclusión. Si los casos estudiados no reflejan cómo es el verdadero mundo, la conclusión será falsa.

¿Con qué cuidado se examinó la evidencia? ¿Cómo se estudiaron las similitudes? ¿Cuántas diferencias se estudiaron? ¿Se han tenido en cuenta todas las posibles explicaciones? ¿Los resultados afectados se aislaron de otras causas? ¿Se presentó toda la evidencia? ¿Qué tan crítica fue la evaluación de la evidencia? ¿De qué manera la información ganó correlación con el conocimiento preexistente? ¿Contradice algunas certezas? ¿Ayuda a explicar mejor las cosas? A veces las pruebas nuevas pueden afectar los cimientos de cuestiones que creíamos resueltas, pero su grado de probabilidad y utilidad explicativa hacen que sean descubrimientos bien recibidos.

Tipos de probabilidad. Más allá de una inducción perfecta, el razonamiento inductivo produce uno de dos tipos de probabilidad: a priori o a posteriori.

Probabilidad a priori. La probabilidad a priori o matemática calcula probabilidades y posibles combinaciones. Ofrece una forma matemática de evaluar la probabilidad de un evento. Hay varias fórmulas matemáticas para encontrar las probabilidades de diferentes tipos de eventos. Por ejemplo, algunos eventos son simples y exclusivos: o bien esto sucede o algo más sucede. Cuando tiras una moneda, puedes obtener cara o sello. Otros eventos son más complejos, como encontrar cuántas posibles combinaciones de aminoácidos se podrían combinar para hacer las proteínas necesarias para la vida (ver Azar).

Probabilidad a priori para eventos exclusivos. Un evento exclusivo no es una combinación con o dependiente de otros eventos. Una sola moneda tiene dos lados. Por lo tanto, cuando la tiras, las probabilidades son una en dos (o una de dos) para obtener cara. Asimismo, hay seis caras en un solo dado, así que las probabilidades para obtener cualquier número son una en seis. La probabilidad de sacar el as de espadas de una baraja de cartas es de una en cincuenta y dos. Por supuesto, esto no significa que se necesitarán cincuenta y dos intentos para conseguirlo. Podría salir en el primer intento. Esto solo significa que la probabilidad a priori de conseguirlo antes del intento es una en cincuenta y dos. Esto significa que, si uno intentara un número infinito de veces, lo obtendría en promedio cada cincuenta y dos veces.

Probabilidad a priori para eventos independientes. Se trata de la probabilidad matemática por adelantado de los resultados de dos o más monedas o dados. Estos son eventos separados e independientes y, por lo tanto, las probabilidades se deben multiplicar juntas. Esto significa que la probabilidad de obtener dos caras al tirar dos monedas es ½ x ½ = ¼ o una en cuatro. Asimismo, la probabilidad de sacar un seis en dos dados es ⅙ x ⅙ = 1/36 o una en treinta y seis. Si se usa una moneda y un dado, entonces las probabilidades son ½ x ⅙ o una en doce.

Probabilidad a priori para eventos dependientes. A veces, un evento es dependiente de otro, en cuyo caso debemos saber cuántas combinaciones o permutaciones diferentes son posibles. Para una permutación simple, donde queremos encontrar cuántas combinaciones hay para un número determinado de eventos conocidos, multiplicamos dicho número (n) por (n-1) x (n-2) x (n-3) y así sucesivamente hasta alcanzar 1. Dicho de otra manera, multiplicamos cada número entero entre 1 y n juntos para encontrar cuántas combinaciones hay. Por ejemplo, para encontrar cuántas permutaciones hay para una secuencia de tres letras, multiplicamos 3 x 2 x 1 = 6.

Para calcular el número de posibles combinaciones para permutaciones complejas, se debe tomar el número de opciones para cada posición y elevarlo a la potencia del número de posiciones. Para ejemplificar, en un juguete para crear caras que tiene cuatro posibles narices, cuatro barbillas, cuatro bocas, cuatro juegos de ojos, cuatro juegos de cabello y cuatro frentes, hay cuatro opciones para cada posición y seis posiciones en total. Tomamos el número de opciones (4) y lo multiplicamos por sí mismo el mismo número de veces que el número de posiciones (6). Por lo tanto, tenemos 4 x 4 x 4 x 4 x 4 x 4 (o 46) = 4,096 caras diferentes.

Valor apologético de las probabilidades a priori. Hay muchas aplicaciones de la probabilidad matemática en la apologética. Por ejemplo, de acuerdo con Fred Hoyle (en Evolution from Space [Evolución desde el Espacio]), un exateo, cuando se tienen en cuenta las posibles combinaciones, las probabilidades de que la primera célula viva pudiera emerger sin un Creador son aproximadamente 1/10^40,000. Con esas posibilidades ¿cómo alguien podría negar que el universo fue creado y aún así ser llamado racional? Asimismo, el astrónomo Hugh Ross ha calculado las probabilidades de que la forma de vida más simple haya ocurrido de casualidad. Él dice que requeriría un mínimo de 239 moléculas de proteína. Cada una de estas moléculas está compuesta por (en promedio) 445 aminoácidos agrupados. Cada uno de esos grupos debe estar formado por 1 de 20 aminoácidos diferentes. Por lo tanto, la posibilidad de que incluso la forma de vida más simple se juntara al azar es de 1 en 20445x239 – 239 o 1/10137,915. ¿Sería razonable creer que no solo la forma de vida más simple, sino todas las formas de vida complejas surgieron de un afortunado accidente?

El evolucionista Julian *Huxley una vez calculó que las probabilidades para la evolución del caballo eran 1 en 10001,000,000. Admitió que nadie podría apostar en algo tan improbable (Huxley, págs. 45-46). Por supuesto, muchos evolucionistas saben de estas probabilidades y dicen: "Bueno, con suficiente tiempo, cualquier cosa puede pasar". Pero ¿hay tiempo suficiente? Suponiendo que todo el universo estuviera hecho de aminoácidos (lo cual está lejos de la realidad). Habría

1077 moléculas con las que trabajar. Si uniéramos todos estos aminoácidos al azar a un ritmo de uno por segundo por la ampliamente aceptada edad del universo (aproximadamente 15 mil millones de años), entonces las posibilidades de que esa simple forma de vida aparezca se reducen a 1/1014,999,999,995. Eso es uno sobre diez a la quince mil millonésima potencia. Veinte mil millones de años no es tiempo suficiente, incluso si el mundo tuviera los elementos básicos para producir vida.

Para contrarrestar este ataque, un evolucionista podría responder: "Pero solo tenía que pasar una vez. Sacar una mano perfecta en bridge también es un evento muy improbable, pero ha ocurrido". Esto es cierto. Es posible, pero ¿es probable? ¿Cuál es el grado de probabilidad de que la hipótesis evolutiva sea cierta? David *Hume dijo que un hombre sabio siempre proporcionaliza su creencia a la evidencia. Toda la evidencia dice que el universo es muy pequeño y muy joven para permitir la creación aleatoria de vida, incluso de una forma simple. De acuerdo con la máxima de Hume, ¿cómo un sabio puede creer que la vida surgió de manera espontánea y por casualidad cuando la evidencia indica que es virtualmente imposible?

Por otra parte, ¿qué posibilidades hay de que el registro de la creación de Moisés de casualidad haya puesto los eventos de la creación en el orden correcto? Supongamos que hay ocho eventos sucesivos (la creación del universo, luz, agua, atmósfera, mar y tierra, vida marina, animales terrestres y del hombre) que podrían haber sido puestos en cualquier orden. Esta es una simple permutación ($8 \times 7 \times 6 \times 5 \times 4 \times 3 \times 2 \times 1 = 40{,}320$). Entonces las probabilidades de que Moisés haya registrado estos eventos en el orden correcto solo es de 1 en 40,320.

Además, se ha calculado que hay 191 profecías en el Antiguo Testamento acerca del Mesías. Estas incluyen dónde nacería (Miq 5:2), cómo moriría (Is 53), cuándo moriría (Dn 9), que resucitaría de entre los muertos (Sal 16). Las probabilidades de que cuarenta y ocho de estas profecías se cumplieran en un hombre son de aproximadamente 1/10157. Eso es un 1 con 157 ceros después. Si un apostador ha podido adivinar cuarenta y ocho caballos de manera correcta sin cometer ningún error, sería lógico sospechar que tenía información interna. De la misma manera, es muy probable que los profetas del Antiguo Testamento hayan tenido alguna ayuda para saber mucho sobre eventos que ocurrieron miles de años después de sus muertes. Es definitivamente lo más lógico de creer. El matemático Marvin Bittinger ha vendido más de doce millones de textos matemáticos universitarios. Él estima que la probabilidad de que nueve profecías de Cristo se hagan realidad es de 1/10 a la 76a potencia. 1/10 a la 17a potencia es como encontrar un grano de arena en un estadio de fútbol lleno de arena. 1/10 a la 76a potencia es como recoger el mismo grano de arena cuatro veces seguidas. (Bittinger, Faith Equation [Ecuación de la fe], págs. 116-118).

Probabilidad a posteriori. La probabilidad a posteriori es una probabilidad empírica. A diferencia de la probabilidad a priori, no se conoce con antelación la probabilidad matemática de que ocurra un evento. En cambio, es la probabilidad real después de que un evento haya ocurrido. Esta probabilidad es conocida por el uso del método científico. En la ciencia del origen (ver Origen, Ciencia del), es principalmente conocida por los principios de causalidad (ver Causalidad, Principio de) y analogía o uniformidad.

Fuentes

F. Bacon, *The Novum Organon and Related Writings* [El Novum Organum y escritos relacionados].
M. L. Bittinger, *The Faith Equation* [La ecuación de la fe].
N. L. Geisler y R. Brooks, *Come Let Us Reason* [Ven, razonemos].
N. L. Geisler y J. Kerby, *Origin Science* [Ciencia del origen].
F. Hoyle y N. C. *Wickramasinghe, Evolution from Space* [Evolución desde el espacio].
J. Huxley, *Evolution in Action* [La evolución en acción].
J. MacDowell, *Evidence That Demands a Verdict* [Evidencia que demanda un veredicto].
J. S. Mill, *A System of Logic* [Un sistema de lógica].
H. Ross, *The Fingerprint of God* [La huella de Dios].
B. Russell, *"On Induction"* [Sobre la inducción].
P. Stoner, *Science Speaks* [La ciencia habla].

Milagro. El cristianismo es una religión sobrenatural. Los milagros son esenciales para su propia naturaleza; sin ellos, no hay cristianismo ortodoxo. Además, el cristianismo sostiene tener milagros únicos, aquellos que confirman las afirmaciones verdaderas de sus profetas y de Cristo (ver Milagros, Falsos). Sin embargo, a causa de Benedict *Spinoza y David *Hume, la mayoría de pensadores modernos ha rechazado los milagros.

Definición. Un 'milagro' es un acto especial de Dios que interrumpe el curso natural de los eventos. El concepto cristiano de lo milagroso depende directamente de la existencia de un Dios teísta (ver Argumento cosmológico; Argumento moral a favor de Dios; Argumento teleológico). Si existe un Dios teísta, entonces los milagros son posibles. Si hay un Dios que puede actuar, entonces puede haber actos de Dios. La única manera de demostrar que los milagros son imposibles es refutando la existencia de Dios.

La declaración anterior llama inmediatamente a una explicación: ¿qué son los "actos especiales" de Dios? ¿Cómo se sabe cuándo ocurren? Debe haber características distintivas específicas de los milagros antes de que uno pueda analizar los eventos que poseen estas características. No es suficiente decir simplemente que un milagro es una singularidad. Las singularidades ocurren en la naturaleza sin una evidente intervención divina.

Los teístas (ver Teísmo) definen a los milagros tanto en un sentido débil como en un sentido fuerte. Siguiendo a *Agustín, la definición más débil describe al milagro como "un presagio [que] no es contrario a la naturaleza, pero sí a nuestro conocimiento de naturaleza" (Agustín, 21.8).

Otras personas que siguen a *Tomás de Aquino definen al milagro en el sentido fuerte de un evento que está fuera del alcance del poder de la naturaleza, algo hecho solo por un poder sobrenatural. Esta última definición hecha en el sentido más fuerte es importante para los apologistas. Un milagro es una intervención divina, una excepción sobrenatural para el curso regular del mundo natural. El ateo (ver Ateísmo) Antony *Flew lo expresó bien: "Un milagro es algo que nunca hubiera pasado si la naturaleza, por así decirlo, hubiese sido dejada a su propia suerte" (Flew, pág. 346). Las leyes de la naturaleza describen regularidades causadas de manera natural. Un milagro es una singularidad causada de manera sobrenatural.

Para poder ampliar esta definición, necesitamos cierto conocimiento de lo que significa 'ley de la naturaleza'. En líneas generales, una ley de la naturaleza es una descripción general de la forma ordenada habitual en que el mundo funciona. Por lo tanto, se deduce que un milagro es una forma específica, irregular e inusual en que Dios actúa en el mundo.

Probabilidad de milagros. Saber si los milagros realmente ocurrieron en la historia depende de tres preguntas:

¿Los milagros son posibles?

¿Los documentos del Nuevo Testamento son confiables?

¿Los testigos del Nuevo Testamento eran confiables?

Un argumento generalmente pasado por alto es la probabilidad de milagros. Es cierto que la filosofía (i. e., argumentos a favor de la existencia de Dios) muestra que los milagros son 'posibles' (ver Dios, Evidencias a favor de), pero solo la historia puede revelar si son 'reales' (ver Nuevo Testamento, Historicidad del). Sin embargo, también es cierto que, admitiendo la existencia de un Dios teísta, los milagros son 'pro-

bables'. Y esto es así por dos razones básicas.

Primero, un Dios teísta tiene la 'habilidad' de realizar milagros ya que él es todopoderoso, u 'omnipotente'. Segundo, él tiene el 'deseo' de realizar milagros porque todo lo sabe, o es 'omnisciente', y tiene bondad absoluta, o llamado también 'omnibenevolencia'. La persona que examina la historia para ver si Dios 'ha' realizado algún milagro ya puede saber que Dios es el tipo de Dios que lo 'haría' si pudiera y que también 'puede'.

¿Por qué Dios haría milagros si pudiera? Por naturaleza y por voluntad, él es el tipo de Dios que desea comunicarse con sus criaturas y hacerles el bien. Y un milagro, por definición, es un evento que hace precisamente esto. Los milagros sanan, restauran, reviven, comunican la voluntad de Dios, justifican sus atributos y muchas más cosas que van de acuerdo con su naturaleza. Tales cosas corresponden a la naturaleza de Aquel haciéndolas (el Creador y Redentor) y la necesidad de aquel para quien se realizan (la criatura). Por analogía, ¿qué buen padre terrenal que tiene la habilidad de rescatar a su hijo que se está ahogando no haría todo en su poder para hacerlo? Y si este tuviera todo el poder, entonces sabemos por adelantado que su bondad lo llevaría a hacerlo. ¿Cuánto más nuestro Padre celestial? Así que, antes de ver la evidencia, sabemos de la realidad de los milagros que, si Dios existe, los milagros no son solo posibles, sino también probables.

Además, si un milagro es un acto de Dios para confirmar la palabra de Dios a través de un mensajero de Dios (ver Milagros, Valor apologético de los), entonces es razonable que Dios quiera hacer milagros. Por medio de los milagros, Dios confirma a sus profetas (Heb 2:3-4). Esta es la forma en que Dios confirmó a Moisés (Ex 4) y a Elías (1° de Reyes 18); y así es como también confirmó a Jesús (Juan 3:2; Hechos 2:22). ¿De qué otra mejor forma podría Dios confirmarnos a sus voceros? Y es a priori probable que un Creador inteligente, personal y moral quisiera comunicarse con sus criaturas de la manera más efectiva.

Realidad de los milagros. Mientras que la filosofía hace posible los eventos sobrenaturales y la naturaleza de un Dios teísta muestra que son probables, solo la historia revela si son ciertos o no. Pero, aquí, la palabra "historia" incluye tanto la historia del cosmos como la historia de la raza humana.

La realidad de lo milagroso en la historia del cosmos. Un hecho que rara vez puede apreciarse completamente es que incluso antes de ver la historia de la humanidad, podemos saber que los eventos milagrosos no son solo posibles, sino 'reales'. El mismo *argumento cosmológico, por el cual sabemos que Dios existe, prueba también que ha ocurrido un hecho sobrenatural. Porque si el universo tuvo un inicio y, por lo tanto, un Iniciador (ver Big Bang, Teoría del; KALAM Argumento Cosmológico) entonces Dios creó el universo de la nada (ver Creación, Puntos de vista de la). Pero la creación ex nihilo es el evento sobrenatural más grande de todos. Si es un milagro que Jesús haga muchos panes de uno solo, entonces, ¿cuánto más es hacer todo de la nada? Convertir el agua en vino no es nada comparado con crear las primeras moléculas de agua. Así que, la conclusión sorpresiva es que, si el Creador existe, entonces lo milagroso no solo es posible, sino que también es real. La historia del cosmos, entonces, revela que lo milagroso ocurrió creando algo de la nada; creando vida de la no vida; creando lo racional (mente) de lo irracional (ver Evolución y artículos relacionados). ¿Qué otros milagros más grandes pueden ocurrir en la historia de la humanidad que ya se sabe que han ocurrido en la historia del cosmos?

Lo milagroso en la historia de la humanidad. Contrario a la idea errónea ampliamente percibida, si Dios existe, entonces deberíamos ver a la historia de la humanidad con expectativa de lo milagroso y no con un prejuicio naturalista en su contra.

Pues, como lo hemos visto, si el Creador existe, entonces los milagros no solo son posibles y probables, sino que lo milagroso ya ha ocurrido en la historia del cosmos. Dios ya ha logrado penetrar en lo sobrenatural en la historia del cosmos y de la vida que condujeron a la historia de la humanidad. Entonces, en vista de ello, la expectativa más razonable es preguntar no 'si' logró penetrar en la historia de la humanidad, sino 'dónde'.

La realidad de los milagros en la historia de la humanidad se basa en la fiabilidad de los documentos del Nuevo Testamento (ver Manuscritos del Nuevo Testamento) y la fiabilidad de los testigos del Nuevo Testamento (ver Nuevo Testamento, Historicidad del; Nuevo Testamento, Fuentes no cristianas del). Dada la confiabilidad de sus testimonios combinados, está fuera de toda disputa razonable que el Nuevo Testamento, de hecho, registra múltiples eventos milagrosos.

Dimensiones de los milagros. En el patrón de la Biblia, un milagro bíblico, al menos uno con valor apologético, tiene muchas dimensiones.

Primero, los milagros tienen un 'carácter inusual'. Es un evento fuera de lo ordinario comparado con el patrón regular de eventos en el mundo natural. Como un "prodigio", atrae atención debido a su singularidad. Una zarza ardiente que no se consume, fuego que cae del cielo y una persona caminando sobre el agua no son sucesos normales; por lo tanto, llaman la atención de los espectadores.

Segundo, los milagros tienen una 'dimensión teológica'. Un milagro es un acto de Dios que presupone un Dios que actúa. Es *teísmo la idea de que un Dios fuera del universo lo creó, lo controla y puede interferir en él.

Tercero, los milagros tienen una 'dimensión moral'. Estos glorifican a Dios al manifestar su carácter moral. Los milagros son actos visibles que reflejan la naturaleza invisible de Dios. Entonces, ningún milagro verdadero es malo, ya que Dios es bueno. Por naturaleza, los milagros tienen como objetivo producir y/o promover el bien.

Cuarto, los milagros tienen una 'dimensión doctrinal'. En la Biblia, los milagros están conectados directa o indirectamente con "afirmaciones de la verdad" (ver Milagros en la Biblia). Hay maneras de diferenciar un falso profeta de uno verdadero (Dt 18:22). Confirman la verdad de Dios a través del siervo de Dios (Heb 2:3-4). El mensaje y el milagro van de la mano.

Quinto, los milagros tienen una 'dimensión teológica'. A diferencia de la magia (ver Milagros, Magia y), los milagros nunca se realizan para entretener (Lucas 23:8). Los milagros tienen el propósito particular de glorificar al Creador y brindar evidencia para que las personas crean acreditando el mensaje de Dios a través del profeta de Dios.

Contexto teísta para un milagro. Un rasgo fundamental de los milagros bíblicos es su contexto teísta (ver Teísmo). Solo desde una cosmovisión teísta se puede identificar un milagro. Cuando Moisés encontró la zarza ardiente (Ex 3:1-6), él fue a investigarlo debido a la naturaleza inusual de este. La palabra de Dios que acompañaba a este suceso le indicó a Moisés que este evento no era solamente algo inusual, sino que era un milagro. Si Moisés les hubiera dicho a los ateos convencidos (ver Ateísmo) lo que había pasado en la zarza ardiente, ellos hubieran tenido el derecho de dudar de la historia. En un universo ateo, no tiene sentido hablar sobre los hechos de Dios. Una zarza ardiente y una voz no sería para los no teístas más milagroso de lo que fue la voz del cielo a la cual ciertas personas tomaron como un trueno (Juan 12:29). Pero al admitir que Dios existe y algo sobre su naturaleza racional y moral, estas características determinantes dan a los milagros su poder apologético.

Conclusión. Debemos saber qué estamos buscando antes de que podamos reconocer un milagro. Primero, los milagros contrastan con la naturaleza, que es la manera regular y naturalmente predecible de Dios de trabajar en el mundo. Los milagros son una manera inusual y humanamente impredecible en que en algunas ocasiones Dios interviene en los acontecimientos del mundo. Un milagro puede parecer un hecho inusual cualquiera, pero tiene una causa sobrenatural. Se lleva a cabo con poder divino, de acuerdo con la mente divina, para un propósito divino, para autentificar un propósito o mensaje divino.

Fuentes

Agustín, *The City of God* [La Ciudad de Dios].

C. Brown, *"Sign, Wonder, Miracle"* ["Señal, prodigio, milagro"].

A. Flew, *"Miracles"* [Los milagros].

N. L. Geisler, *Miracles and the Modern Mind* [Los milagros y la mente moderna].

D. R. Geivett y G. R. *Habermas, eds., In Defense of Miracles* [En defensa de los milagros].

C. S. Lewis, *Miracles* [Los milagros].

R. Swinburne, *Miracles* [Los milagros].

F. R. Tennant, *Miracle and Its Philosophical Presuppositions* [El milagro y sus presupuestos filosóficos].

Milagros, Argumentos contra los. La mayoría de pensadores modernos que rechazan los milagros basan su razonamiento en el escéptico escocés (ver Agnosticismo) David *Hume (1711-76). Hume brindó lo que muchos creen que es el desafío más formidable de todos para la perspectiva supernaturalista: los milagros son increíbles.

Hume expuso tres argumentos en contra de los milagros: filosófico, histórico y religioso. El primero es un argumento 'en principio' basado en la incredulidad de afirmar que las leyes de la naturaleza siempre se contravienen. El segundo es un argumento 'en la práctica', el cual cuestiona si los milagros han tenido alguna vez testigos creíbles (ver Nuevo Testamento, Historicidad del). La última es de la naturaleza que se autocancela debido a afirmaciones de milagros similares, las cuales abundan en todas las religiones.

La incredulidad de los milagros. Basándose en su epistemología empírica, Hume realizó un ataque a los milagros con el siguiente comentario: "Me precio de haber descubierto un argumento [...] que, de ser correcto, constituirá un obstáculo permanente para toda clase de engaño supersticioso entre doctos y sabios y, por consiguiente, será útil mientras exista el mundo" (Hume, Enquiry Concerning Human Understanding [Investigación sobre el conocimiento humano], 10.1.18). Se puede resumir el razonamiento de Hume de la siguiente manera (ibid., 10.1.18, 120-23):

> Un milagro es una violación de las leyes de naturaleza.
> La experiencia firme e inalterable ha establecido estas leyes de la naturaleza.
> Una persona sabia relaciona su creencia con la evidencia.

Por lo tanto, la prueba en contra de los milagros es abrumadora.

Hume escribió lo siguiente: "Ha de haber, por tanto, una experiencia uniforme contra todo acontecimiento milagroso, pues, de lo contrario, tal acontecimiento no merecería ese nombre". Así que "nada se considera un milagro si ha sucedido en el curso común de la naturaleza" (ibid., 10.1.122-23).

Alternativas en el argumento de Hume. Hay dos maneras básicas para entender el argumento de Hume en contra de los milagros. Las llamaremos las interpretaciones "duras" y "suaves". De acuerdo con la interpretación "dura", Hume indica que:

> Los milagros, por definición, violan las leyes de la naturaleza.
> Las leyes de la naturaleza son inalterablemente uniformes.
> Por lo tanto, los milagros no pueden ocurrir.

Ahora, a pesar del hecho de que el argumento de Hume suena a veces de esta manera, no es necesariamente lo que él tiene en mente. Si su argumento es este, entonces claramente plantea la pregunta al definir a los milagros simplemente como imposibles. Si los milagros son una "violación" de lo que no se puede "alterar", entonces los milagros son ipso facto imposibles. Los supernaturalistas podrían evitar este dilema fácilmente. Podrían rehusarse a definir a los milagros como "violaciones" de una ley fija y llamarlos simplemente "excepciones" a una regla general. Ambas premisas son cuestionables. Una ley de la naturaleza es el patrón regular (normal) de los eventos. No es un patrón universal o inalterable.

Esta sería una forma fácil de salir del problema. En realidad, la posición de Hume contiene un argumento que es mucho más difícil de responder, uno que apunta a la perspectiva "más suave" de la ley de la naturaleza. No es un argumento a favor de la 'imposibilidad' de los milagros, sino a favor de su 'incredulidad':

> Por definición, un milagro es un hecho poco habitual.
> Por definición, una ley de la naturaleza es una descripción de un hecho habitual.
> La evidencia que existe para los hechos habituales es mucho mayor que para los hechos poco habituales.
> Los sabios siempre basan sus creencias en lo que tiene más evidencias.
> Por lo tanto, los sabios nunca deberían creer en los milagros.

Nótese que esta forma "suave" del argumento no descarta los milagros; se consideran increíbles por la naturaleza de la evidencia. Las personas sabias no afirman que los milagros no pueden ocurrir; simplemente 'nunca creen' que pasen. Nunca hay suficiente evidencia para creer.

En esta interpretación "suave" del argumento, los milagros siguen siendo eliminados, ya que por la 'misma naturaleza del caso', ninguna persona juiciosa debería considerar que un milagro realmente ha ocurrido. De ser así, aparentemente Hume ha evitado plantear la pregunta y, aún así, ha eliminado de manera satisfactoria la posibilidad de creer razonablemente en los milagros. Algunos filósofos contemporáneos sumamente respetados aún sostienen que algunas variaciones de estos argumentos son válidas.

Evaluación del argumento de Hume. Ya que la forma "dura" del argumento de Hume claramente plantea la pregunta y se puede responder fácilmente al redefinir los términos, nos concentraremos en la forma "suave". La llave para desbloquear este ataque radica en la afirmación de Hume para una experiencia uniforme.

La experiencia "uniforme" de Hume o plantea la pregunta o es una falacia del alegato especial. Plantearía la pregunta en caso Hume presuma saber que la experiencia es uniforme 'antes de' la evidencia. ¿Cómo uno puede saber que toda 'posible' experiencia confirmará el naturalismo, sin tener acceso a todas las experiencias posibles en el pasado, presente y futuro? Si, por el otro lado, Hume simplemente se refiere por experiencia "uniforme" a las experiencias selectas de 'ciertas' personas (que no han experimentado un milagro), esto sería una falacia del alegato especial. Otros afirman haber experimentado milagros. Como lo señala Stanley Jaki: "En tanto él fuera un filósofo sensacionalista o empírico, tenía que dar igual credibilidad al reconocimiento de cualquier hecho, ya sea usual o inusual" (Jaki, pág. 23). Como lo indica C. S. *Lewis: "Ahora, por supuesto, debemos concordar con Hume en que, si existe una 'experiencia' absolutamente 'uniforme' contra los milagros, si, en otras palabras, nunca han ocurrido, entonces por qué nunca ocurrieron. Desafortunadamente, sabemos que la experiencia contra ellas es uniforme solo si sabemos que todos los reportes sobre ellas son falsos. Y podemos saber que todos los reportes son falsos solo si sabemos de antemano que los milagros nunca han ocurrido. De hecho, estamos discutiendo en círculos" (Lewis, pág. 105). La única alternativa para para esta argumentación en círculos es abrir la posibilidad a que los milagros han ocurrido.

Además, Hume realmente no 'sopesa' la evidencia de manera objetiva; sino que 'añade' evidencia en contra de los milagros. La muerte sucede una y otra vez; la resurrección ocurre rara vez. Por lo tanto, de-

bemos rechazar lo último mencionado. Según las propias palabras de Hume: "No es ningún milagro que un hombre en aparentemente buen estado de salud muera repentinamente, pues aquella clase de muerte, de todas formas, ha sido frecuentemente observada. Pero es un milagro que un hombre muerto vuelva a la vida, pues esto no se ha observado en ningún país o época". Por consiguiente, "es más probable que todos los hombres deban morir" (Enquiry, 10.1.122).

Existen otros problemas con el concepto de Hume de añadir eventos a una verdad determinada. Incluso si 'realmente ocurrió' una resurrección, de acuerdo con los principios de Hume, ¡uno no debería creerlo! Pero claramente hay algo que no está bien en un proceso de razonamiento que afirma que incluso si algo realmente pasó, ¡uno no debería creer que pasó! No se determina la verdad por mayoría de votos, especialmente cuando el voto va en contra de un hecho real. Hume comete una especie de consensus gentium, lo cual es una falacia lógica informal de argumentar que algo es verdadero porque la mayoría de personas lo cree.

Este argumento realmente iguala la "evidencia" con la "probabilidad". En efecto, dice que uno siempre debería creer lo que es más probable, lo que tiene mayores "probabilidades". Por lo tanto, uno no debería creer que los dados dieron tres 6 en el primer tiro. Después de todo, las probabilidades de que eso ocurra son de 216 a 1. Uno tampoco debería creer que él recibió una mano perfecta de bridge (lo cual pasó), ¡ya que la probabilidad contra esto es de 1,635,013,559,600 a 1! Hume pasa por alto que las personas sabias basan sus creencias en 'hechos', no en probabilidades. A veces, las "probabilidades" contra un evento son altas (con base en la observación pasada de eventos similares), pero la evidencia a favor del evento es muy buena (con base en la observación o testimonio actual de este evento).

El concepto de Hume de "añadir" evidencia elimina la creencia en cualquier tipo de evento inusual o único. Richard *Whately satirizó la hipótesis de Hume en su folleto Historical Doubts Concerning the Existence of Napoleon Bonaparte [Dudas históricas relativas a Napoleón Bonaparte]. Ya que las hazañas de Napoleón fueron tan fantásticas, tan extraordinarias y sin precedentes, ninguna persona inteligente debería creer que estos eventos sucedieron. Después de contar las asombrosas e incomparables hazañas militares de Napoleón, Whately escribió lo siguiente: "¿Alguien cree todo esto y aún así se rehúsa a creer un milagro? O, mejor dicho, ¿qué es esto si no un milagro? ¿No es esto una violación a las leyes de la naturaleza?". Si el escéptico no niega la existencia de Napoleón, "debe al menos reconocer que no aplican a esa cuestión el mismo plan de razonamiento del cual han hecho uso para otras" (Whately, págs. 274, 290).

El argumento de Hume prueba demasiadas cosas. Prueba que una persona no debería creer en un milagro ¡'incluso si uno ocurre'! No sostiene que los milagros no hayan pasado, sino que no deberíamos 'creer' que han ocurrido ya que la evidencia que existe para las cosas regulares siempre es mayor que para las que ocurren rara vez. Desde esta lógica, si un milagro sí ocurrió, por muy raro que sea, uno aún no debería creerlo. Hay algo claramente absurdo en afirmar que no se debería creer en un evento incluso si uno sabe que sucedió.

La negación uniforme de los milagros. ¿Puede uno eliminar la creencia en eventos presentes basándose en evidencia de eventos pasados? Parecería que Hume quiere que todo sabio crea de antemano que los milagros nunca han sucedido, no suceden y nunca sucederán. Antes de examinar la evidencia, uno debe estar previamente armado con el testimonio uniforme e "inalterable" de la uniformidad. Solo si uno se acerca al mundo con un tipo de sesgo invencible en contra de todo lo que no ha sido percibido personalmente en el pasado, se pueden descartar todas las afirmaciones de lo milagroso.

Hume reconoció la falacia de este razonamiento cuando sostuvo que, basándose en la conformidad pasada, no se puede conocer nada como verdadero en relación al futuro. Incluso no podemos saber con certeza que el sol saldrá mañana en la mañana (Abstract of a Treatise on Human Nature [Resumen del tratado de la naturaleza humana], págs. 14-16). Por lo tanto, que Hume niegue milagros futuros basado en experiencias pasadas es inconsistente con sus propios principios y es una violación a su propio sistema.

Si fuera cierto que ninguna excepción presente puede derrocar las "leyes" basadas en nuestra experiencia uniforme del pasado, no habría progreso en nuestro entendimiento científico del mundo. Excepciones establecidas o repetibles en patrones pasados son precisamente lo que impulsan un cambio en una creencia científica. Cuando se establece una excepción observada a una "ley" pasada, se revisa esa "ley", de ser posible, para explicar la excepción. Una nueva "ley" la reemplaza. Esto es precisamente lo que sucedió cuando se encontraron ciertas "excepciones" del espacio exterior pero repetibles en la ley de gravitación universal de Newton, y se consideró la teoría de la relatividad de Einsten más amplia y más adecuada. Las excepciones de las "leyes" tienen un valor heurístico (de descubrimiento); son impulsos para avanzar en nuestro entendimiento del universo. Ahora bien, lo que es válido para las excepciones repetibles que requieren una explicación de la naturaleza, también

es válido para excepciones irrepetibles que apuntan a una explicación sobrenatural.

Falta de testigos creíbles. Hume también argumentaba en contra del testimonio a favor de los milagros en la práctica. Hemos mostrado que los intentos a priori de eliminar los milagros fallan, así que nos quedan argumentos a posteriori. Hume objeta que no existe suficiente evidencia para establecer milagros del Nuevo Testamento. Enumera muchos argumentos que, si fueran ciertos, excluirían la credibilidad de los testigos del Nuevo Testamento.

Hume indica lo siguiente: "No se ha encontrado, en toda la historia, ningún milagro atestiguado por un número suficiente de hombres de tan incuestionable sentido común, educación y aprendizaje que nos garantice que no hay ningún engaño en ellos". Tampoco hay suficientes testigos de "tal indudable integridad, que los pongan al margen de toda sospecha de cualquier intento para engañar a otros". Tampoco son "de tal credibilidad y reputación ante los ojos de la humanidad, como para tener mucho por perder en caso se les detecte cualquier mentira". Finalmente, tampoco los supuestos milagros han sido "realizados de manera tan pública y en una parte del mundo tan famosa como para hacer que la detección sea inevitable". (Abstract of a Treatise [Resumen de un Tratado], pág. 124).

"La gran propensión de la humanidad hacia lo extraordinario y maravilloso [...] debería razonablemente generar sospechas contra todas las relaciones de este tipo". Y "si el espíritu de la religión se une al amor por lo maravilloso, hay un fin de sentido común", escribió Hume (ibid. págs. 125-126).

Los milagros y el ignorante. Hume cree que el caso de los milagros ha sido afectado porque "se observa principalmente que abundan entre las naciones bárbaras e ignorantes". Quienes han encontrado creyentes en países civilizados, añadió, normalmente los consiguieron de "antepasados bárbaros e ignorantes". Además, "son tan grandes las ventajas de llamar la atención de una impostura entre gente ignorante que [...] tiene una oportunidad mucho más grande de tener éxito en países remotos que si la primera escena se hubiera presentado en una ciudad reconocida por su arte y conocimiento" (ibid. págs. 126-28).

"En general, entonces, parece que ningún testimonio de cualquier tipo de milagro ha llegado a ser una probabilidad, mucho menos una prueba". Además, "incluso suponiendo que llegue a ser una prueba, se le opondría otra prueba procedente de la misma naturaleza del hecho que trataría de establecer" (ibid. pág. 137).

Evaluación. Aunque Hume insinúe estar abierto a la evidencia real de un milagro si este cumple con sus estándares, uno rápidamente sospecha que las reglas de la evidencia han sido manipuladas para descartar las afirmaciones de credibilidad de cualquier milagro.

En un momento, Hume admite cándidamente que ningún número de testigos lo convencería de un milagro. Hablando de lo que él reconoció como milagros jansenistas de su época altamente atestiguados, Hume escribió: "¿Y qué tenemos que oponer a tal nube de testigos más que la 'absoluta imposibilidad' o la naturaleza milagrosa de los eventos que relatan?" Tal imposibilidad, añadió, debería ser suficiente "ante los ojos de todas las personas razonables" (ibid., pág. 133, énfasis añadido). Sin importar la cantidad de testigos que se tengan para estos eventos "absolutamente imposibles", ninguna "persona razonable" los creerá. Si este es el caso, entonces Hume se sigue acercando a cada evento milagroso desde un sesgo naturalista a priori, sin importar qué tan bien atestiguada esté. Todo lo que dice de probar la credibilidad de los testigos es un antisobrenaturalismo mal disimulado.

Este sesgo muestra que su argumento se divide en dos direcciones. El conocimiento de la naturaleza humana revela también sesgos contra la aceptación de milagros.

La postura de Hume también es inconsistente. No permitiría testimonios de milagros, pero sí de aquellos que han visto agua congelada, en lugar de los que nunca la han visto. Pero, ¿por qué permitir el testimonio de un evento y no del otro? No puede decir que es porque otros han visto agua congelada, porque esto plantea la pregunta. El problema es que una tribu tropical nunca ha visto ello, así que, ¿por qué aceptarían ellos el testimonio de un extraño que indica que sí lo ha visto, sin importar cuántas veces lo haya hecho? Los milagros han ocurrido más de una vez. Además, de acuerdo con los propios principios de Hume, incluso si uno ve agua congelada solo una vez y caminó o se deslizó sobre ella, eso sería suficiente para saber que sí pasó. Pero lo mismo aplica para los milagros. Solo un sesgo antisobrenatural impediría a una persona considerar sinceramente un testimonio fiable sobre su suceso.

Aparentemente Hume no es consciente de la sólida evidencia histórica de la fiabilidad de los testigos y documentos bíblicos (ver Biblia, Evidencias a favor de la; Nuevo Testamento, Historicidad del). Lo pasa por alto, al menos. Pero no se pueden descartar los milagros bíblicos sin un análisis más profundo. Nadie debería descartar por adelantado la posibilidad de estos milagros antes de analizar la evidencia de estos.

Testigos del Nuevo Testamento y los Criterios de Hume. Hume describió los criterios básicos que él creía necesarios para comprobar la credibilidad de los testigos (ibid. pág. 120). Estos son discutidos en el artículo Testigos, Criterios de Hume para los. Pueden ser resumidos en cuatro preguntas:

¿Los testigos se contradicen?
¿Hay un número suficiente de testigos?
¿Los testigos eran veraces?
¿Tenían prejuicios?

Los testigos no se contradicen. Cientos de supuestas contradicciones en los Evangelios han sido sopesadas y consideradas deficientes por eruditos como Gleason Archer, John Haley, William Arndt y este autor (ver Geisler, Big book of Bible Difficulties [Dificultades Bíblicas, un manual popular sobre]). El error no está en los Evangelios, sino en el procedimiento que usa el crítico. Para un estudio de pruebas de las acusaciones, ver el artículo Biblia, Supuestos errores en la. Los testimonios de los testigos del Nuevo Testamento nunca son mutuamente contradictorios. Cada uno cuenta una parte crucial y superpuesta de la historia completa.

Para estar seguros, hay pequeñas discrepancias. Un relato (Mt 28:2-5) dice que había un ángel en la tumba en la mañana de la resurrección de Jesús; Juan dice que había dos ángeles (Juan 20:12). Sobre este tipo de discrepancias, hay que señalar que hay conflictos, pero no contradicciones irreconciliables. Mateo no dice que 'solo' hubo un ángel; eso sí sería una contradicción. Probablemente, en un momento había un ángel y en otro momento, otro ángel estaba alrededor. Se espera que haya conflicto en los detalles al tratarse de testigos auténticos e independientes. Cualquier juez perspicaz que escuche a varios testigos dando un testimonio idéntico sospecharía de una conspiración (ver Evangelios, Historicidad de los).

El número de testigos es suficiente. Veintisiete libros del Nuevo Testamento fueron escritos por unas nueve personas, todas ellas testigos presenciales o contemporáneas de los eventos que registraron. Seis de estos libros son cruciales para la verdad de los milagros del Nuevo Testamento: Mateo, Marcos, Lucas, Juan, Hechos y 1 Corintios. Todos estos libros son testigos del milagro de la resurrección. Hay incluso críticos eruditos que reconocen ahora que estos libros son documentos del primer siglo que fueron escritos mientras que los contemporáneos de Cristo aún estaban vivos. Prácticamente todos los eruditos reconocen que 1 Corintios fue escrito por el apóstol Pablo alrededor de 55 o 56 d.C, un poco más de dos décadas después de la muerte de Cristo. Este es un poderoso testigo de la realidad del milagro de la resurrección: Primero, es un documento muy antiguo. Segundo, está escrito por un testigo presencial del Cristo resucitado, (15:8, cf. Hechos 9:3-8). Tercero, se refiere a más de quinientos testigos presenciales de la resurrección (15:6), destacando que la mayoría de estos testigos aún estaban vivos (v. 6). Cualquier lector inmediato de 1 Corintios podría verificar la fiabilidad de la evidencia de la resurrección.

Los testigos eran veraces. Pocos cuestionan el hecho de que el Nuevo Testamento brinda un gran estándar de moralidad basado en el amor (Mt 22:26-37) y la piedad interior (Mt 5-7). Los apóstoles de Jesús repetían esta enseñanza en sus escritos (p. ej., Ro 13; 1 Co 13; Gl 5). Sus vidas ejemplificaron su enseñanza moral. La mayoría de ellos murió por aquello en lo que creían (2 Ti 4:6-8; 2 P 1:14), una señal inequívoca de su sinceridad.

Además de enseñar que la verdad es un imperativo divino (Ef 4:15, 25), los escritores del Nuevo Testamento fueron meticulosos en expresarla. Pedro declaró: "no estábamos siguiendo sutiles cuentos supersticiosos" (2 Pedro 1:16). El apóstol Pablo insistió: "Dejen de mentirse unos a otros" (Col 3:9).

Cuando las declaraciones de los escritores del Nuevo Testamento se superponen con los descubrimientos de los historiadores y arqueólogos, estas han demostrado ser precisas (ver Arqueología del Nuevo Testamento). El arqueólogo Nelson Glueck concluye lo siguiente: "Se puede afirmar categóricamente que ningún descubrimiento arqueológico alguna vez ha contradicho una referencia bíblica. Se han hecho apuntes de hallazgos arqueológicos que confirman en claro contorno o en detalle exacto las declaraciones históricas de la Biblia" (Glueck, pág. 31). Millar Burrows señala que "Más de un arqueólogo ha visto cómo aumentaba su respeto por la Biblia como consecuencia de su experiencia de la excavación en Palestina" (Burrows, pág. 1). No hay indicios de que los escritores del Nuevo Testamento alguna vez hayan falsificado los hechos del caso. Su testimonio sería aceptado como válido por cualquier jurado imparcial. Como lo concluyó el gran experto jurídico de Harvard Simon *Greenleaf, su testimonio no muestra en lo absoluto ninguna señal de perjurio.

Los testigos no tenían prejuicios. Hay muchos motivos para creer que los testigos del Nuevo Testamento de los milagros de Cristo, particularmente los de su resurrección, no estaban predispuestos a creer los eventos que testificaron. Los mismos apóstoles no lo creyeron cuando la mujer lo reportó (Lucas 24:11). Incluso algunos discípulos que vieron a Cristo eran "tardos de corazón para creer" (Lucas 24:25). En efecto, cuando Jesús se les apareció a diez apóstoles y les mostró sus cicatrices de la crucifixión, "ellos no acababan de creerlo a causa de la alegría y del asombro" (Lucas 24:41). Incluso después de que se convencieron por el hecho de que Jesús comiera, su colega ausente, Tomás, protestó diciendo que no creería a menos que meta su dedo en las marcas de las manos de Jesús y en su costado (Juan 20:25).

Jesús también se les apareció a los que no creían; en particular, a su medio hermano escéptico, Santiago (Juan 7:5; 1 Co 15:7), y a un judío fariseo llamado Saulo de Tarso (Hechos 9). Si Jesús se les hubiese aparecido solo a los que eran creyentes o a quienes tenían una propensión a creer, podría haber legitimidad para la acusación de que los testigos tenían prejuicios. Pero sucedió lo contrario.

Los testigos de la resurrección no tenían nada que ganar en lo personal con su testimonio. Fueron perseguidos y amenazados (cf. Hechos 4, 5, 8). La mayoría de los apóstoles fueron martirizados. Aún así, lo proclamaron y lo defendieron encarando la muerte. Los testigos no deberían ser desestimados simplemente por tener un interés en lo que ocurrió. De lo contrario, no deberíamos aceptar el testimonio de los sobrevivientes del holocausto, lo cual sí hacemos. La cuestión es si hay evidencia de que están diciendo la verdad.

Afirmaciones autocancelatorias. Hume afirma que "por tanto, todo milagro que se pretende que ha tenido lugar en cualquiera de estas religiones (y todas de ellas abundan en milagros) [...] tiene la misma fuerza, aunque menos directamente, para desautorizar a los demás sistemas". Sin embargo, Hume cree que estos milagros no cumplen con su función. Si no que "al destruir un sistema rival, igualmente destruye el crédito de los milagros sobre los que este sistema se estableció" (Hume, Enquiry Concerning Human Understanding, [Investigación sobre el conocimiento humano] Libro X). Puesto que todas las religiones tienen el mismo tipo de milagros, ninguna de ellas establece la verdad de sus doctrinas. Se anulan mutuamente como testigos de la verdad.

Sin embargo, hay varios problemas importantes con el argumento de Hume sobre la naturaleza autocancelatoria de las afirmaciones de los milagros.

¿Todas las afirmaciones de los milagros son iguales? Hume asume de manera errónea que todos los supuestos milagros son creados de la misma manera. Esto es contrario a la realidad. Claramente, algunos se refieren a anomalías naturales o curas psicomáticas. Especialmente en las religiones orientales y de la Nueva Era, los sucesos sobrenaturales generalmente pueden mostrarse como trucos (ver Milagros, Magia y). En el caso de las profecías, su precisión es demasiado baja como para ser tomada en serio. Existe una gran diferencia entre caminar sobre brasas calientes, una hazaña que se le puede enseñar a cualquiera, y caminar sobre el agua, como lo hizo Jesús (Juan 6). Hay una diferencia entre curar a alguien que tiene migrañas y curar a una persona que nació ciega, como lo hizo Jesús (Juan 9). Los curadores a través de la fe de todas las religiones levantan a los enfermos, pero Jesús resucitó a los muertos (Juan 11).

¿Todos los testigos son igual de fiables? El razonamiento de Hume asume que la credibilidad de los testigos de las afirmaciones de los milagros es la misma en todas las religiones. Los milagros del Nuevo Testamento son atestiguados por testigos presenciales contemporáneos. Las historias de los milagros islámicos aparecieron generaciones después (ver Mahoma, Supuestos milagros de). La mayoría de las historias de milagros actuales no cuentan con testigos creíbles. El Dr. William A. Nolen hizo un seguimiento a las personas que supuestamente fueron curadas por un famoso curandero y no pudo encontrar un solo caso verificado de alguien curado de forma permanente de una enfermedad orgánica (Nolen). La fiabilidad de cada testigo de un milagro debe ser evaluada por sus propios méritos. Sin duda, no son iguales.

Evaluación. En lugar de refutar los milagros del Nuevo Testamento, el tercer argumento de Hume que indica que las historias de los milagros de todas las religiones son igual de (no) fiables apoya la autenticidad de los milagros bíblicos. La superioridad de los testigos cristianos es un sólido argumento contra todas las afirmaciones de milagros que no son cristianos. Podemos replantear el argumento de esta manera:

> Todas las religiones que no son cristianas (que afirman tener milagros) se apoyan en afirmaciones de "milagros" similares (tanto en su naturaleza como en sus testigos).
> Pero tales "milagros" no tienen un testimonio lo suficientemente poderoso como para mantener el valor probatorio, así que se autocancelan.
> Por lo tanto, ninguna religión que no sea cristiana está respaldada por milagros.

De ser así, entonces podemos argumentar que solo el cristianismo es divinamente confirmado como verdadero.

> Solo el cristianismo tiene afirmaciones de milagros únicas confirmadas por testimonios suficientes.
> Lo que tiene una confirmación milagrosa única de sus afirmaciones es verdadero (opuesto a opiniones contrarias).
> Por lo tanto, el cristianismo es verdadero (opuesto a opiniones contrarias)

Los milagros de Jesús fueron instantáneos, siempre tuvieron éxito y eran únicos. Los llamados hacedores de milagros que afirman tener un éxito parcial solo efectúan curas psicosomáticas, realizan engaños, señales satánicas u otros eventos que pueden explicarse en términos naturales. Ningún curandero contemporáneo afirma curar todas las enfermedades (incluyendo las "incurables") de manera instantánea con un 100% de éxito. Jesús y sus apóstoles sí lo hicieron. Esto es único, y pone a estos milagros contra todas las afirmaciones contrapuestas de otras religiones. Si los milagros son únicos, entonces solo ellos confirman las afirmaciones verdaderas relacionadas con ellos (Ex 4:1 ss.; 1 Reyes 18:1 ss.; Juan 3:2; Hechos 2:22; 14:3; Heb 2:3-4). Todos los otros llamados milagros son, como lo muestra el argumento de Hume, autocancelatorios.

Argumentos de analogía. Ernst *Troeltsch (1865-1923) estableció la regla de la analogía: la única manera en que uno puede conocer el pasado es por analogía con el presente. Es decir, se llega a lo desconocido del pasado solo a través de lo que se conoce en el presente. Basándose en ello, algunos sostienen que como no suceden milagros en el presente como se supone existieron en el pasado, se deduce que el método histórico adecuado elimina lo milagroso.

Troeltsch usó "el principio de la analogía" y Antony *Flew, un principio similar de "crítica histórica" contra los milagros. Estas teorías se examinan a profundidad en el artículo Troeltsch, Ernst, así que aquí serán tratadas solo en términos generales.

El principio de analogía de Troeltsch. Según Troeltsch, este principio de analogía afirma que "sin uniformidad en el presente, no podemos saber nada del pasado" (Troeltsch, Historicism and Its Problems [El historicismo y sus problemas]). Basándose en este principio, Troeltsch y otras personas insistieron que ninguna evidencia ni testigo es adecuado para establecer los milagros (Becker, págs. 12-13).

Este argumento no insiste en que no ocurrieron los milagros registrados en la Biblia. Sino que afirma que son históricamente desconocidos, ya sea que hayan ocurrido o no. La mayoría estaría de acuerdo con que hoy en día no ocurren milagros como un nacimiento virginal, caminar sobre el agua o resucitar a los muertos, así que según la analogía de Troeltsch, no se puede saber que aquellos eventos alguna vez sucedieron.

Crítica histórica de Flew. Lo anterior es similar a la crítica histórica de Antony Flew. Flew afirma que los restos del pasado no se pueden interpretar como evidencia histórica a menos que supongamos que las mismas regularidades básicas prevalecieron en ese entonces como lo hacen hoy. El historiador debe juzgar la evidencia del pasado por su conocimiento personal sobre lo que es probable o posible (Flew, pág. 350).

Flew concluyó que el historiador crítico desestima las historias de un milagro sin pensarlo dos veces, clasificándolas como imposibles y absurdas (ibid. pág. 352). Flew añade que la imposibilidad no es lógica sino física. En principio, los milagros son posibles; sin embargo, en la práctica, rompen leyes de la naturaleza que simplemente nunca se pueden romper.

Evaluación del argumento histórico. Troeltsch y Flew intentan descartar lo 'cognoscible' mediante lo que Flew llama crítica histórica. Además, el argumento (como lo admite Flew) sigue la forma básica del antisobrenaturalismo de Hume, criticado anteriormente. Todos estos argumentos asumen que para ser crítico e histórico, uno debe ser antisobrenatural. De acuerdo con esta perspectiva, es un prerrequisito tener una mente cerrada para poder hacer un estudio "crítico" histórico.

El principio que indica que el presente es la clave del pasado, o que se conoce al pasado por analogía con el presente, es válido. Es así porque los que viven en el presente no tienen acceso directo al pasado. Se puede suponer que el tipo de causas que se sabe que producen ciertos tipos de efectos en el presente producen tipos de efecto similares en el pasado.

Pero este principio no descarta una creencia creíble en los milagros en el pasado, incluso si tales milagros no existen en el presente. Las falacias están presentes en el argumento histórico.

¿Uniforme o uniformitario? Troeltsch y Flew confundieron los principios de 'uniformidad' (analogía) y 'uniformitarianismo'. Asumían que todos los eventos del pasado son uniformemente los mismos que los de hoy. Esto no solo es una suposición, sino que no calza con lo que incluso los científicos naturalistas creen sobre los orígenes. Todos los científicos creen que el origen del universo y el origen de la vida son eventos únicos e irrepetibles (ver Origen, Ciencia del). Pero si solo se puede conocer el pasado en términos de los procesos que ahora están en curso, entonces no hay base científica para el conocimiento sobre ellos. Otro problema con el uniformitarianismo es que los procesos cambian. Los geólogos uniformitarios no toman en cuenta las catástrofes, los cambios climáticos, los deslizamientos de tierra y otros factores que podrían haber alterado las fuerzas geológicas.

El uniformitarianismo asume de manera ilógica que no ha habido singularidades en el pasado. Mientras que el conocimiento sobre el pasado 'se basa en' analogías con el presente (uniformidad), el 'objeto de' este conocimiento puede ser una singularidad. Basándose en la analogía, los arqueólogos pueden saber que solo los seres inteligentes pueden hacer puntas de proyectil. Sin embargo, la fabricación de una punta de lanza única realizada por un artesano en particular de una tribu en particular también puede ser estudiada en sí misma. Lo que se puede aprender de este evento único en el pasado puede convertirse en conocimiento en el presente, una base para una

analogía cuando se descubran otras puntas de lanza. Por analogía, los científicos han aprendido que ciertos niveles de complejidad específica se originan solo en seres inteligentes.

La analogía, entendida correctamente, apoya como creíble la posibilidad que algunos eventos en el pasado tuvieron una causa sobrenatural inteligente. Incluso sin una analogía con el presente, existe evidencia firme de que el universo comenzó (ver Big Bang, Teoría del) y que tuvo una causa sobrenatural inteligente.

Falacia del alegato especial. El argumento histórico contra los milagros hace una falacia del alegato especial indicando que no se puede permitir la evidencia de eventos individuales a menos que los eventos se repitan. Esto sopesa la evidencia de todos los eventos regulares que ocurren en lugar del evento particular (los eventos particulares) en cuestión. Esta no es una regla estándar de evidencia. Además, alega que ningún milagro ha ocurrido, puede ocurrir, o va a ocurrir en el mundo actual. Flew y Troeltsch simplemente no son lo suficientemente omniscientes para saber que esto es verdadero.

Plantear la pregunta. Flew también comete la falacia petitio principii. En la práctica, plantea la pregunta cuando afirma que los milagros son "totalmente imposibles" y que el pensador crítico los desestimará "sin pensarlo dos veces". Pero ¿por qué un pensador crítico debería estar tan sesgado contra la realidad histórica de un milagro? ¿Por qué uno debería comenzar con una metodología cargada contra ciertos eventos del pasado antes de analizar la evidencia?

Dificultar el progreso científico. Las opiniones uniformitarias han obstaculizado el progreso de la ciencia. Un ejemplo es la teoría del Big Bang. El astrofísico Arthur Eddington se refirió a este comienzo especial y explosivo del universo como algo "repugnante", "absurdo" e "inverosímil" (Jastrow, pág. 112). Albert Einstein cometió un error matemático, estaba muy seguro de que el Big Bang "no tenía sentido" (ibid., pág. 28).

La evidencia es tan convincente que muchos científicos creen ahora que los átomos básicos de hidrógeno del universo se crearon en milisegundos. Hoy en día, la mayoría de astrónomos aceptan la realidad de una gran explosión inicial. Esta es una singularidad, que por su naturaleza no se puede repetir. Sin embargo, es una teoría viable de los orígenes y el objeto propio de la ciencia, aunque los científicos tuvieron que ser arrastrados a ella por tener implicaciones teístas definidas.

Apelar a lo general para descartar lo particular. Una extraña clase de lógica funciona en el argumento histórico. Una persona debe juzgar todos los eventos particulares (especiales) del pasado basándose en los eventos generales (regulares) del presente. ¿Por qué no usar eventos especiales del presente como una analogía para los eventos especiales del pasado? Existen "anomalías" únicas y particulares. Desde un punto de vista estrictamente científico, un milagro es como una anomalía. En este caso, el argumento histórico utiliza la falacia del alegato especial. Ni Troeltsch ni Flew permiten que la evidencia sirva para eventos 'particulares', sino que sirva para eventos de categorías generales. Se argumenta que hay muchos más eventos regulares y repetibles que irrepetibles. Por lo tanto, no hay evidencia de los irrepetibles. Pero esto es como negarse a creer que alguien ganó la lotería porque miles de personas perdieron. En esta misma línea, el filósofo contemporáneo Douglas K. Erlandson sostiene que la ley científica, como tal, se ocupa de los eventos de clases generales, mientras que los sobrenaturalistas se ocupan de los eventos que no calzan en las clases generales. La creencia en lo último no afecta la creencia en lo primero (Erlandson, págs. 417-28).

Probar demasiado. Los argumentos historicistas prueban que muchas cosas que los naturalistas creen sobre el pasado no pueden ser ciertas. Como lo mostró Richard *Whately en en su famosa sátira al escepticismo naturalista de Hume (Whately, págs. 224, 290), si uno debe rechazar eventos únicos del pasado porque no hay analogía con el presente, entonces se debe rechazar la increíble historia de Napoleón.

No es lo suficientemente crítica. En realidad, la llamada crítica histórica no es lo suficientemente crítica. No critica la aceptación irracional de suposiciones que eliminan el conocimiento histórico válido. Lejos de estar abierta a la evidencia, su naturalismo elimina de antemano cualquier interpretación milagrosa de eventos del pasado. 'Legisla' el significado en lugar de 'buscarlo'.

Argumentos de la ciencia. Desde inicios de la ciencia moderna, ha sido común afirmar que los milagros no son científicos. Algunos críticos se oponen a los milagros porque consideran que van en contra de la propia naturaleza del procedimiento científico de cómo tratar los eventos irregulares y excepcionales. Insisten en que cuando los científicos tratan un evento irregular y extraño, no sugieren que es un milagro. Amplían su conocimiento sobre los procesos de la naturaleza para comprender ese evento. Hacerlo de otra manera sería abandonar el método científico. Algunos argumentos individuales se presentarán más adelante.

Ninian Smart. Ninian Smart indica que nada dentro de la naturaleza puede estar fuera de los límites de la exploración. De otra manera, estancaría la investigación científica. Pero la creencia de que ciertos eventos son milagrosos levanta una barrera contra la ciencia. Por lo tanto, aceptar los milagros viola el

propio dominio de la ciencia (Smart, cap. 2). Se puede resumir el argumento de la siguiente manera:

> Un milagro es una excepción a una ley de la naturaleza.
>
> En la ciencia, las excepciones son impulsos para buscar una mejor explicación, no son una indicación para no seguir investigando.
>
> Por consiguiente, aceptar los milagros detiene el progreso científico.

Por lo tanto, no se puede identificar nunca a un milagro como un evento irregular o una anomalía. Por el contrario, requiere una mayor investigación. Cuando una ley de la naturaleza no explica una excepción, los científicos no se dan por vencidos, sino que vuelven a investigar, y de una manera más profunda. Lo que es una excepción a una descripción científica (L1) puede incluirse dentro de una descripción más amplia (L2).

Patrick Nowell-Smith. La afirmación sobrenaturalista que indica que un evento es un milagro porque no puede ser explicado en términos de leyes científicas le incomoda a Patrick Nowell-Smith. "Podemos creerle [al sobrenaturalista] cuando dice que ningún método científico conocido por él puede explicarlo [...]. Pero decir que es inexplicable como resultado de agentes naturales está más allá de su competencia como científico, y decir que debe ser atribuido a los agentes sobrenaturales es algo que nadie podría tener derecho a afirmar solo con la evidencia" (Nowell-Smith, págs. 245-46).

Sostiene que sin importar lo extraño que sea un evento, no debe ser atribuido a lo sobrenatural, ya que futuros científicos podrían explicarlo perfectamente. En un momento, no se podía explicar por leyes de la naturaleza que el abejorro vuele; sin embargo, los principios de este suceso tan natural salieron a la luz con el descubrimiento de generadores de energía en las células de las abejas llamadas 'mitocondrias', las cuales hacen posible el vuelo debido al rápido movimiento de las alas. Se puede describir el argumento de la siguiente manera:

> Lo que no se puede explicar científicamente no es necesariamente científicamente inexplicable.
>
> Los milagros no se pueden explicar científicamente.
>
> Los milagros no son científicamente inexplicables

Según Nowell-Smith, una explicación califica como científica si una hipótesis de la cual se pueden hacer predicciones puede ser verificada posteriormente (ibid., pág. 249). Además, la explicación debe describir cómo se produce el evento.

En esta definición, los milagros "legítimos" deberían ser explicables por leyes que puedan ser expresadas. De lo contrario, el evento puede ser explicado. "Si podemos detectar cualquier orden en las intervenciones de Dios, debería ser posible extrapolar de forma habitual y predecir cuándo y cómo ocurrirá un milagro" (ibid. pág. 251). Nowell-Smith reta a los sobrenaturalistas a considerar si la noción de explicación no incluye necesariamente una hipótesis y una predicción y a pensar si lo "sobrenatural" puede tomar parte en ella" (ibid., pág. 253).

De objetarse que él simplemente está redefiniendo lo "natural" para incluir a los milagros, Nowell-Smith responde: "Te concederé lo sobrenatural, si esto es todo lo que significa. Que lo sobrenatural no sea más que un nuevo campo de investigación científica, un campo tan diferente de la física, así como la física lo es de la psicología, pero que no difiere, en principio, ni requiere ningún método no científico" (ibid.). Se puede resumir así:

> Solo lo que tiene capacidad de predicción puede calificar como una explicación de un evento.
> Una explicación milagrosa no puede hacer predicciones verificables.
> Por lo tanto, una explicación milagrosa no califica como una explicación de un evento.

Una respuesta a Nowell-Smith. Hay varios problemas graves con este razonamiento. En primer lugar, este razonamiento concluye que las explicaciones de los milagros deben convertirse en científicas o, de lo contrario, dejan de ser explicaciones. Pero las explicaciones científicas no son el único tipo de explicaciones que existe. Este es el error del naturalismo metodológico.

Segundo, los milagros son por naturaleza eventos únicos. Pero la ciencia como tal no se ocupa de las singularidades sino solo de las regularidades. No se puede hacer ninguna predicción basándose en un evento único. Se necesita un patrón para poder hacer una proyección. Por consiguiente, el método científico como tal no puede aplicarse a los milagros. La ciencia empírica trata con las regularidades, y los milagros no forman parte de un patrón regular en la naturaleza.

Tercero, la hipótesis de Nowell-Smith no toma en cuenta las singularidades del pasado. Los milagros bíblicos son eventos que sucedieron en el pasado. No podemos observarlos y estos no se están repitiendo en el presente. De hecho, no son objeto de la ciencia empírica (la cual se basa en las regularidades del presente), pero son singularidades irrepetibles del pasado. Como tales, son objeto de un tipo de ciencia diferente, una llamada ciencia forense. La ciencia forense se ocupa de eventos únicos del pasado. Por ejemplo, un supuesto suicidio es objeto de una investigación forense. Es un evento único como tal. No fue observado y no puede repetirse; por lo tanto, no se puede hacer ninguna predicción de ello como, por ejemplo, cuándo volverá a ocurrir. De hecho, la ciencia forense como tal no se ocupa de las predicciones sino de las retrodicciones. Basándose en los principios científicos de causalidad y analogía (uniformidad), los científicos forenses intentan reconstruir (hacer una retrodicción de) el evento pasado. En este mismo sentido de la palabra, los milagros "científicos" se pueden analizar científicamente.

Cuarto, la perspectiva de Nowell-Smith no toma en cuenta las perspectivas científicas sobre el origen, como el Big Bang o la creación espontánea de la primera vida. Sin embargo, la mayoría de los astrofísicos creen en lo primero mencionado y todos los biólogos naturalistas aceptan lo segundo. De hecho, se ha ofrecido evidencia firme sobre el Big Bang, lo cual se considera un objeto legítimo de investigación científica. No obstante, nadie lo ha observado, ni se está repitiendo en el presente. Por lo tanto, no se pueden hacer predicciones de cuándo volverá a ocurrir otro Big Bang en el futuro. Lo mismo ocurre con la creación espontánea de la primera vida. No fue observada, no se está repitiendo en el presente y no se pueden hacer predicciones de cuándo podrá ocurrir otra en el futuro. Aún así, todos los científicos naturalistas creen que sí ocurrió. Entonces, ¿sobre qué base pueden rechazar la evidencia que señala a un milagro en el pasado? De hecho, muchos científicos han usado las palabras 'milagro' y 'sobrenatural' para estos eventos del pasado. El astrónomo agnóstico Robert Jastow dijo lo siguiente sobre el Big Bang: "En mi opinión, es un hecho científicamente corroborado que ahora mismo hay en funcionamiento lo que yo y cualquier otro llamaríamos fuerzas sobrenaturales" (Jastrown, God and the Astronomers [Dios y los astrónomos], págs. 15, 18).

Alistair McKinnon. Otro opositor de los milagros, Alistair McKinnon (ver Milagro), planteó el argumento de la ley científica de esta manera:

> Una ley científica es una generalización basada en la observación del pasado.
> Cualquier excepción a una ley científica invalida esa ley como tal y requiere una revisión de la misma.
> Un milagro es una excepción a una ley científica.
> Por lo tanto, todo supuesto milagro requeriría una revisión de la ley científica actual.

Según la opinión de McKinnon, se puede asumir que un milagro sea un evento natural si se rige bajo una nueva ley que lo incorpore a su explicación natural. Las leyes son como mapas y los mapas no se traspasan; sino que se revisan cuando se detecta un error.

Respuesta. Nuevamente aquí hay una falla en distinguir la ciencia empírica sobre el presente de la ciencia forense sobre el pasado. El argumento de McKinnon simplemente muestra que los milagros no encajan en la definición de la ciencia empírica. Y por supuesto que no encajan. Tampoco encaja el Big Bang ni la creación espontánea de la primera vida. Además, ninguna anomalía como tal requiere una revisión de una ley científica determinada. La ciencia empírica como tal solo se ocupa de las regularidades. Si uno tiene solo un evento singular, entonces no hay una base para poder hacer una predicción o una proyección. Uno debe buscar primero un patrón de tales eventos antes de poder declarar o probar una nueva ley.

Malcolm Diamond. Otras personas han intentado argumentar en contra de los milagros como una oposición a la metodología científica. Por ejemplo, Malcolm Diamond, profesor de filosofía de la Universidad de Princeton, insiste en que es desastroso aceptar excepciones milagrosas a las leyes científicas. Si uno acepta algunas excepciones como algo sobrenatural, "el desarrollo científico se detendría o se haría completamente caprichoso, ya que sería necesariamente una cuestión de capricho o de si uno invoca el concepto de milagro" (Diamond, pág. 317).

Diamond observa dos problemas con respecto al sobrenaturalismo. Primero, las excepciones no deberían detener la investigación científica. De hecho, son impulsos para un estudio más profundo. Segundo, no se debería llamar necesariamente milagros a las excepciones. ¿Lo que es extraño prueba la existencia de Dios? Si no es así, ¿cómo se distingue lo inusual de lo sobrenatural?

Según Diamond: "permitir la posibilidad de explicaciones sobrenaturales de hechos naturalmente observables es algo que, en efecto, llevaría a los científicos a renunciar a la labor científica [...]. Estos científicos no podrían investigar [al milagro] [...]. Como científicos, no podrían determinar si una excepción fue algo sobrenatural o no" (ibid., pág. 320). Los científicos deben actuar con autonomía. Deben establecer sus propias reglas y arbitrar sus propios juegos. Por lo tanto, aunque nada impediría lógicamente que un científico acepte una interpretación sobrenatural para un evento completamente extraordinario, los científicos estarían vendiendo la ciencia.

Diamond concluye lo siguiente: "La respuesta que ofreceré en nombre de la interpretación naturalista es pragmática. Recomienda confiar en las explicaciones científicas sin pretender ser una refutación concluyente del sobrenaturalismo" (ibid.).

El esquema de este argumento es pragmático y está basado en la autonomía del método científico:

Los científicos, como tales, no pueden renunciar a buscar explicaciones naturalistas de cada evento. Reconocer aunque sea un milagro es renunciar a buscar una explicación natural.

Por lo tanto, el reconocer los milagros es renunciar a ser un científico.

Evaluación. A diferencia de otros argumentos en contra de los milagros, la objeción científica no trata de probar que los milagros son imposibles o inclusive no creíbles. De tener éxito, demostraría que los milagros no son identificables por el método científico. Deja abierta la posibilidad de que existan otras maneras de identificar un milagro. Si, por definición, el método científico solo se ocupa de una determinada clase de eventos (los que se repiten), entonces los eventos únicos como los milagros no se pueden identificar por el método científico. Pero lo que este argumento no prueba es que los milagros no ocurren o que exista otra manera de identificarlos. Tampoco muestra que haya otra manera de identificar el método científico por el cual un milagro podría ser identificado, aunque sea parcialmente.

Anomalías y el método científico. Incluso el proceso científico que se ocupa de los eventos regulares y repetibles permite que se den eventos excepcionales que no requieren la explicación de otra ley de la naturaleza. Un científico que encuentra una anomalía no revisa automáticamente las leyes anteriores. Si la excepción no es repetible, no hay derecho a utilizarla como base para una nueva ley. No es apropiado exigir que 'todos' los eventos excepcionales sean causados naturalmente, pero sí es apropiado exigir que los eventos repetibles sean explicables. Así que el milagro que no es repetible no viola el derecho del científico en hacer ciencia.

Por lo general, se entiende que la ciencia se ocupa de las regularidades, no de las singularidades. Uno no puede esperar que un método orientado a tratar con regularidades elimine la viabilidad científica de un milagro.

Un enfoque científico del mundo no se limita a los eventos regulares. Hay enfoques científicos legítimos que se ocupan de los eventos únicos, como incluso lo afirman los sobrenaturalistas.

Incluso el método científico admite excepciones o anomalías y ningún científico revisa las leyes de la naturaleza existentes basándose en una sola excepción. A menos que el científico pueda mostrar que es una parte de la naturaleza repetible y regular, no tiene base sobre la cual elaborar una nueva ley de la naturaleza. No hay motivo para que un milagro no pueda entrar en la amplia categoría de lo anómalo, incluso dentro del sentido general del método científico.

Por supuesto, en un milagro hay más que una simple anomalía. Hay características "divinas". Sin embargo, incluso desde un enfoque estrictamente científico que se ocupa de las regularidades, uno no puede eliminar legítimamente la posibilidad de identificar un milagro. Argumentar que todas las excepciones a una ley de la naturaleza conocida exigen otra explicación natural, simplemente plantea la pregunta. Tal argumento va más allá de la ciencia y revela un sesgo naturalista (ver Materialismo; Naturalismo).

Como los teístas han insistido por mucho tiempo, si existe un Dios, entonces no puede ser excluido de su creación. Si tuvo la habilidad de crear el universo, entonces tiene el poder de realizar actos ocasionales, pero naturalmente irrepetibles dentro de su mundo. La única manera efectiva de refutar los milagros es refutando a Dios (ver Dios, Supuestas contradicciones de).

Confusión de categorías. Incluso algunos naturalistas han admitido que este argumento es un argumento a priori que puede ser refutado al señalar que una excepción a una ley científica originada por causas sobrenaturales no la invalidaría. Las leyes científicas indican regularidades. Un milagro es una excepción especial que no se repite (Diamond, págs. 316-17). Una excepción irrepetible no requiere revisar una ley de la naturaleza. Es más probable que se le atribuya una observación defectuosa de todos modos. Desde una perspectiva estrictamente científica, una excepción irrepetible sigue siendo solo eso, una excepción a las leyes científicas conocidas. Si, en determinadas condiciones, la anomalía se repite, entonces un científico tiene el derecho de calificarla como un evento natural. En este caso, las anomalías serían indicadores del desarrollo de una ley de la naturaleza más general.

Sin embargo, los milagros no son el resultado de las leyes de la naturaleza. Fueron originados por las acciones voluntarias de agentes racionales, de Dios y sus representantes. Tal acción de la voluntad es lo que no se puede repetir y, por lo tanto, coloca a los milagros fuera del ámbito de la observación científica. Un milagro ocurre porque Dios lo quiere. Uno no puede hacer que Dios "quiera" hacerlo de nuevo para que así los científicos puedan verlo. Los milagros no cambian nuestra perspectiva de las leyes científicas; simplemente se sitúan fuera de ellas.

Ya que los milagros son excepciones irrepetibles a leyes conocidas, no alteran las leyes de la naturaleza y, por lo tanto, no son anticientíficos. Smart escribió indicando que los milagros no son repetibles. Son eventos particulares, no leyes a pequeña escala. Por lo tanto, no eliminan las leyes a gran escala.

Plantear la pregunta. Si el fin de las objeciones científicas es que las personas racionales no acepten los milagros, entonces estas no tienen éxito. Claramente plantean la pregunta al insistir que todo evento natural debe ser considerado un evento de la naturaleza. Porque ante cualquier evento que suceda, sin importar lo irrepetible que sea, no debe ser considerado un milagro, por definición, se eliminan los milagros por adelantado. Incluso si un muerto resucita, no debe considerarse como un milagro.

A pesar de que Nowell-Smith afirma que debe abordarse el problema con una mente abierta (ibid. pág. 243), muestra un sesgo invencible a favor del naturalismo. Sus normas exigen que cualquier evento sea declarado un evento natural. En realidad, él está abierto solo a interpretaciones naturalistas, no a las sobrenaturales. Es evidente que plantee la pregunta. Define la palabra "explicación" de una manera tan estrecha que elimina la posibilidad de una explicación sobrenatural. Insiste de manera arbitraria en que todas las explicaciones deben ser naturalistas para que puedan ser tomadas en cuenta.

El sobrenaturalista no insiste en que "un evento, sin importar lo extraño que sea, se debe a un agente sobrenatural". Parece probable que la mayoría de los eventos extraños 'sean' naturales. Pero el sobrenaturalista sí objeta cuando Nowell-Smith indica que la intervención sobrenatural 'no puede' ser parte del informe de un evento extraño. El sobrenaturalista sostiene que uno debe mirar la evidencia por sus propios méritos.

Nowell-Smith simplemente asume que todos los fenómenos admiten una explicación natural en última instancia (ibid. pág. 247). Como científico, él no puede saber esto. No existen pruebas empíricas. Esta suposición solo es una cuestión de fe naturalista. Incluso si se le presentara evidencia empírica de un milagro, él deja en claro que nunca admitiría que es algo sobrenatural. A la espera de descubrir una explicación naturalista, persistirá en creer que se puede encontrar una explicación.

Tampoco es necesario que todas las explicaciones verdaderas tengan valor predictivo. Existen eventos a los que él llamaría eventos naturales y que nadie puede predecir. Si el naturalista argumenta que él no siempre puede predecir un suceso en la práctica, pero que en principio sí puede; el sobrenaturalista puede alcanzar ese nivel de predicción. En principio, sabemos que ocurrirá un milagro cuando Dios lo considere necesario. Si conociéramos todos los hechos, incluyendo la mente de Dios, podríamos predecir exactamente cuándo ocurriría un milagro. Además, los milagros bíblicos son eventos únicos del pasado. Como el origen del universo, no se están repitiendo en el presente. Pero no se pueden hacer predicciones de una singularidad, sino solo de patrones. No se conoce el pasado por la ciencia empírica sino por la ciencia forense. Está mal enfocado solicitar 'predicciones hacia adelante'. Más bien, se intenta hacer 'retrodicciones hacia atrás'.

El sobrenaturalista puede estar de acuerdo con Nowell-Smith en que "el desglose de 'todas' las explicaciones con respecto a la ciencia actual [...] nos obliga inmediatamente a salir del ámbito de lo 'natural'" (ibid. pág. 248). Los dos aspectos se asocian cuando Nowell-Smith requiere causas naturales para los milagros. Tal posición va más allá de lo que la evidencia justifica. El naturalista demuestra un compromiso de fe que compite con la devoción religiosa de los creyentes más fervientes en los milagros.

Uno de los problemas detrás de este tipo de naturalismo científico es la confusión entre el 'origen' naturalista y la 'función' natural. Los motores funcionan de acuerdo con las leyes físicas, pero las leyes físicas no crean motores, las mentes sí. De la misma manera, el origen de un milagro no se da por las leyes físicas y químicas del universo, aunque el evento producido operará de acuerdo con la ley de la naturaleza. Aunque las leyes de la naturaleza regulan el funcionamiento de las cosas, no responden al origen de todas las cosas.

Naturalismo metodológico. Los argumentos científicos contra los milagros son una forma de naturalismo metodológico rígido. El propio método escogido no admite la posibilidad de que cualquier evento sea identificado como un milagro. Las explicaciones que abarcan los eventos regulares no se aplican necesariamente a las singularidades. Las piedras redondas en un río se forman de acuerdo a fuerzas naturales descriptibles. Pero ninguna ley natural puede responder por los rostros del Monte Rushmore, sino que se los adjudica a una causa inteligente no natural (ver Evolución química; Argumento teleológico).

Cuando se desconoce si una singularidad es atribuible a causas naturales y esta muestra señales de intervención divina, entonces hay razones positivas para aceptarla como un milagro. Lo que sigue a continuación se discute a mayor detalle en el artículo Milagro:

Tienen un 'carácter inusual' como un evento irregular.

Tienen una 'dimensión teológica' como un acto de Dios.

Tienen una 'dimensión moral', ya que Dios es un Ser moral completamente perfecto. Una característica moral de un milagro es que glorifica a Dios.

Tienen una 'dimensión teleológica'. Son eventos con propósito.

Tienen una 'dimensión doctrinal'. Los milagros están conectados, directa o indirectamente, con "afirmaciones verdaderas" (Heb 2:3-4; ver Milagros, Valor apologético de los).

Cuando un evento irregular e irrepetible, del que no se sabe que se deba a causas naturales, va acompañado de otras señales de intervención, hay motivos para identificarlo como un acto de un Dios teísta (ver Dios, Evidencias a favor de).

Una definición demasiado restrictiva de la ciencia. Los argumentos científicos en contra de la ciencia se basan en una definición demasiado restrictiva de la ciencia, que solo se ocupa de los eventos repetibles. La ciencia también se ocupa de las singularidades. Es cierto que el método científico solo evalúa eventos regulares y repetibles, pero los científicos también reconocen la ciencia de los orígenes, que es en gran parte un estudio de singularidades. El origen del Big Bang del universo es una singularidad radical. La historia de nuestro planeta es una singularidad; sin embargo, es objeto de investigación. Nos resultaría extraño y tonto que un profesor de geología indique que los rostros esculpidos en el Monte Rushmore solo pueden tener una causa natural, descartando otras opciones. Parecería raro que un arqueólogo se limitara solo a causas naturales para explicar las puntas de proyectiles y la cerámica. Insistir en que quien no persiga causas naturales no puede ser un científico es restringir de manera indebida la ciencia.

Los milagros y la integridad de la ciencia. Ahora estamos en posición de evaluar la acusación de que la creencia en los milagros es anticientífica. Los comentarios de Diamond evidencian su creencia en la autonomía absoluta del método científico. Asume como una cuestión de fe, con solo una justificación pragmática, que el método científico es 'el' método para determinar toda la verdad. De hecho, no es solo el método científico sino un aspecto del enfoque científico, la búsqueda de las causas naturales, el que se supone que es el único enfoque de la verdad. Los argumentos de Diamond son vulnerables a numerosas críticas.

Primero, es un error presuponer que el método científico implica necesariamente al naturalismo. Los científicos, como tales, necesitan no ser tan limitados como para creer que nunca nada puede ser un milagro. Todo lo que un científico necesita es sostener la premisa de que todo evento tiene una causa y que el universo, el cual es observable, actúa de una manera ordenada.

Segundo, es un error asumir que las leyes de la naturaleza tienen dominio sobre todos los eventos en lugar de cada evento 'regular'. Asumir que cada evento irregular e irrepetible tiene una explicación natural no es ciencia, es metafísica. Las leyes de la naturaleza no explican el origen de todos los eventos, como tampoco las leyes de la física explican por sí solas el origen de un automóvil. Las leyes de la naturaleza explican el 'funcionamiento' de estas cosas.

Tercero, no es científico cerrarse a explicaciones razonables. Si un Dios originó la existencia del universo y lo cuida, no es irracional esperar que pueda realizar algunas actividades regulares y también algunos eventos especiales. La única manera de refutar de manera efectiva esta posibilidad es refutando la existencia de tal Dios, algo que muchos ateos coinciden que es imposible de hacer (Geisler, Miracles and the Modern Mind [Los milagros y la mente moderna], cap. 12). Un verdadero científico de mente abierta no descartará de antemano, de manera lógica o metodológica, la posibilidad de identificar algunos eventos milagrosos en defensa de la autonomía científica.

Cuarto, cuando el argumento de los milagros se reduce a sus premisas básicas, queda así:

> Lo que sea que ocurra en el mundo natural es un evento natural.
> Algunos denominados milagros han ocurrido.
> Por lo tanto, estos "milagros" son en realidad eventos naturales.

Esta formación deja al descubierto el razonamiento circular del argumento del naturalista. Lo que sea que pase en el mundo natural es, ipso facto, un evento natural. Lo que sea que ocurra 'en' en la naturaleza fue causado 'por' la naturaleza. Incluso parece que Michael Polanyi cayó en esta trampa cuando escribió: "Si la conversión de agua en vino o la resurrección pudiera verificarse experimentalmente, esto refutaría rotundamente su naturaleza milagrosa. De hecho, en la medida en que cualquier evento puede ser establecido en términos de la ciencia natural, pertenece al orden natural de las cosas" (Jaki, pág. 78). Por supuesto, esto asume lo que se debe probar, que no hay ningún Ser sobrenatural que pueda actuar en la naturaleza. Solo porque un evento ocurra en el mundo, no significa que fue causado por el mundo. Puede haber sido causado de manera especial por un Dios que trasciende el mundo.

La preservación del método científico. Si se permiten los milagros, ¿cómo se puede conservar la integridad del método científico? Si algunos eventos se descartan fuera de los límites de los científicos, entonces, ¿el sobrenaturalista no ha cerrado la puerta a examinar racionalmente algunos eventos? Plantear una causa sobrenatural para el origen de algunos eventos extraños no afecta de ninguna manera el dominio de la ciencia, asumiendo que la ciencia se basa en un patrón regular de eventos. La ciencia operacional es naturalista y tiene todo derecho de exigir un control explicativo sobre todos los eventos regulares. Pero la ciencia empírica, como tal, no tiene derecho a afirmar que solo ella puede explicar las singularidades.

La ciencia tiene una autoridad ilimitada para clasificar los eventos regulares. El científico tiene el derecho a, incluso la obligación de, examinar todos los eventos, incluyendo las anomalías. Sin embargo, el evento único e irrepetible que no es parte de un patrón regular debe clasificarse entre los "que aún no se han explicado como eventos naturales". Dentro de esta clase se encuentran los eventos que pueden tener una causa sobrenatural. Asumir que todos los eventos que aún no se han explicado son explicables de manera natural pasa de la ciencia a la creencia filosófica en el naturalismo. De hecho, descarta la posibilidad de que exista un Dios sobrenatural que puede intervenir en el mundo que él ha creado. Pero esto va en contra de la evidencia (ver Dios, Evidencias a favor de).

Resumen. Hume ofreció un argumento contundente en contra de los milagros. Pero por muy firme que este argumento parezca, la evaluación indica que él era demasiado optimista para creer que este argumento podría ser "un control eterno" y "útil mientras dure el mundo" para refutar cualquier afirmación creíble de lo milagroso. De hecho, el argumento de Hume no tiene éxito. En la forma "dura", plantea la pregunta al asumir que los milagros son, 'por definición', imposibles. En la forma "suave" del argumento, Hume ignora las pruebas contrarias, plantea la pregunta, prueba demasiado (por ejemplo, que Napoleón no existió), no es consciente de su propia epistemología y hace imposible el progreso científico. En resumen, parece perjudicial eliminar los milagros antes de analizarlos. Una persona sabia no 'legisla' de antemano el hecho de que no se pueda creer que hayan ocurrido milagros; más bien, 'analiza' la evidencia para ver si ocurrieron. Así que, para la mente racional, los esfuerzos de Hume por eliminar los milagros deben considerarse infructuosos.

Hume tenía razón en exigir que los testigos cumplan con los criterios de confiabilidad. De hecho, los tribunales de justicia dependen de esos criterios para determinar cuestiones de vida o muerte. Sin embargo, sin que Hume lo supiera, sus pruebas para la veracidad de los testigos, que creía que eliminarían la credibilidad de los milagros, en realidad verifican la fiabilidad de los testigos del Nuevo Testamento, particularmente los testigos del milagro de la resurrección.

El argumento del testigo que se autocancela de Hume falla ya que está basado en presunciones falsas que, cuando se corrigen, tienen un efecto búmeran convirtiéndose en una prueba de la singularidad del cristianismo. Su argumento se basa en la premisa que indica que todos los supuestos milagros se crean de la misma manera. Pero esto no es cierto, ni en la naturaleza del supuesto milagro ni en el número y fiabilidad de los testigos.

Al evaluar el argumento histórico en contra de los milagros, se debe observar que hay una diferencia crucial entre el principio de 'uniformidad' (o analogía), en el que se basa toda la investigación válida, y el principio de 'uniformitarianismo'. Este último es un dogma naturalista que descarta de antemano, por su propio principio metodológico, la credibilidad de lo milagroso. El principio de analogía de Troeltsch, utilizado para rechazar los milagros, es un ejemplo de uniformitarianismo histórico. Una forma de uniformitarianismo histórico asume que todos los eventos de la historia son explicables por la naturaleza. Sin embargo, este sesgo es contrario tanto al pensamiento racional en general como al pensamiento científico en particular.

Se han hecho varios intentos para probar que la creencia en los milagros va en contra de las explicaciones o métodos científicos. Algunos sostienen que los milagros, que son contrarios a las leyes naturales, son impredecibles; otros sostienen que los milagros son irrepetibles o que sacrificarían la autonomía de la ciencia. Tales argumentos plantean la pregunta a favor del naturalismo. Asumen que el método científico debe definirse de tal manera que excluya la aceptación de los milagros. La premisa central, aunque esté oculta, es que todo evento en el mundo debe tener una causa natural. Si no se tiene ahora esa explicación, debe creerse que existe en última instancia. El sobrenaturalista señala que no hay que ser un naturalista incorregible para ser científico. Hablando apropiadamente, el campo de la ley científica es el ámbito de los eventos 'regulares', no de 'todos' los eventos.

Los milagros no eliminan la integridad del método científico. La ciencia es posible mientras los teístas crean que el mundo es ordenado y regular y que funciona de acuerdo con la ley de la causalidad. Si el origen del mundo puede tener una causa sobrenatural sin violar las leyes por las que funciona, tal Dios también puede causar otros eventos sin violar el funcionamiento natural regular. Ya que la ciencia empírica se ocupa de la manera en que las cosas 'funcionan', no cómo se 'originan', el origen de un evento con una causa sobrenatural no viola de ninguna manera la ley natural. Como lo observó el físico George Stokes, se puede introducir un nuevo efecto en el mundo natural sin suspender el funcionamiento ordinario del mundo (Stokes, pág. 1063).

Fuentes

G. L. Archer Jr., *Encyclopedia of Bible Difficulties* [Enciclopedia de dificultades bíblicas].

W. Arndt, *Bible Difficulties* [Dificultades bíblicas].

———, *Does the Bible Contradict Itself?* [¿Se contradice la Biblia?].

I. G. Barbour, *Issues in Science and Religion* [Problemas de la ciencia y la religión].

C. Becker, *"Detachment and the Writing of History"* ["El desapego y la redacción de la historia"].

F. H. Bradley, *The Presuppositions of Critical History* [Las presuposiciones de la historia crítica].

M. Burrows, *What Mean These Stones?* [¿Qué significan estas piedras?].

M. L. Diamond, *"Miracles"* [Los milagros].

D. K. Erlandson, *"A New Look"* ["Una nueva mirada"].

A. Flew, *"Miracles"* [Los milagros].

N. L. Geisler, *Christian Apologetics* [Apologética Cristiana].

———, *Miracles and the Modern Mind* [Los milagros y la mente moderna].

———, *When Critics Ask* [Cuando los críticos preguntan].

N. L. Geisler y T. Howe, *The Big Book of Bible Difficulties* [El gran libro de dificultades bíblicas].

N. L. Geisler y A. Saleeb, *Answering Islam* [Islamismo al descubierto].

D. R. Geivett y G. R. Habermas, *In Defense of Miracles* [En defensa de los milagros].

N. Glueck, *Rivers in the Desert* [Ríos en el desierto].

S. Greenleaf, *The Testimony of the Evangelists* [El testimonio de los evangelistas].

J. W. Haley, *An Examination of the Alleged Discrepancies of the Bible* [Un análisis de las supuestas discrepancias de la Biblia].

S. Hawking, *A Brief History of Time* [Breve historia del tiempo].

D. Hume, *An Abstract of a Treatise of Human Nature* [Resumen del tratado de la naturaleza humana].

———, *Enquiry Concerning Human Understanding* [Investigación sobre el conocimiento humano].

———, *A Treatise of Human Nature* [Tratado de la naturaleza humana].

S. Jaki, *Miracles and Physics* [Los milagros y la física].

R. Jastrow, *God and the Astronomers* [Dios y los astrónomos].

C. S. Lewis, *Miracles* [Los milagros].

W. A. Nolen, *Healing* [Curando].

P. Nowell-Smith, *"Miracles"* ["Los milagros"].

N. Smart, *"Miracles and David Hume"* ["Los milagros y David Hume"] *en Philosophers and Religious Truth* [Los filósofos y la verdad religiosa].

G. Stokes, *"Miracles"* ["Los milagros"].

R. Swinburne, ed., *The Concept of Miracle* [El concepto de milagro].

E. Troeltsch, *Historicism and Its Problems* [El historicismo y sus problemas].

————, *"Historiography"* ["Historiografía"].

R. Whately, *Historical Doubts Concerning the Existence of Napoleon Bonaparte* [Dudas históricas relativas a Napoleón Bonaparte].

A. N. Whitehead, *The Concept of Nature* [El concepto de naturaleza].

C. A. Wilson, *Rocks, Relics, and Biblical Reliability* [Rocas, Reliquias y Confiabilidad Bíblica].

H. Yockey, Self-Organization, *Origin of Life Scenarios, and Information Theory* [Autoorganización, origen de los escenarios de la vida y teoría de la información].

Milagros, Falsos. No todo lo que es inusual es sobrenatural. Para poder defender la fe cristiana es importante distinguir entre un milagro verdadero y uno falso. Ya que los milagros son la única manera en que Dios confirma una afirmación verdadera suya (ver Milagros, Valor apologético de los; Milagros en la Biblia). No se puede detectar la falsificación a menos que se conozcan las características de uno genuino.

Un verdadero milagro tiene condiciones previas. Un milagro es un acto especial de Dios y no puede haber actos de Dios a menos que haya un Dios quien pueda realizar estos actos especiales. Los milagros solo pueden ocurrir en el contexto de una cosmovisión teísta (Ver Teísmo). Un milagro es una intervención divina en el mundo. Dios no puede "intervenir" a menos que trascienda al mundo de cierto modo. Trascender también debe significar que Dios tiene un poder 'sobrenatural'. Un Dios que creó el mundo de la nada, ex nihilo (ver Creación, Puntos de vista de la), tiene el poder de intervenir en él.

Los ateos ven el mismo evento como un teísta, por ejemplo, la resurrección de Cristo, y desde su perspectiva de la cosmovisión no ven ningún milagro (ver Ateísmo; Resurrección, Evidencias a favor de la). Lo que haya sucedido debe ser una anomalía, o tal vez algo inusual, pero algún día será explicable a través de procesos naturales (ver Naturalismo). Al enfrentar una resurrección, los panteístas no admiten que haya habido una intervención divina porque no creen en un Dios que creó todas las cosas (ver Panteísmo). Los panteístas sostienen que Dios es todas las cosas. Por lo tanto, una resurrección solo sería un evento inusual en el mundo, no un evento sobrenatural con origen en su exterior.

Descripción de un verdadero milagro. Las tres palabras que la Escritura usa para describir un milagro ayuda a definir ese significado de manera más precisa. Cada una de las tres palabras para eventos sobrenaturales ('señal', 'prodigio', 'poder') define un aspecto de un milagro. Para una completa discusión de estos elementos, ver el artículo Milagros en la Biblia. Desde un punto de vista humano, un milagro es un evento inusual ("prodigio") que transmite y confirma un mensaje inusual ("señal") por medio de un poder inusual ("poder"). Desde el punto de vista divino, un milagro es un acto de Dios ("poder") que atrae la atención de las personas de Dios ("prodigio") a la Palabra de Dios (por una "señal").

De acuerdo con la Biblia, un milagro tiene cinco dimensiones que al juntarse diferencian un verdadero milagro de un falso milagro. Primero, un verdadero milagro tiene una 'dimensión no natural'. Una zarza ardiente que no se consume, fuego que cae del cielo y caminar sobre el agua no son sucesos normales. Su carácter inusual llama la atención. Segundo, un verdadero milagro tiene una 'dimensión teológica'. Presupone que el Dios teísta puede realizar estos actos especiales. Tercero, un verdadero milagro tiene una 'dimensión moral'. Manifiesta el carácter moral de Dios (ver Dios, Naturaleza de). No hay milagros malos, ya que Dios es bueno. Un milagro que castiga o juzga establece la naturaleza de Dios como justa.

Cuarto, un milagro tiene una 'dimensión teleológica'. A diferencia de la magia (ver Milagros, Magia y), los milagros nunca se realizan para entretener (ver Lucas 23:8). Su objetivo general es glorificar al Creador. Aunque no son naturales, encajan en la creación y se ajustan a la naturaleza del Creador.

El *nacimiento virginal de Cristo, por ejemplo, fue sobrenatural en su funcionamiento, no natural en sus propiedades, pero con un propósito en su producto. No fue natural, pero no fue antinatural. La concepción virginal de María tuvo un embarazo normal de nueve meses y un nacimiento normal (ver Historias del nacimiento divino). Quinto, los milagros en la Biblia, particularmente los dones de los milagros, tienen una 'dimensión doctrinal'. De manera directa o indirecta verifican afirmaciones verdaderas. Muestran que un profeta realmente fue enviado por Dios (Dt 18:22). Confirman la verdad de Dios a través de un siervo de Dios (Hechos 2:22; 2 Co 12:12; Heb 2:3-4). El mensaje y el milagro van de la mano.

Marcas distintivas de un milagro. Un verdadero milagro es una excepción a la ley de la naturaleza. Las leyes de la naturaleza son eventos predecibles y regulares, pero los milagros son eventos especiales e impredecibles. Por supuesto, hay algunos eventos inusuales naturales o anomalías que a veces son confundidos con milagros. Alguna vez se consideró que los cometas, eclipses y otros fenómenos naturales eran milagros, pero no lo son. Los meteoros pasan con poca frecuencia, pero son totalmente naturales y predecibles. Los eclipses son naturales y predecibles.

Los terremotos son relativamente impredecibles, pero a medida que los científicos los entienden mejor, pueden saber dónde ocurrirán, y a veces hasta cuándo. Que no sean milagros no quiere decir que no pertenezcan a la providencia especial de Dios.

Él los usa y los controla. Podemos estar seguros de que algunas veces interviene de formas espectaculares en sus funcionamientos. Una niebla en Normandía ayudó a las fuerzas aliadas a invadir Europa el Día D y a la eventual derrota de la Alemania nazi. La niebla tiene causas naturales, pero el momento en que se produjo esta fue una evidencia de la providencia de Dios. Pero no fue un milagro. Que las balas reboten de los pechos de los soldados aliados sí hubiera sido un milagro.

Un verdadero milagro produce resultados inmediatos. En Mateo 8:3, Jesús tocó a un hombre y este se curó inmediatamente de la lepra que tenía. Todas las curaciones milagrosas de Jesús y sus apóstoles tenían esa inmediatez. Ningún milagro demoró meses u horas en darse. Solo uno tomó unos minutos, ya que era un milagro en dos etapas, en realidad eran dos actos instantáneos interconectados de Dios (Marcos 8:23-25). Por el contrario, los eventos naturales toman tiempo y tienen un proceso. Se necesita toda una temporada para cultivar, cosechar, moler y mezclar la harina para hacer pan, pero Jesús lo hizo al instante (Juan 6). Toma dieciocho años o más para que un ser humano se haga adulto, pero Dios creó a Adán de inmediato (Gn 1:27; 2:7).

Un verdadero milagro siempre glorifica a Dios. La "magia" oculta glorifica al mago y las "curas" psicosomáticas, a la persona que las realiza. Los engaños satánicos (ver 2 Ts 2:9; Ap 16:14) son mentiras (2 Ts 2:9) que no glorifican al Dios que no puede mentir (Tito 1:2; Heb 6:18).

Un verdadero milagro le hace bien al mundo natural. La resurrección es el máximo ejemplo. Revierte la muerte y trae de vuelta el bien de la vida (ver Ro 8). Curar restaura el cuerpo a la forma en que Dios lo hizo, que era "bueno" (Gn 1:27-31). Incluso los milagros "negativos" son buenos en el sentido de que es bueno para la justicia de Dios para derrotar al pecado.

Un verdadero milagro nunca falla. Es un acto del Dios para quien "todas las cosas son posibles" (Mt 19:26). Ya que Dios no puede fallar, tampoco los milagros. Esto no quiere decir que cualquier siervo de Dios pueda realizar un milagro en cualquier momento. Los milagros ocurren solo de acuerdo a la voluntad de Dios (Heb 2:3-4; 1 Co 12:11). Además, los verdaderos milagros no tienen recaídas. Si una persona es curada milagrosamente, esa curación es permanente. Los seudomilagros, particularmente los de tipo psicosomático, suelen fallar. No funcionan en personas que no creen y, a veces, tampoco funcionan en quienes sí creen. Y cuando sí funcionan, sus efectos solo suelen ser parciales y/o temporales.

Tipos de falsos milagros. Como se ha señalado anteriormente, muchos eventos inusuales que no son verdaderos milagros son atribuibles a Dios. Dios actúa a través de procesos naturales. Otros eventos inusuales son actos de los seres humanos (y/o espíritus engañosos llamados demonios). Estos tampoco son verdaderos milagros. Satanás puede engañar, pero no puede obrar real y trascendentemente sobre la naturaleza y nunca de forma intencional para la gloria de Dios.

Trucos de magia. Un verdadero milagro se puede distinguir de la magia. La mayoría de magos modernos realmente no pretende que las ilusiones que realizan sean algo más que entretenimiento que "engaña" al público. Los espectadores tienen la intención de alejarse desconcertados sobre cómo el mago lo hizo, pero seguros de que él y sus asistentes sí lo "hicieron". Esto no es como los actos ocultos, a menos que la ilusión se realice por razones ocultistas. Los trucos de magia implican un engaño inocente, pero los milagros no implican ningún engaño. La magia tiene una explicación completamente natural, pero no los milagros. Un milagro está bajo el control de Dios y la magia, bajo el control humano. Así como todas las acciones de los humanos, se puede usar la magia para cosas buenas y malas. No es mala por naturaleza.

Curas psicosomáticas. Las interacciones entre la mente y el cuerpo, las enfermedades psicosomáticas y la curación no suelen implicar enfermedades fingidas o neuróticas y curanderos charlatanes de la fe. Basta con decir que las curas psicosomáticas de la mente sobre el cuerpo no son milagrosas.

Para curar la mente se necesita fe. Los milagros no. Ya sea utilizando el efecto placebo, tocando la televisión como un "punto de contacto" con el "curandero", o utilizando de manera más directa herramientas terapéuticas como la acupuntura o el entrenamiento mental de biorretroalimentación, las curaciones psicosomáticas pueden hacer bien o mal. Utilizan el maravilloso diseño del cuerpo que hizo Dios para trabajar la curación. Pero nunca deben ser malinterpretados como intervenciones directas o verdaderos milagros. Son fenómenos humanos y comunes en muchas religiones.

Anomalías de la naturaleza. Como se ha señalado, no deben confundirse a los milagros con anomalías naturales como, por ejemplo, con un eclipse lunar; este es inusual pero no va en contra de la naturaleza. Los milagros no se repiten naturalmente. Las anomalías son predecibles. El vuelo de un abejorro fue una anomalía por muchos años, pero ya que ocurría regularmente, era predecible incluso antes de poder ser explicado. Las anomalías no tienen las dimensiones teológicas, morales y teleológicas.

Providencia especial. Algunos eventos son causados de manera indirecta, y no directa, por Dios. Esto significa que Dios usa las leyes de la naturaleza para llevarlos a cabo. Pueden ser muy notables y pueden estimular la fe, pero no son sobrenaturales. Robert Müller reunió a sus huérfanos ingleses alrededor de la mesa del comedor y dio gracias por la comida que en ese momento no tenían para comer. Justo ahí, un carro que traía pan se averió frente al orfanato y se le entregó todo a Müller. Ese fue un acto de maravillosa providencia, pero no fue un milagro.

Señales satánicas. Uno de los temas más controvertidos al hablar de falsos milagros es sobre las "señales" satánicas. La Biblia utiliza la misma palabra "milagro" ("señal") para algunas manifestaciones inusuales de Satanás. Muchos teólogos llaman a estos eventos "milagros". La cuestión de si Satanás puede hacer milagros se complica debido a este uso común de la misma palabra "milagro". Sin embargo, si se debe preservar el valor apologético de los milagros, tiene que haber una manera de diferenciar un milagro divino de uno satánico. La mayoría de eruditos bíblicos evangélicos concuerdan en algunos hechos fundamentales como, por ejemplo, que Satanás es un ser creado (Col 1:15-16), no es todopoderoso (Ap 20:10), no puede crear vida (Gn 1:21; Dt 32:39), no puede resucitar a los muertos (Gn 1:21) y es un maestro del engaño (Juan 8:44).

Dado estos hechos, no hay razón para creer que Satanás pueda realizar eventos verdaderamente sobrenaturales. Como un maestro de la magia y un supercientífico, él puede engañar a casi cualquier persona que desee (ver Mt 24:24). De hecho, "el mundo entero está bajo el control del maligno" (1 Juan 5:19), quien es el "príncipe de la potestad del aire" (Ef 2:2). Y "el dios de este siglo cegó el entendimiento de los incrédulos" (2 Co 4:3-4). Ya que "el mismo Satanás se disfraza como ángel de luz" (2 Co 11:14).

Los poderes de Satanás, aunque son grandes, son finitos y los de Dios son infinitos. Por lo tanto, parece mejor distinguir un verdadero milagro de una señal satánica tanto en nombre como en habilidad. Dios realiza verdaderos milagros; Satanás hace señales falsas. Dios hace milagros genuinos; Satanás falsos milagros. La Biblia se refiere precisamente a esto en 2 Tesalonicenses 2:9 cuando dice: "El malvado vendrá, por obra de Satanás, con toda clase de milagros, señales y prodigios 'falsos'".

Así como existen características de los milagros, también existen características de una obra de Satanás, las cuales se muestran en el siguiente cuadro.

Milagro divino	Señal satánica
Acto sobrenatural real	Solo un acto sobrenormal
Bajo el control del Creador	Bajo el control de una criatura
Nunca está asociado con el ocultismo	Asociado con el ocultismo
Conectado con el Dios verdadero	Conectado con dioses falsos
Asociado con la verdad	Asociado con el error
Asociado con lo bueno	Asociado con lo malo
Implica verdad	Implica engaño
Glorifica al Creador	Glorifica a la criatura

Las señales satánicas no son sobrenaturales. Las señales falsas son inusuales. Pueden ser sobrenormales y extraordinarias, pero no son milagrosas. Se las puede reconocer como señales falsas si no tienen éxito, no son inmediatas, ni instantáneas y no son permanentes. Así como sucedió con Moisés y los magos de Egipto o Elías y los profetas de Baal (Ex 8-12; 1 Reyes 18), las señales de Satanás pierden en un duelo con Dios.

Las señales satánicas están asociadas con el error. Las señales falsas y las enseñanzas falsas van juntas. "El Espíritu dice claramente que, en los últimos tiempos, algunos abandonarán la fe para seguir a inspiraciones engañosas y doctrinas diabólicas" (1 Ti 4:1). Hay "el Espíritu de la verdad y el espíritu del engaño" (1 Juan 4:6). De manera que una enseñanza falsa no será confirmada con un verdadero milagro. Las señales falsas estarán conectadas con enseñanzas falsas. Un verdadero profeta no da profecías falsas. Si una señal que fue predicha no sucede, entonces fue una señal falsa. Las enseñanzas falsas que están conectadas con señales falsas pueden incluir lo siguiente: otros dioses además del único Dios verdadero teísta (Dt 6:4; 13:1-3), adorar usando imágenes o ídolos (Ex 20:3-4), indicar que Jesús no es Dios (Col 2:9), indicar que Jesús no ha venido en cuerpo humano (1 Juan 4:1-2), contactar con los muertos (Dt 18:11), que no se cumpla lo que se predice (Dt 18:21-22), indicar que revelaciones falibles o parcialmente verdaderas pueden venir de Dios (Heb 6:18), indicar que Cristo no tiene que ser el centro de la vida (Ap 19:10).

Las señales satánicas están asociadas con el mal moral. Los falsos milagros suelen acompañar a la rebelión moral y la ira con Dios (1 S 15:23), la inmoralidad sexual (Judas 7), el ascetismo (1 Co 7:5; 1 Ti 4:3), el legalismo (Col 2:16-17), el orgullo en supuestas visiones (Col 2:18), la mentira y el engaño (1 Ti 4:2; Juan 8:44) y otras obras de la carne (cf. Gl 5:19).

Las señales satánicas están asociadas con el ocultismo. Las prácticas ocultistas que pueden acompañar a las señales satánicas incluyen el contacto con espíritus (Dt 18:11); canalizadores, médiums o trances (Dt 18:11); perder control de las facultades propias (1 Co 14:32); conducta desordenada (1 Co 14:40); uso de cristales, piedras, varas u otros medios de adivinación (Dt 18:11; Ex 21:21); la meditación oriental para vaciar la mente, el canto o el uso de frases repetitivas (Mt 6:7); autodeificación (Gn 3:5; 2 Ts 2:9); astrología (Dt 4:19; Is 47:13-15); idolatría o el uso de imágenes en la adoración (Ex 20:3-4); y experimentar apariciones de personas muertas (Dt 18:11; 1 Co 10:18-21; 2 Co 11:14).

Las señales satánicas tienen un poder limitado. Satanás puede imitar los milagros de Dios, pero no puede duplicarlos. Una vez más, los milagros de Moisés y Elías sobre los magos egipcios y los sacerdotes de Baal demuestran esta superioridad. Algunos han supuesto de forma errónea que Satanás puede crear vida y resucitar a los muertos. Esto claramente es contrario a lo que dicen las Escrituras. Solo Dios es el Creador de las criaturas vivas (Gn 1:21; cf. Dt 32:39; 1 S 2:2, 6; Job 1:1). El mismo Satanás es un ser creado (Col 1:15-16) y, por naturaleza, las criaturas no crean vida. Quienes trabajaban para Satanás admitieron que ni siquiera podían crear piojos en Éxodo 8:18-19.

Resucitar a los muertos era una señal especial de un apóstol (Mt 10:8; 2 Co 12:12). Si Satanás pudiera hacerlo, difícilmente sería una señal distintiva de un apóstol de Dios. Y si Satanás pudiera resucitar a los muertos, podría duplicar la resurrección, la prueba suprema de la afirmación de Cristo de ser Dios (Mt 12:40; Juan 2:19-21; 10:18), y así subvertir la singularidad del apologeta cristiano. Las evidencias de la resurrección de Cristo no hubieran sido "pruebas convincentes" (Hechos 1:3 RVA – 2015). De hecho, si Satanás pudiera hacer los mismos milagros que Dios, entonces no habría una forma sobrenatural de discernir la verdad. Esto ya que Satanás podría confirmar que profetas mentirosos están diciendo la verdad. Asimismo, si Satanás pudiera dar profecías infalibles (ver Profecía, como prueba de la Biblia), la prueba de que una profecía falsa es una señal de un falso profeta sería ineficaz (Dt 18:22).

A veces se aplican erróneamente dos textos para apoyar la tesis de que Satanás puede crear vida o resucitar a los muertos. Tras un escrutinio, ninguno de los dos es un ejemplo legítimo del poder de dar vida. El primer ejemplo es la creación de serpientes de las varas de los magos de Egipto. Sin embargo, los mismos magos admitieron en Éxodo 8:18-19 que ellos no podían crear vida; entrenaron para la ilusión y el engaño. Se ha visto que algunos manipuladores de serpientes orientales modernos hacen que ciertas serpientes parezcan rígidas.

El segundo ejemplo es una profecía sobre lo que Satanás hará en la confrontación final con Dios (Ap 13). A la segunda bestia "también se le permitió infundir aliento a la imagen de la bestia, para que ésta hablara y mandara matar a todo aquel que no la adorara" (Ap 13:15 RVA – 2015). Esto se alega como prueba de que Satanás puede crear vida. Si el poder realmente fue dado por Dios, es concebible que el poder de dar vida se le conceda a la bestia. Es más probable que esto se esté diciendo metafóricamente, así como cuando Jesús le dijo a Pilatos: "No tendrías ningún poder sobre mí si no se te hubiera dado de arriba" (Juan 19:11). También hay que tener en cuenta que aquí no estamos hablando de un ser humano, quien ha muerto y a quien se le ha dado vida. Si no que es una "imagen" (no se nos dice de qué tipo) de la bestia a la que se le da aliento. Además, no se le da vida sino simplemente "aliento". Esto podría referirse a hacer la imagen animada o realista. Hay muchos escenarios en los que esta visión profética podría cumplirse sin que Satanás le dé vida a nada.

Falsas afirmaciones sobre la resurrección. Las religiones que no son cristianas y algunos grupos cristianos radicales han afirmado grandes milagros, incluyendo la habilidad de resucitar a los muertos. Ningún caso de una resurrección real ha sido corroborado con algo parecido a la evidencia de la resurrección de Cristo. La mayoría son evidentemente falsos.

Algunos simplemente son trucos fraudulentos, como lo es el caso del brujo africano quien afirmó haber matado a un hombre para apaciguar a los dioses y luego lo resucitó. El ilusionista Andre Kole, quien ha expuesto muchas farsas ocultistas, descubrió que el brujo había cavado un túnel por el cual el hombre a quien había fingido matar había escapado y luego regresado (ver Geisler, pág. 118).

Algunas supuestas resurrecciones son "comas" inducidos místicamente. Algunos gurús indios son capaces de lentificar los procesos de sus cuerpos al alterar el estado de su conciencia. Esto les permite pasar horas en una tumba con poco oxígeno. Al menos un artista del escape moderno pudo escapar en una hora y media de un ataúd enterrado a nueve pies bajo el suelo. No dijo que era una resurrección; simplemente aprendió a conservar el oxígeno de su gran ataúd mientras cavaba la tierra blanda hacia la superficie.

Algunos casos simplemente son resucitaciones médicas. El personal médico realiza resucitaciones regularmente en personas que están clínicamente muertas, pero no muertas realmente. Una resurrección real ocurre cuando alguien está físicamente muerto. Jesús resucitó a Lázaro después de que estuvo enterrado por cuatro días y su cuerpo se estaba descomponiendo (Juan 11:39).

Algunas supuestas resurrecciones son simplemente casos en los cuales los individuos se desmayaron o estuvieron en coma. El evangelista y curandero a través de la fe Oral Roberts afirmó haber resucitado a muertos. Cuando le insistieron para que diera nombres y direcciones, se negó. Finalmente mencionó a una niña que se había desmayado en su servicio. Cuando le preguntaron cómo sabía que estaba muerta, dijo que su cuerpo estaba frío y que tanto él como la madre de la niña creían que estaba muerta.

Se informó de resurrecciones en los resurgimientos en Indonesia (ver Geisler, págs. 71-72). Cuando George Peters investigó el asunto de primera mano, no encontró evidencia de resurrecciones físicas reales. Más bien, descubrió que la palabra "muerte" en el lenguaje también puede referirse a estados de inconsciencia, como desmayos y comas (Peters, pág. 88).

Se siguen haciendo afirmaciones de resurrecciones, pero no se ha presentado ningún caso de una verdadera resurrección física (ver Resurrección, Naturaleza Física de la). Cualquiera que realmente posea este poder sería abarrotado por multitudes. Jesús tuvo que pedirle a la gente que prometiera guardar silencio sobre sus milagros (Mt 8:4; 17:9). Era tan asediado por multitudes que buscaban ver milagros que a menudo no tenía tiempo para comer (Marcos 6:31; Juan 6:24). Pero desde el tiempo de los apóstoles, no se conoce de nadie que haya poseído este tipo de poderes.

Dios podía resucitar a los muertos. Un día, él resucitará a todos los muertos (Juan 5:28-30; Ap 20:4-5). Hasta ese momento, no es algo que Él probablemente haga.

Conclusión. Los verdaderos milagros son verdaderamente sobrenaturales; los falsos milagros son, en el mejor de los casos, solo sobrenormales. Las señales satánicas se identifican por la asociación con el mal y el engaño. Los actos sobrenaturales se distinguen por el bien y la verdad. Satanás no tiene el poder de realizar un acto verdaderamente sobrenatural. Sus actos siempre son engaños y usualmente falsificaciones obvias para cualquiera que conozca las señales. Él es el maestro de la magia y un supercientífico. Pero solo Dios puede crear vida y resucitar a los muertos. Solo Dios puede predecir de manera infalible el futuro. Solo Dios puede curar instantáneamente lo "incurable". El poder de Satanás es finito y maligno. El poder de Dios es infinito y bueno, además sus actos sobrenaturales ofrecen evidencia.

Fuentes

J. Randi, *The Faith Healers* [Los curanderos a través de la fe].

Agustín, *The City of God* [La ciudad de Dios].

C. Brown, *"Sign, Wonder, Miracles"* ["Señal, prodigio, milagros"].

————, *Signs and Wonders* [Señales y prodigios].

A. Kole y A. Janssen, *Miracles or Magic?* [¿Milagros o magia?].

C. S. Lewis, *Miracles* [Los milagros].

G.W. Peters, *Indonesia Revival* [El despertamiento en Indonesia].

M. Tari, *Like a Mighty Wind* [Como un viento recio].

B. B. Warfield, *Counterfeit Miracles* [Milagros falsificados].

Milagros, Magia y. Para el uso apologético de los milagros es crucial la habilidad de distinguir los verdaderos milagros de los falsos milagros. Muchas religiones afirman haber sido "probadas" por hechos milagrosos. El judaísmo afirma que la vara de Moisés se convirtió en una serpiente, el cristianismo sostiene que Jesús caminó sobre el agua, se supone que el Mahoma del Islam movió una montaña y los gurús hindúes afirman tener el poder de levitar.

El profeta de la Nueva Era Benjamin Creme ofrece un espíritu de poder y adivinación que "ensombreció" a Jesús y que ahora está disponible para los seguidores de "el Cristo": "Esto es lo que les ha permitido realizar lo que en ese momento se llamaban milagros, que hoy en día se llaman curación espiritual o esotérica. Diariamente, en todo el mundo, se realizan milagros de curación".

Si un milagro es propiamente un acto de Dios que suspende las leyes de la naturaleza con el propósito de confirmar la fuente de la verdad en Dios, ¿qué debemos hacer con tales argumentos de venta? ¿Podemos distinguir lo que es verdaderamente milagroso de lo que no es de Dios y podría ser demoníaco? ¿Es posible definir un milagro de tal manera que se excluyan las afirmaciones falsas y otros tipos de eventos inusuales?

El problema de la definición. Según el *teísmo, un milagro es una intervención sobrenatural de un Dios trascendente en el mundo natural. Pero el *panteísmo, al igual que el *ateísmo, indica que no hay un Dios más allá del universo. Por lo tanto, todos los eventos tienen causas naturales. Solo no están de acuerdo en que si lo "natural" se limita a lo físico o si puede incluir lo espiritual. Como el "Jesús" panteísta del Aquarian Gospel of Jesus the Christ [El evangelio de Acuario de Jesús el Cristo]: "Todas las cosas resultan de la ley de la naturaleza". Incluso la ciencia cristiana indica que un milagro es "lo que es divinamente natural, pero debe ser aprendido humanamente; un fenómeno de la ciencia". En lugar de decir que no existen milagros, los panteístas redefinen los milagros como una manipulación de la ley de la naturaleza. En una visión clásica del panteísmo, las películas de La Guerra de las Galaxias, Luke Skywalker aprendió a usar "la fuerza" (ley de la naturaleza) como un poder casi espiritual que le permitió realizar increíbles acciones. Los panteístas han tratado incluso de incorporar la física avanzada en las explicaciones de lo sobrenormal. El libro de Fritjof Capra The Tao of Physics [El Tao de la física] es una versión actualizada de la doctrina panteísta de indica que toda la materia es mística en el fondo: "La unidad básica del universo no es la única característica central de la experiencia mística, sino también una de las revelaciones más importantes de la física moderna. Esto es evidente a nivel del átomo, manifestándose más y más a medida que uno penetra profundamente en la materia, dirigiéndose al ámbito de las partículas subatómicas".

Así que la fuente de los "milagros" panteístas no es un Dios personal todopoderoso que trasciende el universo, sino que es una fuerza impersonal dentro del universo. Por lo tanto, estos eventos inusuales no son realmente sobrenaturales; solo son 'sobrenormales'.

Sobrenatural versus Sobrenormal. El cristianismo no niega que los eventos sobrenormales se den a cabo, pero negamos que sean verdaderamente únicos o que tengan algún valor apologético para confirmar las afirmaciones verdaderas religiosas. La definición de un verdadero milagro tiene tres elementos básicos que se reflejan en las tres palabras asociadas con los milagros en la Biblia: 'poder', 'señal' y 'prodigio' (para más información sobre estos elementos, ver Milagros en la Biblia).

El 'poder' de los milagros viene de un Dios que trasciende el universo. La naturaleza de los milagros es que son 'prodigios', que inspiran asombro porque trascienden las leyes de la naturaleza. La palabra 'señal' nos indica el propósito de los milagros: Confirman el mensaje y el mensajero de Dios. La dimensión teológica de esta definición es que los milagros implican un Dios fuera del universo quien interviene en él. Moralmente, ya que Dios es bueno, los milagros producen y/o promueven el bien. En su dimensión doctrinal, los milagros nos dicen qué profetas son verdaderos y cuáles son falsos. Teleológicamente (con propósito), los milagros nunca se realizan para entretener. Tienen el propósito de glorificar a Dios y guiar a las personas hacia Él.

Los "milagros" panteístas no se ajustan a esta definición porque su poder no viene de Dios. El escritor de la Nueva Era David Spangler identificó la fuente de los milagros para los panteístas cuando escribió lo siguiente: "Cristo es la misma fuerza que Lucifer, pero moviéndose en una dirección aparentemente opuesta. Lucifer se mueve hacia adentro para crear la luz de adentro[...] Cristo se mueve hacia afuera para liberar esa luz" (Spangler, págs. 40-44). Así que el poder para los eventos sobrenormales en el panteísmo viene de Lucifer, o Satanás, aunque se le llama Cristo cuando este sale del individuo.

Desde una perspectiva bíblica, Lucifer, también llamado el diablo y Satanás, no es lo mismo que Dios y tampoco igual a Dios. En el principio, Dios creó todo lo bueno: la tierra (Gn 1:1, 31), la humanidad (Gn. 1:27-28) y los ángeles (Col 1:15-16). Un ángel se llamaba Lucifer (Is 14:12). Él era hermoso pero "lleno de orgullo" (1 Ti 3:6) y rebelado en contra de Dios diciendo: "Seré semejante al Altísimo" (Is 14:14). Un tercio de todos los ángeles dejaron su hogar con Dios para seguirlo (Ap 12:4). Ahora se les conoce a estos seres como Satanás y sus demonios (Ap 12:7; Mt 25:41). Tienen poderes inusuales, en el sentido de que todos los ángeles tienen poderes sobrenaturales como parte del mundo espiritual. Se dice que están actuando [estimulando a] "en los hijos de desobediencia" (Ef 2:2). Satanás "se disfraza de ángel de luz" (2 Co 11:14), incluso para aparentar estar del lado de Dios, pero es solo un disfraz.

Milagros versus Magia. Desde una perspectiva bíblica, hay pruebas para distinguir los milagros de las influencias ocultistas o de la Nueva Era que podrían llamarse "magia". Los milagros son intervenciones sobrenaturales ordenadas por Dios. La magia es una manipulación sobrenormal de las fuerzas naturales. El siguiente cuadro resume estas diferencias:

Milagros	Magia
Bajo el control de Dios	Bajo el control humano
No es posible bajo petición	Se puede dar bajo petición
Poder sobrenatural	Un poder sobrenormal
Asociados con lo bueno	Asociada con lo malo
Asociados solo con la verdad	Asociada también con el error
Puede vencer el mal	No puede vencer el bien
Afirma que Jesús es Dios en cuerpo humano	Niega que Jesús es Dios en cuerpo humano
Las profecías siempre son ciertas	Las profecías a veces son falsas
Nunca están asociados con las prácticas ocultistas	Suele estar asociada con las prácticas ocultistas

La magia utiliza medios ocultistas para realizar sus actos. Estas son prácticas que pretenden conjurar poderes del reino de los espíritus. En muchos casos, hacen precisamente eso, pero es un poder demoníaco. Algunas prácticas directamente relacionadas con el poder demoníaco en la Biblia son la brujería (Dt 18:10), la clarividencia (Dt 18:10), la comunicación con espíritus (Dt 18:11), los médiums o canalizadores (Dt 18:11), la adivinación (Dt 18:10), la astrología (Dt. 4:19; Is 47:13-15), la herejía (falsa enseñanza) (1 Ti 4:1; 1 Juan 4:1-3), la inmoralidad (Ef 2:2-3), la autodeificación (Gn 3:5; Is 14:12), la mentira (Juan 8:44), la idolatría (1 Co 10:19-20), el legalismo y la autonegación(Col 2:16-23; 1 Ti 4:1-4). Muchos de los que practican y enseñan sobre los "milagros" panteístas admiten que usan prácticas ocultistas y las recomiendan para otros. Estas pruebas muestran claramente que tales afirmaciones de poderes sobrenaturales no son milagros.

Caso de prueba: Jean Dixon. Jean Dixon fue una de las psíquicas más famosas del siglo XX. A ella se le atribuye haber hecho muchas predicciones supernormales, pero en ningún sentido su trabajo cumple con los estándares para lo milagroso.

Falsas profecías. Incluso su biógrafa, Ruth Montgomery, admite que Dixon ha hecho falsas profecías. Predijo que la China comunista llevaría al mundo a la guerra por Quemoy y Matsu en octubre de 1958; pensó que el líder sindical Walter Reuther buscaría activamente la presidencia en 1964 (Kole y Janssen). El 19 de octubre de 1968, nos aseguró que Jacqueline Kennedy no estaba considerando casarse ¡y la Sra. Kennedy se casó con Aristóteles Onassis al día siguiente! También dijo que la Tercera Guerra Mundial comenzaría en 1954, que la Guerra de Vietnam terminaría en 1966 y que Castro sería desterrado de Cuba en 1970.

The People's Almanac [El almanaque del Pueblo] (1976) hizo un estudio sobre las predicciones de veinticinco psíquicos principales incluyendo a Dixon. Los resultados: "De un total de 72 predicciones, 66 (o el 96%) estaban totalmente equivocadas" (Kole, 69). De las predicciones hasta cierto punto correctas, dos eran vagas y dos apenas sorprendentes, que los Estados Unidos y Rusia seguirían siendo las principales potencias y que no habría guerras mundiales. Está claro que no se necesitan poderes sobrenaturales para obtener estos resultados por debajo de lo normal.

Una tasa de exactitud de alrededor del 8% podría explicarse por el azar y el conocimiento general de las circunstancias. Pero puede que haya algo más. Montgomery nos indica que Dixon usa una bola de cristal, la astrología y la telepatía, y que una adivina gitana le dio su don de profecía cuando era una niña.

La supuesta predicción de Kennedy. Incluso la muy reconocida profecía de Jean Dixon sobre la muerte de John F. Kennedy es vaga y errónea en algunos aspectos (ella dijo que las elecciones de 1960 estarían dominadas por el partido laborista, lo cual no fue así, y en un momento dado dijo que Richard Nixon ganaría, lo cual no sucedió, una predicción que ella misma contradijo en otro lugar). Su profecía sobre el asesinato no nombraba específicamente a Kennedy. En cambio, Isaías nombró al rey "Ciro" y dijo lo que él haría un siglo y medio antes de que naciera (ver Is 45:1). Dixon tampoco dio detalles de cómo, dónde o cuándo Kennedy sería asesinado. Comparemos esto con las especificaciones de las profecías del Antiguo Testamento sobre el nacimiento y la muerte de Cristo (ver Is 53). Además, su predicción era general. Todo lo que adivinó fue que un presidente demócrata moriría estando en el cargo. En 1960, había una probabilidad del 50% de que las elecciones las ganara un demócrata y, si se le daban dos periodos de cuatro años, había posibilidades de que al menos le dispararan. Asimismo, los primeros años de la década de 1960 encajan en un ciclo de un siglo en el que cada veinte años un presidente muere en el cargo. El presidente de 1980, Ronald Reagan, casi fue asesinado.

La Biblia no deja espacio para tales cosas. Todas las formas de adivinación están prohibidas. No se permite ningún error para un profeta de Dios. Deuteronomio 18:22 dice que un profeta debe ser 100% preciso: "Si lo que el profeta proclame en nombre del Señor no se cumple ni se realiza, será señal de que su mensaje no proviene del Señor. Ese profeta habrá hablado con presunción. No le temas". Esta última frase significa que es apropiado apedrear a tal profeta. Si Dios ha hablado, se hará realidad. No hay necesidad de una segunda oportunidad.

Se ha demostrado que algunas afirmaciones de poderes sobrenormales no son más que ilusiones y trucos de prestidigitación. Los magos profesionales saben que, dadas las circunstancias adecuadas, se puede hacer creer a cualquiera que ha sido testigo de algo que nunca ocurrió.

Un ejemplo de ello es el caso del "psíquico" Uri Geller, quien afirma tener el poder de doblar objetos metálicos sin tocarlos, así como el poder de la telepatía y la clarividencia. Incluso recibió apoyo en un informe del SRI International que fue publicado en una revista científica de nivel popular. Sin embargo, los editores de la revista señalaron que los hombres que habían arbitrado las pruebas consideraban que "no se había considerado debidamente la metodología establecida de la psicología experimental [...] Dos evaluadores también consideraron que los autores no habían tenido en cuenta las lecciones aprendidas en el pasado por los parapsicólogos que investigaban esta difícil y complicada área". Su escepticismo demostró estar bien fundado. La revista New Science informó que "al menos cinco personas afirmaban haber visto a Geller hacer trampa". Una mujer que lo observaba en un estudio de televisión dijo que "en realidad vio a Geller doblar la cuchara grande con la mano y no con poderes psíquicos" (Kole y Janssen). Otro de los trucos de Geller es tomarse una foto con una cámara mientras la tapa de la lente está puesta. Pero esto ha sido también realizado por un fotógrafo usando una lente gran angular y con la tapa no estando del todo cerrada. El éxito de Geller también parece disminuir dramáticamente cuando se ajustan los controles. En los programas de televisión, le gustaba escoger un objeto de una de las diez latas de películas.

En el programa Merv Griffin Show emitido en los Estados Unidos, Geller realizó el truco con éxito, pero algunos pensaron que vieron a Geller sacudir la mesa para que las latas se agitaran y así él pudiera saber cuál era la más pesada. Por lo tanto, en el programa Johnny Carson Tonight Show emitido el 1 de agosto de 1973 se tomaron precauciones especiales y no se permitió a Geller acercarse lo suficiente a la mesa como para sacudirla ni tocar las latas. Y falló.

Es difícil evitar la conclusión de un crítico quien dijo rotundamente que "el periódico de la SRI simplemente no puede sostenerse contra la masa de pruebas circunstanciales de que Uri Geller simplemente es un buen mago". El mago Andre Kole nos explica:

> Lo que la mayoría de las personas no se da cuenta sobre Uri Geller, que es lo que ha tratado de suprimir en su publicidad, es que estudió y practicó magia en Israel cuando era joven. Pero pronto se dio cuenta de que atraía a muchos más seguidores indicando que tenía poderes paranormales que como mago. De hecho, muchas de las cosas que hace serían bastante intrascendentes viniendo de un mago. (Kole y Janssen)

Milagros bíblicos únicos. Los milagros bíblicos son superiores y únicos. Los magos de Egipto trataron de reproducir las obras de Moisés mediante ilusiones con cierto éxito (Ex 7:19 ss.; 8:6 ss.), pero cuando Dios sacó los mosquitos del polvo, los hechiceros fracasaron y exclamaron: "En todo esto anda la mano de Dios" (Ex 8:19). Elías silenció todas las afirmaciones de los profetas de Baal cuando hizo caer fuego del cielo cuando ellos no pudieron (1 Reyes 18). La autoridad de Moisés fue reivindicada cuando Coré y sus seguidores fueron tragados por la tierra (Nm 16). Aarón se mostró como la elección de Dios como sacerdote cuando su vara brotó (Nm 17). En el Nuevo Testamento, Jesús sanó a los enfermos (Mt 8:14-17), hizo que los ciegos vieran (Marcos 8:22-26), limpió a los leprosos (Marcos 1:40-45) y resucitó a los muertos (Lucas 8:49-56). Su patrón continuó en los apóstoles, como Pedro que sanó al mendigo a la puerta del templo (Hechos 3:1-11) y cuando resucitó a Dorcas de entre los muertos (Hechos 9:36-41). En Hebreos 2:4 se nos indica el propósito de estos milagros: "A la vez, Dios ratificó su testimonio acerca de ella con señales, prodigios, diversos milagros y dones distribuidos por el Espíritu Santo según su voluntad". En cuanto al propósito, la bondad y la confirmación del mensaje de Dios no hay comparación entre estos milagros y las cucharas dobladas.

Profecía bíblica única. La profecía bíblica también es única en el sentido de que, aunque la mayoría de las predicciones son vagas y a menudo erróneas, las Escrituras son notablemente precisas y exactas (ver Profecía, como prueba de la Biblia). Dios no solo predijo la destrucción de Jerusalén (Is 22:1-25) sino también el nombre de Ciro, el gobernante persa que haría regresar a los israelitas (Is 44:28; 45:1). Esto fue 150 años antes de que todo sucediera. El lugar preciso del nacimiento de Jesús se cita alrededor del año 700 a. C. (Miqueas 5:2). El momento de su entrada triunfal en Jerusalén fue predicho con exactitud por Daniel en el año 538 a. C. (Dn 9:24-26). Ningún adivino puede jactarse de esta precisión o consistencia.

Cristo predijo su propia muerte (Marcos 8:31), la forma de su muerte (Mt 16:24), la traición (Mt 26:21) y su resurrección de la muerte al tercer día (Mt 12:39-40). No hay nada como esto en ninguna parte de las profecías o milagros ocultos. La resurrección de Jesús es el único e irrepetible evento de la historia.

Una serie de televisión del año 2005 se propuso a determinar si los milagros de Jesús podrían hacerse por medio de la magia. Un mago que fue contratado por la serie de televisión me envió una copia de los programas. Su conclusión fue que sin un equipo tecnológico avanzado, sin un planeamiento avanzado y sin un equipo de personas entrenado, los milagros que hizo Jesús no podrían hacerse por magia (Jones y MacLeod). Por supuesto, en el escenario original en el que Jesús realizó sus milagros, nada de esto estaba disponible. En resumen, Jesús no pudo haber estado usando magia para realizar sus hazañas sobrenaturales; eran verdaderos milagros.

Fuentes

J. Randi, *Flim-Flam!* [Fraudes Paranormales].
F. Capra, *The Tao of Physics* [El Tao de la física].
L. H. Dowling, *The Aquarian Gospel of Jesus the Christ* [El evangelio de Acuario de Jesús el Cristo].
N. L. Geisler, *Signs and Wonders* [Señales y prodigios].

B. Jones y S. MacLeod, *"The Magic of Jesus"* ["La magia de Jesús"].

A. Kole y A. Janssen, *Miracles or Magic?* [¿Milagros o magia?].

D. Korem, *Powers* [Poderes].

D. Spanglers, *Reflections on the Christ* [Reflexiones sobre el Cristo].

B. B. Warfield, *Counterfeit Miracles* [Milagros falsificados].

Milagros, Mitos y. Bajo el implacable ataque del naturalismo moderno, muchos pensadores religiosos se han acogido a la visión de que los milagros no son eventos en el mundo del espacio-tiempo (ver Milagro). Más bien, los milagros son mitos o eventos en un mundo espiritual, por encima del espacio y el tiempo. Como resultado, los registros religiosos deben ser "desmitificados" o despojados de la "envoltura" mitológica para llegar al "núcleo" existencial de la verdad. Rudolf *Bultmann (1884-1976) estuvo a la vanguardia de esta visión de los "milagros". Adaptó el concepto de análisis existencial del fenomenólogo Martin Heidegger (1889-1976) a la exégesis del Nuevo Testamento. Usando los métodos de Heidegger, intentó separar el mensaje esencial del evangelio de la cosmovisión del siglo I.

El naturalismo demitológico. Bultmann creía que las Escrituras estaban fundadas en un universo de tres niveles teniendo a la tierra en el centro, al cielo arriba con Dios y los ángeles y al inframundo por debajo. El mundo "es el escenario de la actividad sobrenatural de Dios y sus ángeles por un lado y de Satanás y sus demonios por otro lado. Estas fuerzas sobrenaturales intervienen en el curso de la naturaleza y en todo lo que pensamos, deseamos y hacemos" (Bultmann, pág. 1). Los documentos del Nuevo Testamento necesitaban ser despojados de esta estructura mitológica. El lenguaje de la mitología es increíble para los modernos, para quienes la visión mítica del mundo es obsoleta. "Todo nuestro pensamiento de hoy está moldeado para bien o para mal por la ciencia moderna", así que "una aceptación ciega del Nuevo Testamento [...] significaría aceptar una cosmovisión en nuestra fe y religión, la cual deberíamos negar en nuestra vida diaria" (ibid., págs. 3-4).

Con toda confianza, Bultmann ni siquiera se abrió a considerar la suposición de que el escenario bíblico de los milagros es imposible. Tal punto de vista ya no se podía sostener seriamente. La única forma honesta de recitar los credos era despojar el marco mitológico de la verdad que consagran.

Propósito del mito. Si el escenario bíblico es mitológico, ¿entonces cómo vamos a entenderla? Para Bultmann, "el verdadero propósito del mito no es presentar un escenario objetivo del mundo tal como es, sino expresar la comprensión del hombre de sí mismo en el mundo en el que vive". Por lo tanto, "no se debe interpretar al mito cosmológicamente sino antropológicamente o, mejor aún, existencialmente".

"El mito habla del poder o los poderes que el hombre supone que experimenta como el suelo y el límite de su mundo y de su propia actividad y sufrimiento". En otras palabras, el mito se refiere a un poder trascendente que controla el mundo. Es esa esperanza que la religión comparte una vez que su material periférico fechado es cortado (ibid. págs. 10-11).

Bultmann concluye con seguridad lo siguiente: "Obviamente [la resurrección] no es un evento del pasado [...] Un hecho histórico que implique una resurrección de los muertos es totalmente inconcebible" (ibid., págs. 38-39). Ofrece varias razones para esta conclusión antisobrenatural. En primer lugar, está "la incredulidad de un evento mítico como la reanimación de un cadáver". Segundo, "existe la dificultad de establecer la historicidad objetiva de la resurrección sin importar cuántos testigos se citen". Tercero, "la resurrección es un dogma de fe que, como tal, no puede ser una prueba milagrosa". Finalmente, "tal milagro no es de otra manera desconocido para la mitología" (ibid. págs. 39-40).

¿Entonces qué es la resurrección (ver Resurrección, Evidencias a favor de la)? Para Bultmann, es un evento de la historia subjetiva, un evento de fe en los corazones de los primeros discípulos. Como tal, no está sujeto a verificación o falsificación histórica, ya que no es un acontecimiento en el mundo espacio-tiempo. Cristo no se levantó de la tumba de José; se levantó por la fe en los corazones de los discípulos.

Es difícil formular con precisión el razonamiento que Bultmann utilizó para apoyar esta tesis. Pero podría hacerse así:

1. Los mitos son por naturaleza más que verdades objetivas; son verdades trascendentales de la fe.
2. Pero lo que no es objetivo no puede ser parte de un mundo espacio-tiempo verificable.
3. Por lo tanto, los milagros (mitos) no forman parte del mundo objetivo del espacio-tiempo.

Debilidades del naturalismo demitológico. Los milagros no son menos que históricos. No se deduce que, como un evento es más que histórico, debe ser menos que mitológico. Los milagros del Evangelio tienen, sin duda, una dimensión trascendente. Son más que eventos históricos. Por ejemplo, el *nacimiento virginal involucra la naturaleza divina de Cristo (ver Cristo, Divinidad de) y el propósito espiritual de su misión tanto como la biología. Se presenta como una "señal" (Is 7:14). La *resurrección de Cristo es más que la resucitación de un cadáver. Su dimensión divina implica verdades espirituales (Ro 4:25; 2 Ti 1:10).

Eso no significa de ninguna manera que estos milagros no sean eventos puramente objetivos y factuales. Incluso Bultmann admite que los escritores del Nuevo Testamento creían que los eventos que describían eran históricos. "No se puede negar que la resurrección de Jesús se utiliza a menudo en el Nuevo Testamento como prueba milagrosa [...] Tanto la leyenda de la tumba vacía como las apariciones insisten en la realidad física del cuerpo resucitado del Señor". Sin embargo, "estos son ciertamente adornos posteriores de la tradición primitiva" (ibid. pág. 39). No se dan razones sólidas para concluir que estos eventos no puedan ser eventos en la historia del espacio-tiempo (ver Milagros en la Biblia).

Los milagros están en el mundo pero no son del mundo. Bultmann asume erróneamente que cualquier evento que se dé en este mundo debe ser de este mundo. Un milagro puede originarse en el mundo sobrenatural (su fuente) y, sin embargo, ocurrir en el mundo natural (su esfera). De esta manera, el evento puede ser objetivo y verificable sin reducirse a dimensiones puramente factuales. Se podría verificar directamente por medios históricos si el cadáver de Jesús de Nazaret fue levantado y observado empíricamente (las dimensiones objetivas del milagro), sin reducir los aspectos espirituales del evento a meros datos científicos. Pero al afirmar que tales milagros no pueden ocurrir en la historia del espacio-tiempo, Bultmann simplemente está revelando un sesgo naturalista injustificado y antiintelectual.

La base del antisobrenaturalismo de Bultmann no es evidente y ni siquiera discutible. Es algo que sostiene "no importa cuántos testigos se citen" (ibid.). El dogmatismo de su lenguaje resulta revelador. Los milagros son "increíbles", "irracionales", "ya no posibles", "sin sentido", "totalmente inconcebibles", "simplemente imposibles" e "intolerables". Por lo tanto, el "único camino honesto" para la gente moderna es sostener que los milagros son espirituales y que el mundo físico es inmune a la interferencia sobrenatural.

Si los milagros no son hechos históricos objetivos, entonces son no verificables ni falsificables. No hay un modo factual para determinar si son verdaderos. Han sido colocados más allá del ámbito de la verdad objetiva y deben ser tratados como puramente subjetivos. La crítica de Antony *Flew (ver Verificación, Tipos de) fue hasta el punto en que desafió: "Ahora a menudo le parece a la gente que no es religiosa como si no hubiera ningún evento concebible o una serie de eventos cuya ocurrencia sería admitida por gente religiosa sofisticada como una razón suficiente para conceder que 'No había un Dios después de todo'". Flew preguntó: "¿Qué tendría que ocurrir o haber ocurrido para que constituya para ti una prueba del amor de Dios o de su existencia?" (Flew, pág. 98).

Para reformular las preguntas de Flew dirigidas a Bultmann, "Si el cadáver de Jesús de Nazaret hubiera sido descubierto después de la primera Pascua, ¿alteraría esto tu creencia en la resurrección?" Claramente, no sería así para Bultmann. El apóstol Pablo responde a esta pregunta en 1 Corintios 15 con un enfático sí. Indica lo siguiente: "Y, si Cristo no ha resucitado, la fe de ustedes es ilusoria y todavía están en sus pecados" (1 Co 15:17).

Si los milagros no son acontecimientos históricos, no tienen valor probatorio (ver Fideísmo). No prueban nada, ya que solo tienen valor para aquellos que desean creerlos. Sin embargo, los escritores del Nuevo Testamento afirman la existencia de valor probatorio para los milagros. Los consideran "pruebas convincentes" (Hechos 1:3) y no como "fábulas artificiosas" (2 Pedro 1:16 RVR 1960). Pablo declaró sobre Dios que "ha dado pruebas a todos al levantarlo [Jesús] de entre los muertos" (Hechos 17:31).

Conclusión. El enfoque demitológico de Bultmann sobre los milagros y los documentos del Nuevo Testamento en general es injustificado. En primer lugar y lo más importante es que contradice la abrumadora evidencia de la autenticidad de los documentos del Nuevo Testamento y la fiabilidad de los testigos (ver Nuevo Testamento, Historicidad del). Segundo, va en contra de la afirmación del Nuevo Testamento (2 Pedro 1:16; cf. Juan 1:1-3; 21:24). Por último, el Nuevo Testamento no es el género literario de la mitología (ver Mitología y el Nuevo Testamento). C. S. *Lewis, quien es un escritor de mitos (cuentos de hadas), señaló con agudeza que "el Dr. Bultmann nunca escribió un evangelio". Por lo tanto, se hace la siguiente pregunta: "¿La experiencia de lo que ha aprendido en su vida [...] le ha dado realmente algún poder para ver en las mentes de los que han muerto hace tiempo?" Como escritor de mitos, Lewis pensaba que los críticos generalmente se equivocaban cuando intentaban leer su mente en vez de sus palabras. Sin embargo, añade que: "podemos concluir que los 'resultados seguros de la erudición moderna', en cuanto a la forma en que un libro antiguo fue escrito, están 'asegurados' solo porque los hombres que conocían los hechos están muertos y no pueden refutarlos". Las críticas bíblicas bultmannianas son infalsificables porque, como Lewis lo comenta irónicamente, "San Marcos está muerto. Cuando se reúnan con San Pedro habrá asuntos más urgentes que discutir" (Christian Reflections [Reflexiones cristianas], págs. 161-63).

Fuentes

R. Bultmann, *Kerygma and Myth* [Kerigma y mito].

A. Flew, *"Theology and Falsification"* ["Teología y falsificación"].

N. L. Geisler, *Miracles and the Modern Mind* [Los milagros y la mente moderna].

C. S. Lewis, *Christian Reflections* [Reflexiones cristianas].

————, *Miracles* [Los milagros].

G. Machen, *The Virgin Birth of Christ* [El nacimiento virginal de Cristo].

R. Nash, *The Gospel and the Greeks* [El evangelio y los griegos] (anteriormente llamado Christianity and the Hellenistic World [El cristianismo y el mundo helenístico]).

Milagros, Supuesta imposibilidad de los. *Ver* MI-LAGROS, ARGUMENTOS CONTRA LOS; NATURALISMO; SPI-NOZA, BENEDICT.

Milagros, Valor apologético de los. Las afirmaciones centrales del cristianismo dependen del valor apologético de los milagros (ver Apologética, Argumento general de la; Milagro). Si los milagros no tienen valor probatorio, entonces no hay evidencia objetiva e histórica que respalde las afirmaciones del cristianismo ortodoxo e histórico.

Algunos naturalistas contemporáneos sostienen que no importa cuán inusual es un evento, no puede ser identificado como un milagro. Si fuera verdad, esto tiene serias implicaciones para las personas que creen en los milagros. Ningún evento inusual que diga tener un origen divino podría ser considerado un milagro. Además, las religiones teístas tales como el judaísmo y el cristianismo, en las que las afirmaciones milagrosas se usan de manera apologética, no podrían realmente identificar ninguno de sus eventos inusuales como una confirmación milagrosa de sus afirmaciones verdaderas, sin importar cuánta evidencia puedan producir de la autenticidad de estos eventos.

La identificabilidad de los milagros. En el caso de la identificabilidad de los milagros hay dos aspectos. Primero, los milagros en general deben ser identificables antes de poder identificar un milagro en particular. Segundo, uno debe poder señalar marcas distintivas para así identificar un evento específico como un milagro. Aquí el foco será la identificabilidad de los milagros.

De acuerdo con algunos, los milagros no pueden ser identificados porque el concepto de milagro no es coherente. Alistair McKinnon, por ejemplo, afirma que "la idea de una suspensión de la ley de la naturaleza es contradictoria. Esto se deduce del significado del término" (Swinburne, pág. 49). Porque si las leyes de la naturaleza son descriptivas, entonces simplemente nos informan sobre el curso real de los eventos. Pero nada puede interrumpir el curso real de los eventos, según indica McKinnon. Él escribió lo siguiente: "Esta contradicción puede ser más evidente si en vez de 'ley de la naturaleza' usamos la expresión 'el curso real de los eventos'. Entonces se definiría al milagro como 'un evento que involucra la interrupción del curso real de los eventos'". Por lo tanto, "alguien que insista en describir un evento como un milagro estaría en una posición bastante extraña de afirmar que su hecho era contrario al curso real de los eventos" (ibid. pág. 50). Se puede resumir el argumento de McKinnon de la siguiente manera:

1. Las leyes de la naturaleza describen el curso real de los eventos.
2. Un milagro es una violación de una ley de la naturaleza.
3. Pero es imposible interrumpir el curso real de los eventos (lo que es, es; lo que sucede, sucede).
4. Por lo tanto, los milagros son imposibles.

Respuesta al argumento de McKinnon. Existen muchos problemas con este argumento. Vale la pena destacar particularmente tres:

Plantear la pregunta. Si McKinnon está en lo correcto, los milagros no pueden ser identificados en el mundo natural, ya que cualquier cosa que suceda, no sería un milagro. Y si cualquier cosa que suceda es ipso facto un evento natural, entonces, por supuesto, los milagros nunca suceden. Esto, sin embargo, simplemente plantea la pregunta; esta definición de ley de la naturaleza está completamente sesgada en contra de los milagros. Cualquier acontecimiento que suceda dentro del mundo natural, automáticamente sería llamado un "evento natural". Esto eliminaría de antemano la posibilidad de que cualquier evento en el mundo sea un milagro. Pero incluso esto no logra reconocer la posibilidad de que no todo evento que sucede 'en' el mundo es 'del' mundo. Pues un milagro puede ser un efecto 'en' la naturaleza por una causa que está 'más allá' de la naturaleza. Por ejemplo, la mente que crea una computadora está 'más allá' de la computadora y, aún así, la computadora se encuentra 'en' el mundo.

Definición incorrecta. El problema es que McKinnon ha definido las 'leyes de la naturaleza' de una manera incorrecta. No se debería definir a las leyes de la naturaleza como lo que ocurre 'realmente', sino lo que ocurre 'regularmente'. Como lo indica Richard Swinburne: "Las leyes de la naturaleza no solo describen lo que sucede [...]. Sino que describen lo que sucede de manera regular y predecible". Por lo tanto, "cuando lo que sucede es completamente irregular e impredecible, su acontecimiento no es algo descriptible por las leyes de la naturaleza" (ibid., pág. 78). De esta manera, se pueden identificar a los milagros como eventos dentro de la naturaleza que pertenecen a la categoría de lo irregular y lo impredecible. Puede que un milagro sea más que un evento irregular e impredecible en el mundo natural, pero no son menos que esto. En cualquier caso, no pueden ser descartados simplemente definiendo una ley de la naturaleza como lo que realmente ocurre. Aunque estos ocurran en el mundo natural, los milagros se pueden distinguir de los hechos naturales.

Tipos de eventos confusos. Ya que las leyes de la naturaleza se ocupan de las 'regularidades' y los milagros, de las 'singularidades'; los milagros no pueden ser violaciones de las leyes de la naturaleza. Ni siquiera están en la misma categoría de eventos. Un milagro no es una miniley de la naturaleza; es un evento único con sus propias características. Por lo tanto, es un error categórico afirmar que los milagros no suceden (o no debería creerse que suceden) por no pertenecer a la categoría de los eventos de la naturaleza. Usando la misma lógica, podríamos decir también que ningún libro tiene una causa inteligente porque su origen no se puede explicar por las leyes operacionales de la física y de la química.

Argumento de Flew. Un ataque más fuerte sobre el valor apologético de los milagros fue expuesto por Antony *Flew. La objeción básica a los milagros planteada por los naturalistas contemporáneos no es ontológica, sino epistemológica. Es decir, no se rechaza a los milagros porque sabemos que no ocurrieron; más bien, no sabemos y no podemos saber que 'sí' ocurrieron. La objeción de Flew calza en esta categoría. De tener éxito, el argumento de Flew muestra que los milagros no tienen valor apologético.

Los milagros son parásitos para la naturaleza. Flew define a grandes rasgos a un milagro como algo que "nunca hubiese sucedido, si la naturaleza, por así decirlo, hubiera sido dejada a su propia suerte" (Flew, pág. 346). Señala también que *Tomás de Aquino demostró que los milagros no son propiamente una violación de las leyes de la naturaleza. Aquino escribió lo siguiente: "No va en contra del principio de artesanía [...] si un artesano realiza un cambio en su producto, incluso después de haberle dado su primera forma" (Aquino, 3.100). El 'poder' no solo está inherente en la idea de artesanía, sino también en la 'mente' del artesano. Un milagro lleva la marca inconfundible de poder y mente divina. Entonces, un milagro es "una interposición llamativa de poder divino por la cual se anulan, suspenden o modifican las operaciones del curso ordinario de la naturaleza" (ver Flew, pág. 346).

Al aceptar esta definición teísta, Flew insistió en que "las excepciones son lógicas y dependen de las reglas. Solamente en la medida en que pueda mostrar que existe un orden, comienza a ser posible mostrar que el orden se anula ocasionalmente" (ibid., pág. 347). En resumen, para Flew, los milagros son lógicamente parásitos para las leyes de la naturaleza. Por lo tanto, es posible una visión firme de los milagros sin una visión firme de la regularidad de la naturaleza.

La improbabilidad de los milagros. Flew sostuvo que los milagros son prima facie improbables, citando al historiador R. M. Grant quien indicó que "en la antigüedad, la credulidad variaba inversamente con la ciencia de la salud y directamente con el vigor de la religión" (ibid.). David *Strauss, un crítico de la Biblia del siglo XIX, era incluso más escéptico. Escribió lo siguiente: "Podemos rechazar los milagros, profecías, relatos sobre ángeles y demonios, y similares, de forma sumaria como algo simplemente imposible e irreconciliable con las leyes conocidas y universales que rigen el curso de los eventos" (ver ibid., pág 347). De acuerdo con Flew, tal escepticismo se justifica en bases metodológicas.

Identificabilidad. Flew afirma estar dispuesto a considerar, en principio, la posibilidad de milagros. En la práctica, él sostiene que el problema de 'identificar' un milagro es grave, por no decir insuperable.

El argumento contra los milagros por la falta de identificación se puede resumir de la siguiente manera:

1. Un milagro debe ser identificado (distinguido) antes de que se pueda saber que ha ocurrido.
2. Se puede distinguir un milagro de una o dos maneras: en términos de la naturaleza y en términos de lo sobrenatural.
3. Identificarlo en relación con lo sobrenatural como un acto de Dios, plantea la pregunta.
4. Identificarlo en relación con un evento de la naturaleza lo priva de su cualidad sobrenatural.
5. Por lo tanto, no se puede saber si los milagros han ocurrido, ya que no hay manera de identificarlos.

Flew insistía, contra *Agustín (ver Agustín, 21.8), en que si un milagro es simplemente "un presagio [que] no es contrario a la naturaleza, pero sí a nuestro conocimiento de naturaleza" (Flew, pág. 348), entonces no tiene valor apologético real. Porque, según Flew, si un evento es simplemente un milagro en relación 'con nosotros en el presente', entonces no brinda pruebas de que una revelación que alega apoyar está 'realmente' más allá del poder de la naturaleza. Mientras que la noción de milagro de Agustín aseguraría la dependencia de la creación de Dios, lo hace a costa de subvertir el valor apologético del milagro (ibid.) Ya que, si un milagro solamente es contrario a nuestro 'conocimiento' de naturaleza, entonces este no es nada más que un evento natural. En cualquier caso, no podríamos saber si un milagro 'realmente' ha ocurrido, solo nos 'parecería' que ocurrió.

Se puede expresar el punto de Flew de otra manera. Para identificar un milagro en la naturaleza, la identificación de ese milagro debe ser en términos de lo que es independiente de la naturaleza. Pero no hay manera de identificar un milagro como independiente de la naturaleza a excepción de que se apele al reino sobrenatural, lo cual plantea la pregunta. Afirma en efecto, lo siguiente: "Sé que este es un evento milagroso en el mundo natural porque sé (sobre alguna base independiente) que existe una causa sobrenatural por encima del mundo natural".

Por el otro lado, no hay manera natural de identificar un milagro. A menos que ya se sepa (sobre bases independientes) que un evento es milagroso, entonces debe considerarse como otro evento natural. Desde el punto de vista científico, solo es "extraño" o inconsistente con los eventos previos conocidos. Tal evento debe generar una 'investigación' para una ley científica más amplia, no generar devoción.

Por consiguiente, se deduciría que ningún supuesto evento milagroso se puede usar para probar que un sistema religioso es verdadero. Es decir, los milagros no pueden tener valor apologético. No podemos afirmar que Dios existe porque un evento es un acto de Dios. Porque, a menos que sepamos que hay un Dios que puede actuar, no podemos saber que un suceso es un acto de Dios. Esto último no puede probar lo anterior (ibid., págs 348-49).

Si no se pueden identificar los milagros porque no hay manera de definirlos sin plantear la pregunta, entonces procede el siguiente razonamiento:

1. Un milagro debe ser identificable antes de poder ser identificado.
2. Un milagro es identificado solo de una de las dos siguientes maneras: como un evento inusual en la naturaleza o como una excepción a la naturaleza.
3. Pero un evento inusual en la naturaleza es simplemente un evento natural, no un milagro.
4. No se puede conocer (i. e., identificar) una excepción de la naturaleza solo desde dentro del marco de la naturaleza.
5. Por lo tanto, un milagro no es identificable.

Y, por supuesto, lo que no es identificable no tiene valor probatorio. No se puede usar para probar la verdad del cristianismo.

Respuesta al argumento de Flew. La primera premisa de Flew es sólida. Debemos saber qué estamos buscando antes de poder saber que lo hemos encontrado. Si no podemos definirlo, entonces no podemos estar seguros de haberlo descubierto. Pero si podemos definir un evento en términos de la naturaleza, se pueden reducir los milagros a eventos de la naturaleza. Sin embargo, para definirlos en términos de una causa sobrenatural (Dios), se debe presuponer que Dios existe. Por consiguiente, no se pueden usar los milagros como una evidencia a favor de la existencia de Dios. El supernaturalista argumenta en círculos.

Presuponer la existencia de Dios. Una manera de contestar a Flew es afirmar que discutir en círculos no es único de los supernaturalistas. Los naturalistas hacen lo mismo. Los argumentos antisobrenaturalistas presuponen el naturalismo. Por ello, es necesario argumentar en círculos, porque toda la razón es circular (Van Til, pág. 118). En el análisis final, todo pensamiento está basado en la fe (ver Fe y Razón; Fideísmo).

Si un supernaturalista escoge tomar esta ruta, las bases (o falta de ellas) son tan buenas como las de los antisobrenaturalistas. Ciertamente, los naturalistas que descartan los milagros basándose en un compromiso de fe con el naturalismo no están en posición de prohibir a los teístas simplemente creer que Dios existe y, por lo tanto, que los milagros son posibles e identificables. Una vez que los naturalistas acepten el privilegio de una simple base de creencia para el naturalismo, para la cual no tienen pruebas racionales o científicas, deben permitir las mismas oportunidades a otras cosmovisiones.

Evidencia a favor de la existencia de Dios. Existe, sin embargo, una manera más excelente. Los teístas pueden ofrecer primero una justificación racional a favor de la creencia en Dios a través de argumentos cosmológicos o teológicos (ver Dios, Evidencias a favor de). De tener éxito, entonces pueden haber ganado el derecho a definir (mostrar la identificabilidad de) los milagros en términos del reino sobrenatural, que tienen 'razón' de pensar que existe. En la medida en que una persona pueda dar un argumento racional a favor de la existencia de Dios, no es difícil eludir la crítica de Flew que indica que los milagros no tienen valor apologético identificable.

Los milagros como confirmación de la verdad. El cristianismo apologético se basa en los milagros. A menos que los milagros sean posibles (ver Teísmo) y reales (ver Nuevo Testamento, Historicidad del; Milagros en la Biblia), no hay manera de verificar las afirmaciones verdaderas del cristianismo. Esto formula la pregunta sobre la relación entre un milagro y una afirmación verdadera. ¿Son los milagros una confirmación apropiada y valiosa de las afirmaciones verdaderas del cristianismo?

No es admisible la afirmación de David *Hume (1711-76) que indica que todas las afirmaciones verdaderas religiosas se autocancelan, ya que la credibilidad de todos los supuestos "milagros" no es igual. No obstante, se mantiene la pregunta sobre si un milagro puede confirmar la verdad.

Tanto en el Nuevo como en el Antiguo Testamento, las personas no mostraban una aceptación ingenua a cada supuesta palabra o acto de Dios. Al igual que las personas contemporáneas, querían pruebas. Se suponía que los milagros confirmaban el mensaje de un vocero de Dios.

Los milagros confirmaron la afirmación profética. Cuando Dios le pidió a Moisés que sacara a Israel de Egipto, él le respondió:

—¿Y qué hago si no me creen ni me hacen caso? ¿Qué hago si me dicen: "El Señor no se te ha aparecido"? ¿Qué tienes en la mano? —preguntó el Señor. —Una vara —respondió Moisés.
—Déjala caer al suelo —ordenó el Señor. Moisés la dejó caer al suelo, y la vara se convirtió en una serpiente. Moisés trató de huir de ella, pero el Señor le mandó que la agarrara por la cola. En cuanto Moisés agarró la serpiente, esta se convirtió en una vara en sus propias manos. —Esto es para 'que crean que yo el Señor, el Dios de sus padres, Dios de Abraham, de Isaac y de Jacob, me he aparecido a ti'. (Ex 4:1-5, énfasis añadido)

Está claro que los milagros tenían la intención de confirmar el mensaje que Dios le había dado. De hecho, Dios ofreció varios milagros. Se lee también lo siguiente: "Si con la primera señal milagrosa no te creen ni te hacen caso —dijo el Señor—, tal vez te crean con la segunda. Pero, si no te creen ni te hacen caso después de estas dos señales, toma agua del Nilo y derrámala en el suelo. En cuanto el agua del río toque el suelo, se convertirá en sangre". (Ex 4:8-9)

Más adelante, cuando Coré desafió a Moisés, un milagro fue nuevamente la defensa de Moisés.

Entonces [Moisés] les dijo a Coré y a sus seguidores:
"Mañana el Señor dirá quién es quién. Será él quien declare quién es su escogido, y hará que se le acerque". [...] Moisés siguió diciendo: "Ahora van a saber si el Señor me ha enviado a hacer todas estas cosas, o si estoy actuando por mi cuenta. Si estos hombres mueren de muerte natural, como es el destino de todos los hombres, eso querrá decir que el Señor no me ha enviado. Pero, si el Señor crea algo nuevo, y hace que la tierra se abra y se los trague con todas sus pertenencias, de tal forma que desciendan vivos al sepulcro, enton-

ces sabrán que estos hombres menospreciaron al Señor". [...] Bajaron vivos al sepulcro, junto con todo lo que tenían, y la tierra se cerró sobre ellos. De este modo fueron eliminados de la comunidad (Nm 16:5, 28-30, 33).

Desde ese momento, solo algunos cuestionaron la autoridad divina de Moisés.

Cuando Elías, el profeta de Israel, fue confrontado por la creencia en deidades paganas, desafió al pueblo de Israel: "'¿Hasta cuándo van a seguir indecisos? Si el Dios verdadero es el Señor, deben seguirlo; pero, si es Baal, síganlo a él'. El pueblo no dijo una sola palabra" (1 Reyes 18:21). Para probar que él era un profeta del Dios verdadero, 'Yahveh', Elías propuso un concurso en el cual invocarían una confirmación sobrenatural. Cuando los profetas de Baal no pudieron hacer caer fuego del cielo sobre sus sacrificios, Elías hizo que el altar de 'Yahveh' se cubra con agua y oró: "Señor, Dios de Abraham, de Isaac y de Israel, que todos sepan hoy que tú eres Dios en Israel, y que yo soy tu siervo y he hecho todo esto en obediencia a tu palabra" (1 Reyes 18:36). El texto añade lo siguiente: "En ese momento cayó el fuego del Señor y quemó el holocausto, la leña, las piedras y el suelo, y hasta lamió el agua de la zanja. Cuando vieron esto, todos se postraron y exclamaron: '¡El Señor es Dios! ¡El Señor es Dios!'" (1 Reyes 18:38-39).

Los milagros confirmaron la afirmación mesiánica. El ministerio de Jesús se caracterizó por señales de confirmación sobrenaturales de su identidad como profeta y más. Pero el Evangelio de Mateo registra que algunos fariseos y maestros de la ley aún exigían una señal de confirmación: "Maestro, queremos ver alguna señal milagrosa de parte tuya". Jesús se negó aquel día, no se negó porque los milagros no constituyeran una señal de su identidad, sino porque la pregunta fue hecha con desprecio e incredulidad. En su lugar, Jesús anunció que pronto tendrían la señal de confirmación más grande de todas: "¡Esta generación malvada y adúltera pide una señal milagrosa! Pero no se le dará más señal que la del profeta Jonás" (Mt 12:38-39). Así como Jonás estuvo en el estómago del pez por tres días, así Jesús estuvo en la tumba y luego resucitó. Él ofreció la señal milagrosa de su resurrección como prueba de que él era el Mesías judío.

Juan envió mensajeros a preguntarle a Jesús si él era el Mesías. "En ese mismo momento Jesús sanó a muchos que tenían enfermedades, dolencias y espíritus malignos, y les dio la vista a muchos ciegos. Entonces les respondió a los enviados: 'Vayan y cuéntenle a Juan lo que han visto y oído: Los ciegos ven, los cojos andan, los que tienen lepra son sanados, los sordos oyen, los muertos resucitan y a los pobres se les anuncian las buenas nuevas'" (Lucas 7:20-22). Estos eran justo el tipo de milagros que los profetas habían predicho que confirmaría la presencia del Mesías de Israel. La respuesta era clara: los milagros de Jesús confirmaron sus mensajes.

Nicodemo, un miembro del consejo de gobierno judío, el Sanedrín, le dijo a Jesús: "Rabí, sabemos que eres un maestro que ha venido de parte de Dios, porque nadie podría hacer las señales que tú haces si Dios no estuviera con él" (Juan 3:1-2).

En su gran sermón de Pentecostés, Pedro le dijo a la multitud que Jesús había sido "acreditado por Dios ante ustedes con milagros, señales y prodigios, los cuales realizó Dios entre ustedes por medio de él" (Hechos 2:22).

Los milagros confirmaron la afirmación apostólica. Hebreos 2:3-4 dice que Dios ratificó su testimonio de su "salvación tan grande" en el evangelio "con señales, prodigios, diversos milagros y dones distribuidos por el Espíritu Santo según su voluntad" (Heb 2:3-4). Los milagros se usaron para confirmar el mensaje apostólico; eran la señal sobrenatural para su sermón, la confirmación divina para su revelación.

En defensa de su apostolado en Corinto, Pablo escribió: "Las marcas distintivas de un apóstol, tales como señales, prodigios y milagros, se dieron constantemente entre ustedes" (2 Co 12:12). Se ofreció este poder especial apostólico y milagroso como prueba de la verdad que les dijo.

El Corán y milagros de confirmación. El judaísmo y el cristianismo no son las únicas religiones que reconocen la validación de milagros como el medio de confirmación de un mensaje de Dios. El islam también lo hace (ver Mahoma, Supuestos milagros de). Mahoma reconocía que los profetas que estuvieron antes de él (incluyendo a Jesús) fueron confirmados por poderes milagrosos. "Y si te desmienten, en verdad, antes de ti fueron desmentidos otros Mensajeros que vinieron con las señales claras" (Sura 3:184).

El Corán registra a Moisés hablando de sus milagros: "Tú sabes bien que solo el Señor de los cielos y de la tierra ha hecho bajar estos como pruebas evidentes" (17:102). Alá dice: "Luego, enviamos a Moisés y a su hermano Aarón con Nuestros signos y con una autoridad manifiesta" (23:45). Así que, en principio, las tres grandes religiones monoteístas concuerdan en que una afirmación verdadera puede ser confirmada por milagros.

No creyentes y milagros de confirmación. Incluso muchas personas que rechazan los milagros concuerdan en que los milagros únicos podrían ser usados para respaldar las afirmaciones verdaderas de las religiones que los tengan. Incluso David *Hume dio a entender que los milagros verdaderamente únicos podrían confirmar las afirmaciones verdaderas de una religión. Argumentaba que señales similares entre religiones en conflicto se autocancelarían. Afirmaba solo que "por tanto, todo milagro que se pretende que ha tenido lugar en cualquiera de estas religiones (y todas ellas abundan en milagros), [...] tiene la misma fuerza, aunque menos directamente, para desautorizar a los demás sistemas" y "al destruir un sistema rival, igualmente destruye el crédito de los milagros sobre los que este sistema se estableció" Ya que, con respecto a un milagro, la "consecuencia inmediata es establecer el sistema particular al que se atribuye, por tanto tiene la misma fuerza [...] para desautorizar a los demás sistemas" (Hume, Enquiry Concerning Human Understanding [Investigación sobre el conocimiento humano], Libro X). Esto deja abierta la posibilidad de que una religión que presente una confirmación milagrosa única sea verdadera y que todas las afirmaciones opuestas sean falsas.

El agnóstico (Ver Agnosticismo) Bertrand *Russell (1872-1970) reconoció que los milagros confirmarían una afirmación verdadera. En respuesta a la pregunta "¿qué tipo de evidencia te convencería de que Dios existe?" Russell dijo:

> Pienso que si escuchara una voz del cielo que predijera todo lo que me ocurrirá en las siguientes veinticuatro horas, incluidos eventos que habrían parecido altamente improbables, y si todos estos eventos luego sucedieran, estaría probablemente convencido al menos de la existencia de alguna inteligencia sobrehumana. Puedo imaginar otra prueba de la misma clase que me convencería, pero hasta donde sé esa evidencia no existe. (Russell, What's an Agnostic? [¿Qué es un agnóstico?]; ver Cristo, Divinidad de; Profecía, como prueba de la Biblia).

Confirmación lógica de los milagros. La lógica detrás de un milagro que se usa para confirmar una afirmación verdadera religiosa dice así:

1. Si existe un Dios teísta, entonces los milagros son posibles.
2. Un milagro es un acto especial de Dios.
3. Dios es la fuente y el estándar de toda verdad; Él no se equivoca.
4. Un Dios teísta tampoco actuaría para confirmar algo falso como verdadero.
5. Por lo tanto, los milagros verdaderos conectados con un mensaje confirman que ese mensaje es de Dios:
   a. El milagro confirma el mensaje.
   b. La señal confirma el sermón.
   c. Un acto de Dios confirma la Palabra de Dios.

d. Una nueva revelación necesita una nueva confirmación.

Si existe un Dios omnipotente, omnibenevolente y omnisciente, entonces se deduce que no haría un acto milagroso para confirmar una mentira. Dado que los milagros son por naturaleza actos especiales de Dios, Dios no actuaría en contra de su propia naturaleza. El Dios de toda verdad no confirmaría un error milagrosamente. Por consiguiente, cuando una afirmación verdadera es confirmada por milagros de manera repetitiva, como lo fue con los profetas del Antiguo Testamento, Jesús y los apóstoles del Nuevo testamento, entonces es verdadera y todas las opiniones opuestas son falsas.

Criterios de confirmación. Se pueden establecer muchos criterios, sobre la base de los principios discutidos anteriormente, para permitir que los milagros sean una confirmación de una afirmación verdadera. Estos son criterios para milagros de valor apologético. Todos asumen que los milagros son posibles. Los milagros de confirmación deben (1) estar conectados con una afirmación verdadera, (2) ser verdaderamente sobrenaturales, (3) ser únicos, (4) ser varios y (5) ser predictivos.

Conectado con una afirmación verdadera. No todos los eventos sobrenaturales están conectados con las afirmaciones verdaderas. No hubo ninguna afirmación verdadera anunciada de la cual los actos de la creación sean evidencia. Tampoco hubo una lección impartida sobre el traslado de Enoc al cielo (Gn 5), las plagas sobre el rey que tomó a la esposa de Abraham (Gn 12), el maná del cielo (Ex 16), las hazañas sobrenaturales de Sansón (Jue 14-16), o la resurrección del hombre que tocó los huesos de Eliseo (2 Reyes 13). La mayoría de milagros están conectados con una persona que se muestra como un profeta de Dios. Pero estos hechos carecen de valor apologético directo sin la afirmación específica de un profetismo y un mensaje de Dios.

Verdaderamente sobrenatural. Un milagro es verdaderamente sobrenatural, a diferencia de una anomalía, magia (ver Milagros, Magia y), una cura psicosomática e incluso un acto especial de providencia. Ninguna de las mencionadas implica una verdadera intervención sobrenatural. Todas se pueden explicar por medios naturales, incluso si a veces son muy inusuales y aunque sean usadas por Dios. Una característica de un evento sobrenatural es que es inmediato y no gradual. Es un evento irregular y naturalmente irrepetible. Tiene éxito cada vez que es intentado por Dios o por una persona a quien él le da poder.

Único. Hume sostenía que un supuesto evento sobrenatural no puede apoyar una afirmación religiosa en tanto una afirmación contradictoria sea hecha por otro quien pueda realizar el mismo tipo de supuestos milagros. Los milagros similares contrapuestos son autocancelatorios. Lógicamente, desde una postura teísta, es imposible que los milagros verdaderos puedan confirmar afirmaciones contradictorias, ya que un milagro verdadero es un acto de Dios, quien no puede confirmar una mentira (Heb 6:18; cf. Tito 1:2).

Varios. Como dice Deuteronomio 17:6: "Por el testimonio de dos o tres testigos se podrá condenar a muerte a una persona". Es mejor tener varios testigos que uno. De hecho, en asuntos jurídicos de vida o muerte, suele ser obligatorio contar con varios testimonios. Un milagro deja lugar a dudas. Por lo tanto, los milagros con relevancia apologética deben ser varios.

Predictivo. Otra característica usualmente conectada con un milagro de confirmación es que este es predictivo. Aunque no es esencial, sí es útil. Elimina los cargos de que el evento milagroso no está conectado con la afirmación verdadera. De otra forma, podría ser visto como suerte. Por ejemplo, si un falso maestro estaba enseñando junto a las orillas del mar de Galilea mientras Jesús caminaba sobre el agua, el caminar de Jesús no debería haber sido tomado como una confirmación de las posturas del falso maestro.

En muchas ocasiones en la Biblia, Jesús y otros profetas predijeron y realizaron milagros que confirmaron sus afirmaciones. Jesús predijo su resurrección desde el principio de su ministerio. (Mt 12:40; 17:22-23; 20:18-19; Juan 2:19-22). Predijo de manera explícita la resurrección como una "señal" (milagro) de sus afirmaciones (Mt 12:39-40). Una vez Jesús dijo enfáticamente con anticipación que un milagro sería la evidencia de su afirmación de ser el Mesías: "Pues para que sepan que el Hijo del hombre tiene autoridad en la tierra para perdonar pecados—se dirigió entonces al paralítico—: A ti te digo, levántate, toma tu camilla y vete a tu casa" (Marcos 2:10-11).

En el Antiguo Testamento, los milagros eran a menudo anunciados con antelación. Elías predijo que fuego del cielo consumiría su sacrificio (1 Reyes 18:22 ss.) Moisés prometió juicios sobrenaturales de Dios sobre Egipto (Ex 4:21-23). Moisés anunció que la vara retoñaría (Nm 17:5) y que el rebelde Coré sería juzgado (Nm 16:28-30).

Conclusión. Ni siquiera Flew afirmaría que su argumento elimina la posibilidad de los milagros. Sí cree que paraliza seriamente la apologética cristiana (ver Apologética clásica; Apologética histórica). Si no se puede identificar a los milagros como eventos sobrenaturales, no tienen valor apologético real. Un simple evento inusual que ocurra dentro de la naturaleza no puede probar nada más allá de la naturaleza misma.

Sin embargo, los apologistas cristianos pueden evadir este problema ya sea al presuponer la existencia de Dios o al ofrecer evidencia independiente de los milagros para su existencia. Mientras haya un Dios que pueda actuar, entonces los actos especiales de Dios (milagros) son posibles e identificables. La única manera de refutar esta posibilidad es refutando la posibilidad de la existencia de Dios. Pero tales intentos son notoriamente fallidos y se refutan a sí mismos (ver Dios, Supuestas contradicciones de).

Los milagros no solo pueden confirmar una afirmación verdadera, sino que los milagros bíblicos (ver Milagros en la Biblia) también encajan en todos los criterios para tales milagros de valor apologético. Como se ha mostrado en otras partes, ninguna otra religión o demandantes de la verdad que sean contradictorios con el cristianismo han ofrecido ejemplos verificados de eventos verdaderamente sobrenaturales (ver Cristo, Divinidad de). Podemos concluir que los milagros bíblicos, y solo ellos, apoyan a las afirmaciones verdaderas de Cristo y de los profetas bíblicos. Solo el cristianismo es una religión confirmada sobrenaturalmente (ver Religiones del mundo y el cristianismo).

Fuentes

T. de Aquino, *Summa contra Gentiles* [Suma contra los gentiles], libro 3.

Agustín, *The City of God* [La ciudad de Dios] (21.8).

A. Flew, *"Miracles"* ["Los milagros"].

N. L. Geisler, *Christian Apologetics* [Apologética cristiana].

————, *Miracles and the Modern Mind* [Los milagros y la mente moderna].

D. R. Geivett y G. R. *Habermas, eds., In Defense of Miracles* [En defensa de los milagros].

C. S. Lewis, *Miracles* [Los milagros].

J. Locke, *The Reasonableness of Christianity* [La razonabilidad del cristianismo].

B. Russell, *"What Is an Agnostic?"* ["¿Qué es un agnóstico?"].

R. Swinburne, *Miracles* [Los milagros].

C. Van Til, *The Defense of the Faith* [Defendiendo la fe].

B. B. Warfield, *Counterfeit Miracles* [Milagros falsificados].

Milagros de Jesús. *Ver* MILAGROS EN LA BIBLIA.

Milagros en la Biblia. En el amplio sentido del término milagro, cada evento causado de manera sobrenatural que se encuentra descrito en las Escrituras es milagroso. Sin embargo, las Escrituras también utilizan el concepto en un sentido más estrecho y técnico. En los eventos sobrenaturales del pasado (y los eventos predichos para el futuro), una señal externa inusual confirma un mensaje de Dios.

Tal vez Hebreos 2:3-4 RVA - 2015 sea el texto definitivo sobre los milagros, el cual indica: "¿cómo escaparemos nosotros si descuidamos una salvación tan grande? Esta salvación, que al principio fue declarada por el Señor, nos fue confirmada por medio de los que oyeron, dando Dios testimonio juntamente con ellos con señales, prodigios, diversos hechos poderosos y dones repartidos por el Espíritu Santo según su voluntad". Los milagros son la forma que tiene Dios de acreditar a sus voceros. Un milagro es un acto de Dios que confirma el mensaje como verdadero, corrobora el sermón y verifica la Palabra de Dios (ver Milagros, Valor apologético de los).

Cuando Coré desafió la autoridad divina de Moisés, Dios confirmó a Moisés abriendo la tierra para que se tragara a Coré (Nm 16). Cuando Israel vaciló entre el dios Baal y Yahveh, Dios confirmó a Elías sobre los profetas de Baal enviando fuego del cielo para consumir los sacrificios. Elías oró así: "que todos sepan hoy que tú eres Dios en Israel, y que yo soy tu siervo" (1 Reyes 18:36).

En los milagros, Jesús fue confirmado y revelado. El gobernante religioso Nicodemo le dijo a Jesús: "sabemos que eres un maestro que ha venido de parte de Dios, porque nadie podría hacer las señales que tú haces si Dios no estuviera con él" (Juan 3:2). "Y mucha gente lo seguía, porque veían las señales milagrosas que hacía en los enfermos" (Juan 6:2). Esto fue lo que Juan dijo sobre el primer milagro registrado de Jesús: "Así reveló su gloria, y sus discípulos creyeron en él" (Juan 2:11). Juan dijo que escribió sobre los milagros de Jesús "para que ustedes crean que Jesús es el Cristo, el Hijo de Dios" (Juan 20:31). Los apóstoles tuvieron confianza al proclamar: "Jesús de Nazaret fue un hombre acreditado por Dios ante ustedes con milagros, señales y prodigios, los cuales realizó Dios entre ustedes por medio de él, como bien lo saben" (Hechos 2:22).

Los milagros eran credenciales apostólicas en la iglesia primitiva. Pablo afirmaba que las señales de un verdadero apóstol se realizaban entre los corintios (2 Co 12:12). Él y Bernabé les contaron a los apóstoles sobre "las señales y prodigios que Dios había hecho por medio de ellos entre los gentiles" (Hechos 15:12).

Señal, prodigio y poder. La Biblia usa tres palabras básicas para describir un milagro: señal, prodigio y poder. Cada una de las palabras tiene una connotación que aclara la idea completa de los milagros bíblicos (ver Milagro).

"Señal". Aunque la palabra hebrea para "señal" se usa a veces para referirse a cosas naturales como las estrellas (Gn 1:14) o el sábado (Ex 31:13), normalmente tiene un significado sobrenatural, algo designado por Dios con un mensaje especial asignado (ver Milagros, Valor apologético de los).

La primera aparición del concepto viene en la predicción divina dada a Moisés de que Israel sería liberado de Egipto para servir a Dios en Horeb. Dios dijo: "Yo estaré contigo. Y te voy a dar una señal de que soy yo quien te envía" (Ex 3:12). Cuando Moisés le preguntó a Dios: "¿Y qué hago si no me creen ni me hacen caso?", el Señor dio dos "señales": la vara de Moises se convirtió en una serpiente (Ex 4:3) y su mano se cubrió de lepra (Ex 4:1-7). Se dieron "para que crean que yo el Señor, el Dios de sus padres [...] me he aparecido a ti" (4:5). Moisés realizó las señales y la gente le creyó (4:30-31). Dios dio más señales, las plagas, "Y cuando yo despliegue mi poder contra Egipto y saque de allí a los israelitas, sabrán los egipcios que yo soy el Señor" (Ex 7:3, 5; cf. 11:9).

Repetidamente, el propósito de un suceso sobrenatural se da como una doble "señal": "Ahora vas a saber que yo soy el Señor" (Ex 7:17; cf. 9:29-30; 10:1-2) y que ellos son "mi pueblo" (Ex 3:10; cf. 5:1; 6:7; 11:7).

Varias declaraciones sobre las señales aparecen en el contexto de la liberación del pueblo de Dios de Egipto. Dios se quejó a Moisés en el desierto diciendo: ¿Hasta cuándo se negarán a creer en mí, a pesar de todas las maravillas que he hecho entre ellos? (Nm 14:11; cf. v. 22). Moisés desafió a Israel: ¿Qué dios ha intentado entrar en una nación y tomarla para sí mediante pruebas, señales, milagros...? (Dt 4:34). Moisés les recordó a las personas que "ante nuestros propios ojos, el Señor realizó grandes señales y terribles prodigios en contra de Egipto, del faraón y de toda su familia" (Dt 6:22). "Por eso el Señor nos sacó de Egipto con actos portentosos y gran despliegue de poder, con señales, prodigios y milagros que provocaron gran terror" (Dt 26:8; cf. 29:2-3; Jos 24:17; Neh 9:10; Sal 105:27; Jer 32:20-21).

A lo largo del Antiguo Testamento, Dios realiza "señales" milagrosas. Las señales confirman que un profeta es el vocero de Dios. Como se ha señalado, Moisés recibió credenciales milagrosas (Ex 3-4). Gedeón le pidió a Dios: "dame una señal de que en realidad eres tú quien habla conmigo" (Jue 6:17). Dios respondió con fuego milagroso que consumió la ofrenda (v. 21). Dios se confirmó a sí mismo a Elí por medio de las predicciones milagrosas sobre la muerte de sus hijos (1 S 2:34). Las señales predictivas confirmaron el nombramiento de Dios del Rey Saúl (1 S 10:7, 9). Isaías hizo predicciones como señales de su mensaje divino (Is 7:14; 38:22). Las victorias sobre los enemigos se llamaban señales (1 S 14:10). Las señales afirmaban la sanidad (Is 38:7, 22) y acompañaban al juicio (Jeremías 44:29).

En el Nuevo Testamento, la señal (semeion) se usa setenta y siete veces (cuarenta y ocho veces en los Evangelios). Ocasionalmente se usa para eventos ordinarios, como la circuncisión (Ro 4:11) y para un bebé envuelto en pañales (Lucas 2:12). Estas señales tienen un significado divino especial. La mayoría de las veces la palabra está reservada para lo que consideraríamos un milagro. Se usa cuando Jesús sanó (Juan 6:2; 9:16), cuando convirtió el agua en vino (Juan 2:11) y cuando resucitó a los muertos (Juan 11:47). Asimismo, los apóstoles hicieron milagros de sanación (Hechos 4:16, 30), "grandes milagros y señales" (Hechos 8:13) y "señales y prodigios" (Hechos 14:3; 15:12); ya que habían "muchos prodigios y señales que realizaban los apóstoles". (Hechos 2:43). Incluso las autoridades judías dijeron: "¿Qué vamos a hacer con estos sujetos? Es un hecho que por medio de ellos ha ocurrido un milagro evidente; todos los que viven en Jerusalén lo saben, y no podemos negarlo" (Hechos 4:16).

También se utiliza la palabra señal para el milagro más significativo del Nuevo Testamento, la resurrección de Jesucristo de la tumba. Jesús dijo que su generación incrédula vería "la señal del profeta Jonás". Así como Jonás estuvo en el vientre del pez por tres días y tres noches, "también tres días y tres noches estará el Hijo del hombre en las entrañas de la tierra" (Mt 12:39-40). Jesús repitió esta predicción de su resurrección cuando se le pidió una señal en Mateo 16:1, 4. La resurrección no solo fue un milagro, sino que llevó consigo un mensaje de Dios (Juan 2:19).

"Prodigio". A menudo las palabras señales y prodigios se usan juntas en el Antiguo Testamento para los mismos eventos (Ex 7:3; cf. Dt. 4:34; 7:19; 13:1, 2; 26:8; 28:46; 29:3; 34:11; Neh 9:10; Sal 135:9; Jer 32:20-21). En otras ocasiones, la Biblia describe como "prodigios" a acontecimientos que en otras partes se llaman "señales" (Ex 4:21; 11:9-10; Sal 78:43; 105:27; Joel 2:30). A veces se utiliza la palabra para una "maravilla" natural (Ez 24:24) o para algo único que hizo un profeta para transmitir su mensaje (Is 20:3). La palabra prodigio suele tener un significado sobrenatural (divino).

La palabra griega teras significa "señal milagrosa, prodigio, presagio, augurio, maravilla" (Brown, Dictionary of New Testament Theology [Diccionario de Teología del Nuevo Testamento] 2:633). Lleva consigo la idea de lo que es asombroso o extraordinario (ibid., págs. 623-25). En los dieciséis sucesos del Nuevo Testamento, se usa "prodigio" en combinación con la palabra "señal". Describe los milagros de Jesús (Juan 4:48; Hechos 2:22), los milagros de los apóstoles (Hechos 2:43; 14:3; 15:12; Ro 15:19; Heb 2:3-4), los milagros de Esteban (Hechos 6:8) y los milagros de Moisés en Egipto (Hechos 7:36). Connota eventos sobrenaturales antes de la segunda venida de Cristo (Mt 24:24; Marcos 13:22; Hechos 2:19).

"Poder". A veces se usa la palabra "poder" en el Antiguo Testamento para indicar poder humano (Gn 31:6; Dt 8:17; Nahúm 2:1). Pero a menudo se utiliza para el poder divino, incluyendo el poder de Dios para crear: "Dios hizo la tierra por su poder" (Jer 10:12; 27:5; 32:17; 51:15). El "poder" de Dios vence a sus enemigos (Ex 15:6-7), libera a su pueblo de Egipto (Nm 14:17; cf. v. 13), gobierna el universo (1 Cr 29:12), da a Israel su tierra (Sal 111:6) e inspira a los profetas (Miqueas 3:8). El poder a menudo está en conexión directa con eventos llamados "señales" o "prodigios" o ambos (Ex 9:16; 32:11; Dt 4:37; 2 Reyes 17:36; Neh 1:10). A veces las palabras hebreas que denotan poder se usan en el mismo versículo con "señales y prodigios". Moisés habla de la liberación de Israel "con mano fuerte y brazo poderoso, [...] con señales milagrosas y con prodigios" (Deut. 4:34; cf. 7:19; 26:8; 34:12).

"Poder" (dunamis) se usa a veces en el Nuevo Testamento para referirse al poder humano (2 Co 1:8), a las habilidades (Mt. 25:15) o a los poderes demoníacos (Lucas 10:19; Ro 8:38). Como su paralelo del Antiguo Testamento, el término del Nuevo Testamento a menudo se traduce como "milagros". Dunamis se usa en combinación con "señal y prodigio" (Heb 2:4), para los milagros de Cristo (Mt 13:58), para el nacimiento virginal de Cristo (Lucas 1:35), para el derramamiento del Espíritu Santo en Pentecostés (Hechos 1:8), para el "poder" del evangelio para salvar a los pecadores (Ro 1:16), para el don especial de los milagros (1 Co 12:10) y para el poder de resucitar a los muertos (Flp 3:10). El énfasis de la palabra está en el aspecto energizante divino de un evento milagroso.

La naturaleza bíblica de un milagro. Las tres palabras que las Escrituras usan para describir un milagro ayudan a delinear el significado de los milagros con mayor precisión. Cada una de las tres palabras para eventos sobrenaturales (señal, prodigio, poder) delinea un aspecto de un milagro. Desde el punto de vista humano, un milagro es un evento inusual ("prodigio") que transmite y confirma un mensaje inusual ("señal") por medio de un poder inusual ("poder"). Desde el punto de vista divino, un milagro es un acto de Dios ("poder") que atrae la atención del pueblo de Dios ("prodigio") a la Palabra de Dios (por una "señal").

Los propósitos de un milagro son:

1. glorificar la naturaleza de Dios (Juan 2:11; 11:40)
2. acreditar a ciertas personas como los voceros de Dios (Hechos 2:22; Heb 2:3-4)

3. proporcionar evidencia para creer en Dios (Juan 6:2, 14; 20:30-31)

No todos los testigos de un milagro creen. En este caso, el milagro es un testigo contra aquellos que rechazan esta evidencia. Juan se afligió e indicó: "A pesar de haber hecho Jesús todas estas señales en presencia de ellos todavía no creían en él" (Juan 12:37). El mismo Jesús les dijo a algunas personas: "Tampoco se convencerán, aunque alguien se levante de entre los muertos" (Lucas 16:31). Un resultado, aunque no el propósito, de los milagros es la condenación del incrédulo (cf. Juan 12:31, 37).

Referencias bíblicas a milagroso. Alrededor de 250 sucesos en las Escrituras encajan en la estrecha definición de señal, prodigio o poder (ver Geisler, apéndice B). Dado que muchas referencias se refieren a múltiples actos sobrenaturales, el número de eventos milagrosos reales es mayor que el número de pasajes enumerados. Además, la Biblia se refiere a menudo a eventos únicos que combinan muchos milagros. Diez leprosos fueron sanados (Lucas 17:12-14), así como todos o la mayoría de los enfermos de una ciudad (Mt 9:35).

Milagros del Antiguo Testamento. Los críticos negativos de la Biblia niegan la autenticidad de todos los milagros de la Biblia. Esta conclusión no se basa en un enfoque histórico sino en un enfoque filosófico basado en presuposiciones antisobrenaturales. Hay buenas bases para aceptar la autenticidad de los milagros del Nuevo Testamento. Sin embargo, incluso algunos defensores de los milagros del Nuevo Testamento han cuestionado la autenticidad de algunos relatos del Antiguo Testamento.

En un libro muy popular que defiende la posibilidad de los milagros en general y los del Nuevo Testamento en particular, incluso el apologeta C. S. *Lewis relega muchos milagros del Antiguo Testamento al reino del mito. En Miracles [Los milagros], escribió:

> "Mi punto de vista actual [...] sería que, así como en el lado de los hechos, una larga preparación culmina con la encarnación de Dios como Hombre, en el lado de los documentales, la verdad aparece primero en forma mítica y luego por un largo proceso de enfoque se encarna finalmente como Historia. Los hebreos, como otros pueblos, tenían mitología; pero como ellos eran el pueblo elegido, su mitología era la mitología elegida. Entiendo que las memorias de la corte de David están en un extremo de la escala y son apenas menos históricas que San Marcos o Hechos: y que el Libro de Jonás está en el extremo opuesto" (pág. 139).

No existen mayores motivos para rechazar la autenticidad de los milagros del Antiguo Testamento que para rechazar los milagros del Nuevo Testamento. La evidencia es del mismo tipo, documentos confiables de personas contemporáneas de los eventos. De hecho, el mismo Nuevo Testamento habla de los eventos milagrosos del Antiguo Testamento como históricos.

Evidencia general. Artículos relacionados muestran por qué los milagros son filosóficamente posibles (ver Argumento Cosmológico; Milagro; Argumento moral a favor de Dios; Argumento teleológico). Un Dios personal todopoderoso y omnibenevolente que creó un mundo de criaturas personales a su imagen puede hacer milagros. Lo hará si desea comunicarse con sus criaturas finitas, ya que los milagros son una parte crucial de tal comunicación. Comenzando con la creación, que es el mayor milagro de todos, las Escrituras revelan un Dios así (ver Evolución Cósmica; Kalam, Argumento cosmológico). La evidencia histórica argumenta de manera persuasiva que los milagros ocurrieron en el Nuevo Testamento (ver Milagros, Argumentos contra los). Dado que tanto el Dios y el plan de redención del Antiguo Testamento como del Nuevo Testamento son los mismos, existen motivos para pensar que los milagros registrados en el Antiguo Testamento son auténticos.

Evidencia en particular. El rechazo de Lewis hacia algunos milagros del Antiguo Testamento es inconsistente, está fundado en suposiciones defectuosas, es contrario a la evidencia histórica y no es acorde con el uso que hace el Nuevo Testamento del Antiguo Testamento.

Se basa en una visión errónea del mito. El rechazo de Lewis a los milagros del Antiguo Testamento se basa en una visión infundada del mito (ver Milagros, Mitos y). Según Lewis, la verdad aparece primero como mito y luego como historia. En realidad, ha ocurrido lo contrario, especialmente en las historias paganas de dioses que aparecen en la tierra, mueren y luego reaparecen en forma corporal. Se ha demostrado que estos mitos paganos probablemente copiaron la muerte y resurrección de Cristo y no que fue al revés (ver Historias del nacimiento divino; Frazer, James; Afirmaciones de resurrección en religiones no cristianas). Además, no hay ninguna indicación en la Biblia de que Dios actúe de tal manera. Por el contrario, la Biblia condena los mitos (ver 1 Ti 1:3-4; 4:7; 2 Ti 4:4). Todo el concepto de que el mito se convierta en historia se toma prestado de una visión crítica antisobrenatural, la cual el propio Lewis condena (ver, por ejemplo, God in the Dock [Dios en el banquillo], cap. 16).

Es contrario al monoteísmo del Antiguo Testamento. Los milagros del Antiguo Testamento encajan en el concepto monoteísta de Dios que impregna todo el registro. Un Dios teísta (ver Teísmo) está más allá del mundo que Él creó. Además, ya que este Dios teísta ama lo que ha hecho, es comprensible que intervenga en favor de las criaturas necesitadas. El hecho de que el Antiguo Testamento registre los milagros encaja perfectamente con su mensaje central (ver Milagros en la Biblia).

Es inconsistente con el registro histórico. Las historias de los milagros del Antiguo Testamento son parte del mismo registro histórico que los eventos conocidos como historia del espacio-tiempo. No hay absolutamente ninguna evidencia de que ningún manuscrito de estos textos haya existido sin los relatos de los milagros. Están presentes sin modificación en los textos más antiguos que poseemos. Más bien, los milagros son una parte integral de la historia y el mensaje que transmite el Antiguo Testamento. Elimina los eventos milagrosos de Génesis 1-2 y el mensaje sobre el Creador se desvanece. La historia de Noé y su fidelidad en un día de incredulidad no tiene sentido, excepto por la intervención de Dios para salvarlo y destruir el mundo mediante el diluvio. El llamado de Dios de Israel y la liberación de Egipto no tienen sentido si no fuera por la intervención sobrenatural para lograr estas cosas. Los milagros de Elías, Eliseo y Jonás son inseparables del tejido de la historia que registran.

Es contrario al uso que hace el Nuevo Testamento del Antiguo Testamento. Las referencias del Nuevo Testamento a los milagros del Antiguo Testamento asumen su naturaleza histórica. En el Nuevo Testamento no solo se cita repetidamente la creación del mundo, sino también que los eventos y las personas involucradas se consideran históricos. Muchas veces en el Nuevo Testamento se hace referencia a Adán y Eva como figuras históricas (Mt 19:4; 1 Co 11:8-9; 1 Ti 2:13-14). En Romanos 5:12, la inferencia es inconfundible: a través de un hombre, el pecado y la muerte entraron en el mundo. En Lucas 3:38, Adán aparece en la genealogía de Jesús. De la misma manera, Adán es llamado "el primer hombre, Adán" en comparación directa con Cristo, que es el "último Adán" (1 Co 15:45).

Los eventos sobrenaturales del Antiguo Testamento son la base de la enseñanza del Nuevo Testamento. Jesús conectó la verdad de su resurrección con la milagrosa preservación de Jonás en el vientre de un gran pez, diciendo: "Porque así como tres días y tres noches estuvo Jonás en el vientre de un gran pez, también tres días y tres noches estará el Hijo del hombre en las entrañas de la tierra" (Mt 12:40). Dado el contexto, es inconcebible que Jesús quisiera decir: "Así como crees en el mito de Jonás, me gustaría contarte lo que realmente sucederá a mi muerte". Jesús hace una conexión similar entre su regreso y el diluvio histórico, diciendo: "Así será en la venida del Hijo del hombre" (Mt 24:39).

Jesús se refirió a numerosos eventos milagrosos del Antiguo Testamento como históricos, incluyendo la creación (Mt 19:4; 24:21), los milagros de Elías (Lucas 4:26) y las profecías de Daniel (Mt 24:15). En vista del uso de los milagros del Antiguo Testamento por parte de Jesús, no hay forma de desafiar su autenticidad sin impugnar su integridad. Es inconsistente aceptar el Nuevo Testamento como auténtico, mientras se rechazan los milagros del Antiguo Testamento.

Resumen. La descripción bíblica de los milagros utiliza tres palabras principales: señal, poder y prodigio. Estas palabras designan la fuente (el poder de Dios), la naturaleza (maravillosa, inusual) y el propósito (significar algo más allá de sí mismo) de los milagros. Un milagro es una señal para confirmar un sermón y un prodigio para verificar las palabras de un profeta (ver Milagros, Valor apologético de los).

Hay cientos de relatos de milagros en las Escrituras. Los del Nuevo Testamento captan particularmente nuestra atención, ya que están bien atestiguados y revelan a Jesucristo en su poder sobre Satanás, la enfermedad y la tumba. El Nuevo Testamento muestra que el poder continuo de Cristo estaba presente en la iglesia joven. Sin embargo, no hay nada más asombroso o increíble acerca de los milagros del Antiguo Testamento que los del Nuevo Testamento. De hecho, una vez que se concede la existencia de un Dios teísta, entonces todos los milagros se hacen posibles. Como el mismo Lewis señaló: "Pero si admitimos a Dios, ¿tenemos por eso que admitir los milagros? Claro está que, al menos, no estamos asegurados contra ellos", (Miracles [Los milagros], pág. 109). El mayor milagro de todos, la resurrección de Cristo, ocurre en el Nuevo Testamento. Si esto es histórico, entonces no hay razón para rechazar los milagros menores de Moisés, Elías o Eliseo.

Fuentes

G. L. Archer, Jr., *A Survey of Old Testament Introduction* [Reseña crítica de una introducción al Antiguo Testamento].

N. L. Geisler, *Miracles and the Modern Mind* [Los milagros y la mente moderna] apéndice B.

C. S. Lewis, *God in the Dock* [Dios en el banquillo].

———*Miracles* [Los milagros].

H. Lockyer, *All the Miracles of the Bible* [Todos los milagros de la Biblia].

Mill, John Stuart. John Stuart Mill (1806-73) abrazó una cosmovisión de un dios finito (ver Diosismo finito), con un *positivismo lógico, que tomó una firme postura antimetafísica (ver Ayer, A. J.). Usualmente se lo conoce como un pionero del pensamiento científico moderno. Estableció normas para el razonamiento científico inductivo (ver Método inductivo) y fue una fuente de utilitarismo ético. Mill elaboró los cánones del pensamiento científico inductivo, los cuales fueron enunciados por primera vez por Francis Bacon (1561-1626) en Novum Organum (1620).

Argumento a favor de Dios. Mill rechazó el *argumento teológico tradicional expuesto por William *Paley. Él pensaba que el argumento de Paley se basaba en la analogía, que la similitud en el efecto implica similitud en la causa. Este tipo de analogía se debilita a medida que las diferencias se vuelven más grandes. Los relojes implican a los relojeros solo porque, por experiencia previa, sabemos que los relojeros hacen relojes. No existe nada intrínseco en el reloj que implique la mano de un artesano. Del mismo modo, las huellas implican la existencia de seres humanos y el estiércol, la existencia de animales, esto es porque la experiencia previa nos indica que esta relación es apropiada. No es que exista un diseño intrínseco en los restos. Por lo tanto, Mill concluyó que el argumento de Paley era débil.

Mill pasó a ofrecer lo que él consideraba que era una expresión más firme del argumento teológico, que está basado en un "método del acuerdo" inductivo. Este argumento era el más débil de los métodos inductivos de Mill, pero él consideraba que el argumento teológico era una forma sólida de este tipo de inducción. Mill comenzó con el aspecto orgánico, en lugar del mecánico, de la naturaleza:

1. Existe una concurrencia increíble de diversos elementos en el ojo humano.
2. No es probable que una selección aleatoria haya juntado a estos elementos.
3. El método del acuerdo argumenta a favor de una causa común del ojo.
4. La causa fue una causa final (con propósito), no una causa eficiente (productora).

Mill dijo que la evolución biológica, de ser verdadera, disminuye la fuerza incluso de esta forma más sólida del argumento teológico. Mucho de lo que parece ser diseñado, la evolución lo explica como la supervivencia del más fuerte. (ver Geisler y Corduan, Philosophy of Religion [Filosofía de la religión], pág. 177-84).

El razonamiento de Mill lo llevó a plantear un Dios finito, al cual definió como:

Un ser con un poder grande pero limitado, cómo o por qué es limitado, no lo podemos siquiera conjeturar; con una gran inteligencia y, tal vez, ilimitada, pero tal vez, también, más estrechamente limitada que su poder. Un ser que desea, y presta atención a, la felicidad de sus criaturas, pero quien parece tener otros motivos de acción que le importan más y de quien difícilmente se puede creer que haya creado el universo únicamente para ese propósito. ("Naturaleza", en Three Essays on Religion [Tres ensayos sobre la religión], pág. 194; las citas posteriores pertenecerán a este ensayo, a menos que se indique lo contrario).

Tal descripción limita el poder y bondad de Dios. Mill afirmaba que podemos inferir de la naturaleza que Dios tiene sentimientos benévolos hacia sus criaturas, "pero pasar de esto a inferir que sus únicos o principales propósitos son los de benevolencia, y que el único fin y objetivo de la creación era la felicidad de sus criaturas, no solo no es justificado por ninguna evidencia, sino que es una conclusión que va en contra de la evidencia que tenemos" (pág. 192).

Creación. Según Mill, el universo no se creó de la nada. "La indicación dada por tal evidencia que existe apunta a la creación, de hecho, no del universo, sino del orden actual del mismo por una Mente Inteligente, cuyo poder sobre los materiales no era absoluto" (pág. 243). En realidad, no hay ninguna razón de la naturaleza para suponer que la materia o la fuerza fueron creadas por el Ser que las juntó en las formas en que aparecen ahora. No resulta claro que tenga poder de alterar alguna de las propiedades de la materia. Por lo tanto, la materia y la energía son eternas. Dios construyó con ellas un mundo trabajando con los materiales y propiedades en cuestión (pág 178).

Al plantear un Dios finito y una materia eterna, Mill siguió a *Platón en un *dualismo teísta. La creación no es ex nihilo (de la nada) ni ex Deo (de Dios), sino que es ex materia (de materia preexistente; ver Creación, Puntos de vista de la).

Ética. Mill negó toda ética deontológica o basada en normas. Él era un utilitario cualitativo que creía que una persona debía actuar para producir un bien mayor a la mayor cantidad de personas a largo plazo. Ya que no siempre podemos saber eso, tenemos un fondo de experiencia basado en experiencia pasada, la cual nos puede guiar.

Milagros. Mill sostenía que el dios finito es el autor de las leyes de la naturaleza y que puede intervenir en los asuntos de la humanidad, aunque no exista evidencia de que lo haga. Mill concuerda con David *Hume en que "el testimonio de la experiencia en contra de los milagros es indiscutible y sin desviaciones" (pág. 221). Mill toma otra ruta para llegar a la conclusión antisobrenatural de Hume (ver Milagro; Naturalismo). Mill creía que un fenómeno inusual,

incluso si contradice una ley ya establecida, es simplemente el descubrimiento de otra ley antes desconocida (pág. 221).

Evaluación. El argumento de Mill a favor de un dios finito falla (ver Diosismo finito). Está basado en el problema del mal, el cual ha demostrado ser inadecuado (ver Mal, Problema del). Mill comete un error categórico en argumentar que Dios no es perfecto porque destruye de una forma que sería considerado asesinato para los humanos. Dios es Creador de vida y tiene derecho de quitar lo que él da (Dt 32:39; Job 1:21). Nosotros no creamos la vida; no tenemos el derecho de quitarla. El jardinero que es soberano sobre las flores y arbustos de su propio campo no tiene derecho a cortar los que les pertenecen a sus vecinos. Aquellas personas tienen control sobre lo que les pertenece. Toda vida le pertenece a Dios; Él puede quitarla si así lo desea y sin ir en contra de ninguna ley moral.

El utilitarismo de Mill también es deficiente. Como una forma de relativismo, este está sujeto a las críticas contra los relativistas (ver Moralidad, Naturaleza absoluta de la). ¿Cómo puede una persona saber que todo no es absoluto sin un estándar absoluto con el cual medirlo? Además, para que funcione de una manera apropiada, el utilitarismo requiere que las criaturas finitas sepan qué es lo que traerá el bien mayor a la mayor cantidad de personas a largo plazo. Pocas veces estamos seguros de qué es lo que traerá un bien mayor, incluso a corto plazo. Solo un Dios infinitamente sabio y bueno podría ser utilitario. Y Mill no tiene tal Dios.

Fuentes

N. L. Geisler, *Christian Ethics* [Ética cristiana], cap. 4.
N. L. Geisler y W. Corduan, *Philosophy of Religion* [Filosofía de la religión].
J. S. Mill, *A System of Logic* [Sistema de lógica].
————, *Three Essays on Religion* [Tres ensayos sobre la religión].
————, *Utilitarianism* [El utilitarismo].
Platón, Timaeus [Timeo].

Misterio. San Pablo escribió: "No hay duda de que es grande el misterio de nuestra fe: Él [Dios] se manifestó como hombre; fue vindicado por el Espíritu, visto por los ángeles, proclamado entre las naciones, creído en el mundo, recibido en la gloria" (1 Ti 3:16). La encarnación es un misterio (ver Cristo, Divinidad de), como también lo es la *Trinidad.

No hay que confundir un misterio con una antinomia o paradoja, que implica una contradicción lógica (ver Lógica y Dios). Un misterio está más allá de la razón pero no está en contra de ella. No hay contradicción, sin embargo, nos falta una comprensión total.

Además, un misterio no es algo que pueda ser alcanzado por la razón humana sin ninguna ayuda (ver Fe y razón). Solo se puede conocer un misterio por medio de una revelación divina especial (ver Revelación Especial). Por lo tanto, los misterios no son tema de la *teología natural sino solo de la teología revelada.

Otra característica de un misterio es que, si bien sabemos que los dos elementos que lo componen son verdaderos y, en última instancia, encajan entre sí, no sabemos cómo son compatibles. Por ejemplo, sabemos que Cristo es a la vez Dios y humano, pero es un misterio cómo estas dos naturalezas se unen en una persona.

Por último, es preciso distinguir entre un misterio y un problema. Un problema tiene una solución; un misterio es objeto de meditación. Un problema requiere un extenso conocimiento; un misterio precisa de una intensa concentración. Como una palabra que falta en un crucigrama, se puede resolver un problema con un mayor conocimiento; en cambio, un misterio no. Si pudiera, no sería un misterio. Los misterios no buscan respuestas, sino comprensión.

Fuentes

T. de Aquino, *Summa contra Gentiles* [Suma contra los gentiles].

N. L. Geisler y R. M. Brooks, *When Skeptics Ask* [Cuando los escépticos preguntan].

G. Marcel, *Le Mystere de l'etre* [El misterio del ser].

Misticismo. *Antecedentes.* La palabra misticismo proviene de la palabra griega mustikos, que significa iniciado en los misterios. Con el tiempo, se utilizó en los círculos cristianos como la rama de la teología cristiana que cree en la comunión directa del alma con Dios. En un contexto panteísta, suele referirse a alguien que busca, mediante la contemplación y la autoentrega, obtener la absorción en lo Supremo. En la filosofía, a menudo se refiere a alguien que cree que es posible el conocimiento intuitivo e inmediato de la realidad suprema.

Tipos de misticismo. Se puede clasificar el misticismo de muchas maneras. En términos de *cosmovisión, puede ser dividido en cristiano y no cristiano o teísta y no teísta. También hay formas de misticismo en la mayoría de las principales religiones del mundo. Algunas, como el *Budismo Zen, son místicas como tales. El interés aquí es saber si el misticismo tiene algún valor apologético. Es decir, ¿una experiencia mística ayuda a establecer la verdad del sistema de creencias del que la tiene?

La naturaleza de una experiencia mística. Las experiencias religiosas son muy difíciles de definir.

Friedrich *Schleiermacher dijo que la religión es un sentimiento de absoluta dependencia del Todo. Paul Tillich definió la religión como un compromiso definitivo. Nuestro propio análisis determinó que era una conciencia de alguna forma de un Otro ser trascendente (ver Geisler y Corduan).

Una experiencia religiosa privada. Las experiencias religiosas se dividen en dos categorías básicas: generales y específicas. Los primeros están disponibles para todas las personas, y los segundos son exclusivos para algunos. El primero es público y el segundo es privado. Las experiencias místicas son privadas por naturaleza. Esto no significa que otros no puedan tener experiencias similares. Simplemente significa que la experiencia es única para quien la tiene. Además, el público en general no tiene tales experiencias en ningún momento.

Una experiencia religiosa enfocada. Algunas formas de conciencia son generales y otras particulares. Por ejemplo, la conciencia de estar casado es una conciencia general que uno tiene en todo momento. Pero la conciencia de casarse es una experiencia especial que se tiene solo durante la ceremonia. Una experiencia mística se parece más a lo último. Es una conciencia enfocada e intensificada de un Supremo, mientras que una experiencia religiosa general es como la conciencia continua e inespecífica de Schleiermacher de ser dependiente del Supremo.

Una experiencia intuitiva. Las experiencias místicas de Dios no son cognitivas. No están mediadas por conceptos o ideas, sino que no necesitan un mediador y son intuitivos. Son contactos directos con Dios. Como tal, no son discursivos. No involucran ningún proceso de razonamiento.

Una experiencia indescriptible. Aunque muchos místicos han intentado describir su experiencia, la mayoría suele decir que las palabras son inadecuadas para expresarla. Muchos admiten que solo pueden decir lo que realmente no es. Todos los intentos de ser positivos son estrictamente metafóricos, alegóricos o simbólicos. Puede ser experimentado, pero no expresado (ver Plotino).

El valor apologético de las experiencias místicas. El misticismo no carece de valor. Como William *James señaló, apunta a un estado más allá de lo estrictamente empírico y racional. De hecho, las formas cristianas de misticismo, como la del Maestro Eckhart, han sido aceptadas por muchos cristianos ortodoxos.

Sin embargo, lo que nos concierne aquí es la afirmación de los místicos de la evidente veracidad de sus experiencias místicas. Insisten en que son tan básicas como las percepciones sensoriales, siendo una especie de percepción espiritual. Otros cuestionan esto y ofrecen muchas razones para rechazar cualquier valor de verdad a tales experiencias.

Las experiencias místicas no se autentifican. Si bien no es necesario negar que existen estados mentales transcognitivos, los místicos suelen afirmar que esas experiencias se autentican a sí mismas. Esto parece ser la confusión de dos cosas. Pueden estar autenticando al yo (persona) que las tiene, pero no se autentican a sí mismas. La autoautentificación, como en los evidentes *primeros principios, es algo que puede conocerse examinando los términos de la proposición. Por ejemplo, la frase "todos los triángulos son figuras de tres lados" es evidente porque el predicado dice exactamente lo que el sujeto dice. Pero no hay tal paralelo en una experiencia mística de Dios.

La experiencia mística no es objetiva. Por su propio reconocimiento, las experiencias de los místicos no son públicas sino privadas. Como tales, entonces, son subjetivas y no objetivas. Pero las experiencias subjetivas solo son válidas para el sujeto que las experimenta. Como lo señaló William James en su obra Varieties of Religious Experience [Las variedades de la experiencia religiosa], las experiencias místicas no tienen ninguna autoridad sobre aquellos que no las tienen.

Las experiencias místicas no son comprobables. Como las experiencias místicas no tienen una base objetiva, tampoco son comprobables. Al ser subjetivas por naturaleza, no hay una prueba objetiva para ellas. Por lo tanto, son totalmente relativas al individuo que las tiene. Como tal, no hay manera de que lo que el sujeto experimenta pueda ser aplicado de forma válida a otros.

Las experiencias místicas se autocancelan. Cuando se utiliza una experiencia mística para sustentar la afirmación de verdad del sistema de creencias del que la tiene, carece de valor por la sencilla razón de que las personas con sistemas de creencias contradictorios tienen experiencias místicas. Pero si el mismo tipo de evidencia se usa para sustentar creencias opuestas, se autocancela. La evidencia debe ser única respecto a una sobre otra para que funcione en una sobre la otra.

Las experiencias místicas pueden ser malinterpretadas. Aquí no se intenta negar que algunas personas tienen una experiencia mística. Tampoco se niega que puedan sentir que se autentican a sí mismos. Tampoco cuestionamos el hecho de que puede parecerles que viene con su propia etiqueta de autointerpretación.

Simplemente se argumenta que no hay pruebas de que sea así. Experiencias similares de personas de diferentes *cosmovisiones se les aparecen para reivindicar su particular cosmovisión o sistema religioso. Sin embargo, ese hecho en sí mismo muestra que las experiencias místicas no reivindican las cosmovisiones, ya que los opuestos no pueden ser ambos verdaderos.

En resumen, tales experiencias no están autoetiquetadas y, por lo tanto, pueden ser mal etiquetadas por quien las tiene.

*El misticismo lleva al *Agnosticismo.* Como la mayoría de los místicos admiten, solo tienen un conocimiento negativo. Es decir, solo saben lo que Dios no es. Pero no tienen un conocimiento positivo de lo que Dios es, al menos no en un sentido cognitivo. En resumen, son agnósticos religiosos, o acognósticos (ver Acognosticismo). Puede que crean en Dios y sientan a Dios, pero no tienen un conocimiento positivo de lo que creen o sienten. Reconocen un ámbito místico, pero como Ludwig *Wittgenstein, deben permanecer en silencio al respecto. Hay por lo menos dos problemas importantes con esta posición.

Primero, el conocimiento puramente negativo es imposible. Uno no puede saber lo que algo no es a menos que sepa lo que sí es. De la misma manera, uno no puede saber cómo no es Dios a menos que sepa cómo es Él. Segundo, ya que la religión, al menos en el sentido teísta, implica una relación personal con Dios, es difícil entender cómo uno puede tener esto si no conoce ninguna de las cualidades del Amado. En este sentido, el comentario del ateo Ludwig *Feuerbach es apropiado: "Solo cuando el hombre pierde el gusto por la religión, y por lo tanto la religión misma se convierte en una existencia insípida, la existencia de Dios también se convierte en una existencia insípida, una existencia sin cualidades" (Feuerbach, pág. 15).

Fuentes

D. Clark y N. L. *Geisler, Apologetics in the New Age* [Apologética en la Nueva Era].

D. K. Clark, *The Pantheism of Alan Watts* [El panteísmo de Alan Watts].

W. Corduan, *"A Hair's Breadth from Pantheism"* ["Un cabello del panteísmo"].

M. Eckhart, *Meister Eckhart* [Maestro Eckhart].

L. Feuerbach, *The Essence of Christianity* [La esencia del cristianismo].

N. L. Geisler, *Christian Apologetics* [Apologética cristiana], cap. 6.

N. L. Geisler y W. Corduan, *Philosophy of Religion* [Filosofía de la religión], parte 1.

S. Hackett, *Oriental Philosophy* [Filosofía oriental].

G. W. F. Hegel, *The Phenomenology of Spirit* [Fenomenología del espíritu].

D. L. Johnson, *A Reasoned Look at Asian Religions* [Una mirada razonada a las religiones asiáticas].

R. Otto, *Mysticism East and West* [Mística de oriente y occidente].

Plotino, *The Six Enneads* [Las seis Enéadas].

F. Schaeffer, *The God Who Is There* [El Dios que está ahí].

D. T. Suzuki, *An Introduction to Zen Buddhism* [Introducción al budismo zen].

Mito, mitología. *Ver* APÓCRIFOS; SEMINARIO DE JESÚS; MILAGROS, MITOS Y; MITRAÍSMO; NAG HAMMADI, EVANGELIOS DE; DOCUMENTO Q; AFIRMACIONES DE RESURRECCIÓN EN RELIGIONES NO CRISTIANAS.

Mitología y el Nuevo Testamento. Para la argumentación crítica superior, es fundamental la teoría que indica que gran parte de la imagen de Jesús y sus enseñanzas en el Nuevo Testamento evolucionó con el tiempo en el contexto social y las divagaciones teológicas de la iglesia primitiva. Jesús como hombre se perdió en la leyenda y el mito, fue sumergido bajo las afirmaciones sobrenaturales de eventos tales como el nacimiento virginal, los milagros y la resurrección (ver Resurrección, Evidencias a favor de la). Detrás de estos eventos estaban los patrones de los dioses griegos y romanos. Además de ateos y escépticos, algunos eruditos del Nuevo Testamento han hecho tales acusaciones. Rudolf Bultmann estaba a la vanguardia de esta visión del Nuevo Testamento. Insistió en que los registros religiosos deben ser "desmitificados" o despojados de su "envoltura" mitológica para llegar al "núcleo" existencial de la verdad.

El naturalismo demitológico de Bultmann. La base del pensamiento de Bultmann es su teoría de que el cristianismo creció a partir de una cosmovisión precientífica de un universo de tres niveles: La tierra está en el centro de esta cosmovisión; Dios y los ángeles, arriba en el cielo arriba, y el inframundo, por debajo. El mundo material fue afectado por fuerzas sobrenaturales de arriba y abajo que intervinieron en los pensamientos y acciones humanas (Bultmann, pág. 1). Los documentos del Nuevo Testamento tuvieron que ser despojados de esta estructura mitológica, ya que la ciencia había hecho obsoleta la cosmovisión sobrenaturalista. La aceptación ciega del Nuevo Testamento podría sacrificar el intelecto para aceptar una cosmovisión en la religión que negamos en la vida cotidiana (ibid., pág. 3-4). La única forma honesta de recitar los credos es despojar el marco mitológico de la verdad que consagran.

Bultmann declaró con seguridad que la resurrección no es un evento de la historia. "Porque un hecho histórico que implique una resurrección de entre los muertos es totalmente inconcebible" (ibid. págs. 38-39). La resucitación de un cadáver no es posible. La historicidad objetiva de la resurrección no se puede verificar, sin importar cuántos testigos se citen. La resurrección es un artículo de fe. Eso en sí mismo lo descalifica como una prueba milagrosa. Por último, hay eventos similares en la mitología (ibid., págs. 39-40).

Como la resurrección no es un evento de la historia objetiva del espacio-tiempo, es un evento de la historia subjetiva. Es un evento de fe en los corazones de los primeros discípulos. Como tal, no está sujeta a verificación o falsificación histórica objetiva. Cristo se levantó de la tumba de José solo en la fe de los corazones de los discípulos.

Se puede resumir el argumento de Bultmann de la siguiente manera:

1. Por naturaleza, los mitos son más que verdades objetivas; son verdades trascendentales de la fe.
2. Pero lo que no es objetivo no puede ser parte de un mundo espacio-tiempo verificable.
3. Por lo tanto, los milagros (mitos) no forman parte del mundo objetivo del espacio-tiempo.

Evaluación. Se han presentado varias objeciones al naturalismo mitológico de Bultmann.

Básicamente, la desmitificación se basa en al menos dos supuestos no probados: Primero, los milagros son menos que históricos. Segundo, los milagros no pueden ocurrir en el mundo sin ser del mundo. El punto de vista de Bultmann es dogmático y no verificable. No tiene ninguna base probatoria para sus declaraciones. Sin embargo, se opone a la contundente evidencia de la autenticidad de los documentos del Nuevo Testamento y la fiabilidad de los testigos (ver Nuevo Testamento, Historicidad del). De hecho, es directamente contrario a la afirmación de Pedro de que no estaba predicando "fábulas artificiosas" (2 Pedro 1:16 RVR1960). Más bien, él y los otros apóstoles fueron testigos presenciales. Juan dijo lo mismo al principio y al final de su Evangelio (1:1-3; 21:24).

El Nuevo Testamento no pertenece al género literario de la mitología. C. S. *Lewis, que también es escritor de cuentos de hadas, señaló que "el Dr. Bultmann nunca escribió un evangelio". Lewis pregunta: "¿Acaso su experiencia adquirida [...] en la vida le ha dado el poder de ver en las mentes de los que han muerto hace tiempo [que han escrito los Evangelios]?" Como un escritor aún vivo, Lewis consideró que sus críticos solían equivocarse cuando intentaban leer su mente. Y añade: "Podemos concluir que los 'resultados seguros de la erudición moderna', así como en un libro antiguo, están 'asegurados' solo porque los hombres que conocían los hechos están muertos y no pueden revelar los hechos" (Lewis, Christian Reflections [Reflexiones cristianas], págs. 161-63).

Evidencia a favor del Nuevo Testamento. Otros artículos muestran que el Nuevo Testamento fue escrito por contemporáneos y testigos presenciales de los eventos (cf. Lucas 1:1-4) y que no fue el resultado del desarrollo de una leyenda posterior (ver Biblia, Críticas a la; Nuevo Testamento, Datación del; Manuscritos del Nuevo Testamento). El artículo Milagros, Mitos y presenta lo siguiente con mayor detalle.

Los libros del Nuevo Testamento aparecieron durante la vida de testigos presenciales y contemporáneos. Lucas fue escrito alrededor del año 60, solo 27 años después de la muerte de Jesús, antes de Hechos en el 60-62 (ver Hemer). 1 Corintios fue escrito alrededor del 55-56, solo 22 o 23 años después de la muerte de Jesús (cf. 1 Co 15:6-8). Incluso el erudito radical del Nuevo Testamento John A. T. Robinson fecha los registros básicos de los Evangelios entre los años 40 y 65 (ver Robinson).

Dado que importantes partes de los Evangelios y otros libros cruciales del Nuevo Testamento fueron escritos antes de los 70, no hubo tiempo ni forma de que una leyenda se desarrollara mientras los testigos presenciales aún estaban vivos para refutar la historia. Una leyenda requiere tiempo y/o lejanía para desarrollarse, y ninguna de ellas se presenta en este caso. El historiador romano A. N. Sherwin-White llama "increíble" a la visión mitológica del Nuevo Testamento (Sherwin-White, pág. 189). Otros han notado que los escritos de Heródoto nos permiten determinar la velocidad a la que se desarrollan las leyendas. Dos generaciones es un período demasiado corto para que las tendencias legendarias borren los hechos históricos (Craig, pág. 101). George Müller (1805-98) desafió a los eruditos de su época a producir siquiera un ejemplo donde en una generación se desarrollara un mito en el que los elementos más prominentes fueran mitos (Müller, pág. 29). No se ha encontrado ninguno.

Las historias del Nuevo Testamento no muestran señales de ser mitológicas. Lewis comenta que los relatos son registros sencillos y sin adornos escritos de manera histórica y sin arte por judíos cerrados y poco interesantes que no veían la riqueza mítica del mundo pagano que los rodeaba. Lewis dijo: "Todo lo que soy en la vida privada es un crítico literario e historiador, ese es mi trabajo". Añadió: "Y sobre esa base puedo decir que si alguien piensa que los Evangelios son leyendas o novelas, entonces esa persona simplemente está mostrando su incompetencia como crítico literario. He leído muchas novelas y sé bastante acerca de las leyendas que crecieron entre la gente joven, y sé perfectamente bien que los Evangelios no pertenecen a esa categoría" (Lewis, Christian Reflections [Reflexiones cristianas], págs. 209).

Las personas, lugares y eventos que rodean las historias de los Evangelios son históricos. Lucas se esfuerza mucho en hacer notar que fue en los días de "Augusto César" (Lucas 2:1) que Jesús nació y que fue bautizado en "el año quince del reinado de Tiberio César, Poncio Pilato gobernaba la provincia de Judea, Herodes era tetrarca en Galilea, [...] el sumo sacerdocio lo ejercían Anás y Caifás" (Lucas 3:1-2).

Ningún mito griego o romano hablaba de la encarnación literal de un Dios monoteísta en forma humana (cf. Juan 1:1-3, 14) por medio de un nacimiento virginal real (Mt 1:18-25), seguido de su muerte y resurrección física. Los griegos creían en la *reencarnación en un cuerpo mortal diferente; los cristianos del Nuevo Testamento creían en la resurrección en el mismo cuerpo físico convertido en inmortal (cf. Lucas 24:37). Los griegos eran politeístas, no eran monoteístas como los cristianos del Nuevo Testamento (ver Mitraísmo).

Las historias de dioses griegos que se hicieron humanos a través de eventos milagrosos como un nacimiento virginal no aparecieron antes, sino después de la época de Cristo (Yamauchi). Por lo tanto, si hay alguna influencia de uno sobre el otro, es la influencia del evento histórico del Nuevo Testamento sobre la mitología, no al revés.

Conclusión. Los registros del Nuevo Testamento no muestran señales de desarrollo mitológico. De hecho, los eventos milagrosos están acompañados de referencias históricas a personas, lugares y tiempos reales. Los testigos del Nuevo Testamento estuvieron mucho antes en la historia, eran muy numerosos y fueron muy precisos como para ser acusados de escribir mitos. Solo un sesgo antisobrenatural injustificado podría fundamentar cualquier conclusión contraria (ver Milagros, Argumentos contra los).

Fuentes

R. Bultmann, *Kerygma and Myth* [Kerigma y mito].

W. Craig, The Son Rises [El hijo se levanta].

N. L. Geisler, *Miracles and the Modern Mind* [Los milagros y la mente moderna], cap. 6.

R. Gromacki, *The Virgin Birth* [El nacimiento virginal].

C. J. Hemer, *The Book of Acts in the Setting of Hellenistic History* [El Libro de los Hechos en el marco de la historia helenística].

C. S. Lewis, *Christian Reflections* [Reflexiones cristianas].

———, *Mere Christianity* [Mero cristianismo].

———, *Miracles* [Los milagros].

J. G. Machen, *The Virgin Birth of Christ* [El nacimiento virginal de Cristo].

J. Mártir, *Dialogue with Trypho the Jew* [Diálogo con Trifón el judío], cap. 84.

J. Müller, *The Theory of Myths, in Its Application to the Gospel History, Examined and Confuted* [La teoría de los mitos en su aplicación a la historia del Evangelio examinada y refutada].

R. Nash, *Christianity and the Hellenistic World* [El

cristianismo y el mundo helenístico].

J. A. T. Robinson, *Redating the New Testament* [Redatando el Nuevo Testamento].

A. N. Sherwin-White, *Roman Society and Roman Law in the New Testament* [La sociedad romana y el derecho romano en el Nuevo Testamento].

E. Yamauchi, *"Easter—Myth, Hallucination, or History?"* ["La Pascua: ¿Mito, alucinación, o Historia?"].

Mitraísmo. Algunos críticos contemporáneos del cristianismo argumentan que es una religión que no se basa en la revelación divina, sino que fue tomada de religiones de misterio, como el mitraísmo. El autor musulmán Yusuf Salim Chishti atribuye doctrinas como la deidad de Cristo y la expiación a las enseñanzas paganas del apóstol Pablo y la doctrina de la *Trinidad, a formulaciones paganas de los padres de la iglesia.

Teoría de la Fuente Pagana. Chishti intenta demostrar una vasta influencia de las religiones de misterio sobre el cristianismo manifestando: "La doctrina cristiana de la expiación estaba muy marcada por la influencia de las religiones de misterio, especialmente por el mitraísmo, el cual también contaba con un hijo de dios, una madre virgen, una crucifixión y la resurrección después de expiar los pecados de la humanidad y finalmente la ascensión al 7° cielo". Indica también: "Si estudias las enseñanzas del mitraísmo junto con las del cristianismo, seguro que te sorprenderá la estrecha afinidad que es visible entre ellas, tanto que muchos críticos se ven obligados a concluir que el cristianismo es una copia o la segunda edición del mitraísmo". (Chishti, pág. 87).

Chishti enumera algunas similitudes entre Cristo y Mitra: Mithra era considerado el hijo de Dios, era un salvador, nació de una virgen, tuvo doce discípulos, fue crucificado, se levantó de la tumba al tercer día, expió los pecados de la humanidad y volvió a su padre en el cielo. (ibid., págs. 87-88).

Evaluación. Una lectura imparcial de los datos del Nuevo Testamento muestra que Pablo no enseñó una nueva religión ni que se basó en la mitología existente. Los cimientos del cristianismo están claramente tomados del Antiguo Testamento, el judaísmo en general y la vida de una figura histórica llamada Jesús.

Jesús y el origen de la religión de Pablo. Un cuidadoso estudio de las Epístolas y los Evangelios revela que las fuentes de las enseñanzas de Pablo sobre la salvación fueron el Antiguo Testamento y las enseñanzas de Jesús. Una simple comparación de las enseñanzas de Jesús y Pablo demostrará el punto. Ambos enseñaban que el cristianismo cumplía con el judaísmo. Pablo, al igual que Jesús, enseñó que el cristianismo era un cumplimiento del judaísmo. Jesús dijo: "No piensen que he venido a anular la ley o los profetas; no he venido a anularlos, sino a darles cumplimiento" (Mt 5:17). También dijo: "La ley y los profetas se proclamaron hasta Juan. Desde entonces se anuncian las buenas nuevas del reino de Dios, y todos se esfuerzan por entrar en él. Es más fácil que desaparezcan el cielo y la tierra que caiga una sola tilde de la ley" (Lucas 16:16-17).

El Cristo de Pablo se siente completamente identificado con el judaísmo y es ajeno a los cultos de misterio. Pablo escribió a los romanos: "De hecho, Cristo es el fin de la ley, para que todo el que cree reciba la justicia" (Ro 10:4). Además, añadió en Colosenses: "Así que nadie los juzgue a ustedes por lo que comen o beben, o con respecto a días de fiesta religiosa, de luna nueva o de reposo. Todo esto es una sombra de las cosas que están por venir; la realidad se halla en Cristo" (Col 2:16-17).

Ambos enseñaron que los humanos son pecadores. Tanto Pablo como Jesús enseñaron que los seres humanos son pecadores. Jesús declaró: "Les aseguro que todos los pecados y blasfemias se les perdonarán a todos por igual" (Marcos 3:28). Y añadió en Juan: "Por eso les he dicho que morirán en sus pecados, pues, si no creen que yo soy el que afirmo ser, en sus pecados morirán" (Juan 8:24).

Pablo declaró que todos los humanos son pecadores insistiendo en que "pues todos han pecado y están privados de la gloria de Dios" (Ro 3:23). En Efesios, dijo: "En otro tiempo ustedes estaban muertos en sus transgresiones y pecados". De hecho, parte de la definición misma del Evangelio era que "Cristo murió por nuestros pecados según las Escrituras" (1 Co 15:3).

Ambos enseñaron que la expiación de la sangre es necesaria. Tanto Jesús como Pablo insistieron en que la sangre derramada de Cristo era necesaria para expiar nuestros pecados (ver Cristo, Muerte de). Jesús proclamó: "Porque ni aun el Hijo del hombre vino para que le sirvan, sino para servir y para dar su vida en rescate por muchos" (Marcos 10:45). En la última cena añadió: "Esto es mi sangre del pacto, que es derramada por muchos para el perdón de pecados" (Mt 26:28).

Pablo también fue enfático con respecto a ello. Afirmó que "en él [Cristo] tenemos la redención mediante su sangre, el perdón de nuestros pecados, conforme a las riquezas de la gracia" (Ef 1:7). En Romanos, añadió: "Pero Dios demuestra su amor por nosotros en esto: en que cuando todavía éramos pecadores, Cristo murió por nosotros" (5:8). Y haciendo referencia a la Pascua del Antiguo testamento, dijo: "Porque Cristo, nuestro Cordero pascual, ya ha sido sacrificado" (1 Co 5:7).

Ambos enfatizaron la resurrección de Cristo. Jesús

y Pablo también enseñaron que la muerte y el entierro de Jesús se completaron con su resurrección corporal (ver Resurrección, Evidencias a favor de la; Resurrección, Naturaleza Física de la). Jesús dijo: "Esto es lo que está escrito [...] que el Cristo padecerá y resucitará al tercer día" (Lucas 24:46). Jesús los desafió: "Destruyan este templo [...], y lo levantaré de nuevo en tres días [...] Pero el templo al que se refería era su propio cuerpo" (Juan 2:19,21).

Después de que resucitó de entre los muertos, sus discípulos recordaron lo que había dicho. Entonces creyeron en las Escrituras y en las palabras que Jesús había dicho (Juan 2:22; cf. 20:25-29).

El apóstol Pablo también destacó la necesidad de la resurrección para la salvación. Escribió a los romanos: "Él [Jesús] fue entregado a la muerte por nuestros pecados, y resucitó para nuestra justificación" (Ro 4:25). De hecho, Pablo insistió en que la creencia en la resurrección era esencial para la salvación indicando "que, si confiesas con tu boca que Jesús es el Señor y crees en tu corazón que Dios lo levantó de entre los muertos, serás salvo" (Ro 10:9).

Ambos enseñaron que la salvación es por gracia a través de la fe. Jesús afirmó que toda persona necesita la gracia de Dios. Los discípulos de Jesús le preguntaron: "¿quién podrá salvarse?" "Para los hombres es imposible" —aclaró Jesús, mirándolos fijamente—, "mas para Dios todo es posible" (Mt 19:25-26). A lo largo de todo el Evangelio de Juan, Jesús presentaba solo una forma de obtener la salvación de Dios por gracia: "El que cree en el Hijo tiene vida eterna" (3:36; cf. 3:16; 5:24; Marcos 1:15).

Pablo enseñó que la salvación es por gracia a través de la fe afirmando: "Porque por gracia ustedes han sido salvados mediante la fe; esto no procede de ustedes, sino que es el regalo de Dios, no por obras, para que nadie se jacte" (Ef 2:8-9; cf Tito 3:5-7). Añadió diciendo a los romanos: "Sin embargo, al que no trabaja, sino que cree en el que justifica al malvado, se le toma en cuenta la fe como justicia" (4:5).

Una comparación de las enseñanzas de Jesús y Pablo sobre la salvación muestra claramente que no hay base para especular sobre ninguna otra fuente de las enseñanzas de Pablo que no sea la de Jesús. El cristianismo tenía sus orígenes en el judaísmo, no en el mitraísmo. De hecho, el mensaje del evangelio de Pablo fue comprobado y aprobado por los apóstoles originales (Gl 1-2), demostrando el reconocimiento oficial de que su mensaje no contradecía al de Jesús (ver Habermas, págs. 67-72). La acusación de que Pablo corrompió el mensaje original de Jesús fue respondida hace mucho tiempo por J. Gresham *Machen en su obra clásica, The Origin of Paul's Religion [El origen de la religión de Pablo] y por F. F. *Bruce en Paul and Jesus [Pablo y Jesús].

El origen de la Trinidad. La doctrina cristiana de la *Trinidad no tiene un origen pagano. Las religiones paganas eran politeístas y panteístas, pero los trinitarios son monoteístas (ver Panteísmo; Politeísmo; Teísmo). Los trinitarios no son triteístas, quienes creen en tres dioses separados. Los trinitarios son monoteístas que creen en un solo Dios manifestado en tres personas distintas.

Aunque el término Trinidad o su formulación específica no aparece en la Biblia, expresa fielmente todos los datos bíblicos. Una comprensión exacta del desarrollo histórico y teológico de esta doctrina ilustra ampliamente que fue exactamente por los peligros del paganismo que el Concilio de Nicea formuló la doctrina ortodoxa de la Trinidad. Para un breve estudio de la historia de esta doctrina, ver E. Calvin Beisner, God in Three Persons [Dios en tres personas]. Dos obras clásicas de este campo son de G. L. Prestige, God in Patristic Thought [Dios en el pensamiento de los padres] y de J. N. D. Kelly, Early Christian Doctrines [Primitivos credos cristianos].

El mitraísmo y el cristianismo. De lo expuesto anteriormente, resulta evidente que el judaísmo y las enseñanzas de Jesús fueron el origen del cristianismo. Queda igualmente claro que el mitraísmo no lo fue. Las descripciones de Chishti sobre esta religión son infundadas. De hecho, no da ninguna referencia de las similitudes que alega.

A diferencia del cristianismo (ver Nuevo Testamento, Historicidad del), el mitraísmo se basa en un mito. Ronald Nash, el autor de Christianity and the Hellenistic World [El cristianismo y el mundo helenístico], escribió:

> Sabemos que el mitraísmo, igual que estos competidores misteriosos, tuvo como base un mito, Mitra supuestamente nació cuando él brotó de una roca; él estaba cargando un cuchillo y una antorcha y vistiendo una capa. Batalló primero con el sol y luego con un toro primitivo, pensó ser la primera obra de la creación. Mitra mató al toro, del cual entonces comenzó la base de la vida para la raza humana (Nash, pág. 144).

El cristianismo afirma la muerte física y la resurrección del cuerpo de Cristo. El mitraísmo, como otras religiones paganas, no tiene resurrección corporal. El escritor griego Esquilo resume el punto de vista griego: "Pero cuando el polvo se ha bebido la sangre de un hombre, una vez muerto, ya no hay resurrección". Utiliza la misma palabra griega para "resurrección", anastasis, que Pablo usa en 1 Corintios 15 (Esquilo, Euménides [Las Euménides], 647). Nash indica:

> Las alegaciones a cierta dependencia cristiana tem-

prana en el mitraísmo han sido rechazadas en muchos terrenos. El mitraísmo no tiene concepto de la muerte ni la resurrección de dios y no tiene lugar para conceptos renacentistas, por lo menos durante las primeras etapas... Durante las primeras etapas del culto, la noción del renacimiento podría haber sido extraña para esa perspectiva básica... Más aún, el mitraísmo fue básicamente un culto militar. Por lo tanto, uno debe mostrarse escéptico a sugerencias dado que despertó en las personas no militares igual sentimiento que en los cristianos primitivos (Nash, pág. 144).

El mitraísmo surgió después del cristianismo, no antes, así que el cristianismo no pudo copiar al mitraísmo. Por el tiempo, el mitraísmo no pudo haber influenciado el desarrollo del cristianismo del primer siglo (ibid. pág. 147; ver Mitología y el Nuevo Testamento).

Conclusión. Todas las alegaciones contra la dependencia cristiana de religiones misteriosas o *gnósticas (ver Nag Hammadi, Evangelios de) han sido rechazadas por eruditos en el campo de los estudios clásicos y bíblicos (ibid. pág. 119). El carácter histórico del cristianismo y la fecha temprana de los documentos del Nuevo Testamento no pudieron dar suficiente tiempo a los desarrollos mitológicos. Además, existe una completa carencia de cualquier evidencia histórica temprana que apoye tales ideas. El erudito británico Norman Anderson lo explica de la siguiente manera:

La diferencia esencial entre el cristianismo y los misterios es la base histórica de uno y el carácter mitológico de los otros. Las deidades de los misterios no fueron más que "figuras nebulosas de un pasado imaginario", pero el Cristo, de quien el apostólico kerigma habla, vivió y murió solo unos pocos años antes de que los primeros documentos del Nuevo Testamento fueran escritos. Aun cuando el apóstol Pablo escribió su primera carta para los Corintios, la mayoría de algunos de los quinientos testigos presenciales de la resurrección de Jesús todavía estaban vivos (Anderson, pág. 52-53).

Fuentes

N. Anderson, *Christianity and World Religions* [El cristianismo y las religiones del mundo].
E. C. Beisner, God in Three Persons [Dios en tres personas].
F. F. Bruce, *Paul and Jesus* [Pablo y Jesús].
Y. S. Chishti, What Is Christianity? [¿Qué es el cristianismo?]
W. Corduan, *Neighboring Faiths* [Religiones vecinas].
A. Di Donato, *"The Mithraic Cult and Christian Origins"* [El culto mitraico y los orígenes cristianos].
G. Habermas, *The Verdict of History* [El veredicto de la historia].
J. N. D. Kelly, *Early Christian Doctrines* [Primitivos credos cristianos].
J. G. Machen, *The Origin of Paul's Religion* [El origen de la religión de Pablo].
R. Nash, *Christianity and the Hellenistic World* [El cristianismo y el mundo helenístico].
G. L. Prestige, *God in Patristic Thought* [Dios en el pensamiento de los padres].
H. N. Ridderbos, *Paul and Jesus* [Pablo y Jesús].

Modalismo. El modalismo es una visión no ortodoxa o herética de Dios que niega la visión trinitaria ortodoxa de que hay tres personas coeternas distintas en la Divinidad (ver Trinidad). Los modalistas afirman que Dios simplemente se manifiesta en diferentes modos o formas en diferentes momentos. Desafortunadamente, algunas ilustraciones usadas por los trinitarios tienden hacia un concepto modalista de Dios. Por ejemplo, los modalistas afirman que Dios es como el agua, que puede manifestarse en uno de los tres diferentes modos en diferentes momentos: líquido, gaseoso o sólido. O que Dios es como un actor que interpreta tres papeles diferentes en una obra de teatro. A diferencia del trinitarismo ortodoxo, que tiene tres personas distintas (Padre, Hijo y Espíritu Santo) en una sola naturaleza, el modalismo tiene una sola persona en Dios y una sola naturaleza. El modalismo es el extremo opuesto de la herejía del triteísmo, que tiene tres dioses diferentes con tres personas diferentes, cada uno con su propia naturaleza diferente.
Fuentes (ver la bibliografía de TRINIDAD).

Monismo. Los monistas creen que la realidad es una; los pluralistas creen que son muchas. Es decir, los monistas creen que existe solo una cosa o un ser. Si se piensa que esta única cosa es "Dios", entonces a esta visión se le llama *panteísmo. El cristianismo es una visión pluralista, ya que los cristianos creen que existe más de un ser, esto es, Dios y todas las demás criaturas.

El caso del monismo. El monismo, a diferencia de todas las formas de pluralismo, insiste en que toda la realidad es una sola. Parménides de Elea (nacido aprox. 515 a. C.) planteó, o identificó, inicialmente el problema y desde entonces muchos filósofos se han enfrentado a su dilema. Se han propuesto cuatro respuestas, pero solo una resuelve el problema con éxito.

Parménides argumentó que no puede haber más de una cosa (monismo absoluto). Si hubiera dos cosas, tendrían que diferir. Pero para que las cosas difieran, deben diferir por ser o por no ser. El ser es lo que los hace idénticos, por lo que no pueden diferir por eso. Tampoco pueden diferir por el no ser, porque el no ser no es nada, y diferir por nada es no diferir en absoluto.

Por lo tanto, no puede haber pluralidad de seres. Solo hay un ser único e indivisible.

Una respuesta al monismo. El monismo se basa erróneamente en un concepto unívoco de ser (ese ser significa exactamente lo mismo dondequiera que se encuentre). El pluralismo metafísico cristiano cree que puede haber otros tipos de seres, es decir, seres compuestos. Los seres se diferencian en su propio ser porque puede haber diferentes tipos de seres (Aquino, 1a. 4, 1, respuesta a objeción 3). Por ejemplo, Dios es un ser de tipo infinito. Y todas las criaturas son seres de tipo finito. Dios es pura realidad; todas las criaturas están compuestas tanto de realidad como de capacidad. Por lo tanto, las cosas finitas difieren de Dios en que tienen una capacidad limitante; Él no la tiene. Las cosas finitas pueden diferir entre sí en cuanto a si su capacidad está completamente desarrollada (como en el caso de los ángeles) o si se está desarrollando progresivamente (como en el caso de los seres humanos). Pero en todas las criaturas su esencia (lo qué es) es realmente distinta de su existencia (el ser). En el caso de Dios, su esencia y su existencia son idénticas. Aquino no fue el primero en hacer esta distinción, pero fue el primero en hacer un uso tan extenso de ella.

Parménides se equivocó porque asumió que el "ser" siempre se entiende unívocamente (de la misma manera). Aquino vio que el ser es análogo (ver Analogía, Principio de). Esto significa que se puede entender a cada ser de manera similar y diferente. Todos los seres que existen son iguales en el sentido que todos son reales. Los seres finitos se diferencian del único Ser infinito porque ellos tienen diferentes capacidades para convertirse en otras cosas o para dejar de ser. Y tienen diferentes realidades de esas capacidades individuales.

Conclusión. Los seres pueden diferir, y de hecho difieren, en el tipo de ser que son. Mientras que solo puede haber un Ser infinito, sin embargo, puede haber muchos seres finitos. Un ser finito es similar (análogo) en su ser a un Ser infinito. El término ser se aplica a ambos, pero Dios es ser, y todos los demás seres simplemente tienen un ser. El monismo plantea la pregunta asumiendo que todos los seres son idénticos (unívocos). La experiencia y la razón nos revelan que hay diferentes tipos de seres; somos seres finitos, y Dios es un Ser infinito.

Fuentes

T. de Aquino, *On Being and Essence* [El ente y la esencia].

———, *Summa Theologica* [Suma teológica].

Aristóteles, Metaphysics [Metafísica].

L. J. Eslick, *"The Real Distinction"* ["La distinción real"].

P. Parménides, *Proem* [Proemio].

Platón, *Parmenides* [Parménides].

———, *Sophist* [El sofista].

R. J. Teske, *"Plato's Later Dialectic"* [La última dialéctica de Platón].

Monoteísmo. *Ver* ISLAM; MONOTEÍSMO PRIMITIVO; TEÍSMO.

Monoteísmo primitivo. La Biblia enseña que el monoteísmo fue la primera concepción de Dios. El primer versículo del Génesis es monoteísta: "Dios, en el principio, creó los cielos y la tierra" (Gn 1:1). Los patriarcas Abraham, Isaac y Jacob reflejan un monoteísmo temprano. Job, el único otro libro bíblico que se sitúa en un antiguo periodo premosaico, claramente tiene una visión monoteísta de Dios (ver, p.ej. Job 1:1, 6, 21). Romanos 1:19-25 enseña que el monoteísmo precedió al animismo y al *politeísmo y que estas formas de religión surgieron cuando la gente cambió pecaminosamente la gloria de Dios por "imágenes que eran réplicas del hombre mortal, de las aves, de los cuadrúpedos y de los reptiles".

El monoteísmo tardío de Frazer. Desde que James *Frazer publicó The Golden Bough [La rama dorada] (1912), se ha creído de forma generalizada que las religiones evolucionaron desde el animismo, pasando por el politeísmo al *henoteísmo y finalmente llegaron al monoteísmo. Incluso antes de ello, Charles *Darwin preparó el escenario para tal esquema evolutivo. Frazer alegó que el cristianismo copiaba los mitos paganos. A pesar de su uso selectivo de datos anecdóticos que han sido obsoletos por investigaciones posteriores, el libro todavía tiene una amplia influencia y se asume que sus ideas son verdaderas. La tesis evolutiva de la religión propuesta por Frazer en realidad no tiene fundamento, como se señala en el artículo sobre su trabajo.

Argumentos a favor del monoteísmo temprano. Existen pruebas fehacientes que apoyan el trabajo de W. Schmidt de que el monoteísmo es la creencia primitiva sobre Dios. Los argumentos a favor de un monoteísmo primitivo provienen de los primeros registros y tradiciones que han perdurado. Estos no solo incluyen a la Biblia, sino también las *tablillas de Ebla y los estudios de las tribus preliterarias. Génesis representa los registros más antiguos de la raza humana, los cuales se remontan al primer hombre y mujer. El arqueólogo William F. *Albright ha demostrado que el registro patriarcal de Génesis es histórico. Escribió lo siguiente: "Gracias a la investigación moderna, ahora reconocemos su sustancial historicidad [de las Escrituras]. Los relatos de los patriarcas, de Moisés y el éxodo, de la conquista de Canaán, de los jueces, de la monarquía, del exilio y la restauración han sido todos confirmados e ilustrados hasta un punto que yo habría creído imposible hace cuarenta años" (Albright, pág. 1).

Génesis es tanto una obra literaria como genealógica, que está unida por una lista de descendientes de una familia (Gn 5, 10) y la fórmula literaria "esta es la historia de" o "esta es la lista de los descendientes de". Se usa la frase a lo largo del Génesis (2:4; 5:1; 6:9; 10:1; 11:10, 27; 25:12, 19; 36:1, 9; 32:2). Es más, los eventos de cada uno de los disputados primeros once capítulos de Génesis son mencionados por Jesús y los escritores del Nuevo Testamento como históricos. Esto incluye la existencia de Adán y Eva (ver Mt 19:4-5), la tentación (1 Ti 2:14) y la caída (Ro 5:12), los sacrificios de Caín y Abel (Heb 11:4), el asesinato de Abel por parte de Caín (1 Juan 3:12), el nacimiento de Set (Lucas 3:38), el traslado de Enoc al cielo (Heb 11:5), el matrimonio antes del diluvio, el diluvio y la destrucción de la humanidad (Mt 24:39), la protección a Noé y su familia (2 Pedro 2:5), la genealogía de Sem (Lucas 3:35-36), y el nacimiento de Abraham (Lucas 3:34).

Hay una sólida evidencia de la historicidad de Adán y Eva en particular. Incluso este registro revela que estas primeras personas eran monoteístas (Gn 1:1, 27; 2:16-17; 4:26; 38:6-7).

Después de Génesis, Job es el libro bíblico más antiguo y este también revela una visión monoteísta de Dios. Dios es el Creador (4:17; 9:8-9; 26:7; 38:6-7) personal (Job 1: 6, 21), moral (1:1; 8:3-4), pero soberano (42:1-2) y todopoderoso (5:17; 6:14; 8:3; 13:3).

Además de la Biblia, los registros relevantes más antiguos provienen de Ebla en Siria. Revelan un claro monoteísmo al declarar: "Señor del cielo y de la tierra: la tierra no era, tú la creaste, la luz del dí¬a no era, tú la creaste, la luz de la mañana tú no habí¬as [aún] hecho existir" (Pettinato, pág. 259).

Las religiones primitivas de África revelan de manera unánime un monoteísmo explícito. John Mbiti estudió trescientas religiones tradicionales. "En todas estas sociedades, sin una sola excepción, las personas tienen una noción de Dios como el Ser Supremo" (ver African Religions and Philosophy [Entre Dios y el Tiempo. Religiones tradicionales africanas]).

Esto es cierto para las religiones primitivas de todo el mundo. Incluso en las sociedades politeístas, un dios superior o dios del cielo muestra un monoteísmo latente.

La idea de un monoteísmo tardío y evolucionado es en sí misma tardía, solo ganó popularidad a raíz de Charles Darwin y su teoría de la evolución biológica (ver On the Origin of Species [El origen de las especies], 1859). La idea fue enunciada por el propio Darwin en The Descent of Man [El Origen del hombre] (1871). La idea evolutiva de Frazer en la religión se basa en varias suposiciones no probadas. Entre ellas, asume que la evolución biológica es verdadera, aunque carece de sustento (ver Evolución biológica). Incluso si la evolución biológica fuera verdad, no hay razón para creer que la evolución sea la verdad de la religión.

La tesis de Frazer sobre la evolución del monoteísmo también se basa en pruebas fragmentarias y anecdóticas, no en una búsqueda histórica y cronológica rigurosa de los orígenes del monoteísmo. Encaja con la evidencia en torno a un modelo evolutivo. La evidencia puede también explicarse, e incluso de mejor manera, si el politeísmo fuera una degeneración del monoteísmo original. El paganismo es una decadencia del monoteísmo primitivo. Albright reconoce que "los dioses superiores pueden ser todopoderosos y se les puede atribuir la creación del mundo; son generalmente deidades cósmicas que a menudo, o tal vez por lo general, residen en el cielo" (Albright, pág. 170). Claramente, esto va en contra de las concepciones animistas y politeístas.

Conclusión. No hay ninguna razón válida para negar el relato bíblico de un monoteísmo temprano. Por el contrario, existen todas las pruebas necesarias de que el monoteísmo fue la primera religión, de la cual otras devinieron, tal como indica Romanos 1:19-25. Esto se adecua mejor a la evidencia de la existencia de un Dios monoteísta (ver Dios, Evidencias a favor de) y la comprobada tendencia de los seres humanos a distorsionar la verdad que Dios les revela.

Fuentes

W. F. Albright, *From Stone Age to Christianity* [De la edad de piedra al cristianismo].

G. W. Braswell Jr., *Understanding World Religions* [Guía Homan de las religiones del mundo].

W. Corduan, *Neighboring Faiths* [Religiones vecinas].

A. Custance, *The Doorway Papers* [Papeles de la puerta].

J. G. Frazer, *The Golden Bough* [La rama dorada].

E. O. James, *"Frazer, James George"*.

J. S. Mbiti, *African Religions and Philosophy* [Entre Dios y el Tiempo. Religiones tradicionales africanas].

———, *Concepts of God in Africa* [Conceptos de Dios en África].

E. Merrill, *"Ebla and Biblical Historical Inerrancy"* ["Ebla e Inerrancia Histórica Bíblica"].

G. Pettinato, *The Archives of Ebla* [Los archivos de Ebla].

W. Schmidt, *High Gods in North America* [Altos Dioses en América del Norte].

———, *The Origin and Growth of Religion* [El origen y el crecimiento de la religión].

———, *Primitive Revelation* [Revelación Primitiva].

Moralidad, Naturaleza absoluta de la. El cristianismo ortodoxo siempre ha defendido los absolutos morales. Sin embargo, la mayoría de los éticos modernos sostienen una cierta forma de relativismo. Por lo tanto, es necesario defender la creencia en los absolutos morales.

Absolutos morales. Antes de que se pueda entender la naturaleza absoluta de la moral, se debe definir la moralidad. Varias cosas se entienden como una obligación moral. Primero, un deber moral es bueno en sí mismo (un fin), no solamente bueno como un medio. Además, es algo que debemos buscar, un deber. La moral es prescriptiva (un "deber"), no es simplemente descriptiva (un "es"). La moral se ocupa de lo que está bien y no de lo que está mal. Es una obligación, aquello por lo que una persona es responsable. Una obligación moral absoluta es un deber moral objetivo (no subjetivo), un deber para todas las personas; una obligación eterna (no temporal), un deber en todo momento; una obligación universal (no local), un deber en todo lugar.

Un deber absoluto es el que obliga a todas las personas en todo momento y en todo lugar.

Defensa de los absolutos. Se pueden defender a los absolutos morales mostrando la deficiencia del relativismo moral. Porque o bien hay un absoluto moral o bien todo es moralmente relativo. Por lo tanto, si el relativismo está equivocado, entonces debe haber una base absoluta para la moralidad.

Todo es relativo a un absoluto. Simplemente al preguntar "¿relativo a qué?" es fácil ver que el relativismo total es inadecuado. No puede ser relativo a lo relativo. En ese caso, no podría ser relativo en absoluto, ad infinitum, ya que no habría nada a lo que fuera relativo, etc. Albert *Einstein no creía que todo fuera relativo en el universo físico. Creía que la velocidad de la luz era absoluta.

La negación es imposible sin un absoluto. Uno de los argumentos favoritos del *ateísmo contra Dios es el problema del mal (ver Mal, Problema del). Los ateos sostienen que este mundo no es justo, pero tales juicios no son posibles a menos que exista la Justicia. Uno no puede saber que algo es absolutamente injusto (como el genocidio, el fanatismo, el odio racial, la intolerancia y otros) a menos que sepa lo que es absolutamente justo.

La medida es imposible sin un absoluto. Incluso los relativistas morales hacen afirmaciones como: "El mundo está mejorando (o empeorando)". Pero no es posible saber que está "mejorando" a menos que sepamos lo que es "mejor". Lo que es menos que perfecto solo se puede medir frente a lo que es perfecto. Por lo tanto, todos los juicios morales objetivos implican un estándar moral absoluto por el cual pueden ser medidos.

Los desacuerdos morales exigen un estándar objetivo. Los verdaderos desacuerdos morales no son posibles sin un estándar moral absoluto por el cual ambos lados puedan ser medidos. De lo contrario, ambas partes de cada disputa moral tendrían razón. Pero los opuestos no pueden estar en lo cierto a la vez. Por ejemplo, "Hitler era un hombre malvado" y "Hitler no era un hombre malvado" no pueden ser verdaderos a la vez en el mismo sentido (ver Primeros principios). A menos que haya un estándar moral objetivo por el cual las acciones de Hitler puedan ser sopesadas, no podemos saber que era malvado.

Los absolutos morales son inevitables. El relativismo moral total se reduce a afirmaciones como "nunca debes decir nunca", "Siempre debes evitar usar siempre" o "Definitivamente no debes creer en los absolutos morales". Las declaraciones de "debes" son declaraciones morales y las declaraciones de "nunca debes" son declaraciones morales absolutas. Así que no hay forma de evitar los absolutos morales sin afirmar un absoluto moral. El relativismo moral total es contraproducente.

Distinciones en los absolutos morales. Si hay una base absoluta para la moral, ¿entonces por qué tantas personas creen que toda la moral es relativa? Las razones para ello se basan principalmente en no hacer las distinciones adecuadas.

Diferencia entre el hecho (es) y el valor (debe). Los relativistas confunden hecho y valor, lo que es y lo que debe ser. Lo que las personas hacen está sujeto a cambios, pero lo que deben hacer, no. Hay una diferencia entre la sociología y la moralidad. La sociología es descriptiva; la moral es prescriptiva. Los relativistas confunden la situación factual cambiante con el deber moral inmutable.

Diferencia entre valor e instancia de valor. También hay confusión entre un valor moral absoluto y el cambio de actitud sobre si una acción determinada viola ese valor. Antes las brujas eran condenadas como asesinas, pero ahora ya no. Lo que cambió no fue el principio moral de que el asesinato está mal. Por el contrario, lo que cambió fue nuestra concepción sobre si las brujas realmente asesinan a las personas con sus hechizos. La concepción fáctica de una situación moral es relativa, pero los valores morales implicados en la situación no lo son.

Diferencia entre Valores y Conceptos. Un malentendido similar es acerca de la diferencia entre un valor invariable y una concepción cambiante de ese valor.

Una pareja profundamente enamorada comprende mejor su amor después de veinte años. El amor en sí no ha cambiado. Lo que cambió fue su concepción de ello.

Diferencia entre el fin (valor) y los medios. A menudo los relativistas morales confunden el fin (el valor en sí mismo) con los medios para alcanzar ese valor. La mayoría de las disputas políticas son de este tipo. Tanto los políticos liberales como los conservadores están de acuerdo en que se debe hacer justicia (el fin); simplemente no están de acuerdo en cuanto a qué proyecto es el mejor medio para conseguirla. Tanto los militaristas como los pacifistas desean la paz (el fin); solo están en desacuerdo en cuanto a si un ejército poderoso es el mejor para alcanzar esta paz.

Diferencia entre Mandato y Cultura. Otra diferencia importante, a menudo pasada por alto por los relativistas morales, es que entre el mando moral absoluto y la forma relativa se puede manifestar una cultura. Todas las culturas tienen cierto concepto de modestia y decoro en la forma de saludar. En algunas culturas es apropiado dar un beso, mientras que en otras, tal cercanía causaría espanto. Lo que se debe hacer es común, pero lo que difiere es cómo se debe hacer. El hecho de no hacer esta distinción conduce a muchos a creer que como un valor difiere entre culturas, el valor en sí mismo (lo que es) difiere.

Diferencia entre aplicaciones. Una discusión legítima para decidir qué valor se aplica a una situación determinada no es lo mismo que una discusión sobre si hay un valor absoluto. Por ejemplo, nos equivocamos si pensamos que cualquiera que crea que una mujer embarazada tiene derecho a un aborto no le da ningún valor a la vida humana. Simplemente no creen que los no nacidos sean realmente seres humanos. Este debate es sumamente importante, pero no debe comunicar erróneamente la noción de que el bien absoluto de proteger la vida es la cuestión que se debate. La cuestión es si los no nacidos son personas humanas (ver Geisler, cap. 8).

Conclusión. Los absolutos morales son inevitables. Incluso aquellos que los niegan, los usan. Las razones para rechazarlos se basan a menudo en un malentendido o una mala aplicación del absoluto moral, no en un rechazo real del mismo. Es decir, los valores morales son absolutos, aunque nuestra concepción de ellos o las circunstancias en las que deben aplicarse no lo sean.

Fuentes

M. Adler, Six Great Ideas [Seis grandes ideas], parte 2.

F. J. Beckwith y G. *Koukl, Relativism: Feet Planted Firmly in Mid-Air* [Relativismo: Pies plantados firmemente en el aire].

A. Bloom, *The Closing of the American Mind* [El cierre de la mente moderna].

N. L. Geisler, *Christian Ethics* [Ética cristiana].

P. Kreeft, *A Refutation of Moral Relativism* [Una refutación del relativismo moral].

C. S. Lewis, *The Abolition of Man* [La abolición del hombre].

———, *Mere Christianity* [Mero cristianismo].

E. Lutzer, *The Necessity of Ethical Absolutes* [La necesidad de los absolutos éticos].

Muerte de Cristo, Leyenda de la sustitución de la.

La muerte y resurrección de Cristo son absolutamente cruciales para la verdad del cristianismo histórico (1 Co 15:1-4). De hecho, el cristianismo ortodoxo se sostiene o se apoya en si Cristo resucitó en cuerpo y alma de los muertos (Ro 10:9; 1 Co 15:12-19). Pero si Cristo no murió, entonces obviamente no se levantó de entre los muertos. Una de las formas en que los escépticos (ver Agnosticismo) y los críticos (ver Biblia, Críticas a la) del cristianismo han intentado evitar la verdad de la resurrección (ver Resurrección, Evidencia de) es plantear que alguien más fue sustituido para morir en la cruz por Jesús en el último momento.

Las variantes de la leyenda de sustitución o reemplazo fueron ofrecidas ya en el segundo siglo por los oponentes al cristianismo como una explicación alternativa a la afirmación cristiana de que Cristo murió y resucitó de entre los muertos. Pero la evidencia objetiva de la muerte de Cristo en la cruz es sustancial, y se mantiene por sí misma aparte de cualquier creencia teológica (ver Cristo, Muerte de).

Fuentes

A. A. Abdul-Haqq, Sharing Your Faith with a Muslim [Compartiendo tu fe con un musulmán].

R. Bell, The Origin of Islam in Its Christian Environment [El origen del islam en su entorno cristiano].

F. F. Bruce, Jesus and Christian Origins outside the New Testament [Jesús y los orígenes cristianos fuera del Nuevo Testamento].

W. D. Edwards y otros, "On the Physical Death of Jesus Christ [Sobre la muerte física de Jesucristo]".

N. L. Geisler y W. E. Nix, "A General Introduction to the Bible [Una introducción general de la Biblia]".

G. Habermas, "Ancient Evidence for the Life of Jesus [Evidencias antiguas de la vida de Jesús]".

F. Josephus, The Antiquities of the Jews [Las antigüedades de los judíos], 18.3.

J. B. Lightfoot, The Apostolic Fathers [Los Padres Apostólicos].

J. Mártir, Apology [Apología].

"Sanhedrin [Sanedrín]", en Slotki, The Babylonian Talmud [El Talmud de Babilonia]

Tácito, Annals [Los anales de Tácito].

Musulmán. *Ver* AVERROES; AVICENA; MUERTE DE CRISTO, LEYENDA DE LA SUSTITUCIÓN DE LA; ISLAM; MAHOMA, SUPUESTO LLAMADO DIVINO DE; MAHOMA, SUPUESTOS MILAGROS DE; MAHOMA CARÁCTER DE; CORÁN, SUPUESTO ORIGEN DIVINO DEL.

Nacimiento virginal de Cristo. El nacimiento virginal de Cristo es objetivo permanente de los críticos naturalistas de la Biblia, quienes tienden a considerarlo como el resultado de la influencia pagana sobre los escritores cristianos del siglo II. Estos cristianos desarrollaron el mito como una imitación de las historias de la mitología griega (ver Milagros, Mitos y; Mitología y el Nuevo Testamento). Una razón para la vehemencia de estos pronunciamientos es que, si es cierto, el nacimiento virginal establece sin lugar a dudas la vida de Jesús como una intervención sobrenatural de Dios. Si los antisobrenaturalistas ceden en este punto, no les queda ningún caso.

Evidencia a favor del nacimiento virginal. Credibilidad del milagro. En la base del rechazo del nacimiento virginal de Cristo se encuentra el rechazo hacia los milagros (ver Milagro; Milagros, Argumentos contra los; Milagros en la Biblia). Un nacimiento virginal es un milagro. Si existe un Dios teísta, y hay evidencia de que sí existe (ver Argumento Cosmológico; Milagros, Valor apologético de los), entonces automáticamente los milagros son posibles. Puesto que si hay un Dios que puede actuar, entonces puede haber actos de Dios. En efecto, hay muchas razones para creer que los milagros han ocurrido desde el instante de la creación del universo (ver Big Bang, Teoría del; Evolución cósmica). Por lo tanto, el registro del nacimiento virginal de Jesús no se puede considerar como mitológico antes de mirar la evidencia.

Anticipación del nacimiento virginal. Génesis 3:15. Mucho antes de que el Nuevo Testamento registrara el nacimiento virginal, el Antiguo Testamento lo anticipó. De hecho, la profecía mesiánica más antigua de la Biblia (ver Profecía, como prueba de la Biblia) habla del nacimiento virginal. Hablándole a la tentadora (serpiente) "Dios dijo: 'Pondré enemistad entre tú y la mujer, y entre tu simiente y la de ella; su simiente te aplastará la cabeza, pero tú le morderás el talón'" (Gn 3:15).

El hecho de que el Redentor que venía sería el "simiente" o el "descendiente" de la mujer es importante en una cultura patriarcal. ¿Por qué de una mujer? Normalmente, los descendientes se trazaban por medio de su padre (cf. Gn 5, 11). Incluso la genealogía oficial del Mesías en Mateo 1 se traza mediante el padre legal de Jesús, José. En el término único simiente de la mujer, está implícito que el Mesías vendría de una mujer y no de un padre natural.

Jeremías 22 (cf. 2 Samuel 7). Otro posible indicio del nacimiento virginal en el Antiguo Testamento se encuentra en la maldición de Jeconías, que indicaba lo siguiente: "Anoten a este hombre como si fuera un hombre sin hijos; como alguien que fracasó en su vida. Porque ninguno de sus descendientes logrará ocupar el trono de David, ni reinar de nuevo en Judá" (Jer 22:30). El problema con esta predicción es que Jesús era descendiente del trono de David por medio de Jeconías (cf. Mt 1:12).

No obstante, debido a que José era el único padre legal de Jesús (ya que estaba comprometido con María cuando quedó embarazada), Jesús no heredó la maldición de los verdaderos descendientes de Jeconías. Y debido a que Jesús era el verdadero hijo de David mediante María de acuerdo con la genealogía matriarcal de Lucas (Lucas 3), cumplió con las condiciones de venir "de las entrañas de David" (2 S 7: 12-16) sin perder derechos legales al trono de David por caer bajo la maldición de Jeconías. De este modo, el nacimiento virginal está implícito en el entendimiento consistente de estos pasajes del Antiguo Testamento.

Isaías 7:14. Tanto el Nuevo Testamento (Mt 1:23) como muchos apologetas cristianos usan Isaías 7:14 como una profecía a favor de la Biblia (ver Profecía, como prueba de la Biblia). Hace predicciones sobrenaturales específicas con siglos de anticipación. Sin embargo, los críticos (ver Biblia, Críticas a la), siguiendo la interpretación de muchos eruditos bíblicos, dicen que el versículo 16 se refiere al nacimiento del propio hijo de Isaías poco antes de la caída de Samaria en el año 722 a. C. Si es así, esta no sería una profecía sobre el nacimiento virginal de Jesús y no tendría valor apologético.

De las tres interpretaciones de Isaías 7:14, solo una es incompatible con un entendimiento sobrenatural predictivo relacionado con el nacimiento de Cristo. Es decir, que esta profecía se refería solo a los días de Isaías y se cumplió en el nacimiento natural de Maher Salal Jasbaz (Is 8:3). De las otras dos posibilidades, la profecía pudo haber tenido un cumplimiento doble: uno preliminar sobre el hijo de Isaías y uno final sobre el nacimiento de Cristo. O esta profecía puede referirse solo al nacimiento sobrenatural de Cristo (Mt 1:23).

Referencia única a un nacimiento natural. Los eruditos liberales y algunos conservadores ven que Isaías 7:14 solo se refiere a la concepción natural y el nacimiento del hijo de la profetisa. Argumentan que la palabra hebrea 'almâ, algunas veces traducida como "virgen" (RVR1960, RVA – 2015, NVI1984), se refiere a una mujer joven, ya sea casada o no, y que debería traducirse como "joven" (RVC). Si el profeta hubiera querido que fuera una virgen, hubiera usado la palabra bethulah (cf. Gn 24:16; Lv 21:3; Jue 21:12). Además, el contexto revela que la profecía tenía un cumplimiento a corto plazo. El versículo 16 declara que "antes de que el niño sepa elegir lo bueno y rechazar lo malo, la tierra de los dos reyes que tú temes quedará abandonada" (Is 7:16). Esto se cumplió literalmente con la invasión del asirio Tiglat Pileser.

Incluso en el contexto más amplio, solo el nacimiento de Maher Salal Jasbaz encaja en la profecía. Isaías 8:3 dice lo siguiente: "Luego tuve relaciones con la profetisa, y ella concibió y dio a luz un hijo. Entonces el Señor me dijo: 'Ponle por nombre Maher Salal Jasbaz'". La "señal" fue prometida a Acaz (7:10) y no habría tenido sentido si su cumplimiento hubiese sido después de su tiempo (7:14).

Por lo tanto, el argumento concluye indicando que no se debe llegar a ninguna profecía del nacimiento virginal de Cristo. El uso de Mateo fue defectuoso o puramente tipológico, sin ningún valor apologético o profético. Mateo usa la frase "para que se cumpliese" tipológicamente en otros casos (p. ej., 2:15, 23). Mateo aplicó a Cristo textos que no eran mesiánicos en sus contextos.

Hay un problema con la afirmación de que 'almâ se refiere a una persona que está casada. Ni una sola vez el Antiguo Testamento usa una vez la palabra 'almâ para referirse a una persona casada. Por el otro lado, bethulah, sí se usa para una mujer casada (ver Joel 1:8). Entre los textos que usan 'almâ para referirse a una virgen están Génesis 24:43; Éxodo 2:8; Salmos 68:25; Proverbios 30:19; y Cantar de los Cantares 1:3; 6:8.

Algunos críticos usan 1 Crónicas 15:20 y Salmos 46 como ejemplos de 'almâ (o alamoth) para referirse a una persona casada. En Salmos 46, es simplemente parte del título del salmo "Salmo según Alamoth". No hay nada en el título o en el texto del salmo que nos ayude a entender lo que significa Alamoth, y mucho menos que nos indique si se está refiriendo a una persona casada. Puede ser una notación musical, como para que un coro de mujeres jóvenes cante, u otro tipo de acompañamiento musical. La referencia que se hace en 1 Crónicas 15:20 es parecida, indica que la música se canta "con acordes según Alamoth". Lo que fuera que esto signifique, no prueba que 'almâ hace referencia a una mujer casada.

Se puede argumentar que algunas características del pasaje no solo se puedan referir a las circunstancias inmediatas: la naturaleza sobrenatural de la "señal"; la referencia al que nació como Emanuel, "Dios con nosotros"; y la referencia a toda la "dinastía de David" (v. 13). El nacimiento de Maher Salal Jasbaz en el siguiente capítulo no puede cumplir con lo que dice el versículo 7:14, puesto que el que nació tenía que llamarse "Emanuel".

La "señal" que era para Acaz, también era para toda la "dinastía de David" (v. 13). Una señal lejana puede ser para alguien que vive mucho antes del evento, siempre y cuando los beneficios de la señal se extiendan a la persona a la se le es dada. Debido a que la "señal" fue el nacimiento del Mesías, quien es la esperanza de salvación para Acaz y de todos los demás, la señal era sin duda para él.

Pero ¿qué sucede con el versículo 7:16? La única manera coherente de entender este versículo es interpretando que se refiere a un niño que nació en los días de Isaías. Se debe recordar que la referencia del versículo 7:16 sobre la invasión asiria es una profecía predictiva sobrenatural. Por lo tanto, el problema no es si el versículo 7:14 es predictivo o si se cumplió. La cuestión es si se cumplió en tres años o en setecientos años. Existe una posibilidad de que Isaías 7:16 se pueda entender en términos del punto de vista del nacimiento virginal único. El comentarista William Hendriksen sugiere esta posible interpretación: "He aquí que la virgen concibe y da a luz un hijo [...] Antes que este niño, que mi ojo profético ya ve nacido, sepa rechazar el mal y elegir el bien, esto es, en un plazo muy breve, la tierra cuyos reyes aborreces quedará abandonada" (Hendriksen, pág. 139). O si uno quiere ser más literal, los asirios invadieron antes de que el niño Jesús creciera, mucho antes.

Se reconoce generalmente que no todos los usos de la frase "para que se cumpliese" implican una profecía realmente predictiva, pero Isaías 7:14 no tiene por qué ser una de ellas. Mateo cita a Miqueas 5:2, una predicción clara de que el Cristo nacería en Belén (Mt 2:5; ver también Mt 3:3; 21:5; 22:43).

Referencia doble: Incluso si el contexto inmediato revela que la profecía tenía en mente un cumplimiento a corto plazo, esto no significa que no existe un cumplimiento total en una referencia lejana sobre Cristo. Según este punto de vista, muchas profecías del Antiguo Testamento tienen tanto un cumplimiento parcial para sus días como un cumplimiento total para el futuro lejano. Debido a su desesperada situación, Dios prometió darle a Acaz una señal que le aseguraría al pueblo de que Dios finalmente los liberaría de la esclavitud. Esta fue una señal de la liberación física de Israel de la esclavitud de sus enemigos. En definitiva, fue una señal de la liberación espiritual del Israel espiritual de la esclavitud de Satanás.

El primer aspecto de la señal se cumplió con el nacimiento de Maher Salal Jasbaz, el segundo aspecto se cumplió con el nacimiento de Jesús en la verdadera virgen, María. Tales cumplimientos dobles son claros en otras profecías. Zacarías 12:19 se puede aplicar tanto para la primera (Juan 19:37) como para la segunda venida de Cristo (Ap 1:7). Una parte de Isaías 61 se cumplió con Jesús (Is 61:1-2a; cf. Lucas 4:18-19). La otra parte se mantiene para la segunda venida (Is 61:2b-11)

Según el punto de vista de la doble referencia, la palabra 'almâ se refiere a una joven que nunca ha tenido relaciones sexuales. La esposa de Isaías quien dio a luz al hijo cumpliendo el primer aspecto de la profecía era virgen hasta que concibió mediante de Isaías. Sin embargo, María, la madre de Jesús, fue un cumplimiento completo: era una virgen cuando concibió a Jesús (Mt 1: 24-25).

Otros argumentos para esta postura también encajan en el punto de vista del único nacimiento sobrenatural. Ambos puntos de vista rechazan la idea de que el significado de Isaías 7:14 se consume en el nacimiento natural del hijo de la profetisa.

Única referencia al nacimiento sobrenatural. Algunos eruditos defienden la postura de que Isaías 7:14 solo se refiere al nacimiento sobrenatural de Cristo. Contraria a esta primera opción, 'almâ solo se traduce como "virgen" en el Antiguo Testamento y no tiene otras opciones. Por lo tanto, la profetisa no califica. El Antiguo Testamento griego (Septuaginta) tradujo 'almâ por la palabra sin ambigüedad parthenos que solo puede significar "virgen". Estos traductores, que trabajaban antes de la venida, evidentemente creyeron que esta era una predicción sobre el nacimiento virginal del Mesías. El Nuevo Testamento inspirado sancionó este trabajo citando la Septuaginta en Mateo 1:23. Además, al traducir 'almâ como una joven que aún no está casada pero que pronto lo estará, Isaías quiere decir que no ya no sería una virgen la que concebiría, sino una mujer casada. Isaías 7:14 considera tanto la concepción como el nacimiento mediante una virgen.

Los defensores del punto de vista del único nacimiento sobrenatural señalan que la predicción evidentemente va más allá de Acaz hacia toda la "dinastía de David" (Is 7:13). Eso difícilmente aplicaría a un nacimiento natural de la profetisa en los días de Isaías. Asimismo, el énfasis está en una "señal" maravillosa e inaudita (Is 7:11-14). ¿Por qué un nacimiento ordinario debe entenderse como una señal extraordinaria?

Todo el contexto de Isaías 7:11 (cf. Miqueas 5:2 ss.) forma una cadena irrompible de profecías mesiánicas:

> Por eso, el Señor mismo les dará una señal: La virgen concebirá y dará a luz un hijo, y lo llamará Emanuel. (7:14)
> Sus alas extendidas, ¡oh Emanuel!, cubrirán la anchura de tu tierra. (8:8b)

Porque nos ha nacido un niño, se nos ha concedido un hijo; la soberanía reposará sobre sus hombros, y se le darán estos nombres: Consejero admirable, Dios fuerte, Padre eterno, Príncipe de paz. (9:6)

Del tronco de Isaí brotará un retoño; un vástago nacerá de sus raíces. El Espíritu del Señor reposará sobre él: espíritu de sabiduría y de entendimiento, espíritu de consejo y de poder, espíritu de conocimiento y de temor del Señor. Él se deleitará en el temor del Señor; no juzgará según las apariencias, ni decidirá por lo que oiga decir, sino que juzgará con justicia a los desvalidos, y dará un fallo justo en favor de los pobres de la tierra. Destruirá la tierra con la vara de su boca; matará al malvado con el aliento de sus labios. La justicia será el cinto de sus lomos y la fidelidad el ceñidor de su cintura. [11: 1-5]

Mateo 1:22 también interpreta Isaías 7:14 como profético con la frase "para que se cumpliese" y añade una frase intensificadora "todo esto aconteció para que se cumpliese" (énfasis añadida). La forma de la cita enfatiza la naturaleza sobrenatural del nacimiento y la deidad de Cristo. La mayoría de eruditos en ambos lados del asunto reconocen que la frase "para que se cumpliese" no se refiere necesariamente a una profecía predictiva. Sin embargo, hay indicios de que Mateo 1:23 es un ejemplo de una profecía predictiva.

Finalmente, el mismo versículo no puede referirse al nacimiento de Maher Salal Jasbaz, ya que el mismo versículo no puede tener dos significados distintos (opuestos). Si tanto la Septuaginta como el Nuevo Testamento inspirado afirman que esto se refiere a una verdadera virgen, se debe referir solo a Cristo.

Traduciendo el nombre Emanuel. Un problema final que surge en este debate es si el nombre Emanuel indica que Isaías se refería al Dios encarnado. Pues no. Emanuel puede significar "Dios está con nosotros". Mientras la traducción "Dios con nosotros" parece significar que el portador del nombre posee deidad, es lingüísticamente posible traducir "Emanuel" como "Dios está con nosotros", lo que no denota deidad hacia el portador del nombre. El nombre de un niño puede hacer referencia a una situación significativa para el dador del nombre. De este modo, Sara llamó a su hijo Isaac, que significa "risa".

No obstante, la evidencia general indica que la traducción tradicional es correcta. Cuando se hace un punto sobre un nombre bíblico, mayormente se refiere al que lo porta: Eva, madre de "todo ser viviente" (Gn 3:20); Noé, relacionado al hebreo para "descanso" (Gn 5:29); Abram, "padre", y Abraham, "padre de muchos" (Gn 17:5); Saray, "princesa", y Sara, "princesa de Dios" (Gn 17:15); Esaú, "velludo" (Gn 25:25); Jacob, "él agarra el talón" o "impostor" e Israel, "él lucha con Dios" (Gn 27:36; 32:28); Noemí, "agradable" y Mara, "amarga" (Ruth 1:20); Nabal, "necio" (1 Sa 25:3, 25); Jesús, "Yahveh salva" (Mt 1:21); Pedro, "piedra" (Mt 16:18); y Bernabé, "hijo de consolación" (Hechos 4:36).

Tanto el contexto inmediato como el contexto general demuestran que Emanuel se refiere al personaje que porta el nombre. El acontecimiento es una señal sobrenatural. Toda la "dinastía de David" está a la vista, especialmente en la "cadena mesiánica" de Isaías 7-11. El Nuevo Testamento lo interpreta como refiriéndose a Cristo. Todos estos factores apoyan la opinión de que se trata de una referencia sobre Cristo.

La fiabilidad del registro del Nuevo Testamento. Las pruebas de que Jesús fue concebido por una virgen se basan en la fiabilidad de los documentos y los testigos del Nuevo Testamento. Ambos se han establecido con evidencia consistente. De hecho, como se demuestra en otra parte, la evidencia de la veracidad del Nuevo Testamento es más grande que la de cualquier libro del mundo antiguo (ver Hechos, Historicidad del libro de los; Nuevo Testamento, Datación del; Nuevo Testamento, Historicidad del; Manuscritos del Nuevo Testamento). Solo queda demostrar que estos registros efectivamente declaran el nacimiento virginal de Cristo.

No hay duda de que el Nuevo Testamento afirma claramente que Cristo nació de una virgen.

En Mateo 1:18-23, Mateo escribió lo siguiente:

El nacimiento de Jesús, el Cristo, fue así: Su madre, María, estaba comprometida para casarse con José, pero, antes de unirse a él, resultó que estaba encinta por obra del Espíritu Santo. Como José, su esposo, era un hombre justo y no quería exponerla a vergüenza pública, resolvió divorciarse de ella en secreto. Pero, cuando él estaba considerando hacerlo, se le apareció en sueños un ángel del Señor y le dijo: "José, hijo de David, no temas recibir a María por esposa, porque ella ha concebido por obra del Espíritu Santo. Dará a luz un hijo, y le pondrás por nombre Jesús, porque él salvará a su pueblo de sus pecados". Todo esto sucedió para que se cumpliera lo que el Señor había dicho por medio del profeta: "La virgen concebirá y dará a luz un hijo, y lo llamarán Emanuel" (que significa "Dios con nosotros"). (1:18-23)

Las secciones enfatizadas señalan cuatro factores que demuestran el nacimiento virginal de Cristo: en primer lugar, María concibió "antes de unirse a él", por consiguiente, se revela que no fue una concepción natural. En segundo lugar, la reacción inicial de José revela que no tuvo relaciones sexuales con María, porque cuando se enteró de que estaba embarazada "resolvió divorciarse de ella en secreto". En tercer lugar, la frase "ella ha concebido por obra del Espíritu Santo" revela la naturaleza sobrenatural del acontecimiento. Finalmente, la cita de la traducción de la Septuaginta de Isaías 7:14 sobre una *parthenos*, "virgen", dando "a luz" un hijo indica que María no tuvo relaciones sexuales con nadie. Ella no era simplemente una virgen antes de que el bebé fuera concebido, sino después de que fuera concebido e incluso cuando nació.

Lucas 1: 26-35. Marcos comienza inmediatamente con el ministerio de Jesús, de acuerdo con su enfoque en Cristo como "Siervo" (cf. 10:45). Pero esperaríamos que un médico, Lucas, les preste atención a las circunstancias del nacimiento. Comienza con el anuncio del nacimiento de Cristo por medio de una virgen:

A los seis meses, Dios envió al ángel Gabriel a Nazaret, pueblo de Galilea, a visitar a una joven virgen comprometida para casarse con un hombre que se llamaba José, descendiente de David. La virgen se llamaba María. El ángel se acercó a ella y le dijo: "¡Te saludo, tú que has recibido el favor de Dios! El Señor está contigo". Ante estas palabras, María se perturbó, y se preguntaba qué podría significar este saludo. "No tengas miedo, María; Dios te ha concedido su favor" —le dijo el ángel—. "Quedarás encinta y darás a luz un hijo, y le pondrás por nombre Jesús". [...] "¿Cómo podrá suceder esto —le preguntó María al ángel—, puesto que soy virgen?" "El Espíritu Santo vendrá sobre ti, y el poder del Altísimo te cubrirá con su sombra. Así que al santo niño que va a nacer lo llamarán Hijo de Dios". (1:26-35, énfasis añadido).

El texto enfatizado de nuevo demuestra que la concepción de Cristo fue sobrenatural: María era una "virgen" (parthenos) "comprometida para casarse". La reacción de María de estar "perturbada" y tener "miedo", así como su sorpresiva pregunta "¿cómo podrá suceder esto?" demuestra que era una virgen. El ángel le dio una descripción de cómo sucedería la concepción mediante el Espíritu Santo y "el poder del Altísimo".

Lucas 2: 1-19. Cuando Lucas registra el nacimiento, nuevamente enfatiza que María solo estaba "comprometida para casarse", lo que en esa cultura significaba que aún no había tenido relaciones sexuales con José. La aparición sobrenatural del ángel y el coro celestial demuestran que había pasado algo extraordinario. La reacción de María fue contemplar con asombro todo el misterio. Evidentemente ella sabía que había pasado algo sobrenatural y santo (v. 19).

Juan 2: 2-11. Juan resalta la divinidad total de Cristo (ver Cristo, Divinidad de) y no se explaya en los detalles. Sin embargo, hay un par de indicios fuertes en el Evangelio de Juan de que el nacimiento de Jesús fue virginal. Cuando Jesús realiza su primer milagro en Caná de Galilea, claramente su madre estaba consciente de su origen sobrenatural y segura de que podía hacer cosas sobrenaturales. Juan escribió "Al tercer día se celebró una boda en Caná de Galilea, y la madre de Jesús se encontraba allí. También habían sido invitados a la boda Jesús y sus discípulos. Cuando el vino se acabó, la madre de Jesús le dijo: 'Ya no tienen vino'. 'Mujer, ¿eso qué tiene que ver conmigo?' respondió Jesús. 'Todavía no ha llegado mi hora'. Su madre dijo a los sirvientes: 'Hagan lo que él les ordene'". De hecho, el texto enfatizado revela que María no solo parece creer que Jesús podía hacer un milagro, sino que también lo está pidiendo, incluso a pesar de que ella nunca lo había visto hacer uno, ya que este era el "primer milagro" de Jesús (v. 11). Su comprensión sobre la capacidad sobrenatural de Jesús vino de su relación pasada con Él, incluyendo su nacimiento.

Juan 8:41. Incluso los insultos de los enemigos de Jesús muestran que las circunstancias de su nacimiento habían suscitado chismes generales, como era de esperarse si la historia se difundía. Jesús les dijo: "'Las obras de ustedes son como las de su padre [Satanás]'. 'Nosotros no somos hijos nacidos de prostitución' le reclamaron. 'Un solo Padre tenemos, y es Dios mismo'". Puede que simplemente los judíos hayan estado respondiendo de manera defensiva al ataque de Jesús sobre su errada confianza en la paternidad de Abraham. Si es así, sería una respuesta rara. Pero tendría

mucho sentido si se quisiera usar el mismo argumento en contra de la legitimidad de Jesús. Incluso José necesitó una visita angelical para estar convencido de la pureza de María (Mt 1:20). María y él probablemente enfrentaron muchos problemas por sus reputaciones. Pero Jesús enfrentó el asunto audazmente respondiendo a sus burlones acusadores con lo siguiente: "¿Quién de ustedes me puede probar que soy culpable de pecado?" (Juan 8:46).

Gálatas 4:4. Las Epístolas están llenas de referencias sobre la impecabilidad de Jesús. En el contexto de la enseñanza sobre la pecaminosidad innata que se adhiere a cada uno de los descendientes de Adán (p. ej., Ro 5), estas mismas enseñanzas indican que Dios hizo algo diferente en Jesús (2 Co 5:21; Heb 4:15; 1 Juan 3:3). La referencia de Pablo sobre Jesús como "nacido de una mujer" es relativamente explícita. Él escribió lo siguiente: "Pero, cuando se cumplió el plazo, Dios envió a su Hijo, nacido de una mujer, nacido bajo la ley" (Gl 4:4). Esto hace referencia a Génesis 3:15. En una cultura judía patriarcal, uno es engendrado por un hombre (el padre). Hacer énfasis en "nacido de una mujer" es indicar que algo inusual está pasando. En el caso de Jesús, un nacimiento virginal.

La acusación de la mitología. Es difícil negar que el Nuevo Testamento enseña el nacimiento virginal de Cristo. La acusación más fácil es decir que es un mito basado en dioses griegos y romanos y que no fue un acontecimiento histórico real. Para una refutación completa a la acusación de que los Evangelios evolucionaron durante unas pocas generaciones para convertirse en una leyenda llena de mitos sobre la vida de Jesús, ver en particular artículos en Nuevo Testamento y Biblia, Críticas a la; Historias del nacimiento divino; Seminario de Jesús; Mitraísmo; Documento Q. En resumen:

- Existe evidencia incuestionable de que el Nuevo Testamento fue escrito por contemporáneos y testigos presenciales (cf. Lucas 1: 1-4). La evidencia arqueológica y manuscrita ha desacreditado completamente teorías que datan del siglo II, lo que no deja lugar para el desarrollo de una leyenda (ver Nuevo Testamento, Historicidad del; Manuscritos del Nuevo Testamento).

- Los registros del nacimiento virginal no muestran ninguna de las marcas literarias generales del género mitológico (ver Mitraísmo; Historias del nacimiento divino; Mitología y el Nuevo Testamento).

- Las personas, lugares y acontecimientos del nacimiento de Cristo son precisos y se han comprobado históricamente. Lucas en particular se esforzó mucho en señalar los detalles históricos

(Lucas 3:1-2; para las credenciales de Lucas como historiador, ver Hechos, Historicidad del libro de los).

- Ningún mito griego corresponde siquiera a la encarnación literal de un Dios monoteísta en forma humana (cf. Juan 1:1-3, 14) por medio de un nacimiento virginal literal (Mt 1: 18-25). Los griegos eran politeístas, no monoteístas.

- Las historias de dioses griegos que se convertían en humanos por medio de acontecimientos milagrosos tales como el nacimiento virginal surgieron después de la época de Cristo. Por lo tanto, si existe alguna influencia es del cristianismo hacia la mitología, no al contrario.

- Existe una historia del nacimiento virginal antes del cristianismo llamada el cuento Jataka N° 540 (Cowell) en el budismo del siglo IV a. C. Sin embargo, no hay evidencia de que fuera prestada de los griegos o que haya influenciado la historia cristiana (Nuevo Testamento) del nacimiento virginal. De hecho, la única forma del budismo que influenció el pensamiento griego en esa época fue la escuela Sarvastivada, y esta rechazó la tradición Jataka.

Conclusión. La evidencia histórica de que Jesús fue concebido de manera sobrenatural por medio de una virgen es muy importante. De hecho, hay más registros contemporáneos de los testigos presenciales del nacimiento virginal que de la mayoría de acontecimientos del mundo antiguo. Los registros no muestran señales que indiquen el desarrollo de un mito. En realidad, están repletos de referencias históricas sobre fechas, lugares y personas reales. Por lo tanto, no hay razón para creer que Jesús no nació literal y biológicamente de una virgen tal como lo declara la Biblia. Solo un prejuicio antisobrenatural injustificado fundamenta cualquier conclusión contraria.

Un texto decisivo particular es Isaías 7:14, citado por Mateo. Los críticos sostienen que no tiene valor predictivo. En el peor de los casos, el texto se refiere solo a acontecimientos en los tiempos de Isaías que se aplicaron tipológicamente a Cristo pero que no tienen valor predictivo. Existen motivos para creer que los textos se refieren, en parte o en su totalidad, a una predicción del nacimiento virginal. En cualquier caso, hay otros textos predictivos en el Antiguo Testamento (ver Profecía, como prueba de la Biblia).

Fuentes

E. B. Cowell, *The Jataka* [Jataka].
J. G. Frazer, *The Golden Bough* [La rama dorada].
F. E. Gaebelein, ed., *The Expositor's Bible Commentary* [Comentario bíblico del expositor], vol. 6.
R. Gromacki, *The Virgin Birth* [El nacimiento virginal].
W. Hendriksen, *New Testament Commentary* [Comentario al Nuevo Testamento].
C. S. Lewis, Mere Christianity [Mero cristianismo].
————, *Surprised by Joy* [Sorprendido por la alegría].
J. G. Machen, *The Virgin Birth of Christ* [El nacimiento virginal de Cristo].
J. Mártir, *Dialogue with Trypho the Jew* [Diálogo con Trifón], cap. 84.
J. Orr, *The Virgin Birth of Christ* [El nacimiento virginal de Cristo].
R. D. Wilson, *"The Meaning of Almah in Isaiah 7:14"* [El significado de 'almâ en Isaías 7:14].
E. Yamauchi, *"Easter—Myth, Hallucination, or History?"* [La Pascua: ¿Mito, alucinación o historia?].
E. J. Young, *"The Virgin Birth"* [El nacimiento virginal].

Nacimiento virginal en Isaías 7:14. Ver NACIMIENTO VIRGINAL DE CRISTO.

Nag Hammadi, Evangelios de. Algunos críticos radicales del Nuevo Testamento (ver Biblia, Críticas a la) afirman que los evangelios gnósticos son iguales a los del Nuevo Testamento y que no respaldan la resurrección de Cristo (ver Milagro; Resurrección, Evidencia de). El Jesus Seminar [Seminario de Jesús] coloca el Evangelio de Tomás en su Biblia, que de otra manera estaría severamente truncada. Ambas conclusiones son un serio desafío para la fe cristiana histórica.

Los evangelios gnósticos (ver Gnosticismo) fueron descubiertos en Nag Hammadi, Egipto, cerca de El Cairo en 1945 y traducidos al inglés en 1977. El Evangelio de Tomás (140-70), que tiene 114 dichos secretos de Jesús, es el más famoso, pero había muchos más, incluyendo los siguientes: The Apocryphon of John [El Evangelio apócrifo de Juan]; The Hypostasis of the Archons [La Hipóstasis de los Arcontes]; On the Origin of the World [Sobre el origen del mundo]; The Apocalypse of Adam [El Apocalipsis de Adán]; The Paraphrase of Shem [La Paráfrasis de Sem]; Genesis and Gnosis [Génesis y Gnosis]; Gospel of Truth [El Evangelio de la Verdad]; The Treatise on the Resurrection [El Tratado de la Resurrección]; Eugnostos the Blessed [Eugnostos el Bendito]; The Second Treatise of the Great Seth [El Segundo Tratado del Gran Set]; The Teachings of Silvanus [Las Enseñanzas de Silvano]; The Testimony of Truth [El Testimonio de la Verdad]; The Discourse on the Eighth and Ninth [El Discurso de la Octava y Novena]; The Prayer of Thanksgiving [La Oración de Acción de Gracias]; A Valentinian Exposition [Una Exposición Valentiniana]; The Three Steles of Seth [Las Tres Estelas de Set]; The Prayer of the Apostle Paul [La Oración del Apóstol Pablo]; Gospel of Philip [El Evangelio de Felipe]; The Thunder, Perfect Mind [El Trueno, Mente Perfecta]; The Thought of Norea [El Pensamiento de Norea]; The Sophia of Jesus Christ [La Sofía de Jesucristo]; The Exegesis on the Soul [La Exégesis del Alma]; The Apocalypse of Peter [El Apocalipsis de Pedro]; The Letter of Peter to Philip [La Carta de Pedro a Felipe]; The Acts of Peter and the Twelve Apostles [Los Hechos de Pedro y los Doce Apóstoles]; The (First) Apocalypse of James [El (Primer) Apocalipsis de Santiago]; The (Second) Apocalypse of James [El (Segundo) Apocalipsis de Santiago]; The Apocalypse of Paul [El Apocalipsis de Pablo]; The Book of Thomas the Contender [El Libro de Tomás el Contendiente] y The Apocryphon of James [El Evangelio apócrifo de Santiago].

La credibilidad de los evangelios gnósticos. La mejor manera de evaluar la credibilidad de estos evangelios es comparándolos con los del Nuevo Testamento, que los mismos críticos tienen serias dudas de aceptar (ver Nuevo Testamento, Historicidad del; Nuevo Testamento, Manuscritos del). En comparación con los evangelios canónicos, los evangelios gnósticos son simples.

Escritos tardíos. Las fechas atestiguadas de los Evangelios canónicos no van más allá de 60 a 100 (ver Nuevo Testamento, Datación del). Los evangelios gnósticos aparecieron casi un siglo después. O. C. Edwards afirma: "Como reconstrucciones históricas, no hay manera de que los dos puedan reclamar las mismas credenciales" (Edwards, pág. 27).

Valor histórico. Los primeros cristianos preservaron meticulosamente las palabras y hechos de Jesús. Los escritores de los Evangelios estuvieron cerca de los testigos oculares y siguieron los hechos (cf. Lucas 1:1-4). Hay evidencia de que los escritores del Evangelio eran reporteros honestos. También presentan la misma imagen general de Jesús (ver Biblia, Supuestos errores en la; Resurrección, Evidencia de).

Canon del Nuevo Testamento. Al contrario de los críticos, el canon del Nuevo Testamento con los Evangelios y la mayoría de las Epístolas de Pablo se formó a finales del primer siglo. Los únicos libros en disputa, los Antelegómenos, no tienen un efecto apologético en el argumento de la fiabilidad del material histórico utilizado para establecer la deidad de Cristo.

El Nuevo Testamento en sí mismo revela una colección de libros en el primer siglo. Pedro habla de tener las cartas de Pablo (2 Pedro 3:15-16), equiparándolas a las Escrituras del Antiguo Testamento. Pablo tuvo acceso al Evangelio de Lucas, citándolo (10:7) en 1 Timoteo 5:18.

Más allá del Nuevo Testamento, las listas canónicas respaldan la existencia de un canon del Nuevo Testamento (ver Geisler y Nix, pág. 294). En efecto, todos los Evangelios y las cartas básicas de Pablo están representados en estas listas.

Incluso el canon herético de Marción (aprox. 140) aceptó el Evangelio de Lucas y diez de las cartas de Pablo.

Respaldo de los Padres de la Iglesia. Un cuerpo común de libros fue citado por los Padres en el segundo siglo. Esto incluye los seis libros cruciales para la historicidad de Cristo y su resurrección, los Evangelios, los Hechos y 1 Corintios. Clemente de Roma citó los Evangelios en el 95 (Corintios, 13, 42, 46). Ignacio (aprox. 110-15) citó Lucas 24:39 (Esmirna, 3). Policarpo (aprox. 115) citó todos los Evangelios sinópticos (Filipenses, 2, 7). La Didaché (principios del siglo II) citó los Evangelios Sinópticos (1, 3, 8, 9, 15-16). La Epístola de Bernabé (aprox. 135) citó Mateo 22:14. Papías (Oráculos, aprox. 125-40) habla de Mateo, Marcos (cronología de Pedro) y Juan (último), quien escribió los Evangelios. Dice tres veces que Marcos no cometió errores. Los Padres consideraron que los Evangelios y las Cartas de Pablo estaban a la par con el Antiguo Testamento inspirado (cf. Corintios de Clemente [47]; Efesios de Ignacio [10]; A Policarpo [1, 5]; y Filipenses de Policarpo [1, 3-4, 6, 12]).

Los Padres dieron fe de la exactitud de los Evangelios canónicos a principios del siglo II. Esto es mucho antes de que se escribieran los evangelios gnósticos a finales del siglo II.

Relatos de la resurrección gnóstica. No hay ninguna evidencia real de que el llamado documento Q (Quelle, fuente) planteado por los críticos haya existido alguna vez (ver Linneman; ver Documento Q). Es una reconstrucción imaginaria, así que la alegación de que no tiene nada sobre la resurrección no tiene sentido.

El *Evangelio de Tomás sí existe, aunque sea de finales del siglo II. Sin embargo, al contrario de los críticos que respaldan esta composición, reconoce la resurrección de Jesús. De hecho, es el Cristo vivo, después de la muerte (34:25-27; 45:1-16) quien supuestamente habla en él. Es cierto que no hace hincapié en la resurrección, pero esto es de esperarse ya que es principalmente una fuente de "dichos" en lugar de una narración histórica. Además, el sesgo teológico gnóstico contra la materia restaría importancia a la resurrección corporal.

Los primeros credos cristianos. Dado que los críticos reconocen la autenticidad de 1 Corintios 15, que data del año 55-56 d. C., es imposible negar la historicidad de la resurrección. Esto es solo veintidós o veintitrés años después de la muerte de Jesús (1 Co 15:6).

Es más, 1 Corintios 15:1 alude a un posible credo que confiesa la muerte y la resurrección de Cristo que sería aún anterior. Incluso con la mínima suposición de que el credo tenía diez o doce años, lo situaría dentro de los diez o doce años de los acontecimientos mismos. Pocos eventos antiguos tienen esta verificación inmediata y contemporánea.

Conclusión. La evidencia de la autenticidad de los evangelios gnósticos no se compara con la del Nuevo Testamento. El Nuevo Testamento es un libro del siglo I. El Evangelio de Tomás es un libro de mediados del siglo II. Existen numerosas líneas de evidencia que verifican el Nuevo Testamento, estas incluyen otras referencias en el Nuevo Testamento, listas canónicas antiguas, miles de citas de los primeros Padres y las fechas anteriores establecidas para los Evangelios. El padre cristiano Ireneo (siglo II) declaró: "En efecto, han llegado a tal grado de audacia que han titulado su escrito comparativamente reciente, 'el Evangelio de la Verdad', aunque no concuerde en nada con los Evangelios de los Apóstoles, de modo que no tienen realmente ningún Evangelio que no esté lleno de blasfemia [...] Pero he demostrado mediante muchos y similares argumentos que estos Evangelios [de los apóstoles] son los únicos verdaderos y confiables y no admiten ni un aumento ni una disminución del número mencionado [cuatro]" (Ireneo, 3.11.9). El gran historiador de la iglesia primitiva Eusebio los llamó "totalmente impíos y absurdos" (Ecclesiatical History [Historia Eclesiástica]). James Donaldson (editor de The Ante-Nicene Fathers [Los Padres Ante-Nicenos]) escribió: "La impresión predominante que dejan en nuestras mentes es un profundo sentido de la superioridad inconmensurable, la incomparable simplicidad y majestad, de los Escritos Canónicos" (citado en Yamauchi).

Fuentes

O. C. Edwards, *New Review of Books and Religion* [Nueva reseña de libros y religión].
C. A. Evans et al., *Nag Hammadi Texts and the Bible* [Textos Nag Hammadi y la Biblia].
J. Fitzmeyer, *"The Gnostic Gospels according to Pagels"* [Los Evangelios gnósticos según Pagels].
N. L. Geisler y W. E. Nix, *A General Introduction to the Bible* [Una introducción general a la Biblia].
R. M. Grant, *Gnosticism and Early Christianity* [Gnosticismo y cristianismo primitivo].
Irenaeus, *Against Heresies* [Contra las herejías].
E. Linnemann, *Is There a Synoptic Problem?* [¿Hay un problema sinóptico?].
J. M. Robinson y R. J. *Miller, eds., The Nag Hammadi Library in English* [La Biblioteca de Nag Hammadi en inglés].
F. Siegert et al., *Nag-Hammadi Register* [Registro del Nag Hammadi].
C. M. Tuckett, *Nag Hammadi and the Gospel Tradition* [Nag Hammadi y la tradición del Evangelio].
M. J. Wilkins y J. P. Moreland, eds., *Jesus under Fire* [Jesús bajo sospecha].
E. Yamauchi, *Pre-Christian Gnosticism* [El gnosticismo precristiano].

Naturalismo. El naturalismo filosófico o metafísico se refiere a la perspectiva de que la naturaleza es el "espectáculo completo". No hay reino sobrenatural ni intervención en el mundo (ver Materialismo; Milagros, Argumentos contra los). En sentido estricto, todas las formas de no teísmo son naturalistas, incluyendo *ateísmo, *panteísmo, *deísmo y *agnosticismo.

Sin embargo, algunos teístas (ver Teísmo), especialmente científicos, sostienen una forma de naturalismo metodológico. Es decir, mientras reconocen la existencia de Dios y la posibilidad de milagros, emplean un método de acercamiento al mundo natural que no admite milagros (ver Origen, Ciencia del). Esto es cierto en el caso de muchos evolucionistas teístas (ver Evolución; Evolución biológica), como Douglas Young (ver Young) y Donald MacKay (ver MacKay). Insisten en que admitir milagros en la naturaleza para explicar lo único o anómalo es invocar al "dios de los vacíos". En este sentido, son aliados de los antisupernaturalistas, que niegan los milagros con el argumento de que son contrarios al método científico.

Formas de naturalismo metafísico. Los naturalistas metafísicos son de dos tipos básicos: materialistas y panteístas. El materialista reduce todo a la materia (ver Materialismo), y el panteísta reduce todo a la mente o al espíritu. Ambos niegan que cualquier reino sobrenatural intervenga en el mundo natural. Difieren principalmente en cuanto a si el mundo natural está compuesto en última instancia de materia o de mente (espíritu). Los que sostienen este último punto de vista con frecuencia admiten la posibilidad de eventos superiores a lo normal aprovechando esta fuerza espiritual invisible (ver Milagro; Milagros, Magia y). Sin embargo, estos no son eventos sobrenaturales en el sentido teísta de un ser sobrenatural que interviene en el mundo natural que él creó.

Bases para el Naturalismo. Los naturalistas metafísicos rechazan los milagros completamente. Solo varían en las bases de su crítica de lo sobrenatural. Benedicto *Spinoza creía que los milagros son imposibles porque son irracionales. David *Hume afirmó que los milagros son increíbles. Rudolph Bultmann sostenía que los milagros no son históricos ni míticos (ver Milagros, Mitos y; Mitología y el Nuevo Testamento). Basándose en la irrepetibilidad de lo milagroso, Antonio *Flew argumentó que los milagros son inidentificables. Immanuel *Kant sostuvo que los milagros no son esenciales para la religión. Todas estas alegaciones han sido cuidadosamente analizadas y se encuentran sin fundamento en los artículos Milagro y Milagros, Argumentos contra los.

Evaluación. Inadecuación teísta del naturalismo. Los puntos de vista naturalistas admiten que existe una especie de Dios deísta o niegan o dudan de la existencia de cualquier Ser divino. Pero las supuestas contradicciones de Dios son notoriamente infructuosas (ver Dios, Supuestas contradicciones de). La evidencia de que Dios existe es fuerte (ver Argumento cosmológico; Argumento moral a favor de Dios; Argumento teleológico). En cuanto a las perspectivas que admiten la existencia de un Dios sobrenatural, pero niegan los milagros (como el deísmo), muchos críticos han señalado su incoherencia básica. Porque si Dios puede y ha realizado el mayor acto sobrenatural de todo; crear el mundo de la nada (ver Creación, Puntos de vista de la), entonces no hay razón para negar la posibilidad de eventos sobrenaturales menores (es decir, milagros). Porque hacer agua de la nada (como Dios hizo en el Génesis 1) es un evento sobrenatural mayor que convertir el agua en vino (como Jesús hizo en Juan 2).

Insuficiencia científica. La ciencia moderna ha señalado su propio milagro: el origen del universo material de la nada. La evidencia del origen del big bang del universo es fuerte. Esta evidencia incluye la

segunda ley de la termodinámica (ver Termodinámica, Principios de la), el universo en expansión, el eco de la radiación, y el descubrimiento de la gran masa de energía predicha por la *teoría del big bang (ver KALAM, Argumento cosmológico). De ser así, entonces la materia no es ni eterna ni todo lo que hay. Y si hay un Creador de todo el universo de la nada, ha ocurrido el mayor milagro de todo.

Insuficiencia filosófica. Dos premisas comunes a todas las formas de humanismo secular (ver Humanismo, Secular) son el no teísmo y el naturalismo. Estas pueden tratarse juntas, ya que si no hay un ser sobrenatural (Creador) más allá del universo natural, entonces la naturaleza es todo lo que hay. Con frecuencia, el naturalismo significa que todo puede explicarse en términos de procesos químicos y físicos. Al menos, significa que cada evento en el universo puede explicarse desde el punto de vista de todo el universo (todo el sistema). Los naturalistas creen que no hay necesidad de apelar a nada (o a nadie) fuera del universo para explicar cualquier evento en el universo ni para explicar el universo entero en sí mismo.

Pero los mismos naturalistas científicos que insisten en explicar todo en términos de leyes físicas y químicas no pueden explicar sus propias teorías científicas o leyes en función de simples procesos físicos y químicos. Porque una "teoría" o "ley" sobre procesos físicos no es obviamente un proceso físico en sí mismo. Es una teoría no física sobre cosas físicas. A un profesor de física se le preguntó una vez, "Si todo es materia, entonces, ¿qué es una teoría científica sobre la materia?". Su respuesta fue: "¡Es magia!". Cuando se le preguntó sobre sus bases para creer eso, respondió: "La fe". Es interesante notar la inconsistencia de una visión puramente materialista del mundo que recurre a la fe en la "magia" como base de sus creencias materialistas.

Otro argumento que revela la inconsistencia del naturalismo puro fue ofrecido por C. S. *Lewis. Citando a Haldane, Lewis escribió: "Si mis procesos mentales están determinados totalmente por el movimiento de los átomos en mi cerebro, no tengo razones para suponer que mis creencias son verdaderas [...] y por lo tanto no tengo razones para suponer que mi cerebro está compuesto de átomos" (Lewis, pág. 22). Si el naturalismo afirma ser cierto, entonces debe haber más que los simples procesos naturales; debe haber "razón", que no es un proceso físico puramente natural.

Otra forma de afirmar la inconsistencia del naturalismo es mostrar que una premisa básica de la ciencia, que incluso los naturalistas sostienen, es contraria a su conclusión de que cada evento en el universo puede explicarse desde el punto de vista de todo el universo. Esta premisa de que "cada evento tiene una causa" está en el corazón filosófico de la investigación científica (ver Causalidad, Principio de). Porque los científicos, ciertamente los naturalistas, están tratando de encontrar la explicación o causa natural de todos los eventos. Pero si cada evento tiene una causa, entonces se deduce que todo el universo tiene una causa. Porque el universo tal y como lo concibe la ciencia moderna es la suma total de todos los eventos en un momento dado. Pero si cada evento es causado, entonces todo el evento es causado. Y si el universo es la suma total de cada evento, entonces todo el universo es causado. Por ejemplo, si cada baldosa del suelo es marrón, entonces todo el suelo es marrón. Y si cada parte de la mesa es de madera, entonces toda la mesa es de madera. Del mismo modo, si cada evento en el universo es un efecto, entonces la suma de todos los eventos (efectos) no es igual a una causa. Más bien, la suma total de todos los eventos causados necesita una causa para explicarlo (ver Argumento cosmológico).

No es suficiente para el naturalista decir que hay algo "más" en el universo que la suma de todos los eventos o "partes", porque entonces no está explicando realmente todo en función de las "partes" físicas o eventos, sino que hay algo más allá de ellos. Sin embargo, es perfectamente coherente para el no naturalista insistir en que todos los eventos del universo no pueden explicarse únicamente en términos del universo físico de eventos. Pero el naturalismo tampoco es capaz de explicarse a sí mismo o al universo en una premisa puramente naturalista.

Fuentes

N. L. Geisler, *Is Man the Measure?* [¿Es el hombre la medida?] cap. 5.

———, *Miracles and the Modern Mind*, [Milagros y la mente moderna] cap. 8.

T. Hobbes, *Leviathan* [Leviatán].

P. Johnson, *Darwin on Trial* [Darwin en juicio].

C. S. Lewis, *Miracles* [Milagros].

D. M. MacKay, *The Clockwork Image* [La imagen del reloj].

D. Young, *Christianity and the Age of the Earth* [El cristianismo y la edad de la Tierra].

Neopaganismo. El neopaganismo (lit. "nuevo paganismo") es un renacimiento del antiguo paganismo (ver Mitraísmo). Es una forma de *politeísmo que surgió a raíz del movimiento de la "muerte de Dios" (ver Altizer, Thomas J. J.; Nietzsche, Friedrich). El neopaganismo también se manifiesta en la brujería (wicca), el ocultismo y otras religiones que encajan en el marco de la Nueva Era (ver Geisler y Amano).

Mark Satin ha contrastado el nuevo paganismo con las formas primitivas de la religión. Citando a Andrea Dworkin, señaló que la "vieja religión" celebraba la sexualidad, la fertilidad, la naturaleza y el lugar de la mujer en ella. También adoraba a una deidad peluda y alegre que amaba la música, el baile y la buena comida. Además, se centraba en la naturaleza y en la mujer, con sacerdotisas, mujeres sabias, matronas, diosas y hechiceras. No tenía ningún dogma. Cada sacerdotisa interpretaba la religión a su manera propia. No todo esto podría ser restablecido en la sociedad de la Nueva Era, escribe Satin, pero los neopaganos podrían adaptar la centralidad en la naturaleza y la mujer para ajustarse a las nuevas prioridades. "La centralidad en la naturaleza tiene un paralelo obvio en nuestro reconocimiento creciente de que la calidad de nuestra conexión con el medio ambiente, tanto natural como humano, tiene mucho que ver con nuestra salud espiritual y crecimiento espiritual" (Satin, págs. 113-14).

Raíces del neopaganismo. El neopaganismo no es un movimiento monolítico. Brota del suelo del paganismo, el hinduismo, la wicca e, indirectamente, el ateísmo y otros sistemas. El *ateísmo moderno fertilizó el suelo del que surgió el neopaganismo contemporáneo. David Miller lo describe como el surgimiento de las cenizas de la "muerte de Dios" que anunció Thomas J. J. *Altizer y otros en los años 60 y 70. Según Miller: "La muerte de Dios da lugar al renacimiento de los dioses". Cuando Dios murió en la cultura moderna, los dioses antiguos resucitaron. El monoteísmo retenía el paganismo.

Politeísmo antiguo. Por supuesto, la raíz principal del neopaganismo es el antiguo *politeísmo griego y romano. Miller observó que el antiguo politeísmo permaneció bajo tierra o en la tradición contracultural de Occidente a lo largo de los dos mil años de reinado del pensamiento monoteísta. Esta tradición puede estar detrás del reciente interés por lo oculto, la magia, la vida extraterrestre, las sociedades y religiones orientales, las comunas, las nuevas formas de vida familiar múltiple, y otros sistemas de estilo de vida alternativos que parecen tan extraños (Miller, pág. 11). Añade que, para las tradiciones racial culturales, los europeos occidentales todavía se inspiran en los dioses y diosas de la antigua Grecia (ibid., 6, 7, 60, 81).

Hinduismo. No todo el paganismo moderno proviene de Grecia. El renacimiento del budismo (ver Budismo Zen) y especialmente el hinduismo (ver Hinduismo vedanta), con sus miles de millones de dioses, también apoya la religión de la Nueva Era y el neopaganismo. El hinduismo se ha infiltrado prácticamente en todos los niveles de la cultura occidental, adaptado para encajar con el humanismo occidental enseñando que cada uno de nosotros es un pequeño dios.

La brujería (Wicca) y el feminismo radical. Otra corriente es la religión wicca. Este movimiento, conocido popularmente como brujería, tiene una fuerte superposición con el movimiento feminista. Los wiccanos tienen un aborrecimiento al monoteísmo (ver Teísmo). La bruja feminista Margot Adler expresa este punto de vista. Adler se refiere al monoteísmo como uno de los puntos de vista religiosos y políticos totalitarios que dominan la sociedad (Adler).

Ocultismo y La Guerra de las Galaxias. La "religión de los Jedi" de La Guerra de las Galaxias de George Lucas tiene sus raíces en el hechicero mexicano, Don Juan. El biógrafo de Lucas, Dale Pollock, señala que "el concepto de la Fuerza de Lucas estaba fuertemente influenciado por Tales of Power [Relatos de Poder] de Carlos Castaneda. Este es un relato de un supuesto hechicero indio mexicano, Don Juan, que usa la frase "fuerza vital"" (Pollock, pág. 10). El director de la película de Lucas The Empire Strikes Back [El Imperio Contraataca], Irvin Kershner, es un budista zen. "Quiero introducir algo de Zen aquí porque no quiero que los niños se vayan sintiendo que todo es una película de disparos, pero también hay algo para pensar aquí en términos de ti mismo y tu entorno" afirmó sobre la película (Kershner, pág. 37). Cualquiera que sea la fuente de la fuerza de La Guerra de las Galaxias, es claramente similar a la fuerza que las brujas neopaganas creen. El propio Lucas se refirió a la fuerza como una religión en su primera película de la trilogía de La Guerra de las Galaxias (Lucas, La Guerra de las Galaxias, 37, 121, 145). El personaje, Luke Skywalker, estaba haciendo magia blanca cuando se conectó con el "lado de la luz de la Fuerza"; la Fuerza era "Dios". Lucas afirmó en una entrevista con Time que "el mundo funciona mejor si estás del lado bueno" de esta fuerza oculta. La brujería de Lucas es aún más evidente en el héroe de la siguiente película de Lucas, Willow, cuya meta en la vida es ser un hechicero.

Características del Neopaganismo. Obviamente se practica una variedad de creencias bajo el amplio título neopagano. Hay algunas características y creencias generalmente compartidas que se basan en el *politeísmo, el ocultismo, el relativismo y el *pluralismo.

Politeísmo. Los neopaganos son libres de adorar a cualquier dios o diosa, antiguo o moderno, de Oriente o de Occidente. Algunos adoran a Apolo y a Diana. El autor-filósofo Theodore Roszak (Where the Wasteland Ends [Donde termina el páramo]) es un animista. Cree que "la estatua y la arboleda sagrada eran ventanas transparentes [...] por las cuales el testigo era escoltado a través de la tierra sagrada más allá y participaba en lo divino" (ver Adler, Drawing Down the Moon [Dibujo de la Luna], pág. 27). La mayoría de neopaganos reviven una de las formas occidentales de politeísmo. Los nombres de los dioses pueden ser diferentes, pero la mayoría de las veces son celtas, griegos o latinos.

Algunos neopaganos debaten sobre el estado ontológico de sus "dioses", asignando un papel idealista o estético para ellos. Pero como uno de ellos dijo: "Todas estas cosas son dentro del ámbito de lo posible. Ha sido nuestra naturaleza llamar a estos 'dioses'". Dios es un ser eterno; así que nosotros también. Entonces, en cierto sentido, nosotros también somos dios. Adler señala que hay dos deidades en la mayoría de los grupos wicca. El dios es el señor de los animales y de la muerte y el más allá, y la diosa tiene tres aspectos: doncella, madre y arpía. Cada uno de sus aspectos está simbolizado por una fase de la luna. La doncella es la media luna creciente, la madre es la luna llena, y la media luna menguante es como la mujer que ya no tiene hijos. Adler sugiere que los neopaganos podrían ser considerados "duoteístas", aunque las brujas feministas suelen ser monoteístas, adorando a la diosa como el dios único (ibid., 35, 112). Los neopaganos a veces se describen a sí mismos como politeístas monoteístas. Morgan McFarland, una bruja de Dallas, declaró: "Me considero monoteísta al creer

en la Diosa, Creadora, el Principio Femenino, pero al mismo tiempo reconozco que otros dioses y diosas existen a través de ella como manifestaciones de ella, facetas del todo" (ibid., 36). Por su propia definición, el uso de monoteísta aquí es engañoso. Ella y otros neopaganos buscan una manifestación polifacética (politeísta) del panteísmo. Cada manifestación, por supuesto, es finita (ver Politeísmo).

La conexión feminista radical. El neopaganismo se conecta estrechamente con el feminismo radical. No todos los neopaganos son feministas, ni todas las feministas son neopaganas. Sin embargo, el neopaganismo ha atraído a muchas feministas. Adler describe la dinámica de esta manera: "Muchos aquelarres de brujas feministas han [...] atraído a mujeres de todos los ámbitos de la vida. Pero incluso allí, la mayoría de estas mujeres ya han sido fortalecidas por el movimiento feminista o por grupos concientizadores, o por una experiencia importante como un divorcio, una separación o un encuentro homosexual" (ibid., 37). Una feminista neopagana dijo: "Hemos descubierto que las mujeres que trabajan juntas son capaces de conjurar su pasado y despertar su antiguo ascenso [...] Esto no parece ocurrir cuando los hombres están presentes [...] Parece que en los aquelarres mixtos, no importa cuán "feminista" sean las mujeres, una especie de competencia comienza a suceder. Entre las mujeres solas, nada de esto ocurre y se desarrolla una gran reciprocidad, a diferencia de todo lo que he visto antes" (ibid., 124).

Algunas eran brujas antes de ser feministas. Una neopagana de Los Ángeles dijo que su viaje espiritual comenzó cuando observó a su madre hablando con los muertos. "La vi entrar en trance y sentir presencias alrededor de ella. Ella es una artista, y su arte con frecuencia refleja influencias sumerias [...] Ella dice la fortuna y puede calmar el viento". Pero la hija, como la madre, se encontró en el rol tradicional de esposa y madre y se sintió limitada y esclavizada. Mientras intentaba suicidarse, tuvo una visión que confirmó sus creencias ocultas. Su conciencia de bruja y su perspectiva feminista se encontraron en el intento de liberar su feminidad de la opresión percibida (ibid. 76-77).

Algo que atrae de la brujería a las mujeres es que su género tiene el mismo estatus y con frecuencia superior. Ya en la década de 1890, un observador social llamado Leland escribió que en tiempos de rebelión intelectual contra el conservadurismo y la jerarquía, hay una lucha feminista por la superioridad. Señaló que en la brujería la hembra es el principio primitivo. "La percepción de esta [tiranía] condujo a un gran número de descontentos a la rebelión, y como no pudieron prevalecer por la guerra abierta, ellos sacaron su odio en una forma de anarquía secreta, que estaba, sin embargo, íntimamente mezclado con la superstición y fragmentos de la vieja tradición" (ibid., 59).

Ocultismo. Casi inevitablemente los neopaganos están involucrados en el ocultismo. Creen en una fuerza, energía o poder impersonal, a la que pueden recurrir para hacer cosas sobrenaturales. Luke Skywalker de La Guerra de las Galaxias es el modelo clásico de esta creencia. Otro ejemplo son los intentos de lanzar hechizos.

Pluralismo y relativismo. Los neopaganos son fuertemente pluralistas. Por su naturaleza, el politeísmo deja espacio para más dioses o diosas. Todas las formas de adoración de cualquier dios que uno pueda elegir son legítimas. Tal creencia rechaza la verdad absoluta en favor de un irracionalismo en el que los opuestos pueden ser ambos verdaderos. Miller niega que cualquier sistema funcione "de acuerdo a conceptos y categorías fijas" y que todos estén controlados por una u otra categoría de lógica. Rechaza la idea de que algo sea verdadero o falso, bello o feo, bueno o malo (Miller, pág. 7).

Consistentemente, muchos neopaganos rechazan de plano la idea de The Witches' Bible [La Biblia de las Brujas], se enfurecen con la palabra la. Los paganos modernos siguen siendo antiautoritarios, se enorgullecen de ser "la más flexible y adaptable de las religiones, [...] perfectamente dispuesta a desechar los dogmas" (Adler, Drawing Down the Moon, ix, 126, 135). Por lo tanto, un "credo" neopagano es un oxímoron. Por definición, los neopaganos carecen de credo.

Evaluación. Muchas críticas a la religión neopagana, politeísta y relativista (ver Verdad, Naturaleza de la) se tratan en otro lugar. Ver los artículos Dualismo; Diosismo finito; Gnosticismo; Dios, Naturaleza de; Hinduismo vedanta; Monismo; Nostradamus; Panteísmo; Pluralismo religioso; Verdad, Naturaleza de la; Budismo Zen. Se pueden discutir algunos puntos centrales brevemente aquí.

Irracionalidad. Los neopaganos afirman que debemos descartar la razón como normativa en la vida. Pero si esto se hace, entonces los opuestos podrían ser ambos verdaderos. Esto viola las leyes fundamentales del pensamiento (ver Primeros Principios). La persona que afirma que los opuestos pueden ser ambos verdaderos, no cree realmente que lo contrario de esa declaración también sea cierto.

Relativismo. Los neopaganos son relativistas. Pero toda la verdad no puede ser relativa. Esa misma afirmación se presenta como una afirmación verdadera no relativa. No puede haber un solo Dios (monoteísmo) y más de un dios (politeísmo) al mismo tiempo y en el mismo sentido (ver Pluralismo).

Pluralismo. El deseo pluralista de abarcar todas las formas de religión se encuentra con el mismo problema. No todo puede ser verdad, incluidos los opuestos. Esto viola la ley de la no contradicción (ver Lógica y Dios; Primeros Principios). O bien el politeísmo es verdadero o bien el monoteísmo es verdadero. Ambos no pueden ser verdad. Los neopaganos no pueden usar cualquiera de las dos cosas, o declaraciones para afirmar ambas y el pensamiento. Los politeístas tienen que negar el pluralismo para poder afirmarlo, ya que no creen que lo opuesto al pluralismo sea cierto. Pero si los opuestos no son verdaderos, el pluralismo es falso.

Inclusivismo. La afirmación de que debemos ser inclusivos, considerando que todas las religiones son verdaderas, también es contraproducente. Es una afirmación no inclusiva (exclusivista) afirmar que solo el inclusivismo es verdadero y que todo el exclusivismo es falso. Mientras que los neopaganos afirman que permiten una total diversidad de expresión, la práctica neopagana es bastante restrictiva. La misma existencia de los aquelarres secretos revela la naturaleza exclusivista del grupo. Algunos se refieren al wicca como la religión. Incluso los defensores creen en un elemento universal del neopaganismo, insistiendo en la universalidad del contenido pero no en la forma (ibid., 116, 145). La existencia de un rito de iniciación es una característica del exclusivismo. Los brujos afirman que su rito es una forma de proteger la institución de los que son poco sinceros, malvados o que darían al oficio un mal nombre (ibid., 98). Pero si tienen que proteger su institución del mal o de los poco sinceros, debe haber una forma genuina para preservar. Adler afirma que la brujería fue una vez la religión universal, que ha sido llevada a la clandestinidad (ibid., 66). Esta es una reivindicación de la universalidad y el exclusivismo implícito de ser la religión.

Una controversia en la que los wiccanos condenaron a una pareja que cobraba dinero por lecciones de brujería muestra aún más la exclusividad. Los que expresaron su desaprobación insistieron en que "esto viola la Ley del Oficio", indicando que hay una ley del oficio universal que define el bien y el mal. Si no es así, la brujería puede hacerse de cualquier manera que uno desee. Incluso los "Principios de la creencia wiccana" adoptados por el Consejo de Brujas Americanas del 11 al 14 de abril de 1974, tiene una fuerte declaración que excluye la creencia de que el cristianismo es "el único camino". Ellos francamente reconocieron esto como parte de "nuestra animosidad hacia el cristianismo" (ibid., 103).

Los grupos inclusivos no se dan cuenta de que cada afirmación de la verdad es exclusiva. Si el cristianismo es verdadero, entonces, por necesidad, todas las creencias no cristianas son falsas. Si la brujería es verdadera, todas las creencias no relacionadas con la brujería son falsas. El neopaganismo es tan exclusivista como cualquier otra religión que afirma haber descubierto la verdad sobre la realidad.

Los neopaganos admiten que "el politeísmo siempre incluye el monoteísmo. Lo contrario no es cierto" (ibid., viii). Incluir no es la palabra adecuada aquí. El politeísmo está dispuesto a absorber o tragar las creencias monoteístas, pero el politeísmo debe ser extremadamente exclusivo de todas las formas ortodoxas de monoteísmo. Estas visiones del mundo no pueden compartir el mismo sistema de creencias. Bajo un manto de lenguaje inclusivo, los neopaganos creen que la única manera es negar que exista una única manera.

Falta de explicación de los orígenes. Algunas religiones paganas hablan de los orígenes, pero pocos hacen las preguntas definitivas sobre ellos (ver Argumento cosmológico). Hay dioses actuando, pero ¿cómo nos han llevado a este punto? ¿Qué causó que todo llegue a existencia? C.S.*Lewis comentó que traer a Dios y la naturaleza en la relación también los separa. Lo que hace y lo que se hace son dos, no uno. "Así que la doctrina de la Creación en un sentido vacía la naturaleza de la divinidad" (Lewis, págs. 79-80). Eso destruye el paganismo.

Falta de explicación de la unidad. Si el pagano se diera cuenta de que la naturaleza y Dios son distintos, que el único hizo el otro, uno gobernaba y el otro obedecía, no se adorarían a dioses sino más bien al Dios Creador. Lewis observó: "La diferencia entre creer en Dios y en muchos dioses no es de aritmética [...] Dios no tiene plural" (Lewis, págs. 78, 82). Aquí se revela la depravación del politeísmo, ya que prefieren adorar a un dios que crean en lugar del Dios que los hizo. Un neopagano concluyó: "Me di cuenta de que no era tan inaceptable y que podíamos elegir qué deidades seguir [...] [pues] el elemento del cristianismo que me molestaba [a mí] [...] era su requisito de ser sumiso a la deidad". Añade que sus dioses tienen características humanas. Tienen defectos y por lo tanto son más accesibles (Fort Worth Star-Telegram, 16 de diciembre de 1985, 2A). En el lenguaje bíblico, esta es una vívida confesión del hecho de que los paganos "con su maldad obstruyen la verdad [...] y cambiaron la gloria del Dios inmortal por imágenes que eran réplicas del hombre mortal" (Ro 1:18, 23).

Anticredo. A pesar de su protesta, los neopaganos tienen sus propios credos y dogmas. Adler admite: "He visto a mucha gente en el oficio colgada de fragmentos de rituales y mitos. Algunas personas aceptan estos fragmentos como un dogma". Mientras protesta por los credos, Adler establece un conjunto de "creencias básicas" que afirma que "la mayoría de la gente en este libro comparte" (Adler, Drawing Down the Moon, 88, ix). Ella parece no darse cuenta de que, por lo tanto, está definiendo un credo.

El credo que ella confiesa es informativo: "El mundo es sagrado. La naturaleza es sagrada. El cuerpo es sagrado. La sexualidad es sagrada. La mente es sagrada. La imaginación es sagrada. Tú eres santa [...] Tú eres la Diosa. Tú eres Dios. La divinidad es inmanente en toda la naturaleza. Está tanto dentro de ti como fuera" (ibid.). Hay varias doctrinas estándar del neopaganismo en este credo, incluyendo panteísmo, politeísmo, animismo, auto deificación y, encubiertamente, libre expresión sexual. En el credo que llamaron "Principios de la creencia Wicca", el Consejo de Las brujas enumeraron trece principios básicos. Estas creencias incluyen la adoración de la luna, la armonía con la naturaleza, el poder creativo del universo manifestado en las polaridades masculina y femenina y el sexo como placer. Curiosamente, rechazaron la adoración al diablo y la creencia de que el cristianismo es "el único camino" (ibid., 101-3).

Misión. Los neopaganos afirman que no buscan conversos. "Tú no te conviertes en un pagano", insisten: "tú eres un pagano". Afirman que nadie se convierte a la wicca. Sin embargo, admiten que la gente es atraída al paganismo por la "palabra de la boca, una discusión entre amigos, una conferencia, un libro, o un artículo". Independientemente de su propósito, ¿qué son estos sino medios de evangelización? Afirmar que estas personas siempre fueron paganas y que simplemente "regresaron a casa" (ibid., x, 14, 121) es como los misioneros cristianos negando que evangelizan, ya que los que creen simplemente han "vuelto a Dios". Como cualquier otra persona que cree que ha encontrado la verdad o la realidad, los neopaganos no pueden resistir el impulso de propagar su fe. ¿Por qué otra razón la experiencia de la iluminación conduce a los nuevos wiccanos a proclamar con el fervor de un nuevo convertido: "Me convertí en la Diosa? ¿Era la religión"? (ibid., 116).

Fuentes

Adler, Margot, Drawing Down the Moon [Dibujo de la Luna].

N. L. Geisler, "Neo-paganism and Feminism" [Neopaganismo y Feminismo].

N. L. Geisler y J. Y. Amano, The Infiltration of the New Age [La infiltración de la Nueva Era].

I. Kershner, entrevista en Rolling Stone.

C. S. Lewis, Reflections on the Psalms [Reflexiones sobre los Salmos].

G. Lucas, entrevista en Time.

———, Star Wars [La Guerra de las Galaxias].

D. Miller, The New Polytheism [El Nuevo Politeísmo].

D. Pollock, Skywalking.

M. Satin, New Age Politics [Política de la Nueva Era].

Neoteísmo. Significado del término. El punto de vista es comúnmente llamado "teísmo abierto" por sus defensores. También se conoce como la visión de "apertura de Dios" o "teísmo del libre albedrío", lo que significa que Dios está abierto al cambio y que los humanos tienen *libre albedrío como opuesto a cualquier determinismo divino del futuro por adelantado. Sin embargo, "neoteísmo" parece ser un término más apropiado, más simple y más descriptivo. Por su propia confesión, los neoteístas se ven a sí mismos como teístas pero han adoptado algunos de los principios del *panenteísmo o teología de procesos (ver Whitehead, Alfred North). Dado que se sitúa entre el teísmo y la teología de procesos, parece más apropiado llamarlo "neoteísmo".

Algunos defensores del neoteísmo. Los defensores del neoteísmo incluyen a Clark Pinnock, Richard Rice, John Sanders, William Hasker y David Basinger (ver Pinnock et al., The Openness of God [La apertura de Dios]). Otros que han escrito en defensa de la posición incluyen a Greg Boyd, Stephen T. Davis, Peter Geach, Peter Lang, J. R. Lucas, Thomas V. Morris, Ronald Nash, A. N. Prior, Richard Purtill, Richard Swinburne y Linda Zagzebski.

Algunos principios básicos del neoteísmo. En sus propias palabras, los neoteístas creen que:

1. "Dios no solo creó este mundo ex nihilo sino que puede y a veces interviene unilateralmente en los asuntos terrenales.
2. Dios eligió crearnos con una libertad incompatibilista (libertaria) sobre la que no puede ejercer un control total.
3. Dios valora tanto la libertad, la integridad moral de las criaturas libres y un mundo en el que dicha integridad es posible, que normalmente no anula dicha libertad, aunque vea que está produciendo resultados indeseables.
4. Dios siempre desea nuestro mayor bien, tanto individual como corporativo, y por lo tanto se ve afectado por lo que sucede en nuestras vidas.
5. Dios no posee un conocimiento exhaustivo de exactamente cómo utilizaremos nuestra libertad, aunque puede muy bien a veces ser capaz de predecir con gran exactitud las elecciones que haremos libremente" (Pinnock, págs. 76-77).

El neoteísmo puede describirse mejor observando lo que tiene en común con el teísmo tradicional o *clásico y también lo que se distingue de ella.

Los principios que tienen en común con el teísmo. De acuerdo con el *teísmo clásico, los neoteístas creen que Dios es un Ser personal, trascendente y todopoderoso que creó el mundo ex nihilo, de la nada (ver Creación, Puntos de vista de la), y quién puede y ha realizado actos sobrenaturales en su interior. Dios está a cargo del universo, pero les ha dado a los seres humanos el poder de elegir libremente.

Los principios se mantienen en distinción del teísmo. En contraste con el teísmo tradicional, el neoteísmo sostiene que Dios no tiene un conocimiento infalible de los futuros actos libres. Además, puede y cambia de opinión en respuesta a nuestras oraciones. Es más, Dios no es absolutamente simple, ni es no temporal o eterno. Por lo tanto, no es capaz de controlar completamente o predecir exactamente la forma en que las cosas resultarán.

Una evaluación del neoteísmo. Características positivas. Hay muchas dimensiones positivas del neoteísmo. Estas incluyen todas las cosas que sus adherentes tienen en común con los teístas clásicos.

Creación ex nihilo. En contraste con otras visiones del mundo, una de las creencias distintivas del teísmo clásico, es que Dios creó el universo de la nada. Esto distingue claramente la visión del panenteísmo y coloca a sus adherentes en el amplio campo del teísmo.

Afirmación de los milagros. A diferencia de los panenteístas y como los teístas, los neoteístas afirman los *milagros. Esto los coloca al lado del teísmo tradicional y en contraste con el *naturalismo y el actual teísmo neoclásico conocido como teología de procesos.

Énfasis en la relación de Dios con la creación. Los neoteístas están profundamente preocupados, y con razón, por preservar la relación de Dios con el mundo. Un Dios que no puede escuchar y responder a la oración es menos que personal y no es el Dios descrito en la Biblia.

Énfasis en el libre albedrío. Junto con los teístas clásicos, los neoteístas desean defender el libre albedrío contra formas de determinismo que eliminarían el genuino libre albedrío. Esto es encomiable.

Junto con esto debe mencionarse que los neoteístas tienen razón al enfatizar que hay algunas cosas que son imposibles de hacer para Dios, una vez que ha decidido hacer criaturas libres. Por ejemplo, no puede forzarlas a elegir libremente algo. La libertad forzada es una contradicción en los términos (ver Libre albedrío; Mal, Problema del).

Crítica negativa. En el lado negativo del libro de cuentas, se critica a los neoteístas en parte por crear a Dios a su propia imagen (ver Geisler). De hecho, se han adentrado demasiado en el panenteísmo y están sujetos a muchas de las mismas críticas.

El neoteísmo no es bíblico. Dado que los neoteístas

cristianos afirman aceptar la autoridad de la Biblia, pueden ser juzgados por sus estándares (Geisler, cap. 4). Y en contraste con el neoteísmo, la Biblia afirma claramente que Dios no puede cambiar. El auto-existente YO SOY (Ex 3:14) de la Escritura dice: "Yo, el SEÑOR, no cambio" (Mal 3:6; Heb 1:12; Stg 1:17). Él "anuncia el fin desde el principio" (Is 46:10). "Su entendimiento es infinito" (Sal 147:5) y, por lo tanto, "conoce de antemano" a los elegidos (Ro 8:29; 2 Pedro 1:2). Él "no es hombre para que se arrepienta" (1 S 15:29).

Cuando la Biblia habla de Dios "arrepentido", es solo desde nuestra perspectiva, como cuando hay un arrepentimiento por parte del hombre (Jonás 3). Por ejemplo, cuando uno invierte el curso después de pedalear su bicicleta contra el viento, no fue el viento el que cambió. Incluso los neoteístas admiten que hay antropomorfismos en la Biblia.

El neoteísmo es incoherente. Por ejemplo, los neoteístas creen que Dios creó el mundo temporal de la nada. Si es así, entonces debe ser anterior al tiempo y no temporal él mismo. Pero los neoteístas niegan que Dios sea un Ser no temporal. Esto es inconsistente, porque si Dios creó el tiempo, entonces no puede ser él mismo temporal, como tampoco Dios puede ser una criatura si creó todas las criaturas (ver Geisler, cap. 6).

De la misma manera, los neoteístas admiten que Dios es un Ser Necesario, pero niegan que tenga una Realidad Pura. Pero aquí tampoco pueden tenerlo de ambas maneras. Porque un Ser Necesario no tiene potencial para la no existencia. Si así fuera, entonces no sería necesario en su ser. Pero si no tiene potencialidad para no existir, entonces su existencia debe ser Realidad Pura (sin potencialidad).

Finalmente, si Dios es un Ser Necesario, entonces no puede cambiar en su Ser. Porque un Ser Necesario debe ser necesariamente lo que es; no puede ser otro. Sin embargo, los neoteístas afirman que Dios puede cambiar, es decir, que no es inmutable. Pero ambas cosas que sostienen los neoteístas no pueden ser verdad.

El neoteísmo socava la infalibilidad. Aunque muchos neoteístas afirman creer que la Biblia es la infalible Palabra de Dios, esto es inconsistente con sus creencias básicas. Si Dios no puede conocer el futuro infaliblemente, entonces las predicciones de la Biblia que implican actos libres (como la mayoría) no pueden ser infalibles. Es decir, algunas de ellas pueden estar equivocadas. Además, no tenemos forma de saber cuáles son. Así, el neoteísmo socava la infalibilidad de todas las predicciones bíblicas (ver Profecía, como prueba de la Biblia).

El neoteísmo destruye una prueba bíblica para los falsos profetas. La Biblia declara (en Dt 18:22) que una profecía falsa es una prueba para un profeta falso.

Pero, como acabamos de señalar, según el neoteísmo, puede haber falsas predicciones en la Biblia. Si esto es así, entonces una falsa predicción no puede ser una prueba para un profeta falso, ya que incluso Dios mismo podría hacer falsas predicciones.

El neoteísmo socava la confianza en las promesas incondicionales. Si el neoteísmo es correcto, no se puede confiar incluso en las promesas incondicionales de Dios, incluyendo la respuesta de la oración (ver Geisler, caps. 5-6). Porque por muy bien intencionado que sea Dios al hacer la promesa, si el cumplimiento depende de cualquier forma de las decisiones libres humana (la mayoría es así), entonces Dios puede no ser capaz de cumplir su promesa.

Fuentes

A FAVOR DE LOS NO TEÍSTAS

G. A. Boyd, *Trinity and Process* [La Trinidad y el proceso].

S. T. Davis, *Logic and the Nature of God* [La lógica y la naturaleza de Dios].

W. Hasker, *God, Time, and Knowledge* [Dios, tiempo y conocimiento.]

R. Nash, *The Concept of God* [El concepto de Dios].

C. Pinnock, *The Most Moved Mover* [El más conmovedor de todos].

C. Pinnock et al., *The Openness of God* [La apertura de Dios].

R. Rice, *God's Foreknowledge and Man's Free Will* [La presciencia de Dios y el libre albedrío del hombre].

R. Swinburne, *The Coherence of Theism* [La coherencia del teísmo].

CONTRA EL NEOTEÍSMO

Anselmo, *Basic Writings: Proslogium* [Escritos básicos: Proslogium].

T. Aquino, *Summa Theologica* [Suma teológica].

Agustín, *The City of God* [La ciudad de Dios].

J. Calvin, *Institutes of the Christian Religion* [Institutos de la religión cristiana].

S. Charnock, *Discourses upon the Existence and Attributes of God* [Discursos sobre la existencia y los atributos de Dios].

R. Garrigou-Lagrange, *God* [Dios].

N. L. Geisler, *Creating God in the Image of Man?* [¿Creando a Dios a imagen del hombre?].

N. L. Geisler et al., *The Battle for God* [La batalla por Dios].

G. R. Gruenler, *The Inexhaustible God* [El Dios inagotable].

E. L. Mascall, *He Who Is* [Él que es].

H. P. Owen, *Concepts of Deity* [Conceptos de la deidad].

Nietzsche, Friedrich. Friedrich Nietzsche (1844-1900) fue uno de los ateos más coloridos y poderosos (ver Ateísmo) de todos los tiempos. Su rechazo a Dios fue instintivo e incisivo (ver Dios, Supuestas contradicciones de). Con la negación de Dios, Nietzsche negó todo valor objetivo basado en Dios. Por lo tanto, su punto de vista es una forma de *nihilismo. Aunque se crio en un hogar de un pastor luterano, Nietzsche reaccionó violentamente contra su formación religiosa. Su madre, tía y hermanas lo criaron desde muy joven tras la muerte de su padre.

Dios y el mito de dios. Nietzsche basó su creencia de que Dios nunca existió en varios fundamentos (Beyond Good and Evil [Más allá del bien y el mal], pág. 23). Argumentó que el Dios del teísta tendría que ser un ser auto-causado, lo cual era imposible (ver Dios, Objeciones a las pruebas de). La maldad en el mundo descartó además a un Creador benevolente (ver Mal, Problema del). Nietzsche pensaba que la base para creer en Dios era puramente psicológica (ver Freud, Sigmund). Nietzsche exhortó: "¡Os ruego, hermanos míos, que permanezcáis fieles a la tierra, y no creáis en aquellos que os hablan de otras esperanzas mundanas!". Añadió: "Una vez el pecado contra Dios fue el mayor pecado; pero Dios murió y estos pecadores murieron con Él. Pecar contra la tierra es ahora lo más terrible" (Thus Spoke Zarathustra [Así hablaba Zaratustra], pág. 125).

Nietzsche creía que el dios-mito estaba una vez muy vivo. Había sido el modelo en el que la Europa medieval y de la Reforma había basado su vida. Sin embargo, esta cultura estaba en decadencia. La modernidad había alcanzado a la humanidad moderna, que ya no podía creer en Dios. "¡Dios está muerto!" Nietzsche gritó. La humanidad moderna debe enterrar a Dios y seguir adelante.

El mundo. Como Dios no existe, el mundo es todo lo que hay. La materia está en movimiento y la vida se mueve en ciclos (ver Materialismo; Naturalismo). El mundo es real y Dios es una ilusión. No hay ningún Dios al que debamos ser fieles. Por lo tanto, cada persona es exhortada a "permanecer fiel a la tierra". Porque Nietzsche veía a Dios "como la declaración de guerra contra la vida, contra la naturaleza [...] la deificación de la nada, la voluntad de la nada pronunciada santa" (ibid., págs. 92-94).

Historia y destino. La historia humana, como destino humano, es cíclica. Nietzsche rechazó cualquier meta o escatón cristiano en favor de una recurrencia cíclica más oriental. La historia no va a ninguna parte. No hay metas finales que alcanzar, ni un paraíso que recuperar. Simplemente hay una vida individual que vivir con coraje y creatividad. La humanidad crea un destino aquí y no hay un más allá, excepto la eterna repetición del mismo estado de cosas. Los superhombres son los genios que forman el destino. "Dicen: '¡Así será!' Ellos determinan el 'si' y el 'hasta qué fin' de la humanidad [...] Su conocimiento está creando" (Beyond Good and Evil [Más allá del bien y del mal], págs. 18-19).

Ética. Su ética era una forma de *nihilismo en la que negaba todos los valores tradicionales y recreaba los suyos propios. La impactante comprensión de la muerte de Dios llevó a Nietzsche a la conclusión de que todos los valores y absolutos basados en Dios también habían muerto (ver Moralidad, Naturaleza absoluta de la). Por lo tanto, Nietzsche rechazó los valores tradicionales judeo-cristianos de una manera casi violenta. Nietzsche cuestionó incluso los principios generales, como el de "no herir a nadie" (ibid., págs. 186-87). Ridiculizó el principio cristiano del amor: "¿Por qué, ustedes idiotas [...]? ¿Qué tal si alaban al que se sacrifica?" (ibid., pág. 220). En efecto, el cristianismo "es la mayor de todas las corrupciones concebibles [...] Lo llamo la única mancha inmortal de la humanidad" (Antichrist [Anticristo], pág. 230).

En lugar de los valores cristianos tradicionales, propuso que la gente moderna vaya "más allá del bien y del mal". Sugirió una transvaloración que rechazara las virtudes femeninas "blandas" del amor y la humildad y aprovechara las virtudes masculinas "duras" de la dureza y la sospecha (Beyond Good and Evil).

Seres humanos. No hay vida después de la muerte, así que lo mejor que se puede hacer para superar los límites de la mortalidad personal es querer la eterna repetición del mismo estado de cosas (ver Inmortalidad). Es decir, debe tener la voluntad de volver y vivir la misma vida una y otra vez para siempre. Ya que no hay ningún Dios y no hay valores objetivos a descubrir, la raza humana debe crear sus propios valores. El sinsentido y el vacío de la vida deben superarse. Los vencedores son "superhombres".

Evaluación. Todos los ateos comparten los elementos básicos del punto de vista de Nietzsche. Su argumento de que no existe ningún Dios es refutado por fuertes evidencias de la existencia de Dios (ver Argumento cosmológico; Argumento moral a favor de Dios; Argumento teleológico). Las objeciones a estos argumentos se responden en otra parte (ver Dios, Objeciones a las pruebas de). Al igual que Freud, la opinión de Nietzsche de que Dios es una ilusión carece de fundamento. Su relativismo moral no puede oponerse a la fuerza lógica del absolutismo moral. Tanto la visión materialista (ver Materialismo) del universo (ver Naturalismo) como su eternidad son contrarias a los buenos argumentos científicos (ver Big Bang, Teoría del) y filosóficos (ver KALAM, Argumento cosmológico).

Fuentes

J. Collins, *A History of Modern European Philosophy* [Una historia de la filosofía europea moderna], cap. 18.

N. L. Geisler, *Ethics* [Ética].

N. L. Geisler y W. D. *Watkins, Worlds Apart* [Mundos separados], cap. 2.

R. G. Hollingdale, *Nietzsche*.

K. Jaspers, *Nietzsche und das Christentum*.

F. Nietzsche, *Antichrist* [Anticristo].

————, *Beyond Good and Evil* [Más allá del bien y del mal].

————, *On the Genealogy of Morals* [Sobre la genealogía de la moral].

————, *Thus Spoke Zarathustra* [Así hablaba Zaratustra].

————, *The Portable Nietzsche* [El Nietzsche portable].

————, *The Will to Power* [La voluntad de poder].

Nihilismo. El nihilismo significa "nada", la negación de todo ser o valor (ver Nietzsche, Friedrich). Al rechazar los valores, el nihilismo es antinómico o anárquico. Pero incluso la mayoría de los relativistas (ver Moralidad, Naturaleza absoluta de la) o los situacionistas no niegan todo el valor, solo todo valor absoluto. Los nihilistas menos estrictos simplemente niegan que cualquier valor mayor o absoluto existe. El único valor que existe es lo que creamos. No hay ningún valor objetivo a ser descubierto.

La negación de todo ser es contraproducente, ya que uno tiene que existir para negar toda la existencia. Los que no existen no niegan nada.

De la misma manera, la negación de todo valor es una auto-refutación, ya que la propia negación implica la creencia de que hay un valor en hacer esta negación. Los nihilistas valoran su libertad para ser nihilistas. Por lo tanto, no pueden escapar de afirmar el valor implícitamente, incluso cuando lo niegan explícitamente.

No contradicción, Principio de la. Ver PRIMEROS PRINCIPIOS.

Nostradamus. Nostradamus (1503-66) era conocido por el nombre latino de Michel de Notredame o Nostredame. Se graduó en la Universidad de Montpellier en Francia, fue médico y astrólogo. Publicó un libro de profecías rimadas titulado Centuries [Centurias] (1555). Se dice que predijo con exactitud la muerte de Enrique II de Francia y muchas otras cosas.

Según André Lamont: "estaba muy versado en las artes de la astronomía, cábala, astrología, alquimia, magia, matemáticas y medicina" (Lamont, v).

Predicciones de Nostradamus. Algunos críticos del cristianismo sostienen que Nostradamus es un ejemplo de alguien que hizo predicciones a la altura de las de la Biblia, anulando así la afirmación de la singularidad sobrenatural hecha para la profecía bíblica (ver Profecía, como prueba de la Biblia). Sin embargo, al examinarlo, se quedan muy cortas para esta afirmación. Las predicciones de Nostradamus muestran signos de una fuente oculta y pueden explicarse de acuerdo con procesos puramente naturales.

Un gran terremoto en California. Se alega que Nostradamus predijo un gran terremoto en California para el 10 de mayo de 1981. Esto fue reportado el 6 de mayo de 1981, en el USA Today. Sin embargo, no se produjo ningún terremoto de este tipo. De hecho, Nostradamus no mencionó ningún país, ciudad, o año. Solo habló de una "tierra que retumba" en una "nueva ciudad" y un "terremoto muy poderoso" el 10 de mayo [sin año].

El ascenso de Hitler al poder. Lamont afirma que Nostradamus dio "una profecía de la llegada de Hitler y el nazismo en un mundo dividido dentro de sí mismo" (Lamont, 252). Sin embargo, no se menciona a Hitler, la predicción no da ninguna fecha y es vago. Dice: "Los seguidores de sectas, grandes problemas le esperan al Mensajero. Una bestia sobre el teatro prepara la obra escénica. El inventor de esa malvada hazaña será famoso. Por sectas el mundo se confundirá y dividirá" (ibid.). En este contexto, se hace referencia a "Hister" (no Hitler) por parte de Nostradamus (C4Q68), que es obviamente un lugar, no una persona. El intento de volver a leer tanto su nombre como su lugar de nacimiento son forzados. Lo que es más, Hitler creció en Linz, Austria, no en un lugar llamado Hister.

El cuarteto 2-24 dice: "Las bestias locas de hambre nadarán a través de los ríos, la mayoría del ejército estará contra el Bajo Danubio [Hister será]. El grande será arrastrado en una jaula de hierro cuando el hermano menor [de Germain] no observe nada".

Esto es supuestamente una profecía sobre Adolfo Hitler. Según los seguidores de Nostradamus, la parte baja del Danubio es conocida como "Ister" o "Hister" (Randi, pág. 213), lo que parece ser lo suficientemente cercano a "Hitler" para sus propósitos.

Sin embargo, la sustitución de la "l" por la "s" en Hister, y la inversión de la "t" y la "s", es totalmente arbitraria. En otro cuatrilátero (4-68), Nostradamus menciona el Bajo Danubio en conjunción con el Rin ("De Ryn"). Pero si "Hister" se refiere a Hitler, ¿a qué se refiere "De Ryn"? Los seguidores de Nostradamus son inconsistentes, tratando un río como un anagrama y tomando el otro literalmente. La frase latina de Germain debe interpretarse como "hermano" o "pariente cercano", no como "Alemania" (ibid., 214). Incluso si se permiten estas interpretaciones tan cuestionables, la profecía sigue siendo bastante ambigua. ¿Qué vamos a hacer con las "Bestias" y la "jaula de hierro"? Decir que Adolfo Hitler ("el grande") será "arrastrado en una jaula de hierro" mientras Alemania "no observará nada" es tan ambiguo y confuso que hace que toda la profecía carezca de sentido.

También se alega que el cuadrante 4-68 se refiere a Hitler. Se dice: "En el año muy cercano, no muy lejos de Venus, los dos más grandes de Asia y África desde el Rin y El Bajo Danubio, que se dirá que ha llegado, llora, lágrimas en Malta y en la costa de Liguria".

Como en el ejemplo anterior, "Bajo Danubio" se entiende aquí como "Hitler". "Los dos más grandes de Asia y África" se toman para referirse a Japón y Mussolini, respectivamente. Así, la segunda y tercera línea se refieren al Pacto Tripartito entre Japón, Italia y Alemania. El cuarto se toma como referencia al bombardeo de Malta y al bombardeo de Génova (ibid., pág. 215).

Además de las razones expuestas anteriormente, esta profecía afirma que estos acontecimientos tendrían lugar en un "año muy cercano", pero el Pacto Tripartito (1941) llegó casi cuatrocientos años después de la predicción. No está claro cómo Asia podría referirse a Japón, y más aún, cómo África podría referirse a Mussolini o Italia. Una vez más, los seguidores de Nostradamus son incoherentes, ya que interpretan de manera figurativa Asia, África y el Bajo Danubio, mientras que no ofrecen una interpretación correspondiente para el Rin. Por último, esta profecía es ambigua en todo. Podría interpretarse de varias maneras para cumplir con muchos eventos diferentes.

La Segunda Guerra Mundial. Según Lamont, Nostradamus predijo que, tras la Primera Guerra Mundial, la guerra civil española y otras guerras, se predijo una más furiosa: la Segunda Guerra Mundial, con su guerra aérea y su sufrimiento. Pero no se dan tales detalles. Es típicamente vago y podría ser fácilmente pronosticado sin ningún poder supernormal. El pasaje dice simplemente: "Después de un gran agotamiento humano, uno mayor se está preparando. Cuando el gran motor renueve los siglos, vendrá una lluvia de sangre, leche, hambre, hierro y peste. En el cielo se verán fuegos que llevarán largas chispas" (Lamont, pág. 168).

Evaluación. Las previsiones de Nostradamus son generales, vagas y explicables por motivos puramente naturales. Además, Nostradamus muestra claros signos de influencia demoníaca y oculta (ver Milagros, Magia y).

Falsas profecías. Un signo evidente de un falso profeta es la falsa profecía (cf. Dt 18). Si se toman las predicciones de Nostradamus al pie de la letra, muchas son falsas. Si no lo son, entonces pueden encajar en muchas "realizaciones". Como dicen John Ankerberg y John Weldon: "Es un hecho innegable que Nostradamus dio numerosas falsas profecías" (Ankerberg y Weldon, pág. 340). La notable estudiosa de Nostradamus, Erika Cheetham, dijo rotundamente de sus pronósticos en sus Almanachs [Almanaques]: "Muchas de estas predicciones eran erróneas" (Cheetham, pág. 20). Algunas interpretaciones son tan diversas que mientras uno afirma que es una referencia a la "Ginebra calvinista", otro cree que se refiere a la "energía atómica" (Prophecies of Nostradamus [Profecías de Nostradamus], pág. 81).

Predicciones vagas. La verdad es que la gran mayoría de sus pronósticos son tan ambiguos y vagos que podrían encajar en una gran variedad de eventos. Considere este: "Guadaña junto al Estanque, en conjunción con Sagitario en el punto más alto de su ascenso, enfermedad, hambruna, muerte por la soldadesca, el siglo/la edad se acerca a su renovación" (Nostradamus, 1. 6). Las líneas pueden interpretarse de manera que se ajusten a cualquier número de eventos en el futuro. Cuando algo se juzga como una realización, Nostradamus parecerá sobrenatural. Los astrólogos y adivinos usan descripciones e imágenes vagas todo el tiempo. Nostradamus fue un maestro en este arte.

Interpretaciones contradictorias. No hay unanimidad entre los intérpretes de Nostradamus sobre el significado de sus predicciones. Esta falta de acuerdo es una prueba más de su ambigüedad y falta de autoridad. En The Prophecies of Nostradamus [Las profecías de Nostradamus] los editores señalan interpretaciones contradictorias (ver I, 16; I, 51; II, 41; II, 43; II, 89; III, 97; etc.).

Predicciones después del hecho. El propio Nostradamus reconoció que sus predicciones estaban escritas de tal manera que "no podrían ser entendidas hasta que fueran interpretadas después del evento y por este" (Randi, pág. 31). No hay nada milagroso en leer una realización en una profecía que no se pudo ver claramente de antemano. Ni una sola predicción de Nostradamus ha sido probada como genuina. Esto significa que o bien es un falso profeta o no estaba realmente afirmando en serio que estaba dando predicciones reales. Quizás era un estafador o un bromista literario.

¿Profecías irónicas? Sus pronósticos eran tan vagos e improductivos que incluso la enciclopedia del Man, Myth, and Magic [El hombre, el mito y la magia] sugiere que "Nostradamus los compuso de forma irónica, ya que era muy consciente de que hay un mercado duradero para las profecías y en particular para las ocultas" (Cavendish, 2017). Como dijo James Randi: "Las maravillosas profecías de Michel de Nostredame, al ser examinadas, resultan ser una aburrida colección de versos vagos, punzantes y aparentemente mal construidos [...] Desde una distancia de más de 400 años, me imagino que puedo oír un francés barbudo que se ríe de la ingenuidad de sus incautos del siglo XX" (Randi, pág. 36).

Fuente demoníaca confesada. Nostradamus admitió la inspiración demoníaca cuando escribió: "El décimo de las calendas de abril despertado por personas malvadas; la luz apagada; asamblea diabólica buscando los huesos del diablo (damant- "demonio") según Psellos" (Lamont, pág. 71). Comentando sobre esto, Lamont señaló que "los antiguos escritores de magia recomiendan la utilización de los demonios o ángeles negros. Ellos afirman que tienen mucho conocimiento de los asuntos temporales y, una vez bajo control, darán mucha información al operador". Añade: "Nostradamus no podría haber evitado tal tentación" (ibid.).

Varias formas de prácticas ocultas. Nostradamus estaba asociado con varias actividades ocultas. Lamont observa que "La magia, la astrología, el simbolismo y los anagramas [son] la clave de Nostradamus" (ibid., pág. 69).

En Centuries [Centurias], el cuarteto 2 se traduce como: "La varita en la mano sentada en medio de las Ramas, Él (el profeta) moja en el agua tanto el dobladillo (de su vestimenta) como el pie. Un temor y una voz temblorosa a través de las mangas; el esplendor divino, El Divino se sienta cerca" (ibid., pág. 70). Lamont comenta que aquí "Nostradamus siguió los ritos de magia según Jámblico. Es de noche, está sentado en el taburete o trípode profético, una pequeña llama se eleva. Tiene la varilla divina en su mano" (ibid., pág. 70-71).

Además de su uso de la varilla de adivinación ocultista, Nostradamus era ampliamente conocido por sus conocimientos de astrología, otra práctica oculta condenada por la Biblia (Dt 18). Pero cualquiera que sea su fuente, estas predicciones no rivalizan de ninguna manera con las claras, específicas y altamente precisas predicciones de las Escrituras.

Conclusión. No hay una comparación real entre las predicciones de Nostradamus y las de la Biblia. Las suyas son vagas, falibles y ocultas. Las de la Biblia son claras, infalibles y divinas (ver Biblia, Evidencias a favor de la). La Biblia hizo numerosas predicciones claras y distintos cientos de años antes. Nostradamus no lo hizo. No hay pruebas de que Nostradamus fuera un profeta en absoluto; ciertamente no se parecía a ninguno de la Biblia. La profecía bíblica es única en su pretensión de ser sobrenatural (ver Profecía, como prueba de la Biblia).

Fuentes

J. Ankerberg y J. Weldon, Cult Watch [Vigilancia del culto].

M. Cavendish, "Nostradamus".

E. Cheetham, The Final Prophecies of Nostradamus [Las profecías finales de Nostradamus].

A. Kole y A. Janssen, Miracles or Magic? [¿Milagros o magia?].

A. Lamont, Nostradamus Sees All [Nostradamus lo ve todo].

Nostradamus, "Century 3, Quatrain 65" [Siglo III, cuarteto 65].

Nostradamus y E. Cheetham, The Prophecies of Nostradamus [Las profecías de Nostradamus].

J. Randi, "Nostradamus: The Prophet for All Seasons" [Nostradamus: El profeta para todas las estaciones].

Nueva Era, Religiones de la. *Ver* HINDUISMO VEDANTA; NEOPAGANISMO; PANENTEÍSMO; PANTEÍSMO; POLITEÍSMO; BUDISMO ZEN.

Nuevo Testamento, Datación del. Saber cuándo se escribió el Nuevo Testamento es un tema significativo ya que reúne el argumento apologético general del cristianismo (ver Apologética, Argumento general de la). La confianza en la exactitud histórica de estos documentos depende en parte de si fueron escritos por testigos oculares y contemporáneos de los acontecimientos descritos, como afirma la Biblia. Los estudiosos críticos negativos (ver Biblia, Críticas a la) refuerzan sus propios puntos de vista al separar los eventos reales de los escritos por el mayor tiempo posible. Por esta razón, los estudiosos radicales argumentan a favor de las fechas de finales del siglo I, y si es posible del siglo II, para los autógrafos (ver Seminario de Jesús). Para estas fechas argumentan que los documentos del Nuevo Testamento, especialmente los Evangelios, contienen mitología (ver Mitología y el Nuevo Testamento). Los escritores crearon los eventos contenidos en lugar de informarlos.

Argumentos para las fechas antiguas. Lucas y Hechos. El mismo autor del Evangelio de Lucas fue quien escribió los Hechos de los Apóstoles, este se refiere a Lucas como el "primer tratado" de "todo lo que Jesús comenzó a hacer y enseñar" (Hechos 1:1). El destino ("Teófilo"), el estilo y el vocabulario de los dos libros traicionan a un autor común. El historiador romano Colin Hemer ha proporcionado una poderosa evidencia de que Hechos fue escrito entre 60 y 62 d. C. (ver Hechos, Historicidad del libro de los). Esta evidencia incluye estas observaciones:

1. No hay ninguna mención en Hechos del evento crucial de la caída de Jerusalén en el 70.
2. No hay indicios del estallido de la Guerra Judía en el 66 o del grave deterioro de las relaciones entre romanos y judíos antes de esa fecha.
3. No hay indicios del deterioro de las relaciones cristianas con Roma durante la persecución neroniana de finales de los 60.
4. No hay indicios de la muerte de Santiago a manos del Sanedrín en alrededor del año 62, que es registrada por Josefo en Antiquities of the Jews [Antigüedades de los Judíos] (20.9.1.200).
5. Hechos parece ser anterior a la llegada de Pedro a Roma e implican que Pedro y Juan estaban vivos en el momento de la escritura.
6. Las áreas de controversia descritas presumen que el templo todavía estaba en pie.
7. La terminología cristiana utilizada en Hechos refleja un período anterior. Harnack señala el uso de Iusous y Ho Kurios, mientras que Ho Christos siempre designa "el Mesías" y no es un verdadero nombre para Jesús.
8. El tono confiado de Hechos parece improbable durante la persecución de los cristianos por parte de los neronianos y la guerra de los judíos con Roma a finales de los 60.
9. La acción termina muy temprano en los 60, pero la descripción en Hechos 27 y 28 está escrita con una inmediatez vívida. También es un lugar extraño para terminar el libro si han pasado años desde que ocurrieron los eventos anteriores al 62.

Para pruebas adicionales de la exactitud y fecha más temprana de los Hechos, ver el artículo Hechos, Historicidad del libro de los. Si Hechos se escribió en el 62 o antes, y Lucas fue escrito antes de Hechos (digamos por el 61), entonces Lucas fue escrito menos de treinta años después de la muerte de Jesús. Esto es contemporáneo de la generación que fue testigo de los eventos de la vida, muerte y resurrección de Jesús. Este es precisamente lo que Lucas afirma en el prólogo de su Evangelio:

Muchos han intentado hacer un relato de las cosas que se han cumplido entre nosotros, tal y como nos las transmitieron los que desde el principio fueron testigos presenciales y servidores de la palabra. Por lo tanto, yo también, excelentísimo Teófilo, habiendo investigado todo esto con esmero desde su origen, he decidido escribírtelo ordenadamente, para que llegues a tener plena seguridad de lo que te enseñaron (Lucas 1:1-4).

Lucas presenta la misma información sobre quién es Jesús, lo que enseñó, su muerte y resurrección como lo hacen los otros evangelios. Por lo tanto, tampoco hay razón para rechazar su exactitud histórica.

Primera de Corintios. Los estudiosos críticos y conservadores aceptan ampliamente que 1 Corintios fue escrito alrededor del 55 o 56. Esto es menos de un cuarto de siglo después de la crucifixión en el 33. Además, Pablo habla de más de 250 testigos oculares de la resurrección que todavía estaban vivos cuando él escribió (15:6). Mencionó específicamente a los doce apóstoles y Jacobo el hermano de Jesús. La evidencia interna es fuerte para esta fecha:

1. El libro afirma repetidamente que fue escrito por Pablo (1:1, 12-17; 3:4, 6, 22; 16:21).
2. Hay paralelos con el libro de los Hechos.
3. Hay un anillo de autenticidad en el libro de de principio a fin.
4. Pablo menciona a quinientos que habían visto a Cristo, la mayoría de los cuales todavía estaban vivos.
5. El contenido armoniza con lo que se ha aprendido sobre Corinto durante esa época.

También hay pruebas externas:
1. Clemente de Roma se refiere a ello en su propia Carta a los Corintios (cap. 47).
2. La Epístola de Bernabé alude a ella (cap. 4).
3. El Pastor de Hermas lo menciona (cap. 4).
4. Hay casi seiscientas citas de 1 Corintios en Ireneo, *Clemente de Alejandría y *Tertuliano solamente (Theissen, 201). Es uno de los libros mejor atestiguados de cualquier tipo del mundo antiguo.

Junto con 1 Corintios, 2 Corintios y Gálatas son bien atestiguados y antiguos. Los tres revelan un interés histórico en los eventos de la vida de Jesús y dan hechos que concuerdan con los Evangelios. Pablo habla del nacimiento virginal de Jesús (Gl 4:4), la vida sin pecado (2 Co 5:21), la muerte en la cruz (1 Co 15:3; Gl 3:13), la resurrección al tercer día (1 Co 15:4) y las apariciones posteriores a la resurrección (1 Co 15:5-8). Menciona los cientos de testigos oculares que pudieron verificar la resurrección (1 Co 15:6). Pablo basa la verdad del cristianismo en la historicidad de la resurrección (1 Co 15:12-19). Pablo también da detalles históricos sobre los contemporáneos de Jesús, los apóstoles (1 Co 15:5-8), incluyendo sus encuentros privados con Pedro y los apóstoles (Gl 1:18-2:14). Todas las personas alrededor, lugares y eventos del nacimiento de Cristo fueron históricos. Lucas se esfuerza mucho en notar que Jesús nació durante los días de César Augusto (Lucas 2:1) y fue bautizado en el año quince del reinado de Tiberio. Poncio Pilato gobernaba la provincia de Judea y Herodes era tetrarca en Galilea. El sumo sacerdocio lo ejercían Anás y Caifás (Lucas 3:1-2).

Aceptación de las fechas antiguas. Hay una creciente aceptación de fechas anteriores del Nuevo Testamento, incluso entre algunos estudiosos críticos. Dos ilustran este punto, el exliberal William F. *Albright y el crítico radical John A. T. Robinson.

William F. Albright. Albright escribió: "Ya podemos decir enfáticamente que ya no hay ninguna base sólida para fechar cualquier libro del Nuevo Testamento después de aproximadamente el 80 d. C., dos generaciones completas antes de la fecha entre el 130 y 150 dado por los críticos más radicales de hoy del Nuevo Testamento" (Albright, Recent Discoveries in Bible Lands [Descubrimientos recientes en las tierras de la Biblia], pág. 136). En otro lugar, Albright dijo: "En mi opinión, cada libro del Nuevo Testamento fue escrito por un judío bautizado entre los años cuarenta y los ochenta del siglo I (muy probablemente en algún momento entre los 50 y 75 d. C.)" (Albright, "William Albright", pág. 3).

Este estudioso llegó a afirmar que la evidencia de la comunidad de Qumrán muestra que los conceptos, la terminología y la mentalidad del Evangelio de Juan es probablemente de principios del siglo I (Albright, "Recent Discoveries in Palestine" [Descubrimientos recientes en Palestina]). "Gracias a los descubrimientos de Qumrán, el Nuevo Testamento demuestra ser de hecho lo que se creía anteriormente: la enseñanza de Cristo y sus seguidores inmediatos entre el 25 y el 80 d. C." (Albright, From Stone Age to Christianity [De la edad de piedra al cristianismo], pág. 23).

John A. T. Robinson. Conocido por su papel en el lanzamiento del movimiento de la "muerte de Dios", Robinson escribió un libro revolucionario titulado "Redating the New Testament" [Modificando el Nuevo Testamento], en el que proponía fechas revisadas para los libros del Nuevo Testamento que los sitúan antes que los estudiosos más conservadores hayan sostenido. Robinson sitúa a Mateo entre el 40 y pasado el 60, a Marcos entre el 45 y el 60, a Lucas antes de los 57 hasta después del 60 y a Juan desde antes del 40 y hasta después del 65. Esto significaría que uno o dos Evangelios podrían haber sido escritos tan pronto como siete años después de la crucifixión. A más tardar, todos fueron compuestos dentro de las vidas de testigos oculares y contemporáneos de los eventos. Asumiendo la integridad básica y exactitud razonable de los escritores, esto pondría la fiabilidad de los documentos del Nuevo Testamento más allá de toda duda razonable.

Otras evidencias. Citas antiguas. De los cuatro Evangelios solamente, hay 19 368 citas de los padres de la iglesia desde finales del primer siglo. Esto incluye 268 de Justino *Mártir (100-165), 1 038 de Ireneo (activo a finales del siglo II), 1 017 por *Clement de Ale-

jandría (aprox. 155-aprox. 220), 9 231 por *Orígenes (aprox. 185-aprox. 254), 3 822 por *Tertuliano (aprox. 160-aprox. 220), 734 por Hipólito (d. aprox. 236), y 3 258 por Eusebio (aprox. 265-aprox. 339) (Geisler y Nix, 431). Anteriormente, Clemente de Roma citó a Mateo, Juan y 1 Corintios del 95 al 97. Ignacio se refirió a seis epístolas paulinas alrededor del 110, y entre el 110 y el 150, Policarpo citó a los cuatro Evangelios, Hechos y la mayoría de las Epístolas de Pablo. Pastor de Hermas (115-40) citó a Mateo, Marcos, Hechos, 1 Corintios y otros libros. La Didaché (120-50) tiene referencias a Mateo, Lucas, 1 Corintios y otros libros. Papías, compañero de Policarpo, que era discípulo del apóstol Juan, citó a Juan. Esto argumenta poderosamente que los Evangelios existían antes del final del primer siglo, mientras que algunos testigos oculares (incluyendo a Juan) todavía estaban vivos.

Manuscritos griegos antiguos. El primer manuscrito indiscutible de un libro del Nuevo Testamento es el papiro de Juan Rylands (P52), fechado de 117 a 138. Este fragmento del Evangelio de Juan sobrevive dentro de una generación de composición. Dado que el libro fue compuesto en Asia Menor y este fragmento fue encontrado en Egipto, se requiere cierto tiempo de circulación, seguramente colocando la composición de Juan dentro del primer siglo. Los libros enteros (Papiro Bodmer) están disponibles desde el año 200. La mayor parte del Nuevo Testamento, incluyendo todos los Evangelios, está disponible en el manuscrito de Papiros de Chester Beatty desde 150 años después de que el Nuevo Testamento fuera terminado (aprox. 250). Ningún otro libro del mundo antiguo tiene una brecha de tiempo tan pequeña entre la composición y las primeras copias del manuscrito como el Nuevo Testamento (ver Nuevo Testamento, Manuscritos del).

Conclusión. Tanto simpatizantes como críticos reconocen que, si son válidas, las fechas antiguas revolucionarán las teorías críticas del Nuevo Testamento. Pero algunos libros (Lucas, Hechos, 1 y 2 Co, Gl, Ro) deben haber sido escritos dentro del tiempo de vida de los apóstoles y contemporáneos de los eventos, como incluso la mayoría de los críticos reconocen. No habría tiempo para el embellecimiento mitológico de los registros (ver Mitología y el Nuevo Testamento). Deben ser aceptados como históricos. Apenas habría tiempo para una serie predecesora de manuscritos Q (ver Documento Q). No hay ninguna fecha del primer siglo que permita el tiempo para que los mitos o las leyendas se cuelen en las historias sobre Jesús. El desarrollo de la leyenda toma al menos dos generaciones completas, según A.N. Sherwin-White (ver Sherwin-White, 189). En resumen, las primeras fechas de algunos libros dan un testimonio múltiple de testigos oculares (ver Bauckham) y contemporáneos de los eventos de la historicidad de la vida, muerte y resurrección de Cristo.

Fuentes

W. F. Albright, Archaeology and the Religion of Israel [La arqueología y religión de Israel].

———, From Stone Age to Christianity [De la edad de piedra al cristianismo].

———, Recent Discoveries in Bible Lands [Descubrimientos recientes en las tierras de la Biblia].

———, "Recent Discoveries in Palestine and the Gospel of St. John" [Descubrimientos recientes en Palestina y el evangelio de san Juan].

———, "William Albright"

R. Bauckham, Jesus and the Eyewitnesses [Jesús y los testigos oculares].

R. Bultmann, Kerygma and Myth [Kerigma y mito].

D. Carson y D. Moo, An Introduction to the New Testament [Una introducción al Nuevo Testamento].

D. Estrada y W. White Jr., The First New Testament [El primer Nuevo Testamento].

E. Fisher, "New Testament Documents among the Dead Sea Scrolls?" [¿Documentos del Nuevo Testamento entre los rollos del Mar Muerto?].

P. Garnet, "O'Callahan's Fragments" [Documentos de O'Callahan].

N. Geisler y W. E. Nix, A General Introduction to the Bible [Una introducción general a la Biblia].

C. J. Hemer, The Book of Acts in the Setting of Hellenistic History [El Libro de los Hechos en el marco de la historia helenística].

B. Orchard, "A Fragment of St. Mark's Gospel Dating from before AD 50?" [¿Un fragmento del Evangelio de San Marcos de antes del año 50 d. C.?].

W. N. Pickering, The Identity of the New Testament Text [La identidad del texto del Nuevo Testamento].

J. A. T. Robinson, Redating the New Testament [Modificando el Nuevo Testamento].

A. N. Sherwin-White, Roman Society and Roman Law in the New Testament [La sociedad romana y el derecho romano en el Nuevo Testamento].

H. Thiessen, Introduction to the New Testament [Introducción al Nuevo Testamento].

J. Wenham, Redating Matthew, Mark, and Luke [Modificando Mateo, Marcos y Lucas].

W. White Jr., "O'Callahan's Identifications" [Las identidades de O'Callahan].

E. Yamauchi, "Easter—Myth, Hallucination, or History?" [¿Mito de Pascua, alucinación o historia?].

Nuevo Testamento, Fuentes no cristianas del. *Ver* JESÚS, FUENTES NO CRISTIANAS SOBRE.

Nuevo Testamento, Historicidad del. Thomas *Paine, uno de los padres fundadores de América y autor de Common Sense [Sentido común] y The Age of Reason [La edad de la razón], dijo de Jesucristo: "No hay ninguna historia escrita en la época en que se dice que Jesucristo vivió que hable de la existencia de tal persona, incluso de tal hombre" (Paine, pág. 234). En su ensayo Why I Am Not a Christian [Por qué no soy cristiano], Bertrand *Russell escribió: "Históricamente es bastante dudoso que Cristo haya existido alguna vez, y si lo hizo no sabemos nada de él" (Russell, pág. 16). Un libro reciente de G. A. Wells concluye que incluso si hubo un Jesús histórico, no es el Cristo del Nuevo Testamento.

Sin embargo, el cristianismo depende enteramente de la persona histórica de Jesucristo (ver 1 Co 15). Dado que el Nuevo Testamento es la fuente principal de información de las palabras y obras de Cristo, si no es exacta, entonces no poseemos una presentación de primera mano de las afirmaciones, carácter y credenciales de Jesús. La integridad histórica del Nuevo Testamento es crucial para la apologética cristiana.

La evidencia de la historicidad de los documentos del Nuevo Testamento presupone el conocimiento de la historia en general y la credibilidad de la historia de los milagros en particular. Hay quienes creen que ninguna historia puede ser conocida objetivamente. Se contesta a su posición en el artículo Historia, Objetividad de la. Un escepticismo tan radical elimina la posibilidad de saber algo sobre el pasado. Inmediatamente, toda la historia de la universidad y las facultades clásicas se anulan. No se podría confiar en ninguna fuente sobre los eventos pasados. Por analogía, tal escepticismo eliminaría toda la ciencia histórica, tal como la geología histórica (paleontología), arqueología y ciencia forense (ver Origen, Ciencia del). Ellos también dependen del examen e interpretación de los restos del pasado.

Dado que todo lo que ya ha ocurrido es historia, tal visión eliminaría todo testimonio de los testigos oculares. Incluso los testigos vivos solo pueden testificar lo que vieron en un punto separado en la realidad. Por otro lado, si su testimonio puede aceptarse mientras viven, los registros válidos que dejan atrás son igual de creíbles.

Algunos críticos solo objetan la historia de los milagros. Esto se discute en detalle en el artículo Milagros, Argumentos en contra de los. Este punto de vista claramente carece de base asumiendo que ninguna historia de milagros es creíble antes de mirar las evidencias. Nadie que busque la verdad objetiva debe asumir que un informe de un evento inusual no es de confianza antes de siquiera considerar el asunto. Tanto en la ciencia (ver Big Bang, Teoría del; Evolución química;

Evolución cósmica) como en la historia, la evidencia ha demostrado que han ocurrido singularidades radicales (ver Resurrección, Evidencia de; Nacimiento virginal de Cristo).

El primer paso para establecer la historicidad del Nuevo Testamento es mostrar que los documentos del Nuevo Testamento han sido transmitidos con precisión desde el momento de su composición original. Esto se demuestra en el artículo Nuevo Testamento, Manuscritos del.

El segundo paso es mostrar que fueron escritos por testigos oculares confiables o contemporáneos de los eventos. Para esto, ver Nuevo Testamento, Datación del. Contrariamente a los críticos, hay más evidencia de la historicidad de la vida, muerte y resurrección de Cristo que de cualquier otro evento del mundo antiguo (ver Nuevo Testamento, Fuentes no cristianas del).

Rechazar la historicidad del Nuevo Testamento es rechazar toda la historia. Pero no podemos rechazar toda la historia sin poner algo de historia propia. La afirmación de que "el pasado no es objetivamente conocible" es en sí misma una declaración objetiva sobre el pasado. Por lo tanto, la posición en contra de la cognoscibilidad de la historia se derrota a sí misma (ver Historia, Objetividad de la).

Un resumen de las evidencias de la historicidad del Nuevo Testamento. Dado que Dios existe, los milagros son posibles y la historia es conocible, que se discuten en otros lugares, hay once líneas de evidencia que apoyan la historicidad del Nuevo Testamento.

Los manuscritos del Nuevo Testamento son confiables. Como se discutió en otra parte (ver Nuevo Testamento, Manuscritos del), hay más manuscritos, manuscritos anteriores y manuscritos copiados con más precisión para el Nuevo Testamento que para cualquier libro del antiguo mundo. Estos documentos demuestran que tenemos una copia exacta de lo que los escritores originales de estos libros escribieron. Y como la evidencia para otros libros de la antigüedad es mucho menor, para rechazar la gran evidencia para el Nuevo Testamento básico es rechazar la confiabilidad de toda la historia antigua.

Después de revisar todas las evidencias del manuscrito, el mayor experto en manuscritos del siglo XX escribió: "El número de manuscritos del Nuevo Testamento, de las primeras traducciones de ella y de las citas de los escritores más antiguos de la Iglesia es tan grande que es prácticamente seguro que la verdadera lectura de cada pasaje dudoso se conserva en alguna de estas antiguas autoridades. Esto no puede decirse de ningún otro libro en el mundo" (Kenyon, Our Bible and the Ancient Manuscripts [Nuestra Biblia y los antiguos manuscritos], pág. 55). Añadió: "El intervalo entre las fechas de la composición original y las primeras evidencias existentes se hace tan pequeño como para ser de hecho insignificante y el último fundamento para cualquier duda que se tenga de las Escrituras han bajado sustancialmente y la duda de cómo fueron escritas ha sido ahora eliminada. Tanto la autenticidad como la integridad general de los libros del Nuevo Testamento pueden considerarse finalmente establecidas" (Kenyon, Bible and Archaeology [Biblia y arqueología], pág. 288).

Incluso el mayor crítico del Nuevo Testamento, Bart Ehrman, admitió que "de hecho, la mayoría de los cambios encontrados en los primeros manuscritos cristianos no tienen nada que ver con la teología o la ideología. Lejos de ello, la mayoría de los cambios son el resultado de errores puros y simples, deslices de la pluma, omisiones accidentales, adiciones inadvertidas, palabras mal escritas, errores garrafales de un tipo u otro" (Ehrman, pág. 55). De hecho, Mariano Grinbank encontró dieciséis de esos errores en la primera impresión de cien mil del libro de Ehrman (Grinbank).

Esto significaría que hubo 1,6 millones de errores, pero como en el Nuevo Testamento, ninguno de ellos afecta el mensaje principal del libro de Ehrman. Así que aunque hay numerosos errores de manuscrito en las copias del Nuevo Testamento, el 100 por ciento del mensaje llega.

Considere la siguiente ilustración:

1. Tú has ganado diez millones de dólares.
2. Usted ha ganado 10 millones de dólares.
3. Has ganado $10 000 000.

Cabe destacar que de veintisiete letras en la segunda oración, solo 7 son iguales a la tercera (aprox. 26 por ciento), ¡sin embargo el mensaje es 100 por ciento idéntico! Son diferentes en la forma pero no en el contenido. Lo mismo ocurre con el Nuevo Testamento.

La naturaleza de los primeros testigos oculares de los documentos. Las fechas de los libros básicos del Nuevo Testamento (por ejemplo, las primeras epístolas de Pablo como Ro, Gl y 1 y 2 Co) vienen de alrededor del año 55 a 57 d. C. mientras que los testigos oculares de los eventos estaban vivos todavía (ver Nuevo Testamento, Datación del). Incluso los críticos reconocen que numerosos eventos básicos en la vida de Cristo y la iglesia primitiva están documentados en estos libros que se sabe que fueron escritos entre los veinte y treinta años de ocurridos los eventos. Y dado que incluso los críticos reconocen que los Evangelios fueron escritos entre el 70 y el 100 d. C., mientras los testigos oculares aún estaban vivos, esto argumenta de manera persuasiva la confiabilidad de estos documentos. Es decir, no solo tenemos una copia confiable en el Nuevo Testamento de lo que sus autores realmente enseñaron, sino que también tenemos buena evidencia de que lo que enseñaron sobre Jesús es un relato confiable de lo que Jesús dijo e hizo.

Considere las siguientes indicaciones de testimonios de testigos oculares en los propios documentos del Nuevo Testamento. "El que lo vio [la crucifixión] ha dado testimonio de ello, y su testimonio es verídico" (Juan 19:35). "Este es el discípulo que da testimonio de estas cosas, y las escribió. Y estamos convencidos de que su testimonio es verídico" (Juan 21:24). "Lo que ha sido desde el principio, lo que hemos oído, lo que hemos visto con nuestros propios ojos, lo que hemos contemplado, lo que hemos tocado con las manos, esto les anunciamos respecto al Verbo que es vida". (1 Juan 1:1). Pedro dijo: "A este Jesús, Dios lo resucitó, y de ello todos nosotros somos testigos" (Hechos 2:32). "Pero Pedro y Juan replicaron [...] Nosotros no podemos dejar de hablar de lo que hemos visto y oído" (Hechos 4:19-20). "Nosotros somos testigos de todo lo que hizo en la tierra de los judíos y en Jerusalén. Lo mataron, colgándolo de un madero, pero Dios lo resucitó al tercer día y dispuso que se apareciera" (Hechos 10:39-40). Pablo afirmó que "[Jesús] fue sepultado, que resucitó al tercer día según las Escrituras, y que se apareció a Cefas, y luego a los doce. Después se apareció a más de quinientos hermanos a la vez, la mayoría de los cuales vive todavía, aunque algunos han muerto. Luego se apareció a Jacobo, más tarde a todos los apóstoles, y, por último, como a uno nacido fuera de tiempo, se me apareció también a mí" (1 Co 15:3-8, escrito en el 55 a 56 d. C.). Lucas, conocido por ser un historiador preciso (ver Hechos, Historicidad del libro de los), declaró que: "Muchos han intentado hacer un relato de las cosas que se han cumplido[a] entre nosotros, tal y como nos las transmitieron los que desde el principio fueron testigos presenciales y servidores de la palabra. Por lo tanto, yo también, excelentísimo Teófilo, habiendo investigado todo esto con esmero desde su origen, he decidido escribírtelo ordenadamente, para que llegues a tener plena seguridad de lo que te enseñaron" (Lucas 1:1-4). El escritor de Hebreos afirmó: "¿cómo escaparemos nosotros si descuidamos una salvación tan grande? Esta salvación fue anunciada primeramente por el Señor, y los que la oyeron nos la confirmaron. A la vez, Dios ratificó su testimonio acerca de ella con señales, prodigios, diversos milagros y dones distribuidos por el Espíritu Santo según su voluntad" (Heb 2:3-4). "Quiero que sepan que nuestro hermano Timoteo ha sido puesto en libertad. Si llega pronto, iré con él a verlos" (13:23). Pedro insistió en que: "Cuando les dimos a conocer la venida de nuestro Señor Jesucristo en todo su poder, no estábamos siguiendo sutiles cuentos supersticiosos [mitos], sino dando testimonio de su grandeza, que vimos con nuestros propios ojos" (2 Pedro 1:16). De nuevo, "A los ancianos que están entre ustedes, yo, que soy anciano como ellos, testigo de los sufrimientos de Cristo y partícipe con ellos de la gloria que se ha de revelar" (1 Pedro 5:1).

De hecho, numerosos estudiosos sostienen que el Nuevo Testamento se basa en el testimonio de testigos oculares: Richard Bauckham, Jesus and the Eyewitnesses [Jesús y los testigos oculares]; Craig Blomberg, The Historical Reliability of the Gospels [La confiabilidad histórica de los Evangelios] y The Historical Reliability of John's Gospel [La confiabilidad histórica del Evangelio de Juan]; F. F. Bruce, The New Testament Documents: Are They Reliable? [Los documentos del Nuevo Testamento: ¿son confiables?] y Jesus and Christian Origins outside the New Testament [Jesús y los orígenes cristianos fuera del Nuevo Testamento]; D. A. Carson y Douglas Moo, New Testament Introduction [Introducción al Nuevo Testamento]; William Lane Craig, Knowing the Truth about the Resurrection [Conociendo la verdad de la Resurrección]; C. H. Dodd, History and the Gospels [La historia y los Evangelios]; Donald Guthrie, New Testament Introduction [Introducción al Nuevo Testamento]; Gary Habermas, The Historical Jesus [El Jesús histórico]; Colin Hemer, The Book of Acts in the Setting of Hellenistic History [El Libro de los Hechos en el contexto de la historia helenística]; Frederic Kenyon, Our Bible and the Ancient Manuscripts [Nuestra Biblia y los antiguos manuscritos]; Eta Linnemann, Is There a Synoptic Problem? [¿Hay un problema sinóptico?]; Bruce Metzger, The Text of the New Testament [El texto del Nuevo Testamento]; y N. T. Wright, Can We Trust the Gospels? [¿Podemos confiar en los Evangelios?].

Hubo varios autores. El Nuevo Testamento no solo tiene más, más antiguos y mejores manuscritos, sino que también tiene más y más antiguos autores que escribieron sobre Jesús. Hay veintisiete libros del Nuevo Testamento escritos por nueve escritores (a menos que Pablo escribiera Hebreos). Todos ellos fueron contemporáneos de los eventos y muchos de ellos fueron testigos oculares.

Mateo era un apóstol. Marcos era un colaborador del apóstol Pedro. Lucas colaboró con el apóstol Pablo. Al propio Pablo se le atribuye haber escrito trece epístolas, cuatro de las cuales incluso la mayoría de los críticos aceptan como genuinas. Pedro fue un apóstol y testigo ocular, al igual que el apóstol Juan. Dos libros, Santiago y Judas, se dice que fueron escritos por medios hermanos de Jesús. Incluso si todos estos autores tradicionales no fueron los verdaderos autores, algunos sí lo fueron. Incluso los críticos admiten que Pablo escribió cuatro epístolas (1 y 2 Co, Gl y Ro). Hay buena evidencia de que Lucas, el compañero de Pablo, escribió Lucas y Hechos. Incluso el crítico más ardiente admite que todo el Nuevo Testamento fue escrito por el año 100 d. C., durante el tiempo en que los testigos oculares aún estaban vivos. No hay nada como este testimonio contemporáneo, múltiple y de testigos oculares de aquellos cercanos al que escribió en cualquier parte de la historia antigua.

Las primeras cartas paulinas aceptadas confirman el mensaje de los Evangelios. La gran mayoría de los estudiosos del Nuevo Testamento, incluyendo la mayoría de los críticos, aceptan la autoría paulina de 1 y 2 Corintios, Romanos y Gálatas. También reconocen que estos libros fueron escritos entre los años 55 y 61 d. C. Casi todos los estudiosos están de acuerdo en que Jesús murió entre el 30 y el 33 d. C. En estos libros, escritos dentro de aproximadamente dos décadas de los eventos que describen, se confirman veintisiete hechos del evangelio:

1. La ascendencia judía de Jesús (Gl 3:16).
2. Su descendencia davídica (Ro 1:3).
3. Su nacimiento virginal (Gl 4:4).
4. Su vida bajo la ley judía (Gl 4:4).
5. Sus hermanos (1 Co 9:5).
6. Sus doce discípulos (1 Co 15:7).
7. Un discípulo que se llamaba Jacobo (1 Co 15:7).
8. Algunos discípulos tenían esposas (1 Co 9:5).
9. Pablo conoció a Pedro y Jacobo (Gl 1:18-2:16).
10. Jesús era pobre (2 Co 8:9).
11. Era tierno y bueno (2 Co 10:1).
12. Fue insultado por sus detractores (Ro 15:3).
13. Enseñó sobre el divorcio y el volverse a casar (1 Co 7:10-11).
14. Creía en el pago de los salarios de los ministros (1 Co 9:14).
15. Creía en el pago de impuestos (Ro 13:6-7).
16. Su mandamiento de amar al prójimo (Ro 13:9).
17. Eliminó la impureza ceremonial judía (Ro 14:14).
18. Tenía títulos de deidad (Ro 1:3-4; 10:9).
19. Instituyó la Cena del Señor (1 Co 11:23-25).
20. Vivió una vida sin pecado (2 Co 5:21).
21. Murió en una cruz (Ro 4:25; 5:8; Gl 3:13).
22. Murió por nuestros pecados (1 Co 15:3; 2 Co 5:21; cf. Marcos 10:45).
23. Fue sepultado (1 Co 15:4).
24. Resucitó de entre los muertos en el "tercer día". (1 Co 15:4).
25. Hizo apariciones posteriores a la resurrección a los apóstoles (1 Co 15:5-8).
26. Hizo apariciones posteriores a la resurrección a otros (1 Co 15:6).
27. Está a la derecha de Dios (Ro 8:34).

Así que incluso aparte de los Evangelios, usando solo las casi universalmente aceptadas Epístolas del apóstol Pablo, los hechos básicos sobre Jesús pueden ser establecidos.

No hubo tiempo para que el mito reemplazara a los hechos básicos. Incluso aceptando las fechas tardías del Nuevo Testamento (70-100 d. C.), no hay tiempo para que el mito reemplace los hechos básicos de la vida de Jesús. Y con las fechas aceptadas de cuatro de las epístolas de Pablo en el año 55 a 61 d. C., no hay tiempo para un desarrollo mitológico importante. "Los escritos del historiador griego Herodoto nos permiten probar el ritmo al que se acumula una leyenda; las pruebas muestran que incluso el lapso de dos generaciones es demasiado corto para permitir que las tendencias legendarias borren el núcleo duro de los hechos históricos" (Craig, pág. 101, basado en Müller). Esto es así por muchas razones.

En primer lugar, los testigos oculares todavía estaban vivos durante este período y los principales mitos no se desarrollan mientras los testigos oculares siguen vivos.

Segundo, dos generaciones (de 40 años = 80 años) sitúan la fecha del Nuevo Testamento bien entrado el siglo II, alrededor del año 140 d. C. Esta es la misma época en que se desarrollaron los mitos, es decir, en los evangelios apócrifos como el Evangelio de Tomás, que está fechado en esta misma época.

En tercer lugar, las confesiones de un crítico liberal, el teólogo de la "muerte de Dios" John Robinson, datan el Nuevo Testamento incluso antes. Él sostuvo (en Redating the New Testament [Modificando el Nuevo Testamento], págs. 352-54) que las fechas de los Evangelios eran de la siguiente manera:

Mateo: 40-60+ d. C.
Marcos: 45-60+ d. C.
Lucas: 57-60+ d. C.
Juan: 40-65+ d. C.

¡Estas fechas antiguas serían solo siete años después de que Jesús murió! Es demasiado pronto para que ocurra un mito.

En cuarto lugar, un conocido escritor de mitos verifica que El testamento no es un mito. C.S. Lewis escribió: "Todo lo que soy en vida privada es un crítico literario e historiador, ese es mi trabajo. Y estoy preparado para decir sobre esa base si alguien piensa que los Evangelios son leyendas o novelas, entonces esa persona está simplemente mostrando su incompetencia como crítico literario. He leído muchas novelas y sé bastante sobre las leyendas que crecieron entre la gente antigua y sé perfectamente bien que los Evangelios no son ese tipo de cosas" (Lewis, Christian Reflections [Reflexiones cristianas], pág. 209).

En quinto lugar, el registro proporciona puntos de vista históricos verificables. Ningún mito comenzaría de esta manera: "En el año quince del reinado de Tiberio César, Poncio Pilato gobernaba la provincia de Judea, Herodes era tetrarca en Galilea, su hermano Felipe en Iturea y Traconite, y Lisanias en Abilene; el sumo sacerdocio lo ejercían Anás y Caifás. En aquel entonces, la palabra de Dios llegó a Juan hijo de Zacarías, en el desierto" (Lucas 3:1-2).

1. Se da una fecha exacta: 29 d. C.
2. Las ocho personas son conocidas por la historia.
3. Se sabe que todos vivieron en este momento exacto.

Esta no es una historia de "érase una vez" (mito).

La precisión histórica del autor del libro de los Hechos. Un notable historiador romano, Colin Hemer, ha confirmado la minuciosa precisión del escritor del libro de los Hechos, que es conocido por ser Lucas, el compañero del apóstol Pablo. Pero el mismo autor también escribió el Evangelio de Lucas (Hechos 1:1; cf. Lucas 1:1). Por lo tanto, el escritor de uno de los Evangelios Sinópticos (junto con Mateo y Lucas) es conocido por ser un historiador preciso.

Esto habla directamente de la historicidad de los Evangelios.

Se demostró que Lucas fue un historiador de primera clase debido a lo siguiente:

1. Detalles geográficos minuciosos conocidos por ser exactos.
2. Detalles especializados conocidos solo por grupos especiales.
3. Especificaciones de rutas, lugares y funcionarios no muy conocidos.
4. Correlación de las fechas de Hechos con la historia general.
5. Detalles apropiados para ese período, pero no para otros.
6. Eventos que reflejan un sentido de "inmediatez".
7. Los modismos y la cultura que hablan de una conciencia de primera mano.
8. Verificación de numerosos detalles de tiempos, personas y eventos de ese período, mejor conocidos por los contemporáneos.

En casi cien detalles, Lucas no cometió ni un solo error.

De hecho, el Evangelio de Lucas afirma ser una historia exacta (1:3-4). Afirma que "he decidido escribírtelo ordenadamente" basado en lo "investigado con diligencia" y el testimonio de "testigos presenciales" para que "conozcas bien la verdad" de las cosas que escribió. Nombra ocho personas históricas que se sabe que existieron en ese momento (Lucas 3:1-2). Basado en lo siguiente, hay buena evidencia de que Lucas fue escrito entre el 61 a 62 d. C. mientras numerosos testigos presenciales estaban aún vivos:

1. No se menciona la caída de Jerusalén en el 70 d. C.
2. No hay referencia a la Guerra Judía con Roma que comenzó alrededor del año 66 d. C.
3. No hay ningún indicio de las persecuciones de Nerón en aprox. 65 d. C.
4. El apóstol Pablo sigue vivo. Fue martirizado alrededor del año 65 d. C.
5. El apóstol Santiago sigue vivo en aprox. 62 d. C.

Josefo registró la muerte de Jacobo en el año 62 d. C. (Antiquities [Antigüedades], 20.9.1). Para un historiador de ese período, no mencionar estos eventos sería como si un historiador contemporáneo escribiera sobre la vida del presidente Kennedy sin mencionar su asesinato (en 1963). Esto sería impensable a menos que el historiador estuviera escribiendo antes de que estos eventos ocurrieran. Pero si Lucas-Hechos fue escrito antes del 62 d. C. y dado que la mayoría de los estudiosos creen que Mateo y Marcos fueron escritos antes que Lucas, entonces tenemos tres Evangelios escritos a más tardar en el año 61. Esto está dentro de los tiempos de la mayoría de los testigos oculares de los eventos.

La evidencia interna de la autenticidad del Nuevo Testamento. Aparte de la masiva evidencia externa que acabamos de enumerar, la evidencia interna de los relatos de los Evangelios es muy fuerte. Hay varios signos de autenticidad que se encuentran en el propio registro.

1. *Los escritores no hicieron ningún intento de armonizar sus relatos.* Hay muchos relatos aparentemente contradictorios. Mateo dice que había un ángel en la tumba después de la resurrección, pero Juan dice que había dos. Mateo 20 dice que un ciego fue curado y Lucas 18 nos dice que había dos. Mateo 27 declara que Judas se ahorcó, pero Hechos 1 dice que cayó de cabeza, se reventó, y se le salieron las vísceras. Ahora, mientras que estos son armonizables (ver Geisler y Howe, Big Book of Bible Difficulties [Gran Libro de las dificultades de la Biblia]), los autores no hicieron ningún intento de hacerlo, como es el caso cuando los autores no dicen la verdad.

2. *Los autores incluyeron material que puso a Jesús en una situación desfavorable.* Nadie que escribe mucho después para ampliar o embellecer la historia de Jesús habría dejado en registro las cosas que pusieron a Jesús en una situación desfavorable. Juan nos dice que incluso los hermanos de Jesús no creían en él (Juan 7). Marcos afirma que los parientes de Jesús pensaron que él se había vuelto loco y fueron a llevárselo (Marcos 3). Es seguro que nadie que escribiera un registro falso para poner a Jesús en una situación favorable habría incluido estas cosas.

3. Los escritores dejaron muchos pasajes difíciles en sus textos. La tendencia de los editores o embellecedores es la de limar el texto, pero encontramos justo lo contrario. Cristo dijo a sus seguidores que "odiaran" a sus padres (Lucas 14). Jesús dijo a sus seguidores que comieran su "carne" y bebieran su "sangre", y comprensiblemente, muchos dejaron de seguirlo al oír esto (Juan 6).

4. Conservaron muchos detalles autoincriminatorios. Esto se llama "el principio de la vergüenza". Si hay cosas en el texto que son vergonzosas para los involucrados, probablemente sean verdad. El registro del Nuevo Testamento está lleno de cosas que ponen a los discípulos en una mala situación. Por ejemplo, fueron lentos de entendimiento (Lucas 24). Se durmieron cuando Jesús les pidió que oraran (Mateo 26). Pedro, un líder del grupo, negó al Señor tres veces (Mateo 26).

5. Incluyeron muchos dichos exigentes de Jesús. Se les dijo a los discípulos que se negaran a sí mismos, que aceptaran su cruz y siguieran a Jesús. Jesús le dijo a un hombre rico que vendiera todo lo que tenía y diera el dinero a los pobres. En una cultura que honraba a los muertos, Jesús ordenó a sus seguidores ni siquiera ir a los funerales de sus parientes.

6. Distinguían sus palabras de las de Jesús. Como prueba de que no estaban creando sino informando las palabras de Jesús, hicieron una distinción clara entre sus palabras y las de Jesús. Incluso aunque no había comillas en griego, los escritores del Nuevo Testamento diferenciaron tan claramente sus palabras de las de Jesús que es fácil de hacer una edición de los Evangelios en letra roja (cf. también 1 Co 7:10-12).

7. No negaron su testimonio bajo amenaza de muerte. La historia registra que once de los doce apóstoles fueron martirizados y ninguno de ellos negó su testimonio ante la muerte. Esta es una señal segura de que estaban diciendo la verdad.

8. Afirmaron que su registro se basaba en testigos oculares. Como se ha señalado anteriormente, el Nuevo Testamento se refiere repetidamente a la naturaleza de testigo presencial del registro. Incluso desafiaron a su audiencia a comprobar por sí mismos los testigos presenciales (1 Co 15:6).

9. Los escritores escribieron que las mujeres fueron testigos de la resurrección antes que los hombres. A pesar de que esta era una cultura patriarcal y que el testimonio de una mujer contaba solo la mitad que el de un hombre en la corte, los evangelios no dudan en afirmar que los dos primeros grupos de testigos de la resurrección fueron mujeres. Esto también tiene el anillo de la autenticidad.

10. Desafiaron a los lectores a comprobar los hechos. En varias ocasiones, el escritor desafió a los testigos contemporáneos por los hechos que ellos mismos conocían. Pablo se refirió a más de 250 testigos oculares de la resurrección que aún estaban vivos y pudieron verificarlo (1 Co 15:6).

11. Desecharon de la noche a la mañana las antiguas creencias judías. Los judíos que habían estado adorando en sábado durante mil cuatrocientos años de repente comenzaron a adorar el domingo (Hechos 20:7; 1 Co 16:1-2). Los judíos kosher que no habían comido cerdo durante catorce siglos, de repente empezaron a comer cerdos (Hechos 10; Marcos 7:19; 1 Ti 4:3-4). Estos son signos seguros de que algo muy real y muy significativo había sucedido, ¡como una resurrección y las subsiguientes apariciones el domingo!

12. Incluyeron a más de treinta personas históricas. *El Nuevo Testamento incluye personas históricas que se sabe vivieron en esta época.* Esta no es la naturaleza de un mito. Es un signo de historicidad.

Los historiadores romanos respaldan la historicidad del Nuevo Testamento. Los historiadores romanos son expertos en el primer siglo. Son capaces de discernir la historia auténtica de este período. Una de estas autoridades romanas declaró: "Es sorprendente que mientras los historiadores greco-romanos han ido ganando confianza, el estudio del siglo XX de las narraciones del evangelio, a partir de material no menos prometedor, han tomado un giro sombrío en el desarrollo de la crítica de la forma [...] que el Cristo histórico es incognoscible y la historia de su misión no puede ser escrita. Esto parece muy curioso" (Sherwin-White, pág. 187). Llama "increíble" a la visión mitológica (ibid., pág. 189).

El famoso historiador romano Thomas Arnold de Oxford (en History of Rome [Historia de Roma]) declaró rotundamente: "He estado acostumbrado durante muchos años por estudiar las historias de otros tiempos y para examinar y sopesar las evidencias de aquellos que han escrito sobre ellos, y no conozco ningún hecho en la historia de la humanidad que esté probado por una mejor y más completa evidencia de todo tipo, para la comprensión del justo investigador, que la gran señal que Dios nos ha dado de que Cristo murió y resucitó de entre los muertos" (Arnold, pág. 221).

Los expertos jurídicos reconocidos confirman los Evangelios. Los abogados están capacitados para determinar la autenticidad de los testigos y los documentos. Muchos han aplicado sus habilidades en el Nuevo Testamento. Simon Greenleaf (1783-1853) fue profesor de derecho en la Universidad de Harvard. Es el autor del libro sobre pruebas legales titulado A Treatise on the Law of Evidences [Tratado sobre la ley de evidencias] (1853). Cuando fue desafiado a aplicar sus habilidades en el Nuevo Testamento, escribió The Testimony of the Evangelists [El testimonio de los evangelistas], en el que concluyó: "Las narraciones de los evangelistas son ahora sometidas a la lectura y al examen del lector, sobre los principios y las normas ya establecidas [...] Si hubieran testificado así bajo juramento en un tribunal de justicia, tendrían derecho a crédito; y si es que las narraciones, tal como las tenemos ahora, fueran recibidas como documentos antiguos, provenientes de la custodia apropiada. De ser así, entonces se cree que cada hombre honesto e imparcial actuará de forma coherente con ese resultado, recibiendo

sus testimonios en toda la extensión de su relevancia" (Greenleaf, págs. 53-54). Continuó:

Todo lo que el cristianismo pide a los hombres sobre este tema es que sean coherentes consigo mismos; que traten sus evidencias como tratan las evidencias de otras cosas; y que juzguen a sus actores y testigos, como tratan a sus semejantes, cuando testifican sobre asuntos y acciones humanas en tribunales humanos. Que los testigos se comparen con ellos mismos, entre sí y con los hechos y circunstancias que los rodean; y que su testimonio sea tamizado, como si se diera en un tribunal de justicia, del lado de la parte adversa, sometiendo al testigo a un riguroso contrainterrogatorio. El resultado, se cree confiadamente, será una convicción indudable de su integridad, capacidad y verdad. (ibid., 46)

Otros abogados han llegado a la misma conclusión: Thomas Sherlock, The Tryal of the Witnesses of the Resurrection [El juicio de los testigos de la resurrección]; Frank Morrison, Who Moved the Stone? [¿Quién movió la piedra?]; John Montgomery, History and Christianity [Historia y cristianismo]; y Lee Strobel, The Case for Christ [El caso de Cristo]. Strobel cita al prominente experto británico Michael Green declarando que "las apariciones de Jesús [después de su resurrección] están tan autentificadas como cualquier otra cosa en la antigüedad [...] No puede haber ninguna duda racional de que ocurrieron" (Strobel, Case for Christ, pág. 240).

La evidencia arqueológica respalda al Nuevo Testamento. El arqueólogo Nelson Glueck escribió: "De hecho, sin embargo, se puede afirmar categóricamente que ningún descubrimiento arqueológico ha contradicho una referencia bíblica. Se han hecho veintenas de hallazgos arqueológicos que confirman

en un claro esquema o en un detalle exacto las afirmaciones históricas de la Biblia" (Glueck, pág. 31). El decano de la arqueología en el siglo XX, William F. Albright, comenzó a dudar de la historicidad de gran parte de la Biblia. Después de un largo y exhaustivo estudio de los hechos, concluyó que grandes secciones una vez cuestionadas por los críticos fueron respaldadas completamente por los hallazgos arqueológicos. Concluyó: "En mi opinión, cada libro del Nuevo Testamento fue escrito por un judío bautizado entre los años cuarenta y ochenta del primer siglo d. C. (muy probablemente entre los 50 y 75 d. C.)" (Albright, pág. 359).

Los hallazgos arqueológicos han corroborado numerosos lugares y eventos en los evangelios. Estos incluyen:

1. Belén, el lugar de nacimiento de Jesús.
2. Una moneda de César Augusto, durante cuya época Jesús nació.
3. Una inscripción en la tumba del rey Herodes, el que trató de matar al niño Jesús.
4. El río Jordán, donde bautizaron a Jesús.
5. Nazaret, la ciudad donde criaron a Jesús.
6. La sinagoga de Capernaúm, donde Jesús fue ministro.
7. Betania, donde Jesús levantó a Lázaro entre los muertos.
8. La piscina de Siloé, donde Jesús curó a un hombre.
9. Los escalones del templo por los que Jesús caminó.
10. El mar de Galilea, sobre el cual Jesús caminó y calmó la tormenta.
11. Una inscripción de Pilato, que condenó a Jesús a muerte.
12. Una inscripción de Caifás, el sumo sacerdote quien puso a prueba a Jesús.
13. Jerusalén, la ciudad en la que Jesús fue ministro y fuera de la cual murió.
14. Las piedras caídas del templo, que Jesús predijo.
15. Johanan, una víctima de la crucifixión que murió de la misma manera que Jesús.
16. Una tumba vacía como en la que Jesús fue puesto y de la cual se levantó.
17. El Arco de Tito, construido en honor a quien destruyó Jerusalén en el año 70 d. C. como Jesús había predicho, con el templo de Menorá en él.

US News & World Report, no conocido por sus opiniones conservadoras, publicó un artículo titulado "¿Es la Biblia verdadera?" Declaraba: "De manera extraordinaria, la arqueología moderna ha afirmado el núcleo histórico del Antiguo y Nuevo Testamento, corroborando porciones clave de las historias de los patriarcas de Israel, el Éxodo, la monarquía davídica y la vida y los tiempos de Jesús" (Sheler, pág. 52).

Respaldo de fuentes no cristianas para el Nuevo Testamento. Las fuentes no cristianas, la mayoría del primer y segundo siglo, respaldan los hechos básicos de la vida, muerte y resurrección de Cristo. Estos se detallan en F. F. Bruce, Jesus and Christian Origins outside the New Testament [Jesús y los orígenes cristianos fuera del Nuevo Testamento]. Incluyen lo siguiente:

1. Jesús era de Nazaret.
2. Vivió una vida virtuosa.
3. Realizó hazañas inusuales.
4. Introdujo nuevas enseñanzas contrarias al judaísmo.
5. Fue crucificado bajo Poncio Pilatos.
6. Sus discípulos creían que había resucitado de entre los muertos.
7. Sus discípulos negaron el politeísmo.
8. Sus discípulos lo adoraban.
9. Sus enseñanzas y discípulos se extendieron rápidamente.
10. Sus seguidores creían que eran inmortales.
11. Sus seguidores sentían desprecio por la muerte.
12. Sus seguidores renunciaron a los bienes materiales.

Las fuentes de esta lista son Talo (52 d. C.); Pheleon (¿80 d. C.?); Josefo (AD 90-95 d. C.); Plinio y Trajano (112 d. C.); Tácito (115 d. C.); Suetonio (117-38); el Talmud judío (70-200 d. C.); Luciano (siglo II); y Mara Bar-Serapión (siglos I a III d. C.). Dado que ninguno de ellos era cristiano, su testimonio se fortalece en virtud de ser testigos "adversarios" (ver Geisler, Bringing Your Faith to Work [Llevando tu fe al trabajo], apéndice C).

Gary Habermas demuestra cómo la mejor explicación para estos datos es que Jesús realmente vivió, murió y resucitó de entre los muertos como dice el Nuevo Testamento (Habermas). Junto con las otras pruebas, el caso acumulativo para la historicidad del Nuevo Testamento es abrumador. De hecho, nada de esto existe para ningún otro libro del mundo antiguo. En comparación, una de las personas más famosas del mundo antiguo fue Alejandro Magno. Sin embargo, a diferencia de Jesús, no existen fuentes contemporáneas de él, no hay ninguna. E incluso cien años después solo hay fragmentos. No es hasta trescientos o quinientos años después que aparecieron las historias de Alejandro.

Fuentes

K. Aland, *The Text of the New Testament* [El texto del Nuevo Testamento].

W. F. Albright, *"William Albright"*.

T. Arnold, *The History of Rome* [La historia de Roma].

R. Bauckham, *Jesus and the Eyewitnesses* [Jesús y los testigos oculares].

C. Blomberg, *The Historical Reliability of John's Gospel* [La confiabilidad histórica del Evangelio de Juan].

————, *The Historical Reliability of the Gospels* [La confiabilidad histórica de los Evangelios].

F. F. Bruce, *Jesus and Christian Origins outside the New Testament* [Jesús y los orígenes cristianos fuera del Nuevo Testamento].

————, *The New Testament Documents* [Los documentos del Nuevo Testamento].

W. Craig, *The Son Rises* [El Hijo se eleva].

B. Ehrman, *Misquoting Jesus* [Citando erróneamente a Jesús].

R. T. France, *The Evidence for Jesus* [La evidencia de Jesús].

N. L. Geisler, *Christian Apologetics* [Apologética cristiana], cap. 16.

N. L. Geisler y R. *Douglass, Bringing Your Faith to Work* [Llevando tu fe al trabajo].

N. L. Geisler y T. Howe, *The Big Book of Bible Difficulties* [El Gran Libro de las dificultades de la Biblia].

N. Glueck, Rivers in the Desert [Los ríos del desierto].

S. Greenleaf, The Testimony of the Evangelists [El testimonio de los evangelistas].

M. Grinbank, *"Bart Ehrman's Millions and Millions of Variants, part 1 of 2," www.truethinker.com.* [Millones y millones de variantes de Bart Ehrman, parte 1 de 2].

G. Habermas, *The Historical Jesus* [El Jesús histórico].

F. Kenyon, *The Bible and Archaeology* [Biblia y arqueología].

————, *Our Bible and the Ancient Manuscripts* [Nuestra Biblia y los antiguos manuscritos].

I. H. Marshall, *I Believe in the Historical Jesus* [Creo en el Jesús histórico].

C. S. Lewis, *Christian Reflections* [Reflexiones cristianas].

I. Linton, *A Lawyer Examines the Bible* [Un abogado examina la Biblia].

M. Martin, *The Case against Christianity* [El caso contra el cristianismo].

B. Metzger, *The Text of the New Testament* [El texto del Nuevo Testamento].

J. W. Montgomery, *History and Christianity* [Historia y cristianismo].

————, *The Shape of the Past* [La forma del pasado].

J. Müller, *The Theory of Myths* [La teoría de los mitos].

T. Paine, *Examination of the Prophecies* [Análisis de las profecías].

J. A. T. Robinson, *Redating the New Testament* [Modificando el Nuevo Testamento].

B. Russell, *Why I Am Not a Christian* [Por qué no soy cristiano].

J. Sheler, *"Is the Bible True?"* [¿La Biblia es verdadera?].

A. N. Sherwin-White, *Roman Society and Roman Law in the New Testament* [La sociedad romana y el derecho romano en el Nuevo Testamento].

E. Troeltsch, *"Historiography"* [Historiografía].

J. W. Wenham, *Redating Matthew, Mark, and Luke* [Modificando Mateo, Marcos y Lucas].

R. Whately, *Historic Doubts Relative to Napoleon Bonaparte* [Dudas históricas relativas a Napoleón Bonaparte].

Nuevo Testamento, Manuscritos del. La fidelidad del texto del Nuevo Testamento es un vínculo importante en la apologética del cristianismo (ver Apologética, Argumento general de la; Nuevo Testamento, Historicidad del) y hay evidencias abrumadoras que respaldan la confiabilidad del texto del Nuevo Testamento.

La historia de los manuscritos. El testimonio de la fidelidad del texto del Nuevo Testamento proviene principalmente de tres fuentes: manuscritos griegos, traducciones antiguas y citas de las Escrituras de los escritores cristianos.

Los manuscritos griegos son los más importantes y se encuentran en cuatro clases: papiros, unciales, minúsculos y leccionarios. Los unciales y los minúsculos se refieren a la forma en que las letras se formaron en el estilo de escritura del manuscrito y los leccionarios son colecciones de textos de la Escritura destinados al uso en el culto. Lo que es confuso es que los manuscritos de papiro se escriben con las mayúsculas redondeadas y cursivas de la escritura uncial. Más de doscientos leccionarios fueron escritos en letras unciales. Aún así, los estudiosos tratan de catalogar sus hallazgos según la característica más distintiva de cada uno. Un papiro proviene de una época y región particular. Los papiros de manuscritos griegos tienden a ser comparados entre sí y se usaron extensamente al comparar el griego usado en el texto. Los manuscritos colocados en las categorías de unciales y minúsculos se diferencian por el estilo de escritura y por estar escritos en vitela o pergamino. Así, por ejemplo, un manuscrito de papiro uncial está en la categoría de papiro; un manuscrito de vitela uncial se llama uncial. La escritura minúscula es pequeña, simple, cursiva y no se desarrolló hasta la época medieval. Así que hay muchos más manuscritos minús-

culos, pero son posteriores, entre los siglos IX y XV.

Otro término usado frecuentemente en referencia a los manuscritos antiguos y medievales es el códice. Mientras que el culto judío tradicionalmente ha preferido las Escrituras encuadernadas como pergaminos, los cristianos en la cultura griega usaban principalmente la forma de libro encuadernado que estaba ganando aceptación en el primer siglo. Por lo tanto, la mayoría de los manuscritos de las Escrituras, incluso los primeros, son códices encuadernados.

Más manuscritos. Los textos griegos catalogados incluyen ochenta y ocho manuscritos de papiros, 274 manuscritos unciales y 245 leccionarios unciales. Esos primeros testigos de manuscritos unciales son extremadamente valiosos para establecer el texto original del Nuevo Testamento. Los otros 2 795 manuscritos y 1 964 leccionarios son minúsculos.

Este es un número y una variedad asombrosa. No es raro que los clásicos de la antigüedad sobrevivan en solo un puñado de copias manuscritas. De acuerdo con F.F.*Bruce, nueve o diez buenas copias de la obra de Julio César, Gallic War [Guerra Gálica] sobrevive, veinte copias de Roman History [La historia romana] de Livy, dos copias de los Annals [Anales] de Tácito y ocho manuscritos de la History [Historia] de Tucídides (Bruce, pág. 16). La obra antigua secular más documentada es La Ilíada de Homero, que sobrevive en 643 copias de manuscritos. Contando solo las copias griegas, el texto del Nuevo Testamento se conserva en unas 5 800 porciones parciales y completas del manuscrito que fueron copiadas a mano desde el segundo (posiblemente incluso el primero) hasta el siglo XV (ver Geisler y Nix, cap. 26).

Además de los manuscritos griegos, existen numerosas traducciones del griego, sin mencionar las citas del Nuevo Testamento. Contando las principales traducciones antiguas en sirio, copto, árabe, latín y otros idiomas, hay unas 19 000 copias del Nuevo Testamento. Esto hace un total de más de 25 000 copias del Nuevo Testamento. Además, si compilamos las 36 289 citas de los padres de la Iglesia primitiva de los siglos II al IV, podemos reconstruir la mayor parte del Nuevo Testamento.

Antiguos manuscritos. Una marca de un buen manuscrito es su edad. Generalmente, cuanto más antigua es la copia, más se acerca a la composición original y tiene menos errores de copista. La mayoría de los libros antiguos sobreviven en manuscritos que fueron copiados unos mil años después de haber sido compuestos. Es raro tener, como La Odisea, una copia hecha solo quinientos años después del original. La mayor parte del Nuevo Testamento se conserva en manuscritos a menos de doscientos años del original (P45, P46, P47), algunos libros del Nuevo Testamento datan de poco más de cien años después de su composición (P66), y un fragmento (P52) viene dentro de una generación del primer siglo. El Nuevo Testamento sobrevive en libros completos desde poco más de cien años después de que el Nuevo Testamento fue completado. Los fragmentos están disponibles desde solo décadas más tarde. Un fragmento, el papiro de John Ryland (P52), data entre el 117 y el 138. Ver el artículo Nuevo Testamento, Datación del.

Manuscritos más precisos. Los musulmanes hacen la cuestionable afirmación de que el Corán ha sido preservado con precisión (ver Corán, Presunto Origen Divino del). Incluso si esto fuera cierto, el Corán es un libro medieval del siglo VII; el Nuevo Testamento es el libro más fielmente copiado del mundo antiguo. Por supuesto, el factor importante no es la precisión de las copias sino si el original es la Palabra de Dios (ver Biblia, Evidencias a favor de la).

Hay un malentendido generalizado entre los críticos sobre los "errores" en los manuscritos bíblicos. Algunos han estimado que hay alrededor de 400 000 de ellos. En primer lugar, estos no son "errores" sino lecturas variantes, la gran mayoría de las cuales son estrictamente gramaticales. En segundo lugar, estas lecturas están repartidas a lo largo de más de 5 800 manuscritos, por lo que una variante de la ortografía de una letra de una palabra en un versículo en 2 000 manuscritos se cuenta como 2 000 "errores". Los estudiosos textuales Westcott y Hort estimaron que solo 1 de cada 60 de estas variantes tiene importancia. Esto dejaría un texto con un 98,33 por ciento de pureza. Philip Schaff calculó que, de las 150 000 variantes conocidas en su época, solo 400 cambiaron el significado del pasaje, solo 50 fueron de importancia real y ni siquiera uno afectó "un artículo de fe o un precepto del deber que no se sostiene abundantemente por otros y pasajes indudables, o por todo el tenor de Enseñanza de las Escrituras" (Schaff, pág. 177).

Más recientemente, Bart Ehrman ha afirmado que "estas copias [manuscrito del Nuevo Testamento] difieren entre sí, en muchos miles de lugares [...] Estas copias difieren entre sí en tantos lugares que ni siquiera sabemos cuántas diferencias hay" (Ehrman, págs. 10, 12). Pero esto es engañoso, ya que en otro lugar admite que "de hecho, la mayoría de los cambios encontrados en los primeros manuscritos cristianos no tienen nada que ver con la teología o la ideología" (ibid., pág. 55). La verdad es que la mayoría de las variantes de lectura de los manuscritos del Nuevo Testamento son triviales y no afectan al mensaje central. De hecho, en la primera edición del libro de Ehrman, había dieciséis errores.

Eso significa que en los cien mil libros que se vendieron en los primeros meses, hubo 1,6 millones de errores. Pero nadie diría que el libro no es una copia creíble de los pensamientos de Ehrman.

La mayoría de los otros libros antiguos no están tan bien autentificados. El estudioso del Nuevo Testamento, Bruce Metzger, estimó que el Mahabharata del hinduismo es copiado con solo un 90 por ciento de exactitud y La Ilíada de Homero con un 95 por ciento. En comparación, estimó que el Nuevo Testamento tiene un 99,5 por ciento de exactitud (Metzger, Chapters [Capítulos]). El gran estudioso americano del Nuevo Testamento griego, A. T. Robertson concluyó que "la verdadera preocupación es con una "milésima parte de todo el texto", lo que sería un 99,9 por ciento de precisión" (Robertson, pág. 22).

Frederic Kenyon era una autoridad máxima en manuscritos antiguos. Concluyó que "el número de manuscritos del Nuevo Testamento, de las primeras traducciones del mismo, y de las citas del mismo en los escritores más antiguos de la Iglesia, es tan grande que es prácticamente seguro que la verdadera lectura de cada pasaje dudoso se conserva en alguna de estas antiguas autoridades. Esto no puede decirse de ningún otro libro antiguo en el mundo" (Kenyon, Our Bible [Nuestra Biblia], pág. 55).

Los testigos oculares del manuscrito. Manuscritos en papiro. La fecha de los primeros supuestos manuscritos del Nuevo Testamento está en disputa. Uno conocido como el fragmento "Magdalena" contiene una referencia a María Magdalena (en Mateo 26). Este trozo de papiro se encuentra en la biblioteca de la Universidad de Oxford. El experto alemán en papiros, Carsten Thiede, argumentó que podría ser un relato de un testigo ocular de Jesús. Otros expertos lo datan en el siglo II o más tarde (ver Stranton).

Hasta el momento se han encontrado casi cien manuscritos de papiro indiscutibles, de los cuales los siguientes son los representantes más importantes. El testimonio de los papiros sobre el texto tiene un valor invaluable, ya que proviene de los primeros doscientos años después de que se escribiera el Nuevo Testamento. Los manuscritos o fragmentos de papiros se identifican con una "P", seguida de un número superíndice de números arábigos.

Fragmento de John Rylands. El Fragmento de John Rylands (P52), un fragmento de papiro de dos por tres pulgadas de un códice es la primera copia indiscutible de una porción del Nuevo Testamento. Data de la primera mitad del segundo siglo, probablemente de 117-38. Adolf Deissmann argumenta que puede ser incluso más antiguo (Metzger, Text of the New Testament [Texto del Nuevo Testamento], pág. 39). La pieza de papiro, escrita por ambos lados, contiene porciones de cinco versos del Evangelio de Juan (18:31-33, 37-38). Debido a que fue encontrado en

Egipto, lejos del Asia Menor, donde Juan por tradición fue escrito, esta porción tiende a confirmar que el Evangelio fue escrito antes del final del primer siglo. El fragmento pertenece a la Biblioteca John Rylands de Manchester, Inglaterra.

Bodmer Papyri. El papiro más importante del Nuevo Testamento desde los manuscritos de Chester Beatty fue el Bodmer Papyri. Está en la colección Bodmer de la Biblioteca de Literatura Mundial en Culagny, cerca de Ginebra, Suiza. También tiene tres secciones, designadas como P66, P72, P75. De alrededor de 200 o antes, El P66 contiene 104 hojas de Juan 1:1-6:11; 6:35b-14:26; y fragmentos de otras cuarenta páginas de Juan 14-21 (Metzger, Text of the New Testament, pág. 40). El P72 es la primera copia conocida de Judas, 1 Pedro y 2 Pedro. También se incluye un fragmento de himno, el Salmo 33 y el Salmo 34, 1 Pedro y 2 Pedro, además de varios libros apócrifos: The Nativity of Mary [La Natividad de María], Correspondence of Paul to the Corinthians [La correspondencia de Pablo a los Corintios], Eleventh Ode of Solomon [La Undécima Oda de Salomón], Homily on the Passover [La Homilía sobre la Pascua] de Melitón, y The Apology of Phileas [La disculpa de Phileas]. Este papiro del siglo III fue aparentemente un códice privado de seis por cinco pulgadas, preparado por unos cuatro escribas (ibid., 40-41). El P75 es un códice de 102 páginas (originalmente 144), que mide diez por cinco y un tercio pulgadas. Contiene la mayor parte de Lucas y Juan en uncial claro y cuidadosamente impreso y está fechado entre 175 y 225. Es la primera copia conocida de Lucas (ibid., 42).

Papiros de Chester Beatty. Este papiro data de alrededor de 250 o después. Treinta de las hojas son propiedad de la Universidad de Michigan. Una importante colección de papiros del Nuevo Testamento (P45, P46, P47) reside ahora en el Museo Beatty cerca de Dublín. Los Papiros de Chester Beatty consisten en tres códices, que contienen la mayor parte del Nuevo Testamento. El P45 está compuesto por piezas de treinta hojas de un códice de papiro: dos de Mateo, seis de Marcos, siete de Lucas, dos de Juan y trece de Hechos. El códice original consistía en unas 220 hojas, que medían diez por ocho pulgadas cada una. Varios otros pequeños fragmentos de Mateo de esos papiros han aparecido en una colección en Viena (ibid., 37). El P46 consiste en ochenta y seis hojas ligeramente mutiladas (once por seis pulgadas), de un original que contenía 104 páginas de las epístolas de Pablo, incluyendo Romanos, Hebreos, 1 Corintios, 2 Corintios, Efesios, Gálatas, Filipenses, Colosenses, 1 Tesalonicenses y 2 Tesalonicenses. Faltan porciones de Romanos y 1 Tesalonicenses y todos los 2 Tesalonicenses en los manuscritos, que fueron ordenados en orden descendente según su tamaño. Al igual que el P45, el P46 data de alrededor de 250. El P47 son diez hojas ligeramente mutiladas del libro del Apocalipsis, que miden nueve por cinco pulgadas. De las treinta y dos hojas originales, solo queda la parte central, 9:10-17:2.

Unciales en vitela y pergamino. Los manuscritos más importantes del Nuevo Testamento son generalmente considerados como los códices unciales que datan del del siglo IV y siguientes. Estos aparecieron casi inmediatamente después de la conversión de Constantino y la autorización en el Concilio de Nicea (325) para copiar libremente la Biblia.

Existen 362 manuscritos unciales de secciones del Nuevo Testamento, de los cuales algunos de los más importantes se señalan a continuación y 245 leccionarios unciales. Los más importantes de los manuscritos unciales son A, B, C y Aleph, que no estaban disponibles para los traductores del Rey Jacobo. El único buen manuscrito uncial griego disponible en 1611 era el D, y se usó solo ligeramente en la preparación de la versión del Rey Jacobo. Ese hecho por sí solo indicaba la necesidad de la Versión Revisada, basada en manuscritos anteriores y mejores.

El Códice Vaticano. El Códice Vaticano (designado B) es quizás el uncial más antiguo en pergamino o vitela (aprox. 325-50) y uno de los testigos más importantes del texto del Nuevo Testamento. Probablemente fue escrito a mediados del siglo IV, pero no fue conocido por los estudiosos del texto hasta después de 1475, cuando fue catalogado en la Biblioteca del Vaticano. Durante los siguientes cuatrocientos años, se prohibió a los eruditos estudiarlo. Se hizo un facsímil fotográfico completo en 1889-90 y otro del Nuevo Testamento en 1904.

Incluye la mayor parte de la Septuaginta del Antiguo Testamento y el Nuevo Testamento en griego. Faltan 1 Timoteo hasta Filemón, Hebreos 9:14 hasta el final del Nuevo Testamento, y las Epístolas Generales. La Apócrifa está incluida, con las excepciones de 1 Macabeos, 2 Macabeos y la Oración de Manasses. También falta Génesis 1:1-46:28; 2 Reyes 2:5-7, 10-13; y Salmos 106:27-138:6. Se omitió a propósito del texto a Marcos 16:9-20 y Juan 7:53-8:11.

Este códice fue escrito en pequeños y delicados unciales en vitela fina. Contiene 759 hojas que miden diez pulgadas cuadradas: 617 en el Antiguo Testamento y 142 en el Nuevo. El Códice Vaticano es propiedad de la Iglesia Católica Romana y se encuentra en la Biblioteca del Vaticano, en la Ciudad del Vaticano.

Códice Sinaítico. El Códice Sinaítico o Aleph, un manuscrito griego del siglo IV, generalmente es considerado como el testigo más importante del texto debido a su antigüedad, exactitud y falta de omisiones.

La historia del descubrimiento de Aleph es una de las más fascinantes de la historia textual. Fue encontrado en el monasterio de Santa Catalina en el Monte Sinaí por el Conde Lobegott Friedrich Constantine von Tischendorf (1815-74). En su primera visita (1844), descubrió cuarenta y tres hojas de vitela, que contenían 1 Crónicas, Jeremías, Nehemías y Ester, en una cesta de desechos que los monjes usaban para encender sus fuegos. Aseguró este texto de la Septuaginta y lo llevó a la Universidad Biblioteca de Leipzig, Alemania. Permanece allí, se conoce como el Códice Federico-Augustino. La segunda visita de Tischendorf en 1853 no resultó fructífera, pero en 1859, solo cuando estaba a punto de volver a casa con las manos vacías, el representante del monasterio le mostró una copia casi completa de las Escrituras y algunos otros libros.

Este manuscrito contiene más de la mitad de la Septuaginta y todo el Nuevo Testamento, excepto Marcos 16:9-20 y Juan 7:53-8:11. Los Apócrifos, con la adición de la Epístola de Bernabé y también está incluida una gran parte del Pastor de Hermas.

Este códice fue escrito en grandes y claros unciales griegos en 364 páginas (más los cuarenta y tres de Leipzig), midiendo trece por catorce pulgadas. En 1933, el gobierno británico lo compró para el Museo Británico. En 1938, se publicó en un volumen titulado Scribes and Correctors of Codex Sinaiticus [Escribanos y correctores del códice sinaítico] (Metzger, Text of the New Testament [El texto del Nuevo Testamento], págs. 42-45).

Códice Alejandrino. El Códice Alejandrino (A) es un manuscrito bien conservado que ocupa el segundo lugar, después del Sinaítico, como representante del texto del Nuevo Testamento.

Aunque algunos han fechado este manuscrito a finales del siglo IV (Kenyon, Our Bible [Nuestra Biblia], pág. 129), es probablemente el trabajo de los escribas del siglo V de Alejandría. En 1621, el Patriarca Cyril Lucar lo llevó a Constantinopla. Lucar se lo dio a Thomas Roe, embajador inglés en Turquía en 1624, para que lo presentara al rey Jacobo I. Jacobo murió antes de que llegara a Inglaterra y se entregó el manuscrito a Carlos I en 1627, demasiado tarde para su uso en la versión King James [versión en español La Reina Valera] de 1611. En 1757, Jorge II lo presentó a la Biblioteca Nacional del Museo Británico.

Contiene todo el Antiguo Testamento, excepto varias mutilaciones en Génesis 14-16; 1 Reyes [1 Samuel] 12-14; y Salmos 49:19-79:10. Solo Mateo 1:1-25:6; Juan 6:50-8:52; y 2 Corintios 4:13-12:6 faltan en el Nuevo Testamento. El manuscrito también contiene 1 y 2 de Clemente y los Salmos de Salomón, con algunas partes que faltan.

El manuscrito contiene 773 hojas de diez por doce, 639 del Antiguo Testamento y 134 del Nuevo. Los grandes unciales cuadrados están escritos en vitela muy fina. El Códice Alejandrino está en posesión de la Biblioteca Nacional del Museo Británico. El texto varía en calidad (ibid., 47, 49).

Códice Ephraemi Rescriptus. El Códice Ephraemi Rescriptus (C) probablemente se originó en Alejandría, Egipto, alrededor del año 345. John Lascaris lo llevó a Italia alrededor del 1500 y luego Pietro Strozzi lo compró. Catalina de Médicis, la agente del poder político italiano y esposa y madre de reyes franceses, la adquirió alrededor de 1533. A su muerte, el manuscrito fue colocado en la Biblioteca Nacional de París, donde permanece. En este códice falta la mayor parte del Antiguo Testamento, excepto partes de Job, Proverbios, Eclesiastés, Cantar de los Cantares y dos libros apócrifos, Sabiduría y Eclesiástico. Al Nuevo Testamento le faltan 2 Tesalonicenses, 2 Juan y partes de otros libros (Scrivener, 1:121). El manuscrito es un palimpsesto. Debido a que el papel era tan valioso, los primeros manuscritos se borraban a menudo y el material se reutilizaba. Con cuidado, a veces los estudiosos pueden discernir tanto el texto original como el rescriptus, o el texto reescrito. Así que un palimpsesto puede tener un valor añadido.

Estas hojas contenían originalmente el Antiguo y el Nuevo Testamento, pero Efraín las borró, quien escribió sus sermones en las hojas. Por reactivación química, Tischendorf fue capaz de descifrar la casi escritura invisible (Lyon, 266-72). Solo se conservan 209 hojas: sesenta y cuatro del Antiguo y 145 (de un original 238) del Nuevo Testamento. Las páginas son nueve por doce pulgadas, con una amplia columna de cuarenta a cuarenta y seis líneas (normalmente cuarenta y una). El C mezcla todos los tipos de texto principales, coincidiendo frecuentemente con los inferiores de la familia bizantina.

Códice Bezae. Escrito entre 450 y 550, el Códice Bezae (también llamado Códice Catabrigiensis o D) es el manuscrito bilingüe más antiguo conocido del Nuevo Testamento. Fue escrito en griego y latín y puede haberse originado en el sur de la Galia (Francia) o en el norte de Italia. Théodore de Bèze (Beza), el teólogo francés, lo encontró en 1562 en el Monasterio de San Ireneo, en Lyon, Francia. En 1581, Beza se lo dio a la Universidad de Cambridge.

El D contiene los cuatro Evangelios, Hechos y 3 Juan 11-15, con variaciones de otros manuscritos indicados. En el texto griego faltan secciones de Mateo 1; 6-9; 27; Juan 1-3; y Hechos 8-10; 21; 22-28. En latín, faltan secciones de Mateo 1; 6-8; 26-27; Hechos 8-10; 20-21; 22-28; y 1 Juan 1-3. Las 406 hojas son de ocho por diez pulgadas, con una columna de treinta y tres líneas en cada página. El manuscrito se encuentra en la Biblioteca de la Universidad de Cambridge. Es notable por algunas variaciones inusuales del texto normal del Nuevo Testamento (Metzger, Text of the New Testament [El texto del Nuevo Testamento], pág. 50).

Manuscritos minúsculos. Como indican las fechas de los siglos IX al XV, la mayoría de los manuscritos minúsculos no poseen la alta calidad de los unciales anteriores. Sin embargo, no siempre es así. Algunos minúsculos son copias posteriores de buenos textos antiguos. Su principal importancia reside en la comparación que proporcionan a las familias textuales. Hasta la fecha se han encontrado más de tres mil manuscritos minúsculos del Nuevo Testamento. Daniel Wallace, un líder evangélico becario del Seminario de Dallas, dirige el Center of the Study of New Testament Manuscripts [Centro de estudio de los manuscritos del Nuevo Testamento].

Después de revisar toda la evidencia de los manuscritos, el mayor experto en manuscritos del siglo XX, Frederic Kenyon, escribió: "El número de manuscritos del Nuevo Testamento, de las primeras traducciones del mismo y de citas de ella en los más antiguos escritores de la Iglesia, es tan grande que es prácticamente seguro que la verdadera lectura de cada pasaje dudoso se conserva en alguna de estas antiguas autoridades. Esto no puede decirse de ningún otro libro en el mundo" (Kenyon, Our Bible and the Ancient Manuscripts, [Nuestra Biblia y los antiguos manuscritos] pág. 55). La evidencia es aún mayor hoy en día. Añadió: "El intervalo entre las fechas de la composición original y las primeras evidencias existentes se hace tan pequeño que de hecho es insignificante, y el último fundamento para cualquier duda de que las Escrituras han bajado sustancialmente como fueron escritas ha sido ahora eliminada. Tanto la autenticidad como la integridad general de los libros del Nuevo Testamento pueden considerarse finalmente establecidas" (Kenyon, Bible and Archaeology [Biblia y arqueología], pág. 288). Incluso Bart Ehrman, el mayor crítico del Nuevo Testamento admitió:

De hecho, la mayoría de los cambios encontrados en los primeros manuscritos cristianos no tienen nada que ver con la teología o ideología. Lejos de ello, la mayoría de los cambios son el resultado de errores puros y simples, deslices de la pluma, omisiones accidentales, adiciones inadvertidas, palabras mal escritas, errores de un tipo u otro. (Ehrman, pág. 55)

Fuentes

F. F. Bruce, *The New Testament Documents* [Los documentos del Nuevo Testamento].

P. W. Comfort y D. P. Barrett, *The Complete Text of the Earliest New Testament Manuscripts* [El texto completo de los primeros manuscritos del Nuevo Testamento].

B. Ehrman, *Misquoting Jesus* [Citar erróneamente a Jesús].

D. Estrada y W. White Jr., *The First New Testament* [El primer Nuevo Testamento].

G. Fee y E. G. Epp, *New Testament Textual Criticism* [Crítica al texto del Nuevo Testamento].

N. L. Geisler y W. E. Nix, *A General Introduction to the Bible* [Una introducción general a la Biblia].

F. G. Kenyon, *The Bible and Archaeology* [Biblia y arqueología].

———, *Our Bible and the Ancient Manuscripts* [Nuestra Biblia y los antiguos manuscritos].

R. W. Lyon, *"A Reexamination of Codex Ephraem"* [Una reevaluación del códice de Efraín].

B. Metzger, Chapters in the History of New Testament Textual Criticism [Crítica textual de los capítulos en la historia del Nuevo Testamento].

———, *Manuscripts of the Greek Bible* [Manuscritos de la Biblia griega].

———, *The Text of the New Testament* [El texto del Nuevo Testamento].

———, *A Textual Commentary on the Greek New Testament* [Un comentario textual sobre el Nuevo Testamento griego].

A. T. Robertson, *An Introduction to the Textual Criticism of the New Testament* [Una introducción a la crítica textual del Nuevo Testamento].

G. L. Robinson, *Where Did We Get Our Bible?* [¿De dónde sacamos nuestra Biblia?].

P. Schaff, A Companion to the Greek Testament and the English Version [Un compañero del Testamento griego y de la versión inglesa].

F. H. A. Scrivener, *Plain Introduction to the Criticism of the New Testament* [Introducción sencilla a la crítica del Nuevo Testamento].

A. Souter, *The Text and Canon of the New Testament* [El texto y el canon del Nuevo Testamento].

G. Stanton, *Gospel Truth?* [¿La verdad del Evangelio?].

B. H. Streeter, *"Codices 157, 1071 and the Caesarean Text"* [Códices 157, 1071 y el texto de Cesarea].

D. B. Wallace, *The Basics of New Testament Syntax* [Los fundamentos de la sintaxis del Nuevo Testamento].

Objetivismo. *Ver* RAND, AYN.

O'Callaghan, Jose. Jose O'Callaghan (1922-2001) es un paleógrafo jesuita español que hizo una controvertida identificación de nueve fragmentos entre los Rollos del Mar Muerto de Qumrán como provenientes de múltiples libros del Nuevo Testamento.

Los fragmentos. Comenzando con su primer anuncio en 1972, O'Callaghan eventualmente identificó los nueve fragmentos de la cueva 7 como Marcos 4:28; 6:48; 6:52, 53; 12:17; Hechos 27:38; Romanos 5:11-12; 1 Timoteo 3:16; 4:1-3; 2 Pedro 1:15; y Santiago 1:23-24. Estos libros de la Biblia habían sido fechados previamente como sigue: Marcos, 50; Hechos, 60; y Romanos, 1 Timoteo, 2 Pedro y Santiago aproximadamente 70. Pero los fragmentos de la cueva 7 fueron fechados entre el 50 a. C y el 50 d. C. Para una discusión más extensa de estos fragmentos, ver los artículos Manuscritos del Mar Muerto; Nuevo Testamento, Datación del; Nuevo Testamento, Historicidad del; Nuevo Testamento, Manuscritos del.

Implicaciones de la identificación. Si son válidas, las conclusiones de O'Callaghan invalidan totalmente muchas teorías del Nuevo Testamento. El New York Times señaló: "Si la teoría del Padre O'Callaghan es aceptada, probaría que al menos uno de los evangelios, el de San Marcos, fue escrito solo unos años después de la muerte de Jesús". United Press International señaló que sus conclusiones indicaban que "las personas más cercanas a los acontecimientos (los seguidores originales de Jesús) encontraron que el informe de Marcos era preciso y fiable, no un mito sino la historia verdadera" (Estrada y White, 137). El Time citó un estudioso que afirmaba que si las conclusiones eran correctas, "podemos hacer una hoguera de 70 toneladas de erudición alemana indigerible" (ibid., 136).

Datación de la evidencia. Las primeras fechas (enumeradas arriba) fueron proporcionadas por los estudiosos antes de que O'Callaghan identificara los fragmentos; las fechas nunca han sido seriamente cuestionadas y encajan con las fechas determinadas para otros manuscritos encontrados en la misma área de Qumrán. Los arqueólogos que descubrieron la cueva 7 atestiguaron que no mostraba signos de haber sido abierta desde que fue sellada en el año 70 d. C. y que su contenido no es posterior. El estilo de escritura (en griego uncial) ha sido identificado como de principios del siglo primero (ver Nuevo Testamento, Manuscritos del).

O'Callaghan era un reputado paleógrafo que hizo muchas identificaciones exitosas de textos antiguos. Sus identificaciones de estos textos encajan perfectamente con los pasajes. No se han encontrado alternativas viables. De hecho, dos estudiosos calcularon las probabilidades de que estas secuencias de letras representen algún otro texto como 1 en 2,25 x 1065.

No es sorprendente que se hayan planteado objeciones a la identificación de O'Callaghan. Algunos han acusado a O'Callaghan de no haber trabajado nunca con los manuscritos originales. Esto es falso. Otros señalan que las piezas son pequeños fragmentos. Sin embargo, otros textos antiguos han sido identificados con igual o menor evidencia. Algunos han afirmado que el manuscrito de Marcos 5 es demasiado borroso o indistinto para ser realmente legible. Sin embargo, ahora hay disponibles fotografías muy claras.

Se ha discutido la identificación de ciertas cartas. Si se revisan las identificaciones, la identidad del manuscrito podría cambiar. Pero O'Callaghan usó principalmente las cartas propuestas por los editores originales. Donde no lo hizo, los editores han coincidido en que su identificación podría ser correcta. Del crucial texto de Marcos 5, usó las nueve cartas enteras y seis de las diez cartas parciales. En los casos en los que difirió, su juicio fue una posible alternativa basada en el manuscrito real.

Algunos críticos han ofrecido posibles alternativas no relacionadas con el Nuevo Testamento. Con el fin de tener éxito, han tenido que cambiar el número de letras en una línea del antiguo texto de los años veinte a los sesenta en algunos casos. Tantas letras en una línea serían muy inusuales. Una prueba que confirma la tesis de O'Callaghan es que nadie ha encontrado ningún otro texto no relacionado al Nuevo Testamento para estos manuscritos. Usando las reglas normales, O'Callaghan proporcionó identificaciones probables del Nuevo Testamento.

Relevancia apologética. Si la identificación de algunos de estos fragmentos como Nuevo Testamento es válida, las implicaciones para la apologética cristiana son enormes. El Evangelio de Marcos fue escrito durante el tiempo de vida de los apóstoles y contemporáneos de los eventos (ver Nuevo Testamento, Datación del; Nuevo Testamento, Historicidad del). Esta fecha antigua (antes del 50) no deja tiempo para el embellecimiento mitológico de los registros (ver Mitología y el Nuevo Testamento). Deben ser aceptados como históricos. Se muestra que Marcos es uno de los primeros evangelios. La posibilidad de que haya una Q o una serie de manuscritos de los Evangelios Q es más remota (ver Documento Q). Como estos manuscritos no son originales sino copias, el Nuevo Testamento fue copiado y difundido rápidamente. La existencia de un canon del Nuevo Testamento desde el principio es insinuada por esta selección de libros, representando los Evangelios, Hechos, y las Epístolas Paulinas y generales, cada sección principal del Nuevo Testamento. También, el fragmento de 2 Pedro argumentaría la autenticidad de esta frecuentemente disputada Epístola. La ausencia de fragmentos de los escritos de Juan podría indicar que fueron escritos después (80-90), de acuerdo con las fechas tradicionales.

Fuentes

D. Estrada y W. White Jr., *The First New Testament* [El primer Nuevo Testamento].

E. Fisher, *"New Testament Documents among the Dead Sea Scrolls?"* [¿Documentos del Nuevo Testamento entre los rollos del Mar Muerto?].

P. Granate, *"O'Callaghan's Fragments"* [Fragmentos de O'Callaghan].

B. Orchard, *"A Fragment of St. Mark's Gospel Dating from before AD 50?"* [¿Un fragmento del Evangelio de San Marcos de antes del año 50 d. C.?].

W. N. Pickering, *The Identity of the New Testament Text* [La identidad del texto del Nuevo Testamento].

W. White Jr., *"O'Callaghan's Identifications"* [Las identidades de O'Callahan].

Ockham, Guillermo de. *Ver* GUILLERMO DE OCKHAM.

Ockham, Navaja de. Este es el nombre popular para un principio establecido por Guillermo de Ockham (1285-1349). Se también se llama el Principio de Parsimonia. En su forma popular, establece que la explicación más simple es la mejor explicación. Con frecuencia se entiende que esto significa "cuantos menos, más verdadero", y por extensión lógica, "cuanto menos, el más verdadero". Sin embargo, esto no es lo que Ockham tenía en mente.

En la forma original dada por Ockham, el principio simplemente afirma que "las causas no deben multiplicarse sin necesidad". Es decir, no se debe plantear más causas o razones que son necesarias para explicar los datos. La verdadera explicación podría implicar muchas causas y tener menos sería incorrecto. Pero complicar innecesariamente el problema también hace que el razonamiento sea incorrecto.

Ontología. La ontología es el estudio (logos) del ser (ontos). Es el estudio de la realidad. Responde a la pregunta "¿Qué es real?" como la ética responde a la pregunta "¿Qué es correcto?" como la estética responde a la pregunta "¿Qué es hermoso?" y la epistemología responde a la pregunta "¿Qué es verdadero?".
La ontología y la metafísica se usan indistintamente. Ambas estudian el ser como ser o lo real como real. Son las disciplinas que se ocupan de la realidad mayor.

Órganos vestigiales. *Ver* EVOLUCIÓN BIOLÓGICA.

Origen, Ciencia del. Algunos no consideran que la creencia de que el universo y todas las formas de vida fueron creadas por Dios sea verdadera ciencia, porque la ciencia trata con teorías que pueden ser verificadas por medio de pruebas. No hay forma de probar la creación, ya que fue una singularidad única del pasado. Esta objeción se basa en un malentendido de dos tipos de ciencia: empírica y forense. La ciencia operativa se ocupa del mundo tal como existe ahora, y la ciencia del origen del pasado (Geisler y Kerby, caps. 1, 6, 7). La ciencia operativa es una ciencia empírica que se ocupa de las regularidades del presente, pero la ciencia del origen es una ciencia forense que considera las singularidades del pasado, el origen del universo y las formas de vida.

Dado que no hay una forma directa de probar una teoría o modelo de la ciencia del origen, debe juzgarse plausible o inverosímil basándose en la forma en que reconstruye de forma coherente y exhaustiva el pasado no observado de conformidad con las pruebas disponibles. La ciencia operativa se basa en los principios de observación y repetición. Por ejemplo, las leyes de la física y la química se basan en la observación de patrones recurrentes de eventos. Estas observaciones pueden hacerse a simple vista o con la ayuda de instrumentos sensibles, pero la observación de algún tipo es crucial. Asimismo, debe haber alguna repetición o patrón recurrente. Porque no se puede hacer un análisis científico basado en un evento singular. La ciencia operativa se basa en la repetición de patrones similares de eventos. La ciencia operativa no solo implica regularidades presentes sino también las futuras que pueden ser proyectadas. Pero no se puede hacer ninguna tendencia o predicción científica a partir de un evento singular.

El funcionamiento del cosmos es estudiado por la ciencia operativa de la cosmología. Pero el origen del cosmos es el campo de la ciencia de la cosmogonía. La ciencia operativa de la biología no se ocupa adecuadamente del comienzo de la vida sino de su funcionamiento continuo. La forma en que comenzó la vida es para la biogenia.

Al distinguir estas dos áreas de investigación, es importante notar diferencias sustanciales incluso en las leyes y procesos naturales que observan. Las leyes por las que algo funciona hoy en día pueden no explicar cómo funcionó al principio. Es difícil saber qué factores existieron para interactuar entre sí. Un ejemplo simple y obvio es que las leyes que operan durante el funcionamiento de un molino de viento no son suficientes para producir ese molino de viento. Un molino de viento funciona por las leyes puramente naturales de la física: presión, movimiento e inercia. No obstante, la inercia no puede crear el diseño, soldar el metal, ensamblar el generador eólico, o ajustar las palas de la hélice. Alguien tenía que venir de fuera del sistema de molinos de viento, trayendo el conocimiento necesario, planes y manipulación de materiales. Las leyes naturales explican adecuadamente por qué la electricidad es generada por un molino de viento de manera continua; son insuficientes para explicar el inicio del sistema.

Solo porque las cosas funcionan de manera regular, no es posible hacer observaciones y predicciones basadas en ellas. Así que un enfoque totalmente diferente y objetivos diferentes están en juego en una ciencia forense. Normalmente se oye hablar de la ciencia forense en la aplicación de la ley, donde los científicos pueden intentar reconstruir lo que sucedió para causar una muerte no observada, por ejemplo. Algunos elementos pueden ser repetibles, pero no la serie esencial de eventos, ya que la persona en el centro de esos eventos está muerta. Pero la falta de principios de ciencia empírica no frustra totalmente un análisis

científico de la muerte. La ciencia forense tiene sus propias reglas y principios. Al utilizar las pruebas que quedan (como armas, patrones de lesiones, salpicaduras de sangre y huellas dactilares), el científico forense puede hacer una reconstrucción plausible del evento original. De manera similar, el científico del origen intenta reconstruir el origen del universo y el origen de la vida.

Principios de la ciencia del origen. Además de los dos principios obvios que toda teoría o modelo debe ser coherente y exhaustiva, los principios más cruciales de la ciencia del origen son la causalidad y la uniformidad (analogía) (ibid., 131-32).

Causalidad. Al igual que el científico forense, el científico del origen cree que todo acontecimiento tiene una causa adecuada (ver Causalidad, Principio de; Primeros Principios). Esto es cierto tanto para los eventos no observados como para los observados. Este principio tiene una aceptación tan universal que apenas necesita justificación. Basta con señalar que *Aristóteles dijo: "El hombre sabio busca causas". Francis Bacon creía que el verdadero conocimiento es "conocimiento por causas" (Bacon, 2.2.121). Incluso el escéptico David *Hume estuvo de acuerdo (Letters of David Hume [Cartas de David Hume], 1.187). Es evidente para la mayoría de seres racionales que todo lo que viene a ser, tiene una causa. Si no fuera así, las cosas entrarían y saldrían de la existencia caprichosamente, pero no es así. De hecho, sin el principio de causalidad, ninguna ciencia sería posible.

Es importante señalar que el principio de causalidad no pretende que todo tenga una causa. Con los ateos (ver Ateísmo) estamos de acuerdo en que si la materia (energía) es eterna e indestructible, entonces no necesita una causa. Solo todo lo que comienza, o es contingente, tiene una causa. Si un Ser es eterno e independiente (ya sea el universo o Dios), entonces no necesita una causa. La causalidad se aplica a las cosas que llegan a ser; lo que solo es, no tiene causa.

Uniformidad (Analogía). En términos generales, el principio científico de la uniformidad afirma que "el presente es la clave del pasado". Aplicado más específicamente a la cuestión de las causas pasadas no observadas, el principio de la uniformidad (analogía) afirma que la causa de ciertos tipos de eventos ahora habría producido efectos similares en el pasado. Los eventos del pasado tienen causas similares a las causas de los eventos del presente.

El principio de uniformidad deriva su nombre de la experiencia uniforme en la que se basa. La observación repetida revela que ciertos tipos de causas producen regularmente ciertos tipos de eventos. Por ejemplo, el agua que fluye sobre pequeñas rocas rodantes desgasta gradualmente la superficie de la roca haciéndola lisa y redondeada. El viento en la arena (o agua) produce ondas. La lluvia fuerte sobre la tierra resulta en la erosión, y así sucesivamente. Estas son causas naturales y secundarias. Sus efectos son producidos por fuerzas naturales cuyos procesos son una parte observable del actual funcionamiento del universo físico.

Sin embargo, el principio de uniformidad no debe confundirse con el uniformitarianismo. Este último es una presuposición naturalista (ver Naturalismo), que supone erróneamente que todas las causas de los acontecimientos en el mundo deben ser causas naturales. Esto a la vez carece de base y es contraria a la mejor evidencia del origen del universo (ver Big Bang, Teoría del; Evolución Cósmica; Termodinámica, Principios de la). No hay razón para aceptar la premisa de que todo lo que ocurre en la naturaleza fue causado por la naturaleza (ver Naturalismo; Milagro). Después de todo, el mundo natural no se causó a sí mismo (ver Argumento Cosmológico; KALAM, Argumento Cosmológico). Incluso las mentes finitas pueden intervenir todo el tiempo en el mundo natural. No hay ninguna razón para que una Mente infinita no pueda hacer lo mismo.

Además de las causas secundarias, hay causas primarias. La inteligencia es una causa primaria. Y el principio de uniformidad (basado en la conjunción constante) nos informa de que ciertos tipos de efectos provienen solo de causas inteligentes: el lenguaje, los puntos de proyectiles, la cerámica, retratos y sinfonías. Tan convencidos estamos por la experiencia previa repetida que solo la inteligencia produce este tipo de efectos que cuando vemos incluso un solo evento que se asemeja a uno de estos tipos de efectos, invariablemente planteamos una causa inteligible para ello. Cuando nos encontramos con las palabras "Juan ama a María" escritas en una playa, nunca asumimos que las olas lo hicieron. La pregunta es si el origen del primer organismo vivo (que no observamos) fue originado por una causa secundaria (natural) o por una causa primaria inteligente. La única forma científica de determinar esto es por analogía con nuestra experiencia de qué tipo de causa produce regularmente ese tipo de efecto.

El principio de uniformidad es un argumento de la analogía. Es un intento de llegar a lo desconocido (pasado) a través de lo conocido (presente). Dado que no tenemos acceso directo al pasado, podemos "conocerlo" solo por analogía con el presente. Así es como se reconstruye la historia humana, la historia de la Tierra y la historia de la vida. Por ejemplo, la geología histórica es totalmente dependiente como ciencia en el principio de uniformidad. A menos que podamos observar presencialmente en la naturaleza o

en el laboratorio ciertos tipos de causas que produzcan ciertos tipos de eventos, no podemos reconstruir válidamente la historia geológica. Pero como podemos observar causas naturales que producen este tipo de efectos hoy en día, podemos postular que causas naturales similares produjeron efectos similares en el registro geológico del pasado. La arqueología como ciencia solo es posible porque asumimos el principio de uniformidad. Ciertos tipos de herramientas, arte o escritura dicen consistentemente ciertas cosas sobre los seres inteligentes que los produjeron. Incluso simples puntos de proyectil nos llevan a afirmar qué indios los produjeron y cuándo. Pueden diferenciarse de los pedazos de sílex o roca formados por el viento y el agua. Cuando los restos del pasado contienen escritura, arte, poesía o música, insistimos inmediatamente en que vienen de seres inteligentes.

Así que si la evidencia requiere una causa secundaria o primaria, el principio de uniformidad es la base. A menos que hayamos tenido una constante conjunción de un cierto tipo de causa con un cierto tipo de efecto en el presente, no tenemos motivos para aplicar el principio a los eventos pasados conocidos solo por sus restos.

Varias áreas de la ciencia del origen. Ahora que se establecen los principios básicos de la ciencia del origen, pueden aplicarse a las tres principales áreas del origen: el comienzo del universo, la aparición de la primera vida, y la aparición de seres humanos (racionales). En cada caso, esto da lugar a una distinción entre el origen y la ciencia operacional. Ya existen nombres para distinguirlos.

	Ciencia del origen	Ciencia operacional
Universo	Cosmogonía	Cosmología
Vida	Biogenia	Biología
Humanos	Antropogenia	Antropología

Las pruebas científicas se presentan en otro lugar para la visión creacionista de la cosmogonía (ver Evolución cósmica), biogenia (ver Evolución química) y antropogenia (ver Evolución biológica). Por lo tanto, queda aquí simplemente preguntar si la creación es una ciencia.

La creación como ciencia. La creencia de que hay un Creador inteligente del universo, la primera vida y las nuevas formas de vida es tan científica como los puntos de vista naturalistas de la teoría macroevolutiva. Ambas son ciencia de origen, no ciencia operacional. Ambas tratan con singularidades del pasado. Ambas adoptan un enfoque forense reconstruyendo un escenario plausible del evento pasado no observado a la luz de las pruebas que permanecen en el presente. Ambas usan los principios de causalidad y analogía. Ambas buscan una explicación adecuada de los datos. Ambas apelan a veces a una causa primaria (inteligente) para explicar los datos. La arqueología plantea una causa inteligente para la cerámica. Los antropólogos hacen lo mismo con las herramientas antiguas. Del mismo modo, cuando los creacionistas ven el mismo tipo de complejidad especificada en un simple animal unicelular, como se supone que es el primer ser viviente, ellos también postulan una causa inteligente para ello. Su punto de vista es tan científico en el procedimiento como el de los evolucionistas cuando ofrecen una explicación natural para el primer ser vivo.

De la misma manera, la visión de los creacionistas sobre el origen del cosmos es tan científico como la posición de los evolucionistas. Ambos usan evidencia científica en el presente. Y ambos utilizan el principio de causalidad. El creacionista apunta a la evidencia de la segunda ley de la termodinámica, que el universo se está agotando, como prueba de que tuvo un comienzo, junto con las otras pruebas de la *teoría del big bang. Esto, combinado con el principio de la causalidad, lleva a la conclusión de que:

1. El cosmos tuvo un comienzo.
2. Todo lo que comienza tiene una causa.
3. Por lo tanto, el cosmos tenía una causa (ver KALAM, Argumento Cosmológico).

Objeciones a la Ciencia del Origen. Surgen repetidamente dos objeciones básicas a la ciencia del origen. El primero tiene que ver con el método científico como tal y el segundo con el origen de un modelo científico.

El naturalismo en el enfoque científico. En este punto, los evolucionistas suelen objetar que el enfoque creacionista no es científico porque apela a una causa sobrenatural. Los evolucionistas asumen solo las causas naturales. Por lo tanto, el punto de vista de los creacionistas es descalificado, incluso como una ciencia del origen. Esta objeción es un caso clásico que carece de base. ¿Quién dijo que la ciencia solo puede permitir causas naturales para los fenómenos del mundo natural? Este paso es inválido, ya que elimina la creación por definición. Uno podría, por el mismo paso, exigir que solo existan causas sobrenaturales para todos los eventos y eliminar todas las causas naturales por definición (ver Milagros, Argumentos contra los). Es una forma de *naturalismo metodológico. Aunque puede admitir la existencia de un reino

sobrenatural, insiste en que el método científico debe permitir solo causas naturales. Mientras que esto puede ser cierto para la ciencia operacional, no es así en la ciencia del origen.

Eliminar una causa inteligente del mundo y de la vida como explicación científica es contrario al origen y a la historia antigua de la ciencia. La mayoría de los fundadores de la ciencia moderna eran creacionistas que creían que la evidencia científica apuntaba a un Creador inteligente y sobrenatural del universo y la vida. Redefinir la ciencia de manera que elimine la posibilidad de una causa inteligente es contrario al comienzo y al carácter de la ciencia moderna misma.

Un enfoque científico debería ir donde la evidencia conduce, incluso si conduce a una causa sobrenatural. ¿Qué hay de científico en un enfoque que se niega a concluir que existe el tipo de causa a las que apuntan las pruebas?, ¿un arqueólogo debería negarse a aceptar todo lo que no sea una causa natural para el arte que desentierra?

La única causa adecuada para el origen de la vida y el universo es sobrenatural. Después de todo, como todas las pruebas indican, todo el mundo natural tuvo un comienzo, entonces la Causa debe haber estado más allá de la naturaleza (ver KALAM, Argumento Cosmológico). Por definición, eso significa sobrenatural. ¿Por qué lógica se deja de sacar la conclusión lógica simplemente porque se quiere plantear una definición estipulativa de "ciencia" para excluir ese tipo de causa del reino de la ciencia?

Incluso si uno insiste tercamente, por cualquier razón, excluir todas las causas, excepto las naturales, de la palabra ciencia, eso no invalida las causas sobrenaturales o su estudio. Simplemente se mueven a otra área de esfuerzo intelectual, ya sea "filosofía" o lo que sea. La ciencia simplemente se empobrece en su propia búsqueda de la verdad. No existe una razón válida para que las explicaciones sobrenaturales deban excluirse de un esfuerzo académico interesado en encontrar y enseñar la verdad sobre nuestro mundo.

El origen de un modelo científico. Algunos oponentes a la ciencia del origen insisten en que el modelo de creación se toma de un documento religioso, la Biblia, y la religión no tiene lugar en la ciencia. Mientras que uno puede objetar que la enseñanza de la Biblia en una clase de ciencias de una escuela pública es un ejercicio religioso, esta objeción pasa por alto una distinción muy importante: El origen de una teoría científica no tiene relación con su validez. Algunos hallazgos científicos ampliamente aceptados han tenido fuentes religiosas. Nikola Tesla (1856-1943) obtuvo la idea del motor de corriente alterna de una visión que tuvo mientras leía al poeta panteísta Goethe. Kekule inventó el modelo de la molécula de benceno después de tener una visión de una serpiente mordiéndose la cola. Ningún científico rechazaría estos hallazgos científicos simplemente por su fuente religiosa. De la misma manera, nadie debe rechazar la idea de un Creador inteligente del universo y de la vida simplemente porque tiene una fuente religiosa. La cuestión no es de dónde vino la idea sino si explica adecuadamente los hechos. Y un Creador inteligente sí explica adecuadamente el origen del universo y la vida.

Una perspectiva de la "Tierra Plana". Muchos de los que se oponen a llamar a la creación una perspectiva científica insisten en que hacerlo es abrir la puerta para enseñar la perspectiva de la "Tierra Plana" como ciencia también. Pero está claro que este no es el caso. Si la tierra es cuadrada o esférica es una cuestión de operación, no de la ciencia del origen, ya que la forma de la tierra está sujeta a repetidas verificaciones y observaciones. La forma actual de la tierra no tiene nada que ver con la cuestión de su origen. No hay necesidad de permitir que la perspectiva de la tierra plana se enseñe como ciencia, ya que ha sido científicamente desmentida. Esto puede decirse de pocas teorías, pero la perspectiva de la "tierra cuadrada" es fácticamente falsa. Y no hay razón para permitir que algo que ha sido falsificado se enseñe como una perspectiva científica legítima.

Este no es el caso de la creación, ya que nadie ha desmentido fácticamente que podría haber habido una causa inteligente del universo y la vida (ver Dios, Supuestas contradicciones de). De hecho, hay más pruebas plausibles para un Creador (ver Argumento cosmológico) y Diseñador (ver Argumento teleológico; Principio antrópico) del cosmos que para la evolución naturalista (ver Evolución biológica).

La creación y otros puntos de vista religiosos. Si se permite la visión bíblica de la creación en la ciencia, se dice, las perspectivas islámicas, budistas, hindúes y otras perspectivas religiosas también deben ser permitidas. Pero el creacionismo científico no es un punto de vista religioso; es un punto de vista científico que apela solo a la evidencia científica para respaldar sus conclusiones. Simplemente porque la perspectiva de una investigación científica viene de un libro religioso no significa que la perspectiva sea religiosa. Como se ha señalado anteriormente, la fuente de muchas perspectivas científicas era religiosa, pero la naturaleza de las perspectivas no lo era. La implicación de que permitir que la creación se enseñe junto con la evolución permitiría un sinfín de otras perspectivas de origen no es el caso. Básicamente, hay dos explicaciones para los eventos de origen: O bien el universo tenía una causa inteligente o una causa no inteligente. O bien la causa es natural o sobrenatural. Todas las perspectivas sobre el origen, ya sea budista, hindú, islámico o judeocristiano, caen en una de estas dos amplias categorías. Si la Causa del Universo debe ser adorada o cómo hacerlo son cuestiones religiosas y no entran en el ámbito de la ciencia del origen.

*Aristóteles postuló un Primer Motor Inmóvil (una Causa no causada), pero nunca lo consideró un objeto de devoción religiosa. Era simplemente una explicación racional de lo que observaba en el mundo. De la misma manera, Platón tuvo un creador Demiurgos, pero fue propuesto como una necesidad filosófica, no como un objeto de religión.

Fuentes

F. Bacon, *The New Organon and Related Writings* [El nuevo Organon y escritos relacionados].

P. Davis y D. H. Kenyon, *Of Pandas and People.* [De pandas y personas]

W. Dembski y J. Wells, *The Design of Life.* [El diseño de la vida]

N. L. Geisler, *Knowing the Truth about Creation.* [Conociendo la verdad sobre la creación]

N. L. Geisler y J. *Kerby, Origin Science.* [Ciencia del origen]

D. Hume, *Enquiry Concerning Human Understanding.* [Investigación sobre el entendimiento humano]

————, *The Letters of David Hume.* [Las cartas de David Hume]

P. Johnson, *Reason in the Balance.* [La razón en la balanza]

S. C. Meyer, *Signature in the Cell.* [La firma en la célula]

J. P. Moreland, *Christianity and the Nature of Science.* [El cristianismo y la naturaleza de la ciencia]

————, ed., *The Creation Hypothesis.* [La hipótesis de la creación]

N. R. Pearcey y C. B. *Thaxton, The Soul of Science.* [El alma de la ciencia]

C. B. Thaxton et al., *The Mystery of Life's Origin* (epílogo). [El misterio del origen de la vida]

Orígenes. Orígenes (185-254) fue un padre de la iglesia primitiva y un apologeta del cristianismo. Fue fuertemente influenciado por el pensamiento platónico (ver Platón; Plotino) y gnóstico (ver Gnosticismo). Como consecuencia, su defensa de la fe tendió a sacrificar enseñanzas importantes. Negó la historicidad de secciones cruciales de las Escrituras; enseñó la preexistencia del alma y el universalismo (la creencia de que todos se salvarán eventualmente; ver "Paganos", Salvación de los) y negó que Jesús fue levantado de la muerte en un cuerpo físico (ver Resurrección, Naturaleza Física de la). Estas posiciones fueron condenadas como heréticas por los posteriores concilios de la iglesia.

Orígenes fue un cristiano de principios del siglo II escritor de Alejandría, Egipto. Estudió once años con el neoplatonista Ammonius Saccas, donde era un compañero de clase de Plotino (205-70). Orígenes lideró una escuela de catequesis en Alejandría (211-32) y más tarde fundó una escuela en Cesárea.

Sus muchas obras incluyen la Hexapla, una comparación a seis columnas de varias interpretaciones griegas y hebreas del Antiguo Testamento. Desafortunadamente, no sobreviven copias de esta gran obra. También escribió Contra Celsus, una obra apologética que responde al filósofo Celsus y De Principiis, un importante tratado teológico.

La Biblia. Aunque Orígenes afirmaba que la Biblia era inspirada por Dios, no aceptaba la historicidad completa de las Escrituras, ni las interpretaba literalmente. Como otros en la escuela de interpretación de Alejandría, con frecuencia alegorizaba secciones cruciales de la Escritura. Por ejemplo, afirmaba que la historia de Adán y Eva debía tomarse en sentido figurado. También argumentó que los propios Evangelios están llenos de la misma clase de relatos, por ejemplo, la historia de la tentación de Jesús (De Principiis, 4.1.16).

Doctrinas poco ortodoxas. Orígenes defendía la preexistencia y eternidad del alma. Era un universalista, creía que todos se salvarán eventualmente. Él negó la naturaleza física del cuerpo de la resurrección y se aferraba a las visiones gnósticas del alma, el conocimiento, y la salvación. En el año 400 aproximadamente, el Consejo de Toledo condenó su punto de vista, declarando: "Creemos verdaderamente, que habrá una resurrección de la carne de la humanidad" (Parker, págs. 24, 26). Y el Cuarto Concilio de Toledo (663) añadió: "Por cuya muerte y sangre hemos obtenido el perdón de (nuestros pecados) y seremos resucitados por él en los últimos días en la misma carne en la que ahora vivimos, (y) de la misma manera en la que el mismo (nuestro) Señor resucitó" (ibid., 26). Orígenes también negó la deidad de Cristo, afirmando que Jesús tiene un estatus subordinado al Padre, incluso hasta el punto de que perdió su deidad mientras estuvo en la tierra. Orígenes escribió: "El Hijo de Dios, despojándose de su igualdad con el Padre y mostrándonos el camino hacia el conocimiento de Él, se hace imagen expresa de su persona" (De Principiis, 1.2.8).

Evaluación. Orígenes fue en el mejor de los casos una bendición mixta para la apologética cristiana. Defendió la inspiración básica y la historicidad de la Biblia. Enfatizó el uso de la razón en la defensa del cristianismo primitivo contra los ataques del paganismo y otras falsas enseñanzas. Él fue un estudioso en textos.

Sin embargo, los negativos de Orígenes parecen superar a los positivos. Negó la inerrancia de la Biblia, al menos en la práctica (ver Biblia, Supuestos errores en la). Enseñó el *universalismo, contrario tanto a la Escritura como a los credos ortodoxos. Enseñó la preexistencia del alma en contraste con la enseñanza ortodoxa de la creación. Se dedicó a una interpretación altamente alegórica de las Escrituras, socavando importantes verdades literales. Él tenía un punto de vista aberrante sobre la naturaleza de Cristo, que dio lugar a la posterior herejía arriana (ver Cristo, Divinidad de). Negó la naturaleza tangible y física de la resurrección del cuerpo (ver Resurrección, Evidencias a favor de la; Resurrección, Naturaleza Física de la) en contraste con la clara enseñanza de las Escrituras (Lucas 24:39; Hechos 2:31; 1 Juan 4:2) y los credos (ver Geisler, Battle for the Resurrection [Batalla por la Resurrección], cap. 5, y In Defense of the Resurrection [En defensa de la Resurrección], cap. 9).

Fuentes

C. Bigg, *The Christian Platonists of Alexandria* [Los platonistas cristianos de Alejandría].

H. Bullinger y T. Harding, *The Decades of Henry Bullinger* [Las décadas de Henry Bullinger].

J. Danielou, Origen [Orígenes].

W. Fairweather, *Origen and Greek Patristic Theology* [Orígenes y la Teología Patrística Griega].

N. L. Geisler, *The Battle for the Resurrection* [Batalla por la Resurrección].

———, *In Defense of the Resurrection* [En defensa de la Resurrección].

Origen, Contra Celsus.

———, *On First Principles* [Sobre los primeros principios].

P. Schaff, ed., *A Select Library of Nicene and Post-Nicene Fathers of the Christian Church.* [Una selecta biblioteca de los Padres de la Iglesia Cristiana de Nicea y Post-Nicea].

J. W. Trigg, *Origen* [Orígenes].

Orr, James. James Orr (1844-1913) fue un teólogo y apologista escocés. Los primeros trabajos de Orr sobre la apologética fueron los más duraderos. Christian View of God and the World [La visión cristiana de Dios y del mundo] (1893) fue una referencia estándar en la década de 1950. Orr fue uno de los primeros críticos británicos del teólogo liberal Albrecht Ritschl (1822-89) en su Ritschlian Theology and the Evangelical Faith [La teología ritschliana y la fe evangélica] (1897). Defendió la autoría mosaica esencial del Pentateuco (ver Pentateuco, Autoría mosaica del) contra los ataques de Julius Wellhausen. Aunque estaba dispuesto a dar cabida a algunas facetas de la evolución biológica (ver Evolución), su obra God's

Image [La imagen de Dios] (1905) subrayaba la necesidad de reconocer la creación sobrenatural del alma humana. En God's Image in Man [La imagen de Dios en el hombre] (1910), sostenía que la evolución moral socavaba la gravedad de la depravación humana.

El enfoque apologético de Orr era distintivo. En The Progress of Dogma [El progreso del dogma] (1901), contraatacó a Adolf Harnack (1851-1930) y su ataque a la historia del dogma mostrando la lógica interna del desarrollo de la ortodoxia. The Virgin Birth of Christ [El nacimiento virginal de Cristo] (1907) y Revelation and Inspiration [Apocalipsis e inspiración] (1910) fueron contribuciones significativas. Otro trabajo duradero fue la edición de Orr de la International Standard Bible Encyclopedia [Enciclopedia Bíblica Internacional Estándar] (1915). Orr también escribió artículos para la defensa en doce volúmenes de la teología conservadora, The Fundamentals [Los fundamentos] (1910-15). A diferencia de sus homólogos americanos, como A. A. Hodge y B. B.*Warfield, Orr no se aferró a la total inerrancia de la Escritura, sino que permitió errores menores en el texto original (ver Geisler).

Fuentes

N. L. Geisler y W. C. *Roach, Defending Inerrancy* [Defensa de la Inerrancia].

G. G. Scorgie, *A Call for Continuity* [Un llamado a la continuidad].

———, *"Orr, James"*

P. Toon, *The Development of Doctrine in the Church* [El desarrollo de la doctrina en la Iglesia].

"Paganos", Salvación de los. El destino de aquellos que nunca han escuchado el evangelio, tradicionalmente llamados "paganos" por los misionólogos y apologetas, plantea un problema

para la benevolencia de Dios. Si Dios es todo amor, ¿cómo puede enviar al infierno a personas que nunca han oído hablar de Jesús y de cómo salvarse? Algunos estiman que a finales del siglo XX, cerca de la mitad de los más de cinco mil millones de personas vivas nunca habían oído el evangelio. Un número mayor de personas había "escuchado" técnicamente el evangelio, pero no se les había enseñado sobre Cristo de manera significativa.

Se han propuesto dos respuestas a este problema. Algunos creen que los paganos pueden ser salvados al margen del evangelio si responden a la luz de la revelación general. Otros creen que Dios provee la verdad del evangelio por medio de una revelación especial a aquellos que verdaderamente lo buscan.

La salvación en la revelación general. Aquellas personas que creen que un pecador puede ser salvado sin escuchar que Jesús murió por sus pecados y que Él resucitó de la muerte (1 Co 15:1-5) piensan de la siguiente manera.

El amor y la justicia de Dios. La Biblia afirma que Dios es justo (Sal 33:5); no hace distinciones entre las personas. "Porque con Dios no hay favoritismos" (Ro 2:11). Abraham declaró: "Tú, que eres el Juez de toda la tierra, ¿no harás justicia?" (Gn 18:25). Además, Dios es todo amor. Él ama a todo el mundo y envió a su único Hijo a morir por él (Juan 3:16). Porque "el Señor no tarda en cumplir su promesa, según entienden algunos la tardanza. Más bien, él tiene paciencia con ustedes, porque no quiere que nadie perezca, sino que todos se arrepientan" (2 Pedro 3:9). Argumentando sobre los atributos del amor y la justicia, algunos apologetas cristianos insisten en que un Dios así no condenaría a aquellos que nunca han escuchado el evangelio de Cristo. Ofrecen algunas Escrituras para sustentar su creencia.

Hechos 10:35. Pedro le dijo a Cornelio, el gentil que nunca había escuchado el evangelio, "que en toda nación él [Dios] ve con agrado a los que le temen y actúan con justicia" (Hechos 10:35). El texto indica que él "era temeroso de Dios" (v. 2) y fue aceptado por Él, aunque todavía no había escuchado el mensaje cristiano.

Hechos 19:2-6. Hechos 19:2-6 habla acerca de creyentes que fueron salvados muchos años después de la época de Cristo, aunque todavía no habían recibido el Espíritu Santo. Pablo les preguntó: "¿Recibieron ustedes el Espíritu Santo cuando creyeron?" y ellos respondieron "No, ni siquiera hemos oído hablar del Espíritu Santo". Así que Pablo les anunció la verdad y "al oír esto, fueron bautizados en el nombre del Señor Jesús" (Hechos 19:5). Pero fueron llamados "discípulos" (creyentes) incluso antes de que Pablo les predicara (v. 1).

Romanos 2:6-7. Pablo declaró que "Dios 'pagará a cada uno según lo que merezcan sus obras'. Él dará vida eterna a los que, perseverando en las buenas obras, buscan gloria, honor e inmortalidad" (Ro 2:6-7). Esto es en el contexto de "gentiles, que no tienen la ley" (2:14), es decir, los paganos. Pero esto significaría que los paganos pueden recibir la "vida eterna" al margen de la revelación especial a través de la ley de Dios.

Gálatas 3:8. Según Pablo: "la Escritura, habiendo previsto que Dios justificaría por la fe a las naciones, anunció de antemano el evangelio a Abraham: 'Por medio de ti serán bendecidas todas las naciones'" (Gl 3:8). Pero el "evangelio" que Abraham escuchó no poseía el contenido explícito de que Cristo, el Hijo de Dios, murió y resucitó de entre los muertos. Porque cuando Abraham creyó, el versículo simplemente dice que "lo llevó afuera y le dijo: 'Mira hacia el cielo y cuenta las estrellas, a ver si puedes. ¡Así de numerosa será tu descendencia!'" (Gn 15:5)

Hebreos 11:6. Según lo que indica este versículo: "Cualquiera que se acerca a Dios tiene que creer que él existe y que recompensa a quienes lo buscan" (Heb 11:6). Esto parece incluir también a los que nunca han oído el evangelio.

Apocalipsis 14:6. El apóstol Juan dijo: "Luego vi a otro ángel que volaba en medio del cielo, y que llevaba el evangelio eterno para anunciarlo a los que viven en la tierra, a toda nación, raza, lengua y pueblo" (Ap 14:6). Si el evangelio por el cual fueron salvados es eterno, entonces fue el mismo que se proclamó en el Antiguo Testamento. El siguiente texto indica que este texto no tenía el mismo contenido que el evangelio del Nuevo Testamento (1 Co 15:1-5). Sin embargo, la gente se salvó creyendo la buena noticia de que Dios es misericordioso.

Jonás 3:1-5. El Antiguo Testamento relata una historia explícita de cómo los paganos se salvaron, al menos de la destrucción física. Al profeta judío Jonás se le dijo que fuera a Nínive (Asiria) y que proclamara: "¡Dentro de cuarenta días Nínive será destruida!". Y "los ninivitas le creyeron a Dios, proclamaron ayuno y, desde el mayor hasta el menor, se vistieron de luto en señal de arrepentimiento" (Jonás 3:4-5). Y "al ver Dios lo que hicieron, es decir, que se habían convertido de su mal camino, cambió de parecer y no llevó a cabo la destrucción que les había anunciado" (Jonás 3:10). Sobre su posterior conversión, Jonás dijo: "pues bien sabía que tú eres un Dios bondadoso y compasivo, lento para la ira y lleno de amor, que cambias de parecer y no destruyes" (Jonás 4:2).

No hay indicación alguna de que el contenido que creían era más que la creencia en un Dios misericordioso que perdona a aquellos que se vuelven de sus pecados a Él con fe.

Salmos 19:1-4. Los mismos cielos proclaman el evangelio, según el Salmo 19: "Los cielos cuentan la gloria de Dios, el firmamento proclama la obra de sus manos. Un día transmite al otro la noticia, una noche a la otra comparte su saber. Sin palabras, sin lenguaje, sin una voz perceptible, por toda la tierra resuena su eco, ¡sus palabras llegan hasta los confines del mundo!" Este pasaje parece enseñar que todos en todas partes han escuchado el "evangelio" de la creación por el cual pueden ser salvados. Curiosamente, este es el mismo pasaje al que se refiere el apóstol Pablo cuando dice que nadie puede oír sin un predicador (Ro 10:14, 18).

Una distinción importante. Todos los evangélicos creen que para ser salvo es necesario creer que Cristo murió y resucitó. Sin embargo, los que sostienen que la salvación se puede obtener a través de la revelación general insisten en que no es necesario conocer este hecho. Indican que uno podría recibir un regalo de zapatos nuevos de un benefactor desconocido sin saber qué animal murió para proporcionar el cuero o quién le dio los zapatos. Por lo tanto, todos los versículos que indican que la muerte y la resurrección de Cristo fueron necesarias para la salvación se toman para referirse al hecho de la muerte de Cristo, no a que se deba tener conocimiento explícito de ese hecho.

La salvación a través de Cristo. La posición ortodoxa estándar de Martín Lutero, Juan Calvino y sus discípulos era que la salvación no es posible si no se cree en la muerte y resurrección de Cristo, al menos no desde la época de Cristo.

La salvación por el conocimiento de Cristo. La posición ortodoxa estándar de que la salvación viene solo a través del conocimiento de Cristo plantea un problema aún más grave sobre la justicia y benevolencia de Dios con respecto al destino de los que nunca han escuchado sobre Cristo. Sin embargo, hay muchas escrituras que se refieren a este punto.

Hechos 4:12. En Hechos 4:12, los apóstoles declaran: "De hecho, en ningún otro hay salvación, porque no hay bajo el cielo otro nombre dado a los hombres mediante el cual podamos ser salvos". Ya que hay una referencia explícita al "nombre" de Cristo, resulta difícil creer que no se exija el conocimiento explícito de Cristo como condición para la salvación. Para la salvación, no solo es necesario el hecho del ser de Cristo, sino el nombre de Cristo.

Romanos 10:9. Pablo insiste en "que, si confiesas con tu boca que Jesús es el Señor y crees en tu corazón que Dios lo levantó de entre los muertos, serás salvo". Romanos 10:9 parece exigir la confesión del nombre mismo de "Jesús" como necesaria para la salvación.

Romanos 10:13-14. El apóstol añade en 10:13-14 lo siguiente: "'Todo el que invoque el nombre del Señor será salvo'. Ahora bien, ¿cómo invocarán a aquel en quien no han creído? ¿Y cómo creerán en aquel de quien no han oído? ¿Y cómo oirán si no hay quien les predique?". El énfasis en el hecho de que el no creyente debe "invocar" a Cristo y que debe "oír" el evangelio de alguien que le "predique" parecería eliminar la posibilidad de que hoy en día alguien pueda ser salvo sin escuchar el evangelio de Cristo.

Juan 3:18. El mismo Jesús dijo enfáticamente en Juan 3:18 lo siguiente: "El que cree en él no es condenado, pero el que no cree [en Él] ya está condenado por no haber creído en el nombre del Hijo unigénito de Dios". Se establece la creencia explícita "en el nombre del Hijo unigénito de Dios" como la condición de la salvación.

Juan 3:36. Juan 3:36 deja en claro que "el que cree en el Hijo tiene vida eterna; pero el que rechaza al Hijo no sabrá lo que es esa vida, sino que permanecerá bajo el castigo de Dios". Esto parece apuntar claramente como necesario para la salvación el conocimiento del Hijo (Cristo).

Juan 10:9, 11, 14. Jesús dijo en Juan 10:9-14, "Yo soy la puerta; el que entre por esta puerta, que soy yo, será salvo [...] Yo soy el buen pastor. El buen pastor da su vida por las ovejas [...] conozco a mis ovejas, y ellas me conocen a mí". El hecho de que las ovejas (creyentes) deban "conocer" a Cristo y "entrar" por la puerta indica que un conocimiento explícito de Cristo es necesario para la salvación.

1 Juan 5:10-13. John repite la misma verdad en 1 Juan 5:10b-13: "El que no cree a Dios lo hace pasar por mentiroso, por no haber creído el testimonio que Dios ha dado acerca de su Hijo. Y el testimonio es este: que Dios nos ha dado vida eterna, y esa vida está en su Hijo. El que tiene al Hijo, tiene la vida; el que no tiene al Hijo de Dios, no tiene la vida. Les escribo estas cosas a ustedes que creen en el nombre del Hijo de Dios, para que sepan que tienen vida eterna". Las palabras enfatizadas dejan claro que Juan enseña que el conocimiento explícito de Cristo es necesario para la salvación.

Una respuesta a los revelacionistas generales. Los defensores de la salvación solo a través de la *revelación especial son muy conscientes de los textos de prueba usados por aquellos que creen que la salvación de los paganos es posible solo a través de la *revelación general.

Hechos 10:35. Se suelen mencionar dos cosas sobre el caso de Cornelio. Primero, Cornelio es una prueba de que aquellos que buscan a Dios debido a la luz que poseen, recibirán una revelación especial por la cual podrán conocer a Cristo. Después de todo, el punto de la historia es que Dios envió a Pedro con una revelación especial y que Cornelio no se convirtió en cristiano hasta que escuchó y creyó esta revelación especial. En segundo lugar, algunos señalan que el libro de los Hechos es un período de transición entre el Antiguo Testamento y el Nuevo Testamento, durante el cual los que se salvaron en el Antiguo Testamento recibieron la luz de Cristo por la cual pudieron convertirse en cristianos. Cornelio puede encajar en esta categoría.

Hechos 19:2-6. Este pasaje trata de los discípulos de Juan el Bautista que aún no habían oído hablar de la venida del Espíritu Santo. No tiene nada que ver con aquellos que nunca han escuchado el evangelio. El episodio ilustra la naturaleza transitoria de la época, durante la cual aquellos que no habían escuchado aún el mensaje cristiano (o el mensaje completo) se salvaron por la revelación especial que habían recibido.

Hebreos 11:6. Según Hebreos 11:6, "sin fe es imposible agradar a Dios, ya que cualquiera que se acerca a Dios tiene que creer que él existe y que recompensa a quienes lo buscan". Mientras que la referencia es al conocimiento de Dios, no de Cristo, uno incluye al otro. Dado que el contexto es el de los santos del Antiguo Testamento, y no el de los creyentes del Nuevo Testamento, se entiende por qué no se incluyó la afirmación más amplia sobre el conocimiento explícito de Cristo. Esta es una afirmación del requisito mínimo para ser salvado en cualquier edad. No excluye la creencia en Cristo como un requisito explícito de la salvación en esta época.

Gálatas 3:8. Los defensores de la revelación especial responden de dos maneras a Gálatas 3:8. Algunos sostienen que incluso en los tiempos del Antiguo Testamento, los creyentes tenían un conocimiento explícito del Cristo venidero. Pablo dijo que la "semilla" de Abraham era Cristo (Gl 3:16). Jesús les dijo a los judíos, "Abraham, el padre de ustedes, se regocijó al pensar que vería mi día; y lo vio y se alegró" (Juan 8:56). Ello puede indicar que Abraham conoció a Cristo en persona (tal vez como el Ángel del Señor). Otros defensores se limitan a tomar Gálatas 3:8 para describir el contenido más mínimo (exclusivo del conocimiento explícito de la muerte y resurrección de Cristo) necesario para la salvación en el Antiguo Testamento. El contenido de lo que Abraham creía estaba bien explicado en el Antiguo Testamento (Gn 15:5-6) y no decía nada sobre la muerte y resurrección de Cristo, solo que su descendencia sería tan numerosa como las estrellas de los cielos.

Apocalipsis 14:6. La referencia de Juan al "evangelio eterno", sea lo que sea que signifique, no respalda la opinión de que la salvación de los "paganos" se basa solo en la revelación general. Este mensaje les llegó por una revelación especial. Dios envió un ángel para predicarla. Además, el contenido de este evangelio era sobre los que creían en el "Cordero de Dios" que los "redimió" por su sangre (14:1, 4). El hecho de que el evangelio sea eterno no puede significar más que que Cristo fue "el Cordero que fue sacrificado desde la creación del mundo" (Ap 13:8). No existe ninguna indicación de que Juan se refiera a un evangelio eterno conocido solo por la revelación general.

Jonás 3:1-5. Los santos del Antiguo Testamento no tenían necesidad de tener el mismo conocimiento de contenido requerido para la salvación en el Nuevo Testamento. La doctrina de la *revelación progresiva indica que Dios desplegó poco a poco su plan en la tierra dando una revelación cada vez mayor hasta la revelación completa y final en Cristo (Hebreos 1:1-2).

Salmos 19:1-2. El salmista no habla de la revelación especial de Dios, sino de las revelaciones generales a través de los "cielos", que son "obra de sus manos [creativas]". No está hablando de la cruz, que es la obra del amor redentor de Dios (Ro 10:14, 18). Según los romanos, la revelación general nos informa sobre el "eterno poder y su naturaleza divina" de Dios (Ro 1:20). Es suficiente para la condenación, ya que encuentra a todos los hombres "sin excusa" (ibid.), pero no para la salvación.

Romanos 2:6-7. Este texto no afirma que los "paganos" serán salvos por la revelación general, sino solo aquellos que "buscan [...] la inmortalidad". Más tarde Pablo dijo que es solo Cristo "quien destruyó la muerte y sacó a la luz la vida incorruptible mediante el evangelio" (2 Ti 1:10). La revelación general y otros medios forman parte de la "bondad de Dios [...] quiere llevarte al arrepentimiento" (versículo 4). Aquellos que responden a la luz de la revelación general reciben una revelación especial por la cual pueden ser salvados.

Una reivindicación de la justicia de Dios. Sin embargo, ¿es justo que Dios envíe al infierno a las personas que nunca han oído el único evangelio por el que pueden ser salvados? Esta pregunta en realidad consiste en varias en una sola. Estas se desglosarán y analizarán una por una.

¿Los paganos están perdidos? La respuesta bíblica a esta pregunta es clara: Todos los seres humanos nacen en pecado (Sal 51:5 RVR1960) y son "por naturaleza hijos de la ira" (Ef 2:3 RVR1960), ya que "por medio de un solo hombre el pecado entró en el mundo, y por medio del pecado entró la muerte; fue así como la muerte pasó a toda la humanidad, porque todos pecaron" (Ro 5:12). Dirigiéndose de forma explícita a los "paganos" que solo tienen revelación general, el apóstol Pablo afirmó, "Porque las cosas invisibles de él, su eterno poder y deidad, se hacen claramente visibles desde la creación del mundo, siendo entendidas por medio de las cosas hechas, de modo que no tienen excusa" (Ro 1:20). De la misma manera, agrega: "Todos los que han pecado sin conocer la ley también perecerán sin la ley; y todos los que han pecado conociendo la ley por la ley serán juzgados" (Ro 2:12). Luego, al resumir su conclusión de toda la sección, Pablo manifiesta que "no hay distinción, pues todos han pecado y están privados de la gloria de Dios" (Ro 3:22-23). Sí, los rebeldes pecadores de Dios permanecen perdidos sin saber de Cristo.

¿Hay salvación aparte de Cristo? Todos los cristianos ortodoxos están de acuerdo en que no hay salvación aparte de la obra redentora de Cristo. Jesús dijo: "Yo soy el camino, la verdad y la vida —le contestó Jesús—. Nadie llega al Padre sino por mí" (Juan 14:6). El apóstol Pablo agregó, "Porque hay un solo Dios y un solo mediador entre Dios y los hombres, Jesucristo hombre" (1 Ti 2:5). Además, el escritor de Hebreos estuvo de acuerdo, al afirmar que "Cristo [...] se ha presentado una sola vez y para siempre a fin de acabar con el pecado mediante el sacrificio de sí mismo" (Heb 9:26). Además, el escritor de Hebreos estuvo de acuerdo, al afirmar que "este sacerdote [Cristo], después de ofrecer por los pecados un solo sacrificio para siempre, se sentó a la derecha de Dios [...] porque con un solo sacrificio ha hecho perfectos para siempre a los que está santificando" (Heb 10:12-14). De forma literal, "en ningún otro hay salvación, porque no hay bajo el cielo otro nombre dado a los hombres mediante el cual podamos ser salvo" (Hechos 4:12).

¿Es justo condenar a los que no han escuchado? Sí, es justo condenar a aquellos que nunca han recibido la revelación especial de Dios. En primer lugar, a través de la revelación general, ellos saben acerca de su "eterno poder y su naturaleza divina" (Ro 1:20). Son conscientes de que él "hizo el cielo y la tierra y el mar y todo lo que hay en ellos" (Hechos 14:15). Son conscientes de que Dios "no ha dejado de dar testimonio de sí mismo haciendo el bien, dándoles lluvias del cielo y estaciones fructíferas, proporcionándoles comida y alegría de corazón" (Hechos 14:17). Aunque no tienen la ley de Moisés, "Todos los que han pecado sin conocer la ley también perecerán sin la ley [...] De hecho, cuando los gentiles, que no tienen la ley, cumplen por naturaleza lo que la ley exige, ellos son ley para sí mismos, aunque no tengan la ley [de Moisés]. Estos muestran que llevan escrito en el corazón lo que la ley exige" (Ro 2:12-15).

Aunque Dios se ha revelado a los "paganos" en la creación y en la conciencia, la humanidad caída ha rechazado esa luz de forma universal. Por lo tanto, Dios no está obligado a darles más luz, ya que se han apartado de la luz que tienen. De hecho, aunque tengan la verdad, "la ira de Dios viene revelándose desde el cielo contra toda impiedad e injusticia de los seres humanos, que con su maldad obstruyen la verdad" (Ro 1:18). Alguien perdido en la oscuridad de una densa jungla que ve una chispa de luz debería ir hacia ella. Si esa persona se aleja de la pequeña luz y se pierde para siempre en la oscuridad, solo hay una persona a la que culpar. Las Escrituras dicen, "Esta es la causa de la condenación: que la luz vino al mundo, pero la humanidad prefirió las tinieblas a la luz, porque sus hechos eran perversos" (Juan 3:19).

Si algún incrédulo buscara de verdad a Dios a través de la revelación general, Dios proveería la revelación especial suficiente para la salvación. Después de que Dios guiara a Pedro hasta el Gentil Cornelio, Pedro afirmó, "Ahora comprendo que en realidad para Dios no hay favoritismos, sino que en toda nación él ve con agrado a los que le temen y actúan con justicia" (Hechos 10:35). El escritor de Hebreos nos dice que los que buscan, lo encuentran. "Recompensa a quienes lo buscan" (Heb 11:6).

Dios tiene muchas vías a su alcance a través de las cuales puede hacer llegar la verdad del evangelio a las almas perdidas. La vía normativa es a través de los mensajeros del evangelio (Ro 10:14-15), ya sea en persona o en la radio, televisión o alguna grabación. En una ocasión, Dios usará un ángel para predicar el evangelio "a toda nación, raza, lengua y pueblo" (Ap 14:6). A muchas personas se les ha dado una Biblia, la han leído y se han salvado. Otros se han salvado a través de la literatura del evangelio. No tenemos forma de saber si Dios ha transmitido una revelación especial a través de visiones, sueños y otras formas milagrosas. La verdad es que Dios está más dispuesto a que todos se salven que nosotros. Para "El Señor no tarda en cumplir su promesa, según entienden algunos la tardanza. Más bien, él tiene paciencia con ustedes, porque no quiere que nadie perezca, sino que todos se arrepientan" (2 P 3:9). La justicia de Dios exige que condene a todos los pecadores, pero su amor le obliga a proporcionar la salvación a todos los que por su gracia creerán. Para que "todo el que invoque el nombre del Señor será salvo" (Ro 10:13).

Hay algo importante que hay que tener en cuenta. Enviar al infierno a las personas que nunca han escuchado no es injusto. Pensar así es como afirmar que no es justo que alguien muera de una enfermedad para la que existe una cura de la que aún no ha escuchado. La pregunta crucial es cómo se contrajo la enfermedad, no si se ha escuchado de una cura. Es más, si uno no desea saber que hay una cura o hacer lo que sea necesario para curarse, entonces él o ella es sin duda culpable.

¿Se salvarán las personas de todas las naciones? Los que rechazan la opinión de que la revelación especial es necesaria para la salvación, suelen señalar a los que están en tierras no cristianas. ¿Qué hay de China, India, África y muchos países antes comunistas? Sin duda no es justo tener tantos en el cielo de los países occidentales y tan pocos de las tierras orientales.

No hay razón para que el porcentaje de personas salvadas sea el mismo en todos los países. Quién se salve dependerá de quién crea, y eso variará de un lugar a otro. Al igual que en la agricultura y la pesca, algunas áreas son más fructíferas que otras. Las Escrituras nos aseguran que habrá "una multitud tomada de todas las naciones, tribus, pueblos y lenguas; era tan grande que nadie podía contarla. Estaban de pie delante del trono y del Cordero" (Ap 7:9a). En efecto, aunque el porcentaje puede variar de forma considerada, parecería extraño que no hubiera nadie de un país que deseara ser salvado (al igual que si todos los de otro país quisieran ser salvados). Las personas tienen libre elección, y la libre elección se ejerce con libertad. Algunos creerán y otros no.

Hay formas mediante las cuales las personas pueden ir al cielo, incluso donde el evangelio no ha sido difundido. Tal vez todos los (o al menos algunos) niños que mueren en la infancia se salvan. Otros pueden entrar en contacto con el evangelio a través de la radio, la literatura o las grabaciones cristianas. Tal vez Dios se revela de manera milagrosa. Puede que se abra una ventana para la Palabra. Los países con un gran porcentaje de cristianos fueron una vez paganos.

¿Hay una segunda oportunidad? Algunos apologetas cristianos y muchos cultos creen que Dios dará una segunda oportunidad después de la muerte a aquellos que nunca escucharon el Evangelio. Los cristianos ortodoxos rechazan esto. La Biblia afirma que "está establecido que los seres humanos mueran una sola vez, y después venga el juicio" (Heb 9:27). La urgencia con la que la Escritura habla de tomar una decisión ahora en esta vida (Pr 29:1; Juan 8:24; Heb 3:7-13; 2 Pedro 3:9) es una fuerte evidencia de que no hay una segunda oportunidad. El hecho de que la gente vaya de inmediato al cielo o al *infierno* (Lucas 16:19-31; 2 Co 5:8; Ap 19:20) indica que se debe tomar una decisión en esta vida. Dado que Dios tiene tantas maneras de revelarse a los no creyentes antes de la muerte, es innecesario que lo haga después de que mueran. La creencia en una segunda oportunidad socava el mandato del misionero. ¿Por qué tener la Gran Comisión (Mt 28:18-20) si la gente puede ser salvada al recibir a Cristo después de esta vida?

Las interpretaciones de las Escrituras utilizadas para respaldar la salvación mediante la segunda oportunidad son, como mínimo, muy discutidas (por ejemplo, 1 Pedro 3:18-19). Los textos precisos son inequívocos en la enseñanza de que el infierno espera a los impenitentes. No hay evidencia real de que Dios le dará a alguien una segunda oportunidad de ser salvado después de la muerte. Jesús dijo: "Por eso les he dicho que morirán en sus pecados, pues, si no creen que yo soy el que afirmo ser, en sus pecados morirán" (Juan 8:24).

Fuentes

J. H. Gerstner, *"Heathen"* [Pagano].
M. Luther y D. Erasmus, *Free Will and Salvation* [Libre albedrío y salvación].
D. Okholm y T. Phillips, eds., *More Than One Way?* [¿Existe más de una forma?].
E. D. Osburn, *"Those Who Have Never Heard"* [Aquello que nunca han escuchado].
S. Pfurtner, *Luther and Aquinas on Salvation* [Lutero y Aquino sobre la salvación].

C. Pinnock, *A Wideness in God's Mercy* [Plenitud en la misericordia de Dios].

I. T. Ramsey, *"History and the Gospels: Some Philosophical Reflections"* [La historia y los evangelios: Algunas reflexiones filosóficas].

J. Sanders, *No Other Name* [No hay otro nombre].

J. O. Sanders, *How Lost Are the Heathen?* [¿Cuán perdidos están los paganos?].

R. Wolff, *The Final Destiny of the Heathen* [El destino final de los paganos].

Paine, Thomas. Thomas Paine (1737-1809) fue uno de los deístas más luchadores (ver Deísmo) de los primeros tiempos de América. Sus escritos políticos, como Common Sense [Sentido Común] (1776) y The Rights of Man [Los derechos del hombre] (1791-92) se influenciaron por sus creencias deístas. El pensamiento de Paine fue influyente tanto en la Revolución estadounidense como en la francesa. Sin embargo, su importancia no acaba ahí. En su obra The Age of Reason [La edad de la razón] (1794-95), Paine mostró su defensa del deísmo de tal manera que todas las personas puedan entenderlo. Paine escribió The Age of Reason para acabar con todas las afirmaciones de la revelación sobrenatural y así desacreditar al clero (Morias, págs. 120-22).

Perspectiva de Dios. "Creo en un solo Dios, y en nadie más" escribió Paine. Como los teístas, Paine creía que Dios era todopoderoso, omnisciente, totalmente bondadoso, infinito, misericordioso, justo e incomprensible (Complete Works of Thomas Paine [Obras completas de Thomas Paine], págs. 5, 26, 27, 201). Pero a diferencia de los teístas cristianos, Paine sostenía que la única manera de descubrir aquel Dios es "por el uso de la razón". Él rechazó todas las formas de revelación sobrenatural, considerándolas incognoscibles. Afirmó que "cuando la revelación se aplica a la religión, significa que es un mensaje inmediato de Dios al hombre". En consecuencia, desautorizó incluso las revelaciones a otras personas por tener autoridad preceptiva. Lo que se revela a una persona, es únicamente para ella y nadie más. Es un rumor para alguien más, y, en consecuencia, no están obligadas a creerlo (ibid., págs. 26, 7). Por consiguiente, aunque "si así lo desea, ningún hombre negará o cuestionará el poder del Todopoderoso para establecer tal comunicación, dicha revelación solo podría darse a conocer por la persona que lo recibió directamente de Dios (ibid.).

Paine también argumentó que la revelación sobrenatural (ver Revelación Especial) fue imposible debido a la deficiencia del lenguaje humano para transmitirla. La revelación de Dios debe ser absolutamente "inmutable y universal" (ibid., pág. 25). El lenguaje humano no podría ser el medio para su comunicación. Los cambios en el significado de las palabras, la necesidad de ser traducido a otros idiomas, los errores de los traductores, copistas, e impresores, y la posibilidad de ciertos cambios intencionados demuestran que ningún lenguaje humano puede ser el medio de comunicación de la Palabra de Dios (ibid., pág. 19; cf. págs. 55, 56). De tal forma, Paine rechazó todas las afirmaciones de una revelación verbal o escrita por parte de Dios. Todas esas creencias fueron "inventos humanos, establecidos para aterrorizar y esclavizar a la humanidad y monopolizar el poder y ganancias" (ibid., pág. 6). El cristianismo era "la religión revelada" por la que él tuvo más desprecio. Resumió lo que sentía de la siguiente manera: "De todos los sistemas religiosos que jamás fueron inventados, no hay nada más despectivo para el Todopoderoso, más destructivo para el hombre, más repugnante para la razón, y más contradictorio en sí mismo, que esto, lo que llamamos cristianismo. Increíble para ser cierto, muy imposible para convencer y muy inconsistente para practicarlo, solo da como resultado un corazón aletargado o solo ocasiona que exista ateos y fanáticos. Como motor de poder, cumple el propósito del despotismo; y como medio de riqueza, la avaricia de los sacerdotes; pero en lo que respecta al bien del hombre en general, no conduce a nada aquí, ni más adelante" (ibid., pág. 150). "La única religión", añadió Paine, "que no ha sido inventada, y que tiene todas las pruebas de originalidad divina, es puro y simple deísmo". De hecho, el deísmo "debe haber sido el primero, y probablemente será el último en el que el hombre crea" (ibid.).

La Biblia y los milagros. Paine no tuvo ninguna opinión sobre la historia o destino. Sin embargo, estaba seguro de que la Biblia era históricamente poco confiable (ver Nuevo Testamento, Historicidad del) y estaba llena de errores (ver Biblia, Supuestos errores en la). Él ridiculizó y consideró mítico cualquier historia bíblica que trate lo sobrenatural (ver Mitología y el Nuevo Testamento). Sostuvo que las atribuciones tradicionales de autoría prácticamente para cada libro de la Biblia tenían errores y que la mayoría se escribieron mucho más tarde de lo que tradicionalmente se creía. Argumentó que todo el Nuevo Testamento fue escrito (ver Nuevo Testamento, Datación del) "más de trescientos años después del tiempo en el que se dice que Cristo había vivido" (ibid., págs. 9-12, 15, 19-21, 53, 61-131, 133).

Paine no creía que los actos sobrenaturales de Dios habían ocurrido alguna vez en la historia (ver Milagros, Argumentos contra los). Al aceptar las leyes de la naturaleza como propuestas sobre cómo "se supone que actúan", definió un milagro como "algo contrario al funcionamiento y efecto de dichas leyes". Pero agregó que "a menos que sepamos todo el alcance de dichas leyes, y [...] los poderes de la naturaleza, no somos capaces de juzgar si algo que puede parecernos maravilloso o milagroso está dentro, o va más allá de, o es contrario a, su poder natural de actuar". Por lo tanto, nuestro conocimiento limitado de la naturaleza nos conlleva a que "ninguna crítica positiva determina qué es un milagro y la humanidad, al dar crédito a las apariencias bajo la idea de que hay milagros que están impuestos continuamente". Como consecuencia de estas consideraciones, "no hay mayor contradicción que suponer que el Todopoderoso haría uso de tales medios como los milagros". Es mucho más probable ("un millón a uno") que el informante mienta a que la naturaleza cambie. "Nunca hemos visto, en nuestro tiempo, a la naturaleza salirse de su curso, pero tenemos buenas razones para creer que se han dicho millones de mentiras al mismo tiempo" (ibid., págs. 51-53).

Evaluación. Los elementos básicos de las opiniones de Paine se evalúan en otros lugares. Ver los siguientes artículos: la Biblia, Supuestos errores en la; Biblia, Evidencias a favor de la; Deísmo; Infierno; Milagros, Argumentos contra los; Nuevo Testamento, Historicidad del.

Fuentes

A. O. Aldridge, *"Paine, Thomas"*.

R. Flint, *Anti-Theistic Theories* [Teorías Antiteístas].

N. L. Geisler, *Christian Apologetics* [Apologética cristiana].

N. L. Geisler y T. Howe, *The Big Book of Bible Difficulties* [El gran libro de las dificultades bíblicas].

N. L. Geisler and W. D. Watkins, *Worlds Apart* [Mundos aparte].

I. Kant, *Religion within the Limits of Reason Alone* [La religión dentro de los límites de la sola razón].

J. LeLand, *A View of the Principal Deistic Writers* [Una perspectiva de los principales escritores deístas].

C. S. Lewis, *Christian Reflections* [Reflexiones cristianas].

———, *Miracles* [Milagros].

J. G. Machen, *The Virgin Birth of Christ* [Nacimiento virginal de Cristo].

H. M. Morais, *Deism in Eighteenth Century America* [El deísmo en el siglo dieciocho en América].

J. Orr, *English Deism* [Deísmo inglés].

T. Paine, *The Age of Reason, parts 1 and 2.* [La era de la razón, parte 1 y 2].

———, *Common Sense* [Sentido común].

———, *Complete Works of Thomas Paine* [Obras completas de Thomas Paine].

———, *The Rights of Man* [Los derechos del hombre].

M. Tindal, *Christianity as Old as the Creation* [La antigüedad del cristianismo como el de la creación].

Paley, William. William Paley (1743-1805) fue un apologeta inglés que escribió tres libros importantes, The Principles of Moral and Political Philosophy [Los principios de la Filosofía moral y política] (1785), A View of the Evidences of Christianity [Perspectiva sobre las evidencias del cristianismo] (1794), y Natural Theology [Teología Natural]; o Evidences of the Existence and Attributes of the Deity [Evidencias de la existencia y atributos de la deidad] (1802). Hasta 1831, mientras estudiaba para sus exámenes de bachillerato en Cambridge, Charles *Darwin estudió y quedó profundamente impresionado por las Evidences [Evidencias] de Paley.

Apologética de Paley. Paley fue un apologeta clásico (ver Apologética clásica). Sus dos libros en el tema tratan las dos áreas centrales de la apologética tradicional, la existencia de Dios (Natural Theology [Teología Natural]) y la verdad del cristianismo (A View of the Existence of Christianity [Perspectiva sobre las evidencias del cristianismo]).

Argumento a favor de la existencia de Dios. Paley ofreció lo que se ha convertido en una formulación clásica del *argumento teológico. Se basa en la analogía del reloj: si uno encuentra un reloj en un campo vacío, este llegaría a la conclusión que tuvo un creador debido a su obvio diseño. Del mismo modo, cuando uno mira el diseño aún más complejo del mundo en el que vivimos, llega a la conclusión que hay un gran Diseñador detrás de él.

En los comentarios de Paley, "Al cruzar un monte, supongamos que tropiezo con una piedra y me preguntan cómo la piedra vino a parar allí, posiblemente podría responder que por todo lo que sé dicha piedra ha estado puesta ahí por siempre". Sin embargo, "supongamos que hubiera encontrado un reloj en el suelo, y me pregunto cómo el reloj llegó a ese lugar, difícilmente debería pensar en la respuesta que he dado antes, que por todo lo que sabía, el reloj podría haber estado siempre allí". Él cuestiona: "¿Por qué no es tan aceptable el segundo caso como en el primero? Por esta razón, y por ninguna otra: eso quiere decir que cuando venimos a inspeccionar el reloj, percibimos que todas sus partes están enmarcadas y juntas por un propósito, y esto no lo pudimos percibir en la piedra" (Paley, A View of The Evidences, [Paley, Una opinión sobre las evidencias], pág. 3). Paley muestra que los artilugios de la naturaleza son más increíbles que aquellos que pertenecen al reloj. Tiene cuidado de mezclar su argumento con la observación, diciendo repetidamente: "Observamos. [...]", ''Estas observaciones [...]", y "Nuestro observador [...]" (ibid., págs. 10, 11, 16, 17, 20, 29).

El razonamiento es el siguiente: un reloj muestra que se creó por un propósito inteligente (medir el tiempo). Tiene un resorte para darle movimiento. Un conjunto de manecillas que transmite este movimiento, y está hecho de latón para que no se oxide. *El resorte está hecho de acero resistente.* La portada es de vidrio para que se pueda ver a través de él. Todo esto demuestra que es un diseño inteligente.

Sin embargo, el mundo demuestra que tiene mejor diseño que un reloj. Es una obra de arte más grande que un reloj. Tiene una variedad infinita de formas para cumplir un propósito específico. El ojo humano por sí solo sería suficiente para demostrar un diseño inteligente en la naturaleza. Paley se guió de la obra Anatomy [Anatomía] de Kiell para obtener ilustraciones con adaptaciones que pasaron por un proceso de adaptación hasta llegar a la naturaleza, incluyendo los huesos y músculos de los seres humanos y sus equivalentes en el mundo animal.

Paley argumentó que solo debe haber un Diseñador, puesto que se manifiesta en la naturaleza una uniformidad de propósito divino en todas las partes del mundo. Este Creador inteligente (personal) también es bueno, como lo demuestra el hecho de que la mayoría de los artilugios son beneficiosos y por el hecho de que el placer se proporciona como una experiencia natural.

Paley añadió que un retroceso infinito de causas no es verosímil (ver Serie infinita). Ya que "una cadena que está compuesta por una cantidad infinita de enlaces no puede sostenerse ella sola que una cadena compuesta por una cantidad finita de enlaces". Esto se debe "porque, al aumentar el número de enlaces, por ejemplo, de diez a cien, de cien a mil, etc., no hacemos el más mínimo acercamiento y no observamos la más mínima tendencia hacia la autosuficiencia" (Paley, A View of the Evidences [Una perspectiva de las evidencias] pág. 9-10).

Una versión actualizada del argumento de Paley podría ser algo como lo siguiente: Al cruzar un valle, supongamos que me encuentro con una piedra redonda estratificada y me preguntan cómo llegó a ser así. Podría responder verosímilmente que pasó por un proceso con el agua y que más tarde se solidificó por acción química. Un día, se desprendió de una gran roca y posteriormente se redondeó por el proceso natural de erosión en el agua. Si me cruzo con el Monte Rushmore y sus cuatro rostros humanos hechos de granito. Aquí hay obvias señales de trabajo inteligente, no del resultado de procesos naturales. Sin embargo, ¿por qué una causa natural debería servir para la piedra, pero no para los rostros? Cuando inspeccio-

namos los rostros en la montaña, percibimos lo que no pudimos descubrir en la piedra, que manifiestan un artilugio inteligente. Ellos transmiten información específicamente compleja. La piedra, por otro lado, tiene patrones o estratos redundantes fácilmente explicables por el proceso de sedimentación observado. Pero los rostros tienen rasgos complejos y claramente definidos. La experiencia nos lleva a concluir que tales formas solo ocurren cuando son hechos por artesanos inteligentes (ver Geisler y Kerby, pág. 159).

Evidencias de la verdad. Paley era consciente que los milagros (ver Milagro) son esenciales para acreditar la revelación cristiana (ver Milagros, Valor apologético de los). Aceptó el argumento de David *Hume que la credibilidad de los milagros depende de la responsabilidad de los testigos. Él argumenta que los testigos del cristianismo son confiables ya que persistieron en su informe incluso bajo riesgo de persecución y amenaza de muerte. Rechazó otras maravillas que podrían reducirse a falsas percepciones, exageraciones o que fueran importantes para el interés propio de quien las afirma.

Paley rechazó el argumento de Hume sobre la experiencia universal testificada en contra de los milagros. Sostuvo que esto exigía la pregunta, ya que los milagros, por su definición, deben ser una excepción a la realización universal. El verdadero problema es si hay testigos confiables.

Evaluación. Paley fue uno de los grandes apologetas de finales del siglo dieciocho y principios del diecinueve. De hecho, su influencia aún continúa. Paley usó los argumentos principales. Hizo hincapié en la evidencia para establecer los argumentos clásicos. Dos discípulos, F. R. Tennant y A. E. Taylor (ver Argumento Teleológico), continuaron su versión del argumento teleológico. Recientemente, el pensamiento de Paley ha sido objeto de un renacimiento a través del desarrollo del *principio antrópico.

Crítica de Hume. Se cree ampliamente que Hume respondió al argumento teleológico de Paley de antemano. La primera objeción de Hume asume un diseño en el universo, pero argumenta por analogía que los diseñadores humanos finitos cooperan para crear grandes obras, usando la prueba y error o un largo período de tiempo (ver Hume). Paley explícitamente abordó este punto en su argumento de que todo el mundo revela un plan unificado, un hecho indicativo de una sola Inteligencia.

El segundo argumento de Hume cambió lo propuesto argumentando que el diseño es solo aparente. La adaptación que se hizo para obtener una finalidad puede resultar del azar. Él insiste en que, si se concede que el universo de materia en movimiento es eterno, entonces se realizará una infinidad de oportunidades en cada combinación. Por tanto, no es necesario plantear una causa inteligente (ibid.).

Paley no solo respondió a esta objeción, sino que usó el principio de uniformidad de Hume para refutar el argumento de Hume de que es razonable postular a la causa natural de los artilugios de la naturaleza. Paley argumentó que según Hume la "experiencia uniforme" revela que solo una causa inteligente puede producir el tipo de efectos que vemos en la naturaleza. Paley escribió: "Dondequiera que veamos las marcas del artilugio, somos conducidos por su causa a un autor inteligente. Y esta transición del entendimiento se basa en una experiencia uniforme". La inteligencia, dijo Paley, se puede distinguir por ciertas propiedades, como un último propósito, relación íntima de las partes entre sí, y la compleja cooperación de las partes para servir a un propósito común (Paley, *Natural Theology*, [Teología Natural] pág. 37]). Las experiencias uniformes (que Hume incluso deseaba llamar una "prueba") argumentan en contra de cualquier causa natural de los tipos de efectos que vemos a través de la naturaleza. De hecho, el único tipo de causa conocida como repetida es la experiencia uniforme (que es la base de Hume para conocer un causal de conexión) y una causa inteligente.

Por lo tanto, el argumento de Hume contra el diseño se convierte en un argumento a favor de un Diseñador (ver Argumento Teleológico).

Conclusión. Los argumentos de Paley a favor de Dios y del cristianismo siguen siendo la columna vertebral de gran parte de la apologética contemporánea. La única gran diferencia es que ahora tenemos mucha más "carne" para poner en el esqueleto. Con el descubrimiento de la evidencia de un origen del universo (ver Big Bang, Teoría del), el tiempo infinito de Hume ha sido científicamente eliminado. Con el descubrimiento del principio antrópico, es evidente que existe solo una Mente sobrenatural detrás del universo desde el momento de su creación. La microbiología, con la increíble complejidad de la molécula de ADN (ver Evolución química), agrega dimensiones de complejidad especificada y artilugios inteligentes para el argumento de Paley que nunca podría haber imaginado.

Fuentes

M. L. Clarke, *Paley*.
N. L. Geisler y R. M. Brooks, *When Skeptics Ask* [Cuando los escépticos preguntan].
N. L. Geisler and W. Corduan, *Philosophy of Religion* [Filosofía de la religión].
N. L. Geisler and J. Kerby, *Origin Science* [Ciencia de los orígenes].
D. Hume, *Dialogues Concerning Natural Religion* [Diálogos referentes a la religión natural].
D. L. LeMahieu, *The Mind of William Paley* [La mente de William Paley].
G. W. Meadley, *Memoirs of William Paley* [Autobiografía de William Paley].
W. Paley, *Evidences of Christianity* [Evidencias de cristiandad].
———, *Natural Theology* [Teología natural].
F. R. Tennant, *Philosiphical Theology* [Teología filosófica].

Panenteísmo. El panenteísmo no se debe confundir con panteísmo. Panteísmo significa literalmente todo ("pan") es Dios ("teísmo"), pero panenteísmo significa "todo en Dios". También se le llama teología del proceso (ya que considera a Dios como Ser cambiante), teísmo dipolar (ya que cree que Dios tiene dos polos), organicismo (ya que considera todo lo que en realidad es como un organismo gigantesco), y teísmo neoclásico (porque cree que Dios es finito y temporal, a diferencia del teísmo clásico).

Diferencias entre teísmo y panenteísmo pueden resumirse de la siguiente manera:

Teísmo	Panenteísmo
Dios es creador	Dios dirige al mundo.
Creación ex nihilo.	Creación es ex materia.
Dios es el soberano en todo el mundo.	Dios está trabajando con el mundo.
Dios es independiente del mundo.	Dios es dependiente del mundo.
Dios es inalterable.	Dios es alterable.
Dios es absolutamente perfecto.	Dios es cada vez más perfecto.
Dios es monopolar.	Dios es dipolar.
Dios es realmente infinito.	Dios es realmente finito.

En lugar de ver a Dios como el infinito, inalterable, Creador soberano del mundo que lo trajo a la existencia, los panenteístas piensan en Dios como un director finito y cambiante de los asuntos mundiales que trabaja en cooperación con el mundo a fin de lograr una mayor perfección en su naturaleza.

El *teísmo visualiza la relación de Dios con el mundo como el pintor a una pintura. El pintor existe independientemente de la pintura; trajo la pintura a la existencia y, sin embargo, su mente se expresa en la pintura. Por el contrario, el panenteísta ve la relación de Dios con el mundo de la forma en que una mente se relaciona con un cuerpo. En efecto, los panenteístas creen que el mundo es el "cuerpo" de Dios (uno polo), y la "mente" es el otro polo. Esta es la razón por la que se utiliza el término bipolar. Sin embargo, como algunos materialistas modernos que creen que la mente depende del cerebro, los panenteístas creen que Dios depende del mundo. En cambio, existe una dependencia recíproca, un sentido en el que el mundo depende de Dios.

Diferencias en el panenteísmo. Todos los panenteístas están de acuerdo que Dios tiene dos polos, un polo real (el mundo) y un polo potencial (más allá del mundo). Todos coinciden en que Dios es cambiante, finito y temporal en su polo real. Y todos coinciden en que su polo potencial no cambia y es eterno.

La principal diferencia en cómo ven a Dios es si Dios en su polo real es una entidad real (evento) o un conjunto de entidades reales. Alfred North *Whitehead (1861-1947) sostiene el primer punto de vista y Charles Hartshorne sostiene el segundo.

La mayoría de las otras diferencias son principalmente metodológicas. El enfoque de Whitehead es más empírico, mientras que el de Hartshorne es más racional. Por lo tanto, Whitehead tiene una especie de *argumento teleológico a favor de Dios, mientras que Hartshorne es famoso por su *argumento ontológico. Algunos panenteístas, como John Cobb, rechazan el discurso de desunión entre los dos polos de Dios. Él afirma que Dios actúa como una unidad, no simplemente en un polo o en el otro. Pero todos están de acuerdo en que Dios tiene dos polos, que se pueden esquematizar de la siguiente manera:

Naturaleza Primordial	Naturaleza Consecuente
Polo potencial	Polo real
Eterno	Temporal
Absoluto	Relativo
Inalterable	Alterable
Imperecedero	Perecedero
Ilimitado	Limitado
Conceptual	Físico
Abstracto	Concreto
Necesario	Contingente
Objetos eternos	Entidades reales
Manejo inconsciente	Realización consciente

Representantes del panenteísmo. Hubo muchos precursores de una visión del proceso de Dios. El demiurgo de *Platón (428-348 a. C.) luchó eternamente con el caos para formarlo en el cosmos. Esto proporcionó el trasfondo dualístico (ver Dualismo) de los dos "polos" de Dios. Incluso (alrededor del 500 a. C.), la filosofía del cambio de Heráclito acertó que el mundo es un proceso en constante cambio.

En el mundo moderno, el desarrollo progresivo de Dios por parte de G. W. F. *Hegel (1770-1831) en el proceso mundial tomó un paso significativo hacia el panenteísmo. En el evolucionismo cósmico de Herbert Spencer (1820-1903), el universo se ve como un proceso de desarrollo y despliegue. Henri Bergson (1851-1941) propuso, entonces, una evolución creativa (1907) de una fuerza vital (elan vital), que impulsa a la evolución hacia adelante en "saltos". Más tarde identificó esta fuerza con Dios (1935). Incluso antes de esto, Space, Time, and Deity [Espacio, Tiempo y Divinidad] de Samuel Alexander (1920) fue pionera de una visión del proceso de la relación de Dios con el universo temporal. Sin embargo, la principal fuente del panenteísmo es Whitehead. Su influencia se manifiesta en Hartshorne, Schubert Ogden, Cobb y Lewis Ford.

Creencias básicas del panenteísmo. A pesar de que hay diferencias internas entre los panenteístas, su cosmovisión básica tiene los mismos elementos esenciales.

La naturaleza de Dios. Todos los panenteístas están de acuerdo en que Dios tiene dos polos. El polo consecuente o concreto es en realidad Dios. Es Dios tal como es en su existencia de momento a momento. Es Dios en los detalles reales de su devenir. En este polo, Dios es finito, relativo, dependiente, contingente y en proceso. El otro polo de Dios es primordial o abstracto. Este es Dios en abstracción, lo que es común y constante en el carácter de Dios sin importar que el mundo exista. El polo divino y abstracto brinda un mero bosquejo de la existencia de Dios sin rellenar con concreto o algún contenido particular. En este polo, Dios es infinito, absoluto, independiente, necesario e inmutable.

Los panenteístas están de acuerdo en que el polo abstracto de Dios está incluido en su polo concreto. Su devenir o proceso caracteriza toda la realidad. Pero esta realidad de Dios no debe ser pensada como un ser, que es estático y no creativo. La creatividad impregna todo lo que existe. Y Dios es sumamente creativo.

Dios también es visto como algo personal. Hay controversias sobre si es una entidad real (como lo menciona Whitehead) o una serie ordenada de entidades reales (como lo menciona Hartshorne). Pero casi todos los panenteístas creen que Dios es personal.

La Naturaleza del Universo. El universo está caracterizado por un proceso, cambio o devenir. Esto se debe porque está constituido por una multitud de criaturas autocreativas que constantemente introducen cambios y novedades al universo. Además, el universo es eterno. Esto no significa necesariamente que el universo actual es eterno. Más bien, podría significar que han existido muchos universos a lo largo del pasado infinito. Algún mundo ha existido siempre de alguna forma, y algún mundo de alguna forma siempre existirá en el futuro infinito. Por último, todos los panenteístas rechazan la comprensión teísta tradicional de la creación a partir de nada, es decir, ex nihilo (ver Creación, Puntos de vista de la). Algunos, incluido Ogden, aceptan la frase ex nihilo pero reinterpretan la creación para significar solamente que el mundo actual o estado mundial una vez no sucedió y fue creado de un mundo anterior. Otros (como Whitehead y Hartshorne) rechazan incluso la noción de creación ex nihilo y afirman la creación ex materia (fuera de una materia preexistente). Por supuesto, dado que lo material es realmente el polo físico de Dios, la creación también es ex Deo. De hecho, el universo actual es cocreado por Dios y el hombre fuera de las "cosas" preexistentes. Dios, por supuesto, es el Transformador o Modelador principal de cada mundo y de cada estado mundial.

Relación de Dios con el Universo. En una cosmovisión panenteísta, el polo consecuente de Dios es el mundo. Esto no significa que Dios y el mundo sean idénticos, porque Dios es más que el mundo, y las personas que forman el mundo son diferentes de Dios. Lo que significa, sin embargo, que el mundo es el cuerpo cósmico de Dios y que esas criaturas que componen el mundo son como las células de su cuerpo. Por eso Dios no puede existir sin algún tipo de universo físico. Él no necesita este mundo, pero debe coexistir en algún mundo. De manera similar, el mundo no puede existir sin Dios. Por lo tanto, el mundo y Dios son mutuamente dependientes. Además, las criaturas del universo aportan valor a la vida de Dios. El objetivo o meta inclusivo de todas las criaturas es enriquecer la felicidad de Dios y así ayudarlo a cumplir lo que le falta.

Milagros. Una consecuencia del panenteísmo es que los actos sobrenaturales son imposibles (ver Milagros, Argumentos contra los). Dado que el mundo es el cuerpo de Dios, no hay nada aparte de Dios que pueda romperse o interponerse. De hecho, Dios es en gran parte un receptor pasivo de la actividad de sus criaturas en lugar de una fuerza activa en el mundo. Dios es un partidario cósmico que un activista cósmico (ver Diosismo finito: Kushner, Harold). Consecuentemente, la intervención milagrosa en el mundo no se asocia con la naturaleza del Dios panenteísta. Varios panenteístas rechazan los milagros porque la visión científica contemporánea del mundo los descarta. Ogden adopta esta postura. Esta es una de las razones por las que adopta el programa de Rudolph Bultmann para desmitificar las historias milagrosas registradas de la Biblia. (ver Mitología y el Nuevo Testamento).

Seres Humanos. Los panenteístas están de acuerdo en que la humanidad es única y libre. De hecho, la humanidad es en conjunto un cocreador con Dios y de Dios. Los humanos ayudan no solo a decidir el curso de los acontecimientos humanos y mundiales, sino que también los que provienen de Dios. La identidad humana no solo se encuentra en el "yo" o en sí mismo. Más bien, como el resto del mundo, la identidad se encuentra solo en los acontecimientos u ocasiones reales de la historia en que la humanidad se está convirtiendo. El ser humano se crea a sí mismo de manera parcial en cada decisión y actúa en cada momento. El objetivo es servir a Dios aportando valor a su experiencia cada vez más grande.

Ética. Muchos panenteístas creen que no hay valores absolutos (ver Moralidad, Naturaleza absoluta de la). Dado que Dios y el mundo están en un gran cambio, puede no ser un estándar de valor absoluto e inmutable. Por otro lado, los panenteístas como Hartshorne sostienen que hay una base universal para la ética, como la belleza, armonía e intensidad. Cualquier cosa que promueva, construya o actúe sobre esta base es buena; cualquier cosa que no lo haga es malvada. Pero incluso concediendo este fundamento estético universal, las órdenes o reglas éticas específicas no son universales. Aunque en general uno debe promover la belleza y no la fealdad, exactamente cómo se debe hacer esto es relativo. Por lo tanto, incluso aunque puede haber una base o fundamento final para la ética, los valores en sí mismos no son absolutos sino relativos.

Destino humano. El destino de la humanidad no se busca en un cielo o en un infierno real o una vida después de la muerte consciente (ver Inmortalidad). Más bien, los seres humanos, como todas las criaturas de Dios, vivirán para siempre solo en la memoria cósmica de Dios. Una persona que contribuye ricamente a la vida de Dios tendrá la satisfacción de saber que Dios lo recordará con cariño para siempre. Aquellos que viven sin dar mucho valor a Dios, esto quiere decir los que viven deslealmente, no serán recordados con mucho cariño por parte de Dios.

En el panenteísmo, un proceso evolutivo y continuo ayuda a los acontecimientos a avanzar para siempre. Dios y la humanidad también son vistos como cocreadores de la historia. Sin embargo, a diferencia del teísmo, no existe un fin definitivo de la historia. Siempre existirá la deidad insuperable que está constantemente creciendo en perfección. Y siempre habrá algún mundo lleno de criaturas autocreativas cuyo objetivo es enriquecer la experiencia de Dios. La historia no tiene principio ni fin. No hay destino, utopía, plenitud o fin definitivo. La historia siempre ha sido, ahora está llegando a ser y siempre estará en proceso, como todo lo demás. La historia no se va a ninguna parte; simplemente está avanzando.

Evaluación. Contribuciones del panenteísmo. Los panenteístas buscan una perspectiva integral de la realidad. Ellos reconocen que una comprensión poco sistemática de las cosas es inadecuada. En cambio, han buscado desarrollar una perspectiva coherente y razonable de todo lo que existe, una cosmovisión completa.

El panenteísmo logra plantear una relación íntima entre Dios y el mundo sin destruir dicha relación, al igual que el panteísmo. Dios está en el mundo, pero no es idéntico a él. La presencia de Dios en el universo no destruye la multiplicidad que los humanos experimentan más bien la preserva e incluso le otorga un propósito y significado. Al conceder la existencia de un Ser supremo, los panenteístas muestran que el mundo debe depender de Dios para su origen y continuación. A no ser que Dios exista, el mundo no podría seguir existiendo. Insisten en que debe existir una causa adecuada para el mundo.

Los panenteístas relacionan seriamente su cosmovisión con teorías científicas temporales. No se puede ignorar a la ciencia a pesar de cualquier cosmovisión que uno tenga. Los descubrimientos humanos válidos en cualquier campo o disciplina deben incorporarse en la cosmovisión de uno. Si la realidad es verdaderamente razonable y no contradictoria, entonces todo el conocimiento puede ser consistentemente sistematizado, no importa quién lo descubra o donde se encuentre. Los panenteístas se toman esto en serio.

Críticas al panenteísmo. Algunas de las críticas más importantes se describirán a continuación.

La idea de un Dios que es tanto infinito como finito, necesario y contingente, absoluto y relativo es contradictoria. Se produce una contradicción cuando los opuestos se afirman de la misma cosa al mismo tiempo y de la misma manera o sentido. Por ejemplo, para decir que un balde está lleno de agua y no está lleno con agua al mismo tiempo y en el mismo sentido es contradictorio. Tal cosa nunca podría ocurrir, porque es lógicamente imposible.

Hartshorne ha respondido al responsable de la contradicción señalando que las contradicciones metafísicas no se atribuyen al mismo polo divino. Más bien, los atributos que van juntos, como el infinito y la necesidad, se aplican a un polo, mientras que los otros atributos que van juntos, como lo finito y la contingencia, se aplican a un polo distinto. Lo infinito y finito, necesidad y contingencia, aunque aplicados al mismo ser al mismo tiempo, se aplican a diferentes polos en Dios (Hartshorne, Man's Vision of God, [La visión del hombre de Dios], págs. 22-24). El teísta cristiano H. P. Owen respondió que no parece haber una distinción real entre los dos polos divinos. Desde el polo abstracto no tiene existencia concreta o real, entonces debe ser una mera idea, teniendo realidad mental, pero sin existencia (Owen, 105). Por tanto, dios no debe ser realmente infinito y necesario, porque aquellos atributos están en el polo potencial que no existe en la realidad. Dios en realidad es solo finito y contingente. O dios debe estar en ambos lados de las contradicciones metafísicas al mismo tiempo y en el mismo polo. La primera opción hace que la doctrina del dios del panenteísmo no tenga sentido, y la segunda es contradictoria. En cualquier caso, el concepto bipolar de Dios es incoherente.

Asimismo, la idea de Dios como un ser autocreado es contradictoria. Es difícil de creer cómo un ser podría crearse a sí mismo para existir. Pensar que esto podría ocurrir es creer que los potenciales pueden hacerse realidad por sí mismos. Las tazas podrían llenarse de café y el acero podría convertirse en un rascacielos por sí mismo. ¿Cómo podría un ser existir antes de sí mismo para llegar a existir? Esto es lo que tendría que hacer un ser autocreado para existir. Un panenteísta podría responder que Dios no se dio a sí mismo la existencia; él existió siempre. Más bien, la versión panenteísta de un Dios autocreado produce su devenir. Es decir, Dios produce cambios en sí mismo. Dios puede hacer realidad su propio potencial de crecimiento.

Pero esto conduce a otro problema. Si Dios produce su propio devenir y no su propio ser, entonces, ¿qué o quién respalda la existencia de Dios? ¿Cómo puede un ser cambiar sin que exista un ser inmutable que fundamente la existencia del ser cambiante? Todo no puede estar en proceso de cambio. Cualquier cambio pasa de potencial a real, de lo que no es a lo que es. Tal cambio no podría hacerse realidad por sí mismo o ser autocreado, porque los potenciales aún no son lo que tienen el potencial de ser.

Nada puede crear algo. Tampoco tales cambios pudieron estar sin causa, porque debe haber una causa para cada efecto o acontecimiento (ver Causalidad, Principio de). En consecuencia, parece que el universo del cambio, que es el polo concreto de Dios, debe ser causado por algo que no cambia. Algo fuera del orden cambiante debe respaldar todo el orden en existencia. Por lo tanto, debe haber otro ser que el filósofo del proceso ve como "Dios" que lo respalda en la existencia. Si esto es cierto, entonces el dios panenteísta no es realmente Dios, sino el Ser que lo fundamenta es realmente Dios. Tal Dios no es un ser inmutable-mutable, como lo es la deidad del proceso, sino que tendría que ser simplemente inmutable.

Otro aspecto de este problema es que el panenteísta sabe que todo, incluido Dios, es relativo y cambiante. ¿Cómo puede alguien saber que algo está cambiando cuando no hay un punto de referencia estable por el cual medir el cambio? El teísta tiene a Dios y su absoluto e inmutable carácter y voluntad. El panenteísta no tiene tal estándar. Un panenteísta podría responder que su medida inmutable es la naturaleza primordial inmutable de Dios. Pero esto no parece adecuado. Para el polo primordial de Dios es solo una abstracción, no tiene realidad. Puede ser una medida conceptual, pero no real. Además, un panenteísta que dice que Dios es inmutable significa que Dios es inmutablemente mutable, no puede dejar de cambiar siempre y siempre cambia para mejor, (Hartshorne, Natural Theology, [Teología natural], págs. 110, 276). Por lo tanto, parece que estamos de vuelta a donde empezamos, con todo cambiando y nada que está siendo cambiado.

Además, el concepto panenteísta de personalidad parece entrar en conflicto con nuestra propia experiencia. Nosotros, al menos, nos creemos en seres personales que, hasta cierto punto, soportan el cambio. La mayoría de nosotros no creemos que nos convertimos en personas nuevas cada momento que existimos. De hecho, incluso decir que "Me convierto en una nueva persona en cada momento que existo" se asume que hay algo que perdura, el "yo" a quien los cambios le suceden. De lo contrario, ¿qué cambia? Si nada perdura de un momento a otro, entonces realmente se puede decir, ¿algo cambia? Si no hay ningún sentido en el que el yo es una identidad continua, entonces sucede que solo podemos hablar de una serie de ocasiones de "yo" reales no relacionadas (ibid., pág. 58). Y lo único que se puede decir que cambia en esa serie de "yo" es la serie en sí, no cada "yo" individual en las series. Esto parece estropear la propia identidad y contradecir la experiencia humana. Este problema es particularmente grave para Hartshorne. De acuerdo con su punto de vista, uno deja de existir cada vez que hay un momento sin un "yo" consciente. Eso incluiría períodos de sueño o bajo anestesia u otros momentos de pérdida de conciencia. Un padre que despierta a un niño del sueño haría que el niño volviera a existir.

Además, con la perspectiva de un panenteísta, siempre debe haber existido algún mundo u otro con certeza. Por supuesto que es imposible que la nada total pueda ser experimentada, porque nadie podría estar allí para experimentarlo. De lo contrario, no sería nada total. Pero esto presupone que solo lo que puede experimentarse puede ser verdad. ¿Por qué este criterio para la verdad debería ser aceptado? Hartshorne implica que debería ser aceptado porque no puede haber sentido sin experiencia (ibid.). Por tanto, un concepto que no puede experimentarse debe carecer de sentido. Pero si esto es así, entonces Hartshorne parece haber ganado el caso por definición. Porque si no puede haber sentido sin experimentarlo, entonces el no ser total, que no puede experimentar, no tiene sentido. Hartshorne ha establecido su caso definiendo el significado de tal manera que haga al ser total un concepto sin sentido. No ha probado la falta de sentido de "nada existe", sino solo supuso, que es una pregunta planteada. Incluso si Hartshorne puede establecer esa nada total, no es posible; la opinión panenteísta no lo avala. Porque esto sería simplemente una forma de decir que todo no puede ser contingente. Pero esto lleva naturalmente a una posición teísta (ver Teísmo) en la que debe haber un Ser Necesario más allá del mundo contingente. No es necesario concluir que el panenteísmo es cierto, simplemente porque no es posible un estado total de nada.

Si la proposición "Nada existe" es lógicamente posible, entonces la existencia de Dios por parte Hartshorne y Ogden es vaga. Tal dios debe mantener el universo rotando y cambiando universos rápidamente, o rechazando lo que no tiene mucha importancia. Está atado como con el cordón umbilical a algún mundo. Pero si es lógicamente posible que "algún mundo existe" no siempre ha sido cierto, entonces es lógicamente posible que "Dios existe" haya sido en algún momento falso. Pero, según Hartshorne y Ogden, si Dios no es lógicamente necesario, un Ser Necesario que debe siempre existir sin importar la razón, entonces la existencia de Dios debe ser lógicamente imposible. Según esta regla, el Dios de Hartshorne y Ogden es necesariamente falso.

Finalmente, la teología del proceso se enfrenta a un serio dilema (Gruenler, págs. 75-79). Dios comprende todo el universo al mismo tiempo, sin embargo, Dios se limita al espacio y tiempo. Pero nada que esté limitado al espacio y al tiempo no puede pensar más rápido que la velocidad de la luz, que requiere miles de millones de años para cruzar el universo a unas 186 000 millas por segundo. Sin embargo, parece que no hay forma de que la mente que dedica este tiempo para pensar a su manera alrededor del universo podría comprender simultáneamente y dirigir todo el universo. Por otro lado, si la mente de Dios trasciende el universo del espacio y tiempo, y comprende en conjunto de manera instantánea y simultánea, entonces esta no es una opinión panenteísta de Dios sino una opinión teísta.

Fuentes
T. Aquino, *Summa Theologica* [Summa teológica].
J.B. Cobb Jr., *A Christian Natural Theology* [Una Teología natural cristiana].
L. Ford, *The Lure of God*. [El atractivo de Dios].
N. L. Geisler et al., *The Battle for God* [La batalla de Dios].
———, *"Process Theology"* [Proceso teológico].
N. L. Geisler y W. D Watkins, *Worlds Apart* [Mundos aparte].
G. R. Gruenler, *The Inexhaustible God* [El incansable Dios].
C. Hartshorne, *The Logic of Perfection* [La lógica de la perfección].
———, *Man's Vision of God and the Logic of Theism* [La opinión del hombre acerca de Dios y la lógica del teísmo].
———, *A Natural Theology for Our Time* [Teología natural de nuestro tiempo].
S. M. Ogden, *The Reality of God and Other Essays* [La Realidad de Dios y otros ensayos].
———, *Theology in Crisis* [Teología en crisis].
———, *"Toward a New Theism"* [Hacia un nuevo teísmo].
H. P. Owen, *The Christian Knowledge of God* [El conocimiento cristiano de Dios].
W. E. Stokes, *"A Whiteadian Reflection on God's Relation to the World"* [Reflexión de Whitehead sobre Dios en relación con el mundo].
A. N. Whitehead, *Adventures of Ideas* [Aventuras de ideas].
———, *Modes of Thought* [Modos de pensamiento].
———, *Process and Reality* [Proceso y realidad].

Panteísmo. El panteísmo significa que todo ("pan") es Dios ("teísmo"). Es la cosmovisión sostenida por la mayoría de los hindúes, muchos budistas y otras religiones de la Nueva Era. También es la cosmovisión de la Ciencia Cristiana, Unidad y Ciencia.

Según el panteísmo, Dios "es todo en todo". Dios impregna todas las cosas, contiene todas las cosas, incluye todas las cosas, y se encuentra dentro de todas las cosas. Nada existe aparte de Dios, y todas las cosas están de alguna manera identificadas con Dios. El mundo es Dios y Dios es el mundo. Pero más preciso, en el panteísmo todo es Dios, y Dios es todo.

El panteísmo tiene una larga historia tanto en el Oriente como en el Occidente. Del misticismo oriental de los sabios y videntes hindúes al racionalismo de tales filósofos occidentales como Parménides, Benedict *Spinoza y G. W. F. *Hegel, el panteísmo siempre ha tenido defensores.

Tipos de panteísmo. Existen diferentes tipos de creencias dentro del panteísmo. Un panteísmo absoluto está representado por el pensamiento del siglo V a. C. El filósofo griego Parménides y la escuela Vedanta del hinduismo (ver Hinduísmo vedanta). El panteísmo absoluto enseña que solo hay un ser en el mundo que es Dios, y que todo lo demás que parece existir en realidad no existe. Otro tipo es el panteísmo emanatista, que fue establecido por el filósofo *Plotino del siglo III d. C. Según esta visión, todo fluye de Dios de la misma manera que una flor se desarrolla a partir de una semilla. También está el panteísmo evolucionista de Hegel (1770-1831). Hegel vio los acontecimientos de la historia como las manifestaciones en desarrollo del Espíritu Absoluto. El panteísmo modal del raciocinio de Spinoza del siglo XVII argumentó que solo hay una sustancia absoluta en la que todas las cosas finitas son simplemente modos o momentos. El panteísmo multinivel se encuentra en algunas formas de hinduismo, especialmente las expresadas por Sarvepail Radhakrishnan. Esta opinión ve varios niveles de manifestaciones de Dios, con la manifestación de nivel más alto está Dios como el Absoluto, y los niveles inferiores lo muestran en una multiplicidad creciente. Panteísmo de permeación es la opinión popularizada por las películas de Star Wars de George Lucas, en el que la Fuerza (Tao) penetra todas las cosas. Esta creencia se encuentra en el budismo. Últimamente, Avatar es una forma de panteísmo de permeación.

Creencias básicas. Hay otros tipos de panteísmo, pero estos exponen los puntos en común de la cosmovisión. Cada uno de estos tipos identifica a Dios con el mundo, pero varían en la concepción de esta identidad. Todos los panteístas creen que Dios y el mundo real son uno, pero ellos difieren en cuanto a cómo Dios y el mundo están unidos. Las siguientes son creencias básicas de una cosmovisión panteísta.

La naturaleza de Dios. Para la mayoría de los panteístas, Dios y la realidad son, en última instancia, impersonales. La personalidad, conciencia y el intelecto son características de manifestaciones inferiores de Dios, pero no deben confundirse con Dios en su ser. En Dios existe la absoluta simplicidad de la unidad. No hay partes. La multiplicidad puede fluir de él, pero en sí mismo es simple, no múltiple.

La naturaleza del universo. Esos panteístas que conceden cualquier tipo de realidad al universo están de acuerdo que fue creado ex Deo, "fuera de Dios", no ex nihilo, "fuera de la nada", como sostiene el teísmo (ver Creación, Puntos de vista de la). Solo hay un "Ser" o Existencia en el universo; todo lo demás es una emanación o manifestación de aquello. Por supuesto, los panteístas absolutos sostienen que el universo ni siquiera es una manifestación. Todos somos simplemente parte de una elaborada ilusión. La creación simplemente no existe. Dios existe. Nada más.

Dios en relación con el universo. En contraste con los teístas, que ven a Dios más allá y lo separan del universo, los panteístas creen que Dios y el universo son solo uno. El teísta concede algo de realidad al universo de multiplicidad, mientras que el panteísta no lo hace. Aquellos que niegan la existencia del universo, por supuesto, no ven la relación real entre Dios y el universo. Sin embargo, todos los panteístas están de acuerdo que cualquiera sea la realidad que existe, es Dios.

Milagros. Una implicancia del panteísmo es que los milagros son imposibles. Porque si todo es Dios, y Dios es todo, nada existe aparte de Dios que pueda interrumpir o romperlo, que lo que la naturaleza de un milagro exige. Para adentrarse más en esto, vea el artículo de Spinoza. Desde que los panteístas están de acuerdo que Dios es simple (no tiene partes) y que es todo lo que hay, entonces Dios no podría hacer ningún milagro, porque un milagro necesita de un Dios que se encuentre en algún sentido "fuera" del mundo en el que él "interviene". El único sentido en el que Dios "interviene" en el mundo es cuando se involucra generalmente por las repetidas leyes superiores espirituales, como la ley del karma (ver Reencarnación). Por lo tanto, la cosmovisión panteística excluye los milagros (ver Milagros, Argumentos contra los).

Seres Humanos. Los panteístas creen que el ser humano como un ser distinto es absolutamente irreal (panteísmo absoluto) o de lo contrario que la humanidad es real pero mucho menos real que Dios. La enseñanza principal del panteísmo absoluto es que los humanos deben afrontar su ignorancia y darse cuenta que ellos son Dios. Aquellos que ponen distancia entre Dios y la humanidad enseñan una opinión dualista de la persona, el cuerpo y el alma. El cuerpo sostiene al hombre impidiendo su unión con Dios. Así que cada uno debe purgar su cuerpo para que el alma pueda ser liberada para alcanzar la unidad con el Absoluto. Para todos los panteístas, el objetivo principal o fin de la humanidad es unirse a Dios.

Ética. Los panteistas generalmente se esfuerzan por vivir vidas morales y alentar a otros a hacerlo. Con frecuencia, sus escritos están llenos de exhortaciones para usar el buen juicio, para dedicarse a la verdad y para amar desinteresadamente a los demás.

Sin embargo, estas exhortaciones generalmente se aplican a un nivel más bajo de logro espiritual. Una vez que una persona ha logrado la unión con Dios, no tiene más preocupación con las leyes morales. El desinterés o la despreocupación por las propias acciones y sus resultados a menudo se enseñan como un requisito previo para lograr la unidad con Dios. Puesto que

Dios está más allá del bien y del mal, la persona debe trascender de ellos para llegar a Dios. La moralidad se enfatiza como solo una preocupación temporal, y subyacente esto no es una base absoluta para el bien o el mal (ver Moralidad, Naturaleza absoluta de la). Swami Prabhavananda y Christopher Usherwood admiten lo mismo cuando dicen: "Toda acción, bajo ciertas circunstancias y para ciertas personas, puede ser un trampolín para el crecimiento espiritual, si se hace con el espíritu de desinterés. Todo lo bueno y todo lo malo es relativo al punto individual de crecimiento [...] Sin embargo, en su máxima expresión, no puede haber ni el bien ni el mal" (Prabhavananda y Usherwood, 140).

Por lo tanto, para los panteístas, la conducta ética es un medio, no un fin en sí mismo. Se utiliza solo para ayudar a uno a alcanzar un nivel más alto de espiritualidad. En última instancia, la realidad no es ni buena ni mala. Como dice Prabhavananda, "Si decimos: 'Soy bueno', o 'Soy malo', solo estamos hablando el idioma de maya [el mundo de la ilusión; ver Ilusionismo]. 'Yo soy Brahman', es la única declaración verdadera con respecto a nosotros mismos que cualquiera de nosotros puede hacer" (Prabhavananda, 203).

Historia y Destino Humano. Los panteístas casi nunca hablan de historia, excepto en formas modificadas de panteísmo generalmente influenciados por el teísmo occidental (como en Hegel). No se preocupan por ello, porque o no existe, o se considera como un aspecto del mundo de las apariencias, algo que debe trascenderse. La historia no tiene fin ni meta final. Siempre que se le conceda una especie de realidad, siempre es (excepto en el panteísmo de Hegel) considerado como cíclico. Como la rueda del samsara, la historia se repite para siempre. No hay eventos únicos ni eventos finales de la historia. No hay milenio, utopía o escatón.

En cuanto al destino humano individual, la mayoría de los panteístas, especialmente las variedades orientales, creen en la reencarnación. Después de que el alma abandona el cuerpo, entra en otro cuerpo mortal para trabajar fuera de su karma. Eventualmente, el objetivo es dejar el cuerpo y, en el caso de la mayoría de los panteístas, fusionarse con Dios. Esto se llama nirvana, y significa la pérdida de la individualidad. La salvación definitiva en este tipo de sistema panteísta es de la individualidad, no en ella como creen los cristianos (ver Inmortalidad).

Evaluación. El panteísmo absoluto es contraproducente. El panteísta absoluto afirma: "Yo soy Dios". Pero Dios es el Absoluto inalterable. Sin embargo, los seres humanos pasan por un proceso de cambio llamado iluminación porque tienen esta conciencia. Entonces, ¿cómo podría la gente ser Dios cuando la gente cambia, pero Dios no?

Los panteístas intentan escapar de esta crítica permitiendo que algo de realidad sea de la humanidad, ya sea de emanacional, modal o manifestal. Pero si realmente somos solo modos de Dios, entonces ¿por qué somos ajenos a ello? H. P. Owen describe esto como una "amnesia metafísica" que impregna todas nuestras vidas. Si estamos siendo engañados acerca de la conciencia de nuestra propia existencia individual, ¿cómo sabemos que el panteísta no está siendo también engañado al afirmar ser consciente de la realidad como en última instancia?

De hecho, si el mundo es realmente una ilusión, ¿cómo podemos distinguir entre realidad y fantasía después de todo? Lao-tse hace bien la pregunta: "Si cuando estaba dormido era un hombre soñando que era una mariposa, ¿cómo sé que cuando estoy despierto no soy una mariposa soñando que soy un hombre?" (Guiness, pág. 14).

Si lo que continuamente percibimos como real no lo es, ¿cómo podríamos distinguir entre la realidad y la fantasía? Tal vez cuando cruzamos una calle concurrida, con tres carriles de tráfico que vienen hacia nosotros, no debemos preocuparnos, porque de todos modos todo es una ilusión. De hecho, ¿deberíamos incluso mirar al cruzar la calle, si nosotros, el tráfico, y la calle realmente no existimos? Si los panteístas vivieran constantemente su panteísmo, no quedarían más panteístas.

Además, según el panteísmo, las mentes individuales son en sí mismas aspectos de la ilusión y, por lo tanto, pueden no proporcionar ninguna base para explicarlo. Si la mente es parte de la ilusión, no puede ser la base para explicar la ilusión. Por tanto, si el panteísmo tiene razón al afirmar que mi individualidad es una ilusión, entonces el panteísmo es falso, ya que no hay base para explicar la ilusión (ver Clark, Pantheism of Alan Watts [Panteísmo de Alan Watts], cap. 7).

El panteísmo tampoco resuelve el problema del mal de manera satisfactoria (ver Mal, Problema del). Decir que el mal es una ilusión (ver Ilusionismo) o algo menos real no solo es frustrante y vacío para aquellos que experimentan el mal, sino que también parece filosóficamente inadecuado. Si el mal no es real, entonces ¿cuál es el origen de la inclusión? ¿Por qué la gente lo ha experimentado durante tanto tiempo? Y, ¿por qué parece tan real? A pesar de que los panteístas afirman lo contrario, también se experimenta dolor y sufrimiento, y eventualmente morirán. Incluso los panteístas duplican el dolor cuando tienen apendicitis. Saltan fuera del camino de un camión que viene en sentido contrario para no lastimarse.

Si Dios es todo, y todo es Dios, como sostienen los panteístas, entonces el mal es una ilusión y en última instancia no hay aciertos y errores. Hay cuatro posibilidades con respecto al bien y al mal:

1. Si Dios es bondadoso, entonces el mal debe existir aparte de Dios. Pero esto es imposible, ya que Dios es todo y nada puede existir aparte de Él.
2. Si Dios es malvado, entonces el bien debe existir aparte de Dios. Esto tampoco es posible, ya que Dios lo es todo.
3. Dios es bondadoso y malvado. Esto no puede ser, porque es contradictorio afirmar que el mismo ser es bondadoso y malvado al mismo tiempo. Además, la mayoría de los panteístas están de acuerdo en que Dios está más allá del bien y del mal. Por tanto, Dios no es ni bueno ni malo.
4. El bien y el mal son ilusorios. No son categorías reales.

La opción 4 es lo que creen la mayoría de panteístas. Pero si el mal es solo una ilusión, entonces, en última instancia, no existen tales cosas como pensamientos o acciones buenas y malas. Por lo tanto, ¿qué diferencia habría si elogiamos o maldecimos, aconsejamos o violamos, amamos o asesinamos a alguien? Si no hay una diferencia moral final entre esas acciones, no existen responsabilidades morales absolutas. La crueldad y la no crueldad son, en pocas palabras, lo mismo. Un crítico hizo la siguiente opinión con esta ilustración:

Un día estaba hablando con un grupo de personas sobre las investigaciones de un joven sudafricano en Cambridge. Entre otros, estaba presente un joven indio que era de origen sikh pero hindú de religión. Él empezó a hablar fuertemente contra el cristianismo, pero realmente no entendía los problemas de sus propias creencias. Entonces dije: "¿No estoy en lo cierto al decir que sobre la base de tu sistema, la crueldad y no crueldad son en última instancia iguales, que no hay diferencia intrínseca entre ellas? Estuvo de acuerdo [...] El estudiante cuya habitación conocimos, que había entendido claramente las implicaciones de lo que el Sikh había admitido, levantó su tetera de agua hirviendo con la que estaba a punto de hacer té, y se quedó con ella humeando la cabeza del indio. El hombre miró hacia arriba y le preguntó lo que estaba haciendo y dijo, con una fría pero suave finalidad, "No hay diferencia entre crueldad y no crueldad". Acto seguido, el hindú salió por la noche. (Schaeffer, The God Who Is There, [El Dios que está allí], pág. 101).

Si los panteístas tienen razón en que la realidad no es moral, que el bien y el mal, lo correcto e incorrecto son inaplicables a lo que es real, entonces tener razón es tan insignificante como no tenerla (Schaeffer, He is There and He Is Not Silent [Él está allí y no está en silencio]). Se destruye el fundamento de la moralidad. El panteísmo no se toma en serio el problema del mal. Como C. S. *Lewis lo expresó, "Si no tomas las distinciones entre el bien y el mal en serio, entonces es fácil decir que todo lo que encuentres en este mundo es parte de Dios. Pero, por supuesto, si crees que algunas cosas son realmente malas, y que Dios es realmente bondadoso, entonces no puedes hablar así " (Lewis, pág. 30).

De esta y otras formas, el concepto panteísta de Dios es incoherente. Decir que Dios es infinito, pero que de alguna manera comparte su ser (ex Deo) con la creación, es elevar el problema de cómo lo finito puede ser infinito, que es lo que dicen los panteístas absolutos. De lo contrario, uno debe considerar el mundo finito menos que lo real, aunque exista. Hemos visto los problemas con la primera opción absoluta. Pero la segunda opción hace a Dios tanto infinito como finito, porque se dice que comparte parte de su ser con las criaturas, lo que implica que un Ser Infinito se vuelva menos infinito. Pero ¿cómo puede el Infinito ser finito, lo Absoluto ser relativo y lo inmutable cambiado?

El Dios del panteísmo también es incognoscible. Se reclama lo siguiente "Dios es incognoscible de una manera intelectual" parece sin sentido o contraproducente. Porque si el reclamo por sí mismo no puede entenderse de una manera intelectual, entonces es contraproducente. Porque lo que se afirma es que nada se puede entender sobre Dios en una manera intelectual. Sin embargo, el panteísta excepto nosotros sabemos intelectualmente esta verdad que Dios no puede entenderse de una manera intelectual. De otra manera, el panteísta estaría haciendo una afirmación sobre Dios en el sentido que no se pueden hacer dichas afirmaciones. Pero ¿cómo se puede hacer una afirmación positiva sobre Dios que afirma que solo se pueden hacer las afirmaciones negativas sobre Dios? Plotino admitió que el conocimiento negativo presupone algo de conciencia negativa. De otra forma, uno no sabría qué invalidar.

Los críticos afirman además que la negación de varios panteístas de la aplicabilidad de la lógica a la realidad es contraproducente. Porque para negar que la lógica se aplica a la realidad, parecería que uno debe hacer una declaración lógica sobre la realidad en el sentido de que ninguna afirmación lógica se puede hacer. Por ejemplo, cuando Zen Buddhist D. T. Suzuki dice que para comprender la vida debemos abandonar la lógica (Suzuki, pág. 58), él usa la lógica en su afirmación y lo aplica a la realidad. De hecho, la ley de no contradicción (No se puede ser ambos, ni A ni no-A) no puede negarse sin ser utilizada en cada negación (ver Primeros principios). Por tanto, para negar que la lógica se aplica a la realidad, no se debe tomar una afirmación lógica sobre la realidad.

Entonces, ¿cómo se defendería esta posición?

Fuentes

D.K. Clark, *The Pantheism of Alan Watts* [El panteísmo de Alan Watts].

D. K. Clark y N. L. Geisler, *Apologetics in the New Age* [Apologética en la Nueva Era].

G. H. Clark, *Thales to Dewey* [De Tales a Dewey].

W. Corduan, *"Transcendentalism: Hegel"* [Trascendentalismo: Hegel]

R. Flint, *Anti-Theistic Theories* [Teorías antiteístas].

N. Geisler y W. D. Watkins, *Worlds Apart* [Mundos aparte].

O. Guiness, *The Dust of Death* [El polvo de la muerte].

S. Hackett, *Oriental Philosophy* [Filosofía rriental].

G. W. F. Hegel, *The Phenomenology of Mind* [La fenomenología de la mente].

C. S. Lewis, *Mere Christianity* [La Pura Cristiandad].

H. P. Owen, *Concepts of Deity* [Conceptos de la deidad].

Plotino, *The Six Enneads* [Las seis Enéadas].

S. Prabhavananda, *The Spiritual Heritage of India* [La herencia espiritual de India].

S. Prabhavananda y F. Manchester, traducción, *The Upanishads* [Los upanishads].

S. Prabhavananda y C. *Usherwood, traducción,* Bhagavad-Gita, en específico el apéndice 2].

S. Radhakrishnan, The Hindu View of Life [La opinión hindú de la vida].

J. M. Robinson, *An Introduction to Early Greek Philosophy* [Introducción a la filosofía de la Grecia antigua].

F. Shaeffer, *The God Who Is There* [El Dios que está ahí].

———, *He Is There and He Is Not Silent* [Él está ahí y no está en silencio].

H. Smith, *The Religions of Man* [Las religiones del hombre].

B. Spinoza, *Ethics* [Ética].

D. T. Suzuki, *An Introduction to Zen Buddhism* [Introducción al budismo zen].

Pascal, Blaise. Blaise Pascal (1623-62) fue un matemático, científico y filósofo francés. A los dieciséis años, culminó un tratado original en secciones cónicas. Contribuyó al desarrollo de diferentes cálculos y creó la teoría matemática de probabilidad. Varias proposiciones y demostraciones matemáticas han sido nombradas en su honor: el triángulo aritmético de Pascal, la ley de Pascal, y el hexágono místico de Pascal. El énfasis de Pascal en la fe lo puso en contacto con los jansenistas, un grupo católico dividido que se encontraba en conflicto con los jesuitas. Entre los jansenistas, él experimentó su "primera conversión" (1646). Luego, experimentó su "conversión definitiva" cuando descubrió que "el Dios de Abraham, de Isaac y de Jacob, no son filósofos o eruditos" (Pascal, pág. 311).

Después de la condena del apologeta jansenista Antoine Arnuald (en 1655), Pascal escribió sus dieciocho Lettres provincials (1656-57), las cuales atacaron la teoría jesuita de la gracia y moral. Su obra más famosa es Pensees, publicada después de su muerte a partir de sus notas que empezó más temprano. Pensees reivindicaron al cristianismo a través de la presentación de hechos y cumplimientos de la profecía y por un llamado al corazón. (Cross, pág. 1036)

Fe y Razón. A pesar de la oposición de Pascal hacia René *Descartes y su racionalismo cartesiano, este ganó el título de fideista desmerecido (ver Fideismo), en realidad Pascal presentó muchas evidencias para apoyar la fe cristiana. En la tradición de *Augustín, del cual él se nutrió, creyó que solo la fe podía liberarlo del pecado y ponerlo en una relación personal con Dios. Siempre existe un elemento de riesgo en la fe, pero es un riesgo que vale la pena tomar. Él confesó que "el corazón tiene sus propias razones que la razón no conoce". Sin embargo, esto excluye el uso de la razón para apoyar las verdades de la fe cristiana.

Apologética. La apologética racional de Pascal para el cristianismo se puede dividir en tres partes: primero, el uso de evidencia; segundo, el llamado para llevar a cabo las profecías; y, el tercero, su famosa apuesta.

El uso de la evidencia. Pascal creyó que "es una señal de debilidad probar a Dios desde la naturaleza" (Pascal, nro. 466). También añadió que "es un hecho sobresaliente que un autor no canónico haya usado alguna vez la naturaleza para probar a Dios" (ibid. no. 463). Sin embargo, él hizo una relación de doce "pruebas" para el cristianismo:

1. La religión cristiana, por el hecho de estar establecida tan firme y cuidadosa, muy contraria a la naturaleza.
2. La santidad, sublimidad, y humildad del alma cristiana.
3. Los milagros de las Sagradas Escrituras.
4. Jesucristo en concreto.
5. Los apóstoles en concreto.
6. Moisés y los profetas en concreto.
7. Los judíos.
8. Profecías.
9. Perpetuidad: ninguna religión disfruta la perpetuidad.
10. Doctrina, contabilizando todo.
11. La santidad de esta ley.
12. El orden del mundo (ibid. no. 482).

Apuesta de Pascal. En Pensees, Pascal ofreció la apuesta de Pascal. Al asumir, como Pascal lo hace, que no podemos saber con seguridad y solo por la razón si Dios existe o qué yace más allá de esta vida, ¿cómo deberíamos vivir en esta vida? ¿Cuáles son las probabilidades para que haya un Dios y una vida eterna? Pascal argumentó que dado que la razón no puede determinar si Dios existe, debemos decidir, y por lo tanto tenemos que apostar. Para aquellos que apuestan que Dios existe tienen todo para ganar y nada que perder. Pero, para aquellos que apuestan que Dios no existe tienen todo por perder si lo hacen. Él concluye con lo siguiente, "Déjanos evaluar dos casos: si tú ganas, ganas todo, si pierdes, pierdes todo. Entonces no dudes en apostar que Él no existe". De acuerdo con la apuesta de Pascal, uno no puede perder al apostar que Dios y la inmortalidad existen. Incluso si uno no puede probar sobre Dios o la vida después de la muerte es una buena apuesta creer en ellos. No tenemos nada que perder. Si Dios no existe, la vida del creyente es una gran vida de todas formas. Sí Él sí existe, entonces mucho más. No solo es esta gran vida, pero el que viene será incluso mayor. Así que, creer en Dios y en una vida por venir es una buena apuesta, tanto para esta vida y para la que viene. El apostador no puede evitarlo. Debemos creer en Dios o no. Como no podemos evitar las apuestas, las probabilidades favorecen abrumadoramente la apuesta por Dios.

El juego de la vida se debe jugar. Incluso para aquellos que ya no viven más deben jugar el juego; solo acortan su duración. Pero, asumiendo que no hay Dios por conocer más allá de la muerte es un gran riesgo, uno que no vale la pena tomar. Por el contrario, al asumir que hay un Dios, es un riesgo que no vale la pena perderse. Creer que Dios existe nos garantiza esta vida y posiblemente la siguiente. Pero, al asumir que no hay Dios trae consigo la infelicidad en esta vida y la posibilidad de que no haya más en el futuro. En propias palabras de Pascal, "Eso no da opción; donde sea que haya infinidad, y donde no hay posibilidades infinitas de perder contra las de ganar, no hay lugar para la duda, hay que darlo todo".

Evaluación. Pascal, mientras enfatice al corazón y la fe, no es fideísta. En Pensees número 149, él pone en boca de Jesús las siguientes palabras: "No quiero que me creas sumiso y sin razón; no pretendo someterte a la fuerza. Tampoco pretendo dar cuenta de todo [...] Me refiero a mostrarse con claridad, pruebas convincentes, marcas de divinidad dentro de mí que te convencerán de lo que soy, y establecerán mi autoridad con milagros y pruebas que no puedes rechazar, para que luego creas las cosas que enseño, no encontrando ninguna razón para rechazarlas excepto tu propia incapacidad de saber si son ciertas o no". Esto claramente no es fideísmo.

La opinión de Pascal viene de un fuerte criticismo en el siglo dieciocho. El deísta François-Marie *Voltaire (1694-1778) es representativo. En cuanto a los milagros, Voltaire escribió: "Ni una sola de las profecías a las que se refirió Pascal puede aplicarse honestamente a Cristo; y tal discusión sobre los milagros fue puro disparate" (Torrey, pág. 264). Sin embargo, como se ve en el artículo Profecía, como prueba de la Biblia, los cuestionamientos de los deístas pueden responderse y los argumentos de Pascal pueden justificarse como una defensa del cristianismo.

En cuanto a la apuesta de Pascal, Voltaire se sorprendió que él recurriría a tal medio para probar a Dios. Si "los cielos declaran la gloria de Dios", ¿por qué Pascal minimizó la evidencia externa de Dios en la naturaleza?" (ver Dios, Evidencias a favor de)

Walter Kaufmann de Harvard alguna vez bromeó en que quizá el Dios de Pascal "superará a Lutero". Es decir, "Dios puede castigar a aquellos cuya fe está motivada por la prudencia" (Kaufmann, pág. 177). Pero esto tampoco es una crítica de la apuesta. En el mejor de los casos, solo excluirá a aquellos que creen en Dios por tales motivos. Además, el argumento está basado en una opinión errónea del carácter de Dios. Ningún Dios moralmente digno, por no hablar de uno racional, castigaría a alguien que usa la sabiduría para pensar en su destino final.

El ateo George H. Smith afirma que uno pierde mucho pensando en tal apuesta. "¿Qué tenemos que perder?". Integridad intelectual, autoestima, y una vida apasionante y gratificante para empezar. En pocas palabras, todo lo que valga la pena vivir la vida. Lejos de ser una apuesta segura, la apuesta de Pascal requiere la apuesta de la propia vida y felicidad" (Smith, pág. 184).

Sin embargo, no está del todo claro si este sea el caso. El mismo Pascal era un hombre de gran intelecto y gran integridad, como incluso la mayoría de sus enemigos estuvieron dispuestos a admitir. Y ciertamente, es una simple falsedad mantener que Pascal y otros pensantes cristianos no tienen una "vida gratificante". De hecho, esto es parte de la apuesta de Pascal, es decir, que no tenemos nada que perder, ya que esta vida de fe sola, aunque no haya Dios, es eminentemente valiosa. Finalmente, Smith pasa por alto el punto fundamental que Pascal desarrolla: El creyente también anticipa la recompensa eterna. "Todo para ganar y realmente nada que perder"; la falta de fe tiene dificultades para responder a Pascal.

Uno podría desafiar la premisa que los creyentes no tienen nada que perder. Si no hay Dios, los cristianos se someten a una vida de sacrificio por nada (2 Co 11:22-28; 2 Ti 3:12). Se perdieron un poco de diversión siendo creyentes. Pero considerando que el creyente tiene verdadero gozo y paz, perdón y esperanza, incluso en el sufrimiento (Ro 5; Santiago 1), este es difícilmente un aspecto revelador.

Sin embargo, la apuesta no es una prueba de Dios sino, en el mejor de los casos, un camino de prudencia. Simplemente muestra que es una tontería no creer en Dios. La pregunta sigue siendo si el camino "sabio" conduce a la verdad.

Fuentes

D. Adamson, *Blaise Pascal* [Blaise Pascal].
W. Kaufmann, *Critique of Religion and Philosophy* [Crítica de la religión y filosofía].
P. Kreeft, *Christianity for Modern Pagans* [Cristianismo para paganos modernos].
B. Pascal, *Penseés*.
F. L. Cross, *"Pascal, Blaise"*.
R. Popkin, *"Pascal"*.
G. H. Smith, *Atheism* [Ateísmo].
H. F. Stewart, *Pascal's Apology for Religion* [Apologética de Pascal por la religión].
N. Torrey, *"Voltaire, François-Marie Arouet De"*.
C. C. J. Webb, *Pascal's Philosophy of Religion* [Filosofía de la Religión de Pascal].

Pentateuco, Autoría mosaica del. La Biblia atribuye los primeros cinco libros de la Biblia, Génesis, Éxodo, Levítico, Números y Deuteronomio, o el Pentateuco, a Moisés en Éxodo 24: 4; Josué 1: 7-8; Esdras 6:18; Daniel 9:11; y Malaquías 4: 4. Jesús citó del Pentateuco, atribuyendo la fuente a Moisés en Marcos 7:10 y Lucas 20:37. La mayoría de los críticos modernos niegan Autoría mosaica y organizan los escritos mucho más tarde, complejo conjunto de escribas y editores sacerdotales. El objetivo ha sido evitar los relatos de los libros sobre sucesos sobrenaturales y autoridad divina (ver Biblia, Críticas a la; Crítica de redacción del Antiguo Testamento; Wellhausen, Julius).

Ya a finales del siglo XVII, Benedicto *Spinoza negó que Moisés escribiera el Pentateuco.

Muchos críticos eruditos se unieron a él en el siglo XIX. Julius *Wellhausen afirmó que los primeros cinco libros fueron escritos por varias personas a las que llamó Jehovista (J), Elohimista (E), Sacerdotal (P) y Deuteronomista (D). Fueron las características literarias las que supuestamente distinguieron a estos autores.

Respondiendo a los argumentos. Los estudiosos conservadores han respondido que ninguno de estos argumentos es lo suficientemente fuerte como para garantizar las reclamaciones extraordinarias y teorías que han surgido de ellos en los estudios del Antiguo

Testamento. Hay razones más fuertes para atribuir el Pentateuco a Moisés.

El relato de la muerte de Moisés. Dado que Moisés fue un profeta (Deuteronomio 18:15; Hechos 3:22) que poseía dones y habilidades milagrosos (ver, por ejemplo, Éxodo 4), no hay ninguna razón por la que no pudo haber escrito el relato de su muerte por adelantado (ver Milagros, Valor apologético de los).

Sin embargo, dado que no hay signos en el texto de que esto es una profecía, puede haber sido escrito por su sucesor. Tales eruditos como R. D. Wilson, Merrill Unger, Douglas Young, R. Laird Harris, Gleason L. Archer Jr. y R. K. Harrison aceptaron fácilmente que el capítulo final de Deuteronomio probablemente fue agregado por Joshua o alguien más en el círculo íntimo de Moisés. Esto, de hecho, apoya la visión de la continuidad de los profetas escritores, una teoría que cada profeta sucesor escribe el último capítulo del libro de su predecesor. La adición de un capítulo sobre el funeral de Moisés por otro profeta de acuerdo con la costumbre del día en ningún sentido quita la creencia de que Moisés fue el autor de todo hasta ese capítulo final. Esto ciertamente no se ajusta al escenario J-E-P-D.

Secciones entre paréntesis. Las secciones entre paréntesis en Deuteronomio 2 no necesitan ser redacciones posteriores. Los autores por lo general utilizan material editorial (por ejemplo, entre paréntesis) en sus propios escritos. Tal adición se hizo a la anterior oración en este párrafo. Sin manuscritos anteriores que los omitan. Esta sección encaja en el texto. Por lo tanto, no hay evidencia convincente que sugiera que fueran obra de un redactor posterior.

Pero incluso si se agregaron comentarios entre paréntesis en el texto, esto no cambiaría nada que Moisés escribió en el resto del texto, ni restaría valor a su afirmación a la autoría del texto inspirado. Muchos eruditos evangélicos están dispuestos a admitir que comentarios como estos escribas posteriores podrían haberlo hecho para dilucidar el significado del texto. Si son adiciones, son cambios no inspirados que están sujetos al mismo debate textual que Marcos 16:9-20 y Juan 8:1-11. Uno puede argumentar sobre la base de evidencia interna y externa si deben ser considerados parte del inspirado texto de la Sagrada Escritura. Y, como la versión de Reina Valera 1960 traducción de 1 Juan 5:7 sobre la Trinidad, si no hay buena evidencia, el texto debe ser rechazado. Carente de ese tipo de evidencia para este pasaje, parece mejor considerarlo un comentario editorial del propio Moisés. En ningún caso se cuestiona la autoría Mosaica del texto inspirado del Pentateuco.

Moisés y Génesis. En cuanto a la composición del libro Génesis, Dios pudo haber revelado la historia de los comienzos a Moisés, como hizo con otras revelaciones sobrenaturales (por ejemplo, Éxodo 20). Moisés estuvo en el monte cuarenta días, y Dios pudo haberle revelado la historia hasta a su tiempo.

Dado que no hay una indicación clara en el texto de que esto es lo que pasó, quizás haya una mejor razón para pensar que Moisés compiló, en lugar de componer, el registro del Génesis. Hay indicios de que Génesis era una compilación de documentos familiares y orales de historia que había sido cuidadosamente transmitida. Cada sección ha adjuntado la frase "Esta es la historia de..." (RVA) o "relato de" (NVI 1984).

Estas frases aparecen en todo el libro de Génesis (2: 4; 5: 1; 6: 9; 10: 1, 32; 11:10, 27; 25:12, 19; 36: 1; 37: 2), uniéndolas como una serie de registros familiares y genealogías. A veces, los relatos incluso se denominan "libro" (5:1 RVA) o relato "escrito" (NVI 1984). Como líder del pueblo judío, Moisés habría tenido acceso a estos registros familiares de la historia pasada y podría haberlos compilado en la forma que conocemos como el libro del Génesis.

Diferentes nombres para Dios. Los críticos han argumentado que diferentes nombres de Dios en diferentes pasajes indican diferentes autores. Apuntan a Génesis 1, donde el supuesto autor Elohista (E) usa Elohim para Dios exclusivamente. Sin embargo, en Génesis 2, la frase Yahveh Elohim ("Señor Dios") se utiliza. El uso de Yahveh (o Jehová) se dice que indica la mano del Jehovista (J).

Pero este argumento falla. Lo mismo ocurre en el Corán, que se sabe que tiene una fuente, Mahoma. El nombre Alá se usa para Dios en los suras 4, 9, 24 y 33, pero Rab se usa en los suras 18, 23 y 25 (Harrison, pág. 517). En el Corán, los nombres se utilizan en diferentes capítulos. En Génesis, están incluidos dispersos dentro del mismo capítulo o sección, a unas increíbles disecciones del texto. Incluso los eruditos de J-E-P-D no pueden ponerse de acuerdo sobre dónde trazar todas las líneas.

La explicación más natural es que se usan diferentes nombres de Dios dependiendo del tema y aspecto de Dios en discusión. El majestuoso Elohim es una palabra apropiada cuando se habla de creación, como en Génesis 1. Yahweh el hacedor del pacto es más apropiado cuando Dios involucra a las personas, como en Génesis 2-3.

Estilo de escritura. Los críticos de J-E-P-D dicen que el Pentateuco refleja un estilo de escritura y formas literarias de un período muy posterior. Por ejemplo, el Deuteronomista (D) usa el estilo y la estructura del siglo VII. Pero esta afirmación tampoco puede fundamentarse como un hecho. Los descubrimientos arqueológicos muestran que la forma de la literatura utilizada en Deuteronomio es, de hecho, antigua en todo el Cercano Oriente. Moisés utiliza como recurso literario los acuerdos de Protectorados realizados entre los reyes y sus súbditos (ver Kline).

El argumento hace una suposición que no es cierta en la historia literaria. Los críticos asumen que Moisés podría no haber escrito en más de un estilo. Como egipcio bien educado, había estado expuesto a los protectorados tratados y todos los demás escritos narrativos y artísticos entonces lo hacen posible. Los buenos autores modernos cambian estilo y forma a medida que cambian en su propio oficio y para efecto. A veces pueden usar diferentes formas dentro una sola obra. Un ejemplo notable es C. S. *Lewis. Los críticos de la Biblia se volverían locos si se enfrentaran a la opinión de un autor sobre cuentos infantiles, críticas literarias en profundidad, análisis académico, sátira alegórica, ciencia ficción, narrativa biográfica y disputas impulsadas por la lógica y tratados.

Nombres de lugares posteriores. Los nombres tardíos de lugares son fáciles de explicar como interpolaciones posteriores. Los copistas posteriores pueden haber actualizado algunos nombres de lugares para que la gente tenga mejor entendimiento. En Josué 14:15, esto es casi ciertamente el caso, ya que una notación entre paréntesis introdujo el texto que dice "(Hebrón solía llamarse Kiriath Arba después Arba, quien fue el hombre más grande entre los anacitas)".

Posesión de la tierra. Deuteronomio 2:13 se refiere a Israel en la "tierra de su posesión", lo cual no sucedió hasta después de la muerte de Moisés. Por lo tanto, se argumenta que Moisés no pudo haber escrito estas palabras. Como comentadores del Antiguo Testamento C. F. Keil y F. Delitzsch concluyeron, esta referencia es a "la tierra al este del Jordán (Galaad y Basán), que fue conquistada por los israelitas bajo Moisés y entre las dos tribus y media, y que es descrito en el cap. iii.20 como la "posesión" que Jehovah había dado a estas tribus" (Keil y Delitzsch, pág. 293). Además, siendo una referencia entre paréntesis, 2:13 podría haber sido una interpolación posterior, no mosaica en el texto original. Cualquier evidencia que esto proporcione una edición más tarde, no es compatible con la autoría J-E-P-D ni niega la autoría mosaica del texto original inspirado.

Autoría mosaica del Éxodo. Hay una evidencia sólida que Moisés escribió el libro de Éxodo. En primer lugar, ninguna otra persona conocida de aquel periodo tuvo el tiempo, interés y capacidad de realizar tal registro. En segundo lugar, Moisés era un testigo ocular de los acontecimientos del Éxodo a través del libro de Deuteronomio, por lo que fue calificado de manera única. En efecto, el registro es un relato vivido de acontecimientos espectaculares, como la travesía del Mar Rojo, la recepción de los mandamientos y las peregrinaciones.

En tercer lugar, de los primeros registros rabinos conocidos, estos libros han sido de forma unánime atribuidos a Moisés. Esto es cierto para el Talmud, así como las obras de tales escritores judíos como *Filón de Alejandría y *Flavio Josefo. En cuarto lugar, el autor refleja un conocimiento detallado de la geografía silvestre (ver, por ejemplo, Éxodo 14). Esto es muy poco probable para alguien que no sea Moisés, que pasó cuarenta años como pastor, así como cuarenta años como líder nacional, en la región. El mismo argumento se puede utilizar de las reflexiones detalladas de costumbres y prácticas de una variedad de naciones descritas en el Pentateuco.

La afirmación interna del libro es que "Moisés escribió todas las palabras" (Éxodo 24:4). Si él no lo hizo, es una falsificación. El sucesor de Moisés, Josué, afirmó que Moisés escribió la ley. De hecho, cuando Josué asumió el liderazgo, él informó que había sido exhortado por Dios, "Nunca se apartará de tu boca este libro de la Ley" (Josué 1:8); se le dijo que "tenga cuidado de obedecer toda la ley que mi siervo Moisés les dio" (1:7). Después de Josué, una larga cadena de figuras del Antiguo Testamento atribuyó los libros de la ley a Moisés, entre ellos Josías (2 Cr 34:14), Esdras (Esdras 6:18), Daniel (Dn 9:11) y Malaquías (Mal 4:4). Los escritores de Jesús y el Nuevo Testamento también atribuyeron las palabras a Moisés. La Escritura en otros contextos se refiere al Pentateuco como los libros o la ley de Moisés.

Jesús, citando el Éxodo 20:12, utilizó la introducción, "Moisés dijo" (Marcos 7:10; cf. Lucas 20:37). El apóstol Pablo declaró que "Moisés describe de esta manera la justicia que es por ley" al citar el Éxodo 20:11 (Romanos 10:5). Así que hay confirmación de Jesús, que por milagros fue atestiguado como el Cristo, el hijo de Dios (ver Cristo, Divinidad de; Milagros, Valor apologético de los). Y hay autoridad apostólica, que también fue confirmada (ver Milagros en la Biblia).

Fuentes

G. L. Archer Jr., *A Survey of Old Testament Introduction* [Un estudio de la introducción del Nuevo Testamento].

F. Josephus, *Against Apion* [Contra Apión].

———, *The Antiquities of the Jews* [Antigüedades judías].

N. L. Geisler y W. E. Nix, *A General Introduction to the Bible* [Introducción General de la Biblia].

R. K. Harrison, *An Introduction to the Old Testament* [Introducción al Antiguo Testamento].

C. F. Keil y F. Delitzsch, *Commentary on the Old Testament* [Comentario del Antiguo Testamento], vol. 1.

M. G. Kline, *Treaty of the Great King* [Tratado del Gran Rey].

M. Unger, *Introductory Guide to the Old Testament* [Guía introductoria del Antiguo Testamento].

Perspectiva platónica de Dios. *Ver* ARGUMENTO COSMOLÓGICO; PLOTINO.

Platón. Platón nació en 428 d. C., año de la muerte de Pericles. Se convirtió en discípulo de Socrates a la edad de dieciséis. Platón tenía 29 años cuando su mentor murió. Su gran pupilo fue Aristóteles. La carrera de Platón se divide en cuatro periodos. En el primer periodo, escribió Apology [Apología], Crito [Critón], Protagoras [Protágoras], and Republic (book I) [República (Libro I)]. En el segundo periodo, escribió Cratylus [Crátilo], Gorgias [Gorgias], y Lysis [Lisis]. Entre el segundo y tercer periodo, fundó su academia. En este tercer periodo, escribió Meno [Menón], Phaedo [Fedón], Phaedrus [Fedro], Symposium [Banquete], y lo demás de Republic [República]. En su cuarto y final periodo de composición literaria, Platón escribió Parmenides [Parménides], Theaetetus [Teeteto], Sophist [Sofista], Statesman [Político], Philebus [Filebo], Timaeus [Timeo], Critias [Critias], y Laws [Las leyes].

Alejandro Magno, a quien Aristóteles enseñó, nació cuando Platón tenía 72 años (en 347 a. C.). Justo 14 años después (en 333 a. C.), Alejandro empezó a conquistar el mundo y a expandir el idioma griego y su cultura que han dominado tanto de pensamiento desde aquel momento.

Epistemología de Platón. Platón creía en las ideas innatas. De hecho, creía que estas eran ideas que la mente vio en el mundo de Formas puras antes del nacimiento. Las ideas eran Formas de irreductiblemente simples y eternas (Eidos) que brotaban de la única Forma absoluta, el Buen (Agathos). Dado que fueron vistos por el alma en un estado preencarnado, todo lo que era necesario para recordarlos. Esto se consiguió mediante un diálogo de método dialéctico ilustrado en Meno, cuando incluso un pequeño esclavo era capaz de solucionar una geometría euclidiana simplemente haciéndose las preguntas correctas. Por supuesto, si alguien no lo hace bien en esta vida, hay otra reencarnación.

Cuando alguien vuelve a razonar sobre la fundación del pensamiento, encuentra *los primeros principios de conocimiento absoluto que sirvieron como la fundación de todo el conocimiento. El escepticismo, *agnosticismo, y relativismo (ver Verdad, Naturaleza de la) son contraproducentes.

Metafísica de Platón. Platón creía que el universo es eterno, un proceso eterno por el cual el Creador (Demiurgos) vio el Bien (Agathos) y se desbordó de Formas (Eidos), que informaron al mundo material (chaos) para siempre, formándose en un cosmos. Por lo tanto, la creación es un proceso eterno de creación ex materia (ver Creación, Puntos de vista de la). De este modo, la realidad es un *dualismo básico de Forma y materia, siendo ambos coeternales.

Como Platón enunció en la famosa analogía de la cueva en su obra Republic [República], el mundo físico es un mundo de sombras. El mundo real es un mundo espiritual de Formas puras. Cada cosa física está estructurada o moldeada por estas Formas o universales, a diferencia del nominalismo, que niega la realidad de los universos o esencias. Por ejemplo, todos los seres humanos comparten la única Forma o Esencia de la humanidad. Y la humanidad existe como una Forma pura en el mundo real, la espiritual detrás de este mundo material. Y cada una de estas Formas puras vienen de una Forma que contiene todas las Formas en su naturaleza absolutamente perfecta.

Platón y su perspectiva de Dios. Para Platón, Dios no era una Forma absoluta (Agathos) sino el Primero (Demiurgos). Su argumento para Demiurgos tomó la siguiente forma.

1. El cosmos sería un caos sin las formas. Las cosas puras sin estructura no tienen forma.
2. El caos (sin forma) es malo, y el cosmos (la forma) es bueno.
3. Todas las formas de bien en el mundo provienen de un Primer Bien más allá del mundo (el caos no puede formarse en el cosmos).
4. El Primero no puede hacer buenas formas sin una Forma de Bien a partir de la cual modelarlas.
5. La Forma después de la cual se forman las formas cambiables debe ser una Forma inmutable. Solo lo inmutable puede ser la base para el cambio. Solo lo Inteligible (Ideal) puede ser la base para las ideas.
6. Por lo tanto, existen tanto el Primero (Demiurgos) y la Forma (Bien) después del cual todas las cosas se forman.

Para completar su triada de definitivas, Platón ofreció un argumento para un Pionero (o Alma del Mundo). Así como la Forma es necesario explicar la fuente de las Formas puras, y el Primero es necesario para dar cuenta de la existencia de las cosas formadas, por lo que se necesita un Pionero para explicar la existencia de movimiento en el mundo. El razonamiento de Platón toma esta forma:

1. Las cosas se mueven. Se conoce por la observación.

2. Sin embargo, cualquier movimiento es hecho por otro o de lo contrario se mueve así mismo.

3. Los auto pioneros (las almas) son anteriores a los no-pioneros. Por lo que no se mueve así mismo se mueve por lo que hace.

4. Los auto-pioneros son eternos, de lo contrario no habría movimiento, dado que algo inerte no se puede mover así mismo.

5. Debe haber dos auto-pioneros en el universo, uno para dar cuenta del movimiento regular (bien) y el otro para explicar el movimiento irregular (mal).

6. El que explica el buen movimiento es el mejor, porque es el Movimiento Supremo, que es el Alma del Mundo.

7. Por lo tanto, existe un Movimiento Supremo (alma).

La influencia de Platón en el pensamiento Tardío. Alfred North *Whitehead dijo que la filosofía occidental es una serie de notas sobre Platón. Esto es a gran medida cierto. Las influencias específicas se manifiestan en *Plotino, *Agustín, *gnosticismo, ascetismo, *misticismo, innatismo, *dualismo, alegoría y *panenteísmo. Desde que Platón tenía una forma de *diosismo finito, John Stewart Mill, William *James, Brightman, Peter Bertocci, Whitehead, y Charles Hartshorne también se influenciaron por él. Del mismo modo, Friedrich *Schleiermacher, Adolph Harnack, y otros liberales y humanistas (véase Humanismo, Secular) que se aferran a la perfectibilidad inherente del hombre provienen de Platón, quien creía que conocer el bien es hacer el bien. La salvación es por la educación.

Evaluación de los puntos de vista de Platón. Dimensiones Positivas. Los puntos de vista de Platón tienen numerosos valores duraderos, muchos de los cuales han sido útiles para expresar y defender la fe cristiana. Una lista incompleta incluiría al menos lo siguiente:

*Fundacionalismo. Defensa de Platón de los *primeros principios han sido una gran ayuda para los cristianos apologetas a la hora de argumentar en contra del *agnosticismo y *convencionalismo.

La verdad como correspondencia. Al igual que filósofos clásicos, Platón definió la verdad como correspondencia, prestando así apoyo a la convicción cristiana de que la verdad metafísica es lo que corresponde a la realidad. La verdad es objetiva y no meramente subjetiva (ver Verdad, Naturaleza de la).

Absolutismo epistemológico. No solo era el objetivo de la verdad para Platón, sino que también era absoluto. Los argumentos de Platón siguen siendo utilizados por los apologetas cristianos para defender su creencia en la verdad absoluta.

Absolutismo moral. Platón también creía en los valores absolutos. Esto también está de acuerdo con la tarea de la apologética cristiana de defender los absolutos morales (ver Moralidad, Naturaleza absoluta de la)

Esencialismo ético. No solo Platón creía en los absolutos morales, sino que también sostuvo que están anclados en la naturaleza inmutable de la Forma (el bien).

Universales. Contrariamente al normalismo, Platón argumentó, al igual que los cristianos ortodoxos, que hay universales y esencias. De hecho, es una parte de la creencia cristiana de que Dios tiene una esencia y tres personas y que Cristo tiene dos esencias o naturalezas unidas en una persona (ver Cristo, Divinidad de).

Pruebas para Dios. Las pruebas de Platón a favor de Dios fueron la base de las formas cristianas posteriores del argumento *cosmológico o el argumento de la perfección (ver Dios, Evidencias a favor de) utilizado por *Agustín, Anselmo y Tomás de Aquino.

Inmortalidad. Platón defendió lo que todos los cristianos ortodoxos creen, por ejemplo, los seres humanos tienen una dimensión espiritual a su composición que es inmortal (ver Inmortalidad).

Una vida más allá de esta. Otra dimensión del pensamiento de Platón que es aceptable para los cristianos es su creencia en el mundo espiritual más allá de este a la que la gente eventualmente iba después de morir. Platón planteó tanto el cielo como el *infierno.

Capacidad intelectual innata. La mayoría de los apologetas cristianos creen que hay una capacidad innata dada por Dios de la mente humana. No nacemos sin conocimiento sino con ciertas capacidades y habilidades racionales dadas por Dios. Estos se manifiestan en la universalidad de los primeros principios como la ley de no contradicción.

Dimensiones negativas. A pesar de que hay muchas características positivas del sistema platónico, muchas de las ideas de Platón han sido una némesis continua para el cristianismo. Algunos de ellos son dignos de mención.

Dualismo metafísico. A diferencia del cristianismo, que se aferra a una creación monárquica ex nihilo (de la nada), Platón afirmó un *dualismo de creación ex materia, fuera de la materia preexistente (ver Creación, Puntos de vista de la).

Por lo tanto, para Platón el universo material es eterno, no temporal como los cristianos creen y ofrecen buenas pruebas para apoyarse (ver Kalam, Argumento cosmológico; Big Bang, Teoría del).

Diosismo finito. A diferencia del Dios teísta del cristianismo, que es infinito en poder y perfección, el Dios de Platón era finito. Sin embargo, hay una amplia prueba para mostrar que Dios es infinito.

Dualismo antropológico. Una de los legados más duraderos pero problemáticos de Platón entre los cristianos es su visión dualista de los seres humanos. De acuerdo con Platón, el hombre es un alma y solo tiene un cuerpo. De hecho, los humanos son prisioneros de sus cuerpos. A partir de esto resultan el ascetismo (negación del cuerpo) y la espiritualidad, los cuales ninguno está respaldado por el cristianismo.

Alegorismo. Debido a que Platón creía que la materia era menos real y buena que el espíritu, este restó importancia a la comprensión literal de las cosas. En el campo de la interpretación, esto lleva a buscar un conocimiento del texto más profundo, espiritual o místico. A partir de esto se desarrollan tanto en el neoplatonismo (ver Plotino) como en el alegorismo (ver Orígenes), problemas que siguen causando problemas a la iglesia cristiana.

Innatismo de Ideas. Mientras Platón señaló correctamente una dimensión innata de la mente humana, muchos cristianos, siguiendo a Aquino, rechazan la creencia de ideas innatas dada por Platón. Algunos grandes pensadores crisitanos, como Agustín, incluso llegaron a afirmar la idea concomitante de Platón de recordar estas ideas de una existencia anterior, solo que más tarde para tener que retractarse del punto de vista.

Reencarnación. El concepto de reencarnación de Platón, como el de los puntos de vista orientales, ha sido condenado por la iglesia cristiana y refutada por buenas pruebas, tanto bíblicas y racionales (ver Reencarnación).

Optimismo humanista. En algunos aspectos, Platón es el padre del humanismo occidental (ver Humanismo secular). Su creencia de que los seres humanos son perfectos por educación es contraria tanto para la enseñanza de las Sagradas Escrituras y la experiencia humana universal.

Dilema pluralista. Al igual que otros filósofos que siguen a Parménides, Platón nunca resolvió el problema de uno y muchos (ver Monismo). Terminó con muchas Formas irresolublemente simples que no podían diferir entre sí de ninguna manera real (ver Pluralismo metafísico)

Insuficiencia teológica. Algunos cristianos han visto más verdad cristiana en Platón de lo que hay que ver. La triada de Platón de la Forma, el Primero, y el Alma Mundial no es de ninguna manera la *Trinidad cristiana, como algunos han afirmado. Por un lado, dos de ellos (la Forma y el Alma Mundial) ni siquiera son personas en ningún sentido significativo del término. Por otro lado, no todos son uno y no comparten la misma naturaleza.

Además, Platón y otros filósofos griegos nunca consiguieron su Dios y su más alto principio metafísico juntos, al igual que los cristianos (ver Gilson). En Platón, por ejemplo, el Bien es el principio metafísico más alto, pero el Bien no se identifica con Dios. Más bien, el Demiurgos, que es inferior al Bien, es Dios en el sistema de Platón.

Fuentes

E. Gilson, *God and Philosophy* [Dios y filosofía], cap. 1.

J. Owens, *A History of Ancient Western Philosophy* [Historia de la filosofía occidental antigua].

Platón, *"Apology", in Collected Dialogues* [Apología, en diálogos recopilados].

————, *Laws* [Leyes],

————, *The Republic of Plato* [La república de Platón].

————, *Timaeus* [Timeo].

A. E. *Taylor, Plato* [Platón].

Plotino. Plotino (aprox. 204-270) nació en Egipto, a los veinte empezó a estudiar filosofía en Alejandría. Eventualmente, estudió con Amonio Saccas, maestro de *Orígenes, durante once años. Plotino no empezó a escribir su único libro, The Six Enneads [Las seis Enéadas], hasta que aprendió filosofía en Roma durante diez años. Su trabajo ha sido extremadamente influenciado tanto en el pensamiento filosófico y religioso. Desarrolló una cosmovisión del panteísmo *emanacional.

Dios y el mundo. A diferencia del panteísmo vedanta (ver Hinduismo vedanta), Plotino sostuvo que el ser o la realidad es múltiple o son muchas. Contó tres niveles o planes de ser. Pero antes y más allá del ser es Uno.

Lo Uno es absolutamente simple, es decir, no tiene partes, y es absolutamente necesario, es decir, debe existir. Lo Uno no solo ha "ocurrido", sino que existe por necesidad. Esta unidad absoluta debe existir, debido a que la multiplicidad presupone una unidad anterior. Solo podemos saber lo que es y muchos conocemos a Lo Uno. "La unidad debe preceder a la Realidad y ser su autor" (Enéadas, 6.6.13; todas las citas adicionales provienen de esta fuente). Lo Uno, por lo tanto, es la fuente absoluta del ser. Lo Uno está más allá y antes del ser.

Lo indescriptible y desconocido. Plotino argumenta que Lo Uno trasciende de todo lo que sea la fuente, que es todo en realidad: "Ciertamente este Absoluto no es ninguna de las cosas de las que es fuente, su naturaleza es que nada se puede afirmar de él, ni la existencia, ni la esencia, ni la vida, ya que es Lo que trasciende todo esto". Incluso su propio nombre, Lo Uno trasciende: "Y este nombre, Lo Uno, contiene realmente no más que la negación de pluralidad, si nos llevan a pensar en Lo Uno de manera positiva, en el nombre y la cosa, entonces habría más verdad en el silencio" (3.8.101).

Si Lo Uno es verdaderamente indestructible, ¿por qué Plotino intentó describirlo? Él menciona en su escrito que es un llamado a la visión, que impulsa hacia Lo Uno que está más allá del ser.

Podemos saber algo sobre Lo Uno a través de su descendencia y su ser (6.9.5). Aunque no podemos hablar ni conocer a Lo Uno, podemos hablar o conocer de Lo Uno en términos de lo que ha venido de Lo Uno. Sin embargo, debemos tener en cuenta que nuestras palabras y pensamientos son solo indicadores, no verdaderamente descriptivos, sino solo evocadores.

Niveles de realidad. Nous. El primer nivel del ser es Nous ("Mente"). Nous es la Mente Divina; es Dios, pero no el Sumo Dios". Es puro Ser. De las emanaciones de Lo Uno, Nous es el primero (5.1.4, 8). Cuando Lo Uno emana hacia afuera, y este emanente mira hacia atrás sobre su fuente, surge la simple dualidad del Conocedor y Conocido (6.7.37). Esta simple dualidad es Nous. Nous a cambio da lugar a más emanaciones inclinándose hacia adentro sobre sí mismo. Produce intelectos particulares o formas que cambian hacia afuera, produciendo el Alma Mundial, que a su vez produce especies de almas individuales (6.2.22; 6.7.15). Uno, Nous y el Alma Mundial forman no solo la Trinidad sino una tríada emanacional. De este triple nivel de dios fluye todas las otras cosas. La creación es ex Deo, tanto emanacional y necesariamente (ver Creación, Puntos de vista de la).

Alma mundial. El segundo nivel de realidad, el Alma Mundial, es una posición media entre Nous y el mundo corporal. Refleja al Nous y organiza lo corporal. El Alma Mundial es incluso más múltiple que Nous, porque está más lejos de la unidad absoluta de Lo Uno. El Alma Mundial emana cuando Nous reflexiona sobre sí mismo (6.2.22). El Alma Mundial anima al universo en toda su multiplicidad, dándole una unidad o totalidad (3.1.4, 5).

Materia. El tercer nivel de la realidad es la materia, lo más múltiple de todo. Dado que todo el proceso emanacional es un despliegue necesario de la unidad hacia la multiplicidad, es necesario que la última fase se haga a un lado de la completa inexistencia. Plotino describe a la materia como un no ser, pero añade que esto no debería entenderse como inexistencia. Más bien, la materia es una imagen del ser, o algo más alejado que incluso una imagen. Cuanto más alejado esté algo de la fuente del ser, Lo Uno, menor unidad y ser tiene (6.9.1). Dado que la materia es la más múltiple, "no tiene residuos del bien en ella" (1.8.7). Dado que la Unidad absoluta es absolutamente buena, cada

grado más alejado de multiplicidad es menos bueno y capaz de un mal mayor (1.8.5). La materia no tiene nada bueno, pero tiene la capacidad para el bien. La materia no es pura maldad en sí misma. Simplemente es privado de todo lo bueno (1.8.3), teniendo solo la mera capacidad de bien en él.

Lo que está más allá y antes del ser, Lo Uno, eterna y necesariamente se desarrolla a medida que una semilla se abre como una flor. Esto produce al Nous, o lo que Plotino llama "Lo Uno-Múltiple". Nous es Lo Uno que se vuelve autoconsciente, es decir, se descubre así mismo. Ahora cuando Nous se refleja hacia sí mismo, produce seres conscientes, y cuando se refleja hacia afuera, produce el Alma Mundial, o lo que Plotino llama "Lo Uno-y-Múltiple". Desde el Alma Mundial fluye todo lo demás, incluyendo la materia o el "Múltiple".

Lo Uno fluye hacia afuera de la unidad hacia la multiplicidad. Para Plotino, también hay un flujo de retorno de vuelta a la unidad. Así como hay una necesidad de que muchos se desarrollen desde Lo Uno, hay una necesidad de que muchos regresen a Lo Uno. El proceso es como el estiramiento de una gran banda elástica. Se puede estirar todo lo que se pueda antes de que vuelva a la fuente.

Seres humanos. Plotino cree que el ser humano es un alma que tiene cuerpo. El verdadero yo es el alma eterna (ver Inmortalidad), que se combina temporalmente con una envoltura material. A través de esta relación con la materia, el alma se contamina (1.2.4). Si una persona no se esfuerza para alcanzar el bien y la unidad máxima, y en cambio solo se preocupa por la materia, el yo se volverá absolutamente malo (1.8.13). Para salvarse y alcanzar la perfección máxima, la persona debe adaptarse a la materia y hacia Lo Uno. La salvación consiste en superar el dualismo cuerpo-alma. Esto normalmente requiere de muchos ciclos de reencarnación. Para escapar del ciclo, la persona debe volverse hacia el interior mediante el ascetismo y la meditación.

El primer paso hacia la liberación comienza en el reino del sentido, donde se ha impuesto cierta unidad por el Absoluto anterior (1.6.2-3). Al mirar las "bellezas del reino del sentido, las imágenes y las imágenes de sombra, fugitivos que han entrado en la Materia", uno se da cuenta que "hay bellezas más antiguas y más elevadas que éstas" (1.6.3-4). Estos objetos de sentido nos señalan a la fuente (6.9.11). No debemos parar con ellos sino ascender más allá de ellos. Así que el primer paso es desde el mundo razonable hasta el mundo intelectual de Nous.

Como primer paso, se ha dado un paso desde lo externo, el segundo paso continúa el ascenso desde lo interno, el alma, hacia lo eterno, Nous. Este movimiento es del alma inferior a un alma superior, y luego a Nous, que está por encima del alma. La mente humana debe identificarse con la mente. El conocedor y el conocido deben convertirse en uno. Esto se hace a través de la meditación. Sin embargo, incluso ahora, la Unidad máxima no se ha alcanzado todavía.

El tercer y último paso lleva a la más alta unión posible, unidad con lo Uno. Solo se puede alcanzar mediante una unión mística (ver Misticismo) que aleje toda la multiplicidad, incluso el intelecto y la razón. Dice Plotino: "Quien desee contemplar lo que trasciende lo intelectual, lo logra al dejar de lado todo lo que es del intelecto". El camino viaja más allá del conocimiento, incluso los objetos más altos del conocimiento, a lo intuitivo y místico. En esta última etapa, todo vuelve a ser una unidad absoluta. Lo que emergió ha regresado. Todo lo que fluyó de Dios tiene y debe volver (5.5.6; 6.9.4).

Evaluación. A pesar de los rasgos positivos de su sistema (como la trascendencia de Dios y la inmortalidad humana), los puntos de vista de Plotino están sujetas a las mismas críticas como otras formas de panteísmo. Algunas de sus premisas esenciales necesitan una evaluación especial.

Lo Uno y el No Ser. Para Plotino, el Máximo (Uno) está más allá del ser. Pero lo Uno debe estar en el reino del ser o del no ser. No hay nada entre algo y nada. Ya que lo Uno no está en el reino del ser, debe ser el no ser o la nada. Pero la nada no puede producir algo. Sin embargo, Plotino sostiene que lo Uno produjo todo el ser. Este es el absurdo metafísico máximo.

Efecto y causa. En el sistema Plotino, el efecto resulta ser mayor que la causa. Porque lo Uno produjo el ser, pero no tiene ningún ser. La mente emerge de lo Uno, pero lo Uno como tal no tiene mente. Sin embargo, el agua no puede elevarse más allá de su fuente. Un efecto no puede ser mayor que su causa (ver Analogía, Principio de; Causalidad, Principio de).

Siguiendo el principio de causalidad está el principio de analogía. Dado que la causa no puede producir lo que no posee, el efecto debe parecerse a su causa. Por supuesto, no puede ser idéntico, ya que uno es el productor y el otro el producido. Uno es superior. Pero como solo el ser produce al ser, debe haber alguna similitud real entre la causa y el efecto. La Causa infinita y no causada de todos los demás seres es el Ser, aunque no es finita, ni es causada. Para Plotino, lo Uno no comparte ninguna característica con su descendencia. Es totalmente "otro". Esto viola el principio de *analogía (ver Primeros Principios).

Conocimiento de lo Máximo. Plotino no pudo determinar ningún conocimiento de lo Uno. Está más allá del ser y de la descripción. Todas las afirmaciones sobre él son negativas o equívocas. Sin embargo, incluso Plotino admitió que nosotros no podemos saber que algo "no" es "eso" a menos que sepamos qué es "eso". El conocimiento negativo presupone el conocimiento positivo (6.7.29; 6.9.4).

Resumen. El panteísmo emanacional de Plotino comienza en la unidad, lo que da lugar a una mayor multiplicidad hasta que el ser casi alcanza el punto de la inexistencia. Entonces, todo vuelve hacia una unidad cada vez mayor, hasta que se alcanza la mayor unidad en la unidad absoluta de lo Uno. Aquí uno se convierte en uno con lo Uno y todos con el Todo.

Si las palabras no pueden expresar lo Máximo, ¿entonces, por qué el mismo Plotino escribió cientos de páginas describiendo su punto de vista de lo Máximo? Solo el mutismo verbal y mental absoluto es consistente para un místico (ver Misticismo). Ni siquiera el lenguaje evocador o los punteros serán suficientes. A menos que apunten a algo que podamos entender, todavía no lo entendemos.

Fuentes

A. H. Armstrong, *The Architecture of the Intelligible Universe in the Philosophy of Plotinus* [La arquitectura del universo inteligible en la filosofía de Plotino].
E. Brehier, *The Philosophy of Plotinus* [La filosofía de Plotino].
D. Clark y N. L. Geisler, *Apologetics in the New Age* [La apologética en la Nueva Era], cap. 4.
G. H. Clark, *Thales to Dewey* [De Tales a Dewey].
N. L. Geisler y W. D. *Watkins, Worlds Apart* [Mundos separados], cap. 3.
Plotino, *The Six Enneads* [Las seis eneadas].

Pluralismo metafísico. El pluralismo afirma que la realidad se encuentra en muchos, en lugar de uno. Está en contraste con el *monismo, que afirma que la realidad es una. El panteísmo es una forma de monismo, y el teísmo es una forma de pluralismo. Los monistas tienen una noción unívoca o equívoca del ser (ver Plotino). Los teístas sostienen una visión analógica del ser (ver Analogía, Principio de).

Pluralismo religioso. Para entender mejor el pluralismo religioso, hay que distinguir varios términos relacionados con la religión: pluralismo, relativismo, inclusivismo y exclusivismo. El pluralismo religioso es la creencia de que todas las religiones son verdaderas. Cada una proporciona un encuentro genuino con lo Máximo. Una puede ser mejor que las otras, pero todas son adecuadas. El relativismo (ver Verdad, Naturaleza de la) afirma que no hay criterios por los que se pueda decir qué religión es verdadera o mejor. No hay verdad objetiva en la religión y cada religión es verdadera al que la sostiene. El inclusivismo afirma que una religión es explícitamente verdadera, mientras que todas las demás son implícitamente verdaderas. El exclusivismo es la creencia de que solo una religión es verdadera, y las otras que se oponen a ella son falsas.

El cristianismo es exclusivista; afirma ser la única y verdadera religión (ver Cristo, Unicidad de). Esto pone a los cristianos en desacuerdo con los movimientos modernos para estudiar la religión comparativa y trabajar en la comunión interreligiosa. Alister McGrath pregunta: "¿Cómo pueden tomarse en serio las afirmaciones del cristianismo sobre la verdad cuando hay tantas alternativas rivales y cuando la propia 'verdad' se ha convertido en una noción devaluada? Nadie puede reclamar la posesión de la verdad. Todo es una cuestión de perspectiva. Todas las afirmaciones de la verdad son igualmente válidas. No hay ninguna posición ventajosa, universal o privilegiada que permita a nadie decidir lo que está bien y lo que está mal" (McGrath, pág. 365).

La igualdad entre las religiones del mundo. El pluralista John Hick argumenta: "No he encontrado que la gente de otras religiones del mundo esté, en general, en un nivel moral y espiritual diferente al de los cristianos". Porque "el ideal básico de amor y preocupación por los demás y de tratarlos como uno quisiera que lo trataran a uno es, de hecho, enseñado por toda la gran tradición religiosa" (Hick, "A Pluralist's View" [El punto de vista de un pluralista], pág. 39). Hick ofrece como prueba el hecho de que declaraciones similares a la "Regla de Oro" del cristianismo pueden encontrarse en otras religiones (ibid., 39-40).

Es discutible si los practicantes de las religiones no cristianas pueden realmente mostrar lo que Gálatas 5:22-23 llama "el fruto del Espíritu": amor, alegría, paz, paciencia, amabilidad, bondad, fidelidad, mansedumbre y autocontrol. Ciertamente los no cristianos hacen cosas amorosas y sienten la emoción del corazón de apego que llamamos amor. Y otros son gentiles, buenos, amables y autocontrolados. ¿Pero son capaces de manifestar amor ágape? Uno puede llevar una vida filantrópica e incluso morir en una postura de creencias personales sin mostrar el verdadero amor holístico fundado en Dios (ver 1 Co 13:3). Los cristianos deben tener un tipo de amor cualitativamente diferente por los demás y especialmente por Dios. Aunque la gracia común de Dios permite a las personas malvadas hacer el bien (ver Mateo 7:11), solo el amor sobrenatural de Dios puede motivar a una persona a expresar un verdadero ágape (cf. Juan 15:13; Ro 5:6-8; 1 Juan 4:7).

Antes de que uno concluya demasiado rápido que William *James demostró la igualdad de todas las formas de santidad en Varieties of Religious Experiences [Variedades de experiencias religiosas], el Treatise on Religious Affections [Tratado de afectos religiosos] de Jonathan Edwards debe examinarse. Edwards argumenta enérgicamente que las manifestaciones de piedad cristiana son únicas, una diferencia en el más alto nivel de devoción cristiana y no cristiana.

Incluso si se pudiera demostrar una especie de igualdad moral en la práctica entre la mayoría de los seguidores de las grandes religiones, esto no probaría por sí mismo la igualdad moral entre las religiones. Una persona que practica perfectamente el código moral menor puede parecer más moral que una persona que vive de forma imperfecta de acuerdo con un estándar ético más alto. Para hacer una comparación justa, se debe comparar las enseñanzas morales más altas de las diversas religiones. Por otra parte, uno debe comparar los mejores ejemplos de los seguidores a cada una. Una comparación cercana de las actitudes, objetivos y motivaciones, así como de las acciones, de la Madre Teresa y Mohandas Gandhi demostraría la superioridad de la compasión cristiana por los necesitados. En la escena religiosa moderna, también se debe clasificar lo que es inherente al sistema moral de otra religión y lo que se ha incorporado a él como resultado de la actividad misionera cristiana. El hinduismo como sistema no generó compasión social en Gandhi. Gandhi fue un estudiante del cristianismo que consideró seriamente la conversión. Proclamó su admiración por las enseñanzas de Jesús en el Sermón de la Montaña. La compasión social que se encuentra en algunas formas del hinduismo actual es una importación extranjera del cristianismo, la influencia de aquellos que, como Gandhi, habían sido tocados por los principios cristianos. Incluso entonces se quedó corta en la compasión cristiana global de la Madre Teresa.

Además, encontrar un principio moral similar a la Regla de Oro (cf. Mateo 7:12) no es suficiente para mostrar la igualdad moral. Esta es una manifestación de la revelación general, la ley escrita por Dios en los corazones de todos (Ro 2:12-15). Cuando se vivió en momentos de espiritualidad nacional, la moral cristiana produjo una compasión social dinámica, mientras que las religiones orientales han producido sociedades estancadas y el islam ha traído sociedades intolerantes (Pinnock en Okholm, pág. 61).

De hecho, el análisis de Hick carece de base. Solo asumiendo que el común denominador moral de todas las religiones es el estándar por el cual todas ellas deben juzgarse, llega a la no sorprendente conclusión de que todas son iguales. Pero uno tiene que negar los aspectos superiores de la moral o la enseñanza cristiana para mostrar que el cristianismo no es superior. Hick parece reconocer esto tácitamente cuando confiesa que "la aceptación de alguna forma de visión pluralista lleva a cada uno a restarle importancia y finalmente a eliminar ese aspecto de su autocomprensión que conlleva la afirmación de una superioridad única entre las religiones del mundo" (Hick, pág. 51).

Es más, la manifestación moral de una creencia no resuelve la cuestión de la verdad. Por ejemplo, el hecho de que haya mormones aparentemente morales no prueba que Joseph Smith fuera un verdadero profeta. De hecho, hay pruebas contundentes de que no fue un verdadero profeta (ver Tanner y Tanner). Entre las pruebas de lo contrario están sus profecías demostrablemente falsas (ver Milagro; Profecía, como prueba de la Biblia). Hay pruebas de que algo es cierto, aparte del estilo de vida de sus seguidores. La verdad es lo que corresponde a la realidad (ver Verdad, Naturaleza de la), y, por lo tanto, una religión es verdadera si sus principios centrales corresponden al mundo real, no simplemente si sus seguidores viven una buena vida o incluso mejor que los seguidores de otra religión.

En el análisis final, la superioridad moral del cristianismo no se basa en nuestra imperfección como cristianos, sino en la perfección única de Cristo como nuestro ejemplo. No se basa en nuestro carácter moral falible, sino en su carácter impecable (Juan 8:46; 2 Co 5:21; Heb 4:15; 1 Juan 3:3). En este contexto, es evidente la superioridad moral del cristianismo sobre todas las otras religiones.

Igualdad redentora de las religiones. En cuanto a la afirmación cristiana de un modo de salvación superior, Hick cree que esto o bien es una cuestión que se plantea o bien no es evidente en la práctica. "Si definimos la salvación como ser perdonado y aceptado por Dios a causa de la muerte de Jesús en la cruz, entonces se convierte en una tautología que el cristianismo es el único que conoce y es capaz de predicar la fuente de la salvación". Y "si definimos la salvación como un cambio humano real, una transformación gradual del autocentramiento natural (con todos los males humanos que se derivan de él) a una orientación radicalmente nueva centrada en Dios y que se manifiesta en el 'fruto del Espíritu', entonces parece claro que la salvación está ocurriendo dentro de todas las religiones del mundo, y que está ocurriendo, por lo que podemos decir, más o menos en la misma medida" (ibid., 43). Además, lo que es común a todas las religiones del mundo es una respuesta adecuada a lo Máximo. "Pero parecen constituir una conciencia humana más o menos auténtica y una respuesta a lo Máximo, lo Real, la base y fuente final de todo" (ibid., 45). Por supuesto, hay "una pluralidad de tradiciones religiosas que constituyen respuestas humanas diferentes, pero aparentemente más o menos igual de salvíficas, a lo Máximo. Estas son las grandes creencias mundiales" (ibid., 47).

El análisis de Hick sobre las creencias de salvación se basa en la suposición de que todas las religiones tienen una relación adecuada con lo que es realmente Máximo. Esto carece de base. Tal vez algunas no están conectadas en absoluto con lo que es realmente Máximo (es decir, el verdadero Dios). O quizás no estén debidamente relacionadas con lo que es realmente Máximo (Dios).

Hick asume erróneamente que todas las religiones son simplemente una respuesta humana a lo Máximo. Pero esto supone una visión antisupernatural de la religión. De hecho, supone una visión panteísta oriental de lo Máximo como lo que trasciende todas las manifestaciones culturales particulares de las distintas religiones del mundo.

Esta negación de la verdad de cualquier religión particular es en sí misma una forma de exclusivismo. Favorece la visión particular conocida como panteísmo con el objetivo de negar la particularidad de una visión conocida como teísmo cristiano. Asumir este tipo de posición panteísta como base para el análisis de todas las religiones, incluidas las no panteístas, simplemente es un error. O, dicho de otro modo, el pluralista que niega que una religión particular sea más verdadera que otras, está haciendo una afirmación de verdad particular.

El punto de vista pluralista con frecuencia degenera en la posición de que cualquier cosa en la que se crea sinceramente es verdadera. Esto significa que no importa si uno es un apasionado nazi, satanista o miembro de la Sociedad de la Tierra Plana. Cualquier punto de vista sería la verdad. Está claro que la sinceridad no es una prueba de la verdad. Muchas personas se han equivocado sinceramente acerca de muchas cosas.

Por último, esto implica que todas las afirmaciones de la verdad son una cuestión de ambos y no de uno u otro. Según este razonamiento, podría haber círculos cuadrados, tontos sabios y analfabetos educados. Las proposiciones mutuamente excluyentes no pueden ser ambas verdaderas. Las afirmaciones de verdad opuestas de varias religiones no pueden ser ambas verdaderas (ver Lógica y Dios; Primeros Principios). Por ejemplo, el panteísmo hindú y el teísmo cristiano afirman visiones del mundo mutuamente excluyentes. El islamismo niega y el cristianismo proclama la muerte de Jesús en la cruz y su resurrección de entre los muertos tres días días después. Uno u otro debe estar equivocado.

La unicidad de Cristo. En cuanto al dogma cristiano sobre la unicidad de Cristo (ver Cristo, Unicidad de) de ser Dios encarnado en carne humana, Hick sostiene que hay dos problemas principales: Primero,

Jesús no enseñó esta singularidad él mismo. En segundo lugar, el concepto de que Jesús era tanto Dios como humano carece de coherencia.

Hick rechaza las declaraciones aparentes sobre la unicidad de Cristo en los Evangelios porque ve que los estudiosos del Nuevo Testamento hacen lo mismo. "Entre los principales estudiosos del Nuevo Testamento existe hoy un consenso general de que no se trata de declaraciones del Jesús histórico, sino de palabras que puso en su boca un escritor cristiano unos sesenta o setenta años después que expresa la teología que se había desarrollado en su parte de la iglesia en expansión" (ibid., 52-53). Hick cita una lista de escritores bíblicos que supuestamente estaban de acuerdo en que "Jesús no reclamaba la deidad para sí mismo" (ibid.).

Hick está mal informado en ambos puntos. La fiabilidad histórica de los Evangelios está ahora fuera de toda controversia (ver Hechos, Historicidad del libro de los; Nuevo Testamento, Datación del; Nuevo Testamento, Historicidad del). Las afirmaciones de que las declaraciones de Jesús se editaron muchos años después para que se ajustaran a un programa religioso simplemente no se ajustan a los hechos. Los Evangelios estuvieron disponibles en las formas que ahora conocemos durante la vida de los testigos presenciales y contemporáneos de los acontecimientos. Las pruebas más recientes parecen situar las fechas en un momento anterior. Juan, que se considera el último Evangelio, fue escrito por un participante en los acontecimientos (Juan 21:24). Lucas fue escrito por un discípulo contemporáneo que conocía a los testigos presenciales (Lucas 1:1-4). Los Evangelios informan, no crean, las palabras y los hechos de Jesús. Hay un respaldo firme a sus afirmaciones únicas de ser Dios encarnado de ser Dios encarnado (ver Cristo, Divinidad de).

La segunda alegación de Hick es que "no se ha demostrado que sea posible, después de unos quince siglos de esfuerzos intermitentes, dar un significado claro a la idea de que Jesús tenía dos naturalezas completas, una humana y otra divina". (ibid., pág. 55). Hick se pregunta: "¿Es realmente posible que el conocimiento infinito se albergue en un cerebro humano finito?" (ibid., pág. 55). De nuevo, "¿Queremos realmente afirmar que Jesús era literalmente omnipotente pero fingía no serlo, como en Marcos 6:5?". Y "aunque era bueno, amoroso, sabio, justo y misericordioso, hay un problema obvio sobre cómo un ser humano finito podría tener estas cualidades en un grado infinito [...] Un ser finito no puede tener atributos infinitos" (ibid., pág. 56).

Hick no llega a afirmar que la encarnación implique una contradicción lógica absoluta, aunque su lenguaje podría darlo a entender. Si no es una contradicción lógica, no hay ninguna incoherencia demostrada en el punto de vista. De hecho, el propio Hick admite que "es lógicamente permisible creer cualquier cosa que no se contradiga a sí misma" (Hick, Metaphor of God Incarnate [Metáfora del Dios encarnado], pág. 104). En cuanto a la afirmación de que es difícil mostrar cómo esto es así, por los mismos motivos habría que rechazar tanto gran parte de nuestra experiencia común como la ciencia moderna (que tiene dificultades para explicar cómo la luz puede ser tanto ondas como partículas).

En segundo lugar, parece que Hick está mal informado sobre la visión ortodoxa de las dos naturalezas de Cristo. Sus objeciones asumen una visión no ortodoxa conocida como la herejía monofisita, que confunde las dos naturalezas de Cristo. Su pregunta "¿Es realmente posible que el conocimiento infinito se albergue en un cerebro humano finito?" (ibid., 55) revela esta confusión. La visión ortodoxa no afirma que hubiera un conocimiento infinito en el cerebro finito de Cristo. Más bien, afirma que había dos naturalezas distintas de Cristo, una infinita y otra finita. La persona de Cristo no tenía un conocimiento infinito. Solo tenía conocimiento infinito en su naturaleza infinita. Como Dios, conocía todas las cosas. Como humano, Jesús creció en sabiduría (Lucas 2:52). Lo mismo ocurre con los demás atributos de Jesús. Como Dios, era omnipotente. Como humano, no lo era (ver Cristo, Divinidad de).

Acusaciones de intolerancia. Otra acusación es que el exclusivismo es intolerante. Esto se dirige a la opinión de los exclusivistas de que un punto de vista religioso es verdadero y los que se oponen a él son falsos. Esto, para los pluralistas, parece un poco de fanatismo. ¿Por qué solo un punto de vista debería tener una franquicia sobre la verdad?

Según este razonamiento, los pluralistas también son "intolerantes". Afirman que sus puntos de vista son verdaderos con la exclusión de los puntos de vista opuestos (incluyendo el exclusivismo). Y ciertamente no tolerarían la posición de que los puntos de vista pluralistas y los no pluralistas opuestos son ambos verdaderos.

Si la acusación de intolerancia se debe a la forma en que algunos exclusivistas expresan sus puntos de vista, los no pluralistas no tienen el monopolio de la grosería, la intimidación y las declaraciones mal pensadas. Como demuestra el movimiento "políticamente correcto" en los campus universitarios, los pluralistas pueden ser tan intolerantes como cualquier otro. De hecho, puede haber más exclusivistas que pluralistas que actúen con respeto y moderación. Sin embargo, hay que tener en cuenta que el propio concepto de tolerancia implica un desacuerdo real. Uno no tolera aquello con lo que está de acuerdo. La tolerancia presupone una visión segura de la verdad.

Mentalidad cerrada. La cuestión de la tolerancia se relaciona estrechamente con la acusación favorita de los pluralistas de que los no pluralistas son de mentalidad cerrada. Afirman que su punto de vista es verdadero y que todos los demás están equivocados. Esto parece presuntuoso. ¿Por qué solo los exclusivistas deben poseer la verdad?

La respuesta es que los pluralistas (P) y los exclusivistas (E) reclaman por igual la verdad y el error. Ambos afirman que su punto de vista es verdadero y que todo lo que se oponga a él es falso. Por ejemplo, si E es verdadera, entonces todo lo que no sea E es falso. Del mismo modo, si P es verdadera, todo lo que no es P es falso. Ambos puntos de vista son "cerrados". Toda verdad es cerrada. Después de todo, 2 más 3 solo tiene una respuesta verdadera: 5. Así es la verdad.

Imperialismo intelectual. Otra acusación es que los exclusivistas son culpables de imperialismo intelectual. Los exclusivistas son totalitarios con respecto a la verdad. Deberían estar más abiertos a las aportaciones de muchas fuentes, no solo a una. Algunos pluralistas posmodernos llegan a afirmar que las propias ideas de verdad y significado huelen a fascismo (citado en McGrath, pág. 364).

Esta alegación tiene un cierto atractivo, especialmente para los que tienen una mentalidad política particular, pero carece de mérito con respecto a la determinación de lo que es verdadero. La forma en que se hace con frecuencia esta alegación es una forma de falacia lógica ad hominem. Se ataca a la persona y no a la posición.

Esta objeción también hace una presunción injustificada de que la verdad debe ser más democrática. Pero la verdad no se decide por voto mayoritario. La verdad es lo que corresponde a la realidad (ver Verdad, Naturaleza de la), independientemente de que la mayoría lo crea o no. ¿Creen realmente los pluralistas que todos los puntos de vista son igualmente verdaderos y buenos y que deben decidirse por mayoría?, ¿es el fascismo o el marxismo tan bueno como la democracia?, ¿fue el nazismo tan bueno como cualquier otro gobierno?, ¿deberíamos haber tolerado la quema de viudas en los funerales hindúes de sus maridos?

Presuposiciones del pluralismo. Existen criterios morales transreligiosos. Para que el argumento de la igualdad moral funcione, hay que suponer que existe un conjunto de criterios morales que no son exclusivos de ninguna religión en particular y mediante los que todos pueden ser evaluados. Los pluralistas suelen negar que exista una ley moral universalmente vinculante. Si hubiera tales leyes morales absolutas,

tendría que haber un Dador de la Ley Moral absoluto. Pero solo las religiones de tipo teísta aceptan este criterio, y algunas de ellas rechazan la naturaleza absolutamente perfecta de Dios (por ejemplo, los diosistas finitos). Si existe una ley moral común para todas las religiones, entonces no es exclusiva de una y ninguna religión puede ser juzgada inferior por carecer de ella.

Por último, si no existen tales leyes morales universales, entonces no hay forma de juzgar moralmente a todas las religiones desde ningún estándar más allá de ellas. Y no es justo tomar las normas de una religión y aplicarlas a otra, afirmando que la otra está por debajo de ella.

Los fenómenos pueden explicarse. Detrás del ataque del pluralista al exclusivismo hay una presuposición naturalista. Todos los fenómenos religiosos pueden ser explicados de forma naturalista. No se permiten explicaciones sobrenaturales. Pero este presunto naturalismo carece de justificación. Los milagros no se pueden descartar a priori (ver Milagros, Argumentos contra los). Tampoco, como afirmaba David *Hume, los milagros son increíbles. Tampoco los milagros carecen de pruebas. De hecho, hay pruebas sustanciales del mayor "milagro" de todos, la creación ex nihilo del mundo a partir de la nada (ver Big Bang, Teoría del; KALAM, Argumento Cosmológico). También hay abundantes pruebas de que se produjo la resurrección de Cristo (ver Resurrección, Evidencias a favor de la).

El mundo es "religiosamente ambiguo". Hick cree que "el universo, tal y como nos es actualmente accesible, es capaz de ser interpretado intelectual y experiencialmente tanto de forma religiosa como naturalista" (Hick, Interpretation of Religion [Interpretación de la religión], pág. 129). No podemos conocer la verdad sobre Dios; lo que es real no puede diferenciarse de lo que es falso.

La afirmación de que no podemos conocer lo real es contraproducente. El hecho de que no conozcamos la realidad de forma exhaustiva no significa que no podamos conocerla de verdad (ver Agnosticismo; Realismo). Como señala Douglas Geivett: "en la medida en que se conoce a Dios, se le conoce verdaderamente". La propia noción de un Real indiferenciado es inverosímil o contraproducente. La afirmación de Hick de que lo Real puede ser simbolizado por el concepto de sunyata en el budismo es un ejemplo de ello. Porque si lo Real es tan indiferenciado, ¿cómo puede representarlo algún símbolo? Tampoco se puede manifestar lo Real en diversas tradiciones, como afirma Hick. Para que algo se manifieste, deben revelarse al menos algunas de sus características. Pero lo Real, si es totalmente indiferenciado, no tiene características discernibles. Por lo tanto, no podría manifestarse en nuestra experiencia de manera significativa. Existe una especie de epistemología mística que se presume en este enfoque de "Dios es incognoscible" (ver Misticismo). Más bien decreta imperiosamente cómo Dios puede y no puede revelarse (Geivett en Okholm y Phillips, pág. 77).

El diálogo es el único camino a la verdad. Otra presuposición seriamente defectuosa es la posición de que el diálogo interreligioso pluralista es el único camino válido para descubrir la verdad. No es posible ningún diálogo religioso genuino si uno supone que su religión es verdadera antes del diálogo.

Esto es una prueba segura de que no está "abierto" a la verdad. El verdadero diálogo supone que uno es tolerante, abierto, humilde, dispuesto a escuchar y aprender, y a comprometerse en una búsqueda compartida de la verdad y en un amor abnegado y orientado al otro (ibid., pág. 239).

Sin embargo, el verdadero diálogo es posible sin adoptar una posición pluralista sobre la verdad. Se puede tener una actitud de humildad, apertura y tolerancia sin sacrificar las convicciones sobre la verdad. Incluso el pluralista no está dispuesto a renunciar a un compromiso con el pluralismo como condición para ese diálogo. Esto viola el propio imperativo del pluralista. De hecho, la llamada al diálogo suele ser un intento poco sincero de evangelización en nombre de la visión del mundo de quien pide el diálogo.

La visión de Hick es religiosamente neutral. Hick finge neutralidad religiosa, pero ésta no existe. Su supuesto pluralismo se inspira en la concepción hindú de lo trascendente. Y es antagónico a los principios fundamentales del cristianismo. No fomenta realmente el diálogo genuino entre las tradiciones. De hecho, hace prácticamente vacío el concepto de estar "en una determinada tradición religiosa". Después de todo, según los pluralistas, todas las tradiciones son esencialmente iguales. Así que aceptar el pluralismo es rechazar la propia tradición y aceptar la del pluralista.

Una visión relativista de la verdad es correcta. Detrás de la afirmación de los pluralistas de que todas las religiones principales tienen el mismo derecho a la verdad, se encuentra una visión relativista de la verdad (ver Verdad, Naturaleza de la). Pero la negación de la verdad absoluta es contraproducente. Esto afirma que el relativismo es cierto para todos, en todas partes y siempre. Pero lo que es cierto para todos, en todas partes y siempre es una verdad absoluta. Por lo tanto, el relativista afirma que el relativismo es una verdad absoluta.

Fuente

M. J. Adler, *Truth in Religion* [La verdad en la religión].

N. Anderson, *Christianity and World Religions* [Cristianismo y religiones del mundo].

D. Clark y N. L. Geisler, *Apologetics in the New Age* [Apologética en la Nueva Era].

A. D. Clarke y B. W. Winter, eds., *One God, One Lord* [Un Dios, un Señor].

W. Corduan, *Neighboring Faiths* [Fe del prójimo].

W. V. Crockett y J. G. Sigountos, eds., *Through No Fault of their Own?* [¿Sin culpa alguna?].

K. Gnanakan, *The Pluralistic Predicament* [El predicamento pluralista].

J. Hick, *An Interpretation of Religion* [Una interpretación de la religión].

———, *The Metaphor of God Incarnate* [La metáfora del Dios encarnado].

———, *"A Pluralist's View"* [Una visión pluralista].

A. McGrath, *"The Challenge of Pluralism for the Contemporary Christian Church"* [El desafío del pluralismo para la Iglesia cristiana contemporánea].

R. Nash, *Is Jesus the Only Savior?* [¿Es Jesús el único salvador?].

H. A. Netland, *Dissonant Voices.* [Voces disonantes].

D. L. Okholm y T. R. Phillips, eds., *More Than One Way?* [¿Más de un camino?], contribuciones especiales de D. Geivett et al., J. Hick, y C. Pinnock.

J. Sanders, *No Other Name* [No hay otro nombre].

G. Tanner y S. Tanner, *The Changing World of Mormonism* [El mundo cambiante del mormonismo].

Poligamia. Primera de Reyes 11:3 dice que Salomón tuvo setecientas esposas y trescientas concubinas. Otros hombres que Dios alaba mucho en la Biblia tenían múltiples esposas (y/o concubinas), particularmente Abraham y David. Y, sin embargo, las Escrituras advierten repetidamente contra tener varias esposas (Dt 17:17) y violar el principio de monogamia —un hombre por una esposa (cf 1 Cor 7: 2; 1 Tim 2: 2). Para muchos críticos, esto parece ser una contradicción (ver Biblia, Supuestos errores en la).

El problema de la poligamia. La monogamia es el estándar ideal de Dios para la raza humana. Hay muchas objeciones a la poligamia:

1. Nunca fue ordenado por Dios; solo fue tolerado por Dios.

2. Desde el principio, Dios estableció el patrón al crear una relación matrimonial monógama con un hombre y una mujer, Adán y Eva (Génesis 1:27).

3. Esto es evidente en la declaración subsiguiente de que "el hombre dejará a su padre y a su madre y se unirá a su esposa (singular), y serán una sola carne" (Gén 2:24). La poligamia nunca fue

establecida por Dios para ningún pueblo bajo ninguna circunstancia.

4. Siguiendo este ejemplo establecido por Dios, esta fue la práctica general (Génesis 4: 1) hasta que fue interrumpida por el pecado.

5. El primer polígamo registrado, Lamec, era un hombre malvado (Génesis 4:23).

6. Cristo reafirmó la intención original de Dios en Mateo 19:4, señalando que Dios creó un "varón y (una) mujer" y los unió en matrimonio.

7. La ley de Moisés prohíbe la poligamia, ordenando: "no tomará para sí muchas mujeres" (Deut 17:17).

8. La advertencia contra los matrimonios mixtos con no creyentes se repitió en el mismo pasaje que enumera a las esposas de Salomón (1 Reyes 11: 2). Las esposas de Salomón causaron daños irreparables a la casa de David y a Israel.

9. El Nuevo Testamento enfatiza que "cada hombre debe tener su propia esposa, y cada mujer su propio esposo" (1 Cor 7: 2). Esto excluye enfáticamente la poligamia.

10. Pablo insistió en que un líder de la iglesia debería ser "el marido de una sola mujer" (1 Tim 3: 2, 12). Independientemente de lo que esto pueda implicar, ciertamente implica una relación monógama.

11. El matrimonio monógamo ilustra la relación entre Cristo y su "esposa" (singular), la iglesia (Efesios 5: 31-32).

12. El juicio de Dios sobre la poligamia es evidente por ejemplo e implicación:

a. La poligamia se menciona por primera vez en el contexto de una sociedad en rebelión contra Dios donde el asesino "Lamec tomó para sí dos mujeres" (Génesis 4:19, 23).

b. Dios advirtió repetidamente a los polígamos de las consecuencias de sus acciones "no sea que se extravíe su corazón" de Dios (Deut 17:17; cf. 1 Reyes 11).

c. Dios nunca ordenó la poligamia, al igual que el divorcio, solo lo permitió debido a la dureza de sus corazones (Deut 24: 1; Mat 19: 8).

d. Todo polígamo de la Biblia, incluidos David y Salomón (1 Crón 14: 3), pagaron caro por sus pecados.

e. Dios odia la poligamia, como odia el divorcio, ya que destruye su ideal para la familia (cf. Mal 2:16).

Conclusión. Aunque la Biblia registra casos de poligamia, esto no significa que Dios los aprobó. La monogamia se enseña en la Biblia por precedente, ya que Dios le dio al primer hombre una sola esposa; por la proporción igual de hombres y mujeres que Dios trae al mundo; por precepto de los mandamientos del Antiguo y Nuevo Testamento; por el castigo, ya que Dios castigó a los que violaron su norma (1 Reyes 11: 2); y por la imagen profética de Cristo y su esposa pura, la iglesia (Efesios 5: 31-32).

Fuentes

N. L. Geisler, *A Popular Survey of the Old Testament* [Un estudio popular del Antiguo Testamento].

N. L. Geisler and T. Howe, *The Big Book of Bible Difficulties* [El gran libro de las dificultades bíblicas].

S. Grenz, *Sexual Ethics* [Ética sexual].

R. K. Harrison et al., *"Polygamy"* [Poligamía].

R. McQuilkin, *An Introduction to Biblical Ethics* [Introducción a la ética bíblica], cap 7.

H. Thielicke, *The Ethics of Sex* [La ética del sexo].

Politeísmo. El politeísmo es la cosmovisión de que existen muchos dioses finitos en el mundo. Existen diferentes versiones del politeísmo. De alguna manera, todos los dioses son más o menos iguales. Cada uno tiene una esfera o dominio personal. En una de las formas del politeísmo, los dioses forman una jerarquía con un dios principal, como Zeus. A esto se le llama henoteísmo. En algunas formas, como los panteones griegos y romanos, el número de dioses es limitado. El mormonismo apoya un número indefinido de dioses. Algunas formas de politeísmo son independientes, desconectadas de cualquier otra cosmovisión. En el hinduismo, sin embargo, el politeísmo y el panteísmo van de la mano con un Brahman impersonal y más de 330 millones de manifestaciones personales de la única Realidad suprema impersonal.

El auge del politeísmo. La suerte del politeísmo, al menos en Occidente, está inversamente relacionada con la salud del *teísmo (creencia en un solo Dios). El politeísmo griego decayó con el surgimiento de *Platón y el teísmo filosófico de Aristóteles. El politeísmo romano casi murió con el surgimiento del cristianismo en Occidente. La City of God [Ciudad de Dios] de Agustín narra la respuesta cristiana al politeísmo romano. El politeísmo ha experimentado un renacimiento con el declive de las opiniones judeocristianas en la cultura en general. Esto ha ido acompañado de un aumento de la brujería o wicca, que también abraza el politeísmo. El libro de Margo Adler, Drawing Down the Moon [Dibujo la luna], narra este movimiento. Ahora muchos grupos se llaman a sí mismos neopaganos. Además, el politeísmo está creciendo con el mormonismo tradicional, que se aferra a un tipo de politeísmo en serie.

Politeísmo mormón. José Smith comenzó como monoteísta (en The Book of Mormon [El Libro de

Mormón]), pero en sus escritos posteriores se volvió hacia una forma de politeísmo. Por lo tanto, los mormones dan un nuevo significado a los términos cristianos. La "Trinidad" se compone de tres entidades separadas y distintas, "una pluralidad de dioses" (José Smith, The Teachings of the Prophet Joseph Smith [Enseñanzas del profeta José Smith], pág. 370). Son una en "propósito", no en esencia (McConkie, pág. 317). Esta es una forma de politeísmo llamada triteísmo. Dios el Padre tiene un cuerpo tangible de carne y huesos (Smith, Doctrine and Covenants [Doctrina y Convenios], secc. 130, 22). Cada Dios fue engendrado por un Dios anterior en una serie interminable de Dioses (McConkie, pág. 322). Dios tiene una "esposa" que es nuestra "Madre celestial" por quien todos somos engendrados (ibid., pág. 516; Smith, Journal of Discourse [Diario de Discurso], vol. 9, pág. 286). Dios fue una vez un hombre "finito", "mortal" que se convirtió en Dios de la misma manera en que nosotros podemos (Smith, Journal of Discourse, vol. 7, pág. 333). Las almas de los humanos preexistieron antes que el mundo, pero necesitaban un cuerpo (Smith, Doctrine and Covenants, 93: 21-23; Smith, Pearl of Great Price [Perla del gran precio], 3: pág. 4-7). El objetivo preexistente del hombre para la vida en la tierra era alcanzar la divinidad (McConkie, pág. 321; Smith, Journal of Discourse, vol. 3, pág. 93).

"Como es el hombre, Dios fue una vez; como Dios es, el hombre puede llegar a ser" (Lorenzo Snow, quinto presidente). La divinidad sólo se obtiene después de la resurrección mediante el matrimonio plural y la procreación para siempre (Smith, Doctrine and Covenants, pág. 132). José Smith describió cómo Dios se convirtió en Dios: "¡Dios mismo fue una vez como nosotros ahora, y es un hombre exaltado, y está sentado en un trono más allá de los cielos! [...] os voy a decir cómo [Dios] llegó a ser Dios. Hemos imaginado y supuesto que Dios fue Dios por todas las eternidades. Voy a refutar esa idea, y haré a un lado el velo para que podáis ver. [...] el mismo Dios, el Padre de todos nosotros, habitó en una tierra, al igual que Jesucristo mismo lo hizo [...] Y ustedes tienen que aprender a ser dioses ustedes mismos, y a ser reyes y sacerdotes para Dios, como todos los dioses han hecho antes que ustedes, es decir, pasando de un pequeño grado a otro de la exaltación en la exaltación, hasta alcanzar la resurrección de los muertos [...], hasta que llegas a la posición de un dios, y asciendes al trono del poder eterno, al igual que los que han ido antes" (Smith, Prophecies of Joseph Smith [Profecías de José Smith], págs. 345 -47; también citado en McConkie, pág. 321). Resulta, entonces, que ha habido una serie interminable de Dios, y el que los mormones llaman Dios ahora es solo el último de la serie que es el Dios de este planeta, nuestro Padre celestial que nos engendró a todos.

El nuevo politeísmo. David L. Miller, autor de The New Polytheism: Rebirth of the Gods and Goddesses [El nuevo politeísmo: Renacimiento de los dioses y diosas], sostiene que el politeísmo está vivo y bien en la sociedad contemporánea. Insta a las personas en la sociedad occidental a sintonizarse con los dioses para poder liberarse y ser el tipo de personas que realmente son.

Creencias básicas. Rechazo del monoteísmo. El establecimiento del politeísmo requiere la demolición del monoteísmo. Dios debe ser rechazado antes de que los dioses puedan ser aceptados.

El monoteísmo es la creencia en un Dios por encima y más allá del mundo. El pensamiento monoteísta reúne todos los "sistemas de explicación humanos, ya sean teológicos, sociológicos, políticos, históricos, filosóficos o psicológicos" bajo un sistema que lo abarca todo. Este sistema opera "de acuerdo con conceptos y categorías fijos" que son controlados por una lógica cualquiera o de otra clase. Algo es "verdadero o falso, esto o aquello, hermoso o feo, bueno o malo". Pero este tipo de pensamiento, dice Miller, "falla a un pueblo en un momento en que la experiencia se vuelve conscientemente pluralista, radicalmente tanto/como". Esto es lo que es hoy la sociedad occidental: radicalmente pluralista (ver Pluralismo, Religioso). El occidental contemporáneo vive en un mundo donde la verdad y la moralidad son relativas. "La vida a menudo se siente anarquista: sin horizontes, vallas, límites y sin centro que demuestre que uno está seguro cerca de casa" (Miller, 7, 9). La situación contemporánea es tan pluralista que sus intérpretes modernos "han tenido que apoyarse en un extraño conjunto de palabras" en su intento de explicarla. Charles Baudouin habla del significado polifónico y del ser. Al hablar de la naturaleza del pensamiento requerido para la comprensión contemporánea, Philip Wheelwright apunta al conocimiento plurisignificativo y la comunicación. Norman O. Brown habla de la realidad polimorfa como clave de nuestra historia, y Ray Hart llama al aspecto más profundo de nuestras articulaciones literarias de la realidad funcionamiento polisémico del discurso imaginal. Mientras tratamos de darle sentido a nuestra sociedad, Michael Novak sugiere que ayudará a pensar en América como una comunidad pluralista de etnias radicalmente inconfundibles. Con respecto al gobierno y la ciencia política, Robert Dahl habla de poliarquía (ibid., 3).

Este tipo de pensamiento "poli" traiciona el hecho de que "hemos sufrido la muerte de Dios" (ver Ateísmo). Ya no existe "un solo centro que mantiene las cosas juntas". Dios está muerto, como declaró con tanta valentía Friedrich *Nietzsche. La civilización occidental ha enterrado la forma monoteísta de pensar y hablar sobre Dios, el ser y la realidad (ibid., pág. 37). Liberados del "imperialismo tiránico del monoteísmo", las personas pueden descubrir nuevas dimensiones y diversidad. Existe un nuevo potencial para esperanzas y deseos imaginativos, leyes y placeres (ibid., pág. 4).

De manera significativa, Miller evita el uso de referencias a deidades al definir lo que quiere decir con politeísmo. El politeísmo es "una situación religiosa específica, [...] caracterizada por la pluralidad y la pluralidad que se manifiesta de muchas formas". Socialmente hablando, es una "situación" en la que el pluralismo entremezcla varios valores, patrones sociales y principios morales. A veces, estos valores y patrones funcionan juntos, pero más a menudo son incompatibles y cada visión del mundo compite por dominar el "orden social normal" (ibid.).

Filosóficamente, el politeísmo se experimenta cuando ninguna "verdad" única guía a las personas hacia "una sola gramática, una sola lógica o un solo sistema de símbolos" (ibid.). El politeísmo media la guerra de la cosmovisión introduciendo "relativismo, indeterminación, sistemas lógicos plurales, números irracionales; sustancias que no tienen sustancias, como los quarks; dobles explicaciones para la luz; y agujeros negros en medio de realidades reales" (ibid., 5).

Sin embargo, detrás de este papel pacificador, el politeísmo trabaja buscando absorber otras ideas religiosas en sí mismo. Sigue siendo la adoración de múltiples dioses y diosas. En la curiosa forma popular, estas deidades no son adoradas todas al mismo tiempo. Más bien, solo se puede adorar a un dios o diosa a la vez. En esto, el politeísmo da un guiño al monoteísmo, la adoración de un solo Dios. "La religión politeísta es en realidad una teología politeísta, un sistema de simbolización de la realidad de forma plural para dar cuenta de toda la experiencia, pero que la práctica religiosa se compone de monoteísmos consecutivos". Y esto "implica que nuestra experiencia de los mundos social, intelectual y psicológico es religiosa, es decir, es tan profunda y de tan largo alcance que solo una explicación teológica puede explicarla plenamente" (ibid., pág. 6).

Hubo un tiempo en que el politeísmo reinó en la cultura occidental. Pero cuando la cultura griega colapsó, el politeísmo murió y fue reemplazado por el monoteísmo. Aunque el politeísmo permaneció "en la tradición clandestina o contracultural de Occidente" durante los dos mil años de reinado del pensamiento monoteísta, no tuvo ningún efecto significativo. Con la muerte del monoteísmo, dice Miller, el politeísmo puede resucitar nuevamente a su lugar apropiado (ibid., pág. 11).

Miller cree que los seres humanos son naturalmente politeístas en conciencia, lo que le da al politeísmo "ventajas" sobre el monoteísmo. "Solo una conciencia politeísta explicará de manera realista nuestras vidas" (ibid., pág. 81). Las personas se liberan de la idea de que deben "tenerlo todo junto"; el politeísmo permite un irracionalismo en el que se puede evitar una visión totalmente construida. El politeísmo pone a las personas en contacto con la riqueza y diversidad de la vida. El monoteísmo fomenta el pensamiento sobre lo que hay detrás de la vida en lugar del pensamiento sobre la vida misma (ibid., págs. 27-28).

El mundo. Miller sugiere que el nuevo politeísmo da "una nueva función a los antiguos dioses y diosas" (ibid., pág. 81) a través de tres aspectos. Primero, el nuevo politeísmo "es una sensibilidad moderna". No se trata solo de que "nuestra sociedad contemporánea sea pluralista, ni que nuestros roles sean muchos, ni que nuestra moral sea relativista, ni siquiera que nuestra ideología política esté fragmentada". Estas son manifestaciones de algo más fundamental. "El sentimiento más básico es que los dioses y diosas están resurgiendo en nuestras vidas" (ibid., pág. 64).

En segundo lugar, el nuevo politeísmo reconsidera las viejas formas de pensar religiosas y conceptuales. El pensamiento occidental tiene sus raíces en los primeros griegos, que eran en gran parte politeístas, por lo que las ideas, los conceptos y las categorías profundas de la psique occidental se ajustan al pensamiento o la lógica de los cuentos míticos (ibid., pág. 40).

En tercer lugar, el nuevo politeísmo ayuda a los modernos confundidos a poner en orden las "muchas potencias, muchas estructuras de significado y ser, todas las que se nos dan en la realidad de nuestra vida cotidiana" (ibid., págs. 64-65).

Ante la muerte del monoteísmo y el renacimiento del politeísmo, incluso un nuevo politeísmo, ¿quiénes o qué son los dioses y diosas de este politeísmo? Miller sostiene que los dioses son poderes o fuerzas. Estas fuerzas trascienden lo personal, lo histórico y lo social. No se ven afectados por eventos o deseos. Sin embargo, son inmanentes en el mundo como potencias en los individuos, en las sociedades y en la naturaleza (ibid., págs. 6, 60). Miller cree que estos poderes proporcionan una estructura de la realidad que informa el comportamiento social, intelectual y personal del ser humano (ibid., pág. 6-7). Estos poderes son "los dioses y diosas de la antigua Grecia, no Egipto, ni el Antiguo Cercano Oriente, ni la India hindú, ni la antigua China o Japón. Grecia es el lugar de nuestro politeísmo simplemente porque, queramos o no, somos hombres y mujeres occidentales" (ibid., págs. 80-81).

¿Actúan armoniosamente estos muchos dioses diferentes? Miller dice que no. A menudo actúan en "contienda". La vida puede incluso caracterizarse como "una guerra de los poderes": "El hombre, su yo, su sociedad y su entorno natural, es el escenario de una eterna guerra de Troya. Nuestros estados de ánimo, emociones, comportamientos inusuales, sueños y fantasías nos cuentan esos momentos difíciles en los que la guerra ya no es una guerra fría o una escaramuza fronteriza, sino un conflicto de guerrillas total. Estos indicadores también nos dicen, por sentimiento e intuición, cuándo un Dios se ha ausentado y otro aún no se ha precipitado al vacío. Conocemos bien la guerra" (ibid., pág. 60). Si la gente moderna reconoce estos dioses, se infundirá nueva vida en las viejas formas de ver y pensar. Habría una nueva estructura filosófica a través de la cual hablar y pensar sobre nuestra "experiencia más profunda" (ibid., pág. 62).

Miller sugiere cómo podría funcionar esta nueva función de los dioses y diosas. El tremendo crecimiento de la tecnología puede pensarse e informarse con las historias de Prometeo, Hefesto y Asclepio. "Prometeo roba el fuego y termina atrapado en una roca, mordido por el poder que él mismo ha suplantado por su conocimiento. Hefesto es el herrero divino, el tecnólogo supremo, que es el bastardo de su madre y perdido por completo de la sensualidad y el sentimiento [...] Asclepio es el tecnólogo de los sentimientos; es el psicoterapeuta a quien la tecnología y su civilización convertirán en el sumo sacerdote de la cultura de la salud mental" (ibid., pág. 66).

La historia de la diosa Hera, que "trató de socializar el Monte Olimpo", se revive cuando "las computadoras y los procedimientos estadísticos llegan a ser venerados como verdadera sabiduría" y "los consultores y expertos deben asistir a todas las decisiones en los negocios y el gobierno" (ibíd., pág. 67). La obra del "Dios omnipresente Pan ("Todo") se ve en lo irracional que siempre está justo debajo de la superficie de la experiencia humana, estalla en violencia o misticismo" (ibid., pág. 68).

Hubo un tiempo en que la visión del mundo se enmarca en las ideas del astrónomo alejandrino Ptolomeo del siglo II d. C. Se pensaba que la tierra era "una esfera inamovible en el centro del universo, alrededor de la cual giran nueve esferas concéntricas". Por tanto, todo lo que existía estaba "organizado alrededor de un solo centro", la tierra, con el fin del universo imaginado como "fijo y seguro". Esta visión monoteísta del mundo colapsó con Copérnico (y los científicos posteriores). Ahora el universo no tiene un centro conocido y sus horizontes no son fijos ni seguros. En cambio, se ve como un "universo en expansión infinita cuyo centro es [...] desconocido" (ibid., Pág. 9).

Humanidad. Los hombres y las mujeres son "el patio de recreo" de los dioses (ibid., pág. 55). Los dioses desfilan "a través de nuestros pensamientos sin nuestro control e incluso contra nuestra voluntad". No poseemos a los dioses, pero ellos nos poseen a nosotros (ibid., pág. 34). Ellos "viven a través de nuestras estructuras psíquicas" y "se manifiestan siempre en nuestros comportamientos". No agarramos a los dioses, sino que "los dioses nos agarran a nosotros y representamos sus historias" (ibid., pág. 59).

Psicológicamente, el politeísmo se experimenta en los "yoes" separados de la personalidad. Cada yo tiene una autonomía, una vida propia que va y viene sin tener en cuenta la voluntad (ibid., pág. 5). Nadie puede ser atrapado por más de un dios a la vez. En este sentido, Miller y los politeístas modernos son monoteístas o henoteístas. Cada persona adora a un dios a la vez, el que tiene el control de la personalidad, de un gran panteón de dioses. Sin embargo, la historia del único dios que está en dominación temporal puede involucrar matrimonios con otros dioses, parentesco de otros, descendientes y diosas doncellas. Entonces, la concepción es siempre en última instancia politeísta. Pensar de manera diferente es participar del autoengaño que ha sido perpetrado por el pensamiento monoteísta (ibid., pág. 30, cf. pág. 28).

El propósito de la humanidad es encarnar a los dioses, tomar conciencia de su presencia, reconocerlos y celebrarlos (ibid., pág. 55). Esto puede ocurrir solo cuando comenzamos a ver nuestro mundo a través de lentes mitológicos politeístas (ibid., pág. 63, 83).

Valores. Todos los valores son relativos (ver Moralidad, Naturaleza absoluta de la). La verdad y la falsedad, la vida y la muerte, la belleza y la fealdad, el bien y el mal, se mezclan (ibid., pág. 29). El pensamiento monoteísta separa los valores en conceptos y categorías (ibid., pág. 7). Pero esta forma de pensar no explica adecuadamente los muchos aspectos de la experiencia humana. Lo que hace es el tipo de pensamiento politeísta, que reconoce la relatividad de todos los valores.

Evaluación. Algunos valores positivos del politeísmo. El politeísmo es un recordatorio de la existencia de la presencia de otros seres en el universo que buscan la adoración. Existe un reconocimiento generalizado y creciente de que la humanidad no está sola en el universo. Persisten los contactos reportados con seres OVNI o extraterrestres. Incluso muchos científicos creen que hay seres inteligentes en el espacio. Incluso muchas religiones no politeístas reconocen la existencia de seres sobrehumanos, como ángeles y demonios. Si hay una realidad divina, se deduce que debemos buscar descubrir nuestra relación con esa realidad y cómo debemos responder a ella. Es encomiable el énfasis que los politeístas ponen en que los seres humanos se "sintonicen" con la realidad divina y ajusten su comportamiento en consecuencia.

Los politeístas a menudo son elogiados por plantear una analogía entre el hombre y los dioses. Si los seres divinos existen, y si tuvieran algo que ver con la creación de la humanidad, entonces parecería que la naturaleza humana reflejaría de alguna manera la deidad. Una causa no puede dar características a otras que no posee. Así como una pintura muestra algunas verdades sobre su pintor (por ejemplo, el nivel de habilidad, la amplitud de la imaginación o el cuidado), los seres humanos deben mostrar alguna verdad sobre su Creador (es). Por lo tanto, si una persona es una creación de alguna realidad divina, algunas características humanas deben parecerse al Creador (es). Por tanto, parecería razonable concluir que existe alguna analogía entre la humanidad y los dioses (ver Analogía, Principio de).

Los politeístas reconocen que hay varias fuerzas en el mundo, algunas incontrolables. Hoy en día, muchos estudiosos han llegado a la conclusión de que detrás de la mayoría de los mitos, sean religiosos o no, se encuentran historias reales de encuentros humanos con fuerzas que nos presionan. Pueden ser fuerzas de la naturaleza (p. Ej., Viento, lluvia, terremotos, tornados o inundaciones), fuerzas predominantes en la cultura (p. Ej., Codicia, esperanza, amor o deseo de poder) o fuerzas que se cree que se encuentran detrás del universo (por ejemplo, dioses, ángeles, demonios). Los politeístas, a través de diversas formas narrativas, han logrado relacionar vívidamente el encuentro humano con tales fuerzas.

Críticas al politeísmo. Si bien los politeístas tienen algunas ideas sobre la naturaleza de la realidad, su visión del mundo es falsa. La realidad suprema no consta de muchos dioses finitos. Hay buena evidencia de que hay un solo Dios, no muchos (ver Argumento cosmológico; Dios, evidencias a favor de; Dios, naturaleza de; Teísmo). Este Dios es el Creador de todo lo demás. Por tanto, no hay muchos seres divinos.

Si los elementos naturales, digamos el cielo y la tierra, hubieran dado a luz a los dioses, entonces los dioses no serían seres supremos. Todo lo que se deriva de otra cosa depende de ese algo, al menos por su origen. ¿Cómo podría un ser que recibió su existencia de otro estar por encima de su creador? Esto sería como una galleta que dice ser más grande que su cocinero, o una marioneta por encima de su amo. De manera similar, si la naturaleza creó a los dioses, entonces la naturaleza es suprema. Y si, como pensaba Paul Tillich, la adoración implica un compromiso definitivo con lo último, entonces se debe adorar a la naturaleza,

no a los dioses. Esto sería cierto con respecto a lo que se creía que había dado a luz a los dioses o que los había precedido. Si los dioses son seres derivados, entonces no son dignos de un compromiso final. ¿Por qué adorar algo que no tiene valor supremo?

Además, como señaló Plotino, toda pluralidad presupone una unidad previa. Muchos son solo una imitación múltiple del Uno. Por lo tanto, muchos dioses no se explican por sí mismos. ¿Cuál es su base de unidad? ¿Y quién supervisa el conflicto entre ellos? Este no es un poliverso sino un universo. Si en última instancia hay un Poder personal detrás del universo, debe ser una unidad.

*El principio antrópico revela que el universo entero era uno, con un propósito y un proponedor, desde el principio. Desde el momento del Big Bang, todo el universo se afinó para el surgimiento de la vida humana. Esto habla de un Creador inteligente. La idea de un universo eterno planteada por el politeísmo tiene otras serias objeciones filosóficas y científicas. Un argumento filosófico se deriva de la imposibilidad de una serie infinita real de eventos en el tiempo. Un universo eterno sería una serie de eventos sin comienzo en el tiempo. Pero ¿cómo podría existir tal serie? Para ilustrar, supongamos que hubiera una biblioteca con un número infinito de libros en sus estantes. Imagina que cada libro está numerado. Dado que hay un número infinito de libros, todos los libros están numerados y todos los números posibles deben imprimirse en los libros de la biblioteca. De esto se seguiría que no se podría agregar ningún libro nuevo a la biblioteca, ya que no quedaría ningún número por asignar. Todos los números se han agotado. Pero esto parece absurdo, porque todos los objetos en realidad pueden numerarse. Además, sería fácil de agregar a la biblioteca, ya que uno podría hacer un nuevo libro arrancando una página de cada uno de los primeros cincuenta libros, agregando una página de título, uniéndolos y colocando el producto terminado en el estante. Por tanto, la idea de una serie infinita real de libros parece imposible. Por tanto, la creencia politeísta en un universo eterno parecería imposible (ver Craig).

Un argumento científico contra la idea de un universo eterno puede derivarse de la noción moderna de que el universo se está expandiendo. El astrónomo Edwin Hubble concluyó que el universo se está expandiendo en todas direcciones. De ser cierto, se seguiría que en algún momento del pasado el universo era solo un punto desde el cual se ha estado expandiendo. Este único punto sería uno de "densidad infinita". Sin embargo, ningún objeto podría ser infinitamente denso, porque si contuviera alguna masa, no sería infinitamente denso sino finitamente denso. Por lo tanto, un universo totalmente encogido o contraído realmente no es universo en absoluto. El concepto de un universo en expansión requiere un punto en el que no existía ningún universo. Si es así, entonces el universo debe haber comenzado de la nada (ver Creación, Puntos de vistas de la).

Los dioses politeístas están dentro de ese universo, no más allá de él. Pero la evidencia es que el universo llegó a existir. Si el universo no es eterno, sino que llega a existir de la nada, entonces los dioses propuestos por el politeísmo no serían eternos; habrían llegado a existir. Pero si llegaron a existir, entonces no son dioses sino criaturas creadas por alguna Causa eterna (Dios). Pero si los dioses del politeísmo derivan su existencia de otro, entonces este otro es realmente el Dios supremo del monoteísmo. Así, el politeísmo se derrumba en el monoteísmo. Por lo tanto, si los dioses existen, en última instancia, dependería de una Causa más allá de ellos y más allá del universo. Pero esta conclusión coincide con las afirmaciones del teísmo, no con las del politeísmo.

La analogía politeísta entre la humanidad y los dioses ha sido criticada por ser demasiado antropomórfica (interpretar lo que no es humano sobre la base de características humanas). Ciertamente, la criatura debería tener algún parecido con el Creador. Pero aplicar las imperfecciones humanas a la deidad hace que la realidad divina sea menos que digna de respeto y adoración. Los dioses del politeísmo parecen estar hechos a imagen humana, en lugar de nosotros a su imagen. Esto tiende a dar crédito a la opinión de que el politeísmo es una invención o superstición humana más que una representación de lo que realmente es.

Conclusión. Como cosmovisión, el politeísmo carece de respaldo racional y probatorio. Los muchos seres espirituales que existen son limitados e imperfectos. Por tanto, implican un Creador ilimitado y perfecto. El politeísmo no explica ni la causalidad última ni la unidad última, que es necesaria para explicar un universo diverso y cambiante.

Fuentes

M. Adler, *Drawing Down the Moon* [Dibujando la luna].

Agustín, *La ciudad de Dios*.

F. Beckwith y S. E. Parrish, *The Mormon Concept of God* [El concepto mormón de Dios].

W. Corduan, *Neighboring Faiths* [Creencias vecinas].

W. L. Craig, *The Kalam Cosmological Argument* [El argumento cosmológico kalam].

N. L. Geisler and W. D. Watkins, *Worlds Apart* [Mundos aparte], cap. 8.

Hesiod, *Teogonía*.

B. McConkie, *Mormon Doctrine* [Doctrina mormona].

D. Miller, *The New Polytheism* [El nuevo politeísmo].

N. Morris, The Prophecies of Joseph Smith [Las profecías de Joseph Smith].

José Smith, El Libro de Mormón.

———, Doctrina y Convenios.

———, La Perla de Gran Precio.

———, Enseñanzas del profeta José Smith.

B. Young y otros, The Journal of Discourses [Diario de discursos].

Positivismo. *Ver* COMTE, AUGUSTO; POSITIVISMO LÓGICO.

Positivismo lógico. El positivismo lógico es una escuela de pensamiento que operó durante los años 20 dentro de un círculo de filósofos de Viena, como A. J. *Ayer, Rudolf Carnap, Herbert Feigl y Moritz Schlick. Adoptaron una postura antimetafísica y desarrollaron un principio de verificación empírica por el cual todo menos las tautologías y declaraciones empíricas se consideraba sin sentido.

Este punto de vista tenía implicaciones devastadoras para el cristianismo, ya que ni la existencia ni los atributos de Dios podían ser declarados de manera significativa. Todo el discurso sobre Dios fue considerado como una verdadera tontería (ver Analogía, Principio de; Wittgenstein, Ludwig). A veces a este punto de vista se le llama *acognosticismo o ateísmo semántico.

Las bases del principio de verificación empírica se encuentran en el escepticismo empírico de David *Hume. En el último párrafo de su obra Enquiry Concerning Human Understanding [Investigación sobre el entendimiento humano], Hume escribió:

Si procediéramos a revisar las bibliotecas convencidos de estos principios, ¡qué estragos no haríamos! Si cogemos cualquier volumen de teología o metafísica escolástica, por ejemplo, preguntemos: ¿Contiene algún razonamiento abstracto sobre la cantidad y el número? No. ¿Contiene algún razonamiento experimental acerca de cuestiones de hecho o existencia? No. Tírese entonces a las llamas pues no puede contener más que sofistería e ilusión. (Hume, pág. 173)

Si Hume tiene razón, entonces hay dos tipos de proposiciones significativas: (1) aquellas que son ciertas por definición (analíticas) y (2) aquellas que se sabe que son ciertas mediante los sentidos (sintéticas). Solo las proposiciones sensoriales de definición y sensatas tienen sentido. Todas las demás son literalmente sinsentidos.

En el mundo angloparlante, Ayer era un ferviente defensor de este punto de vista. Formuló la conclusión de Hume en el principio de verificación empírica, que afirmaba en su forma original que solo hay dos tipos de proposiciones significativas. Más adelante, Ayer rechazó su punto de vista anterior y se convirtió en realista.

El positivismo lógico murió por su propia espada (ver Feigl). El principio de verificación empírica no se puede verificar de manera empírica. Cada intento por ampliarlo destruye su efectividad. Por lo tanto, el positivismo lógico no puede utilizarse para excluir las proposiciones metafísicas, incluyendo las proposiciones sobre Dios (ver Metafísica; Analogía, Principio de).

Fuentes

A. J. Ayer, *Foundations of Empirical Knowledge* [Los fundamentos del conocimiento empírico].

————, Language, *Truth, and Logic* [Lenguaje, verdad y lógica].

————, *The Problem of Knowledge* [El problema del conocimiento].

H. Feigl, *"Logical Positivism after Thirty-Five Years"* ["El positivismo lógico después de treinta y cinco años"].

F. Ferre, *Language, Logic and God* [Lenguaje, lógica y Dios].

A. Flew, *New Essays in Philosophical Theology* [Nuevos ensayos de teología filosófica].

N. L. Geisler y W. Corduan, *Philosophy of Religion* [La filosofía de la religión], cap. 12.

D. Hume, *Enquiry Concerning Human Understanding* [Investigación sobre el entendimiento humano].

Posmodernismo. *Ver* DERRIDA, JACQUES.

Pragmatismo. El pragmatismo es una filosofía indígena americana que surgió gracias a William *James (1842-1910) y hace hincapié en los resultados prácticos de una teoría. A John *Dewey (1859-1952) se le llama pragmático, pero su postura, más técnicamente, podría llamarse instrumentalismo. Para un pragmático, se dice que una idea es cierta si funciona. Un curso de acción es correcto si produce los resultados deseados.

Las raíces del pragmatismo se encuentran en las ideas de Charles Sanders Pierce, quien utilizó un método pragmático para aclarar (aunque no para verificar) ideas. También hay similitudes entre el pragmatismo y el utilitarismo, el cual sostiene que el curso de acción correcto es el que aporta el mayor bien. Dewey, como instrumentalista, destacó los resultados prácticos de las ideas, especialmente en la educación.

La visión pragmática ha sido seriamente criticada; porque algo no es verdad simplemente porque funciona. Mentir puede "funcionar" para evitar un resultado negativo o lograr un objetivo deseado a expensas

de otra persona, pero eso no hace que las mentiras sean verdaderas. Se puede saber que algo es contrario a los hechos, pero aun así se sigue, porque parece el curso de acción más práctico dadas las circunstancias, y tampoco algo está bien porque funciona; hacer trampa "funciona", pero no está bien.

La filosofía ética también confunde causa con efecto. Una idea no es cierta porque funciona; funciona porque es verdad. ¿Y cómo se juzga que ha "funcionado"? Solo el conocimiento práctico se considera conocimiento verdadero. Una perspectiva eterna no entra en la discusión. Los pragmáticos reconocen solo los métodos de la ciencia para probar la verdad, lo cual absolutiza el método científico. Sin embargo, por cuestiones éticas, no existen criterios objetivos, como los hay en la ciencia. El éxito del resultado solo puede determinarse mediante una perspectiva subjetiva, personal y limitada.

Una visión pragmática sobre la verdad también socava la confianza. ¿Qué juez permitiría que alguien hiciera un juramento en el tribunal para decir, como bromeó un filósofo: "el expediente, todo el expediente y nada más que el expediente" (ver Verdad, Naturaleza de la)?

Fuentes

J. O. Buswell, *The Philosophies of F. R. Tennant and John Dewey* [Las filosofías de F. R. Tennant y John Dewey].

N. L. Geisler y P. D. *Feinberg, Introduction to Philosophy* [Introducción a la filosofías], caps. 7, 16.

N. L. Geisler y W. D. *Watkins, Worlds Apart* [Mundos aparte].

W. James, *Pragmatism and Other Essays* [Pragmatismo y otros ensayos].

H. S. Thayer, *Meaning and Action* [Significado y acción].

Predestinación. *Ver* LIBRE ALBEDRÍO.

Presuposicionalismo práctico. *Ver* APOLOGÉTICA PRESUPOSICIONAL; SCHAEFFER, FRANCIS.

Presuposicionalismo racional. *Ver* CLARK, GORDON H.; APOLOGÉTICA PRESUPOSICIONAL.

Presuposicionalismo revelacional. *Ver* APOLOGÉTICA PRESUPOSICIONAL; VAN TIL, CORNELIUS.

Presuposicionalismo sistemático. *Ver* APOLOGÉTICA, ARGUMENTO GENERAL DE LA; CARNELL, EDWARD JOHN; APOLOGÉTICA PRESUPOSICIONAL.

Primeros principios. Los primeros principios son la

base del conocimiento, y sin ellos, nada podría saberse (ver Fundacionalismo). Incluso el coherentismo usa el primer principio de no contradicción para probar la coherencia de su sistema. El *realismo afirma que los primeros principios se aplican al mundo real; es innegable que los primeros principios se aplican a la realidad. La misma negación de que los primeros principios se aplican a la realidad utiliza primeros principios en la negación.

Principios de la realidad. Sin los primeros principios básicos de la realidad, no se puede saber nada; todo lo que sabemos sobre la realidad se conoce por ellos, y cuando se juntan en orden lógico, se pueden usar para demostrar la existencia de Dios. Los símbolos involucrados en estos principios son: "S" que significa "ser"; Sn que significa "Ser Necesario"; Sc que significa "ser contingente"; → que significa "causa"; ↛ que significa "no causa"; R que significa "realidad" (o hecho); P que significa "potencialidad" (o potencia).

1. S es o existe (principio de existencia)
2. S es S (principio de identidad)
3. S no es no S (principio de no contradicción)
4. Ni S ni no S (principio de tercero excluido)
5. No S ↛ S (principio de causalidad negativa)
6. Sc ↛ Sc (principio de causalidad contingente)
7. Sn ↛ Sn (principio de causalidad imposible)
8. Sn → Sc (principio de causalidad positiva)
9. Sc es (existe) (principio de existencia contingente)
10. Sn es (existe) (principio de existencia necesaria)
11. R es R (sin potencia) (principio de realidad pura)
12. Sc es realidad/potencia (principio de potencia)
13. R → realidad/potencia (principio de analogía)
    a. R es similar a realidad
    b. R es diferente que potencia
14. Sn no es (principio de atributos negativos)
    a. finito (= es infinito)
    b. cambiante (= es inmutable)
    c. temporal (= es eterno)
    d. múltiple (= es uno)
    e. divisible (= es simple)
15. Sn es (principio de atributos positivos)
    a. real
    b. inteligente
    c. personal
    d. bueno
    e. verdad
    f. Hermoso

De estos principios sobre el ser, se desprende que Dios existe, que es un Ser infinito, inmutable, eterno, indivisible, personal, moral e inteligente.

Para un realista, el ser es la base del conocimiento.

El racionalista René *Descartes dijo: "Pienso, luego existo". Aunque para un realista como *Tomás de Aquino: "Existo, luego pienso". Porque uno no podría pensar si no existiera. La existencia es fundamental para todo. El ser es la base de todo. Todo es (o tiene) ser. Por tanto, no hay disyunción entre lo racional y lo real. El pensamiento no puede separarse de las cosas ni el saber del ser.

La innegabilidad. Los primeros principios son innegables o reducibles a lo innegable: son evidentes por sí mismos o reducibles a evidentes por sí mismos, y los principios evidentes por sí mismos son verdaderos por su naturaleza o innegables porque el predicado es reducible al sujeto, que el predicado sea reducible al sujeto significa que no se puede negar el principio sin usarlo; por ejemplo, el principio de no contradicción no se puede negar sin utilizarlo en la misma negación. El enunciado "Los opuestos no pueden ser ambos verdaderos" asume que el opuesto de ese enunciado no puede ser verdadero.

No todos los escépticos o agnósticos (ver Agnosticismo) están dispuestos a admitir que el principio de causalidad, que es crucial en todos los argumentos cosmológicos a favor de Dios, es un primer principio innegable. De hecho, no todos los escépticos están dispuestos a admitir que algo existe (el principio de existencia). Por tanto, es necesario comentar su innegabilidad.

1. El principio de existencia. Algo existe; por ejemplo, yo existo (hecho indiscutible), porque tendría que existir para que se niegue mi existencia. En el propio intento de negar explícitamente mi existencia, lo afirmo implícitamente. Con estos y otros principios, es importante notar la diferencia entre indecible e innegable. Puedo decir o escribir las palabras "no existo". Sin embargo, cuando las dije, afirmé implícitamente que sí existo. La afirmación de que yo no existo, en realidad, no puede ser afirmada. Debo existir realmente para poder decir gramaticalmente que no existo.

2. El principio de identidad. Una cosa debe ser idéntica a sí misma: El ser es el ser, y si no lo fuera, no sería eso mismo.

3. El principio de no contradicción. El ser no puede ser el no ser, porque son opuestos directos; y los opuestos no pueden ser iguales, porque quien afirma que "ambos opuestos pueden ser verdaderos" no sostiene que lo contrario de esta afirmación sea cierto. Cualquier intento de negar que todas las declaraciones significativas no deben ser contradictorias, por su propia naturaleza como una declaración significativa, no debe

ser contradictorio. Del mismo modo, cualquier intento de negar que la ley de la no contradicción se aplica a la realidad es en sí mismo una declaración no contradictoria sobre la realidad (hecho contraproducente). Entonces, como otros primeros principios, la ley de la no contradicción es innegable. Esto también se aplica al mundo subatómico. Como incluso Werner Heisenberg señaló, se trata de "dos descripciones complementarias de la misma realidad [...] Cualquiera de esas descripciones sólo podía ser parcialmente verdad; debía haber limitaciones en el empleo del concepto de partícula, tanto como en el del concepto de onda; de otro modo era imposible evitar contradicciones". Por lo que, "tomando en cuenta estas limitaciones que pueden expresarse con las relaciones de incertidumbre, las contradicciones desaparecen" (Heisenberg, pág. 43). En el mejor de los casos, el principio de indeterminación no muestra que los eventos no tengan una causa, sino solo que son impredecibles como se perciben actualmente con la tecnología disponible (ver Indeterminación, Principio de).

4. El principio de tercero excluido. Dado que el ser y el no ser son opuestos (i. e., contradictorios) y los opuestos no pueden ser lo mismo, nada puede esconderse en las "grietas" entre el ser y el no ser. Las únicas opciones son el ser y el no ser.

5. El principio de causalidad negativa. La nada no puede causar algo; solo el ser puede causar el ser. La nada no existe, y solo lo que existe puede causar la existencia, ya que el concepto mismo de "causa" implica una cosa existente que tiene el poder de afectar a otra. De absolutamente nada viene absolutamente nada.

La afirmación "El no ser no puede producir el ser" es innegable. El mismo concepto de "producir" o "causar" implica que algo existe para causar o producir el ser producido. Negar esa relación de causa a efecto es afirmar que: "Nada es algo" y "El no ser es el ser" (hecho absurdo). Esto debe distinguirse del punto de David *Hume de que no es absurdo que nada vaya seguido por algo. El propio Hume acepta que algo siempre es causado por algo, y los teístas aceptan el punto de Hume de que, como una cuestión de secuencia, no hubo mundo y luego hubo un mundo; es decir, nada seguido por algo. No hay contradicción inherente en decir que nada puede ser seguido por algo, y eso no cambia el hecho de que nada puede causar absolutamente nada.

Otra forma de entender por qué el no ser no puede causar el ser es notando que todo lo que "llega a ser" debe tener una causa. Si llegó a ser, no es un Ser Necesario, que por su naturaleza siempre debe ser. Entonces, lo que llega a ser es, por definición, un ser contingente, un ser que es capaz de existir o no existir. Por cada cosa contingente que llega a ser debe haber alguna acción eficiente que la haga pasar de un estado de potencialidad (potencia) a un estado de realidad (acto). Porque, señaló Tomás de Aquino, ninguna potencia, para ser, puede realizarse; para realizarse, debe estar en un estado de realidad, y antes de realizarse debe estar en un estado de potencialidad; pero no puede ser ambos al mismo tiempo (una violación del principio de no contradicción). Por tanto, no se puede negar el principio de causalidad sin violar el principio de no contradicción.

6. El principio de causalidad contingente. Si algo no puede ser causado por nada (5), tampoco puede ser causado por algo que podría ser nada; es decir, un ser contingente, porque lo que podría ser nada no explica su propia existencia, y lo que no puede explicar ni siquiera su propia existencia, no puede explicar la existencia de otro. Dado que es contingente o dependiente de su propio ser, no puede ser aquello de lo que algo más depende para su ser. Por tanto, un ser contingente no puede causar otro ser contingente.

7. El principio de causalidad imposible. Si absolutamente nada no puede causar algo (5), entonces tampoco un tipo (modo) contingente de ser puede causar otro ser contingente (6). Esto porque un ser contingente puede reducirse a la nada, ya que es posible su inexistencia. Entonces, si algo llega a ser, debe ser causado por un Ser Necesario.

8. El principio de causalidad positiva. Todos los seres contingentes necesitan una causa (7) porque un ser contingente es algo que es pero no puede ser, pero dado que tiene la posibilidad de no existir, entonces no da cuenta de su propia existencia; es decir, en sí mismo no hay base para explicar por qué existe en lugar de no existir. Literalmente no tiene nada (no ser) que lo fundamente, pero el no ser no puede fundamentar o causar algo (5). Solo algo puede producir algo. Por tanto, solo un Ser Necesario puede hacer que exista un ser contingente.

9. El principio de existencia contingente. Existe un ser contingente. Esto se deduce de que algo existe (1) y del hecho de que yo no soy un Ser Necesario. No puedo ser un Ser Necesario porque: (a) cambio en mi ser y (b) puedo dejar de ser; es decir, mi no existencia es posible. Lo que cambia no puede ser un Ser Necesario ya que necesariamente debe ser lo que es y no puede ser otro. Además, mi

inexistencia es concebible, pero la inexistencia de un Ser Necesario (si existe) no es posible. Por tanto, debo ser un ser contingente. (c) Incluso aquellos que dicen ser un Ser Necesario (i. e., Dios) llegaron a creer esto. Por lo tanto, pasaron de no saber que eran un Ser Necesario a saber que son un Ser Necesario; pero un Ser Necesario (si lo hay) no puede pasar de ser contingente a Ser Necesario, y si este Ser Necesario sabe algo (es decir, es un ser que sabe), entonces siempre supo que era un Ser Necesario. Así que, cualquier ser, como yo, que llega a saber que es un Ser Necesario, no es un Ser Necesario. Dios siempre supo que era un Ser Necesario (si es que existe).

10. El principio de existencia necesaria. Existe un Ser Necesario. Esto se deduce de otros dos principios: el principio de existencia contingente (9) y el principio de causalidad contingente (6), porque si existe un contingente y si un ser contingente no puede causar otro ser contingente, entonces debe existir un Ser Necesario. De lo contrario, nada estaría provocando algo, lo cual es imposible (5).

11. El principio de realidad pura. Un Ser Necesario es realidad pura. Esto porque un Ser Necesario no tiene potencialidad (potencia) para no existir. Por tanto, es realidad pura, y la realidad pura es realidad pura sin potencia alguna en su ser.

12. El principio de potencia. Todo ser contingente tiene realidad y potencialidad para no existir. Por tanto, un ser contingente tiene tanto realidad como potencialidad en su ser.

13. El principio de analogía. Todo ser contingente (i. e., uno compuesto de realidad y potencialidad) es similar al Ser Necesario que lo hizo existir (es decir, a la realidad pura). Un ser contingente es como realidad pura porque ambos son actuales; es diferente a la realidad pura porque tiene una potencia que la realidad pura no tiene, pero lo que es a la vez parecido y diferente a otro es parecido. Por tanto, todo ser contingente es similar a su Causa, que es un Ser Necesario. Como un acto/potencia, el ser es como la realidad pura, que la causa.

14. El principio de atributos negativos. Todo ser contingente es diferente a su Causa (un Ser Necesario) porque (a) tiene potencia, (b) es contingente, (c) cambia y (d) es finito; pero un Ser Necesario no tiene ninguno de estos. Un Ser Necesario no tiene potencia, no es contingente, no puede cambiar (es decir, es inmutable) y no es finito (= es infinito). Esto porque es realidad pura, y todo lo que cambia tiene potencialidad: el potencial de cambiar.

15. El principio de atributos positivos. Todo ser contingente es como su Causa (un Ser Necesario) porque el ser no puede producir (traer a la existencia) nada. Cualquier cosa que cause que algo exista le comunica existencia. El ser produce el ser y el acto produce el acto. Por lo que, todo ser contingente es como su causa en su realidad, y diferente a ella en su potencialidad. En resumen, Dios es toda la realidad que tengo. De esto se deduce que si yo (el efecto contingente) soy inteligente, entonces mi Causa debe ser la Inteligencia. Si soy una persona, entonces él (mi Causa) debe ser personal; y si tengo bondad, verdad y belleza, entonces él debe ser Bondad, Verdad y Belleza, absolutamente. Por lo tanto, se deduce que existe un Ser Necesario inteligente, personal e inmutable que es Realidad Pura y absoluta Verdad, Bondad y Belleza. Es decir, Dios existe, un Dios teísta.

Conclusión. Los primeros principios son indispensables para todo conocimiento; y los primeros principios del ser son un requisito previo necesario para todo conocimiento del ser. Estos primeros principios son innegables o reducibles a lo innegable, porque el mismo intento de negarlos los afirma. Por ellos no solo se conoce la realidad, sino que se puede demostrar la existencia de Dios.

Fuentes

T. Aquino, *Commentary on the Metaphysics of Aristotle* [Comentario sobre la metafísica de Aristóteles].
———, *Comentario al libro de Aristóteles sobre la interpretación*.
Aristóteles, *Metafísica*.
———, *Sobre la interpretación*.
W. Heisenberg, *Física y filosofía*.
L. M. Regis, *Epistemology* [Epistemología].
F. D. Wilhelmsen, *Man's Knowledge of Reality* [El conocimiento del hombre de la realidad].

Princeton, Escuela de Apologética. La escuela de apologética de Princeton se refiere al enfoque apologético adoptado por los estudiosos del "Old Princeton" [Viejo Princeton] que surgieron a principios del siglo XX. En términos generales, encaja en la categoría de *apologética clásica, la cual cree en la validez de la revelación general, los argumentos clásicos a favor de la existencia de Dios (ver Dios, Evidencias a favor de) y los milagros como confirmación de la verdad (ver Milagro).

Las raíces filosóficas de la apologética de Princeton se encuentran en el realismo empírico de la filosofía escocesa del sentido común y Thomas Reid (1710-

1796) y el empirismo racional de John *Locke (1632-1704). Sus puntos de vista se ejemplificaron en los escritos de J. Gresham *Machen (1881-1937), Charles Hodge (1797-1878) y B. B. *Warfield (1851-1921). Más adelante, hubo una ruptura radical en la tradición cuando el Westminster Seminary fue fundado por el cuerpo docente y estudiantes que rompieron con la dirección modernista en teología que se estaba tomando en el Princeton Seminary. Cornelius *Van Til (1895-1987), un discípulo de Herman Dooyeweerd (1894-1977), llevó a Princeton a una apologética presuposicional (ver Apologética presuposicional).

Kenneth Hamilton, Kenneth Kantzer, John Gerstner y R. C. Sproul han mantenido el espíritu, si no siempre el escrito, de la vieja escuela de Princeton. Su epistemología general y apologética dependen en gran medida de las bases establecidas por los antiguos estudiosos de Princeton.

Fuentes

J. Gerstner, *Reasons for Faith* [Razones para la fe].
C. Hodge, *Teología sistemática, vol. I.*
J. Locke, *La razonabilidad del cristianismo.*
J. G. Machen, *Christian Faith in the Modern World* [La fe cristiana en el mundo moderno].
T. Reid, *Investigación sobre la mente humana según los principios del sentido común.*
R. C. Sproul y otros, *Classical Apologetics* [Apologética cristiana].
B. B. Warfield, *"Introduction"* [Introducción].

Principio antrópico. El principio antrópico (palabra griega anthropos, "ser humano") establece que el universo fue preparado desde el primer momento de su existencia para el surgimiento de la vida en general y la vida humana en particular (ver Big Bang, Teoría del; Evolución biológica; Termodinámica, Principios de la). Como el astrónomo agnóstico Robert Jastrow señaló, el universo está en una increíble preadaptación a la eventual aparición de la humanidad (ver Jastrow, "A Scientist Caught between Two Faiths" [Un científico atrapado entre dos religiones]) ya que si hubiera la más mínima variación en el momento del big bang, que hiciera que las condiciones fueran diferentes, incluso en un pequeño grado, no existiría vida de ningún tipo. A fin de que la vida esté presente hoy en día, un conjunto muy restrictivo de demandas debe haber estado presente en el universo primitivo, y lo estaba.

Evidencias de respaldo. La evidencia científica no solo señala un comienzo del cosmos, sino que también señala una muy sofisticada alta sintonía del universo desde el principio que hace posible la vida humana. A fin de que la vida esté presente hoy en día, un conjunto muy restrictivo de demandas debe haber estado presente en el universo primitivo:

1. El oxígeno comprende el 21 por ciento de la atmósfera. si fuera el 25 por ciento, los incendios estallarían, si fuera el 15 por ciento, los seres humanos se asfixiarían.

2. Si la fuerza gravitatoria se alterara en una parte por 1040 (es decir, 10 seguido de cuarenta ceros), el sol no existiría, y la luna se estrellaría contra la tierra o se desviaría hacia el espacio (Heeren, pág. 196). Incluso un ligero aumento de la fuerza de gravedad daría como resultado que todas las estrellas fueran mucho más grandes que nuestro sol, con el efecto de que el sol se quemaría demasiado rápido y de forma irregular para sostener la vida.

3. Si la fuerza centrífuga de los movimientos planetarios no equilibrara con precisión las fuerzas gravitatorias, nada podría mantenerse en órbita alrededor del sol.

4. Si Júpiter no estuviera en su órbita actual, nos bombardearían con material espacial. El campo gravitatorio de Júpiter actúa como un aspirador cósmico, atrayendo asteroides y cometas que de otra manera golpearían la Tierra (ibid., pág. 196).

5. Si el grosor de la corteza terrestre fuera mayor, se transferiría demasiado oxígeno a la corteza para sostener la vida. Si fuera más delgada, la actividad volcánica y tectónica haría insostenible la vida (ibid., pág. 130).

6. Si la rotación de la tierra durara más de veinticuatro horas, las diferencias de temperatura serían demasiado grandes entre la noche y el día. Si el período de rotación fuera más corto, las velocidades del viento atmosférico serían demasiado grandes.

7. Las diferencias de temperatura en la superficie serían demasiado grandes si se alterara un poco la inclinación axial de la tierra.

En la década de 1960, se explicó el motivo por el cual, en terrenos antrópicos, "deberíamos esperar observar un mundo que posee con precisión tres dimensiones espaciales" (Barrow, pág. 247). Robert Dicke descubrió "que, de hecho, puede ser necesario que el universo tenga el enorme tamaño y complejidad que la astronomía moderna ha revelado, para que la Tierra sea una posible morada para los seres vivos" (ibid.). De la misma manera, la masa, el nivel de entropía del universo, la estabilidad del protón, e innumerables otras cosas deben ser las adecuadas para hacer posible la vida.

Hace poco, Guillermo González ha demostrado en

su libro, The Privileged Planet [El Planeta privilegiado], que no solo la tierra está en el lugar indicado, en el momento indicado, con todas las condiciones adecuadas para que surja la vida humana, sino que también estamos viviendo en el lugar y el momento indicado para ver este fenómeno.

Implicaciones teístas. Jastrow resumió con claridad las implicaciones teístas: "El principio antrópico [...] parece decir que la ciencia misma ha probado, como un hecho contundente, que este universo se hizo, se diseñó, para que el hombre viva en él. 'Es un resultado muy teísta'" (Jastrow, "A Scientist Caught between Two Faiths", pág. 17). Es decir, el asombroso equilibrio de los múltiples factores en el universo que hacen posible la vida en la Tierra apunta a la "sintonía perfecta" por parte de un Ser inteligente. Esto nos lleva a creer que el universo se "creó de forma providencial" para nuestro beneficio. Nada conocido por los seres humanos es capaz de "ajustar" las condiciones del universo para hacer posible la vida, excepto un Creador inteligente. O, para decirlo de otra manera, el tipo de especificidad y orden en el universo que hace posible la vida en la Tierra es solo el tipo de efecto que se sabe que proviene de una causa inteligente.

El astrónomo Alan Sandage concluyó que "el mundo es demasiado complicado en todas sus partes como para ser el resultado solo del azar. Estoy convencido de que la existencia de la vida, con todo el orden que muestra en cada uno de los organismos, muestra que solo posee una organización adecuada. Cada parte de una célula viva depende de otras partes para funcionar. ¿Cómo tiene conocimiento de cada parte? ¿Cómo se especifica cada parte en la concepción? Cuanto más se aprende sobre la bioquímica, más increíble se vuelve, a menos que exista algún principio organizador, un arquitecto para los creyentes" (Sandage, pág. 54). Todas las condiciones se establecieron desde el momento del origen del universo.

Albert *Einstein dijo: "La armonía de la ley natural [...] revela una inteligencia de tal superioridad que, comparados con ella, todo el pensamiento y todas las acciones de los seres humanos no son más que un reflejo insignificante" (Einstein, pág. 40). Incluso el ganador del Premio Nobel, Steven Weinberg, un ateo, dijo que "creo que si la palabra 'Dios' va ser de utilidad, debería ser entendida como 'un Dios preocupado, un creador y legislador que estableció no solo las leyes de la naturaleza' y el universo sino también normas del bien y el mal, cierta personalidad que se preocupa por nuestras acciones. En pocas palabras, es apropiado adorarlo" (Weinberg, pág. 244). Por lo tanto, el principio antrópico se basa en la evidencia astronómica más reciente de la existencia de un Creador super inteligente del cosmos. En pocas palabras,

proporciona la evidencia para un argumento teológico actualizado de la existencia de Dios.

Fuentes

J. D. Barrow, *The Anthropic Cosmological Principle* [El principio cosmológico antrópico].

A. Einstein, *Ideals and Opinions—The World as I See It* [Ideas y opiniones: el mundo tal como lo veo].

G. Gonzalez y J. W. Richards, *The Privileged Planet* [El Planeta privilegiado].

S. Hawking, *A Brief History of Time* [Una breve historia a lo largo del tiempo].

F. Heeren, *Show Me God* [Enséñame, Dios].

F. Hoyle, *The Intelligent Universe* [El universo inteligente].

R. Jastrow, *God and the Astronomers* [Dios y los astrónomos].

———, *"A Scientist Caught between Two Faiths"* [Un científico atrapado entre dos religiones].

H. R. Pagels, *Perfect Symmetry* [La perfecta simetría].

H. Ross, *The Fingerprint of God* [La huella de Dios].

A. Sandage, *"A Scientist Reflects on Religious Belief"* [Un científico reflexiona sobre las creencias religiosas] Truth [La verdad] (1985).

S. Weinberg, *Dreams of a Final Theory—The Search for the Fundamental Laws of Nature* [Sueños de una teoría definitiva: la búsqueda de las leyes fundamentales de la naturaleza].

Principio de Parsimonia ("Navaja de Ockham").
Ver GUILLERMO DE OCKHAM.

Principio de Razón suficiente. *Ver* RAZÓN SUFICIENTE, PRINCIPIO DE.

Probabilidad. *Ver* CERTEZA/CERTIDUMBRE; AZAR; MÉTODO INDUCTIVO; LÓGICA Y DIOS.

Problemas de cronología en la Biblia. *Ver* GENEALOGÍAS INEXACTAS O EXACTAS.

Profecía como prueba de la Biblia.
Una de las evidencias más sólidas de que la Biblia está inspirada por Dios (ver Biblia, Evidencias a favor de la) es su profecía predictiva. A diferencia de cualquier otro libro, la Biblia ofrece una multitud de predicciones específicas, algunas con cientos de años de anticipación, que se han cumplido literalmente o que apuntan a un tiempo futuro definido en el que se harán realidad. En su amplio catálogo de profecías, Enciclopedia de profecía bíblica, J. Barton Payne enumera 1817 predicciones en la Biblia, 1239 en el Antiguo Testamento y 578 en el Nuevo (Payne, págs. 674-675).

Partir del argumento de la profecía es partir de la

omnisciencia. Los seres humanos limitados conocen el futuro solo si se los dice un Ser omnisciente (Ramm, pág. 81). Es importante señalar que este no es un argumento para la omnisciencia. A veces se argumenta erróneamente que un pronóstico de eventos inusuales es prueba de que existe un Ser omnisciente (ver Dios, Naturaleza de). Este no es necesariamente el caso, porque lo singular no prueba a Dios (ver Milagros, Argumentos contra los). No importa cuál sea la improbabilidad, un evento singular (digamos, una mano perfecta en el juego de cartas de bridge, un trato extremadamente improbable) puede ocurrir, y algunas veces ocurre. Sin embargo, si se sabe que existe un Ser omnisciente (ver Dios, Evidencias a favor de), y se hacen predicciones altamente improbables en su nombre que se cumplen sin falta, entonces es razonable suponer que fueron inspiradas por Dios. La profecía cumplida no prueba la existencia de Dios, pero sí muestra que los eventos inusuales predichos en su nombre que suceden son evidencia de su actividad especial.

Esto no quiere decir que el argumento del diseño inteligente no sea válido; porque no depende simplemente de la improbabilidad para probar si un evento tiene una causa inteligente, sino de la presencia de un patrón inteligente complejo que la experiencia uniforme previa indica que proviene de un ser inteligente (ver Evolución química).

Profecía predictiva. Si existe un Dios omnisciente que conoce el futuro, entonces la profecía predictiva es posible (ver Teísmo; Dios, Naturaleza de). Y si la Biblia contiene tales predicciones, entonces son una señal del origen divino de la Biblia. No todo lo que se llama "profecía" en la Biblia es predictivo. Los profetas bíblicos anunciaron la Palabra de Dios, así como predijeron el futuro; hay varios rasgos de una predicción sobrenatural, al menos de una con valor apologético. En primer lugar, es más que una suposición imprecisa o conjetura (ver Ramm, pág. 82). No puede ser una mera lectura de las tendencias. En segundo lugar, se ocupa de contingencias humanas que normalmente son impredecibles. Las predicciones científicas no son del mismo orden, ya que abordan las proyecciones basadas en la regularidad de la naturaleza; por ejemplo, la predicción de un eclipse. En tercer lugar, es un evento muy inusual, normalmente no esperado. A veces, la naturaleza milagrosa de la profecía se manifiesta en el período de tiempo con antelación en que se hace la predicción, a fin de reducir la probabilidad de una suposición. En otras ocasiones se revela en el único cumplimiento mismo.

Predicciones bíblicas. Predicciones mesiánicas. Hay dos categorías amplias de profecías bíblicas: mesiánicas y no mesiánicas. Payne (ibid., págs. 665-700) enumera 191 profecías sobre el Mesías y Salvador judío anticipado, de las cuales casi un centenar se cumplieron en la primera venida de Cristo (ver Cristo, Divinidad de; Nuevo Testamento, Historicidad de). Una muestra de estas profecías incluye lo siguiente.

El nacimiento del Mesías. Dios le dijo a Satanás después de haber inducido a Adán y Eva a caer en el pecado: "Pondré enemistad entre tú y la mujer, y entre tu simiente y la de ella; su simiente te aplastará la cabeza, pero tú le morderás el talón»" (Génesis 3:15). El Nuevo Testamento revela que Jesús ciertamente nació de una mujer para aplastar el poder de Satanás, porque "cuando se cumplió el plazo, Dios envió a su Hijo, nacido de una mujer, nacido bajo la ley" (Gl 4:4; cf. Mt 1; Lucas 2).

Isaías 7:14 predijo que uno llamado Emanuel ("Dios con nosotros") nacería de una virgen (ver Nacimiento virginal de Cristo): "Por eso, el Señor mismo les dará una señal: La virgen concebirá y dará a luz un hijo, y lo llamará Emanuel". Esta predicción se hizo con más de setecientos años de antelación. El Nuevo Testamento afirma que Cristo cumplió esta predicción, diciendo: "Todo esto sucedió para que se cumpliera lo que el Señor había dicho por medio del profeta: 23 «La virgen concebirá y dará a luz un hijo, y lo llamarán Emanuel» (que significa «Dios con nosotros»)" (Mt 1:22-23). La objeción de que esto no es realmente una predicción del nacimiento de Cristo se responde en el artículo Nacimiento virginal de Cristo.

Miqueas hizo la profecía inequívoca: "Pero de ti, Belén Efrata, pequeña entre los clanes de Judá, saldrá el que gobernará a Israel; sus orígenes se remontan hasta la antigüedad, hasta tiempos inmemoriales" (Miqueas 5:2). Incluso los escribas judíos incrédulos identificaron esto como una predicción del Mesías y dirigieron a los magos indagadores a Belén (Mt 2:1-6):

Después de que Jesús nació en Belén de Judea en tiempos del rey Herodes, llegaron a Jerusalén unos sabios procedentes del Oriente. —¿Dónde está el que ha nacido rey de los judíos? —preguntaron—. Vimos levantarse su estrella y hemos venido a adorarlo. Cuando lo oyó el rey Herodes, se turbó, y toda Jerusalén con él. Así que convocó de entre el pueblo a todos los jefes de los sacerdotes y maestros de la ley, y les preguntó dónde había de nacer el Cristo. —En Belén de Judea —le respondieron—, porque esto es lo que ha escrito el profeta: «"Pero tú, Belén, en la tierra de Judá, de ninguna manera eres la menor entre los principales de Judá; porque de ti saldrá un príncipe que será el pastor de mi pueblo Israel"».

El linaje del Mesías. Dios declaró en Génesis 12:1-3 que la bendición mesiánica para todo el mundo vendría de la descendencia de Abraham: «Haré de ti una nación grande, y te bendeciré; haré famoso tu nombre, y serás una bendición. Bendeciré a los que te bendigan y maldeciré a los que te maldigan; ¡por medio de ti serán bendecidas todas las familias de la tierra!» (cf. 22:18). Jesús fue descendiente de Abraham. Mateo comienza con "una tabla genealógica de Jesucristo, hijo de David, hijo de Abraham" (Mt 1:1). Pablo agrega: "Las promesas se le hicieron a Abraham y a su descendencia. La Escritura no dice: «y a los descendientes», como refiriéndose a muchos, sino: «y a tu descendencia», dando a entender uno solo, que es Cristo" (Gl 3:16).

El Redentor vendría de la tribu de Judá: "El cetro no se apartará de Judá, ni de entre sus pies el bastón de mando, hasta que llegue el verdadero rey, quien merece la obediencia de los pueblos" (Génesis 49:10). Según las genealogías del Nuevo Testamento, este era el linaje de Jesús. Lucas declara: "Jesús tenía unos treinta años cuando comenzó su ministerio. Era hijo, según se creía, de José, hijo de Elí, [...] hijo de Judá, hijo de Jacob, hijo de Isaac, hijo de Abraham" (Lucas 3:23, 33-34; cf. Mt 1:1-3). Hebreos agrega: "Es evidente que nuestro Señor procedía de la tribu de Judá" (Heb 7:14).

Los libros de Samuel registran la predicción de que el Mesías sería del linaje de David. Dios le dijo a David: "Cuando tu vida llegue a su fin y vayas a descansar entre tus antepasados, yo pondré en el trono a uno de tus propios descendientes, y afirmaré su reino. Será él quien construya una casa en mi honor, y yo afirmaré su trono real para siempre. Yo seré su padre, y él será mi hijo" (2 S 7:14; Jer 23:5-6). El Nuevo Testamento afirma repetidamente que Jesús era "el hijo de David" (Mt 1:1). Jesús mismo afirmó ser "el hijo de David" (Mt 22:42-45). La multitud del Domingo de Ramos también aclamó a Cristo como "el hijo de David" (Mt 21:9).

Heraldo de la llegada del Mesías. Isaías predijo que el Mesías sería anunciado por un mensajero del Señor que sería "Una voz proclama: «Preparen en el desierto un camino para el Señor; enderecen en la estepa un sendero para nuestro Dios" (40:3). Malaquías (3:1) agregó: «Yo estoy por enviar a mi mensajero para que prepare el camino delante de mí. De pronto vendrá a su templo el Señor a quien ustedes buscan; vendrá el mensajero del pacto, en quien ustedes se complacen». Estas predicciones se cumplieron literalmente en el ministerio de Juan el Bautista. Mateo registra: "En aquellos días se presentó Juan el Bautista predicando en el desierto de Judea. Decía: «Arrepiéntanse, porque el reino de los cielos está cerca». Juan era aquel de quien había escrito el profeta Isaías: «Voz de uno que grita en el desierto: "Preparen el camino para el Señor, háganle sendas derechas"» (Mt 3:1-3).

Isaías 11:2 predijo que el Mesías sería ungido por el Espíritu Santo para su ministerio: "El Espíritu del Señor reposará sobre él: espíritu de sabiduría y de entendimiento, espíritu de consejo y de poder, espíritu de conocimiento y de temor del Señor". Esto fue lo que le pasó exactamente a Jesús en su bautismo. Mateo 3:16-17 dice: "Tan pronto como Jesús fue bautizado, subió del agua. En ese momento se abrió el cielo, y él vio al Espíritu de Dios bajar como una paloma y posarse sobre él. Y una voz del cielo decía: 'Este es mi Hijo amado; estoy muy complacido con él'".

Isaías 61 indica que el Mesías predicaría el evangelio a los pobres y a los heridos de corazón. Jesús mostró su cumplimiento de este ministerio en la sinagoga de Nazaret:

Fue a Nazaret, donde se había criado, y un sábado entró en la sinagoga, como era su costumbre. Se levantó para hacer la lectura, y le entregaron el libro del profeta Isaías. Al desenrollarlo, encontró el lugar donde está escrito: "El Espíritu del Señor está sobre mí, por cuanto me ha ungido para anunciar buenas nuevas a los pobres. Me ha enviado a proclamar libertad a los cautivos y dar vista a los ciegos, a poner en libertad a los oprimidos, a pregonar el año del favor del Señor". (Lucas 4:16-19)

Jesús detuvo cuidadosamente su lectura a la mitad de una frase, para no añadir la siguiente frase: "y el día de la venganza de nuestro Dios". Eso se refiere a su segunda venida, no se cumplió ese día en su audiencia, como lo hizo el resto de la profecía.

En Isaías 35:5-6 se declara que el Mesías haría milagros para confirmar su ministerio y afirma lo siguiente: "Se abrirán entonces los ojos de los ciegos y se destaparán los oídos de los sordos". El registro del Evangelio está lleno de los milagros de Jesús. "Jesús recorría todos los pueblos y aldeas enseñando en las sinagogas, anunciando las buenas nuevas del reino, y sanando toda enfermedad y toda dolencia" (Mt 9:35). Incluso Jesús citó estas mismas cosas a Juan el Bautista como su tarjeta de presentación mesiánica. "Les respondió Jesús: 'Vayan y cuéntenle a Juan lo que están viendo y oyendo: Los ciegos ven, los cojos andan, los que tienen lepra son sanados, los sordos oyen, los muertos resucitan y a los pobres se les anuncian las buenas nuevas'" (Mt 11:4-5).

El trabajo del Mesías. Malaquías 3:1 predijo la autoridad sobre la adoración en el templo que Jesús mostró cuando echó dos veces a los que cambiaban dinero, en el comienzo y al final de su ministerio: "El Señor Todopoderoso responde: 'Yo estoy por enviar a mi mensajero para que prepare el camino delante de mí. De pronto vendrá a su templo el Señor a quien ustedes buscan; vendrá el mensajero del pacto, en quien ustedes se complacen'".

Mateo 21:12-13 relata lo siguiente:

Jesús entró en el templo y echó de allí a todos los que compraban y vendían. Volcó las mesas de los que cambiaban dinero y los puestos de los que vendían palomas. "Escrito está —les dijo—: 'Mi casa será llamada casa de oración'; pero ustedes la están convirtiendo en 'cueva de ladrones'".

Entre los muchos Salmos aplicables al ministerio de Jesús se encuentra el 118:22, que predice el rechazo del Mesías por parte de su pueblo: "La piedra que desecharon los constructores ha llegado a ser la piedra angular". Este mismo versículo se cita varias veces en el Nuevo Testamento. Por ejemplo, Pedro escribió lo siguiente: "Para ustedes los creyentes, esta piedra es preciosa; pero para los incrédulos, 'la piedra que desecharon los constructores ha llegado a ser la piedra angular'" (1 Pedro 2:7; cf. Mt. 21:42; Marcos 12:10; Lucas 20:17; Hechos 4:11).

El sufrimiento y la muerte del Mesías: Una de las predicciones más sorprendentes de Cristo en todas las Escrituras es la de Isaías 53:2-12. Esta descripción precisa de los sufrimientos y la muerte de Jesús se cumplió literalmente (ver Mt 26-27; Marcos 15-16; Lucas 22-23; Juan 18-19). Isaías predice doce aspectos de la pasión del Mesías, todos cumplidos. Jesús:

1. fue rechazado;
2. fue un varón de dolores;
3. vivió una vida de sufrimiento;
4. fue despreciado por otros;
5. soportó nuestro dolor;
6. fue herido y golpeado por Dios;
7. fue traspasado por nuestras rebeliones;
8. fue molido por nuestras iniquidades;
9. sufrió como un cordero;
10. murió entre los malhechores;
11. era libre de pecado;
12. oró por otros.

La confirmación adicional de la naturaleza predictiva de Isaías 53 es que era común para los intépretes judíos, antes del tiempo de Cristo, enseñar que aquí Isaías hablaba del Mesías judío (ver Driver). Solo después que los primeros cristianos comenzaron a usar el texto apologéticamente con gran fuerza se convirtió en una enseñanza rabínica y una expresión del sufrimiento de la nación judía. Esta visión es improbable en el contexto de las referencias habituales de Isaías sobre la gente judía en la primera persona del plural ("nuestro" o "nosotros"), considerando que él siempre se refería al Mesías en la tercera persona del singular, como en Isaías 53 ("él" y "su").

Las predicciones en otros pasajes sobre la muerte de Cristo incluyen:

13. traspasar sus manos y pies (Sal 22:16; cf. Lucas 23:33);
14. traspasar uno de sus costados (Zac 12:10; cf. Juan 19:34);
15. echar suertes sobre su ropa (Sal 22:18; cf. Juan 19:23-24).

Aunque no se reconoció hasta después del hecho, una de las predicciones más precisas en las Escrituras da el mismo año en que Cristo moriría. Daniel hablaba tanto del exilio de Israel como de la expiación del pecado cuando registró la oración y confesión por los pecados de su pueblo (9:4-19) y una visión como respuesta en la que el ángel Gabriel le dio a Daniel la siguiente predicción:

Setenta semanas han sido decretadas para que tu pueblo y tu santa ciudad pongan fin a sus transgresiones y pecados, pidan perdón por su maldad, establezcan para siempre la justicia, sellen la visión y la profecía, y consagren el lugar santísimo. Entiende bien lo siguiente: Habrá siete semanas desde la promulgación del decreto que ordena la reconstrucción de Jerusalén hasta la llegada del príncipe elegido [Mesías]. Después de eso, habrá sesenta y dos semanas más. [...] después de las sesenta y dos semanas, se le quitará la vida al príncipe elegido [...] (9:24-26)

El contexto indica que Daniel sabía que hablaba de años, puesto que meditaba sobre el "número de años" que Dios le había revelado a Jeremías de que Jerusalén quedaría en ruinas, específicamente, "setenta años" (v. 2). Entonces Dios le dijo a Daniel que pasarían 7×70 (años) antes de que el Mesías viniera y muriera.

Artajerjes le ordenó a Nehemías "la reconstrucción de Jerusalén" (Dn 9:25; cf. Neh 2) en el año 445/444 a. C. A partir de ese año, y no en la fecha anterior en la que Ciro aprobó solo la reconstrucción del templo (Esdras 1:3), Daniel predijo que pasarían 483 años hasta la muerte de Cristo. Si se toma la muy aceptada fecha del año 33 para la crucifixión (ver Hoehner), serían exactamente 483 años:

Siete semanas más sesenta y dos semanas es $69 \times 7 = 483$, $444 + 33 = 477$

Se añaden seis años para compensar los 5 días en un año solar, distinto al año lunar que seguía Israel ($5 \times 477 = 2385$ días o 6+ años).

$477 + 6 = 483$ años

Esto supone que el 490 de Daniel (70×7) no es un número redondo, lo cual es posible. La Biblia algunas veces redondea sus números (ver Biblia, Supuestos errores en la). En cualquier caso, la predicción de Daniel nos lleva a la época exacta de Cristo.

La resurrección del Mesías. El Antiguo Testamento también predijo la resurrección del Mesías de la muerte. Salmos 2:7 declara lo siguiente: "Voy a dar a conocer lo que Dios ha decidido. Él me dijo: 'Tú eres mi hijo; desde hoy soy tu padre'" (TLA). David añade en el Salmos 16:10: "No dejarás que mi vida termine en el sepulcro; no permitirás que sufra corrupción tu siervo fiel".

Ambos pasajes se citan en el Nuevo Testamento como predicciones de la resurrección de Cristo. Sobre la profecía de David en Salmos 16, Pedro dijo explícitamente: "Era profeta y sabía que Dios le había prometido bajo juramento poner en el trono a uno de sus descendientes. Fue así como previó lo que iba a suceder. Refiriéndose a la resurrección del Mesías, afirmó que Dios no dejaría que su vida terminara en el sepulcro, ni que su fin fuera la corrupción" (Hechos 2:30-31; cf. 13:35). Salmos 2 se cita como una predicción de la resurrección en Hechos 13:33-34 (cf. Heb 1:5). De hecho, usando estos pasajes: "...Pablo entró en la sinagoga y tres sábados seguidos discutió con ellos. Basándose en las Escrituras, les explicaba y demostraba que era necesario que el Mesías padeciera y resucitara. Les decía: 'Este Jesús que les anuncio es el Mesías'" (Hechos 17:2-3). Esto difícilmente hubiera sido posible a menos que su escéptico público judío no reconociera la naturaleza predictiva de pasajes como Salmos 2 y 16.

La ascensión del Mesías. En Salmos 110:1, David incluso predijo sobre la ascensión de Cristo y escribió: "Así dijo el Señor a mi Señor: 'Siéntate a mi derecha hasta que ponga a tus enemigos por estrado de tus pies'" (cf. Sal 2:4-6; 68:6; usado en Efesios 4:8). Jesús se aplicó este pasaje a sí mismo (Mt 22:43-44). Pedro lo usó como una predicción de la ascensión de Cristo: "David no subió al cielo, y sin embargo declaró: 'Dijo el Señor a mi Señor: Siéntate a mi derecha, hasta que ponga a tus enemigos por estrado de tus pies'" (Hechos 2:34-35).

La profecía y el Mesías. Es importante señalar los aspectos únicos sobre las profecías bíblicas. A diferencia de muchas predicciones psíquicas, muchas de estas fueron muy específicas, dando, por ejemplo, el nombre exacto de la tribu, la ciudad y el tiempo de la venida de Cristo. En comparación con las predicciones de las revistas que se encuentran en las cajas registradoras de un supermercado, ninguna de estas predicciones falló.

Debido a que estas profecías se escribieron cientos de años antes de que Cristo naciera, los profetas no podían haber estado leyendo las tendencias de la época o haciendo adivinanzas inteligentes. Muchas predicciones sobrepasaban la capacidad humana como para falsear un cumplimiento. Si hubiera sido un simple ser humano, Cristo no habría tenido nin-

gún control sobre cuándo (Dn 9:24-27), dónde (Miq 5:2), o cómo nacería (Is 7:14); tampoco sobre cómo moriría (Sal 22; Is 53), haría milagros (Is 35:5-6) o resucitaría de la muerte (Sal 2, 16).

Es poco probable que todos estos eventos hayan coincidido en la vida de un hombre. Algunos matemáticos (Stoner, pág. 108) han calculado que la probabilidad de que dieciséis predicciones se cumplan en un hombre (p. ej., Jesús) es de 1 en 1045. La probabilidad de que cuarenta y ocho predicciones se cumplan en una persona es de 1 en 10157. Es casi imposible concebir un número tan grande.

Pero no solo una improbabilidad lógica descarta la teoría de que Jesús diseñó los cumplimientos de su profecía. Es moralmente improbable que un Dios omnipotente y omnisciente (ver Dios, Naturaleza de) permita que sus planes de un cumplimiento profético sean arruinados por alguien que por casualidad esté en el lugar y en el momento preciso. Dios no puede mentir (Tito 1:2), ni tampoco puede romper una promesa (Heb 6:18). Así que debemos concluir que no permitió que sus promesas proféticas se estropeen por casualidad. Toda la evidencia señala a Jesús como el cumplimiento divino de las profecías mesiánicas. Era un hombre de Dios, confirmado por las señales de Dios (Hechos 2:22).

Predicciones no mesiánicas. Otras profecías bíblicas son específicas y predictivas. A continuación, algunos ejemplos.

Daniel 2:37-42: La sucesión de los grandes reinos del mundo. Una predicción sorprendente en la Biblia es la sucesión de los imperios mundiales de Babilonia, Medopersa, Grecia y Roma, la cual hizo Daniel. Interpretando al hombre de metal en el sueño del rey Nabucodonosor de Babilonia, le dijo a Nabucodonosor: "Su Majestad es rey entre los reyes [...] ¡Su Majestad es la cabeza de oro! Después de Su Majestad surgirá otro reino de menor importancia. Luego vendrá un tercer reino, que será de bronce, y dominará sobre toda la tierra. Finalmente, vendrá un cuarto reino, sólido como el hierro. Y así como el hierro todo lo rompe, destroza y pulveriza, este cuarto reino hará polvo a los otros reinos" (Dn 2:37-40).

Esta profecía es tan precisa y exacta que incluso los críticos negativos están de acuerdo en que Daniel nombró en orden los imperios de Babilonia, Medopersa, Grecia y Roma. Los críticos intentan evadir la naturaleza sobrenatural de la profecía afirmando que estas palabras se escribieron después del acontecimiento, aproximadamente en el año 165 a. C. Pero esta declaración no cuenta con evidencia real.

Ciro, el rey de Persia. Una de las predicciones más específicas del Antiguo Testamento nombra a Ciro de Persia incluso antes de que naciera. Isaías 44:28-45:1

dice: "[Así dice el Señor] Yo afirmo que Ciro es mi pastor, y dará cumplimiento a mis deseos; dispondrá que Jerusalén sea reconstruida, y que se repongan los cimientos del templo. Así dice el Señor a Ciro, su ungido, a quien tomó de la mano derecha para someter a su dominio las naciones y despojar de su armadura a los reyes, para abrir a su paso las puertas y dejar abiertas las entradas".

Esta predicción se hizo unos 150 años antes de que Ciro naciera. Debido a que Isaías vivió entre los años 740 y 690 a. C. y Ciro no había dado su decreto para que Israel regresara del exilio hasta el año 536 (Esdras 1), no había ninguna manera humana de saber cómo se llamaría o qué haría Ciro. El intento de los críticos por dividir Isaías y postergar la profecía no tiene fundamento y es un cumplido ambiguo sobre el detalle y la precisión de la predicción.

El retorno de Israel a la tierra. Debido a su largo exilio de unos diecinueve siglos y la hostilidad de los habitantes de Palestina en contra de ellos, cualquier predicción de retorno, restauración o reconstrucción de la nación de Israel era extremadamente improbable. Sin embargo, las predicciones que se hicieron hace algunos siglos y con más de dos mil quinientos años de antelación sobre los dos restablecimientos de los judíos a su tierra natal y su restauración como nación se han cumplido con precisión. En relación con la restauración de Israel en 1948, Isaías predijo que "en aquel día el Señor volverá a extender su mano para recuperar al remanente de su pueblo, a los que hayan quedado en Asiria, en Egipto, Patros y Cus; en Elam, Sinar y Jamat, y en las regiones más remotas" (Is 11:11).

El primer retorno lo realizaron con Esdras y Nehemías en el siglo VI a. C. Pero Israel volvió al exilio en el año 70 d. C., cuando el ejército romano destruyó Jerusalén y destrozó el templo. Durante aproximadamente dos mil años, el pueblo judío permaneció en el exilio y la nación no existió. Luego, como la Biblia lo predijo, fueron restablecidos después de la Segunda Guerra Mundial y de una dura lucha con los árabes palestinos. Millones regresaron y reconstruyeron su país y, en la Guerra de los Seis Días de 1967, Jerusalén volvió a ser una ciudad judía unida. Ninguna otra nación en la historia ha logrado con tanto éxito preservar una cultura, una identidad y una lengua intactas durante cientos de años, y mucho menos contra el odio genocida con el que los judíos se han enfrentado muchas veces. Esta predicción bíblica es una evidencia increíble del origen sobrenatural de las Escrituras.

El cierre de la Puerta Dorada. La Puerta Dorada es la entrada del este de Jerusalén, por la que Cristo hizo su entrada triunfal en el Domingo de Ramos antes de su crucifixión (Mt 21). Ezequiel 44:2 predice que un día se cerraría y no abriría hasta que el Mesías regresara: "Allí el Señor me dijo: 'Esta puerta quedará cerrada. No se abrirá, y nadie deberá entrar por ella. Deberá quedar cerrada porque por ella ha entrado el Señor, Dios de Israel'".

En 1543, el sultán Solimán el Magnífico cerró la puerta y la tapió como Ezequiel lo predijo. Él no tenía idea de que estaba cumpliendo una profecía, simplemente la cerró porque el camino al que conducía ya no se utilizaba para el tránsito. Hasta la fecha permanece cerrada, exactamente como la Biblia lo predijo, esperando ser abierta cuando el Rey regrese.

La destrucción de Tiro. Tiro, un puerto importante del Mediterráneo oriental, fue una de las ciudades más grandes del mundo antiguo. Era una ciudad grandemente fortificada y próspera. Sin embargo, Ezequiel 26:3-14 predijo su destrucción y demolición total con cientos de años de antelación declarando: "Por eso, así dice el Señor omnipotente: Tiro, yo me declaro contra ti, y así como el mar levanta sus olas, voy a hacer que contra ti se levanten muchas naciones. Destruirán los muros de Tiro, y derribarán sus torres. Hasta los escombros barreré de su lugar; ¡la dejaré como roca desnuda! ¡Quedará en medio del mar como un tendedero de redes! [...] Además, saquearán tus riquezas y robarán tus mercancías. Derribarán tus muros, demolerán tus suntuosos palacios, y arrojarán al mar tus piedras, vigas y escombros. [...] Te convertiré en una roca desnuda, en un tendedero de redes, y no volverás a ser edificada. Yo, el Señor, lo he dicho. Yo, el Señor omnipotente, lo afirmo".

Esta predicción se cumplió de manera parcial cuando Nabucodonosor destruyó la ciudad y la dejó en ruinas. Sin embargo, las piedras, vigas y escombros no fueron arrojados al mar. Después, Alejandro Magno atacó la aparentemente impenetrable isla de Tiro tomando las piedras, vigas y escombros de la ciudad continental en ruinas y construyó un paso elevado a la isla. No solo la ciudad nunca fue reconstruida, sino que actualmente se usa como un "tendedero de redes".

La destrucción de Edom (Petra). A diferencia de otras predicciones sobre destrucción en el Antiguo Testamento, a Edom no se le prometió ninguna restauración, solo "desolación perpetua". En Jeremías 49:16-17, Él escribió: "Tú, que habitas en las hendiduras de las rocas; tú, que ocupas las alturas de los montes: fuiste engañado por el terror que infundías y por el orgullo de tu corazón. Aunque pongas tu nido tan alto como el del águila, desde allí te haré caer —afirma el Señor—. Tan espantosa será la caída de Edom que todo el que pase junto a la ciudad quedará pasmado al ver todas sus heridas".

Considerando la naturaleza prácticamente impenetrable de la antigua ciudad tallada en rocas y protegida por un estrecho camino, esta fue una predicción increíble. Sin embargo, en el año 636 d. C., fue conquistada por los musulmanes y permanece desierta, excepto para los turistas y transeúntes.

Prosperidad del desierto en Palestina. Durante siglos, Palestina permaneció desolada. Estas condiciones se extendieron por toda la tierra. Pero Ezequiel 36:33-35 predijo lo siguiente: "Así dice el Señor omnipotente: El día que yo los purifique de todas sus iniquidades, poblaré las ciudades y reconstruiré las ruinas. Se cultivará la tierra desolada, y ya no estará desierta a la vista de cuantos pasan por ella. Entonces se dirá: 'Esta tierra, que antes yacía desolada, es ahora un jardín de Edén; las ciudades que antes estaban en ruinas, desoladas y destruidas, están ahora habitadas y fortificadas'".

En la actualidad, se construyeron caminos, se cultiva la tierra y la agricultura de Israel prospera. Esta renovación empezó antes del comienzo del siglo XX y continúa un siglo después. Los cultivos agrícolas, incluyendo una gran cosecha de naranjas, son parte de la restauración, justo como Ezequiel lo predijo.

El aumento del conocimiento y la comunicación. Otra profecía bíblica que se cumplió después de miles de años es la predicción de Daniel sobre el aumento del conocimiento y la comunicación en los últimos días (12:4): "Tú, Daniel, guarda estas cosas en secreto y sella el libro hasta la hora final, pues muchos andarán de un lado a otro en busca de cualquier conocimiento".

Nunca en la historia del mundo ha habido tal incremento en el conocimiento, el transporte y la comunicación como a principios del siglo XXI. Las aeronaves de propulsión a chorro y los microcircuitos de las computadoras han causado un auge en el transporte y la información.

Una conclusión importante. Un hecho que los críticos a menudo pasan por alto es que solo un caso real de una profecía cumplida establecería el origen sobrenatural de las Escrituras (cf. Ramm, pág. 86). Incluso si la mayoría de las predicciones bíblicas pudieran explicarse de forma natural, solo un caso claro establece el resto y confirma el acontecimiento profético. Por consiguiente, si el crítico va argumentar en contra de la profecía, todos los casos deben ser naturalmente explicables.

Objeciones a la profecía predictiva. Se han presentado un gran número de argumentos para negar los argumentos a favor del origen sobrenatural de las profecías bíblicas. Los más importantes se analizarán brevemente.

El lenguaje profético es impreciso. Los críticos insisten en que el lenguaje profético es tan poco preciso que no es difícil encontrar algún tipo de cumplimiento. Las predicciones imprecisas se aclaran mediante sus cumplimientos.

No todas las profecías bíblicas son claras. Algunas son imprecisas y se aclaran con sus cumplimientos. Sin embargo, el crítico debe demostrar que todas las profecías poseen esta naturaleza. Pero como se muestra en los ejemplos anteriores, algunas profecías son muy específicas. Las predicciones sobre cuándo Cristo moriría (Dn 9:24 ss.), en qué ciudad nacería (Miqueas 5:2) y cómo sufriría y moriría (Is 53) no son nada imprecisas.

Otros libros religiosos tienen profecías. También se objeta que las profecías no son exclusivas de la Biblia, sino que se encuentran en otros libros sagrados. Por lo tanto, no tienen valor al probar la verdad del cristianismo sobre otras religiones. Este argumento es similar al de David *Hume que manifiesta que todas las religiones afirman la existencia de acontecimientos religiosos similares. Por lo tanto, los supuestos milagros no se pueden utilizar para establecer la verdad de ninguna religión sobre otra.

Esta objeción está sujeta a la misma crítica que la de Hume (ver Milagros, Argumentos contra los). En primer lugar, no es cierto que otras religiones tengan un cumplimiento específico, repetido e infalible de predicciones con muchos años de antelación de acontecimientos contingentes sobre los que el predictor no tenía control. Este tipo de predicciones son exclusivas de la Biblia. Una discusión de las profecías hechas por Mahoma en el Corán, el competidor más cercano de la Biblia se encuentra en el artículo Mahoma, Supuestos milagros de, y muestra la diferencia entre los dos libros.

R. S. Foster comenta sobre los otros libros sagrados y los escritos de las religiones paganas, "No se encuentra ninguna profecía bien acreditada en ningún otro libro o incluso en la tradición oral que existe hoy en día, o que haya existido alguna vez en el mundo". Los oráculos del paganismo no deben ser clasificados como excepciones. No hay ni uno solo de ellos que cumpla con las pruebas requeridas para probar la capacidad sobrenatural, que toda profecía de la Escritura evidencia" (Foster, pág. 111). C. P. McIlvaine añade: "La historia de las naciones paganas abunda en verdad en historias de augurios y oráculos y predicciones independientes [...] Pero una distancia innumerable separa todos los supuestos oráculos del paganismo de la dignidad de las profecías de la Biblia" (McIlvaine, págs. 246-47). Tras examinar con detenimiento a los profetas hebreos y paganos, Calvino Stow llegó a la conclusión de que no había profecías creíbles en otros escritos, pero que cada una "es justo lo que esperaríamos de los hombres de este mundo, que no tienen fe en otro" (citado en Newman, págs. 17-18).

Los psíquicos han hecho predicciones como las de la Biblia. Los críticos contemporáneos de la profecía bíblica proponen predicciones psíquicas en igualdad de condiciones con las Escrituras. Sin embargo, hay otro salto cuántico entre cada psíquico y los infalibles profetas de la Escritura (ver Milagros, Magia y). De hecho, una de las pruebas de un profeta era si alguna vez pronunciaban predicciones que no se cumplían (Dt 18:22). Aquellos cuyas profecías fallaron fueron apedreados (18:20), una práctica que sin duda dio una pausa a cualquiera que no estuviera del todo seguro de que sus mensajes fueran de Dios. Entre cientos de profecías, no se sabe que los profetas bíblicos hayan cometido un solo error. Un estudio de las profecías realizadas por los psíquicos en 1975 y observadas hasta 1981 mostró que de las setenta y dos predicciones, solo seis se cumplieron de alguna manera. Dos de ellas eran vagas y otras dos no eran sorprendentes: los Estados Unidos y Rusia seguirían siendo las principales potencias y no habría guerras mundiales. El People's Almanac [Almanaque del Pueblo] (1976) hizo un estudio de las predicciones de veinticinco psíquicos principales. Los resultados: De las setenta y dos predicciones totales, sesenta y seis (92 por ciento) estaban erradas por completo (Kole, pág. 69). Una tasa de exactitud de alrededor del 8% podría explicarse con facilidad por el azar y el conocimiento general de las circunstancias. En 1993, los psíquicos omitieron todas las noticias importantes e inesperadas, como el retiro de Michael Jordan, las inundaciones del Medio Oeste y el tratado de paz entre Israel y la OLP. Entre sus falsas profecías estaban que la Reina de Inglaterra se convertiría en monja, y Kathy Lee Gifford reemplazaría a Jay Leno como anfitrión del Tonight Show (Charlotte Observer, 30 de diciembre de 1993).

De la misma manera, las famosas "predicciones" de Nostradamus no fueron tan sorprendentes en absoluto. En contra de la creencia popular, nunca predijo ni el lugar ni el año de un gran terremoto en California. La mayoría de sus "famosas" predicciones, como el ascenso de Hitler, eran vagas. Como otros psíquicos, con frecuencia se equivocaba, un falso profeta según los estándares bíblicos. Más información sobre Nostradamus se encuentra en el artículo Nostradamus.

¿Cuándo se efectuaron las profecías bíblicas? Según esta objeción, todas las profecías bíblicas que tienen suficiente especificidad para ser inexplicables se hicieron después de los acontecimientos. Las sorprendentes afirmaciones de Daniel se realizaron mucho tiempo después, y las predicciones de Isaías sobre Ciro se editaron después de que llegara a la escena. Ellos registraban la historia, no decían profecías. Ni

estos ni otros cargos de profecías posdatadas tienen ningún fundamento de hecho. Y muchos hechos se han cumplido bastante después de que se sepa de la existencia de los escritos.

Los supuestos cumplimientos malinterpretan los textos. Los críticos argumentan que el supuesto cumplimiento de las predicciones del Antiguo Testamento son con frecuencia malas interpretaciones del texto del Antiguo Testamento. Por ejemplo, Mateo dice en repetidas ocasiones "para que se cumpliera" (cf. 1:22; 2:15, 17). Sin embargo, cuando se examina el pasaje del Antiguo Testamento en su contexto, resulta que no era una predicción real del acontecimiento al que Mateo se refería.

Un ejemplo puntual es Mateo 2:15: "De este modo se cumplió lo que el Señor había dicho por medio del profeta: 'De Egipto llamé a mi hijo'. Cuando se examina el pasaje de la fuente del Antiguo Testamento, Oseas 11:1, se descubre que no es una profecía predictiva sobre la salida de Jesús de Egipto cuando era niño, sino una afirmación sobre la salida de los hijos de Israel de Egipto en el éxodo.

Se admite con facilidad que muchas "profecías" no son predictivas y que el Nuevo Testamento se refirió a Cristo en ciertos pasajes del Antiguo Testamento que no eran predictivos de forma directa para él. Muchos eruditos hablan de que estos textos del Antiguo Testamento se "cumplieron de forma topológica" en Cristo, sin ser de forma directa predictiva. Es decir, alguna verdad del pasaje se refiere a Cristo, aunque no sea de forma predictiva sobre él.

Otros hablan de un significado genérico en el pasaje del Antiguo Testamento que se aplica tanto a su referencia en el Antiguo Testamento (por ejemplo, Israel) como a la referencia en el Nuevo Testamento (por ejemplo, Cristo), ambos eran el "hijo" de Dios. Algunos estudiosos describen esto como una visión de doble referencia de la profecía. En cualquier caso, este tipo de pasajes proféticos no son predictivos de forma directa y no tienen valor apologético. Hay pasajes del Antiguo Testamento que no son solo topológicos, sino que son una clara predicción, como se mostró con anterioridad. Por ejemplo, el tiempo y el lugar del nacimiento y la muerte de Cristo se relataron. Lo que el crítico no puede mostrar es que todas las "profecías" del Antiguo Testamento son solo topológicas y no predictivas.

Jesús manipuló los eventos para cumplir la profecía. Otro argumento usado por los críticos se popularizó en el *Passover Plot [Complot de Pascua] de Hugh Schonfield. Argumentó que Jesús manipuló a las personas y los eventos para hacer parecer que él era el Mesías predicho. Los hechos destruyen esta interesante teoría. Primero, numerosos milagros (ver Milagros en la Biblia) confirmaron que Jesús era el Mesías. Dios no confirmaría un fraude para aparentar ser su Hijo (ver Milagros, Valor apologético de los). Segundo, no hay evidencia de que Jesús fuera un impostor. Por el contrario, su carácter es impecable (ver Cristo, Unicidad de). Tercero, Jesús no tenía control sobre algunas predicciones, como su ascendencia (Gn 12:3; 49:10; 2 S 7:12-16), lugar de nacimiento (Miqueas 5:2), hora de la muerte (Dn 9:24-27) y condiciones de su muerte (Is 53). Cuarto, para manipular a todo el pueblo (inclusive a sus enemigos) e incluso a sus discípulos para hacer parecer que era el Mesías prometido, Jesús habría necesitado poderes sobrenaturales. Pero si tenía tales poderes, debe haber sido el Mesías que decía ser.

Solo se registran las profecías exitosas. Esta objeción afirma que los profetas del Antiguo Testamento eran tan falibles como cualquier otro profeta. Tienen algo de correcto e incorrecto. Sin embargo, solo los que tuvieron éxito se pusieron en la Biblia. Por lo tanto, no hay nada sobrenatural en ellos. Después de todo, si tan solo las predicciones exitosas de Jean Dixon se recogieran en un volumen mucho después de su muerte, ella también se vería tan sobrenatural como los profetas bíblicos.

Esta objeción se basa en premisas falaces. En primer lugar, se trata de la falacia del argumento de la ignorancia. No presenta evidencia de que hubo otras profecías que fallaron. Solo asume que las hubo. La carga de la prueba es demostrar que las hubo. En segundo lugar, lo que admite es suficiente para destruir su argumento. Si todas las profecías de la Biblia son acertadas, entonces tenemos evidencias positivas de que la Biblia es infalible en su poder de predicción, una señal segura de su origen divino y mucho más allá de los mejores psíquicos en sus mejores días. En tercer lugar, el argumento es una analogía falsa, ya que en el caso de los psíquicos, tenemos numerosos ejemplos conocidos de dónde se equivocaron. En el caso de la Biblia, no tenemos ninguna. Asimismo, asume que los contemporáneos del profeta habrían estado de acuerdo con los errores y aceptado los aciertos como si fueran de Dios. Como se ha señalado, no es así como funcionó.

Algunas predicciones bíblicas no se cumplieron. Algunos críticos han argumentado que no todas las predicciones de la Biblia se cumplieron. La predicción de Jonás de que Nínive sería destruida en cuarenta días no se cumplió (Jonás 3:4). Cristo no regresó en una generación, como dijo que lo haría. De hecho, Cristo no ha regresado y establecido un reino literal como prometió (Mt 24-25). Tampoco Dios ha destruido el mundo con fuego (2 Pedro 3:10-13) y ha establecido un paraíso perfecto (Ap 21-22).

Todas las supuestas profecías incumplidas entran en una de las siguientes categorías (ver Payne).

Algunos eran condicionales. La advertencia de Jonás a Nínive estaba condicionada a que siguieran rebelándose. Cuando se arrepintieron (3:5-9), Dios cedió ante la inminente condena. Como Jesús dijo a los de su época, "todos ustedes perecerán, a menos que se arrepientan" (Lucas 13:3). De la misma manera, hay un "a menos que se arrepientan" implícito en cada profeta que advierte del juicio de Dios. Como dijo Pedro: " El Señor [...] tiene paciencia con ustedes, porque no quiere que nadie perezca, sino que todos se arrepientan" (2 Pedro 3:9). Lo mismo ocurre en Deuteronomio 11:25, donde Dios le dijo a Israel, "Nadie podrá hacerles frente. Por dondequiera que vayan, el Señor su Dios hará que todo el mundo sienta miedo y terror ante ustedes, como se lo ha prometido". Sin embargo, sufrieron las derrotas, por ejemplo, en Ai (Jos 7). Pero cuando se analiza esta promesa, se condiciona de forma clara: "si guardas cuidadosamente todos estos mandamientos" (v. 22). Cuando Israel obedeció a Dios, fueron invencibles, incluso en contra de las adversidades (cf. Jos 6, 8-11).

Algunos todavía no se han cumplido. La mayoría de ellas se relacionan con la segunda venida de Jesús, que aún no ha ocurrido. Es una simple falacia afirmar que la Biblia tiene falsas profecías porque aún no se han cumplido todas. Como Pedro advirtió:

Ante todo, deben saber que en los últimos días vendrá gente burlona que, siguiendo sus malos deseos, se mofará: '¿Qué hubo de esa promesa de su venida? Nuestros padres murieron, y nada ha cambiado desde el principio de la creación' [...] Pero no olviden, queridos hermanos, que para el Señor un día es como mil años, y mil años como un día. El Señor no tarda en cumplir su promesa, según entienden algunos la tardanza. Más bien, él tiene paciencia con ustedes, porque no quiere que nadie perezca, sino que todos se arrepientan (2 Pedro 3:3-5, 8-9).

Las otras supuestas profecías incumplidas no son errores en la Biblia, sino errores en la comprensión de la Biblia por parte de los críticos. Por ejemplo, Jesús no dijo que volvería a la Tierra durante la vida de los discípulos (en Mt 24:34). Nunca dijo: "Volveré durante su vida". Lo que él dijo fue "Les aseguro que no pasará esta generación hasta que todas estas cosas sucedan". Esta frase puede significar una de varias cosas diferentes. Para demostrar su punto, los críticos deben asumir que solo puede significar una cosa.

"Generación" en griego (genea) puede significar "raza". Una interpretación de la afirmación de Jesús es que la raza judía no desaparecerá hasta que todas las cosas se cumplan. Había muchas promesas a Israel, entre ellas la herencia eterna de la tierra de

Palestina (Gn 12, 14, 15, 17) y el reino davídico (2 S 7; Sal 89), pero la nación estaba a punto de ser destruida por los romanos. Jesús pudo estar prometiendo la preservación de la nación de Israel por parte de Dios para cumplir sus promesas. Pablo habla de un futuro de la nación de Israel cuando se reincorporen a las promesas del pacto de Dios (Ro 11:11-26). Y la respuesta de Jesús a la última pregunta de sus discípulos implicaba que aún habría un futuro reino para Israel, cuando ellos preguntaron, "Señor, ¿es ahora cuando vas a restablecer el reino a Israel?". En lugar de reprenderlos por su malentendido, respondió que "No les toca a ustedes conocer la hora ni el momento determinados por la autoridad misma del Padre" (Hechos 1:6-7). Es más, "generación" también podría referirse a una generación en un sentido común sobre las personas que estarán vivas en el momento indicado. En este caso, "generación" se referiría al grupo de personas que están vivas cuando estas cosas sucedan en el futuro. La generación que esté viva cuando estas cosas (la abominación de la desolación [v. 15], la gran tribulación [v. 21], y la señal del Hijo del Hombre en el cielo [v. 30]) empiecen a suceder, seguirá viva cuando estos juicios se completen. Puesto que se cree en general que la tribulación es un período de unos siete años (Dn 9:27; cf. Ap 11:2) al final de la era, entonces Jesús estaría diciendo que "esta generación" que estaba viva al principio de la tribulación seguirá estando viva al final de la misma.

En cualquier caso, no hay razón para asumir que Jesús realizó la evidente afirmación falsa de que el mundo llegaría a su fin en la vida de sus contemporáneos.

Resumen. La Biblia está llena de profecías predictivas específicas que se han cumplido literalmente. La Encyclopedia of Biblical Prophecy [Enciclopedia de la profecía bíblica] calculó que el 27 por ciento de toda la Biblia contiene profecías de predicción (Payne, pág. 675). Esto no es cierto para ningún otro libro en el mundo. Y es un signo seguro de su origen divino.

Fuentes
A. Y. Ali, *The Holy Qur'an* [El sagrado Corán].
G. T. B. Davis, *Fulfilled Propheces That Prove the Bible* [Profecías cumplidas que prueban la Biblia].
S. R. Driver y A. Naubauer, trans., *The Fifty-Third Chapter of Isaiah: According to the Jewish Interpreters* [El capítulo 53 de Isaías: Según los intérpretes judíos].
R. S. Foster, *The Supernatural Book* [El libro sobrenatural].
N. L. Geisler y A. Saleeb, *Answering Islam* [Respondiendo al islam].
H. Hoehner, *Chronological Aspects of the Life of Christ* [Aspectos cronológicos de la vida de Cristo].
W. Kaiser, *The Uses of the Old Testament in the New* [Los usos del Antiguo Testamento en el Nuevo].
A. Kole y A. *Janssen, Miracles or Magic?* [¿Milagros o magia?].
C. P. McIlvaine, *The Evidences of Christianity* [Las evidencias del cristianismo].
R. Newman, ed., *The Evidence of Prophecy* [La evidencia de la profecía].
J. B. Payne, *Encyclopedia of Biblical Prophecy* [Enciclopedia de la profecía bíblica].
B. Ramm, *Protestant Christian Evidences* [Evidencias cristianas protestantes].
H. J. Schonfield, *The Passover Plot* [El complot de la Pascua].
H. Spencer, *Islam and the Gospel of God* [El islam y el Evangelio de Dios].
P. Stoner, *Science Speaks* [La ciencia habla].

Puntos de coincidencia. El asunto sobre el punto en común es en gran parte un debate entre la apologética clásica y la apologética presuposicional de Van Tilian. La cuestión es si hay algún área de evidencia neutral o punto de partida donde los cristianos y los no cristianos puedan reunirse (ver Apologética histórica). Los presuposicionistas reveladores niegan que haya un terreno común al que ambas partes puedan conectarse para establecer la verdad del cristianismo. Cornelius *Van Til creía firmemente que los efectos noéticos del pecado viciaban tanto la comprensión humana que no hay una comprensión común de los hechos. No se puede construir un argumento apologético sobre los hechos de la experiencia o la historia aparte del sobrenatural trabajo del Espíritu Santo en el corazón y la mente (ver Espíritu Santo, Papel en la Apologética). La visión del mundo de uno debe ser presupuesta o planteada por un argumento trascendental para dar un marco interpretativo a los hechos evidentes.

Tanto los apologetas históricos como los clásicos rechazan este punto de vista, afirmando que hay puntos de partida en la razón (ver Fe y Razón; Lógica y Dios) a partir de los cuales se construye un caso para una visión del mundo teísta y cristiana (ver Dios, Evi-

Racionalismo. El racionalismo como filosofía enfatiza la razón como medio para determinar la verdad. La mente tiene autoridad sobre los sentidos, el a priori sobre el a posteriori. Los racionalistas suelen ser fundamentalistas (ver Fundacionalismo), que afirman que existen los primeros principios del conocimiento, sin los cuales no es posible el conocimiento. Para un racionalista, la razón arbitra la verdad, y la verdad es objetiva (ver Verdad, Naturaleza de la).

Aunque *Aristóteles (384-322 a. C.) creía que el conocimiento comenzaba en los sentidos, su énfasis en la razón y la lógica lo convirtió en el padre del racionalismo occidental. René *Descartes (1596-1650), Benedict *Spinoza (1632-77) y Gottfried *Leibniz (1646-1716) fueron los principales racionalistas modernos. La mayoría de las cosmovisiones tienen al menos un gran defensor racionalista. Leibniz abrazó *el teísmo. Spinoza se aferró al *panteísmo. Ayn Rand (1905-77) profesó *el ateísmo. La mayoría de los deístas (ver Deísmo) tenían alguna forma de racionalismo. Incluso el panteísmo está representado por fuertes defensores racionalistas, como Charles Hartshorne (n. 1897). *El godismo finito ha sido defendido racionalmente por John Stuart *Mill (1806-73) y otros.

La razón por la que varias cosmovisiones tienen todas formas de racionalismo es que el racionalismo es una epistemología, mientras que una cosmovisión es un aspecto de la metafísica. El racionalismo es un medio para discernir la verdad, y la mayoría de las visiones del mundo tienen exponentes que lo utilizan para determinar y defender la verdad tal como la ven.

Fuentes

T. Aquinas, *Summa Theologica* [Suma Teológica].
R. Descartes, *Meditations on First Philosophy* [Meditaciones Metafísicas].
J. Edwards, *The Mind* [La Mente].
N. L. Geisler and W. Corduan, *Philosophy of Religion* [Filosofía de la Religión].
G. Leibniz, *Discourse on Metaphysics* [Discurso de Metafísica].
A. Rand, *For the New Intellectual* [Para el Nuevo Intelectual].
B. Spinoza, *Ethics* [Ética].

Ramm, Bernard. El apologeta y filósofo cristiano Bernard Ramm (1916-92) nació en Butte, Montana. Ramm comenzó su carrera académica en 1943 en el Instituto Bíblico de Los Ángeles (ahora Universidad de Biola). Terminó su carrera en el American Baptist Seminary of the West (1959-74; 1978-86). Ramm fue autor de dieciocho libros y más de cien artículos y reseñas. Sus trabajos sobre apologética incluyen Problems in Christian Apologetics [Problemas en la Apologética Cristiana] (1949); Protestant Christian Evidences [Evidencias Cristianas Protestantes] (1953); The Christian View of Science and Scripture [La Visión Cristiana de la Ciencia y las Escrituras] (1954); "The Evidence of Prophecy and Miracles" en Revelation and the Bible ["La Evidencia de la Profecía y el Milagro" en Apocalipsis y la Biblia] (1958); Varieties of Christian Apologetics [Variedades de la Apologética Cristiana] (1962); y The Witness of the Spirit [El Testigo del Espíritu] (1959). The God Who Makes a Difference [El Dios que Hace la Diferencia] (1972) fue su principal obra apologética.

Enfoque apologético de Ramm. Aunque el enfoque anterior de Ramm enfatizó las evidencias del cristianismo, su punto de vista maduro era una forma de presuposicionalismo similar al de Edward John *Carnell. Su punto lógico de partida era similar al método científico.

Rechazo de los argumentos teístas. Como otros presuposicionalistas, Ramm rechazó los argumentos teístas tradicionales a favor de la existencia de Dios. Ofreció tres razones: Primero, Dios no puede ser conocido sin fe (Ramm, The Witness of the Spirit [El Testimonio del Espíritu], págs. 82-83). En segundo lugar, los efectos noéticos del pecado impiden que las pruebas teístas sean efectivas (Ramm, Protestant Christian Evidences [Las Evidencias Cristianas Protestantes], pág 29). En tercer lugar, tales pruebas son abstractas y no llegan al Dios de la revelación (ibid., pág. 41-42; cf. Carnell, Philosophy of the Christian Religion, [Una Filosofía de la Religión Cristiana] pág. 101-4).

Verificación de la presuposición. Según Ramm, hay tres círculos concéntricos de verificación. Estos representan tres etapas en la confirmación de la afirmación de la verdad cristiana.

Testigo interno. En el primer círculo de verificación, el pecador escucha el evangelio y es convencido de su verdad por el Espíritu Santo. La verificación primaria de la religión debe ser interna y espiritual, o la verificación se realiza mediante un proceso ajeno a la religión (ibid., pág. 44). Esta influencia persuasiva del Espíritu Santo es interna pero no subjetiva (ver Espíritu Santo, Papel en la Apologética).

La acción de Dios en la historia. Ramm afirmó que la función principal de las evidencias cristianas es proporcionar una recepción favorable para el evangelio. Estas evidencias no son el evangelio y no lo reemplazan. La acción de Dios en la historia, el segundo círculo, verifica que el Dios bíblico hace la diferencia y "entra en nuestro tiempo, nuestra historia, nuestro espacio, nuestro cosmos...Porque Dios hace esta diferencia, sabemos que estamos creyendo en la verdad y no en la ficción o la mera filosofía religiosa" (ibid., pág. 57). Por tanto, el cristianismo está confirmado por hechos objetivos. Los milagros y las profecías cumplidas proporcionan la mejor evidencia (ver Milagros, Valor Apologético de los; Profecía Como Prueba de la Biblia). "Los evidencialistas creen que las evidencias establecen el origen divino de la fe cristiana" (Ramm, The God Who Makes a Difference [El Dios que Marca la Diferencia], pág 55). Los eventos sobrenaturales validan lo teológico. La revelación es probada por la razón.

Adecuación de la cosmovisión. El cristianismo también se pone a prueba por su capacidad para proporcionar una visión sinóptica del mundo entero, la humanidad y Dios. El tercer círculo es que el cristianismo es verdadero porque sus principios tienen más sentido en la vida y en el mundo. Una *cosmovisión es "ese patrón o esa imagen que le atrae más, que le pone las cosas juntas de la manera más significativa" (ibid., pág. 60). "Una visión sinóptica responsable" debe haber tenido en cuenta los hechos, debe ser contrastable a partir de algún tipo de criterio, y debe ser internamente coherente (ibid., 67).

Fuentes

E. J. Carnell, *A Philosophy of the Christian Religion* [Una Filosofía de la Religión Cristiana].

N. L. Geisler, *Christian Apologetics* [Apologética Cristiana].

S. J. Grenz and R. E. Olson, *Twentieth-Century Theology* [La Teología del siglo XX].

G. Lewis, *Testing Christianity's Truth Claims* [Probando las afirmaciones de la verdad del cristianismo].

B. Ramm, *A Christian Appeal to Reason* [Una Apelación Cristiana a la Razón].

———, *The Christian View of Science and Scripture* [La Visión Cristiana de la Ciencia y las Escrituras].

———, *"The Evidence of Prophecy and Miracle"* [La Evidencia de la Profecía y el Milagro].

———, *The God Who Makes a Difference* [El Dios que hace la diferencia].

———, *Problems in Christian Apologetics* [Problemas en la Apologética Cristiana].

———, *Protestant Christian Evidences* [Las Evidencias Cristianas Protestantes].

———, *Varieties of Christian Apologetics* [Variedad de la Apologética Cristiana].

———, *The Witness of the Spirit* [El Testimonio del Espíritu].

Rand, Ayn. Ayn Rand (1905-77) fue una escritora e intelectual atea (ver Ateísmo). Nacida en Rusia y educada en la Universidad de Leningrado, Rand emigró a los Estados Unidos en 1926. Sus obras más importantes, escritas a finales de la década de 1950 y principios de la de 1960, incluyeron Atlas Shrugged, For the New Intellectual, Fountainhead, and The Virtue of Selfishness [La Rebelión de Atlas, Para el Nuevo Intelectual, El Manantial y La Virtud del Egoísmo] (1961).

Influencias en Rand. Rand era atea. Su filosofía, llamada objetivismo, combinaba elementos del racionalismo aristotélico (ver Aristóteles), el ateísmo nietzscheano (ver Nietzsche, Friedrich), el capitalismo de Adam Smith, el ilusionismo de Sigmund *Freud y el egoísmo hedonista. Ella colmó sus novelas con hombres y mujeres heroicas que, con su valentía e independencia, cambiaron la faz de la tierra.

Creencias de Rand. Rand creó su propia forma única de capitalismo ateo optimista y egocéntrico. Ella escribió: "Elevo a este dios sobre la tierra, este dios que los hombres han buscado desde que los hombres nacieron, este dios que les concederá alegría, paz y orgullo. Este dios, esta única palabra: Yo" (Rand, For the New Intellectual [Para el Nuevo Intelectual], pág. 65).

Con Sigmund Freud, ella vio la fe en Dios como una ilusión: "Y ese es todo su secreto mezquino", escribió. "El secreto son todas sus filosofías esotéricas, todas sus dialécticas y super sentidos…es fundamentar sobre esa niebla plástica un único absoluto santo: su Deseo" (ibid., pág. 149). Rand corrige a todos los creyentes que "esos deseos irracionales que te atraen a su credo, esas emociones que adoras como un ídolo, en cuyo altar sacrificas la tierra, esa pasión oscura e incoherente dentro de ti, que tomas como la voz de Dios o de tus glándulas, no es más que el cadáver de tu mente" (ibid., pág. 151).

Evaluación. Algunas de las dificultades con la filosofía de Rand pueden observarse en artículos como Ateísmo; Evolución, Biológica; Freud, Sigmund; Humanismo, Secular; Moralidad, Naturaleza Absoluta de. Sobre la insuficiencia del naturalismo, ver Milagros, Argumentos contra los.

Fuentes

B. Branden, *The Passion of Ayn Rand* [La Pasión de Ayn Rand].

N. L. Geisler, *Ethics, chap. 8* [Ética capítulo 8].

N. L. Geisler and W. Corduan, *Philosophy of Religion* [Filosofía de la Religión].

A. Rand. *Atlas Shrugged* [La Rebelión de Atlas].

———, *For the New Intellectual* [Para el Nuevo Intelectual].

———, *The Virtue of Selfishness* [La Virtud del Egoísmo].

Razón suficiente, Principio de. El principio de razón suficiente surge del *racionalismo moderno, particularmente tal como lo desarrolló Gottfried *Leibniz (1646-1716). Fue desarrollado por Christian Wolfe y aceptado originalmente por Immanuel *Kant (1724-1804), aunque Kant posteriormente rechazó su valor metafísico, ya que creía que conducía a contradicciones y *agnosticismo.

El principio afirma que "todo tiene una razón suficiente, ya sea en otro o en sí mismo". Es decir, o hay una razón suficiente fuera de todo, o bien es su propia razón suficiente. Leibniz creía que, dado que el mundo era contingente, tenía una razón suficiente fuera de sí mismo (en Dios). Y la razón suficiente de Dios está dentro de él.

Dado que "razón" para el mundo significa "fundamento" o "causa", el principio de razón suficiente significa que todo lo que existe tiene una causa, ya sea fuera de sí mismo o dentro de sí mismo. No hizo falta mucho tiempo para que agnósticos filosóficos (ver Agnosticismo) M, como Kant, o ateos, como Arthur *Schopenhauer (1788-1860), se dieran cuenta de que esto conduce a una regresión infinita (ver Serie

Infinita) o a un ser auto causado, que es imposible. Si literalmente todo tiene una causa, o la serie de causas nunca termina, o termina en un ser que causó su propio ser. Dado que nada puede levantarse del no ser ontológico, el concepto mismo de Dios es contradictorio. Dios no podría existir.

Muchos críticos del *teísmo racional creen que el principio de razón suficiente marca el final de todos los argumentos teístas (ver Dios, Evidencia a Favor de; Dios, Objeciones a las pruebas de) que usan cualquier premisa causal (ver Argumento Cosmológico). Este no es el caso. Existe una gran diferencia entre los principios de razón suficiente y causa. Las críticas de razón suficiente no se aplican al principio de causalidad (ver Causalidad, Principio de). Este último fue sostenido por *Tomás de Aquino, quien nunca se refirió a ningún principio de razón suficiente, aunque algunos filósofos escolásticos posteriores a Leibniz lo aceptaron por error (ver Gurr). Los dos principios son:

Principio de causalidad	Principio de razón suficiente
Todas las cosas necesitan una causa	Las cosas contingentes necesitan una causa
Dios es el Ser Supremo	Dios es la Razón Suprema
Dios es un Ser sin Causa	Dios es un Ser Autocausado

El principio de razón suficiente conduce a una contradicción. El principio de causalidad no lo hace. El principio de Leibniz conduce lógicamente al ateísmo moderno. El principio de Aquino conduce al teísmo. El Dios del principio de razón suficiente es un Dios de la razón, no la realidad. El Dios del principio existencial de causalidad conduce a un Dios que existe y, de hecho, es la existencia misma (ver God, Nature of [Dios, Naturaleza de]). No es más incoherente tener un Dios sin causa que para los ateos afirmar que hay un universo sin causa. Tampoco existe una contradicción lógica inherente en el concepto de un Ser que simplemente es y siempre ha sido.

Fuentes

T. Aquinas, *Summa Theologica* [Summa Teológica].

N. L. Geisler and W. Corduan, *Philosophy of Religion* [Filosofía de la Religión].

J. E. Gurr, *The Principle of Sufficient Reason in Some Scholastic Systems, 1750-1900* [El Principio de Razón Suficiente en Algunos Sistemas Escolásticos, 1750 - 1900].

I. Kant, *Critique of Pure Reason* [Crítica de la Razón Pura].

G. Leibniz, *Discourse on Metaphysics* [Discurso Sobre Metafísica].

———, *The Monadology* [La Monadología]

Realismo. El realismo es la opinión de que existe una realidad externa a nuestras mentes que podemos conocer (ver Epistemología). A este punto de vista se opone el escepticismo, el *agnosticismo y el solipsismo. Los realistas cristianos creen que existe un Espíritu infinito (Dios) y un mundo real y finito compuesto por espíritus (ángeles) y seres humanos. A diferencia de los dualistas, los realistas creen que todos los seres finitos son creados y no eternos. Al contrario de los idealistas (por ejemplo, George *Berkeley), creen que existe un mundo material real, extramental.

Los realistas también creen que existe una correspondencia entre el pensamiento y la cosa, entre la mente y la realidad (ver Verdad, Naturaleza de la). Para los realistas clásicos, como *Aristóteles y *Tomás de Aquino, esta correspondencia es posible gracias a *los primeros principios del conocimiento. Desde Immanuel *Kant, se ha acostumbrado a distinguir el realismo crítico del realismo clásico. El primero comienza con la premisa de que conocemos el mundo real, y el segundo siente la obligación de demostrar que es así. Para decirlo de otra manera, el realista post-kantiano ve la necesidad de abordar el agnosticismo de Kant*, ya que los kantianos no creen que podamos conocer la realidad.

Conocimiento de la realidad. Lo que está en cuestión es si nuestros pensamientos corresponden al mundo real. O, más básicamente, si los principios por los que conocemos se adaptan a la realidad. Sin tales principios de conocimiento, los realistas clásicos creen que nuestro conocimiento del mundo real es imposible. Aristóteles y Aquino, por ejemplo, sostuvieron que existen primeros principios innegables por los cuales se puede conocer el mundo real.

Los realistas clásicos creen que los primeros principios son evidentes. Es decir, una vez que se conocen los términos, una mente racional tiene claro que son verdaderos. Por ejemplo, una vez que sabemos lo que significa esposa y lo que significa mujer casada, es evidente que "todas las esposas son mujeres casadas". Sin embargo, para los realistas clásicos como Tomás de Aquino, evidente por sí mismo no significa necesariamente a priori o independiente de la experiencia. Para los realistas, los primeros principios se conocen porque la mente conoce la realidad. De hecho, estos principios epistemológicos tienen una base ontológica en la realidad.

Sin esos principios válidos para conocer la realidad, es imposible conocer realmente. Debe haber una relación entre el pensamiento y la cosa, entre los principios del conocimiento y el objeto del conocimiento. Pero ¿qué es y cómo se puede establecer? Este es el problema crítico para un realista crítico. Por tanto, los realistas rechazan tanto el escepticismo como el *agnosticismo.

Fuentes

T. Aquinas, *Summa Theologica* [Suma Teológica].

R. Flint, *Agnosticism* [Agnosticismo].

R. Garrigou-Lagrange, God [Dios].

N. L. Geisler, *Christian Apologetics* [Apologetica cristiana].

N. L. Geisler and W. Corduan, *Philosophy of Religion* [La Filosofía de la Religión].

E. Gilson, *The Unity of Philosophical Experience* [La Unidad de la Experiencia Filosófica].

D. Hume, *The Letters of David Hume* [Carta de David Hume].

A. Mahan, *The System of Mental Philosophy* [El Sistema de la Filosofía Mental].

J. Maritain, *Existence and the Existent* [Existencia y de lo Existente].

E. L. Mascall, *Existence and Analogy* [Existencia y Analogía].

W. Montague, *The Ways of Knowing* [Los Caminos del Conocimiento].

L. M. Regis, *Epistemology* [Epistomología].

T. Reid, *An Inquiry into the Human Mind* [Investigación de la Mente Humana].

S. Hackett, *The Resurrection of Theism, part 1* [La Resurrección del Teísmo].

Reductio ad Absurdum. Este procedimiento se refiere a un argumento basado en la lógica que reduce los puntos de vista opuestos al absurdo al mostrar que dos o más de sus premisas centrales, o las que se siguen lógicamente de ellas, son lógicamente contradictorias (ver Lógica y Dios). Un sistema de apologética cristiana, el presuposicionalismo racional de Gordon H. *Clark, depende enteramente de este tipo de argumento (ver Apologética Presuposicional).

Reencarnación. Reencarnación significa literalmente "volver en la carne". Esto no debe confundirse con la "encarnación" de Cristo, como cuando vino "en la carne" de una vez por todas (1 Juan 4: 1-2) (ver Cristo, Divinidad de). La reencarnación significa que después de la muerte el alma humana se adhiere a otro cuerpo y vuelve a vivir otra vida.

Hay muchas formas de reencarnación. Los más comunes provienen del *hinduismo y budismo (ver Budismo Zen) y se basan en la inexorable ley del karma. Según la ley del karma, lo que se siembra en esta vida se cosecha en la siguiente. Cada acción en esta vida tiene una reacción o consecuencia en esta vida o en la siguiente.

Los Ciclos de la vida. Popularidad de la Reencarnación. La reencarnación no es sólo la creencia dominante en las religiones orientales, sino que también ha ganado una creciente popularidad en el mundo occidental. No obstante, la Biblia y la fe cristiana ortodoxa rechazan la reencarnación.

Fuente de la doctrina. La reencarnación tiene una larga historia. Muchos creen que la fuente original de la doctrina parece ser los Vedas hindúes (Escrituras). Las formas budista, jainista y sikh (ver Sijismo) parecen haberse derivado de estas, al igual que las enseñanzas de la meditación trascendental y Hare Krishna. Algunas formas occidentales pueden haber surgido de la filosofía griega sin influencia directa de la enseñanza hindú, comenzando con los pitagóricos. El psíquico Edgar Cayce y los seguidores del movimiento teosófico de finales del siglo XVIII, incluida la escritora Helena Blavatsky, fueron maestros influyentes sobre vidas múltiples. Varios teólogos cristianos han intentado armonizar formas de reencarnación con el cristianismo, entre ellos Geddes MacGregor y John *Hick.

Tipos de reencarnación. Filosóficamente, la reencarnación está envuelta en religiones orientales como el hinduismo, el budismo y el taoísmo. Es fuertemente rechazado por el islam, el judaísmo y el cristianismo. Pero nunca se limitó a Oriente. Algunos de los primeros filósofos occidentales también creían que el alma vive de diferentes formas. Pitágoras (aprox. 580 - aprox. 500 AC), *Platón (428-348 AC) y *Plotinus (205-270) todos creían que el espíritu o alma era eterno y no podía ser destruido (ver Inmortalidad).

Otras formas de la doctrina de la reencarnación difieren con respecto a lo que sucede en el momento de la muerte y la naturaleza del estado último de moksha, pero se mantiene el patrón general. Los budistas dicen que el alma inconsciente (vinnana) continúa, pero el yo (intelecto, emociones y conciencia) se borra al morir. Su karma permanece en el ciclo de renacimiento llamado samsara. Hay cuatro interpretaciones del estado final en el budismo, el nirvana, que se alcanza por la gracia de Buda. El jainismo y el sijismo siguen los mismos patrones que el hinduismo personal e impersonal, respectivamente.

La mayoría de las formas cristianas poco ortodoxas de reencarnación no difieren en su concepto básico, pero están influenciadas por otros factores. Más importante aún, durante la existencia humana, se toma una decisión sobre si aceptar o rechazar a Cristo. En el modelo más simple, quienes aceptan a Cristo van a estar con Dios, mientras que quienes lo rechazan se reencarnan. El ciclo continuará hasta que todos reconozcan a Cristo. De esta manera, todos eventualmente se salvarán (ver Universalismo). Algunas teorías cristianas de la reencarnación proporcionan el máximo castigo para aquellos que son causas perdidas. En opinión de MacGregor, el castigo es la aniquilación (ver Aniquilacionismo). La teoría de Hick es algo novedosa en el sentido de que supone que los humanos reencarnaron en vidas en otros planetas.

Razón para creer. Se dan varias razones para justificar la creencia en la reencarnación. Tres de las razones más básicas son la creencia en un alma inmortal, la evidencia psicológica de vidas pasadas y el argumento de la justicia a través de la reencarnación.

Inmortalidad del alma. La principal razón de Platón para creer en la transmigración de las almas (otro nombre para las almas que van a un cuerpo diferente) era que consideraba que la parte inmaterial de cada ser humano no era creada e indestructible. Existió antes de que naciéramos y continúa existiendo después de nuestra muerte. Nada, ni bueno ni malo, puede corromperlo. Si ese es el caso, entonces, los reencarnacionistas argumentan que es probable que aparezca en el mundo en diferentes cuerpos en distintos momentos. Esto es parte de su proceso de perfeccionamiento. De la misma manera, las filosofías panteístas asumen que todo es eterno y divino, por lo que el alma es igualmente incorruptible.

Evidencias psicológicas. Ian Stevenson, parapsicólogo e investigador del recuerdo de vidas pasadas, ha dicho que "la idea de la reencarnación puede contribuir a una mejor comprensión de temas tan diversos como: fobias y filias de la infancia; habilidades no aprendidas en la vida temprana; anomalías de las relaciones entre padres e hijos; venganzas y nacionalismo belicoso; confusión de identidad de género y sexualidad infantil; marcas de nacimiento, deformidades congénitas y enfermedades internas; diferencias entre miembros de pares de gemelos monocigóticos; y apetitos anormales durante el embarazo" (Stevenson, pág. 305).

La regresión a vidas pasadas, a través de la hipnosis u otros estados de conciencia alterados, ha sido útil para algunos para explicar sentimientos que el paciente no puede explicar o superar. Al encontrar algo de experiencia en una vida pasada, muchos se han liberado de sentimientos de miedo, depresión o indeseados. Aunque muchos psicólogos e hipnotizadores que trabajan con el recuerdo de vidas pasadas no creen realmente que los eventos relatados por sus pacientes sean reales, lo usan porque funciona. Como dijo un terapeuta: "No importa si es real o imaginario si ayuda a alguien a darle sentido a su vida [...] Si funciona, ¿a quién le importa?" (Boeth, H3).

Necesidad de justicia. Para muchos, la idea de tener más de una oportunidad en la vida parece ser la solución más equitativa. El karma es justo. Si haces cosas malas, pagas el precio; si haces el bien, obtienes una recompensa. El castigo es proporcional a lo malo que es tu karma, no todo o nada. La idea de condenar a alguien a un infierno eterno* por una cantidad finita de pecado suena demasiado dura. Además, el sufrimiento en esta vida puede justificarse si realmente es un resultado del karma de vidas pasadas. Esta explicación elimina la necesidad de responsabilizar a Dios por el sufrimiento. Todo sufrimiento puede explicarse como el resultado justo de las malas acciones realizadas en encarnaciones anteriores.

Como observa Quincy Howe, "Uno de los aspectos más atractivos de la reencarnación es que elimina por completo la posibilidad de condenación" (Howe, pág. 51). La doctrina del castigo eterno parece totalmente incompatible con el amor de Dios para muchas personas. La reencarnación sugiere una forma en la que Dios puede castigar el pecado (a través de la ley del karma), exigir fe en Cristo (durante al menos una vida) y, en última instancia, salvar a todos. Alguien que rechaza a Cristo tiene más oportunidades. Esto incluso protege la libertad humana, porque Dios no obliga a nadie a creer; simplemente les da más tiempo para ejercer su libertad. El progreso moral y el crecimiento espiritual también pueden ocurrir durante vidas sucesivas, lo que permitirá a las personas comprender mejor el amor de Dios. Algunos piensan que la perfección moral no se puede alcanzar sin la reencarnación.

Finalmente, se argumenta que la reencarnación es sólo porque hace de la salvación un asunto personal entre el individuo y Dios. En lugar de lidiar con problemas de culpa imputada por el pecado de Adán o de ser considerados justos por la fe, todos son responsables de cuidar su propio karma. Howe, argumentando que el castigo por un sustituto ya no es válido, dice: "El hombre mismo debe hacer las paces con Dios" (ibid., pág. 107). MacGregor dice: "Mi karma es particular para mí. Es mi problema y el triunfo sobre él es mi triunfo". Esto elimina la injusticia de ser castigado de alguna manera por el pecado de Adán y la injusticia de que Cristo muera por pecados que no cometió. En cambio, la muerte de Jesús se convierte en nuestra inspiración, "el catalizador perfecto" para trabajar en nuestra salvación y asegurarnos que estamos en la luz inagotable del amor de Dios. Murió como nuestro ejemplo, no como nuestro sustituto. De esta manera, la reencarnación satisface la justicia.

Evaluación. Respuesta a los Argumentos. Los argumentos a favor de la reencarnación carecen de fundamento real. En el mejor de los casos, muestran solo la posibilidad de la reencarnación, no su realidad.

La Inmortalidad no prueba la reencarnación. Incluso si uno pudiera demostrar la inmortalidad del alma sobre bases puramente racionales, no probaría la reencarnación. El alma podría sobrevivir para siempre en una forma incorpórea. O el alma podría reunirse una vez con su cuerpo en un cuerpo de resurrección inmortal permanente, como creen los judíos ortodoxos, musulmanes y cristianos.

Los "recuerdos" de vidas pasadas no son prueba de la reencarnación. Hay otras formas de explicar los llamados recuerdos o vidas pasadas. Primero, pueden ser recuerdos falsos. Se ha demostrado que muchos otros de los llamados recuerdos son falsos. Algunas personas han "recordado" cosas que se demostró empíricamente que no sucedieron. Muchas personas se han recuperado del síndrome de la memoria falsa. En segundo lugar, estos llamados recuerdos de vidas anteriores son más abundantes entre quienes se han criado en culturas o contextos en los que estuvieron expuestos a la enseñanza de la reencarnación. Esto sugiere que recibieron estas ideas cuando eran jóvenes y luego las revivieron de su banco de memoria. En tercer lugar, hay casos notables, como el de Bridie Murphy, en el que los supuestos recuerdos de vidas pasadas resultaron no ser más que historias que su abuela le leía cuando era pequeña. Otros recuerdos falsos han sido implantados mediante hipnosis (el poder de la sugestión) o terapia de imágenes guiadas durante las sesiones de asesoramiento o enseñanza. El síndrome de la memoria falsa es reconocido por los psicólogos en la actualidad.

La reencarnación no resuelve el problema de la justicia. En lugar de resolver el problema del sufrimiento injusto, la reencarnación simplemente dice que es solo después de todo. Los inocentes no son realmente inocentes porque el karma de sus vidas pasadas les está causando sufrimiento. Los reencarnacionistas se quejan de que un cristiano que se enfrenta a la afligida madre de un niño moribundo de cuatro meses solo puede decir: "No sé". Pero la ley del karma puede darle una respuesta: "Tu ángel dulce e inocente se está muriendo porque en una encarnación anterior ella era una escoria". Ésta no es una solución al problema; es simplemente una alteración de esta. No lidia con la dificultad; lo descarta.

¿Es realmente justo que Dios castigue a los niños por los pecados que ni siquiera recuerdan haber cometido? Parece moralmente repugnante y terriblemente injusto juzgar a alguien que ni siquiera sabe cuál fue su crimen. Además de esto, al hacer retroceder la culpa una vida, uno comienza una regresión infinita de explicaciones que nunca se resolverán con una explicación. Si el sufrimiento de cada vida depende de los pecados de una vida anterior, ¿cómo empezó todo?

Si hubo una primera vida, ¿de dónde vino la deuda kármica para explicar el sufrimiento en esa vida? ¿Es el mal un principio eterno junto a Dios? No puedes seguir marchando hacia atrás para siempre para resolver el problema del mal. La ley del karma no resuelve el conflicto. Simplemente empuja el problema a vidas anteriores sin llegar a una solución.

Uno tiene la impresión, y algunos argumentan que el karma es lo mismo que la ley bíblica: un código moral rígido y universal. Sin embargo, el karma no es una prescripción moral. Es únicamente un sistema de retribución; no tiene ningún contenido para decirnos qué hacer. Es una ley inmoral e impersonal de relaciones acto-consecuencia. Incluso las comparaciones con la relación acto-consecuencia en Proverbios no reconocen que el Antiguo Testamento los presenta como principios generales, no como sanciones absolutas e inquebrantables de retribución. De hecho, la ley no era tan inalterable como el karma, era parte de una ley superior de perdón y gracia. La comparación no es válida.

Argumentos en contra de la reencarnación. No solo los argumentos a favor de la reencarnación no prueban que sea así, sino que hay argumentos en contra de la reencarnación. Se pueden resumir varios de los más importantes.

El argumento moral. En los sistemas panteístas, no existe una fuente para los estándares morales que impone el karma (ver Panteísmo). ¿Por qué castigar a la gente por algún mal si no existe un estándar moral del bien y del mal? Para el panteísmo, no existe una diferencia fundamental entre el bien y el mal. El karma no es una ley moral. En cuanto a la moral, todo es relativo. Allan Watts, portavoz del budismo zen, ha escrito: "El budismo no comparte la visión occidental de que existe una ley moral, impuesta por Dios o por la naturaleza, que es el deber del hombre obedecer. Los preceptos de conducta del Buda (abstinencia de quitar la vida, tomar lo que no se da, explotación de las pasiones, mentir y embriagarse) son reglas de conveniencia asumidas voluntariamente" (Watts, pág. 52).

Este relativismo plantea problemas reales para la reencarnación. El relativismo es una posición imposible de sostener en ética. No se puede decir: "El relativismo es cierto" o incluso "El relativismo es mejor que el absolutismo", porque estas declaraciones asumen un valor absoluto que contradice el relativismo. Como explica C. S. *Lewis:

> En el momento en que dice que un conjunto de ideas morales puede ser mejor que otro, de hecho, las está midiendo con un estándar, diciendo que una de ellas se ajusta a ese estándar más cerca que la otra. Pero el estándar que mide las dos cosas es algo diferente de [...] De hecho, las estás comparando con algo de Moralidad real, admitiendo que existe el Derecho real, independientemente de lo que la gente piense, y que algunas de las ideas de las personas se acercan más a ese Derecho real que otras. (Lewis, pág. 25)

Para decir que el relativismo tiene razón, hay que asumir que existe algún Derecho absoluto, lo cual es imposible en el relativismo. A menos que algo sea absolutamente correcto, nada puede ser realmente correcto; y si nada está bien (o mal), entonces el karma no tiene por qué castigar a nadie por ello (ver Moralidad, Naturaleza Absoluta de la).

El argumento humanitario. La reencarnación es, en última instancia, antihumanitaria. No genera compasión social. Cualquiera que ayude a miles de personas pobres, lisiadas, mutiladas, sin hogar y hambrientas en las calles de la India está trabajando contra la ley del karma. La gente sufre para saldar su deuda kármica y, si les ayudas, tendrán que volver y sufrir aún más para saldar esa deuda. Según la creencia tradicional hindú, cualquiera que ayude al sufrimiento no aumenta su karma, sino el de uno mismo. La compasión social que existe en la India es el resultado de una influencia no hindú, en gran parte cristiana. El hinduismo no produjo a la Madre Teresa.

El argumento psicológico. La reencarnación depende de la premisa de que un individuo tenía un sentido de autoconciencia altamente desarrollado antes del nacimiento, a fin de recibir y almacenar información para recordarla más tarde. Es un hecho científico que esta habilidad no se desarrolla hasta los dieciocho meses de edad. Por eso no recordamos cuando teníamos un año. Afirmar que todo ser humano de alguna manera "olvida" misteriosamente su conciencia pasada altamente desarrollada y que la mayoría nunca la recupera, a menos que estén entrenados e "iluminados" para hacerlo, es muy inverosímil. La hipótesis carece de fundamento y es enteramente Deus ex machina.

El argumento científico. Científicamente, sabemos que la vida de un individuo comienza en la concepción, cuando los veintitrés cromosomas de un espermatozoide masculino se unen con los veintitrés cromosomas de un óvulo femenino y forman un cigoto humano de cuarenta y seis cromosomas. En ese momento comienza una nueva y única vida humana. Tiene vida (alma) y cuerpo. Es un ser humano individual único. No existía antes. Afirmar que su alma (vida) existió en un cuerpo anterior no tiene base científica. La evidencia científica apunta a la concepción humana como el punto de origen de un ser humano individual.

El argumento social. Si la reencarnación fuera correcta, la sociedad debería estar mejorando. Después de todo, si hemos tenido cientos, incluso miles, de oportunidades de mejorar durante millones de años, entonces debería haber alguna evidencia de ello. No hay evidencia de que se esté logrando tal progreso moral. Todo lo que hemos mejorado son los medios por los cuales podemos manifestar odio, crueldad, racismo y barbarie hacia otros seres humanos. Incluso un optimista realista que espera un día mejor debe reconocer que no hay evidencia indiscutible de que se haya producido una mejora moral significativa durante los miles de años que conocemos.

El problema del mal y la regresión infinita. Si el sufrimiento en esta vida siempre es el resultado del mal hecho en una vida anterior, entonces tendría que haber una regresión infinita de vidas anteriores. Pero una regresión infinita en el tiempo no es posible, ya que si hubiera un número infinito de momentos antes de hoy, hoy nunca habría llegado. Pero hoy ha llegado (ver KALAM, Argumento Cosmológico). Por lo tanto, no hubo un número infinito de vidas anteriores como parece implicar la reencarnación tradicional.

Por otro lado, si no hubo un número infinito de vidas antes de esta, entonces debe haber habido una primera vida en la que una encarnación anterior no fue la causa de su maldad. Pero esto es lo que sostiene el *teísmo, es decir, que el mal se originó debido a la libre elección de un individuo en esa primera vida (por ejemplo, Lucifer entre los ángeles y Adán el primer humano) (ver Mal, Problema del).

El problema del tiempo infinito y la falta de perfección. Incluso en la suposición del reencarnacionista de que ha pasado una cantidad infinita de tiempo antes de hoy, su punto de vista se enfrenta a otro problema grave. En una cantidad infinita de momentos, hay tiempo más que suficiente para lograr la perfección de todas las almas, para lo cual está diseñada la reencarnación. En resumen, todas las almas deberían haber recibido la unidad con Dios ahora, si hubiera habido una cantidad infinita de tiempo para hacerlo. Pero no lo han hecho. Por tanto, la reencarnación ha fracasado como solución al problema del mal.

Argumentos bíblicos. Los seres humanos son creados. La doctrina de la creación, es fundamental para todas las razones bíblicas para rechazar la reencarnación. La Biblia es la Palabra inspirada de Dios (ver Biblia, Evidencias a favor de la). Como tal, tiene autoridad divina en todo lo que enseña. Según la Biblia, los seres humanos fueron creados (Gén 1:27). Dios es eterno (1 Ti 6:16). Todas las demás cosas fueron creadas por él (Juan 1: 3; Col 1:15 16). Todo lo demás existe solo porque Dios lo trajo a la existencia de la nada (ver Creación, Puntos de Vista de la). Esto no solo fue cierto de Adán y Eva, los primeros seres humanos, sino de todos los demás seres humanos después de ellos (Gén 5: 3; Sal. 139: 13-16; Eclesiastés 7:29). Todos los humanos, desde Adán, comienzan en la concepción (Sal 51: 5; Mat 1:20). Siendo este el caso, no puede haber una existencia preencarnada de nuestras almas.

El estado intermedio es incorpóreo. Las Escrituras enseñan que, al morir, el alma deja el cuerpo y entra en el mundo espiritual donde espera la resurrección. El apóstol Pablo escribió: "Así que nos mantenemos confiados, y preferiríamos ausentarnos de este cuerpo y vivir junto al Señor" (2 Cor 5: 8). En segundo lugar, al contemplar la muerte, Pablo agregó: "Me siento presionado por dos posibilidades: deseo partir y estar con Cristo, que es muchísimo mejor". (Fil 1:23). Las "almas" de los que acababan de ser martirizados estaban conscientes en el cielo. "Cuando el Cordero rompió el quinto sello, vi debajo del altar las almas de los que habían sufrido el martirio por causa de la palabra de Dios y por mantenerse fieles en su testimonio". (Apocalipsis 6: 9). Jesús le prometió al ladrón arrepentido en la cruz consciente ese mismo día de su muerte, diciendo: "Te aseguro que hoy estarás conmigo en el paraíso, le contestó Jesús". (Lucas 23:43). Incluso Moisés y Elías, que habían estado muertos durante siglos, conversaban conscientemente sobre la muerte de Cristo en el monte de la Transfiguración (Mat 17: 3). Incluso las almas desencarnadas de los perdidos están conscientes. Porque la bestia y el falso profeta que fueron arrojados vivos al lago de fuego (Apocalipsis 19:20) todavía estaban conscientes "mil años" después (Apocalipsis 20:10). No hay el más mínimo indicio en ninguna parte de las Escrituras de que el alma después de la muerte pasa a otro cuerpo, como afirman los reencarnacionistas. Simplemente entra en el mundo espiritual para esperar la resurrección.

El estado después de la desencarnación es resurrección. La reencarnación es la creencia de que, después de la muerte, el alma pasa a otro cuerpo. Por el contrario, la Biblia declara que, después de la muerte, el mismo cuerpo físico se vuelve incorruptible en la resurrección (ver Resurrección, Evidencias a favor de la). Más que una serie de cuerpos que mueren, la resurrección da vida para siempre al mismo cuerpo que murió. En lugar de ver la personalidad como un alma en un cuerpo, la resurrección ve a cada ser humano como una unidad alma-cuerpo. Mientras que la reencarnación es un proceso de perfección, la resurrección es un estado perfeccionado. La reencarnación es un estado intermedio, mientras que el alma anhela desencarnar y absorberse en Dios. La resurrección es un estado supremo en el que toda persona, cuerpo y alma, disfruta de la bondad de Dios.

Las diferencias entre resurrección y reencarnación son las siguientes:

Resurrección	Reencarnación
Sucede una vez	Sucede muchas veces
En el mismo cuerpo	En un cuerpo diferente
En un cuerpo inmortal	En un cuerpo mortal

Entonces, hay una gran diferencia entre la doctrina cristiana de la resurrección y la doctrina de la reencarnación. La enseñanza bíblica de la resurrección (por ejemplo, en Juan 5: 28-29; 1 Cor 15; Apocalipsis 20: 4-15), por lo tanto, es contraria a la doctrina de la reencarnación.

Los humanos mueren solo una vez. Según las Escrituras, los seres humanos mueren solo una vez, seguida del juicio. Porque "Y así como está establecido que los seres humanos mueran una sola vez, y después venga el juicio" (Heb 9:27). Nacemos una vez, vivimos una vez y morimos una vez. Pero según la reencarnación, vivimos muchas veces. Nacemos y renacemos una y otra vez. El apologista hindú Sarvepail Radhakrishnan reconoció que este verso marcaba la diferencia definitiva entre el cristianismo y el hinduismo. Escribió: "Hay una diferencia fundamental entre el cristianismo y el hinduismo; se dice que consiste en esto: que mientras el hindú de cualquier escuela a la que pertenezca cree en una sucesión de vidas, el cristiano cree que 'está designado a los hombres morir una vez, pero después de esto el juicio'" (Radhakrishnan, 14, 118).

El juicio es definitivo. Los seres humanos no solo viven y mueren una vez, seguida del juicio, sino que el juicio es definitivo (ver Infierno). Una vez que uno va a su destino, hay un "gran abismo fijo" que nadie puede cruzar (Lucas 16:26). De hecho, el juicio se describe como "destrucción eterna" (2 Tes 1: 9) y "fuego eterno" (Mateo 25:41). Si dura para siempre, entonces no hay posibilidad de reencarnación en otro cuerpo. Hay resurrección en el propio cuerpo, que recibe el juicio final de salvación o de condenación (Juan 5: 28-29).

Jesús rechazó la reencarnación. Cuando se le preguntó si el pecado de un hombre antes de nacer era la causa de su ceguera, Jesús respondió: "Ni él pecó, ni sus padres, respondió Jesús, sino que esto sucedió para que la obra de Dios se hiciera evidente en su vida". (Juan 9:3). Si bien esto es probablemente una referencia a la falsa creencia judía de que uno podría pecar en el útero antes del nacimiento, produciendo así una deformidad física, la respuesta de Jesús excluye cualquier creencia en los pecados y karma previos al nacimiento. En otro lugar, Jesús dejó en claro que la suerte de una persona en la vida no se debe necesariamente al pecado (Lucas 13: 4-5). Esto es cierto ya sea que uno se refiera a la vida temprana, la vida prenatal o la supuesta vida preencarnada.

La gracia es contraria a la reencarnación. La reencarnación se basa en la doctrina del karma, que dicta que todo lo que se siembra en esta vida, se cosecha en la próxima. El karma es una ley inexorable, sin excepciones. Los pecados no se pueden perdonar; deben ser castigados. Si uno no recibe lo que le corresponde en esta vida, debe obtenerlo en la próxima.

Pero según el cristianismo, el perdón es posible. Jesús perdonó a sus enemigos que lo crucificaron (Lucas 24:34). Los cristianos deben perdonar como Cristo nos perdonó (Col 3:13). El perdón es contrario a la doctrina del karma y hace que la reencarnación sea completamente innecesaria. La salvación es un "regalo" (Juan 4:10; Rom 3:24; 5: 15-17; 6:23; 2 Cor 9:15; Ef. 2: 8; Heb 6: 4) que se recibe por fe. En lugar de trabajar para merecer el favor de Dios, el creyente recibe gracia o favor inmerecido y es declarado justo. La justicia de Dios está satisfecha porque Jesús fue castigado por los pecados del mundo entero en su muerte. Nuestros pecados no fueron simplemente ignorados o escondidos bajo la alfombra. Jesús pagó (Rom 3:25; Heb 2:17; 1 Juan 2: 2; 4:10) la demanda de justicia de Dios al llevar nuestra culpa como nuestro sustituto. Esta pena pagada por Cristo es contraria a la doctrina kármica y golpea el corazón de la necesidad de la reencarnación.

Resumen. La doctrina de la reencarnación, basada en el karma, no tiene evidencia objetiva. Es contrario al sentido común, la ciencia, la sólida psicología del desarrollo humano y la moralidad. Además, se opone a la clara enseñanza de las Escrituras. Por tanto, a pesar de su popularidad, incluso en Occidente, carece de fundamento racional y probatorio.

Fuentes

M. Albrecht, *Reincarnation* [Reencarnación]

K. Anderson, *Life, Death, and Beyond* [Vida, Muerte y Más allá].

J. Boeth, *"In Search of Past Lives"* [En Búsqueda de Vidas Pasadas].

W. De Arteaga, *Past Life Visions* [Visiones de Vidas Pasadas].

L. De Silva, *Reincarnation in Buddhist and Christian Thought* [La Reencarnación en el Pensamiento Budista y Cristiano].

N. L. Geisler and J. Y. *Amano, The Reincarnation Sensation* [La Sensación de la Reencarnación].

S. Hackett, *Oriental Philosophy* [Filosofía Oriental].

J. Hick, *Death and Eternal Life* [Muerte y Vida Eterna].

———, *untitled review*, *Religion* (Autumn 1975) [reseña sin título, Religión].
Q. Howe, *Reincarnation for the Christian* [Reencarnación para los Cristianos].
C. S. Lewis, *Mere Christianity* [Cristianismo puro].
W. Martin, *The Riddle of Reincarnation* [El Acertijo de la Reencarnación].
V. S. Naipaul, *An Area of Darkness* [Un Área de Oscuridad].
J. B. Noss, *Man's Religions* [La Religión del Hombre].
S. Radhakrishnan, *The Hindu View of Life* [El Punto de Vista Hindú sobre la Vida].
J. Snyder, *Reincarnation vs. Resurrection* [Reencarnación vs. Resurrección].
I. Stevenson, *"The Explanatory Value of the Idea of Reincarnation"* [El Valor Explicativo de la Idea de Reencarnación].
S. Travis, *Christian Hope and the Future* [La Esperanza Cristiana y el Futuro].
A. W. Watts, *The Way of Zen* [El Camino Zen]

Reid, Thomas. Thomas Reid (1710-96) fue uno de los fundadores de la filosofía escocesa del sentido común. En 1764, publicó Inquiry into the Human Mind [Investigación sobre la mente humana] y comenzó a enseñar en el Old College de Glasgow. Sus dos obras principales fueron Essay on the Intellectual Power of Man [Ensayo Sobre los Poderes Intelectuales del Hombre] (1785) y Essay on the Active Power of Man [Ensayo Sobre los Poderes Activos del Hombre] (1788).

Opiniones filosóficas. A diferencia de David *Hume, Reid creía que las concepciones surgen de los poderes innatos de la concepción en la mente que se manifiestan de acuerdo con los primeros principios originales de la mente. La evidencia es la base de la creencia y surge del uso del intelecto. Sabemos que estas facultades son dignas de confianza porque, por mucho que tratemos de refutar estos principios, prevalecen. Además, todo pensamiento depende de la suposición de que son fiables. En respuesta a los escépticos que desconfían de sus facultades, Reid observa que incluso Hume confiaba en sus sentidos en la práctica y era culpable de una inconsistencia pragmática.

En virtud de su creencia en los poderes activos, Reid sostuvo que él era la causa activa de sus propios actos. Los actos libres no son el resultado de causas antecedentes sino de la voluntad. Las acciones libres no están determinadas por otro ni son fortuitas (ver Indeterminismo) sino que son causadas por uno mismo (ver Libre albedrío).

Reid enseñó que las creencias de sentido común son "la inspiración del Todopoderoso". Uno no tiene que creer en Dios para sostenerlos, pero son impuestos por nuestra naturaleza creada. Cuando tratamos de explicarlos, entendemos que Dios nos los dio. De hecho, tenemos la misma evidencia para Dios que tenemos para la inteligencia y la voluntad en otra persona. Entonces, aquellos que rechazan a Dios también deben rechazar la existencia de otras mentes. El realismo del sentido común de Reid tuvo una gran influencia, particularmente en la tradición de Old Princeton, incluyendo a J. McCosh, Charles *Hodge y B. B. *Warfield (ver Princeton, Escuela de Apologética) en Estados Unidos (ver Martin).

Fuentes
S. A. Grave, *The Scottish Philosophy of Common Sense* [La Filosofía Escocesa del Sentido Común].
C. Hodge, Systematic Theology, vol. 1 [Teología Sistemática, vol. 1].
T. Martin, *The Instructed Vision* [La Visión Instruida].
J. McCosh, *The Scottish Philosophy* [La Filosofía Escocesa].
T. Reid, *Essay on the Active Powers of Man* [Ensayo Sobre los Poderes Activos del Hombre].
———, *Essay on the Intellectual Powers of Man* [Ensayo Sobre los Poderes Intelectuales del Hombre].
———, *An Inquiry into the Human Mind* [Una Investigación Sobre la Mente Humana]

Reimarus, Hermann. *Ver* JESÚS HISTÓRICO, BÚSQUEDA DEL.

Relativismo. *Ver* MORALIDAD, NATURALEZA ABSOLUTA DE LA; VERDAD, NATURALEZA DE LA.

Relativismo moral. *Ver* MORALIDAD, NATURALEZA ABSOLUTA DE LA

Religión de Pablo, Presuntas contradicciones con Jesús. *Ver* BIBLIA, SUPUESTOS ERRORES EN LA; MITRAÍSMO.

Religiones del mundo y el cristianismo. El cristianismo ortodoxo declara ser la religión verdadera. Así como el islam y otras religiones. Incluso el hinduismo y el budismo (ver Hinduísmo Vedanta; Budismo Zen), a pesar de su apariencia ecléctica, afirman ser verdaderos. Sin embargo, debido a que hay afirmaciones de verdad mutuamente excluyentes entre estas religiones, está claro que no todas pueden ser correctas. Por ejemplo, algunas religiones son monoteístas, como el judaísmo tradicional, el cristianismo y el islam. Otras son panteístas, como el hinduismo, el budismo Zen y la ciencia cristiana. El paganismo, neopaganismo y el mormonismo son politeístas (ver Politeísmo). Estas tienen puntos de vista incompatibles de Dios. En el análisis final, solo una puede ser verdadera y las otras deben ser falsas.

La singularidad del cristianismo. La singularidad del cristianismo se encuentra en sus declaraciones únicas sobre Dios, Cristo, la Biblia y el camino hacia la salvación. Aunque existen otras religiones monoteístas, el cristianismo afirma tener el verdadero punto de vista sobre Dios: el trinitarianismo (ver Trinidad).

Un punto de vista único sobre Dios. Ninguna otra religión en la historia de la humanidad es explícitamente trinitaria. *Platón tenía una triada en la realidad final del Bien, el Demiurgos y el Alma del Mundo. Pero el Bien no era ni personal ni un Dios en esencia. El Alma del Mundo no era personal. Los tres no compartían una naturaleza. El neoplatonismo tenía un Uno, un Nous y un Alma del Mundo (ver Plotino). Pero este conjunto de emanaciones no son tres personas distintas en una esencia. Ni el Uno ni el Alma del Mundo es personal. El Uno no tiene una esencia o un ser. Solo en la Trinidad cristiana hay un solo Dios en esencia que se expresa eternamente en tres personas diferentes: Padre, Hijo y Espíritu Santo (Mt 28:18).

Los cristianos afirman que este punto de vista de Dios es la perspectiva verdadera de Dios y que no existe otro Dios (1 Co 8:4, 6). Otros puntos de vista son falsas perspectivas sobre el verdadero Dios (como el judaísmo) o tienen falsos dioses (como en el hinduismo). La perspectiva islámica sobre Dios es falsa porque insiste en que solo existe una persona en la Divinidad.

El punto de vista judío (i.e., Antiguo Testamento) de Dios es sobre el verdadero Dios, pero está incompleto. Insiste legítimamente en que hay un solo Dios (Ex 20:2-3; Dt 6:4). El Antiguo Testamento permitió una pluralidad en la unidad de Dios (Sal 110:1) y algunas veces habló del Hijo de Dios (Pr 30:4). Solo una vez se mencionan a los tres miembros de la Trinidad en un pasaje (Is 63:7-10). Pero el Antiguo Testamento nunca describe explícitamente a los miembros de la Trinidad como tres personas en un Dios que comparten la misma esencia. El Dios judío del Antiguo Testamento es el verdadero Dios que se revela explícitamente en su unidad. Es la revelación en proceso. El Dios que se representa en todas las otras religiones es falso. Estos dioses no son compatibles con la visión de la Biblia sobre Dios. El cristianismo tiene la exclusividad de que esta visión sea solo la verdadera.

Un punto de vista único sobre Cristo. Ninguna otra religión en el mundo cree que Cristo es el Hijo unigénito de Dios, Dios mismo manifestado en la carne humana (ver Cristo, Divinidad de). Solo el cristianismo ortodoxo afirma que Jesús es completamente Dios y completamente humano, dos naturalezas en una persona. Otras religiones rinden homenaje a Cristo.

Pero ninguna lo considera como Dios encarnado. En el budismo y el hinduismo, Él es un gurú que muestra un camino a la realidad final (Brahman). El islam lo reconoce como uno de los varios profetas (ver Mahoma, Supuesto llamado divino de). Para el hinduismo, la encarnación es realmente una *reencarnación de Krishna. No obstante, hay notables diferencias entre Krishna y Cristo. Krishna solo es una encarnación temporal. No es la encarnación de un Dios monoteísta, sino de un Dios panteísta. No existe una comparación real entre el concepto cristiano de Cristo y el de cualquier otra religión. Algunos movimientos y cultos religiosos han adoptado una perspectiva de la deidad de Dios. Sin embargo, cada uno ha añadido sus propias creencias no ortodoxas para destruir las declaraciones de verdad hechas en las Escrituras. Una forma del budismo incluso tiene a un buda que muere por nuestros pecados. Pero esto está lejos del cristianismo e incluso es ajeno a la naturaleza del budismo originario (ver Cristo, Unicidad de).

A propósito de las religiones misteriosas, el erudito británico Norman Anderson explica:

> La diferencia esencial entre el cristianismo y los misterios es la base histórica de una y el carácter mitológico de los otros. Las deidades de los misterios no eran más que "figuras nebulosas de un pasado imaginario", al mismo tiempo el Cristo de quien el apostólico kerygma proclamó vivió y murió solo unos años antes de que los primeros documentos del Nuevo Testamento fueran escritos. Incluso cuando el apóstol Pablo escribió su primera carta a los Corintios, la mayoría de los quinientos testigos de la resurrección aún vivía. (Anderson, págs. 52-53)

Una perspectiva única de la palabra escrita de Dios. La mayoría de las religiones tiene libros sagrados o de sabiduría, incluyendo todas las religiones del mundo importantes. El judaísmo tiene el Torá; el *islam, el Corán y el hinduismo, la Bhagavad-gita. El confucianismo tiene las Analectas. En comparación con estas y otras obras, la Biblia cristiana es única. Solo la Biblia declara proceder del proceso único de la inspiración divina. El Corán manifiesta proceder del dictado verbal del ángel Gabriel a Mahoma. Además, solo la Biblia tiene profecías predictivas sobrenaturales (ver Profecía, como prueba de la Biblia).

Otras religiones declaran tener profecías predictivas, pero no dan ejemplos de predicciones claras con cientos de años de antelación que se han cumplido literalmente, como lo ha hecho la Biblia. Los musulmanes, por ejemplo, declaran que Mahoma hizo predicciones en el Corán. Pero al examinarlo más de cerca, no están a la altura de sus declaraciones. (ver

Mahoma, Supuestos milagros de; Corán, Supuesto origen divino del).

Solo la Biblia ha sido confirmada de manera sobrenatural (ver Biblia, Evidencias a favor de la; Cristo, Divinidad de). Puesto que solo la Biblia fue escrita por hombres de Dios que fueron confirmados por actos especiales de Dios (cf. Ex 4:1 ss.; Heb 2:3-4) para decir la verdad sobre Él (ver Milagros, Valor apologético de los; Milagros en la Biblia).

La singularidad del camino a la salvación. Mientras que otras religiones emplean la gracia como, por ejemplo, "el gato" de la escuela del hinduismo bhakti (ver Otto), el cristianismo es único en su plan para la salvación. Declara que la humanidad es pecadora y está alejada de un Dios santo (Gn 6:5; Sal 14; Ec 7:28; Lucas 13:3; Ro 3:23). Insiste en que ningún número de buenas obras puede hacer que un humano vaya al cielo (Is 64:6; Ro 4:5; Ef 2:8-9; Tito 3:5-7). Declara que solo hay un camino hacia Dios: mediante la muerte y resurrección de Jesucristo por nuestros pecados (Juan 10:1, 9; 14:6; 1 Co 15:1-6). Uno debe creer esto de corazón y confesar con su boca para ser salvo (Ro 10:9). No hay otra manera. Jesús dijo: "Yo soy el camino, la verdad y la vida. Nadie llega al Padre sino por mí" (Juan 14:6; cf. Juan 10:1; Hechos 4:12).

La salvación y otras religiones. El cristianismo, por lo tanto, solo admite la salvación mediante Cristo. En ninguna otra religión que no sea cristiana se considera a Cristo como el Hijo de Dios que murió por nuestros pecados y resucitó (ver Resurrección, Evidencias a favor de la).

Es importante no sacar falsas connotaciones de esta exclusividad.

No se deduce que Dios no ame a los no creyentes del mundo. "Porque tanto amó Dios al mundo que dio a su Hijo unigénito, para que todo el que cree en él no se pierda, sino que tenga vida eterna" (Juan 3:16). Pablo dijo que Dios quiere que todos lleguen a conocer la verdad (1 Ti 2:4).

No se deduce que Dios no provee salvación para todos. Juan nos informa que Cristo es el sacrificio por el perdón tanto por nuestros pecados como "por los de todo el mundo" (1 Juan 2:2). Cristo no solo murió por los escogidos, sino también por los "malvados" (Ro 5:6). Incluso murió por los que lo "niegan" (2 Pedro 2:1).

No se deduce que solo unas pocas naciones escogidas serán evangelizadas. Juan declaró "Después de esto miré, y apareció una multitud tomada de todas las naciones, tribus, pueblos y lenguas; era tan grande que nadie podía contarla. Estaban de pie delante del trono y del Cordero, vestidos de túnicas blancas y con ramas de palma en la mano" (Ap 7:9).

No se deduce que la salvación no está disponible para aquellos que nunca han oído de Cristo (Hechos 10:35; Heb 11:6; ver "Paganos", Salvación de los). Cualquier persona en cualquier lugar que busque a Dios lo encontrará. Pedro insistía que Dios "ve con agrado a los que le temen y actúan con justicia" (Hechos 10:35). El escritor de Hebreos dice "que recompensa a quienes lo buscan" (Heb 11:6).

Todos tienen la luz de la creación (Ro 1:19) y conciencia (Ro 2:12-15), que es suficiente para la condenación, pero no para la salvación. Hay muchas maneras en las que Dios puede hacer llegar el evangelio a aquellos que serán salvos. La manera normal es mediante un misionero (Ro 10:14-15). Pero Dios puede salvar a través de su Palabra (Heb 4:12), que puede transmitir por medio de una visión, un sueño, una voz del cielo o un ángel (Ap 14:6). Dios no tiene límites en las maneras en las que puede hacer llegar el mensaje de salvación a aquellos que lo buscan (cf. Heb 1:1). No obstante, si los hombres se apartan de la luz que posee, Dios no es responsable de dar más luz (Juan 3:19).

La verdad y otras religiones. Muchos cristianos están dispuestos a aceptar que existe verdad y valores en otras religiones (ver Verdad, Naturaleza de la). Toda la humanidad recibe una revelación general (Sal 19; Hechos 17; Ro 1:19-29; 2:12-15). Dios les ha revelado la verdad, así que no es extraño que sus creencias expresen tanto el bien como la verdad.

No obstante, existe una importante diferencia entre la verdad como la sostienen los cristianos y la verdad que adoptan los no cristianos. El sistema cristiano es un sistema de verdad con cierto error en él como lo entendemos. Todas las religiones no cristianas son sistemas de error con algunas verdades en ellas (ver Pluralismo religioso). El único sistema de la verdad es el sistema cristiano. Debido a que los cristianos son finitos, nuestro entendimiento de este sistema de verdad tendrá algún error. Es por eso que debemos seguir creciendo en la verdad (2 Pedro 3:18), sabiendo que ahora entendemos de manera imperfecta (1 Co 13:9, 12). Por el contrario, ningún sistema no cristiano es verdadero como sistema, aunque haya verdades dentro de él. Sin embargo, el propio sistema oscurece y mancha estas verdades, así que incluso están distorsionadas. Y ningún sistema no cristiano provee la luz de la salvación.

Algunas objeciones resueltas. Las declaraciones únicas del cristianismo son ofensivas para la mente incrédula. "El mensaje de la cruz es una locura para los que se pierden; en cambio, para los que se salvan, es decir, para nosotros, este mensaje es el poder de Dios" (1 Co 1:18). No obstante, el crítico ofendido merece una respuesta (Col 4:5-6; 1 Pedro 3:15).

La acusación de exclusividad y estrechez. Se objeta

que el cristianismo es estrecho y exclusivista. Nada suena peor para la mente contemporánea que la estrechez de mente. Pero este argumento es más emocional que racional.

Solo una cosmovisión puede ser verdadera. Si las distintas cosmovisiones tienen afirmaciones de la verdad mutuamente exclusivas, solo una puede ser cierta (ver Pluralismo religioso). Un sistema verdadero de pensamiento debe ser exhaustivo en cuanto al pensamiento y la vida. Debe poseer consistencia y coherencia en sus declaraciones generales. Pero lo más importante es que el sistema corresponda a la realidad, el pasado, el presente, al futuro, a lo natural y a lo sobrenatural. Y todos los principales sistemas de pensamiento contienen declaraciones de verdad claves que son contrarias a aquellas de todos los otros sistemas. O bien el cristianismo enseña preceptos verdaderos sobre la *Trinidad, la divinidad de Cristo (ver Cristo, Divinidad de) y el único camino a la salvación, o bien otro sistema es verdadero y el cristianismo es falso.

La verdad es estrecha por naturaleza. Es cerrado afirmar que 3 + 3 = 6 es la única respuesta, pero cualquier otra respuesta está mal. El punto de vista del incrédulo es igual de cerrado. La declaración "el cristianismo es cierto y todos los sistemas no cristianos son falsos" no es más estrecha que la afirmación "el hinduismo es verdadero y todos los sistemas no hindúes son falsos". Ninguna declaración de la verdad incluye a todos.

Esto no significa que las verdades menores dentro de sistemas opuestos de pensamiento no puedan ser verdaderas. Los no cristianos sostienen que el asesinato es malo y que la tierra es esférica. Pero solo los cristianos (y el judaísmo, del cual surgió) creen que el mundo fue creado ex nihilo por un Dios Triuno. Los cristianos y los no cristianos pueden creer que Jesús fue un buen hombre. Pero solo los cristianos creen que fue el Dios-hombre. Así que, aunque pueda haber un acuerdo entre las verdades, no existe un acuerdo en las principales verdades únicas del sistema cristiano.

Todas las religiones declaran tener la verdad. Como se señaló, la declaración de poseer la única verdad la comparte cada sistema religioso que hace afirmaciones sobre la verdad. Esto es cierto incluso para religiones "eclécticas" y "amplias". Los hindúes afirman que "hay muchas formas de Dios". Esto parece ser de mente abierta, pero es tan estrecho como la declaración cristiana. Excluye todos los puntos de vista opuestos. Puesto que, si el pluralismo es cierto, entonces todas las formas no pluralistas son falsas. De este modo, la afirmación del pluralismo es una afirmación exclusivista.

La acusación de injusticia. ¿Es injusto e irrazonable declarar que no hay salvación en ninguna otra religión? Esta objeción carece de fundamento por las razones que se detallan en el artículo "Paganos", Salvación de los. Basta mencionar que Dios ha provisto salvación para todos (Juan 3:16; 1 Juan 2:2). Todo el que realmente la desea, la obtendrá (Hechos 10:35; Heb 11:6).

Conclusión. Toda afirmación de verdad es exclusiva. Un sistema que lo incluye todo no afirma la verdad. Y toda proposición que afirma algo, niega algo más por implicación lógica. Declaraciones como "Dios es todo" se oponen a declaraciones tales como "Dios no lo es todo". Ambas no pueden ser ciertas. Todas las afirmaciones de verdad excluyen a aquellas que son contradictorias. De hecho, todas las religiones declaran tener la verdad, incluso si esa verdad es creer que otros sistemas religiosos no contradictorios también son verdaderos. Pero si dos o más religiones adoptan las mismas verdades, entonces en realidad son una. Y ese sistema religioso básico detrás de ellas afirma ser la religión verdadera excluyendo todos los sistemas religiosos opuestos. Así que la afirmación del cristianismo de ser la religión verdadera no es más estrecha que la afirmación de cualquier otra religión (ver Pluralismo religioso).

Fuentes

Adler, *Truth in Religion* [La verdad en la religión].

N. Anderson, *Christianity and World Religions* [El cristianismo y las religiones del mundo].

E. C. Beisner, *God in Three Persons* [Dios en tres personas].

F. F. Bruce, *Paul and Jesus* [Pablo y Jesús].

Y. S. Chishti, *What Is Christianity?* [¿Qué es el cristianismo?].

W. Corduan, *Neighboring Faiths* [Religiones vecinas].

G. Habermas, *The Verdict of History* [El veredicto de la historia].

J. N. D. Kelly, *Early Christian Doctrines* [Primitivos credos cristianos].

J. G. Machen, *The Origin of Paul's Religion* [El origen de la religión de Pablo].

R. Nash, *Christianity and the Hellenistic World* [El cristianismo y el mundo helénico].

R. Otto, *India's Religion of Grace and Christianity Compared and Contrasted* [La religión de la gracia de India y el cristianismo comparado y contrastado].

Platón, *The Republic of Plato* [La república].

Plotino, *The Six Enneads* [Las seis Enéadas].

G. L. Prestige, *God in Patristic Thought* [Dios en el pensamiento de los Padres].

H. N. Ridderbos, *Paul and Jesus* [Pablo y Jesús].

H. Smith, *The Religions of Man* [Las religiones del hombre].

Religiones misteriosas. *Ver* GNOSTICISMO; MILAGROS, MITOS Y; MITRAÍSMO; MITOLOGÍA Y EL NUEVO TESTAMEN-TO; AFIRMACIONES DE RESURRECCIÓN EN RELIGIONES NO CRISTIANAS.

Resurrección, Evidencias a favor de la. La resurrección corporal de Cristo es la prueba culminante de que Jesús era quien decía ser, Dios manifestado en carne humana (ver Cristo, Divinidad de). De hecho, la resurrección de Cristo en la carne es de tal importancia para la fe cristiana que el Nuevo Testamento insiste en que nadie puede ser salvo sin ella (Rom 10: 9; 1 Cor 15: 1-7).

Evidencia directa. Algunos han optado por un cuerpo de resurrección espiritual o inmaterial (ver Resurrection, Physical Nature of [Resurrección, Naturaleza Física de la), pero el Nuevo Testamento es enfático en que Jesús resucitó en el mismo cuerpo físico de carne y huesos en el que murió. La evidencia de esto consiste en el testimonio del Nuevo Testamento de las numerosas apariciones de Cristo a sus discípulos por un período de cuarenta días, en el mismo cuerpo físico, con cicatrices de uñas en el que murió, ahora inmortal.

Por supuesto, la evidencia de la resurrección de Cristo depende del hecho de su muerte. Para los argumentos de que Jesús murió físicamente en la cruz, ver el artículo Cristo, muerte de; Teoría del desmayo. Solo queda aquí para mostrar que el mismo cuerpo que abandonó permanentemente su tumba fue visto vivo después de ese tiempo. La evidencia de esto se encuentra en sus doce apariciones, las primeras once de las cuales cubren los cuarenta días inmediatamente posteriores a su crucifixión (ver Resurrección, Evidencias a favor de la).

Apariciones. A María Magdalena (Juan 20: 10-18). Es un signo inequívoco de la autenticidad del registro de que, en una cultura dominada por los hombres, Jesús se apareció por primera vez a una mujer. En la cultura judía del primer siglo, un escritor que inventara un relato de la resurrección nunca habría adoptado este enfoque. El testimonio de una mujer ni siquiera fue aceptado en el tribunal. Cualquiera que falsificara el registro habría hecho que Jesús se apareciera primero a uno o más de sus doce discípulos, probablemente a uno prominente como Pedro. En cambio, la primera aparición de Jesús después de la resurrección fue ante María Magdalena. Durante esta aparición, hubo pruebas inconfundibles de la visibilidad, materialidad e identidad del cuerpo resucitado.

María vio a Cristo con sus ojos naturales. El texto dice: "Se volvió y vio a Jesús parado allí" (v. 14). La palabra vió (theoreo) es una palabra normal para ver a simple vista. Se usa en otras partes del Nuevo Tes-

tamento para ver a los seres humanos en sus cuerpos físicos (Marcos 3:11; 5:15; Hechos 3:16) e incluso para ver a Jesús en su cuerpo antes de la resurrección (Mateo 27:55; Juan 6: 19).

María escuchó a Jesús. "Mujer, ¿por qué lloras? ¿A quién estás buscando? (v. 15). Entonces escuchó a Jesús decir, "María", y reconoció su voz (v. 16). Por supuesto, escuchar por sí solo no es una prueba suficiente de materialidad. Dios es inmaterial y, sin embargo, su voz se escuchó en Juan 12:28. Sin embargo, la audición física relacionada con la visión física es una prueba de apoyo significativa de la naturaleza material de lo que se vio y escuchó. La familiaridad de María con la voz de Jesús es evidencia de la identidad del Cristo resucitado.

María tocó el cuerpo resucitado de Cristo. Jesús respondió: "No me retengas, porque aún no he vuelto al Padre" (v. 17). La palabra sujetar (aptomai) es una palabra normal para el contacto físico de un cuerpo material. Se usa para tocar físicamente otros cuerpos humanos (Mateo 8: 3; 9:29) y del cuerpo de Cristo antes de la resurrección (Marcos 6:56; Lucas 6:19). El contexto indica que María lo estaba agarrando para no volver a perderlo. En una experiencia paralela, las mujeres "le abrazaron los pies" (Mat 28: 9).

María "fue al sepulcro y vio que la piedra había sido quitada de la entrada". Así que corrió hacia Pedro y anunció que el cuerpo se había ido (v. 2).

El relato paralelo en Mateo nos informa que los ángeles le dijeron: "No está aquí, pues ha resucitado, tal como dijo. Vengan a ver el lugar donde lo pusieron". (Mateo 28: 6). Ambos textos implican que ella vio que la tumba estaba vacía. Más tarde, Pedro y Juan también fueron al sepulcro. Juan "se inclinó y miró las tiras de lino que estaban allí", y Pedro "entró en el sepulcro. Vio las tiras de lino tendidas allí, así como la tela de entierro que había estado alrededor de la cabeza de Jesús" (vv. 5-7). Ver el mismo cuerpo físico que una vez estuvo allí es una prueba de la identidad numérica del cuerpo anterior y posterior a la resurrección.

En este relato, Jesús fue visto, oído y tocado. Además, María presenció tanto la tumba vacía como los mantos de Jesús. Toda la evidencia de una identidad inconfundible del mismo cuerpo físico visible que fue criado inmortal estaba presente en esta primera aparición.

A las mujeres (Mateo 28: 1-10). Jesús no solo se apareció a María Magdalena, sino también a las otras mujeres que la acompañaban (Mateo 28: 1-10), incluida María, la madre de Santiago y Salomé (Marcos 16: 1). Durante esta aparición, se presentaron cuatro evidencias de que Jesús se levantó en el mismo cuerpo físico tangible en el que fue crucificado.

Primero, las mujeres vieron a Jesús. El ángel les dijo en la tumba vacía: "Ha resucitado de entre los muertos y va delante de ustedes a Galilea. Allí lo verás ". Y mientras se alejaban apresuradamente de la tumba, "de repente, Jesús los encontró. "Saludos", dijo "(v. 9). Entonces recibieron confirmación visual de su resurrección física.

Segundo, las mujeres le abrazaron los pies y lo adoraron. Es decir, no solo vieron su cuerpo físico sino que también lo sintieron. Dado que las entidades espirituales no se pueden sentir con ninguno de los cinco sentidos, el hecho de que las mujeres realmente sujetaron el cuerpo físico de Jesús es una prueba convincente de la naturaleza física y tangible del cuerpo resucitado.

Tercero, las mujeres también escucharon a Jesús hablar. Después de saludarlos (v. 9), Jesús les dijo: "No temáis. Ve y dile a mis hermanos que vayan a Galilea; allí me verán" (v. 10). Así, las mujeres vieron, tocaron y escucharon a Jesús con sus sentidos físicos, una triple confirmación de la naturaleza física de su cuerpo.

Cuarto, las mujeres vieron la tumba vacía donde había estado ese cuerpo. El ángel les dijo en el sepulcro: "No está aquí; ha resucitado, tal como dijo. Ven y mira el lugar donde yacía" (v. 6). El "él" que había estado muerto ahora está vivo, demostrado por el hecho de que el mismo cuerpo que una vez estuvo allí ahora está vivo para siempre. Entonces, en el caso de María Magdalena y las otras mujeres, estaban presentes las cuatro evidencias de la resurrección física visible del cuerpo numéricamente idéntico. Vieron la tumba vacía donde una vez estuvo su cuerpo físico, y vieron, oyeron y tocaron ese mismo cuerpo después de que salió de la tumba.

A Pedro (1 Cor 15: 5; cf. Juan 20: 3-9). Primera de Corintios 15: 5 declara que Jesús "y que se apareció a Cefas, (Pedro)". No hay una narración de este evento, pero el texto dice que fue visto (gr. Ōphthē) e implica que también fue escuchado. Ciertamente, Pedro no se quedó sin habla. Jesús definitivamente habló con Pedro en una aparición posterior cuando le pidió a Pedro que alimentara a sus ovejas (Juan 21:15, 16, 17). Marcos confirma que Pedro (y los discípulos) "lo verían, tal como les dijo" (Marcos 16: 7). Pedro, por supuesto, vio la tumba vacía y los vestidos de la tumba justo antes de esta aparición (Juan 20: 6-7). Entonces, Pedro experimentó al menos tres evidencias de la resurrección física; vio y oyó a Jesús, y observó el sepulcro vacío y las vestiduras funerarias. Estas son pruebas definitivas de que el cuerpo que resucitó es el mismo cuerpo material, tangible y visible que tenía Jesús antes de la resurrección.

En el camino de Emaús (Marcos 16:12; Lucas 24: 13-35). Durante esta aparición, se presentaron tres evidencias de la resurrección física. Los hombres no solo vieron y oyeron a Jesús, sino que también comieron con él. Combinados, proporcionan una prueba clara de la naturaleza física y tangible del cuerpo de resurrección.

Había dos discípulos, uno de los cuales se llamaba Cleofás (v. 18). Mientras caminaban hacia Emaús, "Jesús mismo se acercó y anduvo con ellos" (v.16). Al principio no reconocieron quién era; sin embargo, lo vieron claramente. Cuando finalmente se dieron cuenta de quién era, el texto dice: "Desapareció de su vista" (v. 31). El cuerpo resucitado de Jesús era tan visible como cualquier otro objeto material.

Ellos escucharon a Jesús con sus oídos físicos (vv. 17, 19, 25 26). De hecho, Jesús mantuvo una larga conversación con ellos. Porque "comenzando por Moisés y todos los profetas, les explicó lo que se decía en todas las Escrituras acerca de él" (v. 27). Por supuesto, no fueron los únicos a quienes Jesús enseñó después de la resurrección. Lucas nos informa en otra parte que "se les apareció [a los apóstoles] durante un período de cuarenta días y les habló del reino de Dios" (Hechos 1: 3). Durante estos tiempos, "dio muchas pruebas convincentes de que estaba vivo" (v. 3).

Ellos comieron con él. Lucas dice: "Cuando estuvo a la mesa con ellos, tomó pan, dio gracias, lo partió y comenzó a dárselo" (v. 30).

Aunque el texto no dice específicamente que Jesús también comió, se da a entender que está "a la mesa con ellos". Y más adelante en el capítulo se declara explícitamente que comió con los diez apóstoles (v. 43). En otros dos lugares, Lucas dice que Jesús comió con los discípulos (Hechos 1: 4; 10:41). Entonces, en esta aparición de Cristo, los testigos lo vieron, lo oyeron y comieron con él durante un período considerable de tiempo una noche. Es difícil imaginar cómo Jesús pudo haber hecho algo más para demostrar la naturaleza física del cuerpo resucitado.

A los Diez (Lucas 24: 36-49; Juan 20: 19-23). Cuando Jesús se apareció a diez discípulos, estando Tomás ausente, lo vieron, lo oyeron y lo tocaron, y lo vieron comer pescado. Por lo tanto, en esta ocasión estuvieron presentes cuatro evidencias principales de la naturaleza física visible del cuerpo resucitado.

"Mientras aún hablaban de esto, Jesús mismo se paró entre ellos y les dijo: "La paz sea con ustedes". De hecho, Jesús mantuvo una conversación con ellos también sobre cómo "debe cumplirse todo lo que está escrito de mí. en la ley de Moisés, los profetas y los salmos" (v. 44). Así que, obviamente, Jesús fue escuchado por los discípulos.

Los discípulos también vieron a Jesús en esta ocasión. De hecho, al principio pensaron que era un "espíritu" (v. 37). Pero Jesús "les mostró las manos y los pies". Así que lo vieron claramente y lo escucharon. En el relato paralelo, Juan registra que "los discípulos se llenaron de gozo cuando vieron al Señor" (Juan 20:20; cf. v. 25).

Se puede inferir del hecho de que al principio no estaban convencidos de su materialidad tangible cuando Jesús les presentó sus heridas, que ellos también lo tocaron. De hecho, Jesús les dijo claramente: "Tócame y ve; un fantasma no tiene carne ni huesos, como veis que yo tengo" (v. 39). El uso de Jesús de "yo" y "mi" en relación con su cuerpo físico de resurrección expresa su afirmación de que es numéricamente idéntico a su cuerpo anterior a la resurrección. Jesús también "les mostró las manos y los pies", confirmando a sus discípulos que su cuerpo resucitado era el mismo cuerpo de carne y huesos con cicatrices de clavos con los que había sido crucificado.

En esta ocasión, Jesús comió comida física para convencer a los discípulos de que había resucitado en un cuerpo físico literal. "Le dieron un trozo de pescado asado, y él lo tomó y lo comió en su presencia" (v. 43). Lo que hace que este pasaje sea una prueba tan poderosa es que Jesús ofreció su capacidad de comer alimentos físicos como prueba de la naturaleza material de su cuerpo de carne y huesos. Jesús literalmente agotó las formas en que podía probar la naturaleza material y corporal de su cuerpo resucitado. Por tanto, si el cuerpo resucitado de Jesús no era el mismo cuerpo material de carne y huesos en el que murió, estaba engañando.

A los Once (Juan 20: 24-31). Tomás no estaba presente cuando Jesús se apareció a sus discípulos (Juan 20:24). Incluso después de que sus compañeros apóstoles informaron a quién habían visto, Jesús, Tomás se negó a creer a menos que pudiera ver y tocar a Cristo por sí mismo. Una semana después se le concedió su deseo: "Una semana más tarde estaban los discípulos de nuevo en la casa, y Tomás estaba con ellos. Aunque las puertas estaban cerradas, Jesús entró y, poniéndose en medio de ellos, los saludó. ¡La paz sea con ustedes!" (Juan 20:26). Cuando Jesús se apareció a Tomás, vio, escuchó y tocó al Señor resucitado.

Tomás vio al Señor. Jesús fue claramente visible para Tomás, a quien más tarde le dijo: "Me has visto" (v. 29).

Tomás también escuchó al Señor decir: "Luego le dijo a Tomás: Pon tu dedo aquí y mira mis manos. Acerca tu mano y métela en mi costado. Y no seas incrédulo, sino hombre de fe" (v. 27). A esta indudable y convincente demostración de evidencia física, Thomas respondió: "¡Señor mío y Dios mío!" (v. 28).

Se puede inferir que Tomás también tocó al Señor. Ciertamente, esto es lo que Tomás dijo que quería hacer (v. 25). Y Jesús le dijo que lo hiciera (v. 27).

Aunque el texto solo dice que Tomás vio y creyó (v. 29), es natural inferir que también tocó a Jesús. Jesús fue tocado al menos en otras dos ocasiones (Juan 20: 9, 17). Así que es muy posible que Tomás también lo tocara en esta ocasión. En cualquier caso, Tomás ciertamente se encontró con un cuerpo físico de resurrección visible con sus sentidos naturales. Ya sea que Tomás tocó a Cristo, ciertamente vio las heridas de su crucifixión (Juan 20: 27-29). El hecho de que Jesús todavía tuviera estas heridas físicas de su crucifixión es una prueba inconfundible de que resucitó en el cuerpo material en el que había sido crucificado. Esta fue la segunda vez que Jesús mostró sus heridas. Es difícil imaginar que pudiera haber ofrecido una mayor prueba de que el cuerpo resucitado era el mismo cuerpo de carne que fue crucificado y ahora glorificado.

A los siete discípulos (Juan 21). Juan registra la aparición de Jesús a los siete discípulos que fueron a pescar a Galilea. Durante esta aparición, los discípulos vieron a Jesús, lo escucharon y desayunaron con él.

La Biblia dice que "Después de esto Jesús se apareció de nuevo a sus discípulos, junto al lago de Tiberíades". (Juan 21: 1). Temprano en la mañana lo vieron parado en la orilla (v. 4). Después de hablar y comer con ellos, el texto dice: "Ésta fue la tercera vez que Jesús se apareció a sus discípulos después de haber resucitado". (v. 14).

Los discípulos también escucharon hablar a Jesús (vv. 5, 6, 10, 12). Jesús mantuvo una larga conversación con Pedro en la que se le preguntó tres veces si amaba a Jesús (vv. 15, 16, 17). Como Pedro había negado a Jesús tres veces, no solo escuchó a Jesús hablar, sino que las palabras de Jesús también sin duda sonaron en sus oídos. Jesús también le dijo a Pedro cómo iba a morir (vv. 18, 19).

Jesús aparentemente también comió con los discípulos durante esta aparición. Les preguntó: "Amigos, ¿no tienen pescado?" (v. 5). Después de decirles dónde pescar (v. 6), Jesús les dijo que "traigan algunos de los peces que acaban de pescar" (v. 10). Luego dijo a los discípulos: "Venid a desayunar" (v. 12). Mientras lo hacían, "Jesús vino, tomó el pan y se lo dio, e hizo lo mismo con el pescado" (v. 14). Aunque el texto no dice explícitamente que Jesús comió, sin embargo, como anfitrión de la comida, habría sido digno de mención si no lo hubiera hecho. Es seguro decir que, además de ver y escuchar a Jesús, los discípulos compartieron una comida física con él.

Para comisionar apóstoles (Mateo 28: 16-20; Marcos 16: 14-18). La próxima aparición de Cristo fue en la Gran Comisión (Mateo 28: 16-20). Cuando Jesús les encargó que discipularan a todas las naciones, todos los apóstoles lo vieron y lo oyeron claramente.

El texto dice que los discípulos fueron a Galilea,

donde Jesús les había dicho que fueran (v. 16). Y "cuando le vieron, le adoraron" (v. 17). Marcos agrega que estaban comiendo (Marcos 16:14), aunque esta versión está en la sección final auténtica cuestionada de Marcos. Sin embargo, no fue simplemente lo que vieron sino lo que escucharon lo que dejó una impresión duradera.

Jesús dijo: "Por tanto, vayan y hagan discípulos de todas las naciones, bautizándolos en el nombre del Padre y del Hijo y del Espíritu Santo" (Mateo 28:19). El hecho de que este pequeño grupo se convirtiera en breve en la sociedad misionera más grande del mundo es un amplio testimonio de cuán poderoso fue lo que los apóstoles escucharon hablar a Jesús y los impresionó.

Hasta quinientos (1 Corintios 15: 6). No hay narración de esta aparición. Pablo simplemente lo nota en 1 Corintios 15: 6, donde dice: "Después se apareció a más de quinientos hermanos a la vez, la mayoría de los cuales vive todavía, aunque algunos han muerto".

Dado que Jesús fue visto en esta ocasión y que dejó una impresión tan duradera en ellos, se puede suponer que lo escucharon hablar. ¿Por qué otra razón Pablo da a entender que están dispuestos a testificar en nombre de la resurrección, diciendo en esencia: "Si no me creen, simplemente vayan y pregúntenles"?

A pesar de su brevedad, este versículo es un poderoso testimonio de la resurrección corporal de Cristo. Tiene el tono de la verdad al respecto. Pablo está escribiendo en 55 o 56, solo veintidós o veintitrés años después de la resurrección (33). La mayoría de estos testigos seguían vivos. Y Pablo desafía a su lector a comprobar lo que está diciendo con esta multitud de testigos que vieron y probablemente escucharon a Cristo después de su resurrección.

A Santiago (1 Corintios 15: 7). Los hermanos de Jesús eran incrédulos antes de su resurrección. El evangelio de Juan nos informa que "Lo cierto es que ni siquiera sus hermanos creían en él". (Juan 7: 5). Pero después de la resurrección, al menos Santiago y Judas, los medio hermanos de Jesús, se hicieron creyentes (cf. Marcos 6: 3). Sin embargo, las Escrituras dicen explícitamente que Jesús "se apareció a Santiago" (1 Cor 15: 7). Sin duda, Jesús también le habló a Santiago. Al menos como resultado de su experiencia, Santiago se convirtió en un pilar de la iglesia primitiva y jugó un papel destacado en el primer concilio de la iglesia (Hechos 15:13).

Santiago también escribió uno de los libros del Nuevo Testamento en el que habló de "la corona de la vida" (Santiago 1:12) y de la "venida del Señor" (5: 8), que fue posible sólo mediante la resurrección de Cristo (2 Ti 1:10). Entonces, todo lo que Santiago vio o escuchó durante esta aparición de la resurrección de Cristo no solo lo convirtió, sino que también lo convirtió en una figura prominente en la iglesia apostólica.

En la ascensión (Hechos 1: 4-8). La última aparición de Jesús antes de su ascensión fue nuevamente a todos los apóstoles. Durante este tiempo, lo vieron, lo escucharon y comieron con él. Estas tres líneas de evidencia son la confirmación final de la naturaleza material literal de su cuerpo resucitado.

Jesús fue visto por sus apóstoles en esta ocasión. Lucas dice: "Después de padecer la muerte, se les presentó dándoles muchas pruebas convincentes de que estaba vivo". (Hechos 1: 3). Él agrega, Jesús "se les apareció durante un período de cuarenta días".

También escucharon a Jesús, ya que en esta ocasión "habló del reino de Dios" (Hch 1, 3). Y durante esta aparición específica, Jesús les ordenó: "No salgan de Jerusalén, sino esperen el regalo que prometió mi Padre, del cual me han oído hablar" (v. 4). Así que no solo fue una voz familiar, sino también una enseñanza familiar que confirmó que este era el Jesús que les había enseñado antes de la crucifixión.

Lucas también dice en este pasaje que Jesús comió con los discípulos, como lo había hecho en muchas ocasiones. Porque esta última aparición antes de la ascensión fue "en una ocasión, mientras comía con ellos" (Hechos 1: 4). Este es el cuarto caso registrado de Jesús comiendo después de la resurrección. Al parecer, era algo que hacía con bastante frecuencia, ya que incluso el breve resumen de su ministerio por Pedro en Hechos 10 declara que los apóstoles "comieron y bebieron con él después que resucitó de los muertos" (v. 41). Sin duda, tanto el compañerismo íntimo como la capacidad física para comer eran prueba más que suficiente de que Jesús estaba apareciendo en el mismo cuerpo físico tangible que poseía antes de su resurrección.

A Pablo (Hechos 9: 1-9; 1 Corintios 15: 8). La última aparición de Jesús fue a Pablo (ver 1 Corintios 15: 8). Es importante notar que esta aparición no fue una visión que ocurrió solo dentro de la mente de Pablo. Más bien, fue un evento externo, objetivo, observable para todos los que estaban dentro de la distancia visual.

- Pablo llamó a esto una "aparición", la misma palabra que se usa para las apariciones literales de Cristo a los otros apóstoles (1 Cor 15: 5-7). De hecho, Pablo lo llama la "última" aparición de Cristo a los apóstoles.
- Ver al Cristo resucitado era una condición para ser apóstol (Hechos 1:22). Sin embargo, Pablo afirmó ser un apóstol, diciendo: "¿No soy yo un apóstol? ¿No he visto a Jesús nuestro Señor? (1

Corintios 9: 1).

- Las visiones no van acompañadas de manifestaciones físicas, como la luz y la voz.

Las experiencias de la resurrección, incluida la de Pablo, nunca se llaman "visiones" (optasia) en ningún lugar de los evangelios o epístolas. Durante la aparición a Pablo, Jesús fue visto y escuchado. Los Evangelios sí hablan de una "visión" de ángeles (Lucas 24:23), y Hechos se refiere a la "visión celestial" de Pablo (Hechos 26:19), que puede ser una referencia a las visiones que él y Ananías recibieron más tarde. (Hechos 9: 11-12; cf.22: 8; 26:19). En cuanto a la aparición real de Pablo, Cristo fue visto y escuchado con los sentidos físicos de los presentes. En 1 Corintios 15, Pablo dijo que Jesús "también se me apareció a mí" (v. 8). En el relato detallado de esto en Hechos 26, Pablo dijo: "Vi una luz del cielo" (v. 13). Que Pablo se esté refiriendo a una luz física es claro por el hecho de que era tan brillante que cegaba los ojos físicos (Hechos 22: 6, 8). Pablo vio no solo la luz sino también a Jesús.

Pablo también escuchó la voz de Jesús hablándole claramente "en arameo" (Hechos 26:14). La voz física que oyó Pablo dijo: "Saulo, Saulo, ¿por qué me persigues?" (Hechos 9: 4). Pablo mantuvo una conversación con Jesús (vv. 5-6) y obedeció el mandato de ir a la ciudad de Damasco (9: 6). La conversión milagrosa de Pablo, sus incansables esfuerzos por Cristo y su fuerte énfasis en la resurrección física de Cristo (Rom 4: 25; 10: 9; 1 Cor 15), todos muestran la impresión indeleble que la resurrección física causó en él (ver Resurrección, Naturaleza Física de la).

Pablo no solo vio la luz y escuchó la voz, sino que también lo hicieron los que estaban con él (Hechos 22: 8). Esto muestra que la experiencia no fue privada para Pablo. No era puramente subjetivo, sino que tenía un referente objetivo. Sucedió "ahí fuera" en el mundo físico real, no meramente en el mundo de su experiencia espiritual privada. Cualquiera que hubiera estado allí también podría haber visto y oído la manifestación física.

Un resumen de la evidencia directa. La evidencia testimonial de la resurrección física de Cristo es enorme. En comparación con la evidencia de otros eventos del mundo antiguo, es abrumadora. Solo durante las primeras once apariciones, Jesús se apareció a más de quinientas personas durante un período de cuarenta días (Hechos 1: 3). En las doce ocasiones, Jesús fue visto y probablemente escuchado. Cuatro veces se ofreció a ser tocado. Definitivamente fue tocado dos veces. Jesús reveló las cicatrices de su crucifixión en dos ocasiones. En cuatro testimonios se vio la tumba vacía, y dos veces se vieron las vestimentas vacías. En otras cuatro ocasiones, es casi seguro que Jesús

comió. La suma total de esta evidencia es una confirmación abrumadora de que Jesús se levantó y vivió en el mismo cuerpo físico visible, tangible de carne y huesos que había poseído antes de su cuerpo de resurrección.

Evidencia indirecta. Además de toda la evidencia directa de la resurrección corporal de Cristo, hay líneas de corroboración. Estos incluyen la transformación inmediata de los hombres que se convirtieron en apóstoles, la reacción de aquellos que rechazaron a Cristo, la existencia de la iglesia primitiva y la expansión inmediata y asombrosamente rápida del cristianismo.

Los Discípulos Transformados. Después de la muerte de Jesús, sus apóstoles se asustaron, se dispersaron y se mostraron escépticos. Sólo uno, Juan, estuvo en la crucifixión (Juan 19: 26-27). El resto huyó (Mat 27:58). También se mostraron escépticos. María, la primera a la que se le apareció Jesús, dudó, pensando que había visto a un jardinero (Juan 20:15). Los discípulos dudaban de los informes de las mujeres (Lucas 24:11). Algunos dudaron hasta que vieron a Cristo por sí mismos (Juan 20:25). Uno ni siquiera creería cuando todos los demás apóstoles les dijeron que Cristo se les había aparecido. Dos discípulos en el camino a Emaús incluso dudaron mientras hablaban con Jesús, pensando que era un extraño (Lucas 24:18).

Unas semanas más tarde, estos mismos hombres y mujeres que se habían acurrucado en secreto (Juan 20:19) proclamaban abiertamente y sin temor la resurrección de Cristo, incluso ante el Sanedrín, quienes eran responsables de la muerte de Cristo (Hechos 4-5). Lo único que puede explicar este cambio inmediato y milagroso es que estaban absolutamente convencidos de que habían encontrado al Cristo resucitado corporalmente.

El tema de la predicación apostólica. De todas las cosas maravillosas que Jesús enseñó a los discípulos sobre el amor (Mateo 22: 36-37), el no vengarse (Mateo 5) y el reino de Dios (cf. Mateo 13), el tema dominante de la predicación apostólica no fue ninguno de estos temas. Sobre todo, proclamaron la resurrección de Cristo. Fue el tema del primer sermón de Pedro en Pentecostés (Hechos 2: 22-40) y su próximo sermón en el templo (Hechos 3:14, 26). Fue el contenido de su mensaje ante el Sanedrín (Hechos 4:10). De hecho, en todas partes y "los apóstoles, a su vez, con gran poder seguían dando testimonio de la resurrección del Señor Jesús. " (Hch 4, 33; cf. 4: 2). Ser testigo de la resurrección era una condición para ser apóstol (Hechos 1:22; cf. 1 Cor. 9: 1). La mejor explicación de por qué este tema fue su preocupación inmediata pocas semanas después de su muerte fue que, como nos dicen los Evangelios, lo habían encontrado con vida repetidamente en los días posteriores a su crucifixión.

La reacción de los que rechazaron a Cristo. La reacción de las autoridades judías también es testimonio del hecho de la resurrección de Cristo. No presentaron el cadáver ni siquiera organizaron un registro. En cambio, sobornaron a los soldados que habían custodiado la tumba para que mintieran (Mateo 28: 11-15), y lucharon contra los discípulos que testificaron que habían visto el cuerpo vivo. El hecho de que resistieron, en lugar de refutar, las afirmaciones de los discípulos hablan de la realidad de la resurrección.

La existencia de la iglesia primitiva. Otra prueba indirecta de la resurrección es la existencia misma de la iglesia primitiva. Hay buenas razones por las que la iglesia no debería haber nacido.

La primera iglesia consistió en gran parte de judíos que creían que había un solo Dios (Dt 6: 4), sin embargo, proclamaron que Jesús era Dios (ver Cristo, Divinidad de). Oraron a Jesús (Hechos 7:59), bautizados en su nombre (Hechos 2:38), afirmaron que estaba exaltado a la diestra de Dios (Hechos 2:33; 7:55) y lo llamaron Señor y Cristo (2: 34-36), el mismo título que le valió a Jesús el cargo de blasfemia del sumo sacerdote judío en su juicio (Mat 26: 63-65).

Los primeros cristianos no tuvieron tiempo suficiente para establecerse antes de ser perseguidos, golpeados, amenazados de muerte e incluso martirizados (Hechos 7: 57-60). Sin embargo, no solo mantuvieron su creencia, sino que también crecieron rápidamente en número. Si lo que testificaron no era real, tenían todas las razones y oportunidades para renunciar a él. Pero no lo hicieron. Solo un encuentro real con el Cristo resucitado puede explicar adecuadamente su existencia como una secta judía que llegó a ser conocida como cristianos (Hechos 11:26).

El crecimiento del cristianismo. A diferencia de otras religiones, como el islam, que creció lentamente al principio, el cristianismo experimentó un crecimiento rápido e inmediato. Tres mil fueron salvos el primer día (Hechos 2:41). Muchos otros se agregaron a sus filas diariamente (Hechos 2:47). En unos días, dos mil más se hicieron creyentes (Hechos 4: 4). El "número de los discípulos se multiplicaba" tan rápidamente que hubo que nombrar diáconos para cuidar de las viudas (Hechos 6: 1). Seguramente nada más que la resurrección corporal de Cristo y su envío del Espíritu Santo (Hechos 1: 8) puede explicar suficientemente este crecimiento inmediato y sorprendente.

Resumen de la evidencia. La evidencia de la resurrección de Cristo es convincente. Hay más documentos, más testigos presenciales y más evidencia corroborativa que para cualquier otro evento histórico de la historia antigua. La evidencia secundaria y complementaria es convincente; cuando se combina con la evidencia directa, presenta un caso destacado a favor de la resurrección física de Cristo. En terminología legal, está "más allá de toda duda razonable".

Objeciones a la resurrección (ver Resurrección, Teorías alternativas de). Se han formulado muchas objeciones contra la resurrección física de Cristo. Algunos afirman que esto calificaría como un milagro, y los milagros no son creíbles (ver Milagros, Argumentos Contra los). Otros afirman que los documentos y testigos que registran estos eventos no eran confiables (ver Nuevo Testamento, Historicidad del; Manuscritos del Nuevo Testamento). Otros más han ideado teorías alternativas que se oponen a la resurrección (ver Muerte de Cristo, Leyenda de la sustitución; Resurrección, Teorías alternativas de). Pero aquellos que tratan de sortear la resurrección caminan contra los vientos huracanados de toda la evidencia. Los hechos son que Jesús de Nazaret realmente murió (ver Cristo, Muerte de) y de hecho regresó de entre los muertos en el mismo cuerpo físico.

Fuentes

W. L. Craig, *Knowing the Truth about the Resurrection* [Conociendo la Verdad Sobre la Resurrección].

N. L. Geisler, The Battle for the Resurrection [La Batalla por la Resurrección].

G. Habermas, *Ancient Evidence for the Life of Jesus. The Resurrection of Jesus* [Evidencia Antigua de la Vida de Jesús. La Resurrección de Jesús].

G. Kittel, *Theological Dictionary of the New Testament* [Compendio del Diccionario Teológico: del Nuevo Testamento].

M. R. Licona, *The Resurrection of Jesus* [La Resurrección de Jesús].

T. Miethe, ed., *Did Jesus Rise from the Dead?* [¿Jesús resucitó de entre los muertos?].

J. W. Montgomery, *History and Christianity* [Historia y Cristiandad].

F. Morrison, *Who Moved the Stone?* [¿Quién Movió la Piedra?]

Resurrección, Naturaleza física de la. Incluso algunos que reconocen que el cuerpo de Jesús desapareció misteriosamente de la tumba y que apareció en forma corporal en varias ocasiones, a partir de entonces niegan la naturaleza física esencial del cuerpo resucitado. Es decir, niegan la creencia ortodoxa de que Jesús fue criado en el mismo cuerpo físico, con cicatrices de crucifixión y todo, en el que murió.

La resurrección de Cristo pierde su valor apologético a menos que sea una resurrección física del mismo cuerpo que murió. De hecho, el apóstol Pablo está dispuesto a decir que el cristianismo es falso si Cristo no resucitó corporalmente de la tumba. Por lo tanto, la defensa de la resurrección como un evento físico que involucra una reanimación del cuerpo físico de Cristo que murió es crucial para la apologética cristiana. La negación de la resurrección física de Cristo equivale a la negación de la resurrección misma, ya que es sólo el cuerpo físico, no el alma, lo que muere. Y si ese cuerpo físico no vuelve a la vida, entonces no hubo resurrección corporal.

La importancia de un cuerpo. El significado de la resurrección física de Cristo es de gran alcance, y las implicaciones de su negación son fundamentales para el cristianismo ortodoxo. De hecho, negarlo afecta tanto a la apologética cristiana como a nuestra misma salvación (Rom 10: 9; 1 Cor 15: 12ss.).

Consideraciones apologéticas ¿Por qué es tan importante para la afirmación de la divinidad de Cristo que su cuerpo resucitado sea el mismo cuerpo físico que fue puesto en la tumba? Esta resulta ser una doble respuesta.

Verificación del Dios real. Primero, esta es la única manera de saber con certeza que la resurrección ocurrió. La tumba vacía en sí misma no prueba la resurrección de Cristo más de lo que lo hace el informe de que un cuerpo ha aparecido desaparecido en una morgue. Tampoco una tumba vacía más una serie de apariciones prueban la resurrección. El cuerpo original podría haber desaparecido y las apariciones podrían ser de otra persona o de la misma persona en otro cuerpo, que es reencarnación, no resurrección. Pero en un contexto teísta (ver Teísmo) donde los milagros son posibles, una tumba vacía más apariciones del mismo cuerpo físico, una vez muerto, pero ahora vivo, son prueba de una resurrección milagrosa.

Sin esta identidad física que conecta el cuerpo anterior y posterior a la resurrección, el valor apologético de la resurrección se destruye. Si Cristo no resucitó en el mismo cuerpo físico que fue colocado en la tumba, entonces la resurrección no prueba nada de su afirmación de ser Dios (Juan 8:58; 10:30). La resurrección sólo confirma la afirmación de Jesús de ser Dios si resucitó en el mismo cuerpo literal en el que fue crucificado.

La verdad del cristianismo se basa directamente en la resurrección corporal de Cristo. Jesús ofreció la resurrección como prueba de su deidad a lo largo de su ministerio (Mateo 12: 38-40; Juan 2: 19-22; 10:18). En un pasaje, presentó su resurrección como la evidencia única de su identidad. Jesús dijo a los que buscaban una "señal": "Porque así como tres días y tres noches estuvo Jonás en el vientre de un gran pez, también tres días y tres noches estará el Hijo del hombre en las entrañas de la tierra" (Mat 12:40).

Jesús no solo presentó su resurrección como la prueba de su deidad, sino que para los apóstoles las apariciones de su resurrección fueron "muchas pruebas convincentes" (Hechos 1: 3). Al presentar las afirmaciones de Cristo, continuamente usaron el hecho de la resurrección corporal de Cristo como la base de su argumento (cf. Hechos 2: 22-36; 4: 2,10; 13: 32-41; 17: 1-4, 22 31). Pablo concluyó que Dios "de ello ha dado pruebas a todos al levantarlo de entre los muertos" (Hechos 17:31).

La continuidad física entre el cuerpo de Cristo antes y después de la resurrección se hace repetidamente en la predicación apostólica. El primer sermón de Pedro declaró que los judíos "lo mataron clavándolo en la cruz. Pero Dios le levantó de los muertos" (Hechos 2: 23-24). Agrega: "No fue abandonado a la tumba, ni su cuerpo vio descomposición. Dios ha resucitado a este Jesús, y nosotros somos testigos de ello" (vv. 31-32). Pablo es igualmente específico al hacer la conexión entre el cuerpo real que fue puesto en la tumba y el que resucitó. Él dice: "Lo bajaron del árbol y lo pusieron en una tumba. Pero Dios le levantó de los muertos" (Hechos 13: 29-31).

Verificación del evento real. En segundo lugar, a menos que Cristo resucitó en un cuerpo físico y material, la resurrección no es verificable. No hay forma de verificar que realmente resucitó a menos que resucitara en el mismo cuerpo físico tangible en el que murió y fue sepultado. Si el cuerpo resucitado era esencialmente inmaterial y "parecido a un ángel" (Harris, *Raised Immortal*), pág. 53, 124, 126), entonces no hay forma de verificar que ocurrió la resurrección. Una manifestación en forma de ángel no prueba una resurrección corporal. En el mejor de los casos, una manifestación angelical prueba que hay un espíritu con el poder de materializarse después de que ha salido del cuerpo.

Incluso los ángeles que son espíritus puros (Hebreos 1:14) tenían el poder de "materializarse" (Gén 18). Los ángeles que se le aparecieron a Abraham asumieron una forma visible (Génesis 18: 8; 19: 3). Pero esto no era una prueba de que por naturaleza poseyeran cuerpos físicos. De hecho, no lo hacen; son espíritus (Mateo 22:30; Lucas 24:39; Hebreos 1:14). Sus manifestaciones tampoco estaban en continuidad física con un cuerpo terrenal anterior, como es el caso del cuerpo resucitado de Cristo. Las manifestaciones angelicales eran formas simplemente asumidas temporalmente para facilitar la comunicación con los seres humanos. Colocar las apariciones de Jesús en esta categoría es reducir la resurrección a una teofanía.

No sólo menosprecia la naturaleza del cuerpo resucitado de Cristo al llamarlo "parecido a un ángel", sino que también destruye su valor probatorio. Porque hay una diferencia real entre una manifestación angelical y un cuerpo físico literal. La resurrección en un cuerpo inmaterial no es prueba de que Cristo conquistó la muerte de su cuerpo material (cf. 1 Cor 15:54 56). Un cuerpo de resurrección inmaterial no difiere sustancialmente de ningún cuerpo de resurrección en absoluto.

Consideraciones teológicas. El problema de la creación. Dios creó un mundo material y lo declaró "muy bueno" (Gn 1:31; cf. Ro 14:14; 1 Ti. 4: 4). El pecado trastornó el mundo y trajo decadencia y muerte (Gn 2:17; Ro 5:12). Toda la creación material fue sujeta a esclavitud debido al pecado (Romanos 8: 18-25). Sin embargo, a través de la redención, la decadencia y la muerte se revertirán. Porque "la creación misma será liberada de su esclavitud a la descomposición" (v. 21). De hecho, "toda la creación [material] ha estado gimiendo mientras esperamos ansiosamente nuestra adopción como hijos, la redención de nuestros cuerpos" (vv. 22-23). Dios revertirá la maldición sobre la creación material mediante una resurrección material. Cualquier cosa menos que la resurrección del cuerpo físico no restauraría la creación perfecta de Dios como una creación material. Por tanto, una resurrección inmaterial es contraria a los propósitos creativos de Dios. Así como Dios volverá a crear el universo físico (2 Pedro 3: 10-13; Apocalipsis 21: 1-4), así también reconstituirá el cuerpo humano material al redimir al que murió.

Cualquier cosa que no sea una recreación material del mundo y una reconstrucción material del cuerpo significaría un fracaso para el propósito creativo de Dios. El estudioso del Nuevo Testamento Robert Gundry señala: "Cualquier cosa menos que eso debilita la última intención de Pablo de que el hombre redimido posea medios físicos de actividad concreta para el servicio eterno y la adoración de a Dios en una creación restaurada". Entonces, "desmaterializar la resurrección, por cualquier medio, es castrar la soberanía de Dios tanto en el propósito creativo como en la gracia redentora" (Gundry, pág. 182).

El problema de la salvación. Hay serios problemas de "salvación" al negar la naturaleza física de la resurrección de Cristo. El Nuevo Testamento enseña que creer en la resurrección corporal de Cristo es una condición para la salvación (Ro 10: 9-10; 1 Tes. 4:14). Es parte de la esencia del evangelio mismo (1 Cor 15: 1-5). La comprensión del cuerpo (soma) en el Nuevo Testamento era de un cuerpo físico literal. Por lo tanto, la negación de la resurrección física de Cristo destruye el Evangelio.

Además, sin una resurrección física, no hay continuidad material entre el cuerpo anterior y posterior a la resurrección. De hecho, serían dos cuerpos diferentes (Harris, From Grave to Glory [Del Sepulcro a la Gloria], pág. 54-56, 126). Sin embargo, como observa Gundry, "también se necesita una continuidad

física. Si un espíritu humano, una especie de tercero, es la única conexión entre los cuerpos mortales y resucitados, la relación de los dos cuerpos entre sí es extrínseca y para ese decreto poco impresionante como demostración de la victoria de Cristo sobre la muerte" (pág. Gundry, 176).

En términos más fuertes, Gundry concluye que "la resurrección de Cristo fue y la resurrección de los cristianos será de naturaleza física" (ibid., pág. 182). Sin una resurrección física no hay base para celebrar la victoria sobre la muerte física.

El problema de la encarnación. La negación de la naturaleza física del cuerpo resucitado es un grave error "doctrinal". Es una especie de neodocetismo (ver Docetismo). Los docetistas eran un grupo poco ortodoxo del siglo II que negaba que Jesús fuera verdaderamente humano (Cross, pág. 413). Creían que Jesús era realmente Dios, pero que solo parecía ser humano. Negaron que tuviera carne humana real.

Un error doctrinal similar existió en el primer siglo. Juan advierte contra aquellos que niegan que "Jesucristo ha venido en carne" (1 Juan 4: 2; cf. 2 Juan 7). De hecho, cuando Juan dijo "ha venido" (participio perfecto), implica que Cristo vino en carne y todavía permanece (después de su resurrección) en la carne. En 1 Juan 4: 2, el participio perfecto (eleluthota) significa "no solo que Jesucristo vino en la plenitud de los tiempos vestido de carne, sino que, por lo tanto, "aún está presente" ... Él es un Cristo que ha venido, que vino y quien permanece en la carne" (Schep, pág. 71-72). Al comentar sobre el pasaje paralelo en 2 Juan 7, el ilustrado griego A. T. Robertson observa que la construcción (participio presente medio) trata la encarnación como un hecho continuo. Eso es lo que los gnósticos docéticos (ver Gnosticismo) negaron (Robertson, pág. 6: 253). Negar que Cristo tuvo un cuerpo material antes o después de su resurrección es una falsa doctrina. El actual *docetismo posresurrección niega que el que vino en la carne también fue criado en la carne (Harris, From Grave to Glory, [Del Sepulcro a la Gloria] pág. 124-26).

Tener carne humana es esencial para la plena humanidad de Cristo y se usa repetidamente para describirlo (Juan 1:14; 1 Tim 3:16; 1 Juan 4: 2; 2 Juan 7). Si esto es así, entonces, a menos que Cristo resucitara inmortal en la carne, no era completamente humano. Esto es particularmente grave, ya que el ministerio de Cristo para nuestra salvación no terminó en la cruz. Según Hebreos, Cristo "vive siempre para interceder por nosotros" (Heb 7:24). De hecho, debido a que Jesús es completamente humano, puede "compadecerse de nuestra debilidad" en su ministerio de sumo sacerdote (Heb 4:15). Por tanto, la plena humanidad de Cristo es necesaria para nuestra salvación. Pero según las Escrituras, la "carne" humana era una parte necesaria de su humanidad plena. Por lo tanto, si Cristo no resucitó en esa carne humana, no es completamente humano y no puede ser seguro para lograr nuestra salvación.

El problema de la inmortalidad humana. Además, negar la resurrección física deja un serio problema sobre la inmortalidad cristiana. Si Cristo no resucitó en el mismo cuerpo físico en el que fue crucificado, entonces tampoco tenemos esperanza de que seremos victoriosos sobre la muerte física. Es sólo a través de la resurrección física de Cristo que el creyente puede proclamar triunfalmente: "¿Dónde, oh muerte, está tu victoria? ¿Dónde, oh muerte, está tu aguijón? (1 Corintios 15:55). Porque es solo a través de la resurrección física que Dios "destruyó la muerte y sacó a la luz la vida y la inmortalidad por medio del evangelio" (2 Ti 1:10). Como dijo Pablo a los corintios: "Y si Cristo no ha resucitado... en este caso, también están perdidos los que murieron en Cristo" (1 Cor 15:18).

El problema de la decepción moral. Existe un serio problema "moral" de engaño al negar la resurrección física. Nadie puede mirar directamente al registro evangélico de las apariciones de Cristo después de la resurrección y negar que Jesús trató de convencer a los discípulos escépticos de que tenía un cuerpo físico real. Dijo: "Miren mis manos y mis pies. ¡Soy yo mismo! Tóquenme y vean; un espíritu no tiene carne ni huesos, como ven que los tengo yo" (Lucas 24:39). Comió en presencia de ellos (vv. 41-43). Él desafió a Tomás, "Pon tu dedo aquí y mira mis manos. Acerca tu mano y métela en mi costado. Y no seas incrédulo, sino hombre de fe" (Juan 20:27; ver Resurrección, Evidencias a favor de la).

Dado el contexto de la afirmación de Jesús y de la creencia judía en la resurrección física (cf. Juan 11:24; Hechos 23: 8), no hay otra impresión razonable que estas declaraciones pudieran haber dejado en la mente de los discípulos que la de que Jesús estaba intentando convencerlos que resucitó en el mismo cuerpo físico en el que murió. Si el cuerpo resucitado de Jesús era solo un cuerpo inmaterial, entonces Jesús engañó a sus discípulos. Si el cuerpo resucitado de Jesús no era un cuerpo físico tangible, entonces estaba mintiendo.

Evidencia de una resurrección física. Como se muestra en el artículo Resurrección, Evidencias a favor de la; los argumentos en contra de la resurrección son infundados. Es más, la evidencia a favor de la naturaleza física de la resurrección también es abrumadora. Si bien algunos de los siguientes también son evidencia de la historicidad de la resurrección, también verifican que Jesús no era "como un ángel" en sus apariciones. Más bien, mostró un cuerpo muy real, el mismo cuerpo en el que fue crucificado.

Jesús fue tocado por manos humanas. Jesús desafió a Tomás, "Pon tu dedo aquí y mira mis manos. Acerca tu mano y métela en mi costado" (Juan 20:27). Tomás respondió: "¡Señor mío y Dios mío!" (v. 28). Asimismo, cuando María se aferró a Jesús después de su resurrección, él ordenó: "No me retengas, porque todavía no he vuelto al Padre" (Juan 20:17). Mateo agrega que las mujeres abrazaron los pies de Jesús y lo adoraron (Mateo 28: 9). Más tarde, cuando Jesús se apareció a los diez discípulos, dijo: "Miren mis manos y mis pies. ¡Soy yo mismo! Tóquenme y vean..." (Lucas 24:39). El cuerpo resucitado de Jesús era un cuerpo físico que se podía tocar, incluidas las huellas de clavos y lanzas.

El cuerpo de Jesús tenía carne y huesos. Quizás la evidencia más fuerte de la naturaleza física del cuerpo resucitado es que Jesús dijo enfáticamente: "Tóquenme y vean; un espíritu no tiene carne ni huesos, como ven que los tengo yo" (Lucas 24:39). Luego, para probar su punto, pidió algo de comer y "le dieron un trozo de pescado asado, y él lo tomó y lo comió en su presencia" (vv. 41-42).

Pablo señaló correctamente que la corruptible "carne y la sangre no puede heredar el reino de Dios" (1 Corintios 15:50), pero Jesús no tenía carne corruptible; no tenía pecado (2 Corintios 5:21; Heb 4:15). Era de carne, pero no carnal. No tuvo carne humana pecaminosa (Hebreos 4:15); sin embargo, murió y resucitó de entre los muertos en carne humana real (sarx, Hechos 2:31). Juan enfatizó la continua encarnación de Jesús en carne cuando advirtió: "Es que han salido por el mundo muchos engañadores que no reconocen que Jesucristo ha venido [y permanece] en cuerpo humano". (2 Juan 7). El uso del participio presente en griego significa que Cristo permaneció en la carne incluso mientras esto estaba escrito. La afirmación de que era carne física antes de la resurrección, pero después carne no física es una forma de gnosticismo o docetismo.

Jesús comió comida física. Otra evidencia que Jesús ofreció de la naturaleza física y tangible de su cuerpo de resurrección fue la capacidad de comer, lo que hizo al menos en cuatro ocasiones (Lucas 24:30, 41-43; Juan 21:12 13; Hechos 1: 4). Hechos 10:40 indica que Jesús comió a menudo con los discípulos después de su resurrección, hablando de los apóstoles que "comieron y bebieron con él después que resucitó de los muertos".

A diferencia de los ángeles, el cuerpo resucitado de Jesús fue material por naturaleza (Lucas 24:39). Dado este contexto, habría sido un puro engaño por parte de Jesús haber mostrado su carne y huesos y mostrar su capacidad de comer comida física como prueba de su cuerpo físico si no hubiera resucitado en un cuerpo físico.

El cuerpo de Jesús tenía sus heridas. Otra evidencia inequívoca de la naturaleza física del cuerpo resucitado fue que poseía las heridas físicas de la crucifixión de Jesús. Ningún supuesto cuerpo espiritual o inmaterial tendría cicatrices físicas (Juan 20:27). De hecho, en este mismo cuerpo físico Jesús ascendió al cielo, donde todavía se le ve como "a un Cordero que estaba de pie y parecía haber sido sacrificado" (Ap 5: 6). Y cuando Cristo regrese, será "este mismo Jesús, que ha sido llevado de entre ustedes al cielo" (Hechos 1:11). Estas mismas cicatrices físicas de su crucifixión serán visibles en su segunda venida, porque Juan declaró: "¡Miren que viene en las nubes! Y todos lo verán con sus propios ojos, incluso quienes lo traspasaron" (Ap 1: 7).

El cuerpo de Jesús fue reconocido. Las palabras usuales para "ver" (horao, teoreo) y "reconocer" (epiginosko [Proginosko]) objetos físicos de Cristo se usaron una y otra vez en su estado de resurrección (ver Mateo 28: 7, 17; Marcos 16: 7; Lucas 24: 24; Juan 20:14; 1 Corintios 9: 1). De vez en cuando, Jesús no fue reconocido inicialmente por algunos de los discípulos. Lucas contó de una ocasión que "no lo reconocieron, pues sus ojos estaban velados". (24:16) y luego "se les abrieron los ojos y lo reconocieron" (v. 31). Sin embargo, a menudo había factores puramente naturales, como su perplejidad (Lucas 24: 17-21), dolor (Juan 20: 11-15), la penumbra de la luz (Juan 20: 14-15), la distancia visual (Juan 21: 4), lo repentino de la aparición de Jesús (Lucas 24: 36-37), la ropa diferente que tenía (Juan 19: 23-24; 20: 6-8), o su torpeza espiritual (Lucas 24:25-26) e incredulidad (Juan 20: 24-25). En todos los casos, la dificultad fue temporal. Antes de que terminaran las apariciones, no quedaba absolutamente ninguna duda en sus mentes de que Cristo se había levantado en un cuerpo material literal.

El cuerpo de Jesús se podía ver y oír. El cuerpo resucitado de Jesús no solo se podía tocar y manejar, sino también ver y oír. Mateo dice que "cuando le vieron, le adoraron" (Mat 28:17). Los discípulos de Emaús lo reconocieron mientras comían juntos (Lucas 24:31), quizás por sus movimientos corporales (cf. v. 35). El término griego para reconocer (epiginosko [Proginosko]) significa "conocer, comprender o reconocer". Es un término común para reconocer un objeto físico (Marcos 6:33, 54; Hechos 3:10). María pudo haber reconocido a Jesús por el tono de su voz (Juan 20: 15-16). Tomás lo reconoció, probablemente incluso antes de que tocara las cicatrices de la crucifixión (Juan 20: 27-28). Durante el período de cuarenta días, todos los discípulos lo vieron y escucharon y experimentaron las "pruebas convincentes" de que estaba vivo (Hch 1: 3; cf. 4: 2, 20).

La resurrección ha salido de entre los Muertos. La resurrección a menudo se describe en el Nuevo Testamento como "de (ek) entre los muertos" (cf. Marcos 9: 9; Lucas 24:46; Juan 2:22; Hechos 3:15; Romanos 4:24; 1 Corintios 15: 12). Literalmente, esta palabra griega ek significa que Jesús resucitó "de entre" los cadáveres, es decir, de la tumba donde están enterrados los cadáveres (Hechos 13: 29-30). Estas mismas palabras se utilizan para describir la resurrección de Lázaro "de entre los muertos" (Juan 12: 1). En este caso, no hay duda de que salió de la tumba en el mismo cuerpo en el que fue enterrado. Por lo tanto, la resurrección fue de un cadáver físico de una tumba o cementerio. Como señaló correctamente Gundry, "Para alguien que había sido fariseo, tal fraseología podía tener un solo significado: resurrección física" (Gundry, pág. 177).

El Soma siempre significa el cuerpo físico. Cuando se usa para un ser humano individual, la palabra cuerpo (soma) siempre significa cuerpo físico en el Nuevo Testamento. No hay excepciones a este uso en el Nuevo Testamento. Pablo usa soma para el cuerpo resucitado de Cristo (1 Cor 15: 42-44), lo que indica su creencia de que era un cuerpo físico. El trabajo exegético definitivo sobre el soma fue realizado por Gundry (ibid.). Como evidencia de la naturaleza física del cuerpo de resurrección, señala "el uso sin excepciones del soma por parte de Pablo para un cuerpo físico" (ibid., pág. 168). Así, concluye que "el uso consistente y exclusivo del soma para el cuerpo físico en contextos antropológicos resiste la desmaterialización de la resurrección, ya sea por idealismo o existencialismo" (ibid.).

Para aquellos que piensan que Pablo debería haber usado otra palabra para expresar la resurrección física, Gundry responde: "Pablo usa soma precisamente porque la fisicalidad de la resurrección es fundamental para su soteriología" (ibid., pág. 169). Este uso constante de la palabra soma para un cuerpo físico es una confirmación más de que el cuerpo resucitado de Cristo era un cuerpo literalmente material.

La tumba fue desocupada. Junto con las apariciones del mismo Jesús crucificado, la tumba vacía proporciona un fuerte apoyo a la naturaleza física del cuerpo resucitado de Cristo. Los ángeles declararon: "No está aquí, pues ha resucitado, tal como dijo. Vengan a ver el lugar donde lo pusieron". (Mat 28: 6). Dado que fue un cuerpo literalmente material el que fue colocado allí, y dado que ese mismo cuerpo físico había cobrado vida, se deduce que el cuerpo de resurrección fue el mismo cuerpo material que murió.

Las ropas de la tumba fueron desenvueltas. Cuando Pedro entró en la tumba, "Vio allí las vendas y el sudario que había cubierto la cabeza de Jesús, aunque el sudario no estaba con las vendas sino enrollado en un lugar aparte" (Juan 20: 6-7). Ciertamente, si los ladrones lo hubieran robado, no se habrían tomado el tiempo de quitar y doblar el paño para la cabeza. Tampoco si Jesús se hubiera vaporizado a través de los mantos de la tumba, el paño para la cabeza habría estado en un lugar separado, completamente doblado por sí solo. Estos detalles revelan la verdad de que el cuerpo material de Jesús que una vez estuvo allí había sido restaurado a la vida (Hechos 13: 29-30). Juan estaba tan convencido por esta evidencia de una resurrección física que cuando la vio creyó que Jesús había resucitado, aunque todavía no lo había visto (Juan 20: 8).

El cuerpo que murió es el mismo que resucitó. Si el cuerpo resucitado es numéricamente idéntico al cuerpo después de la resurrección, y el cuerpo anterior a la resurrección es incuestionablemente material, entonces se entiende que el cuerpo resucitado también es material. Esto, por supuesto, no significa que todas las partículas sean iguales. Incluso nuestro cuerpo anterior a la resurrección cambia sus partículas continuamente, pero es el mismo cuerpo material. Significa que el cuerpo resucitado es el mismo cuerpo material sustancial y continuo, sean cuales sean los cambios accidentales que pueda haber en sus moléculas dadas. Además de la tumba vacía, los vestidos de la tumba vacías y las cicatrices de la crucifixión, hay otras líneas de evidencia de que la resurrección de Cristo tuvo lugar en el mismo cuerpo físico que murió.

Primero, Jesús dijo de antemano que el mismo templo, su cuerpo, sería destruido y resucitado. Dijo: "Destruyan este templo y lo levantaré de nuevo en tres días". (Juan 2:19). El "lo levantaré" manifiesta que el cuerpo resucitado es uno y el mismo que el cuerpo destruido por la muerte.

En segundo lugar, la misma identidad está implícita en la fuerte comparación entre la muerte y resurrección de Jesús y la experiencia de Jonás en el gran pez (Mat. 12:39; 16: 4). Dijo: "Porque así como tres días y tres noches estuvo Jonás en el vientre de un gran pez, también tres días y tres noches estará el Hijo del hombre en las entrañas de la tierra". (Mateo 12:40). Obviamente, en ambos casos, el mismo cuerpo físico que entró fue el mismo que salió. Por lo tanto, la identidad inseparable entre el cuerpo de Jesús antes y después de la resurrección de Pablo, el fariseo convertido, es una fuerte confirmación de que él está afirmando la naturaleza física del cuerpo de la resurrección.

En tercer lugar, Pablo agregó: "Porque lo corruptible tiene que vestirse de lo incorruptible, y lo mortal, de inmortalidad". (1 Cor 15:53). Es de notar que Pablo no dice que este cuerpo corruptible será reem-

plazado por un modelo incorruptible. Más bien, este cuerpo físico que ahora es corruptible se "vestirá" con el elemento adicional de incorruptibilidad. Si se enterrara un cuerpo material y se levantara un cuerpo espiritual o inmaterial, no sería el mismo cuerpo. Pero en este texto, Pablo afirma la identidad numérica entre el cuerpo anterior y posterior a la resurrección.

Cuarto, el sermón de Pablo en Antioquía revela la identidad entre el cuerpo que fue asesinado en la cruz y el que fue levantado de entre los muertos. Dijo: "Después de llevar a cabo todas las cosas que estaban escritas acerca de él, lo bajaron del madero y lo sepultaron. Pero Dios lo levantó de entre los muertos" (Hechos 13: 29-30).

Finalmente, la estrecha conexión entre la muerte y la resurrección apunta a la identidad numérica del cuerpo resucitado. Pablo consideró de primera importancia que "Cristo murió por nuestros pecados según las Escrituras, que fue sepultado, que resucitó al tercer día según las Escrituras" (1 Co 15: 3-4). En otra parte, Pablo declara que lo que fue "sepultado" fue "resucitado de la muerte" (Ro 6: 3-5; cf. Hechos 2: 23-24; 3:15; 4:10; 5:30; 10: 39- 40; 13: 29-30; Colosenses 2:12). Es digno de mención que, "como ex fariseo, Pablo no podría haber usado un lenguaje tan tradicional sin reconocer su intención de retratar la resurrección de un cadáver" (Gundry, pág. 176).

En vista de la evidencia, no hay justificación para la afirmación de que el cuerpo anterior y posterior a la resurrección no tiene "identidad material" y que "el cuerpo de la resurrección no tendrá la anatomía o fisiología del cuerpo terrenal" (Harris, Raised Immortal, pág. 124, 126). Y dado que los creyentes tendrán cuerpos como el de él (Fil 3:21), se deduce que el de ellos también será material. De hecho, muchos de los argumentos anteriores se pueden aplicar directamente a los creyentes. Por ejemplo, la Biblia dice que se levantarán del "polvo de la tierra" (Dan 12: 2) y "saldrán" de estar "en los sepulcros" (Juan 5: 28-29), indicando así la naturaleza material de sus cuerpos resucitados.

Conclusión. Murray Harris afirmó que el cuerpo de resurrección es "espiritual" y no realmente un cuerpo físico de carne y huesos. Él escribió: "En consecuencia, la 'carne y los huesos' materiales que Jesús tuvo durante este encuentro con sus discípulos no eran parte de su 'cuerpo espiritual', sino que se había asumido temporalmente, en todo caso, por razones de evidencia, como acomodaciones al entendimiento de sus discípulos" (Harris, From Grave to Glory, pág. 392). Pero si las cicatrices de la crucifixión no estaban en el cuerpo de resurrección "espiritual" real, sino sólo en el que se asumió temporalmente por razones de evidencia, entonces Jesús engañó a sus discípulos cuando dijo de este cuerpo temporal de carne y huesos: "Mira mis manos y mis pies. ¡Soy yo mismo!" (Lucas 24:39). Según Harris, este cuerpo temporal no era ni el cuerpo físico en el que Jesús fue crucificado ni su cuerpo de resurrección real ("espiritual"). Si la afirmación de Harris es correcta, Jesús engañó rotundamente a sus discípulos.

El único cuerpo que realmente tenía las cicatrices de la crucifixión era el cuerpo físico de carne y hueso en el que murió Jesús. Pero según Harris, el cuerpo material asumido temporalmente en el que apareció Jesús no era el mismo cuerpo de carne que tenía las cicatrices de la crucifixión en sí. De esto se deduce, entonces, que el cuerpo físico tomado temporalmente que Jesús mostró a sus discípulos era solo una réplica del cuerpo de crucifixión. Si Harris tiene razón, entonces Jesús mintió rotundamente; esto parece una seria objeción a la opinión de Harris.

La Biblia es muy clara sobre la naturaleza del cuerpo resucitado. Es el mismo cuerpo físico y material de carne y huesos que murió. De hecho, existen numerosas líneas de evidencia para apoyar esto. La evidencia de la naturaleza física del cuerpo resucitado es abrumadora (ver Resurrección, Evidencias a favor de la). Y su importancia para el cristianismo difícilmente puede subestimarse. Cualquier negación de la resurrección corporal física de Cristo es un asunto serio. Las negaciones de los evangélicos son aún más serias, incluidas las que utilizan el término tradicional resurrección corporal para afirmar sus puntos de vista. Porque la resurrección "corporal" siempre ha significado que Jesús resucitó en el mismo cuerpo físico y material en el que murió. Como dijo el poeta John Updike:

> Que nadie se confunda: si es que resucitó,
> Fue como su cuerpo;
> Si la disolución celular no se revirtió, la molécula
> no se volvió a tejer,
> Los aminoácidos no volvieron a arder,
> La Iglesia caerá.

Que Jesús resucitó de entre los muertos en el mismo cuerpo físico de carne y huesos en el que fue crucificado es un eje de la teología ortodoxa y la apologética. El cristianismo histórico se sostiene o cae sobre la historicidad y la materialidad de la resurrección corporal de Cristo.

Fuentes

W. F. Arndt and F. W. Gingrich, *A Greek-English Lexicon of the New Testament and Other Early Christian Literature* [Un léxico griego-inglés del Nuevo Testamento y Otra Literatura Cristiana Primitiva.].

W. L. Craig, *Knowing the Truth about the Resurrec-tion* [Conociendo la Verdad Sobre la Resurrección].

F. L. Cross, ed., The Oxford Dictionary of the Christian Church [El Diccionario Oxford de la Iglesia Cristiana].

N. L. Geisler, The Battle for the Resurrection [La Batalla de la Resurrección].

———— *In Defense of the Resurrection* [En Defensa de la Resurrección].

R. Gundry, *Soma in Biblical Theology* [Soma en la Teología Bíblica].

M. Harris, *From Grave to Glory* [De la Tumba a la Gloria].

————, *Raised Immortal* [Inmortal resucitado]

G. Kittel and G. Friedrich, eds., *The Theological Dictionary of the New Testament* [El Diccionario Teológico del Nuevo Testamento].

M. R. Licona, *The Resurrection of Jesus* [La Resurrección de Jesús].

A. T. Robertson, *Word Pictures in the New Testament* [Imágenes verbales en el Nuevo Testamento].

J. A. Schep, *The Nature of the Resurrection Body* [La Natualeza del Cuerpo Resucitado].

Resurrección, Objeciones a la. Entre las objeciones estándar planteadas contra la resurrección física de Cristo, algunas son que los milagros en general, incluido el milagro de la resurrección, no son creíbles. Estos se responden específicamente en el artículo Miracles, Arguments Against [Milagros, Argumentos en Contra]. Otros insisten en que no podemos conocer los verdaderos acontecimientos que rodearon la muerte y resurrección de Cristo porque los documentos del Nuevo Testamento son defectuosos. Sobre esta incertidumbre, ver Hechos, Historicidad del libro de los; Arqueología del Nuevo Testamento; Biblia Crítica a la; Seminario de Jesús; Nuevo Testamento, historicidad de; Manuscritos del Nuevo Testamento.

Resurrección, Teorías alternativas de. La evidencia de la resurrección física sobrenatural de Cristo es convincente (ver Resurrección, Evidencias a favor de la; Resurrección, Naturaleza Física de la), y las objeciones pueden ser respondidas adecuadamente (ver Resurrección, Objeciones a la). Se han intentado explicaciones alternativas a una resurrección física sobrenatural, pero una breve encuesta mostrará que también fallan.

Teorías naturalistas. En todas las teorías naturalistas, en las que se asume que Jesús murió y no volvió a la vida, dos cuestiones son problemas inevitables: primero, dado el hecho ineludible de que Jesús murió en la cruz (ver Cristo, Muerte de; Teoría del Desmayo), un problema básico con todas las teorías naturalistas es explicar qué pasó con el cadáver. Es necesario explicar por qué los registros más antiguos hablan de una tumba vacía o por qué nunca se encontró el cadáver. En segundo lugar, los primeros discípulos testificaron haber visto una tumba vacía y estar con Jesús en las semanas posteriores a su muerte. Si no es cierto, ¿por qué estos informes los motivaron tanto a realizar acciones tan extraordinarias?

Las autoridades movieron el cuerpo. Una hipótesis propone que las autoridades romanas o judías tomaron el cuerpo de la tumba a otro lugar, dejando la tumba vacía. Los discípulos supusieron erróneamente que Jesús resucitó de entre los muertos.

Si los romanos o el Sanedrín tenían el cuerpo, ¿por qué acusaron a los discípulos de robarlo (Mat 28: 11-15)? Tal acusación no habría tenido sentido. Y si los oponentes del cristianismo tenían el cuerpo, ¿por qué no lo produjeron para detener la historia de la resurrección? La reacción de las autoridades revela que no sabían dónde estaba el cuerpo. Continuamente resistieron la enseñanza de los apóstoles, pero nunca intentaron refutarla. Esta teoría es contraria a la conversión de Santiago y especialmente a Saulo. ¿Cómo pudo un crítico tan severo como Saulo de Tarso (cf. Hechos 8-9) ser engañado?

Ciertamente, esta teoría no explica las apariciones de la resurrección. ¿Por qué Jesús siguió apareciendo a todas estas personas en el mismo cuerpo lleno de cicatrices de uñas en el que fue colocado en la tumba? También es contrario a las conversiones de personas de la oposición al lado de Jesús. Se asume que Pablo fue engañado cuando estaba profundamente en el campo judío anticristiano, pero sin saber que el cuerpo estaba disponible. Y fue engañado haciéndole creer en la resurrección.

La hipótesis del cuerpo robado es un argumento falaz de la inocencia. No hay ni una pizca de evidencia que lo respalde.

La tumba nunca fue visitada. Una teoría es que, en los dos meses posteriores a la muerte de Jesús, se apareció en alguna forma espiritual a algunos de los discípulos, y ellos predicaron la resurrección basándose en esto. Pero nadie revisó la tumba para ver si el cadáver de Jesús realmente estaba allí. ¿Por qué iban a hacerlo, si ya lo habían visto vivo?

Si no podemos creer nada más del registro más antiguo de los Evangelios, difícilmente podemos evitar el punto de que la tumba de Jesús era un lugar muy concurrido esa madrugada. Si el tema nunca surgió, ciertamente quemó las mentes de los escritores de los Evangelios. Una armonización del orden de los acontecimientos se encuentra en el artículo Resurrection, Objections to. [Resurrección, Objeciones a.] Las mujeres que vinieron a terminar los procedimientos de entierro (Marcos 15: 1) vieron la piedra removida y la

tumba vacía. Juan llegó al lugar de la tumba y vio la ropa del entierro, seguido por Pedro, quien entró en la tumba y vio la ropa de la tumba y un pañuelo para la cabeza (una tira envuelta alrededor de la cabeza para mantener la mandíbula cerrada) yaciendo por separado (Juan 20: 3-8). Si bien Pablo no menciona explícitamente la tumba vacía, lo insinúa cuando habla del entierro de Jesús como una condición previa a su resurrección (1 Cor 15: 4).

Los guardias estaban seguros de haber hecho un registro minucioso de la tumba antes de informar a los líderes judíos que su cuerpo había desaparecido (Mateo 28: 11-15). Sus vidas se perderían si hubiera abandonado su deber. Estos guardias no habrían tenido que estar de acuerdo con la historia de portada de que los discípulos habían robado el cuerpo si hubieran podido ofrecer alguna explicación alternativa razonable. Pero la historia de los guardias no explica las apariciones de la resurrección, la transformación de los discípulos o las conversiones masivas de personas solo semanas después en la misma ciudad donde había sucedido.

Las mujeres fueron a la tumba equivocada. Algunos sugieren que las mujeres fueron a la tumba equivocada en la oscuridad, la vieron vacía y pensaron que Jesús había resucitado. Esta historia fue luego difundida por ellos a través de las filas de los discípulos y los llevó a creer en las resurrecciones de Cristo. Hay serios problemas con una historia tan simplista. Si estaba tan oscuro, ¿por qué María Magdalena asumió que el jardinero estaba trabajando (Juan 20:15). ¿Por qué Pedro y Juan cometieron el mismo error que las mujeres cuando llegaron más tarde, a la luz del día (Juan 20: 4-6)? Había suficiente luz para ver los mantos de la tumba y el velo enrollado en una tumba oscura como una cueva (v. 7).

Si los discípulos iban a la tumba equivocada, las autoridades solo tenían que ir a la correcta y mostrarles el cuerpo. Eso fácilmente habría refutado todas las afirmaciones de una resurrección.

Y, al igual que con otras teorías naturalistas (ver Naturalismo), esto no ofrece ninguna explicación para los informes de que Jesús apareció.

Los discípulos robaron el cuerpo. Los guardias difundieron la historia de que los discípulos habían robado el cuerpo durante la noche y lo habían llevado a un lugar desconocido. Esta sigue siendo una afirmación popular, particularmente en los círculos judíos. La historia explica una tumba vacía y la incapacidad de nadie para refutar la afirmación de que Jesús se levantó de entre los muertos.

El robo de tumbas no está de acuerdo con lo que sabemos del carácter moral de los discípulos. Eran hombres honestos. Enseñaron y vivieron de acuerdo con los más altos principios morales de honestidad e integridad. Pedro negó específicamente que los apóstoles siguieran cuentos ingeniosamente ideados (2 Pedro 1:16). Además, los discípulos no parecen ser particularmente sutiles o inteligentes. Hasta ese momento, no habían entendido cómo encajaban las profecías con Jesús. Ni siquiera habían entendido que iba a morir, y mucho menos que iba a resucitar (Juan 13:36).

En la escena de la tumba, encontramos a estos conspiradores confundidos y desconcertados, tal como sospecharíamos si no tuvieran ni idea de lo que estaba sucediendo. No sabían qué pensar cuando vieron por primera vez la tumba vacía (Juan 20: 9). Se dispersaron y se escondieron por temor a ser atrapados (Marcos 14:50).

Quizás la objeción más seria es que el engaño fue tan exitoso. Para que eso sucediera, los apóstoles tuvieron que persistir en esta conspiración hasta la muerte y morir por lo que sabían que era falso. Las personas a veces mueren por lo que creen que es verdad, pero tienen poca motivación para morir por lo que saben que es una mentira. Parece increíble que ningún discípulo se haya retractado jamás de creer en la resurrección de Cristo, a pesar del sufrimiento y la persecución (cf. 2 Cor 11: 22-33; Heb 11: 32-40). No solo murieron por esta "mentira", sino que los apóstoles colocaron la fe en la resurrección en el centro de su fe (Rom 10: 9; 1 Cor 15: 1-5, 12-19). De hecho, fue el tema de la primera predicación de los apóstoles (Hechos 2: 30-31; 3:15; 4:10, 33).

Es contrario a las conversiones de Santiago y Pablo (Juan 7: 5; Hechos 9; 1 Cor 15: 7). Estos escépticos ciertamente se habrían enterado eventualmente del complot, y nunca habrían permanecido en la fe sobre esa base.

Finalmente, si el cuerpo fue robado y todavía estaba muerto, ¿por qué seguía apareciendo vivo, tanto a los discípulos como a otros que no eran discípulos? Jesús se apareció corporalmente a María, a Santiago (el hermano incrédulo de Jesús) y más tarde a Pablo, el mayor oponente judío del cristianismo primitivo.

José de Arimatea tomó el cuerpo. Una noción similar es que José de Arimatea movió el cuerpo de Jesús. Él era un creyente secreto en Jesús, y Jesús fue enterrado en la tumba de José. Los problemas de esta teoría se reducen a "¿Por qué?" "¿Cuándo?" ¿y Dónde?".

¿Por qué movería el cuerpo? José realmente no tenía ninguna razón. No podía ser para evitar que los discípulos lo robaran, ya que era discípulo (Lucas 23: 50-51). Si no hubiera sido un seguidor de Cristo, podría haber producido el cuerpo y aplastar toda la historia.

¿Cuándo podría haberlo tomado él (o los discípulos)? José era un judío devoto que no habría quebrantado el sábado (ver Lucas 23: 50-56). Por la noche, se habrían visto las antorchas que llevaba. Una guardia romana estaba vigilante frente a la tumba (Mat 27: 62-66). A la mañana siguiente, las mujeres llegaron al amanecer (Lucas 24: 1). Simplemente no hubo oportunidad.

Si José lo tomó, ¿dónde lo puso? El cuerpo nunca fue encontrado, aunque pasaron casi dos meses antes de que los discípulos comenzaran a predicar. Era tiempo de sobra para denunciar un fraude. No hay motivo, oportunidad o método para apoyar esta teoría, y no da ninguna explicación de las apariciones de Cristo en su cuerpo resucitado.

Y nuevamente, no hay una buena explicación, aparte de una resurrección sobrenatural, para once apariciones durante los siguientes cuarenta días a más de quinientas personas (ver Resurrección, Evidencias a favor de la). Lo vieron, lo tocaron, comieron con él, hablaron con él y de la noche a la mañana se transformaron por completo de escépticos, asustados, dispersos a ser la sociedad misionera más grande del mundo. Mucho de esto sucedió en la misma ciudad en la que Jesús fue crucificado.

Las apariencias eran una identidad equivocada. Una teoría naturalista que se hizo más visible gracias a *Passover Plot de Hugh Schonfield es que las apariciones posteriores a la muerte que fueron el corazón de la creencia de los discípulos en la resurrección fueron todos casos de identidad errónea. Esto supuestamente se ve reforzado por el hecho de que los propios discípulos incluso creyeron al principio que la persona que aparecía no era Jesús. María pensó que vio a un jardinero (Juan 20). Los dos discípulos pensaron que era un extraño que viajaba por Jerusalén (Lucas 24), y luego supusieron que vieron un espíritu (Lucas 24: 38-39). Marcos incluso admite que la apariencia tenía "una forma diferente" (Marcos 16:12). Según Schonfield, los discípulos confundieron a Jesús con diferentes personas en diferentes momentos (Schonfield, 170-73).

Esta teoría está plagada de muchas dificultades. Primero, en ninguna de estas ocasiones mencionadas, los discípulos se fueron con alguna duda en sus mentes de que realmente era el mismo Jesús que habían conocido íntimamente durante años quien se les había aparecido en forma física. Sus dudas fueron sólo iniciales y momentáneas. Cuando terminó la aparición, Jesús los había convencido por sus cicatrices, por su habilidad para comer, por tocarlo, por su enseñanza, por su voz y/o por milagros de que él era la misma persona con quien ellos habían pasado más de tres años (ver Resurrección, Evidencias a favor de la). Schonfield descuida toda esta evidencia y saca su duda inicial, que es un signo de la autenticidad del relato, totalmente fuera de contexto.

En segundo lugar, la hipótesis de la identidad errónea no explica la tumba permanentemente vacía. Si los discípulos estuvieran viendo a diferentes personas, los judíos o romanos podrían haber ido a la tumba de Jesús y haber presentado el cuerpo para refutar su afirmación. Pero no hay evidencia de que lo hicieran, a pesar de que tenían todas las razones para querer hacerlo. El hecho es que nadie encontró el cuerpo. En cambio, los discípulos estaban absolutamente convencidos de que se estaban encontrando con el mismo Jesús en su mismo cuerpo físico resucitado a quien habían conocido tan de cerca todos esos años.

En tercer lugar, esta especulación no explica la transformación de los discípulos. La identidad errónea y un cadáver pudriéndose en alguna tumba no explican por qué los discípulos asustados, dispersos y escépticos se transformaron de la noche a la mañana en la sociedad misionera más grande del mundo por su encuentro erróneo con varios seres mortales.

Cuarto, es muy poco probable que muchas personas puedan ser engañadas en tantas ocasiones. Después de todo, Jesús se apareció a más de quinientas personas en once ocasiones durante un período de cuarenta días. Es menos milagroso creer en la resurrección sobrenatural de Cristo que creer que todas estas personas en todas estas ocasiones fueron totalmente engañadas y, sin embargo, totalmente transformadas.

Finalmente, es contrario a la conversión de escépticos como Santiago y Saulo de Tarso. ¿Cómo pudieron estos críticos ser tan engañados?

Alucinación. Un punto de vista escéptico actualmente popular es que las apariciones de Cristo fueron alucinaciones. Sin embargo, la evidencia contra esto es muy fuerte. Primero, toda la evidencia contundente de la resurrección física de Cristo se opone a tal hipótesis. En segundo lugar, el número de apariciones independientes se opone al punto de vista de la alucinación. Hubo once apariciones posteriores a la resurrección. En tercer lugar, la duración de las apariciones también es una fuerte evidencia contra la alucinación. Estas once apariciones se extendieron a lo largo de un período de cuarenta días. En cuarto lugar, la diversidad de la gente a la que Jesús se apareció fue grande. Entre ellos había un hermano escéptico, mujeres, pescadores, un exrecaudador de impuestos, un ex fanático e incluso discípulos que dudaban. En quinto lugar, el estado mental de aquellos a quienes se apareció es un fuerte argumento contra la alucinación. El estado mental general era de incredulidad y no anticipación de una resurrección. Esto es exactamente lo opuesto al estado mental requerido para una alucinación. Finalmente, la comparecencia a unos quinientos testigos al mismo tiempo descarta la alucinación. Las alucinaciones masivas de este tipo son contrarias a las condiciones necesarias para una alucinación.

Dios destruyó (transformó) el cuerpo. Todas las teorías anteriores son puramente naturalistas. Otro grupo sostiene que ocurrió algún tipo de milagro, pero no fue el milagro de una resurrección física del cuerpo de Jesús después de su muerte. Más bien, esta teoría sostiene que Dios destruyó (transformó) el cuerpo de Jesús de modo que misterioso e inmediatamente desapareció de la vista (ver Harris). Las apariciones posteriores de Cristo fueron, según algunos, apariciones de teofanía, y según otros, fueron apariciones en las que Jesús asumió forma (s) corporal (es) en las que las cicatrices que mostró eran réplicas para convencer a otros de su realidad, pero no de su materialidad. Esta idea es mucho más sofisticada y menos naturalista. No cae en el campo típico naturalista o liberal.

Más bien, está más en línea con el error neo-ortodoxo sobre la resurrección. Muchos cultos, como los testigos de Jehová, mantienen este punto de vista. Pero al igual que los puntos de vista naturalistas, estos puntos de vista también están sujetos a defectos fatales. Para explicar el único milagro simple de Jesús resucitado inmortal en el mismo cuerpo físico en el que murió, aquellos que buscan una explicación del cuerpo espiritual afirman que sucedieron al menos dos milagros.

Primero, Dios inmediatamente y misteriosamente destruyó o transformó el cuerpo físico en un cuerpo no físico. Algunos dicen que se convirtió en gases, que se filtraron fuera de la tumba (ver Boice), otros que se vaporizó o transmutó. Dios también tuvo que capacitar milagrosamente al Jesús no físico para que asumiera forma(s) física en diferentes ocasiones mediante las cuales pudiera convencer a los apóstoles de que estaba vivo.

Esta hipótesis usa dos milagros para explicar uno y en el proceso convierte a Jesús en un engañador. Porque les dijo a sus discípulos, tanto antes como después de su resurrección, que sería resucitado en el mismo cuerpo. Incluso dejó la tumba vacía y las vestiduras de la tumba como evidencia, pero no fue resucitado inmortal en el cuerpo que murió. Hablando de su resurrección, Jesús les respondió: "Destruyan este templo (cuerpo físico), respondió Jesús, y lo levantaré de nuevo en tres días". (Juan 2:19, énfasis agregado). Esto era una mentira a menos que Jesús fuera resucitado numéricamente en el mismo cuerpo físico en el que murió. Además, después de su resurrección, Jesús presentó a sus discípulos las heridas de su crucifixión como evidencia de que efectivamente había resucitado en el mismo cuerpo en el que fue crucificado (cf.

Juan 20:27). "Todavía estaban ellos hablando acerca de esto, cuando Jesús mismo se puso en medio de ellos y les dijo: Paz a ustedes. Aterrorizados, creyeron que veían a un espíritu. ¿Por qué se asustan tanto?, les preguntó. ¿Por qué les vienen dudas? Miren mis manos y mis pies. ¡Soy yo mismo! Tóquenme y vean; un espíritu no tiene carne ni huesos, como ven que los tengo yo" (Lucas 24:36-39). Hubiera sido nada menos que un engaño ofrecer sus heridas de crucifixión como evidencia de que realmente había resucitado a menos que estuviera en el mismo cuerpo que había sido crucificado. El objetivo de las ropas funerarias vacías (Juan 20:6-7; cf. Marcos 16:5) era mostrar que el cuerpo que murió era el que había resucitado (cf. Juan 20:8). Si Jesús había resucitado en forma espiritual, no había razón para que el cuerpo físico no pudiera permanecer en la tumba. Después de todo, Dios es capaz de convencer a las personas de su presencia y realidad sin una forma corporal. Puede hacerlo con una voz del cielo y otros milagros, como lo hizo en otras ocasiones (cf. Génesis 22:1, 11; Éxodo 3:2; Mateo 3:17).

Este punto de vista haría falso el testimonio de los apóstoles sobre la resurrección, ya que afirmaron que Jesús fue levantado de entre los muertos en el mismo cuerpo físico en el que murió. Hablando de la resurrección, Pedro dijo: "Fue así como previó lo que iba a suceder. Refiriéndose a la resurrección del Mesías, afirmó que Dios no dejaría que su vida terminara en el sepulcro, ni que su fin fuera la corrupción. A este Jesús, Dios lo resucitó, y de ello todos nosotros somos testigos". (Hechos 2: 31-32). Si esto es cierto, entonces el cuerpo de Jesús no fue destruido; su mismo cuerpo de "carne" (sarx) fue levantado. Era "este Jesús", el mismo que fue "crucificado" (v. 23), "muerto y sepultado" (v. 29). El apóstol Juan muestra la continuidad entre el cuerpo de carne anterior a la resurrección y aquel en el que Jesús resucitó y todavía tiene a la diestra del Padre. Juan escribió: "Lo que ha sido desde el principio, lo que hemos oído, lo que hemos visto con nuestros propios ojos, lo que hemos contemplado, lo que hemos tocado con las manos, esto les anunciamos respecto al Verbo que es vida". (1 Juan 1: 1). Juan dijo que "En esto pueden discernir quién tiene el Espíritu de Dios: todo profeta* que reconoce que Jesucristo ha venido en cuerpo humano, es de Dios". (1 Juan 4: 2). El uso del participio perfecto (acción pasada con resultados continuos en el presente), junto con el tiempo presente (2 Juan 7) en un pasaje paralelo, enfatiza que Jesús todavía estaba (ahora en el cielo) en la misma carne en la que vino a este mundo. Por lo tanto, negar que Jesús fue resucitado en el mismo cuerpo físico en el que murió hace que Jesús sea un engañador y sus discípulos falsos maestros.

Tal concepción es fuertemente contraria a la comprensión judía y bíblica de la resurrección, por la cual el cuerpo que murió es el que sale de la tumba en la carne. Job dijo: "Yo sé que mi redentor vive, y que al final triunfará sobre la muerte. Y cuando mi piel haya sido destruida, todavía veré a Dios con mis propios ojos" (Job 19: 25-26). Daniel habló de una resurrección física de la tumba, diciendo: "y del polvo de la tierra se levantarán las multitudes de los que duermen, algunos de ellos para vivir por siempre, pero otros para quedar en la vergüenza y en la confusión perpetuas". (Dan 12: 2). Jesús afirmó que lo que resucita son los cuerpos físicos que salen de la tumba: "No se asombren de esto, porque viene la hora en que todos los que están en los sepulcros oirán su voz, saldrán de allí. Los que han hecho el bien resucitarán para tener vida, pero los que han practicado el mal resucitarán para ser juzgados" (Juan 5:28 29, énfasis añadido). Pablo les ofreció a los creyentes en duelo la expectativa de ver a sus seres queridos en sus cuerpos de resurrección (1 Tes 4: 13-18), y señaló que tendremos cuerpos como los de Cristo (Fil 3:21).

Conclusión. Hay varios intentos de explicar la resurrección física de Cristo. Además de la abrumadora evidencia de la resurrección física de Cristo en el mismo cuerpo en el que vivió y murió (ver Resurrección, Evidencias a favor de la); de hecho, no hay base para ninguna de estas teorías. Ninguno de ellos explica los datos. La mayoría son puramente naturalistas, lo cual es contrario al hecho de que Dios existe (ver Argumento Cosmológico; Argumento moral a favor de Dios; Argumento Teleológico) y que él puede hacer y ha hecho milagros (ver Milagro; Milagros, Argumentos contra los). Otros permiten algún tipo de intervención divina misteriosa para producir una tumba vacía, pero al mismo tiempo degradan innecesariamente tanto los datos bíblicos como el carácter de Cristo (ver Cristo, Unicidad de]).

Fuentes

J. M. Boice, *Foundations of the Christian Faith* [Fundamentos de la Fe Cristiana].

W. L. Craig, *Knowing the Truth about the Resurrection* [Conociendo la Verdad Sobre la Resurrección].

N. L. Geisler, The Battle for the Resurrection [La Batalla por la Resurrección].

———, *In Defense of the Resurrection* [En Defensa de la Resurrección].

R. Gundry, *Soma in Biblical Theology* [Soma en la Teología Bíblica].

G. Habermas, *The Resurrection of Jesus* [La Resurrección de Jesús].

M. Harris, *From Grave to Glory* [De la Tumba a la Gloria].

G. E. Ladd, *I Believe in the Resurrection of Jesus* [Creo En La Resurrección de Jesús].

M. R. Licona, *The Resurrection of Jesus* [La Resurrección de Jesús].

J. A. Schep, *The Nature of the Resurrection Body* [La Naturaleza del Cuerpo de la Resurrección].

H. J. Schonfield, *The Passover Plot* [La Trama de la Pascua].

Resurrección de Cristo. Orden de eventos. Los críticos a menudo objetan que el registro del Evangelio, especialmente el de la resurrección, no es creíble debido a las contradicciones en los relatos. Por ejemplo, el orden de los eventos parece ser diferente en las distintas cuentas. Los Evangelios enumeran a María como la primera persona que vio a Jesús después de su resurrección, mientras que 1 Corintios 15: 5 enumera a Pedro como el primero. Asimismo, Mateo 28: 2 enumera a María Magdalena y a la otra María como las primeras en la tumba, mientras que Juan 20: 1 menciona solo a María Magdalena como la que estuvo allí.

No obstante, a pesar de estas diferencias, un examen más detenido de los relatos de la resurrección revela una armonía oculta. De hecho, demuestra el tipo de unidad en las diferencias que uno esperaría de testigos independientes y confiables que no estaban confabulados. Por tanto, la afirmación de que los evangelios se contradicen entre sí fracasa por muchas razones.

Eventos de la Orden de la Resurrección	Evidencia proporcionada
1. María Magdalena y otras mujeres (Mateo 28:1; Marcos 16:1-3; Lucas 24:1-10 Juan 20:1)	Sepulcro vacío
2. Las otras mujeres (Mateo 28:5-8; Marcos 16:6-9; Lucas 24:4-9)	Sepulcro vacío, ángel (es)
3. Pedro y Juan (Juan 20:3-10)	Sepulcro vacio, ropa sepulcral
4. María Magdalena (#1) (Marcos 16:9-10; Juan 20:11-18)	Ángeles; vieron, oyeron y tocaron a Jesús.
5. Otras mujeres (#2) (Mateo 28:9-10)	Vieron, oyeron, tocaron
6. Pedro (#3) (Lucas 24:34; 1 Cor 15:5)	Vieron, oyeron*, comieron
7. Dos discípulos (#4) (Marcos 16:12: Lucas 24:13-31)	Vieron, oyeron*, comieron
8. Diez discípulos (#5) (Marcos 16:14; Lucas 24:35-49; Juan 20:19-24; 1 Cor 15:5)	Vieron cicatrices, oyeron, tocaron*, comieron
9. Once discípulos (Tomás estaba presente) (#6) (Juan 20:26-29)	Vieron cicatrices, oyeron, tocaron*, comieron
10. Siete discípulos junto al mar de Galilea (#) (Juan 21:1-23)	Vieron, oyeron, comieron
11. Cinco mil discípulos en Galilea (#8) (1 Cor 15:6)	Vieron, oyeron
12. Todos los apóstoles en Galilea (#9) (Mateo 28:18-20)	Vieron, oyeron
13. Santiago (#10) (1 Cor 15:7)	Vieron, oyeron
14. Todos los apóstoles en Jerusalén (#11) (Marcos 16:15-20; Lucas 24:46-52; Hechos 1:3-9; 1 Cor 15:7)	Vieron, oyeron, comieron
15. Pablo (#12) (Hechos 9:1-8; 1 Cor 9:1; 15:8)	Vieron, oyeron

Versículos clave sobre el orden de los eventos. Primera de Corintios 15: 5-8 enumera el orden de apariciones separadas en cuanto a Pedro, los Doce, quinientos hermanos, Santiago, todos los apóstoles y Pablo. Lucas 24:34 afirma que Jesús se apareció a Pedro antes de que se le apareciera a los dos discípulos en el camino a Emaús y antes de que él se apareciera, posteriormente, a los Once (Lucas 24: 33-36). Juan 21: 1-13 declara que la aparición a los siete apóstoles en el mar de Tiberíades (Mar de Galilea, Juan 6: 1) fue la tercera aparición a sus discípulos como grupo (Juan 21:14). Marcos 16: 9 afirma que Jesús se apareció primero a María Magdalena. Mateo, Marcos, Lucas y Juan dicen que las mujeres fueron las primeras en la tumba vacía. Marcos 16: 9 afirma que la primera aparición fue a María Magdalena. Juan 20: 10-18 implica esto también.

Una Armonía del Orden de Eventos Posterior a la Resurrección.

1. El domingo temprano por la mañana después de la crucifixión de Jesús, María Magdalena, María la madre de Santiago, Juana y Salomé fueron a la tumba con especias aromáticas para ungir a Jesús (Mateo 28: 1; Marcos 16: 1; Lucas 24: 1; Juan 20: 1). Al encontrar la tumba vacía, María

Magdalena corrió hacia Pedro y Juan para decirles que alguien se había llevado el cuerpo de Jesús (Juan 20: 2).

2. Las otras mujeres entraron en la tumba, donde un ángel (Mateo 28: 5) que tenía un compañero (Lucas 20: 4; Juan 20:11) les dijo que Jesús había resucitado y se encontraría con los discípulos en Galilea (Mateo 28: 2-8; Marcos 16: 5-8; Lucas 24: 4-8). A su regreso apresuradas, temblando y asombradas (Marcos 16:8) pero con gran gozo (Mateo 28: 8), no dijeron nada a nadie en el camino (Marcos 16:8), sino que regresaron a los discípulos e informaron lo que les habían dicho, lo que habían visto y oído (Mateo 28: 8; Marcos 16:10; Lucas 24: 9-10; Juan 20: 2).

3. Mientras tanto, después de escuchar el informe de María Magdalena, Pedro y Juan corrieron hacia la tumba (Juan 20: 3) aparentemente por una ruta diferente y más directa. Juan llegó primero a la tumba (Juan 20: 4). Se asomó y vio los paños de la tumba, pero no entró (Juan 20: 5). Cuando llegó Pedro, entró y vio los paños de la tumba (Juan 20: 6). Entonces Juan entró, vio el manto de la tumba y el velo doblado en un lugar aparte y creyó (Juan 20: 8). Después de esto, regresaron al lugar donde los otros discípulos se alojaban por la misma ruta (Juan 20:10) y es así como no se encontraron con las mujeres.

4. Al llegar después de que Pedro y Juan se habían ido, María Magdalena entró en la tumba (por segunda vez) y vio a los ángeles (Juan 20:13). Ella también vio a Jesús (# 1) y se aferró a él y lo adoró (Juan 20: 11-17). Luego regresó con los discípulos (Marcos 16:10; Juan 20:18).

5. Mientras las otras mujeres iban camino de los discípulos, Jesús se les apareció (# 2). Sujetaron sus pies y lo adoraron (Mateo 28: 9-10). Jesús les pidió que les dijeran a sus discípulos que se encontraría con ellos en Galilea (Mat 28:10). Mientras tanto, los guardias fueron sobornados y se les dijo que dijeran que los discípulos habían robado su cuerpo (Mateo 28: 11-15).

6. Cuando María y las mujeres encontraron a los discípulos, anunciaron que habían visto a Jesús (Marcos 16:10-11; Lucas 24:10; Juan 20:18). Después de escuchar esto, Pedro probablemente se apresuró a encontrar a Jesús, y Pedro lo vio (# 3) ese día (1 Cor 15: 5; cf. Lucas 24:10).

7. El mismo día Jesús se apareció a Cleofás y a otro discípulo sin nombre (# 4) (tal vez Lucas) en el camino a Emaús (Marcos 16:12; Lucas 24: 13-31). Se reveló a ellos mientras comía con ellos, y les dijo que se había aparecido a Pedro (Lucas 24:34; cf.1 Cor.15: 5). (Lucas 24:34 puede significar que los dos les dijeron a los Once que Jesús se le había aparecido a Pedro o que cuando los dos vieron a los Once, los últimos decían que el Señor se había aparecido a Pedro.)

8. Después de que Jesús los dejó, regresaron a Jerusalén, donde Jesús se apareció a los diez discípulos (# 5) (Tomás ausente, Juan 20:24), mostrando sus cicatrices y comiendo pescado (Marcos 16:14; Lucas 24: 35-49; Juan 20: 19-24).

9. Después de ocho días, Jesús se apareció a los once discípulos (# 6) (Tomás ahora presente). Mostró sus heridas y desafió a Tomás a creer. Tomás exclamó: "Señor mío y Dios mío" (Juan 20:28).

10. Jesús se apareció a siete discípulos (# 7) que habían ido a pescar al mar de Galilea (Juan 21:1). Desayunó con ellos (Juan 21: 2-13), después de esto, restableció a Pedro (21: 15-19).

11. Luego se apareció a quinientos hermanos a la vez (# 8) (1 Cor 15: 6).

12. Después de esto, se apareció a todos los apóstoles (# 9) en Galilea y les dio la Gran Comisión (Mat 28: 18-20; 1 Cor. 15: 7).

13. Luego se apareció a Santiago (# 10) (1 Cor 15: 7), probablemente en Jerusalén.

14. Más tarde en Jerusalén, se apareció a todos sus apóstoles (#11) (1 Cor 15: 7), presentándoles muchas evidencias convincentes (Hechos 1: 3), incluyendo comer con ellos (Hechos 1: 4). Respondió su última pregunta (Hechos 1: 6-8) y luego ascendió al cielo (Marcos 16: 15-20; Lucas 24: 46-52; Hechos 1: 9-11).

15. Varios años más tarde, en el camino a Damasco, Jesús se apareció a Saulo (# 12) de Tarso (Hechos 9: 1-8; 1 Cor 9: 1; 15: 8), conocido posteriormente como el apóstol Pablo.

Observaciones sobre eventos posresurrección y sus ubicaciones.

1. Los primeros tres eventos no tuvieron apariciones de Jesús, solo ángeles y una tumba vacía.

2. María Magdalena fue la primera en ver a Cristo resucitado. Las otras mujeres fueron las siguientes y Pedro fue el tercero.

3. En total, contando a Pablo, hubo doce apariciones por separado.

4. Los primeros nueve eventos (1-9 arriba) ocurrieron en Jerusalén y sus alrededores. Los eventos 10, 11 y 12 ocurrieron en Galilea, y los eventos 13 y 14 ocurrieron en el área de Jerusalén. El último (a Pablo) fue en Siria, cerca de Damasco (Hechos 9: 3).

Observación del día de las apariciones siendo domingo. Las primeras tres apariciones fueron el domingo (Mateo 28: 1; Juan 20: 1). Dos apariciones más (6 y 7) probablemente fueron en domingo, ya que se decía que estaban separados por "ocho días" (= una semana) (Juan 20:26). La última aparición en la ascensión de Jesús fue el domingo anterior al domingo de Pentecostés al final de los cuarenta días durante los cuales se les apareció (Hechos 1: 3). Si apareciera todos los domingos en siete domingos sucesivos, eso sería literalmente cuarenta y dos días (quizás redondeados a "cuarenta días" con propósitos simbólicos — Hechos 1: 3). Una semana después, el domingo de Pentecostés (Hechos 2: 1), el Espíritu Santo descendió y nació la iglesia. Estas repetidas apariciones del domingo establecieron el día de la resurrección (domingo) como el nuevo día en que Cristo se encontraría con sus discípulos, lo cual continuaron como una práctica en la iglesia primitiva (Hechos 20: 7; cf. 1 Cor. 16: 2; Apocalipsis 1:10).

Aceptando lo anterior, los primeros eventos y apariciones (1-6) fueron el primer domingo de resurrección en Jerusalén. Los dos discípulos (7) vieron a Jesús el segundo domingo cerca de Damasco. Los Diez se encontraron con Jesús el tercer domingo (8) en Galilea. Los Once lo vieron el cuarto domingo (9) en Galilea. Los siete discípulos fueron testigos el quinto domingo (10) en Galilea. Los quinientos (11) y todos los apóstoles (12) lo vieron el sexto domingo también en Galilea. Pero Santiago (13) y todos los apóstoles (14) fueron testigos del Cristo resucitado el séptimo domingo de regreso en Jerusalén. Allí esperaron que el Espíritu Santo viniera "dentro de pocos días" (Hechos 1: 5), es decir, una semana después, el domingo de Pentecostés.

Observación de la evidencia. En las doce apariciones, las personas vieron (a simple vista) y escucharon (con sus oídos físicos) a Jesús. Cuatro veces vieron a Jesús comer. Cuatro veces fue tocado. La tumba vacía fue vista al menos cuatro veces. Dos veces se vieron los paños de la tumba y dos veces vieron las cicatrices de su crucifixión. Las primeras once apariciones ocurrieron durante un período de cuarenta días a diferentes grupos, incluyendo mujeres, los apóstoles, un apóstol que dudaba, otros discípulos, un hermano incrédulo y más de quinientas personas al mismo tiempo. Durante este período de tiempo, Jesús habló con ellos, les enseñó, comió con ellos y les dio muchas "evidencias indiscutibles" (Hechos 1: 3) de su resurrección física. Literalmente agotó las formas en que podía demostrarles que había sido resucitado físicamente en el mismo cuerpo en el que había muerto.

Problema. Lucas 24:12 parece estar en conflicto con Juan 20:3 10. Lucas 24:12 solo menciona que Pedro corrió a la tumba después de que todas las mujeres estaban allí y regresaron y se lo dijeron a los apóstoles. Pero Juan dice que fueron tanto Pedro como Juan los que estaban allí y que fue justo después de que María Magdalena estuviera allí sola.

Respuesta. Asumiendo que Lucas 24:12 es confiable, Lucas puede haber mencionado solo a Pedro porque era el líder de los dos. Asimismo, María Magdalena pudo haber sido señalada porque fue ella quien habló primero. Este parece ser el caso cuando Mateo menciona un ángel en la tumba (Mateo 28: 5) y Juan menciona dos (Juan 20:12). El "nosotros" (Juan 20: 2) implica que otros estaban con María Magdalena. Sin embargo, Lucas 24:12 puede ser uno de los primeros errores de copia, ya que no se encuentra en algunos manuscritos antiguos. La Santa Biblia RSV lo omite. La NASB lo pone entre corchetes y agrega: "Algunos manuscritos antiguos no contienen el v. 12". El Nuevo Testamento griego de Nestlé-Aland enumera muchos manuscritos italianos antiguos, algunos manuscritos siríacos antiguos, así como Marción, el Diatessaron de Taciano y Eusebio (siglo II al IV) omitiendo el versículo 12.

Conflicto en el testimonio independiente. El hecho de que varios relatos no encajen con perfecta facilidad es de esperar de un testimonio auténtico independiente. De hecho, si los relatos fueran perfectamente armoniosos en la superficie, tendríamos que sospechar de una confabulación. Pero el hecho de que los muchos eventos y el orden general sean claros es exactamente lo que debemos esperar de un relato creíble (verificado por grandes mentes legales que han examinado los relatos de los Evangelios y los han pronunciado así). Simon *Greenleaf, el famoso abogado de Harvard que escribió un libro de texto sobre evidencia legal se convirtió al cristianismo basándose en su cuidadoso análisis de los testigos del Evangelio desde una perspectiva legal. Concluyó que "las copias que habían sido recibidas y aplicadas tan universalmente como los Cuatro Evangelios, habrían sido recibidas como evidencia en cualquier tribunal de justicia, sin la menor vacilación" (Greenleaf, pág. 9-10).

Evidencia positiva de autenticidad. Existe una abrumadora evidencia positiva de que los registros del Evangelio son auténticos. Hay un mayor número de manuscritos del Nuevo Testamento que de cualquier otro libro del mundo antiguo. Estos manuscritos son anteriores y están mejor copiados que otros manuscritos de ese período de tiempo (ver Manuscritos del Nuevo Testamento). De hecho, incluso tomando los criterios de credibilidad del gran escéptico David *Hume, el Nuevo Testamento pasa con gran éxito (ver Testigos, Criterios de Hume para los). Entonces, no hay razón para rechazar la autenticidad de los relatos del Nuevo Testamento basados en su supuesto desorden. Dado el hecho de que hay seis relatos principales de las apariciones de Jesús después de la resurrección (Mateo 28; Marcos 16; Lucas 24; Juan 20-21; Hechos 9; 1 Corintios 15) llenos de relatos de testigos oculares, no hay duda razonable sobre la realidad de su resurrección (ver Nuevo Testamento, Historicidad de).

Fuentes

W. L. Craig, *Knowing the Truth about the Resurrection* [Conociendo la Verdad Sobre la Resurrección].

N. L. Geisler, *The Battle for the Resurrection* [La Batalla por la Resurrección].

N. L. Geisler and T. Howe, *Making Sense of Bible Difficulties* [Entender las Dificultades Bíblicas].

S. Greenleaf, *The Testimony of the Evangelists* [El Testimonio de los Evangelistas].

G. Habermas, *Ancient Evidence for the Life of Jesus* [Evidencia Antigua de la Vida de Jesús].

M. R. Licona, *The Resurrection of Jesus* [La Resurrección de Jesús].

A. T. Robertson, *A Harmony of the Gospels for Students of the Life of Christ* [Una Armonía de los Evangelios para Estudiantes de la Vida de Cristo].

J. W. Wenham, *Easter Enigma* [Enigma de Pascua].

Revelación especial. La revelación especial (ver Biblia, Evidencias a Favor de) es la revelación de Dios en su Palabra (Escritura), en oposición a la revelación de Dios en su mundo (ver Revelación, General). La revelación especial puede haber sido dada originalmente de forma oral o de alguna otra manera (cf. Hebreos 1: 1) pero posteriormente se ha escrito y ahora se encuentra solo en la Palabra escrita de Dios, la Biblia (2 Timoteo 3: 16-17).

La revelación especial de Dios ha sido confirmada por milagros (ver Milagros, Valor apologético de los, Milagros en la Biblia). Así es como se determinó el canon de las Escrituras.

Revelación general. La revelación general se refiere a la revelación de Dios en la naturaleza en oposición a su revelación en las Escrituras (ver Teología Natural). Más específicamente, la revelación general se manifiesta en la naturaleza física, la naturaleza humana y la historia. En cada caso, Dios ha revelado algo específico sobre sí mismo y su relación con su creación. La revelación general es importante para la apologética cristiana, ya que son los datos con los que el teísta construye argumentos para la existencia de Dios (ver Argumento Cosmológico; Argumento Teleológico). Sin él, no habría base para la apologética (ver Apologética Clásica).

Revelación de Dios en la naturaleza. "Los cielos cuentan la gloria de Dios, el firmamento proclama la obra de sus manos" (Sal 19: 1), escribió el salmista. "Los cielos proclaman su justicia, y todos los pueblos contemplan su gloria" (Sal 97: 6). Job agregó: "Pero interroga a los animales, y ellos te darán una lección; pregunta a las aves del cielo, y ellas te lo contarán; habla con la tierra, y ella te enseñará; con los peces del mar, y te lo harán saber. ¿Quién de todos ellos no sabe que la mano del Señor ha hecho todo esto?" (Job 12: 7-9).

Pablo habló del "Dios viviente, que hizo el cielo, la tierra, el mar y todo lo que hay en ellos. En épocas pasadas él permitió que todas las naciones siguieran su propio camino. Sin embargo, no ha dejado de dar testimonio de sí mismo haciendo el bien, dándoles lluvias del cielo y estaciones fructíferas, proporcionándoles comida y alegría de corazón" (Hechos 14: 15-17). Les recordó a los filósofos griegos que "El Dios que hizo el mundo y todo lo que hay en él es Señor del cielo y de la tierra. No vive en templos construidos por hombres, ni se deja servir por manos humanas, como si necesitara de algo. Por el contrario, él es quien da a todos la vida, el aliento y todas las cosas" (Hch 17, 24-25).

Pablo enseñó a los romanos que incluso los paganos son culpables ante Dios, "lo que se puede conocer acerca de Dios es evidente para ellos, pues él mismo se lo ha revelado. Porque desde la creación del mundo las cualidades invisibles de Dios, es decir, su eterno poder y su naturaleza divina, se perciben claramente a través de lo que él creó, de modo que nadie tiene excusa. (Rom 1: 19-20). En vista de esto, el salmista concluyó: "Dice el necio en su corazón: "No hay Dios" (Sal 14: 1).

Dios se revela en la naturaleza de dos formas básicas: como Creador y como Sustentador (ver Orígenes, Ciencia del). Él es la causa tanto del origen como del funcionamiento del universo. El primero habla de Dios como el creador de todas las cosas. "Por él todo fue creado" y "en él todas las cosas subsisten" (Col 1: 16-17); Dios "hizo el universo" y también "sostiene todas las cosas con su palabra poderosa" (Heb 1: 2-3); él "creó todas las cosas" y por él "todas las cosas tienen su ser" (Ap 4:11).

Además de Creador, Dios también es el Sustentador de todas las cosas. Él está activo no solo en el universo que viene a existir, sino también en su continuidad. El salmista se refirió a esta última función cuando dijo de Dios: "haces que los manantiales viertan sus aguas en las cañadas... Haces que crezca la hierba para el ganado, y las plantas que la gente cultiva para sacar de la tierra su alimento" (Sal 104: 10, 14).

La revelación de Dios en la naturaleza humana.

Dios creó a los seres humanos a su imagen y semejanza (Génesis 1:27). Por tanto, se puede aprender algo acerca de Dios estudiando a los seres humanos (cf. Sal 8). Dado que los humanos son como Dios, está mal asesinarlos (Gén 9: 6) e incluso maldecirlos (Santiago 3: 9). El ser humano redimido es "renovado en conocimiento a imagen de su Creador" (Col 3:10). Pablo afirmó:

> De un solo hombre hizo todas las naciones* para que habitaran toda la tierra; y determinó los períodos de su historia y las fronteras de sus territorios. Esto lo hizo Dios para que todos lo busquen y, aunque sea a tientas, lo encuentren. En verdad, él no está lejos de ninguno de nosotros, "puesto que en él vivimos, nos movemos y existimos". Como algunos de sus propios poetas griegos han dicho: "De él somos descendientes". Por tanto, siendo descendientes de Dios, no debemos pensar que la divinidad sea como el oro, la plata o la piedra: escultura hecha como resultado del ingenio y de la destreza del ser humano. (Hechos 17: 26-29)

Al mirar lo hecho podemos aprender algo sobre el Creador (ver Analogía, Principio de). Porque "el que implantó el oído, ¿no oye? El que formó el ojo, ¿no ve? ¿No castiga el que disciplina a las naciones? ¿El que enseña al hombre carece de conocimiento? (Sal 94: 9-10). Incluso se dice que Cristo en la carne es una "imagen" del Dios invisible (Juan 1:14; Heb 1: 3).

Dios se manifiesta no solo en la naturaleza intelectual de los seres humanos, sino también en su naturaleza moral (ver Moralidad, Naturaleza absoluta de). La ley moral de Dios está escrita en los corazones humanos. Porque "cuando los gentiles, que no tienen la ley, hacen por naturaleza lo requerido por la ley, son una ley para sí mismos, aunque no tienen la ley, también su conciencia da testimonio" (Rom 2: 12- 15). Dado que la responsabilidad moral implica la capacidad de responder, el hombre a la imagen de Dios también es una criatura moral libre (Génesis 1:27; cf.2: 16-17).

La revelación de Dios en la historia humana. La historia ha sido llamada "Su historia". Son las huellas de Dios en las arenas del tiempo. Pablo declaró que Dios "De un solo hombre hizo todas las naciones* para que habitaran toda la tierra; y determinó los períodos de su historia y las fronteras de sus territorios" (Hechos 17:26). Dios le reveló a Daniel que "el Dios Altísimo es el soberano de todos los reinos humanos, y que se los entrega a quien él quiere, y hasta pone sobre ellos al más humilde de los hombres" (Dan 4:17). Dios también le reveló a Daniel que la historia de la humanidad avanza hacia la meta final del reino de Dios en la tierra (Dan 2, 7). Entonces, una comprensión adecuada de la historia nos informa sobre el plan y el propósito de Dios.

Dios se revela en el arte humano. La Biblia declara que Dios es hermoso y también lo es su creación. El salmista escribió: "Oh Señor, soberano nuestro, ¡qué imponente es tu nombre en toda la tierra! ¡Has puesto tu gloria sobre los cielos!" (Sal 8: 1). Isaías contempló un despliegue maravilloso de la belleza de Dios cuando "vi al Señor excelso y sublime, sentado en un trono; las orlas de su manto llenaban el templo" (Isaías 6: 1). Las Escrituras nos animan a "adorar al Señor en la hermosura de la santidad" (Sal 29: 2; cf. 27: 4).

Salomón señaló que Dios ha hecho todo "hermoso a su tiempo" (Eclesiastés 3:11). El salmista habla de su ciudad de Sion como "perfecta en belleza" (Sal 50: 2). Lo que Dios creó es bueno como él (Génesis 1:31; 1 Timoteo 4: 4), y la bondad de Dios es hermosa. Entonces, en la medida en que la creación refleja a Dios también es hermosa. Dios no solo es hermoso y ha creado un mundo hermoso, sino que ha creado seres que pueden apreciar la belleza. Como él, también pueden hacer cosas hermosas. Los seres humanos son, por así decirlo, "subcreadores". Dios otorga a ciertos seres humanos dones creativos especiales que revelan algo de su maravillosa naturaleza.

Dios se revela en la música. Dios aparentemente ama la música, ya que orquestó el coro angelical en la creación cuando "mientras cantaban a coro las estrellas matutinas y todos los ángeles gritaban de alegría" (Job 38: 7). Los ángeles también cantan continuamente el tersanctus en su presencia, "Santo, santo, santo" (Is 4: 7; 6: 3). Además, los ángeles se reúnen alrededor del trono de Dios y "a gran voz cantan: Digno es el Cordero, que fue inmolado" (Apocalipsis 5:12).

La hermana de Moisés, Miriam, dirigió a los israelitas triunfantes a cantar después de que Dios los liberó a través del Mar Rojo (Éxodo 15). David, el "dulce salmista de Israel", estableció un coro para el templo y escribió muchos cánticos (salmos) para que se cantaran en él. Pablo exhortó a la iglesia a "hablar unos a otros con salmos, himnos y cánticos espirituales. Cantando y haciendo música en tu corazón al Señor" (Efesios 5:19).

Aprendemos algo más sobre la naturaleza de Dios a través de la voz humana, un instrumento musical ordenado por Dios. Incluso el sumo sacerdote judío entró en el lugar santísimo con campanillas en su manto. Y el salmista ordenó que Dios fuera alabado con trompeta, arpa, lira, pandereta y címbalos (Salmo 150: 3-5). En el cielo, los ángeles tocan trompetas (Ap 8: 2) y otros tocan arpas (Ap 14: 2). La música también es un regalo y una manifestación de Dios. Como el resto de su creación, es una manifestación de su gloria.

Entonces, incluso aparte de la revelación especial de Dios en las Escrituras, él se ha manifestado en la revelación general en la naturaleza.

Revelación general y especial. Si bien la Biblia es la única revelación escrita de Dios (ver Biblia, Evidencia a Favor de la), no es la única revelación de Dios. Dios tiene más que decirnos que en la Biblia. Su revelación general en la naturaleza, los seres humanos, la historia, el arte y la música ofrece amplias oportunidades para la exploración continua. El siguiente cuadro resume esta relación:

Revelación Especial	Revelación General
Dios como redentor	Dios como creador
norma para la iglesia	norma para la sociedad
medio de salvación	medios de condena

El papel de la revelación especial. La revelación especial contribuye de manera única a la teología cristiana. La Biblia sola es infalible e inamovible (ver Biblia, Supuestos errores en la). Además, la Biblia es la única fuente tanto de la revelación de Dios como Redentor como de su plan de salvación. Por lo tanto, la Escritura es normativa para todos (ver Revelación Especial).

La biblia sola es infalible e inerrante. La Biblia es normativa para todo el pensamiento cristiano. Es una revelación de Cristo (Mateo 5:17; Lucas 24:27, 44; Juan 5:39; Hebreos 10: 7). La tarea del cristiano es entonces "llevar cautivo a Cristo todo pensamiento" (2 Co 10: 5) como se revela en las Escrituras. Debemos pensar así cómo vivir vidas cristocentricas (Gálatas 2:20; Filipenses 1:21).

La biblia sola revela a Dios como redentor. Si bien la revelación general manifiesta a Dios como Creador, no lo revela como Redentor. El universo habla de la grandeza de Dios (Sal 8: 1; Isa. 40: 12-17), pero solo una revelación especial revela su gracia redentora (Juan 1:14).

Los cielos declaran la gloria de Dios (Sal 19: 1), pero solo Cristo declaró su gracia salvadora (Tito 2: 11-13).

Solo la biblia tiene el mensaje de salvación. En vista de la revelación general de Dios, todos son "sin excusa" (Ro 1:20). "Todos los que han pecado sin conocer la ley, también perecerán sin la ley" (Ro 2:12). La revelación general es motivo suficiente para la condenación. Sin embargo, no es suficiente para la salvación. Uno puede saber cómo se mueven los cielos al estudiar la revelación general, pero no cómo ir al cielo (ver "Paganos", Salvación de). Porque "en ningún otro hay salvación, porque no hay bajo el cielo otro nombre dado a los hombres mediante el cual podamos ser salvos" (Hechos 4:12). Para ser salvo, uno debe confesar que "Jesús es el Señor" y creer que Dios lo ha levantado de los muertos (Ro 10: 9). Pero no pueden llamar a alguien de quien no han oído, "¿y cómo pueden oír sin que alguien les predique?" (Romanos 10:14). Por lo tanto, predicar el evangelio en todo el mundo es la Gran Comisión del cristiano (Mateo 28: 18-20).

La biblia es la norma escrita. Sin la verdad de las Escrituras, no habría iglesia, porque "la iglesia está edificada sobre el fundamento de los apóstoles y profetas" (Efesios 2:20). La Palabra de Dios revelada es la norma para la fe y la práctica. Pablo dijo: "Toda la Escritura es inspirada por Dios y útil para enseñar, para reprender, para corregir y para instruir en la justicia" (2 Tim 3:16). Sin embargo, no todos los incrédulos tienen acceso a una Biblia. No obstante, Dios los hace responsables de su revelación general. Porque "todos los que han pecado sin conocer la ley, también perecerán sin la ley", ya que tienen una ley en su corazón (Ro 2:12, 14).

El papel de la revelación general. Si bien la Biblia es verdad, Dios no ha revelado toda la verdad en la Biblia. Mientras que la Biblia es solo la verdad, no es la única verdad. Toda la verdad es la verdad de Dios, pero toda la verdad de Dios no está en la Biblia (ver Verdad, Naturaleza de la). La revelación general, entonces, juega un rol importante en el plan de Dios y, como tal, tiene varios roles s únicos.

La revelación general es más amplia que la revelación especial. La revelación general abarca mucho más que una revelación especial. La mayoría de las verdades de la ciencia, la historia, las matemáticas y las artes no están en la Biblia. La mayor parte de la verdad en todas estas áreas se encuentra solo en la revelación general de Dios. Si bien la Biblia es científicamente precisa en todas partes, no es un libro de texto sobre ciencia. El mandato de hacer ciencia no es un mandato de redención; es un mandato de creación. Inmediatamente después de que Dios creó a Adán, le ordenó "llenar la tierra y someterla" (Gn 1:28). De la misma manera, no hay errores matemáticos en la Palabra infalible de Dios, pero de nuevo hay muy poca geometría o álgebra y tampoco cálculo en ella (ver Ciencia y la Biblia). De manera similar, la Biblia registra con precisión gran parte de la historia de Israel, pero tiene poco sobre la historia del mundo, excepto en lo que se refiere a Israel. Lo mismo ocurre con todas las áreas de las artes y las ciencias. Siempre que la Biblia habla en estas áreas, habla con autoridad, pero

Dios ha dejado en gran medida los descubrimientos de sus verdades en estas áreas al estudio de la revelación general.

La revelación general es esencial para la razón humana. Ni siquiera un incrédulo piensa aparte de la revelación general de Dios en la razón humana (ver Fe y Razón). Dios es un ser racional y la humanidad está hecha a su imagen (Génesis 1:27). Así como Dios piensa racionalmente, así los seres humanos recibieron esa capacidad. Las bestias brutas, por el contrario, son llamadas "irracionales" (Judas 10). De hecho, el mayor uso de la razón humana es amar al Señor con "toda nuestra mente..." (Mat 22:37).

Las leyes básicas de la razón humana son comunes a creyentes e incrédulos (ver Lógica y Dios; Primeros Principios). Sin ellos, no sería posible escribir, pensar o hacer inferencias racionales. Pero en ninguna parte de la Biblia se detallan estas leyes del pensamiento. Más bien, son parte de la revelación general de Dios y el objeto especial del pensamiento filosófico.

La revelación general es esencial para el gobierno. Dios ha ordenado que los creyentes vivan según su ley escrita, pero ha escrito su ley en el corazón de los incrédulos (Ro 2: 12-15). La ley divina en las Escrituras es la norma para los cristianos, pero la ley natural es obligatoria para todos. En ninguna parte de las Escrituras Dios juzga a las naciones ni por la ley de Moisés que le dio a Israel (Éxodo 19-20) ni por la ley de Cristo que ordena a los cristianos. Pensar de otra manera es el error central de los teonomistas. En ninguna parte, por ejemplo, las naciones no judías fueron condenadas en el Antiguo Testamento por no guardar el sábado o sacrificar un cordero. Los extranjeros y forasteros en Israel estaban obligados, por supuesto, a respetar las leyes civiles y morales de Israel mientras estuvieran en el país. Pero esto no significa más que la ley judía estaba destinada a ellos, que el hecho de que los cristianos están bajo la ley del Corán porque deben cumplirla cuando estén en tierras musulmanas.

La ley de Moisés no fue dada a los gentiles. Pablo dijo claramente: "Los gentiles que no tienen la ley" (Rom 2:14). El salmista dijo: "A Jacob le ha revelado su palabra; sus leyes y decretos a Israel. Esto no lo ha hecho con ninguna otra nación; jamás han conocido sus decretos. ¡Aleluya! ¡Alabado sea el Señor!" (Sal 147: 19-20). Esto se ve confirmado por el hecho de que, a pesar de las muchas condenas de los pecados de los gentiles en el Antiguo Testamento, ni una sola vez fueron condenados por no adorar en sábado o no hacer peregrinaciones o traer diezmos a Jerusalén. Esto no significa que no exista una ley de Dios para los no creyentes; están sujetos a la ley "escrita en su corazón" (Ro 2: 2-15). Si bien no tienen una revelación

especial en las Sagradas Escrituras, son responsables de la revelación general en la naturaleza humana.

La revelación general es esencial para la apologética. Sin la revelación general, no habría base para la apologética cristiana (ver Apologética Clásica). Si es que Dios no se hubiera revelado a sí mismo en la naturaleza, no habría forma de argumentar el diseño evidente de la naturaleza y tampoco la existencia de un Diseñador. Esto se conoce como el *argumento teleológico de la existencia de Dios. Tampoco habría forma de argumentar desde el comienzo o la contingencia del mundo hasta la existencia de una Primera Causa. Esto se conoce como el *argumento cosmológico. Del mismo modo, a menos que Dios se hubiera revelado a sí mismo en la naturaleza moral misma de los seres humanos, no sería posible discutir con un Dador de la Ley Moral (ver Argumento Moral a Favor de Dios). Y, por supuesto, sin un Dios que pueda actuar en la creación del mundo, no podría haber actos especiales de Dios (milagros) en el mundo (ver Milagro).

Interacción entre las revelaciones. Ya que la tarea de un pensador sistemático es organizar toda la verdad sobre Dios y su relación con su creación, se necesita una revelación tanto general como especial. Sin embargo, dado que la revelación especial se superpone con la revelación general, es necesario discutir la interacción entre la revelación general y especial. Dios se ha revelado en su Palabra y en su mundo. Su verdad se encuentra tanto en las Escrituras como en la ciencia. El problema surge cuando parecen estar en conflicto. Es demasiado simple concluir que la Biblia siempre tiene razón y la ciencia está equivocada.

Al abordar los conflictos entre el cristianismo y la cultura, debemos tener cuidado de distinguir entre la Palabra de Dios, que es infalible, y nuestra interpretación de ella, que no lo es. Debemos distinguir más entre la revelación de Dios en su mundo, que siempre es cierta, y la comprensión actual de ella, que no siempre es correcta y es probable que cambie. En el pasado, los cristianos han renunciado con frecuencia a las afirmaciones de la verdad bíblica por teorías científicas que ya no se consideran así.

Dos cosas importantes se siguen de estas distinciones. Primero, las revelaciones de Dios en su Palabra y su mundo nunca se contradicen entre sí. Dios es consistente; nunca se contradice. En segundo lugar, siempre que hay un conflicto real, es entre una interpretación humana de la Palabra de Dios y una comprensión humana de su mundo. Uno o ambos están equivocados, pero Dios no se ha equivocado.

¿Cuál tiene la prioridad? Cuando ocurren conflictos en la comprensión de las revelaciones generales y especiales de Dios, ¿cuál tiene la prioridad? La tentación podría ser dar un precedente a la interpretación bíblica porque la Biblia es infalible, pero esto pasa por alto la distinción crucial que se acaba de hacer. La Biblia es infalible, pero las interpretaciones de ella son propensas al error. La historia de la interpretación revela que la Palabra infalible de Dios es tan susceptible de ser mal entendida como cualquier otra cosa, incluidas las artes y la ciencia.

Esto no nos deja en un callejón sin salida. Siempre que haya un conflicto entre una interpretación de la Biblia y un entendimiento actual de la revelación general de Dios, generalmente se debe dar prioridad a la interpretación que parezca más segura. A veces, esta es nuestra comprensión de la revelación especial y, a veces, es nuestra comprensión de la revelación general, según cuál esté más probada. Algunos ejemplos ayudarán a aclarar el punto.

Algunos intérpretes han concluido erróneamente sobre la base de referencias bíblicas de "los cuatro ángulos de la tierra" (Apocalipsis 7: 1) que la tierra es plana. Sin embargo, la ciencia ha demostrado con certeza que esto no es correcto. Por lo tanto, en este caso, la certeza en la interpretación de la revelación general de Dios tiene prioridad sobre cualquier incertidumbre que pueda haber al interpretar estas referencias bíblicas. "Cuatro ángulos" se puede entender como una figura retórica.

Otros han afirmado que el sol se mueve alrededor de la tierra sobre la base de las referencias bíblicas a la "puesta de sol" (Jos 1:15) o al sol "detenido" (Jos 10:13). Sin embargo, esta interpretación no es necesaria. Podría ser solo el lenguaje de la apariencia desde el punto de vista de un observador en la faz de la tierra (ver Ciencia y la Biblia). Además, desde Copérnico, hay buenas razones para creer que el sol no se mueve alrededor de la tierra. Por lo tanto, asignamos una mayor probabilidad a la interpretación heliocéntrica del mundo de Dios en este punto que a una interpretación geocéntrica de su Palabra.

Desafortunadamente, algunos están dispuestos a creer en una interpretación dada de la Palabra de Dios, incluso si implica una contradicción lógica. Pero la revelación general exige (a través de la ley de la no contradicción) que ambos opuestos no pueden ser verdaderos (ver Primeros Principios). Por tanto, no podemos creer que Dios sea una sola persona y también tres personas al mismo tiempo y en el mismo sentido. Por lo tanto, el monoteísmo, así definido, como el trinitarismo (ver Trinidad) no pueden ser verdad. Podemos, y creemos, que Dios es tres Personas en una esencia. Porque aunque esto es un misterio, no es una contradicción. Por consiguiente, podemos estar absolutamente seguros de que cualquier interpretación de las Escrituras que implique una contradicción

es falsa. Sin embargo, hay ocasiones en las que una interpretación de las Escrituras debe tener prioridad incluso sobre los puntos de vista muy populares en la ciencia.

La macroevolución es un buen ejemplo (ver Evolución, Biológica; Evolución, Química). Es prácticamente seguro que la Biblia no se puede interpretar correctamente para adaptarse a la macroevolución (ver Geisler). La Biblia enseña que Dios creó el universo de la nada (Génesis 1: 1), que creó todo tipo de animal y planta básico (Génesis 1:21), y que creó especial y directamente al hombre y la mujer en su imagen (Génesis 1:27). Por lo tanto, a pesar de las opiniones evolucionistas prevalecientes y populares (aunque no altamente probables) en sentido contrario, el cristiano debe dar prioridad a esta interpretación altamente probable de las Escrituras sobre la improbable teoría de la macroevolución.

Enriquecimiento mutuo. A menudo, no existe un conflicto serio entre la interpretación bíblica ampliamente aceptada y la comprensión general del mundo científico. Más bien, hay un enriquecimiento mutuo. Por ejemplo, el conocimiento del contenido de la Biblia es esencial para gran parte del arte y la literatura occidental. Además, la historia bíblica y la historia mundial se superponen significativamente de modo que ninguno debería ignorar al otro. Más imprudente es la conexión entre la ciencia moderna y la idea bíblica de la creación. Con respecto a esto, es importante señalar que el concepto bíblico de creación ayudó a dar origen a la ciencia moderna. Por supuesto, en el estudio de los orígenes, existe una superposición directa y un enriquecimiento mutuo de los datos científicos y bíblicos.

Conclusión. La Biblia es esencial tanto para el pensamiento sistemático como para la apologética. Es la única escritura infalible que tenemos. Habla con autoridad infalible sobre todos los temas que cubre, ya sean espirituales o científicos, celestiales o terrenales. Sin embargo, la Biblia no es la única revelación de Dios a la humanidad. Dios ha hablado tanto en su mundo como en su Palabra. Es tarea del pensador cristiano apropiarse de la información de ambos y formar una *cosmovisión que incluya una interpretación teocéntrica de la ciencia, la historia, los seres humanos y las artes. Sin embargo, sin la revelación de Dios (tanto general como especial) como base, esta tarea es tan imposible como lo sería mover el mundo sin un lugar donde poner el punto de apoyo.

En teología, la interacción entre los estudios bíblicos y otras disciplinas siempre debe ser en dos sentidos. Nadie proporciona un monólogo al otro; todos participan en un diálogo continuo. Aunque la Biblia es infalible en todo lo que se refiere, no habla de todos los temas. Y aunque la Biblia es infalible, nuestras interpretaciones no lo son. Por lo tanto, aquellos en estudios bíblicos deben escuchar y hablar con las otras disciplinas para que se pueda construir una visión sistemática completa y correcta.

Fuentes

T. Aquinas, *Summa Theologica* [Suma Teológica].

G. C. Berkouwer, *General Revelation* [Revelación General].

E. Brunner, *Revelation and Reason* [Revelación y Razón].

J. Butler, *The Analogy of Religion* [La Analogía de la Religión].

J. Calvin, *Institutes of the Christian Religion* [La Institución de la Religión Cristiana].

B. A. Demarest, *General Revelation* [La Revelación General].

N. L. Geisler, *Systematic Theology, vol. 1* [Teología Sistemática vol. 1].

N. L. Geisler and J. Kerby, *Origin Science* [Ciencia de los Orígenes].

C. Hodge, *Systematic Theology, vol. 1* [Teología Sistemática vil. 1].

J. Locke, *The Reasonableness of Christianity* [La Razonabilidad del Cristianismo].

W. Paley, *Natural Theology* [La Teología Natural].

Revelación progresiva. A veces, los críticos de las Escrituras llegan a la conclusión de que la Biblia se equivoca (ver Biblia, Supuestos errores en la) porque Dios ordena algo diferente para una época que para otra. El ejemplo clásico de eso es el mandato de Dios sobre los sacrificios de sangre para expiar el pecado bajo la ley de Moisés —ya no vigentes— desde que Cristo se ofreció a sí mismo como el sacrificio expiatorio final por el cual se confiaba en los sacrificios animales (ver Heb 7-10). Asimismo, Dios ordenó que Adán comiera solo plantas (Gn 1:29-30). Pero después del diluvio, se le dijo a Noé que comiera carne (Gn 9:3-4). La ley mosaica prohibía comer ciertos animales como "inmundos" (Lv 11). Pero Jesús dijo que estos animales estaban limpios y se podían comer (Marcos 7:19; Hechos 10:14-15; 1 Ti 4:4). No se trata de contradicciones, sino de ejemplos de revelación progresiva.

El principio de la revelación progresiva. Dios no revela todo de una vez, ni establece siempre las mismas condiciones para cada época. Las revelaciones posteriores tendrán cosas que van en contra de las anteriores. Por tanto, el Antiguo Testamento reveló solo indicios de la *Trinidad enseñada en el Nuevo Testamento (p. ej., Mt 3:16-17; 28:18-20). El Nuevo Testamento declara explícitamente lo que solo estaba implícito en el Antiguo Testamento.

Dios puede cambiar cualquier cosa que no implique una contradicción o que no vaya en contra de su naturaleza inmutable (Mal 3:6; 2 Ti 2:13; Tito 1:2; Heb 6:18). Dios puede cambiar cosas no morales sin ninguna razón aparente o indicada (ver Esencialismo divino). El cambio del mandato a los humanos de ser herbívoros a omnívoros es un ejemplo; los cambios en las leyes ceremoniales son otro. Son mandamientos diferentes para épocas distintas donde Dios tuvo diferentes razones para promulgar, incluso si no las conocemos completamente (Dt 29:29).

A veces, Dios hace un cambio debido a las condiciones cambiantes de la humanidad. Tal es el caso del permiso de divorcio "por cualquier causa" en el Antiguo Testamento, y una fuerte prohibición en el Nuevo Testamento (Mt 19:3). Jesús dijo que la ley original "era por la dureza de vuestro corazón" (19:8). Dios a veces pasa por alto ciertas cosas debido a épocas de ignorancia humana (Hechos 17:30), pero luego no lo hace.

Una de las principales razones para el cambio es que Dios tiene un plan en desarrollo, y dicho plan tiene etapas en las que algunas cosas son necesarias y etapas en las que algo más es necesario. Una vez que se haya cumplido un "tipo" de profecía (la sangre del cordero), cuando llega la realidad, el tipo ya no es necesario. Cuando la base de la iglesia fue puesta en los apóstoles (Ef 2:20), los apóstoles ya no fueron necesarios.

En vista del principio de revelación progresiva, las revelaciones posteriores no son contradictorias sino complementarias; no son errores, pero revelan más verdad. Las revelaciones posteriores no niegan las primeras; simplemente las reemplazan. Dado que las primeras no se dieron para todos, sino solo por una época específica, no hay conflicto cuando cambian. No hay dos comandos opuestos para la misma gente al mismo tiempo.

Un ejemplo de revelación progresiva se puede ver en todas las familias con hijos en crecimiento. Cuando los niños son muy pequeños, los padres permiten que los niños coman con los dedos. Luego, los padres insisten en el uso de la cuchara. Finalmente, a medida que el niño avanza, el padre ordena el uso del tenedor. Estos mandatos son temporales, progresivos y apropiados a la situación.

Contraste con el principio islámico de la abrogación. El Corán enseña que Alá puede y cambia las revelaciones cuando se le ordena (Corán 2:106; 16:101). Por ejemplo, el islam primitivo no usó la espada para difundir su mensaje, pero esta fue abrogada más tarde y se le dio permiso a Mahoma para difundir su mensaje mediante la acción militar. A diferencia del *esencialismo cristiano, que insiste en que la naturaleza moral esencial de Dios no cambia, el islam es una forma de voluntarismo, que sostiene que Dios puede hacer todo lo que quiera.

Basicidad adecuada. La basicidad adecuada es una visión establecida por el filósofo americano contemporáneo Alvin Plantinga, quien afirma que hay ciertas creencias para las que es posible, pero tonto, requerir justificación. Estas incluyen los conceptos "Yo existo" y "Hay un pasado". Uno tiene derecho a sostener estas creencias sin dar más cuenta. Plantinga incluye la creencia de que "Dios existe" entre las proposiciones que son "propiamente básicas". Si es cierto, esto socavaría la teología natural, la necesidad de proporcionar argumentos a favor de la existencia de Dios (ver Dios, Evidencias a favor de) y la *apologética clásica. Plantinga afirma que la fe en Dios es tan central que sería una locura pedir su fundamento. La creencia en sí misma es el eje de la cosmovisión del creyente (ver Plantinga, págs. 187-198).

Plantinga reemplaza el fundacionalismo clásico con estas "creencias básicas". Su punto de vista es una especie de "fundacionalismo" fideísta (ver Fideísmo).

La negación de que existan principios fundacionales (evidentes por sí mismos) del pensamiento lo involucra a uno ya sea en una regresión infinita, donde nunca se da ninguna justificación, o bien en un punto de corte arbitrario donde uno simplemente deja de dar una justificación (sin una justificación para tal accionar; ver Primeros principios). Plantinga no ofrece ninguna justificación para colocar la creencia de que Dios existe en la categoría de "propiamente básico". Un incrédulo puede simplemente exigir sus razones para colocarlo en esta categoría —momento en el que le corresponde proporcionar una justificación racional— o simplemente plantearía la pregunta.

Como los fideístas, Plantinga no pudo distinguir entre la creencia en que Dios existe y la creencia de que Dios existe. Uno necesita evidencia para creer que Dios existe, pero no para creer en Dios. Sería un insulto para la esposa de uno exigir razones para amarla; pero no es un insulto exigir razones de que realmente es ella, y no la esposa del vecino, antes de aceptarla. No es digno de la relación de una persona con Dios creer en Dios por el mero hecho de la evidencia. Si hay un Valor Último (i. e., Dios) en el universo, se debe creer en ese Ser por su propio hecho. Sin embargo, no es indigno pedir evidencias de que Dios existe y es el Valor Último antes de poner fe en él. La razón exige que miremos antes de saltar (Geisler y Corduan, págs. 68-69).

Fuentes

N. L. Geisler y W. Corduan, Philosophy of Religion [Filosofía de la religión].

A. Plantinga, "The Reformed Objection to Natural Theology" [La objeción reformada a la teología natural].

Russell, Bertrand. Bertrand Russell (1872-1970) nació en Ravenscroft, Inglaterra, de padres librepensadores que eran amigos de John Stuart *Mill. Después de la muerte de sus padres, fue criado por abuelos austeros que pasaron de ser presbiterianos a unitarios. Comenzó a cuestionar la inmortalidad del alma cuando tenía catorce años y abandonó su fe en Dios a los dieciocho (en 1890) después de leer Mill's Autobiography [La Autobiografía de Mill].

Estudió filosofía en Cambridge y más tarde enseñó en el Trinity College, del que finalmente fue despedido por su activismo pacifista (1916). Dijo: "Cuando llegó la guerra, sentí como si escuchara la voz de Dios. Sabía que protestar era asunto mío". Russell dio conferencias en los Estados Unidos varias veces (1896, 1927, 1929, 1931, 1938). Estuvo casado y divorciado muchas veces, pasó seis meses en prisión por actividad antigubernamental (1918) donde escribió Introduction to Mathematical Philosophy [Introducción a la Filosofía Matemática], y en 1940, fue declarado moralmente incapacitado para enseñar en Nueva York. Sin embargo, Russell fue finalmente galardonado con el Premio Nobel de Literatura (en 1950) por defender la libertad de pensamiento.

Los escritos de Russell son voluminosos, incluyendo todo, desde la coautoría de los importantes Principia Mathematica (1910) con Alfred North *Whitehead hasta su más popular Why I Am Not a Christian [Por qué no soy cristiano] (basado en una serie de conferencias de 1927). Otras obras incluyen A Critical Exposition of the Philosophy of Leibniz [Una exposición crítica de la filosofía de Leibniz] (1900), "Free Man's Worship" [La adoración del hombre libre] (1903), "The Essence of Religion" [La esencia de la religión] (1912), Religion and Science [La religión y la ciencia] (1935), "The Existence of God Debate" [Debate Sobre la Existencia de Dios] with Father Copleston [con el padre Copleston] (1948), "What Is An Agnostic?" [¿Qué es un agnóstico?] (una entrevista de 1953) y "Can Religion Cure Our Troubles?" [¿Puede la religión curar nuestros problemas?] (basado en artículos de 1954).

Sus principales trabajos sobre filosofía expresan un atomismo lingüístico. Fue mentor de Ludwig *Wittgenstein, escribió la introducción al Tractatus de Wittgenstein y reconoció la influencia de Wittgenstein en su propio atomismo lógico.

La religión de Russell. La visión religiosa de Bertrand Russell evolucionó considerablemente a lo largo de sus noventa y ocho años de vida. Durante los primeros catorce años de su vida, fue un teísta (ver Teísmo). Entre los catorce y los dieciocho, adoptó una posición deísta (ver Deísmo). A los dieciocho años, se volvió ateo (es decir, no teísta). A los treinta y un años, adoptó una especie de naturalismo estoico fatalista expresado en "Free Man's Worship" [El culto del hombre libre]. A los cuarenta años, tenía una especie de panteísmo experiencial que Friedrich *Schleiermacher (1768-1834) podría haber aprobado (ver "The Essence of Religion" ["La Esencia de la Religión"]). Más tarde, se convirtió en un anticristiano militantemente antiteísta. A los setenta y seis años, se describió a sí mismo como un "agnóstico" (ver Agnosticismo) en su entrevista con la revista Look (1953).

Agnosticismo y antiReligión. Como sea que se llame a los delirios metafísicos de Russell, siempre fue anticristiano y antirreligioso, aunque no se consideraba ateo. "Mi posición es agnóstica", dijo ("Existence of God Debate" [Debate sobre la existencia de Dios], pág. 144). En su entrevista con la revista Look, afirmó que "un agnóstico cree que es imposible conocer la verdad en asuntos como Dios y la vida futura que concierne al cristianismo y otras religiones". Después de esta fuerte declaración, entonces cubre su apuesta, agregando, "O, si no imposible, al menos imposible en el momento presente" ("What Is an Agnostic?" [¿Qué es un agnóstico?] pág. 577).

Russell distingue el *agnosticismo del *ateísmo, afirmando que "un ateo, como un cristiano, sostiene que podemos saber si existe o no un Dios; el ateo, que podemos saber que no lo hay. El agnóstico suspende el juicio, diciendo que no hay motivos suficientes ni para la afirmación ni para la negación [...] Un agnóstico puede sostener que la existencia de Dios, aunque no imposible, es muy improbable" (ibid.).

De la pluma de Russell salió un ataque implacable, no solo contra el cristianismo sino contra la religión en general. Escribió: "Estoy tan firmemente convencido de que las religiones hacen daño como yo de que son falsas" (Why I Am Not a Christian [Por qué no soy cristiano] xi). La razón básica es que se basan en una creencia que se genera a través del miedo, que en esencia es malo. La religión organizada retrasa el progreso en el mundo. En particular, "digo muy deliberadamente que la religión cristiana, tal como se organiza en sus Iglesias, ha sido y sigue siendo el principal enemigo del progreso moral en el mundo" (ibíd., 15).

No se acepta autoridad. Russell afirmó rechazar toda autoridad. Dijo que el agnóstico sostiene que un hombre debe pensar en su conducta personal, escuchando la sabiduría de los demás. "Nadie más que un tonto se entrega a todos los impulsos, pero lo que

detiene un deseo es siempre algún otro deseo" ("What Is an Agnostic?" [¿Qué es un agnóstico?] pág. 578).

Negó tener "fe solo en la razón", insistiendo en que hay más que hechos y razón. Se vio guiado por sus propósitos o fines meditados. "El agnóstico encontrará sus fines en su propio corazón y no en un mandato externo" (ibid., 583). Por ejemplo, la razón puede decir cómo llegar a Nueva York, pero solo la persona puede encontrar la razón (propósito) para ir allí.

El pecado no es una noción útil, aunque algunos tipos de conducta son deseables y otros no (ibid., 578). Pero se apresura a añadir que el castigo por una conducta indeseable solo debe ser disuasivo o reformatorio y no penal.

Problemas con el cristianismo. La Biblia es rechazada con toda otra autoridad. Russell lo consideró una historia legendaria al mismo nivel que Homero. Algunas de sus enseñanzas morales son buenas, pero muchas son muy malas (ibid., 579).

Russell dudaba que Cristo viviera alguna vez. Afirmó que "Históricamente es bastante dudoso que Cristo existiera alguna vez, y si lo hizo, no sabemos nada acerca de él" (Why I Am Not a Christian [Por qué no soy cristiano] pág. 11). No obstante, afirma que "la mayoría (lo que no necesariamente incluye a sí mismo) de agnósticos admiran la vida y las enseñanzas morales de Jesús tal como se relatan en los Evangelios (que él no acepta), pero no necesariamente más que las de otros hombres. Algunos (no Russell) lo colocarían al nivel de Buda...Sócrates y algunos con Abraham Lincoln" ("What Is an Agnostic?" [¿Qué es un agnóstico?] pág. 579). A diferencia de muchos incrédulos, Russell declaró: "No creo que Cristo fuera el mejor y el más sabio de los hombres" ("Can Religion Cure Our Troubles?" [¿Puede la religión curar nuestros problemas?] 2). Russell estimaba que el Jesús de la Biblia era imprudente, despiadado, inhumano y cruel (ver más abajo). Presentó a Sócrates bajo una mejor luz. Escribió: "Hay un defecto muy serio en mi mente en el carácter moral de Cristo, y es que él creía en el infierno. Yo mismo no creo que ninguna persona que sea realmente y profundamente humana pueda creer en el castigo eterno" (Why I Am Not a Christian, pág. 12).

Sin inmortalidad. Russell no creía en ninguna otra vida, ya sea el cielo o el infierno. Hablando de los agnósticos en general, dijo: "Un agnóstico, como tal, no ve la supervivencia a menos que crea que hay evidencia de una forma u otra". Rusell agrega para él mismo, "no creo que haya ninguna buena razón para creer que sobrevivimos a la muerte" ("What Is an Agnostic?" [¿Qué es un agnóstico?] pág. 580). Porque "es racional suponer que la vida mental cesa cuando cesa la vida corporal" (What I Believe [Lo que creo] pág.

40). Agrega: "Creo que cuando muera me pudriré y que nada de mi ego sobrevivirá" (Why I Am Not a Christian, pág. 43).

Si bien no estaba seguro de una vida futura en general, estaba absolutamente seguro de que no existe el infierno.

Porque "la creencia en el infierno está ligada a la creencia de que el castigo vengativo del pecado es algo bueno [...] Posiblemente algún día haya evidencia de su existencia (del cielo) a través del espiritismo, pero la mayoría de los agnósticos no creen que exista tal evidencia, y por lo tanto no creen en el cielo" ("What Is an Agnostic?" [¿Qué es un agnóstico?] págs. 580-81). Acerca de que si teme el juicio de Dios, Russell respondió: "Ciertamente no. También niego a Zeus y Júpiter y Odin y Brahma, pero estos no causan prejuicio [...] Si hubiera un Dios, creo que es muy poco probable que tuviera una vanidad tan incómoda como para sentirse ofendido por quienes dudan de su existencia" (ibid., pág. 581).

Negación naturalista de los milagros. En cuanto a lo sobrenatural, Russell afirmó que "los agnósticos no creen que haya ninguna evidencia de 'milagros' en el sentido de sucesos contrarios a la ley natural". De hecho, "es posible prescindir de los milagros, ya que la Providencia ha decretado que el funcionamiento de las leyes naturales producirá los mejores resultados posibles" (Why I Am Not a Christian? [Por qué no soy cristiano], pág. 42). Admite que hay eventos inusuales, pero no son milagrosos. "Sabemos que la curación por fe ocurre y no es milagrosa en ningún sentido". Vio tanta evidencia milagrosa para los dioses griegos en Homero como para el Dios cristiano en la Biblia" ("What Is an Agnostic?" pág. 581).

En la misma línea, consideró el nacimiento virginal como una señal de la mitología pagana (ver Mitraísmo; Mitología y el Nuevo Testamento). Señaló una historia de nacimiento virginal ligada a Zoroastro y el hecho de que Ishtar, la diosa babilónica, se llama "la santa virgen" (ibid., 579).

Russell también rechazó la idea de un propósito para la vida. "No creo que la vida en general tenga algún propósito. Solo sucede. Pero los seres humanos individuales tienen propósitos, y no hay nada en el agnosticismo que los haga abandonar estos propósitos" (ibid., 582).

El budismo temprano es la mejor religión. Cuando se le preguntó qué religiones respetaba más, Russell respondió que prefería el budismo, "especialmente en sus formas más tempranas, porque ha tenido el elemento más pequeño de persecución". Admiraba el confucianismo y a los cristianos liberales que reducían el dogma al mínimo. Pero si realmente hay un Dios detrás de cualquier religión, dijo que la única eviden-cia que aceptaría sería una voz del cielo que predice con precisión todo lo que sucederá en las próximas veinticuatro horas. Sin embargo, incluso eso solo lo convencería de una inteligencia sobrehumana. De hecho, no podía pensar en ninguna evidencia que lo convenciera de la existencia de un Dios (ibid., 583-84).

Evaluación. Tal oposición incluso a la posibilidad de una prueba de la existencia de Dios pone en duda la definición de Russell sobre el agnosticismo. Su actitud difiere poco de la de la mayoría de los ateos que afirman saber (sobre bases "muy probables") que Dios no existe.

¿Cuál es la diferencia? Pocos ateos afirman estar absolutamente seguros de que Dios no existe (ver Dios, Supuestas Contradicciones de). En un momento de su entrevista con Look, Russell admitió que, para todos los propósitos prácticos, él era "uno con los ateos" (ibid., 577). Tal resistencia a admitir el ateísmo recuerda la broma de Karl *Marx que dice que "un agnóstico no es más que un ateo sin agallas".

Agnosticismo autodestructivo. Si Russell era un "agnóstico", era uno obstinado y decía que era "imposible" saber si hay un Dios. Esto se reduce a la declaración: "Sé con certeza acerca de la existencia de Dios que no puedes saber nada con certeza acerca de la existencia de Dios". Agregar la advertencia "en el momento actual" no aminora el problema. La declaración sigue siendo contraproducente "en el momento actual".

La evaluación que tiene Russel de la religión es superficial y deficiente. Su afirmación de que todas las religiones se basan en el miedo es una "falacia sociológica". Es decir, utiliza declaraciones descriptivas como si fueran prescriptivas. El miedo es un factor para llevar a algunos a la religión, pero es insuficiente para dar una fe genuina o duradera. La gente también busca la religión por la felicidad, la seguridad, la libertad de culpa y otros factores. Russell parecía tener un miedo patológico al miedo. No todo el miedo es malo. Hay un temor saludable que advierte a uno de posibles peligros o consecuencias negativas. El miedo a reprobar un examen puede ser una motivación útil para estudiar. El miedo a ser atropellado por un conductor ebrio puede hacer que uno esté más atento en la carretera. Además, las razones psicológicas no explican el origen de una creencia. Ayudan a mostrar por qué la gente cree, pero no se da cuenta de lo que cree (ver Woods, 23). Finalmente, el origen no determina el valor de una cosa. La mayoría de la gente le teme al fuego, pero esto no dice nada sobre el valor de un fuego.

La necesidad de Dios. Aunque Russell no creía, la necesidad de Dios está en ocasiones implícita en su pensamiento. En uno de sus momentos más sinceros, escribió: "Incluso cuando uno se siente más cercano a otras personas, algo en uno parece obstinadamente pertenecer a Dios y rehusarse a entrar en cualquier comunión terrenal, al menos así es como debería expresarlo si pensara que hay un Dios. Es extraño, ¿no? Me preocupo apasionadamente por este mundo y muchas cosas y personas en él, y sin embargo... ¿qué es todo? Uno siente que debe haber algo más importante, aunque no creo que lo haya" (Autobiography, [Autobiografía] págs. 125-26, énfasis agregado).

Autoridad de la razón. Russell afirmó rechazar toda autoridad, pero reconoció la autoridad final de la razón humana. Negó tener "fe únicamente en la razón", solo en el sentido de que los propósitos humanos ayudaron a determinar sus acciones. Pero uno no tiene fe en los propósitos sino en alguna fuente y prueba de la verdad. Aquí basta la razón. Por lo tanto, es justo decir que Russell rechaza cualquier autoridad excepto la de la razón humana (ver Racionalismo). Por supuesto, "la razón se ocupa de cuestiones de hecho, algunos observan, otros infieren" ("What Is an Agnostic?" [¿Qué es un Agnóstico] pág. 583). Así que Russell tenía una autoridad final.

Como otros agnósticos y ateos, Russell tenía una visión inconsistente del pecado. Ha negado su validez, reduciendo todo a lo "deseable" o "indeseable". Sin embargo, cuando se trataba de cuestiones de libertad de expresión y estilo de vida, expresó convicciones morales inamovibles. Russell parecía no tener ninguna duda de que creer en el infierno era real y verdaderamente "cruel", "despiadado" e "inhumano". Estas son posiciones absolutistas morales. Si la moralidad es simplemente lo "deseable" o "indeseable", entonces no hay bases morales reales para decir que algo es cruel o incorrecto. Para ser coherente, sólo debería haber dicho que el concepto del infierno era contrario a sus deseos. No tenía bases morales para hacer ningún juicio de valor (ver Moralidad, Naturaleza Absoluta de).

Además, existe una ambivalencia básica en la visión de la humanidad de Russell. R. E. D. Clark observó que Russell basó su código de moralidad en la bondad humana esencial, luego en otra parte insiste en que un buen Dios nunca podría haber creado un bípedo tan repugnante.

Autoridad y cristianismo. La repulsión de Russell por todas las cosas cristianas aumenta con la sensibilidad de un contador Geiger cuando se acerca a algo que huele a autoridad o un reclamo sobre su propia vida y libertad. Rechaza la Biblia junto con todas las demás autoridades. Le gustan algunas de sus enseñanzas morales, pero las que le molestan son "muy malas" (ibid., pág. 579). Sus ataques contra Jesús, además de su incredulidad básica en la existencia de

Jesús, parecen provenir del hecho de que en las Escrituras Cristo es una figura de autoridad. Buda, quien le gusta más, da pocas órdenes y ofrece un camino de sabiduría personalizado. Sócrates es aún menos directivo.

Por qué Russell rechazó a Cristo. El anticristianismo militante en Why I Am Not a Christian [¿Por qué no soy cristianp?] deja la impresión de alguien fuertemente ateo. Pero parecía más decidido a establecer una falacia contra la personalidad y el estilo de vida autoritarios cristianos. Su ideal de persona religiosa cristiana es la que hace el bien y no sigue los credos. Sin embargo, los cristianos deben ser más que buenos, o nada los distinguiría de otros religiosos, como los musulmanes. Como mínimo, un cristiano cree ciertas cosas sobre la existencia de Dios, la inmortalidad y el carácter y la persona de Cristo. Russell no puede aceptar ninguno de estos. En particular, Russell llegó a las siguientes situaciones.

La falacia del argumento de la primera causa. Russell rechazó los argumentos tradicionales a favor de la existencia de Dios (ver Dios, Evidencia a Favor de), en particular el *argumento cosmológico para una Primera Causa. Él argumentó que, si algo puede existir sin una causa, entonces eso podría ser el mundo, al igual que podría ser Dios. Él atribuyó la creencia de que el mundo tuvo un comienzo en la pobreza de la imaginación humana.

Según Russell, el mismo concepto de "causa", del que depende el argumento cosmológico, había perdido su vitalidad en la filosofía actual. Pero incluso concediendo causalidad, planteó este dilema:

1. O todas las cosas son causadas o no lo son.
2. Si todos los seres son causados, Dios también, ya que es un ser.
3. Si no todas las cosas son causadas, tampoco lo es el mundo, ya que es algo.
4. Entonces, o Dios es causado por otro (y no es la Primera Causa), o el mundo no es causado por ningún Dios (y no existe ningún Dios).
5. En cualquier caso, no hay Primera Causa.

Lógicamente, no se sigue que, solo porque Dios puede estar sin una causa, el mundo también puede hacerlo. Dios y el mundo están en dos categorías diferentes. Dado que uno es Creador y el otro creado, solo el mundo necesita una causa, no Dios. Además, existen buenas razones científicas y filosóficas para creer que el mundo tuvo un comienzo, algo que Russell deja de lado sin la debida consideración (ver Teoría del Big Bang; KALAM Argumento Cosmológico). Por tanto, el argumento de Russell contra la Primera Causa es deficiente.

La pregunta de Russell "¿Quién hizo a Dios?" se

basa en una declaración errónea del principio de causalidad (ver Causalidad, Principio de). *Tomás de Aquino no argumentó que todo necesita una causa. Más bien, los seres contingentes o dependientes necesitan una causa. Por ejemplo, los seres que tienen un comienzo necesitan una causa. Porque todo lo que llega a ser necesita una causa para hacerlo realidad. Pero un Ser eterno e independiente, como Dios, no necesita una causa. Por lo tanto, preguntar "¿Quién hizo a Dios?" es absurdo. ¿Se pregunta quién hizo lo deshecho? Para Russell no debería ser difícil entender esto. Creía que el mundo no necesitaba una causa; simplemente estaba "allí" ("Existence of God Debate" [Debate sobre la existencia de Dios]). Pero si el universo puede no tener causa, Dios también.

El argumento de la ley natural. Russell rechaza el argumento de la ley natural porque depende de la comprensión de las leyes en un sentido prescriptivo (argumentando que cada prescripción tiene un prescriptor). Pero las leyes de la naturaleza son solo descriptivas, no prescriptivas. Por tanto, insistió, el argumento de la ley natural falla. Además:

1. Si Dios creó la ley, entonces fue por una razón o no fue por una razón.
2. No podría haber sido por una razón, ya que en ese caso Dios estaría sujeto a el y no último.
3. No pudo haber sido sin razón, porque en ese caso un Dios racional no lo habría hecho. Porque Dios tiene una razón para todo.
4. Por lo tanto, Dios no pudo haber creado la ley (es decir, no hay necesidad de un Creador de la ley).

Russell tiene razón al señalar que las leyes de la naturaleza son solo descriptivas, no prescriptivas. Pero de esto no se sigue que los patrones regulares y el orden de la naturaleza no necesiten un Ordenador (ver Argumento Teleológico; Principio Antrópico; Evolución, Química). De hecho, muchos agnósticos y ateos modernos que contemplan el principio antrópico han tenido serias dudas. Porque, ¿quién ordenó el universo especificando desde el principio las condiciones precisas que harían posible a los humanos? Además, Russell plantea un dilema falso sobre si Dios tuvo una razón para crear la ley. La razón no tiene por qué estar más allá de sí mismo, o puede estar totalmente ausente. La razón de Dios para hacer las cosas está en él mismo: Él es la Razón definitiva, porque es el Ser racional supremo del universo.

El argumento del diseño. Siguiendo a David *Hume y Charles *Darwin, Russell rechazó el concepto de diseño en la naturaleza que lleva a postular un Diseñador de la naturaleza. Su razonamiento puede expresarse de esta forma:

1. Los seres vivos se adaptan a su entorno ya sea por diseño o por evolución.
2. La ciencia ha demostrado mediante la selección natural que están adaptados a su entorno debido a la evolución.
3. Por lo tanto, no fueron diseñados por un Diseñador.

El argumento de Russell contra el diseño es una clásica falacia lógica. Establece alternativas y luego selecciona la que desea negar. El resultado inevitable está planteando la cuestión. También ignora la evidencia. Argumenta falazmente que la adaptación resulta ya sea del diseño o de la evolución y luego que resulta solo de la evolución (afirmando una alternativa). La implicación: No es el resultado del diseño. Pero para que haya una conclusión válida, uno debe negar una de las dos alternativas. Pasa por alto la posibilidad de que la adaptación pueda resultar tanto del diseño como de la evolución. Después de todo, el Creador podría haber diseñado la evolución como el medio para lograr su propósito (ver Evolución). Además, Russell asume que la evidencia de la evolución es mayor que la de la creación. Pero este no es el caso (ver Evolución Biológica).

El argumento moral. Russell amonestó a Immanuel *Kant por su argumento moral a favor de Dios. Insiste en que no es fácil deshacerse de lo aprendido en las rodillas de una madre, y aquí es donde Kant aprendió a creer en Dios. Dejando de lado este argumento ad hominem, Russell planteó este dilema lógico para aquellos que argumentan desde una ley moral a un Proveedor de la ley moral:

1. Si hay una ley moral, o viene del fiat (voluntad) de Dios o no.
2. Pero no puede ser por la voluntad de Dios, o de lo contrario no sería esencialmente moral sino arbitrario.
3. Tampoco puede no ser por la voluntad de Dios, porque en ese caso Dios estaría sujeto a un estándar moral más allá de sí mismo y no sería Dios (es decir, el Último).
4. En cualquier caso, no hay razón para postular a Dios como la fuente de la ley moral.

Dejando a un lado la falacia ad hominem de Russell como un comentario inapropiado, io, su argumento es otro dilema falso. Porque la ley moral no tiene por qué ser arbitraria o ajena a Dios (ver Esencialismo Divino); puede estar adentro (es decir, su propia naturaleza moral inmutable). Por tanto, Dios puede ser supremo sin ser arbitrario.

El argumento de la justicia correctiva. Los teístas a veces han argumentado que debe haber una próxima vida y un Dios moralmente perfecto para remediar la injusticia de esta vida. Pero Russell responde que todo lo que encontremos verdadero aquí probablemente lo sea en otros lugares. Y encontramos que la injusticia gobierna en esta vida. No hay razón para creer que no gobernaría también en todos los demás mundos posibles.

No es necesariamente cierto que lo que es cierto aquí también lo sea en otros lugares. Un desierto en Arizona no significa que haya uno en Florida o Alaska. Incluso si fuera cierto que el comportamiento humano en un lugar es indicativo del comportamiento humano en otro lugar bajo condiciones similares, el argumento de Russell fallaría. Después de todo, el cielo es una condición completamente diferente, una de perfección. Si esto es así, uno esperaría que allí el comportamiento humano fuera diferente. Russell también pasa por alto la naturaleza prescriptiva de la ley moral. Si hay un Dios absolutamente perfecto, entonces no puede permitir que la injusticia gobierne para siempre. Debe corregirlo. Y Russell no puede asumir que no existe un Dios moralmente perfecto como base para probar que tal Dios no existe.

El carácter de Cristo. Russell no solo rechazó los argumentos a favor de la existencia y la inmortalidad de Dios, sino que también negó que Cristo fuera una persona de elevado carácter moral. Creía que el carácter de Jesús tenía serios defectos morales.

La creencia de Russell sobre el carácter de Jesús tiene sus propios defectos. Primero, pasa por alto por completo toda la evidencia positiva del carácter impecable de Cristo (ver Cristo, Unicidad de). En segundo lugar, todos sus argumentos negativos no llegan a ser pruebas reales de los defectos del carácter de Cristo.

Jesús carecía de sabiduría. Un hombre muy sabio no puede equivocarse en cosas importantes. Sin embargo, Jesús estaba equivocado acerca de una de sus enseñanzas importantes, a saber, que regresaría inmediatamente a la tierra después de su muerte (Mat 24:34). Por tanto, Jesús no era un hombre muy sabio. En otra ocasión, manifestó su falta de sabiduría al maldecir a una higuera por no tener fruto antes de la temporada de dar fruto (Mat 21:19; cf. Marcos 11:14). Ninguna persona verdaderamente sabia haría tal cosa.

Russell asume erróneamente que Jesús afirmó que regresaría dentro de la vida de sus discípulos (Why I Am Not a Christian [Por qué no soy cristiano], pág. 11). La evidencia es lo contrario. Jesús no dijo que regresaría de inmediato, sino de manera inherente (cf. Hch 1: 7). La referencia a "esta generación" (Mat 24:34) podría referirse a la nación judía que no fallecerá antes de que él regrese, ya que la palabra para generación (genea) puede referirse a una raza o nación (cf. Mat 23:36). O puede referirse al hecho de que

vendría antes del final de la generación en el futuro cuando los eventos predichos en este pasaje comiencen a suceder (Mat 24:33). Jesús dijo explícitamente que nadie sabía el tiempo de su venida (Mateo 24:36; Hechos 1: 7). Por lo tanto, es contrario a su propia enseñanza en este mismo pasaje entender que él les dice cuándo regresaría.

Acerca de si fue imprudente maldecir la higuera, Russell pasa por alto un punto importante. Era la época del año (Pascua) en la que aparecen los primeros higos. Por eso el texto dice: "Y viendo de lejos una higuera que tenía hojas, fue a ver si tenía fruto" (v. 13). Ciertamente no habría hecho esto a menos que a veces aparecieran higos, como lo hacen, bajo las hojas nuevas en esta época del año.

Además, si Jesús es el Creador, entonces simplemente porque un ser finito no ve una razón para algún evento no significa que una Mente infinita no tenga ninguna. Resulta que aquí se expresa el propósito de Jesús: la higuera ilustró el rechazo infructuoso de Israel al Mesías, y conduciría al desastre. Inmediatamente después de esto, fue abordado en el templo por los líderes judíos (Marcos 11: 15ss.) Quienes poco después pidieron su crucifixión.

Jesús no fue profundamente humano. Según los Evangelios, Jesús creía en el infierno, el sufrimiento eterno de los perdidos (Mat 5:22; 10:28). Russell insistió en que nadie que sea profundamente humano creería en un lugar como el infierno.

El hecho de que Jesús creyera en el infierno no lo hace más inhumano que alguien que cree en el holocausto judío. Ciertamente, si ocurrió el holocausto, entonces no es inhumano creer en el. Asimismo, si el infierno es real, entonces uno no es inhumano por creer que es real. La cuestión es de verdad, no de humanidad.

Jesús fue vengativo. Russell cree que Jesús fue vengativo con sus enemigos, pronunciando penas y juicios sobre ellos (cf. Mat 23). Pero la venganza hacia los enemigos de uno es un defecto moral. Por tanto, el carácter de Jesús era moralmente defectuoso.

Contrariamente a la afirmación de Russell, no hay evidencia de que Jesús fuera vengativo. No tomó represalias contra nadie. Les advirtió del final destructivo de su vida, a menos que le dieran la espalda. Y eso es algo misericordioso. Jesús ejerció uno de los mayores actos de misericordia no vengativa conocidos por muchos cuando miró a los que lo crucificaron tortuosamente y dijo: "Padre, perdónalos porque no saben lo que hacen" (Lucas 23:34). Jesús enseñó explícitamente que no debemos ser vengativos, insistiendo en que "si alguien te golpea en la mejilla derecha, vuélvele también la otra". Añadió: "Ama a tus enemigos, bendice a los que te odian y ora por los que te maltratan y te persiguen" (Mat 5:39, 44).

Jesús careció de la bondad adecuada. Russell argumentó que cualquiera que amenazara a la gente con una eterna falta de perdón no era debidamente amable. Sin embargo, Jesús hizo esto en ocasiones (Mateo 5:22; 23: 35-36; Juan 5: 24-29; 12:48). Que Jesús advirtiera a la gente sobre el infierno no prueba que careciera de la bondad adecuada. De hecho, si hay un infierno, y quién está en una mejor posición para conocerlo que el Hijo de Dios (ver Cristo, Divinidad de), entonces Jesús no habría sido amable al no advertir a la gente sobre ello. ¿Qué pensaría Russell de alguien que no le advirtiera que había una falla enorme en el camino frente a él en la que moriría si no se volvía?

Jesús promovió la crueldad. Otro defecto en el carácter de Cristo, según Russell, fue que ahogó innecesariamente una piara de cerdos. Tal acto es cruel con los animales. Esto revela otro defecto en el carácter de Jesús.

No hubo imperfección moral en el acto de ahogar una piara de cerdos (Mat 8:32). Como Dios, Jesús era soberano sobre toda vida. Él lo creó y tenía derecho a tomarlo (Dt 32:39; Job 1:21). Todos los animales eventualmente mueren por mandato del Creador de todos modos. Que suceda antes o después es irrelevante. El propósito de esta piara de cerdos no era dar leche porcina. Los dueños se iban a quitar la vida de todos modos. Jesús no mató directamente a los cerdos de todos modos; los demonios lo hicieron. Jesús simplemente expulsó a los demonios del hombre, y los demonios entraron en los cerdos y los arrojaron por el acantilado. Jesús estaba más preocupado por salvar a la persona y Russell está más interesado en los cerdos.

Resumen. Russell argumentó que no hay una base real para creer ni en la existencia de Dios ni en el elevado carácter moral de Cristo (ver Cristo, Unicidad d]). Y dado que ambas creencias son esenciales para ser cristiano, no deseaba llamarse cristiano. Pero los argumentos de Russell no toman el camino de los argumentos cristianos sobre la existencia de Dios y la superioridad moral de Cristo. Carecen de una base lógica y fáctica para hacer el trabajo que él deseaba. Indican más sobre lo que quería que fuera el caso que una búsqueda honesta de la verdad.

Fuentes

N. L. Geisler and T. Howe, *When Critics Ask* [Cuando los críticos preguntan].

B. Russell, *The Autobiography of Bertrand Russell* [La autobiografía de Bertrand Russell].

A *Critical Exposition of the Philosophy of Leibniz* [Una exposición crítica de la filosofía de Leibniz].

, "Can Religion Cure Our Troubles?" [¿Puede la religión curar nuestros problemas?].

———, *"The Essence of Religion"* [La esencia de la religión].

———, *"The Existence of God Debate"* [El debate sobre la existencia de Dios].

———, *"Free Man's Worship"* [Adoración del hombre libre].

———, *Introduction to Mathematical Philosophy* [Introducción a la Filosofía Matemática].

———, *Religion and Science* [Religión y ciencia].

———, *What I Believe* [Lo que creo].

———, *"What Is an Agnostic?"* [¿Qué es un agnóstico?].

———, *Why I Am Not a Christian* [Por qué no soy cristiano].

A. D. Weigel, *"A Critique of Bertrand Russell's Religious Position"* [Una crítica de la posición religiosa de Bertrand Russell].

H. G. Woods, *Why Mr. Bertrand Russell Is Not Christian* [Por qué el Sr. Bertrand Russell no es cristiano].

Sagan, Carl. Carl Sagan (m. 1996) fue una personalidad popular de televisión, autor de ciencia y ciencia ficción, y un astrónomo agnóstico que defendió firmemente la evolución naturalista (ver Evolución Biológica). Escribió numerosos libros, incluidos Cosmos [Cosmos], The Cosmic Connection [La Conexión Cósmica], Life in the Universe [La Vida en el Universo] y Broca's Brain [El Cerebro de Broca].

A pesar de ser un agnóstico confeso (ver Agnosticismo), Sagan hizo una experiencia religiosa sustituta de celebrar el cosmos. El universo, en su sistema de creencias, funcionaba como un dios. El cosmos es último, eterno, creador y objeto de adoración. El set de su serie de Servicio de Radiodifusión Pública de Nivel Popular, "Cosmos", fue decorado conscientemente para dar la sensación de una nave espacial y una catedral. La declaración del tema de esos programas, los libros de Sagan y gran parte del trabajo de su vida fue "EL COSMOS ES TODO LO QUE ES O SIEMPRE FUE O SERÁ" (Cosmos, pág.4). El cosmos es supremo y lo abarca todo. Es el COSMOS, con todas las mayúsculas.

A la Imagen del COSMOS. Sagan creía que los seres humanos fueron "creados" a imagen del cosmos. Escribe: "El océano llama. Una parte de nuestro ser sabe que es de donde venimos. Anhelamos volver. Estas aspiraciones no son, creo, irreverentes, aunque pueden perturbar a los dioses que sean" (ibid., pág.5). Todo en el universo emplea los mismos patrones una y otra vez. Conservadora e ingenuamente.

Esto es cierto para las plantas y los animales, los robles y los humanos. La humanidad es el producto de una larga serie de accidentes biológicos (Cosmic Connection, [Conexión Cósmica] pág.52). En cuanto a los orígenes humanos, Sagan afirma claramente, "La evolución es un hecho, no una teoría" (Cosmos, pág. 27). Los humanos surgieron mediante un proceso

poderoso pero aleatorio (ibid., pág. 282).

Un deber moral para el COSMOS. Dado que la humanidad está creada a imagen del cosmos, las personas tienen una obligación moral con su creador. "Nuestra obligación de sobrevivir se debe, no solo a nosotros mismos, sino también al COSMOS, antiguo y vasto, del que brotamos" (ibid., pág. 345). Dado que hemos recibido nuestra existencia, tenemos el deber de perpetuar su existencia. De hecho, "la clave de nuestra supervivencia es el cosmos, en el que flotamos como una mota de polvo en un rayo de luz" (ibid., pág. 4). En tal universo, el bienestar presente y futuro depende del conocimiento científico (UFO's - A Scientific Debate, xv [OVNIS: un debate científico, xv]).

Salvación del COSMOS. Es necesaria una apertura al cosmos para avanzar en nuestro conocimiento (Broca's Brain [El Cerebro de Broca] pág. 58). Sagan razonó que, dado que los humanos evolucionaron en la tierra, la vida también evolucionó en otros lugares. Cada estrella puede ser un sol para alguien (Cosmos, pág. 5).

El contacto con estos extraterrestres podría ser la salvación de la raza humana. Así que debemos sintonizarnos con el espacio exterior a través de radiotelescopios para recibir posibles mensajes. "La recepción de un solo mensaje desde el espacio demostraría que es posible vivir una adolescencia tan tecnológica" (Broca's Brain, pág. 275). Después de todo, la civilización transmisora sobrevivió. Sagan creía que tal conocimiento valdría mucho. Tal mensaje podría fortalecer los lazos que unen a todos los seres de este planeta.

Dado que el cosmos es nuestro creador y puede ser nuestro salvador, tenemos un deber moral hacia el. Los científicos, y en particular los astrónomos, son sacerdotes que nos recuerdan nuestras obligaciones éticas y nos muestran el camino de la salvación cósmica. Nunca se recibió tal mensaje, por lo que Sagan hizo una película llamada Contact [Contacto] en la que se recibía uno: cada número primo entre 1 y 101. Era una señal de inteligencia. Sin embargo, incluso el primer animal unicelular que nadaba en el mar primitivo tenía mucha más complejidad que ese mensaje.

Evaluación. Si bien Sagan presentó sus puntos de vista como científicos, en realidad son religiosos. Va mucho más allá de la ciencia hacia el ámbito de la filosofía y la religión especulativas. Deifica el cosmos (nótese las letras mayúsculas, "COSMOS"). Reemplaza a Dios como Creador y Objeto del deber moral y el culto religioso. Sagan incluso lo ve como la fuente de nuestra salvación como raza.

Sagan pasa por alto o minimiza la vasta evidencia científica de la existencia de Dios y la creación de la vida (ver, Dios, Evidencia de). Admitió que la segunda ley de la termodinámica (ver Termodinámica, Principios de la) implicaría un Creador, pero respondió que la primera ley de la termodinámica muestra que el cosmos es eterno y no necesita creador. Sin embargo, esto malinterpreta la primera ley, que en su forma científica no dice nada sobre si la energía puede o no puede ser creada, sino simplemente que la cantidad actual de energía existente en el universo permanece constante.

En contraste con Sagan, otro astrónomo agnóstico es más justo con la evidencia científica de la que se puede inferir un Creador. Robert Jastrow, fundador y director del Goddard Institute for Space Research [Instituto Goddard de Estudios Espaciales], señala que ha aumentado la evidencia de un comienzo del universo. "Para el científico que ha vivido de su fe en el poder de la razón, la historia suena como un mal sueño. Ha escalado los montes de la ignorancia; está a punto de conquistar el pico más alto; mientras se levanta sobre la roca final, es recibido por una banda de teólogos que han estado sentados allí durante siglos" (Jastrow, pág. 15).

Referencias inconsistentes al diseño. Sagan es inconsistente en sus inferencias del diseño complejo (complejidad especificada). Admite que un mensaje corto del espacio exterior implica un ser inteligente como su fuente (ver Evolución Química). Sin embargo, niega que el cerebro humano, con unos veinte millones de volúmenes del mismo tipo de complejidad especificada, necesite un Creador inteligente (ver Principio Antrópico; Argumento teleológico). Sagan escribió que "la neuroquímica del cerebro está asombrosamente ocupada, los circuitos de una máquina más maravillosos que los ideados por los humanos" (Cosmos, 278).

Si un solo mensaje del espacio requiere un creador inteligente, ¿qué tal veinte millones de volúmenes de información? Si las máquinas ordinarias necesitan una causa inteligente, ¿qué tal una más maravillosa que cualquier ideada por los humanos? Otro astrónomo incrédulo, Fred Hoyle, se convirtió al *teísmo cuando descubrió que las posibilidades de que un organismo unicelular emergiera mediante un proceso puramente natural era de 1 en 1040,000 (ver Hoyle).

Fuentes

N. L. Geisler, *Carl Sagan's Religion for the Scientific Mind* [Religión para la Mente Científica de Carl Sagan].

F. Hoyle y N. C. *Wickramasinghe, Evolution from Space* [Evolución Desde el Espacio].

R. Jastrow, *God and the Astronomers* [Dios y los Astrónomos].

C. Sagan, *Broca's Brain* [El Cerebro de Broca].

———, *The Cosmic Connection* [La Conexión Cósmica].

———, *Cosmos*.

———, *UFO's—A Scientific Debate* [OVNIS - Un Debate Científico].

Santo Sudario de Turín. *Descripción.* El Sudario de Turín es una tela de lino que mide 14.25 pies (4.34 metros) por 3.58 pies (1.09 metros) y se encuentra en Turín, Italia. Hay una imagen doble, cara a cara de un hombre en el material, que revela la parte delantera y trasera de su cuerpo.

Se sabe que el sudario existe desde 1354, pero muchos creen que es mucho más antiguo. En 1978, el sudario fue sometido a una extensa investigación científica. No había señales de pintura o tinte que pudieran explicar la imagen. Se pensó que la imagen era tridimensional y se encontró solo en la superficie de la tela. Sin embargo, en 1988, tres laboratorios independientes llevaron a cabo pruebas de datación por carbono en los hilos del sudario. Todos le dieron una fecha medieval tardía. Los defensores del sudario objetaron que la muestra era demasiado incompleta y provenía de una sección contaminada del sudario que reflejaba un incendio de una iglesia medieval.

Autenticidad. La autenticidad del sudario es objeto de acalorados debates. Quienes lo favorecen destacan sus características únicas. Los que están en contra señalan la falta de evidencia histórica y la evidencia científica de datación en su contra.

Argumentos a favor de la autenticidad. Aquellos que creen que el sudario es auténtico (ver Habermas) argumentan que:

1. no existe una forma naturalista conocida de explicar las imágenes únicas que contiene.

2. no hay otra explicación para el polen exclusivo

de Palestina que se encuentra en él.

3. el tejido es compatible con la tela del primer siglo.

4. la moneda sobre el ojo es posiblemente la de Poncio Pilato, acuñada alrededor del 29-32 d. C.

5. encaja con el procedimiento de crucifixión y los derechos de entierro del siglo primero.

6. la falta de marcas de composición en la tela revela que el cuerpo salió rápidamente.

7. en 1982, una datación "secreta" supuestamente fechaba un hilo en el siglo I o II d. C.

Argumentos en contra de la autenticidad. Aquellos que rechazan su autenticidad (ver Mueller) notan que ninguno de los argumentos anteriores es definitivo.

1. Hay algunas posibles explicaciones naturales, y puede haber una explicación natural desconocida de las imágenes.

2. El polen puede representar un tiempo que pasó en Tierra Santa durante la Edad Media o el polen transportado desde allí.

3. El tejido no es necesariamente exclusivo del primer siglo o podría ser un duplicado posterior del mismo o incluso una imagen medieval puesta sobre una tela del primer siglo.

4. La supuesta moneda no es lo suficientemente clara como para ser indiscutible, y si el sudario es un fraude, entonces la moneda no es real, sino solo una imagen producida artificialmente.

5. Es posible que algunas personas conocieran en detalle la crucifixión y el entierro del siglo I a finales de la Edad Media.

6. La falta de marcas de composición también podría ser parte de la reconstrucción de un artista informado.

7. Esta datación "secreta" no está confirmada y contradice las tres citas científicas independientes realizadas en 1988.

Además, los oponentes del sudario argumentan que:

1. la falta de una historia temprana del sudario la pone en duda.

2. la Biblia habla de muchas piezas de tela, no solo una (Juan 19:40).

3. todas las pruebas de carbono independientes apuntan a una fecha medieval tardía, no al siglo I (Time, pág. 81).

Incluso los defensores del sudario admiten que "todavía es posible que el sudario sea falso" (Habermas, "Turin, Shroud of", [Turín, Santo Sudario] pág. 1116). La Iglesia Católica Romana nunca lo declaró oficialmente auténtico. De hecho, "Poco después de la exposición más antigua conocida del sudario, en

1354, un obispo francés declaró que era un fraude" (Time, pág. 81). Y cuando la datación científica resultó negativa, el Papa Juan Pablo ordenó: "Publícalo" (ibid.).

Valor apologético. Apologéticamente, la autenticidad del sudario no es realmente relevante. De hecho, toda la evidencia esencial para defender el cristianismo es independiente del sudario. Si es auténtico, no proporciona evidencia esencial de la muerte o resurrección de Cristo que no poseamos ya en otro lugar. Y si no es auténtico, corremos el riesgo de usar un mal argumento para una buena causa y perder credibilidad para la apologética cristiana.

Valor esencial. No hay ningún valor apologético esencial en el sudario. La evidencia del cristianismo es más que suficiente sin ella. Los milagros de Jesús confirman que es el Hijo de Dios. Tanto Jesús como la profecía sobrenatural son suficientes para apoyar la afirmación de que la Biblia es la Palabra de Dios. No se necesita ninguna otra evidencia. El cristianismo no se apoya ni recae en ningún sentido sobre la cuestión de la autenticidad del Santo Sudario de Turín.

Valor teórico. Teóricamente, el sudario tiene cierto valor apologético. Si es auténtico, tendría que confirmar tanto la muerte como la resurrección de Cristo, ciertamente la primera, y posiblemente la última, ya que la resurrección sería una explicación plausible de la imagen del sudario.

Valor táctico. Dada la disputa sobre el sudario y la posibilidad de que pueda ser un fraude, el valor táctico de usarlo apologéticamente es negativo. Dado que es innecesario para el cristiano apologético y muy disputado, es tácticamente más sabio no usarlo como evidencia de la verdad del cristianismo.

Fuentes

G. Habermas, *"Turin, Shroud of"* [Turin, Sudario de].

M. E. Mueller, *"The Shroud of Turin"* [El Santo Sudario de Turin].

H. D. Sox, *The Image on the Shroud: Is the Turin Shroud a Forgery?* [La imagen del Santo Sudario: ¿Es el Santo Sudario de Turín una falsificación?].

K. E. *Stevenson and G. Habermas, Verdict on the Shroud* [Veredicto sobre el Santo Sudario].

K. F. Weaver, *"The Mystery of the Shroud"* [El misterio del Santo Sudario].

R. A. Wild, *"The Shroud"* [El Sudario].

Sartre, Jean-Paul. Jean-Paul Sartre (1905-80), un popular ateo francés (ver Atheism [Ateísmo]) de mediados del siglo XX, abordó la filosofía desde una perspectiva existencial. Él, junto con Albert *Camus, destacó el absurdo de la vida. Sartre nació en París de cristianos nominales (mezcla católica protestante), se educó en Alemania y enseñó filosofía en Francia. Su primera obra destacada fue La Nausea (Nausea). En 1940, Sartre fue capturado por Alemania; más tarde regresó a Francia y enseñó filosofía hasta 1944. Intentó un abortado movimiento político de izquierda (1951) y más tarde cooperó con los comunistas franceses, tratando de reconciliar *existencialismo y *marxismo.

Convertirse en ateo. En su autobiografía, The Words [Las Palabras], Sartre escribió sobre su formación: "Me enseñaron [...] el Evangelio y el catecismo sin que me dieran los recursos para creer" (The Words [Las Palabras], pág. 249). Añadió: "Mi familia se había visto afectada por el lento movimiento de descristianización que se inició entre la alta burguesía volteriana y tardó un siglo en extenderse a todos los niveles [...] La Buena Sociedad creía en Dios para hablar de Él. ¡Qué tolerante parecía la religión! Qué cómodo era" (ibid., págs. 97-98).

Sartre dijo que le enfermaba el misticismo y la indiferencia de sus abuelos. Exteriormente, continuó creyendo, pero cada vez pensaba menos en Dios (ibid., págs. 100 101). En cuanto al origen de su ateísmo, Sartre escribió: "Sólo una vez tuve la sensación de que Él existía. Había estado jugando con los fósforos y quemé una pequeña alfombra. Estaba en el proceso de encubrir mi crimen cuando de repente Dios me vio. Sentí su mirada dentro de mi cabeza y en mi mano [...] Me enfurecí contra una indiscreción tan grosera, blasfemé [...] Él nunca más me miró" (ibid., pág. 102).

Su conversión se confirmó un día, a los doce años, cuando trató de pensar en Dios y no pudo. A partir de ese momento pensó que el asunto se resolvió, pero no del todo. "Nunca he tenido la más mínima tentación de traerlo de vuelta a la vida. Pero el Otro permaneció, el Invisible, el Espíritu Santo [...] Tuve mayor dificultad para deshacerme de Él porque se había instalado en la parte de atrás de mi cabeza [...] Capturé al Espíritu Santo en el sótano y lo boté; el ateísmo es un asunto cruel y de largo alcance: creo que lo he llevado a cabo. Veo claro, he perdido mis ilusiones" (ibid., págs. 252-53).

Hubo muchas influencias filosóficas en Sartre. Del filósofo alemán Edmund Husserl (1859-1938) aprendió lo fenomenológico. Las negaciones dialécticas (la libertad es negatividad) provienen de G. W. F. *Hegel (1770-1831). El ateísmo lo aprendió de Friedrich *Nietzsche (1844-1900). Su metafísica fue influenciada por Martin Heidegger (1889-1976), aunque Heidegger repudió el existencialismo de Sartre.

Escritos importantes. Las mayores obras de Sartre siguen el desarrollo de su pensamiento. El período inicial de su carrera estuvo dominado por la psicología

fenomenológica bajo la influencia de Husserl. Aquí produjo Transcendence of the Ego [Trascendencia del Ego] (francés 1936, inglés 1937), The Emotions: Outline of a Theory [Las Emociones: Esquema de una Teoría] (1939, 1948) y The Psychology of Imaginations [La Psicología de las Imaginaciones] (1940, 1948). El período medio se centró en la ontología de la existencia humana de Heidegger. Aquí produjo Being and Nothingness [Ser y Nada] (1943, 1956) y Existentialism and Humanism [Existencialismo y Humanismo] (1946, 1948). En un último período, sus preocupaciones se volvieron hacia el marxismo. Escribió Question de methode [Pregunta de Método] (1960) y Critique de la raison dialectique [Crítica de la Razón Dialéctica] (1960).

El ateísmo de Sartre. Vista de Dios. Como otros ateos, Sartre creía que la existencia de Dios era imposible porque Dios es un ser auto-causado por su naturaleza propia (ver Dios, Supuestas Contradicciones de). Pero uno tendría que ser ontológicamente anterior a sí mismo para poder causarse a sí mismo, lo cual es imposible. En términos de Sartre, el "ser-para-sí" nunca puede convertirse en el "ser-en-sí" (Being and Nothingness [Ser y Nada], págs. 755-68). Es decir, lo contingente no puede convertirse en lo necesario. Nada no puede convertirse en algo. Así que Dios, un ser autocausado, no puede existir.

Vista de los seres humanos. Sartre vio a la humanidad como una burbuja vacía en el mar de la nada. El proyecto humano básico es convertirse en Dios. Pero es imposible que lo contingente se convierta en un Ser Necesario, que lo subjetivo se vuelva objetivo, o que la libertad se determine.

El individuo está, de hecho, condenado a la libertad (ver Libre Albedrío). Si uno intentara escapar de su destino, todavía estaría huyendo libremente de él. Incluso el suicidio es un acto de libertad mediante el cual uno intentaría en vano evitar su libertad. Entonces, la "esencia" humana es la libertad absoluta, pero la libertad absoluta no tiene una naturaleza objetiva o definible. El "yo" (sujeto) siempre trasciende al "mí" o al "eso" (objeto).

Visión de la etica. No hay prescripciones morales absolutas u objetivas. Porque "tan pronto como tú [Zeus] me creaste, dejé de ser tuyo", escribió Sartre. "Era como un hombre que ha perdido su sombra. Y no quedaba nada en el cielo, ni bien ni mal, ni nadie que me diera órdenes [...] Porque yo, Zeus, soy un hombre, y cada uno debe encontrar su propio camino" (Not Exit [No Exit], págs. 121-23).

No solo no hay imperativos divinos o prescripciones morales, sino que no hay valores objetivos. En las últimas líneas de Being and Nothingness [El ser y la Nada], Sartre escribió: "Equivale a lo mismo si uno se emborracha solo o es un líder de naciones". Porque todas las actividades humanas son equivalentes. Debemos, de hecho, repudiar este "espíritu de seriedad", que asume que hay valores absolutos u objetivos, y aceptar el absurdo básico y la subjetividad de la vida (ver De Beavoir [De Beavoir], págs. 10, 16-18, 156).

Entonces, ¿qué debería hacer uno? Literalmente, "lo suyo". Dado que no existen valores últimos y objetivos, debemos crearlos. Una persona puede actuar por el bien personal o por el bien de toda la humanidad. Pero no existe la obligación ética de pensar en los demás. En el análisis final, cada uno es responsable únicamente del uso de la libertad personal e ineludible.

Vista del mundo y el destino. El mundo para Sartre es real pero contingente. Simplemente está ahí. Como la vida humana, es un hecho. Filosóficamente, no tiene causa. Es el campo en el que se realizan las elecciones subjetivas. No tiene un significado objetivo. Cada persona crea un significado personal. El hecho de que varias personas puedan elegir los mismos proyectos subjetivos (como el marxismo para Sartre) no hace ninguna diferencia. Cada persona sigue siendo objetivamente el resultado únicamente de las elecciones personales que ha tomado. Por ejemplo, Sartre dijo: "Yo soy mis libros". Sin embargo, cada uno trasciende el mundo que ha sido creado personalmente. El autor es más que las palabras. Él o ella es la "Nada" (libertad) a partir de la cual fue creada.

Evaluación. Además del caso general a favor del *teísmo (ver Apologética, Argumento General de lar; Argumento Cosmológico; Argumento Moral a Favor de Dios; Argumento teleológico) y las respuestas a las objeciones de los ateos (ver Dios, Objeciones a las Pruebas de), hay cosas que se pueden decir de la forma de ateísmo de Sartre.

Primero, Dios no es un Ser auto causado, lo cual es imposible; es un Ser sin causa. Al crear una definición falsa de Dios, Sartre pudo rechazar a Dios con demasiada facilidad. Pero esto era solo una falacia, no el Dios real.

Segundo, Dios no contradice la libertad y la creatividad humanas. Dios es el Creador supremo, y el hombre es subcreador y cocreador del bien y el valor. Dios es la Causa principal y la libertad humana es la causa secundaria. El libre albedrío y el determinismo no son lógicamente contradictorios, porque Dios puede predeterminar que una persona es libre.

Tercero, Sartre hace una disyunción radical e injustificada entre sujeto y objeto, hecho y valor. Pero en un ser humano individual, esta es una distinción sin una diferencia real. Yo soy yo. Un ataque a mi objetividad (digamos, mi cuerpo) es un ataque a mí. Cuando uno mata un cuerpo, la persona también se

va. Alguien no puede cortarme el brazo con ira sin atacarme. Mi objetividad y subjetividad no son separables en esta vida.

Cuarto, si no hay valores objetivos y cada uno es plenamente responsable solo de sí mismo, entonces no hay un sentido ético significativo en el que uno deba elegir responsablemente por los demás. De hecho, no hay ninguna obligación moral de hacer nada. Los existencialistas ateos hacen lo que hacen solo porque eligen hacerlo. El *existencialismo ateo se reduce al antinomianismo (ver Moralidad, Naturaleza Absoluta de la).

Quinto, a pesar de sus comentarios autobiográficos, Sartre no pudo descartar a Dios tan fácilmente. Antes de morir, se volvió hacia el Dios que lo creó. Como se informó en una revista francesa, Sartre abrazó el teísmo cristiano antes de morir. En sus propias palabras (primavera de 1980), "No me siento producto del azar, una mota de polvo en el universo, sino alguien que se esperaba, se preparaba, se prefiguraba. En resumen, un ser que solo un Creador podría poner aquí; y esta idea de una mano creadora se refiere a Dios".

La amante de Sartre, Simone De Beauvoir, reaccionó a la aparente retractación de Sartre, quejándose: "¿Cómo se explica este acto senil de un traidor?" Agrega: "Todos mis amigos, todos los sartrianos y el equipo editorial de Les Temps Modernes me apoyaron en mi consternación" ("Nouvel Observateur", pág. 677).

A la vista de esta conversión, no era de extrañar que sus colegas existenciales reaccionaran como lo hicieron, porque fue una autocondena tácita del humanismo sartrio por parte del propio Sartre. Dos hombres, Alain Larrey y Michael Viguier, que vivían en París en 1980, informan que dos meses antes de su muerte, Sartre se quejó a su médico católico de que "lamentaba el impacto que tenían sus escritos en la juventud", que tantos "los habían tomado muy seriamente".

Fuentes

S. De Beauvoir, *The Ethics of Ambiguity* [La Ética de la Ambigüedad].

N. L. Geisler, *Christian Ethics, chap. 2* [Ética Cristiana, cap. 2].

———, *Is Man the Measure?, chap. 3* [Es el Hombre la Medida].

N. L. *Geisler and W. D. Watkins, Worlds Apart, chap.* 3 [Mundos Aparte, cap. 3].

J.-P. Sartre, *Being and Nothingness* [El Ser y la Nada].

———, *Existentialism and Humanism* [Existencialismo y Humanismo].

———, *Nausea* [Nausea].

———, *No Exit* [A Puerta Cerrada].

————, *"Nouvel Observateur"* [El Nuevo Observador].

————, *The Words* [Las Palabras].

Schaeffer, Francis. Francis Schaeffer (1912-84) nació en Germantown, Pennsylvania. Después de graduarse de Hampden-Sydney College, estuvo bajo la enseñanza de Cornelius *Van Til en Westminster Seminary y el enfoque de evidencia bíblica / histórica de Allan MacRae en Faith Seminary. Después de diez años en el pastorado en los Estados Unidos, él y su esposa, Edith, fueron a Suiza en 1948 como misioneros de evangelización infantil.

Después de una crisis espiritual y eclesiástica personal en 1955, durante la cual fue abandonado por su junta de misión, comenzó L'Abri Fellowship como un acercamiento principalmente a estudiantes universitarios del Reino Unido y Estados Unidos que deambulan por Europa. L'Abri se convirtió en un centro intelectual que criticaba la cultura y desafiaba a aquellos influenciados por el *existencialismo y las teologías europeas modernistas.

Muchas de las obras de Schaeffer están relacionadas con la apologética, pero tres en particular explican sus puntos de vista: The God Who Is There [El Dios que está allí] (escrito primero pero publicado en 1968), Escape from Reason [Escape de la Razón] (1968) y He Is There and He Is Not Silent [Él está allí y no es silencioso] (1972). Genesis in Space and Time [Génesis en el espacio y el tiempo] (1972) y No Final Conflict [Sin Conflicto final] (1975) se dedican a la apologética bíblica. Mientras, While How Shall We Then Live? [¿Cómo viviremos entonces?] (1976), Whatever Happened to the Human Race? [¿Qué pasó con la raza humana?] (1979) y A Christian Manifesto [Un manifesto cristiano] (1981) pueden verse como apologética cultural. Back to Freedom and Dignity [De vuelta a la libertad y la dignidad] (1972) defendió el libre albedrío humano (ver Free Will [Libre Albedrío]) y la imagen de Dios frente al determinismo de B. F. Skinner.

Schaeffer también escribió muchos libros sobre la vida espiritual, incluyendo The Mark of a Christian [La marca de un cristiano] (1970) y True Spirituality [Verdadera espiritualidad] (1971).

Enfoque apologético de Schaeffer. Schaeffer no era ni un filósofo profesional ni un apologista. Se consideraba a sí mismo un evangelista, aunque más propiamente era un preevangelista o un apologista popular. Como tal, no empleó términos en un sentido preciso o técnico. Tampoco escribió de forma sistemática. Sus primeros trabajos apologéticos se dieron primero como conferencias (Duriez, 252). El resultado es que su método apologético preciso es difícil de reconstruir, sin embargo, se pueden distinguir elementos de su enfoque.

Punto de partida presuposicional. Thomas V. Morris señala elementos presuposicionales en el enfoque de Schaeffer (ver Apologética Presuposicional). Schaeffer se negó a ser encasillado como presuposicionalista o evidencialista (citado por Ruegsegger, pág.64). No obstante, fue influenciado por Cornelius *Van Til y consideró las presuposiciones "cruciales" (Duriez, pág. 256).

Llegó a decir que la apologética presuposicional habría detenido la decadencia de la cultura moderna. "Así que ahora para nosotros, más que nunca, una apologética presuposicional es imperativa" (Schaeffer, The God Who Is There [El Dios que está Allí] pág. 15). Schaeffer incluso habla de "necesidad" para sus argumentos (Morris, pág. 31), aunque Gordon Lewis insiste en que se trata de una "necesidad descriptiva" (Lewis, pág. 88) de un evangelista popular, no una necesidad filosófica de un apologista técnico. El biógrafo de Schaeffer, Colin Duriez, describe el tema de Schaeffer de la "necesidad "del cristianismo histórico", que "sin la existencia y comunicación de Dios no hay respuestas a las preguntas humanas fundamentales" (Duriez, pág. 256). Este es un tipo de argumento trascendental. Schaeffer, como otros presuposicionalistas, comienza con el punto de partida cristiano del Dios trino revelado en las Escrituras. El punto de partida presuposicional de Schaeffer, como el de Van Til, era el "Dios personal-infinito" de la Biblia (Schaeffer, The God Who Is There, [El Dios que está ahí] pág. 94). Schaeffer señaló que "cada persona con la que hablamos, ya sea la vendedora o la estudiante universitaria, tiene un conjunto de presuposiciones, ya sea que las hayan analizado o no" (ibid., pág. 109). Las presuposiciones proporcionan un punto de partida para el viaje espiritual (ibid., pág. 126). Hay que seguir proporcionando una verificación racional de las creencias. En este contexto, Kenneth Harper ve a Schaeffer como un "presuposicionalista inconsistente" porque, a diferencia de Van Til, Schaeffer creía en un terreno común con los incrédulos (Harper, pág. 138). Sin embargo, incluso Van Til reconoció un terreno común en un sentido formal, así como la verificación mediante un argumento trascendental.

Coherencia lógica. Frente al existencialismo radical, el irracionalismo y el misticismo creciente de la cultura, Schaeffer enfatizó el principio de no contradicción (Schaeffer, The God Who Is There, pág.109). Creía que la gente moderna estaba comprometida en un "escape de la razón". Todas las opiniones no cristianas son inconsistentes. El cristianismo, por el contrario, "constituye una respuesta que no se contradice" (ibid., pág. 156). *La lógica es parte de la imagen de Dios en el hombre mediante la cual las afirmaciones de verdad deben ser probadas. Sin coherencia lógica no hay verdad. Schaeffer se refiere a este tema a menudo.

Elemento pragmático. Dado que la idea central de la estrategia apologética de Schaeffer fue mostrar que el punto de vista no cristiano era inhabitable, también tiene una dimensión pragmática (ver Geisler, Apologética Cristiana capítulo 6). Solo las presuposiciones cristianas pueden vivirse de manera coherente, según Schaeffer. Insiste en que "debemos ser capaces de vivir de manera coherente con nuestra teoría" si es cierta (Schaeffer, The God Who Is There, pág. 109). La visión materialista (ver Materialismo) es falsa porque "el hombre simplemente no puede vivir como si fuera una máquina". El punto de vista cristiano "se puede vivir con el, tanto en la vida como en las actividades académicas". Además, el cristiano "tiene años de evidencia experimental" que respalda su creencia. Así, la habitabilidad es una prueba de la verdad de un punto de vista y la imposibilidad de vivir es una prueba de su falsedad (ibid., págs. 109-11).

Aspecto de verificación. Gordon Lewis ve su propia forma de presuposicionalismo en Schaeffer, que sigue el modelo de Edward John *Carnell. Prefiere llamarlo una apologética de verificación que no es ni deductiva ni inductiva, sino abductiva (Schaeffer's Método Apologético]). De hecho, Schaeffer dice que la racionalidad se gana "sobre la base de lo que está abierto a verificación y discusión" (Escape de la Razón pág. 82). Incluso define la verificación como "el procedimiento requerido para establecer la verdad o falsedad de una declaración" (Schaeffer, The God Who Is There, pág. 180). Enumera una forma doble de verificación, aunque la primera contiene dos elementos:

1. La teoría no debe ser contradictoria y debe dar respuesta al fenómeno en cuestión.
2. Debemos ser capaces de vivirlo de manera consistente (ibid., pág. 109).

De modo que la definición de verificación de Schaeffer es más amplia que la de ciencia. Como se señaló anteriormente, a veces parece involucrarse en una especie de argumento trascendental, exponiendo la necesidad de que Dios esté allí y no esté en silencio para que podamos darle sentido al mundo.

Evaluación. Contribuciones Positivas. Hay muchas cosas encomiables sobre el enfoque de Francis Schaeffer hacia la apologética. Entre estos, cabe destacar los siguientes.

La autoridad proposicional de las escrituras. Schaeffer, como otros presuposicionistas, comenzó con el Dios trino (ver Trinidad) que se ha revelado a sí mismo en las Escrituras. Hizo hincapié en la necesidad de una revelación proposicional (ibid., pág. 109; ver [Biblia, Evidencias a Favor de la). Schaeffer nunca dudó en su creencia de que la infalibilidad de las Escrituras es un tema "decisivo". Es la revelación proposicional objetiva de Dios a la humanidad. Animó la formación del International Council of Biblical Inerrancy [Consejo Internacional de Inerrancia Bíblica] (ICBI), 1978-88, que produjo la "Declaración de Chicago" sobre la inerrancia y el libro Inerrancy [Inerrancia]. Schaeffer asistió a una de las primeras reuniones de formación del ICBI. Su libro No Final Conflict [Sin Conflicto Final] trazó una línea en la arena para los evangélicos sobre este tema.

El carácter racional de la fe. Constantemente destacó el carácter objetivo y racional de la fe. En Escape from Reason, critica el irracionalismo, el subjetivismo y el existencialismo que habían calado gran parte del siglo XX. En este contexto, Schaeffer tenía un mayor aprecio por la razón humana que Van Til.

Schaeffer fue inflexible sobre la naturaleza objetiva de la verdad (ver Verdad, Naturaleza de la) La verdad está "abierta a verificación [y] también se puede comunicar verbalmente por escrito" (ibid., pág. 141). No hay pruebas especiales para la verdad religiosa, porque "la prueba científica, la prueba filosófica y la prueba religiosa siguen las mismas reglas" (ibid., pág. 109). La verdad es la verdad. Aunque dado que el término se ha diluido para significar verdad subjetiva, Schaeffer a veces se refiere a la verdad objetiva con la frase deliberadamente redundante "verdad verdadera".

La necesidad de un terreno común. Otra dimensión positiva del enfoque de Schaeffer fue su énfasis en la necesidad de un terreno común en las discusiones con los incrédulos. Creía que esto se basaba en el hecho de que "fuimos hechos a imagen de Dios" (Schaeffer, Escape from Reason, pág. 83). La caída no significa que dejemos de ser humanos o racionales (Schaeffer, The God Who Is There, pág. 178). Los no creyentes comparten con los creyentes tanto absolutos morales como racionales. Los incrédulos experimentan tanto el marco moral como la culpa moral (ibid., pág. 102). Además, los humanos tienen el "poder de razonar consistentemente" (ibid., pág. 179). La ley de la no contradicción no es de *Aristóteles, sino que es parte de ser creado a imagen de Dios (Primeros Principios). Si bien estos factores se comparten con los incrédulos, ellos niegan el terreno adecuado para ellos en Dios (Schaeffer, He Is There and He Not Silent, [Él está ahí y no calla] pág.65).

Aspectos negativos de la apologética de Schaeffer. Gran parte de la reacción negativa al enfoque de Schaeffer se genera por su uso impreciso de términos.

La mayor parte de esto se puede explicar por su falta de formación académica en filosofía o apologética. Por su propia confesión, fue un evangelista que desarrolló un método práctico para hacer evangelismo o, mejor, preevangelismo. No obstante, Schaeffer debe asumir la responsabilidad de las inexactitudes e insuficiencias de su sistema.

Malentendido de los pensadores modernos. Si bien Schaeffer generalmente intuyó correctamente el flujo principal del pensamiento moderno, no obstante, a menudo entendió mal las fuentes reales. La mayoría de los expertos en Søren *Kierkegaard creen que Schaeffer lo entendió erróneamente como un irracionalista. Schaeffer también malinterpretó a *Tomás de Aquino, caracterizándolo como alguien que separó la fe y la razón, dando así lugar al humanismo moderno (ver Fe y Razón). En una clara distorsión de Aquino, Schaeffer sostuvo que, como resultado de Aquino, los filósofos "estamos haciendo autónomos a los detalles y perdiendo así lo universal que dio lugar al significado de los detalles". Así, "si la naturaleza o los detalles son autónomos de Dios, entonces la naturaleza comienza a devorar la gracia. O, podríamos decirlo de esta manera: todo lo que nos queda son los detalles, y los universales se pierden, no solo en el área de la moral, lo que sería bastante malo, sino en el área del conocimiento" (Schaeffer, He Is There and He Is Not Silent, págs. 41-42). Como revela un análisis detallado de los escritos de Aquino (ver Inerrancia), nada podría estar más lejos de la verdad. Aquino fue uno de los mayores defensores de los universales en el conocimiento y los absolutos morales de todos los tiempos.

Duriez intenta en vano exonerar a Schaeffer de este cargo citando referencias oscuras y fuentes secundarias, pero no produce ningún texto de Aquino que respalde su malentendido (Duriez, págs. 252-54). Su esfuerzo por mostrar relaciones causales indirectas sólo manifiesta un mal uso (no un uso adecuado) de Aquino (ver Geisler, Inerrancy, capítulos 1, 5).

Falta de aprecio por la apologética clásica. Aunque parte de su propio razonamiento se puede interpretar en forma de un *argumento teleológico o *un argumento cosmológico de la existencia de Dios, Schaeffer no hace que estos sean parte formal de su sistema apologético. De hecho, rechaza explícitamente *la apologética clásica (Schaeffer, El Dios que está ahí pág, 15). No parece apreciar la necesidad expresada por los grandes apologistas cristianos desde los primeros tiempos de ofrecer argumentos teístas para establecer la existencia de Dios, el eje de la apologética teísta.

Irónicamente, aunque Schaeffer rechaza la apologética clásica, a veces emula lo que serían argumentos a favor de la existencia de Dios. Por ejemplo, empleando una forma trascendental de argumentación, concluye que "todo el mundo tiene que explicar el hecho de que el universo y él, el individuo, existen; por lo tanto, ¡algo ha 'estado allí'!" (Schaeffer, He Is There and He Is Not Silent, pág. 92). Incluso utiliza las premisas básicas del argumento cosmológico, a saber, que (1) algo existe y (2) nada no puede producir algo. Porque rechaza la opinión de que "todo lo que existe ha surgido de absolutamente nada" (ibid., pág. 7).

Procesos de razonamiento no válidos. Desde un punto de vista filosófico o apologético, la lógica de Schaeffer es a menudo laxa y deficiente. Como señala Lewis: "Schaeffer habría hecho bien en definir la ley de la no contradicción con más cuidado. Sus propósitos populares en realidad lo llevaron a la inexactitud, ya que no todos los 'opuestos' son contradictorios" (Lewis, "Schaeffer's Apologetic Method" [El Método Apologético de Schaeffer], pág. 81).

Otros han visto una falacia lógica de afirmar el consecuente en su enfoque presuposicional. Argumenta que, si "P" es verdadera, entonces "Q" es verdadera. "Q" es verdad. Por lo tanto, "P" es verdad. Ésta es la misma dificultad que enfrentan las formas científicas de razonamiento. Algunos sostienen que se puede superar con diferentes líneas de evidencia (ibid., pág. 99). Otros concluyen que esta es la razón por la que el método científico puede falsificar opiniones, pero no verificar ninguna. Por supuesto, esto puede superarse si el argumento de uno se presenta en una forma trascendental válida. Pero no parece haber una manera válida de hacer esto, al menos no con todo lo que Schaeffer y otros presuposicionalistas desean incluir en sus presuposiciones, a saber, la Trinidad y la inspiración de la Biblia (ver Van Til, Cornelius).

Elemento pragmático insuficiente. Si bien Schaeffer tiene más que una dimensión pragmática en su apologética (también hay elementos racionales y probatorios), sin embargo, pone gran énfasis en la "inhabilidad" de las opiniones no cristianas. Sin duda, esto surgió de su uso de la apologética como una ayuda práctica para la evangelización. Sin embargo, incluso los enfoques "prácticos" deben incluir un pensamiento válido. Y no es suficiente probar una vista sobre la base de su "habitabilidad" o "inhabilidad". Primero, es una prueba pragmática sujeta a toda la crítica de esa prueba de verdad (ver Pragmatismo; Verdad, Naturaleza de la). En segundo lugar, la "habitabilidad" será definida de manera diferente por diferentes visiones del mundo. Y surge la pregunta de usar una visión cristiana para probar si una visión hindú o alguna otra es habitable.

En tercer lugar, por supuesto, si una opinión es verdadera, debería ser adecuada. Pero esto no significa que si algo es adecuado, debe ser verdad. De hecho, el simple hecho de que algunas personas consideren que el cristianismo es inadecuado no significa que sea falso. Puede que no lo estén viviendo correctamente, es decir, por el poder de Dios.

Coherencia sistemática insuficiente. Si la opinión de Schaeffer se considera sustancialmente la misma que la de Edward John Carnell, como sugiere Lewis, entonces está sujeta a la misma crítica discutida en los artículos sobre Carnell y el presuposicionalismo. Más de una cosmovisión puede ser sistemáticamente consistente con los hechos tal como se interpretan. Sin embargo, cada cosmovisión interpreta los hechos de manera diferente. Por la coherencia sistemática por sí sola no se puede juzgar adecuadamente entre visiones del mundo en conflicto. *El hinduismo y el *budismo zen son internamente coherentes y dan cuenta de todos los datos de la experiencia tal como la entienden (aunque se basan en otros motivos). De modo que la cosmovisión cristiana no puede probarse como única con este método.

Exagerando sus conclusiones. Incluso algunos defensores del método de Schaeffer admiten que extrae sus conclusiones. Lewis observa que "Schaeffer a menudo piensa que ha examinado todas las hipótesis posibles cuando ha examinado pocas" (ibid., pág. 100). No se puede saber que todos los puntos de vista no cristianos son incoherentes y / o inadecuados a menos que uno los haya examinado cuidadosamente. Schaeffer ni siquiera intenta hacer esto en ninguna parte de sus escritos.

Fuentes

L. T. Dennis, *Francis Schaeffer* [Francis Schaeffer].

———, ed., *Letters of Francis A. Schaeffer* [Cartas de Francis A. Shaeffer].

C. Duriez, *"Francis Schaeffer"* [Francis Schaeffer].

———, *Francis Schaeffer* [[Francis Schaeffer].

B. Follis, Truth with Love [Verdad con Amor].

N. L. Geisler, *Christian Apologetics, chap.* 6 [Geisler, Apologética Cristiana, capítulo 6].

———, ed., *Inerrancy* [Inerrancia].

———, *Thomas Aquinas* [Tomás de Aquino].

K. C. Harper, *"Francis Schaeffer: An Evaluation"* [Francis Schaeffer: Una Evaluación]

G. Lewis, *"Schaeffer's Apologetic Method"* [El método apologético de Schaeffer].

———, *Testing Christianity's Truth Claims* [Prueba de las afirmaciones de verdad del cristianismo].

B. A. Little, ed., *Francis Schaeffer* [Francis Schaeffer].

T. V. Morris, *Francis Schaeffer's Apologetics* [Apologética de Francis Schaeffer].

R. L. Raymond, *The Justification of Knowledge* [La Justificación del Conocimiento].

R. W. Ruegsegger, *Reflections on Francis Schaeffer* [Reflexiones sobre Francis Schaeffer].

F. Schaeffer, *Escape from Reason* [Escape de la Razón].

———, *The Complete Works of Francis Schaeffer* [Las Obras Completas de Francis Schaeffer].

———, *The God Who Is There* [El Dios que está ahí].

———, *He Is There and He Is Not Silent* [Él está ahí y no está en silencio].

C. Van Til, *The Apologetic Methodology of Francis A. Schaeffer* [La metodología apologética de Francis A. Schaeffer].

Schleiermacher, Friedrich. Friedrich Schleiermacher (1768-1834) fue un teólogo alemán educado en el pietismo moravo. Fue ordenado y predicó en Berlín (1796) antes de enseñar teología en Halle (1804) y Berlín (1810). Sus dos obras principales son On Religion [Sobre la religión] (1799), que tiene una orientación basada en la experiencia, y The Christian Faith [La fe cristiana] (1821 - 22), que tiene un enfoque doctrinal. También escribió un Brief Outline on the Study of Theology [Breve esbozo sobre el estudio de la teología] y Hermeneutics [Hermenéutica] un libro publicado póstumamente. Schleiermacher fue influenciado por el pietismo, que enfatizó lo devocional sobre lo doctrinal; el romanticismo, que incluía la creencia en el *panteísmo en contraste con el *teísmo; y *agnosticismo, siguiendo a Immanuel *Kant que enfatizaba lo práctico sobre lo teórico.

El mismo Schleiermacher ejerció una tremenda influencia sobre sus seguidores. Como padre del liberalismo moderno, influyó en la mayoría de los liberales importantes después de él, entre ellos Albrecht Ritschl (1822-89), Critical History of the Christian Doctrine of Justification and Reconciliation [Historia crítica de la doctrina cristiana de la justificación y la reconciliación]; Adolf von Harnack (1851-1930), What Is Christianity? [¿Qué es el cristianismo?]; y Julius *Wellhausen (1844 - 1918), quien escribió Introduction to the History of Israel [Introducción a la Historia de Israel], en la que defendió la hipótesis documentaria de la autoría/redacción del Pentateuco (ver Pentateuco, Autoría mosaica del).

Fuentes

G. L. Archer Jr., *A Survey of Old Testament Introduction* [Una revisión de la introducción al Antiguo Testamento].

K. Barth, *From Rousseau to Ritschl.* [De Rousseau a Ritschl].

———, *The Theology of Schleiermacher* [La Teología de Schleiermacher].

R. Brandt, *The Philosophy of Friedrich Schleiermacher* [La filosofía de Friedrich Schleiermacher].

R. K. Harrison, *An Introduction to the Old Testa-*

ment [Introducción al Antiguo Testamento].

R. R. Niebuhr, *Schleiermacher on Christ and Religion* [Schleiermacher sobre Cristo y la religión].

F. Schleiermacher, *The Christian Faith* [La fe cristiana].

————, On Religion [Sobre religión].

Schopenhauer, Arthur. Arthur Schopenhauer (1788-1860) nació en Danzig, Alemania. Los libros de Schopenhauer incluyen su disertación publicada, On the Fourfold Root of the Principle of Sufficient Reason [Sobre la cuádruple raíz del principio de razón suficiente] (1813) y The World as Will and Representation [or Idea] [El mundo como Voluntad y Representación (o Idea)] (1818/1819). En 1844, este último volumen se amplió en cincuenta capítulos. También produjo On the Will in Nature [Sobre la voluntad en la naturaleza] (1836) y The Basis of Morality [La Base de la Moralidad] (1841).

Aunque estudió con Friedrich *Schleiermacher (1768 - 1834) y Johann Fichte (1762 - 1814), lo decepcionaron. *Platón (428-348 aC) e Immanuel *Kant lo impresionaron. También reconoció las influencias hindúes y el idealismo de George *Berkeley. A través de su madre, novelista, conoció las ideas del poeta y dramaturgo Johann Goethe (1749-1832). Existe un desacuerdo sobre si Schopenhauer fue un verdadero ateo (ver Ateísmo]) o quizás adoptó algún tipo de panteísmo. Se oponía claramente al *teísmo. Sostuvo que el argumento *ontológico se basa en una confusión de René *Descartes entre causa y razón. Una causa exige algo más allá de ella ad infinitum. Pero la razón no necesita una causa más allá de ella; la razón puede ser ella misma (ver Causalidad, Principio de).

Entonces, el principio de razón suficiente no conduce a una Primera Causa (Dios). El pesimismo cósmico de Schopenhauer se opuso tanto a la "iluminación" como al "mecanismo" de su época. Consideraba la realidad como una voluntad universal, es decir, un todo único, omnipresente por naturaleza, en oposición a muchas voluntades individuales. La voluntad es el fundamento irracional y no racional de toda razón suficiente. Es una fuerza cósmica ciega que lucha incesantemente por encarnarse en el espacio y el tiempo. Sus operaciones no tienen un propósito final de diseño. La naturaleza es un vasto campo fenomenológico para los multitudinarios proyectos de voluntad.

Fuentes

W. Caldwell, *Schopenhauer 's System in Its Philosophical Significance* [El sistema de Schopenhauer en su significado filosófico].

F. C. Copleston, *Arthur Schopenhauer* [Arthur Schopenhauer].

P. Gardiner, *"Schopenhauer, Arthur"* [Schopenhauer, Arthur].

J. E. Gurr, *The Principle of Sufficient Reason in Some Scholastic Systems, 1750-1900* [El principio de razón suficiente en algunos sistemas escolásticos, 1750-1900].

D. J. O'Connor, *A Critical History of Western Philosophy* [Una historia crítica de la filosofía occidental].

A. Schopenhauer, The Basis of Morality [La base de la moralidad].

————, *On the Fourfold Root of the Principle of Sufficient Reason* [Sobre la cuádruple raíz del principio de razón suficiente].

————, *On the Will in Nature* [Sobre la voluntad en la naturaleza].

————, *The World as Will and Representation* [El mundo como voluntad y representación].

Seminario de Jesús. El Seminario de Jesús es un grupo de eruditos del Nuevo Testamento dirigido por Robert W. Funk, que fue organizado en 1985 bajo el auspicio del Estar Institute of Santa Rosa, California. Más de setenta eruditos se reúnen dos veces al año para debatir la autenticidad de las palabras y hazañas de Cristo. El Seminario está conformado por católicos y protestantes liberales, judíos y ateos. La mayoría son catedráticos varones, aunque entre ellos hay un pastor, un cineasta y tres mujeres. Aproximadamente la mitad de ellos son graduados de las escuelas de teología de Harvard, Claremont y Vanderbilt.

Obras. Uno de los propósitos de la organización es publicar libros críticos para una mayor cantidad de personas de las que normalmente leen dichos estudios. Por lo tanto, el grupo tiene una creciente producción literaria. Entre las obras hasta ahora publicadas están: Jesus in Contemporary Scholarship [Jesús en los estudios contemporáneos] y Meeting Jesus Again for the First Time [Conociendo de nuevo a Jesús por primera vez] de Marcus Borg; In Fragments: The Aphorisms of Jesus [En fragmentos: Los aforismos de Jesús], Jesus: A Revolutionary Biography [Jesús: biografía revolucionaria], The Historical Jesus: The Life of a Mediterranean Peasant [El Jesús de la historia: Vida de un campesino mediterráneo judío] y The Other Four Gospels: Shadows on the Contours of Canon [Otros cuatro Evangelios: Sombras en los contornos de Canon] de John Dominic Crossan; The Five Gospels [Los cinco Evangelios] y The Parables of Jesus [Las parábolas de Jesús] de Robert Funk; Jesus: A New Vision [Jesús: una nueva visión], The Myth of Innocence: Mark and Christian Origins [Un mito de la inocencia: Marcos y los orígenes cristianos], The Lost Gospel: The Book of Q and Christian Origins [El Evangelio perdido: El documento Q y los orígenes cristianos] y Who Wrote The New Testament: The Making of the Christian Myth [¿Quién escribió el Nuevo Testamento?: La creación del mito cristiano] de Burton Mack. El esfuerzo supremo del grupo ha sido una traducción de los Evangelios editada por Robert J. Miller, The Complete Gospels: Annotated Scholars' Version [Los Evangelios completos: Versión comentada de los eruditos].

Objetivos del trabajo del Seminario. Desde la creación del Seminario de Jesús, sus miembros han producido obras críticas procurando que sus perspectivas estén a disposición del público en general y no solo de la comunidad académica: "Vamos a tratar de que nuestro trabajo esté disponible para el público; no solo honraremos la libertad de información, seguiremos divulgando públicamente nuestro trabajo" (Funk, Forum [Foro], 1.1). Para este fin, el Seminario ha buscado publicidad en cada fuente posible. Cobertura televisiva, muchos artículos, entrevistas con la prensa, grabaciones e incluso una posible película son parte de la campaña de información pública de la teología antisobrenatural. Funk confesó de manera honesta la naturaleza radical del trabajo cuando dijo: "Estamos investigando un tema que es sagrado para millones de personas y, por lo tanto, estaremos bordeando la blasfemia de manera constante" (ibid., pág. 8). Esta es una revelación honesta y precisa de lo que ha pasado.

Procedimientos del Seminario. El grupo ha usado cuentas de colores para votar sobre la exactitud de los dichos de Jesús. Una cuenta roja representa las palabras que Jesús probablemente dijo. La rosada representa las palabras que posiblemente podrían ser atribuidas a Jesús. La gris representa las palabras que probablemente, aunque no es seguro, provienen de fuentes posteriores. La negra representa las palabras que seguramente Jesús no dijo.La votación se basó en una variedad de escritos cristianos aparte de los cuatro Evangelios canónicos, incluyendo al 'Evangelio de Pedro' fragmentado, el supuesto pero ya no existente documento *'Q' o 'Quelle' ("fuente"), el *'Evangelio de Tomás' del siglo II y el ya no vigente 'Evangelio secreto de Marcos'. Usualmente se trata a 'Tomás' como un quinto Evangelio, a la par de los cuatro libros canónicos.

Resultados de la votación. El resultado de su trabajo es la conclusión de que solo quince dichos (2%) se pueden considerar como las palabras reales de Jesús. Aproximadamente el 82% de lo que los Evangelios canónicos atribuyen a Jesús no es auténtico. Otro 16% de las palabras son de dudosa autenticidad. El siguiente cuadro detalla las proporciones de cada Evangelio en cada categoría y el porcentaje de los dichos "auténticos" de Cristo. Se observa que 'Tomás'

tuvo un mayor porcentaje de votos "rojos" auténticos que Marcos o Juan.

Evangelio	Dichos	Rojo	Rosado	Gris	Negro	Auténtico
Mateo	420	11	61	114	235	2.6%
Marcos	177	1	18	66	92	0.6%
Lucas	392	14	65	128	185	3.6%
Juan	140	0	1	5	134	0.0%
Tomás	202	3	40	67	92	1.5%

Conclusiones del Seminario. Muchas conclusiones radicales surgen del trabajo del Seminario de Jesús que afectan seriamente al cristianismo ortodoxo histórico, al grado de ser tomadas en serio por el público:

1. El Jesús "antiguo" y el "cristianismo antiguo" ya no son relevantes.
2. No hay un acuerdo sobre quién fue Jesús: un cínico, un sabio, un reformista judío, un feminista, un maestro profeta, un profeta social radical o un profeta escatológico.
3. Jesús no resucitó de entre los muertos. Un miembro, Crossan, tiene la teoría de que el cuerpo de Jesús fue enterrado en una tumba superficial, desenterrado y comido por perros.
4. Los Evangelios canónicos son antiguos y no son fiables.
5. Las palabras auténticas de Jesús se pueden reconstruir del llamado documento 'Q', el 'Evangelio de Tomás', el 'Evangelio secreto de Marcos' y el 'Evangelio de Pedro'.

Como Funk declaró claramente, el Seminario concluyó que "los contextos narrativos en los que se preservan los dichos de Jesús en los Evangelios son creación de los evangelistas. Son imaginarios [ficticios] y secundarios" ("The Emerging Jesus" [El Jesús emergente], pág. 11).

Evaluación. Para una evaluación más amplia del 'Evangelio de Tomás' y el documento 'Q', se deben ver esos artículos. La mayoría de las cuestiones planteadas por el Seminario se tratan en Biblia, Evidencias a favor de la; Biblia, Críticas a la; Cristo, Muerte de; Milagros, Argumentos contra los; Nuevo Testamento, Historicidad del; Resurrección, Evidencias a favor de la. Se pueden tratar algunos otros puntos.

Una rama radical del estudio. El Seminario de Jesús representa a una rama radical del estudio del Nuevo Testamento, aunque, por desgracia, incluye a un gran número de eruditos y pastores de renombre. El hecho de que muchos eruditos contemporáneos adopten algunas de sus perspectivas no es lo principal, ya que, la verdad no se determina por el voto de la mayoría. Muchas de las pruebas que ofrecen, además del proceso de votación, son poco convincentes y a menudo inexistentes exceptuando las citas de otros eruditos liberales como fuentes irrefutables. Aunque en la actualidad los eruditos radicales se están haciendo notar bastante, en el amplio rango de la historia cristiana, son una pequeña minoría.

Antisobrenaturalismo injustificado. Las conclusiones radicales del grupo están basadas en presuposiciones radicales, una de las cuales es un rechazo a cualquier intervención milagrosa en la historia por parte de Dios (ver Milagros, Argumentos contra los). Una de las principales razones para rechazar la autenticidad de los Evangelios canónicos es la suposición de que cualquier referencia a los milagros no es creíble. Esta presuposición se deslizó en el estudio bíblico a través de David *Hume y David *Strauss. El antisobrenaturalismo de David Hume no tiene base.

Aceptación infundada de fechas posteriores. De la presunción del sobrenaturalismo surge la tendencia de proponer fechas muy tardías para la redacción de los Evangelios (como mínimo entre los años 70 y 100 y en algunos casos después). Al hacer esto, pueden crear suficiente tiempo entre los eventos y el registro para que los testigos presenciales desaparezcan y se desarrolle una mitología relacionada al fundador del cristianismo. Por consiguiente, pueden decir que el 84% de los dichos de Jesús se inventaron después. Sin embargo, hay problemas con estas fechas posteriores y a medida que la arqueología amplía la comprensión de las fuentes del siglo I, la postura se vuelve insostenible. Entre los problemas tenemos:

La evidencia de los manuscritos de comienzos del siglo II argumenta firmemente el origen asiático de Juan en el siglo I.

Los Evangelios son citados en otras obras del siglo I (ver Biblia, Evidencias a favor de la).

El Evangelio de Lucas se escribió antes que Hechos, el cual tiene sólida evidencia de una fecha no posterior a 60-62 d. C. (ver Hechos, Historicidad del libro de los). Esto está dentro del período de vida de los contemporáneos de Jesús.

Los escritos de Pablo hablan sobre la historicidad de los eventos más importantes en los Evangelios, la muerte y la resurrección de Cristo. Incluso los eruditos críticos fechan 1 Corintios aprox. en 55-56 d. C. Esto lo ubicaría a un cuarto de siglo después de la muerte de Jesús en el año 33.

Algunos eruditos críticos admiten fechas tempranas para los Evangelios básicos. El difunto obispo J. A. T. Robinson sostuvo que fueron escritos entre los años 40 y 60. Esto ubicaría a los primeros registros

hasta siete años después de los eventos registrados.

Incluso las fechas posteriores entre los años 60 y 80 no dan tiempo a que se desarrollen distorsiones mitológicas. Se ha demostrado que incluso dos generaciones es un tiempo demasiado corto para permitir que las tendencias legendarias borren el núcleo duro de los hechos históricos (ver Mitología y el Nuevo Testamento).

Aceptación acrítica de Q. El método por el cual el Seminario de Jesús pudo llegar a sus conclusiones radicales con un florecimiento de las actividades académicas fue simple. Ellos degradaron los relatos contemporáneos del siglo I y de los testigos presenciales sobre la vida de Jesús (los cuatro Evangelios) a las últimas obras de la mitología y las reemplazaron con obras ya no vigentes como 'Q' y escritos evidentemente apócrifos como el 'Evangelio de Tomás'. Sin embargo, 'Q' es un documento puramente hipotético. No hay manuscritos. Nunca nadie citó dicho libro o se refirió a su existencia. Es una reconstrucción literaria puramente hipotética basada en presuposiciones injustificadas. Contradice las pruebas conocidas.

El uso del 'Evangelio de Tomás' es cuestionable en varias situaciones. Es evidentemente una obra del siglo II, muy alejada del período de los contemporáneos de los eventos. Tiene una agenda gnóstica herética, ya que su enseñanza es gnóstica (ver Nag Hammadi, Evangelios de). Su afirmación de haber sido escrito por un apóstol lo coloca en la categoría de leyenda. Lo usan para desacreditar la resurrección, pero lo irónico es que el contenido del libro supone ser las palabras de Cristo resucitado.

Los eruditos del Seminario de Jesús también usan el 'Evangelio secreto de Marcos' y el 'Evangelio de Pedro'. El 'Evangelio de Pedro' es una obra apócrifa del siglo II, o incluso del III, muy desacreditada por sus leyendas extravagantes. Ninguna persona de la historia actual ha visto el 'Evangelio de Pedro' o la copia de la carta de Clemente que supuestamente lo contenía. El inexistente 'Evangelio Secreto de Marcos' tampoco está disponible en los Evangelios para poder verlo o juzgarlo.

Razonamiento circular. El proceso de razonamiento del Seminario de Jesús es una forma sofisticada de la falacia lógica conocida como petitio principii o plantear la pregunta. Su razonamiento circular comienza con una visión no sobrenatural de una figura religiosa del siglo I y finaliza en el mismo punto.

Conclusión. A pesar de su deseo y logros para atraer una amplia publicidad, no hay nada nuevo en las conclusiones radicales del Seminario de Jesús. Solo ofrecen otro ejemplo de las *Críticas a la Biblia negativas sin fundamento. Sus conclusiones son contrarias a la evidencia abrumadora sobre la historicidad del Nuevo Testamento y la fiabilidad de los testigos del Nuevo Testamento. Se basan en un sesgo antisobrenatural sin fundamento.

Fuentes
C. Blomberg, *The Historical Reliability of the Gospels* [La Fiabilidad histórica de los Evangelios].
———, *"The Seventy-Four 'Scholars': Who Does the Jesus Seminar Really Speak for?"* [Los setenta y cuatro 'eruditos': ¿Por quién realmente habla el Seminario de Jesús?].
G. Boyd, *Jesus under Siege* [Jesús bajo asedio].
D. A. Carson, *"Five Gospels, No Christ"* ["Cinco Evangelios, ningún Cristo"].
E. Ferguson, *Background of Early Christianity* [Antecedentes del cristianismo primitivo].
R. Funk, *"The Emerging Jesus"* [El Jesús emergente].
———, *Forum 1.1* (Foro 1.1).
G. Habermas, *The Historical Jesus* [El Jesús histórico].
C. J. Hemer, *The Book of Acts in the Setting of Hellenistic History* [El libro de Hechos en el contexto de la historia helénica].
I. H. Marshall, *I Believe in the Historical Jesus* [Creo en el Jesús histórico].
J. W. Montgomery, *History and Christianity* [La historia y el cristianismo].
A. N. Sherwin-White, *Roman Society and Roman Law in the New Testament* [La sociedad romana y las leyes romanas en el Nuevo Testamento].
M. J. Wilkins y J. P. Moreland, *Jesus under Fire* [Jesús bajo fuego].

Serie infinita. Hay dos tipos de series infinitas: matemáticas (abstractas) y metafísicas (reales). En las series abstractas, la línea entre A y B puede tener un número infinito de puntos abstractos o intersecciones adimensionales de dos líneas. Los infinitos reales son concretos y no es posible obtener un número infinito de entidades reales entre A y B sin importar cuán pequeñas puedan ser estas entidades.

Una serie infinita real (regresión) es imposible. Como una serie infinita no tiene fin, la cosa presente (o causa) en la serie es el fin de las cosas (causas) anteriores a ella. Además, sin importar qué tan larga sea una serie, siempre se puede añadir otra. Pero no puede haber más de un infinito. Por lo tanto, una serie infinita real es imposible. Este hecho se usa para probar la existencia de una Primera Causa en el argumento cosmológico *kalam sobre la existencia de Dios. En resumen:

Por supuesto, puede haber una serie potencialmente infinita en marcha en la que uno siempre está agregando otra más y nunca llega a su fin. Pero una serie infinita real es una que está completa y ninguna serie de este tipo puede ser infinita.

No solo es imposible que haya una serie infinita de momentos o eventos, también lo es una serie infinita de causas. A veces, los ateos argumentan que incluso si el mundo necesita una causa, no hay razón para dejar de plantear una causa para esa causa y así sucesivamente de manera infinita. Sin embargo, este es un malentendido de lo que significa ser una causa de la existencia de algo. Por cada serie infinita de causas de existencia 'al menos una' causa debe causar realmente la existencia del mundo. Pero por definición, en cada serie infinita de causas 'cada' causa es causada por una causa anterior. Si esto es así, entonces la única causa que está causando la existencia también está causando su propia existencia, ya que cada causa en la serie, incluida ella misma, está siendo causada. Pero es imposible causar la existencia de uno mismo, ya que, una causa es ontológicamente anterior a su efecto y algo no puede ser realmente anterior a sí mismo. Por lo tanto, una serie infinita de causas de existencia es imposible.

Hay dos formas de evitar este dilema, las cuales caen en las manos de los teístas. Primero, la causalidad podría venir de afuera de la serie para evitar una causa autocausada en la serie. Pero en este caso, o tenemos otra causa autocausada fuera de la serie (que es imposible) o una Causa que no tiene causa (que es teísta), o bien tenemos otra serie infinita detrás de esta causa (que es imposible). O el ateo puede afirmar que no todas las causas en la serie están siendo causadas. En este caso, al menos una causa en la serie es una Causa que no tiene causa (que es teísta). No importa en qué dirección mire el ateo, o se encuentra con imposibilidades o con una Primera Causa que no tiene causa (Dios).

Hay otras objeciones para la imposibilidad de una serie infinita de eventos o causas. Comentaremos dos. Algunos defensores de la posibilidad de una serie infinita sostienen que deben ser posibles debido a que el futuro es infinito y Dios puede saber el futuro. Si no lo puede saber, entonces Él es limitado y el teísmo está equivocado. Esta objeción confunde una serie infinita 'real' en el futuro, que es imposible, con una serie infinita o 'potencial' infinito, lo cual es posible. Mientras que siempre es posible agregar un evento o momento más al futuro (una serie potencial infinita), no es posible conseguir un número de eventos completo en el futuro al cual no se le puede añadir otro más (es decir, una serie infinita real). Segundo, como ha sido mostrado, una serie infinita real de causas es imposible.

Y Dios no puede saber lo imposible. Él solo puede saber lo real y posible. Por lo tanto, Dios no puede saber una serie infinita real de causas.

Fuentes

A. H. M. al-Ghazali, *Incoherence of the Philosophers* [Incoherencia de los filósofos].

T. Aquinas, *Summa Theologica* [Suma teológica].

Aristóteles, *Metaphysics* [Metafísica].

W. L. Craig, *The Existence of God and the Beginning of the Universe* [La existencia de Dios y el comienzo del universo].

————, *The Kalam Cosmological Argument* [El argumento cosmológico Kalam].

C. S. Lewis, *Miracles* [Milagros].

J. P. Moreland, *Scaling the Secular City* [Escalando la ciudad secular].

J. D. Scotus, *God and Creatures* [Dios y criaturas].

Sherlock, Thomas. Thomas Sherlock (1678-1761) escribió contra el *deísmo a principios del siglo XVIII. Escribió The Use and Interest of Prophecy in the Several Ages of the World [El Uso e Interés de la Profecía en las Diversas Edades del Mundo] (1725) contra el deísta (ver Deísmo) Anthony Collins, autor de Grounds of the Christian Religion [Fundamentos de la Religión Cristiana]. Sherlock es mejor conocido por The Tryal of the Witnesses of the Resurrection of Jesus [Juicio de los Testigos de la Resurrección de Jesús] (1729), que es una respuesta a los Discursos sobre los milagros de Thomas Woolston. The Tryal [El Juicio] pasó por catorce ediciones y es un modelo del uso temprano del procedimiento judicial para defender el cristianismo:

El juez y el resto de la compañía estaban por traer la causa una semana antes; pero el abogado de Woolston tomó el asunto y dijo: Piense, señor, que el caballero no debe discutir con Littleton, Plowden o Coke, autores bien conocidos para él; pero debe tener sus autoridades de Mateo, Marcos, Lucas y Juan; y una quincena es tiempo suficiente para que toda conciencia se familiarice con un nuevo conocido; y volviéndose hacia el caballero, le dijo: Lo visitaré antes de que termine la quincena, para ver cuán reverente aparece detrás de Hammond en el Nuevo Testamento, una Concordancia por un lado y una Biblia con referencias por el otro. (Sherlock, 1)

Siguiendo un modelo de procedimiento legal, otros han venido a reivindicar la verdad del cristianismo. El especialista en evidencia Simon *Greenleaf adoptó ese enfoque, al igual que John Warwick Montgomery y otros.

Fuentes

S. Greenleaf, *The Testimony of the Evangelists* [El Testimonio de los Evangelistas].

J. W. Montgomery, *The Law above the Law* [La ley por encima de la Ley].

T. Sherlock, *The Tryal of the Witnesses of the Resurrection of Jesus* [El Proceso de los Testigos de la Resurrección de Jesús].

Sijismo. El sijismo es una de las religiones más jóvenes del mundo, que se remonta solo al siglo XV. Su fundador, Nanak, era un hindú que deseaba limpiar *el hinduismo a través del islam. Afirmó una revelación de un Dios monoteísta ("el verdadero Nombre"), quien le encargó esta misión redentora.

Kabir (1440-1518): Precursor del Sijismo. La principal afirmación de Ramandanda a la fama fue que tenía un seguidor que era más grande que él. Un contemporáneo del reformador protestante Martín *Lutero, quien el año antes de la muerte de Kabir añadió sus noventa y cinco tesis, Kabir captó su odio por los ídolos de los musulmanes (ver Islam). Como monoteísta, declaró que el Dios de la misericordia podía liberar a cualquiera de la ley del karma (ver Reencarnación). Negó la autoridad especial de los Vedas hindúes (ver Hinduismo vedanta) y atacó tanto a los brahmanes como a los musulmanes por su ritualismo estéril (ver Noss, págs. 311-12).

Después de su muerte en 1518 d. C., sus seguidores musulmanes e hindúes estaban divididos sobre si incinerar o no su cuerpo (lo que los hindúes favorecen y los musulmanes se oponen). Se dice que el propio Kabir pareció detener la controversia. Cuando les indicó que retiraran la tela colocada sobre su cuerpo, solo encontraron flores allí. Sus seguidores hindúes quemaron la mitad de las flores y los musulmanes enterraron la otra mitad. Aunque algunos afirman que esto es una prueba de su resurrección, existen motivos sustanciales para rechazar esta afirmación (ver Resurrección, Afirmaciones en religiones no cristianas).

Nanak: fundador del sijismo. Nanak nació en 1469 en el pueblo de Talwandi cerca de Lahore, la capital de Punjab. Sus padres eran hindúes, y el gobernante de su ciudad, Rai Bular, se convirtió al islam y alentó la reconciliación de las dos religiones.

Se dice que Nanak fue un joven precoz y poeta por naturaleza. Sin embargo, fue un fracaso como esposo y padre, y finalmente dejó a su esposa y sus dos hijos. Luego, "un día después de bañarse en el río, Nanak desapareció en el bosque y fue llevado en una visión a la presencia de Dios". Después de que Nanak aceptó una taza de néctar, se afirma que Dios le dijo: "Estoy contigo. Te he hecho feliz, y también a los que tomarán tu nombre. Ve y repite el Mío, y haz que otros hagan lo mismo. Permanece incontaminado por el mundo. Practica la repetición de Mi nombre, la caridad, las abluciones, la adoración y la meditación.

Te he dado esta copa de néctar, una promesa de Mi recompensa" (ver Noss, pág. 313).

Se dice que Nanak pronunció el preámbulo del Japji, que los sikhs repiten en silencio todas las mañanas: "Sólo hay un Dios cuyo nombre es Verdadero, el Creador, desprovisto de temor y enemistad, inmortal, no nacido, autoexistente, grande y abundante. El Verdadero estaba en el principio, el Verdadero estaba en la era primordial. El Verdadero es, era, Oh Nanak, y el Verdadero también será" (ibid.)

Después de tres días, se dice que Nanak abandonó el bosque y, después de permanecer en silencio durante un día, dijo: "No hay hindú ni musulmán". Este fue el comienzo de su campaña evangelística para convertir a toda la India, Persia y Arabia. Vagaba por las ciudades cantando sus himnos con un pequeño instrumento de cuerda.

Los diez Gurús. Nanak nombró a su sucesor y así sucesivamente a través de los diez gurús: Nanak (1469-1538); Angad (1538-52); Amar Das (1552-74); Ram Das Sodhi (1574 81); Arjun Mal (1581-1606); Hargobind (1606-44); Har Raj (1644-61); Hari Krishen (1661-64); Tegh Bahadur (1664-1675); y Gobind Rai (1675-1708). La sucesión terminó cuando Gobind Rai no tuvo hijos y no nombró sucesor.

La biblia Sij. Guru Arjun, el quinto Guru, reunió muchos de los himnos y escritos hasta ese momento. Este proceso de recolección continuó hasta que fue completado por el décimo gurú, Gobind Rai. Estos volúmenes que contienen las doctrinas del sijismo se conocen como Siri Guru Granth Sahib (también llamado Adi Granth).

Doctrinas y prácticas Sij. Las enseñanzas del sijismo incluyen el monoteísmo, la meditación y *la reencarnación con su samsara y karma (ver Mather, págs. 257-58). Los sijs Stricker, llamados Khalsa, practican las cinco K:

1. kesa: cabello largo sin cortar
2. kangha — peine
3. kacha — pantalones cortos
4. kacku: pulsera de metal
5. kirpan: arma o espada

Los sijs tienen prohibido adorar íconos, aunque el Adi Granth se ha convertido en un objeto de devoción. Sus templos se llaman Gurdwaras. Los momentos sagrados, generalmente por las mañanas, están reservados para las oraciones.

El sijismo ganó una influencia considerable en Occidente a través de Yogi Bhajan, quien estableció una forma única de sijismo conocida como Sikh Dharma. En 1968, fundó la Organización Healthy, Happy, Holy (3HO), comenzando su primer ashram en Los Ángeles. Se le unieron muchos jóvenes estadouniden-

ses del movimiento contracultural. De allí se trasladó a un rancho de cuarenta acres (16 hectáreas) en Nuevo México, donde sus seguidores practican métodos para despertar Kundalini mirando a los ojos de sus compañeros practicantes o fotografías de su gurú y pronunciando un mantra. Son vegetarianos estrictos y viven una vida igualitaria y libre de drogas.

Evaluación. El sijismo es ciertamente digno de elogio por su énfasis en el monoteísmo y su cruzada iconoclasta contra la idolatría, el ritualismo vacío y el ascetismo. Asimismo, su énfasis en la naturaleza de Dios y la vida ética lo ubican entre los otros monoteísmos éticos del mundo, como el judaísmo, el cristianismo y el islam.

Sin embargo, su creencia en la reencarnación ha sido severamente criticada por los teístas cristianos. Y la falta de confirmaciones sobrenaturales verificadas de las afirmaciones de Nanak de ser un profeta descalifica al sijismo como la verdadera religión, como afirma el cristianismo. Sus orígenes se pueden explicar en términos de sus raíces, una reacción natural contra el hinduismo decadente a favor de una forma más musulmana de monoteísmo sin comprar los rituales islámicos. Este tipo de sincretismo es típico de la mentalidad india.

Fuentes

N. Anderson, *Christianity and World Religions* [Cristianismo y Religiones del Mundo].
W. Corduan, *Neighboring Faiths* [Religiones Vecinas].
G. A. Mather and L. A. *Nichols, Dictionary of Cults, Sects, Religions, and the Occult* [Diccionario de Cultos, Sectas, Religiones y lo Oculto].
J. B. Noss, *Man's Religions* [Religiones del Hombre].
H. Smith, *The Religions of Man* [Las Religiones del Hombre].

Smith, Wilbur M. Aunque Wilbur Smith (1894-1977) nunca obtuvo un título formal, enseñó durante muchos años en las principales instituciones evangélicas. Smith fue profesor de Biblia en Moody Bible Institute (1939-47), miembro de la facultad fundadora del Fuller Theological Seminary (1947-63) y profesor emérito de Biblia en inglés en Trinity Evangelical Divinity School (1963-68). Sus principales obras apologéticas incluyen The Supernaturalness of Christ [La Sobrenaturalidad de Cristo] (1940) y Therefore Stand [Por lo tanto, Stand] (1945).

Spinoza, Benedict. Benedict Spinoza (1632-77) nació de padres judíos portugueses refugiados en Amsterdam. Aunque fue un pulidor de lentes de oficio que nunca enseñó filosofía en la universidad, ejerció una fuerte influencia en la filosofía moderna. Particularmente ha tenido un impacto negativo en el cristianismo ortodoxo. Spinoza incluso fue excomulgado de su sinagoga en 1656 por creer que Dios es "extenso", una forma de *panteísmo, que los ángeles son imaginarios y que no hay *inmortalidad del alma. Las dos obras principales de Spinoza son A Theologico-Political Treatise and a Political Treatise [Un Tratado Teológico-Político y un Tratado Político] (1670) y Ethics [Ética] (1674).

Panteísmo. En Ethics, explica su panteísmo de una manera geométrica deductiva. Comienza con axiomas supuestamente evidentes por sí mismos y argumenta sobre la existencia de una Mente (Dios) de la cual todo lo demás, incluidos los humanos, son simplemente modos o momentos.

Anti sobrenaturalismo. En A Theologico-Political Treatise, Spinoza argumentó en contra de los milagros, afirmando que "un milagro, ya sea en contravención o más allá de la naturaleza, es un mero absurdo". Spinoza fue dogmático sobre la imposibilidad de los milagros. Él proclamó: "Entonces, podemos estar absolutamente seguros de que todo evento que se describe verdaderamente en las Escrituras sucedió necesariamente, como todo lo demás, de acuerdo con las leyes naturales" (Treatise [Tratado], págs. 1:83, 87, 92). El *racionalismo y *naturalismo de Spinoza tienen consecuencias de gran alcance para cualquiera que crea en eventos milagrosos o en revelaciones sobrenaturales. Spinoza se convirtió en uno de los primeros intelectuales modernos en participar en una crítica superior sistemática de la Biblia (ver Biblia, Críticas a la; Wellhausen, Julius]). Su libro de amplia circulación a finales del siglo XVII A Theologico-Political Treatise, fue principalmente un comentario crítico de la Biblia. Llegó a algunas conclusiones radicales que, sí es cierto, falsifican Escrituras inspiradas sobrenaturalmente.

Alta crítica negativa. El naturalismo de Spinoza lo llevó a concluir que Moisés no pudo haber escrito muchos pasajes en el Pentateuco (ver Pentateuco, Autoría Mosaica del), por lo que la opinión de que Moisés fue su autor es infundada (Treatise, pág. 126). Creía que el escriba Esdras escribió los primeros cinco libros del Antiguo Testamento, como escribió el resto del Antiguo Testamento (ibid., págs. 129-30). No es sorprendente que Spinoza rechazara los relatos evangélicos de la resurrección (ibid., pág. 170).

Evaluación. El panteísmo racionalista deductivo de Spinoza sufre de un caso agudo de petitio principii, es decir, la petición de principio. Esto es cierto tanto para su panteísmo como para el antisobrenaturalismo que emana de él. Como señaló David *Hume, cualquier cosa válidamente deducible de premisas

debe haber estado ya presente en esas premisas desde el principio. Si Dios se define como un Ser absolutamente necesario, del cual todo lo demás no es más que un modo, entonces, por supuesto, se sigue el panteísmo. Porque esto construye una definición panteísta de Dios en el axioma. Si se introduce una concepción panteísta en el sombrero, no es de extrañar que luego se pueda sacar.

Del mismo modo, si el *materialismo ya se presupone en las premisas racionalistas de Spinoza, no es de extrañar que ataque los milagros de la Biblia. La cuestión es si sus premisas racionalistas son defendibles. No ofrece ningún argumento convincente. Pero una vez que uno define las leyes naturales como "fijas", "inmutables" e "incambiables", no hay gran salto a la posición de que los informes de milagros son irracionales. Nada puede romper lo irrompible.

Dios y ciencia de Spinoza. El Dios de Spinoza era una sustancia con el universo. Los milagros como intervenciones sobrenaturales solo son posibles en un universo teísta. Por lo tanto, los científicos querrán tener razones para creer que existe un Dios teísta (ver Teísmo) antes de creer que existe alguna evidencia de milagros. En la naturaleza = universo de Dios, los milagros simplemente no suceden.

La creencia de Albert *Einstein en el Dios de Spinoza dio lugar a una de las historias fascinantes de la ciencia moderna. El astrofísico Robert Jastrow habla de la renuencia de los científicos a concluir que el universo nació a través de un Big Bang hace miles de millones de años. Jastrow ofrece varias líneas de evidencia científica que apoyan el comienzo del universo: el hecho de que el universo se está agotando, la teoría de la relatividad de Einstein y el patrón de expansión y el eco de radiación que se puede detectar. El eco de la radiación "ha convencido casi al último que dudaba de Thomas" (Jastrow, pág. 15). Einstein desarrolló la teoría general de la relatividad, pero no observó que un universo en expansión siguió como conclusión de su propia teoría. El matemático ruso Alexander Friedmann señaló la razón de la omisión de Einstein, un error de álgebra de un escolar. En efecto, lo había dividido por cero. Einstein respondió defendiendo su tesis original, solo que cometió otro error en esta prueba.

Eventualmente, Einstein reconoció su error y escribió: "Mi objeción se basaba en un error de cálculo. Considero que los resultados del Sr. Friedmann son correctos y esclarecedores". Sin embargo, "esta circunstancia [de un universo en expansión] me irritó". En otra parte dijo: "Admitir tales posibilidades parece insensato" (ibid., págs. 16, 25-28). ¿Por qué la opinión de que el universo tuvo un comienzo parecería tan "insensata" e irritante que causó que Einstein cometiera un error matemático? Jastrow escribe que la respuesta llegó cuando Einstein describió su propia religión como la creencia "en el Dios de Spinoza, que se revela en la armonía ordenada de lo que existe" (ibid., pág. 28).

Conclusión. Spinoza era un racionalista (ver Racionalismo) para quien la esencia de Dios se equiparaba con el universo y para quien el universo es eterno y opera de acuerdo con la uniformidad de la ley natural. Lideró el ataque filosófico contra los milagros y el testimonio de la Biblia acerca de un Dios y Salvador personal. Pero como se muestra, esta presuposición de fe plantea la pregunta cuando se defiende lógicamente, porque su definición de milagros, sin fundamento, los asume como irrompibles (ver Milagros, Argumentos Contra los).

Lo que tenía que hacer Spinoza, pero no hizo, fue proporcionar un argumento sólido para sus presuposiciones racionalistas. Su razonamiento es geométrico, pero hizo girar sus axiomas de la nada en lugar de la observación empírica. El concepto de Spinoza de la ley natural como un sistema determinista es contraproducente. Si todo está determinado, entonces la opinión de cualquiera de que el determinismo es incorrecto también lo está.

Pero el determinismo no puede ser tanto verdadero como falso. Por lo tanto, la base de Spinoza para el anti supernaturalismo es infundada. Por lo tanto, los milagros no pueden declararse imposibles.

Finalmente, la evidencia se ha acumulado para un comienzo único del universo espacio-tiempo (ver Teoría del Big Bang; Evolución Cósmica). Si esto es así, entonces hay un ejemplo irrefutable de un milagro y la hipótesis de Spinoza está falsificada. Además, concluir que el universo tuvo un comienzo es un golpe devastador para el concepto de Dios de Spinoza, que no existe más allá del universo.

Fuentes

W. L. Craig, *The Kalam Cosmological Argument* [El Argumento Cosmológico de Kalam].

S. Hawking, *A Brief History of Time* [Una Breve Historia del Tiempo].

W. James, *Some Problems of Philosophy* [Algunos Problemas de la Filosofía].

R. Jastrow, *God and the Astronomers* [Dios y los Astrónomos].

B. Spinoza, *A Theologico-Political Treatise and a Political Treatise* [Tratado Teológico-Político y un Tratado Político].

C. F. Von Weizsacker, *The Relevance of Science* [La Relevancia de la Ciencia].

Strauss, David Friedrich.

David Friedrich Strauss (1808-74) fue un nativo alemán de Ludwigsburg que lanzó la búsqueda del Jesús histórico con su biografía naturalista de la vida de Cristo. Strauss estudió con F. C. Baur (1792-1860) y estuvo bajo las influencias de Friedrich *Schleiermacher (1768-1834) y G. W. F. *Hegel (1770-1831) en Tübingen. Después de estudiar en Berlín, fue nombrado profesor de Hegel en Tubinga (1832). Su desmitologizada Life of Jesus [Vida de Jesús] (2 volúmenes) apareció en 1835-36, y en el alboroto resultante, Strauss fue despedido. En 1840-41, publicó History of Christian Doctrine [Historia de la Doctrina Cristiana], una historia polémica desde el desarrollo del Nuevo Testamento hasta su disolución en Hegel. En 1862, escribió sobre el crítico bíblico Herman Samuel Reimarus, cuyo Fragments [Fragmentos] en 1778 dieron lugar a la primera búsqueda del Jesús histórico (ver Jesús Histórico, Búsqueda del). Sus últimas obras incluyeron The Life of Jesus for the German People [La vida de Jesús para el pueblo alemán] (1864), The Life of Christ and the History of Jesus [La vida de Cristo y la historia de Jesús] (1865) y The Old Faith and the New [La antigua fe y la nueva] (1872/1873). Este último pidió una nueva religión humanista que intercambiara la creencia en el teísmo y la inmortalidad por materialismo científico. Promovió la evolución darwiniana (ver Darwin, Charles; Evolución Biológica).

Strauss pasó de una forma anterior de panteísmo desarrollista hegeliano al evolucionismo materialista. Siguiendo a David *Hume, rechazó todos los milagros como mitos. Finalmente negó toda creencia en Dios y la inmortalidad del alma. Debido a que rechazó los milagros, vio los evangelios como mitos involuntarios creados por la piedad de principios del siglo II (ver Mitología y el Nuevo Testamento). Estaban empapados de la anticipación mesiánica del Antiguo Testamento y el ansia de demostrar que Jesús era el Mesías (ver Cristo de la fe vs. Jesús histórico). Strauss fue el primero en aplicar consistentemente esta tesis en todo el Nuevo Testamento.

Fuentes

R. S. Cromwell, *David Friedrich Strauss and His Place in Modern Thought* [David Friedrich Strauss y su lugar en el pensamiento moderno].

H. Harris, *David Friedrich Strauss and His Theology* [David Friedrich Strauss y su teología].

D. F. Strauss, *The Life of Jesus Critically Examined* [La vida de Jesús examinada críticamente].

T. Ziegler, *David Friedrich Strauss* [David Friedrich Strauss].

Tablillas de Ebla. Decenas de miles de fragmentos de arcilla del tercer milenio a. C. fueron encontrados en la Siria moderna a comienzos de 1974. Biovanni Pettinato las data de entre los años 2580 y 2450 a. C. y Paolo Mathiae indica que dataría desde 2400 hacia 2250 a. C., precediendo ambos períodos a cualquier otro material escrito por cientos de años.

Importancia apologética de las tablillas. La importancia de las tablillas de Ebla es su similitud y validación de los primeros capítulos del Génesis. Si bien se formó una sombra debido a una posterior presión política y rechazos, los informes presentados en publicaciones de prestigio brindan numerosas vías posibles de apoyo para el registro bíblico (ver Arqueología del Antiguo Testamento).

Según se informa, las tablillas contienen los nombres de las ciudades Ur, Sodoma y Gomorra, y también a dioses paganos mencionados en la Biblia, tales como Baal (ver Ostling, págs. 76-77). Del mismo modo, las tablillas contienen referencias a nombres hallados en el libro de Génesis, incluyendo Adán, Eva y Noé (Dahood, págs. 55-56). Otros han emitido objeciones sobre estas referencias.

El descubrimiento de los relatos más antiguos de la creación fuera de la Biblia es de gran importancia. La versión de Ebla precede al relato babilónico por cientos de años. La tablilla de la creación es notablemente próxima a la de Génesis, hablando de un ser que creó los cielos, la luna, las estrellas y la tierra. Las similitudes muestran que la Biblia alberga la más antigua y menos adornada versión de la historia y transmite los hechos sin ser alterados por las representaciones mitológicas. Las tablillas documentan una fe en la creación desde la nada, declarando "Señor del cielo y de la tierra: la tierra no era, tú la creaste; la luz del día no era, tú la creaste; la luz de la mañana tú no habías [aún] hecho existir" (Pettinato, pág. 259).

Hay implicaciones relevantes en las tablillas de Ebla para la apologética cristiana, derrumbando la creencia crítica en la evolución del monoteísmo (ver Monoteísmo primitivo) del supuesto politeísmo y henoteísmo anterior. La evolución de la hipótesis de la religión ha tenido fama desde la época de Charles *Darwin (1809-1882) y Julius *Wellhausen (1844-1918). Ahora se conoce que el monoteísmo empezó antes. Asimismo, la fuerza de la evidencia de Ebla apoya el punto de vista de que los primeros capítulos del Génesis no son mitológicos, sino históricos (ver Diluvio de Noé; Ciencia y la Biblia).

Fuentes

S. C. Beld y otros, *The Tablets of Ebla* [Las tablillas de Ebla].

M. Dahood, *"Are the Ebla Tablets Relevant to Biblical Research?"* [¿Son las tablillas de Ebla importantes para la investigación bíblica?].

W. Kaiser, *"Ebla" en Santa Biblia de Estudio Arqueológico NVI*.

H. LaFay, *"Ebla: Splendor of an Unknown Empire"* [Ebla: esplendor de un imperio desconocido].

P. Matthiae, *Ebla: Archeology and History* [Ebla: arqueología e historia].

E. Merrill, *"Ebla and Biblical Historical Inerrancy"* [Ebla y la inerrancia histórica bíblica].

R. Ostling, *"New Grounding for the Bible?"* [¿Nuevo fundamento para la Biblia?].

G. Pettinato, *The Archives of Ebla* [Los archivos de Ebla].

Teísmo. El teísmo es la cosmovisión que un Dios infinito y personal creó el universo e interviene milagrosamente en él de tiempo en tiempo (ver Milagro). Dios es tanto trascendente en el universo como inminente en él. Las tres grandes religiones teístas son el judaísmo, el islam y el cristianismo.

El *Diosismo finito, el deísmo y, en alguna manera, incluso el panenteísmo occidental, se desarrollaron fuera de la cosmovisión teísta. La diferencia central entre el teísmo y el Diosismo finito es la cuestión de si Dios es infinito o finito. El deísmo es principalmente una perspectiva teísta sin intervención sobrenatural en el mundo (ver Milagro). El panenteísmo, modifica al teísmo para plantear a un Dios finito con dos polos, uno siendo la infinitud teórica. A veces llamado "teísmo neoclásico".

Diferentes tipos de teísmo. Una de las formas más útiles para diferenciar entre sistemas teístas es darse cuenta de la perspectiva desde la cual cada uno se acerca a Dios. Existen teístas racionales tales como René *Descartes y Gottfried *Leibniz, teístas 'existenciales' como Søren *Kierkegaard, teístas fenomenológicos Peter Koestenbaum, teístas 'analíticos' como Alvin Plantinga, teístas 'empíricos' como Thomas *Reid, teístas 'idealistas' como George *Berkeley y teístas 'pragmáticos' como Charles Sanders Pierce. Cada uno de ellos usa algún método filosófico distinto para acercarse a la creencia en Dios.

También, los teístas pueden ser distinguidos por lo que creen sobre Dios y su relación con el mundo. Muchos creen que el mundo material es real, pero algunos creen que solo existe en mentes e ideas (Berkeley). Muchos teístas creen que Dios no cambia, pero otros (generalmente influenciados por el panenteísmo) creen que Dios puede y sí cambia. Algunos teístas creen que es posible que el mundo creado sea eterno (*Tomás de Aquino), mientras que otros creen que el universo debe ser temporal (Bonaventure). Quizás, la diferencia más importante entre los teístas es que muchos creen que Dios es solo una persona (monoteísmo), como en el judaísmo y el islam. Otros, especialmente cristianos ortodoxos, creen en una forma 'trinitaria' (ver Trinidad) del monoteísmo: Dios tiene tres centros de personas dentro de una unidad monoteística perfecta.

Entre los defensores líderes del teísmo clásico estaban *Agustín (354-430), *Anselmo (1033- 1109), y *Tomás de Aquino (1224-74). En el mundo moderno, *Descartes (1596-1650), *Leibniz (1646-1716), y William *Paley (1743-1805) son algunos de los defensores célebres del teísmo. Quizás, el exponente más popular del teísmo en el siglo veinte fue C. S. *Lewis (1898-1963). Debido a que el teísmo se describe con detalle en los artículos de esos representantes, solo se incluirá un resumen de las perspectivas teístas aquí.

Estructura de una cosmovisión teísta. Aquellos que sostienen una cosmovisión teísta poseen un núcleo común de creencias. En la medida que los teístas son consistentes, sus pensamientos y acciones se moldean desde este núcleo.

Dios Existe más allá y en el Mundo. El teísmo se sostiene de la 'trascendencia' y la 'inmanencia' de Dios. Dios existe más allá e independientemente del mundo, pero gobierna todas las partes del mundo como la Causa sustentadora. El mundo fue 'originado' por Dios y es 'conservado' por él.

El mundo se creó ex nihilo. El mundo no es eterno. Llegó a existir por el fíat (decreto) de Dios. Su existencia es totalmente contingente y dependiente. El universo no fue creado a partir de materia preexistente (ex materia), como en el *dualismo o *materialismo, ni tampoco fue hecho por la esencia de Dios (ex Deo), como en el *panteísmo. Fue creado por Dios de la nada (ex nihilo; ver Creación, Puntos de vista de la).

Los milagros son posibles. A pesar de que Dios maneja su universo de una forma regular y ordenada por las leyes de la naturaleza, Dios trasciende esas leyes. La naturaleza no es "toda la escena" Existe un reino sobrenatural (ver Naturalismo). Este reino sobrenatural puede invadir el reino natural. El Creador soberano no puede estar encerrado fuera de su creación. Aunque Dios generalmente obra de una manera regular, en ocasiones interviene directamente. Esta invasión ocasional de la naturaleza por lo sobrenatural se llama "milagro".

Muchos teístas no solo creen que los milagros pueden ocurrir, sino que, además, algunos 'han' ocurrido realmente (ver Milagros, Argumentos contra los). Los teístas judíos señalan los milagros que rodean el éxodo; los musulmanes, las revelaciones de Dios a Mahoma; y, los cristianos, el nacimiento y la resurrección de Cristo como ejemplos principales de milagros.

Las personas son hechas a imagen de Dios. El teísmo cree en la creación de la humanidad a imagen de Dios. Esto quiere decir que el hombre tiene tanto libertad (ver Libre albedrío) como dignidad que debe ser tratada con el mayor respeto. Los humanos son los representantes de Dios en la tierra. La vida humana es sagrada. Los humanos deben ser amados como personas, no usados como cosas.

Como criaturas de Dios, los hombres y las mujeres no son soberanos sobre sus propias vidas. Nadie tiene el derecho de tomar su propia vida ni terminar la vida de otro, excepto por el asesinato que está directamente sancionado. Solo Dios da la vida y solo Dios puede quitarla u ordenar que sea quitada.

La humanidad tuvo un comienzo en el tiempo. No existía un alma preexistente, por lo que la eternidad no fue creada para ser inmortal, sino el alma (ver Inmortalidad). Tampoco existe el aniquilacionismo del alma (ver Aniquilacionismo), como el ateísmo y algunos teístas creen. Cada persona es inmortal, no por su esencia sino porque Dios nos sustentará para siempre.

Existe una ley moral. Debido a que el Dios teísta es un ser moral y que la humanidad es creada a imagen de Dios, un corolario moral del teísmo es que el deber final de las personas es obedecer la ley moral. Esta ley es completamente vinculante ya que proviene de Dios (ver Moralidad, Naturaleza absoluta de la). Está por encima de cualquier ley humana. Es prescriptiva, no simplemente descriptiva, como lo son las leyes de la naturaleza.

Las recompensas y castigos aguardan. Cada vida individual, como en toda historia, apunta a un final o un objetivo. Las acciones morales humanas serán recompensadas o castigadas. No habrá reencarnación o segunda oportunidad después de la muerte. Cada persona será recompensada o castigada según la relación personal con Dios durante la vida (ver Infierno). Esto tiene que ver con lo que la persona "hizo" o con la gracia de Dios. Algunos teístas modernos minimizan (o niegan) el aspecto del castigo del destino humano con la esperanza de que todos podrían ser salvados (ver Universalismo) o al menos aniquilados si no se salvan. Pero los teístas tradicionales creen que es una ilusión. Todos los teístas, no obstante, reconocen que un día traerá justicia.

Evaluación. Muchos no ateos literalmente creen que el teísmo es tan bueno como para ser cierto. Sigmund *Freud escribió: "Nos decimos a nosotros mismo: sería realmente bueno si es que existiera un Dios, que sea creador del mundo y una providencia benévola, si hubiera un orden mundial moral y una vida futura, pero al mismo tiempo es muy extraño que todo esto sea justo como nosotros mismos lo deseamos" (Freud, págs. 57-58).

La verdadera pregunta, sin duda, no es cuán grato es un punto de vista sino si es cierto. Muchos no teístas creen que no es cierto (ver Dios, Supuestas contradicciones de). Otros se contentan con simplemente intentar demostrar que los argumentos sobre la existencia de Dios fracasan (ver Dios, Objeciones a las pruebas de). Ambos no tienen éxito y hay buenos argumentos de que existe un Dios teísta (ver Argumento cosmológico; Argumento moral; Argumento teleológico), que existen morales absolutas y que hay una vida después de la muerte, todos los cuales son partes esenciales de una cosmovisión teísta.

Fuentes

Anselm, *Basic Writings* [Escritos básicos].
T. de Aquino, *Summa contra Gentiles* [Suma Contra los gentiles].
————, *Summa Theologica* [Suma teológica].
Agustín, *The City of God* [La Ciudad de Dios].
————, *On Free Will* [Libre albedrío].
————, *On the Nature of the Good* [La naturaleza del bien].
S. Freud, *The Future of an Illusion* [El Porvenir de una ilusión].
R. Garrigou-Lagrange, *God* [Dios].
N. L. Geisler y W. Corduan, *Philosophy of Religion* [Filosofía de la religión].
N. L. Geisler y W. D. Watkins, *Worlds Apart* [Mundos distantes], cap. 2.
G. Leibniz, *Theodicy* [Teodicea].
C. S. Lewis, *Mere Christianity* [Mero cristianismo].
W. Paley, *Natural Theology* [Teología natural].

Teísmo abierto. *Ver* NEOTEÍSMO.

Teología del proceso. *Ver* PANENTEÍSMO; WHITEHEAD, ALFRED NORTH.

Teología natural. La teología es el estudio (logos) de Dios (theos). La teología natural es el estudio de Dios basado en lo que se puede conocer de la naturaleza (ver Revelación General). La teología natural se contrapone a la teología sobrenatural, que depende de una revelación sobrenatural (ver Revelación Especial) de Dios, como la Biblia.

La teología natural depende de los argumentos racionales de la existencia de Dios (ver Argumento cosmológico; Argumento moral a favor de Dios; Argumento teleológico) y de la naturaleza (ver Dios, Naturaleza de). La mayoría de los teólogos naturales, después de *Tomás de Aquino, creen que se puede conocer la existencia, unidad y naturaleza general de Dios a partir de la revelación natural. Sin embargo, la triunidad de Dios (ver Trinidad), la encarnación de Cristo (ver Cristo, Divinidad de), y la redención (ver "Paganos", Salvación de los) solo pueden conocerse por la revelación sobrenatural. Estos son conocidos como misterios de la fe (ver Misterio).

Teoría de la doble verdad. *Ver* AVERROES.

Teoría del desmayo. La teoría del desmayo es la visión naturalista (ver Naturalismo) de que Cristo no estaba muerto cuando fue tomado de la cruz y colocado en la tumba (ver Resurrección, Teorías alternativas de). Por lo tanto, no resucitó de entre los muertos (ver Evidencias a favor de la resurrección Fue propuesto por H. E. G. Paulus en The Life of Jesus [La Vida de Jesús] (1828).
Esta teoría tiene serias fallas como una explicación alternativa de la resurrección (ver Resurrección, Teorías alternativas de), ya que existe una fuerte evidencia de que Jesús experimentó una muerte física real en la cruz (ver Cristo, Muerte de) y cientos de testigos lo vieron en un cuerpo de resurrección completamente

completo y transformado (ver Resurrección, Evidencia de). Incluso la obra naturalista A New Life of Jesus [Nueva vida de Jesús] (1879) de David Strauss desacredita la teoría del desmayo:

> Es imposible que un ser que se había escabullido medio muerto del sepulcro, que se arrastraba débil y enfermo, queriendo tratamiento médico, que requería vendajes, fortalecimiento e indulgencia, y que todavía por fin cedía a sus sufrimientos, pudiera haber dado a sus discípulos la impresión de que él era un Conquistador de la muerte y la tumba, el Príncipe de la vida, una impresión que estaba en el fondo de su futuro ministerio [...] Tal resucitación solo podría haber debilitado la impresión que les había causado en la vida y en la muerte, a lo sumo, sólo podría haberle dado una voz elegíaca, pero de ninguna manera podría haber cambiado su dolor en entusiasmo, haber elevado su reverencia en adoración (Strauss, 1.412).

Fuentes

W. L. Craig, *Knowing the Truth about the Resurrection* [Conociendo la Verdad Sobre la Resurrección].
G. Habermas, *The Resurrection of Jesus* [La Resurrección de Jesús].
M. R. Licona, T*he Resurrection of Jesus* [La Resurrección de Jesús].
H. E. G. Paulus, *The Life of Jesus* [La Vida de Jesús].
D. F. Strauss, *A New Life of Jesus* [Una Nueva Vida de Jesús].

Termodinámica, Principios de la. La termodinámica es un campo de la ciencia física que relaciona la materia con la energía. Los principios de la termodinámica son considerados como inviolables y se aplican constantemente en la ingeniería y en ciencias, incluyendo el origen de la ciencia (ver Origen, Ciencia del).

Los dos principios de la termodinámica, el primero y el segundo, poseen implicaciones importantes para los creacionistas y materialistas (ver Materialismo) en su debate sobre los orígenes. Ambos lados invocan los principios con sorpresiva frecuencia y varían los grados de comprensión de lo que realmente significan. Otros principios también cumplen un papel ocasional en la apologética.

El principio cero. El primer principio no es en verdad el "primero" en la lista de la termodinámica, porque hay un principio cero que establece que cuando hay dos sistemas en equilibrio con un tercero, los primeros dos sistemas deben estar en equilibrio el uno con el otro. Esta propiedad compartida del equilibrio es la temperatura. Básicamente, quiere decir que nin-

gún otro objeto al final alcanzará la temperatura de los que lo rodean. Este principio se menciona ocasionalmente en la física planetaria y en teorías de cómo la tierra, con su núcleo interno de horno fundido, el precioso calor del sol y la exposición al espacio gélido llegaron a establecer un equilibrio térmico aislado de la atmósfera favorable para la vida (ver Origen, Ciencia del).

Primer principio. El primer principio de la termodinámica se establece a veces, "la energía no puede ser creada ni destruida". En este sentido, los no teístas usan a menudo este principio para demostrar que el universo es eterno y que no hay necesidad de tener a Dios. Ciertamente, puede ser que no haya habido un Dios que creara un mundo temporal ex nihilo (ver Creación, Puntos de vista de la).

El primer principio es un principio de conservación de la energía. El calor se mide en calorías de energía. Las calorías pueden cambiar de un objeto a otro, pueden convertirse en trabajo mecánico y se pueden almacenar aunque la energía no sea una substancia material. Ninguna caloría de energía deja de existir. Simplemente cambia de forma.

Otra forma, más adecuada, de establecer este principio de conservación es que "la cantidad de energía 'real' en el universo se mantiene constante". Esto no dice nada sobre cómo la energía llegó a estar en el universo. Tampoco tiene poder para teorizar sobre si Dios puede traer energía nueva al sistema si así lo deseara. Es una declaración de observación de que la energía no simplemente desaparece y que no se ha visto nada más apareciendo de la nada.

La declaración "la energía bien puede ser creada o destruida" expresa dogmatismo filosófico. Este es un pronunciamiento metafísico que no es apoyado por la observación. Hasta donde podemos observar, no hay nueva energía que surja y ninguna energía real deja de existir.

Como tal, el primer principio no apoya ni una cosmovisión teísta ni no teísta. No declara que la energía es eterna; por tanto, Dio es innecesario. Simplemente afirma que ahora la cantidad de energía actual, sin importar cuánto tiempo estuvo allí, no cambia.

Segundo principio. El segundo principio de la termodinámica es completamente distinto. Se puede afirmar que "En un sistema cerrado y aislado (como lo es el universo), la cantidad de energía útil disminuye". Se está convirtiendo (la parte 'dinámica') en energía de calor inutilizable (la parte 'termo'). Observe que este principio no infringe el primero, lo amplifica. Si la energía es constante, ¿porque seguimos necesitando más electricidad? La respuesta es que ocurre la 'entropía'. El segundo principio afirma que "en general, las cosas que se dejan a sí mismas tienden a desordenarse". En general, la cantidad de desorden crece. La entropía, es decir, el desorden, de un sistema aislado crece. Cuando un sistema aislado logra la entropía máxima, ya no puede sufrir un cambio: alcanzó el equilibrio. Diríamos que se ha "agotado".

El segundo principio es partidario de una versión del argumento cosmológico sobre la existencia de Dios. Si el universo se está agotando, no puede ser eterno (ver Teoría del Big Bang; Evolución Química; Kalam, Argumento cosmológico). Si hubo un principio, tuvo que haber una causa (ver Causalidad, Principio de la). Por lo tanto, el universo tuvo una Causa.

El segundo principio también es usado por creacionistas para argumentar en contra de la macroevolución (ver Evolución Biológica). Los evolucionistas objetan, señalando que el segundo principio aplica solo en sistemas cerrados, como todo el universo, en lugar de sistemas abiertos como organismos vivientes. Es cierto que un organismo puede tomar energía de fuera, así que en ese sentido el segundo principio no aplica. Por el otro lado, el segundo principio afirma que esta energía natural sin dirección de comida, agua y luz no puede aumentar en complejidad especificada. Las calorías de la energía solar no ayudan a que una criatura le salgan ojos nuevos para poder ver la luz del sol. Ni siquiera carga las baterías de una criatura para que pueda vivir indefinidamente. La entropía ocurre tanto en el ciclo de vida de los organismos individuales como en la vida de las especies.

El segundo principio asegura que una máquina (o universo) de movimiento perpetuo tampoco va a funcionar. Todos los motores gastan alguna fracción de su calor en entropía o escape. El segundo principio de la termodinámica pone un límite superior a la eficiencia de un sistema. Siempre es menos del 100 por ciento.

Tercer Principio. Existe un tercer principio de la termodinámica que raras veces, o nunca, surge en las consideraciones apologéticas. Este principio básicamente dice que un sistema nunca llega completamente a "cero" en energía. Hay una escala de temperatura absoluta, con una temperatura absoluta cero. El tercer principio de la termodinámica declara que se puede llegar muy cerca del cero absoluto, pero nunca se puede alcanzar.

Fuentes

J. Collins, *A History of Modern European Philosophy* [Historia de la Filosofía de Europa Moderna].

W. L. Craig, *The Existence of God and the Beginning of the Universe* [La existencia de Dios y el principio del universo].

N. L. Geisler y J. Kerby, *Origin Science* [El origen de la ciencia].

R. Jastrow, *God and the Astronomers* [Dios y los Astrónomos].

———, *"A Scientist Caught between Two Faiths"* [Un Científico atrapado entre dos creencias].

M. D. Lemonick, *"Echoes of the Big Bang"* [Eco del Big Bang].

A. Sandage, *"A Scientist Reflects on Religious Belief"* [Un científico reflexiona sobre la creencia religiosa].

V. J. Stenger, *"The Face of Chaos"* [La cara del caos].

Tertuliano. Quinto Septimio Florente Tertuliano (160/70-215/20) fue un antiguo apologeta cristiano de Cartago, África del Norte. Entre las muchas obras de Tertuliano estaban Apologeticus [Apología], On Baptism [El Bautismo], The Prescription Against Heretics [Prescripciones Contra Todas las Herejías], Against Hermogones [En Contra de Hermógenes], On the Flesh of Christ [La Carne de Cristo], The Treatise on the Soul [Tratado del Alma], To Scapula [A Escápula], y Against Marcion [En Contra de Marción]. Mientras que Justino Mártir y Clemente de Alejandría son considerados erróneamente racionalistas, Tertuliano es a menudo acusado falsamente de fideísmo.

El supuesto *fideísmo Tertuliano se basa en varios pasajes. Él escribió "Con nuestra fe, no deseamos creer más" (Prescription against Heretics, pág. 7). También, se preguntó "'¿Qué tiene que ver Atenas con Jerusalén? ¿Qué concordancia hay entre la Academia y la Iglesia?" (ibid.). Incluso, llamó a los filósofos "esos patriarcas de toda herejía" (Against Hermogones [En Contra de Hermógenes], pág. 8). En su pasaje más famoso, Tertuliano llegó tan lejos hasta declarar sobre la crucifixión de Cristo "Es cierto por todos los medios, porque es absurdo". Añadió: "Él [Cristo] fue enterrado y resucitó de nuevo, el hecho es cierto, porque es imposible" (On the Flesh of Christ [La Carne de Cristo], pág. 5).

Sin embargo, Tertuliano no era ni irracionalista ni fideísta. Al contrario de la creencia popular, Tertuliano nunca dijo Credo ad absurdum. No usó la palabra del latín absurdum, lo que significa una contradicción racional. En cambio, usó la palabra ineptum o "tonto" en esta cita. Cómo el apóstol Pablo (en 1 Co 1:18), solo señalaba que el evangelio parecía "tonto" para los no creyentes, pero nunca afirmó que era lógicamente contradictorio en sí mismo. Igualmente, la resurrección solo es "imposible" de forma humana pero no divinamente o realmente imposible.

El énfasis tertuliano en la razón. Como abogado y defensor de la fe cristiana, Tertuliano sabía bien el valor de la razón humana en la declaración y la defensa de la fe cristiana. Habló de la racionalidad de toda la bondad (Against Marcion [En Contra de Marción],

1.23). Dijo: "Nada se puede afirmar como racional sin un orden, y mucho menos la razón por sí sola puede prescindir del orden en cualquiera" (ibid.) Incluso cuando se habla del misterio de la libre elección humana (ver Libre albedrío), Tertuliano declaró que "Ni siquiera en esto puede ser considerado irracional. (ibid., 1.25). Además, también habla sobre aplicar la "regla de la razón" como el principio guía en la interpretación de la Escritura (Prescription against Heretics [Prescripciones Contra Todas las Herejías], pág. 9). Tertuliano también declaró que "todas las propiedades de Dios deben ser tan racionales como naturales". Porque "nada más puede considerarse bueno que lo que es racionalmente bueno; mucho menos la bondad por sí misma puede ser defectuosa en cualquier irracionalidad" (Against Marcion, 1.23). Incluso estaba en contra de que alguien fuera bautizado dentro de la fe cristiana si estaba "conforme con simplemente creer, sin un análisis completo del fundamento o la tradición" (On Baptism [El Bautismo], pág. 1).

Ocasionalmente, Tertuliano inclusive habló de manera favorable sobre los filósofos, admitiendo "Por supuesto que no negamos que los filósofos han pensado algunas veces las mismas cosas como nosotros". Esto es debido a la revelación de Dios en la "naturaleza", es decir, "por la inteligencia común con la que Dios ha tenido el placer para dotar el alma del hombre" (Treatise on the Soul [Tratado del Alma], pág. 2). Su mayor elogio a la razón humana estaba reservado al testimonio de Dios en el alma humana. "Estos testimonios sobre el alma son tan simples como verdaderos, comunes como simples, universales como ordinarios, naturales como universales, divinos como naturales [...] Y si tienes fe en Dios y la naturaleza, tienes fe en el alma; entonces, te creerás a ti mismo" (ibid., pág. 5). Esto no quiere decir que Tertuliano rechazaba la revelación general en el mundo externo. De hecho, decía: "Somos adoradores de un Dios, cuya existencia y carácter sobre la Naturaleza enseña a todos los hombres" (On Baptism, pág. 2).

Conclusión. A pesar de su gran énfasis en la fe, Tertualiano, como Justino y Clemente, creía que había un papel importante para la razón humana en defensa de la verdad de la religión cristiana (ver Fe y Razón) Él creía en la *revelación general tanto en el mundo interno como en el externo del alma, aunque resaltó lo último.

Fuentes

F. L. Cross, *"Tertullian"* [Tertuliano].
Tertullian, Against Hermogones [Contra Hermógenes].
———, *Against Marcion* [Contra Marción].
———, *Apologeticus* [Apología].
———, *On Baptism* [Bautismo].
———, *On the Flesh of Christ* [La carne de Cristo].
———, *The Prescription Against Heretics* [Prescripciones Contra todas las herejías].
———, *To Scapula* [A Escápula].
———, *Treatise on the Soul* [Tratado del alma].
B. B. Warfield, *Studies in Tertullian and Augustine* [Estudios sobre Tertuliano y Agustín].

Testigos, Criterios de Hume para los. David *Hume (1711-76) es el escéptico ejemplar de la edad moderna (ver Agnosticismo). Expone los criterios básicos que creía necesarios para probar la credibilidad de los testigos. En sus propias palabras "Dudamos de una cuestión de hecho cuando los testigos se contradicen, cuando son solo pocos o de carácter dudoso, cuando tienen intereses en lo que mantienen, cuando atestiguan con vacilaciones o, por el contrario, con aseveraciones demasiado violentas" (Hume, pág. 120). Estas dudas pueden estructurarse en cuatro preguntas:

1. ¿Los testigos se contradicen?
2. ¿Hay un número suficiente de testigos?
3. ¿Los testigos son veraces?
4. ¿No tienen prejuicios?

Las pruebas de Hume se pueden aplicar rápidamente a los testigos de la resurrección de Cristo del Nuevo Testamento.

Los testigos no se contradicen. La evidencia muestra que el testimonio de los testigos no es contradictorio (ver Nuevo Testamento, Historicidad del). Cada escritor del Nuevo Testamento cuenta una parte crucial y superpuesta de toda la historia.

- Cristo fue crucificado (alrededor del año 33 d. C.) por Poncio Pilatos en Jerusalén.
- Declaró ser el Hijo de Dios e hizo milagros para apoyar su afirmación.
- Fue crucificado, se confirmó su muerte, fue enterrado y, aún así, tres días después la tumba estaba vacía (ver Cristo, Divinidad de).
- Jesús apareció físicamente frente a varios grupos de personas durante las siguientes semanas en el mismo cuerpo con las marcas con las que murió.
- Probó su realidad física tan convincentemente que estos hombres escépticos predicaron con valentía la resurrección poco más de un mes después en la misma ciudad, en donde miles de judíos se convirtieron al cristianismo.

Existen discrepancias menores en los relatos de los Evangelios. Un relato (Mt 28:5) dice que había un ángel en la tumba; Juan dice que había dos ángeles (Juan 20:12). Tales discrepancias no son contradicciones irreconciliables. Mateo no dice que solo había un ángel allí; eso sería una contradicción. No estamos seguros si los dos textos hablan del mismo momento (ver Biblia, Supuestos errores en la). Además, las pequeñas diferencias en los testimonios no era lo que Hume tenía en mente en su primera regla. Uno no espera que testigos auténticos e independientes den un testimonio idéntico. Si fuera así, podríamos descartar su testimonio asumiendo que estaban coludidos.

Número de testigos. Hay veintisiete libros en el Nuevo Testamento que fueron escritos aproximadamente por nueve personas diferentes, todos testigos presenciales o contemporáneos de los acontecimientos que registraron (ver Nuevo Testamento, Historicidad del). Cuando los apóstoles fueron amenazados por las autoridades, dijeron: "Nosotros no podemos dejar de hablar de lo que hemos visto y oído" (Hechos 4:20). Pedro declaró ser un testigo de Jesús (1 Pedro 5:1). En 2 Pedro 1:16, escribió: "Porque no os hemos dado a conocer el poder y la venida de nuestro Señor Jesucristo siguiendo fábulas artificiosas, sino como habiendo visto con nuestros propios ojos su majestad" (RVR1960). El autor del cuarto Evangelio dijo lo siguiente: "Y el que lo vio da testimonio, y su testimonio es verdadero; y él sabe que dice verdad, para que vosotros también creáis" (Juan 19:35 RVR1960). Añade: "Este es el discípulo que da testimonio de estas cosas, y escribió estas cosas; y sabemos que su testimonio es verdadero" (Juan 21:24 RVR1960). De hecho, Juan declaró sobre Cristo lo siguiente: "Lo que era desde el principio, lo que hemos oído, lo que hemos visto con nuestros ojos, lo que hemos contemplado, y palparon nuestras manos tocante al Verbo de vida [...] lo que hemos visto y oído, eso os anunciamos" (1 Juan 1:1, 3 RVR1960). Y Lucas dijo: "Puesto que ya muchos han tratado de poner en orden la historia de las cosas que entre nosotros han sido ciertísimas, tal como nos lo enseñaron los que desde el principio lo vieron con sus ojos, y fueron ministros de la palabra" (Lucas 1: 1-2 RVR1960).

Hay seis libros cruciales acerca de los milagros del Nuevo Testamento (Mateo, Marcos, Lucas, Juan, Hechos y 1 Corintios). Estos seis libros escritos por cinco autores son testigos del milagro de la resurrección. Incluso eruditos críticos ahora reconocen que estos libros fueron escritos antes del año 70 d. C., mientras que los contemporáneos de Cristo estaban vivos. Hay poco debate acerca de que 1 Corintios fue escrito por el apóstol Pablo cerca del año 55 o 56 d. C., solo dos décadas después de la muerte de Cristo. Este es un testimonio poderoso sobre la realidad del milagro de la resurrección. Es un documento muy antiguo. Fue escrito por un testigo presencial del Cristo resucitado (1 Co 15:8; cf. Hechos 9). Pablo hace referencia a más de quinientas personas que vieron directamente y escucharon al Cristo resucitado (1 Co 15:6). En esa época, la mayoría de estos testigos estaban vivos y disponibles para ser interrogados (ver Resurrección, Evidencias a favor de la).

Veracidad. Pocos desafían el hecho de que el Nuevo Testamento provee un alto estándar para la moral, en particular en el énfasis de Jesús sobre el amor (Mt 5-7; 22:36-37). Sus apóstoles repitieron esta enseñanza en sus escritos (p. ej., Ro 13; 1 Co 13; Gl 5). Incluso murieron por lo que creían acerca de Cristo (2 Ti 4:6-8; 2 Pedro 1:14), una indudable muestra de su sinceridad.

Aparte de enseñar que la verdad es un imperativo divino (Ro 12:9), es evidente que los escritores del Nuevo Testamento eran escrupulosos sobre la verdad en sus escritos. Pedro declaró "no estábamos siguiendo sutiles cuentos supersticiosos" (2 Pedro 1:16). El apóstol Pablo dijo: "Dejen de mentirse unos a otros" (Col 3:9). Los escritores del Nuevo Testamento eran hombres honestos, dispuestos a morir por la verdad de lo que habían escrito. Asimismo, las declaraciones de los escritores del Nuevo Testamento coinciden con los descubrimientos de historiadores y arqueólogos, lo que prueba que son correctos (ver Hechos, Historicidad del libro de los; Arqueología del Nuevo Testamento). El arqueólogo Nelson Gluek concluye que "se puede afirmar categóricamente que ningún descubrimiento arqueológico nunca ha contradicho una referencia bíblica. Se han hecho decenas de hallazgos arqueológicos que confirman con claridad o con detalle exacto las afirmaciones históricas de la Biblia" (Glueck, pág. 31). No hay pruebas de que los escritores del Nuevo Testamento hayan mentido alguna vez en sus escritos o que hayan falsificado deliberadamente los hechos. Como el experto legal de Harvard Simon Greenleaf concluyó, su testimonio no muestra en lo absoluto ninguna señal de perjurio (ver Greenleaf).

Finalmente, el registro del Nuevo Testamento ha recibido un fuerte y significativo apoyo por parte de historiadores de esta época romana. El notable historiador A. N. Sherwin-White amonestó a los eruditos por no reconocer el valor histórico de los documentos del Nuevo Testamento en comparación con las fuentes de la historia romana (Sherwin-White, págs. 188-91). Otro notable historiador de la época, Colin Hemer, presentó pruebas convincentes que apoyan la naturaleza histórica del libro de los Hechos y la autoría de Lucas (cerca del año 62 d. C.), situándolo "inequívocamente en la vida de muchos testigos presenciales y contemporáneos vivos de Jesús, Pedro y Pablo como posibles lectores que podrían objetar la presencia de material falso" (Hemer, págs. 409-10).

Testigos sin prejuicios. Los testigos de los milagros de Cristo tampoco estaban predispuestos a creer los acontecimientos de los que dieron testimonio, particularmente sobre su resurrección.

Los propios apóstoles no creyeron en los primeros indicios de que Cristo había resucitado de la muerte (ver Resurrección, Evidencias a favor de la). Refiriéndose a la historia de la mujer, "a los discípulos el relato les pareció una tontería, así que no les creyeron" (Lucas 24:11). Incluso cuando algunos de los discípulos vieron a Cristo, fueron "tardos de corazón para creer" (Lucas 24:25). Cuando Jesús apareció en frente de diez apóstoles y les mostró las marcas de su crucifixión, "ellos no acababan de creerlo a causa de la alegría y del asombro" (Lucas 24:41). Tomás protestó que no iba a creer a menos que pudiera poner su dedo en las marcas de la mano de Jesús (Juan 20:25).

Jesús también se les apareció a los incrédulos, a su escéptico medio hermano, Santiago (Juan 7:5; 1 Co 15:7), y al gran incrédulo del día: Saulo de Tarso (Hechos 9).

Los testigos de la resurrección personalmente no ganaban nada con su testimonio. Fueron perseguidos y amenazados de muerte por su postura (cf. Hechos 4, 5, 8). De hecho, la mayoría de los apóstoles fue martirizado. Definitivamente, habría sido más beneficioso negar la resurrección.

Descartar los testimonios de los que creyeron en el Cristo resucitado es como descartar a un testigo presencial de un asesinato porque realmente lo presenció. En este caso el prejuicio no es sobre los testigos, sino sobre aquellos que rechazan sus testimonios.

Finalmente, el hecho de rechazar a un testigo simplemente porque existe algún tipo de preferencia es infundado. Todos tienen preferencias o un conjunto de creencias. No se podría aceptar ningún testimonio de algo si cada preferencia fuera una descalificación. Los doctores se inclinan a favor de la supervivencia del paciente. Pero aún se puede confiar en que darán un análisis objetivo de la condición del paciente. Richard Whately satíricamente argumentó que no podíamos creer en las hazañas militares de Napoleón, puesto que los británicos prácticamente lo satanizaban y los franceses básicamente lo adoraban. Pero, de hecho, las personas no descartan el testimonio solo porque los que lo presentan tienen una inclinación. Por el contrario, examinan cuidadosamente el testimonio para determinar los hechos.

Conclusión. Hume fue uno de los más grandes escépticos de la edad moderna. Estableció los criterios con los que creyó que uno podría eliminar toda creencia en los milagros. Sin embargo, cuando sus criterios se aplicaron a los testigos de la resurrección de Cristo, pasaron como creíbles. Esto confirma el argumento cristiano que indica que los testigos del Nuevo Testamento fueron confiables y, por lo tanto, que el Nuevo Testamento informa correctamente lo que Jesús dijo e hizo (ver Nuevo Testamento, Historicidad del).

Fuentes

R. Bauckham, *Jesus and the Eyewitnesses* [Jesús y los testigos presenciales].

C. Blomberg, *The Historical Reliability of the Gospels* [La fiabilidad histórica de los evangelios].

M. Burrows, *What Mean These Stones?* [¿Qué significan estas piedras?].

N. L. Geisler y R. Brooks, *When Skeptics Ask* [Apologética: Herramientas valiosas para la defensa de la fe].

N. Glueck, Rivers in the Desert [Ríos en el desierto].

S. Greenleaf, *The Testimony of the Evangelists* [Testimonio de los evangelistas].

C. J. Hemer, *The Book of Acts in the Setting of Hellenistic History* [El libro de los Hechos en el marco de la historia helenística].

D. Hume, *Enquiry Concerning Human Understanding* [Investigación sobre el entendimiento humano].

A. N. Sherwin-White, Roman Society and Roman Law in the New Testament [La sociedad romana y la ley romana en el Nuevo Testamento].

C. A. Wilson, Rocks, *Relics, and Biblical Reliability* [Rocas, reliquias y confiabilidad bíblica].

N.T. Wright, *"Jesus's Resurrection and Christian Origins"* ["La resurrección de Jesús y los orígenes cristianos"].

Tindal, Matthew. Matthew Tindal (1656-1733), un abogado inglés, fue uno de los más conocidos y más respetados deístas (ver Deísmo) de su época. Su obra deísta más importante, Christianity as Old as the Creation: or, the Gospel, a Republication of the Religion of Nature [El cristianismo tan antiguo como la creación: o, el Evangelio, una república de la religión de la naturaleza] (1730), no fue publicada hasta que tuvo setenta y cuatro años. Debido a su influencia y completitud, ha sido llamada la "Biblia Deísta" y su autor "el gran Apóstol del Deísmo". Esta gran obra impulsó más de 150 respuestas, incluyendo la crítica clásica del deísmo, Analogy of Religion [La analogía de la religión] (1872) de * Joseph Butler.

La existencia y la naturaleza de Dios. El punto de vista de Tindal sobre la existencia y la naturaleza de Dios fue muy parecido al de los teístas. Él consideraba que Dios era completamente perfecto, infinitamente amoroso, eterno, justo, misericordioso, inmutable, omnipresente, verdadero, omnibenevolente, sabio, sin partes e invisible (Tindal, págs. 39, 41, 42, 44, 45, 65, 66, 87). Además, consideraba que Dios era insuperable, es decir, que no tenía pasiones (ibid., pág. 39). La creación y la humanidad. Según Tindal, el universo fue creado por Dios ex nihilo (a partir de nada). Asimismo, los humanos surgieron por medio de un acto directo creativo de Dios: "Este Dios, que desde la nada nos lleva a ser, nos arma en el modo que más le agrada, imprime en nosotros las facultades, inclinaciones, deseos y pasiones que cree convenientes" (ibid., págs. 29, 30, 106).

En cuanto a por qué Dios creó todas las cosas, Tindal menciona que no fue porque Dios carecía o necesitaba de algo, ya que es absolutamente perfecto. Por el contrario, la razón de Dios para crear fue solo por el bien de sus criaturas (ibid., pág. 30).

La relación de Dios con el mundo. Dios es el gobernador cósmico del mundo. Sus leyes divinas son aquellas de la naturaleza que gobiernan las actividades de sus criaturas. Estas leyes naturales son perfectas, inmutables y eternas, ya que gobiernan las propias acciones de Dios. Entonces, estas leyes son las mismas con las que Dios "espera que todo el mundo racional debe gobernar" sus acciones. Para garantizar esto, Dios "continúa inculcando diariamente" su ley "en las mentes de todos los hombres cristianos, así como en las de los otros" (ibid., págs. 59, 114).

Dios ha establecido el fin o el objetivo de todas las acciones (el honor de Dios y el bien del hombre), pero no los medios (ibid., pág. 115). La ley natural revela 'por' lo que las personas deben trabajar, pero no revela exactamente 'cómo' alcanzar ese fin (ibid., págs. 70, 107). Esto solo es correcto. "Si Dios se interpone más y prescribe una manera particular de hacer estas cosas, la cual los Hombres en ningún momento o por ningún motivo deben variar; él no solo se interpone innecesariamente, sino al prejuicio del fin por el cual entonces se interpone" (ibid., pág. 115). Por lo tanto, Dios no necesita interceder en los deberes de su creación, ni debe hacerlo. Las leyes naturales que ha establecido son suficientes para el gobierno contínuo del mundo. Los milagros no suceden (ver Milagros, Argumentos contra los).

Seres humanos. Los humanos son personales, racionales y libres, pero es la razón la que "nos convierte en la imagen de Dios mismo y es el vínculo en común lo que une el cielo con la tierra". Por medio de la razón podemos probar la existencia de Dios, demostrar sus atributos y descubrir y hacer que funcione toda la religión natural. Tindal definió la 'religión natural' como "la creencia de la existencia de un Dios y el sentido y práctica de esos deberes, lo que resulta a partir del conocimiento que nosotros, por medio de nuestra razón, tenemos de él y sus perfecciones; y nosotros mismos y nuestras propias imperfecciones; y de la relación que tenemos con él y con nuestras demás criaturas" (ibid., pág. 13).

Cada persona es capaz de llegar a los argumentos básicos de la religión natural:

1. La creencia de Dios
2. La alabanza a Dios
3. Hacer aquello que es para el bien personal o la felicidad de uno y promover la felicidad común (ibid., págs. 11-18)

Tindal fácilmente reconoció que no todas las personas aceptan la religión natural que se revela en la naturaleza. Él creyó que la razón de esto era por una "debilidad innata" de creer en la superstición. A partir de esta debilidad surgieron la mayoría de los problemas de la humanidad (ibid., págs. 165,169).

Aunque mucha gente se alejó de la religión natural, Dios hizo que la naturaleza humana actuara en conformidad con el resto de la naturaleza. Aquellos que no actúan de esta manera contradicen su propia naturaleza racional, y actúan de manera irracional (ibid., pág. 26).

El origen y la naturaleza de la maldad. Tindal creía que la maldad surgió porque las personas sucumbían a la superstición y actuaban en contra del orden natural de las cosas (ver Mal, Problema del). Él creía que algunas personas necesitaban de un salvador debido a sus malas formas. Jesucristo vino a "enseñarles" a estas personas a arrepentirse del quebrantamiento de los deberes conocidos". Como Tindal señala, Jesús dijo "porque no he venido a llamar a justos, sino a pecadores" (Mt 9:13). Existen dos tipos de personas, dijo Tindal, las "íntegras o justas" y las "enfermas o Pecadoras". Jesús trató enteramente con este último, porque "solo existe un remedio universal para todas las personas enfermas: el 'Arrepentimiento' y la 'Enmienda'". Esto ha sido revelado en la naturaleza desde la creación (ibid., págs. 48, 49). Además, si Dios, quien no hace acepción de personas, juzga al mundo con justicia y acepta a los justos, los justos no necesitarían ningún médico. Ellos ya viven de una manera agradable a Dios. Cristo vino para reformar a aquellos que no tienen un nivel moral suficientemente bueno (ibid., pág. 49).

La naturaleza de la ética. "El Principio por el que todas las acciones humanas fluyen es el deseo de la felicidad", escribió Tindal. Este principio central es el "único principio innato en la humanidad" y, por lo tanto, debe ser inculcado por Dios. Dado que los seres humanos son criaturas racionales, su felicidad se encuentra cuando gobiernan todas sus "acciones por medio de las reglas de la razón correcta". Estas reglas de autodisciplina se basan en las perfecciones morales de Dios descubiertas en la naturaleza. Cuando la gente vive "de acuerdo con las reglas de la razón correcta, cada vez más inculcamos en nosotros las perfecciones morales de Dios, en la que su felicidad [y la nuestra] es inseparable" (ibid., págs. 23, 24, 30).

"A partir de estas premisas", dijo Tindal, "podemos concluir que, los hombres, según si es que forman o no forman parte de la naturaleza de Dios, deben ser inevitablemente felices o miserables". En la sabiduría de Dios, las consecuencias tanto de las acciones malas como de las buenas se encuentran en la felicidad o infelicidad de esta vida. Por lo tanto, "no hay virtud, sino lo que tiene algún bien que está inseparablemente anexado a él; y no hay vicio, sino lo que necesariamente lleva consigo algún mal" (ibid., pág. 25).

Tindal rechazaba la idea de que cualquier libro o libros hayan sido usados por Dios para revelar lo que está bien y mal. Un libro no podía cubrir todos los casos. Sin embargo, en muchos casos la luz de la naturaleza nos enseña nuestro deber (ibid., pág. 27). También, intentó desacreditar la historicidad de la biblia (ver Biblia, Críticas a la). Ridiculizó muchas historias bíblicas, como los relatos del huerto del Edén, la desobediencia del hombre, la lucha de Jacob con Dios y la burra de Balaan que hablaba. Además, argumentó que muchos de los milagros registrados en la biblia tenían similitudes con historias paganas míticas y que, por ende, también eran míticos (ibid., págs. 170, 192, 229, 340, 349).

Tindal creía en la vida después de la muerte. La racionalidad natural de la humanidad sobrevivirá la muerte y pasará a otra vida en donde no habrán "cosas seductoras para desviar sus pensamientos". También, habrá un "último día" en donde Dios juzgará a cada ser humano, no por lo que se dijo o por lo que se creyó, sino "por lo que ha hecho más que otros". El juicio de Dios será imparcial y justo ya que "Dios, en todo momento, le ha dado a la humanidad los medios suficientes para saber lo que él requiere de ella; y cuáles son esos medios" (ibid., págs. 1, 25, 26, 51).

Evaluación. El antisobrenaturalismo del deísmo es criticado en artículos sobre deísmo, tales deístas como *Jefferson y Thomas *Paine, y en artículos sobre milagros en particular como el nacimiento virginal o la resurrección de Cristo. Ver Milagro; Milagros, Argumentos contra los. Históricamente, dos de las mejores críticas sobre Tindal fueron por Butler (Analogy of Religion [La analogía de la religión]) y Jonathan *Edwards en varias de sus críticas sobre el deísmo, el racionalismo y el universalismo.

Fuentes

J. Butler, *The Analogy of Religion* [La analogía de la religión].

J. Edwards, *The Works of Jonathan Edwards* [Las obras de Jonathan Edwards].

N. L. Geisler y W. D. Watkins, *Worlds Apart* [Mundos distantes], cap. 5.

H. M. Morais, *Deism in Eighteenth-Century America* [El deísmo en la América del siglo diesiocho].

J. Orr, *English Deism* [Deísmo inglés].

M. Tindal, *Christianity as Old as the Creation: or, the Gospel, a Republication of the Religion of Nature* [El cristianismo tan antiguo como la creación: o, el Evangelio, una república de la religión de la naturaleza].

Tomás de Aquino. Tomás de Aquino (1224-74), fue un teólogo, filósofo y el apologeta consumado de la iglesia medieval tardía. Nacido en Italia, se unió al orden dominicano. Estudió en Nápoles y París. Comenzó la escuela en Colonia y enseñó en París durante su carrera, excepto por ocho años en la Curia papal romana. Fue canonizado por la iglesia romana en 1326. Aquino escribió De anima

(On the Soul) [Sobre el Alma], De Ente et Essentia (On Being and Essence) [Sobre el ente y la esencia], De veritate (On Truth) [Sobre la verdad], On the Power of God [Sobre el poder de Dios], Summa contra Gentiles [Suma contra los gentiles], y The Unity of the Intellect against the Averoeists [La unidad del intelecto contra los averroístas]. Hasta ahora su escrito más importante e influyente fue dentro de su magnum opus teología sistemática, Summa Theologica [Suma teológica], que hasta su muerte sigue sin terminar.

El pensamiento de Aquino es rico y variado. Escribió sobre muchos temas, incluyendo *fe y razón, revelación, conocimiento, realidad, Dios (ver Dios, Evidencias de; Dios, Naturaleza de), analogía (ver Analogía, Principio de), creación (ver Creación, Puntos de vista de la), seres humanos, gobierno y ética (ver Moralidad, Naturaleza absoluta de la). Su mente era intensamente analítica, lo que hacía que sus argumentos sean difíciles de seguir para el lector moderno. Su estilo de escritura es, algunas veces, dialéctico y altamente complejo, especialmente en Summa Theologica. Es menos cierto en la Summa contra Gentiles.

Teología y Apologética. Revelación. Dios se ha revelado tanto en la naturaleza como en las Escrituras. Su revelación natural (Ro 1:19-20) está disponible para todos y es la base de la *teología natural (ver Revelación General). La creación revela un Dios y sus atributos esenciales, pero no la *Trinidad o las doctrinas únicas de la fe cristiana, tales como la reencarnación de Cristo (ver Cristo, Divinidad de) o el camino de la salvación. Esta revelación en la naturaleza también incluye una ley moral que es vinculante para todos (Ro 2:12-15). La ley divina de Dios es para los creyentes; se revela en las Escrituras (ver Revelación Especial). Aunque fue escrita por humanos con diferentes estilos literarios (Summa Theologica, 2a2ae.

173,3, ad1), la Biblia es el único escrito divino con autoridad (ibid., 1a.1, 2, ad2). La Biblia es inspirada e infalible, incluso en temas que no son esenciales sobre la redención (ibid., 1a.1, 10, ad3). Ningún otro escrito cristiano, ni los Padres ni los credos son inspirados o reveladores. Solo hay interpretaciones humanas de la revelación de Dios en las Escrituras (ibid., 2a2ae. 1, 9).

*Fe y Razón. Siguiendo a *Agustín, de Aquino cree que la fe se basa en la revelación de Dios en las Escrituras. El respaldo de la fe, no obstante, se encuentra en los milagros (ver Milagros, Valor apologético de los) y probables argumentos (On Truth [Sobre la Verdad], 10,2). Aunque la existencia de Dios es probable por razón (ver Argumento Cosmológico), el pecado oscurece nuestra capacidad para saber (Summa Theologica, 2a2ae. 2, 4), y por ende la creencia (no probar) de que Dios existe es necesaria para la mayoría de personas (Summa contra Gentiles, 1.4, 3-5). Sin embargo, la razón humana nunca es la base para tener fe en Dios. Demandar razones para creer en Dios en realidad disminuye el mérito de la fe (Summa Theologica, 2a2ae. 2, 10). No obstante, los creyentes deben razonar sobre y por su fe (ver Apologética Clásica).

De acuerdo con Aquino, hay cinco formas en las que podemos demostrar la existencia de Dios. Podemos argumentar:

1. desde el movimiento hasta un Movedor Inmóvil
2. desde los efectos hasta una Primera Causa
3. desde un ser contingente hasta un Ser Necesario
4. desde los grados de perfección hasta el Ser Más Perfecto
5. desde el diseño en la naturaleza hasta un Diseñador de la naturaleza (ibid., 1a, 2, 3)

Detrás de estos argumentos está la premisa de que todos los seres finitos cambiantes necesitan una causa fuera de ellos.

Hay misterios sobre la fe cristiana, no obstante, tal como la *Trinidad en la reencarnación (ver Cristo, Divinidad de), solo se puede conocer por medio de la fe en la revelación de Dios en las Escrituras (Summa contra Gentiles [Suma contra los gentiles], 1.3, 2). Estos van más allá de la razón, pero no son contrarios a ella.

Conocimiento. Aquino cree que el conocimiento proviene ya sea por revelación sobrenatural (en las Escrituras) o por medios naturales (ver Epistemología). Todo el conocimiento natural comienza con la experiencia (Aquino, De Anima [Sobre el Alma], 3.4). Sin embargo, nacemos con una habilidad natural innata a priori para conocer (Summa Theologica [Suma teológica], 1a2ae. 17,7). Todo lo que está en nuestra mente estuvo primero en los sentidos, excepto la misma mente. Saber algo con certeza es posible por medio de los *primeros principios. Los primeros principios se conocen por medio de la inclinación antes de que se conozcan por cognición. Estos incluyen:

1. el principio de identidad (ser es ser).
2. el principio de la no contradicción (ser no es no ser).
3. el principio del tercero excluido (ser o no ser).
4. el principio de causalidad (el no ser no puede causar el ser: ver Causalidad, Principio de la).
5. el principio de la finalidad (cada ser actúa por un fin).

Mediante estos y otros primeros principios, la mente puede alcanzar el conocimiento de la realidad, incluso cierto conocimiento. Una vez que los términos se entienden adecuadamente, estos primeros principios son evidentes y, por lo tanto, innegables (ibid., 1a. 17, 3, ad2).

Realidad. Como Aristóteles, Aquino cree que la función de una persona sabia es conocer el orden. El orden que la razón produce en sus propias ideas se llama lógica. El orden que la razón produce mediante actos voluntarios es ética. El orden que la razón produce en cosas externas es arte. El orden que la razón contempla (pero que no produce) es la naturaleza. La naturaleza, cuando se contempla en tanto es razonable, es ciencia física. Cuando se estudia la naturaleza en tanto es cuantificable, es matemática. El concepto moderno de matemática es mucho más amplio e incluye dimensiones más abstractas y no cuantificables. Aquino lo hubiera considerado como filosofía, no matemática. Cuando se estudia la naturaleza o la realidad en tanto es real, es metafísica. La metafísica, entonces, es el estudio de lo real como real o ser, en la medida en que sea.

La base de la metafísica de Aquino es la diferencia real entre 'esencia' ('lo que' algo es) y 'existencia' ('lo que' es) en todos los seres finitos (On Being and Essence) [Sobre el ente y la esencia]). Aristóteles hizo una diferencia entre actualidad y la potencialidad, pero solo lo aplicó a los objetos compuestos de forma y materia, no al orden del ser. Aquino toma la distinción de Aristóteles entre el acto y la potencia y lo aplica a la forma (ser). Aquino sostiene que solo Dios es un Ser Puro, Realidad Pura, sin potencialidad en absoluto (ver Dios, Naturaleza de). Por lo tanto, la premisa central de la perspectiva tomista sobre la realidad es ilimitada y única, a menos que se una con la potencia pasiva. Dios solo es acto puro (o realidad) sin potencialidad o forma. Los ángeles son completamente potencialidades actualizadas (formas puras). La humanidad es una composición de la forma (alma) y materia (cuerpo) que se actualiza progresivamente.

Dios. Dios solo es Ser (Yo Soy). Todo lo demás simplemente 'ha' existido. La esencia de Dios es idéntica a su existencia. Es su esencia existir. Dios es un Ser Necesario. No puede existir. Tampoco puede cambiar, ya que no tiene potencialidad para ser nada más que lo que es. Asimismo, Dios es eterno, puesto que el tiempo implica un cambio desde un antes a un después. Pero como el "YO SOY", Dios no tiene ni un antes ni un después. Dios también es simple (indivisible), porque no tiene potencial para la división. Y es infinito, debido a que el acto puro como tal es ilimitado, sin tener ninguna potencialidad para limitarlo (Summa Theologica, 1a. 3; 1a. págs. 7-11). A parte de estos atributos metafísicos, Dios también es moralmente perfecto e infinitamente sabio (ibid., 1a. 4, 5).

Analogía. El conocimiento natural de Dios se deriva de su creación, como una causa eficiente se conoce por sus efectos. Ya que Dios hizo el mundo, su creación se asemeja a él. No es igual a él (unívoco), pero es como él. Nuestro conocimiento natural de Dios se basa en esa similitud o analogía. Tampoco puede ser totalmente diferente a él (equívoco), porque la causa comunica algo de sí misma a sus efectos. El conocimiento unívoco (totalmente lo mismo) de Dios es imposible, puesto que nuestro conocimiento es limitado y Dios es ilimitado. El conocimiento equívoco (totalmente diferente) es imposible, ya que la creación se asemeja al Creador; el efecto se parece a su causa eficiente. Por su puesto, existen grandes diferencias entre Dios y las criaturas. Por lo tanto, la 'via negativa' (la forma de negación) es necesaria. Es decir, debemos negar todas las limitaciones de nuestros conceptos antes de aplicarlos en Dios. Debemos aplicar a Dios solo la perfección significada, (como la bondad o la verdad) pero no el modo finito de significación (ver Analogía, Principio de).

Así que el mismo atributo tendrá la misma definición para las criaturas y el Creador, pero una aplicación o extensión diferente. Como Dios, puedo saber que 2 + 2 = 4. Pero los datos matemáticos que sé y los otros atributos que comparto con Dios son limitados y contingentes. Y no puedo hacer lo que Dios puede hacer con ese conocimiento. La razón de esto es que las criaturas son solo finitamente buenas mientras que Dios es infinitamente Bueno. Así que, antes de que podamos aplicar correctamente el término 'bueno' a Dios, debemos negar el modo finito (cómo) en el que encontramos el bien en las criaturas y aplicar el significado sobre Dios de una manera ilimitada (Summa contra Gentiles [Suma contra los gentiles], I, págs. 29-34; Summa Theologica [Suma teológica], 1a. pág. 13).

Creación. Dios no creó al mundo a partir de sí mismo (ex Deo) o a partir de materia preexistente (ex materia). Más bien, lo creó a partir de la nada, ex nihilo (ver Creación, Puntos de vista de la). Aunque una creación eterna es teóricamente posible, puesto que no hay una razón lógica por la que una Causa eterna no pueda seguir causando por la eternidad; sin embargo, la revelación divina enseña que el universo tuvo un principio. Así que, Dios creó un universo temporal. Literalmente no existía el tiempo antes de que Dios creara la eternidad. Dios no creó 'en' el tiempo; por el contrario, con el mundo surgió la creación 'del' tiempo. Por lo tanto, no había tiempo antes que el tiempo existiera (Summa Theologica, 1a. págs. 44-46).

Asimismo, el universo depende de Dios para existir. Él no solo causó que existiera sino, también, que continúe existiendo. Dios es tanto la Causa del origen de toda la creación como la Causa de su continuidad. El universo depende absolutamente de Dios: es contingente. Solo Dios es necesario.

Seres Humanos. Un ser humano es una unidad de materia/forma de cuerpo y alma. A pesar de esta unidad, no hay semejanza entre el cuerpo y el alma. El alma sobrevive a la muerte y espera la reunión con el cuerpo físico en la *resurrección final (Summa Theologica, 1a. págs. 75-76). El alma humana es la causa formal mientras que el cuerpo es la causa material de un ser humano. Dios, sin duda, es la causa eficiente. Los padres son solo la causa instrumental del cuerpo. La causa final (propósito) es glorificar a Dios, quien nos creó. Adán fue directamente creado por Dios en el principio y Dios crea directamente cada alma nueva en el vientre de su madre (ibid., 1a. págs. 90-93).

Ética. Así como existen los primeros principios de pensamiento, también hay primeros principios de acción, que se llaman leyes. Aquino distingue cuatro tipos de leyes:

1. La ley eterna es el plan con el que Dios gobierna la creación.
2. La ley natural (ver Moralidad, Naturaleza absoluta de la) es la participación de criaturas racionales en esta ley eterna.
3. La ley humana es la aplicación particular de la ley natural a comunidades locales.
4. La ley divina (ver Revelación Especial) es la revelación de la ley de Dios para los creyentes mediante las Escrituras (ibid., 1a2ae. pág. 91).

Aquino divide las virtudes en dos clases: naturales y sobrenaturales. Prudencia, justicia, valentía y templanza. Se muestran mediante revelación natural y se aplican a todos los seres humanos. Las virtudes sobrenaturales consisten en la fe, la esperanza y el amor. Se conocen por revelación sobrenatural en las Escrituras y son vinculantes para los creyentes (ibid., 1a. págs. 60-61).

Evaluación. Ateos y agnósticos han criticado los

puntos de vista de Aquino y las críticas se abordan en esos artículos. Los argumentos relativistas con el pensamiento de Aquino se abordan en Moralidad, Naturaleza absoluta de la. Algunos han objetado que sus pruebas a favor de Dios son inválidas (ver Dios, Objeciones a las pruebas de). Otros han negado su doctrina sobre la analogía (ver Analogía, Principio de). Aún, otros atacan su epistemología y uso de los primeros principios. Asimismo, su dependencia en la lógica aristotélica ha sido criticada. No obstante, la filosofía de Aquino ha experimentado un renacimiento en los últimos años, particularmente entre los evangélicos.

Fuentes

T. de Aquino, *On Being and Essence* [Sobre el ente y la esencia].

———, *On Evil* [Sobre la maldad].

———, *On the Soul* [Sobre el alma].

———, *On Truth* [Sobre la verdad].

———, *Summa contra Gentiles* [Suma contra los gentiles].

———, *Summa Theologica* [Suma Teológica].

M. D. Chenu, *Toward Understanding Saint Thomas* [Para entender a Santo Tomás].

R. J. A. Deferrari, *A Complete Index of the Summa Theologiae of St. Thomas Aquinas* [Un índice completo de Suma teológica de Santo Tomás de Aquino].

———, *Latin-English Dictionary of Thomas Aquinas* [Diccionario latín-inglés de Tomás de Aquino].

———, *A Lexicon of St. Thomas Aquinas Based on Summa Theologiae and Select Passages of His Other Work* [Un lexicón de Santo Tomás de Aquino basado en Suma teológica y pasajes selectos de su otra obra].

N. L. Geisler, *Thomas Aquinas* [Tomás de Aquino].

A. Kenny, *The Five Ways* [Las cinco vías].

T. Miethe y V. Bourke, *Thomistic Bibliography* [Bibliografía Tomista].

R. Pasnau, *The Philosophy of Aquinas* [La Filosofía de Aquino].

M. Stockhammer, ed., *Thomas Aquinas Dictionary* [Diccionario de Tomás de Aquino].

Trinidad. La 'Trinidad' simplemente significa "triunidad". Dios no es solo una simple unidad; hay pluralidad en su unidad. La Trinidad es uno de los grandes misterios (ver Misterio) de la fe cristiana. A diferencia de una antinomia (ver Kant, Immanuel) o una paradoja, que es una contradicción lógica (ver Lógica y Dios), la Trinidad va más allá de la razón pero no está en contra de ella. Solo se conoce por revelación divina, así que la Trinidad no es el asunto de la *teología natural, sino de la revelación (ver Revelación Especial). El término 'Trinidad' fue usado por primera vez por el padre de la iglesia del siglo dos, Terturliano.

Las bases de la Trinidad. Aunque la palabra 'Trinidad' no ocurre en la Biblia, claramente el concepto se enseña ahí. La lógica de la doctrina de la Trinidad es simple. Dos verdades bíblicas son evidentes en las Escrituras, cuya conclusión lógica es la Trinidad:

1. Hay un solo Dios.
2. Hay tres personas distintas que son Dios: Padre, Hijo y Espíritu Santo.

Un Dios. La enseñanza central del judaísmo llamada Shema proclama: "Escucha, Israel: El Señor nuestro Dios es el único Señor" (Dt 6:4). Cuando le preguntaron a Jesús: "¿cuál es el mandamiento más importante de la ley?" precedió la respuesta citando el Shema (Marcos 12:29). A pesar de su fuerte enseñanza sobre la divinidad de Cristo (cf. Col 2:9), el apóstol Pablo dijo con énfasis: "para nosotros no hay más que un solo Dios, el Padre, de quien todo procede y para el cual vivimos" (1 Co 8:6a). Desde el principio hasta el final, las Escrituras hablan de un solo Dios y califican a todos los otros dioses como falsos (Ex 20:3; 1 Co 8:5-6).

La Biblia también reconoce una pluralidad de personas distintas en Dios. Aunque la doctrina de la Trinidad no es tan explícita en el Antiguo Testamento como en el Nuevo Testamento, no obstante, hay pasajes en los que los miembros de la Divinidad se distinguen. A veces, incluso hablan entre ellos (ver Sal 110:1).

El Padre es Dios. A lo largo de las Escrituras se dice que Dios es el Padre. Jesús les enseñó a sus discípulos a orar así: "Padre nuestro que estás en el cielo" (Mt 6:9). Dios no solo es "el Padre celestial" (

:32) sino también el "Padre de los espíritus" (Heb 12:29). Como Dios, Él es el objeto de la alabanza. Jesús le dijo a la mujer samaritana "Pero se acerca la hora, y ha llegado ya, en que los verdaderos adoradores rendirán culto al Padre en espíritu y en verdad, porque así quiere el Padre que sean los que le adoren" (Juan 4:23). Dios no es solo llamado "nuestro Padre" (Ro 1:7) muchas veces, sino también "el Padre" (Juan 5:45; 6:27). También, es llamado "Dios y Padre" (2 Co 1:3). Pablo proclamó que "no hay más que un solo Dios, el Padre" (1 Co 8:6). Asimismo, se le conoce como "Padre de nuestro Señor Jesucristo" (Ro 15:6). En efecto, el Padre y el Hijo se identifican por estos mismos nombres en el mismo versículo (Mt 11:27; 1 Juan 2:22).

El Hijo es Dios. La divinidad de Cristo se aborda en el artículo Cristo, Divinidad de. Como un resumen general, se debe señalar que Jesús dijo ser el Dios Yahveh. YHVH, traducido en algunas versiones como

Jehová, fue el nombre especial que Dios le reveló a Moisés en Éxodo 3:14, cuando Dios dijo "YO SOY EL QUE SOY". En Juan 8:58, Jesús declara "antes de que Abraham naciera, ¡yo soy!" Esta afirmación no solo afirma la existencia antes de Abraham, sino también la equidad con el "YO SOY" de Éxodo 3:14. Los judíos alrededor de él claramente entendieron su significado y agarraron piedras para matarlo por blasfemia (ver Marcos 14:62; Juan 8:28; 10:31-33; 18:5-6). Jesús también dijo "soy el primero y el último" (Ap 2:8).

Jesús tomó la gloria de Dios. Isaías escribió "Yo soy el Señor [Yahveh]; ¡ese es mi nombre! No entrego a otros mi gloria, ni mi alabanza a los ídolos" (42:8) y, "Así dice el Señor, el Señor [Yahveh] [...]: 'Yo soy el primero y el último; fuera de mí no hay otro dios'" (44:6). Asimismo, Jesús oró así: "Padre, glorifícame en tu presencia con la gloria que tuve contigo antes de que el mundo existiera" (Juan 17:5). Pero Yahveh dijo que no le daría su gloria a otro.

Aunque el Antiguo Testamento prohíbe dar alabanza a nadie más que Dios (Ex 20:1-4; Dt 5:6-9), Jesús aceptó la alabanza (Mt 8:2; 14:33; 15:25; 20:20; 28:17; Marcos 5:6). Los discípulos le atribuyeron títulos que el Antiguo Testamento reservó para Dios, tales como "el primero y el último" (Ap 1:17; 2:8; 22:13), "luz verdadera" (Juan 1:9), "roca" o "piedra" (1 Co 10:4; 1 P 2:6-8; cf. Sal 18:2; 95:1), "esposo" (Ef 5:28-33; Ap 21:2), "el Pastor supremo" (1 P 5:4) y "el gran Pastor de las ovejas" (Heb 13:20). Le atribuyeron a Jesús las actividades divinas de crear (Juan 1:3; Col 1:15-16), redimir (Os 13:14; Sal 130:7), perdonar (Hch 5:31; Col 3:13; cf. Sal 130:4; Jer 31:34) y juzgar (Juan 5:26). Usaron títulos de divinidad para Jesús. Tomás declaró: "¡Señor mío y Dios mío!" (Juan 20:28). Pablo llama a Jesús "Toda la plenitud de la divinidad habita en forma corporal en Cristo" (Col 2:9). En Tito, Jesús es llamado "nuestro gran Dios y Salvador" (2:13), y el escritor a los hebreos dice de él "Tu trono, oh Dios, permanece por los siglos de los siglos" (Heb 1:8). Pablo dijo que antes de que Cristo existiera como ser humano, existió como Dios (Flp 2:5-8). Hebreos 1:5 dice que Cristo refleja la gloria de Dios de Dios, lleva el sello de su naturaleza y sostiene el universo. El prólogo del Evangelio de Juan no anda con rodeos y dice "En el principio ya existía el Verbo, y el Verbo estaba con Dios, y el Verbo [Jesús] era Dios" (Juan 1:1).

Jesús aseguró la igualdad con Dios de otras maneras. Él afirmó las prerrogativas de Dios. Declaró ser el juez de todo (Mt 25:31-46; Jn 5:27-30), aún Joel cita a Yahveh diciendo "allí me sentaré para juzgar a los pueblos vecinos" (Joel 3:12). Le dijo a un paralítico "Hijo, tus pecados quedan perdonados" (Marcos 2:5b). Los escribas respondieron correctamente "¿Quién puede perdonar pecados sino solo Dios?"

(v. 7b). Reclamó el poder de resucitar y juzgar a los muertos, un poder que solo Dios posee (Juan 5:21, 29). Pero el Antiguo Testamento claramente enseñó que solo Dios era el dador de la vida (Dt 32:39; 1 S 2:6) y el único que resucita de la muerte (Sal 2:7).

Jesús también reclamó el honor que se le debe a Dios, diciendo "El que se niega a honrar al Hijo no honra al Padre que lo envió" (Juan 5:23b). Los judíos que escuchaban sabían que nadie debía reclamar ser igual que Dios de esta manera y de nuevo buscaron piedras (Juan 5:18). Cuando se le preguntó en su juicio judío: "¿Eres el Cristo [Mesías], el Hijo del Bendito?" Jesús respondió: "Sí, yo soy. Y ustedes verán al Hijo del hombre sentado a la derecha del Todopoderoso, y viniendo en las nubes del cielo" (Marcos 14:61 b-62).

El Espíritu Santo es Dios. La misma revelación de Dios que declara a Cristo como el Hijo de Dios, también menciona otro miembro de la Trinidad de Dios llamado el Espíritu de Dios o Espíritu Santo. Él también es igualmente Dios con el Padre y el Hijo, y también es una persona distinta.

El Espíritu Santo es llamado "Dios" (Hechos 5:3-4). Posee los atributos de una divinidad, como la omnipresencia (cf. Sal 139:7-12) y la omnisciencia (1 Co 2:10-11). Se asocia con Dios el Padre en la creación (Gn 1:2). Está involucrado con otros miembros de la divinidad en el trabajo de la redención (Jn 3:5-6; Ro 8:9-17, 26-27; Tito 3:5-7). Se asocia con otros miembros de la Trinidad bajo el "nombre" de Dios (Mt 28:18-20). Finalmente, aparece el Espíritu Santo, junto con el Padre y el Hijo en las bendiciones del Nuevo Testamento (p. ej. 2 Co 13:14).

El Espíritu Santo no solo posee divinidad, sino que también tiene una personalidad diferenciada. El hecho de que es una persona distinta es claro, puesto que las Escrituras se refieren a "él" con pronombres personales (Juan 14:26; 16:13). Segundo, hace cosas que solo las personas pueden hacer, tal como enseñar (Juan 14:26; 1 Juan 2:27), condenar el pecado (Juan 16:7-7) y ser afligido por el pecado (Ef 4:30). Finalmente, el Espíritu Santo tiene intelecto (1 Co 2:10-11), voluntad (1 Co 12:11) y sentimiento (Ef 4:30).

El hecho de que los tres miembros de la Trinidad son personas distintas es evidente en el sentido de que cada uno se menciona de manera diferente. El Hijo oró al Padre (cf. Juan 17). El Padre habló desde cielo sobre el Hijo en su bautismo (Mt 3:15-17). En efecto, el Espíritu Santo estuvo presente al mismo tiempo y esto reveló que coexisten. Además, el hecho de que tienen títulos diferentes (Padre, Hijo y Espíritu) indica que no son una persona. También, cada miembro de la Trinidad tiene funciones especiales que nos ayudan a identificarlos. Por ejemplo, el Padre planeó la salvación (Juan 3:16; Ef 1:4), el Hijo lo cumplió en la cruz

(Juan 17:4; 19:30; Heb 1:1-2) y en la resurrección (Ro 4:25; 1 Co 15:1-6) y el Espíritu Santo lo aplica en la vida de los creyentes (Juan 3:5; Eph. 4:30; Tito 3:5-7). El Hijo se somete al Padre (1 Co 11:3; 15:28) y el Espíritu Santo glorifica al Hijo (Juan 16:14).

Una defensa filosófica de la Trinidad. La doctrina de la Trinidad no se puede demostrar por razón humana; solo se conoce porque se revela por revelación especial (en la Biblia). Sin embargo, solo porque va más allá de la razón no quiere decir que vaya en contra de la razón (ver Misterio). No es irracional o contradictoria, como muchos críticos creen.

La lógica de la Trinidad. La ley filosófica de la no contradicción nos indica que algo no puede ser verdadero y falso al mismo tiempo ni en el mismo sentido. Esta es la ley fundamental de todo pensamiento racional. Y la doctrina de la Trinidad no la transgrede. Esto se puede mostrar diciendo primero todo lo que la Trinidad no es. La Trinidad no es la creencia de que Dios es tres personas y solo una persona al mismo tiempo y en el mismo sentido. Eso sería una contradicción. Por el contrario, es la creencia de que existen tres personas dentro de una 'naturaleza'. Esto puede ser un misterio, pero no es una contradicción. Es decir, puede ir más allá de la capacidad que tiene la razón para comprender completamente, pero no va en contra de la capacidad de la razón para entender consistentemente.

Asimismo, la Trinidad no tiene la creencia de que hay tres naturalezas en una naturaleza o tres esencias en una esencia. Eso sería una contradicción. En cambio, los cristianos afirman que hay tres 'personas' en una esencia. Esto no es contradictorio porque hace una distinción entre persona y esencia. O, si lo ponemos en los términos de la ley de la no contradicción, mientras que Dios es uno y varios al mismo tiempo, él no es uno y varios en el 'mismo sentido'. Él es uno en el sentido de su esencia, pero varios en el sentido de sus personas. Así que no hay una transgresión de la ley de la no contradicción en la doctrina de la Trinidad.

Un modelo de la Trinidad. Al decir que Dios posee una esencia y tres personas significa que tiene un qué y tres quiénes. Los tres quiénes (personas) comparten cada uno el mismo qué (esencia). Entonces, Dios es una unidad de esencia con una pluralidad de personas. Cada persona es diferente, pero comparten una naturaleza común.

Dios es uno en su sustancia. La unidad está en su esencia (lo que es Dios) y la pluralidad está en las personas de Dios (cómo se relaciona dentro de sí mismo). Esta pluralidad de relaciones es tanto interna como externa. En la Trinidad cada miembro se relaciona con los demás de ciertas maneras. Estas son un tanto análogas a las relaciones humanas. Las descripciones de la Biblia sobre Yahveh como Padre y Jesús como Hijo dicen algo de cómo el Hijo se relaciona con el Padre. Además, el Padre envía al Espíritu Santo como mensajero y el Espíritu es un testigo del Hijo (Jn 14:26). Estas descripciones nos ayudan a entender las funciones dentro de la unidad de la divinidad. Cada uno es totalmente Dios y cada uno tiene su propio trabajo y objetivo interrelacional con los otros dos. Pero es fundamental recordar que los tres comparten la misma esencia de modo que se unifican como un Ser.

Algunas ilustraciones de la Trinidad. Ninguna analogía sobre la Trinidad es perfecta, pero algunas son mejores que otras. En primer lugar, algunas malas ilustraciones se deben repudiar. La Trinidad 'no' es como una cadena con tres eslabones, ya que son tres partes separadas y separables. Pero Dios no está separado ni es separable. Ni tampoco es el mismo actor jugando tres papeles diferentes en una obra, puesto que Dios es tres personas de manera simultánea, no una persona actuando tres papeles de manera sucesiva. Ni es como los tres estados del agua: sólido, líquido y gaseoso, porque normalmente el agua no está en estos tres estados al mismo tiempo, sino que Dios siempre es tres personas a la vez. A diferencia de otras malas analogías, esta no implica el triteísmo. No obstante, refleja otra herejía conocida como modalismo.

La mayoría de ilustraciones erróneas sobre la Trinidad tienden a apoyar la acusación de que el trinitarianismo es en realidad triteísmo, ya que contienen partes separables. Las analogías más útiles conservan la unidad de Dios mientras muestran una pluralidad simultánea. Hay varias que encajan en esta descripción.

Una ilustración matemática. Un aspecto del problema se puede expresar en términos matemáticos. Los críticos señalan la imposibilidad matemática de creer que hay un Padre, un Hijo y un Espíritu Santo en la divinidad, sin considerar que hay tres dioses. ¿No es $1 + 1 + 1 = 3$? Ciertamente lo es si los 'sumas', pero los cristianos insisten en que la triunidad de Dios es más como $1 \times 1 \times 1 = 1$. Dios es triuno, no triple. Su única esencia tiene múltiples centros de personas. Por lo tanto, no hay más un problema matemático en la concepción de la Trinidad que el que hay en la comprensión de 1 al cubo (13).

Una ilustración geométrica. Quizás, la ilustración más usada de la Trinidad es el triángulo. Un triángulo tiene tres esquinas, que son inseparables y simultáneos el uno al otro. En este sentido, es una buena ilustración de la Trinidad. Sin duda, el triángulo es finito y Dios es infinito, así que es una ilustración imperfecta.

Otro aspecto de la divinidad es que Cristo es una persona (que se muestra como una esquina del triángulo), pero tiene dos naturalezas, una naturaleza divina y una naturaleza humana. Algunos muestran este aspecto de manera gráfica simbolizando la divinidad de Cristo como la esquina del triángulo y usan otra figura geométrica, como por ejemplo un círculo, para ilustrar la naturaleza humana. En caso de la persona de Jesucristo, el círculo se suelda al triángulo, la naturaleza humana roza, pero no se mezcla con lo divino. Las naturalezas humana y divina existen una al lado de la otra sin confusión en el Hijo. Sus dos naturalezas están unidas en una persona. Mientras que en Cristo hay dos qués y un quién, en Dios hay tres quiénes y un qué.

Una ilustración moral. *Agustín propuso una ilustración de cómo Dios es tres y uno al mismo tiempo. La Biblia nos dice que "Dios es amor" (1 Jn 4:16). El amor involucra a un amante, un amado y un espíritu de amor entre el amante y el amado. El Padre podría ser comparado con el amante; el Hijo, con el amado y el Espíritu Santo, con el espíritu de amor. Sin embargo, el amor no existe a menos que estos tres estén unidos como uno. Esta ilustración tiene la ventaja de ser personal, ya que involucra al amor, una característica que fluye solo de las personas.

Una ilustración antropológica. Debido a que la humanidad está hecha a la imagen de Dios (Gn 1:27), parecería razonable que los hombres y las mujeres tengan una imagen de la Trinidad dentro de su ser. Una ilustración que genera más problemas que soluciones visualiza al ser humano como una tricotomía de cuerpo, alma y espíritu. Aunque la postura tricotomista sea correcta, no es una ilustración útil. El cuerpo y el alma no son unidades inseparables. Pueden ser (y son) separadas en la muerte (cf. 2 Co 5:8; Flp 1:23; Ap 6:9). La naturaleza y las personas de la Trinidad no pueden ser separadas.

Una mejor ilustración basada en la naturaleza humana es la relación entre la 'mente' humana y sus 'ideas' y la expresión de estas ideas en 'palabras'. Obviamente, existe una unidad entre todas estas tres sin que haya una identidad. En este sentido, ilustran la Trinidad.

Una ilustración islámica de la pluralidad en Dios. Al hablar con musulmanes, la mejor ilustración sobre una pluralidad es la relación entre la concepción islámica del Corán y Dios. En un artículo llamado "The Muslim Lives by the Qur'an" [Las vidas musulmanas según el Corán], citado por Charis Waddy en The Muslim Mind [La mente musulmana], Yusuf K. Ibish lo describió de esta manera: El Corán "es una expresión de voluntad divina. Si quieres compararlo con cualquier aspecto del cristianismo, debes compararlo con Cristo mismo. Cristo fue la expresión de lo divino entre los hombres, la revelación de la voluntad divina.

Eso es lo que es el Corán".

Los musulmanes ortodoxos creen que el Corán es eterno y que no fue creado. No es lo mismo que Dios, pero es una expresión de la mente de Dios y es tan imperecedero como Dios mismo. Ciertamente, aquí hay una pluralidad dentro de la unidad, algo que es otro que Dios pero que, sin embargo, es uno con Dios en características esenciales.

Ataques a la Trinidad. La Trinidad es la base del cristianismo ortodoxo. Pero muchos críticos (judíos y musulmanes en particular) sostienen que es incoherente y contradictoria. Los cristianos ortodoxos insisten en que la enseñanza de que Dios es uno en esencia, pero tres en personas es compleja, pero no contradictoria.

El problema central es la deidad de Cristo (ver Cristo, Divinidad de), una doctrina inseparable de la Trinidad. Si uno acepta la enseñanza bíblica sobre la deidad de Cristo, entonces se reconoce una pluralidad en la divinidad. En cambio, si se recibe la doctrina de la Trinidad, la deidad de Cristo es parte del paquete. Por su puesto, los monoteístas estrictos (ver Islam), como los musulmanes y los judíos ortodoxos, rechazan la deidad de Cristo y la Trinidad como una negación de la unidad absoluta de Dios.

Malentendido musulmán. Los obstáculos de la mente musulmán dificultan la aceptación de la triunidad de Dios. Algunos son filosóficos y otros bíblicos. Los islámicos eruditos a menudo hacen un uso arbitrario y selectivo de los textos bíblicos de acuerdo con sus propósitos. Sin embargo, incluso los textos que dicen ser "auténticos" están distorsionados o malinterpretados para apoyar sus enseñanzas (ver Nuevo Testamento, Historicidad del).

Cristo como el hijo "unigénito" de Dios. Quizás ningún concepto cristiano provoca una reacción tan violenta entre los musulmanes como el que indica que Jesús es el "Hijo unigénito de Dios". Esto es una señal de alerta inmediata, porque los musulmanes entienden las palabras de una manera muy antropomórfica. Asimismo, los cristianos evangélicos se ofenderían si supieran lo que los musulmanes piensan al escuchar esta expresión. Por lo tanto, es necesario aclarar este malentendido.

La versión de la Biblia de la Reina Valera 1960 se refiere a Cristo como el Hijo "unigénito" de Dios (Jn 1:18; cf. 3:16). Sin embargo, los eruditos musulmanes a menudo malinterpretan esto en un sentido carnal y mundano de alguien quien literalmente engendra un hijo. "Engendrar" implica el acto físico de la relación sexual. Esto que ellos creen, y los cristianos están de acuerdo, es absurdo. Dios es un espíritu sin cuerpo. Como el erudito islámico Anis Shorrosh sostiene: "Él [Dios] no engendra porque engendrar es un acto animal. Pertenece al bajo acto animal del sexo. No le atribuímos tal acto a Dios" (Shorrosh, pág. 254). Pero solo algunas sectas, particularmente la de los Santos de los Últimos Días (mormones), tienen una enseñanza que se aproxima a esta perspectiva de "engendrar". Además, para la mente islámica, 'engendrar' es "crear". "Dios no puede crear a otro Dios […] Él no puede crear a otro ser no creado" (ibid., pág. 259). Una vez más, los cristianos estarían completamente de acuerdo. Las declaraciones anteriores revelan el grado en el que el concepto bíblico de la relación filial de Cristo es malentendido por los eruditos musulmanes. Ningún cristiano ortodoxo relaciona la versión de la traducción de la Reina Valera 1960 de "hijo" (unigénito) con la idea de "engendrar" o "crear". El arrianismo enseñó eso y fue combatido vigorosamente cada vez que aparecía en la historia de la iglesia. En la actualidad, sus principales adeptos pertenecen a otra secta, los testigos de Jehová. No es de extrañar que Abdu L-Ahad Dawud concluya que "la creencia musulmana de que el dogma cristiano sobre el nacimiento eterno o la gestación del Hijo es una blasfemia" (Dawud, pág. 205).

Las traducciones nuevas y más precisas en inglés han sido más cuidadosas de decir en inglés lo que originalmente significaba en griego. 'Unigénito' no se refiere a ninguna gestación física, sino a una relación especial entre el Hijo y el Padre. Significa una relación única o puede traducirse como lo hace la Nueva Versión Internacional: "Hijo unigénito". No implica la creación por medio del Padre o cualquier otro tipo de gestación. Así como un padre y un hijo terrenal tienen una relación filial especial, así el Padre eterno y su Hijo eterno trabajan en conjunto de manera única e íntima. No se refiere a una gestación física, sino a un 'proceder' eterno del Padre. Así como los musulmanes creen que la palabra de Dios (Corán) no es idéntica a Dios pero proviene eternamente de Él (sura 4:171), también para los cristianos, Cristo, la "Palabra" de Dios proviene eternamente de Él (ver Corán, Supuesto origen divino del). Palabras como 'gestar' y 'proceder' se usan en Cristo en un sentido filial y relacional, no en un sentido carnal y físico.

Algunos eruditos musulmanes confunden la relación filial de Cristo con su *nacimiento virginal. Michael Nazir-Ali señaló que "en la mente musulmana, la gestación del Hijo a menudo significa su nacimiento de la Virgen María" (Nazir-Ali, pág. 29). Como Shorrosh indica, muchos musulmanes creen que los cristianos han convertido a María en una diosa, a Jesús en su hijo y a Dios el Padre en su esposo (Shorrosh, pág. 114). Con tal tergiversación carnal de la realidad espiritual, no es extraño que los musulmanes rechacen el concepto cristiano del Padre y el Hijo eternos.

La mala interpretación islámica sobre la Trinidad está motivada por la mala interpretación de Mahoma, quien dijo: "¡Oh Jesús, hijo de María! ¿Le dijiste a la humanidad: 'tómenme a mí y a mi madre por dos dioses aparte de Alá?'" (sura 5:119). Cientos de años antes de Mahoma, los cristianos condenaron tal grave malinterpretación de la filiación de Cristo. El escritor cristiano Lactancio (240-320), mientras escribía en el año 306, dijo: "El que oiga que este es llamado hijo de Dios no debe concebir en su mente un absurdo tal que piense que Dios engendró tras unirse y mezclarse con una mujer, lo cual solo lo hacen los animales corporales y mortales". Asimismo, "cuando Él todavía estaba solo, ¿con quién pudo mezclarse? o [sic], si tenía un poder tan grande que podía hacer lo que quisiera, ciertamente no necesitaba la unión con nadie para crear" (Pfander, pág. 164).

Distorsión de Juan 1:1. Si el rechazo de la relación filial eterna de Cristo se basa en una mala interpretación grave del concepto cristiano de Cristo como el Hijo de Dios, otro texto que proclama la deidad de Cristo a menudo se distorsiona: "En el principio ya existía el Verbo, y el Verbo estaba con Dios, y el Verbo era Dios" (Jn 1:1). Sin apoyo textual de al menos uno de los más de cinco mil trescientos manuscritos griegos, los musulmanes interpretan la última frase "y el Verbo era 'Dios'" Dawud declara, sin justificación, que "la forma griega del caso genitivo Theou, i. e., 'de Dios' fue corrompida en Theos; es decir, 'Dios', ¡en la forma nominal del nombre!" (Dawud, págs. 16-17).

Esta traducción no es solo arbitraria, sino también contraria al resto del mensaje del Evangelio de Juan, en donde se declara múltiples veces que Cristo es Dios (cf. Juan 8:59; 10:30; 12:41; 20:28).

Malinterpretando la confesión de Tomás. Cuando Jesús desafió a Tomás a creer después de haberlo visto en su cuerpo físico resucitado (ver Resurrección, Evidencias a favor de la), Tomás confesó la deidad de Jesús declarando: "Señor mío y Dios mío" (Juan 20:28). Muchos escritores musulmanes subestiman esta proclamación sobre la deidad de Cristo y la reducen a una exclamación: "¡Dios mío!" Deedat declara: "¿Qué? ¿Llamaba a Jesús su Señor y su Dios? No. Esta es una exclamación que la gente dice […] Esta es una expresión particular" (Shorrosh, pág. 278).

La alternativa de lectura de Deedat no es viable. En primer lugar, en una referencia obvia sobre el contenido de la confesión de Tomás a Jesús como "Señor mío y Dios mío", Jesús lo bendijo por lo que "vio" y "creyó" correctamente (Juan 20:29). La confesión de Tomás sobre la deidad de Cristo está en el contexto de una aparición milagrosa del Cristo resucitado, sin mencionar el clímax del ministerio de posresurrección, cuando los discípulos de Jesús ganaban cada vez más convicción en Cristo, basada en sus señales milagrosas (cf. Juan 2:11; 12:37). La confesión de Tomás sobre la deidad de Cristo encaja con el tema principal del Evangelio de Juan "para que ustedes crean que Jesús es el Cristo, el Hijo de Dios, y para que al creer en su nombre tengan vida" (Juan 20:31). Incluso si se pone esto a un lado, Tomás fue un judío devoto que veneraba el nombre de Dios. Él simplemente no hubiera usado el nombre de Dios en una exclamación tan profana. Sin duda, hubo un tono de asombro en la voz de Tomás mientras declaraba la deidad de Cristo, pero reducirla a una exclamación emocional es afirmar que Jesús bendijo a Tomás por desobedecer el mandamiento de usar el nombre de Dios en vano.

El hijo de David y el Señor de David. En Mateo 22:43, citando el Salmo 110, Jesús dijo lo siguiente: "Entonces, ¿cómo es que David, hablando por el Espíritu, lo llama 'Señor' [Mesías]?" Según Dawud: "Mediante esta expresión de que el 'Señor' o el 'Adón', no puede ser un hijo de David, Jesús se excluye de ese título" (Dawud, pág. 89).

Sin embargo, si se observa detenidamente el contexto, esto muestra que Jesús dice justo lo contrario. Jesús dejó sin palabras a sus escépticos interrogadores judíos al presentarles un dilema que derribó sus propios cálculos precisos sobre el Mesías del cielo. ¿Cómo David pudo llamar al Mesías "Señor" (como lo hizo en Sal 110:1), cuando las Escrituras también dicen que el Mesías sería el "Hijo de David" (como lo hacen en 2 S 7:12 ss.)? La única respuesta es que el Mesías debe ser tanto un hombre (el hijo o descendiente de David) 'como' Dios (el Señor de David). Jesús afirma ser tanto Dios como humano. Para la mente islámica, entender cómo Jesús puede unir en una persona tanto la naturaleza divina como la humana no debería ser más difícil que entender su propia creencia de que los seres humanos combinan tanto el espíritu como la carne, lo perdurable y lo transitorio en una persona (sura 89:27-30; cf. 3:185). Incluso, según la creencia musulmana, cualquier Dios todopoderoso, el creador y gobernador de todas las cosas, desea en su infinita sabiduría que también sea capaz de lograr, puesto que "Él es el irresistible" (sura 6:61).

Solo Dios es bueno. Muchos eruditos islámicos afirman que Jesús negó ser Dios cuando reprendió al joven rico diciendo: "¿Por qué me llamas bueno? Nadie es bueno sino solo Dios" (Marcos 10:18). Si miramos detenidamente este texto en su contexto, revela que Jesús no negaba su divinidad. Por el contrario, advertía al joven sobre considerar las implicaciones de su descuidado apelativo. Jesús no dice: "Yo no soy Dios, como declaras" o "Yo no soy bueno". En efecto, tanto la Biblia como el Corán enseñan que Jesús no tiene pecado (cf. Juan 8:46; Heb 4:14). Más bien, Jesús lo

desafió a examinar lo que realmente estaba diciendo cuando llamó a Jesús "Buen Maestro". En realidad, Jesús estaba diciendo: "¿Sabes lo que dices cuando me llamas 'Buen Maestro'? Solo Dios es bueno. ¿Me estás llamando Dios?". El hecho de que el joven rico se rehusó a hacer lo que Jesús le dijo demuestra que en realidad no consideraba a Jesús como su Maestro. Pero en ninguna parte Jesús niega ser Maestro o Dios del joven rico. En efecto, en otra parte Jesús declaró libremente ser Maestro y Señor de todo (Mt 7:21-27; 28:18; Juan 12:40).

El Padre es más grande. La afirmación de Jesús "el Padre es más grande que yo" (Juan 14:28) también es malinterpretada por muchos. Se saca fuera de su contexto para que signifique que el Padre es grande en 'naturaleza', pero Jesús se refería solo a que el Padre es más grande en 'oficio'. Esto es evidente por el hecho de que en este mismo Evangelio (de Juan) Jesús declaró ser el "YO SOY" o 'Yahveh' del Antiguo Testamento (Ex 3:14). También, afirmó ser "igual a Dios" (Juan 10:30, 33). Además, en muchas ocasiones recibió alabanza (Juan 9:38; cf. Mt 2:11; 8:2; 9:18; 14:33; 15:25; 28:9, 17; Lucas 24:52). También dijo: "El que se niega a honrar al Hijo no honra al Padre que lo envió" (Juan 5:23).

Asimismo, cuando Jesús dijo que el Padre era "más grande", fue en el contexto de su "ir al Padre" (Juan 14:28). Solo unos capítulos después, Jesús habla con el Padre y le dice: "He llevado a cabo la obra que me encomendaste" (Juan 17:4). Pero esta diferencia funcional de su papel como Hijo revela justo en el siguiente versículo que no se usó para disminuir el hecho de que Jesús era igual al Padre en naturaleza y gloria. Porque Jesús dijo lo siguiente: "Y ahora, Padre, glorifícame en tu presencia con la gloria que tuve contigo antes de que el mundo existiera" (Juan 17:5).

Jesús no era omnisciente. Dios lo sabe todo, pero Jesús admitió que no sabía el tiempo de su regreso (Mt 24:36). Entonces, ¿cómo puede ser él Dios? Jesús tenía dos naturalezas, una divina, en la que lo sabía todo, y una humana, en la que no lo sabía todo. Como Dios, era omnisciente. Como hombre, su conocimiento era limitado.

La Trinidad y la herejía. Existen dos herejías principales de las cuales la Trinidad debe ser distinguida: el modalismo y el triteísmo. La herejía del modalismo, también llamada sabelianismo, niega que existan tres personas eternas distintas en la Divinidad. Cree que las supuestas personas de la Trinidad son formas de la sustancia de Dios, no personas diferentes. Así como el agua y sus tres estados (líquido, sólido y gaseoso), se dice que la Trinidad es solo tres modos distintos de la misma esencia. A diferencia de los modalistas, los trinitarios creen que hay tres personas diferentes (no solo formas) en una sustancia de Dios.

El islám y el cristianismo proclaman que Dios es uno en esencia. Lo que está en discusión es si es que puede haber alguna pluralidad de personas en esta unidad natural. Las equivocaciones de la perspectiva musulmana sobre Dios surgen, en parte, a partir de su malinterpretación del monoteísmo cristiano (ver Teísmo). Muchos musulmanes malinterpretan la cosmovisión cristiana de Dios como triteísmo en lugar de monoteísmo. El error opuesto del triteísmo afirma que hay tres dioses separados. Pocos teólogos o filósofos cristianos, o ninguno, han apoyado este punto de vista, pero a menudo se le ha atribuido a los trinitarios. A diferencia de los triteístas, los trinitarios no afirman a un dios con tres sustancias diferentes; confiesan que Dios es tres personas distintas en una sustancia.

La Biblia declara enfáticamente: "El Señor nuestro Dios es el único Señor" (Dt 6:4). Tanto Jesús (Mc 12:29) como los apóstoles repiten esta fórmula en el Nuevo Testamento (1 Co 8:4, 6). Y antiguos credos cristianos hablan de Cristo siendo uno en "sustancia" o "esencia" con Dios. El credo de Atanasio dice así: "Adoramos a un solo Dios en Trinidad y la Trinidad en unidad, sin confundir sus personas ni dividir su sustancia (esencia)". Así que el cristianismo es una forma de monoteísmo, creer en un único Dios.

La Trinidad y la complejidad. Muchos musulmanes se quejan de que el concepto cristiano de la Trinidad es muy complejo. Sin embargo, se olvidan de que la verdad no siempre es simple. Como lo dice C. S. *Lewis acertadamente: "Si el cristianismo fuera algo que inventáramos, sin duda lo haríamos más fácil. Pero no es así. No podemos competir, en simplicidad, con la gente que inventa religiones. ¿Cómo podríamos? Lidiamos con hechos. Sin duda, cualquiera puede ser simple si no tiene hechos por los que preocuparse" (Lewis, pág. 145).

El hecho que enfrentaban los cristianos y que los llevó a formular esta compleja verdad eran, sin duda, las afirmaciones y credenciales de que Jesús de Nazaret era Dios (ver Cristo, Divinidad de). Esto los llevó a la necesidad de plantear una pluralidad dentro de la divinidad y, por lo tanto, la doctrina de la Trinidad, ya que este Jesús no era el mismo al que se dirigía como Padre. Así que, los cristianos creen que hay tres personas en este único Dios.

Confusión en relación con la Trinidad. Confundiendo la unidad con la singularidad. El dios musulmán tiene unidad y singularidad, pero no son los mismos. Es posible poseer unidad sin singularidad, ya que puede haber pluralidad en la unidad. En efecto, la Trinidad es precisamente una pluralidad de personas dentro de la unidad de una esencia. Las analogías humanas ayudan a ilustrar el punto de una manera superficial. Mi mente, mis pensamientos y mis palabras tienen una unidad, pero no son una singularidad, porque todos son diferentes. Asimismo, Cristo puede expresar la misma naturaleza que Dios sin ser la misma persona que el Padre.

En este sentido, el monoteísmo musulmán sacrifica la pluralidad en un intento de evitar la dualidad. Al evitar el extremo de admitir cualquier compañero de Dios, el Islám va al otro extremo y niega cualquier pluralidad personal en Dios. Pero como Joseph Ratzinger lo observó: "La creencia en la Trinidad, que reconoce la pluralidad en la unidad de Dios, es el único camino para la eliminación final del dualismo como medio de expansión de la pluralidad junto con la unidad; solo a través de esta creencia se da una validación positiva de la pluralidad con una base definida. Dios está por encima de lo singular y lo plural. Él rompe ambas categorías" (Ratzinger, pág. 128).

Persona (quién) y naturaleza (qué) confusa. El hecho de que Cristo "rompe las categorías" explica por qué los cristianos al igual que los no cristianos han luchado para entender las dos naturalezas de Cristo. Una de las mejores explicaciones de lo que creen los cristianos, aunque no va muy lejos en la explicación, se encuentra en una de las Reformas protestantes del siglo XVI, la Confesión Belga, cap. 19:

> Creemos, que por esta concepción [de dos naturalezas], la persona del Hijo está inseparablemente unida y juntamente ensamblada a la naturaleza humana; de manera que no hay dos Hijos de Dios, ni dos personas, sino dos naturalezas, unidas en una sola persona; pero cada naturaleza conservando sus propiedades distintas. Si, pues, como la naturaleza divina siempre ha subsistido increada, sin principio de días o fin de vida, llenando cielo y tierra, así la naturaleza humana no ha perdido sus propiedades, sino que ha permanecido siendo una criatura, teniendo principio de días, siendo una naturaleza finita y conservando todo lo que corresponde a un cuerpo verdadero [...] Mas, estas dos naturalezas están de tal manera unidas en una sola persona, que ni aun por la muerte han sido separadas [...] Por eso reconocemos que Él es 'verdadero Dios' y 'verdadero hombre': verdadero Dios, para vencer con su poder a la muerte, y verdadero hombre, para que él pudiera morir por nosotros en la debilidad de su carne.

El cristianismo ortodoxo no cree que Jesucristo fuera como un batido, las dos naturalezas mezcladas juntas en una masa que no se puede distinguir. Los cristianos tampoco creen que Jesús haya tenido una identidad esquizofrénica dividida en la que las naturalezas divina y humana hayan sido tan diferentes que tuvieran que comunicarse entre ellas a larga distancia. Estas perspectivas y otras ideas igual de erróneas han enturbiado la teología cristiana a lo largo de su historia.

La perspectiva ortodoxa de las dos naturalezas de Cristo es que una persona es al mismo tiempo Dios y humano. Las dos naturalezas se comunican íntimamente pero no se superponen. Cristo posee dos naturalezas unidas. Por lo tanto, cuando Jesús murió en la cruz por nuestros pecados, murió como el Dios-hombre. No es ir demasiado lejos, dijo John *Calvin, decir que al momento en que Jesús estaba colgado en la cruz, su poder como Dios Creador sostenía la colina en la que estaba la cruz. A menos que Jesús sea Dios y humano, no puede reconciliar a Dios y la humanidad. Pero la Biblia dice claramente: "Porque hay un solo Dios y un solo mediador entre Dios y los hombres, Jesucristo hombre" (1 Ti 2:5).

Puesto que Cristo es un quién (persona) con dos qué (naturalezas), cuando se pregunta algo sobre él, debe separarse en dos preguntas, una que aplique a cada naturaleza. Por ejemplo, ¿se cansó? Como Dios, no; como humano, sí. ¿Cristo tuvo hambre? En su naturaleza divina, no; en su naturaleza humana, sí. ¿Cristo murió? En su naturaleza humana, sí murió; su naturaleza divina vive eternamente. Murió como Dios-hombre, pero su divinidad no murió.

Conclusión. La doctrina de la Trinidad es uno de los más grandes misterios de la fe cristiana. Es decir, trasciende la razón sin ser contraria a ella (ver Fe y Razón). No se conoce por medio de la razón (ver Revelación General), sino solo por una revelación especial (ver Revelación Especial). Dios es uno en esencia, pero tres en personas. Es una pluralidad dentro de la unidad. Dios es una triunidad, no una singularidad rígida.

Fuentes

Agustín, *On the Trinity* [La Trinidad].
T. de Aquino, *On the Trinity* [La Trinidad].
E. C. Beisner, *God in Three Persons* [Dios en tres personas].
A. L. Dawud, *Muhammad in the Bible* [Mahoma en la Biblia].
J. N. D. Kelly, *Early Christian Doctrines* [Primitivos credos cristianos].
C. S. Lewis, *Mere Christianity* [Mero cristianismo].
M. Nazir-Ali, *Frontiers in Muslim-Christian Encounter* [Fronteras en el encuentro musulmán-cristiano].
C. G. Pfander, *The Mizanu'l Haqq* [Balance de la verdad].
Plotino, *The Six Enneads* [Los seis tomos de Enéadas].

G. L. Prestige, *God in Patristic Thought* [Dios en el pensamiento de los padres].
J. Ratzinger, *Introduction to Christianity* [Introducción al cristianismo].
A. Shorrosh, *Islam Revealed* [El islam revelado].
C. Waddy, *The Muslim Mind* [La mente musulmana].

Troeltsch, Ernst. Ernst Peter Wilhelm Troeltsch (1865-1923) nació en Haunstetten y se educó en Gotinga, Berlín y Erlangen. Fue un teólogo liberal que estuvo muy involucrado en asuntos sociales y políticos, también fue un historiador y un filósofo. Sus obras desestimaron la Biblia y se refirió a todas las religiones como condicionadas culturalmente, aunque detestó el relativismo, sus ideas lo promovieron. Troeltsch creía que el cristianismo era la religión que mejor encajaba en el mundo occidental y buscó legitimarlo mediante la acción social en la historia moderna y no a través de la acción sobrenatural en el mundo antiguo. Entre sus obras se encuentran Christian Thought its History and Application [El pensamiento cristiano, su historia y aplicación] (versión en inglés, 1923; versión original en alemán, 1924) y The Social Teaching of the Christian Church [La enseñanza social de las iglesias cristianas] (1912, 1931).

Troeltsch estableció la regla de la analogía: La única manera en la que podemos saber del pasado es por medio de analogías con en el presente. Lo desconocido del pasado llega solo por medio de lo conocido. Con base en este principio, algunos argumentan que no se deben creer en los milagros de la Biblia, porque no se relaciona con nada que pase ahora (ver, Milagros, Argumentos contra los). Por ende, un método histórico correcto elimina lo milagroso. Antony *Flew añadió su propio cambio al "argumento histórico crítico".

Troeltsch usó el 'principio de la analogía' y Flew el 'principio de la crítica histórica' en contra de los milagros. Ambos tienen la misma base naturalística (ver Naturalismo).

Se debe señalar que el término 'principio de la analogía' se usa en dos sentidos totalmente distintos. Para una discusión sobre el principio de la analogía relacionada con la razón y el conocimiento de Dios, ver el artículo Analogía, Principio de.

El principio de la analogía. Este principio de la analogía, según Troeltsch, afirma que "en la analogía de los eventos que conocemos, buscamos explicar y reconstruir el pasado a través de conjeturas y entendimiento comprensivo". Sin la uniformidad del pasado y el presente, no podríamos saber nada del pasado. Sin las analogías del presente, no podemos entender el pasado (Troeltsch, Historicism and Its Problems [El historicismo y sus problemas]).

Basándose en este principio, algunos han insistido

que "no se permite que ningún tipo de testimonio establezca como realidad pasada algo que no se puede encontrar en la realidad presente". Incluso si el testigo tiene un carácter perfecto, el testimonio no posee poder como prueba (Becker, "Detachment and the Writing of History [El desapego y la redacción de la historia]", págs. 12-13). Esto significa que a menos que uno pueda identificar en el mundo actual tales milagros como se encuentran en el Nuevo Testamento, no tenemos ninguna razón para creer que ocurrieron en el pasado tampoco. El filósofo F. H. Bradley (1846-1924) estableció el problema en esta forma:

> Hemos visto que la historia se basa en el último recurso a partir de una inferencia de nuestra experiencia, un juicio basado a partir de nuestro propio estado actual de las cosas; [...] cuando nos piden afirmar la existencia de los eventos en el pasado, los efectos de las causas que confesamos no tienen una analogía con el mundo en el que vivimos, y sabemos que no tenemos otra respuesta que esta, [...] se nos pide construir una casa sin cimientos [...] ¿Cómo podemos intentarlo sin contradecirnos? (Bradley, pág. 100)

Se admite ampliamente por todos los lados del asunto que ahora no ocurre ningún nacimiento virginal, ninguna resurrección de muertos y que nadie camina sobre el agua. Entonces se deduce por el principio de la analogía que no se puede saber que tales eventos hayan ocurrido en la historia. Así que los milagros bíblicos son históricamente desconocidos.

La crítica histórica de Flew es parecida al principio de la analogía de Troeltsch. La crítica histórica debe parcialmente su existencia a dos principios establecidos por David *Hume que intentaron debilitar la credibilidad de los milagros (Hume, Treatise on Human Nature [Tratado de la naturaleza humana], 2.3.1; Enquiry Concerning Human Understanding [Investigación sobre el conocimiento humano], 8; ver Milagros, Argumentos en contra de los). Flew comenta:

1. "Los detritus presentes [restos] del pasado no se pueden interpretar como evidencia histórica del todo, a menos que presumamos que las mismas regularidades básicas obtenidas en aquel entonces son las de ahora".

2. "El historiador debe emplear como criterio todo su conocimiento, o presunto conocimiento, actual de lo que es probable o improbable, posible o imposible" (Flew, pág. 350). Solo presumiendo que las leyes de ahora también gobernaron la realidad en el pasado, el historiador podrá interpretar la evidencia y construir un relato de lo que en verdad pasó (ibid., pág. 351). Flew concluye

que el historiador crítico descarta la historia de un milagro. Con Hume, argumenta que las personas razonables consideran la "imposibilidad absoluta de una naturaleza milagrosa" como suficiente para refutar los sucesos registrados (ibid., pág. 352). Los milagros son posibles en principio, pero en la práctica el historiador siempre debe rechazarlos. La propia naturaleza del método histórico exige que el pasado se interprete en concordancia con las regularidades (naturalistas) del presente. En una estructura lógica, este argumento en contra de los milagros se puede resumir así:

1. Toda crítica histórica depende de la validez de dos principios:
   a. Los restos del pasado se pueden usar como evidencia para reconstruir la historia solo si se presume que las mismas regularidades básicas de la naturaleza en ese entonces son las de ahora.
   b. El historiador crítico debe usar el conocimiento actual de lo posible y lo probable como criterio para saber sobre el pasado.
2. La creencia en los milagros es contraria a estos dos principios.
3. Por lo tanto, la creencia en los milagros es contraria a la crítica histórica.

Por otro lado, solo los ingenuos y acríticos pueden creer en los milagros. El pasado solo se puede conocer en términos de los patrones regulares del presente. Y estos patrones de la naturaleza en el presente descartan cualquier conocimiento de los milagros en el pasado.

Evaluación. En primer lugar, se debe señalar que este argumento no afirma eliminar la posibilidad de los milagros (ver Spinoza, Benedict). Simplemente intenta descartar su 'conocimiento' por lo que Flew llama crítica histórica. Asimismo, el argumento (como afirma Flew) sigue la forma básica del antisobrenaturalismo de Hume, que ha sido criticado en el artículo Milagros, Argumentos contra los. Es decir, asume que para ser verdaderamente crítico e histórico, uno debe ser antisobrenatural. Cualquiera que permita lo sobrenatural es automáticamente un ingenuo (por cierto, un ataque ad hominem). Sin embargo, uno pensaría que la cerrazón mental no sería alabada como prerrequisito para evaluar la evidencia y compilar la historia.

Es un principio válido decir que "el presente es la clave del pasado" o que "se conoce al pasado por medio de analogías con el presente". Eso es así porque los que viven en el presente no tienen acceso directo al pasado. No estuvimos ahí y no podemos viajar al pasado. Por lo tanto, debemos depender de las comparaciones de los restos del pasado con los eventos del presente. Así es como precisamente el origen de la ciencia funciona (ver Origen, Ciencia del), ya sea aplicada a la arqueología, biología o geología. En la geología, al principio de la analogía se la conoce como el principio de la uniformidad o uniformitarianismo. No obstante, ambos deben distinguirse. Puesto que el uniformitarianismo está lleno de un extraño sesgo antisobrenatural. Mientras que en las ciencias sobre el pasado, el principio de uniformidad (analogía) es legítimo. Cuando un arqueólogo encuentra una pieza de cerámica, ayuda a saber para qué se utiliza la cerámica en el presente, cómo los diferentes materiales, formas y esmaltes aplican a diferentes funciones y cómo el alfarero hace la artesanía. A partir de eso, el arqueólogo plantea cuál puede haber sido el origen de ese tiesto.

Una aplicación válida del principio de que "el presente es la clave del pasado" es que "se puede asumir que los tipos de causas que se conoce que producen ciertos tipos de efectos en el presente producen tipos de efectos parecidos en el pasado". Pero al contrario de Troeltsch y Flew, este principio no descarta una creencia creíble en los milagros del pasado, incluso si tales milagros no existen en el presente. Este uso aplica de manera errónea el principio.

Problemas con los argumentos. En la sección de argumentos contra los milagros a partir de la analogía en el artículo Milagros, Argumentos contra los, se discuten varias dificultades relacionadas con los argumentos contra los milagros. En resumen, esos argumentos son:

Tanto Troeltsch como Flew adoptan el uniformitarianismo histórico. Asumen que todos los eventos del pasado son uniformemente iguales a todos los del presente. Mediante la lógica uniformitaria, la geología por mucho tiempo pasó por alto el hecho de que muchos procesos del pasado fueron catastróficos y causaron un cambio más rápido del que se pudo observar. Mediante el argumento del uniformitarianismo, los científicos no deberían estudiar los eventos singulares e irrepetibles que rodean los orígenes del universo y la vida en la tierra.

El argumento histórico confunde la uniformidad con el uniformitarianismo. No se deduce que el objeto en el pasado no puede ser una singularidad. Los descubrimientos únicos de los arqueólogos se pueden estudiar por analogía con otros hallazgos. Puede que no sean iguales uniformemente, quizás no se parezcan en nada, pero eso no descarta su estudio. El programa SETI (Search for Extra-Terrestrial Intelligence [Bús-

queda de inteligencia extraterrestre]) no es no científico al creer que la recepción de un mensaje único del espacio revelará la existencia de vida inteligente (ver Sagan, Carl). La 'base' para saber que un grupo singular de ondas de radio es producido por inteligencia es su complejidad organizada, no la recepción de más mensajes. La evidencia histórica proporciona amplias bases para afirmar que los milagros de Cristo ocurrieron, incluso si ninguno ocurre en la actualidad.

Es una falacia del alegato especial asumir que no está sucediendo ningún milagro. Puede o no puede ser que Dios siga trabajando de esta manera. Troeltsch y Flew no demuestran que los milagros nunca ocurren ahora. Si los milagros existen, existe una analogía para conocer el pasado.

En la práctica, Flew dice que los milagros son "completamente imposibles" y deben ser descartados de inmediato. Esta es la falacia de petitio principii, o petición de principio. ¿Por qué un pensador crítico debe ser tan prejuicioso contra la actualidad histórica de un milagro como para empezar con una mente cerrada a todas las otras evidencias?

Al cerrar los debates y burlarse de aquellos que no están de acuerdo con sus suposiciones, los uniformistas en realidad traicionan las bases de la ciencia. Un ejemplo reciente es el tiempo y la energía que se gasta en eludir la evidencia de que el universo tuvo un principio, aunque la erupción explosiva de masa en el Big Bang se acepta fácilmente ahora.

¿Por qué se deben juzgar eventos excepcionales del pasado comparándolos con los eventos normales del mundo de hoy? La sanación de un hombre que nació ciego parecía tan increíble en los días de Jesús como lo hubiera sido si sucediera ahora (ver Mt 9). La única comparación legítima de una anomalía pasada es la comparación con los sucesos anómalos de ahora, en lugar de la trayectoria general de la vida.

El argumento uniformitario prueba que mucho de lo que los uniformitarios creen sobre el pasado no puede ser cierto. Muchos de los eventos históricos que aceptan fueron excepcionales o únicos.

La historia crítica no critica la aceptación acrítica e irrazonable de las presuposiciones que eliminan el conocimiento histórico válido. Legisla, en lugar de buscar, la verdad.

Conclusión. Troeltsch buscó sintetizar la religión y la cultura social, pero rara vez pudo llegar a una conclusión final sobre a dónde se dirigía la síntesis, así que elaboró una teología, a veces, útil pero incompleta de la acción cristiana en el mundo. Parte del problema era su escepticismo teológico liberal, lo que dejó sin una respuesta a la pregunta sobre los cimientos del cristianismo y en dónde encaja esta religión en el mundo de la realidad. Gran parte del problema con su filosofía histórica estaba relacionada con su principio de la analogía, un dogma uniformitario que descartaba el aspecto único de la vida de Cristo y los milagros. Quien Cristo fue y lo que hizo no podría considerarse sin que se repitan sucesos similares ahora. El *naturalismo histórico asume que todos los eventos pueden explicarse naturalmente. Esto, sin embargo, es contrario al pensamiento racional en general y al pensamiento científico en particular (ver Origen, Ciencia del).

Fuentes
C. Becker, *"Detachment and the Writing of History"* ["El desapego y la redacción de la historia"].
F. H. Bradley, *The Presuppositions of Critical History* [Las presuposiciones de la crítica histórica].
D. K. Erlandson, *"A New Look"* [Una nueva mirada].
A. Flew, *"Miracles"* [Los milagros].
N. L. Geisler, *Christian Apologetics* [Apologética cristiana].
———, *Miracles and the Modern Mind* [Los milagros y la mente moderna].
S. Hawking, *A Brief History of Time* [Breve historia del tiempo].
D. Hume, *Enquiry Concerning Human Understanding* [Investigación sobre el conocimiento humano].
———, *An Abstract of a Treatise on Human Nature* [Un resumen del tratado de la naturaleza humana].
R. Jastrow, *God and the Astronomers* [Dios y los astrónomos].
C. S. Lewis, *Miracles* [Los milagros].
E. Troeltsch, *Historicism and Its Problems* [El historicismo y sus problemas].
———, *"Historiography"* ["Historiografía"].
R. Whately, *Historic Doubts Related to Napoleon Bonaparte* [Dudas históricas relativas a Napoleón Bonaparte].
H. P. Yockey, *"Self-Organization, Origin of Life Scenarios, and Information Theory"* [Autoorganización, origen de los escenarios de la vida y teoría de la información].

Trueblood, Elton. Elton Trueblood (1900-1994) fue un teólogo y filósofo cuáquero estadounidense. Después de servir como capellán en la Universidad Stanford, se convirtió en profesor de filosofía en Earlham College. En 1966 se retiró de Earlham y fue nombrado professor at large (título distintivo).

Trueblood publicó treinta y siete libros, entre ellos The Essence of Spiritual Religion [La esencia de la religión espiritual] (1937), The Predicament of Modern Man [El predicamento del hombre moderno] (1944), The Company of the Committed [La compañía de los comprometidos] (1961), The Incendiary Fellowship [La iglesia: Un compañerismo incendiario] (1967) y While It Is Day: An Autobiography [Mientras es el día: Una autobiografía] (1974). Philosophy of Religion [Filosofía de la religión] (1957) es de interés especial para los apologetas.

Mientras permanecía fiel a sus creencias cuáqueras sobre la "luz interior", el pacifismo y los derechos civiles, Trueblood se introdujo en la corriente principal del evangelismo. Su trabajo en Philosophy of Religion fue más allá del *misticismo tradicional cuáquero.

Universalismo. El universalismo es la creencia de que todos serán salvos eventualmente. Fue propuesto por primera vez por el padre de la iglesia no ortodoxa *Orígenes (aprox. 185 - aprox. 254). Orígenes y el universalismo en general fueron condenados como no ortodoxos en el Quinto Concilio Ecuménico de Constantinopla (d. C. 553). Se debe distinguir la teología del universalismo de la Iglesia Universalista, un movimiento anticredo extremista que nació en América colonial cuyo rechazo hacia la cristianidad histórica se extendió mucho más allá de la doctrina del universalismo en sí. Este grupo fue una fuerza en las teologías liberales de América del Norte del siglo XIX y permanece hasta el presente.

Aunque lo haya negado, muchos creen que la perspectiva de Karl *Barth (1886-1968) se reduce al universalismo. El filósofo John *Hick es un defensor contemporáneo de este punto de vista. Los unitarios adoptan el universalismo. Un pequeño número de distintos teólogos evangélicos, como Clark Pinnock y John Stott, han adoptado formas de universalismo y/o *aniquilacionismo. Muchos líderes de *iglesias emergentes, tal como Rob Bell en Love Wins [El amor gana], adoptan formas de universalismo. La mayoría de teólogos liberales y cultos se aferran a alguna forma de universalismo o a su primo, el aniquilacionismo, la idea de que las personas que no pueden calificar para ir al cielo simplemente dejan de existir. Las teologías del universalismo y el aniquilacionismo se oponen a la doctrina ortodoxa del eterno castigo consciente (*infierno) para los perdidos.

Fuentes

K. Barth, *Church Dogmatics* [Dogmática de la iglesia].
R. Bell, *Love Wins* [El amor gana].
J. D. Bettis, "*A Critique of the Doctrine of Universal Salvation*" [Una crítica a la doctrina de la salvación universal].
W. V. Crockett, "*Will God Save Everyone in the End?*" ["¿Salvará Dios a todo el mundo al final?"].
J. Danielou, *Origen* [Orígenes].
J. Gerstner, J*onathan Edwards on Heaven and Hell* [Jonathan Edwards en el cielo y el infierno].
J. Hick, *Evil and the God of Love* [El mal y el Dios de amor].
C. S. Lewis, *The Great Divorce* [El gran divorcio: un sueño].
———, *The Problem of Pain* [El problema del dolor].
D. Moore, *The Battle for Hell* [La batalla por el infierno].
Orígenes, *On First Principles* [Sobre los principios].
R. A. Peterson, *Hell on Trial* [Infierno en juicio].
B. Russell, *Why I Am Not a Christian* [Por qué no soy cristiano]
J. Sanders, *No Other Name* [No hay otro nombre], parte 2.
J. P. Sartre, *No Exit* [A puerta cerrada].
W. G. T. Shedd, *The Doctrine of Endless Punishment* [La doctrina del castigo eterno].
J. L. Walls, *Hell* [Infierno].

Van Til, Cornelius. Cornelius Van Til (1895-1987) nació en los Países Bajos, de niño emigró a los Estados Unidos y creció en una granja en Indiana. Asistió a Calvin College y al Seminario Teológico de Princeton. Después de pastorear una iglesia en Michigan, fue profesor de apologética en el Seminario Teológico de Westminster desde su fundación en 1929 hasta su retiro en 1972. Francis *Schaeffer fue uno de los estudiantes que adoptó una forma de presuposicionalismo bajo su influencia.

La perspectiva de Van Til sobre la apologética se expresa en The Defense of the Faith [Defendiendo la fe] (1955; rev. 1963); The Protestant Doctrine of Scripture [La doctrina protestante de las Escrituras] (1967); A Survey of Christian Epistemology [Un estudio de la epistemología cristiana] (1969); A Christian Theory of Knowledge [Una teoría cristiana del conocimiento] (1969); Introduction to Systematic Theology [Introducción a la teología sistemática] (1969); The Great Debate Today [El gran debate hoy] (1971); The Defense of Christianity and My Credo [La defensa del cristianismo y mi credo] (1971); Common Grace and the Gospel [La gracia común y el evangelio] (1972); Introduction to Systematic Theology [Introducción a la teología sistemática] (1974); Christian Apologetics [Apologética cristiana] (1975); Christian-Theistic Evidences [Evidencias cristianas teístas] (1976); y en dos obras sin fecha, Why I Believe in God [Por qué creo en Dios], que es el resumen de su propia perspectiva. Otras obras importantes incluyen una introducción a una edición de Inspiration and Authority of the Bible [Inspiración y autoridad de la Biblia] de B. B. Warfield y un ensayo, "My Credo" ["Mi credo"] en Jerusalem and Athens [Jerusalén y Atenas] (1971).

Filosofía de la apologética. En una breve declaración de sus propios puntos de vista, Van Til dividió su filosofía de la apologética en tres áreas principales:

"mi problema con el 'método tradicional'", "mi entendimiento de la relación entre cristianos y no cristianos, hablando filosóficamente", y "mi propuesta de una metodología cristiana consistente de la apologética".

Apologética "tradicional". Van Til encontró siete problemas en la *apologética clásica:

1. Compromete a Dios al sostener que su existencia solo es "posible", aunque "altamente probable", en lugar de ontológicamente y "racionalmente" necesaria.
2. Compromete el consejo de Dios al no entenderlo como la única "causa" definitiva e inclusiva de todo lo que ocurre.
3. Compromete la revelación de Dios en su necesidad, claridad, suficiencia y autoridad.
4. Compromete la creación humana como la portadora de la imagen de Dios mediante la conceptualización de la creación humana y el conocimiento como independientes del Ser y del conocimiento de Dios. Los seres humanos no necesitan "pensar los pensamientos de Dios después de Él".
5. Compromete la relación del pacto de la humanidad con Dios al no entender la acción representativa de Adán como absolutamente determinante del futuro.
6. Compromete la pecaminosidad resultante del pecado de Adán al no entender que la depravación ética se extiende a la vida entera, incluso a los pensamientos y actitudes.
7. Compromete la gracia de Dios al no entenderla como prerrequisito necesario para la "renovación del conocimiento". En la perspectiva tradicional, los hombres y las mujeres deben renovarse a sí mismos en conocimiento mediante el "uso

correcto de la razón".

Cristianos y no cristianos juntos. Van Til presenta cuatro puntos básicos sobre la relación de la fe y la razón. Cada uno revela algo sobre la naturaleza de su enfoque de la apologética.

1. Ambos tienen presuposiciones sobre la naturaleza de la realidad.
    a. El cristiano presupone un Dios trino y su plan de redención para el universo, como se establece de manera definitiva en las Escrituras.
    b. El no cristiano presupone una dialéctica entre la "posibilidad" y la "regularidad", la primera explica el origen de la materia y la vida, y la última explica el éxito actual de la actividad científica.
2. Ni los cristianos ni los no creyentes pueden, como seres finitos, usar la lógica para decir lo que la realidad debe o no debe ser.
    a. Los cristianos intentan entender el mundo a través de la observación y el orden lógico de los hechos. Esto se realiza en sujeción autoconsciente al plan del Cristo autotestiguado en las Escrituras.
    b. Los no cristianos, mientras intentan entender mediante la observación, intentan usar la lógica para destruir la posición cristiana. Apelando a la no racionalidad de la "materia", el no creyente dice que el carácter casual de los "hechos" atestigua de manera concluyente contra la cosmovisión cristiana. Entonces, el no creyente sostiene que la historia cristiana no puede ser cierta. Cada ser humano debe ser autónomo. La "lógica" debe legislar lo que es "posible" y la posibilidad debe excluir a Dios.
3. Ambos afirman que sus posiciones van "acorde a los hechos".
    a. Los cristianos afirman esto sobre la base de la experiencia a la luz del Cristo autotestiguado en las Escrituras. Tanto la uniformidad como la diversidad de los hechos tienen como base el plan integral de Dios.
    b. Los no cristianos afirman esto después de interpretar los hechos y la experiencia personal a la luz de la autonomía humana. El no creyente se basa en la última "dación" del mundo y la disposición de la materia a la mente. Ningún hecho puede negar la autonomía humana o atestiguar un origen divino del mundo y de la humanidad.
4. Ambos afirman que su posición es "racional".
    a. Los cristianos afirman que la postura de la fe es autoconsistente. Lo que parece inexplicable puede explicarse mediante la lógica racional y la información disponible en las Escrituras.
    b. Los no cristianos pueden o no pueden afirmar que los hechos son totalmente autoconsistentes y acordes a la racionalidad definitiva del cosmos. Aquel que afirma una total autoconsistencia se verá incapacitado cuando tenga que explicar la "evolución" naturalista. Si los seres racionales y un mundo racional surgieron de pura casualidad y de la irracionalidad definitiva, tal explicación, de hecho, no es una explicación. Una base en la casualidad irracional destruye el predicamento.

Un método apologético constante. El propio punto de vista positivo de Van Til propone lo siguiente:

1. Que el mismo principio que usamos en la teología, lo usemos en la apologética: el Cristo autotestiguado y autoexplicativo de las Escrituras.
2. Que ya no recurramos a "nociones comunes" en la que los cristianos y no cristianos puedan estar de acuerdo. Su "base común" es que cada persona y el mundo de cada persona son lo que las Escrituras dicen que son.
3. Que recurramos a los seres humanos como portadores de la imagen de Dios. Para lograrlo, establecemos la autonomía racional no cristiana contra la dependencia cristiana. El conocimiento humano depende del conocimiento de Dios, que es revelado en la persona y por medio del Espíritu de Cristo.
4. Que afirmemos, por lo tanto, que solo el cristianismo es razonable. Es totalmente irracional sostener cualquier otra postura distinta a la del cristianismo. Solo el cristianismo no mata la razón en el altar de la "posibilidad".
5. Que argumentemos, entonces, por "presuposición". Los cristianos, al igual que Tertuliano, deben disputar los mismos principios de la postura de un oponente. La única "prueba" de la postura cristiana es que, a menos que se presuponga su verdad, no hay posibilidad de "probar" nada. El estado de las cosas proclamado por el cristianismo es la base necesaria para la "prueba" misma.
6. Que prediquemos con el entendimiento de que la aceptación del Cristo de las Escrituras se produce solo cuando el Espíritu Santo usa evidencia ineludible y clara para abrir los ojos de un pecador que huye para ver las cosas como realmente son.
7. Que presentemos el mensaje y la evidencia en favor de la postura cristiana lo más claro posible. Porque un ser humano es lo que los cristianos dicen que es, los no cristianos pueden entender los asuntos involucrados de manera intelectual.

Hasta cierto punto, el mensaje cristiano dice lo que un no creyente ya sabe, pero busca suprimir. Este recordatorio provee tierra fértil para el Espíritu Santo. Según la gracia soberana de Dios, el Espíritu puede concederle al no cristiano el arrepentimiento y el conocimiento de aquel que es la vida eterna.

Presuposicionalismo revelacional. El rechazo de la apologética clásica. Van Til rechaza la *apologética clásica, lo que denomina el método "tradicional". En su lugar, lo reemplaza por una apologética presuposicional. Él cree que la apologética clásica de *Tomás de Aquino se basa en la autonomía humana. "En esta base no existe un punto genuino de contacto con la mente del hombre natural en lo absoluto [...] La revelación de un Dios autosuficiente no puede tener ningún significado para una mente que se considere a sí misma como definitivamente autónoma". El problema es "cómo se puede saber que el Dios de la razón y el Dios de la fe son el mismo" (Defense of the Faith [Defendiendo la fe], págs. 73, 94, 127). Describió el método tomista como "una postura a medio camino entre la del cristianismo y la del paganismo". Los argumentos teístas son inválidos, y, de cualquier manera, no conducen a la "trinidad ontológica autocontenida de las Escrituras". La apologética tomista reduce el Evangelio mediante el racionalismo para hacerlo aceptable al hombre natural (Great Debate Today [El gran debate de hoy], pág. 91).

Insistió en que a menos que el Dios de la Biblia sea la base de la experiencia humana, la experiencia opera en un vacío (Common Grace and the Gospel [La gracia común y el evangelio], pág. 192). Así que, Van Til comienza con el Dios trino y su autorrevelación en las Santas Escrituras. De este modo, su postura ha sido llamada presuposicionalismo revelacional.

El método apologético de Van Til. El método de implicación. Al principio de su carrera, Van Til denominó a su apologética como un "método de implicación" (Survey of Christian Epistemology [Un estudio de la epistemología cristiana], págs. 6-10; 201-2). John Frame dijo que la frase sugería a Van Til una combinación de enfoque inductivo y deductivo. Lo general tiene prioridad sobre lo particular (Frame, Cornelius Van Til, pág. 311).

Razonamiento por presuposición. En sus obras posteriores, Van Til típicamente llama a su método el "razonamiento por presuposición" (ibid., pág. 312). Él afirmó que "argumentar por presuposición es indicar cuáles son los principios lógicos y metafísicos que subyacen y controlan el método propio". Los problemas no se pueden resolver apelando a "hechos" o "leyes" mutuamente acordados. Las cosmovisiones

están muy lejos para eso. Lo que se debe buscar en ambos lados es un punto de referencia final que pueda hacer que los hechos y las leyes sean inteligibles (Defense of the Faith, págs. 99-100).

El punto de referencia de Van Til es tan dependiente de las Escrituras que ha sido llamado presuposicionalismo revelacional. Él rechaza el presuposicionalismo racional de Gordon H. *Clark creyendo que su enfoque en la ley de la no contradicción no está subordinado a la soberanía de Dios. Asimismo, Van Til no estuvo de acuerdo con el presuposicionalismo de Edward John *Carnell, conocido como coherencia sistemática. La coherencia sistemática combina la ley de la no contradicción, la evidencia basada en los hechos y la adecuación existencial como pruebas de verdad.

Método indirecto. Van Til describió el método como "indirecto" para distinguirlo de los argumentos evidenciales clásicos "directos". Era indirecto porque mostraba la verdad del cristianismo mostrando la contradicción en puntos de vista opuestos. La postura de un oponente se reduce a un absurdo. Frame añade que esto sugiere un "modelo como el del argumento indirecto en las matemáticas. En ese modelo, uno demuestra una proposición asumiendo lo opuesta" (Frame, Cornelius Van Til, págs. 313-14)

Método interno y externo. El método apologético de Van Til es tanto interno como externo. Él argumenta lo siguiente:

Debemos dirigirnos al no creyente siempre desde nuestro propio compromiso presuposicional. De ese compromiso, sin embargo, podemos legítimamente examinar las presuposiciones del no creyente y mencionarle nuestra evaluación de ellas, cómo se ven desde nuestro punto de vista [...] Esta crítica es "externa" en el sentido de que se basa en criterios fuera del propio sistema de pensamiento del no creyente [...] Pero puede llegar a ser "interno" en otro sentido, cuando le preguntamos al no creyente cómo, incluso desde su propio punto de vista, es capaz de dar cuenta de la inteligibilidad del mundo [...] Nuestra crítica nunca será puramente interna, puramente del punto de vista del no creyente; siempre será externa en el sentido de que se determina por el punto de vista cristiano. De lo contrario, estaríamos [...] ahogándonos con el que rescataríamos" (ibid., pág. 322).

Trascendental. Aquellos que están familiarizados con Immanuel *Kant entienden un *argumento trascendental. Van Til también afirmó que "el método de implicación también puede llamarse método trascendental [...] Un argumento verdaderamente trascendental toma cualquier hecho de experiencia que desea investigar y trata de determinar cuáles deben ser las presuposiciones de dicho hecho, para que sea lo que es". El argumento trascendental busca una epistemología fundacional para el conocimiento. Van Til observa que esto siempre presupone que una base, en efecto, sí existe (Survey of Christian Epistemology, págs. 10, 11).

Robert Knudsen, en su ensayo "Progressive and Regressive Tendencies in Christian Apologetics" [Tendencias progresivas y regresivas en la apologética cristiana] (en Jerusalem and Athens [Jerusalén y Atenas]) señaló que el método trascendental ganó importancia después de que David *Hume socavara la metodología tradicional. Greg Bahnsen defendió el método trascendental en su ensayo "The Reformation of Christian Apologetics" [La reformación de la apologética cristiana] (en North, Foundations of Christian Scholarship [Fundamentos del estudio cristiano], págs. 191-239). Sin embargo, Van Til nunca explicó cómo realmente funciona su argumento trascendental. No obstante, él afirmó que "el único argumento a favor de un Dios absoluto que sostiene el agua es un argumento trascendental" (Defense of the Faith, pág. 11; ver Schaeffer, Francis en su uso del argumento trascendental).

Van Til dijo que tanto el argumento inductivo como el deductivo están vinculados al universo. "En cualquier caso, no hay más que un retroceso infinito". Siempre es posible preguntar: "Si Dios creó el universo, ¿quién creó a Dios?" Sin embargo, a menos que hubiera un Dios absoluto, las mismas dudas y preguntas de los escépticos no tendrían sentido. En algún punto, cada base epistemológica depende de la existencia de Dios. El argumento trascendental busca descubrir tal base presupuestal (Survey of Christian Epistemology [Un estudio de la epistemología cristiana], pág. 11). Por lo tanto, el trascendentalismo y el presuposicionalismo son uno. Según Van Til, es trascendentalmente necesario presuponer un Dios trino (ver Trinidad) revelado en las Santas Escrituras para darle un sentido al mundo. Sin esta presuposición necesaria, ningún pensamiento o significado es posible.

El método reductio ad absurdum. Frame reconoce tres elementos en este método: En primer lugar, busca mostrar que toda inteligibilidad depende de, o presupone, el teísmo cristiano. En segundo lugar, es indirecto en vez de directo, negativo en lugar de positivo, esencialmente un reductio ad absurdum. En tercer lugar, cada participante en la discusión debe ser capaz de ponerse en la postura contraria por el bien del argumento, para ver cómo funciona (Frame, Cornelius Van Til, págs. 314-15). Según Frame, "el no creyente suministra las premisas del argumento indirecto, premisas que el creyente luego reduce a un absurdo" (ibid., pág. 315). Una vez que el no creyente provee la premisa del argumento indirecto, el creyente

muestra que implica la dialéctica racional-irracional. El sistema del no creyente aplica de manera inevitable puramente leyes abstractas a hechos irracionales. El pensamiento racional es imposible.

Al usar este método suceden dos cosas: El cristiano asume la corrección del método opuesto, luego lo lleva a sus implicaciones finales para demostrar que sus "hechos" no son hechos y las "leyes" no son leyes. Se le pide al no cristiano asumir la posición cristiana por el bien del argumento y se demuestra que solo estos "hechos" y "leyes" parecen inteligibles" (Defense of the Faith [Defendiendo la fe], págs. 100-101). Se señala que "el mismo no cristiano refuta su propio irracionalismo, puesto que a pesar de su filosofía sigue viviendo como si el mundo fuera un lugar racional. Así, la mente del no creyente es parte de la revelación de Dios testificando contra su defensa irracionalista" (Frame, Cornelius Van Til, pág. 322).

Conceptos clave. Entender el enfoque de Van Til depende del significado de ciertos conceptos clave.

La soberanía de Dios. Van Til es ante todo un teólogo reformado. Además del control soberano de Dios sobre el universo y su revelación para nosotros, no sabríamos absolutamente nada. Los hechos y las leyes son lo que son debido al plan de Dios. El decreto de Dios "es el poder final y exclusivamente determinante de todo lo que sucede". Es la fuente (Defense of the Faith, pág. 11; Christian Apologetics [Apologética cristiana], pág. 11; Introduction to Systematic Theology [Introducción a la teología sistemática], pág. 247).

Terreno común. Puesto que toda la verdad es de Dios y nada tiene sentido fuera de Él, no hay un fundamento epistemológico intelectual común que compartir con los no creyentes. En lugar de ese fundamento, establecimos el Cristo autoatestiguado y autoexplicativo de las Escrituras. Ya no apelamos a un terreno común, sino a la verdadera base común de que todo ser humano es un portador de la imagen que negocia con Dios en algún nivel.

Hechos brutos. Un "hecho bruto" es un hecho que carece de sentido porque no es interpretado por Dios. Representa un universo de pura casualidad. Los hechos brutos asumen la autonomía humana y toman su punto de partida fuera de la revelación soberana de Dios de sí mismo. Van Til afirma que los cristianos deben apelar a los hechos interpretados por Dios, pero nunca a los hechos brutos (Christian-Theistic Evidences [Evidencias cristianas-teístas], págs. 51, 57; Frame, Cornelius Van Til, pág. 180).

Debido a su punto de partida presuposicional, a veces se asume erróneamente que Van Til no cree en la validez de la apologética histórica tradicional. Él dice: "Me involucraría en la apologética histórica". La investigación histórica tarde o temprano reivindicará la verdad de la posición cristiana. "Pero yo no hablaría interminablemente sobre los hechos y más hechos sin desafiar jamás la filosofía de los hechos de los no creyentes. Una apologética histórica realmente fructífera sostiene que todo hecho es y debe ser tal como prueba la verdad de la posición cristiana" (Christian Theory of Knowledge [Teoría cristiana del conocimiento], pág. 293). Todos los hechos se deben interpretar dentro del marco de la supuesta cosmovisión cristiana revelada en la Biblia, o están contaminados por su rechazo a la revelación de Dios.

Depravación humana. Como resultado del pecado de Adán, la raza humana está totalmente depravada, así que ve todo desde una perspectiva torcida, con una "visión borrosa". Al estar "muerto" en pecados, los seres humanos caídos son incapaces de "conocer" con precisión cualquier cosa en su contexto de realidad hasta que el Espíritu Santo les abra los ojos en el proceso de salvación. Con Juan *Calvino, Van Til equilibra el reconocimiento de la gracia común de Dios al no creyente con la idea de que el pecado vicia la mente del no creyente. Ni siquiera el científico no cristiano más erudito puede entender verdaderamente la realidad (Defense of the Faith, cap. 15). "El hombre natural no puede querer hacer la voluntad de Dios. Ni siquiera sabe lo que es bueno" (ibid., pág. 54). Los efectos no éticos del pecado son totales y devastadores.

Analogía y paradoja. Incluso una mente regenerada solo conoce el conocimiento de Dios por analogía. En ningún momento nuestro conocimiento es unívoco con el de Dios. Siempre que la criatura intenta entender la realidad divina, se encuentra con "paradojas" o aparentes contradicciones. Van Til argumenta que "puesto que Dios no es completamente comprensible para nosotros, estamos obligados a entrar en lo que parece ser una contradicción en todo nuestro conocimiento. Nuestro conocimiento es analógico y por lo tanto debe ser paradójico" (Defense of the Faith, pág. 61). Dios es tan soberanamente trascendente por encima de la comprensión humana que sería una blasfemia para nosotros suponer que podemos conocer las cosas de la manera en que Dios las conoce. Incluso nuestro conocimiento sobrenaturalmente iluminado es solo análogo al de Dios. Este punto de vista sobre la mente constantemente mantiene dos ideas claras: (1) la diferencia entre Creador y criatura y (2) la soberanía del Creador sobre la criatura (Frame, Cornelius Van Til, pág. 89). Por estas razones, nuestro conocimiento debe ser analógico. Nuestro conocimiento se deriva del conocimiento original en el pensamiento de Dios. El humano debe intentar pensar los pensamientos de Dios después de Él. "Pero esto significa que debe, al tratar de formar su propio sistema, estar constantemente sujeto a la autoridad del sistema de Dios en la medida en que esto se le revele" (Christian Theory of Knowledge [Una teoría cristiana del conocimiento], pág. 16).

Evaluación. Contribuciones positivas. Pocos apologetas han insistido de manera más directa y valiente en la soberanía de Dios como Van Til. A menos que Dios soberanamente quiera revelarse, estaríamos en completa ignorancia. La revelación, ya sea general o específica, es la fuente de toda verdad.

Mientras algunos sistemas apologéticos dan un reconocimiento a regañadientes a la finitud del hombre, pocos dan reconocimiento explícito a la depravación humana y la incapacidad asociada con la depravación. El pecado tiene un efecto sobre toda persona, incluyendo la mente. Van Til vio esto tan claro como cualquier otro apologeta.

Van Til defendió las leyes formales de la lógica en principio y práctica. Creía que las leyes de la lógica eran las mismas tanto para el Creador como para las criaturas. No obstante, formalmente debido al pecado no se entienden ni se aplican de la misma manera. Él no era un irracionalista.

Van Til presentó un fuerte argumento en favor del cristianismo. Él lo consideró como "prueba" y reprendió otros puntos de vista por debilitar su defensa a meros argumentos "probables".

Parece apropiado reconocer que hay validez en un enfoque trascendental. Lo que a menudo se describe como un argumento contraproducente es sorprendentemente similar al enfoque de Van Til. Existen ciertas precondiciones racionalmente necesarias para el sentido y, como argumentó Van Til, exigen que planteemos la existencia de un Dios teísta.

Van Til creyó en la evidencia histórica y hasta le dedicó un libro: Christian-Theistic Evidences. A diferencia de su compañero apologeta reformado (pero antagonista personal) Gordon H. Clark, Van Til no era un escéptico empírico. Creía en la validez de la evidencia histórica en favor del cristianismo, pero solo como se entiende desde la presuposición de la revelación bíblica.

Además, a diferencia de Clark, Van Til vio correctamente que nuestro conocimiento de Dios es solo análogo (ver Analogía, Principio de). Creer lo contrario es presuntuoso, si no blasfemo. Puesto que los seres finitos solo pueden llegar a conocer de una manera finita. Afirmar que ellos conocen de una manera infinita, como lo hace Dios, es deificar nuestro conocimiento.

Los no presuposicionalistas a menudo pasan por alto el valor práctico de un enfoque presuposicionalista. Los no cristianos presuponen implícitamente (e incluso inconscientemente) los principios básicos de una cosmovisión teísta para darle sentido al mundo. Señalar esto desacredita su cosmovisión y los invita a considerar el valor positivo de la cosmovisión cristiana. Sin duda, la eficacia de Schaeffer para hacer esto es resultado de su estudio bajo Van Til.

Negativas en la apologética de Van Til. Algunas críticas de Van Til parecen basarse en malentendidos, pero otras parecen ser válidas.

Incluso defensores acérrimos como John Frame, mientras defienden la validez general del método de Van Til, admiten que va demasiado lejos al exigir que todo argumento apologético encaje en el patrón único (Frame, Cornelius Van Til, pág. 315). Frame señala correctamente que se puede necesitar argumentos más tradicionales para hacer que el argumento general de Van Til funcione. "Para demostrar que un punto de vista no cristiano del movimiento y reposo es ininteligible, podemos encontrar necesario usar una prueba teísta de movimiento como la de Aquino. Argumentaríamos que si el movimiento se debe explicar inteligiblemente, Dios debe existir" (ibid., pág. 318).

Probar la conclusión de Van Til, escribe Frame, requiere un argumento complejo para demostrar que la comunicación inteligible presupone el teísmo bíblico. "Un apologeta vantiliano tendría que entrar en algún detalle al demostrar que la inteligibilidad requiere una igualdad definitiva de uno y muchos, y que tal igualdad definitiva a su vez presupone la Trinidad ontológica [...] Creo que la conclusión de Van Til se describe mejor como una meta de la apologética [...] Es irreal esperar que todo el teísmo cristiano se pueda establecer en un solo encuentro, y menos aún en un solo argumento de silogismo" (ibid.).

Van Til asume erróneamente que su punto de vista es un enfoque puramente indirecto (negativo). No hay una demarcación clara entre los argumentos directos e indirectos. La mayoría de los argumentos se pueden ubicar en cualquiera de las dos formas. Frame resume la apologética de Van Til de la siguiente manera:

1. Si Dios no existe, el mundo es ininteligible.
2. Dios no existe.
3. Por lo tanto, el mundo es ininteligible (ibid., pág. 318).

Debido a que acepta que el mundo es inteligible, entonces Dios debe existir. Sin embargo, Frame menciona que el mismo argumento se puede expresar en una forma positiva:

1. Si el mundo es inteligible, Dios existe.
2. El mundo es inteligible
3. Por lo tanto, Dios existe (ibid.).

Van Til piensa lo contrario, no puede evitar dar un argumento apologético positivo. Al ser este el caso,

gran parte del rechazo de Van Til hacia la apologética clásica se evapora.

Van Til malinterpreta el método tradicional de la apologética, así que lo critica erróneamente por puntos de vista muy similares a los suyos. Frame menciona que cuestiona si el razonamiento trascendental es muy diferente del razonamiento tradicional, especialmente porque los argumentos tradicionales se pueden necesitar para profundizar este enfoque (ibid., pág. 45). Frame es perspicaz al señalar que el presuposicionalismo revelacional es sorprendentemente similar a los enfoques tomistas. Aquino estaría de acuerdo con Van Til en:

1. que en el ámbito del ser (metafísica), la lógica es dependiente de Dios y no Dios de la lógica (Summa contra Gentiles [Suma contra gentiles], 1.7, 3.47, 1a., 105, 3).
2. que la existencia de Dios es ontológicamente necesaria (Summa Theologica [Suma teológica], 1a. 2, 3).
3. que sin Dios, nada podría conocerse o probarse como verdadero (ibid., 1a., 16, 1-8, 1a2ae., 109, 1).
4. que la base de la verdad cristiana no es ni la razón ni la experiencia sino la autoridad de Dios expresada en las Escrituras (On Truth [Sobre la verdad], 14.8-9; Summa contra Gentiles, 2a2ae., 2, 10; On the Trinity [La Trinidad], 2.1, respuesta a objeción).
5. que la depravada naturaleza humana reprime de manera deliberada la revelación de Dios en la naturaleza (Summa contra Gentiles, 1a2ae., 77, 4, 83, 3, 84, 2; cf. 1a2ae., 109, 1-10).

Van Til se queja de que la apologética tradicional compromete la certeza sobre Dios. Busca una prueba absolutamente cierta del teísmo cristiano (Defense of the Faith [Defendiendo la fe, págs. 103-4). Sin embargo, "el mismo Van Til admite que nuestro argumento apologético puede que no sea adecuado para establecer esa conclusión", escribe Frame. "Si el argumento nunca se afirma lo suficiente como para justificar la certeza de sus conclusiones, ¿entonces sobre qué base pueden los apologetas reclamar la certeza de su argumento?" (Frame, Cornelius Van Til, pág. 277). Van Til exagera el caso cuando parece insistir en que cada argumento debe ser cierto (ver Certeza/Certidumbre). La evidencia no es menos convincente en un argumento de alta probabilidad (ibid., pág. 279).

Van Til no era un tomista encubierto, conocía mucho menos de Aquino, pero estaba más cerca del pensamiento tomista de lo que él creía. Una diferencia básica entre Van Til y Aquino es que, si bien ambos están de acuerdo ontológicamente en que toda verdad depende de Dios, Van Til falla en apreciar completamente que el hombre finito debe preguntar epistemológicamente cómo sabemos esto. En esto, él confunde el ámbito del ser y el ámbito del conocer.

Ya sea que hay una base racional para conocer o que no la haya. Pero no se puede plantear la pregunta y simplemente presuponer al Dios teísta. Las presuposiciones no pueden ser arbitrarias. Si argumentamos, como Van Til sugirió que deberíamos hacerlo, que el teísmo cristiano es una postura racionalmente necesaria, es difícil ver en qué bases racionales se podría criticar a Aquino por proporcionarle apoyo racional. ¿Cómo sabe Van Til que la postura cristiana es verdadera? Si Van Til contestara, como parece que lo hizo en sus escritos: "Porque es el único punto de vista verdaderamente racional", tal vez Aquino contestaría: "Eso es lo que creo. Bienvenido, querido hermano, al club bimilenial de los teístas racionales".

Van Til va más lejos que la mayoría de los teólogos reformados, quienes toman una postura más fuerte que otras teologías protestantes, en relación con los efectos no éticos de la depravación radical. Incluso algunos de los defensores más fuertes de Van Til admiten que hay una exageración en su formulación. Hablando de la afirmación de Van Til de que "toda la actividad interpretativa de los no creyentes da como resultado falsas conclusiones", Frame responde que por implicación, Van Til niega la gracia común (Frame, Cornelius Van Til, pág. 194). Añade: "Las formulaciones antitéticas extremas [de Van Til] son inadecuadas sin una calificación considerable". Este entendimiento afirma que el no creyente literalmente nunca hace una declaración correcta. Incluso la respuesta a un problema matemático es incorrecta en el sentido de que representa una visión falsa de cómo el universo funciona de manera matemática. Frame considera simplista argumentar que los efectos no éticos del pecado equivalen a una falsificación proposicional de cada enunciado del no creyente (ibid., pág. 211).

Van Til también sugiere que la depravación humana se muestra tanto o más en las discretas declaraciones que hace el no creyente que en la dirección de la vida. Y no se puede decir que la negación de la verdad del no creyente afirma en cierto modo la verdad (ibid., pág. 207).

En efecto, el propio Van Til presenta declaraciones incompatibles con su propia antítesis entre el conocimiento de los creyentes y de los no creyentes. Él insta a "que presentemos el mensaje y la evidencia a favor de la postura cristiana de la manera más clara posible, sabiendo que puesto que el hombre es lo que el cristiano dice que es, el no cristiano podrá entender en un sentido intelectual los asuntos involucrados"

("My Credo" [Mi credo]). Van Til dice incluso de los no creyentes: "Él tiene en sí el conocimiento de Dios en virtud de su creación a imagen de Dios". Pero Van Til se adelanta a decir en la frase siguiente: "Pero esta idea de Dios es suprimida por su principio falso, el principio de autonomía" (Defense of the Faith, pág. 170). Este es el principio de la "visión borrosa" por la cual todo conocimiento está distorsionado y es falso. Pero ¿cómo puede entender las cuestiones incluso en un sentido intelectual si no hay hechos, base o conocimiento común de ningún tipo si ve todo con una visión borrosa?

Van Til vio esta tensión en su propio punto de vista. Se refiere a ello como un "punto difícil". "No podemos dar una explicación totalmente satisfactoria de la situación tal como se obtiene en realidad" (Introduction to Systematic Theology [Introducción a la teología sistemática], pág. 15). Si los seres humanos caídos realmente ven todo con una "visión borrosa", de modo que ni siquiera pueden entender la verdad de la revelación general o del evangelio, no son moralmente responsables. Pero las Escrituras dicen que "no tienen excusa" (Ro 1:19-20; 2:12-15). En efecto, Adán y Eva estaban "muertos en transgresiones y pecados" (cf. Ef 2:1) en el instante en que tomaron el fruto prohibido (Gn 3:6; Ro 5:12). Sin embargo, ellos oyeron y entendieron a Dios cuando habló (Gn 3:9-19).

Un error común del presuposicionalismo reformado es equiparar la figura lingüística de muerto con el concepto de aniquilado, un error que afortunadamente no cometen cuando se habla de la "muerte segunda" (Ap 20:14). La muerte en las Escrituras se entiende mejor en términos de separación, no de aniquilación. El profeta dijo: "Vuestras iniquidades han hecho división entre vosotros y vuestro Dios" (Is 59:2 RVR1960). La muerte espiritual es la falta de vida espiritual, no es la carencia de vida humana, que implica tanto la actividad racional como la volitiva. En efecto, "muerta" no es la única figura lingüística que se usa en la Biblia para describir a la humanidad caída. También se usan enferma, ciega, contaminada y coja. Pero ninguna de ellas implica una persona totalmente incapaz de comprender la revelación de Dios. Muchos teólogos reformados no presuposicionalistas, entre ellos Jonathan *Edwards, B. B. *Warfield, John Gerstner y R. C. Sproul, creen firmemente en la depravación radical sin aceptar este punto de vista sesgado de los efectos no éticos del pecado. La depravación se puede entender como una incapacidad para iniciar o alcanzar la salvación sin la gracia de Dios.

En este mismo sentido, los presuposicionalistas reformados a menudo malinterpretan 1 Corintios 2:14 para indicar que los no creyentes ni siquiera pueden entender la verdad de Dios antes de ser regenerados.

Aparte de la evidente dificultad de que tendrían que ser salvos antes de creer (justo lo contrario a lo que dice la Biblia en textos como Juan 3:16, 36; Hechos 16:31; y Ro 5:1), esto malinterpreta el pasaje. Tampoco ayuda establecer un orden de eventos en la salvación para afirmar que la persona que es salva es regenerada antes de ser justificada, ya que uno es colocado en el reino de Dios por la regeneración (Juan 3:3; Tito 5:5). La palabra en griego para "recibir" (dekomai) significa "dar la bienvenida". No significa que no entienden. Claramente perciben pero no reciben voluntariamente (Ro 1:19-20). Como consecuencia, no conocen las verdades por experiencia. La falta de comprensión de estas verdades conduce a un malentendido de los efectos del pecado en la mente no regenerada.

Van Til supone que un argumento trascendental evita los efectos de la depravación a los que están sometidos los argumentos apologéticos tradicionales. Pero ¿por qué no debe el pecado conducir al no creyente a reprimir la fuerza de un argumento trascendental tanto como cualquier otro razonamiento o evidencia (Frame, Cornelius Van Til, pág. 200)? Aquí el enfoque trascendental pierde una ventaja que se pregona sobre la apologética clásica.

Este mismo punto se aplica al rechazo de Van Til acerca de una *revelación general llena de contenido en la que se basan los argumentos teístas tradicionales. A menudo se afirma que los efectos del pecado en la revelación general hacen que una revelación sobrenatural sea necesaria. Pero el pecado tiene los mismos efectos viciados sobre la revelación sobrenatural, como lo demuestran todas las denominaciones, sectas y cultos cristianos que afirman la misma revelación sobrenatural pero que la interpretan de maneras totalmente diferentes. Por ende, presuponer un punto de partida en las Sagradas Escrituras no ofrece en sí ninguna ventaja sobre comenzar desde la revelación general, como lo hace la apologética clásica. Los efectos no éticos del pecado no desaparecen simplemente porque uno pase de la naturaleza a la Biblia.

El punto de vista de Van Til acerca de la Trinidad implicaba dos proposiciones aparentemente opuestas: Dios es una persona; Dios es tres personas. Nunca hace una distinción clara entre los dos sentidos del término persona. La doctrina de Van Til de la Trinidad "comienza con una afirmación de los antiguos credos y de las confesiones reformadas" (Frame, Cornelius Van Til, pág. 63). No obstante, Van Til sigue diciendo que "por lo tanto declaramos que no hemos afirmado que la unidad y la trinidad sean exactamente la misma cosa. Sin embargo, esta no es toda la verdad del asunto. Afirmamos que Dios; es decir, toda la Divinidad, es una persona" (Introduction to Systematic Theology [Introducción a la teología sistemática], pág. 229). Así que "Dios no es simplemente una unidad de personas; Él es una persona" (Frame, Cornelius Van Til, pág. 65).

Este es un movimiento teológico que ningún credo ortodoxo, confesión o padre principal de una iglesia nunca tomó antes. John Robbins, el discípulo de Gordon H. Clark, llegó a denominarla "una nueva herejía radical" (Robbins, pág. 20). Sin embargo, la objeción más común es que viola la ley de no contradicción. Los defensores señalan que Van Til nunca llama "contradictoria" a la doctrina de la Trinidad, sino que la encuentra "aparentemente contradictoria" (Common Grace and the Gospel [La gracia común y el evangelio], pág. 9). Tampoco niega el punto de vista tradicional de que Dios es uno en esencia y tres en persona; Él menciona que "no es toda la verdad del asunto". Trata de complementar la doctrina tradicional, no reemplazarla (Frame, Cornelius Van Til, pág. 67). Aún parece un poco presuntuoso afirmar que él descubrió lo que diecinueve siglos de teólogos, credos y consejos no habían podido ver. La cuestión no es si Van Til afirma la fórmula ortodoxa de que Dios es uno en esencia y tres en personas (con una diferencia clara entre persona y esencia). La controversia es que también afirma que Dios es tres personas y, no obstante, también solo una persona (sin ofrecer una diferencia entre persona y personas).

Sus defensores afirman que Clark y Robbins no responden al argumento de Van Til. "Él es un 'ser', no tres; los tres participan de una 'esencia'. Ahora la pregunta es la siguiente: ¿Este ser es personal o impersonal?" Van Til creía que la formulación histórica hacía que el Padre, el Hijo y el Espíritu sean individuales, pero la esencia divina, Dios, solo se puede considerar como una imagen abstracta. Solo se puede considerar a este modelo inadecuado, ya que Dios no es una imagen abstracta (ibid., pág. 68).

Sin embargo, el argumento presentado es un falso dilema. Dios no es ni personal (en un sentido singular) ni impersonal. Él es tripersonal. Por lo tanto, no es necesario concluir que la esencia de Dios es impersonal puesto que hay tres personas en ella. Ser tripersonal es ser personal. Frame hace la pregunta apropiada: "¿Entonces cómo relacionamos la 'persona' con las 'tres personas'? Van Til afirma que 'este es un misterio que está más allá de nuestra comprensión'". Van Til no dice que las dos afirmaciones son contradictorias, pero no parece dejar ninguna opción a la contradicción.

La base de la defensa de Frame es que algo puede ser tanto A como no A si las dos A tienen diferentes sentidos. "El lenguaje tradicional, 'uno en esencia, tres en persona' (que, una vez más, Van Til no rechaza), pone de manifiesto de manera más clara, sin duda, que la unidad y la triunidad son diferentes. Pero el enunciado 'una persona y tres personas' no niega esa diferencia" (ibid., pág. 69).

Esto lleva al último punto de conexión de Frame. Claramente, hay una diferencia entre el sentido de la persona como se aplica a la unidad de Dios y el sentido de las personas como se aplica a los tres miembros de la Trinidad. Por un lado, el Padre es el engendrador, el Hijo es el engendrado y el Espíritu es el que procede tanto del Padre como del Hijo. La Deidad como unidad no desempeña ninguno de esos tres roles.

Ni Van Til ni yo declaraíamos ser capaces de afirmar, con precisión y exhaustividad, las diferencias entre la esencia de Dios y las personas individuales de la Deidad. Sin duda, los críticos de Clark de Van Til considerarán que es una afirmación perjudicial, ya que insisten en que todas las declaraciones teológicas sean perfectamente precisas. No importa que las Escrituras a menudo no sean precisas sobre los misterios de la fe. Pero la tradición creedical también falla en dar un relato "preciso" de las relaciones entre la "esencia" de Dios y sus "personas" (ibid., pág. 71).

En este punto, en relación con las confesiones que resuelven la concepción bíblica de la Trinidad, Frame sostiene que "ousía e hipóstasis pueden ser intercambiables. Pueden significar una sustancia y tres sustancias".

Aunque Van Til está dispuesto a admitir que realmente no puede especificar ninguna diferencia de significado entre los dos usos del término persona, critica los puntos de vista no cristianos por sus contradicciones. Dice que un punto de vista "no conducirá a un mayor conocimiento, sino solo al escepticismo sobre la posibilidad misma de la verdad" (ibid., pág. 77). Se podría decir lo mismo del punto de vista de Van Til.

Van Til no pasa por alto el hecho de que no haya proporcionado una verdadera diferencia en la definición del término persona como uso de "una persona" y "tres personas". Admite que "no siempre podemos mostrar cómo dos conceptos pueden coexistir lógicamente" (ibid., pág. 71). Pero a menos que se pueda demostrar una diferencia, Van Til no ha evitado la acusación de contradicción. Puesto que uno puede tener tanto tres como solo uno del mismo sujeto (persona) al mismo tiempo.

Van Til niega "que podamos demostrarles a los hombres que no estamos afirmando nada que ellos deban considerar irracional, en la medida en que decimos que Dios es uno en esencia y tres en personas". Pero si no podemos hacer esto, ¿qué fundamento tenemos para objetar cuando los no creyentes no pueden hacer lo mismo para su punto de vista? De hecho, todo el método trascendental depende de ser capaz de demostrar que el punto de vista del no creyente es reducible a lo lógicamente contradictorio.

Van Til afirma: "No sostengo que los cristianos operan según las nuevas leyes del pensamiento, como tampoco que tengan ojos o narices nuevos" (Defense of the Faith [Defendiendo la fe], pág. 296). A pesar de esta afirmación, las "leyes del pensamiento" de Van Til no son realmente las mismas para los creyentes. Solo hay una identidad formal. No existe un punto de contacto real que sea el mismo para Dios y la humanidad. Pero esto lleva al escepticismo sobre Dios, porque no hay punto de identidad real entre nuestro conocimiento y el del Él. Es sumamente necesario afirmar un punto de identidad con tal contenido.

Admitir que un argumento trascendental es válido, no significa que la forma de Van Til sea válida. Ciertamente, como argumenta Van Til, es necesario postular a un Dios para darle sentido al mundo. Sin embargo, no ha demostrado que sea necesario postular un Dios trino. Esto es cierto ya sea que se acepte o no su argumento de que solo la Trinidad resuelve el problema de uno y de muchos. Incluso admitir por el bien del argumento que debe haber más de una persona en la Deidad si se quiere que el mundo tenga sentido, no exige que haya tres personas. Esto simplemente lo creen de las Escrituras. Lo mismo sucede con otros aspectos del cristianismo, como el plan de salvación. En ninguna parte Van Til demuestra que esto es una precondición completamente necesaria para darle sentido a nuestro mundo. Por lo tanto, hay elementos fideístas en la forma de presuposicionalismo de Van Til. Es interesante señalar que incluso los defensores de Van Til admiten lo siguiente: "Creo que gran parte del presuposicionalismo de Van Til debe entenderse como una apelación al corazón más que como un método apologético directo" (Frame, Cornelius Van Til, pág. 320).

Fuentes

T. de Aquino, *On the Trinity* [La Trinidad].

———, *On Truth* [Sobre la Verdad].

———, *Summa contra Gentiles* [Suma contra gentiles].

G. Bahnsen, *By This Standard* [He aquí el estándar].

J. DeBoer et al., *"Professor Van Til's Apologetics"* [La apologética del profesor Van Til].

J. M. Frame, Cornelius Van Til.

———, *"The Problem of Theological Paradox"* [El problema de la paradoja teológica].

N. L. Geisler, *Christian Apologetics* [Apologética cristiana].

S. Hackett, *The Resurrection of Theism* [La resurrección del teísmo].

F. Howe, *Challenge and Response* [Desafío y respuesta].

R. Knudsen, *"Progressive and Regressive Tendencies in Christian Apologetics"* [Tendencias progresivas y regresivas en la apologética cristiana].

D. E. Kucharsky, *"At the Beginning, God"* [En el principio, Dios].

G. R. Lewis, T*esting Christianity's Truth Claims* [Probando las afirmaciones de la verdad del cristianismo].

G. North, *Foundations of Christian Scholarship* [Fundamentos del estudio cristiano].

S. Oliphant, *The Consistency of Van Til's Methodology* [La consistencia de la metodología de Van Til].

J. W. Robbins, Cornelius Van Til.

C. Van Til, *Christian Apologetics* [Apologética cristiana].

———, *Christian-Theistic Evidences* [Evidencias cristianas-teístas].

———, *Christian Theory of Knowledge* [Teoría cristiana del conocimiento].

———, *Common Grace and the Gospel* [La gracia común y el evangelio].

———, *The Defense of the Faith* [Defendiendo la fe].

———, *The Great Debate Today* [El gran debate de hoy].

———, *Entrevista en Christianity Today* [El cristianismo hoy].

———, *An Introduction to Systematic Theology* [Introducción a la teología sistemática].

———, *Introducción a The Inspiration and Authority of the Bible* [Inspiración y autoridad de la Biblia], de B. B. Warfield.

———, *"My Credo"* [Mi credo].

———, *"Nature and Scripture"* [Naturaleza y Escritura].

———, *A Survey of Christian Epistemology* [Un estudio de la epistemología cristiana].

B. B. Warfield, *The Inspiration and Authority of the Bible* [Inspiración y autoridad de la Biblia].

W. White Jr., *Van Til, Defender of the Faith* [Van Til, defensor de la fe].

Vedanta. *Ver* HINDUÍSMO VEDANTA.

Verdad absoluta. *Ver* VERDAD, NATURALEZA DE LA.

Verdad, Naturaleza de la. Pilatos preguntó: ¿Qué es la verdad? Los filósofos desde Sócrates hasta los del último siglo respondieron: ¿Es 'absoluta'? ¿Es 'conocible' (ver Agnosticismo)? Y ¿corresponde a un referente? o, en el caso de la verdad metafísica, ¿corresponde a la realidad?

La importancia de la naturaleza de la verdad. La naturaleza de la verdad es crucial para la fe cristiana.

El cristianismo no solo afirma que existe la verdad absoluta (verdad para todos, en todos lados, en todo momento), sino que insiste en que la verdad sobre el mundo (realidad) es la que corresponde a la manera en que las cosas son en verdad. Por ejemplo, la afirmación "Dios existe" significa que realmente hay un Dios fuera del universo, un Ser extracósmico (ver Dios, Evidencias a favor de). Asimismo, la afirmación "Dios resucitó a Cristo de entre los muertos" significa que el cuerpo sin vida de Jesús de Nazaret sobrenaturalmente dejó su tumba unos días después de su sepultura ya estando con vida (ver Resurrección, Evidencias a favor de la). Las afirmaciones verdaderas cristianas corresponden realmente al estado de las cosas sobre el que dicen informarnos.

La naturaleza de la verdad. Lo que la verdad no es. La verdad se puede entender tanto por lo que es como por lo que no es. Existen muchos puntos de vista insuficientes sobre la naturaleza de la verdad. La mayoría de estos resultan de una confusión entre la naturaleza (definición) de la verdad y una prueba (defensa) de verdad, o de no diferenciar el resultado de la regla.

La verdad no es "lo que funciona". Una teoría popular es el punto de vista pragmático de William *James y sus seguidores que indica que la verdad es lo que funciona. Según James: "La verdad es lo que conviene en el camino del conocimiento. Se dice que una declaración es verdadera si trae los resultados correctos. Es lo conveniente como lo confirma la experiencia futura". Es evidente que esto es inadecuado por su confusión de causa y efecto. Si algo es verdadero, funcionará, al menos a largo plazo. Pero porque algo simplemente funciona no lo hace verdadero. Así no se entiende la verdad en la corte. Los jueces tienden a mirar lo conveniente como perjurio. Finalmente, los resultados no establecen la cuestión de la verdad. Incluso si los resultados están ahí, uno puede seguir preguntando si la declaración inicial corresponde a los hechos. Si no corresponde, no era verdadera, a pesar de los resultados.

La verdad no es "lo que es coherente". Algunos pensadores han sugerido que la verdad es lo que es internamente consistente; es coherente y autoconsistente. Pero esta también es una definición inadecuada. Las declaraciones vacías se mantienen juntas, aunque carezcan de contenido verídico. "Todas las esposas son mujeres casadas" es internamente consistente, pero es vacío. No nos dice nada sobre la realidad. La declaración sería la misma si es que no hubiera esposas. En realidad, significa lo siguiente: "'si es que' hay una esposa, entonces debe estar casada". Pero no nos informa que existe una esposa en alguna parte del universo. Un conjunto de declaraciones falsas también puede ser internamente consistente. Si varios testigos conspiran para tergiversar los hechos, su historia puede ser más coherente que si honestamente trataran de reconstruir la verdad. Pero sigue siendo una mentira. En el mejor de los casos, la coherencia es una prueba negativa de la verdad. Las declaraciones son erróneas si son inconsistentes, pero no son necesariamente verdaderas si es que sí son consistentes.

La verdad no es "lo que se pretendía". Algunos encuentran la verdad en las intenciones en lugar de en las afirmaciones. Una declaración es verdadera si el autor pretende que sea verdadera y es falsa si es que no pretende que sea verdadera. Pero muchas declaraciones están de acuerdo con la intención del autor, incluso cuando el autor se equivoca. Los lapsus linguae suceden, comunicar una idea falsa o errónea que el comunicador no pretendía. Si algo es verdadero porque alguien pretendió que sea así, entonces todas las declaraciones sinceras que se han hecho son verdaderas, incluso aquellas que son evidentemente absurdas. Las personas sinceras a menudo están sinceramente equivocadas.

La verdad no es "lo que es completo". Otra idea es que el punto de vista que explica la mayor cantidad de información es cierto. Y aquellos que no son tan extensos no son ciertos, o no son 'tan ciertos'. La amplitud es una prueba de verdad, pero no la definición de la verdad. Ciertamente, una buena teoría explicará toda información relevante. Y una cosmovisión verdadera será amplia. No obstante, esto solo es una prueba negativa para saber si es verdad. Las afirmaciones de ese punto de vista deberán seguir correspondiendo con el verdadero estado de las cosas. Si un punto de vista fue verdadero simplemente porque era más enciclopédico, entonces una declaración amplia de error sería verdadera y una presentación resumida de la verdad automáticamente sería un error. No todas las presentaciones interminables son verdaderas, y no todas las concisas son falsas. Uno puede tener un punto de vista amplio de lo que es falso o un punto de vista superficial o incompleto de lo que es verdadero.

La verdad no es "lo que es esencialmente relevante". Siguiendo a Søren *Kierkegaard y otros filósofos existenciales, algunos han insistido en que la verdad es lo que es relevante para nuestra existencia o vida y la falsedad es lo que no es. Como dijo Kierkegaard, la verdad es subjetiva. Como Martin Buber manifestó, la verdad se encuentra en las personas, no en las proposiciones. Lo que es verdadero será relevante, pero no todo relevante es verdadero. Un lapicero es relevante para un escritor ateo y un arma es relevante para un asesino, pero esto no hace que lo primero sea verdadero ni que lo segundo sea bueno. Una verdad sobre la vida será relevante para la vida. Pero no todo lo que sea relevante para la vida de uno será verdadero.

La verdad no es "lo que se siente bien". El popular punto de vista subjetivo es que la verdad brinda un sentimiento satisfactorio y que el error se siente mal. La verdad se encuentra en nuestros sentimientos subjetivos. Muchos místicos (ver Misticismo) y entusiastas de la Nueva Era sostienen versiones de este punto de vista incorrecto, aunque también tiene una fuerte influencia entre algunos grupos cristianos orientados a la experiencia.

Es evidente que las malas noticias pueden ser verdaderas. Pero si lo que se siente bien siempre es cierto, entonces no deberíamos creer nada desagradable. Un reporte de malas notas no hace que un estudiante se sienta bien, pero el estudiante se rehúsa a creerlo por su riesgo académico. Sin embargo, el reporte sigue siendo verdadero. Los sentimientos también son relativos de acuerdo a las personalidades individuales. Lo que se siente bien para uno puede ser malo para otro. Si es así, entonces la verdad sería muy relativa. Pero como se verá en detalle más adelante, la verdad no puede ser relativa. Incluso si la verdad nos hace sentir bien, al menos en el largo plazo, esto no quiere decir que lo que se siente bien sea verdadero. La naturaleza de la verdad no depende del resultado de la verdad.

Lo que es la verdad. Correspondencia con la realidad. La verdad es lo que corresponde a su referente. La verdad sobre la realidad es lo que corresponde a la manera en que en realidad son las cosas. La verdad es "decirlo como es". Esta correspondencia aplica tanto para las realidades abstractas como para las reales.

Existen verdades matemáticas. También hay verdades sobre ideas. En cada caso, existe un objeto y la verdad lo expresa de manera apropiada.

Entonces, la falsedad es lo que no corresponde. No cuenta las cosas como son, las tergiversa. La intención detrás de la declaración es irrelevante. Si carece de una correspondencia adecuada, es falsa.

Argumentos a favor de la correspondencia. Todos los puntos de vista sobre la no correspondencia de la verdad implican correspondencia, incluso si intentan negarla. La afirmación "la verdad no corresponde a lo que es" implica que este punto de vista corresponde a la realidad. Entonces, el punto de vista de la no correspondencia no puede expresarse por sí mismo sin usar un marco de referencia de correspondencia.

Si las declaraciones fácticas de alguien no necesitan corresponder a los hechos para ser verdaderas, entonces cualquier declaración factualmente incorrecta es aceptable. Mentir se vuelve imposible. Cualquier declaración es compatible con cualquier situación.

Para saber si algo es verdadero o falso, debe haber una diferencia real entre las cosas y las declaraciones sobre las cosas. Pero la correspondencia es la comparación de palabras con sus referentes. Por lo tanto, es necesaria una perspectiva sobre la correspondencia para darle sentido a las declaraciones fácticas.

La comunicación depende de las declaraciones informativas. Pero la correspondencia a los hechos es lo que hace que las declaraciones sean informativas. Toda comunicación depende básicamente de que algo sea literalmente o factualmente verdadero. Ni siquiera podemos usar una metáfora a menos que entendamos de que hay un significado literal en el que el sentido figurado no es literal. Entonces, se deduciría que toda comunicación depende en el análisis final de una correspondencia con la verdad.

La teoría intencionalista afirma que algo es verdadero solo si lo que se logra corresponde a lo que se pretende con la declaración. Sin la correspondencia de las intenciones y los hechos logrados, no hay verdad.

Objeciones a la correspondencia. Las objeciones al punto de vista de la correspondencia sobre la verdad vienen de fuentes cristianas y no cristianas.

Cuando Jesús dijo lo siguiente: "Yo soy la verdad" (Juan 14:6), se argumenta que Él demostró que la verdad es personal, no proposicional. Si es cierto, esto alteraría el punto de vista de la correspondencia sobre la verdad, en donde la verdad es una característica de las proposiciones (o expresiones) que corresponden a su referente. Sin embargo, una persona, así como una proposición, puede corresponder a la realidad. Como la "fiel imagen" del Dios invisible (Heb 1:3), Jesús corresponde perfectamente al Padre (Juan 1:18). Él le dijo a Felipe: "El que me ha visto a mí ha visto al Padre" (Juan 14:9). Por ende, una persona puede corresponderle a otra en su carácter y acciones. En este sentido, se puede decir que las personas son verdaderas o que expresan la verdad.

Asimismo, se objeta que Dios es verdad, pero no hay nada fuera de Él a lo que corresponda. No obstante, según el punto de vista de la correspondencia, la verdad es lo que representa correctamente la realidad. Debido a que Dios carece de correspondencia, este argumento es válido, la teoría de la correspondencia niega que Dios es verdadero, como la Biblia dice que lo es (Ro 3:4). Sin embargo, la verdad como correspondencia se relaciona fuertemente con Dios. Las palabras de Dios corresponden a sus pensamientos. Así que, Dios es verdadero en el sentido de que se puede confiar en su palabra. Los pensamientos de Dios son idénticos a sí mismos, una especie de "correspondencia" perfecta. En este sentido, Dios es verdadero a sí mismo. Si la verdad se entiende como lo que corresponde a otro, entonces, en este sentido, Dios no es "verdadero". Por el contrario, es la realidad definitiva y, por ende, el estándar para la realidad. Otras cosas deben corresponderle de una manera limitada para que sean llamadas verdaderas, no Él a ellas.

La falacia básica en esta objeción de que Dios es la verdad pero no el correspondiente es que se equivoca en sus definiciones. Si la correspondencia solo se relaciona con algo 'fuera' de uno mismo, entonces Dios no puede ser verdad, sino la realidad definitiva a la que la verdad corresponde. Si la correspondencia también puede estar 'dentro' de uno mismo, Dios se corresponde a sí mismo en la manera más perfecta. Él es la verdad perfecta por la autoidentidad perfecta. Considere el siguiente planteamiento erróneo:

1. Todos los que se someten a la autoridad del papa son católicos romanos.
2. Pero el papa no puede someterse a sí mismo.
3. Por lo tanto, el papa no es católico romano

El error está en la segunda premisa. Contrariamente a lo que se afirma, el papa sí puede someterse a sí mismo. Simplemente tiene que seguir las reglas que él establece para los católicos romanos. Asimismo, Dios puede y vive de acuerdo con su propia autoridad. En este sentido, es verdadero a sí mismo.

La naturaleza absoluta de la verdad. La relatividad de la verdad es generalmente una premisa del pensamiento actual. Sin embargo, el cristianismo ortodoxo se predica bajo la postura de que la verdad es absoluta. Por consiguiente, la defensa de la posibilidad de la verdad absoluta es crucial para la defensa de la histórica fe cristiana. Según las teorías de la verdad relativa, algo puede ser verdadero para una persona, pero no para todas. O puede ser verdadero en un momento pero no en otro. De acuerdo con el punto de vista absolutista, lo que es verdadero para una persona es verdadero para todas las personas, tiempos y lugares.

La verdad relativa. La relatividad de la verdad es una visión popular contemporánea. Sin embargo, la verdad no se determina por la mayoría de votos. Observemos las razones que dan las personas para creer que la verdad es relativa.

Algunas cosas aparentan ser verdaderas solo en ciertos casos y no en otros. Por ejemplo, una vez mucha gente creía que la tierra era plana. Ahora sabemos que la declaración de esa verdad era errónea. Parecería que esta verdad ha cambiado con el tiempo. ¿o no? ¿La verdad cambia o las creencias sobre lo que es verdadero cambia? Ciertamente, el mundo no cambió de un cubo a una esfera. Lo que cambió en este sentido es nuestra creencia, no nuestro planeta. Pasó de ser una creencia falsa a una verdadera.

Algunas declaraciones parecen ser ciertas solo para algunos. La afirmación "tengo calor" puede ser cierta para mí, pero no para otra persona que pueda sentir frío. Soy el único dentro del universo del discurso de la declaración. La afirmación: "Yo [Norman Geisler] tengo calor (el 21 de julio de 2012 a las 2:00 p. m.)" es verdadera para todos, en todas partes al indicar que Norman Geisler ha sentido calor en ese momento en la historia. Corresponde a hechos y por ende es una verdad absoluta.

Un profesor que está en frente de una clase dice: "la puerta de este salón está a mi derecha". Pero para los estudiantes está a la izquierda. Los relativistas sostienen que, sin duda, esta verdad es relativa al profesor debido a que es falsa para la clase. Sin embargo, por el contrario, es igualmente cierto para todos que la puerta está al lado derecho del profesor. Esta es una verdad absoluta. Nunca será verdad para nadie, en ningún lugar, en ningún momento que la puerta estaba al lado izquierdo del profesor durante esta clase, en este día y en este salón. También es una verdad absoluta que la puerta estaba al lado izquierdo de los estudiantes. Parece obvio que la temperatura es caliente en Arizona y fría en el Polo Norte. Así que, aparentemente algunas cosas son verdaderas para algunos lugares, pero no para otros. ¿No es así?

No del todo. Algunas cosas son verdaderas de acuerdo con algunos lugares, pero no son verdaderas en otros en donde las condiciones son diferentes. Pero ese no es el punto. La afirmación sobre Arizona es absolutamente verdadera y se mantiene así en donde quiera que se diga, puesto que es una afirmación sobre Arizona. La otra declaración es una afirmación sobre el Polo Norte y también se mantiene cierta en donde quiera que se diga, ya que es una afirmación sobre el Polo Norte. Toda la verdad es absoluta. No existen verdades relativas. Porque si algo es realmente verdadero, entonces es realmente verdadero para todos, en todos lados y por siempre. La afirmación verdadera que indica que $7 + 3 = 10$ no es solo verdadera para las carreras de matemáticas, ni tampoco es solo cierta en un salón de matemáticas. Es verdadera para todos en todos lados.

Evaluación. Como una manzana vieja, el relativismo puede verse bien por fuera, pero está podrido por dentro. Entre sus problemas están los siguientes.

¿Absolutamente relativo? La mayoría de los relativistas realmente creen que el relativismo es verdadero para todos, no solo para ellos. Pero eso es lo único que no pueden respaldar si son realmente relativistas. Puesto que, una verdad relativa solo es cierta para mí, pero no necesariamente para alguien más. Así que, el relativista que piensa que el relativismo es cierto para todos es un absolutista. Tal persona cree en al menos una verdad absoluta. El dilema es el siguiente: un relativista congruente no puede decir que "es una verdad absoluta para todos que la verdad solo es relativamente verdadera". Ni tampoco la persona puede decir que "solo es relativamente verdadero que el relativismo es verdadero". Si solo es relativamen-

te verdadero, entonces el relativismo puede ser falso para algunos o para todos. ¿Por qué entonces debo aceptarlo como verdadero? O bien la declaración de que la verdad es relativa es una afirmación absoluta, lo que alteraría la posición relativista, o es una afirmación que nunca se puede decir, porque cada vez que se dice se tiene que añadir otra "relativa". Esto origina un *retroceso infinito que nunca tendrá resultados en una afirmación real.

La única manera en la que los relativistas pueden evadir el doloroso dilema del relativismo es admitiendo de que al menos existen algunas verdades absolutas. Como se señaló, la mayoría de los relativistas creen que el relativismo es absolutamente verdadero y que todos deberían ser relativistas. Ahí radica la naturaleza autodestructiva del relativismo. Los relativistas se encuentran en la cumbre de una verdad absoluta y quieren relativizar todo lo demás.

Un mundo de contradicciones. Si el relativismo fuera verdadero, entonces el mundo estaría lleno de condiciones contradictorias. Porque si algo es verdadero para mí, pero falso para ti, entonces las condiciones opuestas existen. Ya que si yo digo "hay leche en el refrigerador" y tú dices "no hay leche en el refrigerador", y los dos estamos en lo cierto, entonces debe haber y no debe haber leche en el refrigerador al mismo tiempo y en el mismo sentido. Pero eso es imposible. Así que, si la verdad fuera relativa, entonces lo imposible sería real.

En el campo religioso, significaría que Billy Graham dice la verdad cuando menciona que "Dios existe", y Richard Dawkins también está en lo cierto cuando afirma que "Dios no existe". Pero estas dos afirmaciones no pueden ser verdaderas. Si una es verdadera, entonces la otra es falsa. Y ya que agotan las únicas posibilidades, una de ellas debe ser verdadera.

Sin errores ni aciertos. Si la verdad es relativa, entonces nunca nadie está equivocado, incluso si sí lo está. Mientras algo sea verdadero para mí, entonces estoy en lo cierto incluso cuando no lo estoy. La desventaja es que nunca podría aprender algo tampoco, porque aprender es pasar de una creencia falsa a una verdadera; es decir, de una creencia absolutamente falsa a una absolutamente verdadera. La verdad es que los absolutos son ineludibles.

Respondiendo las objeciones. Los relativistas han planteado varias objeciones al punto de vista de la verdad como absoluta. Las siguientes son las más importantes.

Sin conocimiento absoluto. Se objeta que la verdad no puede ser absoluta, puesto que no tenemos un conocimiento absoluto de las verdades. Incluso la mayoría de absolutistas admiten que la mayoría de cosas solo se conocen en términos de grados de probabilidad. Entonces, ¿cómo toda la verdad puede ser absoluta?

Podemos estar absolutamente seguros de algunas cosas. Estoy absolutamente seguro de que existo. En efecto, mi existencia es innegable. Ya que tendría que existir para decir que "no existo". También estoy absolutamente seguro de que no puedo existir y no existir al mismo tiempo. De que no existen los cuadrados en forma de círculo. Y de que 3 + 2 = 5.

Hay muchas cosas de las que no estoy absolutamente seguro. Pero incluso aquí los relativistas se equivocan al rechazar la verdad absoluta simplemente porque carecemos de 'evidencia' absoluta de que algunas cosas son verdaderas. La verdad puede ser absoluta sin importar cuáles sean nuestros fundamentos para creer en ella. Por ejemplo, si es cierto que Sidney, Australia, está en el Océano Pacífico, entonces es absolutamente verdadero sin importar cuál sea mi evidencia o falta de ella. Una verdad absoluta es absolutamente verdadera en sí misma, independientemente de la evidencia que haya. La evidencia, o la falta de la misma, no cambia un hecho. Y la verdad es lo que corresponde a los hechos. La verdad no cambia solo porque aprendamos algo más sobre ella.

Verdades intermedias. Otra objeción es que muchas cosas son comparativas, como los tamaños relativos tales como bajo y alto. Como tales, no pueden ser verdades absolutas, puesto que cambian dependiendo del objeto al que se comparan. Por ejemplo, algunas personas son buenas en comparación con Hitler, pero malas en comparación con la Madre Teresa. Contrariamente a la afirmación de los relativistas, las cosas intermedias no refutan el absolutismo. Los hechos que "John es bajo en comparación con un jugador de la NBA (National Basketball Association [Asociación Nacional de Baloncesto])" y que "John es alto en comparación con un jinete" son absolutamente verdaderos en todo momento y para todas las personas. John está en el medio en cuanto al tamaño, y depende con quién se lo compare para indicar si es más bajo o más alto. Sin embargo, es absolutamente verdadero que John (quien mide 5 pies y 10 pulgadas) es bajo comparado con otros jugadores de baloncesto y alto comparado con la mayoría de jinetes. Lo mismo es verdadero para otras cosas intermedias, como más caliente y más frío y mejor y peor.

Ninguna nueva verdad (o progreso). Si la verdad nunca cambia, entonces no puede haber ninguna nueva verdad. Esto significaría que ningún progreso es posible. Pero sí llegamos a saber nuevas verdades. De eso es de lo que se tratan los descubrimientos científicos. En respuesta a esto, la "nueva verdad" se puede entender de dos maneras. Puede significar "nuevo para nosotros", como un nuevo descubrimiento en la ciencia. Pero es solo cuestión de que descubramos una "antigua" verdad. Después de todo, la ley de la gravedad existió mucho antes de Isaac Newton. Muchas verdades siempre han existido, solo que nosotros recién nos estamos enterando de ellas. La otra manera en la que podríamos entender una "nueva verdad" es que ha surgido algo nuevo que hace posible hacer una nueva afirmación sobre ella que solo entonces es verdadera por primera vez. Eso tampoco es un problema. Cuando sea 1 de enero de 2030, una nueva verdad surgirá. Hasta ese día, no sería verdadero decir que "hoy es 1 de enero de 2030". Pero cuando suceda, será verdadero para todas las personas, lugares y por siempre. Así que, las "antiguas" verdades no cambian, ni tampoco lo hacen las "nuevas" verdades cuando se cumplen. Una vez que es verdadero, siempre lo es para todos.

La verdad y el crecimiento en conocimiento. También se objeta que el conocimiento de la verdad no es absoluto, puesto que crecemos en verdad. Lo que es verdadero ahora puede ser falso mañana. El avance de la ciencia es una prueba de que la verdad cambia constantemente. Esta objeción no tiene en cuenta que no es la verdad la que cambia, sino nuestro entendimiento de ella. Cuando la ciencia avanza verdaderamente, no pasa de una vieja verdad a una nueva, sino de un error a una verdad. Cuando Copernicus argumentó que la tierra se movía alrededor del sol y no al revés, la verdad no cambió. Lo que cambió fue el entendimiento científico sobre qué se mueve alrededor de qué.

Absolutos cerrados. Sin duda, la verdad es cerrada. Solo existe una respuesta para 4 + 4. No es 1. No es 2, 3, 4, 5, 6, 7, 9, 10 o algún otro número. Es 8 y solo 8. Eso es cerrado, pero es correcto.

Los no cristianos a menudo manifiestan que los cristianos son de mente cerrada, porque afirman que el cristianismo es verdadero y que todos los sistemas no cristianos son falsos. Sin embargo, lo mismo pasa con los no cristianos que afirman que lo que consideran como verdad es verdadero y todas las creencias que se oponen son falsas. Eso es igualmente cerrado. El hecho es que si C (cristianismo) es verdadero, entonces se deduciría que todos lo no C son falsos. Asimismo, si H (por decir, el humanismo) es verdadero, entonces todos los no H son falsos. Ambos puntos de vista son igualmente cerrados. Así es la verdad. Cada afirmación de verdad excluye las afirmaciones contradictorias de la verdad. El cristianismo no es más cerrado que otro conjunto de creencias, ya sea que se trate del *ateísmo, *agnosticismo, escepticismo o *panteísmo.

Absolutos dogmáticos. La afirmación de que aquellos que creen en la verdad absoluta son dogmáticos, no tiene sentido. Si toda verdad es absoluta (verdadera para todas las personas, tiempos y lugares), todo el que afirma que cualquier cosa es verdadera es "dogmático". Incluso el relativista que afirma que el relativismo es verdadero es dogmático. Porque la persona que manifiesta que el relativismo es absolutamente verdadero es particularmente dogmático. Esta persona declara poseer la única verdad absoluta que puede ser pronunciada, es decir, que todo lo demás es relativo.

Algo importante se pasa por alto en esta carga del dogmatismo. Existe una gran diferencia entre la acusación peyorativa de que la creencia de la verdad absoluta es dogmática y la manera en la que alguien pueda sostener esta creencia. Sin duda, en la manera en la que muchos absolutistas han sostenido y expresado sus creencias ha sido muy poco humilde. Sin embargo, ningún agnóstico consideraría como un argumento contundente contra el agnosticismo que algunos agnósticos comunicaran sus creencias en una manera dogmática.

No obstante, hay una distinción importante que debemos recordar: la verdad es absoluta, pero nuestro entendimiento de ella no lo es. Solo porque existe la verdad absoluta no quiere decir que nuestro 'entendimiento' de ella es es absoluto. Este hecho por sí mismo debería causar que los absolutistas atemperen las convicciones con humildad. Puesto que mientras la verdad es absoluta, nuestro entendimiento de la verdad absoluta no es absoluto. Como criaturas finitas, crecemos en nuestro entendimiento de la verdad.

Resumen. La verdad se puede poner a prueba de diferentes maneras, pero debe entenderse solo en una. Existe un objeto o una realidad a la que las declaraciones o ideas deben ajustarse para ser vistas como verdad. Puede que haya distintas maneras de 'defender' diferentes afirmaciones de verdad, pero en realidad solo hay una manera correcta de 'definir' la verdad, es decir, la correspondencia. La confusión entre la naturaleza de la verdad y la verificación de la verdad radica en el núcleo del rechazo de un punto de vista de la correspondencia sobre la verdad. Asimismo, hay una diferencia entre lo que la verdad 'es' y lo que verdad 'hace'. La verdad es 'correspondencia', pero la verdad tiene ciertas 'consecuencias'. La verdad por sí misma no debe confundirse con sus resultados o con sus aplicaciones. No lograr hacer esta diferencia lleva a puntos de vista erróneos sobre la naturaleza de la verdad. La verdad es lo que corresponde a la realidad o al estado de las cosas que se propone describir. Y la falsedad es lo que no corresponde.

Fuentes
Anselm, *Truth, Freedom, and Evil* [Verdad, libertad y maldad].

T. de Aquino, *On Truth* [Sobre la Verdad].
Aristóteles, *Posterior Analytics* [Segundos analíticos].
Agustín, *Against the Academics* [Contra los académicos].
A. Bloom, *The Closing of the American Mind* [El cierre de la mente moderna].
P. Copan, *True for You, But Not for Me* [Cierto para ti, pero no para mi].
N. L. Geisler, *Thomas Aquinas* [Tomás de Aquino], cap. 6.
J. F. Harris, *Against Relativism* [Contra el relativismo].
C. S. Lewis, *The Abolition of Man* [La abolición del hombre].
Platón, *Protagoras* [Protágoras].
————, *Theaetetus* [Teeteto].
D. Wells, *No Place for Truth* [No hay lugar para la verdad].

Verificabilidad, Principio de. *Ver* AYER, A. J.

Verificación escatológica. *Ver* VERIFICACIÓN, TIPOS DE.

Verificación, Tipos de. La verificación tiene que ver con la manera de probar el sentido o la verdad de una afirmación. El principio de verificación surgió de la escuela *positivismo lógico. Proponentes tales como A. J. *Ayer, siguiendo a David *Hume, originalmente manifestaron que para que una afirmación tenga sentido tenía que ser o bien verdadera por definición o bien empíricamente verificable por medio de uno o más sentidos. Esto resultó ser demasiado limitado, puesto que sobre esta base, el principio de verificabilidad empírica no era empíricamente verificable. No tenía sentido.

Tras la muerte de la estricta verificabilidad, creció una extensión del principio para incluir otros tipos de verificación: experimental, histórica y escatológica. La mayoría de filósofos estuvieron de acuerdo en que tenían que haber condiciones específicas bajo las que se podía saber si una afirmación tenía sentido o era verdadera. Antony *Flew, siguiendo la parábola del "jardinero invisible" de John Wisdom, sostuvo que a menos que haya un criterio por el que se pueda saber si algo es falso, no se podía saber si es cierto. A menos que se pueda especificar alguna condición (o condiciones) por la que una afirmación se pueda falsear, no hay forma de verificarlo. Algo tiene que ser capaz de contrarrestar una proposición si la evidencia va a valer para ello. Esto quiere decir que a menos que un teísta pueda especificar condiciones bajo las cuales se pueda saber que Dios no existe, no existe base con la cual afirmar que Él sí existe.

Tipos de verificación. Los intentos por hacer frente a los tipos de verificación de una afirmación de verdad se clasifican en tres categorías: pasado, presente y futuro. Aquellos que ofrecen un criterio para el presente se pueden dividir en pruebas teístas y pruebas experimentales.

Verificación histórica. Entre los apologetas cristianos, John W. Montgomery y Gary Habermas sostienen que las afirmaciones de verdad cristianas se pueden verificar en la historia por medio de la resurrección de Cristo (ver Resurrección, Evidencias a favor de la). Este punto de vista se llama apologética histórica o verificación histórica.

Verificación presente. Aquellos que buscan algún tipo de verificación en el presente se dividen en las categorías generales de lo racional y lo experimental. La primera brinda pruebas teístas tradicionales como la verificación. Los teístas tradicionales señalan que esto es precisamente lo que los argumentos a favor y en contra de la existencia de Dios hacen (ver Dios, Evidencias de). Si se pudiera proponer una refutación de Dios, entonces se podría falsificar la afirmación del teísmo (ver Dios, Supuestas contradicciones de). Asimismo, una prueba a favor de Dios puede verificar su existencia. Cualquier cosa que no sea una prueba completa todavía tiende a verificar o falsear.

Las pruebas experimentales pueden ser específicas o generales. Las específicas a menudo se denominan místicas y tratan con experiencias religiosas únicas. Las generales tratan con experiencias disponibles para todos. Algunos apologetas ofrecen pruebas experimentales no místicas para la veracidad de las declaraciones religiosas. Ian Ramsey habló del ajuste empírico de las declaraciones que evocan una experiencia de Dios (ver Ramsey). Friedrich *Schleiermacher habló de un sentimiento de dependencia absoluta. El sentido de compromiso definitivo de Paul Tillich encaja en esta categoría. Algunos han desarrollado un argumento a partir de la experiencia religiosa como prueba para sus afirmaciones sobre Dios. Elton *Trueblood fue un evangélico que intentó esto.

Pruebas escatológicas. La escatología (gr. eschatos, "último") se ocupa de lo que pasará al final. Aquellos que venían de las tradiciones empíricas intentaron con otros tipos de verificación-falsificación. John *Hick presentó el principio de verificación escatológica (Hick, págs. 252-74). Las afirmaciones sobre la inmortalidad se pueden verificar si, por ejemplo, observamos continuamente nuestros propios funerales. Podemos saber que Dios existe después de la muerte si tenemos una experiencia de éxtasis trascendental y de dicha que traiga un cumplimiento definitivo.

Evaluación. Dado que ya se han analizado otras formas de verificación, como se ha señalado anteriormente, aquí se explicará la verificación escatológica. En el lado positivo, la verificación del futuro parece cumplir con los criterios mínimos para el significado y la verdad. Provee condiciones específicas bajo las cuales podríamos saber si ciertas afirmaciones religiosas son ciertas.

Por el otro lado, el conocimiento nos llegará muy tarde como para que hagamos algo con él. Los ateos (ver Ateísmo) confían en que no existe ni Dios ni el infierno. Si el ateo se despierta después de la muerte y se da cuenta que estaba equivocado en ambos aspectos, sería muy tarde. Ese era el punto de la apuesta de Pascal (ver Pascal, Blaise). Incluso sería demasiado tarde para el teísta. Queremos saber ahora si vale la pena sacrificar todo por Dios y cuál Dios es el verdadero. ¿Por qué sufrir por Cristo incluso hasta el punto de morir sin la evidencia de que el cristianismo es cierto (cf. 2 Co 11:22-28; 2 Ti 3:12)? Se puede considerar que sería mejor evitar toda miseria y tener una vida placentera ahora.

Fuentes

A. J. Ayer, Language, *Truth, and Logic* [Lenguaje, verdad y lógica].

A. Flew, *New Essays in Philosophical Theology* [Nuevos ensayos de teología filosófica].

G. Habermas, *The Resurrection of Jesus* [La resurrección de Jesús].

J. Hick, ed., *The Existence of God* [La existencia de Dios].

J. W. Montgomery, *History and Christianity* [Historia y cristianismo].

———, *The Shape of the Past* [La forma del pasado].

I. T. Ramsey, *Religious Language* [El lenguaje religioso].

D. E. T*rueblood, *Philosophy of Religion* [Filosofía de la religión].

Vida, Origen de la. *Ver* EVOLUCIÓN QUÍMICA.

Voltaire, François-Marie. François-Marie Voltaire (1694-1778) nació en París en una familia francesa acomodada. Recibió una educación clásica por parte de los jesuitas en Louis-le-Grand. Abandonó la escuela de leyes por intereses literarios. Su fuerte afición satírica lo llevó a ser exiliado de Países Bajos en 1713 y a ser encarcelado en la Bastilla (1717-18). Comenzando por su épico poema La Henriade [La Henriada] (1723) sobre Enrique IV (1366 - 1413), el último rey inglés tolerante, Voltaire dominó el teatro francés durante medio siglo.

Voltaire escribió Letters Concerning the English Nation [Cartas acerca de la nación inglesa], en donde en esa época había más tolerancia religiosa que en Francia. En la edición francesa, incluyó una crítica a Pensées de Blaise Pascal. Lettres philosophiques (1734) fue una inspiración para los pensadores liberales del siglo XVIII. Essai sur les moeurs (1756) se publicó mientras vivía en Ginebra y Candide, una sátira de la teodicea de Gottfried *Leibniz sobre "el mejor de todos los mundos posibles", se publicó en 1756. Los temas de su anterior obra Lettres se desarrollaron con más detalle posteriormente en Dictionnaire philosophique (1764).

El dios deísta de Voltaire. Aunque Voltaire usó el término teísta (ver Teísmo) para describir su filosofía, él era deísta (ver Deísmo). Creía en un Creador que no intervino sobrenaturalmente en el mundo. Su fuerte creencia en el diseño de la naturaleza lo mantuvo lejos del *ateísmo, un punto de vista atacado posteriormente por Charles *Darwin (1809-82).

Voltaire no creía que la existencia de Dios fuera innata. Observó que algunas naciones no tenían conocimiento sobre una Deidad creada. "Cada hombre viene al mundo con una nariz y cinco dedos, pero ninguno posee desde el nacimiento algún conocimiento sobre Dios" (Philosophical Letters [Cartas filosóficas], págs. 39-40). Así como la toma de conciencia sobre una ley moral, el sentido de deidad se desarrolla de manera gradual, aunque inevitablemente, mientras se contempla la evidencia que Dios puso en el mundo natural.

Evidencia a favor de la existencia de Dios. Aceptó muchos de los argumentos de *Tomás de Aquino a favor de la existencia de Dios. Su *argumento cosmológico es conciso y persuasivo:

1. Yo existo, así que algo existe.
2. Si algo existe, algo ha existido por toda la eternidad, puesto que lo que existe es autoexistente o se le ha transmitido su existencia por medio de otro ser.
3. Si lo que existe es autoexistente, existe necesariamente; siempre ha existido necesariamente, y es Dios.
4. Si a lo que existe se le ha transmitido su existencia por medio de otro ser, y ese otro ser ha derivado su existencia de un tercero, el último ser debe ser necesariamente Dios (Voltaire and Rousseau against the Atheists [Voltaire y Rousseau contra los ateos], págs. 42-43).

Su *argumento teleológico siguió la forma del de William *Paley (1743-1805): "Siempre seré el de la opinión de que un reloj prueba la existencia de un relojero, y que el universo prueba la existencia de un Dios". Añade: "Por mi parte, en la naturaleza como un arte, no veo más que causas finales; y creo que los árboles de manzanas fueron creados con el propósito

de dar manzanas, así como los relojes se hacen con el propósito de dar la hora del día" (ibid., pág. 35). "¿Puede ser que estas copias supongan un creador inteligente y los originales no? [...] Esto de por sí me parece la demostración más convincente de la existencia de un Dios, y no puedo concebir de qué manera puede ser respondida" (ibid., pág. 9).

Providencia especial y milagros. Dios era necesario para que el mundo funcionara, pero no ha manifestado ningún cuidado providencial especial hacia él desde entonces. De hecho, el objetivo general de Zadig de Voltaire parece haber sido cuestionar la justicia de Dios. Voltaire hizo una diferencia entre la providencia general y especial de Dios. En la primera aceptó, en el sentido deísta, que Dios otorga a los humanos razón y sentimientos de benevolencia, pero negó la última. El mal en el mundo se interpuso entre él y un Dios omnibenevolente (ver Mal, Problema del).

En cuanto a los milagros, "ni siquiera una de las profecías a las que Pascal se refirió se pueden aplicar sinceramente a Cristo; [...] su debate sobre los milagros no tenía ningún sentido" (Torrey, Voltaire and the English Deists [Voltaire y los deístas ingleses], pág. 264).

Inmortalidad del alma. El punto de vista de Voltaire sobre la existencia de la mente y el alma dio lugar a un materialismo posterior, aunque siguió siendo escéptico. Arraigado en el empirismo inglés, Voltaire con el tiempo concluyó lo siguiente: "No puedo dudar de que Dios no ha otorgado sensaciones, memoria y, por consiguiente, ideas a la materia organizada" (ibid.). Durante su vida, mantuvo un punto de vista escéptico sobre el alma. Su expresión en el último capítulo de Micromégas (1752) resume con humor su punto de vista: "Que Dios, si existe uno, salve mi alma, si es que tengo una". Otros desarrollaron el escepticismo de Voltaire acerca del alma en un *materialismo ateísta completo.

Cristianismo inhumano. Su poema anónimo Epitre à Uranie (1722) fue una diatriba contra la creencia cristiana de una deidad celosa y tirana del Antiguo Testamento y la condenación inhumana de todos los paganos al castigo eterno. Dirigiéndose a la deidad benévola y misericordiosa a la que adoraba, Voltaire oró así: "No soy cristiano para poder amarte más" (ibid., pág. 266). Voltaire condenó todas las religiones reveladas (ver Revelación Especial).

El ataque de Voltaire hacia el cristianismo disparó contra uno de sus más notables defensores de su tiempo: Blaise *Pascal. En la vigésimo quinta carta filosófica de Voltaire, se enfocó en el punto de vista cristiano de Pascal acerca de la caída, la redención, la providencia divina, la predestinación y la gracia. Él creía que Pascal no era ni iluminado ni humanitario y que motivó el fanatismo. En cuanto a la contribución de Pascal, Voltaire se sorprendió de que recurriera a tales medios para probar a Dios. Voltaire respondió lo siguiente: "Los cielos declaran la gloria de Dios".

Aparte de esta obra anónima, Voltaire guardó su crítica más fuerte hacia el cristianismo hasta después de su retiro a principios de 1760. En su relato del sacerdote renegado Jean Meslier (1762), escribió:

¿Cuáles son entonces las fuentes vanas de los cristianos? ¿Sus principios morales? Estos son básicamente los mismos en todas las regiones. Sus peculiaridades están en dogmas crueles [que] surgieron de ellos y han predicado la persecución y la disensión. ¿Debemos creer en sus milagros? Pero ¿qué personas no tienen los suyos y qué mentes filosóficas no desprecian estas fábulas? [...] ¿Sus profecías? ¿Su falsedad no ha sido demostrada? [...] ¿Sus morales? ¿No son a menudo infames? ¿El establecimiento de su religión? Pero ¿no comenzaba con el fanatismo? ¿No se fomentó por la intriga? ¿La estructura no fue mantenida visiblemente por la fuerza? ¿Su doctrina? Pero ¿no es el colmo de lo absurdo? (ibid., pág. 266)

Para Voltaire, "el establecimiento del cristianismo [fue] una grave aberración de la mente humana, un alto en el progreso de la humanidad" (ibid., pág. 267).

Voltaire halló argumentos contra los milagros (ver Milagros, Argumentos contra los) en David *Hume y deístas ingleses. Descubrió en Anthony Collins argumentos contra la profecía predictiva. Y en cuanto a los racionalistas franceses, estaba convencido de un sin número de contradicciones e inconsistencias en la Biblia.

Con respecto a Cristo, lo aceptó como su maestro sobre otros líderes religiosos, como Confucio (551-479 a. C.), a quién admiraba. Sin embargo, describía a Cristo como un deísta o humanista. Aunque Voltaire rechazaba al Cristo de los Evangelios como Thomas *Jefferson (1743-1826), aceptó las enseñanzas morales básicas de Cristo como se registra allí. El único sentido en el que los puntos de vista de Voltaire se pueden llamar cristianos es en el sentido deísta. Los fundamentos de las enseñanzas cristianas teístas y morales de la paternidad de Dios y la hermandad de la humanidad son comunes para todas las religiones tal como se revela en la naturaleza (ver su Traité sur la tolérance [1763]).

El mal. Citando a Epicuro (341-270 a. C.), Voltaire estuvo de acuerdo en que "o bien Dios puede quitar el mal del mundo y no lo hace; o bien quiere hacerlo, pero no puede; o bien no puede ni quiere; o es capaz y quiere". Pero "si quiere y no puede, no es omnipotente. Si puede pero no lo hace, no es benevolente. Si no quiere ni es capaz, no es ni omnipotente ni benevolente [...] Si quiere y puede, ¿de dónde viene el mal de la faz de la tierra?" (citado en Torrey, Voltaire and English Deists [Voltaire y los deístas ingleses], pág. 265).

Las obras de Voltaire sobre el mal iban dirigidas contra el optimismo de Leibniz y Alexander Pope (1688-1744). Su sátira clásica Candide se dirigía contra "lo mejor de todos los mundos posibles" en la manera más cortante. Rechazó la aceptación optimista de "cualquier cosa que sea, es buena" o "el mal parcial es el bien universal", por una aceptación estoica del destino y un deseo de hacer que la vida sea tolerable a pesar de ello (ver Mal, Problema del).

Actitud religiosa. A pesar de su aversión hacia el cristianismo y la religión sobrenatural, Voltaire tuvo una experiencia religiosa profunda sobre su propia y fuertemente defendida religión natural. Como Norman Torrey señala, "él tenía un sentido genuino de admiración y veneración, expresado con tanta frecuencia como para ser ignorado, que solo pudo haber venido de la experiencia mística personal de la grandeza cósmica" (ibid., 265).

Evaluación. Aspectos positivos. Voltaire defendió apasionadamente muchos de los mismos aspectos que los teístas, moralistas y amantes de la libertad han valorado. Defendió la existencia de Dios, expuso la superstición, mantuvo una actitud religiosa profunda, valoró la razón humana en la búsqueda de la verdad y tuvo un gran sentido de moralidad y justicia.

Voltaire hablaba en contra del ateísmo con los teístas. Escribió lo siguiente: "Siempre estuve convencido de que el ateísmo no podía hacer ningún bien, sino que podía hacer mucho daño. He señalado la diferencia infinita entre los eruditos quienes han escrito en contra de la superstición y los dementes que han escrito en contra de Dios. No existe ni filosofía ni moralidad en ningún sistema del ateísmo" (Philosophical Letters [Cartas filosóficas], pág. 33). Añade "No sería difícil probar en la historia que el ateísmo algunas veces puede producir tanto daño como la superstición más bárbara" (ibid., pág. 29). De hecho, "es muy probable que todos los hombres poderosos que han pasado sus vidas en esa sarta de delitos que los tontos denominan golpe político, remedios revolucionarios, arte de gobernar, etc., hayan sido ateos" (ibid., 33).

Al haber admirado por mucho tiempo a los ingleses, Voltaire fue influenciado por John *Locke (1632-1704) e Isaac Newton (1642-1727). La ley de la gravedad de Newton inspiró en Voltaire un profundo sentido de asombro por la naturaleza y su Causa supremamente inteligente. Escribió que "la misma gravedad penetra en todos los cuerpos celestiales y los impulsa entre sí [...] y esto, permítanme hacer una observación, establece lo que Platón había adivinado (no sé cómo) que el mundo era obra del Geómetra

Eterno" (ibid., pág. 7).

Voltaire percibió correctamente que el mal es uno de los más grandes problemas de un teísta. Además, vio claramente la forma de la objeción, es decir, la aparente imposibilidad de que Dios sea tanto bueno como todopoderoso sin vencer el mal. Lo que no vio fue que había un camino en medio del dilema (ver Mal, Problema del).

Aquellos que creen en la religión racional pueden estar agradecidos de que Voltaire haya expuesto la superstición y la ignorancia en la religión. Este hincapié ayuda mucho a la búsqueda de la verdad. Es una verificación objetiva de lo que de otra forma sería una pasión desenfrenada e irracionalidad.

Voltaire aprendió muy bien de Locke y de los deístas ingleses la necesidad de la libertad religiosa y la tolerancia. La influencia de Locke en Jeffereson fue importante en la Revolución Americana. La religión forzada, que involucra una expresión libre del alma, es una contradicción de términos. El gobierno debe proteger la libertad de credo, no imponer una religión de estado.

Críticas negativas. Como una forma de deísmo, la teología de Voltaire es vulnerable a la inherencia inconsistente del deísmo. Como se señala en el artículo Deísmo, admite el gran milagro (creación del universo) pero niega los más pequeños. Para los deístas era común seguir los argumentos contra los milagros establecidos por Benedict *Spinoza (1632-77) y *Hume. Se demostró que estos argumentos no tenían fundamento, para plantear la pregunta, y que estaban diseñados a favor del naturalismo (ver Milagros, Argumentos contra los).

Desde un punto de vista puramente natural, uno podría simpatizar con las dudas de Voltaire sobre la inmortalidad. Sin embargo, en vista de la sorprendente evidencia a favor de la resurrección de Cristo (ver Resurrección, Evidencias a favor de la), hay muchas razones para creer en la vida después de la muerte. De hecho, Voltaire no parece ser consistente con su propia creencia en un Dios que juzga a todos los hombres, porque sabe que no todos los males se castigan de manera justa en esta vida. Como muchos otros deístas, escépticos y ateos, Voltaire toca el problema del mal. Pero al hacerlo, debilita su propio punto de vista. Porque ¿cómo podemos saber que hay injusticias finales a menos que planteemos un estándar final para la justicia? Pero si Dios es definitivamente justo, entonces se resuelve el problema del mal. Puesto que los males impunes que vemos son solo inmediatamente injustos. Si Dios es perfectamente justo, se encargará de ellos en el momento en que Él lo decida (ver Mal, Problema del).

El dilema de Voltaire es falso. El hecho de que el mal aún no haya sido derrotado, no quiere decir que no lo será. Si Dios es omnibenevolente, lo quiere vencer. Si es todopoderoso, lo puede vencer. Y si es ambos y el mal aún no es derrotado, lo será.

Era común que los pensadores de la *"ilustración" criticaran la injusticia del infierno. Pero su presupuesto estándar de justicia final lo demanda. De otra manera, no hay justicia final y Dios no es justo en última instancia, lo cual debe ser así porque el mismo concepto de una injusticia final implica una justicia final.

Además, un aspecto típico de esta época era la crítica negativa sobre la Biblia. Pero estas críticas se construían a partir de un antisobrenaturalismo injustificado y eran prearqueológicas. Desde entonces los textos bíblicos se han comprobado de manera extraordinaria (ver Hechos, Historicidad del libro de los; Arqueología del Nuevo Testamento; Arqueología del Antiguo Testamento; Nuevo Testamento, Historicidad del).

Como aquellos que adoptaron la injustificada hipótesis evolutiva de la teoría de la historia de la religión que pasó del animismo al henoteísmo y del politeísmo al monoteísmo, Voltaire creyó que el Dios del Antiguo Testamento era una deidad tribal vengativa en comparación con el Dios de amor de Nuevo Testamento. En realidad, Dios es descrito como amoroso y misericordioso con más frecuencia en el Nuevo Testamento (ver, p. ej., Gn 43:14;m Ex 20:6; Nm 14:19; Dt 7:9; Sal 136; Jonás 4:2). Los pasajes más fuertes sobre el juicio eterno se encuentran en el Nuevo Testamento (por ejemplo, Mt 25:41; Lucas 16:19-31; Ap 20:11-15).

Fuentes

G. Lanson, *Voltaire.*

N. Torrey, *Voltaire and the English Deists* [Voltaire y los deístas ingleses].

———, *"Voltaire, François-Marie Arouet De".*

Voltaire, *François-Marie, Candide, Zadig, and Selected Stories* [Cándido, Zadig e historias seleccionadas].

———, *Philosophical Dictionary* [Diccionario filosófico].

———, *Philosophical Letters* [Cartas filosóficas].

———, *Selected Letters of Voltaire* [Cartas seleccionadas de Voltaire].

———, *Voltaire and Rousseau against the Atheists* [Voltaire y Rousseau contra los ateos].

Voluntarismo. *Ver* ESENCIALISMO DIVINO.

Warfield, B. B. Benjamin Breckinridge Warfield (1851-1921) nació cerca de Lexington, Kentucky. En 1871, se graduó del New Jersey College (luego llamado Universidad de Princeton) y en 1876 del Seminario Teológico de Princeton. Después de estudiar en la Universidad de Leipzig (1876-77), fue ministro auxiliar en la Primera Iglesia Presbiteriana en Baltimore, Maryland (1877-78). Enseñó en el Western Theological Seminary, en Allegheny, Pensilvania (1878-87), antes de que fuera solicitado para enseñar teología en el Seminario Teológico de Princeton, en donde enseñó desde 1887 hasta su muerte.

Además de sus obras bíblicas y teológicas, Warfield escribió libros y artículos relacionados con la apologética, incluyendo An Introduction to the Textual Criticism of the New Testament [Una introducción a la crítica textual del Nuevo Testamento](1886), The Gospel of the Incarnation [El evangelio de la encarnación] (1893), The Lord of Glory [El Señor de la gloria] (1907), Counterfeit Miracles [Milagros falsos] (1918), Revelation and Inspiration [Revelación e inspiración] (1927), Christology and Criticism [Cristología y crítica] (1929) y Studies in Tertullian and Augustine [Estudios en Tertuliano y

Agustín] (1930). Sus artículos sobre apologética que incluyeron la "Revelación" se encuentran en la International Standard Bible Encyclopedia [Enciclopedia Estándar Internacional de la Biblia] (1915), "On the Antiquity and the Unity of the Human Race" ["Sobre la antigüedad y la unidad de la raza humana"], y "The Idea of Systematic Theology" ["La idea de la teología sistemática"].

El punto de vista de Warfield sobre la apologética. John *Calvin y la tradición de la Confesión Presbiteriana escocesa de Westminster fijaron las influencias teológicas de Warfield. Respetaba enormemente a su predecesor en Princeton: Charles Hodge. James Mc-Cosh implantó el *realismo escocés de Thomas *Reid (1710-96) en el pensamiento de Warfield. También fue grandemente influenciado por *Agustín y, en menor grado, por *Tomás de Aquino.

Warfield fue preeminentemente un teólogo apologético. Enfatizó la necesidad por la apologética y una fe racional basada en la evidencia.

Definición de la apologética. Warfield definió la apologética como "la reivindicación sistemáticamente organizada del cristianismo en todos sus elementos y detalles contra toda oposición" (Works [Obras], 9:5). "Lo que la apologética se compromete a establecer es justo este mismo cristianismo, incluyendo todos sus 'detalles' e involucrando su 'esencia', en su inexplicable e incomprensible totalidad, como la religión absoluta" (ibid., pág. 9).

La relación de la apologética y la teología. Warfield, en su "idea de teología sistemática", explicó con lujo de detalles la relación de la apologética y la teología: "La apologética filosófica se [...] presupone y es la base de la estructura de la teología científica [...] La teología apologética prepara el camino para toda teología estableciendo sus presuposiciones necesarias sin las que ninguna teología es posible: la existencia y naturaleza esencial de Dios [ver Dios, Naturaleza de], la naturaleza religiosa del hombre que le permite recibir revelación de Dios, la posibilidad de una revelación de Dios y la posibilidad de una revelación y su verdadero cumplimiento en las Escrituras" (ibid., 9:55, 64). La "función de la apologética es investigar, expiar y establecer las bases en las que una teología (una ciencia o conocimiento sistematizado de Dios) es posible" (ibid., 9:4).

La importancia de la apologética. Pocos apologetas imaginaron un papel más importante para la apologética como lo hizo Warfield. En el discurso inaugural de su profesorado en Princeton en 1887 dijo lo siguiente: "La idea de la teología sistemática considerada como ciencia", enfatizó la apologética como "una parte primaria, [...] una parte conquistadora" en la propagación de la fe cristiana. "La peculiaridad del cristianismo es venir al mundo con la misión de razonar su camino hacia el dominio. Otras religiones pueden apelar a armas, o buscar otra forma de difundirse. El cristianismo apela a la razón correcta y, por lo tanto, se destaca entre todas las religiones como la 'religión apologética'. Solo por medio del razonamiento ha llegado tan lejos en su camino a la realeza" (Selected Shorter Writings [Obras cortas seleccionadas], 2:99-100).

En cuanto a la relación de la apologética con la Biblia, dijo lo siguiente: "Es fácil, sin duda, decir que un hombre cristiano no debe asumir su punto de vista por encima de las Escrituras, sino sobre las Escrituras. Definitivamente debe hacerlo. Pero seguramente debe tener primero las Escrituras, reconocidas como tales para él, antes de que tome su punto de vista sobre ellas" (ibid., 2:98).

Fe y razón. Warfield creía que indicia (demostraciones del carácter divino de la Biblia) trabajaba hombro a hombro con el Espíritu Santo para convencer a la gente sobre la verdad de la Biblia. Warfield estuvo de acuerdo con Calvin en que la evidencia no podía hacer que la gente se convirtiera a Cristo, ni tampoco podía convencerlas de la autoridad divina de las Escrituras. Sin embargo, Warfield creía que el Espíritu Santo ejercía su poder convincente mediante ellas.

A diferencia de la apologética presuposicional (ver Apologética Presuposicional), existe un punto en común con los no creyentes. "El mundo de los hechos está abierto a todas las personas y todos pueden estar convencidos de la existencia de Dios y la verdad de las Escrituras a través de ellas por el poder del razonamiento de un pensador redimido". En su artículo de 1908, "Apologética", afirmó que la fe es un acto moral y un don de Dios. No obstante, también es cuestión de convicción tener confianza. Y todas las formas de convicción deben tener una base razonable. "No es la fe, sino la razón la que investiga la naturaleza y la validez de esta base [...] Creemos en Cristo porque es racional creer en Él, no porque sea irracional" (Works [Obras], 9:15).

Como calvinista, Warfield dijo que el mero razonamiento no podía convertir a alguien en cristiano debido a la incapacidad de los pecadores de acudir a Dios bajo la maldición del pecado. El problema no es que la fe descarte la evidencia, sino que un alma muerta no puede responder a la evidencia. Sin embargo, por el otro lado, el Espíritu Santo no conduce a nadie hacia la salvación fuera de la evidencia. El Espíritu trabaja con el fin de preparar al alma para que reciba la evidencia. Por lo tanto, los hombres y las mujeres no se vuelven cristianos por medio de la apologética, sino que la apologética provee "la base sistemáticamente organizada sobre la cual la fe de los hombres cristianos se debe fundamentar" (ibid.).

A decir verdad, no todos los cristianos pueden hacer apologética y ni siquiera muchos están conscientes de la justificación racional de su fe. No obstante, la prueba sistemática que está implícita en cada acto de la fe cristiana es producto de la apologética. Para ser salvos no es necesario ser consciente de estas pruebas o entenderlas explícitamente. Sin embargo, tal entendimiento es necesario para la justificación de la fe (ibid., pág. 16).

Los diferentes niveles de la apologética. Como defensor de la *apologética clásica, Warfield creía que la apologética se podía dividir en: demostraciones del ser y la naturaleza de Dios (ver Dios, Evidencias a favor de), el origen divino y la autoridad del cristianismo, y la superioridad del cristianismo sobre otros sistemas (ibid., pág. 10). Dividió el campo por argumentos y qué argumentos se enfrentaban con qué oponentes en el campo de batalla:

La apologética filosófica establece que Dios existe como un Espíritu personal, como Creador, como Preservador y Gobernador. La apologética filosófica enfrenta las teorías antiteístas.

La apologética psicológica establece la naturaleza religiosa de la humanidad y la validez de las sensibilidades religiosas humanas. Involucra la psicología, la filosofía y el fenómeno de la religión. Enfrenta ataques naturalistas de movimientos de la "religión comparativa" o de la "historia de las religiones".

Una forma sin nombre se puede llamar apologética revelacional, puesto que revela la realidad del gobierno divino de la historia, la verdadera relación de Dios con su mundo y las formas en las que se da a conocer.

La apologética histórica presenta el caso del origen divino del cristianismo como la religión revelada de Dios. Debate todos los temas que caen bajo la categoría popular de las "evidencias del cristianismo".

La apologética bíblica establece la veracidad de la Biblia como un documento revelado por Dios para la redención de los pecadores (ibid., pág. 13).

La inspiración de la Biblia. Warfield es más conocido por su fuerte defensa de la inspiración (ver Biblia, Evidencias a favor de la) y la inerrancia (ver Biblia, Supuestos errores en la) de la Biblia en los textos originalmente escritos o "autógrafos". Él escribió dos obras importantes: Revelation and Inspiration [Revelación e inspiración] y Limited Inspiration [Inspiración limitada] [Inerrancy] [Inerrancia], y fue coautor con A. A. Hodge de Inspiration [Inspiración]

Legado. Los puntos de vista de Warfield sobre la

apologética han tenido un impacto duradero en la cultura estadounidense. Las obras que defienden una Escritura inspirada tuvieron una fuerte influencia en el movimiento de la inerrancia muchos años después entre los evangélicos conocidos como Consejo Internacional de Inerrancia Bíblica (ver Geisler, Inerrancy [Inerrancia]). En general, Warfield es un ancestro espiritual de la mayoría de apologetas clásicos de finales del siglo XX, tales como John Gerstner, Kenneth Kantzer, Arthur Lindsley y R. C. Sproul.

Fuentes

N. L. Geisler, ed., *Inerrancy* [Inerrancia].

A. A. Hodge y B. B. *Warfield, Inspiration* [Inspiración].

M. Noll, *"B. B. Warfield"*.

D. Smith, B. B. *Warfield, Scientifically Constructive Theological Scholarship* [Investigación teológica científicamente constructiva].

R. C. Sproul et al., *Classical Apologetics* [Apologética clásica].

B. B. Warfield, *Christology and Criticism* [Cristología y crítica].

———, *Counterfeit Miracles* [Milagros falsos].

———, *The Gospel of the Incarnation* [El evangelio de la encarnación].

———, *"Introduction"* ["Introducción"].

———, *An Introduction to the Textual Criticism of the New Testament* [Una introducción a la crítica textual del Nuevo Testamento].

———, *Limited Inspiration* [Inspiración limitada].

———, *The Lord of Glory* [El Señor de la gloria].

———, *Revelation and Inspiration* [Revelación e inspiración].

———, *"Revelation"* ["Revelación"].

———, *Selected Shorter Writings of Benjamin B. Warfield* [Obras cortas seleccionadas de Benjamin B. Warfield], 2 vols.

———, *Studies in Tertullian and Augustine* [Estudios en Tertuliano y Agustín].

———, *The Works of Benjamin B. Warfield* [Las obras de Benjamin B. Warfield], 10 vols.

Wellhausen, Julius. Julius Wellhausen (1844-1918) fue un erudito bíblico alemán conocido como el padre de la crítica bíblica moderna (ver Biblia, Críticas a la). Estudió en Gotinga y enseñó en Gotinga, Greifswald, Halle, Marburg y finalmente regresó a Gotinga como historiador, filólogo y maestro de hebreo, arameo, sirio y árabe.

El trabajo más importante de Wellhausen, que tenía un desarrollo avanzado del método histórico crítico, fue Introduction to the History of Israel [Introducción a la historia de Israel] (1878). También escribió "Israel" en la novena edición de Encyclopedia Britannica [Enciclopedia británica] (1878) y Die Komposition des Hexateuchs (The Composition of the Hexateuch) [La composición del hexateuco] (1877).

Wellhausen fue influenciado por G. W. F. *Hegel y Wilhelm Vatke, quienes aplicaron la dialéctica hegeliana de desarrollo histórico al desarrollo de la religión de Israel. A partir de esta base, Wellhausen desarrolló la hipótesis documentaria.

Hipótesis documentaria. Wellhausen buscaba demostrar que el Antiguo Testamento, tal como lo sostiene la iglesia, es un producto posterior al exilio del judaísmo con su jerarquía sacerdotal. La religión entre los hebreos en realidad se desarrolló por una evolución natural, ya que en todos los otros pueblos había desde el fetichismo (creencia o culto a objetos que según gente supersticiosa poseen poderes mágicos), el *politeísmo, el henoteísmo (que es la creencia o culto de un dios sin negar la existencia de otros dioses), hasta al monoteísmo ético. El último nivel se logró mediante las obras de los profetas en el siglo VIII a. C., que concluyó en la predicación de los deuteronomistas. El desarrollo final fue la institucionalización de esta religión en la legislación del código sacerdotal y la reescritura de la historia de Israel a la luz de la perspectiva de esta última religión (ver Arqueología del Antiguo Testamento; Biblia, Evidencias a favor de la; Antiguo Testamento, Manuscritos del; Pentateuco, Autoría Mosaica del; Crítica de redacción del Antiguo Testamento; Spinoza, Benedict; Strauss, David).

El resultado es la famosa hipótesis documentaria (J-E-D-P, utilizando siglas en inglés) sobre la autoría del pentateuco. Según esta teoría, Moisés no escribió el pentateuco (Génesis-Deuteronomio), como los eruditos cristianos y judíos han argumentado a lo largo de los siglos. Más bien, fue escrito por un número de personas durante un largo tiempo. Estos documentos se identifican como:

1. El jehovaísta o yahvista (J), siglo IX a. C.
2. El eloísta (E), siglo VIII a. C.
3. El deuteronomista (D), siglo VII, por el tiempo de Josías, 640-609 a. C.
4. El sacerdotal (P), aprox. siglo V a. C.

El pentateuco era un mosaico formado por diferentes autores que pueden identificarse de manera parcial por sus varios usos de Jehová (Yahveh) (J) o Elohim (E) para Dios o por referencias a las obras de los sacerdotes (P) o de las leyes (D).

Uno o más "redactores" o editores/compiladores reunieron todo este desarrollo evolutivo en la historia religiosa de Israel. Wellhausen asume que existe una "religión popular" en Israel que se debe descubrir entre las varias imposiciones de los redactores posteriores y cuando se descubra esta religión, se revelará su forma en cada nivel del desarrollo evolutivo.

Evaluación. El trabajo de Wellhausen es criticado en los artículos Biblia, Críticas a la; Pentateuco, Autoría Mosaica del; y en entradas relacionadas. En general, el pensamiento de Wellhausen guió el trabajo de los esfuerzos críticos-históricos "negativos" para debilitar la autoridad de las Escrituras. La teoría aún se cree ampliamente, aunque las investigaciones arqueológicas y de otro tipo han debilitado sus suposiciones.

El colapso de la hipótesis documentaria. Deuteronomio da un ejemplo de los argumentos que refutan las primeras teorías desarrolladas por Wellhausen. Textualmente, Deuteronomio declara que "estas son las palabras de Moisés" (1:1; 4:44; 29:1). Negar esto es afirmar que el libro de la ley es un fraude total. Josué, el sucesor inmediato de Moisés, le atribuyó el libro de Deuteronomio a Moisés (Jos 1:7), como lo hace el resto del Antiguo Testamento (Jue 3:4; 1 Reyes 2:3; 2 Reyes 14:6; Esdras 3:2; Neh 1:7; Sal 103:7; Dn 9:11; Mal 4:4). Deuteronomio es el libro de la ley que más se cita en el Nuevo Testamento, con su atribución a Moisés (Hechos 3:22; Ro 10:19; 1 Co 9:9). Jesús citó Deuteronomio 6:13, 16 cuando resistía al diablo (Mt 4:7, 10), y también se lo atribuyó directamente a la mano de Moisés (Marcos 7:10; Lucas 20:28).

Los detalles geográficos e históricos del libro exponen un conocimiento de primera mano sobre sitios que Moisés pudo haber conocido; sus formas de pacto también lo ubican en el tiempo de Moisés (Kline).

Las aparentes referencias dentro del libro a un periodo posterior pueden explicarse fácilmente. Por ejemplo, Deuteronomio 34, con su descripción de la muerte de Moisés, probablemente fue escrito por su sucesor, Josué, según la costumbre de la época. Moisés y todo el Pentateuco. La evidencia de que Moisés escribió Deuteronomio elimina la hipótesis documentaria como tal. Las variaciones de la teoría aún niegan que Moisés es el autor de los cinco libros.

Cuatro de los cinco libros (excepto Génesis) afirman ser escritos por Moisés (ver Ex 24:4; Lv 1:1; 4:1; 5:14; Nm 1:1; 33:2, y como se señaló anteriormente en Deuteronomio). La falta de una declaración directa en Génesis es comprensible, puesto que los acontecimientos ocurrieron antes del nacimiento de Moisés. En este libro, aparentemente Moisés actuó como una especie de editor y compilador, basando su trabajo en registros que los patriarcas preservaron. Esto se indica mediante la frecuente frase "esta es la historia de" (como en 5:1; 10:1; 25:19). Existe evidencia considerable de que Moisés compuso lo que conocemos como Génesis:

1. Moisés tenía acceso a las historias familiares que trazaron su linaje desde el principio hasta Abraham. Como líder, Moisés estaba familiarizado con las promesas de Dios de darles Palestina (Gn 12:1-3; 13:14-15; 15:18-21; 17:8; 26:3) antes de que los sacara de Egipto (46:3-4; cf. Ex 2:24).

2. Las citas de Génesis lo identifican como parte de la "ley de Moisés" (Lucas 24:44; cf. 2 Cr 25:4). Estas se encuentran en Deuteronomio 1:8; 2 Reyes 13:23; 1 Crónicas 1; y Mateo 19:8. Está agrupado con los otros cuatro como los libros de Moisés en Lucas 24:27, 44.

3. Desde tiempos remotos, la enseñanza judía ha atribuido el Génesis a Moisés. Las referencias se encuentran a lo largo del Talmud de los judíos y en otros escritores judíos, tales como Filón y Josefo.

4. Éxodo y Deuteronomio estarían incompletos sin el contexto de Génesis. Juntos forman una unidad narrativa.

Con la posible excepción de algún material explicativo parentético y la actualización de los nombres de los lugares que cambiaron, el idioma y la cultura de todo el Pentateuco refleja los de la época de Moisés (ver Albright, William F.).

Otra evidencia contra la hipótesis de Wellhausen. Prácticamente, todo el corpus de la evidencia arqueológica ha tendido a probar que la teoría evolutiva de Wellhausen está mal. Lo más significativo son los primeros descubrimientos en Ebla, Siria. Las *tablillas de Ebla confirman el monoteísmo extremadamente temprano, a diferencia de la suposición de Wellhausen de que fue un desarrollo evolutivo tardío del politeísmo y henoteísmo temprano.

Fuentes

O. T. Allis, *The Five Books of Moses* [Los cinco libros de Moisés].

———, *The Old Testament* [El Antiguo Testamento].

G. L. Archer Jr., *A Survey of Old Testament Introduction* [Reseña crítica de una introducción al Antiguo Testamento].

F. Delitzsch, *New Commentary on Genesis* [Nuevo comentario sobre Génesis].

N. L. Geisler y W. E. Nix, *A General Introduction to the Bible* [Una introducción general a la Biblia].

R. K. Harrison, *"Historical and Literary Criticism of the Old Testament"* ["Crítica histórica y literaria sobre el Antiguo Testamento"].

———, *An Introduction to the Old Testament* [Una introducción al Antiguo Testamento].

I. M. Kikawada y A. Quinn, Before Abraham Was

[Antes de que Abraham fuese].

M. G. Kline, *Treaty of the Great King* [Tratado del gran rey].

E. Krentz, *The Historical-Critical Method* [El método histórico crítico].

R. H. Pfeiffer, *Introduction to the Old Testament* [Introducción al Antiguo Testamento].

J. Wellhausen, *Die Komposition des Hexateuchs* (The Composition of the Hexateuch) [La composición del hexateuco].

———, *Prolegomena to the History of Ancient Israel* [Prólogo sobre la historia del antiguo Israel].

———, "Israel".

J. W. Wenham, *"History and the Old Testament"* ["La historia y el Antiguo Testamento"].

R. D. Wilson, *A Scientific Investigation of the Old Testament* [Una investigación científica del Antiguo Testamento].

Wells, G. A. Los eruditos modernos han negado que Jesús hizo y dijo las cosas que se le atribuyen en los Evangelios (ver Biblia, Críticas a la; Seminario de Jesús). Sin embargo, pocos se unieron a G. A Wells (1926) para negar que el hombre Jesús de Nazaret nunca existió. Fue, quizás, la naturaleza curiosa de sus ideas lo que le hizo ganar algo de interés en los círculos teológicos. Wells creía que, si Jesús sí existió, era una persona desconocida cuya historia siguió el patrón de las religiones de misterios (ver Mitraísmo) y la literatura de la sabiduría judía.

En sus libros, Did Jesus Exist? [¿Jesús existió?] y The Historical Evidence for Jesus [Evidencia histórica a favor de Jesús], Wells observa cuatro niveles en el desarrollo de las primeras ideas sobre Cristo:

- Nivel 1: Las epístolas de Pablo, escritas por los años 60. Este "Jesús" era visto como un ser sobrenatural que pasó un corto pero desconocido tiempo en la tierra, quizás siglos más atrás (Did Jesus Exist?, cap. 5).
- Nivel 2: Epístolas canónicas no paulinas, completadas en los años 70. Ahora se dice que Jesús vivió recientemente en la tierra.
- Nivel 3: Las epístolas pastorales e Ignatius, aprox. 80. Se vincula a Jesús con personajes históricos como Pilatos y se dice que murió a manos de los romanos.
- Nivel 4: Los Evangelios (aprox. 90, Marcos a aprox. 120, Juan). Los Evangelios son más o menos fabricados. Fueron aceptados por la iglesia temprana sin crítica alguna, puesto que no ocasionaban conflictos con las creencias establecidas (ver Habermas, cap. 2).

En vista de estos niveles, Wells creía que los hechos históricos sobre Jesús llegaron tarde. Argumenta que Pablo no estaba interesado en los detalles históricos, sino solo en un Cristo divino. Los conceptos de sabiduría de Jesús y las religiones misteriosas influenciaron las obras tempranas. El cristianismo temprano comenzó sin ningún contacto con un Jesús histórico.

Por consiguiente, no se puede conocer nada de tal hombre, ya que no hay información de primera mano. Los escritores de los Evangelios simplemente adivinaron sobre la vida de Jesús y aceptaron lo que encajaba con sus puntos de vista generales. Si Jesús existió, probablemente fue un plebeyo desconocido.

Dificultades en la tesis de Wells. Los problemas sobre este tipo de argumento se abordan en otros artículos. Ver Hechos, Historicidad del libro de los; Arqueología del Antiguo Testamento; Biblia, Evidencias a favor de la; Cristo, Unicidad de; Cristo de la Fe vs. Jesús Histórico; Jesús, Fuentes no cristianas sobre; Seminario de Jesús; Nuevo Testamento, Datación del; Nuevo Testamento, Historicidad del; Hijo del Hombre, Jesús como.

Fuentes

W. F. Albright, *"William Albright"*.

R. Bauckham, *Jesus and the Eyewitnesses* [Jesús y los testigos presenciales].

M. Grant, *Jesus* [Jesús].

G. Habermas, *The Historical Jesus* [El Jesús histórico].

R. Nash, *Christianity and the Hellenistic World* [El cristianismo y el mundo helenístico].

W. Pannenberg, *Jesus, God and Man* [Jesús, Dios y Hombre].

J. A. T. Robinson, *Redating the New Testament* [Redatando el Nuevo Testamento].

G. A. Wells, *Did Jesus Exist?* [¿Jesús existió?].

———, *The Historical Evidence for Jesus* [Evidencia histórica a favor de Jesús].

E. Yamauchi, *"Easter—Myth, Hallucination, or History?"* [La Pascua: ¿Mito, alucinación o historia?]

Wells, H. G. *Vida y obras.* Herbert George Wells (1866-1946) fue un humanista científico que afirmó una nueva fe religiosa, una fe en el hombre. Fue un admirador de Auguste *Comte y Herbert Spencer. Wells fue un periodista inglés, profesor de ciencia de nivel secundaria y coautor con Julian *Huxley de una obra popular: The Science of Life [La ciencia de la vida].

Él "creció en la época victoriana; pero reaccionaba de manera violenta, incluso de niño, contra la fe evangélica de su madre". De hecho, "despreciaba especialmente la doctrina de la Trinidad" (Glover, pág. 121). Sin embargo, las obras de Wells reflejan muchas verdades cristianas, incluyendo la del pecado original, que se refleja en su creencia en la "maldad persistente" de los seres humanos.

Wells escribió una serie de historias de ciencia y otras obras incluyendo The Time Machine [La máquina del tiempo] (1895), The Food of the Gods [El alimento de los dioses] (1904), First and Last Things [Primeras y últimas cosas] (1908), God the Invisible King [Dios el rey invisible] (1917), The Secret Places of the Heart [Los rincones secretos del corazón] (1922), The Fate of Man [El destino del hombre] (1939), You Can't Be Too Careful [No se puede ser demasiado cuidadoso] (1941), New World Order [El nuevo orden del mundo] (1939) y Mind at the End of Its Tether [Mente al final de su atadura] (1945).

Los puntos de vista de Wells. Hay muchas palabras que describen las creencias de Wells: evolucionismo, antipesimismo, *misticismo, *dualismo, *diosismo finito, *agnosticismo e incluso *fideísmo. Un aspecto consistente a lo largo de su trabajo es el evolucionismo humanístico (ver Humanismo Secular).

Reaccionado a su pesimismo temprano, Wells escribió lo siguiente: "Rechazo la idea de que la vida es caótica porque deja mi vida sin efecto, y no puedo contemplar una vida sin efecto pacientemente". Además, "afirmo [...] que soy importante dentro de un esquema, que todos somos importantes en un esquema [...] No sé lo que es un esquema en su conjunto, no puedo saberlo con mi mente limitada. Entonces, me convierto en místico". Añade: "Y esta declaración infundada y arbitraria del significado y la justicia final de las cosas la llamo el Acto de Fe. Es mi confesión religiosa fundamental. Creer es una determinación voluntaria y deliberada, es una decisión que se toma" (First and Last Things, págs. 66-67).

En 1917, profesó haber encontrado la salvación de la vida sin propósito, esto lo plasmó en su libro llamado God the Invisible King. William Archer declaró que aquí Wells se vio a sí mismo como el apóstol de una nueva fe religiosa (Archer, pág. 32).

Dios era finito y llegó a existir en el tiempo, pero fuera del espacio. Dios era el Capitán personal de la humanidad que crece como lo hace la humanidad. Sin embargo, Dios no era la Mente colectiva de la humanidad, sino un ser con su propio carácter.

El enemigo de Dios era la naturaleza o, más específicamente, la muerte. Por consiguiente, el anhelo de Dios era superar la muerte. Dios está por encima del ser oculto o la fuerza de vida, lo que es la "naturaleza roja en diente y garra".

Al final, Wells se convirtió en pesimista (Mind at the End of Its Tether). Le desesperanzaba que el hombre sea capaz de adaptarse y temía que siga el camino de los dinosaurios. Sin embargo, creía que la evolución seguiría mediante algún otro organismo.

Evaluación. Para una evaluación sobre los puntos de vista de Wells, ver los siguientes artículos: Agnosticismo; Dualismo; Evolución; Fideísmo; Diosismo Finito; Humanismo Secular; Misticismo.

Fuentes

W. Archer, *God and Mr. Wells* [Dios y el sr. Wells].

W. B. Glover, *"Religious Orientations of H. G. Wells"* ["Las orientaciones religiosas de H. G. Wells"].

H. G. Wells, *First and Last Things* [Primeras y últimas cosas].

———, *God the Invisible King* [Dios el rey invisible].

———, *Mind at the End of Its Tether* [Mente al final de su atadura].

Whately, Richard. Richard Whately (1786-1863) fue un lógico y teólogo inglés y arzobispo de Dublín (1831-63). Su libro Logic [Lógica] (1826) expuso la esencia de su entendimiento del uso de la razón. Dejó atrás su propia memoria, Life and Correspondence [Vida y correspondencia] (1866), que fue publicada póstumamente por su hija. Whately también editó Evidences and Moral Philosophy [Evidencias y filosofía moral] de William Paley. Pero su legado más duradero desde un punto de vista apologético fue Historic Doubts Relative to Napoleon Bonaparte [Dudas históricas relativas a Napoleón Bonaparte: De cómo nunca ha existido, o la gran errata] (1819).

En esta corta obra satirizó el escepticismo reduciendo al absurdo la lógica que se usó para negar la autenticidad de la Biblia.

Usando la figura histórica aún viva de Napoleón I (1769-1821) como ejemplo, Whately aplicó los principios de escepticismo de David *Hume (1711-76). Dijo que no era extraño que el público siga ocupado contando las hazañas de Napoleón, debido a su carácter extraordinario. Pero nadie parecía cuestionarse la pregunta crucial: si Napoleón alguna vez existió. Whately señaló que lo que no se cuestiona no es necesariamente incuestionable. La gente admite con rapidez lo que está acostumbrada a dar por sentado. Hume había indicado la rapidez con la que la gente cree en la poca evidencia que satisface su imaginación.

A partir de la examinación de la evidencia, Whately concluye que, aparte de los extraños testigos de primera mano, los periódicos se convirtieron en la autoridad de la verdad. Pero al usar los tres principios de credibilidad de Hume (ver Nuevo Testamento, Historicidad del), la autoridad de los periódicos fracasa en todos los puntos. Hume preguntó sobre los testigos:

1. Si es que tienen los medios para obtener infor-

mación correcta.

2. Si es que están interesados en ocultar la verdad o propagar falsedades.

3. Si estaban de acuerdo con su testimonio.

"Parece, entonces, que aquellos por cuyo testimonio se cree generalmente en la existencia y hechos de Bonaparte, fallan en todos los puntos más esenciales de los que depende la credibilidad de los testigos: primero, no tenemos seguridad de que posean acceso a una información correcta; segundo, tienen un patente interés en propagar falsedades; y tercero, se contradicen palpablemente unos a otros en los puntos más importantes" (Historic Doubts, pág. 266). Whately desafía al pensador libre a sopesar toda la evidencia, "y si luego encuentra de que se trata de algo más que una probabilidad", Whately dijo que lo felicitaría por su fácil fe (ibid., pág. 271).

Whately insiste que la historia se torna más dudosa cuando forma parte de lo extraordinario. Al trazar la increíble naturaleza de las hazañas militares de Napoleón, Whately se preguntó si alguien podía creer eso y aún así no creer en los milagros. Puesto que le parecía que Napoleón había violado las leyes de la naturaleza (ibid., pág. 274). Por lo tanto, todo escéptico que sigue sus propios principios debe rechazar tales historias sobre Napoleón como altamente improbables.

Abordando la pregunta del motivo, Whately señaló que aunque la historia sobre Napoleón puede haber sido cierta, una mucho más ingeniosa no pudo ser fabricada para la diversión del pueblo británico. Especula, también, en cómo el nombre Napoleón Bonaparte pudo haber surgido erróneamente, como otros a lo largo de la historia. Hizo un llamado a que los pensadores libres no escucharan el testimonio que iba en contra de sus experiencias, sino a seguir sus principios consistentemente. "Si después de todo cuanto se ha dicho, no pueden incluirse a dudar de la existencia de Napoleón Bonaparte, al menos deben reconocer que no aplican a esa cuestión el mismo plan racional del que han hecho uso en otras" (ibid., pág. 290).

Si algún escéptico anunció sus dudas sobre Napoleón, algunos pocos de los que poseen una mente abierta debieron estar motivados para revisar sus prejuicios en relación con los relatos bíblicos de los milagros en general y en particular con los registros de Jesús en el Nuevo Testamento.

Fuentes

D. Hume, *Enquiry Concerning Human Understanding* [Investigación sobre el entendimiento humano], libro 10.

R. Whately, *Historic Doubts Relative to Napoleon Bonaparte* [Dudas históricas relativas a Napoleón *Bonaparte: De cómo nunca ha existido, o la gran errata*].

Whitehead, Alfred North. Alfred North Whitehead (1861-1947) es el padre de la cosmovisión contemporánea conocida como *panenteísmo (todo en Dios), que no se debe confundir con el *panteísmo (todo es Dios) o proceso teológico. Nació en la isla de Thanet y era el hijo de un ministro anglicano. Fue a la escuela pública Sherborne en Dorset y aprendió literatura clásica, historia y matemáticas. Asistió al Trinity College en Cambridge con una beca en matemáticas (1880-84) y le otorgaron una membresía en Trinity en 1884. Su primer periodo de escritura (1898-1910) se enfocó en la filosofía matemática. Produjo A Treatise on Universal Algebra [Tratado de álgebra universal] (1898) y Principia Mathematica (con Bertrand Russell, 1910-13).

El segundo periodo de escritura (1910-24) se centró en la filosofía de la ciencia. Mientras enseñaba en la Universidad de Londres (1910-14), escribió Introduction to Mathematics [Introducción a las matemáticas] (1911).

Luego, en el Imperial College of Science and Technology (1914-24), produjo "Space, Time, and Relativity" ["El espacio, el tiempo y la relatividad"] (1915); The Organization of Thought [La organización del pensamiento] (1917); An Enquiry Concerning the Principles of Natural Knowledge [Investigación sobre los principios del conocimiento natural] (1919); The Concept of Nature [El concepto de naturaleza] (1920); y The Principle of Relativity [El principio de relatividad] (1922).

En el tercer periodo de escritura (1924-47) enfatizó la filosofía de la historia y la realidad, como también la cosmología y la metafísica. El periodo de transición (1925-27) trajo consigo Science and the Modern World [La ciencia y el mundo moderno] (1925), Religion in the Making [La religión en la historia] (1926) y Symbolism, Its Meaning and Effect [El simbolismo, su significado y efecto] (1927). Sus trabajos avanzados en este campo datan desde 1927 hasta 1947 y produjo el épico Process and Reality [Proceso y realidad] (1929), Adventures of Ideas [Aventuras de las ideas] (1933), Modes of Thought [Modos de pensamiento] (1938), y Essays in Science and Philosophy [Ensayos sobre ciencia y filosofía] (1947).

Evaluación. Su epistemología subyacente de la verdad y la moralidad relativa se aborda en Moralidad, Naturaleza absoluta de la y en Verdad, Naturaleza de la. Sobre la visión del proceso de Dios y la realidad, ver Panenteísmo. El concepto de proceso del mal se expone en Mal, Problema del.

Fuentes

L. Ford, *"Biblical Recital and Process Philosophy"* ["Filosofía del proceso y de la lectura bíblica"].

N. L. Geisler, *"Process Theology"* ["Proceso de teología"].

N. L. Geisler y W. D. Watkins, *Worlds Apart* [Mundos aparte], cap. 4.

D. F. Lindsey, *"An Evangelical Overview of Process Theology"* ["Una visión evangélica general de la teología de los procesos"].

B. Loomer, *"A Response to David Griffin"* ["Una respuesta para David Griffin"].

A. N. Whitehead, *Process and Reality* [Proceso y realidad].

———, *Religion in the Making* [La religión en la historia].

Wittgenstein, Ludwig. Ludwig Wittgenstein (1889-1951) fue el hijo de un rico magnate del acero vienés. Su padre fue un protestante judío. Su madre era católica romana y Ludwig fue bautizado como católico. Estudió ingeniería en Berlín y Manchester, Inglaterra. Además, estudió en Cambridge como alumno de Bertrand Russell. Wittgenstein escribió lo que se convirtió en una obra influyente en la filosofía: Tractatus Logico-Philosophicus (1921, versión en inglés, 1961), mientras estaba capturado en un campo de concentración como prisionero de guerra. Wittgenstein creyó que con Tractatus había resuelto todos los problemas de la filosofía, así que se retiró de este campo para enseñar en la escuela. Además, Wittgenstein regaló la fortuna que heredó. A finales de 1920, se reunía de vez en cuando con el círculo de positivistas lógicos de Viena (ver Positivismo lógico), incluyendo a A. J. *Ayer. Enseñó en Cambridge hasta 1947 y luego trabajó como camillero de un hospital. En 1948, se retiró y poco después se enteró que tenía cáncer.

Además de Tractatus, las obras de Wittgenstein incluyeron Notebooks: 1914-1916 [Diario filosófico (1914-1916)] (1914-16, versión en inglés, 1961); Prototractatus (1914-18, 1971); Lectures and Conversations on Aesthetics, Psychology, and Religious Belief [Lecciones y conversaciones sobre estética, psicología y creencia religiosa] (1930-38, 1966); The Blue and Brown Books [Los cuadernos azul y marrón] (1933-35, 1958); Remarks on the Foundations of Mathematics [Observaciones sobre los fundamentos de la matemática] (1937-44, 1956); Zettel (1945-48, 1966); On Certainty [Sobre la certeza] (1949, 1969); y Philosophical Investigations [Investigaciones filosóficas] (parte 1, 1945; parte 2, 1947-49, versión en inglés, 1953).

Wittgenstein también siguió investigando como ingeniero y patentó varias invenciones, incluyendo una hélice de reacción a chorro para la aviación.

Hay tres influencias que destacan entre muchas sobre su pensamiento filosófico: Immanuel *Kant, Arthur *Schoppenauer y Bertrand *Russell. Leo Toltstoy y Fyodor Dostoyevsky guiaron su estilo de vida, y *Agustín y Søren *Kierkegaard fueron sus autores favoritos en el campo de la religión.

Pensamiento filosófico. Wittgenstein tuvo dos grandes periodos de trabajo. El primer periodo se expresó en Tractatus Logico-Philosophicus. El mismo Wittgenstein manifestó que el tema del libro era ético. En el prefacio explicó que esperaba establecer límites en la expresión de los pensamientos. Indicó que no puede haber límites en el pensamiento. "Debemos ser capaces de pensar lo que no se puede pensar". Sin embargo, establecer límites en el lenguaje es establecer una diferencia entre ideas con sentido y sin sentido. "Debemos guardar en silencio lo que no podemos hablar", dijo. Eso reflejó su propio punto en el libro. Afirmó lo siguiente: "Mi trabajo consta de dos partes: la que se presenta aquí más todo lo que no he escrito, y es precisamente esta segunda parte la que es importante".

El proyecto en Tractatus es kantiano. El método es el mismo del atomismo lógico en el que Wittgenstein asume que hay una convergencia entre el lenguaje y la realidad. El lenguaje refleja el mundo. Esta convergencia tiene serias implicaciones en la ética y en la filosofía, en su opinión. Todo lo que se puede expresar en el lenguaje son proposiciones de la ciencia natural (Tractatus, 6:42). No se pueden expresar proposiciones trascendentales sobre la ética, la estética o Dios.

El segundo periodo de trabajo de Wittgenstein se expresó en Philosophical Investigations [Investigaciones filosóficas]. Wittgenstein presenta y luego trata de refutar las declaraciones de Agustín sobre la "teoría de la imagen del significado" como la esencia del lenguaje humano. Considera como una simplificación exagerada las ideas que indican que la función del lenguaje es exponer los hechos y que todas las palabras son nombres que se refieren a algo. Califica errónea la idea de Agustín de que el significado se aprende por medio de ejemplos de definiciones. Los ejemplos de definiciones pueden interpretarse de diversas maneras (ibid., 1.1:28). La afirmación de Agustín de que el significado de un nombre es el objeto que denota el nombre fue considerada por Wittgenstein como absurda.

Asimismo, rechazó las ideas de que el significado es solo producir imágenes mentales, que uno aclara las proposiciones analizándolas y que las palabras tienen un sentido determinado. Rechazó tanto el lenguaje unívoco como el analógico (ver Analogía, Principio de). En el lado positivo, Wittgenstein era un fuerte defensor del *convencionalismo.

El punto central es que el lenguaje religioso no tiene sentido. Pertenece al ámbito de lo inexpresable porque hay un abismo infranqueable entre el hecho y el valor. Como se debatió en el artículo sobre la analogía, este punto de vista indica que toda "conversación con Dios" no tiene sentido. Eso no quiere decir que la persona no pueda sentir o saber nada de Dios. Está claro a partir de Notebooks [Diario filosófico] que hay un sentido de dependencia y una creencia en Dios porque "los hechos del mundo no son el fin del problema". Pero Wittgenstein realmente no puede hablar sobre lo que sabe. Tales cosas están fuera de los límites del lenguaje y el pensamiento final.

Solo porque lo altísimo y lo trascendente son indescriptibles no quiere decir que sean totalmente incomunicables. Si no se puede decir, se puede mostrar. Una aparente contradicción en Tractatus es que a pesar de que las proposiciones del lenguaje se emplean, no son proposiciones sobre la ciencia natural. Según el propio razonamiento de Wittgenstein, no deben tener sentido. Admite esto y dice que solo pueden servir como aclaraciones, como un ejemplo de mostrar y decir (ibid., 6:45).

En Investigations, Wittgenstein no habla directamente sobre el discurso religioso, pero parece asumir que la oración y la teología son actividades lingüísticas significativas. En particular, la oración se menciona como un juego de lenguaje. Dado que decir hechos es solo una de las muchas actividades lingüísticas, no hay ninguna barrera a priori contra el sin sentido del lenguaje religioso. Puesto que los juegos de lenguaje tienen criterios intrínsecos de sentido, y el lenguaje religioso es un juego de lenguaje, debe juzgarse por sus propios estándares y no por estándares impuestos sobre él. Esta es una forma de *fideísmo.

En Lectures and Conversations [Lecciones y conversaciones], Wittgenstein retrata el lenguaje religioso como algo que posiblemente tenga significado (como un juego de lenguaje). Pero es claro que se mantiene como acognóstico; es decir, rechaza cualquier conocimiento cognitivo en el lenguaje religioso. Por ejemplo, es legítimo manifestar una creencia en un juicio final. Pero nadie podría decir si la creencia es posiblemente verdadera o falsa. Tales creencias son puramente una cuestión de fe ciega (ver Fideísmo). No existe evidencia para eso. Sin embargo, no ridiculizaría a aquellos que afirman basar sus creencias en la evidencia, por ejemplo, como la apologética histórica.

"Se ha dicho que el cristianismo se basa en un fundamento histórico. Las personas inteligentes han dicho miles de veces que lo que es indudable no es suficiente en este caso, incluso si hay tanta evidencia como en el caso de Napoleón [ver Whately, Richard]. Puesto que lo que es indudable no sería suficiente para

cambiar toda mi vida" (Philosophical Investigations, pág. 57).

Las creencias religiosas nos ayudan a orientar nuestras vidas, pero no nos informan sobre la realidad. Wittgenstein cree que estamos atrapados en una burbuja lingüística. El lenguaje religioso es fino como un juego de lenguaje, pero no nos dice nada sobre Dios o la realidad final.

Evaluación. A diferencia de los positivistas lógicos (ver Ayer, A. J.), Wittgenstein no negó completamente el sin sentido del lenguaje religioso. Se mantuvo como una forma legítima del lenguaje y se basaba en una experiencia con sentido. Además, Wittgenstein no se unió al Círculo de Viena para afirmar la verificabilidad empírica. Insistían en que solo las tautologías vacías, que son verdaderas por definición, o las cosas que se conocen a través de los sentidos podían tener sentido. Wittgenstein rechazó esta forma de positivismo al darse cuenta que el significado debe escucharse, no legislarse.

No adoptó el ateísmo. Era un teísta fideísta. Leyó tanto el Nuevo Testamento como a Søren ****Kierkegaard.*** Admitió la validez de la oración y la creencia en las últimas cosas. Incluso reconoció que el lenguaje religioso tenía valor. A pesar de que para él no era descriptivo, ayudó a la vida religiosa de una manera práctica. Era una expresión significativa de la experiencia religiosa que ayudaba a que uno viviera.

Wittgenstein era enemigo mortal de la visión platónica (ver Platón) que indica que hay una correspondencia unívoca individual entre nuestras ideas y las de Dios. Rechazó completamente este punto de vista agustiniano. No existe una correspondencia entre nuestros pensamientos y los de Dios (ver Verdad, Naturaleza de la).

Sin embargo, su punto de vista está abierto a críticas serias. Todas las formas de fideísmo son insostenibles. Si uno toma sus obras como una justificación racional de la fe fideísta no racional, son contraproducentes. Si no ofrece ninguna justificación racional para sus creencias, solo son proposiciones no probadas que ninguna persona razonable debería aceptar.

También sigue a Kant en una falsa dicotomía entre el hecho y el valor. Ambos vieron los dos aspectos en campos totalmente separados. No obstante, este no es el caso. Los seres humanos combinan ambos. Uno no puede atacar la facticidad humana (la presencia física del cuerpo) sin atacar el valor de la vida y la persona. Uno no puede separar la violación o el genocidio del valor del objeto que se encuentra en el centro de dichas acciones. En la teología, la muerte de Cristo no se puede separar de su valor redentor.

Wittgenstein creía que estábamos encerrados dentro de un lenguaje que no nos dice nada sobre el campo del valor más allá del propio lenguaje. Esto es contraproducente. Cualquier intento de prohibir declaraciones sobre el ámbito místico más allá del lenguaje transgrede esa prohibición. Como el *agnosticismo de Kant, uno no puede saber que no puede saber y uno no puede decir que no puede decir. Al declarar que no se puede hablar sobre lo místico, uno habla sobre ello.

Entre los legados de Wittgenstein, ninguno es más mortal que el punto de vista convencionalista del significado. Todos los significados no pueden ser relativos. Si lo fueran, la afirmación "todo significado es relativo" no tendría sentido. Así como otros intentos para negar el significado objetivo, Wittgenstein tuvo que asumir el significado objetivo de sus declaraciones para negar que había un significado objetivo para tales declaraciones. Por esta y muchas más razones, el *convencionalismo, que era la base de su punto de vista, es tanto insostenible como no confirmable.

Fuentes

T. Aquino, *Summa Theologica* [Suma teológica].
Agustín, *Against the Academics* [Contra los académicos].
N. L. Geisler y W. *Corduan, Philosophy of Religion* [Filosofía de la religión].
E. Gilson, *Linguistics and Philosophy* [Lingüística y filosofía].
Platón, *Cratylus* [Crátilo].
L. Wittgenstein, *Tractatus Logico-Philosophicus.*
———, *Philosophical Investigations* [Investigaciones filosóficas].

Wolfe, Christian. *Ver* ARGUMENTO COSMOLÓGICO.

Zevi, Sabbatai. Sabbatai Zevi fue un maestro judío del siglo XVII que afirmó ser el Mesías y aparentemente fue anunciado por un contemporáneo llamado Nathan. Después de la muerte de Zevi en 1676, se dijo que su hermano Elijah fue a la tumba y la encontró vacía pero llena de luz. Muchos de sus seguidores creían que en realidad no había muerto y que pronto se revelaría (ver Scholem).

Los críticos de la resurrección utilizan a Sabbatai Zevi como una de las razones para sostener que las afirmaciones relativas a la resurrección no son exclusivas del cristianismo. Sin embargo, una mirada cercana a los hechos muestra que los informes sobre este maestro los colocan sólidamente en la categoría de leyenda (ver Afirmaciones de resurrección en religiones no cristianas).

Jesús partió sobre una base más alta que Zevi. Docenas de predicciones del Antiguo Testamento se cumplieron en Jesús de Nazaret antes de su muerte. Luego cumplió la predicción profética sobre cómo moriría (Isaías 53) e incluso el año aproximado de su muerte (aprox. 33 d. C., Dan 9: 24-26). Para obtener más información sobre las profecías con respecto a Jesús (ver Profecía, como prueba de la Biblia).

Otra diferencia es que muchos de los seguidores de Zevi se negaron a creer que había muerto y se había levantado porque creían que no podía morir en absoluto. Su tema general de desaparición encaja más en las leyendas de apoteosis, en las que un ser humano alcanza la divinidad.

Usando los documentos del grupo, el investigador Gershom Scholem puede rastrear el desarrollo de la historia de que el hermano de Zevi encontró la tumba vacía. Si bien los críticos del cristianismo teorizan sobre el cambio y el crecimiento de la leyenda de Cristo con el tiempo, no hay pruebas de la existencia de los proto-evangelios, y al menos uno o dos de los cuatro evangelios pueden fecharse dentro de las primeras tres décadas después de la resurrección (ver Evidencias a favor de la resurrección). A pesar de esto, los relatos de la vida, muerte y resurrección de Jesús no han cambiado ni han sido embellecidos en la iglesia ortodoxa desde esos documentos originales.

En el caso de Zevi, existe evidencia contradictoria incluso sobre si Nathan enseñó que el maestro todavía estaba vivo. Una carta que se ha encontrado relata que Nathan en realidad precedió a Zevi en la muerte por un mes, y los dos nunca se conocieron.

Fuentes

G. Habermas, *"Resurrection Claims in Non-Christian Religions* [Reclamos de resurrección en Religiones no cristianas].

G. Scholem, *Sabbatai Sevi* [Sabbatai Zevi].

Abanes, Richard. *Journey into the Light*. Grand Rapids: Baker, 1996.

Abdalati, Hammudah. *Islam in Focus*. Indianapolis: American Trust, 1975.

Abdul-Haqq, Abdiyah Akbar. *Sharing Your Faith with a Muslim*. Minneapolis: Bethany, 1980.

Acton, H. B. *"Hegel, Georg Wilhelm Friedrich."* In The Encyclopedia of Philosophy, edited by Paul Edwards. Vol. 3. New York: Macmillan and the Free Press, 1967.

Adamson, Donald. *Blaise Pascal: Mathematician, Physicist, and Thinker about God*. New York: St. Martin's, 1995.

Adler, Margot. *Drawing Down the Moon*. New York: Viking, 1979.

Adler, Mortimer Jerome. Saint Thomas and the Gentiles.
Milwaukee: Marquette University Press, 1938.

———. *Six Great Ideas. New York: Macmillan*, 1981.

———. *Truth in Religion: The Plurality of Religions and the Unity of Truth*. New York: Macmillan, 1990.

Afnan, S. M. *Avicenna: His Life and Works*. London: George Allen & Unwin, 1958.

Africanus, *J. Extant Writings. In The Ante-Nicene Fathers, edited by Alexander Roberts and James Donaldson*. Grand Rapids: Eerdmans, 1989.

Agassiz, Louis. *Prof. Agassiz on the Origin of Species. 2nd series. Vol. 30*. Cambridge, MA: June 30, 1860.

Ahmad, *Mirza Bashiruddin Mahmud*. Introduction to the Study of the Holy Quran. N.p.: Islam International, 1989.

Akin, James. *"Material and Formal Sufficiency."* This Rock 4, no. 10 (October 1993).

Aland, Kurt. *The Text of the New Testament: An Introduction to the Critical Editions and to the Theory and Practice of Modern Textual Criticism*. Grand Rapids: Eerdmans, 1988.

Albrecht, Mark. *Reincarnation: A Christian Appraisal. Downers Grove, IL: InterVarsity*, 1982.

Albright, William F. *Archaeology and the Religion of Israel*. Baltimore: Johns Hopkins Press, 1953.

———. *The Archaeology of Palestine*. Baltimore: Penguin, 1949.

———. *The Biblical Period*. Pittsburgh, 1955.

———. *From Stone Age to Christianity*. Garden City, NY: Doubleday, Anchor, 1957.

———. *History, Archaeology, and Christian Humanism*. New York: McGraw-Hill, 1964.

———. *Interview. Christian Century*, 19 November 1958.

———. *Recent Discoveries in Bible Lands*. New York: Funk & Wagnalls, 1956.

———. *"Recent Discoveries in Palestine and the Gospel of St. John." In The Background of the New Testament and Its Eschatology*, edited by W. D. Davies and David Daube. Cambridge: Cambridge University Press, 1954.

———. *"Retrospect and Prospect in New Testament Archaeology."* In The Teacher's Yoke, edited by E. Jerry Vardaman. Waco: Baylor University, 1971.

———. *"William Albright: Toward a More Conservative View."* Christianity Today, 18 January 1963.

Aldridge, Alfred O. Man of Reason: The Life of Thomas Paine. Philadelphia: Lippincott, 1959.

———. *"Paine, Thomas." In The Encyclopedia of Philosophy, edited by Paul Edwards*. Vol. 6. New York: Macmillan and the Free Press, 1967.

Alexander, H. G., and Nina Alexander. *Leibniz-Clarke Correspondence*. New York: Rowman and Littlefield, 1989.

Al-Ghazali, A. H. M. *The Incoherence of the Philosophers*. 2nd ed. Translated by Michael E. Marmura. Provo, UT: Brigham Young University Press, 2000.

Alhaj, A. D. Ajijola. *The Essence of Faith in Islam*. Lahore, Pakistan: Islamic Publications, Ltd., 1978.

Ali, A. Yusaf. *The Holy Qur'an: Translation and Commentary*. Damascus: Ouloom Alqur'an, 1934.

———. *"Introduction to Sura XVII."* In The Meaning of the Glorious Qur'an. Vol. 2. Cairo, Egypt: Dar Al-Kitab Al-Masri, n.d.

———. *'Mudjiza."* In The Encyclopedia of Islam, edited by Juan Eduardo Campo. New York: Facts on File, 2009.

Ali, Moulvi Muhammad. *Muhammad and Christ.* Lahore: Ahmadiyya Anjuman-i-Ishaa-i-Islam, 1921.

Ali, Muhammad. *The Religion of Islam.* 6th ed. Lahore: Ahmadiyya Anjumani-Ishaa-i-Islam, 1990.

Ali, Yusuf. *"Mudjiza."* In Shorter Encyclopedia of Islam, edited by H. A. R. Gibb and J. H. Kramers. Ithaca, NY: Cornell University Press, 1953.

Al-Kindi. *On First Philosophy. Albany,* NY: State University of New York Press, 1974.

Allegro, John M. *The Treasure of the Copper Scroll.* 2nd rev. ed. Garden City, NY: Doubleday, 1965.

Allis, Oswald Thompson. The Five Books of Moses. 2nd ed. Philadelphia: Presbyterian & Reformed, 1949.

———. *The Old Testament: Its Claims and Its Critics.* Grand Rapids: Baker, 1972.

Altizer, Thomas J. J. T*he Gospel of Christian Atheism.* Philadelphia: Westminster, 1966.

Altizer, Thomas J. J., and William Hamilton. *Radical Theology and the Death of God.* Indianapolis: Bobbs Merrill, 1966.

American Scientific Affiliation. *Modern Science and the Christian Faith. Wheaton, IL: Scripture Press,* 1950.

Anderson, J. N. D. *Christianity: The Witness* of History. London: Tyndale Press, 1969.

———. *A Lawyer among the Theologians.* Grand Rapids: Eerdmans, 1973.

———. *The World's Religions. London: InterVarsity* Fellowship, 1950.

Anderson, John. *Psychic Phenomena-Confessions of* a NewAge Warlock. Lafayette, LA: Huntington House, 1991.

Anderson, *Kerby. Life, Death, and Beyond.* Grand Rapids: Zondervan, 1980.

Anderson, Norman. Christianity and World Religions. Downers Grove, IL: InterVarsity, 1984.

———. *Islam in the Modern World.* Leicester: Apollos, 1990.

Andrae, Tor. *Mohammed: The Man and His Faith.* Rev. ed.New York: Harper & Row, 1955.

Ankerberg, *John, and John Weldon.* Cult Watch. Eugene, OR: Harvest House, 1991.

Anselm. *Basic Writings: Proslogium, Monologium, Gaunilon's: On Behalf of the Fool, Cur Deus Homo.*Translated by S. W. Deane. 2nd ed. LaSalle, IL: Open Court, 1962.

———. *Truth, Freedom, and Evil: Three Philosophical Dialogues.* Edited and translated by Jasper Hopkins and Herbert Richardson. New York: Harper & Row, 1967.

Anstey, Martin. *Chronology of the Old Testament: Complete in One Volume.* Grand Rapids: Kregel, 1973.

Antes, Peter. *"Relations with the Unbelievers in Islami Theology."* In We Believe in One God, edited by Annemarie Schimmel and Abdoldjavad Falaturi. New York: Seabury, 1979.

Aquinas, *Thomas. Commentary on Aristotle's: On Interpretation.* Chicago: St. Augustine's Dumb Ox Books, 2004.

———. *Commentary on the Metaphysics of Aristotle.* Translated by John P. Rowan. Chicago: H. Regnery, 1961.

———. *Commentary on the Posterior Analytics of Aristotle.* Albany, NY: Magi, 1970.

———. *Commentary on Saint Paul's Epistle to the Ephesians.*Translated *by Matthew L.* Lamb. Albany, NY: Magi, 1966.

———. *Compendium of Theology.* Translated by Cyril Vollert. St. Louis: B. Herder, 1949.

———. *De Ente. Translated by Joseph Bobik.* Notre Dame, IN: University of Notre Dame Press, 1965.

———. *On Being and Essence.* 2nd ed. Translated by Armand Maurer, C.S.B. Toronto, Canada: Pontifical Institute of Mediaeval Studies, 1968.

———. *On Evil.* Edited by Jean Oesterle. Notre Dame, IN: University of Notre Dame Press, 1995.

———. *On the Power of God.* Edited and translated by Lawrence Shapcote, 3 vols. London: Burns, Oates & Washbourne, 1932.

———. *On the Soul.* Milwaukee: Marquette University Press, 1984.

———. *On the Trinity.* London: Cambridge University Press, 2002.

———. *On Truth.* Translated by J. V. McGlynn. Chicago: H. Regnery, 1952-54.

———. *On the Unity of the Intellect Against the Averroists.* Translated by Beatrice H. Zedler. Milwaukee: Marquette University Press, 1968.

———. *Summa contra Gentiles.* In On the Truth of the Catholic Faith: Book One: God, translated by Anton C. Pegis. New York: Image, 1955.

———. *Summa Theologica.* Vol. 1. Translated by Fathers of the English Dominican Province. Great Books of the Western World, edited by Robert Maynard Hutchins, vol. 19. Chicago: William Benton, 1952.

———. *Summa Theologica.* Edited and translated by

Thomas Gilby. New York: McGraw Hill Book Co., 1964-1969.

———. *Summa Theologica. In The Basic Writings of Aquinas,* translated by Anton C. Pegis. New York: Random House, 1944.

Arbaugh, G. E., and G. B. Arbaugh. Kierkegaard's Authors-hip. London: George Allen & Unwin, 1968.

Arberry, A. J. Avicenna on T*heology. London: John* Murray, 1951.

Archer, Gleason L., Jr. Encyclopedia of Biblical Difficulties. Grand Rapids: Zondervan, 1982.

———. *A Survey of Old Testament Introduction.* Rev. ed. Chicago: Moody, 1974.

Archer, John Clark. *The Sikhs. Princeton,* NJ: Princeton University Press, 1946.

Archer, William. *God and Mr. Wells: A Critical Examina-tion of "God the Invisible King."* New York: Alfred A.Knopf, 1917.

Aristotle. *Metaphysics.* Edited and translated by John War-rington. New York: Denton, 1966.

———. *On Interpretation.* Whitefish, MT: Kessenger: 2005.

———. On Sophistical Refutations. Cambridge, MA: Har-vard University Press, 1956.

———. *Posterior Analytics. 2nd ed. Edited by Jonathan Barnes.* Oxford: Oxford University Press, 1994.

———. *Prior Analytics.* Edited by Robin Smith. Indianapo-lis: Hackett Publishing Co., 1989.

———. *Topics.* Edited by Robin Smith. New York: Oxford University Press, 1996.

———. *The Works of Aristotle Translated into English.* Edited by W. D. Ross. Oxford: Oxford University Press, 1961.

Arminius, James. *The Writings of Arminiu*s. Translated by James Nichols and W. R. Bagnall, 3 vols. Grand Rapids: Baker, 1956.

Armstrong, A. H. T*he Architecture of the Intelligible Universe in the Philosophy of Plotinus: An Analytical and Historical Study.* Cambridge, UK: University Press, 1967.

Arndt, W. *Bible Difficulties: An Examination of Passages of the Bible Alleged to Be Irreconcilable with Inspiration.* St. Louis: Concordia, 1971.

———. *Does the Bible Contradict Itself? A Discussion of Alleged Contradictions in the Bible.* 5th rev. ed. St. Louis: Concordia, 1955.

Arndt, William F., and F. Wilbur Gingrich. A Greek-English Lexicon of the New Testament and Other Early Christian Literature. 2nd rev. ed. Chicago: University of Chicago, 1979.

Arnold, Thomas. *The History of Rome.* New York: D. Apple-ton & Co., 1846.

Asimov, Isaac. *The Beginning and the End.* Garden City, NY: Doubleday, 1977.

Ata ur-Rahim, Muhammad. *Jesus: Prophet of Islam.* New York: Diwan, n.d.

Athanasius, Alexandrinus. *Athanasius: Contra Gentes.*Translated by Robert W. Thomson. Oxford: Clarendon Press, 1971.

———. *On the Incarnation.* Translated by Penelope Law-son. Crestwood, NY: St. Vladimir's Seminary Press, 1998.

———. *The Orations Against the Arians.* London: Griffith Farran, 1912.

"Athenagoras." Vol. 2 of The Ante-Nicene Fathers, edited by Alexander Roberts and James Donaldson. Grand Rapids: Eerdmans, 1989.

Athenagoras. *Apologia pro Christianis.* Edited and translated by William R. Schoedel. Oxford: Clarendon, 1972.

———. *De resurrectione.* Edited and translated by William R. Schoedel. Oxford: Clarendon, 1972.

Augustine. Against the Academics. Westminster, MD: The Newman Press, 1951.

———. *Against the Epistle of the Manichaeans.* In The Nicene and Post-Nicene Fathers of the Christian Church, edited by Philip Schaff [1886-94]. Reprint, Grand Rapids: Eerdmans, 1952.

———. *Against Lying.* In The Nicene and Post-Nicene Fathers of the Christian Church, edited by Philip Schaff, [1886-94]. Reprint, Grand Rapids: Eerdmans, 1952.

———. *The Anti-Manichaean Writings.* In The Nicene and Post-Nicene Fathers of the Christian Church, edited by Philip Schaff, [1886-94]. Reprint, Grand Rapids: Eerdmans, 1952.

———. *Averroes on Plato's Republic.* Translated by Ralph Lerner. London: Cornell University Press, 1974.

———. *City of God.* In The Nicene and Post-Nicene Fathers of the Christian Church, edited by Philip Schaff, [1886-94]. Reprint, Grand Rapids: Eerdmans, 1952.

———. *The City of God. Translated by Marcus Dods.* New York: Random House, 1950.

———. Confessions and Enchiridon. In The Nicene and Post-Nicene Fathers of the Christian Church, edited by Philip Schaff [1886-94]. Reprint, Grand Rapids: Eerdmans, 1952.

———. *Letters 82,3. In The Nicene and Post-Nicene Fathers of the Christian Church,* edited by Philip Schaff, [1886-88]. Reprint, Grand Rapids: Eerdmans, 1979.

———. *The Literal Meaning of Genesis.* Edited by John Taylor. New York: Newman, 1982.

———. On the Predestination of the Saints. Christian Classics Ethereal Library, 428.

———. *On True Religion*. In Augustine: Earlier Writings, edited by J. H. S. Burleigh. Philadelphia: Westminster, 1953.

Averroes. *Averroes on the Harmony of Religion and Philosophy*. Translated by George F. Hourani. London: Luzac, 1976.

Bacon, Francis. *The Novum Organon and Related Writings. Edited by Fulton H.* Anderson. New York: Bobbs-Merrill, 1960.

Bahnsen, Greg. *By This Standard: The Authority of God's Law Today*. Tyler, TX: Institute for Christian Economics, 1985.

Baldwin, *Lindley. Samuel Morris:* The March of Faith. Minneapolis: Dimension, 1942.

Balic, Smail. "The Image of Jesus in Contemporary Islamic Theology." In We Believe in One God, edited by Annemarie Shimmel and Abdoldjavad Falaturi. New York: Seabury, 1979. Barbet, Pierre. A Doctor at Calvary. Garden City, NY: Doubleday, 1953.

———. *A Doctor at Calvary: The Passion of Our Lord Jesus Christ* as Described by a Surgeon. New York: Image, 1963.

Barbour, *Ian G. Issues in Science and Religion*. Englewood Cliffs, NJ: Prentice-Hall, 1966.

Barkman, *Adam. C. S. Lewis and Philosophy as a Way* of Life. Wayne, PA: Zossima, 2009.

Barnhard, J. E. *"The Religious Epistemology and Theodicy of Edward John Carnell and Edgar Sheffield Brightman."* PhD diss. Boston University, 1964. Baron, Salo, ed. Essays on Maimonides. New York: AMS, 1966.

Barrett, William. *Irrational Man: A Study in Existential Philosophy*. New York: Doubleday, 1958.

Barrow, John D. *The Anthropic Cosmological Principle*. New York: Oxford University Press, 1986.

Barth, Karl. *Anselm: Fides Quaerens Intellectum. Richmond, VA:* John Knox Press, 1960.

———. *Church Dogmatics*. With an introduction by Helmut Gollwitzer. Translated and edited by G. W. Bromiley. New York: Harper Torchbooks, 1961.

———. *Credo*. New York: Charles Scribner's Sons, 1962.

———. *Dogmatics in Outline*. New York: Harper & Brothers, 1959.

———. *The Epistle to the Romans*. London: Oxford University Press, 1933.

———. *From Rousseau to Ritschl*. London: SCM, 1959.

———. *"An Introductory Essay."* In The Essence of Christianity, edited by Ludwig Feuerbach. New York: Harper & Brothers, 1957.

———. *Nein. Munchen:* C. Kaiser, 1934.

———. *The Resurrection of the Dead*. Translated by H. J. Stenning. New York: Arno, 1977.

———. *A Shorter Commentary on Romans*. Richmond: John Knox Press, 1959.

———. *Theology and Church: Shorter Writings, 1920-1928*. New York: Harper & Row, 1962.

———. *The Theology of Schleiermacher*. Edited by Deitrich Ritschl. Translated by Geoffrey W. Bromiley. Grand Rapids: Eerdmans, 1982.

———. *The Word of God and the Word of Man*. New York: Harper, 1957.

Barthelemy, D., and J. T. Milik. *Ten Years of Discovery in the Judaean Desert*. London: Oxford University Press, 1955.

Bauckham, *Richard. Jesus and the Eyewitnesses: The Gospels as Eyewitness* Testimony. Grand Rapids: Eerdmans, 2006.

Bayle, Pierre. *Selections from Bayle's Dictionary*. Translated by R. H. Popkin. Indianapolis: Bobbs-Merrill, 1965.

Beal, Richard H. *"The History of Kizzuwatna and the Date of the Šunaššura Treaty."* Orientalia 55 (1986).

Beard, C. *"That Noble Dream."* In The Varieties of History, edited by Fritz Richard Stein. New York: Meridian Books, 1956.

Beauvoir, *Simone de. The Ethics of Ambiguity. Translated by Bernard Frechtman.* New York: Philosophical Press, 1948.

Beck, William David. *Opening the American Mind: The Integration of Biblical Truth in the Curriculum of the University*. Grand Rapids: Baker, 1991.

Becker, Carl. "Detachment and the Writing of History." In Detachment and the Writing of History, edited by Phil L. Snyder. Westport, CT: Greenwood, 1972.

———. *"What Are Historical Facts?"* Indianapolis: Bobbs-Merrill, 1955.

Beckwith, *Francis, and Stephen E. Parrish.* The Mormon Concept of God: A Philosophical Analysis. Lewiston, NY: E. Mellen Press, 1991.

Beckwith, Francis, and Gregory Koukl. Relativism: *Feet Firmly Planted in Mid-Air*. Grand Rapids: Baker, 1996.

Beckwith, Roger. *The Old Testament Canon of the New Testament Church and Its Background in Early Judaism*.

Grand Rapids: Eerdmans, 1986.

Behe, Michael J. Darwin's Black Box. New York: Free Press, 1996.

Beisner, E. Calvin. *God in Three Persons*. Wheaton: Tyndale, 1984.

Beld, Scott C. et al. *The Tablets of Ebla: Concordance and Bibliography*. Winona Lake, IN: Eisenbrauns,

1984.

Bell, Richard. *The Origin of Islam in Its Christian Environment*. London: Frank Cass, 1968.

Bell, Rob. Love Wins. New York: HarperOne, 2011.

Bentwich, Norman. *Philo-Judaeus of Alexandria*. *Philadelphia: The Jewish Publication Society of America, 1940*.

Bergson, Henri. *Creative Evolution. Translated by Arthur Mitchell*, [1911]. Reprint, Westport, CT: Greenwood, 1977.

Berkeley, George. *The Analyst: A Discourse Addressed to an Infidel Mathematician*. Whitefish, MT: Kessinger, 2006.

———. *A Treatise Concerning the Principles of Human Knowledge*. New York: Cosimo, 2005.

Berkeley, George, and Colin M. Turbayne. Three Dialogues between Hylas and Philonous. Indianapolis: Bobbs Merrill, 1954.

Berkouwer, G. C. *General Revelation*. Grand Rapids: Eerdmans, 1955.

———. *Man: The Image of God*. Translated by Dirk W. Jellema. Grand Rapids: Eerdmans, 1962.

Berlinski, David. *The Devil's Delusion: Atheism and its Scientific Pretension*. New York: Crown Forum, 2008.

Bernard, J. H. *"Note F: The Improbability of Miracle."* In The Analogy of Religion, edited by Joseph Butler. London: Macmillan, 1900.

Bernstein, Richard J. John *Dewey. New York: Washington Square Press*, 1966.

Bettenson, Henry, ed. *Documents of the Christian Church*. New York & London: Oxford University Press, 1961.

Bettis, Joseph Dabney. *"A Critique of the Doctrine of Universal Salvation."* Religious Studies 6 (1970).

Bigg, Charles. *The Christian Platonists of Alexandria*. Whitefish, MT: Kessinger Publishing, 2003.

Billington, C. *"The Dead Sea Scrolls in Early Christianity."* Institute for Biblical Archaeology (January-March 1996).

Bimson, John, and David Livingston. *"Redating the Exodus."*

Biblical Archaeology Review (September-October 1987).

Bird, Wendel. R. *The Origin of Species Revisited*. 2 vols. New York: Philosophical Library, 1987-89.

Bittinger, Marvin L. *The Faith Equation*. Alamonte Springs, FL: Advantage Books, 2011.

Black, M. The Scrolls and Christian Origins. New York: Scribner, 1961.

Blackburn, B. L. *"Miracle Working Theioi Andres in Hellenism (and Hellenic Judaism)."* In Gospel Perspectives. Vol. 6, The Miracles of Jesus. Edited by D. Wenham and Craig

Blomberg. Eugene, OR: Wipf and Stock Publishers, 2003).

Blaiklock, E. M., and R. K. Harrison, eds. *The New International Dictionary of Biblical Archaeology*. Grand Rapids: Zondervan Publishing House, 1983.

Blakney, Raymond Bernard. *Meister Eckhart: A Modern Translation*. New York: Harper & Row, 1941.

Bloch, Marc. *The Historian's Craft. Translated by Peter Putnam*. New York: Random House, Vintage Books, 1953.

Blockmuehl, Klaus. *The Challenge of Marxism*. Colorado Springs: Helmers & Howard, 1986.

Blomberg, Craig. The Historical Reliability of John's Gospel. Downers Grove: InterVarsity, 2001.

———. *The Historical Reliability of the Gospels*. Downers Grove, IL: InterVarsity, 1987.

———. *"The Seventy-Four 'Scholars': Who Does the Jesus Seminar Really Speak for?"* Christian Research Journal (Fall 1994).

Bloom, Alan. *The Closing of the American Mind*. New York: Simon & Schuster, 1987.

Blum, Harold F. Time's Arrow and Evolution. Princeton, NJ: Princeton University Press, 1955.

Bock, Darrell L., and Robert L. Webb. Key Events in the Life of the Historical Jesus. Grand Rapids: Eerdmans, 2010.

Boehner, *Philotheus, ed. Ockham: Philosophical Writings*. Selections with translations. Edinburgh: Nelson, 1957.

Boeth, Jennifer. *"In Search of Past Lives: Looking at Yesterday to Find Answers for Today."* Dallas Times Herald, 3 April 1983.

Boice, James. M. *Foundations of the Christian Faith*. Downers Grove, IL: InterVarsity, 1986.

Bolich, Gregory G. *Karl Barth and Evangelicalism*. Downers Grove, IL: InterVarsity, 1980.

Bonaventure. 2 *Sententiarium*. Venetiis: n.p., 1562.

Borg, Marcus. *Jesus in Contemporary Scholarship*. Valley Forge, PA: Trinity Free Press, 1994,

———. *Meeting Jesus Again for the First Time*. San Francisco: Harper San Francisco, 1993.

Bornkamm, Gunther. *Jesus of Nazareth*. New York: Harper & Brothers Publishers, 1960.

Boudreau, Albert H. *The Born-Again Catholic*. Locust Valley, NY: Living Flame, 1983.

Bouquet, A. C. Sacred Books of the World. Baltimore: Penguin, 1959.

Bousset, *Wilhelm. Kyrios Christos: A History of the Belief in Christ from the Beginnings of Christ to Irenaeus*. Nash-ville: Abingdon Press, 1970.

Bowle, J. *Hobbes and His Critics: A Study of Seventeenth-Century Constitutionalism*. London: Cape, 1951.

Boyd, Gregory A. *Jesus under Siege*. Wheaton: Victor,

1995.

———. *Trinity and Process*. New York: P. Lang, 1992.

Boyer, Louis. The Spirit and Forms of Protestantism. West-minster, MD: Newman, 1961.

Braaten, C. E. *"Martin Kahler on the Historic, Biblical Christ."* In The Historical Jesus and the Kerygmatic Christ, edited by R. A. Harrisville. New York: Abing-don, 1964.

Bradley, F. H. *The Presuppositions of Critical History. Chicago:* Quadrangle, 1968.

Brand, Paul. *"A Surgeon's View of Divine Healing."* With Philip Yancey. Christianity Today, 25 November 1983.

Branden, Barbara. *The Passion of Ayn Rand*. Garden City, NY: Doubleday, 1986.

Brandt, Richard. *The Philosophy of Friedrich Schleiermacher*. New York: Harper & Brothers, 1941.

Braswell, *George W., Jr. Understanding World Religions.* Nashville: Broadman & Holman, 1994.

Bree, Germaine. *Camus*. New Brunswick, NJ: Rutgers University Press, 1972.

Brehier, Emily. *The Philosophy of Plotinus. Translated* by Joseph Thomas. Chicago: University of Chicago Press, 1958.

Brightman, *Edgar S. A Philosophy of Religion*. New York: Prentice-Hall, 1940.

Brooks, J., *and Gordon Shaw. Origin and Development of Living Systems*. New York: Academic, 1973.

Brown, C. *Miracles and the Critical Mind*. Grand Rapids: Eerdmans, 1984.

Brown, Colin, ed. *The New International Dictionary of New Testament Theology*. Translated from Theologisches Begriffslexikon zum Neuen Testament. Edited by Lothar Coenen, Erich Beyreuther, and Hans Beitenhard, 3 vols. [1967-71]. Grand Rapids: Zondervan, 1975-78.

———. *"Sign, Wonder, Miracle."* In The New International Dictionary of New Testament Theology, edited by Colin

Brown. *Translated from Theologisches Begriffslexikon zum Neuen Testament*. Edited by Lothar Coenen, Erich Beyreuther, and Hans Beitenhard, [1967-71]. Grand Rapids: Zondervan, 1975-78.

Brown, Harold O. J. *The Protest of a Troubled Protestant*. Grand Rapids: Zondervan, 1969.

Bruce, F. F. The Books and the Parchments. Old Tappan, NJ: Revell, 1984.

———. *Commentary on the Acts of the Apostles*. Grand Rapids: Eerdmans, 1954.

———. *Commentary on the Epistles to the Ephesians and Colossians*. Grand Rapids: Eerdmans, 1957.

———. *In Defense of the Gospel*. Grand Rapids: Eerdmans, 1977.

———. *Jesus and Christian Origins outside the New Testament*. Grand Rapids: Eerdmans, 1974.

———. *The New Testament Documents*: Are They Reliable? Downers Grove, IL: InterVarsity, 1960.

———. *Paul and Jesus*. Grand Rapids: Baker, 1974.

———. *Peter, Stephen*, James, and John. Grand Rapids: Eerdmans, 1979.

———. *Second Thoughts on the Dead Sea Scrolls*. Grand Rapids: Eerdmans, 1956.

Bruce, F. F., and William J. Martin. *"Two Laymen on Christ's Deity."* Christianity Today, 18 December 1964.

Brummer, *Vincent. Transcendental Criticism and Christian Philosophy*. Franeker, Netherlands: T. Wever, 1961.

Brunner, Emil. *Dogmatics*. Vol. 1 of The Christian Doctrine of God. Translated by Olive Wyon. London: Lutterworth, 1949.

———. *The Divine-Human Encounter. Translated* by Amandus W. Loos. Philadelphia: Westminster, 1943.

———. *The Mediator: A Study of the Central Doctrine of the Christian Faith*. Translanted by Olive Wyon. Philadelphia: Westminster, 1947.

———. *The Philosophy of Religion from the Stand point of Protestant Theology*. Translated by A. J. D. Farrer and Bertram Lee Woolf, [1937]. Reprint, London: James Clarke, 1958.

———. *Revelation and Reason*. Philadelphia: Westminster, 1946.

Bryce, Trevor. *Life and Society in the Hittite World*. New York: Oxford University Press, 2011.

Buber, Martin. Eclipse of God: Studies in the Relation between Religion and Philosophy. New York: Harper Torchbooks, 1957.

———. I and Thou. 2nd ed. Translated by Ronald Gregor Smith. New York: Charles Scribner's Sons, 1958.

Bucaille, Maurice. *The Bible, the Qur'an, and Science. Translated* by Alastair D. Pannell and the author. Delhi, India: Taj, 1988.

Buckley, *William F. Transcript of Firing Line*. New York City, WOR-TV, 17 October 1971.

Bucklin, Robert. *"The Legal and Medical Aspects of the Trial and Death of Christ."* Medicine, Science, and the Law (January 1970).

Bucky, Peter A., and *Allen G. Weakland. The Private Albert Einstein. Kansas City: Andrews and McMeel, 1992.*

Budziszewski, J. *What We Can't Not Know: A Guide. Dallas: Spence* Publishing Company, 2003.

Buell, Jon A., and Quentin O. Hyder. Jesus: God,

Ghost, or Guru. Grand Rapids: Zondervan, 1978.

Bukhari, M. I. *The Translation of the Meanings of Sahih Al-Bukhari*. Translated by Muhammad Musin Kham, 10 vols. Al-Medina: Islamic University, n.d.

Bullinger, Henry, and Thomas Harding. *The Decades of Henry Bullinger. Edited for the Parker Society. Translated* by H. I. Charleston, SC: Nabu Press, 2010.

Bultmann, Rudolf. *Jesus and the Word. New York:* Scribner, 1958.

———. *Kerygma and Myth: A Theological Debate. Edited by Hans Werner Bartsch. Translated* by Reginald H. Fuller. London: Billing & Sons, 1954.

Burn, R. "Kabir, Kabirpanthis." In The New Schaff-Herzog Encyclopedia of Religious Knowledge. Grand Rapids:

Baker, 1949-50.

———. *"Sikhs, Siks, Sikhism."* In The New Schaff-Herzog Encyclopedia of Religious Knowledge. Grand Rapids: Baker, 1949-50.

Burrill, Donald R., ed. The Cosmological Arguments: A Spectrum of Opinion. Garden City, NY: Doubleday, 1967.

Burrows, Millar. More Light on the Dead Sea Scrolls. New York: Viking, 1958.

———. *What Mean These Stones? New Haven*, CT: American Schools of Oriental Research, 1941.

Bush, Russ L., ed. Classical Readings in Christian Apologetics, AD 100-1800. Grand Rapids: Academie, 1983.

Buswell, James O. The Philosophies of F. R. Tennant and John Dewey. New York: Philosophical Library, 1950.

———. *A Systematic Theology of the Christian Religion*. Grand Rapids: Zondervan, 1972.

Butler, Joseph. The Analogy of Religion Natural and Revealed to the Constitution and Course of Nature. 3rd ed. 1872. Reprint, London: George Routledge and Sons, 1887.

———. Fifteen Sermons. Charlottesville, VA: Lincoln-Rembrandt, 1993.

———. *The Works of Joseph Butler*. Edited by W. E. Glad stone. Oxford, 1897.

Butterfield, H. *"Moral Judgments in History."* In Philosophy, edited by H. Meyerhoff. Garden City, NY: Doubleday, 1959.

Caldwell, William. *Schopenhauer's System in Its Philo sophical Significance*. 1896. Reprint, Bristol, England: Thoemmes, 1993.

Callahan, Tim. The Secret Origins of the Bible. Altadena, CA: Millennium Press, 2002.

Calvin, John. *Epistles of Paul to the Romans and Thessalonians*. Edited by David W. Torrance and Thomas F. Torrance. Grand Rapids: Eerdmans, 1972.

———. *Institutes of the Christian Religion*. Edited by John T. McNeill. Translated by Ford Lewis Battles, 2 vols. In Library of Christian Classics, edited by John Baillie, John T. McNeill, and Henry P. Van Dusen, vols. 20-21. Philadelphia: Westminster, 1960.

Campbell, William. The Qur'an and the Bible in the Light of History and Science. Upper Darby: Middle Eastern SIM Resources, 1986.

Camus, Albert. The Fall. New York: Knopf, 1956.

———. *The Myth of Sisyphus and Other Essays*. Translated by Justin O'Brien. New York: Random House, 1955.

———. *The Plague*. Translated by S. Gilbert. New York: Modern Library, 1948.

———. *The Rebel: An Essay on Man in Revolt*. New York: Vintage Books, 1956.

———. *The Stranger*. Translated by Stuart Gilbert. New York: Vintage Books, 1946.

Caner, *Ergun, and Emir Caner*. Unveiling Islam: An Insider's Look at Muslim Life and Beliefs. Grand Rapids: Kregel, 2002.

Capra, Fritjof. *The Tao of Physics: An Exploration of the Parallels between Modern Physics and Eastern Mysticism*. London: Fontana, 1975.

Carlson, J. *"My Journey into and out of the Emergent Church."* Worldview Times. February 26, 2006, http:// www.worldviewweekend.com/worldview-times/article. php?articleid=514.

Carmical, Frank. *"The Unknown and Unread Søren Kierke-gaard: An Orthodox, Evangelical Christian."* Studia Theologica Et Apologia 1, no. 3 (1985): 1-29.

Carnell, Edward John. *The Burden of Soren Kierkegaard*. Grand Rapids: Eerdmans, 1965.

———. *The Case for Orthodox Theology*. Philadelphia: Westminster Press, 1959.

———. *Christian Commitment: An Apologetic*. New York: Macmillan, 1957.

———. "How Every Christian Can Defend His Faith." Moody Monthly (January, February, March 1950).

———. *An Introduction to Christian Apologetics: A Philo-sophic Defense of the Trinitarian-theistic Faith*. 5th ed. Grand Rapids: Eerdmans, 1956.

———. *The Kingdom of Love and Pride of Life*. Grand Rapids: Eerdmans, 1960.

———. *A Philosophy of the Christian Religion*. Grand Rapids: Eerdmans, 1952.

———. *The Theology of Reinhold Niebuhr*. Grand Rapids: Eerdmans, 1960.

Carr, E. H. *What Is History? New York: Random*

House, 1961.

Carson, D. A. *Becoming Conversant with the Emerging Church*. Grand Rapids: Zondervan, 2005.

———. *"Five Gospels, No Christ."* Christianity Today, April 25, 1994.

———. *The Gagging of God*. Grand Rapids: Zondervan, 1996.

———. *The Gospel according to John*. Grand Rapids: Eerdmans, 1991.

———. *"Redaction Criticism: On the Legitimacy and Il-legitimacy of a Literary Tool."* In Scripture and Truth, edited by D. A. Carson and John D. Woodbridge. Grand Rapids: Baker, 1992.

Carson, D. A., Douglas J. *Moo, and Leon Morris*. An Introduction to the New Testament. Grand Rapids: Zondervan, 1992.

Cartlidge, David R., and David L. *Dungan. Documents for the Study of the Gospels.* Cleveland; New York: Collins, 1980.

Carver, W. O. *"Edgar Young Mullins—Leader and Builder."* Review and Expositor (April 1929).

Coss, Thurman L. *Secrets from the Caves: A Layman's Guide to the Dead Sea Scrolls.* Nashville: Abingdon, 1963.

Cassius, Dio. *Roman History. 69.11.2. In Documents for the Study of the Gospels*, edited by David R. Cartlidge and David L. Dungan. Cleveland: William Collins, 1980.

Castaneda, Carlos. *Tales of Power.* New York: Pocket Books, 1974.

———. *The Teachings of Don Juan.* Berkeley: University of California Press, 1968.

Cavendish, Marshall. *"Nostradamus."* In Man, Myth, and Magic: The Illustrated Encyclopedia of Mythology, Religion, and the Unknown, edited and compiled by Yvonee Deutc. New York: Marshall Cavendish, 1983.

Celsus. *On the True Doctrine (or Discourse).* Translated by R. Joseph Hoffman. New York: Oxford University Press, 1987.

Chadwick, H. *"Justin Martyr's Defense of Christianity."* Bulletin of the John Ryland Library 47 (1965).

———. *Origen: Contra Celsus.* Cambridge, MA: Cambridge University Press, 1953.

Chalke, *Steve, and Alan Mann*. The Lost Message of Jesus. Grand Rapids: Zondervan, 2003.

Chamberlain, W. B. *Heaven Wasn't His Destination: The Philosophy of Ludwig Feuerbach.* London: George Allen & Unwin, 1941.

Chapman, *Matthew. 40 Days and 40 Nights: Darwin,* Intelligent Design, God, Oxycontin, and Other Oddities on Trial in Pennsylvania. New York: HarperCollins, 2007.

Charlesworth, *James H., ed. Angelic Liturgy, Prayers,* and Psalms. Vol. 4 of The Dead Sea Scrolls. Louisville: Westminster/John Knox, 1997.

———, ed. Jesus and the Dead Sea Scrolls. New York: Doubleday, 1992.

Charnock, Stephen. *Discourses upon the Existence and Attributes of God.* 2 vols. Grand Rapids: Baker, 1979.

Cheetham, Erika. *The Final Prophecies of Nostradamus.* New York: Perigee, 1989.

Chemnitz, Martin. *Examination of the Council of Trent.* St. Louis: Concordia, 1971.

Chenu, Marie-Dominique. *Toward Understanding Saint Thomas.* Chicago: H. Regnery Co., 1954.

Chesterton, G. K. The Autobiography of G. K. Chesterton. New York: Sheed & Ward, 1936.

———. *The Catholic Church and Conversion.* New York: Macmillan, 1951.

———. *Chaucer.* New York: Sheed & Ward, 1956.

———. *Five Types.* London: Henry Holt, 1911.

———. *Generally Speaking.* New York: Dodd, Mead, 1929.

———. *A Handful of Authors: Essays on Books and Writers.* New York: Sheed & Ward, 1953.

———. *Heretics.* New York: Devin Adair, 1950.

———. *Orthodoxy.* New York: Dodd, Mead, 1954.

———. *Saint Thomas Aquinas.* Garden City, NY: Doubleday, 1956.

———. *St. Francis of Assisi.* Garden City, NY: Doubleday, 1954.

———. *The Thing:* Why I Am a Catholic. New York: Dodd, Mead, 1946.

Childs, Brevard S. Introduction to the Old Testament as Scripture. London: SCM, 1983.

———. *The New Testament as Canon: An Introduction.* alley Forge, PA: Trinity Press International, 1985.

Chishti, *Yousuf Saleem. What Is Christianity? Being a Critical Examination of Fundamental Doctrines of the Christian Faith.* Karachi, Pakistan: World Federation of Islamic Missions, 1970.

Chryssides, George D. *"Miracles and Agents."* Religious Studies 11 (September 1975).

Clapp, James Gordon. *"Locke, John."* In vol. 4 of The Encyclopedia of Philosophy, edited by Paul Edwards. New York: Macmillan and the Free Press, 1967.

Clark, David. *Dialogical Apologetics.* Grand Rapids: Baker, 1993.

———. *The Pantheism of Alan Watts.* Downers Grove, IL: InterVarsity, 1978.

Clark, David K., and Norman L. Geisler. *Apologetics in the New Age.* Grand Rapids: Baker, 1990.

Clark, Gordon H. *"Apologetics."* In Contemporary Evangelical Thought, edited by Carl F. H. Henry.

Grand Rapids: Baker, 1968.

———. *"The Bible as Truth."* Bibliotheca Sacra 114 (April 1957).

———. *A Christian Philosophy of Education.* 2nd rev. ed. Jefferson, MD: Trinity Foundation, 1988.

———. *A Christian View of Men and Things.* Grand Rapids: Eerdmans, 1952.

———. *Dewey. Philadelphia: Presbyterian & Reformed,* 1960.

———. *Historiography: Secular and Religious.* Grand Rapids: Baker, 1971.

———. *The Johannine Logos.* Nutley, NJ: Presbyterian & Reformed, 1972.

———. *Karl Barth's Theological Method.* Philadelphia: Presbyterian & Reformed, 1963.

———. *Religion, Reason, and Revelation.* Philadephia: Presbyterian & Reformed, 1961.

———. *Selections from Hellenistic Philosophy.* New York: Irvington, 1978.

———. *"Special Divine Revelation as Rational."* In Revelation and the Bible, edited by Carl Henry. Grand Rapids: Baker, 1969.

———. *Thales to Dewey: A History of Philosophy.* 1957. Reprint, Grand Rapids: Baker, 1980.

———. *"Truth." In Baker's Dictionary of Theology,* edited by Everett F. Harrison. Grand Rapids: Baker, 1960.

Clark, *Ronald W. Einstein: His Life and Times.* New York: Avon, 1984.

Clarke, Andrew D., and Bruce W. Winter, eds. *One God, One Lord: Christianity in a World of Religious Pluralism.* Grand Rapids: Baker, 1993.

Clarke, M. L. *Paley: Evidences for the Man.* Toronto: University of Toronto Press, 1974.

Clarke, Samuel. *A Discourse Concerning the Being and Attributes of God.* London: W. Botham, 1732.

———. *A Discourse Concerning the Unchangeable Obligation of Natural Religion and the Truth and Certainty of the Christian Revelation.* London: James Knapton, 1711.

———. *The Works of Samuel Clarke.* London: John & Paul Knapton, 1738.

Clement of Alexandria. *Exhortation to the Heathen.* In The Ante-Nicene Fathers, edited by Alexander Roberts and James Donaldson. Grand Rapids: Eerdmans, 1989.

———. *Stromata.* In The Ante-Nicene Fathers, edited by Alexander Roberts and James Donaldson. Grand Rapids: Eerdmans, 1989.

Cloud, Preston. *"Pseudofossils: A Plea for Caution."* Geology (November 1973).

Cobb, John B., Jr. *A Christian Natural Theology.* Philadelphia: Westminster, 1965.

Cob, John B., *Jr. and David Ray Griffin.* Process Theology: An Introductory Exposition. Philadelphia: Westminster, 1976.

Collingwood, R. G. *The Idea of History.* Oxford: Clarendon Press, 1946.

Collins, David. *"Was Noah's Ark Stable?"* Creation Research Society Quarterly 14 (1977).

Collins, Francis. *The Language of God: A Scientist Presents Evidence for Belief.* New York: Free Press, 2006.

Collins, James D. *The Existentialists.* Chicago: H. Regnery, 1952.

———. *God in Modern Philosophy.* Westport, CT: Greenwood, 1978.

———. *A History of Modern European Philosophy.* Milwaukee: Bruce, 1954.

Collins, Steven. *The Search for Sodom and Gomorrah.* Albuquerque, NM: Trinity Southwest University Press, 2006.

Comfort, Philip W., and David P. Barrett. *The Complete Text of the Earliest New Testament Manuscripts.* Grand Rapids: Baker, 1998.

Comte, Auguste. *The Catechism of Positive Religion.* 3rd ed. Translated by Richard Congreve. London: Kegan Paul, Trench, Trubner, 1858.

———. *Cours: The Positive Philosophy of Auguste Comte.* Translated by Harriet Martineau, 2 vols. London, 1853.

———. *The Positive Philosophy of Auguste Comte.* New York: D. Appleton, 1853.

Conradie, A. L. *The Neo-Calvinistic Concept of Philosophy.* Natal, Brazil: University Press, 1960.

Cook, Edward M. Solving the Mysteries of the Dead Sea Scrolls: New Light on the Bible. Grand Rapids: Zondervan, 1994.

Cook, Stanley Arthur. The Cambridge Ancient History: London: Cambridge University Press, 1965.

Copi, Irving M. Introduction to Logic. 7th ed. New York: Macmillan, 1986.

Copan, Paul. *Is God a Moral Monster?* Grand Rapids: Baker, 2011.

———. *True for You, But Not for Me: Overcoming* Objections to the Christian Faith. Minneapolis: Bethany House, 2009.

Copleston, Frederick C. Arthur Schopenhauer: Philosopher of Pessimism. London: S. I. Burn, Oates and Wahbourne, 1947.

———. *The History of Philosophy.* Vol. 1, Greece and Rome. Garden City, NY: Image, 1962.

Corduan, Winfried. "A Hair's Breadth from Pantheism: Meister Eckhart's God-Centered Spirituality." Journal of the Evangelical Theological Society 37 (1994): 263-74.

———. *Neighboring Faiths: A Christian Introduc-*

tion to World Religions. Downers Grove, IL: Inter-Varsity, 1998.

———. *Reasonable Faith: Basic Christian Apologetics.* Nashville: Broadman & Holman, 1993.

———. *"Transcendentalism: Hegel."* In *Biblical Errancy: An Analysis of Its Philosophical Roots,* edited by Norman L.

Geisler. Grand Rapids: Zondervan, 1981.

Corwin, Charles. *East to Eden?* Religion and the Dynamics of Social Change. Grand Rapids: Eerdmans, 1972.

Courville, Donovan A. *The Exodus Problem and Its Ramifications.* Loma Linda, CA: Challenge, 1971.

Cousins, Ewert H., ed. Process Theology: Basic Writings. New York: Newman, 1971.

Cowell, E. B. The Jataka. Delhi: Cosmo Publications, 1973-1979.

Cragg, Gerald R. *Reason and Authority in the Eighteenth Century.* Cambridge, MA: Cambridge University Press, 1964.

Cragg, Kenneth. *The Call of the Minaret.* New York: Oxford University Press, 1964.

———. *"Contemporary Trends in Islam."* In Muslims and Christians on the Emmaus Road, edited by J. Dudley

Woodberry. Monrovia, *CA: Missions Advanced* Research, 1989.

———. *Jesus and the Muslim: An Exploration.* London: George Allen & Unwin, 1985.

Craig, William Lane. Apologetics: An Introduction. Chicago: Moody, 1989.

———. *Assessing the New Testament Evidence for the Historicity of the Resurrection of Jesus.* Lewiston, NY: Mellen, 1989.

———. *Divine Foreknowledge and Human Freedom:* The Coherence of Theism: Omniscience. New York: E. J. Brill, 1990.

———. *The Existence of God and the Beginning of the Universe.* San Bernardino, CA: Here's Life, 1979.

———. *The Kalam Cosmological Argument.* London: Mac millan, 1979.

———. *Knowing the Truth about the Resurrection.* Rev. ed. Ann Arbor, MI: Servant, 1981.

———. *"The Nature of History."* Master's thesis. Trinity Evangelical Divinity School, 1976.

———. *The Only Wise God: The Compatibility* of Divine Foreknowledge and Human Freedom. Grand Rapids: Baker, 1987.

———. *The Son Rises: The Historical Evidence for the Resurrection of Jesus.* Eugene, OR: Wipf & Stock, 2000.

Craig, William Lane, and Quentin Smith. *Theism, Atheism, and Big Bang Cosmology.* Oxford: Clarendon, 1993.

Craighead, Houston. *"Non-Being and Hartshorne's Concept of God."* Process Studies 1 (1971): 9-24.

———. *"Response."* Southwestern Journal of Philosophy 5 (1974).

Creme, Benjamin. *Message from Maitreya the Christ and the Masters of Wisdom.* North Hollywood, CA: Tara Center, 1980.

Crockett, William V., ed. Fours Views on Hell. Grand Rapids: Zondervan, 1992.

———. *"Will God Save Everyone in the End?"* In Through No Fault of Their Own? The Fate of Those Who Have Never Heard, edited by William V. Crockett and James G. Sigountos. Grand Rapids: Baker, 1991.

Crockett, William V., and James G. Sigountos, eds. *Through No Fault of Their Own?* The Fate of Those Who Have Never Heard. Grand Rapids: Baker, 1991.

Cromwell, R. S. *David Friedrich Strauss and His Place in Modern Thought.* Fair Lawn, NJ: R. E. Burdick, 1974.

Crone, Patricia. *Slaves on Horses.* Cambridge: Cambridge University Press, 1980.

Crone, Patricia, and Michael Cook, Hagarism. Cambridge: Cambridge University Press, 1977.

Cross, F. L. "Athanasius, St." In The Oxford Dictionary of the Christian Church, edited by F. L. Cross. 2nd ed. London: Oxford University Press, 1974.

———. *"Athenagoras."* In The Oxford Dictionary of the Christian Church, edited by F. L. Cross. 2nd ed. London: Oxford University Press, 1974.

———. *"Celsus."* In The Oxford Dictionary of the Christian Church, edited by F. L. Cross. 2nd ed. London: Oxford University Press, 1974.

———. *"Enlightenment."* In The Oxford Dictionary of the Christian Church, edited by F. L. Cross. 2nd ed. London: Oxford University Press, 1974.

———. *"Essenes."* In The Oxford Dictionary of the Christian Church, edited by F. L. Cross. 2nd ed. London: Oxford University Press, 1974.

———. *"Eusebius."* In The Oxford Dictionary of the Christian Church, edited by F. L. Cross. 2nd ed. London: Oxford University Press, 1974.

———. *"Marcion."* In The Oxford Dictionary of the Christian Church, edited by F. L. Cross. 2nd ed. London: Oxford University Press, 1974.

———. *"Pascal, Blaise."* In The Oxford Dictionary of the Christian Church, edited by F. L. Cross. 2nd ed. London:Oxford University Press, 1974.

———. *"Tertullian."* In The Oxford Dictionary of the Christian Church, edited by F. L. Cross. 2nd ed. London: Oxford University Press, 1974.

———. *The Study of St. Athanasius.* Oxford: Clarendon Press, 1945.

Cross, F. L., and E.A. Livingstone, eds. *The Oxford Dictionary of the Christian Church*. 2nd ed. London: Oxford University Press, 1974.

Crossan, John Dominic. *The Historical Jesus: The Life of a Mediterranean Peasant*. San Francisco: HarperSanFrancisco, 1991.

Cullmann, Oscar. *The Christology of the New Testament*. London: SCM, 1959.

Custance, Arthur. *The Doorway Papers*. Vol. 1, Noah's Three Sons. Grand Rapids: Zondervan, 1975.

———. *The Doorway Papers*. Vol. 2, Genesis and Early Man. Grand Rapids: Zondervan, 1975.

———. *The Doorway Papers*. Vol. 9, The Flood: Local or Global? Grand Rapids: Zondervan, 1979.

———. *The Genealogies of the Bible: A Study of the Names in Genesis 10*. Ottawa, ON: n.p., 1964.

———. *Genesis and Early Man*. Grand Rapids: Zondervan, 1975.

Dahood, Michael. *"Are the Ebla Tablets Relevant to Biblical Research?"* Biblical Archaeology Review (September-October 1980)

Danielou, Jean. *Origen. New York: Sheed & Ward*, 1983.

Darrow, Clarence. *The Story of My Life*. New York: Charles Scribner's Sons, 1932.

Darwin, Charles. *The Autobiography of Charles Darwin, with Original Omissions Restored*. Edited by Nora Darwin Barlow. New York: W. W. Norton, 1993.

Darwin, Charles. *The Descent of Man and Selection in Relation to Sex*. New York: D. Appleton, 1896.

———. *On the Origin of Species*. 1859. Reprint, New York: New American Library, 1958.

Darwin, Francis. *The Life and Letters of Charles Darwin*.Vol. 3. London: John Murray, 1888.

Dashti, Ali. *Twenty-Three Years: A Study of the Prophetic Career of Mohammad*. London: George Allen & Unwin, 1985.

Davidson, Bruce W. *"Reasonable Damnation: How Jonathan Edwards Argued for the Rationality of Hell."* Journal of the Evangelical Theological Society 38, no. 1 (1995).

Davies, Philip R. Daniel. Sheffield: JSOT, 1985.

Davis, C. Truman. *"The Crucifixion of Jesus: The Passion of Christ from a Medical Point of View."* Arizona Medicine (March 1965): 183-87.

Davis, George T. B. *Fulfilled Prophecies That Prove the Bible*. Philadelphia: Million Testaments Campaign, 1931.

Davis, John J. *Foundations of Evangelical Theology*. Grand Rapids: Baker, 1994.

Davis, Percival, and Dean H. Kenyon. Of Pandas and People: T*he Central Question of Biological Origins*. Edited by Charles B. Thaxton. Dallas: Haughton, 1993.

Davis, Stephen T. *Logic and the Nature of God*. Grand Rapids: Eerdmans, 1983.

Dawkins, Richard. *The Blind Watchmaker*. New York: Norton, 1986.

———. *The God Delusion*. Boston: Houghton Mifflin, 2006.

———. *River Out of Eden: A Darwinian View of Life*. New York: Basic Books, 1995.

Dawud, Abdu L-Ahad. *Muhammad in the Bible*. 2nd ed.Kuala Lumpur: Pustaka Antara, 1979.

De Arteaga, William. *Past Life Visions: A Christian Exploration*. New York: Seabury, 1983.

De Beauvoir, Simone. *The Ethics of Ambiguity. Translated by Bernard Frechtman Secaucus*. New York: Philosophical Library, 1948.

DeBoer, J. et al. *"Professor Van Til's Apologetics."* Calvin Forum (August-September, December 1953; March-April 1955).

De Boer, T. J. *The History of Philosophy in Islam*. Translated by Edward R. Jones. New Delhi: Cosmo, 1983.

Deedat, Ahmed. *Is the Bible God's Word?* South Africa: n.p., 1987.

Deferrari, R. J. A. *A Complete Index of the Summa Theologiae of St*. Thomas Aquinas. Baltimore: Catholic University of America Press, 1956.

———. *Latin-English Dictionary of Thomas Aquinas*. Boston: Daughters of St. Paul, 1960.

———. *A Lexicon of St*. Thomas Aquinas Based on Summa Theologiae and Select Passages of His Other Work. Washington, D.C: Catholic University of America Press, 1948.

Deissmann, Adolf. *Light from the Ancient East*. Translated by L. R. M. Strachan. New York: Harper, 1923.

Delaney, *John J., and James Edward Tobin*. Dictionary of Catholic Biography. Garden City, NY: Doubleday, 1961.

Delbert, P*ierre, and Louis Ernest*. La science et la realite. Paris: Flammarion, 1920.

Delitzsch, Franz. *A New Commentary on Genesis*. New York: Scribner & Welford, 1889.

Delvolve, Jean. Religion, Critique et Philosophie Positive chez Pierre Bayle. Paris: Felix Alcan, 1906.

Demarest, Bruce A. *General Revelation: Historical Views and Contemporary Issues*. Grand Rapids: Zondervan, 1983.

———. *"Process Theology and the Pauline Doctrines of the Incarnation."* In Pauline Studies: Essays Presented to F. F. Bruce on His 70th Birthday, edited by Donald A. Hagner and Murray J. Harris. Exeter:

Paternoster, 1980.

Dembski, William. *The Design Revolution*. Downers Grove, IL: InterVarsity, 2004.

———. *The Design Inference*. New York: Cambridge University Press, 1998.

Dembski, William, and Jonathan Wells. *The Design of Life*. Dallas: Foundation for Thought and Ethics, 2004.

De Mille, Richard, ed. *The Don Juan Papers*. Santa Barbara, CA: Ross Erickson, 1980.

Dennis, Lane T. *Francis Schaeffer: Portraits of the Man and His Work*. Westchester, IL: Crossway Books, 1986.

———, ed. *Letters of Francis A. Schaeffer*. Westchester, IL: Crossway Books, 1986.

Denton, Michael. *Evolution: A Theory in Crisis*. Bethesda, MD: Adler & Adler, 1985.

Denzinger, Henry. *The Sources of Catholic Dogma*. Translated by Roy J. Deferrari. London: B. Herder, 1957.

Dermenghem, Emile. *Muhammad and the Islamic Tradition*. *Translated* by Jean M. Watt. Westport, CT: Greenwood, 1974.

Derrida, Jacques. *The Ear of the Other*. New York: Schocken, 1985.

———. *Edmund Husserl's Origin of Geometry: An Introduction*. Lincoln: University of Nebraska, 1989.

———. *Limited Inc*. Evanston, IL: Northwestern University Press, 1988.

———. *Of Grammatology*. Baltimore: John Hopkins University Press, 1976.

———. *Positions*. Chicago: University of Chicago Press, 1981.

———. *Specters of Marx*. New York: Routledge, 1994.

———. *Speech and Phenomena*. Evanston, IL: Northwestern University Press, 1973.

———. *Writing and Difference*. Chicago: University of Chicago Press, 1978.

De Saussure, Ferdinand. *Cours de Linguistique Generale*. Edited by Charles Bally and Albert Sechebaye with the collaboration of Albert Riedilinger. Translated and annotated by Roy Harris. LaSalle, IL: Open Court, 1986.

Descartes, René. *Discourse on Method*. Indianapolis: Hackett, 1980.

———. *Meditations on First Principles*. Translated by L. Lafleur. New York: Liberal Arts, 1951.

De Silva, Lynn. Reincarnation in Buddhist and Christian Thought. Colombo: Christian Literature Society of Ceylon, 1968.

Desmond, A. *Huxley: From Devil's Disciple to Evolution's High Priest*. Reading, MA: Adison Wesley,

1997.

Dewey, John. *A Common Faith*. London: Yale University Press, 1934.

———. *Reconstruction and Philosophy*. London: University of London Press, 1921.

DeYoung, Kevin, and Ted Kluck. Why We're Not Emergent. Chicago: Moody Press, 2008.

Diamond, Malcolm L. *"Miracles."* Religious Studies 9 (1973).

Dickason, C. Fred. *Angels: Elect and Evil*. Chicago: Moody, 1995.

Di Donato, A. *"The Mithraic Cult and Christian Origins."* Christian Apologetics Journal (Spring 2007).

Dixon, Larry. The Other Side of the Good News: Confronting the Contemporary Challenges to Jesus's Teaching on Hell. Wheaton: Bridgepoint, 1992.

Dodd, C. H. *History and the Gospel*. New York: Charles Scribner's Sons, 1938.

———. *The Interpretation of the Fourth Gospel*. Cambridge: Cambridge University Press, 1968.

Dodds, E. R. Pagan and Christian in an Age of Anxiety. Cambridge: Cambridge University Press, 1965.

Doi, A. R. I. "The Status of Prophet Jesus in Islam." Muslim Magazine World League Journal (June 1982).

———. *"The Status of Prophet Jesus in Islam—II."* Muslim Magazine World League Journal (June 1982).

Dooyeweerd, Herman. *In the Twilight of Western Thought: Studies in the Pretended Autonomy of Philosophical Thought*. Nuttley, NJ: Craig, 1972.

———. *A New Critique of Theoretical Thought*. 4 vols. Ontario: Paideia, 1984.

Dorner, I.A. *History of the Development of the Doctrine of the Person of Christ*. Edinburg, Scotland: T & T Clark, 1880-1897.

Douglas, J. D., ed. *The New International Dictionary of the Christian Church*. Grand Rapids: Zondervan, 1974.

Douillet, Jacques. **What Is a Saint?** New York: Hawthorn Books, 1958.

Dowling, Levi H. *The Aquarian Gospel of Jesus the Christ: The Philosophic and Practical Basis of the Religion of the Aquarian Age of the World*. Santa Monica, CA: DeVorss, 1972.

Dray, W. H., ed. *Philosophy of History*. Englewood Cliffs, N.J: Prentice-Hall, 1964.

Driscoll, Mark. *Confessions of a Reformation REV*. Grand Rapids: Zondervan, 2006.

Driver, Samuel R., and Adolf Naubauer, trans., *The Fifty-Third Chapter of Isaiah: According to the Jewish Interpreters*. Whitefish, MT: Kessinger Publishing, 2010.

Drummond, James. Philo Judaeus. Amsterdam: Philo Press, 1969.

Dulles, Avery. A History of Apologetics. New York: West-minster, 1971.

———. "Infallibility: The Terminology." In Teaching Authority and Infallibility in the Church, edited by Paul C. Empie, T. Austin Murphy, and Joseph A. Burgess. Min-neapolis: Augsburg, 1980.

Dupont-Sommer, André. The Jewish Sect of Qumran and the Essenes. London: Vallentine, Mitchell, 1954.

Dupont-Sommer, André, and Geza Vermes. The Essene Writings of Qumran. Cleveland: World Publishing Company, 1961.

Durant, W. Interview. Chicago Sun Times. August 24, 1975: 363.

Duriez, Colin. "Francis Schaeffer." In Handbook of Evangelical Theologians, edited by Walter Elwell. Grand Rapids: Baker, 1993.

———. Francis Schaeffer: An Authentic Life. Wheaton, IL: Crossway, 2008.

Eareckson, Joni, and Steve Estes. A Step Further. Grand Rapids: Zondervan, 1978.

Eckhart, Meister. Meister Eckhart. Translated by Franz Pfeiffer and C de B. Evans. London: J. M. Watkins, 1924-31.

Eddy, Mary Baker. Science and Health with Key to the Scriptures. Boston: First Church of Christ Scientist, 1971.

Edgar, Thomas. Miraculous Gifts: Are They for Today? Neptune, NJ: Loizeaux Brothers, 1983.

Edwards, Jonathan. The Freedom of the Will. In The Works of Jonathan Edwards. Carlisle, PA: Banner of Truth, 1974.

———. Jonathan Edwards: Representative Selections. Edited by Clarence H. Faust, et al. New York: Hill & Wang, 1962.

———. "The Mind." In The Philosophy of Jonathan Edwards from His Private Notebooks, edited by Harvey G. Townsend. Eugene: University of Oregon, 1955.

———. "Miscellanies." In The Works of Jonathan Edwards. Carlisle, PA: Banner of Truth, 1974.

———. Of Being. In Jonathan Edwards: Representative Selections, edited by Clarence H. Faust et al. New York: Hill & Wang, 1962.

———. Religious Affections. In The Works of Jonathan Edwards. Carlisle, PA: Banner of Truth, 1974.

———. "Sermon on Isaiah 3:10." Unpublished. Yale University Beinecke Library.

———. "Sermon on Romans 1:20." Unpublished. Yale University Beinecke Library.

———. "Sermon on Romans 14:7." Unpublished. Yale University Beinecke Library.

——— et al. A Treatise on Religious Affection. New York: American Tract Society, 1833.

———. The Works of Jonathan Edwards. 2 vols. Carlisle, PA: Banner of Truth, 1974.

Edwards, O. C. New Review of Books and Religion. May 1980.

Edwards, Paul, ed. "Averroes." The Encyclopedia of Philosophy. 8 vols. New York: Macmillan and the Free Press, 1967.

———, ed. "Camus, Albert." The Encyclopedia of Philosophy. 8 vols. New York: Macmillan and the Free Press, 1967.

———, ed. "Logos." The Encyclopedia of Philosophy. 8 vols. New York: Macmillan and the Free Press, 1967.

Edwards, William D., Wesley J. Gabel, and Floyd E. Hosmer. "On the Physical Death of Jesus Christ." Journal of the American Medical Association 255, no. 11 (1986).

Eerdman's Handbook of the World Religions. Grand Rapids: Eerdmans, 1982.

Ehrenfeld, David. The Arrogance of Humanism. New York: Oxford University Press, 1981.

Ehrman, Bart. Misquoting Jesus: The Story Behind Who Changed the Bible and Why. New York: HarperCollins, 2005.

Einstein, Albert. Ideas and Opinions—The World as I See It. 3rd ed. New York: Crown, 1982.

Eisenman, Robert H., and Michael Wise. The Dead Sea Scrolls Uncovered. New York: Barnes & Noble, 1992.

Eisley, Loren. The Immense Journey. New York: Vintage, 1957.

Eldredge, Niles, and Ian Tattersall. The Myths of Human Evolution. New York: Columbia University Press, 1982.

Elliger, K., and W. Rudolph, eds. Biblia Hebraica Stuttgartensia. 2nd ed. Stuttgart: Deutsche Bibelstiftung, 1967-77, 1983. Editio minor, 1984.

Elwell, Walter, ed. Evangelical Dictionary of Theology. Grand Rapids: Baker, 1984.

———, ed. Handbook of Evangelical Theologians. Grand Rapids: Baker, 1993.

Engels, Friedrich. Ludwig Feuerbach and the Outcome of Classical German Philosophy. New York: International Publishers, 1934. Erasmus, Desiderius. Diatribe on Free Will. 1524.

Erlandson, Douglas K. "A New Look." Religious Studies (December 1977).

Eslick, L. J. "The Real Distinction." Modern Schoolman 38 (January 1961).

Estrada, David, and William White Jr. The First New

Testament. Nashville: Thomas Nelson, 1978.

Eusebius. *Ecclesiastical History.* Translated by C.F. Cruse. Boston: Baker House, 1955.

Evans, Craig A. et al. Nag Hammadi Texts and the Bible. New York: E. J. Brill, 1993.

Evans, C. Stephen. Existentialism: The Philosophy of Despair and the Quest for Hope. Dallas: Probe/Word, 1989.

———. *Kierkegaard on Faith and the Self: Collected Essays.*Waco, TX: Baylor University Press, 2006.

———. Passionate Reason: Making Sense of Kierkegaard's Philosophical Fragments. Bloomington: Indiana University Press, 1992.

———. *Subjectivity and Religious Belief.* Grand Rapids:Christian University Press, 1978."Eve of Passover." In Babylonian Talmud Sanhedrin 43a, edited by Israel W. Slotki and translated by S. Daiches. vol. 3. New York: Rebecca Bennett Publications, 1959.

Evans, C. Stephen, and Merold Westphal, eds. *Christian Perspectives on Religious Knowledge.* Grand Rapids: Eerdmans, 1993.

Ewing, I. *The Essene Christ.* New York: Philosophical Library, 1961.

Fairweather, William. *Origen and Greek Patristic Theology.* New York: Scribner, 1901.

Farmer, William R. *The Synoptic Problem.* New York: Mac-millan, 1964.

———. *The Synoptic Problem: A Critical Analysis.* Dills-boro: Western North Carolina Press, 1976.

Farnell, D. "Evangelical Participation in the Search for the 'Historical Jesus.'" Master's Seminary Journal 24, no. 1 (Spring 2013).

———. *"Three Searches for the 'Historical Jesus' but No Biblicial Christ."* Master's Seminary Journal 24, no. 1 (Spring 2012).

Faruqi, Isma'il R. Al. *Islam.* Niles, IL: Argus Communications, 1984.

Fee, Gordon, and Eldon Gay Epp. *New Testament Textual Criticism: Its Significance for Exegesis.* Oxford: Oxford University Press, 1982.

Feigel, Herbert. *"Logical Positivism after Thirty-Five Years."*Philosophy Today (Winter 1964).

Feldman, L. H. *Scholarship on Philo and Josephus 1937- 1962.* New York: Yeshiva University, 1963.

Ferguson, Everett. Background of Early Christianity. GrandRapids: Eerdmans, 1993.

Ferguson, John. *The Religions of the Roman Empire.* London: Thames & Hudson, 1982.

Ferguson, Marilyn. *The Aquarian Conspiracy: Personal and Social Transformation in the 1980s.* Los Angeles: J. P. Tarcher, 1980.

Ferngren, Gary B., and Ronald L. *Numbers.* "C. S. Lewison Creation and Evolution: The Acworth Letters, 1944-1960." Journal of American Scientific Affiliation 48, no. 1(1996).

Ferre, Frederick. *"Analogy."* In The Encyclopedia of Philoso phy, edited by Paul Edwards. Vol. 1. New York: Macmillan and the Free Press, 1967.

———. *Language, Logic, and God.* New York: Harper, 1961.

Ferrin, Howard W. *"Manipulation or Motivation?* Skinner's Utopia vs. Jesus's Kingdom." Christianity Today, 29 September 1972.

Fesperman, Francis I. *"Jefferson's Bible."* Ohio Journal of Religious Studies 4 (1976): 78-88.

Feuerbach, Ludwig. *The Essence of Christianity. Translated by George Eliot.* New York: Harper Torchbooks, 1957.

———. *Pierre Bayle.* Berlin: Akademie-Verlag, 1967.

Feuerbach, Ludwig, and Alexander Loos. The Essence of Religion. Translated by Alexander Loos. Amherst, NY: Prometheus Books, 2004.Fifty-Third Chapter of Isaiah according to the Jewish Interpreters. Translated by S. R. Driver and A. Neubauer. New York: KTAV, 1969.

Findlay, J. N. *"Can God's Existence Be Disproved?"* In The Ontological Argument, edited by Alvin Plantinga. Garden City, NY: Doubleday, 1965.

Fisher, E. *"New Testament Documents among the Dead Sea Scrolls?"* Bible Today 61 (1972).

Fitzmeyer, Joseph. *"The Gnostic Gospels according to Pagels."* America (February 16, 1980), 123.

Fletcher, John. *Checks to Antinomianism.* Kansas City: Beacon Hill, 1948.

Fletcher, Joseph. *Situation Ethics: The New Morality.* Philadelphia: Westminster, 1966.

Flew, Antony. *"Miracles."* In The Encyclopedia of Philosophy, edited by Paul Edwards. Vol. 5. New York: Macmillan and the Free Press, 1967.

———. *New Essays in Philosophical Theology.* New York: Macmillan, 1955.

———. *"Theology and Falsification."* In New Essays in Philosophical Theology. London: SCM, 1963.

Flew, Antony, and Roy Abraham Varghese. There Is a God: How the World's Most Notorious Atheist Changed His Mind. New York: HarperOne, 2007.

Flint, Robert. Agnosticism. New York: Charles Scribner's Sons, 1903.

———. *Anti-Theistic Theories.* 3rd ed. Edinburgh/London: Wm. Blackwood & Sons, 1885.

Follis, Bryan. Truth with Love.Wheaton: Crossway, 2006.

Foote, Henry Wilder. *Thomas Jefferson: Champion of Religious Freedom, Advocate of Christian Morals.* Boston: Beacon, 1947.

Ford, Lewis. *"Biblical Recital and Process Philosophy."* Interpretation 26, no. 2 (1972).

———. *The Lure of God: A Biblical Background for Process Theism*. Philadelphia: Fortress Press, 1978.

Foreman, Mark. *"An Evaluation of Islamic Miracle Claims in the Life of Muhammad."* Unpublished paper, 1991.

Forster, T. Roger, and V. Paul Marston. *God's Strategy in Human History*. Wheaton, IL: Tyndale, 1973.

Foster, M. B. "The Christian Doctrine of Creation and the Rise of Modern Natural Science." Mind 43 (1934).

Foster, R. S. *The Supernatural Book: Evidence of Christianity*. New York: Cranston & Curts, 1893.

Foxe, John. *Acts and Monuments of Matters Most Special and Memorable, Happening in the Church, with an Universal Historie of the Same*. 4th ed. London: John Daye, 1583.

Frame, John M. *Cornelius Van Til: An Analysis of His Thought*. Phillipsburg, NJ: P & R Publishers, 1995.

———. *"The Problem of Theological Paradox" In Foundations of Christian Scholarship, edited by G.* North. Phillipsburg, NJ: Pilgrim Publication, n.d.

France, R. T. The Evidence for Jesus. Downers Grove, IL: InterVarsity, 1986.

———. *Jesus and the Old Testament. Downers Grove, IL:* InterVarsity Press, 1971.

Frank, Philipp. *Einstein: His Life and Times*. New York: Alfred A. Knopf, 1953.

Frankl, Viktor E. *The Unconscious God*. New York: Simon and Schuster, 1975.

Frazer, James G. *The Golden Bough*. London: Macmillan, 1890. One-volume abridged edition, New York: Crown, 1981.

Frazer, Sir George. *The New Golden Bough*. Revised by Theodore Gaster. New York: Phillips, 1959.

Frege, Gottlob. *Uber Sinn und Bedeutung*. In Translations from the Philosophical Writings of Gottlob Frege, edited by Peter Geach and Max Black. Oxford: Blackwell, 1980.

Freud, Sigmund. *The Future of an Illusion*. Translated by W. D. Robson-Scott. New York: Doubleday, 1957.

———. *Moses and Monotheism*. Translated by Katherine Jones. New York: Vintage, 1939.

———. *Totem and Taboo: Some Points of Agreement between the Mental Lives of Savages and Neurotics. London: Routledge & K. Paul, 1960.*

Fromm, Erich. *Psychoanalysis and Religion*. New Haven: Yale University Press, 1950.

Fuller, Reginald H. **The Foundations of New Testament Christology**. New York: Scribner, 1965.

Funk, Robert. "The Emerging Jesus." The Fourth R 2:6.

———. *The Five Gospels*. New York: HarperOne, 1996.

———. Forum 1, no. 1 (1985).

Funk, Robert et al. *The Parables of Jesus: Red Letter Edition*. Sonoma, CA: Polebridge, 1988.

Furlong, William R., and Byron McCandless. So Proudly We Hail: The History of the United States Flag. *Washington, DC: Smithsonian Institution* Press, 1981.

Gaeberlein, Frank E., ed. *The Expositor's Bible Commentary*. 12 vols. Grand Rapids: Zondervan, 1979.

Gangel, Kenneth. *"John Dewey: An Evangelical Evaluation Part II."* Bibliotheca Sacra 124 (1967).

Gardiner, Patrick. *"Schopenhauer, Arthur."* In The Encyclopedia of Philosophy, edited by Paul Edwards. New York: Macmillan and the Free Press, 1967.

———, ed. *Theories of History*. Glencoe, IL: Free Press, 1959.

Garnet, P. "O'Callahan's Fragments: Our Earliest New Testament Texts? Evangelical Quarterly 45 (1972). *Garrigou-Lagrange, Reginald*. God: His Existence and His Nature. 2 vols. St. Louis: B. Herder, 1934-36.

———. *The One God*. Translated by Bede Rose. St. Louis: B. Herder, 1943.

———. *Predestination*. Translated by Dom Bede Rose. St. Louis: B. Herder, 1939.

———. *Reality: A Synthesis of Thomistic Thought*. Translated by Patrick Cummins. St. Louis: B. Herder, 1950.

Gasque, Ward. *"F. F. Bruce: A Mind for What Matters."* Christianity Today, 7 April 1989.

Gaussen, S. R. L. *Theopneustia: The Bible, Its Divine Origin and Inspiration, Deduced from Internal Evidence and the Testimonies of Nature, History, and Science*. Rev. ed. New York: Jennings & Pye, 1867.

Gay, Peter. *The Party of Humanity: Essays in the French Enlightenment*. New York: Knopf, 1963.

Geach, Peter, and Max Black, eds. *Translations from the Philosophical Writings of Gottlob Frege*. Oxford: Black-well, 1980.

Geis, Robert J. *Personal Existence After Death*. Peru, IL: Sherwood Sugden & Co., 1995.

Geisler, Norman L. The Battle for the Resurrection. Updated edition. Nashville: Thomas Nelson, 1992.

———. "Bible Manuscripts." In Wycliffe Bible Encyclopedia, edited by Charles F. Pfeiffer, Howard F. Vos, and John Rea. Chicago: Moody, 1975.

———. "Biblical Studies." In The Opening of the American Mind, edited by W. David Beck. Grand Rapids: Baker, 1991.

———. *Carl Sagan's Religion for the Scientific Mind*. Dallas: Quest, 1983.

———. *Christian Apologetics*. Grand Rapids: Baker, 1976.

———. *Christian Ethics: Contemporary Issues and Options*. Grand Rapids: Baker, 2010.

———. *Chosen but Free: A Balanced View of God's Sovereignty and Freewill*. Minneapolis: Bethany House, 2010.

———. "The Concept of Truth in the Inerrancy Debate." Bibliotheca Sacra (October-December 1980).

———. *Creating God in the Image of Man?* Minneapolis: Bethany House, 1997.

———. *The Creator in the Courtroom: Scopes II*. Milford, MI: Mott Media, 1982.

———. *The Emergent Church*. DVD. International Legacy Institute.

———. *Ethics*. Grand Rapids: Zondervan, 1971.

———. "The Extent of the Old Testament Canon." In Current Issues in Biblical and Patristic Interpretation, edited by Gerald F. Hawthorne. Grand Rapids: Eerdmans, 1975.

———. "God's Revelation in Scripture and Nature." In The Opening of the American Mind, edited by David Beck. Grand Rapids: Baker, 1991.

———. "Historiography." In Systematic Theology. vol. 1, edited by Norman L. Geisler. Minneapolis: Bethany, 2002.

———. *If God, Why Evil?* Minneapolis: Bethany, 2011.

———. *In Defense of the Resurrection*. Lynchburg, VA: Quest, 1991.

———, ed. *Inerrancy*. Grand Rapids: Zondervan, 1979.

———. *Is Man the Measure? An Evaluation of Contemporary Humanism*. Grand Rapids: Baker, 1983.

———. *Knowing the Truth about Creation: How It Happened and What It Means to Us*. Ann Arbor, MI: Servant, 1989.

———. "Man's Destiny: Free or Forced." Christian Scholar's Review 9, no. 2 (1979).

———. *Miracles and the Modern Mind*. Grand Rapids: Baker, 1992.

———. *Miracles and Modern Thought*. Grand Rapids: Zondervan, 1982.

———. "The Missing Premise in the Ontological Argument." Religious Studies (September 1973).

———. "The Natural Right." In In Search of a National Morality, edited by William Bentley Ball. Grand Rapids: Baker, 1992.

———. "Neopaganism, Feminism, and the New Polytheism." Christian Research Journal (Fall 1991): 8.

———. "Of Pandas and People: The Central Questions of Biological Origins." Perspectives on Science & Christian Faith 42, no. 4 (1990): 246-49.

———. *A Popular Survey of the Old Testament*. Grand Rapids: Baker, 1977.

———. "Process Theology." In Tensions in Contemporary Theology, edited by Stanley N. Gundry and Alan F. John-son. Chicago: Moody, 1976.

———. "Purpose and Meaning: The Cart and the Horse." Grace Theological Journal 5 (1984).

———. The Roots of Evil. 2nd rev. ed. Dallas: Probe, 1989.

———. *Signs and Wonders*. Wheaton: Tyndale, 1988.

———. *Summit II Hermeneutics: Understanding God's Word*. Grand Rapids: Zondervan, 1984.

———. *Systematic Theology. Vol. 1*. Minneapolis: Bethany House, 2002.

———. *Systematic Theology. Vol. 3*. Minneapolis: Bethany House, 2004.

———. *Thomas Aquinas: An Evangelical Appraisal*. Grand Rapids: Baker, 1991.

———. "Was Clarence Darrow a Bigot?" Creation/Evolution (Fall 1988).

———. *What Augustine Says*. Grand Rapids: Baker, 1982.

———. "When Did I Begin? A Review Article." Evangelical Theological Society 33, no. 4 (1990): 509-12.

Geisler, Norman L., and J. Yutaka Amano. The Infiltration of the New Age. Wheaton, IL: Tyndale, 1989.

———. *The Reincarnation Sensation*. Wheaton: Tyndale, 1986.

Geisler, Norman L., and P. Bocchino. *Unshakable Foundations. Minneapolis*, MN: Bethany, 2001.

Geisler, Norman L., and Ron Brooks. *Come Let Us Reason: An Introduction to Logical Thinking*. Grand Rapids: Baker, 1990.

———. *When Skeptics Ask*. Wheaton: Victor, 1990.

Geisler, Norman L., and Winfried Corduan. Philosophy of Religion. 2nd ed. Grand Rapids: Baker, 1988.

Geisler, Norman L., and Randy Douglass. *Bringing Your Faith to Work*. Grand Rapids: Baker, 2005.

Geisler, Norman L., and Paul D. Feinberg. Introduction to Philosophy: A Christian Perspective. Grand Rapids: Baker, 1980.

Geisler, Norman L., and Gary R. *Habermas, eds. In Defense of Miracles: A Comprehensive Case for God's Action in History*. Downers Grove, IL: InterVarsity, 1997.

Geisler, Norman L., Wayne House, and Max Herrera. *The Battle for God: Responding to the Challenge of Neotheism*. Grand Rapids: Kregel, 2001.

Geisler, Norman L., and Thomas Howe. The Big

Book of Bible Difficulties. Grand Rapids: Baker, 2008.

———. *Making Sense of Bible Difficulties*. Grand Rapids: Baker, 2009.

———. *When Critics Ask*. Wheaton: Victor, 1992.

Geisler, Norman L., and J. Kerby. Origin Science: A Proposal for the Creation-Evolution Controversy. Grand Rapids: Baker, 1987.

———, *and Harold Kushner*. "Why Do Good Things Happen to Bad People?" Televised debate on The John Anker-berg Show," Chattanooga, TN, 1984.

Geisler, Norman L., and Ralph McKenzie. *Roman Catholics and Evangelicals: Agreements and Differences*. Grand Rapids: Baker, 1995.

Geisler, Norman L., and William E. Nix. A General Introduction to the Bible. Rev. ed. Chicago: Moody, 1986.

Geisler, Norman L., J. I. *Packer, and International Councilon Biblical Inerrancy. Explaining Hermeneutics: A Commentary*. Oakland, CA: International Council on Biblical Inerrany, 1983.

Geisler, Norman L., and William C. Roach. *Defending Inerrancy: Affirming the Accuracy of Scripture for a New Generation*. Grand Rapids: Baker, 2012.

Geisler, Norman L., and Abdul Saleeb. *Answering Islam: The Crescent in the Light of the Cross*. Grand Rapids: Baker, 1993.

Geisler, Norman L., and William D. Watkins. *Perspectives: Understanding and Evaluating Today's World Views*. San Bernardino, CA: Here's Life, 1984.

———. *Worlds Apart: A Handbook on World Views*. Grand Rapids: Baker, 1989.

Geisler, Norman L., and Patrick Zukeran. *The Apologetics of Jesus: A Caring Approach to Dealing with Doubters*. Grand Rapids: Baker, 2009.

Geivett, Douglas R. Evil and the Evidence for God: *The Challenge of John Hick's Theodicy*. Philadelphia: Temple University Press, 1993.

Gentry, Robert. *Creation's Tiny Mystery*. Knoxville, TN: Earth Science Association, 1988.

George, Timothy, and David S. Dockery, eds. *Baptist Theologians*. Nashville: Broadman, 1990.

Gerstner, John H. *"Heathen."* In Baker's Dictionary of Theology, edited by Everett F. Harrison. Grand Rapids: Baker, 1960.

———. *Jonathan Edwards: A Mini-Theology*. Wheaton: Tyndale, 1987.

———. *Jonathan Edwards on Heaven and Hell*. Grand Rapids: Baker, 1980.

———. *"An Outline of the Apologetics of Jonathan Edwards."* Bibliotheca Sacra 133, no. 4 (January-March 1976); (April-June 1976); (July-September 1976); (October-December 1976).

———. *Reasons for Faith*. New York: Harper, 1960. Reprint, Morgan, PA: Soli Deo Gloria, 1995.

Gibb, H. A. R., and J. H. Kramers. *Shorter Encyclopedia of Islam*. Ithaca, NY: Cornell University Press, 1953.

Gibbon, Edward. *The History of the Decline and Fall of the Roman Empire*. Vol. 5. Edited by J. B. Bury. London: Methuen, 1898.

Gilby, Thomas. St. *Thomas Aquinas: Philosophical Texts*. New York: Oxford University Press, 1964.

Gilchrist, John. *The Texual History of the Qur'an and the Bible*. Villach, Australia: Light of Life, 1988.

Gilkey, Landgon. *Maker of Heaven and Earth: A Study of the Christian Doctrine of Creation*. Garden City, NY: Doubleday, 1959.

Gilson, Etienne. *Being and Some Philosophers*. Toronto: Pontifical Institute of Medieval Studies, 1949.

———. *God and Philosophy*. New Haven: Yale University Press, 1992.

———. *History of Christian Philosophy in the Middle Ages*. New York: Random House, 1955.

———. *Linguistics and Philosophy. Notre Dame*, IN: University of Notre Dame, 1988.

———. *The Unity of Philosophical Experience*. New York: Charles Scribner's Sons, 1937.

Ginsburg, C. D. *The Essenes. London: Routledge & Kegan* Paul, 1955.

Gish, Duane T. *Evolution: The Fossils Say No!* San Diego: Creation-Life, 1979.

Gleick, James. *Chaos: Making a New Science*. New York: Penguin, 1988.

Glover, Willis B. *"Religious Orientations of H. G. Wells: A Case Study in Scientific Humanism."* Harvard Theological Review 65 (1972): 117-35.

Glueck, Nelson. *Rivers in the Desert: A History of the Negev*. Philadelphia: Jewish Publication Society, 1969.

Glut, Donald F. *The Empire Strikes Back*. New York: Ballantine, 1980.

Gnanakan, Ken. *The Pluralistic Predicament. Bangalore, India: Theological Book* Trust, 1992.

Goetz, Stewart C. *Review of The Kalam Cosmological Argument,* by William Lane Craig. Faith and Philosophy 9 (1989): 99-102.

Goldziher, Ignaz. *Introduction to Islamic Theology. Princeton*, NJ: Princeton University Press, 1981.

Gombrich, E. H. *"Lessing." Proceedings of the British Academy 43 (1957)*.

Gonzales, *Guillermo, and Jay Wesley Richards. The Privileged Planet*. Washington, DC: Regnery Publishers, 2004.

Gooch, George Peabody. History and Historians in

the Nineteenth Century. New York: Longmans, Green, 1913.

Goshen-Gottstein, Moshe. "Biblical Manuscripts in the United States." Textus 3 (1962).

Gould, Stephen J. "Evolution's Erratic Pace." Natural History 86 (1977).

Govier, Gordon. "Celebration Underway: Jerusalem 3000." Institute for Biblical Archeology (January-March 1996).

Grant, Michael. Jesus: An Historian's Review of the Gospels. New York: Collier, 1992.

Grant, R. M. Gnosticism and Early Christianity. New York: Columbia University, 1996.

Grave, S. A. The Scottish Philosophy of Common Sense. Westport, CT: Greenwood, 1973.

Green, J. B., S. McKnight, and I. H. Marshall, eds. Dictionary of Jesus and the Gospels. Downers Grove, IL: InterVaristy, 1992.

Green, William H. "Primeval Chronology." In Classical Evangelical Essays in Old Testament Interpretation, edited by Walter Kaiser. Grand Rapids: Baker, 1972.

Greenleaf, Simon. The Testimony of the Evangelists. 1874. Reprint, Grand Rapids: Baker, 1984.

———. A Treatise on the Law of Evidence. Boston: C. C. Little & J. Brown, 1842.

Gregory, John, and Carl Shafer. Excellence in Teaching with the Seven Laws: A Contemporary Abridgment of Gregory's Seven Laws of Teaching. Grand Rapids: Baker, 1985.

Grenz, Stanley J. A Primer on Postmodernism. Grand Rapids: Eerdmans, 1996.

———. Sexual Ethics: An Evangelical Perspective. Louisville, KY: Westminster John Knox Press, 1997.

Grenz, Stanley J., and Roger E. Olson. Twentieth-Century Theology. Downers Grove, IL: InterVarsity Press, 1992.

Grinnell, G. "Reexamination of the Foundations." In Pensee, May 1972.

Grodel, Joseph. "To Every Muslim an Answer." Unpublished thesis, Simon Greenleaf School of Law, 1982.

Gromacki, Robert. The Virgin Birth: Doctrine of Deity. Grand Rapids: Baker, 1981.

Groothuis, Douglas R. Confronting the New Age: How to Resist a Growing Religious Movement. Downers Grove, IL: InterVarsity, 1988.

———. Unmasking the New Age. Downers Grove, IL: InterVarsity, 1986.

Gruber, Howard. Darwin on Man. London: Wildwood House, 1974.

Grudem, Wayne A., ed. Are Miraculous Gifts for Today? Grand Rapids: Zondervan, 1996.

Gruenler, Gordon R. The Inexhaustible God: Biblical Faith and the Challenge of Process Theism. Grand Rapids: Baker, 1983.

Gudel, Joseph P. To Every Muslim an Answer. Unpublished thesis, Simon Greenleaf School of Law, 1982.

Guillaume, A. The Life of Muhammad. Translation of Sirat Rassul Allah, by Ibn Isha. Oxford: Oxford University Press, 2001.

Guiness, Os. The Dust of Death. Downers Grove, IL: InterVarsity, 1973.

Gundry, Robert. Matthew: A Commentary on His Literary and Theological Art. Grand Rapids: Eerdmans, 1982.

———. Soma in Biblical Theology: With Emphasis on Pauline Anthropology. Cambridge: Cambridge University Press, 1976.

Gurney, O. R. The Hittites. Baltimore: Penguin, 1952.

Gurr, John E. The Principle of Sufficient Reason in Some Scholastic Systems, 1750-1900. Milwaukee: Marquette University Press, 1959.

Guthrie, Donald. New Testament Introduction: The Gospels and Acts. London: Tyndale, 1965.

———. New Testament Theology. Downers Grove, IL: InterVarsity Press, 1981.

Haas, N. "Anthropological Observations of the Skeletal Remains from Giv'at ha-Mivtar." Israel Exploration Journal 20 (1970).

Habermas, Gary. Ancient Evidence for the Life of Jesus. Nashville: Thomas Nelson, 1984.

——— et al. "Apollonius of Tyana: First-Century Miracle Worker." Paper presented at Evangelical Philosophical Society.

———. Dealing with Doubt. Chicago: Moody, 1990.

———. "Did Jesus Perform Miracles?" In Jesus Under Fire, edited by Michael Wilkins and J. P. Moreland. Grand Rapids: Zondervan, 1995.

———. The Historical Jesus: Ancient Evidence for the Life of Christ. Joplin, MO: College Press, 1996.

———. "Philosophy of History, Historical Relativism, and History as Evidence." In Evangelical Apologetics, edited by Michael Bauman et al. Camp Hill, PA: Christian Publications, 1996.

———. "Resurrection Claims in Non-Christian Religions." Religious Studies (1989).

———. The Resurrection of Jesus: An Apologetic. Grand Rapids: Baker, 1980.

———. "Turin, Shroud of." In Walter Elwell, ed., Evangelical Dictionary of Theology. Grand Rapids: Baker, 1984, 1115-16.

———. The Verdict of History. Nashville: Thomas Nelson, 1988.

Habermas, Gary, David Baggett, and Jerry Wall. C.

S. Lewis as Philosopher. Downers Grove, IL: Inter-Varsity, 2009.

Habermas, Gary, and Antony G. N. *Flew. Did Jesus Rise from the Dead? The Resurrection Debate.* Edited by Terry L. Miethe. San Francisco: Harper & Row, 1987.

Hackett, Stuart. *Oriental Philosophy: A Westerner's Guide to Eastern Thought.* Madison: University of Wisconsin Press, 1979.

———. *The Reconstruction of the Christian Revelation Claim: A Philosophical and Critical Apologetic.* Grand Rapids: Baker, 1984.

———. *The Resurrection of Theism.* Chicago: Moody, 1957.

Haley, John W. *An Examination of the Alleged Discrepancies of the Bible.* Grand Rapids: Baker, 1951.

Hamilton, Floyd E. *The Basis of Christian Faith: A Modern Defense of the Christian Religion.* 3rd rev. ed. New York: Harper & Brothers, 1965.

Haneef, Suzanne. What Everyone Should Know about Islam and Muslims. Chicago: Kazi, 1979.

Hannah, John D., ed. **Inerrancy and the Church**. Chicago: Moody, 1984.

Haqq, Abdul. *Sharing Your Faith with a Muslim.* Minneapolis: Bethany, 1980.

Harbin, Michael. *To Serve Other Gods: An Evangelical History of Religion.* New York: University Press of America, 1994.

Hardon, John A. *The Catholic Catechism: A Contemporary Catechism of the Teachings of the Catholic Church.* New York: Doubleday, Image, 1966.

Harper, K. C. "Francis Schaeffer: An Evaluation." Bibliotheca Sacra 133 (1976).

Harris, H. *David Friedrich Strauss and His Theology.* Cambridge: Cambridge University Press, 1973.

Harris, James F. Against *Relativism: A Philosophical Defense of Method.* LaSalle, IL: Open Court, 1992.

Harris, Murray. From Grave to Glory. Grand Rapids: Zondervan, 1990.

———. *Raised Immortal: Resurrection and Immortality in the New Testament.* Grand Rapids: Eerdmans, 1983.

Harris, R. Laird. *Inspiration and Canonicity of the Bible.* Grand Rapids: Zondervan, 1957.

Harris, R. *Laird, Swee Hwa Quek, and J. Robert Vannoy, eds. Inspiration and History: Essay in Honour of Alan A. MacRae.* Singapore: Christian Life, 1986.

Harrison, Everett F., *ed. Baker's Dictionary of Theology.* Grand Rapids: Baker, 1960.

Harrison, R. K. *"Historical and Literary Criticism of the Old Testament."* In The Expositor's Bible Commentary, edited by Frank E. Gaebelein. Vol. 1. Grand Rapids: Zondervan, 1979.

———. *An Introduction to the Old Testament.* Grand Rapids: Eerdmans, 1969.

——— et al. *"Polygamy."* In Encyclopedia of Biblical and Christian Ethics. Nashville: Thomas Nelson, 1987.

Hart, Daryl G. *"The Princeton Mind in the Modern World and the Common Sense of J.Gresham Machen.* Westminster Theological Journal 46, no. 1 (1984): 1-25.

Hartshorne, Charles. *"Abstract and Concrete Approaches to Deity."* Union Seminary Quarterly Review 20 (1965).

———. *Aquinas to Whitehead: Seven Centuries of Metaphysics of Religion.* The Aquinas Lecture, 1976. Milwau-kee: Marquette University Publications, 1976.

———. *"Beyond Enlightened Self-Interest: A Metaphysics of Ethics."* Ethics 84 (1974).

———. *Creative Synthesis and Philosophic Method.* LaSalle, IL: Open Court, 1970.

———. *"The Dipolar Conception of Deity."* Review of Metaphysics 21 (1967).

———. *The Divine Relativity: A Social Conception of God. New Haven/London: Yale University Press,* 1948.

———. *"Efficient Causality in Aristotle and St. Thomas: A Review Article."* Journal of Religion 25 (1945).

———. *"Idealism and Our Experience of Nature."* In Philosophy, Religion, and the Coming World Civilization: Essays in Honor of William Ernest Hocking, edited by Leroy S. Rouner.* The Hague: Martinus Nijhoff, 1966.

———. *"The Idea of God—Literal or Analogical?"* Christian Scholar 34 (1956).

———. *"Is God's Existence a State of Affairs?"* In Faith and the Philosophers, edited by John Hick. New York: St. Martin's, 1966.

———. *The Logic of Perfection.* LaSalle, IL: Open Court, 1962.

———. *"Love and Dual Transcendance."* Union Seminary Quarterly Review 30 (1975): 97.

———. *Man's Vision of God and the Logic of Theism.* 1941. Reprint, Hamden: Archon, 1964.

———. *A Natural Theology for Our Time.* LaSalle, IL: Open Court, 1967.

———. *"The Necessarily Existent."* In The Ontological Argument from St. Anselm to Contemporary Philosophers, edited by Alvin Plantinga. New York: Doubleday, 1965.

———. *"Personal Identity from A to Z."* Process Studies 2 (1972).

———. *"Two Levels of Faith and Reason."* Journal of Bible and Religion 16 (1948).

————. *Whitehead's Philosophy: Selected Essays.* Lincoln: University of Nebraska Press, 1972.

Hartshorne, Charles, and William L. Reese. *Philosophers Speak of God.* 1953. Reprint, Chicago/London: University of Chicago Press, 1976.

Hasel, Gerhard. *New Testament Theology: Basic Issues in the Current Debate.* Grand Rapids: Eerdmans, 1978.

Hasker, William. *God, Time, and Knowledge.* New York: Cornell University, 1989.

Hastings, James, et al., eds. *Encyclopedia of Religion and Ethics.* 13 vols. New York: Scribner's, 1908-26.

Hastings, Rashdal. *The Theory of Good and Evil.* Vol. 2. Oxford: Clarendon; New York: Oxford University Press, 1907.

Hatch, Edwin, and Henry Redpath, *A Concordance to the Septuagint and Other Greek Versions of the Old Testament.* Oxford: Clarendon, 1900. Hawking, Stephen. Black Holes and Baby Universes and Other Essays. London: Bantam, 1994.

————. *A Brief History of Time: From the Big Bang to Black Holes.* New York: Bantam, 1988.

Hawking, Stephen, and Leonard Mlodinow. *The Grand Design.* New York: Bantam, 2010.

Haykal, Muhammad Husayn. *The Life of Muhammad. Indianapolis: North America* Trust, 1976.

Hazard, Paul. *European Thought in the Eighteenth Century.* New Haven: Yale University Press, 1954.

Heeren, Fred. *Show Me God: What the Message from Space Is Telling Us about God.* Wheeling, IL: Search Light, 1995.

Hegel, G. W. F. Early *Theological Writings.* Philadelphia: University of Pennsylvania Press, 1988.

————. *Encyclopedia of Philosophy.* New York: Philosophical Library, 1959.

————. *Lectures on the Philosophy of Religion.* Berkeley: University of California Press, 1984-87.

————. *Logic. Oxford:* Clarendon, 1975.

————. *The Phenomenology of Mind.* Translated by J. B. Baillie. New York: Macmillan, 1931.

————. *The Phenomenology of Spirit.* Translated by A. V. Miller. University Park: Pennsylvania State University, 1994.

————. *Philosophy of History.* New York: Wiley, 1944.

————. *Philosophy of Nature.* Oxford: Clarendon, 1970.

Heidegger, Martin. *Was is Metaphysik?* Bonn: F. Cohen, 1929.

Heisenberg, Werner. *Physics and Philosophy: The Revolution in Modern Science.* New York: Harper Torchbooks, 1958.

Hemer, Colin J. *The Book of Acts in the Setting of Hellenistic* History. Winona Lake, IN: Eisenbrauns, 1990.

Hendriksen, William. *New Testament Commentary: Exposition of the Gospel according to Matthew.* Grand Rapids: Baker, 1973.

Hengel, Martin. Crucifixion. Philadelphia: Fortress, 1977.

Henry, C. F. H. *Revelation and the Bible: Contemporary Evangelical Thought.* Grand Rapids: Baker, 1958.

Herbert, Nick. *Quantum Reality: Beyond the New Physics.* Garden City, NY: Anchor, 1987.

Hesiod. *Theogany. Translated* by M.L. West [1966]. Oxford: Clarendon Press, 1982.

Hick, John. *Death and Eternal Life.* Louisville: Westminster, 1994.

————. *Evil and the God of Love.* New York: Harper & Row, 1966.

————, ed. *The Existence of God.* New York: Macmillan 1964.

————. *An Interpretation of Religion: Human Responses to the Transcendent.* London: Macmillan, 1989.

————. *The Metaphor of God Incarnate: Christology in a Pluralistic Age.* Louisville: Westminster/John Knox, 1993.

————. *"A Pluralist's View." In More Than One Way?* Four Views on Salvation in a Pluralistic World, edited by Dennis L. Okholm and Timothy R. Phillips. Grand Rapids, Zondervan, 1995.

————.*Untitled Review.* Religion (Autumn 1975).

Hilleary, William, and W. Metzger. The World's Most Famous Court Trial. Cincinnati: National Book Company, 1925.

Hitchcock, James. *What Is Secular Humanism?* Why Humanism Became Secular and How It Is Changing Our World. Ann Arbor, MI: Servant, 1982.

Hitchens, Christopher. *God Is Not Great: How Religion Poisons Everything.* New York: Twelve, 2007.

Hitching, Francis. The Neck of the Giraffe. New Haven:Ticknor & Fields, 1982.

Hitler, Adolf. *Mein Kampf.* London: Gurst & Blackett, 1939.

Hobbes, Thomas. *Leviathan.* Great Books of the Western World, edited by Robert M. Hutchins. Vol. 23. Chicago: Encyclopedia Britannica, 1952.

Hodge, Archibald A., and Benjamin B. Warfield. Inspiration. 881. Reprint, Grand Rapids: Baker, 1979.

Hodge, Charles. Systematic Theology. 3 vols. [1872]. Reprint, Grand Rapids: Eerdmans, 1940.

————. *What Is Darwinism?* Edited by Mark A. Noll and David N. Livingstone. Grand Rapids: Baker, 1994.

Hodges, Zane C. *"Form-Criticism and the Resurrection Accounts."* Bibliotheca Sacra 124 (1967).

Hoehner, Harold. *Chronological Aspects of the Life of Christ*. Grand Rapids: Zondervan, 1978.

Holden, Joseph. *An Examination of the Jesus Seminar. Unpublished master's thesis. Southern Evangelical Seminary*, 1996.

Hollingdale, R. G. *Nietzsche: The Man and His Philosophy*. London: Routledge & K. Paul, 1965.

Hollis, C. *The Mind of Chesterton*. Coral Gables, FL: University of Miami, 1970.

Holton, Gerald. *Thematic Origins of Scientific Thought. Cambridge: Harvard University Press*, 1973.

Horowitz, Joseph. *"The Growth of the Mohammed Legend."* Moslem World 10 (1920).

House, Wayne. *Charts of World Religions*. Grand Rapids: Zondervan, 2006.

Howe, Frederic. *Challenge and Response*. Grand Rapids: Zondervan, 1982.

Howe, Quincy. *Reincarnation for the Christian*. Philadelphia:Westminster, 1974.

Howe, Thomas, ed. *Christian Apologetics Journal* (Spring 2008).

Hoyle, Fred. *The Intelligent Universe*. London: Joseph, 1985.

Hoyle, Fred, and N. C. Wickramasinghe. *Evolution from Space*. London: J. M. Dent & Sons, 1981.

Hoyt, Karen, and J. IsamuYamamoto. *The New Age Rage*. Old Tappan, NJ: Power Books, 1987.

Hughes, G. E. *"Can God's Existence Be Disproved?"* In New Essays in Philosophical Theology, edited by Antony Flew et al. New York: Macmillan, 1955.

Hume, David. *An Abstract of a Treatise on Human Nature.1740.* Reprint, Cambridge: Cambridge University Press, 1938.

———. *Dialogues Concerning Natural Religion*. Indianapolis: Bobbs-Merrill, 1962.

———. *An Enquiry Concerning Human Understanding. Edited by Chas. W. Hendel*. New York: Liberal Arts, 1955.

———. *The Letters of David Hume*. 2 vols. Edited by J. Y. T. Greig. Oxford: Clarendon, 1932.

———. *A Treatise of Human Nature*. Boulder, CO: Merchant Books, 2009.

Hummel, Charles E. *The Galileo Connection*. Downers Grove, IL: InterVarsity, 1986.

Humphrey, J. Edward. *Emil Brunner*. Peabody, MA: Hen- drickson, 1991.

Humphreys, Fisher. *"E. Y. Mullins."* In Baptist Theologians, *edited* by Timothy George and David S. Dockery. Nashville: Broadman, 1990.

Hunt, Robert Nigel Carew. *The Theory and Practice of Communism: An Introduction*. Baltimore: Penguin, 1963.

Huxley, Julian. *Evolution in Action*. New York: Penguin, 1953.

———. *Religion without Revelation*. New York: New American Library, 1957.

Huxley, T. H. *"Agnosticism and Christianity."* In Collected Essays, edited by Frederick Barry. New York: Macmillan, 1929.

Ibish, Yusuf. *"The Muslim Lives by the Qur'an."* In The Muslim Mind, edited by Charis Waddy. London/New York: Longman, 1976.

Ibn Taymiyya. *A Muslim Theologian's Response to Christianity*. Delmar, NY: Caravan, 1984.

Ignatius of Antioch. The Epistle of Ignatius to the Tarsians Christian Classics Ethereal Library.

Inge, W. R. "Logos" in Encyclopedia of Religion and Ethics. *Edited by James Hastings and John A. Selbie*. New York: Scribner's Sons, 1925-1935, 134-38.

Ingersoll, Robert G. Some Mistakes of Moses. Buffalo: Prometheus, 1986.

———. *The Works of Robert Ingersoll*. Edited by Clinton P. Farrell. 12 vols. New York: AMS, 1978.

Irenaeus. *Against Heresies. In The Ante-Nicene Fathers, edited by Alexander Roberts and James Donaldson*. Grand Rapids: Eerdmans, 1885.

Ishaq, Ibn. *Sirat Rasul Allah: The Life of Muhammad.*Translated by A. Guillaume. New York: Oxford University Press, 1980.

Jaeger, Werner. *Aristotle: Fundamentals of the History of His Development*. Translated by Richard Robinson. Oxford: Clarendon, 1948.

Jaki, Stanley L. *The Absolute Beneath the Relative and Other Essays*. Lanham, MD: University Press of America, 1988.

———. *God and the Cosmologists*. Edinburgh: Scottish Academy Press, 1989.

———. *Miracles and Physics*. Front Royal, VA: Christendom, 1989.

James, Edwin O. *"Frazer, James George."* In New 20th Century Encyclopedia of Religious Knowledge, edited by J. D. Douglas. Grand Rapids: Baker, 1991.

James, William, ed. Essays in Pragmatism. New York: Hafner, 1968.

———. *Human Immortality: Two Supposed Objections to the Doctrine*. London: Archibald Constable, 1906.

———. *A Pluralistic Universe*. London: Longmans, Green, 1909.

———. *Pragmatism and Other Essays*. New York: Washington Square, 1963.

———. *Some Problems of Philosophy: A Beginning of an Introduction to Philosophy*. New York: Longmans, Green, 1948.

———. *The Varieties of Religious Experience*. 1902. Reprint, New York: New American Library of World Literature, 1958.

Jaspers, Karl. *Nietzsche: An Introduction to the Un-*

derstanding of His Philosophical Activity. Tucson: University of Arizona, 1965.

———. Nietzsche und das Christentum. Translated by E. B. Ashton. Chicago: H. Regnery Company, 1961.

———. Reason and Existence. Milwaukee: Marquette University, 1997.

Jaspers, Karl, and Rudolf Bultmann. Myth and Christianity. New York, Noonday Press, 1958.

Jastrow, Robert. God and the Astronomers. New York: W. W. Norton, 1978.

———. "A Scientist Caught between Two Faiths: Interview with Robert Jastrow." Christianity Today, 6 August 1982.

Jeffery, Arthur. The Foreign Vocabulary of the Qur'an. Woods Press, 2008.

———, ed. Islam, Muhammad, and His Religion. India-napolis/New York: Bobbs-Merrill, 1958.

Jeremias, Joachim. "Flesh and Blood Cannot Inherit the Kingdom of God." New Testament Studies II (1955-56).

Jerome, St. Preface to Jerome's Commentary on Daniel.

Translated by Geason Archer. Grand Rapids: Baker, 1958.

Jewell, James H., and Patricia A. Didden. "A Surgeon Looks at the Cross." Voice 58 (1979): 3-5.

Jewett, Paul K. Emil Brunner: An Introduction to the Man and His Thought. Chicago: InterVarsity, 1961.

———. Emil Brunner's Concept of Revelation. London: J. Clarke, 1954.

———. Man as Male and Female. Grand Rapids: Eerdmans, 1975.

Jividen, Jimmy. Miracles: From God or Man? Abilene, TX: ACU, 1987.

Johnson, B. C. An Atheist Debater's Handbook. Buffalo: Prometheus, 1983.

Johnson, David L. A Reasoned Look at Asian Religions. Minneapolis: Bethany, 1985.

Johnson, Phillip E. Darwin on Trial. Washington, DC: Regnery Gateway, 1991.

———. Reason in the Balance: The Case against Naturalism in Science, Law, and Education. Downers Grove, IL: InterVarsity, 1995.

Jomier, Jacques. "Egypte: Reflexions sur la Recontre al-Azhar." Cited in "The Gospel in Dispute," in Islamo-christiana, edited by J. Slomp. Rome: Pontificio Instituto di Studi Arabi, 1978, vol. 4: 68.

Jones, Barry, and Stuart MacLeod, perf. "The Magic of Jesus." Television series for UK, Movies Unlimited, 2005.

Jones, Bevan L. Christianity Explained to Muslims: A Manual for Christian Workers. Calcutta: YMCA Publishing House, 1938.

———. The People of the Mosque. London: Student Christian Movement Press, 1932.

Jones, Peter. Spirit Wars: Pagan Revival in Christian America. Mukilteo, WA: WinePress Publishers, 1997.

Jordan, James. "The Biblical Chronology Question: An Analysis." Creation Social Science and Humanity Quarterly 2, no. 2 (Winter 1979-Spring 1980).

Josephus, Flavius. Against Apion. Edited by John M G Barclay. Leiden; Boston: Brill, 2007.

———. The Antiquities of the Jews. New York: Ward, Lock, Bowden, 1900.

———. Complete Works. Translated by William Whiston. Grand Rapids: Kregel, 1963.

———. Jewish Wars. Baltimore: Penguin, 1959.

Kahle, Paul E. The Cairo Geniza. 2nd ed. Oxford: Oxford University Press, 1959.

Kahler, Martin. The So-Called Historical Jesus and the Historic, Biblical Christ. Philadelphia: Fortress, 1988.

Kahn, James. Return of the Jedi. New York: Ballantine, 1983.

Kaiser, Walter, ed. Classical Evangelical Essays in OT Interpretation. Grand Rapids: Baker, 1972.

———. The Uses of the Old Testament in the New. Chicago: Moody, 1985.

Kaiser, Walter, and Duane Garrett, Jr. NIV Archaeological Study Bible. Grand Rapids: Zondervan, 2009.

Kaku, Michio. "Einstein, Albert." Encyclopedia Britannica Online. Encyclopedia Britannica, Inc. January 25, 2012. http://www.britannica.com/EB-checked/topic/181349/ Albert-Einstein.

Kalsbeek, L. Contours of a Christian Philosophy: An Introduction to Herman Dooyeweerd's Thought. Toronto: Wedge, 1981.

Kant, Immanuel. Critique of Judgment. Indianapolis: Hackett, 1987.

———. Critique of Practical Reason Alone. New York: Liberal Arts, 1956.

———. Critique of Pure Reason. Translated by Norman Kemp Smith. New York: St. Martin's, 1965.

———. Prolegomena to Any Future Metaphysics. New York: Bobbs-Merrill, 1950.

———. Religion within the Limits of Reason Alone. New York: Harper & Row, 1960.

Kantzer, Kenneth. "John Calvin's Theory of the Knowledge of God and the Word of God." Thesis. Harvard University, 1950.

Kantzer, Kenneth S., and Stanley N. Gundry, eds. Perspectives on Evangelical Theology. Grand Rapids: Baker, 1979.

Kateregga, Badru D. Islam and Christianity: A Muslim and a Christian in Dialogue. Grand Rapids:

Eerdmans, 1981.

Kaufmann, Walter. *Critique of Religion and Philosophy*. New York: Doubleday, 1961.

———. *Nietzsche: Philosopher, Psychologist, Antichrist*. 4th ed. Princeton, NJ: Princeton University Press, 1974.

Keating, Karl. *Catholicism and Fundamentalism. San Francisco: Ignatius*, 1988.

Keil, C. F., and F. Delitzsch. *Commentary on the Old Testament: The Pentateuch*. Translated by James Martin. Grand Rapids: Eerdmans, 1983.

Kelly, J. N. D. Early *Christian Doctrines*. New York: Harper & Row, 1960.

Kenny, Anthony. *The Five Ways: St. Thomas Aquinas' Proofs of God's Existence*. New York: Schocken, 1969.

Kenyon, Frederic G. *The Bible and Archaeology*. New York: Harper, 1940.

———. *Our Bible and the Ancient Manuscripts*. 4th ed. Revised by A. W. Adams. New York: Harper, 1958.

Kerford, G. B. *"Logos," in P. Edwards et al., The Encyclopedia of Philosophy*. New York: Macmillan/ The Free Press, 1967.

Kershner, Irvin. *Interview in Rolling Stone*. July 24, 1980.

Ketcham, Ralph. *"Jefferson, Thomas."* In The Encyclopedia of Philosophy, edited by Paul Edwards. Vol. 4. New York: Macmillan, 1967.

Keyser, *Leander S. A System of Christian Evidence. 5th rev. ed. Burlington*, IA: Lutheran Literary Board, 1930.

Kierkegaard, Søren. *Concluding Unscientific Postscript*. Translated by David F. Swenson and Walter Lowrie. Princeton, N.J: Princeton University Press, 1941.

———. *Either/Or*. Garden City, NY: Doubleday, 1959.

———. *Fear and Trembling and The Sickness unto Death*.Translated by Walter Lowrie. New York: Doubleday, 1954.

———. *For Self-Examination and Judge for Yourselves and Three Discourses*. Translated by Walter Lowrie. Princeton, NJ: Princeton University Press, 1941.

———. Philosophical Fragments. Translated by David F. Swenson. Princeton, NJ: Princeton University Press, 1962.

Kikawada, Isaac M., and Arthur Quinn. *Before Abraham Was: The Unity of Genesis 1-11*. Nashville: Abingdon, 1985.

Kim, Seyoon. *The Origin of Paul's Gospel*. Grand Rapids: Eerdmans, 1982.

Kimball, Dan. *The Emerging Church: Vintage Christianity for New Generations*. Grand Rapids: Zondervan, 2003.

Kirk, G. S., and J. E. *Raven. The Presocratic Philosophers*. Cambridge: Cambridge University Press, 1964.

Kitchen, K. A. *Ancient Orient and the Old Testament. Downers Grove,* IL: InterVarsity, 1966.

Kittel, Gerhard, and Gerhard Friedrich, eds. *Theological Dictionary of the New Testament*. Translated by Geoffrey William Bromiley. Grand Rapids: Eerdmans, 1964-76.

Kittel, R., and P. Kahle, eds. *Biblia Hebraica*. 7th ed. Stuttgart: Deutsche Bibelstiflung, 1951.

Kitwood, T. M. What Is Human? Downers Grove, IL: InterVarsity, 1970.

Klapwijk, Jacob. *"Dooyeweerd's Christian Philosophy: Antithesis and Critique."* Reformed Journal (March 1980).

Kline, Leonard R. *"Lutherans in Sexual Commotion."* First Things (May 1994).

Kline, Meredith G. *Treaty of the Great King: The Covenant Structure of Deuteronomy: Studies and Commentary*. Grand Rapids: Eerdmans, 1963.

Kloppenborg, J. Q *Parallels: Synopsis, Critical Notes, and Concordance*. Sonoma, CA: Polebridge, 1988.

Knudsen, R. *"Progressive and Regressive Tendencies in Christian Apologetics."* in E. R. Geehan, Jerusalem and Athens (Phillipsburg, NJ: P&R Publishing, 1993).

Koelin, F. C. A. *The Philosophy of the Enlightenment*. Princeton, NJ: Princeton University Press, 1951.

Kole, Andre, and Al Janssen. *Miracles or Magic?* Eugene,OR: Harvest House, 1984.

Korem, Danny. *Powers: Testing the Psychic and Supernatural*. Downers Grove, IL: InterVarsity, 1988.

Korem, Danny, and Paul Meier. *The Fakers*. Rev. ed. Grand Rapids: Baker, 1981.

Kreeft, Peter. *Between Heaven and Hell: A Dialog Somewhere beyond Death with John F. Kennedy, C. S. Lewis, and Aldous Huxley*. Downers Grove, IL: InterVarsity, 1982.

———. *Christianity for Modern* Pagans: Pascal's Pensees. San Francisco: Ignatius, 1993.

———. *Fundamentals of the Faith*. San Francisco: Ignatius, 1988.

———. *Heaven: The Heart's Deepest Longing*. Cambridge: Harper & Row, 1980.

———. *A Refutation of Moral Relativism: Interviews with an Absolutist*. San Francisco: Ignatius, 1999.

———, ed. *Summa of the Summa*. San Francisco: Ignatius, 1990.

Krentz, Edgar. *The Historical-Critical Method*. Philadelphia: Fortress, 1975.

Kreeft, Peter, and Ronald K. Tacelli. *Handbook of Christian Apologetics*. Downers Grove, IL: Inter-Varsity, 1994.

Kucharsky, D. E. *"At the Beginning, God: An Interview with Cornelius Van Til."* Christianity Today, 30 December 1977.

Kung, Hans. *Infallible: An Inquiry*. Translated by Edwards Quinn. Garden City, NY: Doubleday, 1971.

Kurtz, Paul, ed. Humanist Manifestos I and II. Buffalo: Prometheus, 1973.

———. *"A Secular Humanist Declaration."* Free Inquiry (Winter 1980-81).

Kushner, Harold S. *When All You've Ever Wanted Isn't Enough*. New York: Summit, 1986.

———. *When Bad Things Happen to Good People*. New York: Avon, 1981.

Ladd, George Eldon. *I Believe in the Resurrection of Jesus*. Grand Rapids: Eerdmans, 1975.

———. *"The Greek versus the Hebrew View of Man."* Present Truth (February 1977).

———. *The Pattern of New Testament Truth*. Grand Rapids: Eerdmans, 1968.

LaFay, Howard. *"Ebla."* National Geographic 154, no. 6 (1978).

Lamont, Andre. *Nostradamus Sees All*. Philadelphia: W. Foulsham, 1944.

Lamont, Corliss. *"The Affirmative Ethics of Humanism."* Humanist 40 (1980).

———. *The Philosophy of Humanism*. New York: Frederick Ungar, 1979.

Lange, John Peter. *Commentary on the Holy Scriptures.Translated and edited by Philip Schaff*. Grand Rapids: Zondervan, 1864.

Lanson, Gustave. *Voltaire. Paris: Hachette*, 1910.

Lapide, Pinchas. *The Resurrection of Jesus: A Jewish Perspective*. Eugene, OR: Wipf & Stock, 2002.

Laplace, Pierre Simon. *The System of the World*. Vols. 1-2. London: Longman, Rees, Orme, Brown & Green, 1830.

Larue, Gerald A. *"Committee for the Scientific Examination of Religion."* (CSER's investigation) Free Inquiry (Fall 1986).

Leibniz, Gottfried. *Discourse on Metaphysics*. Manchester, England: Manchester University Press, 1953.

———. *The Monadology*. Translated by Robert Latta. London: Oxford University Press, 1925.

———. *Theodicy: Essays on the Goodness of God, the Freedom of Man, and the Origin of Evil*. New Haven: Yale University Press, 1952.

LeLand, John. *A View of the Principal Deistic Writers*. London: B. Dod, 1754.

LeMahieu, D. L. *The Mind of William Paley: A Philosopher and His Age*. Lincoln: University of Nebraska Press, 1976.

Lemonick, Michael D. *"Echoes of the Big Bang."* Time, 4 May 1993.

Lepp, Ignace. *Atheism for our Time*. New York: Macmillan, 1963.

Lessing, *Gotthold. G. E. Lessing's Gesammelte Werke. Charleston*, SC: Nabu Press, 2011.

———. *Lessing's Theological Writings*. Translated by Henry Chadwick. London: Adam & Charles Black, 1956.

———. *Selected Prose Works of G. E. Lessing*. Rev. ed. Translated by E. C. Beasley and Helen Zimmern. Edited by Edward Bell. London: George Bell, 1905.

Levy-Bruhl, Lucien. *The Philosophy of Auguste Comte*. London: S. Sonnenschein, 1903.

Lewis, C. S. *The Abolition of Man*. New York: Macmillan, 1947.

———. *Christian Reflections. Edited by Walter Hooper*. Grand Rapids: Eerdmans, 1967.

———. *God in the Dock*: Essays on Theology and Ethics. Edited by Walter Hooper. Grand Rapids: Eerdmans, 1970.

———. *The Great Divorce*. New York: Macmillan, 1946.

———. *Mere Christianity*. New York: Macmillan, 1953.

———. *Miracles: A Preliminary Study*. New York: Macmillan, 1947.

———. The Pilgrim's Regress. Grand Rapids: Eerdmans, 1943.

———. *The Problem of Pain*. New York: Macmillan, 1940.

———. *Reflections on the Psalms*. New York: Harcourt Brace, 1958.

———. *The Screwtape Letters*. New York: Macmillan, 1961.

———. *Studies in Medieval and Renaissance Literature.*New York: Cambridge University Press, 1966.

———. *Surprised* by Joy: The Shape of My Early Life. Rev.ed. New York: Harcourt Brace, 1995.

———. The Weight of Glory. New York: Macmillan, 1949.Lewis, Gordon R. *"Edward John Carnell."* In Handbook of Evangelical Theologians, edited by Walter Elwell. Grand Rapids: Baker, 1993.

———. *"Schaeffer's Apologetic Method."* In Reflections on Francis Schaeffer, edited by R. W. Ruegsegger. Grand Rapids: Academia Books, 1986.

———. *Testing Christianity's Truth Claims*. Chicago: Moody, 1976.

———. *"Three Sides to Every Story."* In Interpretation and History. Allen A. MacRae, R. Laird Harris, See-Hwa Quek, et al. Singapore: Christian Life

Publishers, 1986.

Lewis, Gordon R., and B. Demarest. *Challenges to Inerrancy: A Theological Response*. Chicago: Moody, 1984.

———. *Integrative Theology*. Grand Rapids: Zondervan,1996.

Lewis, James F., and William G. Travis. *Religious Traditions of the World*. Grand Rapids: Zondervan, 1991.

Licona, Michael R. *The Resurrection of Jesus: A New Historiographical Approach*. Downers Grove, IL: InterVarsity, 2010.

Lightfoot, J. B. *The Apostolic Fathers*. London: Macmillan, 1891.

———. *St. Paul's Epistles to the Colossians and to Philemon*.Wheaton: Crossway, 1997.

Lightman, *Alan, and Roberta Brawer*. Origins: The Lives and Worlds of Modern Cosmologists. Cambridge: Harvard University Press, 1990.

Lightner, *Robert. Heaven for Those Who Can't Believe*. Schaumburg, IL: Regular Baptist Press, 1977.

———. The Savior and the Scriptures. Philadelphia: Presbyterian & Reformed, 1966.

Lindsell, Harold. *The Battle for the Bible*. Grand Rapids: Zondervan, 1976.

Lindsey, Duane F. *"An Evangelical Overview of ProcessTheology."* Bibliotheca Sacra 134 (1977).

Lindsley, A. *"Christ and the Bible." Knowing & Doing: A Teaching Quarterly for Discipleship of Heart and Mind* (Summer 2007).

Linnemann, Eta. *Historical Criticsm of the Bible: Methodology or Ideology?* Grand Rapids: Baker, 1990.

———. *Is There a Synoptic Problem? Rethinking the Literary Dependence of the First Three Gospels*. Grand Rapids: Baker, 1992.

———. *"Is There a Q?"* Bible Review (October 1995).

Linton, Irwin. A Lawyer Examines the Bible. Boston: W.A.Wilde, 1943.

Little, Bruce A., ed. *Francis Schaeffer: A Mind and Heart for God. Phillipsburg,* NJ: Presbyterian & Reformed, 2010.

Lo, E. *"Religion without Revelation." In Christianity for the Tough-Minded,* edited by J. W. Montgomery. Minneapolis: Bethany, 1973.

Locke, John. A*n Essay Concerning Human Understanding*. Edited by A.D. Woozley. London: Collins, 1964.

———. *An Essay Concerning Toleration*. Edited by William Popple, Georghe Berkeley, and David Hume. Chicago: Encyclopedia Brittanica, 1952

———. *The Reasonableness of Christianity with A Discourse of Miracles and Part of A Third Letter Concerning Toleration*. Stanford, CT: Stanford University Press, 1974.

Lockyer, Herbert. *All the Miracles of the Bible: The Supernatural in Scripture, Its Scope and Significance*. Grand Rapids: Zondervan, 1978.

Longenecker, Richard N. *The Christology of Early Jewish Christianity*. London: SCM, 1970.

Loomer, Bernard. *"A Response to David Griffin."* Encounter 36, no. 4 (1975).

Lubenow, Marvin. *Bones of Contention: A Creationist Assessment of the Human Fossils*. Grand Rapids: Baker,1992.

Lucas, George. Interview in Time, May 23, 1983, 68.

———. *Star Wars*. New York: Ballantine, 1976.

Lucian of Samosata. "The Death of Pelegrine." In The Worksof Lucian of Samosata. 4 vols. Oxford: Clarendon, 1949.

Lundin, Roger. The Culture of Interpretation. Grand Rapids: Eerdmans, 1993.

Luther, Martin. The Bondage of the Will. Translated by Henry Cole. Grand Rapids: Baker, 1976.

———. *Luther's Works*. Vol. 34. Edited by Lewis W. Spitz. Philadelphia: Muhlenberg Press, 1960.

Luther, Martin, and D. Erasmus. *Free Will and Salvation*.Translated and edited by E. Gordon Rupp et al. London:SCM, 1969.

Lutzer, *Erwin. The Necessity of Ethical Absolutes*. Grand Rapids: Zondervan, 1981.

Lyon, David. *Karl Marx: A Christian Assessment of His Life and Thought*. Downers Grove, IL: InterVarsity, 1981.

Lyon, R. W. *"A Reexamination of Codex Ephraem."* In New Testament Studies 5 (1959): 260-72.

Lyotard, Jean-Francois. *The Postmodern Condition: A Report on Knowledge*. Minneapolis: University of Minneapolis, 1984.

Macdonald, M. *"The Roots of Commitment."*ChristianityToday, November 19, 1976.

MacGregor, Geddes. *The Christening of Karma*. Wheaton:Theosophical Publishing House, 1984.

Machen, J. Gresham. *Christian Faith in the Modern World*. New York: Macmillan, 1936.

———. *Christianity and Liberalism*. Grand Rapids: Eerdmans, 1923.

———. *The Christian View of Man*. New York: Macmillan, 1937.

———. *The Origin of Paul's Religion*. Grand Rapids: Eerdmans, 1947.

———. *The Virgin Birth of Christ*. 1930. Reprint, Grand Rapids: Baker, 1977.

———. *What Is Christianity?* Grand Rapids: Eerdmans, 1951.

———. *What Is Faith?* Carlisle, PA: Banner of Truth, 1991. Mack, Burton. The Lost Gospel: The Book of Q and Christian Origins. San Francisco: Harper-

SanFrancisco, 1993.

MacKay, Donald M. *The Clockwork Image*. Downers Grove, IL: InterVarsity, 1974.

MacLaine, Shirley. *"Out on a Limb."* From TV program, January 1987.

———. *Dancing in the Light*. New York: Bantam, 1985.

MacPherson, John. *The Westminster Confession of Faith*. 2nd ed. Edinburgh: T & T Clark, 1911.

MacSwain, *Robert, and Michael Ward, eds.* The Cambridge Companion to C. S. Lewis. Cambridge: Cambridge University Press, 2010.

Madison, Gary B. *Working through Derrida*. Evanston, IL: Northwestern University Press, 1993.

Mahan, Asa. *The System of Mental Philosophy*. Chicago: S. C. Griggs and Co., 1882.

Maharaj, Rabindranath R. *Death of a Guru*. With Dave Hunt. Edited by Russell Hitt. Nashville: Holman, 1977.

Mahud, Abdel Haleem. *The Creed of Islam*. London: World of Islam Festival Trust, 1978.

Maier, Gerhard. *The End of the Historical Critical Method*.Translated by Edwin W. Leverenz and Rudolph F. Norden. St. Louis: Concordia, 1974.

Maimonides, M. *A Guide for the Perplexed*. Indianapolis: Hackett, 1995.

Malinine, M., ed. and trans. *De Resurrectione epistula ad Rheginum*. Zurich: Rascher, 1963.

Mandelbaum, Maurice. *The Problem of* Historical *Knowledge. New York:* Harper & Row, 1967.

Mandonnet, P., and J. Destrez. *Bibliographie Thomiste*. Paris, 1921.

Mansoor, Menahem. *"The Dead Sea Scrolls."* In New Catholic Encyclopedia. Vol. 2. Washington, DC: Catholic University Press of America, 1967, 1974, 1979.

Marcel, Gabriel. *Le Mystere de l'etre. 2 vols.* [Paris, 1951].Translated by G. S. Fraser and Rene Hauge as The Mystery of Being. 2 vols. Chicago: Henry Regnery Co., 1950.

Maritain, Jacques. *Existence and the Existent*. Garden City, NY: Doubleday, 1956.

Marsden, George M. *"J. Gresham Machen, History and Truth."* Westminster Theological Journal 42 (1979): 157-75.

Marshall, I. Howard. *I Believe in the Historical Jesus*. Grand Rapids: Eerdmans, 1977.

———. *"Son of Man."* In Dictionary of Christ and the Gospels. Edited by James Hastings et al. New York: Scribner's Sons, 1906-1908.

———. *The Origins of New Testament Christology*. Downers Grove, IL: InterVarsity, 1976.

Martin, Michael. *Atheism: A Philosophical Justification*. Philadelphia: Temple University Press, 1990.

———. *The Case against Christianity*. Philadelphia: Temple University Press, 1991.

Martin, T. *The Instructed Vision*. Bloomington: Indiana University Press, 1961.

Martin, Walter. *The New Age Cult*. Minneapolis: Bethany, 1989.

———. *The Riddle of Reincarnation*. San Juan Capistrano, CA: Christian Research Institute, 1980.

Marty, Martin E. *Varieties of Unbelief*. New York: Holt, Rinehart and Winston, 1964.

Martyr, Justin. *Apology*. In The Ante-Nicene Fathers, edited by Alexander Roberts and James Donaldson. Grand Rapids: Eerdmans, 1952.

———. *Dialogue with Trypho the Jew*. In The Ante-Nicene Fathers, edited by Alexander Roberts and James Donaldson. Grand Rapids: Eerdmans, 1989.

———. *First Apology of Justin Marty*r. Translated by John Kaye. Edinburgh: J. Grant, 1912.

———. *"Fragments of the Lost Work of Justin on the Resurrection."* In The Ante-Nicene Fathers, vol. 1, edited byAlexander Roberts and James Donaldson. Grand Rapids:Eerdmans, 1989.

———. *"Second Apology."* In St. Justin Martyr: The First and Second Apologies, edited by Leslie William Barnard. Mahwah, NJ: Paulist Press, 1997.

Marx, Karl. Das Kapital. Edited by Friedrich Engels. Translated by Samuel Moore and Edward Aveling. Great Books of the Western World, edited by Robert Maynard Hutchins.Vol. 50. Chicago: Encyclopedia Britannica, 1952.

———. *Selected Writings in Sociology and Social Philosophy*. New York: McGraw-Hill, 1956.

Marx, Karl, and Friedrich Engels. On Religion. New York: Schocken, 1964.

Mascall, E. L. *Existence and Analogy*. London: Longmans, Green, 1949.

———. *He Who Is: A Study in Traditional Theism*. London; New York: Longmans, Green and Company, 1943.

———. *The Secularization of Christianity*. New York: Holt, Rinehart, Winston, 1966.

Matczak, Sebastian A. *Karl Barth on God: The Knowledge of the Divine Existence*. New York: St. Paul Publications,1962.

Mather, George A., and Larry A. Nichols. Dictionary of Cults, Sects, Religions, and the Occult. Grand Rapids: Zondervan, 1993.

Matrisciana, Caryl. *Gods of the New Age. Eugene*, OR: Harvest House, 1985.

Matthews, L. Harrison. *Introduction to On the Origin of Species*, by Charles Darwin. London: Dent, 1971.

Matthiae, Paolo. *Ebla: An Empire Rediscovered.*

Translated by Christopher Holme. Garden City, NY: Doubleday, 1981.

Maurer, Armand. *Medieval Philosophy*. New York: Random House, 1962.

———. *"St. Thomas and the Analogy of Genus."* New Scholasticism 29 (1955).

Mavrodes, George I. Belief in God: A Study in the Epistemology of Religion. Washington, DC: University Press of America, 1981.

———. *"Some Puzzles Concerning Omnipotence."* Philosophical Review 72 (1963): 221-23.

Maylock, A. L. *The Man Who Was Orthodox*. London: D. Dobson, 1963.

Mayr, Ernst. *Introduction to On the Origin of Species,* by Charles Dawin. Cambridge: Harvard University Press, 1964.

Mazlish, Bruce. *"Comte, Auguste."* In The Encyclopedia of Philosophy, edited by Paul Edwards. New York: Macmillan and the Free Press, 1967.

Mbiti, John S. *African Religions and Philosophy*. New York: Praeger, 1969.

———. *Concepts of God in Africa*. New York: Praeger, 1970.

McCallum, Dennis, ed. *The Death of Truth*. Minneapolis: Bethany, 1996.

McCarthy, Richard J. *Miracle and Magic. Edited by AlBagillani*. Place de l'Etoile: Librairie Orientale, n.d.

McCormick, Charles Tilford. *McCormick's Handbook of the Law of Evidence*. 2nd ed. Edited by Edward W. Cleary. St. Paul: West, 1972.

McCosh, J. *The Scottish Philosophy*. New York: AMS, 1980.

McDonald, H. D. *Theories of Revelation: An Historical Study 1700-1960. 2 vols*. Twin Books Series. Grand Rapids: Baker, 1979.

McDowell, Josh. *Answers to Tough Questions Skeptics Ask about the Christian Faith*. San Bernardino, CA: Here's Life, 1980.

———. *Daniel in the Critics Den*. San Bernardino, CA: Campus Crusade for Christ International, 1979.

———. *Evidence That Demands a Verdict*. Vol. 1. Rev. ed. San Bernadino, CA: Here's Life, 1979.

———. *Jesus: A Biblical Defense of His Deity*. Eastbourne: Crossway, 1991.

———. *The New Evidence That Demands a Verdict*. Nashville: Thomas Nelson, 1999.

McDowell, Josh, and John Gilchirst. *The Islam Debate*. San Bernardino, CA: Here's Life, 1983.

McGrath, Alister. *"The Challenge of Pluralism for the Contemporary Christian Church."* Journal of the Evangelical Theological Society (September 1992): 361-73.

———. *"Response to John Hick."* In More Than One Way? Four Views on Salvation in a Pluralistic World, edited by Dennis L. Okholm and Timothy R. Phillips. Grand Rapids: Zondervan, 1995.

McIlvaine, C. P. *The Evidences of Christianity*. 6th ed. C. & H. Carvill, 1857.

McInerny, Ralph. *The Logic of Analogy*. The Hague: Nijhoff, 1961.

McIver, Tom. *"Creationist Misquotations of Darrow."* Creation/Evolution 8, no. 2 (1988).

McKenzie, Leon. *Pagan Resurrection Myths and the Resurrection of Jesus*. Charlottesville, VA: Bookwrights Press,1997.

McKeon, *Richard, ed. and trans. Selections from Medieval Philosophers*. Vol. 2. New York: Scribner, 1957.

McQuilkin, Robertson. *An Introduction to Biblical Ethics*.Wheaton, IL: Tyndale House, 1995.

McRay, John. *Archaeology and the New Testament. Grand* Rapids: Baker, 1991.

Meadley, George W. *Memoirs of William Paley*. Edinburgh: G. Ramsey, 1810.

Meier, John P. *A Marginal Jew: Rethinking the Historical Jesus*. Vol. 1, The Roots of the Problem and the Person. New York: Doubleday, 1991.

Mercati, A. *"The New List of the Popes."* Medieval Studies (1947).

Merrill, Eugene. *"Ebla and Biblical Historical Inerrancy."* Bibliotheca Sacra 140 (1983).

Metzger, Bruce. *Chapters in the History of New Testament Textual Criticism*. Grand Rapids: Eerdmans, 1963.

———. *An Introduction to the Apocrypha*. New York: Oxford University Press, 1957.

———. *Manuscripts of the Greek Bible: An Introduction to Greek Paleography*. New York: Oxford University Press, 1981.

———. *The Text of the New Testament*. New York: Oxford University Press, 1964.

———. *A Textual Commentary on the Greek New Testament: A Companion Volume to the United Bible Societies' Greek New Testament*. 3rd ed. London/New York: United Bible Societies, 1975.

Metzger, Bruce, Eldon J. Epp, and Gordon Fee. *New Testament Textual Criticism*. Oxford: Clarendon Press, 1981.

Meuller, G. E. *"The Hegel Legend of 'Thesis, Antithesis-Synthesis.'"* Journal of the History of Ideas 19, no. 3 (1958).

Meyer, Stephen C. *Signature in the Cell: DNA and the Evidence for Intelligent Design*. New York: Harperne, 2009.

Miceli, Vincent P. *The Gods of Atheism*. Harrison, NY:Roman Catholic Books, 1971.

Miethe, Terry, ed. Did *Jesus Rise from the Dead?* The Resurrection Debate. San Francisco: Harper & Row, 1987.

Miethe, Terry, and Vernon Bourke. *Thomistic Bibliography, 1940-1978*. Westport, CT: Greenwood, 1980.

Miethe, Terry, and Anthony Flew. *Does God Exist? A Believer and an Atheist Debate.* San Francisco: HarperSanFrancisco, 1991.

Miethe, *Terry, and Gary Habermas. Why Believe?* God Exists!
Joplin, MO: College Press Publishing, 1999.

Miles, T. R. *Religion and the Scientific Outlook.* London: George Allen & Unwin, 1959.

Mill, John Stuart. *Auguste Comte and Positivism.* 1865. Reprint, Bristol, UK: Thoemmes, 1993.

———. *A System of Logic: Ratiocinative and Inductive.* 8th ed. New York: Harper, 1874.

———. *Three Essays on Religion: Nature,* Utility of Religion, and Theism. London: Longmans, Green, 1885.

———. *Utilitarianism.* New York: Meridian, 1962.

Miller, David. The New Polytheism. New York: Harper &Row, 1974.

Miller, Elliot. *A Crash Course on the New Age.* Grand Rapids: Baker, 1989.

Miller, Elliot, and Kenneth R. Samples. *The Cult of the Virgin: Catholic Mariology and the Apparitions of Mary.* Grand Rapids: Baker, 1992.

Miller, Arnold Vincent. *Hegel's Phenomenology of Spirit.Oxford:* Oxford University Press, 1977.

Miller, Robert J., ed. *The Complete Gospels.* Sonoma, CA:Polebridge, 1992.

Mills, G. C. "A Theory of Theistic Evolution as an Alternative to the Naturalistic Theory." The American Scientific Affiliation (1995) ,http://www.asa3.org/ASA/PSCF/1995/ PSCF6-95Mills.html.

Milne, Bruce. *Know the Truth.* Downers Grove, IL: InterVarsity, 1982.

Minear, Paul S. et al. *Kierkegaard and the Bible. Princeton,* NJ: Princeton Theological Seminary, 1953.

Mitchell, Basil, ed. *Faith and Logic.* London: George Allen & Unwin, 1957.

Molina, Luis de, and Alfred J. Freddoso. *On Divine Fore-knowledge: Part IV of the Concordia. Ithaca,* NY: Cornell University Press, 1988.

Molnar, Thomas. *Theists and Atheists: A Typology of Non-Belief.* New York: Mouton, 1980.

Momen, Moojan. *An Introduction to Shii Islam: The History and Doctrines of Twelver Shiism.* New Haven: Yale University Press, 1987.

Mondin, B. *The Principle of Analogy in Protestant and Catholic Theology.* The Hague: Nijhoff, 1963.

Montague, William. *The Ways of Knowing.* London: G. Allen & Unwin Ltd., 1925.

Montgomery, John W., ed. Christianity for the Tough-Minded. Minneapolis: Bethany, 1973.

———. *Evidence for Faith.* Dallas: Probe, 1991.

———. *Faith Founded on Fact.* Nashville: Thomas Nelson, 1978.

———. *History and Christianity.* Downers Grove, IL: InterVarsity, 1964.

———. *The Law above the Law.* Minneapolis: Bethany, 1975.

———. *"Mudjiza."* In the Encyclopedia of Islam. Leiden: E. J Brill, 1965-1986.

———, ed. Myth, *Allegory, and Gospel: An Interpretation of J. R. R. Tolkien/C. S. Lewis/G. K. Chesterton/CharlesWilliams.* Minneapolis: Bethany, 1974.

———. *The Shape of the Past: An Introduction to Philosophical Historiography.* Ann Arbor, MI: Edwards Bros., 1962.

Montgomery, *John W., and Thomas Altizer.* The Altizer-Montgomery Dialogue. Downers Grove, IL: InterVarsity, 1967.

Moore, David. *The Battle for Hell: A Survey and Evaluation of Evangelicals' Growing Attraction to the Doctrine of Annihilationism.* Lanham, MD: University Press of America, 1995.

Moore, James R. T*he Post-Darwinian Controversies.* NewYork: Cambridge University Press, 1979.

Morais, Herbert M. Deism in Eighteenth-Century America.1934. Reprint, New York: Russell & Russell, 1960.

Moreland, J. P. *Christianity and the Nature of Science.* Grand Rapids: Baker, 1989.

Moreland, J. P., ed. T*he Creation Hypothesis: Scentific Evidence for an Intelligent Designer.* Downers Grove, IL: InterVarsity, 1994.

———. *Scaling the Secular City: A Defense of Christianity.* Grand Rapids: Baker, 1987.

———. *Universals, Qualities, and Quality-Instances.* New York: University Press of America, 1985

Moreland, J. P., and Gary R. Habermas. Immortality: The Other Side of Death. Nashville: Thomas Nelson, 1992.

Moreland, J. P., and Kai Nielsen. Does God Exist?: The Debate between Theists and Atheists. Buffalo, NY: Prometheus Books, 1993.

———. *Does God Exist? The Great Debate.* Nashville: Thomas Nelson, 1990.

Morris, Henry. *Biblical Cosmology and Modern Science.* Phillipsburg, NJ: Presbyterian & Reformed, 1970.

———. *The Genesis Record.* Welwyn: Evangelical Press,1977.

———, ed. *Scientific Creationism.* San Diego: Creation-Life, 1974.

Morris, Henry, and Gary E. Parker. *What Is Creation Science?* El Cajon, CA: Master Books, 1987.

Morris, John D. *The Young Earth.* Colorado Springs: Master Books, 1994.

Morris, Nephi. *Prophecies of Joseph Smith and Their Ful-fillment.* Salt Lake City: Deseret Book Company, 1920.

Morris, Thomas V. Francis Schaeffer's Apologetics. Chicago:
Moody Press, 1978.

———. *Our Idea of God.* Downers Grove, IL: Inter-Varsity, 1991.

Morrison, Frank. *Who Moved the Stone?* London: Faber & Faber, 1958.

Morton, A. Q., and James McLeman. *Christianity in the Computer Age.* New York: Harper & Row, 1964.

Mossner, E. C. *Bishop Butler and the Age of Reason.* New York: Macmillan, 1936.

Most, G. *Catholic Apologetics Today: Answers to ModernCritics.* Rockford, IL: Tan, 1986.

Mueller, Marvin E. *"The Shroud of Turin: A Critical Appraisal."* Skeptical Inquirer (Spring 1982).

Mufassir, Sulaiman Shahid. *Jesus, a Prophet of Islam.* India-napolis: American Trust Publications, 1980.

Müller, Julius. *The Theory of Myths, in Its Application to the Gospel History, Examined and Confuted.* London: John Chapman, 1844.

Mullins, Edgar Young. *The Axioms of Religion.* Philadelphia: American Baptist Publication Society, 1908.

———. *Christianity at the Cross Roads.* Nashville: Sunday School Board of the SBC, 1924.

———. *The Christian Religion in Its Doctrinal Expression.* Philadelphia: Roger Williams, 1917.

———. *Freedom and Authority in Religion.* Philadelphia: Griffith & Rowland, 1913.

———. *Why Is Christianity True?* Philadelphia: Judson, 1905.

Munk, Salomon. *Mélanges de philosophie juive et arabe.* Paris: J. Gamber, 1927.

Murray, John. *Principles of Conduct.* Grand Rapids: Eerdmans, 1957.

Nagel, E. *"The Logic of Historical Analysis."* In Philosophy, edited by H. Meyerhoff. Garden City, NY: Doubleday, 1959.

Nahm, Milton C. *Selections from Early Greek Philosophy.* 4th ed. New York: Appleton-Century-Crofts, 1964.

Naipaul, V. S. *An Area of Darkness.* London: Picador, 1995.

Nash, Ronald. *Christian Faith and Historical Understanding.*
Grand Rapids: Zondervan/Probe Ministries International, 1984.

———. *The Concept of God.* Grand Rapids: Zondervan, 1983.

———. *Dooyeweerd and the Amsterdam Philosophy.* Grand Rapids: Zondervan, 1962.

———. *God and the Greeks* (formerly Christianity and the Hellenistic World). Grand Rapids: Zondervan, 1984.

———. *"Gordon H. Clark."* In Handbook of Evangelical Theologians, edited by Walter Elwell. Grand Rapids: Baker, 1993.

———. *The Gospel and the Greeks.* Dallas: Probe, 1992.

———. *Is Jesus the Only Savior?* Grand Rapids: Zondervan, 1994.

———. *The New Evangelicalism.* Grand Rapids: Zondervan, 1963.

———, ed. *The Philosophy of Gordon Clark.* Philadelphia: Presbyterian & Reformed, 1968.

———, ed. *Process Theology.* Grand Rapids: Baker, 1987.

———. *The Word of God and the Mind of Man.* Phillips-burg, NJ: Presbyterian & Reformed, 1992.

Nazir-Ali, Michael. *Frontiers in Muslim-Christian Encounter.* Oxford: Regnum, 1987.

Nehls, Gerhard. *Christians Ask Muslims.* Bellville, South Africa: SIM International Life Challenge, 1987.

Netland, Harold A. *Dissonant Voices: Religious Pluralism and the Question of Truth.* Grand Rapids: Eerdmans, 1991.

Nettles, Thomas J. *"Edgar Young Mullins."* In Handbook of Evangelical Theologians, edited by Walter Elwell. Grand Rapids: Baker, 1993.

Neufeld, E. *The Hittite Laws.* London: Luzac, 1951.

Neuner, S. J., and J. Dupuis, eds. "Discourse to Scientists on the 350th Anniversary of the Publication of Galileo's ' Dialoghi.'" In The Christian Faith: Doctrinal Documents of the Catholic Church. 5th rev. ed. New York: Alba House, 1990.

New Catholic Encyclopedia. 17 vols. New York: McGraw-Hill, 1979.

Newman, John H. *Apologia pro vita sua.* New York: W. W. Norton, 1968.

———. *An Essay in Aid of a Grammar of Assent.* Notre Dame, IN: University of Notre Dame, 1979.

———. Essay on the Development of Christian Doctrine.
Notre Dame, IN: University of Notre Dame, 1989.

———. *A Grammar of Assent.* London: Burns & Oates, 1881. Newman, Robert. The Biblical Teaching on the Firmament.
Unpublished master's thesis. Biblical Theological Seminary, 1972.

———, ed. *The Evidence of Prophecy: Fulfilled Prediction as a Testimony to the Truth of Christianity.* Hatfield, PA: Interdisciplinary Biblical Research Institute, 1988.

Newman, Robert Chapman, and Herman J. *Eckelmann. Genesis One and the Origin of the Earth.* Downers Grove, IL: InterVarsity, 1977. Reprint, Grand Rapids: Baker, 1981.

Newton, Sir Isaac. *"General Scholium."* In Mathematical Principles of Natural Philosophy. Great Books of theWestern World, edited by Robert Maynard Hutchins.Vol. 34. Chicago: Encyclopedia Britannica, n.d.

Niebuhr, Reinhold, ed. *Marx and Engels on Religion.* NewYork: Schocken, 1964.

Niebuhr, Richard R. *Schleiermacher on Christ and Religion.* New York: Scribner, 1964.

Nielsen, Kai. *Philosophy and Atheism: A Defense of Atheism.* Buffalo: Prometheus, 1985.

Nietzsche, Friedrich. *Antichrist.* Translated by H. L. Mencken. New York: Knopf, 1920.

———. *Beyond Good and Evil: Prelude to a Philosophy of the Future.* Translated and edited by Walter Kaufmann. New York: Vintage, 1966.

———. *The Birth of Tragedy and the Genealogy of Morals.* Translated by Francis Golffing. Garden City, NY: Double day, 1956.

———. *Joyful Wisdom.* Translated by Thomas Common. Frederick Unger, 1960.

———. *On the Genealogy of Morals.* Walter Kaufman, ed. New York: Vintage Books, 1989.

———. *The Portable Nietzsche.* Translated by Walter Kaufmann. New York: Viking Press, 1954.

———. *Thus Spoke Zarathustra.* Translated by Walter Kaufmann. New York: Viking, 1966.

———. *The Will to Power.* New York: Random House, 1967. Noebel, David A. Understanding the Times. Manitou Springs, CO: Summit, 1991.

Nolen, William A. *Healing: A Doctor in Search of a Miracle.* New York: Random House, 1974.

Noll, M. "B. B. Warfield." *In Handbook of Evangelical Theologians,* edited by Walter Elwell. Grand Rapids: Baker, 1993.

Norris, Christopher. *Derrida.* Cambridge: MA: Harvard University Press, 1987.

Noss, John B. *Man's Religions.* New York: Macmillan, 1956.

Nostradamus. *"Century 3, Quatrain 65." New Age Directory: Prophecies and Prediction.* April 18, 2003. http:// www.newagedirectory.com/pro/nostradamus.htm.

Nostradamus, and Erika Cheetham. *The Prophecies of Nostradamus.* New York: Preigee Books/ Putnam, 1973.

Nowell-Smith, Patrick. *"Miracles."* In New Essays in Philosophical Theology, edited by Antony Flew and Alasdair MacIntyre. New York: Macmillan, 1955. Nygren, E. Herbert. "Existentialism: Kierkegaard." In Biblical Errancy, edited by Norman L. Geisler. Grand Rapids:Zondervan, 1981.

Ockham, William of. *"Expositio super librum Perihermenias."* In William of Ockham, Philosophical Works. Volume II. St. Bonaventure, NY: The Franciscan Institute, 1957.

———. *"Ordinatio."* In William of Ockham, Philosophical Works. Volume II. St. Bonaventure, NY: The Franciscan Institute, 1957.

———. *"Summa totius logicae (I, c.xiv)."* In William of Ockham, Philosophical Works. Volume I. St. Bonaventure, NY: The Franciscan Institute, 1957.

O'Connor, D. J. A Critical History of Western Philosophy. New York: Free Press of Glencoe, 1965.

Ogden, Schubert M. "Bultmann's Demythologizing and Hartshorne's Dipolar Theism." In Process and Divinity: Philosophical Essays Presented to Charles Hartshorne, edited by William L. Reese. LaSalle, IL: Open Court, 1964.

———. *Faith and Freedom: Toward a Theology of Liberation.* Nashville: Abingdon, 1979.

———. "The Meaning of Christian Hope." Union Seminary Quarterly Review 30 (1975).

———. *The Reality of God and Other Essays.* 1963. Reprint, San Francisco: Harper & Row, 1977.

———. *Theology in Crisis: A Colloquim on the Credibility of "God."* New Concord, OH: Muskingum College, March 20-21, 1967.

———. *"Toward a New Theism."* In Process Philosophy and Christian Thought, edited by Delwin Brown, Ralph E. James Jr., and Gene Reeves. Indianapolis: Bobbs-Merrill, 1971.

Ogletree, Thomas W. *The Death of God Controversy.* Nashville: Abingdon, 1966.

Okholm, Dennis L., and Timothy R. Phillips, eds. More Than One Way? Four Views on Salvation in a Pluralistic World. Grand Rapids: Zondervan, 1995.

Oliphant, Scott. *The Consistency of Van Til's Methodology.* Scarsdle, NY: Westminster Discount Books, 1997.

Onfray, Michael. *Atheist Manifesto: The Case against Christianity, Judaism, and Islam.* New York: Arcade Publishing, 2007.

Orchard, B. *"A Fragment of St. Mark's Gospel Dating from before AD 50?"* Biblical Apostolate 6 (1972).

Orgel, Leslie. *The Origins of Life.* New York: Wiley, 1973.

Origen. Contra Celsus. *Translated by Henry Chadwick.* Cambridge: University Press, 1953.

———. *Contra Celsus.* In The Ante-Nicene Fathers,

edited by Alexander Roberts and James Donaldson. Grand Rapids: Eerdmans, 1989.

———. *On First Principles*. In The Ante-Nicene Fathers, edited by Alexander Roberts and James Donaldson. Grand Rapids: Eerdmans, 1989.

Orr, James. The International Standard Bible Encyclopedia. Grand Rapids: Eerdmans, 1939.

———. *"The Old Testament Doctrine of Immortality."* In The Christian View of God and the World. Grand Rapids: Eerdmans, 1948.

———. *The Problems of the Old Testament*. London: Nisbet, 1906.

———. *The Virgin Birth of Christ*. New York: Charles Scribner's Sons, 1907.

Orr, John. *English Deism: Its Roots and Its Fruits*. Grand Rapids: Eerdmans, 1934.

Osburn, Evert D. *"Those Who Have Never Heard: Have They No Hope?"* Journal of the Evangelical Theological Society 32, no. 3 (1989).

Ostling, Richard. *"New Grounding for the Bible?"* Time, 21 September 1981.

Ott, Ludwig. *Fundamentals of Catholic Dogma*. Edited by James Canon Bastible. Translated by Patrick Lynch. Rockford, IL: Tan, 1960.

Otto, Rudolf. The Idea of the Holy. London: Oxford University Press, 1929.

———. *India's Religion of Grace and Christianity Compared and Contrasted*. New York: Macmillan, 1930.

———. *Mysticism East and West. Translated by Bertha L.* Bracey and Richenda C. Payne. New York: Meridian, 1957.

Owen, H. P. *The Christian Knowledge of God*. London: Athlone Publishers, 1969.

———. *Concepts of Deity. London: Macmillan*, 1971.

Owen, Joseph. *The Doctrine of Being in the Aristotelian Metaphysics*. Toronto: Pontifical Institute of Medieval Studies, 1978.

———. *A History of Ancient Western Philosophy*. New York: Appleton-Century-Crofts, 1959. Pache, Rene. The Inspiration and Authority of Scripture. Salen, WI: Sheffield, 1969.

———. *The Inspiration and Authority of Scripture*. Translated by Helen I. Needham. Chicago: Moody, 1969.

Packer, J. I. The Apostles' Creed. Wheaton: Tyndale, 1988.

———. *"Fundamentalism"* and the Word of God. Grand Rapids: Eerdmans, 1958.

———. *"Sola Scriptura: Crucial to Evangelicalism."* In The Foundations of Biblical Authority, edited by James Montgomery Boice. Grand Rapids: Zondervan, 1978. Padover, Saul K. Thomas Jefferson and the Foundations of

American Freedom. *New York: Van Nostrand Reinhold, 1965.* Pagels, Elaine H. The Gnostic Gospels. New York: Random House, 1979.

Pagels, Heinz R. *Perfect Symmetry: The Search for the Beginning of Time*. London: Penguin, 1992.

Paine, Thomas. The Age of Reason. New York: G. P. Putnam's Sons, 1907.

———. *Common Sense*. New York: Tribeca Books, 2012.

———. *Complete Works of Thomas Paine*. Edited by Calvin Blanchard. Chicago/New York: Belford, Clarke, 1885.

———. *Examination of the Prophecies*. Charleston, SC: BiblioBazaar, 2008.

———. *Rights of Man*. Charleston, SC: Forgotten Books, 1966.

Paley, William. *Evidences of Christianity*. London, 1851.

———. *Natural Theology: Or, Evidences of the Existence and Attributes of the Deity*. Indianapolis: Bobbs-Merrill, 1963.

Pannenberg, *Wolfhart. Jesus, God, and Man. Philadelphia: Westminster*, 1968.

Parker, Barry. Creation—*The Story of the Origin and Evolution of the Universe*. New York: Plenum, 1988.

Parmenides, P. Proem. In The Presocratic Philosophers, edited by G. S. Kirk et al. Cambridge: Cambridge University Press, 1964.

Parrinder, *Geoffrey. Jesus in the Qur'an*. New York: Oxford University Press, 1977.

Parshall, Phil. Bridges to Islam. Grand Rapids: Baker, 1983.

Pascal, Blaise. *Pensees*. Translated by A. J. Krailsheimer. New York: Penguin, 1966.

Pasnau, Robert. The Philosophy of Aquinas. Boulder, CO: Westview Press, 2004.

Patterson, Colin. *"Plaintiff's Pre-Trail Brief,"* to William J. Guste Jr., Attorney General, 3 June 1982, app. A.

Patterson, S. J. *"Q—The Lost Gospel."* Bible Review (October 1993).

———. *"Yes, Virginia, There Is a Q."* Bible Review (October 1995).

Paulus, H. E. G. The Life of Jesus. Heidelberg: [n.p] 1828.

Payne, J. Barton. *Encyclopedia of Biblical Prophecy. London: Hodder & Stoughton*, 1973.

Pearcey, Nancy R., and Charles B. Thaxton. *The Soul of Science: A Christian Map to the Scientific Landscape.* Wheaton: Crossway, 1994.

Pelikan, Jaroslav. *The Riddle of Roman Catholicism.* New York: Abingdon, 1960.

Pelletier, Kenneth. *"Healings, Psychosomatic."* Christian Medical Society Journal 11, no. 1 (1980).

Peters, George W. *Indonesia Revival*. Grand Rapids: Zondervan, 1973.

Peters, Richard. Hobbes. *Baltimore: Penguin,* 1956.

Peters, Robert. "Tautology in Evolution and Ecology."American Naturalist (January-February 1976).

Peterson, Robert A. *Hell on Trial: The Case for Eternal Punishment*. Phillipsburg, NJ: Presbyterian & Reformed, 1995.

———. *"A Traditionalist Response to John Stott's Arguments for Annihilationism."* Journal of the Evangelical Theological Society (December 1994).

Pettinato, Giovanni. *The Archives of Ebla: An Empire Inscribed in Clay*. New York: Doubleday, 1981.

Pfander, C. G. The Mizanu'l Haqq: The Balance of Truth. Austria: Light of Life, 1986.

Pfeiffer, Robert Henry. *Introduction to the Old Testament*. London: Adam & Charles Black, 1948.

Pfleiderer, O. *The Early Christian Conception of Christ: Its Significance and Value in the History of Religion*. London:Williams & Norgate, 1905.

Pfurtner, Stephan. *Luther and Aquinas on Salvation*. NewYork: Sheed & Ward, 1965.

Philips, Timothy R., and Dennis L. Okholm, eds. *Christian Apologetics in the Postmodern World*. Downers Grove, IL: InterVarsity, 1995.

Phillips, W. Gary, and William E. Brown. *Making Sense of Your World from a Biblical Viewpoint*. Chicago: Moody, 1991.

Philo Judaeus (of Alexandria). *De Vita Contemplativa*. Translated by David Winston. New York: Paulist, 1981.

———. *The Works of Philo*. Translated by C. D. Yonge. London: H. G. Bohn, 1854-1855.

Philoponus, John. Against Aristotle on the Eternity of the World. Translated by Christian Wildberg. Ithaca, NY: Cornell University Press, 1987.

———. *On the Creation of the World* (De opificio mundi). Edited by W. Reichardt. Leipzig: Teubner, 1897.

Philostratus. *The Life of Apollonius of Tyana*. Translated by F. C. Conybeare. 2 vols. Loeb Classical Library. Cambridge: Harvard University Press, 1969.

Phlegon. *"Chronicles."* In The Ante-Nicene Fathers, edited by Alexander Roberts and James Donaldson. Grand Rapids: Eerdmans, 1989.

Pickering, *Wilbur N. The Identity of the New Testament Text*. Nashville: Thomas Nelson, 1977.

Pines, S. *An Arabic Version of the Testimonium Flavianum and Its Implications*. Jerusalem: Israel Academy of Sciences and Humanities, 1971.

———. "Maimonides." In The Encyclopedia of Philosophy, edited by Paul Edwards. New York: Macmillan and the Free Press, 1967.

Pinnock, Clark. *Grace Unlimited*. Minneapolis: Bethany, 1975.

———. *The Most Moved Mover*. Carlisle: Paternoster, 2001.

——— *et al*. The Openness of God: A Biblical Challenge to the Traditional Understanding of God. Downers Grove,

IL: IVP Academic, 1994.

———. *"Response to John Hick."* In More Than One Way? Four Views on Salvation in a Pluralistic World, edited by Dennis L. Okholm and Timothy R. Phillips. Grand Rapids: Zondervan, 1995.

———. *A Wideness in God's Mercy*. Grand Rapids: Zondervan, 1992.

Piper, John. *The Justification of God*. Grand Rapids: Baker,1983.

Pirenne, H. *"What Are Historians Trying to Do?"* In *Philosophy*, edited by H. Meyerhoff. Garden City, NY: Doubleday,1959.

Plantinga, Alvin. *God and Other Minds*. Ithaca, NY: Cornell University Press, 1970.

———. *God, Freedom, and Evil*. Grand Rapids: Eerdmans,1977.

———. *The Nature of Necessity: From St. Anslem to Contemporary Philosophers*. Oxford: Clarendon, 1992.

———, ed. *The Ontological Argument*. Garden City, NY:Doubleday, 1965.

———. *"Reason and Belief in God."* In Faith and Rationality, edited by Alvin Plantinga and Nicholas Wolterstorff. Notre Dame, IN: University of Notre Dame, 1983.

———. "The Reformed Objection to Natural Theology." Christian Scholars Review 11 (1982): 187-98.

———. *Warranted Christian Belief*. Oxford: Oxford University Press, 2000.

Plato. *The Collected Dialogues of Plato*. Edited by Edith Hamilton and Huntington Cairns. New York: Pantheon, 1964.

———. *Cratylus*. Translated by Benjamin Jowett. Tedding-ton, Middlesex: Echo Library, 2006.

———. *Laws*. New York: Prometheus Books, 2010.

———. *Parmenides*. In The Collected Dialogues of Plato, edited by Edith Hamilton and Huntington Cairns. New York: Pantheon, 1964.

———. *Protagoras*. In The Collected Dialogues of Plato, edited by Edith Hamilton and Huntington Cairns. New York: Pantheon, 1964.

———. *The Republic of Plato*. Translated by Francis Mac-Donald Cornford. New York: Oxford University Press, 1945.

———. *Sophist*. In The Collected Dialogues of Plato,

edited by Edith Hamilton and Huntington Cairns. New York: Pantheon, 1964.

———. *Theaetetus*. Translated by Benjamin Jowett. Seattle: Pacific Publishing Co., 2011.

———. *Timaeus*. In The Collected Dialogues of Plato, edited by Edith Hamilton and Huntington Cairns. NewYork: Pantheon, 1964.

Pliny the Younger. *Letters*. Translated by Betty Radice. Baltimore: Penguin Books, 1969.

"Plotinus: The Six Enneads." Encylopedia Britannica. Chicago: Encylopedia Britannica, Inc., 1952.

Plutarch, The Lives of the Noble Grecians and Romans. In Great Books of the Western World, edited by Robert May-nard. Chicago: Encyclopedia Britannica and University of Chicago Press, 1952.

Polanyi, Michael. *"Life Transcending Physics and Chemistry."* Chemical Engineering News, 21 August 1967.

Pollock, Dale. *Skywalking: The Life and Films of George Lucas*. New York: Harmony, 1983.

Polycarp. The Epistle of Polycarp to the Philippians. Translated by H.E. Hall. N.p., 1892.

Popkin, Richard. *"Bayle, Pierre."* In The Encyclopedia of Philosophy, edited by Paul Edwards. New York: Macmillan and the Free Press, 1967.

———. *"Pascal."* In The Encyclopedia of Philosophy, edited by Paul Edwards. New York: Macmillan and the Free Press, 1967.

Popper, Karl. *The Poverty of Historicism*. London: Roulledge and Kegan Paul, 1957.

———. *Unending Quest*. LaSalle, IL: Open Court, 1976.

Porter, Jean. *Nature as Reason: A Thomistic Theory of the Natural Law*. Grand Rapids: Eerdmans, 2005.

Prabhavananda, Swami, trans. *"Appendix II: The Gita and War."* The Song of God: Bhagavad-gita. New York: Harper, 1951.

———. *The Spiritual Heritage of India*. Hollywood: Vedanta, 1963.

Prabhavananda, Swami, and Christopher Isherwood, trans. Bhagavad-Gita. Bergerfield: New American Library, 1972.

Prabhavananda, *Swami, and Frederick Manchester, trans*. The Upanishads: Breath of the Eternal. New York: Mentor, 1957.

Pratten, B. P. *"Introductory Note to the Writings of Athenagoras."* In The Ante-Nicene Fathers, edited by Alexander Roberts and James Donaldson. Grand Rapids: Eerdmans, 1989.

Prestige, G. L. *God in Patristic Thought*. London: S.P.C.L., 1952.

Preus, Robert. *The Inspiration of Scripture*. Edinburgh: Oliver & Boyd, 1955.

Price, *George M. The New Geology*. Mountain View, CA: Pacific Press Publishing Association, 1923.

Price, Randall. *The Stones Cry Out: What Archaeology Reveals about the Truth of the Bible*. Eugene, OR: Harvest House, 1997.

Price, Robert M. *"Is There a Place for Historical Criticism?"* Religious Studies 27, no. 3 (1991): 2, 3, 14, 25.

Pritchard, James B., ed. *The Ancient Near East*. Vol. 2, A New Anthology of Texts and Pictures. Princeton, NJ: Princeton University Press, 1975.

Przywara, Erich. *An Augustine Synthesis. Glouster,* MA: Peter Smith, 1970.

Purtill, Richard L. C. S. *Lewis' Case for the Christian Faith*. San Francisco: Harper & Row, 1981.

Quine, Willard Van Orman. *"Two Dogmas of Empiricism." In From a Logical* Point of View. 2nd ed. New York: Harper & Row, 1953.

Radhakrishnan, Sarvepail. *The Hindu View of Life*. London: George Allen & Unwin, 1927.

———. *The Principal Upanishads*. London: George Allen & Unwin, 1958.

Radmacher, Earl D., *Robert D. Preus, and International Council on Biblical Inerrancy. Hermeneutics, Inerrancy, and the Bible: Papers from ICBI Summit II*. Grand Rapids: Academia Books, 1984.

Ragg, Lonsdale, and Laura Maria Roberts Ragg. The Gospel of Barnabas. Oxford: Clarendon Press, 1907.

Rahman, Fazlur. *Islam. Chicago: University of Chicago Press, 1979.*

———. *Major Themes of the Qur'an*. Minneapolis: Bibliotheca Islamica, 1980.

Ramm, *Bernard. A Christian Appeal to Reason.* Waco: Word, 1977.

———. *The Christian View of Science and Scripture*. Grand Rapids: Eerdmans, 1954.

———. *"The Evidence of Prophecy and Miracle."* In Revelation and the Bible: Contemporary Evangelical Thought, edited by C. F. H. Henry. Grand Rapids: Baker, 1958.

———. *The God Who Makes a Difference*. Waco, TX: Word Books, 1972.

———. *The Pattern of Religious Authority*. Grand Rapids: Eerdmans, 1959.

———. *Problems in Christian Apologetics*. Portland, OR: Western Baptist Theological Seminary, 1949.

———. *Protestant Biblical Interpretation*: A Textbook of Hermeneutics for Conservative Protestants. Boston: W. A Wilde, 1950.

———. *Protestant Christian Evidences*. Chicago: Moody, 1953.

———. *Types of Apologetics Systems*. Wheaton, IL:

Van Kampen Press, 1953.

———. *Varieties of Christian Apologetics.* Grand Rapids: Baker, 1973.

———. *The Witness of the Spirit.* Grand Rapids: Eerdmans, 1959.

Ramsay, William. St. Paul the Traveller and the Roman Citizen. New York: G. P. Putnam's Sons, 1896.

Ramsey, Ian T. *"History and the Gospels: Some Philosophical Reflections."* Studia Evangelica 3 (1964): 391.

———. *Religious Language: An Empirical Placing of Theological Phrases.* New York: Macmillan, 1957.

———. Was Christ Born at Bethlehem? 1898. Reprint, New York: Putnam, 1960.

Rand, Ayn. Atlas Shrugged. New York: Dutton, 1992.

———. *For the New Intellectual.* New York: New American Library, 1961.

———. *The Virtue of Selfishness.* New York: New American Library, 1964.

Randi, James. *The Faith Healers.* With a foreword by Carl Sagan. Buffalo: Prometheus, 1987.

———. *Flim-Flam.* Buffalo: Prometheus, 1982.

———. *"Nostradamus: The Prophet for all Seasons."* Skeptical Enquirer (Fall 1982).

Rashdall, Hastings. *The Theory of Good and Evil: A Treatisew on Moral Philosophy.* London: Oxford University Press, H. Milford, 1924.

Ratzinger, Joseph. *Introduction to Christianity.* New York: Seabury, 1979.

Ratzsch, Delvin Lee. *The Battle of Beginnings.* Downers Grove, IL: InterVarsity Press, 1996.

Rauf, Muhammad Abdul. Islam: Creed and Worship. Washington, DC: Islamic Center, 1974.

Raup, D. *"Conflicts between Darwin and Paleontology."* Field Museum of Natural History Bulletin 50, no. 1 (January1979).

Raymond, Robert L. *The Justification of Knowledge. Darlington,* UK: Evangelical Press, 1984.

Regis, Louis Marie. *Epistemology.* New York: Macmillan, 1959.

Rehwinkel, Alfred. *The Flood.* St. Louis: Concordia, 1951.

Reid, Thomas. *Essay on the Active Powers of Man.* New York: Garland, 1977.

———. Essay on the Intellectual Powers of Man. New York: Garland, 1971.

———. *An Inquiry into the Human Mind: On the Principles of Common Sense.* Edited by Derek R. Brookes. University Park: Pennsylvania State University, 1997.

Reimarus, Hermann. *Fragments.* Edited by Charles H. Tal-bert. Philadelphia: Fortress, 1970.

Reisser, Paul C., Teri K. Reisser, and John Weldon. The Holistic Healers: A Christian Perspective on New-Age Health Care. Downers Grove, IL: InterVarsity, 1983.

Renan, Ernest. *Averroes et L'averroisme: Essai Historique.* Paris: Calmann-Levy, 1925.

———. The Life of Jesus. New York: A. L. Burt, 1897.

"Revelation." Anglican Theological Review (October 1980).

Rhodes, Ron. *Christ before the Manger.* Grand Rapids: Baker, 1992.

Rice, John R. Our God-Breathed Book—The Bible. Murfreesboro, TN: Sword of the Lord, 1969.

Rice, Richard. God's Foreknowledge and Man's Free Will. Minneapolis: Bethany House, 1985.

Rickaby, J. Free Will and Four English Philosophers. London: Burns, Oates, 1906.

Ridderbos, Herman N. Paul and Jesus; Origin and General Character of Paul's Preaching of Christ. Grand Rapids: Baker, 1958.

Rienecker, Fritz. *A Linguistic Key to the Greek New Testament.* Edited by Cleon L. Rogers Jr. Grand Rapids: Zondervan, 1980.

Rippin, Andrew, and Jan Knappert, eds. and trans. Textual Sources for the Study of Islam. Manchester: Manchester University Press, 1986.

Robbins, John W. Cornelius Van Til: The Man and the Myth. Jefferson, MD: Trinity Foundation, 1986.

———, ed. *Gordon H. Clark: Personal Recollections.* Jefferson, MD: Trinity Foundation, 1989.

Robert, Lyon. "Re-examination of Codex Ephraemi Rescriptus." New Testament Studies 5 (1959).

Roberts, Alexander, and James Donaldson, eds. The AnteNicene Fathers. Grand Rapids: Eerdmans, 1989.

Robertson, A. T. *Athanasius: Select Works and Letters.* Grand Rapids: Eerdmans, 1980.

———. *A Harmony of the Gospels for Students of the Life of Christ: Based on the Broadus Harmony in the Revised Version.* New York: Harper & Row, 1950.

———. *An Introduction to the Textual Criticism of the New Testament.* Nashville: Broadman, 1925.

———. *Word Pictures in the New Testament. 6 vols.* Nash-ville: Broadman, 1930.

Robinson, G. L. Where Did We Get Our Bible? New York: Doubleday, Doran, 1928.

Robinson, James M., and Robert J. Miller, eds. The Nag Hammadi Library in English. San Francisco: Harper &Row, 1988.

Robinson, John A. T. Honest to God. Philadelphia: Westminster, 1963.

———. *The Human Face of God.* Philadelphia: Westminster, 1973.

———. *Redating the New Testament.* Philadelphia:

Westminster, 1976.

Robinson, John Mansley. *An Introduction to Early Greek Philosophy*. Boston: Houghton Mifflin, 1968.

Ross, Hugh. Creation and Time. Colorado Springs: NavPress, 1994.

———. *The Creator and the Cosmos: How the Greatest Scientific Discoveries of the Century Reveal God*. Colorado Springs: NavPress, 1993.

———. *The Fingerprint of God: Recent Scientific Discoveries Reveal the Unmistakable Identity of the Creator*. Orange, CA: Promise, 1989.

———. *The Genesis Question*. Colorado Springs, CO: NavPress, 1998.

———. *Joshua's Long Day and Other Mysterious Events*. Pasadena, CA: Reasons to Believe, n.d. Videocassette,120 min.

Ross, W. D., trans. Aristotle's Categories and De Interpretatione. Oxford: Oxford University Press, 1961.

———. *Prior and Posterior Analytics*. Oxford: Clarendon Press, 1949.

Ruegsegger, Ronald W. *Reflections on Francis Schaeffer*. Grand Rapids: Zondervan, 1986.

Rurak, James. "Butler's Analogy: A Still Interesting Synthesis of Reason and Revelation." Anglican Theological Review 62 (1980): 365-81.

Russell, Bertrand. *The Autobiography of Bertrand Russell*. Boston: Little, Brown, 1968.

———. *The Basic Writings of Bertrand Russell*. Edited by Robert E. Egner and Lester E. Denonn. New York: Simon & Schuster, 1961.

———. *"Can Religion Cure Our Troubles?"* In Why I Am Not a Christian, edited by Paul Edwards. New York: Simon & Schuster, 1957.

———. *A Critical Exposition of the Philosophy of Leibniz*. 2nd ed. London: Routledge, 1992.

———. *"The Essence of Religion."* In The Basic Writings of Bertrand Russell, edited by Robert E. Egner and Lester E. Denonn. New York: Simon & Schuster, 1961.

———. *"The Existence of God Debate."* In The Existence of God, edited by John Hick. New York: Macmillan, 1964.

———. *A Free Man's Worship*. Portland, ME: T. B. Mosher, 1923.

———. *Introduction to Mathematical Philosophy*. New York: Dover, 1919.

———. *"On Induction."* In The Basic Writings of Bertrand Russell, edited by Robert E. Egner and Lester E. Denonn. New York: Simon & Schuster, 1961.

———. *Religion and Science*. New York: Oxford University Press, 1961.

———. *What I Believe*. New York: Dutton, 1925.

———. *"What Is an Agnostic?"* In The Basic Writings of Bertrand Russell, edited by Robert E. Egner and Lester E. Denonn. New York: Simon & Schuster, 1961.

———. *Why I Am Not a Christian*. Edited by Paul Edwards. New York: Simon & Shuster, 1957.

Russell, C. Allyn. "J. Gresham Machen, Scholarly Fundamentalist." Journal of Presbyterian History 51 (1973): 40-66.

Russell, Edward S. *The Diversity of Animals: An Evolutionary Study*. Leiden: Brill, 1962.

Sachedina, Abdulaziz Abdulhussein. *Islamic Messianism:The Idea of Mahdi in Twelver Shiism*. Albany: State University of New York Press, 1981.

Sagan, Carl. Broca's Brain. New York: Random House, 1979.

———. *The Cosmic Connection*. New York: Anchor, 1973.

———. *Cosmos*. New York: Random House, 1980.

———. *The Edge of Forever*. New York: Turner Home Entertainment, 1989.

———. UFO'S—A Scientific Debate. Ithaca, NY: Cornell University Press, 1972.

Sahas, Daniel J. *"The Formation of Later Islamic Doctrines as a Response to Byzantine Polemics: The Miracles of Muhammad."* Greek Orthodox Theological Review 27, nos. 2-3 (1982).

Sailer, W. S. *"The Role of Reason in the Theologies of Nels Ferre and Edward John Carnell."* PhD diss. Temple University, 1964.

Salmon, George. *The Infallibility of the Church*. London: John Murray, 1914.

Sandage, Alan. *"A Scientist Reflects on Religious Belief."* In Truth. Vol. 1. Dallas: Truth Incorporated, 1985.

Sanders, E. P. *The Tendencies of the Synoptic Tradition. Cambridge: Cambridge University Press, 1969.*

Sanders, J. Oswald. *How Lost Are the Heathen?* Chicago: Moody, 1988.

Sanders, John. *No Other Name: An Investigation into the Destiny of the Unevangelized*. Grand Rapids: Eerdmans, 1992.

Sartre, Jean-Paul. *Being and Nothingness*. Translated by Hazel Barner. New York: Philosophical Library, 1956.

———. *Existentialism and Humanism*. Translated by Philip Mairet. London: Methuen, 1948.

———. *Nausea*. Norfolk, CT: New Directions, 1953.

———. *No Exit and Three Other Plays*. New York: Vintage, 1955.

———. *"Nouvel Observateur."* Interview by T. Molner in National Review, 11 June 1982.

———. *The Words*. Translated by B. Frechtman. New York: George Braziller, 1964.

Satin, Mark. *New Age Politics. New York: Dell, 1979.*

Sauer, Erich. The Dawn of World Redemption. Grand Rapids: Eerdmans, 1952.

Sauer, Erich. *The Triumph of the Crucified. Grand Rapids:* Eerdmans, 1953.

Saussure, Ferdinand. *Course in General Linguistics.* New York: Philosophical Library, 1959.

Savage, C. Wade. *"The Paradox of the Stone."* Philosophical Review 76 (1967): 74-79.

Sayers, Dorothy Leigh. *"Towards a Christian Esthetic." In The Whimsical Christian.* New York: Macmillan, 1978.

Schacht, Richard. *Making Sense of Nietzsche: Reflections Timely and Untimely. Urbana: University of Illinois* Press, 1995.

Schachter, Jacob, *H. Freedman, and I. Epstein. Hebrew-English Edition of the Babylonian Talmud-Sanhedrin.* London: Socono Press, 1969.

Schaeffer, Francis. Back to Freedom and Dignity. Downers Grove, IL: InterVarsity, 1972.

———. *Escape from Reason*. London: InterVarsity Fellow-ship, 1968.

———. *The Complete Works of Francis Schaeffer.* 2nd ed.Wheaton, IL: Crossway, 1985.

———. *The God Who Is There*. Downers Grove, IL: InterVarsity, 1973.

———. *He Is There and He Is Not Silent*. Wheaton: Tyndale, 1972.

———. *No Final Conflict: The Bible without Error in All That It Affirms.* Downers Grove, IL: InterVarsity, 1975.

———. *Whatever Happened to the Human Race?* Old Tappan, NJ: Revelwl, 1979.

Schaff, Philip. A Companion to the Greek Testament and the English Version. 3rd ed. New York: Harper, 1883.

———, ed. *The Creeds of Christendom*. 3 vols. 6th rev. ed.New York: Harper, 1919.

———, ed. *The Nicene and Post-Nicene Fathers of the Christian Church*. 14 vols. 1st series [1886-94]. Reprint, Grand Rapids: Eerdmans, 1952.

Schellenberg, J. L. *The Wisdom of Doubt: A Justification of Religious Skepticism.* Ithaca, NY: Cornell University Press, 2007.

Schep, J. A. *The Nature of the Resurrection Body*. Grand Rapids: Eerdmans, 1964.

Schilpp, Paul Arthur, and Lewis Edwin Hahn, eds. The Philosophy of John Dewey. LaSalle, IL: Open Court, 1989.

Schimmel, Annemarie. *"The Prophet Muhammad as a Centre of Muslim Life and Thought."* In We Believe in One God, edited by Annemarie Schimmel and Abdoldjavad Falaturi. New York: Seabury, 1979.

Schimmel, *Annemarie, and Abdoldjavad Falaturi, eds. We Believe in One God.* New York: Seabury, 1979.

Schipper, Reinier. *"Paul and the Computer."* Christianity Today, 4 December 1964.

Scheiermacher, Friedrich. *The Christian Faith*. Philadelphia: Fortress, 1976.

———. *On Religion*. New York: Cambridge University Press, 1996.

Schmidt, W. High Gods in North America. Oxford: Clarendon, 1933.

———. *The Origin and Growth of Religion: Facts and Theories.* New York: Cooper Square, 1972.

———. *Primitive Revelation*. St. Louis: B. Herder, 1939.

Scholem, Gershom. Sabbatai Sevi: The Mystical Messiah. Princeton, NJ: Princeton University Press, 1973.

Schonfield, Hugh J. T*he Passover Plot: New Light on the History of Jesus.* New York: Bantam, 1967.

Schopenhauer, Arthur. *The Basis of Morality*. 2nd ed. London: George Allen & Unwin, 1915.

———. *On the Fourfold Root of the Principle of Sufficient Reason.* Translated by E. F. J. Payne. La Salle, IL: Open Court, 1974.

———. *On the Will in Nature*. New York: Berg, 1992.

———. *The World as Will and Representation.* Glouster, MA: Peter Smith, 1980.

Schroeder, Gerald. *Genesis and the Big Bang.* New York: Bantam, 1990.

———. *The Science of God*. New York: Free Press, 1997.

Schroeder, Henry J., ed. *Canons of the Council of Trent Canon 30,* Session t, 1547. Rockford, IL: Tan, 1978.

Schweitzer, Albert. *The Quest of the Historical Jesus. Translated* by W. Montgomery. New York: Macmillan, 1966.

Scorgie, Glen G. A *Call for Continuity: The Theological Contribution of James Orr.* Macon, GA: Mercer University Press, 1988.

———. *"Orr, James." In New Dictionary of Theology,* edited by Sinclair B. Ferguson and David F. Wright. Downers Grove, IL: InterVarsity, 1988.

Scotus, John Duns. God and Creatures. Washington, DC: Catholic University of America Press, 1981.

———. Philosophical Writings. Translated by Allan Wolter. Indianapolis: Bobbs-Merrill, 1962.

Scrivener, F. H. A. *Plain Introduction to the Criticism of the New Testament.* Edited by Edward Miller. 2 vols. 4th ed.

London: Bell, 1894.

Seeger, R. *"J. Huxley, Atheistic Religionist."* Journal of the American Scientific Affiliation 39, no. 3 (December 1987).

Sell, Alan P. F. *Defending and Declaring the Faith: SomeScottish Examples, 1860-1920.* Colorado Springs: Helmers & Howard, 1987.

Sellers, R. V. *Two Ancient Christologies.* London: Society for Promoting Christian Knowledge, 1940.

Shafer, Carl E. *Excellence in Teaching with the Seven Laws.* Grand Rapids: Baker, 1986.

Shanks, *Hershel, James Vanderkam, and P. K. Carter Jr. The Dead Sea Scrolls after Forty Years.* Washington, DC: Biblical Archaeology Society, 1992.

Sharot, Stephen. Messianism, Mysticism, and Magic: *A Sociological Analysis of Jewish Religious Movements.* Chapel Hill: University of North Carolina Press, 1982.

Shedd, W. G. T. *The Doctrine of Endless Punishment.* New York: Scribner, 1886.

———. *Dogmatic Theology.* Vol 1. New York: Charles Scribner & Sons, 1868-94.

Sheler, Jeffery. "Is the Bible True?" US News & World Report, 25 October 1999.

Sherlock, Thomas. *The Tryal of the Witnesses and The Use and Intent of Prophecy.* New York: Garland Publishers, 1978.

Shermer, Michael. *How We Believe: Science, Skepticism, and the Search for God. New* York: Henry Holt, 2003.

Sherwin-White, A. N. *Roman Society and Roman Law in the New Testament.* Oxford: Clarendon, 1963.

Shorrosh, Anis A. *Islam Revealed: A Christian Arab's View of Islam.* Nashville: Thomas Nelson, 1988.

Short, Robert. The Gospel from Outer Space. San Francisco: Harper & Row, 1983.

Shutt, R. J. H. *Studies in Josephus.* London: S.P.C.K., 1961.

Siegert, Folker, et al. *Nag-Hammadi Register.* Tubingen: Mohr, 1982.

Sire, James W. *The Universe Next Door. Downers Grove,* IL: InterVarsity, 1988.

Skinner, B. F. *About Behaviorism.* New York: Alfred A. Knopf, 1974.

———. *Beyond Freedom and Dignity.* New York: Bantam, 1971.

———. *"The Problem of Consciousness—A Debate."* Philosophy and Phenomenological Research 27, no. 3 (1967).

———. *Walden Two. New York: Macmillan, 1976.*

Slomp, J. *"The Gospel in Dispute."* Islamo Christiana (1978).

Slotki, Israel W., ed. *The Babylonian Talmud.* Translated by S. Daiches. Vol. 3. *New York: Rebecca Bennett Publications, 1959.*

Smart, Ninian. *Philosophers and Religious Truth.* London: SCM, 1964.

Smith, Chuck. *Charisma vs. Charismania.* Eugene, OR: Harvest House, 1983.

Smith, David. B. B. *Warfield, Scientifically Constructive Theological Scholarship.* Eugene, OR: Wipf & Stock, 2011.

Smith, George *H. Atheism: The Case against God.* Los Angeles: Nash, 1974.

Smith, H. E. *The Literary Criticism of Pierre Bayle.* Albany, NY: Brandow, 1912.

Smith, Huston. *The Religions of Man.* New York: Harper & Row, 1965.

Smith, Jay. *"D8: Qur'an." In Is the Qur'an the Word of God?* N.p.: Hyde Park Christian Fellowship, June 1996.

Smith, Joseph. *The Book of Mormon.* Salt Lake City, Utah: Church of Jesus Christ of Latter-Day Saints, 1981.

———. *Doctrine and Covenants.* Independence, MS: Herald Publishing House, 1922.

———. *The Pearl of Great Price.* Salt Lake City, UT: Deseret Book Company, 1976.

———. *The Teachings of the Prophet Joseph Smith.* Salt Lake City, UT: Deseret Book Company, 1977.

Smith, R. Scott. Truth and the New Kind of Christian. Wheaton, IL: Crossway Books, 2005.

Smith, Whitney. The Flag Book of the United States. New York: William Morrow, 1970.

Smith, Wilbur M. Before I Forget. Chicago: Moody, 1971.

———. *"Scientists and the Resurrection."* Christianity Today, 15 April 1957.

———. *The Supernaturalness of Christ.* Boston: W. A. Wilde, 1944.

———. *Therefore Stand: A Plea for a Vigorous Apologetic in the Present Crisis of Evangelical Christianity.* Boston: W. A. Wilde, 1945.

Snyder, John. Reincarnation vs. Resurrection. Chicago: Moody, 1984.

Sorley, W. R. Moral Values and the Idea of God. 3rd ed. Cambridge: Cambridge University Press, 1919.

Soulen, Richard N. *Handbook of Biblical Criticism.* 2nd ed. Atlanta: John Knox, 1981.

Souter, Alexander. *The Text and Canon of the New Testament.* Edited by C. S. C. Williams. Naperville, IL: Allenson, 1954.

Sox, David. *The Gospel of Barnaba*s. London: George Allen & Unwin, 1984.

———. The Image on the Shroud: Is the Turin Shroud a Forgery? London: Unwin, 1981.

Spangler, David. Reflections on the Christ. Scotland: Findhorn Publications, 1977.

Spencer, Harold. *Islam and the Gospel of God: A Comparison of the Central Doctrines of Christianity and Islam, Prepared for the Use of Christian Workers among Muslims.* Delhi: I.S.P.C.K., 1956.

Spier, J. M. An Introduction to Christian Philosophy. 2nd ed. Nutley, NJ: Craig, 1973.

Spinoza, Benedict. Ethics. Translated by A. Boyle. New York: Dutton, 1910.

———. *A Theologico-Political Treatise and a Political Treatise.* Translated by R. H. M. Elwes. New York: Dover,1951.

Sproul, R. C. Chosen by God. Wheaton, IL: Tyndale House, 1986.

———. *If There is a God, Why Are There Atheists?* Minneapolis: Bethany Fellowship, 1978.

———. *"The Internal Testimony of the Holy Spirit."* In Inerrancy, edited by Norman L. Geisler. Grand Rapids: Zondervan, 1979.

———. *Not a Chance: The Myth of Chance in Modern Science and Cosmology.* Grand Rapids: Baker, 1994.

———. *Reason to Believe: A Response to Common Objections to Christianity.* Grand Rapids: Zondervan, 1978.

Sproul, R. C., *John Gerstner, and Arthur Lindsley. Classical Apologetics.* Grand Rapids: Zondervan, 1984.

Stanley, Jake. *Miracles and Physics.* Front Royal, VA: Christendom, 1989.

Stanton, Graham. *Gospel Truth? New Light on Jesus and the Gospels.* Valley Forge, PA: Trinity, 1995.

Stauffer, Ethelbert. *Jesus and His Story. London: SCM, 1960.*

St. Clair Tisdall, William. *A Manual of the Leading Muhammadan Objections to Christianity.* London: SPCK, 1904.

Stenger, Victor J. *"The Face of Chaos." Free Inquiry* (Winter 1992-93).

———. *God: The Failed Hypothesis: How Science Shows That God Does Not Exist.* Amherst, NY: Prometheus, 2007.

Stephen, Leslie. *An Agnostic's Apology.* New York: G. P. Putnam's Sons, 1893.

Sterling, James Hutchinson. *The Secret of Hegel.* New York: G. P. Putnam's Sons, 1898.

Stevenson, Ian. *"The Explanatory Value of the Idea of Reincarnation."* Journal of Nervous and Mental Disease (September 1977).

Stevenson, J. *Studies in Eusebius.* Cambridge: Cambridge University Press, 1929.

Stevenson, Kenneth E., and *Gary Habermas. Verdict on the Shroud. Ann Arbor,* MI: Servant, 1981.

Stevenson, Leslie. Seven Theories of Human Nature. Oxford: Clarendon, 1974.

Stewart, H. F. *Pascal's Apology for Religion.* Cambridge: Cambridge University Press, 1942.

Stirling, James H. *The Secret of Hegel,* London: Longman, 1865.

Stockhammer, Morris, ed. *Thomas Aquinas Dictionary.* London: Vision, 1965.

Stokes, G. *"Miracles."* In International Standard Bible Encyclopedia, edited by Geoffrey W. Bromiley. Grand Rapids: Eerdmans, 1979-1988.

Stokes, Walter E. *"A Whiteheadian Reflection on God's Relation to the World."* In Process Theology: Basic Writings, edited by Ewert H. Cousins. New York: Newman, 1971.

Stonehouse, Ned B. J. *Gresham Machen: A Biographical Memoir.* Grand Rapids: Eerdmans, 1954.

Stoner, Don. *A New Look at an Old Earth. Eugene,* OR: Harvest House Publishers, 1997.

Stoner, Peter. *Science Speaks.* Wheaton: Van Kampen, 1952. Story, C. I. K. "J. Gresham Machen: Apologist and Exegete."Princeton Seminary Bulletin 2 (1979): 91-103.

Strauss, David. The Life of Jesus. New York: C. Blanchard, 1900.

Strauss, David Friedrich. *The Life of Jesus Critically Examined.* In Lives of Jesus, translated and edited by George Eliot. London: SCM, 1973.

———. *A New Life of Jesus.* 2nd ed. 2 vols. London: Williams & Norgate, 1879.

Streeter, B. H. "Codices 157, 1071 and the Caesarean Text." In Quantulacumque, Studies Presented to Kirsopp Lake (1937).

———. *The Four Gospels: A Study of Origins.* London: Macmillan, 1936.

Strimple, R. B. Modern Search for the Real Jesus. Phillipsburg, NJ: Presbyterian & Reformed, 1995.

Strobel, Lee. The Case for Christ: A Journalist's Personal Investigation of the Evidence for Jesus. Grand Rapids: Zondervan, 1998.

Strong, A. H. *Systematic Theology.* New York: Revell, 1907.

Stroud, William. *The Physical Cause of the Death of Christ and Its Relation to the Principles and Practice of Christianity.* New York: Appleton, 1871.

———. *Treatise on the Physical Cause of the Death of Christ and Its Relation to the Principles and Practice of Christianity.* London: Hamilton, Adams, 1847.

Suetonius. *Life of Nero.* Translated by K. R. Bradley. Bruxelles: Latomus, 1978.

Suetonius. *The Twelve Caesars.* Trans. Robert Graves. Harmondsworth, NY: Penguin, 1979.

Sullivan, J. W. N. The Limitations of Science. New

York: New American Library, 1933.

Sullivan, James B. *An Examination of First Principles inThought and Being in the Light of Aristotle and Aquinas*. Washington, DC: Catholic University of America Press, 1939.

Suzuki, D. T. *An Introduction to Zen Buddhism*. New York: Grove, 1964.

———. *Manual of Zen Buddhism*. New York: Grove Press, 1960.

———. *Outlines of Mahayana Buddhism*. New York: Schocken Books, 1963.

———. *Zen Buddhism*. Garden City, NY: Doubleday, 1956.

Swanson, Guy E. *The Birth of the Gods*. Ann Arbor: University of Michigan Press, 1968.

Swinburne, Richard. *The Christian God*. London: Oxford University Press, 1994.

———. *The Coherence of Theism*. London: Oxford University Press, 1977.

———, ed. *The Concept of Miracle*. London: Macmillan,1989.

———. *Miracles*. New York: Macmillan, 1989.

Tacitus, *Cornelius*. The Annals and The Histories. Great Books of the Western World, edited by Robert Maynard Hutchins. Vol. 15. Chicago: William Benton, 1952.

Talmud. *Babylonian Talmud*. New York: Soncino Press, 1953.

Takle, John. *"Islam and Christianity."* In Studies in Islamic Law, Religion and Society, edited by H. S. Bhatia. New Delhi: Deep & Deep, 1989.

Tanner, Gerald, and Sandra. *The Changing World of Mormonism*. Chicago: Moody, 1981.

Tari, Mel. Like a Mighty Wind. Carol Stream, IL: Creation House, 1971.

Taylor, A. E. *Plato: The Man and His Works*. Freeport, NY: Books for Libraries, 1971.

Taylor, E. L. H. *The Christian Philosophy of Law, Politics and the State*. Nutley, NJ: Craig Press, 1966.

Taylor, Richard. *"Metaphysics and God."* In The Cosmological Arguments, edited by Donald Burrill. Garden City, NY: Anchor, 1967.

Teilhard de Chardin, Pierre. *The Future of Man*. New York: Image, 2004.

Tennant, F. R. *Miracle and Its Philosophical Presuppositions*. Cambridge: Cambridge University Press, 1925.

———. *Philosophical Theology*. 2 vols. Cambridge: Cambridge University Press, 1928-30.

Tertullian. *Against Hermogones*. In The Ante-Nicene Fathers, edited by Alexander Roberts and James Donaldson. Grand Rapids: Eerdmans, 1989.

———. *Against Marcion*. In The Ante-Nicene Fathers, edited by Alexander Roberts and James Do-naldson. Grand Rapids: Eerdmans, 1989.

———. *Against the Valentinians*. In The Ante-Nicene Fathers, edited by Alexander Roberts and James Donaldson. Grand Rapids: Eerdmans, 1989.

———. *Apologeticus*. In The Ante-Nicene Fathers, edited by Alexander Roberts and James Donaldson. Grand Rapids: Eerdmans, 1989.

———. *Five Books against Marcion*. In The Ante-Nicene Fathers, edited by Alexander Roberts and James Donaldson. Grand Rapids: Eerdmans, 1989.

———. *On Baptism*. In The Ante-Nicene Fathers, edited by Alexander Roberts and James Donaldson. Grand Rapids: Eerdmans, 1989.

———. *On the Flesh of Christ*. In The Ante-Nicene Fathers, edited by Alexander Roberts and James Donaldson. Grand Rapids: Eerdmans, 1989.

———. *On the Resurrection of the Flesh*. London: SPCK, 1960.

———. *The Prescription against Heretics*. In The AnteNicene Fathers, edited by Alexander Roberts and James Donaldson. Grand Rapids: Eerdmans, 1989.

———. *To Scapula*. In The Ante-Nicene Fathers, edited by Alexander Roberts and James Donaldson. Grand Rapids: Eerdmans, 1989.

———. *Treatise on the Soul*. In The Ante-Nicene Fathers, edited by Alexander Roberts and James Donaldson. Grand Rapids: Eerdmans, 1989.

Teske, R. J. "Plato's Later Dialectic." Modern Schoolman 38 (1961).

Thackeray, H. St. J. *Josephus: The Man and the Historian*. New York: Jewish Institute of Religion, 1929.

Thaxton, Charles B., Walter L. Bradley, and Roger Olsen. *The Mystery of Life's Origin: Reassessing Current Theories*. New York: Philosophical Library, 1984.

Thaxton, Charles et al. *Of Pandas and People*. 2nd ed. Dallas: Haughton Publishing Co., 1993.

Thaxton, *Charles, and Nancy Pearcey. Soul of Science*. Wheaton, IL: Crossway Books, 1994.

Thayer, H. *Meaning and Action: A Critical History of Pragmatism*. Indianapolis: Bobbs-Merrill, 1968.

Thiele, E. R. The Mysterious Numbers of the Hebrew Kings. *Rev. ed*. Grand Rapids: Eerdmans, 1965.

Thielicke, Helmut. *The Ethics of Sex*. New York: Harper & Row, 1964.

Thiessen, Henry C. *Introduction to the New Testament*.Grand Rapids: Eerdmans, 1948.

Thomas, Heywood J. Philosophy of Religion in Kierkegaard's Writings. Lewiston, NY: Edwin Mellen, 1994.

Thomas, Robert L. *"The Hermeneutics of Evangelical Redaction."* Journal of the Evangelical Theological Society 29, no. 4 (1986): 447-59.

———. "*An Investigation of the Agreements between Matthew and Luke against Mark.*" Journal of the Evangelical Theological Society 19 (1976).

Thomas, Robert L., and Stanley N. Gundry, eds. A Harmony of the Gospels with Explanations and Essays: Using the Text of the New American Standard Bible. Chicago: Moody, 1978; San Francisco: Harper & Row, 1985.

———. "*Form Criticism.*" In A Harmony of the Gospels with Explanations and Essays: Using the Text of the New American Standard Bible, edited by Robert L. Thomas and Stanley N. Gundry. Chicago: Moody, 1978; San Francisco: Harper & Row, 1985.

———. "*Source Criticism.*" In A Harmony of the Gospels with Explanations and Essays: Using the Text of the NewAmerican Standard Bible, edited by Robert L. Thomas and Stanley N. Gundry. Chicago: Moody, 1978; San Francisco: Harper & Row, 1985.

Tillich, Paul. *Dynamics of Faith*. New York: Harper, 1958.

———. *Ultimate Concern*. London: SCM Press, 1965.

Time. "*The Resurrection of Jesus.*" Time, 7 May 1979.

Tindal, Matthew. *Christianity as Old as the Creation: or, the Gospel, a Republication of the Religion of Nature.1730*. Reprint, New York/London: Garland, 1978.

Tisdall, W. St. Clair. *A Manual of the Leading Muhammadan Objections to Christianity*. London: S.P.C.K., 1904.

———. *The Source of Islam*. Edinburgh: T & T Clark, n.d.

Tolkien, J. R. R. T*he Lord of the Rings*. Boston: Houghton Mifflin, 1979.

Toon, Peter. *The Development of Doctrine in the Church*. Grand Rapids: Eerdmans, 1979.

Torrey, Norman. *Voltaire and the English Deists. Oxford: Marston*, 1963.

———. "*Voltaire, François-Marie Arouet De.*" In The Encyclopedia of Philosophy, edited by Paul Edwards. New York: Macmillan and the Free Press, 1967.

Tov, Emanuel. "*The Literary History of the Book of Jeremiah in the Light of Its Textual History.*" In Empirical Models for Biblical Criticism, edited by J. Tigay. Philadelphia: University of Pennsylvania Press, 1985.

Townsend, Harvey G., ed. *Jonathan Edwards from His Private Notebooks*. Eugene, OR: University of Oregon, 1955.

Travis, Stephen. *Christian Hope and the Future*. Downers Grove, IL: InterVarsity, 1980.

Trever, J. C. "*The Discovery of the Scrolls.*" Biblical Archaeologist 11 (1948).

Trigg, J. W. Origen. New York: Routledge, 1998.

Troeltsch, Ernst. *Historicism and Its Problems*. Charleston, SC: BiblioBazaar, 2010.

———. "*Historiography.*" In Encyclopedia of Religion and Ethics, edited by James Hastings et al. New York: Scribner's, 1908-26.

Trueblood, *David Elton*. Philosophy of Religion. New York: Harper & Brothers, 1957.

Tuck, Robert, ed. *A Handbook of Biblical Difficulties*. New York: Revell, 1914.

Tuckett, C. M. Nag Hammadi and the Gospel Tradition. London: T & T Clark, 1986.

Twigg, Joseph W. "*Christ in the Christian Tradition: The Council at Constantinople.*" Reviewed in Church History 66, no. 3 (2005).

Tzaferis, Vasilius. "*Jewish Tombs at and Near Giv'at haMivtar.*" Israel Exploration Journal 20 (1970): 38-59. Unger, Merrill. Biblical Demonology. Grand Rapids: Kregel, 1994.

———. *Introductory Guide to the Old Testament. 2nd ed*. Grand Rapids: Zondervan, 1956.

Valentinus. The Gospel of Truth. In Elaine Pagels, The Gnostic Gospels.

Van Buren, Paul. *The Secular Meaning of the Gospel*. New York: Macmillan, 1963.

VanderKam, James. *The Dead Sea Scrolls Today*. Grand Rapids: Eerdmans, 1994.

Van Til, Cornelius. *The Apologetic Methodology of Francis A*. Schaeffer. Philadelphia: n.p., 1972.

———. *Christian Apologetics*. Phillipsburg, NJ: Presbyterian & Reformed Publishing Company, 1976.

———. *Christian-Theistic Evidences*. Philadelphia: Presbyterian & Reformed Publishing Company, 1961.

———. *Christian Theory of Knowledge*. Philadelphia: Presbyterian & Reformed Publishing Company, 1969.

———. *Common Grace and the Gospel*. Philadelphia: Presbyterian & Reformed Publishing Company, 1977.

———. *The Defense of the Faith*. Philadelphia: Presbyterian & Reformed, 1955.

———. *The Great Debate Today*. Philadelphia: Presbyterian & Reformed Publishing Company, 1971.

———. *Interview in Christianity Today*, 3 December 1977.

———. "*Introduction.*" In The Inspiration and Authority of the Bible by B. B. Warfield. Philadelphia: Presbyterian & Reformed, 1948.

———. *An Introduction to Systematic Theology.* Philadelphia: Presbyterian & Reformed Publishing Company, 1974.

———. *"My Credo."* In Jerusalem and Athens. Nutley, NJ: Presbyterian & Reformed Publishing Company, 1977.

———. *"Nature and Scripture."* In The Infallible Word, edited by N. Stonehouse and P. Woolley. Philadelphia: Presbyterian & Reformed. 3rd revised printing 1967.

———. *A Survey of Christian Epistemology.* Philadelphia: Presbyterian & Reformed Publishing Company, 1974.

Van Till, Howard J. The Fourth Day: What the Bible and the Heavens Are Telling Us about the Creation. Grand Rapids: Eerdmans, 1986.

———. *Portraits of Creation.* Grand Rapids: Eerdmans, 1990.

Velikovsky, Immanuel. *Worlds in Collision.* Cutchogue, NY: Buccaneer, 1950.

Vermes, Geza. *The Dead Sea Scrolls in English.* New York: Penguin, 1987.

Vitz, Paul. Faith of the Fatherless: The Psychology of Atheism. Dallas: Spence Publishing Company, 1999.

———. *Sigmund Freud's Christian Unconscious.* Grand Rapids: Eerdmans, 1993.

Voltaire, François-Marie. Candide, Zadig, and Selected Stories. New York: New American Library, 1961.

———. *Philosophical Dictionary.* Translated by Peter Gay. 2 vols. New York: Basic, 1962.

———. *Philosophical Letters.* Translated by Ernest Dilworth. New York: Macmillan, 1961.

———. *Selected Letters of Voltaire.* Edited by L C. Syms. New York: New York University Press, 1973.

———. *Voltaire and Rousseau against the Atheists.* New York: Wiley & Putnam, 1845.

Von Weizsacker, C. F. *The Relevance of Science.* New York: Harper & Row, 1964.

Vos, *Howard H. "Albright, William Foxwell."* In Evangelical Dictionary of Theology, edited by Walter Elwell. Grand Rapids: Baker, 1984.

Waardenburg, Jacques. *"World Religions as Seen in the Light of Islam."* In Islam: Present Influence and Past Challenge, edited by Alford T. Welch and Pierre Cachia. New York: University of New York Press, 1979.

Waddy, Charis. *The Muslim Mind.* London/New York: Longman, 1976.

Wald, George. *"The Origin of Life."* In Life: Origin and Evolution, edited by Clair E. Folsome. San Francisco: W.H Freeman Corp, 1979. *Reprinted from Scientific American,* August 1954.

Wallace, *Daniel B. The Basics of New Testament Syntax.* Grand Rapids: Zondervan, 2000.

Wallis-Hadrill, *D. S. Eusebius of Caesarea.* London: A. R. Mowbray, 1960.

Walls, Jerry L. *Hell: The Logic of Damnation.* Notre Dame, *IN: University of Notre Dame Press, 1992.*

Walsh, W. H. *Philosophy of History: An Introduction.* New York: Harper, 1960.

Waltke, Bruce K. *"The Creation Account in Genesis 1:1-3."* Bibliotheca Sacra (Jan. 1976): BSAC 133:529.

———. *"Historical Grammatical Problems."* In Hermeneutics, Inerrancy, and the Bible, edited by Earl D. Radmacher and Robert D. Preus. Grand Rapids: Zondervan, 1984.

Walton, F. E. Development of the Logos Doctrine in Greek and Hebrew Thought. London: Simkin, Marshall, Hamilton, Kent, 1911.

Ward, James. Naturalism and Agnosticism. New York:Charles Scribner's Sons, 1903.

Ward, Maisie. Gilbert Keith Chesterton. New York: Sheed & Ward, 1943.

———. *Return to Chesterton.* New York: Sheed & Ward, 1952.

Warfield, B. B. Biblical and Theological Studies. Edited by Samuel G. Craig. Philadelphia: Presbyterian & Reformed, 1968.

———. *Calvin and Calvinism.* Grand Rapids: Baker, 1991.

———. Christology and Criticism. Edited by E. D. Warfield. New York/London: Oxford University Press, 1929.

———. *Counterfeit Miracles.* London: Banner of Truth 0Trust, 1972.

———. *The Gospel of the Incarnation: Two Sermons Preached in the Chapel of Princeton Theological Seminary,* October 9, 1892 and January 8, 1893. New York: Anson D.F. Randolph, 1893.

———. *The Inspiration and Authority of the Bible.* Philadelphia: Presbyterian & Reformed, 1948.

———. *"Introduction."* In Apologetics or the Rational Vindication of Christianity, by F. R. Beattie. Richmond,VA: The Presbyterian Committee of Publication, 1903.

———. *An Introduction to the Textual Criticism of the New Testament.* London: Hodder and Stoughton, 1886.

———. *Limited Inspiration.* Grand Rapids: Baker, 1947.

———. *The Lord of Glory.* New York: American Tract Society, 1907.

———. *"On the Antiquity and the Unity of the Human Race."* Princeton Theological Review (1911).

———. *The Person and Work of Christ*. Grand Rapids: Baker, 1980.

———. *"Revelation."* In The International Standard Bible Encyclopedia by James Orr. Grand Rapids: Eerdmans, 1939.

———. *Revelation and Inspiration*. Edited by E. D. Warfield. New York/London: Oxford University Press, 1927.

———. *Selected Shorter Writings* of Benjamin B. Warfield. 2 vols. Edited by John E. Meeter. Phillipsburg, N.J: Presbyterian & Reformed Publishing Company, 1980.

———. *Studies in Tertullian and Augustine*. Westport, CT: Greenwood Press, 1970.

———. *The Works of Benjamin B*. Warfield. 10 vols. Grand Rapids: Baker, 1981.

Wassenar, Robert. *"A Physician Looks at the Suffering of Christ."* Moody Monthly 79, no. 7 (1979): 41-42.

Watt, W. Montgomery. *Islam and Christianity Today: A Contribution to Dialogue*. London; Boston: Routledge & Kegan Paul, 1983.

———. *Muhammad: Prophet and Statesman*. London: Oxford University Press, 1967.

Watts, Alan W. The Spirit of Zen. New York: Grove, 1958.

———. *The Way of Zen. New York*: Vintage, 1957.

Weaver, K. F. "The Mystery of the Shroud." National Geographic, June 1980.

Webb, C. C. J. Pascal's Philosophy of Religion. New York: Kraus, 1929.

Webber, Robert. Secular Humanism: Threat and Challenge. Grand Rapids: Zondervan, 1982.

Weigel, Arnold D. "A Critique of Bertrand Russell's Religious Position." Bulletin of the Evangelical Theological Society 8, no. 4 (1965).

Weinberg, Steven. Dreams of a Final Theory—The Search for the Fundamental Laws of Nature. New York: Pantheon, 1992.

Weizsacker, C. F. The Relevance of Science. New York: Harper & Row, 1964.

Wellhausen, Julius. Die Komposition des Hexateuchs undder Historischen Bucher des Alten Testament. Berlin: G. Reimer, 1889.

———. "Israel." In Encyclopedia Britannica. 9th ed. New York: H. G. Allen, 1875.

———. Prolegomena to the History of Ancient Israel. Goucester, MA: Peter Smith, 1973.

Wells, David. "Tradition: A Meeting Place for Catholic and Evangelical Theology?" Christian Scholar's Review 5, no. 1 (1975).

Wells, *David F. No Place for Truth*. Grand Rapids: Eerdmans, 1993.

Wells, G. A. *The Historical Evidence for Jesus*. Buffalo: Prometheus, 1982.

———. *Did Jesus Exist? Buffalo: Prometheus*, 1975.

Wells, H. G. First and Last Things. New York: G. P. Putnam's Sons, 1908.

———. God the Invisible King. New York: Macmillan, 1917.

———. *Mind at the End of Its Tether*. London: W. Heineman, 1945.

Wenham, D., and C. Blomberg, eds. *Gospel Perspectives 6: The Miracles of Jesus*. Sheffield: JSOT, 1986.

Wenham, Gordon J. et al. *"History and the Old Testament."* In History, Criticism and Faith, edited by Colin Brown. Downers Grove, IL: InterVarsity, 1976.

Wenham, John William. *Christ and the Bible*. Downers Grove, IL: InterVarsity, 1972.

———. *Easter Enigma. Grand Rapids: Academie*, 1984.

———. *"Gospel Origins." Trinity Journal 7 (1978)*.

———. *"History and the Old Testament." Bibliotheca Sacra 124 (1967)*.

———. *Our Lord's View of the Old Testament*. London: Inter-Varsity Fellowship, 1964.

———. *Redating Matthew, Mark, and Luke: A Fresh As-sault on the Synoptic Problem*. Downers Grove, IL: InterVarsity, 1992.

Westcott, B. F. *The Gospel according to St John: The Authorized Version*. 1882. Reprint, Grand Rapids: Eerdmans, 1954.

Whately, Richard. *Historic Doubts Relative to Napoleon Bonaparte*. In Famous Pamphlets, edited by H. Morley. New York: Routledge, 1890.

Whitcomb, John. *Chart of Old Testament Kings and Propehts*. Rev. ed. Winona Lake, IN: Bible Charts, 1976.

———. *The World That Perished*. Winona Lake, IN: BMH, 1978.

Whitcomb, John, and Henry Morris. *The Genesis Flood: The Biblical Record and Its Scientific Implications*. Philadelphia: Presbyterian & Reformed, 1961.

White, Hayden. "Feuerbach, Ludwig." *In The Encyclopedia of Philosophy*, edited by Paul Edwards. New York: Mac-millan and the Free Press, 1967.

White, James R. Answers to Catholic Claims. Southbridge, MA: Crowne, 1990.

White, Mel. Deceived. Old Tappan, NJ: Revell, 1979.

White, W., Jr. "O'Callahan's Identifications: Confirmation and Its Consequences." Westminster Journal 35 (1972).

———. *Van Til, Defender of the Faith: An Authorized* Biography. Nashville: Thomas Nelson Publishers, 1979.

Whitehead, Alfred North. *Adventures of Ideas*. 1933. Reprint, New York: Free Press, 1967.

———. *The Concept of Nature*. Ann Arbor, MI: University of Michigan Press, 1957.

———. *Modes of Thought*. New York: Free Press, 1968.

———. *Process and Reality*. 1929. Reprint, New York: Harper Torchbooks, 1960.

———. *Religion in the Making*. 1926. Reprint, New York: Meridian, 1967.

———. *Science and the Modern World*. New York: Macmillian, 1967.

Whitehead, John, and John Conlan. The Establishment of the Religion of Secular Humanism and Its First Amendment Implications. Lubbock, TX: Texas Tech University, 1979.

Whittaker, Edmund. *The Beginning and End of the World*. London: Oxford University Press, 1942.

Whittaker, Thomas. *Comte and Mill*. Bristol: Thoemmes, 1908.

Wieman, Henry N. *The Source of Human Good*. Chicago: University of Chicago Press, 1946.

Wild, Robert A. *"The Shroud: Probably the Work of a 14th Century Artist or Forger."* Biblical Archaeology Review (March/April 1984).

Wilder-Smith, A. E. *Man's Origin, Man's Destiny. Minneapolis*: Bethany, 1968.

Wilhelmsen, Frederick D. *Man's Knowledge of Reality: An Introduction to Thomistic Epistemology*. Englewood Cliffs, NJ: Prentice-Hall, 1956.

Wilkins, Michael J., and J. P. Moreland, eds. *Jesus under Fire*. Grand Rapids: Zondervan, 1995.

Williams, John Alden. *Islam*. New York: George Braziller, 1962.

Wilson, Clifford A. *The Passover Plot Exposed*. San Diego: Master, 1977.

———. *Rocks, Relics, and Biblical Reliability*. Grand Rapids: Zondervan, 1977.

Wilson, Robert Dick. *"The Meaning of Almah in Isaiah 7:14."* Princeton Theological Review 24 (1926).

———. *A Scientific Investigation of the Old Testament*. Chicago: Moody, 1959.

Wimber, John, and Kevin Springer. Power Evangelism. San Francisco: HarperSanFrancisco, 1992.

———. *Power Healing*. San Francisco: HarperSanFrancisco, 1991.

Wisdom, John. "Gods." In Logic and Language, edited by Antony Flew. Oxford: Blackwell, 1955.

Wiseman, D. J. Chronicles of the Chaldean Kings in the British Museum. London: British Museum, 1956.

Wiseman, Donald. Creation Revealed in Six Days: *The Evidence of Scripture Confirmed* by Archaeo-

logy. 3rd ed. London: Marshall, 1958.

Wittgenstein, Ludwig. *Philosophical Investigations*. New York: Macmillan, 1953.

———. *Tractatus Logico-Philosophicus*. Translated by D. F. Pears and B. F. McGuinness. London: Routledge & Kegan Paul, 1961.

Wolff, Richard. *The Final Destiny of the Heathen*. Ridge Field Park, NJ: Interdenominational Foreign Mission Association, 1961.

———. *Is God Dead? Wheaton: Tyndale, 1966.*

Wolfson, H. A. "Maimonides on Negative Attributes." *In Louis Ginzberg: Jubilee Volume*, edited by A. Marx. New York: New American Academy for Jewish Research, 1945.

———. Philo: Foundations of Religious Philosophy in Judaism, *Christianity and Islam*. Cambridge: Harvard University Press, 1948.

Wolterstorff, Nicholas. *Divine Discourse*. New York: Cambridge University Press, 1995.

Wonderly, *Daniel E. God's Time-Records in Ancient Sediments*. Flint, MI: Crystal, 1977.

Woodberry, J. Dudley, ed. *Muslims and Christians on the Emmaus Road*. Monrovia, CA: MARC, 1989.

Woodbridge, John D. Biblical *Authority: A Critique of the Roger/McKim Proposal*. Grand Rapids: Zondervan, 1982.

Woodmorappe, John. N*oah's Ark: A Feasibility Study. Santee, CA*: Institute for Creation Research, 1996.

Woods, Herbert G. Why Mr. Bertrand Russell Is Not Christian: An Essay in Controversy. London: Student Christian Movement, 1928.

Wright, G. E., ed. *The Bible and the Ancient Near East*. Garden City, NY: Doubleday, 1961.

Wright, N. T. *"Jesus's Resurrection and Christian Origins."* Gregorianum 83:4 (2002), 615-35.

———. Resurrection of the Son of God. Minneapolis: For tress, 2003.

———. Simply Christian. London: SPCK, 2006.

Würthwein, Ernst. *The Text of the Old Testament: An Introduction to the Biblia Hebraica*. Translated by Erroll F. Rhodes. Grand Rapids: Eerdmans, 1979

Yamamoto, *J. I. Beyond Buddhism: A Basic Introduction to the Buddhist Tradition*. Downers Grove, IL: InterVarsity, 1982.

Yamani, Amed Zaki. Foreword to Islam and Christianity Today: A Contribution to Dialogue, by W. Watt Montgomery. London: Routledge & Kegan Paul, 1983.

Yamauchi, Edwin. *"Easter—Myth, Hallucination, or History?"* 2 parts. *Christianity Today,* 29 March 1974; 15 April 1974.

———. *"Magic or Miracle? Disease, Demons, and Exorcisms." In Gospel Perspectives*. Vol. 6: The Miracles of Jesus, edited by D. Wenham. Eugene, OR: Wipf & Stock Publishers, July 2003.

———. *"Passover Plot or Easter Triumph."* In Christianity for the Tough-Minded, edited by John W. Montgomery. Minneapolis: Bethany, 1973.

———. *Pre-Christian Gnosticism.* Grand Rapids: Eerdmans, 1973.

———. *The Stones and the Scriptures.* Philadelphia: J. B. Lippincott, 1972.

Yockey, Herbert. *"Self-Organization,* Origin of Life Scenarios, and Information Theory." Journal of Theoretical Biology 91 (1981).

Young, Brigham, Watt, George D., and Long, J. V. *The Journal of Discourses.* Liverpool: F.D. Richards, 1854. *Journal of Discourses.* Liverpool: F.D. Richards, 1854.

Young, David A. *The Biblical Flood: A Case Study of the Church's Response to Extra Biblical Evidence.* Grand Rapids: Eerdmans, 1995.

Young, Davis. *Christianity and the Age of the Earth. Thousand Oaks,* CA: Artisan Sales, 1988.

Young, Edward J. *Studies in Genesis One. Philadelphia: Presbyterian & Reformed* Publishing Company, 1964.

———. *"The Virgin Birth."* The Banner, April 15, 1955.

Yusseff, M. A. *The Dead Sea Scrolls, the Gospel of Barnabas, and the New Testament.* Indianapolis: American Trust, 1985.

Zacharias, Ravi. *Jesus among Other Gods: The Absolute Claims of the Christian Message.* Nashville: Word, 2000.

Zaleckas, Eva. *"Letter to the Editor."* Time, 4 June 1979.

Zeitlin, Solomon. *The Dead Sea Scrolls and Modern Scholarship. Philadelphia: Dropsie College,* 1956.

———. In Biblical Archaeological Review (December 1963), 208.

Zias, J., and E. Sekeles. *"The Crucified Man from Giv'at Ha-Mivtar: A Reappraisal."* Israel Exploration Journal 35 (1985): 22-27.

Ziegler, Theobald. David *Friedrich Strauss. 2 vols. Strassburg: KJ Trubner,* 1908.

Zwemer, Samuel M. *The Moslem Doctrine of God.* Boston; New York: American Tract Society, 1905.

Índice

Índice de las Escrituras y Apócrifos

Norman L. Geisler (PhD, Loyola University Chicago [Universidad de Loyola de Chicago]) es Catedrático distinguido de apologética y teología en el Seminario Evangélico Veritas en Murrieta, California. Es autor o coautor de más de setenta libros, incluyendo When Skeptics Ask [Cuando los escépticos preguntan] y Defending Inerrancy [Defensa de la inerrancia].

Teología Bíblica Sistemática y Expositiva

Detalles del producto: Comprende 640 páginas. El Dr. Muñoz , Nacido en San Juan Puerto Rico es fundador del ministerio educativo vida y verdad. Tiene la dicha de gozar de un Doctorado en estudios teológicos de la (UTPR) Universidad Teológica de Puerto Rico y aparte una Maestría en Consejería Pastoral de la (CUNC) Christian University of North Carolina, certificado como PSS (Peer Support Specialist) en el estado de Arizona EE.UU. Actualmente es es pastor/maestro misionero en México por más de diez años y Director/Maestro Ten el Seminario Teológico Internacional Misionero (SETIM) en México.

Tamaño: 7 in x 10.25 in x 1.4 in (18 cm x 26 cm x 3.8 cm)